Krieger · Uwe H. Schneider
Handbuch Managerhaftung

Handbuch Managerhaftung

*Vorstand · Geschäftsführer · Aufsichtsrat
Pflichten und Haftungsfolgen
Typische Risikobereiche*

herausgegeben von

Professor Dr. Gerd Krieger
Rechtsanwalt und Honorarprofessor
in Düsseldorf

Professor Dr. Dr. h.c. Uwe H. Schneider
Universitätsprofessor
in Darmstadt/Mainz
Direktor des Instituts für deutsches und
internationales Recht des
Spar-, Giro- und Kreditwesens in Mainz

*2. neu bearbeitete und
erweiterte Auflage*

2010

Verlag
Dr. Otto Schmidt
Köln

Zitierempfehlung:
Verfasser in Krieger/Uwe H. Schneider (Hrsg.),
Handbuch Managerhaftung, 2. Aufl., § ... Rz. ...

*Bibliografische Information
der Deutschen Nationalbibliothek*

Die Deutsche Nationalbibliothek verzeichnet diese
Publikation in der Deutschen Nationalbibliografie;
detaillierte bibliografische Daten sind im Internet
über http://dnb.d-nb.de abrufbar.

Verlag Dr. Otto Schmidt KG
Gustav-Heinemann-Ufer 58, 50968 Köln
Tel. 02 21/9 37 38-01, Fax 02 21/9 37 38-943
info@otto-schmidt.de
www.otto-schmidt.de

ISBN 978-3-504-40077-4

©2010 by Verlag Dr. Otto Schmidt KG, Köln

Das Werk einschließlich aller seiner Teile ist
urheberrechtlich geschützt. Jede Verwertung, die nicht
ausdrücklich vom Urheberrechtsgesetz zugelassen ist,
bedarf der vorherigen Zustimmung des Verlages. Das
gilt insbesondere für Vervielfältigungen, Bearbeitungen,
Übersetzungen, Mikroverfilmungen und die Einspeiche-
rung und Verarbeitung in elektronischen Systemen.

Das verwendete Papier ist aus chlorfrei gebleichten
Rohstoffen hergestellt, holz- und säurefrei, alterungs-
beständig und umweltfreundlich.

Einbandgestaltung: Jan P. Lichtenford, Mettmann
Satz: Schäper, Bonn
Druck und Verarbeitung: Bercker, Kevelaer
Printed in Germany

Bearbeiter

Prof. Dr. Holger Altmeppen
Universitätsprofessor in Passau

Dipl.-Kfm. Dr. Helmut Balthasar
Rechtsanwalt in Essen

John Banes, J.D. (Yale)
Attorney-at-law (New York)

Dr. Jürgen Brand
Präsident des Landessozialgerichts NRW

Dr. Thomas Bücker
Rechtsanwalt in Frankfurt a.M.

Dr. Christoph von Bülow
Rechtsanwalt in Frankfurt a.M.

Dr. Hartwin Bungert, LL.M. (Chicago)
Rechtsanwalt in Düsseldorf

Prof. Dr. Ulrich Burgard
Universitätsprofessor in Magdeburg

Angela Burgess, J.D. (Harvard)
Attorney-at-Law (New York)

Prof. Dr. Meinrad Dreher, LL.M. (Pennsylvania)
Universitätsprofessor in Mainz

Prof. Dr. Dr. h.c. Werner F. Ebke, LL.M. (Berkeley)
Universitätsprofessor in Heidelberg
Attorney-at-Law (New York)

Reinfrid Fischer
Rechtsanwalt in Berlin

Dr. Stefan Gebauer
Rechtsanwalt in Frankfurt a.M.

Dr. Hans Friedrich Gelhausen
Rechtsanwalt/Wirtschaftsprüfer
in Frankfurt a.M.

Dr. Cornelius Götze, LL.M. (Cornell)
Rechtsanwalt in Frankfurt a.M.

Prof. Dr. Ulrich Haas
Universitätsprofessor in Zürich

Dr. Stephan Harbarth, LL.M. (Yale)
Rechtsanwalt in Mannheim

Prof. Dr. Burkhard Hess
Universitätsprofessor in Heidelberg
Richter am OLG Karlsruhe

Dr. Christian Hick
Steuerberater in Bonn

Dr. Joachim Jahn
Wirtschaftsredakteur (F.A.Z.) in Berlin
Lehrbeauftragter der Universität Mannheim

Dr. Wolfgang Kellenter, LL.M. (London)
Rechtsanwalt in Düsseldorf
Solicitor (England und Wales)

Dr. Christoph Klahold
Rechtsanwalt in Düsseldorf
Compliance Officer ThyssenKrupp

Prof. Dr. Detlef Kleindiek
Universitätsprofessor in Bielefeld

Dr. Ursula Kleinert
Rechtsanwältin in Düsseldorf

Dr. Lutz Robert Krämer
Rechtsanwalt in Frankfurt a.M.

Bearbeiter

Dr. Daniel M. Krause, LL.M.
(Columbia New York)
Rechtsanwalt in Berlin

Dr. Thomas Kremer
Rechtsanwalt in Düsseldorf
Chief Compliance Officer ThyssenKrupp

Prof. Dr. Gerd Krieger
Rechtsanwalt und
Honorarprofessor in Düsseldorf

Dr. Jens-Peter Kurzwelly
Richter am Bundesgerichtshof a.D.

Prof. Dr. Dr. h.c. mult. Marcus Lutter
em. Universitätsprofessor in Bonn
Sprecher des Zentrums für Europäisches
Wirtschaftsrecht der Universität Bonn
Rechtsanwalt in Berlin

Prof. Dr. Reinhard Marsch-Barner
Rechtsanwalt in Frankfurt a.M.
Honorarprofessor in Göttingen

Prof. Dr. Ulrich Prinz
Wirtschaftsprüfer/Steuerberater in Bonn
Honorarprofessor in Düsseldorf

Dr. Bodo Riegger
Rechtsanwalt in Stuttgart

Dr. Sven H. Schneider, LL.M.
(Berkeley)
Rechtsanwalt in Frankfurt a.M.
Attorney-at-Law (New York)

Prof. Dr. Dr. h.c. Uwe H. Schneider
Universitätsprofessor in Darmstadt/Mainz
Direktor des Instituts für deutsches und
internationales Recht des Spar-, Giro- und
Kreditwesens in Mainz

Dr. Christoph Schücking
Rechtsanwalt und Notar in Frankfurt a.M.

Dr. Oliver Sieg
Rechtsanwalt in Düsseldorf

Prof. Dr. Christoph Teichmann
Universitätsprofessor in Würzburg

Petja Toskan, S.J.D. (Harvard)
Attorney-at-Law (New York)

Dr. Dirk Uwer, LL.M. (Northumbria),
Mag.rer.publ.
Rechtsanwalt in Düsseldorf

Prof. Dr. Dirk A. Verse, M.Jur. (Oxford)
Universitätsprofessor in Osnabrück

Dr. Eberhard Vetter
Rechtsanwalt in Köln

Dr. Heinz-Otto Weber
Geschäftsführer am Institut für Genossen-
schaftswesen der Universität Marburg
Rechtsanwalt in Frankfurt a.M.

Diplom-Jurist Martin Wigand
Universität Zürich

Hans-Ulrich Wilsing
Rechtsanwalt in Düsseldorf

Rebecca Winters, J.D. (Harvard)
Attorney-at-Law (New York)

Vorwort

An prominenter Stelle hieß es jüngst: „Wir setzen uns für eine faire Verantwortungskultur in Unternehmen ein." Das klingt gut – vor allem wenn man nicht davon betroffen ist. Wer aber mit der Managerhaftung zu tun hat, sei es als Mitglied eines Organs oder sei es als Berater, Gutachter, Wirtschaftsprüfer oder auch Richter, für den ist diese zweite Auflage des Handbuchs Managerhaftung aufbereitet und gewidmet.

Seit der ersten Auflage sind nur drei Jahre vergangen. Inzwischen ist eine große Zahl von Haftungsfällen bekannt geworden, die zwar teilweise außergerichtlich erledigt werden konnten, teilweise aber auch nun bei den Gerichten anhängig sind. Kein Zweifel: Die große Nachfrage und der überwältigende Erfolg der ersten Auflage dieses Handbuchs hatten gute Gründe – aber nicht nur wegen der praktischen Bedeutung des Themas, sondern auch wegen seiner Konzeption. Es hat sich nämlich überaus bewährt, dass nach einem allgemeinen Überblick die einzelnen Risikobereiche von Experten aus der Beratungspraxis abgehandelt und analysiert werden. Und es hat sich sehr bewährt, dass sich das Handbuch auch als Anleitung dazu versteht, Haftung zu vermeiden.

Die hier vorgelegte zweite Auflage beschränkt sich nicht darauf, Änderungen im Gesetz und die höchstrichterliche Rechtsprechung einzuarbeiten, gewonnene Erfahrungen zu berücksichtigen und neue Fragestellungen aufzuarbeiten. Vielmehr wurde das Handbuch auch durch eine ganze Reihe neuer Beiträge ergänzt; denn es hat sich gezeigt, dass eine vertiefte Bearbeitung dieser Fragestellungen notwendig war. Aufgenommen wurden nun auch ein Beitrag zu Recht und Praxis der Sonderprüfung und des besonderen Vertreters, bearbeitet durch Herrn Rechtsanwalt *Dr. Hartwin Bungert*, ein Beitrag zur Haftung und Abberufung von Vorstands- und Aufsichtsorganen bei Kreditinstituten, bearbeitet von Herrn Rechtsanwalt *Reinfrid Fischer*, ein Beitrag zu den strafrechtlichen Risiken der Organmitglieder, bearbeitet von Herrn Rechtsanwalt *Dr. Daniel M. Krause*, ein Beitrag zur Haftung für unterlassene Aufsichtsmaßnahmen nach § 130 OWiG bearbeitet von Herrn Rechtsanwalt und Notar *Dr. Christoph Schücking* sowie ein Beitrag zu den besonderen Haftungsrisiken von Organmitgliedern, die in den USA verklagt werden. Der zuletzt genannte Beitrag stammt von Herrn *Banes*, Frau *Burgess*, Frau *Winters* und Herrn *Toskan* – alle ausgewiesene Experten des US-amerikanischen Rechts. Die Aufnahme dieser Beiträge beruht auf der Erkenntnis, dass sich hier neue Risiken aufgetan haben.

Im Übrigen ist der große Kreis von Experten stabil geblieben. Die Autoren sind als Anwälte und Richter, als Wirtschaftsprüfer, als Hochschullehrer oder als Unternehmensjurist mit der Haftung des Managements fortlaufend befasst. Die Chance, unterschiedliche Erfahrungen fruchtbar zu machen, ist damit auch in der zweiten Auflage verwirklicht.

Damit auch weitere Auflagen nachfolgen können, bitten wir um Anregungen, entweder an die Herausgeber oder unmittelbar an die Autoren. Gerne darf auch die Karte am Ende des Buches genutzt werden. Wir werden auch die neuerlichen Anregungen dankbar berücksichtigen.

Düsseldorf sowie Mainz/Frankfurt am Main, im April 2010

Gerd Krieger   Uwe H. Schneider

Inhaltsverzeichnis*

	Seite
Vorwort	VII
Literaturverzeichnis	XIII
Abkürzungsverzeichnis	XV

1. Teil
Grundlagen

§ 1	Entwicklung der Organpflichten und der Organhaftung *(Lutter)*	1
§ 2	Organpflichten und Haftung in der GmbH und GmbH & Co. KG *(Uwe H. Schneider)*	15
§ 3	Organpflichten und Haftung in der AG *(Krieger)*	41
§ 4	Organhaftung in der Genossenschaft *(Weber)*	75
§ 5	Organhaftung in der SE *(Teichmann)*	98
§ 6	Organhaftung in Verein und Stiftung *(Burgard)*	118
§ 7	Organhaftung gegenüber Dritten Grundlagen, insbesondere die Haftung aus unerlaubter Handlung und c.i.c. *(Altmeppen)*	184
§ 8	Vorstands- und Geschäftsführerhaftung im Konzern *(Sven H. Schneider)*	225
§ 9	Aufsichtsratshaftung im Konzern *(Uwe H. Schneider)*	260
§ 10	Die Haftung der Gesellschaft für Pflichtverletzungen des Managers *(Kleindiek)*	285
§ 11	Die Haftung des Abschlussprüfers *(Ebke)*	301

2. Teil
Rechtsverfolgung und Versicherung

§ 12	Darlegungs- und Beweislast im Haftungsprozess *(Kurzwelly)*	337
§ 13	Recht und Praxis der Sonderprüfung und des besonderen Vertreters *(Bungert)*	363
§ 14	Massenklagen und Managerhaftung *(Hess)*	391
§ 15	D&O-Versicherung des Managers *(Sieg)*	411

* Ausführliche Inhaltsverzeichnisse finden Sie zu Beginn der einzelnen Paragraphen.

Inhaltsverzeichnis

		Seite
§ 16	Verzicht, Vergleich und sonstige Fälle der Haftungsbeschränkung *(Haas/Wigand)*	439
§ 17	Erstattung von Kosten und Geldstrafen *(Marsch-Barner)*	480

3. Teil
Besondere Risikobereiche und Haftungsfolgen

§ 18	Risikobereich und Haftung: Organisation (Geschäftsverteilung und Delegation) und Überwachung *(E. Vetter)*	501
§ 19	Risikobereich und Haftung: Haftung und Abberufung von Vorstand und Aufsichtsorgan bei Kreditinstituten *(Fischer)*	540
§ 20	Risikobereich und Haftung: Compliance in Finanzdienstleistungsunternehmen *(Gebauer/Kleinert)*	583
§ 21	Risikobereich und Haftung: Compliance in Industrieunternehmen *(Kremer/Klahold)*	613
§ 22	Risikobereich und Haftung: Wettbewerbsverbote und Ansichziehen von Corporate Opportunities *(Verse)*	640
§ 23	Risikobereich und Haftung: Schutzrechtsverletzungen und Wettbewerbsverstöße *(Kellenter)*	677
§ 24	Risikobereich und Haftung: Produktverantwortung *(Harbarth)*	690
§ 25	Risikobereich und Haftung: M&A-Transaktionen *(Bücker/von Bülow)*	719
§ 26	Risikobereich und Haftung: Zuwendungen an Dritte: soziale Aktivitäten, „nützliche Aufwendungen", Zahlungen an opponierende Aktionäre *(Riegger/Götze)*	750
§ 27	Risikobereich und Haftung: Geldbußen gegen das Unternehmen *(Wilsing)*	790
§ 28	Risikobereich und Haftung: Kapitalmarktinformationen *(Krämer)*	814
§ 29	Risikobereich und Haftung: Krise und Insolvenz des Unternehmens *(Balthasar)*	860
§ 30	Risikobereich und Haftung: Bilanzierung *(Gelhausen)*	903
§ 31	Risikobereich und Haftung: Kartellrecht *(Dreher)*	937
§ 32	Risikobereich und Haftung: Steuerrecht *(Prinz/Hick)*	965
§ 33	Risikobereich und Haftung: Sozialversicherungsrecht *(Brand)*	992
§ 34	Risikobereich und Haftung: Umweltrecht *(Uwer)*	1018

4. Teil
Straf- und Ordnungswidrigkeitenrecht

§ 35 Strafrechtliche Haftung von Geschäftsleitern *(Krause)* 1077

§ 36 Haftung für unterlassene Aufsichtsmaßnahmen nach § 130 OWiG
(Schücking) 1141

5. Teil
US-Klagen

§ 37 Liability of Directors and Officers of Non-U.S. Corporations
under United States Federal Law *(Banes/Burgess/Winters/Toskan)* 1163

6. Teil
Pflichtverletzungen und öffentliche Meinung

§ 38 Die Managerhaftung und die öffentliche Meinung *(Jahn)* 1201

Stichwortverzeichnis 1227

Literaturverzeichnis*

Altmeppen	Die Haftung des Managers im Konzern, 1998
Assmann/Uwe H. Schneider (Hrsg.)	Wertpapierhandelsgesetz, 5. Aufl. 2009
Assmann/Pötzsch/ Uwe H. Schneider (Hrsg.)	Wertpapiererwerbs- und Übernahmegesetz, 2005
Baumbach/Hopt	Handelsgesetzbuch, 34. Aufl. 2010
Baumbach/Hueck	Aktiengesetz, 13. Aufl. 1968
Baumbach/Hueck	GmbH-Gesetz, 19. Aufl. 2010
Beck'scher Bilanz-Kommentar	Handels- und Steuerbilanz – §§ 238 bis 339, 342 bis 342e HGB, 7. Aufl. 2010
Beuthien	Genossenschaftsgesetz, 14. Aufl. 2004
Beck'sches Handbuch der AG	herausgegeben von Welf Müller und Rödder, 2. Aufl. 2009
Bürgers/Körber (Hrsg.)	Heidelberger Kommentar zum Aktiengesetz, 2008
Drescher	Die Haftung des GmbH-Geschäftsführers, 6. Aufl. 2009
Emmerich/Habersack	Aktien- und GmbH-Konzernrecht, 6. Aufl. 2010
Emmerich/Habersack	Konzernrecht, 9. Aufl. 2008
Erman	Bürgerliches Gesetzbuch, 12. Aufl. 2008
Fleischer (Hrsg.)	Handbuch des Vorstandsrechts, 2006
Geßler/Hefermehl/Eckardt/Kropff	Aktiengesetz, 1974 ff. (ab 2. Aufl. s. Münchener Kommentar zum Aktiengesetz)
v. Godin/Wilhelmi	Aktiengesetz, 4. Aufl. 1971
Großkommentar zum Aktiengesetz	herausgegeben von Hopt und Wiedemann, 4. Aufl. 1992 ff.
Habersack/Mülbert/Schlitt (Hrsg.)	Unternehmensfinanzierung am Kapitalmarkt, 2. Aufl. 2008
Habersack/Mülbert/Schlitt (Hrsg.)	Handbuch der Kapitalmarktinformation, 2008
Hachenburg	Gesetz betreffend die Gesellschaften mit beschränkter Haftung, Großkommentar, 8. Aufl. 1989 ff.
Happ (Hrsg.)	Aktienrecht, 3. Aufl. 2007
Heidel (Hrsg.)	Aktienrecht und Kapitalmarktrecht, Kommentar, 2. Aufl. 2007
Hüffer	Aktiengesetz, 8. Aufl. 2008
Kallmeyer	UmwG, 4. Aufl. 2010
Kölner Kommentar zum Aktiengesetz	herausgegeben von Zöllner, 2. Aufl. 1986 ff., herausgegeben von Zöllner und Noack, 3. Aufl. 2004 ff.
Kölner Kommentar zum Wertpapiererwerbs- und Übernahmegesetz	herausgegeben von Hirte und von Bülow, 2003

---

* Ausführliche weitere Literaturübersichten finden Sie zu Beginn der einzelnen Paragraphen.

Kölner Kommentar zum Wertpapierhandelsgesetz	herausgegeben von Hirte und Möllers, 2007
Kropff	Aktiengesetz, Textausgabe des Aktiengesetzes v. 6.9.1965, 1965
Lang/Weidmüller	GenG, 36. Aufl. 2008
Lutter	Umwandlungsgesetz, 4. Aufl. 2009
Lutter	Information und Vertraulichkeit im Aufsichtsrat, 3. Aufl. 2006
Lutter (Hrsg.)	Holding-Handbuch, 4. Aufl. 2004
Lutter/Hommelhoff	GmbH-Gesetz, 17. Aufl. 2009
Lutter/Krieger	Rechte und Pflichten des Aufsichtsrats, 5. Aufl. 2008
Marsch-Barner/Schäfer (Hrsg.)	Handbuch börsennotierte AG, 2. Aufl. 2009
Martens	Leitfaden für die Leitung der Hauptversammlung einer Aktiengesellschaft, 3. Aufl. 2003
Michalski (Hrsg.)	GmbHG, 2002, Bd. 1 2, Aufl. 2010
Münchener Handbuch des Gesellschaftsrechts	Band 3 GmbH herausgegeben von Priester und Mayer, 3. Aufl. 2009 Band 4 Aktiengesellschaft herausgegeben von Hoffmann-Becking, 3. Aufl. 2007
Münchener Kommentar zum Aktiengesetz	herausgegeben von Kropff und Semler, 2. Aufl. 2000 ff. herausgegeben von Goette und Habersack, 3. Aufl. 2008 ff.
Münchener Kommentar zum BGB	herausgegeben von Säcker und Rixecker, 5. Aufl. 2006 ff.
Palandt	Bürgerliches Gesetzbuch, 69. Aufl. 2010
Raiser/Veil	Recht der Kapitalgesellschaften, 5. Aufl. 2010
Ringleb/Kremer/Lutter/v. Werder	Deutscher Corporate Governance Kodex, 3. Aufl. 2008
Roth/Altmeppen	Gesetz betreffend die Gesellschaften mit beschränkter Haftung, 6. Aufl. 2009
Rowedder/Schmidt-Leithoff (Hrsg.)	Gesetz betreffend die Gesellschaften mit beschränkter Haftung, Kommentar, 4. Aufl. 2002
Schmidt, Karsten	Gesellschaftsrecht, 4. Aufl. 2002
Schmidt, Karsten/Lutter, Marcus (Hrsg.)	Aktiengesetz, Kommentar, 2008
Scholz	Kommentar zum GmbH-Gesetz, 10. Aufl. 2006/2007/2010
Semler	Leitung und Überwachung der Aktiengesellschaft, 2. Aufl. 1996
Semler/Peltzer (Hrsg.)	Arbeitshandbuch für Vorstandsmitglieder, 2005
Semler/v. Schenck (Hrsg.)	Arbeitshandbuch für Aufsichtsratsmitglieder, 3. Aufl. 2009
Spindler/Stilz (Hrsg.)	Aktiengesetz, Kommentar, 2007
Thümmel	Persönliche Haftung von Managern und Aufsichtsräten, 4. Aufl. 2008
Ulmer/Habersack/Winter (Hrsg.)	GmbHG, Großkommentar, 2005 ff.
Wiedemann	Gesellschaftsrecht, Band 1: Grundlagen, 1980

Abkürzungsverzeichnis

a.A.	anderer Ansicht
AbfBetrBV	Verordnung über Betriebsbeauftragte für Abfall
ABl. EG	Amtsblatt der Europäischen Gemeinschaft
ABl. EU	Amtsblatt der Europäischen Union
Abs.	Absatz
AcP	Archiv für die civilistische Praxis
ADHGB	Allgemeines Deutsches Handelsgesetzbuch
a.E.	am Ende
a.F.	alte Fassung
AFG	Arbeitsförderungsgesetz
AG	Aktiengesellschaft; Die Aktiengesellschaft
AGB	Allgemeine Geschäftsbedingungen
AGG	Allgemeines Gleichbehandlungs-Gesetz
AktG	Aktiengesetz
Alt.	Alternative
a.M.	anderer Meinung
AnfG	Anfechtungsgesetz
Anh.	Anhang
Anm.	Anmerkung
AnSVG	Anlegerschutzverbesserungsgesetz
AnwBl.	Anwaltsblatt
AO	Abgabenordnung
AöR	Archiv des öffentlichen Rechts
AO-StB	Der AO-Steuer-Berater
AP	Arbeitsrechtliche Praxis (Nachschlagewerk des Bundesarbeitsgerichts)
AR	Aufsichtsrat
ArbGG	Arbeitsgerichtsgesetz
ArbSichG	Arbeitssicherheitsgesetz
Art.	Artikel
ARUG	Gesetz zur Umsetzung der Aktionärsrechterichtlinie
AStG	Außensteuergesetz
AtG	Gesetz über die friedliche Verwendung der Kernenergie und den Schutz gegen ihre Gefahren
AÜG	Arbeitnehmerüberlassungsgesetz
Aufl.	Auflage
AuR	Arbeit und Recht
AVB-AVG	Allgemeine Versicherungsbedingungen für Aufsichtsräte, Vorstände und Geschäftsführer
AWG	Außenwirtschaftsgesetz
AWV	Außenwirtschaftsverordnung
BaFin	Bundesanstalt für Finanzdienstleistungsaufsicht
BAG	Bundesarbeitsgericht
BAGE	Sammlung der Entscheidungen des BAG
BAnz.	Bundesanzeiger
BattGDV	Verordnung zur Durchführung des Batteriegesetzes
BausparKG	Bausparkassengesetz
BayObLG	Bayerisches Oberstes Landesgericht
BayObLGZ	Entscheidungssammlung des BayObLG in Zivilsachen
BayVGH	Bayerischer Verwaltungsgerichtshof
BB	Betriebs-Berater

BBergG	Bundesberggesetz
BBG	Bundesbeamtengesetz
BBodschG	Bundes-Bodenschutzgesetz
Bd.	Band
BDSG	Bundesdatenschutzgesetz
BeckBilKomm.	Beck'scher Bilanz-Kommentar
Begr.	Begründung
Begr. RegE	Begründung Regierungsentwurf
Bspr.	Besprechung
BetrAVG	Gesetz zur Verbesserung der betrieblichen Altersversorgung
BetrVG	Betriebsverfassungsgesetz
BeurkG	Beurkundungsgesetz
BewG	Bewertungsgesetz
BFH	Bundesfinanzhof
BFHE	Sammlung der Entscheidungen des BFH
BFH/NV	Sammlung amtlich nicht veröffentlicher Entscheidungen des BFH
BFuP	Betriebswirtschaftliche Forschung und Praxis
BGB	Bürgerliches Gesetzbuch
BGBl.	Bundesgesetzblatt
BGH	Bundesgerichtshof
BGHSt	Entscheidungen des Bundesgerichtshofs in Strafsachen
BGHZ	Entscheidungen des Bundesgerichtshofs in Zivilsachen
BHO	Bundeshaushaltsordnung
BilKoG	Bilanzrechtskontrollgesetz
BilMoG	Bilanzrechtsmodernisierungsgesetz
BilReG	Bilanzrechtsreformgesetz
BImSchG	Bundes-Immissionsschutzgesetz
BImSchV	Bundes-Immissionsschutzverordnung
BiRiLiG	Bilanzrichtlinien-Gesetz
BKartA	Bundeskartellamt
BKR	Zeitschrift für Bank- und Kapitalmarktrecht
BMJ	Bundesministerium der Justiz
BNatSchG	Bundesnaturschutzgesetz
BNotO	Bundesnotarordnung
BörsG	Börsengesetz
BörsZulV	Börsenzulassungs-Verordnung
BORA	Berufsordnung für Rechtsanwälte
BPatG	Bundespatentgericht
BRAK-Mitt.	Mitteilungen der Bundesrechtsanwaltskammer
BRAO	Bundesrechtsanwaltsordnung
BR-Drucks.	Bundesrats-Drucksache
BSG	Bundessozialgericht
BStBl.	Bundessteuerblatt
BT-Drucks.	Bundestags-Drucksache
BtG	Betreuungsgesetz
BTO	Bundestarifordnung
BuB	Bankrecht und Bankpraxis
BuW	Betrieb und Wirtschaft
BVerfG	Bundesverfassungsgericht
BVerfGE	Entscheidungssammlung des Bundesverfassungsgerichts
BVerwG	Bundesverwaltungsgericht
BVerwGE	Entscheidungssammlung des Bundesverwaltungsgerichts
BWNotZ	Baden-Württembergische Notarzeitschrift
bzw.	beziehungsweise

CESR	Committee of European Securities Regulators
ChemG	Chemikaliengesetz
c.i.c.	culpa in contrahendo
CR	Computer und Recht
CCZ	Corporate Compliance Zeitschrift
D&O	Directors & Officers
DAI	Deutsches Aktieninstitut
DAV	Deutscher Anwaltverein
DB	Der Betrieb
DBW	Die Betriebswirtschaft
DCGK	Deutscher Corporate Governance Kodex
d.h.	das heißt
Diss.	Dissertation
DJT	Deutscher Juristentag
DNotZ	Deutsche Notar-Zeitschrift
DÖV	Die Öffentliche Verwaltung
DrittelbG	Drittelbeteiligungsgesetz
DRiZ	Deutsche Richterzeitung
DStR	Deutsches Steuerrecht
DStRE	DStR-Entscheidungsdienst
DStZ	Deutsche Steuerzeitung
DVBl.	Deutsches Verwaltungsblatt
DZWiR; DZWIR	Deutsche Zeitschrift für Wirtschaftsrecht; ab 1999: Deutsche Zeitschrift für Wirtschafts- und Insolvenzrecht
E, Entw.	Entwurf
EFG	Entscheidungen der Finanzgerichte
EfzG	Entgeltfortzahlungsgesetz
EG; eG	Einführungsgesetz; Europäische Gemeinschaften; Vertrag zur Gründung der Europäischen Gemeinschaft; eingetragene Genossenschaft
EGAktG	Einführungsgesetz zum Aktiengesetz
EGBGB	Einführungsgesetz zum Bürgerlichen Gesetzbuch
EGGmbHG	Einführungsgesetz zum Gesetz betreffend die Gesellschaften mit beschränkter Haftung
EGHGB	Einführungsgesetz zum Handelsgesetzbuch
EGInsO	Einführungsgesetz zur Insolvenzordnung
EGStGB	Einführungsgesetz zum Strafgesetzbuch
EGVVG	Einführungsgesetz zum Versicherungsvertragsgesetz
EGWG	Einführungsgesetz zum Wechselgesetz
EHUG	Gesetz über elektronische Handelsregister und Genossenschaftsregister sowie das Unternehmensregister
Einf.	Einführung
Einl.	Einleitung
EMAS	Eco Management and Audit Scheme
EPG	Europäische Privatgesellschaft
ErbStG	Erbschaftsteuer- und Schenkungsteuergesetz
ESt.	Einkommensteuer
EStDV	Einkommensteuer-Durchführungsverordnung
EStG	Einkommensteuergesetz
EU	Europäische Union
EuG	Europäisches Gericht
EuGH	Europäischer Gerichtshof
EuroEG	Euro-Einführungsgesetz
EuZW	Europäische Zeitschrift für Wirtschaftsrecht

EWiR	Entscheidungen zum Wirtschaftsrecht
EWIV	Europäische wirtschaftliche Interessenvereinigung
EWR	Europäischer Wirtschaftsraum
EWS	Europäisches Wirtschafts- und Steuerrecht
f., ff.	folgende
FamFG	Gesetz über das Verfahren in Familiensachen und in den Angelegenheiten der freiwilligen Gerichtsbarkeit
FAZ	Frankfurter Allgemeine Zeitung
FG	Freiwillige Gerichtsbarkeit; Finanzgericht; Festgabe
FGG	Gesetz über die Angelegenheiten der Freiwilligen Gerichtsbarkeit
FGG-RG	Gesetz zur Reform des Verfahrens in Familiensachen und in den Angelegenheiten der freiwilligen Gerichtsbarkeit
FK	Frankfurter Kommentar
FKVO	Fusionskontrollverordnung
FMStErgG	Finanzmarktstabilisierungsergänzungsgesetz
FMStG	Finanzmarktstabilisierungsgesetz
Fn.	Fußnote
FN – IDW	IDW-Fachnachrichten
FR	Finanz-Rundschau
FS	Festschrift
FWB	Frankfurter Wertpapierbörse
GA	Goltdammer's Archiv für Strafrecht
GAufzV	Gewinnabgrenzungsaufzeichnungsverordnung
GBO	Grundbuchordnung
GbR	Gesellschaft bürgerlichen Rechts
GbV	Gefahrgutbeauftragtenverordnung
GebrMG	Gebrauchsmustergesetz
gem.	gemäß
GenG	Gesetz betreffend die Erwerbs- und Wirtschaftsgenossenschaften
GenTG	Gentechnikgesetz
GenTSV	Gentechnik-Sicherheitsverordnung
GeschäftsO	Geschäftsordnung
GeschmMG	Geschmacksmustergesetz
GesR	Gesellschaftsrecht
GesRZ	Der Gesellschafter
GewArch	Gewerbearchiv
GewO	Gewerbeordnung
GewStG	Gewerbesteuergesetz
GewStR	Gewerbesteuerrichtlinien
GG	Grundgesetz
GGBefG	Gefahrgutbeförderungsgesetz
ggf.	gegebenenfalls
GI	Gerling-Informationen für wirtschaftsprüfende, rechts- und steuerberatende Berufe
GmbH	Gesellschaft mit beschränkter Haftung
GmbHG	Gesetz betreffend die Gesellschaften mit beschränkter Haftung
GmbHR	GmbH-Rundschau
GmbH-StB	Der GmbH-Steuer-Berater
GMBl.	Gemeinsames Ministerialblatt
GPR	Zeitschrift für Gemeinschaftsprivatrecht
GrEStG	Grunderwerbsteuergesetz
Großkomm.	Großkommentar
GRUR	Gewerblicher Rechtsschutz und Urheberrecht

GRUR-RR	GRUR-Rechtsprechungs-Report
GS	Gedächtnisschrift
GuV	Gewinn- und Verlustrechnung
GüKG	Güterkraftverkehrsgesetz
GVBl.	Gesetz- und Verordnungsblatt
GVG	Gerichtsverfassungsgesetz
GWB	Gesetz gegen Wettbewerbsbeschränkungen
GWG	Geldwäschegesetz
Hdb.	Handbuch
HGB	Handelsgesetzbuch
HK-InsO	Heidelberger Kommentar
h.L.	herrschende Lehre
h.M.	herrschende Meinung
HRefG	Handelsrechtsreformgesetz
HRRS	Höchstrichterliche Rechtsprechung im Strafrecht
Hrsg.	Herausgeber
IAS	International Accounting Standard
i.d.F.	in der Fassung
i.d.R.	in der Regel
IDW	Institut der Wirtschaftsprüfer
IDW PH	IDW Prüfungshinweise
IDW PS	IDW Prüfungsstandards
i.E.	im Ergebnis
IFRS	International Financial Reporting Standards
INF	Information über Steuer und Wirtschaft
InsO	Insolvenzordnung
IPRax	Praxis des Internationalen Privat- und Verfahrensrechts
IRZ	Zeitschrift für Internationale Rechnungslegung
i.S.	im Sinne
IStR	Internationales Steuerrecht
i.V.m.	in Verbindung mit
IWB	Internationales Steuer- und Wirtschaftsrecht
JbFfSt	Jahrbuch der Fachanwälte für Steuerrecht
JbUTR	Jahrbuch des Umwelt- und Technikrechts
JKomG	Justizkommunikationsgesetz
JR	Juristische Rundschau
JuMOG	Justizmodernisierungsgesetz
Jura	Juristische Ausbildung
JuS	Juristische Schulung
JW	Juristische Wochenschrift
JZ	Juristenzeitung
KapMuG	Kapitalanleger-Musterverfahrensgesetz
KG	Kommanditgesellschaft; Kammergericht
KGaA	Kommanditgesellschaft auf Aktien
KK OWiG	Karlsruher Kommentar zum OWiG
KölnKomm.	Kölner Kommentar
KÖSDI	Kölner Steuerdialog
Komm.	Kommentar
KonTraG	Gesetz zur Kontrolle und Transparenz im Unternehmensbereich
KoR	Kapitalmarktorientierte Rechnungslegung
KSt.	Körperschaftsteuer

KStG	Körperschaftsteuergesetz
KStR	Körperschaftsteuerrichtlinien
KTS	Zeitschrift für Konkurs-, Treuhand- und Schiedsgerichtswesen
KWG	Kreditwesengesetz
LAG	Landesarbeitsgericht
LBodSchG	Landes-Bodenschutzgesetz
LG	Landgericht
lit.	litera
LMK	Kommentierte BGH-Rechtsprechung Lindenmaier-Möhring
LMuR	Lebensmittel & Recht
l.Sp.	linke Spalte
MaKonV	Verordnung zur Konkretisierung des Verbotes der Marktmanipulation
MaRisk	Mindestanforderungen an das Risikomanagement
MDR	Monatsschrift für Deutsches Recht
Mio.	Million
MittBayNotZ	Mitteilungen des Bayerischen Notarvereins, der Notarkasse und der Landesnotarkammer Bayern (Zeitschrift)
MitbestErgG	Mitbestimmungsergänzungsgesetz
MitbestG	Mitbestimmungsgesetz
MitbestR	Mitbestimmungsrecht
MittRhNotK	Mitteilungen der Rheinischen Notarkammer
MoMiG	Gesetz zur Modernisierung des GmbH-Rechts und zur Bekämpfung von Missbräuchen
MontanMitbestG	Montanmitbestimmungsgesetz
MünchHdb. AG	Münchener Handbuch des Gesellschaftsrechts, Die Aktiengesellschaft
MünchHdb. GesR	Münchener Handbuch des Gesellschaftsrechts
MünchKomm.	Münchener Kommentar
m.w.N.	mit weiteren Nachweisen
m.W.v.	mit Wirkung vom
n.F.	neue Fassung
NJW	Neue Juristische Wochenschrift
NJW-RR	Rechtsprechungs-Report der NJW
Nr.	Nummer
NotBZ	Zeitschrift für die notarielle Beratungs- und Beurkundungspraxis
NPLYB	Non Profit Law Year Book
NStZ	Neue Zeitschrift für Strafrecht
NStZ-RR	Rechtsprechungs-Report der NStZ
NVersZ	Neue Zeitschrift für Versicherung und Recht
NVwZ	Neue Zeitschrift für Verwaltungsrecht
NVwZ-RR	Rechtsprechungsreport der NVwZ
NWB	Neue Wirtschaftsbriefe für Steuer- und Wirtschaftsrecht
NZA	Neue Zeitschrift für Arbeitsrecht
NZG	Neue Zeitschrift für Gesellschaftsrecht
NZI	Neue Zeitschrift für Insolvenz und Sanierung
o.Ä.	oder Ähnliches
ÖBA	Österreichisches BankArchiv
öOGH	Oberster Gerichtshof (Österreich)
OHG	Offene Handelsgesellschaft
OLG	Oberlandesgericht
OVG	Oberverwaltungsgericht
OWiG	Gesetz über Ordnungswidrigkeiten

PartGG	Partnerschaftsgesellschaftsgesetz
PHi	Haftpflicht international – Recht & Versicherung
ProdHG	Produkthaftungsgesetz
RabelsZ	Rabels Zeitschrift für ausländisches und internationales Privatrecht
RBerG	Rechtsberatungsgesetz
RdA	Recht der Arbeit
RDG	Rechtsdienstleistungsgesetz
RefE	Referentenentwurf
RefG	Reformgesetz
RegE	Regierungsentwurf
RG	Reichsgericht
RGBl.	Reichsgesetzblatt
RGZ	Entscheidungssammlung des Reichsgerichts in Zivilsachen
RIW	Recht der Internationalen Wirtschaft
rkr.	rechtskräftig
RNotZ	Rheinische Notar-Zeitschrift
RöV	Röntgenverordnung
ROHG	Reichsoberhandelsgericht
r.Sp.	rechte Spalte
Rspr.	Rechtsprechung
Rz.	Randzahl
S.	Seite; Satz
s.	siehe
SchiedsVZ	Zeitschrift für Schiedsverfahren
SE	Societas Europaea
SEAG	SE-Ausführungsgesetz
SEBG	SE-Beteiligungsgesetz
SEC	Securities and Exchange Commission
SEEG	Gesetz zur Einführung der Europäischen Gesellschaft
SE-VO	SE-Verordnung
Slg.	Sammlung (insbesondere der Entscheidungen des EuGH)
SpkG	Sparkassengesetz
SpruchG	Spruchverfahrensgesetz
SpoRt	Zeitschrift für Sport und Recht
StÄndG	Steueränderungsgesetz
StB	Der Steuerberater
Stbg	Die Steuerberatung
StBp	Die steuerliche Betriebsprüfung
StEntlG	Steuerentlastungsgesetz
StGB	Strafgesetzbuch
StPO	Strafprozessordnung
str.	streitig
st.Rspr.	ständige Rechtsprechung
StraFo	Strafverteidiger-Forum
StrlSchV	Strahlenschutzverordnung
StuB	Unternehmensteuern und Bilanzen
StV	Strafverteidiger
SZW	Schweizerische Zeitschrift für Wirtschafts- und Finanzmarktrecht
TransPuG	Transparenz- und Publizitätsgesetz
TUG	Transparenzrichtlinie-Umsetzungsgesetz
Tz.	Textziffer

u.a.	unter anderem
UMAG	Gesetz zur Unternehmensintegrität und Modernisierung des Anfechtungsrechts
UmweltHG	Umwelthaftungsgesetz
UmwG	Umwandlungsgesetz
UmwStG	Umwandlungssteuergesetz
UPR	Zeitschrift Umwelt- und Planungsrecht
USchadG	Umweltschadensgesetz
USchadRL	Umweltschadenrichtlinie
USt.	Umsatzsteuer
UStG	Umsatzsteuergesetz
VAG	Versicherungsaufsichtsgesetz
VBl.	Verwaltungsblatt
VerkProspG	Verkaufsprospektgesetz
VersR	Versicherungsrecht
VerwG	Verwaltungsgericht
VGH	Verwaltungsgerichtshof
vgl.	vergleiche
VglO	Vergleichsordnung
VO	Verordnung
VorstAG	Gesetz zur Angemessenheit der Vorstandsvergütung
VP	Versicherungspraxis
VuR	Verbraucher und Recht
VVG	Versicherungsvertragsgesetz
VW	Versicherungswirtschaft
VwGO	Verwaltungsgerichtsordnung
VwVfG	Verwaltungsverfahrensgesetz
wbl	Wirtschaftsrechtliche Blätter
WHG	Wasserhaushaltsgesetz
wistra	Zeitschrift für Wirtschaft, Steuer und Strafrecht
WM	Wertpapier-Mitteilungen
WpAIV	Wertpapierhandelsanzeige- und Insiderverzeichnisverordnung
WPg	Die Wirtschaftsprüfung
WpHG	Wertpapierhandelsgesetz
WPK	Wirtschaftsprüferkammer
WpPG	Wertpapierprospektgesetz
WpÜG	Wertpapiererwerbs- und Übernahmegesetz
WpÜG-AngVO	WpÜG-Angebotsverordnung
WuB	Entscheidungssammlung zum Wirtschafts- und Bankrecht
WuR	Wirtschaftsverwaltungs- und Umweltrecht
WuW	Wirtschaft und Wettbewerb
z.B.	zum Beispiel
ZBB	Zeitschrift für Bankrecht und Bankwirtschaft
ZEV	Zeitschrift für Erbrecht und Vermögensnachfolge
ZfA	Zeitschrift für Arbeitsrecht
ZfgG	Zeitschrift für das gesamte Genossenschaftswesen
ZfV	Zeitschrift für Versicherungswesen
ZfW	Zeitschrift für Wasserrecht
ZGR	Zeitschrift für Unternehmens- und Gesellschaftsrecht
ZHR	Zeitschrift für das gesamte Handels- und Wirtschaftsrecht
Ziff.	Ziffer

ZInsO	Zeitschrift für das gesamte Insolvenzrecht
ZIP	Zeitschrift für Wirtschaftsrecht
ZIS	Zeitschrift für Internationale Strafrechtsdogmatik
ZKF	Zeitschrift für Kommunalfinanzen
ZPO	Zivilprozessordnung
ZRFG	Zeitschrift für Risk, Fraud & Governance
ZRP	Zeitschrift für Rechtspolitik
ZSR	Zeitschrift für Sozialreform
ZSt	Zeitschrift für Stiftungswesen
ZStrR	Schweizerische Zeitschrift für Strafrecht
ZStW	Zeitschrift für die gesamte Strafrechtswissenschaft
z.T.	zum Teil
ZVersWiss	Zeitschrift für die gesamte Versicherungswissenschaft
ZVglRWiss	Zeitschrift für Vergleichende Rechtswissenschaft
ZWeR	Zeitschrift für Wettbewerbsrecht
ZZP	Zeitschrift für Zivilprozess

1. Teil
Grundlagen

§ 1
Entwicklung der Organpflichten und der Organhaftung

Professor Dr. Dr. h.c. mult. Marcus Lutter

	Rz.		Rz.
I. Überblick	1	3. Vertragliche Haftungs-	
II. Der Tatbestand	2	reduzierung	19
III. Fazit	9	VI. Praktische Durchsetzung der	
IV. Ausweitung der Organpflichten		Haftung	22
und damit auch der Organhaftung	10	1. In der Aktiengesellschaft	22
V. Einschränkung der Haftung	14	2. GmbH-Recht	27
1. Die Business Judgment Rule	15	3. Genossenschaft	28
2. Die Director and Officer		VII. Außenhaftung	29
(D&O)-Versicherung	18	VIII. Summa	30

I. Überblick

Haftung ist kein schönes Wort. Denn niemand kann sich freuen, wenn er aus seinem privaten Vermögen einen meist sehr hohen Schaden eines Unternehmens decken soll. Gerade vor dem Hintergrund der spektakulären Unternehmenszusammenbrüche infolge der Banken- und Finanzmarktkrise zeigt sich, dass die Managerhaftung ein stets aktuelles Thema des Kapitalgesellschaftsrechts ist.[1] Daher kann auf die Haftung von Organmitgliedern nicht verzichtet werden und das aus vielen Gründen:

Zum einen sind Organmitglieder in Aktiengesellschaften, GmbHs und Genossenschaften *Treuhänder* fremden Vermögens, das ihnen zur Verwaltung und Mehrung anvertraut ist. Diese Stellung als Treuhänder[2] verlangt von ihnen, wie schon das Reichsgericht zu Recht sagte, *erhöhte Sorgfalt* im Umgang mit dem ihnen anvertrauten Gut.[3] Besonders hervorgehoben wird dies in der Siemens-Entscheidung des BGH aus dem Jahre 2008. Hiernach kann sich das Management im Rahmen seiner Pflichtenbindung nicht darauf berufen, dass Kartellverstöße

1

---

1 Vgl. dazu *Fleischer*, NJW 2009, 2337 ff.; *Lutter*, ZIP 2009, 197 ff.; *Lutter*, BB 2009, 786 ff.; zu den Strategien einer Haftungsvermeidung *Krause*, BB 2009, 1370 ff.; *Froesch*, DB 2009, 722 ff.
2 BGH v. 20.2.1995 – II ZR 143/93, BGHZ 129, 30, 34 = GmbHR 1995, 451 (für GmbH); OLG Hamm v. 10.5.1995 – 8 U 59/94, AG 1995, 512, 514; OLG Düsseldorf v. 28.11.1996 – 6 U 11/95, AG 1997, 231, 235.
3 RG v. 3.11.1906 – I 125/06, RGZ 64, 254, 257 sowie OLG Bremen v. 28.2.1963 – 2 U 81/62, GmbHR 1964, 8; OLG Koblenz v. 10.6.1991 – 6 U 1650/89, ZIP 1991, 870, 871; *Krieger/Sailer* in K. Schmidt/Lutter, § 93 AktG Rz. 5 ff.; *Uwe H. Schneider* in Scholz, § 43 GmbHG Rz. 32, 33.

oder Schmiergeldzahlungen subjektiv im Interesse oder gar objektiv zu ihrem Nutzen erfolgten.[1] Im Übrigen vgl. unten *Kremer/Klahold*, § 21 (S. 613 ff.).

Zum anderen ist es ein Gebot der Gerechtigkeit, wenn der fehlsam handelnde Verwalter den von ihm angerichteten Schaden auszugleichen verpflichtet ist.

Vor allem und zum letzten hat Haftung eine wichtige Steuerungsfunktion[2], soll sie die Organmitglieder doch zu betont verantwortungsvollem Umgang mit dem ihnen anvertrauten Gut anhalten. So bewegt sich die Managerhaftung in einem fortwährenden Spannungsfeld: Durch sie soll für eine verantwortungsvolle Unternehmensführung gesorgt werden, ohne dabei die Freiheit unternehmerischer Ermessensentscheidungen einzuschränken. Haftung ist daher in diesem Spannungsfeld ein notwendiges Element guter und modern verstandener Corporate Governance[3] mit dem Ziel, eine sorgfältige, getreue und wertorientierte Unternehmensführung zu erreichen.

II. Der Tatbestand

2   1. Das alles ist nicht neu, sondern seit mehr als 100 Jahren Standard des deutschen Unternehmensrechts. So lauteten die einschlägigen Normen nach der Aktienrechtsreform von 1884 im ADHGB:

Art. 226

„(1) Die Mitglieder des Aufsichtsraths haben bei Erfüllung der ihnen nach Art. 225 zugewiesenen Obliegenheiten die Sorgfalt eines ordentlichen Geschäftsmanns anzuwenden."

Art. 241

„...

(2) Die Mitglieder des Vorstandes haben bei ihrer Geschäftsführung die Sorgfalt eines ordentlichen Geschäftsmanns anzuwenden.

(3) Mitglieder, welche ihre Obliegenheiten verletzen, haften der Gesellschaft solidarisch für den dadurch entstandenen Schaden ..."

Und im HGB von 1897:

§ 241

„(1) Die Mitglieder des Vorstandes haben bei ihrer Geschäftsführung die Sorgfalt eines ordentlichen Geschäftsmanns anzuwenden.

(2) Mitglieder, die ihre Obliegenheiten verletzen, haften der Gesellschaft als Gesamtschuldner für den daraus entstehenden Schaden."

---

1   BGH v. 29.8.2008 – 2 StR 587/07, NJW 2009, 89 ff. = ZIP 2008, 2315 – Siemens; danach kann das Entziehen und Vorenthalten von Vermögenswerten unter Einrichtung verdeckter Kassen durch leitende Angestellte eines Wirtschaftsunternehmens den Vorwurf der Untreue nach § 266 Abs. 1 StGB begründen; vgl. auch *Fleischer*, NJW 2009, 2337.
2   *Hopt* in Großkomm. AktG, § 93 AktG Rz. 11; *Hopt/Roth* in Großkomm. AktG, § 116 AktG Rz. 7; *Fleischer* in Fleischer, Handbuch des Vorstandsrechts, § 11 Rz. 4; *Uwe H. Schneider* in Scholz, § 43 GmbHG Rz. 12a, 15.
3   *Hopt* in Großkomm. AktG, § 93 AktG Rz. 15; *Lutter*, ZSR 2005, Bd. II, 414 ff.

§ 249

„(1) Die Mitglieder des Aufsichtsraths haben bei der Erfüllung ihrer Obliegenheiten die Sorgfalt eines ordentlichen Geschäftsmanns anzuwenden.

(2) Mitglieder, die ihre Obliegenheiten verletzen, haften der Gesellschaft mit den Vorstandsmitgliedern als Gesamtschuldner für den daraus entstehenden Schaden."

Im AktG 1937 wurde daraus:

§ 84 AktG 1937

„(1) Die Vorstandsmitglieder haben bei ihrer Geschäftsführung die Sorgfalt eines ordentlichen und gewissenhaften Geschäftsleiters anzuwenden. Über vertrauliche Angaben haben sie Stillschweigen zu bewahren.

(2) Vorstandsmitglieder, die ihre Obliegenheiten verletzen, sind der Gesellschaft zum Ersatz des daraus entstehenden Schadens als Gesamtschuldner verpflichtet. Sie haben nachzuweisen, dass sie die Sorgfalt eines ordentlichen und gewissenhaften Geschäftsleiters angewandt haben."

§ 99 AktG 1937

„Für die Sorgfaltspflicht und Verantwortlichkeit der Aufsichtsratsmitglieder gilt § 84 über die Sorgfaltspflicht und Verantwortlichkeit der Vorstandsmitglieder sinngemäß."

Und schließlich im Aktiengesetz von 1965:

§ 93 AktG 1965

„(1) Die Vorstandsmitglieder haben bei ihrer Geschäftsführung die Sorgfalt eines ordentlichen und gewissenhaften Geschäftsleiters anzuwenden. Über vertrauliche Angaben und Geheimnisse der Gesellschaft, namentlich Betriebs- und Geschäftsgeheimnisse, die den Vorstandsmitgliedern durch ihre Tätigkeit im Vorstand bekannt geworden sind, haben sie Stillschweigen zu bewahren.

(2) Vorstandsmitglieder, die ihre Pflichten verletzen, sind der Gesellschaft zum Ersatz des daraus entstehenden Schadens als Gesamtschuldner verpflichtet. Ist streitig, ob sie die Sorgfalt eines ordentlichen und gewissenhaften Geschäftsleiters angewandt haben, so trifft sie die Beweislast."

§ 116 AktG 1965

„Für die Sorgfaltspflicht und Verantwortlichkeit der Aufsichtsratsmitglieder gilt § 93 über die Sorgfaltspflicht und Verantwortlichkeit der Vorstandsmitglieder sinngemäß."

Aus dem ordentlichen Geschäftsmann wurde in dieser langen Zeit nur der ordentliche Geschäftsleiter, aus der „Obliegenheitsverletzung" die „Pflichtverletzung". Im Übrigen wurde nur das Gebot der Vertraulichkeit später eingefügt und erweitert.

Dieser über ein Jahrhundert gleich bleibende Grundtatbestand der Haftung wurde allerdings durch die Umkehr der Beweislast – entsprechend der Rechtsprechung des *Reichsgerichts*[1] – im AktG 1937 (§ 84 Abs. 2 Satz 2) und im folgenden AktG 1965 (§ 93 Abs. 2 Satz 2) ganz wesentlich verschärft.

---

1 RG v. 28.4.1885 – III 3/85, RGZ 13, 46 ff.; RG v. 25.1.1888 – I 366/87, RGZ 20, 269 ff.; RG v. 28.5.1895 – II 69/95, RGZ 35, 85 ff.; RG v. 3.2.1920 – II 272/19, RGZ 98, 100 ff.

5 Mit dem KonTraG von 1998[1] wurde schließlich § 116 AktG hinsichtlich der Verschwiegenheitspflicht der Aufsichtsratsmitglieder um einen Satz 2 erweitert:

„Die Aufsichtsratsmitglieder sind insbesondere zur Verschwiegenheit über erhaltene vertrauliche Berichte und vertrauliche Beratungen verpflichtet."

Als Folge einer sehr kritischen Debatte in der Öffentlichkeit zur Höhe der Vorstandsgehälter hat der Gesetzgeber im VorstAG[2] jüngst dem § 116 AktG einen weiteren Satz angefügt:

„Sie (scil: die Aufsichtsratsmitglieder) sind namentlich zum Ersatz verpflichtet, wenn sie eine unangemessene Vergütung festsetzen (§ 87 Absatz 1)."

6 Und schließlich wurde mit dem UMAG[3] – der Rechtsprechung des Bundesgerichtshofs folgend[4] – ein neuer Satz 2 in den § 93 Abs. 1 AktG mit der aus dem US-amerikanischen Recht bekannten Business Judgment Rule eingefügt:

„Eine Pflichtverletzung liegt nicht vor, wenn das Vorstandsmitglied bei einer unternehmerischen Entscheidung vernünftigerweise annehmen durfte, auf der Grundlage angemessener Information zum Wohle der Gesellschaft zu handeln."

7 2. Die Haftungsnorm im GmbHG (§ 43) blieb seit 1892 unverändert und lautet:

„(1) Die Geschäftsführer haben in den Angelegenheiten der Gesellschaft die Sorgfalt eines ordentlichen Geschäftsmannes anzuwenden.

(2) Geschäftsführer, welche ihre Obliegenheiten verletzen, haften der Gesellschaft solidarisch für den entstandenen Schaden."

Der Text entspricht also wörtlich der Regelung für den Vorstand einer Aktiengesellschaft im HGB von 1897. Aber auch zum AktG 1937 und AktG 1965 besteht materiell kein Unterschied, zumal die Rechtsprechung zur GmbH die dort geregelte Umkehr der Darlegungs- und Beweislast aus dem Aktienrecht übernommen hat.[5]

8 3. Die Regelung des § 34 GenG ist wortgleich mit derjenigen des § 93 im AktG 1965.[6]

Im Genossenschaftsrecht hatten sowohl Vorstand als auch Aufsichtsrat die *Sorgfalt eines ordentlichen Geschäftsmannes* anzuwenden (§ 32 GenG 1889, § 34 GenG 1898 bzw. § 39 GenG 1889, § 41 GenG 1898). Mit dem GenGÄndG von 1973[7] wurden die Änderungen durch das Aktiengesetz 1965 im Genossenschaftsrecht nachvollzogen: Mit § 41 GenG wurde für die Haftung des Aufsichtsrats eine

---

1 Gesetz zur Kontrolle und Transparenz im Unternehmensbereich v. 27.4.1998, BGBl. I 1998, 786.
2 Gesetz zur Angemessenheit der Vorstandsvergütung v. 31.7.2009, BGBl. I 2009, 2509.
3 Gesetz zur Unternehmensintegrität und Modernisierung des Anfechtungsrechts v. 22.9.2005, BGBl. I 2005, 2802.
4 BGH v. 21.4.1997 – II ZR 175/95, BGHZ 135, 244, 253 = AG 1997, 377 – ARAG.
5 BGH v. 4.11.2002 – II ZR 224/00, NJW 2003, 358f. = AG 2003, 381 und OLG Oldenburg v. 22.6.2006 – 1 U 34/03, DB 2006, 2511; ausführlich dazu *Goette*, ZGR 1995, 648ff.
6 Zur Organhaftung in der Genossenschaft s. unten *Weber*, § 4 (S. 75ff.).
7 Gesetz zur Änderung des Gesetzes betreffend die Erwerbs- und Wirtschaftsgenossenschaften v. 9.10.1973, BGBl. I 1973, 1451.

§ 116 AktG vergleichbare Verweisungsnorm eingeführt, die an die Stelle einer eigenständigen Regelung für die Aufsichtsratshaftung trat. Im Bereich der Vorstandshaftung wurde § 34 dem AktG 1965 angepasst. Um aber der besonderen Aufgabe der Genossenschaft als Förderunternehmen Rechnung zu tragen und diese Verantwortung des Vorstands zum Ausdruck zu bringen, wurde aus dem Geschäftsmann der Geschäftsleiter *einer Genossenschaft*.

III. Fazit

Die Normen zu Haftung und Verantwortung von Organmitgliedern haben sich in ihrem Text in weit über 100 Jahren als ungewöhnlich stabil erwiesen; nur das Vertraulichkeitsgebot nimmt im Text heute einen breiteren Raum ein.[1] Und da auch eine nur leicht fahrlässige Pflichtverletzung für die Schadensersatzpflicht genügt, diese und das Verschulden zudem vermutet werden, handelt es sich seit eh und je um ausgesprochen scharfe Haftungsnormen.[2]

9

IV. Ausweitung der Organpflichten und damit auch der Organhaftung

Die Texte der Haftungsnormen für Organmitglieder haben sich – von der Beweislastumkehr und den Vertraulichkeitsgeboten abgesehen – kaum geändert, wohl aber wurden die Pflichten der Organmitglieder in dieser Zeit stetig ausgeweitet[3], mit der Folge, dass Pflichtverletzungen heute sehr viel leichter möglich sind:

10

1. Die Vorstände und Geschäftsführer sind durch eine Fülle kaum mehr überschaubarer Normen in die Pflicht genommen worden, Normen, die vom Kartellrecht und Umweltrecht über das Arbeitsrecht, das Steuer- und Sozialrecht bis hin zum heutigen Gleichbehandlungsgesetz reichen.[4] Verstöße hiergegen sind per se Pflichtverletzungen[5]; und entsteht der Gesellschaft daraus ein Schaden – von der Buße im Kartellrecht bis zu der im Steuerrecht – so sind die Betroffenen zum Ersatz verpflichtet.[6]

11

---

1 Eingehend dazu *Lutter*, Information und Vertraulichkeit im Aufsichtsrat, 3. Aufl. 2006.
2 Vgl. *Hopt* in Großkomm. AktG, § 93 AktG Rz. 10, 15.
3 Vgl. dazu *Uwe H. Schneider* in Scholz, § 43 GmbHG Rz. 13; *Uwe H. Schneider* in FS 100 Jahre GmbH-Gesetz, 1992, S. 473; *Fleischer*, NJW 2009, 2337.
4 Vgl. nur die §§ 18–34 im 3. Teil dieses Handbuchs.
5 H.M., vgl. *Hopt* in Großkomm. AktG, § 93 AktG Rz. 98; *Mertens* in KölnKomm. AktG, § 93 AktG Rz. 34; für GmbH *Lutter*, GmbHR 2000, 301, 302; differenzierend hinsichtlich „nützlicher Pflichtverletzungen" des Vorstands *Fleischer*, ZIP 2005, 141 ff.
6 *Fleischer* in Fleischer, Handbuch des Vorstandsrechts, § 7 Rz. 13 f. Lehrreich ist hier der Fall Breuer: Am 3.2.2002 hatte sich Rolf Breuer, zu diesem Zeitpunkt Vorstandsvorsitzender der Deutschen Bank AG und Präsident des Bundesverbandes deutscher Banken in einem Fernsehinterview über die wirtschaftliche Lage der Kirch-Gruppe u.a. wie folgt geäußert: „Was alles man darüber lesen und hören kann, ist ja, dass der Finanzsektor nicht bereit ist, auf unveränderter Basis noch weitere Fremd- oder gar Eigenmittel zur Verfügung zu stellen." Am 8.4.2002 stellte die KirchMedia GmbH & Co. KGaA Insolvenzantrag. Im Mai 2002 erstattete Kirch Strafanzeige gegen Rolf Breuer und verklagte sowohl die Deutsche Bank als auch Rolf Breuer persönlich mit der Begründung, in Folge des In-

Um diesen Haftungsrisiken Herr zu werden, können Vorstände ihre Aufgaben in Richtung einer Ressortverantwortlichkeit delegieren, argumentum e §§ 77 Abs. 2 Satz 2, 107 Abs. 3 Satz 1 AktG. Die erlaubte Delegation führt zu einer Veränderung der Pflichten und des Sorgfaltsstandards unter den Vorstandsmitgliedern dahingehend, dass der Pflichtenstandard bei den Nicht-Zuständigen auf Informations- und Kontrollpflichten absinkt, während sich dieser Standard in der Person des Zuständigen noch einmal verdichtet.[1] Dahinter steht zum einen der Gedanke begrenzter Leitungs- und Überwachungskapazitäten und zum anderen der Effizienzgewinn durch die Spezialisierung des jeweiligen Zuständigen.[2]

12 Darüber hinaus ergeben sich insbesondere bei Aktiengesellschaften für Vorstände und Aufsichtsräte neue Gefahrenfelder, überwiegend im Bereich der sog. Organaußenhaftung, also der Haftung nicht ihrer Gesellschaft („Innenhaftung"), sondern Dritten gegenüber.[3] Mit der veränderten Unternehmensfinanzierung und der Entwicklung des Kapitalmarktrechts existiert bei börsennotierten Unternehmen das Risiko der Haftung vor allem der Vorstände für fehlerhafte Kapitalmarktinformation[4] mit sog. Streuschäden, bei denen fast immer mit Klagen von Kleinaktionären zu rechnen ist.[5] Bei in den USA gelisteten deutschen Unternehmen kommt die Gefahr hinzu, dass Organe in den Vereinigten Staaten verklagt werden[6], wohl nicht zuletzt auch auf Grund der für den Kläger verlockend immensen Schadensersatzforderungen. Schließlich birgt auch der Unternehmensverbund Risiken sowohl für Vorstände als auch für ihre Kontrolleure.[7] Im Übrigen vgl. unten § 37 (S. 1163ff.).

13 2. Eine ähnliche, aber nicht gleiche Entwicklung hat sich für die Aufsichtsräte ergeben. *Zum einen* hat der Aufsichtsrat auch und gerade die *Rechtmäßigkeit* des Vorstandshandelns zu überwachen[8], also die Einhaltung der soeben erwähnten

---

terviews sei die Kirch-Gruppe nicht mehr in der Lage gewesen, zu den vorher existierenden Bedingungen weiteres Kapital aufzunehmen oder bestehende Kredite zu verlängern. Der BGH hat Kirch inzwischen zumindest teilweise Recht gegeben, BGH v. 24.1.2006 – XI ZR 384/03, NJW 2006, 830ff. und sowohl Breuer persönlich wie auch die Deutsche Bank dem Grunde nach zu Schadensersatz verurteilt (dazu *Bitter*, WM 2007, 1953). Über die Höhe wird in einem weiteren Verfahren zu entscheiden sein. Ob und in wie weit die Deutsche Bank bei Breuer Regress nehmen wird, ist ungewiss. Weitere Beispiele vgl. manager magazin 7/2006, S. 123ff.

1 *Froesch*, DB 2009, 722ff.; *Krause*, BB 2009, 1370ff.; vgl. ferner *Lutter*, ZSR 2005, Bd. II, 414, 436ff., zu den aus Delegation resultierenden Überwachungspflichten.
2 *Fleischer*, ZIP 2009, 1397, 1402; vgl. zu den auftretenden Haftungsfragen *Krieger/Sailer* in K. Schmidt/Lutter, § 93 AktG Rz. 27.
3 Ausführlich zur Innen- und Außenhaftung *Lutter*, ZSR 2005, Bd. II, 414, 443ff.
4 Zur Haftung wegen fehlerhafter Kapitalmarktinformationen s. unten *Krämer*, § 28 (S. 814ff.).
5 Vgl. etwa BGH v. 19.7.2004 – II ZR 402/02, BGHZ 160, 149 = AG 2004, 546.
6 Dazu *Geulen/Sebock*, NJW 2003, 3244ff. Vgl. dazu auch den Fall des Kirk Kirkorian gegen DaimlerChrysler und zwei ihrer Vorstandsmitglieder auf mehr als 1 Mrd. US-Dollar Schadensersatz: US District Court for Delaware 364 F. Supp. 2d 362 (2005).
7 Vgl. dazu *Sven H. Schneider/Uwe H. Schneider*, AG 2005, 57ff.
8 BGH v. 16.3.2009 – II ZR 280/07, NZG 2009, 550 = AG 2009, 404, Rz. 15; dazu *Lutter/Krieger*, Rechte und Pflichten des Aufsichtsrats, 5. Aufl. 2008, Rz. 72; *Habersack* in MünchKomm. AktG, § 111 AktG Rz. 18; *v. Werder* in KodexKomm., 3. Aufl. 2008, Rz. 47f.; *Lutter* in KodexKomm., 3. Aufl. 2008, Rz. 237f.

vielen, vielen Normen eines modernen Sozialstaates, die sich an die Unternehmen und ihre Leitungen wenden. *Zum anderen* aber haben sich durch das KonTraG[1] und das TransPuG[2] die Aufgaben und Pflichten des Aufsichtsrats *ausgeweitet*:

- Ihm obliegt heute die Auswahl des Abschlussprüfers und des Konzern-Abschlussprüfers mit dem entsprechenden Vorschlag an die Hauptversammlung und der spätere Vertragsschluss mit ihm, § 111 Abs. 2 Satz 3 AktG.[3]
- Er berät die Unternehmensplanung und die Unternehmenspolitik mit dem Vorstand, § 90 Abs. 1 Nr. 1 AktG.[4]
- Er ist jetzt auch für die Prüfung und Billigung des Konzernabschlusses zuständig, § 171 Abs. 2 Satz 5 AktG.[5]
- Er muss für einen Katalog von Geschäften sorgen, die seiner Zustimmung bedürfen, § 111 Abs. 4 Satz 2 AktG.[6]
- Er hat das Risiko-Überwachungssystem des Vorstands zu kontrollieren und seine Maßnahmen zur Vermeidung von Kartellverstößen und Bestechung (Compliance).
- Und schließlich muss er als Aufsichtsrat einer börsennotierten AG jährlich erklären, ob er die Empfehlungen des Deutschen Corporate Governance Kodex eingehalten hat bzw. wo er davon abgewichen ist, § 161 AktG.[7]

Mit dieser Ausweitung seiner Pflichten ist die Gefahr von Pflichtverletzungen naturgemäß ganz erheblich gewachsen.

V. Einschränkung der Haftung

Aber die Haftungsrisiken für Organmitglieder wurden in den vergangenen 100 Jahren nicht nur ausgeweitet, sie wurden auch eingeschränkt. Zwei Aspekte sind hier zu nennen:

14

---

1 Gesetz zur Kontrolle und Transparenz im Unternehmensbereich v. 27.4.1998, BGBl. I 1998, 786.
2 Gesetz zur weiteren Reform des Aktien- und Bilanzrechts, zu Transparenz und Publizität v. 19.7.2002, BGBl. I 2002, 2681.
3 Dazu *Theisen*, DB 1999, 341 ff.; *Hopt/Roth* in Großkomm. AktG, § 111 AktG Rz. 439; *Lutter/Krieger*, Rechte und Pflichten des Aufsichtsrats, 5. Aufl. 2008, Rz. 171 ff.
4 BGH v. 25.3.1991 – II ZR 188/89, BGHZ 114, 127, 130; *Lutter/Krieger*, Rechte und Pflichten des Aufsichtsrats, 5. Aufl. 2008, Rz. 94.
5 *Kropff* in MünchKomm. AktG, 2. Aufl. 2003, § 171 AktG Rz. 58 ff.
6 BGH v. 1.12.2006 – II ZR 243/05, NZG 2007, 187 = AG 2007, 167; *Lutter/Krieger*, Rechte und Pflichten des Aufsichtsrats, 5. Aufl. 2008, Rz. 109; *Habersack* in MünchKomm. AktG, § 111 AktG Rz. 100 ff.
7 Dazu *Lutter* in KölnKomm. AktG, 3. Aufl. 2006, Erläuterungen zu § 161 AktG; *Ringleb* in KodexKomm., 3. Aufl. 2008, Rz. 1503.

1. Die Business Judgment Rule

15 a) In seiner Entscheidung vom 21.7.1997 (ARAG) hat der *Bundesgerichtshof*[1] die frühere Rechtsprechung des *Reichsgerichts*[2] bestätigt, wonach Organmitglieder nicht für fehlgelaufene unternehmerische Entscheidungen haften, vorausgesetzt die betreffende Entscheidung war

– im freien Ermessen der Organmitglieder, also nicht gesetzlich vorgeschrieben,
– sorgfältig vorbereitet,
– durch keinen Interessenkonflikt berührt und
– enthielt keine übergroßen Risiken.

Der Gesetzgeber hat diese für Vorstände und Aufsichtsräte gleichermaßen geltende Haftungsfreistellung mit dem oben bereits zitierten § 93 Abs. 1 Satz 2 AktG zum Gesetz erhoben. Sie reduziert das unternehmerische Risiko des Aktionärs für Fehlentscheidungen des Managements durch dessen Pflicht zu sorgfältiger Vorbereitung und unabhängiger Entscheidung der betreffenden unternehmerischen Maßnahme.[3]

Damit haftet der Vorstand von BMW nicht für das Fehlinvestment bei Rover in Großbritannien, der Vorstand von Daimler-Chrysler nicht für das Fehlinvestment bei Fokker in den Niederlanden, der Aufsichtsrat nicht, wenn sich die Bestellung eines Vorstandsmitglieds als Flop erweist. Der Vorstand des Bankhauses Oppenheim nicht, wenn er in Arcandor investiert.

16 b) Diese Regel gilt auch in der GmbH[4] und in der Genossenschaft.[5]

17 c) Sie gilt aber nicht, das sei wiederholt, bei einer Verletzung von Gesetz oder Satzung und sie gilt nicht bei unsorgfältiger Vorbereitung einer unternehmerischen Entscheidung.[6]

2. Die Director and Officer (D&O)-Versicherung

18 Zum zweiten hat sich seit den 90er Jahren des letzten Jahrhunderts die aus den USA längst bekannte D&O-Versicherung auch bei uns etabliert und durch-

---

1 BGH v. 21.4.1997 – II ZR 175/95, BGHZ 135, 244 ff. = AG 1997, 377.
2 RG v. 28.6.1930 – IX 4/30, RGZ 129, 272, 275; *Schlegelberger/Quassowski*, Kommentar zum AktG 1937, 3. Aufl., § 84 (1937) Anm. 4.
3 Ausführlich *Krieger/Sailer* in K. Schmidt/Lutter, § 93 AktG Rz. 10 ff.; *Lutter*, ZSR 2005, Bd. II, 414, 424 ff.; *Lutter*, ZIP 2007, 417.
4 BGH v. 4.11.2002 – II ZR 224/00, BGHZ 152, 280, 282 und 284 = AG 2003, 381; OLG Oldenburg v. 22.6.2006 – 1 U 34/03, DB 2006, 2511, 2512; *Kleindiek* in Lutter/Hommelhoff, § 43 GmbHG Rz. 16; *Zöllner/Noack* in Baumbach/Hueck, § 43 GmbHG Rz. 22.
5 BGH v. 1.12.2003 – II ZR 216/01, ZIP 2004, 407 ff.; einschränkend BGH v. 21.3.2005 – II ZR 54/03, ZIP 2005, 981, 983; *Beuthien*, § 34 GenG Rz. 7; *Schaffland* in Lang/Weidmüller, § 34 GenG Rz. 19, 47, jeweils mit Verweis auf das ARAG-Urteil des BGH (BGH v. 21.4.1997 – II ZR 175/95, BGHZ 135, 244 ff. = AG 1997, 377).
6 Dazu eingehend *Lutter*, ZIP 2007, 841 und *Lutter*, GesRZ 2007, 79, 81 ff.

gesetzt.¹ Sie deckt die verbliebenen Haftungsrisiken von Vorständen und Aufsichtsräten ab. Da diese Versicherung mindestens *auch* im Interesse der Gesellschaft ist – sie gibt die Chance der Durchsetzung auch hoher Ersatzansprüche –, kann diese Versicherung auch auf Kosten der Gesellschaft vom Vorstand und ohne Mitwirkung der Hauptversammlung abgeschlossen werden; § 113 AktG ist nicht einschlägig.² Da diese Versicherung aber dem Ziel entgegensteht, die Organmitglieder durch die Haftungsdrohung zu sorgfältiger Führung ihres Amtes anzuhalten, verlangt der Deutsche Corporate Governance Kodex in Ziff. 3.8 die Vereinbarung eines so genannten Selbstbehalts, also eines nicht versicherten Schadensteils beim Organmitglied. Eigentümlicherweise wurde gerade diese Empfehlung des Kodex von vielen börsennotierten Unternehmen nicht befolgt.³

Wegen dieser uneinsichtigen Haltung der Unternehmen hat der Gesetzgeber des VorstAG dieses Postulat des DCGK nun in § 93 Abs. 2 Satz 3 AktG aufgenommen. Danach ist ein Selbstbehalt von mindestens 10 % des Schadens bis mindestens zur Höhe des Eineinhalbfachen der festen jährlichen Vergütung des Vorstandsmitgliedes vorzusehen. In dieser schwer verständlichen Formulierung kommen zwei festzusetzende *Mindestparameter* zum Ausdruck: Eine prozentuale Quote, die sich auf jeden einzelnen Schadensfall bezieht, und eine absolute Obergrenze, die für alle Schadensfälle in einem Jahr zusammen gilt. Diese kann jedoch auch schon bei einem einzigen größeren Schadensfall erreicht werden.⁴ Aus dieser Regelung resultieren erhebliche Folgeprobleme, wie die Rechtsfolge eines Verstoßes oder die Rechtsfolge einer unterbliebenen Anpassung eines Altvertrages. Auch die Frage der Zulässigkeit einer Eigenversicherung des Vorstandsmitglieds gegen den Selbstbehalt wird diskutiert.⁵

Im Übrigen: Der *Bundesgerichtshof* hat den Aufsichtsrat in der ARAG-Entscheidung als *verpflichtet* angesehen, einen Schadensersatzanspruch gegen den Vorstand auch tatsächlich geltend zu machen.⁶ Das Gleiche gilt dann naturgemäß für den Vorstand im Hinblick auf den Aufsichtsrat und seine Mitglieder. Von dieser Pflicht hat der BGH nur zwei Ausnahmen gesehen: zum einen das etwaige Interesse der Gesellschaft, aus Gründen ihres standings den Anspruch *nicht* zu verfolgen; und zum anderen die zu geringen Chancen der Rechtsdurchsetzung. Dieser letztere Aspekt entfällt bei einer D&O-Versicherung. Denn im Gegensatz zum Organmitglied ist die Versicherung stets zahlungsfähig.

---

1 S. dazu unten ausführlich *Sieg*, § 15 (S. 411 ff.).
2 Str., vgl. *Dreher*, ZHR 165 (2001), 293, 310; *Lutter/Krieger*, Rechte und Pflichten des Aufsichtsrats, 5. Aufl. 2008, Rz. 1027; *Kort*, DStR 2006, 799, 801; a.A. *Hüffer*, § 84 AktG Rz. 16, § 113 AktG Rz. 2 f.
3 *v. Werder/Talaulicar*, DB 2006, 849, 854; *Krause*, BB 2009, 1370, 1375; zu den Gründen vgl. *Fleischer* in Fleischer, Handbuch des Vorstandsrechts, § 12 Rz. 19.
4 Begründung zur Beschlussempfehlung und Bericht des Rechtsausschusses, BT-Drucks. 16/13433, S. 17.
5 Vgl. m.w.N. *Dauner-Lieb/Tettinger*, ZIP 2009, 1555 ff.; *Olbrich/Kassing*, BB 2009, 1659 ff.; *Fiedler*, MDR 2009, 1077 ff.
6 BGH v. 21.4.1997 – II ZR 175/95, BGHZ 135, 244 = AG 1997, 377.

3. Vertragliche Haftungsreduzierung

19 a) Eine Reduzierung der Haftung durch eine statutarische Regel oder eine vertragliche Vereinbarung zwischen Gesellschaft und Organmitglied ist im Aktien- und Genossenschaftsrecht ausgeschlossen.[1] Das gilt sowohl für den objektiven Tatbestand (Reduzierung auf grobe Pflichtverletzung) wie für den Verschuldensmaßstab (Reduzierung auf grobe Fahrlässigkeit).

20 b) Im GmbH-Recht hingegen ist genau das, also eine Haftungsreduzierung durch Statut oder Vertrag in Grenzen möglich. Dafür kommen drei Gestaltungsmodalitäten in Betracht[2]:

– eine Herabsetzung des Pflichten- und Sorgfaltsmaßstabs,

– Verzicht, Vergleich oder Verjährungsfristverkürzung sowie eine

– summenmäßige Haftungsbeschränkung.

21 Hinsichtlich der Zulässigkeit einer solchen Haftungsreduzierung hat das Gesetz nur einige Eckpfeiler vorgegeben: Die Haftung für Vorsatz kann nicht im Voraus vertraglich ausgeschlossen werden, § 276 Abs. 3 BGB, und die Haftung für die Verletzung gläubigerschützender, insbesondere kapitalerhaltender Vorschriften ist unabdingbar, § 43 Abs. 3 Satz 3 i.V.m. § 9b GmbHG, §§ 9a Abs. 1 und 9b GmbHG sowie § 57 Abs. 4 i.V.m. § 9b und § 64 Satz 1 GmbHG.[3] Im Übrigen ist jedoch Vieles umstritten. Der *Bundesgerichtshof* ist der Ansicht, dass es in den oben genannten Grenzen Sache der Gesellschafter sei, darüber zu befinden, ob und in welchem Umfang sie Ansprüche der Gesellschaft verfolgen wollen.[4] So, wie auf die Durchsetzung eines Anspruchs verzichtet werden könne (Vertrag, Gesellschafterbeschluss), könne auch im Vorfeld das Entstehen eines Ersatzanspruchs begrenzt oder ausgeschlossen werden.[5] Dies gelte auch dort, wo der Geschäftsführer Weisungen der Gesellschafter hätte Folge leisten müssen. Damit sind Haftungsbeschränkungen im Voraus grundsätzlich zulässig, streitig ist jedoch das Ausmaß (z.B. auch für grobe Fahrlässigkeit) und die Form (Satzung, Vertrag) des Haftungsausschlusses. Eine nachträgliche Haftungsreduzierung ist in Form von Verzicht, Vergleich oder Generalbereinigung möglich, wiederum nur in den gläubigerschützenden Grenzen der §§ 43 Abs. 3 Satz 2, 9b; §§ 57 Abs. 4, 9b und § 64 Satz 1 GmbHG.[6]

---

1 Zum Aktienrecht vgl. *Hopt* in Großkomm. AktG, § 93 AktG Rz. 24; *Spindler* in MünchKomm. AktG, § 93 AktG Rz. 26; *Hopt/Roth* in Großkomm. AktG, § 116 AktG Rz. 10; *Habersack* in MünchKomm. AktG, § 116 AktG Rz. 4; *Krieger/Sailer* in K. Schmidt/Lutter, § 93 AktG Rz. 48 ff.; zum GenG vgl. *Schaffland* in Lang/Weidmüller, § 34 GenG Rz. 131.
2 *Kleindiek* in Lutter/Hommelhoff, § 43 GmbHG Rz. 51.
3 *Ziemons* in Oppenländer/Trölitzsch, Praxis-Handbuch der GmbH-Geschäftsführung, 2004, § 29 Rz. 18; *Kleindiek* in Lutter/Hommelhoff, § 43 GmbHG Rz. 53; *Zöllner/Noack* in Baumbach/Hueck, § 43 GmbHG Rz. 46.
4 BGH v. 16.9.2002 – II ZR 107/01, NJW 2002, 3777, 3777; kritisch dazu *Kleindiek* in Lutter/Hommelhoff, § 43 GmbHG Rz. 55.
5 BGH v. 16.9.2002 – II ZR 107/01, NJW 2002, 3777, 3778.
6 *Heiße*, Die Beschränkung der Geschäftsführerhaftung, 1988, S. 123 ff.; *Kleindiek* in Lutter/Hommelhoff, § 43 GmbHG Rz. 58 ff.; *Uwe H. Schneider* in Scholz, § 43 GmbHG Rz. 264.

VI. Praktische Durchsetzung der Haftung

1. In der Aktiengesellschaft

Die wirklich scharfe Haftung im Aktienrecht – jede Pflichtverletzung, leichte Fahrlässigkeit, Beweislastumkehr – hat in der Praxis doch nur selten zur Durchsetzung von Haftungsansprüchen geführt – ganz im Gegensatz etwa zur Praxis in den USA und der Schweiz.[1] Das hat vor allem zwei Gründe:

a) Zuständig für die Geltendmachung von Schadensersatzansprüchen der AG gegen Mitglieder des Vorstands ist der Aufsichtsrat, § 112 AktG; gegen Mitglieder des Aufsichtsrats ist es der Vorstand. Beides ist in der Realität des Lebens nur schwer vorstellbar: welcher Vorstand klagt gegen seinen Aufsichtsrat, welcher Aufsichtsrat gegen den von ihm selbst ausgesuchten und bestellten Vorstand? Das kommt nur in der Insolvenz der Gesellschaft vor (dann ist der Insolvenzverwalter dafür zuständig) oder, wenn die Gesellschaft einen (neuen) Großaktionär erhalten, dieser neue Organmitglieder bestellt hat und man dann gemeinsam auf die Suche geht, den vom Großaktionär gezahlten Kaufpreis durch Schadensersatzansprüche zu mindern.

b) Im Gegensatz zur Schweiz[2] und den USA[3] gibt es bei uns nicht die actio pro societate des Aktionärs, also die Aktionärsklage gegen Organmitglieder auf Leistung von Schadensersatz an die Gesellschaft. In Deutschland gab es nur eine mit vielen Haken und Schwierigkeiten versehene solche Klage einer *Minderheit*.[4] Diese Minderheitenklage war totes Recht und ist in der Praxis nie vorgekommen.

Das UMAG[5] hat diese Klage einer Minderheit gegen Organmitglieder auf Leistung von Schadensersatz an die Gesellschaft nach § 148 AktG seit 2005 wesentlich erleichtert. Aber weiterhin muss diese Minderheit über mindestens ein Prozent des Grundkapitals oder Aktien im Nominalbetrag von 100 000 Euro verfügen; und es muss sich bei der Pflichtverletzung um Unredlichkeit oder eine grobe Verletzung von Gesetz oder Satzung handeln. Es wird sich in den nächsten Jahren zeigen, ob diese Änderung des Gesetzes auch zu einer Änderung der Praxis führt. Immerhin hat es schon wenige Wochen nach Inkrafttreten der Neuregelung am 1.12.2005 den Aufruf eines Aktionärs zur Bildung eines Minderheiten-Pools gegeben zwecks Erhebung einer Schadensersatzklage gegen ein Organmit-

---

1 Vgl. *Lutter*, ZSR 2005, Bd. II, 415, 452 m.w.N. und 455 f.
2 Art. 756 OR, dazu *Druey* in Guhl, Das Schweizer Obligationenrecht, 9. Aufl. 2000, § 72 N. 34 ff. sowie *Binder/Roberto*, Handkommentar zum Schweizer Privatrecht, 2007, Art. 756 OR Rz. 5 f.
3 Sog. *derivative suit*, dazu *Merkt/Göthel*, US-amerikanisches Gesellschaftsrecht, 2. Aufl. 2006, Rz. 1031 ff.; *Dodge v. Woolsey*, 59 U. S. (18 How.) 331; *Ross v. Bernhard*, 396 U. S. 531 (1970).
4 § 147 AktG a.F. in der Fassung bis 31.10.2005, dazu *Schröer* in MünchKomm. AktG, § 147 AktG Rz. 3; *Lutter*, ZSR 2005, Bd. II, 415, 455.
5 Gesetz zur Unternehmensintegrität und Modernisierung des Anfechtungsrechts v. 22.9.2005, BGBl. I 2005, 2802.

glied.¹ Der Aufruf hat offenbar nicht zum Erfolg geführt. Hingegen war ein Minderheitsverlangen nach § 142 AktG auf Durchführung einer Sonderprüfung bei der Industriekreditbank AG vor dem OLG Düsseldorf erfolgreich.²

26 c) Nicht zu vergessen ist die oben schon erwähnte D&O-Versicherung. Sie macht den Schadensersatzanspruch der Gesellschaft auch in seiner Verwirklichung sicher und beseitigt sowohl das Mitleids-Argument gegenüber dem Organmitglied wie das Argument, der Schaden stehe in keinem Verhältnis zur Leistungsfähigkeit des Schuldigen.³

2. GmbH-Recht

27 Im Recht der GmbH lagen die Dinge von Anbeginn anders. Hier waren stets die Gesellschafter in ihrem Organ Gesellschafterversammlung mit einfacher Mehrheit für solche Klagen zuständig, § 46 Nr. 8 GmbHG. Und auch der Minderheit ist es möglich, sich notfalls gegen die klageunwillige Mehrheit durchzusetzen.⁴ Schließlich ist die GmbH auch sehr viel insolvenzanfälliger als die AG. In der Insolvenz aber ist der Insolvenzverwalter für solche Klagen zuständig. Davon machen diese häufig und heute mehr und mehr Gebrauch. Daher ist auch die Rechtsprechung zur Haftung von Geschäftsführern einer GmbH nach § 43 GmbHG reich und vielfältig.⁵

3. Genossenschaft

28 Die Verwirklichung von Haftungsansprüchen in der Genossenschaft findet häufiger statt als in der AG.⁶ Zwar ist dafür auch dort der Aufsichtsrat zuständig, § 39 Abs. 1 GenG. In den häufig vereinsmäßigen Strukturen einer Genossenschaft scheinen sich aber menschliche Innenkonflikte leichter zu entwickeln als in der AG. Darüber hinaus scheinen die Prüfungsverbände (§§ 53 ff. GenG) auf die Durchführung von Haftungsklagen zu drängen.

---

1 Ein gewisser Dr. Hahn wegen des etwaigen Regresses eines Vorstandsmitglieds der Deutschen Bank bezüglich des etwaigen Schadensersatzanspruchs der Kirch-Gruppe gegen diese Bank (oben Rz. 11 Fn. 6).
2 OLG Düsseldorf v. 9.12.2009 – I-6 W 45/09, ZIP 2010, 28.
3 Vgl. dazu noch einmal die ARAG-Entscheidung des BGH v. 21.4.1997 – II ZR 175/95, BGHZ 135, 244, 256 = AG 1997, 377. Zur Durchsetzung solcher Ansprüche eingehend *Kalss*, Durchsetzung der Innenhaftung der Leitungsorgane von Aktiengesellschaften, ZSR 2005, Bd. II, 643 ff.
4 Mit der *actio pro societate*, nach Kassation des ablehnenden Gesellschafterbeschlusses; sehr str., dazu *Bayer* in Lutter/Hommelhoff, § 46 GmbHG Rz. 41 und *Kleindiek* in Lutter/Hommelhoff, § 43 GmbHG Rz. 41; *K. Schmidt* in Scholz, § 46 GmbHG Rz. 161 sowie *Eickhoff*, Die Gesellschafterklage im GmbH-Recht, 1988.
5 Vgl. nur die umfangreichen Nachweise bei *Zöllner/Noack* in Baumbach/Hueck, § 43 GmbHG Rz. 24.
6 Vgl. dazu die umfangreichen Nachweise bei *Schaffland* in Lang/Weidmüller, § 34 GenG Rz. 48 ff.

VII. Außenhaftung

Bei Erörterung der Haftung von Organmitgliedern ist der Normalfall der Haftung gegenüber der Gesellschaft von dem Sonderfall der Haftung der Organe gegenüber Dritten (sog. Außenhaftung) zu unterscheiden (s. oben Rz. 12).

29

Grundsätzlich haftet nur die Kapitalgesellschaft selbst gegenüber externen Gläubigern. Auch aus der Sicht des Kapitalmarkts ist der Adressat von Informationspflichten der Emittent, also die Gesellschaft. Dagegen haften Gesellschafter und Organmitglieder nicht. § 93 AktG begründet Schadensansprüche lediglich der Gesellschaft. Aktionäre und Gläubiger können daraus keine eigenen Rechte herleiten. § 93 AktG ist kein Schutzgesetz zu ihren Gunsten i.S. von § 823 Abs. 2 BGB. Ebenso wenig hat der Vorstands-Anstellungsvertrag Schutzwirkungen zu Gunsten von Aktionären.[1]

Eine eigene Haftung von Vorstands- und Aufsichtsratsmitgliedern gegenüber Aktionären kommt aber ausnahmsweise nach Maßgabe von § 117 Abs. 2 Satz 1, Abs. 1 Satz 2 AktG in den Fällen der vorsätzlich schädigenden Einflussnahme auf die Gesellschaft in Betracht. Als weitere Spezialvorschrift ist an die konzernrechtliche Schadensersatzpflicht nach § 317 Abs. 1 Satz 2 und Abs. 3 AktG zu denken. In den beiden Fällen ist indes Voraussetzung, dass den Aktionären ein über die Schädigung der Gesellschaft hinausgehender Schaden entstanden ist.[2]

Neben Deliktsansprüchen aufgrund von Spezialvorschriften kommt eine Haftung von Vorstands- und Aufsichtsratsmitgliedern vor allem als deliktische Haftung wegen eines Eingriffs in die Mitgliedschaft in Betracht, die als absolutes Recht i.S. von § 823 Abs. 1 BGB geschützt ist. Hierzu reicht allerdings nicht schon eine nur mittelbare Beeinträchtigung des Mitgliedschaftsrechts durch Schädigung der Gesellschaft aus, sondern erforderlich ist eine unmittelbare Verletzung des Mitgliedschaftsrechts.[3]

Weiterhin denkbar ist eine Haftung nach § 823 Abs. 2 BGB i.V.m. der Strafvorschrift wegen falscher Angaben und unrichtiger Darstellungen in §§ 399, 400 AktG. Nach § 826 BGB haftet der Vorstand darüber hinaus bei vorsätzlicher sittenwidriger Schädigung von Aktionären, wobei hierzu insbesondere der Fall der Verleitung zum Aktienerwerb durch bewusst unrichtige Ad hoc-Mitteilungen zählt.[4]

Im Zusammenhang mit Ad hoc-Mitteilungen sind vor allen Dingen die Entscheidungen des Bundesgerichtshofs bzgl. Haffa, EM-TV, Comroad und Infomatec zu beachten.[5] All diesen Entscheidungen ist die immer noch sehr restriktive Hand-

---

1 Vgl. *Krieger/Sailer* in K. Schmidt/Lutter, § 93 AktG Rz. 64.
2 Vgl. *Lutter/Krieger*, Rechte und Pflichten des Aufsichtsrats, 5. Aufl. 2008, Rz. 1020 sowie *Krieger/Sailer* in K. Schmidt/Lutter, § 93 AktG Rz. 64.
3 Vgl. *Lutter/Krieger*, Rechte und Pflichten des Aufsichtsrats, 5. Aufl. 2008, Rz. 1019.
4 Vgl. *Krieger/Sailer* in K. Schmidt/Lutter, § 93 AktG Rz. 66.
5 Vgl. dazu BGH v. 3.3.2008 – II ZR 310/06, ZIP 2008, 829 ff. – Comroad VIII; BGH v. 7.1.2008 – II ZR 68/06, ZIP 2008, 410 ff. – Comroad VII; BGH v. 4.6.2007 – II ZR 147/05, ZIP 2007, 1560 ff. – Comroad IV; BGH ebenfalls v. 4.6.2007 – II ZR 173/05, ZIP 2007, 1564 ff. – Comroad V; BGH v. 26.6.2006 – II ZR 153/05, ZIP 2007, 326 ff. – „ohne Name".

habung der Haftung von Vorständen im Rahmen des § 826 BGB gemeinsam, wobei die deliktsrechtlichen Tatbestandsvoraussetzungen nach und nach etwas gesenkt wurden, nicht jedoch die Anforderungen an den Nachweis der Kausalität.

VIII. Summa

30 Der Tatbestand des Haftungsanspruchs gegen Organmitglieder war im Kapitalgesellschaftsrecht von Anfang an scharf und hat sich in mehr als einem Jahrhundert kaum geändert. Geändert aber haben sich die Pflichten der Organmitglieder; sie sind heute sehr viel breiter und vielfältiger als früher. Daher ist heute das Potential von schadenstiftenden Pflichtverletzungen auch sehr viel höher. Dem entspricht die heute ganz und gar übliche D&O-Versicherung der Organmitglieder, die auch die praktische Durchsetzung solcher Ansprüche im Interesse der Gesellschaft in Zukunft verändern wird.

Höher sind aber auch die Schäden. Sie betragen etwa bei Siemens aus dem Bestechungsdrama 2,5 Mrd. Euro, bei der Industriekreditbank (IKB) und der HypoRealEstate aus den leichtfertigen Finanzgeschäften je mindestens 10 Mrd. Euro. Während Siemens die ehemaligen Vorstände auf Teilbeträge in Anspruch nimmt, ist ein ähnliches Vorgehen geschädigter Banken bisher nicht bekannt geworden.[1] Die Inanspruchnahme der Siemens-Vorstände auf Schadensersatz ist bis auf einen durch Vergleiche nach § 93 Abs. 4 Satz 3 AktG über Beträge zwischen 0,5 und 5 Mio. Euro mit Zustimmung der Hauptversammlung vom Januar 2010 abgeschlossen. Eine ähnliche Entwicklung zeichnet sich im Bestechungsfall MAN ab.

---

1 Vgl. dazu BGH v. 13.8.2009 – 3 StR 576/08, ZIP 2009, 1854; *Lutter*, ZIP 2009, 197 und *Lutter*, BB 2009, 786 sowie *Fleischer*, NJW 2009, 2337.

§ 2
Organpflichten und Haftung in der GmbH und GmbH & Co. KG

Professor Dr. Dr. h.c. Uwe H. Schneider

	Rz.		Rz.
A. Die praktische Bedeutung	1	1. Haftung nur bei eigener Pflichtverletzung	35
B. Die Haftung des Geschäftsführers gegenüber der Gesellschaft (Innenhaftung)	6	2. Haftung bei Geschäftsverteilung	38
I. Die Ausgangslage	6	3. Haftung bei Delegation	41
II. Die Pflichtverletzung als Tatbestandsmerkmal der Innenhaftung	11	VIII. Ursächlichkeit und Schaden	42
		IX. Darlegungs- und Beweislast	45
III. Organinnenhaftung und Business Judgement Rule	14	X. Geltendmachung des Schadensersatzanspruchs	48
IV. Haftung bei Zahlungen, die gegen § 30 GmbHG verstoßen	21	XI. Haftungsbeschränkung	50
		XII. Verjährung der Ersatzansprüche der Gesellschaft	54
V. Die Haftung des Geschäftsführers bei Weisungen durch die Gesellschafterversammlung	24	XIII. Die Haftung des Geschäftsführers in der GmbH & Co. KG	59
1. Weisungsrecht der Gesellschafter und Folgepflicht des Geschäftsführers	24	C. Die Haftung gegenüber den Gesellschaftern	63
2. Folgepflicht bei schädigenden Weisungen?	31	D. Die Haftung gegenüber Dritten (Außenhaftung)	65
VI. Haftung des Geschäftsführers gegenüber der Gesellschaft wegen Verletzung von Loyalitätspflichten	32	E. Die Haftung des Geschäftsführers in der Gründungsphase der Gesellschaft	68
VII. Der Grundsatz der Gesamtverantwortung	35	F. Die Haftung des Geschäftsführers in der Insolvenz	71
		G. Die Haftung der Mitglieder des Aufsichtsrats einer GmbH	72

Schrifttum: *Altmeppen*, Zur Disponibilität der Geschäftsführerhaftung in der GmbH, DB 2000, 657; *Altmeppen*, Die Einflussrechte der Gemeindeorgane in einer kommunalen GmbH, NJW 2003, 2561; *Altmeppen*, Ungültige Vereinbarungen zur Haftung von GmbH-Geschäftsführern, DB 2000, 261; *Altmeppen*, Zur Disponibilität der Geschäftsführerhaftung in der GmbH, DB 2000, 657; *Altmeppen/Wilhelm*, Quotenschaden, Individualschaden und Klagebefugnis bei der Verschleppung des Insolvenzverfahrens über das Vermögen der GmbH, NJW 1999, 673; *Bastuck*, Enthaftung des Managements, 1986; *Baums*, Der Geschäftsleitervertrag, 1987; *Beermann*, AO-Geschäftsführerhaftung und ihre Grenzen nach der Rechtsprechung des BFH, DStR 1994, 805; *Bosch/Lange*, Unternehmerischer Handlungsspielraum des Vorstands zwischen zivilrechtlicher Verantwortung und strafrechtlicher Sanktion, JZ 2009, 225; *Brandes*, Die Rechtsprechung des BGH zur GmbH, WM 1992, Beil. 3, 3; *Brötzmann*, Anmerkung zur Entscheidung KG Berlin v. 17.12.2004 – 14 U 226/03, GmbHR 2005, 477; *Brox/Walker*, Die Einschränkung der Arbeitnehmerhaftung gegenüber dem Arbeitgeber, DB 1985, 1469; *Dahnz/Grimminger*, Manager und ihr Berufsrisiko. Die zivil- und strafrechtliche Haftung von Aufsichtsräten, Vorständen und Geschäftsführern, 3. Aufl. 2007; *Dauner-Lieb*, Die Berechnung des Quotenschadens, ZGR 1998, 617; *Decher*,

Loyalitätskonflikte des Repräsentanten der öffentlichen Hand im Aufsichtsrat, ZIP 1990, 277; *Dreher*, Die persönliche Verantwortlichkeit von Geschäftsleitern nach außen und die innergesellschaftliche Aufgabenverteilung, ZGR 1992, 22; *Drescher*, Die Haftung des GmbH-Geschäftsführers, 6. Aufl. 2009; *Fleck*, Zur Haftung des GmbH-Geschäftsführers, GmbHR 1974, 224; *Fleck*, Die Drittanstellung des GmbH-Geschäftsführers, ZHR 149 (1985), 387; *Fleischer*, Die „Business Judgment Rule" – Vom Richterrecht zur Kodifizierung, ZIP 2004, 685; *Fleischer*, Aktuelle Entwicklung der Managerhaftung, NJW 2009, 2337; *Fleischer*, Kompetenzüberschreitung von Geschäftsleitern im Personen- und Kapitalgesellschaftsrecht – Schaden – rechtmäßiges Alternativverhalten – Vorteilsausgleich, DStR 2009, 1204; *Froesch*, Managerhaftung – Risikominimierung durch Delegation?, DB 2009, 722; *Gehrlein/Witt*, GmbH-Recht in der Praxis, 2. Aufl. 2008; *Gernhuber*, Die Erfüllung und ihre Surrogate, 2. Aufl. 1994; *Gieseke*, Interessenkonflikte der GmbH-Geschäftsführer bei Pflichtenkollisionen, GmbHR 1996, 486; *Goette*, Gesellschaftsrechtliche Grundfragen im Spiegel der Rechtsprechung, ZGR 2008, 436; *Goette*, Die GmbH, 2. Aufl. 2002; *Goette*, Zur systematischen Einordnung des § 64 Abs. 2 GmbHG, in FS Kreft, 2004, S. 53; *Goette*, Zur Verteilung der Darlegungs- und Beweislast der objektiven Pflichtwidrigkeit bei der Organhaftung, ZGR 1995, 648; *Graef*, Haftung der Geschäftsführung bei fehlerhafter Kreditvergabe, GmbHR 2004, 327; *Haas*, Geschäftsführerhaftung und Gläubigerschutz, 1997; *Haas*, Der Erstattungsanspruch nach § 64 Abs. 2 GmbHG, NZG 2004, 737; *Haas*, Aktuelle Rechtsprechung zur Insolvenzantragspflicht des GmbH-Geschäftsführers nach § 64 Abs. 1 GmbHG, DStR 2003, 423; *Haase*, Zur Strafbarkeit der Nichtabführung von Sozialversicherungsbeiträgen ohne Lohnzahlung, GmbHR 2000, 819; *Habersack*, Die Teilhabe des Aufsichtsrats an der Leitungsaufgabe des Vorstands gemäß § 111 Abs. 4 S. 2 AktG dargestellt am Beispiel der Unternehmensplanung, in FS Hüffer, 2010, S. 259; *Habersack*, Gesteigerte Überwachungspflichten des Leiters eines sachnahen Vorstandsressorts?, WM 2005, 2360; *Habersack/Schürnbrand*, Die Rechtsnatur der Haftung aus §§ 93 Abs. 3 AktG, 43 Abs. 3 GmbHG, WM 2005, 957; *Hauschka*, Ermessensentscheidungen bei der Unternehmensführung, GmbHR 2007, 11; *Heckschen/Heidinger*, Die GmbH in der Gestaltungspraxis, 2. Aufl. 2009; *Hohler/Niesert*, Die Haftung des Geschäftsführers für die Rückzahlung von Gesellschafterdarlehen und ähnliche Leistungen – Zugleich ein Beitrag zur Auslegung des § 64 S. 3 GmbHG, NZI 2009, 345; *Joussen*, Der Sorgfaltsmaßstab des § 43 Abs. 1 GmbHG, GmbHR 2005, 441; *Keller*, Außenhaftung des GmbH-Geschäftsführers bei Wettbewerbsverstößen und Verletzung gewerblicher Schutzrechte, GmbHR 2005, 1235; *Kleindiek*, Geschäftsführerhaftung nach der GmbH-Reform, in FS K. Schmidt, 2009, S. 893; *Konzen*, Geschäftsführung, Weisungsrecht und Verantwortlichkeit in der GmbH und GmbH & Co. KG, NJW 1989, 2977; *Krause*, Managerhaftung und Strategien zur Haftungsvermeidung, BB 2009, 1370; *Krekeler/Werner*, Unternehmer und Strafrecht, 2006; *Kübler*, Erwerbschancen und Organpflichten – Überlegungen zur Entwicklung der Lehre von den „corporate opportunities", in FS Werner, 1984, S. 437; *Kuntz*, Geltung und Reichweite der Business Judgment Rule in der GmbH, GmbHR 2008, 121; *Lammel*, Zur Haftung von Mitgliedern der Verwaltungsorgane bei Kreditgenossenschaften, ZfgG 36 (1986), 125; *Lutter*, Aufsichtsrat und Sicherung der Legalität im Unternehmen, in FS Hüffer, 2010, S. 617; *Lutter*, Die Business Judgment Rule und ihre praktische Anwendung, ZIP 2007, 841; *Lutter*, Haftungsrisiken des Geschäftsführers einer GmbH, GmbHR 1997, 329; *Lutter/Banerjea*, Die Haftung des Geschäftsführers für existenzvernichtende Eingriffe, ZIP 2003, 2177; *Medicus*, Die Außenhaftung des GmbH-Geschäftsführers, GmbHR 1993, 533; *Medicus*, Die interne Geschäftsverteilung und die Außenhaftung von GmbH-Geschäftsführern, GmbHR 1998, 9; *Medicus*, Die Außenhaftung des Führungspersonals juristischer Personen im Zusammenhang mit Produktmängeln, GmbHR 2002, 809; *Meier*, Verantwortung und Haftung von kommunalen Aufsichtsratsmitgliedern, ZKF 2002, 218; *Mertens/Mertens*, Zur deliktischen Eigenhaftung des Geschäftsführers einer GmbH bei Verletzung ihm übertragener organisatorischer Pflichten, JZ 1990, 488; *Messer*, Wettbewerbsrechtliche Haftung der Organe juristischer Personen, in FS Ullmann, 2006, S. 769; *Meyer*, Die Verantwortlichkeit des Geschäftsführers für Gläubigerinteressen – Veränderungen durch das MoMiG, BB 2008, 1742; *Mülbert/Leuschner*, Aufsteigende Darlehen im Kapitalerhaltungs- und Konzernrecht, NZG

2009, 281; *W. Müller*, Bilanzentscheidungen und Business Judgment Rule, in Liber amicorum Happ, 2006, S. 179; *Paefgen*, Die Darlegungs- und Beweislast bei der Business Judgment Rule, NZG 2009, 891; *Paefgen*, Kapitalerhaltungshaftung von GmbH-Geschäftsführern und Gesellschaftern, DZWIR 2009, 177; *Röhricht*, Insolvenzrechtliche Aspekte im Gesellschaftsrecht, ZIP 2005, 505; *Roth*, Unternehmerisches Ermessen und Haftung des Vorstands, 2001; *Karsten Schmidt*, GmbH-Reform auf Kosten der Geschäftsführer?, GmbHR 2008, 449; *Karsten Schmidt*, Verbotene Zahlungen in der Krise von Handelsgesellschaften und die daraus resultierenden Ersatzpflichten, ZHR 168 (2004), 637; *Karsten Schmidt*, Kein Abschied vom „Quotenschaden" bei der Insolvenzverschleppungshaftung!, NZI 1998, 9; *Schmitt*, Untreue von Bank- und Sparkassenverantwortlichen bei der Kreditvergabe, BKR 2006, 125; *Sven H. Schneider*, „Unternehmerische Entscheidungen" als Anwendungsvoraussetzung für die Business Judgement Rule, DB 2005, 707; *Uwe H. Schneider*, Die Haftung von Mitgliedern des Vorstands und der Geschäftsführer bei Vertragsverletzungen der Gesellschaft, in FS Hüffer, 2010, S. 905; *Uwe H. Schneider*, Die Pflichten des Geschäftsführers in der Krise der GmbH – Zwölf Handlungsanweisungen an den Geschäftsführer zur Haftungsvermeidung, GmbHR 2010, 57; *Uwe H. Schneider*, Gesellschaftsrechtliche und öffentlich-rechtliche Anforderungen an eine ordnungsgemäße Unternehmensorganisation, DB 1993, 1909; *Uwe H. Schneider*, Haftungsmilderung für Vorstandsmitglieder und Geschäftsführer bei fehlerhafter Unternehmensleitung?, in FS Werner, 1984, S. 812; *Uwe H. Schneider/Brouwer*, Die Aufrechnung von Ansprüchen der Gesellschaft auf Schadensersatz gegen Ansprüche des Geschäftsführers auf Ruhegeld, in FS Röhricht, 2005, S. 541; *Schön*, Die Haftung kommunaler Aufsichtsratsmitglieder in Aktiengesellschaften und Gesellschaften mit beschränkter Haftung, 2004; *Schulze-Osterloh*, Zahlungen nach Eintritt der Insolvenzreife (§ 64 Abs. 2 GmbHG; §§ 92 Abs. 3, 93 Abs. 3 Nr. 6 AktG), in FS Bezzenberger, 2000, S. 414; *Schulze-Osterloh*, § 64 Abs. 1 GmbHG als Schutzgesetz i.S.d. § 823 Abs. 2 BGB, in FS Lutter, 2000, S. 707; *Semler*, Fehlerhafte Geschäftsführung in der Einmann-GmbH, in FS Goerdeler, 1987, S. 551; *Trescher*, Aufsichtsratshaftung zwischen Norm und Wirklichkeit, DB 1995, 661; *Thümmel*, Persönliche Haftung von Managern und Aufsichtsräten, 4. Aufl. 2008; *H.P. Westermann*, Zum Umfang der Kontrollpflichten des Aufsichtsrats und zur Haftung von Aufsichtsratsmitgliedern bei Verletzung von Kontrollpflichten, ZIP 2000, 25; *Winter*, Die Verantwortlichkeit des Aufsichtsrats für „Corporate Compliance", in FS Hüffer, 2010, S. 1103; *Ziemons*, Die Haftung der Gesellschafter für Einflussnahmen auf die Geschäftsführung der GmbH, 1996.

A. Die praktische Bedeutung

Die Gesellschafter einer GmbH haften nicht persönlich mit ihrem Privatvermögen für die Verbindlichkeiten der Gesellschaft, § 13 Abs. 2 GmbHG. Das gilt auch und erst recht für die Geschäftsführer und die Mitglieder des Aufsichtsrats. Auch die Geschäftsführer und die Mitglieder des Aufsichtsrats haften weder gegenüber Dritten noch gegenüber der Gesellschaft für die Verbindlichkeiten der Gesellschaft. Sie tragen nicht das Unternehmensrisiko. Das Unternehmensrisiko liegt vielmehr bei der Gesellschaft. Das klingt so einfach und selbstverständlich – und deshalb könnte man auf den ersten Blick meinen, die Haftung der Geschäftsführer und der Mitglieder des Aufsichtsrats hätten keine praktische Bedeutung. Das Gegenteil ist der Fall.

Den Geschäftsführern und den Mitgliedern des Aufsichtsrats sind vielmehr gegenüber der Gesellschaft eine Vielzahl von Pflichten auferlegt, deren Verletzung zur Haftung und zu einer Reihe weiterer Rechtsfolgen führen können. In Betracht kommen nicht nur strafrechtliche Sanktionen oder Sanktionen des Ordnungswidrigkeitenrechts, sondern zu denken ist auch an aufsichtsrechtliche, steuerrechtliche und an die gesellschaftsrechtlichen Folgen. Dabei sind gerade in jüngster Zeit vor allem durch das MoMiG aber auch durch die höchstrichterliche Rechtsprechung die Pflichten des Geschäftsführers erhöht und die Haftungsrisiken bei Verletzung dieser Pflichten ausgeweitet worden.[1]

3   Die praktische Bedeutung dieser Rechtsfolgen ist in den letzten Jahren in jeder Hinsicht gewachsen. Das gilt zunehmend auch für die strafrechtliche Verantwortung. Gesprochen wird von einer „Kriminalisierung des Managements".[2] Und dabei geht es nicht nur um die falschen Angaben wegen Gründungsschwindel, Sachgründungsschwindel, Geschäftslagetäuschung und der Verletzung der Pflichten in der Krise der Gesellschaft, sondern auch und vor allem um den Vorwurf der Untreue, insbesondere bei leichtfertiger Kreditvergabe.[3] Hinzu kommt, dass die Zahl der Tatbestände, die mit Bußgeld bedroht sind, geradezu dramatisch gestiegen ist. Und im Gegensatz zu früher werden die Delikte auch verfolgt. Sind die Geschäftsführer Geschäftsleiter eines Kreditinstituts oder eines Versicherungsunternehmens, droht die Abberufung als Geschäftsleiter durch die Bundesanstalt für Finanzdienstleistungsaufsicht (BaFin), § 36 KWG. Und das Amt verlangt in offensichtlichen Fällen die Durchsetzung der zivilrechtlichen Schadensersatzansprüche. Schließlich müssen Geschäftsführer damit rechnen, dass der Anstellungsvertrag gekündigt wird und sie damit ihr künftiges Einkommen und zumindest Teile ihrer Altersversorgung verlieren.

4   Das alles ist im Zusammenhang mit der Haftung des Geschäftsführers zu sehen. Dabei handelt es sich keineswegs um Einzelfälle, in denen sich die Haftung verwirklicht. Das Gegenteil ist der Fall. Schon die Zahl der veröffentlichten gerichtlichen Entscheidungen erschreckt.[4] Sie geben aber nur einen unvollkommenen Eindruck. Denn in der Praxis wird vielfach auf eine gerichtliche Durchsetzung von Schadensersatzansprüchen gegen Organmitglieder verzichtet. Damit fehlt es aber an einer Veröffentlichung der zugrunde liegenden Sachverhalte. Vielmehr beschränkt man sich darauf, Schadensersatzansprüche gegen ausstehende Gehaltsansprüche oder Ruhegeldansprüche aufzurechnen. Für das Organmitglied entwickelt sich das zur wahren Katastrophe; denn gegebenenfalls entfällt die Altersversorgung.[5] Jeder kann sich vorstellen, was das bedeutet.

5   Das folgende Kapitel gibt einen Überblick über die Haftung der Geschäftsführer und der Mitglieder des Aufsichtsrats, und zwar vor allem im Verhältnis zur Gesellschaft und im Verhältnis zu Dritten. Soweit einzelne Fragestellungen in folgenden Kapiteln vertieft werden, wird hierauf verwiesen.

---

1 *Kleindiek* in FS Karsten Schmidt, S. 893; *Römermann*, GmbHR Sonderheft Oktober 2008, 62.
2 Anstelle vieler: *Krekeler/Werner*, Unternehmer und Strafrecht, 2006; *Bosch/Lange*, JZ 2009, 225.
3 S. dazu *Schmitt*, BKR 2006, 125.
4 Allgemein zur höchstrichterlichen Rechtsprechung zur Haftung des GmbH-Geschäftsführers: *Goette*, Die GmbH, S. 299 ff.; *Gehrlein/Witt*, GmbH-Recht in der Praxis, 2. Aufl. 2008, S. 250 und vor allem *Drescher*, Die Haftung des GmbH-Geschäftsführers, 6. Aufl. 2009.
5 Mehr dazu Uwe H. Schneider/Brouwer in FS Röhricht, S. 541 ff.

B. Die Haftung des Geschäftsführers gegenüber der Gesellschaft (Innenhaftung)

I. Die Ausgangslage

Der Geschäftsführer muss bei der Verletzung seiner Pflichten nicht nur mit einer Haftung gegenüber der Gesellschaft (Innenhaftung), sondern auch mit einer Haftung gegenüber den Gesellschaftern (Gesellschafter-Innenhaftung) und gegenüber außenstehenden Dritten (Außenhaftung) rechnen. Eine Innenhaftung kommt vor allem in Betracht, wenn der Geschäftsführer seine organisationsrechtlichen Pflichten verletzt oder wenn er im Verhältnis zur Gesellschaft eine unerlaubte Handlung begeht. 6

§ 43 GmbHG ist die zentrale Vorschrift für die **organisationsrechtliche Innenhaftung** der Geschäftsführer gegenüber der Gesellschaft, und zwar unabhängig davon, ob es sich um einen Gesellschaftergeschäftsführer handelt oder einen Fremdgeschäftsführer. Die Vorschrift geht von einer Pflichtenbindung der Geschäftsführer aus. Sie enthält für den Fall der Pflichtverletzung eine **Verhaltenshaftung**, und zwar in Form einer **Verschuldenshaftung**. Damit ist allen Versuchen eine Absage erteilt, dass Herrschaft auch Haftung nach sich ziehen müsse. Es gibt nach geltendem Recht keinen Gleichlauf von Herrschaft und Haftung. Das bedeutet, dass sich die Haftung des Geschäftsführers nicht deshalb ändert, also etwa ausweitet, weil er zugleich Alleingesellschafter oder wesentlich beteiligt ist[1] oder wenn er eine gewinnabhängige Tantieme erhält. 7

Teilweise wird die Ansicht vertreten, § 43 GmbHG, also die organisationsrechtliche Haftung der Geschäftsführer, verdränge eine Haftung des Geschäftsführers aus positiver Vertragsverletzung wegen Verletzung von Pflichten aus dem Anstellungsvertrag. Dem ist nicht zu folgen. Vielmehr besteht entgegen der höchstrichterlichen Rechtsprechung[2] **Anspruchskonkurrenz**. Solange der Geschäftsführer sein Amt innehat, stehen beide Anspruchsgrundlagen nebeneinander und ergänzen sich.[3] In der Regel hat die vertragliche Haftung neben der organisationsrechtlichen Haftung aber keine Bedeutung. Jedoch können im Anstellungsvertrag die Pflichten des Geschäftsführers, die sich aus seiner Organstellung ergeben, inhaltlich konkretisiert oder etwa durch einen Zustimmungskatalog ausgeweitet werden[4] und die Haftung kann, wie im Einzelnen zu zeigen sein wird, beschränkt werden. 8

---

1 BGH v. 13.4.1994 – II ZR 16/93, BGHZ 125, 370; BGH v. 24.11.1995 – V ZR 234/94, NJW 1996, 586, 587.
2 BGH v. 10.2.1992 – II ZR 23/91, DStR 1992, 549 (*Goette*) = WM 1992, 691 = WuB, II C. § 43 GmbHG 2.92 (*Uwe H. Schneider*); BGH v. 9.12.1996 – II ZR 240/95, ZIP 1997, 199, 200.
3 So früher BGH v. 12.11.1979 – II ZR 174/77, BGHZ 75, 321; BGH v. 24.3.1980 – II ZR 213/77, BGHZ 76, 326; *Fleck*, ZHR 149 (1985), 387, 397; *Karsten Schmidt*, Gesellschaftsrecht, S. 1077; a.A. Zöllner/Noack in Baumbach/Hueck, § 43 GmbHG Rz. 4; *Altmeppen* in Roth/Altmeppen, § 43 GmbHG Rz. 2.
4 KG Berlin v. 17.12.2004 – 14 U 226/03, GmbHR 2005, 477 mit Komm. *Brötzmann*.

9 Neben den Ansprüchen aus der Verletzung der organisationsrechtlichen Pflichten können der Gesellschaft gegenüber dem Geschäftsführer **deliktsrechtliche Ansprüche** zustehen. Auch insoweit besteht Anspruchskonkurrenz.[1]

10 Streitig ist, ob die **Haftungsprivilegierung** für Arbeitnehmer unmittelbar oder entsprechend auch für den Geschäftsführer anwendbar ist. Teilweise wird dies mit der Begründung abgelehnt, es fehle eine Lücke im Gesetz. Für eine Analogie sei kein Raum.[2] Nach anderer Ansicht wird eine Haftungserleichterung ohne Einschränkung bejaht. Was für den leitenden Angestellten gelte, könne man für den Geschäftsführer nicht ablehnen.[3] Der überwiegenden Ansicht dürfte es heute aber entsprechen, dass der Geschäftsführer die Haftungsprivilegierung in Anspruch nehmen kann, wenn die Pflichtverletzung nicht in unmittelbarem Zusammenhang mit der Unternehmensleitung steht, also nicht im typischen Verantwortungsbereich des Geschäftsführers erfolgte. Zu denken ist etwa an den Unfall mit einem PKW auf einer Dienstfahrt.[4]

II. Die Pflichtverletzung als Tatbestandsmerkmal der Innenhaftung

11 *Die Bestimmung der Pflichten, die dem Geschäftsführer gegenüber der Gesellschaft obliegen, des Inhalts und die Frage, unter welchen Voraussetzungen die Pflichten verletzt sind, stellt das zentrale Problem der Verantwortung und der Haftung des Geschäftsführers gegenüber der Gesellschaft dar.*

12 Der Geschäftsführer ist nach § 43 Abs. 1 GmbHG gegenüber der Gesellschaft schadensersatzpflichtig, wenn die folgenden **Voraussetzungen** vorliegen:
   - Der Geschäftsführer muss durch positives Tun oder durch Unterlassen eine organschaftliche Pflicht, die ihm persönlich gegenüber der Gesellschaft obliegt, verletzt haben. Maßstab ist die Sorgfalt eines ordentlichen Geschäftsmannes.
   - Die Pflichtverletzung muss einen Schaden bei der Gesellschaft verursacht haben.
   - Der Geschäftsführer muss schuldhaft gehandelt haben.

13 Zu unterscheiden sind vor allem zwei Arten von Pflichten, nämlich die Pflicht zur Unternehmensleitung und die Loyalitätspflicht (Treuepflicht). *Zum einen hat der Geschäftsführer die Pflicht, im Rahmen der durch die Gesellschafter ge-*

---

1 BGH v. 12.6.1989 – II ZR 334/87, GmbHR 1989, 365; BGH v. 10.2.1992 – II ZR 23/91, DStR 1992, 549.
2 *Kleindiek* in Lutter/Hommelhoff, § 43 GmbHG Rz. 31; *Joussen*, GmbHR 2005, 441.
3 *Brox/Walker*, DB 1985, 1469, 1477; *Wehmeyer*, Die arbeitsrechtliche Einordnung der Organe juristischer Personen, 1988, S. 191.
4 Einzelheiten bei *Uwe H. Schneider* in FS Werner, S. 812 und dem folgend *Bastuck*, Enthaftung des Managements, 1986, S. 84f.; *Haas*, Geschäftsführerhaftung und Gläubigerschutz, S. 295, Fn. 130; *Wank* in FS Wiedemann, 2002, S. 587, 611; a.A. *Zöllner/Noack* in Baumbach/Hueck, § 43 GmbHG Rz. 6; *Kleindiek* in Lutter/Hommelhoff, § 43 GmbHG Rz. 31; *Paefgen* in Ulmer/Habersack/Winter, § 43 GmbHG Rz. 21.

setzten Vorgaben den Gesellschaftszweck aktiv zu verfolgen. Diese Pflicht zur Unternehmensleitung ist abhängig von der Zielsetzung und dem Gegenstand des Unternehmens. Unabhängig hiervon sind dem Geschäftsführer im Rahmen der Unternehmensleitung eine Vielzahl von gesetzlichen Pflichten auferlegt, die teils der Gesellschaft obliegen und die wahrzunehmen er verpflichtet ist. Teils sind sie aber auch dem Geschäftsführer persönlich auferlegt. *Zum anderen* hat der Geschäftsführer die Pflicht, sich gegenüber der Gesellschaft loyal zu verhalten. Das wird im Weiteren noch auszuführen sein.

III. Organinnenhaftung und Business Judgement Rule

Die Organ-Innenhaftung wegen fehlerhafter Unternehmensleitung ist durch die Business Judgement Rule gemildert. 14

Für die Innenhaftung wegen fehlerhafter Unternehmensleitung ist anerkannt, dass zwischen gebundenen Entscheidungen und unternehmerischen Entscheidungen zu unterscheiden ist. **Gebundene Entscheidungen** sind Entscheidungen, deren Inhalt durch gesetzliche Vorschriften, die Satzung oder Beschlüsse der Gesellschafterversammlung vorgegeben ist und keine Handlungsalternative besteht. Insoweit kann sich der Geschäftsführer nicht auf ein unternehmerisches Ermessen berufen. Für rechts- oder satzungswidriges Verhalten, für die Nichtbeachtung von Weisungen durch die Gesellschafterversammlung oder für die Verletzung von Treupflichten gibt es keinen „sicheren Hafen".[1] 15

Unternehmerische Entscheidungen beruhen demgegenüber auf einer Prognose. Sie bergen besondere Risiken in sich. Der II. Zivilsenat des Bundesgerichtshofs[2] hat daher im Blick hierauf zwischen „Marktrisiken" und „Verhaltensrisiken" differenziert. Der Vorstand einer Aktiengesellschaft habe, so heißt es in der genannten Entscheidung, bei der Leitung der Geschäfte des Unternehmens einen weiten Handlungsspielraum. Ohne diesen sei eine unternehmerische Tätigkeit schlechterdings nicht denkbar. Wörtlich heißt es: 16

„Dazu gehört neben dem bewussten Eingehen geschäftlicher Risiken grundsätzlich auch die Gefahr von Fehlbeurteilungen und Fehleinschätzungen, der jeder Unternehmensleiter, mag er auch noch so verantwortungsbewusst handeln, ausgesetzt ist. Eine Schadensersatzpflicht kann allein daraus, dass sich die Maßnahme als fehlerhaft erweist, nicht hergeleitet werden."

Im Ergebnis bedeutet das, dass den Geschäftsleitern ein weites, gerichtlich nicht überprüfbares, Ermessen zugebilligt wird.

Dieser Grundsatz des unternehmerischen Ermessens wurde durch das **UMAG** (Gesetz zur Unternehmensintegrität und Modernisierung des Anfechtungsrechts 17

---
1 Begr. RegE UMAG BT-Drucks. 15/5092, S. 11.
2 BGH v. 21.4.1997 – II ZR 175/95, BGHZ 135, 244, 253; ausführlich *Goette* in FS 50 Jahre BGH, 2000, S. 123, 130; *Lutter*, GmbHR 2000, 306; *Lutter*, ZIP 2007, 841; *Haas* in Michalski, § 43 GmbHG Rz. 16; *Roth*, Unternehmerisches Ermessen und Haftung des Vorstands, 2001; *Fleischer*, ZIP 2004, 685; zuletzt etwa LG Düsseldorf v. 27.5.2005 – 39 O 73/04, GmbHR 2005, 1298.

(UMAG)) kodifiziert. In § 93 Abs. 1 Satz 2 AktG heißt es seit der Neufassung durch das UMAG:

„Eine Pflichtverletzung liegt nicht vor, wenn das Vorstandsmitglied bei einer unternehmerischen Entscheidung vernünftigerweise annehmen durfte, auf der Grundlage angemessener Information zum Wohle der Gesellschaft zu handeln."

Das lässt sich auf die GmbH und ihre Geschäftsführer übertragen, mag auch die Formulierung dieser Regel nicht geglückt sein.[1]

18 Das bedeutet, dass die Geschäftsführer nicht das Risiko tragen, dass sich unternehmerische Entscheidungen im Nachhinein nachteilig entwickeln. Das unternehmerische Risiko, also das Marktrisiko, trägt die Gesellschaft und tragen nicht die Organmitglieder. Sie tragen aber das Verhaltensrisiko.

19 Anwendbar ist die **Business Judgement Rule** freilich nur bei „**unternehmerischen Entscheidungen**". Eine unternehmerische Entscheidung liegt nur vor, „wenn zum ex-ante-Zeitpunkt der Entscheidung Informationen über den weiteren Geschehensablauf nicht zur Verfügung stehen, die ex-post bekannt sein werden und deshalb nicht mit ausreichender Wahrscheinlichkeit vorausgesagt werden kann, ob eine bestimmte Entscheidung sich positiver oder negativer als die anderen Entscheidungsmöglichkeiten auswirkt."[2]

Entscheidend ist demzufolge, dass die Maßnahmen zukunftsbezogen sind und ihre Einschätzung eine Prognose verlangt.

20 Zu bestimmen sind damit die **Grenzen** der Business Judgement Rule. Dabei geht es um drei Fallgruppen.

– *Erstens* haftet der Geschäftsführer, wenn er sich nicht angemessen informiert[3] und die Entscheidungen entsprechend vorbereitet hat.[4] Positiv formuliert: Der Geschäftsführer muss auf der Grundlage der verfügbaren Informationsquellen die Vor- und Nachteile der bestehenden Handlungsoptionen sorgfältig abschätzen und den erkennbaren Risiken Rechnung tragen. Exemplarisch für eine Pflichtverletzung ist die Vergabe von Krediten ohne angemessene Kreditwürdigkeitsprüfung und die Beratung von Kunden über Wertpapiergeschäfte, ohne dass sich der beratende Geschäftsführer angemessen über die damit verbundenen Risiken informiert.

– *Zweitens* haftet der Geschäftsführer, wenn die Maßnahme nicht rechtmäßig oder nicht im Interesse der Gesellschaft ist oder die Bestimmungen der Sat-

---

1 S. dazu *Goette*, ZGR 2008, 436, 448; *Kuntz*, GmbHR 2008, 121.
2 *Goette* in Hommelhoff/Hopt/v. Werder (Hrsg.), Handbuch Corporate Governance, 2. Aufl. 2009, S. 728; *Sven H. Schneider*, DB 2005, 707, 712; *Spindler*, AG 2006, 677, 681; *Semler* in FS Ulmer, 2003, S. 627; *Lutter*, ZIP 2007, 843; zum Ganzen: *Uwe H. Schneider* in Scholz, § 43 GmbHG Rz. 54 ff.
3 Weitergehend BGH v. 14.7.2008 – II ZR 202/07, NJW 2008, 3361 = GmbHR 2008, 1033: „Der Geschäftsführer muss alle verfügbaren Informationsquellen tatsächlicher und rechtlicher Art ausschöpfen."
4 BGH v. 14.7.2008 – II ZR 202/07, NJW 2008, 3361 = GmbHR 2008, 1033; *Fleischer*, ZIP 2004, 685, 691; *Spindler*, AG 2006, 677, 681; *Kock/Dinkel*, NZG 2004, 441, 444; *Hauschka*, GmbHR 2007, 11, 16.

zung nicht eingehalten werden.[1] Zu denken ist an die Verletzung von Kartellverboten[2], umweltrechtlichen Bestimmungen[3], Vorschriften des Steuerrechts oder des Abgabenrechts usw., die zu Geldbußen gegen das Unternehmen führen. Ist der Gesellschaft durch die Rechtsverletzung Schaden entstanden, ist sie z.B. durch Dritte wegen eines unzulässigen Kartells in Anspruch genommen oder ist sie mit einer Geldbuße belegt worden, so kann das Unternehmen Rückgriff nehmen. Auf ein unternehmerisches Ermessen kann sich der Geschäftsführer nicht berufen.

– Und *drittens* haftet der Geschäftsführer, wenn die Grundsätze ordnungsgemäßer Unternehmensleitung[4] gröblich verletzt werden. So heißt es in einer Entscheidung des II. Zivilsenats des Bundesgerichtshofs vom 21.3.2005[5]:

„Dieser Spielraum ist ... jedoch dann überschritten, wenn aus der Sicht eines ordentlichen und gewissenhaften Geschäftsleiters das hohe Risiko eines Schadens unabweisbar ist und keine vernünftigen wirtschaftlichen Gründe dafür sprechen, es dennoch einzugehen. Für Vorstandsmitglieder einer Genossenschaftsbank bedeutet dies, dass Kredite grundsätzlich nicht ohne übliche Sicherheiten und nur unter Beachtung der Beleihungsobergrenzen gewährt werden dürfen."

IV. Haftung bei Zahlungen, die gegen § 30 GmbHG verstoßen

Geschäftsführer sind insbesondere der Gesellschaft gegenüber zum Ersatz verpflichtet, wenn sie den Bestimmungen des § 30 GmbHG zuwider Zahlungen aus dem zur Erhaltung des Stammkapitals erforderlichen Vermögen der Gesellschaft an Gesellschafter oder nahe stehende Personen leisten oder den Bestimmungen des § 33 GmbHG zuwider eigene Geschäftsanteile der Gesellschaft erwerben.

21

Der Geschäftsführer ist der Hüter des gebundenen Vermögens. Und dies gewinnt Bedeutung, wenn bei der Gesellschaft eine Unterbilanz besteht; denn der Geschäftsführer darf nach § 30 GmbHG keine Zahlungen aus dem gebundenen Vermögen der Gesellschaft an einen Gesellschafter leisten. Dabei ist die Unterbilanz nach den allgemeinen, für die Jahresbilanz geltenden Bilanzierungsgrundsätzen festzustellen.[6] Verletzt der Geschäftsführer dieses Verbot, so haftet er der Gesellschaft nach § 43 Abs. 3 GmbHG.[7] Und dies gilt auch, wenn die Gesellschaft trotz Unterbilanz erfolgreich tätig ist, keine Liquiditätsprobleme bestehen und der langfristige Erfolg der Gesellschaft gesichert ist.

22

---

1 BGH v. 15.10.1996 – VI ZR 319/95, BGHZ 133, 370; *Altmeppen* in Roth/Altmeppen, § 43 GmbHG Rz. 6.
2 S. dazu unten bei *Dreher*, § 31 (S. 937 ff.).
3 S. dazu unten bei *Uwer*, § 34 (S. 1018 ff.).
4 *Drescher*, Die Haftung des GmbH-Geschäftsführers, 6. Aufl. 2009, S. 17: „anerkannte betriebswirtschaftliche Grundsätze."
5 BGH v. 21.3.2005 – II ZR 54/03, WM 2005 933, 934; auch schon BGH v. 3.12.2001 – II ZR 308/99, WM 2002, 220; zur Haftung bei fehlerhafter Kreditvergabe: *Graef*, GmbHR 2004, 327. Einzelheiten bei *Haas* in Michalski, § 43 GmbHG Rz. 66; *Zöllner/Noack* in Baumbach/Hueck, § 43 GmbHG Rz. 19; *Uwe H. Schneider* in Scholz, § 43 GmbHG Rz. 84 mit Fallbeispielen Rz. 97.
6 BGH v. 29.9.2008 – II ZR 234/07, GmbHR 2008, 1319.
7 Die Rechtsnatur dieses Anspruchs ist streitig. S. dazu *Habersack/Schürnbrand*, WM 2005, 957 m.w.N. zum Stand der Diskussion.

23 Ein besonderes Haftungsrisiko besteht bei der Gewährung von Darlehen an Mitgeschäftsführer oder an Gesellschafter bei bestehender Unterbilanz. Nach § 43a GmbHG sind Darlehen an Geschäftsführer, Prokuristen oder zum gesamten Geschäftsbetrieb ermächtigte Handlungsbevollmächtigte aus dem zur Erhaltung des Stammkapitals erforderlichen Vermögen der Gesellschaft verboten. Wird gleichwohl Kredit gewährt, so ist die Folge nicht nur, dass der Kredit ohne Rücksicht auf entgegenstehende Vereinbarungen sofort zurückzugewähren ist[1], sondern die Folge ist auch eine Haftung der Geschäftsführer auf Schadensersatz.

Nach h.M. beschränkt sich das Verbot, bei bestehender Unterbilanz Darlehen zu gewähren, auf Geschäftsführer, Prokuristen, usw. § 43a GmbHG ist aber nach herrschender Ansicht – jedoch mit guten Gründen bestrittener Ansicht – auf Gesellschafterdarlehen nicht anwendbar.[2] Soll heißen: Darlehen an Gesellschafter darf die Gesellschaft gewähren.[3] Voraussetzung für die Darlehensgewährung an Gesellschafter ist aber, dass zum Zeitpunkt der Darlehensgewährung ein **vollwertiger Rückzahlungsanspruch** besteht. „Vollwertig" ist im Sinne des Bilanzrechts zu verstehen. Der Rückgewähranspruch darf keinem über das allgemeine Kreditrisiko hinausgehenden Risiko unterliegen. Verlangt ist hierbei eine vernünftige kaufmännische Beurteilung.[4] Dazu hat der Geschäftsführer, der das Darlehen gewährt, eine entsprechende Kreditwürdigkeitsprüfung bei dem Gesellschafter vorzunehmen. Und Voraussetzung ist weiter, dass die Kreditwürdigkeit des Gesellschafters auch fortlaufend während der Dauer der Kreditgewährung überwacht wird.[5] Bestehen Zweifel an der Kreditwürdigkeit des Gesellschafters, sei es zum Zeitpunkt der Kreditgewährung, sei es während der Dauer der Kreditgewährung, so muss der Geschäftsführer den Kredit zurückfordern. Verletzt der Geschäftsführer eine dieser Pflichten, so macht er sich nach § 43 Abs. 2 und 3 GmbHG schadensersatzpflichtig.

V. Die Haftung des Geschäftsführers bei Weisungen durch die Gesellschafterversammlung

1. Weisungsrecht der Gesellschafter und Folgepflicht des Geschäftsführers

24 *Die Geschäftsführer haften gegenüber der Gesellschaft bei einer Weisung der Gesellschafterversammlung nicht für die Fehler bei der Willensbildung und Entscheidungsfindung, sondern nur für Fehler bei der Ausführung.*[6]

---

1 S. dazu *Fromm*, GmbHR 2008, 537 ff.
2 A.A. *Uwe H. Schneider* in FS Döllerer, 1988, S. 537 ff.; *Karsten Schmidt*, Gesellschaftsrecht, 4. Aufl. 2002, S. 1149; *Karsten Schmidt*, GmbHR 2007, 1072, 1076 und GmbHR 2008, 453; *Sotiropoulos*, GmbHR 1996, 653.
3 BGH v. 1.2.2008 – II ZR 102/07, GmbHR 2009, 199 – MPS mit Bespr. *Altmeppen*, ZIP 2009, 49; *Habersack*, ZGR 2009, 347.
4 *Mülbert/Leuschner*, NZG 2009, 281.
5 BGH v. 1.12.2008 – II ZR 102/07, GmbHR 2009, 199.
6 BGH v. 4.12.1959 – II ZR 187/57, BGH v. 14.12.1959 – II ZR 187/57, BGHZ 31, 258, 278; BFH v. 27.3.1996 – I R 89/95, DStR 1997, 325; *Haas*, Geschäftsführerhaftung und Gläubigerschutz, S. 36; *Semler* in FS Goerdeler, S. 556; *Konzen*, NJW 1989, 2979.

Im Unterschied zum Vorstand der Aktiengesellschaft leitet der Geschäftsführer die 25
Gesellschaft nicht in eigener Verantwortung. Vielmehr kann die Gesellschafterversammlung den Geschäftsführern in allen Bereichen der Unternehmensleitung Weisungen erteilen (**Grundsatz der Weisungsabhängigkeit**), § 37 Abs. 1 GmbHG. Den Geschäftsführern ist die Pflicht auferlegt, diese Weisungen auszuführen (**Grundsatz der Folgepflicht**).[1] Im Blick hierauf sah der RegE GmbHG 1971 vor:

„Die Ersatzpflicht tritt nicht ein, wenn die Handlung in Übereinstimmung mit Gesetz und Gesellschaftsvertrag auf einen Beschluss der Gesellschafter oder einer für die Geschäftsführung verbindlichen Weisung beruht."

Dieser Vorschlag wurde zwar nicht Gesetz, ist aber geltendes Recht.[2]

Liegt eine zulässige Weisung vor, so sind die Geschäftsführer in der Regel nicht befugt, die Ausführung abzulehnen, weil sie die Weisung für unzweckmäßig halten. 26

Voraussetzung für die Haftungsbefreiung ist eine Weisung auf Grund eines wirksamen Gesellschafterbeschlusses oder, falls in der Satzung vorgesehen, des hierdurch zuständigen Organs. Ausreichend ist auch ein Beschluss der Gesellschafterversammlung, in dem die Gesellschafter der Maßnahme des Geschäftsführers nachträglich zustimmen. Allerdings kann sich der Geschäftsführer nicht auf die Weisung berufen, wenn er die Gesellschafter nicht hinreichend informiert hat oder versäumte, auf mögliche Risiken hinzuweisen oder verschwiegen hat, dass er an der Maßnahme ein persönliches Interesse hat.[3] 27

Beruht die Weisung auf einem fehlerhaften Beschluss, so ist zu unterscheiden. 28
War der **Beschluss nichtig**, so darf der Geschäftsführer die „Weisung" nicht ausführen.[4] Nichtig ist der Beschluss insbesondere, wenn durch dessen Ausführung Vorschriften verletzt werden, die ausschließlich oder überwiegend zum Schutz der Gläubiger der Gesellschaft, §§ 30, 43 Abs. 3 GmbHG oder sonst im öffentlichen Interesse liegen. Der Beschluss ist ferner nichtig, wenn die Weisung für die Gesellschaft existenzgefährdend ist oder wenn die Weisung gegen die guten Sitten verstößt. Der Geschäftsführer kann sich daher nicht auf die Weisung berufen, wenn deren Ausführung mit den Grundsätzen zur Kapitalaufbringung und zur Kapitalerhaltung nicht zu vereinbaren ist, § 43 Abs. 3 Satz 3 GmbHG. Nur wenn der Gesellschafterbeschluss aus verfahrensrechtlichen Gründen nichtig ist, steht es dem Geschäftsführer frei, eine entsprechende Maßnahme in eigener Verantwortung auszuführen.[5]

---

1 BGH v. 4.12.1959 – II ZR 187/57, BGHZ 31, 258, 278; BFH v. 9.10.1996 – XI R 47/96, GmbHR 1997, 374; *Fleck*, GmbHR 1974, 226.
2 BGH v. 4.12.1959 – II ZR 187/57, BGHZ 31, 258, 278; BGH v. 18.3.1974 – II ZR 2/72, GmbHR 1974, 131, 132.
3 Ebenso *Haas*, Geschäftsführerhaftung und Gläubigerschutz, S. 36.
4 BGH v. 13.4.1994 – II ZR 16/93, BGHZ 125, 372 = GmbHR 1994, 390; BGH v. 18.3.1974 – II ZR 2/72, GmbHR 1974, 131; BGH v. 12.11.1979 – II ZR 174/77, GmbHR 1980, 127; *Ziemons*, Die Haftung der Gesellschafter für Einflussnahmen auf die Geschäftsführung der GmbH, 1996, S. 26; *Gieseke*, GmbHR 1996, 486.
5 Vgl. BGH v. 14.12.1961 – II ZR 97/59, BGHZ 36, 207, 211: Fehlende Ladung eines Gesellschafters; *Fleck*, GmbHR 1974, 227; a.A. *Ziemons*, Die Haftung der Gesellschafter für Einflussnahmen auf die Geschäftsführung der GmbH, 1996, S. 29.

29 Ist der **Beschluss**, auf dem die Weisung beruht, **anfechtbar**, so ist zunächst weiter zu unterscheiden, ob die Anfechtungsfrist noch läuft oder ob der Beschluss bereits unanfechtbar geworden ist. Ist die Frist zur Anfechtung abgelaufen und als Folge hiervon der Beschluss unanfechtbar geworden, so besteht eine uneingeschränkte Folgepflicht. Bei der Ausführung der Weisung ist der Geschäftsführer daher auch entlastet. Ist der Beschluss noch anfechtbar, so ist der Weisungsbeschluss wirksam. Der Geschäftsführer muss jedoch damit rechnen, dass der Beschluss in der Folgezeit angefochten wird und damit die Weisung entfällt. Der Geschäftsführer hat mit der gebotenen Sorgfalt zu prüfen, ob die entsprechende Maßnahme verwirklicht werden soll. In jedem Fall trägt er die volle Verantwortung.[1] Eine Folgepflicht besteht nicht. Entschließt er sich zur Ausführung und wird der Beschluss erfolgreich angefochten, so hat er nicht nur für die Ausführung, sondern in der Regel auch für den Inhalt der Weisung einzustehen.

30 Ist bei einer **Einpersonengesellschaft** der alleinige Gesellschafter zugleich Geschäftsführer, so haftet er gegenüber der Gesellschaft nicht nach § 43 Abs. 2 GmbHG, sondern nur wie ein Gesellschafter.[2] Das gilt auch dann, wenn eine förmliche Weisung, die sonst Voraussetzung für eine Haftungsbefreiung ist, fehlt; denn der Wille des Alleingesellschafters entspricht dem Willen der Gesellschaft.[3] Der Alleingesellschafter handelt im vorgenannten Fall nur in seiner Eigenschaft als Geschäftsführer pflichtwidrig, wenn durch die Maßnahme eine Unterbilanz oder Überschuldung entsteht oder vertieft wird. Er handelt auch pflichtwidrig, wenn die Gesellschaft in ihrem Bestand gefährdet wird.

2. Folgepflicht bei schädigenden Weisungen?

31 Auszuführen hat der Geschäftsführer auch Weisungen der Gesellschafter, selbst wenn sie die Gesellschaft schädigen.[4] Die Folge ist, dass der Geschäftsführer für solche Schädigungen nicht haftet. Die Grenze bilden Weisungen, die rechtswidrig sind, die zu Zahlungen führen, die gegen § 30 GmbHG verstoßen oder die einen existenzvernichtenden Eingriff darstellen.[5] Weisungen, die einen existenzvernichtenden Eingriff darstellen, sind in Analogie zu § 43 Abs. 3 Satz 3 GmbHG nichtig. Sie dürfen durch den Geschäftsführer nicht befolgt werden. Und das bedeutet zugleich, dass sich der Geschäftsführer schadensersatzpflichtig macht, wenn er eine existenzvernichtende Weisung ausführt.

---

1 Wie hier: *Fleck*, GmbHR 1974, 227.
2 BGH v. 31.1.2000 – II ZR 189/99, DB 2000, 661 = GmbHR 2000, 330; *Altmeppen*, DB 2000, 657.
3 BGH v. 28.9.1992 – II ZR 299/91, BGHZ 119, 257, 261; BGH v. 10.5.1993 – II ZR 74/92, GmbHR 1993, 427; BGH v. 21.3.1994 – II ZR 260/92, GmbHR 1994, 460; s. auch BFH v. 12.10.1995 – I R 127/94, GmbHR 1996, 219; *Baums*, Der Geschäftsleitervertrag, S. 270.
4 BGH v. 14.12.1959 – II ZR 187/57, BGHZ 31, 258, 278; BFH v. 14.9.1994 – I R 6/94, DB 1995, 249; *Uwe H. Schneider* in Scholz, § 43 GmbHG Rz. 119; *Baums*, Der Geschäftsleitervertrag, S. 271; *Fleck*, ZHR 149 (1985), 387, 408; *Semler* in FS Goerdeler, S. 551, 556.
5 *Zöllner/Noack* in Baumbach/Hueck, § 43 GmbHG Rz. 34; *Lutter/Banerjea*, ZIP 2003, 2177, 2178; *Thümmel*, Persönliche Haftung von Managern und Aufsichtsräten, 4. Aufl. 2008, S. 158; zum Ganzen: *Uwe H. Schneider* in Scholz, § 43 GmbHG Rz. 124.

VI. Haftung des Geschäftsführers gegenüber der Gesellschaft wegen Verletzung von Loyalitätspflichten

Geschäftsführer, die ihre gegenüber der Gesellschaft obliegenden Loyalitätspflichten verletzen, machen sich schadensersatzpflichtig. 32

Neben den Leitungspflichten obliegen den Organmitgliedern weiter gehende Loyalitätspflichten (Treuepflichten). Der Geschäftsführer hat insbesondere alles zu unterlassen, was die Gesellschaft schädigen könnte. Zu diesen Schutz- und Rücksichtspflichten gehört ein Wettbewerbsverbot **während der Amtszeit**.[1] Damit soll verhindert werden, dass ein Geschäftsführer seine aus der Geschäftsführerstellung erlangten Kenntnisse oder seinen auf der Geschäftsführerstellung beruhenden Einfluss dazu verwendet, die eigenen Geschäfte zum Nachteil der Gesellschaft zu fördern. Verletzt der Geschäftsführer das Wettbewerbsverbot, so kann die Gesellschaft nicht nur Unterlassung verlangen, sondern auch Schadensersatz. Zu ersetzen ist der entgangene Gewinn, wobei es der Gesellschaft obliegt, die Höhe des Schadens nachzuweisen. Die Gesellschaft ist allerdings nicht dazu berechtigt, die Vergütung zu verweigern.[2] Die Gesellschaft kann stattdessen auch verlangen, dass das Geschäft als für ihre Rechnung eingegangen gilt (Eintrittsrecht).[3] **Nach Beendigung der Amtszeit** unterliegt der Geschäftsführer einem Wettbewerbsverbot nur, wenn dies ausdrücklich vereinbart wurde.[4] Unabhängig davon ist der Geschäftsführer zu nachvertraglicher Loyalität verpflichtet. 33

Zu den Schutz- und Rücksichtspflichten des Geschäftsführers gehört ferner das Verbot, seinen Einfluss geltend zu machen, um sich **persönliche Vorteile** einzuhandeln.[5] Der Geschäftsführer darf die Organstellung nicht im eigenen Interesse ausnutzen.[6] Pflichtwidrig sind nicht nur der Griff in die Kasse, sondern auch die etwas subtileren Arten der Bereicherung, wie etwa die Gewährung von Darlehen unter Marktzins an den Geschäftsführer, die Übernahme der Gartengestaltung auf dem Privatgrundstück des Geschäftsführers durch Mitarbeiter des Unternehmens, „Dienstreisen", die nicht dienstlich geboten sind, die Anweisung, eine Vergütung von der Gesellschaft vornehmen zu lassen, die dem Geschäftsführer nicht zusteht[7] usw. Verboten ist dem Geschäftsführer auch, Geschäftschancen, die der Gesellschaft gebühren, als Eigengeschäft an sich zu ziehen.[8] Verletzt der Geschäftsführer seine Loyalitätspflichten, indem er Geschäfts- 34

---
1 S. dazu unten bei *Verse*, § 22 (S. 640 ff.).
2 BGH v. 19.10.1987 – II ZR 97/87, GmbHR 1988, 100.
3 Str., wie hier *Haas* in Michalski, § 43 GmbHG Rz. 263.
4 BGH v. 11.10.1976 – II ZR 104/75, GmbHR 1977, 43; BGH v. 23.9.1985 – II ZR 246/84, DB 1986, 214.
5 S. dazu unten bei *Verse*, § 22 (S. 640 ff.).
6 BGH v. 12.6.1989 – II ZR 334/87, NJW 1989, 2697 = WM 1989, 1335 = GmbHR 1989, 365; BFH v. 8.7.1998 – I R 123/97, BFHE 186, 540; *Fleischer*, NZG 2003, 985.
7 BGH v. 26.11.2007 – II ZR 161/06, NZG 2008, 104 = GmbHR 2008, 144.
8 BGH v. 21.2.1983 – II ZR 183/82, WM 1983, 498; BGH v. 23.9.1985 – II ZR 246/84, WM 1985, 1443; BGH v. 17.12.1985 – VI ZR 244/84, BB 1986, 486; BGH v. 12.6.1989 – II ZR 334/87, WM 1989, 1335; zur amerikanischen Lehre von der „Corporate Opportunity": *Kübler* in FS Werner, 1984, S. 437; zum Ganzen: *Uwe H. Schneider* in Scholz, § 43 GmbHG Rz. 201 und unten bei *Verse*, § 22 (S. 640 ff.).

chancen an sich zieht, so kann die Gesellschaft ihn nicht nur abberufen, sondern zugleich auch Schadensersatz nach § 43 Abs. 2 GmbHG verlangen.

VII. Der Grundsatz der Gesamtverantwortung

1. Haftung nur bei eigener Pflichtverletzung

35 *Hat die Gesellschaft mehrere Geschäftsführer, so gilt der Grundsatz der Gesamtverantwortung.*[1]

36 Jeder Geschäftsführer ist für die Geschäftsführung in ihrer gesamten Breite verantwortlich. Das bedeutet nicht, dass jeder Geschäftsführer für Pflichtverletzungen seiner Mitgeschäftsführer, die zu Schaden geführt haben, einzustehen hat. Vielmehr haftet jeder Geschäftsführer nur bei eigener Pflichtverletzung. Allerdings kann er sich seinerseits bei einer eigenen schuldhaften Pflichtverletzung nicht auf ein Mitverschulden eines Geschäftsführers berufen.[2]

37 Bei Beschlüssen aller Mitgeschäftsführer darf sich aber kein Geschäftsführer blind auf die anderen verlassen. Vielmehr muss er selbst den Sachverhalt kritisch würdigen.[3] Er hat dafür zu sorgen, dass Maßnahmen der Mitgeschäftsführer mit der Sorgfalt eines ordentlichen Geschäftsmannes entschieden und umgesetzt werden und dass auch die Mitgeschäftsführer sich rechtmäßig verhalten.

2. Haftung bei Geschäftsverteilung

38 *Der Grundsatz der Gesamtverantwortung hindert nicht, durch die Satzung, durch Gesellschafterbeschluss oder durch ausdrücklichen Beschluss der Geschäftsführer, bestimmte Entscheidungsbereiche einzelnen Geschäftsführern zuzuordnen.*[4]

39 Eine solche **Geschäftsverteilung** wird rechtlich aber nur anerkannt[5],
- wenn der Entscheidungsbereich der Geschäftsverteilung zugänglich ist.[6] Grundsätzliche Fragen, wie etwa die Vorbereitung der Geschäftspolitik, müssen in der Zuständigkeit des Gesamtgremiums der Geschäftsführer zwingend auch dann verbleiben, wenn Einzelgeschäftsführungsbefugnis besteht.

- wenn eine eindeutige schriftliche Klarstellung erfolgt, welcher Geschäftsführer für welchen Bereich zuständig ist.[7] Für die Geschäftsverteilung bei Erfül-

---
1 BGH v. 5.3.1990 – II ZR 86/89, GmbHR 1990, 298; BGH v. 15.10.1996 – VI ZR 319/95, GmbHR 1997, 26; BFH v. 4.3.1986 – VII S 33/85, GmbHR 1986, 288.
2 BGH v. 14.3.1983 – II ZR 103/82, ZIP 1983, 824, 825 = GmbHR 1983, 300.
3 BGH v. 1.3.1993 – II ZR 81/94, II ZR 61/92, WM 1994, 1030.
4 Zur Möglichkeit einer Teilnehmerhaftung nach § 830 Abs. 2 BGB i.V.m. § 826 BGB s. *Fleischer*, AG 2008, 265, 268.
5 Einzelheiten unten bei *E. Vetter*, § 18 (S. 501 ff.).
6 BGH v. 6.7.1990 – 2 StR 549/89, GmbHR 1990, 500, 503; *Haas*, Geschäftsführerhaftung und Gläubigerschutz, S. 282.
7 BFH v. 26.4.1984 – V R 128/79, ZIP 1984, 1345; BFH v. 4.3.1986 – VII S 33/85, GmbHR 1986, 288 = WM 1986, 1024; krit. *Medicus*, GmbHR 1998, 9, 16.

lung der steuerlichen Pflichten verlangt der Bundesfinanzhof zur Anerkennung ausdrücklich die Schriftform[1] und

– wenn der zuständige Geschäftsführer die erforderliche persönliche und fachliche Qualifikation besitzt, um die zugewiesenen Aufgaben ordnungsgemäß zu erfüllen.[2]

Liegt eine solche ordnungsgemäße Geschäftsverteilung vor, trägt nur der zuständige Geschäftsführer die **volle Handlungsverantwortung**.

40

Für die anderen Geschäftsführer ist die Verantwortung und demgemäß auch die Haftung begrenzt. Sie haben fehlerhafte Maßnahmen in den Ressorts, für die sie nicht zuständig sind, nicht zu vertreten.[3] Bei rechtlich anerkannter Geschäftsverteilung verbleibt aber bei jedem Geschäftsführer eine **Informations- und Überwachungsverantwortung**. Er hat sich über die grundlegenden mit der Leitung verbundenen Aufgaben in regelmäßigen Abständen zu informieren.[4] Dabei hat er einen Anspruch darauf, über alles informiert zu werden.[5] Er hat sich regelmäßig zu informieren, ob der Mitgeschäftsführer weiterhin die Qualifikation besitzt, um die zugewiesenen Aufgaben zu bewältigen[6] und ob er seinen Aufgaben auch tatsächlich nachkommt. Entstehen Zweifel an der Zuverlässigkeit oder daran, dass sich der zuständige Geschäftsführer umfassend informiert und mit der gebotenen Sorgfalt entscheidet, so sind die anderen Geschäftsführer verpflichtet, die Einzelentscheidung und bei schweren Zweifeln den gesamten Aufgabenbereich in das Gesamtgremium zurückzuholen („**Rückholpflicht**").[7] Drohen schwere Nachteile für die Gesellschaft und sind die zuständigen Mitgeschäftsführer nicht bereit, dem abzuhelfen, so ist zunächst zu widersprechen („**Widerspruchspflicht**"). Sodann sind die Gesellschafter zu unterrichten („**Unterrichtungspflicht**").[8]

---

1 BFH v. 26.4.1984 – V R 128/79, BFHE 141, 443, 447 mit Anm. *Wilke*, GmbHR 1985, 309; BFH v. 4.3.1986 – VII S 33/85, WM 1986, 1023; BFH v. 17.5.1988 – VII R 90/85, GmbHR 1989, 170.
2 BFH v. 22.7.1997 – I B 44/97, GmbHR 1998, 203.
3 BGH v. 8.7.1985 – II ZR 198/84, WM 1985, 1293, 1294; BGH v. 20.3.1986 – II ZR 114/85, WM 1986, 789; BFH v. 26.4.1984 – V R 128/79, BFHE 141, 443, 447.
4 BGH v. 1.3.1993 – II ZR 81/94, II ZR 61/92, DStR 1994, 1092 (*Goette*); BGH v. 26.6.1995 – II ZR 109/94, DStR 1995, 1639 (*Goette*) = GmbHR 1995, 653; BGH v. 24.11.2003 – II ZR 171/01, GmbHR 2004, 302; *Uwe H. Schneider*, DB 1993, 1909; zu weitgehend VG Frankfurt v. 8.7.2004 – 1 E 7363/03 (I), WM 2004, 2157: Gesteigerte Überwachungspflichten des Leiters eines sachnahen Vorstandsressorts; dagegen zutreffend: *Habersack*, WM 2005, 2360; *Froesch*, DB 2009, 722.
5 OLG Köln v. 22.11.2007 – 6 U 1170/07, GmbHR 2008, 37 f.
6 BGH v. 15.10.1996 – VI ZR 319/95, BGHZ 133, 370, 375 = GmbHR 1997, 25; BGH v. 8.7.1985 – II ZR 198/84, WM 1985, 1294; BGH v. 20.3.1986 – II ZR 114/85, WM 1986, 789; BGH v. 26.6.1995 – II ZR 109/94, GmbHR 1995, 654; BFH v. 4.3.1986 – VII S 33/85, WM 1986, 1023.
7 BGH v. 8.7.1985 – II ZR 198/84, WM 1985, 1294; BGH v. 20.3.1986 – II ZR 114/85, WM 1986, 789; BFH v. 4.3.1986 – VII S 33/85, WM 1986, 1024; zuletzt etwa OLG Frankfurt v. 23.1.2004 – 24 U 135/03, GmbHR 2004, 1016.
8 BGH v. 31.3.1954 – II ZR 57/53, BGHZ 13, 65; BGH v. 20.10.1954 – II ZR 280/53, BGHZ 15, 78; *Fleck*, GmbHR 1974, 225.

3. Haftung bei Delegation

41 Die Geschäftsführer brauchen nicht jede einzelne Maßnahme im Unternehmen der Gesellschaft selbst vorzunehmen, sondern können die einzelnen Sachfunktionen auf die nachgeordneten Mitarbeiter delegieren.[1] Machen die Geschäftsführer von dieser Delegationsbefugnis Gebrauch, so haben sie nur für eine ordnungsgemäße Auswahl der Mitarbeiter, ihre den Aufgaben angemessene Einweisung[2] und Information sowie die erforderliche Überwachung einzustehen. Insbesondere ist regelmäßig zu prüfen, ob die Mitarbeiter und – bei mehrfach gestufter Hierarchie – die unmittelbar nachgeordneten Geschäftsbereichsleiter ihren Aufgaben angemessen nachkommen, ob sie die Führungsaufgaben im Verhältnis zu ihren Mitarbeitern wahrnehmen und ihre Pflichten im Verhältnis zu den Geschäftsführern (Information, usw.) und gegenüber Dritten erfüllen.

VIII. Ursächlichkeit und Schaden

42 *Der Geschäftsführer haftet für Verletzung seiner Pflichten nur, wenn dies ursächlich für einen Schaden der Gesellschaft ist.*

43 Streitig ist, was als Schaden der Gesellschaft anzusehen ist. Teilweise wird jede rechnerische Vermögensminderung als Schaden angesehen.[3] Nach anderer Ansicht ist Schaden der Gesellschaft nur, was eine zweckwidrige Vermögensminderung darstellt.[4] Und schließlich wird jeder pflichtwidrig herbeigeführte Nachteil als Schaden verstanden.[5] Würde man der Ansicht folgen, dass nur jede zweckwidrige Vermögensminderung einen Schaden darstellt, so hätte die Gesellschaft auch die Zweckwidrigkeit darzulegen und zu beweisen.

44 **Nachträgliche schadensmindernde Ereignisse** mindern nicht den Anspruch auf Schadensersatz.[6] Zu klären ist jedoch im Einzelfall, ob es sich um einen einzelnen Vorgang handelt oder getrennt zu betrachtende Sachverhalte. Werden etwa in unzulässiger Weise Derivatgeschäfte abgeschlossen und bei einzelnen Gewinnen und bei anderen Verluste erwirtschaftet, bedarf es einer Gesamtbetrachtung.

IX. Darlegungs- und Beweislast

45 *Die Gesellschaft hat darzulegen und zu beweisen, dass ihr durch ein Verhalten des Geschäftsführers in dessen Pflichtenkreis ein Schaden entstanden ist. Der Geschäftsführer hat darzulegen und zu beweisen, dass er die für einen ordentlichen Geschäftsmann gebotene Sorgfalt angewandt hat oder der Schaden auch*

---

1 *Kleindiek* in Lutter/Hommelhoff, § 43 GmbHG Rz. 16; *Turiaux/Knigge*, DB 2004, 2204.
2 Zu weitgehend BGH v. 21.1.1997 – VI ZR 338/95, BGHZ 134, 307 = GmbHR 1997, 309.
3 *Uwe H. Schneider* in Scholz, § 43 GmbHG Rz. 226; *Paefgen* in Ulmer/Habersack/Winter, § 43 GmbHG Rz. 91.
4 OLG Naumburg v. 19.5.1998 – 11 U 2058/97, GmbHR 1998, 1180.
5 *Hommelhoff*, Die Konzernleitungspflicht, 1982, S. 204.
6 LG Frankfurt v. 25.1.2006 – 3/9 O 143/04, 3–9 O 143/04, AG 2006, 510, 511.

bei Anwendung dieser Sorgfalt entstanden wäre oder ihm die Einhaltung der Sorgfaltspflicht unverschuldet unmöglich gewesen ist.[1]

In § 43 GmbHG fehlt eine besondere Beweislastregelung. Eine ausdrückliche Regelung findet sich aber in § 93 Abs. 2 Satz 2 AktG. Diese ist für den Geschäftsführer entsprechend heranzuziehen. Einigkeit besteht hierbei, dass die Gesellschaft die Tatsachen vortragen und im Falle des Bestreitens beweisen muss, aus denen sich ergibt, dass das Verhalten des Geschäftsführers bei der Gesellschaft zu einem Schaden geführt hat.[2]

46

Streitig ist aber, ob sich die in § 93 Abs. 2 Satz 2 AktG angeordnete Beweislastumkehr nur auf das Verschulden oder auch auf die objektive Pflichtwidrigkeit bezieht. Vermittelnd heißt es in einem grundlegenden Beitrag von *Goette*[3]: „Mehr als dass ihr ein Schaden durch ein möglicherweise pflichtwidriges Verhalten des Organs entstanden ist, hat die Gesellschaft nicht darzulegen und zu beweisen; Sache des Geschäftsführers, Vorstands- oder Aufsichtsratsmitgliedes ist es dann, die Erfüllung seiner Pflichten, das fehlende Verschulden oder aber nachzuweisen, dass der Schaden auch bei pflichtgemäßem Verhalten entstanden wäre."

Der II. Zivilsenat des BGH[4] hat in der Folge seine bisherige, nicht ganz eindeutige Rechtsprechung[5] klargestellt. Die Gesellschaft trägt hiernach die Darlegungs- und Beweislast dafür, **dass und inwieweit ihr durch ein sich als „möglicherweise" pflichtwidrig darstellendes Verhalten des Geschäftsführers in dessen Pflichtenkreis ein Schaden erwachsen ist.** Im Einzelnen bedeutet dies, dass die Gesellschaft *erstens* das möglicherweise pflichtwidrige Verhalten, *zweitens* das Entstehen und die Höhe des Schadens und *drittens* die Kausalität darzulegen und zu beweisen hat. Dabei sollen der Gesellschaft die Darlegungs- und Beweiserleichterungen des § 287 ZPO zugute kommen. Ausreichend ist hiernach, dass eine Schadenschätzung nach § 287 ZPO möglich ist.[6] Der Geschäftsführer hat demgegenüber darzulegen und gegebenenfalls zu beweisen, dass er seinen Sorgfaltspflichten nachgekommen ist oder ihn kein Verschulden trifft, oder dass der Schaden auch

---

1 BGH v. 4.11.2002 – II ZR 224/00, BGHZ 152, 280; BGH v. 4.11.2002 – II ZR 224/00, GmbHR 2003, 113; BGH v. 18.2.2008 – II ZR 62/07, GmbHR 2008, 487; BGH v. 1.12.2008 – II ZR 102/07, BGHZ 179, 81 = GmbHR 2009, 199, Rz. 20; *Goette*, ZGR 1995, 648, 649; *Uwe H. Schneider* in Scholz, § 43 GmbHG Rz. 237; weitere Einzelheiten unten bei *Kurzwelly*, § 12 (S. 337 f.).
2 BGH v. 12.11.1970 – II ZR 171/68, WM 1971, 125, 126; BGH v. 8.7.1985 – II ZR 198/84, WM 1985, 1293 = WuB, II C. § 43 GmbHG 1.86 *(Krämer)*; BGH v. 26.11.1990 – II ZR 223/89, WM 1991, 281 = GmbHR 1991, 101; BGH v. 16.12.1991 – II ZR 31/91, WM 1992, 224; BGH v. 21.3.1994 – II ZR 260/92, GmbHR 1994, 459; *v. Gerkan*, ZHR 154 (1990), 39; *Fleck*, GmbHR 1997, 238.
3 *Goette*, ZGR 1995, 648; s. zuvor *Röhricht*, ZHR 153 (1989), 348 f.
4 BGH v. 4.11.2002 – II ZR 224/00, BGHZ 152, 280 = GmbHR 2003, 113; BGH v. 1.12.2008 – II ZR 102/07, BGHZ 179, 81 = GmbHR 2009, 199, Rz. 20; für die Genossenschaft: BGH v. 8.1.2007 – II ZR 304/04, WM 2007, 344; *Zöllner/Noack* in Baumbach/Hueck, § 43 Rz. 38; s. weitergehend unten bei *Kurzwelly*, § 12 Rz. 6; a.A. *Hopt/Roth* in Großkomm. AktG, Nachtr. § 93 AktG Rz. 68.
5 S. etwa BGH v. 21.3.1994 – II ZR 260/92, GmbHR 1994, 459.
6 BGH v. 4.11.2002 – II ZR 224/00, BGHZ 152, 280, 287 = GmbHR 2003, 113; s. auch unten bei *Kurzwelly*, § 12.

bei einem pflichtgemäßen Alternativverhalten eingetreten wäre. Dies gilt in gleicher Weise für ein positives Tun und ein Unterlassen.

47 Für den Geschäftsführer, der sich einer Haftung entziehen will, besteht daher die Möglichkeit entweder vorzutragen und zu beweisen, dass er die Maßnahme nicht vorgenommen hat, dass es an der Ursächlichkeit fehlt, dass er seine Pflichten nicht verletzt hat, weil er die Sorgfalt eines ordentlichen Geschäftsmannes angewendet hat oder dass auch ein pflichtgemäßes Alternativverhalten den Schaden nicht verhindert hätte.

X. Geltendmachung des Schadensersatzanspruchs

48 *Werden Ansprüche gegen einen Geschäftsführer geltend gemacht, so bedarf es zunächst eines Beschlusses der Gesellschafterversammlung.*

49 Das gilt unabhängig davon, ob es sich um organisationsrechtliche Ansprüche oder deliktische Ansprüche handelt.[1] Dies folgt aus § 46 Nr. 8 GmbHG; denn es ist dem obersten Gesellschaftsorgan vorbehalten, ob ein Geschäftsführer wegen Pflichtverletzung belangt und die damit verbundene Offenlegung innerer Gesellschaftsverhältnisse trotz der für Ansehen und Kredit der Gesellschaft möglicherweise abträglichen Wirkung in Kauf genommen werden soll.[2] Und dies gilt auch, wenn der Geschäftsführer nicht mehr im Amt ist. Eine Ausnahme besteht bei Ansprüchen der GmbH & Co. KG gegen den Geschäftsführer der Komplementär-GmbH.[3]

XI. Haftungsbeschränkung

50 *Die Haftung des Geschäftsführers kann in der Satzung oder durch Anstellungsvertrag beschränkt werden.*[4]

51 Die dem Geschäftsführer obliegenden Pflichten gegenüber der Gesellschaft dienen in der Regel nicht dem Schutz der Gesellschafter oder dem Schutz der Gläubiger, sondern nur dem Schutz der Gesellschaft. Nach überwiegender Ansicht[5] können daher die Gesellschafter die Haftung des Geschäftsführers gegenüber der Gesellschaft beschränken. Die Haftung kann etwa auf Vorsatz oder grobe Fahrlässigkeit oder auf einen bestimmten Höchstbetrag begrenzt werden und

---

1 BGH v. 14.7.2004 – VIII ZR 224/02, GmbHR 2004, 1279, 1282.
2 BGH v. 20.11.1958 – II ZR 17/57, BGHZ 28, 355, 357.
3 BGH v. 24.3.1980 – II ZR 213/77, BGHZ 76, 326, 338 = GmbHR 1980, 179; BGH v. 10.2.1992 – II ZR 23/91, GmbHR 1992, 303.
4 S. auch unten bei *Haas/Wigand*, § 16 (S. 439 ff.).
5 BGH v. 15.11.1999 – II ZR 122/98, GmbHR 2000, 187, mit Anm. *Altmeppen*, DB 2000, 261 und 657; *Zöllner/Noack* in Baumbach/Hueck, § 43 GmbHG Rz. 46; Uwe H. Schneider in Scholz, § 43 GmbHG Rz. 284; *Altmeppen* in Roth/Altmeppen, § 43 GmbHG Rz. 82; a.A. *Kleindiek* in Lutter/Hommelhoff, § 43 GmbHG Rz. 55; *Haas* in Michalski, § 43 GmbHG Rz. 13.

die Frist für die Verjährung von Schadensersatzansprüchen kann verkürzt werden[1]; denn es ist

„Sache der Gesellschafter ... darüber zu befinden, ob und gegebenenfalls in welchem Umfang sie Ansprüche der Gesellschaft gegen einen pflichtwidrig handelnden Geschäftsführer verfolgen wollen. Wie auf die Durchsetzung eines entstandenen Anspruchs ... verzichtet werden kann, so kann auch schon im Vorfeld das Entstehen eines Ersatzanspruchs gegen den Organvertreter näher geregelt, insbesondere begrenzt oder ausgeschlossen werden".[2]

Allerdings bestehen für eine Haftungsbeschränkung **Grenzen**. Soweit dem Geschäftsführer im Interesse Dritter, insbesondere im Interesse der Gläubiger, Pflichten im Verhältnis zur Gesellschaft auferlegt sind, können diese nicht erlassen und Haftungsbeschränkungen nicht vorgesehen werden. Das gilt insbesondere, wenn Bestimmungen des § 30 GmbHG zuwider Zahlungen aus dem zur Erhaltung des Stammkapitals erforderlichen Vermögen der Gesellschaft gemacht oder den Bestimmungen des § 33 GmbHG zuwider eigene Geschäftsanteile der Gesellschaft erworben werden, vgl. § 43 Abs. 3 Satz 1 GmbHG.[3]

52

Wenig überzeugend ist dagegen, dass eine zwischen dem Geschäftsführer und der Komplementär-GmbH getroffene Haftungsfreistellung nicht im Verhältnis zur GmbH & Co. KG wirken soll.[4]

53

XII. Verjährung der Ersatzansprüche der Gesellschaft

Die Ansprüche der Gesellschaft aus § 43 GmbHG, also wegen der Verletzung der organschaftlichen Pflichten, verjähren in 5 Jahren, § 43 Abs. 4 GmbHG.

54

Über den Verjährungsbeginn geben die Vorschriften des GmbH-Gesetzes keine ausdrückliche Auskunft. Nach höchstrichterlicher Rechtsprechung[5] gelangen daher die allgemeinen Verjährungsvorschriften des BGB zur Anwendung. Danach beginnt die Verjährungsfrist gem. § 200 BGB mit der Entstehung des Anspruchs. Dafür genügt die Entstehung des Schadens „dem Grunde nach". Der Schaden braucht noch nicht bezifferbar zu sein, ausreichend ist es, wenn der Anspruch durch Klage (auch Feststellungsklage) geltend gemacht werden kann.[6]

55

---

1 BGH v. 16.9.2002 – II ZR 107/01, GmbHR 2002, 1197 m. Anm. *Uwe H. Schneider*, WuB II C. § 43 GmbHG 1.03.
2 BGH v. 16.9.2002 – II ZR 107/01, GmbHR 2002, 1198.
3 BGH v. 14.12.1959 – II ZR 187/57, BGHZ 31, 258, 278; BFH v. 13.11.1996 – I R 149/94, DStR 1997, 325; *Haas*, Geschäftsführerhaftung und Gläubigerschutz, S. 36; *Semler* in FS Goerdeler, S. 556; *Konzen*, NJW 1989, 2979.
4 BGH v. 25.2.2002 – II ZR 236/00, BB 2002, 1164; *Gehrlein/Witt*, GmbH-Recht in der Praxis, 2. Aufl. 2008, S. 270.
5 BGH v. 23.3.1987 – II ZR 190/86, BGHZ 100, 228, 231; BGH v. 29.9.2008 – II ZR 234/07, DZWiR 2009, 189 = GmbHR 2008, 1319.
6 BGH v. 23.3.1987 – II ZR 190/86, BGHZ 100, 228, 231; BGH v. 29.9.2008 – II ZR 234/07, DZWiR 2009, 189 = GmbHR 2008, 1319; *Uwe H. Schneider* in Scholz, § 43 GmbHG Rz. 281; so jetzt auch für die AG: *Hüffer*, § 93 AktG Rz. 37; Einzelheiten bei *Uwe H. Schneider/Brouwer* in FS Röhricht, S. 548.

56 Entgegen teilweise vertretener Ansicht[1] ist die Vorschrift des § 199 BGB nicht anwendbar.[2] Danach ist seit der Schuldrechtsreform der Beginn der Verjährungsfrist zusätzlich davon abhängig, dass der Gläubiger Kenntnis von dem anspruchsbegründenden Sachverhalt hat oder hätte haben müssen. § 199 BGB bezieht sich indessen auf die regelmäßige Verjährung, die nach § 195 BGB drei Jahre beträgt. Für alle anderen Ansprüche, die nicht dieser regelmäßigen Verjährung unterliegen, ist für den Beginn der Verjährung Kenntnis oder Kennenmüssen nicht Voraussetzung.

57 Besondere Probleme ergeben sich, wenn die Gesellschaft mit Schadensersatzansprüchen wegen Verletzung von Organpflichten gegen **Ruhegeldansprüche des Organmitglieds** aufrechnen will. In solchem Fall muss der Schadensersatzanspruch fällig und erzwingbar sein. Demgegenüber muss die Passivforderung, also die Forderung gegen die aufgerechnet werden soll, lediglich erfüllbar sein. Und die Passivforderung ist erfüllbar, wenn sie entstanden und der Schuldner berechtigt ist, die Passivforderung zu erfüllen. Die Eigenschaft der Erfüllbarkeit fehlt bei künftigen Forderungen. Gegen sie kann nicht aufgerechnet werden.[3] Bei Dauerschuldverhältnissen, bei denen die laufenden Rentenleistungen im Allgemeinen erstmals zum Beginn oder zum Ende eines Monats fällig gestellt werden, stellt sich die Frage, ob bereits ein gegenwärtiger, nur noch nicht fälliger Anspruch auf die künftig zu erbringenden Rententeilleistungen besteht oder ob der Anspruch auf die einzelnen Teilleistungen erst mit dem jeweiligen Fälligkeitstermin zur Entstehung gelangt. Diese Frage ist streitig. Teilweise wird die Ansicht vertreten, dass wiederkehrende Ruhegehaltsforderungen erst mit ihrem Fälligkeitstermin entstehen; denn der Fortbestand des Dauerrechtsverhältnisses bis zum Zeitpunkt ihrer Entstehung sei ungewiss.[4] Die Folge wäre, dass gegen künftige Ruhegehaltsansprüche nicht aufgerechnet werden könnte. Die höchstrichterliche Rechtsprechung[5] und die herrschende Lehre[6] gehen demgegenüber davon aus, dass es sich bei künftigen Ruhegehaltsbeträgen nur um Teile eines schon entstandenen Anspruchs handelt. Folgt man dem, so ist eine Aufrechnung auch gegen künftig fällig werdende Rentenansprüche möglich, wenn die Aufrechnung nach dem Entstehen der Forderung erklärt wird. Problematisch ist in diesem Zusammenhang, ob die Ansprüche erfüllbar sind, also eine Berechtigung zur Leistung vor Fälligkeit der einzelnen Rentenansprüche besteht. Nach § 271 Abs. 2 BGB ist davon auszugehen, dass im Zweifel der Schuldner seine Leistung schon vor Fälligkeit bewirken kann. Demgegenüber hat der II. Zivilsenat des Bundesgerichtshofs[7] ausgeführt, dass der Berechtigte Vorauszahlungen auf ein vertragliches Ruhegehalt in der Regel nur für das nächste halbe Jahr entgegenzunehmen

---
1 Anstelle anderer: *Haas* in Michalski, § 43 GmbHG Rz. 233; für die AG *Spindler* in MünchKomm. AktG, § 93 AktG Rz. 255.
2 BGH v. 21.2.2005 – II ZR 112/03, GmbHR 2005, 544.
3 BGH v. 10.3.1988 – VII ZR 8/87, BGHZ 103, 362, 367.
4 *Gernhuber*, Die Erfüllung und ihre Surrogate, 2. Aufl. 1994, § 12 V 2a.
5 BGH v. 28.10.1971 – II ZR 49/70, NJW 1972, 154; auch schon RG v. 28.6.1943 – III 5/43, RGZ 171, 215, 220.
6 *Schlüter* in MünchKomm. BGB, § 387 BGB Rz. 38; *Heinrichs* in Palandt, § 387 BGB Rz. 12; *Uwe H. Schneider/Brouwer* in FS Röhricht, S. 546.
7 BGH v. 28.10.1971 – II ZR 49/70, NJW 1972, 154.

brauche. Eine Tilgung im Wege der Aufrechnung sei daher auch nur in diesem zeitlichen Rahmen möglich.[1] Nur im öffentlichen Dienstrecht wird die Lage teilweise anders gesehen. Dem Dienstherren müsse es bei Vorliegen überwiegender Belange gestattet sein, künftige Gehaltsteile des Beamten durch Aufrechnung auch im Voraus zu tilgen.[2] Das aber bedeutet, dass die Gesellschaft zur Durchsetzung ihrer Schadensersatzforderungen alle sechs Monate wiederkehrend gegen die jeweils noch fällig werdenden Ruhegeldansprüche des schadensersatzpflichtigen Organmitglieds aufrechnen muss. Und dabei läuft sie Gefahr, dass ihre Schadensersatzforderungen bei künftigen Aufrechnungen bereits verjährt sind.[3]

Für die Verjährung der Ansprüche der Gesellschaft gegen den Geschäftsführer wegen unerlaubter Handlung, ungerechtfertigter Bereicherung, usw. gelten die allgemeinen Verjährungsvorschriften nach §§ 195 ff. BGB. Das bedeutet, die Verjährungsfrist beträgt 3 Jahre. 58

XIII. Die Haftung des Geschäftsführers in der GmbH & Co. KG

Dem Geschäftsführer der Komplementär-GmbH obliegen nicht nur Pflichten im Verhältnis zur GmbH, sondern auch Pflichten im Verhältnis zur KG. Deren Verletzung kann unmittelbare Ansprüche der KG gegen den GmbH-Geschäftsführer begründen. 59

Der Geschäftsführer einer Komplementär-GmbH ist im Verhältnis zur GmbH auch zur ordnungsgemäßen Leitung der KG verpflichtet; denn er hat für die Erfüllung der Pflichten der GmbH als Komplementärin zu sorgen. Maßstab ist das Interesse der GmbH. Verletzt er diese Pflichten, macht er sich gegenüber der GmbH schadensersatzpflichtig. Das sollte unproblematisch sein – und zwar auch, was den Inhalt der Pflichten betrifft. 60

Nach höchstrichterlicher Rechtsprechung und nach herrschender Ansicht in der Lehre obliegen dem Geschäftsführer der Komplementär-GmbH aber auch unmittelbare Leitungspflichten im Verhältnis zur KG. Allerdings soll dies nach der Rechtsprechung des II. Zivilsenats des BGH nur gelten, wenn alleinige oder wesentliche Aufgabe der GmbH darin gesehen wird, für die KG die Geschäfte zu führen.[4] Die Leitungspflichten werden teils aus dem Anstellungsvertrag abgeleitet, teils mit der drittschützenden Wirkung der Organstellung begründet. In der Rechtsprechung gibt es keine einheitliche Linie. In einer Entscheidung vom 10.2.1992 hat der II. Zivilsenat des Bundesgerichtshof[5] die Haftung an die „organschaftliche Sonderrechtsbeziehung zwischen der Gesellschaft und dem Geschäftsführer" angeknüpft. In der Folge wird die Haftung aber wieder nach den 61

---

1 *Gursky* in Staudinger, § 387 BGB Rz. 115.
2 S. dazu RG v. 28.6.1943 – III 5/43, RGZ 171, 215 sowie OVG Koblenz v. 14.3.1990 – 2 A 99/89, NVwZ 1991, 95, 96.
3 Einzelheiten bei *Uwe H. Schneider/Brouwer* in FS Röhricht, S. 541, 548.
4 BGH v. 25.2.2002 – II ZR 236/00, GmbHR 2002, 588; *Zöllner/Noack* in Baumbach/Hueck, § 43 GmbHG Rz. 66.
5 BGH v. 10.2.1992 – II ZR 23/91, GmbHR 1992, 303 = DStR 1992, 549 (*Goette*).

„Grundsätzen zur Einbeziehung der KG in den Schutzbereich des zwischen der GmbH und ihrem Geschäftsführer bestehenden Schuldverhältnis" bestimmt.[1]

62 Die Herleitung entsprechender Pflichten aus dem Anstellungsvertrag überzeugt nicht; denn damit entfiele die Haftung, wenn kein Anstellungsvertrag besteht. Wenig überzeugend ist auch, dass die entsprechenden Leitungs- und Loyalitätspflichten nur bestehen sollen, wenn die alleinige oder wesentliche Aufgabe der GmbH in der Führung der Geschäfte der KG liegt.[2] Die organisationsrechtliche Haftung ist vielmehr unabhängig vom rechtlichen Unternehmensgegenstand und der tatsächlichen Tätigkeit der GmbH. Sie bestehen demgemäß auch dann, wenn die GmbH weiter gehende unternehmerische Geschäfte betreibt. Maßstab sind die Interessen der KG. Daraus entsteht in der Regel keine Interessenkollision; denn als Komplementärin obliegt es der GmbH, die Interessen der KG wahrzunehmen und dies ist demnach auch das Interesse der GmbH. Die KG kann den Anspruch gegen den Geschäftsführer der Komplementär-GmbH unabhängig davon geltend machen, ob die Gesellschafter der GmbH dies nach § 46 Nr. 8 GmbHG beschließen.[3]

C. Die Haftung gegenüber den Gesellschaftern

63 *Die Pflicht zur ordnungsgemäßen Unternehmensleitung obliegt dem Geschäftsführer nur im Verhältnis zur Gesellschaft, nicht aber im Verhältnis zu den Gesellschaftern. Geschäftsführer haben aber auch im Verhältnis zu den Gesellschaftern die Pflicht dafür zu sorgen, dass sie ihre Gesellschafterrechte wahrnehmen können und die Gesellschafterstellung ihnen nicht zum Nachteil gereicht.*

64 Verletzt der Geschäftsführer seine Pflichten zur ordnungsgemäßen Leitung der Gesellschaft, so macht er sich nur gegenüber der Gesellschaft, nicht aber gegenüber den Gesellschaftern, schadensersatzpflichtig.[4] Auch entwickelt der Anstellungsvertrag des Geschäftsführers mit der Gesellschaft keine Schutzwirkung im Verhältnis zu den Gesellschaftern.[5] Der Geschäftsführer hat aber sicherzustellen, dass der Gesellschafter seine Gesellschafterrechte wahrnehmen kann. Dazu gehört, dass er dafür zu sorgen hat, dass die Gesellschafter zur Gesellschafterversammlung fristgerecht geladen werden, vorausgesetzt, dass ihm diese Aufgabe übertragen ist. Und dazu gehört sicherzustellen, dass die Gewinne zeitnah ausgezahlt werden. Unabhängig hiervon kommt eine Haftung des Geschäftsführers aus unerlaubter Handlung in Betracht.

---

1 BGH v. 14.11.1994 – II ZR 160/93, ZIP 1995, 738 = EWiR § 43 GmbHG 1/95, 677 (*H.P. Westermann*); BGH v. 25.2.2002 – II ZR 236/00, GmbHR 2002, 588.
2 So wohl BGH v. 17.3.1987 – VI ZR 282/85, BGHZ 100, 190, 193; zuletzt auch BGH v. 25.2.2002 – II ZR 236/00, GmbHR 2002, 589; *Zöllner/Noack* in Baumbach/Hueck, § 43 GmbHG Rz. 66; *Haas* in Michalski, § 43 GmbHG Rz. 264; *Haas*, DStR 2001, 717.
3 BGH v. 24.3.1980 – II ZR 213/77, BGHZ 76, 326, 337.
4 OLG Stuttgart v. 23.10.2006 – 14 U 64/05, GmbHR 2006, 759; weiterführend: *Uwe H. Schneider* in Scholz, § 43 GmbHG Rz. 300; *Haas* in Michalski, § 43 GmbHG Rz. 269; *Baums*, Der Geschäftsleitervertrag, S. 258; a.A. *Lammel*, ZfgG 36 (1986), 125.
5 OLG Stuttgart v. 23.1.2006 – 14 U 64/05, GmbHR 2006, 759.

D. Die Haftung gegenüber Dritten (Außenhaftung)

Die Pflicht zur ordnungsgemäßen Unternehmensleitung obliegt den Geschäfts- 65
führern nicht im Verhältnis zu Dritten[1], sondern nur im Verhältnis zur Gesellschaft. In Betracht kommt aber eine Haftung des Geschäftsführers aus Verschulden bei Vertragsschluss[2] und aus unerlaubter Handlung.[3] In Betracht kommt auch eine Haftung bei Verletzung öffentlich-rechtlicher Pflichten.

Der Geschäftsführer ist gegenüber künftigen Vertragspartnern und gegenwärtigen 66
Gläubigern nicht verpflichtet, die wirtschaftliche Lage oder eine zweifelhafte Kreditwürdigkeit der Gesellschaft zu offenbaren.[4] Er haftet gegenüber Dritten auch nicht, wenn er fahrlässig falsche Angaben zur Kreditwürdigkeit der Gesellschaft macht. Etwas anderes gilt, wenn die Gesellschaft sich bereits unrettbar in der Krise befindet, insbesondere wenn sie zahlungsunfähig oder überschuldet und wenn sie gleichwohl noch unternehmerisch tätig ist, Verträge abschließt usw. Dann haftet der Geschäftsführer bei Kenntnis dieser Umstände nach § 826 BGB, wenn er dem Vertragspartner verschweigt, dass die Gesellschaft nicht mehr saniert werden kann. Er haftet ferner gegenüber Dritten nach § 311 Abs. 2 Nr. 2, Nr. 3 i.V.m. § 280 BGB, wenn er in besonderem Maße Vertrauen für sich in Anspruch nimmt, wenn er dadurch die Vertragsverhandlungen oder den Vertragsabschluss erheblich beeinflusst[5] und wenn er vorsätzlich oder fahrlässig dieses Vertrauen verletzt. Man könnte dies auch als die „Gorilla-Regelung" bezeichnen: Der Geschäftsführer klopft sich auf die Brust und macht sich für seine Gesellschaft stark. Voraussetzung für die persönliche Haftung ist eine „Erklärung im Vorfeld einer Garantiezusage".[6] Der Geschäftsführer erklärt, er mache sich persönlich dafür stark, dass die Gesellschaft ihre Verbindlichkeiten erfüllen wird.[7] Die Folge muss sein, dass der Dritte, dem Vertrauen in die Gesellschaft fehlt, stattdessen gerade darauf vertraut, dass der Geschäftsführer selbst die ordnungsgemäße Geschäftsabwicklung gewährleistet. Ist das der Fall, so haftet der Geschäftsführer persönlich.

Der Geschäftsführer haftet Dritten gegenüber auch nach § 823 Abs. 1, § 823 67
Abs. 2 und § 826 BGB. So haftet der Geschäftsführer nach § 826 BGB, wenn er die mit einem Projekt verbundenen Risiken der Gesellschaft auferlegt, sich selbst aber die Gewinnchancen vorbehält.[8] Problematisch ist, welche Vorschriften als

---

1 BGH v. 14.12.1959 – II ZR 187/57, BGHZ 31, 258, 278.
2 BGH v. 6.6.1994 – II ZR 292/91, BGHZ 126, 181, 189 = GmbHR 1994, 539; s. auch BGH v. 2.6.2008 – II ZR 210/06, NZG 2008, 661, 662.
3 S. dazu unten bei *Altmeppen*, § 7 (S. 184 ff.).
4 BGH v. 6.6.1994 – II ZR 292/91, BGHZ 126, 181 = GmbHR 1994, 539.
5 BGH v. 5.4.1971 – VII ZR 163/69, BGHZ 56, 81, 83; BGH v. 22.3.1979 – VII ZR 259/77, BGHZ 74, 103, 108.
6 BGH v. 6.6.1994 – II ZR 292/91, BGHZ 126, 181, 189 = GmbHR 1994, 539.
7 BGH v. 3.10.1989 – XI ZR 157/88, ZIP 1989, 1455 = GmbHR 1990, 31; s. auch BGH v. 2.6.2008 – II ZR 210/06, NZG 2008, 661, 662; *Altmeppen* in Roth/Altmeppen, § 43 GmbHG Rz. 42; *Paefgen* in Ulmer/Habersack/Winter, § 43 GmbHG Rz. 198.
8 BGH v. 30.11.1978 – II ZR 204/76, GmbHR 1979, 89; BGH v. 16.3.1992 – II ZR 152/91, GmbHR 1992, 363.

Schutzgesetz im Sinne von § 823 Abs. 2 BGB zu sehen sind. Zu nennen sind insbesondere § 264, § 266, § 266a StGB.[1] Kein Schutzgesetz soll § 130 OWiG sein.[2]

E. Die Haftung des Geschäftsführers in der Gründungsphase der Gesellschaft

68 *Gerade in der Gründungsphase ist der Geschäftsführer einer Reihe besonderer Haftungsrisiken ausgesetzt. Vor allem in der Vorgesellschaft droht die Handelndenhaftung und nach der Entstehung der GmbH muss der Geschäftsführer mit der Haftung nach § 9a Abs. 1 GmbHG rechnen. Unabhängig hiervon beginnt die organschaftliche Haftung mit der tatsächlichen Aufnahmes des Amtes.*[3]

69 Vor der Eintragung in das Handelsregister aber nach dem notariellen Abschluss des Gesellschaftsvertrags besteht die Gesellschaft mit beschränkter Haftung als solche nicht. In diesem Zeitraum spricht man von der Vorgesellschaft. Hierfür sieht § 11 Abs. 2 GmbHG vor, dass die Handelnden, die im Namen der Gesellschaft tätig werden, persönlich und solidarisch haften. Handelnder ist, wer als Geschäftsführer oder wie ein solcher für die Vorgesellschaft und damit für die künftige GmbH tätig wird.[4] Möglich ist daher ein Auftreten im Namen der GmbH, aber auch ein Auftreten im Namen der Vorgesellschaft. Die Haftung erstreckt sich nicht auf Ansprüche Kraft Gesetzes, also etwa Steuern[5] oder Beiträge zur Sozialversicherung[6], sondern nur auf rechtsgeschäftliche Ansprüche. Wegen des Haftungskonzepts des BGH bei der Vorgesellschaft als gesellschaftsinterne anteilige Verlustdeckungshaftung kommt eine unmittelbare Handelndenhaftung nur noch in Ausnahmefällen in Betracht.

70 Nach § 9a Abs. 1 GmbHG haben Geschäftsführer der Gesellschaft fehlende Einzahlungen zu leisten, eine Vergütung, die nicht unter den Gründungsaufwand aufgenommen ist, zu ersetzen und für den sonst entstehenden Schaden Ersatz zu leisten, wenn zum Zweck der Errichtung der Gesellschaft falsche Angaben gemacht werden. Dabei ist nicht erforderlich, dass die falschen Angaben gegenüber dem Handelsregister erfolgen. Ausreichend sind auch falsche Angaben gegenüber einzelnen Gesellschaftern oder Sachverständigen. Verschulden ist erforderlich. Zu leisten ist die Differenz zwischen der wirklichen und der behaupteten Einzahlung. Es handelt sich nicht um eine Schadensersatzleistung, sondern um einen

---

1 Zu strafrechtlichen Risiken s. ausführlich unten *Krause*, § 35 (S. 1077 ff.).
2 BGH v. 13.4.1994 – II ZR 16/93, BGHZ 125, 366 = ZIP 1994, 867; LG Bonn v. 15.5.2001 – 11 O 181/00, AG 2001, 484, 486; *Thümmel*, Persönliche Haftung von Managern und Aufsichtsräten, 4. Aufl., S. 168; *Uwe H. Schneider* in Scholz, § 43 GmbHG Rz. 330. Zu unterlassenen Aufsichtsmaßnahmen nach § 130 OWiG s. unten *Schücking*, § 36 (S. 1141 ff.).
3 BGH v. 20.3.1986 – II ZR 114/85, GmbHR 1986, 302.
4 BGH v. 26.1.1967 – II ZR 122/64, BGHZ 47, 25; BGH v. 7.5.1984 – II ZR 276/83, BGHZ 91, 150 = GmbHR 1984, 316; *Hueck/Fastrich* in Baumbach/Hueck, § 11 GmbHG Rz. 43; *Bayer* in Lutter/Hommelhoff, § 11 GmbHG Rz. 26.
5 BFH v. 16.7.1996 – VII R 133/95, GmbHR 1997, 188.
6 BAG v. 22.1.1997 – 10 AZR 908/94, NJW 1997, 3332; BSG v. 28.2.1986 – 2 RU 21/85, ZIP 1986, 646.

ergänzenden Anspruch auf Leistung der Einlagen. Der Anspruch entfällt mit der Differenzleistung durch den Einlagenschuldner.[1]

F. Die Haftung des Geschäftsführers in der Insolvenz

Gerade in der Insolvenz bestehen für den Geschäftsführer besondere Risiken einer Haftung gegenüber der Gesellschaft und gegenüber den Gläubigern.[2]   71

G. Die Haftung der Mitglieder des Aufsichtsrats einer GmbH

Mitglieder des Aufsichtsrats haften, wenn sie die ihnen gegenüber der Gesellschaft obliegenden Pflichten schuldhaft verletzen.   72

Die Haftung der Mitglieder des Aufsichtsrats hat nicht dieselbe praktische Bedeutung[3] wie die Haftung des Geschäftsführers. Gleichwohl ist es unzutreffend, wenn gesagt wird, Schadensersatzansprüche gegen Aufsichtsratsmitglieder würden in der Praxis jedenfalls nicht durchgesetzt.[4] Zu bedenken ist in diesem Zusammenhang auch, dass die Ansprüche noch in der Insolvenz durch den Insolvenzverwalter geltend gemacht werden können.[5]   73

§ 52 Abs. 1 GmbHG verweist auf § 116 AktG und damit auf die Sorgfaltspflicht und die Verantwortlichkeit der Aufsichtsratsmitglieder bei Aktiengesellschaften. Das gilt unabhängig davon, ob es sich um einen mitbestimmten oder einen mitbestimmungsfreien Aufsichtsrat handelt. Die Verantwortlichkeit und die Haftung sind für die Anteilseignervertreter und die Vertreter der Arbeitnehmer dieselben.[6]   74

Zur entscheidenden Frage wird damit, welche **Verhaltenspflichten** dem einzelnen Aufsichtsratsmitglied gegenüber der Gesellschaft auferlegt sind; denn ihre schuldhafte Verletzung verpflichtet zum Ersatz des bei der Gesellschaft entstandenen Schadens.[7]   75

Eine Haftung des Mitglieds des Aufsichtsrats tritt hiernach ein, wenn er seine Überwachungspflichten schuldhaft verletzt. Ist dem Aufsichtsrat die Auswahl   76

---

1 OLG Düsseldorf v. 10.3.1995 – 17 U 130/94, GmbHR 1995, 583.
2 S. dazu unten *Balthasar*, § 29 (S. 860 ff.) sowie *Uwe H. Schneider*, GmbHR 2010, 57.
3 S. dazu *Trescher*, DB 1995, 661.
4 S. aber auch exemplarisch BGH v. 15.11.1982 – II ZR 27/82, BGHZ 85, 293; BGH v. 26.3.1984 – II ZR 229/83, BGHZ 91, 1; BGH v. 7.11.1977 – II ZR 43/76, NJW 1978, 425; BGH v. 21.12.1979 – II ZR 244/78, DB 1980, 438; OLG Düsseldorf v. 8.3.1984 – 6 U 75/83, AG 1984, 273; LG Stuttgart v. 29.10.1999 – 4 KfH O 80/98, DB 1999, 2462; LG Bielefeld v. 16.11.1999 – 15 O 91/98, ZIP 2000, 20 mit Anm. *H.P. Westermann*.
5 *Potthoff/Trescher/Theisen*, Das Aufsichtsratsmitglied, 6. Aufl. 2003, S. 525.
6 BGH v. 5.10.1979 – V ZR 71/78, BGHZ 75, 293, 295; *Uwe H. Schneider* in Scholz, § 52 GmbHG Rz. 465; *Heyder* in Michalski, § 52 GmbHG Rz. 304, 306.
7 Zu den Besonderheiten bei der Haftung kommunaler Aufsichtsratsmitglieder: *Schön*, Die Haftung kommunaler Aufsichtsratsmitglieder in Aktiengesellschaften und Gesellschaften mit beschränkter Haftung, 2004; *Altmeppen*, NJW 2003, 2561; *Decher*, ZIP 1990, 277; *Meier*, ZKF 2002, 218.

und die Bestellung der Geschäftsführer übertragen, so haften die Mitglieder des Aufsichtsrats, wenn sie bei der Auswahl der Geschäftsführer nicht sorgfältig handeln. Eine Haftung tritt schließlich ein, wenn das Mitglied des Aufsichtsrats seinen ihm auferlegten Loyalitätspflichten nicht nachkommt. Zu diesen Schutz- und Rücksichtspflichten gehört insbesondere die Verschwiegenheitspflicht. Nach § 85 GmbHG ist die unbefugte Offenbarung von Geheimnissen durch Aufsichtsratsmitglieder strafbar. Den Mitgliedern des Aufsichtsrats ist ferner die persönliche Interessenverfolgung untersagt. Ist eine Person in mehreren Unternehmen Mitglied des Aufsichtsrats, so ist sie hierdurch nicht privilegiert. Vielmehr hat das Aufsichtsratsmitglied Pflichten gegenüber allen Gesellschaften und bei Interessenkollisionen hat er das dafür vorgesehene Verfahren einzuhalten.

77   Größte Bedeutung hat die **Verletzung der Überwachungspflicht**.[1] Diese Überwachungspflicht verletzen Mitglieder des Aufsichtsrats, wenn sie ohne Entschuldigung Aufsichtsratssitzungen fernbleiben.[2] Sie sind verpflichtet, sich umfassend zu informieren, und zwar unabhängig davon, ob ein konkreter Anlass zu Misstrauen besteht oder nicht.[3] Entdeckte Missstände verlangen vertiefte Nachforschungen.[4] Auch Gerüchten über ungewisse und unkorrekte Maßnahmen ist nachzugehen, wenn durch sie eine Gefährdung für die Gesellschaft begründet wird. Das gilt insbesondere, wenn es sich um eine existenzielle Gefährdung handelt.[5]

78   Bei **Rechtsgeschäften** ist durch den Aufsichtsrat und seine Mitglieder die Zweckmäßigkeit des Abschlusses sorgfältig zu prüfen. Dabei hat der Aufsichtsrat zwar die Geschäftsführungskompetenz der Geschäftsführer zu beachten. Bei leichtfertigen Rechtsgeschäften, die mit den Grundsätzen ordnungsgemäßer Unternehmensführung nicht zu vereinbaren sind, muss er aber einschreiten. Bei Großkrediten ist die Kreditwürdigkeit des Kreditnehmers zu prüfen. Zu fragen ist, ob die Sicherungsgeschäfte rechtswirksam sind. Bei schweren Bedenken gegen geplante Maßnahmen sind die Geschäftsführer von ihrem Vorhaben abzubringen.[6]

---

1 Zur Aufsichtsratshaftung im Konzern, insbesondere zur Verletzung von Überwachungspflichten im Blick auf Vorgänge bei Tochtergesellschaften, s. unten bei *Uwe H. Schneider*, § 9 (S. 260 ff.).
2 *Uwe H. Schneider* in Scholz, § 52 GmbHG Rz. 483.
3 BGH v. 7.11.1977 – II ZR 43/76, NJW 1978, 425; OLG Düsseldorf v. 8.3.1984 – 6 U 75/83, AG 1984, 273, 275.
4 BGH v. 22.10.1979 – II ZR 151/77, WM 1979, 1425, 1427.
5 LG Bielefeld v. 16.11.1999 – 15 O 91/98, WM 1999, 2457.
6 BGH v. 4.7.1977 – II ZR 150/75, BGHZ 69, 207, 214.

§ 3
Organpflichten und Haftung in der AG

Professor Dr. Gerd Krieger

	Rz.		Rz.
A. Grundlagen	1	E. Verschulden	37
B. **Sorgfaltsverpflichtung der Vorstandsmitglieder**	4	F. Schaden und Kausalität	39
I. Ordentliche und gewissenhafte Geschäftsführung	4	G. Beweislastumkehr	41
II. Insbesondere: Risikomanagement	9	H. Haftungsausschlüsse und -einschränkungen	43
III. Business Judgment Rule (§ 93 Abs. 1 Satz 2 AktG)	13	I. Haftungsausschluss durch Hauptversammlungsbeschluss	43
IV. Ressortprinzip und Aufgabendelegation	19	II. Verzicht, Vergleich, Verjährung	44
V. Sorgfaltspflichten im Konzern	22	III. Haftungsbeschränkungen	46
C. **Sorgfaltsverpflichtung der Aufsichtsratsmitglieder**	23	J. **Durchsetzung des Ersatzanspruchs**	47
I. Ordentliche und gewissenhafte Überwachung	23	I. Anspruchsverfolgung durch Aufsichtsrat bzw. Vorstand	47
II. Mitwirkungspflichten der einzelnen Aufsichtsratsmitglieder	28	II. Anspruchsverfolgung durch die Hauptversammlung oder eine Aktionärsminderheit	50
III. Sorgfaltspflicht und Ausschusstätigkeit	29	III. Anspruchsverfolgung durch einzelne Aktionäre und Gläubiger	53
IV. Sorgfaltspflichten im Konzern	30		
D. **Treuepflicht und Verschwiegenheitspflicht**	31	K. **Haftung der Vorstands- und Aufsichtsratsmitglieder gegenüber Dritten (Außenhaftung)**	55
I. Treuepflicht	31		
II. Verschwiegenheitspflicht	33	L. D&O-Versicherung	56

Schrifttum: *Abeltshauser*, Leitungshaftung im Kapitalgesellschaftsrecht: Zu den Sorgfalts- und Loyalitätspflichten von Unternehmensleitern im deutschen und US-amerikanischen Kapitalgesellschaftsrecht, 1998; *Albers*, Der Pflicht-Selbstbehalt im Rahmen der D&O-Versicherung – Überlegungen zur Umsetzung in der Praxis, CCZ 2009, 222; *Bachmann*, Der „deutsche Corporate Governance Kodex": Rechtswirkungen und Haftungsrisiken, WM 2002, 2137; *Bezzenberger/Keul*, Die Aufgaben und Sorgfaltspflichten von Aufsichtsratsmitgliedern – Eine Übersicht, in FS Schwark, 2009, S. 121; *Binder*, Geschäftsleiterhaftung und fachkundiger Rat, AG 2008, 274; *Böttcher*, Bankvorstandshaftung im Rahmen der Sub-Prime-Krise, NZG 2009, 1047; *Böttcher*, Direktanspruch gegen den D&O-Versicherer – Neue Spielregeln im Managerhaftungsprozess?, NZG 2008, 645; *Böttcher*, Organpflichten beim Unternehmenskauf, NZG 2007, 481; *Bussmann/Matschke*, Die Zukunft der unternehmerischen Haftung bei Compliance-Verstößen, CCZ 2009, 132; *Ciota*, Die deliktische Außenhaftung des Vorstandes einer Aktiengesellschaft, 2008; *Dauner-Lieb/Tettinger*, Vorstandshaftung, D&O-Versicherung, Selbstbehalt, ZIP 2009, 1555; *Dreher*, Der Abschluss von D&O-Versicherungen und die aktienrechtliche Zuständigkeitsordnung, ZHR 165 (2001), 293; *Dröge*, Haftung für Gremienentscheidungen, 2008; *Edenfeld/Neufang*, Die Haftung der Arbeitnehmervertreter im Aufsichtsrat, AG 1999, 49; *Ettinger/Grützediek*, Haftungsrisiken im Zusammenhang mit der Abgabe der Corporate Governance Entsprechenserklärung gemäß § 161 AktG, AG 2003, 353; *Fleischer*, Unternehmensspenden und Leitungsermessen im Aktienrecht, AG 2001, 171; *Fleischer*, Vorstandsverantwortlichkeit und Fehlverhalten von Unternehmensangehörigen – Von der Einzelüberwachung zur Errichtung einer Compliance Organisation, AG 2003, 291; *Fleischer*, Zum Grundsatz der Gesamtverantwortung im Aktienrecht, NZG 2003, 449; *Fleischer*, Zur aktienrechtlichen Verantwortlichkeit faktischer Organe, AG 2004, 517; *Fleischer*, Die „Business Judgment Rule": Vom Richterrecht zur Kodifizierung, ZIP 2004, 685; *Fleischer*, Aktienrechtliche Legalitätspflicht und „nützliche" Pflichtverletzungen von Vorstandsmitgliedern, ZIP 2005, 141; *Fleischer*, Kartellrechtsverstöße und Vorstandsrecht, BB 2008, 1070; *Fleischer*, Vertrauen von Geschäftsleitern und Aufsichtsratsmitgliedern auf Informationen Dritter, ZIP 2009, 1397; *Fleischer*, Vertrauen von Aufsichtsratsmitgliedern auf Rechtsrat, Der Aufsichtsrat 2009, 86; *Fleischer*, Kompetenzüberschreitungen von Geschäftsleitern im Personen- und Kapitalgesellschaftsrecht, DStR 2009, 1204; *Fleischer*, Aktuelle Entwicklungen der Managerhaftung, NJW 2009, 2337; *Fleischer*, Vorstandshaftung und Vertrauen auf anwaltlichen Rat, NZG 2010, 121; *Fleischer/ Schmolke*, Klumpenrisiko und organschaftliche Verantwortlichkeit im schweizerischen Aktienrecht, RIW 2009, 337; *Franz*, Der gesetzliche Selbstbehalt in der D&O-Versicherung nach dem VorstAG – Wie weit geht das Einschussloch in der Schutzweste der Manager?, DB 2009, 2764; *Goette*, Zur Verteilung der Darlegungs- und Beweislast der objektiven Pflichtwidrigkeit bei der Organhaftung, ZGR 1995, 648; *Götz*, Die Pflicht des Aufsichtsrats zur Haftbarmachung von Vorstandsmitgliedern, NJW 1997, 3275; *Grundei/v. Werder*, Die Angemessenheit der Informationsgrundlage als Anwendungsvoraussetzung der Business Judgment Rule, AG 2005, 825; *Habersack*, Die Freistellung des Organwalters von seiner Haftung gegenüber der Gesellschaft, in FS Ulmer, 2003, S. 151; *Habersack*, Gesteigerte Überwachungspflichten des Leiters eines „sachnahen" Vorstandsressorts?, WM 2005, 2360; *Habersack*, Managerhaftung, in Lorenz (Hrsg.), Karlsruher Forum 2009: Managerhaftung, 2009, S. 5; *Habersack/ Schürnbrand*, Die Rechtsnatur der Haftung aus §§ 93 Abs. 3 AktG, 43 Abs. 3 GmbHG, WM 2005, 957; *Happ*, Vom besonderen Vertreter zur actio pro socio – Das Klagezulassungsverfahren des § 148 AktG auf dem Prüfstand, in FS H.P. Westermann, 2008, S. 971; *Hasselbach/Seibel*, Die Freistellung von Vorstandsmitgliedern und leitenden Angestellten von der Haftung für Kartellrechtsverstöße, AG 2008, 770; *Heermann*, Unternehmerisches Ermessen, Organhaftung und Beweislastverteilung, ZIP 1998, 761; *Hegnon*, Aufsicht als Leitungspflicht, CCZ 2009, 57; *Heimbach/Boll*, Führungsaufgabe und persönliche Haftung der Vorstandsmitglieder und des Vorstandsvorsitzenden im ressortaufgeteilten Vorstand einer AG, VersR 2001, 801; *Hoor*, Die Präzisierung der Sorgfaltsanforderungen nach § 93 Abs. 1 AktG durch den Entwurf des UMAG, DStR 2004, 2104; *Hopt*, Die Haftung von Vorstand und Aufsichtsrat – zugleich ein Beitrag zur Corporate Governance-Debatte, in FS Mestmäcker, 1996, S. 909; *Horn*, Die Haftung des Vorstands der AG nach § 93 AktG und die Pflichten des Aufsichtsrats, ZIP 1997, 1129; *Horn*, Unternehmerisches Ermessen und Vorstandshaftung nach § 93 AktG, in FS H.P. Westermann, 2008, S. 1053; *Ihlas*, Organhaftung und Haftpflichtversicherung, 1997; *Ihrig*, Reformbedarf beim Haftungstatbestand des § 93 AktG, WM 2004, 2098; *van Kann*, Zwingender Selbstbehalt bei der D&O-Versicherung – Gut gemeint, aber auch gut gemacht?, NZG 2009, 1010; *Kapp/Gärtner*, Die Haftung von Vorstand und Aufsichtsrat bei Verstößen gegen das Kartellrecht, CCZ 2009, 168; *Kau/Kukat*, Haftung von Vorstands- und Aufsichtsratsmitgliedern einer AG bei Pflichtverletzung nach dem Aktiengesetz, BB 2000, 1045; *Kiethe*, Vorstandshaftung auf Grund fehlerhafter Due Diligence beim Unternehmenskauf, NZG 1999, 976; *Kiethe*, Falsche Erklärung nach § 161 AktG – Haftungsverschärfung für Vorstand und Aufsichtsrat?, NZG 2003, 559; *Kindler*, Unternehmerisches Ermessen und Pflichtenbindung, ZHR 162 (1998), 101; *Koch*, Keine Ermessensspielräume bei der Entscheidung über die Inanspruchnahme von Vorstandsmitgliedern, AG 2009, 93; *J. Koch*, Die Pflichtenstellung des Aufsichtsrats nach Zulassung der Aktionärsklage, in FS Hüffer, 2010, S. 447; *Kocher*, Zur Reichweite der Business Judgment Rule, CCZ 2009, 215; *Kock/Dinkel*, Die zivilrechtliche Haftung von Vorständen für unternehmerische Entscheidungen, NZG 2004, 441; *Körber*, Geschäftsleitung der Zielgesellschaft und Due Diligence bei Paketerwerb und Unternehmenskauf, NZG 2002, 263; *Kort*, Corporate Governance-Grundsätze als haftungsrechtlich relevante Verhaltensstandards, in FS K. Schmidt, 2009, S. 945; *N. Krause*, Managerhaftung und Strategien zur Haftungsvermeidung, BB 2009, 1370;

Krieger, Zur (Innen-)Haftung von Vorstand und Geschäftsführung, in RWS-Forum Gesellschaftsrecht 1995, S. 149; *Lange*, Praxisfragen der D&O-Versicherung, DStR 2002, 1326, 1674; *Lutter*, Due Diligence des Erwerbers beim Kauf einer Beteiligung, ZIP 1997, 613; *Lutter*, Haftung und Haftungsfreiräume des GmbH-Geschäftsführers – Zehn Gebote an den Geschäftsführer, GmbHR 2000, 301; *Lutter*, Interessenkonflikte und Business Judgment Rule, in FS Canaris, Bd. II, 2007, S. 245; *Lutter*, Die Business Judgment Rule und ihre praktische Anwendung, ZIP 2007, 841; *Lutter*, Bankenkrise und Organhaftung, ZIP 2009, 197; *Lutter*, Zur Rechtmäßigkeit von internationalen Risikogeschäften durch Banken der öffentlichen Hand, BB 2009, 786; *Marsch-Barner*, Vorteilsausgleichung bei der Schadensersatzhaftung nach § 93 AktG, ZHR 173 (2009), 723; *Meier-Greve*, Vorstandshaftung wegen mangelhafter Corporate Compliance, BB 2009, 2555; *Mertens*, Schadensersatzhaftung des Aufsichtsrats bei Nichtbeachtung der Regeln des ARAG-Urteils über die Inanspruchnahme von Vorstandsmitgliedern?, in FS K. Schmidt, 2009, S. 1183; *Mutschler/Mersmann*, Verfahrensmäßige Anforderungen and ordnungsgemäße Vorstandsentscheidungen im M&A-Bereich, DB 2003, 79; *Mutter*, Unternehmerische Entscheidungen und Haftung des Aufsichtsrats der Aktiengesellschaft, 1994; *Paefgen*, Die Inanspruchnahme pflichtvergessener Vorstandsmitglieder als unternehmerische Ermessensentscheidung des Aufsichtsrats, AG 2008, 761; *Paefgen*, Die Darlegungs- und Beweislast bei der Business Judgment Rule, NZG 2009, 891; *Patzina*, Haftung von Unternehmensorganen, 2010; *Peters*, Informationsrechte und Geheimhaltungspflichten im Rahmen einer Due Diligence und daraus resultierende Haftungsrisiken, 2002; *Pietzke*, Die Verantwortung für Risikomanagement und Compliance im mehrköpfigen Vorstand, CCZ 2010, 45; *Preußner*, Risikomanagement und Compliance in der aktienrechtlichen Verantwortung des Aufsichtsrats unter Berücksichtigung des Gesetzes zur Modernisierung des Bilanzrechts (BilMoG), NZG 2008, 574; *Redeke*, Zu den Voraussetzungen unternehmerischer Ermessensentscheidungen, NZG 2009, 496; *Redeke*, Auswirkungen des UMAG auf die Verfolgung von Organhaftungsansprüchen seitens des Aufsichtsrats, ZIP 2008, 1549; *Reichert/Ott*, Non Compliance in der AG – Vorstandspflichten im Zusammenhang mit der Vermeidung, Aufklärung und Sanktionierung von Rechtsverstößen, ZIP 2009, 2173; *Schäfer*, Die Binnenhaftung von Vorstand und Aufsichtsrat nach der Renovierung durch das UMAG, ZIP 2005, 1253; *Schaefer/Missling*, Haftung von Vorstand und Aufsichtsrat, NZG 1998, 441; *Schäfer/Zeller*, Finanzkrise, Risikomodelle und Organhaftung, BB 2009, 1706; *K. Schmidt*, Verbotene Zahlungen in der Krise von Handelsgesellschaften und die daraus resultierenden Ersatzpflichten, ZHR 168 (2004), 637; *Sven H. Schneider/Uwe H. Schneider*, Vorstandshaftung im Konzern, AG 2005, 57; *Uwe H. Schneider*, Compliance als Aufgabe der Unternehmensleitung, ZIP 2003, 645; *Uwe H. Schneider*, Die Haftung von Mitgliedern des Vorstands und der Geschäftsführer bei Vertragsverletzungen der Gesellschaft, in FS Hüffer, 2010, S. 905; *Uwe H. Schneider*, Compliance im Konzern, NZG 2009, 1321; *Schwark*, Sorgfaltspflicht und Verantwortlichkeit von Mitgliedern des Kreditausschusses einer Bank, in FS Canaris, Bd. II, 2007, S. 403; *Seibert*, UMAG – Zu den Begriffen „Unredlichkeit oder grobe Verletzung des Gesetzes oder der Satzung" in § 148 AktG und zu den Zusammenhängen zwischen §§ 93 und 148 AktG, in FS Priester, 2007, S. 763; *Semler*, Entscheidungen und Ermessen im Aktienrecht, in FS Ulmer, 2003, S. 627; *Sieg*, Tendenzen und Entwicklungen der Managerhaftung in Deutschland, DB 2002, 1759; *Spindler*, Die Haftung von Vorstand und Aufsichtsrat für fehlerhafte Auslegung von Rechtsbegriffen, in FS Canaris, Bd. II, 2007, S. 403; *Spindler*, Sonderprüfung und Pflichten eines Bankvorstands in der Finanzmarktkrise, NZG 2010, 281; *Stoffels*, Grenzen der Informationsweitergabe durch den Vorstand einer Aktiengesellschaft im Rahmen einer „Due Diligence", ZHR 165 (2001), 362; *Thole*, Managerhaftung für Gesetzesverstöße, ZHR 173 (2009), 504; *Thümmel*, Persönliche Haftung von Managern und Aufsichtsräten, 4. Aufl. 2008; *Thümmel*, Aufsichtsratshaftung vor neuen Herausforderungen – Überwachungsfehler, unternehmerische Fehlentscheidungen, Organisationsmängel und andere Risikofelder, AG 2004, 83; *Thümmel/Burkhardt*, Neue Haftungsrisiken für Vorstände und Aufsichtsräte als § 57 Abs. 1 AktG und § 92 Abs. 2 Satz 3 AktG in der Neufassung des MoMiG, AG 2009, 885; *Treeck*, Die Offenbarung von Unternehmensgeheimnissen durch den Vorstand einer Aktiengesellschaft im Rahmen einer Due Diligence, in FS Fikentscher, 1998, S. 434; *Ulmer*, Strikte aktienrechtliche Organhaftung und D&O-Versicherung – zwei getrennte Welten?, in FS Canaris, Bd. II, 2007, S. 451; *Ulmer*, Haftungsfreistellung bis zur Grenze grober Fahrlässigkeit bei unternehmerischen Fehlentscheidungen von Vorstand und Aufsichtsrat?, DB 2004, 859; *Verhoeven*, Der besondere Vertreter nach § 147 AktG: Erwacht ein schlafender Riese?, ZIP 2008, 245; *E. Vetter*, Aktienrechtliche Probleme der D&O-Versicherung, AG 2000, 453; *Voß*, Gesamtschuldnerische Organhaftung: die gesamtschuldnerische Haftung von Geschäftsleitern und Aufsichtsratsmitgliedern für Pflichtverletzungen und deren interne Haftungsanteile, 2008; *Weiss/Buchner*, Wird das UMAG die Haftung und die Inanspruchnahme der Unternehmensleitung verändern?, WM 2005, 162; *Winnen*, Die Innenhaftung des Vorstands nach dem UMAG: eine Untersuchung des § 93 Abs. 1 S. 2 AktG und der Durchsetzungsmöglichkeiten von Innenhaftungsansprüchen, 2009; *Winter*, Die Verantwortlichkeit des Aufsichtsrats für „Corporate Compliance", in FS Hüffer, 2010, S. 1103; *Wirth*, Der „besondere Vertreter" nach § 147 Abs. 2 AktG – Ein neuer Akteur auf der Bühne?, in FS Hüffer, 2010, S. 1129; *Witte*, Die persönliche Haftung von Mitgliedern des Aufsichtsrates einer AG – unter besonderer Berücksichtigung der Haftung bei Kreditvergaben, BB 2004, 725; *Zimmermann*, Vereinbarungen über die Erledigung von Ersatzansprüchen gegen Vorstandsmitglieder von Aktiengesellschaften, in FS Duden, 1977, S. 773; *Zimmermann*, Aktienrechtliche Grenzen der Freistellung des Vorstands von kartellrechtlichen Bußgeldern, DB 2008, 687. Wegen weiterer Literaturnachweise vgl. die Schrifttumsangaben zu § 3 der 1. Auflage.

A. Grundlagen

1   Vorstands- und Aufsichtsratsmitglieder einer Aktiengesellschaft, die ihre Amtspflichten verletzen, unterliegen verschiedenen Sanktionen. Ihnen kann die Entlastung verweigert werden (§ 120 AktG), sie können aus ihrem Amt abberufen werden[1], und sie können sich gegenüber der Gesellschaft schadensersatzpflichtig machen.

2   Die Schadensersatzpflicht von Vorstandsmitgliedern gegenüber der Gesellschaft ist im Wesentlichen durch § 93 AktG geregelt. Danach haben Vorstandsmitglieder ihr Amt mit der Sorgfalt eines ordentlichen und gewissenhaften Geschäftsleiters zu führen (§ 93 Abs. 1 AktG). Verletzen sie diese Pflicht schuldhaft, sind sie zum Ersatz des daraus entstehenden Schadens verpflichtet (§ 93 Abs. 2 und 3 AktG). Entsprechendes gilt kraft Verweisung in § 116 Satz 1 AktG für die Mitglieder des Aufsichtsrats. Das Verschulden wird vom Gesetz vermutet. Das in Anspruch genommene Vorstands- oder Aufsichtsratsmitglied muss das fehlende Verschulden seinerseits dartun und beweisen.

3   Daneben enthält das Gesetz einige spezielle Haftungsvorschriften, die jedoch kaum von praktischer Bedeutung sind. Dazu gehört die Haftung der Vorstands- und Aufsichtsratsmitglieder nach § 117 Abs. 1, Abs. 2 Satz 1 AktG im Zusammenhang mit vorsätzlich schädigenden Einflussnahmen auf die Gesellschaft und die konzernrechtliche Haftung nach §§ 309 Abs. 2, 310 Abs. 1, 317 Abs. 3, 318 Abs. 1 und 2 AktG. Einige Pflichtverletzungen sind darüber hinaus unter Straf- oder Bußgeldandrohung gestellt (§§ 399, 400, 404, 405 AktG; §§ 331, 334 HGB; § 130 OWiG).

---

1   Vgl. für den Vorstand § 84 Abs. 3 AktG, für den Aufsichtsrat § 103 AktG, § 23 MitbestG, § 12 DrittelbG, § 11 MontanMitbestG, § 10m MitbestErgG.

B. Sorgfaltsverpflichtung der Vorstandsmitglieder

I. Ordentliche und gewissenhafte Geschäftsführung

Der Vorstand hat die Gesellschaft unter eigener Verantwortung zu leiten und die Geschäfte zu führen (§§ 76 Abs. 1, 77 Abs. 1 AktG), seine Mitglieder haben dabei die Sorgfalt eines ordentlichen und gewissenhaften Geschäftsleiters anzuwenden (§ 93 Abs. 1 Satz 1 AktG). Die Vorstandsmitglieder müssen danach den Anforderungen genügen, die an einen Geschäftsleiter zu stellen sind, der nicht eigenes Vermögen, sondern wie ein Treuhänder fremde Vermögensinteressen verwaltet.[1] Maßstab ist ein Vergleichsunternehmen der konkreten Art[2], also einer vergleichbaren Tätigkeit, Größe und wirtschaftlichen Lage.

Das Sorgfaltserfordernis betrifft zunächst die **Rechtmäßigkeit** der Geschäftsführung, das heißt die Einhaltung der von dem Unternehmen zu beachtenden Rechtsnormen in ihrer ganzen Breite.[3] Diese gesetzliche Lage beschreibt auch Ziff. 4.1.3 DCGK, wonach der Vorstand für die Einhaltung der gesetzlichen Bestimmungen zu sorgen und auf deren Beachtung durch die Konzernunternehmen hinzuwirken hat.[4] Das betrifft zunächst die Vorschriften des Aktiengesetzes nebst Satzung und Vorstandsgeschäftsordnung. Hierher gehören Regelungen wie das Verbot der verdeckten Gewinnausschüttung (§ 57 AktG), die Einschränkungen für den Erwerb eigener Aktien (§§ 71 ff. AktG), die Verpflichtung zur Berichterstattung an den Aufsichtsrat (§ 90 AktG), die Buchführungs- und Bilanzierungspflichten (§ 91 Abs. 1 AktG, §§ 238 ff. HGB)[5], die Verpflichtung, ab Eintritt der Insolvenzreife das Zahlungsverbot des § 92 Abs. 2 AktG zu beachten und rechtzeitig Insolvenzantrag zu stellen[6], die Beschränkung der Geschäftsführungsbefugnis durch Zustimmungsvorbehalte des Aufsichtsrats (§ 111 Abs. 4 Satz 2 AktG), die Verpflichtung zur Einhaltung des satzungsmäßigen Unternehmensgegenstandes[7] usw. Darüber hinaus geht es ganz allgemein um die Einhaltung der gesetzlichen Vorschriften des Wettbewerbsrechts[8], des Kapitalmarktrechts[9],

---

1 BGH v. 20.2.1995 – II ZR 143/93, BGHZ 129, 30, 34 = GmbHR 1995, 451 (GmbH-Geschäftsführer); OLG Düsseldorf v. 28.11.1996 – 6 U 11/95, AG 1997, 231, 235; OLG Hamm v. 11.5.1995 – 8 U 59/94, AG 1995, 512, 514; *Spindler* in MünchKomm. AktG, § 93 AktG Rz. 24; *Hüffer*, § 93 AktG Rz. 4.
2 OLG Jena v. 8.8.2000 – 8 U 1387/98, NZG 2001, 86, 87 = GmbHR 2001, 243; *Hüffer*, § 93 AktG Rz. 4; *Bürgers/Israel* in Bürgers/Körber, § 93 AktG Rz. 3.
3 Eingehend zur Managerhaftung für Gesetzesverstöße *Thole*, ZHR 173 (2009), 504.
4 Zur Haftung für fehlerhafte Auslegungen von Rechtsbegriffen eingehend *Spindler* in FS Canaris, Bd. II, 2007, S. 403.
5 Vgl. dazu unten *Gelhausen*, § 30 (S. 903 ff.).
6 BGH v. 16.3.2009 – II ZR 280/07, ZIP 2009, 860 = AG 2009, 404; OLG Brandenburg v. 17.2.2009 – 6 U 102/07, ZIP 2009, 866 = AG 2009, 662.
7 Im Ausgangspunkt zutreffend OLG Düsseldorf v. 9.12.2009 – I-6 W 45/09, ZIP 2010, 28, 30 f. = AG 2010, 126 – IKB, wo allerdings die Grenzen des Unternehmensgegenstandes viel zu eng gezogen werden; kritisch gegenüber der Entscheidung mit Recht auch *Spindler*, NZG 2010, 281, 283; zu eng auch *Lutter*, BB 2009, 786 ff. zu den Satzungen von Landesbanken.
8 Vgl. dazu unten *Kellenter*, § 23 (S. 677 ff.).
9 Vgl. dazu unten *Krämer*, § 28 (S. 814 ff.).

des Kartellrechts[1], des Steuerrechts[2], des Sozialversicherungsrechts[3], des Umweltrechts[4], des Antikorruptionsrechts[5] usw. Die Empfehlungen und Anregungen des Deutschen Corporate Governance Kodex schaffen für sich genommen keine haftungsrelevanten Verhaltenspflichten, sie können aber von Fall zu Fall eine Interpretationshilfe für die Sorgfaltspflichten eines ordentlichen und gewissenhaften Geschäftsleiters darstellen.[6]

6 Zu den Sorgfaltsanforderungen gehört weiter die **Ordnungsmäßigkeit** der Geschäftsführung. Dabei geht es um die sachgerechte Leitung und Überwachung des Geschehens im Unternehmen und der Unternehmensgruppe und die Schaffung der hierfür notwendigen Instrumentarien. Dazu gehört die zweckmäßige Organisation der Gesellschaft und des Konzerns und die Einrichtung eines betriebswirtschaftlichen Erkenntnissen und Erfahrungen genügenden **Controlling-Systems** mit einer entsprechenden Unternehmensplanung, einem zweckmäßigen System der Berichterstattung an den Vorstand und einer entsprechenden Kontrolle.[7] Hierzu gehört auch die Schaffung des durch § 91 Abs. 2 AktG vorgeschriebenen Systems zur Früherkennung von den Fortbestand der Gesellschaft gefährdenden Entwicklungen, ebenso wie die Sorge für ein „angemessenes **Risikomanagement** und Risiko-Controlling im Unternehmen" gem. Ziff. 4.1.4 DCGK; vgl. dazu noch unten Rz. 9 ff. Zu den Pflichten des Vorstands in diesem Zusammenhang gehört es außerdem sicherzustellen, dass geeignete **Compliance-Systeme** in der Gesellschaft und ihren Konzernunternehmen eingerichtet werden[8], die nicht nur auf dem Papier stehen, sondern ernsthaft umgesetzt werden. Ziel ist es sicherzustellen, dass die gesetzlichen Bestimmungen und die unternehmensinternen Richtlinien eingehalten und auch von den Konzernunternehmen beachtet werden (vgl. auch Ziff. 4.1.3 DCGK). Dazu gehört ein entsprechender „tone from the top", eine regelmäßige Kontrolle der Wirksamkeit der Systeme und eine angemessene Reaktion auf Verstöße (von Nachschulungen bis zu arbeitsrechtlichen Konsequenzen). In dem viel beachteten Haftungsfall bei der Siemens AG lag der Kern des Vorwurfs, der den auf Schadensersatz in Anspruch genommenen ehemaligen Vorstandsmitgliedern gemacht wurde, gerade darin, dass sie diesen Hinweisen auf eine bestehende Korruptionspraxis im Konzern nicht in ausreichender Form nachgegangen seien.[9]

7 Darüber hinaus trifft den Vorstand die Pflicht zur **Wirtschaftlichkeit** der Geschäftsführung und zur **Zweckmäßigkeit** der Leitungsentscheidungen. Der Vor-

---
1 Vgl. dazu unten *Dreher*, § 31 (S. 937 ff.).
2 Vgl. dazu unten *Prinz/Hick*, § 32 (S. 965 ff.).
3 Vgl. dazu unten *Brand*, § 33 (S. 992 ff.).
4 Vgl. dazu unten *Uwer*, § 34 (S. 1018 ff.).
5 Vgl. dazu unten *Riegger/Götze*, § 26 Rz. 36 ff.
6 Näher *Kort* in FS K. Schmidt, 2009, S. 945 ff.
7 Vgl. dazu etwa *Semler* in Lutter (Hrsg.), Holding-Handbuch, 4. Aufl. 2004, § 5.
8 Vgl. dazu unten *Gebauer/Kleinert*, § 20 (S. 583 ff.) und *Kremer/Klahold*, § 21 (S. 613 ff.). Zur Vorstandshaftung wegen mangelhafter Compliance auch *Meier-Greve*, BB 2009, 2555; *Reichert/Ott*, ZIP 2009, 2173; *Bussmann/Matschke*, CCZ 2009, 132; *Koch*, WM 2009, 1013.
9 Vgl. hierzu nur den Bericht von Vorstand und Aufsichtsrat zu TOP 12 und 13 der Siemens-Hauptversammlung 2010, veröffentlicht im elektronischen Bundesanzeiger am 08. Dezember 2009.

stand verwaltet fremdes Vermögen. Er darf Vermögenswerte der Gesellschaft nicht verschwenden[1] und keine **unvertretbaren Risiken**, insbesondere Klumpenrisiken, eingehen.[2] Die in der Literatur diskutierte Frage, ob bestandsgefährdende Risiken schon dann unvertretbar und deshalb unzulässig sind, wenn es sich nur um ganz fernliegende, abstrakte Risiken handelt[3] oder ob es dazu einer konkreten Bestandsgefährdung bedarf[4], ist für die Praxis eher irrelevant. Der Vorstand muss Ansprüche der Gesellschaft beitreiben, soweit nicht überwiegende Interessen der Gesellschaft entgegenstehen[5], darf keine Kredite ohne ausreichende Prüfung der Kreditwürdigkeit[6] oder die Einräumung angemessener Sicherheiten[7] gewähren[8], hat vor dem Erwerb von Unternehmen und Beteiligungen eine due diligence zur Feststellung etwaiger Mängel und Risiken durchführen zu lassen[9] usw. Man darf die Pflichtenlage des Vorstands aber auch nicht überspannen und muss sich insbesondere vor der Versuchung hüten, unter dem Eindruck der Höhe eines eingetretenen Schadens überzogene Sorgfaltspflichten zu postulieren, wie es derzeit vereinzelt geschieht, wenn versucht wird, die Vorstände der von der Finanzmarktkrise in Mitleidenschaft gezogenen Banken kurzerhand als schadensersatzpflichtig anzusehen, weil sie die Risiken „toxischer" Wertpapiere nicht erkannt haben.[10] Die Gewährung von **Spenden** für gemeinnützige Zwecke[11] ist zulässig, sofern ihr Umfang angemessen ist und die Entscheidung des Vorstands nicht an

---

1 Vgl. etwa BGH v. 9.12.1996 – II ZR 240/95, NJW 1997, 741/742 (Abschluss eines nutzlosen Beratungsvertrages; Bezahlung nicht erbrachter Leistungen).
2 Nur im Ausgangspunkt zutreffend OLG Düsseldorf v. 9.12.2009 – I-6 W 45/09, ZIP 2010, 28, 30 f. = AG 2010, 126 – IKB, jedoch mit stark simplifizierter Würdigung des Sachverhalts; mit Recht kritisch gegenüber der Entscheidung auch *Spindler*, NZG 2010, 281, 284; zu pauschal in seinem Urteil auch *Lutter*, ZIP 2009, 197, 199. Vgl. zur Problematik des Klumpenrisikos bei Kreditvergaben der Tochter an die Mutter *Spindler*, ZHR 171 (2007), 245, 269; *Bayer* in MünchKomm. AktG, § 57 AktG Rz. 102; *Fleischer* in K. Schmidt/Lutter, § 57 AktG Rz. 26. Zum Klumpenrisiko und der organschaftlichen Verantwortlichkeit im schweizerischen Aktienrecht *Fleischer/Schmolke*, RIW 2009, 337.
3 So vor allem *Lutter*, ZIP 2009, 197, 199.
4 In diesem Sinne *Paefgen* in Ulmer/Habersack/Winter, § 43 GmbHG Rz. 70 f.; *Redeke*, ZIP 2010, 159 ff.
5 Näher BGH v. 1.3.1982 – II ZR 189/80, WM 1982, 532; *Hopt* in Großkomm. AktG, § 93 AktG Rz. 112.
6 BGH v. 16.2.1981 – II ZR 49/80, WM 1981, 440, 441; vgl. aber auch OLG Celle v. 28.5.2008 – 9 U 184/07, NZG 2008, 669 = AG 2008, 711.
7 OLG München v. 16.7.1997 – 7 U 4603/96, ZIP 1998, 23, 25; OLG Düsseldorf v. 28.11.1996 – 6 U 11/95, AG 1997, 231, 234 f.; OLG Hamm v. 11.5.1995 – 8 U 59/94, AG 1995, 512, 515.
8 Zur Sondersituation der Kreditgewährung im Konzern vgl. BGH v. 1.12.2008 – II ZR 102/07, ZIP 2009, 70 = GmbHR 2009, 199 – MPS und aus der Literatur etwa *Altmeppen*, ZIP 2009, 49; *Habersack*, ZGR 2009, 347; *Habersack* in FS Schaumburg, 2009, S. 1293; *Mülbert/Leuschner*, NZG 2009, 281; *Thümmel/Burkhardt*, AG 2009, 885.
9 Vgl. dazu *Bücker/von Bülow*, § 25 Rz. 60 ff.
10 So etwa OLG Düsseldorf v. 9.12.2009 – I-6 W 45/09, ZIP 2010, 28, 31 ff. = AG 2010, 126 – IKB; *Lutter*, ZIP 2009, 197, 198 ff.; *Lutter*, BB 2009, 786, 790 f.; *Peltzer*, Börsen-Zeitung v. 31.1.2009; tendenziell auch *Mertens/Cahn* in KölnKomm. AktG, § 93 AktG Rz. 142; kritisch gegenüber solchen Tendenzen mit Recht auch *Spindler*, NZG 2010, 281, 283 ff.; *Schäfer/Zeller*, BB 2009, 1706, 1709 ff.; *Böttcher*, NZG 2009, 1047 ff.
11 Vgl. dazu unten *Riegger/Götze*, § 26 Rz. 6 ff.

persönlichen Vorlieben, sondern am Unternehmensinteresse orientiert ist.[1] Auf die Frage, ob sich die Spende auch für das Unternehmen „lohnt", sollte es dabei nicht ankommen.[2] Bei allen Fragen der Wirtschaftlichkeit und Zweckmäßigkeit der Geschäftsführung steht dem Vorstand ein weites unternehmerisches Ermessen zu, das durch die Business Judgment Rule des § 93 Abs. 1 Satz 2 AktG besonders hervorgehoben ist; vgl. dazu sogleich Rz. 13 ff.

8 Der Vorstand kann bei seinen Entscheidungen auf **Rat und Informationen Dritter** angewiesen sein. Fehlt ihm im Einzelfall die eigene Sachkunde, ist er verpflichtet, sich beraten zu lassen.[3] Er muss in einem solchen Fall den Berater sorgfältig auswählen, d.h. sicherstellen, dass dieser über die erforderliche Fachkunde verfügt und sich nicht in einem Interessenkonflikt befindet, er muss den Berater vollständig unterrichten und dessen Ergebnis einer eigenen Plausibilitätskontrolle unterziehen. Genügt der Vorstand diesen Anforderungen, erfüllt er seine Sorgfaltspflichten und haftet auch dann nicht, wenn sich der Rat im Nachhinein als unzutreffend erweisen sollte.[4]

II. Insbesondere: Risikomanagement

9 Gem. **§ 91 Abs. 2 AktG** muss der Vorstand geeignete Maßnahmen treffen, insbesondere ein Überwachungssystem einrichten, damit den Fortbestand der Gesellschaft gefährdende Entwicklungen frühzeitig erkannt werden. In die gleiche Richtung zielt Ziff. 4.1.4 DCGK[5], der die Verpflichtung des Vorstands nennt, für ein angemessenes Risikomanagement und Risikocontrolling im Unternehmen zu sorgen. Diese Verpflichtung folgt allerdings nicht erst aus § 91 Abs. 2 AktG, sondern ergibt sich bereits aus der Sorgfaltspflicht des Vorstands. Mit § 91 Abs. 2 AktG wollte der Gesetzgeber diese im Gesetz angelegte Verantwortlichkeit des Vorstands lediglich präzisieren und betonen. Bei börsennotierten Gesellschaften hat sich die Abschlussprüfung auf die Frage zu erstrecken, ob der Vorstand die ihm nach § 91 Abs. 2 AktG obliegenden Maßnahmen in geeigneter Form getroffen hat und das Überwachungssystem seine Aufgaben erfüllen kann

---

1 BGHSt 47, 187, 195f.; *Spindler* in MünchKomm. AktG, § 93 AktG Rz. 61f.; *Hopt* in Großkomm. AktG, § 93 AktG Rz. 120; *Fleischer*, AG 2001, 171, 177f.; *Laub*, AG 2002, 308 ff.
2 *Spindler* in MünchKomm. AktG, § 93 AktG Rz. 61; *Fleischer*, AG 2001, 171, 174ff.; im Grundsatz anders die verfehlte Mannesmann-Entscheidung BGH v. 21.12.2005 – 3 StR 470/04, ZIP 2006, 72, wonach Leistungen, auf die der Empfänger keinen Anspruch hat, unabhängig von ihrer Motivation eine treuwidrige Verschwendung von Gesellschaftsvermögen sein sollen, wenn mit der Leistung nicht ein Vorteil für die Gesellschaft verbunden ist.
3 BGH v. 14.5.2007 – II ZR 48/06, ZIP 2007, 1265, 1266 = AG 2007, 548; OLG Stuttgart v. 25.11.2009 – 20 U 5/09, ZIP 2009, 2386, 2389 = AG 2010, 133.
4 Vgl. hierzu etwa BGH v. 14.5.2007 – II ZR 48/06, ZIP 2007, 1265, 1266f. = AG 2007, 548 (Beratung durch Wirtschaftsprüfer zur Klärung der Insolvenzreife); OLG Stuttgart v. 25.11.2009 – 20 U 5/09, ZIP 2009, 2386, 2389f. = AG 2010, 133; *Fleischer*, NZG 2010, 121; *Fleischer*, ZIP 2009, 1397; *Fleischer*, Der Aufsichtsrat 2009, 86; *Binder*, AG 2008, 274.
5 *Ringleb* in Ringleb/Kremer/Lutter/v. Werder, Deutscher Corporate Governance Kodex, 3. Aufl. 2008, Rz. 638f.

(§ 317 Abs. 4 HGB). Für Kreditinstitute ist die Verpflichtung, ein angemessenes und wirksames Risikomanagement einzurichten, überdies in § 25a KWG und den dazu erlassenen „MaRisk"[1] detailliert geregelt, für Versicherungsunternehmen finden sich detaillierte Regelungen in § 64a VAG und den „MaRisk VA".[2] Eine schuldhafte Verletzung der Pflicht zur Einrichtung eines angemessenen Risikomanagementsystems führt zur Haftung des Vorstands für Schäden, deren Eintritt mit einem solchen System vermieden worden wären.

§ 91 Abs. 2 AktG beschränkt die Verpflichtung zur Einrichtung eines Risikomanagements auf diejenigen Maßnahmen, die erforderlich sind, um **bestandsgefährdende Entwicklungen** frühzeitig zu erkennen. Die Gesetzesbegründung nennt als Beispiele für bestandsgefährdende Risiken Unrichtigkeiten der Rechnungslegung und Verstöße gegen gesetzliche Vorschriften, die sich auf die Vermögens-, Finanz- und Ertragslage der Gesellschaft oder des Konzerns wesentlich auswirken.[3] Insbesondere Derivat- und Termingeschäfte werden vom Gesetzgeber als potentiell bestandsgefährdend angesehen[4], aber auch sonstige potentiell nachteilige Veränderungen sind erfasst, selbst wenn sie von außen an das Unternehmen herangetragen werden (z.B. Veränderungen der Marktbedingungen oder des Käuferverhaltens). Entgegen einer in einem Teil der Literatur, namentlich in der Betriebswirtschaftslehre, und in der Prüfungspraxis vertretenen Auffassung[5], folgt aus § 91 Abs. 2 AktG keine Pflicht zur Einrichtung eines „allumfassenden" Risikomanagements.[6] Nach Gesetzeswortlaut und -zweck müssen nur solche Risiken erfasst werden, die ein Insolvenzrisiko begründen oder wesentlich steigern, nicht aber „normale" Risiken.[7] Allerdings wird nur selten ein einziger Vorgang bereits ein Insolvenzrisiko begründen. Deshalb ist sicherzustellen, dass sämtliche Vorgänge frühzeitig bekannt werden, die – auch in ihrer Kumulierung – potentiell bestandsgefährdend sein können.[8] Das muss so rechtzeitig geschehen, dass der Vorstand einer Bestandsgefährdung noch durch Gegenmaßnahmen entgegenwirken kann.[9]

Die vom Vorstand getroffenen Maßnahmen sind dann ausreichend, wenn nach der Erfahrung eines ordentlichen und gewissenhaften Geschäftsleiters davon aus-

---

1 BaFin-Rundschreiben 15/2009 (BA) vom 14.8.2009 „Mindestanforderungen an das Risikomanagement – MaRisk". S. dazu auch unten *Fischer*, § 19 Rz. 21 ff.
2 BaFin-Rundschreiben 3/2009 v. 22.1.2009 „Aufsichtsrechtliche Mindestanforderungen an das Risikomanagement – MaRisk VA".
3 Begr. RegE KonTraG, BT-Drucks. 13/9712, S. 15.
4 Begr. RegE KonTraG, BT-Drucks. 13/9712, S. 15.
5 *Preussner/Becker* NZG 2002, 846, 847; *Preussner/Zimmermann*, AG 2002, 658, 659; *Wolf*, DStR 2002, 1729 ff.; *Lück* DB 2000, 1473.
6 *Hüffer*, § 91 AktG Rz. 9; *Kort*, Großkomm. AktG, § 91 AktG Rz. 50 ff.; *Krieger/Sailer* in K. Schmidt/Lutter, § 91 AktG Rz. 14; *Pahlke*, NJW 2002, 1680/1681 ff.
7 *Spindler* in MünchKomm. AktG, § 91 AktG Rz. 21; *Krieger/Sailer* in K. Schmidt/Lutter, § 91 AktG Rz. 9; *Götz*, NJW-Sonderheft 2001, S. 21, 22; *Seibert* in FS Bezzenberger, 2000, S. 427, 437; weitergehend *Hüffer*, § 91 AktG Rz. 6 (Veränderungen der Vermögens-, Ertrags- und Finanzlage, die für die Darstellungsanforderungen des § 264 Abs. 2 HGB relevant sind).
8 *Krieger/Sailer* in K. Schmidt/Lutter, § 91 AktG Rz. 9; *Götz*, NJW-Sonderheft 2001, S. 1.
9 Begr. RegE KonTraG, BT-Drucks. 13/9712, S. 15; *Hüffer*, § 91 AktG Rz. 7; *Krieger/Sailer* in K. Schmidt/Lutter, § 91 AktG Rz. 11.

gegangen werden kann, dass der Vorstand die erforderlichen Informationen über bestandsgefährdende Risiken rechtzeitig erhält.[1] Die **konkrete Ausgestaltung des Risikomanagements** gibt § 91 Abs. 2 AktG nicht vor. Sie hängt von den Umständen des Einzelfalls ab und ist abhängig von Art, Umfang, Komplexität und Risikogehalt der Geschäftstätigkeit.[2] Dem Vorstand steht also hinsichtlich der konkreten Ausgestaltung des Risikomanagements ein unternehmerischer Ermessensspielraum zu.[3] Die für Kreditinstitute und Versicherungsunternehmen geltenden, sehr detaillierten Sonderregelungen aus § 25a KWG i.V.m. den MaRisk bzw. aus § 64a VAG i.V.m. den MaRisk VA lassen sich nicht auf sämtliche Aktiengesellschaften erstrecken.[4] Das heißt allerdings nur, dass die Vorschriften des Banken- und Versicherungsaufsichtsrechts nicht pauschal als Anforderungen der allgemeinen Risikomanagementverpflichtung des Vorstands herangezogen werden können. Die Übertragung einzelner Grundsätze ist hingegen denkbar, wenn diese als Konkretisierung dessen angesehen werden können, was für die Einrichtung eines funktionierenden Systems zur Früherkennung bestandsgefährdender Entwicklungen unumgänglich ist. Das gilt etwa für die in § 64a Abs. 1 Satz 4 Nr. 3 lit. b VAG beschriebene Notwendigkeit Prozesse einzurichten, die eine Risikoidentifikation, -analyse, -bewertung, -steuerung und -überwachung enthalten[5], ebenso wie für die Notwendigkeit einer ausreichenden unternehmensinternen Kommunikation über die als wesentlich eingestuften Risiken (§ 64a Abs. 1 Satz 4 Nr. 3 lit. c VAG).[6]

12 Die in § 91 Abs. 2 AktG genannte Verpflichtung, ein **Überwachungssystem** einzurichten, klingt nach dem Wortlaut der Regelung so, als sei es der Zweck dieses Systems, die bestandsgefährdenden Entwicklungen zu erkennen. Das ist jedoch irreführend. Gemeint ist vielmehr ein Überwachungssystem, das nicht die bestandsgefährdenden Entwicklungen, sondern die Einhaltung der eingeleiteten Maßnahmen zur Früherkennung kontrollieren soll.[7] Insbesondere soll das Überwachungssystem folglich sicherstellen, dass eine interne Revision und ein sach-

---

1 *Hüffer*, § 91 AktG Rz. 7; *Kort* in Großkomm. AktG, § 91 AktG Rz. 46; *Krieger/Sailer* in K. Schmidt/Lutter, § 91 AktG Rz. 12.
2 So auch § 25a Abs. 1 Satz 4 KWG und AT 4.3 Abs. 1 MaRisk; *Krieger/Sailer* in K. Schmidt/Lutter, § 91 AktG Rz. 14.
3 Begr. RegE KonTraG, BT-Drucks. 13/9712, S. 15; *Hüffer*, § 91 AktG Rz. 7; *Kort* in Großkomm. AktG, § 91 AktG Rz. 47; *Krieger/Sailer* in K. Schmidt/Lutter, § 91 AktG Rz. 12, 14; *Hommelhoff/Mattheus*, AG 1998, 249, 251.
4 *Hüffer*, § 91 AktG Rz. 8; *Krieger/Sailer* in K. Schmidt/Lutter, § 91 AktG Rz. 15; *Bürkle*, WM 2005, 1496, 1497f.; weitergehend VG Frankfurt v. 8.7.2004 – 1 E 7363/03 (1), WM 2004, 2157, 2160; *Preussner*, AG 2002, 657, 660.
5 In diesem Sinne auch *Ringleb* in Ringleb/Kremer/Lutter/v. Werder, Deutscher Corporate Governance Kodex, 3. Aufl. 2008, Rz. 657; *Krieger/Sailer* in K. Schmidt/Lutter, § 91 AktG Rz. 8.
6 *Ringleb* in Ringleb/Kremer/Lutter/v. Werder, Deutscher Corporate Governance Kodex, 3. Aufl. 2008, Rz. 657.
7 So klar die ursprünglich vorgesehene Formulierung in § 93 Abs. 1 Satz 3 AktG des Referentenentwurfs zum KonTraG, abgedruckt in ZIP 1996, 2129 („Dazu gehört auch die Einrichtung eines Überwachungssystems mit der Aufgabe, die Einhaltung der nach Satz 2 zu treffenden Maßnahmen zu überwachen"); ebenso *Hüffer*, § 91 AktG Rz. 8; *Spindler* in MünchKomm. AktG, § 91 AktG Rz. 25; *Krieger/Sailer* in K. Schmidt/Lutter, § 91 AktG Rz. 13; a.A. *Götz*, NJW-Sonderheft 2001, S. 21; *Kiethe*, NZG 2003, 401, 402.

gerechtes Controlling eingerichtet sind und dass diese ihre jeweiligen Erkenntnisse zeitnah an den Vorstand weiter vermitteln.[1]

III. Business Judgment Rule (§ 93 Abs. 1 Satz 2 AktG)

Nach § 93 Abs. 1 Satz 2 AktG liegt eine Pflichtverletzung nicht vor, wenn das Vorstandsmitglied bei einer unternehmerischen Entscheidung vernünftigerweise annehmen durfte, auf der Grundlage angemessener Informationen zum Wohle der Gesellschaft zu handeln. Die Regelung wurde durch das UMAG eingefügt und hat im Wesentlichen **deklaratorische Bedeutung**.[2] In der Rechtsprechung des Bundesgerichtshofs war schon zuvor anerkannt, dass Vorstandsmitglieder einen weiten unternehmerischen Handlungsspielraum besitzen, ohne den unternehmerische Tätigkeit nicht möglich ist, und dass eine Haftung wegen pflichtwidrigen Vorstandshandelns nur bei schlechthin unvertretbaren Entscheidungen in Frage kommen kann.[3] Diese frühere Rechtsprechung kann für die Konkretisierung von § 93 Abs. 1 Satz 2 AktG auch weiter herangezogen werden.[4]

13

Unter den Voraussetzungen des § 93 Abs. 1 Satz 2 AktG liegt **keine Pflichtverletzung** vor. Es fehlt also nicht erst am Verschulden, sondern schon an der Pflichtverletzung, und es handelt sich nicht bloß um eine Beweislastregelung, sondern um eine materiell-rechtliche Norm. Man mag darin eine unwiderlegbare Vermutung sehen[5] oder eine Tatbestandskonkretisierung zu § 93 Abs. 1 Satz 1 AktG. Entscheidend ist, dass wer den Anforderungen des § 93 Abs. 1 Satz 2 AktG genügt, objektiv pflichtgemäß handelt. Damit scheidet eine Haftung nach § 93 Abs. 2 AktG ebenso aus wie ein Widerruf der Vorstandsbestellung aus wichtigem Grund gem. § 84 Abs. 3 AktG.[6] Sind die Voraussetzungen nach § 93 Abs. 1 Satz 2 nicht erfüllt, folgt daraus nicht umgekehrt, dass das Vorstandsmitglied seine Pflichten verletzt hätte. Vielmehr ist auch dann pflichtgemäßes Handeln nach § 93 Abs. 1 Satz 1 AktG möglich, das jedoch im Einzelnen festzustellen und nach näherer Maßgabe von § 93 Abs. 2 Satz 2 AktG vom Vorstandsmitglied darzulegen und zu beweisen ist.[7]

14

Die Business Judgment Rule will das unternehmerische Ermessen der Vorstandsmitglieder schützen. Sie greift daher nur bei **unternehmerischen Entscheidungen** ein, d.h. bei Entscheidungen, die nach unternehmerischen Zweckmäßigkeitsgesichtspunkten zu treffen sind. Nicht von der Business Judgment Rule erfasst sind daher die sog. Pflichtaufgaben des Vorstands (z.B. §§ 83, 90, 91, 92 Abs. 1

15

---

1 *Hüffer*, § 91 AktG Rz. 8; *Spindler* in MünchKomm. AktG, § 91 AktG Rz. 21; *Krieger/ Sailer* in K. Schmidt/Lutter, § 91 AktG Rz. 13.
2 Begr. RegE UMAG BR-Drucks. 3/05, S. 18; vgl. auch *Hüffer*, § 93 AktG Rz. 4a; *Kropff* in FS Raiser, 2005, S. 225, 226 f.
3 BGH v. 21.4.1997 – II ZR 175/95, BGHZ 135, 244, 253 = AG 1997, 377 – ARAG/Garmenbeck; BGH v. 3.12.2001 – II ZR 308/99, NZG 2002, 195, 196; vgl. auch *Hopt* in Großkomm. AktG, § 93 AktG Rz. 81; *Kindler*, ZHR 162 (1998), 101, 103 ff.; *Henze*, NJW 1998, 3309, 3311.
4 *Hüffer*, § 93 AktG Rz. 4b; *Weiss/Buchner*, WM 2005, 162, 163; *Roth*, BB 2004, 1066, 1068.
5 *Hüffer*, § 93 AktG Rz. 4d.
6 *Hüffer*, § 93 AktG Rz. 4c; *Fleischer*, ZIP 2004, 685, 688.
7 *Hüffer*, § 93 AktG Rz. 4c; *Fleischer*, ZIP 2004, 685, 689.

und 2, 124 Abs. 3, 131, 161, 170 Abs. 1 usw. AktG, § 34 Abs. 1 AO u.a.). Darüber hinaus muss sich die Maßnahme innerhalb der durch die Gesetze, die Satzung und die Geschäftsordnung gezogenen Grenzen halten[1]; dazu gehört auch die Einhaltung des satzungsmäßigen Unternehmensgegenstandes.[2]

16　Erforderlich ist weiter, dass das Vorstandsmitglied vernünftigerweise annehmen durfte, auf der Grundlage **angemessener Informationen** zum Wohle der Gesellschaft zu handeln. Der Vorstand muss die für eine sachgerechte Entscheidungsfindung nötigen Informationen einholen. Erforderlich sind die Informationen, die ein ordentlicher Geschäftsleiter in der Situation des Vorstands im Zeitpunkt der Entscheidung herangezogen hätte.[3] Dazu kann die Einholung externen Rats erforderlich sein (näher oben Rz. 8). Es müssen aber nicht sämtliche denkbaren Erkenntnisquellen ausgeschöpft werden, sondern ausreichend ist eine in der konkreten Entscheidungssituation unter Abwägung der Kosten und Nutzen weiterer Informationsgewinnung „angemessene" Tatsachenbasis.[4] Zum **Wohle der Gesellschaft** handelt der Vorstand, wenn Entscheidungsmaßstab das Unternehmensinteresse an der Erhaltung des Bestandes, der Förderung der nachhaltigen Rentabilität und der Steigerung des nachhaltigen Unternehmenswertes ist.[5]

17　Entscheidend ist nicht, ob die Entscheidung tatsächlich auf der Basis angemessener Informationen erfolgte und dem Wohle der Gesellschaft diente, sondern es reicht, dass der Vorstand dies **vernünftigerweise annehmen** durfte.[6] Entscheidend ist auch insoweit, ob die Beurteilung des Vorstands im Zeitpunkt der Entscheidungsfindung aus der Sicht eines ordentlichen Geschäftsleiters vertretbar („vernünftigerweise") erscheint. Grobe Fahrlässigkeit, wie Sie im Referentenentwurf des UMAG zunächst erwogen wurde[7], ist hingegen nicht erforderlich, um das Eingreifen der Business Judgment Rule auszuschließen.

18　Nach wohl allgemeiner Ansicht soll die Business Judgment Rule – angelsächsischem Vorbild folgend – nur zum Zuge kommen, wenn das Vorstandsmitglied

---

1　Begr. RegE UMAG BR-Drucks. 3/05, S. 18; *Hüffer*, § 93 AktG Rz. 4f; *Schäfer*, ZIP 2005, 1253, 1255f.; *Fleischer*, ZIP 2004, 685, 690; vgl. allerdings *Kocher*, CCZ 2009, 215, 216ff. mit Fallgruppen, in denen die Aussage in dieser Allgemeinheit einzuschränken ist. Zur Frage der Anwendbarkeit der Business Judgment Rule bei Vertragsverletzungen der Gesellschaft *Uwe H. Schneider* in FS Hüffer, 2010, S. 905, 907ff.
2　OLG Düsseldorf v. 9.12.2009 – I-6 W 45/09, ZIP 2010, 28, 30 = AG 2010, 126 – IKB, wo allerdings die Grenzen des Unternehmensgegenstandes deutlich zu eng gezogen werden; *Hüffer*, § 93 AktG Rz. 4f; *Schäfer*, ZIP 2005, 1253, 1256; *Ihrig*, WM 2004, 2098, 2103.
3　Ähnlich *Hüffer*, § 93 AktG Rz. 4g; *Hopt/Roth* in Großkomm. AktG, § 93 Abs. 1 Satz 2, 4 AktG n.F. Rz. 44ff.; näher *Horn* in FS H.P. Westermann, 2009, S. 1053, 1057f.
4　Vgl. Begr. RegE UMAG, BR-Drucks. 3/05, S. 20f.; *Spindler* in MünchKomm. AktG, § 93 AktG Rz. 180; *Hüffer*, § 93 AktG Rz. 4g; *Grundei/v. Werder*, AG 2005, 825, 829ff.; *Ihrig*, WM 2004, 2098, 2105f.
5　Begr. RegE UMAG BR-Drucks. 3/05 S. 19f.; *Hüffer*, § 93 AktG Rz. 4g i.V.m. § 76 AktG Rz. 13f.; *Hopt/Roth* in Großkomm. AktG, § 93 Abs. 1 Satz 2, 4 AktG n.F. Rz. 26ff.; *Horn* in FS H.P. Westermann, 2009, S. 1053, 1058ff.; *Fleischer*, ZIP 2004, 685, 690.
6　Näher *Horn* in FS H.P. Westermann, 2009, S. 1053, 1060ff.
7　Vgl. § 93 Abs. 1 Satz 2 des Referentenentwurfs zum UMAG, NZG 2004, Sonderbeilage 4, S. 5; dazu kritisch DAV-Handelsrechtsausschuss, NZG 2004, 555, 556; *Schäfer*, ZIP 2005, 1253, 1258; *Ulmer*, DB 2004, 859, 862f.; *Ihrig*, WM 2004, 2098, 2106.

sich bei der Entscheidungsfindung nicht in einem **Interessenwiderstreit** befand.[1] Das ist problematisch und jedenfalls nicht mit dem Erfordernis zu begründen, dass das Vorstandsmitglied gutgläubig zum Wohle der Gesellschaft handeln muss.[2] Gutgläubig zum Wohle der Gesellschaft kann auch derjenige handeln, der sich in einem Interessenkonflikt befindet, die widerstreitenden Interessen bei der Entscheidung jedoch ausblendet. Es wäre auch verfehlt, dem Vorstandsmitglied in einer solchen Situation den unternehmerischen Ermessensspielraum zu versagen, denn das liefe im praktischen Ergebnis wohl darauf hinaus, eine Erfolgshaftung eintreten zu lassen.[3] Letztlich bleibt nur, den Interessenkonflikt in die Prüfung mit einzuziehen und zu fragen, ob das Vorstandsmitglied bei der Entscheidung trotz des bestehenden Interessenkonflikts annehmen durfte, im besten Interesse der Gesellschaft zu handeln. Zumindest aber wird man annehmen müssen, dass eine Offenlegung des Interessenkonflikts gegenüber den übrigen Vorstandsmitgliedern genügt[4]; die Auffassung, in einem solchen Fall dürfe das Vorstandsmitglied nicht an der Entscheidung mitwirken[5], andernfalls verlören auch alle übrigen Vorstandsmitglieder den Schutz der Business Judgment Rule[6], ist überzogen, auch wenn es im Allgemeinen als praktische Empfehlung sinnvoll sein wird, dass sich ein Vorstandsmitglied im Interessenkonflikt von der Entscheidung fernhält.

IV. Ressortprinzip und Aufgabendelegation

19   Das Gesetz unterscheidet bei den Vorstandsaufgaben zwischen Leitung (§ 76 Abs. 1 AktG) und Geschäftsführung (§ 77 Abs. 1 AktG). Für die **Leitungsaufgaben** ist stets der Gesamtvorstand zuständig, einzelne Vorstandsmitglieder oder nachgeordnete Mitarbeiter können mit der Vorbereitung beauftragt werden, eine Delegation ist jedoch ausgeschlossen.[7] Bei Pflichtverletzungen im Bereich dieser Leitungsaufgaben kann sich ein Vorstandsmitglied daher nicht mit dem

---

1 Vgl. nur Begr. RegE UMAG BR-Drucks. 3/05, S. 20; *Hopt/Roth* in Großkomm. AktG, § 93 Abs. 1 Satz 2, 4 AktG n.F. Rz. 38 ff.; *Spindler* in MünchKomm. AktG, § 93 AktG Rz. 55; *Fleischer* in Spindler/Stilz, § 93 AktG Rz. 68; *Hüffer*, § 93 AktG Rz. 4g; *Habersack* in Karlsruher Forum 2009: Managerhaftung, S. 5, 21 ff.; *Lutter* in FS Canaris, 2007, S. 245, 248 f.
2 So aber Begr. RegE UMAG BR-Drucks. 3/05, S. 20; zurückhaltender *Hüffer*, § 93 AktG Rz. 4g.
3 Der Hinweis von *Lutter* in FS Canaris, 2007, S. 245, 247 und *Habersack* in Karlsruher Forum 2009: Managerhaftung, S. 5, 23 f., der Ausfall der Business Judgment Rule habe nur zur Folge, dass die Ordnungsmäßigkeit der Entscheidung vom Gericht im Haftungsprozess voll nachzuprüfen sei, ist in der Theorie zutreffend. Das Gericht müsste dann aber eine eigene unternehmerische Entscheidung treffen, zu der es gar nicht in der Lage ist. Vor allem aber wäre die Annahme lebensfremd, das Gericht könnte bei seiner Ermessensausübung zum gleichen Ergebnis kommen wie der Vorstand, obwohl dessen Entscheidung einen Schaden verursacht hat.
4 So auch Begr. RegE UMAG, BR-Drucks. 3/05, S. 20.
5 *Spindler* in MünchKomm. AktG, § 93 AktG Rz. 55; *Fleischer* in Spindler/Stilz, § 93 AktG Rz. 68; *Bürgers/Israel* in Bürgers/Körber, § 93 AktG Rz. 14.
6 *Lutter* in FS Canaris, 2007, S. 245/248 ff.
7 Vgl. etwa *Fleischer* in Spindler/Stilz, § 76 AktG Rz. 8 f.; *Spindler* in MünchKomm. AktG, § 76 AktG Rz. 19; *Seibt* in K. Schmidt/Lutter, § 76 AktG Rz. 8.

Hinweis entlasten, ihn habe für die Angelegenheit keine Zuständigkeit getroffen, haftungsrelevante Unterschiede können sich aber aus anderen Umständen ergeben, z.B. aufgrund unterschiedlicher Informationsstände im Rahmen der Business Judgment Rule des § 93 Abs. 1 Satz 2 AktG. Zu diesen Leitungsaufgaben gehören grundsätzliche Festlegungen der Unternehmenspolitik, die Besetzung von Führungspositionen, geschäftliche Maßnahmen von außergewöhnlicher Bedeutung sowie die Einrichtung der betriebswirtschaftlichen Anforderungen genügenden Führungsinstrumente wie Planung, Steuerung, Organisation und Controlling. Hierzu zählen auch die Einrichtung eines angemessenen Risikomanagements und einer funktionsfähigen Complianceorganisation.[1] Ferner gehören zu den nicht delegationsfähigen Leitungsaufgaben solche Aufgaben, die Kraft gesetzlicher Anordnung zwingend vom Gesamtvorstand zu erledigen sind, wie die Vorbereitung und Ausführung von Hauptversammlungsbeschlüssen (§ 83 AktG), die Berichterstattung an den Aufsichtsrat (§ 90 AktG) usw.[2]

20 Außerhalb des Bereichs der Leitungsaufgaben sind, wenn nicht Satzung oder Geschäftsordnung etwas anderes bestimmen, ebenfalls sämtliche Vorstandsmitglieder nur gemeinschaftlich zur Geschäftsführung befugt (§ 77 Abs. 1 AktG). In diesem Fall ist auch bei einfachen Geschäftsführungsmaßnahmen die Pflichtenstellung aller Vorstandsmitglieder die gleiche, so dass im Grundsatz bei Pflichtverletzungen auch alle gleichermaßen haften, soweit nicht bei einzelnen aufgrund individueller Umstände (anderer Informationsstand, Unterliegen bei Abstimmung u.Ä.) eine schuldhafte Pflichtverletzung ausscheidet. Besteht wie üblich eine **Geschäftsverteilung**, liegt die Geschäftsführungsverpflichtung hingegen in erster Linie bei dem jeweils ressortzuständigen Vorstandsmitglied; insoweit treffen auch Haftungsrisiken in erster Linie das ressortverantwortliche Vorstandsmitglied. Die Rechtspflichten der übrigen Vorstandsmitglieder reduzieren sich auf eine allgemeine Aufsicht über die Ressortgeschäftsführung der Kollegen. Dazu gehört es sicherzustellen, dass in den Vorstandssitzungen über wesentliche Angelegenheiten aus den Ressorts berichtet wird; bei Zweifeln oder Unstimmigkeiten ist diesen nachzugehen, wobei die Schwelle, ab der weitere Maßnahmen veranlasst sind, von dem mit der Ressortgeschäftsführung verbundenen Risiko abhängt.[3] Entsprechende Grundsätze gelten bei anderen Formen der Arbeitsteilung im Vorstand, insbesondere bei der Einrichtung spezieller Vorstandsausschüsse für bestimmte Geschäftsführungsangelegenheiten. Überdies trifft auch den Vorstandsvorsitzenden und -sprecher auf Grund seiner Funktion eine gesteigerte Verpflichtung zur vorstandsinternen Koordination und Überwachung und damit zugleich ein erhöhtes Haftungsrisiko.[4]

---

1 Vgl. hierzu näher *Fleischer* in Spindler/Stilz, § 76 AktG Rz. 16 ff.; *Spindler* in MünchKomm. AktG, § 76 AktG Rz. 17; *Seibt* in K. Schmidt/Lutter, § 76 AktG Rz. 9.
2 Vgl. im Einzelnen die Aufzählung bei *Fleischer* in Spindler/Stilz, § 76 AktG Rz. 19; *Spindler* in MünchKomm. AktG, § 76 AktG Rz. 16; *Seibt* in K. Schmidt/Lutter, § 76 AktG Rz. 9; *Schiessl*, ZGR 1992, 64, 67 f.
3 Vgl. hierzu instruktiv VG Frankfurt v. 8.7.2004 – I E 7363/03, AG 2005, 264, 265 f. (zum Risikomanagement); *Fleischer* in Spindler/Stilz, § 77 AktG Rz. 45 ff.; *Spindler* in MünchKomm. AktG, § 77 AktG Rz. 59; *Seibt* in K. Schmidt/Lutter, § 77 AktG Rz. 18; *Pietzke*, CCZ 2010, 45, 46 f.
4 Vgl. zu dem Ganzen eingehend unten *E. Vetter*, § 18 (S. 501 ff.).

Geschäftsführungsaufgaben außerhalb des Bereichs der Leitungsaufgaben können an **Mitarbeiter oder selbständige Dienstleister delegiert** werden. Voraussetzung dafür sind die sorgfältige Auswahl, Einweisung und Überwachung.[1] Dazu gehört weiter eine sachgerechte Organisation mit klaren Zuständigkeiten und die Bereitstellung ausreichender Ressourcen, damit eine ordnungsgemäße Aufgabenerfüllung möglich ist.[2]

21

V. Sorgfaltspflichten im Konzern

Vgl. dazu eingehend unten *Sven H. Schneider*, § 8 (S. 225 ff.).

22

C. Sorgfaltsverpflichtung der Aufsichtsratsmitglieder

I. Ordentliche und gewissenhafte Überwachung

Bei der Frage nach der Haftung von Aufsichtsratsmitgliedern geht es in erster Linie um die Pflicht zur sorgfältigen und gewissenhaften Erledigung der Aufgaben des Aufsichtsrats, d.h. vor allem der Überwachung und Besetzung des Vorstands.

23

Überwachungsgegenstand des Aufsichtsrats sind die Leitungsmaßnahmen des Vorstands.[3] Der Aufsichtsrat haftet also nicht für Versäumnisse im Tagesgeschäft, weil dieses nicht seiner Überwachung unterliegt. Er haftet auch nicht für Fehler, die auf nachgeordneten Führungsebenen oder in untergeordneten Konzerngesellschaften vorkommen, denn diese sind nicht vom Aufsichtsrat, sondern vom Vorstand zu überwachen.[4] Zur Kontrollaufgabe des Aufsichtsrats gehört insoweit nur die Frage, ob der Vorstand seiner Führungs- und Überwachungsaufgabe im Hinblick auf nachgeordnete Führungsebenen und Konzerntöchter – insbesondere durch Schaffung geeigneter Organisationsrichtlinien, eines ordnungsgemäßen konzernweiten Controllings und eines zweckmäßigen Compliancesystems – nachkommt.[5]

24

Überwachungsmaßstab des Aufsichtsrats sind Rechtmäßigkeit, Ordnungsmäßigkeit und Zweckmäßigkeit der Geschäftsführung durch den Vorstand.[6] Stellt der Aufsichtsrat rechtswidriges Handeln des Vorstands fest, hat er dieses unverzüg-

25

---

1 Vgl. etwa BGH v. 7.11.1994 – II ZR 270/93, BGHZ 127, 336, 347; *Fleischer*, AG 2003, 291, 292 ff.; *Hegnon*, CCZ 2009, 57, 58.
2 *Hegnon*, CCZ 2009, 57, 58 m.w.N.
3 Näher *Lutter/Krieger*, Rechte und Pflichten des Aufsichtsrats, Rz. 63 ff.; *Hoffmann-Becking* in MünchHdb. AG, 3. Aufl. 2007, § 29 Rz. 23.
4 *Lutter/Krieger*, Rechte und Pflichten des Aufsichtsrats, Rz. 68 f.; *Mertens* in KölnKomm. AktG, § 111 AktG Rz. 21; *Hoffmann-Becking* in MünchHdb. AG, 3. Aufl. 2007, § 29 Rz. 24.
5 Dazu eingehend unten *Uwe H. Schneider*, § 9 Rz. 5 ff.; *E. Vetter*, § 18 Rz. 60 ff.
6 BGH v. 25.3.1991 – II ZR 188/89, BGHZ 114, 127, 129 f. = AG 1991, 312; *Lutter/Krieger*, Rechte und Pflichten des Aufsichtsrats, Rz. 71 ff.; 137 ff.; *Hoffmann-Becking* in MünchHdb. AG, 3. Aufl. 2007, § 29 Rz. 26; *Semler*, Leitung und Überwachung der Aktiengesellschaft, 2. Aufl. 1996, Rz. 183.

lich abzustellen; unterlässt er dies, haftet er selbst.¹ Im Rahmen der Ordnungsmäßigkeit der Geschäftsführung muss der Aufsichtsrat darauf achten, dass die sachgerechten kaufmännischen Instrumente für die Unternehmensführung, insbesondere eine funktionierende Planung und ein funktionierendes Berichtswesen, ein angemessenes Risikomanagement und ein funktionsfähiges Compliance-System² vorhanden sind; lässt er dies außer Betracht, verhält er sich pflichtwidrig und kann haften. Bei Zweckmäßigkeitsentscheidungen hat der Vorstand ein **weites unternehmerisches Ermessen** (§ 93 Abs. 1 Satz 2 AktG). Gleiches gilt für den Aufsichtsrat, soweit er sich mit Zweckmäßigkeitsentscheidungen zu befassen hat. Er hat in diesen Fällen die Sorgfalt der Entscheidungsfindung des Vorstands zu prüfen, etwaige Bedenken gegen die Zweckmäßigkeit der Vorstandsabsichten darzulegen und zu diskutieren, kann aber im Ergebnis grundsätzlich den Vorstand gewähren lassen und braucht nicht sein eigenes Zweckmäßigkeitsurteil an die Stelle des Vorstands zu setzen, solange dessen Handeln kaufmännisch ebenfalls vertretbar erscheint.³ Zu unterbinden hat der Aufsichtsrat jedoch unvertretbare Geschäftsführungshandlungen. Für eigene Zweckmäßigkeitsentscheidungen, etwa bei der Erteilung oder Verweigerung der Zustimmung zu einem zustimmungsbedürftigen Geschäft, steht dem Aufsichtsrat der gleiche Ermessensspielraum zu, wie dem Vorstand. Auch der Aufsichtsrat haftet nicht, wenn seine Mitglieder bei einer solchen Entscheidung vernünftigerweise annehmen durften, auf der Grundlage angemessener Informationen zum Wohle der Gesellschaft zu handeln.⁴ Hingegen verletzen die Aufsichtsratsmitglieder ihre Pflichten, wenn sie einer zustimmungsbedürftigen Maßnahme die Zustimmung erteilen, ohne sich selbst die zur Entscheidung erforderlichen Informationen zu verschaffen und darauf aufbauend die Chancen und Risiken abzuwägen.⁵

26 Hinsichtlich des **Überwachungsumfangs** reicht im Normalfall die sorgfältige Prüfung der regelmäßig erstatteten Vorstandsberichte, auf deren Richtigkeit und Vollständigkeit der Aufsichtsrat grundsätzlich vertrauen darf. Ergeben sich hierbei Bedenken, ist diesen nachzugehen. Eine vertiefte Prüfung kann nötig sein, wenn besondere Umstände, wie eine wirtschaftlich schwierige Lage der Gesellschaft⁶, vorliegen, die Gesellschaft erst vor relativ kurzer Zeit angelaufen ist⁷, besonders riskante Geschäfte zu beurteilen sind oder der Vorstand in der Vergangen-

---

1 Vgl. nur BGH v. 16.3.2009 – II ZR 280/07, ZIP 2009, 860, 861 = AG 2009, 404 (Pflicht, für rechtzeitige Stellung eines Insolvenzantrags und Einhaltung des Zahlungsverbots aus § 92 Abs. 2 AktG zu sorgen); OLG Brandenburg v. 17.2.2009 – 6 U 102/07, ZIP 2009, 866 = AG 2009, 662.
2 Zur Verantwortlichkeit des Aufsichtsrats für Risikomanagement und Compliance vgl. insbes. *Winter* in FS Hüffer, 2010, S. 1103; *Preußner*, NZG 2008, 574.
3 *Mertens* in KölnKomm. AktG, § 111 AktG Rz. 35; *Hüffer*, § 111 AktG Rz. 7; *Lutter/Krieger*, Rechte und Pflichten des Aufsichtsrats, Rz. 86.
4 *Lutter/Krieger*, Rechte und Pflichten des Aufsichtsrats, Rz. 986; *Habersack* in MünchKomm. AktG, § 116 AktG Rz. 39 ff.; *Spindler* in Spindler/Stilz, § 116 AktG Rz. 37 f.; *Drygala* in K. Schmidt/Lutter, § 116 AktG Rz. 10 ff.
5 BGH v. 11.12.2006 – II ZR 243/05, ZIP 2007, 224 = AG 2007, 167.
6 BGH v. 16.3.2009 – II ZR 280/07, ZIP 2009, 860, 861 = AG 2009, 404; OLG Brandenburg v. 17.2.2009 – 6 U 102/07, ZIP 2009, 866, 869 = AG 2009, 662.
7 OLG Düsseldorf v. 8.3.1984 – 6 U 75/83, WM 1984, 1080, 1084.

heit seinen Berichtspflichten nicht ordnungsgemäß nachgekommen ist. Pflichtwidrig handelt der Aufsichtsrat deshalb z.B., wenn er trotz Unregelmäßigkeiten in der Geschäftsführung keine Untersuchungen und weiteren Maßnahmen veranlasst[1] oder sich bei einer erst kürzlich angelaufenen und vornehmlich im Ausland tätigen Gesellschaft nicht vor Ort selbst einen Eindruck von dem Geschäft verschafft oder sich wenigstens durch unabhängige Sachverständige diesen Eindruck verschaffen lässt.[2] Zu den Sorgfaltpflichten gehört es auch, die dem Aufsichtsrat zur Verfügung stehenden **Überwachungsmittel zweckgerecht einzusetzen**, d.h. für die pünktliche Berichterstattung durch den Vorstand zu sorgen, das Frage- und Einsichtsrecht auszuüben, soweit dazu Anlass besteht, und für wichtige Geschäftsführungsmaßnahmen einen Zustimmungsvorbehalt einzurichten (§ 111 Abs. 4 Satz 2 AktG). Unvertretbare Geschäftsführungsmaßnahmen muss der Aufsichtsrat verhindern. Er handelt daher pflichtwidrig, wenn er nicht mit allen zur Verfügung stehenden Mitteln gegen ungewöhnlich leichtfertige Maßnahmen des Vorstands einschreitet.[3] Notfalls hat er zur Verhinderung unvertretbarer Geschäftsführungsmaßnahmen ad hoc einen Zustimmungsvorbehalt einzurichten und die Zustimmung sodann zu verweigern[4], erforderlichenfalls muss er ein ihm unzuverlässig erscheinendes Vorstandsmitglied abberufen.[5] Eine Pflichtwidrigkeit des Aufsichtsrats kann ferner darin liegen, dass er die zur ordnungsgemäßen Erfüllung seiner Aufgaben nötige Selbstorganisation vernachlässigt. Dazu gehört die Abhaltung der nötigen Anzahl von Sitzungen, die Einrichtung von Ausschüssen, die Schaffung eines Berichtssystems zwischen Ausschuss und Plenum und die Zuziehung von Beratern, wo dies nötig ist. Es ist daher z.B. als Pflichtwidrigkeit des Aufsichtsrats anzusehen, wenn dieser sich trotz Unerfahrenheit nicht von Spezialisten beraten lässt.[6]

Im Bereich der **Personalmaßnahmen** kann der Aufsichtsrat durch die Bestellung ungeeigneter Personen zu Vorstandsmitgliedern pflichtwidrig handeln. Da ihm hierbei ein weiter Beurteilungsspielraum zusteht, kommt das aber nur bei völlig unvertretbaren Auswahlentscheidungen in Betracht. Daneben sind Pflichtwidrigkeiten bei der Gestaltung der Vorstandsanstellungsverträge denkbar, insbesondere durch Zusage unvertretbar hoher Zahlungen oder Herbeiführung einer Vergütungsstruktur, die den Anforderungen des § 87 Abs. 1 Satz 2 und 3 AktG nicht genügt (§ 116 Satz 3 AktG).[7] Theoretisch kann es auch zur Haftung führen, wenn der Aufsichtsrat bei Verschlechterung der Lage der Gesellschaft nicht von dem Herabsetzungsrecht des § 87 Abs. 2 AktG Gebrauch macht, auch wenn dieser

27

---

1 Vgl. die Entscheidung des Schweizerischen Bundesgerichts, BGE 97 II 403 ff., 411 ff.
2 OLG Düsseldorf v. 8.3.1984 – 6 U 75/83, WM 1984, 1080, 1084.
3 BGHZ 6, 207, 214.
4 BGH v. 15.11.1993 – II ZR 235/92, BGHZ 124, 111, 127 = AG 1994, 124; LG Bielefeld v. 16.11.1999 – 15 O 91/98, WM 1999, 2457, 2465.
5 BGH v. 16.3.2009 – II ZR 280/07, ZIP 2009, 860, 861 = AG 2009, 404.
6 Schweizerisches Bundesgericht, BGE 93 II, 22 ff., 26; Österreichischer OGH v. 31.5.1977 – 5 Ob 306/76, AG 1983, 81, 82.
7 Zu den Anforderungen von § 87 Abs. 1 AktG vgl. etwa *Hoffmann-Becking/Krieger*, Beilage zu NZG Heft 26/2009, Rz. 2 ff.; *Fleischer*, NZG 2009, 801; *Thüsing*, AG 2009, 517; *Hohenstatt*, ZIP 2009, 1349; *Seibert*. WM 2009, 1489; *Gaul/Janz*, NZA 2009, 809; *Annuß/Theusinger*, BB 2009, 2434.

Fall in § 116 Satz 3 AktG nicht erwähnt ist.[1] Nach der Mannesmann-Entscheidung des Bundesgerichtshofs handelt der Aufsichtsrat darüber hinaus pflichtwidrig, wenn er Vorstandsmitgliedern Zahlungen leistet, auf die diese keinen Anspruch haben, sofern dem kein Vorteil für die Gesellschaft gegenübersteht.[2] Danach wären rein belohnende Leistungen für die Vergangenheit unzulässig, sofern sich damit nicht eine Anreizwirkung für die Zukunft verbindet. Auch wenn diese Rechtsprechung als verfehlt angesehen werden muss und in der Literatur mit Recht fast ausnahmslos abgelehnt wird[3], bleibt der Praxis nichts anderes übrig, als sich daran zu orientieren.

II. Mitwirkungspflichten der einzelnen Aufsichtsratsmitglieder

28 Die einzelnen Mitglieder des Aufsichtsrats haften nicht automatisch deshalb, weil der Aufsichtsrat als Organ seine Pflichten verletzt, sondern ihre Haftung setzt eine **individuelle Pflichtverletzung** voraus. Die Aufsichtsratsmitglieder haben an der Aufgabenerledigung durch den Aufsichtsrat mitzuwirken, d.h. jedes Aufsichtsratsmitglied muss sich auf die Sitzungen vorbereiten, an diesen teilnehmen und sich an den Erörterungen und der Urteilsbildung im Aufsichtsrat beteiligen. Dazu gehört es auch, beurteilungsrelevante Informationen an den Aufsichtsrat weiterzugeben. Deshalb handelt ein Aufsichtsratsmitglied pflichtwidrig, das es unterlässt, vor der Beschlussfassung über die Vergabe eines ungesicherten Kredits die übrigen Aufsichtsratsmitglieder über die wirtschaftlich prekäre Situation des Darlehensempfängers aufzuklären[4], oder das Hinweise auf rechtswidrige Maßnahmen des Vorstands nicht an den gesamten Aufsichtsrat weitergibt.[5] Erscheint eine Beschlussfassung des Aufsichtsrats unvertretbar, genügt es nicht, sich der Stimme zu enthalten, sondern das Aufsichtsratsmitglied muss mit Nein stimmen; es ist allerdings nicht verpflichtet, zur Verhinderung einer Entscheidung die Beschlussunfähigkeit des Gremiums herbeizuführen.[6] Wird ein Aufsichtsratsmitglied bei einer Entscheidung überstimmt, die es für fehlerhaft ansieht, empfiehlt es sich, um später dem Vorwurf der Pflichtverletzung zu entgehen, die Ablehnung des Beschlusses ausdrücklich zu Protokoll zu geben.[7]

---

1 *Habersack*, ZHR 174 (2010), 2, 3; *Hoffmann/Becking/Krieger*, Beilage zu NZG Heft 26/2009, Rz. 80; *Greven*, BB 2009, 2154, 2155 f.
2 BGH v. 21.12.2005 – 3 StR 470/04, ZIP 2006, 72.
3 *Hüffer*, § 87 AktG Rz. 4; *Peltzer*, ZIP 2006, 205 ff.; *W. Müller* in Liber Amicorum Mock, 2009, S. 197, 211 f.; *Spindler*, ZIP 2006, 349 ff.; *Hoffmann-Becking*, NZG 2006, 127 ff.; *Dreher*, AG 2006, 213 ff.; s. auch schon *Fonk*, NZG 2005, 248, 250 f.; *Marsch-Barner* in FS Röhricht, 2005, S. 401, 406; *Kort*, NJW 2005, 333, 334; *Hoffmann-Becking*, ZHR 169 (2005), 155, 161 f.; *Fleischer*, DStR 2005, 1318, 1320 ff.; a.A. *Martens*, ZHR 169 (2005), 124, 131 ff.
4 LG Hamburg v. 16.12.1980 – 8 O 229/79, ZIP 1981, 194.
5 LG Bielefeld v. 16.11.1999 – 15 O 91/98, WM 1999, 2457, 2464 = AG 2000, 136 – Balsam (Existenzbedrohende Geschäfte des Vorstands); LG Dortmund v. 1.8.2001 – 20 O 143/83, DB 2001, 2591 = AG 2002, 97 (Ungesicherte Darlehensgewährung an Muttergesellschaft).
6 *Lutter/Krieger*, Rechte und Pflichten des Aufsichtsrats, Rz. 994.
7 Zum Recht jedes Aufsichtsratsmitglieds, Widerspruch zu Protokoll zu geben, vgl. *Mertens* in KölnKomm. AktG, § 107 AktG Rz. 73; *Hoffmann-Becking* in MünchHdb. AG, 3. Aufl. 2007, § 31 Rz. 91.

III. Sorgfaltspflicht und Ausschusstätigkeit

Aufsichtsräte können (§ 107 Abs. 3 AktG) und sollen (Ziff. 5.3 DCGK) Aufgaben zur Vorbereitung oder zur abschließenden Erledigung an Ausschüsse übertragen.[1] Kommt es im Tätigkeitsbereich eines Ausschusses zu Pflichtverletzungen, sind davon in erster Linie die Mitglieder des Ausschusses betroffen. War der **Ausschuss nur vorbereitend** tätig, wurde die Entscheidung letztlich aber vom Gesamtorgan getroffen, haben alle Mitglieder des Aufsichtsrats trotz der Ausschussvorbereitung ihre Meinungsbildung mit derselben Sorgfalt zu treffen, die sie auch sonst anzuwenden haben. Das schließt es nicht aus, sich bei der Entscheidung auf die Vorbereitungstätigkeit des Ausschusses zu stützen, erforderlich ist aber, dies mit der nötigen Sorgfalt zu tun und sich auf den Ausschuss nicht blind zu verlassen, sondern dessen Meinung sorgfältig auf ihre Plausibilität hin zu überprüfen. Entscheidet der **Ausschuss an Stelle des Gesamtorgans** gilt der Grundsatz, dass jedes Aufsichtsratsmitglied allgemein auch die Tätigkeit der Ausschüsse im Auge behalten muss. Erhalten Aufsichtsratsmitglieder Informationen, die Zweifel an der Ordnungsmäßigkeit der Ausschusstätigkeit wecken, müssen sie diesen nachgehen und entweder den Aufsichtsratsvorsitzenden oder das Gesamtorgan einschalten, die dann ihrerseits einzugreifen haben. Darüber hinaus ist der Gesamtaufsichtsrat verpflichtet, die Tätigkeit der Ausschüsse zu überwachen und sich zu diesem Zweck regelmäßig über die Ausschusstätigkeit berichten zu lassen (§ 107 Abs. 3 Satz 3 AktG). Eine Verletzung dieser Überwachungspflicht führt bei Pflichtversäumnissen im Ausschuss auch dann zur Haftung der übrigen Aufsichtsratsmitglieder, wenn diese nicht informiert waren, bei ordnungsgemäßer Überwachung des Ausschusses aber hätten informiert sein müssen.

29

IV. Sorgfaltspflichten im Konzern

Vgl. hierzu eingehend unten *Uwe H. Schneider*, § 9 (S. 260 ff.).

30

D. Treuepflicht und Verschwiegenheitspflicht

I. Treuepflicht

Vorstands- und Aufsichtsratsmitglieder trifft gegenüber der Gesellschaft eine Treuepflicht, die ihre Grundlage in der Organstellung hat. Eine gesetzliche Ausprägung ist für Vorstandsmitglieder das Wettbewerbsverbot des § 88 AktG. Darüber hinaus ist Inhalt der Treuepflicht die Verpflichtung, das Unternehmensinteresse zu wahren und das Verbot, das Vorstands- oder Aufsichtsratsamt zu benutzen, um im eigenen Interesse oder im Interesse eines anderen Unternehmens nachteilig auf die Gesellschaft einzuwirken.[2] Pflichtwidrig handelt deshalb zum Beispiel, wer im Widerstreit von Interessen eine für die Gesellschaft schädliche, einem anderen

31

---

[1] *Lutter/Krieger*, Rechte und Pflichten des Aufsichtsrats, Rz. 743 ff.; *Krieger*, ZGR 1985, 338, 361 ff.; *Rellermeyer*, Aufsichtsratsausschüsse, 1986, S. 14 f.
[2] *Mertens/Cahn* in KölnKomm. AktG, § 93 AktG Rz. 95 ff.; *Hopt* in Großkomm. AktG, § 93 AktG Rz. 45; *Hopt/Roth* in Großkomm. AktG, § 116 AktG Rz. 184 ff.

Unternehmen aber günstige Maßnahme veranlasst[1], oder wer Informationen, die er in seiner Eigenschaft als Vorstands- oder Aufsichtsratsmitglied erhalten hat, benutzt, um Geschäftschancen der Gesellschaft für sich selbst zu nutzen.[2]

32 **Interessenkollisionen** entlasten nicht, sondern das Organmitglied bleibt bei Ausübung seines Amtes verpflichtet, allein die Interessen der Gesellschaft zu wahren.[3] Es ist ihm aber gestattet – und in aller Regel zweckmäßig – sich bei der Abstimmung der Stimme zu enthalten und auch von sonstigen Einflussnahmen auf die Entscheidung abzusehen; denkbar ist auch ein Verzicht auf die Einbindung in den Informationsfluss zu dem betreffenden Gegenstand und der Verzicht auf die Sitzungsteilnahme bei der Erörterung und Entscheidung der betreffenden Angelegenheit.

II. Verschwiegenheitspflicht

33 Vorstands- und Aufsichtsratsmitglieder haben über vertrauliche Angaben und Geheimnisse der Gesellschaft, namentlich Betriebs- oder Geschäftsgeheimnisse, die ihnen durch ihre Amtstätigkeit bekannt geworden sind, Stillschweigen zu bewahren (§§ 93 Abs. 1 Satz 3, 116 Satz 1 AktG). Das wird im Hinblick auf Aufsichtsratsmitglieder für von diesen erhaltene vertrauliche Berichte und vertrauliche Beratungen in § 116 Satz 2 AktG nochmals besonders betont. Die **Verschwiegenheitspflicht** dauert nach Beendigung der Amtszeit fort.[4] Sie ist gesetzlich zwingend und kann durch die Satzung, die Geschäftsordnung oder den Vorstands-Anstellungsvertrag wieder eingeschränkt werden[5], noch ist eine Erweiterung möglich.[6]

34 **Geheimnisse** sind alle Tatsachen, die nicht offenkundig, sondern nur einem begrenzten Personenkreis bekannt sind, die nach dem – geäußerten oder mutmaßlichen – Willen der Gesellschaft geheim gehalten werden sollen und hinsichtlich derer ein berechtigtes wirtschaftliches Interesse an der Geheimhaltung besteht.[7] Betriebs- und Geschäftsgeheimnisse sind Beispiele hierfür, wobei unter Betriebsgeheimnisse technische Informationen (Herstellungsverfahren, Rezepturen usw.) und unter Geschäftsgeheimnisse kaufmännische Informationen (Kundenstamm,

---

1 BGH v. 21.12.1978 – II ZR 244/78, NJW 1980, 1629 – Schaffgotsch; dazu *Ulmer*, NJW 1980, 1603; *Lutter*, ZHR 145 (1981), 224 ff., 239 ff.
2 BGH v. 23.9.1985 – II ZR 246/84, WM 1985, 1443 = GmbHR 1986, 42 (GmbH-Geschäftsführer); BGH v. 7.7.1983 – III ZR 159/82, BB 1986, 486; *Mertens/Cahn* in KölnKomm. AktG, § 93 Rz. 105; *Hopt* in Großkomm. AktG, § 93 AktG Rz. 166 ff.
3 BGH v. 21.12.1978 – II ZR 244/78, NJW 1980, 1629, 1630 – Schaffgotsch; *Hoffmann-Becking* in MünchHdb. AG, 3. Aufl. 2007, § 33 Rz. 48.
4 Begr. RegE AktG, abgedruckt bei *Kropff*, AktG, 1965, S. 123; *Spindler* in MünchKomm. AktG, § 93 AktG Rz. 115; *Hüffer*, § 93 AktG Rz. 7.
5 Allg. Meinung, z.B. *Spindler* in MünchKomm. AktG, § 93 AktG Rz. 125.
6 BGH v. 5.6.1975 – II ZR 156/73, BGHZ 64, 325, 327; *Spindler* in MünchKomm. AktG, § 93 AktG Rz. 125; *Hopt* in Großkomm. AktG, § 93 AktG Rz. 199.
7 BGH v. 5.6.1975 – II ZR 156/73, BGHZ 64, 325/329; *Spindler* in MünchKomm. AktG, § 93 AktG Rz. 100; *Hüffer*, § 93 AktG Rz. 7; *Lutter*, Information und Vertraulichkeit im Aufsichtsrat, Rz. 410 ff.

Unternehmensplanung usw.) fallen.¹ **Vertrauliche Angelegenheiten** sind alle Informationen, hinsichtlich deren ein Interesse der Gesellschaft daran besteht, dass sie nicht weitergegeben werden. Das kann auch bei Informationen der Fall sein, die an sich offenkundig und deshalb kein Geheimnis (mehr) sind.² Eine Kennzeichnung der Angabe als „vertraulich" ist nicht erforderlich.³ Ein Interesse der Gesellschaft an vertraulicher Behandlung kann sich auch aus einem entsprechenden Interesse Dritter (z.B. Kunden- oder Lieferanteninformation) ergeben, sofern die Gesellschaft – etwa zum Schutz ihrer Kunden- und Lieferantenbeziehungen – ein eigenes Interesse an der vertraulichen Behandlung der Information hat.⁴

Geschützt sind Geheimnisse und vertrauliche Angaben, sofern diese den Organmitgliedern **durch ihre Vorstands- bzw. Aufsichtsratstätigkeit** bekannt geworden sind. Dabei ist nicht erforderlich, dass die Angelegenheit im Vorstand bzw. Aufsichtsrat behandelt wurde, sondern es genügt, dass die Organmitgliedschaft für die Informationserteilung ursächlich war.⁵ Aus der allgemeinen Treuepflicht kann allerdings eine weiter gehende Verpflichtung folgen, auch privat erlangte Informationen vertraulich zu behandeln, so weit das Interesse der Gesellschaft dies verlangt.⁶ 35

Die Verschwiegenheitspflicht besteht grundsätzlich **gegenüber jedermann**, auch gegenüber Aktionären, Arbeitnehmern, dem Betriebsrat und anderen Organen der Betriebsverfassung.⁷ Hingegen gibt es keine Verschwiegenheitspflicht der Vorstands- und Aufsichtsratsmitglieder untereinander⁸; und keine Verschwiegenheitspflicht zwischen den Organen.⁹ Keine Verschwiegenheitsverpflichtung besteht auch gegenüber den Abschlussprüfern (§ 320 Abs. 2 HGB) und gegenüber der Prüfstelle für Rechnungslegung (§ 93 Abs. 1 Satz 4 AktG). Weitere **gesetzliche Durchbrechungen** der Verschwiegenheitsverpflichtung finden sich in den kapitalmarktrechtlichen Vorschriften über die ad hoc-Publizität (§ 15 WpHG) und die Abgabe von Beteiligungsmitteilungen (§§ 21 ff. WpHG). Daneben besteht eine Vielzahl behördlicher Auskunftsrechte auf Grund spezieller Vorschriften des öffentlichen Rechts.¹⁰ Geheimnisse und vertrauliche Angaben können offen gelegt werden, wenn ein entsprechendes **Offenlegungsinteresse** der Gesellschaft besteht, welches das Geheimhaltungsinteresse überwiegt. Deshalb ist z.B. die Offenlegung geheimer vertraulicher Informationen zur Ermöglichung einer Due Diligence-Prüfung 36

---

1 Abweichend wohl *Hopt* in Großkomm. AktG, § 93 AktG Rz. 191, die Unterscheidung sei kaum zu treffen.
2 *Spindler* in MünchKomm. AktG, § 93 AktG Rz. 103; *Hüffer*, § 93 AktG Rz. 7; *Lutter*, Information und Vertraulichkeit im Aufsichtsrat, Rz. 453.
3 Begr. RegE AktG, abgedruckt bei *Kropff*, Aktiengesetz, 1965, S. 122 f.; *Spindler* in MünchKomm. AktG, § 93 AktG Rz. 103; *Hüffer*, § 93 AktG Rz. 7.
4 *Spindler* in MünchKomm. AktG, § 93 AktG Rz. 103.
5 *Spindler* in MünchKomm. AktG, § 93 AktG Rz. 105.
6 *Hopt* in Großkomm. AktG, § 93 AktG Rz. 138.
7 *Spindler* in MünchKomm. AktG, § 93 AktG Rz. 107 ff.; *Hüffer*, § 93 AktG Rz. 8.
8 *Hüffer*, § 93 AktG Rz. 8; *Spindler* in MünchKomm. AktG, § 93 AktG Rz. 111.
9 BGH v. 26.3.1956 – II ZR 57/55, BGHZ 20, 239, 246; BGH v. 6.3.1997 – II ZB 4/96, BGHZ 135, 48, 56; *Hüffer*, § 93 AktG Rz. 8.
10 Vgl. etwa *Spindler* in MünchKomm. AktG, § 93 AktG Rz. 112; *Hüffer*, § 93 AktG Rz. 8a.

zulässig, sofern die Gesellschaft ein eigenes, ihr Geheimhaltungsinteresse überwiegendes Interesse an dem Zustandekommen des Erwerbsgeschäfts hat und durch geeignete Prozessgestaltung sichergestellt wird, dass das Geheimhaltungsinteresse soweit wie möglich geschützt bleibt (Verschwiegenheitserklärung; nach dem Grad der Geheimhaltungsbedürftigkeit und dem Verhandlungsfortschritt gestufte Informationserteilung u. Ä.).[1] Die Entscheidung hierüber fällt in die Kompetenz des Vorstands, nicht in die des Aufsichtsrats oder einzelner Aufsichtsratsmitglieder.[2] Die Entscheidung über die Offenlegung von Informationen zum Zwecke einer Due Diligence ist wegen ihrer Bedeutung dem Gesamtvorstand vorbehalten[3]; die Offenlegung weniger wichtiger Einzelinformationen können auch einzelne Vorstandsmitglieder im Rahmen ihrer Ressortzuständigkeit entscheiden.

E. Verschulden

37 Die Haftung der Vorstände und Aufsichtsräte ist eine Verschuldenshaftung. Verschuldensmaßstab ist ebenfalls die Sorgfalt eines ordentlichen und gewissenhaften Geschäftsleiters bzw. Aufsichtsratsmitglieds.[4] Wer nicht mit dieser Sorgfalt handelt, handelt nicht nur pflichtwidrig, sondern zugleich schuldhaft. Es gilt also ein **objektivierter Verschuldensmaßstab** für alle Organmitglieder, ohne Unterschied ihrer persönlichen Kenntnisse und Fähigkeiten.[5] Jedes Organmitglied muss die Fähigkeiten und Kenntnisse besitzen, die es in die Lage versetzen, diesem Maßstab gerecht zu werden, und alle Organmitglieder haben für diejenige Sorgfalt einzustehen, die von einem durchschnittlichen Vorstands- bzw. Aufsichtsratsmitglied erwartet werden kann.[6]

38 Den unterschiedlichen Kenntnissen und Fähigkeiten trägt das Gesetz dadurch Rechnung, dass es die **Arbeitsteilung** in Vorstand und Aufsichtsrat zulässt, mit der Folge, dass sich die Verantwortung vor allem auf diejenigen Organmitglieder verlagert, die mit der konkreten Aufgabe betraut sind (vgl. oben Rz. 19 und 29). Organmitglieder, die innerhalb des Vorstands oder Aufsichtsrats besondere Funktionen übernehmen, d.h. insbesondere der Vorstandsvorsitzende, der Aufsichtsratsvorsitzende, die jeweils ressortzuständigen Vorstandsmitglieder und die Mitglieder von Ausschüssen, unterliegen einem strengeren Maßstab. Sie haben für die Kenntnisse und Fähigkeiten einzustehen, die ihre Funktion erfordert.[7] Darüber hinaus ist anzunehmen, dass **besondere Kenntnisse** individueller Vorstands-

---

1 Vgl. im Einzelnen *Spindler* in MünchKomm. AktG, § 93 AktG Rz. 120 ff; *Hüffer*, § 93 AktG Rz. 8; *Banerjea*, ZIP 2003, 1730 f.; *Fleischer*, ZIP 2002, 651 f.
2 Vgl. etwa *Lutter/Krieger*, Rechte und Pflichten des Aufsichtsrats, Rz. 284.
3 *Spindler* in MünchKomm. AktG, § 93 AktG Rz. 124; *K.J. Müller*, NJW 2000, 3452, 3453; *Ziemons*, AG 1999, 492, 494.
4 *Hüffer*, § 93 AktG Rz. 3; *Spindler* in MünchKomm. AktG, § 93 AktG Rz. 158; *Habersack* in MünchKomm. AktG, § 116 AktG Rz. 70.
5 BGH WM 1971, 1548, 1549; *Hüffer*, § 93 AktG Rz. 159; *Habersack* in MünchKomm. AktG, § 116 AktG Rz. 70; *Mertens/Cahn* in KölnKomm. AktG, § 93 Rz. 136 f.; *Wiesner* in MünchHdb. AG, 3. Aufl. 2007, § 26 Rz. 9.
6 BGH v. 15.11.1982 – II ZR 27/82, BGHZ 85, 293, 295 – Hertie; *Hüffer*, § 116 AktG Rz. 2.
7 *Hüffer*, § 116 AktG Rz. 3; *Lutter/Krieger*, Rechte und Pflichten des Aufsichtsrats, Rz. 1008; *Dreher* in FS Boujong, 1996, S. 71, 83 ff.

oder Aufsichtsratsmitglieder für diese den Verschuldensmaßstab erhöhen.[1] Wer Sonderkenntnisse besitzt und nicht anwendet, kann sich nicht damit entschuldigen, dass ein durchschnittliches Vorstands- oder Aufsichtsratsmitglied diese Sonderkenntnisse gar nicht besitzen müsse.

F. Schaden und Kausalität

Die Ersatzpflicht setzt voraus, dass die Pflichtverletzung des Vorstands- oder Aufsichtsratsmitglieds einen Schaden der Gesellschaft verursacht hat. Für die **Ermittlung des Schadens** sind grundsätzlich §§ 249 ff. BGB anwendbar.[2] Im Allgemeinen ist also eine Minderung des Wertes des Gesellschaftsvermögens gegenüber der Vermögenslage erforderlich, die ohne das pflichtwidrige Handeln bestünde. Anders muss dies jedoch bei kompetenzwidrigen Geschäftsführungsmaßnahmen entschieden werden, etwa beim Erwerb von Vermögensgegenständen ohne die erforderliche Zustimmung des Aufsichtsrats; in solchen Fällen haben die verantwortlichen Vorstandsmitglieder die Gesellschaft so zu stellen, wie sie ohne die pflichtwidrige Maßnahme stehen würde, auch wenn eine Minderung des Vermögens nicht eingetreten ist (Beispiel: Erwerb einer werthaltigen Beteiligung ohne die erforderliche Zustimmung des Aufsichtsrats).[3] Besondere praktische Bedeutung hat die Frage, ob und inwieweit **Bußgelder** einen ersatzpflichtigen Schaden darstellen können, die der Gesellschaft etwa wegen eines Kartellverstoßes (§ 81 GWB) oder wegen einer Verletzung der Aufsichtspflicht im Unternehmen (§ 130 OWiG) auferlegt werden. In der Literatur wird teilweise die Ansicht vertreten, aus Grundsätzen des Ordnungswidrigkeitenrechts folge, dass wegen einer Geldbuße kein oder jedenfalls nur ein beschränkter Regress genommen werden könne[4], andere Erwägungen gehen dahin, unter Rückgriff auf die aktienrechtliche Fürsorgepflicht den Rückgriff gegen Organmitglieder auf einen angemessenen Betrag zu beschränken[5]; vgl. dazu eingehend *Wilsing*, unten § 27 (S. 790 ff.). Die ganz herrschende Meinung sieht Bußgelder uneingeschränkt als ersatzfähigen Schaden an.[6] Auch dann ist aber zu beachten, dass die Geldbußen vielfach nur zu einem Teil Ahndungscharakter, zum größeren Teil aber Abschöpfungscharakter haben und der Abschöpfungsteil keinen Schaden darstellt, sondern nur den wirtschaftlichen Vorteil beseitigt, den die Gesellschaft aus der Pflichtverletzung erlangt hat. Soweit der Gesellschaft durch die Pflichtverletzung Vermögensvor-

39

---

1 Wie hier LG Hamburg v. 16.12.1980 – 8 O 229/79, ZIP 1981, 194, 197; *Mertens* in KölnKomm. AktG, § 116 AktG Rz. 57; *Hüffer*, § 116 AktG Rz. 3; *Lutter/Krieger*, Rechte und Pflichten des Aufsichtsrats, Rz. 849; *Hoffmann-Becking* in MünchHdb. AG, 3. Aufl. 2007, § 33 Rz. 46, 77 ff.; *Dreher* in FS Boujong, 1996, S. 71; a.A. *Schwark* in FS Werner, 1984, S. 841/850, 853 f.
2 *Spindler* in MünchKomm. AktG, § 93 AktG Rz. 154; *Mertens/Cahn* in KölnKomm. AktG, § 93 Rz. 55; *Hüffer*, § 93 AktG Rz. 14; *Wiesner* in MünchHdb. AG, 3. Aufl. 2007, § 26 Rz. 10.
3 OLG München v. 17.9.1999 – 23 U 1514/99, NZG 2000, 741, 743.
4 So insbesondere *Dreher* in FS Conzen, 2006, S. 85, 103 f.; *Krause*, BB-Spezial 2007, 2, 13; differenzierend *Mertens/Cahn* in KölnKomm. AktG, § 93 AktG Rz. 56.
5 *Bayer* in FS K. Schmidt, 2008, S. 85, 97.
6 Z.B. *Marsch-Barner*, ZHR 173 (2009), 723, 730; *Zimmermann*, WM 2008, 433, 437; *Hasselbach/Seibel*, AG 2008, 770, 773; *Glöckner/Müller-Tautphaeus*, AG 2001, 344, 346.

teile entstehen und diese nicht abgeschöpft werden, sind die Grundsätze über die **Vorteilsausgleichung** anwendbar, d.h. der erzielte Vorteil mindert den ersatzpflichtigen Schaden.[1]

40 Die Pflichtwidrigkeit muss den Schaden **adäquat kausal** herbeigeführt haben.[2] Die Haftung entfällt, wenn der Schaden auch bei rechtmäßigem Verhalten eingetreten wäre; beweispflichtig hierfür ist das Vorstands- bzw. Aufsichtsratsmitglied.[3] Bei der Verletzung von Kompetenz-, Organisations- oder Verfahrensregeln ist der **Einwand rechtmäßigen Alternativverhaltens** jedoch ausgeschlossen, weil sonst der Schutzzweck dieser Regelungen unterlaufen würde[4]; z.B. kann gegenüber einer Haftung für eine ohne die erforderliche Aufsichtsratszustimmung vorgenommene Geschäftsführungsmaßnahme nicht eingewandt werden, bei ordnungsgemäßer Einschaltung des Aufsichtsrats hätte dieser zugestimmt.

G. Beweislastumkehr

41 Während normalerweise der Anspruchsteller, der einen Schadensersatzanspruch geltend machen will, dessen Voraussetzungen darzulegen und zu beweisen hat, kehrt § 93 Abs. 2 Satz 2 AktG die Darlegungs- und Beweislast um. Ist streitig, ob die Vorstands- bzw. Aufsichtsratsmitglieder die Sorgfalt eines ordentlichen und gewissenhaften Geschäftsleiters bzw. Aufsichtsratsmitglieds angewandt haben, so trifft sie die Beweislast hierfür. Der **Umfang dieser Beweislastumkehr** beschränkt sich nicht allein auf die Frage des Verschuldens, sondern erfasst auch die objektive Pflichtwidrigkeit des Handelns.[5] Die Gesellschaft muss also nur darlegen und beweisen, dass und in welcher Höhe ihr ein Schaden entstanden ist und dass dieser Schaden auf einer bestimmten Handlung oder Unterlassung des Vorstands- bzw. Aufsichtsratsmitglieds beruht. Überdies hat die Gesellschaft die Darlegungslast dafür, dass das schadensursächliche Verhalten zumindest möglicherweise pflichtwidrig sein kann.[6] Es ist dann Sache des Organmitglieds, sich hinsichtlich der Pflichtwidrigkeit oder des Verschuldens zu entlasten.

---

1 *Mertens/Cahn* in KölnKomm. AktG, § 93 AktG Rz. 56, 63; *Fleischer* in Spindler/Stilz, § 93 AktG Rz. 34; *Marsch-Barner*, ZHR 173 (2009), 723, 729; *Zimmermann*, WM 2008, 433, 439; *Krause*, BB-Spezial 2007, 2, 13; *Glöckner/Müller-Tautphaeus*, AG 2001, 344, 346; *Wilsing*, unten § 27 Rz. 35 ff.; ablehnend *Säcker*, WuW 2009, 362, 368; zurückhaltend *Thole*, ZHR 173 (2009), 504, 526 ff.
2 *Spindler* in MünchKomm. AktG, § 93 AktG Rz. 156; *Hopt* in Großkomm. AktG, § 93 AktG Rz. 266; *Hüffer*, § 93 AktG Rz. 15.
3 *Spindler* in MünchKomm. AktG, § 93 AktG Rz. 156; *Hopt* in Großkomm. AktG, § 93 AktG Rz. 268; *Wiesner* in MünchHdb. AG, 3. Aufl. 2007, § 26 Rz. 8.
4 BGH v. 25.3.1991 – II ZR 188/89, BGHZ 114, 127, 135; *Spindler* in MünchKomm. AktG, § 93 AktG Rz. 156; *Hopt* in Großkomm. AktG, § 93 AktG Rz. 267; *Wiesner* in MünchHdb. AG, 3. Aufl. 2007, § 26 Rz. 8; a.A. *Fleischer*, DStR 2009, 1204, 1208 ff.
5 BGH v. 4.11.2002 – II ZR 224/00, ZIP 2002, 2314, 2315 f. (GmbH); OLG Hamm v. 11.5.1995 – 8 U 59/94, AG 1995, 512, 513; *Spindler* in MünchKomm. AktG, § 93 AktG Rz. 163; *Hopt* in Großkomm. AktG, § 93 AktG Rz. 285; *Hüffer*, § 93 AktG Rz. 16.
6 BGH v. 4.11.2002 – II ZR 224/00, BGHZ 152, 280, 284 = AG 2003, 381; ausführlich *Goette*, ZGR 1995, 648/671 ff.; *Hüffer*, § 93 AktG Rz. 16; *Mertens/Cahn* in KölnKomm. AktG, § 93 AktG Rz. 142; *Wiesner* in MünchHdb. AG, 3. Aufl. 2007, § 26 Rz. 11; *Paefgen*, NZG 2009, 891, 892 ff.

Die Beweislastumkehr trifft auch ausgeschiedene Vorstands- und Aufsichtsrats- 42
mitglieder. Dass sie keinen uneingeschränkten Zugang zu den Informationen und
Unterlagen der Gesellschaft mehr besitzen, rechtfertigt keine Einschränkung der
Beweislastumkehr.[1] Vielmehr ist ausgeschiedenen Vorstands- und Aufsichtsratsmitgliedern unabhängig von § 810 BGB ein **Anspruch auf Einsicht** in die Unterlagen der Gesellschaft zuzubilligen, soweit sie diese für ihre Rechtsverteidigung
benötigen.[2] Solange die Gesellschaft die Einsicht verweigert, kann sie sich entsprechend den Regeln über die Beweisvereitelung auf die Beweislastumkehr nicht
berufen.[3] Das Einsichtsrecht beschränkt sich auf Unterlagen, die für die Frage relevant sein können, ob die Sorgfalt eines ordentlichen und gewissenhaften Ge-
schäftsleiters/Aufsichtsratsmitglieds eingehalten wurde; es umfasst nicht Unterlagen zu Fragen, die ohnehin von der Gesellschaft darzulegen und zu beweisen
sind, insbesondere Fragen des Schadens. Weiterhin ist das Recht auf solche Informationen und Unterlagen zu beschränken, die als solche für die Beurteilung des
Pflichtenvorwurfs relevant sind; Einsicht in interne Untersuchungsprotokolle,
Protokolle über von der Gesellschaft durchgeführte Befragungen von Mitarbeitern oder von der Gesellschaft eingeholte Gutachten zur Frage der Organhaftung
kann nicht beansprucht werden. Auch die Ausstrahlungswirkung von Grund-
rechten und grundrechtsgleichen Prozessgrundrechten (Art. 1 Abs. 1, 2 Abs. 1,
20 Abs. 3, 103 Abs. 1 GG) kann ein so weitgehendes Informationsrecht nicht begründen[4], sondern insoweit ist das Vorstandsmitglied wie jeder Beklagte vor Gericht auf seine prozessualen Rechte zu verweisen, die ausreichenden Schutz gewähren. Als Voraussetzung des Einsichtsrechts wird man überdies verlangen
müssen, dass das Organmitglied nachvollziehbar darlegt, warum es glaubt, aus
den von ihm angeforderten Unterlagen zu seiner Rechtsverteidigung geeignete Informationen gewinnen zu können.

H. Haftungsausschlüsse und -einschränkungen

I. Haftungsausschluss durch Hauptversammlungsbeschluss

Gem. § 93 Abs. 4 Satz 1 AktG tritt die Ersatzpflicht der Gesellschaft gegenüber 43
nicht ein, wenn die schadenstiftende Handlung auf einem **gesetzmäßigen Beschluss der Hauptversammlung** beruht. Der Vorstand ist verpflichtet, von der
Hauptversammlung im Rahmen ihrer Zuständigkeit beschlossene Maßnahmen
auszuführen (§ 83 Abs. 2 AktG), und demgemäß kann die pflichtgemäße Durchführung des Beschlusses keine Haftung von Vorstand und Aufsichtsrat nach sich
ziehen. Diese Haftungsentlastung betrifft nicht nur Entscheidungen, für die eine
originäre Zuständigkeit der Hauptversammlung besteht, sondern sie greift auch in
den Fällen ein, in denen der Vorstand von sich aus gem. § 119 Abs. 2 AktG Geschäftsführungsmaßnahmen der Hauptversammlung zur Entscheidung vorlegt.

---

1 So aber *Hüffer*, § 93 AktG Rz. 17; *Bürgers/Israel* in Bürgers/Körber, § 93 AktG Rz. 29.
2 BGH v. 4.11.2002 – II ZR 224/00, BGHZ 152, 280, 285 = AG 2003, 381; *Spindler* in Münch-
   Komm. AktG, § 93 AktG Rz. 170; *Mertens/Cahn* in KölnKomm. AktG, § 93 Rz. 147;
   Wiesner in MünchHdb. AG, § 26 Rz. 12.
3 Ebenso wohl *Spindler* in MünchKomm. AktG, § 93 AktG Rz. 170.
4 So aber kürzlich *Hassemer* in einem unveröffentlichten Parteigutachten vom 12.7.2009.

Erforderlich ist aber ein förmlicher Hauptversammlungsbeschluss; informelle Erklärungen von Aktionären, auch des Alleinaktionärs, genügen nicht.[1] Auf dem Beschluss der Hauptversammlung muss die schädigende Handlung beruhen; deshalb reicht eine bloß nachträgliche Billigung durch Beschluss der Hauptversammlung nicht.[2] Erforderlich ist außerdem ein gesetzmäßiger Beschluss, d.h. ein Beschluss, der **weder nichtig noch anfechtbar** ist.[3] Wird ein anfechtbarer Beschluss innerhalb der Anfechtungsfrist nicht angefochten, entlastet auch er.[4] Ebenso entlastet ein nichtiger Beschluss, wenn die Nichtigkeit nach § 242 AktG nicht mehr geltend gemacht werden kann.[5] Anders verhält es sich nur dann, wenn der Vorstand Anlass gehabt hätte, selbst Anfechtungs- oder Nichtigkeitsklage gegen den Beschluss zu erheben, und dies pflichtwidrig unterlassen hat.[6] Selbst ein gesetzmäßiger Hauptversammlungsbeschluss entlastet nicht, wenn er **pflichtwidrig** – insbesondere durch unrichtige oder unvollständige Information der Hauptversammlung – **herbeigeführt** wurde.[7] Gleiches kann gelten, wenn sich für die Beschlussfassung der Hauptversammlung maßgebliche Umstände wesentlich verändert haben; in diesem Fall müssen Vorstand und Aufsichtsrat die Hauptversammlung erneut mit der Angelegenheit befassen, bevor der Beschluss umgesetzt werden darf.[8]

II. Verzicht, Vergleich, Verjährung

44 Die Gesellschaft kann auf Ersatzansprüche gegen Vorstands- und Aufsichtsratsmitglieder nur verzichten und sich über sie auch nur vergleichen, wenn seit der Entstehung des Anspruchs **drei Jahre** vergangen sind (Ausnahme § 93 Abs. 4 Satz 4 AktG), außerdem die Hauptversammlung zustimmt und nicht eine Aktionärsminderheit von mindestens 10 % des Grundkapitals gegen den Zustimmungsbeschluss Widerspruch zu Protokoll erhebt (§ 93 Abs. 4 Satz 3 AktG). Davon erfasst sind Erlassverträge und negative Schuldanerkenntnisse (§ 397 BGB), gerichtliche und außergerichtliche Vergleiche (§ 779 BGB) und darüber hinaus alle Rechtshandlungen, die einem Verzicht oder Vergleich wirtschaftlich gleichkommen, wie namentlich auch die Stundung des Ersatzanspruchs.[9] Den Gläubi-

---

1 *Hüffer*, § 93 AktG Rz. 24.
2 *Spindler* in MünchKomm. AktG, § 93 AktG Rz. 213; *Hüffer*, § 93 AktG Rz. 25; *Wiesner* in MünchHdb. AG, 3. Aufl. 2007, § 26 Rz. 14.
3 *Hüffer*, § 93 AktG Rz. 25; eingehend *Hopt* in Großkomm. AktG, § 93 AktG Rz. 316 ff.; *Spindler* in MünchKomm. AktG, § 93 AktG Rz. 208 f.
4 *Spindler* in MünchKomm. AktG, § 93 AktG Rz. 208; *Hopt* in Großkomm. AktG, § 93 AktG Rz. 322 f.; *Hüffer*, § 93 AktG Rz. 25; *Haertlein*, ZHR 186 (2004), 437, 441.
5 BGH v. 6.10.1960 – II ZR 150/58, BGHZ 33, 175, 178 f.; *Hopt* in Großkomm. AktG, § 93 AktG Rz. 317 ff.; *Hüffer*, § 93 AktG Rz. 25; *Spindler* in MünchKomm. AktG, Rz. 209; *Wiesner* in MünchHdb. AG, 3. Aufl. 2007, § 26 Rz. 15; a.A. *Mertens/Cahn* in KölnKomm. AktG, § 93 AktG Rz. 155.
6 *Spindler* in MünchKomm. AktG, § 93 AktG Rz. 208; *Hüffer*, § 93 AktG Rz. 25 f., § 242 AktG Rz. 7; *Hopt* in Großkomm. AktG, § 93 AktG Rz. 321.
7 *Spindler* in MünchKomm. AktG, § 93 AktG Rz. 211, 214; *Hopt* in Großkomm. AktG, § 93 AktG Rz. 26; *Wiesner* in MünchHdb. AG, 3. Aufl. 2007, § 26 Rz. 16.
8 *Spindler* in MünchKomm. AktG, § 93 AktG Rz. 215; *Hopt* in Großkomm. AktG, § 93 AktG Rz. 327 ff.; *Wiesner* in MünchHdb. AG, 3. Aufl. 2007, § 26 Rz. 16.
9 *Spindler* in MünchKomm. AktG, § 93 AktG Rz. 231; *Hopt* in Großkomm. AktG, § 93 AktG Rz. 375.

gern gegenüber ist ein Vergleich oder Verzicht selbst nach Ablauf der Dreijahresfrist und mit Zustimmung der Hauptversammlung unwirksam (§ 93 Abs. 5 Satz 3 AktG). Die Regelung von Ersatzansprüchen ist vielfach im Interesse sowohl der Gesellschaft als auch der betroffenen Organmitglieder. Deshalb ist die 3-Jahresfrist, die einer sachgerechten Erledigung der Angelegenheit für einen langen Zeitraum entgegenstehen kann, rechtspolitisch problematisch. Die Frist schließt es jedoch nicht aus, schon vor ihrem Ablauf Vergleichsgespräche zu führen und sich in unverbindlicher Form auf den Inhalt einer später abzuschließenden und der Hauptversammlung vorzulegenden Vereinbarung zu verständigen. Ob der Aufsichtsrat hingegen vor Fristablauf schon eine Vergleichsvereinbarung schließen kann, an die er gebunden ist und hinsichtlich derer er sich verpflichtet, sie der Hauptversammlung zur Zustimmung vorzulegen, ist zweifelhaft. Der Schutzzweck des Gesetzes spricht eher für die Annahme, dass dies nicht möglich ist, sondern vor Fristablauf nur gänzlich unverbindliche Übereinkünfte getroffen werden können. Zur Einbeziehung der D&O-Versicherung in einen Vergleichsschluss vgl. unten *Sieg*, § 15 Rz. 60 ff.

Die Ansprüche aus §§ 93, 116 AktG **verjähren** in fünf Jahren (§ 93 Abs. 6 AktG), im Justizministerium wird allerdings zurzeit eine (überflüssige und sachwidrige) Verlängerung auf 10 Jahre erwogen. Die Frist beginnt unabhängig von der Kenntniserlangung mit der Entstehung des Anspruchs (§ 200 BGB).[1] Dazu muss der Schaden eingetreten sein, auch wenn er sich noch nicht beziffern lässt oder in seiner Entwicklung noch nicht abgeschlossen ist.[2] Es genügt, wenn der Anspruch durch Feststellungsklage geltend gemacht werden kann.[3] Für die Fristberechnung gelten §§ 187 Abs. 1, 188 Abs. 2 BGB, die Hemmung der Verjährung richtet sich nach §§ 203 ff. BGB. In der Praxis ist es häufig sinnvoll und weitgehend üblich, zur Vermeidung verjährungsunterbrechender Maßnahmen durch die Gesellschaft während der Untersuchungsphase oder während laufender Vergleichsbemühungen eine Verjährungsverzichtsvereinbarung zu treffen.[4]

III. Haftungsbeschränkungen

Aus dem gesetzlichen Verbot, vor Ablauf von drei Jahren auf Schadensersatzansprüche zu verzichten (§ 93 Abs. 4 Satz 3 AktG), folgt zugleich, dass auch eine Haftungsbeschränkung zu Gunsten der Vorstands- und Aufsichtsratsmitglieder weder durch Satzungsregelung noch durch individuelle Vereinbarung vorgesehen werden kann.[5] Auch die Grundsätze der Rechtsprechung zur Begrenzung der

---

1 Begr. RegE zu § 93 Abs. 6 AktG, BT-Drucks. 15/3653, S. 12; *Hüffer*, § 93 AktG Rz. 37; *Spindler* in MünchKomm. AktG, § 93 AktG Rz. 255; *Wiesner* in MünchHdb. AG, 3. Aufl. 2007, § 26 Rz. 21.
2 BGH v. 28.10.1993 – IX ZR 21/93, BGHZ 124, 27, 29 f.; BGH v. 23.3.1987 – II ZR 190/86, BGHZ 100, 228, 231; *Hüffer*, § 94 AktG Rz. 37; *Spindler* in MünchKomm. AktG, § 93 AktG Rz. 256; *Wiesner* in MünchHdb. AG, 3. Aufl. 2007, § 26 Rz. 21.
3 BGH v. 21.2.2005 – II ZR 112/03, ZIP 2005, 852, 853; BGH v. 23.3.1987 – II ZR 190/86, ZIP 1987, 776, 777; *Wiesner* in MünchHdb. AG, 3. Aufl. 2007, § 26 Rz. 21.
4 Vgl. dazu etwa *Ellenberger* in Palandt, 69. Aufl. 2010, § 202 BGB Rz. 7.
5 *Spindler* in MünchKomm. AktG, § 93 AktG Rz. 26; *Hopt* in Großkomm. AktG, § 93 AktG Rz. 23 ff.; *Hüffer*, § 93 AktG Rz. 1; *Fleischer*, ZHR 168 (2004), 673, 675.

Arbeitnehmerhaftung bei betrieblichen Tätigkeiten[1] lassen sich auf Vorstands- und Aufsichtsratsmitglieder nicht übertragen.[2] Zulässig sind hingegen Freistellungserklärungen Dritter, etwa des Großaktionärs; ob der Großaktionär sich allerdings verpflichten kann, dafür zu sorgen, dass die Gesellschaft Ersatzansprüche nicht geltend macht (z.B. durch Herbeiführung eines Verzichtsbeschlusses nach § 93 Abs. 4 Satz 3 AktG?)[3], erscheint schon wegen des Schutzzwecks der 3-Jahresfrist aus § 93 Abs. 4 Satz 3 AktG zweifelhaft und liefe letztlich auf eine Verpflichtung zur Schädigung der Gesellschaft hinaus. Rechtspolitisch sollte allerdings erwogen werden, eine Haftungsmilderung durch die Satzung oder aufgrund einer Satzungsermächtigung de lege ferenda zuzulassen.[4]

J. Durchsetzung des Ersatzanspruchs

I. Anspruchsverfolgung durch Aufsichtsrat bzw. Vorstand

47 Gem. § 112 AktG ist es Sache des Aufsichtsrats, die Gesellschaft gegenüber Vorstandsmitgliedern gerichtlich und außergerichtlich zu vertreten. Darunter fällt auch die Geltendmachung von Schadensersatzansprüchen gegen Vorstandsmitglieder. Solange nicht die Hauptversammlung oder das Gericht zur Geltendmachung des Ersatzanspruchs besondere Vertreter bestellt haben (§ 147 Abs. 2 AktG)[5] oder die Hauptversammlung in rechtswirksamer Weise auf den Anspruch verzichtet hat (§ 93 Abs. 4 Satz 3 AktG), ist der Aufsichtsrat grundsätzlich verpflichtet, möglichen Schadensersatzansprüchen der Gesellschaft gegenüber Vorstandsmitgliedern nachzugehen.[6] Dazu hat der Aufsichtsrat bei Vorliegen entsprechender Anhaltspunkte zunächst den **Sachverhalt festzustellen** und die **Erfolgsaussichten** einer Anspruchsverfolgung in tatsächlicher und rechtlicher Hinsicht **zu analysieren**. Der Aufsichtsrat hat dabei seinerseits mit pflichtgemäßer Sorgfalt zu handeln. Dazu gehört es zumeist, dem betroffenen Vorstandsmitglied Gelegenheit zur Stellungnahme zu geben und für die rechtliche Beurteilung fachlichen Rat einzuholen. Der Aufsichtsrat braucht sich jedoch nicht – was in der Praxis immer wieder versucht wird – ein außergerichtliches Vorverfahren aufdrängen zu lassen, in dem er Sachverhalts- und Rechtsfragen mit dem Betroffenen diskutiert. Ebenso wenig muss der Aufsichtsrat sich mit allen Einwendungen des Betroffenen zum Sachverhalt und zur rechtlichen Bewertung selbst im Detail befassen, sondern er kann (und wird zweckmäßigerweise) hierzu Berater beauftra-

---

1 Vgl. dazu etwa BAG v. 27.9.1994 – GS 1/89, NJW 1995, 210; *Weidenkaff* in Palandt, § 611 BGB Rz. 156 ff.
2 BGH WM 1975, 467; OLG Düsseldorf v. 22.6.1995 – 6 U 104/94, ZIP 1995, 1183, 1192; *Spindler* in MünchKomm. AktG, § 93 AktG Rz. 159; *Hüffer*, § 93 AktG Rz. 14.
3 So *Arnold* in Marsch-Barner/Schäfer, Handbuch börsennotierte AG, 2. Aufl. 2009, § 22 Rz. 61.
4 Eingehend *Uwe H. Schneider/Schmitz*, Börsen-Zeitung v. 26.2.2010; ebenso bereits *Hopt* in Großkomm. AktG, § 93 AktG Rz. 24; *Hirte* in Lutter/Wiedemann (Hrsg.), Gestaltungsfreiheit im Gesellschaftsrecht in Europa, ZGR-Sonderheft 13, 1998, S. 60, 96; *Krieger* in RWS-Forum Gesellschaftsrecht 1995, S. 149, 177.
5 Ein besonderer Vertreter verdrängt im Rahmen seines Aufgabenbereichs den Aufsichtsrat, *Hüffer*, § 147 AktG Rz. 6; *Bezzenberger* in Großkomm. AktG, § 147 AktG Rz. 52.
6 BGH v. 21.4.1997 – II ZR 175/95, BGHZ 135, 244, 251 ff. – ARAG/Garmenbeck.

gen, und genügt seiner Sorgfaltspflicht, wenn er deren Ergebnisse auf ihre Plausibilität hin überprüft. Der Aufsichtsrat kann die Klageerhebung beschließen, wenn hinreichende Anhaltspunkte dafür bestehen, dass eine Haftung in Frage kommen könnte und ihm deshalb eine neutrale Klärung durch das Gericht sachgerecht erscheint. Im Prozessfall wird gelegentlich versucht, der Klage der Gesellschaft den Einwand entgegenzusetzen, der Aufsichtsratsbeschluss über die Klageerhebung sei nichtig, weil der Aufsichtsrat sich nicht hinreichend mit den Einwendungen des Betroffenen befasst habe. Das ist schon deshalb verfehlt, weil dem Aufsichtsrat bei der Frage, welcher Grad von Anhaltspunkten ihm genügt, um die Haftungsfrage durch das Gericht klären zu lassen, ein sehr weites Ermessen einzuräumen ist; die Nichtigkeit des Beschlusses über die Klageerhebung kommt allenfalls in krassen Ausnahmefällen in Betracht, wenn die Entscheidung zur Klageerhebung die Grenzen des Vertretbaren klar überschreitet und als willkürlich erscheint.[1]

Führt die Beurteilung der Erfolgsaussichten zu dem Ergebnis, dass der Gesellschaft voraussichtlich durchsetzbare Schadensersatzansprüche zustehen, ist der Aufsichtsrat in aller Regel **verpflichtet**, diese **Ansprüche zu verfolgen**. Das bedeutet nicht, dass in jedem Fall Klage erhoben werden müsste, sondern der Aufsichtsrat kann auch Vergleichsgespräche aufnehmen und, führen diese zu einem angemessenen Ergebnis, eine etwaige Klageerhebung zurückstellen, bis die 3-Jahresfrist abgelaufen ist und die Hauptversammlung Gelegenheit hatte, über die Zustimmung zu dem Vergleich zu entscheiden. Allerdings ist der Aufsichtsrat in einem solchen Fall verpflichtet, den Ersatzanspruch in der Zwischenzeit zu sichern. Dazu gehört zumindest eine Verjährungsverzichtserklärung, wenn Verjährung droht. Es können aber auch weitergehende anspruchssichernde Maßnahme nötig sein, wie insbesondere die Ausübung von Zurückbehaltungsrechten gegenüber offenen Zahlungsansprüchen des Vorstandsmitglieds u. ä. Wie weit der Aufsichtsrat dabei gehen muss, ist eine Frage des Einzelfalls. Angemessene Pensionszahlungen wird er im Allgemeinen bis zur Entscheidung der Hauptversammlung vorläufig weiter leisten dürfen, wenn er bei pflichtgemäßer Einschätzung erwarten kann, dass die Hauptversammlung dem Vergleich zustimmen wird. Ein **Absehen von der Anspruchsverfolgung** aus eigener Entscheidung des Aufsichtsrats, d.h. ohne Herbeiführung einer Verzichtsentscheidung der Hauptversammlung, ist ausnahmsweise zulässig, wenn überwiegende Gründe des Unternehmenswohls der Anspruchsverfolgung entgegenstehen (vgl. auch § 148 Abs. 1 Satz 2 Nr. 4 AktG). Dabei können im Einzelfall Gesichtspunkte wie negative Auswirkungen auf Geschäftstätigkeit und Ansehen der Gesellschaft in der Öffentlichkeit, Behinderung der Vorstandsarbeit, Beeinträchtigung des Betriebsklimas u. Ä. eine Rolle spielen, während andere Gesichtspunkte als solche des Unternehmensinteresses, wie etwa die Verdienste des Vorstandsmitglieds oder die mit der Anspruchsverfolgung verbundenen sozialen Konsequenzen, keine Rolle spielen dürfen.[2] Bei der Beurteilung der Frage, ob solche Gründe des Unternehmenswohls

48

---
1 So im Fall BGHZ 135, 244, 247 ff. – ARAG/Garmenbeck; vgl. zur Nichtigkeit von Aufsichtsratsbeschlüssen wegen fehlerhafter Ermessensausübung überdies *Lutter/Krieger*, Rechte und Pflichten des Aufsichtsrats, Rz. 735.
2 BGH v. 21.4.1997 – II ZR 175/95, BGHZ 135, 244, 254 ff. – ARAG/Garmenbeck; eingehend *Redeke*, ZIP 2008, 1549, 1553 ff.

ein Absehen von der Anspruchsverfolgung rechtfertigen, dürfte es richtig sein, dem Aufsichtsrat den Schutz der Business Judgment Rule zuzubilligen.[1] Jedenfalls aber ist insoweit ein Beurteilungsspielraum des Aufsichtsrats anzuerkennen, innerhalb dessen das Gericht nicht seine Beurteilung an die Stelle einer ebenfalls vertretbaren abweichenden Beurteilung des Aufsichtsrats setzen kann.[2] Die Gesellschaft kann, wenn sie selbst das Vorstandsmitglied auf Schadensersatz in Anspruch nimmt, nicht die Kosten dessen Rechtsverteidigung übernehmen; eingehend zu den Fragen einer Kostenübernahme durch die Gesellschaft *Marsch-Barner*, unten § 17 (S. 480 ff.).

49 Die gleichen Grundsätze gelten spiegelbildlich auch für die Verfolgung von Schadensersatzansprüchen **gegen Mitglieder des Aufsichtsrats**. Zuständig hierfür ist der Vorstand (§ 78 AktG). Eine Inanspruchnahme von Aufsichtsratsmitgliedern durch den Vorstand kommt in der Praxis naturgemäß nur vor, wenn ein neuer Vorstand ins Amt gekommen ist und die Aufsichtsratsmitglieder inzwischen ausgeschieden sind. Hingegen wäre es lebensfremd anzunehmen, dass der alte Vorstand, der an den Vorgängen selbst beteiligt war, den amtierenden Aufsichtsrat wegen mangelnder Überwachung auf Schadensersatz in Anspruch nehmen würde.

II. Anspruchsverfolgung durch die Hauptversammlung oder eine Aktionärsminderheit

50 Da eine ordnungsgemäße Anspruchsverfolgung durch Aufsichtsrat bzw. Vorstand nicht in jedem Fall gewährleistet ist, enthält das Gesetz in §§ 147 ff. AktG Regelungen, die es der Hauptversammlung oder ein Aktionärsminderheit erlauben, die Anspruchsverfolgung zu erzwingen. Für die Praxis sind diese Bestimmungen – sieht man von dem aufsehenerregenden Fall der HVB[3] ab – bislang von geringer Bedeutung.

51 Gem. § 147 Abs. 1 AktG kann die **Hauptversammlung** mit einfacher Stimmenmehrheit beschließen, dass die Ersatzansprüche geltend zu machen sind. In diesem Fall ist es in erster Linie Sache des Aufsichtsrats bzw. des Vorstands, den Anspruch zu verfolgen. Die Hauptversammlung kann jedoch besondere Vertreter bestellen, die dann an Stelle des an sich zuständigen Gesellschaftsorgans den Anspruch zu verfolgen haben (§ 147 Abs. 2 Satz 1 AktG). Außerdem kann eine Minderheit von Aktionären, deren Anteile zusammen 10 % des Grundkapitals oder den anteiligen Betrag von 1 Mio. Euro erreichen, bei Gericht den Antrag stellen, an Stelle des Vorstands oder an Stelle des von der Hauptversammlung bestell-

---
1 Eingehend *Paefgen*, AG 2008, 761, 762 ff.; *Kocher*, CCZ 2009, 215, 219 f.; a.A. wohl BGH v. 21.4.1997 – II ZR 175/95, BGHZ, 135, 244, 255 – ARAG/Garmenbeck und eingehend *Paefgen*, AG 2008, 53 ff.
2 In diese Richtung auch *Mertens* in FS K. Schmidt, 2009, S. 1183, 1186 ff.; auch insoweit a.A. *Koch*, AG 2009, 93, 97 ff., der lediglich akzeptieren will, dass im Einzelfall das Verschulden fehlen kann.
3 Vgl. die Nachweise in der folgenden Fußnote. Die Bestellung eines besonderen Vertreters zur Geltendmachung von Schadensersatzansprüchen war auch Gegenstand der Entscheidung OLG Düsseldorf v. 24.4.1997 – 6 U 20/96, ZIP 1997, 1153.

ten besonderen Vertreters andere Vertreter zur Geltendmachung des Ersatzanspruchs zu bestellen.[1]

Solange die Gesellschaft ihren Ersatzanspruch nicht selbst gerichtlich geltend macht, gibt § 148 AktG einer qualifizierten Aktionärsminderheit die Möglichkeit, ein **gerichtliches Klagezulassungsverfahren** zu betreiben. Ziel des Verfahrens ist die Ermächtigung der antragstellenden Aktionäre durch das Gericht, die Schadensersatzansprüche der Gesellschaft im eigenen Namen geltend zu machen. Antragsberechtigt sind Aktionäre, deren Anteile im Zeitpunkt der Antragstellung zusammen 1 % des Grundkapitals oder einen anteiligen Betrag von 100 000 Euro erreichen. Die Aktionäre müssen ihre Aktien vor Kenntniserlangung von den Pflichtverstößen erworben haben (§ 148 Abs. 1 Satz 2 Nr. 1 AktG), und sie müssen zudem zunächst die Gesellschaft unter Setzung einer angemessenen Frist auffordern, selbst Klage zu erheben (§ 148 Abs. 1 Satz 2 Nr. 2 AktG). Sind diese Voraussetzungen erfüllt, lässt das Gericht die Klage durch die Aktionäre zu, wenn Tatsachen vorliegen, die den Verdacht rechtfertigen, dass der Gesellschaft durch Unredlichkeit oder grobe Verletzung des Gesetzes oder der Satzung ein Schaden entstanden ist und der Geltendmachung des Ersatzanspruchs keine überwiegenden Gründe des Gesellschaftszwecks entgegenstehen (§ 148 Abs. 1 Satz 2 Nr. 3 u. 4 AktG). Die Gesellschaft bleibt berechtigt, ihren Ersatzanspruch trotz eines laufenden Klagezulassungsverfahrens selbst geltend zu machen (§ 148 Abs. 3 Satz 1 AktG). Ein von der Aktionärsminderheit auf Grund entsprechender Zulassung anhängig gemachtes Klageverfahren kann die Gesellschaft übernehmen (§ 148 Abs. 3 Satz 2 AktG); die zuständigen Gesellschaftsorgane werden dazu in aller Regel verpflichtet sein.[2] Wegen der Einzelheiten des Klagezulassungsverfahrens vgl. im Übrigen die detaillierten gesetzlichen Regelungen in §§ 148, 149 AktG.[3]

III. Anspruchsverfolgung durch einzelne Aktionäre und Gläubiger

Wenn das zuständige Gesellschaftsorgan nicht handelt und §§ 147, 148 AktG versagen, bleibt die Frage, ob unter besonderen Voraussetzungen auch **einzelne Aktionäre** die Anspruchsverfolgung in die Hand nehmen können. Die herrschende Meinung in der juristischen Literatur lehnt dies mit Recht ab.[4] Das Gesetz hat das Problem in §§ 147, 148 AktG geregelt; daneben gibt es konzernrechtliche Sondervorschriften, die ausnahmsweise einzelne Aktionäre zur Anspruchsverfol-

---

1 Zur Rechtsstellung des gemeinsamen Vertreters vgl. die im Fall HVB ergangenen Entscheidungen OLG München v. 28.11.2007 – 7 U 4498/07, ZIP 2008, 73; LG München I v. 28.7.2008 – 5 HK O 12504/08, ZIP 2008, 1588; OLG München v. 27.8.2008 – 7 U 5678/07, ZIP 2008, 1916; OLG München v. 7.11.2008 – 7 W 1034/08, ZIP 2008, 2173 und dazu eingehend *Wirth* in FS Hüffer, 2010, S. 1129; *Verhoeven*, ZIP 2008, 245.
2 *Spindler* in K. Schmidt/Lutter, § 184 AktG Rz. 31; *Mook* in Spindler/Stilz, § 184 AktG Rz. 84; *Schroer*, ZIP 2005, 2081, 2086; *Linnerz*, NZG 2004, 307, 311; *Krieger*, ZHR 163 (1999), 343, 351; a.A. eingehend *Koch* in FS Hüffer, 2010, S. 447, 448 ff.
3 Eingehend dazu auch *Seibert* in FS Priester, 2007, S. 763 ff.; *Happ* in FS H.P. Westermann, 2008, S. 971 ff.
4 *Hüffer*, § 147 AktG Rz. 5; *Wiesner* in MünchHdb. AG, 3. Aufl. 2007, § 26 Rz. 22; *Krieger*, ZHR 163 (1999), 343, 344; *Habersack*, DStR 1998, 533; *Zöllner*, ZGR 1988, 392, 408.

gung ermächtigen (§§ 309 Abs. 4, 318 Abs. 2 und 4 AktG). Damit ist der Fragenkreis abschließend geregelt.

54 **Gläubiger der Gesellschaft** haben normalerweise nicht das Recht, Schadensersatzansprüche der Gesellschaft geltend zu machen. Etwas anderes gilt ausnahmsweise dann, wenn die Gläubiger von der Gesellschaft keine Befriedigung erlangen können und zusätzlich entweder eine der in § 93 Abs. 3 AktG aufgeführten besonderen Pflichtverletzungen vorliegt oder die Vorstands-/Aufsichtsratsmitglieder die Sorgfalt eines ordentlichen und gewissenhaften Organmitglieds gröblich verletzt haben (§ 93 Abs. 5 AktG). Der Anspruch des Gläubigers ist im eigenen Namen geltend zu machen und richtet sich auf Zahlung an den Gläubiger, nicht an die Gesellschaft.[1] Ist über das Vermögen der Gesellschaft das Insolvenzverfahren eröffnet, wird das Verfolgungsrecht der Gläubiger durch den Insolvenzverwalter, im Falle der Eigenverwaltung durch den Sachwalter, ausgeübt (§ 93 Abs. 5 Satz 4).

K. Haftung der Vorstands- und Aufsichtsratsmitglieder gegenüber Dritten (Außenhaftung)

55 Von der Frage der Haftung der Vorstands- und Aufsichtsratsmitglieder gegenüber der Gesellschaft ist eine mögliche Schadensersatzhaftung gegenüber Aktionären, Kapitalanlegern, Gesellschaftsgläubigern und sonstigen Dritten zu unterscheiden. Grundlage hierfür können insbesondere die deliktsrechtlichen Vorschriften der §§ 823 Abs. 1, 823 Abs. 2 und 826 BGB sein. Vgl. zu diesem Fragenkomplex eingehend *Altmeppen*, unten § 7 (S. 184 ff.). Für die Praxis spielt in diesem Zusammenhang eine große Rolle, ob und unter welchen Voraussetzungen die Gesellschaft ihre Organmitglieder von Schadensersatzansprüchen Dritter und von den Kosten der Rechtsverteidigung gegen solche Ansprüche freistellen kann; die gleiche Frage stellt sich bei Geldstrafen und -bußen sowie für die Kosten der Rechtsverteidigung in Straf- und Ordnungswidrigkeitenverfahren; vgl. zu diesen Fragen eingehend *Marsch-Barner*, unten § 17 (S. 480 ff.).

L. D&O-Versicherung

56 Auch in Deutschland ist es inzwischen Standard, dass größere Unternehmen Vermögensschaden-Haftpflichtversicherungen für ihr Management, sog. D&O-Versicherungen, abschließen. „D&O" kommt aus dem Amerikanischen und ist die Kurzbezeichnung für Directors' und Officers' Liability Insurance. Vgl. zur versicherungstechnischen Seite dieser Versicherungen eingehend *Sieg*, unten § 15 (S. 411 ff.).[2]

---

[1] *Spindler* in MünchKomm. AktG, § 93 AktG Rz. 239; *Hüffer*, § 93 AktG Rz. 34; *Wiesner* in MünchHdb. AG, 3. Aufl. 2007, § 26 Rz. 27.
[2] Vgl. zum Inhalt der D&O-Versicherungen überdies *von Westphalen*, VersR 2006, 17; *Beckmann* in Versicherungsrechts-Handbuch, 2. Aufl. 2009, § 28; *Barzen/Brachmann/ Braun*, D&O-Versicherung für Kapitalgesellschaften – Haftungsrisiken der Geschäftsleitung und ihre Deckung, 2003.

Die **Zulässigkeit** von D&O-Versicherungen steht außer Zweifel. Insbesondere stehen sie nicht in Widerspruch zu § 93 Abs. 4 AktG.[1] Allerdings wurde seit langem befürchtet, dass der Abschluss einer D&O-Versicherung die Präventivwirkung der Haftungsdrohung verwässere.[2] Ziff. 3.8 Abs. 2 DCGK a.F. empfahl aus diesem Grund, bei Abschluss einer D&O-Versicherung einen **angemessenen Selbstbehalt** zu vereinbaren, ließ allerdings unklar, was als Selbstbehalt angemessen sein sollte. Inzwischen schreibt das Gesetz für Vorstandsmitglieder in § 93 Abs. 2 Satz 3 AktG einen Selbstbehalt zwingend vor[3]: Als Selbstbehalt ist mindestens 10 % des Schadens vorzusehen, für höhere Schäden oder mehrere Schäden innerhalb eines Geschäftsjahres kann der Selbstbehalt auf mindestens das Eineinhalbfache der jährlichen Festvergütung des Vorstandsmitglieds beschränkt werden [4]; maßgeblich ist dabei die Festvergütung des Geschäftsjahres, in dem die Pflichtverletzung geschah.[5] Die Deckung der Abwehrkosten kann selbstbehaltsfrei vereinbart werden.[6] Wird die D&O-Versicherung von der Muttergesellschaft abgeschlossen, ist der Selbstbehalt jedenfalls dann zu beachten, wenn die Kosten auf die Tochter umgelegt werden.[7] Aber auch wenn das nicht der Fall ist, ist zu fragen, ob nicht der Vorstand der Mutter seine Pflichten verletzt, wenn er zugunsten der Tochter-Vorstände eine selbstbehaltsfreie D&O-Versicherung abschließt[8]; handelt es sich um eine ausländische Mutter, gilt das allerdings nicht. Für Aufsichtsratsmitglieder schreibt das Gesetz einen Selbstbehalt nicht zwingend vor, jedoch empfiehlt Ziff. 3.8 Abs. 3 DCGK einen § 93 Abs. 2 AktG entsprechenden Selbstbehalt auch für die Mitglieder des Aufsichtsrats. Es steht den Vorstands- und Aufsichtsratsmitgliedern frei, den Selbstbehalt auf eigene Kosten zu versichern.[9] Jedoch muss das so geschehen, dass die jeweiligen Organ-

---

1 *Hopt* in Großkomm. AktG, § 93 AktG Rz. 519; *Mertens/Cahn* in KölnKomm. AktG, § 93 AktG Rz. 244; *Hüffer*, § 84 AktG Rz. 16; *Wiesner* in MünchHdb. AG, 3. Aufl. 2007, § 26 Rz. 45; *Lutter/Krieger*, Rechte und Pflichten des Aufsichtsrats, Rz. 1025.
2 Vgl. insbesondere *Hopt* in Großkomm. AktG, § 93 AktG Rz. 519; *Baums* (Hrsg.), Bericht der Regierungskommission Corporate Governance, 2001, Rz. 75; *Kästner*, AG 2000, 113, 122; *Ulmer* in FS Canaris, Bd. II, 2007, S. 451, 458 ff., der eine D&O-Versicherung deshalb nur mit angemessenem Selbstbehalt für zulässig ansehen wollte; a.A. *Henssler* in RWS-Forum Gesellschaftsrecht, 2001, S. 131, 141 f.; *Wiesner* in MünchHdb. AG, 3. Aufl. 2007, § 26 Rz. 45; *Mertens/Cahn* in KölnKomm. AktG, § 93 AktG Rz. 244.
3 Eingehend dazu *Albers*, CCZ 2009, 222; *Dauner-Lieb/Tettinger*, ZIP 2009, 1555; *Franz*, DB 2009, 2764; *van Kann*, NZG 2009, 1010.
4 Nach § 23 Abs. 1 EGAktG gilt diese Verpflichtung für alle neu abgeschlossenen D&O-Versicherungsverträge. Altverträge müssen den Selbstbehalt ab dem 1.7.2010 vorsehen. Ist die Gesellschaft aus einer vor dem 5.82009 geschlossenen Vereinbarung zur Gewährung einer Versicherung ohne oder mit einem geringeren Selbstbehalt verpflichtet, darf sie diese Verpflichtung auch über den 1.7.2010 hinaus bis zu ihrem Ende erfüllen; der Selbstbehalt ist dann spätestens mit der nächsten Bestellungsperiode einzuführen.
5 Bericht des Rechtsausschusses, BT-Drucks. 16/13433, S. 17; *Hoffmann-Becking/Krieger*, Beilage zu NZG Heft 26/2009, Rz. 46.
6 *Hoffmann-Becking/Krieger*, Beilage zu NZG Heft 26/2009, Rz. 47; *Ulbrich/Kassing*, BB 2009, 1659, 1660; *Dauner-Lieb/Tettinger*, ZIP 2009, 1555, 1556.
7 *Hoffmann-Becking/Krieger*, Beilage zu NZG Heft 26/2009, Rz. 50.
8 Weitergehend *van Kann*, NZG 2009, 1010, 1011, der § 93 Abs. 2 Satz 3 AktG anscheinend unmittelbar auf Konzernpolicen erstrecken will.
9 *Dauner-Lieb/Tettinger*, ZIP 2009, 1555, 1557; *Hoffmann-Becking/Krieger*, Beilage zu NZG Heft 26/2009, Rz. 56; *van Kann*, NZG 2009, 1010, 1012.

mitglieder die Prämien in voller Höhe selbst tragen und diese nicht – auch nicht mittelbar – von der Mutter wirtschaftlich mitfinanziert werden. Die in der Praxis angebotene Gestaltung einer Selbstbehaltsversicherung, bei der etwaige Versicherungsleistungen auf die Deckungssumme der D&O-Versicherung angerechnet werden[1], ist unzulässig, weil dabei die Prämien der Selbstbehaltsversicherung durch die D&O-Versicherung subventioniert werden.

58 Schwierig zu beantworten und entsprechend umstritten ist die Frage, ob der Abschluss als (Sach-)Vergütung anzusehen ist. Wäre das der Fall, müsste über den Abschluss einer D&O-Versicherung für den Vorstand der Aufsichtsrat entscheiden, und für Einbeziehung von Aufsichtsratsmitgliedern in eine D&O-Versicherung wäre gem. § 113 Abs. 1 Satz 2 AktG entweder eine Satzungsregelung oder ein Hauptversammlungsbeschluss erforderlich. Mittlerweile hat sich weitgehend die Auffassung durchgesetzt, dass die D&O-Versicherung **keinen Vergütungscharakter** hat, sondern in erster Linie den Vermögensinteressen der Gesellschaft dient.[2] Dieser Sicht hat sich auch die Finanzverwaltung angeschlossen, die die Beiträge zur D&O-Versicherung nicht als lohn- und einkommensteuerpflichtige Einkünfte ansieht, sofern gewisse Voraussetzungen erfüllt sind.[3] In der Konsequenz liegt es nach h.M., die **Zuständigkeit für die Entscheidung** über den Abschluss einer D&O-Versicherung dem Vorstand zuzuordnen.[4] Näher dürfte es liegen, weil auch die eigenen wirtschaftlichen Interessen des Vorstandsmitglieds berührt sind, entsprechend dem Rechtsgedanken der §§ 84, 88, 89, 112 AktG die Entscheidung über den Abschluss einer D&O-Versicherung für den Vorstand dem Aufsichtsrat zuzuordnen. Jedenfalls aber ist der Vorstand gut beraten, den Versicherungsabschluss mit dem Aufsichtsrat abzustimmen, und der Aufsichtsrat sollte hierfür die Schaffung eines Zustimmungsvorbehalts nach § 111 Abs. 4 Satz 2 AktG erwägen. Durch eine unangemessen günstige Ausgestaltung der Versicherung können die beteiligten Organe ihre Pflichten verletzen, wobei ihnen nach h.M. wegen des bestehenden Interessenkonflikts die Business Judgment Rule des § 93 Abs. 1 Satz 2 AktG nicht zugute kommen soll (vgl. oben Rz. 18).

---

1 Dazu *Albers*, CCZ 2009, 222, 226.
2 *Wiesner* in MünchHdb. AG, 3. Aufl. 2007, § 26 Rz. 46; *Fleischer* in Fleischer, Handbuch des Vorstandsrechts, § 12 Rz. 12; *Notthoff*, NJW 2003, 1351, 1354; *Dreher*, ZHR 165 (2001), 293, 304; *Mertens*, AG 2000, 447, 451; *E. Vetter*, AG 2000, 453, 456f.; *Lange*, ZIP 2001, 1524, 1526ff.; a.A. *Hüffer*, § 84 AktG Rz. 16, § 113 AktG Rz. 2a; *Semler* in FS Claussen, 1997, S. 381, 400f.; *Feddersen*, AG 2000, 385, 394.
3 Näher BMF-Schreiben v. 24.1.2002, AG 2002, 287; Erlass des Finanzministeriums Niedersachsen v. 25.1.2002, DStR 2002, 678; *Notthoff*, NJW 2003, 1350, 1354f.; *Küppers/Dettmeier/Koch*, DStR 2002, 1999.
4 *Wiesner* in MünchHdb. AG, 3. Aufl. 2007, § 26 Rz. 46; *Fleischer* in Fleischer, Handbuch des Vorstandsrechts, § 12 Rz. 12; *Dreher*, ZHR 165 (2001), 293, 321; *Lange*, ZIP 2001, 1524, 1528; *E. Vetter*, AG 2000, 453, 457.

§ 4
Organhaftung in der Genossenschaft

Dr. Heinz-Otto Weber

	Rz.		Rz.
A. Grundlagen und rechtsformbedingte Besonderheiten	1	2. Allgemeiner Sorgfaltsmaßstab und Sorgfaltsanforderungen	26
B. Pflichtverletzung	7	II. Haupt- und ehrenamtliches Nebenamt	31
I. Allgemeine gesetzliche Geschäftsführungspflicht	9	III. Besondere Haftungsvereinbarungen und Verzichtsbeschlüsse der Generalversammlung	35
II. Besondere gesetzliche (Einzel-)Pflichten	12	IV. Einzel- und Gesamtverantwortung	38
III. Individuelle Vorstandspflichten gemäß Anstellungsvertrag und/oder Geschäftsverteilung	15	V. Einzelne gesetzlich aufgeführte Vorstandspflichten und ggf. sondergesetzliche Regelungen	41
IV. Business Judgement Rule	17	D. Schuldhaftigkeit der Pflichtverletzung	43
C. Sorgfaltspflicht	18		
I. Allgemeiner Pflichtinhalt und Grenzen	19	E. Schaden, Schadensvermutung und Kausalität	46
1. Genossenschaftlicher Förderauftrag und Förderpflichtverletzungen	23	F. D&O-Versicherung	49

Schrifttum: *Bauer*, Genossenschafts-Handbuch: Kommentar zum Genossenschaftsgesetz, 2009 (Loseblatt), Bd. 2, Stand III/2009; *Beuthien*, Der genossenschaftliche Geschäftsanteil als Chance zur Modernisierung der genossenschaftlichen Rechtsform, in Renner/Strieder (Hrsg.), FS Jürgen Brink, 2002, S. 109; *Beuthien*, Die eingetragene Genossenschaft im Strukturwandel, Marburger Schriften zum Genossenschaftswesen, Bd. 98, 2003; *Beuthien*, Genossenschaftliche Selbstverwaltung – Hauptamt, Nebenamt oder Ehrenamt?, in Genossenschaftsrecht: woher – wohin?, Marburger Schriften zum Genossenschaftswesen, Bd. 69, 1989; *Beuthien*, Genossenschaftsgesetz, 14. Aufl. 2004 nebst Aktualisierungsband (Genossenschaftsrechtsnovelle und EHUG), 2007; *Beuthien*, Wie kapitalistisch darf eine Genossenschaft sein?, AG 2006, 53; *Beuthien*, Begriff, Eigenart und gesellschaftliche Bedeutung des Vereins, in Münchener Handbuch des Gesellschaftsrechts, Bd. 5, Verein – Stiftung bürgerlichen Rechts, 3. Aufl. 2008; *Beuthien/DierkesWehrheim*, Die Genossenschaft mit der Europ. Genossenschaft, 2008; *Beuthien/Friebel*, Anmerkung zu BGH, Urt. v. 1.12.2003 – II ZR 216/01, in WuB II D. § 34 GenG 2.05: Schadensersatzpflicht der Verwaltungsorganmitglieder einer eG, Frankfurt am Main; *Beuthien/Hanrath/Weber*, Mitglieder-Fördermanagement in Genossenschaftsbanken, Marburger Schriften zum Genossenschaftswesen, Bd. 106, 2008; *Dröge*, Haftung für Gremienentscheidungen, 2008; *Förstner-Reichstein*, Übersicht über die Rechtsprechung zum GenG des Jahres 2007, ZfgG 2008, 203; ... und des Jahres 2008, ZfgG 2009, 324; *Großfeld/Noelle*, Die Haftung des Vorstands einer Genossenschaftsbank als Strukturproblem, AG 1986, 275; *Großfeld*, Genossenschaft und Ehrenamt, ZfgG 1979, 217; *Großfeld*, Das Ehrenamt in der Genossenschaft und im genossenschaftlichen Verbund, ZfgG 1988, 263; *Helios/Weber*, Exklusivleistungen für Mitglieder und bewusste Andersbehandlung von Nichtmitgliedern, in Münkner/Ringle (Hrsg.), Zukunftsperspektiven für Genossenschaften, 2006, 203; *Lang/Weidmüller*, Genossenschaftsgesetz, 36. Aufl. 2008; *Loos* (Hrsg.), Directors' Liability: A Worldwide Review, 2006; *Müller*, Kommentar zum Gesetz betreffend die Erwerbs- und Wirtschaftsgenossenschaften, Dritter

Band (§§ 43 bis 64c), 2. Aufl. 1998; *Pöhlmann/Fandrich/Bloehs*, Genossenschaftsgesetz, 3. Aufl. 2007; *Schneider, Uwe H.*, Haftungsmilderung für Vorstandsmitglieder und Geschäftsführer bei fehlerhafter Unternehmensleitung?, in Hadding/Immenga u.a. (Hrsg.), FS Winfried Werner, 1984, S. 795; *Weber*, Die eingetragene Genossenschaft als wirtschaftlicher Sonderverein – Zur Anwendung von Vorschriften des Vereinsrechts sowie des Rechts der Kapitalgesellschaften im Genossenschaftsrecht, Marburger Schriften zum Genossenschaftswesen, Bd. 60, 1984; *Weber*, Ergänzung des Genossenschaftsrechts durch Aktien-, GmbH- und Vereinsrecht als weitere Rechtsquellen, ZfgG 1992, 331.

A. Grundlagen und rechtsformbedingte Besonderheiten

1   Die eingetragene Genossenschaft (eG) ist wie die AG und die GmbH ein **wirtschaftlicher Sonderverein** i.S. von § 22 BGB.[1] Für die Organhaftung bei der eG gilt daher im Grundsatz nichts anderes als bei den anderen Sondervereinen. Die Sanktionsmechanismen reichen auch bei der eG von der Abmahnung, der Verweigerung der Entlastung, einer Abberufung aus dem Amt bis hin zur Schadensersatzhaftung von Vorstands- und Aufsichtsratsmitgliedern. Insoweit stehen Organträger der eG weder besser noch schlechter als die einer AG oder GmbH. Die Unterschiede sind auch weniger im Haftungssystem zu suchen; erst recht nicht im allgemeinen Teil der für alle Körperschaftsformen identischen Organaufgaben. Sie finden sich vielmehr dort, wo sich die einzelnen (Sonder-)Vereinsarten von einander trennen. Andersartigkeiten ergeben sich für die eG daher namentlich aus der besonderen personalistischen und selbstorganschaftlichen Grundstruktur, dem arteigenen Förderzweck (§ 1 Abs. 1 GenG) und dem besonderen Prüfungswesen (§§ 53 ff. GenG). Ihr Zweck zielt nicht auf eine unpersönliche Kapitalrendite, sondern auf die persönliche Förderung der Einzelwirtschaften der Mitglieder ab, worüber zudem ein organisationseigener Prüfungsverband zu wachen hat.[2] Bemerkenswert ist an dieser Stelle ferner, dass das förderwirtschaftliche Genossenschaftswesen in einzelnen Bundesländern sogar Eingang in die Landesverfassung gefunden hat.[3] Diese Besonderheiten haben auch besondere, arteigene Pflichten für die Organträger zur Folge und lassen im Übrigen im Vergleich zur AG und GmbH teils mehr, teils weniger Raum für Gestaltungen von Organhaftungsfragen, z.B. bei der vertraglichen Begründung von Organpflichten, im Rahmen vertraglicher Haftungsreduzierungen oder der praktischen Durchsetzung der Haftung.[4] Dementsprechend ist dem Organmitglied einer eG zur Vermeidung eines Haftungsfalles in diversen Punkten Anderes zu raten als demjenigen einer AG oder GmbH. Gerade die möglichst genaue Kenntnis des Teils der rechtsformspezifischen Pflichten und potentiellen Gefahrensituationen hilft daher beiden Seiten am besten: dem Organmitglied einer eG, Pflichtverletzungen zu vermeiden sowie Haftungsfallen aus dem Weg zu gehen, und der eG und ihren Mitgliedern umgekehrt, Erstere zu identifizieren und zu verfolgen. Ob es freilich zutrifft, dass die Verwirklichung von Haftungsansprüchen in der

---

1   Dazu *Weber*, Die eingetragene Genossenschaft als wirtschaftlicher Sonderverein, *Beuthien* in MünchHdb. GesR, Bd. V, § 1 Rz. 19 ff.
2   Ausführlich *Beuthien* in Beuthien/Dierkes/Wehrheim, Die Genossenschaft, S. 2–11.
3   S. Art. 44 Hess. Landesverfassung: „Das Genossenschaftswesen ist zu fördern."
4   S. dazu oben *Lutter*, § 1 (S. 1 ff.), *Uwe H. Schneider*, § 2 (S. 15 ff.) sowie *Krieger*, § 3 (S. 41 ff.).

eG häufiger stattfinde als in der AG und dies zum einen auf die stärkere Personenbezogenheit der eG und zum anderen das Drängen der genossenschaftlichen Prüfungsverbände auf die Durchführung von Haftungsklagen zurückgehe (s. dazu oben *Lutter*, § 1 Rz. 28), soll hier dahinstehen. Jedenfalls gibt es in Deutschland weitaus mehr Gesellschaften in den Rechtsformen der AG, GmbH und dem eV als der eG.[1] Indes bleiben bei den veröffentlichten Jahreszahlen[2] die ungezählten sog. Nichtrechtsform-Genossenschaften (Stichworte: genossenschaftliche AG/GmbH und kooperative Vereine) regelmäßig außen vor. Auch die folgenden Ausführungen haben nur die eG gemäß GenG zum Gegenstand.

Gesetzliche **Ausgangsnorm** für die (Innen-)Haftung der Vorstandsmitglieder einer eG ist der dem § 93 Abs. 1 Satz 1 AktG nachgebildete § 34 Abs. 2 i.V.m. Abs. 1 Satz 1 GenG. Danach haben die Vorstandsmitglieder (§§ 24 ff. GenG) *bei ihrer Geschäftsführung*, die gem. § 27 Abs. 1 Satz 1 GenG – insoweit wie bei der AG (§ 76 Abs. 1 AktG) – mit eigenverantwortlicher Leitungsmacht ausgestattet ist, *die Sorgfalt eines ordentlichen und gewissenhaften Geschäftsleiters einer Genossenschaft anzuwenden*. Der Unterschied liegt in dem Zusatz „... einer Genossenschaft".

§ 34 GenG wurde mit der vorletzten Gesetzesnovelle 1973[3] an § 93 AktG angepasst, freilich unter Berücksichtigung **genossenschaftlicher Besonderheiten**. So wurde insbesondere der in § 34 GenG a.F. enthaltene Begriff der „Sorgfalt eines ordentlichen Geschäftsmannes" durch den der „Sorgfalt eines ordentlichen und gewissenhaften Geschäftsleiters einer Genossenschaft" ersetzt. Darin liegt keine Haftungsverschärfung.[4] Damit sollte vielmehr nur die Eigenart der Aufgaben eines Genossenschaftsvorstandes ausgedrückt und klargestellt werden, dass es nicht (wie in § 347 Abs. 1 HGB) um die Sorgfalt eines beliebigen ordentlichen Kaufmanns geht, sondern um die, die man von jemandem erwartet, der als Verwalter fremden Vermögens leitend und eigenverantwortlich tätig ist; und zwar nicht bei irgendeiner Gesellschaft, sondern eben einer Genossenschaft.[5]

2

Ersteres unterscheidet § 34 GenG seitdem (wie auch § 93 Abs. 1 Satz 1 AktG) von § 43 Abs. 1 GmbHG, der für seinen Geltungsbereich an dem Begriff der „Sorgfalt eines ordentlichen Geschäftsmannes" festhält. Demgegenüber liegt der Unterschied zu § 93 Abs. 1 Satz 1 AktG seit der Novelle 1973 wörtlich genommen nur noch darin, dass § 34 Abs. 1 Satz 1 GenG den Zusatz *„einer Genossenschaft"* hervorhebt, während § 93 Abs. 1 Satz 1 AktG keinen vergleichbaren Hinweis auf eine AG enthält.

3

---

1 S. die Zahlenangaben bei *Beuthien* in MünchHdb. GesR, Bd. V, § 1 Rz. 2–4.
2 Z.B. der Dachverbände DGRV – Deutscher Genossenschafts- und Raiffeisenverband e.V., Zahlen und Fakten 2009, S. 7, GdW Bundesverband deutscher Wohnungs- und Immobilienunternehmen e.V., GdW Jahresstatistik 2008 kompakt, S. 2.
3 Die letzte Novelle des GenG, in Kraft getreten am 18.8.2006, lässt § 34 GenG inhaltlich unberührt. Künftig kann sich aber die Satzung bei eGen mit nicht mehr als 20 Mitgliedern mit einem Vorstandsmitglied (statt bisher zwingend zwei Vorstandsmitgliedern) begnügen (§ 24 Abs. 2 Satz 3 GenG).
4 *Beuthien*, § 34 GenG Rz. 7; anders *Schaffland* in Lang/Weidmüller, § 34 GenG Rz. 16 und *Bauer*, § 34 GenG Rz. 2.
5 *Beuthien*, § 34 GenG Rz. 1 und 7.

4   Ob sich bei der eG daraus – im Vergleich zur Rechtslage vor 1973 – wesentliche Unterschiede für die Innenhaftung der Vorstandsmitglieder ergeben haben, kann hier dahin stehen. Für die Praxis interessanter sind die materiellen **Haftungsunterschiede**, die sich aus den unterschiedlichen Fassungen der § 34 Abs. 1 Satz 1 GenG, § 93 Abs. 1 Satz 1 AktG einerseits sowie § 43 Abs. 1 GmbHG andererseits ggf. ableiten lassen (s. dazu oben *Lutter*, § 1 Rz. 2–8). Soweit sich hieraus, insbesondere dem Zusatz *einer Genossenschaft*, wesentliche Unterschiede zu den sonstigen wirtschaftlichen Sondervereinen AG und/oder GmbH ergeben, werden sie im Folgenden mit aufgezeigt. S. zum Verein *Burgard*, § 6 (S. 118 ff.); zur AG *Krieger*, § 3 (S. 41 ff.) und zur GmbH *Uwe H. Schneider*, § 2 (S. 15 ff.).

5   Ein wesentlicher Unterschied zur AG und GmbH und der sog. Drittorganschaft bei den Kapitalgesellschaften (§ 6 Abs. 2 und 3 GmbHG, § 76 Abs. 3 AktG) kommt bereits darin zum Ausdruck, dass die Mitglieder des Vorstands (und Aufsichtsrats) nach § 9 Abs. 2 Satz 1 GenG Genossen sein müssen (**sog. Selbstorganschaft**). Der spezielle genossenschaftliche Sinn dieser Regelung liegt idealtypisch insbesondere in Folgendem: Die Mitglieder der Verwaltung einer eG sollen Genossen sein, damit sie die Förderbedürfnisse der Genossenschaftsmitglieder aus eigener Erfahrung kennen. Außerdem sollen sie für einen etwaigen Misserfolg ihrer Geschäftsführung auch im Rahmen der mitgliedschaftlichen Haftpflicht (§§ 87a, 105 GenG) selbst mit einstehen müssen. Beides soll letztlich sicherstellen, dass der eigentümliche genossenschaftliche Förderauftrag (§ 1 Abs. 1 GenG) nicht nur so erfüllt wird, wie sich das engagierte Fachleute und Manager an Stelle der Genossen vorstellen, sondern soll gewährleisten, dass in das Förderleistungsprogramm der eG auch die Lebens- und Berufserfahrung der zu fördernden Genossen selbst eingeht.[1]

6   Damit sind zugleich die drei wesentlichen **rechtsformbedingten Unterschiede** der eG zur AG und GmbH genannt:

(1) ihr einzigartiger Unternehmenszweck (Förderzweck gem. § 1 Abs. 1 GenG; s. dazu Rz. 23–25),

(2) die zwingende genossenschaftliche Selbstorganschaft (§ 9 Abs. 2 und 3 GenG) sowie

(3) die explizit entsprechend ausgestaltete Organhaftung des Vorstands in § 34 Abs. 1 Satz 1 GenG (Geschäftsleiter einer Genossenschaft).

Eine daraus folgende weitere Besonderheit ist das der eG arteigene Prüfungsverbandswesen (§§ 53 ff. GenG). Dem wird es zugerechnet, dass es bei der eG häufiger zu Haftungsklagen kommen soll als bei der AG[2]; was so pauschal hier freilich nicht bestätigt werden kann.

Bemerkenswert ist ferner, dass § 24 Abs. 3 Satz 1 GenG es – anders als die § 76 Abs. 3 AktG, § 6 Abs. 2 und 3 GmbHG – ausdrücklich gestattet, dass der Vorstand

---

1 *Beuthien*, Genossenschaftliche Selbstverwaltung – Hauptamt, Nebenamt oder Ehrenamt?, S. 52 f., in Genossenschaftsrecht: woher – wohin?, Marburger Schriften zum Genossenschaftswesen, Bd. 69, 1989.
2 S. dazu oben *Lutter*, § 1 Rz. 28.

unbesoldet, d.h. ehrenamtlich tätig wird. Das ist den Kapitalgesellschaften zwar nicht untersagt, dort aber wesentlich seltener anzutreffen als bei dem e.V.[1] und der eG. Damit ist man bei den bei einer eG zulässigen und in der Praxis auch häufig anzutreffenden unterschiedlichen **Formen des Vorstandsamts**. Das Amt kann hauptamtlich (i.S. von hauptberuflich), nebenamtlich (i.S. von nebenberuflich) sowie ehrenamtlich (i.S. von unbesoldet, sei es ansonsten haupt- oder nebenamtlich ausgeübt) ausgestaltet und ausgeübt werden. Das GenG macht hierzu keinerlei Vorgaben, sondern überlässt es dem förderwirtschaftlichen Ermessen der Genossen, ob sie den Vorstand mit haupt- oder nebenamtlichen Vorstandsmitgliedern besetzen.[2] Strengere, sondergesetzliche Maßstäbe gelten freilich für die wirtschaftlich sehr bedeutsame Gruppe der Kreditgenossenschaften (Genossenschaftsbanken)[3], für die § 33 Abs. 1 Nr. 4 KWG mindestens zwei Geschäftsleiter („Vier-Augen-Prinzip") fordert, die nicht nur ehrenamtlich für das Kreditinstitut tätig sind (s. zu den besonderen Haftungsrisiken bei Kreditinstituten allgemein unten *Fischer*, § 19, S. 540 ff.). Stellvertretende Vorstandsmitglieder stehen – wie bei der AG (§ 94 AktG) – ordentlichen Vorstandsmitgliedern gleich (§ 35 GenG).

B. Pflichtverletzung

Der **Pflichtenkatalog** eines Vorstandsmitglieds einer eG unterscheidet sich in diversen Punkten von dem einer Kapitalgesellschaft und setzt sich zusammen aus dem Kreis *allgemeiner* Pflichten *(als ordentlicher und gewissenhafter Geschäftsleiter einer eG; § 34 Abs. 1 Satz 1 GenG)*, besonderen Pflichten, wie sie in einzelnen Vorschriften des GenG oder in Sondergesetzen (z.B. KWG) für bestimmte Genossenschaftsarten explizit benannt sind sowie dem *individuellen* Pflichtenkreis, der sich für ihn ggf. zusätzlich aus Anstellungsvertrag und/oder Geschäftsverteilung im Vorstand ergibt. Der objektive Haftungstatbestand einer Pflichtverletzung kann sich demzufolge aus einer Verletzung einer speziellen gesetzlichen Verpflichtung, der sich aus der Organstellung ergebenden Verpflichtung, im Interesse der eG und des genossenschaftlichen Förderzwecks tätig zu werden und jedes dem zuwiderlaufende Verhalten zu unterlassen, oder der allgemeinen Sorgfaltspflicht bei der Geschäftsführung ergeben (**Nicht- oder Schlechterfüllung von Organmitgliedspflichten**). Haftungsrelevante Unterschiede zur AG und GmbH ergeben sich letztlich aus Arteigenheiten der eG (s. oben Rz. 6). 7

Obschon § 34 Abs. 1 Satz 1 GenG von sämtlichen Vorstandsmitgliedern verlangt, dass sie bei ihrer Geschäftsführung die Sorgfalt eines ordentlichen und gewissenhaften Geschäftsleiters einer eG anwenden und der Gesetzeswortlaut auch keinen Unterschied danach macht, ob die Vorstandsmitglieder haupt-, nebcn- oder ehrenamtlich tätig werden, ergibt sich im Ergebnis doch eine **abgestufte Haftung**. Das folgt schon daraus, dass ein Vorstandsmitglied nur für *eigene* Pflichtverletzung[4] *(ihre Pflichten verletzen; § 34 Abs. 2 Satz 1 GenG)* einzuste- 8

---

1 S. dazu unten *Burgard*, § 6 Rz. 3.
2 *Beuthien*, Genossenschaftliche Selbstverwaltung, S. 55 f.
3 S. dazu ausführlich *Beuthien/Hanrath/Weber*, Mitglieder-Fördermanagement in Genossenschaftsbanken, S. 5 f., 13 ff. und 29 ff.
4 *Müller*, § 34 GenG Rz. 28 ff.; *Beuthien*, § 34 GenG Rz. 15.

hen hat und nicht schon für jede schuldhafte Pflichtverletzung, die irgendwo im Vorstand unterläuft.[1]

Im Ergebnis hängt die persönliche Haftung des einzelnen Vorstandsmitglieds also zunächst davon ab, welcher Pflichtenkreis ihm übertragen ist. Das bestimmt sich jeweils individuell bis hin zu den Pflichten im Anstellungsvertrag und/oder gemäß Geschäftsverteilungsplan für den Vorstand. Folge dieser differenzierten Betrachtung kann sein, dass Vorstandsmitglieder im Einzelfall abgestuft haften; nicht zuletzt auch danach, ob sie ihr Amt haupt-, neben- oder ehrenamtlich ausüben. Für die Vereine nach §§ 21 ff. BGB ist das seit 2009 in § 31a BGB ausdrücklich geregelt.[2] Doch der Reihe nach:

I. Allgemeine gesetzliche Geschäftsführungspflicht

9   Gesellschaftern einer GbR *steht* die Geschäftsführung *zu* (§ 709 Abs. 1 Halbsatz 1 BGB).[3] Vorstandsmitgliedern einer eG *obliegt* sie, wie § 27 Abs. 1 Satz 1 GenG deutlich zum Ausdruck bringt. Danach *hat* der Vorstand die eG unter eigener Verantwortung *zu leiten;* und zwar nicht nur die eG als juristische Person, sondern gerade auch das von dieser betriebene förderwirtschaftliche Unternehmen. Letzteres zeigt eindeutig § 34 Abs. 1 Satz 1 GenG (*... bei ihrer Geschäftsführung ...*). Der Vorstand soll also **Genossenschafts- und Unternehmensleiter** zugleich sein.[4] Jeweils hat er nicht nur ein Leitungsrecht, ihm obliegt auch eine persönliche Leitungspflicht. Seine Leitungsverantwortung ist nicht übertragbar.

Grundvoraussetzung ist demzufolge (wie bei allen Vereinsarten[5]) die persönliche Befähigung zur ordnungsgemäßen Geschäftsführung. Ist diese Befähigung nicht gegeben, liegt das Verschulden des Vorstandsmitgliedes schon in der Annahme oder der Beibehaltung des Amtes.[6] Mindestvoraussetzung für das Amt ist unbeschränkte Geschäftsfähigkeit[7] und, dass auch sonst keine Hindernisse analog § 76 Abs. 3 AktG, § 6 Abs. 2 GmbHG[8] vorliegen.

10   Die **Pflicht zur Führung der Geschäfte** entsteht mit der Übernahme des Vorstandsamtes und endet – mit Ausnahme sog. nachlaufender Einzelpflichten –

---

1 *Beuthien*, Genossenschaftliche Selbstverwaltung, S. 57 f.
2 S. dazu „Entwurf eines Gesetzes zur Begrenzung der Haftung von ehrenamtlich tätigen Vereinsvorständen" vom 4.7.2008 (BR-Drucks. 399/08), wonach die Selbstverwaltungsbereitschaft von Vereinsmitgliedern dadurch gestärkt werden soll. Zur Anwendbarkeit der §§ 21 ff. BGB auf die eG s. *Weber*, Die eingetragene Genossenschaft als wirtschaftlicher Sonderverein, S. 31 ff.
3 Aber auch bei GbR besteht letztlich Pflicht zur Geschäftsführung; arg. § 705 BGB.
4 *Beuthien*, § 34 GenG Rz. 11 m.w.N.
5 Obschon so nur für den BGB-Wirtschaftsverein in § 27 Abs. 2 Satz 2 BGB explizit normiert.
6 Anderer Ansicht *Bauer*, § 34 GenG Rz. 3 m.w.N., wonach in der Amtsannahme eine Pflichtverletzung liegen soll. Genau genommen kann jedoch auch der Unfähige etwas richtig machen. Also muss eine konkrete Pflicht verletzt werden.
7 *Beuthien*, § 34 GenG Rz. 3; *Müller*, § 34 GenG Rz. 11.
8 *Weber*, Die eingetragene Genossenschaft als wirtschaftlicher Sonderverein, S. 134–137.

mit tatsächlicher Beendigung des Amtes. Sie greift bereits im Gründungsstadium und vor der Eintragung der Genossenschaft im Genossenschaftsregister.[1] Ausnahmsweise kann eine Einzelpflicht, insbesondere die Pflicht zur Verschwiegenheit (§ 34 Abs. 1 Satz 2 GenG), darüber hinaus fortgelten. Pflichtbegründend ist die tatsächliche Amtsübernahme – selbst wenn ein Bestellungsakt völlig fehlt, mangelhaft oder nichtig ist. Auf den Anstellungsvertrag kommt es für § 34 Abs. 2 GenG nicht an. Nur wer gänzlich ohne Willen der eG als Vorstandsmitglied auftritt, haftet nicht aus § 34 Abs. 2 GenG.[2] Das Gleiche gilt, wenn das genossenschaftliche Unternehmen nicht durch den Vorstand, sondern unzulässiger Weise durch den sog. Rendanten geleitet wird.[3] Bloße Ehrenmitglieder haften – schon mangels Organstellung – nicht aus § 34 Abs. 2 GenG.[4] Soweit betrachtet unterscheidet sich das Haftungssystem für den Vorstand einer eG nicht grundsätzlich von dem einer AG.

Die *allgemeine* Geschäftsführungspflicht eines Geschäftsleiters *einer eG* beinhaltet im Wesentlichen folgenden Pflichtenkreis nach § 34 GenG: 11

(1) Förderung der Mitglieder durch gemeinschaftlichen Geschäftsbetrieb (§ 1 Abs. 1 GenG),

(2) unter eigener Leitungsverantwortung (§ 27 Abs. 1 Satz 1 GenG),

(3) mit der Sorgfalt eines ordentlichen und gewissenhaften Geschäftsleiters (§ 34 Abs. 1 Satz 1 GenG),

(4) unter Beachtung der – nach Gesetz, Satzung (einschl. Geschäftsverteilungsplan) und Verträgen – für die eG geltenden Vorschriften.

Unmittelbar genossenschaftsspezifisch und arteigen ist auf den ersten Blick nur Punkt (1). Bei den Punkten (2)–(4) tritt das Genossenschaftsspezifische – im Abgleich mit der AG und GmbH – erst durch den jeweils dahinter liegenden Zusatz *einer eG* hinzu (s. hierzu Rz. 20 f.).

II. Besondere gesetzliche (Einzel-)Pflichten

§ 34 GenG zählt bereits selbst diverse **Einzelpflichten** auf: zunächst in Abs. 1 Satz 2 (wortgleich mit § 93 Abs. 1 Satz 3 AktG) die dort näher beschriebene *Verschwiegenheitspflicht*. Bei der eG wurde sie früher aus der Bindung des Vorstandes an den Förderzweck (§ 1 Abs. 1 GenG) gefolgert. Seit der Novelle 1973 ist sie ausdrücklich geregelt. Die Verschwiegenheitspflicht besteht vornehmlich gegenüber Dritten, einzelnen Genossen gegenüber – anders als nach § 51a GmbHG – auch außerhalb der Gesellschafterversammlung nur in den Grenzen des § 131 Abs. 3 AktG analog.[5] Gibt der Vorstand außerhalb der Gesellschafterversammlung Auskunft, so gilt auch § 131 Abs. 4 Satz 1 AktG entsprechend. Den übrigen 12

---

1 *Beuthien*, § 34 GenG Rz. 3; entsprechend für die AG *Hüffer*, § 93 AktG Rz. 12.
2 *Beuthien*, § 34 GenG Rz. 3; ebenso *Hüffer*, § 93 AktG Rz. 12; *Zöllner/Noack* in Baumbach/Hueck, § 43 GmbHG Rz. 3; a.A. *Müller*, § 34 GenG Rz. 10.
3 A.A. *Schaffland* in Lang/Weidmüller, § 34 GenG Rz. 9; *Bauer*, § 34 GenG Rz. 2.
4 *Beuthien*, § 24 GenG Rz. 16 und § 34 GenG Rz. 12.
5 *Weber*, ZfgG 1992, 331.

Vorstandsmitgliedern und dem Aufsichtsrat gegenüber besteht – wie bei der AG – keine Schweigepflicht.

Die unbefugte Offenbarung ist auch Straftatbestand (§ 151 GenG). Im Umfang der Schweigepflicht besteht ein Zeugnisverweigerungsrecht (§ 383 Abs. 1 Nr. 6 ZPO), nicht jedoch im Strafprozess (s. § 53 StPO); s. zu den strafrechtlichen Risiken für Organmitglieder im 4. Teil, S. 1077 ff.

13 § 34 Abs. 3 GenG erhebt „*namentlich*" **fünf besonders schwere Fälle** der Verletzung von einzelnen Pflichten zu eindeutigen Fällen einer Organmitgliederhaftung nach § 34 Abs. 2 i.V.m. § 34 Abs. 1 Satz 1 GenG. Im Einzelnen wird angeknüpft an die Pflichten

(1) zur Aufbringung/Erhaltung des *Geschäftsguthabens* der Genossen bis zu deren Ausscheiden (§ 22 Abs. 4 Satz 1 i.V.m. § 73 Abs. 2 Satz 2 GenG),

(2) den Genossen *Zinsen oder Gewinnanteile* nur nach den Maßgaben der §§ 19–21a GenG zu gewähren,

(3) zur Verteilung von *Genossenschaftsvermögen* nur im Rahmen der Liquidation (§§ 90–93 GenG),

(4) *Zahlungen* grundsätzlich nur außerhalb von Insolvenztatbeständen zu leisten (§ 99 Abs. 2 GenG),

(5) *Kredit* nur nach Maßgabe der §§ 22 Abs. 4 Satz 2, 39 Abs. 2 und 49 GenG zu gewähren.

Die Fälle (1) und (2) dieser nicht abschließenden Vorschrift waren bereits in § 34 Abs. 3 GenG a.F. enthalten. Die Fälle (3) bis (5) sind 1973 den entsprechenden Regelungen für die AG (§ 93 Abs. 3 Nr. 5, 6 und 7 AktG) angepasst worden. Für die GmbH findet sich ein entsprechender Regelungsansatz in § 43 Abs. 3 Satz 1 GmbHG.

14 Weitere konkrete Einzelpflichten des Vorstands finden sich an anderen Stellen im GenG oder sind sondergesetzlich außerhalb des GenG geregelt, weil sie nur für Vorstandsmitglieder bestimmter Arten von eGen gelten, wie z.B. in §§ 15, 17 KWG für die Geschäftsleiter von Kreditgenossenschaften (§ 1 Abs. 1 Nr. 1 GenG a.F.; s. dazu Rz. 41 f.).

III. Individuelle Vorstandspflichten gemäß Anstellungsvertrag und/oder Geschäftsverteilung

15 Der **Anstellungsvertrag** kann besondere, zusätzliche Pflichten für das Vorstandsmitglied vorsehen. In diesem Fall wird eine Vertragshaftung wegen Nicht- oder Schlechterfüllung des Anstellungsvertrages praktisch, die ansonsten grundsätzlich in Anspruchskonkurrenz zu § 34 GenG (sowie den §§ 823 ff. BGB) steht.[1]

---

1 *Beuthien*, § 34 GenG Rz. 2; str. vgl. *Dröge*, S. 48 f. m.w.N.

In der Praxis häufiger ist, dass sich ein individueller Pflichtenkreis aus der im Rahmen einer arbeitsteiligen **Geschäftsverteilung** erfolgten Übertragung von Zuständigkeiten und Aufgaben ergibt. Je nach Ausgestaltung ändern sich damit die Inhalte und/oder der Umfang des persönlichen Pflichtenkreises und damit auch des individuellen Verantwortungskreises eines Vorstandsmitgliedes.[1] S. allg. zu organisatorischen Risiken bei Geschäftsverteilung und Delegation *E. Vetter*, § 18 (S. 501 ff.).

Zu einem **abgestuften Pflichtenkreis** führt i.d.R. auch bereits die Differenzierung von hauptamtlich und (nur) nebenamtlich besetzen Vorstandstätigkeiten. Im Gegensatz zu hauptamtlichen Vorstandsmitgliedern übernehmen die nebenamtlichen Vorstandsmitglieder i.d.R. keines der üblichen Ressorts und wirken demzufolge meist nicht mit bei der Führung der laufenden Tagesgeschäfte. Für das nebenamtliche Vorstandsmitglied schlägt sich das umgekehrt in einem entsprechend reduzierten Pflichtenkreis und gemilderten Haftungsinhalt nieder.[2]

16

Das hat zwar nicht zur Folge, dass das Vorstandsmitglied nur noch Einzelverantwortung für den eigenen Geschäftsbereich (z.B. das Ressort Finanzen und Controlling) trägt. Vielmehr verbleibt es auch dann dabei, dass jedes Vorstandsmitglied grundsätzlich die Gesamtverantwortung für die volle Bandbreite der Geschäftsleitung trägt. Aber eine Arbeitsteiligkeit hat für jedes Vorstandsmitglied in Bezug auf den/die Tätigkeitsbereich(e) der anderen zur Folge, dass sich die (Tätigkeits-)Verantwortung auf eine Überwachungsverantwortung reduziert.[3]

IV. Business Judgement Rule

Wie bei der AG[4] (und GmbH sowie e.V.; s. jeweils ausführlich dazu oben *Krieger*, § 3 Rz. 3 ff., *Uwe H. Schneider*, § 2 Rz. 14 ff. und *Burgard*, § 6 Rz. 30 ff.) liegt auch bei der eG eine Pflichtverletzung nicht vor, wenn das Vorstandsmitglied bei einer unternehmerischen Entscheidung vernünftigerweise annehmen durfte, auf der Grundlage angemessener Information zum Wohle der Gesellschaft zu handeln (§ 93 Abs. 1 Satz 2 AktG analog).[5] Die Nichtaufnahme einer entsprechenden Regelung in § 34 Abs. 1 GenG im Rahmen der Novelle 2006 ist keine bewusste Auslassung.[6] Für die Ausübung unternehmerischen Ermessens durch den Vorstand einer eG ist freilich erst Raum, wenn er die Entscheidungsgrundlagen sorgfältig ermittelt und das Für und Wider verschiedener Vorgehensweisen abgewogen hat.[7]

17

---

1 Ausführlich dazu *Dröge*, S. 49 ff. und 128 ff.
2 Grundlegend *Beuthien*, Genossenschaftliche Selbstverwaltung, S. 57 ff.; s. auch *Großfeld*, ZfgG 1988, 263, 268 und ZfgG 1979, 217 ff.; s. auch *Burgard*, § 6 Rz. 90 für den Verein.
3 *Beuthien*, Genossenschaftliche Selbstverwaltung, S. 58; *Beuthien*, § 34 GenG Rz. 12. Für die AG entsprechend *Hüffer*, § 93 AktG Rz. 13a.
4 In das AktG eingeführt durch das Gesetz zur Unternehmensintegrität und Modernisierung des Anfechtungsrechts (UMAG) vom 22.9.2005, BGBl. I 2005, 2802.
5 S. dazu auch unten *Kurzwelly*, § 12 Rz. 13.
6 So auch *Fandrich* in Pöhlmann/Fandrich/Bloehs, § 34 GenG Rz. 2.
7 BGH v. 3.11.2008 – II ZR 236/07, DB 2008, Heft 51/52, S. 8 mit kritischer Anm. *Jungmann*, WuB II D § 34 GenG 1.09.

C. Sorgfaltspflicht

18 Welches **Maß an Sorgfalt** ein Vorstandsmitglied einer eG zu erfüllen hat, regelt § 34 Abs. 1 Satz 1 GenG. Diese Vorschrift legt nicht nur den Verschuldensmaßstab (s. dazu Rz. 43) fest, indem sie die § 347 HGB, § 276 Abs. 1 BGB konkretisiert. Sie normiert vielmehr auch die Pflichten des Vorstandsmitglieds, deren Verletzung die in § 34 Abs. 2 GenG geregelte Haftung (s. dazu Rz. 7ff.) auslöst.

Die Vorschrift für die eG steht damit – im Gesamtsystem des körperschaftsrechtlichen Haftungsrechts für Vorstände und Geschäftsführer (s. dazu *Lutter*, § 1 Rz. 1–8) – in einer Reihe mit § 93 AktG und § 43 GmbHG.[1] Ihr besonderer Anknüpfungspunkt ist die Wendung „... einer Genossenschaft ...", wodurch die Eigenart der Aufgaben eines Genossenschaftsvorstandes ausgedrückt werden sollen.[2]

I. Allgemeiner Pflichtinhalt und Grenzen

19 Nach § 34 Abs. 1 Satz 1 GenG schulden die Vorstandsmitglieder nicht schlechthin die Sorgfalt eines ordentlichen und gewissenhaften **Geschäftsleiters** (statt wie früher: Geschäftsmann), sondern diejenige des Geschäftsführers *einer Genossenschaft*. Hieraus folgen im Einzelnen folgende Maßgaben:

Der Begriff „Geschäftsleiter" nimmt auf die Pflicht des Vorstands zur eigenverantwortlichen Leitung der eG (§ 27 Abs. 1 Satz 1 GenG) Bezug. Maßgebend ist dabei nicht, wie jeder beliebige Geschäftsmann handelt, sondern wie sich jemand in der leitenden, verantwortlichen Stellung des Verwalters fremden Vermögens als Vorstandsmitglied gerade eines derartigen Unternehmens in gerade dieser Lage zu verhalten hat.[3]

20 Auch die Worte „**einer Genossenschaft**" wurden 1973 dem Gesetzeswortlaut des § 34 Abs. 1 Satz 1 GenG mit Bedacht hinzugefügt. Sie stellen klar, dass die Vorstandsmitglieder einer eG nicht irgendeinen Unternehmenserfolg anzustreben haben, es aber auch nicht genügt, sich nur um den Markterfolg des genossenschaftlichen Unternehmens zu kümmern. Die Vorstandsmitglieder sollen vielmehr vor allem darum bemüht sein, den besonderen Förderauftrag (§ 1 Abs. 1 GenG) gegenüber den Mitgliedern der Genossenschaft zu erfüllen, als eigentlicher Kerninhalt sowie Dreh- und Angelpunkt ihrer Pflichten als Vorstand einer eG. Maßstab ist auch insoweit nicht irgendeine eG, sondern einer der gem. § 6 Nr. 2 GenG satzungsmäßig festgelegten Art. Denn mit dem Wort „einer" Genossenschaft ist nicht auf die Sorgfalt des Geschäftsleiters *irgendeiner*, sondern desjenigen einer *derartigen* Genossenschaft abgestellt. Weil die Rechtsform der eG – wie § 1 Abs. 1 Nr. 1–8 GenG a.F. noch ausdrücklich aufzeigte – offen steht für genossenschaftliche Unternehmungen unterschiedlichster Art, Mitgliederstruktur und Größe, gibt es kein haftungsrechtlich fassbares Leitbild einer, d.h. der Ge-

---

1 *Müller*, § 34 GenG Rz. 14; *Beuthien*, § 34 GenG Rz. 7.
2 *Beuthien*, § 34 GenG Rz. 7.
3 *Beuthien*, § 34 GenG Rz. 7 m.w.N.

nossenschaft als solcher. Dagegen steht auch, dass § 18 Satz 2 GenG – wenn auch begrenzt – zusätzlich weithin Satzungsfreiheit gewährt.

Insoweit spezifiziert und erweitert § 34 Abs. 1 Satz 1 GenG also die Geschäftsführersorgfalt.[1] Für die Vorstandsmitglieder einer eG folgt daraus eine **doppelte Erfolgsbindung**: Der Markterfolg einer eG darf ihnen stets nur Mittel zum Zweck einer bestmöglichen Förderung der Mitglieder sein. Umgekehrt genießt der Vorstand bei seiner eigenverantwortlichen Geschäftsführung einen weiten Handlungsspielraum, ohne den – wie bei allen Unternehmensrechtsformen – eine unternehmerische Leitung schlechterdings nicht denkbar ist. Das schließt neben dem bewussten Eingehen geschäftlicher Risiken prinzipiell auch die Gefahr von Fehlbeurteilungen und Fehleinschätzungen ein. Eine Pflichtverletzung kommt demgemäß nicht schon beim Fehlen von *Fortune* und einer *glücklichen Hand*, sondern erst in Betracht, wenn die Grenzen verantwortungsbewussten unternehmerischen Handelns deutlich überschritten sind.[2] Das beurteilt sich für eine Kreditgenossenschaft im Einzelfall anders als für eine Wohnungsgenossenschaft oder z.B. eine Idealgenossenschaft, deren Zweck darauf gerichtet ist, soziale und/oder kulturelle Belange zu fördern. Unabhängig davon beinhalten aber hier wie da Förderzweckverstöße des Vorstands stets Pflichtverletzungen i.S. des § 34 Abs. 1 Satz 1 GenG. Das ist zugleich der wesentliche Unterschied bei der Organmitgliederhaftung eines Vorstands einer eG im Vergleich zur AG und GmbH, für die es keine solche besondere gesetzliche Zweckvorgabe gibt.

Umgekehrt ausgedrückt: Wie bei jeder anderen Gesellschaftsrechtsform hat selbstverständlich auch das Vorstandsmitglied einer eG die Geschäfte unter Beachtung der in den Gesetzen (namentlich dem GenG) und in der Satzung enthaltenen Vorschriften zu führen. Folglich führt bereits jede Verletzung einer gesetzlichen Vorschrift (z.B. insbesondere der in § 34 Abs. 1 Satz 2 GenG explizit normierten Verschwiegenheitspflicht) oder einer Satzungsbestimmung der eG zur Haftungsvorschrift des § 34 Abs. 2 GenG.

Darüber hinaus liegt eine Pflichtverletzung – wie bei der AG und der GmbH – vor, wenn das Vorstandsmitglied bei der Führung seiner Geschäfte gegen die allgemein anerkannten betriebswirtschaftlichen Erkenntnisse und Erfahrungssätze verstößt.

Im Unterschied zur AG und GmbH kommt bei der eG die für ihre Rechtsform spezielle Fallgruppe der **Förderzweckverstöße** hinzu, d.h. die Verletzung des mitgliedschaftsbezogenen Förderauftrags (§ 1 Abs. 1 GenG) als zwingenden, gesetzlichen Alleinstellungsmerkmal einer eG.

---

1 *Beuthien*, § 34 GenG Rz. 7; *Beuthien*, Genossenschaftliche Selbstverwaltung, S. 59.
2 Ständige Rechtsprechung BGH v. 21.4.1997 – II ZR 175/95, BGHZ 135, 244, 253 = AG 1997, 377 für AG; zuletzt BGH v. 21.3.2005 – II ZR 54/03, NZG 2005, 562 ff. für eG; *Beuthien*, § 34 GenG Rz. 7 m.w.N.; Beispiele aus der Rechtsprechung bei *Schaffland* in Lang/Weidmüller, § 34 GenG Rz. 47 ff.

1. Genossenschaftlicher Förderauftrag und Förderpflichtverletzungen

23 Anders als eine Kapitalgesellschaft (AG oder GmbH), die zu jedem gesetzlich zulässigen Zweck errichtet werden darf (§ 1 GmbHG, § 1 Abs. 1 AktG), muss eine eG zwingend einem bestimmten Zweck, der *Förderung des Erwerbs oder der Wirtschaft ihrer Mitglieder oder deren soziale oder kulturelle Belange*[1] *durch gemeinschaftlichen Geschäftsbetrieb* dienen (§ 1 Abs. 1 GenG). Dabei steht das Wort „gemeinschaftlich" für *„förderwirtschaftlich",* so dass eine eG die Mitglieder (Genossen) als Kunden des von ihr betriebenen Unternehmens zu fördern hat. Dies geschieht dadurch, dass die eG den Mitgliedern naturale Förderleistungen (d.h. Waren, Werk- oder Dienstleistungen) anbietet. Kennzeichnend für eine eG ist also, dass deren Mitglieder zugleich Kunden des genossenschaftlichen Unternehmens sind (sog. *Identitätsprinzip*) und damit nicht nur in eine Einlegerbeziehung, sondern auch in eine Geschäftsbeziehung zu ihrer eG treten. Besonders an der Mitgliedschaft in einer eG ist letztlich allein, dass sie förderzweckgebunden ist, die eG ihre Mitglieder also *eigens als Kunden fördern* will.[2] In welcher Weise die einzelne eG ihre *Mitgliederkunden* fördern will, muss sie in ihrer Satzung (§ 6 Nr. 1 GenG) angeben.[3] Andernfalls wird sie erst gar nicht in das Genossenschaftsregister eingetragen. Außerdem muss sich die eG einem genossenschaftlichen Prüfungsverband anschließen (§ 54 GenG), der bei seiner besonders weit reichenden Vermögens- und Geschäftsführungsprüfung (§ 53 GenG) insbesondere darauf zu achten hat, ob und inwieweit der Genossenschaftsvorstand den mitgliederbezogenen Förderzweck einhält.[4]

An diesen Grundsätzen hat die Gesetzesnovelle 2006 nicht gerüttelt, auch nicht dadurch, dass durch die Satzung jetzt auch sog. investierende Mitglieder gem. § 8 Abs. 2 GenG zugelassen werden können.[5]

24 **Förderzweckwidrig** sind demzufolge Fallgestaltungen, die (alternativ)

(1) Eigen- und/oder Drittförderung (statt nutzungsbezogene Mitgliederförderung) zum Inhalt und Ziel haben,

(2) den Erwerb oder die Wirtschaft der Mitglieder (oder deren soziale oder kulturelle Belange) nicht förderwirtschaftlich, sondern stattdessen wie Kapitalgesellschafter durch Einlagenverzinsung und Dividendenausschüttung, d.h. rein anlegerbezogen fördert,

(3) eine Selbstförderung des Genossenschaftsunternehmens bedeuten, d.h. ein Unternehmenswachstum betreiben, das sich nicht zumindest mittelbar in wirtschaftlichen Förderleistungen zu Gunsten der Mitglieder niederschlägt,

---

1 „Soziale oder kulturelle Belange …" wurde eingefügt durch die Gesetzesnovelle 2006. Zur Bedeutung: *Beuthien,* GenG-AktB § 1 Rz. 14 ff.
2 *Beuthien* in FS Brink, S. 109; *Beuthien,* Die eingetragene Genossenschaft im Strukturwandel, S. 3.
3 Sog. Nichtmitgliederkundengeschäft ist der eG nur im Rahmen der Satzungsvorschrift des § 8 Nr. 5 GenG gestattet.
4 *Beuthien,* AG 2006, 53 f.
5 *Helios/Weber,* Exklusivleistungen für Mitglieder und bewusste Andersbehandlung von Nichtmitgliedern, S. 205 f.; *Beuthien,* AG 2006, 53 ff.

(4) Geschäft mit Nichtmitgliedern ohne satzungsmäßige Gestattung (§ 8 Abs. 1 Nr. 5 GenG) oder in einem Ausmaß betreibt, das von der vorrangigen Mitgliederförderung offenkundig nicht gefordert wird,

(5) Erwerbe dem § 1 Abs. 2 GenG widersprechende Beteiligungen.

Die **Nicht- oder Schlechterfüllung des Förderauftrags**[1] durch ein Vorstandsmitglied berechtigt die eG sowohl zum Widerruf der Bestellung als auch ggf. fristlosen Kündigung der Anstellung des Vorstandsmitglieds. Sie bedeutet für die eG zumindest einen Nichtvermögensschaden, der grds. durch Naturalrestitution (§ 249 Satz 1 BGB) zu beseitigen ist. Also ist das Vorstandsmitglied aus § 34 Abs. 2 i.V.m. § 249 Satz 1 BGB verpflichtet, dem Förderzweck widersprechende Rechtsgeschäfte – soweit rechtlich möglich – rückgängig zu machen (z.B. durch Kündigung förderzweckwidriger Dauerschuldverhältnisse mit Dritten oder Veräußerung nicht i.S. des § 1 Abs. 2 GenG förderzweckgetragener Beteiligungen).[2]   25

Den Vorstand persönlich auf Schadensersatz in Geld in Anspruch zu nehmen, wird der eG bei Förderzweckverstößen hingegen schwerlich gelingen. Nach § 34 Abs. 2 GenG erfordert das einen Schaden der eG selbst. Einen Vermögensschaden aber erleiden durch die Nicht- oder Schlechterfüllung des Förderauftrags die Genossen. Diese sind indes weder selbst anspruchsberechtigt noch klagebefugt.

2. Allgemeiner Sorgfaltsmaßstab und Sorgfaltsanforderungen

Die von § 34 Abs. 1 GenG geforderte *Sorgfalt eines ordentlichen und gewissenhaften Geschäftsleiters* ist nach objektiven Kriterien zu bestimmen. Nach ständiger Rechtsprechung ist dabei sowohl ein „sachlicher" als auch ein „gegenständlicher" Maßstab anzulegen.   26

Von jedem Vorstandsmitglied wird „das **Maß an Sorgfalt** verlangt, das nach der Lebenserfahrung ein ordentlicher Geschäftsmann regelmäßig anwendet, um seine eigenen oder fremde Geschäfte, deren Besorgung ihm obliegt, zu führen"[3]. Maßgeblich ist also die marktübliche Sorgfalt.[4] Für das Vorstandsmitglied einer eG gilt also insoweit nichts anderes als für Geschäftsleiter von Unternehmensträgern in anderer Rechtsform (z.B. AG und GmbH), sondern es muss wie diese grundsätzlich für die „Fähigkeiten im Rahmen der an einen ordentlichen Kaufmann zu stellenden Anforderungen schlechthin einstehen"[5]. Das erfordert eine zumindest durchschnittliche fachliche Befähigung zu einer derartigen Geschäftsführung.

Hierbei ist der **jeweilige Beurteilungsmaßstab** den tatsächlichen Anforderungen zu entnehmen, welche die Leitung des Unternehmens der gerade in Frage stehen-   27

---

1 Zu Einzelheiten und konkreten Einzelfällen, *Beuthien*, § 34 GenG Rz. 8.
2 *Beuthien*, § 34 GenG Rz. 9.
3 RZG 163, 200, 208.
4 *Beuthien*, § 34 GenG Rz. 10.
5 RG JW 1931, 41.

den eG an Befähigung, Umsicht, Erfahrung und Gewandtheit ihrer Vorstandsmitglieder stellt.[1]

28 § 34 Abs. 1 Satz 1 GenG verlangt weiterhin, dass *sämtliche* Vorstandsmitglieder bei ihrer Geschäftsführung die Sorgfalt eines ordentlichen und gewissenhaften Geschäftsleiters einer solchen Genossenschaft anwenden. Der Gesetzeswortlaut macht dabei (anders als der jüngst eingefügte § 31a BGB) keinerlei **Unterschiede**, weder danach, ob die Vorstandsmitglieder haupt-, neben- oder ehrenamtlich tätig werden, noch etwa danach, welcher Pflichtenkreis einem Vorstandsmitglied einzelvertraglich oder durch einen Geschäftsverteilungsplan übertragen worden ist.

Also scheinen alle Vorstandsmitglieder einschließlich der neben- und ehrenamtlichen stets gleich streng haften zu müssen. Sie alle schulden offenbar unterschiedslos diejenige Sorgfalt, die der Markt von dem Geschäftsleiter eines derartigen Unternehmens erwartet. Eine solche Haftungsstrenge ist jedoch nur im Grundsatz gegeben. Bei einer auf den Einzelfall bezogenen Betrachtung zeigt sich indes, dass hinter § 34 Abs. 1 Satz 1 i.V.m. Abs. 2 GenG ein **abgestuftes Anforderungs- und Haftungssystem** liegt; und zwar unabhängig von § 31a BGB für das allgemeine Vereinsrecht.

29 Erstens muss ein Vorstandsmitglied nicht schon für jede schuldhafte Pflichtverletzung, die irgendwo im Vorstand unterläuft, einstehen, sondern nur für *eigene* **Pflichtverletzung** (§ 34 Abs. 2 Satz 1 GenG). Also hängt die persönliche Haftung des einzelnen Vorstandsmitgliedes zunächst davon ab, welcher Pflichtenkreis ihm im Vorstand übertragen worden ist. Bei gegebener Geschäftsverteilung im Vorstand fragt sich damit als Erstes, ob es sich um ein nach dem Geschäftsverteilungsplan zuständiges oder unzuständiges Vorstandsmitglied handelt.

Da etwa nebenamtliche Vorstandsmitglieder im Gegensatz zu den hauptamtlichen Vorstandsmitgliedern in der Regel keines der üblichen Geschäftsressorts übernehmen und demzufolge meist nicht bei der laufenden Tagesgeschäftsführung mitwirken, ergeben sich schon hieraus Unterschiede in Haftungsfragen. So werden nebenamtliche Vorstandsmitglieder z.B. für tagespolitische Fehler nur selten persönlich verantwortlich sein.[2] Umgekehrt schützt vor Haftung nicht allein der Umstand, dass ein Vorstandsmitglied nur unentgeltlich und ehrenamtlich als Mitglied des Vorstands tätig ist.[3] Ebenso wenig wird ein einzelnes Vorstandsmitglied allein durch eine Aufgabenverteilung unter den Mitgliedern des Vorstands von einer Haftung für Fehlentwicklungen bei der Wahrnehmung der Leitungsaufgabe durch den (Gesamt-)Vorstand entbunden.[4] Entscheidend sind vielmehr stets die konkreten Verhältnisse im Einzelfall, d.h. ob und inwieweit einem Vorstandsmitglied eine eigene Pflichtverletzung vorzuwerfen ist.[5]

---

1 RGZ 163, 200, 208 f.
2 Zu Einzelheiten *Beuthien*, Genossenschaftliche Selbstverwaltung, S. 57.
3 BGH v. 1.12.2003 – II ZR 216/01, NJW-RR 2004, 900, 902 mit Anm. von *Beuthien/Friebel*, WuB 2005, 771, 772.
4 BGH v. 1.12.2003 – II ZR 216/01, NJW-RR 2004, 900, 902.
5 OLG Frankfurt v. 20.2.2006 – 23 U 150/05, OLGReport Frankfurt 2006, 918 ff.

Eine weitere Einschränkung erfährt § 34 Abs. 1 Satz 1 GenG durch das genossenschaftliche Prinzip der Selbstorganschaft im Sinne des § 9 Abs. 2 Satz 1 GenG. Hieraus ergibt sich eine besondere **genossenschaftseigentümliche Sorgfaltsgrenze**. Wenn die Mitglieder des Vorstands einer eG nämlich – wie § 9 Abs. 2 Satz 1 GenG besagt – Genossen sein müssen, so ist der Personenkreis, aus dem diese gewählt werden können, begrenzt. Folglich kann der Gewählte nicht mehr Sach- und Fachkunde mitbringen, als im Wahlkörper vorhanden ist. Insofern schränken §§ 9 Abs. 2, Satz 1, 34 Abs. 1 Satz 1 GenG die geschuldete Geschäftsführersorgfalt bei der eG auf das selbstorganschaftlich Mögliche ein. Hierin liegt ein wesentlicher, rechtsformbedingter Unterschied zur AG und GmbH.

30

Selbstorganschaftlich ausgelegt, folgt deshalb aus § 34 Abs. 1 Satz 1 GenG: Pflichtgemäß im Sinne dieser Vorschrift verhält sich schon jeder Geschäftsleiter, der die einem seiner Art und Amtsstellung innerhalb einer derartigen Genossenschaft objektiv mögliche und zumutbare Sorgfalt beachtet.[1]

Es ist also an die Vorstandsmitglieder einer eG nicht stets der gleiche Maßstab anzulegen; vielmehr sind dabei u.a. Art und Größe des jeweils in Frage stehenden genossenschaftlichen Unternehmens zu berücksichtigen.[2] Darin liegt aber nichts Genossenschaftsspezifisches, sondern das entspricht allgemeinen Haftungsgrundsätzen. Ferner kommt es – wie auch sonst – darauf an, ob das Vorstandsmitglied z.B. für ein bestimmtes Ressort oder für einen spezialisierten Tätigkeitsbereich vorgesehen ist.

Stets geht es darum, dass die Vorstandsmitglieder eigenständig für die Erfüllung der ihnen obliegenden Pflichten zu sorgen haben. Dass der Aufsichtsrat (§ 38 GenG) oder der genossenschaftliche Prüfungsverband (§§ 53 ff. GenG) ggf. insoweit ihren Aufsichts- und Prüfpflichten gegenüber dem Vorstand nicht oder nicht vollumfänglich nachgekommen sind, entlastet das Vorstandsmitglied nicht. In Bezug auf Defizite bei seiner Pflichterfüllung kann das Vorstandsmitglied nicht auf die zu seiner Überwachung berufenen Personen verweisen, die ggf. ihrerseits der eG haften (§§ 41, 62 Abs. 1 Satz 3 GenG).[3]

II. Haupt- und ehrenamtliches Nebenamt

Bereits im vorherigen Abschnitt (Rz. 16, 28 ff.) wurde aufgezeigt, dass im Ergebnis auch zwischen **hauptamtlichen und ehrenamtlichen Sorgfaltsanforderungen** zu unterscheiden ist.[4] Dabei kommt es für den Grad der geschuldeten Sorgfalt grundsätzlich nicht darauf an, ob die Vorstandsmitglieder besoldet sind oder nicht.[5] Entscheidend sind bei der eG vielmehr die besonderen Verhältnisse im Einzelfall,

31

---

1 *Beuthien*, Genossenschaftliche Selbstverwaltung, S. 60.
2 *Beuthien*, § 34 GenG Rz. 11.
3 BGH v. 1.12.2003 – II ZR 216/01, NJW-RR 2004, 900, 902.
4 Dagegen will *Schaffland* in Lang/Weidmüller, § 34 GenG Rz. 6 offenbar erst auf Ebene des Verschuldens sowie des internen Schadenausgleichs (§ 426 BGB) differenzieren; ebenso *Fandrich* in Pöhlmann/Fandrich/Bloehs, § 34 GenG Rz. 1. Entsprechendes soll für stellvertretende Vorstandsmitglieder gelten.
5 So schon RGZ 163, 200, 208; ebenso BGH v. 1.12.2003 – II ZR 216/01, NJW-RR 2004, 900, 902 sowie z.B. FG München v. 23.6.2005 – 14 K 1035/03, EFG 2006, 1030 ff. zu e.V.

in der die nebenamtliche Tätigkeit für eine mildere Haftung sprechen kann[1] und damit für einen Rückgriff auf § 31a BGB.

32 Zwar könnte auf den ersten Blick für die **ehrenamtlichen Vorstandsmitglieder** eine Vergleichswertung zu §§ 708, 690 BGB passen. Danach hat der geschäftsführende Gesellschafter einer GbR – gem. §§ 105 Abs. 2, 161 Abs. 2 HGB auch der Gesellschafter einer oHG und der Komplementär – bei der Erfüllung der ihm obliegenden Verpflichtungen nur für diejenige Sorgfalt einzustehen, welche er in eigener Angelegenheit anzuwenden pflegt. Alle diese Gesellschafter haben bei ihrer Geschäftsführung nicht die im Verkehr objektiv erforderliche Sorgfalt zu beachten, sondern nur die in eigener Angelegenheit subjektiv geübte Sorgfalt einzuhalten, was im Einzelfall hinter dem Maßstab des § 276 Abs. 1 BGB zurückbleiben kann. Indes ist der Rechtsgedanke des § 708 BGB aus dem Personengesellschaftsrecht nicht auf die Körperschaften, auch nicht auf personalistisch verfasste Körperschaften wie die eG, übertragbar. Er ist auch nicht zusammen mit dem des § 690 BGB für die ehrenamtlich tätigen Vorstandsmitglieder nutzbar zu machen. Ein Vorstandsmitglied (auch ein ehrenamtliches) erbringt nämlich – anders als ein unentgeltlich tätig werdender Verwahrer – keine Gefälligkeit, sondern erfüllt in fremder Wirtschaftssphäre einen Mitgliederauftrag.[2]

Auch der Rechtsgedanke der §§ 521, 599 BGB kann für ehrenamtliche, unentgeltlich tätige Vorstandsmitglieder nicht zu einer teleologischen Restriktion des § 34 Abs. 2 i.V.m. Abs. 1 GenG auf Vorsatz und grobe Fahrlässigkeit führen. Das würde sich nicht mit dem förderwirtschaftlichen Ernst[3] und der hohen sozialen Bedeutung[4] des genossenschaftlichen Nebenamtes vertragen.

33 Der Ansatz für die **Differenzierung der Sorgfaltsanforderungen** für hauptamtliche und ehrenamtliche Vorstandsmitglieder ist ein anderer: Beide schulden innerhalb des selbstorganschaftlich Möglichen die im Verkehr objektiv erforderliche Sorgfalt i.S. des § 276 Abs. 1 BGB. Nur haben Art und Ausmaß der jeweils geschuldeten Sorgfalt einen anderen Bezugspunkt, nämlich das jeweilige Hauptberufsfeld des Amtsträgers. Wer sein Geld hauptberuflich als Manager verdienen will, schuldet grundsätzlich die für eine solche Aufgabe auf der Marktstufe der eG *stellenmarktübliche* Sorgfalt. Wer dagegen ohne persönliches Gewinnstreben um einer möglichst mitgliedernahen Förderpolitik der eG willen in ein genossenschaftliches Nebenamt seine Basiserfahrung einbringen soll, der braucht grundsätzlich nur die auf *seiner Markt- oder Lebensstufe* übliche Sorgfalt zu beachten. Deshalb können die nebenehrenamtlichen Sorgfaltsanforderungen im Einzelfall hinter denen des Hauptamtes zurückbleiben. Nur muss auch ein nebenamtliches Vorstandsmitglied stets zumindest diejenige sachkundige Sorgfalt gewährleisten, die ein durchschnittlich befähigter Mitgenosse seiner Art in einer solchen eG an seiner Stelle im Verkehr hätte beachten müssen.[5]

---

[1] *Beuthien*, § 34 GenG Rz. 12.
[2] Zu Einzelheiten *Beuthien*, § 34 GenG Rz. 12 sowie Genossenschaftliche Selbstverwaltung, S. 67 ff.
[3] *Beuthien*, Genossenschaftliche Selbstverwaltung, S. 66 f.
[4] *Großfeld/Noelle*, AG 1986, 275, 281.
[5] Zu Einzelheiten sowie dem Übernahmeverschulden des Nebenamtsträgers und Organisationsverschulden der eG, *Beuthien*, Genossenschaftliche Selbstverwaltung, S. 62 ff. sowie § 34 GenG Rz. 12 m.w.N.

Eine Haftungsmilderung nach den **Grundsätzen gefahrgeneigter Arbeit** wird vom BGH jedenfalls in Bezug auf das hauptamtliche Vorstandsmitglied einer eG kurz und bündig abgelehnt.[1] Eine höchstrichterliche Entscheidung für ein nur neben- und ehrenamtlich tätiges Vorstandsmitglied einer eG steht noch aus.[2] Indes liegt es nahe, insoweit die Grundsätze der gefahrgeneigten Arbeit heranzuziehen. Auf den Vorstand eines e.V. finden gem. § 27 Abs. 3 BGB die für den Auftrag geltenden Vorschriften der §§ 664–670 BGB entsprechende Anwendung. Als allgemeine Vorschrift des Vereinsrechts gilt § 27 Abs. 3 BGB, da das GenG insoweit nichts Besonderes bestimmt, auch für die eG als förderwirtschaftlichen Sonderverein.[3] Ein Beauftragter darf grundsätzlich nicht mit dem vollen Risiko der im Interesse des Geschäftsherrn ausgeübten Tätigkeit belastet werden. Vielmehr hat er gegen den Auftraggeber gem. § 670 BGB einen Anspruch auf Ersatz oder Freistellung von solchen Nachteilen, die er bei der Durchführung des Auftrags unfreiwillig erleidet.[4] Deshalb hat der Bundesgerichtshof die Grundsätze gefahrgeneigter Arbeit bereits auf ein ehrenamtlich außerhalb des Vorstands tätiges Vereinsmitglied angewendet. Aufschlussreich ist die Urteilsbegründung[5], die so auch auf das Ehrenamt im Vorstand einer eG passt. Ebenso begegnen bereits Stimmen, die für Vorstandsmitglieder einer AG und Geschäftsführer einer GmbH bei fehlerhafter Unternehmensleitung eine entsprechend den Grundsätzen der gefahrgeneigten Arbeit gemilderte Haftung unter bestimmten Voraussetzungen nicht für grundsätzlich ausgeschlossen halten.[6] Indes ist Beides noch zu ungesichert, um darauf eine mildere Haftung der neben- und ehrenamtlich tätigen Vorstandsmitglieder einer eG stützen zu können.[7]

Abzuwarten bleibt auch, wie eine höchstrichterliche Entscheidung zur Anwendbarkeit des § 31a BGB auf die eG ausfallen wird.

III. Besondere Haftungsvereinbarungen und Verzichtsbeschlüsse der Generalversammlung

Für besondere **Haftungsvereinbarungen** lässt § 18 Satz 2 GenG nur wenig Raum, soweit es darum geht, die Organwalterhaftung (§ 34 Abs. 2 GenG) auszuschließen oder zu mildern. Verschärfungen der Organwalterhaftung sind dagegen sowohl anstellungsvertraglich als auch in der Satzung zulässig.

---
1 BGH v. 27.2.1975 – II ZR 112/72, WM 1975, 467, 469.
2 Der BGH hat sich in seiner Entscheidung (Urteil v. 1.12.2003 – II ZR 216/01 (OLG Oldenburg), NJW-RR, 2004, 900 ff.) mit dieser Frage nicht befasst, scheint aber auf den ersten Blick zwischen haupt- und ehrenamtlichen Vorstandsmitgliedern – jedenfalls was die Außenhaftung anbelangt – nicht differenzieren zu wollen.
3 Dazu ausführlich *Weber*, Die eingetragene Genossenschaft als wirtschaftlicher Sonderverein, S. 54 ff.
4 BGH v. 5.12.1983 – II ZR 252/82, BGHZ 89, 153, 157 mit umfassenden Schrifttumsnachweisen.
5 BGH v. 5.12.1983 – II ZR 252/82, BGHZ 89, 153, 158 f.
6 So *Schneider* in FS Werner, S. 795, 804 f.; a.A. *Hüffer*, § 93 AktG Rz. 14 m.w.N.
7 Ausführlich dazu *Beuthien*, Genossenschaftliche Selbstverwaltung, S. 64 f. Vereinfachend *Schaffland* in Lang/Weidmüller, § 34 GenG Rz. 24, wonach die Grundsätze der gefahrgeneigten Arbeit jedenfalls bei „normalen Vorstandspflichten" nicht anwendbar sein sollen.

Gem. § 18 Satz 2 GenG darf von den Vorschriften des GenG nur insoweit abgewichen werden, als dies ausdrücklich für zulässig erklärt ist. § 34 GenG enthält aber keine ausdrückliche Öffnungsklausel, von der in der Satzung oder im Anstellungsvertrag „nach unten", d.h. haftungserleichternd Gebrauch gemacht werden könnte. Das hätte zur Folge, dass auch für ehrenamtliche Vorstandsmitglieder keinerlei Milderung in ihrer Organwalterhaftung möglich wäre, auch nicht etwa dergestalt, dass sie kraft Vereinbarung nur die eigenübliche Sorgfalt (§§ 708, 690 BGB) schulden oder wie bei §§ 521, 599 BGB und § 31a BGB nur für Vorsatz und grobe Fahrlässigkeit einzustehen haben.

36 Diese grundsätzliche **Haftungsstrenge** des § 34 GenG wird jedoch auf anderer Ebene dadurch relativiert, dass es der eG nicht untersagt ist, auf einen bereits entstandenen Ersatzanspruch gegen ein pflichtwidrig handelndes Vorstandsmitglied gem. § 397 BGB nachträglich zu verzichten; jedenfalls soweit es sich um andere Fälle als die des § 34 Abs. 3 Nr. 1–5 GenG handelt. Warum soll der eG dann nicht auch freistehen, die Haftung ihrer Organmitglieder von vornherein entsprechend zu begrenzen? Das genossenschaftliche Schrifttum hat das bisher unter Hinweis auf eine frühe Entscheidung des Reichsgerichts[1] abgelehnt, wonach eine solche statutarische Haftungsbegrenzung „wider die öffentliche Ordnung" sein solle.[2]

37 Ein entsprechendes Problem stellt sich bei der Geschäftsführerhaftung i.S. des § 43 GmbHG. Dort ist umstritten, ob und inwieweit der Gesellschaftsvertrag eine **Haftungsmilderung** vorsehen darf.[3] Im Ergebnis ist das ausweislich der Gesetzesmaterialien des § 43 GmbHG zu bejahen, d.h. soweit dem nicht Gläubigerschutzvorschriften (wie § 43 Abs. 3 Satz i.V.m. § 9b GmbHG) oder Minderheitsschutzinteressen widerstreiten (s. dazu oben *Uwe H. Schneider*, § 2 Rz. 50–53 sowie allg. dazu oben *Lutter*, § 1 Rz. 19–21). Dementsprechend kann auch die Haftung der ehrennebenamtlichen Vorstandsmitglieder einer eG statuarisch außerhalb des zwingend von § 34 Abs. 3 GenG erfassten Bereichs begrenzt werden.[4]

Soweit eine anstellungsvertragliche Haftung neben die Organwalterhaftung aus § 34 GenG tritt, kann sie – anders als die Organwalterhaftung – privatautonom bis zur Grenze des § 276 Abs. 2 BGB ausgeschlossen werden.[5] Eine Gesetzesumgehung[6] liegt darin nicht, da die Haftung aus § 34 Abs. 2 GenG davon unberührt bleibt.[7]

---

1 RGZ 46, 60, 61.
2 Z.B. *Müller*, § 34 GenG Rz. 8.
3 S. dazu die Nachweise bei *Beuthien*, Genossenschaftliche Selbstverwaltung, S. 71, Fn. 41.
4 *Beuthien*, Genossenschaftliche Selbstverwaltung, S. 71 f.
5 Anders *Schaffland* in Lang/Weidmüller, § 34 GenG Rz. 131 und Rz. 142; *Müller*, § 34 GenG Rz. 9.
6 So zu Unrecht *Müller*, § 34 GenG Rz. 9.
7 *Beuthien*, Genossenschaftliche Selbstverwaltung, S. 72.

IV. Einzel- und Gesamtverantwortung

Jedes Vorstandsmitglied trägt außer der fachlichen **Einzelverantwortung** für den eigenen Geschäftsbereich (sog. Sach- oder Ressortverantwortung) grundsätzlich auch die persönliche **Gesamtverantwortung** für die volle Bandbreite der Geschäftsführung (sog. kollektive Leitungsverantwortung). Das heißt aber nicht, dass alle Fehler in anderen Geschäftsbereichen stets zugleich eigene Fehler sind. Alle arbeitsteilige Geschäftsverteilung im Vorstand – wie i.d.R. bei größeren eGen gegeben – wäre sinnlos, wenn sich jedes Vorstandsmitglied (um nicht persönlich haften zu müssen) doch um sämtliche Angelegenheiten in anderen Ressorts kümmern müsste. Jedes Vorstandsmitglied haftet aus § 34 Abs. 2 GenG nur für die Verletzung der gerade ihm obliegenden Geschäftsführerpflicht und damit nur für sein eigenes Verschulden. Das fremde Fehlverhalten anderer Vorstandsmitglieder ist ihm nicht zuzurechnen. Jedoch kann ihn auch in Bezug auf die Pflichtwidrigkeit anderer Vorstandsmitglieder ein Eigenverschulden treffen[1] (s. Rz. 39). In den Grundsätzen bestehen insoweit keine Unterschiede zwischen den Verantwortungskreisen bei einer eG, AG oder GmbH (vgl. *Uwe H. Schneider*, § 2 Rz. 35–41, und *Krieger*, § 3 Rz. 4 ff.).

38

Innerhalb seines Geschäftsbereichs hat das Vorstandsmitglied insbesondere nach Maßgabe des Gesetzes, der Satzung, der Geschäftsordnung sowie der Gremienbeschlüsse der eG selbständig zu entscheiden und zu handeln. Es unterliegt insoweit der Kontrolle durch den Gesamtvorstand; wobei grundsätzlich jedes Vorstandsmitglied darauf vertrauen darf, dass alle Vorstandsmitglieder ihre Aufgaben ordnungsgemäß erfüllen.

Im Einzelfall kann ein Vorstandsmitglied insbesondere in folgenden Fallkonstellationen für das **Fehlverhalten von Vorstandskollegen** ein Eigenverschulden treffen:

39

(1) Auswahlverschulden:
Sofern sich der Vorstand selbst eine Geschäftsverteilung gibt (eine Ressortverteilung also nicht schon durch die Generalversammlung oder den Aufsichtsrat erfolgt), muss jedes Vorstandsmitglied darauf achten, dass die anderen Vorstandsmitglieder gerade die für ihr Ressort erforderlichen fachlichen und persönlichen Fähigkeiten mitbringen.

(2) Überlassungsverschulden:
Jedes Vorstandsmitglied muss die ihm im Rahmen der Geschäftsverteilung zugewiesenen Aufgaben grundsätzlich persönlich erledigen und darf sie nicht anderen dafür nicht oder weniger geeigneten Vorstandsmitgliedern überlassen.[2]

(3) Informationsverschulden:
Die Vorstandsmitglieder müssen sich wechselseitig über die für den Geschäftsbereich des anderen wesentlichen Umstände kontinuierlich unterrichten (z.B. über die Kreditunwürdigkeit eines Genossen).[3]

---
1 OLG Frankfurt v. 20.2.2006 – 23 U 150/05, OLGReport Frankfurt 2006, 918 ff.
2 Vgl. LG Frankfurt v. 5.11.1952 – 2/8 O 304/51, GWW 1953, 330.
3 S. Nachweise bei *Schaffland* in Lang/Weidmüller, § 34 GenG Rz. 47 ff.

(4) Überwachungsverschulden:
Jedes einzelne Vorstandsmitglied hat die Tätigkeit der übrigen Vorstandsmitglieder wegen seiner Gesamtverantwortung ständig im Blick zu behalten.[1] Allerdings darf diese Überwachungspflicht, da die kollegial zusammenwirkenden Vorstandsmitglieder einander kritisches Vertrauen schulden, nicht überspannt werden. Sie ist erst verletzt, wenn das Vorstandsmitglied greifbare Anhaltspunkte für eine Pflichtwidrigkeit eines Vorstandskollegen vernachlässigt.[2]

40 Ein Eigenverschulden kann ein Vorstandsmitglied ferner bei mangelhafter Auswahl, Organisation oder Beaufsichtigung ihm unterstellter **Hilfskräfte** treffen. Für die Angestellten der eG haftet das Vorstandsmitglied weder über § 278 Satz 1 Fall 2 BGB noch nach § 831 Abs. 1 BGB. Deren Geschäftsherr ist nicht der Vorstand, sondern die eG selbst.

V. Einzelne gesetzlich aufgeführte Vorstandspflichten und ggf. sondergesetzliche Regelungen

41 Aus dem GenG sind insoweit insbesondere zu nennen die Pflicht sämtlicher Vorstandsmitglieder zur Verschwiegenheit (§ 34 Abs. 1 Satz 2 GenG) sowie die in § 34 Abs. 3 GenG besonders aufgegriffenen Verbote (s. dazu Rz. 12).

Auch an anderen Stellen weist das GenG den Vorstandsmitgliedern **ausdrücklich bestimmte Einzelpflichten** zu. So hat der Vorstand Vorstandsänderungen zum Genossenschaftsregister anzumelden (§ 28 GenG), die Mitgliederliste der eG zu führen (§ 30 GenG), die gegründete Genossenschaft zur Eintragung in das Genossenschaftsregister anzumelden (§ 11 GenG) sowie eine Reihe sonstiger Antrags- und Mitteilungspflichten (u.a. §§ 99, 68 Abs. 3 GenG).

42 Hinzu treten **sondergesetzlich geregelte Vorstandspflichten** für bestimmte Arten von eGen, namentlich für die Kreditgenossenschaften. Deren Vorstandsmitglieder haben zusätzlich zu den üblichen Vorstandspflichten des GenG noch zahlreiche Sonderpflichten, insbesondere gemäß Kreditwesengesetz (KWG) sowie dazu ergangener Ausführungsvorschriften zu erfüllen (z.B. besondere organisatorische Pflichten gem. § 25a KWG oder bei der Gewährung von Organkrediten gem. § 15 KWG). Wie im Falle des § 17 KWG für die Geschäftsleiter eines Kreditinstituts tritt dann noch eine sondergesetzliche organisationsrechtliche Verantwortlichkeit neben die allgemeine Haftung aus § 34 Abs. 2 GenG. Z.B. handeln Vorstandsmitglieder einer Genossenschaftsbank pflichtwidrig, wenn sie Kredite unter Verstoß gegen § 18 KWG ohne die ausreichende bankübliche Prüfung der Kapitaldienstfähigkeit des Darlehensnehmers bewilligen.[3]

---

1 RG HRR 1941 Nr. 132; OLG Frankfurt v. 20.2.2006 – 23 U 150/05, OLGReport Frankfurt 2006, 918 ff.
2 RGZ 91, 72, 77 zu GmbH. Allgemein zu den o.g. Fallkonstellationen *Beuthien*, § 34 GenG Rz. 14.
3 OLG Dresden v. 25.9.2007 – 2 U 318/07, EWiR 2008, 139; vgl. auch BGH v. 8.1.2007 – II ZR 304/04, DB 2007, 389 ff.; zusammengefasst bei *Förstner-Reichstein*, Rspr.-Übersicht 2007 zum GenG, ZfgG 2008, 302, 302 f.

D. Schuldhaftigkeit der Pflichtverletzung

§ 34 Abs. 2 Satz 1 GenG setzt, obwohl dies im Gesetzeswortlaut nicht zum Ausdruck kommt, voraus, dass die haftungsbegründende Pflichtverletzung (Rz. 7 ff.) auf **persönlichem Verschulden** beruht. Verschuldensformen sind – wie üblich – nach § 276 Abs. 1 Satz 1 BGB Vorsatz (wissentlich und willentlich) und Fahrlässigkeit (wer die im Verkehr erforderliche Sorgfalt außer Acht lässt, § 276 Abs. 2 BGB). Nicht erforderlich ist, dass die Pflichtverletzung gerade und als solche beabsichtigt ist.[1]

43

Weil sich das Verschulden nicht (auch) auf den haftungsausfüllenden Schaden beziehen muss, kommt es auf die **Vorhersehbarkeit** des Schadens nicht an.[2] Das Vorstandsmitglied hat die ihm obliegenden Pflichten zu erfüllen, unabhängig davon, ob ihm in diesem Moment erkennbar ist, dass durch eine Nicht- oder Schlechterfüllung seiner Pflicht der Genossenschaft ein Vermögensschaden entstehen kann. Letzterer muss nur durch die Pflichtverletzung adäquat verursacht sein.[3]

44

Ist objektiv Pflichtwidrigkeit des Vorstandsverhaltens gegeben, wird das Verschulden gemäß der Beweislastregelung des § 34 Abs. 2 Satz 2 GenG (wie bei § 93 Abs. 2 Satz 2 AktG) vermutet. Danach trifft den Geschäftsleiter die **Beweislast**, wenn streitig ist, ob er die Sorgfalt eines ordentlichen und gewissenhaften Geschäftsleiters einer Genossenschaft angewandt hat.[4]

45

Unkenntnis der Geschäfte oder Unfähigkeit zur Geschäftsführung und/oder geringer Bildungsstand entschuldigen das einzelne Vorstandsmitglied grundsätzlich nicht. Wohl aber kann – nach allgemeinen, nicht genossenschaftsspezifischen Haftungsgrundsätzen – die im konkreten Einzelfall geschuldete Geschäftsführersorgfalt eingeschränkt sein, mit der Folge, dass **unterschiedliche Haftungsmaßstäbe** zum Tragen kommen. Das gründet sich auf § 9 Abs. 2 Satz 1 GenG, der die gem. § 34 Abs. 1 Satz 1 GenG geschuldete Geschäftsführersorgfalt auf das jeweils selbstorganschaftlich Mögliche begrenzt (s. dazu Rz. 30 f.). Schon deshalb ist bei einer eG nicht stets der gleiche Sorgfaltsmaßstab anzulegen.[5]

E. Schaden, Schadensvermutung und Kausalität

Nach allgemeinen Grundsätzen muss die eG sämtliche anspruchsbegründenden Tatsachen, also – außer objektiver Pflichtwidrigkeit und Verschulden – auch Ursachenzusammenhang zwischen Pflichtverletzung und Schaden darlegen und beweisen.

46

---

1 *Müller*, § 34 GenG Rz. 22; RGZ 57, 241.
2 BGH v. 21.3.2005 – II ZR 54/03, NZG 2005, 562 ff.
3 *Beuthien*, § 34 GenG Rz. 6; *Hüffer*, § 93 AktG Rz. 16.
4 BGH v. 8.1.2007 – II ZR 304/04, DB 2007, 389, 391.
5 *Beuthien*, § 34 GenG Rz. 11; *Beuthien*, Genossenschaftliche Selbstverwaltung, S. 60; a.A. *Schaffland* in Lang/Weidmüller, § 34 GenG Rz. 6, der freilich eine entsprechende Gesetzesregelung (s. für den Verein § 31a BGB) begrüßen würde.

§ 34 Abs. 2 Satz 2 GenG macht hiervon dergestalt eine Ausnahme, dass er die eG nicht nur vom **Verschuldensnachweis** (sog. subjektive Pflichtwidrigkeit) entlastet, sondern auch bereits die objektive Pflichtverletzung vermuten lässt; jedenfalls sofern der eingetretene Schaden nachweislich auf ein Verhalten des Vorstands zurückgeht. Die eG hat also nur zu behaupten und zu beweisen, dass sie durch die Geschäftsführung des Vorstands geschädigt worden ist.[1] Es ist dann Sache der zuständigen Vorstandsmitglieder, darzutun, dass sie trotz des gegen sie sprechenden Anscheins ihrer Sorgfaltspflicht genügt haben oder dass ihnen die Erfüllung dieser Pflicht unmöglich war.[2]

47 Gemäß der **Schadensvermutung** des § 34 Abs. 3 GenG wird (nur) für die dort genannten Tatbestände vermutet, dass der eG zumindest in Höhe der pflichtwidrig gezahlten Beträge ein Schaden entstanden ist. Das Vorstandsmitglied kann sich in diesen Fällen nur entlasten, wenn es beweist, dass die eG insoweit keinen Schaden erlitten hat. Der überschießende Schaden wird nicht vermutet, sondern muss von der eG voll nachgewiesen werden. Die Vermutung des § 34 Abs. 3 GenG ist widerleglich (§ 292 ZPO).

48 Ist der Schaden auf das pflichtwidrige Verhalten mehrerer Vorstandsmitglieder zurückzuführen, so haften die dafür persönlich Verantwortlichen als Gesamtschuldner (§§ 421 ff. BGB). Diejenigen Vertreter im Schrifttum, die alle Mitglieder des Vorstands einer eG – seien es hauptamtliche, neben- und ehrenamtliche und/oder stellvertretende Vorstandsmitglieder – in der Haftung nach außen undifferenziert über einen Kamm scheren wollen, suchen am Ende ein **Korrektiv** in der internen Haftungsverteilung nach § 426 BGB.[3] Dorthin wird dann die Frage verlagert, ob z.B. ein nur ehrenamtlich tätiges Vorstandsmitglied bei der internen Haftungsverteilung mit denselben Maßstäben gemessen werden darf wie ein hauptamtlich tätiges Vorstandsmitglied. Nach § 426 Satz 1 Halbsatz 2 BGB ist diese Frage aber dann zu bejahen, es sei denn, es ist – wie die Vorschrift besagt – tatsächlich untereinander etwas anderes bestimmt.[4]

F. D&O-Versicherung

49 Hinsichtlich einer Vermögenshaftpflichtversicherung für das Management (Vorstand, Aufsichtsrat, auch weitere leitende Mitarbeiter) gilt bei der eG grundsätzlich nichts anderes als bei AG, GmbH und Verein. Indes ist sie in der Genossenschaftspraxis nicht so verbreitet wie bei den Kapitalgesellschaften und wird hier auch (noch) nicht vertieft diskutiert. Bei Kreditgenossenschaften[5], insbesondere größeren Instituten ist sie die Regel, bei mittleren und kleineren Genossenschaften eher die Ausnahme. Bei ehrenamtlich besetzten, meist kleineren eGen findet

---

1 *Beuthien*, § 34 GenG Rz. 17; BGH v. 8.1.2007 – II ZR 304/04, DStR 2007, 402 ff.
2 *Beuthien*, § 34 GenG Rz. 17 m.w.N.
3 So z.B. *Schaffland* in Lang/Weidmüller, § 34 GenG Rz. 6 und 112 ff.
4 Offengelassen von BGH v. 1.12.2003 – II ZR 216/01, NJW-RR 2004, 900, 902.
5 Vgl. dazu OLG Dresden v. 25.9.2008 – 2 U 318/07, EWiR 2008, 139.

man sie praktisch gar nicht, obschon deren Organmitglieder gerade wegen der Unentgeltlichkeit ihrer Tätigkeit insoweit sogar schützenswerter sein sollten als hauptamtliche Organmitglieder (arg. § 31a BGB) und es auch bei kleineren Genossenschaften im Haftungsfall schnell um Beträge geht, die die Betroffenen „Haus und Hof" kosten können. Insoweit liegen die Dinge hier auch vom Tatsächlichen nicht anders als beim Verein.[1] Im Übrigen wird zu diesem Thema auf den Beitrag von *Sieg*, § 15 (S. 411 ff.) verwiesen.

---

1 S. dazu unten *Burgard*, § 6 Rz. 3.

§ 5
Organhaftung in der SE

Professor Dr. Christoph Teichmann

	Rz.		Rz.
A. Rechtsgrundlagen und Regelungstechnik	1	1. Vorgaben der SE-Verordnung .	29
		2. SE-Ausführungsgesetz	32
I. Grundstrukturen der Unternehmensverfassung	1	a) Allgemeine Oberleitung . .	33
		b) Speziell zugewiesene Aufgaben	35
1. Dualistisches System	3		
2. Monistisches System	5	c) Subsidiäre Auffangregelung	
II. Rechtsquellenpyramide	8	(§ 22 Abs. 6 SEAG)	41
1. SE-Verordnung	9	III. Pflichtenstellung der geschäftsführenden Direktoren	43
a) Materielle Regelungen . . .	9		
b) Verweise auf nationales Recht	10	1. Geschäftsführung	43
		2. Vertretung der Gesellschaft . .	46
c) Regelungsermächtigungen .	13	**D. Rechtsverfolgung im Haftungsfall**	47
2. Nationales Ausführungsgesetz	16	I. Verfolgungspflicht der zuständigen Organe	47
B. Organhaftung im dualistischen SE-Modell	17		
		II. Vertretung der Gesellschaft im Prozess	48
C. Organhaftung im monistischen SE-Modell	21		
		1. Dualistisches System	49
I. Entsprechende Anwendung des § 93 AktG	23	2. Monistisches System	50
		III. Gläubiger und Aktionäre	52
II. Pflichtenstellung des Verwaltungsrats	28		

Schrifttum: *Abu Taleb*, Die Haftungsverhältnisse bei der Gründung einer Europäischen Aktiengesellschaft (SE) in Deutschland und England, 2008; *Artmann*, Die Organisationsverfassung der Europäischen Aktiengesellschaft, wbl 2002, 189; *Bachmann*, Der Verwaltungsrat der monistischen SE, ZGR 2008, 779; *Bauer*, Organstellung und Organvergütung in der monistisch verfassten europäischen Aktiengesellschaft (SE), 2008; *Brandt*, Die Hauptversammlung der Europäischen Aktiengesellschaft (SE), 2004; *Bungert/Beier*, Die Europäische Aktiengesellschaft, EWS 2002, 1; *Casper*, Der Lückenschluss im Statut der Europäischen Aktiengesellschaft, in Habersack/Hommelhoff/Hüffer/Schmidt (Hrsg.), FS Peter Ulmer, 2003, S. 51; *Gutsche*, Die Eignung der Europäischen Aktiengesellschaft für kleine und mittlere Unternehmen in Deutschland, 1994; *Habersack*, Das Konzernrecht der „deutschen" SE – Grundlagen, ZGR 2003, 724; *Hirte*, Die Europäische Aktiengesellschaft, NZG 2002, 1; *Hoffmann-Becking*, Organe: Strukturen und Verantwortlichkeiten, insbesondere im monistischen System, ZGR 2004, 355; *Hommelhoff*, Einige Bemerkungen zur Organisationsverfassung der Europäischen Aktiengesellschaft, AG 2001, 279; *Hommelhoff*, Zum Konzernrecht in der Europäischen Aktiengesellschaft, AG 2003, 179; *Ihrig*, Organschaftliche Haftung und Haftungsdurchsetzung unter Berücksichtigung der monistisch verfassten SE, in Bachmann/Casper/Schäfer/Veil (Hrsg.), Steuerungsfunktionen des Haftungsrechts im Gesellschafts- und Kapitalmarktrecht, 2007, S. 17; *Ihrig*, Die geschäftsführenden Direktoren in der monistischen SE: Stellung, Aufgaben und Haftung, ZGR 2008, 809; *Ihrig/Wagner*, Diskussionsentwurf für ein SE-Ausführungsgesetz, BB 2003, 969; *Kallmeyer*, Das monistische System einer SE mit Sitz in Deutschland, ZIP 2003, 1531; *Kalss/Greda*, Die Europäische Gesellschaft (SE) österreichischer Prägung nach dem Ministerialentwurf, GesRZ 2004, 91; *Lutter*,

Europäische Aktiengesellschaft – Rechtsfigur mit Zukunft?, BB 2002, 1; *Lutter/Hommelhoff* (Hrsg.), SE-Kommentar, 2008; *Lutter/Hommelhoff* (Hrsg.), Die Europäische Gesellschaft, 2005; *Mävers*, Die Anwendbarkeit des Deutschen Corporate Governance Kodex auf die Societas Europaea (SE), 2008; *Manz/Mayer/Schröder* (Hrsg.), SE-Kommentar, 2005; *Mauch*, Das monistische Leitungssystem in der Europäischen Aktiengesellschaft, 2008; *Maul*, Konzernrecht der „deutschen" SE – Ausgewählte Fragen zum Vertragskonzern und den faktischen Unternehmensverbindungen, ZGR 2003, 743; *Merkt*, Die monistische Unternehmensverfassung für die Europäische Aktiengesellschaft aus deutscher Sicht – mit vergleichendem Blick auf die Schweiz, das Vereinigte Königreich und Frankreich –, ZGR 2003, 650; *Metz*, Die Organhaftung bei der monistisch strukturierten Europäischen Aktiengesellschaft mit Sitz in Deutschland, 2009; *Neye*, Die Europäische Aktiengesellschaft, Einführung und Materialiensammlung, 2005; *Neye/Teichmann*, Der Entwurf für das Ausführungsgesetz zur Europäischen Aktiengesellschaft, AG 2003, 169; *Schönborn*, Die monistische Societas Europaea in Deutschland im Vergleich zum englischen Recht, 2007; *Schwarz*, Europäisches Gesellschaftsrecht, 2000; *Schwarz*, Zum Statut der Europäischen Aktiengesellschaft, ZIP 2001, 1847; *Schwarz*, SE-Kommentar, 2006; *Schulz/Geismar*, Die Europäische Aktiengesellschaft, DStR 2001, 1078; *Teichmann*, Die Einführung der Europäischen Aktiengesellschaft – Grundlagen der Ergänzung des europäischen Statuts durch den deutschen Gesetzgeber, ZGR 2002, 383; *Teichmann*, Vorschläge für das deutsche Ausführungsgesetz zur Europäischen Aktiengesellschaft, ZIP 2002, 1109; *Teichmann*, Gestaltungsfreiheit im monistischen Leitungssystem der Europäischen Aktiengesellschaft, BB 2004, 53; *Teichmann*, Binnenmarktkonformes Gesellschaftsrecht, 2006; *Theisen/Wenz* (Hrsg.), Europäische Aktiengesellschaft, 2. Aufl. 2005; *Ulmer*, Stimmrechtsschranken für Aufsichtsratsmitglieder bei eigener Kandidatur zum Vorstand, NJW 1982, 2288.

A. Rechtsgrundlagen und Regelungstechnik

I. Grundstrukturen der Unternehmensverfassung

Die Societas Europaea, die Europäische Gesellschaft (SE), ist eine supranationale Rechtsform[1] europäischen Rechts. Grundlage ist die 2001 erlassene Verordnung Nr. 2157/2001, die am 4. Oktober 2004 in Kraft getreten ist. Da die SE typologisch der Aktiengesellschaft nahe steht, wird sie häufig auch als „Europäische Aktiengesellschaft" bezeichnet. Für Fragen der Organhaftung bedeutsam ist die Regelungstechnik der **SE-Verordnung** („SE-VO"). Die unmittelbar in allen Mitgliedstaaten anwendbare europäische Verordnung schafft das gesellschaftsrechtliche Fundament; viele Einzelfragen bleiben aber der ergänzenden Anwendung nationalen Aktienrechts überlassen. Mit Einführung der SE verfolgt der europäische Gesetzgeber u.a. das Ziel, der Europäischen Gesellschaft die freie Wahl unter den derzeit in der Gemeinschaft existierenden Leitungsstrukturen zu gewähren.[2] Art. 38 SE-VO überlässt der Satzung die Entscheidung, ob die SE dualistisch oder monis-

1

---

1 Zu den Kennzeichen derartiger Rechtsformen *Schwarz*, Europäisches Gesellschaftsrecht, S. 567 f., *Teichmann*, Binnenmarktkonformes Gesellschaftsrecht, S. 323 ff.
2 Vgl. dazu Erwägungsgrund 14 der SE-Verordnung: „Es ist erforderlich, der SE alle Möglichkeiten einer leistungsfähigen Geschäftsführung an die Hand zu geben und gleichzeitig deren wirksame Überwachung sicherzustellen. Dabei ist dem Umstand Rechnung zu tragen, dass in der Gemeinschaft hinsichtlich der Verwaltung der Aktiengesellschaften derzeit zwei verschiedene Systeme bestehen. Die Wahl des Systems bleibt der SE überlassen, jedoch ist eine klare Abgrenzung der Verantwortungsbereiche jener Personen, denen die Geschäftsführung obliegt, und der Personen, die mit der Aufsicht betraut sind, wünschenswert."

tisch strukturiert ist. Diese Strukturentscheidung ist bei der Gründung zu treffen und kann später abgeändert werden. Die **Wahlfreiheit** stützt sich unmittelbar auf die Verordnung und steht nicht zur Disposition des nationalen Gesetzgebers.

2 Für die Organhaftung in der SE enthält die SE-VO eine einzige, für beide Leitungssysteme geltende Vorschrift (**Art. 51 SE-VO**).[1] Sie regelt einen **Verweis in das nationale Recht**: Die Mitglieder des Leitungs-, Aufsichts- oder Verwaltungsorgans haften gemäß den im Sitzstaat der SE für Aktiengesellschaften maßgeblichen Rechtsvorschriften für den Schaden, welcher der SE durch eine Verletzung der ihnen bei der Ausübung ihres Amtes obliegenden gesetzlichen, satzungsmäßigen oder sonstigen Pflichten entsteht. Ausgangspunkt der Haftung ist somit eine Pflichtverletzung. Die Pflichten der Organe sind aber im dualistischen und im monistischen Leitungsmodell unterschiedlich ausgestaltet. Daher ist für die Organhaftung ungeachtet des einheitlichen normativen Anknüpfungspunktes danach zu unterscheiden, ob sich die konkrete SE für das dualistische oder das monistische Verwaltungssystem entschieden hat.

1. Dualistisches System

3 Das dualistische System der SE entspricht mit einem Leitungs- und einem Aufsichtsorgan strukturell dem Vorstand/Aufsichtsrats-Modell der deutschen Aktiengesellschaft. Das **Leitungsorgan** führt die Geschäfte in eigener Verantwortung (Art. 39 Abs. 1 Satz 1 SE-VO), während das Aufsichtsorgan die Geschäftsführung überwacht (Art. 40 Abs. 1 Satz 1 SE-VO). Die Mitglieder des Leitungsorgans werden vom Aufsichtsorgan (Art. 39 Abs. 2 SE-VO), die Mitglieder des Aufsichtsorgans von der Hauptversammlung (Art. 40 Abs. 2 SE-VO) bestellt. Niemand darf zugleich Mitglied des Leitungsorgans und Mitglied des Aufsichtsorgans sein (Art. 39 Abs. 3 Satz 1 SE-VO).

4 Das **Aufsichtsorgan** ist nicht berechtigt, die Geschäfte der SE selbst zu führen (Art. 39 Abs. 1 Satz 2 SE-VO). Es wird vom Leitungsorgan mindestens alle drei Monate über den Gang der Geschäfte unterrichtet (Art. 41 Abs. 1 SE-VO). Außerdem legt die Satzung bestimmte Arten von Geschäften fest, die der Zustimmung des Aufsichtsorgans bedürfen (Art. 48 Abs. 1 SE-VO); auch das Aufsichtsorgan selbst kann bestimmte Arten von Geschäften von seiner Zustimmung abhängig machen; das folgt aus § 19 des deutschen SE-Ausführungsgesetzes (SEAG).

2. Monistisches System

5 Das monistische System der SE-Verordnung lehnt sich an Vorbilder aus dem angelsächsischen und dem romanischen Rechtskreis an.[2] In diesem Modell führt das **Verwaltungsorgan** die Geschäfte der SE (Art. 43 Abs. 1 SE-VO). Seine Mitglieder werden von der Hauptversammlung bestellt (Art. 43 Abs. 3 SE-VO). Im monisti-

---

1 Ausgeklammert bleiben hier die besonderen Haftungstatbestände bei der Gründung einer SE (Handelndenhaftung u.a.); monographisch dazu *Abu Taleb*, Haftungsverhältnisse.
2 Vgl. im Überblick *Teichmann*, Binnenmarktkonformes Gesellschaftsrecht, S. 560ff. Weiterhin *Schönborn*, Monistische SE, mit ausführlichem Rechtsvergleich zu England, S. 47ff.

schen System kann es ebenso wie im dualistischen System zur **Mitbestimmung** der Arbeitnehmer kommen, sofern dies im Verhandlungswege vereinbart wurde oder die gesetzliche Auffanglösung zum Zuge kommt.[1] In diesem Fall wird ein Teil der Verwaltungsratsmitglieder von den Arbeitnehmern bestellt.[2] Die Arbeitnehmervertreter sind vollwertige Mitglieder des Verwaltungsorgans mit allen damit verbundenen Rechten und Pflichten; im Folgenden wird daher nicht danach differenziert, ob es sich um Anteilseigner- oder Arbeitnehmervertreter handelt.

Ein Mitgliedstaat, der in seinem nationalen Aktienrecht kein monistisches System kennt, kann entsprechende Vorschriften in Bezug auf die SE erlassen (Art. 43 Abs. 4 SE-VO).[3] Der deutsche Gesetzgeber hat von dieser Möglichkeit in §§ 20 ff. SEAG Gebrauch gemacht. Das Verwaltungsorgan findet dort die Bezeichnung „**Verwaltungsrat**" (§ 20 SEAG). Außerdem wurde, um die monistische Struktur in das allgemeine aktienrechtliche Umfeld einpassen zu können[4], die Figur des **geschäftsführenden Direktors** geschaffen (§ 40 Abs. 1 SEAG) und damit das Organ „Verwaltungsrat" in seinem Inneren gesetzlich vorstrukturiert.[5] Die geschäftsführenden Direktoren werden vom Verwaltungsrat bestellt und können von ihm jederzeit wieder abberufen werden (§ 40 Abs. 1 und Abs. 5 SEAG). Mitglieder des Verwaltungsrats können zugleich geschäftsführende Direktoren sein, solange die Mehrheit der Verwaltungsrats-Mitglieder nicht-geschäftsführend bleibt (§ 40 Abs. 1 Satz 2 SEAG). Die Direktoren führen die Geschäfte der Gesellschaft (§ 40 Abs. 2 Satz 1 SEAG) und vertreten sie gegenüber Dritten (§ 41 Abs. 1 SEAG). Im Innenverhältnis sind die Direktoren verpflichtet, Weisungen des Verwaltungsrats Folge zu leisten (§ 44 Abs. 2 SEAG).

Das Machtzentrum in der monistischen SE ist demnach der Verwaltungsrat. Dass ein dem Aufsichtsrat vergleichbares Organ fehlt, welches die Geschäftsführung

---

1 Umfassend zu Verfahren und Voraussetzungen der Arbeitnehmerbeteiligung in der SE *Oetker* in Lutter/Hommelhoff, SE-Kommentar, Kommentierung des SEBG.
2 Näher zur Mitbestimmung im monistischen System *Teichmann* in Lutter/Hommelhoff, SE-Kommentar, Art. 43 Rz. 67 f.
3 Art. 43 Abs. 4 SE-VO ist zwar dem Wortlaut nach eine „Kann-Bestimmung" (für ein bloßes Mitgliedstaaten-Wahlrecht daher etwa *Bungert/Beier*, EWS 2002, 1, 3, *Hirte*, NZG 2002, 1, 5 [Fn. 51], *Schulz/Geismar*, DStR 2001, 1078, 1082, und *Schwarz*, ZIP 2001, 1847, 1854); ohne ergänzende Regelungen durch das nationale Gesetzgeber wäre ein monistisches System jedoch kaum verlässlich handhabbar (für eine Regelungspflicht daher die wohl überwiegende Auffassung in der Literatur, s. nur *Ihrig/Wagner*, BB 2003, 969, 974, *Kalss/Greda*, GesRZ 2004, 91, 100, *Lutter*, BB 2002, 1, 4, *Manz* in Manz/Mayer/Schröder, SE-Kommentar, Art. 43 Rz. 37, *Neye/Teichmann*, AG 2003, 169, 175, *Theisen/Hölzl* in Theisen/Wenz, Europäische Aktiengesellschaft, S. 269, 279 f.).
4 Zu diesen Prämissen der SE-Gesetzgebung *Teichmann*, BB 2004, 53, 57 ff.
5 Eine vorwiegend am angelsächsischen Modell orientierte Strömung in der Literatur (s. etwa *Schönborn*, Monistische SE, S. 176 ff.) hält die gesetzlich strukturierte Arbeitsteilung für einen Verstoß gegen Grundprinzipien des monistischen Leitungssystems. Indessen darf die Arbeitsteilung zwischen geschäftsführenden und nicht-geschäftsführenden Personen als gemeinsames Grundprinzip beider Leitungssysteme gelten; viele monistisch orientierte Rechtsordnungen machen dies auch zum Gegenstand gesetzlicher Regelung (vgl. *Teichmann* in Lutter/Hommelhoff, SE-Kommentar, Art. 38 Rz. 15 ff.). Der SE-VO lässt sich kein allein auf das angelsächsische Modell verweisendes Leitbild entnehmen (im Ergebnis ebenso *Bachmann*, ZGR 2008, 779, 785, und *Ihrig*, ZGR 2008, 809, 810: europarechtskonforme Ausgestaltung durch SEAG).

überwacht, ohne an ihr selbst aktiv beteiligt zu sein, ist Charakteristikum der monistischen Leitungsstruktur.[1] Kontrolldefizite sind durch interne Überwachungsmechanismen auszugleichen. Anders als im dualistischen System wird eine interne Funktionstrennung gemeinschaftsrechtlich zwar angemahnt[2], aber rechtlich nicht erzwungen. Auch der geschäftsführende Direktor nach deutschem Ausführungsrecht bewirkt letztlich nur eine formale, keine materielle Trennung der Funktionen, da er weisungsabhängig ist und zudem aus der Mitte des Verwaltungsrats bestellt werden kann. Mit dieser größeren Gestaltungsfreiheit gewinnt die **Organisationsverantwortung** des Verwaltungsrats besonderes Gewicht; seine Aufgabe ist es, die unternehmerischen Abläufe effizient und arbeitsteilig zu organisieren, ohne dabei die Notwendigkeiten der internen Kontrolle zu vernachlässigen.

II. Rechtsquellenpyramide

8   Wie stets bei der SE ist auch für den Bereich der Organhaftung die „kunstvoll aufgeschichtete Rechtsquellenpyramide"[3] aus europäischem und nationalem Recht zu beachten, auf deren oberster Spitze die unmittelbar anwendbare SE-Verordnung steht, die gegenüber nationalem Recht Vorrang hat.[4] Der Blick ins europäische Recht und das hierzu ergangene deutsche SE-Ausführungsgesetz ist nicht nur beim monistischen Modell, welches im deutschen Aktienrecht keine Entsprechung findet, geboten.[5] Auch bei der Rechtsanwendung im dualistischen Modell, das weitgehend der deutschen Rechtslage entspricht, bleibt zu beachten, dass es um die Anwendung eines europäischen Rechtstextes geht; die zu den §§ 76 ff. AktG entwickelten Rechtsgedanken sind daher erst nach Einschaltung mehrerer methodischer Zwischenschritte auf die dualistische SE übertragbar.

1. SE-Verordnung

a) Materielle Regelungen

9   Erster methodischer Schritt ist die europäisch autonome Auslegung der SE-Verordnung, deren Text in allen Amtssprachen verbindlich ist.[6] Dabei ist vor einem vorschnellen Rückgriff auf das national geprägte Vorverständnis zu warnen. Zwar regelt die SE-Verordnung das dualistische System in enger Anlehnung an den Wortlaut des deutschen Aktiengesetzes und orientiert sich mit dem monistischen System am angelsächsischen und romanischen Rechtskreis. Die **Grund-**

---

1 Näher *Teichmann*, Binnenmarktkonformes Gesellschaftsrecht, S. 574 f.
2 Gemäß Erwägungsgrund 14 der SE-VO ist „eine klare Abgrenzung der Verantwortungsbereiche jener Personen, denen die Geschäftsführung obliegt, und der Personen, die mit der Aufsicht betraut sind, wünschenswert".
3 *Hommelhoff*, AG 2001, 279, 285.
4 Näher zum auf die SE anwendbaren Recht *Hommelhoff/Teichmann* in Lutter/Hommelhoff, SE-Kommentar, Art. 9 Rz. 34 ff. und *Schwarz*, SE-Kommentar, Einl. Rz. 40 ff.
5 Vgl. den Überblick zu den Organhaftungstatbeständen in der monistischen SE bei *Metz*, Organhaftung, S. 60 ff.
6 Allgemein zur Auslegung der SE-Verordnung *Schwarz*, SE-Kommentar, Einl. Rz. 68 ff., *Teichmann*, ZGR 2002, 383, 402 ff.

struktur der Leitungssysteme findet sich jedoch originär in der Verordnung verankert (vgl. oben Rz. 3 ff.) und ist als solche aus sich heraus zu interpretieren und anzuwenden. Soweit die europäische Regelung reicht, ist der Rückgriff auf nationales Recht ausgeschlossen und eine europaweit einheitliche Auslegung geboten.[1] Dabei kann zwar neben Wortlaut, Systematik und Telos auch die Entstehungsgeschichte – und damit die Herkunft einer Regelung aus einem bestimmten Rechtskreis – eine Rolle spielen. In der Rechtsprechung des Europäischen Gerichtshofes genießt allerdings die historische Auslegung keinen allzu hohen Stellenwert. In einer zur Europäischen Wirtschaftlichen Interessenvereinigung (EWIV) ergangenen Entscheidung[2] hat der EuGH den historischen Argumenten, die auf das Vorbild des französischen Groupement d'Intérêt Économique Bezug nehmen wollten, kein Gehör geschenkt.[3] Weitere Entscheidungen zu supranationalen Rechtsformen liegen bislang nicht vor.[4]

b) Verweise auf nationales Recht

Die Grundstrukturen der beiden Leitungssysteme der SE sind zwar von der Verordnung vorgegeben, aber die konkreten Aufgaben und Pflichten der Unternehmensleitung erfahren dabei eine nur rudimentäre Ausformung. Soweit die SE-Verordnung eine Frage nicht oder nur teilweise regelt, findet nach der **Generalverweisung** des Art. 9 SE-VO das im Sitzstaat der SE geltende allgemeine Aktienrecht Anwendung (Art. 9 Abs. 1 Buchstabe c) ii) SE-VO); Sitzstaat ist derjenige Mitgliedstaat, in dem die SE ihren Registersitz hat.[5] Dies ist für eine SE mit Sitz in Deutschland von Bedeutung, wenn sie das dualistische Modell gewählt hat. Denn insoweit greift ergänzend das allgemeine deutsche Aktienrecht.

Für die Organhaftung ist darüber hinaus die **Spezialverweisung** des Art. 51 SE-VO zu beachten. Die Mitglieder des Leitungs-, Aufsichts- oder Verwaltungsorgans haften gemäß den im Sitzstaat der SE für Aktiengesellschaften maßgeblichen Rechtsvorschriften für den Schaden, welcher der SE durch eine Verletzung der ih-

---

1 Beispielhaft sei die Formulierung „in eigener Verantwortung" in Art. 39 Abs. 1 Satz 1 SE-VO genannt. Was aus Sicht des deutschen Rechts (vgl. § 76 Abs. 1 AktG) die Weisungsfreiheit des Vorstands indiziert, mag in den Augen anderer Rechtsordnungen lediglich als Kompetenzzuweisung verstanden werden (vgl. *Schwarz*, SE-Kommentar, Art. 39 Rz. 27, der die Weisungsfreiheit des Leitungsorgans nicht aus dem Wortlaut, sondern aus einer systematischen Auslegung der Verordnung entwickelt).
2 EuGH v. 18.12.1997 – EITO, Rs. C 402–96, Slg. 1997, I-7515.
3 Dazu *Teichmann*, Binnenmarktkonformes Gesellschaftsrecht, S. 311 ff.
4 Immerhin hat Generalanwalt *Tesauro* in der auf die Zweite Richtlinie bezogenen Siemens/Nold-Entscheidung (EuGH v. 19.11.1996 – Rs. C-42/95, Slg. 1996, I-6017) ausdrücklich auf die Entstehungsgeschichte der Zweiten Richtlinie abgestellt; der EuGH ist ihm zumindest im Ergebnis gefolgt. Die Entstehungsgeschichte eines Rechtsaktes im Sekundärrecht kann somit durchaus von Bedeutung sein, genießt aber doch tendenziell weniger Gewicht als in der nationalen Methodenlehre.
5 „Sitz" im Sinne der SE-VO ist stets der Satzungs- bzw. Registersitz (*Schwarz*, ZIP 2001, 1847, 1849 f., *Teichmann*, ZGR 2002, 383, 455 f.). Derzeit müssen gem. Art. 7 SE-VO reale Hauptverwaltung und Registersitz der SE noch in ein und demselben Mitgliedstaat liegen. Diese Regelung unterliegt aber der Revisionsklausel des Art. 69 SE-VO und könnte daher bei einer künftigen Überarbeitung der Verordnung entfallen. Anknüpfungspunkt für das anwendbare Recht dürfte aber weiterhin der Satzungs- bzw. Registersitz bleiben.

nen bei der Ausübung ihres Amtes obliegenden gesetzlichen, satzungsmäßigen oder sonstigen Pflichten entsteht. Die Bedeutung dieser Norm neben der allgemeinen Verweisung in Art. 9 SE-VO wird man darin zu sehen haben, dass Art. 51 SE-VO zumindest die Existenz einer Organhaftung zwingend fordert und auch die Kernelemente des gesetzlichen Tatbestandes vorgibt[1]: Für den aus einer Pflichtverletzung entstandenen Schaden muss der SE ein Anspruch gegen die Mitglieder von Leitungs-, Aufsichts- oder Verwaltungsorgan zustehen. Im Sinne des europäischen „effet utile" muss daher für ein wirkungsvolles Haftungsregime nach mitgliedstaatlichem Nationalrecht gesorgt sein. Wie dies im Einzelnen ausgestaltet ist, bleibt dem nationalen Recht überlassen. Insoweit gelten die §§ 93, 116 AktG für das dualistische Modell. Im monistischen Modell gilt für den Verwaltungsrat § 39 SEAG, der auf § 93 AktG verweist, sowie § 40 Abs. 8 SEAG für die geschäftsführenden Direktoren, ebenfalls mit Verweis auf § 93 AktG.

12 Zur Haftung der SE und ihrer Organmitglieder **gegenüber Dritten** findet sich in der SE-Verordnung keine Regelung. Auch hier gilt also das nationale Aktienrecht des Sitzstaates.[2] Darüber hinaus finden die allgemeinen Regeln des Delikts- und Strafrechts Anwendung, die von vornherein nicht Regelungsmaterie der SE-Verordnung sind.[3]

c) Regelungsermächtigungen

13 Hat eine in Deutschland ansässige SE das monistische Modell gewählt, geht der Verweis auf das allgemeine Aktienrecht ins Leere; denn das deutsche Aktienrecht kennt kein monistisches Verwaltungssystem. Um diese Lücke schließen zu können, ohne das allgemeine nationale Aktienrecht ändern zu müssen, gestattet **Art. 43 Abs. 4 SE-VO** den Erlass spezieller Regeln für das monistische System der SE. Der deutsche Gesetzgeber hat auf Basis dieser Ermächtigung das monistische System einer in Deutschland ansässigen SE in den §§ 20–49 SEAG näher ausgestaltet. Eine Übertragung dieses Modells in das nationale Aktienrecht ist derzeit nicht geplant. Somit steht das monistische Modell in Deutschland bis auf Weiteres allein solchen Gesellschaften zur Verfügung, die die Rechtsform der SE wählen.

14 Die Mitgliedstaaten können im monistischen Modell auch vorsehen, dass ein oder mehrere **Geschäftsführer** die laufenden Geschäfte der SE in eigener Verantwortung führen; dies muss jedoch „unter denselben Voraussetzungen" geschehen,

---

1 Ausführlich *Metz*, Organhaftung, S. 71 ff.
2 Vgl. zur Außenhaftung von GmbH-Geschäftsführer und Vorstand nach deutschem Recht unten *Altmeppen*, § 7 (S. 184 ff.) und die besonderen Risikobereiche im 3. Teil (S. 501 ff.); aus der Literatur *Spindler* in Fleischer, Handbuch des Vorstandsrechts, S. 385 ff. (zivilrechtliche Haftung) und S. 468 ff. (strafrechtliche Verantwortlichkeit) sowie *Fleischer* in Fleischer, Handbuch des Vorstandsrechts, S. 448 ff. (kapitalmarktrechtliche Informationshaftung).
3 Vgl. Erwägungsgrund 20 der Verordnung: „Andere Rechtsgebiete wie das Steuerrecht, das Wettbewerbsrecht, der gewerbliche Rechtsschutz und das Konkursrecht werden nicht von dieser Verordnung erfasst. Die Rechtsvorschriften der Mitgliedstaaten und das Gemeinschaftsrecht gelten in den oben genannten sowie in anderen nicht von dieser Verordnung erfassten Bereichen."

wie sie für Aktiengesellschaften mit Sitz im Hoheitsgebiet des betreffenden Mitgliedstaats gelten (Art. 43 Abs. 1 Satz 2 SE-VO). Folglich richtet sich diese Option an Staaten, die ein monistisches System in ihrem nationalen Recht kennen und darin die Figur eines Geschäftsführers für das Tagesgeschäft vorsehen.[1] Deutschland ist von dieser Norm nicht angesprochen.[2] Die Einführung des geschäftsführenden Direktors in § 40 SEAG stützt sich unmittelbar auf die vorstehend erwähnte Ermächtigungsnorm des Art. 43 Abs. 4 SE-VO. Der geschäftsführende Direktor ist in seinem Kompetenzbereich auch nicht auf das Tagesgeschäft beschränkt.[3]

Die im deutschen Ausführungsgesetz geregelten **geschäftsführenden Direktoren** sind in Art. 51 SE-VO naturgemäß nicht erwähnt. Sie sind nicht Mitglied des Verwaltungsorgans und daher vom Wortlaut dieser Verweisungsnorm nicht erfasst. *Schwarz* sieht darin eine Lücke, die durch analoge Anwendung des Art. 51 SE-VO zu schließen sei.[4] Dem ist entgegenzuhalten, dass die SE-Verordnung die Figur des Geschäftsführers durchaus zur Kenntnis nimmt (Art. 43 Abs. 1 Satz 2 SE-VO) und möglicherweise auf seine Nennung in Art. 51 SE-VO bewusst verzichtet hat. Denn die Einführung zusätzlicher geschäftsführender Personen beseitigt nicht die originäre Leitungsverantwortung des Verwaltungsorgans[5]; für eine effiziente Verhaltenssteuerung und den notfalls gebotenen Schadensausgleich genügt somit die Organhaftung der Mitglieder des Verwaltungsorgans. Letztlich ist die Debatte aber ohne praktische Relevanz. Denn der deutsche Gesetzgeber hat auf Basis der Regelungsermächtigung des Art. 43 Abs. 4 SE-VO eine Haftung der geschäftsführenden Direktoren in § 40 Abs. 8 SEAG ausdrücklich geregelt. Auch sie haften in entsprechender Anwendung des § 93 AktG.

2. Nationales Ausführungsgesetz

Ergänzend zur SE-Verordnung gilt das nationale Ausführungsgesetz (SEAG). Es regelt nicht die Umsetzung der Verordnung; denn diese ist kraft europäischen Rechts unmittelbar anwendbar. Das SEAG macht vielmehr von den bereits angesprochenen **Regelungsoptionen** Gebrauch, die der europäische Gesetzgeber den Mitgliedstaaten eröffnet hat. Im dualistischen System betrifft dies einige in ihrer Bedeutung eher zweitrangige Fragen (vgl. §§ 15–17 SEAG), bei deren Ausgestaltung der deutsche Gesetzgeber zudem einen Gleichlauf mit dem allgemeinen deutschen Aktienrecht angestrebt hat. Weitaus größere Bedeutung hat das SEAG für das monistische System, das in den §§ 20–49 SEAG eine detaillierte Ausgestaltung erfährt.

---

1 Das gilt insbesondere für die skandinavischen Staaten (vgl. *Teichmann*, Binnenmarktkonformes Gesellschaftsrecht, S. 584 ff.).
2 Zur Diskussion über die zutreffende Ermächtigungsnorm s. nur *Hoffmann-Becking*, ZGR 2004, 355, 372.
3 *Casper/Eberspächer* in Spindler/Stilz, AktG, Art. 43 SE-VO Rz. 15; *Teichmann* in Lutter/Hommelhoff, SE-Kommentar, Anh. Art. 43, § 40 SEAG Rz. 28; a.A. *Schwarz*, SE-Kommentar, Anh. Art. 43 Rz. 276 sowie *Bauer*, Organstellung, 2008.
4 *Schwarz*, SE-Kommentar, Art. 51 Rz. 9.
5 Hierzu *Teichmann* in Lutter/Hommelhoff, SE-Kommentar, Anh. Art. 43, § 22 SEAG Rz. 5 ff.

B. Organhaftung im dualistischen SE-Modell

17 Das von der SE-Verordnung geregelte dualistische Leitungsmodell mit Leitungs- und Aufsichtsorgan entspricht strukturell dem System des deutschen Aktienrechts. Da die SE-Verordnung die Frage der Organhaftung in Art. 51 durch einen Verweis auf nationales Recht regelt, gelten für die dualistisch strukturierte SE im Grundsatz dieselben Haftungsregeln wie für **Vorstand und Aufsichtsrat** einer nationalen Aktiengesellschaft (vgl. dazu oben *Krieger*, § 3, S. 41 ff.). Mitglieder des Leitungsorgans der SE (Vorstand) unterliegen somit der Haftung für Pflichtverletzungen gem. Art. 51 SE-VO i.V.m. **§ 93 AktG**; für Mitglieder des Aufsichtsorgans (Aufsichtsrat) gilt Art. 51 SE-VO i.V.m. **§ 116 AktG**. Ebenso findet auf die Mitglieder beider Organe kraft Verweisung in Art. 51 SE-VO die Haftungsregelung des § 117 Abs. 2 AktG Anwendung.

18 Das Tatbestandsmerkmal der **Pflichtverletzung** ist jeweils in einer Zusammenschau aus europäischem und nationalem Recht zu bestimmen. Die Art. 39 ff. SE-VO enthalten überwiegend Kompetenzzuweisungen und nur wenige ausformulierte Pflichten der Organe: Gem. Art. 39 Abs. 1 Satz 1 SE-VO führt das Leitungsorgan die Geschäfte der SE in eigener Verantwortung. Darin liegt in erster Linie eine Kompetenzzuweisung in Abgrenzung zu den nicht für die Geschäftsführung zuständigen Organen (Aufsichtsorgan und Hauptversammlung).[1] Zwar korrespondiert damit auch die Verpflichtung, diese Aufgabe sorgfältig wahrzunehmen. Zum konkreten Inhalt der Geschäftsführerpflichten und dem dabei anzuwendenden Sorgfaltsmaßstab äußert sich die SE-Verordnung jedoch nicht. In nicht oder nur teilweise von der Verordnung geregelten Bereichen greift ergänzend das nationale Recht ein (Art. 9 Abs. 1 Buchstabe c) ii) SE-VO). Auf diesem Wege finden die Rechtsgrundsätze des deutschen Aktienrechts mittelbar auch auf die dualistische SE mit Sitz in Deutschland Anwendung.[2]

19 **Gesetzliche Pflichten**, die sich unmittelbar aus der SE-Verordnung ergeben, sind für das Leitungsorgan die Geschäftsführungsaufgabe (Art. 39 Abs. 1 Satz 1 SE-VO), die regelmäßige Unterrichtung des Aufsichtsorgans (Art. 41 SE-VO), die Beachtung von Zustimmungsvorbehalten des Aufsichtsorgans (Art. 48 SE-VO) und die Verschwiegenheit (Art. 49 SE-VO). Das Aufsichtsorgan hat die Mitglieder des Leitungsorgans zu bestellen (Art. 39 Abs. 2 Satz 1 SE-VO) und deren Geschäftsführung zu überwachen (Art. 40 und 41 SE-VO).

20 Zur weiteren Konkretisierung der Pflichtenstellung der Organe gilt ergänzend das nationale Aktienrecht. Ebenso unterliegt die Bestimmung des **Sorgfaltsmaßstabes**, den die Organe der SE zu beachten haben, dem nationalen Recht.[3] Auch Fragen der Kausalität und Schadensberechnung richten sich nach dem Aktienrecht des SE-Sitzstaates. Insoweit kann daher auf die Ausführungen zur Haftung von Vorstand und Aufsichtsrat nach deutschem Aktienrecht oben bei *Krieger*, § 3 (S. 41 ff.) verwiesen werden.

---

1 *Schwarz*, SE-Kommentar, Art. 39 Rz. 12.
2 Ebenso *Schwarz*, SE-Kommentar, Art. 51 Rz. 5 f.
3 *Schwarz*, SE-Kommentar, Art. 51 Rz. 5.

C. Organhaftung im monistischen SE-Modell

Das SEAG gestaltet die Organhaftung im monistischen Modell mit dem Ziel, weitestgehend auf die Erfahrungen des nationalen Gesellschaftsrechts zurückgreifen zu können. Regelungstechnisch geschieht dies durch einen Verweis auf § 93 AktG, der für entsprechend anwendbar erklärt wird. Aktienrechtliche Haftungsnormen außerhalb des Abschnittes über die Unternehmensverfassung finden über die Generalverweisung des Art. 9 SE-VO Anwendung. Dies gilt namentlich für § 117 AktG.[1]

21

Der Hinweis, § 93 AktG sei „entsprechend" anzuwenden, indiziert, dass die praktische Rechtsanwendung zwar weitgehend auf die hierzu entwickelten Grundsätze Bezug nehmen kann, diese aber gegebenenfalls an die Besonderheiten der monistischen Leitungsstruktur anpassen muss (I., Rz. 23 ff.). Insoweit bedarf die Pflichtenstellung von Verwaltungsrat (II., Rz. 28 ff.) und geschäftsführenden Direktoren (III., Rz. 43 ff.) einer eigenständigen Analyse, um das haftungsrelevante Verdikt der Pflichtverletzung in angemessener Weise bestimmen zu können.

22

I. Entsprechende Anwendung des § 93 AktG

Das monistische Modell der SE ist in seiner Grundstruktur in der **SE-Verordnung** selbst geregelt. Das Verwaltungsorgan (Verwaltungsrat) führt die Geschäfte der SE (Art. 43 Abs. 1 Satz 1 SE-VO); seine Mitglieder sind insoweit auch Adressaten der Organhaftung, für welche Art. 51 SE-VO auf das nationale Recht verweist. Allerdings geht dieser Verweis für eine in Deutschland ansässige SE zunächst ins Leere, da das deutsche Aktienrecht ein solches Leitungssystem nicht kennt. Aus diesem Grund regelt das **SE-Ausführungsgesetz** in § 39 die Haftung des Verwaltungsrats und ordnet hierfür die „entsprechende" Anwendung des § 93 AktG an; eine vergleichbare Regelung trifft § 40 Abs. 8 SEAG für die geschäftsführenden Direktoren.

23

Diese entsprechende Anwendung des § 93 AktG auf SE-Sachverhalte vollzieht sich sinnvollerweise in zwei methodischen Schritten[2]: Erstens kann davon ausgegangen werden, dass sowohl der europäische Gesetzgeber mit Art. 51 SE-VO als auch der deutsche Gesetzgeber mit der Anordnung einer entsprechenden Anwendung des § 93 AktG einen **einheitlichen Haftungsmaßstab** für die nationale Aktiengesellschaft und die SE schaffen wollten. Grundsätzlich lassen sich daher die zu § 93 AktG entwickelten Haftungsregeln auf die SE übertragen. In einem zweiten Schritt bleibt jedoch stets zu fragen, ob sich aus den Besonderheiten des monistischen Leitungssystems Abweichungsbedarf ergibt. Dabei sind zwei Eigenheiten des **SE-Monismus** im Blick zu behalten: Der Verwaltungsrat findet seine Entsprechung nicht im Aufsichtsrat, sondern im Vorstand. Die geschäftsführenden Direktoren sind weisungsunterworfen und jederzeit abberufbar; sie

24

---

1 Vgl. § 20 SEAG, welcher für das monistische System nur die Geltung der §§ 76 bis 116 AktG ausschließt.
2 Grundlegend *Metz*, Organhaftung, S. 85 ff.

stehen damit typologisch dem GmbH-Geschäftsführer näher als dem AG-Vorstand.

25 Entsprechend seiner **Doppelfunktion** im allgemeinen Aktienrecht wirkt § 93 Abs. 1 Satz 1 AktG auch im monistischen System als generalklauselartige Ausprägung objektiver Verhaltenspflichten und zugleich als Verschuldensmaßstab.[1] Ebenso wie der Vorstand einer Aktiengesellschaft genießt der Verwaltungsrat in Ausübung seiner Leitungstätigkeit ein **unternehmerisches Ermessen** (§ 93 Abs. 1 Satz 2 AktG).[2] Die Pflicht zur Verschwiegenheit folgt nicht aus § 93 Abs. 1 Sätze 2 und 3 AktG, sondern aus Art. 49 SE-VO (unten Rz. 31).

26 Die im Recht der Aktiengesellschaft entwickelten Rechtsgrundsätze sind an die spezifischen Funktionsbedingungen eines **arbeitsteilig organisierten Monismus** anzupassen, wie ihn das SEAG durch die Einführung des geschäftsführenden Direktors strukturiert. Der geschäftsführende Direktor (oder: die geschäftsführenden Direktoren) führt die Geschäfte der Gesellschaft und vertritt diese nach außen. Anders als ein Vorstand agiert der geschäftsführende Direktor nicht „in eigener Verantwortung"; vielmehr muss er wie ein GmbH-Geschäftsführer interne Bindungen beachten, insbesondere die generellen und konkreten Anweisungen des Verwaltungsrats (§ 44 Abs. 2 SEAG). Oberstes Leitungsorgan ist demnach der Verwaltungsrat. Für die Haftung der Mitglieder des Verwaltungsrats bedeutet dies einerseits, dass von ihnen nicht erwartet werden kann, sich um jede Einzelheit des täglichen Geschäfts persönlich zu kümmern. Denn das Verwaltungsratsmandat ist der gesetzlichen Konzeption nach eine Tätigkeit im Nebenamt.[3] Andererseits trifft den Verwaltungsrat auf Grund seiner Gesamtverantwortung für die Oberleitung der Gesellschaft eine Überwachungs- und Kontrollpflicht gegenüber den geschäftsführenden Direktoren. Der Haftungsmaßstab konkretisiert sich insoweit zu einer **Überwachungspflicht**, die zur regelmäßigen Kontrolle und auch zum Eingreifen veranlasst, wenn Anhaltspunkte dafür bestehen, dass die Geschäftsführungsaufgaben nicht ordnungsgemäß erfüllt werden.[4]

27 Die Haftung der **geschäftsführenden Direktoren** regelt § 40 Abs. 8 SEAG; auch hier wird die „entsprechende" Anwendung von § 93 AktG angeordnet. Diese entsprechende Anwendung muss berücksichtigen, dass die Direktoren – anders als der Vorstand einer AG – weisungsabhängig sind. Dieser Aspekt wird sich häufig durch eine Anlehnung an die Haftungsgrundsätze von GmbH-Geschäftsführern angemessen erfassen lassen. Die Erteilung einer Weisung hat im Innenverhältnis regelmäßig haftungsbefreiende Wirkung, soweit sie nicht gegen zwingende gesetzliche Vorgaben verstößt.[5] Die freistellende Wirkung einer Weisung setzt aller-

---

1 Für das allgemeine Aktienrecht s. nur *Hüffer*, § 93 AktG Rz. 3a.
2 Ausführlich dazu oben *Krieger*, § 3 Rz. 13 ff. Demgegenüber darf der Verwaltungsrat der monistischen SE insoweit nicht mit der Gesellschafterversammlung einer GmbH gleichgesetzt werden; denn er verwaltet fremdes Vermögen (näher *Metz*, Organhaftung, S. 195).
3 Vgl. *Metz*, Organhaftung, S. 109, 138 ff.
4 *Ihrig* in Bachmann/Casper/Schäfer/Veil, Steuerungsfunktionen des Haftungsrechts, S. 17, 22. Vgl. (zur Geschäftsverteilung in der GmbH) BGH v. 15.10.1996 – VI ZR 319/95, BGHZ 133, 370, 377 f. = AG 1997, 37.
5 Ausführlich *Metz*, Organhaftung, S. 185 ff.; zum GmbH-Recht s. nur *Kleindiek* in Lutter/Hommelhoff, § 43 GmbHG Rz. 32 ff.

dings voraus, dass die geschäftsführenden Direktoren den Verwaltungsrat zuvor hinreichend informiert haben, so dass dieser im Lichte aller relevanten Tatsachen über die Weisung beraten und beschließen konnte.[1]

II. Pflichtenstellung des Verwaltungsrats

Im Mittelpunkt der Haftungsnorm des Art. 51 SE-VO steht die **Pflichtverletzung**, deren Inhalt die SE-Verordnung selbst aber nicht bestimmt. Die für den Verwaltungsrat in § 39 SEAG geregelte entsprechende Anwendung des § 93 AktG eröffnet einerseits die Möglichkeit, auf bekannte Rechtsgrundsätze des Aktienrechts zurückzugreifen. Sie lässt andererseits Spielraum für eine Anpassung an die Besonderheiten des monistischen Systems, die sich gerade beim Tatbestandselement der Pflichtverletzung auswirken.[2] Denn naturgemäß korreliert die Haftung der Organmitglieder mit der konkreten Pflichtenstellung des Organs, dem sie angehören. Hierzu finden sich Vorgaben in der SE-Verordnung (1., Rz. 29 ff.) und weitere Verdichtungen der Pflichtenstellung in den Vorschriften des SE-Ausführungsgesetzes (2., Rz. 32 ff.).

28

1. Vorgaben der SE-Verordnung

Zentrale Aussage der SE-Verordnung ist die Zuweisung der **Geschäftsführung** an das Verwaltungsorgan (Art. 43 Abs. 1 Satz 1 SE-VO). Da die SE-Verordnung die Vertretungsmacht nicht regelt[3], ist diese Zuweisung vor allem als eine Kompetenzabgrenzung im Innenverhältnis zu verstehen. Jedes tatsächliche oder rechtliche Handeln für die Gesellschaft fällt in den Kompetenzbereich des Verwaltungsorgans, soweit nicht ausnahmsweise die Hauptversammlung zuständig ist. Die **Hauptversammlung** beschließt allein in jenen Angelegenheiten, für welche ihr die SE-Verordnung oder das nationale Aktienrecht eine Zuständigkeit übertragen (Art. 52 SE-VO). In den Kompetenzbereich der Hauptversammlung fallen damit insbesondere Grundlagengeschäfte, etwa Satzungsänderungen und Umstrukturierungen. Über Fragen der Geschäftsführung entscheidet sie nur, soweit sie ihr vom Verwaltungsorgan zur Zustimmung vorgelegt werden (Art. 52 Unterabs. 2 SE-VO, § 119 Abs. 2 AktG, § 22 Abs. 6 SEAG). Ergänzend gelten die Grundsätze der Holzmüller- und Gelatine-Entscheidungen des Bundesgerichtshofs.[4]

29

---

1 *Reichert/Brandes* in MünchKomm. AktG, Art. 43 SE-VO Rz. 176.
2 Vgl. auch § 116 AktG, der für den Aufsichtsrat eine „sinngemäße" Anwendung der Regeln über die Vorstandshaftung anordnet. Das SEAG verwendet mit derselben Intention und im Sinne einer einheitlichen Terminologie innerhalb des Gesetzes das Wort „entsprechend" (Begr. RegE zu § 39 SEAG, bei *Neye*, Europäische Aktiengesellschaft, S. 137). Zum Tatbestandsmerkmal der Pflichtverletzung in Art. 51 SE-VO ausführlich *Metz*, Organhaftung, S. 98 ff.
3 *Teichmann* in Lutter/Hommelhoff, SE-Kommentar, Art. 43 Rz. 17 ff.
4 *Casper* in Spindler/Stilz, AktG, Art. 52 SE-VO Rz. 12; a.A. *Spindler* in Lutter/Hommelhoff, SE-Kommentar, Art. 52 Rz. 47, der allerdings eine Entwicklung vergleichbarer ungeschriebener Grundsätze des Gemeinschaftsrechts für denkbar hält. Gegen eine Anwendung der Holzmüller-Grundsätze auch *Brandt*, Hauptversammlung der SE, S. 105 ff.

30 Die Möglichkeit der **Delegation** von Geschäftsführungsaufgaben ist in der SE-Verordnung nicht ausdrücklich angesprochen. Im Wege der systematischen Interpretation lassen sich ihr jedoch Anhaltspunkte zu Möglichkeiten und Grenzen der Delegation entnehmen. Grundsätzlich entspricht die Delegation von Geschäftsführungsaufgaben auf untergeordnete Managementebenen einer zwingenden praktischen Notwendigkeit in großen Unternehmen, für welche die SE typologisch konzipiert ist.[1] Sie ist auch in denjenigen Staaten, die das monistische Modell traditionell kennen, allgemein üblich.[2] In der SE-Verordnung deutet sich an, dass eine Delegation zwar denkbar ist, andererseits aber auch ein **Kernbereich** nicht-delegierbarer Leitungskompetenz existiert.[3] Denn die Mitgliedstaaten können auf Basis des Art. 43 Abs. 1 Satz 2 SE-VO nur die „laufenden Geschäfte" auf einen oder mehrere Geschäftsführer übertragen. Daraus lässt sich der Umkehrschluss ziehen, dass außergewöhnliche Entscheidungen auch bei dieser zweigliedrigen Leitungsstruktur in der Kompetenz des Verwaltungsorgans verbleiben. Der deutsche Gesetzgeber hat zwar auf Basis des Art. 43 Abs. 4 SE-VO[4] den geschäftsführenden Direktoren die Geschäftsführung ohne inhaltliche Einschränkung übertragen. Darin liegt aber keineswegs eine Freistellung des Verwaltungsrats von seiner Verantwortung. Seine Zuständigkeit für die gesamte Geschäftsführung manifestiert sich in der Festlegung unternehmerischer Leitlinien und der Kontrolle ihrer Umsetzung. Da er jederzeit Weisungen erteilen und auch aus den eigenen Reihen geschäftsführende Direktoren ernennen kann, ist die konkrete Grenzziehung zwischen Oberleitung und Tagesgeschäft seine originäre und stets aufs Neue zu überprüfende unternehmerische Entscheidung.[5]

31 Neben der allgemeinen Zuweisung der Geschäftsführungsaufgabe findet sich in der SE-Verordnung noch eine Regelung zur **Verschwiegenheitspflicht** des Verwaltungsorgans (Art. 49 SE-VO). Hinzu kommt die Vorgabe, mindestens alle drei Monate zusammenzutreten (Art. 44 Abs. 1 SE-VO). Weiterhin kennt die SE-Verordnung die Kategorie der **zustimmungsbedürftigen Geschäfte**, die sich im monistischen System als eine Verpflichtung zur ausdrücklichen Beschlussfassung des Gesamtorgans manifestiert (Art. 48 Abs. 1 SE-VO).

2. SE-Ausführungsgesetz

32 Angesichts der nur rudimentären Regelung in der SE-Verordnung hat der deutsche Gesetzgeber die Pflichtenstellung des Verwaltungsrats in § 22 SEAG schär-

---

1 Zur Konzeption der SE als Rechtsform für Großunternehmen vgl. *Hommelhoff*, AG 2001, 279, 286f., *Teichmann*, ZGR 2002, 383, 388f. und monographisch *Gutsche*, Eignung der Europäischen Aktiengesellschaft. Für eine Delegation im monistischen System *Mauch*, Das monistische Leitungssystem, S. 48.
2 *Merkt*, ZGR 2003, 650, 657ff. mit rechtsvergleichenden Hinweisen zu Frankreich und der Schweiz.
3 In diesem Sinne auch *Schwarz*, SE-Kommentar, Art. 43 Rz. 10 (ohne dabei auf Art. 43 Abs. 1 Satz 2 SE-VO Bezug zu nehmen). Auch *Merkt*, ZGR 2003, 650, 662, hält die dem Verwaltungsrat zugewiesenen Aufgaben der Festlegung der Grundlinien und der Überwachung ihrer Umsetzung für unentziehbar.
4 Dazu bereits oben im Text bei Rz. 15.
5 *Merkt*, ZGR 2003, 650, 662f.; *Teichmann*, BB 2004, 53, 54.

fer umrissen. Zu unterscheiden sind demnach: a) die allgemeine Aufgabe der Oberleitung (§ 22 Abs. 1 SEAG), b) einige speziell dem Verwaltungsrat zugewiesene Leitungspflichten (§ 22 Abs. 2 bis 5 SEAG) sowie c) die subsidiäre Zuweisung all derjenigen Aufgaben, die im dualistischen Modell von Vorstand oder Aufsichtsrat wahrgenommen werden (§ 22 Abs. 6 SEAG).

a) Allgemeine Oberleitung

Der Verwaltungsrat leitet die Gesellschaft, bestimmt die Grundlinien ihrer Tätigkeit und überwacht deren Umsetzung (§ 22 Abs. 1 SEAG). Er ist damit ein dem Vorstand vergleichbares Leitungsorgan, das die originäre Organisationsverantwortung für die Abläufe im Unternehmen trägt.[1] Das Gesetz stellt ihm zwar die geschäftsführenden Direktoren an die Seite, gestaltet deren Rechtsstellung jedoch bewusst im Sinne einer Unterordnung gegenüber dem Verwaltungsrat und bezweckt damit eine Arbeitsentlastung, nicht aber eine Entlastung des Verwaltungsrats von seiner Verantwortung.[2] Da der Verwaltungsrat nach Art. 43 Abs. 1 Satz 1 SE-VO für die Geschäftsführung zuständig ist, hat sein Verantwortungsbereich denselben Umfang wie jener der geschäftsführenden Direktoren. Er nimmt diese Verantwortung wahr durch die Festlegung der **unternehmerischen Grundlinien** und eine effiziente **Überwachung** der geschäftsführenden Direktoren. Dazu gehört die Bestimmung der wesentlichen Grundlinien der Unternehmensorganisation und des Finanzwesens ebenso wie die Einrichtung eines internen Informations- und Berichtswesens, welches sicherstellt, dass die für die Oberleitung wesentlichen Informationen den Verwaltungsrat auch tatsächlich erreichen.[3]

33

Teil der Organisationsverantwortung des Verwaltungsrats ist auch die Entscheidung über die **Bestellung der geschäftsführenden Direktoren**.[4] Er muss Klarheit darüber gewinnen, wie viele geschäftsführende Direktoren nötig sind und ob einzelne von ihnen aus der Mitte des Verwaltungsrats zu bestellen sind. Da allein die geschäftsführenden Direktoren Vertretungsmacht im Außenverhältnis haben (§ 41 Abs. 1 SEAG), mag es angezeigt sein, zumindest einen der geschäftsführenden Direktoren aus den Reihen der Verwaltungsratsmitglieder zu rekrutieren.[5] Auf diese Weise bleibt der Verwaltungsrat auch bei einem Fehlverhalten der externen Direktoren handlungsfähig, ohne den Umweg über Abberufung und Neubestellung gehen zu müssen. Auf der anderen Seite entspricht zumindest in größeren Gesellschaften eine klare Funktionstrennung eher den Grundsätzen guter Corporate Governance.[6]

34

---

1 Ausführlich *Mauch*, Das monistische Leitungssystem, S. 46 ff.
2 *Reichert/Brandes* in MünchKomm. AktG, Art. 43 SE-VO Rz. 81, sprechen treffend von einer „gesetzlichen Delegationsnorm", welche den Verwaltungsrat nicht aus seiner eigenen Verantwortung entlässt.
3 Näher zu diesen Ausprägungen der allgemeinen Oberleitungsverantwortung *Mauch*, Das monistische Leitungssystem, S. 49 ff., sowie *Reichert/Brandes* in MünchKomm. AktG, Art. 43 SE-VO Rz. 82 ff.
4 *Mauch*, Das monistische Leitungssystem, S. 50.
5 Dies lässt § 40 Abs. 1 Satz 2 SEAG ausdrücklich zu.
6 *Ihrig*, ZGR 2008, 809, 812 f.

b) Speziell zugewiesene Aufgaben

35 Neben der allgemeinen Oberleitung weist § 22 SEAG dem Verwaltungsrat einige **spezielle Leitungsaufgaben** explizit zu, die im dualistischen Modell der Vorstand wahrnimmt: Er hat eine Hauptversammlung einzuberufen, wenn das Wohl der Gesellschaft es erfordert (§ 22 Abs. 2 Satz 1 SEAG); er muss dafür sorgen, dass die erforderlichen Handelsbücher geführt werden (§ 22 Abs. 3 Satz 1 SEAG); er hat geeignete Maßnahmen zu treffen, insbesondere ein Überwachungssystem einzurichten, damit den Fortbestand der Gesellschaft gefährdende Entwicklungen früh erkannt werden (§ 22 Abs. 3 Satz 2 SEAG); er muss bei einem Verlust der Hälfte des Grundkapitals die Hauptversammlung einberufen (§ 22 Abs. 5 Satz 1 SEAG); bei Zahlungsunfähigkeit oder Überschuldung finden § 92 Abs. 2 und 3 AktG entsprechende Anwendung (§ 22 Abs. 5 Satz 2 SEAG).

36 In den meisten dieser Pflichten materialisiert sich die Verantwortung des Verwaltungsrats gegenüber den Aktionären als den wirtschaftlichen Eigentümern der Gesellschaft. Insoweit kann für Haftungsfragen auf die vergleichbaren Vorschriften des Aktiengesetzes zurückgegriffen werden. Besonderheiten ergeben sich bei der Führung der Handelsbücher (1) und bei der Insolvenzantragspflicht (2) aus der arbeitsteiligen Einbindung von Verwaltungsrat und geschäftsführenden Direktoren. Eine derartige Funktionstrennung besteht auch im Hinblick auf die konzernrechtlichen Schutzvorschriften (3).

37 **(1) Handelsbücher.** Die Verantwortung des Verwaltungsrats für die Führung der Handelsbücher entspricht der des Vorstands nach § 91 Abs. 1 AktG. Da die allgemeine gesetzliche Buchführungspflicht einer jeden Kapitalgesellschaft bereits in § 238 Abs. 1 HGB geregelt ist, liegt die Bedeutung des § 22 Abs. 3 SEAG ebenso wie die des § 91 Abs. 1 AktG darin, die Verantwortlichkeiten im **Innenverhältnis** klarzustellen.[1] Die Norm betont die organschaftliche Gesamtverantwortung des Verwaltungsrats – und damit die jedes Organmitglieds – für die Wahrnehmung der gesetzlichen Buchführungspflichten. Anders als in der nationalen Aktiengesellschaft fallen jedoch im monistischen System der SE Innen- und Außenverhältnis auseinander: Im **Außenverhältnis** sind die geschäftsführenden Direktoren kraft ihrer Stellung als gesetzliche Vertreter Adressaten der gesetzlichen Pflichten zur Aufstellung eines Jahresabschlusses mit Anhang und Lagebericht (vgl. § 264 Abs. 1 HGB).

38 Mit der Zuweisung der internen Verantwortung für die Handelsbücher an den Verwaltungsrat und der externen Rechnungslegungspflicht an die geschäftsführenden Direktoren schafft der Gesetzgeber in diesem für das Unternehmen und den Rechtsverkehr so bedeutsamen Pflichtenkreis ein wichtiges Element der **internen Kontrolle**. Im dualistischen System ist der vom Vorstand aufgestellte Jahresabschluss vom Aufsichtsrat zu prüfen (vgl. § 171 AktG). Dieses bewährte und sinnvolle System transformiert der Gesetzgeber in das monistische System, indem er die Pflicht zur Aufstellung des Jahresabschlusses den geschäftsführenden Direktoren zuweist und gleichzeitig den Verwaltungsrat ausdrücklich zur Über-

---

1 Für das allgemeine Aktienrecht *Hüffer*, § 91 AktG Rz. 2.

prüfung des Jahresabschlusses verpflichtet (§ 47 SEAG).[1] Das dadurch realisierte „Vier-Augen-Prinzip"[2] ist zwar schwächer als im dualistischen System, welches Geschäftsführung und Überwachung klarer trennt. Das Fehlen einer nicht an der Geschäftsführung partizipierenden Kontrollinstanz ist jedoch als Wesensmerkmal des monistischen Systems hinzunehmen; immerhin stellt § 40 Abs. 1 Satz 2 SEAG sicher, dass die Mehrheit des Verwaltungsrats aus nicht-geschäftsführenden Mitgliedern besteht. In großen, insb. in börsennotierten Gesellschaften, ist zudem die Einrichtung eines ausschließlich mit nicht-geschäftsführenden Mitgliedern besetzten **Prüfungsausschusses** dringend anzuraten.[3]

(2) Insolvenzantrag. Bei Zahlungsunfähigkeit oder Überschuldung der Gesellschaft hat der Verwaltungsrat den **Insolvenzantrag** nach § 15a Abs. 1 InsO zu stellen (§ 22 Abs. 5 Satz 2 SEAG).[4] Die Insolvenzantragspflicht hat gläubigerschützende Intention; ihre Verletzung kann daher über § 823 Abs. 2 BGB eine Haftung gegenüber Dritten zur Folge haben.[5] Im monistischen System teilt sich der Verwaltungsrat diese Pflicht mit den geschäftsführenden Direktoren. Diese sind nach § 40 Abs. 3 SEAG verpflichtet, den Verwaltungsrat über Zahlungsunfähigkeit oder Überschuldung der Gesellschaft unverzüglich zu informieren. Richtigerweise wird man dies so lesen müssen, dass sie den Verwaltungsrat schon bei den ersten Anzeichen drohender Zahlungsunfähigkeit oder Überschuldung informieren müssen. Denn die Information hat nur dann einen Sinn, wenn dem Verwaltungsrat noch die Möglichkeit zum Gegensteuern bleibt. Sind Zahlungsunfähigkeit oder Überschuldung bereits eingetreten, bleibt in der kurzen Antragsfrist nur noch Raum für letzte Sanierungsversuche; bei deren Scheitern, längstens bei Fristablauf ist Insolvenz anzumelden. Der Verwaltungsrat muss gegebenenfalls eine dahingehende Weisung erteilen; entgegengesetzte Weisungen sind rechtswidrig und wirkungslos.

39

---

1 Der Verwaltungsrat kann dabei seine eigene Einschätzung von Recht- und Zweckmäßigkeit des Jahresabschlusses kraft seines Weisungsrechts gegenüber den geschäftsführenden Direktoren durchsetzen (*Teichmann* in Lutter/Hommelhoff, SE-Kommentar, Anh. Art. 43, § 47 SEAG Rz. 10); a.A. *Metz*, Organhaftung, S. 123 ff.: Jahresabschluss ist bei Uneinigkeit zwischen Verwaltungsrat und geschäftsführenden Direktoren der Hauptversammlung vorzulegen.
2 Vgl. Begr. RegE zu § 47 SEAG, bei *Neye*, Europäische Aktiengesellschaft, S. 150.
3 Der – bislang an das monistische Modell nicht angepasste – Deutsche Corporate Governance-Kodex (www.corporate-governance-code.de) empfiehlt die Einrichtung von Prüfungsausschüssen selbst innerhalb des dualistisch separierten Aufsichtsrates (Ziffer 5.3.2); um so mehr ist eine solche geschäftsführungs-unabhängige Prüfungsinstanz im monistischen System geboten, das keine gesetzliche Funktionstrennung kennt. Vgl. die gesetzliche Regelung zur Einrichtung eines Prüfungsausschusses in § 34 Abs. 4 SEAG, die derjenigen für den Aufsichtsrat (§ 107 Abs. 3 Satz 2 AktG) entspricht.
4 Die Vorschrift wurde mit Wirkung zum 1.11.2008 durch das MoMiG geändert. Sie bringt eine Klarstellung gegenüber der früheren Fassung des § 22 Abs. 5 Satz 2 SEAG (der frühere, bei *Ihrig*, ZGR 2008, 809, 817, zusammengefasste Disput über die Auslegung der Norm hat sich damit erledigt).
5 S. nur *Hüffer*, § 92 AktG Rz. 16 (m.w.N.); näher unten *Altmeppen*, § 7 Rz. 49.

40 **(3) Konzernrecht.** Im Konzernrecht treten ausnahmsweise die geschäftsführenden Direktoren an die Stelle des Vorstands (§ 49 SEAG).[1] Der Verwaltungsrat ist damit in diesem Bereich auf diejenigen Funktionen beschränkt, die im dualistischen System der Aufsichtsrat wahrnimmt. Damit erreicht das Gesetz eine zumindest annähernd funktionsgleiche konzernrechtliche Regelung, wie sie die §§ 308 ff. AktG durch die Aufgabentrennung zwischen Vorstand und Aufsichtsrat herstellen[2]: Die in § 312 AktG geregelte Pflicht, einen **Abhängigkeitsbericht** zu erstellen, richtet sich gem. § 49 Abs. 1 SEAG an die geschäftsführenden Direktoren; die Pflicht zur Prüfung gem. § 314 AktG weist § 22 Abs. 6 SEAG dem Verwaltungsrat zu.

c) Subsidiäre Auffangregelung (§ 22 Abs. 6 SEAG)

41 Im Sinne einer Auffangnorm ordnet § 22 Abs. 6 SEAG an, dass grundsätzlich alle Rechtsvorschriften, die im dualistischen Modell **Vorstand oder Aufsichtsrat** Rechte oder Pflichten zuweisen, sinngemäß für den Verwaltungsrat gelten, soweit sie nicht im SEAG explizit den geschäftsführenden Direktoren zugewiesen sind. An dieser Regelung wird offenkundig, dass der Verwaltungsrat nicht nur ein aufgewerteter Aufsichtsrat ist, sondern das einzige Organ der Oberleitung, dem auch kein etwaiges Kontrollorgan beigestellt ist. Da über Art. 9 Abs. 1 Buchstabe c) ii) SE-VO alle Vorschriften des allgemeinen Aktienrechts auf die SE Anwendung finden, selbst wenn diese monistisch strukturiert ist, konnte auf ein Scharnier zwischen dualistischer und monistischer Struktur, wie § 22 Abs. 6 SEAG es bildet, nicht verzichtet werden. Denn das allgemeine deutsche Aktienrecht ist vielfach durchsetzt mit speziellen Zuweisungen von Rechten und Pflichten an den Vorstand oder an den Aufsichtsrat, deren Anwendung auf das monistische System ohne eine derartige Auffangnorm von allzu großer Rechtsunsicherheit geprägt gewesen wäre.

42 Im Lichte der innerhalb der monistischen Struktur realisierten Arbeitsteilung zwischen Verwaltungsrat und geschäftsführenden Direktoren wird man auch in Bezug auf die allgemeine Auffangnorm zumeist zwischen **Innen- und Außenverhältnis** trennen müssen. Soweit eine Aufgabe rechtlich zwingend durch die gesetzlichen Vertreter wahrzunehmen ist, obliegt ihre Durchführung im Außenverhältnis den geschäftsführenden Direktoren. Im Innenverhältnis trägt allerdings der Verwaltungsrat die Verantwortung dafür, dass dies auch geschieht. Kommt er dieser Organisations- und Überwachungsverantwortung nicht nach, liegt darin eine Pflichtverletzung, die eine Haftung seiner Mitglieder gegenüber der Gesellschaft begründen kann.

---

1 Zur hier nicht zu vertiefenden Diskussion, ob und inwieweit das deutsche Konzernrecht auf eine SE Anwendung findet: *Hommelhoff*, AG 2003, 179 ff. einerseits und *Habersack*, ZGR 2003, 724 ff. andererseits.
2 Zur Schwierigkeit, die Funktionsbedingungen des Konzernrechts im monistischen System abzubilden, *Teichmann*, ZGR 2002, 383, 444 ff. und *Maul*, ZGR 2003, 743 ff.

III. Pflichtenstellung der geschäftsführenden Direktoren

1. Geschäftsführung

Die geschäftsführenden Direktoren führen die Geschäfte der Gesellschaft (§ 40 Abs. 2 Satz 1 SEAG), unterliegen dabei aber der Personalhoheit des Verwaltungsrats (sie sind insbesondere gem. § 40 Abs. 5 SEAG jederzeit abberufbar) und müssen dessen Weisungen befolgen (§ 44 Abs. 2 SEAG). Auch für ihre Haftung gilt **§ 93 AktG entsprechend** (§ 40 Abs. 8 SEAG). Das SEAG verweist auf die Haftungsnorm des Aktienrechts, obwohl die geschäftsführenden Direktoren ihrer Stellung nach eher dem Geschäftsführer einer GmbH vergleichbar sind. Indessen ist die SE typologisch der Aktiengesellschaft gleichzustellen, weshalb die Anforderungen an die Geschäftsführung grundsätzlich in Anlehnung an das allgemeine Aktienrecht zu bestimmen sind – zumal die Haftungsnorm für GmbH-Geschäftsführer (§ 43 GmbHG) ebenso generalklauselartig gefasst ist wie § 93 AktG: Hier wie dort geht es darum, den rechtlich unbestimmten Maßstab der „Sorgfalt eines ordentlichen Geschäftsmannes" (§ 43 GmbHG) bzw. eines „ordentlichen und gewissenhaften Geschäftsleiters" (§ 93 Abs. 1 AktG) einzelfallbezogen zu konkretisieren.   43

Die gebotene Anpassung der allgemeinen Haftungsgrundsätze an die Besonderheiten des monistischen Systems muss die Weisungsunterworfenheit der geschäftsführenden Direktoren berücksichtigen. Eine Haftung im Innenverhältnis trifft die geschäftsführenden Direktoren nicht, soweit sie **rechtmäßige Weisungen** des Verwaltungsrats befolgen, für deren Vorbereitung sie eine hinreichende Informationsgrundlage geliefert haben (vgl. bereits Rz. 27).[1] § 93 Abs. 4 Satz 2 AktG, der eine Billigung durch den Aufsichtsrat für unerheblich erklärt, ist auf das monistische System nicht übertragbar; denn anders als der Aufsichtsrat ist der Verwaltungsrat zur Geschäftsführung berufen und den Direktoren insoweit übergeordnet. Andererseits sind rechtswidrige Weisungen unwirksam und schützen die geschäftsführenden Direktoren im Regelfall nicht vor einer Haftung.[2]   44

Rechtmäßigen Weisungen des Verwaltungsrats dürfen sich die geschäftsführenden Direktoren nicht widersetzen, selbst wenn sie diese für **unzweckmäßig** halten. Ihre Verantwortung für die Geschäftsführung legt ihnen zwar die Pflicht auf, ihre Bedenken vorzutragen; die Oberleitung des Verwaltungsrats manifestiert sich jedoch darin, dass auch unzweckmäßig erscheinende Weisungen letztlich befolgt werden müssen.[3]   45

---

1 *Ihrig*, ZGR 2008, 809, 831; *Metz*, Organhaftung, S. 252 ff.
2 *Ihrig* in Bachmann/Casper/Schäfer/Veil, Steuerungsfunktionen des Haftungsrechts, S. 17, 24 f.; *Ihrig*, ZGR 2008, 809, 830; *Metz*, Organhaftung, S. 259 ff. Eine Ausnahme erscheint denkbar, wenn die Rechtswidrigkeit nicht erkennbar war und die verletzte Vorschrift nicht den Schutz außenstehender Dritter (insb. der Gläubiger) bezweckt (*Metz*, Organhaftung, S. 267).
3 So wohl auch *Ihrig* in Bachmann/Casper/Schäfer/Veil, Steuerungsfunktionen des Haftungsrechts, S. 17, 24 f., der eine Haftung der Direktoren nur bei Ausführung einer pflichtwidrigen Weisung annimmt. Zur GmbH *Kleindiek* in Lutter/Hommelhoff, § 37 GmbHG Rz. 23.

2. Vertretung der Gesellschaft

46 Die geschäftsführenden Direktoren vertreten die Gesellschaft gerichtlich und außergerichtlich (§ 41 Abs. 1 SEAG). In ihrer Eigenschaft als gesetzliche Vertreter der Gesellschaft sind sie Adressat zahlreicher Pflichten, die ihnen im Interesse Dritter oder der Allgemeinheit auferlegt werden. Verletzen sie derartige Pflichten, droht ihnen nach allgemeinen Regeln eine **Außenhaftung** gegenüber den hiervon betroffenen Dritten. Etwaige Weisungen des Verwaltungsrats haben insoweit keine entlastende Wirkung. Für die Ausgestaltung dieser Pflichtenstellung kann auf die Ausführungen zum GmbH-Geschäftsführer bzw. zum Vorstand einer AG nationalen Rechts verwiesen werden.[1]

D. Rechtsverfolgung im Haftungsfall

I. Verfolgungspflicht der zuständigen Organe

47 Die Leitungs-, Aufsichts- und Verwaltungsorgane der SE trifft nach allgemeinen aktienrechtlichen Grundsätzen eine Prüfungspflicht hinsichtlich des Bestehens von Ersatzansprüchen. Dies gilt auch für die geschäftsführenden Direktoren. Bei hinreichender prozessualer Erfolgsaussicht müssen Haftungsansprüche gegen ein Organmitglied eingeklagt werden; nur ausnahmsweise darf im Lichte eines mindestens gleichwertigen entgegenstehenden Interesses der Gesellschaft von Rechtsverfolgung abgesehen werden.[2]

II. Vertretung der Gesellschaft im Prozess

48 Die SE-Verordnung regelt die **Vertretungsmacht** nicht.[3] Somit gelangt im dualistischen System (1) über Art. 9 Abs. 1 Buchstabe c) ii) SE-VO das nationale Aktienrecht zur Anwendung. Für das monistische System (2) gelten die Regelungen des SE-Ausführungsgesetzes.

1. Dualistisches System

49 Im dualistischen System wird die Gesellschaft im Haftungsprozess gegen ein Mitglied des Leitungsorgans (Vorstand) durch das Aufsichtsorgan (Aufsichtsrat) vertreten (Art. 9 Abs. 1 Buchstabe c) ii) SE-VO i.V.m. § 112 AktG). Geht es um die

---

1 Dazu allgemein unten *Altmeppen*, § 7 und die besonderen Risikobereiche (§§ 18–34).
2 BGH v. 21.4.1997 – II ZR 175/95, BGHZ 135, 244 ff. = AG 1997, 377. Diese Gedanken sind auch auf die monistische SE übertragbar (näher *Metz*, Organhaftung, S. 164 ff.).
3 Entgegen *Hoffmann-Becking*, ZGR 2004, 355, 370 (dort zum monistischen System) gibt es auch keinen kraft europäischen Rechts automatisch anzunehmenden Gleichlauf von Geschäftsführungs- und Vertretungsmacht. Die Entstehungsgeschichte der SE-Verordnung zeigt, dass der europäische Gesetzgeber beide Begriffe trennt. Die in früheren Entwürfen enthaltene Regelung zur Vertretungsmacht wurde ersatzlos gestrichen; damit kommt nach der allgemeinen Verweisungstechnik der SE-Verordnung das nationale Recht zur Anwendung. Ausführliche Begründung bei *Teichmann* in Lutter/Hommelhoff, SE-Kommentar, Art. 43 Rz. 16 ff.

Geltendmachung von Ersatzansprüchen der Gesellschaft gegen Mitglieder des Aufsichtsrats, bleibt es bei der allgemeinen Vertretungsbefugnis des Vorstands (Art. 9 Abs. 1 Buchstabe c) ii) SE-VO i.V.m. § 78 AktG).

2. Monistisches System

Im monistischen System obliegt die gesetzliche Vertretungsbefugnis den geschäftsführenden Direktoren (§ 41 Abs. 1 SEAG). Klagt die Gesellschaft gegen ein Mitglied des Verwaltungsrats, bleibt es bei der Vertretungsmacht der geschäftsführenden Direktoren.[1] Der Verwaltungsrat kann hierzu über Weisungen mit Wirkung nach innen beschließen[2]; das betroffene Verwaltungsratsmitglied ist in diesem Fall von der Abstimmung ausgeschlossen.[3]

50

Im Verhältnis der SE zu ihren geschäftsführenden Direktoren ist der Verwaltungsrat nach § 41 Abs. 5 SEAG zur Vertretung der Gesellschaft berechtigt. Die Wahrnehmung der Vertretungsmacht folgt den zu § 112 AktG entwickelten Grundsätzen im Verhältnis zwischen Aufsichtsrat und Vorstand.[4] Der Verwaltungsrat muss zunächst einen Beschluss über die Einleitung des Prozesses herbeiführen; sodann dürfte die Bevollmächtigung einzelner Mitglieder oder Dritter zur Prozessführung zulässig sein.[5]

51

III. Gläubiger und Aktionäre

Unter den Voraussetzungen des § 93 Abs. 5 AktG können Gläubiger der SE einen Ersatzanspruch der Gesellschaft geltend machen. Gem. § 147 AktG können ausnahmsweise auch die Aktionäre der Gesellschaft die Geltendmachung eines Ersatzanspruchs erzwingen.

52

---

1 *Ihrig* in Bachmann/Casper/Schäfer/Veil, Steuerungsfunktionen des Haftungsrechts, S. 17, 27.
2 Zur GmbH *Bayer* in Lutter/Hommelhoff, § 46 GmbHG Rz. 34 ff.
3 Dies ist auch ohne ausdrückliche Regelung im SEAG auf Basis des in § 34 BGB geregelten Rechtsgedankens anzunehmen (vgl. zur Übertragung des § 34 BGB im Wege der Gesetzes- oder Rechtsanalogie auf andere körperschaftlich strukturierte Verbände nur *Ulmer*, NJW 1982, 2288, 2289, sowie *H.P. Westermann* in Erman, § 34 BGB Rz. 1).
4 Vgl. zur Vertretung der Aktiengesellschaft durch den Aufsichtsrat *Hüffer*, § 112 AktG Rz. 4 ff. und *Hopt/Roth* in Großkomm. AktG, § 112 AktG Rz. 71 ff.
5 Jedenfalls setzt BGH v. 22.4.1991 – II ZR 151/90, AG 1991, 269 f. die Möglichkeit einer Bevollmächtigung inzident voraus, indem er dem Kläger vorhält, er habe zu seiner Behauptung, der Aufsichtsrat habe den amtierenden Vorstand mit der Prozessführung betraut, nicht hinreichend vorgetragen.

§ 6
Organhaftung in Verein und Stiftung

Professor Dr. Ulrich Burgard

	Rz.		Rz.
A. Der eingetragene Verein	1	ee) Haftungsmilderung oder Haftungsbeschränkung durch Satzung, Geschäftsordnung, Beschluss der Mitgliederversammlung oder Anstellungsvertrag	64
I. Einleitung	1		
II. Zur Organisationsverfassung des Vereins	4		
III. Haftung der Mitglieder des Vorstands	6		
1. Innenhaftung	7		
a) Anspruchsgrundlagen	7		
b) Anspruchsvoraussetzungen	9		
aa) Pflichtverletzung	10		
(1) Pflicht zur Geschäftsführung	11	ff) Haftungsmilderung wegen Ehrenamtlichkeit	68
(2) Delegation und Geschäftsverteilung	19	h) Versicherung	74
(3) Pflicht zur Einhaltung der Vereinsverfassung und zur Befolgung von Weisungen	20	2. Außenhaftung	75
		a) Rechtsgeschäftliche Haftung	76
		b) Deliktische Haftung	78
(4) Informationspflicht	23	c) Insolvenzrechtliche Haftung	81
(5) Treupflicht	24	d) Steuerrechtliche Haftung	85
(6) Business Judgement Rule	30	e) Sozialversicherungsrechtliche Haftung	89
bb) Verschulden	36	f) Freistellungsanspruch bei Ehrenamtlichkeit	90
(1) Verschuldensgrad	37	IV. Haftung der Mitglieder von weiteren Organen	91
(2) Sorgfaltsmaßstab	38	1. Haftung der Mitglieder von Außenorganen (sog. „besondere Vertreter")	92
c) Rechtsfolgen	40		
d) Durchsetzung	42		
e) Beweislast	48		
f) Verjährung	50	a) Begriff, Voraussetzungen, Rechtsfolgen und Abgrenzung	92
g) Haftungsausschluss, Haftungsmilderung und Haftungsbeschränkung	51		
		b) Pflichtenkreis und Haftung	98
aa) Haftungsausschluss bei der Befolgung von Weisungen	52	2. Haftung der Mitglieder von Innenorganen, insbesondere eines Aufsichtsrats	101
bb) Haftungsausschluss durch Entlastung	54	a) Entsprechende Anwendung des § 30 BGB	101
cc) Haftungsausschluss oder Haftungsbeschränkung durch Verzicht oder Vergleich	59	b) Pflichten eines Aufsichtsrats	105
		c) Anspruchsgrundlage	112
		d) Verletzung der Überwachungs- und Beratungspflicht	114
dd) Haftungsbeschränkung wegen einer Risikozurechnung bei Tätigkeit im fremden Interesse	60	e) Verletzung der organschaftlichen Treupflicht	115
		f) Sorgfaltsmaßstab	116

	Rz.		Rz.
g) Ursächlichkeit und Schaden	117	b) Vermögensverwaltung	168
V. Haftung leitender Mitarbeiter	120	c) Erträgnisverwendung	169
B. Die rechtsfähige Stiftung	150	2. Anspruchsgrundlage	170
I. Einführung	150	3. Verschuldensgrad, gesetzliche Haftungsmilderung und statutarische Haftungsverschärfung	171
II. Zur Organisationsverfassung der Stiftung	153	4. Gewillkürte Haftungsmilderungen und Haftungsbegrenzungen	172
III. Haftung der Mitglieder des Vorstands	156	5. Versicherung	173
1. Vermögenserhaltung, Vermögensverwaltung und Erträgnisverwendung	157	6. Verzicht	174
		7. Entlastung	177
a) Vermögenserhaltung	158	8. Exkulpation durch die Stiftungsaufsicht?	179
aa) Unterbilanzverbot	159		
bb) Werterhaltungsgebot	160	9. Durchsetzung	181
cc) Ausschüttungsverbot	163	IV. Haftung der Mitglieder sonstiger Organe und von leitenden Mitarbeitern	183
dd) Veräußerungsgebot	166		
ee) Haftung	167		

Schrifttum: *Burgard*, Gestaltungsfreiheit im Stiftungsrecht, 2006; *Burgard*, Das Gesetz zur Begrenzung der Haftung von ehrenamtlich tätigen Vereinsvorständen, ZIP 2010, 358; *Bruschke*, Die Haftung des Vorstandes im gemeinnützigen Verein, StB 2007, 296; *Carstensen*, Vermögensverwaltung, Vermögenserhaltung und Rechnungslegung gemeinnütziger Stiftungen, 1996; *Eisele*, Haftungsfreistellung von Vereinsmitgliedern und Vereinsorganen in nichtwirtschaftlichen Vereinen, 1998; *Gollan*, Vorstandshaftung in der Stiftung, 2009; *Heermann*, Beschränkung der persönlichen Haftung des Vereinsvorstands durch Ressortverteilung, in FS Röhricht, 2005, S. 191; *Hüttemann*, Gemeinnützigkeits- und Spendenrecht, 2008; *Hüttemann/Schön*, Vermögensverwaltung und Vermögenserhaltung im Stiftungs- und Gemeinnützigkeitsrecht, 2007; *Kiethe*, Die Haftung des Stiftungsvorstands, NZG 2007, 810; *Küntzel*, Die Haftung des Kontrollorgans bzw. von Kontrollorganmitgliedern einer Stiftung, DB 2004, 2303; *Küpperfahrenberg*, Haftungsbeschränkungen für Verein und Vorstand, 2005; *Orth*, Verluste gemeinnütziger Stiftungen aus Vermögensverwaltung, DStR 2009, 1397; *Reichert*, Handbuch Vereins- und Verbandsrecht, 11. Aufl. 2007; *Reuter*, Die Haftung des Stiftungsvorstandes gegenüber der Stiftung, Dritten und dem Fiskus, Non Profit Law Year Book 2002, 157; *Reuter*, Zur Vereinsrechtsreform 2009, NZG 2009, 1368; *Roth/Knof*, Die Stiftung in Krise und Insolvenz, KTS 2009, 163; *Sauter/Schweyer/Waldner*, Der eingetragene Verein, 18. Aufl. 2006; *Schießl/Küpperfahrenberg*, Steuerrechtliche Haftung der Vorstände von Vereinen und Verbänden – Risiko, Vermeidungsstrategie, Versicherbarkeit, DStR 2006, 445; *Schindler*, Vermögensanlage von Stiftungen im Zielkonflikt zwischen Rendite, Risiko und Erhaltung der Leistungskraft, DB 2003, 297; *Schwintek*, Vorstandskontrolle in rechtsfähigen Stiftungen bürgerlichen Rechts, 2001; *Schwintek*, Die Haftung von Organmitgliedern gegenüber der Stiftung für fehlerhafte Vermögensverwaltung, ZSt 2005, 108; *Schwintowski*, Grundsätze ordnungsgemäßer Anlage von Stiftungsvermögen, in FS Hadding, 2004, S. 271; *Segna*, Vorstandskontrolle in Großvereinen, 2002; *Segna*, Schulden als Dank fürs Ehrenamt?, in GS Walz, 2008, S. 705; *Seifart/von Campenhausen*, Handbuch des Stiftungsrechts, 3. Aufl. 2009; *Sobotta/von Cube*, Die Haftung des Vorstands für das Stiftungsvermögen, DB 2009, 2082; *Stöber*, Vereinsrecht, 9. Aufl. 2004; *Unger*, Neue Haftungsbegrenzungen für ehrenamtlich tätige Vereins- und Stiftungsvorstände, NJW 2009, 3269; *Wagner*, Sicherheit im Verein – Risiken erkennen, Haftungsfallen vermeiden, im Schadensfall richtig handeln, 2006; *Wehnert*, Die Innenhaftung des Stiftungsvorstands, ZSt 2007, 67; *Werner*, Die Haftung des Stiftungsvorstands, ZEV 2009, 366.

A. Der eingetragene Verein

I. Einleitung

1 Im Jahr 2008 gab es in Deutschland rund 554 000 eingetragene Vereine.[1] Damit ist der Verein nach der GmbH[2] die zweithäufigste eingetragene Rechtsform. Die meisten dieser Vereine haben hunderte[3], einige sogar hunderttausende von Mitgliedern. Der **größte Verein Deutschlands** dürfte der ADAC-Gau Nordrhein sein, der nach eigenen Angaben im Jahr 2008 2,2 Millionen Mitglieder hatte. Statistisch gesehen sind ca. 60 % aller Deutschen Mitglied in einem Verein.[4] Überdies kommt dem Vereinswesen erhebliche wirtschaftliche Bedeutung zu. Das mögen einige Zahlen verdeutlichen[5]:

– ADAC: Im Jahr 2008 bundesweit in 15 Regionalclubs (Gaue) insgesamt 16,4 Mio. Mitglieder, Einnahmen aus Mitgliedsbeiträgen 624,3 Mio. Euro, Anlagevermögen 1,18 Mrd. Euro, Bilanzsumme der vom ADAC beherrschten Unternehmen 1,05 Mrd. Euro.[6]

– DRK: Im Jahr 2008 Bilanzsumme 160,4 Mio. Euro, Spendenaufkommen (privat) 31,4 Mio. Euro, 116 000 hauptamtliche Mitarbeiter, 371 000 aktive und 3,59 Mio. fördernde Mitglieder in den Mitgliedsverbänden.[7]

– Deutscher Alpenverein: Im Jahr 2008 813 000 Mitglieder in 355 Sektionen, geschätzt rund 30 Mio. Euro Mitgliedsbeiträge[8], Gesamtbausumme 10,766 Mio. Euro, 2 Mio. Tagesgäste, 680 000 Übernachtungen.[9]

---

1 Bundesverband Deutscher Vereine und Verbände e.V., abrufbar unter www.bdvv.de. Rund 40 % davon sind Sportvereine, 17 % Freizeitvereine, 13 % sozial-karitative, 11 % kulturelle Vereinigungen und 8 % Bürgerinitiativen. Weitere 10 % widmen sich beruflichen, wirtschaftlichen, politischen, Forschungs- oder Umweltthemen, *Küpperfahrenberg*, Haftungsbeschränkungen für Verein und Vorstand, 2005, S. 21.
2 Nach *Kornblum*, GmbHR 2009, 156 f. gab es zum Stichtag 1.1.2009 bundesweit 980 000 GmbHs. Die Umsatzsteuerstatistik des Statistischen Bundesamts weist für das Jahr 2007 hingegen „nur" einen Bestand von rund 460 000 GmbHs aus. Hiervon nicht erfasst werden allerdings GmbHs mit einem Umsatz unterhalb der Umsatzsteuergrenze von 17 500 Euro p.a.
3 Nach *Segna*, Vorstandskontrolle, S. 286, stellen Vereine mit mehreren tausend Mitgliedern selbst auf lokaler Ebene keine Seltenheit dar.
4 *Burhoff*, Vereinsrecht, 7. Aufl. 2008, S. 5.
5 Für weitere Beispiele s. *Segna*, Vorstandskontrolle, S. 88 ff. (Auto Club Europa), 94 ff. (Paritätischer Wohlfahrtsverband), 96 ff. (Arbeiter-Samariter-Bund), 101 ff. (Greenpeace), 104 ff. (Vereine der Fußball-Bundesliga).
6 Mitteilung des *Allgemeiner Deutscher Automobil-Club e.V.* für das Jahr 2008, abrufbar unter www1.adac.de/wir_ueber_uns/default.asp; Angaben zum Vermögen auf dem Stand von 2005, vgl. dazu ADAC e.V. (Hrsg.), ADAC Zahlen und Fakten 2005, 2006, S. 6 f., 12 f.; näher zum ADAC auch *Segna*, Vorstandskontrolle, S. 80 ff.
7 *Deutsches Rotes Kreuz e.V.* (Hrsg.), 366 Tage Rotes Kreuz 2008, 2009, S. 46 ff.; näher zum DRK auch *Segna*, Vorstandskontrolle, S. 90 ff.
8 Angaben zu Einnahmen, Umsatz oder Vermögen des Vereins waren auch auf telefonische Anfrage nicht zu erhalten.
9 *Deutscher Alpenverein e.V.* (Hrsg.), DAV Jahresbericht 2008, 2009, S. 23 ff.

Haftung in Verein und Stiftung § 6

- FC Bayern München: Im September 2008 147 000 Mitglieder[1], Umsatz der FC Bayern München AG[2] in der Saison 2007/2008 286,8 Mio. Euro.[3]

Aber auch viele nicht so große Vereine weisen Zahlen von Kleinunternehmen auf, z.B. 1000 Mitglieder, 1 Mio. Euro Einnahmen, 50 000 Euro Jahresüberschuss, 500 000 Euro Reinvermögen und ein Beschäftigungseffekt von 18 entgeltlich tätigen Vollzeitarbeitskräften. Daneben gibt es freilich auch viele Kleinvereine, die zwar teilweise ebenfalls viele Mitglieder haben, aber weder über ein nennenswertes Vermögen noch über angestellte Mitarbeiter verfügen.

Dabei gelten **für die Organmitglieder von kleinen Vereinen grundsätzlich dieselben Regeln wie für Organmitglieder von großen Vereinen**. Lediglich der Sorgfaltsmaßstab bei der Innenhaftung von Organmitgliedern kann differieren (s. unten Rz. 38 f.). Im Übrigen sind die Haftungsrisiken von Organmitgliedern von Kleinvereinen nur insoweit geringer, als ihre Geschäftsführungsaufgaben tatsächlich weniger umfangreich sind. 2

Allerdings sollten sich auch die Organmitglieder von Kleinvereinen nicht damit beruhigen, sie könnten „nicht viel falsch machen". So mussten im Jahr 2008 208 eingetragene Vereine Insolvenz anmelden.[4] Gerade **im Insolvenzfalle sind die Haftungsrisiken für** die zumeist ehrenamtlich tätigen Vorstandsmitglieder dem Grunde nach jedoch **genauso groß wie für GmbH-Geschäftsführer**[5]: Auch ehrenamtliche Vorstandsmitglieder haften persönlich und unbeschränkt bei einer verspäteten Stellung des Insolvenzantrags, für nicht gezahlte Steuern oder nicht ordnungsgemäß abgeführte Beiträge zu den Sozialversicherungen (s. unten Rz. 81 ff.) usw. An dieser Außenhaftung hat der neue § 31a BGB nichts geändert, zumal der Freistellungsanspruch des Abs. 2 in der Insolvenz wertlos ist. Zudem nehmen **auch die Vereine selbst immer häufiger die Mitglieder ihrer Verwaltungsorgane bei Misswirtschaft in Anspruch**[6], wenngleich dies aus vielerlei Gründen immer noch die Ausnahme ist und nunmehr § 31a Abs. 1 Satz 1 BGB die Hürden hierfür bei Ehrenamtlichen noch etwas heraufsetzt. Bei alledem geht es selbst bei kleineren Vereinen schnell um Beträge, die die Betroffenen „**Haus und Hof**" kosten können. So ging es in einer Entscheidung des FG Münster um die Haftung eines ehrenamtlichen Vorstandsmitglieds wegen rückständiger Steuern i.H. von 568 579,39 DM[7], in einem Fall des OLG Frankfurt um eine Haftung i.H. von 92 032,54 Euro wegen fehlerhafter Vermögensanlage.[8] Und in einem vom LG Kaiserslautern entschiedenen Fall wurden zwei Vorstandsmitglieder verurteilt, dem Verein einen Schaden i.H. von 521 239 Euro zu ersetzen, der dadurch entstanden 3

---

1 Vereinsangabe, abrufbar unter www.fcbayern.t-home.de/media/native/pressemitteilun gen/bilanz_07_08.pdf.
2 Der FC Bayern München e.V. ist zu 90 % Anteilseigner der FC Bayern München AG.
3 Jahresabschluss der FC Bayern München AG 2007/2008, abrufbar unter www.fcbayern. t-home.de/media/native/pressemitteilungen/bilanz_07_08.pdf.
4 *Creditreform* (Hrsg.), Insolvenzen, Neugründungen und Löschungen, 2008, S. 1, 15. Für Beispiele aus dem Sportbereich *Küpperfahrenberg*, Haftungsbeschränkungen, S. 161 ff.
5 Vgl. BFH v. 23.6.1998 – VII R 4/98, BStBl. II 1998, 761.
6 Für Beispiele s. *Küpperfahrenberg*, Haftungsbeschränkungen, S. 195 f.
7 FG Münster v. 23.6.2004 – 7 K 5035/00, FGReport 2005, 95 f.
8 OLG Frankfurt v. 14.8.2002 – 7 U 175/01, OLGR Frankfurt 2003, 78.

war, dass die Beklagten nicht für eine ordnungsgemäße Erfüllung vertraglicher Verpflichtungen des Vereins gesorgt hatten.¹ Solche Haftungsrisiken sind umso gefährlicher, als sie die Betroffenen vielfach nicht kennen oder wahrhaben wollen und sie daher weder zutreffend einschätzen noch vermeiden oder sich sachgerecht absichern.

II. Zur Organisationsverfassung des Vereins

4   Der Verein hat **zwei notwendige Organe**, nämlich die Gesamtheit der Mitglieder (deren Willensbildung regelmäßig entweder in einer Mitgliederversammlung gem. § 32 BGB oder mittelbar in einer Vertreterversammlung analog § 43a GenG² erfolgt) und den Vorstand (§§ 26 ff. BGB). Daneben können fakultativ weitere Organe gebildet werden (§§ 30, 40 BGB, näher Rz. 91 ff.). **Aufgaben des Vorstands** sind insbesondere die Vertretung (§ 26 BGB) und die Geschäftsführung (§ 27 Abs. 3 BGB) des Vereins.

5   In der Praxis wird der **Vorstand vielfach anders bezeichnet**. Aus Gründen des Verkehrsschutzes muss sich jedoch aus dem Vereinsregister eindeutig ergeben, wer Mitglied des Vertretungsorgans i.S. des § 26 BGB ist.³ Hat ein Gremium (z.B. Präsidium, Gesamtvorstand) neben den vertretungsberechtigten Vorstandsmitgliedern (z.B. Präsident, Vizepräsident, Schatzmeister) noch weitere Mitglieder (z.B. Schriftführer, Spielführer, Platzwart), dann bilden nur erstere den Vorstand i.S. des § 26 BGB.⁴ Die Rechte und Pflichten der übrigen Mitglieder richten sich nach der Satzung. Sind sie in die Geschäftsführung eingebunden, so bedarf es bei Gesamtgeschäftsführung auch ihrer Zustimmung.⁵

III. Haftung der Mitglieder des Vorstands

6   Eine Haftung der Vorstandsmitglieder ist in zweierlei Richtung möglich, nämlich *erstens* gegenüber dem Verein (Innenhaftung, dazu Rz. 7 ff.) und *zweitens* gegenüber Dritten (Außenhaftung, dazu Rz. 75 ff.). Auch eine unmittelbare Haftung der Vorstandsmitglieder gegenüber einzelnen Vereinsmitgliedern kommt regelmäßig nur als Außenhaftung in Betracht.⁶

---

1   LG Kaiserslautern v. 11.5.2005 – 3 O 662/03, VersR 2005, 1090 = SpuRt 2006, 79.
2   Näher zur Vertreterversammlung *Segna*, Vorstandskontrolle, S. 285 ff.; *Reuter* in Münch-Komm. BGB, § 32 BGB Rz. 2 ff., jeweils m.w.N.
3   Vgl. §§ 67, 69, 70 BGB sowie etwa *Hadding* in Soergel, § 26 BGB Rz. 8; *Weick* in Staudinger, § 26 BGB Rz. 5.
4   *Hadding* in Soergel, § 26 BGB Rz. 7.
5   Zu möglichen Gestaltungen s. auch *Segna*, Vorstandskontrolle, S. 139 f.
6   Die Pflichten aus dem organschaftlichen Rechtsverhältnis treffen den Vorstand nur gegenüber dem Verein, nicht aber gegenüber den Mitgliedern. Soweit der Vorstand Pflichten missachtet, die dem Verein gegenüber Mitgliedern obliegen, wird sein Verhalten gem. § 31 BGB dem Verein zugerechnet. In diesem Fall haftet daher allein der Verein, der allerdings die pflichtwidrig und schuldhaft handelnden Vorstandsmitglieder in Regress nehmen kann. Bei deliktischem Handeln haften die verantwortlichen Vorstandsmitglieder und der Verein zwar gem. § 840 Abs. 1 BGB als Gesamtschuldner. Gegen deliktisches Handeln ist ein Vereinsmitglied jedoch grundsätzlich (Ausnahme: § 31a Abs. 1 Satz 2

1. Innenhaftung

a) Anspruchsgrundlagen

Eine Selbstverständlichkeit ist, dass Vorstandsmitglieder dem Verein nach allgemeinen, für jedermann geltenden Vorschriften (wie z.B. § 823 Abs. 1 BGB oder § 823 Abs. 2 BGB i.V.m. § 266 StGB) haften. Das bedarf hier keiner näheren Erörterung.[1] 7

Einen §§ 93, 116 AktG, §§ 43, 52 Abs. 1 GmbHG, §§ 34, 41 GenG entsprechenden speziellen Haftungstatbestand enthält das bürgerliche Recht nicht. Auch eine analoge Anwendung dieser Vorschriften kommt nur in einzelnen Beziehungen (s. unten Rz. 30 ff., 48 f.), nicht aber insgesamt in Betracht, da es hierfür sowohl an einer gesetzlichen Lücke[2] als auch an einer generellen Vergleichbarkeit der Sachverhalte fehlt.[3] Zur Anwendung kommen daher allgemeine schuldrechtliche Normen. Vorstandsmitglieder von Vereinen haften organisationsrechtlich gem. §§ 27 Abs. 3, 664 ff. i.V.m. **§ 280 Abs. 1 BGB** für jede schuldhafte (§ 276 Abs. 1 Satz 1, Abs. 2 BGB) Verletzung ihrer Pflichten aus dem durch die Bestellung begründeten und ggf. durch einen Anstellungsvertrag konkretisierten[4] organschaftlichen Rechtsverhältnis.[5] 8

BGB) wie jeder Dritte geschützt. Es handelt sich daher um einen Fall der Außenhaftung. Das gilt auch dann, wenn man einen verbandsinternen deliktischen Schutz der Mitgliedschaft als sonstiges Recht i.S. des § 823 Abs. 1 BGB anerkennt, so BGH v. 12.3.1990 – II ZR 179/89, BGHZ 110, 323 = ZIP 1990, 1067; dagegen etwa *Uwe H. Schneider* in Scholz, § 43 GmbHG Rz. 305 f.; umfassend *Habersack*, Die Mitgliedschaft – subjektives und „sonstiges" Recht, 1996.

1 Näher *Küpperfahrenberg*, Haftungsbeschränkungen, S. 163 ff. Zur Untreue (§ 266 StGB) im Vereinsrecht OLG Hamm v. 29.4.1999 – 2 Ws 71/99, wistra 1999, 350; *Reichert*, Vereins- und Verbandsrecht, Rz. 2602 ff.; *Eisele*, GA 2001, 377 ff.; zur Untreue allgemein unten *Krause*, § 35 Rz. 25 ff.

2 Der Antrag auf Schaffung einer den genannten Vorschriften entsprechenden Norm wurde in der Zweiten Kommission zwar zunächst gestellt, dann aber zurückgezogen, *Mugdan*, Die gesamten Materialien zum Bürgerlichen Gesetzbuch für das Deutsche Reich, Band I, 1899, S. 610; näher *Segna* in GS Walz, 705, 707 f.

3 Ausf. *Küpperfahrenberg*, Haftungsbeschränkungen, S. 226 ff. m.w.N.

4 Hinsichtlich des Verhältnisses der Bestellung zur Anstellung gilt nach heute h.M. die sog. Trennungstheorie, etwa BGH v. 7.12.1981 – II ZR 117/60, BGHZ 36, 142, 143; BGH v. 14.7.1980 – II ZR 161/79, BGHZ 78, 82, 85; BGH v. 24.11.1980 – II ZR 182/79, BGHZ 79, 38, 41; eine abweichende Konzeption vertritt einerseits *Baums*, Der Geschäftsleitervertrag, 1987, S. 37 ff., 51, 211 ff. (Einheitstheorie) und andererseits *Reuter* in FS Zöllner, 1998, S. 487 ff.; *Reuter* in MünchKomm. BGB, § 27 BGB Rz. 4 ff. Einer denkbaren Haftung aus p.F.V. des Anstellungsvertrages (*Hadding* in Soergel, § 27 BGB Rz. 23; *Reichert*, Vereins- und Verbandsrecht, Rz. 3382) kommt allerdings richtigerweise auch auf Grundlage der h.M. keine eigenständige Bedeutung zu, i.E. ebenso *Reuter* in MünchKomm. BGB, § 27 BGB Rz. 43; *Schwintek*, Vorstandskontrolle, S. 199; a.A. *Küpperfahrenberg*, Haftungsbeschränkungen, S.198; *Eisele*, Haftungsfreistellung, S. 78 f. (Anspruchskonkurrenz).

5 Vgl. BGH v. 12.10.1992 – II ZR 208/91, BGHZ 119, 379; BGH v. 14.12.1987 – II ZR 53/87, NJW-RR 1988, 745, 746; *Hadding* in Soergel, § 27 BGB Rz. 23; *Weick* in Staudinger, § 26 BGB Rz. 25; *Reichert*, Vereins- und Verbandsrecht, Rz. 3382.

b) Anspruchsvoraussetzungen

9   Voraussetzungen eines Anspruchs aus § 280 Abs. 1 BGB sind neben dem Bestehen eines Schuldverhältnisses: Pflichtverletzung, Rechtswidrigkeit, Verschulden, Schaden sowie Kausalität zwischen Pflichtverletzung und Schaden. Der Erläuterung bedürfen hier nur Pflichtverletzung und Verschulden.

10 **aa) Pflichtverletzung.** Als Pflichten, deren schuldhafte Verletzung eine Schadensersatzpflicht auslösen können, kommen in Betracht:

11 **(1) Pflicht zur Geschäftsführung.** Die Geschäftsführung umfasst jede Tätigkeit sowohl tatsächlicher als auch rechtsgeschäftlicher Art zur Förderung des Vereinszwecks mit Ausnahme von Grundlagengeschäften (wie Satzungsänderungen oder die Auflösung des Vereins).[1] Dabei sind die Mitglieder des Geschäftsführungsorgans, also regelmäßig des Vorstands, zur Geschäftsführung nicht nur berechtigt, sondern auch verpflichtet. Sie dürfen daher nicht etwa untätig bleiben, sondern müssen **einerseits dem Vereinszweck förderliche Maßnahmen ergreifen** und müssen **andererseits Schaden von dem Verein abwenden**.[2] Keinesfalls dürfen sie den Verein selbst schädigen.[3] Muss der Verein aufgrund des schuldhaften Verhaltens eines Vorstandsmitglieds nach § 31 BGB haften[4], so liegt darin regelmäßig zugleich eine schuldhafte Pflichtverletzung gegenüber dem Verein.[5]

12 Im Einzelnen umfasst die Pflicht zur Geschäftsführung *zum einen* die **Leitung des Vereins**, d.h. die Festlegung der Leitlinien, die Planung, Organisation, Koordination und Kontrolle der Geschäftstätigkeit insgesamt sowie die Besetzung von nachgeordneten Führungspositionen sowie den Erlass und die Änderung von Vereinsordnungen[6] (insoweit diese Entscheidungen nicht durch die Satzung oder Beschlüsse der Mitgliederversammlung vorgegeben bzw. der Mitgliederversammlung oder einem anderen Organ zur Entscheidung zugewiesen sind), *zum anderen* die **Führung und Überwachung der laufenden Geschäfte**. Zu den laufenden Geschäften gehören: die Mitgliederverwaltung, insbesondere Einziehung der Mitgliedsbeiträge[7], die Verwaltung und Erhaltung des Vereinsvermögens einschließlich der Verwendung seiner Erträge und der Ausübung von Beteiligungsrechten, die Sorge für das rechtmäßige Verhalten des Vereins insbesondere für die Erfüllung der gesetzlichen und rechtsgeschäftlichen Pflichten des Vereins, die Wah-

---

1   Statt anderer *Hadding* in Soergel, § 26 BGB Rz. 10; näher *Segna*, Vorstandskontrolle, S. 117 ff.
2   Statt anderer *Reuter* in MünchKomm. BGB, § 27 BGB Rz. 42; *Schwarz/Schöpflin* in Bamberger/Roth, § 27 BGB Rz. 19 f.
3   Statt anderer *Reuter* in MünchKomm. BGB, § 27 BGB Rz. 42; *Schwarz/Schöpflin* in Bamberger/Roth, § 27 BGB Rz. 20.
4   Näher dazu unten *Kleindiek*, § 10 (S. 285 ff.) sowie zu den Möglichkeiten einer Haftungsbeschränkung des Vereins *Küpperfahrenberg*, Haftungsbeschränkungen, S. 23 ff., 66 ff.
5   Statt anderer *Hadding* in Soergel, § 31 BGB Rz. 27 f.; *Weick* in Staudinger, § 31 BGB Rz. 49 m.w.N.
6   Zu Vereinsordnungen s. *Stöber*, Vereinsrecht, Rz. 657 ff.; *Reichert*, Vereins- und Verbandsrecht, Rz. 2681 ff.; *Hadding* in Soergel, § 25 BGB Rz. 6 ff.
7   S. hierzu BGH v. 1.12.2003 – II ZR 216/01, ZIP 2004, 407 ff. (zur eG); OLG Hamburg v. 17.10.1997 – 14 U 171/96, OLGR Hamburg 1998, 121 ff.

rung und Durchsetzung von Rechten und Ansprüchen des Vereins, sämtliche Ein- und Verkäufe für den Verein, die Einstellung und Kündigung von Arbeitnehmern des Vereins[1] sowie die Erteilung von Weisungen an Arbeitnehmer, der Abschluss und die Beendigung von Miet- und Pachtverträgen sowie von sonstigen Rechtsgeschäften (z.B. über Lieferungen und Leistungen von Steuerberatern, Rechtsanwälten, Telekommunikations-, Energie- und Wartungsunternehmen), die Buchführung und Rechnungslegung, die Außendarstellung des Vereins, die Werbung von und die Kommunikation mit Mitgliedern sowie die Erbringung der Vereinsleistungen gegenüber den Mitgliedern, die Einberufung und Vorbereitung der Mitgliederversammlung sowie die Durchführung der Beschlüsse der Mitgliederversammlung usw. Näher erläutert seien folgende Pflichten:

Hinsichtlich der **Verwaltung des Vereinsvermögens** ist *erstens* das **Gebot der Vermögenstrennung** bzw. umgekehrt gewendet das Verbot der Vermögensvermischung zu beachten. Erforderlich ist, das Vereinsvermögen von anderen Vermögensmassen gesondert zu halten und diese Trennung sachgerecht zu dokumentieren.[2] *Zweitens* ist das Vereinsvermögen, soweit es nicht für Vereinszwecke verausgabt wird, zu erhalten und unter Berücksichtigung der Liquiditätserfordernisse des Vereins rentierlich anzulegen.[3] Bei der **Vermögensanlage** ist zu beachten, dass dem Vorstand zwar ein weites unternehmerisches Ermessen zusteht, er aber weder unverhältnismäßige Risiken eingehen[4] noch sich gesicherten Erkenntnissen und Erfahrungen verschließen darf (vgl. unten Rz. 33). Er darf daher bspw. nicht versuchen, durch den kurzfristigen Kauf und Verkauf von Wertpapieren die Rendite des Gesamtmarktes zu übertreffen; denn das gelingt erfahrungsgemäß selten und noch seltener auf Dauer und bedeutet daher das Eingehen eines unverhältnismäßig großen Risikos. Bei der langfristigen Anlage eines größeren Vermögens (> 100 000 Euro) darf sich der Vorstand freilich auch nicht auf Zinstitel beschränken; denn das widerspräche den gesicherten Erkenntnissen, dass Zinstitel erstens keineswegs risikolos[5], zweitens voll der Geldentwertung ausgesetzt[6] und drittens langfristig einer Anlage in Substanzwerten (insbesondere

13

---

1 Zum Verein als Arbeitgeber s. *Worzella*, BuW 1997, 392 ff.
2 Vgl. *K. Schmidt*, Gesellschaftsrecht, S. 234 ff.; *Burgard*, Gestaltungsfreiheit, S. 531, jew. m.w.N. Zur Aufzeichnungs- und Rechenschaftspflicht des Vorstands unten Rz. 23. Nach BGH v. 26.11.1990 – II ZR 223/89, ZIP 1991, 159 ff. haftet ein Geschäftsführer nicht nur für Fehlbeträge, die auf einer unzureichenden Buchführung beruhen, sondern auch für Mittel der Gesellschaft, deren Verbleib auf Grund unzureichender Buchführung nicht aufklärbar ist, s. auch OLG Frankfurt v. 18.3.1992 – 23 U 118/91, NJW-RR 1993, 546 sowie OLG Frankfurt v. 14.8.2002 – 7 U 175/01, OLGR Frankfurt 2003, 78.
3 *Reichert*, Vereins- und Verbandsrecht, Rz. 2469.
4 OLG Frankfurt v. 14.8.2002 – 7 U 175/01, OLGR Frankfurt 2003, 78; gleichsinnig zur Genossenschaft BGH v. 21.3.2003 – II ZR 54/03, ZIP 2005, 981.
5 So konnte zwischen 1994 und 1999 auch unter Berücksichtigung der Zinszahlungen mit festverzinslichen Wertpapieren nur eine negative Rendite erzielt werden, *Henß*, ZSt 2004, 83, 86.
6 Bei einer ausschließlichen Anlage in Zinstiteln führt die Geldentwertung nach Berechnungen von *Carstensen* (in Bertelsmann Handbuch, S. 535, 548 ff.) dazu, dass gemeinnützige Organisationen selbst dann, wenn sie die steuerlichen Möglichkeiten einer Rücklagenbildung (nach § 58 Nr. 7 lit. a AO) alljährlich voll ausschöpfen, innerhalb von 40 Jahren einen Substanzverlust von 25 % hinnehmen müssen.

Aktien und Immobilien) unterlegen sind.[1] Zu beachten ist vielmehr das **Gebot der Risikodiversifizierung**, und zwar erstens hinsichtlich der Anlageformen (Anlageklassen) und Vermögensobjekte (Anlagetiteln) sowie ggf. auch nach Regionen, Währungen und Branchen, zweitens hinsichtlich des Zeitpunkts des Kaufs und Verkaufs sowie der Laufzeit von Wertpapieren (zeitliche Staffelung) und drittens hinsichtlich der Emittenten und Kreditinstitute, denen Vermögen anvertraut wird. Wie stark die Diversifizierung sein kann und muss, hängt von der Größe des anzulegenden Vermögens ab. Dabei führt die Beachtung der Portfoliotheorie nicht nur zu einer Senkung des Risikos, sondern auch zu einer Erhöhung der Rendite.[2]

14 Zu einem sachgerechten Umgang mit dem Vereinsvermögen gehört weiterhin, dass das Geschäftsführungsorgan für einen **risikoadäquaten Versicherungsschutz** Sorge zu tragen hat.[3] Das gilt nicht nur für den Abschluss gesetzlicher Pflichtversicherungen, sondern ist Ausfluss des allgemeinen Grundsatzes, dass Verwalter fremden Vermögens keine unverhältnismäßigen Risiken eingehen dürfen.

15 Ferner ist bei dem Umgang mit dem Vereinsvermögen das **Sparsamkeitsgebot** zu beachten. Aufwendungen, die im Verhältnis zum Vereinszweck und zum Vereinsvermögen unverhältnismäßig sind, sind daher zu unterlassen.[4] Eine Luxusrenovierung des Vereinsheims, die das Vereinsvermögen übermäßig belastet, hat daher selbst dann zu unterbleiben, wenn die Renovierung von der Mitgliederversammlung beschlossen wurde, es sei denn, dass der Vorstand die Mitglieder über die nachteiligen Folgen zutreffend aufgeklärt und ihnen auch preiswertere Alternativen zur Beschlussfassung vorgelegt hat (s. unten Rz. 52 f.). Bei größeren Investitionen sind zudem die Angebote mehrerer Wettbewerber einzuholen. Das ist auch ein Gebot ordnungsgemäßer Entscheidungsfindung (Business Judgement Rule), nämlich der zutreffenden Ermittlung des Sachverhalts (s. unten Rz. 33).

16 Schließlich haben die Vorstandsmitglieder für ein **rechtmäßiges Verhalten des Vereins im Außenverhältnis** Sorge zu tragen.[5] Das gilt namentlich im Blick auf die Einhaltung von gesetzlichen Vorschriften, die dem Verein im öffentlichen Interesse auferlegt sind, wie z.B. Vorschriften zur Sicherheit von Arbeitnehmern, Verbrauchern oder zum Schutz der Umwelt.[6] Entsteht dem Verein infolge der Verletzung derartiger Vorschriften ein Schaden (etwa infolge von Schadensersatz-

---

1 So beruht das große Stiftungssterben infolge der Hyperinflation der 1920er Jahre auf der ebenso verbreiteten wie verfehlten Anlage in „mündelsicheren" Kriegsanleihen, s. *Liermann*, Handbuch des Stiftungsrechts, Bd. 1, 1963, S. 281 ff. Substanzwerte sind dagegen in der Lage auch solch fundamentale Krisen zu überstehen.
2 S. *Schwintowski* in FS Hadding, S. 271, 273 f.; *Fritz* in O. Werner/Saenger (Hrsg.), Die Stiftung, 2008, Rz. 475.
3 S. BGH v. 26.11.1985 – VI ZR 9/85, NJW-RR 1986, 572, 574; näher *Koch*, ZGR 2006, 184 ff. m.w.N.; für die Praxis *Stefan Wagner*, Sicherheit im Verein, 2006.
4 Vgl. auch unten *Riegger/Götze*, § 26 (S. 750 ff.).
5 BGH v. 15.10.1996 – VI ZR 319/95, BGHZ 133, 370, 375; *Reichert*, Vereins- und Verbandsrecht, Rz. 3394 ff.; *Thole*, ZHR 173 (2009), 504 ff.; s. hierzu auch unten *Gebauer/Kleinert*, § 20 (S. 583 ff.) und *Kremer/Klahold*, § 21 (S. 613 ff.).
6 Speziell zu den Folgen der Verletzung steuerrechtlicher und sozialversicherungsrechtlicher Vorschriften s. unten Rz. 85 ff.

ansprüchen Dritter gegen den Verein oder infolge von Geldbußen[1], so hat er einen Rückgriffsanspruch gegen die verantwortlichen Organmitglieder. Das gilt grundsätzlich auch dann, wenn mit der Rechtsverletzung ein Vorteil für den Verein intendiert war.[2] Unter Umständen wird ein derartiges gesetzwidriges Verhalten sogar als strafbare Untreue (§ 266 StGB) bewertet.[3]

Im Blick auf die Verletzung vertraglicher Pflichten des Vereins (sowie bei öffentlich-rechtlichen Zahlungsverbindlichkeiten) soll demgegenüber eine differenziertere Betrachtung geboten sein.[4] Das überzeugt nicht. Erfüllen Vorstandsmitglieder vertragliche Pflichten des Vereins schuldhaft nicht und entsteht dem Verein hieraus ein Schaden, so sind die verantwortlichen Vorstandsmitglieder ersatzpflichtig.[5] Ist die Sach- oder Rechtslage streitig, darf und muss sich der Vorstand zwar auf die für den Verein günstigen Tatsachen und Rechtsauffassungen berufen. Der Vorstand darf jedoch nicht versuchen, seine Rechtsauffassung „ohne Rücksicht auf Verluste" durchzusetzen. Erforderlich ist vielmehr eine fortlaufende Chancen-Risiko-Abwägung. An die Entschuldbarkeit einer fehlerhaften Beurteilung der Rechtslage sind strenge Anforderungen zu stellen (Rz. 180).[6]

Gem. § 36 BGB hat der Vorstand die Mitgliederversammlung in den durch die Satzung bestimmten Fällen sowie dann einzuberufen, wenn die Interessen des Vereins dies erfordern. Die Interessen des Vereins erfordern eine **Einberufung der Mitgliederversammlung** insbesondere, wenn:

– eine Entscheidung zu treffen ist, für die die Mitgliederversammlung zuständig ist (z.B. Geltendmachung von Ersatzansprüchen gegen Vorstandsmitglieder, s. unten Rz. 42 ff.)[7],

– der Vorstand von Bestimmungen der Satzung oder von Weisungsbeschlüssen der Mitgliederversammlung abweichen will (s. unten Rz. 22),

– ein Vorhaben dem mutmaßlichen Willen eines erheblichen Teils der Mitglieder widerspricht oder ein erheblicher Teil der Mitglieder mutmaßlich eine Befassung der Mitgliederversammlung mit dem Vorhaben wünscht,

---

1 Näher dazu unten *Wilsing*, § 27 (S. 790 ff.).
2 In Betracht kommt allerdings eine Berücksichtigung des Vorteils bei der Ermittlung des Schadens, s. *Uwe H. Schneider* in Scholz, § 43 GmbHG Rz. 80, 82, 229; *Thole*, ZHR 173 (2009), 504, 526 ff., jew. m.w.N.
3 Zur Untreue im Vereinsrecht *Reichert*, Vereins- und Verbandsrecht, Rz. 2602 ff.; *Eisele*, GA 2001, 377 ff.; ferner *Küpperfahrenberg*, Haftungsbeschränkungen, S. 163 ff.; allgemein unten *Krause*, § 35 (S. 1077 ff.).
4 So bspw. *Uwe H. Schneider* in Scholz, § 43 GmbHG Rz. 78 ff.; *Thole*, ZHR 173 (2009), 504, 518 ff., jew. m.w.N.
5 Für einen Fall aus dem Vereinsrecht s. LG Kaiserslautern v. 11.5.2005 – 3 O 662/03, VersR 2005, 1090 = SpuRt 2006, 79.
6 St. Rspr., BGH v. 11.1.1984 – VIII ZR 255/82, BGHZ 89, 296, 303 = NJW 1984, 1028, 1030; BGH v. 14.6.1994 – XI ZR 210/93, NJW 1994, 2754, 2755; s. aber auch OLG Stuttgart v. 28.10.1997 – 12 U 83/97, NZG 1998, 232 f. Die Beweislast hierfür trifft den Schuldner, vorliegend also die Organmitglieder. S. auch unten Rz. 48 f.
7 Zur Zuständigkeit der Mitgliederversammlung im Blick auf Unternehmensverbindungen *Segna*, Vorstandskontrolle, S. 151 ff.

- ein Vorhaben die gesamte oder erhebliche Teile der Finanzkraft des Vereins beansprucht oder mit ebenso erheblichen, nicht zuverlässig abschätzbaren Risiken oder Folgekosten verbunden ist,
- eine Insolvenz droht oder
- Pflichtverletzungen durch Organmitglieder zu besorgen sind bzw.
- Konflikte innerhalb oder zwischen Vereinsorganen bestehen, die anders nicht abgewendet werden können.[1]

19 **(2) Delegation und Geschäftsverteilung.** Die Vorstandsmitglieder haben ihrer Pflicht zur Geschäftsführung gem. §§ 27 Abs. 3, 664 Abs. 1 Satz 1 BGB im Zweifel persönlich nachzukommen. Das heißt freilich nicht, dass sie jede einzelne Geschäftsführungsmaßnahme selbst vornehmen müssen. *Erstens* können sie **Dritte im eigenen Namen als (Erfüllungs-)Gehilfen** beauftragen, für deren Verschulden sie abseits besonderer Vereinbarungen gem. § 664 Abs. 1 Satz 3 i.V.m. § 278 BGB gegenüber dem Verein haften.[2] *Zweitens* können sie **Aufgaben an Angestellte des Vereins delegieren**. Nicht delegationsfähig sind allerdings Leitungsentscheidungen (s. oben Rz. 12), die Entscheidung über außergewöhnliche Maßnahmen sowie die den Vorstandsmitgliedern durch Gesetz persönlich zugewiesenen Pflichten wie insbesondere die Insolvenzantragspflicht, vgl. § 42 Abs. 2 BGB. Im Falle zulässiger Delegation haften die Vorstandsmitglieder gegenüber dem Verein nur für ihr eigenes Verschulden im Blick auf eine ordnungsgemäße Auswahl, Ein- und Unterweisung sowie Überwachung der Mitarbeiter einschließlich einer sachgerechten Arbeitsorganisation.[3] Und *drittens* kann bei einem mehrköpfigen Vorstand durch die Satzung oder eine Geschäftsordnung in den vorgenannten Grenzen eine **Geschäftsverteilung** mit der Folge vorgesehen werden, dass sich die Pflicht zur Geschäftsführung der einzelnen Vorstandsmitglieder auf ihr Ressort reduziert, was zugleich eine entsprechende Haftungsbegrenzung zur Folge hat. Hiervon unberührt bleibt allerdings die **Gesamtverantwortung** des Vorstands. Das bedeutet insbesondere, dass jedes Vorstandsmitglied eine Informations- und Überwachungspflicht hinsichtlich der Aufgabenwahrnehmung durch seine Kollegen trifft. Für weitere Einzelheiten wird auf den Beitrag von *E. Vetter*, § 18 (Rz. 2 ff., S. 503 ff.) verwiesen.[4]

20 **(3) Pflicht zur Einhaltung der Vereinsverfassung und zur Befolgung von Weisungen.** Gem. § 27 Abs. 3 i.V.m. § 665 BGB ist der Vorstand an die Verfassung des Vereins, also insbesondere an Gesetz und Satzung[5], sowie an rechtmäßige Wei-

---

1 Ausführlich zur Einberufungspflicht nach § 36 Fall 2 BGB *Segna*, Vorstandskontrolle, S. 131 ff. m.w.N.; ferner zum GmbH-Recht etwa *K. Schmidt/Seibt* in Scholz, § 49 GmbHG Rz. 20 ff.
2 Anstelle anderer *Hadding* in Soergel, § 27 BGB Rz. 22.
3 Vgl. zum Vereinsrecht *Reichert*, Vereins- und Verbandsrecht, Rz. 2451 ff.; sowie allg. unten *E. Vetter*, § 18 Rz. 60 f. m.w.N.
4 S. speziell zum Vereinsrecht ferner *Reichert*, Vereins- und Verbandsrecht, Rz. 2436 ff.; *Küpperfahrenberg*, Haftungsbeschränkungen, S. 177 ff., 241 ff.; *Heermann* in FS Röhricht, 2005, S. 1191 ff.
5 Für einen Haftungsfall wegen Verletzung der Vereinssatzung s. BGH v. 14.1.2008 – II ZR 245/06, WM 2008, 447 = ZIP 2008, 453.

sungsbeschlüsse der Mitgliederversammlung[1] gebunden.[2] Dies gehört zu seinen „Kardinalpflichten".[3] Gebunden ist der Vorstand daher vor allem auch an den Vereinszweck i.S. des § 57 Abs. 1 BGB.[4] Bei einem sog. Ideal-Verein darf er daher **keine wirtschaftliche Betätigung** entwickeln, die **über das sog. Nebentätigkeitsprivileg hinaus**geht[5], andernfalls er dem Verein für jeden Schaden haftet, der ihm daraus entsteht.[6] Auch die Mitglieder können den Vorstand hierzu nicht durch Beschluss anweisen oder ermächtigen, da ein solcher Beschluss wegen Verstoßes gegen die gläubigerschützenden Normen der §§ 21, 22 BGB nichtig wäre.[7] Wegen der gläubigerschützenden Funktion der §§ 21, 22 BGB kann der Schadensersatzanspruch des Vereins auch nicht durch Entlastung, Verzicht oder Vergleich beseitigt werden. Da die Vereinsklassenabgrenzung schwierig und im Einzelnen streitig ist[8], ist für die Praxis mithin Vorsicht anzuraten.

Bei der **Fassung von Weisungsbeschlüssen** reicht, soweit die Satzung nichts anderes bestimmt, eine einfache Mehrheit aus.[9] Das Weisungsrecht der Mitgliederversammlung kann durch die Satzung auch auf ein anderes Vereinsorgan übertragen werden.[10] Weisungen können genereller Natur sein (z.B. Grundstücksgeschäfte nur mit Zustimmung der Mitglieder) oder einen konkreten Einzelfall betreffen (z.B. ein Grundstück nicht zu verkaufen). Einen weisungsfreien Bereich gibt es – abgesehen von den im öffentlichen Interesse bestehenden Amtspflichten der Vorstandsmitglieder (wie vor allem der Insolvenzantragspflicht nach § 42 Abs. 2 Satz 1 BGB) – nicht.[11] Voraussetzung ist allerdings, dass die Weisung rechtmäßig ist, d.h. insbesondere nicht gegen zwingendes Recht verstößt. Weisungen, die gegen die Satzung verstoßen, sind allenfalls rechtmäßig, wenn die Voraussetzungen

21

---

1 BGH v. 12.10.1992 – II ZR 208/91, BGHZ 119, 379, 385.
2 *Weick* in Staudinger, § 27 BGB Rz. 25; *Reuter* in MünchKomm. BGB, § 27 BGB Rz. 39; *Reichert*, Vereins- und Verbandsrecht, Rz. 2461.
3 Lehrreich ist hierzu die Entscheidung BGH v. 1.12.2003 – II ZR 216/01, ZIP 2004, 407 ff.
4 Der Vereinszweck i.S. des § 57 Abs. 1 BGB (= Vereinszweck i.w.S.) umfasst den Vereinszweck i.S. des § 33 Abs. 1 Satz 2 BGB (= Vereinszweck im engeren Sinne) und den Gegenstand der Vereinstätigkeit (i.S. der § 23 Abs. 3 Nr. 2 AktG, § 3 Abs. 1 Nr. 2 GmbHG, § 6 Nr. 2 GenG). Zur Abgrenzung s. *Burgard*, Gestaltungsfreiheit im Stiftungsrecht, 2006, S. 110 ff.; *Segna*, Vorstandskontrolle, S. 122 ff. Zur Frage der Haftung bei Spenden und dergleichen, die nicht von dem Vereinszweck gedeckt sind, s. unten *Riegger/Götze*, § 26 (S. 750 ff.).
5 S. auch *Segna*, Vorstandskontrolle, S. 124.
6 Eine Außenhaftung gegenüber den Vereinsgläubigern besteht dagegen nach *K. Schmidt*, ZIP 2007, 605, 608, 613 nicht.
7 Zum Problem einer Außenhaftung der Mitglieder in einem solchen Fall s. OLG Dresden v. 9.8.2005 – 2 U 897/04, ZIP 2005, 1680 ff. und dazu *v. Hippel*, NZG 2006, 537; *K. Schmidt*, ZIP 2007, 605 ff.; *Lieder*, ZSt 2008, 33 ff.; *Servatius*, KTS 2008, 347 ff. Die Entscheidung des OLG Dresden hat der BGH aufgehoben mit Urt. v. 10.12.2007 – II ZR 239/05, BGHZ 175, 12 ff. = WM 2008, 358 ff.; s. dazu *Reuter*, NZG 2008, 650 ff.; *Seltmann*, DStR 2008, 1443 ff.; *Wolff*, JZ 2008, 519 ff.; *Servatius*, KTS 2008, 347 ff.; *Hofmeister*, ZIP 2009, 161 ff.; *Lieder*, ZSt 2008, 33 ff.
8 Vgl. dazu nur *Hadding* in Soergel, §§ 21, 22 BGB Rz. 19 ff.; *Reuter* in MünchKomm. BGB, §§ 21, 22 BGB Rz. 6 ff. m. zahlreichen w.N.
9 Anstelle anderer *Reuter* in MünchKomm. BGB, § 32 BGB Rz. 45.
10 Anstelle anderer *Reichert*, Vereins- und Verbandsrecht, Rz. 2461.
11 Anstelle anderer *Stöber*, Vereinsrecht, Rz. 314.

einer sog. Satzungsdurchbrechung[1] vorliegen. Rechtswidrig sind auch Weisungen, die gegen die gesellschaftsrechtliche Treupflicht verstoßen. In diesen Fällen wird allerdings zumeist schon der Weisungsbeschluss nichtig[2] oder anfechtbar[3] sein. Der Vorstand hat Weisungsbeschlüsse auf ihre formelle und materielle Wirksamkeit zu prüfen.[4] Befolgt der Vorstand Weisungsbeschlüsse, die aus inhaltlichen Gründen nichtig sind, so handelt er pflichtwidrig.[5]

22 Bei der Einhaltung der Satzung und der Befolgung von Weisungen ist der Vorstand zudem gem. § 665 BGB zu einem *„denkenden Gehorsam"* verpflichtet.[6] Er darf daher nicht blindlings tun, was die Satzung oder die Mitglieder von ihm verlangen, sondern hat die Sachlage allzeit daraufhin zu überprüfen, ob sie mit den Annahmen, die den Anordnungen der Mitglieder oder der Satzung zugrunde liegen, (weiterhin) übereinstimmt. Stimmt die Sachlage nicht (mehr) mit diesen Annahmen überein, sei es weil die Annahmen von vornherein unzutreffend waren, sei es weil sich die Sachlage geändert hat, so muss der Vorstand des Weiteren prüfen, ob die (unveränderte) Befolgung der Anordnungen trotzdem (noch) interessengerecht ist. Stellt der Vorstand fest, dass dies nicht der Fall ist, so hat er gem. §§ 27 Abs. 3, 665 Satz 2 BGB die Mitglieder hiervon in Kenntnis zu setzen, der Mitgliederversammlung sachgerechte Vorschläge zur Beschlussfassung zu unterbreiten und deren Entscheidung abzuwarten.[7] Ist mit diesem Vorgehen wegen des zeitlichen Aufschubs Gefahr für die Interessen des Vereins verbunden, so darf und muss sich der Vorstand gem. §§ 27 Abs. 3, 665 Satz 1 BGB ausnahmsweise über Weisungsbeschlüsse oder auch die Satzung hinwegsetzen, wenn er annehmen darf, dass dieses Vorgehen bei Kenntnis der Sachlage die Billigung der (ggf. satzungsändernden) Mehrheit der Mitglieder finden würde.

23 **(4) Informationspflicht.** Gem. § 27 Abs. 3 i.V.m. §§ 666, 259f. BGB ist der Vorstand benachrichtigungs-, auskunfts- und rechenschaftspflichtig, und zwar gegenüber der Mitgliederversammlung.[8] Das einzelne Mitglied hat grundsätz-

---

1 S. dazu etwa BGH v. 7.6.1993 – II ZR 81/92, BGHZ 123, 15, 19f.; BGH v. 25.2.1982 – II ZR 174/80, BGHZ 83, 122, 130ff.; *Hüffer*, § 179 AktG Rz. 7f.; *Bayer* in Lutter/Hommelhoff, § 53 GmbHG Rz. 27ff., jeweils m.w.N.
2 So die traditionelle Meinung, wonach es im Vereinsrecht keine Beschlussanfechtung gibt, etwa BGH v. 9.11.1972 – II ZR 63/71, BGHZ 59, 369, 371f.; *Hadding* in Soergel, § 32 BGB Rz. 37a m.w.N.
3 Für eine Beschlussanfechtung auch im Vereinsrecht die heute wohl h.L., etwa *K. Schmidt*, Gesellschaftsrecht, S. 447f., 697f.; *Reuter* in MünchKomm. BGB, § 28 BGB Rz. 47; *Segna*, Vorstandskontrolle, S. 233ff. m.w.N.
4 Statt anderer *Hadding* in Soergel, § 27 BGB Rz. 22a.
5 Näher *Uwe H. Schneider* in Scholz, § 43 GmbHG Rz. 126ff.; *Reichert*, Vereins- und Verbandsrecht, Rz. 2462, 3394.
6 *Heck*, Grundriss des Schuldrechts, 1929, S. 355; s. hierzu auch *Reichert*, Vereins- und Verbandsrecht, Rz. 2463.
7 Zur Klarstellung: Alle diese Voraussetzungen waren im Fall BGH v. 1.12.2003 – II ZR 216/01, ZIP 2004, 407ff., nicht gegeben, weswegen der Vorstand den Satzungsbefehl durchsetzen musste.
8 Näher *Reichert*, Vereins- und Verbandsrecht, Rz. 1561ff., 2472ff.; s. auch *Segna* in Böschee/Walz (Hrsg.), Wie viel Prüfung braucht der Verein – wie viel Prüfung verträgt die Genossenschaft?, 2005, S. 7ff.

lich[1] nur im Rahmen der Mitgliederversammlung ein Auskunftsrecht (§ 666 Fall 2 BGB) analog § 131 AktG.[2] Überdies hat der Vorstand nicht erst – wie es dem Wortlaut des § 666 Fall 3 BGB entsprechen würde – nach Ablauf seiner Tätigkeit (u.U. also erst nach vielen Jahren), sondern periodisch Rechnung zu legen.[3] Für die Art und Weise der Rechnungslegung gelten regelmäßig die §§ 259f. BGB entsprechend.[4] Darüber hinaus ist nach § 666 Fall 1 BGB eine Benachrichtigung der Mitglieder immer dann und insoweit geboten, als dies erforderlich ist, um sie in den Stand zu versetzen, von den ihnen zugewiesenen Befugnissen sachgerecht Gebrauch zu machen oder wenn und insoweit ihre Interessen gefährdet sind (z.B. drohende Insolvenz).[5] § 666 Fall 1 BGB und § 665 Satz 2 BGB sowie § 36 Fall 2 BGB (oben Rz. 18) ergänzen sich insofern.[6]

(5) **Treupflicht.** Die Vorstandsmitglieder unterliegen nicht nur einer aktiven Förderpflicht[7], zu der auch eine Schadensvermeidungspflicht gehört[8], sondern schulden dem Verein darüber hinaus auch ein loyales Verhalten.[9] Diese Treupflicht konkretisiert sich vor allem in vier Ge- bzw. Verboten:

Erstens haben Vorstandsmitglieder untereinander sowie mit Mitgliedern anderer Organe kollegial zusammenzuarbeiten.[10] Diese **Pflicht zur kollegialen Zusammenarbeit** schließt insbesondere die Pflicht ein, einander die für die jeweilige Aufgabenerfüllung erforderliche Information rechtzeitig zu gewähren. Vorabsprachen, die einzelne oder eine bestimmte Gruppe von Organmitgliedern aus einem Entscheidungsprozess ausgrenzen sollen, sind – ebenso wie jedes andere diskriminierende Verhalten – pflichtwidrig.

Zweitens sind Vorstandsmitglieder verpflichtet, über alle nicht allgemein bekannten Tatsachen, hinsichtlich der im Vereinsinteresse ein berechtigtes Ge-

---

1 Eine Ausnahme kommt insbesondere bei Nachweis eines berechtigten Interesses wie etwa zur Geltendmachung von Schadensersatzansprüchen in Betracht, zutr. *Reichert*, Vereins- und Verbandsrecht, Rz. 1380f. m.w.N.
2 *Reuter* in MünchKomm. BGB, § 38 BGB Rz. 36f.; *Grunewald*, ZIP 1989, 962, 963; ausf. *Reichert*, Vereins- und Verbandsrecht, Rz. 1361ff., 1376ff., jeweils m.w.N.
3 H.M., statt anderer *Reuter* in MünchKomm. BGB, § 27 BGB Rz. 40; *Lutter*, BB 1988, 489, 491; widersprüchlich *Reichert*, Vereins- und Verbandsrecht, Rz. 1571, 2474.
4 Daneben können für wirtschaftliche Vereine § 3 PublG, für kaufmännische Vereine §§ 238ff. HGB, für Lohnsteuerhilfevereine § 22 Abs. 7 Nr. 2 StBerG und für politische Vereine § 28 PartG eingreifen. Überdies bestehen steuerliche Aufzeichnungs- und Buchführungspflichten, s. zu alledem *Reichert*, Vereins- und Verbandsrecht, Rz. 1569f., 2475ff. Zur Prüfung der Vermögensverwaltung durch den Vorstand s. *Reichert*, ebd., Rz. 2481ff.
5 Vgl. *Wittmann* in Staudinger, § 666 BGB Rz. 1; *Beuthien* in Soergel, § 666 BGB Rz. 1.
6 Zur Verantwortung von Managern für eine ordnungsgemäße Bilanzierung unten *Gelhausen*, § 30 (S. 903ff.); s. auch *Reichert*, Vereins- und Verbandsrecht, Rz. 2480. Zur Erforderlichkeit der Trennung des Vereinsvermögens von sonstigen Vermögensmassen oben Rz. 13 m.w.N.
7 *Hadding* in Soergel, § 38 BGB Rz. 23; *Reichert*, Vereins- und Verbandsrecht, Rz. 921.
8 Vgl. BGH v. 14.12.1987 – II ZR 53/87, NJW-RR 1988, 745, 748; BGH v. 12.3.1990 – II ZR 179/89, BGHZ 110, 323, 330f.; *Reuter* in MünchKomm. BGB, § 27 BGB Rz. 42.
9 *Stöber*, Vereinsrecht, Rz. 289; *Reichert*, Vereins- und Verbandsrecht, Rz. 3400.
10 Vgl. *Reichert*, Vereins- und Verbandsrecht, Rz. 921; *Uwe H. Schneider* in Scholz, § 43 GmbHG Rz. 140.

heimhaltungsbedürfnis besteht, **Verschwiegenheit** gegenüber Dritten zu bewahren.[1] Die Einschaltung der Presse ist zwar ein beliebtes, unter dem Gesichtspunkt der Treupflicht aber höchst problematisches Mittel des vereinsinternen Meinungskampfes.

27 *Drittens* unterliegen Vorstandsmitglieder während ihrer Amtszeit einem dispositiven **Wettbewerbsverbot**.[2] Das mag bei Idealvereinen auf den ersten Blick überraschen. Zu bedenken ist jedoch, dass Idealvereine nicht nur mit ihren ideellen Zwecken, sondern auch mit ihren wirtschaftlichen Interessen miteinander und zu Unternehmen in Wettbewerb stehen oder treten können (z.B. mehrere Golfvereine und kommerzielle Betreiber von Golfanlagen in der selben Region). Zu Einzelheiten sei auf den Beitrag von *Verse* unten § 22 (S. 640 ff.) verwiesen.

28 *Viertens* gilt das **Verbot, die Organstellung im eigenen Interesse auszunutzen**.[3] Selbstverständlich ist, dass Vorstandsmitglieder weder sich selbst noch Dritte bereichern dürfen.[4] Zu Lasten des Vereinsvermögens dürfen sie ferner keinen unangemessenen Repräsentationsaufwand treiben. Schließlich dürfen sie sich weder Geschäftschancen des Vereins aneignen noch sich an geschäftliche Aktivitäten des Vereins anhängen, um daraus für sich Vorteile zu schlagen.[5] Es ist daher verboten, sich beim Abschluss von Rechtsgeschäften mit Dritten Schmiergelder, Provisionen oder andere Vorteile (z.B. Vorzugspreise, Einladungen zu Reisen etc.) versprechen zu lassen.

29 Schließlich dürfen Vorstandsmitglieder ihr Amt nicht „zur Unzeit" niederlegen, § 671 Abs. 2 BGB analog.[6]

30 **(6) Business Judgement Rule.** Nach § 93 Abs. 1 Satz 2 AktG liegt keine Pflichtverletzung vor, wenn das Vorstandsmitglied bei einer unternehmerischen Entscheidung vernünftigerweise annehmen durfte, auf der Grundlage angemessener Information zum Wohle der Gesellschaft zu handeln (sog. Business Judgement Rule). Das gilt unabhängig davon, ob die Aktiengesellschaft unternehmerisch tätig ist oder etwa ideelle Zwecke verfolgt. Auf Grund der Verweisung des § 116 Satz 1 AktG findet die Vorschrift ferner auf Aufsichtsratsmitglieder analoge Anwendung. Darüber hinaus hat sie **Ausstrahlungswirkung auf das gesamte Zivilrecht**.[7] Dementsprechend gilt sie nach herrschender Meinung auch für Organmitglieder von Vereinen und Stiftungen.[8] Dem ist zuzustimmen; denn das zugrunde

---

1 Statt anderer *Reichert*, Vereins- und Verbandsrecht, Rz. 3399 ff.
2 Zum GmbH-Recht etwa *Uwe H. Schneider* in Scholz, § 43 GmbHG Rz. 153 ff., 185 ff.
3 *Reichert*, Vereins- und Verbandsrecht, Rz. 921; *Reuter* in MünchKomm. BGB, § 27 BGB Rz. 42; *Uwe H. Schneider* in Scholz, § 43 GmbHG Rz. 198 ff.
4 Vgl. auch unten *Riegger/Götze*, § 26 (S. 750 ff.).
5 Näher unten *Verse*, § 22 (S. 640 ff.).
6 S. hierzu *Küpperfahrenberg*, Haftungsbeschränkungen, S. 200 f. m.w.N.
7 Vgl. BT-Drucks. 15/5092, S. 12; für die GmbH statt anderer *Fleischer*, ZIP 2004, 685, 691 f.; s. ferner die Nachweise in der folgenden Fn.
8 *Hopt* in Hopt/v. Hippel/Walz (Hrsg.), Non-Profit-Organisationen in Recht, Wirtschaft und Gesellschaft, 2005, S. 243, 254; *Hüttemann/Herzog*, Non Profit Law Yearbook 2006, 2007, S. 33, 37 ff.; *Lutter*, ZIP 2007, 841, 848; *von Hippel*, Grundprobleme von Nonprofit-Organisationen, 2007, S. 83 ff., 88; *Gollan*, Vorstandshaftung in der Stiftung, 2009, S. 270 ff. (mit stiftungsspezifischen Anpassungen); *Segna* in GS Walz, S. 705, 710; zum

liegende Problem der Entscheidung unter Unsicherheit stellt sich bei jeder Verwaltung (auch) fremden Vermögens:

Entscheidungen unter Unsicherheit zeichnen sich dadurch aus, dass ex ante keine von mehreren Handlungsmöglichkeiten als allein richtige bewertet werden kann. Solche Entscheidungen sind daher stets risikobehaftet. Und dieses allgemeine Betriebsrisiko soll nach der gesetzlichen Risikoverteilung allein die juristische Person, nicht aber ihre Entscheidungsträger treffen.

Dabei hat die Business Judgement Rule eine **Doppelfunktion**. Einerseits wirkt sie haftungsbefreiend, wenn ihre Voraussetzungen eingehalten werden (Rz. 34). Andererseits wirkt sie aber auch – und das wird nicht immer hinreichend deutlich – pflichtenkonkretisierend, indem sie nämlich angibt, welche Mindestanforderungen an eine ordnungsgemäße Entscheidungsfindung zu stellen sind. Werden diese Anforderungen verletzt, ist die Entscheidung zwar nicht notwendigerweise pflichtwidrig. Sie unterliegt dann aber der vollen gerichtlichen Überprüfbarkeit, wobei das Vorstandsmitglied die fehlende Pflichtwidrigkeit zu beweisen hat.

Voraussetzungen des § 93 Abs. 1 Satz 2 AktG analog sind[1]: *Erstens* muss es sich um eine „*unternehmerische Entscheidung*" handeln. Das bedeutet, es muss sich um eine Entscheidung unter Unsicherheit handeln, bei der dem Vorstand ein Ermessen eingeräumt ist. Das ist nicht der Fall, soweit eine gesetzliche oder statutarische Pflicht zu einem Tun oder Unterlassen seitens der Vorstandsmitglieder besteht. *Zweitens* muss die Entscheidung objektiv „*dem Wohle der Gesellschaft*" dienen. Sie muss daher frei von Sonderinteressen und sachfremden Erwägungen im Interesse des Vereins, insbesondere zur Förderung des Vereinszwecks getroffen werden. *Drittens* muss die Entscheidung objektiv „*auf der Grundlage angemessener Information*" gefällt werden.[2] Welche Information objektiv angemessen ist, hängt von der Bedeutung der Entscheidung für den Verein ab. Generell erforderlich ist ein angemessenes Rechnungs-, Berichts- und Planungswesen. Anzuraten ist, Informationsanstrengungen zu dokumentieren. *Viertens* muss das Vorstandsmitglied „*vernünftigerweise annehmen*" dürfen, dass die zweite und dritte Voraussetzung erfüllt sind. Das setzt insbesondere voraus, dass die Entscheidung nicht gegen Denkgesetze, gesicherte Erkenntnisse oder allgemeine Erfahrungssätze verstößt und nicht unverhältnismäßig[3] ist – andernfalls ein ordent-

---

Stiftungsrecht *Reuter*, Non Profit Law Yearbook 2002, S. 157, 164; *Hof* in Seifart/v. Campenhausen, Stiftungsrecht, § 8 Rz. 290; *Kiethe*, NZG 2007, 810, 812; *Schulz/Werz*, Stiftung & Sponsoring 5/2007, S. 30f.; *Werner*, ZEV 2009, 366, 368; *Orth*, DStR 2009, 1397, 1402; vgl. ferner Sec. 8.30 des US-amerikanischen Revised Model Nonprofit Corporation Act von 1987; für einen bloßen Ermessensspielraum ohne Erörterung der Business Judgement Rule zum Vereinsrecht *Küpperfahrenberg*, Haftungsbeschränkungen, S. 207f.; zum Stiftungsrecht *Schwintek*, Vorstandskontrolle, S. 118f., 130f.; a.A. *Jungmann* in FS K. Schmidt, 2009, S. 831ff.; wohl auch *Kuntz*, GmbHR 2008, 121ff.

1 Vgl. zum Folgenden mit Unterschieden im Einzelnen etwa *Fleischer*, ZIP 2004, 685, 690; *Ihrig*, WM 2004, 2098; *Hüffer*, § 93 AktG Rz. 4ff. m.w.N.; *Lutter*, ZIP 2007, 841, 843f.
2 BGH v. 14.7.2008 – II ZR 202/07, WM 2008, 1688; hierzu *Redeke*, NZG 2009, 496ff.; *Noack/Bunke*, WuB II C § 43 GmbHG 1.09.
3 Vgl. BGH v. 21.4.1997 – II ZR 175/95, BGHZ 135, 244, 253. Was unverhältnismäßig ist, ist freilich eine Frage des Einzelfalls und hängt von vielerlei Faktoren (Vereinszweck und

licher und gewissenhafter Geschäftsleiter nämlich vernünftigerweise nicht annehmen darf, zum Wohle des Vereins zu handeln. Im Blick auf die dritte Voraussetzung ist erforderlich, dass die Informationsgrundlage nicht evident falsch oder aus der Sicht eines ordentlichen und gewissenhaften Vorstandsmitglieds unzureichend ist.

34 Liegen diese vier Voraussetzungen vor, so ist **Rechtsfolge** der Business Judgement Rule, dass die Entscheidung nicht pflichtwidrig und damit eine Haftung der Vorstandsmitglieder für die Entscheidung auch dann ausgeschlossen ist, wenn sie sich im Nachhinein als unzweckmäßig und für den Verein nachteilhaft herausstellt.[1] In diesem Rahmen haben daher auch Vorstandsmitglieder ein „Recht auf Irrtum".[2]

35 Hinzuweisen ist freilich darauf, dass die Pflichten mit der Entscheidungsfindung bei weitem nicht enden. Die **Vorstandsmitglieder haben** vielmehr im Anschluss an eine Entscheidung **dafür Sorge zu tragen, dass die Entscheidung sorgfältig umgesetzt, die richtige Umsetzung gewissenhaft überwacht und das Ergebnis laufend kontrolliert wird.**[3] Stellt sich bei der Umsetzung der Entscheidung heraus, dass diese suboptimal war oder verändern sich im Zeitablauf wichtige Entscheidungsparameter, darf der Vorstand nicht einfach an seiner Entscheidung festhalten und die Dinge laufen lassen, sondern muss entsprechend dem neuen Erkenntnisstand bzw. der veränderten Sachlage seine alte Entscheidung überdenken und eine neue Entscheidung treffen (durch die entweder die alte Entscheidung bestätigt oder korrigiert wird). Bleibt der Vorstand dagegen untätig, so ist zwar seine ursprüngliche Entscheidung von der Business Judgement Rule gedeckt, nicht aber das Unterlassen einer erneuten Entscheidung trotz neuer Erkenntnisse oder veränderter Sachlage.

36 **bb) Verschulden.** Hinsichtlich des Verschuldens stellen sich vornehmlich zwei Fragen, nämlich erstens, welcher Verschuldensgrad erforderlich, und zweitens, welcher Sorgfaltsmaßstab einzuhalten ist.

37 **(1) Verschuldensgrad.** Nach § 276 Abs. 1 Satz 1 BGB haben die Organmitglieder, soweit nichts anderes bestimmt ist, also insbesondere keine gesetzliche, satzungsmäßige und/oder anstellungsvertragliche Haftungsmilderung (dazu unten Rz. 64 ff.) eingreift, Vorsatz und jede, d.h. auch leichteste Fahrlässigkeit zu vertreten. Fahrlässig handelt, wer die im Verkehr erforderliche Sorgfalt außer Acht lässt, § 276 Abs. 2 BGB. Und das wirft die Frage auf, was denn die in dem Verkehr zwischen den Mitgliedern des Vorstands mit dem Verein erforderliche Sorgfalt ist.

-größe, Know-how, Risikomanagement etc.) ab; vgl. *Uwe H. Schneider* in Scholz, § 43 GmbHG Rz. 91 ff., 99 f. m.w.N. sowie *Lutter*, ZIP 2007, 841, 845.
[1] *Hüffer*, § 93 AktG Rz. 4a; *Lutter*, ZIP 2007, 841, 845 f.
[2] BGH v. 21.4.1997 – II ZR 175/95, BGHZ 135, 244, 253; aus der Lit. *Uwe H. Schneider* in Scholz, § 43 GmbHG Rz. 55 ff.; *Spindler* in MünchKomm. AktG, § 93 AktG Rz. 50.
[3] Vgl. für die Beschlussumsetzung durch den Vorstand einer AG *Spindler* in MünchKomm. AktG, § 83 AktG Rz. 15 ff.

(2) Sorgfaltsmaßstab. Anders als im Strafrecht gilt im Bürgerlichen Recht kein individueller, sondern ein an den Verkehrsbedürfnissen ausgerichteter **objektiver Sorgfaltsmaßstab.** Der entscheidende Grund hierfür ist der Gedanke des Vertrauensschutzes: Im Verkehr muss sich jeder grundsätzlich darauf verlassen dürfen, dass der andere die für die Ausübung seiner Tätigkeiten und Erfüllung seiner Pflichten erforderlichen Kenntnisse und Fähigkeiten besitzt.[1] **Unkenntnis oder Unfähigkeit entschuldigen daher regelmäßig nicht.** Wer nicht über die erforderlichen Kenntnisse und Fähigkeiten verfügt, hat vielmehr grundsätzlich, um andere vor Schäden zu bewahren, die betreffende Tätigkeit zu unterlassen.[2] Daraus folgt zugleich, dass die Anforderungen an die vorhandenen Kenntnisse und Fähigkeiten je spezifischer und anspruchsvoller sind, umso spezifischer und anspruchsvoller eine ausgeübte Tätigkeit ist. Der Sorgfaltsmaßstab ist mithin bereichs- und berufsspezifisch anzupassen.

Entsprechende ausdrückliche Regelungen enthalten etwa § 93 Abs. 1 Satz 1 AktG, § 43 Abs. 1 GmbHG, § 34 Abs. 1 Satz 1 GenG. Eine solche Vorschrift fehlt im Vereinsrecht, weil – so die Protokolle – bei Idealvereinen regelmäßig nicht in demselben Maße wirtschaftliche Interessen auf dem Spiele stünden wie etwa bei Aktiengesellschaften.[3] Unter Bezugnahme auf die Verweisung des § 27 Abs. 3 BGB auf das Auftragsrecht spricht der BGH daher von der Sorgfaltspflicht eines „*ordentlichen Beauftragten*".[4] Dabei darf man jedoch nicht übersehen, dass damit nur **Mindestanforderungen** umschrieben sind, die zum einen mit der konkreten Aufgabe im Einzelfall[5] und zum anderen mit den individuellen Kenntnissen und Fähigkeiten des Verpflichteten[6] steigen können. Bei entsprechendem Zuschnitt des Vereins können die Sorgfaltsanforderungen daher genauso hoch sein wie die Sorgfaltsanforderungen, die an die Vorstandsmitglieder einer Aktiengesellschaft bzw. einer Genossenschaft oder an die Geschäftsführer einer GmbH zu stellen sind.[7] Daher ist in jedem Einzelfall unter Würdigung aller Umstände zu fragen, welche Anforderungen das konkrete Amt an seinen Inhaber stellt (insbesondere Art und Umfang der Geschäftsführungspflichten) und ob der Amts-

---

1 Statt anderer *Heinrichs* in Palandt, § 276 BGB Rz. 15.
2 *M. Wolf* in Soergel, § 276 BGB Rz. 75; *Reichert*, Vereins- und Verbandsrecht, Rz. 3387 m.w.N. Eine Ausnahme ist einzig im Blick auf Situationen zu machen, denen sich niemand entziehen bzw. in die jeder geraten kann. Hier ist (z.B. bei Kindern, alten Menschen und Behinderten) ein milderer, gruppenspezifischer Maßstab anzulegen, vgl. §§ 827f. BGB; *M. Wolf*, ebd., Rz. 82 m.w.N.
3 Vgl. *Mugdan*, Materialien, Band I, S. 613.
4 BGH v. 26.11.1985 – VI ZR 9/85, NJW-RR 1986, 572, 574.
5 Vgl. BGH v. 20.2.1995 – II ZR 143/93, BGHZ 129, 30, 34; *Hüffer*, § 93 AktG Rz. 4, § 116 AktG Rz. 3 jeweils m.w.N.
6 Zu § 276 BGB ist das anerkannt, s. BGH v. 4.3.1971 – VII ZR 204/69, VersR 1971, 667; BGH v. 10.2.1987 – VI ZR 68/86, NJW 1987, 1479; OLG Frankfurt v. 12.7.1972 – 13 U 241/71, VersR 1975, 381; *M. Wolf* in Soergel, § 276 BGB Rz. 77; zu § 116 AktG ist das hingegen streitig, wie hier LG Hamburg v. 16.12.1980 – 8 O 229/79, ZIP 1981, 197; *Lutter*, ZHR 145 (1981), 224, 228; a.A. *Hüffer*, § 116 AktG Rz. 3, m.w.N.
7 *Segna* in GS Walz, 2008, S. 705, 708 ff.

inhaber diesen Anforderungen (bzw. seinen ggf. darüber hinausgehenden individuellen Fähigkeiten) gerecht geworden ist.[1]

c) Rechtsfolgen

40 Ist dem Verein durch eine schuldhafte Pflichtverletzung ein Schaden entstanden, wozu gem. § 252 BGB auch ein entgangener Gewinn gehört[2], so hat er gegen den oder die verantwortlichen Vorstandsmitglieder einen Anspruch auf **Schadensersatz**. Sind mehrere Vorstandsmitglieder für einen Schaden verantwortlich, so haften sie nach allgemeinen Grundsätzen als **Gesamtschuldner**, §§ 421 ff. BGB.[3] Hat der Verein gegenüber einem verantwortlichen Vorstandsmitglied auf seinen Ersatzanspruch verzichtet, so ist § 423 BGB zu beachten.[4] Der Ausgleich mehrerer ersatzpflichtiger Vorstandsmitglieder untereinander richtet sich nach § 426 BGB. Dabei ist auch § 254 BGB zu berücksichtigen, so dass dasjenige Vorstandsmitglied, das überwiegend für den Schaden verantwortlich ist, diesen intern auch überwiegend zu tragen hat.[5] Jedes Vorstandsmitglied haftet, wenn nichts anderes bestimmt ist (s. unten Rz. 64), unbeschränkt mit seinem gesamten Vermögen.[6]

41 Außer Schadensersatz kann der Verein auch Unterlassung und Beseitigung verlangen.[7] Das hat jedoch nur geringe praktische Bedeutung, da die Mitglieder einen entsprechenden Weisungsbeschluss fassen und hilfsweise die Vorstandsmitglieder abberufen können, § 27 Abs. 2 BGB.

d) Durchsetzung

42 Zur Geltendmachung von Ansprüchen des Vereins ist der Vorstand berufen. Das gilt für Ansprüche gegen Dritte, Vereinsmitglieder und Organmitglieder grundsätzlich gleichermaßen.[8] Bei Ansprüchen gegen Mitglieder des Vorstands führt dies freilich, wenn nicht zu einem aktuellen, so doch wegen der Gesamtverantwortung aller Vorstandsmitglieder (s. oben Rz. 19) zu einem potentiellen Interessenkonflikt.[9] Da die betreffenden Vorstandsmitglieder bei der Beschlussfassung gem. § 28 Abs. 1 i.V.m. § 34 BGB vom Stimmrecht ausgeschlossen sind, kann der Vorstand sogar beschlussunfähig sein, in welchem Fall dann nur die Bestellung eines Notvorstands (§ 86 Satz 1 i.V.m. § 29 BGB) in Betracht käme.[10] Das ist jedoch keine befriedigende Lösung. Anzuwenden ist daher **§ 46 Nr. 8 Fall 1**

---

1 Vgl. BGH v. 27.2.1975 – II ZR 112/72, WM 1975, 467 (zur eG); *Sauter/Schweyer/Waldner*, Der eingetragene Verein, 18. Aufl. 2006, Rz. 278; *Reichert*, Vereins- und Verbandsrecht, Rz. 3386.
2 *Schindler*, DB 2003, 297, 299; *Reuter*, NPLYB 2002, S. 157, 166.
3 Näher hierzu etwa *Uwe H. Schneider* in Scholz, § 43 GmbHG Rz. 247 ff.
4 S. hierzu BGH v. 1.12.2003 – II ZR 216/01, ZIP 2004, 407, 411.
5 *Hadding* in Soergel, § 31 BGB Rz. 28; *Gehrlein* in Bamberger/Roth, § 426 BGB Rz. 9; *Küpperfahrenberg*, Haftungsbeschränkungen, S. 208 f.
6 *Weick* in Staudinger, § 26 BGB Rz. 25; *Küpperfahrenberg*, Haftungsbeschränkungen, S. 210.
7 Ausf. *Segna*, Vorstandskontrolle, S. 242 ff.
8 Vgl. BGH v. 21.3.1957 – II ZR 172/55, BGHZ 24, 47, 54.
9 Vgl. *Grunewald*, ZIP 1989, 962, 964; *Segna*, Vorstandskontrolle, S. 194.
10 Statt anderer *Hadding* in Soergel, § 29 BGB Rz. 6.

GmbHG analog mit der Folge, dass die Vereinsmitglieder durch Beschluss über die Geltendmachung von Schadensersatzansprüchen gegen die Vorstandsmitglieder zu befinden haben.[1] Dafür spricht auch, dass die Vereinsmitglieder für die Bestellung und Abberufung (§ 27 Abs. 1 und 2 BGB), für die Entlastung der Vorstandsmitglieder (dazu unten Rz. 54 ff., vgl. auch § 46 Nr. 5 GmbHG) und für deren Kontrolle zuständig sind. Schließlich macht § 46 Nr. 8 Fall 1 GmbHG die Verfolgung von Ansprüchen gegen Geschäftsführer – abgesehen von etwaigen Opportunitätserwägungen – *„deshalb von einem Beschluss der Gesellschafter abhängig, weil dem obersten Gesellschaftsorgan vorbehalten und nicht dem Entschluss der Geschäftsführer überlassen werden soll, ob ein Geschäftsführer wegen Pflichtverletzung belangt und die damit verbundene Offenlegung innerer Gesellschaftsverhältnisse trotz der für Ansehen und Kredit der Gesellschaft möglicherweise abträglichen Wirkung in Kauf genommen werden soll"*.[2] Auch diese Erwägungen lassen sich auf den Verein übertragen.

Nach herrschender Meinung im GmbH-Recht hat der Beschluss nach § 46 Nr. 8 Fall 1 GmbHG **Außenwirkung**, so dass eine Klage grundsätzlich[3] unbegründet ist, wenn ein entsprechender Beschluss fehlt.[4] Dem ist wohl auch für das Vereinsrecht zu folgen, da die Geltendmachung von Ansprüchen gegen Vorstandsmitglieder existenzielle Folgen für das Innenverhältnis des Vereins haben kann.

43

§ 46 Nr. 8 Fall 1 GmbHG ist freilich **kein zwingendes Recht**.[5] Die Satzung kann daher auch im Vereinsrecht vorsehen, dass eine Beschlussfassung nur für das Innenverhältnis erforderlich ist, oder die Entscheidung in die Hand eines anderen Organs (z.B. eines Aufsichtsrats) legen.[6] Ein solches anderes Organ entscheidet freilich nicht wie die Mitglieder(versammlung) autonom, sondern ist pflichtgebunden, nämlich an die Interessen des Vereins. Und das Interesse des Vereins verlangt grundsätzlich die Wiederherstellung des geschädigten Vereinsvermögens, so dass ein solches pflichtgebundenes Organ aussichtsreiche Schadensersatzansprüche regelmäßig, d.h. wenn keine gewichtigen Gegengründe bestehen, geltend machen muss.[7] Das gilt auch, wenn anstelle der Mitgliederversammlung eine Vertreterversammlung entscheidet; denn die Delegierten sind – insoweit nicht anders als Aufsichtsratsmitglieder – gewählte Vertreter der Mitglieder und haben daher das mutmaßliche Interesse ihrer Wähler zu vertreten.[8]

44

---

1 Wie hier *Reuter* in MünchKomm. BGB, § 27 BGB Rz. 43; *Reichert*, Vereins- und Verbandsrecht, Rz. 2546 ff.; a.A. *Segna*, Vorstandskontrolle, S. 195 f.
2 BGH v. 14.7.2004 – VIII ZR 224/02, NZG 2004, 964 mit Verweis auf BGHZ 28, 355, 357.
3 Zu Ausnahmen s. *K. Schmidt* in Scholz, § 46 GmbHG Rz. 152.
4 *K. Schmidt* in Scholz, § 46 GmbHG Rz. 142, 159; *Bayer* in Lutter/Hommelhoff, § 46 GmbHG Rz. 40; *Römermann* in Michalski, § 46 GmbHG Rz. 453 ff., jew. m.w.N.
5 *K. Schmidt* in Scholz, § 46 GmbHG Rz. 143.
6 Nach *Segna*, Vorstandskontrolle, S. 191, ist das allerdings in der Praxis selten.
7 BGH v. 21.4.1997 – II ZR 175/95, BGHZ 135, 244, 255 f.
8 Die Vertreter sind zwar nicht Beauftragte der Mitglieder und unterliegen daher auch nicht deren Weisungen. Sie stehen aber in einem auftragsähnlichen und das heißt auch pflichtgebundenen organschaftlichen Rechtsverhältnis zum Verein. Zur Wahrnehmung ihrer Rechte und Befugnisse sind sie daher nicht nur – wie die Vereinsmitglieder selbst – berechtigt, sondern auch – als deren Vertreter gleich allen anderen Organmitgliedern – verpflichtet, näher *Reichert*, Vereins- und Verbandsrecht, Rz. 5304 ff.

Und auch deren Interesse ist regelmäßig auf die Wiederherstellung des geschädigten Vereinsvermögens gerichtet.

45 Beschließen die Mitglieder, Schadensansprüche gegen Vorstandsmitglieder geltend zu machen – eine einfache Mehrheit reicht hierfür aus –, so empfiehlt sich zugleich, einen Beschluss über die **Bestellung eines Prozessvertreters** zu fassen, § 46 Nr. 8 Fall 2 GmbHG analog.[1] Zwingend ist das freilich nur, wenn der Verein andernfalls durch den Vorstand bzw. einzelne seiner Mitglieder nicht ordnungsgemäß vertreten werden kann.[2] Hinsichtlich der Person des Prozessvertreters besteht Wahlfreiheit. Es kann sich um ein ansonsten nur gesamtvertretungsberechtigtes Vorstandsmitglied, ein Vereinsmitglied, ein anderes Organmitglied oder einen Dritten, und zwar auch um den Anwalt, der ohnehin beauftragt werden soll, handeln. Der Prozessvertreter hat organschaftliche Vertretungsmacht, unterliegt Weisungsbeschlüssen der Mitglieder und kann durch einfachen Mehrheitsbeschluss der Mitglieder jederzeit wieder abberufen werden.[3]

46 Wird der Antrag auf Geltendmachung von Ersatzansprüchen gegen Vorstandsmitglieder von der Mitgliederversammlung abgelehnt, so kommt die Erhebung einer positiven Beschlussfeststellungsklage in Betracht, wenn die Mehrheit durch die Ablehnung gegen die mitgliedschaftliche Treupflicht verstößt.[4] Stattdessen kann ein Mitglied auch im Wege der **actio pro socio** vorgehen[5], d.h. den Schadensersatzanspruch des Vereins im eigenen Namen auf Rechnung des Vereins, also in (gesetzlicher) Prozessstandschaft geltend machen. In diesem Fall wird die Rechtswidrigkeit der Ablehnung eines Antrags nach § 46 Nr. 8 GmbHG analog inzident geprüft.[6] Eine actio pro socio kommt ferner in Betracht, wenn die Entscheidung über die Geltendmachung von Ersatzansprüchen gegen Vorstandsmitglieder statutarisch einem anderen Organ als der Mitgliederversammlung, insbesondere einer Vertreterversammlung zugewiesen ist und dieses Organ untätig bleibt oder eine Geltendmachung durch Beschluss ablehnt.[7] Im letzten Fall ist die Rechtswidrigkeit des Beschlusses wiederum inzident zu prüfen.

47 Im Insolvenzverfahren ist allein der Insolvenzverwalter zur Verfolgung von und zum Verzicht auf Ersatzansprüche befugt.[8]

---

1 Diese Analogie befürworten auch *Grunewald*, ZIP 1989, 962, 964 und *Segna*, Vorstandskontrolle, S. 194 f.
2 *K. Schmidt* in Scholz, § 46 GmbHG Rz. 168.
3 *Segna*, Vorstandskontrolle, S. 195; *K. Schmidt* in Scholz, § 46 GmbHG Rz. 173 f.
4 *Segna*, Vorstandskontrolle, S. 260; *K. Schmidt* in Scholz, § 46 GmbHG Rz. 158.
5 *Segna*, Vorstandskontrolle, S. 256 ff.; *K. Schmidt*, Gesellschaftsrecht, S. 641 f.; *Grunewald*, Gesellschaftsrecht, 4. Aufl. 2000, S. 192; *Lutter*, AcP 180 (1980), 84, 135 ff.; a.A. *Reuter* in MünchKomm. BGB, § 38 BGB Rz. 7, 27 f., jew. m.w.N.
6 *K. Schmidt* in Scholz, § 46 GmbHG Rz. 161; *Hüffer* in Ulmer/Habersack/Winter, § 46 GmbHG Rz. 113, 115; *Berger*, ZHR 149 (1985), 599, 611 m.w.N.
7 Das hält *Segna*, Vorstandskontrolle, S. 260, 331, für den Hauptanwendungsfall einer actio pro socio im Vereinsrecht.
8 *Reichert*, Vereins- und Verbandsrecht, Rz. 2525, 2549 m.w.N.

e) Beweislast

Nach **§ 93 Abs. 2 Satz 2 AktG, § 34 Abs. 2 Satz 2 GenG** hat der Geschäftsleiter zu beweisen, dass er die Sorgfalt eines ordentlichen und gewissenhaften Geschäftsleiters angewendet hat. Die Vorschriften finden auf GmbH-Geschäftsführer entsprechende Anwendung[1] und legen den Geschäftsleitern die Beweislast für fehlendes Verschulden und fehlende Pflichtwidrigkeit auf.[2] Berufen sich Geschäftsleiter auf die Business Judgement Rule (§ 93 Abs. 1 Satz 2 AktG, s. oben Rz. 30 ff.), haben sie dementsprechend darzulegen und zu beweisen, dass deren Voraussetzungen gegeben sind.[3] Die Gesellschaft muss daher lediglich den Eintritt und die Höhe des Schadens, eine Handlung oder ein Unterlassen des beklagten Geschäftsleiters sowie adäquate Kausalität zwischen der Handlung bzw. dem Unterlassen und dem Schadenseintritt darlegen und beweisen.[4]

Eine § 93 Abs. 2 Satz 2 AktG, § 34 Abs. 2 Satz 2 GenG entsprechende Norm fehlt im Vereinsrecht. Nach § 280 Abs. 1 Satz 2 BGB ist es allerdings Sache des Schuldners, den Entlastungsbeweis zu führen, dass er die Pflichtverletzung nicht zu vertreten hat.[5] Zudem folgt aus der allgemeinen Beweislastregel der sog. Normtheorie, wonach jede Partei die Voraussetzungen einer ihr günstigen Norm zu beweisen hat[6], dass im Streitfalle auch die Vorstandsmitglieder eines Vereins das Vorliegen der Voraussetzungen der Business Judgement Rule zu beweisen haben. Hält man sich ferner vor Augen, dass Pflichtverletzung und Verschulden im Bereich der Organhaftung eng zusammenhängende Fragen sind, die Vorstandsmitglieder kraft ihres Amtes über die zur Schädigung des Vereins führenden Umstände informiert und gem. § 27 Abs. 3 i.V.m. § 666 BGB rechenschaftspflichtig sind, so spricht alles dafür, **§ 93 Abs. 2 Satz 2 AktG, § 34 Abs. 2 Satz 2 GenG analog auch im Vereinsrecht** anzuwenden.[7] Näher zur Darlegungs- und Beweislast unten *Kurzwelly*, § 12 (S. 337 ff.).

f) Verjährung

Ansprüche aus § 280 Abs. 1 BGB **verjähren** gem. § 195 BGB in drei Jahren. Die Frist beginnt gem. § 199 Abs. 1 BGB mit Schluss des Jahres, in dem der Anspruch entstanden ist und der Gläubiger von den Anspruch begründenden Umständen und der Person des Schuldners Kenntnis erlangt hat oder ohne grobe Fahrlässigkeit erlangen musste.[8] Bei Ansprüchen von juristischen Personen kommt es

---

1 Statt anderer *Uwe H. Schneider* in Scholz, § 43 GmbHG Rz. 234 m.w.N.
2 S. nur *Hüffer*, § 93 AktG Rz. 16 m.w.N.
3 Anstelle anderer *Hüffer*, § 93 AktG Rz. 16a; *Kuntz*, GmbHR 2008, 121 ff.; *Paefgen*, AG 2008, 761 ff.; *Paefgen*, NZG 2009, 891 ff.
4 Näher dazu *Hüffer*, § 93 AktG Rz. 16 m.w.N.
5 *Unberath* in Bamberger/Roth, § 280 BGB Rz. 78, 95 ff.
6 *Hüffer*, § 93 AktG Rz. 16 f., § 243 AktG Rz. 59 m.w.N.
7 Wie hier *Reichert*, Vereins- und Verbandsrecht, Rz. 3034 ff., 3413; a.A. *Küpperfahrenberg*, Haftungsbeschränkungen, S. 198; a.A. für § 31a Abs. 2 BGB *Reuter*, NZG 2009, 1368, 1371.
8 Unabhängig von der Kenntnis verjähren Schadensersatzansprüche gem. § 199 Abs. 3 Satz 1 Nr. 1 BGB innerhalb von 10 Jahren ab der Entstehung des Anspruchs. Ist aus der Pflichtverletzung (noch) kein Schaden entstanden, verjähren die Ansprüche gem. § 199 Abs. 3 Satz 1 Nr. 2 BGB innerhalb von 30 Jahren nach der Pflichtverletzung (Verjährungs-

grundsätzlich auf die Kenntnis des gesetzlichen Vertreters, hier also auf die Kenntnis eines Vorstandsmitglieds an[1], s. §§ 26 Abs. 2 Satz 1, 28 Abs. 2 BGB.[2] Bei Ansprüchen des Vereins gegen Vorstandsmitglieder bleibt die Kenntnis der Betroffenen jedoch außer Betracht.[3] Und auch die Kenntnis von nicht betroffenen Vorstandsmitgliedern wird man in diesem Fall dem Verein nicht zurechnen können[4], da andernfalls die Gefahr besteht, dass Verjährung eintritt, weil sich Vorstandsmitglieder gegenseitig decken. Vielmehr wird man in diesem Fall auf die Kenntnis desjenigen Organs abzustellen haben, das zur Geltendmachung von Ersatzansprüchen gegen den Vorstand befugt ist[5], also regelmäßig auf die Kenntnis der Mitgliederversammlung (oben Rz. 42 ff.), wobei an deren Erkenntnismöglichkeit dieselben großzügigen Maßstäbe anzulegen sind, wie bei der Entlastung (unten Rz. 55). Der Kenntnisstand muss dergestalt sein, dass der Verein seine Ansprüche klageweise geltend machen, d.h. seiner Darlegungs- und Beweislast (oben Rz. 48 f.) nachkommen kann.[6]

g) Haftungsausschluss, Haftungsmilderung und Haftungsbeschränkung

51 Als Gründe für einen Haftungsausschluss, eine Haftungsmilderung oder Haftungsbeschränkung kommen in Betracht[7]:

52 **aa) Haftungsausschluss bei der Befolgung von Weisungen.** Beruht ein Handeln oder Unterlassen der Vorstandsmitglieder auf einem rechtmäßigen Beschluss der Mitglieder, so entfällt eine Haftung.[8] Im Aktienrecht ergibt sich dies aus § 93 Abs. 4 Satz 1 AktG, im GmbH-Recht aus einem Umkehrschluss aus § 43 Abs. 3 Satz 3 GmbHG und im Vereinsrecht aus dem Verbot widersprüchlichen Verhaltens, § 242 BGB. Hat ein Vorstandsmitglied allerdings **Bedenken gegen die Zweckmäßigkeit** einer von den Mitgliedern intendierten Maßnahme, so hat er diese Bedenken den Mitgliedern vorzutragen und ggf. Alternativen aufzuzeigen; denn er schuldet nicht „blinden", sondern „denkenden" Gehorsam (s. oben Rz. 22). Einzustehen haben Vorstandsmitglieder überdies für eine fehlerhafte Ausführung von Beschlüssen (s. auch Rz. 35).

53 Eine Haftungsbefreiung tritt ferner ein, wenn die Mitglieder einer von dem Vorstand vorgeschlagenen Maßnahme zustimmen oder eine Maßnahme des Vorstands nachträglich billigen.[9] **Voraussetzung** ist allerdings, dass der Vorstand

---

höchstfristen). Maßgeblich für das Ende der Verjährung ist stets diejenige Höchstfrist, die als erste abgelaufen ist, § 199 Abs. 3 Satz 2 BGB.
1 *Kesseler* in Prütting/Wegen/Weinreich, 4. Aufl. 2009, § 199 BGB Rz. 12.
2 *Hadding* in Soergel, § 26 BGB Rz. 11, § 28 BGB Rz. 12.
3 Insoweit zutr. *Henrich/Spindler* in Bamberger/Roth, § 199 BGB Rz. 38 m.w.N.
4 Insoweit a.A. *Henrich/Spindler* in Bamberger/Roth, § 199 BGB Rz. 38.
5 Dahingehend auch *Henrich/Spindler* in Bamberger/Roth, § 199 BGB Rz. 38.
6 *Reichert*, Vereins- und Verbandsrecht, Rz. 3419.
7 Näher zum Ganzen unten *Haas/Wigand*, § 16 (S. 439 ff.).
8 Anstelle anderer *Sauter/Schweyer/Waldner*, Der eingetragene Verein, Rz. 278; *Reichert*, Vereins- und Verbandsrecht, Rz. 3411; *Küpperfahrenberg*, Haftungsbeschränkungen, S. 199 m.w.N.
9 Vgl. *Reichert*, Vereins- und Verbandsrecht, Rz. 3411 f.; *Uwe H. Schneider* in Scholz, § 43 GmbHG Rz. 121 m.w.N.

den **Beschluss nicht pflichtwidrig herbeigeführt** hat, insbesondere durch eine objektiv unrichtige, unvollständige oder unzureichende Information der Mitglieder (für ein Bsp. s. oben Rz. 15). Außerdem muss der Beschluss rechtmäßig sein. Insbesondere darf er nicht gegen die Satzung verstoßen.[1]

bb) Haftungsausschluss durch Entlastung. Mit der Entlastung wird die Amtsführung von Organmitgliedern gebilligt, vgl. § 120 Abs. 2 Satz 1 AktG.[2] Außerhalb des Aktienrechts (vgl. § 120 Abs. 2 Satz 2 AktG) ist dies nicht nur eine rechtlich nahezu folgenlose[3] „*platonische Vertrauenskundgebung*".[4] Vielmehr bewirkt die Entlastung eine Präklusion hinsichtlich aller Ersatzansprüche, die dem beschlussfassenden Organ erkennbar waren oder von denen alle seine Mitglieder Kenntnis hatten.[5] Dabei beruht diese Präklusionswirkung entgegen älterer Auffassung nicht auf dem rechtsgeschäftlichen Willen der Beteiligten; denn dies bedeutete eine Willensfiktion: Das beschlussfassende Organ entlastet regelmäßig nicht, um auf Ansprüche zu verzichten, sondern zumeist im Gegenteil, weil es davon ausgeht, dass Ersatzansprüche nicht bestehen.[6] Vielmehr tritt die Präklusionswirkung unabhängig von dem Willen der Beteiligten kraft Gesetzes (§ 242 BGB: Verbot des widersprüchlichen Verhaltens) ein. Die Entlastung ist daher keine rechtsgeschäftliche Erklärung mit verzichtsähnlicher Wirkung, sondern ein **organschaftlicher Akt mit verwirkungsähnlicher Wirkung**.[7]

54

Das setzt dementsprechend voraus, dass durch die Billigung ein **Vertrauenstatbestand** geschaffen wird. Daran **fehlt** es *erstens*, wenn und soweit im Gesetz (vgl. § 120 Abs. 2 Satz 2 AktG), in der Satzung oder dem Beschluss selbst bestimmt ist, dass die Entlastung eine Geltendmachung von Ersatzansprüchen nicht hindert. Hieran fehlt es *zweitens*, wenn und soweit das beschlussfassende Organ generell oder im Blick auf den dritt-, insbesondere gläubigerschützenden Charakter von Ansprüchen nicht über diese zu disponieren befugt ist.[8] Hieran fehlt es *drittens*, wenn der Beschluss auf Grund formeller oder materieller Mängel (insbesondere

55

---

1 S. OLG Hamm v. 29.4.1999 – 2 Ws 71/99, wistra 1999, 350.
2 So schon RG, DR 1941, 506, 508; RGZ 167, 151, 166; BGH v. 12.3.1959 – II ZR 180/57, BGHZ 29, 385, 390; BGH v. 29.1.1962 – II ZR 1/61, BGHZ 36, 296, 306; aus der Lit. statt anderer *Mülbert* in Großkomm. AktG, § 120 AktG Rz. 22 ff.; *Hüffer* in Ulmer/Habersack/Winter, § 46 GmbHG Rz. 58 f. Nicht ganz einheitlich wird allerdings die Frage beantwortet, worauf sich diese Billigung bezieht: nur auf die Rechtmäßigkeit oder auch auf die Zweckmäßigkeit der Amtsführung, vgl. *Hüffer* und *Mülbert*, ebd. Ausf. zur Entlastung im Vereinsrecht *Reichert*, Vereins- und Verbandsrecht, Rz. 2494 ff.
3 Statt anderer s. *Mülbert* in Großkomm. AktG, § 120 AktG Rz. 30 ff.
4 *Schönle*, ZHR 126 (1964), 198, 220.
5 Vgl. zum Vereinsrecht BGH v. 21.3.1957 – II ZR 172/55, BGHZ 24, 47, 54; zum GmbH-Recht BGH v. 20.5.1985 – II ZR 165/84, BGHZ 94, 324, 326.
6 Zutr. *K. Schmidt* in Scholz, § 46 GmbHG Rz. 91.
7 Grundlegend *K. Schmidt*, ZGR 1978, 425 ff.; heute wohl h.L., statt anderer *Hüffer* in Ulmer/Habersack/Winter, § 46 GmbHG Rz. 64 f.; *Mülbert* in Großkomm. AktG, § 120 AktG Rz. 18, 20 m.w.N.
8 *Reichert*, Vereins- und Verbandsrecht, Rz. 2496, 2512, 2520, 2525; *K. Schmidt* in Scholz, § 46 GmbHG Rz. 95.

wegen Treupflichtwidrigkeit)[1] nichtig[2] ist.[3] Und hieran fehlt es vor allem *viertens*, wenn und soweit die Vorlagen und Berichte, auf denen der Beschluss beruht, unrichtig oder unvollständig sind. Die **Entlastung beschränkt sich auf alle der Mitgliederversammlung bekannten oder** unter „*Anlegung eines lebensnahen vernünftigen Maßstabs*" **ohne Schwierigkeiten in der Versammlung erkennbaren**[4] **Ansprüche**. Den Vereinsmitgliedern muss die Tragweite der ihnen abverlangten Entlastungsentscheidung deutlich gemacht werden. Das folgt auch daraus, dass „*es bereits zum pflichtgemäßen Inhalt des jährlichen Rechenschaftsberichts gehört, die Vereinsmitglieder über alles zu unterrichten, was nach Verkehrsanschauung und vernünftigem Ermessen zur sachgemäßen Beurteilung der Entlastungsfrage erforderlich ist.*" „*Es liegt daher allein beim „Vorstand – und entsprechendes gilt für andere um Entlastung nachsuchende Vereinsorgane –, durch hinreichende Offenheit gegenüber der Mitgliederversammlung die Tragweite der erbetenen Entlastung selbst zu bestimmen*".[5]

56 Im Regelfall ist die Mitgliederversammlung für die Entlastung zuständig[6], die abseits anderweitiger Satzungsbestimmungen mit einfacher Mehrheit beschließt.[7] Ist die Entlastung kraft Satzung einem anderen Organ als der Mitgliederversammlung übertragen, was zulässig ist[8], so ist zu bedenken, dass dessen Mitglieder nicht autonom, sondern pflichtgebunden entscheiden. Dementsprechend kommt in diesem Fall eine Entlastung trotz erkennbarer Ersatzansprüche nur ausnahmsweise in Betracht und bedarf besonderer Rechtfertigung.[9] Wird die **Entlastung pflicht- und sorgfaltswidrig** erteilt, so ist der Beschluss zwar nicht nichtig.[10] Die verantwortlichen Mitglieder des beschlussfassenden Organs haften dem Verein jedoch ihrerseits auf Schadensersatz.

57 **Entlastung wird den einzelnen Vorstandsmitgliedern erteilt**, auch wenn die Entlastung des Vorstands als Ganzes beantragt ist, also über die Entlastung aller sei-

---

1 Dagegen ist ein Entlastungsbeschluss nicht allein deswegen fehlerhaft, weil die vorgelegten Unterlagen nicht sorgfältig genug geprüft, deswegen bestehende Ersatzansprüche nicht erkannt oder zwar erkannt, aber in ihrem Ausmaß unterschätzt oder die Entlastung aus sonstigen Gründen fahrlässigerweise erteilt wurde; denn allein hierdurch verstößt der Beschluss noch nicht inhaltlich gegen Gesetz und Satzung, wie hier *Reichert*, Vereins- und Verbandsrecht, Rz. 2528 f.; zum GmbH-Recht *K. Schmidt* in Scholz, § 46 GmbHG Rz. 99; a.A. wohl BGH v. 21.4.1997 – II ZR 175/95, BGHZ 135, 244, 247 ff.
2 Zur Frage der Nichtigkeit oder Anfechtbarkeit von Beschlüssen im Vereinsrecht oben Rz. 21 Fn. 2, 3.
3 *K. Schmidt* in Scholz, § 46 GmbHG Rz. 99; *Hüffer* in Ulmer/Habersack/Winter, § 46 GmbHG Rz. 68.
4 *Reichert*, Vereins- und Verbandsrecht, Rz. 2520 ff.
5 BGH v. 14.12.1987 – II ZR 53/87, ZIP 1988, 706, 710; BGH v. 3.12.2001 – II ZR 308/99, ZIP 2002, 213, 215; BGH v. 1.12.2003 – II ZR 216/01, ZIP 2004, 407, 409; BGH v. 21.3.2005 – II ZR 54/03, ZIP 2005, 981, 983; LG Frankfurt a.M. v. 6.2.1997 – 23 O 374/96, NJW-RR 1998, 396, 397; *Segna*, Vorstandskontrolle, S. 190 f. m.w.N.
6 Anstelle anderer *Reichert*, Vereins- und Verbandsrecht, Rz. 2500.
7 Anstelle anderer *Reichert*, Vereins- und Verbandsrecht, Rz. 2513.
8 Anstelle anderer *Reichert*, Vereins- und Verbandsrecht, Rz. 2507.
9 Vgl. auch unten Rz. 174 ff.
10 S. oben Rz. 55 Fn. 1. Nichtig wäre der Beschluss nur, wenn die Pflichtwidrigkeit die Grenze zur Sittenwidrigkeit überschreiten würde.

ner Mitglieder gemeinsam durch einen Beschluss entschieden werden soll.[1] In diesem Fall kann freilich jedes Mitglied beantragen, dass der Entlastungsbeschluss für alle oder einzelne Vorstandsmitglieder getrennt gefasst wird. Auch kann die Entlastung auf bestimmte Zeitabschnitte oder Geschäftsbereiche beschränkt werden.[2]

Grundsätzlich besteht **kein Anspruch auf Entlastung**.[3] Denkbar ist aber eine Klage auf Feststellung, dass Ansprüche gegen das klagende Vorstandsmitglied nicht bestehen.[4]

58

cc) Haftungsausschluss oder Haftungsbeschränkung durch Verzicht oder Vergleich. Nach § 93 Abs. 4 Satz 3, Abs. 5 Satz 3 AktG ist ein Verzicht oder ein Vergleich über Ersatzansprüche gegen Mitglieder des Vorstands nur mit Einschränkungen möglich. Entsprechende Vorschriften fehlen im Vereinsrecht. Eine analoge Anwendung kommt nicht in Betracht.[5] Der **Verein kann** daher ohne diese Einschränkungen **auf Ersatzansprüche** gegen Vorstandsmitglieder **verzichten** (§ 397 BGB) oder einen Vergleich (§ 779 BGB) abschließen.[6] Der Verzicht kann sich dabei auf alle erdenklichen, insbesondere auch auf solche Ersatzansprüche erstrecken, die zum Zeitpunkt der Vereinbarung noch nicht bekannt waren (sog. Generalbereinigung).[7] **Ausgenommen** sind lediglich **Ansprüche wegen Verstoßes gegen gläubigerschützende Vorschriften**. Das sind im Vereinsrecht insbesondere §§ 21, 22 BGB (s. Rz. 20), § 42 Abs. 2 Satz 1 BGB sowie § 64 GmbHG, § 99 GenG, § 93 Abs. 3 Nr. 6 i.V.m. § 92 Abs. 2 AktG analog (Rz. 82). Ein Verzicht oder Vergleich setzt einen dementsprechenden Beschluss der Mitgliederversammlung voraus, der mit einfacher Mehrheit gefasst werden kann.[8]

59

dd) Haftungsbeschränkung wegen einer Risikozurechnung bei Tätigkeit im fremden Interesse. Ebenso wie im GmbH-Recht[9] ist auch im Vereinsrecht weithin anerkannt, dass die im Arbeitsrecht entwickelten Grundsätze einer Risikozurechnung bei Tätigkeiten im fremden Interesse grundsätzlich **nicht auf Mitglieder von Vertretungsorganen** juristischer Personen **anwendbar** sind.[10] Dem ist zuzustimmen, **soweit es um die Wahrnehmung typischer organschaftlicher**

60

---

1 *Reuter* in MünchKomm. BGB, § 27 BGB Rz. 46; *Sauter/Schweyer/Waldner*, Der eingetragene Verein, Rz. 289.
2 *Reuter* in MünchKomm. BGB, § 27 BGB Rz. 46; *Hadding* in Soergel, § 27 BGB Rz. 24.
3 *Reichert*, Vereins- und Verbandsrecht, Rz. 2535 ff. m.w.N. auch zur älteren Gegenansicht und zu denkbaren Ausnahmen.
4 *Reuter* in MünchKomm. BGB, § 27 BGB Rz. 46; *K. Schmidt*, ZGR 1978, 425, 440 ff.
5 *Küpperfahrenberg*, Haftungsbeschränkungen, S. 227 f.
6 *Reichert*, Vereins- und Verbandsrecht, Rz. 3418.
7 Vgl. BGH v. 21.4.1986 – II ZR 165/85, BGHZ 97, 382, 389; *Reichert*, Vereins- und Verbandsrecht, Rz. 2550 f. m.w.N.
8 *Reichert*, Vereins- und Verbandsrecht, Rz. 2550, 2513.
9 Anstelle vieler *Uwe H. Schneider* in Scholz, § 43 GmbHG Rz. 256 f. m.w.N.
10 Ausnahmslos *Küpperfahrenberg*, Haftungsbeschränkungen, S. 211 ff., 218; *Reuter* in MünchKomm. BGB, § 27 BGB Rz. 43. Mit Ausnahme bei Ehrenamtlichkeit *Hadding* in Soergel, § 27 BGB Rz. 23; *Weick* in Staudinger, § 26 BGB Rz. 25. Die Ehrenamtlichkeit ist jedoch kein zutreffendes Differenzierungskriterium, s. 1. Aufl. § 6 Rz. 74. Mit Ausnahme einer arbeitnehmerähnlichen Person *Ellenberger* in Palandt, § 27 BGB Rz. 4c, sowie *Sauter/Schweyer/Waldner*, Der eingetragene Verein, Rz. 278, beide unter

Rechte und Pflichten geht; denn der Sinn und Zweck der Bestellung von Vorstandsmitgliedern liegt gerade darin, *„die Schwierigkeiten und Risiken der Leitung eines Vereins oder Unternehmens einer Person zu übertragen, die diese beherrscht"*.[1]

Allerdings ändert auch die Verantwortlichkeit von Organmitgliedern nichts an dem Grundsatz, dass das allgemeine Betriebs- und Unternehmensrisiko bei der juristischen Person verbleiben soll.[2] Das ist, wie aufgezeigt wurde (Rz. 31), einer der Gründe für die Business Judgement Rule. So gesehen basieren die arbeitsrechtlichen Grundsätze und die Business Judgement Rule auf demselben (in § 670 BGB nur unzureichend zum Ausdruck gekommenen) Gedanken, nämlich dass das wirtschaftliche Risiko einer Tätigkeit im fremden Interesse den Prinzipal und nicht den Agenten treffen soll, und zwar (u.a.) deswegen, weil auch die wirtschaftlichen Vorteile der Tätigkeit des Agenten allein dem Prinzipal zugute kommen, vgl. § 667 BGB. Diese Überlegung zeigt freilich zugleich, dass die Anwendung arbeitsrechtlicher Grundsätze im Bereich der Wahrnehmung typischer organschaftlicher Rechte und Pflichten auch deswegen nicht sachgerecht wäre, weil die Organmitglieder durch die Business Judgement Rule bereits hinreichend und spezifisch auf ihre Tätigkeit zugeschnitten von dem allgemeinen Unternehmensrisiko entlastet sind.

61 Allerdings üben Organmitglieder auch Tätigkeiten im Interesse der juristischen Person aus, die **außerhalb der Wahrnehmung ihrer typischen organschaftlichen Rechte und Pflichten** liegen, die also nichts mit den *„Schwierigkeiten und Risiken der Leitung eines Vereins oder Unternehmens"* zu tun haben. Paradigma hierfür ist der Unfall auf einer Dienstfahrt. Für die Frage, wer das Unfallrisiko zu tragen hat, darf es keinen Unterschied machen, ob das Vorstandsmitglied sich von einem Mitarbeiter des Vereins fahren lässt oder (den Verein von diesen Kosten entlastet und) selbst den Wagen steuert.[3] In beiden Fällen hat der Verein daher entsprechend den im Arbeitsrecht entwickelten Grundsätzen bei leichtester Fahrlässigkeit den Schaden allein und bei leichter Fahrlässigkeit teilweise zu tragen.[4] Oder gibt es einen Grund, weswegen Vorstandsmitglieder „bessere" Autofahrer sein müssen als Arbeitnehmer?[5]

Verweis auf ein fragwürdiges Urteil des LG Bonn v. 10.4.1995 – 10 O 390/94, NJW-RR 1995, 1435 ff.
1 BGH v. 5.12.1983 – II ZR 252/82, BGHZ 89, 153, 159 unter Hinweis auf *Canaris*, RdA 1966, 48.
2 S. *Uwe H. Schneider* in Scholz, § 43 GmbHG Rz. 8, 12 ff.
3 Zutr. *Uwe H. Schneider* in Scholz, § 43 GmbHG Rz. 256 f., ähnlich *Reichert*, Vereins- und Verbandsrecht, Rz. 3530 ff.
4 Vgl. nur BAG GS v. 27.9.1994 – GS 1/89, BAGE 78, 56, 58 ff.; BAG v. 17.9.1998 – 8 AZR 175/97, BAGE 90, 9, 12 ff.
5 So ergeben sich auch aus BGH v. 5.12.1983 – II ZR 252/82, BGHZ 89, 153, 159, keine Anhaltspunkte dafür, dass die Entscheidung anders ausgefallen wäre, wenn der Kläger Vorstandsmitglied der Beklagten gewesen wäre; denn die Tätigkeit als „Stammesführer" einer Pfadfindergruppe liegt außerhalb des Rahmens typischer organschaftlicher Pflichten; ebenso *K. Schmidt*, Gesellschaftsrecht, S. 692. Eine andere Beurteilung wäre nur gerechtfertigt, wenn das Vorstandsmitglied zugleich für einen unzureichenden Versicherungsschutz der „Stammesführer" verantwortlich wäre, s. dazu Rz. 62.

Zu beachten ist allerdings, dass sich bei derartigen Sachverhalten die Frage der Schadenstragung regelmäßig nur stellt, wenn kein oder **kein ausreichender Versicherungsschutz** besteht.[1] So lag es etwa auch im Fall BGHZ 89, 153. Und für einen risikoadäquaten Versicherungsschutz Sorge zu tragen, gehört wiederum zu den zentralen Pflichten der Geschäftsführung (Rz. 14). Wird diese Pflicht verletzt, müssen die hierfür verantwortlichen Vorstandsmitglieder im Ergebnis den Schaden alleine tragen.

62

Schließlich ist zu erwähnen, dass Vorstandsmitglieder zwar gem. § 27 Abs. 3 i.V.m. § 670 BGB analog einen **Freistellungs- bzw. Ersatzanspruch für Zufallsschäden** haben.[2] Trifft sie an der Entstehung des Schadens ein (Mit-)Verschulden, so gilt dies jedoch grundsätzlich nicht.[3] Zur Risikobegrenzung greifen dann vielmehr allein die vorstehend erläuterten Regeln ein, d.h. bei Wahrnehmung typischer Organpflichten die Grundsätze der Business Judgement Rule (oben Rz. 30 ff.) und außerhalb dieses Rahmens die Grundsätze einer Risikozurechnung bei Tätigkeiten im fremden Interesse (Rz. 60 f.). **Ehrenamtliche Vorstandsmitglieder** haben nach § 31a Abs. 2 BGB (analog) allerdings immer schon dann einen Freistellungs- bzw. Ersatzanspruch, wenn sie den Schaden nicht vorsätzlich oder grob fahrlässig verursacht haben.[4]

63

ee) Haftungsmilderung oder Haftungsbeschränkung durch Satzung, Geschäftsordnung, Beschluss der Mitgliederversammlung oder Anstellungsvertrag. Ebenso wie der Verein nachträglich auf Ansprüche gegen Vorstandsmitglieder verzichten kann (s. oben Rz. 59), kann er im Vorhinein bis zur Grenze des § 276 Abs. 3 BGB (kein Haftungsausschluss für vorsätzlich pflichtwidriges Handeln) die Haftung von Vorstandsmitgliedern mildern oder beschränken.[5] Eine Haftungsmilderung ist *zum einen* möglich, indem der **Verschuldensgrad angehoben**, d.h. insbesondere eine Haftung wegen leichter oder auch grober Fahrlässigkeit ausgeschlossen wird. Möglich und verbreitet ist *zum anderen* eine **inhaltliche Haftungsbeschränkung**, indem der Pflichtenumfang der Vorstandsmitglieder definiert und reduziert wird, wie dies etwa auch im Falle einer Geschäftsverteilung (oben Rz. 19) geschieht. Und möglich ist schließlich *zum dritten* eine **betragsmäßige Haftungsbeschränkung** (etwa auf 10 000 Euro). Dabei ist der Verein auch frei, sachlich nachvollziehbare Differenzierungen – etwa nach haupt- und ehrenamtlichen Vorstandsmitgliedern (was freilich nicht zu empfehlen ist)[6] – einzuführen.[7]

64

---

1 S. BGH v. 24.11.1975 – II ZR 53/74, BGHZ 66, 1, 3; BGH v. 3.12.1991 – VI ZR 378/90, BGHZ 116, 200, 207 ff.; BGH v. 13.12.2004 – II ZR 17/03, ZIP 2005, 345, 348.
2 BGH v. 5.12.1983 – II ZR 252/82, NJW 1984, 789, 790; BGH v. 13.12.2004 – II ZR 17/03, NJW 2005, 981 ff.; *Hadding* in Soergel, § 27 BGB Rz. 23; *Sprau* in Palandt, § 670 BGB Rz. 1; *Schwarz/Schöpflin* in Bamberger/Roth, § 27 BGB Rz. 19.
3 A.A. *Eisele*, Haftungsfreistellung, S. 104 f., 165; wie hier *Hadding* in Soergel, § 27 BGB Rz. 22a; *Bastuck*, Enthaftung des Managements, 1986, S. 116 f.
4 A.A. *Küpperfahrenberg*, Haftungsbeschränkungen, S. 223.
5 *Weick* in Staudinger, § 26 BGB Rz. 25; *Sauter/Schweyer/Waldner*, Der eingetragene Verein, Rz. 278; *Reuter* in MünchKomm. BGB, § 27 BGB Rz. 38; *Segna* in GS Walz, S. 705, 715; *von Hippel*, Grundprobleme, S. 78.
6 S. *Burgard*, 1. Aufl., § 6 Rz. 75.
7 Näher zum Vorstehenden *Küpperfahrenberg*, Haftungsbeschränkungen, S. 237 ff. m.w.N.

65 Derartige Haftungsmilderungen und -beschränkungen können in der Satzung vorgesehen werden.[1] Möglich ist ferner, sie in eine von der Mitgliederversammlung erlassene Vereins- oder Geschäftsordnung aufzunehmen. Ausreichend ist aber auch ein mit einfacher Mehrheit gefasster **Beschluss der Mitgliederversammlung**. Schließlich können Haftungsmilderungen und -beschränkungen in einem Anstellungsvertrag[2] geregelt werden.[3] Dabei ist auf die Formulierung Acht zu geben, da Haftungsbeschränkungen im Zweifel eng und zu Lasten desjenigen auszulegen sind, der die Haftung beschränken will.[4]

66 Haftungsmilderungen und -beschränkungen gelten allerdings nicht für solche **Ansprüche**, auf die der Verein wegen ihres **gläubigerschützenden Charakters** nicht verzichten kann.[5] Das sind insbesondere Ansprüche wegen Verstoßes gegen §§ 21, 22 BGB (oben Rz. 20) § 42 Abs. 2 Satz 1 BGB sowie aus § 64 GmbHG, § 99 GenG, § 93 Abs. 3 Nr. 6 i.V.m. § 92 Abs. 2 AktG analog (unten Rz. 82).

67 *Reuter* ist zudem der Ansicht, dass bei Vereinen, die im größeren Stil am Wirtschaftsleben teilnehmen, eine spürbare Ermäßigung des gesetzlichen Pflichtenstandards mit **§ 138 Abs. 1 BGB** (Nichtigkeit wegen Verstoßes gegen die „öffentliche Ordnung") kollidiere.[6] Dem wäre nur zuzustimmen, wenn die Haftung der Vorstandsmitglieder auch über die soeben genannten Fälle hinaus generell dem Schutz von Vereinsgläubigern und des allgemeinen Rechtsverkehrs dienen würde. Im GmbH-Recht ist dies streitig, richtigerweise aber dort[7] ebenso wie hier abzulehnen.[8]

68 **ff) Haftungsmilderung wegen Ehrenamtlichkeit.** Nach bisher geltender Rechtslage rechtfertigte die bloße Tatsache der Unentgeltlichkeit keine Haftungsmilderung.[9] Vielmehr hatte sich der Gesetzgeber im Auftragsrecht, auf das § 27 Abs. 3 BGB verweist, bewusst für den allgemeinen Verschuldensmaßstab des

---

1 *Segna* in GS Walz, S. 705, 715 f.; *von Hippel*, Grundprobleme, S. 78 f.
2 Zuständig für den Abschluss eines Anstellungsvertrages ist regelmäßig die Mitgliederversammlung als Bestellungsorgan, BGH v. 21.1.1991 – II ZR 144/90, BGHZ 113, 237, 239 f.; *Hadding* in Soergel, § 27 BGB Rz. 13 m.w.N. S. auch unten Rz. 102.
3 Zum Vereinsrecht ausf. *Küpperfahrenberg*, Haftungsbeschränkungen, S. 230 ff.; zur entsprechenden Lage bei der GmbH *Uwe H. Schneider* in Scholz, § 43 GmbHG Rz. 258 ff. m.w.N.
4 St.Rspr., etwa BGH v. 29.10.1956 – II ZR 79/55, BGHZ 22, 90, 96; BGH v. 11.7.1963 – VII ZR 120/62, BGHZ 40, 65, 69; BGH v. 5.4.1967 – VIII ZR 32/65, BGHZ 47, 312, 318; BGH v. 30.9.1970 – III ZR 87/69, BGHZ 54, 293, 305; näher *Küpperfahrenberg*, Haftungsbeschränkungen, S. 237 f.
5 *Uwe H. Schneider* in Scholz, § 43 GmbHG Rz. 261.
6 *Reuter* in MünchKomm. BGB, § 27 BGB Rz. 38.
7 S. *Uwe H. Schneider* in Scholz, § 43 GmbHG Rz. 258 ff. mit zahlr. N.
8 Unter dem Gesichtspunkt der §§ 138, 242 BGB problematisch ist allerdings eine Beschränkung der Vertretungsmacht des Vorstands bei im größeren Umfang wirtschaftlich tätigen Vereinen, s. dazu *Burgard*, Gestaltungsfreiheit, S. 248 f. m.w.N.
9 RGZ 163, 200, 208; BGH v. 30.4.1959 – II ZR 126/57, BGHZ 30, 40; BGH v. 7.10.1963 – VII ZR 93/62, BB 1964, 100; BGH v. 1.12.2003 – II ZR 216/01, ZIP 2004, 407, 409; aus der Lit. wie hier *Reichert*, Vereins- und Verbandsrecht, Rz. 3382; *Sauter/Schweyer/Waldner*, Der eingetragene Verein, Rz. 278; *Beuthien*, § 34 GenG Rz. 12; *Wehnert*, ZSt 2007, 67, 71 f.; näher *Burgard*, 1. Aufl. § 6 Rz. 74 ff., sowie *Segna* in GS Walz, S. 705, 707 f., 711.

§ 276 Abs. 1 BGB entschieden.[1] Das hieraus resultierende Haftungsrisiko (vgl. Rz. 3) erscheint Vielen unbillig und unzumutbar. **§ 31a BGB** wurde daher eingeführt (und §§ 40, 86 Satz 1 BGB neu gefasst)[2], um das Haftungsrisiko für ehrenamtliche Vorstandsmitglieder zu senken und dadurch das ehrenamtliche Engagement zu stärken.[3] Nicht hinreichend berücksichtigt wurde dabei freilich, dass einer Haftung von Vorstandsmitgliedern schon bisher erhebliche Grenzen gesetzt sind (s. Rz. 19 ff., 30 ff., 60 ff.) und es Vereine im Übrigen weitgehend in der Hand haben, das Haftungsrisiko zu steuern (s. Rz. 42 ff., 51 ff., 64 ff., 74). Dabei hätte es bleiben sollen, zumal jede Haftungsmilderung notwendigerweise eine Verlagerung des Schadensrisikos und eine Schwächung der Handlungssteuerungsfunktion von Haftungsnormen zur Folge hat.[4] Geradezu verfassungsrechtlich bedenklich (Art. 9 Abs. 1 GG) ist es daher, dass die Haftungsmilderung zu Lasten von Vereinen gem. § 40 BGB n.F. zwingend sein soll.[5]

Nach § 31a Abs. 1 Satz 1 BGB haftet ein Vorstandsmitglied, das unentgeltlich tätig ist oder für seine Tätigkeit eine Vergütung erhält, die 500 Euro p.a. nicht übersteigt, dem Verein für einen in Wahrnehmung seiner Vorstandspflichten verursachten Schaden nur bei **Vorliegen von Vorsatz und grober Fahrlässigkeit**. Die Vorschrift erfasst den gesamten Bereich der Innenhaftung (Rz. 7 ff.), einschließlich von Regressansprüchen, deliktischen und insolvenzrechtlichen (Rz. 82) Ansprüchen des Vereins. Voraussetzung ist lediglich, dass das Vorstandsmitglied „*in Wahrnehmung seiner Vorstandspflichten*", also seiner typischen Leitungsfunktion gehandelt hat. Im Blick auf dieses Tatbestandsmerkmal ist bei Regressansprüchen des Vereins zu beachten, dass der Anwendungsbereich von § 31a BGB enger ist als derjenige von § 31 BGB. Nicht immer, wenn der Verein für ein einfach fahrlässiges Verhalten eines ehrenamtlichen Vorstandsmitglieds einzustehen hat, ist daher ein Regressanspruch wegen § 31a Abs. 1 Satz 1 BGB ausgeschlossen. Außerhalb der Wahrnehmung typischer Vorstandspflichten greifen dann jedoch die Regeln einer Risikozurechnung bei Tätigkeiten im fremden Interesse ein (s. oben Rz. 60). Zum weiteren sachlichen Anwendungsbereich von § 31a BGB s. unten Rz. 80, 90.

69

Unentgeltlich tätig sind Vorstandsmitglieder, die für ihre Tätigkeit keinerlei Vergütung erhalten. Als Vergütung gelten alle Geld- oder Sachleistungen sowie die Gewährung von geldwerten Vorteilen, worunter auch die Befreiung von Mitgliedsbeiträgen fallen kann, mit der die Arbeit des Vorstandsmitglieds für den Verein abgegolten werden soll. Nicht darunter fällt insbesondere der Ersatz von Aufwendungen, die das Vorstandsmitglied zur Erledigung der ihm übertragenen Aufgaben erbracht hat.[6] Nicht darunter fallen daher auch geldwerte Vorteile,

70

---

1 Vgl. Motive zu dem Entwurfe eines Bürgerlichen Gesetzbuches für das Deutsche Reich, Band II, 1888, S. 530 f.; näher *Segna* in GS Walz, S. 705, 707 f., 711.
2 Gesetz zur Begrenzung der Haftung von ehrenamtlich tätigen Vereinsvorständen, BGBl. I 2009, 3161; näher dazu *Burgard*, ZIP 2010, 358 ff.; *Reuter*, NZG 2009, 1368, 1369 ff.; *Unger*, NJW 2009, 3269 ff.
3 BR-Drucks. 399/08 v. 4.7.2008, S. 1 = BT-Drucks. 16/10120, S. 1.
4 Vgl. Stellungnahme der Bundesregierung, BT-Drucks. 16/10120 v. 13.8.2008, Anlage 2, S. 10 f.; ebenso *Reuter*, NZG 2009, 1368, 1369.
5 Näher zu § 31a BGB *Burgard*, ZIP 2010, 358, 363 f.
6 Rechtsausschuss des Bundestages, BT-Drucks. 16/13537 v. 22.6.2009, S. 6.

die im Interesse einer Haftungsmilderung oder eines Haftungsausschlusses vom Verein erbracht werden. Bei pauschalen Aufwandsentschädigungen (wie z.B. Sitzungs- oder Tagegeldern) handelt es sich hingegen um verdeckte Vergütungen, wenn die Kosten, zu deren Abdeckung die betreffende Pauschale im Allgemeinen gedacht ist, in dem konkreten Amt regelmäßig nicht anfallen.[1]

71 Die **Vergütungsgrenze** von 500 Euro wurde auf Empfehlung des Rechtsausschusses des Bundestages in das Gesetz aufgenommen, um zu gewährleisten, dass Vereine und Vorstandsmitglieder den Steuerfreibetrag nach § 3 Nr. 26a EStG nutzen können, ohne dass sich dies haftungsschädlich auswirkt. Die Gleichstellung mit unentgeltlich tätigen Vorstandsmitgliedern sei gerechtfertigt, weil auch geringfügig entlohnte Vorstandsmitglieder überwiegend ehrenamtlich tätig seien.[2] Anders als nach § 3 Nr. 26a EStG kommt es hier allerdings nicht darauf an, dass der Verein eine unter § 5 Abs. 1 Nr. 9 KStG fallende Einrichtung zur Förderung gemeinnütziger, mildtätiger oder kirchlicher Zwecke i.S. der §§ 52–54 AO ist. Auch wenn dies nicht der Fall ist, kommt Vorstandsmitgliedern also die Haftungsmilderung des § 31a BGB zugute, wenn ihre Vergütung die Wertgrenze nicht übersteigt. Zum weiteren persönlichen Anwendungsbereich von §§ 31a, 86 BGB, s. Rz. 99, 171.

72 **Grobe Fahrlässigkeit** liegt vor, wenn die erforderliche Sorgfalt in besonders hohem Maße verletzt wurde, vgl. § 45 Abs. 2 Satz 3 Nr. 3 SGB X. Der Sorgfaltsmaßstab richtet sich dabei nach allgemeinen Regeln (s. oben Rz. 38). Anders als bei einfacher Fahrlässigkeit reicht jedoch nicht jeder, sondern eben nur ein grober Verstoß gegen die erforderliche Sorgfalt zur Haftungsbegründung aus. Anschaulich formuliert liegt leichte Fahrlässigkeit vor, wenn sich sagen lässt: „Das kann vorkommen", grobe Fahrlässigkeit hingegen nur, wenn man sagen muss: „Das darf nicht vorkommen".[3] Die Interpretationsspielräume sind freilich weit. Besonders streng ist die finanzgerichtliche Rechtsprechung (s. unten Rz. 85). Welche Haltung die Zivilgerichte im Blick auf § 31a BGB einnehmen werden, bleibt abzuwarten. Es darf indes bezweifelt werden, dass § 31a Abs. 1 Satz 1 BGB zu einer erheblichen Verminderung des tatsächlichen Haftungsrisikos führt, da von den Vereinen in der Praxis ohnehin allenfalls eklatante Sorgfaltspflichtverstöße verfolgt werden. So lag auch in den eingangs erwähnten Fällen des OLG Frankfurt und LG Kaiserslautern (Rz. 3) wenigstens grobe Fahrlässigkeit vor.[4]

73 Das Gesetz zur Begrenzung der Haftung von ehrenamtlich tätigen Vereinsvorständen ist gem. Art. 2 am Tag nach seiner Verkündung, d.h. am 3.10.2009, **in Kraft getreten**. Übergangsregelungen enthält das Gesetz nicht. Nach allgemeinen Regeln[5] findet § 31a BGB daher nur auf solche Ansprüche Anwendung, die frühes-

---

1 Näher zur Abgrenzung zwischen Aufwendungsersatz und Vergütung BGH v. 14.12.1987 – II ZR 53/87, ZIP 1988, 706, 707 ff.
2 Rechtsausschuss des Bundestages, BT-Drucks. 16/13537 v. 22.6.2009, S. 6.
3 *Grundmann* in MünchKomm. BGB, § 276 BGB Rz. 94; *Frey*, AuR 1953, 7, 8.
4 Dem Fall BGH v. 14.1.2008 – II ZR 245/06, WM 2008, 447, lag ein wohl vorsätzlicher Pflichtverstoß zugrunde.
5 Vgl. BGH v. 24.6.2009 – XII ZR 145/07, MDR 2009, 1098, 1099; OLG München v. 18.8.2009 – 34 Wx 47/09, DNotZ 2009, 680; OLG München v. 26.8.2009 – 34 Wx 54/09, RPfleger 2010, 71 f.

tens am 3.10.2009 entstanden sind. Für davor entstandene Ansprüche verbleibt es bei der bisherigen Rechtslage.

h) Versicherung

Schließlich kann der Verein zugunsten von Organmitgliedern und sonstigen Mitarbeitern eine Vermögensschaden-Haftpflichtversicherung und/oder eine D&O-Versicherung abschließen. Soweit hierdurch eine persönliche Haftung der Organmitglieder faktisch ausgeschlossen bzw. beschränkt wird und es sich daher um eine Leistung des Vereins zu Gunsten der Organmitglieder handelt, ist hierfür vorbehaltlich abweichender Satzungsregelungen die **Mitgliederversammlung zuständig**.[1] Bestehen nicht nur unerhebliche Haftungsrisiken, kann der Vorstand allerdings zur Erarbeitung einer entsprechenden Beschlussvorlage verpflichtet sein (s. oben Rz. 15); denn zum einen erhält der Verein hierdurch einen solventen Schuldner. Und zum anderen werden Hemmungen abgebaut, berechtigte Ansprüche durchzusetzen. Dabei hat der Vorstand die Mitglieder nicht nur über die Vorteile, sondern auch über die Kosten und Nachteile solcher Versicherungen aufzuklären, damit sie eine informierte Entscheidung treffen können. Dazu gehört auch der Hinweis, dass durch eine vollständige Abdeckung des gesamten Haftungsrisikos die Handlungssteuerungsfunktion von haftungsbegründenden Normen ausgehöhlt wird[2], weswegen § 93 Abs. 2 Satz 3 AktG die Vereinbarung eines Selbstbehalts nunmehr zwingend vorsieht. Im Blick hierauf sowie im Blick auf die Kosten solcher Versicherungen hat der Vorstand den Mitgliedern auch Beschlussalternativen mit Selbstbehalt vorzuschlagen. Im Übrigen wird zu diesem Thema auf den Beitrag von *Sieg* unten § 15 (S. 411 ff.) verwiesen.[3]

74

2. Außenhaftung

Zunächst ist festzustellen, dass die Vorstandsmitglieder nur gegenüber dem Verein, nicht aber gegenüber Dritten, und zwar weder gegenüber Vereinsgläubigern noch gegenüber Vereinsmitgliedern, verpflichtet sind, ihren organschaftlichen Pflichten ordnungsgemäß nachzukommen.[4] Eine Außenhaftung kann sich daher nur aus anderen Rechtsgründen ergeben. Es gelten allgemeine Regeln, so dass sich die folgenden Ausführungen auf die Essentialia und vereinsrechtliche Besonderheiten beschränken.[5]

75

---

[1] Wie hier zur GmbH *Uwe H. Schneider* in Scholz, § 43 GmbHG Rz. 435 ff.; *Haas* in Michalski, § 43 GmbHG Rz. 260; a.A. *Dreher*, DB 2001, 453, 456 f.; *Lange*, ZIP 2001, 1524, 1526 f.; a.A. für den Verein *Küpperfahrenberg*, Haftungsbeschränkungen, S. 267; *Schießl/Küpperfahrenberg*, DStR 2006, 445, 449.
[2] A.A. *Dreher*, AG 2008, 429 ff.
[3] S. speziell zum Vereinsrecht ferner *Küpperfahrenberg*, Haftungsbeschränkungen, S. 264 ff. m.w.N.
[4] Statt anderer *Hadding* in Soergel, § 27 BGB Rz. 23.
[5] Zu den wenigen, praktisch kaum relevanten und daher hier nicht erwähnenswerten Möglichkeiten einer Beschränkung der Außenhaftung s. *Küpperfahrenberg*, Haftungsbeschränkungen, S. 188 ff. m.w.N.

a) Rechtsgeschäftliche Haftung

76 Aus Rechtsgeschäften, die ein Vorstandsmitglied für den Verein abschließt, haftet allein der Verein. Voraussetzung ist allerdings, dass bei Abschluss des Rechtsgeschäfts deutlich wird, dass das Vorstandsmitglied für den Verein handelt (sog. **Offenkundigkeitsprinzip**, § 164 Abs. 1 BGB) und dass das Vorstandsmitglied über die erforderliche **Vertretungsmacht** verfügt, andernfalls er gem. § 164 Abs. 2 bzw. § 179 BGB[1] persönlich haftbar werden kann. Die **Vertretungsmacht** ist grundsätzlich unbeschränkt[2], kann jedoch durch eine klare und eindeutige Satzungsregelung[3] beschränkt (§ 26 Abs. 2 Satz 2 BGB), allerdings nicht ganz ausgeschlossen werden.[4] Die Vertretungsmacht der Mitglieder des Vorstands ist gem. § 64 BGB in das Vereinsregister einzutragen. Besteht der Vorstand aus mehreren Personen, gilt nach § 26 Abs. 2 Satz 1 BGB n.F. das Prinzip der Mehrheitsvertretung. Die Vorschrift ist jedoch **dispositiv** (§ 40 BGB) und kann insbesondere durch Einzel- oder Gesamtvertretung ersetzt werden.[5]

77 Verletzt ein Vorstandsmitglied Vertragspflichten des Vereins, so wird sein Handeln gem. **§ 31 BGB** dem Verein zugerechnet, der dementsprechend hierfür gegenüber dem Vertragspartner allein einzustehen hat. Allerdings kann der Verein das Vorstandsmitglied im Innenverhältnis u.U. in **Regress** nehmen.[6] Gegebenenfalls findet § 31a Abs. 1 Satz 1 BGB Anwendung.

b) Deliktische Haftung

78 Begeht ein Vorstandsmitglied in eigener Person eine unerlaubte Handlung und wird ein Dritter hierdurch geschädigt, so ist es diesem gegenüber ersatzpflichtig. Eine Haftung tritt auch ein, wenn ein Vorstandsmitglied ein Schutzgesetz i.S. des § 823 Abs. 2 BGB (z.B. Betrug, § 263 StGB) verletzt.[7] Geschieht dergleichen in Ausübung einer ihm zustehenden Verrichtung, so haftet gem. § 31 BGB daneben der Verein als Gesamtschuldner, § 840 BGB.[8] Für Delikte anderer Vorstandsmitglieder oder nachgeordneter Mitarbeiter hat ein Vorstandsmitglied dagegen nicht einzustehen.

---

1 S. hierzu OLG Hamm v. 12.9.1997 – 29 U 191/96, SpuRt 2003, 77; OLG Hamburg v. 17.10.1997 – 14 U 171/96, OLGR Hamburg 1998, 121 ff.; näher *Reichert*, Vereins- und Verbandsrecht, Rz. 2355 ff.

2 Insbesondere wird die Vertretungsmacht nicht durch den Vereinszweck beschränkt, heute h.M., statt anderer *Hadding* in Soergel, § 26 BGB Rz. 20; *Reuter* in MünchKomm. BGB, § 26 BGB Rz. 13; a.A. *Ellenberger* in Palandt, § 26 BGB Rz. 5.

3 Näher BGH v. 28.4.1980 – II ZR 193/79, NJW 1980, 2799; BGH v. 22.4.1996 – II ZR 65/95, NJW-RR 1996, 866; s. auch OLG Köln v. 11.12.1998 – 19 U 40/98, OLGR Köln 1999, 169 f.; aus der Lit. *Hadding* in Soergel, § 26 BGB Rz. 21 f.; *Reichert*, Handbuch Vereins- und Verbandsrecht, Rz. 2272; *Segna*, Vorstandskontrolle, S. 113 ff. m.w.N.

4 *Reuter* in MünchKomm. BGB, § 26 BGB Rz. 13.

5 Statt anderer *Reichert*, Vereins- und Verbandsrecht, Rz. 2280; näher zur Haftung bei fehlender Vertretungsmacht *Altmeppen*, unten § 7 (S. 184 ff.).

6 Für einen Fall aus dem Vereinsrecht s. LG Kaiserslautern v. 11.5.2005 – 3 O 662/03, VersR 2005, 1090 = SpuRt 2006, 29.

7 Näher hierzu unten *Kellenter*, § 23 (S. 677 ff.).

8 Zum Innenausgleich s. *Reichert*, Vereins- und Verbandsrecht, Rz. 3258 f., sowie bereits oben Rz. 11 ff.

Außerordentlich streitig und zweifelhaft ist, ob ein Vorstandsmitglied Dritten gegenüber haftet, wenn diese deswegen zu Schaden kommen, weil das Vorstandsmitglied seine Organisationspflichten verletzt hat. Der Streit entzündet sich vor allem bei der Verletzung von Verkehrssicherungspflichten, die namentlich bei Sportvereinen eine erhebliche Rolle spielen. Im Ausgangspunkt zutreffend gehen dabei Rechtsprechung und herrschende Lehre davon aus, dass der Verein Träger der Verkehrssicherungspflicht ist. Wird eine Verkehrssicherungspflicht verletzt, haftet hierfür jedoch nicht nur der Verein (zumeist über § 31 BGB), sondern nach der Rechtsprechung[1] und einem Teil der Lehre[2] auch derjenige, der für die Erfüllung der Verkehrssicherungspflicht des Vereins persönlich verantwortlich ist, meist also das zuständige Vorstandsmitglied, u.U. aber auch andere (z.B. ein Rennleiter)[3], und zwar nicht nur zivilrechtlich[4], sondern auch strafrechtlich.[5] Da es in diesen Fällen meist um Körperverletzungen geht, ist nicht nur der materielle, sondern auch der immaterielle Schaden (§ 253 BGB, sog. Schmerzensgeld) zu ersetzen, was sich etwa im Falle BGH NJW-RR 1991, 668, zu einem Ersatzanspruch von mehr als 80 000 DM summierte.

79

Handelt es sich bei dem Verletzten um ein Vereinsmitglied, greift zu dessen Lasten u.U. die Haftungsmilderung des § 31a Abs. 1 Satz 2 BGB ein. Danach haftet ein ehrenamtlich tätiges (zu diesem Begriff oben Rz. 70f.) Vorstandsmitglied auch gegenüber Vereinsmitgliedern nur für Vorsatz und grobe Fahrlässigkeit, wenn der Schaden in Wahrnehmung seiner Vorstandspflichten (dazu Rz. 69) verursacht wurde und die Satzung nichts Abweichendes vorsieht (§ 40 BGB). Die Vorschrift erfasst vor allem deliktische Ansprüche von Vereinsmitgliedern. Begründet wurde sie damit, dass derjenige, der sich stärker als andere im Verein engagiert, nicht unverhältnismäßigen Haftungsrisiken ausgesetzt sein soll.[6] Dieser Gedanke rechtfertigt jedoch allenfalls eine Haftungsprivilegierung des Engagierten, nicht aber eine Schlechterstellung des Geschädigten (der überdies vielleicht ebenso engagiert ist). Eben dies bewirkt aber die Vorschrift. Zwar bleibt die Haftung des Vereins über § 31 BGB für das schädigende Verhalten des Vorstandsmitglieds unberührt. Ist bei dem Verein nichts zu holen, bleibt ein Vereinsmitglied

80

---

1 Für N. s. folgende Fn. 3–5; kritisch aber BGH v. 13.4.1994 – II ZR 16/93, BGHZ 125, 366, 375f.
2 Ausführlich zum Meinungsstand *Altmeppen*, unten § 7 Rz. 38ff.
3 S. BGH v. 26.11.1974 – VI ZR 164/73, NJW 1975, 533.
4 S. etwa BGH v. 10.2.1960 – IV ZB 381/59, VersR 1960, 421, 423 (Verletzung eines Dritten durch einen Diskuswurf auf einem allgemein zugänglichen Sportplatz); BGH v. 26.11.1974 – VI ZR 164/73, NJW 1975, 533 (Verletzung eines Zuschauers infolge eines Unfalls bei einem Autorennen); BGH v. 6.2.1991 – IV ZR 49/90, NJW-RR 1991, 668 (Verletzung eines Kindes beim Rasenmähen); OLG Stuttgart v. 29.6.1983 – 1 U 52/83, VersR 1984, 1098 (Sicherung der Radrennfahrer gegen querende Fußgänger); s. ferner BGH v. 12.3.1990 – II ZR 179/89, BGHZ 110, 323 (sog. „Schärenkreuzer-Fall") sowie zur GmbH insbesondere BGH v. 5.12.1989 – VI ZR 335/88, BGHZ 109, 297, 303f. (sog. „Baustoff-Urteil"); BGH v. 12.12.2000 – VI ZR 345/99, NJW 2001, 964 (sog. „Kindertee-Entscheidung").
5 BGH v. 6.11.1959 – 4 StR 382/59, NJW 1960, 252 (Fußballplatz in Straßennähe); BGH v. 6.7.1990 – 2 StR 549/89, BGHSt 37, 106, 114ff. (sog. „Lederspray-Entscheidung" zur GmbH); LG Waldshut-Tiengen v. 12.9.2000 – Ns 22 Js 6046/98, NJW 2002, 153 (Verurteilung eines Wettkampfkommissars wegen fahrlässiger Tötung eines Zuschauers bei einem Mountainbike-Rennen).
6 BR-Drucks. 399/08 v. 4.7.2008, S. 7 = BT-Drucks. 16/10120 v. 13.8.2008, S. 7.

jedoch auf seinem Schaden sitzen, wenn dem ehrenamtlichen Vorstandsmitglied, das ihn geschädigt hat, nur einfache Fahrlässigkeit zur Last fällt. Wird zugleich ein Dritter geschädigt, bleibt dessen Ersatzanspruch gegen das Vorstandsmitglied hingegen unberührt (dazu Rz. 90). Diese Schlechterstellung von Vereinsmitgliedern gegenüber Dritten ist nicht zu rechtfertigen, insbesondere nicht mit dem Gedanken gegenseitiger Verbundenheit (vgl. § 708 BGB), der keinesfalls auf körperschaftliche Organisationen passt.[1] Auch systematisch richtiger hätten daher Ansprüche von Vereinsmitgliedern und Ansprüche von Dritten gleich behandelt werden müssen, also nach § 31a Abs. 2 BGB.

c) Insolvenzrechtliche Haftung

81 Im Falle der Zahlungsunfähigkeit oder der Überschuldung des Vereins ist jedes Vorstandsmitglied. § 15 Abs. 1 InsO berechtigt und gem. § 42 Abs. 2 Satz 1 BGB verpflichtet, die Eröffnung des Insolvenzverfahrens zu beantragen. Diese persönliche Berechtigung und Verpflichtung jedes einzelnen Vorstandsmitglieds besteht ungeachtet einer Geschäftsverteilung oder Gesamtvertretung.[2] Jedes Vorstandsmitglied muss sich daher laufend über die wirtschaftliche Lage des Vereins unterrichten und im Falle des Eintritts einer Krise für die Erstellung einer Vermögensübersicht Sorge tragen.[3]

82 Die Insolvenzantragspflicht ist einerseits eine organschaftliche Pflicht der Vorstandsmitglieder gegenüber dem Verein. Wird sie verletzt und entsteht dem Verein hierdurch ein Schaden (z.B. weil Sanierungschancen vertan oder verschlechtert werden), so haften die Vorstandsmitglieder gem. **§ 280 Abs. 1 BGB**.[4] Zugleich ist **§ 42 Abs. 2 Satz 1 BGB Schutzgesetz i.S. des § 823 Abs. 2 BGB**.[5] Streitig ist, ob überdies § 64 GmbHG, § 99 GenG, § 93 Abs. 3 Nr. 6 i.V.m. § 92 Abs. 2 AktG (§ 64 Abs. 2 GmbHG a.F., § 99 Abs. 2 GenG a.F., § 93 Abs. 3 Nr. 6 i.V.m. § 92 Abs. 3 AktG a.F.) analog eingreifen[6], was erhebliche praktische Bedeutung hätte. Dafür spricht die Vergleichbarkeit der Interessenlage. Dagegen sprechen methodische Bedenken. Diese Bedenken gehen allerdings von einer Sorgfalt und Planhaftigkeit des Gesetzgebers aus, die heutzutage kaum mehr anzutreffen ist. Tatsache ist, dass sich der Gesetzgeber mit dieser konkreten Frage bisher nicht auseinandergesetzt hat, obgleich er in jüngster Zeit gleich zweimal dazu Gelegenheit gehabt hat.[7] Zugespitzt muss man daher fragen, ob nicht das allgemeine Gerech-

---

1 S. hierzu *Segna* in GS Walz, S. 705, 721 f.
2 Statt aller *Hadding* in Soergel, § 42 BGB Rz. 11.
3 *Reichert*, Vereins- und Verbandsrecht, Rz. 2558, 3433 f.
4 *Reuter* in MünchKomm. BGB, § 42 BGB Rz. 17; *Hadding* in Soergel, § 42 BGB Rz. 11.
5 Statt aller *Hadding* in Soergel, § 42 BGB Rz. 12.
6 Dafür *Wischmeyer*, DZWiR 2005, 230, 233 f.; *Reuter* in MünchKomm. BGB, § 42 BGB Rz. 17; *Passarge* ZInsO 2005, 230; *Roth/Knof*, KTS 2009, 163, 178 ff.; *Hirte* in FS O. Werner, S. 222, 228; *Werner*, ZEV 2009, 366, 369 f.; wohl auch *K. Schmidt*, ZHR 168 (2004), 637, 639; dagegen *Koza*, DZWiR 2008, 98; *Westermann* in Erman, § 42 BGB Rz. 6 und nunmehr auch OLG Hamburg v. 5.2.2009 – 6 U 216/07, ZIP 2009, 757 ff., mit krit. Anm. *Roth*, EWiR 2009, 331 f., und zust. Anm. *Klasen*, BB 2009, 690; sowie OLG Karlsruhe v. 19.6.2009 – 14 U 137/07, ZIP 2009, 1716 ff. Die Revisionen gegen diese Urteile sind anhängig unter den Az. I ZR 181/08 sowie II ZR 156/09.
7 Im Gesetz zur Modernisierung des GmbH-Rechts und zur Bekämpfung von Missbräuchen (MoMiG) vom 23.10.2008 hat der Gesetzgeber in Abweichung von der allgemeinen

tigkeitsgebot der Gleichbehandlung von Gleichartigem zur Begründung einer Analogie ausreicht, wenn sich zwar keine Planwidrigkeit der Lücke, wohl aber eine Planlosigkeit des Gesetzgebers feststellen lässt.

Andererseits besteht die Insolvenzantragspflicht den Vereinsgläubigern gegenüber. Wird die Stellung des Insolvenzantrags verzögert, so haften daher die Vorstandsmitglieder, denen ein Verschulden zur Last fällt, den Gläubigern gem. § 42 Abs. 2 Satz 2 BGB sowie gem. § 823 Abs. 2 i.V.m. § 42 Abs. 2 Satz 1 BGB für den daraus entstehenden Schaden als Gesamtschuldner.[1] Von praktischer Bedeutung[2] ist dabei vor allem die Haftung gegenüber den sog. Neugläubigern.[3] Die von ihnen geltend gemachten Schäden summieren sich oft zu einem erheblichen Umfang.[4]

83

Im Rahmen der Prüfung, ob Vorstandsmitgliedern hinsichtlich der Insolvenzverschleppung ein Verschulden zur Last fällt, ist **entsprechend § 15a Abs. 1 Satz 1 InsO** auch dem Vereinsvorstand eine angemessene Frist (allerdings ohne starre zeitliche Begrenzung) einzuräumen, innerhalb der er die Chancen einer Sanierung prüfen kann.[5] Zu bedenken ist aber auch, dass für ein Verschulden gem. § 276 Abs. 1 BGB bereits leichte Fahrlässigkeit genügt und dass an die Sorgfalt von Vorstandsmitgliedern eines in die Krise geratenen Vereins erhöhte Anforderungen zu stellen sind.[6] Bei Erkennbarkeit der Insolvenzreife wird daher ein Verschulden vermutet.[7] Für weitere Einzelheiten wird auf den Beitrag von *Balthasar* unten § 29 (S. 860 ff.) verwiesen.[8]

84

Regel des § 15a InsO ausdrücklich an § 42 Abs. 2 BGB als Sonderregelung festgehalten, ohne dies freilich näher zu begründen (BT-Drucks. 16/6140, abgedruckt in ZIP 2007 Beilage zu Heft 23, S. 31) und ohne auf die Rechtslage bei Stiftungen einzugehen, s. dazu *Roth/Knof*, KTS 2009, 163, 169f. Abgelehnt wurde ferner eine von den Ländern Saarland und Baden-Württemberg vorgeschlagene Ergänzung von § 42 Abs. 2 BGB durch einen Satz 3 (BR-Drucks. 399/08 v. 2.6.2008 S. 2, 9f.), durch den Haftungserleichterungen für ehrenamtlich tätige Vorstandsmitglieder gemeinnütziger Vereine eingeführt werden sollten, s. BR-Drucks. 399/1/08 v. 20.6.2008, S. 3f.

1 Anstelle anderer *Hadding* in Soergel, § 42 BGB Rz. 12.
2 S. zum Verein OLG Köln v. 20.6.1997 – 19 U 219/96, NJW-RR 1998, 686; OLG Hamm v. 10.1.2000 – 13 U 114/99, OLG-Report 2001, 265, 266; AG Bergisch-Gladbach v. 10.3.2000 – 2 C 1107/00, NJW-RR 2001, 400; zur GmbH etwa BGH v. 5.2.2007 – II ZR 234/05, BGHZ 171, 46; BGH v. 25.7.2005 – II ZR 390/03, BGHZ 164, 50 = GmbHR 2005, 1425; BGH v. 6.6.1994 – II ZR 292/91, BGHZ 126, 181 = GmbHR 1994, 539.
3 Die Berechnung des sog. Quotenschadens der Altgläubiger (dazu BGH v. 30.3.1998 – II ZR 146/96, NJW 1998, 2667) bereitet hingegen einige Schwierigkeiten, so dass er von Insolvenzverwaltern (§ 92 InsO) nicht immer geltend gemacht wird.
4 Im Falle OLG Köln v. 20.6.1997 – 19 U 219/96, NJW-RR 1998, 686, z.B. rd. 57 000 DM nebst Zinsen.
5 *Hadding* in Soergel, § 42 BGB Rz. 12; *Reichert*, Vereins- und Verbandsrecht, Rz. 3433; zur Stiftung auch *Roth/Knof*, KTS 2009, 163, 169f., 177f.
6 *Reichert*, Vereins- und Verbandsrecht, Rz. 3437.
7 BGH v. 29.11.1999 – II ZR 273/98, NJW 2000, 668 (zur GmbH); *Reichert*, Vereins- und Verbandsrecht, Rz. 3437.
8 S. speziell zum Vereinsrecht ferner *Haas*, SpuRt 1999, 1ff., *Wischemeyer*, DZWiR 2005, 230 ff., *Reichert*, Vereins- und Verbandsrecht, Rz. 3424 ff. sowie *Küpperfahrenberg*, Haftungsbeschränkungen, S. 174 ff. m.w.N.; näher zum Stiftungsrecht *Roth/Knof*, KTS 2009, 163 ff.; *Hirte* in FS O. Werner, S. 222 ff.

d) Steuerrechtliche Haftung

85 Nach § 34 Abs. 1 AO haben die Vorstandsmitglieder die steuerlichen Pflichten des Vereins zu erfüllen und insbesondere dafür zu sorgen, dass die Steuern aus dem Vereinsvermögen entrichtet werden, s. ferner § 41a EStG. Verletzen sie diese Pflichten vorsätzlich oder grob fahrlässig und werden aus diesem Grund Ansprüche aus dem Steuerschuldverhältnis nicht oder nicht rechtzeitig festgesetzt oder erfüllt, so haften die Vorstandsmitglieder gem. § 69 AO persönlich und unbegrenzt. Dabei zeigt eine umfangreiche Rechtsprechung die erhebliche praktische Bedeutung dieser Haftung.[1] Das Haftungsrisiko ist groß, und zwar nicht nur wegen des Umfangs der Haftung (in einem Fall des FG Münster allein 293 000 DM Lohnsteuer)[2], sondern vor allem, weil die Rechtsprechung außerordentlich streng ist.[3] Zwar ist der Verschuldensgrad gesetzlich auf Vorsatz und grobe Fahrlässigkeit beschränkt. Selbst bei Vereinen geht der BFH jedoch davon aus, dass die Verletzung steuerrechtlicher Pflichten im Allgemeinen grobe Fahrlässigkeit indiziert![4] Auch Ehrenamtlichkeit entlastet nicht.[5] Haftungsbegrenzend könnte zwar eine Ressortverteilung wirken. Die Finanzgerichte fordern hierfür jedoch eine klare schriftliche Regelung[6], an der es in der Praxis vielfach fehlt. Außerdem wird nach Ansicht der Gerichte die aus dem Grundsatz der Gesamtverantwortung folgende und insbesondere in Zeiten einer wirtschaftlichen Krise bestehende Pflicht zur Überwachung des Ressortverantwortlichen oftmals verletzt.[7] Überdies wird gerade bei Sportvereinen nicht selten die Grenze zur strafrechtlich relevanten Steuerhinterziehung (§ 370 AO) überschritten.[8] Für Einzelheiten wird auf den Beitrag von *Prinz/Hick* unten § 32 (S. 965 ff.) verwiesen.[9]

---

1 S. BFH v. 23.6.1998 – VII R 4/98, BFHE 186, 132; BFH v. 13.3.2003 – VII R 46/02, BStBl. II 2003, 556; BFH v. 21.8.2000 – VII B 260/99, BFH/NV 2001, 413; FG Münster v. 23.6.2004 – 7 K 5035/00, FGReport 2005, 95 f.; FG Brandenburg v. 6.5.1998 – 4 V 426/98, EFG 1998, 1106; FG Brandenburg v. 19.5.1999 – 4 K 628/98H, SpuRt 2000, 73.
2 Zzgl. rd. 30 000 DM Solidaritätszuschlag und Kirchensteuer, FG Münster v. 23.6.2004 – 7 K 5031/00 L, EFG 2006, 13. Weitere Fälle: FG München v. 23.6.2005 – 14 K 1035/03, PStR 2006, 268: 8979,53 Euro ausstehende Umsatzsteuer zzgl. 2046,54 Euro Säumniszuschläge, bestätigt durch BFH v. 10.8.2006 – V B 65/06, BFH/NV 2006, 2310; FG Münster v. 7.5.2002 – 1 K 2429/00 L, DStRE 2003, 47: 38 009,03 DM ausstehende Lohnsteuer, bestätigt durch BFHE 202, 22 = DStR 2003, 1022; FG Brandenburg v. 19.5.1999 – 4 K 628/98 H, SpuRt 2000, 73: 10 792,08 DM ausstehende Lohnsteuer.
3 Zu Recht kritisch *Segna* in GS Walz, S. 705, 718 ff.
4 Vgl. BFH v. 13.3.2003 – VII R 46/02, NJW-RR 2003, 1117, 1119 unter Hinweis auf BFH/NV 2000, 303. Zu Recht kritisch hierzu *Segna* in GS Walz, S. 705, 718 ff.
5 BFH v. 23.6.1998 – VII R 4/98, BFHE 186, 132; BFH v. 13.3.2003 – VII R 46/02, BStBl. II 2003, 556.
6 S. etwa BFH v. 13.3.2003 – VII R 46/02, NJW-RR 2003, 1117, 1119; FG Brandenburg v. 19.5.1999 – 4 K 628/98 H, SpuRt 2000, 73.
7 S. etwa BFH v. 23.6.1998 – VII R 4/98, BFHE 186, 132, 138 ff.; BFH v. 13.3.2003 – VII R 46/02, NJW-RR 2003, 1117, 1118 f.
8 S. etwa BGH v. 20.3.2002 – 5 StR 448/01, NJW 2002, 1963 ff. sowie sehr anschaulich zu den der Finanzverwaltung seit langem bekannten und daher oft von ihr geprüften typischen Hinterziehungshandlungen bei Sportvereinen *Reichert*, Vereins- und Verbandsrecht, Rz. 7098 ff.
9 S. speziell zum Vereinsrecht ferner *Pudell/Ernst*, SpuRt 1998, 233 ff.; *Pudell/Ernst*, SpuRt 1999, 16 ff.; *Schießl*, SpuRt 2004, 53 ff.; *Küpperfahrenberg*, Haftungsbeschränkungen, S. 172 ff., 179 f.; *Küpperfahrenberg/Schießl*, DStR 2006, 445 ff.; *Bruschke*, StB 2007,

Besonders einzugehen ist hier allerdings auf die steuerliche **Spendenhaftung**. Nach 86
§ 10b Abs. 4 Satz 2 EStG haftet für die entgangene Steuer, wer vorsätzlich oder grob fahrlässig eine unrichtige Bestätigung über Spenden und Mitgliedsbeiträge ausstellt (sog. Ausstellerhaftung) oder wer veranlasst, dass Zuwendungen nicht zu den in der Bestätigung angegebenen steuerbegünstigten Zwecken verwendet werden (sog. Veranlasserhaftung). Die beiden Haftungstatbestände sind durch das Vereinsförderungsgesetz vom 18.12.1989[1] eingeführt worden, um Steuerausfälle zu kompensieren, die dadurch entstehen, dass gutgläubigen Spendern trotz unrichtiger Spendenbestätigung oder Fehlverwendung der Spende der gewährte Steuerabzug nach § 10b Abs. 4 Satz 1 EStG erhalten bleiben soll.[2] Die **Ausstellerhaftung** sanktioniert **schuldhaftes Handeln bei der Ausstellung der Spendenbestätigung**. Dagegen ist die **Veranlasserhaftung** eine **verschuldensunabhängige Gefährdungshaftung für Fehlverhalten des Empfängers im Zusammenhang mit der Spendenverwendung**. Entsprechendes gilt gem. § 9 Abs. 3 Satz 2 KStG hinsichtlich der Haftung für Körperschaftsteuer und gem. § 9 Nr. 5 Satz 7 GewStG hinsichtlich der Haftung für Gewerbesteuer (wonach allerdings in beiden Fällen ein Verschulden erforderlich ist). Die entgangene Steuer ist nach § 10b Abs. 4 Satz 3 EStG und nach § 9 Abs. 3 Satz 4 KStG jeweils mit 30 vom Hundert, nach § 9 Nr. 5 Satz 9 GewStG mit 15 vom Hundert des zugewendeten Betrages anzusetzen.[3]

Aussteller i.S. der § 10b Abs. 4 Satz 2 Fall 1 EStG, § 9 Abs. 3 Satz 2 Fall 1 KStG, § 9 87
Nr. 5 Satz 7 Fall 1 GewStG ist regelmäßig die **empfangsberechtigte Körperschaft** (also bei sog. Durchlaufspenden die die Bestätigung ausstellende Gebietskörperschaft[4], bei Direktspenden der Verein), nicht dagegen die für die Körperschaft handelnde natürliche Person, deren Verschulden der Körperschaft zugerechnet wird.[5] Allerdings hat der Verein u.U. einen Rückgriffsanspruch gegen die handelnde Person. **Unrichtig** ist eine Bestätigung, deren Inhalt **nicht der objektiven Sach- und Rechtslage** hinsichtlich der für den Abzug wesentlichen Angaben, also insbesondere hinsichtlich der Höhe des zugewendeten Betrages, des beabsichtigten Verwendungszwecks und des steuerbegünstigten Status des Spendenempfängers bzw. des Spendenzwecks entspricht.[6] Eine Spendenbestätigung ist daher unrichtig, wenn sie Zuwendungen ausweist, die keine Spenden i.S. einer uneigennützigen Förderung steuerbegünstigter Zwecke, sondern Entgelte für eine Leistung sind.[7]

296ff., sowie *Reichert*, Vereins- und Verbandsrecht, Rz. 2562ff., 3449ff., 6375ff., jew. m.w.N.
1 BGBl. I 1989, 2212, BStBl. I 1989, 499.
2 BT-Drucks. 11/4176, S. 16, 17; BT-Drucks. 11/5582, S. 25 f.
3 Näher zu der steuerlichen Spendenhaftung *Reichert*, Vereins- und Verbandsrecht, Rz. 3481 ff.; *Wallenhorst*, DStZ 2003, 531 ff.; *Hüttemann*, Gemeinnützigkeits- und Spendenrecht, 2008; § 8; einen Überblick über den Stand der Rechtsprechung gibt *Bink*, Steuer-Warte 2009, 131 ff.
4 Zwar ist das sog. Durchlaufspendenverfahren nach der Neuordnung des Spendenverfahrensrechts (§§ 48ff. EStDV) zum 1.1.2000 nicht mehr zwingend erforderlich, es kann aber weiterhin eingesetzt werden, s. dazu *Thiel*, DB 2000, 392; *Myßen*, INF 2000, 385.
5 BFH v. 24.4.2002 – XI R 123/96, BFHE 199, 162; BFH v. 28.7.2004 – XI R 39–41/03, BFH/NV 2005, 516; *Myßen*, INF 2000, 385, 386 m.w.N.
6 BFH v. 24.4.2002 – XI R 123/96, BFHE 199, 162.
7 S. BFH v. 12.8.1999 – XI R 65/98, BFHE 190, 144; BFH v. 2.8.2006 – XI R 6/03, DStR 2006, 1975 ff.; *Thiel*, DB 2000, 392, 393.

88 **Veranlasser** i.S. der § 10b Abs. 4 Satz 2 Fall 2 EStG, § 9 Abs. 3 Satz 2 Fall 2 KStG, § 9 Nr. 5 Satz 7 Fall 2 GewStG sind hingegen die **verantwortlichen Vorstandsmitglieder**, deren Verhalten allerdings wiederum gem. § 31 BGB dem **Verein** zugerechnet wird, so dass beide grundsätzlich **gesamtschuldnerisch** haften.[1] Allerdings ist nach § 10b Abs. 4 Satz 4 EStG, § 9 Abs. 3 Satz 3 KStG, § 9 Nr. 5 Satz 8 GewStG vorrangig der Zuwendungsempfänger in Anspruch zu nehmen, die für den Zuwendungsempfänger handelnden natürlichen Personen dagegen nur, wenn die entgangene Steuer nicht nach § 47 AO erloschen ist und Vollstreckungsmaßnahmen gegen den Zuwendungsempfänger keinen Erfolg haben. Die verschuldensunabhängige (Ausn. § 9 Nr. 5 Satz 7 GewStG) Veranlasserhaftung greift zum einen ein, soweit die Spende **nicht zu steuerbegünstigten Zwecken**, d.h. insbesondere nicht für den ideellen oder den Zweckbetriebsbereich, sondern z.B. für einen steuerpflichtigen wirtschaftlichen Geschäftsbetrieb (etwa die Vereinsgaststätte) verausgabt wurde. Sie greift zum anderen ein, soweit die Spende **nicht zu dem in der Bestätigung angegebenen Zweck** verwendet wurde. Eine Fehlverwendung liegt daher auch vor, wenn eine Zuwendung – ohne dass dies aus dem Spendenaufruf ersichtlich ist und ohne entsprechende Auflage des Spenders – von dem Verein dem Bereich der Vermögensverwaltung zugeordnet wird.[2] Dagegen liegt keine Fehlverwendung vor, wenn der Verein die Spenden zu dem in der Bestätigung angegebenen Zweck verwendet hat, der Verein aber nicht als gemeinnützig anerkannt ist.[3] Haftungsunschädlich soll ferner die Verwendung von Spenden für wirtschaftlich sinnvolle Verwaltungs- und Mitgliederwerbeausgaben sein.[4]

e) Sozialversicherungsrechtliche Haftung

89 Wird der Arbeitnehmeranteil zur Sozialversicherung nicht abgeführt, so können die verantwortlichen Vorstandsmitglieder erstens nach § 266a i.V.m. § 14 StGB und § 263 StGB strafbar sein. Und zweitens sind die §§ 263, 266a StGB Schutzgesetze i.S. des § 823 Abs. 2 BGB, so dass die verantwortlichen Vorstandsmitglieder auch für nicht gezahlte Arbeitnehmeranteile persönlich ersatzpflichtig sind. Dabei ist die Rechtsprechung hinsichtlich des für diese Haftung erforderlichen (bedingten) Vorsatzes ebenfalls sehr streng: Danach sind die nach der internen Kompetenzregelung nicht zuständigen Vorstandsmitglieder verpflichtet, die Abführung der Arbeitnehmeranteile zur Sozialversicherung zu überwachen und auf die Erfüllung dieser Aufgabe hinzuwirken, sobald eine finanzielle Krisensituation erkennbar eingetreten ist. Unternehmen sie gleichwohl nichts, so soll dies die Annahme rechtfertigen, die Vorstandsmitglieder hätten es billigend in Kauf genommen, dass die Arbeitnehmerbeiträge nicht an die Sozialversicherung abge-

---

1 Str., vgl. BFH v. 23.2.1999 – XI 128/98, DStR 1999, 623, 624; BFH v. 23.2.1999 – XI B 130/98, DStR 1999, 624, 625; zum Meinungsstand in der Literatur ausf. *Oppermann/Peter*, DStZ 1998, 424, 425 ff. m.w.N.
2 FG Hessen v. 14.1.1998 – 4 K 2594/94, EFG 1998, 757; *Wallenhorst*, DB 1991, 1410, 1411; *Märkle/Alber*, Der Verein im Zivil- und Steuerrecht, 12. Aufl. 2008, S. 344; a.A. *Hüttemann*, Gemeinnützigkeits- und Spendenrecht, 2008, § 8 Rz. 130 m.w.N.
3 BFH v. 10.9.2003 – XI R 58/01, BFHE 203, 445; BFH v. 28.7.2004 – XI R 39–41/03, BFH/NV 2005, 516. In diesem Fall kommt aber die Ausstellerhaftung in Betracht.
4 So *Heinicke* in L. Schmidt, § 10b EStG Rz. 54.

führt werden.[1] Für Einzelheiten wird auf den Beitrag von *Brand* unten § 33 (S. 992 ff.) verwiesen.[2]

f) Freistellungsanspruch bei Ehrenamtlichkeit

Nach § 31a Abs. 2 BGB kann ein ehrenamtlich tätiges (dazu Rz. 70 f.) Vorstandsmitglied von dem Verein Befreiung von der Verbindlichkeit verlangen, wenn er einem anderen zum Ersatz eines in Wahrnehmung seiner Vorstandspflichten (dazu Rz. 69) verursachten Schadens verpflichtet ist und er den Schaden nicht vorsätzlich oder grob fahrlässig verursacht hat. Das bedeutet: Vorstehende Grundzüge einer Außenhaftung (Rz. 75 ff.) gelten auch für ehrenamtliche Vorstandsmitglieder. Gegenüber Dritten haften sie also ebenso wie entgeltlich tätige Vorstandsmitglieder. Eine Haftungsmilderung besteht nur bei Ersatzansprüchen von Vereinsmitgliedern (dazu Rz. 80). Abgesehen davon haben ehrenamtliche Vorstandsmitglieder unter den genannten Voraussetzungen lediglich im Innenverhältnis einen Freistellungsanspruch gegen den Verein. Dieser Freistellungsanspruch ist freilich dann nichts wert, wenn der Verein – wie häufig in Fällen einer Außenhaftung – insolvent ist. Jedenfalls bei einer insolvenzrechtlichen Haftung nach § 42 Abs. 2 BGB (bzw. nach § 823 Abs. 2 BGB i.V.m. § 42 Abs. 2 Satz 1 BGB) gegenüber den Vereinsgläubigern nutzt daher der Freistellungsanspruch nichts. Und bei der besonders risikoreichen steuerrechtlichen Haftung nach § 69 AO sowie bei der sozialversicherungsrechtlichen Haftung nach § 823 Abs. 2 BGB i.V.m. § 266a StGB besteht nach § 31a Abs. 2 Satz 2 BGB schon deswegen kein Freistellungsanspruch, weil diese Tatbestände ohnehin ein grob fahrlässiges bzw. vorsätzliches Handeln voraussetzen. Die Bedeutung von § 31a Abs. 2 BGB dürfte sich daher in engen Grenzen halten. Praktisch relevant könnte die Vorschrift allenfalls bei der Verletzung von Verkehrssicherungspflichten werden. Eine Durchsicht einschlägiger Fälle[3] ergibt jedoch ebenso wie im Bereich einer Innenhaftung (Rz. 72), dass das haftungsbegründende Verhalten regelmäßig als grob fahrlässig einzustufen gewesen sein dürfte.[4]

IV. Haftung der Mitglieder von weiteren Organen

Ausweislich §§ 30, 40 BGB herrscht im Vereinsrecht weitestgehend Gestaltungsfreiheit. Neben Vorstand und Mitgliederversammlung (an deren Stelle auch eine

---

1 So OLG Rostock v. 13.9.2001 – 1 U 261/99, GmbHR 2002, 218 unter Bezugnahme auf BGH v. 9.1.2001 – VI ZR 407/99, NJW 2001, 969, 971 = GmbHR 2001, 236; BGH v. 14.11.2000 – VI ZR 149/99, ZIP 2001, 80, 81 = GmbHR 2001, 147; BGH v. 21.1.1997 – VI ZR 338/95, NJW 1997, 1237, 1239 = GmbHR 1997, 305; s. ferner etwa BGH v. 15.10.1996 – VI ZR 319/95, BGHZ 133, 370, 379; BGH v. 21.1.1997 – VI ZR 338/95, BGHZ 134, 304, 315 = GmbHR 1997, 305; BGH v. 2.6.2008 – II ZR 27/07, ZIP 2008, 1275 f. = GmbHR 2008, 815; BGH v. 29.9.2008 – II ZR 162/07, ZIP 2008, 2220, 2222; OLG Frankfurt v. 3.4.2009 – 19 W 17/09, GmbHR 2009, 939, 940.
2 S. speziell zum Vereinsrecht ferner *Reichert*, Vereins- und Verbandsrecht, Rz. 3442 ff.; *Küpperfahrenberg*, Haftungsbeschränkungen, S. 171 f. m.w.N.
3 S. etwa BGH v. 10.2.1960 – IV ZB 381/59, VersR 1960, 421, 423; BGH v. 26.11.1974 – VI ZR 164/73, NJW 1975, 533; BGH v. 6.2.1991 – IV ZR 49/90, NJW-RR 1991, 668; OLG Stuttgart v. 29.6.1983 – 1 U 52/83, VersR 1984, 1098.
4 Näher zu § 31a *Burgard*, ZIP 2010, 358, 363, 365.

Vertreterversammlung treten kann) können daher kraft Satzung auch weitere Organe mit unterschiedlichen Funktionen treten. Organ in diesem Sinne ist jeder Entscheidungsträger, der auf Grund von Gesetz oder Satzung an dem autonomen Handeln und/oder Wollen des Vereins unmittelbar oder mittelbar (etwa durch Bestellungs-, Kontroll- oder Beratungskompetenzen) mitzuwirken befugt ist.[1] Unterschieden werden kann zwischen Außen- und Innenorganen:

1. Haftung der Mitglieder von Außenorganen (sog. „besondere Vertreter")

a) Begriff, Voraussetzungen, Rechtsfolgen und Abgrenzung

92 Gem. § 30 Satz 1 BGB kann die Satzung bestimmen, dass für gewisse Geschäfte besondere Vertreter zu bestellen sind. Werden besondere Vertreter bestellt, so sind hieran zwei **Rechtsfolgen** geknüpft: *Erstens* erstreckt sich gem. § 30 Satz 2 BGB die – organschaftliche – Vertretungsmacht solcher Vertreter im Zweifel, d.h. vorbehaltlich anderweitiger Satzungsbestimmungen, auf alle Rechtsgeschäfte, die der ihnen zugewiesene Geschäftskreis gewöhnlich mit sich bringt. Und *zweitens* haftet der Verein für solche Vertreter nach § 86 i.V.m. § 31 BGB.

93 § 30 BGB wird teils zu eng, teils zu weit ausgelegt. Der **historische Gesetzgeber** dachte an die Bestellung von Kassierern oder örtlichen Delegierten bei weiträumig tätigen Vereinen[2], also an die gewillkürte Einrichtung von weiteren, den Verein nach außen repräsentierenden Organen durch die Satzung. Diese gesetzgeberische Vorstellung kommt auch in dem Wortlaut der Vorschrift deutlich zum Ausdruck. Dementsprechend wird der Sinn und Zweck des § 30 BGB darin gesehen, dem Verein die Möglichkeit zu eröffnen, durch die Satzung eine **differenzierte externe Handlungsorganisation** einzurichten und dabei die Auswahl der Funktionsträger nicht dem Vorstand zu überlassen, sondern sie je nach der Bedeutung und Selbständigkeit ihrer Tätigkeit an ein unmittelbares Mandat der Mitglieder zu binden.[3]

94 Demgegenüber interpretiert die **Rechtsprechung** § 30 BGB unter dem Blickwinkel der Haftungsfolge gem. § 31 BGB. In dem berechtigten Bemühen, die bei großen Organisationen unzureichende gesetzliche Haftung für Verrichtungsgehilfen nach § 831 BGB auszudehnen, weicht sie in dreierlei Hinsicht von den gesetzgeberischen Vorstellungen ab: *Erstens* wird eine satzungsmäßige Basis für die Position des besonderen Vertreters für entbehrlich gehalten; eine allgemeine Betriebsregelung und Handhabung soll genügen.[4] *Zweitens* sei der Verein u.U. verpflichtet, besondere Vertreter zu bestellen, da er widrigenfalls wegen Organisationsverschuldens hafte.[5] Und *drittens* könnten besondere Vertreter auch bloße

---

1 Näher *Burgard*, Gestaltungsfreiheit, S. 219 ff.; umfassend *Schürnbrand*, Organschaft im Recht der privaten Verbände, 2007.
2 *Mugdan*, Materialien, Band I, S. 618.
3 *Reuter* in MünchKomm. BGB, § 30 BGB Rz. 1 m.w.N.
4 Etwa RGZ 94, 318; BGH v. 30.10.1967 – VII ZR 82/65, BGHZ 49, 19, 21 m.w.N.
5 Etwa RGZ 157, 228, 335; BGH v. 5.3.1963 – VI ZR 55/62, BGHZ 39, 124, 129 f.

Innenorgane sein.¹ Zutreffend an dieser Rechtsprechung ist, dass die Haftung einer Organisation nicht zu deren Disposition gestellt werden darf. Es kann daher nicht von ihrer Satzung abhängen, ob sie nach § 31 BGB oder nach § 831 BGB haftet. Handelt es sich jedoch nicht um ein verfassungsmäßiges Organ bzw. Organmitglied, ist auf solche **Haftungsvertreter § 31 BGB** nicht direkt, sondern methodisch korrekt **analog** anzuwenden.² Dies ermöglicht eine Rückführung des § 30 BGB auf seinen unmittelbaren Anwendungsbereich und befreit den Organbegriff (Rz. 91) von haftungsrechtlichen Erwägungen.

Richtigerweise hat § 30 BGB **drei Voraussetzungen**: *Erstens* muss die Satzung einen Geschäftskreis definieren, der einer Person oder einem Gremium zur selbstständigen Erledigung übertragen werden kann. In der Satzung vorgeschrieben sein muss dabei nur der Geschäftskreis sowie für den Fall seiner Einrichtung die Bestellung einer Person(enmehrheit). Dagegen kann die Frage, ob die Einrichtung des Geschäftskreises – und damit die Einrichtung eines weiteren Organs – überhaupt erforderlich ist, dem Ermessen eines Organs, namentlich dem Vorstand, überlassen werden.³ *Zweitens* muss der Geschäftskreis begrenzt sein und die externe Handlungsorganisation betreffen.⁴ Dem besonderen Vertreter muss jedoch keine (organschaftliche) Vertretungsmacht eingeräumt sein.⁵ Überdies hängt es von der Gestaltung im Einzelfall ab, ob und inwieweit er für den Geschäftskreis ausschließlich zuständig ist oder Weisungen des Vorstands⁶ oder eines anderen Organs, insbesondere der Mitgliederversammlung, unterliegt. Abseits anderweitiger Regelungen findet § 27 BGB entsprechende Anwendung.⁷ Und *drittens* muss der Geschäftskreis tatsächlich einer Person(enmehrheit) zur selbstständigen Erledigung durch einen Bestellungsakt übertragen worden sein.

95

Die **Abgrenzung gegenüber dem Vorstand** erfolgt über den begrenzten Geschäftskreis. Insbesondere können die gesetzlichen Amtspflichten des Vorstands (§§ 42 Abs. 2, 59 Abs. 1, 67 Abs. 1 Satz 1, 71 Abs. 1 Satz 2, 72, 74 Abs. 2 Satz 1, 76 Abs. 2 Satz 1 BGB) nicht auf besondere Vertreter übertragen werden.⁸ Dabei tritt der besondere Vertreter als Vereinsorgan grundsätzlich neben den Vorstand und ist nicht selbst Mitglied des Vorstandes. Allerdings kann die Satzung vorsehen, dass ein Vorstandsmitglied zugleich als besonderer Vertreter für eine Sonderaufgabe (z.B. Schatzmeister) ausschließlich zuständig sein, d.h. diese Aufgabe nicht in die Gesamtverantwortung aller Vorstandsmitglieder fallen soll.⁹ Das

96

---

1 RGZ 163, 21; BGH v. 27.4.1962 – VI ZR 210/61, VersR 1962, 664.
2 H.L., an Stelle anderer *Hadding* in Soergel, § 30 BGB Rz. 1.
3 A.A. *Reuter* in MünchKomm. BGB, § 30 BGB Rz. 6f.; wie hier h.M., s. RGZ 91, 1, 3; *Weick* in Staudinger, § 30 BGB Rz. 3; *Hadding* in Soergel, § 30 BGB Rz. 5.
4 *Reuter* in MünchKomm. BGB, § 30 BGB Rz. 8 m.w.N.
5 Statt anderer *Hadding* in Soergel, § 30 BGB Rz. 9 m.w.N.
6 A.A. wohl *Reuter* in MünchKomm. BGB, § 30 BGB Rz. 11; wie hier *Hadding* in Soergel, § 30 BGB Rz. 10.
7 *Schwarz/Schöpflin* in Bamberger/Roth, § 30 BGB Rz. 9; *Hadding* in Soergel, § 30 BGB Rz. 13 (zur Bestellung). § 27 Abs. 3 i.V.m. §§ 664 ff. BGB entspricht ohnehin allgemeinen Regeln, s. *Mugdan*, Materialien, Band I, S. 612.
8 *Reuter* in MünchKomm BGB, § 30 BGB Rz. 8.
9 *Hadding* in Soergel, § 30 BGB Rz. 8; *Reuter* in MünchKomm. BGB, § 30 BGB Rz. 9 m.w.N.

ist freilich wegen der Beschränkung der Verantwortlichkeit für das betreffende Aufgabengebiet auf ein Vorstandsmitglied eine für den Verein ungünstigere Gestaltung als eine bloße Geschäftsverteilung, die die Gesamtverantwortung des Vorstands unberührt lässt (s. oben Rz. 19). Im Zweifel ist bei derartigen Gestaltungen daher von einer bloßen Geschäftsverteilung auszugehen.

97 Für eine **Abgrenzung gegenüber leitenden Mitarbeitern** (z.B. einem „Geschäftsführer", zu deren Haftung unten Rz. 120 ff.) sind **drei Kriterien** maßgeblich. Um einen besonderen Vertreter i.S. des § 30 BGB handelt es sich *erstens*, wenn dem Betreffenden statutarisch ein Aufgabenbereich zugewiesen ist, für den er alleine unter Ausschluss der Dispositionsbefugnis und daher auch der Verantwortlichkeit des Vorstands zuständig sein soll.[1] Ist dies nicht der Fall, spricht dies allerdings nicht umgekehrt zwingend gegen eine Einordnung als besonderer Vertreter.[2] Gerade in den (in der Praxis häufigen) Fällen, in denen der ehrenamtliche Vorstand in der Satzung ermächtigt wird, für die Leitung der Geschäftsstelle und die laufende Verwaltung einen oder mehrere hauptamtliche „Geschäftsführer" zu bestellen, wird nur selten anzunehmen sein, dass hierdurch zugleich die Verantwortlichkeit des Vorstands beschränkt werden soll[3], was trotz der Art und Unschärfe der Aufgabenstellung („laufende Verwaltung") zwar zulässig[4], aber unpraktikabel wäre. Vielmehr soll der ehrenamtliche Vorstand durch die Bestellung von hauptamtlichen „Geschäftsführern" regelmäßig nur arbeitsmäßig entlastet werden, ihnen gegenüber aber weisungsbefugt sein.[5] Ein *zweites* Indiz für die Stellung als besonderer Vertreter wäre allerdings, wenn die Bestellung und Abberufung der Geschäftsführer durch die Mitgliederversammlung erfolgte. Auch das ist in der Praxis jedoch meist nicht der Fall. Als *drittes* ist daher zu prüfen, ob die Betreffenden auf Grund der Satzung organschaftliche Vertretungsmacht haben (vgl. § 30 Satz 2 BGB) oder ob die Vertretungsmacht rechtsgeschäftlich durch den Vorstand erteilt wird.[6] Zwar ist auch die Einräumung organschaftlicher Vertretungsmacht nur eine hinreichende, aber keine notwendige Bedingung für die Stellung eines besonderen Vertreters (Rz. 95, 97). Ist jedoch keines der drei Kriterien gegeben, so ergibt eine Gesamtbetrachtung, dass es sich bei dem Betreffenden lediglich um einen leitenden Mitarbeiter und nicht um einen besonderen Vertreter i.S. des § 30 BGB handelt.

b) Pflichtenkreis und Haftung

98 Welcher **Geschäftskreis** besonderen Vertretern zugewiesen wird, ist allein der Satzung überlassen. Der Gestaltungsfreiheit sind nur die bereits genannten Grenzen gesetzt. Besondere Vertreter können etwa sein: der Schatzmeister, Platzwart oder sportliche Leiter (soweit es sich nicht um bloße Vorstandsressorts handelt, s. oben Rz. 5, 19, 96), der hauptamtliche Geschäftsführer (soweit er nicht bloß ein

---

1 So *Reuter* in MünchKomm. BGB, § 30 BGB Rz. 11.
2 A.A. *Reuter* in MünchKomm. BGB, § 30 BGB Rz. 11, 13; wie hier *Reichert*, Vereins- und Verbandsrecht, Rz. 2641.
3 Das übersieht das FG Brandenburg v. 6.5.1998 – 4 V 426/98, EFG 1998, 1106.
4 *Reichert*, Vereins- und Verbandsrecht, Rz. 2343.
5 *Reichert*, Vereins- und Verbandsrecht, Rz. 2650 a.E.
6 Näher dazu *Reichert*, Vereins- und Verbandsrecht, Rz. 2345 ff.

leitender Mitarbeiter ist, s. oben Rz. 97), ein wissenschaftlicher oder technischer Leiter, der Leiter einer sachlich oder räumlich abgegrenzten Untergliederung des Vereins usw.[1] Angesichts dieser Vielgestaltigkeit möglicher Aufgaben kann hier kein Katalog der speziellen Pflichten besonderer Vertreter aufgestellt werden. Allgemein gilt Folgendes:

Abseits besonderer Bestimmungen in der Satzung oder einem Anstellungsvertrag finden über § 27 Abs. 3 BGB analog die Bestimmungen der §§ 664–670 BGB entsprechende Anwendung. Anspruchsgrundlage für eine **Innenhaftung** ist auch hier § 280 Abs. 1 BGB.[2] Dementsprechend **gelten alle** unter Rz. 7 ff. **für die Mitglieder des Vereinsvorstands dargelegten Grundregeln auch für besondere Vertreter**, sofern sich aus dem organschaftlichen Rechtsverhältnis, d.h. insbesondere der Satzung und der Begrenztheit des ihnen zugewiesenen Geschäftskreises, nichts anderes ergibt. Das gilt auch hinsichtlich eines Haftungsausschlusses, einer Haftungsmilderung und -beschränkung (Rz. 51 ff.)[3], nicht aber für § 31a BGB; denn die Vorschrift ist einer analogen Anwendung nicht zugänglich.[4]

99

Hinsichtlich der **Außenhaftung** ist zu bemerken, dass eine Haftung besonderer Vertreter wegen Insolvenzverschleppung insofern ausscheidet, als es sich bei der Insolvenzantragspflicht um eine persönliche Amtspflicht der Vorstandsmitglieder handelt. Und auch eine Haftung nach § 69 AO bzw. § 823 Abs. 2 BGB i.V.m. § 266a StGB kommt nur in Betracht, wenn entweder die Erfüllung der steuer- bzw. sozialversicherungsrechtlichen Pflichten einem besonderen Vertreter als Geschäftskreis zugewiesen ist (§ 35 AO[5] bzw. § 14 Abs. 2 StGB) oder er als Mitglied des Vorstandes an dessen Gesamtverantwortung Teil hat (§ 34 AO, § 14 Abs. 1 StGB).

100

2. Haftung der Mitglieder von Innenorganen, insbesondere eines Aufsichtsrats

a) Entsprechende Anwendung des § 30 BGB

Zwar ist § 30 BGB nicht auf bloße Haftungsvertreter i.S. des § 31 BGB analog anzuwenden (s. oben Rz. 94). Entsprechende Anwendung findet § 30 BGB aber auf Innenorgane.[6] Dafür spricht nicht nur, dass besonderen Vertretern i.S. des § 30 BGB keine organschaftliche Vertretungsmacht eingeräumt sein muss[7] und auch

101

---

1 Die Rechtsprechung zu der Frage hat allerdings aus den vorgenannten Gründen (oben Rz. 94) nur begrenzte Aussagekraft.
2 Anstelle anderer *Hadding* in Soergel, § 31 BGB Rz. 28, § 27 BGB Rz. 23.
3 Vgl. *Reichert*, Vereins- und Verbandsrecht, Rz. 2495, 2505, 3413.
4 *Burgard*, ZIP 2010, 358, 362; ebenso wohl *Sobotta/v. Cube*, DB 2009, 2082 f., sowie hinsichtlich der Mitglieder anderer Organe *Reuter*, NZG 2009, 1368, 1370.
5 Nur in diesem Fall ist zu erwarten, dass ein besonderer Vertreter als Verfügungsberechtigter i.S. des § 35 AO auftritt.
6 *Hadding* in Soergel, § 30 BGB Rz. 1, 9; a.A. *Reuter* in MünchKomm. BGB, § 30 BGB Rz. 11, § 86 BGB Rz. 23; *Reichert*, Vereins- und Verbandsrecht, Rz. 2648; zum Stiftungsrecht wie hier *Ebersbach*, Handbuch, S. 99.
7 Statt anderer *Hadding* in Soergel, § 30 BGB Rz. 9 m.w.N.

§ 31 BGB auf bloße Innenorgane anzuwenden ist.[1] Vor allem erweist eine Zusammenschau von §§ 30 und 40 BGB, dass die Organisationsverfassung von Vereinen weitestgehend zur Disposition der Mitglieder stehen soll. Unstreitig kann daher nicht nur die äußere, sondern auch die innere Handlungsorganisation erheblich differenzierter als nach der gesetzlichen Regel ausgestaltet werden.[2] Im Blick hierauf lässt sich § 30 BGB als Grundnorm für die Einrichtung gewillkürter Organe auffassen. Dabei stellt *Satz 1* dieser Vorschrift zweierlei klar, nämlich *erstens*, dass die Einrichtung gewillkürter Organe grundsätzlich zulässig ist, und *zweitens*, dass deren Geschäftskreis und damit die Gestaltungsfreiheit durch die unabdingbaren Mindestkompetenzen anderer Organe begrenzt ist. Und *Satz 2* enthält ebenfalls eine allgemeine Regel, die auch bei bloßen Innenorganen Gültigkeit und Erkenntniswert besitzt.

102 Besonders deutlich wird dies an der Bestellungskompetenz. Aus ihr folgt nämlich auf Grund des engen rechtlichen und tatsächlichen Zusammenhangs nach zutreffender, wenn auch im Vereinsrecht bestrittener Ansicht, dass das Bestellungsorgan zugleich für die Anstellung zuständig ist.[3] Insoweit kommt daher nach der gesetzlichen Regelverfassung auch der Mitgliederversammlung des Vereins organschaftliche Vertretungsmacht zu.[4] Und zu eben diesem Ergebnis führt eine entsprechende Anwendung des § 30 Satz 2 BGB, wenn die Bestellungskompetenz einem anderen Organ zugewiesen ist; denn die Anstellung ist ein Rechtsgeschäft, das die Bestellung gewöhnlich mit sich bringt.

103 Ferner vermag § 30 Satz 2 BGB die Ansicht zu begründen, wonach Organmitglieder für Rechtsgeschäfte, die zur Wahrnehmung der ihnen übertragenen Aufgaben erforderlich sind, nicht nur einen Anspruch auf Vorschuss bzw. Aufwendungsersatz entsprechend §§ 669 f. BGB haben, sondern Organen im Zweifel daneben **organschaftliche Vertretungsmacht für** derartige **Hilfsgeschäfte** zukommt.[5]

104 Folgt man dieser Ansicht, ist eine **Unterscheidung zwischen Außen- und bloßen Innenorganen nicht erforderlich.** Dementsprechend kann auf die vorigen Ausführungen (Rz. 98 ff.) verwiesen werden (s. auch unten Rz. 107), zumal sich angesichts der Vielgestaltigkeit von Innenorganen die Beschreibung aller möglichen

---

1 H.M., s. bspw. *Hadding* in Soergel, § 31 BGB Rz. 11 sowie – trotz Bedenken – *Reuter* in MünchKomm. BGB, § 31 BGB Rz. 24.
2 S. nur *Reuter* in MünchKomm. BGB, § 32 BGB Rz. 2 ff., § 40 BGB Rz. 3; *Schwarz/Schöpflin* in Bamberger/Roth, § 30 BGB Rz. 1; *Sauter/Schweyer/Waldner*, Der eingetragene Verein, Rz. 308 ff.
3 H.M., s. BGH v. 21.1.1991 – II ZR 144/90, BGHZ 113, 237, 241; *Segna*, Vorstandskontrolle, S. 185 ff. jeweils m.w.N.; zweifelnd bis ablehnend aber *Reuter* in MünchKomm. BGB, § 27 BGB Rz. 9; *Reichert*, Vereins- und Verbandsrecht, Rz. 1970, deren Bedenken jedoch aus den in der folgenden Fn. genannten Gründen nicht überzeugen.
4 Ausgeübt wird diese Vertretungsmacht regelmäßig (wenn auch nicht stets notwendigerweise) durch die Ermächtigung einer – beliebigen – Person(enmehrheit) zum Abschluss bzw. zur Änderung des Vertrages, s. *Segna*, Vorstandskontrolle, S. 187 f., vgl. auch § 46 Nr. 8 Fall 2 GmbHG und dazu Rz. 45.
5 So im Ergebnis – wenn auch mit höchst unterschiedlichen Begründungen – die h.M., s. etwa *Mertens* in KölnKomm. AktG, § 112 AktG Rz. 16 f.; *Uwe H. Schneider* in Scholz, § 52 GmbHG Rz. 183 jew. m.w.N.

Pflichten auch hier verbietet. Paradigmatisch herausgegriffen sei lediglich die Bildung eines Aufsichtsrats.

b) Pflichten eines Aufsichtsrats

Einerlei wie das Organ bezeichnet wird (etwa auch Beirat, Verwaltungsrat, Haupt- oder Verwaltungsausschuss), handelt es sich der Sache nach um einen Aufsichtsrat, wenn dem Organ zumindest die **Überwachung und Beratung des Vorstands** übertragen ist.[1] Daneben können dem Organ freilich auch viele **weitere Aufgaben** anvertraut sein, wie insbesondere die **Bestellung und Abberufung** der Vorstandsmitglieder, die gerichtliche und außergerichtliche Vertretung des Vereins gegenüber Vorstandsmitgliedern in- oder exklusive der Geltendmachung von Ersatzansprüchen[2], aber etwa auch die Änderung der Vereinssatzung, soweit die Mitglieder- bzw. Delegiertenversammlung ihm letztere Befugnis durch Satzungsänderung wieder entziehen kann.[3] Die Grenzen der diesbezüglichen Gestaltungsfreiheit abzuschreiten, ist freilich nicht Aufgabe dieses Beitrags. Festzuhalten ist jedoch: Je vielfältiger die statutarischen Kompetenzen des Aufsichtsrats sind, desto vielfältiger sind auch die Pflichten der Aufsichtsratsmitglieder und desto vielfältiger sind auch die Möglichkeiten haftungsbegründender Pflichtverletzungen. All diese können hier, wie gesagt, nicht aufgezeigt werden.

105

Beschränkt man die Betrachtung auf die Kernkompetenzen eines Aufsichtsrats, also auf die Überwachung und Beratung, ist im Ausgangspunkt zu bemerken, dass eine § 52 GmbHG entsprechende Vorschrift im Vereinsrecht fehlt. Das bedeutet freilich nicht, dass die Vorschriften der §§ 36 ff. GenG und vor allem der §§ 95 ff. AktG nicht ebenso wie im GmbH-Recht **fallweise entsprechend** angewendet werden können, soweit sich aus der Vereinssatzung nichts anderes ergibt.[4] Im Blick hierauf wird auf die Beiträge von *Uwe Schneider* und *Krieger* oben § 2 (S. 15 ff.) und § 3 (S. 41 ff.) sowie unten § 9 (S. 260 ff.) verwiesen.

106

---

1 Uwe H. Schneider in Scholz, § 52 GmbHG Rz. 52.
2 Ob der Aufsichtsrat auch ohne ausdrückliche Satzungsermächtigung hierzu berufen ist, ist insbesondere im Blick auf die Geltendmachung von Ersatzansprüchen zweifelhaft. Dafür spricht zwar die Analogie zu § 112 AktG, auf den auch § 52 GmbHG verweist, so *Segna*, Vorstandskontrolle, S. 197. Ferner könnte man hierfür § 30 Satz 2 BGB analog ins Feld führen, so für die Stiftung *Burgard*, Gestaltungsfreiheit, S. 266 f. Trotz der Verweisung des § 52 GmbHG auf § 112 AktG soll es aber nach h.M. für den fakultativen Aufsichtsrat einer GmbH bei der Regelung des § 46 Nr. 8 GmbHG bleiben, *Uwe H. Schneider* in Scholz, § 52 GmbHG Rz. 181 m.w.N. Und für diese Ansicht spricht immerhin auch die Regelung des § 39 Abs. 1 Fall 2 GenG sowie die unstreitig ohne besondere Satzungsregelung bei der Mitgliederversammlung verbleibende Entlastungskompetenz (mit – anders als im Aktienrecht – verwirkungsähnlicher Wirkung, s. oben Rz. 54), die durch die Geltendmachung von Ersatzansprüchen durch den Aufsichtsrat beeinträchtigt werden könnte. Angesichts dieses Für und Wider wird man die Frage daher primär durch Auslegung der Vereinssatzung im Einzelfall unter Berücksichtigung vorstehender Argumente zu beantworten haben, s. etwa LG Kaiserslautern v. 11.5.2005 – 3 O 662/03, VersR 2005, 1090 f. Kommt die Auslegung zu keinem hinreichend klaren Ergebnis, verbleibt die Kompetenz nach § 32 Abs. 1 Satz 1 BGB bei der Mitgliederversammlung.
3 *Reuter* in MünchKomm. BGB, § 27 BGB Rz. 41, § 33 BGB Rz. 16 ff., § 41 BGB Rz. 80 ff. m.w.N.
4 Ohne Begründung a.A. *Reichert*, Vereins- und Verbandsrecht, Rz. 2669.

107 Zudem gibt es eine ganze Reihe von **Regeln, die ganz allgemein** – wenngleich zum Teil mit Differenzierungen im Einzelnen – **für Organmitglieder gelten.** Dazu gehören die Pflicht zur Einhaltung von Gesetz und Satzung, die Förder- und Treupflicht, die Informationspflicht, die Business Judgement Rule, der Verschuldensgrad, die Verjährung, die gesamtschuldnerische Haftung, die Beweislast, die Regeln über einen Haftungsausschluss, eine Haftungsmilderung (mit Ausnahme von § 31a BGB, s. Rz. 99 a.E.) und -beschränkung sowie das Prinzip der Gesamtverantwortung. Insofern kann für die Zwecke der vorliegenden Untersuchung auf obige Ausführungen Bezug genommen werden. Im Folgenden wird daher nur ein kurzer Überblick über die aufsichtsrats- und vereinsspezifischen Besonderheiten gegeben.[1]

108 Kardinalpflicht des Aufsichtsrats ist die Überwachung und Beratung des Vorstands, vgl. § 38 Abs. 1 Satz 1 GenG, § 52 GmbHG, § 111 Abs. 1 AktG. Dabei tritt die Überwachung des Vorstands durch den Aufsichtsrat neben die Überwachung des Vorstands durch die Mitgliederversammlung. Die Überwachung ist sowohl eine **nachträgliche** als auch eine **begleitende und vorausschauende Überwachung**. Letztere bezieht sich in erster Linie auf Fragen von erheblicher Bedeutung für den Verein. **Maßstäbe der Überwachung** sind die Rechtmäßigkeit, Ordnungsmäßigkeit, Zweckmäßigkeit und Wirtschaftlichkeit des Vorstandshandelns.[2] Dabei gliedert sich die **Überwachungstätigkeit** in **vier Abschnitte**, nämlich: Ermittlung des Sachverhalts, Meinungs- und Entscheidungsfindung im Aufsichtsrat, Beratung des Vorstands und ggf. Einberufung und Information der Mitgliederversammlung.[3]

109 Ist in der Vereinssatzung nichts über **Berichtspflichten des Vorstands** gegenüber dem Aufsichtsrat und über **Informationsrechte des Aufsichtsrats** im Blick auf die Geschäftsführung des Vorstands geregelt, so gilt Folgendes: Nachdem der Aufsichtsrat seinen Pflichten nur auf Grundlage zureichender Information nachkommen kann und seine Funktion gerade darin besteht, die Überwachung des Vorstands durch die Mitglieder zu ergänzen und zu verstärken, ist davon auszugehen, dass der Vorstand seine Informationspflichten aus § 27 Abs. 3 i.V.m. § 666 BGB auch gegenüber dem Aufsichtsrat zu erfüllen hat.[4] Der Vorstand hat dem Aufsichtsrat daher nicht nur seinen periodischen Rechenschaftsbericht unverzüglich nach seiner Erstellung zur Prüfung vorzulegen, vgl. § 33 Abs. 1 Satz 2 GenG, § 52 Abs. 1 GmbHG, § 170 Abs. 1 AktG. Der Aufsichtsrat kann vielmehr auch jederzeit vom Vorstand Auskunft, und zwar auch in Form von mündlichen und schriftlichen Berichten, über die Geschäftsführung verlangen (vgl. § 38 Abs. 1 Satz 2 GenG, § 52 Abs. 1 GmbHG, § 90 Abs. 3 und 4 AktG) und muss dies in zeitnahen

---

1 Näher *Burgard* in GS Walz, S. 71 ff.
2 Näher *Semler* in Semler/v. Schenck, Arbeitshandbuch für Aufsichtsratsmitglieder, § 1 Rz. 64 ff.; *Uwe H. Schneider* in Scholz, § 52 GmbHG Rz. 95 ff.
3 Näher *Semler* in Semler/v. Schenck, Arbeitshandbuch für Aufsichtsratsmitglieder, § 1 Rz. 174 ff.; *Uwe H. Schneider* in Scholz, § 52 GmbHG Rz. 101, 104; sowie etwa *Zieglmeier*, ZGR 2007, 144 ff.; *Hüffer*, NZG 2007, 47 ff.; *Knapp*, DStR 2008, 1045 ff.; *Lappe/Hartmann*, BB 2009, 1209 f.
4 *Küntzel*, DB 2004, 2303, 2306 f. will demgegenüber §§ 90 Abs. 1, 91 Abs. 2 AktG zumindest im Einzelfall analog anwenden.

periodischen Abständen (vgl. § 110 Abs. 3 AktG) auch tun, da die Überwachung für ihn – anders als für die Mitglieder – kein bloßes Recht, sondern eine Pflicht ist. Überdies wird man ihm ein eigenständiges Einsichts- und Prüfungsrecht in alle Bücher und Unterlagen des Vereins analog § 38 Abs. 1 Satz 2 GenG, § 52 Abs. 1 GmbHG, § 111 Abs. 2 AktG zuzubilligen haben. Bei Zweifeln an den Schilderungen des Vorstands kann er analog § 109 Abs. 1 Satz 2 AktG auch Mitarbeiter und vereinsfremde Dritte befragen[1] und nötigenfalls sogar Sachverständige analog § 111 Abs. 2 Satz 2 AktG beauftragen.[2] Die hierfür erforderliche Vertretungsmacht ergibt sich aus § 30 Satz 2 BGB analog (s. oben Rz. 103). Bei schwerwiegenden Zweifeln an den Informationen durch den Vorstand ist er überdies zur Information der Mitgliederversammlung verpflichtet.[3]

Auf Grundlage der auf diese Weise erlangten Information hat sich der Aufsichtsrat eine Meinung zu bilden und den Vorstand zu beraten. **Über die Art und Weise der Beratung entscheidet der Aufsichtsrat nach pflichtgemäßem Ermessen.**[4] Dabei hat er einerseits den Ermessensspielraum des Vorstands, andererseits die Lage des Vereins zu beachten.[5] Die Möglichkeiten reichen von einer bloßen zustimmenden oder beanstandungsfreien Zurkenntnisnahme der Berichte des Vorstands über ein Beratungsgespräch, in dem etwa Bedenken und Anregungen geäußert werden, bis hin zu Beanstandungen und der Aufforderung an den Vorstand, etwas zu tun oder zu unterlassen. Ein Weisungsrecht hat der Aufsichtsrat gegenüber dem Vorstand allerdings vorbehaltlich anderweitiger Satzungsbestimmungen nicht.[6] Er kann aber eine geplante Maßnahme des Vorstands dadurch verhindern, dass er sie durch Beschluss ad hoc seiner **Zustimmung** unterwirft.[7] Dieses Recht wird man auch dann dem Aufsichtsrat eines Vereins zubilligen müssen, wenn in der Satzung nichts über Zustimmungsvorbehalte geregelt ist, solche aber auch nicht ausgeschlossen sind. Das gilt zumindest dann, wenn keine anderen Mittel zur Verfügung stehen, um einen drohenden Schaden von dem Verein abzuwenden. In diesem Fall ist der Aufsichtsrat sogar verpflichtet, die geplante Maßnahme seiner Zustimmung zu unterwerfen.[8]

110

---

[1] A.A. *Beuthien*, § 38 GenG Rz. 3, 5; wie hier zum GmbH-Recht *Uwe H. Schneider* in Scholz, § 52 GmbHG Rz. 122 f.
[2] Ebenso zum Genossenschaftsrecht *Beuthien*, § 38 GenG Rz. 9; zum GmbH-Recht *Uwe H. Schneider* in Scholz, § 52 GmbHG Rz. 122 f.
[3] Vgl. *Uwe H. Schneider* in Scholz, § 52 GmbHG Rz. 126; *Lutter* in Lutter/Hommelhoff, § 52 GmbHG Rz. 19.
[4] *Uwe H. Schneider* in Scholz, § 52 GmbHG Rz. 125; *Heyder* in Michalski, § 52 GmbHG Rz. 225.
[5] *Uwe H. Schneider* in Scholz, § 52 GmbHG Rz. 125; *Heyder* in Michalski, § 52 GmbHG Rz. 224.
[6] *Uwe H. Schneider* in Scholz, § 52 GmbHG Rz. 126; *Heyder* in Michalski, § 52 GmbHG Rz. 232, 238 f.
[7] BGH v. 15.11.1993 – II ZR 235/92, BGHZ 124, 111, 126 (zur AG); aus der Lit. *Uwe H. Schneider* in Scholz, § 52 GmbHG Rz. 137, 143; *Hüffer*, § 111 AktG Rz. 17 f. *Küntzel*, DB 2004, 2303, 2307 f., denkt darüber hinaus an eine analoge Anwendung des § 111 Abs. 4 Satz 2 AktG.
[8] BGH v. 15.11.1993 – II ZR 235/92, BGHZ 124, 111, 126 (zur AG).

111 Bei Konflikten zwischen Vorstand und Aufsichtsrat können beide Organe die **Mitgliederversammlung einberufen**, um sie mit den Problemen zu befassen und ggf. einen verbindlichen Weisungsbeschluss herbeizuführen. Je nach Schwere der Problemlage können sie hierzu sogar verpflichtet sein[1], vgl. § 36 BGB, §§ 38 Abs. 2, 44 GenG, §§ 49 Abs. 1 und 2, 52 Abs. 1 GmbHG, §§ 111 Abs. 3, 121 Abs. 1 und 2 AktG.

c) Anspruchsgrundlage

112 Anspruchsgrundlage für eine **Innenhaftung**, also eine Haftung gegenüber dem Verein, ist auch bei Aufsichtsratsmitgliedern § 280 Abs. 1 BGB.[2]

113 Eine **Außenhaftung** ist zwar auf rechtsgeschäftlicher (z.B. § 179 BGB oder § 311 Abs. 3 i.V.m. §§ 241 Abs. 2, 280 Abs. 1 BGB) oder deliktischer (z.B. § 823 Abs. 1 oder Abs. 2 BGB i.V.m. § 263 StGB) Grundlage denkbar, dürfte aber nur selten praktische Bedeutung haben.[3]

d) Verletzung der Überwachungs- und Beratungspflicht

114 Aufsichtsratsmitglieder verletzen ihre Pflichten, wenn sie nicht ordnungsgemäß an der Überwachung und Beratung des Vorstands mitwirken.[4] Das ist beispielsweise der Fall, wenn sie Sitzungen des Aufsichtsrats unentschuldigt fernbleiben, sich nicht auf Sitzungen vorbereiten, sich nicht informieren, die Berichte des Vorstands nicht zur Kenntnis nehmen, bedeutende Rechtsgeschäfte nicht sorgfältig prüfen, an wichtigen Entscheidungen nicht mitwirken, Bedenken oder Verdachtsmomenten nicht nachgehen, Missständen nicht entgegentreten, satzungs- oder rechtswidrigen Maßnahmen nicht widersprechen oder gar zustimmen, nicht darauf hinwirken, dass der Aufsichtsrat von seinen Kompetenzen sach- und pflichtgemäß Gebrauch macht etc.

e) Verletzung der organschaftlichen Treupflicht

115 Auch die Aufsichtsratsmitglieder schulden dem Verein ein loyales Verhalten. Auch sie sind daher zu einer kollegialen Zusammenarbeit und zur Verschwiegenheit verpflichtet, dürfen ihre Organstellung nicht im eigenen oder fremden Interesse ausnutzen und unterliegen auf Grund des umfassenden Informationsrechts des Aufsichtsrats wohl auch einem Wettbewerbsverbot[5] (näher oben Rz. 24 ff.).

---

1 *Uwe H. Schneider* in Scholz, § 52 GmbHG Rz. 126 f.
2 *Hadding* in Soergel, § 27 BGB Rz. 23; *Küntzel*, DB 2004, 2303 f.; *Hüffer*, § 93 AktG Rz. 11 m.w.N.
3 Ebenso *Küntzel*, DB 2004, 2303, 2308 (zur Stiftung). Das könnte sich allerdings ändern, wenn der BGH § 64 GmbHG, § 99 GenG, § 93 Abs. 3 Nr. 6 i.V.m. § 92 Abs. 2 AktG im Vereinsrecht analog anwendet, s. oben Rz. 82, Fn. 6; denn diese Haftung kann auch einen Aufsichtsrat treffen, BGH v. 16.3.2009 – II ZR 280/07, ZIP 2009, 860.
4 *Uwe H. Schneider* in Scholz, § 52 GmbHG Rz. 473; *Küntzel*, DB 2004, 2303, 2305.
5 So für die GmbH *Uwe H. Schneider* in Scholz, § 52 GmbHG Rz. 505 f. m.w.N. auch zu der dort vertretenen Gegenansicht.

f) Sorgfaltsmaßstab

Hinsichtlich des Sorgfaltsmaßstabs ist zu bedenken, dass die Aufsichtsratsmitglieder zwar ebenso wie Vorstandsmitglieder fremde Vermögensinteressen wahrnehmen. Sie sind jedoch nicht als Mitglieder eines Vertretungs- und Geschäftsführungs-, sondern eines Überwachungs- und Beratungsorgans tätig. Dementsprechend sind geringere Anforderungen zu stellen. Aufsichtsratsmitglieder haben daher lediglich für die **Sorgfalt eines ordentlichen und gewissenhaften Überwachers und Beraters**[1] einzustehen.[2] Im Übrigen kommt es auch hier auf die jeweiligen Umstände des Einzelfalles an (s. oben Rz. 38 f.).

116

g) Ursächlichkeit und Schaden

Anspruch auf Schadensersatz hat der Verein nur, soweit das konkrete Verhalten eines Organmitglieds kausal für den Schadenseintritt war. Während bei pflichtwidrig handelnden Vorstandsmitgliedern dieses Kausalitätserfordernis keine besonderen Schwierigkeiten bereitet, ist bei Aufsichtsratsmitgliedern Folgendes zu beachten:

117

Im Rahmen der **nachträglichen Überwachung** ist der Schaden bereits eingetreten. Dementsprechend kommt eine Schadensersatzpflicht von Aufsichtsratsmitgliedern nur in Betracht, wenn sie eine Vertiefung des Schadens oder weitere Pflichtverletzungen der Vorstandsmitglieder hätten unterbinden können oder es unterlassen, darauf hinzuwirken, dass ein Schadensersatzanspruch gegen Vorstandsmitglieder geltend gemacht wird bzw. geltend gemacht werden kann oder sie dies sogar aktiv verhindern.[3]

118

Im Rahmen der **begleitenden Überwachung** muss feststehen, dass der Aufsichtsrat die schädigende Maßnahme hätte verhindern können. Ist dies der Fall, so wäre jedes Aufsichtsratsmitglied verpflichtet gewesen, an der Verhinderung mitzuwirken.[4] Hat der Aufsichtsrat einen Beschluss gefasst und haben einzelne Aufsichtsratsmitglieder daran nicht mitgewirkt, obwohl ihnen das möglich gewesen wäre, oder haben sie sich der Stimme enthalten und hat dies dazu geführt, dass ein Schaden von der Gesellschaft nicht abgewendet wurde[5], so sind sie ersatzpflichtig. Zudem bleiben auch diejenigen Aufsichtsratsmitglieder, die gegen die fehlerhafte Mehrheitsentscheidung gestimmt haben, verpflichtet, ihre Bedenken anzumelden und sich ggf. an die Mitglieder zu wenden oder gar die Nichtigkeit eines Be-

119

---

1 Statt aller *Hüffer*, § 116 AktG Rz. 2; Uwe H. *Schneider* in Scholz, § 52 GmbHG Rz. 516.
2 Vgl. § 116 AktG, § 53 Abs. 1 GmbHG, § 41 GenG, die auf eine „sinngemäße" Anwendung der § 93 Abs. 1 Satz 1 AktG, § 34 Abs. 1 Satz 1 GenG verweisen.
3 Uwe H. *Schneider* in Scholz, § 52 GmbHG Rz. 518.
4 Uwe H. *Schneider* in Scholz, § 52 GmbHG Rz. 518; LG Bielefeld v. 16.11.1999 – 15 O 91/98, BB 1999, 2630.
5 Vgl. BGH v. 21.12.2005 – 3 StR 470/04, ZIP 2005, 72, 78.

schlusses gerichtlich geltend zu machen.[1] All das folgt aus dem **Prinzip der Gesamtverantwortung**.[2]

V. Haftung leitender Mitarbeiter

120 Vielfach ist in Vereinssatzungen vorgesehen, dass der Vorstand einen oder mehrere „**Geschäftsführer**" bestellen kann. Hierbei kann es sich um einen besonderen Vertreter i.s. des § 30 BGB, also um ein Vereinsorgan mit organschaftlicher Vertretungsmacht, oder lediglich um leitende Mitarbeiter mit rechtsgeschäftlicher Vertretungsmacht handeln (zur Abgrenzung s. oben Rz. 96 f.). Handelt es sich um leitende Mitarbeiter, so haften diese gem. **§§ 611 ff. i.V.m. § 280 Abs. 1 BGB** für die ordnungsgemäße Erfüllung ihrer dienstvertraglichen Pflichten.[3]

121 Gerade bei „Geschäftsführern", denen die Leitung der Geschäftsstelle sowie die laufende Verwaltung des Vereins anvertraut sind, werden sich diese Pflichten im Ergebnis kaum von den organschaftlichen Pflichten besonderer Vertreter mit entsprechender Funktion unterscheiden. Das gilt zum einen hinsichtlich der **Pflichten** zur Leitung der Geschäftsstelle und zur laufenden Verwaltung. Zum anderen sind leitende Angestellte umfassend verpflichtet, den Verein zu fördern, auf dessen Interessen Rücksicht zu nehmen und eine entsprechende Loyalität aufzubringen.[4] Hierzu gehört auch ohne besondere dienstvertragliche Vereinbarung und ohne eine besondere Weisung des Vorstands die Pflicht, die Vereinsverfassung zu beachten. Ferner gehört dazu die Pflicht, Schäden von dem Verein abzuwenden, Verschwiegenheit über Betriebs- und Geschäftsgeheimnisse zu wahren[5] und in dem erforderlichen Umfang mit den Vereinsorganen und anderen Mitarbeitern kollegial zusammenzuarbeiten. Zudem dürfen auch leitende Angestellte ihre Stellung nicht zum eigenen Vorteil ausnutzen und etwa Schmiergelder annehmen; denn damit verstoßen sie gegen ihre Loyalitätspflicht.[6] Überdies unterliegen sie einem Wettbewerbsverbot, § 60 HGB i.V.m. § 242 BGB.[7]

122 Hinsichtlich des Verschuldens gilt § 276 BGB. Dabei ist der Sorgfaltsmaßstab für leitende Angestellte gesteigert.[8] Zu beachten ist aber, dass sie nicht bzw. nur im

---

1 Zur Frage der Beschlussnichtigkeit BGH v. 17.5.1993 – II ZR 89/92, BGHZ 122, 342; BGH v. 15.11.1993 – II ZR 235/92, BGHZ 124, 111; BGH v. 21.4.1997 – II ZR 175/95, BGHZ 135, 244, sowie etwa *Uwe H. Schneider* in Scholz, § 52 GmbHG Rz. 432 ff. m.w.N. zum Meinungsstand.
2 Zum Vorstehenden *Uwe H. Schneider* in Scholz, § 52 GmbHG Rz. 466 f. m.w.N; *Habersack* in MünchKomm. AktG, § 116 AktG Rz. 38.
3 *Blomeyer* in MünchHdb. Arbeitsrecht, Band 1, Individualarbeitsrecht I, 2000, § 56 Rz. 8; *Weidenkaff* in Palandt, § 611 BGB Rz. 17.
4 *Blomeyer* in MünchHdb. Arbeitsrecht, § 54 Rz. 17; *Buchner*, ZfA 1979, 335, 351 f.
5 Ausf. dazu *Blomeyer* in MünchHdb. Arbeitsrecht, § 53 Rz. 55 ff.; *Richardi* in Staudinger, § 611 BGB Rz. 492 ff.
6 S. etwa *Blomeyer* in MünchHdb. Arbeitsrecht, § 56 Rz. 8 f.; *Richardi* in Staudinger, § 611 BGB Rz. 508 ff.
7 Ausf. *Blomeyer* in MünchHdb. Arbeitsrecht, § 52 Rz. 49; *Richardi* in Staudinger, § 611 BGB Rz. 474 f.
8 *Blomeyer* in MünchHdb. Arbeitsrecht, § 59 Rz. 12; *Schaub* in Schaub, Arbeitsrechts-Handbuch, 11. Aufl. 2005, § 14 Rz. 15, 39.

beschränkten Umfang selbständig fremde Vermögensinteressen wahrnehmen, da sie den Weisungen des Vorstands unterliegen. Zur Geltendmachung von Schadensersatzansprüchen ist der Vorstand berufen. Dabei kommt hinsichtlich der Beweislast eine analoge Anwendung der § 93 Abs. 2 Satz 2 AktG, § 34 Abs. 2 Satz 2 GenG bei leitenden Angestellten nicht in Betracht. Im Gegenteil! **Der Arbeitgeber hat nicht nur die Pflichtverletzung, sondern** anders als nach § 280 Abs. 1 Satz 2 BGB gem. **§ 619a BGB auch das Verschulden von Arbeitnehmern zu beweisen.** Ob das allerdings auch für leitende Angestellte in jedem Fall sachgerecht ist, sei hier dahingestellt.[1]

Soweit leitende Angestellte selbständig Entscheidungen unter Unsicherheit zu treffen haben, ist zudem die **Business Judgement Rule** (Rz. 30ff.) anzuwenden, und zwar sowohl zu ihren Gunsten, insofern die Business Judgement Rule bei Vorliegen ihrer Voraussetzungen eine Pflichtverletzung ausschließt, als auch zu ihren Lasten, insofern die Business Judgement Rule Anforderungen an eine ordnungsgemäße Entscheidungsfindung benennt.[2] Hiermit korrespondiert, dass sich leitende Angestellte ähnlich wie Organmitglieder (s. oben Rz. 60f.) **nur eingeschränkt** auf die arbeitsrechtlichen Grundsätze einer **Haftungsbeschränkung wegen einer Risikozurechnung bei Tätigkeit im fremden Interesse** berufen können.[3] 123

Ein Haftungsausschluss kommt bei der Befolgung von Weisungen oder durch Verzicht, nicht aber durch Entlastung in Betracht, weil es sich hierbei um einen organschaftlichen Akt (s. oben Rz. 54) handelt. Wird einem leitenden Mitarbeiter (z.B. Geschäftsführer) von der Mitgliederversammlung gleichwohl Entlastung erteilt oder versagt, so ist hierin eine Weisung an den Vorstand zu sehen, der Mitgliederversammlung erkennbare Ansprüche gegen den Mitarbeiter nicht geltend zu machen bzw. geltend zu machen.[4] Ferner können Haftungsmilderungen oder -beschränkungen im Dienstvertrag vorgesehen werden. § 31a BGB kommt nicht analog zur Anwendung.[5] Schließlich kann sich der Abschluss einer Vermögensschadenhaftpflichtversicherung zu Gunsten von leitenden Mitarbeitern empfehlen. Zuständig hierfür ist der Vorstand. 124

Einstweilen frei. 125–149

B. Die rechtsfähige Stiftung

I. Einführung

Seit Mitte der 90er-Jahre erlebt das Stiftungswesen in Deutschland eine Renaissance. Inzwischen gibt es rund 17000 rechtsfähige Stiftungen bürgerlichen 150

---

1 *Lingemann* in Prütting/Wegen/Weinreich, § 619a BGB Rz. 1f. verweist auf den Zusammenhang von § 619a BGB mit den arbeitsrechtlichen Grundsätzen einer Haftungsbeschränkung wegen einer Tätigkeit im fremden Interesse. Soweit diese Grundsätze nicht eingriffen (was bei leitenden Angestellten nur eingeschränkt der Fall ist, s. unten Rz. 123 a.E.), sei daher an eine teleologische Reduktion der Vorschrift zu denken.
2 Zur Anwendbarkeit der BJR auf leitende Angestellte s. *Bürkle/Fecker*, NZA 2007, 589 ff.
3 *Blomeyer* in MünchHdb. Arbeitsrecht, § 59 Rz. 68 m.w.N.
4 Vgl. *Reichert*, Vereins- und Verbandsrecht, Rz. 2505.
5 *Burgard*, ZIP 2010, 358, 362; a.A. *Reuter*, NZG 2009, 1368, 1371.

Rechts.[1] Damit bleibt die Bedeutung der rechtsfähigen Stiftung zwar weit hinter der Bedeutung des eingetragenen Vereins zurück (s. oben Rz. 1). Ihre Bedeutung ist auch nicht mit derjenigen der österreichischen Privatstiftung vergleichbar: Nicht zuletzt aus steuerlichen Gründen werden von den 100 größten Privatunternehmen Österreichs inzwischen 80, von den 50 größten sogar 44 von Privatstiftungen geführt.[2] Auch in Deutschland gibt es jedoch eine Reihe von Stiftungen, die an bedeutenden Unternehmen maßgeblich beteiligt sind. Zu nennen sind etwa: die Carl-Zeiss-Stiftung, die Bertelsmann-Stiftung, die Körber-Stiftung, die Krupp-Stiftung u.v.a.m.[3] Dabei ist eine Beteiligung auch in Form einer Stiftung & Co. KG grundsätzlich zulässig.[4] Zulässig sind ferner Familienstiftungen[5], wenngleich die meisten Stiftungen schon aus steuerlichen Gründen gemeinnützig sind, s. aber auch § 58 Nr. 5 AO. Das gesamte in rechtsfähigen Stiftungen gebundene Vermögen in Deutschland wird auf 100 Mrd. Euro geschätzt.[6]

151 Trotz dieser auch wirtschaftlich nicht unerheblichen Bedeutung des Stiftungswesens ist eine Inanspruchnahme von Organmitgliedern außerordentlich selten. Die Gründe hierfür liegen teils in der Organisationsverfassung (dazu unten Rz. 153 ff., 181 f.), teils in der Finanzverfassung (dazu Rz. 157 ff.) der Stiftung. Zudem sind Insolvenzen von Stiftungen nur vereinzelt zu beklagen[7], was u.a. Folge des strengen stiftungsrechtlichen Kapitalerhaltungssystems und seiner periodischen Kontrolle durch die Stiftungsaufsichtsbehörde ist.

152 Schließlich ist zu bemerken, dass trotz vielerlei stiftungsrechtlicher Besonderheiten die Grundstruktur einer Organhaftung bei Stiftung und Verein übereinstimmen. Das ergibt sich bereits aus der Verweisung des § 86 BGB auf das Vereinsrecht. Nach einem kurzen Blick auf die Eigenart der stiftungsrechtlichen Organisationsverfassung (Rz. 153 ff.) werden im Folgenden daher nur die Besonderheiten der stiftungsrechtlichen gegenüber der vereinsrechtlichen Managerhaftung aufgezeigt.

---

1 Vgl. Bundesverband Deutscher Stiftungen, Jahrbuch Stiftungsjahr 2008, S. 32.
2 *Fries* in Resümee 5. Österreichischer Stiftungstag, 2006, S. 6.
3 Ausf. *Berndt*, Stiftung und Unternehmen, 7. Aufl. 2003, Rz. 1456 ff. Dabei überzeugen die Bedenken, die gegen die Zulässigkeit von Unternehmensstiftungen geltend gemacht werden, nach der Reform des Stiftungsrechts noch weniger als früher, ausf. *Burgard*, Gestaltungsfreiheit, S. 136 ff.; *Burgard*, Die Stiftung, Jahreshefte zum Stiftungswesen 2009, S. 31 ff., jew. m.w.N.
4 Näher *Burgard*, Die Stiftung, Jahreshefte zum Stiftungswesen 2009, S. 31, 49 ff.
5 Näher *Burgard*, Gestaltungsfreiheit, S. 127 ff. m.w.N. auch zur Gegenansicht.
6 Bundesverband Deutscher Stiftungen (Hrsg.), Verzeichnis Deutscher Stiftungen, 6. Aufl. 2008, Bd. 1, S. 28 ff., 30, 32, 39.
7 *Röthel*, Deutsche Stiftungen, 2003, S. 48, konnte bei einer Umfrage unter Referenten deutscher Stiftungsbehörden lediglich zwei Stiftungen ermitteln, die in den letzten Jahren Insolvenz anmelden mussten. Zwei weitere Fälle schildern *Schulz*, ZSt 2005, 137 ff., und *Passarge*, NZG 2008, 605. Allerdings gab es nach dem Ersten Weltkrieg ein großes Stiftungssterben, das freilich auf einer verfehlten Anlage in „mündelsichere" Kriegsanleihen beruhte, s. hierzu *Liermann*, Handbuch des Stiftungsrechts, Bd. 1, 1963, S. 281 ff. Vor solchen fundamentalen gesellschaftlichen Umbrüchen sind freilich auch Korporationen nicht sicher. Zur Insolvenz von Stiftungen s. ferner *A. Richter*, Stiftung&Sponsoring, Rote Seiten 3/2006, S. 1 ff. sowie ausführlich *Roth/Knof*, KTS 2009, 163 ff.

II. Zur Organisationsverfassung der Stiftung

Die Sonderheit der Stiftung besteht bekanntlich darin, dass sie **keine Mitglieder** hat. Daran ändert auch die Möglichkeit nichts, die Stiftung korporationsähnlich auszugestalten.[1] Folge ist einerseits, dass die Stiftung anders als Gesellschaften und Vereine von Gesetzes wegen nur über eine **einstufige Organisationsverfassung** verfügt. Einziges und daher (auch für Grundlagenänderungen)[2] allzuständiges Organ ist der Stiftungsvorstand, der zudem nach der gesetzlichen Regel (vgl. § 86 Satz 1 i.V.m. § 26 Abs. 2 Satz 1 BGB) nur aus einer Person besteht. Folge ist andererseits, dass die Stiftung nach Maßgabe landesrechtlicher Bestimmungen einer **staatlichen Stiftungsaufsicht** unterliegt[3], die als *„Garant des Stifterwillens"*[4] die Rechtmäßigkeit der Stiftungsverwaltung zu überwachen und auf diese Weise die Stiftung vor einem rechtswidrigen Verhalten ihrer Organe zu schützen hat.[5]

153

Das **Landesrecht** enthält freilich nicht nur Bestimmungen über die Stiftungsaufsicht, sondern ergänzt die bewusst unvollständigen Regelungen der §§ 80ff. BGB, soweit diese nicht abschließend sind, vgl. § 85 BGB. Dabei sind die weitaus meisten zivilrechtlichen Regelungen des Stiftungsrechts dispositiver Natur.

154

Hinsichtlich der **Vertretung und Geschäftsführung** des Vorstands gelten über die Verweisung des § 86 Satz 1 BGB die §§ 26 Abs. 2 und 27 Abs. 3 BGB, also dieselben Vorschriften wie für den Vereinsvorstand. Als Besonderheit zu beachten sind insofern lediglich **Zustimmungsvorbehalte** für bestimmte Rechtsgeschäfte, die nach manchen Landesstiftungsgesetzen (immer noch) **als Instrument der Stiftungsaufsicht** bestehen.[6]

155

III. Haftung der Mitglieder des Vorstands

Im Blick auf die **Innen- und Außenhaftung** der Vorstandsmitglieder gilt grundsätzlich dasselbe **wie im Vereinsrecht**. Einzugehen ist lediglich auf folgende **Besonderheiten**[7]:

156

---

1 Ausf. dazu *Burgard*, Gestaltungsfreiheit, insbesondere S. 261 ff., 332 ff., 390 ff., 655 ff.
2 Zu der wenig geklärten und außerordentlich streitigen Frage der Zulässigkeit und der Voraussetzungen von Grundlagenänderungen ausf. *Burgard*, Gestaltungsfreiheit, S. 332 ff.
3 Dass die Stiftung für ihre Entstehung zudem einer staatlichen Anerkennung bedarf (§ 80 Abs. 1 und 2 BGB), ist hingegen keine Folge ihrer Mitgliederlosigkeit, sondern eine politische Entscheidung.
4 *Hof* in Seifart/v. Campenhausen, Stiftungsrecht, § 10 Rz. 5.
5 Etwa BVerwG v. 12.2.1998 – 3 C 55/96, BVerwGE 106, 177, 180; BVerwG v. 22.9.1972 – VII C 27.71, StiftRspr. II, S. 89, 92; BGH v. 3.3.1977 – III ZR 10/74, StiftRspr. III, S. 27, 29 f., 32; BayVGH v. 22.5.1969 – 40 V 66, StiftRspr. II, S. 18, 23; KG v. 22.4.1968 – 1 VA 3/67, WM 1968, 903, 905; OVG Berlin v. 1.11.2002 – 2 S 29.02, NVwZ-RR 2003, 323, 324; aus der Literatur statt anderer *Reuter* in MünchKomm. BGB, Vor § 80 BGB Rz. 70; *Kronke*, Stiftungstypus und Unternehmensträgerstiftung, 1988, S. 148; alle m.w.N.
6 Näher hierzu *Burgard*, Gestaltungsfreiheit, S. 241 ff. m.w.N.
7 S. zum Ganzen auch *Schwintek*, Vorstandskontrolle in rechtsfähigen Stiftungen bürgerlichen Rechts, 2001; *Reuter*, NPLY 2002, S. 157 ff.; *Friedrich* in Graf Strachwitz/Mercker (Hrsg.), Stiftungen in Theorie und Praxis, 2005, S. 814 ff.

1. Vermögenserhaltung, Vermögensverwaltung und Erträgnisverwendung

157 Die Verwaltung des Stiftungsvermögens muss dergestalt erfolgen, dass eine dauernde und nachhaltige Erfüllung des Stiftungszwecks gewährleistet ist. Das wiederum setzt zum einen die ungeschmälerte Erhaltung des Stiftungsvermögens und zum anderen die Erwirtschaftung kontinuierlicher Erträge voraus.

a) Vermögenserhaltung

158 Nahezu wortgleich bestimmen die meisten Landesstiftungsgesetze: *„Das Stiftungsvermögen ist in seinem Bestand ungeschmälert zu erhalten."*[1] Dabei ist mit dem Stiftungsvermögen das Stiftungskapital gemeint. Das sind alle grundsätzlich nicht zum Verbrauch bestimmten Mittel der Stiftung, wozu insbesondere das sog. Grundstockvermögen (d.i. das der Stiftung von dem Stifter gewidmete Vermögen) gehört. Fraglich ist jedoch, was „erhalten" bedeutet, wenn die Stiftungssatzung hierzu keine Vorgaben enthält.[2]

159 **aa) Unterbilanzverbot.** Richtigerweise bedeutet „erhalten" zunächst, dass **das Stiftungskapital nicht angegriffen oder gar aufgezehrt** werden darf.[3] Bilanziell betrachtet darf daher bei der Stiftung grundsätzlich keine Unterbilanz entstehen. Allerdings muss die Kapitalerhaltung nur mittel- und langfristig gewährleistet sein.[4] Das ergibt sich schon daraus, dass Stiftungen einen langfristigen Anlagehorizont haben, kurzfristige Wertverluste also „aussitzen" können[5], und andernfalls auf Vermögensanlagen beschränkt wären, die keinen oder nur geringen nominellen Wertschwankungen unterliegen, was sowohl im Blick auf das Werterhaltungsgebot (s. Rz. 160, 168) als auch im Blick auf die Erwirtschaftung von Erträgen nachteilig wäre. Kurz- und mittelfristig kann und darf es daher zu einer gewissen Unterdeckung kommen, soweit weder deren Ausmaß noch ihre Ursache oder Dauer die Leistungskraft der Stiftung in Frage stellen. „Erhalten" bedeu-

---

1 Art. 6 Abs. 2 BayStiftG, § 7 Abs. 2 Satz 1 Hs. 1 BWStiftG, § 3 Satz 1 BlnStiftG, § 7 Abs. 1 Satz 1 BreStiftG, § 4 Abs. 2 Satz 2 HbgStiftG, § 6 Abs. 1 Satz 1 HeStiftG, § 6 Abs. 1 Satz 1 NdsStiftG, § 4 Abs. 2 Satz 1, NRWStiftG, § 7 Abs. 1 Satz 1 RPStiftG, § 6 Abs. 1 Satz 1 SaarStiftG, § 4 Abs. 3 Satz 1 SaStiftG, § 14 Abs. 2 Satz 1 SAStiftG, § 4 Abs. 2 Satz 1 SHStiftG, § 8 Abs. 2 Satz 1 ThStiftG. Nur Brandenburg hat in Anschluss an *Hüttemann/Rawert*, ZIP 2002, 2019, 2021, 2022, auf eine Kodifizierung dieses Grundsatzes verzichtet. So nun auch das MVStiftG vom 7.6.2006.
2 Unstreitig ist, dass das Vermögenserhaltungsgebot zur Disposition des Stifters steht. Nach h.M. kann er sogar den Verbrauch des Stiftungskapitals gestatten, s. *Hof* in Seifart/v. Campenhausen, Stiftungsrecht, § 4 Rz. 50 einerseits und *Burgard*, Gestaltungsfreiheit, S. 169 ff. andererseits.
3 Vgl. Begr. RegE zu Art. 6 BayStiftG, LT-Drucks. 15/10528, S. 9; zu § 7 BreStiftG, LT-Drucks. 12/405, S. 9; zu § 6 NdsStiftG, LT-Drucks. 6/200, S. 11 f.; zu § 6 SaarStiftG, LT-Drucks. 8/1859, S. 8; zu § 4 SHStiftG, LT-Drucks. 7/169, S. 14; aus der Lit. etwa *Carstensen*, Vermögensverwaltung, S. 43; *Ebersbach*, Handbuch, S. 115; *Stengel*, HeStiftG, Wiesbaden 1994, § 6 Anm. 2.1.
4 IDW, WPg 2000, 391, 396; *Carstensen*, WPg 1996, 781, 793; *Schauhoff*, DStR 2004, 471, 472.
5 Darauf weisen *Hüttemann/Schön*, Vermögensverwaltung und Vermögenserhaltung im Stiftungs- und Gemeinnützigkeitsrecht, 2007, S. 34, zu Recht hin.

tet dagegen **nicht, dass die Zusammensetzung des Stiftungsvermögens unverändert** bleiben müsste.[1] Vielmehr sind Vermögensumschichtungen grundsätzlich erlaubt und u.U. sogar geboten (Rz. 168).[2] Das Unterbilanzverbot hat zur **Folge**, dass Stiftungen keine Verbindlichkeiten eingehen oder Leistungen erbringen dürfen, durch die das Stiftungskapital nachhaltig angegriffen wird.

bb) Werterhaltungsgebot. Darüber hinaus verlangt eine ungeschmälerte Erhaltung des Stiftungskapitals nicht nur dessen betragsmäßigen Erhalt, sondern auch den Erhalt seines wirtschaftlichen Werts[3], genauer: seines Nutzungswerts für die Verfolgung des Stiftungszwecks. Dabei darf man sich das Stiftungskapital anders als im Gesellschaftsrecht[4] nicht als bloße Bilanzziffer vorstellen, sondern muss es auch gegenständlich im Blick auf seine Funktion für die Erfüllung des Stiftungszwecks betrachten. So gesehen bestimmt der Stiftungszweck den Inhalt des Werterhaltungsgebots.[5] **Ziel ist die Erhaltung der Leistungskraft der Stiftung im Blick auf die Erfüllung ihres Zwecks.** Bedroht wird sie insbesondere durch die beständige Geldentwertung[6], aber auch durch die Abnutzung und Alterung von Sachmitteln sowie die fortschreitenden Ansprüche an Ausstattung und Technik. Hinsichtlich des Geldvermögens ist daher keine nominelle, sondern eine reale Kapitalerhaltung[7] und hinsichtlich des Sachvermögens nicht eine güteridentische, sondern eine entwicklungsäquivalente Substanzerhaltung[8] geboten.

160

---

1 So ausdrücklich § 4 Abs. 1 Satz 2 Hs. 2 HbgStiftG, § 4 Abs. 2 Satz 2 NRWStiftG, § 7 Abs. 2 Satz 1 Hs. 2 RPStiftG; im Grundsatz unstreitig, statt anderer *Ebersbach*, Handbuch, S. 115; *Hof* in Seifart/v. Campenhausen, Stiftungsrecht, § 9 Rz. 5, 58, 62, 113f.; *Carstensen*, Vermögensverwaltung, S. 75 jeweils m.w.N.
2 *Burgard*, Gestaltungsfreiheit, S. 485ff., 537ff.; *Werner*, ZEV 2009, 366, 367.
3 H.M., vgl. Art. 6 Abs. 3 Satz 2 BayStiftG, § 7 Abs. 3 Satz 2 Fall 2 BreStiftG, § 6 Abs. 2 Satz 2 SaarStiftG, § 4 Abs. 4 SHStiftG; vgl. ferner § 4 Abs. 3 Satz 2 HbgStiftG, § 6 Abs. 2 Satz 2 NdsStiftG, § 7 Abs. 3 Satz 2 RPStiftG, § 4 Abs. 3 Satz 1 SaStiftG, § 4 Abs. 2 Satz 1 ThStiftG; aus der Lit. *Carstensen*, Vermögensverwaltung, S. 42ff.; *Hof* in Seifart/v. Campenhausen, Stiftungsrecht, § 9 Rz. 61; *Reuter* in MünchKomm. BGB, § 85 BGB Rz. 12ff.; *v. Rotberg*, BWStiftG, 4. Aufl. 2000, § 7 Anm. 2b; *Voll/Störle*, BayStiftG, 5. Aufl. 2009, Art. 6 Rz. 6; *Siegmund-Schultze*, NdsStiftG, 8. Aufl. 2003, § 6 Anm. 1; *Rodloff/Drabe*, ZIP 2003, 2284, 2285; *Schauhoff*, DStR 2004, 471, 472.
4 Vgl. *K. Schmidt*, Gesellschaftsrecht, S. 516f.
5 Insoweit zutr. *Reuter*, NPLYB 2002, S. 157, 162; *Hüttemann/Schön*, Vermögensverwaltung und Vermögenserhaltung im Stiftungs- und Gemeinnützigkeitsrecht, 2007, S. 26f.
6 S. dazu bereits *Leisner* in Dt. Stiftungswesen 1966–76, S. 94ff., und *Flämig*, ebd., S. 185ff. Besonders bedrohlich ist die Inflation für Förderstiftungen; denn einerseits entwertet sie das Stiftungskapital und die Stiftungserträge, andererseits erfordert sie höhere Ausschüttungen – und all dies, ohne dass die Teuerung wie bei gewerblichen Unternehmen an die Kunden weitergegeben werden könnte.
7 IDW, WPg 2000, 391, 396, Tz. 51ff.; *Orth* in Seifart/v. Campenhausen, Stiftungsrecht, § 37 Rz. 140, 143, 179, 244. Nach dem zuvor Gesagten reicht dabei eine Orientierung an der allgemeinen Preissteigerungsrate nicht immer aus. In den Blick zu nehmen ist vielmehr die für die Kosten- und Leistungsstruktur der Stiftung spezielle Teuerungsrate, näher *Schindler*, DB 2003, 297, 301.
8 *Schindler* in FS L. Fischer, S. 419, 425, mit einer Übersicht zu den verschiedenen Konzepten zur Erhaltung der Leistungskraft; s. dazu auch *Carstensen*, Vermögensverwaltung, S. 129ff.

161 Das für Kapitalstiftungen geltende Gebot realer Kapitalerhaltung darf dabei freilich nicht dahin missverstanden werden, ihm Priorität gegenüber einer möglichst optimalen Zweckverfolgung einzuräumen. So könnte zwar dem Gebot realer Kapitalerhaltung genüge getan werden, indem der Vorstand das Stiftungskapital vollständig in inflationsgeschützte Anleihen investiert. Der Preis hierfür wäre jedoch eine allzu bescheidene Rendite. Vielmehr geht es darum, die Leistungskraft der Stiftung auf möglichst hohem Niveau zu sichern. Umgekehrt wäre es allerdings auch nicht sachgerecht, die Leistungskraft der Stiftung voranzustellen, wie dies *Hüttemann/Schön* mit der einprägsamen Formel „*Vermögensmehrung statt Vermögenserhaltung*" fordern[1]; denn dieses Verständnis birgt die Gefahr einer allzu renditeorientierten und daher allzu risikoreichen Vermögensanlage. Recht verstanden begrenzt das Werterhaltungs- in Verbindung mit dem Zweckverfolgungsgebot also sowohl ein allzu risikofreudiges als auch ein allzu risikoaverses Anlageverhalten. Ausschlaggebend ist dabei nicht die Rendite-Risiko-Struktur des einzelnen Investments, sondern des Gesamtportfolios. Per se verbotene Anlageformen gibt es daher nicht[2], wohl aber Anlagestrategien, die nicht geeignet sind, die Leistungskraft der Stiftung dauerhaft auf einem angemessenen Niveau zu erhalten.

162 Reale Kapitalerhaltung bei gleichzeitiger nachhaltiger Erfüllung des Stiftungszwecks ist mithin eine sehr anspruchsvolle Aufgabe[3], die neben einer geeigneten Anlagestrategie (s. auch Rz. 168) vor allem eine auf die Verhältnisse der jeweiligen Stiftung (Vorgaben des Stifters, Stiftungszweck, Art der von der Stiftung zu erbringenden Leistungen)[4] angepasste, nachprüfbare Haushalts- und Kapitalerhaltungsplanung[5] sowie eine ausreichende Bildung von Rückstellungen und Rücklagen (§ 58 Nr. 6 und 7 AO), insbesondere von Kapitalerhaltungsrücklagen[6], aber auch von Betriebsmittelrücklagen und zweckgebundene Rücklagen zur Finanzierung aufwendiger Vorhaben erfordert. Die Kapitalerhaltung ist im Rahmen des Jahresabschlusses durch eine Kapitalerhaltungsrechnung zu dokumentieren.[7]

163 **cc) Ausschüttungsverbot.** Das stiftungsrechtliche Kapitalerhaltungsgebot verbietet schließlich Ausschüttungen aus dem zum Erhalt des Stiftungskapitals erforderlichen Stiftungsvermögen.[8] Diese **Ausschüttungssperre** ist allerdings nicht

---

1 *Hüttemann/Schön*, Vermögensverwaltung und Vermögenserhaltung im Stiftungs- und Gemeinnützigkeitsrecht, 2007, S. 50.
2 Zutr. *Hüttemann/Schön*, Vermögensverwaltung und Vermögenserhaltung im Stiftungs- und Gemeinnützigkeitsrecht, 2007, S. 10f.
3 Näher dazu *Carstensen*, Vermögensverwaltung, S. 167ff., 210ff., 233ff.; *Carstensen* in Bertelsmann Handbuch, S. 535, 554ff.; *Sobotta/von Cube*, DB 2009, 2082, 2084ff.
4 Vgl. *Schindler* in FS L. Fischer, S. 419, 432; *Schindler*, DB 2003, 297, 301.
5 *IDW*, WPg 2000, 385, 387, Tz. 18 (Unterpunkt 1); 391, 396, Tz. 56ff.
6 S. *Burgard*, Gestaltungsfreiheit, S. 494ff. sowie *IDW*, WPg 2000, 391, 396, Tz. 54, 55ff.; kritisch dazu etwa *Orth*, DB 1997, 1341, 1347f. Steuerrechtlich handelt es sich hierbei um eine freie Rücklage i.S. des § 58 Nr. 7 lit. a AO.
7 *Carstensen*, WPg 1996, 781, 792f.; *Hof* in Seifart/v. Campenhausen, Stiftungsrecht, § 9 Rz. 170ff.
8 Vgl. *Hof* in Seifart/v. Campenhausen, Stiftungsrecht, § 9 Rz. 59, 60, 83; *Carstensen*, Vermögensverwaltung, S. 48ff., 223f.; vgl. ferner OVG Hamburg v. 20.4.1964 – Bf I 65/61, StiftRspr. II, S. 160, 161; OLG Hamm v. 5.5.1987 – 29 U 175/86, StiftRspr. IV, S. 66, 71;

starr, sondern **fließend und beweglich**. Fließend ist sie, weil die Kapitalerhaltung nur mittel- und langfristig gewährleistet sein muss (Rz. 159)[1] und reale Kapitalerhaltung eine Bewertung zu Marktpreisen erfordert, aus denen sich Schwankungen ergeben, aufgrund derer Abweichungen von dem „*Idealpfad der realen Kapitalerhaltung*" unvermeidlich sind.[2] Und beweglich ist die Ausschüttungssperre, weil Stiftungen grundsätzlich hinsichtlich der Form ihrer Rechnungslegung frei sind.[3] Nur kaufmännische Stiftungen sind an die §§ 238–263 HGB gebunden. Das eröffnet zusätzliche Gestaltungsspielräume.

Diese relative Ausschüttungssperre wandelt sich jedoch spätestens dann zu einer **absoluten Ausschüttungssperre**, wenn das Stiftungskapital derart geschwächt ist, dass eine weitere nachhaltige Erfüllung des Stiftungszwecks beeinträchtigt wird.[4] In diesem Fall ist auch die Aufsichtsbehörde einzugreifen berechtigt und verpflichtet[5], wenn die Stiftungsorgane weiterhin Ausschüttungen vornehmen, anstatt die Stiftungserträge dem Stiftungskapital zuzuführen.[6] Erforderlich ist dann eine Vollthesaurierung, und zwar nötigenfalls über mehrere Jahre hinweg.[7] Das gebietet auch der mutmaßliche Stifterwille, dem die Erhaltung der Lebensfähigkeit und Leistungskraft der Stiftung regelmäßig wichtiger sein dürfte als eine ununterbrochene Zweckverfolgung.[8] Ist allerdings unabsehbar, ob und wann das Stiftungskapital wieder aufgefüllt und damit die Ausschüttungssperre beseitigt ist, dann ist eine Art „nominelle Kapitalherabsetzung"[9] veranlasst.

164

Einer Vollthesaurierung steht bei gemeinnützigen Stiftungen grundsätzlich das **steuerliche Admassierungsverbot** (§ 55 Abs. 1 Nr. 5 AO) entgegen. Allerdings gestattet § 58 Nr. 6 AO eine (zeitlich befristete) Mittelansammlung zur Finanzie-

165

---

scheinbar teilweise a.A. *Sandberg*, ZHR 164 (2000), 155, 162 f., s. aber auch *Sandberg*, ebd., S. 170 bei Fn. 63.
1 Vgl. § 7 Abs. 3 Satz 2 Fall 2 BreStiftG, § 6 Abs. 2 Satz 2 Fall 2 NdsStiftG, § 4 Abs. 3 NRWStiftG, § 7 Abs. 3 S. 2 RPStiftG, § 6 Abs. 2 Satz 2 Fall 2 SaarStiftG, § 4 Abs. 4 Satz 1 SHStiftG sowie *IDW*, WPg 2000, 391, 396; s. auch *Schindler*, DB 2003, 297, 299.
2 *Carstensen*, WPg 1996, 781, 793; *Hof* in Seifart/v. Campenhausen, Stiftungsrecht, § 9 Rz. 170.
3 Näher *Burgard*, Gestaltungsfreiheit, S. 547 ff.
4 Vgl. Art. 17 BayStiftG, § 7 Abs. 4 BreStiftG, § 4 Abs. 5 SHStiftG, sowie *Carstensen*, Vermögensverwaltung, S. 48 ff.; *Werner*, ZEV 2009, 366, 368; weniger streng *Hof* in Seifart/v. Campenhausen, Stiftungsrecht, § 9 Rz. 79 ff.; *Schauhoff*, DStR 2004, 470, 475, 476.
5 Ausdrücklich sehen dies freilich nur Art. 17 BayStiftG und § 4 Abs. 5 SHStiftG vor. In den übrigen Ländern ergibt sich dies jedoch aus dem allgemeinen Kapitalerhaltungsgebot i.V.m. dem allgemeinen Anordnungsrecht der Behörden; a.A. *Hof* in Seifart/v. Campenhausen, Stiftungsrecht, § 9 Rz. 82 (Ausnahmeregelung).
6 Ausgenommen sind lediglich Zuschüsse, die der Stiftung unter der Auflage ihrer Ausschüttung gewährt wurden.
7 A.A. *Rodloff/Drabe*, ZIP 2003, 2284, 2286; *Reuter* in MunchKomm. BGB, § 85 BGB Rz. 15 f.; *Reuter*, NPLYB 2002, S. 157, 163, der Bestimmungen des Landesrechts, die eine Vollthesaurierung erlauben, wegen Verstoßes gegen § 80 Abs. 2 BGB (Verbot der Selbstzweckstiftung) für unwirksam hält. Das ist indes unzutreffend, s. zu der eingeschränkten Bedeutung des Verbots von Selbstzweckstiftungen *Burgard*, Gestaltungsfreiheit, S. 147 ff., und zum stiftungsrechtlichen Admassierungsverbot ebd., S. 494 ff.
8 Für den Fall, dass erhebliche Teile des Stiftungskapitals verloren sind, empfiehlt *Schwintowski* in FS Hadding, S. 271, 283, den Erwerb von Null-Coupon-Anleihen.
9 S. dazu *Burgard*, Gestaltungsfreiheit, S. 504 ff.

rung konkreter Projekte und periodisch wiederkehrender Ausgaben (wie Gehälter und Mieten). Überdies haben sie die Möglichkeit einer Rücklagenbildung nach § 58 Nr. 7 lit. a AO, die sie zum Zwecke der Werterhaltung vorsorglich alljährlich voll ausschöpfen sollten.[1]

166 **dd) Veräußerungsgebot.** Freilich hilft eine Ausschüttungssperre nicht in allen Fällen weiter, um dem stiftungsrechtlichen Kapitalerhaltungsgebot Genüge zu tun. Das gilt insbesondere dann, wenn das Grundstockvermögen in der Hauptsache aus einem Unternehmen oder einer Unternehmensbeteiligung besteht und die Rendite des Unternehmens dauerhaft negativ wird. In diesem Fall kann ein Veräußerungsgebot bestehen.[2]

167 **ee) Haftung.** Im Blick auf die Haftung für die Einhaltung der strengen stiftungsrechtlichen Kapitalerhaltungsvorschriften ist zu bedenken, dass das Stiftungsvermögen in der Praxis notwendigerweise *„um den Idealpfad der realen Kapitalerhaltung oszilliert"*.[3] Daher führt nicht schon jede Abweichung von diesem Idealpfad zu haftungsrechtlichen Folgen für die verantwortlichen Organmitglieder. Die **Grenze** ist jedoch dort **überschritten**, wo die Abweichung etwa auf einer unzureichenden Planung oder Rechnungslegung oder der fehlenden Bildung von Rückstellungen oder Rücklagen oder dem Eingehen unverhältnismäßiger Risiken beruht oder weiterhin Ausschüttungen vorgenommen werden, obwohl das Stiftungskapital derart geschwächt ist, dass hierdurch eine weitere nachhaltige Erfüllung des Stiftungszwecks beeinträchtigt wird.[4]

b) Vermögensverwaltung

168 Hinsichtlich der Vermögensverwaltung sind zuvörderst die Vorgaben der Stiftungssatzung zu beachten. Abseits davon gelten die vorgenannten (Rz. 13 ff.) allgemeinen Regeln, wobei zu berücksichtigen ist, dass Kapitalstiftungen regelmäßig einen sehr langfristigen Anlagehorizont haben. Zu entwickeln ist ein rational begründbares, in Anlagerichtlinien[5] dokumentiertes und damit überprüfbares Anlagekonzept, das ex ante eine Rendite-Risiko-Struktur des Gesamtportfolios erwarten lässt, die geeignet ist, die Leistungskraft der Stiftung dauerhaft zu erhalten.[6] Dabei ist auch zu berücksichtigen, dass Wertsteigerungsgewinne sowohl stiftungs- als auch steuerrechtlich nicht zu den Stiftungserträgen zählen und daher nicht der Pflicht zur zeitnahen Ertragnisverwendung unterliegen, sondern

---

1 Näher zum Gebot der zeitnahen Mittelverwendung und den Möglichkeiten einer Rücklagenbildung *Hüttemann*, Gemeinnützigkeits- und Spendenrecht, 2008, § 5 Rz. 74 ff., 104 ff.
2 Näher *Burgard*, Gestaltungsfreiheit, S. 485 ff. m.w.N.
3 *Carstensen*, WPg 1996, 781, 793; *Hof* in Seifart/v. Campenhausen, Stiftungsrecht, § 19 Rz. 170.
4 S. zur Haftung auch *Schwintek*, ZSt 2005, S. 108 ff.; *Kiethe*, NZG 2007, 810 ff.; *Sobotta/von Cube*, DB 2009, 2082, 2084 ff.
5 S. dazu *Fritz* in O. Werner/Saenger (Hrsg.), Die Stiftung, 2008, Rz. 506 ff.
6 Für ein Beispiel *Benke/Maucher*, Stiftung & Sponsoring 3/2007, S. 29 ff. Zu typischen Fehlern bei der Vermögensverwaltung (insb. mangelnde Diversifizierung, einseitige Anlage in festverzinsliche Wertpapiere, „Buy-and-hold-Prinzip", falsch verstandenes Spekulationsverbot, unzureichende oder übermäßige Berücksichtigung des Kapitalerhaltungsgebots) *Fritz* in O. Werner/Saenger (Hrsg.), Die Stiftung, 2008, Rz. 444.

dem Stiftungskapital zufließen und damit dessen Werterhalt dienen.[1] Sie mindern dementsprechend den Bedarf der Zuführung von Stiftungserträgen zu einer Kapitalerhaltungsrücklage und erhöhen damit den verwendungsfähigen Ertrag (Rz. 169). Eine teilweise Anlage in Substanzwerten (insb. Aktien und Immobilien) ist daher nicht nur stiftungsrechtlich erlaubt, sondern geradezu geboten, zumal Stiftungen bei einer sorgfältigen Haushaltsplanung kurzfristige Wertverluste nicht realisieren, sondern wegen ihres langfristigen Anlagehorizonts „aussitzen" können (Rz. 159). Gleichwohl erforderlich ist freilich ein adäquates Risikomanagement, das be- und entstehende Risiken erkennt, wirtschaftlich sinnvolle Möglichkeiten zu einer Risikominderung ergreift und unkontrollierten Vermögensverlusten vorbeugt. Auch risikoreiche Geschäfte sind daher nicht grundsätzlich verboten. Verboten ist aber das Eingehen unkalkulierbarer, unkontrollierbarer und unverhältnismäßiger Risiken bezogen auf das Gesamtportfolio.[2] Insbesondere dürfen die eingegangenen Verlustrisiken insgesamt nicht derart hoch sein, dass die Leistungskraft der Stiftung bei ihrer Realisierung dauerhaft bedroht ist.[3]

c) Erträgnisverwendung

Die Stiftungserträge sind *erstens* unter Beachtung des Sparsamkeitsgebots (s. oben Rz. 15) zur Deckung des Verwaltungsaufwands heranzuziehen.[4] *Zweitens* sind Rücklagen zu bilden (Rz. 162, 165). Die übrigen Erträge sind *drittens* zeitnah zur Verfolgung des Stiftungszwecks zu verwenden, also etwa an die in der Satzung genannten Destinatäre auszuschütten. Zeitnah bedeutet – stiftungs- wie steuerrechtlich – innerhalb des auf den Zufluss der Erträge folgenden Kalender- oder Wirtschaftsjahres, § 55 Abs. 1 Nr. 5 AO. Wird gegen Gemeinnützigkeitsvorschriften verstoßen, so kann dies zur Aberkennung der steuerlichen Gemeinnützigkeit führen (§ 63 Abs. 1 AO), bei einer unzulässigen Mittelansammlung allerdings erst nach erfolglosem Ablauf einer von der Finanzverwaltung zu setzenden angemessenen Frist.[5] Die verantwortlichen Organmitglieder sind dann der Stiftung zum Ersatz aller daraus entstehenden Schäden verpflichtet.

169

2. Anspruchsgrundlage

Ebenso wie im Vereinsrecht richtet sich die Innenhaftung von Vorstandsmitgliedern im Ausgangspunkt nach § 280 Abs. 1 BGB.[6] Daneben enthalten manche

170

---

1 Anstelle anderer *Hüttemann/Schön*, Vermögensverwaltung und Vermögenserhaltung im Stiftungs- und Gemeinnützigkeitsrecht, 2007, S. 34.
2 Vgl. BGH v. 3.12.1986 – IVa ZR 90/85, NJW 1987, 1070, 1071; *Fritz* in O. Werner/Saenger (Hrsg.), Die Stiftung, 2008, Rz. 473f.
3 Näher zur Vermögensverwaltung bei Stiftungen insbesondere *Carstensen*, Vermögensverwaltung, Vermögenserhaltung und Rechnungslegung gemeinnütziger Stiftungen, 1996, S. 67ff.; *Carstensen*, WPg 1996, 782ff.; *Hüttemann/Schön*, Vermögensverwaltung und Vermögenserhaltung im Stiftungs- und Gemeinnützigkeitsrecht, 2007; *Fritz* in O. Werner/Saenger (Hrsg.), Die Stiftung, 2008, Rz. 443ff.
4 Näher dazu *Burgard*, Gestaltungsfreiheit, S. 540f.; *Fritz* in O. Werner/Saenger (Hrsg.), Die Stiftung, 2008, Rz. 470; vgl. auch *Sobotta/von Cube*, DB 2009, 2082, 2084f.
5 Näher *Hüttemann*, Gemeinnützigkeits- und Spendenrecht, 2008, § 4 Rz. 162ff.
6 Anstelle anderer *Hof* in Seifart/v. Campenhausen, Stiftungsrechts, § 8 Rz. 288; *Reuter* in MünchKomm. BGB, § 86 BGB Rz. 20.

Landesstiftungsgesetze eigene Regelungen (Art. 7 Satz 2 und 3 BayStiftG, § 6 Abs. 1 Satz 3 BreStiftG, § 8 Satz 2 HeStiftG, § 6 Abs. 3 Satz 2 NdsStiftG, § 5 Abs. 2 Satz 3 SaarStiftG, § 12 SAStiftG). Das führte namentlich im Blick auf Art. 7 Satz 2 BayStiftG, § 12 Abs. 2 SAStiftG zur Frage des Konkurrenzverhältnisses zwischen bundes- und landesrechtlicher Regelung.[1] Nach Inkrafttreten von § 31a BGB stellt sich diese Frage hinsichtlich der Haftung von ehrenamtlichen Vorstandsmitgliedern[2] nicht mehr.

3. Verschuldensgrad, gesetzliche Haftungsmilderung und statutarische Haftungsverschärfung

171 Nach § 276 Abs. 1 BGB haften Organmitglieder grundsätzlich für jede Fahrlässigkeit. Für ehrenamtliche Vorstandsmitglieder verweist § 86 Satz 1 BGB jedoch auf § 31a BGB. Dagegen verweist § 86 Satz 1 BGB nicht auch auf § 40 BGB, so dass abweichende Satzungsregelungen zulässig sind und bleiben. Ist in der Stiftungssatzung bestimmt, dass Organmitglieder für eine schuldhafte Verletzung ihrer Pflichten einzustehen haben, so ist diese Bestimmung vor dem Hintergrund der bisherigen Rechtslage grundsätzlich dahin zu interpretieren[3], dass Organmitglieder für jede Fahrlässigkeit haften. § 31a BGB bleibt in diesem Fall also außer Anwendung. Enthält die Stiftungssatzung keine Haftungsregelung, so ist § 31a BGB zwar anwendbar. Die zuständigen Stiftungsorgane sind jedoch zu einer Satzungsänderung berechtigt und verpflichtet, durch die der bisherige Rechtszustand wiederhergestellt wird.[4]

4. Gewillkürte Haftungsmilderungen und Haftungsbegrenzungen

172 Ebenso wie im Vereinsrecht gewillkürte Haftungsmilderungen und -beschränkungen einer Rückbindung an den Mitgliederwillen bedürfen, bedürfen sie im Stiftungsrecht einer Rückbindung an den Stifterwillen. Haftungsmilderungen und -beschränkungen sind daher im Stiftungsrecht (nur) **zulässig, soweit** sie **in der Stiftungssatzung vorgesehen** sind.[5] Der vereinzelten Gegenansicht von *Reuter*, wonach eine Milderung des Haftungsmaßstabes in Analogie zu §§ 2219, 2220 BGB ausgeschlossen sein soll[6], ist entgegenzuhalten, dass es für eine solche Analogie sowohl an einer Lücke[7] als auch an einer Vergleichbarkeit der Sachverhalte[8] fehlt.

---

1 S. dazu *Burgard*, 1. Aufl., § 6 Rz. 172 ff. m.w.N.
2 Hinsichtlich der Haftung von Mitgliedern anderer Organe kann die Frage dagegen weiterhin von Bedeutung sein, wenn man mit der hier vertretenen Ansicht (Rz. 99 a.E.) eine analoge Anwendung von § 31a BGB ablehnt.
3 Eingehend zur Auslegung von Stiftungssatzungen, *Burgard*, Gestaltungsfreiheit im Stiftungsrecht, 2006, S. 192 ff. m.w.N.
4 Näher *Burgard*, ZIP 2010, 358, 364; vgl. auch *Reuter*, NZG 2009, 1368, 1369: § 31a BGB läuft dem zentralen Schutzanliegen des Stiftungsrechts „diametral zuwider".
5 *Rawert* in Staudinger, § 86 BGB Rz. 13; *Schwintek*, ZSt 2005, 108, 111 f.; *Wehnert*, ZSt 2007, 67, 70; *Werner*, ZEV 2009, 366, 368; *Sobotta/von Cube*, DB 2009, 2082, 2086 f.
6 *Reuter* in MünchKomm. BGB, § 86 BGB Rz. 20; *Reuter*, NPLYB 2002, S. 157, 165 f.
7 § 2220 BGB ist eine Sonderregelung. Das diesbezügliche Schweigen der §§ 80 ff. BGB ist daher beredt, i.E. ebenso *Schwintek*, ZSt 2005, 108, 111.
8 Der von *Reuter* auch an anderer Stelle bemühte Vergleich zwischen Testamentsvollstreckung und Stiftungsverwaltung überzeugt allenfalls bei oberflächlicher Betrachtung,

5. Versicherung

Auch für den Abschluss einer D&O-Versicherung ist im Stiftungsrecht aus den vorgenannten Gründen grundsätzlich eine **statutarische Ermächtigung erforderlich**. Fehlt es hieran, weil der Stifter – wie zumeist – die Frage nicht bedacht hat, können die zuständigen Stiftungsorgane im Blick auf die Vorteile einer solchen Versicherung allerdings eine Satzungsänderung bzw. -ergänzung herbeiführen, wenn die gesetzlichen oder statutarischen Voraussetzungen hierfür erfüllt sind.[1]

173

6. Verzicht

Die Stiftung kann grundsätzlich wie jeder andere Gläubiger auf Ansprüche bzw. deren Geltendmachung ganz oder teilweise verzichten. Das gilt auch für Ansprüche gegen Organmitglieder, soweit diese nicht gläubigerschützenden Charakter (so insbesondere insolvenzrechtliche Ansprüche, s. oben Rz. 82) haben.[2] Eine § 93 Abs. 4 Satz 3 AktG entsprechende Regelung besteht nicht. Allerdings entspricht ein endgültiger Verzicht auf Schadensersatzansprüche i.d.R. nur dann den Erfordernissen der Business Judgement Rule (oben Rz. 30 ff.), wenn das volle **Ausmaß des Anspruchs bekannt** ist. Unter Umständen ist daher – wie es auch dem Sinn und Zweck des § 93 Abs. 4 Satz 3 AktG entspricht[3], aber ohne dessen starre zeitliche Begrenzung – ein Aufschieben der Entscheidung geboten. Überdies bedarf namentlich ein Organmitglieder begünstigender Verzicht nach manchen Stiftungsgesetzen der aufsichtsrechtlichen Mitwirkung.[4]

174

Zuständig für die Beschlussfassung[5] über einen Verzicht ist das für die Geltendmachung berufene Organ, regelmäßig also der Vorstand (s. Rz. 181). Dabei sind ggf. die durch den Beschluss begünstigten Organmitglieder von ihrem Stimmrecht ausgeschlossen, § 86 Satz 1 i.V.m. §§ 28 Abs. 1, 34 BGB. Die übrigen entscheiden nach pflichtgemäßem Ermessen, wobei sie insbesondere die **Erfordernisse der Business Judgement Rule und** die ihnen obliegende **Vermögensfürsorgepflicht zu beachten** haben.

175

---

nämlich im Blick darauf, dass sowohl Testamentsvollstrecker als auch Stiftungsorgane Anordnungen des Erblassers bzw. Stifters ausführen und Treuhänder fremden Vermögens sind. Während die Testamentsvollstreckung jedoch eine Verfügungsbeschränkung der Erben zur Folge hat (§ 2211 BGB), stellen die Stiftungsorgane überhaupt erst die Handlungsfähigkeit der Stiftung her. Ihr Handeln wird der Stiftung als eigenes zugerechnet. So gesehen ist die Stiftung seitens der Stiftungsorgane keiner Fremdbestimmung ausgesetzt, wohl aber die Erben. Die Erben sind daher ungleich schutzbedürftiger.

1 Zu der wenig geklärten und außerordentlich streitigen Frage der Zulässigkeit und der Voraussetzungen von Grundlagenänderungen ausf. *Burgard*, Gestaltungsfreiheit, S. 332 ff.
2 *Werner*, ZEV 2009, 366, 370.
3 Allg. M., z.B. *Hüffer*, § 93 AktG Rz. 28 m.w.N.
4 Vgl. Art. 19 Nr. 3 BayStiftG, § 13 Abs. 1 Nr. 4 BWStiftG.
5 Wollen sich die Organmitglieder nicht dem Vorwurf der Pflichtwidrigkeit aussetzen, bedarf es auch dann, wenn lediglich die Geltendmachung von Ansprüchen unterlassen werden soll, der Fassung eines Beschlusses.

176 Erforderlich ist also *erstens* eine Feststellung des zum Schadensersatz verpflichtenden Sachverhalts, *zweitens* eine Analyse des Prozessrisikos und der Betreibbarkeit der Forderung. Beides ist gerichtlich grundsätzlich voll nachprüfbar. Es besteht nur ein begrenzter Beurteilungsspielraum. Sodann sind *drittens* die Vor- und Nachteile einer Rechtsdurchsetzung miteinander ins Verhältnis zu setzen. Ein **Verzicht** (im weitesten Sinne) kommt demnach regelmäßig **nur** in Betracht, **wenn die Nachteile der Rechtsdurchsetzung deren Vorteile für die Stiftung voraussichtlich überwiegen**[1], z.B. weil die Rechtsdurchsetzung kostspielig und ungewiss ist, weil es bei dem Schuldner ohnehin „nichts zu holen" gibt oder – namentlich bei Ansprüchen gegen Organmitglieder – weil der zu befürchtende Ansehensverlust für die Stiftung schwerer wiegt als der zu erlangende Schadensersatz. Letzteres darf freilich nicht zum Vorwand dienen, dass „eine Krähe der anderen kein Auge aushackt".[2]

7. Entlastung

177 Soweit die Stiftung auf Ansprüche verzichten kann[3], kommt auch eine **Entlastung** in Betracht. Allerdings ist eine Entlastung im Stiftungsrecht nur denkbar, wenn in der Stiftungssatzung ein (Kontroll-)Organ eingerichtet ist, demgegenüber das zu entlastende Organ Rechenschaft abzulegen hat.[4] Ist ein solches Organ eingerichtet, ist es kraft Sachzusammenhangs regelmäßig auch dann zur Fassung eines Entlastungsbeschlusses befugt, wenn dies nicht ausdrücklich in der **Satzung vorgesehen** ist.[5] Allerdings darf das zuständige Organ nur dann Entlastung erteilen, wenn entweder trotz sorgfältiger Prüfung keine Ansprüche gegen die zu entlastenden Organmitglieder erkennbar sind oder das zuständige Organ auf die erkennbaren Ansprüche verzichten dürfte (Rz. 174 ff.). Wird die Entlastung fahrlässigerweise **pflichtwidrig** erteilt, bestehen zwar keine Ansprüche gegen die entlasteten Organmitglieder mehr, wohl aber nunmehr gegen die entlastenden Organmitglieder.[6] Wird die Entlastung vorsätzlich pflichtwidrig erteilt, ist der Beschluss, wenn nicht gar sitten-, so doch treuwidrig und daher nichtig.

178 Wird der Jahresabschluss des Vorstands von der **Stiftungsaufsichtsbehörde** nicht beanstandet, so kann darin **keine Entlastung** des Vorstands gesehen wer-

---

1 Ebenso *Reuter* in MünchKomm. BGB, § 86 BGB Rz. 20.
2 Vgl. BGH v. 21.4.1997 – II ZR 175/95, BGHZ 135, 244, 251 ff.
3 Deswegen verfängt der Einwand nicht, eine Entlastung sei unzulässig, weil die Stiftung anders als ein Verband über kein Organ verfüge, das kraft „eigenen Rechts" auf Ansprüche verzichten könnte, so aber *Reuter* in MünchKomm. BGB, § 86 BGB Rz. 21; *Reuter*, NPLYB 2002, S. 157, 167; *Schwintek*, Vorstandskontrolle, S. 203; *Schwintek*, ZSt 2005, 108, 115; *Kiethe*, NZG 2007, 810, 813.
4 Ebs. *Wehnert*, ZSt 2007, 67, 71; *Kiethe*, NZG 2007, 810, 813; *Werner*, ZEV 2009, 366, 370; *Hof* in Seifart/v. Campenhausen, Stiftungsrecht, § 8 Rz. 298; vgl. zum engen Zusammenhang von Rechenschaftslegung und Entlastung *K. Schmidt*, ZGR 1978, 425, 428 m.w.N.
5 A.A. *Schwintek*, ZSt 2005, 108, 115 (dazu die folgende Fn.); i.E. wie hier *Reuter* in MünchKomm. BGB, § 86 BGB Rz. 21; *Schindler*, DB 2003, 297, 300.
6 Dies ist einer der Gründe, weswegen die von *Schwintek*, ZSt 2005, 108, 115, heraufbeschworene Gefahr, die Entlastung durch ein Aufsichtsorgan könnte erteilt werden, um die Frage zu vermeiden, ob auch dessen Mitglieder haften, nicht sehr groß ist.

den.¹ Zwar hat die Behörde das gesetzes- und satzungstreue Verhalten der Stiftungsorgane zu überwachen. Auch ist sie teilweise nach den Stiftungsgesetzen zur Geltendmachung von Ansprüchen der Stiftung gegen die Mitglieder ihrer Organe befugt.² Abgesehen davon, dass diese Befugnis nur subsidiär besteht, ist sie jedoch nicht berechtigt, über Ansprüche der Stiftung zu verfügen³ und kann daher auch keine Entlastung erteilen.⁴ Dementsprechend kann auch kein Vertrauenstatbestand entstehen, auf den die Entlastungswirkung gestützt werden könnte.

8. Exkulpation durch die Stiftungsaufsicht?

Nach einer Entscheidung des Kammergerichts haftet der Vorstand für eine satzungswidrige Mittelverwendung dann nicht, wenn der Aufsichtsbehörde der Sachverhalt in vollem Umfang bekannt war und sie ihn gleichwohl nicht beanstandet hat.⁵ Dem kann in dieser Allgemeinheit nicht gefolgt werden.⁶ **Vielmehr entlasten Genehmigungen und Auskünfte der Behörde die Stiftungsorgane von ihrer Verantwortlichkeit grundsätzlich nicht.** Eine **Ausnahme** kommt nur dann in Betracht, wenn sich die Stiftungsorgane unverschuldet in einem Rechtsirrtum befunden haben⁷, der durch die Behörde hervorgerufen, unterhalten oder bestärkt wurde.

179

An die Entschuldbarkeit eines Rechtsirrtums sind indes strenge Anforderungen zu stellen.⁸ Die Organmitglieder müssen die Rechtslage unter Beachtung der einschlägigen Bestimmungen und der (zumal höchstrichterlichen) Rechtsprechung sorgfältig prüfen und ggf. Rechtsrat einholen (s. auch oben Rz. 16 f.).⁹ Dabei entlasten Rechtsauskünfte und -ansichten, selbst wenn sie von einem Rechtsanwalt, einer Behörde oder gar einem Gericht geäußert wurden dann nicht, wenn deren Richtigkeit für die Organmitglieder erkennbar zweifelhaft ist¹⁰ oder sie mit einer

180

---

1 H.M., *Hof* in Seifart/v. Campenhausen, Stiftungsrecht, § 8 Rz. 297; *Reuter* in Münch-Komm. BGB, § 86 BGB Rz. 20; *Rawert* in Staudinger, § 86 BGB Rz. 13; *Schwintek*, ZSt 2005, 108, 111; *Schindler*, DB 2003, 297, 300; *Wehnert*, ZSt 2007, 67, 71; *Werner*, ZEV 2009, 366, 370; a.A. *Ebersbach*, Handbuch, S. 121; *Neuhoff* in Soergel, § 86 BGB Rz. 13.
2 Art. 15 BayStiftG, § 11 Abs. 3 BWStiftG, § 16 NdsStiftG.
3 *Hof* in Seifart/v. Campenhausen, Stiftungsrecht, § 8 Rz. 297; *Stengel*, HeStiftG, § 8 Anm. 5; *Kiethe*, NZG 2007, 810, 813; *Wehnert*, ZSt 2007, 67, 71.
4 Ebs. *Wehnert*, ZSt 2007, 67, 71; *Kiethe*, NZG 2007, 810, 813; a.A. *Ebersbach*, Handbuch, S. 121; wohl auch *Strickrodt*, Stiftungsrecht, S. 99.
5 KG v. 6.7.1970 – 16 U 1777/69, StiftRspr. III, S. 35, 37 f.
6 Ebenso etwa *Schwarz/Backert* in Bamberger/Roth, § 86 BGB Rz. 5; *Schwintek*, ZSt 2005, 108, 111; *Werner*, ZEV 2009, 366, 370, jeweils m.w.N.
7 Vgl. RGZ 156, 113, 120; BGH v. 9.2.1951 – I ZR 35/50, NJW 1951, 398; BGH v. 1.6.1951 – I ZR 120/50, NJW 1951, 758; BGH v. 7.3.1972 – VI ZR 169/70, NJW 1972, 1045.
8 St. Rspr., BGH v. 11.1.1984 – VIII ZR 255/82, BGHZ 89, 296, 303 = NJW 1984, 1028, 1030; BGH v. 14.6.1994 – XI ZR 210/93, NJW 1994, 2754, 2755; s. aber auch OLG Stuttgart v. 28.10.1997 – 12 U 83/97, NZG 1998, 232 f. Die Beweislast hierfür trifft den Schuldner, vorliegend also die Organmitglieder. S. auch oben Rz. 48 f.
9 Vgl. RGZ 105, 356, 359; BGH v. 14.6.1994 – XI ZR 210/93, NJW 1994, 2754, 2755.
10 Vgl. BGH v. 15.5.1979 – VI ZR 230/76, BGHZ 74, 281; BGH v. 31.10.1967 – VI ZR 31/66, VersR 1968, 148; BGH v. 9.1.1991 – IV ZR 97/89, VersR 1991, 331, 333. Insbesondere entlasten gutachterliche Stellungnahmen von Rechtskundigen nicht ohne weiteres, da solche Gutachten leider allzu oft nach dem Motto geschrieben werden: „Wes' Brot ich ess', des' Lied ich sing."

abweichenden Beurteilung durch das zuständige Gericht rechnen mussten.[1] Verbleibende Zweifel entschuldigen nur dann, wenn es um die Beurteilung schwieriger, in Fachkreisen streitiger Fragen geht[2] oder sich die Organmitglieder der herrschenden Meinung angeschlossen haben.[3] Anders gewendet ist also stets zu fragen, ob die Organmitglieder von der Richtigkeit einer Rechtsauffassung überzeugt sein durften. Dabei sind die Bescheide und Auskünfte der Behörde lediglich eine unter anderen Erkenntnisquellen, auf die sich die Stiftungsorgane nicht alleine verlassen dürfen.

9. Durchsetzung

181 Ansprüche der Stiftung werden **grundsätzlich** von ihrem **Vorstand** geltend gemacht. Das gilt auch für Ansprüche gegen Organmitglieder. Verfügt die Stiftung über ein Kontrollorgan, ist allerdings anzunehmen, dass dieses für die Geltendmachung von Ansprüchen gegen die Mitglieder des Vorstands zuständig ist, § 30 Satz 2 BGB analog.[4] Überdies sehen manche Stiftungsgesetze der Länder eine **subsidiäre Kompetenz der Stiftungsaufsichtsbehörde** vor, Ersatzansprüche der Stiftung gegen die Stiftungsorgane geltend zu machen.[5] Bei Ansprüchen gegen den Stiftungsvorstand kommt ferner die Bestellung eines Notvorstands (§ 86 Satz 1 i.V.m. § 29 BGB) in Betracht.[6]

182 Nachdem die meisten Stiftungen – im Gegensatz zu Körperschaften – über kein Organ verfügen, dessen Mitglieder ein Eigeninteresse an der Durchsetzung von Schadensersatzansprüchen gegen Vorstandsmitglieder haben (als Ausnahmen kommen insoweit Organe in Betracht, die mit Stiftern oder Destinatären besetzt sind) und auch die Stiftungsaufsichtsbehörde an solchen „Scherereien" allzu oft kein Interesse hat, besteht hinsichtlich der Organhaftung im Stiftungsrecht ein **schwerwiegendes Durchsetzungsdefizit**.[7] *Reuter* schlägt daher bei privatnützigen Stiftungen eine subsidiäre Destinatärsklage und bei Stiftungen des öffentlichen Wohls sogar eine subsidiäre Popularklage vor.[8] Letzteres ist schon deswegen ab-

---

1 BGH v. 11.1.1984 – VIII ZR 255/82, BGHZ 89, 296, 303; BGH v. 18.4.1974 – KZR 6/73, NJW 1974, 1903, 1904; BGH v. 27.9.1989 – IVa ZR 156/88, VersR 1990, 153, 154.
2 BGH v. 18.5.1955 – I ZR 18/54, BGHZ 17, 266, 295.
3 BGH v. 7.3.1972 – VI ZR 169/70, NJW 1972, 1045; OLG Köln v. 24.4.1985 – 17 U 32/84, DB 1985, 2403; näher zum Ganzen *Hanau* in MünchKomm. BGB, § 276 BGB Rz. 73 ff. m.w.N.
4 Mangels Mitgliedern ist bei der Stiftung Anderes (s. oben Rz. 105 Fn. 2) kaum vertretbar, ebs. *Werner*, ZEV 2009, 366, 371; i.E. auch *Wehnert*, ZSt 2007, 66, 73.
5 So Art. 15 BayStiftG, §§ 11 Abs. 3, 20 Abs. 4 BWStiftG, § 16 NdsStiftG. § 11 NRWStiftG sieht für solche Fälle die Bestellung eines besonderen Vertreters vor. Die Bestellung von Beauftragten ist auch nach anderen Stiftungsgesetzen (z.B. § 6 Abs. 4 HbgStiftG, § 16 HeStiftG, § 8 MVStiftG, § 16 SaarStiftG) möglich. In Betracht kommt schließlich eine Ersatzvornahme z.B. nach § 13 Abs. 4 BreStiftG, § 14 Abs. 1 HeStiftG, § 6 Abs. 3 MVStiftG, § 13 SaarStiftG.
6 *Ebersbach*, Handbuch, S. 71; *Rawert* in Staudinger, § 82 BGB Rz. 11; *Kiethe*, NZG 2007, 810, 813; *Werner*, ZEV 2009, 366, 371. Zur Frage der Verjährung ausführlich *Gollan*, Vorstandshaftung in der Stiftung, 2009, S. 291 ff.
7 Eindringlich *Reuter*, NPLYB 2002, S. 157, 167 ff.
8 *Reuter* in MünchKomm. BGB, Vor § 80 BGB Rz. 79, § 85 BGB Rz. 20 f., sowie *Reuter*, NPLYB 2002, S. 157, 167 ff.

zulehnen, weil Popularklagen dem deutschen Recht mit Grund fremd sind. Und Ersterem ist nur zuzustimmen, soweit der Kläger selbst Organmitglied ist oder ihm statutarische Rechte eingeräumt sind.[1]

IV. Haftung der Mitglieder sonstiger Organe und von leitenden Mitarbeitern

Auch im Stiftungsrecht herrscht weitestgehend Gestaltungsfreiheit. Neben den Vorstand können daher kraft Satzung weitere Organe mit unterschiedlichen Funktionen treten.[2] **Es gilt das oben zum Verein Gesagte** (Rz. 91 ff.). Auch im Blick auf die Haftung von leitenden Mitarbeitern sind keine Besonderheiten ersichtlich (dazu oben Rz. 120 ff.).

183

---

1 Ebs. *Kiethe*, NZG 2007, 810, 814; *Werner*, ZEV 2009, 366, 371.
2 Ausf. *Burgard*, Gestaltungsfreiheit, insbesondere S. 261 ff.

§ 7
Organhaftung gegenüber Dritten

Grundlagen, insbesondere die Haftung aus unerlaubter Handlung und c.i.c.

Professor Dr. Holger Altmeppen

	Rz.		Rz.
A. Einleitung	1	d) Haftung für vorsätzliche sittenwidrige Schädigung (§ 826 BGB)	61
B. Haftung der Geschäftsleiter gegenüber Dritten	3	2. Haftung für deliktisches Handeln als Mitglied des Kollegialorgans	68
I. Grundsatz der Innenhaftung	3	a) Haftung für Stimmverhalten bei der Beschlussfassung?	68
II. Vertragliche und vertragsähnliche Haftung	5	b) Zumutbare Maßnahmen zur Verhinderung der Beschlussausführung	71
1. Haftung aus selbständigem Vertragsverhältnis	5	aa) Allgemeines	71
2. Haftung bei Missachtung des Offenkundigkeitsprinzips	8	bb) Interne Maßnahmen	72
3. Haftung bei Handeln ohne Vertretungsmacht (§ 179 BGB)	9	cc) Pflicht zur Klageerhebung?	73
4. Rechtsscheinhaftung bei fehlendem/fehlerhaftem Rechtsformzusatz	12	dd) Pflicht zu öffentlicher Information und zur Anzeigeerstattung?	74
5. Culpa in contrahendo	19	3. Kein Haftungsausschluss bei Handeln auf Weisung	75
a) Inanspruchnahme besonderen persönlichen Vertrauens	19	4. Gesamtschuldnerische Haftung und Gesamtschuldnerausgleich	76
b) Besonderes wirtschaftliches Eigeninteresse	25	a) Außenverhältnis	76
c) Gesamtschuld	27	b) Innenausgleich	77
III. Deliktische Haftung	29	aa) Ausgleich im Verhältnis zur Gesellschaft	77
1. Handeln als „Einzeltäter"	29	bb) Ausgleich mehrerer Organwalter untereinander	79
a) Haftung aus § 823 Abs. 1 BGB	29	C. Haftung der Aufsichtsräte gegenüber Dritten	80
aa) Schädigung durch aktives Tun	29	I. Allgemeines	80
bb) Mittelbare Schädigung/ Verletzung von Verkehrspflichten	38	II. Vertragliche und vertragsähnliche Haftung	81
b) Haftung aus § 823 Abs. 2 BGB i.V.m. Schutzgesetzen	47		
aa) Allgemeines	47		
bb) Einzelne Beispiele	49		
c) Haftung aus § 831 BGB	58	III. Deliktshaftung	82

Schrifttum: *Abeltshauser*, Leitungshaftung im Kapitalgesellschaftsrecht, 1998; *Altmeppen*, Grenzen der Zustimmungsvorbehalte des Aufsichtsrats und die Folgen ihrer Verletzung durch den Vorstand, in FS K. Schmidt, 2009, S. 23; *Altmeppen*, Das neue Recht der Gesellschafterdarlehen in der Praxis, NJW 2008, 3601; *Altmeppen*, GmbH – Vermögensvermischung, Haftung des Gesellschafters – Darlegungslast bei Verletzung der Konkursantragspflicht durch Geschäftsführer – Zum Schutzgesetzcharakter des OWiG § 130 und der Regelungen über die Buchführungspflicht, DZWir 1994, 378; *Altmeppen*, Geschäftsleiterhaftung für Weglassen des Rechtsformzusatzes aus deutsch-europäischer Sicht, ZIP 2007, 889; *Altmeppen*, Haftung der Geschäftsleiter einer Kapitalgesellschaft für Verletzung von Verkehrssicherungspflichten, ZIP 1995, 881; *Altmeppen*, Haftung der Gesellschafter einer Personengesellschaft für Delikte, NJW 1996, 1017; *Altmeppen*, Insolvenzverschleppungshaftung Stand 2001, ZIP 2001, 2201; *Altmeppen*, Probleme der Konkursverschleppungshaftung, ZIP 1997, 1173; *Altmeppen*, Zur vorsätzlichen Gläubigerschädigung, Existenzvernichtungshaftung und materiellen Unterkapitalisierung in der GmbH, ZIP 2008, 1201; *Altmeppen/Wilhelm*, Quotenschaden, Individualschaden und Klagebefugnis bei der Verschleppung des Insolvenzverfahrens über das Vermögen der GmbH, NJW 1999, 673; *v. Bar*, Zur Struktur der Deliktshaftung von juristischen Personen, ihren Organen und ihren Verrichtungsgehilfen, in FS Kitagawa, 1992, S. 279; *Bayer*, Legalitätspflicht der Unternehmensleitung, nützliche Gesetzesverstöße und Regress bei verhängten Sanktionen – dargestellt am Beispiel von Kartellverstößen –, in FS K. Schmidt, 2009, S. 85; *Bayer/Lieder*, Ersatz des Vertrauensschadens wegen Insolvenzverschleppung und Haftung des Teilnehmers, WM 2006, 1; *Beck*, Die Pflicht des Geschäftsführers zur Erstattung von Insolvenzgeld bei verspäteter Insolvenzantragstellung, ZInsO 2008, 713; *Biletzki*, Außenhaftung des GmbH-Geschäftsführers, BB 2000, 521; *Brandes*, Ersatz von Gesellschafts- und Gesellschafterschaden, in FS Fleck, 1988, S. 13; *Brinkmann*, Zur Haftung von Geschäftsführer und sonstigen Vertretern ausländischer Gesellschaften wegen Fehlen des Rechtsformzusatzes, IPRax 2008, 30; *Brüggemeier*, Organisationshaftung – Deliktsrechtliche Aspekte innerorganisatorischer Funktionsdifferenzierung, AcP 191 (1991), 33; *Brüggemeier*, Prinzipien des Haftungsrechts. Eine systematische Darstellung auf rechtsvergleichender Grundlage, Grundlagen und Schwerpunkte des Privatrechts in europäischer Perspektive, 1999; *Bütter/Tonner*, Bankgeheimnis und Schadensersatzhaftung der Bank – Der Fall Kirch gegen Deutsche Bank und Breuer, BKR 2005, 344; *Canaris*, Handelsrecht, 24. Aufl. 2006; *Canaris*, Rechtsscheinhaftung auf Grund unrichtiger Firmierung, NJW 1991, 2628; *Christensen*, Verkehrspflichten in arbeitsteiligen Prozessen, 1995; *Derleder/Fauser*, Der Regress bei gesamtschuldnerischer Haftung juristischer Personen und ihrer Organe und seine Auswirkungen auf die Organtätigkeit – Praxisfolgen des Kirch-Urteils, BB 2006, 949; *Dreher*, Die persönliche Verantwortlichkeit von Geschäftsleitern nach außen und die innergesellschaftliche Aufgabenteilung, ZGR 1992, 22; *Dreier*, Die Verkehrspflichthaftung des Geschäftsführers der GmbH, 2002; *Ebenroth/Lange*, Sorgfaltspflichten und Haftung des Geschäftsführers einer GmbH nach § 43 GmbHG, GmbHR 1992, 69; *Ehricke*, Zur Teilnehmerhaftung von Gesellschaftern bei Verletzungen von Organpflichten mit Außenwirkung durch den Geschäftsführer einer GmbH, ZGR 2000, 351; *Ehricke/Rotstegge*, Drittschutz zu Gunsten anderer Konzerngesellschaften bei Verletzung des Bankgeheimnisses, ZIP 2006, 925; *Fischer*, Öffentliche Äußerungen von Organmitgliedern juristischer Personen als Gefährdung der Kreditwürdigkeit des Vertragspartners, DB 2006, 598; *Fleischer*, Zum Grundsatz der Gesamtverantwortung im Aktienrecht, NZG 2003, 449; *Fleischer*, Zur Verantwortlichkeit einzelner Vorstandsmitglieder bei Kollegialentscheidungen im Aktienrecht, BB 2004, 2645; *Flume*, Die Haftung des GmbH-Geschäftsführers bei Geschäften nach Konkursreife der GmbH, ZIP 1994, 337; *Flume*, Die juristische Person, 1983; *Frank*, Die Haftung des Geschäftsführers einer GmbH und der Geschäftsführerorgane sonstiger juristischer Personen für Aufsichtsverschulden nach § 831 Abs. 2 BGB, BB 1975, 588; *Froesch*, Managerhaftung – Risikominimierung durch Delegation, DB 2009, 722; *Goette*, Zu den Folgen der Anerkennung ausländischer Gesellschaften mit tatsächlichem Sitz im Inland für die Haftung ihrer Gesellschafter und Organe, ZIP 2006, 541; *Goette*, Gesellschaftsrechtliche Grundfragen im Spiegel der Rechtsprechung, ZGR 2008, 436; *Groß*, Deliktische Außenhaftung des GmbH-Geschäftsführers, ZGR 1998, 551; *Grunewald*, Die Haftung von Organmitgliedern nach Deliktsrecht, ZHR 157 (1993), 451; *Haas*, Geschäftsführerhaftung und Gläubigerschutz, 1997; *Haas*, Rechtsprechung zur Insolvenzantragspflicht des GmbH-Geschäftsführers nach § 64 Abs. 1 GmbHG, DStR 2003, 423; *Habersack*, Die Mitgliedschaft – subjektives und „sonstiges" Recht, 1996; *Habetha*, Deliktsrechtliche Geschäftsführerhaftung und Gesellschaftsfinanzierte Haftpflichtversicherung, DZWir 1995, 272; *Hadding*, Ergibt die Vereinsmitgliedschaft „quasi-vertragliche" Ansprüche, „erhöhte Treue- und Förderpflichten" sowie ein sonstiges Recht i.S.d. § 823 Abs. 1 BGB?, in FS Kellermann, 1991, S. 91; *Heil/Russenschuck*, Die persönliche Haftung des GmbH-Geschäftsführers, BB 1998, 1749; *Hellgardt*, Die deliktische Außenhaftung von Gesellschaftsorganen für unternehmensbezogene Pflichtverletzungen – Überlegungen vor dem Hintergrund des Kirch/Breuer-Urteils des BGH, WM 2006, 1514; *Hommelhoff/Schwab*, Die Außenhaftung des GmbH-Geschäftsführers und sein Regress gegen die Gesellschafter, in FS Kraft, 1998, S. 263; *Keßler*, Die deliktische Eigenhaftung des GmbH-Geschäftsführers, GmbHR 1994, 429; *Kiethe*, Die deliktische Eigenhaftung des Geschäftsführers der GmbH gegenüber Gesellschaftsgläubigern, DStR 1993, 1298; *Kindler*, Die Begrenzung der Niederlassungsfreiheit durch das Gesellschaftsstatut, NJW 2007, 1785; *Kleindiek*, Deliktshaftung und juristische Person, 1997; *Köhl*, Die Einschränkung der Haftung des GmbH-Geschäftsführers nach den Grundsätzen des innerbetrieblichen Schadensausgleichs, DB 1996, 2597; *Kort*, Gesellschaftsrechtliche Aspekte des Kirch/Deutsche Bank-Urteils des BGH, NJW 2006, 1098; *Krebs/Dylla-Krebs*, Deliktische Eigenhaftung von Organen für Organisationsverschulden, DB 1990, 1271; *Kübler*, Die Konkursverschleppungshaftung des GmbH-Geschäftsführers nach der „Wende" des Bundesgerichtshofes – Bedeutung für die Praxis, ZGR 1995, 481; *Leonhard*, Anmerkung zu BGH Urt. vom 5.2.2007 – II ZR 84/05, WuB II C § 4 GmbHG 1.07; *Lutter*, Haftungsrisiken des Geschäftsführers einer GmbH, GmbHR 1997, 329; *Lutter*, Zur persönlichen Haftung des Geschäftsführers aus deliktischen Schäden im Unternehmen, ZHR 157 (1993), 464; *F.A. Mann*, Anm. zu BGH, Urt. v. 13.11.1973 – VI ZR 53/72, Zur Frage des persönlichen Schadens des GmbH-Alleingesellschafters, NJW 1974, 492; *F.A. Mann*, Anm. zu BGH, Urt. v. 8.2.1977 – VI 249/74, Verlust der Gesellschaft als Schaden des Alleingesellschafters, NJW 1977, 2160; *Martinek*, Besprechung von Kleindiek, Deliktshaftung und juristische Person, AcP 198 (1998), 612; *Medicus*, Deliktische Außenhaftung der Vorstandsmitglieder und Geschäftsführer, ZGR 1998, 570; *Medicus*, Die Außenhaftung des GmbH-Geschäftsführers, GmbHR 1993, 533; *Medicus*, Die interne Geschäftsverteilung und die Außenhaftung von GmbH-Geschäftsführern, GmbHR 1998, 9; *Medicus*, Durchblick: Drittbeziehungen im Schuldverhältnis, Jus 1974, 613; *Medicus*, Zum Anwendungsbereich der Übernehmerhaftung nach § 831 Abs. 2 BGB, in FS Deutsch, 1999, S. 291; *Medicus*, Zur deliktischen Außenhaftung von Arbeitnehmern, in FS W. Lorenz, 1991, S. 155; *Medicus*, Zur Eigenhaftung des GmbH-Geschäftsführers aus Verschulden bei Vertragsverhandlungen, in FS Steindorff, 1990, S. 725; *Mertens*, Die Geschäftsführerhaftung in der GmbH und das ITT-Urteil, in FS R. Fischer, 1979, S. 461; *Mertens/Mertens*, Anmerkung zu BGH Urt. vom 5.12.1989 – VI ZR 335/88, JZ 1990, 488; *Möllers*, Rechtsgüterschutz im Umwelt- und Haftungsrecht, 1996; *Möllers/Beutel*, Haftung für Äußerungen zur Bonität des Bankkunden – Der BGH zum Rechtsstreit Leo Kirch gegen Deutsche Bank und Breuer, NZG 2006, 338; *Nölle*, Die Eigenhaftung des GmbH-Geschäftsführers für Organisationspflichtverletzung, 1995; *Peters*, Ressortverteilung zwischen GmbH-Geschäftsführern und ihre Folgen, GmbHR 2008, 682; *Poertzgen*, Anmerkung zu BGH Urt. vom 18.12.2007 – VI ZR 231/06, DZWIR 2008, 247; *Ransiek*, Zur deliktischen Eigenhaftung des GmbH-Geschäftsführers aus strafrechtlicher Sicht, ZGR 1992, 203; *Recksiek*, Deliktische Außenhaftung des GmbH-Geschäftsführers, 1998; *Reiff/Arnold*, Unbeschränkte Konkursverschleppungshaftung des Geschäftsführers einer GmbH auch gegenüber gesetzlichen Neugläubigern?, ZIP 1998, 1893; *Reuter*, Die Vereinsmitgliedschaft als sonstiges Recht im Sinne des § 823 Abs. 1 BGB, in FS Lange, 1992, S. 707; *Röckrath*, Kollegialentscheidung und Kausalitätsdogmatik, NStZ 2003, 641; *Röhricht*, Insolvenzrechtliche Aspekte im Gesellschaftsrecht, ZIP 2005, 505; *Römermann*, Anmerkung zu BGH Urt. vom 5.2.2007 – II ZR 84/05, GmbHR 2007, 595; *Roth*, Ausplünderung einer GmbH durch ihre Gesellschafter, LMK 2004, 223; *Rowedder*, Zur Außenhaftung des GmbH-Geschäftsführers, in FS Semler, 1993, S. 311; *Sandmann*, Die Haftung von Arbeitnehmern, Geschäftsführern und leitenden Angestellten, 2001; *Schanze*, Sanktionen bei Weglassen eines die Haftungsbeschränkung anzeigenden Rechtsformzusatzes im europäischen Rechtsverkehr, NZG 2007, 533; *Schlechtriem*, Organisationsverschulden als zentrale Zurechnungskategorie, in

FS Heiermann, 1995, S. 281; *Schmidt*, Die Umwelthaftung der Organmitglieder von Kapitalgesellschaften, 1996, S. 220; *K. Schmidt*, Anmerkung zu BGH, Beschl. v. 20.9.1993 – II ZR 292/91, NJW 1993, 2934; *K. Schmidt*, Die Vereinsmitgliedschaft als Grundlage von Schadensersatzansprüchen, JZ 1991, 157; *K. Schmidt*, Konkursverschleppungshaftung und Konkursverursachungshaftung, ZIP 1988, 1497; *K. Schmidt*, Wohin führt das Recht der Einmann-Gesellschaft?, GmbHR 1974, 178; *K. Schmidt*, Zur Durchgriffsfestigkeit der GmbH, ZIP 1994, 837; *Schmolke*, Organwalterhaftung für Eigenschäden von Kapitalgesellschaftern, 2004; *Uwe H. Schneider*, Die Wahrnehmung öffentlich-rechtlicher Pflichten durch den Geschäftsführer – zum Grundsatz der Gesamtverantwortung bei mehrköpfiger Geschäftsführung in der konzernfreien GmbH und im Konzern, in FS 100 Jahre GmbH-Gesetz, 1992, S. 473; *Uwe H. Schneider/Brouwer*, Die Verantwortlichkeit der Gesellschaft und ihrer Geschäftsleiter bei der Delegation öffentlich-rechtlicher Pflichten, in FS Priester, 2007, S. 713; *Schnorr*, Geschäftsleiteraußenhaftung für fehlerhafte Buchführung, ZHR 170 (2006), 9; *Schroth*, Unternehmen als Normadressaten und Sanktionssubjekte, 1993; *Schulze-Osterloh*, § 64 Abs. 1 GmbHG als Schutzgesetz i.S.d. § 823 Abs. 2 BGB, in FS Lutter, 2000, S. 707; *Sieger/Hasselbach*, Die Haftung des GmbH-Geschäftsführers bei Unternehmenskäufen, GmbHR 1998, 957; *Spindler*, Unternehmensorganisationspflichten, 2001; *Thole*, Managerhaftung für Gesetzesverstöße. Die Legalitätspflicht des Vorstandes gegenüber seiner Aktiengesellschaft, ZHR 173 (2009), 504; *Thümmel*, Haftung für geschöntc Ad-hoc-Meldungen: Neues Risikofeld für Vorstände oder ergebnisorientierte Einzelfallrechtsprechung?, DB 2001, 2331; *Vehreschild*, Verkehrspflichthaftung, 1999; *Wagner*, Deliktshaftung und Insolvenzrecht, in FS Gerhardt, 2004, S. 1043; *Wagner*, Grundfragen der Insolvenzverschleppungshaftung nach der GmbH-Reform, in FS K. Schmidt, 2009, S. 1665; *Wagner*, Persönliche Haftung der Unternehmensleitung: die zweite Spur der Produkthaftung?, VersR 2001, 1057; *Wagner/Bronny*, Insolvenzverschleppungshaftung des Geschäftsführers für Insolvenzgeld, ZInsO 2009, 622; *Westermann*, Zur deliktischen Organwalterhaftung des Geschäftsführers einer GmbH bei der Verletzung des verlängerten Eigentumsvorbehalts eines Lieferanten durch die GmbH, DNotZ 1991, 813; *Westermann/Mutter*, Die Verantwortlichkeit von Geschäftsführern einer GmbH gegenüber Dritten, DZWir 1995, 184; *von Westphalen* (Hrsg.), Produkthaftungshandbuch, 2. Aufl. 1997; *Wilhelm*, Kapitalgesellschaftsrecht, 3. Aufl. 2009; *Wilhelm*, Rechtsform und Haftung bei der juristischen Person, 1981; *Witte/Hrubesch*, Die persönliche Haftung von Mitgliedern des Aufsichtsrats einer AG – unter besonderer Berücksichtigung der Haftung bei Kreditvergaben, BB 2004, 725; *Zöllner*, Die so genannten Gesellschafterklagen im Kapitalgesellschaftsrecht, ZGR 1988, 392.

A. Einleitung

Über die Grundlagen der Organhaftung im **Innenverhältnis** gegenüber der Gesellschaft besteht weitgehend Einigkeit. Insoweit entspricht es pflichtgemäßer Ausübung der Organtätigkeit (vgl. etwa § 93 Abs. 2 AktG, § 43 Abs. 2 GmbHG), die durch Gesetz, Satzung/Gesellschaftsvertrag oder Geschäftsordnung bestimmten Organpflichten einzuhalten[1] und zugleich dafür Sorge zu tragen, dass die gesetzlichen Verpflichtungen der Gesellschaft nicht verletzt werden.[2]

Größere Schwierigkeiten bereitet die Bestimmung der Grenzen, in denen Organmitglieder im **Außenverhältnis** in die persönliche Haftung geraten können. Die Schadensrisiken, die von außenwirksamem Handeln der Organwalter für poten-

---

[1] Vgl. *Spindler* in MünchKomm. AktG, § 93 AktG Rz. 21; *Hopt* in Großkomm. AktG, § 93 AktG Rz. 98; *Abeltshauser*, Leitungshaftung, S. 205.

[2] Vgl. *Roth/Altmeppen*, § 43 GmbHG Rz. 6 ff.; *Hopt* in Großkomm. AktG, § 93 AktG Rz. 98; *Abeltshauser*, Leitungshaftung, S. 213.

tielle Anleger¹ oder außenstehende Dritte² ausgehen, sind vielfältig. In den Blick zu nehmen ist dabei nicht nur ein haftungsträchtiges Handeln als Einzelperson, sondern auch die Haftungsrisiken, die sich aus der Mitwirkung in einem Kollegialorgan ergeben. Die folgenden Ausführungen beschränken sich auf die dogmatische Grundlegung. Die Einzelheiten sind an anderer Stelle dargestellt.³

B. Haftung der Geschäftsleiter gegenüber Dritten

I. Grundsatz der Innenhaftung

3   Aus einer Verletzung der Geschäftsleiterpflichten erwachsen der Gesellschaft Ersatzansprüche (vgl. § 93 Abs. 2, 3 AktG; § 43 Abs. 2, 3, § 64 GmbHG). Gesellschaftern oder Dritten wird insoweit nur ausnahmsweise ein Verfolgungsrecht zuerkannt (vgl. §§ 147, 148, §§ 62 Abs. 2, 93 Abs. 5, 117 Abs. 5, 309 Abs. 4, 310 Abs. 4, 317 Abs. 4, 318 Abs. 4 AktG).⁴

4   **Eigene Ansprüche** stehen Gesellschaftern oder Dritten aus diesen Innenhaftungsnormen nicht zu, auch nicht i.V.m. § 823 Abs. 2 BGB.⁵ Auch hat der **Anstellungsvertrag** mit dem Verband grundsätzlich⁶ keine Schutzwirkungen zu Gunsten außenstehender Dritter oder der Gesellschafter.⁷ Ohne Grundlage ist schließlich die

---

1 Vgl. zum Ganzen BGH v. 2.6.2008 – II ZR 210/06, BGHZ 177, 25, Rz. 12 ff. = AG 2008, 662; BGH v. 19.7.2004 – II ZR 218/03, AG 2004, 543 – Infomatec; BGH v. 9.5.2005 – II ZR 287/02, NJW 2005, 2450 = AG 2005, 609 – EM.TV; BGH v. 17.9.2001 – II ZR 178/99, NJW 2001, 3622 = GmbHR 2001, 1036; OLG Stuttgart v. 8.2.2006 – 20 U 24/04, AG 2006, 383 – EM.TV; OLG Frankfurt v. 17.3.2005 – 1 U 149/04, NZG 2005, 516, 517 = AG 2005, 401 – Comroad; zum Strafrecht BGH v. 16.12.2004 – 1 StR 420/03, NJW 2005, 445 = AG 2005, 162 – EM.TV. Vgl. näher unten *Krämer*, § 28 (S. 814 ff.).
2 BGH v. 6.7.1990 – 2 StR 549/89, BGHSt 37, 106 = GmbHR 1990, 500 – Lederspray. Näher zur Produktverantwortung unten *Harbarth*, § 24 (S. 690 ff.).
3 Zu einzelnen haftungsträchtigen Risikobereichen eingehend unten im 3. Teil die §§ 18–34.
4 Im GmbH-Recht ist mangels entsprechender Vorschriften die Rechtslage streitig, vgl. *Roth/Altmeppen*, § 43 GmbHG Rz. 88 m.w.N.
5 Vgl. *Hopt* in Großkomm. AktG, § 93 AktG Rz. 469; *Mertens/Cahn* in KölnKomm. AktG, § 93 AktG Rz. 207, 217. Zu § 823 Abs. 2 BGB insoweit unten Rz. 50 m.w.N.
6 Ausnahmen werden im Hinblick auf den Anstellungsvertrag des Geschäftsleiters einer Komplementär-Gesellschaft zu Gunsten der Kommanditgesellschaft befürwortet, vgl. BGH v. 25.2.2002 – II ZR 236/00, GmbHR 2002, 588, 589; BGH v. 10.2.1992 – II ZR 23/91, DStR 1992, 549, 550 mit Anm. *Goette* = GmbHR 1992, 303; BGH v. 17.3.1987 – VI ZR 282/85, BGHZ 100, 190, 193 f. = AG 1987, 284; BGH v. 12.11.1979 – II ZR 174/77, BGHZ 75, 321, 322 f. = GmbHR 1980, 127; BGH v. 24.3.1980 – II ZR 213/77, BGHZ 76, 326, 337 f. = GmbHR 1980, 178; BGH v. 16.2.1981 – II ZR 49/80, GmbHR 1981, 191; BGH v. 28.6.1982 – II ZR 121/81, NJW 1982, 2869 mit Anm. *H.P. Westermann* = GmbHR 1983, 122; sehr weitgehend OLG Düsseldorf v. 8.3.1984 – 6 U 75/83, BB 1984, 997; im Ergebnis zustimmend *Uwe H. Schneider* in Scholz, § 43 GmbHG Rz. 428 ff.; *Zöllner/Noack* in Baumbach/Hueck, § 43 GmbHG Rz. 66.
7 Vgl. BGH v. 14.11.1994 – II ZR 160/93, NJW 1995, 1353 = GmbHR 1995, 589; *Haas* in Michalski, § 43 GmbHG Rz. 265 f., 269, 305; *Uwe H. Schneider* in Scholz, § 43 GmbHG Rz. 303; *Zöllner/Noack* in Baumbach/Hueck, § 43 GmbHG Rz. 64, 66; abweichend *Th. Raiser* in Ulmer/Habersack/Winter, § 14 GmbHG Rz. 60.

Annahme, dass zwischen dem Geschäftsleiter und Gesellschaftern ein „**Sonderrechtsverhältnis**" bestehe, auf welches eine organschaftliche Haftung in diesem Verhältnis gestützt werden könnte (zur deliktischen Haftung für Verletzungen der Mitgliedschaft unten Rz. 30 ff.).[1]

II. Vertragliche und vertragsähnliche Haftung

1. Haftung aus selbständigem Vertragsverhältnis

Im Grundsatz bestehen nur schuldrechtliche Beziehungen etwaiger Kontrahenten zu der eigenständigen juristischen Person. Ein „**Durchgriff**" auf Geschäftsleiter scheidet aus.[2] 5

Als besonderer Verpflichtungsgrund kommt im Einzelfall die Übernahme einer **Bürgschaft**[3], ein **Schuldbeitritt**[4] oder ein **Garantieversprechen**[5] des Geschäftsleiters in Betracht. Namentlich in den letztgenannten Fällen ist der Übergang zu einer Eigenhaftung aus c.i.c. (vgl. Rz. 20) fließend. 6

Für das **Außenverhältnis** von Gesellschafts- und Gesellschafterschuld gegenüber dem Gläubiger und für den **Innenausgleich** gelten je nach vereinbarter Sicherungsform unterschiedliche Regeln. Die Ausgleichspflicht des § 426 Abs. 1 Satz 1 BGB wird hier gegebenenfalls durch vertragliche Absprachen oder gesetzliche Sonderbestimmungen überlagert. Im vorliegenden Zusammenhang sind diese Fragen nicht im Einzelnen darzustellen (dazu unten Rz. 28, 77). 7

2. Haftung bei Missachtung des Offenkundigkeitsprinzips

Bereits aus § 164 BGB folgt, dass Rechtsgeschäfte, die Geschäftsleiter in ihrer Eigenschaft als organschaftliche Vertreter abschließen, nur für und gegen den Verband wirken, wenn sie in dessen Namen aufgetreten sind (**Offenkundigkeitsprinzip**). Hierfür genügt es jedoch, wenn der Wille zum Handeln in fremdem Na- 8

---

1 Zutreffend BGH v. 12.3.1990 – II ZR 179/89, BGHZ 110, 323, 334; *Zöllner/Noack* in Baumbach/Hueck, § 43 GmbHG Rz. 64; *Haas* in Michalski, § 43 GmbHG Rz. 272; *Zöllner*, ZGR 1988, 392, 408 f.; teilweise a.A. *Th. Raiser* in Ulmer/Habersack/Winter, § 14 GmbHG Rz. 60.
2 Vgl. BGH v. 15.7.2004 – III ZR 315/03, NJW 2004, 3039; *Zöllner/Noack* in Baumbach/Hueck, § 43 GmbHG Rz. 68.
3 Vgl. BGH v. 28.1.2003 – XI ZR 243/02, BGHZ 153, 337 = GmbHR 2003, 417; *Fullenkamp*, GmbHR 2003, 654; *Zöllner/Noack* in Baumbach/Hueck, § 43 GmbHG Rz. 68.
4 Nach der Rechtsprechung gilt hier das Verbraucherkreditrecht (§§ 355 ff., 488 ff. BGB), da selbst Gesellschafter-Geschäftsführer keine selbständige, sondern eine angestellte Tätigkeit ausüben, und auch das Halten eines GmbH-Anteils nicht gewerblich erfolgt (BGH v. 24.7.2007 – XI ZR 208/06, GmbHR 2007, 1154, Rz. 16 ff. = ZIP 2007, 1850; BGH v. 5.6.1996 – VIII ZR 151/95, BGHZ 133, 71, 77 f. = NJW 1996, 2156; BGH v. 28.6.2000 – VIII ZR 240/99, BGHZ 144, 371, 380 ff. = GmbHR 2000, 878; krit. dazu *Kleindiek* in Lutter/Hommelhoff, § 43 GmbHG Rz. 63; *Zöllner/Noack* in Baumbach/Hueck, § 43 GmbHG Rz. 68).
5 BGH v. 18.6.2001 – II ZR 248/99, GmbHR 2001, 819.

men irgendwie zutage getreten ist[1], etwa durch einen erkennbaren Bezug zur Unternehmenssphäre.[2] Erst wenn dies durch Auslegung nicht mehr festzustellen ist[3], greift § 164 Abs. 2 BGB. Der Geschäftsleiter hat dann in eigenem Namen gehandelt und kann sich gegenüber dem Dritten nicht darauf berufen, dass er für den Verband handeln wollte.

3. Haftung bei Handeln ohne Vertretungsmacht (§ 179 BGB)

9 Eine Haftung von Geschäftsleitern juristischer Personen unter dem Aspekt des vollmachtslosen Handelns (§§ 177 ff. BGB)[4] kommt bei wirksamer Bestellung namentlich im Falle der Gesamtvertretung[5] in Betracht. Das Geschäft des falsus procurator ist in solchen Fällen grundsätzlich **schwebend unwirksam** und kann durch **Genehmigung** rückwirkend wirksam werden (§§ 177 ff., 184 Abs. 1 BGB).[6]

10 Der Gesamtvertreter haftet jedoch auch bei Verweigerung der Genehmigung nur dann, wenn er (ausdrücklich oder konkludent) **Einzelvertretung** oder eine entsprechende **Ermächtigung**[7] **behauptet** hat. Anderenfalls musste der Kontrahent den Mangel der Vertretungsmacht kennen, so dass eine Haftung des Gesamtvertreters ausscheidet (§ 179 Abs. 3 BGB).

11 Soweit das Organhandeln der Gesellschaft vertretungsrechtlich nicht zuzurechnen ist[8], bewendet es bei der Haftung gem. § 179 BGB. Eine **Mithaftung** nach § 31 BGB würde die dem Schutz der Gesellschaft dienenden Beschränkungen der Vertretungsmacht unterlaufen und scheidet daher aus.[9]

---

1 Ordnungsvorschriften für den Schriftverkehr der Gesellschaft durch Gesetz (wie etwa § 35 Abs. 3 GmbHG a.F., § 79 AktG a.F. – aufgehoben durch das MoMiG) oder Gesellschaftsvertrag sind für die Vertretungswirkung nicht maßgeblich (vgl. zum ordnungsrechtlichen Charakter der Bestimmungen OLG München v. 26.11.1999 – 23 U 4566/99, GmbHR 2000, 1258; *Roth/Altmeppen*, § 35 GmbHG Rz. 29; *Zöllner/Noack* in Baumbach/Hueck, § 35 GmbHG Rz. 125).
2 Näher BGH v. 4.4.2000 – XI ZR 152/99, DStR 2000, 1098, 1099; BGH v. 18.5.1998 – II ZR 355/95, GmbHR 1998, 883; *Roth/Altmeppen*, § 35 GmbHG Rz. 29 f.; vgl. auch *Haas* in Michalski, § 43 GmbHG Rz. 306.
3 Die Beweislast für die Unternehmensbezogenheit einer Willenserklärung liegt beim Geschäftsleiter, vgl. BGH v. 13.10.1994 – IX ZR 25/94, GmbHR 1995, 377; BGH v. 4.4.2000 – XI ZR 152/99, DStR 2000, 1098, 1099; *Haas* in Michalski, § 43 GmbHG Rz. 306; zu Ausnahmen unter Hinweis auf § 242 BGB OLG Hamm v. 12.4.1983 – 7 U 6/83, ZIP 1984, 303.
4 Vgl. dazu zur GmbH *Roth/Altmeppen*, § 35 GmbHG Rz. 37, 52 a.E., 54 ff.; zur AG *Spindler* in MünchKomm. AktG, § 78 AktG Rz. 9, 75 ff.
5 Diese stellt im Recht der GmbH und der AG für die Aktivvertretung den gesetzlichen Regelfall dar (vgl. § 35 Abs. 2 Satz 1 GmbHG, § 78 Abs. 2 Satz 1 AktG; ferner *Roth/Altmeppen*, § 35 GmbHG Rz. 52 ff.; *Spindler* in MünchKomm. AktG, § 78 AktG Rz. 75 ff.).
6 Zu den streitigen Einzelheiten – auch bezüglich formgebundener Geschäfte – *Roth/Altmeppen*, § 35 GmbHG Rz. 51 ff.; *Spindler* in MünchKomm. AktG, § 78 AktG Rz. 75 ff.
7 Vgl. zur AG § 78 Abs. 4 AktG, zur GmbH *Roth/Altmeppen*, § 35 GmbHG Rz. 57.
8 Zur Haftung der Gesellschaft nach den Grundsätzen der Anscheins- oder Duldungsvollmacht, namentlich im Fall der Gesamtvertretung, m.w.N. *Spindler* in MünchKomm. AktG, § 78 AktG Rz. 97.
9 BGH v. 20.2.1979 – VI ZR 256/77, NJW 1980, 115; *Mertens/Cahn* in KölnKomm. AktG, § 76 AktG Rz. 100. Anderes gilt für Ansprüche, denen der Zweck der §§ 177 ff. BGB nicht

4. Rechtsscheinhaftung bei fehlendem/fehlerhaftem Rechtsformzusatz

Unabhängig von dem soeben beschriebenen Offenkundigkeitsprinzip (Rz. 8) darf der Geschäftsleiter im Rechtsverkehr keine Irrtümer über die Haftungsverfassung des Verbands erregen oder aufrechterhalten (vgl. § 4 AktG, § 4 GmbHG). Wird ein Vertrag geschlossen, ohne dass die Haftungsbeschränkung mittels eines Rechtsformzusatzes kenntlich gemacht wird, kann der Geschäftsleiter aus **veranlasstem Rechtsschein** haften.[1] Im Einzelfall können auch mündliche Erklärungen einen entsprechenden Rechtsschein begründen[2], doch wird es sich häufig um Fälle der Verwendung irreführender Briefbögen handeln.[3]

12

Nach der Rechtsprechung und dem überwiegenden Teil des Schrifttums soll diese Haftung ausschließlich den nach **außen auftretenden** Vertreter treffen.[4] Es handele sich um eine verschuldensunabhängige Garantiehaftung[5], die auf einem Rechtsschein entsprechend dem Rechtsgedanken des § 179 BGB basiere. Diesen Rechtsschein könne nur die unmittelbar auftretende Person schaffen, weshalb auch nur sie für eine Haftung in Frage komme. Die entsprechende Anwendung des § 179 Abs. 1 BGB soll zu einer Erfüllungshaftung führen.[6]

13

Stellungnahme. Zuzustimmen ist der herrschenden Meinung darin, dass es sich um eine Haftung handelt, die aus einem veranlassten Rechtsschein erwächst. Die Beschränkung auf die nach außen auftretende Person überzeugt jedoch nicht. So ist es kaum vertretbar, dass die möglicherweise schuldlos handelnde Hilfsperson in eine Haftung gerät, während der für das ordnungsgemäße Handeln der Gesellschaft verantwortliche Geschäftsführer für den schuldhaft gesetzten Rechtsschein (z.B. Verwendung fehlerhafter Briefbögen) nicht einzustehen braucht.[7]

14

---

entgegensteht (BGH v. 8.7.1986 – VI ZR 47/85, BGHZ 98, 148, 155 = AG 1987, 16, 17f.; *Mertens/Cahn* in KölnKomm. AktG, § 76 AktG Rz. 100).

1 Vgl. BGH v. 5.2.2007 – II ZR 84/05, NJW 2007, 1529, Rz. 14, 16f. = GmbHR 2007, 593; BGH v. 8.7.1996 – II ZR 258/95, GmbHR 1996, 764; BGH v. 24.6.1991 – II ZR 293/90, NJW 1991, 2627f. = AG 1991, 354; BGH v. 15.1.1990 – II ZR 311/88, NJW 1990, 2678f. = GmbHR 1990, 212; BGH v. 1.6.1981 – II ZR 1/81, NJW 1981, 2569f. = GmbHR 1982, 154; OLG Karlsruhe v. 7.4.2004 – 7 U 189/03, GmbHR 2004, 1016, 1017; *Hopt* in Großkomm. AktG, § 93 AktG Rz. 494; *Uwe H. Schneider* in Scholz, § 43 GmbHG Rz. 222; *Kleindiek* in Lutter/Hommelhoff, § 43 GmbHG Rz. 69; *Zöllner/Noack* in Baumbach/Hueck, § 43 GmbHG Rz. 69; ablehnend *Haas* in Michalski, § 43 GmbHG Rz. 315: nur Haftung nach § 823 Abs. 2 BGB i.V.m. § 35 Abs. 3 GmbHG; näher zum Ganzen *Altmeppen*, ZIP 2007, 889ff. m.w.N.
2 Vgl. auch *Uwe H. Schneider* in Scholz, § 36 GmbHG Rz. 5a; *Roth/Altmeppen*, § 35 GmbHG Rz. 32; *Lenz* in Michalski, § 35 GmbHG Rz. 73.
3 BGH v. 24.6.1991 – II ZR 293/90, NJW 1991, 2627f. = AG 1991, 354; BGH v. 1.6.1981 – II ZR 1/81, NJW 1981, 2569f. = GmbHR 1982, 154.
4 BGH v. 5.2.2007 – II ZR 84/05, NJW 2007, 1529, Rz. 14, 16f. = GmbHR 2007, 593; BGH v. 8.7.1996 – II ZR 258/95, ZIP 1996, 1511 = GmbHR 1996, 764; anders noch BGH v. 8.5.1978 – II ZR 97/77, BGHZ 71, 354, 358 = GmbHR 1978, 233f.; *Kleindiek* in Lutter/Hommelhoff, § 43 GmbHG Rz. 69; *Brinkmann*, IPrax 2008, 30, 32; *Schanze*, NZG 2007, 533, 535.
5 BGH v. 5.2.2007 – II ZR 84/05, NJW 2007, 1529, Rz. 17 = GmbHR 2007, 593.
6 BGH v. 24.6.1991 – II ZR 293/90, NJW 1991, 2627f. = AG 1991, 354; BGH v. 15.1.1990 – II ZR 311/88, NJW 1990, 2678f. = GmbHR 1990, 212; *Canaris*, NJW 1991, 2628f.; *Paefgen* in Ulmer/Habersack/Winter, § 43 GmbHG Rz. 193.
7 *Altmeppen*, ZIP 2007, 889, 893.

Auch die Analogie zu § 179 BGB bleibt fragwürdig, da in den hier interessierenden Fällen in der Regel Vertretungsmacht besteht und das Geschäft dem Willen der vertretenen Gesellschaft entspricht.[1]

15 Die Rechtsscheinhaftung wegen Weglassens des Rechtsformzusatzes ist richtiger Ansicht nach als eine solche aus **culpa in contrahendo** gem. § 311 Abs. 3 BGB einzuordnen. Der Repräsentant oder der Vertreter, der die gesetzliche Pflicht zur Angabe der Rechtsform verletzt, hat für den entstandenen Rechtsschein bzw. dem den Vertragspartnern hierdurch entstandenen Schaden einzustehen.[2] Dieser Anspruch ist auf das negative Interesse begrenzt.[3] Hat der Geschäftsführer selbst gehandelt, wird man häufig die Inanspruchnahme besonderen persönlichen Vertrauens i.S. des § 311 Abs. 3 Satz 2 BGB annehmen dürfen. Hat ein anderer Vertreter den Rechtsformzusatz weggelassen, kommt eine Haftung des Geschäftsleiters nur dann in Frage, wenn er dieses Auftreten schuldhaft mitverursacht hat.[4]

16 Auch inländische **Zweigniederlassungen** ausländischer Kapitalgesellschaften müssen einen auf die beschränkte Haftung hinweisenden Rechtsformzusatz in ihre Firma aufnehmen.[5] Darauf, ob das Recht des Staates der Hauptniederlassung eine solche Pflicht kennt oder nicht, wird es entgegen einem obiter dictum des BGH[6] nicht ankommen können[7], da diese Pflicht aus dem deutschen Firmenordnungsrecht folgt und dies durch das Recht des Herkunftsstaates nicht betroffen sein kann. Verletzt der Repräsentant der ausländischen Kapitalgesellschaft diese Pflicht, haftet er in gleicher Weise wie das Organ oder der Vertreter einer inländischen Kapitalgesellschaft.[8] Es ist jedoch nicht erforderlich, dem ausländischen Rechtsformzusatz eine deutsche Übersetzung oder Erläuterungen zum ausländischen Haftungsrecht hinzuzufügen.[9]

17 Allein das Weglassen des Rechtsformzusatzes führt nicht automatisch zur Haftung des Repräsentanten bzw. des Vertreters. Sie setzt immer voraus, dass der Vertragspartner zumindest potentiell auf das Vorhandensein einer unbeschränkt haftenden natürlichen Person **vertraut hat**.[10]

---

1 *Schanze*, NZG 2007, 533, 535; *Römermann*, GmbHR 2007, 595 f.
2 *Altmeppen*, ZIP 2007, 889, 893 f.
3 Streitig, vgl. *Altmeppen*, ZIP 2007, 889, 893; *Leonhard*, WuB C § 4 GmbHG 1.07; *Brinkmann*, IPRax 2007, 30, 36; differenzierend *Canaris*, Handelsrecht, § 6 Rz. 55; dagegen *Römermann*, GmbHR 2007, 595 f.; *Schanze*, NZG 2007, 533, 535.
4 *Altmeppen*, ZIP 2007, 889, 893 m.w.N.
5 BGH v. 5.2.2007 – II ZR 84/05, NJW 2007, 1529, Rz. 8 ff. = GmbHR 2007, 593; ganz h.M., vgl. *Hopt* in Baumbach/Hopt, § 17 HGB Rz. 49; *Zimmer* in Ebenroth/Boujong/Joost/Strohn, 2. Aufl. 2008, § 17 Anh. HGB Rz. 27; *Krafka* in MünchKomm. HGB, 2. Aufl. 2005, § 13d HGB Rz. 19 ff.; *Altmeppen*, ZIP 2007, 889, 990 ff.; *Brinkmann*, IPRax 2008, 30, 33 f.; *Kindler*, NJW 2007, 1785, 1786 f.
6 BGH v. 5.2.2007 – II ZR 84/05, NJW 2007, 1529, Rz. 11 = GmbHR 2007, 593;
7 *Altmeppen*, ZIP 2007, 889, 891; *Roth/Altmeppen*, § 35 GmbHG Rz. 35 m.w.N.; a.A. *Römermann*, GmbHR 2007, 595.
8 *Altmeppen*, ZIP 2007, 889, 891, 995; *Brinkmann*, IPRax 2008, 30, 33 f.; *Kindler*, NJW 2007, 1785, 1787.
9 *Altmeppen*, ZIP 2007, 889, 891, 995; *Krafka* in MünchKomm. HGB, 2. Aufl. 2005, § 13d HGB Rz. 20a.
10 BGH v. 24.6.1991 – II ZR 293/90, NJW 1991, 2627 f. = AG 1991, 354; *Altmeppen*, ZIP 2007, 889, 895; *Paefgen* in Ulmer/Habersack/Winter, § 43 GmbHG Rz. 193; *Uwe H. Schneider* in Scholz, § 43 GmbHG Rz. 312.

Nicht zu folgen ist der Rechtsprechung in der Annahme, dass bei wirksamer Vertretung des Verbandes eine **Gesamtschuld** mit der Rechtsscheinhaftung des Vertreters bestehe[1], ohne dass es darauf ankomme, ob der Geschäftspartner bei der Gesellschaft Befriedigung erlangen kann.[2] Wurde der Unternehmensträger wirksam vertreten und ist er solvent, wirkt sich der Irrtum über die Rechtsform offensichtlich nicht aus. Die Parallele zur Haftung des falsus procurator ist diesfalls nicht mehr zu erkennen. Vielmehr gibt der Kontrahent seinen Anspruch gegen den Unternehmensträger nach dem Rechtsgedanken des § 178 BGB auf, wenn er dessen fehlende Eignung als Schuldner geltend macht.[3]

5. Culpa in contrahendo

a) Inanspruchnahme besonderen persönlichen Vertrauens

Trotz der Eigenständigkeit der juristischen Person im Geschäftsverkehr kann den Geschäftsleiter unter Umständen die Eigenhaftung als organschaftlicher Vertreter aus culpa in contrahendo (§§ 280 Abs. 1, 311 Abs. 3 BGB) treffen. Der Fall, dass der Vertreter in besonderem Maße ein **auf seine Person** bezogenes Vertrauen in Anspruch genommen und dadurch die Vertragsverhandlungen oder den Vertragsschluss erheblich beeinflusst hat, ist insoweit gesetzlich hervorgehoben (§ 311 Abs. 3 Satz 2 BGB).[4] Das üblicherweise vorhandene Verhandlungsvertrauen genügt nicht.[5]

Vorausgesetzt wird, dass der Sachwalter im Rahmen der Vertragsverhandlungen mit einem Anspruch auf Vertrauen hervortritt.[6] Der Vertreter (hier: der Geschäftsleiter) muss bei dem Geschäftspartner den Eindruck erweckt haben, dass er eine **zusätzliche, persönliche Gewähr** für die Vollständigkeit und Richtigkeit

---

1 BGH v. 24.6.1991 – II ZR 293/90, NJW 1991, 2627 f. = AG 1991, 354; BGH v. 8.7.1996 – II ZR 258/95, NJW 1996, 2645 = GmbHR 1996, 764.
2 BGH v. 1.6.1981 – II ZR 1/81, NJW 1981, 2569 f. = GmbHR 1982, 154; BGH v. 15.1.1990 – II ZR 311/88, NJW 1990, 2678 f. = GmbHR 1990, 212.
3 *Altmeppen*, ZIP 2007, 889, 895; vgl. *Roth/Altmeppen*, § 35 GmbHG Rz. 36 f.; s. auch *Canaris*, NJW 1991, 2628; a.A. *Paefgen* in Ulmer/Habersack/Winter, § 43 GmbHG Rz. 193, 196.
4 Allgemein BGH v. 17.9.1954 – V ZR 32/53, BGHZ 14, 318; BGH v. 4.7.1983 – II ZR 220/82, BGHZ 88, 68; BGH v. 3.4.1990 – XI ZR 206/88, NJW 1990, 1907; BGH v. 17.6.1991 – II ZR 171/90, NJW-RR 1991, 1241, 1242; BGH v. 29.1.1997 – VIII ZR 356/95, NJW 1997, 1233; BGH v. 24.5.2005 – IX ZR 114/01, NJW-RR 2005, 1137; BGH v. 2.6.2008 – II ZR 210/06, BGHZ 177, 25, Rz. 12 = AG 2008, 662.
5 Allgemein BGH v. 4.7.1983 – II ZR 220/82, BGHZ 88, 69; BGH v. 17.6.1991 – II ZR 171/90, NJW-RR 1991, 1242; OLG Koblenz v. 27.2.2003 – 5 U 917/02, GmbHR 2003, 419; näher *Heinrichs* in Palandt, § 311 BGB Rz. 63 m.w.N.
6 Vgl. BGH v. 3.2.2003 – II ZR 233/01, DStR 2003, 1494, 1495; BGH v. 4.5.2004 – XI ZR 40/03, BGHZ 159, 94, 102 = NJW 2004, 2523, 2525; BGH v. 4.5.2004 – XI ZR 41/03, NJW-RR 2005, 23, 25. Hinsichtlich des Auftretens genügt es, dass der Sachwalter dem Vertragspartner gegenüber als die Person erscheint, von deren Entscheidung der Abschluss des Vertrags abhängt (BGH v. 4.5.2004 – XI ZR 40/03, BGHZ 159, 94, 102 = NJW 2004, 2523, 2525).

seiner Erklärungen und für die Durchführung des Vertrages biete.[1] Die Erklärungen müssen sich „im Vorfeld einer Garantiezusage"[2] bewegen. Nicht ausreichend ist der bloße Hinweis des Alleingesellschafter-Geschäftsführers auf eine besondere persönliche Sachkunde.[3]

21 Eine **besondere Vertrauensstellung** wurde einem Liquidator zuerkannt, auf dessen Integrität und Zuverlässigkeit der Vertragspartner in besonderem Maße vertraut hatte[4], ferner auch einem Sanierer, der mit falschen Angaben und dem Hinweis auf frühere Sanierungserfolge die Bedenken der Vertragspartner zerstreut hatte.[5]

22 Im Stadium der **Insolvenzreife** kommt einer Organhaftung aus c.i.c. zu Gunsten vertraglicher Neugläubiger nach der Rechtsprechung des BGH kaum noch Bedeutung zu.[6] Die Insolvenzverschleppungshaftung soll danach von § 823 Abs. 2 BGB i.V.m. der Insolvenzantragspflicht (§ 15a Abs. 1 InsO) erfasst werden. Demgegenüber erwecke der Geschäftsleiter regelmäßig kein persönliches Vertrauen in die Solvenz, so dass ihn auch keine Aufklärungspflicht über die Leistungsfähigkeit der Gesellschaft treffe.[7] Selbst deren aktives Vortäuschen soll ohne eine solche „qualifizierende" Inanspruchnahme besonderen Vertrauens in die eigene Person

---

1 BGH v. 17.6.1991 – II ZR 171/90, NJW-RR 1991, 1241, 1242; BGH v. 29.1.1997 – VIII ZR 356/95, NJW 1997, 1233; Begr. BT-Drucks. 14/6040, S. 163; *Uwe H. Schneider* in Scholz, § 43 GmbHG Rz. 316.
2 BGH v. 6.6.1994 – II ZR 292/91, BGHZ 126, 181 = GmbHR 1994, 542; BGH v. 17.10.1989 – XI ZR 173/88, WM 1989, 1923; BGH v. 3.10.1989 – XI ZR 157/88, GmbHR 1990, 31; BGH v. 13.2.1992 – III ZR 28/90, NJW 1992, 2080; BGH v. 29.1.1997 – VIII ZR 356/95, NJW 1997, 1233; *Hopt* in Großkomm. AktG, § 93 AktG Rz. 496; *Uwe H. Schneider* in Scholz, § 43 GmbHG Rz. 315 f.; *Kleindiek* in Lutter/Hommelhoff, § 43 GmbHG Rz. 65; *Zöllner/Noack* in Baumbach/Hueck, § 43 GmbHG Rz. 71; *Emmerich* in MünchKomm. BGB, § 311 BGB Rz. 233, 241 a.E., 247 ff.
3 BGH v. 3.10.1989 – XI ZR 157/88, NJW 1990, 389 f., (unrichtige Angaben gegenüber einem Kapitalanleger); vgl. aber BGH v. 2.6.2008 – II ZR 210/06, BGHZ 177, 25, Rz. 16 ff. = AG 2008, 662; *Zöllner/Noack* in Baumbach/Hueck, § 43 GmbHG Rz. 70 mit Fn. 575; *Roth/Altmeppen*, § 43 GmbHG Rz. 52; *Hopt* in Großkomm. AktG, § 93 AktG Rz. 496 mit Fn. 1507; *Spindler* in Fleischer, Handbuch des Vorstandsrechts, § 13 Rz. 3; *Medicus* in FS Steindorff, 1990, S. 725, 736.
4 OLG Dresden v. 18.6.1998 – 7 U 695/98, GmbHR 1999, 238, 239; *Roth/Altmeppen*, § 43 GmbHG Rz. 53.
5 Vgl. BGH v. 3.4.1990 – XI ZR 206/88, NJW 1990, 1907, 1908; kritisch *Hopt* in Großkomm. AktG, § 93 AktG Rz. 496 Fn. 1506. Zu Fällen enger verwandtschaftlicher Verbundenheit zu dem Kontrahenten BGH v. 1.7.1991 – II ZR 180/90, ZIP 1991, 1140, 1143 = GmbHR 1991, 409; ablehnend *Uwe H. Schneider* in Scholz, § 43 GmbHG Rz. 316.
6 Zur Insolvenzverschleppungshaftung unten *Balthasar*, § 29 Rz. 48 ff.
7 BGH v. 6.6.1994 – II ZR 292/91, BGHZ 126, 181, 187 ff. = GmbHR 1994, 539; vgl. auch BGH v. 13.6.2002 – VII ZR 30/01, ZIP 2002, 1771, 1772; zustimmend *Kleindiek* in Lutter/Hommelhoff, § 43 GmbHG Rz. 68; *Uwe H. Schneider* in Scholz, § 43 GmbHG Rz. 314, 316; *Spindler* in Fleischer, Handbuch des Vorstandsrechts, § 13 Rz. 5; für eine solche Aufklärungs- und Hinweispflicht und eine daran anknüpfende Haftung aus c.i.c. hingegen *K. Schmidt*, ZIP 1988, 1497, 1503 f.; *K. Schmidt*, NJW 1993, 2934, 2935; *K. Schmidt*, Gesellschaftsrecht, § 36 II 5; *K. Schmidt* in Scholz, Anh. § 64 GmbHG Rz. 82, 87; vgl. auch *Flume*, ZIP 1994, 337 f.

keine Haftung aus c.i.c. begründen.[1] Denn dadurch werde typischerweise nur ein Vertrauen in die Gesellschaft erweckt oder aufrechterhalten.[2] In diesen Fällen kann der Kontrahent möglicherweise deliktische Ansprüche haben (§ 826 BGB, § 823 Abs. 2 BGB i.V.m. § 263 StGB).[3]

Stellungnahme. Die Insolvenzantragspflicht ist, wie anderweitig dargelegt wurde, kein Schutzgesetz. Der Kontrahierungsschaden der Neugläubiger ist grundsätzlich nur unter den Voraussetzungen der §§ 280 Abs. 1, 311 Abs. 3 BGB bzw. nach Maßgabe der §§ 826 BGB, 823 Abs. 2 BGB i.V.m. § 263 StGB zu ersetzen.[4] Eine „Insolvenzverschleppung" ist weder erforderlich noch ausreichend. Der Umstand, dass jedenfalls gesetzliche Neugläubiger nach der insoweit vollauf zutreffenden Rechtsprechung des BGH vom Schutzzweck der Insolvenzverschleppungshaftung nicht erfasst sind[5], bestätigt, dass es sich betreffs der Kontrahierungsschäden von Neugläubigern um eine Haftung aus c.i.c. handeln muss. 23

Der Geschäftsleiter ist aber nicht allgemein verpflichtet, potentielle Geschäftspartner **ungefragt** über eine **Krisenlage** zu informieren.[6] Eine Haftung für die fahrlässige Nichtaufklärung über wirtschaftliche Schwierigkeiten scheidet aus, sofern der Geschäftsleiter nicht ein besonderes persönliches Vertrauen in Anspruch genommen hat. Dafür genügen aber Erklärungen, aus denen der Kontrahent schließen muss, dass der Geschäftsleiter die Solvenz der Gesellschaft persönlich bestätige. 24

---

1 BGH v. 1.7.1991 – II ZR 180/90, GmbHR 1991, 409, 411 = ZIP 1991, 1140; *Zöllner/Noack* in Baumbach/Hueck, § 43 GmbHG Rz. 73; *Kleindiek* in Lutter/Hommelhoff, § 43 GmbHG Rz. 66.
2 BGH v. 1.7.1991 – II ZR 180/90, GmbHR 1991, 409, 411 = ZIP 1991, 1140; vgl. dazu auch *K. Schmidt* in Scholz, Anh. § 64 GmbHG Rz. 86.
3 *Roth/Altmeppen*, § 64 GmbHG Rz. 40; *Kleindiek* in Lutter/Hommelhoff, § 43 GmbHG Rz. 68, 72; *Zöllner/Noack* in Baumbach/Hueck, § 43 GmbHG Rz. 73; *K. Schmidt* in Scholz, Anh. § 64 GmbHG Rz. 87.
4 Eingehend *Roth/Altmeppen*, § 43 GmbHG Rz. 51 ff., § 64 GmbHG Rz. 26 ff., 39 ff.; *Altmeppen/Wilhelm*, NJW 1999, 673; *Altmeppen*, ZIP 2001, 2201; *Wilhelm*, Kapitalgesellschaftsrecht, Rz. 493 ff.; vgl. zur Haftung aus c.i.c. in diesem Zusammenhang auch *Flume*, ZIP 1994, 337 f.; *K. Schmidt*, NJW 1993, 2934, 2935; *K. Schmidt*, Gesellschaftsrecht, § 36 II 5b, H 6; *K. Schmidt* in Scholz, Anh. § 64 GmbHG Rz. 55, 82 ff.; *Schulze-Osterloh* in FS Lutter, 2000, S. 707 ff., 716 f.
5 BGH v. 25.7.2005 – II ZR 390/03, GmbHR 2005, 1425; BGH v. 20.10.2008 – II ZR 211/07, GmbHR 2009, 315, Rz. 3 = ZIP 2009, 366; ebenso *Altmeppen/Wilhelm*, NJW 1999, 673, 677 mit Fn. 37; *Altmeppen*, ZIP 2001, 2201, 2205; *Altmeppen*, ZIP 1997, 1173, 1179 f.; *Bayer/Lieder*, WM 2006, 1, 6 f.; *Schmidt-Leithoff* in Rowedder/Schmidt-Leithoff, § 64 GmbHG Rz. 45; *Haas* in Baumbach/Hueck, § 64 GmbHG Rz. 127 f.; *Roth/Altmeppen*, Vorb. § 64 GmbHG Rz. 135; *K. Schmidt* in Scholz, Anh. § 64 GmbHG Rz. 55; *Haas*, DStR 2003, 423, 430; vgl. auch *Goette*, DStR 2003, 1673 (Anm. zu BGH, DStR 2003, 1672). Dagegen für eine Einbeziehung deliktischer Neugläubiger (mit Unterschieden hinsichtlich der Kausalitätsanforderungen) *Kleindiek* in Lutter/Hommelhoff, Anh. § 64 GmbHG Rz. 76; *Nerlich* in Michalski, § 64 GmbHG Rz. 75 f.; *Spindler* in Fleischer, Handbuch des Vorstandsrechts, § 13 Rz. 28; *Röhricht*, ZIP 2005, 505, 508 f.; *Reiff/Arnold*, ZIP 1998, 1893, 1896 ff.; *Wagner* in FS Gerhardt, 2004, S. 1043, 1063 ff.; *Wagner* in FS K. Schmidt, 2009, S. 1665, 1678 ff.
6 *Roth/Altmeppen*, § 64 GmbHG Rz. 41 f.; *Altmeppen*, ZIP 2001, 2201, 2210 f.; *K. Schmidt* in Scholz, Anh. § 64 GmbHG Rz. 87.

b) Besonderes wirtschaftliches Eigeninteresse

25 Nach der neueren Rechtsprechung des BGH ist die c.i.c.-Haftung von Gesellschafter-Geschäftsführern unter diesem Gesichtspunkt auf **Ausnahmefälle** beschränkt.[1] Eine Haftung setzt voraus, dass der Vertreter wirtschaftlich „in eigener Sache" tätig wird („procurator in rem suam").[2] Dies kann etwa dann in Betracht kommen, wenn er die Gegenleistung des Geschäftspartners für **eigene Zwecke** verwenden will.[3] Wie in der zuvor beschriebenen Fallgruppe der Inanspruchnahme persönlichen Vertrauens muss der Vertreter ferner grundsätzlich selbst gehandelt haben.[4] Im Einzelfall kann ihm ein Handeln Dritter nach Treu und Glauben und aus dem Rechtsgedanken des § 278 BGB zuzurechnen sein.[5]

26 **Keinesfalls ausreichend** ist ein nur mittelbares Interesse an dem Geschäft, etwa im Hinblick auf ein in Aussicht stehendes Entgelt, das allgemeine Erfolgsinteresse als Gesellschafter und/oder Geschäftsführer[6] oder das Interesse als Sicherungsgeber.[7] Im letzteren Fall kommt eine Sanktion durch das Recht der Gesellschafterdarlehen in Betracht, soweit der Geschäftsleiter auch als Gesellschafter beteiligt ist.[8]

---

1 BGH v. 6.6.1994 – II ZR 292/91, BGHZ 126, 181, 183 ff. = GmbHR 1994, 542; BGH v. 7.11.1994 – II ZR 138/92, WM 1995, 108; OLG Köln v. 10.7.1996 – 27 U 109/95, WM 1997, 1379, 1380 f. = GmbHR 1996, 766; Darstellung der Entwicklung bei *Bayer/Lieder*, WM 2006, 1 f.
2 BGH v. 5.4.1971 – VII ZR 163/69, BGHZ 56, 84; BGH v. 23.10.1985 – VIII ZR 210/84, GmbHR 1986, 43; BGH v. 17.6.1991 – II ZR 171/90, NJW-RR 1991, 1242; BGH v. 13.6.2002 – VII ZR 30/01, NJW-RR 2002, 1309; vgl. auch – allerdings weitgehend ablehnend – *Spindler* in Fleischer, Handbuch des Vorstandsrechts, § 13 Rz. 3. Für eine gänzliche Aufgabe der Fallgruppe des wirtschaftlichen Eigeninteresses bzw. auch insoweit die Inanspruchnahme besonderen Vertrauens fordernd *Habersack* in Großkomm. AktG, § 92 AktG Rz. 89; *Uwe H. Schneider* in Scholz, § 43 GmbHG Rz. 320; *Hopt* in Großkomm. AktG, § 93 AktG Rz. 497 f.; *Mertens/Cahn* in KölnKomm. AktG, § 93 AktG Rz. 222; *Schulze-Osterloh* in FS Lutter, 2000, S. 707, 716.
3 Vgl. BGH v. 6.6.1994 – II ZR 292/91, BGHZ 126, 181, 185 = GmbHR 1994, 542; BGH v. 5.10.2001 – V ZR 275/00, NJW 2002, 208, 212; BGH v. 23.10.1985 – VIII ZR 210/84, GmbHR 1986, 43; BGH v. 27.3.1995 – II ZR 136/94, NJW 1995, 1544 = GmbHR 1995, 446; *Heinrichs* in Palandt, § 311 BGB Rz. 61; *Kleindiek* in Lutter/Hommelhoff, § 43 GmbHG Rz. 67; *Zöllner/Noack* in Baumbach/Hueck, § 43 GmbHG Rz. 72; insoweit auch *Spindler* in Fleischer, Handbuch des Vorstandsrechts, § 13 Rz. 3.
4 *Emmerich* in MünchKomm. BGB, § 311 BGB Rz. 242.
5 BGH v. 29.1.1997 – VIII ZR 356/95, NJW 1997, 1233; *Emmerich* in MünchKomm. BGB, § 311 BGB Rz. 242.
6 BGH v. 6.6.1994 – II ZR 292/91, BGHZ 126, 181, 183 = GmbHR 1994, 542; BGH v. 18.10.1993 – II ZR 255/92, NJW 1994, 197; BGH v. 29.1.1997 – VIII ZR 356/95, NJW 1997, 1233; *Emmerich* in MünchKomm. BGB, § 311 BGB Rz. 242, 245; *Zöllner/Noack* in Baumbach/Hueck, § 43 GmbHG Rz. 72; *Mertens/Cahn* in KölnKomm. AktG, § 93 AktG Rz. 222; *Spindler* in Fleischer, Handbuch des Vorstandsrechts, § 13 Rz. 3.
7 BGH v. 6.6.1994 – II ZR 292/91, BGHZ 126, 181, 184 ff. = GmbHR 1994, 542; bestätigt durch BGH v. 27.3.1995 – II ZR 136/94, GmbHR 1995, 446; BGH v. 13.6.2002 – VII ZR 30/01, ZIP 2002, 1771, 1772 m.w.N.; *Kleindiek* in Lutter/Hommelhoff, § 43 GmbHG Rz. 67; *Zöllner/Noack* in Baumbach/Hueck, § 43 GmbHG Rz. 72; *Spindler* in Fleischer, Handbuch des Vorstandsrechts, § 13 Rz. 3.
8 BGH v. 6.6.1994 – II ZR 292/91, BGHZ 126, 181, 187 ff. = GmbHR 1994, 542; kritisch *Flume*, ZIP 1994, 337, 338 f. Zu den Änderungen nach dem MoMiG vgl. *Altmeppen*, NJW 2008, 3601 ff.

c) Gesamtschuld

Auch im Falle der Vertretereigenhaftung aus c.i.c. besteht gem. § 31 BGB bzw. gem. § 278 BGB[1] die gesamtschuldnerische **Mithaftung** der juristischen Person (§§ 421 ff. BGB).[2] Der Verband muss sich das Organverschulden auch bei der Erfüllung vorvertraglicher Pflichten zurechnen lassen. Der Umstand, dass die Vertretereigenhaftung qualifizierende Umstände voraussetzt (vgl. Rz. 19 ff.), ändert an dieser Zurechenbarkeit nichts.

27

Der **Innenausgleich** folgt abweichend von § 426 Abs. 1 Satz 1 BGB und den hier nicht anwendbaren[3] arbeitsrechtlichen Grundsätzen dem Gedanken, dass der Geschäftsleiter allein zu belasten ist, wenn seine schadenstiftende Handlung auch gegenüber der Gesellschaft eine schuldhafte Pflichtverletzung (vgl. § 43 GmbHG, § 93 AktG) darstellt.[4] Auch Aufwendungsersatz- und Freistellungsansprüche (vgl. §§ 27 Abs. 3; 670; 675; 257 BGB) scheiden dann aus, weil der Organwalter rechtswidrige Handlungen auf Grund seiner Pflicht zu recht- und gesetzmäßigem Verhalten (vgl. Rz. 1) nicht i.S. des § 670 BGB für erforderlich halten darf.[5] Nichts anderes soll gelten, wenn sich die Pflichtverletzung wirtschaftlich zum Vorteil der Gesellschaft auswirkt (sog. „efficient breach").[6] Die im Außenverhältnis bestehenden Pflichten sollen auf eine präventive Verhaltenssteuerung zielen.[7] Anzuerkennen seien daher allenfalls solche Ausnahmen, die mit diesem Präventionsinteresse vereinbar seien.[8] Dazu ist festzustellen, dass das deutsche Schadens-

28

---

1 Vgl. zum Verhältnis von §§ 31, 278 BGB *Flume*, Jur. Pers., S. 395 ff.
2 Vgl. *Emmerich* in MünchKomm. BGB, § 311 BGB Rz. 238; zur Anwendung des § 31 BGB im Rahmen der c.i.c.-Haftung der juristischen Person statt aller *Heinrichs* in Palandt, § 31 BGB Rz. 2, 13; *Mertens/Cahn* in KölnKomm. AktG, § 76 AktG Rz. 95.
3 Vgl. BGH v. 25.6.2001 – II ZR 38/99Z, BGHZ 148, 167, 172 = GmbHR 2001, 771; *Haas* in Michalski, § 43 GmbHG Rz. 194 f.; *Kleindiek* in Lutter/Hommelhoff, § 43 GmbHG Rz. 31; *Roth/Altmeppen*, § 43 GmbHG Rz. 5; *Uwe H. Schneider* in Scholz, § 43 GmbHG Rz. 256 f. (für Ausnahmen bei Pflichtverletzungen ohne unmittelbaren Bezug zur Unternehmensleitung); *Zöllner/Noack* in Baumbach/Hueck, § 43 GmbHG Rz. 6; a.A. *Köhl*, DB 1996, 2597 (für Fremdgeschäftsführer mit arbeitnehmergleicher Stellung).
4 *Mertens/Cahn* in KölnKomm. AktG, § 84 AktG Rz. 90 f.; *Hopt* in Großkomm. AktG, § 93 AktG Rz. 515; *Thüsing* in Fleischer, Handbuch des Vorstandsrechts, § 4 Rz. 80; *Zöllner/Noack* in Baumbach/Hueck, § 43 GmbHG Rz. 108; *Habetha*, DZWir 1995, 272, 273, 276; *Thümmel*, Haftung, Rz. 368.
5 Vgl. *Mertens/Cahn* in KölnKomm. AktG, § 84 AktG Rz. 89 f.; *Hopt* in Großkomm. AktG, § 93 AktG Rz. 516; *Thüsing* in Fleischer, Handbuch des Vorstandsrechts, § 4 Rz. 79 f.
6 So BGH v. 21.3.1994 – II ZR 260/92, GmbHR 1994, 459; ebenso *Habetha*, DZWir 1995, 272, 273 f., 275 f.; *Haas*, Geschäftsleiterhaftung und Gläubigerschutz, S. 304 ff., 306; zu Recht ablehnend unter Berufung auf die „Differenzhypothese" *Grunewald*, ZHR 157 (1993), 451, 460; *Thole*, ZHR 173 (2009), 504, 514 f., 526 ff. unter dem Gesichtspunkt der Vorteilsausgleichung; *Bayer* in FS K. Schmidt, 2009, S. 85, 93, 95 ff.; näher zu diesem Problem § 25 (S. 699 ff.).
7 *Habetha*, DZWir 1995, 272, 273, 277; *Haas*, Geschäftsleiterhaftung und Gläubigerschutz, S. 306.
8 Zu Fällen, in denen der Geschäftsleiter einen für die Gesellschaft günstigen, nicht unvertretbaren Rechtsstandpunkt eingenommen hat und der erwartete Vorteil zu dem Risiko nicht außer Verhältnis stand: *Mertens/Cahn* in KölnKomm. AktG, § 84 AktG Rz. 90, § 93 AktG Rz. 76; zustimmend *Hopt* in Großkomm. AktG, § 93 AktG Rz. 516; vgl. ferner *Thümmel*, Haftung, Rz. 366. Im Innenverhältnis kann es am Verschulden fehlen,

ersatzrecht generell nicht den Sinn und Zweck hat, zu pönalisieren, wenn die pflichtwidrige Handlung keinen relevanten, mit dem Normzweck in einem inneren Sachzusammenhang stehenden Schaden verursacht hat.[1]

III. Deliktische Haftung

1. Handeln als „Einzeltäter"

a) Haftung aus § 823 Abs. 1 BGB

29 aa) Schädigung durch aktives Tun. (1) Allgemeines. Anerkanntermaßen haftet ein Geschäftsleiter nach allgemeinen Regeln für Schäden, die er geschützten Interessen i.S. des § 823 Abs. 1 BGB schuldhaft durch „eigenhändige" unerlaubte Handlungen oder als Teilnehmer (Anstifter, Gehilfe) unmittelbar[2] zufügt (§§ 823 Abs. 1 bzw. 830 Abs. 2 BGB).[3] Diese deliktische Verantwortlichkeit gilt grundsätzlich unterschiedslos sowohl gegenüber außenstehenden „Dritten" als auch gegenüber Gesellschaftern/Mitgliedern der Körperschaft.[4] Hierher gehört auch das BGH-Urteil vom 24.1.2006 in der Rechtssache „**Kirch/Breuer**"[5], durch welches die deliktische Organhaftung neue Aktualität erlangt hat. Der BGH hat dort vollauf zu Recht hervorgehoben, dass ein Gesellschaftsorgan sich hinsichtlich des Integritätsinteresses der mit der Gesellschaft in Kontakt tretenden Dritten wie jede natürliche Person verhalten müsse und das Schutzniveau insoweit nicht herabgesetzt werden dürfe. Auf Ansprüche gegen die – gegebenenfalls vermögenslose – juristische Person müsse sich der Geschädigte nicht verweisen lassen.

30 **(2) Haftung gegenüber Gesellschaftern für „Eingriffe in die Mitgliedschaft"?** Das Recht am eingerichteten und ausgeübten Gewerbebetrieb steht nur der Gesell-

---

wenn der Geschäftsleiter im Verbandsinteresse unverzüglich handeln musste oder unrichtig beraten war (vgl. *Mertens/Cahn* in KölnKomm. AktG, § 84 AktG Rz. 90).

1 S. zur Verletzung von Vertrauensvorschriften etwa *Altmeppen* in FS K. Schmidt, 2009, S. 23, 32f., 37f.
2 Kritisch zur Unterscheidung zwischen „unmittelbaren" und „mittelbaren" Verletzungen etwa *Spickhoff* in Soergel, § 823 BGB Rz. 149 m.w.N.
3 Vgl. etwa BGH v. 31.3.1971 – VIII ZR 256/69, BGHZ 56, 73, 77f. = NJW 1971, 1358; BGH v. 12.3.1996 – VI ZR 90/95, NJW 1996, 1535, 1537 = GmbHR 1996, 453 – Lamborghini-Nachbau; ferner OLG Hamburg v. 14.12.2005 – 5 U 200/04, GmbHR 2006, 379f. = GRUR-RR 2006, 182 (Markenrechtsverletzung); *Hopt* in Großkomm. AktG, § 93 AktG Rz. 499, 504; *Roth/Altmeppen*, § 43 GmbHG Rz. 55; *Haas* in Michalski, § 43 GmbHG Rz. 327f.; *Uwe H. Schneider* in Scholz, § 43 GmbHG Rz. 321; *Kleindiek* in Lutter/Hommelhoff, § 43 GmbHG Rz. 70; *Zöllner/Noack* in Baumbach/Hueck, § 43 GmbHG Rz. 75; *Wagner* in MünchKomm. BGB, § 823 BGB Rz. 415; *Spindler* in Fleischer, Handbuch des Vorstandsrechts, § 13 Rz. 6.
4 Vgl. auch BGH v. 12.3.1990 – II ZR 179/89, BGHZ 110, 323 = NJW 1990, 2877 – Schärenkreuzer.
5 BGH v. 24.1.2006 – XI ZR 384/03, BGHZ 166, 84, Rz. 127 = NJW 2006, 830 – Kirch/Breuer; vgl. dazu *Derleder/Fauser*, BB 2006, 949; *Ehricke/Rotstegge*, ZIP 2006, 925; *Fischer*, DB 2006, 598; *Kort*, NJW 2006, 1098; *Möllers/Beutel*, NZG 2006, 338; *Hellgardt*, WM 2006, 1514; *Kleindiek* in Lutter/Hommelhoff, § 43 GmbHG Rz. 80.

schaft, nicht aber den Gesellschaftern zu.[1] Gesellschafterschutz nach Maßgabe des § 823 Abs. 1 BGB kann nur ein Eingriff in das Mitgliedschaftsrecht verschaffen.

Die „Mitgliedschaft" ist heute im Grundsatz als **sonstiges Recht** anerkannt und gegen Eingriffe Dritter, die sich unmittelbar gegen den Bestand oder den „Kern" der mitgliedschaftlichen Befugnisse richten, geschützt.[2] Verletzt sein müssen konkrete, absolut geschützte Einzelbefugnisse. Eine bloße Minderung des in dem Anteil gebundenen Vermögens oder des Ertragswerts des Verbands reicht nicht aus.[3]

31

Ein deliktischer Schutz besteht nach der Rechtsprechung des BGH grundsätzlich auch im **Innenverhältnis** zu anderen Verbandsmitgliedern und den **Organen**[4], da es andernfalls zu einem Schutzdefizit kommen würde.[5] Als potentielle Verletzungshandlungen der Geschäftsleitungsorgane werden u.a. genannt: Der unberechtigte Ausschluss von einer dem Verbandszweck entsprechenden Veranstaltung[6], Geschäftsführungsmaßnahmen des AG-Vorstands, die grundlegende Zuständigkeiten der Hauptversammlung[7] missachten[8], ferner Verstöße gegen die Gleichbehandlungspflicht (z.B. verdeckte Gewinnausschüttungen als Verletzung der Gewinn-

32

---

1 Vgl. RGZ 158, 248, 255; BGH v. 24.1.2006 – XI ZR 384/03, BGHZ 166, 84, Rz. 91 = NJW 2006, 830, 839 – Kirch/Breuer; *Hopt* in Großkomm. AktG, § 93 AktG Rz. 470; a.A. OLG München v. 2.4.1990 – 17 U 2411/89, NJW-RR 1991, 928, 929, aber ausdrücklich als „systemwidrig" abgelehnt durch BGH v. 24.1.2006 – XI ZR 384/03, BGHZ 166, 84 Rz. 91 = NJW 2006, 830, 839 – Kirch/Breuer.
2 BGH v. 12.3.1990 – II ZR 179/89, BGHZ 110, 323, 327 f., 334 = NJW 1990, 2877 – Schärenkreuzer (eingetragener Verein); grundlegend schon RGZ 100, 274, 278 (GmbH); RGZ 158, 248, 255; ferner OLG Stuttgart v. 8.2.2006 – 20 U 24/04, AG 2006, 383 – EM.TV; *Spickhoff* in Soergel, § 823 BGB Rz. 100; *Wagner* in MünchKomm. BGB, § 823 BGB Rz. 172; *Spindler* in MünchKomm. AktG, § 93 AktG Rz. 267; *Hopt* in Großkomm. AktG, § 93 AktG Rz. 470 f.; *Th. Raiser* in Ulmer/Habersack/Winter, § 14 GmbHG Rz. 19; *Flume*, Jur. Pers., S. 307 mit Fn. 188. Gänzlich ablehnend aber *Hadding* in FS Kellermann, 1991, S. 91, 102 ff.; *Krieger/Sailer* in K. Schmidt/Lutter, § 93 AktG Rz. 65.
3 Vgl. *Wagner* in MünchKomm. BGB, § 823 BGB Rz. 172; *Hopt* in Großkomm. AktG, § 93 AktG Rz. 471; *Spindler* in MünchKomm. AktG, § 93 AktG Rz. 268; *K. Schmidt*, JZ 1991, 157, 159.
4 BGH v. 12.3.1990 – II ZR 179/89, BGHZ 110, 323, 334 f. = NJW 1990, 2877 – Schärenkreuzer (eingetragener Verein); mit unterschiedlichen Differenzierungen *Haas* in Michalski, § 43 GmbHG Rz. 277 f.; *Habersack*, Mitgliedschaft, S. 142 ff., 183 ff., 248 f.; *J. Hager* in Staudinger, § 823 BGB B Rz. 148, 149; *Kleindiek* in Lutter/Hommelhoff, § 43 GmbHG Rz. 40; *Mertens/Cahn* in KölnKomm. AktG, § 93 AktG Rz. 210 f.; *Mertens* in FS R. Fischer, 1979, S. 461, 470 f.; *Thümmel*, Haftung, Rz. 402; *K. Schmidt*, JZ 1991, 157, 158; *K. Schmidt*, Gesellschaftsrecht, § 19 I 3, § 21 V 4; *Rowedder* in FS Semler, 1993, S. 311, 324 ff.; *Wilhelm*, Kapitalgesellschaftsrecht, Rz. 614 mit Fn. 908; vgl. auch *Spickhoff* in Soergel, § 823 BGB Rz. 100; unentschieden *Th. Raiser* in Ulmer/Habersack/Winter, § 14 GmbHG Rz. 19, 60.
5 *Mertens* in Hachenburg, § 43 GmbHG Rz. 107; *J. Hager* in Staudinger, § 823 BGB B Rz. 148.
6 BGH v. 12.3.1990 – II ZR 179/89, BGHZ 110, 323, 334 f. = NJW 1990, 2877 – Schärenkreuzer.
7 Vgl. hierzu BGH v. 25.2.1982 – II ZR 174/80, BGHZ 83, 122 = NJW 1982, 1703 – Holzmüller; BGH v. 26.4.2004 – II ZR 155/02, BGHZ 159, 30 = AG 2004, 384 – Gelatine.
8 *Thümmel*, Haftung, Rz. 402; *Mertens/Cahn* in KölnKomm. AktG, § 93 AktG Rz. 210; vgl. auch *Mertens* in Hachenburg, § 43 GmbHG Rz. 105.

bezugsrechte der Mitgesellschafter)[1], Kapitalerhöhungen unter Ausschluss des Bezugsrechts ohne Vorliegen der gesetzlichen Voraussetzungen[2] oder unzulässige Abwehrmaßnahmen gegen feindliche Übernahmeversuche.[3] Nach der Gegenauffassung wird ein „verbandsinterner" deliktischer Schutz der Mitgliedschaft mit divergierenden Begründungen abgelehnt.[4] Einem Schutzdefizit soll durch die Weiterentwicklung prozessualer Instrumentarien zu Gunsten der Gesellschafter entgegengewirkt werden.[5]

33 **Stellungnahme.** Der grundsätzliche Einwand, dass es sich in den relevanten Fällen nur um Eingriffe in das nicht von § 823 Abs. 1 BGB erfasste „Vermögen" handele[6], überzeugt nicht. Gleiches gilt für das Postulat eines generellen Vorrangs des Verbandsrechts, obgleich der Hinweis, dass Inhalt und Grenzen der „Mitgliedschaft" maßgeblich durch die jeweilige Verfassung des Verbandes geprägt würden[7], ernst zu nehmen ist. Die Anerkennung eines Deliktsschutzes der Mitgliedschaft im Innenverhältnis wirft die Frage nach der Abgrenzung des durch § 823 Abs. 1 BGB geschützten „absoluten" Zuweisungsgehalts auf. Das verbandsrechtliche System beschränkt Direktansprüche gegen die Organe wegen rechtswidriger Geschäftsleitungsmaßnahmen.[8] Die Gefahr, dass diese Grundentscheidung mit Hilfe des Deliktsrechts ausgehöhlt werden könnte[9], besteht dann nicht in vergleichbarer Weise, wenn Eingriffe in die Kompetenzen in Rede stehen, die das Mitgliedschaftsrecht gewährt.[10] Auch wenn hier ebenfalls ein verbandsrechtlicher Schutz besteht, ist kein tragfähiger Einwand gegen einen gleichzeitigen Deliktsschutz ersichtlich. Keiner weiteren Begründung bedarf es, dass jedenfalls An-

---

1 *Mertens/Cahn* in KölnKomm. AktG, § 93 AktG Rz. 210; *Mertens* in Hachenburg, § 43 GmbHG Rz. 105; vgl. aber *Habersack*, Mitgliedschaft, S. 281, 335 ff.
2 *Thümmel*, Haftung, Rz. 402.
3 *Thümmel*, Haftung, Rz. 402.
4 Vgl. *Reuter* in FS Lange, 1992, S. 707, 722 ff.; *Reuter* in MünchKomm. BGB, § 38 BGB Rz. 19 f.; *Uwe H. Schneider* in Scholz, § 43 GmbHG Rz. 306; *Zöllner/Noack* in Baumbach/Hueck, § 43 GmbHG Rz. 65; *Spindler* in MünchKomm. AktG, § 93 AktG Rz. 271; *Spindler* in Fleischer, Handbuch des Vorstandsrechts, § 13 Rz. 38; *Hopt* in Großkomm. AktG, § 93 AktG Rz. 473; *Krieger/Sailer* in K. Schmidt/Lutter, § 93 AktG Rz. 65; *Habersack* in MünchKomm. AktG, § 116 AktG Rz. 78 f.; *Flume*, Jur. Pers., S. 307 mit Fn. 188; *Wiedemann*, Gesellschaftsrecht I, § 8 IV 1c dd; *Zöllner*, ZGR 1988, 392, 430.
5 *Spindler* in Fleischer, Handbuch des Vorstandsrechts, § 13 Rz. 38; *Spindler* in MünchKomm. AktG, § 93 AktG Rz. 271 m.w.N.
6 In diesem Sinne *Hopt* in Großkomm. AktG, § 93 AktG Rz. 471 mit Fn. 1442; *Spindler* in MünchKomm. AktG, § 93 AktG Rz. 271.
7 Vgl. *Zöllner*, ZGR 1988, 392, 430; *Spindler* in MünchKomm. AktG, § 93 AktG Rz. 271; *Spindler* in Fleischer, Handbuch des Vorstandsrechts, § 13 Rz. 38; *Reuter* in FS Lange, 1992, S. 707, 722 ff.; *Reuter* in MünchKomm. BGB, § 38 BGB Rz. 19 f.; vgl. auch *Haas* in Michalski, § 43 GmbHG Rz. 277; gegen diese Begründung *Hopt* in Großkomm. AktG, § 93 AktG Rz. 471 mit Fn. 1442; kritisch auch *Mertens/Cahn* in KölnKomm. AktG, § 93 AktG Rz. 211.
8 Vgl. §§ 117, 309 Abs. 4, 317, 318, 319 AktG und allgemein *Flume*, Jur. Pers., S. 307 f.
9 Vgl. *Zöllner*, ZGR 1988, 392, 430; *Spindler* in MünchKomm. AktG, § 93 AktG Rz. 271; *Spindler* in Fleischer, Handbuch des Vorstandsrechts, § 13 Rz. 38; *Uwe H. Schneider* in Scholz, § 43 GmbHG Rz. 306.
10 *Wilhelm*, Kapitalgesellschaftsrecht, Rz. 614 (Schutz gegen Anmaßung).

sprüche gem. § 826 BGB nicht durch einen „Vorrang" des Verbandsrechts ausgeschlossen sind.[1]

(3) Problem der Schadenskongruenz („Reflexschaden"). Da Schädigungen des Gesellschaftsvermögens sich in einer Wertminderung der Gesellschaftsanteile niederschlagen können, erhebt sich die Frage, ob und in welchem Umfang Ersatzansprüche der Gesellschaft und des Gesellschafters konkurrieren.[2]

34

Die h.M. erkennt dem Gesellschafter einen eigenen Anspruch zu, hält jedoch nur eine **Klage auf Leistung an die Gesellschaft** für statthaft.[3] Dogmatisch wird diese Beschränkung der Liquidationsmöglichkeit des Gesellschafters mit dem Regime der Kapitalerhaltungsregeln und der Rücksicht auf die Zweckbindung des Gesellschaftsvermögens begründet[4] oder es wird auf den Rechtsgedanken der §§ 117 Abs. 1 Satz 2, 317 Abs. 1 Satz 2 AktG verwiesen.[5]

35

Gleicht der Gesellschafter den **Schaden der Gesellschaft** aus, soll er den aufgewendeten Betrag beim Schädiger liquidieren können.[6] Gestützt werden kann dieser Regress auf den Schadensersatzanspruch des Gesellschafters, sofern man einen solchen im jeweiligen Fall anerkennt. Durch den Schadensausgleich des Gesellschafters wird sein Schadensersatzanspruch gleichsam „entsperrt".[7] Begrenzt wird der so begründete Regress durch den Umfang des Gesellschafterschadens. Im Übrigen kommt neben einer Geltendmachung des (abgetretenen) Gesellschaftsanspruchs (§ 255 BGB) ein bereicherungsrechtlicher Rückgriff in Betracht.[8] Die Beschränkung der Liquidationsmöglichkeit eines Gesellschafterschadens entfällt außerdem dann, wenn der **Zweck der Kapitalerhaltung entfal-**

36

---

1 Vgl. dazu auch *Hopt* in Großkomm. AktG, § 93 AktG Rz. 480, 482.
2 Zum Prozessrecht *Spindler* in MünchKomm. AktG, § 93 AktG Rz. 284.
3 BGH v. 5.6.1975 – II ZR 23/74, BGHZ 65, 15, 21 = NJW 1976, 191; BGH v. 30.9.1991 – II ZR 208/90, NJW 1992, 368f. = AG 1992, 87; BGH v. 20.3.1995 – II ZR 205/94, NJW 1995, 1739, 1746f. = AG 1995, 368; BGH v. 10.11.1986 – II ZR 140/85, NJW 1987, 1077, 1079 = AG 1987, 126, 128; BGH v. 10.11.1986 – II ZR 153/85, NJW 1987, 1637; vgl. ferner – mit teilweise unterschiedlichen dogmatischen Begründungen – *Hopt* in Großkomm. AktG, § 93 AktG Rz. 487ff.; *Spindler* in MünchKomm. AktG, § 93 AktG Rz. 268, 283; *Mertens/Cahn* in KölnKomm. AktG, § 93 AktG Rz. 208, 213. Bereits einen eigenen Ersatzanspruch des Gesellschafters verneinend OGH v. 18.5.1995 – 6 Ob 517/95, AG 1996, 42; *Wilhelmi* in v. Godin/Wilhelmi, § 93 AktG Rz. 32; *Bütter/Tonner*, BKR 2005, 344, 347.
4 BGH v. 22.10.1984 – II ZR 2/84, NJW 1985, 1900; BGH v. 29.6.1987 – II ZR 173/86, NJW 1988, 413, 415; BGH v. 10.11.1986 – II ZR 140/85, NJW 1987, 1077, 1079f. = AG 1987, 126, 128; *Spindler* in MünchKomm. AktG, § 93 AktG Rz. 283; *Roth/Altmeppen*, § 13 GmbHG Rz. 152; krit. dazu *Hopt* in Großkomm. AktG, § 93 AktG Rz. 487 Fn. 1480.
5 So *Hopt* in Großkomm. AktG, § 93 AktG Rz. 487 Fn. 1480; vgl. auch *Roth/Altmeppen*, § 13 GmbHG Rz. 152; *Spindler* in MünchKomm. AktG, § 93 AktG Rz. 283.
6 Vgl. BGH v. 10.11.1986 – II ZR 140/85, NJW 1987, 1077, 1079f. = AG 1987, 126f.; ferner OLG Düsseldorf v. 28.11.1996 – 6 U 11/95, AG 1997, 231, 236f.; *Hopt* in Großkomm. AktG, § 93 AktG Rz. 490; *Spindler* in MünchKomm. AktG, § 93 AktG Rz. 283.
7 So wohl auch *Spindler* in MünchKomm. AktG, § 93 AktG Rz. 283 m.w.N.
8 Vgl. auch *Spindler* in MünchKomm. AktG, § 93 AktG Rz. 283; *Hopt* in Großkomm. AktG, § 93 AktG Rz. 490; *Mertens/Cahn* in KölnKomm. AktG, § 93 AktG Rz. 216.

len, namentlich die vorrangige Befriedigung der Gläubiger bereits erfolgt und die Gesellschaft liquidiert ist.[1] Wenn erwogen wird, dem Gesellschafter eine Geltendmachung seines mittelbaren Schadens zu gestatten, wenn feststehe, dass die **Gesellschaft** ihren **Anspruch nicht geltend** machen wird[2], so verstößt dies gegen das nicht disponible Kapitalerhaltungsgebot.[3]

37 Von vornherein anders liegt der Fall hingegen, wenn nur der **Gesellschafter** selbst **unmittelbar geschädigt** wurde, dies aber in der Folge auch zu einem Schaden der Gesellschaft führt. Der BGH hat in einer solchen Konstellation zunächst mit Durchgriffserwägungen angenommen, dass der Alleingesellschafter bei „wertender Betrachtung" auch hinsichtlich des bei der Gesellschaft entstandenen Schadens selbst geschädigt und damit aktivlegitimiert sei.[4] Unter dem Eindruck der dagegen gerichteten Kritik[5] hat der BGH sodann in einem ähnlich gelagerten Fall entschieden, dass der Gesellschafter trotz eigener unmittelbarer Verletzung nur Leistung in das Gesellschaftsvermögen verlangen könne.[6] Das geht fehl. Hinsichtlich des Wertverlusts des Gesellschaftsanteils handelt es sich um einen **eigenen Folgeschaden** im Vermögen des Gesellschafters, mithin um ein Problem der haftungsausfüllenden Kausalität. Es geht nicht um die Problematik der „Reflexschäden" bei unmittelbarer Schädigung der Gesellschaft.[7] Eine Beschränkung der Liquidationsmöglichkeiten des Gesellschafters ist hier ebenso wenig angebracht wie in den Fällen, in denen es überhaupt an einer Schadenskongruenz fehlt.

38 **bb) Mittelbare Schädigung/Verletzung von Verkehrspflichten. (1) Allgemeines.** Die Geschäftsleiterhaftung für die Verletzung von Verkehrssicherungspflichten ist heftig umstritten. Zweifelhaft ist dabei bereits, wer Träger der Verkehrspflichten ist. Die juristische Person selbst ist nämlich weder handlungs- noch schuldfähig, und § 31 BGB knüpft seinem Wortlaut nach an „eine zum Schadensersatz verpflichtende Handlung" der Organperson an. Diese Haftung wird vor allem in der Insolvenz der Gesellschaft bedeutsam, da die auf § 823 Abs. 2 BGB und die Insolvenzantragspflicht gestützte Insolvenzverschleppungshaftung nur vertraglichen Neugläubigern zugutekommen soll (Rz. 23).

39 **(2) Rechtsprechung.** Der höchstrichterlichen Rechtsprechung liegt seit langem die Annahme zugrunde, dass die Verkehrspflichten an die juristische Person selbst adressiert sind.[8] Dennoch hat der VI. Zivilsenat des BGH in dem bekannten

---

1 BGH v. 20.3.1995 – II ZR 205/94, BGHZ 129, 136, 166 = AG 1995, 368 – Girmes; *Roth/Altmeppen*, § 13 GmbHG Rz. 153; *Brandes* in FS Fleck, 1988, S. 13, 19f.
2 Vgl. BGH v. 24.1.1967 – VI ZR 92/65, WM 1967, 287f.; BGH v. 23.6.1969 – II ZR 272/67, WM 1969, 1081ff.; RGZ 157, 213, 219; *Hopt* in Großkomm. AktG, § 93 AktG Rz. 486.
3 Vgl. auch *Brandes* in FS Fleck, 1988, S. 13, 19f.
4 BGH v. 13.11.1973 – VI ZR 53/72, BGHZ 61, 380 = NJW 1974, 134.
5 *F.A. Mann*, NJW 1974, 492; *F.A. Mann*, NJW 1977, 2160; *K. Schmidt*, GmbHR 1974, 178, 180; *Medicus*, JuS 1974, 613, 621.
6 BGH v. 8.2.1977 – VI ZR 249/74, NJW 1977, 1283 = GmbHR 1977, 274.
7 *Wilhelm*, Rechtsform und Haftung, S. 383ff.; *Roth/Altmeppen*, § 13 GmbHG Rz. 152.
8 Zur Delikthaftung des Fiskus schon RGZ 52, 373, 374; 89, 136f.; ferner RGZ 53, 53, 57; sodann BGH v. 9.2.1960 – VIII ZR 51/59, BGHZ 32, 53, 59 = NJW 1960, 860, 862; BGH v. 17.10.1967 – VI ZR 70/66, NJW 1968, 247, 248; BGH v. 19.6.1973 – VI ZR 178/71, NJW 1973, 1602, 1603.

zweiten[1] „**Baustoff**"-Urteil eine persönliche Geschäftsleiterhaftung wegen Verkehrspflichtverletzung bejaht.[2] Der BGH hat argumentiert, dass mit den der Gesellschaft gegenüber bestehenden Organpflichten auch eine „Garantenstellung" zum Schutz fremder, der Gesellschaft anvertrauter Schutzgüter i.S. des § 823 Abs. 1 BGB einhergehen könne. Dies sei dann anzunehmen, wenn der entsprechende Zuständigkeits- und Organisationsbereich dem Geschäftsleiter als Aufgabe zugewiesen sei oder von ihm in Anspruch genommen werde, da infolge dieser Zuständigkeit die persönliche Einflussnahme auf die Gefahrenabwehr bzw. -steuerung möglich sei.[3] In der „**Kindertee**"-Entscheidung aus dem Jahre 2000 hat der VI. Zivilsenat diese Linie erneut bestätigt und zugleich klargestellt, dass die Haftungsverbindlichkeit des Geschäftsleiters einer eigenständigen verjährungsrechtlichen Beurteilung unterliegt.[4] Der für das Gesellschaftsrecht zuständige II. Zivilsenat hat sich dagegen in einem obiter dictum kritisch zu einer solchen Außenhaftung geäußert, da Organisationspflichten grundsätzlich nur der Gesellschaft gegenüber bestünden.[5]

(3) Meinungsstand in der Literatur.[6] **Kritische Reaktion der h.L.** In der Literatur 40
überwiegen die kritischen Stimmen[7]. Die mangelnde tatbestandliche Konkretisierung der deliktischen Pflichtenbindung lasse eine Ausuferung der Haftung befürchten und konterkariere das gesetzlich vorgesehene Innenhaftungsmodell bzw. das Trennungsprinzip (vgl. § 13 Abs. 2 GmbHG, § 1 Abs. 1 Satz 2 AktG).

---

1 In dem ersten Revisionsurteil in derselben Sache hatte der Senat noch hinsichtlich des Verfahrensfortgangs ausgeführt, dass eine Haftung des beklagten GmbH-Geschäftsführers für die Eigentumsverletzung dann in Betracht komme, „sofern und soweit er persönlich an ihr mitgewirkt hat (§ 830 Abs. 1 S. 1, Abs. 2)" (BGH v. 3.2.1987 – VI ZR 268/85, BGHZ 100, 19, 25 = GmbHR 1987, 260 – Baustoff I).
2 BGH v. 5.12.1989 – VI ZR 335/88, BGHZ 109, 297, 303 f. = GmbHR 1990, 207 – Baustoff II; vgl. zuvor auch BGH v. 3.6.1975 – VI ZR 192/73, NJW 1975, 1827, 1828 f.; vgl. auch OLG Stuttgart v. 29.4.2008 – 5 W 9/08, NJW 2008, 2514, Rz. 16 = NZV 2008, 523.
3 Vgl. BGH v. 13.11.1973 – VI ZR 53/72, BGHZ 61, 380 = NJW 1974, 134; vgl. auch BGH v. 12.12.2000 – VI ZR 345/99, NJW 2001, 964, 965 = ZIP 2001, 379 – Kindertee: „Auch bei dem Organ einer juristischen Person kann die deliktsrechtliche Verantwortlichkeit für die Verletzung der Rechtsgüter Dritter [...] in erheblichem Umfang von der betrieblichen Zuständigkeits- und Aufgabenverteilung abhängen."
4 BGH v. 12.12.2000 – VI ZR 345/99, NJW 2001, 964, 965 = ZIP 2001, 379 – Kindertee.
5 BGH v. 13.4.1994 – II ZR 16/93, BGHZ 125, 366, 375 f. = GmbHR 1994, 390.
6 Zu einzelnen haftungsträchtigen Risikobereichen eingehend im 3. Teil (§§ 18 ff. S. 501 ff.).
7 Vgl. *Mertens* in Hachenburg, § 43 GmbHG Rz. 115; *Hopt* in Großkomm. AktG, § 93 AktG Rz. 504; *Kleindiek* in Lutter/Hommelhoff, § 43 GmbHG Rz. 73 ff.; *Spindler* in MünchKomm. AktG, § 93 AktG Rz. 287; *Fleischer* in Spindler/Stilz, § 93 AktG Rz. 272 f.; *Dreher*, ZGR 1992, 22, 33 f., 38 f.; *Haas*, Geschäftsführerhaftung, S. 211 ff.; *Hellgardt*, WM 2006, 1514 ff.; *Heil/Russenschuck*, BB 1998, 1749; *Kiethe*, DStR 1993, 1298, 1300; *Kleindiek*, Deliktshaftung und juristische Person, S. 443 f.; *Kort*, DB 1990, 921, 923; *Lutter*, ZHR 157 (1993), 464, 472 ff., 478; *Lutter*, GmbHR 1997, 329, 334 f.; *Medicus* in FS Lorenz, 1991, S. 155 ff.; *Medicus*, ZGR 1998, 570, 584 f.; *Mertens/Mertens*, JZ 1990, 488 f. („bahnbrechend abwegig"); *Westermann*, DNotZ 1991, 813, 816 ff. Kritisch auch *Wagner*, VersR 2001, 1057, 1061 f., dessen eigenes Konzept (unten Rz. 42) aber kaum von den Grundsätzen der „Baustoff"-Entscheidung abweichen dürfte (vgl. auch *Foerste*, VersR 2002, 1); zustimmend *Krieger/Sailer* in K. Schmidt/Lutter, § 93 AktG Rz. 69.

Dogmatisch sei für den Regelfall ausschließlich die **juristische Person** als **Trägerin der Verkehrspflichten** anzuerkennen[1], da der Gesetzgeber selbst von einer solchen Pflichtenträgerschaft ausgegangen sei[2], die juristische Person die Gefahrenquelle beherrsche und den Nutzen aus ihr ziehe.[3] Nach § 31 BGB hafte daher für unternehmensbezogene Verkehrspflichtverletzungen grundsätzlich ausschließlich und unmittelbar die juristische Person.[4] Eine Direkthaftung des Organs erfordere demgegenüber die besondere Begründung eigener Verkehrspflichten auf der Grundlage hinzutretender besonderer Umstände und dürfe nicht schon aus der Organstellung gefolgert werden.[5] Die tatbestandlichen Grenzen, in denen eine Haftung anerkannt werden soll, werden völlig unterschiedlich gezogen.

41 Eine restriktive Ansicht lehnt eine Verkehrspflichthaftung weitestgehend ab, da der Verkehr hinsichtlich seiner Sicherheitserwartungen dem einzelnen Geschäftsleiter kein – für die Entstehung von Verkehrspflichten konstitutives – **besonderes Vertrauen** entgegenbringe, zumal die interne Zuständigkeitsverteilung dem Rechtsverkehr regelmäßig unbekannt sei und sich jederzeit ändern könne.[6] Nach anderer Auffassung soll eine Direkthaftung einen „**Missbrauch**" des Unternehmensträgers als Zurechnungssubjekt von Gefahren und Risiken voraussetzen, dessen Annahme im Einzelfall die Feststellung eines nicht mehr hinnehmbaren Missverhältnisses zwischen Gefahrenlage und gesellschaftsinterner Organisationsstruktur erfordere.[7] Eine dritte Lehre plädiert für eine Haftungsbeschränkung

---

1 Vgl. statt aller *Kleindiek* in Lutter/Hommelhoff, § 43 GmbHG Rz. 75 f.; *Spindler* in MünchKomm. AktG, § 93 AktG Rz. 287; *Wagner* in MünchKomm. BGB, § 823 BGB Rz. 387; *Medicus*, ZGR 1998, 570, 572 f.; OLG Rostock v. 16.2.2007 – 8 U 54/06, OLGR 2007, 486, Rz. 29 = GmbHR 2007, 762 (nur Leitsatz).

2 *Kleindiek*, Deliktshaftung und juristische Person, S. 206 ff. und passim; ihm folgend *Spindler* in Fleischer, Handbuch des Vorstandsrechts, § 13 Rz. 19. Dagegen *Dreier*, Verkehrspflichthaftung, S. 138 ff.; kritisch auch *Martinek*, AcP 198 (1998), 612, 614 f.

3 Vgl. etwa *Kleindiek* in Lutter/Hommelhoff, § 43 GmbHG Rz. 75 ff.; *Medicus*, ZGR 1998, 570, 572 f.

4 Statt aller *Kleindiek* in Lutter/Hommelhoff, § 43 GmbHG Rz. 75 ff.; *Zöllner/Noack* in Baumbach/Hueck, § 43 GmbHG Rz. 77. Dogmatisch soll dabei hinsichtlich des Verschuldenserfordernisses die Verkehrspflicht der Körperschaft als solche des handelnden Organwalters „fingiert" werden, vgl. *Kleindiek*, Deliktshaftung und juristische Person, S. 356.

5 *Haas*, Geschäftsführerhaftung und Gläubigerschutz, S. 216; *Mertens/Cahn* in KölnKomm. AktG, § 93 AktG Rz. 224; *Fleischer* in Spindler/Stilz, § 93 AktG Rz. 272; *Mertens/Mertens*, JZ 1990, 488, 489; *Kleindiek*, Deliktshaftung und juristische Person, S. 156 ff., 238 ff., 253 f., 264 ff., 480 f. – Tendenziell für eine Beschränkung der deliktischen Außenhaftung auf Fälle unmittelbarer Beteiligung als Täter oder Teilnehmer (§§ 830, 840 BGB, dazu Rz. 29) *Medicus*, ZGR 1998, 570, 572, 575 f.; so auch OLG Rostock v. 16.2.2007 – 8 U 54/06, OLGR 2007, 486, Rz. 30, 33 = GmbHR 2007, 762 (nur Leitsatz).

6 Statt aller m.w.N. *Spindler* in Fleischer, Handbuch des Vorstandsrechts, § 13 Rz. 17, 23, 33; *Spindler* in MünchKomm. AktG, § 93 AktG Rz. 287; *Kleindiek*, Deliktshaftung und juristische Person, S. 198 f., 202 f., 435 ff., 441 f.; *Dreher*, ZGR 1992, 22, 39 ff., 41 f.; ferner *Mertens/Cahn* in KölnKomm. AktG, § 93 AktG Rz. 224.

7 *Haas* in Michalski, § 43 GmbHG Rz. 341 ff.; ablehnend *Spindler* in Fleischer, Handbuch des Vorstandsrechts, § 13 Rz. 21 unter Hinweis auf die mangelnde Bewertbarkeit von Organisationsstrukturen.

auf **vorsätzliche** Verkehrspflichtverletzungen[1] und will Ausnahmen allenfalls zum Schutz besonders hochrangiger Rechtsgüter und unter **Abwägung** zusätzlicher Faktoren (Schadensrisiko, Schwere möglicher Schäden, Notwendigkeit eigener Überwachung durch den Geschäftsleiter) zulassen.[2] Nach einer weiteren Auffassung soll eine Außenhaftung nur in Betracht kommen, wenn die verletzte Verkehrspflicht der Allgemeinheit gegenüber besteht und nicht lediglich **vertragliche Pflichten** der juristischen Person ergänzt, da dem Geschäftsleiter nicht innerhalb seines Ressorts das Unternehmensrisiko aufgebürdet werden dürfe.[3]

Zustimmende Reaktionen im Schrifttum. Teile der Lehre gehen hingegen in grundsätzlicher Übereinstimmung mit dem „Baustoff"-Urteil des BGH (oben Rz. 39) davon aus, dass dem Organwalter im Rahmen seines Zuständigkeitsbereichs eine auf seine Organisations- und Leitungskompetenz gegründete Garantenstellung zukomme.[4] Die deliktische Geschäftsleiterhaftung sei notwendig, um Haftungslücken auf Grund der gesetzlichen Haftungsbeschränkung zu schließen.[5] Um das Haftungsrisiko zu begrenzen, wird jedoch teilweise die Möglichkeit anerkannt, die Verkehrssicherung haftungsbefreiend an sorgfältig ausgewähltes Personal zu delegieren.[6]

42

(4) Stellungnahme. Die Lösung der Frage einer deliktischen Organhaftung ist aus dem Verständnis der gesetzlichen Grundlagen, namentlich der **§§ 31, 831 BGB**,

43

---

1 *Lutter*, ZHR 157 (1993), 464, 472 ff., 478, 480; vgl. auch *Westermann/Mutter*, DZWir 1995, 184, 188 f.; *Heil/Russenschuck*, BB 1998, 1749, 1753 f.
2 So *Lutter/Hommelhoff*, GmbHG, 15. Aufl., § 43 Rz. 48. In ähnlicher Weise für eine Garantenstellung des Geschäftsleiters nur zum Schutz von Leib und Leben Dritter unter Berufung auf die strafrechtliche Abstufung des Rechtsgüterschutzes bei fahrlässigem Handeln *Zöllner/Noack* in Baumbach/Hueck, § 43 GmbHG Rz. 78; vgl. auch *Mertens* in Hachenburg, § 43 GmbHG Rz. 115 Fn. 305 a.E.
3 *Grunewald*, ZHR 157 (1993), 451, 456 ff.; ferner *Ransiek*, ZGR 1992, 203, 227 f.
4 So im Ergebnis mit Detailunterschieden *Brüggemeier*, AcP 191 (1991), 33, 58 ff., 64 ff.; *Brüggemeier*, Prinzipien des Haftungsrechts, S. 112 f., 140 f.; *Uwe H. Schneider* in Scholz, § 43 GmbHG Rz. 327, 338; *J. Hager* in Staudinger, § 823 BGB E Rz. 68; *Krause* in Soergel, Anh II § 823 BGB Rz. 71; *Wagner* in MünchKomm. BGB, § 823 BGB Rz. 420 f.; *Wagner*, VersR 2001, 1057, 1060 f.; *Sandmann*, Haftung, S. 446 f.; *Derleder/Fauser*, BB 2006, 949, 950; *Foerste*, VersR 2002, 1, 2 ff.; *Schlechtriem* in FS Heiermann, 1995, S. 281, 289 f.; *Christensen*, Verkehrspflichten, S. 185 ff., 188 f.; *Möllers*, Rechtsgüterschutz, S. 231 ff.; *Nölle*, Eigenhaftung, S. 176; *Vehreschild*, Verkehrspflichthaftung, S. 100 ff.; vgl. ferner *v. Bar* in FS Kitagawa, 1992, S. 279, 290, 293 f.: Die deliktische Geschäftsleiterhaftung resultiere aus der Geschäftsleiterstellung und einer entsprechenden „Berufspflicht" zur richtigen Organisation; im Ergebnis auch *Keßler*, GmbHR 1994, 429, 436 mit Fn. 63; *Dreier*, Verkehrspflichthaftung, S. 161 ff., 206 ff.
5 Vgl. *Nölle*, Eigenhaftung, S. 104; *Brüggemeier*, AcP 191 (1991), 33, 65; kritisch *Haas* in Michalski, § 43 GmbHG Rz. 339; *Heil/Russenschuck*, BB 1998, 1749, 1752; *Lutter*, GmbHR 1997, 329, 335; *Medicus*, ZGR 1998, 570, 579; *Spindler* in Fleischer, Handbuch des Vorstandsrechts, § 13 Rz. 32.
6 *Wagner* in MünchKomm. BGB, § 823 BGB Rz. 422, der zugleich eine Anwendung der Geschäftsherrenhaftung (§ 831 BGB, dazu Rz. 59 f.) ablehnt, aber ergänzend eine Haftung nach dem Missbrauchsmodell von Haas (Geschäftsführerhaftung und Gläubigerschutz, S. 211 ff., 215 ff., 256 ff.) befürwortet; ähnlich *Krause* in Soergel, Anh II § 823 BGB Rz. 71; *Uwe H. Schneider/Brouwer* in FS Priester, 2007, S. 713, 723 ff.; *Froesch*, DB 2009, 722, 723, 726.

zu entwickeln.[1] Insoweit gilt es zunächst zu erkennen, dass der historische Gesetzgeber[2] in § 31 BGB lediglich eine Mithaftung der handlungs- und verschuldensunfähigen juristischen Person angeordnet hat, die eine **Organhaftung** tatbestandlich **voraussetzt**.[3] De lege lata ist daher der Organwalter als der eigentliche „Täter" zu behandeln, der deshalb persönlich für die von ihm rechtswidrig und schuldhaft durch positives Tun oder durch Unterlassen begangenen Delikte haftet. Der Umstand, dass diese Schädigungen im Zusammenhang zu dem ihm zugewiesenen oder von ihm übernommenen Sachgebiet stehen, ändert daran nichts.[4] Auch **wertungsmäßig** ist es nicht zu rechtfertigen, dem Deliktsopfer das Insolvenzrisiko einer Anstellungskörperschaft zuzuweisen, deren Organ schuldhaft Schaden verursacht hat. Steht die schuldhafte Verkehrspflichtverletzung durch den Organwalter fest, ist der Geschädigte allemal schutzwürdiger.

44 Die Deliktshaftung folgt nicht schon aus der „Organstellung", sondern bestimmt sich nach dem Umfang der dem Organ obliegenden Pflichten. Diese wiederum richten sich grundsätzlich nach der **internen Ressortverteilung**.[5] Stets bleibt eine residuale deliktische Verantwortlichkeit der Mitgeschäftsführer für die sorgfältige **Überwachung** des „zuständigen" Geschäftsführers[6] bzw. anderer Angestellter, an welche die Pflichterfüllung in zulässiger Weise delegiert wurde, bestehen.[7] Diese Überwachungspflicht kann je nach den Umständen erweitert sein.[8]

---

1 Eingehend bereits *Altmeppen*, ZIP 1995, 881 ff., 887 ff.; *Altmeppen*, NJW 1996, 1017, 1023; *Altmeppen*, ZIP 1997, 1173, 1179 f.; *Wilhelm*, Kapitalgesellschaftsrecht, Rz. 1232; *Dreier*, Verkehrspflichthaftung, S. 138 ff.
2 Zu den historischen Quellen und zur Rechtsprechung des RG näher *Altmeppen*, ZIP 1995, 881 ff.; ferner *Dreier*, Verkehrspflichthaftung, S. 138 ff., 162 ff.; *Foerste*, VersR 2002, 1, 3. Dagegen *Spindler* in Fleischer, Handbuch des Vorstandsrechts, § 13 Rz. 19 unter Hinweis auf *Kleindiek*, Deliktshaftung und juristische Person, S. 206 ff.
3 Vgl. auch BGH v. 13.1.1987 – VI ZR 303/85, BGHZ 99, 298, 302 = GmbHR 1987, 227, 228; *Wilhelm*, Kapitalgesellschaftsrecht, Rz. 1232; *v. Bar* in FS Kitagawa, 1992, S. 279, 282 ff., 285, der § 31 BGB als gesetzlichen Schuldbeitritt der juristischen Person einordnet; *Dreier*, Verkehrspflichthaftung, S. 171 ff., 176 ff., dort (S. 138 ff., 162 ff.) auch ausführlich zur Entstehungsgeschichte.
4 Vgl. bereits *Altmeppen*, ZIP 1995, 881, 884, 887 ff.; *Wilhelm*, Kapitalgesellschaftsrecht, Rz. 1232.
5 Vgl. auch BGH v. 19.12.2000 – XI ZR 349/99, NJW 2001, 964, 965: „Auch bei dem Organ einer juristischen Person kann die deliktsrechtliche Verantwortlichkeit für die Verletzung der Rechtsgüter Dritter [...] in erheblichem Umfang von der betrieblichen Zuständigkeits- und Aufgabenverteilung abhängen." BGH v. 15.10.1996 – VI ZR 319/95, BGHZ 133, 370, 377 f. = GmbHR 1997, 25; *Peters*, GmbHR 2008, 682 ff.
6 Vgl. zur Überwachungspflicht auch BGH v. 8.7.1985 – II ZR 198/84, GmbHR 1986, 19; BGH v. 20.3.1986 – II ZR 114/85, GmbHR 1986, 302; BGH v. 20.2.1995 – II ZR 9/94, GmbHR 1995, 299; näher *Roth/Altmeppen*, § 43 GmbHG Rz. 24; *Peters*, GmbHR 2008, 682, 684 f. Zum Recht, das Geschäftsleiteramt gegebenenfalls fristlos niederzulegen, BGH v. 26.6.1995 – II ZR 109/94, GmbHR 1995, 653.
7 Vgl. auch BGH v. 15.10.1996 – VI ZR 319/95, BGHZ 133, 370, 377 f. = GmbHR 1997, 25; BGH v. 9.1.2001 – VI ZR 407/99, NJW 2001, 969, 971 = GmbHR 2001, 236; ferner *Roth/Altmeppen*, § 43 GmbHG Rz. 21 ff., 23; *Fleischer* in Fleischer, Handbuch des Vorstandsrechts, § 8 Rz. 7 ff., 13 ff.; *Uwe H. Schneider/Brouwer* in FS Priester, 2007, S. 713, 717 f.
8 Unterschiede können u.a. aus dem Rang des gefährdeten Rechtsguts, dem Ausmaß des drohenden Schadens und demjenigen der Pflichtverletzung resultieren.

Gegebenenfalls muss auch in fremde Ressorts **eingeschritten werden**, wenn sich Anhaltspunkte für Pflichtversäumnisse ergeben.[1] Ist die interne Zuständigkeitsverteilung unzureichend, führt dies nicht zu Verantwortungslücken, sondern zur Haftung sämtlicher Organmitglieder, da die Obsorge für die zur Verkehrssicherung erforderliche Binnenorganisation dem Gesamtorgan obliegt.[2] Auch ohne formale Aufgabenzuweisung kann sich eine Verantwortlichkeit ferner aus dem Gesichtspunkt der **faktischen Pflichtenübernahme** ergeben. Soweit schließlich der Geschäftsleiter die Aufgabe der Verkehrssicherung auf **untergeordnete Personen delegiert** und damit eine „Gefahrenquelle" in Gestalt eines „Verrichtungsgehilfen" schafft, ist der Anwendungsbereich des § 831 Abs. 2 BGB eröffnet, der entgegen ganz h.M. auch auf Geschäftsleiter juristischer Personen anwendbar ist (näher m.w.N. Rz. 59f.). Eine allgemeine Grenze finden die Anforderungen an den Geschäftsführer insoweit, als eine Einstandspflicht für Unterlassen nur im Rahmen der **zumutbaren Gefahrsteuerung** in Betracht kommt, welche wiederum die objektive Vermeidbarkeit und Vorhersehbarkeit der Gefahr voraussetzt.

Die **Begrenzungsversuche der Lehre** (Rz. 40f.) entbehren demgegenüber einer dogmatisch überzeugenden Begründung. Das (zusätzliche!) Bestehen vertraglicher Ansprüche rechtfertigt zunächst keinesfalls eine Minderung des deliktischen Opferschutzes.[3] Ebenso wenig Raum ist für eine Reduktion auf vorsätzliche Pflichtverletzungen, da die Verletzung absoluter Rechte und Rechtsgüter in jeder Verschuldensform zur Haftung führen muss[4], oder für eine Differenzierung zwischen verschiedenen Arten gefährdeter Rechte bzw. Rechtsgüter.[5] Die vielfach geforderte materiellrechtliche Eingrenzung der Verkehrspflichthaftung des Organwalters ist weder mit der Entstehungsgeschichte des § 31 BGB noch sachlich zu rechtfertigen. Gerade der noch zu behandelnde Haftungstatbestand des § 831 BGB[6] stellt nichts weiter als einen Spezialfall der Verkehrspflichtverletzung dar und ist entgegen der herrschenden Auffassung auch auf den Geschäftsleiter anzuwenden.[7] 45

Eine Ausuferung der Haftung ist in sachgerechter Weise dadurch zu vermeiden, dass hinsichtlich der **Beweislast** weder die Beweislastumkehr i.S. des § 831 Abs. 1 Satz 2 BGB[8] noch die richterrechtlich entwickelten Beweislastgrundsätze 46

---

1 Vgl. BGH v. 15.10.1996 – VI ZR 319/95, BGHZ 133, 370, 378ff. = GmbHR 1997, 25; *Foerste* in von Westphalen, Produkthaftungshandbuch, § 25 Rz. 227f.; *Spindler* in Fleischer, Handbuch des Vorstandsrechts, § 13 Rz. 80, § 8 Rz. 16, 19f., 24 (*Fleischer*).
2 Vgl. schon *Altmeppen*, ZIP 1995, 881, 890 Fn. 83; ferner *Foerste* in von Westphalen, Produkthaftungshandbuch, § 25 Rz. 227; unter dem Aspekt des „Missbrauchs" der juristischen Person als Zurechnungssubjekt ferner *Haas*, Geschäftsführerhaftung und Gläubigerschutz, S. 256ff., 266.
3 Vgl. schon *Altmeppen*, ZIP 1995, 881, 890; insoweit zustimmend *Spindler*, Unternehmensorganisationspflichten, S. 847; *Spindler* in Fleischer, Handbuch des Vorstandsrechts, § 13 Rz. 13.
4 *Altmeppen*, ZIP 1995, 881, 890; auch diesbezüglich übereinstimmend *Spindler*, Unternehmensorganisationspflichten, S. 848; *Spindler* in MünchKomm. AktG, § 93 AktG Rz. 287; *Spindler* in Fleischer, Handbuch des Vorstandsrechts, § 13 Rz. 14.
5 Dagegen auch *Spindler* in Fleischer, Handbuch des Vorstandsrechts, § 13 Rz. 16.
6 Zu § 831 BGB unten Rz. 58ff.
7 Vgl. *Altmeppen*, ZIP 1995, 881, 888f.; *Roth/Altmeppen*, § 43 GmbHG Rz. 58.
8 Vgl. dazu auch unten Rz. 60.

der Produzentenhaftung zu Lasten des Organwalters Anwendung finden. Seine Haftung setzt vielmehr den Vollbeweis aller Tatbestandsmerkmale des Deliktes voraus, und sie ist dann vollauf gerechtfertigt.[1]

b) Haftung aus § 823 Abs. 2 BGB i.V.m. Schutzgesetzen

47 **aa) Allgemeines.** Leitungsorgane juristischer Personen können gem. § 823 Abs. 2 BGB schadensersatzpflichtig werden, wenn sie Pflichten verletzen, die ihnen durch besondere Schutzgesetze auferlegt werden.[2] Der Schutzgesetzcharakter einer Norm ist im Einzelfall durch **Auslegung** zu ermitteln.[3]

48 Hinsichtlich strafrechtlicher Schutzgesetze ergibt sich aus **§ 14 Abs. 1 StGB** eine weit reichende Verantwortung der Geschäftsleiter.[4] Hiergegen wird eingewandt, dass diese Vorschrift ausschließlich der Zurechnung strafrechtlicher Verantwortlichkeit diene. Sie könne daher im Zivilrecht keine Anwendung finden. Dies würde außerdem im Widerspruch zur ausschließlichen Außenhaftung der juristischen Person (h.M.) stehen.[5] Nach der hier zu §§ 823 Abs. 1, 831 Abs. 2 BGB vertretenen Auffassung (Rz. 43 ff., 59 f.) kommt es für die deliktische Eigenhaftung der Organwalter aber nicht entscheidend auf die gleichzeitige Strafbarkeit ihres Verhaltens an.[6] Die Grundsätze, die der BGH in der „Lederspray"-Entscheidung[7] für die strafrechtliche Geschäftsleiterverantwortlichkeit entwickelt hat, unterscheiden sich bei Nähe betrachtet nicht wesentlich von denen der „Baustoff"-Entscheidung (Rz. 39). Daher wird dieser Aspekt hier nicht weiter vertieft.

49 **bb) Einzelne Beispiele.** Das wohl bekannteste Beispiel eines gesellschaftsrechtlichen Schutzgesetzes stellt nach h.M. die – seit 2008 für alle Kapitalgesellschaften in § 15a InsO geregelte – **Insolvenzantragspflicht** dar, die aber nur die Altgläubiger sowie vertragliche Neugläubiger schützen soll (vgl. Rz. 22).[8] Die Verlagerung dieser Pflicht aus den Spezialgesetzen in die InsO habe hieran nichts geändert.[9] Werden Gläubiger durch vorsätzliche Täuschung über die Finanzlage

---

1 Näher schon *Altmeppen*, ZIP 1995, 881, 887 ff.; ähnlich *Krause* in Soergel, Anh. II § 823 BGB Rz. 71; *Wagner* in MünchKomm. BGB, § 823 BGB Rz. 426; *Wagner*, VersR 2001, 1057, 1061 f.; a.A. *Dreier*, Verkehrspflichthaftung, S. 236 ff., 241, der isoliert auf die Rolle des Geschäftsleiters als „Übernehmer" i.S. des § 831 Abs. 2 BGB verweist.
2 *Wagner* in MünchKomm. BGB, § 823 BGB Rz. 392; *Roth/Altmeppen*, § 43 GmbHG Rz. 55, 59 ff.; *Haas* in Michalski, § 43 GmbHG Rz. 316 ff.
3 *Wagner* in MünchKomm. BGB, § 823 BGB Rz. 367, 370 (Übersicht).
4 *Wagner* in MünchKomm. BGB, § 823 BGB Rz. 392.
5 *Uwe H. Schneider* in Scholz, § 43 GmbHG Rz. 407; *Zöllner/Noack* in Baumbach/Hueck, § 43 GmbHG Rz. 80, 91; *Paefgen* in Ulmer/Habersack/Winter, § 43 GmbHG Rz. 238 f.
6 Vgl. dazu auch *Spindler* in Fleischer, Handbuch des Vorstandsrechts, § 13 Rz. 48 ff. mit einschränkenden Ausführungen.
7 BGH v. 6.7.1990 – 2 StR 549/89, BGHSt 37, 106, 114 ff. = GmbHR 1990, 500 – Lederspray.
8 Nicht geschützt sind nach heute h.M. die Gesellschafter (vgl. *Spindler* in MünchKomm. AktG, § 92 AktG Rz. 46; *Kleindiek* in Lutter/Hommelhoff, Anh. § 64 GmbHG Rz. 66; *K. Schmidt*, JZ 1978, 661 ff.) und gesetzliche Neugläubiger (vgl. *K. Schmidt* in Scholz, Anh. § 64 GmbHG Rz. 45, 68). Zum Stand der wissenschaftlichen Diskussion m.w.N. s. oben Rz. 23 mit Fn. 5.
9 *Wagner* in FS K. Schmidt, 2009, S. 1665, 1691; *Kleindiek* in Lutter/Hommelhoff, Anh. § 64 GmbHG Rz. 64; *Casper* in Ulmer/Habersack/Winter, § 64 GmbHG Rz. 118; noch

oder sonstige Umstände zu Vermögensverfügungen veranlasst, kann die Schutzgesetzeigenschaft von § 263 StGB bedeutsam werden.[1] Daneben soll auch die **Strafbewehrung der Insolvenzantragspflicht** (§ 15a Abs. 4, 5 InsO) als Schutzgesetz zu Gunsten der Gläubiger (nicht zu Gunsten der Aktionäre/Gesellschafter) anzusehen sein.[2] Die **Verlustanzeigepflicht und ihre Strafbewehrung** (§§ 92 Abs. 1, 401 AktG, §§ 49 Abs. 3, 84 GmbHG) soll Schutzgesetz zu Gunsten der Gesellschaft bzw. der Gesellschafter sein.[3]

Keine Schutzgesetze sind die Regelungen über die interne **Sorgfaltspflicht** bei der Geschäftsführung (§ 43 Abs. 1 GmbHG, § 93 Abs. 1 AktG)[4] und über die **Kapitalerhaltung** (§§ 30, 31, 33, 43a GmbHG, §§ 57, 62 AktG).[5]

50

Für die allgemeinen **Buchführungspflichten** (etwa § 41 GmbHG) wird die Schutzgesetzeigenschaft überwiegend abgelehnt.[6] Die gläubigerschützende Wirkung der Buchführungspflicht ist nach Person, Art der Verletzungshandlung und des Schadens, Zeitpunkt des Schadenseintritts, Schadensumfang etc. nicht hinreichend konkretisierbar. Zumindest aber ergeben sich Beweisprobleme hinsichtlich des

51

---

weitergehend *Wagner/Bronny*, ZInsO 2009, 622: „Die Herauslösung der Insolvenzantragspflicht aus dem Gesellschaftsrecht stärkt den Standpunkt der Rechtsprechung, ..."; a.A. *Wilhelm*, Kapitalgesellschaftsrecht, Rz. 488, 496.

1 Vgl. etwa BGH v. 9.7.1979 – II ZR 211/76, NJW 1979, 1829, 1832; OLG Hamm v. 17.2.1999 – 13 U 190/98, BB 1999, 1679, 1680; *Spindler* in MünchKomm. AktG, § 93 AktG Rz. 288; *Haas* in Michalski, § 43 GmbHG Rz. 317.
2 *Zöllner/Noack* in Baumbach/Hueck, § 43 GmbHG Rz. 83; *Haas* in Baumbach/Hueck, § 64 GmbHG Rz. 157; *Schaal* in MünchKomm. AktG, § 401 AktG Rz. 7; *Spindler* in Fleischer, Handbuch des Vorstandsrechts, § 13 Rz. 40.
3 *Spindler* in Fleischer, Handbuch des Vorstandsrechts, § 13 Rz. 40; *Spindler* in MünchKomm. AktG, § 92 AktG Rz. 17; *Habersack* in Großkomm. AktG, § 92 AktG Rz. 26, § 401 AktG Rz. 4 (*Otto*); *Wiesner* in MünchHdb. AG, § 25 Rz. 59; *Kohlmann* in Hachenburg, § 84 GmbHG Rz. 5. Für Schutzgesetz nur zu Gunsten der Gesellschaft *Mertens/Cahn* in KölnKomm. AktG, § 92 AktG Rz. 21; für Schutzgesetz nur zu Gunsten der Gesellschafter *Roth/Altmeppen*, § 84 GmbHG Rz. 11; *Fleischer* in Spindler/Stilz, § 92 AktG Rz. 16; den Schutzgesetzcharakter gänzlich ablehnend *Krieger/Sailer* in K. Schmidt/Lutter, § 92 AktG Rz. 10.
4 BGH v. 19.2.1990 – II ZR 268/88, BGHZ 110, 342, 359 f. = GmbHR 1990, 251; BGH v. 13.4.1994 – II ZR 16/93, BGHZ 125, 366, 375 = GmbHR 1994, 390; BGH v. 14.12.1959 – II ZR 187/57, BGHZ 31, 258, 278 = GmbHR 1960, 43; RGZ 159, 211, 224; *Uwe H. Schneider* in Scholz, § 43 GmbHG Rz. 328; *Roth/Altmeppen*, § 43 GmbHG Rz. 54; *Haas* in Michalski, § 43 GmbHG Rz. 289; *Spindler* in MünchKomm. AktG, § 93 AktG Rz. 273; *Mertens/Cahn* in KölnKomm. AktG, § 93 AktG Rz. 3, 207; *Hopt* in Großkomm. AktG, § 93 AktG Rz. 467, 469, 492, 501.
5 BGH v. 19.2.1990 – II ZR 268/88, WM 1990, 548, 555 = GmbHR 1990, 251; *Westermann* in Scholz, § 30 GmbHG Rz. 10; *Haas* in Michalski, § 43 GmbHG Rz. 289.
6 Offen lassend BGH v. 13.4.1994 – II ZR 16/93, BGHZ 125, 366, 377 ff. = GmbHR 1994, 390; ablehnend *Haas* in Michalski, § 43 GmbHG Rz. 318 (vgl. aber auch ebenda Rz. 291 f.); *Tiedchen* in Rowedder/Schmidt-Leithoff, § 41 GmbHG Rz. 13; vgl. auch *Roth/Altmeppen*, § 41 GmbHG Rz. 12, § 43 GmbHG Rz. 62; *Altmeppen*, DZWir 1994, 378, 380. A.A. *Uwe H. Schneider* in Scholz, § 43 GmbHG Rz. 332; *Crezelius* in Scholz, § 41 GmbHG Rz. 8; *Biletzki*, BB 2000, 521, 524 f., 527; *K. Schmidt*, ZIP 1994, 837, 842; *Sieger/Hasselbach*, GmbHR 1998, 957, 960 f.; differenzierend auch *Spindler* in Fleischer, Handbuch des Vorstandsrechts, § 13 Rz. 53 f.; eingehend (mit europarechtlich motivierter Argumentation) *Schnorr*, ZHR 170 (2006), 9, 14 ff., 26 ff.

Rechtswidrigkeitszusammenhangs zwischen Schutzgesetzverletzung und Schaden.[1] Denkbar ist eine Haftung demgegenüber, wenn Dritte unter Verwendung unrichtiger Buchführungsunterlagen konkret zu Vermögensdispositionen veranlasst wurden[2], doch handelt es sich dann regelmäßig bereits um Fälle betrügerischer oder vorsätzlicher sittenwidriger Schädigung (§ 823 Abs. 2 BGB i.V.m. § 263 StGB; § 826 BGB) bzw. um eine Haftung aus c.i.c.[3] Auch im Zusammenhang mit **Insolvenzstraftaten** wird eine zivilrechtliche Haftung wegen der Verletzung von Buchführungspflichten unter dem Gesichtspunkt der Schutzgesetzverletzung bejaht.[4]

52 Schutzgesetz zu Gunsten der Gesellschafter ist nach h.M. auch **§ 266 StGB**, so dass diesen eigene Schadensersatzansprüche zustehen, wenn ihr Anteilsbesitz durch eine Untreue zu Lasten der Gesellschaft entwertet wird.[5] Dabei wird – von konstruktiven Problemen im Hinblick auf die Schadenskongruenz (Rz. 34 ff.) abgesehen – verkannt, dass die Vermögensbetreuungspflicht allein gegenüber der Gesellschaft besteht.[6]

53 Als Schutzgesetze zu Gunsten (zukünftiger) Gesellschafter oder außenstehender Gläubiger gelten auch die Vorschriften über die **Strafbarkeit wegen falscher Angaben** (§ 399 AktG[7], § 82 GmbHG[8]) oder **unrichtiger Darstellung** (§ 400 AktG[9]; vgl. auch § 331 HGB[10]).

---

1 Vgl. *K. Schmidt*, ZIP 1994, 837, 842; *Roth/Altmeppen*, § 41 GmbHG Rz. 12.
2 Offen gelassen in BGH v. 13.4.1994 – II ZR 16/93, BGHZ 125, 366, 378 = GmbHR 1994, 390.
3 *Roth/Altmeppen*, § 41 GmbHG Rz. 12.
4 Vgl. OLG Hamm v. 25.11.1999 – 27 U 46/99, BB 2000, 431; *Haas* in Baumbach/Hueck, § 41 GmbHG Rz. 19 f.; *Uwe H. Schneider* in Scholz, § 43 GmbHG Rz. 331; *Sieger/Hasselbach*, GmbHR 1998, 957, 961.
5 *Mertens* in Hachenburg, § 43 GmbHG Rz. 103; *Hüffer*, § 93 AktG Rz. 19.
6 Ablehnend *Spindler* in MünchKomm. AktG, § 93 AktG Rz. 276; *Hopt* in Großkomm. AktG, § 93 AktG Rz. 476.
7 BGH v. 11.7.1988 – II ZR 243/87, BGHZ 105, 121, 124 ff. = AG 1988, 331; *Spindler* in MünchKomm. AktG, § 93 AktG Rz. 274 (im Hinblick auf Aktionäre), 288 (bezüglich Dritter); *Hopt* in Großkomm. AktG, § 93 AktG Rz. 479, 501; *Otto* in Großkomm. AktG, § 399 AktG Rz. 5.
8 OLG München v. 23.8.1999 – 24 U 388/99, NJW-RR 2000, 1130 = GmbHR 1999, 1137; *Roth/Altmeppen*, § 82 GmbHG Rz. 3 f.; *Kleindiek* in Lutter/Hommelhoff, § 82 GmbHG Rz. 31; *Haas* in Baumbach/Hueck, § 82 GmbHG Rz. 9 ff., 25, § 43 GmbHG Rz. 83 (*Zöllner/Noack*); *Tiedemann* in Scholz, § 82 GmbHG Rz. 9 ff., 13; *Haas* in Michalski, § 43 GmbHG Rz. 316, § 82 GmbHG Rz. 8 (*Dannecker*).
9 BGH v. 19.7.2004 – II ZR 402/02, BGHZ 160, 149, 157 f. = AG 2004, 546; BGH v. 19.7.2004 – II ZR 218/03, BGHZ 160, 134, 140, 147 = AG 2004, 543 – Infomatec; BGH v. 9.5.2005 – II ZR 287/02, AG 2005, 609 – EM.TV; BGH v. 17.9.2001 – II ZR 178/99, NJW 2001, 3622 = GmbHR 2001, 1036; OLG Stuttgart v. 8.2.2006 – 20 U 24/04, AG 2006, 383 – EM.TV; OLG München v. 1.10.2002 – 30 U 855/01, NZG 2002, 1107, 1109 = AG 2003, 106; *Spindler* in MünchKomm. AktG, § 93 AktG Rz. 274 (im Hinblick auf Aktionäre), 288 (bezüglich Dritter); *Hopt* in Großkomm. AktG, § 93 AktG Rz. 479, 501, § 400 AktG Rz. 4 (*Otto*).
10 Zu seiner Einordnung als Schutzgesetz m.w.N. LG Bonn v. 15.5.2001 – 11 O 181/00, AG 2001, 486; *Haas* in Michalski, § 43 GmbHG Rz. 317.

Organhaftung gegenüber Dritten § 7

Zu bejahen ist die Schutzgesetzeigenschaft zudem für § 35a Abs. 1 Satz 1 GmbHG[1], § 80 Abs. 1 AktG[2] (**Angaben auf Geschäftsbriefen**, vgl. auch oben Rz. 12 ff.) und für die Pflicht des Liquidators, auf den **Abwicklungsstatus hinzuweisen** (§ 68 Abs. 2 GmbHG[3]; § 268 Abs. 4 AktG). Doch kann es auch hier im Einzelfall am Kausal- bzw. Rechtswidrigkeitszusammenhang zwischen Pflichtverletzung und Schaden (Vertragsschluss) fehlen.[4]

54

Ebenfalls Schutzgesetze sind die Regelungen über den Gläubigerschutz bei **Kapitalherabsetzungen** (§ 58 Abs. 1 Nr. 1, 2 GmbHG[5], § 225 Abs. 1 Satz 1, Abs. 2 Satz 1 AktG[6]).

55

Im Zusammenhang mit dem Sozialversicherungsrecht[7] betrachtet die Rechtsprechung des BGH insbesondere die strafrechtlich sanktionierte (§§ 266a Abs. 1, 14 Abs. 1 Nr. 1 StGB) Pflicht der Geschäftsleiter zur Weiterleitung der Arbeitnehmeranteile der **Sozialversicherungsbeiträge** als Schutzgesetz.[8] Namentlich in der Insolvenz der Gesellschaft ergeben sich vielfältige und umstrittene Fragen, die hier nicht im Einzelnen zu behandeln sind.[9]

56

Nach §§ 130, 9 Abs. 1 Nr. 1 OWiG trifft den Geschäftsleiter eine ordnungsrechtliche Verantwortlichkeit für das vorsätzliche oder fahrlässige Unterlassen von Aufsichtsmaßnahmen, mit denen Verstöße gegen Straf- und Ordnungswidrigkeitstatbestände hätten verhindert werden können. Ein Teil der Lehre ist daher

57

---

1 LG Detmold v. 20.10.1989 – 9 O 402/89, NJW-RR 1990, 995 = GmbHR 1991, 23; *Roth/Altmeppen*, § 35a GmbHG Rz. 8; *Uwe H. Schneider* in Scholz, § 35a GmbHG Rz. 26; *Zöllner/Noack* in Baumbach/Hueck, § 43 GmbHG Rz. 79, § 35a GmbHG Rz. 20; ablehnend *Mertens* in Hachenburg, § 35a GmbHG Rz. 12.
2 *Habersack* in Großkomm. AktG, § 80 AktG Rz. 17; *Spindler* in MünchKomm. AktG, § 80 AktG Rz. 28.
3 OLG Frankfurt v. 18.9.1991 – 21 U 10/90, NJW 1991, 3286, 3287 = GmbHR 1992, 537; OLG Frankfurt v. 18.3.1998 – 13 U 280/96, GmbHR 1998, 789; OLG Naumburg v. 19.10.1999 – 9 U 251/98, OLGR 2000, 482; *Roth/Altmeppen*, § 68 GmbHG Rz. 19; *K. Schmidt* in Scholz, § 68 GmbHG Rz. 13; *Haas* in Baumbach/Hueck, § 68 GmbHG Rz. 13. Ablehnend *Kleindiek* in Lutter/Hommelhoff, § 68 GmbHG Rz. 6.
4 Vgl. *K. Schmidt* in Scholz, § 68 GmbHG Rz. 13; *Roth/Altmeppen*, § 68 GmbHG Rz. 20.
5 OLG Hamburg v. 5.7.2000 – 8 U 173/99, GmbHR 2001, 392; *Zöllner/Noack* in Baumbach/Hueck, § 43 GmbHG Rz. 79, § 58 GmbHG Rz. 52; *Roth/Altmeppen*, § 58 GmbHG Rz. 18; *Priester* in Scholz, § 58 GmbHG Rz. 85.
6 BayObLG v. 20.9.1974 – 2 Z 43/74, BB 1974, 1362, 1363 = GmbHR 1974, 259; *Schilling* in Großkomm. AktG, § 225 AktG Anm. 12, 16; *Lutter* in KölnKomm. AktG, § 225 AktG Rz. 40; *Baumbach/Hueck*, § 225 AktG Rz. 6; *v. Godin/Wilhelmi*, § 225 AktG Anm. 5; *Hüffer*, § 225 AktG Rz. 18; *Oechsler* in MünchKomm. AktG, § 225 AktG Rz. 4, 30.
7 Eingehend dazu unten *Brand*, § 33 (S. 992 ff.).
8 BGH v. 14.5.2007 – II ZR 48/06, NJW 2007, 2118, Rz. 12 mit Anm. *Altmeppen* = AG 2007, 548; BGH v. 11.12.2001 – VI ZR 123/00, GmbHR 2002, 208; BGH v. 9.1.2001 – VI ZR 407/99, GmbHR 2001, 236; BGH v. 14.11.2000 – VI ZR 149/99, GmbHR 2001, 147; BGH v. 21.1.1997 – VI ZR 338/95, BGHZ 134, 304, 307 = GmbHR 1997, 305; näher *Uwe H. Schneider* in Scholz, § 43 GmbHG Rz. 406 ff., 416; *Zöllner/Noack* in Baumbach/Hueck, § 43 GmbHG Rz. 91 f.; *Spindler* in MünchKomm. AktG, § 93 AktG Rz. 291 f.
9 Näher unten *Brand*, § 33 (S. 992 ff.); *Roth/Altmeppen*, § 43 GmbHG Rz. 65 ff.; *Haas* in Michalski, § 43 GmbHG Rz. 374 ff.; *Goette*, ZGR 2008, 436, 445.

der Ansicht, § 130 OWiG sei selbst Schutzgesetz, soweit er Bestimmungen mit Schutzgesetzcharakter sanktioniert.[1] Andere Stimmen lehnen dies ab, um einen Widerspruch zu der Auffassung (Rz. 58) zu vermeiden, nach der Geschäftsleiter nicht nach § 831 Abs. 2 BGB haften.[2] Dem hat sich der BGH angeschlossen.[3] Nach dem hier zu §§ 823 Abs. 1, 831 Abs. 2 BGB vertretenen Haftungskonzept (Rz. 43 ff., 59 f.) kommt der Frage der Schutzgesetzeigenschaft des § 130 OWiG keine eigenständige Bedeutung zu. Sie ist im Übrigen zu verneinen,[4] da die Haftung in den genannten Vorschriften eine speziellere Regelung gefunden hat.

c) Haftung aus § 831 BGB

58 Rechtsprechung und h.L. lehnen eine solche Haftung der Geschäftsleiter ab, da **allein die Gesellschaft** Geschäftsherrin i.S. des § 831 Abs. 1 BGB und Nutznießerin der Unternehmung sei.[5] Auch § 831 Abs. 2 BGB soll auf die Organe nicht anwendbar sein.[6] Zur Begründung wird darauf verwiesen, dass der Organwalter die Pflichten des § 831 Abs. 1 BGB nicht „durch Vertrag" übernehme, sondern sie auf Grund seiner Bestellung in das Organamt wahrnehme.[7] Es soll an der Haftungsentlastung bei der Gesellschaft als Wesensmerkmal der „Übernehmerhaftung" fehlen.[8] Fer-

---

1 Vgl. *Mertens/Cahn* in KölnKomm. AktG, § 93 AktG Rz. 225; *Hopt* in Großkomm. AktG, § 93 AktG Rz. 501; *Lutter*, ZHR 157 (1993), 464, 478; wohl auch *Uwe H. Schneider* in Scholz, § 43 GmbHG Rz. 330 a.E.; *Zöllner/Noack* in Baumbach/Hueck, § 43 GmbHG Rz. 85.
2 *Kleindiek* in Lutter/Hommelhoff, § 43 GmbHG Rz. 78; *Spindler* in Fleischer, Handbuch des Vorstandsrechts, § 13 Rz. 45 ff.; *Haas* in Michalski, § 43 GmbHG Rz. 333 f.; *Heil/Russenschuck*, BB 1998, 1749, 1751; vgl. dazu auch *Paefgen* in Ulmer/Habersack/Winter, § 43 GmbHG Rz. 221, der die Anwendung des § 130 OWiG unter Verweis auf dessen „spezifisch kriminalpolitischen Zweck" im Rahmen der zivilrechtlichen Haftung ablehnt.
3 BGH v. 13.4.1994 – II ZR 16/93, BGHZ 125, 366, 371 ff. = DZWir 1994, 373 mit Anm. *Altmeppen*.
4 Vgl. unten *Schücking*, § 36 Rz. 80.
5 BGH v. 14.5.1974 – VI ZR 8/73, NJW 1974, 1371, 1372 = GmbHR 1974, 184; OLG Köln v. 26.6.1992 – 6 U 72/91, BB 1993, 747, 748 = GmbHR 1993, 586; BGH v. 5.12.1989 – VI ZR 335/88, BGHZ 109, 297, 304 = GmbHR 1990, 207 – Baustoff II; BGH v. 13.4.1994 – II ZR 16/93, BGHZ 125, 366, 375 = GmbHR 1994, 390; *Krause* in Soergel, Anh II § 823 BGB Rz. 67; *Hopt* in Großkomm. AktG, § 93 AktG Rz. 56, 504; *Mertens/Cahn* in KölnKomm. AktG, § 93 AktG Rz. 48 ff., 224; *Haas* in Michalski, § 43 GmbHG Rz. 330; *Kleindiek* in Lutter/Hommelhoff, § 43 GmbHG Rz. 76; *Zöllner/Noack* in Baumbach/Hueck, § 43 GmbHG Rz. 87.
6 BGH v. 14.5.1974 – VI ZR 8/73, NJW 1974, 1371, 1372 = GmbHR 1974, 184; BGH v. 5.12.1989 – VI ZR 335/88, BGHZ 109, 297, 304 = GmbHR 1990, 207 – Baustoff II; BGH v. 13.4.1994 – II ZR 16/93, BGHZ 125, 366, 375 = GmbHR 1994, 390; OLG Köln v. 26.6.1992 – 6 U 72/91, BB 1993, 747, 748 = GmbHR 1993, 586; *Krause* in Soergel, Anh. II § 823 BGB Rz. 67, § 831 BGB Rz. 61 f.; *Steffen* in RGRK, § 831 BGB Rz. 63, 65; *Wagner* in MünchKomm. BGB, § 831 BGB Rz. 23, 50; *Mertens/Cahn* in KölnKomm. AktG, § 93 AktG Rz. 224; *Kleindiek* in Lutter/Hommelhoff, § 43 GmbHG Rz. 76; *Zöllner/Noack* in Baumbach/Hueck, § 43 GmbHG Rz. 87; *Haas* in Michalski, § 43 GmbHG Rz. 331 f.
7 BGH v. 14.5.1974 – VI ZR 8/73, NJW 1974, 1371, 1372 = GmbHR 1974, 184; *Groß*, ZGR 1998, 551, 563; *Spindler* in Fleischer, Handbuch des Vorstandsrechts, § 13 Rz. 19.
8 *Kleindiek* in Lutter/Hommelhoff, § 43 GmbHG Rz. 76; *Haas* in Michalski, § 43 GmbHG Rz. 332; *Spindler*, Unternehmensorganisationspflichten, S. 853 f., 859; *Medicus*, ZGR 1998, 570, 573.

ner wird darauf verwiesen, dass juristische Personen den Geschäftsherrenpflichten nicht unabhängig von ihren Organen unterlägen, die zudem selbst nicht eigenständig nach außen aufträten.[1] Anders als in den typischen Fällen des § 831 Abs. 2 BGB werde daher der Geschäftsherr auch nicht im Vertrauen auf die Gefahrabwendung durch den Übernehmer von eigenen Maßnahmen abgehalten. Die Schädigungsgefahr nehme nicht in der deliktstypischen Weise zu.[2] Schließlich wird geltend gemacht, dass anderenfalls § 831 Abs. 1 BGB für die juristische Person überflüssig und sogar unterlaufen werde, weil dem Verband bei einer Mithaftung gem. §§ 831 Abs. 2, 31 BGB jede Entlastungsmöglichkeit genommen werde.[3]

Stellungnahme. Nach richtiger Auffassung handelt es sich bei § 831 BGB um einen normierten Anwendungsfall der Verkehrssicherungshaftung gem. § 823 Abs. 1 BGB (oben Rz. 38 ff., 43 ff.), wobei die Gefahrenquelle im Einsatz einer Person besteht.[4] Entgegen der h.M. ist § 831 Abs. 2 BGB auf einen Geschäftsleiter anzuwenden, der auf der Basis seines Organamtes und Anstellungsvertrags die Pflichten des § 831 Abs. 1 BGB in seinem Zuständigkeitsbereich übernimmt.[5] Die Haftung der juristischen Person nach § 831 BGB wiederum setzt ein Delikt ihrer Organwalter voraus, und kann daher nur eine solche nach §§ 831 Abs. 2, 31 BGB sein.[6] Die fehlende Entlastungsmöglichkeit der juristischen Person folgt aus der speziellen Zurechnungsregel des § 31 BGB. Warum die Haftung des eigentlich verantwortlichen Organs an der strengen Mithaftung des Verbands scheitern soll, ist nicht einzusehen.

59

Die Struktur der Beweislastverteilung des § 831 BGB birgt, insoweit sind die Bedenken der h.M berechtigt, die Gefahr der Ausuferung der Haftung der Organwalter in sich. Dem vom Gesetzgeber nicht erkannten Problem ist dadurch zu begegnen, dass die Beweiserleichterungen zu Gunsten des Geschädigten nur die Haftung der Gesellschaft betreffen und auf die Haftung der Organwalter der juristischen Person keine Anwendung finden.[7] Die Beweislastumkehr des § 831 BGB ist nur im Verhältnis zum Verband gerechtfertigt, da nur er die Vorteile aus der

60

---

1 *Steffen* in RGRK, § 831 BGB Rz. 65; *Spindler*, Unternehmensorganisationspflichten, S. 853; *Spindler* in Fleischer, Handbuch des Vorstandsrechts, § 13 Rz. 19.
2 *Medicus* in FS Deutsch, 1999, S. 291, 296, 300 f.
3 *Haas* in Michalski, § 43 GmbHG Rz. 332; *Heil/Russenschuck*, BB 1998, 1749, 1752; vgl. auch *Spindler* in Fleischer, Handbuch des Vorstandsrechts, § 13 Rz. 19 mit Fn. 77; *Schlechtriem* in FS Heiermann, 1995, S. 281, 288; *Krebs/Dylla-Krebs*, DB 1990, 1271, 1272. Nach *Krause* in Soergel, § 831 BGB Rz. 61 a.E. sollen Organmitglieder von § 831 Abs. 2 BGB auszunehmen sein, weil die Beweislastumkehr nur Personen zuzumuten sei, von denen eine Dokumentation ihrer Sorgfalt erwartet werden kann.
4 *Altmeppen*, ZIP 1995, 881, 888; *Medicus* in FS Deutsch, 1999, S. 291, 294; *Krause* in Soergel, § 831 BGB Rz. 3 m.w.N.; tendenziell abweichend *Wagner* in MünchKomm. BGB, § 831 BGB Rz. 30.
5 Vgl. auch *Wilhelm*, Kapitalgesellschaftsrecht, Rz. 1232; *Frank*, BB 1975, 588, 589.
6 Näher *Altmeppen*, ZIP 1995, 881, 888 ff.; *Roth/Altmeppen*, § 43 GmbHG Rz. 58; *Wilhelm*, Kapitalgesellschaftsrecht, Rz. 1232; *Dreier*, Verkehrspflichthaftung, S. 208 ff., 213 ff. Für eine Anwendung des § 831 Abs. 2 BGB auf Geschäftsleiter juristischer Personen auch *Zeuner* in Soergel, 12. Aufl., § 831 BGB Rz. 55.
7 Näher *Altmeppen*, ZIP 1995, 881, 889 f.; kritisch *Spindler*, Unternehmensorganisationspflichten, S. 853; ablehnend *Dreier*, Verkehrspflichthaftung, S. 241 ff., der ausschließlich auf das Tatbestandsmerkmal der Übernahme abstellt.

Unternehmung genießt (Gedanke der Risikonutznießung). Die Haftung der Organwalter setzt demgegenüber den Vollbeweis aller Tatbestandsmerkmale einschließlich des Verschuldens voraus.[1] Allenfalls kommen Beweiserleichterungen unter Berücksichtigung des Sphärengedankens in Betracht.[2]

d) Haftung für vorsätzliche sittenwidrige Schädigung (§ 826 BGB)

61 Im Stadium der **Insolvenzreife** hat die den Nachweis eines Schädigungsvorsatzes erfordernde Haftung aus § 826 BGB durch die Anerkennung einer Haftung bei fahrlässiger Insolvenzverschleppung (näher Rz. 22 ff., 49) an Bedeutung verloren. Bejaht wird die Haftung aus § 826 BGB u.a. dann, wenn der **Vorleistungen** akzeptierende Geschäftsführer billigend in Kauf nimmt, dass die Gesellschaft ihre Gegenleistung nicht erbringen können wird[3], oder wenn mangelhafte Leistungen mit dem bedingten Vorsatz erbracht werden, dass die Gewährleistungsansprüche ausfallen.[4] Gleichgestellt wurden auch Fälle, in denen Mitarbeiter die Leistungsfähigkeit der Gesellschaft behaupteten, und der Geschäftsleiter trotz Kenntnis nicht einschritt oder die Behauptungen sogar veranlasst hatte.[5]

62 Eine Haftung aus § 826 BGB wird auch im Zusammenhang mit Insolvenzgeld diskutiert. Die Bundesagentur für Arbeit ist verpflichtet, Arbeitnehmern **Insolvenzgeld** zu zahlen, soweit diese auf Grund der Insolvenz für die dem Insolvenzereignis vorausgehenden drei Monate keinen Lohn erhalten haben (§ 183 Abs. 3 SGB III).[6] Ein Ersatzanspruch gegen den Geschäftsleiter nach § 823 Abs. 2 BGB i.V.m. § 15a Abs. 1 InsO wird von der Rechtsprechung und der h.M. abgelehnt, weil die Bundesagentur für Arbeit nicht in den Schutzbereich dieser Vorschriften falle.[7] Ausschlaggebendes Kriterium sei dabei, dass sie erst nach Eröffnung des Insolvenzverfahres Gläubigerin der insolventen Gesellschaft wird.[8]

---

1 *Altmeppen*, ZIP 1995, 881, 889.
2 *Altmeppen*, ZIP 1995, 881, 889; *Roth/Altmeppen*, § 43 GmbHG Rz. 58.
3 Vgl. BGH v. 18.10.1993 – II ZR 255/92, GmbHR 1994, 464, 465 = NJW 1994, 197; *Uwe H. Schneider* in Scholz, § 43 GmbHG Rz. 335; vgl. auch *Hopt* in Großkomm. AktG, § 93 AktG Rz. 500: Wenn der Zusammenbruch absehbar ist und mit dem Erfolg der Sanierungsbemühungen nicht gerechnet werden konnte. Ähnlich *Spindler* in Fleischer, Handbuch des Vorstandsrechts, § 13 Rz. 59.
4 *Roth/Altmeppen*, § 43 GmbHG Rz. 84.
5 Vgl. BGH v. 5.10.1988 – VIII ZR 325/87, NJW 1989, 292, 293 = GmbHR 1988, 481; BGH v. 28.4.2008 – II ZR 264/06, BGHZ 176, 204, Rz. 28 f. = GmbHR 2008, 805 – Gamma; vgl. auch m.w.N. *Spindler* in Fleischer, Handbuch des Vorstandsrechts, § 13 Rz. 62 f. (kritisch).
6 BGH v. 18.12.2007 – VI ZR 231/06, BGHZ 175, 58, Rz. 14 = GmbHR 2008, 315; BGH v. 26.6.1989 – II ZR 289/88, BGHZ 108, 134, 141 = GmbHR 1990, 69; OLG Saarbrücken v. 21.11.2006 – 4 U 49/06, GmbHR 2007, 315, Rz. 20 = ZIP 2007, 328; vgl. zum Ganzen *Roth/Altmeppen*, Vorb. § 64 GmbHG Rz. 128; *Wagner* in MünchKomm. BGB, § 826 BGB Rz. 97; *K. Schmidt* in Scholz, Anh. § 64 GmbHG Rz. 46; abweichend LG Stuttgart v. 13.6.2008 – 15 O 228/07, ZIP 2008, 1428, Rz. 48; ähnlich *Beck*, ZInsO 2008, 713, 716.
7 BGH v. 26.6.1989 – II ZR 289/88, BGHZ 108, 134, 141 = GmbHR 1990, 69; kritisch *Roth/Altmeppen*, Vorb. § 64 GmbHG Rz. 128.
8 BGH v. 26.6.1989 – II ZR 289/88, BGHZ 108, 134, 141 = GmbHR 1990, 69; *Kleindiek* in Lutter/Hommelhoff, Anh. zu § 64 GmbHG Rz. 65; *Wagner/Bronny*, ZInsO 2009, 622, 623.

Der BGH gewährt der Bundesagentur für Arbeit jedoch unter den engen Voraussetzungen des § 826 BGB einen Anspruch auf Ersatz des gezahlten Insolvenzausfallgeldes. Danach trägt die Bundesagentur für Arbeit aber die volle Darlegungs- und Beweislast dafür, dass es bei rechtzeitiger Antragstellung nicht zur Auszahlung des Insolvenzausfallgeldes gekommen wäre.[1] Die Behauptung des Geschäftsleiters, auch bei rechtzeitiger Antragstellung hätte Insolvenzgeld gezahlt werden müssen, weil der Insolvenzverwalter den Dreimonatszeitraum voll ausgeschöpft hätte, soll qualifiziertes Bestreiten sein.[2] Der Bundesagentur für Arbeit seien **keine Beweiserleichterungen** zuzubilligen, weder nach den Grundsätzen zum Einwand einer Reserveursache bzw. rechtmäßigen Alternativverhaltens noch nach Sphärengesichtspunkten.[3] In der Praxis wird daher eine erfolgreiche Geltendmachung solcher Ansprüche nicht selten an der Beweislast scheitern.[4]

Stellungnahme. Steht den Arbeitnehmern neben der Lohnforderung gegen die insolvente Gesellschaft ein Schadensersatzanspruch nach § 823 Abs. 2 BGB i.V.m. § 15a Abs. 1 InsO (h.M.) gegen den Insolvenzverschlepper zu[5], sollte die Bundesagentur für Arbeit diesen Anspruch in entsprechender Anwendung des § 255 BGB bekommen, weil sie die Arbeitnehmer durch Zahlung des Insolvenzgeldes schadlos stellt.[6]

Sittenwidrig ist ferner die **systematische Abwälzung des Verlustrisikos auf die Gläubiger**.[7] Gleiches gilt, wenn die Insolvenz der Gesellschaft durch den Abschluss von Geschäften verursacht wird, die das Risikopotential der Gesellschaft übersteigen, oder wenn der Geschäftsleiter auf einem Geschäftsfeld der Gesellschaft trotz fehlender Erfahrung und ohne seriöse Rentabilitätsprüfung unverantwortbare Risiken eingeht.[8] Letztendlich gehören solche Fälle zum übergreifenden Thema der Haftung wegen **materieller Unterkapitalisierung**, die nicht nur eine Gesellschafterhaftung ist, sondern auch Geschäftsleiter treffen kann. Die Einzelheiten dazu sind hier nicht darzustellen.[9]

Im Zusammenhang mit **Warentermingeschäften** wird eine Haftung gem. § 826 BGB bejaht, wenn ein Geschäftsleiter, der Optionsgeschäfte abschließt, den Abschluss veranlasst oder bewusst nicht verhindert, die Anlagekunden nicht in ge-

---

1 BGH v. 18.12.2007 – VI ZR 231/06, BGHZ 175, 58, Rz. 23 = GmbHR 2008, 315; *Roth/Altmeppen*, Vorb. § 64 GmbHG Rz. 128; zust. *Poertzgen*, DZWIR 2008, 247, 249.
2 BGH v. 18.12.2007 – VI ZR 231/06, BGHZ 175, 58, Rz. 20 = GmbHR 2008, 315.
3 OLG Saarbrücken v. 21.11.2006 – 4 U 49/06, GmbHR 2007, 315, Rz. 30 ff., 35 ff. = ZIP 2007, 328.
4 *Wagner/Bronny*, ZInsO 2009, 622, 628.
5 Dieser geht nicht im Wege der Legalzession gem. § 187 Satz 1 SGB III auf die Bundesagentur für Arbeit über; vgl. OLG Saarbrücken v. 21.11.2006 – 4 U 49/06, GmbHR 2007, 315, Rz. 19 = ZIP 2007, 328; BGH v. 26.6.1989 – II ZR 289/88, BGHZ 108, 134, 137 f. = GmbHR 1990, 69 (bei Geltung des AFG).
6 *Roth/Altmeppen*, Vorb. § 64 GmbHG Rz. 128
7 Vgl. BGH v. 16.3.1992 – II ZR 152/91, ZIP 1992, 695 = GmbHR 1992, 363 (völlig unangemessene Gestaltung der Preiskalkulation); kritisch *Spindler* in Fleischer, Handbuch des Vorstandsrechts, § 13 Rz. 58.
8 Vgl. OLG Hamm v. 9.12.1992 – 8 U 183/91, GmbHR 1994, 179, 180.
9 Eingehend *Roth/Altmeppen*, § 43 GmbHG Rz. 19 m.w.N.

höriger Weise aufklärt und dadurch seine geschäftliche Überlegenheit in sittenwidriger Weise missbraucht.¹ Auch die vorsätzliche und sittenwidrige Verletzung der Pflicht zur wahrheitsgemäßen **Ad-hoc-Publizität** kann zur Haftung gem. § 826 BGB führen.²

67 Ebenfalls sittenwidrig ist es, wenn die Gesellschaft in **Gläubigerschädigungsabsicht gegründet und geführt** wird.³ Wirkt der Geschäftsleiter an sog. existenzvernichtenden Eingriffen⁴ mit dem Vorsatz der sittenwidrigen Gläubigerschädigung mit, d.h. daran, dass der juristischen Person die zur Gläubigerbefriedigung erforderliche Haftungsmasse seitens der Gesellschafter entzogen wird, trifft auch ihn die Haftung nach § 826 BGB. Sehr genau zu unterscheiden ist in diesem Fall danach, ob es sich um eine bloße Innenhaftung gegenüber der Gesellschaft oder um eine Direkthaftung gegenüber unbefriedigten Gläubigern handelt.⁵ Bloße Reflexschäden unbefriedigter Gläubiger dürfen diese niemals mit Hilfe des § 826 BGB direkt liquidieren (arg. § 117 Abs. 1 Satz 2, § 317 Abs. 1 Satz 2 AktG analog).⁶

2. Haftung für deliktisches Handeln als Mitglied des Kollegialorgans

a) Haftung für Stimmverhalten bei der Beschlussfassung?

68 Schädigungen Dritter können im Einzelfall auf Geschäftsführungsmaßnahmen beruhen, die von einem Kollegialorgan – häufig nach dem Mehrheitsprinzip⁷ – be-

---

1 BGH v. 20.3.1986 – II ZR 141/85, WM 1986, 734; BGH v. 16.11.1993 – XI ZR 214/92, BGHZ 124, 151, 162; BGH v. 1.2.1994 – XI ZR 125/93, WM 1994, 453; BGH v. 17.5.1994 – XI ZR 144/93, WM 1994, 1746, 1747; BGH v. 2.2.1999 – XI ZR 381/97, WM 1999, 540, 541; BGH v. 16.10.2001 – XI ZR 25/01, WM 2001, 2313, 2314; BGH v. 28.5.2002 – XI ZR 150/01, WM 2002, 1445, 1446; vgl. auch BGH v. 26.10.2004 – XI ZR 279/03, WM 2005, 28, 29; OLG Düsseldorf v. 20.10.1999 – 15 U 221/96, NZG 2000, 312, 313; zur AG BGH v. 22.11.2005 – XI ZR 76/05, WM 2006, 84. Kritisch zur Begründung *Spindler* in Fleischer, Handbuch des Vorstandsrechts, § 13 Rz. 6: Abzustellen sei allein auf den Einfluss des Geschäftsführers auf den Inhalt der Informations- und Werbematerialien.
2 Vgl. BGH v. 19.7.2004 – II ZR 402/02, BGHZ 160, 149, 156 ff. = AG 2004, 546 und OLG München v. 20.4.2005 – 7 U 5303/04, BB 2005, 1651 m.w.N.; vgl. auch BGH v. 9.5.2005 – II ZR 287/02, AG 2005, 609. Näher zur Haftung wegen fehlerhafter Kapitalmarktinformationen unten *Krämer*, § 28 (S. 814 ff.).
3 Vgl. BGH v. 25.4.1988 – II ZR 175/87, NJW-RR 1988, 1181; BGH v. 16.3.1992 – II ZR 152/91, WM 1992, 735, 736 = GmbHR 1992, 363; OLG Frankfurt v. 26.2.1999 – 24 U 112/97, NZG 1999, 947; *Groß*, ZGR 1998, 551, 561 f.
4 Vgl. BGH v. 24.6.2002 – II ZR 300/00, BGHZ 151, 181, 183 ff. = GmbHR 2002, 902 – KVB; BGH v. 25.2.2002 – II ZR 196/00, BGHZ 150, 61 = GmbHR 2002, 549; BGH v. 13.12.2004 – II ZR 206/02, ZIP 2005, 117, 118 = GmbHR 2005, 225; BGH v. 20.9.2004 – II ZR 302/02, NJW 2005, 145, 146 = GmbHR 2004, 1528; kritisch dazu *G.H. Roth*, LMK 2004, 223 f.
5 S. dazu BGH v. 16.7.2007 – II ZR 3/04, BGHZ 173, Rz. 27, 33 = GmbHR 2007, 927 – Trihotel; BGH v. 28.4.2008 – II ZR 264/06, BGHZ 176, 204, Rz. 28 ff. = GmbHR 2008, 805 – Gamma; eingehend *Altmeppen*, ZIP 2008, 1201, 1204 f.; *Roth/Altmeppen*, § 43 GmbHG Rz. 86 i.V.m. § 13 GmbHG Rz. 75 ff. m.w.N.
6 Eingehend *Altmeppen*, ZIP 2008, 1201, 1204 f.; *Altmeppen*, NJW 2007, 2657, 2659; *Roth/Altmeppen*, § 13 GmbHG Rz. 76, 79 m.w.N.
7 Zu Regelungsmöglichkeiten hinsichtlich der Geschäftsführung und Vertretung *Spindler* in MünchKomm. AktG, § 77 AktG Rz. 5 f., 9, 12 ff.; *Roth/Altmeppen*, § 37 GmbHG Rz. 33 ff.

schlossen wurden. In der Literatur wird die Frage problematisiert, ob und unter welchen Voraussetzungen die unerlaubte Handlung dem einzelnen Mitglied zugerechnet werden kann, namentlich wenn der Beschluss auf Grund der konkreten Abstimmungsmehrheit auch ohne seine Einzelstimme zu Stande gekommen wäre. Zunächst haften diejenigen Organwalter, die dem schadensträchtigen Beschluss **zugestimmt** haben.[1] Die konkrete Machtstruktur im Gesamtorgan – bis zur Grenze der Entschuldigung (vgl. § 35 StGB) – wird dabei für unerheblich gehalten.[2] Der Zustimmung gleichgestellt werden ferner die **Stimmenthaltung** oder **(unberechtigtes) Fernbleiben** von der Abstimmung, da der Geschäftsleiter zur Teilnahme, zur klaren Stellungnahme und zum nachdrücklichen Vortrag etwaiger Bedenken verpflichtet sei.[3] Eine Haftung **dissentierender** Mitglieder wird demgegenüber mangels Pflichtverletzung abgelehnt.[4] Der Organwalter möge für eine entsprechende Dokumentation der Stimmabgabe im Beschlussprotokoll sorgen.[5]

Stellungnahme. Zunächst ist festzustellen, dass die Einzelstimme jedenfalls bis zur Ausführung der beschlossenen Maßnahme **widerrufen** werden kann.[6] Wird der Beschluss nach dem konkreten Abstimmungsergebnis selbst hinfällig, kann auch eine in der Zustimmung liegende Pflichtverletzung noch beseitigt werden.[7]   69

---

1 Vgl. *Fleischer*, BB 2004, 2645, 2646 f. (auch zur strafrechtlichen Diskussion) und *Fleischer* in Fleischer, Handbuch des Vorstandsrechts, § 11 Rz. 66, mit Hinweis auf § 830 Abs. 1 Satz 1 und 2 BGB, da bei Entscheidungen mit einer Mehrheit von mehr als einer Stimme die Kausalität der Einzelstimme „unaufklärbar" sei; vgl. auch *Foerste*, VersR 2002, 1, 5; *Foerste* in von Westphalen, Produkthaftungshandbuch, § 25 Rz. 235. Näher zur Produktverantwortung unten *Harbarth*, § 24 (S. 690 ff.).
2 *Fleischer*, BB 2004, 2645, 2648; *Fleischer* in Fleischer, Handbuch des Vorstandsrechts, § 11 Rz. 40; allgemeiner zum Innenverhältnis auch *Haas* in Michalski, § 43 GmbHG Rz. 164; *Uwe H. Schneider* in Scholz, § 43 GmbHG Rz. 39.
3 *Fleischer* in Fleischer, Handbuch des Vorstandsrechts, § 11 Rz. 53 f., 68 und *Fleischer*, BB 2004, 2645, 2651, der auch hier zur Begründung der Kausalität § 830 Abs. 1 Satz 2 BGB heranzieht; allgemein zur Teilnahme- und Beratungspflicht im Innenverhältnis ferner *Spindler* in MünchKomm. AktG, § 93 AktG Rz. 153; für Aufsichtsratsmitglieder *Habersack* in MünchKomm. AktG, § 116 AktG Rz. 33, 38. Die Kausalität verneinend aber LG Berlin v. 8.10.2003 – 101 O 80/02, ZIP 2004, 73, 76 (Stimmenthaltung eines Aufsichtsratsmitglieds bei fehlerhaftem Beschluss); offen lassend LG Düsseldorf v. 22.7.2004 – XIV 5/03, ZIP 2004, 2044, 2045 = NJW 2004, 3275 – Mannesmann.
4 *Fleischer*, BB 2004, 2645, 2646 f.; *Fleischer* in Fleischer, Handbuch des Vorstandsrechts, § 11 Rz. 41; *Foerste* in von Westphalen, Produkthaftungshandbuch, § 25 Rz. 238; für die Binnenhaftung auch *Hopt* in Großkomm. AktG, § 93 AktG Rz. 52, der aber auf fehlendes eigenes „Verschulden" abstellt.
5 Vgl. *Fleischer*, BB 2004, 2645, 2648; *Fleischer* in Fleischer, Handbuch des Vorstandsrechts, § 11 Rz. 41; allgemein *Spindler* in MünchKomm. AktG, § 93 AktG Rz. 149 a.E.; zum Aufsichtsrat ferner OLG Düsseldorf v. 22.6.1995 – 6 U 104/94, BB 1996, 230, 231 = AG 1995, 416; *Habersack* in MünchKomm. AktG, § 116 AktG Rz. 38; *P. Doralt/W. Doralt* in Semler/v. Schenck, Arbeitshandbuch für Aufsichtsratsmitglieder, § 13 Rz. 99 ff.
6 Der für den Widerruf erforderliche wichtige Grund ist in den hier interessierenden Fällen schon deshalb anzuerkennen, weil bei einer Beschlussumsetzung auch die Delikthaftung der juristischen Person droht (§ 31 BGB). Zur Widerruflichkeit allgemein *Spindler* in MünchKomm. AktG, § 77 AktG Rz. 21.
7 Gleichzustellen ist der Fall, dass die Beschlussfassung Einstimmigkeit erforderte, vgl. *Mertens/Cahn* in KölnKomm. AktG, § 77 AktG Rz. 8, 35.

Nichts anderes kann aber gelten, wenn der Beschluss trotz des Widerrufs fortbesteht, oder der Organwalter unberechtigt ferngeblieben war bzw. sich enthalten hatte.

70 Bei Nähe betrachtet kommt der Frage einer Haftung für das Stimmverhalten im Kollegialorgan daher praktisch keine Bedeutung zu. Vielmehr sind letztlich in allen Fällen **selbständige**, von der Beschlussfassung unabhängige **Pflichtverletzungen** in derselben Angelegenheit denkbar und für die Haftung entscheidend.[1] Wurden etwa gefährliche Produkte auf Grund des schuldhaften Handelns eines Vorstandsmitglieds in den Verkehr gebracht[2], wird seine Haftung nicht erst durch die Stimmabgabe in einer Vorstandssitzung zur Frage des Produktrückrufs begründet. Ebenso wenig könnte dieses Vorstandsmitglied die drohende Haftung diesfalls allein dadurch vermeiden, dass es für einen Rückruf stimmt. Überhaupt wären in einem derartigen Fall sämtliche Geschäftsleiter bereits vor und ganz unabhängig von einer Beschlussfassung auf Grund der wechselseitigen Überwachungs- und Interventionspflicht (Rz. 44) im Rahmen des Möglichen und Zumutbaren für die Schadensvermeidung verantwortlich, sobald sie von der Gefahrenlage Kenntnis erlangt haben.[3] Ebenso kommen nach einer Beschlussfassung sowohl die aktive Mitwirkung an der Beschlussumsetzung als auch das Unterlassen von Gegenmaßnahmen als selbständige Anknüpfungspunkte für eine Haftung in Betracht. Die Pflicht, gefasste Beschlüsse mitzutragen[4], greift bei „pflichtwidrigen" Beschlüssen nämlich anerkanntermaßen nicht. Vielmehr muss jedes Mitglied zur Meidung seiner Binnenhaftung der Ausführung entgegenwirken. Gleiches muss im Grundsatz auch im Hinblick auf eine deliktische Außenhaftung gelten.[5] Fraglich und umstritten ist aber, welche Gegenmaßnahmen hinsichtlich der Schadensabwendung zur Haftungsvermeidung notwendig, aber auch ausreichend sind.

b) Zumutbare Maßnahmen zur Verhinderung der Beschlussausführung

71 **aa) Allgemeines.** Jedes Organmitglied ist verpflichtet, die Ausführung schadensträchtiger Beschlüsse im Rahmen des Zumutbaren zu verhindern. Die Zumutbarkeit setzt allgemein voraus, dass die in Aussicht genommene (interne oder externe) Maßnahme auch geeignet und im Interesse der Gesellschaft erforderlich ist. Letzteres kann als **Verhältnismäßigkeitsgrundsatz**[6] bezeichnet werden, nach dem grundsätzlich alle internen Einflussmöglichkeiten ausgeschöpft sein müssen, bevor außenstehende Dritte mit der Angelegenheit befasst werden dürfen, doch ist insoweit im Detail vieles ungeklärt und vom Einzelfall abhän-

---

1 Auch gesehen bei *Fleischer*, BB 2004, 2645, 2647; *Fleischer* in Fleischer, Handbuch des Vorstandsrechts, § 11 Rz. 67 f., jeweils a.E.
2 Beispiel in Anlehnung an die „Lederspray"-Entscheidung des BGH, BGH v. 6.7.1990 – 2 StR 549/89, BGHSt 37, 106 = GmbHR 1990, 500 – Lederspray.
3 *Peters*, GmbHR 2008, 682, 685 f.
4 *Hopt* in Großkomm. AktG, § 93 AktG Rz. 53; *Mertens/Cahn* in KölnKomm. AktG, § 77 AktG Rz. 50; *Mertens* in Hachenburg, § 43 GmbHG Rz. 30.
5 Wohl ebenso *Fleischer*, BB 2004, 2645, 2648 f.
6 Vgl. *Hopt* in Großkomm. AktG, § 93 AktG Rz. 89; *Fleischer* in Fleischer, Handbuch des Vorstandsrechts, § 11 Rz. 49.

gig.¹ Drohen jedoch deliktische Schäden, steht der Vorrang interner Maßnahmen jedenfalls unter dem Vorbehalt der Eignung zur effektiven Gefahrenabwehr. Im Hinblick auf die Schwere oder Dringlichkeit der drohenden Gefahr kann daher auch ein unmittelbares außenwirksames Vorgehen erforderlich sein. Insoweit kann dem einzelnen Geschäftsführer in Analogie zu § 744 Abs. 2 BGB ein **Notgeschäftsführungsrecht** zustehen.²

bb) Interne Maßnahmen (Prüfung, Remonstration, Anrufung des Aufsichtsrats, Amtsniederlegung). Selbst diejenigen Organmitglieder, die an der Beschlussfassung entschuldbar verhindert waren oder überstimmt wurden, müssen die in ihrer Abwesenheit bzw. gegen ihre Stimme zu Stande gekommenen Beschlüsse in Erfahrung bringen und auf ihre Rechtmäßigkeit überprüfen.³ Des Weiteren kann eine Pflicht zur Gegenvorstellung (Remonstration) beim Gesamtvorstand bestehen, sofern die Aussichtslosigkeit (und damit die Unzumutbarkeit) dieses Vorgehens nicht auf der Hand liegt.⁴ Auch eine Einschaltung des Aufsichtsrats kann erfolgversprechend und erforderlich sein.⁵ Eine Pflicht zur Amtsniederlegung ist demgegenüber abzulehnen, zumal diese Maßnahme den drohenden Schaden zumeist nicht abwenden würde.⁶

cc) Pflicht zur Klageerhebung? Eine Pflicht zur Klageerhebung gegen den Beschluss des Gesamtorgans, wird zu Recht verneint.⁷ Die Erwägung, dass die Zusammenarbeit im Gesamtorgan nicht belastet und die Gesellschaft nicht durch negative „publicity" geschädigt werden soll⁸, ist freilich mehr pragmatischer Natur. Ein gerichtlicher Angriff gegen einen von der Mehrheit getragenen Beschluss

---

1 Vgl. *Hopt* in Großkomm. AktG, § 93 AktG Rz. 89; *Haas* in Michalski, § 43 GmbHG Rz. 44; *Uwe H. Schneider* in FS 100 Jahre GmbH-Gesetz, 1992, S. 473, 483; *Fleischer* in Fleischer, Handbuch des Vorstandsrechts, § 11 Rz. 44 ff. Vgl. ferner BGH v. 14.7.1966 – II ZR 212/64, WM 1966, 968, 969 = GmbHR 1966, 277: Abberufung eines Vorstandsmitglieds aus wichtigem Grund wegen (vorzeitiger) Anrufung externer Aufsichtsbehörde; OLG Hamm v. 7.11.1984 – 8 U 8/84, GmbHR 1985, 157.
2 Vgl. *Fleischer*, BB 2004, 2645, 2648 m.w.N.
3 Vgl. *Hopt* in Großkomm. AktG, § 93 AktG Rz. 52 f.; *Spindler* in MünchKomm. AktG, § 93 AktG Rz. 149 f.; *Fleischer*, BB 2004, 2645, 2649.
4 Vgl. *Hopt* in Großkomm. AktG, § 93 AktG Rz. 52; *Spindler* in MünchKomm. AktG, § 93 AktG Rz. 149 f.; *Mertens/Cahn* in KölnKomm. AktG, § 77 AktG Rz. 50; *Haas* in Michalski, § 43 GmbHG Rz. 164; *Fleischer*, BB 2004, 2645, 2649.
5 *Hopt* in Großkomm. AktG, § 93 AktG Rz. 52 f.; *Spindler* in MünchKomm. AktG, § 93 AktG Rz. 149 f.; *Foerste* in von Westphalen, Produkthaftungshandbuch, § 25 Rz. 240.
6 *Mertens/Cahn* in KölnKomm. AktG, § 77 AktG Rz. 50, § 93 AktG Rz. 17; *Foerste* in von Westphalen, Produkthaftungshandbuch, § 25 Rz. 240; *Wiesner* in MünchHdb. AG, § 22 Rz. 8; *Fleischer*, BB 2004, 2645, 2649; für den Aufsichtsrat auch *Habersack* in MünchKomm. AktG, § 116 AktG Rz. 38; vgl. andererseits *Haas* in Michalski, § 43 GmbHG Rz. 164; *Kleindiek* in Lutter/Hommelhoff, § 37 GmbHG Rz. 30.
7 *Spindler* in MünchKomm. AktG, § 93 AktG Rz. 152; *Fleischer*, BB 2004, 2645, 2650; zum Aufsichtsrat auch OLG Düsseldorf v. 22.6.1995 – 6 U 104/94, BB 1996, 230, 231 = AG 1995, 416; *P. Doralt/W. Dorald* in Semler/v. Schenck, Arbeitshandbuch für Aufsichtsratsmitglieder, § 13 Rz. 100; *Habersack* in MünchKomm. AktG, § 116 AktG Rz. 38. In BGHZ 135, 244, 248 wurde nur eine Berechtigung zur Erhebung der Feststellungsklage bejaht (BGH v. 21.4.1997 – II ZR 175/95, BGHZ 135, 244, 248 = AG 1997, 377).
8 So *Fleischer*, BB 2004, 2645, 2650 unter Hinweis auf *P. Doralt/W. Dorald* in Semler/v. Schenck, Arbeitshandbuch für Aufsichtsratsmitglieder, § 13 Rz. 100.

kann dem einzelnen Organmitglied jedoch nicht als Rechtspflicht zugemutet werden, auch wenn der Gesellschaft „durch die Ausführung des rechtswidrigen Beschlusses ganz erhebliche Vermögensschäden drohen."[1]

74 **dd) Pflicht zu öffentlicher Information und zur Anzeigeerstattung?** Auf Grund der (strafbewehrten, vgl. § 404 AktG, § 85 GmbHG) Verschwiegenheitspflicht (§ 93 Abs. 1 Satz 3 AktG, § 43 GmbHG)[2] wird verbreitet angenommen, dass ein Organmitglied grundsätzlich nicht berechtigt sei, Bagatelldelikte anzuzeigen.[3] Im Einzelfall soll jedoch eine Rechtfertigung unter Notstandsgesichtspunkten anzuerkennen sein.[4] Richtiger Ansicht nach besteht keine Verschwiegenheitspflicht, sondern umgekehrt eine „Informationspflicht", wenn der Organwalter ohne externe Information das Delikt nicht abwenden kann und die Interessenabwägung nicht ausnahmsweise etwas anderes ergibt.

3. Kein Haftungsausschluss bei Handeln auf Weisung

75 Entgegen vereinzelter Stimmen in der Literatur[5] kann dem „Schärenkreuzer"-Urteil des BGH[6] kein allgemeiner Rechtssatz des Inhalts entnommen werden, dass ein Geschäftsleiter nicht deliktisch haftet, wenn er auf Weisung der Gesellschafterversammlung gehandelt hat. Zu deliktischen Schädigungen kann ein Organwalter unabhängig von der Rechtsform der Körperschaft weder intern bindend noch gar extern „entlastend" angewiesen werden.[7] Vielmehr hat das Organ eine der juristischen Person zurechenbare deliktische Schädigung nach Möglichkeit zu verhindern.

4. Gesamtschuldnerische Haftung und Gesamtschuldnerausgleich

a) Außenverhältnis

76 Die einzelnen haftbaren Geschäftsleiter und die Gesellschaft sind im Außenverhältnis nach § 840 Abs. 1 BGB Gesamtschuldner (§§ 421 ff. BGB). Soweit im Ein-

---

1 Für eine solche Ausnahme aber *Fleischer*, BB 2004, 2645, 2650 unter Hinweis auf *Lutter/Krieger*, Rechte und Pflichten des Aufsichtsrats, Rz. 837.
2 Vgl. hierzu *Roth/Altmeppen*, § 43 GmbHG Rz. 25; *Uwe H. Schneider* in Scholz, § 43 GmbHG Rz. 144.
3 *Tiedemann* in Scholz, § 85 GmbHG Rz. 26.
4 So etwa gravierende Wirtschaftsstraftaten (*Otto* in Großkomm. AktG, § 404 AktG Rz. 45), bei Katalogstraftaten i.S. des § 138 StGB (*Fleischer*, BB 2004, 2645, 2650), bei drohenden schweren Gesundheitsschäden (*Uwe H. Schneider* in FS 100 Jahre GmbH-Gesetz, 1992, S. 473, 483) oder bei gesetzlich angeordneten Anzeigepflichten (*Hopt* in Großkomm. AktG, § 93 AktG Rz. 54; *Fleischer*, BB 2004, 2645, 2650; *Uwe H. Schneider* in FS 100 Jahre GmbH-Gesetz, 1992, S. 473, 483).
5 So *Wagner* in MünchKomm. BGB, § 823 BGB Rz. 414: „sichere Grenze".
6 BGH v. 12.3.1990 – II ZR 179/89, BGHZ 110, 323, 335 = NJW 1990, 2877, 2879f. – Schärenkreuzer.
7 Vgl. BGH v. 13.4.1994 – II ZR 16/93, BGHZ 125, 366, 372 = GmbHR 1994, 390; OLG Hamburg v. 14.12.2005 – 5 U 200/04, GRUR-RR 2006, 182, 183 (Markenrechtsverletzung); *Altmeppen*, ZIP 1995, 881, 885.

b) Innenausgleich

aa) Ausgleich im Verhältnis zur Gesellschaft. Für das Innenverhältnis bestimmt 77
§ 840 Abs. 2 BGB in Abweichung von § 426 Abs. 1 Satz 1 BGB, dass der unmittelbare Täter im Verhältnis zum Geschäftsherrn oder dem Übernehmer der Geschäftsherrenhaftung (§ 831 Abs. 2 BGB) allein verantwortlich ist. Nach verbreiteter Auffassung soll § 840 Abs. 2 BGB im Verhältnis des Geschäftsleiters zur Gesellschaft analoge Anwendung finden.[1] Auch nach der hier zu § 831 BGB vertretenen Auffassung (Rz. 59 f.) muss der Innenausgleich zu Lasten des Geschäftsleiters erfolgen.[2] Die zur Haftung aus culpa in contrahendo genannten Gründe (Rz. 28) gelten insoweit entsprechend.

Mehrere verantwortliche Geschäftsleiter haften gegenüber der Gesellschaft für 78
den Ausgleich ebenfalls gesamtschuldnerisch. Die Gesellschaft muss sich insoweit weder ein Mitverschulden anderer Geschäftsleiter anspruchsmindernd zurechnen lassen, noch ein solches von Aufsichtsratsmitgliedern (zu deren Haftung Rz. 80 ff.) oder von Arbeitnehmern.[3]

bb) Ausgleich mehrerer Organwalter untereinander. Sind ein oder mehrere Or- 79
ganmitglieder wegen unmittelbarer Schädigung, andere hingegen nur auf Grund **mangelnder Überwachung**[4] als **Gesamtschuldner** haftbar (vgl. §§ 840 Abs. 1, 830 Abs. 1 Satz 1, Abs. 2 BGB)[5], sind die Unterschiede in der individuellen Beteiligung auch für den Gesamtschuldnerausgleich maßgebend, wobei nach allgemeinen Grundsätzen[6] primär auf das Maß der Verursachung, in zweiter Linie auf das des Verschuldens abzustellen ist. Deshalb soll der unmittelbare Schädiger im In-

---

1 Vgl. *Steffen* in RGRK, § 31 BGB Rz. 9; *Haas* in Michalski, § 43 GmbHG Rz. 205; *Haas*, Geschäftsleiterhaftung und Gläubigerschutz, S. 305. Demgegenüber für eine Übertragung der arbeitsrechtlichen Grundsätze über die Haftungsfreistellung *Brüggemeier*, AcP 191 (1991), 33, 66; vgl. auch *Westermann*, DNotZ 1991, 813, 819.
2 Vor der Inanspruchnahme besteht entsprechend ein Freistellungsanspruch der Gesellschaft, vgl. allgemein *Grüneberg* in Palandt, § 426 BGB Rz. 4, 5.
3 Bezüglich anderer Geschäftsleiter BGH v. 14.3.1983 – II ZR 103/82, WM 1983, 725, 726 = GmbHR 1983, 300; OLG München v. 17.9.1999 – 23 U 1514/99, NZG 2000, 741, 744 = AG 2000, 426; OLG Jena v. 1.9.1998 – 5 U 1816/97, NZG 1999, 121, 123 = GmbHR 1999, 346; BGH v. 26.11.2007 – II ZR 161/06, GmbHR 2008, 144, Rz. 3 = ZIP 2008, 117; *Uwe H. Schneider* in Scholz, § 43 GmbHG Rz. 249; *Haas* in Michalski, § 43 GmbHG Rz. 213; *Roth/Altmeppen*, § 43 GmbHG Rz. 108; *Fleischer* in Fleischer, Handbuch des Vorstandsrechts, § 11 Rz. 59. – Bezüglich der Aufsichtsratsmitglieder *Habersack* in MünchKomm. AktG, § 116 AktG Rz. 68, 70. – Bezüglich Arbeitnehmern *Mertens* in Hachenburg, § 43 GmbHG Rz. 64; *Haas* in Michalski, § 43 GmbHG Rz. 213; *Roth/Altmeppen*, § 43 GmbHG Rz. 108.
4 So regelmäßig bei Aufsichtsräten, aber auch bei mehreren Geschäftsleitern (Rz. 44).
5 Vgl. zur Gesamtschuld zwischen Geschäftsleitern und Aufsichtsratsmitgliedern bei der Innenhaftung BGH v. 14.3.1983 – II ZR 103/82, WM 1983, 725, 726 = GmbHR 1983, 300; RG JW 1920, 1032 f.; *Haas* in Michalski, § 43 GmbHG Rz. 226; *Habersack* in MünchKomm. AktG, § 116 AktG Rz. 73.
6 Vgl. dazu *Grüneberg* in Palandt, § 426 BGB Rz. 14.

nenverhältnis zu demjenigen, dem allein eine Verletzung von Überwachungspflichten zur Last fällt, allein verantwortlich sein.[1] Eine andere Auffassung lehnt hingegen eine gänzliche Freistellung des wegen nachlässiger Überwachung verantwortlichen Organwalters ab.[2] Eine alleinige Belastung des „unmittelbaren" Täters im Innenverhältnis ist allerdings dann nicht gerechtfertigt, wenn sich die Pflichtverletzung des Überwachungspflichtigen als Teilnahmehandlung (so bei Aufsichtsorganen) oder als teilnahmeähnliches Verhalten (so bei überwachungspflichtigen Geschäftsleiterkollegen) darstellt. Im Übrigen sind die Umstände des Einzelfalls maßgebend.

C. Haftung der Aufsichtsräte gegenüber Dritten

I. Allgemeines

80 Auch im Hinblick auf Aufsichtratsmitglieder (vgl. §§ 95 ff. AktG; § 52 GmbHG) geht das Gesellschaftsrecht vom **Grundsatz der Innenhaftung** aus (§§ 116, 93 AktG, § 52 GmbHG).[3] Eine Außenhaftung bedarf eines besonderen Haftungsgrunds (vgl. Rz. 5 ff., 29 ff.). Im Vergleich zur Geschäftsleiteraußenhaftung ergeben sich Unterschiede auf Grund der Funktion des Aufsichtsrats, bei dem es sich grundsätzlich um ein reines Innenorgan handelt.

II. Vertragliche und vertragsähnliche Haftung

81 Abgesehen von einer Haftung aus selbständigem Vertragsschluss (vgl. Rz. 6 f.) kann grundsätzlich auch ein Aufsichtsratsmitglied in die Vertreterhaftung wegen c.i.c. (vgl. Rz. 19 ff.) geraten. Allerdings treten Aufsichtsratsmitglieder regelmäßig schon mangels entsprechender Handlungsbefugnis (vgl. §§ 76, 105, 111 Abs. 1, 4 AktG, ggf. i.V.m. § 52 GmbHG) nicht nach außen auf. Die Anforderungen an eine solche Haftung, namentlich die Inanspruchnahme besonderen persönlichen Vertrauens, werden nur ausnahmsweise erfüllt sein.[4] Für das Verhältnis vertraglicher oder vertragsähnlicher Verbindlichkeiten zu denen der Gesellschaft und für den Innenausgleich gelten die zur Geschäftsleiterhaftung ausgeführten Grundsätze entsprechend (Rz. 7, 27 f.).

III. Deliktshaftung

82 Der Frage einer Deliktshaftung wird im Vergleich zur Diskussion bei der Geschäftsleiterhaftung (vgl. Rz. 29 ff.) geringe Aufmerksamkeit geschenkt.[5] Grund-

---

1 Vgl. *Zöllner/Noack* in Baumbach/Hueck, § 43 GmbHG Rz. 29; *Haas* in Michalski, § 43 GmbHG Rz. 228; *Uwe H. Schneider* in Scholz, § 43 GmbHG Rz. 252 f.
2 Vgl. *Habersack* in MünchKomm. AktG, § 116 AktG Rz. 73; zu Ausnahmen *Hopt* in Großkomm. AktG, § 93 AktG Rz. 301.
3 Vgl. *Habersack* in MünchKomm. AktG, § 116 AktG Rz. 76 ff.; *P. Doralt/W. Dorald* in Semmler/v. Schenck, Arbeitshandbuch für Aufsichtsratsmitglieder, § 13 Rz. 7 ff., 177.
4 Vgl. *Habersack* in MünchKomm. AktG, § 116 AktG Rz. 76.
5 Vgl. *Habersack* in MünchKomm. AktG, § 116 AktG Rz. 76 ff.

sätzlich soll es nach **h.M.** auch hier bei der Innenhaftung verbleiben und ein Verhalten, das die Aufsichtsratsmitglieder „ausschließlich der Gesellschaft schulden"[1], daher nicht zur deliktischen Außenhaftung führen, sofern nicht Schutzgesetze i.S. des § 823 Abs. 2 BGB verletzt wurden.[2] Im Übrigen soll – freilich nur in engem Rahmen – eine Haftung als Teilnehmer (Anstifter oder Gehilfe) an Delikten der Geschäftsleiter in Betracht kommen, die gem. § 830 Abs. 2 i.V.m. Abs. 1 BGB zur Haftung gleich einem Mittäter führt.[3]

Die originäre Pflicht des Aufsichtsrats besteht in der Überwachung der Geschäftsleitung. Typischerweise tritt daher zwischen eine Pflichtverletzung des Aufsichtsrats und eine deliktische Schädigung Dritter das außenwirksame Verhalten des Geschäftsführungsorgans. Angesichts des schwachen Zurechnungszusammenhangs ist die Annahme einer **täterschaftlichen Deliktsbegehung** durch die bloße Verletzung von Überwachungspflichten regelmäßig ausgeschlossen. Infolge der Gleichstellung der Teilnehmerhaftung mit der Mittäterschaft (§ 830 Abs. 2 BGB) verliert die Abgrenzung freilich an Bedeutung.[4]

83

Für die Anwendung einer möglichen **Teilnehmerhaftung** gelten die strafrechtlichen Regeln[5], so dass grundsätzlich nur eine Haftung wegen vorsätzlicher Teilnahme an einer vorsätzlichen Haupttat in Betracht kommt.[6] Im Ergebnis wird eine solche Vorsatzhaftung der Rolle des Aufsichtsrats am ehesten gerecht, ohne den Opferschutz ungebührlich einzuschränken. Freilich wird in weiten Teilen des delikts- und gesellschaftsrechtlichen Schrifttums gefordert, eine vorsätzliche Beteiligung an einer fahrlässigen Haupttat anzuerkennen.[7] Angesichts des Umstands, dass der Aufsichtsrat auch fahrlässige Delikte der Geschäftsleitung zu verhindern hat, ihm die entsprechenden Handlungsmöglichkeiten zur Verfügung stehen und der eigene Vorsatz einen gewichtigen Zurechnungsgrund darstellt, ist diese Auffassung erwägenswert. Doch dürften einschlägige Konstellationen kaum praktisch werden und lassen sich oftmals auch ohne Bruch mit

84

---

1 Vgl. *Semler* in MünchKomm. AktG, 2. Aufl. 2004, § 116 AktG Rz. 739.
2 *Habersack* in MünchKomm. AktG, § 116 AktG Rz. 79.
3 OLG Düsseldorf v. 23.6.2008 – 9 U 22/08, AG 2008, 666f. = ZIP 2008, 1922; zur Insolvenzverschleppung *Habersack* in MünchKomm. AktG, § 116 AktG Rz. 79.
4 OLG Düsseldorf v. 23.6.2008 – 9 U 22/08, AG 2008, 666, Rz. 7, 10 = ZIP 2008, 1922.
5 BGH v. 25.7.2005 – II ZR 390/03, ZIP 2005, 1734 = GmbHR 2005, 1425; OLG Karlsruhe v. 4.9.2008 – 4 U 26/06, AG 2008, 900, 902ff.; *Sprau* in Palandt, § 830 BGB Rz. 4.
6 Vgl. *Roth/Altmeppen*, Vorb. § 64 GmbHG Rz. 141f.; *Sprau* in Palandt, § 830 BGB Rz. 4; *Bayer/Lieder*, WM 2006, 1, 9 m.w.N.
7 Vgl. *Krause* in Soergel, § 830 BGB Rz. 9; *Ehricke*, ZGR 2000, 351, 358ff.; *Hommelhoff/Schwab* in FS Kraft, 1998, S. 263, 269ff.; *Kübler*, ZGR 1995, 481, 502f. Ablehnend erneut m.w.N. *Bayer/Lieder*, WM 2006, 1, 9; vgl. auch *Roth/Altmeppen*, Vorb. § 64 GmbHG Rz. 141f., 145ff.

der Anlehnung an die strafrechtliche Dogmatik lösen.[1] Relevant wird die Teilnehmerhaftung auch bei **Sonderdelikten**, die ein Aufsichtsratsmitglied als Täter aus rechtlichen Gründen nicht begehen kann.[2]

85 Die verantwortlichen Aufsichtsräte haften im Außenverhältnis mit den verantwortlichen Geschäftsleitern als **Gesamtschuldner** (§§ 840 Abs. 1, 830 Abs. 1 Satz 1, Abs. 2 BGB, vgl. auch Rz. 79 m.w.N.). Zum Innenausgleich s. Rz. 79.

---

1 *Roth/Altmeppen*, Vorb. § 64 GmbHG Rz. 142.
2 Eine Einordnung als faktisches Geschäftsführungsorgan erfordert nach der Rechtsprechung ein nach außen hervortretendes, üblicherweise der Geschäftsführung zuzurechnendes Handeln, das bei Aufsichtsratsmitgliedern typischerweise nicht gegeben ist (BGH v. 21.3.1988 – II ZR 194/87, BGHZ 104, 44, 47 ff. = GmbHR 1988, 299; BGH v. 25.2.2002 – II ZR 196/00, BGHZ 150, 61, 67 f. = GmbHR 2002, 549; BGH v. 11.7.2005 – II ZR 235/03, GmbHR 2005, 1187; vgl. auch BGH v. 27.6.2005 – II ZR 113/03, ZIP 2005, 1414, 1415 = GmbHR 2005, 1126). Zur Teilnahme von Aufsichtsräten an der Insolvenzverschleppung BGH v. 9.7.1979 – II ZR 118/77, BGHZ 75, 96, 106 – Herstatt; *Habersack* in MünchKomm. AktG, § 116 AktG Rz. 79.

§ 8
Vorstands- und Geschäftsführerhaftung im Konzern

Dr. Sven H. Schneider, LL.M.

	Rz.		Rz.
A. Einleitung	1	c) Konzernweite Verschwiegenheitspflichten gegenüber der beherrschten AG	58
B. Die Haftung der Organe des herrschenden Unternehmens	12	d) Rechtliche Durchsetzungsmöglichkeiten und -pflichten bei Pflichtverstoß	60
I. Organ-Innenhaftung gegenüber der „eigenen" herrschenden Gesellschaft	12	2. Organ-Konzern-Innenhaftung gegenüber der beherrschten GmbH	64
1. Organ-Innenhaftung gegenüber der „eigenen" herrschenden AG	15	III. Organ-Konzern-Außenhaftung	73
a) Konzernweite Sorgfaltspflichten gegenüber der „eigenen" herrschenden AG	15	**C. Die Haftung der Organe des beherrschten Unternehmens**	81
		I. Organ-Innenhaftung gegenüber dem „eigenen" beherrschten Unternehmen	82
b) Konzernweite Loyalitätspflichten gegenüber der „eigenen" herrschenden AG	23	1. Organ-Innenhaftung gegenüber der „eigenen" beherrschten AG	82
c) Konzernweite Verschwiegenheitspflichten gegenüber der „eigenen" herrschenden AG	28	a) Konzernweite Sorgfaltspflichten gegenüber der „eigenen" beherrschten AG	82
d) Rechtliche Durchsetzungsmöglichkeiten und -pflichten bei Pflichtverstoß	32	b) Konzernweite Loyalitätspflichten gegenüber der „eigenen" beherrschten AG	91
2. Organ-Innenhaftung gegenüber der „eigenen" herrschenden GmbH	36	c) Konzernweite Verschwiegenheitspflichten gegenüber der „eigenen" beherrschten AG	94
II. Organ-Konzern-Innenhaftung gegenüber der beherrschten Gesellschaft	41	d) Rechtliche Durchsetzungsmöglichkeiten und -pflichten bei Pflichtverstoß	95
1. Organ-Konzern-Innenhaftung gegenüber der beherrschten AG	44	2. Organ-Innenhaftung gegenüber der „eigenen" beherrschten GmbH	101
a) Konzernweite Sorgfaltspflichten gegenüber der beherrschten AG	44	II. Organ-Konzern-Innenhaftung bei beherrschter AG und GmbH	105
b) Konzernweite Loyalitätspflichten gegenüber der beherrschten AG	53	III. Organ-Konzern-Außenhaftung	110
		D. Zusammenfassung	111

Schrifttum: Altmeppen, Die Haftung des Managers im Konzern, 1998; *Bollmann*, Der Schadenersatzanspruch gem. § 317 AktG bei Schädigung der abhängigen Eine-Person-AG, 1995; *Buxbaum/Uwe H. Schneider*, Die Fortentwicklung der Aktionärsklage und der Konzernklage im amerikanischen Recht, ZGR 1982, 199; *Burgard*, Die Förder- und Treupflicht des Alleingesellschafters einer GmbH, ZIP 2002, 827; *Dreher*, Die kartellrechtliche Bußgeldverantwortung von Vorstandsmitgliedern. Vorstandshandeln zwischen aktienrechtlichem Legalitätsprinzip und kartellrechtliche Unsicherheit, in FS Konzen, 2006, S. 85; *Fleischer*, Konzernleitung und Leitungssorgfalt der Vorstandsmitglieder im Unternehmensverbund, DB 2005, 759; *Fleischer*, Zur Verantwortlichkeit einzelner Vorstandsmitglieder bei Kollegialentscheidungen im Aktienrecht, BB 2004, 2645; *Fleischer*, Wettbewerbs- und Betätigungsverbote für Vorstandsmitglieder im Aktienrecht, AG 2005, 336; *Gaul*, Information und Vertraulichkeit der Aufsichtsratsmitglieder einer GmbH, GmbHR 1986, 296; *Gehrlein*, GmbH-Recht in der Praxis, 2. Aufl. 2008; *Goette*, Die GmbH, 2. Aufl. 2002; *Grundmann*, Der Treuhandvertrag, 1997; *Habersack*, Trihotel – Das Ende der Debatte?, ZGR 2008, 533; *Hennrichs*, Haftung für falsche Ad-hoc-Mitteilungen und Bilanzen, Recht und Risiko, in FS Kollhosser, 2004, Bd. II, S. 201; *Hommelhoff*, Die Konzernleitungspflicht, 1982; *Hommelhoff/Semler/Doralt/Roth*, Entwicklungen im GmbH-Konzernrecht, 1986; *Hüffer*, Die Leitungsverantwortung des Vorstandes in der Managementholding, in Liber amicorum Happ, 2006, S. 93; *Immenga*, Zum Wettbewerbsverbot unter Gesellschaftern einer GmbH & Co KG, JZ 1984, 578; *Jungkurth*, Konzernleitung bei der GmbH: die Pflichten des Geschäftsführers, 2000; *Koch*, Die Konzernobergesellschaft als Unternehmensinhaber i.S.d. § 130 OWiG?, WM 2009, 564; *Kropff*, Der konzernrechtliche Ersatzanspruch – ein zahnloser Tiger?, in FS Bezzenberger, 2000, S. 233; *Kropff*, Zur Konzernleitungspflicht, ZGR 1984, 112; *Kropff*, Benachteiligungsverbot und Nachteilsausgleich im faktischen Konzern, in FS Kastner, 1992, S. 279; *Kuntz*, Zur Frage der Verantwortlichkeit der Geschäftsleiter der abhängigen Gesellschaft gegenüber dem herrschenden Unternehmen, Der Konzern 2007, 802; *Liebscher*, GmbH-Konzernrecht – Die GmbH als Konzernbaustein, 2006; *Limmer*, Die Haftungsverfassung des faktischen GmbH-Konzerns, 1992; *Lutter*, Die Haftung des herrschenden Unternehmens im GmbH-Konzern – Zugleich Besprechung BGH v. 16.9.1985, II ZR 275/84, ZIP 1985, 425; *Lutter*, Stand und Entwicklung des Konzernrechts in Europa, ZGR 1987, 324; *Lutter*, Die zivilrechtliche Haftung in der Unternehmensgruppe, ZGR 1982, 244; *Lutter/Timm*, Konzernrechtlicher Präventivschutz im GmbH-Recht, NJW 1982, 409; *Martens*, Die Organisation des Konzernvorstands, in FS Heinsius, 1991, S. 523; *Martens*, Grundlagen des Konzernarbeitsrechts, ZGR 1984, 417; *Medicus*, Die interne Geschäftsverteilung und die Außenhaftung von GmbH-Geschäftsführern – zugleich Besprechung BGH v. 15.10.1996, VI ZR 319/95, GmbHR 1998, 9; *Merkt*, Unternehmensleitung und Interessenkollision, ZHR 159 (1995), 423; *Röhricht*, Das Wettbewerbsverbot des Gesellschafters und des Geschäftsführers, WPg 1992, 766; *Rollin*, Die Aktionärsklage in England und Deutschland, 2001; *Roth*, Unternehmerisches Ermessen und Haftung des Vorstands, 2001; *Sauer*, Haftung für Falschinformation des Sekundärmarktes, 2004; *Schaefer/Missling*, Haftung von Vorstand und Aufsichtsrat, NZG 1998, 441; *Scheffler*, Zur Problematik der Konzernleitung, in FS Goerdeler, 1987, S. 469; *Sven H. Schneider*, Informationspflichten und Informationssystemeinrichtungspflichten im Aktienkonzern, 2005; *Sven H. Schneider*, „Unternehmerische Entscheidungen" als Anwendungsvoraussetzung für die Business Judgment Rule, DB 2005, 707; *Sven H. Schneider/Uwe H. Schneider*, Vorstandshaftung im Konzern, AG 2005, 57; *Uwe H. Schneider*, Der Aufsichtsrat des abhängigen Unternehmens im Konzern – Ein Beitrag zum Konzernverfassungsrecht, in FS Raiser, 2005, S. 341; *Uwe H. Schneider*, Konzernleitung als Rechtsproblem, BB 1981, 249; *Uwe H. Schneider*, Der Anstellungsvertrag des Geschäftsführers einer GmbH im Konzern – Überlegungen zum Vertragspartner, zur Rechtsnatur und zum Inhalt des Konzern-Anstellungsvertrags, GmbHR 1993, 10; *Uwe H. Schneider*, Gesellschaftsrechtliche und öffentlich-rechtliche Anforderungen an eine ordnungsgemäße Unternehmensorganisation – Zur Überlagerung des Gesellschaftsrechts durch öffentlich-rechtliche Verhaltenspflichten und öffentlich-rechtliche Strukturnormen, DB 1993, 1909; *Uwe H. Schneider*, Die Überlagerung des Konzernrechts durch öffentlich-rechtliche Strukturnormen und Organisationspflichten – Vorüberlegungen zu „Compliance im Konzern", ZGR 1996, 225; *Uwe H. Schneider*, Konzernbildung, Konzernleitung und Verlustausgleich im Konzernrecht der Personengesellschaften – Zugleich Besprechung BGH v. 5.2.1979, II ZR 210/76, ZGR 1980, 511; *Uwe H. Schneider/Burgard*, Treupflichten im mehrstufigen Unterordnungskonzern, in FS Ulmer, 2003, S. 579; *Schwark*, Virtuelle Holding und Bereichsvorstände – eine aktien- und konzernrechtliche Betrachtung, in FS Ulmer, 2003, S. 605; *Semler*, Leitung und Überwachung der Aktiengesellschaft, 2. Aufl. 1996; *Semler*, Entscheidungen und Ermessen im Aktienrecht, in FS Ulmer, 2003, S. 627; *Spieker*, Die Verschwiegenheitspflicht der Aufsichtsratsmitglieder, NJW 1965, 1937; *Sven Weber*, Die konzernrechtliche abgeleitete Aktionärsklage, 2005; *Wiedemann*, Organverantwortung und Gesellschafterklagen in der Aktiengesellschaft, 1989; *Wiedemann/Hirte*, Die Konkretisierung der Pflichten des herrschenden Unternehmens – Zugleich Besprechung BGH v. 5.12.1983, II ZR 242/82, ZGR 1986, 163; *Ziemons*, Die Haftung der Gesellschafter für Einflussnahmen auf die Geschäftsführung der GmbH, 1996.

A. Einleitung

Die **Haftung der Geschäftsführungsmitglieder** ist ein Dauerthema. Bei der GmbH ist vor allem die Innenhaftung schon immer von großer praktischer Bedeutung, mag dies auch nicht das Interesse der Öffentlichkeit gefunden haben. Bei der AG waren die Fälle der durchgesetzten Organhaftung bislang seltener. Durch das UMAG[1] und das KapMuG[2] wurde aber die Geltendmachung der Ansprüche der Gesellschaft erleichtert. Gleiches würde für das nach wie vor in der Diskussion befindliche „Kapitalmarktinformationshaftungsgesetz"[3] gelten. Neue Vorschriften, wie etwa der durch das TUG[4] eingeführte „Bilanzeid", können zu einer Ausweitung der Organpflichten und damit auch der potentiellen Außenhaftung führen. Und wegen der inzwischen jedenfalls bei Großunternehmen nicht mehr wegzudenkenden D&O-Versicherungen[5] und hohen Vorstandsvergütungen ist bei den Geschäftsführungsmitgliedern auch „etwas zu holen". Institutionelle ebenso wie missbräuchlich handelnde Anleger machen deshalb immer öfter Ansprüche gegen Geschäftsführungsmitglieder geltend.

1

In dieser Diskussion blieb bislang oft unberücksichtigt, dass in der Praxis die betroffenen Personen vielfach Organmitglieder eines oder mehrerer **Konzernunternehmen** sind.[6] Dabei ergeben sich für Konzernunternehmen und ihre Vorstände

2

---

1 Gesetz zur Unternehmensintegrität und Modernisierung des Anfechtungsrechts (UMAG) vom 22.9.2005, BGBl. I 2005, 2802.
2 Gesetz über Musterverfahren in kapitalmarktrechtlichen Streitigkeiten (Kapitalanleger-Musterverfahrensgesetz – KapMuG) vom 16.8.2005, BGBl. I 2005, 2437.
3 Der zweite Entwurf eines Gesetzes zur Verbesserung der Haftung für falsche Kapitalmarktinformationen (Kapitalmarktinformationshaftungsgesetz – KapInHaG) vom 7.10.2004 wurde vor seiner Verabschiedung zurückgezogen; der Entwurf ist online abrufbar unter http://www.jura.uni-augsburg.de/prof/moellers/materialien/materialdateien/040_deutsche_gesetzgebungsgeschichte/kapinhag/kapinhag_pdfs/kapinhag_ref_entw_2004_10_07_unveroeff.pdf.
4 Gesetz zur Umsetzung der Richtlinie 2004/109/EG des Europäischen Parlaments und des Rates vom 15. Dezember 2004 zur Harmonisierung der Transparenzanforderungen in Bezug auf Informationen über Emittenten, deren Wertpapiere zum Handel auf einem geregelten Markt zugelassen sind, und zur Änderung der Richtlinie 2001/34/EG (Transparenzrichtlinie-Umsetzungsgesetz – TUG) vom 10.1.2007, BGBl. I 2007, 10.
5 S. dazu auch unten *Sieg*, § 15 (S. 411ff.).
6 S. aber ausführlich auch *Fleischer* in Fleischer, Handbuch des Vorstandsrechts, S. 660ff.; *Altmeppen*, Die Haftung des Managers im Konzern, 1998; *Fleischer*, DB 2005, 759; *Hüffer* in Liber amicorum Happ, 2006, S. 93ff.; *Sven H. Schneider/Uwe H. Schneider*, AG 2005, 57.

bzw. Geschäftsführer gerade durch die Konzernlage zahlreiche eigenständige Fragen. Diese sind für die Praxis von besonderer Bedeutung und beschäftigen zunehmend die Gerichte. Sie betreffen die Pflichtenbindung gegenüber dem eigenen Unternehmen sowie den Konzernunternehmen, den Inhalt der Organpflichten, die Geltendmachung der Schadensersatzansprüche, die Möglichkeiten ihrer prozessualen Durchsetzung und anderes mehr.

3 Die **Fragen** sind bekannt: Hat die Geschäftsführung des herrschenden Unternehmens eine Pflicht zur Konzernleitung? Was ist gegebenenfalls Inhalt dieser Pflicht? Wer hat Ansprüche, wenn diese Pflichten verletzt werden – auch die beherrschten Unternehmen und ihre Minderheitsgesellschafter oder nur das herrschende Unternehmen? Können die (Minderheits-)Gesellschafter des herrschenden Unternehmens auch Schadensersatzansprüche gegen Organmitglieder abhängiger Unternehmen im eigenen Namen bzw. im Namen der herrschenden Gesellschaft geltend machen? Haftet der gesetzliche Vertreter des herrschenden Unternehmens, wenn sich die Organmitglieder von Tochtergesellschaften rechtswidrig verhalten und dies zu Geldbußen für das Tochterunternehmen und damit zu einem Schaden für den Gesamtkonzern führt? Welche Pflichten haben die Geschäftsführungsmitglieder einer abhängigen Gesellschaft? Und welche Klagemöglichkeiten haben (Minderheits-)Gesellschafter des abhängigen Unternehmens? Das alles sind Fragestellungen, die auf konkrete Fälle aus jüngerer Zeit zurückgehen.

4 Ausgangspunkt der Beantwortung dieser Fragen muss die Feststellung sein, dass ein Konzern nicht rechtsfähig ist. Er hat keine eigenen Organe und keine eigenen Organmitglieder. Deshalb gibt es auch **keine Haftung von „Konzern-Organmitgliedern"**. Im Konzern sind vielmehr zwei oder mehrere rechtlich selbständige Gesellschaften „unter einheitlicher Leitung" zusammengefasst. Der Konzern ist demnach zwar aufgrund einheitlicher Unternehmenspolitik wirtschaftlich ein Unternehmen.[1] Er ist aber rechtlich in selbständige Rechtssubjekte gegliedert. Bei der „Organhaftung im Konzern" geht es daher auch nur um die Organhaftung bei den einzelnen Konzernunternehmen, also im Unterordnungskonzern um die Organhaftung beim herrschenden Unternehmen und um die Organhaftung bei den Tochtergesellschaften.

5 Zu unterscheiden sind sodann **drei Fälle**, nämlich
 – die Haftung des Organmitglieds gegenüber der eigenen Gesellschaft, also die **„Organ-Innenhaftung"**,
 – die Haftung des Organmitglieds gegenüber anderen Konzernunternehmen, also die **„Organ-Konzern-Innenhaftung"** und
 – die Haftung des Organmitglieds für Vorgänge im eigenen Unternehmen und in Konzernunternehmen gegenüber Dritten, also die **„Organ-Konzern-Außenhaftung"**.

6 Diese Dreiteilung gilt sowohl bei der AG als auch bei der GmbH. **Unterschiede zwischen den Rechtsformen** ergeben sich allerdings aus der zum Großteil fehlen-

---
1 Statt aller *Lutter/Trölitzsch* in Lutter, Holding-Handbuch, 4. Aufl. 2004, § 7 Rz. 1.

den ausdrücklichen Normierung des Konzernrechts bei der GmbH[1] sowie aus den gegenüber der Hauptversammlung der AG weiter gehenden Zuständigkeiten der Gesellschafterversammlung der GmbH. Dies gilt insbesondere für die Weisungsbefugnis der GmbH-Gesellschafterversammlung gegenüber den Geschäftsführern, die im Aktienrecht nicht vorgesehen ist. Die Gesellschafterversammlung kann den Geschäftsführern in allen Bereichen der Unternehmensleitung Weisungen erteilen. Die Geschäftsführer müssen diesen Weisungen Folge leisten. Die Geschäftsführungsbefugnis der Geschäftsführer ist insoweit eingeschränkt.

Im Folgenden ist daher zwischen AG und GmbH zu **unterscheiden**. Bei der Organ-Innenhaftung ist dabei selbstverständlich die Rechtsform der „eigenen" Gesellschaft entscheidend. Bei der Organ-Konzern-Innenhaftung kommt es in der Regel auf die Rechtsform der abhängigen Gesellschaft an. Deshalb kann bei einem Konzern aus Unternehmen unterschiedlicher Rechtsform die Haftung eines Geschäftsführungsmitglieds aufgrund eines einzelnen „Tatgeschehens" sowohl nach Aktienrecht als auch nach GmbH-Recht zu beurteilen sein. Der Geschäftsführer einer GmbH, die eine AG beherrscht, haftet bei unrechtmäßiger Benachteiligung der AG unter Umständen aus GmbH-Recht gegenüber „seiner" GmbH (Organ-Innenhaftung) und/oder aus Aktienrecht gegenüber der beherrschten AG (Organ-Konzern-Innenhaftung) und deren Aktionären (Organ-Konzern-Außenhaftung). Darüber hinaus haben Manager oft mehrere Funktionen bei verschiedenen Konzerngesellschaften (Organverflechtung). Geschäftsführungsmitglieder des herrschenden Unternehmens sind oft zugleich Aufsichtsratsmitglieder oder gar Geschäftsführungsmitglieder bei der beherrschten Gesellschaft. Dann kann es bei einer Person zur Häufung von konzernbezogenen Pflichten und konzernbezogener Haftung im selben Lebenssachverhalt kommen. Rechtlich sind die verschiedenen Bereiche freilich zu trennen.

Daraus ergeben sich die folgenden **Fallgruppen**:

– Haftung des AG-Vorstands gegenüber der „eigenen" herrschenden Aktiengesellschaft

– Haftung des GmbH-Geschäftsführers gegenüber der „eigenen" herrschenden GmbH

– Haftung des gesetzlichen Vertreters des herrschenden Unternehmens gegenüber der beherrschten AG

– Haftung des gesetzlichen Vertreters des herrschenden Unternehmens gegenüber der beherrschten GmbH

– Haftung des Vorstands der herrschenden AG bzw. des Geschäftsführers der herrschenden GmbH gegenüber Dritten

– Haftung des AG-Vorstands gegenüber der „eigenen" abhängigen Aktiengesellschaft

– Haftung des GmbH-Geschäftsführers gegenüber der „eigenen" abhängigen GmbH

---

1 Dazu *Emmerich* in Scholz, Anh. § 13 GmbHG (Konzernrecht) Rz. 8 ff.

– Haftung des gesetzlichen Vertreters des abhängigen Unternehmens gegenüber der herrschenden Aktiengesellschaft
– Haftung des gesetzlichen Vertreters des abhängigen Unternehmens gegenüber der herrschenden GmbH
– Haftung des Vorstands der beherrschten AG bzw. des Geschäftsführers der beherrschten GmbH gegenüber Dritten

9 Wieder eine andere – im Folgenden stets zu berücksichtigende – Frage ist, ob der jeweilige Anspruch nur von dem Anspruchsinhaber geltend gemacht werden kann oder auch von einem Dritten im Namen des Anspruchsinhabers, also insbesondere durch einen (Minderheits-)Gesellschafter für die (geschädigte) Gesellschaft (*actio pro societate*).

10 Außerdem kommt oft das gleichzeitige Fehlverhalten von Personen **auf verschiedenen Konzernebenen** in Frage. So klagten etwa wegen verschiedener Integrationsmaßnahmen nach der Übernahme der HypoVereinsbank AG durch die UniCredit S.p.A. mehrere Aktionäre der HypoVereinsbank AG u.a. im Namen „ihrer" Gesellschaft sowohl gegen deren Vorstandsvorsitzenden (Organ-Innenhaftung) als auch gegen den Vorstandsvorsitzenden der indirekten Mehrheitsgesellschafterin (Organ-Konzern-Innenhaftung). Die Ansprüche beruhen u.a. auf verschiedenen konzernrechtlichen Sondervorschriften, die im Folgenden dargestellt werden.

11 Darauf aufbauend gliedern sich die folgenden Überlegungen in zwei Teile: Zunächst wird die Organhaftung beim herrschenden Unternehmen untersucht (Rz. 12 ff.). Der zweite Teil ist der Organhaftung bei Tochtergesellschaften gewidmet (Rz. 81 ff.). Behandelt werden soll in diesem Rahmen nur die Erweiterung von Pflichten und Haftung der Vorstände bzw. Geschäftsführer der beteiligten Konzernunternehmen. Von Pflicht und Haftung anderer Organe, insbesondere des Aufsichtsrats, ist an anderer Stelle zu handeln.[1]

B. Die Haftung der Organe des herrschenden Unternehmens

I. Organ-Innenhaftung gegenüber der „eigenen" herrschenden Gesellschaft

12 Die **Organ-Innenhaftung** betrifft die Haftung eines Organmitglieds gegenüber „seiner" Gesellschaft. Besondere Haftungsnormen, die eine Konzernverbundenheit des Unternehmens berücksichtigen, finden sich weder im Aktiengesetz noch im GmbH-Gesetz. Für eine Haftung gegenüber der eigenen herrschenden Gesellschaft gelten daher die allgemeinen organisationsrechtlichen Haftungstatbestände und die Pflichten aus dem Anstellungsvertrag.[2] Auf letztere soll im Fol-

---

1 Zur Haftung der Aufsichtsratsmitglieder im Konzern s. unten *Uwe H. Schneider*, § 9 (S. 260 ff.).
2 Zum Anstellungsvertrag bei Konzernunternehmen *Uwe H. Schneider*, GmbHR 1993, 10 ff.

genden wegen der Vielzahl möglicher Vertragsgestaltungen nicht eingegangen werden.

Die gesetzlichen Pflichtentatbestände lassen sich einteilen und unterscheiden in **Sorgfalts-, Loyalitäts-** und **Verschwiegenheitspflichten**. Dies gilt in gleicher Weise für das konzernfreie Unternehmen und das Konzernunternehmen. Die zentrale Frage lautet daher, in welcher Weise diese Pflichten der Organmitglieder durch die Konzernlage geprägt, ergänzt und verändert werden.

Zu unterscheiden ist, wie bereits erwähnt, nach der **Rechtsform des herrschenden Unternehmens**, gegenüber dem die Pflicht besteht. Die Rechtsform des beherrschten Unternehmens ist nicht entscheidend.

1. Organ-Innenhaftung gegenüber der „eigenen" herrschenden AG

a) Konzernweite Sorgfaltspflichten gegenüber der „eigenen" herrschenden AG

Aufgrund seiner Organstellung ist gewöhnlich jedes Vorstandsmitglied einer Konzernobergesellschaft verpflichtet, diejenige **Sorgfalt** aufzuwenden, die erforderlich ist, um den Vorteil der Gesellschaft zu wahren und Schaden von ihr abzuwenden (§§ 76, 93 AktG).[1] Zahlreiche ausdrücklich im Aktienrecht normierte Einzelpflichten lassen sich auf die allgemeine Sorgfaltspflicht zurückführen.[2] Ein schuldhafter Verstoß kann zu einem Schadensersatzanspruch führen (§ 93 Abs. 2, 3 AktG).

Einigkeit besteht, dass diese Pflicht konzernweit zu verstehen ist. Denn zu den einem Vorstandsmitglied der konzernleitenden Holding auferlegten Leitungspflichten gehört auch die Konzernleitung.[3] Unklar ist aber, was Inhalt dieser „**Pflicht zur Konzernleitung**" ist.[4]

Insbesondere ist streitig, ob und gegebenenfalls in welchem Umfang der Vorstand des herrschenden Unternehmens für fehlerhafte Maßnahmen bei den Tochtergesellschaften gegenüber seiner eigenen Obergesellschaft verantwortlich ist. Richtigerweise sind zwei Bereiche zu unterscheiden, nämlich die Entscheidung über die **Konzernstrategie** einerseits und deren **Umsetzung** bei den Konzernunterneh-

---

1 BGH v. 27.9.1956 – II ZR 144/55, BGHZ 21, 354, 357.
2 Eine ausführliche Aufstellung dieser ausdrücklich normierten Pflichten findet sich etwa bei *Hüffer* in Liber amicorum Happ, 2006, S. 93, 99.
3 OLG Düsseldorf v. 28.11.1996 – 6 U 11/95, AG 1997, 231, 235; *Martens* in FS Heinsius, 1991, S. 523, 531; *Koppensteiner* in KölnKomm. AktG, Vorb. § 291 AktG Rz. 71; *Mertens* in KölnKomm. AktG, § 76 AktG Rz. 54f.; *Hommelhoff*, Die Konzernleitungspflicht, S. 43ff. sowie S. 163ff.; *Semler*, Leitung und Überwachung der Aktiengesellschaft, Rz. 278; *Kropff*, ZGR 1984, 112, 115f.; *Martens*, ZGR 1984, 417, 425f.; *Hopt* in Großkomm. AktG, § 93 AktG Rz. 114; *K. Schmidt*, Gesellschaftsrecht, § 17 II 1a; ähnlich auch *Hüffer* in Liber amicorum Happ, 2006, S. 93, 98, der darauf hinweist, dass sich bei der (Strategie-)Holding der Inhalt der Leitungsaufgabe des Holdingvorstands verschiebt von der eigenen geschäftlichen Tätigkeit zur überwachenden Ausübung von Rechten und Einflussmöglichkeiten in den operativ tätigen Tochterunternehmen; für die GmbH vgl. auch BGH v. 10.11.1986 – II ZR 140/85, ZIP 1987, 29, 30ff.
4 Einen Überblick über den Diskussionsstand gibt *Fleischer* in Spindler/Stilz, § 76 AktG Rz. 72.

men andererseits. Geschuldet ist eine dem Sorgfaltsmaßstab entsprechende Entscheidung über die Konzerngründung, die Konzernorganisation sowie eine an diesem Sorgfaltsmaßstab ausgerichtete Konzernführung und Konzernüberwachung der Umsetzung der Konzernstrategie.

18 Eine weiter gehende Konkretisierung der Konzernleitungspflichten ist wegen der **Business Judgment Rule** (genauer: wegen des Grundsatzes unternehmerischen Ermessens des Vorstands) nur mit Bedacht möglich. Anders formuliert: Auch bei der Konzernleitung ist dem Vorstand „ein weiter Handlungsspielraum" zugebilligt, ohne den eine konzernleitende Tätigkeit nicht denkbar ist.[1] Deshalb liegt eine Pflichtverletzung eines Vorstandsmitglieds nicht vor, wenn es bei einer unternehmerischen Entscheidung vernünftigerweise annehmen durfte, auf der Grundlage angemessener Information zum Wohle der Gesellschaft zu handeln (§ 93 Abs. 1 Satz 2 AktG). Der Vorstand kann in diesem Rahmen entscheiden, ob er Tochtergesellschaften gründet oder es bei einer Mehrheitsbeteiligung und der daraus entstehenden Abhängigkeit belässt[2], ob die Konzernleitung zentral oder dezentral organisiert wird und wie er die Konzernfinanzierung darstellt.[3] Die Pflicht zur ordnungsgemäßen Konzernleitung verlangt nicht, dass die Konzernunternehmen wie Betriebsabteilungen in einem Einheitsunternehmen geführt werden.[4]

19 Zu den **Mindestaufgaben der Konzernleitung** gehören nur eine konzernweite Finanzierung, konzernweite Personalentscheidungen, welche die Konzernleitung sichern, ein konzernweites Controlling- und Risikoüberwachungssystem, eine konzernweite Compliance-Ordnung und ein konzernweites Informationssystem.[5] Das bedeutet anders formuliert, dass der Vorstand des herrschenden Unternehmens nicht für eine ordnungsgemäße Auswahl der Mitarbeiter der Tochtergesellschaften, ihre angemessene Einweisung, Information und Überwachung einstehen muss, wenn er diese Aufgabe den geschäftsführenden Organen der Tochtergesellschaften übertragen hat.[6] Bei einer Kreditvergabe durch eine Tochtergesellschaft ohne angemessene Kreditwürdigkeitsprüfung haftet der Vorstand der Muttergesellschaft somit nur, wenn kein konzernweites Controlling implementiert ist, um dafür zu sorgen, dass Klumpenrisiken verhindert werden. Dagegen ist es allein Aufgabe und Pflicht des geschäftsführenden Organs der Tochtergesellschaft, sicherzustellen, dass die Mitarbeiter seiner Gesellschaft eine konzernangepasste Kreditwürdigkeitsprüfung vornehmen.

---

1 BGH v. 21.4.1997 – II ZR 175/95, BGHZ 135, 244, 253 = AG 1997, 377; *Roth*, Unternehmerisches Ermessen und Haftung des Vorstands, 2001; *Fleischer* in Spindler/Stilz, § 76 AktG Rz. 75.
2 *Hommelhoff*, Die Konzernleitungspflicht, S. 165 ff.
3 Ähnlich *Hopt* in Großkomm. AktG, § 93 AktG Rz. 114.
4 Wie hier *Martens* in FS Heinsius, 1991, S. 523, 532.
5 Ähnlich *Fleischer* in Fleischer, Handbuch des Vorstandsrechts, S. 660, 669 ff.; *Hüffer* in Liber amicorum Happ, 2006, S. 93, 103 m.w.N.
6 Zu den Pflichten des Vorstands zu einer sorgfaltsgemäßen Delegation von Aufgaben BGH v. 22.12.1999 – VIII ZR 299/98, BGHZ 143, 307; BGH v. 5.12.1989 – VI ZR 335/88, GmbHR 1990, 207; *Medicus*, GmbHR 1998, 9; *Uwe H. Schneider*, DB 1993, 1909; *Fleischer*, BB 2004, 2645; s. ferner BFH v. 27.11.1990 – VII R 20/89, BStBl. II 1991, 284.

Auch der Grundsatz der **Gesamtverantwortung** des Vorstands, der ebenfalls für die Konzernleitung gilt, bedeutet nicht, dass die Konzernleitung jeweils durch das Gesamtgremium der Obergesellschaft wahrgenommen werden muss. Zulässig ist vielmehr eine konzernweite Ressortverantwortung etwa in der Weise, dass jeweils ein Vorstandsmitglied für einen konzernweiten Geschäftsbereich und/oder eine bestimmte Tochtergesellschaft zuständig ist.[1]

20

Für das unternehmerische Ermessen bestehen jedoch **Grenzen**. Die Business Judgment Rule gilt *erstens* nur für unternehmerische Entscheidungen.[2] Deshalb ist der Vorstand des herrschenden Unternehmens etwa verpflichtet, seinen Aufsichtsrat ordnungsgemäß über Vorgänge bei Tochtergesellschaften zu informieren, ohne dass er sich auf die Business Judgment Rule berufen könnte. Denn dieser Bericht beruht nicht auf einer unternehmerischen Entscheidung, sondern auf einer gesetzlichen Pflicht. Die unternehmerischen Entscheidungen zum Zwecke der Konzernleitung müssen *zweitens* rechtmäßig und am Unternehmensinteresse des herrschenden Unternehmens und dem Konzern als Ganzes ausgerichtet sein.[3] Deshalb ist der Vorstand des herrschenden Unternehmens der eigenen Gesellschaft gegenüber verpflichtet, dafür zu sorgen, dass sich die Tochter- und Enkelgesellschaften sowie deren Mitarbeiter rechtmäßig verhalten. Das verlangt die Einrichtung einer konzernweiten Compliance-Organisation.[4] Fehlt es hieran, kann dies auch Schadensersatzansprüche des herrschenden Unternehmens gegen seine Vorstandsmitglieder begründen. Zu diskutieren ist nur, ob dies auch zu Ansprüchen der Tochtergesellschaft führen kann.[5] Die Anwendung der Business Judgment Rule verlangt *drittens*, dass die Konzernleitung angemessen und auf der Basis ausreichender Informationen vorbereitet sein muss.[6] *Viertens* dürfen keine Maßnahmen vorgenommen oder unterlassen werden, wenn diese den Grundregeln ordnungsgemäßer Konzernleitung widersprechen.[7] Insbesondere darf das abhängige Unternehmen nicht völlig unkontrolliert bleiben.[8]

21

Eine die allgemeine Sorgfaltspflicht konkretisierende „**Pflicht mit Konzernbezug**" kann weiterhin aus öffentlich-rechtlichen Pflichten des Unternehmens folgen. Der Vorstand muss sorgfältig sicherstellen, dass das Unternehmen seine öffentlich-rechtlichen Pflichten einhält. Und diese Pflichten haben oft zugleich einen Konzernbezug. So ist etwa der Geschäftsleiter eines Kreditinstituts, das an-

22

---

1 *Martens* in FS Heinsius, 1991, S. 523, 532; zur virtuellen Holding mit Bereichsvorständen *Schwark* in FS Ulmer, 2003, S. 605, 617; unzulässig ist es jedoch nach *Spindler* in MünchKomm. AktG, vor § 76 AktG Rz. 57, die Konzernleitung (als solche) einem Vorstandsmitglied als Ressortaufgabe zu übertragen.
2 Zum Begriff etwa *Sven H. Schneider*, DB 2005, 707 ff. m.w.N.; vgl. etwa auch *Dreher* in FS Konzen, 2006, S. 85, 96.
3 *Semler*, Leitung und Überwachung der Aktiengesellschaft, Rz. 273.
4 S. dazu *Uwe H. Schneider*, ZGR 1996, 225 ff.
5 Dazu unten Rz. 52.
6 *Mertens* in KölnKomm. AktG, § 76 AktG Rz. 54; *Hopt* in Großkomm. AktG, § 93 AktG Rz. 114.
7 BGH v. 3.12.2001 – II ZR 308/99, ZIP 2002, 213; BGH v. 21.3.2005 – II ZR 54/03, NZG 2005, 562.
8 *Scheffler* in FS Goerdeler, 1987, S. 469, 473 f.; *Semler*, Leitung und Überwachung der Aktiengesellschaft, Rz. 274.

dere Institute beherrscht (sog. Übergeordnetes Unternehmen einer Institutsgruppe), im Rahmen der Organisationspflichten nach § 25a Abs. 1 Satz 1 KWG für die Einrichtung eines angemessenen und wirksamen Risikomanagements auf Gruppenebene verantwortlich.[1] Verletzt das Institut diese Pflicht, droht neben öffentlich-rechtlichen Sanktionen auch eine zivilrechtliche Haftung der Geschäftsleiter gegenüber ihrem Institut nach § 93 AktG.

b) Konzernweite Loyalitätspflichten gegenüber der „eigenen" herrschenden AG

23   Neben den Sorgfaltspflichten obliegen den Mitgliedern des Vorstands gegenüber der eigenen Gesellschaft **Loyalitätspflichten**, auch **Treupflichten** genannt. Danach dürfen sie keine Wettbewerbstätigkeit im Geschäftsbereich der Gesellschaft entfalten. Insbesondere dürfen sie keine Geschäftschancen („corporate opportunities"), die der Gesellschaft gebühren, an sich ziehen.[2]

24   Das **Wettbewerbsverbot** ist in § 88 AktG ausdrücklich festgelegt. Zum Geschäftszweig der Gesellschaft im Sinne dieser Vorschrift gehört nicht der satzungsgemäße Unternehmensgegenstand, sondern der tatsächliche Geschäftszweig der Aktiengesellschaft.[3] Zu den Geschäftschancen der Gesellschaft gehören grundsätzlich alle Geschäfte, die im Bereich des Tätigkeitsfeldes der Gesellschaft liegen oder an denen sie aus anderen Gründen ein konkretes Interesse hat, etwa weil es sich um Geschäfte in angrenzenden Tätigkeitsfeldern, um Vorbereitungs- oder um Folgegeschäfte handelt.[4]

25   Verstößt ein Vorstandsmitglied gegen diese Pflichten, so kommt ein **Schadensersatzanspruch** in Betracht, § 88 Abs. 2 AktG. Außerdem kann die Gesellschaft verlangen, dass die aus dem Geschäft **erlangten Vorteile** an sie abgetreten werden, § 88 Abs. 2 Satz 2 AktG.[5]

26   Fraglich ist bei **Konzernsachverhalten**, ob diese Loyalitätspflichten konzernweit in dem Sinne auszulegen sind, dass Vorstandsmitgliedern der herrschenden Gesellschaft auch das Tätigwerden in Geschäftszweigen abhängiger Gesellschaften verboten ist.[6] Der Wortlaut der Norm spricht gegen eine solche Ausdehnung. Die Vorschrift erklärt nämlich nur den Geschäftszweig *der Gesellschaft* für geschützt. Gleichwohl ist davon auszugehen, dass § 88 AktG jedenfalls analog

---

[1] BaFin-Rundschreiben „Mindestanforderungen an das Risikomanagement – MaRisk" i.d.F. vom 14.8.2009, AT 4.5.
[2] S. dazu ausführlich *Verse*, § 22 (S. 640ff.); zum im Einzelnen umstrittenen Verhältnis zwischen Wettbewerbsverbot und der so genannten „Geschäftschancenlehre" vgl. *Fleischer*, AG 2005, 336, 337f.
[3] BGH v. 21.2.1978 – KZR 6/77, BGHZ 70, 331, 332f.; BGH v. 5.12.1983 – II ZR 242/82, BGHZ 89, 162, 170 = GmbHR 1984, 203; *Wiesner* in MünchHdb. AG, § 21 Rz.67; *Hüffer*, § 88 AktG Rz. 3.
[4] *Hopt* in Großkomm. AktG, § 93 AktG Rz. 168; vgl. auch BGH v. 23.9.1985 – II ZR 257/84, WM 1985, 1444, 1445 für die OHG.
[5] Sog. „Eintrittsrecht", vgl. *Hüffer*, § 88 AktG Rz. 7.
[6] Dies darf nicht mir der Frage verwechselt werden, ob die Obergesellschaft selbst einem Wettbewerbsverbot unterliegt; dies ist weitgehend anerkannt, vgl. statt aller *Uwe H. Schneider/Burgard* in FS Ulmer, S. 579ff. m.w.N.

auch für Geschäftszweige bzw. Geschäftschancen gilt, die von Tochterunternehmen besetzt sind.[1] Denn eine Konzernholding betreibt ihre Geschäfte auch über die von ihr abhängigen Gesellschaften.[2] Eine solche konzernweite Auslegung macht auch Sinn, denn der Holding-Vorstand kennt aufgrund seiner Konzernleitung die Vorgänge bei den Konzernunternehmen und er bestimmt deren Geschäftspolitik. Aus diesem Grund verbietet sich für ihn auch eine Wettbewerbstätigkeit im Geschäftsbereich der Tochterunternehmen. Das Entsprechende gilt für das Ansichziehen von Geschäftschancen der Tochtergesellschaften. Ein abweichendes Ergebnis könnte dazu führen, dass Vorstände versucht wären, die Obergesellschaft als reine Finanzholding ohne eigenen Geschäftszweig zu organisieren, um so dem Wettbewerbsverbot zu entgehen.[3]

Das in dieser Weise ausgestaltete **konzernweite Wettbewerbsverbot** besteht gegenüber der Obergesellschaft. Ob das Vorstandsmitglied auch gegenüber der Tochtergesellschaft verpflichtet ist, soll an späterer Stelle behandelt werden.[4]

c) Konzernweite Verschwiegenheitspflichten gegenüber der „eigenen" herrschenden AG

Zu beachten sind von Vorstandsmitgliedern weiterhin besondere **Verschwiegenheitspflichten**, deren Verletzung ebenfalls Schadensersatzansprüche begründen kann. Die allgemeine Verschwiegenheitspflicht des Vorstands einer Aktiengesellschaft ergibt sich aus § 93 Abs. 1 Satz 3 AktG. Danach haben Vorstandsmitglieder über vertrauliche Angaben und Geheimnisse der Gesellschaft, namentlich Betriebs- oder Geschäftsgeheimnisse, die ihnen durch ihre Tätigkeit im Vorstand bekannt geworden sind, Stillschweigen zu bewahren. Geheimnisse der Gesellschaft sind Umstände mit Bezug zur Gesellschaft, die nicht allgemein bekannt sind und nach dem Willen der Gesellschaft nicht weiter verbreitet werden sollen.[5] Vertrauliche Angaben sind Informationen, die ein Vorstandsmitglied in dieser Eigenschaft, nicht notwendig durch eigene Tätigkeit, erlangt hat und deren Weitergabe für die Gesellschaft nachteilig sein kann.[6]

Die Vorschrift ist nach richtiger herrschender Meinung eine **Konkretisierung der organschaftlichen Loyalitätspflichten** der Vorstandsmitglieder gegenüber der Aktiengesellschaft.[7] Die über den allgemeinen Treu und Glauben-Maßstab des § 242 BGB hinausgehende Treupflicht verlangt von den Vorstandsmitgliedern, Privat-

---
1 *Fleischer* in Spindler/Stilz, § 88 AktG Rz. 24; *Kort* in Großkomm. AktG, § 88 AktG Rz. 30.
2 *Verse*, unten § 22 Rz. 20; *Mertens* in KölnKomm. AktG, § 88 AktG Rz. 9.
3 *Sven H. Schneider/Uwe H. Schneider*, AG 2005, 57; im Anschluss daran auch *Fleischer*, AG 2005, 336, 343 f.
4 S. unten Rz. 91.
5 BGH v. 5.6.1975 – II ZR 156/73, BGHZ 64, 325, 329; *Gaul*, GmbHR 1986, 296, 297; *Hopt* in Großkomm. AktG, § 93 AktG Rz. 191.
6 Ähnlich *Hüffer*, § 93 AktG Rz. 7.
7 *Spindler* in MünchKomm. AktG, § 93 AktG Rz. 96; *Schaefer/Missling*, NZG 1998, 441, 443; *Hopt* in Großkomm. AktG, § 93 AktG Rz. 187; a.A. *Spieker*, NJW 1965, 1937, der die Verschwiegenheitspflicht als unselbständige Nebenpflicht der allgemeinen Sorgfaltspflicht verstanden wissen will; wieder anders BGH v. 5.6.1975 – II ZR 156/73, BGHZ

interessen hinter Interessen der Gesellschaft zurückzustellen und die Organstellung nicht zum eigenen Vorteil auszunutzen.[1] Denn das Vorstandsmitglied ist treuhänderischer Verwalter fremder Vermögensinteressen. Zu dem zu betrauenden Treugut gehören auch die im Rahmen der Treuhandtätigkeit erlangten wertvollen Informationen.[2]

30 Auch hier ist die **konzernweite Reichweite** der Vorschrift aus dem Gesetz zunächst nicht ersichtlich. Unproblematisch ist der Fall, wonach ein Umstand sowohl auf der Ebene der abhängigen als auch auf der Ebene der herrschenden Gesellschaft ein Geheimnis bzw. eine vertrauliche Angabe darstellt. Dieser doppelte Geheimnisschutz ist die Regel; denn was für die Tochtergesellschaft ein Geheimnis oder eine vertrauliche Angabe darstellt, ist meist auch auf der Ebene der Muttergesellschaft entsprechend einzuordnen. Zwingend ist dies aber nicht. Denkbar und fraglich ist daher das Eingreifen der Verschwiegenheitspflicht für das Vorstandsmitglied der Holding, wenn ein Umstand zwar kein Geheimnis der Muttergesellschaft aber des abhängigen Unternehmens darstellt. Nach herrschender Meinung greift die Verschwiegenheitspflicht auch in diesen Fällen ein.[3] Dem ist zu folgen. Dafür spricht insbesondere, dass die Verschwiegenheitspflicht als Sonderfall der Loyalitätspflicht nicht ohne wichtigen Grund anders als jene behandelt werden kann.

31 Die Schweigepflicht besteht dann **gegenüber der Muttergesellschaft** in Bezug auf die Geheimnisse der Tochter. Ob auch eine Schweigepflicht unmittelbar gegenüber dem abhängigen Unternehmen bestehen kann, wird gleichfalls noch zu untersuchen sein.

d) Rechtliche Durchsetzungsmöglichkeiten und -pflichten bei Pflichtverstoß

32 Bei schuldhafter **Verletzung der Organpflichten** ist zur Durchsetzung der Schadensersatzansprüche in erster Linie der Aufsichtsrat der herrschenden Gesellschaft berufen, der das Unternehmen gegenüber dem Vorstand vertritt.[4]

33 In Anlehnung an das US-amerikanische Gesellschaftsrecht können Aktionäre, deren Anteile im Zeitpunkt der Antragstellung zusammen den einhundertsten Teil des Grundkapitals oder einen anteiligen Betrag von 100 000 Euro erreichen, die Zulassung beantragen, im eigenen Namen die in § 147 Abs. 1 Satz 1 AktG bezeichneten Ersatzansprüche der Gesellschaft geltend machen zu können (§ 148 AktG). Das Gericht lässt die Klage zu, wenn

---

64, 325, 327; *Mertens* in KölnKomm. AktG, § 93 AktG Rz. 75, die sowohl Treupflicht als auch Sorgfaltspflicht als Grundlage der Schweigepflicht ansehen; *Hüffer*, § 93 AktG Rz. 6, hält den Streit angesichts der ausdrücklichen Regelung in § 93 Abs. 1 Satz 3 AktG für müßig.
1 *Schaefer/Missling*, NZG 1998, 441, 443.
2 Ausführlich *Grundmann*, Der Treuhandvertrag, S. 103 ff.
3 *Hopt* in Großkomm. AktG, § 93 AktG Rz. 197; für den Aufsichtsrat *Lutter/Krieger*, Rechte und Pflichten des Aufsichtsrats, Rz. 114.
4 S. dazu auch unten *Uwe H. Schneider*, § 9 (S. 260 ff.).

- die Aktionäre nachweisen, dass sie die Aktien vor dem Zeitpunkt erworben haben, in dem sie oder im Falle der Gesamtrechtsnachfolge ihre Rechtsvorgänger von den behaupteten Pflichtverstößen oder dem behaupteten Schaden aufgrund einer Veröffentlichung Kenntnis erlangen mussten,
- die Aktionäre nachweisen, dass sie die Gesellschaft unter Setzung einer angemessenen Frist vergeblich aufgefordert haben, selbst Klage zu erheben,
- Tatsachen vorliegen, die den Verdacht rechtfertigen, dass der Gesellschaft durch Unredlichkeit oder grobe Verletzung des Gesetzes oder der Satzung ein Schaden entstanden ist, und
- der Geltendmachung des Ersatzanspruchs keine überwiegenden Gründe des Gesellschaftswohls entgegenstehen.

Hat das Gericht dem Antrag stattgegeben, kann die Klage nur binnen drei Monaten nach Eintritt der Rechtskraft der Entscheidung, sofern die Aktionäre die Gesellschaft nochmals unter Setzung einer angemessenen Frist vergeblich aufgefordert haben, selbst Klage zu erheben, erhoben werden, § 148 Abs. 4 Satz 1 AktG.

Teilweise wird die Ansicht vertreten, dass eine direkte Aktionärsklage auch ohne Vorliegen dieser Voraussetzungen bei praktischer Unmöglichkeit der Geltendmachung von Ansprüchen aufgrund der Minderheiteninitiativrechte möglich sein müsse. Begründet wird dies mit einer analogen Anwendung von § 309 Abs. 4 Satz 1 und 2 AktG.[1] Die herrschende Meinung lehnt dies aber zu Recht ab.[2]

Von der Möglichkeit zur Geltendmachung der Ansprüche ist die **Pflicht** des Aufsichtsrats zur Geltendmachung zu unterscheiden. Seit der ARAG-Entscheidung[3] des II. Senats des Bundesgerichtshofs ist anerkannt, dass der Aufsichtsrat kein unternehmerisches Ermessen bei der Frage für sich in Anspruch nehmen kann, ob er aussichtsreiche Schadensersatzforderungen gegen Vorstandsmitglieder durchsetzt. Er ist also in der Regel zur Geltendmachung verpflichtet, wenn er aufgrund einer sorgfältig und sachgerecht durchzuführenden Risikoanalyse zu der Einschätzung gelangt, dass eine gerichtliche Geltendmachung voraussichtlich zu einem Ausgleich des entstandenen Schadens führt. Von einer Verfolgung darf der Aufsichtsrat nur absehen, wenn gewichtige Gründe des Gesellschaftswohls dagegen sprechen und diese Umstände die Gründe, die für eine Rechtsverfolgung sprechen, überwiegen oder ihnen zumindest gleichwertig sind. 34

Das abhängige Unternehmen, seine Organe[4] oder übrigen Gesellschafter haben demgegenüber keine Möglichkeit zur Durchsetzung von Ansprüchen wegen Verletzung der Pflichten, die gegenüber dem herrschenden Unternehmen bestehen. 35

---

1 *Wiedemann*, Organverantwortung und Gesellschafterklagen in der Aktiengesellschaft, S. 50 f.; ihm folgend *Rollin*, Die Aktionärsklage in England und Deutschland, S. 198 f.
2 *Krieger*, ZHR 163 (1999), 343, 344; *Reichert/Weller*, ZRP 2002, 49, 52.
3 BGH v. 21.4.1997 – II ZR 175/95, BGHZ 135, 244, 255 = AG 1997, 377.
4 Zur fehlenden Durchsetzungsmöglichkeit des Aufsichtsrats der beherrschten Gesellschaft vgl. *Uwe H. Schneider*, Der Aufsichtsrat des abhängigen Unternehmens im Konzern – Ein Beitrag zum Konzernverfassungsrecht –, in FS Raiser, S. 341, 356.

2. Organ-Innenhaftung gegenüber der „eigenen" herrschenden GmbH

36 Den Geschäftsführern einer GmbH obliegen gegenüber der eigenen Gesellschaft **vergleichbare Sorgfalts-, Loyalitäts- und Verschwiegenheitspflichten** wie dem Vorstand einer Aktiengesellschaft.

37 Auch der GmbH-Geschäftsführer unterliegt im Rahmen seiner Sorgfaltspflicht den Mindestanforderungen an eine ordnungsgemäße Konzernleitung. Zu beachten ist aber, dass nach einer Ansicht bei der GmbH die Feststellung der Unternehmenspolitik in die **Zuständigkeit der Gesellschafter** fällt.[1] Das gilt auch für die Unternehmenspolitik im Konzern. Die Geschäftsführer sind danach auf die laufende Konzernverwaltung und die laufende Kontrolle der Konzernunternehmen beschränkt.[2] Soweit die Geschäftsführer nicht zuständig sind, kommt eine Haftung jedenfalls wegen Unterlassens einer gebotenen Maßnahme nicht in Betracht. Außerdem scheidet eine Haftung des Geschäftsführers aus, wenn sein Verhalten auf einer **zulässigen konzernleitenden Weisung der Gesellschafterversammlung** beruht.[3] In diesem Fall haften die Geschäftsführer „nur" für eine fehlerhafte Ausführung der Weisung. Dies gilt auch, wenn die Weisung konzernweite Auswirkungen hat. Davon zu unterscheiden ist die Frage, ob die Organ-Konzern-Innenhaftung und die Organ-Außenhaftung des Geschäftsführers eingeschränkt sind, wenn er aufgrund einer Weisung handelte.[4]

38 Das **Wettbewerbsverbot**, das zwar im GmbHG nicht ausdrücklich normiert, aber allgemein anerkannt ist[5], gilt bei der GmbH konzernweit.[6] Und Geschäftschancen darf ein GmbH-Geschäftsführer selbst dann nicht an sich ziehen, wenn es Chancen eines abhängigen Unternehmens sind.[7] Die Einzelfragen sind unter Beachtung von § 88 AktG zu beantworten.

39 Auch eine **Verschwiegenheitspflicht der Geschäftsführer** besteht im GmbH-Recht trotz fehlender ausdrücklicher Normierung. Sie wird in § 85 GmbHG vorausgesetzt.[8] Um wirksam zu sein, muss der Geheimnisschutz sich auch auf beherrschte Unternehmen erstrecken.

40 Für die **Durchsetzung von Ansprüchen** gegen die Geschäftsführer sind die Gesellschafter zuständig, § 46 Nr. 8 GmbHG.[9] Dabei ist streitig, ob auch ein einzelner

---

1 So etwa *Uwe H. Schneider* in Scholz, § 37 GmbHG Rz. 10; *Kleindiek* in Lutter/Hommelhoff, § 37 GmbHG Rz. 8; a.A. *Zöllner/Noack* in Baumbach/Hueck, § 37 GmbHG Rz. 13.
2 *Uwe H. Schneider* in Scholz, § 37 GmbHG Rz. 65; auf „ungewöhnliche Maßnahmen" als Grenze abstellend *Kleindiek* in Lutter/Hommelhoff, § 37 GmbHG Rz. 10.
3 Statt aller *Gehrlein*, GmbH-Recht in der Praxis, S. 268.
4 Dazu unten Rz. 45.
5 Statt aller *Goette*, Die GmbH, Rz. 201; *Zöllner/Noack* in Baumbach/Hueck, § 35 GmbHG Rz. 41; *Uwe H. Schneider* in Scholz, § 43 GmbHG Rz. 153; BGH v. 26.10.1964 – II ZR 127/62, WM 1964, 1320, 1321.
6 *Röhricht*, WPg 1992, 766, 770; *Uwe H. Schneider* in Scholz, § 43 GmbHG Rz. 163.
7 *Merkt*, ZHR 159 (1995), 423, 442; *Uwe H. Schneider* in Scholz, § 43 GmbHG Rz. 206.
8 *Zöllner/Noack* in Baumbach/Hueck, § 35 GmbHG Rz. 40; *Uwe H. Schneider* in Scholz, § 43 GmbHG Rz. 144.
9 *Roth* in Roth/Altmeppen, § 46 GmbHG Rz. 54; BGH v. 20.11.1958 – II ZR 17/57, BGHZ 28, 355, 357; BGH v. 16.12.1991 – II ZR 31/91, WM 1992, 224, 225.

Gesellschafter den Anspruch geltend machen kann, oder ob, wie von der herrschenden Meinung angenommen, stets ein Beschluss der Gesellschafter erforderlich ist.[1] Wie bei der herrschenden AG haben abhängige Unternehmen, deren Organe und Minderheitsgesellschafter keine Möglichkeit zur Durchsetzung von Ansprüchen der Mutter-GmbH gegen ihre Geschäftsführer.

II. Organ-Konzern-Innenhaftung gegenüber der beherrschten Gesellschaft

Bisher wurde die Frage untersucht, in welcher Weise die Pflichten, die Organmitgliedern im Verhältnis zur eigenen Gesellschaft obliegen, durch die Konzernlage verändert werden. Im Folgenden geht es um die Pflichten der Organmitglieder des herrschenden Unternehmens im Verhältnis zu einer unmittelbar oder mittelbar **beherrschten AG bzw. GmbH**. 41

Bestehen solche Pflichten, so könnte deren Verletzung Schadensersatzansprüche der Tochtergesellschaften **unmittelbar gegen Organmitglieder des herrschenden Unternehmens** auslösen. Zu denken ist dabei insbesondere auch an die Geltendmachung durch Minderheitsgesellschafter der Tochtergesellschaft und gegebenenfalls den Insolvenzverwalter. 42

Zu unterscheiden ist dabei nach der **Rechtsform** des beherrschten Unternehmens. Auf die Rechtsform des herrschenden Unternehmens kommt es nicht an. Insbesondere kann bei einer herrschenden GmbH eine Weisung der Gesellschafterversammlung den Geschäftsführer im Außenverhältnis gegenüber dem beherrschten Unternehmen nicht entlasten. 43

1. Organ-Konzern-Innenhaftung gegenüber der beherrschten AG

a) Konzernweite Sorgfaltspflichten gegenüber der beherrschten AG

Die Sorgfaltspflichten des gesetzlichen Vertreters der Holding **gegenüber einer Tochter-AG** sind zum Teil ausdrücklich geregelt. Die Haftungsnormen unterscheiden dabei zwischen Vertragskonzern und faktischem Konzern. 44

aa) Sorgfaltspflichten bei Weisungserteilung im Vertragskonzern. Der gesetzliche Vertreter des herrschenden Unternehmens hat bei Bestehen eines Beherrschungsvertrags gegenüber der abhängigen AG bei der Erteilung von Weisungen die Sorgfalt eines ordentlichen und gewissenhaften Geschäftsleiters einzuhalten (§ 309 AktG). Eine Weisung ist jede Maßnahme des herrschenden Unternehmens, durch die dieses über den Vorstand der abhängigen AG Einfluss auf deren Leitung nehmen will.[2] Bei eingegliederten Gesellschaften gilt § 309 AktG entsprechend, § 323 Abs. 1 AktG. Wird dieser Standard nicht gewahrt, so hat die ge- 45

---

[1] *Bayer* in Lutter/Hommelhoff, § 46 GmbHG Rz. 35 ff., bei Fehlen eines Gesellschafterbeschlusses besteht der Anspruch zwar, ist aber nicht durchsetzbar.
[2] *Emmerich* in Emmerich/Habersack, Aktien- und GmbH-Konzernrecht, § 308 AktG Rz. 23.

schädigte AG einen Schadensersatzanspruch direkt gegen den **weisungserteilenden gesetzlichen Vertreter** der Muttergesellschaft.[1]

bb) Sorgfaltspflichten bei Veranlassung nachteiliger Maßnahmen im faktischen Konzern. Im faktischen Konzern haftet der gesetzliche Vertreter eines faktisch herrschenden Unternehmens zusammen mit diesem gegenüber der Tochter-AG als Gesamtschuldner, wenn er das abhängige Unternehmen zu einer **nachteiligen Maßnahme veranlasst** hat, und dadurch, dass der entstandene Nachteil nicht bis zum Ende des Geschäftsjahres ausgeglichen wird[2], ein Schaden entsteht, § 317 Abs. 3 AktG.[3]

Ein **Nachteil** kann nur bei Minderung oder konkreter Gefährdung der Vermögens- oder Ertragslage der Gesellschaft ohne Rücksicht auf Quantifizierbarkeit entstehen.[4] Zu ermitteln ist dies – grundsätzlich –[5] auf Grundlage einer bilanziellen Betrachtungsweise.[6] Problematisch war dies früher insbesondere bei den in der Praxis unvermeidbaren Darlehen von Tochterunternehmen an ihre Muttergesellschaft im Rahmen eines konzernweiten *Cash Pool*.[7] Im Anschluss an die Änderungen durch das MoMiG[8] wurde die höchstrichterliche Rechtsprechung aber – auch für Altfälle vor Inkrafttreten der Gesetzesänderung – dahingehend geändert, dass die Gewährung eines – wenn auch unbesicherten – kurzfristig rückforderbaren „upstream-Darlehens" durch eine abhängige AG an das herrschende Unternehmen kein schon per se nachteiliges Geschäft ist, wenn die Rückzahlungsforderung im Zeitpunkt der Darlehensausreichung vollwertig ist.[9]

Außerdem muss die „Beeinträchtigung als **Abhängigkeitsfolge**" eintreten.[10] Dies ist nicht der Fall, wenn auch ein sorgfältig handelnder Vorstand einer unabhängigen Gesellschaft die Maßnahme vorgenommen hätte (§ 317 Abs. 2 AktG). Der

---

1 Ausführlich *Fleischer* in Fleischer, Handbuch des Vorstandsrechts, S. 660, 679 ff.
2 Zur Möglichkeit des zeitlich gestreckten Ausgleichs von Nachteilen und der darin zum Ausdruck kommenden Privilegierung des faktischen Konzerns zuletzt BGH v. 1.12.2008 – II ZR 102/07, NZG 2009, 107 = GmbHR 2009, 199 – MPS.
3 S. dazu Begr. ReGE AktG 1965, bei *Kropff*, Aktiengesetz, S. 419; *Krieger* in MünchHdb. AG, § 69 Rz. 108; *Bollmann*, Der Schadenersatzanspruch gem. § 317 AktG bei Schädigung der abhängigen Eine-Person-AG, S. 45; ausführlich auch *Fleischer* in Fleischer, Handbuch des Vorstandsrechts, S. 660, 686 ff.
4 BGH v. 1.12.2008 – II ZR 102/07, NZG 2009, 107 = GmbHR 2009, 199 – MPS; BGH v. 1.3.1999 – II ZR 312/97, BGHZ 141, 79, 84 = NZG 1999, 658 = GmbHR 1999, 660; *Mülbert/Leuschner*, NZG 2009, 281, 284; *Hüffer*, § 311 AktG Rz. 25.
5 Zu den Ausnahmen insbesondere bei konzerninternen Darlehen ausführlich *Mülbert/Leuschner*, NZG 2009, 281, 284.
6 BGH v. 1.12.2008 – II ZR 102/07, NZG 2009, 107, 108 = GmbHR 2009, 199 – MPS: „vernünftige kaufmännische Beurteilung, wie sie auch bei der Bewertung von Forderungen aus Drittgeschäften im Rahmen der Bilanzierung (§ 253 HGB) maßgeblich ist".
7 Für die Möglichkeit eines Nachteils in diesen Fällen noch BGH v. 24.11.2003 – II ZR 171/01, BGHZ 157, 72 = NZG 2004, 233 = GmbHR 2004, 302, zu § 30 GmbHG.
8 Gesetz zur Modernisierung des GmbH-Rechts und zur Bekämpfung von Missbräuchen (MoMiG) vom 23.10.2008, BGBl. I 2008, 2026.
9 BGH v. 1.12.2008 – II ZR 102/07, NZG 2009, 107 = GmbHR 2009, 199 – MPS.
10 BGH v. 1.12.2008 – II ZR 102/07, NZG 2009, 107 = GmbHR 2009, 199 – MPS; BGH v. 1.3.1999 – II ZR 312/97, BGHZ 141, 79, 84 = NZG 1999, 658 = GmbHR 1999, 660.

Maßstab, an dem das Handeln des Vorstands zu messen ist, entspricht demjenigen bei der Einzelgesellschaft nach § 93 AktG[1] einschließlich der Business Judgment Rule.[2] Bei dieser Bewertung kommt dem Vergleich der Maßnahme mit einem Drittgeschäft zwischen voneinander unabhängigen Vertragsparteien wesentliche Bedeutung zu.[3] Eine Haftung ist deshalb ausgeschlossen, wenn ein ordentlicher und gewissenhafter Geschäftsleiter einer unabhängigen Gesellschaft unter sonst gleichen Bedingungen das Rechtsgeschäft ebenso vorgenommen hätte, wie tatsächlich bei Abhängigkeit geschehen.[4]

Ein Nachteil muss weiterhin durch den haftenden Vertreter des herrschenden Unternehmens „**veranlasst**" worden sein.[5] Der Veranlassungsbegriff wird grundsätzlich denkbar weit verstanden und umfasst jede Einflussnahme, die wenigstens mitursächlich zu einem Nachteil führt. Gleichgültig ist, ob sie als Ratschlag, Anregung, Erwartung eines bestimmten Verhaltens oder Weisung ausgestaltet ist. Gleichgültig ist auch, ob sie für den Einzelfall oder als Richtlinie gilt.[6] Für die persönliche Haftung des Vertreters des herrschenden Unternehmens ist aber erforderlich, dass *er* den Nachteil veranlasst hat, eine Veranlassung durch andere Vertreter oder Mitarbeiter des herrschenden Unternehmens reicht nicht aus.[7] Der Kläger muss dies im Zweifel beweisen. Die im Rahmen der Haftung des herrschenden Unternehmens von der überwiegenden Ansicht jedenfalls bei einheitlicher Leitung (§ 18 AktG) vertretene Beweiserleichterung zugunsten des Klägers aufgrund einer tatsächlichen Vermutung (Beweis des ersten Anscheins) oder sogar einer Rechtsvermutung[8] gilt nicht für die persönliche Haftung des Vertreters des herrschenden Unternehmens, jedenfalls wenn dort mehrere gesetzliche Vertreter bestellt sind.[9]

49

cc) Verbot vorsätzlicher Schädigung unter Benutzung von Einfluss. Ohne tatbestandlichen Konzernbezug, aber doch vor allem im Konzern relevant, ist das **Verbot der vorsätzlichen Schädigung** einer Gesellschaft durch Benutzung faktischen Einflusses, § 117 Abs. 1 Satz 1 AktG. Haften können auch natürliche Personen, insbesondere auch Geschäftsführungsmitglieder eines Mehrheitsgesellschafters. Wegen des Erfordernisses einer rechtswidrigen[10], vorsätzlichen Schädigung betrifft die Norm aber vor allem Extremfälle. Die Vorschrift gilt auch im Vertragskonzern, also neben § 309 AktG.[11] Die Haftung ist allerdings ausgeschlossen, wenn die Bestimmung zur Vornahme der schädigenden Handlung aufgrund eines Beherrschungsvertrags erfolgte, § 117 Abs. 7 Nr. 1 AktG. Bei un-

50

---

1 *Mülbert/Leuschner*, NZG 2009, 281, 284.
2 BGH v. 3.3.2008 – II ZR 124/06, NZG 2008, 389 = AG 2008, 375 – UMTS.
3 BGH v. 1.12.2008 – II ZR 102/07, NZG 2009, 107, 108 = GmbHR 2009, 199 – MPS; *Mülbert/Leuschner*, NZG 2009, 281, 284.
4 BGH v. 3.3.2008 – II ZR 124/06, NZG 2008, 389 = AG 2008, 375 – UMTS; BGH v. 1.3.1999 – II ZR 312/97, BGHZ 141, 79, 88 = NZG 1999, 658 = GmbHR 1999, 660.
5 BGH v. 3.3.2008 – II ZR 124/06, NZG 2008, 389 = AG 2008, 375 – UMTS.
6 *Hüffer*, § 311 AktG Rz. 16.
7 *J. Vetter* in K. Schmidt/Lutter, § 317 AktG Rz. 34 m.w.N.; *Hüffer*, § 317 AktG Rz. 14.
8 *Hüffer*, § 311 AktG Rz. 20f.
9 *Koppensteiner* in KölnKomm. AktG, § 317 AktG Rz. 32.
10 Zur Rechtswidrigkeit *Hüffer*, § 117 AktG Rz. 6.
11 *Kort* in Großkomm. AktG, § 117 AktG Rz. 259.

zulässigen Weisungen bleibt aber auch im Vertragskonzern eine Haftung möglich.[1] Allerdings sind dann wegen der Beweislastumkehr in § 309 Abs. 2 Satz 2 AktG die Voraussetzungen von § 309 AktG oft leichter zu beweisen.[2] Nach herrschender Meinung gilt § 117 AktG auch im faktischen Konzern neben § 317 AktG, allerdings nur wenn es nicht zum rechtzeitigen Ausgleich nachteiliger Maßnahmen nach § 311 AktG kommt oder ein Nachteil nicht ausgleichsfähig ist.[3] Außerdem sind die Voraussetzungen einer Haftung nach § 317 AktG geringer und leichter darzulegen.

51 **dd) Allgemeine Konzernleitungspflicht gegenüber der Tochtergesellschaft?**
§§ 309, 317 AktG gelten nur bei Weisungen bzw. Veranlassung einer nachteiligen Maßnahme. § 117 AktG verlangt Vorsatz und ein Mitwirken der Organmitglieder oder leitenden Angestellten der Tochtergesellschaft. Der Pflichteninhalt dieser Normen ist folglich enger als der von § 93 AktG. Die Vorschriften haben deshalb, aber nicht nur aus diesem Grund, **relativ geringe praktische Bedeutung**.[4] Dies gilt erst recht seit der – jedenfalls weitgehenden – Abschaffung der Rechtsfigur des „qualifizierten faktischen Konzerns", nach der eine analoge Anwendung (auch) der betroffenen Haftungsvorschriften in Betracht kam.[5] Die an die Stelle des „qualifizierten faktischen Konzerns" getretene, insbesondere für die GmbH[6] entwickelte Haftungsfigur des „existenzvernichtenden Eingriffs"[7] ist nicht mehr konzernrechtlicher Natur (sondern folgt aus einer teleologischen Reduktion der gesellschaftsrechtlichen Haftungsbegrenzung in § 13 Abs. 2 GmbHG bzw. aus Deliktsrecht, § 826 BGB).[8] Ob auch eine Haftung der gesetzlichen Vertreter des Gesellschafters in Betracht kommt, ist umstritten.[9]

52 Es stellt sich folglich die Frage, ob über den Bereich dieser speziellen Haftungsnormen hinaus eine Sorgfaltspflicht des gesetzlichen Vertreters der Muttergesellschaft gegenüber der abhängigen AG besteht, die inhaltlich der in § 93 AktG für den innergesellschaftlichen Bereich geregelten Leitungspflicht entspricht. Die herrschende Meinung lehnt solche **Konzernleitungspflichten** des herrschenden Unternehmens und seiner Organmitglieder gegenüber abhängigen Gesell-

---

1 *Hüffer*, § 309 AktG Rz. 1.
2 *Kort* in Großkomm. AktG, § 117 AktG Rz. 259.
3 *Hüffer*, § 117 AktG Rz. 14; *Kort* in Großkomm. AktG, § 117 AktG Rz. 262 f.
4 *Kropff*, Der konzernrechtliche Ersatzanspruch – ein zahnloser Tiger?, in FS Bezzenberger, S. 233, 252; *Hüffer*, § 317 AktG Rz. 1.
5 Zur Abschaffung BGH v. 17.9.2001 – II ZR 178/99, BGHZ 149, 10, 15 ff. = NZG 2002, 38 = GmbHR 2001, 1036; zu der für das Aktienrecht teilweise vertretenen Fortgeltung des qualifiziert faktischen Konzerns s. *Hirte* in Großkomm. AktG, § 302 AktG Rz. 101 (für „Extremsituationen); dagegen zu Recht *Stephan* in K. Schmidt/Lutter, § 302 AktG Rz. 11 m.w.N.
6 Zur Übertragbarkeit der Existenzvernichtungshaftung auf die AG *Habersack*, ZGR 2008, 533, 549 ff.
7 Grundlegend BGH v. 17.9.2001 – II ZR 178/99, BGHZ 149, 10 = NZG 2002, 38 = GmbHR 2001, 1036 – Bremer Vulkan (für die GmbH); Fortentwicklung der höchstrichterlichen Rechtsprechung insbesondere durch BGH v. 16.7.2007 – II ZR 3/04, NZG 2007, 667 = GmbHR 2007, 927 – Trihotel (ebenfalls für die GmbH).
8 Zum Ganzen unter Berücksichtigung der Entwicklung der höchstrichterlichen Rechtsprechung von einer Außenhaftung zur Innenhaftung *Hüffer*, § 1 AktG Rz. 21 ff.
9 *Kölbl*, BB 2009, 1194, 1198 m.w.N.

schaften ab.¹ Dies gilt auch dann, wenn der gesetzliche Vertreter gegenüber seinem Mutterunternehmen eine durch Spezialvorschrift konkretisierte Sorgfaltspflicht mit Konzernbezug hat. Die Verletzung der bereits dargestellten Pflicht des Geschäftsleiters eines Kreditinstituts zur Einrichtung eines konzernweiten Compliance-Systems zur Einhaltung der dem Institut obliegenden öffentlich-rechtlichen Organisationspflichten führt nicht (auch) zur Haftung des Geschäftsleiters gegenüber dem Tochterinstitut. Allerdings hat der II. Senat des Bundesgerichtshofs entsprechende Pflichten des Geschäftsführers bei der GmbH & Co. KG gegenüber der KG aus dem Anstellungsvertrag des Geschäftsführers abgeleitet.² Und das Bundeskartellamt hat jüngst eine Entscheidung zu § 130 OWiG getroffen, die bei gerichtlicher Bestätigung weitreichende mittelbare Konsequenzen auch für das Gesellschaftsrecht haben könnte.³

b) Konzernweite Loyalitätspflichten gegenüber der beherrschten AG

Ein unmittelbares **konzernweites Wettbewerbsverbot** des Geschäftsführungsmitglieds der Konzernmutter gegenüber der Tochter-AG geht aus § 88 AktG nicht hervor. Auch eine analoge Anwendung der Vorschrift ist bislang nicht vorgeschlagen worden. Vielmehr wird, wenn auch ohne ausführliche Begründung, darauf hingewiesen, dass Treupflichten nur gegenüber der eigenen Gesellschaft bestünden.⁴ 53

In Rechtsprechung und Lehre wird zwar oft vertreten, das **herrschende Unternehmen** selbst unterliege als Gesellschafter gegenüber dem Tochterunternehmen einem Wettbewerbsverbot.⁵ Dies bezieht sich aber nur auf den Gesellschafter und nicht auf die Mitglieder des Vorstands bzw. die Geschäftsführer des Gesellschafters.⁶ Selbst wenn daher das wettbewerbswidrige Verhalten des gesetzlichen Vertreters der Muttergesellschaft dieser zuzurechnen ist und sie deshalb in ihrer Eigenschaft als Gesellschafterin der abhängigen Gesellschaft Schadensersatz zahlen muss, ist dieser Anspruch mit dem Insolvenzrisiko der Obergesellschaft belastet. Etwas anderes mag bei einem existenzvernichtenden Eingriff gelten, wenn man eine (Mit-)Haftung des Geschäftsführungsmitglieds des Gesellschafters befürwortet. 54

Auch aus den §§ 309 bzw. 317 AktG lässt sich ein entsprechendes Wettbewerbsverbot der Vertreter des herrschenden Unternehmens nicht ableiten. Diese Nor- 55

---

1 *Fleischer* in Spindler/Stilz, § 76 AktG Rz. 77; *Habersack* in Emmerich/Habersack, Aktien- und GmbH-Konzernrecht, § 311 AktG Rz. 10; *Hüffer*, § 311 AktG Rz. 8; *Kropff* in MünchKomm. AktG, § 311 AktG Rz. 280; a.A. noch *Uwe H. Schneider*, BB 1981, 249, 256.
2 BGH v. 14.11.1994 – II ZR 160/93, ZIP 1995, 738 mit Anm. *Westermann*, EWiR § 43 GmbHG 1/95, 677.
3 BKartA – B1 – 200/06; dagegen ausführlich *Koch*, WM 2009, 564 ff.
4 *Hopt* in Großkomm. AktG, § 93 AktG Rz. 153.
5 BGH v. 5.12.1983 – II ZR 242/82, BGHZ 89, 162 = GmbHR 1984, 203 – Heumann/Ogilvy; *Lutter/Timm*, NJW 1982, 409, 419; *Wiedemann/Hirte*, ZGR 1986, 163; *Immenga*, JZ 1984, 578; zum mehrstufigen Konzern *Uwe H. Schneider/Burgard* in FS Ulmer, S. 579 ff.; differenzierend *Krieger* in MünchHdb. AG, § 69 Rz.90.
6 BGH v. 9.3.2009 – II ZR 170/07, WM 2009, 1138 = AG 2009, 500 – Vorstandsdoppelmandat.

men beziehen sich – wie ausgeführt – nur auf tatsächlich erteilte und durchgeführte Weisungen bzw. Maßnahmen.

56 Diese Einschränkung des Wettbewerbsverbots ist unter **rechtspolitischen Gesichtspunkten** überraschend. Denn der Schutz durch das Wettbewerbsverbot gegenüber der Muttergesellschaft, dem deren Geschäftsführungsmitglied unterliegt, ist für die Tochter-AG nicht ausreichend, weil nicht durchsetzbar. Weder die abhängige Gesellschaft selbst noch deren Minderheitsaktionäre oder ein etwaiger Insolvenzverwalter können nach geltendem Recht einen Schadensersatzanspruch gegen das Geschäftsführungsmitglied des herrschenden Unternehmens wegen Verletzung des Wettbewerbsverbots zugunsten des Tochterunternehmens geltend machen.[1]

57 Das Entsprechende gilt für rechtswidriges Ansichziehen von **Geschäftschancen**.

c) Konzernweite Verschwiegenheitspflichten gegenüber der beherrschten AG

58 Auch die Pflicht zur Wahrung von **Geheimnissen** und **vertraulichen Angaben** gem. § 93 Abs. 1 Satz 2 AktG bindet nur gegenüber der eigenen Gesellschaft, nicht aber auch unmittelbar gegenüber abhängigen Aktiengesellschaften.

59 **Kein Schutz** besteht folglich *erstens* für eine beherrschte AG, wenn ein Umstand zwar auf ihrer Ebene, nicht aber auf der Ebene des herrschenden Unternehmens ein Geheimnis bzw. eine vertrauliche Angabe im Sinne von § 93 Abs. 1 Satz 2 AktG oder den entsprechenden GmbH-rechtlichen Grundsätzen darstellt (etwa weil das herrschende Unternehmen eine ausländische Rechtsform hat, bei der eine entsprechende Norm nicht besteht). Und eine faktische Schutzlücke besteht *zweitens* selbst dann, wenn der gesetzliche Vertreter des herrschenden Unternehmens gegenüber seiner Gesellschaft einer Verschwiegenheitspflicht unterliegt, weil diese Pflicht bzw. ein entsprechender Schadensersatzanspruch bei Pflichtverletzung von der Untergesellschaft und ihren Stakeholdern nicht durchsetzbar sind.

d) Rechtliche Durchsetzungsmöglichkeiten und -pflichten bei Pflichtverstoß

60 Die Ansprüche nach § 309 bzw. § 317 AktG können sowohl von den gesetzlichen Vertretern der anspruchsberechtigten abhängigen AG, also deren Vorstand, als auch von jedem (Minderheits-)Aktionär der Untergesellschaft geltend gemacht werden, § 309 Abs. 4 bzw. § 317 Abs. 4 i.V.m. § 309 Abs. 4 AktG. Demgegenüber können Aktionäre der geschädigten Gesellschaft Ansprüche nach § 117 Abs. 1 Satz 1 AktG nicht durchsetzen[2], dies bleibt dem Vorstand vorbehalten.

61 Keine **unmittelbare Durchsetzungsmöglichkeit** haben die Gesellschafter des herrschenden Unternehmens. Dies gilt auch, wenn die herrschende Gesellschaft eine AG ist. Damit beantwortet sich die in der Einleitung gestellte Frage. Eine § 148 AktG entsprechende konzernweite Regelung ist für diesen Fall nicht vor-

---
1 Zur rechtlichen Durchsetzbarkeit im Übrigen s. auch noch sogleich unten Rz. 60.
2 OLG Bremen v. 28.5.2001 – 4 W 7/01, AG 2002, 620; LG Düsseldorf v. 7.7.1989 – 32 O 39/89, AG 1991, 70, 71; *Hüffer*, § 117 AktG Rz. 8.

gesehen. Etwas anderes gilt nur dann, wenn das Verhalten des gesetzlichen Vertreters des herrschenden Unternehmens zugleich eine **Pflichtverletzung gegenüber der Konzernobergesellschaft** darstellt, etwa weil dieser ein eigener Schaden dadurch entstanden ist, dass ihr das pflichtwidrige Verhalten ihres gesetzlichen Vertreters zugerechnet wird und sie von der Tochtergesellschaft in Anspruch genommen wird.[1] Ein eigener Schaden käme außerdem in Form der Wertminderung der Aktien der unmittelbar geschädigten abhängigen Gesellschaft in Betracht. Ein solcher Schaden ist freilich im Einzelfall aus mehreren Gründen nur schwer zu bestimmen. Denn der Schadensersatzanspruch der abhängigen AG ist jedenfalls bei Werthaltigkeit aktivierungsfähig und aktivierungspflichtig.[2] Es dürfte deshalb zu einer Wertminderung der Anteile der Tochtergesellschaft schon gar nicht kommen. Völlig offen ist, wie der Schaden der herrschenden Gesellschaft ermittelt wird, wenn sich das die Tochtergesellschaft schädigende Ereignis für sie **vermögensmäßig vorteilhaft** auswirkt. Eindeutig ist jedenfalls, dass der gesetzliche Vertreter der Obergesellschaft im Ergebnis **nur einmal** auf Schadensersatz haften kann. Es ist davon auszugehen, dass der Anspruch der Tochtergesellschaft in diesem Fall vorrangig ist.

62 Keine Durchsetzungsmöglichkeit hat auf den ersten Blick auch ein etwaiger **Aufsichtsrat der Muttergesellschaft**. Denn er ist für die gesetzliche Vertretung der Untergesellschaft nicht zuständig. Zu bedenken ist aber Folgendes: Das herrschende Unternehmen selbst kann in seiner Eigenschaft als Aktionärin der abhängigen Tochter den Anspruch auf der Grundlage von § 148 AktG ebenso geltend machen, wie die Minderheitsaktionäre des abhängigen Unternehmens. Die Vertretung der Obergesellschaft obliegt zwar grundsätzlich deren gesetzlichen Vertretern. Da es jedoch um die Geltendmachung eines Schadensersatzanspruches gegen jene geht, ist nach hier vertretener Auffassung jedenfalls bei einer Aktiengesellschaft als herrschendem Unternehmen dessen Aufsichtsrat subsidiär zur Vertretung berufen. Auf diesem Umweg ist dem Aufsichtsrat einer Mutter-AG daher sehr wohl die Geltendmachung möglich.

63 Folgt man dem, so ist der Schritt zu einer Übertragung der Grundsätze der ARAG-Entscheidung und der daraus folgenden **Verpflichtung** zum Tätigwerden des Aufsichtsrats der Obergesellschaft nicht mehr weit. Sollte das Gremium dieser Verpflichtung nicht nachkommen, so machen dessen Mitglieder sich ihrerseits gegenüber der Muttergesellschaft wegen Unterlassung haftbar. Dieser Anspruch kann dann auch von den Aktionären einer Mutter-AG im Rahmen von § 148 AktG verfolgt werden.

2. Organ-Konzern-Innenhaftung gegenüber der beherrschten GmbH

64 Ist die beherrschte Gesellschaft keine AG, sondern GmbH, ergeben sich **Abweichungen** für die Haftung der gesetzlichen Vertreter der Obergesellschaft gegenüber der abhängigen GmbH.

---

1 Eine entsprechende Haftung des herrschenden Unternehmens ist insbesondere im Vertragskonzern anerkannt, streitig ist allerdings die Anspruchsgrundlage, dazu *Hüffer*, § 309 AktG Rz. 26 f.
2 *Hüffer*, § 317 AktG Rz. 9 für den faktischen Konzern.

65 Im GmbHG fehlt mangels Normierung des Konzernrechts eine Regelung in Bezug auf Sorgfaltspflichten, die § 309 AktG bzw. § 317 AktG entspricht.[1] Anerkannt ist aber eine teilweise **analoge Anwendung des Aktienkonzernrechts auf die abhängige GmbH**, soweit die rechtliche Situation bei AG und GmbH vergleichbar ist und nicht vorrangige GmbH-rechtliche Wertungen eine abweichende Entscheidung erzwingen.[2]

66 Vor diesem Hintergrund geht die herrschende Meinung von einer **analogen Anwendung des § 309 AktG auf die abhängige GmbH** aus.[3] Die gesetzlichen Vertreter eines herrschenden Unternehmens haften also für fehlerhafte Weisungen an eine abhängige GmbH ebenso wie bei einer beherrschten AG.

67 Abweichungen vom Aktienrecht ergeben sich indes für den **faktischen Konzern**. Der Anknüpfungspunkt für einen Schutz der faktisch abhängigen GmbH ist seit langem umstritten. Die zunächst naheliegende entsprechende Anwendung der §§ 311 bis 318 AktG hat sich nicht durchgesetzt.[4] Denn das GmbH-Recht enthalte anders als das AktG gerade keine Erlaubnis zur Schädigung der GmbH gegen anderweitigen Ausgleich. Außerdem griffen nachteilige Weisungen so stark in die Interessen der abhängigen GmbH ein, dass dies nicht mehr in den Aufgabenbereich der Geschäftsführer, sondern der Gesellschafterversammlung falle.[5]

68 Als **Haftungsmodell** werden verschiedene Alternativen diskutiert, die von einer von der herrschenden Ansicht favorisierten gesteigerten Treupflicht[6] über die Annahme konzerninterner Sonderrechtsbeziehungen[7] bis zu einer besonderen Konzernverschuldenshaftung[8] reichen.[9] Das Treupflichtkonzept hat – neben grundsätzlichen Schwächen bei der Einpersonen-GmbH – Auswirkungen auf die hier behandelte Haftung des gesetzlichen Vertreters der herrschenden Obergesellschaft bei Erteilung nachteiliger (genauer: treupflichtwidriger) Weisungen an die beherrschte GmbH. Treupflichtiger ist nämlich das herrschende Unternehmen in seiner Eigenschaft als Gesellschafter der GmbH. Den gesetzlichen Vertreter des herrschenden Unternehmens trifft keine eigene Treupflicht.[10] Eine mög-

---

1 *Liebscher*, GmbH-Konzernrecht, Rz. 392.
2 *Emmerich* in Scholz, Anh. § 13 GmbHG (Konzernrecht) Rz. 73 ff., 131; weiter differenzierend *Zöllner* in Baumbach/Hueck, GmbHG, Schlussanhang Konzernrecht Rz. 5.
3 *Altmeppen* in Roth/Altmeppen, Anh. § 13 GmbHG Rz. 79; *Emmerich* in Scholz, Anh. § 13 GmbHG (Konzernrecht) Rz. 183 f.
4 So aber z.B. *Kropff* in FS Kastner, 1992, S. 279, 296 ff.
5 *Lutter* in Lutter/Hommelhoff, Anh. § 13 GmbHG Rz. 20; *Altmeppen* in Roth/Altmeppen, Anh. § 13 GmbHG Rz. 130.
6 So die h.M., vgl. etwa *Lutter* in Lutter/Hommelhoff, Anh. § 13 GmbHG Rz. 21 ff.; *Altmeppen* in Roth/Altmeppen, Anh. § 13 GmbHG Rz. 114.
7 *Karsten Schmidt*, Gesellschaftsrecht, § 39 III 2b; *Limmer*, Die Haftungsverfassung des faktischen GmbH-Konzerns, S. 64 ff.
8 *Lutter*, ZGR 1982, 244, 265 ff.; *Lutter*, ZIP 1985, 425; *Lutter*, ZGR 1987, 324, 362 ff.; *Uwe H. Schneider*, ZGR 1980, 511, 532.
9 Einen guten Überblick gibt *Emmerich* in Scholz, Anh. § 13 GmbHG (Konzernrecht) Rz. 67 ff.
10 OLG Bremen v. 18.5.1999 – 3 U 2/98, AG 1999, 466, 467; *Habersack* in Emmerich/Habersack, Aktien- und GmbH-Konzernrecht, Anhang § 318 AktG Rz. 30 Fn. 81.

liche analoge Anwendung von § 317 Abs. 3 AktG für diese Fälle wird daher mehrheitlich abgelehnt.[1]

Daraus folgt, dass der gesetzliche Vertreter eines über eine GmbH herrschenden Unternehmens unmittelbar gegenüber der Tochter-GmbH haften kann, wenn ein Beherrschungsvertrag abgeschlossen wurde, nicht aber bei bloßer faktischer Konzernierung. Im letzteren Fall kommt nur eine Haftung des herrschenden Unternehmens als Gesellschafter sowie eine Haftung des gesetzlichen Vertreters des herrschenden Unternehmens gegenüber seiner Gesellschaft nach den Grundsätzen der Organ-Innenhaftung in Betracht. Dies mag ein weiterer Grund dafür sein, dass in der Praxis **nur selten Beherrschungsverträge** in GmbH-Konzernen abgeschlossen werden. 69

Eine analoge Anwendung von § 117 AktG auf die GmbH hat sich nicht durchsetzen können.[2] Anwendbar ist die gerade für die GmbH entwickelte Rechtsfigur des existenzvernichtenden Eingriffs. In diesem Zusammenhang ist die Möglichkeit einer (Mit-)Haftung des gesetzlichen Vertreters der Obergesellschaft wie dargestellt noch nicht abschließend geklärt. 70

Bei den konzernweiten Loyalitätspflichten und Verschwiegenheitspflichten zeigen sich bei der abhängigen GmbH keine Abweichungen vom Aktienrecht. 71

Für die **Durchsetzung von Ansprüchen** der abhängigen GmbH gegen das herrschende Unternehmen sind grundsätzlich die Gesellschafter zuständig, § 46 Nr. 8 GmbHG.[3] Unklar ist der Gesetzeswortlaut für Ansprüche gegen die gesetzlichen Vertreter der Obergesellschaft. Hier kann aber nichts anderes gelten. Unabhängig davon ist weitgehend anerkannt, dass einzelne Gesellschafter den Anspruch direkt für die Gesellschaft durchsetzen können.[4] 72

III. Organ-Konzern-Außenhaftung

Die Organ-Konzern-Außenhaftung umfasst Fälle, in denen ein Organmitglied des herrschenden Unternehmens gegenüber Dritten für Sachverhalte haftet, die je- 73

---

1 OLG Bremen v. 18.5.1999 – 3 U 2/98, NZG 1999, 724 = AG 1999, 466; für eine entsprechende Anwendung aber *Altmeppen*, Die Haftung des Managers im Konzern, S. 78 ff. und 84 ff.; *Altmeppen*, ZIP 2009, 49, 55; *Jungkurth*, Konzernleitung bei der GmbH, S. 188 ff.; jetzt wohl auch *Mülbert/Leuschner*, NZG 2009, 281, 284 („in Erwägung zu ziehen"); *Zöllner* in Baumbach/Hueck, GmbHG, Schlussanhang Konzernrecht Rz. 109 lehnt zwar eine analoge Anwendung von § 317 Abs. 1 bis 3 AktG ab, geht aber immerhin von einer entsprechenden Anwendbarkeit von § 317 Abs. 4 und 5 AktG (Geltendmachung durch Gläubiger) aus.
2 Dafür aber *Burgard*, WuB II.C. § 13 GmbHG 1.02; *Burgard*, ZIP 2002, 827, 837 f.; *Ziemons*, Die Haftung der Gesellschafter für Einflussnahmen auf die Geschäftsführung der GmbH, S. 212 ff.
3 *Roth* in Roth/Altmeppen, § 46 GmbHG Rz. 54; BGH v. 20.11.1958 – II ZR 17/57, BGHZ 28, 355, 357; BGH v. 16.12.1991 – II ZR 31/91, WM 1992, 224, 225 = GmbHR 1992, 102.
4 *Emmerich* in Scholz, Anh. § 13 GmbHG (Konzernrecht) Rz. 87 (für den faktischen Konzern).

denfalls auch auf Vorgängen bei Tochtergesellschaften beruhen.[1] An die Stelle der Unterteilung in Sorgfalts-, Loyalitäts- und Schweigepflichten treten hier die zahlreichen einzelnen öffentlich-rechtlichen und privatrechtlichen Pflichten, denen ein Vorstandsmitglied Dritten gegenüber persönlich ausgesetzt ist.

74 Einen ausdrücklichen, aber **praktisch wenig bedeutsamen Haftungsanspruch** enthält das Aktienrecht in § 317 Abs. 1 Satz 2, Abs. 3 AktG. Demgemäß haftet ein Geschäftsführungsmitglied der herrschenden Gesellschaft gegenüber den (Minderheits-)Aktionären einer faktisch beherrschten AG auf Schadensersatz, wenn diesen aufgrund einer nachteiligen Weisung, die nicht bis zum Ende des Geschäftsjahres ausgeglichen wird, ein Schaden entsteht. Allerdings ist nur derjenige Schaden ersatzfähig, der den Aktionären selbst entsteht und nicht bereits über die Wertminderung der Aktien vermittelt wird und daher auch nicht durch Leistung von Schadensersatz an die Gesellschaft ausgeglichen werden kann.[2] Für die GmbH gilt § 317 AktG wie dargestellt nach herrschender Meinung nicht entsprechend.

75 Auch bei Verstoß gegen das Verbot der vorsätzlichen Schädigung einer Gesellschaft durch Benutzung faktischen Einflusses kann ein Organmitglied der Obergesellschaft unmittelbar gegenüber den Aktionären der abhängigen Aktiengesellschaft haften, § 117 Abs. 1 Satz 2 AktG. Wiederum besteht ein Direktanspruch aber nur, soweit die Aktionäre abgesehen von einem Schaden, der ihnen durch Schädigung der Gesellschaft zugefügt worden ist, geschädigt worden sind. Für die GmbH ist § 117 AktG wie dargestellt wohl nicht entsprechend anzuwenden.

76 Davon abgesehen ist festzuhalten, dass zahlreiche Pflichten eines Vorstandsmitglieds bzw. GmbH-Geschäftsführers, die mit einer persönlichen Organ-Außenhaftung verbunden sind, an Konzernsachverhalte anknüpfen. Dazu gehört etwa die einstmals geplante und nach wie vor diskutierte persönliche Haftung gegenüber Gesellschaftern für **falsche oder unterlassene Kapitalmarktinformationen**[3], die auch dann eingreifen könnte, wenn sich die falsch kommunizierten Umstände auf Konzernunternehmen beziehen.[4] Dies gilt auch für die vom II. Zivilsenat des BGH vorgenommene Erweiterung der unmittelbaren Haftung organschaftlicher Vertreter einer kapitalsuchenden Gesellschaft, die Anlageinteressenten persönlich mit dem Anspruch gegenübertreten, sie über die für eine Anlageentscheidung wesentlichen Umstände schriftlich oder mündlich zu informieren. Die so auftretenden Personen haften nach Ansicht des BGH für die Unrichtigkeit oder Unvollständigkeit ihrer Angaben nach den Grundsätzen des Verschuldens bei Vertragsschluss.[5]

---

1 Zum Folgenden auch ausführlich *Spindler* in Fleischer, Handbuch des Vorstandsrechts, S. 660, 435 ff.
2 *Hüffer*, § 317 AktG Rz. 8; *Kropff* in FS Bezzenberger, 2000, S. 233.
3 S. dazu auch unten *Krämer*, § 28 (S. 814 ff.).
4 Anstelle vieler *Hennrichs* in FS Kollhosser, Bd. II, 2004, S. 201; s. auch umfassend *Sauer*, Haftung für Falschinformation des Sekundärmarktes, 2004.
5 BGH v. 2.6.2008 – II ZR 210/06 (KG), BGHZ 117, 25 = NZG 2008, 661 = AG 2008, 662; kritisch zum weitgehenden Ansatz des BGH mit beachtlichen Argumenten etwa *Mülbert/Leuschner*, JZ 2009, 155; *Klöhn*, LMK 2008, 267718.

In ähnlicher Weise kann ein Organmitglied persönlich gegenüber dem Staat haftbar sein, wenn eine Tochtergesellschaft ihren **steuerlichen Verpflichtungen** nicht nachkommt. Nach § 34 AO haben die gesetzlichen Vertreter juristischer Personen deren steuerliche Pflichten zu erfüllen.[1] Verletzt der gesetzliche Vertreter diese ihm auferlegten Pflichten vorsätzlich oder grob fahrlässig und werden aus diesem Grund Ansprüche aus dem Steuerschuldverhältnis nicht oder nicht rechtzeitig festgesetzt oder erfüllt, so haftet der gesetzliche Vertreter persönlich, § 69 AO. Das Entsprechende gilt nach § 35 AO für den so genannten Verfügungsberechtigten. In einer Entscheidung im Jahr 1989 hat der VII. Senat des Bundesfinanzhofs ausgeführt, dass im **zentralisierten Konzern** auch das zuständige Vorstandsmitglied bzw. der zuständige GmbH-Geschäftsführer des herrschenden Unternehmens faktischer Geschäftsführer der Tochtergesellschaft sein könne.[2] Und die bereits dargestellte Pflicht eines Kreditinstituts zur gruppenweiten Einrichtung einer Compliance-Organisation trifft nicht nur das Unternehmen, sondern auch die Geschäftsleiter persönlich, § 25a Abs. 1 Satz 2 KWG.

Verallgemeinernd lässt sich daraus ableiten, dass jedenfalls im zentralisierten Konzern auch gesetzliche Vertreter des herrschenden Unternehmens aufgrund ihres tatsächlichen Einflusses verpflichtet sein können, dafür zu sorgen, dass die Tochtergesellschaften ihren **öffentlich-rechtlichen Pflichten** nachkommen.[3] Die Verletzung kann Ansprüche Dritter gegen diese Organmitglieder auslösen, wenn jene Pflichten, die in erster Linie der Tochtergesellschaft auferlegt sind, nicht erfüllt werden und der Dritte in den Schutzzweck einbezogen ist. Das gilt allerdings nicht immer und uneingeschränkt. Das LG Braunschweig hat im Jahr 2002 entschieden, dass die Geschäftsführungsmitglieder einer herrschenden Gesellschaft auch dann nicht für die Nichtabführung von Arbeitnehmeranteilen zur gesetzlichen Sozialversicherung durch eine Tochtergesellschaft haften, wenn sie tatsächlich Geschäftsführungsaufgaben für die beherrschte Gesellschaft wahrgenommen haben, solange die hierzu berufenen Organe noch im Amt waren und dies auch ausübten. Eine Haftung des Organmitglieds der herrschenden Gesellschaft soll erst in Betracht kommen, wenn es sich bei dem Geschäftsführer der Tochtergesellschaft um einen „Strohmann" handelte oder wenn die Geschäftsführung der herrschenden Gesellschaft einen Auftrag zur vollständigen Übernahme der Geschäftsführung der Tochtergesellschaft durch den Inhaber des Betriebs angenommen hat.[4]

Im dezentralisierten Konzern hat das Organmitglied in Ermangelung spezieller Regelungen nicht selbst gegenüber Dritten für die Erfüllung dieser Pflichten einzustehen, sondern ist „nur" gegenüber seiner Gesellschaft zur Sicherstellung einer entsprechenden Organisation im Konzern verpflichtet.

---

1 S. dazu auch unten *Prinz/Hick*, § 32 (S. 965).
2 BFH v. 21.2.1989 – VII R 165/85, BStBl. II 1989, 491.
3 Zu einer möglichen vertrags- oder deliktsrechtlichen Organ-Konzern-Außenhaftung s. *Spindler* in Fleischer, Handbuch des Vorstandsrechts, S. 660, 435 ff.
4 LG Braunschweig v. 21.2.2001 – 5 O 5/00, NJW-RR 2002, 393 = GmbHR 2002, 591 (Leitsätze).

80 Weitere Organ-Konzern-Außenhaftungsansprüche sind insbesondere im **Kartellrecht**[1] und **Umweltrecht**[2] denkbar. Auch im **Deliktsrecht** kann – insbesondere bei Schutzgesetzen gem. § 823 Abs. 2 BGB – ein konzernweiter Bezug bestehen.[3]

C. Die Haftung der Organe des beherrschten Unternehmens

81 Die Organhaftung beim **beherrschten Unternehmen** betrifft die konzernspezifischen Pflichten der Organmitglieder der abhängigen Gesellschaft. Diese Fragestellung erscheint auf den ersten Blick überraschend. Wie sich jedoch zeigen wird, erweitern sich die Organpflichten und die sie begleitenden Haftungsrisiken im Konzern nicht nur für die Organe der herrschenden Gesellschaft. Auch im abhängigen Unternehmen entstehen durch die Konzernbildung zusätzliche Pflichten. Auch hier lassen sich Organ-Innenhaftung, Organ-Konzern-Innenhaftung und Organ-Konzern-Außenhaftung unterscheiden.

I. Organ-Innenhaftung gegenüber dem „eigenen" beherrschten Unternehmen

1. Organ-Innenhaftung gegenüber der „eigenen" beherrschten AG

a) Konzernweite Sorgfaltspflichten gegenüber der „eigenen" beherrschten AG

82 Die Organ-Innenhaftung des Vorstands, also die Haftung gegenüber der abhängigen Aktiengesellschaft, deren Organ er ist, wird teilweise durch spezielle Normen geregelt. Diese ergänzen die bereits dargestellten Haftungsnormen bezüglich des Vorstands der herrschenden Gesellschaft gegenüber der Untergesellschaft. Wie jene sind sie als **spezielle konzernweite Sorgfaltspflichten** anzusehen:

83 Im **Vertragskonzern** haftet der Vorstand der abhängigen Gesellschaft neben den nach § 309 AktG haftenden gesetzlichen Vertretern der Obergesellschaft, wenn er in Ausführung einer Weisung sorgfaltswidrig handelt und dadurch der abhängigen Aktiengesellschaft ein Schaden entsteht (§ 310 AktG). Freilich würde eine entsprechende Haftung bereits aus § 93 AktG folgen.[4] § 310 AktG hat deshalb vor allem die Aufgabe, die **Gesamtschuldnerschaft der Organe** der verschiedenen Gesellschaften festzuschreiben.[5] Außerdem werden über § 310 Abs. 4 auch § 309 Abs. 3 bis 5 AktG (**Einschränkung von Verzicht und Vergleich, Klagerecht der Aktionäre, Verfolgungsrecht von Gläubigern, fünfjährige Verjährungsfrist**) für anwendbar erklärt. Innerhalb des Anwendungsbereiches von § 310 AktG soll dieser gegenüber § 93 AktG vorrangig sein.

---

1 S. dazu unten *Dreher*, § 31 (S. 937 ff.).
2 S. dazu unten *Uwer*, § 34 (S. 1018 ff.).
3 S. zur deliktsrechtlichen Außenhaftung oben *Altmeppen*, § 7 (S. 184 ff.).
4 *Altmeppen*, Die Haftung des Managers im Konzern, S. 47.
5 *Hüffer*, § 310 AktG Rz. 1; *Fleischer* in Fleischer, Handbuch des Vorstandsrechts, S. 660, 690.

Eine entsprechende Parallelität besteht bei der **Eingliederung**, § 323 Abs. 1 Satz 2 AktG. Demgegenüber tritt § 117 Abs. 2 AktG, der eine Haftung der Vorstände der i.S. von § 117 Abs. 1 AktG vorsätzlich geschädigten Aktiengesellschaft vorsieht, hinter dem spezielleren § 310 AktG zurück.[1]

84

Eine weniger weitreichende Verknüpfung besteht im **faktischen Konzern**. Zwar kann neben der herrschenden Gesellschaft und deren gesetzlichen Vertretern auch der Vorstand der abhängigen Aktiengesellschaft aufgrund einer konzernrechtlichen Spezialvorschrift haften, § 318 AktG. Eine Schadensersatzpflicht tritt aber wegen des Gesetzeswortlauts nach herrschender Ansicht nur ein, wenn der Vorstand der Tochtergesellschaft sorgfaltswidrig eine nachteilige Maßnahme nicht in den Abhängigkeitsbericht aufnimmt und der Nachteil nicht ausgeglichen worden ist (sog. Berichtsschaden).[2] Außerdem scheidet die Haftung aus, wenn die Handlung auf einem gesetzmäßigen Beschluss der Hauptversammlung beruht, § 318 Abs. 3 AktG. Mit „Handlung" ist dabei richtigerweise nicht das Unterlassen der Erwähnung der nachteiligen Maßnahme im Abhängigkeitsbericht gemeint, weil diese gesetzliche Pflicht des Vorstands nicht zur Disposition der Hauptversammlung steht. „Handlung" ist vielmehr die ursprüngliche Handlung, die im Abhängigkeitsbericht zu erläutern gewesen wäre. Beruht diese ursprüngliche Handlung auf einem ordnungsgemäßen Hauptversammlungsbeschluss, führt selbst eine spätere Verletzung der Berichtspflicht nicht zur Haftung der Vorstände der abhängigen AG nach § 318 AktG.[3] Möglich bleibt aber anders als im Vertragskonzern eine Haftung nach § 117 Abs. 2 AktG.[4]

85

Unabhängig von diesen in der Praxis bislang nicht sehr **bedeutsamen Spezialvorschriften** ist der Vorstand der abhängigen Gesellschaft aufgrund seiner allgemeinen Sorgfaltspflicht gem. § 93 AktG verpflichtet, Schaden von seiner Gesellschaft abzuwenden. Das gilt grundsätzlich auch im Konzern, weil § 93 AktG nach richtiger herrschender Meinung nicht von § 310 AktG bzw. § 318 AktG verdrängt, sondern allenfalls „modifiziert" wird.[5]

86

Im Vertragskonzern bedeutet dies, dass außerhalb erteilter Weisungen Maßnahmen durch den Vorstand nur vorgenommen werden dürfen, wenn sie im **Interesse des Gesamtkonzerns** liegen.[6]

87

---

1 *Kort* in Großkomm. AktG, § 117 AktG Rz. 261; *Schall* in Spindler/Stilz, § 117 AktG Rz. 9; *Spindler* in MünchKomm. AktG, § 117 AktG Rz. 89.
2 Vgl. *Fleischer* in Fleischer, Handbuch des Vorstandsrechts, S. 660, 695 ff.; für eine Haftung auch über den Berichtsschaden hinaus wegen der gesamtschuldnerischen Haftung.
3 *Habersack* in Emmerich/Habersack, Aktien- und GmbH-Konzernrecht, § 318 AktG Rz. 13.
4 *Spindler* in MünchKomm. AktG, § 117 AktG Rz. 89.
5 BGH v. 1.12.2008 – II ZR 102/07, NZG 2009, 107, 108 = GmbHR 2009, 199 – MPS (für den faktischen Konzern).
6 *Fleischer* in Spindler/Stilz, § 76 AktG Rz. 90; *Koppensteiner* in KölnKomm. AktG, § 308 AktG Rz. 71 f.; nach *Altmeppen* in MünchKomm. AktG, § 308 AktG Rz. 154 f., ist es zwar nicht Aufgabe und Pflicht des Vorstands der abhängigen Gesellschaft, im Konzerninteresse zu handeln, jedoch darf der Vorstand keine „konzernfeindliche Haltung" einnehmen; ebenso *Emmerich* in Emmerich/Habersack, Aktien- und GmbH-Konzernrecht, § 308 AktG Rz. 54.

88 Im faktischen Konzern darf eine vom herrschenden Unternehmen veranlasste nachteilige Maßnahme nur vorgenommen werden, wenn ein **ordnungsgemäßer Nachteilsausgleich** sichergestellt ist.[1]

89 Kommt der Vorstand seinen Sorgfaltspflichten nicht nach, weil er den Anweisungen aus dem herrschenden Unternehmen „blind" folgt, so macht er sich nach allgemeinen Grundsätzen schadensersatzpflichtig. Freilich handelt es sich in diesen Fällen nicht um echte konzernweite Sorgfaltspflichten. Man könnte sie vielmehr als **fortbestehende Sorgfaltspflichten** gegenüber der eigenen Gesellschaft trotz Bestehens einer Konzernlage beschreiben.

90 Eine **echte konzernweite Sorgfaltspflicht** läge etwa vor, wenn der Vorstand des abhängigen Unternehmens gegenüber der von ihm geleiteten Gesellschaft verpflichtet wäre, die Interessen der herrschenden Gesellschaft oder des Konzerns als Ganzes zu wahren. Denn dadurch würde der Pflichtenkatalog durch die Konzernlage erweitert. Solche Sorgfaltspflichten zur „Interessenwahrung nach oben" werden aber – anders als der umgekehrte Fall der „Interessenwahrung nach unten" durch Wahrnehmung der Konzernleitung – bislang nicht diskutiert und sind wohl wegen der starken faktischen Einflussmöglichkeiten von Seiten der Konzernmutter auch nicht erforderlich.

b) Konzernweite Loyalitätspflichten gegenüber der „eigenen" beherrschten AG

91 Völlig ungeklärt ist die Frage, ob das Wettbewerbsverbot aus § 88 AktG so zu verstehen ist, dass es dem Vorstand einer Tochtergesellschaft gegenüber seiner Gesellschaft (auch) untersagt ist, in **Geschäftszweigen der Muttergesellschaft** tätig zu werden. Zwar wird teilweise die Ansicht formuliert, das Wettbewerbsverbot beziehe sich auf die Tätigkeit konzernverbundener Unternehmen.[2] Diese weite Formulierung legt zunächst nahe, dass alle verbundenen Unternehmen gemeint seien. Aus dem Gesamtzusammenhang folgt jedoch, dass aus Sicht der konzernleitenden Gesellschaft nur Tochterunternehmen umfasst sein sollen.

92 Trotzdem sprechen **rechtspolitisch** einige Argumente dafür, dass jedenfalls im **Vertragskonzern** auch Geschäftszweige von Obergesellschaften dem Wettbewerbsverbot unterfallen. Denn ein Missbrauch von der Obergesellschaft zugeordneten Geschäftsbereichen schadet dem Konzern insgesamt und damit auch dem Tochterunternehmen. Ist der betroffene Vorstand nicht bereit, diese Beschränkung seiner Handlungsfähigkeiten hinzunehmen, bleibt es ihm unbenommen, seine Vorstandstätigkeit zu beenden, um das Ende des Wettbewerbsverbots herbeizuführen.

---

1 *Altmeppen*, Die Haftung des Managers im Konzern, S. 69; vgl. auch *Fleischer* in Spindler/Stilz, § 76 AktG Rz. 89; *Kropff* in MünchKomm. AktG, § 311 AktG Rz. 313, betont, dass die Schicksalsgemeinschaft (auch) im faktischen Konzern i.d.R. zu einem Gleichlauf von Tochtergesellschafts- und Konzerninteresse führt, so dass der Vorstand gegenüber seiner beherrschten AG mittelbar auch Konzerninteressen zu berücksichtigen hat.
2 *Hopt* in Großkomm. AktG, § 93 AktG Rz. 153; *Fleischer*, AG 2005, 336, 343 f.

Im **faktischen Konzern** wird man nicht so weit gehen können. Hier muss es wohl bei einer (gewissen) Unabhängigkeit der abhängigen Aktiengesellschaft bleiben.

c) Konzernweite Verschwiegenheitspflichten gegenüber der „eigenen" beherrschten AG

In diesem Sinne sollte jedenfalls rechtspolitisch auch die **Verschwiegenheitspflicht** des § 93 Abs. 1 Satz 2 AktG verstanden werden. Zu wahren wären also auch Geheimnisse und vertrauliche Angaben von Muttergesellschaften jedenfalls im Vertragskonzern.[1]

d) Rechtliche Durchsetzungsmöglichkeiten und -pflichten bei Pflichtverstoß

Die Durchsetzung etwaiger Schadensersatzansprüche erfolgt zunächst wie bei einer nicht abhängigen Gesellschaft durch den **Aufsichtsrat bzw. die Aktionäre der Tochtergesellschaft**.

Sowohl im faktischen Konzern als auch im Vertragskonzern können die konzernspezifischen Ansprüche aus § 310 bzw. 318 AktG auch von den Aktionären der abhängigen AG geltend gemacht werden. Dies folgt aus der jeweils gesetzlich ausdrücklich angeordneten entsprechenden Anwendung von § 309 Abs. 4 AktG, vgl. § 310 Abs. 4 und § 318 Abs. 4 AktG. Im faktischen Konzern kommt nach wohl herrschender Meinung darüber hinaus aufgrund einer analogen Anwendung von § 309 Abs. 4 Satz 1 und 2 AktG eine direkte Aktionärsklage auch im Rahmen von § 93 AktG ausnahmsweise in Betracht, wenn es sich bei dem geltend gemachten Fehlverhalten der Vorstände um „abhängigkeitsrelevantes Verhalten" handelt.[2] Im Vertragskonzern lehnt die herrschende Meinung demgegenüber die konzernspezifische Aktionärsklage im Rahmen von § 93 AktG ab.[3] Darin liegt für die Praxis ein wesentlicher Unterschied der beiden Haftungsnormen, deren tatbestandliche Voraussetzungen in vielen Fällen zu den gleichen Ergebnissen führen.

Aufgrund der angenommenen Konzernlage stellt sich die weiter gehende Frage, ob die Organe und Aktionäre der Muttergesellschaft zur Durchsetzung befugt und unter Umständen sogar verpflichtet sind. In ihrer Eigenschaft als Aktionärin kann die herrschende Gesellschaft die Ansprüche theoretisch nach § 148 AktG durchsetzen. Sie wird dabei von ihrem Vorstand vertreten.[4] In der Praxis wird die Obergesellschaft freilich ihren **faktischen Einfluss auf den Aufsichtsrat der Tochtergesellschaft** nutzen, um die Anspruchsdurchsetzung sicherzustellen.

---

1 *Hopt* in Großkomm. AktG, § 93 AktG Rz. 197; für den Aufsichtsrat auch *Mertens* in KölnKomm. AktG, § 116 AktG Rz. 48.
2 *Hüffer*, § 318 AktG Rz. 10.
3 *Hüffer*, § 310 AktG Rz. 1 und 7; a.A. *Weber*, Die konzernrechtliche abgeleitete Aktionärsklage, S. 202 f.
4 Besteht Personalunion zwischen den Vorständen in Mutter- und Tochtergesellschaft, so ist wegen des entstehenden Interessenkonflikts der Aufsichtsrat der Muttergesellschaft für die Vertretung des herrschenden Unternehmens zuständig. Das muss erst recht gelten, wenn – wie bei einigen großen DAX-Unternehmen üblich – einige Vorstandsmitglieder der herrschenden Gesellschaft im Aufsichtsrat und andere im Vorstand der Tochtergesellschaft sitzen.

98 Das beantwortet noch nicht, ob der Vorstand der (deutschen) Muttergesellschaft nicht nur berechtigt, sondern auch **verpflichtet** ist, die Rechtsdurchsetzung auf der Ebene der Tochter- und Enkelgesellschaften zu betreiben. Auf der Grundlage der ARAG-Entscheidung ist dies nicht von der Hand zu weisen. Allerdings betraf diese Entscheidung einen anders gelagerten Fall. Darin ging es *erstens* um das unternehmerische Ermessen des Aufsichtsrats bei der Geltendmachung von Ansprüchen gegen den Vorstand. Vorliegend steht demgegenüber die Pflicht des Vorstands zur gerichtlichen Geltendmachung von Ansprüchen in Rede. Außerdem betraf die ARAG-Entscheidung *zweitens* einen gesellschaftsinternen Vorgang, während hier Ansprüche gegen Dritte betroffen sind. Trotzdem lässt sich der hinter dem Urteil stehende Grundgedanke, dass unternehmerisches Ermessen nur bei „unternehmerischen Entscheidungen" besteht, verallgemeinern und daher auch auf die vorliegende Konstellation übertragen. Voraussetzung ist somit, dass es um eine unternehmerische Entscheidung geht. Eine Entscheidung liegt, wie bereits an anderer Stelle ausgeführt, vor, wenn mehrere tatsächlich mögliche und rechtlich zulässige Handlungsalternativen bestehen. Eine solche Entscheidung ist unternehmerisch, wenn zum ex-ante-Zeitpunkt der Entscheidung Informationen über den weiteren Geschehensablauf nicht zur Verfügung stehen, die ex-post bekannt sein werden, und deshalb nicht mit ausreichender Wahrscheinlichkeit vorausgesagt werden kann, ob eine Entscheidung sich positiver oder negativer als die anderen Entscheidungsmöglichkeiten auswirkt.[1] Unternehmerische Entscheidungen sind, mit anderen Worten, zukunftsorientiert und eröffnen nicht nur Chancen, sondern bergen auch Risiken.[2] Zum Zeitpunkt der Entscheidungsfindung ist daher noch nicht absehbar, ob sich ein Unternehmen aufgrund der getroffenen unternehmerischen Entscheidungen seiner Organmitglieder in Zukunft positiv oder negativ entwickeln wird. Zu den unternehmerischen Entscheidungen gehören demnach vor allem Investitionsentscheidungen. Betrachtet man vor diesem Hintergrund den vorliegenden Fall, so wird deutlich, dass es sich bei der Entscheidung des Vorstands eines herrschenden Unternehmens, ob er Schadensersatzansprüche gegen Vorstandsmitglieder einer abhängigen Gesellschaft geltend macht, ebenso wenig um eine unternehmerische Entscheidung handelt, wie in dem der ARAG-Entscheidung zugrunde liegenden Sachverhalt. Es ist deshalb davon auszugehen, dass dem Vorstand der herrschenden Gesellschaft kein unternehmerisches Ermessen zusteht.[3]

99 Unabhängig davon ist die **Durchsetzungsmöglichkeit** für die Gesellschafter des herrschenden Unternehmens zu untersuchen. Die in § 148 AktG vorgesehene Befugnis hat keine konzernweite Wirkung. Es ist anders als im amerikanischen Recht[4] keine konzerndimensionale Aktionärsklage („double derivative suit") vorgesehen. Das spricht, wenn man als Organmitglied Haftungsprozesse vermeiden will, scheinbar für die Holdingkonstruktion. Bei den Organmitgliedern des herr-

---

1 *Sven H. Schneider*, DB 2005, 707, 712 m.w.N.
2 So ausdrücklich *Semler* in FS Ulmer, 2003, S. 627: „Eine Entscheidung, die kein Risiko beinhaltet, ist keine unternehmerische Entscheidung."
3 *Sven H. Schneider*, DB 2005, 707, 711 f.
4 Vgl. etwa für das Recht von Delaware 971 F.2d 1034, 1046 (3rd. Cir. 1992); sowie zuvor schon *Buxbaum/Uwe H. Schneider*, ZGR 1982, 199, 215 ff. mit Hinweisen auf die ältere Rechtsprechung.

schenden Unternehmens werden nämlich die Leitungspflichten mediatisiert. Die Organmitglieder des herrschenden Unternehmens sind für die Umsetzung der Konzernleitung, also insbesondere das Tagesgeschäft, nicht zuständig. Und bei den Organmitgliedern der Tochtergesellschaften können die Ersatzansprüche durch die Gesellschafter des herrschenden Unternehmens nicht unmittelbar[1] geltend gemacht werden.

Geht man freilich davon aus, dass der gesetzliche Vertreter der Muttergesellschaft zur Geltendmachung verpflichtet ist, so eröffnet dies den Gesellschaftern der Muttergesellschaft bei Unterlassen der Geltendmachung die Möglichkeit der Klage unmittelbar im Namen der Konzernobergesellschaft gegen den gesetzlichen Vertreter ihres Unternehmens. 100

2. Organ-Innenhaftung gegenüber der „eigenen" beherrschten GmbH

Wendet man sich der Haftung der Geschäftsführer einer beherrschten GmbH und deren **konzernbezogenen Sorgfaltspflichten** zu, so ist zunächst festzu halten, dass im **Vertragskonzern** § 310 AktG analoge Anwendung findet[2] und neben § 43 GmbHG tritt. Die Wirkung dürfte die gleiche sein wie im Aktienrecht, d.h. Gesamtschuldnerschaft der haftenden Geschäftsführer, Einschränkung von Verzicht und Vergleich, ein besonderes Klagerecht der GmbH-Gesellschafter, ein besonderes Verfolgungsrecht der Gläubiger der vertraglich konzernierten GmbH sowie eine Verjährungsfrist von fünf Jahren (§ 310 Abs. 4 i.V.m. § 309 Abs. 2 bis 5 AktG analog). Ob man – ebenfalls in Anlehnung an die AG – davon ausgehen kann, dass die entsprechend angewendete aktienrechtliche Vorschrift in ihrem Anwendungsbereich gegenüber der ausdrücklich normierten Haftungsvorschrift des § 43 GmbHG vorrangig ist, sei dahingestellt. Ausführlich diskutiert wird all dies bislang nicht. 101

Schwieriger liegen die Dinge im faktischen Konzern, weil – wie oben dargelegt – nach herrschender Meinung die §§ 311 ff. AktG nicht auf die faktisch abhängige GmbH übertragbar sind.[3] Eine analoge Anwendung von § 317 Abs. 3 AktG auf den Geschäftsführer der faktisch abhängigen GmbH scheidet folglich aus. In Betracht kommt daher nur eine Haftung nach der allgemeinen Haftungsvorschrift des § 43 Abs. 2 GmbHG. Hier ist wiederum die Weisungsbefugnis der Gesellschafterversammlung in der GmbH zu bedenken. Für ordnungsgemäß ausgeführte zulässige Weisungen der Gesellschafterversammlung kann der angewiesene Geschäftsführer auch dann nicht haften, wenn die Gesellschafterversammlung von einem Gesellschafter beherrscht wird.[4] Allerdings ist hier unter Umständen eine besonders sorgfältige Prüfung der Weisung auf ihre Zulässigkeit 102

---
1 Möglich bleibt bei der herrschenden GmbH eine Weisung durch die Gesellschafterversammlung an die Geschäftsführer, die gerichtliche Durchsetzung zu betreiben.
2 *Emmerich* in Scholz, Anh. § 13 GmbHG (Konzernrecht) Rz. 131, 184; *Altmeppen* in Roth/Altmeppen, Anh. § 13 GmbHG Rz. 190.
3 *Emmerich* in Scholz, Anh. § 13 GmbHG (Konzernrecht) Rz. 69; für eine analoge Anwendbarkeit aber etwa *Kropff* in FS Kastner, 1992, S. 279, 296 ff.; *Rowedder* in Hommelhoff, Entwicklungen im GmbH-Konzernrecht, S. 20 ff.
4 *Liebscher*, GmbH-Konzernrecht, Rz. 396.

erforderlich. Ausgeschlossen ist außerdem eine Haftung entsprechend § 318 AktG, weil bei der faktisch beherrschten GmbH kein Abhängigkeitsbericht erstellt werden muss.[1]

103 Eine Haftung nach § 117 Abs. 2 AktG scheidet wohl mangels Anwendbarkeit auf die GmbH aus.

104 Für die Loyalitätspflichten und Verschwiegenheitspflichten sollte bei der in – vertraglich oder faktischer – Abhängigkeit befindlichen GmbH nichts grundsätzlich anderes gelten als im Aktienrecht. Auf die gemachten Ausführungen – und die dargestellten offenen Rechtsfragen – kann daher Bezug genommen werden.

II. Organ-Konzern-Innenhaftung bei beherrschter AG und GmbH

105 Gibt es auch Pflichten der Organmitglieder der abhängigen Gesellschaft **unmittelbar gegenüber dem herrschenden Unternehmen**? Sind diese gar für Vorstände einer AG und GmbH-Geschäftsführer unterschiedlich? Dies ist für Sorgfalts-, Loyalitäts- und Verschwiegenheitspflichten in gleichem Maße kaum behandelt.[2] Das mag daran liegen, dass man nach geltendem Recht solche Pflichten sowohl im Vertragskonzern als auch – und erst recht – im faktischen Konzern nur schwer konstruieren kann.

106 Im **Vertragskonzern** mit einer beherrschten Aktiengesellschaft ist deren Vorstand zwar verpflichtet, die Weisungen des herrschenden Unternehmens – auf dessen Rechtsform es nicht ankommt – zu befolgen (§ 308 Abs. 2 Satz 1 AktG).[3] Ein Verstoß gegen diese Pflicht(en) führt aber nach wohl herrschender Ansicht nur zu einer Haftung der Tochtergesellschaft, nicht jedoch auch zu einer unmittelbaren Haftung des pflichtvergessenen Vorstands gegenüber dem herrschenden Unternehmen, weil zwischen diesen kein (gesetzliches) Schuldverhältnis besteht.[4] Jedenfalls gibt es keine gesellschaftsrechtliche Treupflicht des Vorstands direkt gegenüber dem herrschenden Unternehmen als Gesellschafter, deren Verletzung zu Schadensersatzpflichten führen könnte.[5] Auch lässt sich der Anstellungsvertrag des Vorstands mit „seinem" beherrschten Unternehmen nicht als Vertrag

---

1 *Habersack* in Emmerich/Habersack, Aktien- und GmbH-Konzernrecht, Anh. § 318 AktG Rz. 6; *Liebscher*, GmbH-Konzernrecht, Rz. 396.
2 S. aber ausführlich *Kuntz*, Der Konzern 2007, 802 ff.
3 Dabei ist er nicht berechtigt, die Befolgung einer Weisung zu verweigern, weil sie nach seiner Ansicht nicht den Belangen des herrschenden Unternehmens oder den mit ihm und der Gesellschaft konzernverbundenen Unternehmen dient, es sei denn, dass sie offensichtlich nicht diesen Belangen dient (§ 108 Abs. 2 Satz 2 AktG).
4 *Hirte* in Großkomm. AktG, § 308 AktG Rz. 27; *Kuntz*, Der Konzern 2007, 802, 804 f.; a.A. (Schadensersatzanspruch auch gegen die Vorstandsmitglieder) *Emmerich* in Emmerich/Habersack, Aktien- und GmbH-Konzernrecht, § 308 AktG Rz. 68; *Langenbucher* in K. Schmidt/Lutter, § 308 AktG Rz. 37.
5 BGH v. 12.3.1990 – II ZR 179/89, BGHZ 110, 323, 324 (für den Verein); *Altmeppen* in Roth/Altmeppen, § 43 GmbHG Rz. 26; a.A. *Raiser* in Ulmer/Habersack/Winter, § 14 GmbHG Rz. 60.

mit Schutzwirkung zugunsten des herrschenden Unternehmen ansehen, aus dem letzteres dann unmittelbar gegen den Vorstand vorgehen könnte.[1]

Erst recht gibt es im **faktischen Konzern** keine unmittelbare Haftung des Vorstands der Tochter-Aktiengesellschaft gegenüber der faktischen Konzernmutter.[2]

107

Für die **beherrschte GmbH** gilt weder im Vertragskonzern noch im faktischen Konzern etwas anderes.[3]

108

Unmittelbare Pflichten der Organmitglieder darf man freilich nicht verwechseln mit den **Rechtspflichten der von ihnen geleiteten abhängigen Gesellschaft** gegenüber der herrschenden Konzernmutter. Solche Pflichten gibt es zahlreiche. Dies gilt insbesondere für Fälle, in denen der Muttergesellschaft eine öffentlich-rechtliche Pflicht mit Konzernbezug auferlegt ist, zu deren Erfüllung sie die Mitarbeit des Tochterunternehmens benötigt. Nur unter diesen Voraussetzungen ist etwa die Aufstellung der Konzernbilanz möglich, lassen sich die Meldepflichten nach §§ 21 ff. WpHG erfüllen und kann das Pflichtangebot nach § 33 WpÜG ordnungsgemäß abgegeben werden. In diesen Fällen geht das Gesetz stillschweigend davon aus, dass eine Pflicht des Tochterunternehmens zur Unterstützung der Obergesellschaft besteht.[4] Eine Verletzung kann zu Schadensersatzansprüchen führen. Mit unmittelbaren Pflichten der Organmitglieder gegenüber dem Mutterunternehmen darf dies aber, wie gesagt, nicht verwechselt werden.

109

III. Organ-Konzern-Außenhaftung

Die Außenhaftung stellt sich für Organmitglieder einer abhängigen AG bzw. GmbH nicht wesentlich anders dar als beim herrschenden Unternehmen. Insbesondere können sie gegenüber den Aktionären ihrer Gesellschaft nach § 117 Abs. 2 i.V.m. Abs. 1 Satz 2 AktG haften.[5] Allerdings gibt es keine Parallelnorm zu § 317 Abs. 1 Satz 2, Abs. 3 AktG. Die konzerndimensional ausgerichteten öffentlich-rechtlichen und privatrechtlichen Pflichten, auf die bereits hingewiesen wurde, beziehen oftmals nicht nur Tochterunternehmen mit ein, sondern alle verbundenen Unternehmen. In diesen Fällen ist dann auch der Vorstand bzw. der GmbH-Geschäftsführer einer abhängigen Gesellschaft zur **konzernweiten Pflichtenwahrung** angehalten.

110

D. Zusammenfassung

Die Untersuchung hat gezeigt, dass sich die Pflichtenstellung von Vorstandsmitgliedern und GmbH-Geschäftsführern durch Konzernierung der Gesellschaft in

111

---

1 *Kuntz*, Der Konzern 2007, 805 f.
2 *Kuntz*, Der Konzern 2007, 808 f.
3 *Kuntz*, Der Konzern 2007, 809.
4 Zum Teilbereich der konzernweiten Informationspflichten vgl. etwa *Sven H. Schneider*, Informationspflichten und Informationssystemeinrichtungspflichten im Aktienkonzern, 2006, S. 153.
5 *Spindler* in MünchKomm. AktG, § 117 AktG Rz. 58.

vielfältiger Weise ändert. Es ist zu erwarten, dass die Rechtsfolgen einer Verletzung dieser konzernweiten Pflichten wegen der seit geraumer Zeit stetig weiter ausgedehnten **prozessualen Möglichkeiten für (Minderheits-)Gesellschafter** immer wichtiger werden.

112 Im Einzelnen lassen sich die gefundenen Ergebnisse wie folgt zusammenfassen:
- Zu unterscheiden sind Organ-Innenhaftung, Organ-Konzern-Innenhaftung und Organ-Konzern-Außenhaftung.
- „Organ-Innenhaftung" ist die Haftung des Organmitglieds gegenüber der „eigenen" Gesellschaft. Der Begriff „Organ-Konzern-Innenhaftung" beschreibt die Haftung des Organmitglieds gegenüber einem verbundenen Unternehmen; dies kann sowohl eine herrschende als auch eine abhängige Gesellschaft sein. Als „Organ-Konzern-Außenhaftung" bezeichnet wird die Haftung eines Organmitglieds gegenüber außenstehenden Dritten; dies können Minderheitsaktionäre, potentielle Investoren, sonstige Gläubiger des Unternehmens oder der Staat – etwa als Steuergläubiger – sein, und zwar für Vorgänge im eigenen Unternehmen und bei Konzernunternehmen.
- Sowohl Organ-Innenhaftung als auch Organ-Konzern-Innenhaftung umfassen die Verletzung von Sorgfaltspflichten, Loyalitäts- bzw. Treupflichten und Verschwiegenheitspflichten.
- Das Geschäftsleitungsmitglied einer herrschenden AG bzw. GmbH unterliegt gegenüber der von ihm geleiteten Gesellschaft einer Sorgfaltspflicht zur Betreuung von Tochtergesellschaften, die meist als „Konzernleitungspflicht" bezeichnet wird. Der genaue Inhalt dieser Pflicht ist offen. Die Grundzüge der Business Judgment Rule gelten auch im Hinblick auf die konzernweite Sorgfaltspflicht.
- Der Geschäftsführer einer herrschenden GmbH haftet gegenüber „seiner" GmbH nicht, wenn sein Verhalten auf einer zulässigen Weisung der Gesellschafterversammlung beruht; in diesem Fall haftet er nur für fehlerhafte Ausführung der Weisung.
- Vorstandsmitglieder und GmbH-Geschäftsführer der herrschenden Gesellschaft unterliegen gegenüber den von ihnen geleiteten Gesellschaften einem Verbot, mit einer Tochtergesellschaft in Wettbewerb zu treten bzw. deren Geschäftschancen an sich zu ziehen.
- Die Schweigepflicht des Geschäftsleitungsmitglieds gegenüber der von ihm geleiteten herrschenden Gesellschaft bezieht sich auch auf solche Umstände, die (nur) Geheimnisse bzw. vertrauliche Angaben einer abhängigen Gesellschaft darstellen.
- Das Geschäftsleitungsmitglied des herrschenden Unternehmens unterliegt gegenüber der abhängigen Gesellschaft keiner Pflicht zur Konzernleitung und auch keiner sonstigen allgemeinen Sorgfaltspflicht. Die in §§ 117, 309, 317 AktG für die AG geregelten Spezialansprüche haben nur geringe praktische Bedeutung. Dies gilt auch für die analoge Anwendung von § 309 AktG auf die beherrschte GmbH. § 317 AktG ist auf die beherrschte GmbH nicht anwendbar, ebenso wenig wohl § 117 AktG.

- Das Geschäftsleitungsmitglied des herrschenden Unternehmens ist nicht unmittelbar gegenüber der abhängigen Gesellschaft verpflichtet, Wettbewerb zu unterlassen, Geschäftschancen, die der Tochtergesellschaft gebühren, nicht an sich zu ziehen oder Geheimnisse bzw. vertrauliche Angaben der abhängigen Gesellschaft zu wahren.
- Im Rahmen der Organ-Außenhaftung kommt für das Geschäftsleitungsmitglied der herrschenden Gesellschaft eine Haftung für Sachverhalte mit konzernweitem Bezug in Betracht.
- Das Geschäftsleitungsmitglied einer abhängigen AG bzw. GmbH unterliegt gegenüber der von ihm geleiteten Tochtergesellschaft keiner allgemeinen Sorgfaltspflicht dahingehend, dass es die Belange der herrschenden Gesellschaft zu wahren hat.
- Das Geschäftsleitungsmitglied der beherrschten AG bzw. GmbH haftet gegenüber der „eigenen" abhängigen Gesellschaft im Vertragskonzern gem. § 310 AktG direkt bzw. analog neben den nach § 309 AktG haftenden gesetzlichen Vertretern der Obergesellschaft, wenn es in Ausführung einer Weisung sorgfaltswidrig handelt und dadurch der abhängigen Gesellschaft ein Schaden entsteht. Der Vorstand der faktisch abhängigen AG haftet gegenüber „seiner" abhängigen Gesellschaft im Sonderfall des § 318 AktG sowie allgemein nach § 93 AktG. Auf den Geschäftsführer der faktisch beherrschten GmbH ist § 318 AktG nicht analog anwendbar. Eine Haftung nach § 43 Abs. 2 GmbHG kommt in Betracht, wenn keine zulässige Weisung der Gesellschafterversammlung vorliegt.
- Das Geschäftsleitungsmitglied eines abhängigen Unternehmens sollte im Vertragskonzern seiner Gesellschaft gegenüber verpflichtet sein, Wettbewerb mit dem herrschenden Unternehmen zu unterlassen und auch keine Geschäftschancen des herrschenden Unternehmens an sich zu ziehen. Auf den faktischen Konzern lässt sich dies nicht ohne Weiteres übertragen.
- Das Geschäftsleitungsmitglied eines abhängigen Unternehmens sollte außerdem seiner Gesellschaft gegenüber verpflichtet sein, Geheimnisse und vertrauliche Angaben der Obergesellschaft zu wahren, wenn ein Vertragskonzern besteht.
- Die Frage, ob auch Sorgfalts-, Loyalitäts- und/oder Verschwiegenheitspflichten des Geschäftsführungsmitglieds einer abhängigen Gesellschaft gegenüber der Konzernmutter bestehen oder bestehen sollten, ist wenig geklärt. Nach geltendem Recht sind solche Pflichten nur schwer dogmatisch zu begründen. Teilweise wird allerdings wegen § 308 AktG eine unmittelbare Haftung des Geschäftsführungsmitglieds der vertraglich konzernierten Tochtergesellschaft bei Verstoß gegen Weisungen angenommen.

§ 9
Aufsichtsratshaftung im Konzern

Professor Dr. Dr. h.c. Uwe H. Schneider

	Rz.		Rz.
A. Die Fragestellung: Konzerntypische Haftungslagen	1	3. Haftung wegen fehlerhafter Bestellung und Anstellung der Organmitglieder der Tochtergesellschaften	35
B. Die Aufsichtsratshaftung beim herrschenden Unternehmen im Konzern	5	4. Haftung wegen Verletzung von Loyalitätspflichten im Konzern	37
I. Aufsichtsrats-Innenhaftung	7	5. Die Geltendmachung von Schadensersatzansprüchen im Konzern	43
1. Haftung bei Verletzung der konzernweiten Überwachungspflichten	12	II. Aufsichtsrats-Konzern-Innenhaftung	48
a) Nachträgliche und begleitende Überwachung beim konzernfreien Unternehmen	13	III. Aufsichtsrats-Konzern-Außenhaftung	50
b) Nachträgliche und begleitende Überwachung im Konzern	16	C. Die Aufsichtsratshaftung bei Tochtergesellschaften	54
c) Konzernweiter Zustimmungsvorbehalt	22	I. Aufsichtsrats-Innenhaftung im Vertragskonzern	54
2. Haftung bei fehlerhafter Bilanzierung im Konzern	27	II. Aufsichtsrats-Innenhaftung im faktischen Konzern	56

Schrifttum: *Altmeppen*, Managerhaftung im Konzern, 1998; *Altmeppen*, Grenzen der Zustimmungsvorbehalte des Aufsichtsrats und die Folgen ihrer Verletzung durch den Vorstand, in FS K. Schmidt, 2009, S. 23; *Altmeppen*, Wirklich keine Haftung der Bundesrepublik Deutschland im Fall Telekom?, NJW 2008, 1553; *Bayer*, Legalitätspflicht der Unternehmensleitung, nützliche Gesetzesverstöße und Regress bei verhängten Sanktionen – dargestellt am Beispiel von Kartellverstößen, in FS K. Schmidt, 2010, S. 85; *Bezzenberger/Keul*, Die Aufgaben und Sorgfaltspflichten von Aufsichtsratsmitgliedern – Eine Übersicht, in FS Schwark, 2009, S. 121; *Bihr/Blättchen*, Aufsichtsräte in der Kritik: Ziele und Grenzen einer ordnungsgemäßen Aufsichtsratstätigkeit – Ein Plädoyer für den Profi-Aufsichtsrat, BB 2007, 1285; *Brocker/Rockstroh*, Upstream-Darlehen und Cash-Pooling in der GmbH nach der Rückkehr zur bilanziellen Betrachtungsweise, BB 2009, 730; *Broichmann/Burmeister*, Konzernvertrauenshaftung – zahnloser Tiger oder tragfähiges Haftungskonzept?, NZG 2006, 687; *Brouwer*, Zustimmungsvorbehalte des Aufsichtsrats im Aktien- und GmbH-Recht, 2008; *Buck-Heeb*, Private Kenntnis in Banken und Unternehmen – Haftungsvermeidung durch Einhaltung von Organisationspflichten, WM 2008, 281; *Cahn*, Kredite an Gesellschafter – zugleich Anmerkung zur MPS-Entscheidung des BGH, Der Konzern 2009, 67; *Dahnz/Grimminger*, Manager und ihr Berufsrisiko. Die zivil- und strafrechtliche Haftung von Aufsichtsräten, Vorständen und Geschäftsführern, 3. Aufl. 2007; *Dreher*, Die Vorstandsverantwortung im Geflecht von Risikomanagement, Compliance und interner Revision, in FS Hüffer, 2010, S. 161; *Dreher*, Interessenkonflikte bei Aufsichtsratsmitgliedern von Aktiengesellschaften, JZ 1990, 896; *Dreher*, Zum Ermessensspielraum eines Aufsichtsrats insbesondere bei der Entscheidung über die Geltendmachung von Schadensersatzansprüchen gegenüber Vorstandsmitgliedern, JZ 1997, 1074; *Dürr*, Die Haftung von Aufsichtsratsmitgliedern einer Aktiengesellschaft, Diss., 2. Aufl. 2008; *Feddersen*, Neue gesetzliche Anforderungen an den Aufsichtsrat, AG 2000, 385; *Fleischer*, Haftung des herrschenden Unternehmens im faktischen Konzern und unternehmerisches Ermessen (§§ 317 II, 93 I AktG) – Das UMTS-Urteil des BGH, NZG 2008, 371; *Fleischer*, Kartellrechtsverstöße und Vorstandsrecht, BB 2008, 1070; *Fleischer*, Corporate Compliance im aktienrechtlichen Unternehmensverbund, CCZ 2008, 1; *Fleischer*, Konzernleitung und Leitungssorgfalt der Vorstandsmitglieder im Unternehmensverbund, DB 2005, 759; *Fonk*, Zustimmungsvorbehalte des AG-Aufsichtsrats, ZGR 2006, 841; *Franz/Jüntgen*, Die Pflicht von Managern zur Geltendmachung von Schadensersatzansprüchen aus Kartellverstößen, BB 2007, 1681; *Gehrlein/Witt*, GmbH-Recht in der Praxis, 2. Aufl. 2008; *Goette*, Leitung, Aufsicht, Haftung – zur Rolle der Rechtsprechung bei der Sicherung einer modernen Unternehmensführung, in FS 50 Jahre BGH, 2000, S. 123; *Götz*, Die Pflicht des Aufsichtsrats zur Haftbarmachung von Vorstandsmitgliedern, NJW 1997, 3275; *Götz*, Leitungssorgfalt und Leitungskontrolle der Aktiengesellschaft hinsichtlich abhängiger Unternehmen, ZGR 1998, 524; *Götz*, Rechte und Pflichten des Aufsichtsrats nach dem Transparenz- und Publizitätsgesetz, NZG 2002, 599; *Habersack*, Die Teilhabe des Aufsichtsrats an der Leitungsaufgabe des Vorstands gemäß § 111 Abs. 4 S. 2 AktG dargestellt am Beispiel der Unternehmensplanung, in FS Hüffer, 2010, S. 259; *Hanfland*, Haftungsrisiken im Zusammenhang mit § 161 AktG und dem Deutschen Corporate Governance Kodex. Zugleich ein Beitrag zur Haftung für fehlerhafte Kapitalmarktinformation, Diss. 2008; *Henze*, Prüfungs- und Kontrollaufgaben des Aufsichtsrats in der Aktiengesellschaft – Die Entscheidungspraxis des Bundesgerichtshofs, NJW 1998, 3309; *Henze*, Leitungsverantwortung des Vorstands – Überwachungspflicht des Aufsichtsrats, BB 2000, 209; *Hoffmann-Becking*, Der Aufsichtsrat im Konzern, ZHR 159 (1995), 325; *Hommelhoff*, Zur Anteils- und Beteiligungsüberwachung im Aufsichtsrat, in FS Stimpel, 1985, S. 603; *Hommelhoff*, Vernetzte Aufsichtsratsüberwachung im Konzern?, ZGR 1996, 144; *Hommelhoff*, Die neue Position des Abschlussprüfers im Kraftfeld der aktienrechtlichen Organisationsverfassung (Teil I), BB 1998, 2567; *Hüffer*, Informationen zwischen Tochtergesellschaft und herrschendem Unternehmen im vertragslosen Konzern, in FS Schwark, 2009, S. 185; *Hüffer*, Die Leitungsverantwortung des Vorstands in der Managementholding, in Liber amicorum Happ, 2006, S. 93; *Kindler*, Unternehmerisches Ermessen und Pflichtenbindung, ZHR 162 (1998), 101; *Koch*, Keine Ermessensspielräume bei der Entscheidung über die Inanspruchnahme von Vorstandsmitgliedern, AG 2009, 93; *Kort*, Corporate Governance-Grundsätze als haftungsrechtlich relevante Verhaltensstandards?, in FS K. Schmidt, 2009, S. 945; *Kort*, Pflichten von Vorstands- und Aufsichtsratsmitgliedern beim Erwerb eigener Aktien zwecks Vorstandsvergütung, NZG 2008, 823; *Kropff*, Einlagenrückgewähr und Nachteilsausgleich im faktischen Konzern, NJW 2009, 814; *Lange*, Zustimmungsvorbehaltspflicht und Kataloghaftung des Aufsichtsrats, DStR 2003, 376; *Lieder*, Zustimmungsvorbehalte des Aufsichtsrats nach neuer Rechtslage, DB 2004, 2251; *Lieder*, Der Aufsichtsrat im Wandel der Zeit, 2006; *Liese/Theusinger*, Anforderungen an den Bericht des Aufsichtsrats vor dem Hintergrund steigender Anfechtungsrisiken für Entlastungsbeschlüsse, BB 2007, 2528; *Löbbe*, Unternehmenskontrolle im Konzern, 2003; *Lösler*, Compliance im Wertpapierdienstleistungskonzern, 2003; *Lutter*, Aufsichtsrat und Sicherung der Legalität im Unternehmen, in FS Hüffer, 2010, S. 617; *Lutter*, Interessenkonflikte und Business Judgment Rule, in FS Canaris Bd. II, 2007, S. 245; *Lutter*, Zustimmungspflichtige Geschäfte im Konzern, in Liber amicorum Happ, 2006, S. 143; *Lutter*, Die Unwirksamkeit von Mehrfachmandaten in den Aufsichtsräten von Konkurrenzunternehmen, in FS Beusch, 1993, S. 509; *Lutter*, Der Aufsichtsrat im Konzern, AG 2006, 517; *Lutter*, Information und Vertraulichkeit im Aufsichtsrat, 3. Aufl. 2006; *Lutter/Kirschbaum*, Zum Wettbewerber im Aufsichtsrat – Zugleich Besprechung OLG Schleswig v. 26.4.2004 – 2 W 46/04, ZIP 2005, 103; *Martens*, Der Aufsichtsrat im Konzern, ZHR 159 (1995), 567; *Mertens*, Schadensersatzhaftung des Aufsichtsrats bei Nichtbeachtung der Regeln des ARAG-Urteils über die Inanspruchnahme von Vorstandsmitgliedern?, in FS K. Schmidt, 2009, S. 1183; *Mohr*, Haftung im mittelständischen GmbH-Konzern, GmbH-StB 2007, 217; *Redeke*, Auswirkungen des UMAG auf die Verfolgung von Organhaftungsansprüchen seitens des Aufsichtsrats?, ZIP 2008, 1549; *Reichert/Schlitt*, Konkurrenzverbot für Aufsichtsratsmitglieder, AG 1995, 241; *Rieckers*, Nochmals: Konzernvertrauenshaftung, NZG 2007, 125; *Säcker*, Gesetzliche und satzungsmäßige Grenzen für Spenden und Sponsoringmaßnahmen in der Kapitalgesellschaft, BB 2009, 282; *Scheffler*, Die Überwachungsaufgabe des Aufsichtsrats im Konzern, DB 1994, 793; *Sven H. Schneider*, Informationspflichten und Informationssystemeinrichtungspflichten im Aktienkonzern, 2006; *Sven H. Schneider*, „Unternehmerische Entscheidungen" als Anwendungsvoraussetzung für die Business Judgment Rule, DB 2005, 707; *Sven H. Schneider/Uwe H. Schneider*, Vorstandshaftung im Konzern, AG 2005, 57; *Uwe H. Schneider*, Compliance im Konzern, NZG 2009, 1321; *Uwe H. Schneider*, Der Aufsichtsrat des herrschenden Unternehmens im Konzern – Ein Beitrag zum Konzernverfassungsrecht, in FS Hadding, 2004, S. 621; *Uwe H. Schneider*, Der Aufsichtsrat des abhängigen Unternehmens im Konzern – Ein Beitrag zum Konzernverfassungsrecht, in FS Raiser, 2005, S. 341; *Uwe H. Schneider*, Konzernleitung als Rechtsproblem, BB 1981, 249; *Uwe H. Schneider*, Wettbewerbsverbot für Aufsichtsratsmitglieder einer Aktiengesellschaft?, BB 1995, 365; *Uwe H. Schneider/Burgard*, Treupflichten im mehrstufigen Unterordnungskonzern, in FS Ulmer, 2003, S. 579; *Uwe H. Schneider/Sven H. Schneider*, Konzern-Compliance als Aufgabe der Konzernleitung, ZIP 2007, 2061; *Semler*, Leitung und Überwachung der Aktiengesellschaft, 2. Aufl. 1996; *Semler*, Zustimmungsvorbehalte als Instrument der Überwachung durch den Aufsichtsrat, in FS Doralt, 2004, S. 609; *Spindler*, Konzernbezogene Anstellungsverträge und Vergütungen von Organmitgliedern, in FS K. Schmidt, 2009, S. 1529; *Spindler*, Haftung von Vorstand und Aufsichtsrat für fehlerhafte Auslegung von Rechtsbegriffen, in FS Canaris Bd. II, 2007, S. 403; *Theisen*, Information und Berichterstattung des Aufsichtsrats, 4. Aufl. 2007; *Theisen*, Vergabe und Konkretisierung des WP-Prüfungsauftrags durch den Aufsichtsrat, DB 1999, 341; *Turner*, Die Stellung des Aufsichtsrats im beherrschten Unternehmen, DB 1991, 583; *Ulmer*, Das Sonderrecht der §§ 311 ff. AktG und sein Verhältnis zur allgemeinen aktienrechtlichen Haftung für Schädigungen der AG, in FS Hüffer, 2010, S. 999; *Volhard/Weber*, Abschlussprüfung und Interessenkonflikte – Ein Plädoyer, in FS Ulmer, 2003, S. 865; *Werner*, Die Entwicklung des Rechts des Aufsichtsrats im Jahr 2008, Der Konzern 2009, 336; *Wilsing/Kleißl*, Herabsetzung von Vorstandsbezügen in Zeiten der Krise, BB 2008, 2422; *Winter*, Die Verantwortlichkeit des Aufsichtsrats für „Corporate Compliance", in FS Hüffer, 2010, S. 1103; *Wirth*, Anforderungsprofil und Inkompatibilitäten für Aufsichtsratsmitglieder, ZGR 2005, 327; *Witte/Mehrbrey*, Zulässigkeit aufsteigender Darlehen im GmbH-Konzern – Zwischenbilanz der aktuellen Rechtsprechung, MDR 2007, 7; *Ziegelmeier*, Die Systematik der Haftung von Aufsichtsratsmitgliedern gegenüber der Gesellschaft, ZGR 2007, 144.

A. Die Fragestellung: Konzerntypische Haftungslagen

1 Ebenso wie für Vorstandsmitglieder und für Geschäftsführer[1] ergeben sich für Aufsichtsratsmitglieder durch die Konzernlage der Unternehmen, in denen sie bestellt sind, zahlreiche eigenständige Fragen.[2] Dies betrifft zunächst die Zuständigkeiten des **Aufsichtsrats**, die Überwachungsaufgaben, die Kompetenzen bei der Bestellung der geschäftsführenden Organmitglieder, usw. Und dies betrifft die Pflichtenbindung und die Haftung der **Aufsichtsratsmitglieder** gegenüber

---

1 Zur Vorstandshaftung im Konzern s. oben *Sven H. Schneider*, § 8 (S. 225 ff.).
2 S. auch *Altmeppen*, Managerhaftung im Konzern, 1998; *Götz*, ZGR 1998, 524; *Löbbe*, Unternehmenskontrolle im Konzern; *Hoffmann-Becking*, ZHR 159 (1995), 325; *Hommelhoff* in FS Stimpel, 1985, S. 603; *Hommelhoff*, ZGR 1996, 144; *Lutter*, AG 2006, 517; *Martens*, ZHR 159 (1995), 567; *Scheffler*, DB 1994, 793; *Lutter* in Liber amicorum Happ, 2006, S. 143; *Götz*, ZGR 1998, 524; *Habersack* in MünchKomm. AktG, § 111 AktG Rz. 52 ff.; *Hopt/Roth* in Großkomm. AktG, § 111 AktG Rz. 369 ff.; für die GmbH: *Uwe H. Schneider* in Scholz, § 52 GmbHG Rz. 186 ff.; *Lutter*, AG 2006, 517; *Uwe H. Schneider* in FS Hadding, 2004, S. 621; *Uwe H. Schneider* in FS Raiser, 2005, S. 341.

der eigenen Gesellschaft sowie gegenüber den anderen Konzernunternehmen und gegenüber Dritten für Vorgänge im Konzern, die Geltendmachung der Schadensersatzansprüche, die Möglichkeiten ihrer prozessualen Durchsetzung und anderes mehr.

Die Fragen sind Legion: Hat der Aufsichtsrat des herrschenden Unternehmens eine Pflicht zur Konzernüberwachung? Überwacht er nur den Vorstand und die Geschäftsführer der eigenen Gesellschaft bei der Konzernleitung, bei der Einrichtung eines konzernweiten Risikomanagements und einer konzernweiten Compliance-Organisation oder hat er auch das Management der Konzernunternehmen, dessen Verhalten und die Vorgänge bei den Konzernunternehmen in die Überwachung einzubeziehen? Und können die Mitglieder des Aufsichtsrats der konzernleitenden Holding auf Schadensersatz in Anspruch genommen werden, weil sie gegen fehlerhafte Maßnahmen bei Tochtergesellschaften sowie deren Organmitgliedern und Mitarbeitern nicht vorgegangen sind? Wie weit reichen diese Überwachungspflichten, ihr Bestehen unterstellt? Wer hat Ansprüche, wenn diese Pflichten verletzt werden – auch die beherrschten Unternehmen und ihre Minderheitsgesellschafter? Und weiter: Welchen Einfluss hat der Aufsichtsrat des herrschenden Unternehmens bei der Auswahl der Organmitglieder der Tochtergesellschaften und der Ausgestaltung ihrer Anstellungsverträge? Macht er sich schadenersatzpflichtig, wenn er seinen Einfluss fehlerhaft oder überhaupt nicht geltend macht? Entsprechende Fragen stellen sich auch für die Mitglieder des Aufsichtsrats der Tochter- und Enkelgesellschaften. Machen sie sich wegen fehlerhafter Überwachung schadensersatzpflichtig, wenn konzernleitende Entscheidungen der Holding bei der Tochtergesellschaft umgesetzt werden und dort zu Schaden führen? Und können die Gesellschafter des herrschenden Unternehmens auch Schadensersatzansprüche gegen Vorstands- und Aufsichtsratsmitglieder sowie Geschäftsführer abhängiger Unternehmen im eigenen Namen bzw. im Namen der herrschenden Gesellschaft geltend machen?

Die hier nur exemplarisch genannten Fragen sind in der Lehre vernachlässigt. Die Frage nach der Aufsichtsratshaftung im Konzern ist nur am Rande untersucht. Allenfalls finden sich einzelne kurze Bemerkungen. Hängt das vielleicht mit einer fehlenden praktischen Bedeutung des Problems zusammen? Die Rechtsprechung hat, soweit ersichtlich, kaum Fälle entschieden, die sich mit Blick auf die Organhaftung mit Konzernsachverhalten beschäftigen. Das ist überraschend; denn viele Gesellschaften sind heute konzernverbunden, entweder als herrschendes Unternehmen oder als Tochtergesellschaft und gelegentlich auch als Unternehmen im Gleichordnungskonzern. Manches könnte sich allerdings schon in Zukunft ändern; denn mit dem UMAG[1] ist durch § 148 AktG das unmittelbare Klagerecht des Aktionärs, nicht nur gegen Vorstandsmitglieder, sondern auch gegen Aufsichtsratsmitglieder, eingeführt worden. Voraussetzung für die Geltendmachung ist nur, dass die Anteile des Aktionärs oder der Aktionäre zusammen den einhundertsten Teil des Grundkapitals oder einen anteiligen Betrag von

---
1 Gesetz zur Unternehmensintegrität und Modernisierung des Anfechtungsrechts v. 22.9.2005 (BGBl. I 2005, 2802); RegE BT-Drucks. 15/5092.

100 000 Euro erreichen. Und damit könnte die Organhaftung auch im Konzern eine größere praktische Bedeutung als bisher bekommen.

4 Im Folgenden soll nur die Erweiterung der Pflichten und der Haftung der Aufsichtsratsmitglieder der beteiligten Konzernunternehmen untersucht werden. Die Überlegungen gliedern sich dabei in zwei Teile: Zunächst wird der Aufsichtsratshaftung beim herrschenden Unternehmen nachgegangen (Rz. 5 ff.). Der zweite Teil ist der Aufsichtsratshaftung bei Tochtergesellschaften gewidmet (Rz. 54 ff.).

B. Die Aufsichtsratshaftung beim herrschenden Unternehmen im Konzern

5 Vorweg gilt es nochmals festzuhalten: Der Konzern ist **nicht rechtsfähig**. Er hat **keine eigenen Organe** und keine eigenen Organmitglieder. Es gibt organisationsrechtlich betrachtet keinen Konzern-Aufsichtsrat und es gibt demnach auch keine Konzern-Aufsichtsratsmitglieder, deren Haftung hier zu untersuchen wäre. Im Konzern sind vielmehr zwei oder mehr rechtlich selbständige Unternehmen „unter einheitlicher Leitung" zusammen gefasst. Bei der „Aufsichtsratshaftung im Konzern" geht es daher auch nur um die Aufsichtsratshaftung bei den einzelnen Konzernunternehmen, also im Unterordnungskonzern um die Aufsichtsratshaftung beim herrschenden Unternehmen und um die Aufsichtsratshaftung bei den Tochtergesellschaften, und zwar jeweils im Blick auf die Konzernlage.

6 Zu unterscheiden sind hierbei **drei Fälle**, nämlich
– die Haftung des Aufsichtsratsmitglieds gegenüber der eigenen Gesellschaft, also die „Aufsichtsrats-Innenhaftung" (Rz. 7 ff.),
– die Haftung des Aufsichtsratsmitglieds gegenüber anderen Konzernunternehmen, also die „Aufsichtsrats-Konzern-Innenhaftung" (Rz. 48 ff.) und
– die Haftung des Aufsichtsratsmitglieds für Vorgänge im eigenen Unternehmen und bei Konzernunternehmen gegenüber Dritten, also die „Aufsichtsrats-Konzern-Außenhaftung" (Rz. 50 ff.).

I. Aufsichtsrats-Innenhaftung

7 Bei der Aufsichtsrats-Innenhaftung geht es um die Haftung des Aufsichtsratsmitglieds gegenüber „seiner" Gesellschaft, und zwar wegen fehlerhafter „Konzernüberwachung".

8 Eine ausdrückliche gesetzliche Regelung hierüber fehlt. Anzuknüpfen ist an die allgemeinen organisationsrechtlichen Haftungsbestimmungen.
– Aufsichtsratsmitglieder einer **Aktiengesellschaft** haften nach § 116 i.V.m. § 93 AktG. Und in § 116 Satz 1 AktG liest man, für die Sorgfaltspflicht und Verantwortlichkeit der Aufsichtsratsmitglieder gilt § 93 AktG über die Sorgfaltspflicht und Verantwortlichkeit der Vorstandsmitglieder sinngemäß.

- Für die Haftung der Aufsichtsratsmitglieder einer **GmbH mit fakultativem Aufsichtsrat** verweist § 52 Abs. 1 GmbHG auf § 116 i.V.m. § 93 Abs. 1 und 2 AktG.
- Für die **GmbH mit einem Aufsichtsrat nach DrittelbG** verweist § 1 Abs. 1 Nr. 3 DrittelbG ohne Einschränkung auf § 116 i.V.m. § 93 AktG.
- Auch für die **GmbH mit einem Aufsichtsrat nach MitbestG 1976** verweist § 25 Abs. 1 Satz 1 MitbestG 1976 auf § 116 i.V.m. § 93 AktG.

Daraus folgt, dass bei der GmbH die Verweisung auf § 116 i.V.m. § 93 AktG unterschiedlich weit ist.[1] Der Ausgangspunkt ist für alle Aufsichtsräte unabhängig von ihrer Zusammensetzung jedoch derselbe.

Daneben könnte in Zukunft die **deliktische Teilnehmerhaftung** von Aufsichtsratsmitgliedern sowohl bei der Innenhaftung als auch bei der Außenhaftung an Bedeutung gewinnen. Zu denken ist an eine Haftung von Aufsichtsratsmitgliedern als Anstifter oder Gehilfe einer vorsätzlich unerlaubten Handlung des Vorstands, der Geschäftsführer oder der Gesellschafter gegenüber der Gesellschaft. Die jüngst durch die Rechtsprechung entschiedenen Fälle betrafen zwar die Aufsichtsratsaußenhaftung.[2] Entsprechendes gilt jedoch auch für die Innenhaftung.

Konkret heißt das: Wenn ein Aufsichtsratsmitglied seine Pflichten, die ihm gegenüber der Gesellschaft obliegen, schuldhaft verletzt, haftet es auf Schadensersatz. Normiert ist damit eine **Verhaltenshaftung**. Gehaftet wird bei Verletzungen von Pflichten. Und normiert ist eine **Verschuldenshaftung**. Gehaftet wird nur bei einer schuldhaften Pflichtverletzung.

Eine Haftung wegen Verletzung von Pflichten aus einem „Aufsichtsrats-Anstellungsvertrag" scheidet dagegen aus. Offen gelassen werden kann damit auch die Frage, wie sich die organisationsrechtliche Haftung zu einer Haftung aus einem Anstellungsvertrag verhalten würde; denn Aufsichtsratsmitglieder haben in der Regel keinen eigenständigen Anstellungsvertrag.[3] Das gilt auch bei Konzernlagen. Zu bedenken sind nur die Fälle, in denen das Aufsichtratsmitglied der Tochtergesellschaft zugleich als Vorstandsmitglied oder Geschäftsführer der Muttergesellschaft einen Dienstvertrag hat oder als leitender Angestellter Arbeitnehmer der Muttergesellschaft ist. Bei einer solchen Leitungsorganisation kann in der Verletzung der Pflichten als Aufsichtsrat zugleich eine Verletzung der Pflichten aus dem Dienst- oder Anstellungsvertrag liegen. Auf Grund des Anstellungsvertrags wird freilich zunächst nur das Interesse des herrschenden Unternehmens zu schützen und gegebenenfalls auch nur ein Schaden des herrschenden Unternehmens zu ersetzen sein. Die zuletzt genannten vertraglichen Pflichten obliegen gegenüber der Muttergesellschaft. Ob sie auch Schutzwirkung zu Gunsten der Tochtergesellschaft entwickeln, ist mehr als zweifelhaft.

---

1 S. dazu *Zöllner/Noack* in Baumbach/Hueck, § 52 GmbHG Rz. 209.
2 OLG Düsseldorf v. 23.6.2008 – 9 U 22/08, AG 2008, 666; OLG Karlsruhe v. 4.9.2008 – 4 U 267/06, AG 2008, 900; *Fleischer*, NJW 2009, 2337, 2341; *Werner*, Der Konzern 2009, 336, 339.
3 Anstelle anderer: *Hüffer*, § 101 AktG Rz. 2.

1. Haftung bei Verletzung der konzernweiten Überwachungspflichten

12 Zu fragen ist demzufolge, welche organisationsrechtlichen Pflichten dem Aufsichtsratsmitglied allgemein und insbesondere bei Konzernlagen auferlegt sind.

a) Nachträgliche und begleitende Überwachung beim konzernfreien Unternehmen

13 Nach § 111 Abs. 1 AktG hat der Aufsichtsrat den Vorstand zu überwachen. Das gilt entsprechend auch für die GmbH, allerdings mit der Maßgabe, dass die Geschäftsführer nicht nur durch den Aufsichtsrat, sondern auch durch die Gesellschafterversammlung überwacht werden (vgl. § 46 Nr. 6 GmbHG).[1]

14 Die Diskussion, ob die Überwachung durch den Aufsichtsrat Funktions- oder Organkontrolle ist, ob der Vorstand oder die Geschäftsführer bei ihrer Geschäftsführung oder ob die Geschäftsführung zu überwachen ist, ist nicht weiterführend. Richtig wird man sagen müssen, dass die Überwachung des Aufsichtsrats Funktionskontrolle ist und Adressat der Vorstand bzw. die Geschäftsführer sind.[2]

15 Die Überwachung der Geschäftsführung umfasst dabei zwei Teilbereiche, nämlich die nachträgliche Überwachung und die begleitende und vorausschauende Überwachung. Die **nachträgliche Überwachung** bezieht sich auf die abgeschlossenen Sachverhalte der Geschäftsführung. Der Aufsichtsrat hat hiernach rechtswidrige, ordnungswidrige und unzweckmäßige Maßnahmen in der Vergangenheit und problematische Entwicklungen, die sich in der Vergangenheit abzeichneten, aufzudecken, damit korrigierend eingegriffen werden kann und Ansprüche auf Schadensersatz geltend gemacht werden können. Das Ergebnis nachträglicher Überwachung bildet zugleich die Entscheidungsgrundlage für die Wiederbestellung von Vorstand und Geschäftsführer. Die **begleitende und vorausschauende Überwachung** bezieht sich auf die grundsätzlichen Fragen der Unternehmensleitung. Dazu gehören zum einen die Ausgestaltung der künftigen Geschäftspolitik und deren Umsetzung und zum anderen die Überwachung von solchen Einzelgeschäften, die für die Entwicklung der Gesellschaft von grundlegender Bedeutung sind.[3] Die fortlaufende Beratung des Vorstands und der Geschäftsführer, die Abwägung der Handlungsmöglichkeiten und die Mitwirkung an Entscheidungen über die Zukunft des Unternehmens wird damit zum Teil der Überwachung durch den Aufsichtsrat. Ausdrücklich heißt es in einer Entscheidung des II. Senats des Bundesgerichtshofs, die „Beratung ist deshalb das vorrangige Mittel der in die Zukunft gerichteten Kontrolle des Vorstands".[4]

---

1 Zur Abgrenzung der Überwachungsbefugnisse von Gesellschafterversammlung und Aufsichtsrat einer GmbH vgl. etwa *Deilmann*, BB 2004, 2253.
2 Wie hier: *Habersack* in MünchKomm. AktG, § 111 AktG Rz. 20; *Hüffer*, § 111 AktG Rz. 2; *Lutter/Krieger*, Rechte und Pflichten des Aufsichtsrats, Rz. 63 m.w.N. in Fn. 1.
3 LG Stuttgart v. 29.10.1999 – 4 KfH O 80/98, DB 1999, 2462 = AG 2000, 237; *Henze*, BB 2000, 209, 213, 214; *Hüffer*, § 111 AktG Rz. 3; *Habersack* in MünchKomm. AktG, § 111 AktG Rz. 18 f; *Lutter/Krieger*, Rechte und Pflichten des Aufsichtsrats, Rz. 65; *Uwe H. Schneider* in Scholz, § 52 GmbHG Rz. 93.
4 BGH v. 25.3.1991 – II ZR 188/89, BGHZ 114, 127, 130 = AG 1991, 312; *Goette* in FS 50 Jahre BGH, 2000, S. 123, 128.

b) Nachträgliche und begleitende Überwachung im Konzern

Diese für das konzernfreie Unternehmen entwickelten Überlegungen zur Überwachungsaufgabe des Aufsichtsrats lassen sich auf den Konzern übertragen. Zugleich sind die konzernspezifischen Besonderheiten zu berücksichtigen, insbesondere, ob es sich um einen Vertragskonzern oder einen faktischen Konzern handelt.[1]

16

Zu den Aufgaben des Vorstands und der Geschäftsführer einer Holding gehört auch die **Konzernleitung**.[2] Entsprechende Pflichten, nämlich zur Konzernleitung, obliegen den geschäftsführenden Organmitgliedern der Holding gegenüber ihrer eigenen Gesellschaft. Demzufolge hat der Aufsichtsrat den Vorstand und die Geschäftsführer der Holding bei ihrer Konzernleitung zu überwachen.[3] Allgemein formuliert: Seine Aufgabe ist die **Konzernüberwachung**. Nicht zu überwachen sind die Organmitglieder der beherrschten Konzernunternehmen.[4]

17

– Dazu gehört *zunächst* die Überwachung **des Konzernaufbaus und der Konzernorganisation**.[5] Zu diesem Zweck hat sich der Aufsichtsrat einen Überblick über die Konzernstrukturen zu verschaffen und sicherzustellen, dass die Konzernleitung und die Konzernüberwachung nicht strukturell verhindert werden. Deshalb ist ein Auseinanderfallen der rechtlichen Struktur und der „business units" bedenklich.

Sicherzustellen ist weiter, dass ein konzernweites Informationssystem[6], ein konzernweites Risikomanagement und eine konzernweite Compliance Organisation[7] eingerichtet sind. Bei der Ausgestaltung der **konzernweiten Compliance-Organisation** hat der Vorstand zwar ein breites unternehmerisches Ermessen. Einzuhalten ist aber der gesetzlich gebotene Mindeststandard.[8] So hat der Vorstand des herrschenden Unternehmens bei dezentraler Konzernleitung dafür zu sorgen, dass die Tochtergesellschaften eine Compliance-Organisation einrichten. Erforderlich aber auch ausreichend ist es, wenn die Leit-

---

1 S. dazu *Drygala* in K. Schmidt/Lutter, § 111 AktG Rz. 21.
2 H.A., an Stelle anderer: *Habersack* in Emmerich/Habersack, Aktien- und GmbH-Konzernrecht, § 311 AktG Rz. 87; *Altmeppen*, Managerhaftung im Konzern, S. 1; *Hüffer*, § 111 AktG Rz. 10; *Fleischer*, DB 2005, 759; *Fleischer* in Fleischer, Handbuch des Vorstandsrechts, S. 663, 665; *Drygala* in K. Schmidt/Lutter, § 111 AktG Rz. 21; *Sven H. Schneider/Uwe H. Schneider*, AG 2005, 57.
3 S. auch *Theisen*, Grundsätze einer ordnungsmäßigen Information des Aufsichtsrats, S. 196; *Raiser/Heermann* in Ulmer/Habersack/Winter, § 52 GmbHG Rz. 93; *Peltzer* in Wellhöfer/Peltzer/Müller, Die Haftung von Vorstand, Aufsichtsrat, Wirtschaftsprüfer, 2008, S. 755; *Uwe H. Schneider* in FS Hadding, 2004, S. 621, 624; *Lieder*, Der Aufsichtsrat im Wandel der Zeit, S. 862 ff. m.w.N.; a.A. *Spindler* in Spindler/Stilz, § 111 AktG Rz. 86.
4 *Spindler* in Spindler/Stilz, § 111 AktG Rz. 85 m.w.N.
5 Zur Anwendbarkeit von § 130 OWiG im Konzern: *Koch*, AG 2009, 1013; *Uwe H. Schneider*, NZG 2009, 1321, 1323 f.; s. auch unten *Schücking*, § 36 (S. 1141 ff.).
6 Weiterführend: *Sven H. Schneider*, Informationspflichten und Informationssystemeinrichtungspflichten im Aktienkonzern, 2006.
7 *Fleischer*, CCZ 2008, 1, 3; *Uwe H. Schneider/Sven H. Schneider*, ZIP 2007, 2061; *Uwe H. Schneider*, NZG 2009, 1321; *Lutter* in FS Hüffer, 2010, S. 617, 618; *Winter* in FS Hüffer, 2010, S. 1103, 1106.
8 S. dazu *Uwe H. Schneider*, NZG 2009, 1321, 1324 f.

linien einer Compliance-Organisation festgelegt, die Organisation gesteuert, die Umsetzung der Leitlinien kontrolliert und die Organisation nachjustiert wird, wenn sich Mängel herausstellen.[1] Bei zentraler Konzernleitung hat der Vorstand des herrschenden Unternehmens selbst für eine angemessene Information, Überwachung und Sanktion der Mitarbeiter der Konzernunternehmen zu sorgen. Damit soll sichergestellt werden, dass sich auch die Organmitglieder und die Mitarbeiter der Tochter- und Enkelgesellschaften rechtmäßig, ordnungsmäßig und zweckmäßig verhalten. Es ist daher nicht nur eine schwere Pflichtverletzung, wenn die Aufsichtsratsmitglieder der Muttergesellschaft sehenden Auges zulassen, dass Tochtergesellschaften gegen Vorschriften des Kartellrechts verstoßen, sich an der Korruption beteiligen oder gar „Geld waschen".[2] Es ist auch eine schwere Pflichtverletzung, wenn sie versäumen, eine konzernweite Compliance Organisation einzurichten, um Kartellverstöße oder die Korruption durch Organmitglieder oder nachgeordnete Mitarbeiter von Tochtergesellschaften zu verhindern.

– Der Aufsichtsrat hat sodann *zweitens* nicht nur die **abgeschlossenen Sachverhalte** bei der Gesellschaft, sondern auch entsprechende Sachverhalte bei den Konzernunternehmen in die nachträgliche Überwachung mit einzubeziehen.[3] Er hat deren Rechtmäßigkeit, deren Ordnungsmäßigkeit, deren Zweckmäßigkeit und deren Wirtschaftlichkeit zu prüfen und zu würdigen.[4] Das gilt nicht nur, soweit die Konzerngeschäftspolitik bei den Tochtergesellschaften umgesetzt wurde, sondern erstreckt sich bei zentraler Konzernleitung auf die gesamte Geschäftstätigkeit der Konzernunternehmen. Die Überwachung der Rechtmäßigkeit des Verhaltens der Konzernunternehmen hat die Vorschriften mit einzubeziehen, die den Unternehmen im öffentlichen Interesse auferlegt sind. Die Einhaltung der Pflichtenbindung aufgrund der Satzung der Geschäftsordnung der Konzernunternehmen ist dagegen nur insoweit sicherzustellen, wie auch das Interesse des herrschenden Unternehmens berührt wird. So führt die Verletzung der innergesellschaftlichen Kompetenzordnung allein nicht zur Schadensersatzpflicht.[5] Das gilt auch für die Verletzung der innergesellschaftlichen Kompetenzordnung der Konzernunternehmen.

– Zugleich hat der Aufsichtsrat *drittens* den Vorstand des konzernleitenden Unternehmens bei der Ausgestaltung der **auf die Zukunft angelegten Konzernstrategie** zu beraten.[6] Dazu gehört auch die Beratung über die Konzernplanung einschließlich der Konzern-Personalplanung, die Konzernorganisation, die Einrichtung eines Konzern-Controllings und einer Konzern-Revision sowie

---

1 *Winter* in FS Hüffer, 2010, S. 1103, 1106.
2 S. OLG Karlsruhe v. 4.9.2008 – 4 U 26/06, AG 2008, 900: Beihilfe eines Aufsichtsratsmitglieds zum Betrug, weil der Aufsichtsrat vorsätzlich nicht gegen strafbare Handlungen des Vorstands eingeschritten ist.
3 *Uwe H. Schneider* in Scholz, § 52 GmbHG Rz. 188; *Uwe H. Schneider* in FS Hadding, 2004, S. 621; *Heyder* in Michalski, § 52 GmbHG Rz. 292; *Lutter* in Lutter/Hommelhoff, § 52 GmbHG Rz. 17; *Hommelhoff*, ZGR 1996, 144; *Hoffmann-Becking*, ZHR 159 (1995), 325; *Löbbe*, Unternehmenskontrolle im Konzern, S. 180 ff.
4 *Lutter*, AG 2006, 517, 519; *Uwe H. Schneider* in Scholz, § 52 GmbHG Rz. 188.
5 BGH v. 21.7.2008 – II ZR 39/07, NZG 2008, 783 = GmbHR 2008, 1092.
6 *Lutter*, AG 2006, 517, 519.

über die Konzernfinanzierung. Unabhängig hiervon ergeben sich Unterschiede zwischen der Aktiengesellschaft und der GmbH. Da bei der GmbH die Konzerngeschäftspolitik durch die Gesellschafterversammlung bestimmt wird[1], hat der Aufsichtsrat der Holding die Geschäftsführer nur bei deren Entwurf einerseits und bei der Umsetzung der Konzernstrategie andererseits zu beraten.[2]

– Und soweit *viertens* **Einzelgeschäfte**, die bei den Tochtergesellschaften verwirklicht werden und die für den Konzern im Allgemeinen und die Holding im Besonderen von grundlegender Bedeutung sind, vorgenommen werden, hat der Aufsichtsrat nicht nur zu fragen, ob diese Geschäfte rechtmäßig und ordnungsmäßig sind, sondern er hat auch zu prüfen, ob sie aus der Sicht des Konzerns, genauer aus der Sicht des herrschenden Unternehmens, zweckmäßig sind.

Verletzen die Mitglieder des Aufsichtsrats des herrschenden Unternehmens diese konzernweiten Überwachungspflichten, so machen sie sich gegenüber der Gesellschaft, bei der sie als Aufsichtsratsmitglied bestellt sind, schadensersatzpflichtig. 18

Welche Anforderungen sind gestellt? Zunächst hat der Aufsichtsrat der Frage nachzugehen, ob in der Vergangenheit die Konzerngeschäftspolitik bei den Tochtergesellschaften mit der Sorgfalt eines ordentlichen Geschäftsmannes umgesetzt wurde. Wurden bei Konzernunternehmen riskante Derivatgeschäfte getätigt, die gröblich den Grundsätzen ordnungsgemäßer Unternehmensleitung widersprachen, oder wurden durch Tochter- oder Enkelgesellschaften Großkredite ohne angemessene Kreditwürdigkeitsprüfung vergeben, so ist dem nachzugehen. Zu fragen ist, ob der Vorstand oder die Geschäftsführer der Muttergesellschaft hiervon wussten und weshalb sie nicht dagegen eingeschritten sind. Und näher zu prüfen ist, weshalb das geschäftsführende Organ der Tochtergesellschaft solche unverantwortlichen Geschäfte getätigt hat. Von dem Ergebnis ist abhängig, **welche Maßnahmen zu ergreifen sind**, um Schaden abzuwehren, um künftig entsprechende Vorgänge zu verhindern und um gegebenenfalls Schadensersatzansprüche gegen den Vorstand oder die Geschäftsführer der Holding geltend zu machen. 19

Der Aufsichtsrat kann sich dabei nicht darauf berufen, er sei bei der Überwachung der Konzernleitung des Vorstands angesichts der Komplexität der Leitungsaufgaben und der großen Zahl an Konzernunternehmen **überfordert**, eine angemessene Überwachung durchzuführen.[3]

Allerdings wird man davon ausgehen müssen, dass für die Überwachung der Vorgänge bei den beherrschten Konzernunternehmen durch den Aufsichtsrat des herrschenden Unternehmens in der Regel ein **geringeres Maß** an Überwachung ausreicht; denn einerseits hat jedes Konzernunternehmen sein eigenes dezentral angelegtes Überwachungssystem mit, was hier nicht übersehen wird, freilich anders gerichteten Interessen. Und andererseits gehört es auch zu den Aufgaben des

---

1 Die Einzelheiten sind streitig, s. dazu *Uwe H. Schneider* in Scholz, § 37 GmbHG Rz. 10, m.w.N. in Fn. 5.
2 Vgl. auch *Raiser/Heermann* in Ulmer/Habersack/Winter, § 52 GmbHG Rz. 93.
3 Allgemein: OLG Hamm v. 14.1.2008 – 8 U 19/06.

Vorstands bzw. der Geschäftsführer des herrschenden Unternehmens, die Geschäftstätigkeit bei den Konzernunternehmen zu überwachen. Die Überwachung kann jedoch auch verschärft sein, wenn die „**business units**" nicht mit der rechtlichen Struktur des Konzerns übereinstimmen und damit die rechtliche Überwachungsorganisation bei den Tochter- und Enkelgesellschaften leer läuft.

20 Natürlich fragt sich in diesem Zusammenhang, wie der Aufsichtsrat der Holding über Vorgänge bei den Tochtergesellschaften informiert wird. Insoweit sieht § 90 Abs. 1 Satz 2 und 3 AktG eine **konzernweite Berichtspflicht** vor.[1] Ist die Gesellschaft Mutterunternehmen, so hat der nach § 90 Abs. 1 Satz 1 AktG vorzulegende Bericht „auch auf Tochterunternehmen und auf Gemeinschaftsunternehmen einzugehen" (§ 90 Abs. 1 Satz 2 AktG). Außerdem ist dem Vorsitzenden des Aufsichtsrats aus sonstigen wichtigen Anlässen zu berichten (§ 90 Abs. 1 Satz 3 AktG). Und als wichtiger Anlass sind auch ein dem Vorstand bekannt gewordener geschäftlicher Vorgang bei einem verbundenen Unternehmen, Verletzungen von Recht, Gesetz und Satzung sowie die Verletzung von Loyalitätspflichten durch Organmitglieder oder Mitarbeiter anzusehen, der auf die Lage der Gesellschaft von erheblichem Einfluss sein kann.[2] Reichen dem Aufsichtsrat die **Regelberichte** nicht aus, so kann er jederzeit Berichte nicht nur über Angelegenheiten der Gesellschaft, sondern auch über ihre rechtlichen und tatsächlichen Beziehungen zu verbundenen Unternehmen sowie über geschäftliche Vorgänge bei diesen Unternehmen verlangen, soweit diese auf die Lage der Gesellschaft von erheblichem Einfluss sein können. Also kann der Aufsichtsrat einen **Vorlagebericht** etwa darüber anfordern, welche Investitionen bei der Tochtergesellschaft geplant sind, ob bei der Tochtergesellschaft verbotene Zahlungen vorgenommen wurden und ob bei der Tochtergesellschaft eine angemessene Compliance-Organisation eingerichtet wurde.

21 Hat der Aufsichtsrat oder haben einzelne Aufsichtsratsmitglieder **kein Vertrauen** in den Vorstand ihres Unternehmens, misstrauen sie den von diesem vorgelegten Berichten, so sind sie gehalten, sich auf anderem Weg über die Vorgänge bei den Konzernunternehmen zu informieren. So können sie auch die Organmitglieder von Konzernunternehmen und deren Mitarbeiter befragen[3], Sachverständige heranziehen oder die Bücher und andere Dokumente der Tochtergesellschaft einsehen. Zwar stehen den Mitgliedern des Aufsichtsrats des herrschenden Unternehmens keine konzernweiten Rechte zur Durchsetzung ihres Informationsverlangens zu.[4] Durchsetzen kann der Aufsichtsrat diese konzernweiten **investigativen Maßnahmen** aber in der Regel faktisch aufgrund seiner Organmacht. Ziel

---

1 *Hüffer*, § 90 AktG Rz. 7a; *Lutter/Krieger*, Rechte und Pflichten des Aufsichtsrats, Rz. 133; *Lutter*, Information und Vertraulichkeit im Aufsichtsrat, S. 148; *Götz*, NZG 2002, 599, 600; *Ihrig/Wagner*, BB 2002, 789; zum konzernweiten Informationsrecht des Aufsichtsratsmitglieds: *Uwe H. Schneider* in FS Kropff, 1997, S. 271.
2 S. auch bei *Spindler* in MünchKomm. AktG, § 90 AktG Rz. 30; *Hüffer*, § 90 AktG Rz. 8.
3 A.A. *Lutter/Krieger*, Rechte und Pflichten des Aufsichtsrats, Rz. 244.
4 *Spindler* in Spindler/Stilz, § 111 AktG Rz. 88; *Drygala* in K. Schmidt/Lutter, § 111 AktG Rz. 25. Die Regierungskommission Corporate Governance empfahl demgegenüber die Einführung konzernweiter Informationsrechte für den Aufsichtsrat. S. dazu *Baums* (Hrsg.), Bericht Regierungskommission, 2001, Rz. 22.

bleibt in jedem Fall die Überwachung des Vorstands der Holding bei seiner Konzernleitung.

c) Konzernweiter Zustimmungsvorbehalt

Die Satzung einer Aktiengesellschaft kann vorsehen, dass bestimmte Arten von Geschäften nur mit der **Zustimmung** des Aufsichtsrats vorgenommen werden dürfen, § 111 Abs. 4 Satz 2 AktG. Zustimmungsvorbehalte sind auch im Konzern ein „Instrument vorbeugender Kontrolle des Aufsichtsrats".[1] Auf § 111 Abs. 4 AktG verweist auch § 52 Abs. 1 GmbHG. Fehlt eine Satzungsbestimmung, so kann der Aufsichtsrat gleichwohl im Einzelfall („ad hoc") die Zustimmung zu einem bestimmten Geschäft einfordern.[2] Und dies gilt nicht nur für Rechtsgeschäfte, sondern für alle Maßnahmen der Unternehmensleitung.[3]

22

Obwohl dies nicht ausdrücklich geregelt ist, ist dieser Zustimmungsvorbehalt **konzernweit** zu verstehen. Das heißt, dass auch „Geschäfte", die bei Tochter- oder Enkelgesellschaften vorgenommen werden „Geschäfte" der Muttergesellschaft sind und einem Zustimmungsvorbehalt unterworfen werden können. So werden nicht selten in der Praxis Kapitalerhöhungen bei Tochtergesellschaften, der Erwerb oder die Veräußerungen von Beteiligungen, die nur indirekt, also durch Tochter- oder Enkelgesellschaften, gehalten werden, wesentliche Kreditaufnahmen durch Tochtergesellschaften und besonders die Bestellung von Organmitgliedern bei Tochtergesellschaften durch die Satzung der Holding dem Zustimmungserfordernis des Aufsichtsrats der Holding unterworfen. Selbst wenn entsprechende Zustimmungsvorbehalte nicht ausdrücklich in der Satzung angeordnet sind, sind Zustimmungsvorbehalte konzernweit auszulegen, wenn Sinn und Zweck des Vorbehalts dies erfordern.[4] Ein Zustimmungsvorbehalt auf der Ebene der Tochtergesellschaften ist dazu nicht erforderlich.

23

Damit ergeben sich drei Fragen, nämlich zum einen, ob und unter welchen Voraussetzungen der Aufsichtsrat verpflichtet ist, von seinem Zustimmungsvorbehaltsrecht konzernweit Gebrauch zu machen, zum anderen, welche Maßstäbe der Aufsichtsrat anzulegen hat, wenn er von dem Zustimmungsvorbehalt Gebrauch macht und zum dritten, wie die Um- und Durchsetzung des Zustimmungsvorbehalts in abhängigen Unternehmen erfolgt.

24

---

1 BGH v. 11.12.2006 – II ZR 243/05, AG 2007, 168.
2 *Habersack* in MünchKomm. AktG, § 111 AktG Rz. 115; *Semler* in FS Doralt, 2004, S. 609, 612; *Semler*, Leitung und Überwachung der Aktiengesellschaft, Rz. 218; *Hoffmann-Becking* in MünchHdb. AG, § 29 Rz. 39 ff.; *Lutter/Krieger*, Rechte und Pflichten des Aufsichtsrats, Rz. 110; *Kropff* in Semler/v. Schenck, Arbeitshandbuch für Aufsichtsratsmitglieder, § 8 Rz. 26.
3 *Hüffer*, § 111 AktG Rz. 18; *Lutter* in Liber amicorum Happ, 2006, S. 143, 144; *Lutter*, AG 2006, 520.
4 H.A., an Stelle anderer: *Götz*, ZGR 1990, 633, 654; *Hoffmann-Becking*, ZHR 159 (1995), 325, 340; *Lutter/Krieger*, Rechte und Pflichten des Aufsichtsrats, Rz. 149; *Hopt/Roth* in Großkomm. AktG, § 111 AktG Rz. 687 ff.; *Lieder*, Der Aufsichtsrat im Wandel der Zeit, S. 866; zum Ganzen: *Brouwer*, Zustimmungsvorbehalte des Aufsichtsrats im Aktien- und GmbH-Recht, 2008, S. 277; für die GmbH: *Uwe H. Schneider* in Scholz, § 52 GmbHG Rz. 142; kritisch aber: *Fonk*, ZGR 2006, 841, 853.

25 Fehlen in der Satzung oder in der Geschäftsordnung ausdrückliche Zustimmungsvorbehalte, so steht es im **pflichtgemäßen Ermessen** des Aufsichtsrats, ob er von dem Zustimmungsvorbehalt Gebrauch macht. Das gilt auch, wenn es um „bestimmte Arten von Geschäften" geht, die bei Tochter- oder Enkelgesellschaften vorgenommen werden sollen.[1] Der II. Zivilsenat des Bundesgerichtshofs hat aber in einer Entscheidung vom 15.11.1993[2] darüber hinausgehend zutreffend ausgeführt, dass sich dieses Ermessen zu einer **Pflicht** verdichten kann. Das gilt erstens, wenn eine gesetzwidrige Geschäftsführungsmaßnahme nur noch durch eine solche Anordnung verhindert werden kann. Was für gesetzwidrige Geschäftsführungsmaßnahmen gilt, kann zweitens für unzweckmäßige Maßnahmen nicht anders sein, jedenfalls dann, wenn größerer Schaden droht.[3] Und drittens sind unabhängig davon alle Maßnahmen von grundlegender Bedeutung, die bei der Gesellschaft verwirklicht werden, zustimmungspflichtig.[4] Dies gilt auch für entsprechende Vorgänge im Konzern. Erkennt der Aufsichtsrat, dass rechtswidrige Maßnahmen bei Konzernunternehmen vorgenommen werden sollen, ist etwa daran gedacht, Waffen in gesperrte Länder zu exportieren, so hat der Aufsichtsrat diese Maßnahme seiner Zustimmung zu unterwerfen und gegebenenfalls die Zustimmung zu verweigern. Es ist sodann die Aufgabe des Vorstands bzw. der Geschäftsführer des herrschenden Unternehmens darauf hinzuwirken, dass entsprechende Maßnahmen bei der Tochter- oder Enkelgesellschaft nicht verwirklicht werden.[5]

26 Und was sind die **Maßstäbe für den Aufsichtsrat**, wenn er über eine Konzernmaßnahme zu entscheiden hat? Jedenfalls sind dem Aufsichtsrat auch bei Konzernsachverhalten „ernst zu nehmende Prüfpflichten" auferlegt. Daher hat der Aufsichtsrat sich im Zweifelsfall über den entsprechenden Vorgang zu informieren, die Maßnahmen im Blick auf die unterschiedlichen Interessen zu würdigen und zu entscheiden, ob er entsprechende Maßnahmen ergreifen muss. Insoweit ist zweierlei zu bedenken. Zum einen hat sich der Aufsichtsrat an die Interessen des herrschenden Unternehmens zu halten.[6] Und in diesem Zusammenhang hat er darauf hinzuwirken, dass die Interessen der Tochtergesellschaft nicht verletzt werden. Das ist aber nur die eine Seite. Zum anderen ist daran zu denken, dass der Aufsichtsrat von dem Zustimmungsvorbehalt nur zur Sicherung der begleitenden Überwachung Gebrauch machen darf. Er darf daher nicht die Zustimmung verweigern, wenn er eine andere Maßnahme für zweckmäßiger hält, die

---

1 Vgl. *Hopt/Roth* in Großkomm. AktG, § 111 AktG Rz. 694f., die darauf hinweisen, dass sich insoweit keine Änderung der Pflichtenlage durch das Inkrafttreten des TransPuG ergeben hat.
2 BGH v. 15.11.1993 – II ZR 235/92, BGHZ 124, 111, 127.
3 Ebenso *Lutter/Krieger*, Rechte und Pflichten des Aufsichtsrats, Rz. 106; *Habersack* in MünchKomm. AktG, § 111 AktG Rz. 115; *Lieder*, DB 2004, 2251, 2253.
4 Vgl. Begr. RegE, TransPuG, BT-Drucks. 14/8769, S. 17; s. ferner Ziff. 3.3 des Deutschen Corporate Governance Kodex; zum Begriff des „grundlegenden" Geschäfts s. einerseits *Götz*, NZG 2002, 599, 602f. und anderseits *Lange*, DStR 2003, 376, 377.
5 Zu den damit verbundenen Rechtsfragen: *Lutter* in Liber amicorum Happ, 2006, S. 143, 145ff.; *Lutter*, AG 2006, 517, 520.
6 Zum Konflikt zwischen den unterschiedlichen Unternehmensinteressen im Konzern s. *Löbbe*, Unternehmenskontrolle im Konzern, S. 48ff.; *Lieder*, Der Aufsichtsrat im Wandel der Zeit, S. 862.

vom Vorstand vorgesehene Maßnahme aber gleichfalls zweckmäßig ist; denn der Aufsichtsrat soll sich nicht in die Geschäftsführung einmischen, sondern sie nur überwachen.[1]

2. Haftung bei fehlerhafter Bilanzierung im Konzern

Eine besondere Aufgabe und damit auch ein erweitertes Haftungsrisiko liegt für den Vorstand und für die Geschäftsführer in der Haftung bei fehlerhafter Bilanzierung.[2] Entsprechendes gilt für den Aufsichtsrat, wenn er eine fehlerhafte Bilanzierung erkennt und dagegen nicht einschreitet oder wenn er eine fehlerhafte Bilanzierung schuldhaft nicht erkennt.

27

Der Aufsichtsrat der Konzernmutter hat sowohl den Jahresabschluss und den Lagebericht des Mutterunternehmens als auch den Konzernabschluss und den Konzernlagebericht zu prüfen, § 171 Abs. 1 Satz 1 AktG.

28

Je nach Konzerngröße[3] und Geschäftsgegenstand[4] sind der Konzernabschluss und der Konzernlagebericht durch einen **Abschlussprüfer** zu prüfen. Sowohl der Abschlussprüfer als auch der Konzernabschlussprüfer ist von der Hauptversammlung der Konzernmutter zu wählen, § 318 Abs. 1 Satz 1 HGB. Wird durch die Hauptversammlung, wie im Regelfall, kein gesonderter Konzernabschlussprüfer gewählt, wird der Jahresabschlussprüfer des Mutterunternehmens auch zum Konzernabschlussprüfer bestellt, § 318 Abs. 2 Satz 1 HGB. Aufgabe des Aufsichtsrats ist es, der Hauptversammlung einen geeigneten **Wahlvorschlag** zur Beschlussfassung zu machen. Der Vorschlag ist vom Gesamtaufsichtsrat mit der erforderlichen Sorgfalt ohne Einmischung durch den Vorstand eigenständig zu erarbeiten.[5] Der Aufsichtsrat hat dabei den Wahlvorschlag so vorzubereiten, dass die Hauptversammlung davon ausgehen kann, der vorgeschlagene Abschlussprüfer sei für die Prüfungsaufgabe geeignet, der Übernahme des Mandats stünden keine Hindernisse entgegen und die zu entrichtende Vergütung sei angemessen.[6] Zudem hat sich der Aufsichtsrat von der Unabhängigkeit des Abschlussprüfers in Bezug auf die zu prüfende Gesellschaft und ihrer Tochtergesellschaften zu überzeugen. Bei größeren Konzernen hat der Aufsichtsrat darüber hinaus auf die Leis-

29

---

1 A.A. die bislang h.M., an Stelle vieler: *Lutter/Krieger*, Rechte und Pflichten des Aufsichtsrats, Rz. 92 und Rz. 116; *Habersack* in MünchKomm. AktG, § 111 AktG Rz. 127; *Semler*, Leitung und Überwachung der Aktiengesellschaft, Rz. 212; *Mertens* in KölnKomm. AktG, § 111 AktG Rz. 85; *Brouwer*, Zustimmungsvorbehalte des Aufsichtsrats im Aktien- und im GmbH-Recht, 2008, S. 350: „Das Zustimmungsrecht berechtigt ihn daher, seine unternehmenspolitischen Vorstellungen... durchzusetzen."; wie hier: *Höhn*, GmbHR 1994, 604, 605; *Fonk*, ZGR 2006, 841, 867; wohl auch *Henze*, NJW 1998, 3309, 3312.
2 S. dazu unten *Gelhausen*, § 30 (S. 903 ff.).
3 Zu größenabhängigen Befreiungen s. § 293 HGB.
4 U.A. Kredit- und Finanzdienstleistungsinstitute, Versicherungsunternehmen unterliegen unabhängig von ihrer Größe und Rechtsform der Prüfungspflicht. Zu weiteren Ausnahmen vgl. *Hopt/Merkt* in Baumbach/Hopt, § 316 HGB Rz. 3.
5 *Habersack* in MünchKomm. AktG, § 111 AktG Rz. 81.
6 *Habersack* in MünchKomm. AktG, § 111 AktG Rz. 81; vgl. zur Unterbreitung des Wahlvorschlags auch Ziff. 7.2.1 Deutscher Corporate Governance Kodex.

tungsfähigkeit zu achten, insbesondere wenn durch den Konzernabschlussprüfer auch die wesentlichen oder alle Tochtergesellschaften geprüft werden. Verzögerungen bei der Testierung können mit weit reichenden Folgen verbunden sein.

30 Verletzt der Aufsichtsrat bei der Unterbreitung des Wahlvorschlags schuldhaft seine Pflichten, so führt dies zur Haftung der Aufsichtsratsmitglieder, wenn der Gesellschaft hieraus ein Schaden entsteht.

31 Ist der Abschlussprüfer/Konzernabschlussprüfer durch die Hauptversammlung gewählt und damit bestellt (§ 119 Abs. 1 Nr. 4 AktG), so ist der Aufsichtsrat gehalten, unverzüglich nach der Wahl den **Prüfungsauftrag** zu erteilen. Dazu schließt der Aufsichtsrat im Namen der Gesellschaft mit dem Abschlussprüfer den Prüfungsvertrag. Dazu gehört auch eine Vereinbarung über die Honorierung. Wenn der Aufsichtsrat dem Vorstand die vorbereitenden Verhandlungen über die Honorierung überlässt, muss er sicherstellen, dass er der Geschäftsherr bleibt.[1] Der Prüfungsvertrag konkretisiert zweckmäßigerweise neben dem sich ohnehin aus dem Gesetz ergebenden Prüfungsinhalt weitere Einzelheiten hinsichtlich der Pflichten des Prüfers, etwa die Prüfungszeit, den Vorlagetermin für den Prüfungsbericht und die prüferische Durchsicht von Zwischenberichten. Inwieweit der Aufsichtsrat dem Abschlussprüfer über den gesetzlichen Inhalt der Abschlussprüfung hinaus weitere Prüfaufträge erteilt, liegt in seinem pflichtgemäßen Ermessen. Insbesondere ist es häufig zweckmäßig, dass der Aufsichtsrat mit dem Abschlussprüfer über den gesetzlichen Prüfungsinhalt hinaus für mehrere Jahre besondere – auch konzernweite – Schwerpunkte der Prüfung vereinbart.[2] Eine Mitwirkung des Vorstands bei der Festlegung solcher Schwerpunkte ist dabei zu vermeiden.[3] Vor Abschluss des Vertrags mit dem Abschlussprüfer hat der Aufsichtsrat über die Auftragserteilung zu beschließen.[4]

32 Sind der Jahresabschluss und der Lagebericht der Gesellschaft durch einen Abschlussprüfer zu prüfen und hat der Aufsichtsrat den Prüfungsauftrag erteilt, so legt der Abschlussprüfer den **Prüfungsbericht** unmittelbar dem Aufsichtsrat vor, § 321 Abs. 5 Satz 1 HGB. Der Abschlussprüfer genügt dieser Pflicht, indem er zumindest ein Originalexemplar dem Vorsitzenden des Aufsichtsrats zuleitet.[5]

33 Der Aufsichtsrat hat sodann einen Prüfungsauftrag, § 171 AktG. Die **Prüfung der Abschlussunterlagen** ist eine zentrale Aufgabe des Aufsichtsrats.[6] Sie überträgt dem Aufsichtsrat eine Mitverantwortung für die Abschlussunterlagen. Zu prüfen sind der Jahresabschluss, der Lagebericht und der Gewinnverwendungsvorschlag. Durch seine Mitwirkung an der Feststellung des Jahresabschlusses trägt der Aufsichtsrat die Mitverantwortung für die Bilanzpolitik der Gesellschaft und für die

---

1 *Habersack* in MünchKomm. AktG, § 111 AktG Rz. 81; vgl. dazu *Volhard/Weber* in FS Ulmer, 2003, S. 865, 879 ff.
2 *Theisen*, DB 1999, 341; *Hommelhoff*, BB 1998, 2567, 2569.
3 Vgl. *Feddersen*, AG 2000, 385, 387.
4 Zur Frage, ob ein Ausschuss des Aufsichtsrats den Prüfungsauftrag erteilen kann, vgl. *Habersack* in MünchKomm. AktG, § 111 AktG Rz. 86.
5 *Adler/Düring/Schmaltz*, § 170 AktG n.F. Rz. 5.
6 *Kropff* in MünchKomm. AktG, § 171 AktG Rz. 1, 10.

Bildung von Rücklagen aus dem Jahresüberschuss.[1] Die Prüfung des Gewinnverwendungsvorschlags gibt ihm maßgebenden Einfluss auf die Ausschüttungspolitik der Gesellschaft. Kommt der Aufsichtsrat diesem Auftrag nicht oder nicht mit der notwendigen Sorgfalt nach, erkennt er eine fehlerhafte Bilanzierung nicht oder lässt er eine solche zu, so führt dies zur Haftung der Aufsichtsratsmitglieder, wenn der Gesellschaft hieraus ein Schaden entsteht.

Ist die Gesellschaft herrschendes Unternehmen im Konzern, so müssen nach § 171 Abs. 1 Satz 1 AktG auch der **Konzernabschluss** und der **Konzernlagebericht** durch den Aufsichtsrat geprüft[2], nicht aber festgestellt werden. Der Konzernabschluss ist für den Aufsichtsrat, die Gesellschafter und Dritte vom Informationsgehalt her den Einzelabschlüssen der Konzernunternehmen überlegen, weil nur in konsolidierter Form die Außenbeziehungen des Konzerns und ihre Auswirkungen erkennbar sind.[3] Die Jahresabschlüsse und Lageberichte der einzelnen Konzernunternehmen werden dem Aufsichtsrat nicht vorgelegt – und sie werden vom Aufsichtsrat des herrschenden Unternehmens demzufolge auch nicht geprüft. Der fehlende Prüfungsauftrag ist leicht zu erklären; der Aufsichtsrat wäre völlig überfordert, wenn er sich auch mit den Jahresabschlüssen der einzelnen Tochtergesellschaften im Einzelnen beschäftigen müsste. Nur beiläufig sei daran erinnert, dass etwa die Deutsche Bank weltweit 4000 Tochtergesellschaften haben soll, die verschiedene Rechtsformen haben und die zudem nach verschiedenen nationalen Rechnungslegungsstandards bilanzieren. Durch die Billigung des Konzernabschlusses und seinen Einfluss auf den Konzernlagebericht übernimmt der Aufsichtsrat aber auch hier Mitverantwortung. 34

Obgleich dem Aufsichtsrat des Mutterunternehmens nicht die Jahresabschlüsse der Tochterunternehmen vorgelegt werden müssen, bedeutet das nicht, dass der Aufsichtsrat des herrschenden Unternehmens die Dinge laufen lassen darf. Das Gegenteil ist der Fall. Erfährt der Aufsichtsrat von Unregelmäßigkeiten in der Bilanzierung bei Tochtergesellschaften oder ergibt die Prüfung des Konzernabschlusses Anlass zur näheren Befassung, so hat sich der Aufsichtsrat die Jahresabschlüsse der Tochtergesellschaften vorlegen zu lassen.

3. Haftung wegen fehlerhafter Bestellung und Anstellung der Organmitglieder der Tochtergesellschaften

Zu den wichtigsten Aufgaben des Aufsichtsrats gehört eine zukunftsorientierte Personalplanung für den Vorstand, eine sorgfältige Auswahl der Vorstandsmitglieder und eine an § 87 AktG orientierte Ausgestaltung der Bezüge im Anstellungsvertrag der Vorstandsmitglieder. Deshalb besteht heute Einigkeit, dass sich die Mitglieder des Aufsichtsrats schadensersatzpflichtig machen können, wenn sie unangemessene Gehälter versprechen oder unentgeltliche Zuwendun- 35

---

[1] *Kropff* in MünchKomm. AktG, § 171 AktG Rz. 6.
[2] S. dazu *Hommelhoff/Mattheus*, AG 1998, 249, 252.
[3] *Weber-Braun/Weiss/Ferlings* in Küting/Weber, Handbuch der Konzernrechnungslegung, Bd. II, Rz. 1240.

gen an Vorstandsmitglieder verteilen, wenn diese ausscheiden, § 116 Satz 3[1] i.V.m. § 87 AktG.

36 Im Konzern ist zunächst zu bedenken, dass die Mitglieder des Vorstands oder die Geschäftsführer der Tochtergesellschaften durch das zuständige Organ der Tochter- oder Enkelgesellschaft bestellt werden und auch die Anstellungsverträge durch das jeweilige Organ abgeschlossen werden. Das enthebt den Aufsichtsrat des herrschenden Unternehmens aber nicht davon, den Vorstand oder die Geschäftsführer des herrschenden Unternehmens anzuhalten, für eine konzernweite Personalplanung zu sorgen[2], und es enthebt ihn nicht davon, gegen Missbräuche bei der Gehaltsbildung bei Tochter- und Enkelgesellschaften einzuschreiten. Daher können auch Vorgänge bei Tochter- und Enkelgesellschaften, die zu krassen Fehlbesetzungen oder zu unangemessenen Gehaltszahlungen führen, Ansprüche auf Schadensersatz gegen Mitglieder des Aufsichtsrats des herrschenden Unternehmens begründen.

4. Haftung wegen Verletzung von Loyalitätspflichten im Konzern

37 Die Aufsichtsratsmitglieder schulden der Gesellschaft ebenso wie die Mitglieder des Vorstands und die Geschäftsführer loyales Verhalten. Dem Inhalt nach unterscheiden sich aber die jeweiligen Loyalitätspflichten; denn das Amt des Aufsichtsratsmitglieds ist ein Nebenamt. Aufsichtsratsmitglieder sind in der Regel bei anderen Unternehmen tätig und diesen verpflichtet. Unterschiede ergeben sich auch von Rechtsform zu Rechtsform, was von Fall zu Fall eine eigenständige Wertung erforderlich macht.

38 Zunächst und vor allem ist es Aufsichtsratsmitgliedern versagt, die Gesellschaft zu schädigen und zum Nachteil der Gesellschaft ihre eigenen persönlichen Interessen zu verfolgen. Ob dies für Aufsichtsratsmitglieder ein **Wettbewerbsverbot** begründet, ist bei der Aktiengesellschaft streitig.[3] Und streitig ist, ob die Mitglieder des Aufsichtsrats gleichzeitig den Aufsichtsräten von Unternehmen angehören dürfen, die im Wettbewerb zueinander stehen. Auch bei der GmbH ist streitig, ob Aufsichtsratsmitglieder einem Wettbewerbsverbot unterliegen.[4] Höchstrichterlich ist die Frage für die GmbH in jüngerer Zeit nicht entschieden.[5] Teilweise wird die Ansicht vertreten, die Treupflicht dürfe nicht überspannt wer-

---

1 Die Vorschrift wurde durch das Gesetz zur Angemessenheit der Vorstandsvergütung eingefügt (VorstAG) v. 31.7.2009, BGBl. I 2009, 2509.
2 Eine Pflicht des Aufsichtsrats, jede Bestellung von Vorstandsmitgliedern zu Vorstandsmitgliedern oder Geschäftsführern von Tochtergesellschaften unter einen Zustimmungsvorbehalt zu stellen, besteht nach überwiegender Ansicht nicht; vgl. *Hopt/Roth* in Großkomm. AktG, § 111 AktG Rz. 695, m.w.N.
3 Dafür *Lutter*, ZHR 145 (1981), 224, 236; *Lutter* in FS Beusch, 1993, S. 509; *Lutter/Kirschbaum*, ZIP 2005, 103, 104; *Reichert/Schlitt*, AG 1995, 241, 244; *Säcker* in FS Rebmann, 1989, S. 781; BGH v. 21.2.1963 – II ZR 76/62, BGHZ 39, 116, 123; a.A. *Hüffer*, § 103 AktG Rz. 13b; *Dreher*, JZ 1990, 896, 898; *Uwe H. Schneider*, BB 1995, 365; *Wirth*, ZGR 2005, 327, 345; s. auch Ziffer 5.4.2 Deutscher Corporate Governance Kodex.
4 Einzelheiten unten bei *Verse*, § 22 (S. 640 ff.).
5 Gegen Wettbewerbsverbot bei GmbH: RG v. 12.10.1940 – II 33/40, RGZ 165, 68, 82.

den. Es bestehe kein Wettbewerbsverbot.[1] Dem ist entgegenzuhalten, dass sich die GmbH an einem personalistischen Strukturtypus orientiert und dass in der Regel Aufsichtsratsmitglieder bei der GmbH weitergehend als bei der AG in das Unternehmen eingebunden sind. Nach überwiegender Ansicht ist daher von einem Wettbewerbsverbot auszugehen.[2] Folgt man dem, so machen sich Aufsichtsratsmitglieder einer GmbH schadensersatzpflichtig, wenn sie gegen das Wettbewerbsverbot verstoßen. Und dies gilt auch, wenn sie nur in Wettbewerb mit Tochter- oder Enkelgesellschaften treten; denn es kann keinen Unterschied machen, ob die unternehmerische Tätigkeit durch die Holding oder beherrschte Konzernunternehmen ausgeübt wird.

Das Entsprechende gilt für das Verbot, **Geschäftschancen**, die der Gesellschaft zustehen, an sich zu ziehen. Zwar braucht ein Aufsichtsratsmitglied eigenen Interessen und die Interessen Dritter, etwa seines Arbeitgebers, nicht zu vernachlässigen. Er darf aber Informationen, die ihm bei seiner Aufsichtsratstätigkeit bekannt geworden sind, nicht im Eigeninteresse nutzen.[3] Und das gilt auch für Informationen, die Tochter- und Enkelgesellschaften betreffen. Sie stehen diesen Gesellschaften zu und sie dürfen von deren Organmitgliedern nicht für eigene persönliche Zwecke an sich gezogen werden. Erfährt daher ein Aufsichtsratsmitglied von Verhandlungen einer Tochtergesellschaft, wonach diese ein Grundstück erwerben will, darf er das Angebot des Verkäufers nicht aufgreifen, um das Grundstück selbst zu erwerben. Ist ein Aufsichtsratsmitglied bei mehreren Unternehmen tätig, so ist es hierdurch nicht privilegiert. Es hat vielmehr sicherzustellen, dass das Verfahren, das bei Interessenkollisionen besteht und durch das Interessenkollisionen aufgelöst werden sollen, eingehalten wird. 39

Problematisch sind der Inhalt und die Grenzen der Loyalitätspflichten, die dem Aufsichtsratsmitglied außerhalb seiner Organtätigkeit obliegen. So wird man davon ausgehen dürfen, dass ein Aufsichtsratsmitglied im Gegensatz zu einem Vorstandsmitglied oder einem Geschäftsführer Geschäftschancen nutzen darf, wenn sie ihm **außerhalb seiner Organtätigkeit** bekannt geworden sind.[4] 40

Besonders hinzuweisen ist in diesem Zusammenhang auf die konzernweite Verschwiegenheitspflicht. Aufsichtsratsmitglieder haben über vertrauliche Angaben und Geheimnisse der Gesellschaft, die ihnen durch ihre Tätigkeit im Aufsichtsrat bekannt geworden sind, gegenüber Dritten, aber auch gegenüber einzelnen Gesellschaftern, zu schweigen. Diese **Schweigepflicht** ist Teil der ihnen auferlegten Loyalitätspflichten.[5] Sie besteht für Anteilseignervertreter und für Vertreter der Arbeitnehmer in gleicher Weise.[6] § 116 Satz 2 AktG hält dies nun ausdrücklich fest. Dort heißt es: „Die Aufsichtsratsmitglieder sind insbesondere zur Ver- 41

---

1 *Zöllner/Noack* in Baumbach/Hueck, § 52 GmbHG Rz. 68; *Raiser/Heermann* in Ulmer/Habersack/Winter, § 52 GmbHG Rz. 137.
2 *Uwe H. Schneider* in Scholz, § 52 GmbHG Rz. 506; *Fleck*, GmbHR 1995, 883; *Kellermann* in FS Fischer, 1979, S. 316; *Armbrüster*, ZIP 1997, 1269, 1278.
3 Vgl. nur *Raiser/Heermann* in Ulmer/Habersack/Winter, § 52 GmbHG Rz. 137, m.w.N.
4 *Fleck* in FS Heinsius, 1991, S. 92.
5 Allgemein BGH v. 5.6.1975 – II ZR 156/73, BGHZ 64, 325, 327.
6 *Zöllner/Noack* in Baumbach/Hueck, § 52 GmbHG Rz. 208.

schwiegenheit über erhaltene vertrauliche Berichte und vertrauliche Beratungen verpflichtet." Die unbefugte Offenbarung ist nach § 404 AktG, § 85 GmbHG strafbar. Allerdings wird die Tat nur auf Antrag der Gesellschaft verfolgt.

42 Die vertraulichen Berichte können sich auch auf Konzernsachverhalte beziehen. Erfährt also ein Aufsichtsratsmitglied im Rahmen der Sitzung oder auf Grund der zuvor ihm überlassenen Berichte Vertrauliches über Tochtergesellschaften und plaudert er dies aus, so macht er sich schadensersatzpflichtig, und zwar gegenüber der Gesellschaft, wenn bei dieser Schaden entstanden ist. Entsteht der Schaden bei der Tochtergesellschaft, so ist an die Tochtergesellschaft zu leisten.

5. Die Geltendmachung von Schadensersatzansprüchen im Konzern

43 Zu den Aufgaben des Aufsichtsrats, nämlich als Teil der vergangenheitsbezogenen Kontrolle, zählt auch, das Bestehen von Schadensersatzansprüchen der Gesellschaft gegenüber ihren Vorstandsmitgliedern eigenverantwortlich zu prüfen und gegebenenfalls geltend zu machen. Geht man davon aus, dass dem Vorstand auch die Konzernleitung obliegt, so bedeutet dies, dass der Aufsichtsrat auch die Ansprüche der Gesellschaft gegen ihre Vorstandsmitglieder wegen **Verletzung der Konzernleitungspflichten** geltend zu machen hat.[1] Hierbei hat er nach höchstrichterlicher Rechtsprechung **drei Prüfungsschritte** vorzunehmen. In einem ersten Schritt ist zu klären, ob ein Ersatzanspruch besteht und ob er durchsetzbar ist. Kommt der Aufsichtsrat zu der Überzeugung, dass sich Vorstandsmitglieder schadensersatzpflichtig gemacht haben, „muss er auf Grund einer sorgfältigen und sachgerecht durchzuführenden Risikoanalyse abschätzen, ob und in welchem Umfang die gerichtliche Geltendmachung zu einem Ausgleich des entstandenen Schadens führt." Geboten ist demnach eine Prozessrisikoanalyse. In einem zweiten Schritt ist zu entscheiden, ob der Schadensersatzanspruch durchgesetzt werden soll. Insoweit hat der Aufsichtsrat kein Ermessen.[2] Und in einem dritten Schritt ist zu klären, ob ein Ausnahmetatbestand vorliegt. Von der Durchsetzung darf der Aufsichtsrat nämlich nur ausnahmsweise absehen, „wenn gewichtige Gründe des Gesellschaftswohls dagegen sprechen und diese Umstände die Gründe, die für eine Rechtsverfolgung sprechen, überwiegen oder ihnen zumindest gleichwertig sind."

44 Dieses Aufgabenprogramm stellt für die Mitglieder des Aufsichtsrats zugleich ein Pflichtenprogramm dar.[3] Das bedeutet, dass der Aufsichtsrat seinerseits von Schadensersatzansprüchen bedroht ist, wenn er keine gewichtigen Gründe findet, weshalb er Schadensersatzansprüche gegen Vorstandsmitglieder nicht geltend macht.

45 Im Konzern heißt dies zunächst, dass der Aufsichtsrat des herrschenden Unternehmens auch Schadensersatzansprüche wegen schuldhaft fehlerhafter Konzern-

---

1 BGH v. 21.4.1997 – II ZR 175/95, BGHZ 135, 244 = AG 1997, 377; *Götz*, NJW 1997, 3275; *Kindler*, ZHR 162 (1998), 101; *Horn*, ZIP 1997, 1129; *Goette* in FS 50 Jahre BGH, 2000, S. 123.
2 Vgl. *Henze*, NJW 1998, 3309, 3311; *Sven H. Schneider*, DB 2005, 707, 711.
3 A.A. *Dreher*, JZ 1997, 1074.

leitung gegen die Mitglieder des Vorstands der Konzernleitungsgesellschaft geltend machen muss. Haben aber die Mitglieder des geschäftsführenden Organs von Tochtergesellschaften ihre Leitungs- oder Loyalitätspflichten, die ihnen gegenüber ihrer eigenen Gesellschaft obliegen, verletzt, so bestimmt sich zunächst nach der jeweiligen Rechtsform der Tochtergesellschaft, welches ihrer Organe Ersatzansprüche geltend machen kann. Der Aufsichtsrat des herrschenden Unternehmens ist zur Geltendmachung nicht befugt.

In Frage steht damit nur, ob der **Aufsichtsrat der Konzernleitungsgesellschaft** darauf hinwirken muss, dass entsprechende Schadensersatzansprüche durch das zuständige Organ der Tochter- oder Enkelgesellschaft geltend gemacht werden. Dagegen spricht, dass die Konzernleitung dem geschäftsführenden Organ des herrschenden Unternehmens obliegt. Es ist daher auch dieses Organ, das gegebenenfalls Schadensersatzansprüche durchzusetzen hat. Und dabei haben der Vorstand bzw. die Geschäftsführer des herrschenden Unternehmens ein unternehmerisches Ermessen, ob sie entweder die Mitverwaltungsrechte aus der Beteiligung des herrschenden Unternehmens geltend machen oder – etwa im mehrstufigen Konzern – nur tatsächlich ihren konzernleitenden Einfluss einsetzen, damit die Schadensersatzansprüche durchgesetzt werden. Der Aufsichtsrat des herrschenden Unternehmens hat nur zu kontrollieren, ob der Vorstand oder die Geschäftsführer ihre Aufgaben bei der Durchsetzung der Ansprüche nach pflichtgemäßem Ermessen wahrgenommen haben.

46

Damit ergeben sich im Vergleich zum konzernfreien Unternehmen gewichtige Unterschiede. Hat nämlich der Vorstand der Holdinggesellschaft seine Leitungspflichten verletzt und hat er sich schadensersatzpflichtig gemacht, so muss dieser Anspruch der Gesellschaft in der Regel durch den Aufsichtsrat durchgesetzt werden. Wird aber die unternehmerische Tätigkeit durch Tochter- oder Enkelgesellschaft wahrgenommen, so ergeben sich typischerweise Schadensersatzansprüche wegen fehlerhafter Unternehmensleitung im Tagesgeschäft auch nur bei den Tochter- und Enkelgesellschaften. Zwar mag sodann der Aufsichtsrat der Tochtergesellschaft verpflichtet sein, Schadensersatzansprüche gegen den Vorstand der Tochtergesellschaft geltend zu machen. Vorstand und Aufsichtsrat des herrschenden Unternehmens müssen aber entsprechende Schadensersatzansprüche gegen Organmitglieder einer Tochtergesellschaft nicht durchsetzen.

47

II. Aufsichtsrats-Konzern-Innenhaftung

Veranlasst ein herrschendes Unternehmen eine abhängige Gesellschaft, mit der kein Beherrschungsvertrag besteht, ein für sie nachteiliges Rechtsgeschäft vorzunehmen, ohne dass das herrschende Unternehmen den Nachteil, wie in § 311 AktG vorgesehen, bis zum Ende des Geschäftsjahres tatsächlich ausgleicht, so ist das herrschende Unternehmen der Gesellschaft zum Ersatz des daraus entstehenden Schadens verpflichtet, § 317 Abs. 1 AktG.[1]

48

---

1 Zur Haftungsbefreiung, wenn ein ordentlicher und gewissenhafter Geschäftsleiter einer nicht abhängigen Gesellschaft unter sonst gleichen Bedingungen das Rechtsgeschäft in gleicher Weise vorgenommen hätte: BGH v. 3.3.2008 – II ZR 124/06, BGHZ 175, 365 = AG 2008, 375 – UMTS.

49 Zugleich haften die **gesetzlichen Vertreter** des herrschenden Unternehmens, die die Gesellschaft zu dem nachteiligen Rechtsgeschäft oder zu der nachteiligen Maßnahme verpflichtet haben. Nach h.M. gilt dies aber **nicht für die Aufsichtsratsmitglieder** des herrschenden Unternehmens.[1] Aufsichtsratsmitglieder haben weder die Aufgabe noch die rechtliche Möglichkeit nachteilige Rechtsgeschäfte oder nachteilige Maßnahmen zu verhindern oder die Zahlung des Nachteilsausgleichs zu erwirken.

III. Aufsichtsrats-Konzern-Außenhaftung

50 Aufsichtsratsmitglieder können wie Vorstandsmitglieder und Geschäftsführer **aus unerlaubter Handlung** haften, also nach § 823 Abs. 1, § 823 Abs. 2 und § 826 BGB. Bei § 823 Abs. 2 BGB kommen nur solche Schutzgesetze in Betracht, die dem Individualschutz dienen.[2] Das Börsengesetz gehört nicht dazu.[3]

51 Das Bestehen einer solchen Haftung ist unstreitig, wenn das Organmitglied selbst als Täter, Mittäter, Anstifter oder Gehilfe einen **Tatbeitrag** geleistet hat. Und dabei kann es keinen Unterschied machen, ob der Täter Vorstandsmitglied, Geschäftsführer oder Mitglied des Aufsichtsrats ist. Größere praktische Bedeutung hatte dies bislang nicht. In jüngerer Zeit gab es jedoch mehrere gerichtliche Entscheidungen zur deliktischen Teilnehmerhaftung von Aufsichtsratsmitgliedern gegenüber geschädigten Dritten, und zwar wegen betrügerischer Kapitalerhöhung.[4]

52 Streitig ist die Haftung im Fall der **Unterlassung**. Eine Außenhaftung des Geschäftsführers einer GmbH hat die höchstrichterliche Rechtsprechung angenommen, wenn ein Baustofflieferant von seinem Vertragspartner, nämlich einer GmbH, keine Zahlung mehr erhalten hat, weil dieser insolvent geworden ist und der Baustofflieferant auch auf das von ihm unter Eigentumsvorbehalt gelieferte Material nicht mehr zugreifen konnte, weil es entgegen der vertraglichen Vereinbarung verarbeitet wurde.[5] An diese Entscheidung hat sich eine größere Diskussion angeschlossen.[6] Gegenstand ist die Frage, ob dem Geschäftsführer eine besondere Garantenpflicht zukommt. Diese Frage kann man auch für den Konzern stellen. Sie kann an dieser Stelle aber dahin stehen; denn jedenfalls trifft

---

1 *Hüffer*, § 317 AktG Rz. 13; *Fett* in Bürgers/Körber, § 317 AktG Rz. 15; *Habersack* in Emmerich/Habersack, Aktien- und GmbH-Konzernrecht, § 317 AktG Rz. 13; *J. Vetter* in K. Schmidt/Lutter, § 317 AktG Rz. 33; a.A. *Wälde*, DB 1972, 2289, 2292.
2 S. dazu § 15 Abs. 6 WpHG, wonach entsprechende Schadensersatzansprüche ausdrücklich begrenzt werden.
3 A.A. LG Augsburg v. 24.9.2001 – 3 O 4995/00, NJW-RR 2001, 1705; wie hier OLG München v. 1.10.2002 – 30 U 855/01, NJW 2003, 144; *Doralt/Doralt* in Semler/v. Schenck, Arbeitshandbuch für Aufsichtsratsmitglieder, § 13 Rz. 187.
4 OLG Düsseldorf v. 23.6.2006 – 9 U 22/08, AG 2008, 666 und wegen Beihilfe zum Betrug OLG Karlsruhe v. 4.9.2008 – 4 U 26/06, AG 2008, 900; s. aber auch *Buck-Heeb/Dieckmann*, AG 2008, 681, 690.
5 BGH v. 5.12.1989 – VI ZR 335/88, BGHZ 109, 297.
6 Ablehnend insbesondere *Medicus* in FS Lorenz, 1991, S. 155, 169; *Medicus*, ZGR 1998, 570, 584; *Lutter*, ZHR 157 (1993), 464, 470; *Grunewald*, ZHR 157 (1993), 451, 455.

eine solche Garantenpflicht die Mitglieder des Aufsichtsrats nicht. In diesem Zusammenhang ist daran zu erinnern, dass der Aufsichtsrat ein Innenorgan ist. Er tritt nur in Ausnahmefällen als Vertreter der Gesellschaft auf. Zu diesen Ausnahmen gehört die Vertretung der Gesellschaft bei Abschluss des Anstellungsvertrags, wenn ihm diese Zuständigkeit durch Gesetz oder Satzung übertragen ist. Daraus folgt, dass die Aufsichtsratsmitglieder nicht nur wegen unerlaubter Handlung gegenüber Dritten haften, in Betracht kommt dabei eine Täterschaft und eine Beihilfe durch Unterlassen[1], sondern auch ausnahmsweise wegen schuldhafter Verletzung des Vertrauens, das Vorstandsmitglieder oder Geschäftsführer ihnen im Rahmen von Vertragsverhandlungen entgegen gebracht haben. Zu denken ist etwa daran, dass der Aufsichtsratsvorsitzende für die Position als Mitglied des Vorstands einen Bewerber von einem anderen Unternehmen abwirbt, ohne ihm zu offenbaren, dass die Gesellschaft in schwerer Krise ist, ja ihm versichert, die Gesellschaft habe keine wirtschaftlichen Probleme. Man könne sich insoweit auf ihn verlassen. Das Entsprechende gilt, wenn ein Vorstandsmitglied oder ein Geschäftsführer bei einer Tochtergesellschaft zu bestellen ist und der Aufsichtsratsvorsitzende des herrschenden Unternehmens die Krise der Tochter verschweigt.

Es ist ferner überlegt worden, Gesellschaftsorgane für **fehlerhafte Kapitalmarktinformationen** gegenüber Dritten haftbar zu machen.[2] Eine solche persönliche Außenhaftung der Organe stößt, von vorsätzlichen Falschmitteilungen abgesehen, auf grundsätzliche Bedenken. § 37b und § 37c WpHG normieren nur eine Haftung des Emittenten. Wenn man aber eine weiter gehende Haftung von Organmitgliedern für notwendig ansieht, liegt es nahe, diese konzernweit zu erstrecken.

53

C. Die Aufsichtsratshaftung bei Tochtergesellschaften

I. Aufsichtsrats-Innenhaftung im Vertragskonzern

Bei Tochtergesellschaften ändern sich zwar nicht die Pflichtenbindung der Aufsichtsratsmitglieder, wohl aber deren Inhalt. Die Schwerpunkte sind anders gesetzt.

54

Im **Vertragskonzern** ist zwingender Maßstab für alle Maßnahmen der Unternehmensleitung nicht mehr allein das Gesellschaftsinteresse; denn das herrschende Unternehmen kann auch nachteilige Weisungen gegenüber dem Vorstand oder gegenüber den Geschäftsführern der Tochtergesellschaft erteilen.[3] Voraussetzung ist nur, dass sie dem Interesse des herrschenden Unternehmens oder der anderen Konzernunternehmen dienen. Das ergibt sich aus § 308 AktG für die beherrschte Aktiengesellschaft und aus § 308 AktG entsprechend für die beherrschte

55

---
1 OLG Karlsruhe v. 4.9.2008 – 4 U 26/06, AG 2008, 900.
2 S. dazu das Gutachten von *Fleischer* zum 64. Deutschen Juristentag und die Diskussionen hierzu; Einzelheiten unten bei *Krämer*, § 28 (S. 814 ff.).
3 Im Einzelnen s. *Emmerich* in Emmerich/Habersack, Aktien- und GmbH-Konzernrecht, § 308 AktG Rz. 45 ff.

GmbH.[1] Damit behält der Aufsichtsrat der beherrschten Gesellschaft seine Überwachungsaufgabe. Allerdings verschieben sich die Schwerpunkte.

– Zunächst hat der Aufsichtrat zu prüfen, ob der **Unternehmensvertrag wirksam zustande gekommen** und ob gesichert ist, dass die Interessen der außenstehenden Aktionäre und der Gläubiger gewahrt werden.

– Der Aufsichtsrat der beherrschten Gesellschaft hat zum zweiten darüber zu wachen, dass der eigene Vorstand und die Geschäftsführer der beherrschten Tochtergesellschaft weiterhin **im Interesse dieser Gesellschaft** handeln.

– Der Aufsichtsrat der beherrschten Gesellschaft hat zum dritten darüber zu wachen, dass die **Grenzen der Weisungsbefugnis** durch das herrschende Unternehmen eingehalten werden.[2]

– Und der Aufsichtsrat der beherrschten Gesellschaft hat zum vierten darüber zu wachen, dass der **Verlustausgleich nach § 302 AktG** durch das herrschende Unternehmen dargestellt werden kann und dargestellt wird. Verletzt er schuldhaft die sich daraus ergebenden Pflichten, so macht er sich schadensersatzpflichtig.

II. Aufsichtsrats-Innenhaftung im faktischen Konzern

56 Im faktischen Konzern bleibt Maßstab für die Geschäftsführung durch den Vorstand bzw. die Geschäftsführer das Interesse der beherrschten Gesellschaft. Insofern ist die Lage nicht anders als bei der konzernfreien Gesellschaft. Bei der beherrschten Aktiengesellschaft darf der Vorstand aber nachteilige Maßnahmen, die das herrschende Unternehmen veranlasst hat, umsetzen, wenn der Nachteilsausgleich binnen Jahresfrist gesichert ist. Weil aber durch die Konzernleitung dem beherrschten Unternehmen Nachteile drohen können, ist es gerade die Aufgabe des Aufsichtsrats, diese abzuwehren und sicherzustellen, dass der Vorstand bzw. die Geschäftsführer nicht Konzerninteressen zum Nachteil eigener Interessen verfolgen. Das bedeutet, dass der Aufsichtsrat zum Wahrer der Interessen der Tochtergesellschaft wird.[3]

57 Für die Haftung der Mitglieder des Aufsichtsrats ist daher zwischen der Aktiengesellschaft und der GmbH zu unterscheiden:

– Zunächst haften die Mitglieder des Aufsichtsrats der Tochtergesellschaft **unabhängig von der Rechtsform** bei Verletzung der allgemeinen Überwachungspflichten. Insoweit unterscheidet sich die Haftung der Mitglieder des Auf-

---

1 Erhalten und gesichert bleiben soll nach herrschender Ansicht allein die Existenz bzw. die Überlebensfähigkeit der beherrschten Gesellschaft; zum Meinungsstand s. *Emmerich* in Emmerich/Habersack, Aktien- und GmbH-Konzernrecht, § 308 AktG Rz. 60ff.; *Hüffer*, § 308 AktG Rz. 19.
2 *Hommelhoff*, ZGR 1996, 144, 147; *Drygala* in K. Schmidt/Lutter, § 111 AktG Rz. 23.
3 *Schwark* in FS Ulmer, 2003, S. 605, 625; *Habersack* in Emmerich/Habersack, Aktien- und GmbH-Konzernrecht, § 311 AktG Rz. 81; *Löbbe*, Unternehmenskontrolle im Konzern, S. 389; *Uwe H. Schneider* in FS Raiser, 2005, S. 341; *Lieder*, Der Aufsichtsrat im Wandel der Zeit, S. 869.

sichtsrats der Tochtergesellschaft nicht von der Haftung des Aufsichtsrats eines konzernfreien Unternehmens.

– Besonderheiten ergeben sich aber aus der **Konzerngründung** und aus der **Konzernleitung**. So hat der Vorstand der Frage nachzugehen, ob die Aktionärsstruktur das Unternehmensinteresse gefährdet. Gegebenenfalls ist der Vorstand durch den Aufsichtsrat anzuhalten, entsprechende Maßnahmen zu ergreifen.

– Im Übrigen hat der Aufsichtsrat einer **beherrschten Aktiengesellschaft** aber sicherzustellen, dass der Vorstand im Rahmen der Konzernleitung nachteilige Maßnahmen nur umsetzt, wenn sie ausgleichsfähig sind und das herrschende Unternehmen kreditwürdig ist, also davon ausgegangen werden kann, dass der Nachteilsausgleich auch tatsächlich ausgeglichen wird. Und er hat darüber zu wachen, dass nachteilige Maßnahmen[1] tatsächlich auch ausgeglichen werden. Zu diesem Zweck hat der Aufsichtsrat den Abhängigkeitsbericht zu prüfen, § 314 AktG. Er hat darüber hinaus einzelne Maßnahmen, insbesondere nachteilige Maßnahmen, in den Blick zu nehmen.
Hatte eine beherrschte AG dem herrschenden Unternehmen oder einer Schwestergesellschaft ein ungesichertes Darlehen gewährt („**upstream-Darlehen**"), so ist dies kein nachteiliges Geschäft im Sinne von § 311 AktG, wenn es an einer konkreten Gefährdung der Vermögens- und Ertragslage fehlt. Voraussetzung ist, dass der Anspruch auf Rückgewähr vollwertig ist. Der Vorstand hat darüber hinaus laufend die Kreditwürdigkeit des Schuldners, etwa durch Einrichtung eines Frühwarnsystems, zu überwachen.[2] Bei einer Verschlechterung der Bonität ist das Darlehen zu kündigen oder die Stellung von Sicherheiten ist zu fordern.[3] Der Aufsichtsrat hat die Aufgabe zu überwachen, dass der Vorstand seinen Aufgaben insoweit nachkommt, also die Bonitätsprüfung vornimmt und ein geeignetes Informationssystem eingerichtet hat.[4] Verletzen die Mitglieder des Aufsichtsrats diese Pflichten, machen sie sich nach §§ 93 Abs. 2, 116, 317, 318 AktG schadensersatzpflichtig. Darüber hinaus haften die Mitglieder des Aufsichtsrats der abhängigen Gesellschaft, wenn sie hinsichtlich des nachteiligen Rechtsgeschäfts oder der nachteiligen Maßnahme ihre Pflicht verletzt haben, nämlich den Bericht über die Beziehungen zu verbundenen Unternehmen zu prüfen und über das Ergebnis der Prüfung an die Hauptversammlung zu berichten, § 318 Abs. 2 AktG.

– Der Aufsichtsrat einer **beherrschten GmbH** hat sicherzustellen, dass die Geschäftsführer im Rahmen der Konzernleitung keine schädigenden Maßnahmen verwirklichen. Das Privileg des § 311 AktG gibt es bei der GmbH nicht.[5] In diesen Fällen haften die Mitglieder des Aufsichtsrats daher, wenn sie schä-

---

[1] Zum Begriff des Nachteils: BGH v. 1.12.2008 – II ZR 102/07, AG 2009, 81 – MPS; OLG Stuttgart v. 30.5.2007 – 20 U 12/06, AG 2007, 633, 637; LG Köln v. 23.11.2007 – 82 O 214/06, AG 2009, 327, 332; *Habersack* in Emmerich/Habersack, Aktien- und GmbH-Konzernrecht, § 311 AktG Rz. 41.
[2] *J. Vetter* in K. Schmidt/Lutter, § 311 AktG Rz. 30.
[3] BGH v. 1.12.2008 – II ZR 102/07, AG 2009, 81 – MPS.
[4] BGH v. 1.12.2008 – II ZR 102/07, AG 2009, 81, 83 – MPS.
[5] Ganz h.A.; vgl. *Hüffer*, § 311 AktG Rz. 51.

digende Maßnahmen zulassen. Die Einwirkungsmöglichkeiten des Aufsichtsrats sind hier freilich begrenzt, weil sich die Überwachungsaufgabe auf die Geschäftsführer beschränkt und es das herrschende Unternehmen in der Hand hat, den Widerstand des Aufsichtsrats durch entsprechenden Weisungsbeschluss in der Gesellschafterversammlung zu brechen.[1] Wird die GmbH von einem Alleingesellschafter beherrscht, so ist das Vermögen der Gesellschaft in Höhe des Stammkapitals geschützt. Allerdings fehlt es an der erforderlichen Rücksichtnahme, wenn die Gesellschaft aufgrund von Eingriffen ihres Alleingesellschafters ihre Verbindlichkeiten nicht mehr erfüllen kann. Der Geschäftsführer haftet dann nach § 43 Abs. 3 GmbHG und die Aufsichtsratsmitglieder der beherrschten GmbH haften, wenn sie insoweit ihre Überwachungspflichten verletzt haben.

---

1 S. auch *Raiser/Heermann* in Ulmer/Habersack/Winter, § 52 GmbHG Rz. 95.

§ 10
Die Haftung der Gesellschaft für Pflichtverletzungen des Managers

Professor Dr. Detlef Kleindiek

	Rz.		Rz.
A. Problemeingrenzung	1	C. Zur Reichweite des § 31 BGB	27
B. Fallgruppen	4	I. Rechtsformübergreifender Geltungsanspruch	27
I. Die Gesellschaft als alleinige Trägerin der verletzten Pflicht	4	II. Verfassungsmäßig berufene Vertreter und sonstige Repräsentanten	29
II. Haftungsausdehnung auf die Gesellschaft	9	III. Abdingbarkeit	32
III. Haftung aus Verkehrspflichtverletzung	12	D. Abgrenzungen	33
1. Problementfaltung	12	I. Körperschaftlicher Organisationsmangel	33
2. Deliktshaftung juristischer Personen	17	II. Haftung aus § 831 BGB	36
3. Haftung der Gesellschaft und Eigenhaftung der Manager	23		

Schrifttum: *Altmeppen*, Haftung der Geschäftsleiter einer Kapitalgesellschaft für Verletzung von Verkehrssicherungspflichten, ZIP 1995, 881; *v. Bar*, Verkehrpflichten, 1980; *v. Bar*, Zur Struktur der Deliktshaftung von juristischen Personen, ihren Organen und ihren Verrichtungsgehilfen, in FS Kitagawa, 1992, S. 297; *Bisson*, Die Haftung des Organs für die Verletzung von Pflichten der juristischen Person, GmbHR 2005, 1453; *Brüggemeier*, Organisationshaftung, AcP 191 (1991), 33; *F. Bydlinski*, Die deliktische Organhaftung juristischer Personen: Europäisches Rechtsgut oder überholte Theorie?, in FS Koppensteiner, 2001, S. 569; *Derleder/Fauser*, Der Regress bei gesamtschuldnerischer Haftung juristischer Personen und ihrer Organe und seine Auswirkungen auf die Organtätigkeit – Praxisfolgen des Kirch-Urteils, BB 2006, 949, 952 ff.; *Dreier*, Die Verkehrspflichthaftung des Geschäftsführers der GmbH, 2002; *Foerste*, Nochmals: Persönliche Haftung der Unternehmensleitung: die zweite Spur der Produkthaftung?, VersR 2002, 1; *Gehrlein*, Zur Haftung der juristischen Person, in FS Hüffer, 2010, S. 205; *Grünwald*, Die deliktische Außenhaftung des GmbH-Geschäftsführers für Organisationsdefizite, 1999; *Gsell*, Substanzverletzung und Herstellung: deliktsrechtlicher Eigentumsschutz für Material und Produkte, 2003; *Haas*, Geschäftsführerhaftung und Gläubigerschutz, 1997; *Haas*, Die Disziplinierung des GmbH-Geschäftsführers im Interesse der Gesellschaftsgläubiger, WM 2006, 1417; *Heil/Russenschuck*, Die persönliche Haftung des GmbH-Geschäftsführers, BB 1998, 1749; *Hoffmann*, Die Außenhaftung von Unternehmen nach § 831 BGB und § 31 BGB, 2009; *Hommelhoff/Schwab*, Die Außenhaftung des GmbH-Geschäftsführers und sein Regress gegen die Gesellschafter, in FS Kraft, 1998, S. 263; *Jacoby*, Das private Amt, 2007; *Keller*, Die deliktische Außenhaftung des GmbH-Geschäftsführers für Fehlverhalten im Unternehmensbereich, 2002; *Keller*, Außenhaftung des GmbH-Geschäftsführers bei Wettbewerbsverstößen und Verletzung gewerblicher Schutzrechte, GmbHR 2005, 1235; *Kleindiek*, Deliktshaftung und juristische Person, 1997; *Krebs/Dylla-Krebs*, Deliktische Eigenhaftung von Organen für Organisationsverschulden, DB 1990, 1271; *Küpperfahrenberg*, Haftungsbeschränkungen für Verein und Vorstand, 2005; *Lutter*, Haftungsrisiken des Geschäftsführers einer GmbH, GmbHR 1997, 329; *Martinek*, Repräsentantenhaftung, 1979; *Medicus*, Deliktische Außenhaftung der Vorstandsmitglieder und Geschäftsführer, ZGR 1998, 570; *Medicus*, Die Außenhaftung des Führungspersonals juristischer Personen im Zusammenhang mit Produktmängeln, GmbHR 2002, 809; *Reuber*, Die haftungsrechtliche Gleichbehandlung von Unternehmensträgern, 1990; *Sandberger*, Die Außenhaftung des GmbH-Geschäftsführers, 1997; *Sandmann*, Die Haftung von Arbeitnehmern, Geschäftsführern und leitenden Angestellten, 2001; *Schäfer*, Die Deliktsfähigkeit juristischer Personen, 2001; *Spindler*, Unternehmensorganisationspflichten, 2001; *Wagner*, Persönliche Haftung der Unternehmensleitung: die zweite Spur der Produkthaftung?, VersR 2001, 1057.

A. Problemeingrenzung

1 Alle Überlegungen zur Haftung der Gesellschaft – im Konzept dieses Handbuchs in erster Linie der Kapitalgesellschaft – für Pflichtverletzungen „des Managers" und für die daraus resultierenden Schäden Dritter müssen von der Erkenntnis ausgehen, dass die Verbandsperson selbst ohnehin keine Pflichtverletzung „begehen" kann. Denn als ein „Kunstprodukt" der Rechtsordnung ist die Gesellschaft als solche weder zu aktivem Tun noch zu Unterlassungen fähig. Die (verhaltensbedingte) Haftung der Gesellschaft beruht notwendig auf der haftungsbegründenden **Zurechnung** eines pflichtverletzenden und schadenstiftenden Verhaltens natürlicher Personen – seien diese Mitglieder des Geschäftsleitungsorgans (Vorstand oder Geschäftsführer), sonstige „Manager" auf nachgeordneter Ebene oder „einfache" Arbeitnehmer.

2 Aus juristischer Perspektive stellen sich damit vor allem diese Fragen: Auf welcher Grundlage und unter welchen Voraussetzungen vollzieht sich eine solche haftungsbegründende Zurechnung? In welchen Fällen tritt die daraus resultierende Einstandspflicht der Gesellschaft *neben* die – in diesem Beitrag im Übrigen nicht näher zu thematisierende[1] – Außenhaftung „des Managers" oder nachgeordneter Mitarbeiter? In welchen Fällen haftet für die Pflichtverletzungen den geschädigten Dritten gegenüber *nur* die Gesellschaft (und damit das Gesellschaftsvermögen)? Aus der Sicht des Managers ist gerade diese letzte Frage von hohem praktischem Interesse.

3 Im Folgenden werden die einschlägigen Fallgruppen und die in ihnen wirkenden Zurechnungsmechanismen skizziert (sogleich B., Rz. 4 ff.). Die Reichweite der für „Pflichtverletzungen des Managers" zentral bedeutsamen Zurechnungsnorm des § 31 BGB ist dabei gesondert zu erläutern (alsdann C., Rz. 27 ff.). Schließlich ist die auf jenem Zurechnungsmechanismus gründende Gesellschaftshaftung von benachbarten Haftungsgrundlagen abzugrenzen (D., Rz. 33 ff.). – Jeweils kann es nicht darum gehen, die (kaum noch übersehbare) Masse denkbarer Pflichten- und Haftungsquellen im Zusammenhang unternehmerischen Agierens im Einzelnen zu isolieren und zusammenzutragen; die Überlegungen bemühen sich vielmehr um einen Systemüberblick.

B. Fallgruppen

I. Die Gesellschaft als alleinige Trägerin der verletzten Pflicht

4 Zu einer ausschließlichen Haftung der Gesellschaft kommt es dort, wo nur sie Trägerin der verletzten Pflicht ist. Paradigmatisch ist die **Verletzung von Pflich-**

---
1 Vgl. dazu oben *Altmeppen*, § 7 (S. 184 ff.).

ten aus **Vertragsverhältnissen** (oder sonstigen Schuldverhältnissen). Vertragspartei (Schuldner) ist hier typischerweise nur die Gesellschaft, die Pflichterfüllung (und ggf. Pflichtverletzung) vollzieht sich aber im Rahmen ihrer arbeitsteiligen Organisation. Der haftungsbegründende Zurechnungsmechanismus zu Lasten der Gesellschaft beruht dann vor allem auf § 278 BGB. Danach hat der Schuldner ein Verhalten seines gesetzlichen Vertreters und der Personen, deren er sich zur Erfüllung seiner Verbindlichkeit bedient, in gleichem Umfang zu vertreten wie eigenes Verschulden (§ 278 Satz 1 BGB).

Gerade weil der nachlässig agierende **Erfüllungsgehilfe** dem Gläubiger regelmäßig nicht persönlich verpflichtet ist, hat das zuzurechnende Gehilfenverschulden, von dem in § 278 BGB die Rede ist, bei Nähe besehen fiktiven Charakter: Man muss entweder (für die Zwecke des Zurechnungsmechanismus) die Verbindlichkeit des Schuldners als eigene Verbindlichkeit des Gehilfen fingieren und dann fragen, ob das Verhalten des Gehilfen, seine eigene Verbindlichkeit unterstellt, schuldhaft ist.[1] Oder man muss das Handeln des Gehilfen als ein Verhalten des Schuldners fingieren und dann erörtern, ob dieses gedachte Eigenhandeln des Geschäftsherrn als schuldhaft anzusehen ist.[2] Bei der juristischen Person als Schuldnerin kann bei diesem Ansatz freilich – da sie „an sich" nicht zu handeln vermag – von vornherein nur auf das Verschulden der Mitglieder ihres Geschäftsführungs- und Vertretungsorgans abgestellt werden. Welchen der skizzierten Ansätze man auch bevorzugen mag: Jedenfalls führt der Zurechnungsmechanismus des § 278 BGB zu einem „Zusammenrechnen" der vom Schuldner getragenen Pflicht und der schuldhaft pflichtverletzenden Handlung dessen, der bei Erfüllung (und Verletzung) jener Pflicht agiert. 5

Ob § 278 BGB auch dort die „richtige" Zurechnungsnorm ist, wo innerhalb bestehender Schuldverhältnisse die pflichtverletzende Handlung gerade von einem **Organmitglied** begangen wird[3], ist umstritten.[4] Nach verbreiteter Ansicht[5] wird die 6

---

1 So etwa *v. Caemmerer* in FS Hauß, 1978, S. 33, 36 ff.
2 In diesem Sinne etwa *Larenz*, Schuldrecht I, 14. Aufl. 1987, § 20 VIII (S. 303 f.); *Medicus/Lorenz*, Schuldrecht I, 18. Aufl. 2008, Rz. 392; *Eike Schmidt*, AcP 170 (1970), 502, 511 f.; *Esser/Eike Schmidt*, Schuldrecht I/2, 8. Aufl. 2000, § 27 I 3c (S. 101 f.).
3 Dafür *Flume*, Allgemeiner Teil des Bürgerlichen Rechts, Erster Band, Zweiter Teil: Die Juristische Person, 1983, S. 395 ff.; *U. Huber*, Leistungsstörungen, Bd. I, 1999, § 27 II 6c (S. 686); *Medicus*, Allgemeiner Teil des BGB, 9. Aufl. 2006, Rz. 1135; *Weick* in Staudinger, BGB, 13. Aufl., Neubearbeitung 2005, § 31 BGB Rz. 3.
4 Die BGH-Rechtsprechung ist uneinheitlich und mehrdeutig; s. die Nachw. bei *Kleindiek*, Deliktshaftung und juristische Person, 1997, S. 190 Fn. 42.
5 S. etwa *Bork*, Allgemeiner Teil des Bürgerlichen Gesetzbuchs, 2. Aufl. 2006, Rz. 213; *Fleischer* in Spindler/Stilz, § 78 AktG Rz. 53; *Gehrlein* in FS Hüffer, S. 205, 206; *Habersack* in Großkomm. AktG, § 78 AktG Rz. 22; *Hadding* in Soergel, BGB, 13. Aufl. 2000, § 31 BGB Rz. 4; *Jacoby*, Das private Amt, S. 276 f.; *Paefgen* in Ulmer/Habersack/Winter, § 35 GmbHG Rz. 132; *Karsten Schmidt*, Gesellschaftsrecht, § 10 IV 3 (S. 277 f.); *Spindler* in MünchKomm. AktG, 3. Aufl. 2008, § 78 AktG Rz. 123; *Stadler* in Jauernig, BGB, 13. Aufl. 2009, § 278 BGB Rz. 17; *H.P. Westermann* in Erman, BGB, 12. Aufl. 2008, § 31 BGB Rz. 10; einschränkend *Reuter* in MünchKomm. BGB, 5. Aufl. 2006, § 31 BGB Rz. 32: zwar Vorrang des § 31 BGB vor § 278 BGB, aber mit der Möglichkeit, innerhalb bestehender Schuldverhältnisse die Vorsatzhaftung für leitende Angestellte unterhalb der engeren Organebene im Voraus auszuschließen.

Zurechnung nach § 278 Satz 1 Fall 1 BGB („gesetzlicher Vertreter") von § 31 BGB verdrängt, soweit der personale Anwendungsbereich jener Norm (dazu näher unten Rz. 29 ff.) reicht. Nach der vereinsrechtlichen Vorschrift des § 31 BGB – die nach heute gesicherter Erkenntnis auf alle Kapital- und Personengesellschaften analoge Anwendung findet (s. unten Rz. 27 f.) – ist ein Verein für den Schaden verantwortlich, den der Vorstand, ein Mitglied des Vorstands oder ein anderer verfassungsmäßig berufener Vertreter durch eine in Ausführung der ihm zustehenden Verrichtungen begangene, zum Schadensersatz verpflichtende Handlung einem Dritten zufügt.

7 Der Konzeption des historischen Gesetzgebers entspricht eine **Verdrängung des § 278 Satz 1 BGB durch § 31 BGB** freilich nicht.[1] Thema des (heutigen) § 31 BGB war seinerzeit allein die Schadensersatzverpflichtung der Körperschaft außerhalb bestehender Schuldverhältnisse, und zwar beschränkt auf deliktisches Verhalten der Vertretungsorgane. Wenn verbreitet heute gleichwohl auch innerhalb bestehender Schuldverhältnisse ein Vorrang des § 31 BGB vor § 278 BGB angenommen wird, dann geschieht dies (sofern nicht von vornherein auf eine Begründung verzichtet wird) vor allem angesichts der in § 278 Satz 2 BGB eröffneten Möglichkeit, die Haftung des Gehilfen oder gesetzlichen Vertreters wegen Vorsatzes – anders als die entsprechende Eigenhaftung des Schuldners selbst (§ 276 Abs. 3 BGB) – schon im Voraus zu erlassen. Auf die Organmitglieder einer juristischen Person kann das in der Tat keine Anwendung finden: Da die Verbandsperson „als solche" nicht verschuldensfähig ist, muss für das (ihr zuzurechnende) Verschulden ihrer Repräsentanten vielmehr § 276 Abs. 3 BGB ebenso gelten wie für das Eigenverschulden einer natürlichen Person.[2] Dementsprechend wäre auch die Anwendung des § 278 BGB auf Organmitglieder von Kapitalgesellschaften in bestehenden Schuldverhältnissen jedenfalls auf Satz 1 dieser Vorschrift beschränkt. Unter diesem Vorzeichen ist die Debatte darüber, ob § 278 Satz 1 Fall 1 BGB in bestehenden Schuldverhältnissen von § 31 BGB verdrängt wird, jedenfalls ohne praktische Relevanz; man sollte hier keine unnötigen Auseinandersetzungen führen.

8 Ganz unabhängig von der konstruktiven Grundlage der Zurechnung ist aus Pflichtverletzungen in bestehenden Schuldverhältnissen aber in aller Regel **nur die Gesellschaft selbst** dem geschädigten Gläubiger gegenüber **einstandspflichtig**, nicht etwa auch „der Manager", dem ein schadenstiftendes Versäumnis anzulasten ist. Letzterer unterliegt – vorbehaltlich einer eigenen vertraglichen Bindung, etwa aus übernommener Bürgschaft oder erklärtem Schuldbeitritt – nur ausnahmsweise einer „quasi-vertraglichen" Eigenhaftung nach den Grundsätzen zum Verschulden bei Vertragsschluss (§§ 311 Abs. 2 und 3, 280 Abs. 1 BGB): wenn ihn wegen der Inanspruchnahme besonderen persönlichen Vertrauens oder wegen eigenen wirtschaftlichen Interesses auch unmittelbar Verhaltenspflichten gegenüber dem geschädigten Schuldner treffen.[3]

---

1 Dazu *Flume*, Die Juristische Person, S. 396; *Kleindiek*, Deliktshaftung und juristische Person, S. 211, 274 ff.
2 S. dazu auch BGH v. 18.1.1973 – II ZR 82/71, NJW 1973, 456, 457.
3 Zu den Voraussetzungen einer solchen Haftung im Einzelnen s. *Kleindiek* in Lutter/Hommelhoff, § 43 GmbHG Rz. 64 ff.

II. Haftungsausdehnung auf die Gesellschaft

Von den soeben skizzierten Konstellationen einer ausschließlichen Haftung der Gesellschaft ist jene Fallgruppe zu unterscheiden, bei der es gem. § 31 BGB zu einer **Mithaftung der Gesellschaft** *neben* ihrem (auch im Außenverhältnis) einstandspflichtigen „Manager" kommt. In der Praxis betrifft das insbesondere die Fälle der kumulativen Haftung der Kapitalgesellschaft **für ein Eigendelikt ihres Organmitglieds** (oder eines sonstigen Repräsentanten unterhalb der Organebene; s. unten Rz. 29), der in eigener Person alle Merkmale eines Deliktstatbestandes verwirklicht. Durch § 31 BGB wird „der Manager" dann – selbstverständlich – nicht etwa aus der Eigenhaftung entlassen.[1] Die Zurechnung nach jener Vorschrift führt *hier* vielmehr zu einer Haftungsausdehnung (auch) auf die Gesellschaft[2] und eröffnet dem Geschädigten die Zugriffsmöglichkeit auf das Gesellschaftsvermögen.[3]

9

Die auf § 31 BGB gründende Haftung der Gesellschaft ist dabei nicht mit einer Exkulpationsmöglichkeit verbunden. Hier liegt einer der wesentlichen **Unterschiede zum Haftungstatbestand des § 831 BGB**, der gänzlich anders konstruiert ist: § 831 BGB macht die Haftung des Geschäftsherrn (ggf. der juristischen Person oder eines sonstigen kollektiv organisierten Rechtssubjekts) aus widerrechtlicher Schadensverursachung durch seine Verrichtungsgehilfen von der schuldhaften Verletzung eigener Verhaltenspflichten abhängig, die ihn beim Einsatz von Gehilfen treffen. Zu Lasten des Geschäftsherrn wird dabei die Beweislast hinsichtlich des Pflichtverstoßes und seiner Kausalität für den Schaden umgekehrt. Sein Eigenverschulden (bei Verbänden vermitteltet durch Säumnisse der Organwalter) wird vermutet, solange er sich nicht gem. § 831 Abs. 1 Satz 2 Var. 1 und 2 BGB zu exkulpieren vermag: nämlich durch den Nachweis, bei der Auswahl des Verrichtungsgehilfen die im Verkehr erforderliche Sorgfalt beobachtet zu haben; gegebenenfalls – sofern er Vorrichtungen oder Gerätschaften zu beschaffen oder die Ausführung der Verrichtung zu leiten hat – durch die Darlegung, bei der Beschaffung oder der Leitung entsprechend sorgfältig verfahren zu sein.

10

Demgegenüber knüpft **§ 31 BGB** nicht notwendig an eine Pflichtverletzung der juristischen Person selbst an, sondern unterwirft diese der Haftung für schadenstiftendes Handeln ihrer verfassungsmäßig berufenen Vertreter. Dabei kommt es zur kumulativen Haftung der Gesellschaft, wenn „der Manager" in eigener Person pflichtwidrig und schuldhaft den Deliktstatbestand des § 823 Abs. 1 BGB verwirklicht, etwa indem er im Eigentum eines Dritten stehende Gegenstände ver-

11

---

1 Insofern zutr. BGH v. 5.12.1989 – VI ZR 335/88, BGHZ 109, 297, 302; BGH v. 12.3.1996 – VI ZR 90/95, ZIP 1996, 786.
2 Zur umstrittenen Frage, ob § 31 BGB auch innerhalb bestehender Schuldverhältnisse Anwendung findet, näher oben Rz. 6f.
3 Zum Innenausgleich zwischen der Gesellschaft und ihrem Repräsentanten in diesen Fällen *Derleder/Fauser*, BB 2006, 949, 952 ff.; *Hadding* in Soergel, § 31 BGB Rz. 28; *Reuter* in MünchKomm. BGB, § 31 BGB Rz. 44 f.; zu Regressmöglichkeiten gegen die Gesellschafter s. *Hommelhoff/Schwab* in FS Kraft, S. 263, 268 ff.

äußert oder eine solche Veräußerung veranlasst[1]; auch der immer wieder bemühte Beispielsfall des GmbH-Geschäftsführers oder AG-Vorstands, der angesichts einer Dienstfahrt fahrlässig einen Verkehrsunfall verursacht, gehört hierher. Alternativ mag die deliktische Eigenhaftung auf der Verwirklichung des Tatbestandes vorsätzlich sittenwidriger Schädigung nach § 826 BGB[2] oder auf der Verletzung eines Schutzgesetzes im Sinne von § 823 Abs. 2 BGB[3] beruhen. Allerdings setzt diese Eigenhaftung eine persönliche Pflichtenträgerschaft gerade des zur Haftung herangezogenen „Managers" (und nicht nur des Unternehmensträgers) voraus. Aus der Verletzung öffentlich-rechtlicher Organisationspflichten, auch soweit ihnen Schutzgesetzcharakter zukommt[4], haftet das Organmitglied der Gesellschaft mangels eigener Pflichtenträgerschaft regelmäßig nicht.[5]

III. Haftung aus Verkehrspflichtverletzung

1. Problementfaltung

12 Nach wie vor kontrovers diskutiert wird die Haftung der Gesellschaft (und die ihrer „Manager" sowie nachgeordneter Mitarbeiter) für die Verletzung von **Verkehrspflichten**, also von deliktischen Verhaltenspflichten zur Gefahrenabwehr.[6] Umstritten ist, wie eine solche Haftung dogmatisch zu begründen und – damit eng zusammenhängend – wer aus der Verletzung deliktischer Verkehrspflichten zur Außenhaftung verpflichtet ist: regelmäßig nur die Gesellschaft oder auch ihre Organmitglieder bzw. sonstige Repräsentanten im Anwendungsbereich des § 31 BGB?

13 Die **Rechtsprechung** hat in einer ungezählten Vielzahl von Entscheidungen[7] die Verkehrspflicht demjenigen zugewiesen, der eine Gefahrenquelle schafft – mag es

---

1 So im Beispiel BGH v. 12.3.1996 – VI ZR 90/95, ZIP 1996, 786; s. dazu und zu vergleichbaren Fällen *Grünwald*, Die deliktische Außenhaftung des GmbH-Geschäftsführers für Organisationsdefizite, 1999, S. 51 ff.; *Kleindiek*, Deliktshaftung und juristische Person, S. 4 f., 453 ff.; *Sandberger*, Die Außenhaftung des GmbH-Geschäftsführers, 1997, S. 119 ff.
2 Weiterführend (mit Rechtsprechungsnachweisen) etwa *Haas* in Michalski, § 43 GmbHG Rz. 295 ff.; *Kleindiek* in Lutter/Hommelhoff, § 43 GmbHG Rz. 72; *Sandberger*, Außenhaftung, S. 223 ff.; *Spindler*, Unternehmensorganisationspflichten, 2001, S. 900 ff.; *Spindler* in Fleischer, Handbuch des Vorstandsrechts, § 13 Rz. 57 ff.
3 Dazu näher *Haas* in Michalski, § 43 GmbHG Rz. 289 ff., 316 ff.; *Spindler*, Unternehmensorganisationspflichten, S. 871 ff.; *Spindler* in Fleischer, Handbuch des Vorstandsrechts, § 13 Rz. 39 ff.; *Verse*, ZHR 170 (2006), 398, 401 ff.; *Wagner* in MünchKomm. BGB, 5. Aufl. 2009, § 823 BGB Rz. 392 ff.
4 Umfassend *Spindler*, Unternehmensorganisationspflichten, S. 15 ff., 819 ff.
5 *Spindler*, Unternehmensorganisationspflichten, S. 900; für die Umwelthaftung s. *H. Schmidt*, Die Umwelthaftung der Organmitglieder von Kapitalgesellschaften, 1996.
6 Zur Dogmatik der Verkehrspflichten eingehend *v. Bar*, Verkehrspflichten, 1980; *Gsell*, Substanzverletzung und Herstellung, 2003, S. 121 ff.; *Kleindiek*, Deliktshaftung und juristische Person, S. 20 ff.; *Krause* in Soergel, BGB, 13. Aufl. 2005, § 823 BGB Anh. II; *Wagner* in MünchKomm. BGB, § 823 BGB Rz. 50 ff., 232 ff.
7 Nähere Analyse bei *Kleindiek*, Deliktshaftung und juristische Person, S. 127 ff.; vgl. auch *Wagner* in MünchKomm. BGB, § 823 BGB Rz. 387 m.w.N.

sich um eine Personengesellschaft oder Körperschaft, um Personenverbände oder Verbandspersonen, um physische oder juristische Personen gehandelt haben. Die Haftung der Verbandsperson hängt dabei zwar davon ab, dass ihre verfassungsmäßig berufenen Vertreter die aus der Verkehrspflicht resultierenden Verhaltensanforderungen schuldhaft verletzen. Sie wird aber nicht etwa notwendig an die Eigenhaftung auch (eines) dieser Vertreter gebunden.

Allerdings stehen dem Formulierungen in einigen Judikaten gegenüber, die – wenn auch nicht im Zusammenhang mit einer Haftung aus Verkehrspflichtverletzung – zur „Haftungszuweisung" nach § 31 BGB Stellung nehmen und den Zweck dieser Vorschrift in einer „Verbreiterung der Haftungsmasse" sehen.[1] Das wiederum deutet auf ein Verständnis des § 31 BGB als **gesetzliche Anordnung des Schuldbeitritts der Verbandsperson** zur (notwendig vorausgesetzten) Ersatzpflicht ihres Vertreters hin.

Eine solche Interpretation kann sich auf den Wortlaut der Norm berufen und fand im Schrifttum schon vorzeiten Fürsprache.[2] In der Folge ist mit Nachdruck geltend gemacht worden, die (verhaltensbedingte) Verkehrspflichthaftung juristischer Personen lasse sich ohne gleichzeitige Verkehrspflichthaftung eines Organmitglieds gar nicht begründen. Der Gesetzgeber habe bei der Konzeption des § 31 BGB „wie selbstverständlich" vorausgesetzt, dass der verfassungsmäßig berufene Vertreter stets persönlich hafte.[3] Weil im Modell des § 31 BGB die deliktische Haftung der juristischen Person zwingend die **Eigenhaftung des intern zuständigen Organwalters** bedinge, sei jede Verkehrspflicht der juristischen Person immer auch als eine solche jenes Organwalters anzusehen.[4]

Ganz auf dieser Linie liegt auch die **„Baustoff"-Entscheidung des VI. Zivilsenats des BGH** aus dem Jahre 1989.[5] Danach soll der Geschäftsleiter Außenstehenden deliktisch einstehen müssen, wenn er innerhalb der Gesellschaft für die Organisation und Leitung des Geschäftsbetriebs zuständig ist. Ihn treffe jene Organisationspflicht nämlich nicht nur als interne Pflicht im Verhältnis zur Gesellschaft, sondern auch als deliktische Verkehrspflicht gegenüber Außenstehenden. In deren Interesse sei er verpflichtet, Dritten drohende Gefahren zu steuern und abzu-

---

1 S. nur BGH v. 8.7.1986 – VI ZR 47/85, BGHZ 98, 148, 157 = GmbHR 1986, 380; BGH v. 13.1.1987 – VI ZR 303/85, BGHZ 99, 298, 302 = GmbHR 1987, 227; BGH v. 20.2.1979 – VI ZR 256/77, NJW 1980, 115f.; BGH v. 8.7.1986 – VI ZR 18/85, NJW 1986, 2939, 2940; auch dazu näher *Kleindiek*, Deliktshaftung und juristische Person, S. 142f.
2 S. schon *H. Westermann*, JuS 1961, 333 u. 335 (§ 31 BGB als „Haftungsausdehnungsnorm"); ihm folgend etwa *Martinek*, Repräsentantenhaftung, 1979, S. 25, 49; *Reuber*, Die haftungsrechtliche Gleichbehandlung von Unternehmensträgern, 1990, S. 114, 157 Fn. 26.
3 S. dazu etwa *Altmeppen*, ZIP 1995, 881, 887f.; *Altmeppen* in Roth/Altmeppen, GmbHG, 6. Aufl. 2009, § 43 GmbHG Rz. 58; *Altmeppen*, oben § 7 Rz. 43ff.; *v. Bar* in FS Kitagawa, 1992, S. 297, 282ff.; *Brüggemeier*, AcP 191 (1991), 33, 64; *Brüggemeier*, Prinzipien des Haftungsrechts, 1999, S. 119f.; *Dreier*, Die Verkehrspflichthaftung des Geschäftsführers der GmbH, 2002, S. 138ff.; *Wilhelm*, Kapitalgesellschaftsrecht, 3. Aufl. 2009, Rz. 1232.
4 *Brüggemeier*, AcP 191 (1991), 33, 66 spricht in diesem Zusammenhang von der „Verdoppelung des Organwalterdelikts als Delikt des Organisationsträgers".
5 BGH v. 5.12.1989 – VI ZR 335/88, BGHZ 109, 297.

wehren. – Mit solchen Erwägungen hat der VI. Zivilsenat die deliktische Eigenhaftung des Geschäftsführers einer (insolventen) GmbH für Eingriffe in fremde Schutzgüter bejaht, die ohne sein Wissen von nachgeordneten Mitarbeitern begangen worden waren.[1]

2. Deliktshaftung juristischer Personen

17 Spätestens jenes „Baustoff"-Urteil, im Schrifttum intensiv und kontrovers diskutiert[2], brachte (ungeklärte) Grundsatzfragen zur Deliktshaftung juristischer Personen und anderer kollektiv organisierter Rechtssubjekte zum Bewusstsein. Die vielschichtige Problematik ist an anderer Stelle umfassend aufbereitet worden.[3] Die dort gewonnenen Erkenntnisse[4], lassen sich wie folgt zusammenfassen.

18 Der Gesetzgeber ist um die **haftungsrechtliche Gleichstellung der juristischen Person** mit der natürlichen Person bemüht; eine Privilegierung juristischer Personen soll vermieden werden. Deshalb und aus dem Erfordernis materialer Gerechtigkeit im Interesse geschädigter Dritter ist die juristische Person wie die In-

---

1 BGH v. 5.12.1989 – VI ZR 335/88, BGHZ 109, 297, 302 ff.; bestätigend BGH v. 12.3.1996 – VI ZR 90/95, ZIP 1996, 786, 788; s. auch BGH v. 12.12.2000 – VI ZR 345/99, NJW 2001, 964 f.; OLG Stuttgart v. 29.4.2008 – 5 W 9/08, NJW 2008, 2514, 2515.
2 Die Diskussion ist (mit umfangreichen Nachw.) nachgezeichnet bei *Kleindiek*, Deliktshaftung und juristische Person, S. 8 ff., 368 ff.; s. seither insbes. *Bisson*, GmbHR 2005, 1453, 1456 ff.; *Fleischer* in Spindler/Stilz, § 93 AktG Rz. 270 ff.; *Grünwald*, Außenhaftung, S. 67 ff.; *Haas*, Geschäftsführerhaftung und Gläubigerschutz, 1997, S. 211 ff.; *Jacoby*, Das private Amt, S. 582 ff.; *Lutter*, GmbHR 1997, 329, 333 ff.; *Medicus*, ZGR 1998, 570 ff.; *Paefgen* in Ulmer/Habersack/Winter, § 43 GmbHG Rz. 203 ff.; *Sandberger*, Außenhaftung, S. 129 ff.; *Sandmann*, Die Haftung von Arbeitnehmern, Geschäftsführern und leitenden Angestellten, 2001, S. 429 ff.; *Spindler*, Unternehmensorganisationspflichten, S. 844 ff.; *Spindler* in Bamberger/Roth, § 823 BGB Rz. 271 ff.; *Spindler* in Fleischer, Handbuch des Vorstandsrechts, § 13 Rz. 7 ff.; *Wagner* in MünchKomm. BGB, § 823 BGB Rz. 414 ff.
3 *Kleindiek*, Deliktshaftung und juristische Person, zusammenfassend S. 479 ff.
4 Zustimmend etwa OLG Rostock v. 16.2.2007 – 8 U 54/06, OLGR Rostock 2007, 486 Tz. 29; *F. Bydlinski* in FS Koppensteiner, 2001, S. 596, 570; *Harbarth*, unten § 24 Rz. 38; *Jacoby*, Das private Amt, S. 585 ff.; *Keller*, Die deliktische Außenhaftung des GmbH-Geschäftsführers für Fehlverhalten im Unternehmensbereich, 2002, S. 68 ff.; *Keller*, GmbHR 2005, 1235, 1240; *Krause* in Soergel, § 823 BGB Anh. II Rz. 67; *Küpperfahrenberg*, Haftungsbeschränkungen für Verein und Vorstand, 2005, S. 52 ff.; *Medicus*, ZGR 1998, 570; *Medicus*, ZHR 162 (1998), 352; *Medicus*, GmbHR 2002, 809; *Paefgen* in Ulmer/Habersack/Winter, § 43 GmbHG Rz. 207; *Raiser/Veil*, Recht der Kapitalgesellschaften, § 32 Rz. 102; *Reuter* in MünchKomm. BGB, § 31 BGB Rz. 31; *Sandmann*, Haftung, S. 432 ff.; *Spindler*, Unternehmensorganisationspflichten, S. 859; *Spindler* in Fleischer, Handbuch des Vorstandsrechts, § 13 Rz. 19, 22 f.; *Wagner*, VersR 2001, 1057, 1060; *Wagner* in MünchKomm. BGB, § 823 BGB Rz. 418; *Zöllner/Noack* in Baumbach/Hueck, § 43 GmbHG Rz. 77; wohl auch *U. Huber*, Leistungsstörungen I, § 27 II 6c (S. 687); *Hüffer*, § 93 AktG Rz. 20a a.E.; *Karsten Schmidt*, Gesellschaftsrecht, § 14 V 3 (S. 427 f.); *H.P. Westermann* in Erman, § 31 BGB Rz. 9. Kritisch indes *Altmeppen* in Roth/Altmeppen, § 43 GmbHG Rz. 58; *Brüggemeier*, Prinzipien des Haftungsrechts, S. 119 f.; *Foerste*, VersR 2002, 1, 2 ff.; *Dreier*, Verkehrspflichthaftung, S. 138 ff.; *Martinek*, AcP 198 (1998), 612 ff. Methodisch kritisch, aber i.E. ganz ähnlich wie hier *Schäfer*, Die Deliktsfähigkeit juristischer Personen, 2001, S. 178 ff., die sich kurzerhand auf eine „reformierte Auslegung" des § 31 BGB stützen will.

dividualperson **Adressat deliktischer Verkehrspflichten**, wobei schuldhafte Versäumnisse ihrer organschaftlichen Vertreter bei der Erfüllung jener Pflicht der juristischen Person haftungsbegründend zuzurechnen sind. Das Verschulden der für die Pflichterfüllung intern zuständigen Organperson einerseits und die Verkehrspflicht der juristischen Person andererseits werden zu einem Delikt „addiert": zu dem der juristischen Person.[1] Es ist zwar Aufgabe der intern zuständigen Organwalter, für die Pflichterfüllung Sorge zu tragen. Doch werden die Organwalter damit ebenso wenig zum Träger der deliktischen Verkehrspflichten wie sie Zuordnungssubjekt vertraglicher Verpflichtungen der juristischen Person werden (zu Letzterem s. oben Rz. 4 und 8). Im Außenverhältnis verpflichtet ist regelmäßig allein die juristische Person. Ihr Sondervermögen haftet für die Folgen der Pflichtverletzung ihrer Organmitglieder.

Eines in der Person des Organwalters erfüllten **Eigendelikts als „Anknüpfungstat"** bedarf es zur Begründung dieser Haftung **nicht**. Die Verkehrspflichthaftung juristischer Personen ist nicht lediglich kumulative Mithaft zur persönlichen Einstandspflicht des Organmitglieds. Schon vor der Kodifikation des BGB war die Deliktshaftung juristischer Personen für die Verletzung gesetzlich verankerter Gefahrabwendungspflichten („Legalobligationen") anerkannt, ohne dass es hierzu der Annahme der deliktischen Eigenhaftung auch der säumigen Organwalter bedurfte.[2] Als eine zweite Fallgruppe trat daneben die Deliktshaftung der juristischen Person kumulativ zur deliktischen Eigenhaftung eines schuldhaft handelnden Organwalters, der in eigener Person einen zum Schadensersatz verpflichtenden Tatbestand vollständig erfüllt. Haftungsbegründend war hier wie dort das Handeln und Unterlassen derjenigen Personen, die berufen waren, innerhalb des ihnen zugewiesenen Geschäftskreises selbständig für die juristische Person zu handeln, und die insoweit als ihre „Repräsentanten" zu gelten hatten. Legitimationsgrundlage für die Zurechnung des Repräsentantenhandelns war die Erwägung, dass dem Sondervermögen der juristischen Person mit den Vorteilen aus der Verwaltertätigkeit auch die Verpflichtung zum Ersatz von Drittschäden aufzuerlegen ist, welche der Verwalter unter Einsatz von Mitteln jenes Vermögens oder in Verfolgung der Interessen der juristischen Person verursacht.

19

Die Vorschrift des § 31 BGB ist – auch das hat die historische Analyse gezeigt[3] – Ausdruck des gesetzgeberischen Willens zur Kontinuität: Der neueren Rechtsentwicklung, wie sie im letzten Drittel des 19. Jahrhunderts in der Rechtsprechung des gemeinen Rechts und der Partikularrechte Niederschlag gefunden hatte, sollte eine positiv-rechtliche Grundlage verschafft werden. Auch auf der Grundlage des BGB sind mithin **zwei Grundtypen der Deliktshaftung** juristischer Personen zu unterscheiden: ihre kumulative Einstandspflicht für das Eigendelikt ihres Repräsentanten einerseits und ihre alleinige Haftung aus der Verletzung einer nur sie treffenden Verkehrspflicht („exklusive Verkehrspflichthaftung") andererseits. Das in § 31 BGB normierte Zurechnungs- und Haftungsprinzip umfasst beide Fälle, selbst wenn der (insoweit zu enge) Wortlaut der Norm auf

20

---

1 Eingehend *Kleindiek*, Deliktshaftung und juristische Person, S. 183 ff.
2 Zu Einzelheiten s. *Kleindiek*, Deliktshaftung und juristische Person, S. 214 ff.
3 *Kleindiek*, Deliktshaftung und juristische Person, S. 206 ff., 283 ff.

eine zwingende Eigenhaftung des verfassungsmäßig berufenen Vertreters hindeutet. Die früher verbreitete Interpretation des § 31 BGB als „Haftungsausdehnungsnorm" bzw. als Fall des „gesetzlichen Schuldbeitritts" (s. oben Rz. 15) ist für die Fälle der Verkehrspflichtverletzung also zu korrigieren. Nach der Intention des Gesetzes ist die zivilrechtliche Verkehrspflichthaftung juristischer Personen unabhängig von der Eigenhaftung ihrer Repräsentanten konzipiert.

21 Da das dem § 31 BGB zugrunde liegende **Zurechnungs- und Haftungsprinzip** schon am Vorabend des BGB **rechtsformübergreifend** angelegt war und auf alle Verbände mit verselbständigtem, durch ihre Geschäftsführungs- und Vertretungsorgane verwaltetem Verbandsvermögen Anwendung fand, lässt sich zugleich die zentrale Bedeutung des § 31 BGB im gesetzlichen Deliktsmodell ermessen: Die Vorschrift schlägt die Verbindung zwischen dem Deliktssystem der §§ 823 ff. BGB auf der einen Seite, das am Leitbild der unerlaubt handelnden Einzelperson orientiert ist, und der deliktischen Verantwortlichkeit kollektiver Rechtssubjekte auf der anderen Seite, deren Vermögen dem Ausgleich von Schäden unterworfen wird, die aus dem Herrschaftsbereich des Vermögensträgers heraus verursacht werden. Mit § 31 BGB hat das Gesetz gewissermaßen die verbandsrechtliche Vervollständigung des individualrechtlichen Deliktssystems der §§ 823 ff. BGB vollzogen. Der Vorschrift liegt ein Konzept zugrunde, das deliktische Verhaltenspflichten (Verkehrspflichten) eben nicht nur der Individualperson, sondern – und zwar durchaus exklusiv – dem kollektiven Rechtssubjekt zuweist. Zwar sind es wegen der mangelnden Handlungsfähigkeit solcher Rechtssubjekte stets einzelne Menschen, die diese Pflichten erfüllen oder nicht erfüllen. Adressat der haftungsbegründenden Verhaltenspflicht bleiben aber die juristische Person oder der Personenverband; ihnen wird mittels § 31 BGB (analog) das pflichtverletzende Verhalten ihrer Repräsentanten zugerechnet. Das kollektive Rechtssubjekt wird so zum Schuldner der deliktischen Schadensersatzverbindlichkeit.

22 Diesen Zurechnungsmechanismus zur Begründung deliktischer Verantwortlichkeit kollektiver Rechtssubjekte verkennt, wer – unter Hinweis auf ihre mangelnde Handlungsfähigkeit – der juristischen Person die Fähigkeit abspricht, Trägerin von Verkehrspflichten zu sein, und mit eben diese Begründung eine originäre Verkehrspflichthaftung der juristischen Person (sei es aus § 823 Abs. 1 BGB, sei es auch § 831 Abs. 1 BGB) leugnen will.[1] Die angebotene Alternative, nämlich die kumulative Mithaft der juristischen Person für die auf **§ 831 Abs. 2 BGB** gestützte Verantwortlichkeit ihrer Organwalter, kann nicht überzeugen. Auf den Geschäftsleiter einer juristischen Person ist § 831 Abs. 2 BGB nicht anwendbar, weil die Wahrnehmung der Organfunktion keine „Übernahme" der Geschäftsbesorgung im Sinne jener Vorschrift darstellt[2]: Das Modell der Überneh-

---

1 Vgl. in diesem Sinne *Dreier*, Verkehrspflichthaftung, S. 117 f., 127 ff., 183 ff., 212 unter Bezugnahme auf *Altmeppen*, ZIP 1995, 881, 888 ff. und *Wilhelm*, Kapitalgesellschaftsrecht, 1998, Rz. 1053; gegen einen solchen Ansatz bereits *Sandberger*, Außenhaftung, S. 137 ff.; *Eckardt* in Jahrbuch Junger Zivilrechtswissenschaftler, 1996, S. 61, 68 ff.
2 BGH v. 14.5.1974 – VI ZR 8/73, NJW 1974, 1371, 1372; BGH v. 5.12.1989 – VI ZR 335/88, BGHZ 109, 297, 304; BGH v. 13.4.1994 – II ZR 16/93, BGHZ 125, 366, 375 = GmbHR 1994, 390; ebenso die ganz h.L., s. etwa *Bisson*, GmbHR 2005, 1453, 1458; *Fleischer* in Fleischer, Handbuch des Vorstandsrechts, § 8 Rz. 26; *Grünwald*, Außenhaftung, S. 44 f.;

merhaftung erklärt sich aus der haftungsentlastenden Wirkung der Übernahme zu Gunsten des primär Verpflichteten; die Haftung des Übernehmers soll Haftungsdefiziten zu Lasten geschädigter Dritter begegnen. Die Pflichten einer juristischen Person können aber ohnehin nur durch ihre Organmitglieder wahrgenommen werden; deren Einsatz begründet keine Haftungsentlastung zu Gunsten der Verbandsperson.

3. Haftung der Gesellschaft und Eigenhaftung der Manager

Gefahrenquellen im Aktivitätsbereich der Kapitalgesellschaft begründen mithin deliktische **Verkehrspflichten der Gesellschaft**, deren Verletzung allein zur Haftung der Gesellschaft geschädigten Dritten gegenüber führt. Das gilt etwa auch im Rahmen der Produkthaftung.[1] Aus solchen Verkehrspflichten resultieren zwar Organisations- und Überwachungspflichten der Geschäftsleitungsmitglieder. Aber diese Geschäftsleiterpflichten bestehen nur gegenüber der Gesellschaft, nicht zugleich als eigene Verkehrspflichten gegenüber Dritten.

23

Sofern den Organmitgliedern – oder nachgeordneten „Managern" – der Kapitalgesellschaft neben ihren internen Organisationspflichten haftungsbegründende Verkehrspflichten im Außenverhältnis zugewiesen werden sollen, bedarf dies eigenständiger Begründung. **Eigene Verkehrspflichten eines „Managers"** sind nur in eng begrenzten Ausnahmefällen anzuerkennen, wenn die Tatbestandsvoraussetzungen der Verkehrspflicht gerade in seiner Person verwirklicht sind: etwa dort, wo ein Vorstand oder Geschäftsführer durch eigene Aktivität eine Quelle erhöhter Gefahr schafft oder wo er als Bewahrer- bzw. Beschützergarant auftritt.[2] Hingegen können die zentralen Koordinierungspflichten des Organmitglieds gegenüber der Gesellschaft seine persönliche Verantwortlichkeit Dritten gegenüber noch nicht begründen.[3]

24

Haas, Geschäftsführerhaftung, S. 230f.; *Haas* in Michalski, § 43 GmbHG Rz. 332; *Hopt* in Großkomm. AktG, § 93 AktG Rz. 504; *Kleindiek*, Delikthaftung und juristische Person, S. 437f.; *Krause* in Soergel, § 831 BGB Rz. 61; *Krebs/Dylla-Krebs*, DB 1990, 1271, 1274; *Paefgen* in Ulmer/Habersack/Winter, § 43 GmbHG Rz. 207; *Sandmann*, Haftung, S. 459ff.; *Spindler*, Unternehmensorganisationspflichten, S. 853f.; *Spindler* in Bamberger/Roth, § 831 BGB Rz. 45f.; *Spindler* in Fleischer, Handbuch des Vorstandsrechts, § 13 Rz. 19, 23; *Wagner* in MünchKomm. BGB, § 831 BGB Rz. 50.

1 *Heil/Russenschuck*, BB 1998, 1749; *Medicus*, GmbHR 2002, 809; *Sandberger*, Außenhaftung, S. 238ff.; *Wagner*, VersR 2001, 1057, 1059ff.; eingehend unten *Harbarth*, § 24 (S. 690ff.); s. demgegenüber aber auch *Hopt* in Großkomm. AktG, § 93 AktG Rz. 505; *Krieger/Sailer* in K. Schmidt/Lutter, § 93 AktG Rz. 69; *Mertens/Cahn* in KölnKomm. AktG, 3. Aufl. 2010, § 93 AktG Rz. 224.
2 S. zu solchen und ähnlichen Fallgruppen näher – mit weiterführenden Nachweisen – *Kleindiek* in Lutter/Hommelhoff, § 43 GmbHG Rz. 77ff.
3 Im Ansatz gleichsinnig etwa OLG Rostock v. 16.2.2007 – 8 U 54/06, OLGR Rostock 2007, 486 Rz. 30; *Bisson*, GmbHR 2005, 1453, 1457ff.; *Fleischer* in Spindler/Stilz, § 93 AktG Rz. 272f.; *Haas* in Michalski, § 43 GmbHG Rz. 339ff.; *Haas*, WM 2006, 1417, 1424; *Hopt* in Großkomm. AktG, § 93 AktG Rz. 504; *Jacoby*, Das private Amt, S. 585ff.; *Paefgen* in Ulmer/Habersack/Winter, § 43 GmbHG Rz. 207; *Raiser/Veil*, Recht der Kapitalgesellschaften, § 32 Rz. 102; *Spindler* in MünchKomm. AktG, § 93 AktG Rz. 287; *Spindler* in Fleischer, Handbuch des Vorstandsrechts, § 13 Rz. 22f.; *Zöllner/Noack* in Baumbach/Hueck, § 43 GmbHG Rz. 77.

25 Abzulehnen sind deshalb all jene Haftungskonzepte, in denen – wie auch in der **Rechtsprechung des VI. Zivilsenats des BGH**[1] (s. schon oben Rz. 16) – den internen Verhaltenspflichten der Organwalter automatisch kongruente deliktische Verkehrspflichten jener Organwalter im Außenverhältnis zur Seite gestellt werden. Die darin liegende „Verdoppelung" der Pflichtenstellung hebt die Beschränkung der Organpflichten auf das Innenverhältnis zur Rechtsperson sowie die Grenzziehung zwischen Vertrag und Delikt auf.[2] Der für das Gesellschaftsrecht zuständige **II. Zivilsenat** hat zu dieser Problematik noch nicht fallentscheidend Stellung nehmen müssen, seine Reserve gegenüber der Rechtsprechungspraxis des VI. Senats aber deutlich erkennen lassen: Würde die Verletzung der von Geschäftsführern und Vorstandsmitgliedern erfüllenden Aufsichtspflichten allgemein dazu führen, dass jeder Außenstehende, der dadurch mittelbar zu Schaden kommt, gegen die Organmitglieder selbst Ersatzansprüche geltend machen könnte, dann wäre der Grundsatz, wonach die Organisationspflichten nur der Gesellschaft gegenüber bestehen, „praktisch aus den Angeln gehoben"[3].

26 Solch berechtigte Mahnungen scheinen längst nicht überall Gehör zu finden. Der VI. Senat hat seine Rechtsprechungslinie jedenfalls beiläufig bestätigt, ohne auf die kritischen Bemerkungen des gesellschaftsrechtlichen Fachsenats einzugehen.[4] Und auch der für das Bankrecht zuständige **XI. Zivilsenat** hat in den Gründen seiner Entscheidung zur Haftung der Deutschen Bank und ihres (ehemaligen) Vorstandssprechers wegen Interviewäußerungen zur Kreditwürdigkeit eines Unternehmens der Kirch-Gruppe[5] den Rahmen für die Außenhaftung eines Organmitglieds irritierend weit abgesteckt: Aus den organschaftlichen Pflichten des Vorstandsmitglieds gegenüber der AG werden deliktsrechtlich sanktionierte Verpflichtungen gegenüber den Vertragspartnern der Gesellschaft abgeleitet, wobei das „Prinzip der Relativität von Schuldverhältnissen" mit leichter Hand beiseite geschoben wird.[6] Die im Schrifttum seit mehr als zehn Jahren intensiv geführte Diskussion um Voraussetzungen und Grenzen der deliktischen Organ(außen)haftung findet in jener Entscheidung des XI. Senats keinerlei Widerhall.

---

1 BGH v. 5.12.1989 – VI ZR 335/88, BGHZ 109, 297, 302 ff. – Baustoff; dem folgend OLG Stuttgart v. 29.4.2008 – 5 W 9/08, NJW 2008, 2514, 2515.
2 Nähere Auseinandersetzung mit den verschiedenen Haftungskonzepten bei *Kleindiek*, Deliktshaftung und juristische Person, S. 368 ff.; aus dem neueren Kommentarschrifttum s. seither insbes. noch *Hüffer*, § 93 AktG Rz. 20a; *Krause* in Soergel, § 823 BGB Anh. II Rz. 71; *Wagner* in MünchKomm. BGB, § 823 BGB Rz. 397 ff.
3 So BGH v. 13.4.1994 – II ZR 16/93, BGHZ 125, 366, 375 f. = GmbHR 1994, 390.
4 BGH v. 12.3.1996 – VI ZR 90/95, ZIP 1996, 786, 788 – Lamborghini Nachbau; s. auch noch BGH v. 12.12.2000 – VI ZR 345/99, NJW 2001, 964 f.
5 BGH v. 24.1.2006 – XI ZR 384/03, BGHZ 166, 84.
6 BGH v. 24.1.2006 – XI ZR 384/03, BGHZ 166, 84, 114 ff., wo es Rz. 127 u.a. heißt: „Was der juristischen Person auf Grund der vertraglichen Treuepflicht untersagt ist, ist daher zwangsläufig auch dem oder den für sie handelnden Organen verboten."

C. Zur Reichweite des § 31 BGB

I. Rechtsformübergreifender Geltungsanspruch

Der Zurechnungsmechanismus nach § 31 BGB gilt unmittelbar nur für den Verein sowie – über die Verweisung in §§ 86, 89 BGB – für die Stiftung und für juristische Personen des öffentlichen Rechts. Jedoch ist das zugrunde liegende Zurechnungs- und Haftungsprinzip – wie schon erwähnt (oben Rz. 21) – rechtsformübergreifend angelegt. Die **Gerechtigkeitsidee des § 31 BGB** kann für alle Verbände mit verselbständigtem, durch ihre Geschäftsführungs- und Vertretungsorgane verwaltetem Verbandsvermögen Anwendung beanspruchen: Dem Verbandsvermögen ist mit den Vorteilen aus der Verwaltertätigkeit auch die Verpflichtung zum Ersatz von Drittschäden aufzuerlegen, welche der Verwalter unter Einsatz von Mitteln jenes Vermögens oder in Verfolgung der Interessen des Verbandes verursacht. 27

Die **Analogiefähigkeit des § 31 BGB** steht deshalb heute außer Streit. Seine Anwendbarkeit auf die GmbH, die AG und die Genossenschaft war nie zweifelhaft,[1] die analoge Geltung für OHG und KG wurde vom BGH schon frühzeitig anerkannt.[2] Mittlerweile ist auch die analoge Anwendung der Vorschrift in der BGB-(Außen-)Gesellschaft akzeptiert.[3] 28

II. Verfassungsmäßig berufene Vertreter und sonstige Repräsentanten

§ 31 BGB erfasst das schadenstiftende Verhalten des Vorstands, eines Mitglied des Vorstands oder eines anderen verfassungsmäßig berufenen – d.h. satzungsmäßig bestimmten (§ 30 BGB) – Vertreters. In sachlicher Übereinstimmung mit der Rechtsprechungspraxis vor dem Inkrafttreten des BGB[4] findet die Vorschrift jedoch auf sonstige **Repräsentanten** entsprechende Anwendung: nämlich auf solche leitenden Mitarbeiter unterhalb der Organebene, die den ihnen übertragenen Aufgabenbereich in einer dem Vorstand der juristischen Person vergleichbaren Selbständigkeit und unter eigener Verantwortung zu erledigen haben.[5] 29

---

1 Rechtsprechungsnachweise bei *Hadding* in Soergel, § 31 BGB Rz. 6; *Reuter* in MünchKomm. BGB, § 31 BGB Rz. 11.
2 BGH v. 8.2.1952 – I ZR 92/51, NJW 1952, 537. – Zur Abgrenzung des Repräsentantenkreises hier (Beschränkung auf geschäftsführende Gesellschafter) s. RG JW 1932, 722; *Hadding* in Soergel, § 31 BGB Rz. 7; *Weick* in Staudinger, § 31 BGB Rz. 44; anders *Reuter* in MünchKomm. BGB, § 31 BGB Rz. 25: bei schadensstiftendem Verhalten sonstiger Repräsentanten zwar ebenfalls Zurechnung analog § 31 BGB, aber Beschränkung der Haftung auf das Gesellschaftsvermögen, d.h. keine Gesellschafterhaftung nach § 128 HGB.
3 Seit BGH v. 24.2.2003 – II ZR 385/99, BGHZ 154, 88, 93 ff.
4 Näher *Kleindiek*, Deliktshaftung und juristische Person, S. 235 f.
5 S. etwa RGZ 94, 318, 320; RGZ 120, 304, 307; RGZ 163, 21, 30; BGH v. 30.10.1967 – VII ZR 82/65, BGHZ 49, 19, 21 und ständig. Weitere Nachweise und nähere Analyse der Rechtsprechungspraxis bei *Kleindiek*, Deliktshaftung und juristische Person, S. 341 ff.

30 Stets kommt es darauf an, ob die Funktion der nicht verfassungsmäßig berufenen „Vertreter" der juristischen Person unter Verkehrsschutzgesichtspunkten gleichwertig gegenüber der Stellung ihrer „ordentlichen" Organe oder Sonderorgane ist. Das ist zu bejahen, wenn dem nicht verfassungsmäßig Berufenen – wie etwa dem Geschäftsführer eines einzelnen Warenhauses oder den Leitern der verschiedenen Betriebsstätten eines Unternehmens – ein Teilbereich der Vermögensverwaltung **in eigener Verantwortung** übertragen wird und wenn er unter Einsatz von Mitteln der juristischen Person oder im Hinblick auf deren Vorteile Schäden zu Lasten Dritter verursacht. Für den Ausgleich dieser Schäden haftet analog § 31 BGB das Vermögen der juristischen Person.[1]

31 Voraussetzung ist allerdings, dass der Repräsentant die schadenstiftende Handlung „in Ausführung" der ihm zustehenden Verrichtungen" begangen hat. Er muss also gerade im „engen objektiven Zusammenhang"[2] mit seiner Leitungsfunktion (und nicht nur als Privatperson, „bei Gelegenheit" der ihm zustehenden Verrichtungen) gehandelt haben.[3] Wo ein Repräsentant als **Vertreter ohne Vertretungsmacht** rechtsgeschäftlich agiert (z.B. ein nur gesamtvertretungsbefugter Geschäftsführer allein), ist dessen daraus nach § 179 Abs. 1 u. 2 BGB folgende Haftung dem Verband nicht nach § 31 BGB zuzurechnen; insoweit hat die Vertretungsordnung Vorrang. Darüber hinaus reichende Pflichtverletzungen des Vertreters ohne Vertretungsmacht aus c. i. c. (§ 311 Abs. 2 BGB) oder Delikt begründen aber eine Verbandshaftung nach § 31 BGB.[4]

III. Abdingbarkeit

32 Die Haftungszurechnung nach § 31 BGB kann nicht durch Satzungsbestimmung ausgeschlossen werden. Für die Abbedingung innerhalb bestehender Schuldverhältnisse gelten – sofern man hier § 31 BGB überhaupt anwenden will (s. dazu oben Rz. 6f.) – die Schranken aus §§ 276 Abs. 3, 309 Nr. 7 BGB.[5]

---

1 Zusammenfassend zur Abgrenzung des Repräsentantenkreises *Hadding* in Soergel, § 31 BGB Rz. 10; *Kleindiek*, Deliktshaftung und juristische Person, S. 351 ff.; *Reuter* in MünchKomm. BGB, § 31 BGB Rz. 5, 20 ff.; für eine Orientierung an den Abgrenzungskriterien des leitenden Angestellten jüngst *Hoffmann*, Außenhaftung, S. 149 ff.
2 S. etwa BGH v. 30.10.1967 – VII ZR 82/65, BGHZ 49, 19, 21.
3 *Hadding* in Soergel, § 31 BGB Rz. 21 f.; *Reuter* in MünchKomm. BGB, § 31 BGB Rz. 33 f.; *H.P. Westermann* in Erman, § 31 BGB Rz. 5.
4 BGH v. 20.2.1979 – VI ZR 256/77, NJW 1980, 115; BGH v. 8.7.1986 – VI ZR 47/85, BGHZ 98, 148 = GmbHR 1986, 380; BGH v. 8.7.1986 – VI ZR 18/85, NJW 1986, 2939; hierzu und zu abweichenden Ansichten im Schrifttum weiterführend *Hadding* in Soergel, § 31 BGB Rz. 23 ff.; *Reuter* in MünchKomm. BGB, § 31 BGB Rz. 35 ff.; *Weick* in Staudinger, § 31 BGB Rz. 14 ff., je m.w.N.
5 *Hadding* in Soergel, § 31 BGB Rz. 1; *Reuter* in MünchKomm. BGB, § 31 BGB Rz. 46; *Weick* in Staudinger, § 31 BGB Rz. 50.

D. Abgrenzungen

I. Körperschaftlicher Organisationsmangel

Die skizzierte analoge Geltung des § 31 BGB für sonstige Repräsentanten (oben Rz. 29) überschneidet sich mit einem alternativen Ansatz, an den die Rechtsprechung für die deliktische Haftung juristischer Personen (und sonstiger Verbände) anknüpft: dem **„körperschaftlichen" Organisationsmangel**.[1] Hinter dieser Figur verbirgt sich ein Mangel in der internen Kompetenzordnung verkehrssicherungspflichtiger, aber selbst nicht handlungsfähiger „Körperschaften" (Verbände): nämlich dort, wo eine an sich hinreichende innerbetriebliche Organisation zur Gefahrsteuerung zwar eingerichtet ist (ein „betrieblicher" Organisationsmangel[2] also nicht vorliegt), an ihrer Spitze aber statt eines verfassungsmäßigen Vertreters im Sinne der §§ 30, 31 BGB – dessen Versäumnisse dem Verband ohne Exkulpationsmöglichkeit zuzurechen sind – lediglich ein (wenngleich fachlich geeigneter) Verrichtungsgehilfe (leitender Angestellter) berufen wird, für den sich der Verband nach Maßgabe des § 831 Abs. 1 Satz 2 BGB (s. oben Rz. 10) entlasten kann. Mit dem Kunstgriff des „körperschaftlichen" (oder wie auch formuliert worden ist: verbandlichen bzw. organschaftlichen) Organisationsmangels soll dem durch Verkehrspflichtverletzung geschädigten Dritten auch in einem solchen Fall der Zugriff auf das Vermögen des Pflichtenträgers gesichert werden. 33

Die in rund 100 Jahren gewachsene und verwachsene Rechtsprechungspraxis zum Organisationsmangel ist hier nicht näher nachzuzeichnen. Für die Figur vom „körperschaftlichen" Organisationsmangel werden von der Rechtsprechung dieselben **Legitimationserwägungen** ins Feld geführt, die auch für eine entsprechende Anwendung des § 31 BGB auf sonstige „Repräsentanten" der juristischen Person oder eines sonstigen Verbandes (s. oben Rz. 27 ff.) geltend gemacht werden: Dem Verband kann es nicht frei stehen, für wen er ohne Entlastungsmöglichkeit nach § 31 BGB haften will. Er kann sich keinen haftungsrechtlichen Freiraum dadurch schaffen, dass ein von jeder sachlichen Einflussnahme freigestellter leitender Mitarbeiter gleichwohl nicht zum verfassungsmäßigen Vertreter im Sinne der §§ 30, 31 BGB bestellt wird. 34

Der Verstoß gegen eine vermeintliche Organpflicht, nämlich die Nichtbestellung der mit der eigenverantwortlichen Wahrnehmung bestimmter Aufgaben betrauten Person zum besonderen Vertreter, vermag die deliktische Haftung des Verbandes aber nicht zu tragen.[3] In Rede steht vielmehr die **analoge Anwendung des § 31 BGB** auf solche Repräsentanten des Verbandes, die zwar nicht zu verfassungsmäßigen Vertretern bestellt worden sind, dem Leitbild des weisungsgebunden agierenden Verrichtungsgehilfen im Sinne des § 831 Abs. 1 BGB aber ebenso we- 35

---

1 Zur näheren Analyse sei verwiesen auf *Kleindiek*, Deliktshaftung und juristische Person, S. 314 ff.
2 Zu den „betrieblichen" Organisationspflichten arbeitsteilig organisierter Rechtssubjekte weiterführend *Kleindiek*, Deliktshaftung und juristische Person, S. 292 ff.; *Krause* in Soergel, § 823 BGB Anh. II Rz. 61 ff.; *Matusche-Beckmann*, Das Organisationsverschulden, 2001, S. 101 ff.
3 Zur Begründung s. *Kleindiek*, Deliktshaftung und juristische Person, S. 325 ff.

nig entsprechen. Bezogen auf ihre Tätigkeit ist allein der Rückgriff auf die Zurechnungsnorm des § 31 BGB im Wege der Analogie sachgerecht.[1]

II. Haftung aus § 831 BGB

36 Repräsentanten, für welche der Verband bereits aus § 31 BGB verantwortlich ist, sind im Übrigen nicht nur keine Verrichtungsgehilfen im Sinne von § 831 Abs. 1 BGB; auch § 831 Abs. 2 BGB findet auf sie – wie schon erörtert (s. oben Rz. 22) – keine Anwendung. So gesehen schließen sich § 31 BGB und § 831 BGB aus.[2] Beide Vorschriften kommen aber insoweit nebeneinander zur Anwendung, als die Geschäftsherrenhaftung der juristischen Person (und sonstiger kollektiver Rechtssubjekte) nach § 831 BGB auf den Zurechnungsmechanismus des § 31 BGB angewiesen ist: denn Verbandspersonen und Personenverbände können die Verkehrspflichten des Geschäftsherren nach § 831 BGB (s. oben Rz. 10) nur mittels ihrer Repräsentanten erfüllen bzw. verletzen.[3]

---

[1] Das darf heute wohl als weitestgehend akzeptiert gelten; s. etwa *Hadding* in Soergel, § 31 BGB Rz. 18; *Jauernig* in Jauernig, § 31 BGB Rz. 4; *Kleindiek*, Deliktshaftung und juristische Person, S. 340 ff.; *Krause* in Soergel, § 823 BGB Anh. II Rz. 68; *Mertens/Cahn* in KölnKomm. AktG, § 76 AktG Rz. 102; *Reuter* in MünchKomm. BGB, § 31 BGB Rz. 7 ff.; *Weick* in Staudinger, § 31 BGB Rz. 34.

[2] *Hadding* in Soergel, § 31 BGB Rz. 3; *Mertens/Cahn* in KölnKomm. AktG, § 73 AktG Rz. 94; *Seibt* in K. Schmidt/Lutter, § 78 AktG Rz. 29; *H.P. Westermann* in Erman, § 31 BGB Rz. 10.

[3] So ist wohl auch *Hadding* in Soergel, § 31 BGB Rz. 3 a.E. zu verstehen.

§ 11
Die Haftung des Abschlussprüfers

Professor Dr. Dr. h.c. Werner F. Ebke, LL.M.

	Rz.		Rz.
A. Einleitung	1	III. Weitere Ansätze	25
B. Bedeutung des Jahresabschlussprüfers	8	IV. Vertrag mit Schutzwirkung für Dritte	27
I. Gesetzlicher Auftrag	9	1. Voraussetzungen	28
II. Umfang der Prüfung	10	2. Anwendbarkeit	30
III. Bedeutung der Prüfung	12	3. Zeichen des Wandels	32
1. Zugang zu Informationen	13	4. Die Sicht des BGH	33
2. Kostenvorteile durch Spezialisierung	14	V. § 311 Abs. 3 BGB	37
		VI. Offensive	38
3. Kostenvorteile durch Unabhängigkeit	15	VII. Stellungnahme	40
4. Bedeutung des Testats für den Emittenten	16	1. Grundentscheidungen des Gesetzgebers	41
5. Volkswirtschaftlicher Nutzen	17	2. Sinn und Zweck	46
6. Monitoring	18	3. Haftungsbegrenzung	47
C. Haftung des Abschlussprüfers	19	4. Kreis der Anspruchsberechtigten	49
I. Sachwalterhaftung	20	5. Mitverschulden	50
II. Ausweichmanöver: Auskunftsvertrag	21	VIII. Zwischensumme	51
		D. Schluss	52

A. Einleitung

Die **gesetzlich vorgeschriebene Prüfung** des Jahresabschlusses durch externe, unabhängige Sachverständige (Wirtschaftsprüfer) soll sicherstellen, dass Jahresabschlüsse prüfungspflichtiger Gesellschaften mit den gesetzlichen Vorgaben über die Rechnungslegung und sie ergänzende Bestimmungen des Gesellschaftsvertrages oder der Satzung in Einklang stehen (vgl. § 317 Abs. 1 Satz 2 HGB). Die Prüfung des Jahresabschlusses und des Lageberichts selbständiger Kapitalgesellschaften (§ 316 Abs. 1 Satz 1 HGB) und prüfungspflichtiger Personengesellschaften i.S. des § 264a Abs. 1 HGB sowie des Konzernabschlusses und des Konzernlageberichts (§ 316 Abs. 2 Satz 1 HGB) durch einen Abschlussprüfer erfüllt Kontroll-, Informations- und Beglaubigungsfunktionen.[1] Die Abschlussprüfung und ihr Substrat, die Rechnungslegung, sowie die Publizität geprüfter Abschlüsse sind darüber hinaus wesentliche Voraussetzungen für das Funktionieren von Kapitalmärkten, auf denen unter anderem die Güter Eigen- und Fremdkapital gehandelt werden und die ein wichtiger Baustein des Marktes für die externe Unternehmens(leiter)kontrolle von Unternehmen (Corporate Governance) sind, die den

1

---

[1] S. dazu näher *Ebke* in MünchKomm. HGB, Bd. 4, 2. Aufl. 2008, § 316 HGB Rz. 24–28 m.w.N.; *Graumann*, Wirtschaftliches Prüfungswesen, 2007, S. 89–90.

Kapitalmarkt in Anspruch nehmen (*market for corporate control*).¹ Wegen der weltweit steigenden Nachfrage nach Eigen- und Fremdkapital ist die Sicherung der Qualität von Rechnungslegung, Abschlussprüfung und Publizität ein zentrales Anliegen nationaler, supranationaler und internationaler Regelgeber.² Im Mittelpunkt der Diskussion über die Abschlussprüfung stehen heute Fragen der Qualitätssicherung³, des Umfangs der gesetzlichen Abschlussprüfung (Stichworte: Aufdeckung von Gesetzesverstößen⁴, Beurteilung der Chancen und Risiken der künftigen Entwicklung), der Berichterstattung über das Ergebnis der Prüfung, der Konkretisierung und Kodifizierung der Grundsätze ordnungsmäßiger Abschlussprüfung (§ 317 Abs. 5 und 6 HGB)⁵, der Rolle und der Stellung des Abschlussprüfers in der Unternehmensverfassung (*Corporate Governance*)⁶, der Bedeutung von Prüfungsausschüssen (§ 324 HGB)⁷, der Unabhängigkeit des Abschlussprüfers (§§ 319, 319a, 319b HGB), der Folgen aus der zunehmenden internationalen Vernetzung von Wirtschaftsprüfern und Wirtschaftsprüfungsgesellschaften (vgl. § 319b HGB)⁸ sowie der zivilrechtlichen Verantwortlichkeit des Abschlussprüfers gegenüber der geprüften Gesellschaft sowie Dritten.⁹

2   Die Frage, welche Rolle das **zivile Haftungsrecht** bezüglich der Sicherung einer verlässlichen Rechnungslegung, Abschlussprüfung und Publizität übernehmen kann bzw. sollte, ist bislang eher am Rande behandelt worden. Theoretisch ist klar, dass ohne gesetzliche oder sonstige Regelungen für die Verantwortlichkeit der Rechnungslegungs- und Publizitätspflichtigen sowie des gesetzlichen Abschlussprüfers die Gefahr besteht, dass die Kapitalmärkte durch unwahre oder unvollständige Informationen zum Nachteil der Marktteilnehmer und der Volkswirtschaft insgesamt irregeführt werden. *Wie die Verantwortlichkeit des Abschlussprüfers rechtlich im Einzelnen ausgestaltet sein sollte, wird weltweit*

---

1   Zu Einzelheiten s. *Ebke* in FS Yamauchi, 2006, S. 105; *Ebke* in FS Buxbaum, 2000, S. 113.
2   S. dazu näher *Ebke*, WPK-Mitt. Sonderheft Juni 1997, 12. S. ferner *Ebke/Möhlenkamp* (Hrsg.), Rechnungslegung, Publizität und Wettbewerb, 2010; *Ebke/Luttermann/Siegel* (Hrsg.), Internationale Rechnungslegungsstandards für börsenunabhängige Unternehmen?, 2007.
3   S. dazu nur die Gemeinsame Stellungnahme der WPK und des IDW *Anforderungen an die Qualitätssicherung in der Wirtschaftsprüferpraxis (VO 1/2006)* (vom 27.3.2006). Zu Einzelheiten der Gemeinsamen Stellungnahme s. *Schmidt/Pfitzer/Lindgens*, WPg 2006, 1193; *Schmidt*, WPg 2006, 265; aus Sicht der Abschlussprüferrichtlinie *Naumann/Feld*, WPg 2006, 873. Zur Qualitätssicherung s. ferner *Graumann*, Wirtschaftliches Prüfungswesen, 2007, S. 42–61; *Kragler*, Wirtschaftsprüfung und Qualitätskontrolle, 2003.
4   S. dazu etwa *Graumann*, Wirtschaftliches Prüfungswesen, 2007, S. 145–151; *Hauser*, Jahresabschlussprüfung und Aufdeckung von Wirtschaftskriminalität, 2000.
5   *Kämpfer/Schmidt*, WPg 2009, 47; *Erchinger/Melcher*, WPg 2008, 959.
6   S. nur *B. Mößle*, Abschlussprüfer und Corporate Governance, 2003; *Pfiffner*, Revisionsstelle und Corporate Governance, 2008; *Lutter* (Hrsg.), Der Wirtschaftsprüfer als Element der Corporate Governance, 2001.
7   *Lanfermann/Röhricht*, BB 2009, 887; *Velte*, NZG 2009, 737; *Erchinger/Melcher*, DB 2009, 91, 95–98; *Gruber*, NZG 2008, 12; *Nonnenmacher/Pohle/v. Werder*, DB 2009, 1447; *Habersack*, AG 2008, 98.
8   S. dazu bereits *Ebke* in FS Mestmäcker, 1996, S. 863; *F. Immenga*, Internationale Kooperation und Haftung von Dienstleistungsunternehmen, 1998.
9   *Ebke* in MünchKomm. HGB, Bd. 4, 2. Aufl. 2008, Vorbem. zu §§ 316–324a HGB Rz. 1–7 m.w.N.

aber nach wie vor unterschiedlich beurteilt. In den Ländern mit entwickelten Kapitalmärkten scheint lediglich weit gehende Einigkeit darüber zu bestehen, dass das Strafrecht – von Fällen krassen Fehlverhaltens abgesehen – keine führende Rolle übernehmen sollte. Berufsrechtliche, börsen- und aufsichtsrechtliche sowie haftungsrechtliche Instrumente scheinen den Gesetzgebern der meisten Länder vom Ansatz her besser geeignet zu sein, den notwendigen Schutz zu vermitteln.[1]

Mit einer solchen **Regelungsphilosophie** steht es im Einklang, dass der deutsche Gesetzgeber im Bilanzrechtsreformgesetz vom 4.12.2004[2] und erneut im Bilanzrechtsmodernisierungsgesetz vom 25.5.2009[3] die Anforderungen an die Unabhängigkeit des gesetzlichen Abschlussprüfers verschärft hat (§§ 319, 319a, 319b HGB).[4] Denn Unabhängigkeit und Haftung des Abschlussprüfers stehen in einem engen Zusammenhang.[5] Die §§ 319, 319a, 319b HGB setzen die Empfehlung der EU-Kommission zur „Unabhängigkeit des Abschlussprüfers in der EU – Grundprinzipien" vom 16.5.2002 um.[6] Die Empfehlung, die durch den US-amerikanischen Sarbanes-Oxley Act[7] geprägt ist, enthält eine Reihe grundlegender Neuerungen.[8] Darüber hinaus schafft das Bilanzkontrollgesetz vom 15.12.2004 ein neues Verfahren zur Kontrolle kapitalmarktorientierter Unternehmen durch eine privatrechtlich organisierte, unabhängige Einrichtung („Deutsche Prüfstelle für Rechnungslegung" – DRP) und verschärft die Redepflicht des Abschlussprüfers gegenüber der Bundesanstalt für Finanzdienstleistungsaufsicht (BaFin).[9] Der deutsche Bundesgesetzgeber reagiert damit auf Unternehmenskrisen und Rechnungslegungsskandale, die in Deutschland, Europa und den USA das Vertrauen der Anleger in die Integrität der Kapitalmärkte erschüttert haben (z.B. Enron, Parmalat, WorldCom, Flowtex).[10] Das 10-Punkte-Programm der Bundesregierung „Unternehmensintegrität und Anlegerschutz"[11] vom 25.2.2003 umfasst weitere

3

---

1 *Ebke* in MünchKomm. HGB, Bd. 4, 2. Aufl. 2008, § 323 HGB Rz. 223 m.w.N. S. ferner allgemein *Bachmann/Casper/Schäfer/Veil* (Hrsg.), Steuerungsfunktionen des Haftungsrechts im Gesellschafts- und Kapitalmarktrecht, 2007.
2 BGBl. I 2004, 3166. Zu Einzelheiten des BilReG s. *Ernst/Gabriel*, Der Konzern 2004, 102; *Großfeld*, NZG 2004, 393; *Heuser/Theile*, GmbHR 2005, 201; *Hoffmann/Lüdenbach*, GmbHR 2004, 145; *Hülsmann*, DStR 2005, 166; *Pfitzer/Oser/Orth*, DB 2004, 2593; *Peemöller/Oehler*, BB 2004, 1158; *Stahlschmidt*, StuB 2004, 993.
3 BGBl. I 2009, 1102. Zu Einzelheiten des BilMoG s. *Amling/Bantloh*, DStR 2008, 1300; *Erchinger/Melcher*, DB 2009 Beilage 5 zu Heft 23, S. 91; *Ernst/Seidler*, BB 2007, 2557; *Kämpfer/Schmidt*, WPg 2009, 47; *Niemann*, DStR 2008, 2176; *Petersen/Zwirner*, WPg 2008, 967; *Schulze-Osterloh*, DStR 2008, 63.
4 Übersicht bei *Förschle/Schmidt* in BeckBilKomm., 7. Aufl. 2010, Vor § 319 HGB Rz. 1–9. S. ferner *Gelhausen/Kämpfer/Frey* (Hrsg.), Rechnungslegung und Prüfung nach dem Bilanzrechtsmodernisierungsgesetz, 2009; *Petersen/Zwirner*, WPg 2009, 769.
5 *Ebke*, Wirtschaftsprüfer und Dritthaftung, 1983, S. 298.
6 ABl. EU Nr. L 191 v. 19.7.2002, S. 22.
7 Pub. L. No. 107–204.
8 S. dazu rechtsvergleichend *Ebke* in Ferrarini/Hopt/Winter/Wymeersch (Hrsg.), Reforming Company and Takeover Law in Europe, 2004, S. 507.
9 BGBl. I 2004, 3408.
10 S. dazu etwa *Rapoport/Dharan*, Enron: Corporate Fiascos and Their Implications, 2004; *Amour/McCahery* (Hrsg.), After Enron, 2006.
11 Abgedruckt in WPK-Mitt. 2003, 44; s. dazu *Seibert*, BB 2003, 693; *Knorr/Hülsmann*, NZG 2003, 567.

Punkte, die zum Teil schon umgesetzt bzw. in Gesetzentwürfe eingeflossen sind. Besondere Erwähnung verdient das Abschlussprüferaufsichtsgesetz vom 27.12.2004.[1] Danach übt eine nicht aus Abschlussprüfern bestehende Abschlussprüferaufsichtskommission (APAK) die Fachaufsicht über die Wirtschaftsprüferkammer (WPK) aus.[2] Der Sache nach handelt es sich dabei um eine Maßnahme des sog. Public Oversight, das dem US-amerikanischen Public Company Accounting Oversight Board (PCAOB) nachempfunden wurde. Neu ist außerdem die Verpflichtung des Abschlussprüfers und der gesetzlichen Vertreter der geprüften Gesellschaft, die Wirtschaftsprüferkammer unverzüglich und schriftlich begründet von der Kündigung oder dem Widerruf des Prüfungsauftrages zu unterrichten (§ 318 Abs. 8 HGB).[3] Neu eingeführt wurde ferner die gesetzliche Verpflichtung des Abschlussprüfers, im Prüfungsbericht seine Unabhängigkeit zu bestätigen (§ 321 Abs. 4a HGB).[4]

4 An der haftungsrechtlichen Front gibt es ebenfalls Bewegung. Der **zivilrechtlichen Verantwortlichkeit** des gesetzlichen Abschlussprüfers kommt heute von Europa bis Südafrika und von den USA bis Japan eine wachsende Bedeutung zu.[5] Die meisten industrialisierten Länder haben die Herausbildung und Fortentwicklung der Regeln über die zivilrechtliche Verantwortlichkeit des Abschlussprüfers den Gerichten überlassen, statt sie in das starre Korsett gesetzlicher Vorschriften zu pressen. Die Gesetzgeber beschränken sich regelmäßig auf punktuelle Eingriffe in das komplexe Geflecht der einschlägigen Haftungsregeln. Die Rechtsvergleichung lehrt, dass sich die Rechtsordnungen bei der Entwicklung des Rechts der Haftung des gesetzlichen Abschlussprüfers gegenseitig beeinflusst haben – und zwar über die Grenzen von Rechtstraditionen hinweg.[6] Gleichwohl erweist sich die Angleichung der Regeln über die Haftung des gesetzlichen Jahres-

---

1 BGBl. I 2004, 3946. Zu Einzelheiten s. *Bertram/Heininger*, DB 2004, 1737.
2 S. dazu *Röhricht*, WPg Sonderheft 2008, S. S28; *Schneiß/Groove*, WPg Sonderheft 2008, S. S44; *Heininger*, WPg 2008, 535.
3 Zu Einzelheiten s. *Förschle/Schmidt* in BeckBilKomm., 7. Aufl. 2010, § 318 HGB Rz. 42–43.
4 Zu Einzelheiten s. *Erchinger/Melcher*, DB 2009, 91, 94–95; *Winkeljohann/Poullie* in BeckBilKomm., 7. Aufl. 2010, § 321 HGB Rz. 75.
5 S. dazu statt aller *Ebke* in Commission Européenne (Hrsg.), Actes de la conférence sur le rôle, le statut et la responsabilité du contrôleur légal des comptes dans l'Union européenne, 1997, S. 205; *Ebke* in FS Trinkner, 1995, S. 493; *Ebke/Struckmeier*, The Civil Liability of Corporate Auditors: An International Perspective, 1994; *Ebke/Antonio de la Garza*, Revista de Investigaciones Juridicas 1994, 349; *Flühmann*, Haftung aus Prüfung und Berichterstattung gegenüber Dritten, 2004; *Land*, Wirtschaftsprüferhaftung gegenüber Dritten in Deutschland, England und Frankreich, 1996; *Pretorius*, Aanspreeklikheid van Maatskappyouditeure teenoor Derdes op grond van Wanvoorstelling in die Finansiële State, 1985; *Richter*, Die Dritthaftung des Abschlussprüfer – Eine rechtsvergleichende Untersuchung des englischen, US-amerikanischen, kanadischen und deutschen Rechts, 2007; *Rosenboom*, Estudos de Direito do Consumidor 2004, 203; *Stahl*, Zur Dritthaftung von Rechtsanwälten, Steuerberatern, Wirtschaftsprüfern und öffentlich bestellten und vereidigten Sachverständigen, 1989. Weitere umfangreiche Nachw. bei *Ebke* in MünchKomm. HGB, Bd. 4, 2. Aufl. 2008, § 323 HGB Rz. 1–2.
6 *Ebke*, Die zivilrechtliche Verantwortlichkeit der wirtschaftsprüfenden, steuer- und rechtsberatenden Berufe im internationalen Vergleich, 1996.

abschlussprüfers gerade in der EU als äußerst schwierig.¹ Das gilt vor allem für die Haftung des Abschlussprüfers gegenüber Dritten (dazu zählen u.a. gegenwärtige und frühere Gesellschafter, Kapitalanleger, Unternehmenserwerber, Kreditgeber, Lieferanten, Insolvenzgläubiger, Arbeitnehmer und der Staat), die – ohne Partei des Prüfungsvertrages zwischen dem Prüfer und der prüfungspflichtigen Gesellschaft zu sein – im Vertrauen auf die Angaben in einem testierten Jahresabschluss eine vermögenswirksame Entscheidung getroffen und auf Grund der Fehlerhaftigkeit oder Unvollständigkeit dieser Angaben einen Vermögensschaden erlitten haben.²

Die **Einzelheiten der Haftung** des gesetzlichen Abschlussprüfers gegenüber solchen „prüfungsvertragsfremden" Dritten sind international im Fluss.³ In Deutschland ist die Haftung des Abschlussprüfers gegenüber Dritten ebenfalls in Bewegung geraten. Hintergrund bildet die Entscheidung des III. Zivilsenats des BGH vom 2.4.1998.⁴ Darin hält der Senat im Anwendungsbereich des § 323 HGB eine Dritthaftung des gesetzlichen Abschlussprüfers für möglich, „die wesentlich darauf beruht, dass es Sache der Vertragsparteien ist, zu bestimmen, gegenüber welchen Personen eine Schutzpflicht begründet werden soll".⁵ In seinen Entscheidungen vom 15.12.2005⁶ und vom 6.4.2006⁷ hat der III. Zivilsenat des BGH seine grundsätzliche Position zwar bestätigt, in einigen zentralen Punkten aber wichtige Klarstellungen vorgenommen.⁸ In seinem Beschluss vom 11.11.2008 hat der III. Zivilsenat des BGH vor dem Hintergrund des § 323 Abs. 1 Satz 3 HGB seine restriktive Haltung gegenüber einer vertraglichen Dritthaftung

---

1 Zu der Entwicklung und dem letzten Stand der Dinge s. *Ebke* in MünchKomm. HGB, Bd. 4, 2. Aufl. 2008, § 323 HGB Rz. 205–223.
2 *Ebke* in MünchKomm. HGB, Bd. 4, 2. Aufl. 2008, § 323 HGB Rz. 85. Zu den ökonomischen Auswirkungen einer Verschärfung der (Dritt-)Haftung des Abschlussprüfers s. insbes. *London Economics* (Hrsg.), Study on the Economic Impact of Auditors' Liability Regimes. Final Report to EC-DG Internal Market and Services v. 4.10.2006. S. ferner *Gelter*, WPg 2005, 486; *Hermann*, Ökonomische Analyse der Haftung des Wirtschaftsprüfers, 1997; *Ott* in FS Schäfer, 2008, S. 171.
3 Zu der Lage in der EU s. *Ebke*, ZVglRWiss 100 (2001), 62; *Wölber*, Die Abschlussprüferhaftung im europäischen Binnenmarkt, 2005; *Schattka*, Die Europäisierung der Abschlussprüferhaftung – Eine juristisch-ökonomische Analyse (2010); s. ferner W. *Doralt*, Haftung des Abschlussprüfers, 2005; *Flühmann*, Haftung aus Prüfung und Berichterstattung gegenüber Dritten, 2004; *Koziol/Doralt* (Hrsg.), Abschlussprüfer: Haftung und Versicherung, 2004; *Mirtschink*, Die Haftung des Wirtschaftsprüfers gegenüber Dritten, 2006; *Straßer*, Die Haftung der Wirtschaftsprüfer gegenüber Kapitalanlegern für fehlerhafte Testate, 2003. Weitere umfangreiche Nachw. bei *Ebke* in MünchKomm. HGB, Bd. 4, 2. Aufl. 2008, § 323 HGB Rz. 1.
4 BGH v. 2.4.1998 – III ZR 245/96, BGHZ 138, 257 = JZ 1998, 1013 = AG 1998, 424. Zu Einzelheiten der Entscheidung s. *Ebke* in MünchKomm. HGB, Bd. 4, 2. Aufl. 2008, § 323 HGB Rz. 140–142 m.w.N.
5 BGH v. 2.4.1998 – III ZR 245/96, BGHZ 138, 257, 261 = JZ 1998, 1013, 1014; grundsätzlich zustimmend, in casu aber verneinend OLG Celle v. 5.1.2000 – 3 U 17/99, WPK-Mitt. 2000, 258, 261 = NZG 2000, 613, 615 mit Anm. *Großfeld*.
6 BGH v. 15.12.2005 – III ZR 424/04, WM 2006, 423 = AG 2006, 197.
7 BGH v. 6.4.2006 – III ZR 256/04, BGHZ 138, 257 = AG 2006, 453 = DB 2006, 1105 = BB 2006, 1441 mit BB-Kommentar *Kindler/Otto* = WPK Magazin 3/2006, 41 = WuB IV A § 328 BGB 1.06 (*Sessler/Gloeckner*).
8 S. dazu *Ebke* in MünchKomm. HGB, Bd. 4, 2. Aufl. 2008, § 323 HGB Rz. 143.

noch einmal bekräftigt.[1] Weiteren Antrieb erhielt die Diskussion über die Dritthaftung des gesetzlichen Abschlussprüfers durch das Inkrafttreten des § 311 Abs. 3 BGB im Gefolge der Schuldrechtsreform von 2002. Die Bedeutung der Norm für die Haftung des gesetzlichen Abschlussprüfers ist unklar.[2] Die Gerichte könnten die Norm – angereichert mit den Grundsätzen der sog. Vertrauenshaftung[3] – zu einem Grundpfeiler der zivilrechtlichen Haftung des Abschlussprüfers gegenüber Dritten ausbauen, obgleich die Bestimmung für diese Fallgruppe nicht gedacht ist.[4] Die Rechtsfigur des Vertrages mit Schutzwirkung für Dritte als Haftungsgrundlage für die hier interessierenden Pflichtprüfungsfälle wäre dann überflüssig, weil es wegen des direkten Anspruchs gegen den Prüfer an der erforderlichen Schutzbedürftigkeit des Geschädigten fehlen würde.

6 Dasselbe gilt für die – im Juni 2004 vom X. Zivilsenat des BGH noch einmal bestätigten[5] – Grundsätze der allgemeinen **Prospekthaftung** für die Vollständigkeit und Richtigkeit von Werbeaussagen in Prospekten.[6] Die allgemeine Prospekthaftung tritt nach Ansicht des Senats hinter die Grundsätze der Berufshaftung von Experten auf der Grundlage und am Maßstab des Vertrages mit Schutzwirkung für Dritte nicht zurück, sondern steht zu dieser in einer echten Anspruchsgrundlagenkonkurrenz.[7] Ob es in der Praxis zu einer solchen Haftung kommen wird, ist allerdings fraglich. Nach den geltenden fachlichen Regeln des Berufsstands haben Wirtschaftsprüfer bei Aufträgen zur Beurteilung von Prospekten über öffentlich angebotene Kapitalanlagen unter anderem zur Voraussetzung der Auftragsannahme zu machen, dass der Auftraggeber und der Prospektherausgeber sich verpflichten, im Prospekt nicht auf das Vorliegen von Prospektgutachten oder auf das Tätigwerden eines Wirtschaftsprüfers im Rahmen der Prospektbeurteilung hinzuweisen.[8] Das gilt auch für den Fall, dass der Wirtschaftsprüfer im Zusammenhang mit einem Börsengang (*Initial Public Offering* – IPO) einen Comfort Letter erstellt.[9]

7 Wegen der zunehmenden praktischen Bedeutung der Pflichtprüfungsfälle und der vergleichsweise geringen Zahl von Prospekthaftungsklagen gegen Wirtschafts-

---

1 BGH v. 11.11.2008 – III ZR 313/07, BeckRS 2008, 24194.
2 Zu Einzelheiten s. *Ebke* in MünchKomm. HGB, Bd. 4, 2. Aufl. 2008, § 323 HGB Rz. 115–119 m.w.N.
3 Vgl. *J. Koch*, AcP 204 (2004), 59 („vertrauensrechtliche Auskunftshaftung").
4 *Ebke* in MünchKomm. HGB, Bd. 4, 2. Aufl. 2008, § 323 HGB Rz. 118.
5 BGH v. 8.6.2004 – X ZR 283/02, BB 2004, 2180 mit BB-Kommentar *Paal*; s. ferner BGH v. 15.12.2005 – III ZR 424/04, NJW-RR 2006, 611 mit Anm. *Haas*, LMK 2006, 172068.
6 S. dazu etwa *Winkeljohann/Feldmüller* in BeckBilKomm., 7. Aufl. 2010, § 323 HGB Rz. 230–234; rechtsvergleichend zur Prospekt- und Kapitalmarktinformationshaftung *Hopt/Vogt* (Hrsg.), Prospekt- und Kapitalmarktinformationshaftung, 2005; aus kollisionsrechtlicher Sicht *Jäger*, Das Prospekthaftungsstatut, 2007.
7 BGH v. 8.6.2004 – X ZR 283/02, BB 2004, 2180, 2180–2181.
8 Vgl. IDW S 4, WPg 2006, 919, 921 (Tz. 23).
9 Vgl. IDW PS 910, WPg 2004, 342. Zu Einzelheiten der Grundsätze für die Erteilung eines Comfort Letters und der sich daraus ergebenden Haftungsrisiken s. *Landmann*, Die Haftung für Comfort Letters bei der Neuemission von Aktien, 2007; *Ebke/Siegel*, WM 2001 Sonderbeilage 2; *Köhler*, DBW 2003, 77; *Köhler/Weiser*, DB 2003, 565; *Kunold* in Habersack/Mülbert/Schlitt (Hrsg.), Unternehmensfinanzierung am Kapitalmarkt, 2. Aufl. 2008, S. 756; *Meyer*, WM 2003, 1745. Aus Sicht des schweizerischen Rechts *Herzog/Amstutz*, ST 2000, 57.

prüfer wird im Folgenden schwerpunktmäßig die Haftung des Wirtschaftsprüfers für die Erteilung eines Bestätigungsvermerks über den fehlerhaften Jahresabschluss eines prüfungspflichtigen Unternehmens untersucht werden. Fälle gesetzlich nicht vorgeschriebener („freiwilliger") Abschlussprüfungen bleiben im Folgenden außer Betracht.[1] Ziel des Beitrages ist es, vor dem Hintergrund der Bedeutung von Rechnungslegung, Abschlussprüfung und Publizität für die Kapitalmärkte den gegenwärtigen Stand des Rechts der zivilrechtlichen Verantwortlichkeit des gesetzlichen Abschlussprüfers gegenüber dem geprüften Unternehmen und gegenüber Dritten herauszuarbeiten. Das **Internationale Privat- und Prozessrecht** der Haftung des gesetzlichen Abschlussprüfers, das auf Grund der zunehmenden Internationalisierung der Kapital- und Abschlussprüfungsmärkte rasant an Bedeutung gewinnt, ist an anderer Stelle ausführlich dargestellt[2]; es wird daher in den nachfolgenden Beitrag nicht mit eingebunden.

B. Bedeutung des Jahresabschlussprüfers

Wirtschaftsprüfer präsentieren sich im Kapitalmarktgeschehen als **Sachverständige**.   8

I. Gesetzlicher Auftrag

Wirtschaftsprüfer haben den gesetzlichen **Auftrag**, die Jahresabschlüsse bestimmter Gesellschaften in regelmäßigen Abständen zu prüfen (§§ 316 ff. HGB), über das Ergebnis der Prüfung zu berichten (§ 321 HGB) und einen Bestätigungsvermerk zu erteilen oder zu versagen bzw. einen Nichterteilungsvermerk (sog. *disclaimer*) zu erteilen (§ 322 HGB). Testierte Jahresabschlüsse sind für Dritte einsehbar. Sie bilden, so sagt man, eine wichtige Grundlage für die Entscheidung namentlich der Anleger über den Kauf bzw. den Verkauf von Gesellschaftsanteilen. Jede Anlage in Kapitalmarktprodukte ist mit Unsicherheiten verbunden, da der Wert einer Kapitalanlage nicht absolut, sondern relativ ist. Kapitalanlagen – auch Aktien – verkörpern Erwartungen und Gewinnversprechen, deren Werthaltigkeit und Glaubwürdigkeit Anleger nur durch Heranziehung Vergangenheit bezogener, aktueller und zukunftorientierter Informationen über den Emittenten, das Wertpapier und den Markt überprüfen können. Solche Informationen stehen jedoch nicht allen Kapitalmarktbeteiligten von vornherein in gleichem Umfang zur Verfügung, sondern sind asymmetrisch verteilt. Als Pole stehen sich die für die Unternehmensinformationen monopolistischen Emittenten und die nach-   9

---

1 S. dazu aus jüngerer Zeit etwa BGH v. 15.12.2005 – III ZR 424/04, NJW-RR 2006, 611; OLG Saarbrücken v. 5.6.2007 – 4 U 136/06, OLGR Saarbrücken 2007, 709 = GI aktuell 2007, 187 = GmbHR 2007, 1108 (red. Leitsatz).
2 Zum letzten Stand der Dinge s. *Ebke* in MünchKomm. HGB, Bd. 4, 2. Aufl. 2008, § 323 HGB Rz. 171–204. S. ferner *Ebke* in FS Sandrock, 2000, S. 243; *Ebke* in FS Mestmäcker, 1996, S. 863; *Ebke* in Ballwieser/Coenenberg/von Wysocki (Hrsg.), Handwörterbuch der Rechnungslegung und Prüfung, 3. Aufl. 2002, Sp. 1085–1100; *Ebke*, WPK-Mitt. Sonderheft April 1996, 17; *F. Immenga*, Internationale Kooperation und Haftung von Dienstleistungsunternehmen, 1998, S. 317–347; *Leicht*, Die Qualifikation der Haftung von Angehörigen rechts- und wirtschaftsberatender Berufe im grenzüberschreitenden Dienstleistungsverkehr, 2002, S. 68–92 und 142–198; zusammenfassend *Quick*, DBW 2000, 60.

fragenden Anleger gegenüber. Zum Abbau der Asymmetrie dienen Rechnungslegung, Abschlussprüfung und Publizität, aber auch eine Vielzahl von Informationsintermediären (z.B. Emissionsbanken, Broker, Investmentfonds, Finanzanalysten, Rating-Agenturen). Von dem Abbau der Informationsasymmetrien mittels testierter Jahresabschlüsse profitieren indes nicht nur Anleger und Anlageinteressenten, sondern auch andere Dritte, wie beispielsweise Geld- und Warenkreditgeber, die sich vor dem Abschluss von Verträgen mit einem prüfungspflichtigen Unternehmen ein Bild von dessen Vermögens-, Finanz- und Ertragslage machen können oder – wie Kreditinstitute – unter bestimmten Voraussetzungen sogar machen müssen (§ 18 Satz 1 KWG).

II. Umfang der Prüfung

10 Anders als die **Informationsintermediäre** selektieren Abschlussprüfer nicht in erster Linie unternehmens- und marktspezifische Daten, die sie dann mittels verschiedener Methoden zukunftsorientiert bewerten und in kompakter, anlegergerechter Form an den Kapitalmarkt weiterleiten. Abschlussprüfer haben nach dem gesetzlichen Auftrag vielmehr zu prüfen, ob der von dem Vorstand des Unternehmens aufgestellte und zu verantwortende Jahresabschluss nebst Lagebericht (vgl. § 322 Abs. 2 Satz 2 HGB) den gesetzlichen Vorschriften und sie ergänzende Bestimmungen des Gesellschaftsvertrages oder der Satzung entspricht (§ 317 Abs. 1 Satz 2 HGB). Die Prüfung ist so anzulegen, dass Unrichtigkeiten und Verstöße gegen die in § 317 Abs. 1 Satz 2 HGB aufgeführten Bestimmungen, die sich auf die Darstellung des sich nach § 264 Abs. 2 HGB ergebenden Bildes der Vermögens-, Finanz- und Ertragslage des Unternehmens *wesentlich* auswirken, bei gewissenhafter Berufsausübung erkannt werden (§ 317 Abs. 1 Satz 3 HGB).[1] Gegenstand der Prüfung sind insoweit in erster Linie Vergangenheit bezogene Vorgänge und Daten.[2] Bei einer börsennotierten Aktiengesellschaft ist im Rahmen der Prüfung außerdem zu beurteilen, ob der Vorstand die ihm nach § 91 Abs. 2 AktG obliegenden Maßnahmen in einer geeigneten Form getroffen hat und ob das danach einzurichtende Überwachungssystem seine Aufgaben erfüllen kann (§ 317 Abs. 4 HGB).[3]

11 § 317 Abs. 2 Satz 1 HGB verpflichtet den Abschlussprüfer darüber hinaus zu prüfen, ob der **Lagebericht** mit dem Jahresabschluss sowie mit den bei der Prüfung gewonnenen Erkenntnissen des Abschlussprüfers im Einklang steht und ob der Lagebericht insgesamt eine zutreffende Vorstellung von der Lage des Unternehmens vermittelt.[4] Dabei ist auch zu prüfen, ob die Chancen und Risiken der künftigen Entwicklung zutreffend dargestellt sind (§ 317 Abs. 2 Satz 2 HGB; die Erklä-

---

1 Vgl. LG München I v. 14.3.2008 – 14 HK O 8038/06, ZIP 2008, 1123. Zur Bedeutung des Grundsatzes der Wesentlichkeit im Rahmen der Abschlussprüfung (*audit materiality*) s. *Mekat*, Der Grundsatz der Wesentlichkeit in Rechnungslegung und Abschlussprüfung, 2009; *Wolz*, Wesentlichkeit im Rahmen der Abschlussprüfung, 2003; s. ferner IDW PS 250, WPg 2003, 944.
2 Zur Bedeutung von Ereignissen nach dem Abschlussstichtag s. IDW PS 203, WPg 2001, 121.
3 Zu Einzelheiten der Dokumentation des Risikoüberwachungssystems s. *Theusinger/Liese*, NZG 2008, 289.
4 Zu Einzelheiten s. *Kirsch/Scheele*, WPg 2005, 1149.

rung zur Unternehmensführung nach § 289a HGB ist dagegen nicht in die Prüfung einzubeziehen, § 317 Abs. 2 Satz 3 HGB).[1] Der Prüfer muss zu diesem Zweck auf der Grundlage der Angaben der Gesellschaft und der eigenen bei der Prüfung gewonnenen Erkenntnisse eine genaue Analyse der Risikofaktoren und der positiven Erwartungen vornehmen.[2] Die Prüfung soll dadurch stärker an die Erwartungen der Öffentlichkeit angepasst werden. Die Hinzufügung des Wortes „Chancen" durch das Bilanzrechtsreformgesetz von 2004 ändert freilich nichts an der Tatsache, dass der Prüfer nicht gefordert ist, bei prognostischen oder wertenden Angaben über den Fortbestand und die zukünftige Entwicklung des Unternehmens seine eigenen Prognosen und Wertungen an die Stelle der Prognosen und Wertungen des Vorstandes zu setzen.[3] Es gilt vielmehr nach wie vor der Grundsatz, dass allein der Vorstand für die Darstellung der Lage des Unternehmens verantwortlich ist (vgl. § 322 Abs. 2 Satz 2 HGB) und der Prüfer lediglich die Vollständigkeit und Plausibilität der Angaben zu prüfen hat.[4] Diese Tatsache ist zu berücksichtigen, wenn die Rolle des Abschlussprüfers für die Informationseffizienz der Kapitalmärkte herangezogen werden soll, um eine schärfere Haftung des Wirtschaftsprüfers dem Grunde wie der Höhe (Mitverschulden!)[5] nach zu begründen.

III. Bedeutung der Prüfung

Auch wenn es sich in real existierenden Kapitalmärkten lohnt, Anlage- sowie Kreditvergabeentscheidungen auf möglichst breiter und akkurater **Informationsgrundlage** zu treffen, fragt sich, warum Anleger und Kreditgeber gerade testierte Jahresabschlüsse heranziehen sollten, um vernünftige und informierte Entscheidungen treffen zu können. Da Informationen in testierten Jahresabschlüssen im Wesentlichen vergangenheitsbezogen sind, bleiben Ineffizienzen bei der Informationsproduktion, Informationsverarbeitung und Informationsvermittlung möglich. Prognostische und wertende Angaben sind ebenfalls mit erheblichen Unsicherheiten behaftet. Das schnelle „Verfalldatum" testierter und festgestellter Jahresabschlüsse lässt weitere Zweifel aufkommen.[6] Zweifel ergeben sich ferner

---

1 Zum Hintergrund der Neuregelung s. *Ebke* in MünchKomm. HGB, Bd. 4, 2. Aufl. 2008, § 317 HGB Rz. 75.
2 *Schulze-Osterloh* in Baumbach/Hueck, 18. Aufl. 2006, § 41 GmbHG Rz. 80.
3 Es versteht sich von selbst, dass der Abschlussprüfer über ausreichende Kenntnisse über die Geschäftstätigkeit sowie das wirtschaftliche und rechtliche Umfeld des prüfungspflichtigen Unternehmens verfügen muss (vgl. IDW PS 230, WPg 2000, 842 mit redaktionellen Änderungen, WPg 2006, 218).
4 *Ebke* in MünchKomm. HGB, Bd. 4, 2. Aufl. 2008, § 317 HGB Rz. 75. Vgl. IDW PS 350.22, WPg 2006, 1293, 1296.
5 Zu dem Problem der Berücksichtigung von Mitverschulden s. *Ebke* in MünchKomm. HGB, Bd. 4, 2. Aufl. 2008, § 323 HGB Rz. 74–75 und 163; *Winkeljohann/Feldmüller* in BeckBilKomm., 7. Aufl. 2010, § 323 HGB Rz. 121–124 und 204; enger *Schulze-Osterloh* in Baumbach/Hueck, 18. Aufl. 2006, § 41 GmbHG Rz. 175. Aus österreichischer Sicht *Koziol/W. Doralt* in FS Doralt, 2004, S. 337.
6 Zu dem Problem der Kausalität zwischen der Prüfung des Abschlusses und den vermögenswirksamen Entscheidungen Dritter s. *Ebke* in MünchKomm. HGB, Bd. 4, 2. Aufl. 2008, § 323 HGB Rz. 112 m.w.N.

angesichts der Vielzahl aktueller primärer Informationsquellen, auf die Dritte selbst zugreifen können. Natürlich verursacht die Einschaltung zusätzlicher Intermediäre in den Kapitalmarktinformationsprozess für den Dritten Kosten. Solche Intermediäre bedürfen außerdem der Kontrolle, denn die Interessen und Anreize der Informationsintermediäre korrelieren nicht notwendig mit denen der Anleger, Kreditgeber und sonstigen Dritten. Die individuellen Kosten Dritter sowie die Kosten für regulative Anstrengungen zur Stärkung der Integrität anderer Informationsintermediäre erklären aber nur teilweise die Notwendigkeit, Abschlussprüfer bei der Kapitalmarktinformation entscheidend mitwirken zu lassen.

1. Zugang zu Informationen

13 Abschlussprüfer haben einen überlegenen Zugang zu wesentlichen Unternehmensinformationen (§ 320 Abs. 2 Satz 1 HGB). Sie haben ein weit reichendes **Recht auf Einsicht und Prüfung** sowie umfangreiche Auskunftsrechte, und zwar schon vor Aufstellung des Jahresabschlusses durch den Vorstand und sogar gegenüber Mutter- und Tochterunternehmen (§ 320 Abs. 2 Satz 2 und 3 HGB) und gegenüber dem bisherigen Abschlussprüfer (§ 320 Abs. 4 HGB).[1] Vor dem Abschlussprüfer gibt es keine Geheimnisse bezüglich der Gegenstände der Prüfung. Das erleichtert die Ermittlungen des Abschlussprüfers in tatsächlicher und rechtlicher Hinsicht.[2] Wesentlich begrenzt wird der Umfang der jährlich stattfindenden Abschlussprüfung allerdings dadurch, dass angesichts des Zeitdrucks, des wachsenden Prüfungsstoffes sowie der gebotenen Wirtschaftlichkeit im Rahmen der Abschlussprüfung selbst bei sachgerechter Vorbereitung der Prüfung und bei planmäßigem Vorgehen bei der Prüfung und selbst auf der Grundlage zusätzlicher Vor- oder Zwischenprüfungen eine lückenlose Prüfung nicht möglich ist. Stichproben (mit bewusster Auswahl bzw. Zufallsauswahl) der meisten Teilgebiete des Prüfungsgegenstandes (Prüffelder) sind daher unerlässlich und nach allgemeiner Ansicht auch zulässig.[3] Dass die Sicherheit und Genauigkeit der Urteilsbildung seitens des Abschlussprüfers durch die Prüfung mittels Stichproben nicht leiden darf, versteht sich von selbst; denn das Gesetz verpflichtet den Prüfer zur gewissenhaften, sorgfältigen und unparteiischen Prüfung (§§ 317 Abs. 1 Satz 3, 320 Abs. 2 Satz 1 und 3, 323 Abs. 1 Satz 1 HGB).[4] Entsprechendes gilt für die Prüfungsintensität. Die Prüfungsstandards des IDW lassen daher – ebenso wie die internationalen und US-amerikanischen Prüfungsgrundsätze – Prüfungen mit wechselnden Prüfungsschwerpunkten ausdrücklich zu.[5] Bei der richtigen Ge-

---

1 Zu dem Informationsrecht des neuen Abschlussprüfers gegenüber dem bisherigen Abschlussprüfer nach § 320 Abs. 4 HGB s. *Erchinger/Melcher*, DB 2009, 91, 94.
2 Zu dem Umfang der Prüfung in tatsächlicher und rechtlicher Hinsicht s. *Ebke* in MünchKomm. HGB, Bd. 4, 2. Aufl. 2008, § 317 HGB Rz. 42–69.
3 Zu Einzelheiten s. etwa *Jaspers*, StBp 2005, 319; *Jaspers/Meinor*, WPg 2005, 1077; *Hövermann*, WPg 1979, 62; *Ebke* in MünchKomm. HGB, Bd. 4, 2. Aufl. 2008, § 317 HGB Rz. 45 m.w.N.
4 Zu der Bedeutung der Begriffe „gewissenhaft" und „sorgfältig" s. *Gehringer*, Abschlussprüfung, Gewissenhaftigkeit und Prüfungsstandards, 2002, S. 39–70; *Ebke* in MünchKomm. HGB, Bd. 4, 2. Aufl. 2008, § 323 HGB Rz. 39–43.
5 *Ebke* in MünchKomm. HGB, Bd. 4, 2. Aufl. 2008, § 317 HGB Rz. 47 m.w.N.

wichtung der Prüfungshandlungen können die Existenz und Effizienz unternehmensinterner Kontrollvorkehrungen wichtige Anhaltspunkte sein.[1] Risiken bei der Informationsverarbeitung ergeben sich ferner daraus, dass der Abschlussprüfer und seine Gehilfen (Prüfungsteam) sich nicht von allen prüfungserheblichen Tatsachen unmittelbar durch eigene Wahrnehmung Kenntnisse verschaffen können. Eigene Bestandaufnahmemaßnahmen, Saldenbestätigungen und Vollständigkeitserklärungen können die Gefahren fehlender Unmittelbarkeit allerdings nur teilweise wettmachen.[2]

2. Kostenvorteile durch Spezialisierung

Die Einschaltung des Abschlussprüfers in den Prozess der Kapitalmarktinformation ist gleichwohl sinnvoll und notwendig, weil Wirtschaftsprüfer durch ihre **Ausbildung und Professionalisierung** die fachlichen Fähigkeiten sowie die Erfahrung mitbringen, derer eine spezialisierte Informationsproduktion bedarf. Das zeigt sich insbesondere bei den rechnungslegungsrechtlichen Ermittlungen, die den tatsächlichen Ermittlungen im Rahmen der Abschlussprüfung nachfolgen.[3] Rechnungslegung ist keine Naturwissenschaft, sondern Kunsthandwerk auf höchstem Niveau („*accounting is an art, not a science*"). Rechnungslegungsregeln gewähren oftmals Spielräume sowie Ansatz- und Bewertungswahlrechte, die auszuüben Sache des Vorstands ist (§ 322 Abs. 2 Satz 2 HGB). Der Abschlussprüfer muss lediglich prüfen, ob der Vorstand das ihm eingeräumte Ermessen *wahrheitsgrundsatzkonform* ausgeübt hat; insoweit fragliche Aussagen im Jahresabschluss muss er beanstanden.[4] Entgegen landläufiger Ansicht darf der Abschlussprüfer den Jahresabschluss nicht selbst „in die Hand nehmen" und seine Ermessensentscheidung an die Stelle des Ermessens des Emittenten setzen. Bewegt sich der Vorstand mit seinen Entscheidungen innerhalb des von dem Wahrheitsgrundsatz gezogenen Rahmens, hat der Prüfer den Abschluss zu bestätigen. Überschreitet der Vorstand das ihm durch Gesetz, Gesellschaftsvertrag oder Satzung eingeräumte Ermessen, hat der Prüfer den Jahresabschluss zu beanstanden und, sofern das Unternehmen keine oder keine hinreichenden Änderungen vornimmt, den Bestätigungsvermerk einzuschränken oder zu versagen (§ 322 Abs. 4 HGB). Der Bestätigungsvermerk ist auch dann zu versagen, wenn der Abschlussprüfer nach Ausschöpfung aller angemessenen Möglichkeiten zur Klärung des Sachverhalts nicht in der Lage ist, ein Prüfungsurteil abzugeben (§ 322 Abs. 5 HGB).[5] Durch die Möglichkeit der Einschränkung oder Versagung des Bestätigungsvermerks erhalten Abschlussprüfer ein Sanktionsmittel an die Hand, des-

14

---

1 *Ebke* in MünchKomm. HGB, Bd. 4, 2. Aufl. 2008, § 317 HGB Rz. 48 m.w.N.; *Schulze-Osterloh* in Baumbach/Hueck, 18. Aufl. 2006, § 41 GmbHG Rz. 77. Zu den Grundlagen und Ansätzen der Beurteilung der Wirksamkeit der internen Revision s. unlängst *Amling/Bantleon*, DStR 2008, 1300.
2 *Ebke* in MünchKomm. HGB, Bd. 4, 2. Aufl. 2008, § 317 HGB Rz. 50–52 m.w.N.
3 *Ebke* in MünchKomm. HGB, Bd. 4, 2. Aufl. 2008, § 317 HGB Rz. 53–69 m.w.N.
4 *Ebke* in MünchKomm. HGB, Bd. 4, 2. Aufl. 2008, § 317 HGB Rz. 61.
5 Zu Einzelheiten s. *Ebke* in MünchKomm. HGB, Bd. 4, 2. Aufl. 2008, § 322 HGB Rz. 42–45; *Förschle/Küster* in BeckBilKomm., 7. Aufl. 2010, § 322 HGB Rz. 70–72; *Schulze-Osterloh* in Baumbach/Hueck, 18. Aufl. 2006, § 41 GmbHG Rz. 156.

sen Wirksamkeit im Hinblick auf die Herstellung wahrer und vollständiger Informationen für den Kapitalmarkt keinesfalls unterschätzt werden sollte.

3. Kostenvorteile durch Unabhängigkeit

15 Kostenvorteile für die Produktion verlässlicher Kapitalmarktinformationen durch Abschlussprüfer ergeben sich außerdem durch die verstärkte Absicherung der **Unabhängigkeit und Unbefangenheit des Abschlussprüfers**. Kaum eine Profession unterliegt derart strengen Unabhängigkeits- und Befangenheitsregeln wie Wirtschaftsprüfer in der Funktion des gesetzlichen Abschlussprüfers.[1] Unabhängigkeit und Unbefangenheit sind die Grundlage für die Akzeptanz der Tätigkeit des Abschlussprüfers.[2] Mit Recht begreift der Berufsstand der Wirtschaftsprüfer die Unabhängigkeit und die Unbefangenheit bei der Abschlussprüfung als eine „Kardinaltugend" jedes Berufsangehörigen.[3] Der Gesetzgeber verpflichtet den Abschlussprüfer neuestens sogar, im Prüfungsbericht seine Unabhängigkeit zu bestätigen (§ 321 Abs. 4a HGB). Durch die Verschärfung der Unabhängigkeitsregeln und durch die Konkretisierungen der Regeln über die Befangenheit des Abschlussprüfers (§§ 318 Abs. 3 Satz 1, 319 Abs. 2–5, 319a, § 319b HGB) hat insbesondere das Selbstprüfungsverbot, dessen Konturen in den Fällen *Allweiler*[4], *HypoVereinsbank*[5] und *K. of America*[6] noch vergleichsweise großzügig gesehen wurden, nachhaltig an Gewicht gewonnen.[7] Neben der Verschärfung der Regeln über die Vereinbarkeit von Prüfung und Beratung bei Unternehmen von öffentlichem Interesse (§ 319a Abs. 1 Satz 1 Nr. 2 HGB)[8] verdienen die Herabsetzung der Unabhängigkeitsgrenzen (§ 319a Abs. 1 Satz 1 Nr. 1 HGB)[9], die besonderen Mitwirkungsverbote (§ 319a Abs. 1 Satz 1 Nr. 3 HGB)[10], die Einführung einer „Cooling off"-Periode nach erfolgter interner Rotation des Prüfers (§ 319a Abs. 1 Nr. 4 HGB)[11] sowie die Einführung der netzwerkweiten Prüferunabhängigkeit (§ 319b HGB)[12] besondere Erwähnung. Der Gesetzgeber hat im Rahmen des Bi-

---

1 *Ebke*, ZSR 119 (2000-II), 41, 75–85 (Generalreferat zum Juristentag des Schweizerischen Juristenvereins am 29./30.9.2000 in St. Gallen).
2 *Ebke/Paal*, ZGR 2005, 895, 899. Zu Einzelheiten der Unabhängigkeit des Abschlussprüfers s. *Demme*, Die Unabhängigkeit des Abschlussprüfers nach deutschem, US-amerikanischem und internationalem Recht, 2003, S. 46–47; *K. Müller*, Die Unabhängigkeit des Abschlussprüfers, 2006; *Stefani*, Abschlussprüfung, Unabhängigkeit und strategische Interdependenzen – Eine ökonomische Analyse institutioneller Reformen zur Steigerung der Prüfungsqualität, 2002.
3 S. WP-Handbuch, Bd. I, 13. Aufl. 2006, Abschnitt A Rz. 284.
4 BGH v. 21.4.1997 – II ZR 317/95, BGHZ 135, 260.
5 BGH v. 25.11.2002 – II ZR 49/01, BGHZ 153, 32 = AG 2003, 319.
6 BGH v. 3.6.2004 – X ZR 104/03, WM 2004, 1491 = BB 2004, 2009 mit Anm. *Ekkenga* = ZGR 2005, 894 mit Bspr.-Aufsatz *Ebke/Paal*.
7 S. dazu rechtsvergleichend *Ebke* in Ferrarini/Hopt/Winter/Wymeersch (Hrsg.), Reforming Company and Takeover Law in Europe, 2004, S. 507, 520–532.
8 *Ebke* in MünchKomm. HGB, Bd. 4, 2. Aufl. 2008, § 319a HGB Rz. 13–19.
9 *Ebke* in MünchKomm. HGB, Bd. 4, 2. Aufl. 2008, § 319a HGB Rz. 10–12.
10 *Ebke* in MünchKomm. HGB, Bd. 4, 2. Aufl. 2008, § 319a HGB Rz. 21–23.
11 *Ebke* in MünchKomm. HGB, Bd. 4, 2. Aufl. 2008, § 319a HGB Rz. 34–39.
12 *Petersen/Zwirner*, WPg 2008, 967, 970–971; *Förschle/Schmidt* in BeckBilKomm., 7. Aufl. 2010, § 319b HGB Rz. 15–21.

lanzrechtsreformgesetzes von 2004 die Unabhängigkeitsstandards darüber hinaus für die Prüfung von Unternehmen, die einen organisierten Markt im Sinne des § 2 Abs. 5 WpHG (§ 264d HGB) in Anspruch nehmen (vgl. § 319a Abs. 1 Satz 1 HGB), angehoben (s. nur § 319a Abs. 1 Satz 1 Nr. 4, Satz 4 und 5, Abs. 2 HGB).[1] Bereits in den 80er Jahren wurde die These vertreten, dass strenge Unabhängigkeitsregeln notwendig sind, wenn die Prüfer ihrer Aufgabe gerecht werden sollen.[2] Außerdem wurde die Interdependenz von zivilrechtlicher Haftung und Unabhängigkeit herausgearbeitet.[3] Der Gesetzgeber ist den daraus entwickelten Anforderungen an die Ausgestaltung des Rechts der Unabhängigkeit des Abschlussprüfers zwanzig Jahre später im Bilanzrechtsreformgesetz gefolgt[4] und hat diese Entwicklung im Bilanzrechtsmodernisierungsgesetz noch einmal vertieft (§ 319b HGB).

4. Bedeutung des Testats für den Emittenten

Die Beachtung, die testierten Jahresabschlüssen auf Grund der dargestellten Gegebenheiten von Kapital- und Kreditgebern entgegengebracht wird, korrespondiert mit ihrem **Stellenwert für das geprüfte Unternehmen** selbst. Abschlussprüfer erbringen mit ihrer Prüfung, Berichterstattung und Bestätigung selbst etablierten Kapitalmarktunternehmen mit hoch differenzierten Buchführungs-, Rechnungslegungs- und internen Kontrollsystemen eine wichtige Dienstleistung; denn der uneingeschränkt bestätigte Jahresabschluss schafft auch unternehmensintern Klarheit über die Vermögens-, Finanz- und Ertragslage sowie über die „performance" des Management. Der testierte Jahresabschluss ist also auch ein wichtiges Instrument der unternehmensinternen Unternehmens(leiter)kontrolle (Corporate Governance). Im Übrigen kann der Jahresabschluss ohne Prüfung nicht festgestellt werden (§ 316 Abs. 1 Satz 2 HGB; für den Konzernabschluss s. § 316 Abs. 2 Satz 2 HGB). Der festgestellte Jahresabschluss ist seinerseits Grundlage für den Gewinnverwendungsbeschluss der Hauptversammlung (§ 174 Abs. 1 AktG).

16

5. Volkswirtschaftlicher Nutzen

Die individuellen Vorteile, die der Einsatz von Abschlussprüfern kapitalmarktorientierter Gesellschaften mit sich bringen kann, erwachsen darüber hinaus **zum Wohle des Kapitalmarktes insgesamt**. Die gesetzlich vorgeschriebene Abschlussprüfung bündelt wichtige Informationsdienstleistungen, vermeidet unnötige Mehrfachproduktion gleichartiger Kapitalmarktinformationen und senkt dadurch Kosten, die Investoren zur Vorbereitung ihrer Anlageentscheidung aufwenden müssen. Durch geringere Kosten der Entscheidung und damit auch der

17

---

1 S. dazu *Ebke* in MünchKomm. HGB, Bd. 4, 2. Aufl. 2008, § 319 HGB Rz. 1–4.
2 *Ebke*, Wirtschaftsprüfer und Dritthaftung, 1983, S. 298 („… ‚cornerstone' für eine wirksame, auch drittschutzbezogene Abschlussprüfung").
3 Vgl. *Ebke*, Wirtschaftsprüfer und Dritthaftung, 1983, S. 297–307; darauf aufbauend *Doralt*, ÖBA 2006, 173.
4 Zu den Auswirkungen eines Verstoßes gegen eine der Bestimmungen der §§ 319, 319a HGB auf den Wahlbeschluss der Hauptversammlung, den geprüften Jahresabschluss und das Honorar des Abschlussprüfers s. *Gelhausen/Heinz*, WPg 2005, 693; *Ebke* in MünchKomm. HGB, Bd. 4, 2. Aufl. 2008, § 319 HGB Rz. 31–44 und § 319a HGB Rz. 8.

Transparenz selbst steigt die Vertriebseffizienz des Marktes (sog. operationale Effizienz). Ein verbesserter Informationsstand des Anlegerpublikums trägt außerdem zu der Funktionsfähigkeit des Marktes bei. Zum einen verringert sich das Risiko der Negativauslese (*adverse selection*), die dann droht, wenn das Anlegerpublikum die Güte der angebotenen Wertpapiere nur unzureichend beurteilen kann. Zum anderen verschafft der verbesserte Informationsstand des Anlegerpublikums den Beteiligungsmöglichkeiten am Kapitalmarkt größere Beachtung und erhöht gleichzeitig die Transparenz der Risiken einer bestimmten Beteiligung. Diese Informationen erlauben erst im Zusammenspiel der Marktkräfte eine Abwägung der Chancen und Risiken, in Folge dessen das verfügbare Kapital dorthin fließt, wo der dringendste Bedarf an Investitionsmitteln die höchste Rendite (bei noch ausreichender Sicherheit) verspricht. Diese optimale Zuordnung der Ressource Kapital, die allokative Effizienz, zählt zu den wichtigsten Kriterien funktionsfähiger Kapitalmärkte.

6. Monitoring

18 Obwohl in den vorstehenden Erörterungen ökonomische Kosten- und Effizienzgesichtspunkte im Vordergrund standen, wäre es eine unzulässige Verkürzung, die Funktion des gesetzlichen Abschlussprüfers auf die „Beihilfe zur Effizienzsteigerung" zu reduzieren. Gesetzliche Abschlussprüfer sind nicht Organ der prüfungspflichtigen Gesellschaft, sondern unternehmensexterne, unabhängige Sachverständige mit gesetzlich umrissenen Kontroll-, Informations- und Beglaubigungsaufgaben.[1] Diese Funktionen sind infolge der Trennung von Eigentum und Herrschaft in der modernen Kapitalgesellschaft und den sich daraus ergebenden potenziellen Konflikten zwischen Prinzipal und Agenten unerlässlich. Abschlussprüfer werden in der juristisch-ökonomischen Literatur heute verbreitet als **„Gatekeeper"** qualifiziert.[2] Als solche haben sie die Aufgabe, die wegen offensichtlicher Interessenkollisionen stets mit Unsicherheiten verbundenen Aussagen von Kapitalmarktunternehmen über ihre Vermögens-, Finanz- und Ertragslage im Rahmen der gesetzlichen und sonstigen Vorgaben zu überprüfen und zu bestätigen. Wegen ihrer Unabhängigkeit, Sachkunde und Professionalisierung wird Wirtschaftsprüfern dabei eine besonders hohe Glaubwürdigkeit zugemessen. Dass die Erwartungen des Anlegerpublikums sich dabei nicht immer vollkommen decken mit den Aufgaben, die der Gesetzgeber dem Abschlussprüfer übertragen hat, steht auf einem anderen Blatt.[3] Die Lücke zwischen der realen Leistungsfähigkeit des Prüfers und den Erwartungen der Anleger (*expectations gap*) zeigt sich in vielen Haftpflichtprozessen zwischen Kapitalgebern und Abschlussprüfern.

---

1 Die Einzelheiten sind streitig; zum Meinungsstand s. zuletzt *Ebke* in MünchKomm. HGB, Bd. 4, 2. Aufl. 2008, § 316 HGB Rz. 32–39.
2 *Kraakman*, J.L. Econ. & Org. 2 (1986), 53; *Kraakman*, Yale L.J. 93 (1984), 857; *Coffee*, Gatekeepers: The Profession and Corporate Governance, 2006; *Coffee* in Ferrarini/Hopt/Winter/Wymeersch (Hrsg.), Reforming Company and Takeover Law in Europe, 2004, S. 455; *Coffee*, Bus.Law. 57 (2002), 1403; *Cunningham*, 52 U.C.L.A. L. Rev. 413 (2005).
3 Zu der sog. „Erwartungslücke" (*expectations gap*) s. die umfangreichen Nachw. bei *Ebke* in MünchKomm. HGB, Bd. 4, 2. Aufl. 2008, § 317 HGB Rz. 66.

C. Haftung des Abschlussprüfers

Der deutsche Gesetzgeber hat in § 323 HGB einen besonderen Haftungstatbestand geschaffen: Danach haftet der gesetzliche Jahresabschlussprüfer – der Höhe nach beschränkt (vgl. § 323 Abs. 2 Satz 1 und 2 HGB) – seiner Mandantin, also der geprüften Gesellschaft, und, wenn ein verbundenes Unternehmen geschädigt worden ist, auch diesem für Vorsatz und Fahrlässigkeit (§ 323 Abs. 1 Satz 3 HGB). Andere Personen können nach dem klaren Gesetzeswortlaut aus der sonderprivatrechtlichen Bestimmung keinen Schadensersatzanspruch gegen den Pflichtprüfer ableiten.[1] Nach dem derzeitigen Stand der Rechtsprechung des BGH haben Dritte nur unter den Voraussetzungen der §§ 823 Abs. 2, 826, 831 BGB Anspruch auf Schadensersatz. Die genannten deliktsrechtlichen Vorschriften setzen Vorsatz voraus.[2] Vorsatz ist in Schadensersatzprozessen gegen Abschlussprüfer aber schwer darzulegen und zu beweisen und wird in der Praxis regelmäßig auch nicht vorliegen. Die (hinlänglich bekannte und vielfach beklagte) Enge des deutschen Deliktsrechts hinsichtlich des Schutzes des Vermögens vor fahrlässigen Schädigungen hat einige Autoren und Gerichte veranlasst, nach weiter reichenden vorvertraglichen, vertraglichen und vertragsähnlichen Haftungsgründen Ausschau zu halten.

19

I. Sachwalterhaftung

Eine **vorvertragliche Eigenhaftung** des gesetzlichen Abschlussprüfers nach den von der Rechtsprechung entwickelten Grundsätzen der Sachwalterhaftung hat im Bereich der gesetzlichen Abschlussprüfung – im Gegensatz etwa zur Steuerberatung – bisher allerdings keine große praktische Bedeutung erlangt. Der Wirtschaftsprüfer nimmt mit der Erteilung des Bestätigungsvermerkes nicht in besonderem Maße persönliches Vertrauen in Anspruch[3] und beeinflusst dadurch auch keine Vertragsverhandlungen oder den Vertragsschluss, jedenfalls nicht in „erheblichem Maße", wie es § 311 Abs. 3 Satz 2 BGB heute im Einklang mit der alten Rechtsprechung verlangt.

20

II. Ausweichmanöver: Auskunftsvertrag

Eine **vertragliche Haftung** des gesetzlichen Abschlussprüfers gegenüber Dritten aus einem selbstständigen, von dem Prüfungsvertrag mit der prüfungspflichtigen Gesellschaft unterscheidbaren, *ausdrücklich* geschlossenen Auskunftsvertrag (vgl. § 675 Abs. 2 BGB) kommt nach herrschender Meinung neben § 323 Abs. 1 Satz 3 HGB und §§ 823 Abs. 1 und 2, 826, 831 BGB zwar grundsätzlich in Be-

21

---

[1] S. nur BGH v. 11.11.2008 – III ZR 313/07, BeckRS 2008, 24194 (Rz. 5) unter Hinweis auf BGH v. 2.4.1998 – III ZR 245/96, BGHZ 138, 257, 259–260.
[2] *Ebke*, BFuP 2000, 549, 551. Zu den Einzelheiten der deliktsrechtlichen Dritthaftung des gesetzlichen Abschlussprüfers s. zuletzt *Ebke* in MünchKomm. HGB, Bd. 4, 2. Aufl. 2008, § 323 HGB Rz. 92–110; *Winkeljohann/Feldmüller* in BeckBilKomm., 7. Aufl. 2010, § 323 HGB Rz. 172–186.
[3] Vgl. OLG Frankfurt a.M. v. 11.7.1985 – 1 U 134/84, IPRax 1986, 373, 378.

tracht (§ 311 Abs. 1 BGB); die Voraussetzungen eines Anspruchs wegen Verletzung eines eigenständigen Auskunftsvertrages (vgl. §§ 280 Abs. 1, 311 Abs. 1, 241 Abs. 2 BGB) werden in Pflichtprüfungsfällen mangels Zustandekommens eines solchen Vertrages aber so gut wie nie vorliegen. Eine ausdrückliche Einigung zwischen dem Dritten und dem gesetzlichen Abschlussprüfer liegt im Regelfall schon deshalb nicht vor, weil zwischen dem Pflichtprüfer und dem Dritten im Allgemeinen kein unmittelbarer Kontakt besteht und entsprechende Willenserklärungen nicht abgegeben werden.[1]

22 Nach älterer Rechtsprechung konnte ein entsprechender Auskunftsvertrag allerdings auch *stillschweigend* geschlossen werden. Ein **stillschweigend abgeschlossener Auskunftsvertrag** wurde schon dann angenommen, wenn Auskünfte erteilt wurden, die für den Empfänger erkennbar von erheblicher Bedeutung waren und die dieser zur Grundlage wesentlicher Entschlüsse oder Maßnahmen machen wollte, und der Auskunft Gebende für die Erteilung der Auskunft besonders sachkundig war oder wenn bei ihm ein eigenes wirtschaftliches Interesse an der Auskunftserteilung bestand.[2] Diese Rechtsprechung ist in der Literatur allerdings – zu Recht – auf Ablehnung gestoßen, weil sie nicht auf dem freien rechtsgeschäftlichen Willen der Parteien und auch nicht auf einem (geschriebenen) Rechtssatz, sondern letztlich auf dem Gedanken der Risikobeherrschung und Zurechnung beruht und sehr schnell in die Nähe der Fiktion gerät, zu einer unübersehbaren Ausweitung vertraglicher Verpflichtungen des Auskunft Gebers führt und die Grenzen zulässiger Rechtsfortbildung überschreitet.[3]

23 Die **Kritik** verhallte nicht ungehört: Der BGH hat in seiner Entscheidung vom 17.9.1985 klargestellt, dass die Bedeutung der Auskunft für den Empfänger bzw. die Sachkunde des Auskunft Gebers allein *nicht* ausreicht, um das Zustandekommen eines stillschweigend geschlossenen Auskunftsvertrages zu bejahen. Vielmehr seien die genannten Kriterien lediglich als Indizien für den stillschweigenden Abschluss eines Auskunftsvertrages zu werten.[4] Nach Ansicht des BGH ist entscheidend darauf abzustellen, ob die Gesamtumstände unter Berücksichtigung der Verkehrsauffassung und der Verkehrsbedürfnisse den Rückschluss zulassen, dass beide Teile die Auskunft zum Gegenstand vertraglicher Rechte und Pflichten machen wollten. Danach beschränkt sich die Annahme eines vertraglichen Auskunftsverhältnisses auf Fälle, in denen der Abschlussprüfer – wie beispielsweise in dem oben erwähnten, vom III. Zivilsenat des BGH entschiedenen Fall[5] – mit dem Dritten unmittelbar in Kontakt tritt und unter Bezugnahme auf seine konkrete Abschlussprüfungstätigkeit diesem gegenüber Erklärungen oder Zusicherungen abgibt, für deren Wahrheit und Vollständigkeit der Prüfer einste-

---

1 Vgl. OLG Düsseldorf v. 15.12.1998 – 24 U 27/98, WPK-Mitt. 1999, 258, 259; LG Hamburg v. 22.6.1998 – 402 O 70/97, WM 1999, 139, 140; LG Frankfurt a.M. v. 8.4.1997 – 2/18 O 475/95, BB 1997, 1682, 1682 (r. Sp.); LG Mönchengladbach v. 31.5.1990 – 1 O 630/86, NJW-RR 1991, 415, 415 (l. Sp.).
2 Vgl. BGH v. 18.1.1972 – VI ZR 184/70, WM 1972, 466; BGH v. 22.3.1979 – VII ZR 259/77, WM 1979, 530; BGH v. 23.1.1985 – IVa ZR 66/83, WM 1985, 450, 451.
3 *Ebke* in MünchKomm. HGB, Bd. 4, 2. Aufl. 2008, § 323 HGB Rz. 126 m.w.N.
4 BGH v. 17.9.1985 – VI ZR 73/84, NJW 1986, 180, 181.
5 BGH v. 2.4.1998 – III ZR 245/96, BGHZ 138, 257.

hen will.¹ Eine solche Sachverhaltsgestaltung ist in Pflichtprüfungsfällen aber die *seltene Ausnahme*, zumal die Pflicht des Abschlussprüfers zur Verschwiegenheit (§ 323 Abs. 1 Satz 1 HGB; § 43 Abs. 1 Satz 1 WPO)² einen unmittelbaren Kontakt mit Dritten hinsichtlich der Prüfung und des Ergebnisses der Prüfung grundsätzlich ausschließt.³ Das bloße Wissen des Prüfers, dass der bestätigte Jahresabschluss bei Kreditverhandlungen mit Kreditinstituten benutzt wird (vgl. § 18 Satz 1 KWG), stellt keinen „unmittelbaren Kontakt" im Sinne der Rechtsprechung dar.⁴

Fehlt es an einer **unmittelbaren Kontaktaufnahme** („unmittelbaren Fühlungnahme")⁵ zwischen dem Abschlussprüfer und dem Dritten und lässt sich auch aus den übrigen Umständen nicht *mit hinreichender Sicherheit* der Wille des Prüfers ableiten, zu dem Dritten in eine von dem Vertragsverhältnis zu der prüfungspflichtigen Gesellschaft unterscheidbare, selbständige rechtsgeschäftliche Beziehung zu treten, kommt ein eigenständiges vertragliches Rechtsverhältnis mit entsprechender vertraglicher Haftung nicht in Betracht.⁶ Eine anderweitige Bewertung würde – wie das LG Mönchengladbach mit Recht hervorgehoben hat – „die Vertragshaftung unangemessen ausweiten"⁷ und die von dem Gesetzgeber in § 323 Abs. 1 Satz 3 HGB und §§ 823 Abs. 1 und 2, 826, 831 BGB angelegte Risikoverteilung zwischen der geprüften Gesellschaft, dem gesetzlichen Abschlussprüfer und dem Dritten unterlaufen und ist daher abzulehnen⁸, zumal sich nach herrschender Meinung die Haftungssummenbegrenzungen nach § 323 Abs. 2 Satz 1 und 2 HGB auf Ansprüche aus einem „stillschweigend" abgeschlossenen Auskunftsvertrag nicht erstrecken.⁹

24

---

1 S. auch BGH v. 11.11.2008 – III ZR 313/07, BeckRS 2008, 24194 („Das ist auch bei der Prüfung der Frage von Bedeutung, ob im Rahmen eines Auskunftsvertrages von einem Pflichtprüfer, der wenig mehr bestätigt, als dass er eine Prüfung vorgenommen hat und dass diese – bezogen auf einen bestimmten Zeitpunkt – keine Beanstandungen ergeben hat, billigerweise erwartet werden kann, er wolle gegenüber einer Vielzahl ihm nicht bekannter Kunden einer Vermittlerin für die Seriosität des geprüften Unternehmens eintreten").
2 § 43 WPO gilt sinngemäß für Wirtschaftsprüfungsgesellschaften sowie für Vorstandsmitglieder, Geschäftsführer und persönlich haftende Gesellschafter von Wirtschaftsprüfungsgesellschaften, die nicht Wirtschaftsprüfer sind (vgl. § 56 Abs. 1 WPO).
3 Zum Problem der Versendung des Prüfungsberichts an Dritte in anderen als Pflichtprüfungsfällen s. *Wölber*, Die Abschlussprüferhaftung im europäischen Binnenmarkt, 2005, S. 74–75.
4 Vgl. OLG Düsseldorf v. 19.11.1998 – 8 U 59/98, WPK-Mitt. 1999, 258, 259 mit Anm. *Ebke/Paal* = NZG 1999, 901 mit Anm. *Salje*.
5 LG Mönchengladbach v. 31.5.1990 – 1 O 630/86, NJW-RR 1991, 415, 415 (r. Sp.); zustimmend *Winkeljohann/Feldmüller* in BeckBilKomm., 7. Aufl. 2010, § 323 HGB Rz. 212.
6 LG Mönchengladbach v. 31.5.1990 – 1 O 630/86, NJW-RR 1991, 415, 415 (r. Sp.); LG Frankfurt a.M. v. 8.4.1997 – 2/18 O 475/95, BB 1997, 1682, 1683.
7 LG Mönchengladbach v. 31.5.1990 – 1 O 630/86, NJW-RR 1991, 415, 416.
8 Treffend BGH v. 11.11.2008 – III ZR 313/07, BeckRS 2008, 24194 („Es wäre ein Verstoß gegen die gesetzliche Wertung des § 323 Abs. 1 Satz 3 HGB, wenn man unter den hier gegebenen Umständen annehmen wollte, der Pflichtprüfer übernehme ohne besonderen Anlass und ohne Gegenleistung – gewissermaßen in doppelter Hinsicht konkludent – sowohl die Begründung als auch die mögliche Vervielfältigung seiner Haftung").
9 Zu letzterem Aspekt s. *Grunewald*, ZGR 1999, 583, 585 (unter Hinweis auf BGH v. 2.4.1998 – III ZR 245/96, NJW 1998, 1948); WP-Handbuch, Bd. I, 13. Aufl. 2006, Abschn. A Rz. 590.

III. Weitere Ansätze

25 Aus den gleichen Erwägungen scheidet eine Dritthaftung des gesetzlichen Abschlussprüfers aus dem Gesichtspunkt der Verletzung von Pflichten auf Grund eines **Auskunftsvertrages „für den, den es angeht"** aus.[1] Eine solche Haftung wäre schon mit Sinn und Zweck des § 675 Abs. 2 BGB unvereinbar, weil sie für den Prüfer die Gefahr von unübersehbaren Haftungsrisiken mit sich bringt, die mit den Wertungen des § 675 Abs. 2 BGB nicht in Einklang zu bringen sind. Die Annahme eines Auskunftsvertrages „für den, den es angeht" würde darüber hinaus die in § 323 Abs. 1 Satz 3 HGB und §§ 823 Abs. 1 und 2, 826, 831 BGB angelegte Risikoverteilung zwischen der geprüften Gesellschaft, dem gesetzlichen Abschlussprüfer und dem Dritten unterlaufen und ist daher abzulehnen. Ein Anspruch Dritter gegen den gesetzlichen Abschlussprüfer aus positiver Verletzung eines Haftungseinstands-, Haftungsübernahme- oder **Garantievertrages** scheidet regelmäßig ebenfalls aus, weil es an der dafür notwendigen rechtsgeschäftlichen Erklärung des Abschlussprüfers gegenüber Dritten im Regelfall fehlt.[2]

26 Eine Haftung des Abschlussprüfers gegenüber einem Dritten auf Grund eines (echten) **Prüfungsvertrages zu Gunsten Dritter** (§ 328 BGB) scheidet ohne Vorliegen besonderer Umstände in Fällen gesetzlich vorgeschriebener Abschlussprüfungen im Regelfall ebenfalls aus.[3] Der Prüfungsvertrag zwischen einer prüfungspflichtigen Gesellschaft und ihrem Abschlussprüfer enthält im Allgemeinen keine Bestimmung, dass ein bestimmter Dritter ein eigenes Forderungsrecht gegenüber dem Abschlussprüfer erhalten soll. Aus Sinn und Zweck des Prüfungsvertrages ist ebenfalls nicht zu entnehmen, dass zwischen den Parteien des Prüfungsvertrages ein derartiger Rechtserwerb Dritter gewollt ist. Die meisten Gerichte, die über Schadensersatzklagen Dritter gegen gesetzliche Abschlussprüfer zu entscheiden hatten, haben daher die Möglichkeit einer Haftung des Prüfers auf Grund eines Prüfungsvertrages zu Gunsten Dritter mit Recht erst gar nicht in Erwägung gezogen.

IV. Vertrag mit Schutzwirkung für Dritte

27 An die Stelle des „stillschweigend" abgeschlossenen Auskunftsvertrages als Grundlage für Schadensersatzansprüche Dritter gegen „Experten" ist in der neueren Rechtsprechung die Rechtsfigur des **Vertrages mit Schutzwirkung für Dritte** getreten.[4]

---

1 LG Mönchengladbach v. 31.5.1990 – 1 O 630/86, NJW-RR 1991, 415, 416; zustimmend *Feddersen*, WM 1999, 105, 107; berichtend *Baus*, ZVglRWiss 103 (2004), 219, 238.
2 LG Mönchengladbach v. 31.5.1990 – 1 O 630/86, NJW-RR 1991, 415, 416; zustimmend *Feddersen*, WM 1999, 105, 107. Ebenfalls ablehnend OLG Saarbrücken v. 12.7.1978 – 1 U 174/76, BB 1978, 1434, 1435 (selbst für den Fall, dass der Wirtschaftsprüfer Bilanzen o. Ä. unmittelbar an den Kreditgeber weiterreicht).
3 LG Mönchengladbach v. 31.5.1990 – 1 O 630/86, NJW-RR 1991, 415, 416; LG Hamburg v. 22.6.1998 – 402 O 70/97, WM 1999, 139, 141; zustimmend *Feddersen*, WM 1999, 105, 107.
4 *Ebke*, Die zivilrechtliche Verantwortlichkeit der wirtschaftsprüfenden, steuer- und rechtsberatenden Berufe im internationalen Vergleich, 1996, S. 41–45; *Grunewald*, ZGR 1999, 583, 585.

1. Voraussetzungen

Einigkeit besteht darüber, dass der vertragliche Drittschutz nicht jedem gewährt werden kann, der irgendwie durch die mangelhafte Erfüllung eines Vertrages beeinträchtigt wird. Der **vertragliche Drittschutz** nach der Rechtsfigur des Vertrages mit Schutzwirkung ist daher an bestimmte Voraussetzungen geknüpft.[1] Der Dritte muss zunächst den Gefahren einer Leistungsstörung etwa ebenso intensiv ausgesetzt sein wie der Gläubiger selbst; der Dritte muss sich also in Leistungsnähe (d.h. im „Gefahrenbereich" des Vertrages) befinden. Der Gläubiger muss darüber hinaus ein besonderes Interesse an dem Schutz des Dritten haben. Das soll in Berufshaftungsfällen selbst dann der Fall sein, wenn die Interessen des Dritten denen des Gläubigers gegenläufig sind, so dass dem Gläubiger an dem Schutz des Dritten an sich nichts gelegen ist. Nach einer verbreiteten Ansicht müssen die beiden zuvor genannten Erfordernisse dem Schuldner bei Abschluss des Vertrages erkennbar gewesen sein, weil dem Schuldner das ihm aufgebürdete höhere Haftpflichtrisiko andernfalls nicht zugemutet werden könne. Die Erkennbarkeit ist jedenfalls dann erforderlich, wenn man die Schutzwirkung für Dritte durch Auslegung aus demjenigen Vertrag herleitet, der die Leistungspflicht des Schuldners begründet. Allerdings verstehen manche Autoren den Drittschutz als Gewohnheitsrecht oder als Ausfluss eines allgemeinen, auf das Vertrauensprinzip oder schlicht auf § 242 BGB gegründeten gesetzlichen Schuldverhältnisses und verzichten daher auf das Erfordernis der Erkennbarkeit.

28

Hinzukommen muss nach der Rechtsprechung die **Schutzbedürftigkeit des Dritten**.[2] In anderen als Pflichtprüfungsfällen hat der BGH die Schutzbedürftigkeit des Dritten verneint, wenn dem Dritten für den erlittenen Schaden ein eigener Ersatzanspruch gegen den Schädiger zustand, der zumindest einen gleichwertigen Inhalt hatte wie derjenige, der ihm aus dem Vertrag mit Schutzwirkung für Dritte zugekommen wäre.[3] Die Subsidiarität der Rechtsfigur des Vertrages mit Schutzwirkung für Dritte hat im Hinblick auf § 311 Abs. 3 Satz 1 BGB heute höchste Bedeutung.[4] Denn wenn § 311 Abs. 3 Satz 1 BGB wirklich zur Grundlage für eine allgemeine Berufshaftung ausgebaut werden kann, wie von einigen Autoren behauptet, erübrigt sich die Diskussion, ob die Dritthaftung des gesetzlichen Abschlussprüfers auf den Vertrag mit Schutzwirkung hergeleitet werden kann.[5]

29

2. Anwendbarkeit

Ob geschädigte Dritte ihren Schaden auch von einem gesetzlichen Abschlussprüfer mit Hilfe der Rechtsfigur des Vertrages mit Schutzwirkung für Dritte ersetzt

30

---

1 S. statt aller *Medicus*, Schuldrecht AT, 18. Aufl. 2008, Rz. 774–776.
2 *Ebke*, BFuP 2000, 549, 555; *Feddersen*, WM 1999, 105, 109; *Baus*, ZVglRWiss 103 (2004), 219, 242.
3 BGH v. 15.2.1978 – VIII ZR 47/77, BGHZ 70, 327, 329–330; BGH v. 2.7.1996 – X ZR 104/94, BGHZ 133, 168, 176; zustimmend LG Mönchengladbach v. 31.5.1990 – 1 O 630/86, NJW-RR 1991, 415, 417; *Ebke*, JZ 1998, 991, 993 Fn. 30 m.w.N.
4 S. dazu unten Rz. 37.
5 *Ebke* in MünchKomm. HGB, Bd. 4, 2. Aufl. 2008, § 323 HGB Rz. 134.

verlangen können, ist umstritten. Die nach wie vor ganz herrschende Lehre bestreitet bereits die **Anwendbarkeit der Rechtsfigur** neben § 323 Abs. 1 Satz 3 HGB dem Grunde nach.[1] Die Vertreter dieser Ansicht gehen davon aus, dass die Gerichte die in § 323 Abs. 1 Satz 3 HGB und §§ 823 Abs. 1 und 2, 826, 831 BGB von dem Gesetzgeber vorgenommene Risikoverteilung zwischen der geprüften Gesellschaft, dem gesetzlichen Abschlussprüfer und dem vertragsfremden Dritten mit Hilfe vorvertraglicher, vertraglicher, vertragsähnlicher oder sonstiger Haftungsgründe nicht unterlaufen dürfen, wenn Sinn und Zweck des § 323 Abs. 1 Satz 3 HGB und des Deliktsrechts, den gesetzlichen Abschlussprüfer gegenüber Dritten für fahrlässig verursachte Vermögensschäden *nicht* haften zu lassen, nicht leer laufen soll. Die Vertreter dieser Lehre sehen in § 323 Abs. 1 Satz 3 HGB und §§ 823 Abs. 1 und 2, 826, 831 BGB eine abschließende Regelung für die Dritthaftung des *gesetzlichen Abschlussprüfers* (nicht hingegen für die Dritthaftung des Wirtschaftsprüfers im Rahmen gesetzlich nicht vorgeschriebener Abschlussprüfungen oder anderer Tätigkeiten, die Wirtschaftsprüfern nach § 2 WPO übertragen sind!). Danach verbietet sich insbesondere der Rückgriff auf die – im Wege richterlicher Rechtsfortbildung entwickelte – Rechtsfigur des Vertrages mit Schutzwirkung für Dritte, sofern die Parteien des Prüfungsvertrages den gesetzlich beschränkten Schutzbereich des Prüfungsvertrages nicht ausnahmsweise *ausdrücklich* auf einen oder mehrere Dritte erstreckt haben,[2] was in Pflichtprüfungsfällen aber so gut wie nie vorkommt: Der gesetzliche Abschlussprüfer und die prüfungspflichtige Gesellschaft wollen dem Prüfungsvertrag ausdrücklich *keine* Schutzwirkungen für prüfungsvertragsfremde Dritte beilegen, um das Haftungsrisiko des Prüfers nicht zu erhöhen.[3] Das ergibt sich – wie das OLG Düsseldorf bestätigt hat[4] – nicht zuletzt aus Abschnitt 1 Abs. 2, Abschnitt 7 Abs. 2 und Abschnitt 9 des Allgemeinen Auftrags für Wirtschaftsprüfer und Wirtschaftsprüfungsgesellschaften[5], die nach IDW PS 450.21 dem Prüfungsbericht (§ 321 HGB) als Anlage beizulegen sind.[6]

31 Die meisten **Instanzgerichte** teilen die Auffassung der heute herrschenden Lehre, dass § 323 Abs. 1 Satz 3 HGB einen Rückgriff auf die Rechtsfigur des Vertrages mit Schutzwirkung für Dritte sperrt. Die Anwendung der Rechtsfigur des Vertrages mit Schutzwirkung für Dritte neben § 323 Abs. 1 Satz 3 HGB würde – so betont die 18. Zivilkammer des LG Frankfurt am Main – „unter Missachtung des Vorranges der Wertungen des Gesetzgebers die Grenzen zulässiger Rechtsfortbil-

---

1 S. die umfangreichen Nachw. bei *Ebke* in MünchKomm. HGB, Bd. 4, 2. Aufl. 2008, § 323 HGB Rz. 136 (Fn. 454).
2 *Ebke* in MünchKomm. HGB, Bd. 4, 2. Aufl. 2008, § 323 HGB Rz. 136 m.w.N.; *Schulze-Osterloh* in Baumbach/Hueck, 18. Aufl. 2006, § 41 GmbHG Rz. 176.
3 In diesem Sinne auch OLG Frankfurt a.M. v. 22.9.2004 – 17 U 47/04, WPK Magazin 1/2005, 52, 53 (Bericht). S. ferner *Ebke*, WPK-Mitt. 1998, 258, 260; *Schüppen*, DB 1998, 1317, 1319.
4 OLG Düsseldorf v. 19.11.1998 – 8 U 59/98, NZG 1999, 901, 903 mit Anm. *Salje* = WPK-Mitt. 1999, 258, 260 mit Anm. *Ebke/Paal*.
5 So schon *Ebke/Fechtrup*, JZ 1986, 1111, 1114; ebenso *Ebke/Paal*, WPK-Mitt. 1999, 262, 263; a.A. *Brander*, ZIP 1984, 1186, 1193; *Ekkenga*, WM Sonderbeilage 3/1996, 1, 14.
6 WPg 2006, 113, 115.

dung" überschreiten.¹ Das LG Frankfurt am Main² hat es daher ebenso wie das OLG Düsseldorf³, das OLG Karlsruhe⁴ und das LG Hamburg⁵ abgelehnt, dem Prüfungsvertrag Schutzwirkungen für Dritte beizulegen, um zu einer Dritthaftung des Pflichtprüfers für berufliche Fahrlässigkeit zu gelangen. Auf derselben Linie liegen Entscheidungen des OLG Celle⁶, des OLG Saarbrücken⁷ sowie des LG Mönchengladbach.⁸ Das LG Mönchengladbach betont, dass „der Rechtsfortbildung ... dort eine Grenze gesetzt [ist], wo gesetzgeberisch erkennbare Grundentscheidungen, wie sie in § 323 HGB zum Ausdruck gelangt sind, entgegenstehen".⁹ Die Kammer 2 für Handelssachen des LG Hamburg hat in diesem Zusammenhang auf die Empfehlung des Rechtsausschusses des Deutschen Bundestages im Rahmen der Beratungen des Gesetzes zur Kontrolle und Transparenz im Unternehmensbereich (KonTraG) hingewiesen. In dieser Empfehlung kommt in der Tat klar zum Ausdruck, dass eine Ausweitung der Dritthaftung des gesetzlichen Abschlussprüfers über den heutigen Stand des Rechts hinaus derzeit nicht für erforderlich erachtet wird.¹⁰

3. Zeichen des Wandels

Dagegen hat der 12. Zivilsenat des OLG Stuttgart eine Haftung des gesetzlichen Abschlussprüfers auf Grund der Rechtsfigur des Vertrages mit Schutzwirkung für Dritte bejaht.¹¹ In casu sei, so meinte das Gericht, von einer „**vertraglichen Erweiterung der Schutzpflichten**" des Prüfungsauftrages auf die klagenden Gesellschafter der geprüften Gesellschaft auszugehen, „da zeitlich parallel mit den von den Klägern in ihrer Funktion als Geschäftsführer der [geprüften GmbH] veranlassten Prüfarbeiten die Beklagte auf Grund des von den Klägern im eigenen Namen erteilten Auftrags diese bei der beabsichtigten Veräußerung ihrer Geschäftsanteile an die [Erwerberin] zu beraten hatte".¹² Unter Hinweis auf die Entscheidung des OLG Stuttgart hat auch der 25. Zivilsenat des OLG Hamm die Ansicht vertreten,

---

1 LG Frankfurt a.M. v. 8.4.1997 – 2/18 O 475/95, BB 1997, 1682, 1683 (das Verfahren wurde in der Berufungsinstanz durch Vergleich beendet).
2 LG Frankfurt a.M. v. 8.4.1997 – 2/18 O 475/95, BB 1997, 1682 mit Bspr.-Aufsatz *Ebke*, BB 1997, 1731.
3 OLG Düsseldorf v. 15.12.1998 – 24 U 27/98, WPK-Mitt. 1999, 258, 259 mit Anm. *Ebke/Paal*; ebenso schon OLG Düsseldorf v. 27.6.1996 – 5 U 11/96, BB 1996, 2614, 2616.
4 OLG Karlsruhe v. 22.6.1999 – 3 U 61/97, WPK-Mitt. 1999, 231, 233 (Bericht).
5 LG Hamburg v. 22.6.1998 – 402 O 70/97, WM 1999, 139, 141 mit Bspr.-Aufsatz *Feddersen*, WM 1999, 105 = WPK-Mitt. 1999, 110 mit Anm. *Ebke*.
6 OLG Celle v. 5.1.2000 – 3 U 17/99, NZG 2000, 613, 615 mit Anm. *Großfeld*.
7 OLG Saarbrücken v. 12.7.1978 – 1 U 174/76, BB 1978, 1434, 1435.
8 LG Mönchengladbach v. 31.5.1990 – 1 O 630/86, NJW-RR 1991, 415, 416.
9 LG Mönchengladbach v. 31.5.1990 – 1 O 630/86, NJW-RR 1991, 415, 416.
10 S. dazu näher *Ebke* in MünchKomm. HGB, Bd. 4, 2. Aufl. 2008, § 323 HGB Rz. 154. Zu Einzelheiten der Beratungen des KonTraG s. *Ebke*, JZ 1998, 991, 992; *Feddersen*, WM 1999, 105, 114–115.
11 OLG Stuttgart v. 25.7.1995 – 12 U 57/94, WPK-Mitt. 1995, 222 mit Anm. *Siebert*, WPK-Mitt. 1996, 235.
12 Kritisch zu der Begründung des Senats *Ebke*, Die zivilrechtliche Verantwortlichkeit der wirtschaftsprüfenden, steuer- und rechtsberatenden Berufe im internationalen Vergleich, 1996, S. 25–28.

dass § 323 HGB die Erweiterung der Schutzpflichten aus dem Prüfungsvertrag auf Dritte nicht ausschließt.[1] Im konkreten Fall lehnte das Gericht eine Haftung des gesetzlichen Abschlussprüfers aber ab, weil die Klägerin die Ursächlichkeit der Pflichtverletzung des Prüfers für den eingetretenen Vermögensschaden nicht bewiesen hatte. Das LG Passau hat ebenfalls eine Haftung des Pflichtprüfers „aus positiver Vertragsverletzung in Verbindung mit den Grundsätzen der Schutzwirkung des Vertrags zu Gunsten Dritter" bejaht.[2]

4. Die Sicht des BGH

33 Der III. Zivilsenat des BGH hat die **Annahme der Revision** gegen das Urteil des 12. Zivilsenats des OLG Stuttgart **abgelehnt**.[3] Der Senat gelangte zu der Auffassung, dass das „Prozessergebnis" nicht zu beanstanden sei. Der Senat ließ es ausdrücklich dahinstehen, ob die beklagte Wirtschaftsprüfungsgesellschaft den Gesellschaftern zum Ersatz des Schadens verpflichtet ist, weil die Kläger „... – jedenfalls im vorliegenden Einzelfall – in den Schutzbereich des von der Beklagten mit der Gesellschaft abgeschlossenen Prüfungsvertrages einbezogen" sind (wie das OLG Stuttgart angenommen hatte) oder die Wirtschaftsprüfungsgesellschaft den Gesellschaftern auf Grund des zwischen ihnen und der Prüfungsgesellschaft bestehenden separaten Beratungsvertrages auf Schadensersatz haftet (wie die Vertreter der Gegenansicht meinen). Die zentrale Frage, ob die Grundsätze des Vertrages mit Schutzwirkung für Dritte in Pflichtprüfungsfällen neben § 323 Abs. 1 Satz 3 HGB und §§ 823 Abs. 1 und 2, 826, 831 BGB *überhaupt anwendbar* sind und ob die in diesen Gesetzesbestimmungen angelegte Risikoverteilung zwischen der geprüften Gesellschaft, dem Abschlussprüfer und dem Dritten mittels der Rechtsfigur des Vertrages mit Schutzwirkung für Dritte unterlaufen werden darf, blieb damit **höchstrichterlich unentschieden**.

34 In der Rechtssache des OLG Hamm hat sich der III. Zivilsenat des BGH in seiner Entscheidung vom 2.4.1998 „im Grundsatz" der Ansicht angeschlossen, dass sich eine Ausdehnung der Schadensersatzpflicht des gesetzlichen Abschlussprüfers über die in § 323 Abs. 1 Satz 3 HGB genannten Anspruchsberechtigten hinaus „im Wege der **Auslegung oder Analogie**" verbietet und eine Ausdehnung der Haftung des gesetzlichen Abschlussprüfers „auch gegenüber Aktionären/Gesellschaftern oder Gläubigern der Kapitalgesellschaft dem Ziel zuwiderläuft, das Haftungsrisiko des Abschlussprüfers – in Fällen fahrlässiger Pflichtverletzung – zu begrenzen (§ 323 Abs. 2 HGB)".[4] Der Senat hält aber auch im Anwendungsbereich des § 323 HGB eine Dritthaftung des gesetzlichen Abschlussprüfers für möglich, „die wesentlich darauf beruht, dass es Sache der Vertragsparteien ist, zu bestimmen, gegenüber welchen Personen eine Schutzpflicht begründet wer-

---

[1] OLG Hamm v. 12.7.1996 – 25 U 115/95, BB 1996, 2295.
[2] LG Passau v. 28.5.1998 – 1.0.1132/97, BB 1998, 2052, 2053 mit kritischer Anm. *Muth*, EWiR § 323 HGB 1/99, 365.
[3] BGH v. 28.5.1997 – III ZR 277/95, BB 1997, 1685; dazu *Ebke*, BB 1997, 1731.
[4] BGH v. 2.4.1998 – III ZR 245/96, BGHZ 138, 257, 260. Zu Einzelheiten dieser Entscheidung s. *Bosch*, ZHR 163 (1999), 274; *Canaris*, ZHR 163 (1999), 206; *Ebke*, JZ 1998, 991; *Grunewald*, ZGR 1999, 583; *Schüppen*, DB 1998, 1317; *Schneider*, ZHR 163 (1999), 246; *Sieger/Grätsch*, BB 1998, 1408; *Zimmer/Vosberg*, JR 1999, 70.

den soll".[1] Der III. Zivilsenat des BGH ließ dann allerdings offen, ob § 323 Abs. 1 Satz 3 HGB fehlerhafte Auskünfte des Pflichtprüfers gegenüber einem Dritten *vor* Erteilung des Bestätigungsvermerks i.S. des § 322 HGB erfasst.[2] Der III. Zivilsenat des BGH konnte in der Sache selbst nicht entscheiden, da zu einzelnen Fragen weitere tatrichterliche Feststellungen erforderlich waren. Der Senat wies das OLG Hamm, an das die Sache zurückverwiesen wurde, an, im Rahmen seiner erneuten Würdigung des Falles nochmals darauf einzugehen, „ob sich ein Anspruch des Klägers auf Auskunftsvertrag oder Delikt stützen" lasse.[3] In dem dem III. Zivilsenat des BGH vorliegenden Fall des OLG Hamm sprach vieles für das Bestehen eines Auskunftsvertrages zwischen dem Prüfer und der Kreditgeberin.[4] Dann aber würde es nach den von der Rechtsprechung zum Vertrag mit Schutzwirkung für Dritte aufgestellten Grundsätzen an der Schutzbedürftigkeit des Klägers fehlen[5]; ein Ersatzanspruch des Klägers ließe sich in casu auf die Rechtsfigur des Vertrages mit Schutzwirkung für Dritte folglich nicht stützen. Der Fall wurde später durch Vergleich erledigt.[6] Die Frage nach der Anwendbarkeit der Rechtsfigur des Vertrages mit Schutzwirkung für Dritte neben § 323 Abs. 1 Satz 3 HGB blieb daher in casu offen.

In seinen Entscheidungen vom 15.12.2005[7] und vom 6.4.2006[8] hat der III. Zivilsenat des BGH seine grundsätzliche Position zwar bestätigt, in einigen zentralen Punkten aber **wichtige Klarstellungen** vorgenommen.[9] Der Fall, der dem Urteil vom 15.12.2005 zugrunde lag, betraf die Frage, ob in den Schutzbereich des Vertrages zwischen einer GmbH, die verbriefte Genussrechte an der eigenen Gesellschaft vertreibt, mit einem Wirtschaftsprüfer über die (hier: gesetzlich nicht vorgeschriebene) Prüfung des Jahresabschlusses die zukünftigen Genussrechtserwerber einbezogen sind. Der Senat betont, dass das Bestehen und die Reichweite eines etwaigen Drittschutzes durch Auslegung des jeweiligen Prüfungsvertrages zu ermitteln sind.[10] Es könne allerdings regelmäßig nicht angenommen werden, „dass der Abschlussprüfer ein so weites Haftungsrisiko zu übernehmen bereit ist, wie es sich aus der Einbeziehung einer unbekannten Vielzahl von Gläubigern, Gesellschaftern oder Anteilserwerbern in den Schutzbereich ergäbe".[11] Der Senat hebt ausdrücklich hervor, „dass die in § 323 HGB zum Ausdruck kommende gesetzgeberische Intention, das Haftungsrisiko des Wirtschaftsprüfers angemessen

---

1 BGH v. 2.4.1998 – III ZR 245/96, BGHZ 138, 257, 261.
2 Kritisch dazu *Ebke*, JZ 1998, 991, 994–995.
3 BGH v. 2.4.1998 – III ZR 245/96, JZ 1998, 1013, 1014–1015.
4 *Ebke*, JZ 1998, 991, 995 Fn. 56.
5 S. oben Rz. 29.
6 *Ebke*, WPK-Mitt. 1999, 114, 114 Fn. 5.
7 BGH v. 15.12.2005 – III ZR 424/04, WM 2006, 423 = AG 2006, 197.
8 BGH v. 6.4.2006 – III ZR 256/04, DB 2006, 1105 = AG 2006, 453 = BB 2006, 1441 mit BB-Kommentar *Kindler/Otto* = WPK Magazin 3/2006, 41 = WuB IV A § 328 BGB 1.06 (*Sessler/Gloeckner*).
9 S. auch BGH v. 11.11.2008 – III ZR 313/07, BeckRS 2008, 24194.
10 BGH v. 15.12.2005 – III ZR 424/04, WM 2006, 423, 425 = AG 2006, 197.
11 BGH v. 15.12.2005 – III ZR 424/04, WM 2006, 423, 425 = AG 2006, 197. Vgl. allerdings in Abgrenzung dazu das Urteil des X. Zivilsenats des BGH (BGHZ 159, 1, 9) für den Fall eines Gutachtenauftrags zur Wertermittlung eines als Kapitalanlage einer Vielzahl von Anlegern gedachten Grundstücks.

zu begrenzen, auch im Rahmen der vertraglichen Dritthaftung des Abschlussprüfers zu beachten ist".[1] Das gelte sowohl für gesetzliche Abschlussprüfungen als auch für Abschlussprüfungen[2], die nach den für die Pflichtprüfung maßgeblichen §§ 316, 317 HGB vorgenommen werden.[3]

36 In seinem Urteil vom 6.4.2006, dem ein Pflichtprüfungsfall zugrunde lag, hebt der Senat noch einmal hervor, dass „die **gesetzgeberische Intention, das Haftungsrisiko** des Abschlussprüfers angemessen **zu begrenzen**, auch im Rahmen der vertraglichen Dritthaftung zu beachten sei und die Einbeziehung einer unbekannten Vielzahl von Gläubigern, Gesellschaftern oder Anteilserwerbern in den Schutzbereich des Prüfungsauftrags dieser Tendenz zuwiderliefe".[4] An die Einbeziehung Dritter in den Schutzbereich eines Prüfungsauftrages seien „strenge Anforderungen" zu stellen.[5] Die von dem Senat als „restriktiv verstandene Anwendung von Grundsätzen der vertraglichen Dritthaftung im Bereich der Pflichtprüfung" sei auch im Hinblick auf das Gesetzgebungsverfahren zu dem am 1.5.1998 in Kraft getretenen Gesetz zur Kontrolle und Transparenz im Unternehmensbereich vom 27.4.1998[6] „geboten".[7] In seinem Beschluss vom 11.11.2008 hat der III. Zivilsenat des BGH seine Ansicht noch einmal bekräftigt: § 323 Abs. 1 Satz 3 HGB schließe zwar „von Rechts wegen" nicht aus, dass „für den Abschlussprüfer auf vertraglicher Grundlage auch eine Schutzpflicht gegenüber dritten Personen begründet werden kann"; an die Annahme einer vertraglichen Einbeziehung eines Dritten in den Schutzbereich seien aber „strenge Anforderungen" zu stellen.[8] Der Senat hat dazu überzeugend ausgeführt: „Da Bestätigungsvermerken nach § 325 Abs. 1 HGB ohnehin die Bedeutung zukommt, Dritten Einblick in die wirtschaftliche Situation des publizitätspflichtigen Unternehmens zu gewähren und ihnen für ihr beabsichtigtes Engagement eine Beurteilungsgrundlage zu geben, dies den Gesetzgeber aber nicht veranlasst hat, die Verantwortlichkeit des Abschlussprüfers ebenso weit zu ziehen, genügt es für die Annahme einer Schutzwirkung in dem hier betroffenen Bereich allein nicht, dass ein Dritter die von Sachkunde geprägte Stellungnahme des Prüfers für diesen erkennbar zur Grundlage einer Entscheidung mit wirtschaftlichen Folgen machen möchte".[9] Der Senat hält es für die (stillschweigende) Ausdehnung der vertraglichen Haftung auf Dritte für erforderlich, dass „dem Abschlussprüfer deutlich wird, dass von ihm im Drittinteresse

---

1 BGH v. 15.12.2005 – III ZR 424/04, WM 2006, 423, 425 = AG 2006, 197. Die von der Revision in diesem Zusammenhang herangezogene Entscheidung des X. Zivilsenats vom 8.6.2004 – X ZR 283/02, NJW 2004, 3420 = WM 2004, 1869 (betr. Beteiligung an einem Abwasserentsorgungssystem einer Gemeinde) wird zu Recht als „nicht vergleichbare Fallkonstellation" bezeichnet.
2 Vgl. BGH v. 11.11.2008 – III ZR 313/07, BeckRS 2008, 24194.
3 Vgl. BGH v. 15.12.2005 – III ZR 424/04, NJW-RR 2006, 611. In diesem Sinne auch OLG Frankfurt a.M. v. 22.9.2004 – 17 U 47/04, WPK-Magazin 1/2005, 52, 53 (Bericht); OLG Hamm v. 9.4.2003 – 25 U 108/02, WPK-Magazin 1/2004, 50, 51 (Bericht).
4 BGH v. 6.4.2006 – III ZR 256/04, DB 2006, 1105, 1106 = AG 2006, 453. In diesem Sinne auch LG Augsburg v. 16.3.2006 – 3 O 1556/05, Stbg 2006, 501.
5 BGH v. 6.4.2006 – III ZR 256/04, DB 2006, 1105, 1106 = AG 2006, 453.
6 BGBl. I 1998, 786.
7 BGH v. 6.4.2006 – III ZR 256/04, DB 2006, 1105, 1106 = AG 2006, 453.
8 BGH v. 11.11.2008 – III ZR 313/07, BeckRS 2008, 24194 (Rz. 5).
9 BGH v. 11.11.2008 – III ZR 313/07, BeckRS 2008, 24194 (Rz. 5).

eine besondere Leistung erwartet wird, die über die Erbringung der gesetzlich vorgeschriebenen Pflichtprüfung hinaus geht".[1] Die Rechtsfigur des Vertrages mit Schutzwirkung für Dritte scheidet danach als Grundlage für Schadensersatzansprüche Dritter gegen den gesetzlichen Abschlussprüfer in der Praxis so gut wie aus.[2]

V. § 311 Abs. 3 BGB

Damit wird die Frage nach der **Bedeutung des § 311 Abs. 3 BGB** für die Haftung des gesetzlichen Abschlussprüfers gegenüber Dritten akut. Die Vorschrift stellt klar, dass ein Schuldverhältnis mit den Pflichten aus § 241 Abs. 2 BGB auch zu Personen entstehen kann, die selbst nicht Vertragspartei werden sollen. Die Regel durchbricht den Grundsatz der Relativität des Schuldverhältnisses. Nach dem Wortlaut und der systematischen Stellung der Vorschrift spricht vieles dafür, dass § 311 Abs. 3 Satz 1 BGB die Rechtsfigur der „culpa in contrahendo mit Schutzwirkung für Dritte" kodifizieren wollte. In § 311 Abs. 3 Satz 2 BGB erwähnt der Gesetzgeber dann als nicht abschließenden Beispielsfall („insbesondere") die Sachwalterhaftung, die mit der culpa in contrahendo mit Schutzwirkung für Dritte freilich nichts zu tun hat, von einigen Autoren aber als Grundlage der „Experten-" bzw. „Gutachterhaftung" fruchtbar gemacht wird.[3] In der Kommentarliteratur plädieren heute einige Autoren dafür, § 311 Abs. 3 Satz 1 bzw. 2 BGB zur Grundlage für eine eigenständige Dritthaftung von Gutachtern und Experten zu machen.[4] In den Gesetzesmaterialien der Schuldrechtsreform findet sich freilich kein Hinweis darauf, dass der Gesetzgeber beabsichtigt haben könnte, mit Hilfe des § 311 Abs. 3 BGB eine Dritthaftung für *gesetzliche* Abschlussprüfer einzuführen, um die Haftung des gesetzlichen Abschlussprüfers über die einschlägige sonderprivatrechtliche Norm des § 323 Abs. 1 Satz 3 HGB hinaus zu erweitern.[5]

37

VI. Offensive

Die Befürworter einer Dritthaftung des gesetzlichen Abschlussprüfers für Fahrlässigkeit haben schon vor einigen Jahren den **Sturm auf die Zitadelle** des § 323 Abs. 1 Satz 3 HGB eingeläutet. Sie sind der Ansicht, dass gegen „die Anwendung der allgemeinen Haftungsgrundlagen im Bereich der Haftung gegenüber Dritten neben § 323 HGB ... keine überzeugenden juristischen Argumente" sprechen.[6]

38

---

1 BGH v. 11.11.2008 – III ZR 313/07, BeckRS 2008, 24194 (Rz. 5).
2 S. auch LG Augsburg v. 16.3.2006 – 3 O 1556/05, Stbg 2006, 501.
3 Zu Einzelheiten s. *Ebke* in MünchKomm. HGB, Bd. 4, 2. Aufl. 2008, § 323 HGB Rz. 116.
4 Zum Stand der Meinungen s. *Ebke* in MünchKomm. HGB, Bd. 4, 2. Aufl. 2008, § 323 HGB Rz. 117 m.w.N.
5 S. dazu *Ebke* in MünchKomm. HGB, Bd. 4, 2. Aufl. 2008, § 323 HGB Rz. 118; i.E. zustimmend *Winkeljohann/Feldmüller* in BeckBilKomm., 7. Aufl. 2010, § 323 HGB Rz. 227.
6 *Land*, Wirtschaftsprüferhaftung gegenüber Dritten in Deutschland, England und Frankreich, 1996, S. 81 (der sich allerdings dafür ausspricht, die Haftungssummenbegrenzung gem. § 323 Abs. 2 Satz 1 und 2 HGB „entsprechend § 334 BGB auch gegenüber Dritten" zum Tragen kommen zu lassen); s. dazu *Ebke*, JZ 1997, 295. Aus Sicht des österreichischen Rechts ähnlich *Doralt*, Haftung der Abschlussprüfer, 2005, S. 150–151.

Der Gesetzgeber habe „Wissenschaft [!] und Rechtsprechung [keinesfalls] den Weg versperren [wollen], ... Dritten nach allgemeinen Grundsätzen Schadensersatzansprüche gegen Abschlussprüfer zuzubilligen".[1] Die ausdrückliche Einbeziehung verbundener Unternehmen in den Kreis der Ersatzberechtigten im Rahmen der Aktienreform 1965 stehe dem nicht entgegen; die Einbeziehung verbundener Unternehmen in den Kreis der nach § 323 Abs. 1 Satz 3 HGB Anspruchsberechtigten solle nur den „wirtschaftlichen Besonderheiten" innerhalb eines Konzerns Rechnung tragen.[2] Die Sicht des Rechtsausschusses des Deutschen Bundestages im Zusammenhang mit den Beratungen des KonTraG sei „nicht bindend".[3] Eine Differenzierung zwischen Pflichtprüfungen im Sinne der §§ 316 ff. HGB und den sonstigen Tätigkeiten des Wirtschaftsprüfers (§ 2 WPO) sei abzulehnen. Die Gründe gegen die Einführung einer zivilrechtlichen Haftung des Abschlussprüfers für fahrlässig verursachte Vermögensschäden Dritter könnten angesichts der jüngsten Rechnungslegungsskandale keine „Fortbestandsberechtigung" mehr haben.[4] Es entspreche einer „elementaren Gerechtigkeitsvorstellung des Schadensersatz- und Haftungsrechts", das „Opfer zu entschädigen".[5] Eine Fahrlässigkeitshaftung des Wirtschaftsprüfers gegenüber Dritten auf Grund vertraglicher oder vertragsähnlicher Rechtsinstitute sei „interessengerecht", weil sich ein „Sonderrecht gerade für diese Berufsgruppe ... kaum rechtfertigen" lasse.[6] Welche Kriterien für die Interessenabwägung herangezogen werden (sollten), wird aber ebenso wenig offen gelegt wie die Begründung für die Notwendigkeit einer Gleichbehandlung von Pflichtprüfungen im Sinne der §§ 316, 264a HGB und anderen Tätigkeiten der Wirtschaftsprüfer i.S. des § 2 WPO.

39 Während die Gegner einer Haftung des Wirtschaftsprüfers auf Grund der Rechtsfigur des Vertrages mit Schutzwirkungen für Dritte der Rechtsprechung „Verrenkungen" vorwerfen,[7] begreifen ihre Befürworter die Rechtsfigur – um mit Lord *Goff of Chieveley* zu sprechen[8] – als Mittel zur **Erreichung „praktischer Gerechtigkeit"**.[9] Eine „durchgreifende prüferische Dritthaftung" stärke die Unabhängigkeit des Abschlussprüfers von dem Management der geprüften Gesellschaft, sorge

---

1 *Stahl*, Zur Dritthaftung von Rechtsanwälten, Steuerberatern, Wirtschaftsprüfern und öffentlich bestellten und vereidigten Sachverständigen, 1989, S. 199.
2 *Otto/Mittag*, WM 1996, 325, 331–332; ihnen folgend *Wölber*, Die Abschlussprüferhaftung im europäischen Binnenmarkt, 2005, S. 79. A.A. LG Frankfurt a.M. v. 8.4.1997 – 2/18 O 475/95, BB 1997, 1682, 1683 = AG 1998, 144; *Feddersen*, WM 1999, 105, 113.
3 *Grunewald*, ZGR 1999, 583, 595.
4 *Heppe*, WM 2003, 714, 719.
5 *Heukamp*, ZHR 169 (2005), 471, 493.
6 *Grunewald*, ZGR 1999, 583, 587–588 unter Hinweis auf *Otto/Mittag*, WM 1996, 325, 331.
7 *Kiss*, WM 1999, 117, 118.
8 *White* v. *Jones*, [1995] 1 All E. R. 691, 706–707. Zu Einzelheiten dieses Weg leitenden Urteils s. *Ebke*, Die zivilrechtliche Verantwortlichkeit der wirtschaftsprüfenden, steuer- und rechtsberatenden Berufe im internationalen Vergleich, 1996, S. 12–16; *Haydon*, C.L.J. 54 (1995), 238; *W. Lorenz*, JZ 1995, 317.
9 S. z.B. *Trakman/Trainor*, Queen's L.J. 31 (2005), 148, 202 („... shielding auditors from third parties flies in the face of practical legal reason"). S. ferner *Shore*, 53 SMU L. Rev. 387 (2000) („Watching the Watchdog: An Argument for Auditor Liability to Third Parties").

für vertrauenswürdigere Finanzdaten und fördere den Opferschutz.¹ *Lutter* neigt daher zu einer „kontrollierten Ausweitung" der Haftung des Abschlussprüfers „gegenüber Dritten und vor allem gegenüber dem Anleger am Kapitalmarkt", denn „in einem modernen Verständnis" sei der Abschlussprüfer „auch Garant gegenüber Markt und Öffentlichkeit".² Unter „kontrollierter Ausweitung" sei allerdings „auch" die Versicherbarkeit der Haftung zu verstehen. Unter welchen rechtlichen Voraussetzungen und gegenüber wem eine solche „kontrolliert ausgeweitete" zivilrechtliche Dritthaftung bestehen soll, wird indes nicht erläutert. In eine ähnliche Richtung wie die Überlegungen *Lutter*s gehen die Vorschläge des Arbeitskreises „Abschluss und Corporate Governance"³ und des Deutschen Aktieninstituts.⁴

VII. Stellungnahme

Auf § 323 Abs. 1 Satz 3 HGB lassen sich **Schadensersatzansprüche Dritter** (mit Ausnahme „verbundener Unternehmen") gegen den gesetzlichen Abschlussprüfer nicht stützen.⁵ Eine Dritthaftung des gesetzlichen Abschlussprüfers lässt sich bei dem derzeitigen Stand des Rechts auch nicht mit Hilfe von § 311 Abs. 3 BGB begründen.⁶ § 323 Abs. 1 Satz 3 HGB schließt außerdem eine Dritthaftung des *gesetzlichen* Abschlussprüfers auf Grund der Rechtsfigur des Vertrages mit Schutzwirkung für Dritte aus, sofern die Parteien des Prüfungsvertrages den (gesetzlich beschränkten) Schutzbereich des Vertrages nicht ausnahmsweise privatautonom *ausdrücklich* auf den geschädigten Dritten erweitert haben (was in Pflichtprüfungsfällen allerdings so gut wie nie der Fall ist)⁷ oder dem Abschlussprüfer deutlich wird, „dass von ihm im Drittinteresse eine besondere Leistung erwartet wird, die über die Erbringung der gesetzlich vorgeschriebenen Pflichtprüfung hinausgeht".⁸

40

---

1 *Heukamp*, ZHR 169 (2995), 471, 494. Dass die vergleichsweise weit reichende zivilrechtliche (Dritt-)Haftung des Abschlussprüfers nach US-amerikanischem Bundesrecht sowie dem Recht vieler US-Bundesstaaten (s. dazu aus dem deutschsprachigen Schrifttum etwa *Ebke*, WPK-Mitt. Sonderheft April 1996, 17, 21–27; umfangreiche Nachw. neuerer amerikanischer Literatur bei *Ebke* in MünchKomm. HGB, Bd. 4, 2. Aufl. 2008, § 323 HGB Rz. 167) Bilanzskandale wie Enron, WorldCom u.a. nicht verhindern konnte, wird allerdings nicht erwähnt. S. dazu *Nonnenmacher*, Der Konzern 2003, 476, 478; *Peemöller/Oehler*, BB 2004, 539, 545.
2 *Lutter*, ZSR 124 (2005-II), 415, 448.
3 S. *Baetge/Lutter* (Hrsg.), Abschlussprüfung und Corporate Governance, 2003, S. 23 ff.
4 S. dazu *Ebke* in MünchKomm. HGB, Bd. 4, 2. Aufl. 2008, § 323 HGB Rz. 146.
5 Vgl. BGH v. 11.11.2008 – III ZR 313/07, BeckRS 2008, 24194 (Rz. 5); BGH v. 6.4.2006 – III ZR 256/04, DB 2006, 1105, 1106 = AG 2006, 453; OLG Celle v. 5.1.2000 – 3 U 17/99, NZG 2000, 613, 615 mit Anm. *Großfeld*.
6 Ausführliche Darstellung des Meinungsstandes nebst Begründung bei *Ebke* in MünchKomm. HGB, Bd. 4, 2. Aufl. 2008, § 323 HGB Rz. 115–119.
7 *Ebke* in MünchKomm. HGB, Bd. 4, 2. Aufl. 2008, § 323 HGB Rz. 148.
8 BGH v. 11.11.2008 – III ZR 313/07, BeckRS 2008, 24194 (Rz. 5). In demselben Sinne LG Augsburg v. 16.3.2006 – 3 O 1556/05, Stbg 2006, 501, 502.

1. Grundentscheidungen des Gesetzgebers

41 Nach den in § 323 Abs. 1 Satz 3 HGB und §§ 823 Abs. 1 und 2, 826, 831 BGB zum Ausdruck kommenden **Grundentscheidungen des Gesetzgebers** verbietet sich insbesondere eine Erweiterung des Schutzbereichs des Prüfungsvertrages auf Dritte mittels einer sog. „ergänzenden Vertragsauslegung", die nicht von dem wahren rechtsgeschäftlichen Willen der Parteien des Prüfungsvertrages getragen ist, sondern auf eine vermeintlich „objektive Interessenlage", eine angebliche „Verkehrsauffassung" oder ein behauptetes „Verkehrsbedürfnis" zurückgeführt wird.[1] Entsprechendes gilt für Versuche in der Literatur, die Grundentscheidungen des Gesetzgebers dadurch zu umgehen, dass man die Ausdehnung des Schutzbereiches des Prüfungsvertrages auf Dritte als eine „auf § 242 BGB gestützte Erweiterung des Schuldverhältnisses" begreift, „die den Sozialwirkungen des Schuldverhältnisses Rechnung trägt"[2], oder man die Existenz eines „gesetzlichen Schuldverhältnisses mit Schutzwirkung für Dritte" annimmt.[3] Bei derartigen Begründungen steht nicht die privatautonom gestaltete, eigenverantwortliche und berechenbare Übernahme von Verhaltens- und Schutzpflichten im Vordergrund, sondern die ergebnisorientierte Verlagerung von Risiken ohne rechtsgeschäftlichen Begründungsakt. Letztlich haftet, wen das erkennende Gericht ungeachtet der gesetzgeberischen Grundentscheidungen in § 323 Abs. 1 Satz 3 HGB und §§ 823 Abs. 1 und 2, 826, 831 BGB im Einzelfall für „haftungswürdig" erachtet.[4] Die Änderung der in diesen Bestimmungen angelegten Grundentscheidungen ist eine Entscheidung von großer Tragweite für die Institution der Jahresabschlussprüfung durch Private, die Abschlussprüfer, die prüfungspflichtigen Unternehmen und Dritte sowie die Versicherungswirtschaft und die Volkswirtschaft insgesamt; sie kann daher nur vom Gesetzgeber vorgenommen werden.[5]

42 Mit Recht hebt daher der III. Zivilsenat des BGH in seinem Urteil vom 6.4.2006 hervor, dass „die gesetzgeberische Intention, das Haftungsrisiko des Abschlussprüfers angemessen zu begrenzen, auch im Rahmen der vertraglichen Dritthaftung zu beachten ist und die Einbeziehung einer unbekannten Vielzahl von Gläubigern, Gesellschaftern oder Anteilserwerbern in den Schutzbereich des Prüfungsauftrags dieser Tendenz zuwiderliefe".[6] An die Einbeziehung Dritter in den Schutzbereich eines Prüfungsauftrages seien **„strenge Anforderungen"** zu stellen.[7] Die von dem Senat als „restriktiv verstandene Anwendung von Grund-

---

1 Näher dazu *Ebke*, JZ 1998, 991, 993.
2 *Grunewald*, Bürgerliches Recht, 8. Aufl. 2009, S. 111.
3 S. dazu *Stahl*, Zur Dritthaftung von Rechtsanwälten, Steuerberatern, Wirtschaftsprüfern und öffentlich bestellten und vereidigten Sachverständigen, 1989, S. 73–173; sowie allgemein *Sutschet*, Der Schutzanspruch zu Gunsten Dritter, 1999.
4 Vgl. *Lang*, WPg 1989, 57.
5 S. dazu *Ebke*, BB 1997, 1731, 1732; wohl zustimmend *Winkeljohann/Feldmüller* in Beck-BilKomm., 7. Aufl. 2010, § 323 HGB Rz. 193. Zu Einzelheiten der wörtlichen, historischen, systematischen und teleologischen Auslegung des § 323 Abs. 1 Satz 3 HGB s. *Ebke* in MünchKomm. HGB, Bd. 4, 2. Aufl. 2008, § 323 HGB Rz. 148–156. Näher dazu *Ebke*, JZ 1998, 991, 993.
6 BGH v. 6.4.2006 – III ZR 256/04, DB 2006, 1105, 1106 = AG 2006, 453.
7 BGH v. 6.4.2006 – III ZR 256/04, DB 2006, 1105, 1106 = AG 2006, 453; der Senat hat seine Ansicht in seinem Beschluss v. 11.11.2008 – III ZR 313/07, BeckRS 2008, 24194 noch einmal bekräftigt.

sätzen der vertraglichen Drittaftung im Bereich der Pflichtprüfung" sei auch im Hinblick auf das Gesetzgebungsverfahren zu dem am 1.5.1998 in Kraft getretenen Gesetz zur Kontrolle und Transparenz im Unternehmensbereich (KonTraG) vom 27.4.1998 „geboten".[1] In seiner Stellungnahme zu dem Entwurf des KonTraG hatte der federführende Rechtsausschuss des Bundesrates empfohlen, § 323 Abs. 1 HGB folgenden Satz anzufügen: „Anderen als den in Satz 3 genannten Personen haften der Abschlussprüfer, seine Gehilfen und die bei der Prüfung mitwirkenden gesetzlichen Vertreter einer Prüfungsgesellschaft für eine fahrlässige Verletzung ihrer Pflichten nicht".[2] Zur Begründung hatte der Ausschuss angeführt: „Wenn der Abschlussprüfer, seine Gehilfen und die bei der Prüfung mitwirkenden gesetzlichen Vertreter einer Prüfungsgesellschaft fahrlässig ihre Pflichten verletzen, sollten sie zum Ersatz des dadurch entstandenen Schadens ausschließlich gegenüber der Kapitalgesellschaft und, wenn ein verbundenes Unternehmen geschädigt worden ist, auch diesem verpflichtet sein. Ein darüber hinausgehender Schadensersatz an Dritte sollte gesetzlich ausgeschlossen werden".[3] Nach Ansicht des Ausschusses sollte die Ausdehnung der Drittaftung des gesetzlichen Abschlussprüfers für Fahrlässigkeit insbesondere nicht den Gerichten überlassen werden: „Wenn die Frage eines Schadensersatzes allein der Rechtsprechung überlassen wird, bedeutet dies für einen Abschlussprüfer i.S. von § 323 Abs. 1 Satz 1 HGB das Vorliegen von unkalkulierbar hohen wirtschaftlichen Risiken. Um diese bei fahrlässigem Handeln von vornherein auszuschließen, ist eine gesetzliche Festlegung notwendig".[4] Der **Bundesrat** schloss sich der Empfehlung seines Rechtsausschusses in seiner Sitzung vom 19.12.1997 an.

Die **Bundesregierung** hat in ihrer Gegenäußerung zu der Stellungnahme des Bundesrates gegen die vorgeschlagene Klarstellung keine Bedenken geäußert.[5] Der Rechtsausschuss des Deutschen Bundestages hielt dagegen einen ausdrücklichen gesetzlichen Ausschluss der Drittaftung des Pflichtprüfers für Fahrlässigkeit, wie sie der Rechtsauschuss des Bundesrates vorgeschlagen hatte, für „derzeit nicht erforderlich"; schon der bisherige Gesetzeswortlaut gewähre „nur der geprüften Kapitalgesellschaft oder einem verbundenen Unternehmen einen Schadensersatzanspruch" und „schließe den Anspruch eines Dritten schon vom Wortlaut her aus".[6] Dieses Verständnis werde – so betont der Rechtsauschuss des Deutschen Bundestages – „auch durch die Rechtsprechung (vgl. zuletzt LG Frankfurt WPK-Mitt. 1997, 236 ff.) bestätigt".[7] Obgleich die Äußerung des Rechtsausschusses des Deutschen Bundestages die Gerichte rechtlich natürlich nicht bindet[8], ist sie – wie der III. Zivilsenat des BGH unlängst zutreffend betont hat – ein

43

---

1 BGH v. 6.4.2006 – III ZR 256/04, DB 2006, 1105, 1106 = AG 2006, 453.
2 BR-Drucks. 872/97 v. 5.12.1997, S. 1, 8. Die Empfehlung deckt sich mit dem Vorschlag von *Ebke*, WPK-Mitt. 1997, 108, 112, den sich die WPK in ihrer Stellungnahme zum RefE KonTraG des BMJ v. 22.11.1996 (abgedruckt in ZIP 1996, 2129 und 2193) zu Eigen gemacht hat (vgl. WPK-Mitt. 1997, 100, 106).
3 BR-Drucks. 872/97 v. 5.12.1997, S. 1, 8–9.
4 BR-Drucks. 872/97 v. 5.12.1997, S. 1, 9.
5 BT-Drucks. 13/9712 v. 28.1.1998, S. 36, 37.
6 BT-Drucks. 13/10038 v. 4.3.1998, S. 22, 25.
7 BT-Drucks. 13/10038 v. 4.3.1998, S. 22, 25.
8 Insoweit zutreffend *Grunewald*, ZGR 1999, 583, 595.

wichtiger Hinweis, der bei der Auslegung und Anwendung des § 323 Abs. 1 Satz 3 HGB durch die Gerichte nicht außer Acht bleiben darf, zumal das darin zum Ausdruck kommende „geltungszeitliche" Verständnis des § 323 Abs. 1 Satz 3 HGB die „entstehungszeitliche" Interpretation der Norm (und ihrer Vorläufer!) durch die weitaus überwiegende Zahl der deutschen Gerichte und die heute ganz herrschende Lehre bestätigt.[1]

44   Die Frage der Erweiterung der Haftung des gesetzlichen Abschlussprüfers mittels Erweiterung des Kreises der Anspruchsberechtigten wurde auch in dem **10-Punkte-Programm „Unternehmensintegrität und Anlegerschutz"** der Bundesregierung vom 25.2.2003 ausdrücklich angesprochen.[2] Gemäß Ziffer 5 des Programms hat die Bundesregierung eine Erweiterung der Haftung des gesetzlichen Abschlussprüfers „dem Kreis der Anspruchsberechtigten nach (,Erweiterung *auf* Drittthaftung')" (!) in Betracht gezogen.[3] Die Bundesregierung erwog insbesondere die „Möglichkeit eigener Ansprüche der Anteilseigner auch gegen den Abschlussprüfer".[4] Eine Änderung der einschlägigen Haftungsbestimmungen des § 323 HGB ist gleichwohl weder im TransPuG noch im BilReG erfolgt. Eine Reform der Haftung des Abschlussprüfers sollte vielmehr bis zu einer Neuregelung der persönlichen Haftung von Vorstand und Aufsichtsrat zurückgestellt werden, da es „wenig Sinn" mache, „hier allein den Abschlussprüfer zunächst einer strengeren Haftung zu unterwerfen".[5] Die in Ziffer 5 des 10-Punkte-Programms erwogene Änderung des § 323 Abs. 1 Satz 3 HGB in Richtung auf eine „Erweiterung **auf** Drittthaftung" ist bisher gesetzlich nicht umgesetzt worden.

45   Als **Ergebnis** ist daher fest zu halten: Der deutsche Gesetzgeber anerkennt seit über siebzig Jahren ohne Unterbrechung die Notwendigkeit, gesetzliche Abschlussprüfer gegenüber anderen als der geprüften Gesellschaft (und seit 1965: verbundenen Unternehmen) für fahrlässige Pflichtverletzungen bei der Wahrnehmung der gesetzlichen Prüfungsaufgaben nicht haften zu lassen – es sei denn, (1) der Prüfer und der Dritte hätten privatautonom *ausdrücklich* einen Auskunftsvertrag geschlossen, (2) die geprüfte Gesellschaft und der Abschlussprüfer hätten den Schutzbereich des Prüfungsvertrages *ausdrücklich* auf bestimmte Dritte erstreckt oder (3) dem Abschlussprüfer wäre deutlich geworden, „dass von ihm im Drittinteresse eine besondere Leistung erwartet wird, die über die Erbringung der gesetzlich vorgeschriebenen Pflichtprüfung hinausgeht" (derartige Fallgestaltungen liegen in Pflichtprüfungsfällen aber praktisch nicht vor!). Eine Rechtsfortbildung „dahingehend, dass ein Wirtschaftsprüfer wegen eines fehlerhaften Testats ... gegenüber Dritten haftet, ohne dies ausdrücklich vereinbart zu haben", wäre nach den ablehnenden Äußerungen im Zusammenhang mit der Einführung des KonTraG, des TransPuG und des BilReG „nur gegen den ausdrücklichen Willen

---

1 BGH v. 6.4.2006 – III ZR 256/04, DB 2006, 1105, 1106 = AG 2006, 453 („geboten").
2 S. oben Rz. 3 Fn. 11.
3 S. *Seibert*, BB 2003, 693, 697 (Hervorhebung vom *Verf.*).
4 *Seibert*, BB 2003, 693, 697.
5 So der Parlamentarische Staatssekretär *Hartenbach* in seiner Ansprache anlässlich des Parlamentarischen Abends der Wirtschaftsprüferkammer am 21.10.2003 zum Thema „Sicherheit und Kontrolle auf den Kapitalmärkten" (abrufbar unter www.bmj.bund.de). S. auch *Ring*, WPg 2005, 197, 197 (1. Sp.).

des Gesetzgebers möglich".[1] Es wäre, so betont der III. Zivilsenat des BGH mit Recht, ein „Verstoß gegen die gesetzliche Wertung des § 323 Abs. 1 Satz 3 HGB, wenn man ... annehmen wollte, der Pflichtprüfer übernehme ohne besonderen Anlass und ohne Gegenleistung – gewissermaßen in doppelter Hinsicht konkludent – sowohl die Begründung als auch die mögliche Vervielfältigung seiner Haftung".[2] An dieser Feststellung ändert auch die Schuldrechtsreform von 2002 nichts: § 311 Abs. 3 BGB stellt zwar bei entsprechend weiter Auslegung und Anwendung eine denkbare Anspruchsgrundlage für Dritte dar; der Gesetzgeber hat aber zu keiner Zeit beabsichtigt oder auch nur erwogen, mit Hilfe des § 311 Abs. 3 BGB die Haftung des gesetzlichen Abschlussprüfers zu reformieren oder über § 323 Abs. 1 Satz 3 HGB bzw. §§ 823 Abs. 1 und 2, 826, 831 BGB hinaus zu erweitern.[3] Deshalb verbietet sich ein Rückgriff auf § 311 Abs. 3 BGB mit dem Ziel, die Haftung des gesetzlichen Abschlussprüfers gegenüber Dritten für Fahrlässigkeit auszuweiten (s. oben Rz. 37).

2. Sinn und Zweck

Sinn und Zweck der in § 323 Abs. 1 Satz 3 HGB und §§ 823 Abs. 1 und 2, 826, 831 BGB enthaltenen Grundentscheidungen des Gesetzgebers sprechen ebenfalls dafür, dass die in diesen Bestimmungen angelegte Risikoverteilung zwischen der prüfungspflichtigen Gesellschaft, dem Abschlussprüfer und Dritten von den Gerichten nicht mit Hilfe der Rechtsfigur des Vertrages mit Schutzwirkung für Dritte oder einer Überdehnung des § 311 Abs. 3 BGB untergraben werden darf. Sinn und Zweck der vergleichsweise engen Dritthaftung des gesetzlichen Abschlussprüfers ist es, die **Dritthaftung** des Pflichtprüfers **in berechenbaren und versicherbaren Grenzen** zu halten.[4] Diese Zielvorgabe ist Folge der durch rechtsvergleichende Untersuchungen untermauerten, in einigen wirtschaftswissenschaftlichen Studien erhärteten und in der Begründung des RegE des KonTraG vom 6.11.1997 ausdrücklich bestätigten Erkenntnis, dass eine unbegrenzte zivilrechtliche Verantwortlichkeit des gesetzlichen Abschlussprüfers gegenüber Dritten für Fahrlässigkeit „nicht sachgerecht ist, weil die Risiken einer gesetzlich vorgeschriebenen Prüfung viel zu groß sind, um sie privatrechtlich tätig werdenden Personen zumuten zu können".[5] Eine unbegrenzte Haftung könnte, so heißt es in der Begründung weiter, „den Berufsstand in seiner Existenz gefährden. Die Versicherbarkeit wäre nicht gewährleistet".[6] Mit Recht hebt deshalb auch das von der EU Kommission eingeholte Gutachten von London Economics vom Oktober 2006 die Notwendigkeit einer Haftungssummenbegrenzung bei der Dritthaftung

46

---

1 *Sommerschuh*, Berufshaftung und Berufsaufsicht: Wirtschaftsprüfer, Rechtsanwälte und Notare im Vergleich, 2003, S. 201; in diesem Sinne auch *Baus*, ZVglRWiss 103 (2004), 219, 243 mit Fn. 141.
2 BGH v. 11.11.2008 – III ZR 313/07, BeckRS 2008, 14194 (Rz. 10).
3 Vgl. *Ebke* in MünchKomm. HGB, Bd. 4, 2. Aufl. 2008, § 323 HGB Rz. 119.
4 *Ebke* in MünchKomm. HGB, Bd. 4, 2. Aufl. 2008, § 323 HGB Rz. 158.
5 BT-Drucks. 13/9712, S. 29. Mit denselben Worten argumentierend *Neumann*, BuW 2000, 853, 862.
6 BT-Drucks. 13/9712, S. 29. Kritisch zu solchen Überlegungen *Doralt*, SZW/RSDA 2006, 168, 178–179.

des Abschlussprüfers für Fahrlässigkeit hervor.[1] Ob die in Deutschland derzeit geltende Begrenzung der Ersatzpflicht (vgl. § 323 Abs. 2 Satz 1 und 2 HGB) der Höhe nach noch angemessen ist, steht auf einem anderen Blatt.[2] Sowohl hinsichtlich der Höhe als auch hinsichtlich der Ausgestaltung einer entsprechenden Haftungsbegrenzung sind verschiedene Modelle denkbar, die im Gefolge der Vorschläge der Studie von London Economics intensiv diskutiert werden.

3. Haftungsbegrenzung

47 Vor dem Hintergrund der **Notwendigkeit** einer Haftungsbeschränkung sollte die Anerkennung einer Dritthaftung des gesetzlichen Abschlussprüfers für Fahrlässigkeit in Deutschland jedenfalls nicht den Gerichten überlassen bleiben und schon gar nicht mit Hilfe der Rechtsfigur des Vertrages mit Schutzwirkung für Dritte bewältigt werden. Denn bei Rückgriff auf diese Rechtsfigur ist die Geltung der Haftungssummenbegrenzungen des § 323 Abs. 2 Satz 1 und 2 HGB in Pflichtprüfungsfällen nicht gesichert. Zwar hat der III. Zivilsenat des BGH in seiner Entscheidung vom 2.4.1998 die Ansicht vertreten, dass die Haftungssummenbegrenzungen gemäß § 323 Abs. 2 HGB auch im Rahmen des Vertrages mit Schutzwirkung für Dritte „zu berücksichtigen" seien[3]; die Begründung des Senats ist aber fragwürdig.[4] Instanzgerichte haben die Geltung des § 323 Abs. 2 Satz 1 und 2 HGB im Rahmen der Rechtsfigur des Vertrages mit Schutzwirkung für Dritte im Übrigen bereits verneint bzw. offen gelassen[5]; einige Gerichte gehen davon aus, dass Haftungsbegrenzungen im Grundvertrag gegenüber Dritten sogar „stillschweigend" abbedungen werden können.[6]

48 Selbst wenn die Geltung der Haftungssummenbegrenzung gem. § 323 Abs. 2 Satz 1 und 2 HGB im Rahmen der Rechtsfigur des Vertrages mit Schutzwirkung für Dritte gesichert wäre (z.B. mittels entsprechender Anwendung von § 334 BGB, auf Grund der Allgemeinen Auftragsbedingungen der Wirtschaftsprüfer und Wirtschaftsprüfungsgesellschaften oder mittels analoger Anwendung des § 323 Abs. 2 Satz 1 oder 2 HGB), stellen sich weitere Fragen, die mit der Rechts-

---

1 *London Economics* (Hrsg.), Study on the Economic Impact of Auditors' Liability Regimes. Final Report to EC-DG Internal Market and Services v. 4.10.2006, S. 202–206. S. dazu *Klaas*, WPg 2006, 1489, 1491; *Ebke* in FS Westermann, 2008, S. 873; *Schattka*, GPR 2007, 138.
2 Zur Einschätzung des deutschen Berufsstandes s. *Ulrich*, WPK Magazin 3/2006, 6, 10 („… es sieht derzeit so aus, dass die Haftungslage in Deutschland nicht unverändert bleiben wird. Wir leben auf einer haftungstechnischen Insel der Glückseligen und das ist in der EU nicht vermittelbar").
3 BGH v. 2.4.1998 – III ZR 245/96, JZ 1998, 1013, 1015; offen gelassen in BGH v. 6.4.2006 – III ZR 256/04, BB 2006, 1441; dazu *Kindler/Otto*, BB 2006, 1443, 1444 (gegen analoge Anwendung des § 323 Abs. 2 HGB). Der österreichische OGH hat entschieden, dass die gesetzliche Haftungsbeschränkung des § 275 Abs. 2 Satz 3 öHGB auf Ansprüche Dritter auf Grund der Rechtsfigur des Vertrages mit Schutzwirkung für Dritte analog anzuwenden ist: OGH v. 27.11.2001 – 50b 262/01t, ÖBA 2002, 820 (*Riegerbank*) mit Anm. *Doralt*.
4 *Ebke*, JZ 1998, 991, 996; *Canaris*, ZHR 163 (1999), 206, 234; *Schaub*, Jura 2001, 8, 16.
5 LG Frankfurt a.M. v. 8.4.1997 – 2/18 O 475/95, BB 1997, 1682, 1683.
6 OLG München v. 13.4.1995 – 24 U 86/93, GI 1997, 191, 196 = WM 1997, 613 (betr. Steuerberater).

figur des Vertrages mit Schutzwirkung für Dritte nicht zu lösen sind. Gerade in Fällen mit zahlreichen Geschädigten – wie etwa bei großen Publikumsgesellschaften (**Problem der Massenschäden**) – würden die in § 323 Abs. 2 Satz 1 und 2 HGB vorgesehenen Haftungssummen regelmäßig nicht zur vollständigen Befriedigung der Ersatzsuchenden führen, zumal dann nicht, wenn sie ihre Ansprüche noch mit Ansprüchen der geprüften Gesellschaft gegen den Abschlussprüfer teilen müssen.[1] Konzeptionell kommt in einem solchen Fall eine quotenmäßige Verteilung nach dem Verhältnis der geltend gemachten Ansprüche zur gesetzlich festgesetzten Haftungssumme in Betracht (*Insolvenzmodell*), was sich mit der Konstruktion des Prüfungsvertrages mit Schutzwirkung für Dritte, aber auch bei Anwendung des § 311 Abs. 3 BGB derzeit allerdings nicht bewerkstelligen lässt.[2] Außerdem muss das „Windhund"-Problem („Wer zuerst klagt, bekommt Ersatz; wer zu spät kommt, geht leer aus!") gelöst werden.[3] Ob eine Hinterlegung der gesetzlich festgelegten Haftungssumme geeignet ist, die Verteilungsproblematik zu lösen, erscheint eher fraglich. Interessant ist der Vorschlag, für die geprüfte Gesellschaft und anspruchsberechtigte Dritte getrennte Haftungsfonds einzurichten.[4]

4. Kreis der Anspruchsberechtigten

Bei einem Rückgriff auf die Rechtsfigur des Prüfungsvertrages mit Schutzwirkung für Dritte ergibt sich darüber hinaus das Problem, wie der **Kreis der Anspruchsberechtigten** abzugrenzen ist. Unter den Autoren, die eine Dritthaftung des gesetzlichen Abschlussprüfers über § 323 Abs. 1 Satz 3 HGB, §§ 823 Abs. 1 und 2, 826, 831 BGB sowie die Grundsätze der Haftung aus Auskunftsvertrag auf Grund unmittelbaren Kontakts hinaus befürworten, festigt sich die Einsicht, dass der Kreis der Ersatzberechtigten nicht ausufern darf. Um die „in § 323 HGB zum Ausdruck kommende gesetzgeberische Intention, das Haftungsrisiko des Abschlussprüfers angemessen zu begrenzen, auch im Rahmen der vertraglichen Dritthaftung des Abschlussprüfers" zum Tragen kommen zu lassen, ist der Kreis der Anspruchsberechtigten auch nach Ansicht des III. Zivilsenats des BGH eng zu umgrenzen.[5] Die Einbeziehung einer unbekannten Vielzahl von Gesellschaftern, Anteilserwerbern, Gläubigern und sonstigen Dritten in den Schutzbereich des Prüfungsvertrages läuft nach Ansicht des Senats der gesetzgeberischen Intention des § 323 Abs. 1 Satz 3 HGB zuwider. Ein solches Risiko wäre im Übrigen kaum versicherbar und würde die ohnehin schon hohe Konzentration auf dem Markt für Prüfungsleistungen vermutlich noch weiter verschärfen.[6]

49

---

1 Kritisch dazu im Hinblick auf die Verwirklichung des Ausgleichsgedankens des Schadensersatzrechts *Doralt*, Haftung der Abschlussprüfer, 2005, S. 105; *Koziol* in Koziol/Doralt (Hrsg.), Abschlussprüfer: Haftung und Versicherung, 2004, S. 159; *Pohl*, WPg 2004, 460, 463.
2 Vgl. *Ebke* in MünchKomm. HGB, Bd. 4, 2. Aufl. 2008, § 323 HGB Rz. 160.
3 S. dazu *Ebke* in MünchKomm. HGB, Bd. 4, 2. Aufl. 2008, § 323 HGB Rz. 160. Vgl. *Nonnenmacher*, Der Konzern 2003, 476, 478 („es darf kein Windhundproblem geben").
4 *Doralt*, Haftung der Abschlussprüfer, 2005, S. 197–200.
5 BGH v. 15.12.2005 – III ZR 424/04, WM 2006, 423, 425.
6 *Ebke* in MünchKomm. HGB, Bd. 4, 2. Aufl. 2008, § 323 HGB Rz. 162; *Nonnenmacher*, Der Konzern 2003, 476, 478; *Klaas*, WPg 2006, 1489, 1491 (zu der Studie von London Economics).

5. Mitverschulden

50 **Risiko erhöhend** kann sich außerdem die Nichtberücksichtigung eines Mitverschuldens der geprüften Gesellschaft auf den Ersatzanspruch des in den Schutzbereich des Prüfungsvertrages einbezogenen Dritten auswirken. Während der in den Schutzbereich des Prüfungsvertrages einbezogene Dritte sich nach allgemeiner Meinung ein eigenes Mitverschulden zurechnen lassen muss (§ 254 BGB), ist die Berücksichtigung eines Mitverschuldens der geprüften Gesellschaft weniger klar. Soweit man mit einem Teil der Rechtsprechung annimmt, dass dem geschützten Dritten grundsätzlich keine weiter gehenden Rechte zustehen als dem Vertragspartner des Prüfers, weil der Geschädigte seine Rechte gegen den Prüfer aus den Vertragsbeziehungen des Prüfers und der geprüften Gesellschaft ableitet, muss sich der Dritte auch ein Mitverschulden der geprüften Gesellschaft zurechnen lassen (§ 334 BGB analog).[1] Die Einbeziehung des Dritten in den Schutzbereich des Prüfungsvertrages bringt es bei dieser Sichtweise mit sich, dass der Dritte mit der Erweiterung des Rechtschutzes auch die damit verbundenen Rechtsnachteile in Kauf nehmen muss. Eine anders lautende – auch stillschweigende – vertragliche Vereinbarung soll aber möglich sein und wird von einigen Gerichten angenommen, wenn zwischen den Vertragspartnern und dem Dritten ein Interessengegensatz besteht.[2]

VIII. Zwischensumme

51 Die vorstehenden Ausführungen verdeutlichen, dass die besseren Gründe *derzeit gegen* eine Ausweitung der zivilrechtlichen Verantwortlichkeit des gesetzlichen Abschlussprüfers für Fahrlässigkeit mit Hilfe vertrag(sähn)licher Haftungsinstitute (z.B. der Rechtsfigur des Prüfungsvertrages mit Schutzwirkung für Dritte) oder mittels einer ausdehnenden Auslegung des § 311 Abs. 3 BGB sprechen. Der deutsche Gesetzgeber hat schon bei Einführung der Pflichtprüfung erkannt, dass eine **sinnvolle Ordnung** des Rechts der Haftung des gesetzlichen Abschlussprüfers bei dem Verschuldensmaßstab ansetzen muss. In der Schweiz und in mehreren Ländern mit Common Law Tradition, die über eine langjährige Erfahrung mit einer weit reichenden Berufshaftung des Pflichtprüfers für (leichte bzw. einfache) Fahrlässigkeit verfügen, bricht sich diese Erkenntnis ebenfalls immer mehr Bahn.[3] Zu einer Lösung, die bei dem Verschuldensmaßstab ansetzt, gehört auch die Regelung einer angemessenen und versicherbaren Haftungsbegrenzung. Man sollte allerdings nicht vergessen, dass Recht sich wie Wasser entfaltet: So wie Wasser vor Widerständen nicht Halt macht, sucht sich auch Recht immer neue Wege – und zwar oft mit Hilfe der Gerichte und gelegentlich sogar an dem geschriebenen Recht vorbei. In Deutschland ist im Rahmen der Beratungen des KonTraG, des TransPuG und des BilReG noch einmal deutlich geworden, dass die Fortentwicklung des Rechts der Dritthaftung des gesetzlichen Abschlussprüfers nicht allein den Gerichten überlassen werden sollte: „Wenn die Frage eines Schadensersatzes allein der Rechtsprechung überlassen wird, bedeutet dies für ei-

---

1 *Ebke* in MünchKomm. HGB, Bd. 4, 2. Aufl. 2008, § 323 HGB Rz. 163 m.w.N.
2 *Ebke* in MünchKomm. HGB, Bd. 4, 2. Aufl. 2008, § 323 HGB Rz. 163 m.w.N.
3 *Ebke* in MünchKomm. HGB, Bd. 4, 2. Aufl. 2008, § 323 HGB Rz. 164 m.w.N.

nen Abschlussprüfer i.S. von § 323 Abs. 1 Satz 1 HGB das Vorliegen von unkalkulierbar hohen wirtschaftlichen Risiken".[1] Grundlegende Änderungen des Rechts wie die Begründung einer Dritthaftung des gesetzlichen Abschlussprüfers für Fahrlässigkeit müssen – wenn überhaupt – von dem Gesetzgeber vorgenommen werden.[2] Sicher: In unserer Parteiendemokratie hat sich unter den drei Gewalten eine politische Staatsleitung zur „gesamten Hand" entwickelt.[3] Rechtsfortbildung gehört daher, soweit sie für das Funktionieren des Gemeinwesens notwendig ist, auch zu den Aufgaben der Gerichte. Rechtsfortbildung findet ihre Grenzen aber in den *vorrangigen* Wertungen des Gesetzgebers. Die Entscheidung des deutschen Gesetzgebers *gegen* eine Dritthaftung des gesetzlichen Abschlussprüfers für reine Fahrlässigkeit ist seit Einführung der Pflichtprüfung im Jahre 1931 klar und eindeutig und wurde seither durch die unmissverständliche Ablehnung des Gesetzgebers, das geltende Recht zu ändern, bis in die jüngste Vergangenheit mehrfach bestätigt. Die Wertungen des Gesetzgebers sind natürlich nicht unumkehrbar. Änderungen des derzeitigen Rechtszustandes sind aber vermutlich eher auf Grund von Rechtsakten der EU als auf Grund einer Entscheidung des Deutschen Bundestages zu erwarten.[4]

D. Schluss

Die Brüsseler Konferenz zum Grünbuch der EU Kommission über die „Rolle, Stellung und Haftung des Abschlussprüfers in der Europäischen Union"[5] und die drei von der EU Kommission zwischen 1996 und 2006 eingeholten Gutachten[6] belegen, dass die Ansichten der EU-Mitgliedstaaten, der EU Kommission sowie der beteiligten Kreise über die zivilrechtliche Verantwortlichkeit des gesetzlichen Abschlussprüfers, insbesondere seiner Haftung gegenüber Dritten noch sehr weit auseinander liegen. Es ist kaum damit zu rechnen, dass sich die EU-Mitgliedstaaten in absehbarer Zeit auf eine europäische Regelung (Richtlinie, Verordnung) bezüglich der zivilrechtlichen Verantwortlichkeit des gesetzlichen Abschlussprüfers einigen werden. Näher liegt eine – in Art. 31 Satz 2 der **Abschlussprüferrichtlinie** vom 17.5.2006[7] bereits angelegte – unverbindliche Empfehlung der EU Kommission an die Mitgliedstaaten bezüglich der Ausgestaltung

52

---

1 BR-Drucks. 872/1/97, S. 9.
2 Vgl. den berühmten Satz von Richter *Benjamin Nathan Cardozo* in *Ultramares Corp.* v. *Touche & Co.*, 174 N.E. 441, 447 (1931): „A change so revolutionary, if expedient, must be wrought by legislation".
3 *Ebke/Fehrenbach* in FS Geiss, 2000, S. 571, 592 (unter Hinweis auf *Roman Herzog*).
4 Die Einzelheiten sind vollständig nachgezeichnet bei *Ebke* in MünchKomm. HGB, Bd. 4, 2. Aufl. 2008, § 323 HGB Rz. 205–223.
5 ABl. EG Nr. C 321 v. 28.10.1996, S. 1. S. dazu *Wölber*, Die Abschlussprüferhaftung im europäischen Binnenmarkt, 2005, S. 44–46; *Mertin/Schmidt*, WPg 2001, 317, 330–331. Die auf der Konferenz gehaltenen Vorträge sind abgedruckt in *Commission Européenne* (Hrsg.), Actes de la conférence sur le rôle, le statut et la responsabilité du contrôleur légal des comptes dans l'Union européenne, 1997. Die deutschsprachige Fassung der auf der Konferenz gehaltenen deutschen Vorträge von *Schülen*, *Hense* und *Ebke* sind abgedruckt in WPK-Mitt. 1997, 15–24.
6 S. dazu *Ebke* in MünchKomm. HGB, Bd. 4, 2. Aufl. 2008, § 323 HGB Rz. 214 und 222.
7 ABl. EG Nr. L 157 v. 9.6.2006, S. 87.

der zivilrechtlichen Verantwortlichkeit des gesetzlichen Abschlussprüfers gegenüber der geprüften Gesellschaft sowie Dritter. Der Berufsstand der Wirtschaftsprüfer in Deutschland scheint davon auszugehen, dass sich das bisherige deutsche System der Haftung des Abschlussprüfers auf Dauer nicht halten lassen wird.[1] Diese Einsicht deckt sich mit der Studie von London Economics aus dem Jahre 2006, die von dem Wunsch getragen ist, wirtschaftswissenschaftlich zu untermauern, dass im Interesse einer Steigerung der Qualität der Abschlussprüfung in der EU eine der Höhe nach begrenzte und versicherbare Haftung des gesetzlichen Abschlussprüfers für Fahrlässigkeit gegenüber der geprüften Gesellschaft und bestimmten Dritten erforderlich ist.[2]

53 Am 5.6.2008 legte die Europäische Kommission auf der Grundlage des Art. 31 Satz 2 der Abschlussprüferrichtlinie vom 17.5.2006[3] den Mitgliedstaaten eine **Empfehlung zur Begrenzung der Haftung** des gesetzlichen Abschlussprüfers kapitalmarktorientierter Unternehmen vor.[4] Die Empfehlung enthält mehrere Regelungsoptionen: eine absolute Haftungshöchstsumme (*absolute cap*), eine relative Haftungshöchstsumme (*relative cap*), eine Proportionalhaftung (*proportional liability*) sowie eine Vereinbarungslösung zwischen der prüfungspflichtigen Gesellschaft und ihrem Abschlussprüfer. Die Mitgliedstaaten sind aufgefordert, die Kommission bis zum 5.6.2010 über die auf Grundlage der Empfehlung getroffenen Maßnahmen zu unterrichten. Deutschland kann seine bisherige Regelung der Haftung des gesetzlichen Abschlussprüfers beibehalten.

---

1 S. nur *Ulrich*, WPK-Magazin 1/2006, 6, 10; *Ulrich*, WPK-Magazin 3/2006, 6, 10; in dieselbe Richtung weisend *Baums*, WPg Sonderheft 2003, 124.
2 *London Economics* (Hrsg.), Study on the Economic Impact of Auditors' Liability Regimes. Final Report to EC-DG Internal Market and Services v. 4.10.2006. Dazu *Klaas*, WPg 2006, 1489; *Ebke* in FS Westermann, 2008, S. 873; *Schattka*, GPR 2007, 138.
3 ABl. EG Nr. L 157 v. 9.6.2006, S. 87.
4 Europäische Kommission, Empfehlung vom 5.6.2008 [IP/08/897]. S. dazu *Schattka*, GPR 2008, 193.

2. Teil
Rechtsverfolgung und Versicherung

§ 12
Darlegungs- und Beweislast im Haftungsprozess

Dr. Jens-Peter Kurzwelly

	Rz.
A. Grundregel der Darlegungs- und Beweislast	1
B. Darlegungs- und Beweislast im Innenhaftungsprozess der Gesellschaften	2
I. Reichweite der Beweislastregeln in § 93 Abs. 2 Satz 2 AktG, § 34 Abs. 2 Satz 2 GenG	4
II. Einordnung der sog. Business Judgment Rule	10
1. Rechtsprechungsregel	10
2. Kodifizierung in § 93 Abs. 1 Satz 2 AktG n.F.	11
3. Erstreckung auf andere Gesellschaftsformen	13
III. Abweichungen von der gesetzlichen Darlegungs- und Beweislastverteilung	14
1. Ausgeschiedenes Organmitglied	15
2. Gesamtrechtsnachfolger	16
3. Fehlbestandsfälle	17
4. Soziale Aufwendungen	18
IV. Sondertatbestände: § 93 Abs. 3 AktG; § 34 Abs. 3 GenG; § 43 Abs. 3 GmbHG	19
1. Beweislastmodifikation: Schadensvermutung	19
2. Spezialfall: Insolvenzrechtliches Zahlungsverbot	22
V. Sonderfall: Verfolgungsrecht außenstehender Gläubiger	28
1. Grundvoraussetzung	29
2. Anspruchsvervielfältigung eigener Art	30
3. Erweiterte Verfolgung: § 93 Abs. 5 Satz 2 AktG	32
C. Sonderregelungen der Beweislast bei der Organhaftung im AG-Konzern	33

	Rz.
I. Haftung der Geschäftsleiter des herrschenden Unternehmens im Vertragskonzern (§ 309 AktG)	34
II. Haftung der Organe der abhängigen Gesellschaft (§ 310 AktG)	36
III. Haftung der Geschäftsleiter des herrschenden Unternehmens im faktischen Konzern (§ 317 AktG)	38
IV. Haftung der Organe der abhängigen Gesellschaft (§ 318 AktG)	40
V. Verfolgungsrecht von Aktionären und Gläubigern der abhängigen Gesellschaft	41
D. Sonderfall: Innenhaftungsprozess beim rechtsfähigen Verein	45
I. Haftungsnorm § 280 Abs. 1 Satz 1 BGB	45
II. Beweislastnorm § 280 Abs. 1 Satz 2 BGB	46
E. Darlegungs- und Beweislast im Außenhaftungsprozess	48
I. Organhaftung aus culpa in contrahendo	49
1. Fragliche Eigenhaftung	49
2. Zusicherungen des Organs	50
3. Darlegungs- und Beweislast des Gläubigers	52
II. Deliktische Organaußenhaftung	53
1. Grundsatz der Darlegungs- und Beweislast beim Delikt	53
2. Verletzung spezieller Schutzgesetze	54
a) Insolvenzverschleppung	55
b) Nichtabführen von Arbeitnehmerbeiträgen zur Sozialversicherung	59
III. Kapitalmarktrechtliche Informationsdeliktsaußenhaftung der Geschäftsleiter	64
1. Primärmarkt (§§ 44 ff. BörsG)	65

	Rz.		Rz.
2. Sekundärmarkt	68	c) Kein Transaktions-	
a) Darlegungs- und Beweislast		erfordernis	73
bei § 826 BGB	69	d) Parteivernehmung	75
b) Problem des Kausalitäts-		e) Schadensbeweis	76
nachweises	70	f) § 823 Abs. 2 BGB i.V.m.	
		§ 400 Abs. 1 Nr. 1 AktG	77

Schrifttum: *Baumgärtel*, Handbuch der Beweislast im Privatrecht Bd. 1, 2. Aufl. 1991; *Brömmelmeyer*, Neue Regeln für die Binnenhaftung des Vorstands, WM 2005, 2065; *Findeisen/Backhaus*, Umfang und Anforderungen an die haftungsbegründende Kausalität nach § 826 BGB für fehlerhafte Ad-hoc-Mitteilungen, WM 2007, 100; *Fleischer*, Die „Business Judgment Rule", ZIP 2004, 685; *Fleischer*, Aktienrechtliche Legalitätspflicht und „nützliche" Pflichtverletzungen von Vorstandsmitgliedern, ZIP 2005, 141; *Goette*, Zur Verteilung der Darlegungs- und Beweislast der objektiven Pflichtwidrigkeit bei der Organhaftung, ZGR 1995, 649; *Hüffer*, Die leitungsbezogene Verantwortung des Aufsichtsrats, NZG 2007, 47; *Rosenberg*, Die Beweislast, 1965; *Spindler*, Haftung und Aktionärsklage nach dem neuen UMAG, NZG 2005, 865; *Weiss/Buchner*, Wird das UMAG die Haftung und Inanspruchnahme der Unternehmensleiter verändern?, WM 2005, 162.

A. Grundregel der Darlegungs- und Beweislast

1 Für den **Haftungsprozess gegen die Leitungsorgane** der „Gesellschaften"[1] gilt unabhängig von deren Rechtsform die ungeschriebene Grundregel der Darlegungs- und Beweislast: **Jede Partei, die den Eintritt einer Rechtsfolge geltend macht, hat die Voraussetzungen des ihr günstigen Rechtssatzes darzulegen und zu beweisen.** Danach trägt der Anspruchsteller die Darlegungs- und Beweislast für die rechtsbegründenden, der Anspruchsgegner hingegen für die rechtsvernichtenden, rechtshindernden und rechtshemmenden Tatbestandsmerkmale.[2] Den rechtsvernichtenden Tatsachen können rechtserhaltende Tatsachen gegenübertreten, die wiederum zu einer auf der Gegenseite liegenden Darlegungs- und Beweislast führen, so dass sich ein „weit reichendes, sich ständig wiederholendes Widerspiel von Rechtssätzen ergeben kann, weil die Wirkung jeder Norm durch eine andere gehindert oder vernichtet werden kann".[3] Durch positive oder negative Formulierung von Tatbestandsmerkmalen und durch Normierung von Regel- und Ausnahmetatbeständen hat der Gesetzgeber in vielen Fällen zum Ausdruck gebracht, wer nach der genannten Grundregel oder abweichend von ihr das Risiko der Beweislosigkeit tragen soll[4]; solche Beweislastnormen sind, da die ihnen vorgelagerte Frage der Darlegungslast zwingend mit ihnen einhergeht, zugleich immer auch Behauptungslastnormen.[5]

---

1 Als „Gesellschaften" behandelt werden die hauptsächlichen, als juristische Personen organisierten „Rechtsformen": AG, GmbH und Genossenschaft (zur Definition der Genossenschaft: § 1 Abs. 1 GenG).
2 BGH v. 14.1.1991 – II ZR 190/89, NJW 1991, 1052, 1053; *Greger* in Zöller, ZPO, 27. Aufl., vor § 284 ZPO Rz. 17a.
3 *Rosenberg*, Beweislast, S. 102; BGH v. 13.11.1998 – V ZR 386/87, NJW 1999, 352, 353.
4 Z.B. § 280 Abs. 1 Satz 2 BGB.
5 *Prütting* in MünchKomm. ZPO, 3. Aufl., § 286 ZPO Rz. 135.

Diese Grundregeln finden sowohl im **Innenhaftungsprozess** über Ersatzansprüche der Gesellschaft gegen ihr Organmitglied als auch im **Außenhaftungsprozess** eines Dritten[1] gegen das Leitungsorgan Anwendung.

B. Darlegungs- und Beweislast im Innenhaftungsprozess der Gesellschaften

Die gesetzlichen Regelungen zur Innenhaftung der Gesellschaftsorgane enthalten – jedenfalls für Vorstand und Aufsichtsrat im **Aktien- und Genossenschaftsrecht** – nicht nur die materiell-rechtlichen Haftungsgrundlagen[2], sondern ordnen zugleich in Abweichung von den allgemeinen Darlegungs- und Beweislastgrundsätzen eine **partielle Beweislastumkehr** an: Die Organmitglieder trifft im Streitfall die Beweislast dafür, dass sie die Sorgfalt eines ordentlichen und gewissenhaften Geschäftsleiters angewandt haben (§ 93 Abs. 2 Satz 2 AktG; § 34 Abs. 2 Satz 2 GenG).

2

Im **GmbH-Recht** findet sich eine entsprechende gesetzlich normierte Beweislastumkehrregelung durch die Verweisung in § 52 Abs. 1 GmbHG auf die analog anwendbaren §§ 116, 93 Abs. 1 und 2 AktG lediglich für den Aufsichtsrat; anerkanntermaßen gelten jedoch für die Innenhaftung des GmbH-Geschäftsführers (§ 43 Abs. 2 GmbHG) die genannten Beweislastumkehrvorschriften des Aktien- und Genossenschaftsrechts entsprechend.[3]

3

I. Reichweite der Beweislastregeln in § 93 Abs. 2 Satz 2 AktG, § 34 Abs. 2 Satz 2 GenG

1. Die Reichweite der in §§ 93 Abs. 2 Satz 2 AktG, 34 Abs. 2 Satz 2 GenG angeordneten partiellen Beweislastumkehr ist nicht völlig zweifelsfrei, weil der Gesetzeswortlaut – **Anwendung der Sorgfalt eines ordentlichen Geschäftsmannes** – nicht zwischen objektiver und subjektiver Pflichtwidrigkeit unterscheidet. Dementsprechend konnte die nicht stets eindeutige frühere Rechtsprechung des BGH bisweilen den Eindruck erwecken, als beziehe sich – entsprechend einer Mindermeinung im Schrifttum[4] – die Beweislastumkehr nur auf das Verschulden, während die klagende Gesellschaft für die Voraussetzungen der objektiven Pflichtverletzung darlegungs- und beweisbelastet sei.[5] Demgegenüber sollte

4

---

1 Außenstehender Gläubiger oder Aktionär bzw. Genosse.
2 Vgl. §§ 93 Abs. 2 Satz 1, 116 AktG; gleich lautend: § 34 Abs. 2 Satz 1, § 41 GenG.
3 BGH v. 4.11.2002 – II ZR 224/00, BGHZ 152, 280 = AG 2003, 381; vgl. *Zöllner/Noack* in Baumbach/Hueck, § 43 GmbHG Rz. 36 ff. m.w.N.; *Altmeppen* in Roth/Altmeppen, § 43 GmbHG Rz. 104.
4 Insbes. *Fleck*, GmbHR 1974, 224; jetzt ähnlich: *Hopt/M. Roth* in Großkomm. AktG, Nachtr. § 93 AktG Rz. 67 ff.; w. Nachw. bei *Goette*, ZGR 1995, 648, 672, Fn. 116.
5 Vgl. BGH v. 15.10.1962 – II ZR 194/61, NJW 1963, 46; BGH v. 9.6.1980 – II ZR 187/79, WM 1980, 1190; BGH v. 1.3.1982 – II ZR 183/90, WM 1982, 523; BGH v. 9.12.1991 – II ZR 43/91, WM 1992, 223; BGH v. 21.3.1994 – II ZR 260/92, ZIP 1994, 872; Rechtsprechungsanalyse bei: *Goette*, ZGR 1995, 648, 649 ff.

nach früher herrschender Literaturmeinung[1] die Gesellschaft eine Vortrags- und Beweislast nur hinsichtlich eines bestimmten Verhaltens oder Unterlassens des Organmitglieds und eines daraus resultierenden Schadens treffen, während das Organmitglied das Fehlen sowohl der Pflichtwidrigkeit als auch des Verschuldens darzulegen und zu beweisen habe.

5   Vor dem Hintergrund des – vom Gesetzgeber verfolgten – Zwecks dieser Beweislastregelungen ist zu differenzieren. Einerseits beruht die Abweichung von der allgemeinen Beweislastverteilung auf dem Gedanken der Sachnähe: Das Organmitglied kann die Umstände seines Verhaltens und die für eine pflichtgemäße Amtsführung sprechenden Gründe besser überblicken als die Gesellschaft, die insoweit eher in Beweisnot geriete. Andererseits liefe eine uneingeschränkte Überbürdung der Pflicht zur Entlastung auch von der objektiven Sorgfaltswidrigkeit auf den Geschäftsleiter faktisch auf eine – allerdings widerlegbare – Erfolgshaftung hinaus, die ihn einem unangemessenen Rechtfertigungszwang aussetzen würde.

6   2. Angesichts dessen hat der BGH[2] – unter Rückbesinnung auf die ständige Rechtsprechung des Reichsgerichts[3] und in Präzisierung seines eigenen bisherigen Standpunkts – entschieden, dass eine **GmbH im Rechtsstreit um Schadensersatzansprüche gegen ihren Geschäftsführer** gem. § 43 Abs. 2 GmbHG – entsprechend den Grundsätzen zu § 93 Abs. 2 AktG, 34 Abs. 2 GenG – **die Darlegungs- und Beweislast nur dafür trägt, dass und inwieweit ihr durch ein – sich als „möglicherweise" pflichtwidrig darstellendes – Verhalten des Vorstands in dessen Pflichtenkreis ein Schaden erwachsen ist, wobei ihr die Erleichterungen des § 287 ZPO zugute kommen können**; demgegenüber hat der Geschäftsführer darzulegen und erforderlichenfalls zu beweisen, dass er seinen Sorgfaltspflichten (§ 43 Abs. 1 GmbHG) nachgekommen ist oder ihn kein Verschulden trifft, oder dass der Schaden auch bei pflichtgemäßem Alternativverhalten eingetreten wäre. All dies gilt nicht nur bei pflichtwidrigem positivem Tun des Geschäftsführers, sondern auch dann, wenn ihm das (pflichtwidrige) Unterlassen einer bestimmten Maßnahme vorgeworfen wird, zumal die Abgrenzung gegenüber der Pflichtwidrigkeit einer stattdessen vorgenommenen Handlung häufig fließend ist.

7   3. Für die Praxis ist daher auf der Grundlage der konsolidierten[4] neueren BGH-Rechtsprechung, der sich nunmehr auch das Schrifttum fast einhellig angeschlossen hat[5], davon auszugehen, dass die **Gesellschaft** – sei sie **AG, GmbH** oder **Ge-**

---

1 Vgl. die Nachweise bei *Goette*, ZGR 1995, 648, 649 Fn. 3.
2 BGH v. 4.11.2002 – II ZR 224/00, BGHZ 152, 280 = GmbHR 2003, 113 – zur GmbH.
3 RG DR 1939, 723 m.N.
4 BGH v. 4.11.2002 – II ZR 224/00, BGHZ 152, 280 = GmbHR 2003, 113; zur Genossenschaft: schon BGH v. 3.12.2001 – II ZR 308/99, ZIP 2002, 213, 214 f. – obiter; zuletzt: BGH v. 8.1.2007 – II ZR 304/04, ZIP 2007, 322; BGH v. 18.2.2008 – II ZR 62/07, ZIP 2008, 736, Rz. 5, 8; BGH v. 1.12.2008 – II ZR 102/07, BGHZ 179, 81, Rz. 20 = GmbHR 2009, 199 – MPS; entgegen *Hopt/M. Roth* in Großkomm. AktG, Nachtr. § 93 AktG Rz. 68 stellt BGH v. 13.3.2006 – II ZR 165/04, DStR 2006, 1051 f. keine abw. Regel auf.
5 Vgl. nur: *Zöllner/Noack* in Baumbach/Hueck, § 43 GmbHG Rz. 37 f.; *Hüffer*, § 93 AktG Rz. 16 – jew. m.w.N.

nossenschaft – in Schadensersatzprozessen gegen ihre Organmitglieder **nur dreierlei darzulegen und zu beweisen** braucht:

– Ein Verhalten (Tun oder Unterlassen) des Organmitglieds, das sich als möglicherweise pflichtwidrig darstellt;
– den Eintritt und die Höhe des entstandenen Schadens und
– die Kausalität zwischen Organhandeln und Schaden.

Hinsichtlich des **Schadens** kommen der Gesellschaft folgende **Erleichterungen der Substantiierungslast** zugute[1]: 8

Zwar trifft die klagende Gesellschaft im Grundsatz die Darlegungs- und Beweislast für den Schaden und dessen Verursachung durch das Verhalten des Geschäftsführers. Für das Beweismaß gelten jedoch insoweit nicht die strengen Voraussetzungen des § 286 ZPO, sondern diejenigen des **§ 287 ZPO**, der auch die Substantiierungslast der klagenden Partei erleichtert. Danach genügt es, dass die Gesellschaft Tatsachen vorträgt und unter Beweis stellt, die für eine Schadensschätzung nach § 287 ZPO hinreichende Anhaltspunkte bieten.

Unter § 287 ZPO fällt auch die Beurteilung der Frage, ob und inwieweit der Gesellschaft durch das dem Geschäftsführer vorgeworfene Verhalten ein Schaden entstanden ist. Denn bei einem Schadensersatzanspruch aus Vertragsverletzung gehört der Ursachenzusammenhang mit einem daraus erwachsenen allgemeinen Vermögensschaden nicht zur haftungsbegründenden, sondern zur **haftungsausfüllenden Kausalität**, für deren Nachweis ebenfalls die Erleichterungen des § 287 ZPO gelten.[2] 9

Demgegenüber ist es Sache des in Anspruch genommenen **Organmitglieds**, seinerseits **darzulegen** und erforderlichenfalls **zu beweisen, dass es seiner (objektiven) Sorgfaltspflicht genügt hat oder dass es kein Verschulden trifft**.[3]

II. Einordnung der sog. Business Judgment Rule

1. Die Business Judgment Rule hat – schon vor der Normierung in § 93 Abs. 1 Satz 2 AktG n.F. – **höchstrichterlich** in der Weise Anerkennung gefunden, dass „dem Vorstand für die Leitung der Geschäfte der AG ein weiter Handlungsspielraum zugebilligt werden muss, ohne den unternehmerisches Handeln schlechterdings nicht denkbar ist".[4] Für die Einhaltung dieses „Geschäftsleiterermessens", das im Rahmen des Haftungsgefüges des § 93 Abs. 2 AktG einen Ausschluss der Pflichtwidrigkeit des Verhaltens darstellt, trägt – wie der BGH mit rechtsformübergreifender Wirkung für die AG, die GmbH und die Genossen- 10

---

1 BGH v. 4.11.2002 – II ZR 224/00, BGHZ 152, 280, 287 = GmbHR 2003, 113; BGH v. 1.12.2008 – II ZR 102/07, BGHZ 179, 81, Rz. 20 = GmbHR 2009, 199 – MPS.
2 BGH v. 4.11.2002 – II ZR 224/00, BGHZ 152, 280, 287 = GmbHR 2003, 113.
3 BGH v. 4.11.2002 – II ZR 224/00, BGHZ 152, 280, 284 = GmbHR 2003, 113; vgl. auch BGH v. 18.2.2008 – II ZR 62/07, ZIP 2008, 736, Rz. 5.
4 BGH v. 21.4.1997 – II ZR 175/95, BGHZ 135, 244, 253 = AG 1997, 377; BGH v. 3.3.2008 – II ZR 124/06, BGHZ 175, 365, Rz. 9, 11 = AG 2008, 375 – UMTS.

schaft nochmals klargestellt hat – der **Geschäftsleiter die Darlegungs- und Beweislast**.[1]

11 2. Anknüpfend an diese richterrechtliche Entwicklung ist die Business Judgment Rule in § 93 Abs. 1 Satz 2 AktG n.F. in der Weise **kodifiziert** worden, dass eine Pflichtverletzung nicht vorliegt, wenn das Vorstandsmitglied bei einer unternehmerischen Entscheidung vernünftigerweise annehmen durfte, auf der Grundlage angemessener Information zum Wohle der Gesellschaft zu handeln. Nach der Konzeption des Gesetzgebers, der den in § 93 Abs. 1 Satz 2 AktG n.f. normierten „**Haftungsfreiraum**" als Tatbestandseinschränkung gegenüber dem in Satz 1 der Vorschrift niedergelegten Pflichtenstandard versteht[2], schließt die neue Norm unter den von ihr – negativ – formulierten Voraussetzungen eine Pflichtverletzung und damit zugleich den Haftungstatbestand nach § 93 Abs. 2 Satz 1 AktG aus.[3] Da § 93 Abs. 1 Satz 2 AktG n.F. nicht etwa als eine von § 93 Abs. 2 Satz 2 AktG abweichende Beweislastregel konstruiert ist, trägt das Organmitglied die Darlegungs- und Beweislast (auch) für die Beobachtung des Geschäftsleiterermessens (§ 93 Abs. 1 Satz 2 AktG n.F.) und den daraus resultierenden **Tatbestandsausschluss der Haftungsnorm** (§ 93 Abs. 2 Satz 1 AktG) wegen Nichtvorliegens einer (objektiven) Pflichtverletzung.[4] Im Endergebnis weicht also die Kodifizierung der Business Judgment Rule hinsichtlich der den Geschäftsleiter insoweit treffenden Darlegungs- und Beweislast nicht von der entsprechenden bisherigen höchstrichterlichen Rechtsprechung ab.[5]

12 Freilich lässt die **Nichteinhaltung der Business Judgment Rule** nicht zwingend den Umkehrschluss auf das Vorliegen der objektiven Pflichtwidrigkeit zu. Das liegt daran, dass die (fehlgeschlagene) unternehmerische Entscheidung grundsätzlich von der rechtlich gebundenen Entscheidung auf Grund von Treue-, Informations- und sonstigen Gesetzes- und Satzungspflichten zu unterscheiden ist, für deren Verletzung es schon im Ansatz keinen sog. „sicheren Hafen" im Sinne einer haftungstatbestandlichen Freistellung geben kann. Illegales Verhalten i.S. eines Verstoßes gegen derartige gebundene Pflichten muss vielmehr stets nach allgemeinen Grundsätzen festgestellt werden, zu denen allerdings auch die Beweislastumkehr nach § 93 Abs. 2 Satz 2 AktG gehört.[6]

13 3. Der Grundgedanke eines Geschäftsleiterermessens im Bereich unternehmerischer Entscheidungen ist nicht etwa auf § 93 AktG und damit die Aktiengesell-

---

1 BGH v. 4.11.2002 – II ZR 224/00, BGHZ 152, 280, 284 = GmbHR 2003, 113.
2 Begr. RegE BR-Drucks. 3/05, S. 19, 21; freilich ist das wegen des unterschiedlichen „Regelungsgehalts" keine echte Einschränkung oder Ausnahme von Satz 1.
3 Zutr. *Fleischer*, ZIP 2004, 685, 689: „Tatbestandsausschlussgrund"; *Brömmelmeyer*, WM 2005, 2065, 2069; *Weiss/Buchner*, WM 2005, 162, 165; ähnlich *Hopt/M. Roth* in Großkomm. AktG, Nachtr. § 93 AktG Rz. 12; a.A. *Hüffer*, § 93 AktG Rz. 4c, d: „unwiderlegbare Rechtsvermutung".
4 Begr. RegE BR-Drucks. 3/05, S. 21; *Fleischer*, ZIP 2004, 685, 688; *Spindler*, NZG 2005, 865, 872; *Hüffer*, § 93 AktG Rz. 16a.
5 Vgl. auch BGH v. 3.3.2008 – II ZR 124/06, BGHZ 175, 365, Rz. 11 = AG 2008, 375 – UMTS.
6 *Hüffer*, § 93 AktG Rz. 4c; zu Überschneidungen/„Grauzonen": *Fleischer*, ZIP 2005, 141; *Spindler*, NZG 2005, 865, 871 f. Im Kontrollbereich des Aufsichtsrats ist für die BJR allerdings grds. kein Raum: zutr. *Hüffer*, NZG 2007, 47, 48.

schaft beschränkt, sondern findet auch ohne positivrechtliche Regelung **in allen Formen unternehmerischer Betätigung** Anwendung. Daher steht der Übertragung des in § 93 Abs. 1 Satz 2 AktG normierten Regelungsmusters einschließlich der daraus auch für die Darlegungs- und Beweislast zu ziehenden Folgerungen auf die Geschäftsleiterhaftung im Recht der GmbH (§ 43 Abs. 1 GmbHG) und der Genossenschaft (§ 34 GenG) – wie sie schon bisher für die richterrechtlich anerkannte Business Judgment Rule galt – nichts im Wege.[1]

III. Abweichungen von der gesetzlichen Darlegungs- und Beweislastverteilung

Unter Zugrundelegung der neueren Rechtsprechung des BGH[2] bedarf es bei der Organinnenhaftung **keiner generellen „Ausnahmen"** von der Verteilung der Darlegungs- und Beweislast gem. § 93 Abs. 2 Satz 2 AktG, § 34 Abs. 2 Satz 2 GenG. Der Umfang der konkreten Darlegungslast („**Substantiierungslast**")[3] der klagenden Gesellschaft bezüglich des „möglicherweise" pflichtwidrigen Verhaltens ihres Organs lässt sich – entsprechend dem Gesetzeszweck, Beweisschwierigkeiten des dem Geschehen typischerweise ferner Stehenden zu verhindern – nur im konkreten Einzelfall hinreichend feststellen und – ggf. über die Statuierung sekundärer Darlegungslasten – angemessen lösen.[4] Gleichwohl werden im Schrifttum derartige Ausnahmen für bestimmte Fallsituationen mit gegenläufiger Tendenz erwogen.[5]

14

1. Auf ein **ausgeschiedenes Organmitglied** bleibt die gesetzliche Beweislastverteilung grundsätzlich anwendbar.[6] Zwar werden ihm die Darlegung und der Nachweis, dass er die Sorgfalt eines ordentlichen und gewissenhaften Geschäftsleiters aufgewendet hat, regelmäßig schwerer fallen als einem noch amtierenden Organ. Vor einer Überspannung seiner Darlegungs- und Beweislast ist er jedoch dadurch geschützt, dass die Gesellschaft im Rahmen ihrer sekundären Darlegungslast die angebliche Pflichtverletzung näher zu bezeichnen hat. Zudem hat die Gesellschaft ihm, soweit zu seiner Verteidigung erforderlich, Einsicht in die dafür maßgeblichen Unterlagen zu gewähren (vgl. § 810 BGB). Insoweit bedarf es daher zu seinem Schutz keiner teleologischen Reduktion der § 93 Abs. 2 Satz 2 AktG, § 34 Abs. 2 Satz 2 GenG.[7]

15

2. Hinsichtlich des **Gesamtrechtsnachfolgers** (Erben) eines Leitungsorgans wird zwar im Schrifttum einhellig eine Anwendung der gesetzlichen Beweislastumkehrregeln abgelehnt und stattdessen die volle Darlegungs- und Beweislast zu Lasten der klagenden Gesellschaft befürwortet, weil der Erbe regelmäßig größere

16

---

1 So ausdrückl. Begr. RegE BR-Drucks. 3/05, S. 21.
2 BGH v. 24.10.2002 – IX ZR 355/00, BGHZ 152, 246.
3 BGH v. 25.7.2005 – II ZR 199/03, ZIP 2005, 1738, 1740 m.w.N.
4 *Goette*, ZGR 1995, 648, 674.
5 Z.B. *Hüffer*, § 93 AktG Rz. 17; *Spindler* in MünchKomm. AktG, § 93 AktG Rz. 168 ff.; *Fleischer* in Fleischer, Handbuch des Vorstandsrechts, § 11 Rz. 72.
6 BGH v. 4.11.2002 – II ZR 224/00, BGHZ 152, 280, 285 = GmbHR 2003, 113.
7 *Fleischer* in Fleischer, Handbuch des Vorstandsrechts, § 11 Rz. 73; anders *Hüffer*, § 93 AktG Rz. 17.

Beweisprobleme als die Gesellschaft oder sogar ein ausgeschiedenes Organmitglied habe.[1] Eine derartige Nichtanwendung der Vorschriften über die Beweislastumkehr aus Anlass der Gesamtrechtsnachfolge ist systemfremd und im Übrigen auch nicht geboten. Der Erbe hat grundsätzlich im Erbfall gem. § 1922 BGB eine Haftungssituation des Erblassers so zu übernehmen, wie sie in dessen Person begründet war. Auch auf anderen Rechtsgebieten[2] werden etwaige, den haftpflichtigen Erblasser belastende Beweislastumkehrregelungen nicht deshalb außer Kraft gesetzt, weil der Erbe über die Rechtsverhältnisse seines Rechtsvorgängers nicht hinreichend informiert ist. Vielmehr ist den etwa bestehenden Darlegungs- und Beweisschwierigkeiten des Erben durch eine flexible Handhabung der sekundären Darlegungslast der Gesellschaft im Einzelfall angemessen Rechnung zu tragen.

17   3. In den sog. **Fehlbestandsfällen** hat der BGH teilweise in früheren Entscheidungen, insbesondere bei einem ungeklärten Kassen- oder Warenfehlbestand, von dem Geschäftsleiter den Nachweis verlangt, dass er die gebotene Sorgfalt zur Verhinderung des Fehlbestandes angewandt hat oder unverschuldet nicht dazu imstande war[3]; in anderen Urteilen brauchte die Gesellschaft nicht im Einzelnen darzulegen, welches pflichtwidrige Verhalten oder Unterlassen für den Fehlbestand ursächlich war.[4] Diese Entscheidungen liegen **im Ergebnis bereits auf der Linie der neuen Rechtsprechung des BGH**[5], nach welcher der Gesellschaft nur die Darlegung obliegt, dass ein möglicherweise pflichtwidriges Verhalten des Geschäftsleiters aus dessen Pflichtenkreis für den entstandenen Schaden ursächlich war. Zusätzlicher Beweiserleichterungen zu Gunsten der Gesellschaft bedarf es daher in den Fehlbestandsfällen nicht.

18   4. Für die Fälle sog. **sozialer Aufwendungen** wird man einer einschränkenden Auslegung des § 93 Abs. 2 Satz 2 AktG nicht folgen können, weil einerseits die Gesellschaft im Zweifel darauf angewiesen ist, von dem verantwortlichen Organmitglied zu erfahren, von welchen Erwägungen es sich bei solchen Aufwendungen hat leiten lassen, und andererseits dem Organ eine entsprechende Darlegung ohne Weiteres zuzumuten ist.[6]

IV. Sondertatbestände: § 93 Abs. 3 AktG; § 34 Abs. 3 GenG; § 43 Abs. 3 GmbHG

1. Beweislastmodifikation: Schadensvermutung

19   § 93 Abs. 3 AktG hebt neun, § 34 Abs. 3 GenG fünf und § 43 Abs. 3 GmbHG zwei **Fälle besonders schwerer Pflichtverletzungen** hervor, bei denen das Ge-

---

1 *Spindler* in MünchKomm. AktG, § 93 AktG Rz. 170; *Fleischer* in Fleischer, Handbuch des Vorstandsrechts, § 11 Rz. 73; *Hopt* in Großkomm. AktG, § 93 AktG Rz. 296 m.w.N.
2 Z.B. Arzthaftung; Produkthaftung.
3 BGH v. 26.11.1990 – II ZR 223/89, ZIP 1991, 159 m.w.N.
4 BGH v. 9.6.1980 – II ZR 187/79, WM 1980, 1190; BGH v. 8.7.1985 – II ZR 198/84, WM 1985, 1293.
5 BGH v. 4.11.2002 – II ZR 224/00, BGHZ 152, 280 = GmbHR 2003, 113.
6 Zutr. *Fleischer* in Fleischer, Handbuch des Vorstandsrechts, § 11 Rz. 72; a.A. *Hüffer*, § 93 AktG Rz. 17; *Spindler* in MünchKomm. AktG, § 93 AktG Rz. 168.

schäftsleitungsorgan der Gesellschaft „namentlich" bzw. „insbesondere" zum Ersatz verpflichtet ist; ihnen ist gemeinsam, dass sie eine gesetzwidrige Schmälerung der Kapitalgrundlage der Gesellschaft zur Folge haben. Auch bei diesen **„Katalogverstößen"**, die zugleich eine Verletzung der jeweiligen Grundnormen darstellen, verbleibt es zunächst **grundsätzlich** bei der in ihnen angeordneten **Darlegungs- und Beweislastumkehrregel**.

Zusätzlich **modifizieren** diese Sondernormen den **allgemeinen Schadensbegriff** der §§ 249 ff. BGB: Liegt einer der dort näher umschriebenen Pflichtenverstöße vor, so wird zu Gunsten der Gesellschaft (widerleglich) vermutet, dass ihr ein Schaden im Umfang der entzogenen oder vorenthaltenen Mittel entstanden ist. Dem Geschäftsleitungsorgan obliegt mithin die Darlegungs- und Beweislast dafür, dass die Gesellschaft trotz des pflichtwidrigen Verhaltens nicht geschädigt ist[1]; der Einwand fehlenden Schadens kann aber nur darauf gestützt werden, dass der Mindestschaden entfallen ist, entzogene Beträge also tatsächlich zurückgeführt oder vorenthaltene Einlagen tatsächlich geleistet sind, mithin eine Schädigung der Gesellschaft als Folge der Pflichtverletzung überhaupt nicht mehr möglich ist.

20

Soweit es freilich um einen der Gesellschaft entstandenen **weiteren Schaden** geht, kann dieser zwar auch auf § 93 Abs. 3 AktG bzw. § 34 Abs. 3 GenG oder § 43 Abs. 3 GmbHG gestützt werden; doch kommt der Gesellschaft für diesen überschießenden Schadensteil die Schadensvermutung nicht zugute, vielmehr trägt sie hierfür wiederum nach den allgemeinen Grundsätzen selbst die Darlegungs- und Beweislast.

21

2. Spezialfall: Insolvenzrechtliches Zahlungsverbot

Hinsichtlich des praxisrelevanten Falles der Innenhaftung des Geschäftsleiters wegen **verbotswidrig nach Eintritt der Insolvenzreife geleisteter Zahlungen** ist zunächst zu beachten, dass durch das Gesetz zur Modernisierung des GmbH-Rechts und zur Bekämpfung von Missbräuchen (**MoMiG**)[2] die bisher in den einzelnen Gesellschaftsgesetzen geregelten **Insolvenzantragspflichten** (§ 64 Abs. 1 GmbHG a.F.; § 92 Abs. 2 AktG a.F.; § 99 Abs. 1 GenG a.F.; § 130a Abs. 1 HGB a.F.) nunmehr **rechtsformneutral in § 15a InsO n.F. verlagert** worden sind; eine inhaltliche Änderung ist mit dieser insolvenzrechtlichen Einordnung eines vereinheitlichten Wortlauts freilich nicht verbunden.[3] Geblieben ist – abgesehen von den notwendigen redaktionellen Anpassungen der einzelnen Gesellschaftsgesetze – der Unterschied in der Regelungstechnik der Innenhaftung der Geschäftsleiter für die verbotswidrigen Zahlungen zwischen Aktien- und Genossenschaftsrecht einerseits und GmbH-Recht andererseits:

22

---

1 RGZ 159, 211, 230; *Hopt* in Großkomm. AktG, § 93 AktG Rz. 235; *Hüffer*, § 93 AktG Rz. 22; *Spindler* in MünchKomm. AktG, § 93 AktG Rz. 193; *Altmeppen* in Roth/Altmeppen, § 43 GmbHG Rz. 106; *Zöllner/Noack* in Baumbach/Hueck, § 43 GmbHG Rz. 49; vgl. auch BGH v. 9.12.1991 – II ZR 43/91, NJW 1992, 1166.
2 MoMiG v. 23.10.2008 (BGBl. I 2008, 2026), in Kraft getreten am 1.11.2008.
3 Durch die Rechtsformneutralität der Regelung werden allerdings nunmehr auch Auslandsgesellschaften und sog. Scheinauslandsgesellschaften erfasst.

23 a) Während für das GmbH-Recht § 64 GmbHG[1] sowohl das Zahlungsverbot[2] als auch den daraus abgeleiteten Ersatzanspruch eigener Art der Gesellschaft gegen den pflichtwidrig handelnden Geschäftsleiter regelt und lediglich zusätzlich über eine Verweisung § 43 Abs. 3 GmbHG entsprechend in Bezug nimmt, enthalten im Aktien- und im Genossenschaftsrecht die Zahlungsverbotsnormen des § 92 Abs. 2 AktG[3] bzw. § 99 GenG[4] keine unmittelbare Anspruchsgrundlage; der Ersatzanspruch selbst ist vielmehr innerhalb der besonderen Normenkataloge in § 93 Abs. 3 Nr. 6 AktG bzw. § 34 Abs. 3 Nr. 4 GenG geregelt.

24 Für das **Aktien- und das Genossenschaftsrecht** folgt daraus bereits, dass von vornherein die Beweislastumkehrregelung des § 92 Abs. 2 Satz 2 AktG bzw. des § 34 Abs. 2 Satz 2 GenG ebenso wie die Beweiserleichterung im Hinblick auf die Schadensvermutung zu Gunsten der anspruchstellenden Gesellschaft streitet.

25 b) Darüber hinaus sind – **systemübergreifend für alle drei Gesellschaftsformen** – die Darlegungs- und Beweislastgrundsätze zu den inhaltlich identischen Regelungen über den **objektiven Tatbestand von Zahlungsunfähigkeit oder Überschuldung** sowie über **Verbotsbeginn** und **Verbotsausnahme** gleich:

Der **Insolvenzverwalter** hat als Anspruchsteller zweifellos die objektiven Voraussetzungen einer Zahlungsunfähigkeit oder Überschuldung der Gesellschaft darzulegen und zu beweisen. Dabei genügt er allerdings seiner Darlegungslast zum **Merkmal der Überschuldung**, wenn er eine **Handelsbilanz** mit dem Ausweis eines nicht durch Eigenkapital gedeckten Fehlbetrages vorlegt und erläutert, ob und gegebenenfalls welche Abweichungen nach Insolvenzrecht bestehen und dass danach eine Überschuldung im insolvenzrechtlichen Sinne gegeben ist; dabei hat er auch auf den Gegenvortrag des beklagten Geschäftsführers einzugehen.[5]

Nach der neueren Rechtsprechung des BGH zu § 64 Abs. 2 GmbHG a.F. (jetzt: § 64 GmbHG n.F.) genügt für den **Beginn des** mit der Ersatzpflicht des Geschäftsführers bewehrten **Zahlungsverbots** die für ihn **erkennbare Insolvenzreife** (Überschuldung oder Zahlungsunfähigkeit) der Gesellschaft[6], wobei dessen entsprechendes **Verschulden vermutet wird**. Er hat daher die fehlende Erkennbarkeit darzulegen und gegebenenfalls zu beweisen.

26 Diese zur GmbH getroffene Entscheidung ist auf die **gleich gelagerte Situation im Aktien- und im Genossenschaftsrecht** zu übertragen. Gründe dafür, etwa nur bei diesen Gesellschaftsformen positive Kenntnis oder böswillige Unkenntnis der

---

1 Früher § 64 Abs. 2 GmbHG a.F.
2 Im Zuge der Neufassung zur Schließung von Schutzlücken durch Satz 3 erweitert auf Zahlungen an Gesellschafter, die zur Zahlungsunfähigkeit der Gesellschaft führen.
3 Früher § 92 Abs. 3 AktG a.F.; neu ist in § 92 Abs. 2 Satz 3 AktG die Erfassung von Zahlungen an Aktionäre, die zur Zahlungsunfähigkeit der Gesellschaft führen.
4 Früher § 99 Abs. 2 GenG a.F.
5 BGH v. 5.11.2007 – II ZR 262/06, GmbHR 2008, 142
6 BGH v. 29.11.1999 – II ZR 273/98, BGHZ 143, 184, 185; vgl. zur Maßgeblichkeit dieses Zeitpunkts auch BGH v.16.3.2009 – II ZR 280/07, GmbHR 2009, 654, Rz. 12.

Leitungsorgane von dem Insolvenzgrund zu verlangen[1], sind nicht ersichtlich. Dem Vorstand obliegt schon mit Krisenbeginn eine Beobachtungspflicht, die im unmittelbaren Vorfeld der Insolvenz noch intensiver wird[2]; Erkennbarkeit der Krise genügt auch, um dem Leitungsorgan die Sanierungsmöglichkeit zu eröffnen.

Soweit bei allen drei Gesellschaftsformen das Zahlungsverbot nicht für mit der Sorgfalt eines ordentlichen und gewissenhaften Geschäftsleiters zu vereinbarende Zahlungen nach Eintritt der Insolvenzreife gilt, obliegt dem **Organ** die **Darlegungs- und Beweislast** für das **Eingreifen dieser Verbotsausnahme**. Denn bei der Leistung von Zahlungen aus dem Gesellschaftsvermögen während der Krise der Gesellschaft wird zu Lasten des Geschäftsleiters – widerlegbar – vermutet[3], dass er dabei schuldhaft, nämlich nicht mit der von dem Vertretungsorgan einer derartigen Gesellschaft zu fordernden Sorgfalt gehandelt hat.[4] Der hierfür anzulegende Maßstab ist an dem besonderen Zweck des Zahlungsverbots auszurichten, die verteilungsfähige Vermögensmasse einer insolvenzreifen Gesellschaft im Interesse der Gesamtheit ihrer Gläubiger zu erhalten und eine zu ihrem Nachteil gehende, bevorzugte Befriedigung einzelner Gläubiger zu verhindern. 27

§ 64 GmbHG verbietet dem Geschäftsführer **grundsätzlich jegliche Zahlungen** aus dem Gesellschaftsvermögen nach Eintritt der Insolvenzreife. Für den Ausnahmefall einer im Interesse der Masseerhaltung notwendigen Aufwendung – die dann vorliegt, wenn durch sie größere Nachteile für die Insolvenzmasse abgewendet werden sollen[5] – ist daher der Geschäftsleiter darlegungs- und beweispflichtig.[6]

V. Sonderfall: Verfolgungsrecht außenstehender Gläubiger

Die Vorschriften der § 93 Abs. 5 Satz 1 AktG und § 34 Abs. 5 Satz 1 GenG gewähren – anders als das GmbHG, das entsprechende Bestimmungen nicht enthält – in den Fällen der **Sondertatbestände der § 93 Abs. 3 AktG** bzw. **§ 34 Abs. 3 GenG** dem außenstehenden Gesellschaftsgläubiger ein **unmittelbares eigenes Verfolgungsrecht** bezüglich der Ersatzansprüche der Gesellschaft gegen die ihr er- 28

---

1 Früher h.M.: vgl. die Nachweise bei *Spindler* in MünchKomm. AktG, § 92 AktG Rz. 39; ferner Nachw. bei *Hüffer*, § 92 AktG Rz. 9; so früher auch BGH v. 9.7.1979 – II R 118/77, BGHZ 75, 96, 110.
2 Zutr. *Fleischer* in Fleischer, Handbuch des Vorstandsrechts, § 20 Rz. 58; jetzt auch *Hüffer*, § 92 AktG Rz. 9; *Spindler* in MünchKomm. AktG, § 92 AktG Rz. 39 m.w.N.; zur entsprechenden **Beobachtungs- und Überwachungspflicht des Aufsichtsrats**: BGH v. 16.3.2009 – II ZR 280/07, GmbHR 2009, 654, Rz. 15; vgl. auch BGH v. 1.12.2008 – II ZR 102/07, BGHZ 179, 81, Rz. 14 = GmbHR 2009, 199 – MPS.
3 Vgl. § 64 Satz 2 und Satz 3 GmbHG n.F.; § 92 Abs. 2 Satz 2 und Satz 3 AktG n.F.; § 99 Satz 2 GenG n.F.
4 St. Rspr.: BGH v. 8.1.2001 – II ZR 88/99, BGHZ 146, 264, 274 = GmbHR 2001, 190 m.w.N.; soweit nach a.A. hierin bereits Pflichtwidrigkeitsausschlussnormen gesehen werden, ändert sich dadurch die Darlegungs- und Beweislast nicht, vgl. *Hüffer*, § 92 AktG Rz. 14b; *Fleischer* in Fleischer, Handbuch des Vorstandsrechts, § 20 Rz. 60 – je m.w.N.
5 BGH v. 5.11.2007 – II ZR 262/06, GmbHR 2008, 142.
6 BGH v. 5.2.2007 – II ZR 51/06, GmbHR 2007, 936.

satzpflichtigen Organmitglieder, soweit der Gläubiger selbst von der Gesellschaft keine Befriedigung erlangen kann.

29 1. Als **Grundvoraussetzung** für eine Erfolg versprechende Ausübung des Verfolgungsrechts hat vorab der außenstehende Gläubiger darzulegen und zu beweisen, dass ihm selbst eine Forderung gegen die Gesellschaft zusteht und dass er von der Gesellschaft keine Befriedigung erlangen konnte. Hierfür reicht einerseits die bloße Zahlungsunwilligkeit der Gesellschaft nicht aus, andererseits ist ein fruchtloser Vollstreckungsversuch nicht erforderlich.[1]

30 2. Wird diese Hürde überwunden, so führt das Verfolgungsrecht – unabhängig davon, ob es dogmatisch als Prozessstandschaft oder, was näher liegt, als **Anspruchsvervielfältigung eigener Art** einzustufen ist[2] – für den außenstehenden Gläubiger zweifellos zu einer Erleichterung seiner Anspruchsverfolgung, weil er der Notwendigkeit enthoben ist, zunächst einen Titel gegen die Gesellschaft erwirken und sodann deren Ersatzanspruch gegen das Organmitglied pfänden und sich zur Einziehung überweisen lassen zu müssen (§§ 829, 835 ZPO). Das betroffene Organmitglied kann zwar weiterhin mit befreiender Wirkung an die Gesellschaft leisten und unterliegt insoweit keiner Doppelzahlungspflicht; gleichwohl ist es zuvor einem weiteren Gläubiger ausgesetzt, dem die zu Gunsten der Gesellschaft geltenden Darlegungs- und Beweislasterleichterungen sowie die Schadensvermutung nach Abs. 3 der genannten Vorschriften zugute kommen.

31 Da indessen zumeist in solchen Fällen das Insolvenzverfahren über das Vermögen der Gesellschaft eröffnet werden wird und die Geltendmachung des Ersatzanspruchs dann auf den **Insolvenzverwalter** übergeht (vgl. § 93 Abs. 5 Satz 4 AktG bzw. § 34 Abs. 5 Satz 3 GenG), ist die praktische Bedeutung jenes Verfolgungsrechts für den außenstehenden Gläubiger beschränkt.

32 3. Das Aktiengesetz enthält zwar in § 93 Abs. 5 Satz 2 AktG noch eine **Erweiterung des Verfolgungsrechts** zu Gunsten der Gläubiger der Gesellschaft auf die Normalfälle der Haftung der Organmitglieder außerhalb des Bereichs der Sondertatbestände des § 93 Abs. 3 AktG. Da diese Erweiterung jedoch beschränkt ist auf Fälle „gröblicher" Sorgfaltspflichtverletzungen der Organe, ist sie für die Gläubiger wenig effizient. An der Beweislastumkehr des – nach § 93 Abs. 5 Satz 2 Halbs. 2 AktG – analog geltenden Absatzes 2 Satz 2 der Vorschrift zu Gunsten des den Anspruch verfolgenden Gläubigers ändert sich freilich – abgesehen von der Reduzierung des Verschuldensmaßstabs auf grobe Fahrlässigkeit – nichts.

C. Sonderregelungen der Beweislast bei der Organhaftung im AG-Konzern

33 § 93 AktG gilt – einschließlich der darin angeordneten Beweislastumkehrregelung – grundsätzlich auch für die Organhaftung im Konzern. Jedoch bestehen in-

---

1 *Hüffer*, § 93 AktG Rz. 33 m.w.N.
2 Zum Meinungsstand: *Spindler* in MünchKomm. AktG, § 93 AktG Rz. 234; *Hopt* in Großkomm. AktG, § 93 AktG Rz. 396 ff. – je m.w.N.; *Fleischer* in Spindler/Stilz, § 93 AktG Rz. 251.

soweit weitgehend Sonderregelungen: für den Vertragskonzern in §§ 309, 310 AktG[1], für den faktischen Konzern in §§ 317 Abs. 3, 318 AktG.

I. Haftung der Geschäftsleiter des herrschenden Unternehmens im Vertragskonzern (§ 309 AktG)

Für die Haftung der **geschäftsleitenden Organe des herrschenden Unternehmens im Vertragskonzern** – zu denen nicht die Mitglieder des Aufsichtsrats zählen, da sie nicht im Sinne des § 309 Abs. 1 AktG zu den gesetzlichen Vertretern gehören, die Geschäftsführungs- und Vertretungsfunktion organschaftlich ausüben[2] – ist bezüglich der Ersatzpflicht für die Verletzung ihrer Pflichten im Rahmen der Weisungserteilung an die beherrschte Gesellschaft in **§ 309 Abs. 2 Satz 2 AktG** die Darlegungs- und Beweislast ebenso umgekehrt wie in der „Grundnorm" des § 93 Abs. 2 Satz 2 AktG: Ist streitig, ob sie im Rahmen der Weisungserteilung die Sorgfalt eines ordentlichen und gewissenhaften Geschäftsleiters angewandt haben, so trifft sie die Beweislast. Danach muss die **Untergesellschaft** lediglich die „mögliche" Pflichtwidrigkeit der Weisung, den Schaden und den Kausalzusammenhang darlegen und beweisen. Demgegenüber obliegt dem in Anspruch genommenen **Geschäftsleiter des herrschenden Unternehmens** die Behauptungs- und Beweislast dafür, dass er durch die Weisungserteilung nicht pflichtwidrig oder jedenfalls nicht schuldhaft gehandelt hat. 34

Zusätzlich ist hier zu Gunsten der für den Eintritt und die Höhe des Schadens an sich beweispflichtigen Untergesellschaft eine **Beweiserleichterung** hinsichtlich des **Schadens** in Betracht zu ziehen, weil bereits die Pflichtwidrigkeit davon abhängt, ob und in welchem Umfang der Konzerngeschäftsleiter, indem er der abhängigen Gesellschaft Nachteile zugefügt hat, Konzerninteressen gewahrt hat; aus Gründen der Sachnähe kann ihn deshalb zumindest die sekundäre Darlegungslast hinsichtlich des von ihm aufzuklärenden Bereichs, aus dem der Schaden hervorgegangen ist, treffen.[3] 35

II. Haftung der Organe der abhängigen Gesellschaft (§ 310 AktG)

Auch für die Mitglieder von Vorstand und Aufsichtsrat der **abhängigen Gesellschaft im Vertragskonzern** kommt eine Haftung neben den für eine pflichtwidrige Weisung des herrschenden Unternehmens verantwortlichen Geschäftsleitern im Sinne von § 309 AktG in Betracht, sofern sie ihrerseits unter Verletzung ihrer Organpflichten gehandelt haben. 36

---

1 Sinngemäße Geltung auch für die Eingliederung (§ 323 Abs. 1 Satz 2 AktG). Zur entsprechenden Anwendung der §§ 309, 310 AktG auf den **GmbH-Vertragskonzern**: vgl. nur *Altmeppen* in MünchKomm. AktG, § 309 AktG Rz. 11 m.w.N. sowie § 310 AktG Rz. 5.
2 H.M.: vgl. *Hüffer*, § 309 AktG Rz. 4; *Altmeppen* in MünchKomm. AktG, § 309 AktG Rz. 18 f.; *Koppensteiner* in KölnKomm. AktG, § 309 AktG Rz. 35.
3 *Altmeppen* in MünchKomm. AktG, § 309 AktG Rz. 116; *Hüffer*, § 309 AktG Rz. 16.

37 In § 310 Abs. 1 Satz 2 AktG ist eine **Beweislastumkehr** in derselben Weise geregelt wie in § 93 Abs. 2 Satz 2 AktG. Insofern ergäbe sich – sofern die besondere Regelung des § 310 AktG nicht existierte – eine Haftung der Organe der abhängigen Gesellschaft mit der identischen Beweislastverteilung schon aus §§ 93, 116 AktG.

Für die tatsächlichen Voraussetzungen des in **§ 310 Abs. 3 AktG** angeordneten **Haftungsausschlusses** im Falle einer nach § 308 Abs. 2 AktG zu befolgenden schädigenden Weisung sind die in Anspruch genommenen Organmitglieder darlegungs- und beweisbelastet. Das bedeutet, dass sie auch bei erkennbarer Schädigung der Gesellschaft nicht haften, wenn eine solche Schädigung auf der Weisung des herrschenden Unternehmens beruht und den Belangen des herrschenden oder eines konzernverbundenen Unternehmens dient oder Konzernbelangen zwar nicht dient, dies aber nicht offensichtlich ist; dabei liegt die Darlegungs- und Beweislast auch für die fehlende Offensichtlichkeit bei den Organmitgliedern.[1]

III. Haftung der Geschäftsleiter des herrschenden Unternehmens im faktischen Konzern (§ 317 AktG)

38 Hinsichtlich der Verantwortlichkeit des herrschenden Unternehmens für **kompensationslose nachteilige Einflussnahme** auf die abhängige Gesellschaft im faktischen Konzern (§ 317 Abs. 1 i.V.m. § 311 AktG) haften gem. § 317 Abs. 3 AktG neben dem herrschenden Unternehmen dessen gesetzliche Vertreter, die die abhängige Gesellschaft zu dem Rechtsgeschäft oder der nachteiligen Maßnahme veranlasst haben, als Gesamtschuldner.

39 Die **abhängige Gesellschaft** trägt die **Darlegungs- und Beweislast** für das Vorliegen der Tatbestandsvoraussetzungen des **§ 317 Abs. 1 AktG**: die faktische Beherrschung, die kompensationslose nachteilige Veranlassung und den Schadenseintritt; dabei kommen ihr hinsichtlich der Abhängigkeit die gesetzliche Vermutung des § 17 Abs. 2 AktG und bezüglich der Veranlassung eine tatsächliche, aus dem Prinzip der Tatsachennähe abgeleitete „Veranlassungsvermutung" zugute.[2]

Demgegenüber hat der in Anspruch genommene **Geschäftsleiter** des herrschenden Unternehmens den **Tatbestandsausschluss nach § 317 Abs. 2 AktG** darzulegen und zu beweisen: Danach tritt die Ersatzpflicht nicht ein, wenn auch ein ordentlicher und gewissenhafter Geschäftsleiter einer unabhängigen Gesellschaft das Rechtsgeschäft vorgenommen oder die Maßnahme getroffen oder unterlassen hätte.[3]

---

1 *Hüffer*, § 310 AktG Rz. 6; *Koppensteiner* in KölnKomm. AktG, § 310 AktG Rz. 7 m.w.N.; a.A. *Altmeppen* in MünchKomm. AktG, § 310 AktG Rz. 23 ff.
2 H.M.: vgl. nur *Kropff* in MünchKomm. AktG, § 317 AktG Rz. 72 u. § 311 Rz. 83 ff.; *Hüffer*, § 317 AktG Rz. 12 u. § 311 AktG Rz. 20 f. – jew. m.w.N.; vgl. auch BGH v. 1.12.2008 – II ZR 102/07, BGHZ 179, 81, Rz. 14 = GmbHR 2009, 199 m.w.N. – MPS.
3 Vgl. dazu instruktiv: BGH v. 3.3.2008 – II ZR 124/06, BGHZ 175, 365, Rz. 9, 11 = AG 2008, 375 – UMTS.

IV. Haftung der Organe der abhängigen Gesellschaft (§ 318 AktG)

§ 318 AktG ordnet in Abs. 1 die **gesamtschuldnerische Haftung des Vorstands** der abhängigen Gesellschaft neben den nach § 317 AktG Ersatzpflichtigen wegen der Verletzung von Berichtspflichten gem. § 312 AktG an, während nach Abs. 2 der Norm auch die **Mitglieder ihres Aufsichtsrats** gesamtschuldnerisch neben den nach § 317 AktG Ersatzpflichtigen für eine Verletzung der ihnen aus § 314 AktG obliegenden Prüfungs- und Berichtspflichten haften.[1] 40

Für beide Organe ist eine – mit der Grundregel in § 93 Abs. 2 Satz 2 AktG übereinstimmende – **Beweislastumkehr** hinsichtlich der Beobachtung der Sorgfalt eines ordentlichen und gewissenhaften Geschäftsleiters bzw. Aufsichtsrats angeordnet. Die §§ 93, 116 AktG bleiben freilich ohnehin wegen der Verletzung anderweitiger abhängigkeitsrelevanter Geschäftsleitungs- und Überwachungspflichten anwendbar[2], so dass § 318 AktG im Grunde genommen hinsichtlich der Anordnung der Haftungsvoraussetzungen überflüssig ist.

V. Verfolgungsrecht von Aktionären und Gläubigern der abhängigen Gesellschaft

1. Die o. g. „konzernrechtlichen" Ersatzansprüche der abhängigen Gesellschaft gegen ihre eigenen Verwaltungsorgane und diejenigen des herrschenden Unternehmens können auch von **jedem Aktionär** der abhängigen Gesellschaft – sowohl im **Vertragskonzern (§§ 309 Abs. 4 Satz 1, 310 Abs. 4 AktG)** als auch im **faktischen Konzern (§§ 317 Abs. 4, 318 Abs. 4 AktG)** – geltend gemacht werden; jedoch kann der einzelne Aktionär bei diesem **Sonderklagerecht**[3] nur Leistung des Schadensersatzes an die Gesellschaft fordern. 41

2. Darüber hinaus können auch die **Gläubiger der abhängigen Gesellschaft** deren konzernrechtliche Ersatzansprüche geltend machen, soweit sie von dieser keine Befriedigung erlangen können (§ 309 Abs. 4 Satz 3 AktG, § 310 Abs. 4 AktG, §§ 317 Abs. 4, 318 Abs. 4 AktG). Dabei können sie – anders als die Aktionäre – nur auf Leistung an sich klagen, weil das Verfolgungsrecht des § 309 Abs. 4 Satz 3 AktG – das der „Grundnorm" des § 93 Abs. 5 AktG nachgebildet ist – als Anspruchsvervielfältigung eigener Art anzusehen ist. 42

3. Hinsichtlich der **Darlegungs- und Beweislast** ergeben sich sowohl für das Sonderklagerecht der Aktionäre als auch für das Verfolgungsrecht der Gläubiger keine relevanten Abweichungen von der zuvor beschriebenen Lastenverteilung bei den konzernrechtlichen **Ersatzansprüchen der abhängigen Gesellschaft** gegen die betreffenden Organe, weil diese Ansprüche auch **Streitgegenstand** im Rahmen 43

---

1 Vgl. BGH v. 1.12.2008 – II ZR 102/07, BGHZ 179, 81, Rz. 14 = GmbHR 2009, 199 m.w.N. – MPS.
2 Vgl. auch BGH v. 1.12.2008 – II ZR 102/07, BGHZ 179, 81, Rz. 14 = GmbHR 2009, 199 m.w.N. – MPS.
3 Gesetzliche Prozessstandschaft (vgl. *Hüffer*, § 309 AktG Rz. 21a) oder actio pro socio (vgl. *Altmeppen* in MünchKomm. AktG, § 309 AktG Rz. 122 ff.); vgl. auch BGH v. 3.3.2008 – II ZR 124/06, BGHZ 175, 365, Rz. 9 = AG 2008, 375 – UMTS: sog. Aktionärsklage.

der jeweiligen besonderen Anspruchsverfolgung nach § 309 Abs. 4 Satz 1 und Satz 3 AktG bleiben.

44 4. Soweit ein Aktionär gem. **§ 317 Abs. 1 Satz 2 AktG** den Ersatz des – über den Reflexschaden hinausgehenden – unmittelbaren eigenen Schadens geltend macht, kann er die Leistung des Schadensersatzes an sich selbst fordern.[1] In Bezug auf die Darlegungs- und Beweislast ergibt sich hier lediglich die Besonderheit, dass der Aktionär den speziellen „**Individualschaden**"[2] vorzutragen und zu beweisen hat.

D. Sonderfall: Innenhaftungsprozess beim rechtsfähigen Verein

45 I. Für die **Innenhaftung** des Vorstands des **rechtsfähigen Vereins des BGB** wegen schuldhafter Verletzung seiner Geschäftsführungspflichten ist – mangels spezieller Haftungsnorm – auf **§ 280 Abs. 1 Satz 1 BGB** als zentrale Haftungsregelung des allgemeinen Schuldrechts zurückzugreifen: Danach haftet der Vorstand dem Verein für die ihm vorwerfbare Verletzung seiner Pflichten „aus dem Schuldverhältnis", d.h. aus dem organschaftlichen Rechtsverhältnis[3] sowie ggf. daneben auch – im Wege der Anspruchskonkurrenz – aus dem Anstellungsverhältnis.[4]

46 II. Den **klagenden Verein** trifft damit grundsätzlich die **Darlegungs- und Beweislast** für die objektive Pflichtverletzung, die Entstehung des Schadens sowie den diesbezüglichen Kausalzusammenhang; demgegenüber ist für das **Nichtvertretenmüssen nach § 280 Abs. 1 Satz 2 BGB als Einwendungstatbestand** der **Vorstand** behauptungs- und beweispflichtig.

47 Freilich dürften **abweichend hiervon** die im Recht der Gesellschaften zu Gunsten der klagenden AG, GmbH und Genossenschaft anzunehmenden **Erleichterungen der Darlegungs- und Beweislast bezüglich der objektiven Pflichtwidrigkeit** („möglicherweise pflichtwidrig") des Organs wegen der im Wesentlichen gleich gelagerten Situation auch auf die Organinnenhaftung im Vereinsrecht übertragbar sein. Das steht im Einklang mit dem von der Rechtsprechung zu § 280 Abs. 2 BGB a.F. entwickelten, weitergeltenden Grundsatz, dass die Beweislastverteilung sich an den **Verantwortungsbereichen** von Schuldner und Gläubiger zu orientieren hat; insoweit wird daher bei verhaltensbezogenen Pflichten von einer Schädigung auf eine Pflichtverletzung geschlossen, wenn der Gläubiger dartut, dass die Schadensursache (allein) aus dem Verantwortungsbereich des Schuldners herrühren kann.[5]

---

1 Formal eine Organaußenhaftung.
2 Zur schwierigen Abgrenzung vom Reflexschaden: BGH v. 4.3.1985 – II ZR 271/83, BGHZ 94, 55, 58 = AG 1985, 217; BGH v. 20.3.1995 – II ZR 205/94, BGHZ 129, 136, 165 f. = AG 1995, 368.
3 *Hadding* in Soergel, § 27 BGB Rz. 23.
4 *Hadding* in Soergel, § 27 BGB Rz. 23; *Reuter* in MünchKomm. BGB, § 27 BGB Rz. 43; *Reichert*, Vereins- und Verbandsrecht, 11. Aufl. 2007, Rz. 3382.
5 Vgl. nur *Heinrichs* in Palandt, § 280 BGB Rz. 37 m. umfangr. Rspr.nachw.

Eine **Sonderregelung** in Gestalt einer Haftungsbegrenzung gilt aufgrund des mit Wirkung vom 3.10.2009 neu eingefügten § **31a BGB**[1] für die Innenhaftung des Vereinsvorstands, der unentgeltlich – also **ehrenamtlich** – tätig ist oder für seine Tätigkeit eine geringfügige Vergütung von nicht über 500 Euro jährlich erhält: Ein solcher Vorstand „haftet dem Verein für einen in Wahrnehmung seiner Vorstandspflichten verursachten Schaden **nur bei** Vorliegen von **Vorsatz oder grober Fahrlässigkeit**" (näher zur Neuregelung s. oben *Burgard*, § 6 Rz. 68 ff.). Die neue gesetzliche Haftungsbeschränkung betrifft den **Schuldgrad**, modifiziert mithin im Rahmen der hier in Rede stehenden Haftungsnorm des § 280 Abs. 1 BGB den Einwendungstatbestand des Nichtvertretenmüssens i.S. von § 280 Abs. 1 Satz 2 BGB i.V.m. § 276 BGB. Die **Beweislast** folgt insofern auch in diesem Rahmen den **allgemeinen Grundsätzen**, nach denen bei Bestehen einer Haftungsmilderung der Schuldner dartun und gfs. beweisen muss, dass er den Grad an Sorgfalt beobachtet hat, für den er einzustehen hat[2]; der von dem privilegierten Vereinsvorstand zu führende Entlastungsbeweis bezieht sich daher darauf, dass ihm als Verschuldensgrad weder Vorsatz noch grobe Fahrlässigkeit zur Last fällt.

47a

E. Darlegungs- und Beweislast im Außenhaftungsprozess

Die „genuine"[3] persönliche Außenhaftung der Geschäftsleiter im Kapitalgesellschafts- und Genossenschaftsrecht bietet gegenüber der im Kern auf zentrale Haftungsnormen gestützten Innenhaftung ein „ungleich zerklüfteteres Bild".[4] Für die mit ihr zusammenhängenden Darlegungs- und Beweislastfragen im Haftungsprozess sind namentlich Ansprüche aus **culpa in contrahendo**, aus **besonders geregelten gesetzlichen Tatbeständen** sowie aus **Delikt** von Interesse.

48

I. Organhaftung aus culpa in contrahendo

1. Bekanntlich kommt eine **Eigenhaftung** des Geschäftsleiters aus **culpa in contrahendo**[5] (s. oben *Altmeppen*, § 7 Rz. 19 ff.) für die von ihm in Ausübung seiner Organstellung begangenen vorvertraglichen Pflichtverletzungen allenfalls dann in Betracht, wenn dieser – auf Grund eigenen wirtschaftlichen und persönlichen Interesses – „in besonderem Maße" Vertrauen für sich in Anspruch genommen hat.[6] Insbesondere wird eine „Repräsentantenhaftung" wegen Unterlassung der gebotenen Aufklärung über die finanziellen Verhältnisse der Gesellschaft von der insoweit restriktiven Rechtsprechung des BGH abgelehnt.[7]

49

2. Kommt es in derartigen Fällen aber zu **Zusicherungen des Geschäftsleiters** gegenüber dem Vertragspartner der Gesellschaft, **für die Bonität der Gesellschaft**

50

---

1 Art. 1 Nr. 2 des Gesetzes vom 28.9.2009 (BGBl. I 2009, 3261).
2 Vgl. schon BGH v. 23.12.1966 – V ZR 26/64, BGHZ 46, 260, 267.
3 In Abgrenzung etwa zum Verfolgungsrecht von Ansprüchen der Gesellschaft.
4 *Peltzer* in Semler/Peltzer, Arbeitshandbuch Vorstandsmitglieder, § 9 Rz. 215.
5 Vgl. jetzt § 311 Abs. 2 i.V.m. § 280 BGB.
6 BGH v. 5.4.1971 – VII ZR 163/69, BGHZ 56, 81, 84.
7 BGH v. 6.6.1994 – II ZR 292/91, BGHZ 126, 181, 189 f. = GmbHR 1994, 539: statt dessen: § 823 Abs. 2 BGB, § 64 Abs. 1 GmbHG a.F. (= § 15a InsO n.F.).

einzustehen, etwa „notfalls eigenes Geld nachschießen" zu wollen, liegt allerdings eine Eigenhaftung des Organs nicht nur aus culpa in contrahendo, sondern sogar aus selbständiger Garantiezusage nahe.[1]

51 In solchen Fällen stellen sich indessen in der Regel **keine spezifischen Darlegungs- und Beweislastprobleme**, weil entweder eine entsprechende haftungsbegründende Zusage festgestellt werden kann oder aber – bei Nichterweislichkeit – nach **allgemeinen Beweislastgrundsätzen** eine klageabweisende Entscheidung zu Lasten des klagenden Dritten zu ergehen hat.

52 3. Im Übrigen ist die **Darlegungs- und Beweislast** bei Forderungen gegen den Geschäftsleiter wegen Inanspruchnahme besonderen persönlichen Vertrauens bei Vertragsschluss **eindeutig**: Nach allgemeinen Darlegungs- und Beweislastgrundsätzen hat der aus culpa in contrahendo klagende Dritte die Verletzung der gebotenen Verhaltenspflicht, den Schaden und die Kausalität zwischen beiden sowie das Verschulden des Gesellschaftsorgans zu beweisen.[2]

II. Deliktische Organaußenhaftung

1. Grundsatz der Darlegungs- und Beweislast beim Delikt

53 Hinsichtlich der Haftung des Geschäftsleiters der Gesellschaft für von ihm in Ausübung seines Amtes gegenüber Dritten begangenen unerlaubten Handlungen – namentlich **§§ 823 Abs. 2, 826 BGB** – gilt grundsätzlich: **Der geschädigte Deliktsgläubiger trägt die Darlegungs- und Beweislast für alle objektiven und subjektiven Tatbestandsmerkmale des Delikts**[3]; das gilt auch für die Schutzgesetzverletzung i.S. des § 823 Abs. 2 BGB, bei der der Anspruchsteller insbesondere die Beweislast für den vom Organ begangenen objektiven Schutzgesetzverstoß trägt.[4]

Freilich kann es im **Einzelfall** sogar beim Delikt, namentlich im Bereich der Kausalität und des Verschuldens, unter Umständen zu **Abweichungen**[5] von diesem Grundsatz bis hin zur Beweislastumkehr kommen, etwa durch Anwendung der Regeln über den Anscheinsbeweis, der Grundsätze über die sekundäre Beweislast auf Grund von Sachnähe bzw. Besonderheiten des verletzten Rechtskreises sowie auf Grund sonstiger Beweiserleichterungen.

2. Verletzung spezieller Schutzgesetze

54 Unter dem Blickwinkel der Haftung nach **§ 823 Abs. 2 BGB wegen Verletzung eines Schutzgesetzes** (s. oben *Altmeppen*, § 7 Rz. 47 ff.) sind hinsichtlich der Dar-

---

1 BGH v. 18.6.2001 – II ZR 248/99, ZIP 2001, 1496.
2 *Baumgärtel*, Handbuch, § 276 BGB Rz. 16 ff. m.w.N.
3 St.Rspr. vgl. nur BGH v. 22.6.1959 – III ZR 52/58, BGHZ 30, 226; BGH v. 19.7.2004 – II ZR 218/03, BGHZ 160, 134, 145 = AG 2004, 543 – zu § 826 BGB; h.M.: vgl. nur *Greger* in Zöller, vor § 284 ZPO Rz. 20 m.w.N.
4 *Baumgärtel*, Handbuch, § 823 Abs. 2 BGB Rz. 38.
5 *Baumgärtel*, Handbuch, § 823 Abs. 2 BGB Rz. 39 ff. sowie § 823 BGB Anh. C.

legungs- und Beweislastproblematik insbesondere die praxisrelevanten Problemkreise der Insolvenzverschleppung und des Nichtabführens von Arbeitnehmerbeiträgen zur Sozialversicherung von Interesse.

a) Insolvenzverschleppung

Die bis zum Inkrafttreten der **rechtsformneutralen Neuregelung** der **Insolvenzantragspflicht** in § 15a InsO n.F. am 1.11.2008 geltenden Bestimmungen der § 64 Abs. 1 GmbHG a.F., § 92 Abs. 2 AktG a.F. und § 99 Abs. 1 GenG a.F.[1], die für die Geschäftsleiter der jeweiligen Rechtsform die Pflicht statuierten, im Falle der Zahlungsunfähigkeit oder Überschuldung der Gesellschaft ohne schuldhaftes Zögern die Eröffnung des Insolvenzverfahrens zu beantragen, waren als **Schutzgesetze** i.S. von § 823 Abs. 2 BGB anerkannt: Sie dienten dem **Schutz der Gläubiger vor einer weiteren Teilnahme der insolvenzreifen Gesellschaft am Geschäftsverkehr**. Durch die inhaltsgleiche Überführung der Antragspflicht in die Insolvenzordnung setzt sich der **Schutzgesetzcharakter** der alten Vorschriften in der jetzt einheitlich für jene Gesellschaftsformen geltenden neuen Vorschrift des § 15a InsO fort. Dabei fallen sowohl Altgläubiger hinsichtlich ihres „Quotenschadens" als auch Neugläubiger hinsichtlich des „Neugläubigerschadens" in den Schutzbereich der Norm.[2]

55

Altgläubiger[3] **wie Neugläubiger** tragen als Anspruchsteller grundsätzlich die Darlegungs- und Beweislast für das Vorliegen der **objektiven Voraussetzungen der Insolvenzantragspflicht**, d.h. die Tatsache der Insolvenzreife, sowie den Umstand, dass ihnen ein Schaden entstanden und dieser auf das Verhalten des Geschäftsleiters zurückzuführen ist.[4]

56

Beruft sich der solchermaßen darlegungs- und beweispflichtige Gläubiger für die behauptete **insolvenzrechtliche Überschuldung** der Gesellschaft auf eine **Handelsbilanz**, die einen **nicht durch Eigenkapital gedeckten Fehlbetrag** ausweist, und trägt er außerdem vor, ob und in welchem Umfang **stille Reserven** oder sonstige aus der Handelsbilanz nicht ersichtliche Vermögenswerte vorhanden sind, ist es Sache des beklagten **Geschäftsführers**, im Rahmen seiner **sekundären Darlegungslast** im Einzelnen vorzutragen, welche stillen Reserven oder sonstige für eine Überschuldungsbilanz maßgeblichen Werte in der Handelsbilanz nicht abgebildet sind.[5]

Für den subjektiven Tatbestand genügt die **Erkennbarkeit der Insolvenzreife** für den Geschäftsleiter, wobei dessen **Verschulden vermutet** wird[6]; der Geschäftsleiter hat daher darzulegen und zu beweisen, dass er die Insolvenzreife der Gesellschaft nicht erkennen konnte und deshalb nicht pflichtwidrig gehandelt hat

57

---

1 Inhaltsgleiche Regelung in **§ 42 Abs. 2 BGB** für den **eingetragenen Verein**.
2 Vgl. zur begriffl. Unterscheidung: BGH v. 6.6.1994 – II ZR 292/91, BGHZ 126, 181 = GmbHR 1994, 539.
3 An deren Stelle ggf. der Insolvenzverwalter.
4 BGH v. 6.6.1994 – II ZR 292/91, BGHZ 126, 181, 200 = GmbHR 1994, 539.
5 BGH v. 27.4.2009 – II ZR 253/07, GmbHR 2009, 817.
6 BGH v. 29.11.1999 – II ZR 273/98, BGHZ 143, 184, 185.

oder dass Umstände vorlagen, die es aus damaliger Sicht rechtfertigten, das Unternehmen trotzdem fortzuführen.

Aus dem Aufbau der **bis 17.10.2008 gültigen – und ab 1.1.2014 wieder geltenden – Normfassung des § 19 Abs. 2 InsO** folgte ohne Weiteres, dass die Überschuldungsprüfung nach Liquidationswerten in Satz 1 den Regelfall und die nach Fortführungswerten in Satz 2, der eine positive Fortbestehungsprognose voraussetzte, den Ausnahmefall darstellte. Der **Geschäftsleiter** hatte daher im Haftungsfall auch die Umstände darzulegen und ggf. zu beweisen, aus denen sich eine **günstige Prognose** für den fraglichen Zeitraum ergab.[1] Aus dem Gesetzeswortlaut dieser Fassung des § 19 Abs. 2 Satz 2 InsO folgte zudem zweifelsfrei, dass eine günstige Fortführungsprognose sowohl den Fortführungswillen des Schuldners bzw. seiner Organe als auch die objektive – grundsätzlich aus einem aussagekräftigen Unternehmenskonzept (sog. Ertrags- und Finanzplan) herzuleitende – Überlebensfähigkeit des Unternehmens voraussetzte.

Für den begrenzten Zeitraum **vom 18.10.2008 bis 31.12.2013 gilt freilich eine abweichende Fassung des § 19 Abs. 2 InsO**, die eine Rückkehr zu dem zur Zeit der Konkursordnung (vor dem 1.11.1999) gültigen sog. (modifizierten) zweistufigen Überschuldungsbegriff bedeutet. Danach obliegt zwar dem **Geschäftsleiter** der **Nachweis einer positiven Fortbestehensprognose**, jedoch schließt bereits diese eine Überschuldung ohne Rücksicht auf die weitere Ermittlung der Schuldendeckungsfähigkeit auf der Grundlage eines Überschuldungsstatus aus.[2]

58 Als echte Neuerung hat der Gesetzgeber des MoMiG in § 15a Abs. 3 InsO zur Stärkung des Gläubigerschutzes[3] die **Insolvenzantragspflicht** von **Gesellschaftern** bei der GmbH und von **Aufsichtsratsmitgliedern** bei AG und Genossenschaft für den **Sonderfall der Führungslosigkeit** dieser Gesellschaften eingeführt; Führungslosigkeit liegt vor, wenn die juristische Person Schuldner ist und **keinen organschaftlichen Vertreter** hat (§ 10 Abs. 2 InsO n.F.).

Hinsichtlich der daraus für diesen Personenkreis bei Verletzung dieser eigenständigen Insolvenzantragspflicht resultierenden **haftungsrechtlichen Konsequenzen aus § 823 Abs. 2 BGB** und die damit einhergehende Frage nach der Darlegungs- und Beweislast ergeben sich im Grundsatz keine Abweichungen gegenüber dem für Geschäftsleiter gültigen Regelungsmodell: Während der **Gläubiger** als Anspruchsteller die **objektiven Voraussetzungen der Schutznorm**, mithin das Vorliegen von Insolvenzantragsgrund und Führungslosigkeit, darzulegen und zu beweisen hat, fällt die Antragspflicht nur dann weg, wenn **Gesellschafter bzw. Aufsichtsratsmitglieder im Streitfall beweisen**, dass sie entweder vom Insolvenzantragsgrund oder von der Führungslosigkeit **keine (positive) Kenntnis** hatten.

---

1 BGH v. 9.10.2006 – II ZR 303/05, ZIP 2006, 2171, Rz. 3; insoweit überholt: BGH v. 6.6.1994 – II ZR 292/91, BGHZ 126, 181, 200 = GmbHR 1994, 539; vgl. auch *Fleischer* in Fleischer, Handbuch des Vorstandsrechts, § 20 Rz. 40 m.w.N.
2 Vgl. hierzu die ältere höchstrichterliche Rspr.: BGH v. 6.6.1994 – II ZR 292/91, BGHZ 126, 181, 200 = GmbHR 1994, 539; BGH v. 20.3.1995 – II ZR 205/94, BGHZ 129, 136, 154 = AG 1995, 368.
3 Begr. RegE MoMiG, BT-Drucks. 16/6140, S. 134.

Nach der Intention des Gesetzgebers soll zwar „**Kennen-Müssen**" nicht genügen, jedoch ein **bewusstes Verschließen vor der Kenntnis dieser gleichstehen**.[1]

In der Praxis werden die durch das Erfordernis der „**Kenntnis**" gesetzten hohen Hürden freilich weiter **relativiert**. Gesellschafter oder Aufsichtsratsmitglieder haben nämlich bei Kenntnis vom Insolvenzgrund allen Anlass nachzuforschen, warum das Leitungsorgan keinen Insolvenzantrag stellt, und werden dann in der Regel die Führungslosigkeit erkennen; umgekehrt haben sie bei Kenntnis der Führungslosigkeit Anlass zur Prüfung der Vermögensverhältnisse der Gesellschaft. Bei der **AG** bestehen im Übrigen unabhängig von dem Sonderfall der Führungslosigkeit der Gesellschaft für den **Aufsichtsrat weitreichende Informations- und Beobachtungspflichten** im Rahmen seiner genuinen – **haftungsbewehrten** – **Organpflicht** zur Überwachung der Geschäftsleitung (§§ 111, 116, 93 AktG).[2]

b) Nichtabführen von Arbeitnehmerbeiträgen zur Sozialversicherung

Beim Haftungstatbestand des **Vorenthaltens von Arbeitnehmerbeiträgen** gegenüber Sozialversicherungsträgern gem. § 823 Abs. 2 BGB i.V.m. § 266a Abs. 1 StGB steht die Schutzgesetzeigenschaft der Strafnorm zu Gunsten der Sozialkassen außer Frage.[3] Der Geschäftsleiter der Gesellschaft wird von § 266a Abs. 1 StGB als Täter zwar nicht direkt erfasst, weil Arbeitgeber grundsätzlich die Gesellschaft ist; die Tätereigenschaft wird jedoch bei wirksamer Organstellung durch § 14 Abs. 1 Nr. 1 StGB begründet.[4] 59

Die **Darlegungs- und Beweislast des Sozialversicherungsträgers** für das Vorliegen der Tatbestandsvoraussetzungen des § 266a Abs. 1 StGB im Rahmen der Geltendmachung von Schadensersatz gegen den Geschäftsleiter nach § 823 Abs. 2 BGB ist im Grundsatz nicht zweifelhaft. 60

Besondere Beachtung verdient jedoch der Umstand, dass ein strafbares und damit haftungsrechtlich relevantes Unterlassen dem Geschäftsleiter dann nicht zur Last fällt, wenn ihm die Abführung der Sozialversicherungsbeiträge im Zeitpunkt der Fälligkeit wegen Zahlungsunfähigkeit der Gesellschaft oder aus anderen Gründen tatsächlich unmöglich ist; denn die **Unmöglichkeit normgemäßen Handelns lässt bei Unterlassungsdelikten die Tatbestandsmäßigkeit entfallen**. Dementsprechend ist auch bei § 266a StGB die tatsächliche Möglichkeit zur Erfüllung der dem Arbeitgeber obliegenden Pflicht Tatbestandsvoraussetzung des Vorenthaltens.[5] Konsequenterweise ist daher auch der Sozialversicherungsträger darlegungs- und beweispflichtig für die Möglichkeit normgemäßen Verhaltens des Geschäftsleiters.[6] Dabei genügt einerseits die Sozialkasse ihrer Darlegungslast nicht schon da- 61

---

1 Begr. RegE MoMiG, BT-Drucks. 16/6140, S. 135.
2 Vgl. BGH v. 16.3.2009 – II ZR 280/07, GmbHR 2009, 654, Rz. 15; BGH v. 1.12.2008 – II ZR 102/07, BGHZ 179, 81, Rz. 14 = GmbHR 2009, 199 – MPS.
3 BGH v. 18.4.2005 – II ZR 61/03, GmbHR 2005, 874, 875 und st.Rspr. S. dazu ausführlich unten *Brand*, § 33 Rz. 29 ff.
4 BGH v. 15.10.1996 – VI ZR 319/95, BGHZ 133, 370, 374 = AG 1997, 37.
5 BGH v. 15.10.1996 – VI ZR 319/95, BGHZ 133, 370, 379 f. = AG 1997, 37; BGHSt 2, 129, 133.
6 BGH v. 18.4.2005 – II ZR 61/03, GmbHR 2005, 874, 875 m.N.

durch, dass sie sich auf die pauschale Behauptung beschränkt, die Gesellschaft sei zahlungsfähig gewesen und habe an andere Gläubiger Zahlungen erbracht.

62 Andererseits obliegt dem **Geschäftsleiter** eine **sekundäre** Darlegungslast („substantiiertes Bestreiten") hinsichtlich der Aufbringung der Arbeitnehmeranteile zur Sozialversicherung im Fälligkeitszeitpunkt, weil sich dieser klärungsbedürftige Umstand in seinem **eigenen Pflichtenkreis** befindet, zu dem die klagende Sozialkasse keinen Zugang hat. Freilich besteht insoweit weder eine besondere Dokumentationspflicht des Geschäftsleiters zur Abwehr einer möglichen Haftung noch erhöht etwa die Verletzung der Insolvenzantragspflicht seine sekundäre Darlegungslast.[1]

63 Durch diese **Modifizierung der Darlegungs- und Beweislast** wird indessen nicht das Problem einer dem Geschäftsleiter evtl. drohenden Kollision zwischen strafebewehrter Handlungspflicht (§ 266a Abs. 1 StGB) einerseits und haftungsbewehrter Unterlassungspflicht (§ 64 Abs. 2 Satz 1 GmbHG) andererseits gelöst.[2]

Diese **Pflichtenkollision** hat der für das Gesellschaftsrecht zuständige II. Zivilsenat des BGH nunmehr – unter teilweiser Aufgabe seiner bisherigen diesbezüglichen Rechtsprechung[3] – dahingehend entschieden, dass es mit Rücksicht auf die Einheit der Rechtsordnung dem Gesellschaftsorgan nicht angesonnen werden kann, die Massesicherungspflicht nach § 92 Abs. 2 AktG, § 64 GmbHG zu erfüllen und fällige Leistungen an die Sozialkassen oder die Steuerbehörden nicht zu erbringen, wenn er sich dadurch **strafrechtlicher Verfolgung** aussetzt; sein die entsprechenden sozial- und steuerrechtlichen Vorschriften befolgendes Verhalten muss deswegen als mit den **Pflichten eines ordentlichen und gewissenhaften Geschäftsleiters vereinbar** angesehen werden.[4]

III. Kapitalmarktrechtliche Informationsdeliktsaußenhaftung der Geschäftsleiter

64 Bei dem speziellen Problemkreis einer kapitalmarktrechtlichen Informationsdeliktshaftung der Geschäftsleiter von (Aktien-)Gesellschaften gegenüber Dritten ist zwischen **Primär- und Sekundärmarkt** zu unterscheiden.[5]

1. Primärmarkt (§§ 44 ff. BörsG)

65 Für eine Informationsdeliktshaftung auf dem **Primärmarkt** stellen die spezialgesetzlichen Vorschriften zur **Prospekthaftung nach §§ 44 ff. BörsG** die zentrale An-

---

1 BGH v. 18.4.2005 – II ZR 61/03, GmbHR 2005, 874, 875 f.
2 Dazu: *Zöllner/Noack* in Baumbach/Hueck, § 43 GmbHG Rz. 93 ff. m.w.N.
3 Vgl. BGH v. 8.1.2001 – II ZR 88/99, BGHZ 146, 264 = AG 2001, 303; BGH v. 18.4.2005 – II ZR 61/03, ZIP 2005, 1026 = GmbHR 2005, 874.
4 BGH v. 14.5.2007 – II ZR 48/06, GmbHR 2007, 757; BGH v. 2.6.2008 – II ZR 27/07, GmbHR 2008, 815.
5 S. dazu ausführlich unten *Krämer*, § 28 Rz. 3 ff.

spruchsgrundlage¹ dar; sie gelten gem. § 13 Abs. 1 Nr. 3 VerkProspG auch für alle sonstigen Verkaufsprospekte entsprechend.² Den Geschäftsleiter des Emittenten kann allerdings eine persönliche Haftung für Prospektfehler nur dann treffen, wenn er als **„Prospektverantwortlicher"** i.S. von § 44 Abs. 1 BörsG anzusehen sind, der „für den Prospekt die Verantwortung übernommen" hat (Nr. 1) bzw. „von dem der Prospekt ausgeht" (Nr. 2). Da jedoch ungeklärt ist, ob hierfür die bloße Eigenschaft als Geschäftsleiter ausreicht³ oder ob ein darüber hinausgehendes eigenes wirtschaftliches Interesse an der Emission erforderlich ist⁴, sieht sich der für dieses haftungsbegründende Merkmal vortrags- und beweispflichtige Anleger nicht unerheblichen Darlegungsproblemen gegenüber.

Abgesehen davon ist freilich die Verteilung der Darlegungs- und Beweislast unschwer aus der **Gesetzessystematik der §§ 44 ff. BörsG** ablesbar: Während der Anleger nur die Tatbestandsmerkmale des § 44 BörsG vorzutragen und zu beweisen hat, trifft umgekehrt die Behauptungs- und Beweislast für die Voraussetzungen des sog. **„Haftungsausschlusses"**⁵ nach § 45 BörsG den Adressaten der Prospekthaftung. 66

Im Bereich des **Primärmarktes** ist auch für die nach § 47 Abs. 2 BörsG neben der spezialgesetzlichen Börsenprospekthaftung (§§ 44 f. BörsG) nicht ausgeschlossene **Deliktshaftung gem. § 826 BGB** vom klagenden Anleger der Nachweis der konkreten **haftungsbegründenden Kausalität** falscher Prospektangaben für seine Willensentschließung zu führen. Hierfür genügt das **enttäuschte allgemeine Anlegervertrauen** in die Integrität des vorgelagerten Börsenzulassungsverfahrens einschließlich der Begleitung des Börsengangs durch eine Bank nicht.⁶ 67

2. Sekundärmarkt

Auf dem Sekundärmarkt steht die **fehlerhafte Ad-hoc-Publizität** im Vordergrund, für die derzeit⁷ eine persönliche Außenhaftung der Geschäftsleiter allein auf deliktischer Grundlage in Betracht kommt. Dabei ist die **zentrale Anspruchsgrundlage § 826 BGB**, während Ansprüche aus § 823 Abs. 2 BGB i.V.m. einer Schutzgesetzverletzung meist ausscheiden, weil Ad-hoc-Mitteilungen überwiegend einzelfallbezogen sind und daher den einschlägigen Schutzgesetzen nur unter besonderen Umständen unterfallen.⁸ 68

---

1 Weitergehende Ansprüche – etwa aus c.i.c. oder Delikt – bleiben unberührt, § 47 Abs. 2 BörsG.
2 Vgl. BGH v. 19.7.2004 – II ZR 218/03, BGHZ 160, 134, 137 = AG 2004, 543; insoweit ist die (allgemeine) Prospekthaftung (BGH v. 24.4.1978 – II ZR 172/76, BGHZ 71, 284; BGH v. 5.7.1993 – II ZR 194/92, BGHZ 123, 106 = AG 1994, 32) „überholt".
3 In diese Richtung evtl.: BGH v. 5.7.1993 – II ZR 194/92, BGHZ 123, 106, 110 = AG 1994, 32.
4 Vgl. dazu *Fleischer* in Fleischer, Handbuch des Vorstandsrechts, § 14 Rz. 15 ff.
5 Zur Systematik: *Schwark* in Schwark, Kapitalmarktrechts-Kommentar, 3. Aufl. 2004, § 45 BörsG Rz. 52.
6 BGH v. 7.1.2008 – II ZR 229/05, AG 2008, 252 – ComROAD VI.
7 §§ 37b, c WpHG sehen ausschließlich eine Emittentenhaftung vor.
8 Eingehend BGH v. 19.7.2004 – II ZR 218/03, BGHZ 160, 134, 137 ff. = AG 2004, 543.

69 **a)** Hinsichtlich der Darlegungs- und Beweislast gilt für Ansprüche aus § 826 BGB – wie für Deliktsansprüche allgemein –, dass der **Geschädigte grundsätzlich die volle Darlegungs- und Beweislast** für alle Anspruchsvoraussetzungen trägt.[1] Der geschädigte Anleger hat demnach den Verstoß gegen die guten Sitten, die Schadenszufügung, die haftungsbegründende Kausalität sowie das Verschulden des beklagten Organmitglieds darzulegen und zu beweisen.[2]

70 **b)** Das Hauptproblem für den getäuschten Anleger liegt freilich darin, dass er nach den für das Delikt maßgeblichen Darlegungs- und Beweislastregeln insbesondere den **Beweis für die Kausalität zwischen der irreführenden Ad-hoc-Mitteilung und seinem Kaufentschluss** führen muss.

Dabei kommen ihm regelmäßig **keine Beweiserleichterungen nach den Grundsätzen des Anscheinsbeweises**[3] zustatten, weil der Kaufentschluss Folge einer individuellen Willensentscheidung ist und sich einer typisierten Betrachtung verschließt. Ob durch eine Ad-hoc-Mitteilung eine besondere **Anlagestimmung** für den Erwerb von Aktien hervorgerufen worden ist und wie lange sie ggf. gedauert hat, ist eine Frage des Einzelfalls; dabei kann freilich die zeitliche Nähe der vom Anleger getroffenen Kaufentscheidung zu der fehlerhaften Ad-hoc-Mitteilung indizielle Bedeutung für den erforderlichen Kausalzusammenhang haben.

71 Dem Denkansatz verschiedener Obergerichte, im Rahmen des § 826 BGB auf den Nachweis des konkreten Kausalzusammenhangs zwischen Täuschung und Willensentscheidung des Anlegers zu verzichten und stattdessen – in Anlehnung an die sog. **fraud-on-the-market-theory** des US-amerikanischen Kapitalmarktrechts – beweisrechtlich an das enttäuschte allgemeine Anlegervertrauen in die Integrität der Marktpreisbildung anzuknüpfen, ist der **BGH** in einer Serie von Entscheidungen selbst für den Fall extrem unseriöser Kapitalmarktinformation **nicht gefolgt**[4]; dies würde nämlich in diesem Bereich zu einer uferlosen Ausweitung des ohnehin offenen Haftungstatbestandes der vorsätzlichen sittenwidrigen Schädigung führen.

72 Umso weniger reicht in diesem Zusammenhang als Nachweis der konkreten haftungsbegründenden Kausalität für die Willensentschließung des Anlegers das enttäuschte allgemeine Anlegervertrauen in die **Integrität** des – den Bereich des Primärmarktes betreffenden, diesem **vorgelagerten** – **Börsenzulassungsverfahrens** einschließlich der Begleitung des Börsengangs durch eine Bank aus.[5]

---

1 BGH v. 19.7.2004 – II ZR 218/03, BGHZ 160, 134 = AG 2004, 543 – Infomatec I; BGH v. 19.7.2004 – II ZR 402/02, BGHZ 160, 149 = AG 2004, 546 – Infomatec II; BGH v. 19.7.2004 – II ZR 217/03, WM 2004, 1726 – Infomatec III; BGH v. 9.5.2005 – II ZR 287/02, ZIP 2005, 1270 – EM.TV.
2 *Baumgärtel*, Handbuch, § 826 Rz. 1.
3 BGH v. 19.7.2004 – II ZR 218/03, BGHZ 160, 134, 144 ff. = AG 2004, 543; kritisch dazu: *Findeisen/Backhaus*, WM 2007, 100.
4 Vgl. zum sog. ComROAD-Komplex: BGH v. 28.11.2005 – II ZR 80/04, AG 2007, 322, 323 – ComROAD I; zuletzt: BGH v. 7.1.2008 – II ZR 229/05, AG 2008, 252 – ComROAD VI m.w.N.
5 BGH v. 7.1.2008 – II ZR 229/05, AG 2008, 252, Rz. 15 ff. – ComROAD VI; s. oben Rz. 67.

c) Von der Generalklausel des § 826 BGB werden im Ansatz auch Sonderkonstellationen erfasst, in denen Sekundärmarktteilnehmer auf Grund der Falschinformation **keine „Transaktionsentscheidung"** getroffen haben:

73

Das sind einmal die Fälle, in denen **„Altanleger"** infolge der fehlerhaften Information **von einer Deinvestition abgehalten**, also zum „Halten" früher erworbener Aktien veranlasst worden sind. Anspruchsberechtigt sind dabei aber nur solche Altanleger, die durch eine unerlaubte Handlung des Vorstandes „nachweisbar von dem zu einem bestimmten Zeitpunkt **fest beabsichtigten Verkauf** der Aktien Abstand genommen haben".[1] Auch hierfür kommt ihnen in der Regel kein Anscheinsbeweis („Haltestimmung") zugute.[2]

Entsprechendes gilt auch für die Fallgruppe der **potentiellen „Neuanleger"**, die auf Grund einer unrichtigen negativen oder pflichtwidrig unterlassenen positiven Ad-hoc-Mitteilung von einem Aktienerwerb abgesehen haben.[3]

74

d) Der Weg über eine **Parteivernehmung** des klagenden Anlegers von Amts wegen (§ 448 ZPO) zum Nachweis der von ihm zu beweisenden Kausalität ist in der Regel versperrt, da zumeist der dafür erforderliche sog. Anfangsbeweis fehlen wird.[4]

75

e) Kann ein Anleger die zweifellos hohen Darlegungs- und Beweislasthürden bis zu diesem Punkt überwinden, so stehen dem **Nachweis des Schadens** keine unüberwindlichen Schwierigkeiten mehr im Wege:

76

Der in seiner Willensentschließung irregeführte Anleger kann den im Rahmen von § 826 BGB grundsätzlich als **Naturalrestitution** (§§ 249ff. BGB)[5] zu beanspruchenden Schadensersatz in Form der Erstattung des gezahlten Kaufpreises gegen Übertragung der erworbenen Aktien – ggf. unter Anrechnung des an deren Stelle getretenen Veräußerungspreises – unschwer darlegen und beweisen.

Schwieriger gestaltet sich die Darlegung des vom getäuschten Anleger alternativ zu beanspruchenden **Differenzschadens** in Form des Unterschiedsbetrags zwischen dem tatsächlich gezahlten Transaktionspreis und dem Preis, der sich bei pflichtgemäßem Publizitätsverhalten gebildet hätte. Auch ein solcher Differenzschaden ist nach Auffassung des BGH grundsätzlich ermittelbar; insoweit kommen dem Geschädigten **Darlegungs- und Beweiserleichterungen** zugute, wobei unter Zuhilfenahme eines Sachverständigen zumindest eine richterliche Schadensschätzung gem. § 287 ZPO in Betracht zu ziehen ist.[6]

---

1 BGH v. 9.5.2005 – II ZR 287/02, ZIP 2005, 1270, 1273f.
2 OLG Stuttgart v. 8.2.2006 – 20 U 24/04, ZIP 2006, 511 – Rev. vom BGH nicht zugelassen.
3 *Fleischer* in Fleischer, Handbuch des Vorstandsrechts, § 14 Rz. 40 m.N.
4 BGH v. 19.7.2004 – II ZR 218/03, BGHZ 160, 134, 147f. = AG 2004, 543.
5 BGH v. 19.7.2004 – II ZR 218/03, BGHZ 160, 134, 153f. = AG 2004, 543; BGH v. 9.5.2005 – II ZR 287/02, ZIP 2005, 1270, 1272.
6 BGH v. 9.5.2005 – II ZR 287/02, ZIP 2005, 1270, 1274f. m.w.N.

77 f) Als weitere deliktische Anspruchsgrundlage gegen das Leitungsorgan kommt § 823 Abs. 2 BGB i.V.m. § 400 Abs. 1 Nr. 1 AktG in Betracht. Freilich gilt dies nicht für die „einfache", lediglich einen einzelnen Geschäftsvorgang betreffende Ad-hoc-Mitteilung.[1] Jedoch geben **Quartalsberichte über Umsätze und Erträge**[2] die Verhältnisse der Aktiengesellschaft über den Vermögensstand im Sinne von § 400 Abs. 1 Nr. 1 AktG wieder, wenn sie ein Gesamtbild über die wirtschaftliche Lage der Gesellschaft ermöglichen und den Eindruck der Vollständigkeit erwecken.[3] Hinsichtlich der Darlegungs- und Beweislast ergeben sich für den Anleger freilich dieselben Probleme wie bezüglich des Anspruchs aus § 826 BGB.

---

1 BGH v. 19.7.2004 – II ZR 218/03, BGHZ 160, 134, 141 = AG 2004, 543.
2 Z.B. „Halbjahreszahlen".
3 BGHSt 49, 381; zust. BGH v. 9.5.2005 – II ZR 287/02, ZIP 2005, 1270, 1274.

§ 13
Recht und Praxis der Sonderprüfung und des besonderen Vertreters

Dr. Hartwin Bungert, LL.M.

	Rz.
A. Sonderprüfung	1
I. Überblick	1
II. Sonderprüfung gem. § 142 AktG	6
1. Gegenstand der Sonderprüfung	6
2. Bestellung des Sonderprüfers	9
a) Bestellung durch die Hauptversammlung	9
b) Gerichtliche Bestellung	17
3. Rechtsverhältnis des Sonderprüfers zur Gesellschaft	26
4. Rechte und Pflichten des Sonderprüfers	27
a) Rechte	27
b) Pflichten	38
5. Durchsetzung der Rechte des Sonderprufers	39
6. Beendigung der Sonderprüfung	40
III. Konzernrechtliche Sonderprüfung gem. § 315 AktG	43
1. Verhältnis zur allgemeinen Sonderprüfung	43
2. Gegenstand der Sonderprüfung	44
3. Bestellung des Sonderprüfers	45
B. Besonderer Vertreter	49
I. Überblick	49
II. Besonderer Vertreter gem. § 147 Abs. 2 AktG	52
1. Erfasste Ersatzansprüche	52
2. Bestellung des besonderen Vertreters	54
a) Bestellung durch die Hauptversammlung	54
b) Bestellung durch das Gericht	64
3. Rechtsverhältnis des besonderen Vertreters zur Gesellschaft	69
4. Rechte und Pflichten des besonderen Vertreters	71
a) Rechte	71
b) Pflichten	79
5. Durchsetzung der Rechte des besonderen Vertreters	80
6. Beendigung der Amtsstellung des besonderen Vertreters	81

Schrifttum: *Ball/Haager*, Aktienrechtliche Sonderprüfungen, 2007; *Böbel*, Die Rechtsstellung der besonderen Vertreter gem. § 147 AktG, 1999; *Fleischer*, Aktienrechtliche Sonderprüfung und Corporate Governance, RIW 2000, 809; *Fleischer*, Die Sonderprüfung im GmbH-Recht, GmbHR 2001, 45; *Habersack*, Zweck und Gegenstand der Sonderprüfung nach § 142 AktG, in FS Wiedemann, 2002, S. 889; *Hirte*, Die Nichtbestellung von Sonderprüfern im Feldmühle-Verfahren, ZIP 1988, 953; *Hirte/Mock*, Abberufung des besonderen Vertreters durch den Alleinaktionär, BB 2010, 775; *Jänig*, Aktienrechtliche Sonderprüfung und UMAG, BB 2005, 949; *Jänig*, Der Gegenstand der Sonderprüfung nach § 142 AktG, WPg 2005, 761; *Jänig*, Die aktienrechtliche Sonderprüfung, 2005; *Kakies*, Der Schutz der Minderheitsaktionäre und Gläubiger im faktischen Konzern unter besonderer Berücksichtigung der Sonderprüfung gem. § 315 AktG, 2003; *Karrer*, Der besondere Vertreter im Recht der Personengesellschaften, NZG 2008, 206; *Karrer*, Bestellung und Rechtsstellung des besonderen Vertreters im Recht der Personengesellschaften, NZG 2009, 932; *Kirschner*, Die Sonderprüfung der Geschäftsführung in der Praxis, 2008; *Kling*, Der besondere Vertreter im Aktienrecht, ZGR 2009, 190; *Leinekugel*, Voraussetzungen und Grenzen einer GmbH-rechtlichen Sonderprüfung gemäß § 46 Nr. 6 GmbHG bei Konflikten unter Gesellschaftern, GmbHR 2008, 632; *Mock*, Die Entdeckung des besonderen Vertreters, BB 2008, 393; *Mock*, Berichts-, Auskunfts- und Publizitätspflichten des besonderen Vertreters, AG 2008, 839; *Noack*, Die konzernrechtliche Sonderprüfung nach § 315 AktG, WPg 1994, 225; *Peters/Hecker*, Last Man Standing – Zur Anfechtungsklage des besonderen Vertreters gegen den Hauptversammlungsbeschluss über seine Abberufung, NZG 2009, 1294; *Schneider, Uwe H.*, Die aktienrechtliche Sonderprüfung im Konzern, AG 2008, 305; *Spindler*, Sonderprüfung und Pflichten eines Bankvorstands in der Finanzmarktkrise, NZG 2010, 281; *Trölitzsch/Gunßer*, Grenzen der gerichtlichen Anordnung von Sonderprüfungen nach § 142 Abs. 2 AktG, AG 2008, 833; *Verhoeven*, Der Besondere Vertreter nach § 147 AktG: Erwacht ein schlafender Riese?, ZIP 2008, 245; *Westermann, H.P.*, Der Besondere Vertreter im Aktienrecht, AG 2009, 237; *Wilsing/Neumann*, Die Neuregelung der aktienrechtlichen Sonderprüfung nach dem Inkrafttreten des UMAG, DB 2006, 31; *Wirth*, Der „besondere Vertreter" nach § 147 Abs. 2 AktG – Ein neuer Akteur auf der Bühne?, in FS Hüffer, 2010, S. 1129.

A. Sonderprüfung

I. Überblick

1   Die Sonderprüfung ist ein zentrales Instrument zur **Vorbereitung von Haftungsklagen** gegen Organmitglieder einer Gesellschaft. Sie dient vor allem der Sachverhaltsaufklärung und liefert damit zugleich das Material, um pflichtwidriges Verhalten von Organmitgliedern in einem Klageverfahren substantiieren zu können.

2   **Gesetzlich geregelt** ist ein Sonderprüfungsrecht in §§ 142, 315 AktG für Aktionäre der Aktiengesellschaft[1] und in § 283 Nr. 7 AktG für die Gesellschafter der Kommanditgesellschaft auf Aktien.[2]

3   Nach ganz h.M. kann auch die Gesellschafterversammlung einer **GmbH** auf der Grundlage von § 46 Nr. 6 GmbHG die Durchführung einer Sonderprüfung als Maßnahme zur Überwachung der Geschäftsführung beschließen.[3] Formal zielt eine solche Maßnahme gegen die Geschäftsführung, praktisch relevant wird sie aber sehr viel eher bei Konflikten unter den Gesellschaftern.[4] Auch Minderheitsgesellschafter können einen Beschluss über die Durchführung einer Sonderprüfung herbeiführen, da nach h.M. nicht nur Gesellschafter-Geschäftsführer einem Stimmverbot unterliegen, sondern außerdem sämtliche Gesellschafter, gegen die aufgrund der Ergebnisse der Sonderprüfung Schadensersatzansprüche in Betracht kommen.[5] Die §§ 142 ff. AktG finden auf Sonderprüfungen in der GmbH im Grundsatz keine entsprechende Anwendung.[6]

4   In der Aktiengesellschaft können über den Regelungsbereich der §§ 142 ff. AktG hinaus auch Aufsichtsrat oder Vorstand eine Sonderprüfung veranlassen.[7] Man spricht dann von einer **informellen Sonderprüfung**. Vorstand und Aufsichtsrat sind dabei nicht an die Vorgaben der §§ 142 ff. AktG gebunden, sondern legen Ge-

---

1   Außer Betracht bleibt die bilanzrechtliche Sonderprüfung nach § 258 AktG, da sie nicht dazu dient, die Geltendmachung von Haftungsansprüchen vorzubereiten.
2   Näher zur Sonderprüfung in der KGaA *Kirschner*, S. 19 f., 28 ff.
3   Weiterführend zur Sonderprüfung in der GmbH *Fleischer*, GmbHR 2001, 45 ff.; *Leinekugel*, GmbHR 2008, 632 ff.
4   *Leinekugel*, GmbHR 2008, 632.
5   *Bayer* in Lutter/Hommelhoff, § 46 GmbHG Rz. 39; *Hüffer* in Ulmer/Habersack/Winter, § 46 GmbHG Rz. 81.
6   Näher *Kirschner*, S. 20 f.; *Fleischer*, GmbHR 2001, 45, 46 ff.
7   *G. Bezzenberger* in Großkomm. AktG, § 142 AktG Rz. 25; *Fleischer* in Küting/Weber, Handbuch der Rechnungslegung, § 142 AktG Rz. 30 ff.; *Kirschner*, S. 46 ff.; *Wilsing/Neumann* in Heidel, § 142 AktG Rz. 1; *Schröer* in MünchKomm. AktG, § 147 AktG Rz. 11.

genstand und Verfahren der Sonderprüfung nach pflichtgemäßem Ermessen fest.[1] Rechtsgrundlage dafür ist § 111 Abs. 2 AktG bzw. § 76 AktG.

In der Praxis ist in jüngerer Zeit eine nicht unerhebliche Zunahme vor allem von Sonderprüfungsanträgen durch Minderheitsaktionäre in Hauptversammlungen zu verzeichnen.[2] Mit der Herabsenkung des Minderheitsquorums für die gerichtliche Bestellung eines Sonderprüfers durch das UMAG[3] von 10 % des Grundkapitals oder einem anteiligen Betrag von 1 000 000 Euro auf 1 % des Grundkapitals oder einem anteiligen Betrag von 100 000 Euro ist die Wahrscheinlichkeit erheblich gestiegen, dass Aktionäre nach Ablehnung ihres Antrags in der Hauptversammlung den Weg zu den Gerichten beschreiten werden.

II. Sonderprüfung gem. § 142 AktG

1. Gegenstand der Sonderprüfung

Zum Gegenstand einer Sonderprüfung können Vorgänge bei der Gründung oder der Geschäftsführung, namentlich auch bei Maßnahmen der Kapitalbeschaffung und Kapitalherabsetzung, gemacht werden.[4] Das gilt für die Sonderprüfungen nach § 142 Abs. 1 und 2 AktG gleichermaßen.[5]

Die Sonderprüfung muss sich auf **bestimmte, d.h. in sachlicher und zeitlicher Hinsicht abgegrenzte, konkret bezeichnete Vorgänge** beziehen.[6] Mit dieser Einschränkung soll eine flächendeckende Ausforschung der Geschäftsführung ins Blaue hinein verhindert werden. Denn „freifliegende Suchaktionen im Innenleben der Gesellschaft"[7] sind mit der aktienrechtlichen Organisationsverfassung und dem Charakter der Sonderprüfung als außerordentliches Informationsinstrument nicht zu vereinbaren.[8]

Der Kreis der statthaften Prüfungsgegenstände wird in § 142 Abs. 2 AktG außerdem dahingehend eingeschränkt, dass Vorgänge der Geschäftsführung nicht mehr als fünf Jahre zurückliegen dürfen.[9] Erstrecken sich diese über eine längere Zeit, so ist es ausreichend, wenn der letzte Teil der Vorgänge noch in diesen Fünfjah-

---

1 *G. Bezzenberger* in Großkomm. AktG, § 142 AktG Rz. 25; *Fleischer* in Küting/Weber, Handbuch der Rechnungslegung, § 142 AktG Rz. 32; *Kirschner*, S. 47 ff.; a.A. *Kronstein/Zöllner* in KölnKomm. AktG, § 142 AktG Rz. 4.
2 So auch *Kirschner*, S. 2; *Trölitzsch/Gunßer*, AG 2008, 833; *Wilsing/Neumann* in Heidel, § 142 AktG Rz. 4 mit Fn. 11.
3 Gesetz zur Unternehmensintegrität und Modernisierung des Anfechtungsrechts, in Kraft getreten am 1.11.2005, BGBl. I 2005, 2802.
4 Weiterführend *Jänig*, WPg 2005, 761.
5 *G. Bezzenberger* in Großkomm. AktG, § 142 AktG Rz. 11 ff.; *Hüffer*, § 142 AktG Rz. 19; *Spindler* in K. Schmidt/Lutter, § 142 AktG Rz. 50.
6 OLG Stuttgart v. 25.11.2008 – 8 W 370/08, AG 2009, 169, 171; LG München I v. 31.3. 2008 – 5 HK O 20117/07, AG 2008, 720; *Hüffer*, § 142 AktG Rz. 2; *Schröer* in MünchKomm. AktG, § 142 AktG Rz. 14; *Spindler* in K. Schmidt/Lutter, § 142 AktG Rz. 8.
7 *Fleischer* in Küting/Weber, Handbuch der Rechnungslegung, § 142 AktG Rz. 3.
8 Vgl. nur *Jänig*, S. 206 f.
9 Näher dazu *Hüffer*, § 142 AktG Rz. 19; *Spindler* in K. Schmidt/Lutter, § 142 AktG Rz. 51.

reszeitraum fällt.¹ Die **Fünfjahresfrist** gilt nur bei der gerichtlichen Bestellung eines Sonderprüfers.² **Weitere Einschränkungen in zeitlicher Hinsicht** können sich unter dem Gesichtspunkt des Rechtsmissbrauchs ergeben (Rz. 16, 23) oder aus Verjährungsvorschriften, wenn sich aus der Bestellung des Sonderprüfers ergibt, dass die dort bezeichneten Vorgänge nur zur Ermittlung und Berechnung von Schadensersatzansprüchen untersucht werden sollen. Als Ad hoc-Antrag zu den Tagesordnungspunkten „Entlastung des Vorstands" oder „Entlastung des Aufsichtsrats" kann eine Sonderprüfung in der Hauptversammlung außerdem nur für Vorgänge beantragt werden, die sich in dem jeweiligen Entlastungszeitraum ereignet haben (dazu gleich Rz. 9).

2. Bestellung des Sonderprüfers

a) Bestellung durch die Hauptversammlung

9   Nach § 142 Abs. 1 Satz 1 AktG können Sonderprüfer durch Beschluss der Hauptversammlung mit einfacher Stimmenmehrheit bestellt werden. Der **Antrag** auf Bestellung eines Sonderprüfers kann in der Hauptversammlung ohne Ankündigung von jedem einzelnen Aktionär als bekanntmachungsfreier Ad hoc-Antrag gestellt werden zu den Tagesordnungspunkten „Entlastung des Vorstands" und „Entlastung des Aufsichtsrats", wenn sich der zu untersuchende Vorgang im Entlastungszeitraum ereignet hat, sowie zu jedem anderen Tagesordnungspunkt, der mit dem zu untersuchenden Vorgang in Zusammenhang steht. Im Übrigen kann eine qualifizierte Minderheit von Aktionären gem. § 122 Abs. 2 AktG die Aufnahme des Antrags auf Bestellung eines Sonderprüfers in die Tagesordnung verlangen oder gem. § 122 Abs. 1 AktG die Einberufung einer außerordentlichen Hauptversammlung zur Beschlussfassung über die Bestellung eines Sonderprüfers erzwingen.

10 Der **Versammlungsleiter** ist befugt, einen Antrag auf Bestellung eines Sonderprüfers zurückzuweisen, wenn er offenkundig gesetzeswidrig oder rechtsmissbräuchlich ist.³ Bei unklaren oder unpräzisen Beschlussanträgen in der Hauptversammlung soll der Versammlungsleiter zwar verpflichtet sein, Gelegenheit zu einer Klärung bzw. Präzisierung zu geben. Im Übrigen ist er jedoch wegen seiner Verpflichtung zur Neutralität im Verhältnis von Aktionären und Verwaltung nicht gehalten, Anträge in rechtlicher Hinsicht zu korrigieren oder auf eine Korrektur hinzuwirken.⁴

11 Bei der Beschlussfassung unterliegen sämtliche Mitglieder des Vorstands und des Aufsichtsrats gem. § 142 Abs. 1 Satz 2 AktG einem **Stimmverbot**, sobald ein Mitglied des Vorstands oder des Aufsichtsrats an dem zu prüfenden Vorgang beteiligt

---

1 OLG Düsseldorf v. 9.12.2009 – I-6 W 45/09, ZIP 2010, 28, 29 m.w.N.; *Spindler*, NZG 2010, 281, 282; differenzierend *Mutter/Quinke*, EWiR 2010, 171, 172.
2 *Hüffer*, § 142 AktG Rz. 8, 19; *Spindler* in K. Schmidt/Lutter, § 142 AktG Rz. 22.
3 *Butzke* in Obermüller/Werner/Winden, Die Hauptversammlung der Aktiengesellschaft, 4. Aufl. 2001, D Rz. 43; *Mülbert* in Großkomm. AktG, Vor §§ 118–147 AktG Rz. 114; *Zöllner* in KölnKomm. AktG, § 119 AktG Rz. 58 i.V.m. § 130 AktG Rz. 15.
4 *Butzke* in Obermüller/Werner/Winden, Die Hauptversammlung der Aktiengesellschaft, 4. Aufl. 2001, M Rz. 8; *Mülbert* in Großkomm. AktG, Vor §§ 118–147 AktG Rz. 95 f.

war.[1] Die Nichtbeachtung des Stimmverbots bei der Feststellung des Beschlussergebnisses kann ein Anfechtungsgrund nach § 243 Abs. 1 AktG sein. Das Stimmverbot gilt auch für ehemalige Vorstands- und Aufsichtsratsmitglieder, wenn der Vorgang in ihre Amtszeit fällt.[2]

Zudem erstreckt sich das Stimmverbot von Verwaltungsmitgliedern dann auch auf an der Gesellschaft beteiligte Personengesellschaften oder juristische Personen, wenn ein betroffenes Verwaltungsmitglied maßgeblichen Einfluss auf deren Stimmverhalten ausüben kann.[3] Das Stimmrecht eines Aktionärs ist aber nicht schon dann ausgeschlossen, wenn die Geschäftsbeziehung zu diesem Gegenstand der Sonderprüfung sein soll. Das gilt selbst dann, wenn es sich um den Mehrheitsaktionär handelt.[4] Auch das allgemeine Stimmverbot nach § 136 Abs. 1 Satz 1, 3. Fall AktG greift erst, wenn über die Geltendmachung von Schadensersatzansprüchen gegen einen Aktionär beschlossen wird, nicht schon bei der Anordnung einer vorbereitenden Sonderprüfung.[5] Der auch in der Rechtsprechung gelegentlich vertretenen Gegenauffassung[6] ist nicht zu folgen. Die überstimmte Minderheit hat nur unter den Voraussetzungen von § 142 Abs. 2 AktG die Möglichkeit, eine Sonderprüfung durchzusetzen. Diese auf die Sonderprüfung zugeschnittene Interessenbewertung darf nicht durch eine Ausdehnung des allgemeinen Stimmverbots nach § 136 Abs. 1 AktG unterlaufen werden. In der Praxis scheitern daher viele Ad hoc-Sonderprüfungsanträge von Minderheitsaktionären in der Hauptversammlung am Mehrheitserfordernis. In diesen Fällen wird von den Minderheitsaktionären häufig der ablehnende Hauptversammlungsbeschluss mittels Anfechtungsklage angefochten, die mit einer positiven Beschlussfeststellungsklage kombiniert wird. Eine solche kombinierte Klage hat selten Erfolg.[7]

12

Der Hauptversammlungsbeschluss nach § 142 Abs. 1 AktG umfasst die **Anordnung der Sonderprüfung** für bestimmte Vorgänge und die **namentliche Benennung der Person des Sonderprüfers**. Beide Beschlussgegenstände dürfen nicht getrennt werden. Ein isolierter Beschluss über nur einen dieser Bestandteile oder ein Beschluss ohne Benennung der Person des Sonderprüfers ist unvollständig und nach § 243 Abs. 1 AktG anfechtbar.[8]

13

---

1 *Spindler* in K. Schmidt/Lutter, § 142 AktG Rz. 28; *Schröer* in MünchKomm. AktG, § 142 AktG Rz. 37; für eine teleologische Reduktion, wenn Verwaltungsmitglieder nicht gegen, sondern für die Anordnung einer Sonderprüfung stimmen, LG Dortmund v. 25.6.2009 – 18 O 14/09, ZIP 2009, 1766; dagegen *Schröer* in MünchKomm. AktG, § 142 AktG Rz. 40.
2 Vgl. statt aller nur *Hüffer*, § 142 AktG Rz. 14.
3 *Hüffer*, § 142 AktG Rz. 14; *Spindler* in K. Schmidt/Lutter, § 142 AktG Rz. 29.
4 *G. Bezzenberger* in Großkomm. AktG, § 142 AktG Rz. 32; *Hüffer*, § 142 AktG Rz. 15; *Spindler* in K. Schmidt/Lutter, § 142 AktG Rz. 30; a.A. *Kronstein/Zöllner* in KölnKomm. AktG, § 142 AktG Rz. 25.
5 OLG Hamburg v. 17.8.2001 – 11 U 60/01, AG 2003, 46, 48; *Schroer* in MünchKomm. AktG, § 142 AktG Rz. 39; *Spindler* in K. Schmidt/Lutter, § 142 AktG Rz. 30; *Wilsing*, EWiR 2005, 99 f.
6 OLG Brandenburg v. 6.6.2001 – 7 U 145/00, AG 2003, 328, 329; LG Frankfurt a.M. v. 12.10.2004 – 3-5 O 71/04, AG 2005, 545, 548.
7 Vgl. etwa OLG Frankfurt am Main v. 8.2.2006 – 12 W 185/05, AG 2006, 249, 252 – Deutsche Telekom/T-Online.
8 *Spindler* in K. Schmidt/Lutter, § 142 AktG Rz. 25 f.; *Schröer* in MünchKomm. AktG, § 142 AktG Rz. 34.

14 Wird eine Sonderprüfung für einen **unstatthaften, insbesondere einen nicht hinreichend bestimmten Prüfungsgegenstand** angeordnet, ist der Beschluss nach § 243 Abs. 1 AktG anfechtbar[1] oder sogar nach § 241 Nr. 3 AktG nichtig, sofern die Hauptversammlung mit der Sonderprüfung in die Zuständigkeit anderer Organe oder vom Gesetz besonders bestimmter Prüfer eingegriffen hat (z.B. bei Prüfung des Jahresabschlusses oder der zukünftigen Geschäftspolitik).[2]

15 Bei der **Auswahl des Sonderprüfers** sind die Anforderungen nach § 143 AktG zu beachten. In aller Regel werden Wirtschaftsprüfer oder eine Wirtschaftsprüfungsgesellschaft bestellt. Ist der Sonderprüfer fachlich nicht hinreichend qualifiziert gem. § 143 Abs. 1 AktG, so ist der Beschluss anfechtbar.[3] Ein Verstoß gegen die Bestellungsverbote nach § 143 Abs. 2 AktG, die eine unparteiische Prüfung sichern sollen, führt hingegen nach h.M. zur Nichtigkeit des Bestellungsbeschlusses gem. § 241 Nr. 3 AktG.[4]

16 Schließlich werden die Möglichkeiten zur Bestellung von Sonderprüfern in der Hauptversammlung durch das allgemeine Verbot des **Rechtsmissbrauchs** begrenzt. Rechtsmissbräuchlich und infolgedessen nach § 243 Abs. 1 AktG anfechtbar soll der Beschluss nach § 142 Abs. 1 AktG *insbesondere* in folgenden Fällen sein:

– Die Sonderprüfung ist sinnlos, weil aus ihren Ergebnissen keinerlei haftungsrechtliche oder personelle Konsequenzen gegenüber den betroffenen Verwaltungsmitgliedern mehr gezogen werden können (*Fallgruppe der offensichtlichen Folgenlosigkeit*).[5]

– Mit der Sonderprüfung werden grob eigennützige Zwecke verfolgt, die nicht im verständigen Aktionärsinteresse liegen (*Fallgruppe der grob eigennützigen Zweckverfolgung*), z.B. die gezielte öffentlichkeitswirksame Demontage eines Organmitglieds durch den Mehrheitsaktionär.[6]

b) Gerichtliche Bestellung

17 Nach § 142 Abs. 2 AktG kann ein Sonderprüfer auf Antrag einer qualifizierten Minderheit von Aktionären in einem Verfahren der freiwilligen Gerichtsbarkeit gerichtlich bestellt werden, wenn zuvor ein Antrag auf Bestellung von Sonderprüfern in der Hauptversammlung gescheitert ist.[7]

---

1 *Spindler* in K. Schmidt/Lutter, § 142 AktG Rz. 10, 33; zu den Folgen, wenn der Beschluss nicht angefochten wird, vgl. *Schröer* in MünchKomm. AktG, § 142 AktG Rz. 54.
2 *G. Bezzenberger* in Großkomm. AktG, § 142 AktG Rz. 36; *Schröer* in MünchKomm. AktG, § 142 AktG Rz. 51; *Spindler* in K. Schmidt/Lutter, § 142 AktG Rz. 33; weitergehend *Mock* in Spindler/Stilz, § 142 AktG Rz. 72: stets Nichtigkeit.
3 *G. Bezzenberger* in Großkomm. AktG, § 143 AktG Rz. 8; *Hüffer*, § 143 AktG Rz. 5; *Spindler* in K. Schmidt/Lutter, § 143 AktG Rz. 7.
4 A.A. *Schröer* in MünchKomm. AktG, § 143 AktG Rz. 23; wie hier *G. Bezzenberger* in Großkomm. AktG, § 143 AktG Rz. 26; *Hüffer*, § 143 AktG Rz. 6; *Spindler* in K. Schmidt/Lutter, § 143 AktG Rz. 28.
5 *G. Bezzenberger* in Großkomm. AktG, § 142 AktG Rz. 37; *Kirschner*, S. 65; *Schröer* in MünchKomm. AktG, § 142 AktG Rz. 24, 97.
6 *Kirschner*, S. 65; *Schröer* in MünchKomm. AktG, § 142 AktG Rz. 101.
7 Näher zu dem Erfordernis eines ablehnenden Hauptversammlungsbeschlusses *Spindler* in K. Schmidt/Lutter, § 142 AktG Rz. 48 f.

Sonderprüfung und besonderer Vertreter § 13

Die Bestellung eines Sonderprüfers nach § 142 Abs. 2 AktG setzt einen **Antrag** an das Landgericht des Gesellschaftssitzes voraus (§ 142 Abs. 5 Satz 3 AktG). Eine abweichende örtliche Zuständigkeit kann sich ergeben, wenn das Landesrecht eine Verfahrenskonzentration auf ein bestimmtes Landgericht vorsieht (§ 71 Abs. 4 GVG).[1] Der Antrag muss sich auf denselben Vorgang beziehen, der Gegenstand des in der Hauptversammlung gestellten Antrags war, und darf über diesen nicht hinausgehen.[2]

18

Weitere Voraussetzung ist, dass der Antrag von Aktionären gestellt wird, deren Anteile bei Antragstellung zusammen den hundertsten Teil des Grundkapitals oder einen anteiligen Betrag von 100 000 Euro erreichen. Für die Berechnung des **Quorums** werden auch stimmrechtslose Vorzugsaktien und noch nicht voll eingezahlte Aktien mitgezählt[3], nicht aber solche Aktien, die wegen Verletzung von Mitteilungspflichten einem gesetzlich angeordneten Rechtsverlust[4] unterliegen.[5]

19

Um zu verhindern, dass das Quorum durch kurzfristige Zukäufe erreicht werden kann, wird von den Antragstellern gem. § 142 Abs. 2 Satz 2 AktG der **Nachweis** verlangt, dass sie seit mindestens drei Monaten vor dem Tag der Hauptversammlung **Inhaber der Aktien** sind und dass sie die Aktien bis zur Entscheidung über den Antrag **halten**.

20

Die Antragsteller haben darüber hinaus schlüssig und substantiiert[6] Tatsachen vorzutragen, die den Verdacht rechtfertigen, dass „**Unredlichkeiten oder grobe Verletzungen des Gesetzes oder der Satzung**" vorgekommen sind. Unredlichkeiten und grobe Verletzungen sind ins Kriminelle reichende Treuepflichtverstöße bzw. schwerwiegende und subjektiv vorwerfbare Pflichtverletzungen.[7] „Grob"

21

---

1 Von der Möglichkeit einer Verfahrenskonzentration hatten auf der Grundlage von § 142 Abs. 5 Satz 5 AktG a.F. Baden-Württemberg, Bayern, Hessen, Niedersachsen, Nordrhein-Westfalen und Sachsen Gebrauch gemacht. Auf Basis der neuen Rechtslage, d.h. der Ermächtigungsnorm § 71 Abs. 4 Satz 1 GVG, haben bislang nur Bayern und Niedersachsen die Konzentration erneut normiert. In den vier übrigen Ländern gelten die bisherigen Rechtsverordnungen trotz Veränderung der Ermächtigungsgrundlage aber fort (so die h.M., vgl. *Mann* in Sachs, Grundgesetz, 5. Aufl. 2009, Art. 80 Rz. 7 m.w.N.).
2 OLG München v. 16.7.2007 – 31 Wx 29/07, AG 2008, 33, 35; *Schröer* in MünchKomm. AktG, § 142 AktG Rz. 58; *Wilsing/Neumann* in Heidel, § 142 AktG Rz. 12.
3 *G. Bezzenberger* in Großkomm. AktG, § 142 AktG Rz. 47; *Fleischer* in Küting/Weber, Handbuch der Rechnungslegung, § 142 AktG Rz. 115; *Schröer* in MünchKomm. AktG, § 142 AktG Rz. 57; *Spindler* in K. Schmidt/Lutter, § 142 AktG Rz. 39; anders, aber mit unpassenden Zitaten *Mock* in Spindler/Stilz, § 142 AktG Rz. 112.
4 § 20 Abs. 7 AktG, § 28 WpHG, § 59 WpÜG.
5 *Mimberg* in Marsch-Barner/Schäfer, Handbuch börsennotierte AG, § 40 Rz. 7; *Mock* in Spindler/Stilz, § 142 AktG Rz. 112; *Schröer* in MünchKomm. AktG, § 142 AktG Rz. 57; *Spindler* in K. Schmidt/Lutter, § 142 AktG Rz. 39.
6 *Trölitzsch/Gunßer*, AG 2008, 833, 836; in der Sache ebenso OLG München v. 16.7.2007 – 31 Wx 29/07, AG 2008, 33, 35; *G. Bezzenberger* in Großkomm. AktG, § 142 AktG Rz. 62; *Fleischer* in Küting/Weber, Handbuch der Rechnungslegung, § 142 AktG Rz. 112; *Mock* in Spindler/Stilz, § 142 AktG Rz. 103; *Schröer* in MünchKomm. AktG, § 142 AktG Rz. 66.
7 Näher Begr. RegE UMAG, BT-Drucks. 15/5092, S. 22; *Fleischer* in Küting/Weber, Handbuch der Rechnungslegung, § 142 AktG Rz. 108 ff.; *Jänig*, S. 274 ff.; *Spindler* in K. Schmidt/Lutter, § 142 AktG Rz. 53 f.

ist eine Verletzung von Gesetz oder Satzung nur bei evidenten und schuldhaften, ihrer Art nach für verantwortlich handelnde Unternehmensleiter nicht hinnehmbaren Verstößen.[1] Für die Qualifikation als Unredlichkeit oder grobe Verletzung sind hohe Anforderungen zu stellen.[2] Erforderlich ist stets eine Gesamtwürdigung des Einzelfalls, bei der insbesondere der Grad des Verschuldens und das Ausmaß eines eingetretenen Schadens zu berücksichtigen sind.[3] Die Antragsteller müssen **verdachtsbegründende Tatsachen substantiiert vortragen**. Unsubstantiierte Behauptungen, bloße Verdächtigungen oder Vermutungen reichen nicht aus. Die Antragsteller müssen die verdachtsbegründenden Tatsachen allerdings nicht beweisen oder glaubhaft machen.[4] Ein Verdacht ist nach überwiegender Auffassung gegeben, wenn nach der Überzeugung des Gerichts das Vorliegen von Unredlichkeiten oder groben Verletzungen des Gesetzes oder der Satzung nicht bloß möglich erscheint, sondern wahrscheinlich ist.[5] Auch insoweit sollten aber, da es sich bei der Sonderprüfung um ein außerordentliches Informationsinstrument handelt, hohe Anforderungen gestellt werden.[6] Erforderlich sind daher konkrete Verdachtsmomente, die eine **gesteigerte Wahrscheinlichkeit** für das Vorliegen von Unredlichkeiten oder grobe Verletzungen des Gesetzes oder der Satzung begründen. Ein bloßer Anfangsverdacht – also das Vorliegen von Tatsachen, die schwerwiegende Pflichtverletzungen lediglich als möglich erscheinen lassen – genügt nicht. Der Vortrag der Antragsteller kann das Gericht veranlassen, zu seiner Überzeugungsbildung von Amts wegen ergänzende Ermittlungen anzustellen.[7]

22 Bei seiner Entscheidung hat das Gericht auch **Verhältnismäßigkeitserwägungen** anzustellen und die Anordnung einer Sonderprüfung abzulehnen, wenn die Kosten und negativen Auswirkungen einer Sonderprüfung für die Gesellschaft nicht in angemessenem Verhältnis zu dem durch das Fehlverhalten ausgelösten Schaden und den durch die Sonderprüfung erzielbaren Vorteilen stehen.[8]

---

1 *Hüffer*, § 148 AktG Rz. 8; *Schröer* in MünchKomm. AktG, § 142 AktG Rz. 68.
2 Begr. RegE UMAG, BT-Drucks. 15/5092, S. 18; *Spindler* in K. Schmidt/Lutter, § 142 AktG Rz. 52.
3 *Mock* in Spindler/Stilz, § 142 AktG Rz. 102; vgl. auch *Spindler* in K. Schmidt/Lutter, § 142 AktG Rz. 54.
4 OLG München v. 16.7.2007 – 31 Wx 29/07, AG 2008, 33, 35; OLG Düsseldorf v. 9.12.2009 – I-6 W 45/09, ZIP 2010, 28, 30 – IKB; OLG München v. 25.3.2010 – 31 Wx 144/09, Rz. 17; *Hüffer*, § 142 AktG Rz. 20; *Spindler* in K. Schmidt/Lutter, § 142 AktG Rz. 56; *Spindler*, NZG 2010, 281, 282.
5 OLG Düsseldorf v. 9.12.2009 – I-6 W 45/09, ZIP 2010, 28, 30 – IKB; *Schröer* in MünchKomm. AktG, § 142 AktG Rz. 69; *Spindler* in K. Schmidt/Lutter, § 142 AktG Rz. 55.
6 Ebenso *Trölitzsch/Gunßer*, AG 2008, 833, 836.
7 OLG München v. 16.7.2007 – 31 Wx 29/07, AG 2008, 33, 35; OLG Düsseldorf v. 9.12.2009 – I-6 W 45/09, ZIP 2010, 28, 30 – IKB; OLG München v. 25.3.2010 – 31 Wx 144/09, Rz. 17; *Spindler*, NZG 2010, 281, 282; *Jänig*, S. 286; *G. Bezzenberger* in Großkomm. AktG, § 142 AktG Rz. 61.
8 OLG Düsseldorf v. 9.12.2009 – I-6 W 45/09, ZIP 2010, 28, 30 – IKB; Begr. RegE, BT-Drucks. 15/5092, S. 18; *Kirschner*, S. 89; *Mock* in Spindler/Stilz, § 142 AktG Rz. 104; *Mutter/Quinke*, EWiR 2010, 171, 172; *Spindler*, NZG 2010, 281, 282; *Trölitzsch/Gunßer*, AG 2008, 833, 837 f.; ebenso, aber mit Zweifeln, da die allgemeine Missbrauchsgrenze genügen soll, *Spindler* in K. Schmidt/Lutter, § 142 AktG Rz. 52; *Fleischer*, NJW 2005, 3525, 3527.

Sonderprüfung und besonderer Vertreter § 13

Darüber hinaus hat das Gericht auch rechtsmissbräuchliche Sonderprüfungs- 23
anträge zurückzuweisen. **Rechtsmissbrauch** wird *insbesondere* in folgenden Fällen vorliegen:

– Der oder die Antragsteller wollen mit dem Antrag nur einen Lästigkeitswert aufbauen, um sich diesen später abkaufen zu lassen (*Fallgruppe der grob eigennützigen Zweckverfolgung*).[1]

– Die betreffenden Vorgänge sind bereits auf andere Weise aufgeklärt worden und diese Informationen stehen den Aktionären zur Verfügung (*Fallgruppe des fehlenden Informationsbedürfnisses*).[2] Nach einem Teil der Literatur soll es zutreffenderweise an einem Informationsbedürfnis auch schon dann fehlen, wenn der zu prüfende Sachverhalt dem Antragsteller oder den Antragstellern persönlich bekannt ist, z.B. aufgrund von persönlicher Mitwirkung oder sonstigen Insiderkenntnissen.[3]

– Die Sonderprüfung kann keinerlei haftungsrechtliche oder personelle Konsequenzen mehr nach sich ziehen (*Fallgruppe der offensichtlichen Folgenlosigkeit*)[4], wobei diese Fallgruppe allerdings wegen der Begrenzung des Antragsrechts auf Geschäftsführungsvorgänge der letzten fünf Jahre selten zum Tragen kommen dürfte.

Das Landgericht entscheidet über den Antrag durch **Beschluss**. Vor der Entschei- 24
dung sind u.a. Vorstand und Aufsichtsrat anzuhören (§ 142 Abs. 5 Satz 1 AktG). Hinsichtlich der Auswahl des Sonderprüfers hat das Gericht die Anforderungen des § 143 AktG zu beachten (s. Rz. 15).

Gibt das Gericht dem Antrag statt, so kann die betroffene Gesellschaft beim 25
Oberlandesgericht[5] nach § 142 Abs. 5 Satz 2 AktG, §§ 58 ff. FamFG **Beschwerde** gegen den Beschluss einlegen. Der Beschluss des Landgerichts wird jedoch mit Bekanntgabe bzw. Zustellung unmittelbar wirksam. Daher kann mit der Sonderprüfung trotz der Beschwerde begonnen werden, wenn das Beschwerdegericht nicht gem. § 64 Abs. 3 FamFG auf Antrag der Gesellschaft die Vollziehung des angefochtenen Beschlusses aussetzt. Gegen die Beschwerdeentscheidung des Oberlandesgerichts ist die Rechtsbeschwerde zum BGH nach §§ 70 ff. FamFG nur dann statthaft, wenn das Beschwerdegericht sie zugelassen hat (§ 70 Abs. 1 FamFG). Eine Nichtzulassungsbeschwerde gibt es nicht.

---

1 OLG München v. 16.7.2007 – 31 Wx 29/07, AG 2008, 33, 34f.; OLG München v. 25.3.2010 – 31 Wx 144/09, Rz. 25; *Fleischer* in Küting/Weber, Handbuch der Rechnungslegung, § 142 AktG Rz. 128; *Hüffer*, § 142 AktG Rz. 21; *Kirschner*, S. 87; *Spindler* in K. Schmidt/Lutter, § 142 AktG Rz. 59.
2 *Fleischer*, § 142 AktG Rz. 131; *Jänig*, S. 319; *Schroer* in MünchKomm. AktG, § 142 AktG Rz. 97; *Spindler* in K. Schmidt/Lutter, § 142 AktG Rz. 59 („offen liegender Sachverhalt").
3 *Kirschner*, S. 88; *Schröer* in MünchKomm. AktG, § 142 AktG Rz. 97; a.A. *Jänig*, S. 319.
4 *Fleischer* in Küting/Weber, Handbuch der Rechnungslegung, § 142 AktG Rz. 129 i.V.m. 77; *Hüffer*, § 142 AktG Rz. 21; *Kirschner*, S. 88f.; *Schröer* in MünchKomm. AktG, § 142 AktG Rz. 97; für Unzulässigkeit wegen mangelnden Rechtsschutzbedürfnisses *G. Bezzenberger* in Großkomm. AktG, § 142 AktG Rz. 58 und *Mock* in Spindler/Stilz, § 142 AktG Rz. 105.
5 § 119 Abs. 1 Nr. 2 GVG.

3. Rechtsverhältnis des Sonderprüfers zur Gesellschaft

26 Der Sonderprüfer ist nicht Organ der Gesellschaft, sondern steht zu ihr in einem **vertraglichen Sonderrechtsverhältnis**, das durch die Annahme der Bestellung durch den Sonderprüfer zustande kommt.[1] Es wird als Geschäftsbesorgungsvertrag mit werkvertraglichem Charakter qualifiziert.[2] Wegen der Aufgabe des Sonderprüfers ist es in wesentlichen Bereichen der Privatautonomie entzogen.[3]

4. Rechte und Pflichten des Sonderprüfers

a) Rechte

27 Die Rechte des durch die Hauptversammlung oder das Gericht bestellten Sonderprüfers sind gesetzlich in § 145 Abs. 1–3 AktG geregelt. Der Sonderprüfer kann **Hilfspersonen** einsetzen und sie bevollmächtigen, die ihm zustehenden Rechte auszuüben.[4] Sind **mehrere Sonderprüfer** bestellt, so stehen jedem einzelnen von ihnen die Rechte aus § 145 AktG zu.[5]

28 Gem. § 145 Abs. 1 AktG hat der Sonderprüfer ein weit reichendes Prüfungsrecht, das sich auf sämtliche **Geschäftsunterlagen und Vermögensgegenstände der Gesellschaft** erstreckt, die mit dem Gegenstand der Sonderprüfung im Zusammenhang stehen können. Vermögensgegenstände sind sämtliche Aktiva und Passiva der Gesellschaft.[6] Das Prüfungsrecht bezieht sich außerdem auf die Geschäftsunterlagen der Gesellschaft, die vom Gesetz als „Bücher und Schriften" bezeichnet werden. Bücher sind die Handelsbücher im Sinne von § 238 Abs. 1 Satz 1 HGB.[7] Der Begriff der Schriften wird weit ausgelegt.[8] Er umfasst sämtliche Dokumente, die einen sachlichen Bezug zur Gesellschaft haben, u.a. die gesamte Buchführung, Geschäftskorrespondenz, Verträge und Vermerke. Unerheblich ist, ob die Geschäftsunterlagen in schriftlicher oder elektronischer Form vorliegen.

---

1 *G. Bezzenberger* in Großkomm. AktG, § 142 AktG Rz. 41 f., 69 mit Fn. 151; *Fleischer* in Küting/Weber, Handbuch der Rechnungslegung, § 142 AktG Rz. 102 f., 136 f.; *Spindler* in K. Schmidt/Lutter, § 142 AktG Rz. 37, 61; hinsichtlich des Rechtsverhältnisses differenzierend, aber ohne Unterschied in den praktischen Ergebnissen *Mock* in Spindler/Stilz, § 142 AktG Rz. 122; *Hüffer*, § 142 AktG Rz. 32: nur vertragsähnliches Rechtsverhältnis bei gerichtlicher Bestellung des Sonderprüfers.
2 *Fleischer* in Küting/Weber, Handbuch der Rechnungslegung, § 142 AktG Rz. 102, 136; *Spindler* in K. Schmidt/Lutter, § 142 AktG Rz. 36, 61.
3 *Fleischer* in Küting/Weber, Handbuch der Rechnungslegung, § 142 AktG Rz. 102; *Mock* in Spindler/Stilz, § 142 AktG Rz. 33 f.; vgl. auch *Spindler* in K. Schmidt/Lutter, § 142 AktG Rz. 36.
4 *G. Bezzenberger* in Großkomm. AktG, § 145 AktG Rz. 13, 18; *Spindler* in K. Schmidt/Lutter, § 145 AktG Rz. 6, 10.
5 *G. Bezzenberger* in Großkomm. AktG, § 145 AktG Rz. 13, 18; *Spindler* in K. Schmidt/Lutter, § 145 AktG Rz. 6, 10.
6 *G. Bezzenberger* in Großkomm. AktG, § 145 AktG Rz. 12; *Jänig*, S. 358; *Kirschner*, S. 229.
7 *G. Bezzenberger* in Großkomm. AktG, § 145 AktG Rz. 12; *Mock* in Spindler/Stilz, § 145 AktG Rz. 10; *Spindler* in K. Schmidt/Lutter, § 145 AktG Rz. 7.
8 Vgl. *G. Bezzenberger* in Großkomm. AktG, § 145 AktG Rz. 12; *Mock* in Spindler/Stilz, § 145 AktG Rz. 10; *Spindler* in K. Schmidt/Lutter, § 145 AktG Rz. 7.

Auf eigene Unterlagen verbundener Unternehmen erstreckt sich das Prüfungsrecht nach h.M. dagegen nicht.[1]

Grenze des Prüfungsrechts ist nach h.M. nur der Rechtsmissbrauch.[2] Auch vertrauliche Unterlagen wie etwa Protokolle von Vorstands- oder Aufsichtsratssitzungen dürfen demnach in der Regel nicht zurückgehalten werden. Die Grenze des Rechtsmissbrauchs ist erst erreicht, wenn der Sonderprüfer Prüfungshandlungen vornehmen will, die unter keinem denkbaren Gesichtspunkt im Zusammenhang mit dem Gegenstand der Sonderprüfung stehen können.[3]

29

Der Sonderprüfer muss das Prüfungsrecht **gegenüber dem Vorstand** geltend machen.[4] Er darf sich zur Durchsetzung seines Prüfungsrechts also nicht direkt an Angestellte der Gesellschaft wenden und hat auch kein eigenes Zutrittsrecht zu den Räumlichkeiten der Gesellschaft.[5] Der Vorstand ist jedoch verpflichtet, die Prüfung durch den Sonderprüfer zu gestatten. Das geht über eine bloße Duldung hinaus und verlangt eine **aktive Unterstützung** des Sonderprüfers.[6] Der Vorstand muss dafür sorgen, dass dem Sonderprüfer auf Verlangen Unterlagen im Original vorgelegt oder zugänglich gemacht sowie Räume und Hilfsmittel zur Verfügung gestellt werden.[7] Die Pflicht zur Unterstützung dürfte aber richtigerweise nur so weit reichen, wie dies nach den Umständen des Einzelfalls erforderlich ist, um eine angemessene Ausübung des Prüfungsrechts zu ermöglichen.

30

Von den ihm vorgelegten Geschäftsunterlagen darf der Sonderprüfer **Kopien** anfertigen.[8]

31

Gem. § 145 Abs. 2 AktG hat der Sonderprüfer außerdem das Recht, **Auskünfte** von den Mitgliedern des Vorstands und des Aufsichtsrats einzuholen. Das Auskunftsrecht beschränkt sich nicht auf die Organmitglieder der Gesellschaft, für die der Sonderprüfer bestellt worden ist, sondern erstreckt sich gem. § 145 Abs. 3 AktG auch auf Organmitglieder in verbundenen Unternehmen im Sinne von §§ 17, 18 AktG.

32

Das Auskunftsrecht ist schon nach dem Gesetzeswortlaut insofern begrenzt, als es nur besteht, soweit es für eine sorgfältige Prüfung notwendig ist. Auskünfte soll der Sonderprüfer danach **nur im Rahmen des von der Hauptversammlung**

33

---

1 *G. Bezzenberger* in Großkomm. AktG, § 145 AktG Rz. 25; *Spindler* in K. Schmidt/Lutter, § 145 AktG Rz. 18; für ein konzernweites Prüfungsrecht aber *Uwe H. Schneider*, AG 2008, 305, 309 f.
2 *Hüffer*, § 145 AktG Rz. 2; *Kronstein/Zöllner* in KölnKomm. AktG, § 145 AktG Rz. 6; *Spindler* in K. Schmidt/Lutter, § 145 AktG Rz. 9.
3 *G. Bezzenberger* in Großkomm. AktG, § 145 AktG Rz. 16; *Hüffer*, § 145 AktG Rz. 2; *Spindler* in K. Schmidt/Lutter, § 145 AktG Rz. 9.
4 *Fleischer* in Küting/Weber, Handbuch der Rechnungslegung, § 145 AktG Rz. 13.
5 OLG München v. 28.11.2007 – 7 U 4498/07, AG 2008, 172, 176.
6 BayObLG v. 26.1.2000 – 3Z BR 410/99, ZIP 2000, 668, 669; *G. Bezzenberger* in Großkomm. AktG, § 145 AktG Rz. 9; *Hüffer*, § 145 AktG Rz. 2; *Spindler* in K. Schmidt/Lutter, § 145 AktG Rz. 8.
7 *G. Bezzenberger* in Großkomm. AktG, § 145 AktG Rz. 9; *Hüffer*, § 145 AktG Rz. 2; *Spindler* in K. Schmidt/Lutter, § 145 AktG Rz. 8.
8 *G. Bezzenberger* in Großkomm. AktG, § 145 AktG Rz. 15; *Mock* in Spindler/Stilz, § 145 AktG Rz. 10; *Spindler* in K. Schmidt/Lutter, § 145 AktG Rz. 7.

oder dem Gericht vorgegebenen Prüfungsthemas verlangen können.[1] Gleichzeitig wird allerdings betont, dass hinsichtlich der Notwendigkeit einer Auskunft für den Prüfungsgegenstand ein Beurteilungsspielraum des Sonderprüfers anzuerkennen sei.[2] Der Sonderprüfer muss die Notwendigkeit der Auskunft aber plausibel machen.[3]

34 Äußerste Grenze des Auskunftsrechts ist der **Rechtsmissbrauch**.[4] Er wird in der Literatur dann angenommen, wenn das Auskunftsrecht offensichtlich unsachgemäß ausgeübt wird.[5]

35 Außerdem können den Organmitgliedern gegenüber dem Sonderprüfer **Auskunftsverweigerungsrechte** zustehen. Nach der ganz herrschenden Auffassung in der Literatur besteht ein Auskunftsverweigerungsrecht jedenfalls dann, wenn das Organmitglied sich durch seine Aussage strafbar machen würde.[6] Unterschiedlich beurteilt wird, ob ein Organmitglied die Aussage auch dann verweigern darf, wenn es sich durch seine Auskunft der Gefahr der Strafverfolgung aussetzen würde. Die überwiegende Auffassung in der Literatur spricht sich zu Recht für ein solches Auskunftsverweigerungsrecht aus.[7] Nach der Gegenauffassung soll das Organmitglied zur Auskunft verpflichtet bleiben und durch ein strafprozessuales Verwertungsverbot geschützt werden.[8] Für die überwiegende Auffassung spricht der „nemo tenetur"-Grundsatz, der in den § 55 Abs. 1 StPO, § 384 Nr. 2 ZPO zum Ausdruck kommt. Die Gegenauffassung verkennt, dass es nicht bloß um die Verwertung von Aussagen in einem Strafprozess geht, sondern um das Risiko einer Strafverfolgung aufgrund eigener Aussagen. Der Auskunftspflichtige soll es gerade selbst in der Hand haben, zu verhindern, dass seine Aussagen das Material für eine Strafverfolgung liefern. Weitere Auskunftsverweigerungsrechte bestehen nach allgemeiner Meinung nicht.[9] Insbesondere sollen sich die Organmitglieder gegenüber dem Sonderprüfer nicht auf die Auskunfts-

---

1 *Hüffer*, § 145 AktG Rz. 4; *Schröer* in MünchKomm. AktG, § 145 AktG Rz. 16; *Spindler* in K. Schmidt/Lutter, § 145 AktG Rz. 12.
2 *G. Bezzenberger* in Großkomm. AktG, § 145 AktG Rz. 19; *Fleischer* in Küting/Weber, Handbuch der Rechnungslegung, § 145 AktG Rz. 18; *Spindler* in K. Schmidt/Lutter, § 145 AktG Rz. 12.
3 *G. Bezzenberger* in Großkomm. AktG, § 145 AktG Rz. 19; *Kronstein/Zöllner* in KölnKomm. AktG, § 145 AktG Rz. 9; *Spindler* in K. Schmidt/Lutter, § 145 AktG Rz. 12.
4 *G. Bezzenberger* in Großkomm. AktG, § 145 AktG Rz. 19 i.V.m. Rz. 16; *Fleischer* in Küting/Weber, Handbuch der Rechnungslegung, § 145 AktG Rz. 18; *Spindler* in K. Schmidt/Lutter, § 145 AktG Rz. 12.
5 *G. Bezzenberger* in Großkomm. AktG, § 145 AktG Rz. 19 i.V.m. Rz. 16; *Fleischer* in Küting/Weber, Handbuch der Rechnungslegung, § 145 AktG Rz. 18; *Mock* in Spindler/Stilz, § 145 AktG Rz. 15.
6 *Spindler* in K. Schmidt/Lutter, § 145 AktG Rz. 14; *G. Bezzenberger* in Großkomm. AktG, § 145 AktG Rz. 20; *Schröer* in MünchKomm. AktG, § 145 AktG Rz. 18; einschränkend aber *Jänig*, S. 360 f. mit Fn. 2117.
7 *G. Bezzenberger* in Großkomm. AktG, § 145 AktG Rz. 20; *Fleischer* in Küting/Weber, Handbuch der Rechnungslegung, § 145 AktG Rz. 20; *Mock* in Spindler/Stilz, § 145 AktG Rz. 16; *Schröer* in MünchKomm. AktG, § 145 AktG Rz. 18.
8 *Jänig*, S. 361 ff.; *Spindler* in K. Schmidt/Lutter, § 145 AktG Rz. 14.
9 *Spindler* in K. Schmidt/Lutter, § 145 AktG Rz. 13; *G. Bezzenberger* in Großkomm. AktG, § 145 AktG Rz. 20; *Schröer* in MünchKomm. AktG, § 145 AktG Rz. 17 f.; *Mock* in Spindler/Stilz, § 145 AktG Rz. 16.

verweigerungsgründe nach § 131 Abs. 3 Satz 1 Nr. 1–4 AktG berufen können. Sie müssen demzufolge auch solche Auskünfte erteilen, die geeignet sind, der Gesellschaft einen nicht unerheblichen Nachteil zuzufügen. Das Geheimhaltungsinteresse der Gesellschaft wird nach den Wertungen aus § 145 Abs. 4 und Abs. 6 Satz 2 AktG erst berücksichtigt, wenn es um die Veröffentlichung der Ermittlungsergebnisse im Prüfungsbericht geht.

Der Sonderprüfer kann **Auskünfte von den einzelnen Organmitgliedern** verlangen.[1] Auskunftspflichtig sind aber nur die gegenwärtigen Organmitglieder.[2] Auch Angestellte der Gesellschaft sind gegenüber dem Sonderprüfer nicht zur Auskunft verpflichtet.[3] Allerdings wird der **Vorstand** als verpflichtet angesehen, den Sonderprüfer im Hinblick auf die Erlangung von prüfungsrelevanten Auskünften zu unterstützen. Dementsprechend wird in der Literatur vielfach davon ausgegangen, dass der Vorstand Auskunftsansprüche der Gesellschaft gegen frühere Organmitglieder geltend machen[4] sowie Angestellte zur Erteilung von Auskünften anweisen muss, jedenfalls dann, wenn die Auskunft nur von dem betreffenden Angestellten erlangt werden kann.[5] Dabei habe der Vorstand für eine Auskunftserteilung *unmittelbar* an den Sonderprüfer zu sorgen.[6] In gleicher Weise soll der Vorstand auch verpflichtet sein, darauf hinzuwirken, dass andere Wissensträger wie z.B. Unternehmensberater oder informelle Sonderprüfer relevante Auskünfte an den Sonderprüfer erteilen.[7] Eine Verpflichtung des Vorstands, dem Sonderprüfer eine unmittelbare Befragung von ehemaligen Organmitgliedern, Angestellten oder sonstigen Vertragspartnern zu ermöglichen, kann jedoch entgegen Stimmen aus der Literatur nicht angenommen werden, da das Auskunftsrecht des Sonderprüfers insoweit nur gegenüber dem Vorstand besteht. Der Sonderprüfer kann deshalb nur verlangen, dass der Vorstand prüfungsrelevante Auskünfte von den genannten Wissensträgern einholt und diese Auskünfte an ihn weiterleitet. 36

Der Sonderprüfer kann die Verwaltungsmitglieder **mündlich befragen und/oder schriftliche Auskünfte verlangen**.[8] Die Verwaltungsmitglieder dürfen sich nicht darauf beschränken, eine Frage gezielt und punktgenau zu beantworten, sondern müssen von sich aus alle nach dem Sinn der Fragestellung relevanten Informationen offenlegen.[9] Teilweise wird sogar vertreten, dass der Vorstand verpflichtet 37

---

1 *Hüffer*, § 145 AktG Rz. 3; *Mock* in Spindler/Stilz, § 145 AktG Rz. 14; *Schröer* in MünchKomm. AktG, § 145 AktG Rz. 13.
2 *Hüffer*, § 145 AktG Rz. 3; *Spindler* in K. Schmidt/Lutter, § 145 AktG Rz. 11.
3 *Hüffer*, § 145 AktG Rz. 3; *Spindler* in K. Schmidt/Lutter, § 145 AktG Rz. 11.
4 *G. Bezzenberger* in Großkomm. AktG, § 145 AktG Rz. 18; *Fleischer* in Küting/Weber, Handbuch der Rechnungslegung, § 145 AktG Rz. 16; *Kronstein/Zöllner* in KölnKomm. AktG, § 145 AktG Rz. 10.
5 *G. Bezzenberger* in Großkomm. AktG, § 145 AktG Rz. 18; *Fleischer* in Küting/Weber, Handbuch der Rechnungslegung, § 145 AktG Rz. 16; *Spindler* in K. Schmidt/Lutter, § 145 AktG Rz. 11; *Schröer* in MünchKomm. AktG, § 145 AktG Rz. 15.
6 Eingehend *Kirschner*, S. 258 ff.; bezogen auf Auskünfte von Angestellten ausdrücklich *G. Bezzenberger* in Großkomm. AktG, § 145 AktG Rz. 18; *Spindler* in K. Schmidt/Lutter, § 145 AktG Rz. 11; *Mock* in Spindler/Stilz, § 145 AktG Rz. 14.
7 *Kirschner*, S. 251 ff.; *Mock* in Spindler/Stilz, § 145 AktG Rz. 20.
8 *Spindler* in K. Schmidt/Lutter, § 145 AktG Rz. 10; *Fleischer* in Küting/Weber, Handbuch der Rechnungslegung, § 145 AktG Rz. 14.
9 *G. Bezzenberger* in Großkomm. AktG, § 145 AktG Rz. 17; *Hüffer*, § 145 AktG Rz. 4; *Spindler* in K. Schmidt/Lutter, § 145 AktG Rz. 10.

sei, einen **einführenden Bericht** über die Vorgänge zu erstatten, die Gegenstand der Prüfung sind.[1]

b) Pflichten

38 Die Pflichten des Sonderprüfers entsprechen im Wesentlichen denen des Abschlussprüfers. § 144 AktG verweist insoweit auf § 323 HGB. Zu den Pflichten des Sonderprüfers bei der Durchführung der Sonderprüfung gehört insbesondere, dass er die Sonderprüfung möglichst zügig beenden muss.[2] Er ist außerdem gehalten, übermäßige Störungen des gewöhnlichen Geschäftsgangs der Gesellschaft zu vermeiden.[3]

5. Durchsetzung der Rechte des Sonderprüfers

39 Kommen Vorstandsmitglieder ihren Pflichten gegenüber dem Sonderprüfer nicht nach, so hat das Registergericht gem. § 407 Abs. 1 AktG ein **Zwangsgeld** gegen die betreffenden Personen festzusetzen, um sie zur Befolgung ihrer Pflichten anzuhalten. Eine Möglichkeit zur Zwangsgeldfestsetzung gegen Aufsichtsratsmitglieder ist hingegen nicht vorgesehen. Nach einhelliger Auffassung sind mit den Rechten des Sonderprüfers **keine klagbaren Ansprüche** verbunden. Der Sonderprüfer kann zur Durchsetzung seiner Rechte dementsprechend weder Klage erheben noch eine einstweilige Verfügung erwirken.[4]

6. Beendigung der Sonderprüfung

40 Die Sonderprüfung endet mit Vorlage des schriftlichen **Prüfungsberichts** über die Ergebnisse der Sonderprüfung durch den Sonderprüfer. Der Sonderprüfer hat seinen Bericht nach § 145 Abs. 6 Satz 3 AktG dem Vorstand vorzulegen und zum Handelsregister einzureichen. Auf Verlangen hat der Vorstand jedem Aktionär eine Abschrift des Prüfungsberichts zu erteilen (§ 145 Abs. 6 Satz 4 AktG). Nach § 145 Abs. 6 Satz 5 AktG hat der Vorstand den Bericht außerdem dem Aufsichtsrat vorzulegen und bei der Einberufung der nächsten Hauptversammlung als Gegenstand der Tagesordnung bekanntzumachen.

41 Eine von der Hauptversammlung beschlossene Sonderprüfung kann schon **vorzeitig** ohne besonderen Grund[5] beendet werden, indem die Hauptversammlung den von ihr bestellten Sonderprüfer durch Beschluss mit einfacher Mehrheit abberuft

---

1 *G. Bezzenberger* in Großkomm. AktG, § 145 AktG Rz. 17; *Spindler* in K. Schmidt/Lutter, § 145 AktG Rz. 10.
2 *Kirschner*, S. 126; *Mock* in Spindler/Stilz, § 144 AktG Rz. 10; *Fleischer* in Küting/Weber, Handbuch der Rechnungslegung, § 144 AktG Rz. 7 („in vernünftiger Zeit").
3 *Kirschner*, S. 126; *Fleischer* in Küting/Weber, Handbuch der Rechnungslegung, § 144 AktG Rz. 7.
4 *Jänig*, S. 373; *Mock* in Spindler/Stilz, § 145 AktG Rz. 21; *Schröer* in MünchKomm. AktG, § 145 AktG Rz. 22.
5 *Fleischer* in Küting/Weber, Handbuch der Rechnungslegung, § 142 AktG Rz. 151; *Spindler* in K. Schmidt/Lutter, § 142 AktG Rz. 75; einschränkend *Kronstein/Zöllner* in KölnKomm. AktG, § 142 AktG Rz. 44.

und die Anordnung der Sonderprüfung aufhebt.[1] Die Stimmverbote nach § 142 Abs. 1 Satz 2 und 3 AktG finden dabei entsprechende Anwendung.[2] Der abberufene Sonderprüfer ist selbst nicht befugt, seine Abberufung mit der Anfechtungsklage anzugreifen.[3]

Die vorzeitige Abberufung eines gerichtlich bestellten Sonderprüfers kann hingegen nicht durch die Hauptversammlung, sondern nur durch das Gericht erfolgen.[4]

III. Konzernrechtliche Sonderprüfung gem. § 315 AktG

1. Verhältnis zur allgemeinen Sonderprüfung

Ein besonderer Anwendungsfall der (allgemeinen) Sonderprüfung nach § 142 AktG ist die konzernrechtliche Sonderprüfung nach § 315 AktG. Die §§ 142 ff. AktG finden daher auch auf die konzernrechtliche Sonderprüfung Anwendung, soweit § 315 AktG keine spezielle Regelung enthält.[5]

2. Gegenstand der Sonderprüfung

Die konzernrechtliche Sonderprüfung eröffnet den Aktionären die Möglichkeit, eine Sonderprüfung der geschäftlichen Beziehungen ihrer Gesellschaft zu dem herrschenden Unternehmen oder einem mit ihm verbundenen Unternehmen prüfen zu lassen. Untersucht wird dabei, ob die herrschende Gesellschaft die abhängige Gesellschaft zur Vornahme **nachteiliger Rechtsgeschäfte unter Verstoß gegen § 311 AktG** veranlasst hat.[6] In der Literatur wird zum Teil vertreten, die Sonderprüfung beschränke sich in zeitlicher Hinsicht auf das Geschäftsjahr, auf das sich der jeweils einschlägige Prüfungsanlass nach § 315 Satz 1 Nr. 1–3 AktG bzw. § 315 Satz 2 AktG beziehe. Vorgänge aus den Vorjahren sollen aber zu berücksichtigen sein, wenn sie für die Beurteilung des Prüfungsjahres relevant sind.[7]

---

1 *Spindler* in K. Schmidt/Lutter, § 142 AktG Rz. 75; OLG München v. 3.3.2010 – 7 U 4744/09, zum vergleichbaren Fall der Abberufung eines durch die Hauptversammlung bestellten besonderen Vertreters.
2 *G. Bezzenberger* in Großkomm. AktG, § 142 AktG Rz. 43; *Hüffer*, § 142 AktG Rz. 34; *Spindler* in K. Schmidt/Lutter, § 142 AktG Rz. 75.
3 Implizit LG München I v. 27.8.2009 – 5HK O 21656/08, Der Konzern 2009, 624, 626.
4 *Hüffer*, § 142 AktG Rz. 34; *Spindler* in K. Schmidt/Lutter, § 142 AktG Rz. 76.
5 *Habersack* in Emmerich/Habersack, Aktien- und GmbH-Konzernrecht, § 315 AktG Rz. 3; *Koppensteiner* in KölnKomm. AktG, § 315 AktG Rz. 2; *J. Vetter* in K. Schmidt/Lutter, § 315 AktG Rz. 3.
6 *Habersack* in Emmerich/Habersack, Aktien- und GmbH-Konzernrecht, § 315 AktG Rz. 17; *Henssler* in Küting/Weber, Handbuch der Rechnungslegung, § 315 AktG Rz. 19 f.; *J. Vetter* in K. Schmidt/Lutter, § 315 AktG Rz. 22.
7 *Habersack* in Emmerich/Habersack, Aktien- und GmbH-Konzernrecht, § 315 AktG Rz. 17; *H.-F. Müller* in Spindler/Stilz, § 315 AktG Rz. 12; *J. Vetter* in K. Schmidt/Lutter, § 315 AktG Rz. 23; ebenso, aber beschränkt auf § 315 Satz 1 AktG *Altmeppen* in MünchKomm. AktG, § 315 AktG Rz. 32; *Noack*, WPg 1994, 225, 229; ohne Beschränkung auf das Geschäftsjahr *Henssler* in Küting/Weber, Handbuch der Rechnungslegung, § 315 AktG Rz. 19 f.

3. Bestellung des Sonderprüfers

45 Nach § 315 Satz 1 AktG hat das Gericht schon auf **Antrag eines einzelnen Aktionärs** einen Sonderprüfer zu bestellen, wenn ein typisierter Verdachtsgrund nach § 315 Satz 1 Nr. 1–3 AktG vorliegt. Dies sind (1) die Einschränkung oder Versagung des Bestätigungsvermerks zum Bericht über die Beziehungen zu verbundenen Unternehmen durch den Abschlussprüfer, (2) die Erklärung des Aufsichtsrats, dass Einwendungen gegen die Erklärung des Vorstands am Schluss des Berichts über die Beziehungen zu verbundenen Unternehmen zu erheben sind, und (3) die Erklärung des Vorstands, dass die Gesellschaft durch bestimmte Rechtsgeschäfte oder Maßnahmen benachteiligt worden ist, ohne dass die Nachteile ausgeglichen worden sind.

46 Unabhängig von dem Vorliegen der in § 315 Satz 1 Nr. 1–3 AktG genannten Tatbestände hat das Gericht gem. § 315 Satz 2 AktG auf **Antrag einer qualifizierten Minderheit** einen Sonderprüfer zu bestellen, wenn der Verdacht einer pflichtwidrigen Nachteilszufügung aufgrund sonstiger Tatsachen gerechtfertigt ist.[1] Ein ablehnender Hauptversammlungsbeschluss über die Sonderprüfung muss zuvor nicht gefasst worden sein.[2] Wie bei der allgemeinen Sonderprüfung nach § 142 Abs. 2 AktG sind wegen des Charakters der Sonderprüfung als außerordentliches Informationsinstrument strenge Anforderungen an das Vorliegen eines Verdachts zu stellen (Rz. 21). Pauschale Behauptungen können einen Verdacht nicht begründen. Die Antragsteller haben vielmehr konkrete Tatsachen vorzutragen, die objektiv darauf schließen lassen, dass pflichtwidrige Nachteilszufügungen stattgefunden haben.[3] Da es sich bei der Sonderprüfung nach § 315 AktG um einen besonderen Anwendungsfall der allgemeinen Sonderprüfung nach den §§ 142 ff. AktG handelt, muss insoweit auf die zu diesen Vorschriften entwickelten Auslegungsgrundsätze zurückgegriffen werden.[4]

47 Das von der Minderheit zu erreichende **Quorum** entspricht demjenigen in § 142 Abs. 2 AktG (Rz. 19). Die Antragsteller müssen glaubhaft machen, dass sie bei Antragstellung bereits seit mindestens drei Monaten Inhaber der Aktien sind. Nach zutreffender überwiegender Auffassung haben die Antragsteller zudem entsprechend § 142 Abs. 2 Satz 2 AktG nachzuweisen, dass sie die Aktien bis zur Entscheidung über den Antrag halten werden.[5]

---

1 Zur Verpflichtung des Gerichts bei Vorliegen der Voraussetzungen von § 315 Satz 2 AktG *Hüffer*, § 315 AktG Rz. 3a.
2 *Habersack* in Emmerich/Habersack, Aktien- und GmbH-Konzernrecht, § 315 AktG Rz. 3.
3 Vgl. z.B. LG München I v. 8.4.2010 – 17HK O 8223/09, S. 11; LG Münster v. 19.1.2000 – 21 T 1/99, AG 2001, 54; *Krieger* in MünchHdb. AG, § 69 Rz. 116; vgl. auch *Altmeppen* in MünchKomm. AktG, § 315 AktG Rz. 18.
4 *Habersack* in Emmerich/Habersack, Aktien- und GmbH-Konzernrecht, § 315 AktG Rz. 10; *J. Vetter* in K. Schmidt/Lutter, § 315 AktG Rz. 10; *Müller* in Spindler/Stilz, § 315 AktG Rz. 7.
5 OLG Hamm v. 29.6.2000 – 15 W 69/00, ZIP 2000, 1299 (noch zum Hinterlegungserfordernis nach § 142 Abs. 2 AktG a.F.); OLG Frankfurt a.M. v. 2.6.2009 – 20 W 187/07, NJW-RR 2009, 1411; *Habersack* in Emmerich/Habersack, Aktien- und GmbH-Konzernrecht, § 315 AktG Rz. 12; *Hüffer*, § 315 AktG Rz. 3b; a.A. *J. Vetter* in K. Schmidt/Lutter, § 315 AktG Rz. 14.

Ebenso wie bei der allgemeinen Sonderprüfung nach § 142 Abs. 2 AktG hat das Gericht **rechtsmissbräuchliche** Sonderprüfungsanträge zurückzuweisen.[1] So ist die Sonderprüfung nach § 315 AktG ausgeschlossen, wenn Ansprüche wegen pflichtwidriger Nachteilszufügung aus §§ 317, 318 AktG aufgrund des Ablaufs der fünfjährigen Verjährungsfrist nicht mehr durchgesetzt werden können.[2] Im Übrigen wird in der Literatur auf die allgemeinen Grundsätze zum Rechtsmissbrauch im Aktienrecht[3] oder auf die zu § 142 Abs. 2 AktG beschriebenen Fallgruppen[4] verwiesen, zum Teil aber mit der Einschränkung, dass gegenüber dem schon tatbestandlich sehr eng gefassten Antragsrecht nach § 315 Satz 1 AktG der Einwand des Rechtsmissbrauchs, von dem Fall der Anspruchsverjährung abgesehen, ausgeschlossen sein soll.[5]

48

B. Besonderer Vertreter

I. Überblick

Die wesentliche **Funktion** des besonderen Vertreters im Zusammenhang mit Organhaftungsansprüchen besteht darin, diese Ansprüche für die Gesellschaft in einem **Prozess** geltend zu machen. Durch die Bestellung eines besonderen Vertreters wird einerseits die Handlungsfähigkeit der Gesellschaft sichergestellt. Das ist insbesondere dann von Bedeutung, wenn die Mitglieder der an sich zur Geltendmachung berufenen Vertretungsorgane selbst Prozessgegner und damit von der Vertretung ausgeschlossen sind. Andererseits kann die Bestellung eines besonderen Vertreters dazu dienen, eine unvoreingenommene und konsequente Rechtsverfolgung sicherzustellen, wenn dies durch die an sich zuständigen Organe wegen der Gefahr von persönlichen Verflechtungen und/oder Interessenkonflikten nicht gewährleistet ist.

49

Das **Rechtsinstitut** des besonderen Vertreters, wie es hier im Zusammenhang mit Organhaftungsansprüchen von Interesse ist, findet sich **im Gesellschaftsrecht an verschiedenen Stellen**, so in § 147 Abs. 2 AktG für die Aktiengesellschaft, in § 287 Abs. 2 Satz 1 AktG für die Kommanditgesellschaft auf Aktien[6], in § 26

50

---

1 *Henssler* in Küting/Weber, Handbuch der Rechnungslegung, § 315 AktG Rz. 17, 33; *Altmeppen* in MünchKomm. AktG, § 315 AktG Rz. 22; *J. Vetter* in K. Schmidt/Lutter, § 315 AktG Rz. 15.
2 *Habersack* in Emmerich/Habersack, Aktien- und GmbH-Konzernrecht, § 315 AktG Rz. 8, 13; *Altmeppen* in MünchKomm. AktG, § 315 AktG Rz. 22; so auch *Henssler* in Küting/Weber, Handbuch der Rechnungslegung, § 315 AktG Rz. 17, 33, sofern Folgen aus der Sonderprüfung nicht denkbar sind.
3 *Altmeppen* in MünchKomm. AktG, § 315 AktG Rz. 22; *Noack*, WPg 1994, 225, 235 mit Fn. 92; *Habersack* in Emmerich/Habersack, Aktien- und GmbH-Konzernrecht, § 315 AktG Rz. 13 (für Antragsrecht nach § 315 Satz 2 AktG).
4 *Henssler* in Küting/Weber, Handbuch der Rechnungslegung, § 315 AktG Rz. 33; *J. Vetter* in K. Schmidt/Lutter, § 315 AktG Rz. 15 mit Fn. 21.
5 *Habersack* in Emmerich/Habersack, Aktien- und GmbH-Konzernrecht, § 315 AktG Rz. 8; *Koppensteiner* in KölnKomm. AktG, § 315 AktG Rz. 8.
6 Die Vorschrift spricht von der Vertretung der „Gesamtheit der Kommanditaktionäre" in Rechtsstreitigkeiten mit den persönlich haftenden Gesellschaftern, meint damit nach modernem Verständnis aber die Vertretung der Gesellschaft; vgl. *Bachmann* in Spindler/Stilz, § 287 AktG Rz. 24; *K. Schmidt* in K. Schmidt/Lutter, § 287 AktG Rz. 20.

Abs. 1 UmwG für den an einer Umwandlung beteiligten übertragenden Rechtsträger, in § 39 Abs. 1 Satz 2 und Abs. 3 GenG für die Genossenschaft sowie in § 46 Nr. 8 GmbHG für die GmbH.

51 **Aus Sicht der Praxis** von besonderem Interesse ist der besondere Vertreter nach § 147 Abs. 2 AktG. Erfahrungen mit dem Rechtsinstitut gab es in der Vergangenheit kaum, und auch die Literatur hat dem besonderen Vertreter lange Zeit keine besondere Aufmerksamkeit geschenkt. Umso größeres Aufsehen erregte in jüngster Zeit der Fall der **HypoVereinsbank AG**.[1] Dort war es einer Aktionärsminderheit wegen eines Stimmrechtsausschlusses der Mehrheitsaktionärin UniCredito in der Hauptversammlung gelungen, einen besonderen Vertreter zu bestellen, der sich in der Folgezeit mit offensiver Ermittlungsarbeit einen Machtkampf mit den Verwaltungsorganen der HypoVereinsbank lieferte. Die dabei aufgeworfenen Fragen zur Rechtsstellung und den Befugnissen des besonderen Vertreters sind bisher erst ansatzweise geklärt.

II. Besonderer Vertreter gem. § 147 Abs. 2 AktG

1. Erfasste Ersatzansprüche

52 Ein besonderer Vertreter kann nach § 147 Abs. 2 AktG zur Geltendmachung von Ersatzansprüchen der Gesellschaft bestellt werden. Zu den davon umfassten Ersatzansprüchen zählen zunächst die in § 147 Abs. 1 Satz 1 AktG ausdrücklich genannten Ersatzansprüche, also u.a. **Ersatzansprüche aus der Geschäftsführung** gegen Mitglieder des Vorstands und des Aufsichtsrats. Über den Wortlaut von § 147 Abs. 1 Satz 1 AktG hinaus wird der Kreis der erfassten Ersatzansprüche von der wohl überwiegenden Meinung auf **konzernrechtliche Ansprüche** gem. §§ 309 Abs. 2 Satz 1, 310 Abs. 1 Satz 1, 317 Abs. 1 Satz 1 und Abs. 3, 318 Abs. 1 und 2 AktG ausgedehnt, da diese Ansprüche im konzernrechtlichen Zusammenhang den in § 147 Abs. 1 Satz 1 AktG genannten Ansprüchen entsprächen.[2]

---

[1] LG München I v. 6.9.2007 – 5HK O 12570/07, AG 2007, 756 ff.; teilweise aufgehoben durch OLG München v. 28.11.2007 – 7 U 4498/07, AG 2008, 172 ff.; LG München I v. 4.10.2007 – 5HK 12615/07, AG 2008, 92 ff.; teilweise aufgehoben durch OLG München v. 27.8.2008 – 7 U 5678/07, AG 2008, 864 ff.; LG München I v. 28.7.2008 – 5HK O 12504/08, AG 2008, 795 ff.; OLG München v. 7.10.2008 – 7 W 1034/08, AG 2009, 119 ff.; LG München I v. 27.8.2009 – 5HK O 21656/08, Der Konzern 2009, 624 ff., teilweise aufgehoben durch OLG München v. 3.3.2010 – 7 U 4744/09; aus der Literatur zum Fall der HypoVereinsbank etwa *Wirth* in FS Hüffer, S. 1129; *Verhoeven*, ZIP 2008, 245; *Kling*, ZGR 2009, 190, 196 f.; *Hirte/Mock*, BB 2010, 775.

[2] OLG München v. 28.11.2007 – 7 U 4498/07, AG 2008, 172, 173 f. (zu §§ 317, 318 AktG); *G. Bezzenberger* in Großkomm. AktG, § 147 AktG Rz. 13; *Habersack* in Emmerich/Habersack, Aktien- und GmbH-Konzernrecht, § 317 AktG Rz. 27; *Altmeppen* in MünchKomm. AktG, § 317 AktG Rz. 64 ff.; *Mock* in Spindler/Stilz, § 147 AktG Rz. 6; *Schröer* in MünchKomm. AktG, § 147 AktG Rz. 18; gegen Einbeziehung der Ansprüche aus §§ 309, 317 AktG *Hüffer*, § 147 AktG Rz. 2a; *Kling*, ZGR 2009, 190, 206; insgesamt ablehnend *Koppensteiner* in KölnKomm. AktG, § 309 AktG Rz. 45, § 317 AktG Rz. 35, § 318 AktG Rz. 3 i.V.m. § 309 AktG Rz. 45.

Ersatzansprüche sind in erster Linie **Schadensersatzansprüche**.[1] Ebenfalls erfasst werden die dazugehörigen Hilfsansprüche auf Auskunftserteilung und Rechnungslegung[2], nach h.M. außerdem Ausgleichs-, Herausgabe- und Rückgewähransprüche.[3] Allgemein gilt, dass sich § 147 AktG nur auf Ersatzansprüche der Gesellschaft bezieht, nicht auf solche von Aktionären.[4]

53

2. Bestellung des besonderen Vertreters

a) Bestellung durch die Hauptversammlung

Ein besonderer Vertreter kann nach § 147 Abs. 2 Satz 1 AktG mit einfacher Mehrheit durch Beschluss der Hauptversammlung bestellt werden.

54

Die Bestellung erfolgt zur Geltendmachung „des Ersatzanspruchs". Nach h.M. ist damit der Ersatzanspruch gemeint, der aufgrund eines Hauptversammlungsbeschlusses nach § 147 Abs. 1 AktG geltend zu machen ist. Die Bestellung eines besonderen Vertreters zur Geltendmachung eines bestimmten Ersatzanspruchs setzt demnach voraus, dass die Hauptversammlung einen wirksamen **Beschluss über die Geltendmachung** ebendieses Anspruchs gefasst hat.[5] Über die Geltendmachung und die Bestellung eines besonderen Vertreters kann gemeinsam abgestimmt werden.[6]

55

Der **Antrag** zur Beschlussfassung über die Geltendmachung von Ersatzansprüchen kann ebenso wie der Antrag auf Bestellung eines besonderen Vertreters in der Hauptversammlung ohne Ankündigung von jedem Aktionär als ergänzender Sachantrag gestellt werden, wenn die Vorlage eines Sonderprüfungsberichts auf der Tagesordnung steht und die geltend zu machenden Ansprüche aus dem Ergebnis der Sonderprüfung hergeleitet werden.[7] Außerdem kann die Bestellung eines besonderen Vertreters ohne Ankündigung in der Hauptversammlung im Zusammenhang mit einem Tagesordnungspunkt zur Geltendmachung von Ersatz-

56

---

1 *Hüffer*, § 147 AktG Rz. 2; *Mock* in Spindler/Stilz, § 147 AktG Rz. 4; *Schröer* in MünchKomm. AktG, § 147 AktG Rz. 16; *Spindler* in K. Schmidt/Lutter, § 147 AktG Rz. 3.
2 *G. Bezzenberger* in Großkomm. AktG, § 147 AktG Rz. 12; *Holzborn* in Bürgers/Körber, § 147 AktG Rz. 3; *Hüffer*, § 147 AktG Rz. 2; *Mock* in Spindler/Stilz, § 147 AktG Rz. 5.
3 *G. Bezzenberger* in Großkomm. AktG, § 147 AktG Rz. 12; *Holzborn* in Bürgers/Körber, § 147 AktG Rz. 3; *Hüffer*, § 147 AktG Rz. 2; *Mock* in Spindler/Stilz, § 147 AktG Rz. 9; a.A. *Schröer* in MünchKomm. AktG, § 147 AktG Rz. 17.
4 OLG München v. 28.11.2007 – 7 U 4498/07, AG 2008, 172, 174; *H. P. Westermann*, AG 2009, 237, 244.
5 *Kling*, ZGR 2009, 190, 194; *Winnen*, Die Innenhaftung des Vorstands nach dem UMAG, 2009, S. 298; *G. Bezzenberger* in Großkomm. AktG, § 147 AktG Rz. 44; implizit *Mock* in Spindler/Stilz, § 147 AktG Rz. 37; *Spindler* in K. Schmidt/Lutter, § 147 AktG Rz. 13; a.A. *Lochner* in Heidel, § 147 AktG Rz. 18.
6 So auch im Fall der HypoVereinsbank und von den Gerichten nicht beanstandet; ebenso die einhellige Auffassung in der Literatur, vgl. *Mock* in Spindler/Stilz, § 147 AktG Rz. 37; *Schröer* in MünchKomm. AktG, § 147 AktG Rz. 47; *Spindler* in K. Schmidt/Lutter, § 147 AktG Rz. 13.
7 *Schröer* in MünchKomm. AktG, § 147 AktG Rz. 47 i.V.m. 29; *Butzke* in Obermüller/Werner/Winden, Die Hauptversammlung der Aktiengesellschaft, 4. Aufl. 2001, M Rz. 39.

ansprüchen beantragt werden.[1] Als bekanntmachungsfreier Ad hoc-Antrag zum Tagesordnungspunkt Entlastung des Aufsichtsrats oder Entlastung des Vorstands können die Geltendmachung von Ansprüchen und die Bestellung eines besonderen Vertreters hingegen nicht beantragt werden.[2] Die von der Sonderprüfung abweichende Rechtslage erklärt sich daraus, dass die Geltendmachung von Ersatzansprüchen weitaus einschneidender ist als die Einleitung einer Sonderprüfung.[3] Schließlich kann im Hinblick auf die Bestellung eines besonderen Vertreters das Antrags- und Einberufungsrecht einer Minderheit nach § 122 Abs. 1, 2 AktG bei Vorliegen einer entsprechend qualifizierten Minderheit zum Tragen kommen (Rz. 9).

57 Für die Pflichten des **Versammlungsleiters** bei entsprechenden Anträgen in der Hauptversammlung gilt das zur Sonderprüfung Gesagte entsprechend (Rz. 10).

58 In dem Geltendmachungs- bzw. Bestellungsbeschluss muss der **Lebenssachverhalt**, aus dem Ersatzansprüche hergeleitet werden, so **konkret bezeichnet** werden, dass im Fall einer späteren Klageerhebung durch den besonderen Vertreter festgestellt werden kann, ob der Klagegegenstand mit den von der Hauptversammlung gemeinten Ansprüchen übereinstimmt.[4] Dabei soll es nach dem OLG München genügen, wenn der oder die möglichen Anspruchsgegner auf der Grundlage des angegebenen Lebenssachverhalts bestimmbar sind.[5] Genügt der Beschluss über die Geltendmachung der Ersatzansprüche bzw. die Bestellung des besonderen Vertreters den Bestimmtheitsanforderungen hinsichtlich des anspruchsbegründenden Sachverhalts nicht, ist er nach § 243 Abs. 1 AktG anfechtbar.[6]

59 Bei der Beschlussfassung unterliegen Aktionäre, gegen die Ersatzansprüche geltend gemacht werden sollen, nach § 136 Abs. 1 Satz 1, 3. Fall AktG einem **Stimmverbot**.[7] Die Nichtbeachtung kann dazu führen, dass der Beschluss nach § 243 Abs. 1 AktG anfechtbar ist. Das Stimmverbot greift auch dann, wenn – wie im Fall der HypoVereinsbank – über die Geltendmachung von Ersatzansprüchen gegen *verschiedene Anspruchsgegner* wegen desselben Sachverhalts in einem Abstimmungsvorgang entschieden wird.[8] Als rechtsmissbräuchlich ist es allerdings anzusehen, wenn offensichtlich unbegründete Ansprüche gegen den Mehrheitsaktionär in den Beschlussantrag aufgenommen werden, nur um ein

---

1 *G. Bezzenberger* in Großkomm. AktG, § 147 AktG Rz. 42; *Schröer* in MünchKomm. AktG, § 147 AktG Rz. 47; *Spindler* in K. Schmidt/Lutter, § 147 AktG Rz. 13.
2 *Schröer* in MünchKomm. AktG, § 147 AktG Rz. 47 i.V.m. 29; *Butzke* in Obermüller/Werner/Winden, Die Hauptversammlung der Aktiengesellschaft, 4. Aufl. 2001, M Rz. 39.
3 *Kronstein/Zöllner* in KölnKomm. AktG, § 147 AktG Rz. 5.
4 OLG Frankfurt a.M. v. 9.10.2003 – 20 W 487/02, AG 2004, 104; OLG München v. 27.8.2008 – 7 U 5678/07, AG 2008, 864, 869; OLG Stuttgart v. 25.11.2008 – 8 W 370/08, AG 2009, 169, 170; *Hüffer*, § 147 AktG Rz. 3; *Spindler* in K. Schmidt/Lutter, § 147 AktG Rz. 9.
5 OLG München v. 27.8.2008 – 7 U 5678/07, AG 2008, 864, 867ff.
6 Vgl. OLG München v. 27.8.2008 – 7 U 5678/07, AG 2008, 864, 869.
7 *Holzborn* in Bürgers/Körber, § 147 AktG Rz. 12; *Hüffer*, § 147 AktG Rz. 6; *Mock* in Spindler/Stilz, § 147 AktG Rz. 39; *Schröer* in MünchKomm. AktG, § 147 AktG Rz. 49; *Verhoeven*, ZIP 2008, 245, 246.
8 OLG München v. 27.8.2008 – 7 U 5678/07, AG 2008, 864, 865.

Stimmverbot desselben herbeizuführen.[1] In einem solchen Fall hat der Versammlungsleiter den Antrag insgesamt zurückzuweisen. Eine einheitliche Abstimmung über die Geltendmachung von Ersatzansprüchen gegen verschiedene Anspruchsgegner wegen desselben Sachverhalts in einem Abstimmungsvorgang ist außerdem nur zulässig, wenn die Hauptversammlung dieses Vorgehen nicht ablehnt.[2] Bei einem solchen Verfahrensbeschluss ist auch der Aktionär, gegen den Ansprüche geltend gemacht werden sollen, stimmberechtigt. Wird die einheitliche Abstimmung mit einfacher Mehrheit abgelehnt, ist über die Geltendmachung der Ersatzansprüche getrennt abzustimmen. Von der Ausübung des Stimmrechts ist der Aktionär dann nur noch bei dem Beschluss ausgeschlossen, in dem es um die gegen ihn gerichteten Ansprüche geht. Darüber hinaus kann auch der Versammlungsleiter aufgrund seiner Befugnis zur Verfahrensleitung entscheiden, die Hauptversammlung über die Geltendmachung von Ersatzansprüchen gegen verschiedene Anspruchsgegner wegen desselben Sachverhalts in getrennten Abstimmungsvorgängen abstimmen zu lassen.

60 Die Bestellung des besonderen Vertreters setzt nicht nur einen Beschluss nach § 147 Abs. 1 AktG voraus, sondern muss auch zur **Geltendmachung eines von § 147 Abs. 1 AktG erfassten Anspruchs** erfolgen. Der Bestellungsbeschluss ist sonst nach § 243 Abs. 1 AktG anfechtbar.[3]

61 In dem Beschluss über die Bestellung des besonderen Vertreters muss die **Person des besonderen Vertreters** namentlich bezeichnet sein.[4] Das Gesetz enthält keine besonderen Vorgaben hinsichtlich der Person des besonderen Vertreters.[5] Bestellt werden kann nach h.M. jede geschäftsfähige natürliche Person.[6] In Betracht kommen dafür vor allem Rechtsanwälte.

62 Der Beschluss, einen besonderen Vertreter zu bestellen, kann **rechtsmissbräuchlich** und deshalb nach § 243 Abs. 1 AktG anfechtbar sein.[7] Konkrete Fallgruppen haben sich hierfür bislang noch nicht herausgebildet. Ob ein Rechtsmissbrauch vorliegt, ist daher einzelfallbezogen unter Rückgriff auf allgemeine Kriterien zu beurteilen.

63 In einem **Rechtsstreit** über seine **Bestellung** ist der besondere Vertreter nicht zur Vertretung der Gesellschaft befugt, da es in einem solchen Verfahren nicht um die Geltendmachung von Ersatzansprüchen geht. Denn darauf ist sein Aufgaben-

---

1 OLG München v. 27.8.2008 – 7 U 5678/07, AG 2008, 864, 865.
2 Vgl. BGH v. 21.7.2003 – II ZR 109/02, AG 2003, 625; OLG München v. 27.8.2008 – 7 U 5678/07, AG 2008, 864, 865.
3 Vgl. OLG München v. 27.8.2008 – 7 U 5678/07, AG 2008, 864, 866f.
4 *Schröer* in MünchKomm. AktG, § 147 AktG Rz. 48; *Spindler* in K. Schmidt/Lutter, § 147 AktG Rz. 13.
5 *Mock* in Spindler/Stilz, § 147 AktG Rz. 38; *Schröer* in MünchKomm. AktG, § 147 AktG Rz. 41.
6 *G. Bezzenberger* in Großkomm. AktG, § 147 AktG Rz. 43; *Mock* in Spindler/Stilz, § 147 AktG Rz. 38; *Schröer* in MünchKomm. AktG, § 147 AktG Rz. 48; *Spindler* in K. Schmidt/Lutter, § 147 AktG Rz. 20; gegen eine Beschränkung auf natürliche Personen aber *Verhoeven*, ZIP 2008, 245, 248.
7 Vgl. OLG München v. 27.8.2008 – 7 U 5678/07, AG 2008, 864, 865f.

bereich beschränkt.[1] Allerdings wird die Auffassung vertreten, dass der besondere Vertreter dem Rechtsstreit auf Seiten der Gesellschaft als Nebenintervenient beitreten können müsse, um eine seine Rechtsstellung beeinträchtigende Prozessführung durch Vorstand und Aufsichtsrat, z.B. durch Säumnis oder Anerkenntnisse, verhindern zu können.[2] Das überzeugt nicht. Richtigerweise obliegt es in einer solchen Situation den Aktionären, die in der Hauptversammlung für die Bestellung des besonderen Vertreters gestimmt haben, dem Verfahren beizutreten und ihr Interesse an der Bestellung des besonderen Vertreters zu wahren.

b) Bestellung durch das Gericht

64 Ein besonderer Vertreter kann nach § 147 Abs. 2 Satz 2 AktG auf Antrag einer qualifizierten Minderheit in einem Verfahren der freiwilligen Gerichtsbarkeit auch gerichtlich bestellt werden.

65 Die Bestellung eines besonderen Vertreters nach § 147 Abs. 2 Satz 2 AktG setzt einen **Antrag** an das Amtsgericht des Gesellschaftssitzes voraus (§ 14 AktG, §§ 375 Nr. 3, 376 FamFG). Er muss von Aktionären gestellt werden, deren Anteile zusammen den zehnten Teil des Grundkapitals oder den anteiligen Betrag von einer Million Euro erreichen. Für das **Quorum** gilt das zur Sonderprüfung nach § 142 Abs. 2 AktG Gesagte entsprechend, es werden also auch stimmrechtslose Vorzugsaktien und noch nicht voll eingezahlte Aktien mitgezählt (Rz. 19).[3]

66 Wie die Bestellung eines besonderen Vertreters durch die Hauptversammlung nach § 147 Abs. 2 Satz 1 AktG, setzt auch die gerichtliche Bestellung eines besonderen Vertreters nach h.M. voraus, dass die Hauptversammlung einen **Beschluss nach § 147 Abs. 1 AktG über die Geltendmachung** von Ersatzansprüchen gefasst hat.[4] Nur für die darin bestimmten Ersatzansprüche kann die Bestellung eines besonderen Vertreters beantragt werden.

67 Das zuständige Amtsgericht hat den besonderen Vertreter nur zu bestellen, wenn ihm dies für eine gehörige Geltendmachung der Ersatzansprüche **zweckmäßig** erscheint. Die Bestellung eines besonderen Vertreters ist notwendig und damit stets zweckmäßig, wenn Ansprüche gleichzeitig gegen Mitglieder des Vorstands und des Aufsichtsrats geltend gemacht werden sollen, weil in diesem Fall die für die Anspruchsverfolgung zuständigen Organe von der Vertretung ausgeschlossen

---

1 Für eine Vertretungsbefugnis des besonderen Vertreters im Rechtsstreit über die Bestellung aber *Böbel*, S. 141 ff.; ausdrücklich ablehnend LG München I v. 4.10.2007 – 5HK O 12615/07, AG 2008, 92, 93.
2 LG München I v. 4.10.2007 – 5HK O 12615/07, AG 2008, 92, 93; implizit, da nicht beanstandet auch OLG München v. 27.8.2008 – 7 U 5678/07, AG 2008, 864; *H. P. Westermann*, AG 2009, 237, 244.
3 *G. Bezzenberger* in Großkomm. AktG, § 147 AktG Rz. 29; *Schröer* in MünchKomm. AktG, § 147 AktG Rz. 31; *Spindler* in K. Schmidt/Lutter, § 147 AktG Rz. 15 i.V.m. § 142 AktG Rz. 39; a.A. *Mock* in Spindler/Stilz, § 147 AktG Rz. 41.
4 *Hüffer*, § 147 AktG Rz. 8; *Kling*, ZGR 2009, 190, 194 f.; *Mock* in Spindler/Stilz, § 147 AktG Rz. 40; *Spindler* in K. Schmidt/Lutter, § 147 AktG Rz. 14; mit ausführlicher Begründung *Winnen*, Die Innenhaftung des Vorstands nach dem UMAG, 2009, S. 300 f.; a.A. *Lochner* in Heidel, § 147 AktG Rz. 19.

sind und die Gesellschaft somit handlungsunfähig wäre.[1] Die Bestellung eines besonderen Vertreters ist außerdem dann zweckmäßig, wenn objektive Anhaltspunkte dafür vorliegen, dass durch die gesetzlichen Vertreter der Gesellschaft eine sachgerechte Geltendmachung der Ansprüche nicht zu erwarten ist.[2] Solche Anhaltspunkte liegen zum Beispiel vor, wenn die zuständigen Organe über einen längeren Zeitraum ohne sachlichen Grund keine Maßnahmen zur Geltendmachung der Ansprüche ergriffen haben.[3] Ob die vom besonderen Vertreter zu verfolgenden Ansprüche tatsächlich bestehen, wird hingegen nicht bei der Bestellung des besonderen Vertreters geprüft, sondern erst, wenn der besondere Vertreter sie gerichtlich geltend macht.[4] Das LG Stuttgart hat von diesem Grundsatz zu Recht eine Ausnahme gemacht und die Bestellung eines besonderen Vertreters abgelehnt, wenn die Beschreibung des Ersatzanspruchs rein spekulativ sei. In diesem Fall sei die Bestellung eines besonderen Vertreters nicht erforderlich.[5]

Das Amtsgericht entscheidet über den Antrag durch **Beschluss**. Wie bei der Bestellung durch die Hauptversammlung kann jede geschäftsfähige natürliche Person als besonderer Vertreter bestellt werden (Rz. 61). Gibt das Gericht dem Antrag statt, kann die Gesellschaft gegen den Beschluss mit der **Beschwerde** (§ 147 Abs. 2 Satz 4 AktG, §§ 402 Abs. 1, 3, 58 ff. FamFG) zum Oberlandesgericht vorgehen. Gegen die Beschwerdeentscheidung des Oberlandesgerichts ist die Rechtsbeschwerde zum BGH nach §§ 70 ff. FamFG nur dann statthaft, wenn das Beschwerdegericht sie zugelassen hat (§ 70 Abs. 1 FamFG). Eine Nichtzulassungsbeschwerde gibt es nicht. Die Beschwerde zum Oberlandesgericht hat auch hier keine aufschiebende Wirkung. Das Beschwerdegericht kann die Vollziehung des angefochtenen Beschlusses aber auf Antrag der Gesellschaft aussetzen (§ 64 Abs. 3 FamFG). 68

3. Rechtsverhältnis des besonderen Vertreters zur Gesellschaft

Mit der Annahme der Bestellung durch den besonderen Vertreter wird dieser zum außerordentlichen, mit einer Sonderaufgabe betrauten **gesetzlichen Vertreter** der 69

---

1 *G. Bezzenberger* in Großkomm. AktG, § 147 AktG Rz. 46 i.V.m. 41; *Kling*, ZGR 2009, 190, 195; *Schröer* in MünchKomm. AktG, § 147 AktG Rz. 40; *Spindler* in K. Schmidt/Lutter, § 147 AktG Rz. 17.
2 OLG Frankfurt a.M. v. 9.10.2003 – 20 W 487/02, AG 2004, 104; *Hüffer*, § 147 AktG Rz. 9; *Mock* in Spindler/Stilz, § 147 AktG Rz. 44; *Schröer* in MünchKomm. AktG, § 147 AktG Rz. 52; *Spindler* in K. Schmidt/Lutter, § 147 AktG Rz. 17.
3 *G. Bezzenberger* in Großkomm. AktG, § 147 AktG Rz. 46; *Mock* in Spindler/Stilz, § 147 AktG Rz. 44.
4 OLG Frankfurt a.M. v. 9.10.2003 – 20 W 487/02, AG 2004, 104; KG v. 18.11.2004 – 1 W 185/04, AG 2005, 246, 247; *G. Bezzenberger* in Großkomm. AktG, § 147 AktG Rz. 46; *Schröer* in MünchKomm. AktG, § 147 AktG Rz. 52; *Spindler* in K. Schmidt/Lutter, § 147 AktG Rz. 17.
5 LG Stuttgart v. 6.8.2008 – 34 T 11/08 KfH, AG 2008, 757, 758 – Züblin; bestätigt durch OLG Stuttgart v. 25.11.2008 – 8 W 370/08, AG 2009, 169, 170, insbesondere mit der Erwägung, dass es dem besonderen Vertreter nicht obliege, Voraussetzungen möglicher Schadensersatzansprüche erst festzustellen.

Gesellschaft.¹ Seine Vertretungsmacht ist beschränkt auf die Geltendmachung derjenigen Ersatzansprüche, für die ein Hauptversammlungsbeschluss nach § 147 Abs. 1 AktG gefasst und der besondere Vertreter bestellt worden ist.² Wegen seiner Stellung als gesetzlicher Vertreter wird der besondere Vertreter verbreitet als **Organ** der Gesellschaft angesehen.³ Das OLG München hat demgegenüber zu Recht einen zurückhaltenden Standpunkt eingenommen.⁴ Aus der bloßen Bezeichnung als Organ dürfen nicht ohne weiteres Kompetenzen des besonderen Vertreters abgeleitet werden. Der besondere Vertreter ist auch kein Quasi-Vorstand. Seine Stellung und seine Befugnisse sind vielmehr ausgehend von der ihm gesetzlich zugewiesenen *Funktion* und in *Abgrenzung* zu den Aufgaben und Kompetenzen der regulären Gesellschaftsorgane zu entwickeln.

70 Neben dem gesellschaftsrechtlichen Rechtsverhältnis besteht zwischen der Gesellschaft und dem besonderen Vertreter ein **Vertragsverhältnis** in Gestalt eines Geschäftsbesorgungsvertrags mit dienstvertraglichem Charakter, der mit Annahme der Bestellung durch den besonderen Vertreter zustande kommt.⁵

4. Rechte und Pflichten des besonderen Vertreters

a) Rechte

71 Rechte und Befugnisse des besonderen Vertreters sind im Gesetz nicht eigens geregelt. Einigkeit herrscht – wie erwähnt – noch darüber, dass der besondere Vertreter bei der ihm aufgetragenen Geltendmachung von Ersatzansprüchen zur **Vertretung der Gesellschaft** befugt ist. Die Geltendmachung umfasst die gerichtliche und außergerichtliche Durchsetzung von Ersatzansprüchen⁶ sowie die Verteidigung der Gesellschaft gegen Maßnahmen des Ersatzpflichtigen, die den Ersatzanspruch zum Gegenstand haben (z.B. eine negative Feststellungsklage).⁷ Die Vertretungsmacht der Verwaltungsorgane der Gesellschaft ist ausgeschlossen, so-

---

1 BGH v. 18.12.1980 – II ZR 140/79, NJW 1981, 1097, 1098; *G. Bezzenberger* in Großkomm. AktG, § 147 AktG Rz. 52; *Mock* in Spindler/Stilz, § 147 AktG Rz. 25; *Schröer* in MünchKomm. AktG, § 147 AktG Rz. 43; *Spindler* in K. Schmidt/Lutter, § 147 AktG Rz. 21.
2 *G. Bezzenberger* in Großkomm. AktG, § 147 AktG Rz. 52; *Mock* in Spindler/Stilz, § 147 AktG Rz. 25; *Spindler* in K. Schmidt/Lutter, § 147 AktG Rz. 21.
3 *Hüffer*, § 147 AktG Rz. 7; *Mock* in Spindler/Stilz, § 147 AktG Rz. 25; *Schröer* in MünchKomm. AktG, § 147 AktG Rz. 22; *Spindler* in K. Schmidt/Lutter, § 147 AktG Rz. 21; *Kling*, ZGR 2009, 190, 212 m.w.N.; a.A. *A. Wirth/Pospiech*, DB 2008, 2471, 2474f.
4 OLG München v. 28.11.2007 – 7 U 4498/07, AG 2008, 172, 176 (keine dem Vorstand ähnliche Organstellung im Hinblick auf Zutrittsrechte und Direktionsbefugnisse zur Informationsbeschaffung); OLG München v. 27.8.2008 – 7 U 5678/07, AG 2008, 864, 868 (organähnliche Stellung); zustimmend *H. P. Westermann*, AG 2009, 237, 247; *Wirth* in FS Hüffer, S. 1129, 1143–1146.
5 *Kling*, ZGR 2009, 190, 226ff.; *Mock* in Spindler/Stilz, § 147 AktG Rz. 35; *Schröer* in MünchKomm. AktG, § 147 AktG Rz. 44; *Spindler* in K. Schmidt/Lutter, § 147 AktG Rz. 21; im Ergebnis auch *G. Bezzenberger* in Großkomm. AktG, § 147 AktG Rz. 54f.; gegen die Existenz eines vertraglichen Rechtsverhältnisses *Böbel*, S. 67ff.
6 OLG München v. 27.8.2008 – 7 U 5678/07, AG 2008, 864, 867.
7 *G. Bezzenberger* in Großkomm. AktG, § 147 AktG Rz. 56; *Mock* in Spindler/Stilz, § 147 AktG Rz. 24; *Schröer* in MünchKomm. AktG, § 147 AktG Rz. 42; *Spindler* in K. Schmidt/Lutter, § 147 AktG Rz. 22.

weit es um die dem besonderen Vertreter zugewiesene Geltendmachung der Ersatzansprüche geht.[1] Wurden mehrere besondere Vertreter bestellt, sind sie nur gemeinschaftlich zur Vertretung der Gesellschaft befugt, sofern der Bestellungsakt keine abweichende Regelung vorsieht.[2]

Einig ist man sich im Ausgangspunkt auch darüber, dass der besondere Vertreter weitere Rechte haben muss, um die ihm zugewiesene Aufgabe zu erfüllen.[3] Dazu gehören vor allem **Rechte zur Informationsbeschaffung**. Bis vor kurzem wurde in der Literatur noch nahezu einhellig die Auffassung vertreten, dem besonderen Vertreter stehe wie Aufsichtsrat und Sonderprüfer ein *umfassendes* Prüfungs- und Auskunftsrecht zu.[4] Auskunftspflichtig seien nicht nur der Vorstand, sondern auch der Aufsichtsrat, die einzelnen Organmitglieder des Vorstands und Aufsichtsrats, die Angestellten der Gesellschaft und der Abschlussprüfer.[5] Zum Teil werden weitgehende Ermittlungsbefugnisse auch aus der Organstellung des besonderen Vertreters abgeleitet: Er trete im Rahmen seines Auftrags an die Stelle des Vorstands bzw. Aufsichtsrats und habe insoweit die sonst dem Vorstand bzw. Aufsichtsrat zustehenden Ermittlungsbefugnisse.[6] Demzufolge soll der besondere Vertreter insbesondere berechtigt sein, jederzeit Grundstücke und Geschäftsräume der Gesellschaft zu betreten und Angestellten der Gesellschaft Weisungen zur Erteilung von Auskünften oder Aushändigung von Unterlagen zu erteilen.[7]

72

Demgegenüber betonen das OLG München[8] und ihm folgende Stimmen aus der Literatur[9] zu Recht, dass es im Gegensatz zum Sonderprüfer nicht Aufgabe des besonderen Vertreters ist, innerhalb der Gesellschaft umfassende Ermittlungen zur Aufklärung bestimmter Vorgänge durchzuführen. Der Schwerpunkt seiner Aufgabe liegt nicht in der Aufklärung unklarer Sachverhalte, sondern in der Durchsetzung von Ansprüchen aus im Kern bereits bekannten Sachverhalten. Die **Prüfungs- und Auskunftsrechte sind daher unmittelbar an die Geltendmachung bestimmter Ersatzansprüche geknüpft** und damit hinsichtlich der Aufklä-

73

---

1 *G. Bezzenberger* in Großkomm. AktG, § 147 AktG Rz. 52; *Kronstein/Zöllner* in KölnKomm. AktG, § 147 AktG Rz. 11; *Schröer* in MünchKomm. AktG, § 147 AktG Rz. 43.
2 *G. Bezzenberger* in Großkomm. AktG, § 147 AktG Rz. 52; *Mock* in Spindler/Stilz, § 147 AktG Rz. 25; *Spindler* in K. Schmidt/Lutter, § 147 AktG Rz. 21.
3 So schon RG v. 4.11.1913 – II 297/13, RGZ 83, 248, 252; ebenso ausdrücklich OLG München v. 28.11.2007 – 7 U 4498/07, AG 2008, 172, 174; *Kling*, ZGR 2009, 190, 214; *Schröer* in MünchKomm. AktG, § 147 AktG Rz. 45.
4 *G. Bezzenberger* in Großkomm. AktG, § 147 AktG Rz. 57; *Mock* in Spindler/Stilz, § 147 AktG Rz. 27; *Schröer* in MünchKomm. AktG, § 147 AktG Rz. 45; *Spindler* in K. Schmidt/Lutter, § 147 AktG Rz. 27; vorsichtiger insoweit *Böbel*, S. 92 f.
5 *G. Bezzenberger* in Großkomm. AktG, § 147 AktG Rz. 57; *Mock* in Spindler/Stilz, § 147 AktG Rz. 27; *Schröer* in MünchKomm. AktG, § 147 AktG Rz. 45; *Spindler* in K. Schmidt/Lutter, § 147 AktG Rz. 27.
6 *Verhoeven*, ZIP 2008, 245, 246 ff.; *Böbel*, S. 56 ff., 94; tendenziell auch *Mock*, DB 2008, 393, 395.
7 *Böbel*, S. 94; *Verhoeven*, ZIP 2008, 245, 248.
8 OLG München v. 28.11.2007 – 7 U 4498/07, AG 2008, 172, 174 f.
9 *Kling*, ZGR 2009, 190, 216 ff.; *Winnen*, Die Innenhaftung des Vorstands nach dem UMAG, 2009, S. 312 f.; *Wirth* in FS Hüffer, S. 1129, 1142–1143; vorsichtig zustimmend auch *H. P. Westermann*, AG 2009, 237, 246.

rung von Sachverhalten enger als die des Sonderprüfers.[1] Ausgeschlossen ist damit vor allem eine investigative Prüfung von Geschäftsunterlagen ins Blaue hinein. Der besondere Vertreter muss vielmehr konkret plausibel machen, dass die von ihm begehrte Auskunft oder Einsichtnahme zur Prüfung anspruchsbegründender Tatsachen oder sonst zur Geltendmachung des Ersatzanspruchs notwendig ist. Fehlt es jedoch nach dem Inhalt des Hauptversammlungsbeschlusses an einem hinreichend konkreten Lebenssachverhalt und damit auch einem Anfangsverdacht bezüglich möglicher Ersatzansprüche, so entfällt das Auskunftsrecht nach der Rechtsprechung vollständig.[2] Außerdem ist mit dem OLG München davon auszugehen, dass die Einsichts- und Auskunftsrechte dem besonderen Vertreter **nur gegenüber der Gesellschaft** zustehen, welche diese Ansprüche über ihren Vorstand zu erfüllen hat.[3] Der besondere Vertreter hat demzufolge kein Recht auf ungehinderten Zugang zu den Geschäftsräumen der Gesellschaft und auch keine Direktionsbefugnisse gegenüber den Angestellten, um sich benötigte Informationen unmittelbar selbst zu beschaffen.[4] Andernfalls käme es zu einer weitreichenden Verdrängung des Vorstands und damit zu einem gravierenden Eingriff in die Organisationsverfassung der Gesellschaft, für den es an einer gesetzlichen Grundlage fehlt.[5]

74 Mit den Prüfungs- und Auskunftsrechten des besonderen Vertreters korrespondiert eine **Verpflichtung des Vorstands zur aktiven Unterstützung** des besonderen Vertreters. Das entspricht der Kooperationspflicht des Vorstands im Hinblick auf die Prüfungs- und Auskunftsrechte des Sonderprüfers (Rz. 30).

75 Die Frage, welche **Grenzen** bei der Ausübung von Prüfungs- und Auskunftsrechten des besonderen Vertreters bestehen, wird in der Literatur bislang nicht diskutiert. Es findet sich nur die Einschränkung, dass der besondere Vertreter seine Rechte nicht offensichtlich unsachgemäß ausüben dürfe.[6] Zutreffenderweise ist jedoch nach allgemeinen Grundsätzen wie gegenüber dem Sonderprüfer (Rz. 35) ein **Auskunftsverweigerungsrecht** anzuerkennen, soweit die befragte Person sich durch ihre Aussage strafbar machen oder der Strafverfolgung aussetzen würde.

76 Der besondere Vertreter ist befugt, **Hilfspersonen** einzusetzen, und kann sie bevollmächtigen, die ihm zustehenden Prüfungs- und Auskunftsrechte auszuüben.[7]

---

1 OLG München v. 28.11.2007 – 7 U 4498/07, AG 2008, 172, 174 f.; *Kling*, ZGR 2009, 190, 216 ff.; *H. P. Westermann*, AG 2009, 237, 246; *Wirth* in FS Hüffer, S. 1129, 1143.
2 LG Stuttgart v. 27.10.2009 – 32 O 5/09 KfH, ZIP 2010, 329, 330; dazu kritisch *Lochner*, EWiR 2010, 3 f.
3 OLG München v. 28.11.2007 – 7 U 4498/07, AG 2008, 172, 176; ebenso *Hüffer*, § 147 AktG Rz. 7; *Kling*, ZGR 2009, 190, 218; *Winnen*, Die Innenhaftung des Vorstands nach dem UMAG, 2009, S. 312.
4 OLG München v. 28.11.2007 – 7 U 4498/07, AG 2008, 172, 176; *Kling*, ZGR 2009, 190, 218; *Winnen*, Die Innenhaftung des Vorstands nach dem UMAG, 2009, S. 312.
5 OLG München v. 28.11.2007 – 7 U 4498/07, ZIP 2008, 73, 79 (insoweit z.T. nicht abgedruckt in AG 2008, 172 f.); *Winnen*, Die Innenhaftung des Vorstands nach dem UMAG, 2009, S. 312 f.; *H. P. Westermann*, AG 2009, 237, 246.
6 *G. Bezzenberger* in Großkomm. AktG, § 147 AktG Rz. 57; *Mock* in Spindler/Stilz, § 147 AktG Rz. 27; *Winnen*, Die Innenhaftung des Vorstands nach dem UMAG, 2009, S. 313.
7 Vgl. *Böbel*, S. 94; *Kling*, ZGR 2009, 190, 199.

Sind **mehrere besondere** Vertreter bestellt, so wird man in Anlehnung an die Rechtslage bei der Sonderprüfung (Rz. 27) annehmen können, dass die Prüfungs- und Auskunftsrechte jedem einzelnen besonderen Vertreter zustehen.

Keine Befugnisse hat der besondere Vertreter in **Nichtigkeits- bzw. Anfechtungsklageverfahren gegen Beschlüsse der Hauptversammlung**, selbst wenn der streitgegenständliche Beschluss Auswirkungen auf das Bestehen des von dem besonderen Vertreter zu verfolgenden Ersatzanspruchs haben kann.[1] Entgegen einer teilweise vertretenen Auffassung sollten prozessuale Befugnisse des besonderen Vertreters auch im Hinblick auf Beschlüsse über seine Bestellung und Abberufung nicht anerkannt werden (Rz. 63, 82). 77

Noch weitgehend ungeklärt ist, welche Rechte dem besonderen Vertreter **in der Hauptversammlung** der Gesellschaft zustehen. Da ein Auftreten in der Hauptversammlung zur Geltendmachung der Ersatzansprüche allerdings nicht erforderlich ist, kommt ein Teilnahme- und Rederecht des besonderen Vertreters grundsätzlich nicht in Betracht. Dies kann nur ausnahmsweise anders sein, wenn nach der Tagesordnung der Hauptversammlung über die dem besonderen Vertreter übertragene Geltendmachung der Ersatzansprüche ein Beschluss gefasst werden soll.[2] Über die Tagesordnung bestimmen allein der Vorstand und die Aktionäre nach Maßgabe von § 122 Abs. 2 AktG.[3] 78

b) Pflichten

Bei seiner Tätigkeit unterliegt der besondere Vertreter nach h.M. organschaftlichen Treuepflichten.[4] Er muss daher auf berechtigte Belange der Gesellschaft angemessen Rücksicht nehmen, insbesondere übermäßige Störungen des gewöhnlichen Geschäftsbetriebs vermeiden und seine Tätigkeit möglichst zügig beenden. Nach der ganz überwiegenden Auffassung in der Literatur ist der besondere Vertreter nicht zur Berichterstattung gegenüber Vorstand oder Aufsichtsrat verpflichtet.[5] 79

---

1 OLG München v. 7.10.2008 – 7 W 1034/08, AG 2009, 119, 120; im Grundsatz auch LG München I v. 27.8.2009 – 5HK O 21656/08, Der Konzern 2009, 624, 626; *H. P. Westermann*, AG 2009, 237, 244 f.; weitergehend *Verhoeven*, ZIP 2008, 245, 250.
2 LG München I v. 28.7.2008 – 5HK O 12504/08, AG 2008, 794, 795 f.; zustimmend *Jänig*, WuB II A. § 147 AktG 1.09, 116, 118; *H. P. Westermann*, AG 2009, 237, 242; *Wirth* in FS Hüffer, S. 1129, 1151; großzügiger *Mock*, AG 2008, 839, 843.
3 *H. P. Westermann*, AG 2009, 237, 242; für eine generelle Verpflichtung des Vorstands zur Ergänzung der Tagesordnung dagegen *Böbel*, S. 124; *Verhoeven*, EWiR 2009, 65, 66.
4 *G. Bezzenberger* in Großkomm. AktG, § 147 AktG Rz. 55; *Hüffer*, § 147 AktG Rz. 7; *Mock* in Spindler/Stilz, § 147 AktG Rz. 30; *Spindler* in K. Schmidt/Lutter, § 147 AktG Rz. 23.
5 *Kling*, ZGR 2009, 190, 219; *Mock* in Spindler/Stilz, § 147 AktG Rz. 28; *Mock*, AG 2008, 839, 841; *Schröer* in MünchKomm. AktG, § 147 AktG Rz. 46; *Spindler* in K. Schmidt/Lutter, § 147 AktG Rz. 23; a.A. *G. Bezzenberger* in Großkomm. AktG, § 147 AktG Rz. 58.

5. Durchsetzung der Rechte des besonderen Vertreters

80 Seine Prüfungs- und Auskunftsrechte kann der besondere Vertreter im **Klageverfahren**[1] oder im Verfahren des **einstweiligen Rechtsschutzes**[2] durchsetzen. Erwogen wird außerdem eine analoge Anwendung von § 407 Abs. 1 AktG, wonach der besondere Vertreter durch Mitteilung an das Registergericht die Festsetzung eines **Zwangsgelds** gegen Vorstandsmitglieder veranlassen könnte, wenn diese ihren Pflichten gegenüber dem besonderen Vertreter nicht nachkommen.[3]

6. Beendigung der Amtsstellung des besonderen Vertreters

81 Das Amt des besonderen Vertreters endet ipso iure mit der Beendigung der zur Durchsetzung der Ersatzansprüche betriebenen Rechtsverfolgung[4], in der Regel also mit der Rechtskraft eines Urteils im Rahmen eines Ersatzprozesses.

82 Ein durch die Hauptversammlung bestellter besonderer Vertreter kann von der Hauptversammlung durch Beschluss jederzeit und ohne besonderen Grund[5] mit einfacher Mehrheit **abberufen** werden.[6] Bei der Beschlussfassung über die Abberufung des besonderen Vertreters greift wie bei der Bestellung das Stimmverbot nach § 136 Abs. 1 Satz 1, 3. Fall AktG.[7] Nach der Auffassung des LG München I soll der besondere Vertreter auch selbst das Recht haben, gegen seine Abberufung mit der **Anfechtungsklage** vorzugehen.[8] Dem ist nicht zu folgen: Angesichts der bestehenden Kontrollrechte der überstimmten Aktionäre besteht für eine solche Ausweitung der Befugnisse des besonderen Vertreters kein Bedürfnis.[9]

83 Die vorzeitige Abberufung eines **gerichtlich** bestellten besonderen Vertreters kann nicht durch die Hauptversammlung, sondern nur durch das Gericht erfolgen.[10]

---

1 *Böbel*, S. 106 ff.; *Kling*, ZGR 2009, 190, 216, 220 ff.; *Schröer* in MünchKomm. AktG, § 147 AktG Rz. 45; *Spindler* in K. Schmidt/Lutter, § 147 AktG Rz. 23.
2 OLG München v. 28.11.2007 – 7 U 4498/07, AG 2008, 172, 175 f.; *Kling*, ZGR 2009, 190, 215 f.; *Mimberg* in Marsch-Barner/Schäfer, Handbuch börsennotierte AG, § 40 Rz. 26; *Verhoeven*, ZIP 2008, 245, 254 f.; *H. P. Westermann*, AG 2009, 237, 245 f.
3 Dafür *Böbel*, S. 112; offen *Verhoeven*, ZIP 2008, 245, 254 in Fn. 106.
4 *G. Bezzenberger* in Großkomm. AktG, § 147 AktG Rz. 59; *Mock* in Spindler/Stilz, § 147 AktG Rz. 50; *Schröer* in MünchKomm. AktG, § 147 AktG Rz. 45.
5 *G. Bezzenberger* in Großkomm. AktG, § 147 AktG Rz. 61; *Mock* in Spindler/Stilz, § 147 AktG Rz. 50; *Schröer* in MünchKomm. AktG, § 147 AktG Rz. 55; *Spindler* in K. Schmidt/Lutter, § 147 AktG Rz. 25; a.A. *Lochner* in Heidel, § 147 AktG Rz. 30.
6 Vgl. *G. Bezzenberger* in Großkomm. AktG, § 147 AktG Rz. 61; *Mock* in Spindler/Stilz, § 147 AktG Rz. 50; *Schröer* in MünchKomm. AktG, § 147 AktG Rz. 55; OLG München v. 3.3.2010 – 7 U 4744/09, Rz. 39; vgl. auch *Soudry*, GWR 2010, 165
7 LG München I v. 27.8.2009 – 5HK O 21656/08, Der Konzern 2009, 624, 627, allerdings teilweise aufgehoben und allgemein verneint für die Einpersonen-AG durch OLG München v. 3.3.2010 – 7 U 4744/09, Rz. 37 ff.; vgl. auch *Soudry*, GWR 2010, 165.
8 LG München I v. 27.8.2009 – 5HK O 21656/08, Der Konzern 2009, 624, 626; *Hirte/Mock*, BB 2010, 775 f.; offen gelassen OLG München v. 3.3.2010 – 7 U 4744/09, Rz. 27.
9 So auch *Peters/Hecker*, NZG 2009, 1294, 1295.
10 *G. Bezzenberger* in Großkomm. AktG, § 147 AktG Rz. 62; *Spindler* in K. Schmidt/Lutter, § 147 AktG Rz. 26.

§ 14
Massenklagen und Managerhaftung

Professor Dr. Burkhard Hess[1]

	Rz.		Rz.
A. Einleitung	1	II. Treuhänderische Durchsetzung von Haftungsansprüchen	23
B. Materiell-rechtliche Anspruchsgrundlagen	5	III. Innovative Formen der Anspruchsbündelung	27
C. Kollektive Rechtsverfolgung nach dem KapMuG	8	1. Pooling von Ansprüchen	27
I. Die Konzeption des Gesetzgebers	8	2. Prozessfinanzierung	30
II. Erfahrungen mit dem Musterverfahren nach dem KapMuG	15	**F. Die Abwehr missbräuchlicher Klagen**	32
D. Kollektive Rechtsverfolgung nach §§ 147 f. AktG	17	I. Problemstellung	32
		II. Maßnahmen des Gesetzgebers	33
E. Innovative Formen kollektiver Rechtsverfolgung	21	III. Lösung über § 826 BGB	34
I. Streitgenossenschaft	22	G. Die US-amerikanische Alternative	37
		H. Rechtspolitischer Ausblick	40

Schrifttum: *Bachmann*, Die internationale Zuständigkeit für Klagen wegen fehlerhafter Kapitalmarktinformation, IPRax 2007, 77; *Baumbach/Lauterbach/Albers/Hartmann*, Zivilprozessordnung, 68. Aufl. 2010; *Baums*, Empfiehlt sich eine Neuregelung des aktienrechtlichen Anfechtungs- und Organhaftungsrechts, insbesondere der Klagemöglichkeiten von Aktionären? Gutachten F für den 63. Deutschen Juristentag 2000; *Baums/Gajek/ Kleinath*, Fortschritte bei Klagen gegen Hauptversammlungsbeschlüsse? Eine empirische Studie, ZIP 2007, 1629; *Böhm*, Amerikanisches Zivilprozessrecht, 2005; *Bork*, Prozessrechtliche Notiz zum UMAG, ZIP 2005, 66; *Burkhardt*, Auf dem Weg zu einer class action in Deutschland?, 2005; *Dethloff*, Verträge zur Prozessfinanzierung gegen Erfolgsbeteiligung, NJW 2000, 2225; *Drinhausen/Keinath*, Regierungsentwurf eines Gesetzes zur Umsetzung der Aktionärsrechterichtlinie (ARUG) – Überblick über die Änderungen gegenüber dem Referentenentwurf, BB 2009, 64; *Ehmann*, Sanktion gegen missbräuchliche Anfechtungsklagen „räuberischer Aktionäre": Rückforderung der Rechtsanwaltsgebühren, ZIP 2008, 584; *Fleischer*, Erweiterte Außenhaftung der Organmitglieder im Europäischen Gesellschafts- und Kapitalmarktrecht – Insolvenzverschleppung, fehlerhafte Kapitalmarktaufsicht, Tätigkeitsverbote, ZGR 2004, 437; *Frechen/Kochheim*, Fremdfinanzierung von Prozessen gegen Erfolgsbeteiligung, NJW 2004, 1213; *Gebauer*, Zur Bindungswirkung des Musterentscheids nach dem Kapitalanleger-Musterverfahrensgesetz, ZZP 119 (2006), 159; *Gottwald* (Hrsg.), Europäisches Insolvenzrecht – Kollektiver Rechtsschutz, 2008; *Grunewald*, Prozessfinanzierungsvertrag mit gewerbsmäßigem Prozessfinanzierer – ein Gesellschaftsvertrag, BB 2000, 729; *Gundermann/Härle*, Das Kapitalanleger-Musterverfahrensgesetz (KapMuG) – eine Momentaufnahme zum Jahresende 2006, VuR 2006, 457; *Halfmeier*, Menschenrechte und Internationales Privatrecht im Kontext der Globalisierung, RabelsZ 68 (2004), 653; *Hess*, Europäisches Zivilprozessrecht, 2010; *Hess*, Sammelklagen im Kapitalmarktrecht, AG 2003, 113; *Hess*, Transatlantische Justizkonflikte, AG 2006, 809; *Hess*, Aktuelle Brennpunkte des transatlantischen Justiz-

---

[1] Bei der Vorbereitung half Ass. jur. *Christoph Leser*, Heidelberg.

konflikts, AG 2005, 897; *Hess,* Der Regierungsentwurf für ein Kapitalanleger-Musterverfahrensgesetz – eine kritische Bestandsaufnahme, WM 2004, 2329; *Hess,* Transatlantische Justizkonflikte, AG 2006, 809; *Hess,* Grundfragen und Entwicklungen der Parteifähigkeit, ZZP 117 (2004), 267; *Hess,* Kriegsentschädigungen im Internationalen Privat- und Verfahrensrecht, in: Berichte der Deutschen Gesellschaft für Völkerrecht Bd. 40 2003, S. 107; *Hess/Michailidou,* Die kollektive Durchsetzung von Schadensersatzansprüchen im Kapitalmarktrecht, WM 2003, 2318; *Hess/Reuschle/Rimmelspacher* (Hrsg.), Kölner Kommentar zum KapMuG, 2008; *Hopt/Kulms/v. Hein,* Rechtshilfe und Rechtsstaat, 2006; *Koch,* Sammelklagen durch eine BGB-Gesellschaft, NJW 2006, 1469; *Koch,* Sammelklagen oder Musterverfahren, BRAK-Mitt. 2005, 159; *Koch/Horlach/Thiel,* US-Sammelklage gegen deutsches Unternehmen?, RIW 2006, 356; *Krieger,* Aktionärsklagen zur Kontrolle des Vorstands- und Aufsichtsratshandelns, ZHR 163 (1999), 343; *Loritz/Wagner,* Sammelklagen geschädigter Kapitalanleger mittels BGB-Gesellschaften – Kollision mit dem Rechtsberatungsgesetz?, WM 2007, 477; *Lüke,* Der Musterentscheid nach dem neuen Kapitalanleger-Musterverfahrensgesetz, ZZP 119 (2006), 131; *Martens/Martens,* Rechtsprechung und Gesetzgebung im Kampf gegen missbräuchliche Aktionärsklagen, AG 2009, 173; *Michailidou,* Prozessuale Fragen des Kollektivrechtsschutzes im Europäischen Justizraum, 2007; *Micklitz* (Hrsg.), Das Verbandsklagerecht in der Informations- und Dienstleistungsgesellschaft, Forschungsvorhaben im Auftrag des BMVEL, 2005; *Musielak,* ZPO, 7. Aufl. 2009; *Niemeier,* Im zweiten Anlauf ein Ende der missbräuchlichen Aktionärsklagen?, ZIP 2008, 1148; *Poelzig,* § 826 BGB als Instrument gegen „räuberische Aktionäre" – Besprechung von OLG Frankfurt a.M., Urt. v. 13.1.2009, 5 U 183/07, DStR 2009, 1151; *Prütting,* Rezeption und Ausstrahlung im Zivilprozess – Globalisierung des Verfahrens?, in Facetten des Verfahrensrechts, FS Lindacher, 2007, S. 89; *Reus,* Globaler Anlegerschutz – wirklich für jeden?, DAJV-Newsletter 2006, 154; *Reuschle,* Das KapMuG – ein neuer Weg zur prozessualen Bewältigung von Massenschäden auf dem Kapitalmarkt, Österr. AnwBl. 2006, 371; *Rimmelspacher,* Die Beteiligten im Musterverfahren des KapMuG, in Einheit und Folgerichtigkeit im juristischen Denken, FS Canaris, 2007, S. 343; *Rothe/Stumpf,* Verletzung eines Anlageberatungsvertrages, BB 2007, 687; *K. Schmidt,* Verfolgungspflichten, Verfolgungsrechte und Aktionärsklagen: Ist die Quadratur des Zirkels näher gerückt? Gedanken zur Reform der §§ 147–149 AktG vor dem Hintergrund der Juristentagsdiskussion des Jahres 2000, NZG 2005, 796; *Scholz,* Individueller oder kollektiver Rechtsschutz, ZG 2003, 248; *Spindler,* Haftung und Aktionärsklage nach dem neuen UMAG, NZG 2005, 865; *Stadler,* Das neue Gesetz über Musterfeststellungsverfahren im deutschen Kapitalanlegerschutz, in FS Rechberger, 2005, S. 663; *Stein/Jonas* (Begr.), Kommentar zur Zivilprozessordnung, 22. Aufl. 2005; *Ulmer,* Die Aktionärsklage als Instrument zur Kontrolle des Vorstands- und Aussichtsratshandelns – Vor dem Hintergrund der US-Erfahrungen mit der shareholders' derivative axtion, ZHR 163 (1999), 290; *J. Vetter,* Modifikation der aktienrechtlichen Anfechtungsklage, AG 2008, 177; *Vorwerk/Wolf,* Kapitalanleger-Musterverfahrensgesetz Kommentar, 2007; *Wagner,* Grundfragen und Entwicklungen der Parteifähigkeit, ZZP 117 (2004), 305; *Weiss/Buchner,* Wird das UMAG die Haftung und Inanspruchnahme der Unternehmensleiter verändern?, WM 2005, 162; *Zimmer/Höft,* „Private Enforcement" im öffentlichen Interesse?, ZGR 2009, 662; *Zöller* (Begr.), Zivilprozessordnung, 28. Aufl. 2010; *Zypries,* Ein neuer Weg zur Bewältigung von Massenprozessen, ZRP 2004, 177.

A. Einleitung

1 Die Verschärfung der Organhaftung einerseits und die Ausweitung der Haftung für fehlerhafte Kapitalmarktinformationen andererseits haben eine bemerkenswerte Zunahme von Haftungsprozessen gegen Kapitalgesellschaften und deren Organe bewirkt. Die Ausweitung der individuellen Haftbarmachung von Managern treibt

nicht zuletzt die Rechtsprechung voran.[1] Die Ausweitung der Organhaftung begünstigt in wirtschaftlicher Hinsicht die wachsende Verbreitung sog. D&O Versicherungen.[2] Prominente Prozesse gegen die Vorstände von (keineswegs immer insolventen) Kapitalgesellschaften belegen das erhebliche Risiko, das von (bisweilen auch innovativen) Zivilklagen und einer begleitenden Berichterstattung in den Medien ausgeht.[3] Längst hat sich die Anwaltschaft auch auf dieses lukrative Geschäftsfeld spezialisiert – publikumswirksame Klagen werden heute über das Internet organisiert, institutionelle Anleger sind zunehmend involviert.

Die prozessuale Ausgangslage war für diese Entwicklung an sich wenig günstig: Das deutsche Prozessrecht ist traditionell von starker Zurückhaltung gegenüber kollektiver Rechtsverfolgung geprägt. Der deutsche Zivilprozess beruht auf dem Leitbild des Zwei-Parteien-Prozesses; Verbands- und Gruppenklagen galten lange Zeit als Ausnahmen, kollektive Rechtsbehelfe (insbesondere solche auf Schadensersatz) waren ausgeschlossen.[4] „Massenklagen" galten lange Zeit als Negativbegriff, das „Klägerparadies USA" war abschreckendes Beispiel.[5] Im letzten Jahrzehnt hat sich freilich die rechtspolitische Einschätzung geändert: Zum einen haben Anleger die USA mit ihrem wirkmächtigen Rechtsbehelf der class action im Kapitalmarktrecht entdeckt – zum anderen werden größere Haftungsfälle häufig auf beiden Seiten des Atlantiks verhandelt.[6] Damit gerät auch der inländische Gesetzgeber unter Anpassungsdruck. Der Erlass des KapMuG (2005) und des UMAG (2005) war ersichtlich von der Sorge veranlasst, dass deutsche Prozessparteien an „lukrative" Justizplätze abwandern und deutschen Gerichten die Kontrolle über die inländischen Kapitalmärkte entzogen werden könnte.[7] Inzwischen wird nicht mehr die Frage diskutiert, ob der kollektive Rechtsschutz im Zivilprozess überhaupt zu stärken ist, sondern, auf welchen Wegen dieses legislative Ziel zu verwirklichen ist.[8]

2

---

1 Zur Haftungsausweitung des Vorstands der Aktiengesellschaft vgl. etwa BGH v. 5.12. 1989 – VI ZR 335/88, BGHZ 109, 297; BGH v. 6.6.1994 – II ZR 292/91, BGHZ 126, 181 = GmbHR 1994, 539; BGH v. 21.4.1997 – II ZR 175/95, BGHZ 135, 244 = AG 1997, 377 – ARAG ./. Garmenbeck; zur Haftung des GmbH-Geschäftsführers BGH v. 4.11.2002 – II ZR 224/00, BGHZ 152, 280 = AG 2003, 381; zur Haftung im Kapitalmarktrecht vgl. BGH v. 19.7.2004 – II ZR 218/03, BGHZ 160, 134 = AG 2004, 543 und BGH v. 19.7.2004 – II ZR 402/02, BGHZ 160, 149 = AG 2004, 546 – Infomatec; BGH v. 9.5.2005 – II ZR 287/02, ZIP 2005, 1270 – EM.TV.
2 OLG München v. 15.3.2005 – 25 U 3940/04, DB 2005, 1675 = AG 2005, 817; *Fleischer* in Fleischer, Handbuch des Vorstandsrechts, § 12, Rz. 5. Vgl. unten *Sieg*, § 15 (S. 411 ff.).
3 Vgl. dazu BGH v. 19.9.2005 – II ZR 173/04, BGHZ 164, 98 = GmbHR 2005, 1558 – Kirch ./. Breuer und Deutsche Bank AG.
4 Dazu *Hess*, AG 2003, 113, 117 ff.; *Wolf/Lange* in Vorwerk/Wolf, Einleitung KapMuG, 2007, Rz. 5.
5 Zur Entwicklung des sog. transatlantischen Justizkonflikts vgl. *Hess*, AG 2006, 809 ff.
6 Prominentes Beispiel aus dem Bereich des Kapitalmarktrechts sind die Schadensersatzklagen gegen die Deutsche Telekom im Zusammenhang mit dem zweiten Börsengang, vgl. statt vieler *Koch/Horlach/Thiel*, RIW 2006, 356 ff.
7 Vgl. Regierungsentwurf zum KapMuG vom 14.3.2005, BT-Drucks. 15/5091, S. 15 f.; *Zypries*, ZRP 2004, 177 ff.; *Prütting* in FS Lindacher, 2007, S. 89, 95.
8 Dazu etwa *Michailidou*, Prozessuale Fragen des Kollektivrechtsschutzes im Europäischen Justizraum, 2007, S. 361 ff. (Vorschlag für eine europäische Gruppenklage); *Micklitz/Stadler*, Prozessuale Ausgestaltung von Verbrauchs-, Muster- und Gruppenklagen, in BMVEL (Hrg.), Das Verbandsklagerecht, 2005, S. 1187 ff. Zu europäischen Entwicklungen *Hess*, Europäisches Zivilprozessrecht, 2010, § 11 III, Rz. 41 ff.

3   Die Stärkung kollektiver Rechtsbehelfe bleibt nicht auf das UMAG und das KapMuG begrenzt. Kollektivklagen sind auch in anderen Rechtsgebieten begünstigt. So hat der Gesetzgeber die kollektive Wahrnehmung von Schadensersatzansprüchen für Verbraucherverbände erleichtert.[1] Die neuere Rechtsprechung des BGH zur Parteifähigkeit der GbR[2] erleichtert die Bündelung von Schadensersatzansprüchen auf „privater" Ebene – inzwischen werden zunehmend Haftungsklagen von Klagegemeinschaften initiiert.[3] Neue Formen der Prozessfinanzierung erleichtern das „Poolen" derartiger Ansprüche – Internet gestützte Auftritte von Klägergemeinschaften halten leicht zugängliche Informationen über entsprechende Prozesse vor.[4] Weitere Klageanreize ergeben sich aus der Zulassung des Erfolgshonorars für – riskante – Klagen, die § 49b Abs. 2 BRAO, §§ 4a und 4b RVG aufgrund der Judikatur des BVerfG ermöglichen – freilich mit deutlich restriktiver Tendenz.[5]

4   Bereits der erste kurze Überblick verdeutlicht den Anpassungsdruck, dem das deutsche Zivilprozessrecht derzeit ausgesetzt ist. Rechtspolitische Forderungen nach einer generellen Einführung von „Sammelklagen" blenden zwar häufig vorschnell die zwischenzeitlichen Entwicklungen aus.[6] Auch lässt sich das erhebliche „Erpressungspotential" kollektiver Rechtsbehelfe nicht leugnen.[7] Dennoch ist der aktuelle Trend zur Erweiterung kollektiver Rechtsbehelfe eindeutig. Zudem haben parallele Rechtsentwicklungen (etwa im Beweis- und im Kostenrecht) die prozessuale Stellung der Kläger nachhaltig gestärkt.[8] Die neue prozessuale Ausgangslage ist eine wichtige Ursache für die Zunahme der Haftungsklagen gegen die Organe juristischer Personen, ein weiteres Anwachsen ist unschwer zu prognostizieren. Hier besteht ein regelrechtes Wechselspiel zwischen materiellem Recht und Prozessrecht[9], mit zum Teil dramatischen Auswirkungen für die Durchsetzung privater Klägerrechte im Bereich der Organhaftung.

---

1   Vgl. unten E.II.
2   BGH v. 29.1.2001 – II ZR 331/00, BGHZ 146, 341 = AG 2001, 307, unten E.III.
3   Beispiel: Die Amtshaftungsklage gegen das Land Baden-Württemberg wegen des sog. *Flow-Tex*-Skandal, OLG Karlsruhe v. 15.10.2007 – 12 U 208/05. Dort schlossen sich 116 Gläubiger in einer Klägergemeinschaft zusammen.
4   Dazu *Koch*, NJW 2006, 1469 ff.; Gegenposition bei *Loritz/Wagner*, WM 2007, 477 ff.
5   BVerfG v. 12.12.2006 – 1 BvR 2576/04, BB 2007, 617 ff.; in der Tendenz ähnlich BGH v. 7.12.2006 – VII ZR 290/04, NJW 2007, 842 (erfolgsbezogene Vergütung der Überprüfung von Architektenleistungen), BGH v. 23.4.2009 – IX ZR 167/07, NJW 2009, 3297 (erfolgsbezogene Vergütung beim Unternehmenskaufvertrag). Vgl. auch das Gesetz zur Neuregelung des Verbots der Vereinbarung von Erfolgshonoraren, BGBl. I 2008, 1000.
6   Bedenklich etwa die Überlegungen bei *Halfmeier*, RabelsZ 68 (2004), 653, 680 ff. zum rechtspolitischen Nutzen sog. „Menschenrechtsklagen", Weißbuch der EG-Kommission zu Schadensklagen im Kartellrecht, KOM (2008) 165endg.; dazu *Hess*, Europäisches Zivilprozessrecht, 2010, § 11 III, Rz. 43 f.
7   Warnend etwa BVerfG v. 25.7.2003 – 2 BvR 1198/03, NJW 2003, 2598: Klagezustellung im Verfahren *Bertelsmann (Napster)*, zurückhaltend nunmehr BVerfG v. 14.6.2007 – 2 BvR 2247/06, NJW 2007, 3709.
8   Zur Neufassung des § 142 ZPO vgl. BGH v. 1.8.2006 – X ZR 114/03, GRUR 2006, 962 ff. – Reststoffgehalt; BGH v. 26.6.2007 – XI ZR 277/05, NJW 2007, 2989 ff.
9   *Zimmer/Höft*, ZGR 2009, 662 ff.

B. Materiell-rechtliche Anspruchsgrundlagen

Die materiellrechtlichen Haftungsgründe schlagen auf die prozessuale Geltendmachung durch. Dies liegt jedoch vor allem an den sondergesetzlichen Regelungen der Verfahren: Soweit es um Ansprüche der Gesellschaft selbst gegen die Organ(walter) geht (Organbinnenhaftung)[1], regelt insbesondere das Aktiengesetz die Voraussetzungen der Rechtsverfolgung (insbesondere §§ 147 f. AktG). Die gesellschaftsrechtlichen Verfahren haben Vorrang vor der parallelen Individualklage des Aktionärs. Diese Sondervorschriften enthalten Ansätze zur Kollektivierung der Rechtsverfolgung.[2]

5

Bei der unmittelbaren Haftbarmachung der Manager unterliegen Ansprüche aus kapitalmarktrechtlicher Informationshaftung den prozessualen Sondervorschriften des Kapitalanleger-Musterverfahrensgesetzes.[3] Auch die bürgerlich-rechtliche Informationshaftung fällt grundsätzlich in den Anwendungsbereich des Gesetzes.[4] Ein Musterverfahren bei Rechtsstreitigkeiten, in denen Schadensersatzansprüche wegen einer fehlerhaften individuellen Anlageberatung geltend gemacht werden, ist jedoch nicht zulässig, auch wenn zur Beratung ein fehlerhafter Prospekt herangezogen worden ist.[5] Innerhalb seines Anwendungsbereichs schließt das KapMuG parallele Individualklagen aus (vgl. §§ 1, 5 KapMuG).[6]

6

Haftungsansprüche[7] können zudem mit den überkommenen Rechtsbehelfen der ZPO geltend gemacht werden. In diesem Kontext kommen die neu entwickelten Möglichkeiten der Anspruchsbündelung vor den Zivilgerichten zum Einsatz.[8]

7

C. Kollektive Rechtsverfolgung nach dem KapMuG

I. Die Konzeption des Gesetzgebers

Der deutsche Gesetzgeber hat sich in diesem „Pilotgesetz" für eine Kollektivierung im Wege eines Musterverfahrens, mit verstärkter Verfahrensherrschaft der Gerichte, entschieden.[9] Seit dem 1.11.2005 ermöglicht das Kapitalanleger-Mus-

8

---

1 Anspruchsgrundlage ist insbesondere § 93 Abs. 2 AktG, dazu *Fleischer* in Fleischer, Handbuch des Vorstandsrechts, § 14, Rz. 7 ff.
2 Dazu unten bei D.
3 Ansprüche nach dem KapMuG können nicht nur gegen die Emittenden gerichtet werden, sondern gegen alle, die Verantwortung für den Prospekt übernommen haben, auch gegen persönlich haftende Organmitglieder, *Zimmer/Höft*, ZGR 2009, 662, 672.
4 BGH v. 30.1.2007 – X ARZ 381/06, BB 2007, 686 mit Anm. *Rothe/Stumpf; Kruis* in KölnKomm. KapMuG, 2008, § 1 KapMuG Rz. 94 ff.
5 BGH v. 16.6.2009 – XI ZB 33/08, NJW 2009, 2539.
6 Voraussetzung ist, dass eine Partei die Durchführung des Verfahrens mittels Musterfeststellungsantrags beantragt, vgl. § 1 Abs. 1, 2 KapMuG.
7 Ansprüche aus Organaußenhaftung beruhen vor allem auf deliktsrechtlichen Anspruchsgrundlagen, §§ 823 Abs. 2 und 826 BGB, dazu *Fleischer*, ZGR 2004, 437 ff.
8 Unten E.
9 Es handelt sich um ein legislatives Experiment. Sollte sich das KapMuG nicht bewähren, tritt es zum 1.10.2010 außer Kraft, Art. 9 EinführungsG zu KapMuG (sog. „sunset"-Klausel), BGBl. I 2005, 2437. Derzeit wird das Gesetz evaluiert.

terverfahrensgesetz die Bündelung von Haftungsklagen im Kapitalmarktrecht.[1] Bei gleich gearteten Prozessen sollen die gemeinsamen Rechts- und Tatsachenfragen in einem Musterentscheid für alle Parallelverfahren einheitlich festgestellt werden.[2] Die speziellen Haftungstatbestände enthalten typisierende Tatbestandsmerkmale, die für eine einheitliche, verfahrensüberprüfende Feststellung besonders geeignet sind.[3]

9   Das Musterverfahren wird auf Antrag des Klägers oder des Beklagten eingeleitet (§ 1 Abs. 1 Satz 2 KapMuG).[4] Die festzustellenden Anspruchsvoraussetzungen sind unter Angabe der Beweismittel im Feststellungsantrag zu formulieren. Der Antragsteller muss darlegen, dass die Klärung der Musterfrage auf andere Rechtsstreitigkeiten Breitenwirkung entfaltet (§ 1 Abs. 1 Satz 3 KapMuG).[5] Die Anträge werden im Klageregister des elektronischen Bundesanzeigers bekannt gemacht (§ 2 KapMuG).[6] Dies soll andere Anleger veranlassen, sich dem Musterverfahren anzuschließen.[7] Liegen zehn gleichgerichtete Anträge vor, erlässt das Prozessgericht einen Vorlagebeschluss, der den Gegenstand des Musterverfahrens festlegt, und ordnet die Unterbrechung des Rechtsstreits an (§ 3 KapMuG).[8]

10 Das Musterfeststellungsverfahren wird als Zwischenverfahren (§ 4 KapMuG)[9] vor dem im Rechtszug übergeordneten Oberlandesgericht geführt. Dieses macht nach Eingang des Vorlagebeschlusses die bei ihm anhängigen Musterverfahren im Klageregister bekannt. Sodann setzen alle parallel befassten Prozessgerichte die rechtshängigen Rechtsstreitigkeiten aus, deren Entscheidung vom Ausgang des Musterverfahrens abhängt (§ 7 Abs. 1 KapMuG). Die Aussetzung erfordert keinen gesonderten Musterfeststellungsantrag, da für alle Parallelprozesse eine ein-

---

1   Nach § 1 Abs. 1 KapMuG erfasst das Musterverfahren über die Haftung für falsche, irreführende oder unterlassene, öffentliche Kapitalmarktinformationen (§ 1 Abs. 1 Satz 3 KapMuG). Diese schließt Haftungsklagen gegen die Organwalter von Kapitalgesellschaften ein, auch solche nach allgemeinem Deliktsrecht, BGH v. 30.1.2007 – X ARZ 381/06, BB 2007, 686f. – VIP Medienfonds 4.
2   Dazu *Hess* in KölnKomm. KapMuG, 2008, Einleitung KapMuG Rz. 24.
3   Dazu *Hess*, WM 2004, 2329, 2331 ff.
4   Neben dem Leistungsantrag der „eigentlichen Klage" (die Klageschrift ist beizufügen) muss ein gesonderter Musterfeststellungsantrag erhoben werden, *Kruis* in KölnKomm. KapMuG, 2008, § 1 KapMuG Rz. 159.
5   So bei einer von Emittenten verursachten „Anlagestimmung", die eine Kausalität zwischen einem Börsenprospekt und dem Erwerb des Wertpapiers für alle Anleger begründet.
6   http://www.ebundesanzeiger.de.
7   So die Begründung zum Referentenentwurf KapMuG, Allgemeiner Teil, S. 36f. Die Bekanntmachung nennt u.a. die Parteien, das Feststellungsziel und die Höhe des im Schadensersatzprozess geltend gemachten Anspruchs, § 2 Abs. 1 Satz 4 KapMuG.
8   Dazu LG Frankfurt a.M. v. 4.12.2006, Vorlagebeschluss im Verfahren 23 Sch 1/06 – Deutsche Telekom. Angesichts der zahlreichen Tatsachen- und Rechtsfragen kann der Vorlagebeschluss ein erhebliches Ausmaß annehmen. Im Telekom-Verfahren umfasst der Beschluss ca. 108 Seiten und Dutzende von Feststellungsanträgen.
9   Legislatives Vorbild ist § 93a VwGO, dazu *Hess/Michailidou*, WM 2003, 2318, 2320 m.w.N.

heitliche Entscheidung herbeigeführt werden soll.¹ Gegen die Aussetzung ist die Beschwerde ausgeschlossen (§ 7 Abs. 1 Satz 4 KapMuG).²

Das Oberlandesgericht bestimmt von Amts wegen einen Musterkläger³, der das Musterverfahren führt. Die Auswahlkriterien gibt § 8 Abs. 2 KapMuG vor: Vorrangig ist der Kläger mit dem höchsten Einzelanspruch zu berücksichtigen, doch können sich mehrere Kläger auf einen Musterkläger verständigen.⁴ Die anderen Parallelkläger werden im Musterverfahren beigeladen, § 8 Abs. 3 KapMuG. Dort erhalten sie eine Verfahrensstellung als Beigeladene, die sich an die Nebenintervention i. S. von § 67 ZPO anlehnt. Sie sind daher nur (abhängige) Nebenparteien und bleiben Dritte im Musterverfahren (§ 12 KapMuG).⁵ Die Beteiligung am Musterverfahren ermöglicht ihnen jedoch die eigenständige, prozessuale Wahrung ihrer Rechte.⁶ Damit verbunden ist eine korrespondierende Einlassungslast: Wer sich nicht am Musterprozess beteiligt, wird später nicht mit dem Einwand gehört, dieser sei falsch entschieden worden (§ 16 Abs. 1 Satz 3, Abs. 2 KapMuG).⁷ 11

Der Prozess vor dem Oberlandesgericht wird nach den allgemeinen Regeln der §§ 253 ff. ZPO geführt (§ 9 KapMuG); das OLG entscheidet durch Beschluss (§ 14 KapMuG). Ein Verzichtsurteil oder ein Vergleich zur Beilegung des Musterverfahrens sind ausgeschlossen (§ 14 Abs. 3 KapMuG).⁸ Andernfalls könnte der Musterkläger zu Lasten der Beigeladenen über das Feststellungsziel disponieren.⁹ 12

Gegen den Musterentscheid können Musterparteien und Beigeladene Rechtsbeschwerde einlegen (§ 15 KapMuG).¹⁰ Nimmt der Musterkläger die Rechtsbeschwerde zurück, so bestimmt der BGH einen neuen Musterbeschwerdeführer aus dem Kreis der Beigeladenen, die dem Rechtsbeschwerdeverfahren beigetreten sind.¹¹ 13

---

1 § 7 Abs. 1 Satz 1 und 2 KapMuG. Insofern wird aus Gründen der Prozessökonomie die Parteiherrschaft eingeschränkt.
2 Anders noch die Begründung zum Referentenentwurf KapMuG, Besonderer Teil, S. 52. Ob die sofortige Beschwerde auch bei Ablehnung einer Aussetzung ausgeschlossen ist, wird unterschiedlich beurteilt: Für die Möglichkeit einer sofortigen Beschwerde nach § 9 Abs. 1 Satz 1 KapMuG i.V.m. § 252 Alt. 2 ZPO *Kruis* in KölnKomm. KapMuG, 2008, § 7 KapMuG Rz. 52 ff.; a.A. *Fullenkamp* in Vorwerk/Wolf, § 7 KapMuG Rz. 23.
3 Es können – gerade bei sehr komplexen Anträgen – auch mehrere Musterkläger bestimmt werden – so im Fall Telekom. Die Auswahl hat für die Anwälte keine Kostenvorteile, bedeutet jedoch einen erheblichen Prestigegewinn.
4 Dazu *Reuschle* in KölnKomm. KapMuG, 2008, § 8 KapMuG Rz. 37 ff.
5 Zur Rechtsstellung des Nebenintervenienten nach § 67 ZPO *Rimmelspacher* in FS Canaris, 2007, S. 343 ff.
6 Ablehnend *Stadler* in FS Rechberger, 2005, S. 663, 676 f.; *Lange* in Vorwerk/Wolf, § 12 KapMuG Rz. 4.
7 Ausführlich *Gebauer*, ZZP 119 (2006), 159 ff.; kritisch *Lüke*, ZZP 119 (2006), 131, 149 ff.
8 G. *Vollkommer* in KölnKomm. KapMuG, 2008, § 9 KapMuG Rz. 137 ff.
9 Eine alternative Lösung wäre hier das Erfordernis der Zustimmung des Gerichts, dazu *Hess/Michailidou*, WM 2003, 2318, 2321.
10 Deren grundsätzliche Bedeutung (§ 574 Abs. 2 Nr. 1 ZPO) ordnet § 15 Abs. 1 Satz 2 KapMuG ausdrücklich an.
11 Es sei denn, die Beigeladenen verzichten ebenfalls auf die Fortführung der Rechtsbeschwerde, § 15 Abs. 3 Satz 2 KapMuG.

14 Die Feststellungen des rechtskräftigen Musterentscheids binden die Prozessgerichte (§ 16 Abs. 1 Satz 3, Abs. 2 KapMuG).[1] Die Bindung ist an die Interventionswirkung nach § 68 ZPO angelehnt. Sie umfasst nicht nur den Tenor des Musterentscheids, sondern auch dessen tatsächliche und rechtliche Grundlagen.[2] Sie wirkt für und gegen den Beigeladenen – dies stellt § 16 Abs. 3 KapMuG ausdrücklich klar.[3] Soweit der Beigeladene keinen Einfluss auf die Entscheidung im Musterverfahren nehmen konnte[4], greift die Bindung aus Gründen des rechtlichen Gehörs nicht ein (§ 16 Abs. 2 KapMuG).[5] Auch in dieser Konstellation bleibt der Musterentscheid nicht „folgenlos". Faktische „Präjudizwirkung" wird er entfalten, wenn im Parallelprozess kein abweichender Vortrag erfolgt.[6] Auf einen „positiven Musterentscheid" (der die Anspruchsvoraussetzungen bejaht) werden sich Parallelkläger berufen – die Beklagten werden hingegen gute Gründe vorbringen und erklären müssen, warum sie abweichenden Vortrag nicht bereits im Musterverfahren geltend gemacht haben. Ein „negativer" Musterentscheid entfaltet hingegen potentielle Abschreckungswirkung im Hinblick auf spätere „Parallelkläger".[7]

II. Erfahrungen mit dem Musterverfahren nach dem KapMuG

15 In den vier Jahren seit dem Inkrafttreten des Gesetzes erfolgten insgesamt 276 Eintragungen im E-Klageregister.[8] Die dort verzeichneten 224 Musterfeststellungsanträge betreffen 13 verschiedene Verfahren.[9] Bisher sind in vier Verfahren Musterentscheide ergangen.[10] Insbesondere der Telekom-Prozess zeigt, dass allein die Verfahrensbündelung die Strukturprobleme von Massenverfahren nicht beseitigen kann[11]: 14447

---

1 Die Bindung des Musterklägers selbst folgt unmittelbar aus der Rechtskraft des Musterentscheidungsbeschlusses, dazu *Hess* in KölnKomm. KapMuG, 2008, § 16 KapMuG Rz. 8.
2 *Hess* in KölnKomm. KapMuG, 2008, § 16 KapMuG Rz. 9 ff.
3 Im Rahmen der §§ 68, 74 ZPO ist der Umfang der Interventionswirkung umstritten, vgl. dazu *Schultes* in MünchKomm. ZPO, 3. Aufl. 2007, § 68 ZPO Rz. 6 ff. m.w.N. Kritisch zur Konzeption des § 16 Abs. 3 KapMuG *Stadler* in FS Rechberger, 2005, S. 663, 675.
4 Etwa wenn entsprechende Klagen erst nach Beendigung des Musterverfahrens erhoben werden. Das Klageregister soll freilich eine rechtzeitige Geltendmachung von Parallelansprüchen erleichtern.
5 Damit trägt der Entwurf verfassungsrechtlichen Bedenken gegen derartige Zwangszusammenschlüsse Rechnung, *Hess* in KölnKomm. KapMuG, 2008, § 16 KapMuG Rz. 17 ff. Zu diesen *Scholz*, ZG 2003, 248.
6 In dieser Konstellation liegt ein Vergleich der Parteien nahe.
7 Zur vergleichbaren, faktischen Bindungswirkung bei der class action vgl. *Hess*, BerDGesellVR 40 (2003), 107, 200 ff.
8 Stand: 15.2.2010.
9 DaimlerChrysler, Deutsche Telekom (zwei Musterverfahren), Bavaria LBB-Fonds 6, 8 und 10, VIP Medienfonds 3 und 4, CoralKredit Bank, MLP, Okeanos Immobilienfonds, Perseus LBB-Fonds 13.
10 OLG Stuttgart v. 22.4.2009 – 20 Kap 1/08, ZIP 2009, 962 = AG 2009, 454 – DaimlerChrysler; Kammergericht Berlin v. 16.2.2009 – 24 Kap 15/07 – Bavaria LBB-Fonds 6; Kammergericht Berlin v. 11.3.2009 – 4 SCH 2/06 – Perseus LBB-Fonds 13; Kammergericht Berlin v. 26.5.2009 – 24 Kap 4/08 – Okeanos Immobilienfonds.
11 Ganz entscheidend bleibt die personelle Ausstattung der entscheidenden Spruchkörper – der Einsatz des Einzelrichters bei den Kapitalmarktstreitigkeiten ist durchaus problematisch.

Aktionäre haben sich in 2128 Klagen, hinter denen immerhin 754 Rechtsanwälte[1] stehen, zusammengeschlossen, von denen die ersten schon im Jahre 2001 beim zuständigen Landgericht Frankfurt/Main erhoben wurden.[2] Der Vorlagebeschluss[3] für das Musterverfahren vor dem OLG Frankfurt/Main enthielt insgesamt 187 vorgelegte Fragen. Aufgrund des enormen Verfahrensstoffs wird nicht vor dem Jahr 2018 mit einem Musterentscheid gerechnet.[4] Ein praktisches Problem ist die Formulierung des Vorlagebeschlusses. Eine zu ausufernde Fragestellung kann die zügige Erledigung des Musterverfahrens praktisch vereiteln. Der Vorlagebeschluss im Verfahren Telekom erscheint diesbezüglich ein (eher) abschreckendes Beispiel.[5] Die Komplexität des Beschlusses hat das OLG Frankfurt veranlasst, parallel mehrere Musterkläger zu bestimmen.[6]

Eine effektive Verfahrensdurchführung wurde hingegen im Fall *Geltl ./. DaimlerChrysler* erreicht.[7] Das LG Stuttgart stellte den Antrag in das Register am 12.4.2006. Die Auswahl des Musterklägers durch das OLG Stuttgart erfolgte am 1.8.2006; das OLG Stuttgart wies den Feststellungsantrag am 15.2.2007 ab.[8] Auf die Rechtsbeschwerde des Musterklägers wurde der Beschluss des OLG Stuttgart am 25.2.2008 wegen fehlerhafter Feststellungen (zu den Umständen des Ausscheidens von Prof. *Schrempp* als Vorstandsvorsitzender) aufgehoben und an den 20. Zivilsenat zurückverwiesen.[9] Das OLG Stuttgart entschied nach Vernehmung von Zeugen durch Musterentscheid am 22.4.2009, dass eine Haftung der Musterbeklagten ausscheidet.[10] Das Beispiel zeigt, dass das KapMuG bei überschaubaren Verfahren (mit wenigen Feststellungspunkten und wenig Beteiligten) eine rasche Erledigung ermöglicht.[11]

16

---

1 *Reuschle*, Österr. AnwBl. 2006, 371, 372; *Koch*, BRAK-Mitt. 2005, 159. Andere gehen von bis zu 900 Anwälten aus, so *Jahn*, F.A.Z. v. 6.1.2009, S. 11.
2 Aktenzeichen: LG Frankfurt/M. 3–07 O 271/01.
3 LG Frankfurt, Vorlagebeschluss v. 11.7.2006 – 317 OH 1/06, veröffentlicht im Klageregister unter www.ebundesanzeiger.de.
4 So die Einschätzung des Prozessvertreters des Musterklägers RA *Tilp* in F.A.Z. v. 8.4. 2008.
5 LG Frankfurt, Vorlagebeschluss v. 11.7.2006 – 317 OH 1/06.
6 Dazu *Gundermann/Härle*, VuR 2006, 457, 459, die i.E. von einer Klagehäufung ausgehen.
7 Das Verfahren betraf das Ausscheiden des früheren Vorstandsvorsitzenden *Schrempp* und die Bestellung seines Nachfolgers *Zetsche* durch den Aufsichtsrat am 28.7.2005. Der Kläger behauptet, das die Insiderinformation nach der Entscheidung des Aufsichtsrats verspätet veröffentlicht wurde, § 37b Abs. 1 WpHG.
8 OLG Stuttgart v. 28.2.2007 – 901 Kap 1/06, BB 2007, 567.
9 Zur Begründung hat der BGH im Wesentlichen ausgeführt, der Musterkläger habe eine einseitige Amtsniederlegung durch Prof. Schrempp behauptet, weshalb die hierfür benannten Zeugen Prof. Schrempp und Kopper auch zu vernehmen seien, BGH v. 25.2. 2008 – II ZB 9/07, NJW-RR 2008, 865.
10 Folglich also zugunsten der Daimler AG, OLG Stuttgart v. 22.4.2009 – 20 Kap 1/08, ZIP 2009, 962 = AG 2009, 454.
11 Im Musterverfahren *Hampf ./. IBV und Landesbank Berlin AG* betreffend die *Perseus Immobilien Verwaltungs GmbH & Co. KG – LBB Fonds 13* erging am 3.3.2009 ein Musterentscheid, der auch Feststellungen zu Lasten der Musterbeklagten enthält. Es handelt sich um den ersten und einzigen „positiven" Musterentscheid, dieser Beschluss wurde weder in der Presse noch in Fachzeitschriften besprochen. Der Vorlagebeschluss erfolgte am 28.11.2006.

D. Kollektive Rechtsverfolgung nach §§ 147f. AktG

17 Regressansprüche gegen den Vorstand und den Aufsichtsrat aus Binnenhaftung stehen nach der Systematik des AktG der Gesellschaft zu; es ist primär Aufgabe des Vorstands (§ 98 AktG) bzw. des Aufsichtsrats (§ 112 AktG), die Haftung geltend zu machen. Auch die Hauptversammlung kann nach § 147 AktG die Verfolgung von Haftungs- bzw. Ersatzansprüchen beschließen – erforderlich ist die einfache Stimmenmehrheit (§ 147 Abs. 1 AktG).[1] Die Hauptversammlung kann einen besonderen Vertreter zur Geltendmachung der Ersatzansprüche bestellen (§ 147 Abs. 2 Satz 1 AktG).[2] Als besonderes Minderheitenrecht kann ein Quorum von 10 % oder der anteilige Betrag von einer Million Euro die Bestellung eines gesonderten Vertreters gerichtlich beantragen.[3] Die Geltendmachung einer *actio pro societate* ist angesichts dieser ausdrücklichen Regelung ausgeschlossen.[4]

18 Eine wichtige Innovation des UMAG implementiert § 148 AktG: Danach kann eine Aktionärsminderheit von 1 % des Grundkapitals oder eines Nennwerts von 1000 Euro beim Landgericht am Sitz der Gesellschaft die Zulassung einer Klage gegen den Vorstand (§ 93 AktG) oder den Aufsichtsrat (§ 113 AktG) wegen Pflichtverletzung beantragen. Das Erreichen des Quorums erleichtert ein sog. „Aktionärsforum" nach § 127a AktG, das den Initiatoren einer derartigen Klage die gezielte Information anderer Aktionäre über das Internet ermöglicht. Die agierenden Aktionäre können sich (auch) als GbR organisieren.[5]

19 § 148 AktG schaltet vor die Minderheitenklage ein spezielles Zulassungsverfahren, um Missbrauch auszuschließen. Dort müssen die Kläger nachweisen, dass sie die Aktien nicht nach dem Zeitpunkt erworben haben, der für das „Kennen-Müssen" eines Pflichtverstoßes der Organmitglieder aufgrund einer Pflichtverletzung relevant ist. Diese Vorschrift soll „Berufskläger" und „Trittbrettfahrer" gleichermaßen ausschließen (§ 148 Abs. 1 Nr. 1 AktG).[6] Zudem setzt das Klagerecht eine erfolglose Fristsetzung an die Gesellschafts(organe) zur Geltendmachung des Anspruches voraus (§ 148 Abs. 1 Nr. 2 AktG). Auch in materiell-rechtlicher Hinsicht bestehen erhebliche Aufgreifkriterien: Nur beim Verdacht unredlichen Verhaltens oder grober Pflichtverletzungen ist der Antrag zuzulassen (§ 148 Abs. 1 Nr. 3 AktG) – die materiellen Anforderungen sind derzeit noch ungeklärt, sie laufen auf „ins Kriminelle hineinreichende Treupflichtverstöße" hinaus.[7] Schließlich darf die Klage nicht gegen „das Wohl der Gesellschaft" verstoßen (§ 148

---

1 Sie wird in der Praxis freilich selten erreicht.
2 Aus dem Wesen der Stellung des besonderen Vertreters ist ein entsprechender Informations- und Einsichtsanspruch zwingend abzuleiten, LG München II v. 6.9.2007 – 5 HKO 12570/07, BB 2007, 2030 ff.
3 Dies ist das Kernanliegen der Neuregelung des UMAG, vgl. dazu die rechtsvergleichende Untersuchung von *Ulmer*, ZHR 163 (1999), 290, 329 ff.; *Thümmel* in Gottwald (Hrsg.), Europäisches Insolvenzrecht/Kollektiver Rechtsschutz, 2008, S. 215 ff.
4 *Hüffer*, § 148 AktG Rz. 2; *Krieger*, ZHR 163 (1999), 343, 344; *Schmidt*, NZG 2005, 796, 799.
5 RegE, BT-Drucks. 15/5092, S. 21; *Spindler*, NZG 2005, 865, 866, zur Anspruchsbündelung durch eine GbR vgl. unten E.II.
6 *Weiss/Buchner*, WM 2005, 162, 168.
7 *Thümmel* in Gottwald (Hrsg.), Kollektiver Rechtsschutz, S. 235, 244 f.

Abs. 1 Nr. 4 AktG). Damit wird eine gesonderte Missbrauchskontrolle eröffnet, die Klagen auf minimale Schadenssummen und Mehrfachklagen („*me-too*-Klagen") ausschließen soll.[1] Auch völlig überhöhte Klagesummen sollen ausgenommen werden.[2] Rechtssystematisch erscheint es problematisch, dass hier ein Gericht auf der Basis einer offen formulierten Generalklausel („Gesellschaftswohl") über die Zulassung „angemessener" Klagen entscheidet.[3] Es muss zumindest den verfassungsrechtlich garantierten Anspruch auf Justizgewährung in seine Abwägung mit aufnehmen.[4]

Das Zulassungsverfahren ist als summarisches Verfahren ausgestaltet, vergleichbar einem PKH-Verfahren nach §§ 114ff. ZPO.[5] Antragsgegner ist das Organmitglied, gegen das der Haftungsprozess geführt werden soll. Ihm ist rechtliches Gehör zu gewähren.[6] Zuständig ist das LG am Gesellschaftssitz, es entscheidet die KfH. Der Haftungsprozess wird hingegen vor dem LG am Sitz des Beklagten (§§ 12, 13 ZPO) oder am Tatort (§ 32 ZPO) geführt.[7] Die erfolgreiche Klagezulassung eröffnet nicht unmittelbar den Zugang zum Gericht. Vielmehr müssen die Antragsteller die AG zur Klage binnen einer Frist von zwei Monaten auffordern. Nach Fristablauf müssen die Antragsteller innerhalb eines weiteren Monats Klage einreichen. Die Gesellschaft kann jedoch auch danach jederzeit den Prozess übernehmen (§ 148 Abs. 3 Satz 1 AktG), die Rechtshängigkeitssperre des § 261 Abs. 3 Nr. 1 ZPO wird (systemwidrig) ausgeschlossen.[8] In diesem Fall kommt es zum Parteiwechsel.[9] Die Gesellschaft kann daneben auch selbständig klagen (§ 148 Abs. 3 AktG).[10] Vereinbarungen zwischen der Gesellschaft und den klagenden Aktionären unterliegen besonderer Transparenz (§ 149 AktG).[11]

20

---

1 Dazu BGH v. 21.4.1997 – II ZR 175/95, BGHZ 135, 244, 255 = AG 1997, 377.
2 Insbesondere solche, deren Vollstreckung der Höhe nach ausgeschlossen erscheint, *Hüffer*, § 148 AktG Rz. 9.
3 Die Tatsache, dass die Aktionäre „nur" abgeleitete (Klage)Rechte vertreten, ändert hieran nichts: Denn im Kern sind die Kläger in ihren subjektiven Mitgliedschafts- und Vermögensrechten selbst betroffen. Die Abwägung geht zurück auf BGH v. 21.4.1997 – II ZR 175/95, BGHZ 135, 244, 255f. = AG 1997, 377.
4 § 148 Abs. 1 Nr. 4 AktG beinhaltet eine abwägungsbedingte Ausnahme, *K. Schmidt*, NZG 2005, 796, 800.
5 Diese Parallele wird in der gesellschaftsrechtlichen Literatur nicht gezogen, vgl. etwa *Hüffer*, § 148 AktG Rz. 10; *Spindler*, NZG 2005, 868.
6 *Hüffer*, § 148 AktG Rz. 11f.
7 Diese kompetenzielle Trennung unterscheidet das PKH- vom Klagezulassungsverfahren.
8 Dazu *Bork*, ZIP 2005, 66f.
9 Die bisherigen Kläger verlieren ihre prozessuale Rechtsstellung, sie sind am weiteren Verfahren beizuladen (und als Streithelfer beteiligt), dazu *K. Schmidt*, NZG 2005, 796, 800.
10 Auch in dieser Konstellation sind die bisherigen Kläger beizuladen, § 148 Abs. 3 Satz 4 AktG.
11 Dazu *Spindler*, NZG 2005, 865, 869ff.

E. Innovative Formen kollektiver Rechtsverfolgung

21 Schließlich kennt das deutsche Prozessrecht traditionelle Formen zur Bündelung von Verfahren, die in der rechtspolitischen Diskussion zwar häufig als „unzureichend" apostrophiert werden. Sie ermöglichen jedoch vor dem Hintergrund neuerer Rechtsentwicklungen durchaus effektive „Kollektivierungen" im Prozessrecht.[1]

I. Streitgenossenschaft

22 §§ 59 ff. und 260 ZPO lassen eine einheitliche Verhandlung mehrerer Prozesse zu, wenn diese gemeinsame Tatsachen- und Rechtsfragen zum Gegenstand haben.[2] Zwar bleiben die Prozesse selbständig (in jedem Verfahren ergeht ein eigenes Urteil), es kommt jedoch zur gemeinsamen Verhandlung und Beweisaufnahme.[3] Attraktiv ist die Streitgenossenschaft insbesondere bei der Mandatierung desselben Prozessvertreters durch sämtliche Streitgenossen.[4] Damit wird letztlich eine faktische Verknüpfung der Verfahren erreicht. Voraussetzung ist freilich, dass eine gemeinsame Zuständigkeit gegeben ist; in diesem Fall kann das erkennende Gericht nach § 147 ZPO eine Prozessverbindung anordnen.[5] Eine derartige Zuständigkeitskonzentration lässt sich durch die Festlegung ausschließlicher Gerichtsstände erreichen (sie finden sich beispielsweise in § 32b ZPO für Klagen wegen irreführender Kapitalmarktinformationen).[6] Die Verfahrensverbindung nach § 147 ZPO erleichtern (landesrechtliche) Zuständigkeitskonzentrationen, die derartige Streitigkeiten spezialisierten Spruchkörpern (KfH bei bestimmten Landgerichten) zuweisen.[7] In rechtspolitischer Hinsicht erscheint eine Erweiterung der Regelung des § 147 ZPO durchaus bedenkenswert: Auf europäischer Ebene eröffnet Art. 6 Nr. 1 VO 44/01/EG den Gerichtsstand der (passiven) Streitgenossenschaft.[8] Er ermöglicht eine Verbindung konnexer Prozesse durch die Initiative des Klägers. In der ZPO fehlt bisher ein vergleichbarer Gerichtsstand, die Gerichtsstandsbestimmung nach § 36 ZPO vermag hier nur sehr begrenzt abzuhelfen.[9]

---

1 *Hess*, AG 2003, 113, 118 ff.; vgl. auch *Burckhardt*, Auf dem Weg zu einer class action in Deutschland?, 2005, S. 80 ff.
2 Dazu bereits *Hess*, AG 2003, 113, 121 ff.
3 Ausführlich *Burckhardt*, Auf dem Weg zu einer class action in Deutschland?, S. 83 ff.
4 *Weth* in Musielak, 7. Aufl. 2009, §§ 59, 60 ZPO Rz. 14 f.
5 Richtiger Ansicht nach setzt § 147 ZPO nicht die Anhängigkeit der Parallelverfahren vor demselben Spruchkörper voraus, zutreffend *Hartmann* in Baumbach/Lauterbach/Albers/Hartmann, 68. Aufl. 2010, § 147 ZPO Rz. 8 gegen *Leipold* in Stein/Jonas, 22. Aufl. 2005, § 147 ZPO Rz. 15 f.
6 Zu eng OLG München v. 10.11.2006 – 31 AR 114/06, WM 2007, 256; ausführlich *Vollkommer* in Zöller, 28. Aufl. 2010, § 32b ZPO Rz. 3 ff. Auch die Herausnahme der Vermittler (Anlageberater) aus dem Anwendungsbereich des § 32b ZPO erscheint zu eng, so jedoch BGH v. 30.1.2007 – X ARZ 381/06, BB 2007, 686; dagegen zutreffend *Rothe/Stumpf*, BB 2007, 687, 688.
7 Vgl. §§ 71 Abs. 2 und 95 Abs. 1 Nr. 1 GVG, dazu *Gundermann/Härle*, VuR 2006, 457 f.
8 Dazu *Hess*, Europäisches Zivilprozessrecht, 2010, § 6 I, Rz. 84 ff.
9 Vgl. daher die explizite Regelung im § 148 Abs. 4 Satz 4 AktG.

II. Treuhänderische Durchsetzung von Haftungsansprüchen

Eine deutlichere Koordinierung von Parallelverfahren und Anspruchsbündelung lässt sich durch die Bildung von Interessengemeinschaften erreichen. Die Haftungsansprüche können dann gemeinsam aus abgetretenem Recht (eventuell im Wege der offenen Teilklage) oder im Wege der Prozessstandsschaft geltend gemacht werden. Eine derartige Forderungsdurchsetzung scheiterte früher an Art. 1 § 1 Rechtsberatungsgesetz.[1]

23

Die Schuldrechtsmodernisierung hat seit dem 1.1.2002 hier begrenzte Abhilfe geschaffen: Nach Art. 1 § 3 Nr. 8 RBerG, heute § 79 Abs. 2 Nr. 2 ZPO, können Verbraucherzentralen und Verbraucherverbände, die mit öffentlichen Mitteln gefördert werden, fremde und zu Einziehungszwecken abgetretene Forderungen von Verbrauchern im Rahmen ihres Aufgabenbereichs gerichtlich geltend machen. Voraussetzung ist, dass die Geltendmachung der Forderung im Interesse des Verbraucherschutzes erfolgt.[2]

24

Verbraucherzentralen machen von der neuen Klagemöglichkeit durchaus großzügig Gebrauch, sie werden dabei vom BGH unterstützt. In einem neueren Urteil hat der XI. Senat[3] es für zulässig gehalten, dass die Verbraucherzentrale Nordrhein Westfalen eine Sparkasse auf Zahlung von ca. 13 000 Euro verklagte, die auf angeblichen fehlerhaften Benutzungen der PIN Nummern verschiedener Kunden beruhte. Der BGH ließ, anders als die Vorinstanzen die Klage aus der Erwägung zu, dass die Einschaltung der Verbraucherorganisation überhaupt erst die gerichtliche Geltendmachung der Forderungen ermögliche. Individualklagen hätten wegen der geringen Höhe der Forderung, der hohen Prozesskosten, des besonderen Prozessrisikos aufgrund der Prozessrisiken oder der erheblichen praktischen Risiken, den Anspruch durchzusetzen (etwa wegen der Person des Prozessgegners oder der praktischen Beweisschwierigkeiten) weniger Anreiz und Aussicht auf Erfolg. Diese Begründung erscheint in der Tat innovativ[4], sie ist zudem verallgemeinerungsfähig. Das Urteil zeigt grundsätzliche Bereitschaft des BGH, den „Zugang zum Recht" mittels kollektiver Rechtsbehelfe zu verbessern.[5]

25

§ 79 Abs. 2 Nr. 2 ZPO erlaubt zwar keine allgemeine Forderungseinziehung durch Interessengemeinschaften von Kapitalanlegern, wohl aber eine Vertretung von geschädigten (Klein)Aktionären durch Verbraucherverbände. Denn die Verbrauchereigenschaft von Aktionären und anderen (nicht professionellen) Kapitalanlegern ist inzwischen allgemein anerkannt.[6] Nicht zu überzeugen vermag hin-

26

---
1 Dazu *Hess*, AG 2003, 113, 122; *Michailidou*, Prozessuale Fragen, S. 272f.
2 Ausführlich *Burckhardt*, Auf dem Weg zu einer class action in Deutschland?, 2005, S. 102ff.; Beispiel: BGH v. 14.11.2006 – XI ZR 294/05, WM 2007, 67.
3 BGH v. 14.11.2006 – XI ZR 294/05, ZIP 2006, 2359.
4 Immerhin hat jede Partei einen Anspruch auf formale Gleichbehandlung („Waffengleichheit" im Prozess, so dass nach überkommener Sichtweise dieses Argument eigentlich gar kein Gewicht haben dürfte.
5 Die Pressemitteilung des BGH bezeichnet die Klage unrichtig als „Sammelklage".
6 BGH v. 29.11.2004 – II ZR 6/03, ZIP 2005, 254, 255 = AG 2005, 201; *Micklitz* in Münch-Komm. BGB, 5. Aufl. 2006, § 13 BGB Rz. 45; EuGH v. 25.10.2005 – Rs. C-350/03, Slg. 2005 I-09215 – Schulte.

gegen die Grundkonzeption des § 79 Abs. 2 Nr. 2 ZPO, die die Rechtsverfolgung bei staatlichen bzw. staatlich subventionierten Verbraucherverbänden monopolisiert.[1] Hier sollte der Gesetzgeber eine weitere Deregulierung vornehmen und generell die treuhänderische Anspruchsverfolgung zulassen.

III. Innovative Formen der Anspruchsbündelung

1. Pooling von Ansprüchen

27 Eine zunehmend genutzte Möglichkeit der kollektiven Rechtsdurchsetzung eröffnet die Judikatur des BGH zur Rechts- und Parteifähigkeit der Gesellschaft bürgerlichen Rechts.[2] Sie ermöglicht die Gründung von Anlegerschutzgesellschaften[3], die einer Vielzahl von Geschädigten die gemeinsame Organisation der Prozessführung und eine erleichterte Finanzierung der Anwalts-, Gerichts- und sonstigen Verfahrenskosten ermöglicht.[4] Die Geschädigten treten der Gesellschaft als Gesellschafter bei, sie leisten eine Bareinlage zur Finanzierung der Prozesskosten und treten ihre (Schaden-)Ersatzansprüche an die Gesellschaft ab. Die Gesellschaft führt den Prozess als Partei in eigenem Namen. Ist der Prozess erfolgreich, werden die beigetriebenen Schadensersatzzahlungen, nach Abzug der Aufwendungen, an die Gesellschafter als Gewinn ausgeschüttet. Geht der Prozess verloren, drohen die Nachschusspflicht nach § 735 BGB und die gesamtschuldnerische Haftung nach § 128 HGB analog.[5]

28 In der Literatur wird gegen diese Form der (privat organisierten) kollektiven Anspruchsbündelung vor allem das Rechtsdienstleistungsgesetz in Stellung gebracht: Die Anwendung des Rechtsdienstleistungsgesetzes sei von dessen Sinn und Zweck her geboten: Die „Bündelung" der Ansprüche bewirken für den Fall des Prozessverlustes ein erhebliches Haftrisiko; die Geltendmachung der Ansprüche erfolge „geschäftsmäßig" selbst dann, wenn ein Rechtsanwalt die Geschäftsführung des GbR übernehme. Denn dann handele dieser nicht mehr als ein primär den Interessen der Mandanten verpflichteten Organ der Rechtspflege, sondern als Gesellschaftsorgan. Die Geschäftsmäßigkeit ergebe sich daraus, dass die Gesellschaft gezielt am Markt auf eine Abtretung der Forderungen hinwirke. Daher verfolge die Anlegergesellschaft einen unerlaubten Zweck (Art. 1 § 1 Abs. 1 RBerG), der Gesellschaftsvertrag sei nach §§ 705, 134 BGB nichtig.[6]

---

1 A.A. *Micklitz/Stadler*, Musterprozesse durch Verbände, in BMVEL (Hrsg.), Das Verbandsklagerecht, 2005, S. 1351 ff.
2 BGH v. 29.1.2001 – II ZR 331/00, BGHZ 146, 341 = AG 2001, 307; dazu *Hess*, Grundfragen und Entwicklungen der Parteifähigkeit, ZZP 117 (2004), 267, 268 ff.; *Wagner*, Grundfragen und Entwicklungen der Parteifähigkeit, ZZP 117 (2004), 305 ff.
3 Dazu *Loritz/Wagner*, Sammelklagen geschädigter Kapitalanleger mittels BGB-Gesellschaften, WM 2007, 477 ff.
4 *Koch*, NJW 2006, 1469, 1471.
5 *Loritz/Wagner*, WM 2007, 477, 480 – die Haftungsrisiken freilich überzeichnend.
6 *Loritz/Wagner*, WM 2007, 477, 479 ff. Der BGH v. 7.4.2009 – KZR 42/08, GRUR-RR 2009, 319 hat im Verfahren *CDC ./. Zementkartell* die Zulässigkeit der Klage nicht an der (von der Beklagten vorgetragenen) Unwirksamkeit der Anspruchsbündelung scheitern lassen, sondern diese Prüfung als Frage der Begründetheit angesehen.

Überzeugend ist diese Argumentation jedoch nicht: Dies zeigt zum einen der Vergleich mit der Anspruchsverfolgung durch einen Prozessfinanzierer, der sich ebenfalls die Forderung (still) zedieren lässt und sich zur erfolgsbezogenen Gewinnausschüttung dem Mandanten gegenüber verpflichtet.[1] Auch lässt sich nicht bestreiten, dass die Wahrnehmung der Geschäftsführung ausschließlich der Forderungsdurchsetzung dient – diese erfolgt jedoch durch Rechtsanwälte als Organ der Rechtspflege.[2] Die gesamthänderisch gebundenen Forderungen sind (trotz der Rechts- und Parteifähigkeit der GbR) keine „fremden" Forderungen, so dass es an der Besorgung fremder Rechtsangelegenheiten fehlt.[3] Auch der verfassungsrechtliche Anspruch auf Zugang zum Gericht und effektiven Rechtsschutz sprechen eindeutig für die Zulassung der Anlagegesellschaft – die Alternative für die Anleger ist in vielen Fällen schlicht der Verzicht auf jegliche, gerichtliche Geltendmachung.[4] Es verwundert daher nicht, dass mehrere Zivilgerichte die kollektive Rechtsverfolgung durch Anleger-GbR zugelassen haben.[5]

29

2. Prozessfinanzierung

Seit einigen Jahren ist die Prozessfinanzierung in Deutschland auf dem Vormarsch.[6] Dabei handelt es sich gleichfalls um eine Form der Anspruchsverfolgung durch kommerzielle Anbieter, die gegen eine Beteiligung am Erlös des Prozesserfolgs eine Finanzierung der Verfahrenskosten (einschließlich des Kostenerstattungsprinzips) übernehmen. Inzwischen gibt es mehr als 20 Anbieter in Deutschland. Die Mindeststreitwerte, ab denen eine Prozessfinanzierung zugesagt wird, liegen zwischen 5000 und 5000 Euro.[7] Die Erfolgsbeteiligung des Finanzierers beträgt bei niedrigeren Streitwerten 30 %, bei höheren (i.d.R. mehr als 5000 Euro) 20 %. Zur Sicherung des Anspruchs wird die streitige Forderung im Wege der stillen Zession an den Finanzierer abgetreten. Dennoch führt der ursprüngliche Anspruchsinhaber den Prozess (als Prozessstandschafter), das Finanzierungsverhältnis wird nach Außen nicht offen gelegt.[8]

30

Die rechtliche Einordnung des Finanzierungsvertrages als Gesellschaftsverhältnis ist heute in Rechtsprechung und Literatur h.M.[9] Der gemeinsame Zweck

31

---

1 Dazu sogleich im Text.
2 Ein weitergehendes Vertretungsverbot für Rechtsanwälte enthält das RBerG nicht: Jeder Anwalt darf sich selbst vertreten!
3 Zutreffend *Koch*, NJW 2006, 1469, 1471; zuvor *Hess*, AG 2003, 113, 123.
4 BVerfG v. 12.12.2006 – 1 BvR 2576/04, BB 2007, 617 ff.
5 Etwa im Fall einer Gruppe geschädigter Kapitalanleger, die sich von einer Bank nicht hinreichend anlegergerecht beraten fühlten, da sie in einen steuerbegünstigten Fonds investiert hatten, der sich später als wertlos erweisen sollte, BGH v. 6.7.1993 – XI ZR 12/93, NJW 1993, 2433.
6 *Dethloff*, Verträge zur Prozessfinanzierung gegen Erfolgsbeteiligung, NJW 2000, 2225 ff.; *Frechen/Kochheim*, Fremdfinanzierung von Prozessen gegen Erfolgsbeteiligung, NJW 2004, 1213 ff.
7 *Frechen/Kochheim*, NJW 2004, 1213 – im letzten Fall werden auch Schiedsverfahren finanziert.
8 Einen informativen Überblick gibt die Website der Forschungsstelle zur Finanzierung von Gerichtsprozessen an der HU Berlin, www.pkf.hu-berlin.de.
9 *Dethloff*, NJW 2000, 2225, 2227; *Grunewald*, BB 2000, 729, 731; LG Köln v. 4.10.2002 – 81 O 78/02, NJW-RR 2003, 426 f.

i.S. des § 705 BGB ist die Durchsetzung und Verwertung der dem Kläger zustehenden Forderung, die Gewinnerzielungsabsicht des Finanziers bleibt eine außerhalb des Gesellschaftsvertrags bestehende Motivation des Anbieters. Rechtlich handelt es sich um eine reine Innengesellschaft. Nach h.M. bestehen gegen eine derartige Prozessfinanzierung keine rechtlichen Bedenken, solange die Prozessführung durch Anwälte erfolgt (daher kein Verstoß gegen § 3 RDG). Bedenken bestehen nur, wenn eine vorprozessuale Rechtsberatung durch den Finanzierer erfolgt[1] oder der Finanzierer Vergleichsverhandlungen führt. Ein Verstoß gegen § 49b BRAO (Verbot des Erfolgshonorars) liegt schon deshalb nicht vor, weil nicht der Finanzierer den Prozess führt, sondern der Anwalt.[2] Es ist ein offenes Geheimnis, dass Prozessfinanzierer auch kollektive Klagen ins Portefeuille nehmen.[3] Denn eine Risikoübernahme lohnt erst ab einem gewissen Volumen. Dieses wird bei Kollektivklagen jedoch unschwer erreicht, so dass derartige Verfahren für eine Prozessfinanzierung besonders geeignet erscheinen.

F. Die Abwehr missbräuchlicher Klagen

I. Problemstellung

32 Das Problem missbräuchlicher Aktionärsklagen beschäftigt die Praxis seit langem. Dabei verfolgen einzelne wenige Aktionäre[4] das „Geschäftsmodell", sich den Lästigkeitswert ihrer Anfechtungsklagen von der betroffenen Gesellschaft abkaufen zu lassen. Die sog. „räuberischen" Aktionäre bzw. „Berufsaktionäre" erwerben typischerweise eine geringe Anzahl von Aktien der betroffenen Gesellschaft, nehmen (lautstark) an Hauptversammlungen dieser Gesellschaft teil[5] und stimmen gegen Hauptversammlungsbeschlüsse[6] mit dem Ziel, diese Beschlüsse durch Erhebung einer Anfechtungsklage gem. § 246 AktG zu blockieren. Dem „räuberischen" Aktionär geht es jedoch nicht um die Kontrolle der Hauptversammlungsbeschlüsse auf ihre Rechtmäßigkeit und um die Wahrnehmung seiner Aktionärsrechte, vielmehr will er durch die mit Hilfe der Anfechtungsklage erreichten Verzögerung der Umsetzung des Hauptversammlungsbeschlusses die Gesellschaft zu Leistungen zwingen, auf die er keinen Anspruch hat.[7] Die missbräuchliche Anfechtungsklage dient somit nicht dem gesetzlichen Zweck der

---

1 Dazu LG Köln v. 4.10.2002 – 81 O 78/02, NJW-RR 2003, 426f.
2 *Frechen/Kochheim*, NJW 2004, 1213, 1216f.
3 Prominentes Beispiel ist der im LG Düsseldorf geführte Prozess auf Schadensersatz über ca. 113 Millionen Euro aus dem sog. „Zementkartell"; der BGH hat die Klage für zulässig erachtet, BGH v. 7.4.2009 – KZR 42/08, GRUR-RR 2009, 319.
4 Es handelt sich in der Praxis um ca. 40 namentlich bekannte wiederholt auftretende Kläger, die bereits Gegenstand empirischer Studien geworden sind, *Baums/Gajek/Keinath*, ZIP 2007, 1629ff.
5 Oftmals versuchen „räuberische" Aktionäre durch massive Störungen der Hauptversammlung Gründe für eine Anfechtung von Beschlüssen zu provozieren.
6 Meist aus bloß formalen Gründen.
7 *Baums/Gajek/Keinath*, ZIP 2007, 1629ff.; *Poelzig*, DStR 2009, 1151, 1152; *Martens/Martens*, AG 2009, 173ff.

Überprüfung von Hauptversammlungsbeschlüssen[1], sondern der Schaffung von Vergleichsdruck zur Bereicherung des „räuberischen" Aktionärs.[2] Der „Berufskläger" blockiert durch die Geltendmachung einer missbräuchlichen Anfechtungsklage eintragungsbedürftige Hauptversammlungsbeschlüsse und kassiert beachtliche Vergleichsbeiträge[3], welche die Unternehmen angesichts der drohenden Gefahr einer monatelang verzögerten Umsetzung ihrer Hauptversammlungsbeschlüsse zu zahlen bereit sind, um ihre Handlungsfähigkeit wiederzuerlangen.[4] Durch verzögerte Kapitalmaßnahmen aufgrund anfechtungsblockierter Hauptversammlungsbeschlüsse werden deutsche Aktiengesellschaften bei Fusionen und Übernahmen gegenüber ausländischen Wettbewerbern außerdem benachteiligt.[5] Das deutsche Aktienrecht unterstützt damit als negativer Standortfaktor tendenziell die Verlagerung von Unternehmenszentralen ins Ausland.[6]

II. Maßnahmen des Gesetzgebers

Der Gesetzgeber hat dieses Problem erkannt und mit der Einführung eines Freigabeverfahrens gem. § 246a AktG durch das UMAG[7] und dessen Verbesserung durch das ARUG[8] darauf reagiert. Bisher hatten die Initiativen des Gesetzgebers jedoch wenig praktischen Erfolg.[9] Die missbräuchlichen Aktionärsklagen konnten hierdurch nicht eingedämmt werden. Vielmehr führen die Gesetzesänderungen zu einer Aushöhlung der Anfechtungsrechte.[10] Das Freigabeverfahren nach § 246a AktG entfaltet auch präventive Wirkung gegen missbräuchliche Aktionärsklagen, da der „räuberische" Aktionär nicht mit einer Sanktion rechnen muss.

33

---

1 Redlicher Aktionärsaktionismus durch Anfechtungsklagen zur Kontrolle der Beschlüsse ist vom Gesetzgeber gerade erwünscht, *Baums*, Verhandlungen des 63. DJT, Bd. I, 2000, S. F 187.
2 *Martens* bezeichnet dieses Vorgehen deshalb auch als „moderne Form der Wegelagerei", *Martens/Martens*, AG 2009, 173; „Skandalon ersten Ranges", *Niemeier*, ZIP 2008, 1148.
3 Die Sonderbereicherung der Missbrauchskläger ist nicht selten in Millionenhöhe anzusiedeln (Spitzenwert: 30 Mio. Euro), *Baums/Keinath/Gajek*, ZIP 2007, 1629, 1646.
4 Auch unbegründete Anfechtungsklagen haben Blockadewirkung, da auch diese eine lange Verfahrensdauer zur Folge haben, in der die jeweilige Maßnahme nicht umgesetzt werden kann.
5 *Niemeier*, ZIP 2008, 1148.
6 So *J. Vetter*, AG 2008, 177, 181.
7 Gesetz zur Unternehmensintegrität und Modernisierung des Anfechtungsrechts (UMAG) vom 22.9.2005, BGBl. I 2005, 2802 ff.
8 Gesetz zur Umsetzung der Aktionärsrechterichtlinie (ARUG) vom 30.7.2009, BGBl. I 2009, 2479. Das ARUG hat die Voraussetzungen für den Unbedenklichkeitsbeschluss im Freigabeverfahren erleichtert und den Rechtsweg verkürzt.
9 So auch *Baums/Gajek/Keinath*, ZIP 2007, 1629, 1649; *Niemeier*, ZIP 2008, 1149 zum UMAG; *Drinhausen/Keinath*, BB 2009, 64, 70 zum ARUG.
10 Das ARUG sei deshalb mit den Gerechtigkeitsprinzipien des Aktienrechts nicht vereinbar, so die Stellungnahme Nr. 5/09 des DAV durch den Handelsrechtsausschuss zum RegE ARUG, S. 9.

III. Lösung über § 826 BGB

34 Die von den „Berufsklägern" genutzte Regelungslücke im Aktienrecht könnte ein neueres Urteil des OLG Frankfurt a.M. geschlossen haben.[1] Dort hatte ein (notorisch bekannter) Minderheitsaktionär eine aktienrechtliche Anfechtungsklage gegen die Gesellschaft erhoben, nachdem er auf der Hauptversammlung der Gesellschaft einer vorgesehenen Kapitalerhöhung widersprochen hatte.[2] Der Kläger ließ der Beklagten daraufhin einen Vergleichsvorschlag übermitteln, wonach sich die Gesellschaft unter Garantie ihrer Hauptaktionärin verpflichten sollte, jedem der Aktionäre, die ablehnend in der Hauptversammlung gestimmt hatten, Bezugsrechte hinsichtlich der Aktien aus der Kapitalerhöhung einzuräumen. Die Beklagte erhob Widerklage auf Feststellung, dass der Kläger der Beklagten für alle Schäden, die auf der Verzögerung der Kapitalerhöhung durch die Anfechtungsklage beruhen, ersatzpflichtig sei. Das LG Frankfurt wies die Klage ab und gab der Widerklage statt. Die anschließende Berufung des Klägers/Widerbeklagten vor dem OLG hatte keinen Erfolg. Die Widerklage der Gesellschaft wurde mit einer Haftung des Aktionärs nach § 826 BGB für den Vermögensschaden begründet, den die Gesellschaft aufgrund des verspäteten Kapitalzuflusses infolge der Anfechtungsklage des Aktionärs erlitten hatte. Im Anlassfall ergab sich die Sittenwidrigkeit der Anfechtungsklage aus dem Klagemissbrauch. Grundsätzlich ist eine Anfechtungsklage immer dann missbräuchlich und somit sittenwidrig, wenn sie mit dem Ziel erhoben wird, die verklagte Gesellschaft[3] in grob eigennütziger Weise zu einer Leistung zu veranlassen, auf die der Kläger keinen Anspruch hat und billigerweise auch nicht erheben kann.[4] Problematisch ist dabei der Nachweis des grob eigennützigen Klagemotivs als eine innere Tatsache, der der widerklagenden Gesellschaft obliegt. Ein Anschein, dass alle Anfechtungsklagen, die mit einem Vergleich enden, auch mit dem Vorsatz der Rechtsmissbräuchlichkeit erhoben wurden, lässt sich nicht begründen. Das OLG Frankfurt stellte in seiner Entscheidung jedoch einen Katalog von vier Indizien zusammen, die zwar nicht einzeln aber kumulativ den Beweis des Klagemissbrauchs ergeben:

– Ein allzu bereitwilliges Einlassen des Klägers auf den Vergleichsvorschlag

– Die Geltendmachung von formalen Anfechtungsgründen (für das Interesse des Klägers unerheblich)

– Geringer Aktienbesitz des Klägers

– Ähnliche Vorgehensweise des Klägers in der Vergangenheit („track record")

---

1 OLG Frankfurt a.M. v. 13.1.2009 – 13 U 104/08, NZG 2009, 222; vorausgehend LG Frankfurt a.M. v. 2.10.2007 – 3-5 O 177/07, DStR 2007, 2178 = AG 2007, 824.
2 Der Kläger rügte u.a. den Versammlungsort.
3 Im hier dargestellten Fall ging es zwar um den Verzicht der Hauptaktionärin auf ihre Bezugsrechte – also nicht um eine unmittelbare Leistung der Gesellschaft –, jedoch kommt es bzgl. der Frage der Missbräuchlichkeit auf den Zweck der Klage an, nicht dagegen von wem ein Vorteil verlangt wird, *Martens/Martens*, AG 2009, 173, 174; *Poelzig*, DStR 2009, 1151, 1153; anders aber mit selbem Ergebnis das OLG Frankfurt a.M. v. 13.1.2009 – 13 U 104/08, NZG 2009, 222, 223, das auf ein Treueverhältnis zwischen den Aktionären aus § 242 BGB abstellt.
4 BGH v. 22.5.1989 – II ZR 206/88, NJW 1989, 2689; BGH v. 21.5.2007 – II ZR 266/04, DStR 2007, 1688.

Die Anwendung einer Schadensersatzklage gem. § 826 BGB gegen den „räuberischen" Aktionär stellt ein wichtiges Instrument zur Abwehr missbräuchlicher Anfechtungsklagen dar und trägt dem Bedürfnis nach Rechtsschutz der betroffenen Gesellschaften und der redlichen Aktionäre Rechnung. Außerdem wird durch die Entscheidung des OLG Frankfurt ein Haftungsmodell geschaffen, das – im Gegensatz zu den Bemühungen des Gesetzgebers durch die Einführung des Freigabeverfahrens – einen Ausgleich für die Vermögensschäden bei verzögerter Umsetzung von Hauptversammlungsbeschlüssen ermöglicht.[1] Gerade die persönliche Haftung der „räuberischen" Aktionäre kann eine präventive Wirkung entfalten und „Berufskläger" von Anfechtungsklagen mit Erpressungspotential abschrecken. Die erwünschte Kontrolle der Hauptversammlungsbeschlüsse durch redliche Aktionäre wird dadurch nicht gefährdet, da sich die Haftung aus § 826 BGB auf vorsätzliche sittenwidrige Verstöße beschränkt.

35

Die Entscheidung des OLG Frankfurt ist zu begrüßen.[2] Jedoch sollte die Rechtsprechung weiterentwickelt und z.B. auf Fälle missbräuchlicher Anfechtungsklagen aus politischen oder wettbewerbsrechtlichen Gründen erstreckt werden. Die Einführung einer speziellen Haftungsnorm für „räuberische" Aktionäre in das AktG ist dagegen derzeit nicht zu erwarten und wäre auch systematisch wenig überzeugend.[3]

36

G. Die US-amerikanische Alternative

Trotz der Ausweitung der kollektiven Rechtsbehelfe in Deutschland bleibt die Klage in den USA weiterhin eine attraktive Alternative.[4] Diese setzt freilich zunächst die internationale Zuständigkeit (personal jurisdiction) der US-amerikanischen Gerichte über die beklagten Gesellschaftsorgane voraus.[5] Diese lässt sich jedoch aus der Geschäftstätigkeit der Gesellschaft ableiten – nach der durchaus großzügigen Interpretation der US-Gerichte reicht die Begehung von „Teilhandlungen" einer „betrügerischen Machenschaft" mit Bezug auf die USA (d.h. den Bezirk des angerufenen US-Gerichts) aus.[6]

37

Weitere Voraussetzung ist die Zulassung (certification) einer „class action" nach F.R.C.P. 23 (a) und (b) (3).[7] Hier verfährt die US-amerikanische Praxis ungleich großzügiger als europäische Gerichte. Die Hauptursache ist, dass Kollektivklagen

38

---

1 Zur Rückforderung von Anwaltsgebühren vgl. *Ehmann*, ZIP 2008, 584 ff.
2 So auch *Martens/Martens*, AG 2009, 173, 174; *Poelzig*, DStR 2009, 1151, 1154.
3 Dies fordert *Martens* in Anlehnung an § 200 Abs. 2 AktG a.F., da es zweifelhaft sei, ob die Rechtsprechung diesem Urteil folgen werde, *Martens/Martens*, AG 2009, 173, 178.
4 Der folgende Abschnitt gibt nur einen groben Überblick, vgl. ausführlich *Böhm*, Amerikanisches Zivilprozessrecht, 2005. S. auch unten *Banes/Bürgess/Winters/Toskan*, § 37 (S. 1163 ff.) zu Liability of Directors and Officers of Non-U.S. Corporations under United States Federal Law.
5 Neuere Sammelklagen nennen zunehmend nicht US-amerikanische *named plaintiffs*, um die Tragweite der zu zertifizierenden „class" auf ausländische Kläger zu erstrecken, vgl. *In re Vivendi Universal S.A., Securities Litigation*, 242 F.R.D. 76, 95 (S.D.N.Y. 2007).
6 Vgl. dazu *Hess*, AG 2005, 897, 900 f.; *Hopt/Kulms/v. Hein*, Rechtshilfe und Rechtsstaat, 2006, S. 32 ff.; aus (Kläger)Anwaltsicht *Reus*, DAJV-Newsletter 2006, 154 ff.
7 Ausführliche Darstellung etwa bei *Hopt/Kulms/v. Hein*, Rechtshilfe und Rechtsstaat, 2006, S. 34 ff.; *In re Vivendi Universal, S.A. Securities Litigation*, 242 F.R.D. 76, 95 (S.D.N.Y. 2007).

in den USA nicht als begründungsbedürftige Ausnahme, sondern als „vollwertige" Alternative zum „2-Parteien-Prozess" angesehen werden.[1] Individuelle Parallelklagen vor europäischen Gerichten werden aus dieser Perspektive nicht als Hindernis für die class action angesehen. Allerdings prüfen die US-Gerichte bei der Zertifizierung der „class" nach F.R.C.P. 23 (a) und (B) (3), ob das US-Urteil in den Heimatstaaten der class member anerkannt werden kann.[2] Hier bestehen im Hinblick auf die Anerkennung in Deutschland Bedenken, die eine Versagung der „class certification" bzw. die Herausnahme der deutschen „sub-class" zur Folge haben kann.[3] Sollten deutsche Gerichte bei der Anerkennung US-amerikanischer Sammelklagen nach §§ 723 f., 328 ZPO einen großzügigen Maßstab anlegen, hat dies unmittelbare Auswirkungen auf die Zertifizierung von class actions mit deutschen „Klägergruppen".[4]

39 Schließlich bleibt das US-amerikanische „discovery"-Verfahren mit seinen weit ausgreifenden Möglichkeiten einer „electronic discovery"[5] auch für europäische Kläger attraktiv. Nach 28 U.S.C. § 1782 kann es auch zur Unterstützung europäischer Haftungsklagen eingesetzt werden[6] – auch in dieser Hinsicht entfaltet das US-amerikanische Prozessrecht weiter ungehemmte Sogwirkung, die europäische Prozessparteien zunehmend nutzen.[7]

H. Rechtspolitischer Ausblick

40 Massenklagen bei Managerhaftung sind zwar in Deutschland noch kein übliches Szenario – es ist jedoch unverkennbar, dass der rechtspolitische Trend zur Ausweitung kollektiver Rechtsbehelfe eine Ausweitung der Organhaftung bewirken wird. Zugleich bleibt forum shopping in die USA eine Alternative, die von inländischen Klägern (und beratenden Anwälten) immer häufiger genutzt wird. Bei beklagten Unternehmen, Managern und ihren Versicherten zahlt sich in diesem Szenario vor allem Standhaftigkeit aus: Wird die Haftungsklage als „investment" betrieben, so können der hohe „Einstiegspreis" und das damit verbundene Risiko potentielle Kläger von der Rechtsverfolgung abhalten.[8]

---

1 Zur „Global Class Action" vgl. *Hess*, Transatlantische Justizkonflikte, AG 2006, 809, 813 ff.
2 Im Rahmen der „superiority", F.R.C.P. 23 (B)(3).
3 *In re Vivendi Universal, S.A. Securities Litigation*, 242 F.R.D. 76, 95 (S.D.N.Y. 2007): Ausschluss deutscher Kläger von einer Global Class Action; ebenso: *In re DaimlerChrysler Securities Litigation*, 216 F.R.D. 301 (D. Del. 2003); *In re Deutsche Telekom Securities Litigation*, dazu *Reus*, DAJV-Newsletter 2006, 154, 155.
4 In Kapitalmarktstreitigkeiten schließt § 32b ZPO die Anerkennungsfähigkeit des US-amerikanischen Urteils und damit zugleich die „class certification" nach F.R.C.P. 23 (b) (3) – mangels superiority – aus; dazu *Bachmann*, IPRax 2007, 77, 83 ff.; *Hess* in Köln-Komm. KapMuG, 2008, § 32b ZPO Rz. 27.
5 Dazu *Hess*, AG 2005, 897, 903 ff.
6 Grundlegend *Intel Corp. v. Advanced Micro Devices* 542 U. S. 241 (2004); speziell zur „Rechtshilfe" für deutsche Verfahren vgl. *Schmitz v. Bernstein Liebhard & Lifshitz*, 376 F. 3d 79 (2d Cir. 2004); *In re Application of Gemeinschaftspraxis Dr. med. Schottdoff*, 2006 WL 3844464 (S.D.N.Y. 2006).
7 Die weite Anwendung von 28 U.S.C. § 1782 dient dem Export des US-amerikanischen discovery Verfahrens.
8 Dazu *Hess*, AG 2006, 809, 815 ff.

§ 15
D&O-Versicherung des Managers

Dr. Oliver Sieg

	Rz.		Rz.
A. Einleitung	1	2. Versicherungsfall – Anspruchserhebung	36
B. Was ist D&O-Versicherung?	2	3. Deckungsablehnung	45
I. Begriff	2	4. Deckungsgewährung	47
II. Rechtsgrundlagen	3	a) Abwehr unberechtigter Ansprüche	48
1. Versicherungsvertragsgesetz	4	b) Befriedigung berechtigter Ansprüche	52
2. Bürgerliches Gesetzbuch	5	c) Wahlrecht des Versicherers	54
3. Aktien- und Steuerrecht	7	d) Mitwirkungsobliegenheiten des Versicherten	55
4. Versicherungsvertrag	9	5. Einvernehmliche Beendigung von Schadenfällen	60
III. Gegenstand	13	III. Missbrauch der Geltendmachung von D&O-Schadenfällen	65
IV. Abgrenzung	14		
V. Rechtsbeziehungen	19	**D. Ist eine D&O-Versicherung überhaupt sinnvoll?**	70
1. Haftungsverhältnis	20		
2. Deckungsverhältnis	21	**E. Was ist beim Abschluss einer D&O-Versicherung zu beachten?**	77
3. Versicherung für fremde Rechnung	24		
C. Was passiert in einem D&O-Schadenfall?	26	**F. Welche Auswirkungen hat das VorstAG?**	79
I. Missverständnisse der Regulierung von D&O-Schadenfällen	28		
II. Vertragsgemäße Regulierung von D&O-Schadenfällen	31		
1. Deckungsprüfung	32		

Schrifttum: *Annuß/Theusinger*, Das VorstAG – Praktische Hinweise zum Umgang mit dem neuen Recht, BB 2009, 2434; *Bank*, D&O-Versicherung: Neue Situation durch Subprime-Krise und VVG-Reform, VW 2008, 730; *Baumann*, Aktienrechtliche Managerhaftung, D&O-Versicherung und „angemessener Selbstbehalt", VersR 2006, 455; *Beckmann*, D&O-Versicherung (§ 28), in Beckmann/Matusche-Beckmann (Hrsg.), Versicherungsrechts-Handbuch, 2. Aufl. 2009; *Gädtke*, Implizites Verbot der D&O-Selbstbehaltsversicherung, VersR 2009, 1565; *Grote/Schneider*, VVG 2008: Das neue Versicherungsvertragsrecht, BB 2007, 2689; *Ihlas*, Organhaftung und Haftpflichtversicherung, 1997; *Ihlas/Stute*, D&O-Versicherung für das Innenverhältnis dargestellt an Ziffer 1.3 der AVB AVG des unverbindlichen GDV-Modells, Beilage zu PHi 4/2003; *van Kann*, Zwingender Selbstbehalt bei der D&O-Versicherung – Gut gemeint, aber auch gut gemacht? – Änderungsbedarf an D&O-Versicherungen durch das VorstAG, NZG 2009, 1010; *Koch*, Die Rechtsstellung der Gesellschaft und des Vorstandsmitglieds in der D&O-Versicherung, GmbHR 2004, 18, 160 und 288; *Koch*, Der Direktanspruch in der Haftpflichtversicherung, r+s 2009, 133; *Koch*, Einführung eines obligatorischen Selbstbehalts in der D&O-Versicherung durch das Vorst-AG, AG 2009, 637; *O. Lange*, Praxisfragen der D&O-Versicherung, DStR 2002, 1626 und 1674; *O. Lange*, Die D&O-Versicherungsverschaffungsklausel im Manageranstellungsvertrag, ZIP 2001, 2221; *O. Lange*, Der Versicherungsfall der D&O-Versicherung, r+s 2006, 177; *O. Lange*, Die Rechtsstellung des Haftpflichtversicherers nach der Abtretung des Freistellungsanspruchs vom Versicherungsnehmer an den geschädigten Dritten, VersR 2008, 713; *O. Lange*, Die Selbstbehaltsvereinbarungspflicht gem. § 93 Abs. 2 S. 3 AktG n.F.,

VersR 2009, 1011; *Langheid*, Die Reform des Versicherungsvertragsgesetzes, NJW 2007, 3665 und 3745; *Langheid*, Tücken in den §§ 110ff. VVG-RegE, VersR 2007, 865; *Langheid/ Grote*, Deckungsfragen der D&O-Versicherung, VersR 2005, 1165; *Laschet*, Vorstandsvergütung und D&O-Versicherung – Gedanken zum neuen VorstAG, PHi 2009, 158; *Olbrich/ Kassing*, Der Selbstbehalt in der D&O Versicherung: Gesetzliche Neuregelung lässt viele Fragen offen, BB 2009, 1659; *Schillinger*, Die Entwicklung der D&O-Versicherung und der Managerhaftung in Deutschland – von der Versicherungsutopie zu den Auswirkungen des UMAG, VersR 2005, 1484; *Schmitt*, Organhaftung und D&O-Versicherung: zu haftungs- und deckungsrechtlichen Problemen der Managementhaftung, 2006; *Uwe H. Schneider/Ihlas*, Die Vermögensschaden-Haftpflichtversicherung des Geschäftsführers einer GmbH, DB 1994, 1123; *Uwe H. Schneider/Sven H. Schneider*, Die zwölf goldenen Regeln des GmbH-Geschäftsführers zur Haftungsvermeidung und Vermögenssicherung, GmbHR 2005, 1229; *Schramm*, Das Anspruchserhebungsprinzip – Ein Deckungskonzept in der Haftpflichtversicherung zur zeitlichen Abgrenzung des Versicherungsschutzes, 2009; *Schramm*, Das Anspruchserhebungsprinzip – ein Deckungskonzept in der Haftpflichtversicherung mit Zukunft?, ZVersWiss, Sonderbeilage Jahrestagung 2006, 185; *Schramm/Wolf*, Das Abtretungsverbot nach der VVG-Reform, r+s 2009, 358; *Schulz*, Zwangs-Selbstbehalt für Vorstände verfehlt Zweck, VW 2009, 1410; *Sieg*, Tendenzen und Entwicklungen der Managerhaftung in Deutschland, DB 2002, 1759; *Sieg*, D&O-Versicherung (§ 17), in Terbille (Hrsg.), Münchener Anwaltshandbuch Versicherungsrecht, 2. Aufl. 2008; *Thümmel/Sparberg*, Haftungsrisiken der Vorstände, Geschäftsführer, Aufsichtsräte und Beiräte sowie deren Versicherbarkeit, DB 1995, 1013; *von Westphalen*, Ausgewählte neuere Entwicklungen in der D&O-Versicherung, VersR 2006, 17.

A. Einleitung

1 Die D&O-Versicherung bezweckt die Absicherung des Managers gegen Haftungsrisiken mit dem Mittel der Haftpflichtversicherung. Wesentlicher Inhalt jeder D&O-Versicherung ist die Unterstützung des Managers bei der Abwehr unberechtigter Ansprüche und nicht zuletzt die Freistellung von festgestellten Schadensersatzansprüchen aus der Organtätigkeit. Vor diesem Hintergrund hat das Oberlandesgericht München die D&O-Versicherung als **„konstitutives Element zur Sicherung unternehmerischer Handlungsfreiheit"** bezeichnet.[1] Zunächst wird erläutert, was unter einer solchen D&O-Versicherung zu verstehen ist (nachfolgend B., Rz. 2ff.). Der Schwerpunkt der folgenden Ausführungen betrifft die Erklärung dessen, was in einem D&O-Schadenfall passiert, also was eine D&O-Versicherung leisten kann (nachfolgend C., Rz. 26ff.). Sodann ist die immer wieder aufgeworfene Frage zu behandeln, ob der Abschluss einer D&O-Versicherung für Manager überhaupt sinnvoll ist (nachfolgend D., Rz. 70ff.). Im Anschluss ist zu streifen, was beim Abschluss einer D&O-Versicherung zu beachten ist (nachfolgend E., Rz. 77f.). Abschließend sind noch einige der durch das VorstAG aufgeworfenen Fragen zu diskutieren (nachfolgend F., Rz. 79ff.).

---

1 OLG München v. 15.3.2005 – 25 U 3940/04, VersR 2005, 540, 542 unter Bezugnahme auf *Dreher*, ZHR 165 (2001), 293, 310.

B. Was ist D&O-Versicherung?

I. Begriff

Bereits der Name D&O-Versicherung verrät, dass es sich hierbei um ein Versicherungsprodukt handelt, das seinen Ursprung in den Vereinigten Staaten von Amerika hat. So ist der Begriff „D&O" aus dem US-amerikanischen Sprachgebrauch abgeleitet und steht für **Directors' and Officers' (Liability Insurance)**.[1] Die korrekte deutsche Bezeichnung lautet „Vermögensschaden-Haftpflichtversicherung für Organmitglieder juristischer Personen", also von Geschäftsführern, Vorstands- und Aufsichtsratsmitgliedern. Der Marktpraxis folgend, wird an dieser Stelle der allgemein übliche Begriff D&O-Versicherung verwendet.

II. Rechtsgrundlagen

Die D&O-Versicherung ist – sieht man von § 93 Abs. 2 Satz 3 AktG ab – in Deutschland **nicht gesetzlich geregelt**. Daher ist für die rechtliche Beurteilung von Fragen aus oder im Zusammenhang mit D&O-Versicherungen auf **allgemeine gesetzliche Regelungen** sowie, vorrangig und im Rahmen der Abdingbarkeit der Gesetze, auf die Vereinbarungen des **konkreten Versicherungsvertrages** abzustellen. Bei den gesetzlichen Regelungen sind in erster Linie die Vorschriften des Versicherungsvertragsgesetzes (VVG) sowie des Bürgerlichen Gesetzbuches (BGB) von Bedeutung.

1. Versicherungsvertragsgesetz

Nach der am 1.1.2008 in Kraft getretenen Reform des VVG ist das Recht der Haftpflichtversicherung nunmehr in §§ 100–124 VVG geregelt. Da es sich bei einer D&O-Versicherung um eine freiwillige Haftpflichtversicherung handelt, gelten insoweit nur die §§ 100–112 VVG.[2] Daneben sind die §§ 1–73 VVG (allgemeiner Teil) sowie §§ 74–87 VVG (allgemeiner Teil zur Schadenversicherung) ebenso zu beachten, wie einzelne Vorschriften der §§ 209–215 VVG (Schlussvorschriften). Besonders zu erwähnen sind an dieser Stelle die §§ 43 ff. VVG über die Versicherung für fremde Rechnung.

2. Bürgerliches Gesetzbuch

Von den durch die VVG-Reform vorgenommenen Änderungen ist für die D&O-Versicherung vor allem die gesetzliche Einschränkung der versicherungsvertraglichen Anerkenntnis- und Abtretungsverbote relevant (§§ 105 und 108 Abs. 2 VVG).[3] Eine genaue Darstellung der mit diesen Änderungen verbundenen

---

1 Im Einzelnen: *Wollny*, Die directors' and officers' liability insurance in den Vereinigten Staaten von Amerika (D&O-Versicherung) – Vorbild für eine Aufsichtsratshaftpflichtversicherung in Deutschland?, 1993.
2 Die Vorschriften der §§ 113–124 VVG betreffen nur die obligatorische Haftpflichtversicherung.
3 Allgemein dazu: *Grote/Schneider*, BB 2007, 2689, 2697 ff.; *Langheid*, NJW 2007, 3745, 3746 f.

Fragestellungen würde allerdings die vorliegende Darstellung sprengen. Auf Einzelheiten wird daher, soweit erforderlich, nur unten im Rahmen der Darstellung des D&O-Schadenfalles (Rz. 26 ff.) eingegangen.

6 Im BGB sind vor allem die §§ 305–310 über die Gestaltung rechtsgeschäftlicher Schuldverhältnisse durch **Allgemeine Geschäftsbedingungen** zu berücksichtigen, da es sich bei den Allgemeinen Versicherungsbedingungen auch einer D&O-Versicherung in aller Regel um vorformulierte Vertragsbedingungen im Sinne des § 305 Abs. 1 Satz 1 BGB handelt. Hierzu sind die Regelungen des § 307 BGB zur Inhaltskontrolle Allgemeiner Geschäftsbedingungen von besonderer Bedeutung.[1]

3. Aktien- und Steuerrecht

7 Mit dem Inkrafttreten des **VorstAG**[2] am 5.8.2009 hat der Gesetzgeber die D&O-Versicherung im neu geschaffenen § 93 Abs. 2 Satz 3 AktG erwähnt. Diese Vorschrift macht die Vereinbarung eines **Selbstbehaltes** beim Abschluss einer D&O-Versicherung für Vorstandsmitglieder einer Aktiengesellschaft obligatorisch. Die Neuregelung geht auf Ziffer 3.8 des Deutschen Corporate Governance Kodex (DCGK) zurück, der schon in seiner ersten Fassung aus dem Jahr 2002 einen angemessenen Selbstbehalt, allerdings für Vorstand und Aufsichtsrat, vorsah.[3] § 93 Abs. 2 Satz 3 AktG bestimmt nun auch die Mindesthöhe des Selbstbehalts. Die aktuelle Fassung des DCGK enthält eine entsprechende Regelung, die wiederum den Aufsichtsrat miteinbezieht.[4]

8 Im Übrigen war lange Zeit streitig, ob Prämien, welche das Unternehmen für eine D&O-Versicherung an den Versicherer zahlt, **Vergütungsbestandteil** der begünstigten Vorstandsmitglieder im Sinne des § 113 AktG sind. Im Anschluss daran war streitig, welche Rechtsfolge eine unterlassene Zustimmung der Hauptversammlung zum Abschluss einer D&O-Versicherung hat.[5] Auch die **steuerliche Behandlung** der Prämien zur D&O-Versicherung war Gegenstand einer wissenschaftlichen Debatte.[6] Wegen der Einzelheiten muss auf die dazu erfolgten Abhandlungen verwiesen werden.[7]

---

1 Aufschlussreich hierzu: LG Wiesbaden v. 14.12.2004 – 1 O 180/03, VersR 2005, 545; OLG München v. 8.5.2009 – 25 U 5136/08, r+s 2009, 328.
2 Gesetz zur Angemessenheit der Vorstandsvergütung vom 31.7.2009, BGBl. I 2009, 2509 ff.; dazu allgemein: *Annuß/Theusinger*, BB 2009, 2434; weitere Einzelheiten unten Rz. 79 ff.
3 Ursprüngliche Fassung vom 26.2.2002. Abrufbar unter www.corporate-governance-code.de.
4 Aktuelle Fassung vom 18.6.2009. Abrufbar unter www.corporate-governance-code.de.
5 *Bartscherer*, VP 2001, 183, 184; *Feddersen*, AG 2000, 385, 394; *Kästner*, AG 2000, 13; *Kästner*, DStR 2001, 195; *Kort*, DStR 2006, 799; *O. Lange*, ZIP 2001, 1524, 1526; *Mertens*, AG 2000, 447, 452; *Schüppen/Sana*, ZIP 2002, 550, 553; *E. Vetter*, AG 2000, 453, 456 f.
6 Erlass des niedersächsischen Finanzministeriums vom 25.1.2002, DB 2002, 399 f.; hierzu: *Steinkühler*, VW 2005, 1768.
7 Vgl. auch *Sieg* in Terbille, Münchener Anwaltshandbuch Versicherungsrecht, 2. Aufl. 2008, § 17 Rz. 41 ff. und 51 ff.

4. Versicherungsvertrag

Bei den versicherungsvertraglichen Grundlagen einer D&O-Versicherung ist, wie allgemein im Versicherungsrecht, zu trennen zwischen der **Versicherungspolice** und den dort zum Gegenstand des Versicherungsvertrages gemachten **Allgemeinen Versicherungsbedingungen, Besonderen Bedingungen** (ggf. mit Risikobeschreibung) sowie später erfolgten **Nachträgen** zum Versicherungsvertrag.

Der deutsche Markt kennt **keine standardisierten Allgemeinen Versicherungsbedingungen im Bereich der D&O-Versicherung**. Zwar gibt es D&O-Versicherungen in Deutschland seit rund 25 Jahren. Gleichwohl ist der Markt weit von einer Vereinheitlichung der Versicherungsbedingungen entfernt. Zwar ist festzustellen, dass nahezu alle Bedingungswerke die gleichen wesentlichen Strukturelemente enthalten. Gerade in den letzten Jahren sind die Bedingungswerke verschachtelter und komplexer geworden, deren Verständnis zunehmend einen geübten Blick erfordert. Allen Versicherungsbedingungen ist insbesondere die Definition des Versicherungsfalls anhand des Anspruchserhebungsprinzips (**Claims Made-Prinzip**) eigen. In der Struktur sowie Ausgestaltung im Einzelfall unterscheiden sich die Bedingungswerke der einzelnen Versicherer aber zum Teil ganz erheblich. Zahlreiche Versicherer bieten für unterschiedliche Marktsegmente unterschiedliche Bedingungswerke an. Hinzu kommt, dass einzelne Versicherer deren Allgemeinen Versicherungsbedingungen zum Teil im Jahresrhythmus nicht unerheblich verändern. Dies beruht darauf, dass der Markt noch gewichtigen Schwankungen unterworfen ist. Die Allgemeinen Versicherungsbedingungen werden zum Teil ganz erheblich durch Besondere Bedingungen und Nachträge zum Versicherungsverhältnis abgeändert. Vor diesem Hintergrund ist eine Analyse der Versicherungsbedingungen im Einzelfall von ganz erheblicher Bedeutung, um den Umfang des Versicherungsschutzes zu bestimmen.

Der **Gesamtverband der Deutschen Versicherungswirtschaft e.V. (GDV)** hat im Jahr 1997 erstmals **unverbindliche Musterbedingungen**, Allgemeine Versicherungsbedingungen für die Vermögensschaden-Haftpflichtversicherung von Aufsichtsräten, Vorständen und Geschäftsführern (AVB-AVG), veröffentlicht.[1] Zuletzt 2008 hat der GDV eine Neufassung dieser D&O-Musterbedingungen vorgelegt. Anzumerken ist, dass die GDV-Musterbedingungen weder aus dem Jahr 1997 noch aus späteren Jahren sich inhaltlich auch nur im Ansatz zum Marktstandard entwickelt haben. Dies war offenbar aber ohnehin nicht beabsichtigt. Unabhängig davon eignen sich die unverbindlichen GDV-Musterbedingungen dazu, als Referenzbedingungen zur Erläuterung der D&O-Versicherung herangezogen zu werden. Ein anderes Bedingungswerk, das sich besser als Referenzbedingungswerk eignen würde, existiert nicht.

Abgesehen davon sind zahlreiche Klauseln in D&O-Versicherungen abgeleitet von Bedingungswerken zu **Vermögensschaden-Haftpflichtversicherungen**[2] oder

---

1 Abrufbar etwa von der zu *Terbille*, Münchener Anwaltshandbuch Versicherungsrecht, 2. Aufl. 2008, beigefügten CD-ROM.
2 Vgl. z.B. zu den Allgemeinen Versicherungsbedingungen zur Vermögensschaden-Haftpflichtversicherung für Rechtsanwälte *Diller*, AVB-RSW – Berufshaftpflichtversicherung der Rechtsanwälte, 2009.

von den Allgemeinen Versicherungsbedingungen für die Haftpflichtversicherung (**AHB**). Die AHB haben die Besonderheit, dass sie, anders als die D&O-Versicherung, nicht die Absicherung von Vermögensschäden, sondern von Personen- und Sachschäden bezwecken.[1]

III. Gegenstand

13 Der Gegenstand einer D&O-Versicherung kann in dieser allgemeinen Form am Besten anhand von Ziffer 1.1 der unverbindlichen GDV-Musterbedingungen aus Januar 2008 beschrieben werden. Danach gewährt der Versicherer Versicherungsschutz für den Fall, dass

- ein gegenwärtiges oder ehemaliges Mitglied des Aufsichtsrates, des Vorstandes oder der Geschäftsführung der Versicherungsnehmerin oder einer Tochtergesellschaft (**versicherte Person**)[2]
- wegen einer **bei Ausübung dieser Tätigkeit** begangenen Pflichtverletzung[3]
- auf Grund **gesetzlicher Haftpflichtbestimmungen privatrechtlichen Inhalts**[4]
- für einen Vermögensschaden[5]
- von Dritten, also nicht von der Versicherungsnehmerin oder einer Tochtergesellschaft oder einer anderen versicherten Person[6]
- auf Schadensersatz **in Anspruch genommen**[7] wird.

An dieser Stelle wird von Einzelheiten der Ausgestaltung des Versicherungsgegenstandes abgesehen und auf die eingangs zitierte weiter gehende Literatur verwiesen.

---

1 Hierzu etwa *Littbarski*, AHB, 2001; *Späte*, AHB, 1993; *Schimikowski* in Rüffer/Halbach/Schimikowski, Versicherungsvertragsgesetz, 2008, S. 1361 ff.
2 Versicherungsverträge sehen oft auch die Einbeziehung leitender Angestellter vor; im Einzelnen: *Sieg* in Terbille, Münchener Anwaltshandbuch Versicherungsrecht, 2. Aufl. 2008, § 17 Rz. 67–79.
3 Hiervon abzugrenzen sind Inanspruchnahmen in anderer Eigenschaft als der Organfunktion, insbesondere als Gesellschafter oder Privatperson; im Einzelnen: *Sieg* in Terbille, Münchener Anwaltshandbuch Versicherungsrecht, 2. Aufl. 2008, § 17 Rz. 80–83.
4 Abzugrenzen von gesetzlichen Haftpflichtansprüchen sind etwa Bereicherungs- oder Erfüllungsansprüche oder vertragliche Haftungserweiterungen; im Einzelnen: *Sieg* in Terbille, Münchener Anwaltshandbuch Versicherungsrecht, 2. Aufl. 2008, § 17 Rz. 84–87.
5 Vermögensschäden sind von Personen- und Sachschäden zu trennen; im Einzelnen: *Sieg* in Terbille, Münchener Anwaltshandbuch Versicherungsrecht, 2. Aufl. 2008, § 17 Rz. 88–96.
6 Die Praxis sieht demgegenüber eine weit gehende Versicherung auch der Innenhaftung vor; im Einzelnen: *Sieg* in Terbille, Münchener Anwaltshandbuch Versicherungsrecht, 2. Aufl. 2008, § 17 Rz. 97–98; zur modifizierten Versicherung der Innenhaftung, die sich im Markt nicht durchgesetzt hat: *Beckmann* in FS Kollhosser, 2004, S. 25; *Ihlas/Stute*, Beilage zu PHi 4/2003.
7 Auf die Inanspruchnahme wird auch nachfolgend noch genauer eingegangen; im Einzelnen: *Sieg* in Terbille, Münchener Anwaltshandbuch Versicherungsrecht, 2. Aufl. 2008, § 17 Rz. 60.

IV. Abgrenzung

Die D&O-Versicherung als Vermögensschaden-Haftpflichtversicherung ist abzugrenzen von **anderen Versicherungen**, welche Unternehmen im Rahmen eines Versicherungsprogramms häufig unterhalten: 14

Die **E&O-Versicherung**[1] sichert nicht die Haftpflichtrisiken der Organmitglieder der Versicherungsnehmerin, sondern, jedenfalls vorrangig, die Haftpflichtrisiken der Versicherungsnehmerin sowie deren Tochterunternehmen selbst ab.[2] Zahlreiche Versicherer bieten zudem Produkte an, die Elemente von D&O- und E&O-Versicherungen kombinieren, etwa zur Versicherung der Risiken im Bereich Private Equity/Venture Capital oder beim Börsengang (IPO) einer Aktiengesellschaft. In diesem Zusammenhang sind auch Spezialprodukte zur Absicherung arbeitsrechtlicher Haftung (EPL – Employment Practice Liability) zu erwähnen. 15

Die **Rechtsschutzversicherung** unterstützt die betroffenen Versicherten nur bei der Abwehr von Schadensersatzansprüchen durch die Übernahme der Verfahrenskosten (vgl. §§ 125–129 VVG). Die Rechtsschutzversicherung umfasst anders als die Haftpflichtversicherung nicht die Befriedigung berechtigter Schadensersatzansprüche. Andererseits geht die Rechtsschutzversicherung in der Regel weiter als eine D&O-Versicherung, indem regelmäßig bei speziell hierfür zugeschnittenen Manager-Rechtsschutzversicherungen auch uneingeschränkt Strafrechtsschutz und Anstellungsrechtsschutz gewährt wird.[3] 16

Während eine D&O-Versicherung in der Regel nicht im Fall vorsätzlicher Schadensverursachung oder wissentlicher Pflichtverletzungen der versicherten Personen eingreift, sichert eine **Vertrauensschadenversicherung** die Versicherungsnehmerin selbst vor vorsätzlichen Pflichtverletzungen durch Organmitglieder oder Angestellte ab. Hierbei handelt es sich, anders als bei einer D&O-Versicherung, um eine Eigenversicherung der Gesellschaft selbst.[4] 17

Während die D&O-Versicherung die Absicherung von Vermögensschadenrisiken umfasst, bezweckt eine **Allgemeine Haftpflichtversicherung**, Private Haftpflichtversicherung, Betriebshaftpflicht- oder Produkthaftpflichtversicherung die Absicherung gegen Inanspruchnahmen wegen Sach- und Personenschäden.[5] 18

---

1 Errors and Omissions Liability Insurance oder allgemeine Vermögensschaden-Haftpflichtversicherung.
2 Zur Vermögensschaden-Haftpflichtversicherung der Banken etwa *Burghardt/Helfert* in Terbille, Münchener Anwaltshandbuch Versicherungsrecht, 2. Aufl. 2008, § 21.
3 Zur Rechtsschutzversicherung etwa *Schneider* in van Bühren, Handbuch Versicherungsrecht, 4. Aufl. 2009, § 13; *Bultmann* in Terbille, Münchener Anwaltshandbuch Versicherungsrecht, 2. Aufl. 2008, § 27.
4 Zur Vertrauensschadenversicherung: *von Bergner* in van Bühren, Handbuch Versicherungsrecht, 4. Aufl. 2009, § 20; *W. Schneider* in Terbille, Münchener Anwaltshandbuch Versicherungsrecht, 2. Aufl. 2008, § 29.
5 Zur Allgemeinen Haftpflichtversicherung: etwa *Bücken* in van Bühren, Handbuch Versicherungsrecht, 4. Aufl. 2009, § 9; *Kummer* in Terbille, Münchener Anwaltshandbuch Versicherungsrecht, 2. Aufl. 2008, § 12; *Stempfle* in Terbille, Münchener Anwaltshandbuch Versicherungsrecht, 2. Aufl. 2008, § 15; *Schünemann* in Terbille, Münchener Anwaltshandbuch Versicherungsrecht, 2. Aufl. 2008, § 14.

V. Rechtsbeziehungen

19 Bei der D&O-Versicherung ist es von grundsätzlicher Bedeutung, das schadensersatzrechtliche Haftpflicht- von dem versicherungsrechtlichen Deckungsverhältnis zu unterscheiden (nachfolgend 1., Rz. 20, und 2., Rz. 21). Hierzu wird auch von dem **Trennungsprinzip** gesprochen. Des Weiteren bestehen Besonderheiten, die sich aus der Eigenart der D&O-Versicherung als Versicherung für fremde Rechnung ergeben (nachfolgend 3., Rz. 24).

1. Haftungsverhältnis

20 Im Haftungsverhältnis treten sich **Anspruchsteller** und **Anspruchsgegner** gegenüber. Anspruchsgegner ist regelmäßig der Manager. Anspruchsteller kann die Gesellschaft selbst oder ein außenstehender Dritter sein. Im ersten Fall spricht man von so genannter **Innenhaftung**, im zweiten Fall von so genannter **Außen- oder auch Dritthaftung**.

2. Deckungsverhältnis

21 Hiervon gedanklich strikt zu trennen ist das Versicherungs- oder Deckungsverhältnis. Dabei stehen sich der **Versicherte** und der **Versicherer** gegenüber. Versicherter ist in diesem Zusammenhang der Manager. Neben dem Versicherten steht die Gesellschaft als **Versicherungsnehmerin**.

22 Im Bereich der D&O-Versicherung hat der Anspruchsteller regelmäßig **keinen eigenen Direktanspruch** gegen den Versicherer auf Zahlung oder Gewährung von Versicherungsschutz. Dies ist ohne weiteres einleuchtend in Fällen der Außen- bzw. Dritthaftung. Nichts anderes gilt in Fällen der so genannten Innenhaftung (eine Ausnahme gilt nur für diejenigen Fälle, in denen eine Eigenschadenversicherung ausdrücklich vereinbart ist).[1] In Fällen der Innenhaftung besteht bei D&O-Versicherungen die Besonderheit, dass die Gesellschaft selbst, nicht nur im Verhältnis zum Manager als Anspruchsteller haftungsrechtlich auftritt, sondern zugleich versicherungsrechtlich Versicherungsnehmer ist. Insoweit entspricht es allerdings gesicherter Rechtsprechung, dass auch bei Fällen der Innenhaftung die Gesellschaft in ihrer Zwitterstellung als Anspruchsteller bzw. Versicherungsnehmer keinen direkten Zahlungsanspruch gegen den Versicherer hat, wenn ein Versicherungsfall gemeldet wird.[2]

23 Ein Direktanspruch des Geschädigten gegen den Haftpflichtversicherer des Schädigers besteht auch nach der VVG-Reform grundsätzlich nicht. Die Ausnahmen regelt § 115 VVG. Wichtigster Fall ist die Kfz-Haftpflichtversicherung gem. § 115 Abs. 1 Satz 1 Nr. 1 VVG. Die im Regierungsentwurf zur Reform des VVG[3] ur-

---

1 Fälle des so genannten Company Reimbursement, in denen die Versicherungsnehmerin oder ein anderes in den Versicherungsvertrag einbezogenes Unternehmen eine versicherte Person von Schadensersatzansprüchen Dritter freistellt.
2 OLG Köln v. 2.9.2008 – 9 U 151/07, r + s 2008, 468, 469; OLG München v. 15.3.2005 – 25 U 3940/04, VersR 2005, 540; LG München I v. 30.4.2004 – 23 O 8879/03, VersR 2005, 543; LG Marburg v. 3.6.2004 – 4 O 2/03, DB 2005, 437.
3 BT-Drucks. 16/3945, S. 25.

sprünglich vorgesehene Ausweitung des Direktanspruchs auf alle obligatorischen Haftpflichtversicherungen hat der Rechtsausschuss des Bundestages ausdrücklich abgelehnt[1] und hat keinen Eingang in das neugefasste VVG gefunden. Die Privilegierung des Geschädigten nach Maßgabe des § 117 VVG greift ebenfalls nicht ein, da es sich bei der D&O-Versicherung nicht um eine obligatorische Haftpflichtversicherung handelt.

3. Versicherung für fremde Rechnung

Die D&O-Versicherung ist anerkanntermaßen eine Versicherung für fremde Rechnung im Sinne der §§ 43 ff. VVG.[2] Vertragspartner des Versicherers und damit **Versicherungsnehmer** im Sinne des VVG ist die Gesellschaft selbst. **Versicherte** im Sinne des VVG sind die Manager (Organmitglieder und ggf. auch die leitenden Angestellten der Versicherungsnehmerin und deren Tochtergesellschaften). Die versicherten Personen werden nicht Vertragspartner des Versicherers. Die versicherten Personen werden regelmäßig im Versicherungsvertrag auch nicht namentlich benannt. Es kann sogar vorkommen, dass die versicherten Personen nicht einmal Kenntnis vom Abschluss einer D&O-Versicherung haben. 24

Nach § 44 Abs. 1 Satz 1 VVG stehen die **Rechte aus dem Versicherungsvertrag** den versicherten Personen zu. Diese Regelung wird allerdings häufig im Versicherungsvertrag modifiziert. Der Versicherungsnehmer kann über die Rechte, welche den versicherten Personen aus dem Versicherungsvertrag zustehen, **im eigenen Namen verfügen** (§ 45 Abs. 1 VVG). So kann der Versicherungsnehmer alle Rechte ausüben, die den Vertrag als Ganzes betreffen, etwa den Versicherungsvertrag beenden oder inhaltliche Änderungen vornehmen.[3] Hierzu zählt auch die Befugnis des Versicherungsnehmers, mit dem Versicherer vergleichsweise eine Erschöpfung der Leistungen aus dem Versicherungsverhältnis zu vereinbaren. 25

C. Was passiert in einem D&O-Schadenfall?

Für das Verständnis einer D&O-Versicherung ist von grundsätzlicher Bedeutung zu verstehen, was in einem D&O-Schadenfall passiert, welche Rechte und Pflichten die Beteiligten, nämlich Versicherer, versicherte Personen, Versicherungsnehmer und Anspruchsteller insoweit haben. Das **Oberlandesgericht München** hat betont, dass „vor allem im Schadensfall geschickte Einlassungen einer – gut beratenen – versicherten Person viel Porzellan erhalten [kann], das durch ungeschickte Einlassung mit dem Risiko des Deckungsverlustes zerschlagen würde".[4] Nichts 26

---

1 BT-Drucks. 16/5862, S. 1, 38. Die vom Rechtsausschuss vorgenommenen Änderungen sind zu begrüßen, da eine Ausweitung des Direktanspruchs nicht nur grob systemwidrig, sondern auch nicht im richtig verstandenen Interesse irgendeines Beteiligten gewesen wäre.
2 Zur D&O-Versicherung als Versicherung für fremde Rechnung: OLG München v. 15.3. 2005 – 25 U 3940/04, VersR 2005, 540, 541; OLG Köln v. 2.9.2008 – 9 U 151/07, r + s 2008, 468, 469; soweit ersichtlich ist dies auch die allgemeine Auffassung im Schrifttum.
3 Vgl. etwa *Hübsch* in Schwintowski/Brömmelmeyer, Praxiskommentar zum Versicherungsvertragsrecht, § 45 Rz. 2–4.
4 OLG München v. 15.3.2005 – 25 U 3940/04, VersR 2005, 540, 542 unter Verweis auf *O. Lange*, DStR 2002, 1626.

anderes gilt natürlich auch für die Schadenbearbeitung durch den Versicherer im umgekehrten Verhältnis.

27 Hierzu wird zunächst auf das weit verbreitete Missverständnis, dass ein Unternehmen, welches einen wirtschaftlichen Nachteil erlitten hat, hieraus beim Bestehen einer D&O-Versicherung einen unmittelbaren Zahlungsanspruch gegen den D&O-Versicherer ableiten kann, eingegangen (nachfolgend I., Rz. 28 ff.). Sodann wird ausführlich die vertragsgemäße Regulierung von D&O-Schadenfällen behandelt (nachfolgend II., Rz. 31 ff.). Abschließend werden immer wieder zu beobachtende Missbräuche von D&O-Versicherungen näher dargestellt (nachfolgend III., Rz. 65 ff.).

I. Missverständnisse der Regulierung von D&O-Schadenfällen

28 In der **Wirtschaftspresse** haben sich in der Vergangenheit Beiträge gehäuft, welche die Funktionsweise von D&O-Versicherungen schief darstellen und einen falschen Eindruck erwecken. So hieß es etwa: „In jedem zweiten Fall verweigert die Versicherung den Schutz oft mit hanebüchenen Argumenten und meist zu unrecht"[1]; „Im Schadenfall suchen die pingeligen Assekuranzen dann nahezu manisch nach Schlupflöchern: Nur in jedem zwanzigsten Fall zahlt die Versicherung ohne Streit, schätzt D&O-Experte H."[2] „Zehn Ausreden der D&O-Versicherer, um nicht zahlen zu müssen".[3] Von einem ganz anders gearteten Missverständnis über die Funktionsweise einer D&O-Versicherung sprechen etwa Zitate wie „... ein skandalöser Vorgang, wenn ein Versicherungskonzern mit Millionen für die Versäumnisse des Herrn H. aufkommt ...".[4] Insoweit tut Aufklärung Not.[5]

29 Das letztgenannte Zitat verkennt, dass es gerade die **vertraglich übernommene Verpflichtung des Versicherers** ist, dann, wenn eine Pflichtverletzung einer versicherten Person, eines Managers, feststeht, diesen von einer Schadensersatzverpflichtung nach Maßgabe des Versicherungsvertrages **freizustellen**. Dies erfolgt in der Regel durch unmittelbare Zahlung an den Anspruchsteller (auch wenn dieser keinen unmittelbaren Anspruch gegen den D&O-Versicherer hat).

30 Die erstgenannten Zitate zeugen von einer noch weiter **verbreiteten Fehlvorstellung**.[6] Nicht jeder unternehmerische Fehlschlag eines versicherten Unternehmens führt zu einer automatischen Zahlungspflicht des D&O-Versicherers. Einer solch falschen Einschätzung liegen zahlreiche weitere Missverständnisse zugrunde:

– Nicht jeder **unternehmerische Fehlschlag** begründet automatisch eine **Pflichtverletzung** im Rechtssinne. Dem Unternehmensleiter ist bei unternehmeri-

---

1 Handelsblatt vom 21.1.2006.
2 Managermagazin Juli 2006.
3 Handelsblatt vom 30.9.2008.
4 Spiegel vom 10.7.2006 zum Fall Volkswagen AG ./. Dr. Peter Hartz.
5 Differenzierend insoweit: *Fromme*, FTD-Dossier vom 20.9.2006, 1.
6 Vgl. etwa hierzu: *Lier*, VW 2006, 1531.

schen Entscheidungen zunächst grundsätzlich ein weiter unternehmerischer Ermessensspielraum einzuräumen, der haftungsrechtlich nicht zu greifen ist.[1]
- Abgesehen davon ist es haftungsrechtlich falsch, allein aus dem Vorliegen einer **Pflichtverletzung** auf eine Verpflichtung, Schadensersatz zu leisten, zu schließen. Hinzukommen müssen weitere Voraussetzungen, insbesondere die **Kausalität** zwischen Pflichtverletzung und dem Schaden, der dem Anspruchsteller im Rechtssinne entstanden ist.[2]
- Selbst wenn eine **Haftung** gegeben wäre, bedeutete dies nicht automatisch, dass hieraus ein **Anspruch auf Versicherungsschutz** abgeleitet werden kann. Vielmehr sind noch die weiteren Voraussetzungen des Versicherungsvertrages zu prüfen (hierzu nachfolgend Rz. 33).
- Selbst wenn ein Anspruch auf Versicherungsschutz bestünde, führt dies nicht automatisch zu einem **Zahlungsanspruch** des Versicherungsnehmers oder gar des Geschädigten. Insbesondere kann der Versicherer die sich aus dem Versicherungsvertrag ergebenden Pflichten dadurch erfüllen, dass er berechtigte Ansprüche **befriedigt** oder aber unberechtigte Ansprüche **abwehrt**. Letzteres ist angesichts der Komplexität der D&O-Schadenfälle, und zwar sowohl in tatsächlicher als auch in rechtlicher Hinsicht, und der Vielzahl der bestehenden Rechtsbeziehungen, in der Praxis der Normalfall.
- Insbesondere besteht nach deutschem Versicherungsrecht bei D&O-Versicherungen **kein Direktanspruch** des Geschädigten gegen den Versicherer auf Zahlung.[3]
- Abgesehen davon wird ein Großteil der nicht von vornherein offensichtlich unberechtigten D&O-Schadenfälle im Laufe der Zeit zwischen Versicherer und Anspruchsteller unter Einbeziehung der versicherten Person **einvernehmlich** und wirtschaftlich vernünftig **beendet**.

II. Vertragsgemäße Regulierung von D&O-Schadenfällen

Bei der vertragsgemäßen Regulierung von D&O-Schadenfällen ist in einem ersten Schritt zu prüfen, ob die Voraussetzungen für einen vertragsgemäßen Anspruch auf Gewährung von Versicherungsschutz vorliegen (nachfolgend 1., Rz. 32 ff.). Dabei ist insbesondere auf die Besonderheiten des Anspruchserhebungsprinzips zur Bestimmung des Versicherungsfalls näher einzugehen (nachfolgend 2., Rz. 36 ff.). Auf der Grundlage der Deckungsprüfung ist dann vom Versicherer eine Deckungsentscheidung zu treffen. Bei der Deckungsentscheidung kann es zu einer Deckungsablehnung (nachfolgend 3., Rz. 45 f.) oder Deckungsgewährung (nachfolgend 4., Rz. 47 ff.) kommen. Ein Großteil der gemeldeten Schadenfälle wird einvernehmlich zwischen allen Beteiligten beendet. Deckungsklagen sind die Ausnahme (nachfolgend 5., Rz. 60 ff.).

31

---
1 Vgl. jetzt § 93 Abs. 1 Satz 2 AktG sowie auch BGH v. 21.4.1997 – II ZR 175/95, BGHZ 135, 244 = AG 1997, 377 – ARAG/Garmenbeck.
2 Hierzu ausführlich etwa BGH v. 4.11.2002 – II ZR 224/00, NJW 2003, 358.
3 Auch die Neufassung des VVG verzichtet bewusst auf einen Direktanspruch bei freiwilligen Haftpflichtversicherungen, dazu oben Rz. 23.

1. Deckungsprüfung

32 Bei der Deckungsprüfung **verbieten sich grundsätzlich schematisierte Aussagen**. Generell stehen zunächst **versicherungsrechtliche Fragen** im Vordergrund. Bei der weiteren Schadenbearbeitung gewinnen dann zunehmend **haftungsrechtliche Fragestellungen** an Bedeutung. Die Behandlung von D&O-Schadenfällen wird dadurch besonders komplex, dass neben der Beurteilung von Fragen des Versicherungs- und Haftungsrechts häufig komplizierte Fragen des Gesellschaftsrechts, Aktien- und Kapitalmarktrechts, Prozessrechts, Strafrechts, Arbeitsrechts, Aufsichtsrechts oder auch ausländischen Rechts eine Rolle spielen können. Je nach Branche der Versicherungsnehmerin oder vorgeworfener Pflichtverletzung können auch Fragen des Baurechts, IT-Rechts, öffentlichen Rechts, Steuerrechts, Bilanzrechts oder wegen der besonderen Relevanz von Schadenfällen aus dieser Branche, auch des Bankrechts eine Rolle spielen. Neben der Behandlung rechtlicher Fragen steht die **Feststellung des relevanten Sachverhalts** an allererster Stelle. Auf der Grundlage dieser Prüfungsergebnisse ist dann auf der **Beziehungsebene** eine Verknüpfung vorzunehmen. Nicht zuletzt entscheiden die Einschätzung der Beziehungsgeflechte und das Verhandlungsgeschick über die erfolgreiche Behandlung eines D&O-Schadenfalls.

33 Bei der Deckungsprüfung sind folgende Fragen regelmäßig zu beantworten:
– Liegt ein **Versicherungsfall** vor?[1]
– Welche **Versicherungsperiode** ist betroffen?[2]
– In welcher **Höhe** besteht Versicherungsschutz (**Versicherungssumme** pro Versicherungsfall und -jahr; **Selbstbehalt; Eigenschadenabzug**)?[3]
– Welche **Ausschlussgründe** können vorliegen (insbesondere **Vorsatz/wissentliche Pflichtverletzung**)?[4]

34 Im Anschluss an eine Schadenmeldung und die sich daran anschließende Deckungsprüfung kann sich herausstellen, dass der Versicherer berechtigt ist, vom Versicherungsvertrag **zurückzutreten** oder den Versicherungsvertrag **anzufechten**. Als Rücktrittsgrund kommt die nicht ordnungsgemäße Mitteilung gefahrerheblicher Umstände vor Vertragsschluss, insbesondere die fehlerhafte Be-

---

[1] Zur Definition des Versicherungsfalls in Ziffer 1.1. der unverbindlichen GDV-Musterbedingungen 2008, vgl. vorstehend Rz. 13 sowie zur Anspruchserhebung nachfolgend Rz. 36 ff.
[2] Vgl. *Beckmann* in Beckmann/Matusche-Beckmann, Versicherungsrechts-Handbuch, 2. Aufl. 2009, § 28 Rz. 98 ff.; *Sieg* in Terbille, Münchener Anwaltshandbuch Versicherungsrecht, 2. Aufl. 2008, § 17 Rz. 109 ff.
[3] Vgl. *Beckmann* in Beckmann/Matusche-Beckmann, Versicherungsrechts-Handbuch, 2. Aufl. 2009, § 28 Rz. 90 ff.; *Sieg* in Terbille, Münchener Anwaltshandbuch Versicherungsrecht, 2. Aufl. 2008, § 17 Rz. 134 ff.; Kosten der Anspruchsabwehr werden bei einer D&O-Versicherung typischerweise auf die Versicherungssumme angerechnet.
[4] Vgl. hierzu etwa *Beckmann* in Beckmann/Matusche-Beckmann, Versicherungsrechts-Handbuch, 2. Aufl. 2009, § 28 Rz. 116 ff.; zum Ausschluss wegen Vorsatzes bzw. wissentlicher Pflichtverletzung: *O. Lange*, DStR 2002, 1674; *Mahnke*, ZfV 2006, 540; *Penner*, VersR 2005, 1359; *Seitz*, VersR 2007, 1476; *Vorrath*, VW 2006, 575; *Vothknecht*, PHi 2006, 52.

antwortung von **Risikofragebögen**, nach Maßgabe der §§ 19 ff. VVG in Betracht. Eine Anfechtung setzt eine arglistige Täuschung des Versicherers durch den Versicherungsnehmer voraus (§ 22 VVG, § 123 BGB).[1]

Angesichts der Vielgestaltigkeit der im Rahmen der Deckungsprüfung festzustellenden Tatsachen und möglicher Streitfragen kann und soll auf Einzelheiten an dieser Stelle nicht eingegangen werden. Hierzu wird auf die Spezialliteratur und Rechtsprechung zur D&O-Versicherung verwiesen. 35

2. Versicherungsfall – Anspruchserhebung

Im Zusammenhang mit der Deckungsprüfung soll ein Punkt vertieft werden. Ein wichtiges Charakteristikum der D&O-Versicherung ist die Bestimmung des Versicherungsfalls durch das **Anspruchserhebungsprinzip (Claims Made-Prinzip)**. Hierbei handelt es sich um eine im deutschen Versicherungsmarkt im Wesentlichen bei D&O-Versicherungen zu beobachtende Besonderheit. 36

Der Versicherungsfall ist von Bedeutung, um die **konkret betroffene Versicherungsperiode** festzustellen. Dies kann Auswirkungen haben auf die **Höhe der Versicherungssumme**, eine noch vorhandene Versicherungssumme beim Vorliegen mehrerer Versicherungsfälle, die geltenden **Versicherungsbedingungen** oder gar die **Zuständigkeit eines bestimmten Versicherers**. 37

Allgemein ist bei der Haftpflichtversicherung die Anspruchserhebung **Fälligkeitsvoraussetzung** für einen Anspruch gegen den Versicherer auf Gewährung von Versicherungsschutz. Zudem werden an die Inanspruchnahme nach § 104 VVG **Anzeigepflichten** des Versicherungsnehmers gegenüber dem Versicherer geknüpft. Der Versicherungsfall wird bei der Haftpflichtversicherung in anderen Sparten allerdings insbesondere an das **Schadensereignis** (im Bereich der Allgemeinen Haftpflichtversicherung) oder an den **Verstoß** (im Bereich der Vermögensschaden-Haftpflichtversicherung) geknüpft. Im Gegensatz dazu entspricht es dem einheitlichen Marktstandard bei D&O-Versicherungen seit mittlerweile rund 25 Jahren, auch für den Versicherungsfall an die **Anspruchserhebung** anzuknüpfen.[2] 38

Die **konkrete Ausprägung** des Anspruchserhebungsprinzips ergibt sich aus den dem jeweiligen Versicherungsverhältnis zugrunde gelegten Vertragsbedingungen. Unspezifiziert wird häufig an die Anspruchserhebung als solche angeknüpft. Hierbei kann es sich nur um eine **ernsthafte Inanspruchnahme** der versicherten Person durch den Versicherungsnehmer oder einen Dritten handeln. Einschränkend wird zum Teil auch eine **schriftliche** oder sogar eine **gerichtliche Inanspruchnahme** für den Eintritt eines Versicherungsfalls gefordert. Anderseits 39

---

1 Hierzu OLG Düsseldorf v. 23.8.2005 – I-4 U 140/04, ZIP 2006, 1677 – ComRoad.
2 Ausführlich zum Anspruchserhebungsprinzip: *Schramm*, Das Anspruchserhebungsprinzip – Ein Deckungskonzept in der Haftpflichtversicherung zur zeitlichen Abgrenzung des Versicherungsschutzes, 2009 sowie auch *O. Lange*, r+s 2006, 177. Zu den Voraussetzungen der Anspruchserhebung: OLG Frankfurt v. 13.3.2008 – 16 U 134/07, abrufbar unter juris, Beschwerde gegen Nichtzulassung der Revision zurückgewiesen durch BGH v. 22.7.2009 – IV ZR 74/08, VersR 2009, 1477; *Steinkühler/Kassing*, VersR 2009, 607.

sind auch Erweiterungen des Versicherungsfalls in der Weise zu erkennen, dass bereits bei einer drohenden Inanspruchnahme es für die Erhaltung des Versicherungsschutzes ausreicht, wenn konkrete Umstände dem Versicherer mitgeteilt werden, die zu einer Inanspruchnahme führen können. Eine spätere Inanspruchnahme wird dann für den Zeitpunkt des Versicherungsfalls dem Zeitpunkt der **Umstandsmeldung** zugerechnet.

40 Versicherungsverträge nach Maßgabe des **Anspruchserhebungsprinzips** gewähren weiter gehenden Versicherungsschutz als Versicherungsverträge auf der Grundlage des **Verstoß- oder Schadensereignisprinzips** insoweit, als normalerweise auch Versicherungsschutz für Pflichtverletzungen gewährt wird, die bereits vor Beginn des Versicherungsvertrages vollendet wurden, bei denen lediglich die Inanspruchnahme nach Beginn des Versicherungsvertrages erfolgt ist. Eine solche **Rückwärtsversicherung** wird regelmäßig jedenfalls dann gewährt, wenn die Pflichtverletzung oder die dazu maßgeblichen Umstände zum Beginn des Versicherungsverhältnisses noch nicht bekannt waren. Einzelheiten hängen von der konkreten Ausgestaltung des Versicherungsverhältnisses ab.

41 Andererseits wird bei Versicherungsverträgen nach Maßgabe des Anspruchserhebungsgrundsatzes für die Zukunft Versicherungsschutz stärker abgeschnitten als bei Haftpflichtversicherungen nach Maßgabe des traditionellen Verstoß- oder Schadensereignisprinzips. Dies ist quasi die Kehrseite der weit reichenden Rückwärtsversicherung. Inanspruchnahmen nach Ablauf der Versicherungslaufzeit, auch wenn die zugrunde liegende Pflichtverletzung während der Versicherungslaufzeit erfolgt ist, sind prinzipiell nicht mitversichert. Etwas anderes gilt nur, wenn eine **Nachmeldefrist** konkret im Versicherungsvertrag vereinbart worden ist. Auch bei der Ausgestaltung solcher Nachmeldefristen hängen Einzelheiten von der Ausgestaltung des konkreten Versicherungsverhältnisses ab.

42 Besonderer Beachtung erfordert das Anspruchserhebungsprinzip im Fall eines **Versichererwechsels**. In diesem Fall ist darauf zu achten, dass keine unbeabsichtigte Deckungslücke entsteht. Eine solche Deckungslücke kann etwa daraus folgen, dass während der Laufzeit des Altvertrages eventuell eine Pflichtverletzung erfolgt ist, jedoch noch keine Anspruchserhebung vorliegt. In den neuen D&O-Verträgen wird zumindest dann, wenn ein Vorvertrag besteht, häufig die Rückwärtsdeckung eingeschränkt in der Weise, dass Pflichtverletzungen nicht versichert sind, die während des Bestehens eines vorangegangenen Versicherungsvertrages begangen wurden. Für solche Fälle ist sowohl vom Versicherungsnehmer und dem diesen betreuenden Makler als auch den beteiligten Versicherern auf eine sachgerechte Ausgestaltung des Versicherungsschutzes zu achten. Nichts anderes gilt für die Einbeziehung versicherter Manager in Versicherungsprogramme von Unternehmensgruppen im Fall der **Veräußerung eines verbundenen Unternehmens**, das in den Versicherungsschutz der Muttergesellschaften einbezogen ist.

43 Deckungslücken können einerseits die **Wirksamkeit von Vertragsklauseln** in Frage stellen. Insbesondere dann, wenn auf Seiten des Versicherungsnehmers ein Makler eingeschaltet ist, was in der Praxis die Regel ist, stellt sich die Frage nach einer **Verantwortlichkeit des Beraters**.

Die **Wirksamkeit des Anspruchserhebungsprinzips** als solches kann nicht ernsthaft in Frage gestellt werden.[1] Nicht zuletzt geht die Begründung zum Regierungsentwurf für die am 1.1.2008 in Kraft getretene Neufassung des VVG vom Anspruchserhebungsprinzip als einer möglichen Definition des Versicherungsfalls aus.[2] Der neue § 100 VVG legt sich demzufolge bewusst nicht auf eine bestimmte Definition fest. Etwas anderes kann natürlich für die **Ausgestaltung des Anspruchserhebungsprinzips durch einzelne Vertragsklauseln** gelten, insbesondere wenn es sich hierbei um vorformulierte Vertragsbedingungen handelt, die am Maßstab des § 307 BGB zu messen sind.[3]

44

3. Deckungsablehnung

Ein Versicherer ist generell gut beraten, Versicherungsschutz nur in offenkundigen Fällen abzulehnen. Ungerechtfertigte Deckungsablehnungen belasten das Versicherungsverhältnis. Ohnehin beeinflussen Deckungsablehnungen auch rechtlich die Verhältnisse der Beteiligten, nämlich von Versicherer, versicherten Personen, Versicherungsnehmer und Anspruchsteller. Insbesondere ist auf die **Verjährung** von Ansprüchen aus dem Versicherungsverhältnis hinzuweisen.

45

Der Umstand, dass Versicherer mit der Deckungsablehnung nicht leichtfertig umgehen, zeigt die **geringe Anzahl** veröffentlichter Urteile zu **Deckungsrechtsstreitigkeiten** aus D&O-Versicherungen. Zudem fällt auf, dass in einem Großteil der Fälle, in denen über solche Rechtsstreitigkeiten berichtet wurde, die Deckungsklagen nicht erfolgreich waren.[4] Selbst wenn der Versicherer Deckung ablehnt, etwa wegen vorsätzlicher oder wissentlicher Pflichtverletzung, stellt er sich damit nicht automatisch auf die Seite des Versicherungsnehmers.[5]

46

---

1 Vgl. OLG München v. 8.5.2009 – 25 U 5136/08, r+s 2009, 328; *Schramm*, Das Anspruchserhebungsprinzip – Ein Deckungskonzept in der Haftpflichtversicherung zur zeitlichen Abgrenzung des Versicherungsschutzes, 2009.
2 BT-Drucks. 16/3945, S. 85.
3 Beispielhaft: LG Wiesbaden v. 14.12.2004 – 1 O 180/03, VersR 2005, 545; LG München I v. 25.9.2008 – 12 O 20461/07, VersR 2009, 210; OLG München v. 8.5.2009 – 25 U 5136/08, r+s 2009, 328.
4 Vgl. OLG München v. 15.3.2005 – 25 U 3940/04, VersR 2005, 540 (kein Direktanspruch des Geschädigten gegen Versicherer); OLG Düsseldorf v. 23.8.2005 – I-4 U 140/04, ZIP 2006, 1677 (Anfechtbarkeit von D&O-Versicherungsverträgen; Wissenszurechnung); OLG Frankfurt v. 13.3.2008 – 16 U 134/07, abrufbar unter juris (keine Anspruchserhebung innerhalb Versicherungszeit); OLG Köln v. 2.9.2008 – 9 U 151/07, r+s 2008, 468, 469 (kein Direktanspruch); OLG München v. 8.5.2009 – 25 U 5136/08, r+s 2009, 328 (Anspruchserhebung nach Ende der Versicherungszeit); LG München v. 30.3.2004 – 23 O 8879/03, VersR 2005, 543 (Abtretungsverbot auch bei D&O-Versicherungen); LG Wiesbaden v. 14.12.2004 – 1 O 180/03, VersR 2005, 545 (kein Direktanspruch; Ausschlüsse); LG Marburg v. 3.6.2004 – 4 O 2/03, DB 2005, 437 (kein Direktanspruch des Geschädigten gegen Versicherer); LG Köln v. 23.6.2005 – 24 O 391/04, PHi 2005, 138 (wissentliche Pflichtverletzung, Eigenschaden).
5 S. aber *Uwe H. Schneider/Sven H. Schneider*, GmbHR 2005, 1229, 1233.

4. Deckungsgewährung

47 Wenn der Versicherer Versicherungsschutz gewährt, kann dies in der Weise erfolgen, dass er die versicherte Person unterstützt, unberechtigte Ansprüche abzuwehren (nachfolgend Rz. 48 ff.) oder berechtigte Ansprüche befriedigt (nachfolgend Rz. 52 f.). Dabei steht dem Versicherer ein uneingeschränktes Wahlrecht zu (nachfolgend Rz. 54). Die versicherten Personen treffen dabei weit gehende Mitwirkungsobliegenheiten (nachfolgend Rz. 55).

a) Abwehr unberechtigter Ansprüche

48 Im Normalfall wird der Versicherer dann, wenn die Voraussetzungen für die Gewährung von Versicherungsschutz bestehen, Versicherungsschutz in Form der **Abwehrdeckung** gewähren. Dies bedeutet, dass der Versicherer die versicherte Person bei der Anspruchsabwehr unterstützt. Im Rahmen des Versicherungsvertrages wird der Versicherer nie auf Seiten des Anspruchstellers den Schadenfall regulieren, auch wenn der Anspruchsteller in Fällen der Innenhaftung mit dem Versicherungsnehmer identisch ist.[1] Vielmehr ist es ein fundamentaler Grundsatz des deutschen Haftpflichtversicherungsrechts, dass der Versicherer im Rahmen der Anspruchsabwehr die Interessen der versicherten Person so zu wahren hat, wie dies ein von der versicherten Person beauftragter Rechtsanwalt tun würde.[2]

Wenn der Versicherer Versicherungsschutz in Form der Abwehrdeckung gewährt, erfolgt dies in der Regel **vorläufig** und unter dem **Vorbehalt**, dass sich nicht auf Grund später bekannt werdender Tatsachen eine andere deckungsrechtliche Beurteilung ergibt.

Die Unterstützung der versicherten Person durch den Versicherer im Rahmen der Abwehrdeckung erfolgt in aller Regel dadurch, dass der Versicherer durch seine **Schadenabteilung**, ggf. in Zusammenarbeit mit erfahrenen Rechtsanwälten, mit der versicherten Person die weitere Vorgehensweise und die Möglichkeiten zur Anspruchsabwehr **bespricht** und **begleitet**.

49 **Außergerichtlich** hat die versicherte Person im Normalfall keinen Anspruch auf Beiordnung eines **eigenen anwaltlichen Vertreters**. Vielmehr kann der Versicherer die vorgerichtliche Anspruchsabwehr grundsätzlich auf Grund des ihm grundsätzlich zustehenden **Prozessführungsrechts** selber oder durch eigene Anwälte betreiben. Der Versicherer kann auf Grund der ihm regelmäßig zustehenden Hoheit bei der Anspruchsabwehr erreichen, dass geltend gemachte Schadensersatzansprüche sogleich einer gerichtlichen Überprüfung zugeführt werden, ohne sich auf Verhandlungen mit dem Anspruchsteller einzulassen. Vielfach wird der Versicherer aber zunächst Sachverhaltsaufklärung betreiben und die Möglichkeiten einer einvernehmlichen Beendigung eines Schadenfalls vorgerichtlich ausschöpfen. Nach eigenem Ermessen kann der Versicherer die versicherten Personen aber

---
1 S. aber offenbar *Uwe H. Schneider/Sven H. Schneider*, GmbHR 2005, 1229, 1233.
2 Vgl. etwa BGH v. 30.9.1992 – IV ZR 314/91, BGHZ 119, 276, 281 = NJW 1993, 68; BGH v. 18.7.2001 – IV ZR 24/00, NJW-RR 2001, 1466.

bereits auch außergerichtlich in der Weise unterstützen, dass die Kosten für einen von der versicherten Person zu beauftragenden Anwalt übernommen werden. Die Kosten eines von einer versicherten Person zur Erfüllung der **Obliegenheiten** des Versicherungsvertrages eingeschalteten Anwalts sind in jedem Fall von der versicherten Person selbst zu tragen.

Im Normalfall sehen die Versicherungsbedingungen ein Mitwirkungsrecht des Versicherers bei der Auswahl des von der versicherten Person zu beauftragenden Rechtsanwalts vor. Da der Versicherer am Ende des Tages die Aufgabe hat, berechtigte Ansprüche bedingungsgemäß zu befriedigen, hat er ein berechtigtes Interesse, die **Anwaltswahl** zu beeinflussen. Durch die Einflussnahme auf die Auswahl des mit der Anspruchsabwehr beauftragten Rechtsanwalts kann sichergestellt werden, dass die versicherte Person durch einen Rechtsanwalt qualifiziert vertreten wird, der mit den Besonderheiten der Managerhaftung vertraut ist, über entsprechende Erfahrungen sowie Kapazitäten in seinem Büro verfügt. 50

Im Einzelfall ist für die versicherten Personen von Bedeutung, inwieweit, ggf. über die gesetzlichen Vorgaben des § 101 VVG hinausgehend, der Versicherer auf Grund des Versicherungsvertrages bereit ist, Abwehrdeckung zu gewähren. Grundsätzlich können die versicherten Personen für die Prozessvertretung nur die Erstattung der Kosten nach Maßgabe der **gesetzlichen Gebühren** beanspruchen. Dies folgt aus § 101 Abs. 1 Satz 1 VVG. Im Bereich vorgerichtlicher oder außergerichtlicher Prozessvertretung wird der Anwalt regelmäßig **nach Zeitaufwand vergütet** werden, wenn insoweit überhaupt anwaltliche Vertretung beansprucht werden kann. Für die versicherte Person ist von Bedeutung von Anfang an **Klarheit** darüber zu haben, unter welchen Voraussetzungen bereits vorgerichtlich ein Anwalt beigeordnet und wie auch sonst die Erstattung der Anwaltshonorare vom Versicherer behandelt wird. Versicherer können Einzelheiten des **Schadenservice** als wichtiges Abgrenzungsmerkmal im Wettbewerb einsetzen. 51

b) Befriedigung berechtigter Ansprüche

Ein D&O-Versicherungsvertrag sieht – wie jede Haftpflichtversicherung – vor, dass berechtigte Schadensersatzansprüche zu befriedigen sind. Dies erfolgt in der Regel in der Weise, dass der Versicherer die versicherte Person von Schadensersatzverpflichtungen **freistellt**. Wenn eine solche Schadensersatzverpflichtung auf Grund des vom Versicherer geprüften Sachverhalts feststeht oder durch Gerichtsurteil rechtskräftig festgestellt ist, wird der Versicherer die Freistellung nach Maßgabe des Versicherungsverhältnisses in der Regel in der Weise durchführen, dass unmittelbar an den Anspruchsteller **gezahlt** wird. Dabei sind die Vorgaben der **§§ 44, 45 VVG** zu beachten. 52

Eine Befriedigung berechtigter Ansprüche erfolgt in der Praxis regelmäßig nicht bereits zu Beginn eines gemeldeten Versicherungsfalls. Angesichts der in der Regel komplexen Sach- und Rechtsfragen wird es im Normalfall unumgänglich sein, **Klärung in einem Haftpflichtprozess** zu erhalten. Falsch ist die Annahme, dass die unterlassene Befriedigung von Schadensersatzansprüchen in Form der Zahlung an den Anspruchsteller eine Regulierungsverweigerung des Versicherers be- 53 gründe. Vielmehr bedeutet die Gewährung von Versicherungsschutz in Form der Abwehrdeckung in gleicher Weise eine **vertragsgemäße Regulierung** von Versicherungsansprüchen wie eine Befriedigung berechtigter Ansprüche.

c) Wahlrecht des Versicherers

54 Der Versicherer hat ein uneingeschränktes Wahlrecht, ob er Versicherungsschutz in der Weise gewährt, dass er die versicherte Person bei der Abwehr unberechtigter Ansprüche unterstützt oder sich für die Befriedigung berechtigter Ansprüche entscheidet.[1] Nach richtiger Ansicht kann dieses Wahlrecht auch nicht durch die von § 108 Abs. 2 VVG ermöglichte Abtretung des Freistellungsanspruchs von der versicherten Person an den Geschädigten aufgehoben werden.[2]

d) Mitwirkungsobliegenheiten des Versicherten

55 Wenn der Versicherer Versicherungsschutz gewährt hat, treffen die versicherten Personen und auch die Versicherungsnehmerin weit gehende Mitwirkungsobliegenheiten. Diese ergeben sich in aller Regel aus dem **Versicherungsvertrag** sowie auch gesetzlich aus den **§§ 28, 31 VVG**. Von besonderer Bedeutung sind die Mitwirkungsobliegenheiten nach Eintritt eines Versicherungsfalls. Beispielhaft wird insoweit auf die Bestimmungen der Ziffer 7.3.2 der unverbindlichen GDV-Musterbedingungen 2008 verwiesen:

56 – Jeder Versicherungsfall, d.h. jede Inanspruchnahme einer versicherten Person, ist dem Versicherer unverzüglich **anzuzeigen**. Dieses soll in Textform erfolgen. Wird ein Ermittlungsverfahren eingeleitet, ein selbständiges Beweisverfahren angeordnet oder ergeht ein Strafbefehl oder Bescheid, der den Ersatz eines Vermögensschadens zum Gegenstand hat oder zur Folge haben könnte, so hat die Versicherungsnehmerin oder die versicherte Person dem Versicherer unverzüglich Anzeige zu erstatten, auch wenn der Versicherungsfall selbst bereits angezeigt wurde. Wird gegen eine versicherte Person ein Anspruch gerichtlich geltend gemacht, Prozesskostenhilfe beantragt oder gegen diese gerichtlich der Streit verkündet, so ist dies ebenfalls unverzüglich anzuzeigen. Das Gleiche gilt im Fall eines Arrestes oder einer einstweiligen Verfügung. Gegen einen Mahnbescheid muss die versicherte Person fristgemäß Widerspruch einlegen, ohne dass es einer Weisung des Versicherers bedarf.

57 – Die Versicherungsnehmerin und die versicherten Personen müssen im Rahmen ihrer Möglichkeiten für die **Abwendung und Minderung des Schadens** sorgen. **Weisungen** des Versicherers sind dabei zu befolgen, soweit es für die Versicherungsnehmerin zumutbar ist. Sie haben dem Versicherer **ausführliche und wahrheitsgemäße Schadenberichte** zu erstellen und ihn bei der Schaden-

---

[1] Ständige Rechtsprechung seit BGH v. 20.2.1956 – II ZR 53/55, NJW 1956, 826, 827; OLG München v. 15.3.2005 – 25 U 3940/04, VersR 2005, 540, 541.
[2] O. *Lange*, VersR 2008, 713; *Schramm/Wolf*, r+s 2009, 358; *Sieg* in Terbille, Münchener Anwaltshandbuch Versicherungsrecht, 2. Aufl. 2008, § 17 Rz. 170 ff.; a.A. *Koch*, r+s 2009, 133; *Retter* in Schwintowski/Brömmelmeyer, Praxiskommentar zum Versicherungsvertragsrecht, § 108 Rz. 26 ff. Näher zur Einschränkung des Abtretungsverbots unten Rz. 58.

ermittlung und -regulierung zu unterstützen. Alle **Umstände**, die nach Ansicht des Versicherers für die Bearbeitung des Schadens wichtig sind, müssen **mitgeteilt** sowie alle dafür angeforderten Informationen in Textform zur Verfügung gestellt werden.

Das noch von Ziffer 11.2 der unverbindlichen GDV-Musterbedingungen 2005 vorgesehene **Abtretungsverbot** findet sich in Ziffer 10.2 der unverbindlichen GDV-Musterbedingungen 2008 nur noch eingeschränkt wieder. Die Abtretung des Freistellungsanspruchs an den Geschädigten ist ausdrücklich vom Verbot ausgenommen. Grund dafür ist die Einführung des § 108 Abs. 2 VVG, der ein Verbot der Abtretung an den Geschädigten durch Allgemeine Versicherungsbedingungen ausschließt. Möglich bleibt allerdings die individuelle Vereinbarung eines Abtretungsausschlusses. Außerdem gilt die Einschränkung des § 108 Abs. 2 VVG nach § 210 VVG nicht für die Versicherung von Großrisiken im Sinne des Art. 10 Abs. 1 Satz 2 EGVVG. § 108 Abs. 2 VVG wird daher für die Mehrzahl von D&O-Policen keine Anwendung finden.[1]

Als **Folge einer vorsätzlichen Obliegenheitsverletzung** droht der Verlust des Versicherungsschutzes allein wegen der Obliegenheitsverletzung. Bei einer grob fahrlässigen Obliegenheitsverletzung kann der Versicherer seine Leistungen in einem bestimmten Verhältnis kürzen (vgl. insoweit § 28 Abs. 2 VVG und Ziffer 8.2 der unverbindlichen GDV-Musterbedingungen 2008).

5. Einvernehmliche Beendigung von Schadenfällen

Ein Großteil der D&O-Schadenfälle wird einvernehmlich beendet.[2] Dies geschieht dann in der Weise, dass als unberechtigt erkannte Schadenfälle **nicht weiterverfolgt werden** oder aber über möglicherweise berechtigte Schadenfälle ein **Vergleich** geschlossen wird.

Ein Vergleich kann als **Haftungsvergleich** zwischen Anspruchsteller und Anspruchsgegner unter Einbeziehung des Versicherers erfolgen. Anspruchsteller ist bei Fällen der Innenhaftung regelmäßig die Gesellschaft/Versicherungsnehmerin. Bei Fällen der Außenhaftung ist Anspruchsteller in der Regel der außenstehende Dritte. Anspruchsgegner ist in der Regel der Manager selbst. Im Bereich der Aktiengesellschaft sind insoweit die Vorgaben des **§ 93 Abs. 4 AktG** zu beachten.

Der Abschluss eines Haftungsvergleichs oder die Abgabe eines Anerkenntnisses durch die versicherte Person ohne **Zustimmung des Versicherers** kann nach dem neuen § 105 VVG nicht mehr zur Befreiung des Versicherers von seiner Leistungspflicht führen. § 105 VVG soll allerdings nichts daran ändern, dass der Versicherer nur insoweit an die von der versicherten Person vorgenommene Disposition über den Anspruch gebunden ist, wie er ohne Disposition Deckung zu gewähren hätte.[3] Zudem bleibt dem Versicherer bei Großrisiken (Art. 10 Abs. 1

---

1 *Bank*, VW 2008, 730, 732f.
2 Vgl. etwa *Pohl*, VI-Report 14/2006, 3.
3 So ausdrücklich die Begründung zum Regierungsentwurf zur Reform des VVG vom 20.12. 2006, BT-Drucks. 16/3945, S. 86; ebenso *Retter* in Schwintowski/Brömmelmeyer, Praxiskommentar zum Versicherungsvertragsrecht, § 106 Rz. 19ff.

Satz 2 EGVVG) nach § 210 VVG weiterhin die Möglichkeit ein Anerkenntnisverbot mit Leistungsbefreiung bei Zuwiderhandlung durch die versicherte Person zu vereinbaren.

63 Der Vergleich ist auch als **Deckungsvergleich** möglich. Ein solcher Vergleich wird dann zwischen Versicherer und Versicherungsnehmer und/oder versicherter Person geschlossen. Insoweit ist von Bedeutung, dass die Versicherungsnehmerin über die Rechte aus dem Versicherungsverhältnis auch unabhängig von den versicherten Personen nach **§ 45 Abs. 1 VVG** verfügen kann. Hierzu zählt auch ein Vergleich über Forderungen aus dem Versicherungsverhältnis.[1] Bei einem Deckungsvergleich werden in der Regel die Ansprüche aus dem Versicherungsverhältnis im Hinblick auf konkret bezeichnete Versicherungsverhältnisse oder allgemein aus dem Versicherungsverhältnis abgegolten und erledigt.

64 Häufig kommt es vor, dass ein **Haftungs- und Deckungsvergleich miteinander verbunden** werden. Einzelheiten der Ausgestaltung solcher Vergleichsvereinbarungen hängen sehr stark vom Einzelfall ab. Veröffentlicht wurde der Vergleich, den die Philipp Holzmann AG mit deren früheren Vorstandsmitgliedern und dem D&O-Versicherer im Dezember 2001 geschlossen haben. Jüngst wurden zudem Vergleiche zwischen der Constantin Medien AG (Rechtsnachfolgerin der EM.TV & Merchandising AG) und zwei D&O-Versicherern sowie Siemens und einer ganzen Reihe von Versicherungskonsortien publik. Ansonsten erfolgen Vergleiche außerhalb des § 93 Abs. 4 AktG in der Regel unter Ausschluss der Öffentlichkeit. Vergleichen kommt insoweit eine hohe Befriedigungsfunktion zu, da auf diese Weise alle Beteiligten ihre Interessen angemessen zur Geltung bringen können.

III. Missbrauch der Geltendmachung von D&O-Schadenfällen

65 Geradezu ein Ärgernis, das leider immer wieder zu beobachten ist, ist der Missbrauch der vom Versicherer im Versicherungsvertrag eingeräumten Zusage von Versicherungsschutz bei D&O-Schadenfällen. Dies sind diejenigen Fälle, die als „**freundliche Inanspruchnahme**" oder, was den Missstand eher auf den Punkt bringt, englisch als „**hostile claim**" bezeichnet werden.

Konkret geht es dabei um ein **kollusives Zusammenwirken** zwischen Anspruchsteller und Anspruchsgegner (Manager) zum Nachteil des Versicherers. In der Regel sind dies Fälle der Innenhaftung, bei denen als Anspruchstellerin die Versicherungsnehmerin oder ein anderes versichertes Unternehmen auftritt. Charakteristisch ist des Weiteren häufig, dass es sich bei den betroffenen Unternehmen um Unternehmen in der Krise handelt und Ansprüche gegen weiterhin tätige Mitglieder der Geschäftsleitung erhoben werden.

Nicht gemeint sind hingegen diejenigen Fälle, in denen der vermeintlich Geschädigte die anspruchstellerfreundliche Rechtsprechung zum Haftungs- und Ver-

---

1 Vgl. etwa *Hübsch* in Schwintowski/Brömmelmeyer, Praxiskommentar zum Versicherungsvertragsrecht, § 45 Rz. 2–4; oben Rz. 25.

sicherungsrecht zu seinem Vorteil ausnutzt. Für eine freundliche Inanspruchnahme ist vielmehr charakteristisch, dass tatsächlich und von Rechts wegen ein **Anspruch auf Versicherungsschutz nicht besteht**, gegenüber dem Versicherer aber der haftungsrelevante Sachverhalt entweder **falsch oder unvollständig offen gelegt** wird. Häufig bestehen in solchen Fällen Nebenabreden zwischen der Anspruch stellenden Gesellschaft und dem in Anspruch genommenen Manager, nach denen die Durchsetzung des Haftungsanspruchs in der letzten Konsequenz gegen das Privatvermögen des betroffenen Managers nicht beabsichtigt wird, sondern ausschließlich auf das Vermögen des Versicherers abgezielt wird. Derartige Nebenabreden werden dann gegenüber dem Versicherer verschwiegen.

Solche Fälle geraten in die Nähe des **Versicherungsbetrugs** und können eine Strafbarkeit der handelnden Personen nach § 263 StGB sowie natürlich auch die **Leistungsfreiheit des Versicherers** nach sich ziehen. D&O-Versicherungen sind dafür nicht konzipiert. Die Prämien werden auf anderer Grundlage kalkuliert. Dadurch wird über den Einzelfall hinaus eine große Gruppe redlich handelnder Anspruchsteller und Anspruchsgegner diskreditiert. Nicht zuletzt dadurch ist die Bekämpfung missbräuchlicher Inanspruchnahmen ein allgemeines Interesse von Versicherern, aber auch redlichen Versicherten, Versicherungsnehmern und den auf deren Seite handelnden Versicherungsmaklern.

So hat die von der Bundesregierung eingesetzte Kommission „Corporate Governance – Unternehmensführung – Unternehmenskontrolle – Modernisierung des Aktienrechts" (**Baums-Kommission**) in deren Abschlussbericht vom 10.7.2001 unter anderem Bedenken gegenüber der mittlerweile üblichen Praxis der Verfolgung von Schadensersatzansprüchen gegen Organmitglieder geäußert. Weiter heißt es, dass in der Regel insoweit eine D&O-Versicherung bestehe und die Praxis auf eine zunehmende Inanspruchnahme („**Plünderung**") der Versicherungen hinauslaufe. Nach Ansicht der Regierungskommission wäre eine solche Entwicklung nicht unproblematisch. Andererseits hat die Regierungskommission insoweit keinen konkreten Handlungsbedarf gesehen.[1]

66

Weiter gehen Anmerkungen des **Landgerichts Wiesbaden**. Das Gericht hat in dem Urteil vom 14.12.2004 betont, dass bei der „Mitversicherung von Innenhaftungsansprüchen die Gefahr besteht, dass VN und versicherte Personen kollusiv zusammenwirken und versuchen, unternehmerische Risiken auf die D&O-Versicherung abzuwälzen". Dem Versicherer wird ein berechtigtes Interesse eingeräumt, derart „besonders gefahrträchtige Bereiche" vom Versicherungsschutz auszunehmen.[2]

67

Im Rahmen der VVG-Reform hat der **Gesetzgeber** auf Maßnahmen zur Einschränkung des Missbrauchsrisikos verzichtet. Zwar wird in Gesetzesbegründung und Schrifttum vertreten, dass die Abschaffung von Anerkenntnis- und Abtretungsverbot (§§ 105 und 108 Abs. 2 VVG) auch Vorteile für die Versicherer bei Missbräuchen biete.[3]

68

---

1 Abschlussbericht der Baums-Kommission vom 10.7.2001, *Baums*, Bericht der Regierungskommission Corporate Governance, 2001, Rz. 71.
2 LG Wiesbaden v. 14.12.2004 – 1 O 180/03, VersR 2005, 545, 546.
3 BT-Drucks. 16/3945, S. 86; *Langheid*, VersR 2007, 865, 868 f.

69 Die **Versicherer sind auch ohne gesetzliche Regelungen nicht schutzlos**. Sie haben zahlreiche Möglichkeiten, beginnend bei der Auswahl der versicherten Risiken, über die Gestaltung des Bedingungswerkes bis hin zu Gegenmaßnahmen bei der Schadenbearbeitung selbst. All dies setzt allerdings einen breiten Konsens voraus, dass missbräuchliche Inanspruchnahmen gemeinschädlich und nicht zu akzeptieren sind.

D. Ist eine D&O-Versicherung überhaupt sinnvoll?

70 Die in der Überschrift zum Ausdruck kommende Frage wird häufig gestellt. Insoweit lassen sich zwei **Tendenzen** beobachten, die mit den nachfolgenden **Thesen** zusammengefasst werden können:

(1) Eine D&O-Versicherung fordert die Geltendmachung von Schadensersatzansprüchen geradezu erst heraus.

oder

(2) Schadensersatzansprüche werden heutzutage zunehmend gezielt zur Verfolgung wirtschaftlicher Interessen eingesetzt. Das Bestehen einer D&O-Versicherung beeinflusst allenfalls die Höhe der geltend gemachten Schadensersatzansprüche, nicht aber die Entscheidung über das „ob" einer Inanspruchnahme.

71 Eine eindeutige Aussage dazu, welche der vorstehenden Thesen richtig ist, ist nur schwer möglich. Richtig ist, dass das Bestehen von Versicherungsschutz unmittelbar Anreize schafft im Sinne des im amerikanischen Rechtskreis so beschriebenen **deep pocket-Phänomens**. Empirische Erfahrungen zeigen, dass auch die Justiz in Fällen, in denen eine Haftpflichtversicherung besteht, immer wieder eher geneigt ist, einer Schadensersatzklage stattzugeben. Diese Sicherheit kann sich allerdings als trügerisch erweisen, weil allein das Bestehen einer Haftpflichtversicherung noch nichts über deren letztendliche Eintrittspflicht besagt. In diesem Zusammenhang ist ein Zitat des englischen Lord-Richters Denning zu wiederholen, das wie folgt lautet:

„It is commonplace nowadays for the courts, when considering policy, to take insurance into account."[1]

72 Im Ergebnis sprechen aber ganz überwiegende Gründe für die Richtigkeit der zweiten These. So hat der Bundesgerichtshof in der **ARAG/Garmenbeck-Entscheidung** vom 21.4.1997 die Verpflichtung der Aufsichtsratsmitglieder einer Aktiengesellschaft betont, dann, wenn der Aufsichtsrat zu dem Ergebnis kommt, dass sich der Vorstand schadensersatzpflichtig gemacht hat, auf der Grundlage einer sorgfältigen und sachgerecht durchzuführenden Risikoanalyse abzuschätzen ist, ob und in welchem Umfang die gerichtliche Geltendmachung zu einem Ausgleich des entstandenen Schadens führt. Stehen der AG nach dem Ergebnis dieser

---

[1] *Lord Denning*, M. R., in Court of Appeal, Lamb v. Camden London Borough Council (1981) 2 WLR 1038 (1046); a.A. *Hanau* in FS Egon Lorenz, 2004, S. 283 ff.

Prüfung durchsetzbare Schadensersatzansprüche zu, hat der Aufsichtsrat diese Ansprüche grundsätzlich zu verfolgen.[1] Jüngst hat der BGH diese Rechtsprechung fortgeführt und bekräftigt, dass jegliche Inanspruchnahme einer Gesellschaft wegen möglicher Pflichtverletzungen von Vorstandsmitgliedern oder Geschäftsführern eine Pflicht des Aufsichtsrats zur Prüfung von Regressansprüchen gegen diese Personen auslöst.[2]

Für die Richtigkeit des zweitgenannten Ansatzes spricht auch die zunehmende Anzahl derjenigen Fälle, in denen Manager von außerhalb der Gesellschaft stehenden Dritten auf Schadensersatz in Anspruch genommen werden (so genannte **Außenhaftung**). Dabei kristallisieren sich im Wesentlichen vier Fallgruppen heraus:

– **Insolvenzfälle**

Hierbei handelt es sich um die Inanspruchnahme von Managern durch **Insolvenzverwalter** oder **Gläubiger** der insolventen Gesellschaft wegen angeblicher Insolvenzverschleppung[3], durch **Sozialversicherungsträger** wegen angeblich nicht ordnungsgemäß abgeführter Arbeitnehmeranteile zur Sozialversicherung[4] oder durch die **Finanzverwaltung** für nicht ordnungsgemäß abgeführte Steuern.[5]

– **Aktionärsklagen**

Manager werden zunehmend von Aktionären börsennotierter Aktiengesellschaften wegen angeblich unzureichender kapitalmarktrelevanter Informationen in Anspruch genommen.[6] Hinzukommt die erleichterte Anspruchsverfolgung durch das am 1.11.2005 in Kraft getretene **Kapitalanleger-Musterverfahrensgesetz** (KapMuG).[7]

– **Eingriff in das Recht am eingerichteten und ausgeübten Gewerbebetrieb**

Der IX. Zivilsenat des Bundesgerichtshofs hat in einem Einzelfall eine unmittelbare persönliche Haftung eines Vorstandsmitglieds für fahrlässige Vermögensschäden eines Vertragspartners der Gesellschaft auf deliktischer Grundlage angenommen.[8]

– **Auslandsfälle, insbesondere USA**

Nach ausländischen Rechtsordnungen kommt eine unmittelbare Haftung des Managers gegenüber Dritten, insbesondere Vertragspartnern und Gläubigern der

---

1 BGH v. 21.4.1997 – II ZR 175/95, BGHZ 135, 244 = AG 1997, 377.
2 BGH v. 16.2.2009 – II ZR 185/07, BGHZ 180, 9, 21 f. = AG 2009, 285, 288 – Kirch/Deutsche Bank.
3 Vgl. § 823 Abs. 2 BGB, § 64 GmbHG, § 92 AktG.
4 Vgl. § 266a StGB.
5 Vgl. §§ 69 ff. AO.
6 Vgl. BGH v. 19.7.2004 – II ZR 402/02, NJW 2004, 2971 = AG 2004, 546 – Infomatec; BGH v. 9.5.2005 – II ZR 287/02, NJW 2005, 2450 = AG 2005, 609 – EM. TV; BGH v. 3.3.2008 – II ZR 310/06, ZIP 2008, 829 = AG 2008, 377 – ComROAD VIII.
7 Vgl. BGH v. 25.2.2008 – II ZB 9/07, ZIP 2008, 639 = AG 2008, 380; BGH v. 21.4.2008 – II ZB 6/07, BGHZ 176, 170 = AG 2008, 546.
8 Vgl. BGH v. 24.1.2006 – XI ZR 384/03, BGHZ 166, 84 = ZIP 2006, 317 – Kirch/Deutsche Bank, Breuer.

Gesellschaft, neben der Gesellschaft in Betracht und wird regelmäßig umgesetzt. Die besondere Gefährlichkeit derartiger Situationen ergibt sich aus US-amerikanischem Verfahrens- und Haftungsrecht, wie der Zuständigkeit US-amerikanischer Gerichte bereits auf Grund „minimum contacts", Möglichkeiten der vorgerichtlichen Beweisausforschung („pre-trial discovery"), weit gehende Möglichkeiten der Sammelklage („class action"), Geschworenengerichten („jury trial"), Erfolgshonoraren („contingency fees") sowie der Möglichkeit von Strafschadensersatz („punitive damages").

74 Aber auch in Fällen der **Innenhaftung** besteht ein zunehmendes Risiko, auch unabhängig vom Bestehen einer D&O-Versicherung als Manager auf Schadensersatz in Anspruch genommen zu werden. Hierzu sind folgende Fallgruppen herauszustellen[1]:

– **Wechsel der Organe**

Gefährdet sind insbesondere ausgeschiedene Manager. Es ist immer wieder zu beobachten, dass der Nachfolger seinen Vorgänger für Entwicklungen in der Vergangenheit verantwortlich macht und versucht, sich auf diese Weise besonders von seinem Vorgänger abzuheben. Diese Entwicklung wird durch eine zunehmende Fluktuation auch im Bereich der Manager und den Wegfall gewachsener Strukturen begünstigt. Hinzu kommt, dass auf diese Weise gerne versucht wird, „Einsparungen" bei Gehalts-, Tantieme- und/oder Pensionsansprüchen zu realisieren.

– **Wechsel des Allein- oder Mehrheitsgesellschafters**

Derartige Fälle sind insbesondere zu beobachten, wenn ein Geschäftsführer, der auch als Gesellschafter am Kapital der Gesellschaft beteiligt war, seine Anteile an einen außenstehenden Investor veräußert. Die Geltendmachung von Schadensersatzansprüchen wegen angeblicher Verfehlungen als Geschäftsführer in der Vergangenheit können dann als Mittel eingesetzt werden, um über diesen Umweg den für die Gesellschaftsanteile gezahlten Kaufpreis zu reduzieren. Insoweit ist auch eine Verknüpfung mit der vorangegangenen Fallgruppe zu erkennen.

– **Streit zwischen Gesellschaftergruppen**

Insbesondere Familiengesellschaften, bei denen infolge mehrfachen Generationswechsels zahlreiche Gesellschaftergruppen entstanden sind und einzelne Gesellschaftergruppen durch Geschäftsführer repräsentiert werden, sind dafür anfällig, dass ein Streit auf Gesellschafterebene auch auf die Geschäftsführungsebene übertragen wird. Der Fall, welcher der ARAG/Garmenbeck-Entscheidung zugrunde lag, kann insoweit als beispielhaft bezeichnet werden.[2]

– **Insolvenz**

In der Insolvenz fallen jegliche Rücksichtnahmen fort. Insolvenzverwalter sind verpflichtet, mögliche Ansprüche zur Masse zu ziehen. Hierzu zählen auch Ansprüche gegen Organmitglieder. Unter Umständen haben die Insolvenzverwalter

---
1 Ausführlich hierzu: *Sieg*, DB 2002, 1759.
2 Vgl. insoweit *Grooterhorst*, ZIP 1999, 1117.

sogar ein Eigeninteresse an der Verfolgung von Schadensersatzansprüchen gegen frühere Manager des Schuldnerunternehmens.

– **Gemengelagen**

Dies sind Fälle, bei denen Manager in Haftpflichtstreitigkeiten einbezogen werden, weil ursprünglich in Anspruch genommene Personen, seien es Gesellschaften, Organmitglieder oder auch Berater, mögliche Gesamtschuldner-Innenregressansprüche absichern und den betroffenen Managern den Streit verkünden.

Abgesehen von der Vielzahl der in den letzten Jahren feststellbaren Schadensersatzansprüche und der **Steigerung von Inanspruchnahmen sowohl der Höhe als auch der Frequenz nach**, geht es häufig in der Tat nicht mehr um das bloße „ob" einer Inanspruchnahme, sondern mehr um deren Höhe.[1] Im Ergebnis wird nicht mehr ernsthaft in Frage gestellt werden können, dass D&O-Versicherungen eine sinnvolle Absicherung des Managers begründen. Dafür spricht etwa, dass nahezu alle DAX 30-Unternehmen mittlerweile Presseberichten zufolge eine D&O-Versicherung abgeschlossen haben und auch sonst D&O-Versicherungen bei Großunternehmen als **Marktstandard** betrachtet werden können.[2] Viele Großschäden sind durch **Vergleich** beendet worden.[3] Es darf davon ausgegangen werden, dass die betroffenen Manager bisher oft ohne eigenen Beitrag davongekommen sind.[4] Damit verwirklicht sich dann der **Zweck der D&O-Versicherung**. 75

Auch für die Gesellschaft ist die D&O-Versicherung, abgesehen von der zu leistenden Versicherungsprämie, von erheblichem Vorteil. Vor allem wird dadurch erreicht, dass in Einzelfällen überhaupt qualifizierte Manager oder Aufseher bereit sind, eine Organtätigkeit zu übernehmen. Zudem können die Organmitglieder in dem Gefühl handeln, den Rücken frei zu haben. Gesellschaften sehen es auch als Vorteil an, im Fall eines begründeten Anspruchs auf die „tiefen Taschen" des Versicherers zurückzugreifen. Zu betonen ist, dass eine D&O-Versicherung gleichwohl nicht den Bilanzschutz der Versicherungsnehmerin bezweckt, sondern die persönliche Absicherung der versicherten Organmitglieder.[5] 76

---

1 Vgl. etwa zum Fall Balsam: *Sieg*, VP 2001, 83 (Managerhaftung und D&O-Versicherung – Eine Fallstudie). Im Nachhinein hat sich herausgestellt, dass in diesem Fall sehr wohl eine D&O-Versicherung eingetreten ist. Wäre dies von vornherein bekannt gewesen, wären Schadensersatzansprüche in vielfacher Höhe geltend gemacht und wohl auch durchgesetzt worden.
2 Vgl. etwa *Fromme*, FTD-Dossier vom 20.9.2006, 1, 3; FTD-Sonderbeilage Managerhaftung vom 4.6.2008, A1.
3 Vgl. etwa FTD vom 2.1.2007 (DaimlerChrysler AG/Schrempp – Versicherer zahlen angeblich insgesamt 193,0 Mio. Euro); FTD vom 21.8.2006 und 23.9.2006 (WestLB/Sengera u.a. – Versicherer zahlen angeblich 14,75 Mio. Euro); Focus 27/2006 und Spiegel vom 10.7. 2006 (Volkswagen AG/Dr. Peter Hartz – Versicherer zahlen angeblich 4,5 Mio. Euro); FTD vom 4.5.2009 (Lufthansa AG/Woelki u.a. – Versicherer zahlen angeblich 40 Mio. Euro); FTD vom 22.10.2009 (Constantin Medien AG/Haffa u.a. – Versicherer zahlen 57,5 Mio. Euro); FTD-Onlineausgabe vom 9.12.2009 (Siemens AG/v. Pierer u.a. – Versicherer zahlen 100 Mio. Euro).
4 Zu den diesbezüglichen Auswirkungen des VorstAG vgl. unten Rz. 79 ff.
5 Zum Zweck der D&O-Versicherung auch oben Rz. 1.

E. Was ist beim Abschluss einer D&O-Versicherung zu beachten?

77 Beim Abschluss einer D&O-Versicherung bestand im Bereich kleiner und mittlerer Unternehmern lange Zeit ein sehr **weicher Markt**. Eine Vielzahl von Versicherern stand in einem starken **Preis- und Bedingungswettbewerb**. Demgegenüber wurde im Bereich großer Unternehmen, börsennotierter Unternehmen und Unternehmen mit Auslandsbezug ein **härterer Markt** bescheinigt. Angesichts der Wirtschaftskrise ist mittlerweile allerdings eine deutliche Verhärtung aller D&O-Versicherungsmärkte festzustellen.

78 Bei der Suche nach dem „**richtigen**" Versicherer spielen **Versicherungsmakler** praktisch eine wichtige Rolle als Vermittler zwischen Versicherungsnehmer und Versicherer. An dieser Stelle ist zu betonen, dass natürlich die **Inhalte** der D&O-Versicherungen, die von unterschiedlichen Versicherern angeboten werden, sorgfältig gegeneinander abzuwägen sind. Auf Einzelheiten einzugehen, auf die zu achten wäre, würde den Rahmen dieses Beitrags bei weitem sprengen.[1] Verfehlt wäre es aber sicherlich, bei gleicher **Versicherungssumme** und auf den ersten Blick ähnlichen Bedingungen, nur auf die **Prämie** zu achten. So spielt insbesondere der **Schadenservice** der einzelnen Versicherer und spielen die **Erfahrungen** mit der Schadenregulierungskompetenz bei der Auswahl des Versicherers eine ganz erhebliche Rolle.[2] Zudem sollte auf **Klarheit** und **Transparenz** und nicht zuletzt **Kontinuität** des Bedingungswerkes und der Schadenregulierungserfahrung der Marktanbieter abgestellt und sollten auch diese „weichen" Faktoren vor Vertragsschluss genauso hinterfragt werden wie die „harten" Faktoren des Inhalts von D&O-Versicherungsverträgen.

F. Welche Auswirkungen hat das VorstAG?

79 Nach einem aufgrund der Bundestagswahl im September 2009 kurzen Gesetzgebungsverfahren ist am 5.8.2009 das Gesetz zur Angemessenheit der Vorstandsvergütung (VorstAG) in Kraft getreten.[3] Mit den gesetzlichen Neuregelungen hat die Bundesregierung darauf abgezielt, Vorstandsmitglieder von Aktiengesellschaften zu einem auf **nachhaltiges Wachstum ausgerichteten Handeln** zu bewegen.[4] Für das Recht der D&O-Versicherung ist vor allem der neu eingefügte Satz 3 in § 93 Abs. 2 AktG von unmittelbarer Relevanz.[5] Diese Vorschrift lautet:

„Schließt die Gesellschaft eine Versicherung zur Absicherung eines Vorstandsmitglieds gegen Risiken aus dessen beruflicher Tätigkeit für die Gesellschaft ab, ist ein Selbstbehalt von mindestens 10 Prozent des Schadens bis mindestens

---

1 Vgl. insoweit Einzelheiten bei *O. Lange*, ZIP 2004, 2221; *Sieg* in Terbille, Münchener Anwaltshandbuch Versicherungsrecht, 2. Aufl. 2008, § 17; sowie *Seibt/Saame*, AG 2006, 901.
2 Vgl. auch *Fromme/Krüger*, FTD-Dossier vom 20.9.2006, 10; *Krüger*, FTD-Sonderbeilage Managerhaftung vom 4.6.2008, A4.
3 Vgl. *Bosse*, BB 2009, 1650; *van Kann*, NZG 2009, 1010; sowie allgemein oben Rz. 7.
4 Regierungsentwurf zum VorstAG vom 17.3.2009, BT-Drucks. 16/12278, S. 5.
5 Nach § 23 Abs. 1 Satz 1 EGAktG ist § 93 Abs. 2 Satz 3 AktG ab Inkrafttreten auf neu abgeschlossene Versicherungsverträge, ab 1.7.2010 auch auf Altverträge anzuwenden.

zur Höhe des Eineinhalbfachen der festen jährlichen Vergütung des Vorstandsmitglieds vorzusehen."

Der knappe Wortlaut der neuen Regelung wirft dabei eine ganze Reihe von Fragen auf, die Rechtsprechung und Literatur zu beantworten haben werden.[1] Nachfolgend sollen die wichtigsten dieser Fragen kurz skizziert werden.

In der Literatur wird zunächst die **Verfassungsmäßigkeit** des § 93 Abs. 2 Satz 3 AktG diskutiert. Ansatzpunkte hierfür sind eine möglicherweise unzulässige Einschränkung der durch Art. 12 Abs. 1 GG geschützten Vertragsfreiheit der betroffenen Aktiengesellschaften sowie eine potenziell gegen Art. 3 Abs. 1 GG verstoßende Ungleichbehandlung von AG-Vorständen gegenüber anderen Gesellschaftsformen und Berufsgruppen.[2] Im Ergebnis dürften die Regelungen aber verfassungsrechtlich nicht zu beanstanden sein.[3] 80

Vom Selbstbehalt in erster Linie erfasst sind D&O-Versicherungen, die eine **Aktiengesellschaft für ihre Vorstandsmitglieder** abschließt. Ausdrücklich nicht erfasst sind gem. § 116 Satz 1 AktG D&O-Versicherungen für Aufsichtsratsmitglieder. Kraft verschiedener Verweisungsnormen gilt der Selbstbehalt grundsätzlich auch für **Versicherungsvereine auf Gegenseitigkeit, Europäische Gesellschaften und Kommanditgesellschaften auf Aktien**.[4] Gesellschaften mit beschränkter Haftung und Genossenschaften sind dagegen nicht betroffen. Nach dem Wortlaut des § 93 Abs. 2 Satz 3 AktG gilt der obligatorische Selbstbehalt nicht für **Tochter-Aktiengesellschaften**, deren Vorstandsmitglieder in den von der Konzernmutter geschlossenen Versicherungsvertrag einbezogen sind. Dies dürfte allerdings kaum der Absicht des Gesetzgebers entsprechen.[5] Vielmehr ist davon auszugehen, dass ein Selbstbehalt immer dann zu vereinbaren ist, wenn ein Versicherungsvertrag für Vorstandsmitglieder einer deutschen Aktiengesellschaft geschlossen wird. Dabei dürfte es keinen Unterschied machen, ob der Vertrag durch die Gesellschaft selbst oder durch ein anderes Konzernunternehmen gleicher oder anderer Rechtsform geschlossen wird.[6] Bis zur abschließenden Klärung dieser Frage ist die vorsorgliche Vereinbarung eines Selbstbehalts für alle Versicherungsverträge zu empfehlen, die die Haftung von Vorständen einer Aktiengesellschaft abdecken. 81

§ 93 AktG betrifft die Haftung des Vorstands gegenüber der Gesellschaft. Auch wenn der Wortlaut des § 93 Abs. 2 Satz 3 AktG insoweit keine Einschränkung macht, gilt der obligatorische Selbstbehalt aus systematischen Gründen daher nur für Fälle der **Innenhaftung**.[7] Auch die Gesetzesbegründung stützt diese Inter- 82

---

1 Vgl. *O. Lange*, VW 2009, 918.
2 *Koch*, AG 2009, 637, 640ff.; *Schulz*, VW 2009, 1410, 1412.
3 Ebenso *Koch*, AG 2009, 637, 640ff., der allerdings eine analoge Anwendung der Vorschrift auf Genossenschaften für verfassungsrechtlich geboten hält.
4 Vgl. *Koch*, AG 2009, 637, 640.
5 Vgl. Beschlussempfehlung des Rechtsausschusses vom 17.6.2009, BT-Drucks. 16/13433, S. 11.
6 *O. Lange*, VersR 2009, 1011, 1013f.
7 *O. Lange*, VersR 2009, 1011, 1016; *Olbrich/Kassing*, BB 2009, 1659; *Schulz*, VW 2009, 1410f.; einschränkend *Koch*, AG 2009, 637, 643; a.A. *van Kann*, NZG 2009, 1010, 1011.

pretation.¹ Aus Wortlaut, Systematik und Zweck des § 93 Abs. 2 Satz 3 AktG folgt zudem, dass der Selbstbehalt nur für den Freistellungsanspruch des versicherten Vorstandsmitglieds gilt. Eine **Anrechnung** auf die Kosten einer von der Versicherung gewährten **Abwehrdeckung** findet demnach nicht statt.²

83 Schließlich besteht für Vorstandsmitglieder die Möglichkeit den Selbstbehalt durch eine **Eigenversicherung** abzudecken. § 93 Abs. 2 Satz 3 AktG erfasst nur von der Gesellschaft abgeschlossene Versicherungsverträge.³ So lange das Vorstandsmitglied die Prämien selbst trägt, liegt in der Eigenversicherung auch keine unzulässige Umgehung des obligatorischen Selbstbehalts.⁴ Einem Verbot der durch eigene Mittel des Vorstandsmitglieds erkauften Versicherung stünden erhebliche **verfassungsrechtliche Bedenken** entgegen.⁵

84 Über die angesprochenen Problemstellungen hinaus stellen sich **weitere Einzelfragen**[6], deren Darstellung den Umfang dieses Beitrags übersteigen würde. Festzuhalten ist, dass für Anwendungsbereich und Ausgestaltung des obligatorischen Selbstbehalts erhebliche Unklarheiten bestehen. So lange diese nicht durch den Gesetzgeber oder die Rechtsprechung geklärt sind, ist den betroffenen Gesellschaften bei der genauen Ausgestaltung ihrer D&O-Policen zu raten, die konkrete Ausgestaltung sorgfältig zu prüfen.

---

1 Vgl. *O. Lange*, VersR 2009, 1011, 1016 unter Bezugnahme auf die Beschlussempfehlung des Rechtsausschusses vom 17.6.2009, BT-Drucks. 16/13433, S. 17.
2 *Koch*, AG 2009, 637, 644; *O. Lange*, VersR 2009, 1011, 1019 f.; *Laschet*, PHi 2009, 158, 163 f.; *Olbrich/Kassing*, BB 2009, 1659, 1660; a.A. *van Kann*, NZG 2009, 1010, 1012.
3 *O. Lange*, VersR 2009, 1011, 1022; *Laschet*, PHi 2009, 158, 165 f.
4 *Koch*, AG 2009, 637, 645 f.; kritisch dazu *Fleischer*, NZG 2009, 801, 806.
5 *Gädtke*, VersR 2009, 1565, 1569 ff.; *O. Lange*, VersR 2009, 1011, 1022 f.
6 Sehr ausführlich zu vielen Fragen: *O. Lange*, VersR 2009, 1011.

§ 16
Verzicht, Vergleich und sonstige Fälle der Haftungsbeschränkung

Professor Dr. Ulrich Haas/Diplom-Jurist Martin Wigand

	Rz.		Rz.
A. GmbH	1	bb) Analoge Anwendung des § 93 Abs. 5 Satz 2 und 3 AktG	33
I. Verzicht und Vergleich	2		
1. Beschränkung nach § 9b Abs. 1 GmbHG	3	c) Allgemeine Beschränkungen	34
a) Die erfassten Handlungsweisen	4	aa) § 80 InsO	34
b) Die erfassten Ansprüche	5	bb) § 138 BGB	35
aa) Die unstreitigen Fälle	5	cc) §§ 276 Abs. 3, 202 Abs. 1 BGB	36
bb) Problem: Über Kapitalerhaltung hinausgehender Schaden	7	4. Rechtsfolgen	37
		a) Der Grundsatz	37
cc) Problem: Existenzvernichtender Eingriff	8	b) Insolvenzanfechtung	39
dd) Problem: (Insolvenz-)Krisenpflichten	11	aa) Der Begriff der Unentgeltlichkeit	40
c) Zur Befriedigung der Gläubiger erforderlich	12	bb) Die Unentgeltlichkeit im konkreten Fall	43
		II. Weisung und Billigung	45
aa) Eintritt der auflösenden Bedingung	13	1. Zuständigkeit	46
bb) Darlegungs- und Beweislast	14	a) Reichweite der haftungsausschließenden Wirkung	48
cc) Rechtsfolgen	15	b) Rechtsfolgen bei Fehlen oder Rechtswidrigkeit eines Beschlusses	49
d) Ausnahmen vom „Verbot" in § 9b Abs. 1 GmbHG	16		
aa) Abwendung des Insolvenzverfahrens über das Vermögen des Ersatzpflichtigen	17	2. Beschränkung nach § 43 Abs. 3 Satz 3 GmbHG	50
		3. Beschränkung nach sonstigen gesellschaftsrechtlichen Grundsätzen	51
bb) Regelung im Insolvenzplan	18	a) Analoge Anwendung des § 30 Abs. 1 Satz 1 GmbHG	52
cc) Keine Anwendung auf den Insolvenzverwalter	19	b) Analoge Anwendung des § 43 Abs. 3 Satz 3 GmbHG	53
2. Gesellschafterbeschluss	20	c) Analoge Anwendung des § 93 Abs. 5 Satz 2 und 3 AktG	55
a) Beschlussverfahren	22		
b) Fehlen des Gesellschafterbeschlusses	25	III. Haftungsbeschränkung durch Reduzierung des Pflichten- und Sorgfaltsmaßstabs	56
3. Sonstige Beschränkungen	26	1. Dispositionsbefugnis der Gesellschafter	57
a) § 30 Abs. 1 Satz 1 GmbHG	26	2. Ausübung der Befugnis	61
b) Analoge Anwendung gesellschaftsrechtlicher Vorschriften	28	**B. AG**	62
aa) Analoge Anwendung des § 43 Abs. 3 Satz 2 GmbHG	29	I. Verzicht und Vergleich	63
		1. Wirksamkeitserfordernisse	64

	Rz.		Rz.
a) Zeitliche Voraussetzungen .	65	bb) Rechtsfolgen bei einem Verstoß	72
aa) Frist und Fristberechnung	65	c) Sonstige Beschränkungen .	73
bb) Folgen der Nichteinhaltung der Frist	67	2. Rechtsfolgen	74
		a) Allgemeine Folgen	74
cc) Ausnahmen von der Dreijahresfrist	69	b) Auswirkungen auf das Verfolgungsrecht der Gläubiger	75
b) Zustimmung der Hauptversammlung	70	II. Beschluss der Hauptversammlung	77
		1. Gesetzmäßiger Beschluss . . .	78
aa) Anforderungen an den Zustimmungsbeschluss.	70	2. Zusammenhang zwischen Beschluss und Handlung	81

Schrifttum: *Altmeppen*, Das neue Recht der Gesellschafterdarlehen in der Praxis, NJW 2008, 3601; *Altmeppen*, Zur Entwicklung eines neuen Gläubigerschutzkonzeptes in der GmbH, ZIP 2002, 1553; *Altmeppen*, Grundlegend Neues zum „qualifiziert faktischen" Konzern und zum Gläubigerschutz in der Einmann-GmbH, ZIP 2001, 1837; *Altmeppen*, Zur Disponibilität der Geschäftsführerhaftung in der GmbH, DB 2000, 657; *Altmeppen*, Die Haftung des Managers im Konzern, 1998; *Bauer/Krets*, Gesellschaftsrechtliche Sonderregeln bei der Beendigung von Vorstands- und Geschäftsführerverträgen, DB 2003, 811; *Bitter*, Der Anfang vom Ende des „qualifiziert faktischen GmbH-Konzerns" – Ansätze einer allgemeinen Missbrauchshaftung in der Rechtsprechung des BGH, WM 2001, 2133; *Burgard*, Die Förder- und Treupflicht des Alleingesellschafters einer GmbH, ZIP 2002, 827; *Cahn*, Vergleichsverbote im Gesellschaftsrecht, 1996; *Dauner-Lieb*, Die Existenzvernichtungshaftung – Schluss der Debatte?, DStR 2006, 2034; *Ebenroth/Lange*, Sorgfaltspflichten und Haftung des Geschäftsführers einer GmbH nach § 43 GmbHG, GmbHR 1992, 69; *Fleck*, Zur Haftung des GmbH-Geschäftsführers, GmbHR 1974, 224; *Fleischer*, Haftungsfreistellung, Prozesskostenersatz und Versicherung für Vorstandsmitglieder, WM 2005, 909; *Gehrlein*, Die Behandlung von Gesellschafterdarlehen durch das MoMiG, BB 2008, 846; *Greulich/ Bunnemann*, Geschäftsführerhaftung für zur Zahlungsunfähigkeit führende Zahlungen an die Gesellschafter nach § 64 II 3 GmbHG-RefE – Solvenztest im deutschen Recht?, NZG 2006, 681; *Gundlach/Frenzel/Strondmann*, Der § 93 Abs. 5 AktG in der Insolvenz, DZWIR 2007, 142; *Haas* in Gottwald (Hrsg.), Insolvenzrechts-Handbuch, 3. Aufl. 2006, § 92; *Haas*, Eigenkapitalersatzrecht und Übergangsrecht, DStR 2009, 976; *Haas*, Reform des gesellschaftsrechtlichen Gläubigerschutzes, Gutachten E zum 66. DJT, 2006; *Haas*, Die Disziplinierung des GmbH-Geschäftsführers im Interesse der Gesellschaftsgläubiger, WM 2006, 1417; *Haas*, Kapitalerhaltung, Insolvenzanfechtung, Schadensersatz und Existenzvernichtung – wann wächst zusammen, was zusammen gehört?, ZIP 2006, 1373; *Haas*, Die Gesellschafterhaftung wegen Existenzvernichtung, WM 2003, 1929; *Habersack/Schürnbrandt*, Die Rechtsnatur der Haftung aus §§ 93 Abs. 3 AktG, 43 Abs. 3 GmbHG, WM 2005, 957; *Häsemeyer*, Insolvenzrecht, 3. Aufl. 2003; *Hefermehl* Zur Haftung der Vorstandsmitglieder bei Ausführung von Hauptversammlungsbeschlüssen, in FS Schilling, 1973, S. 773; *Heisse*, Die Beschränkung der Geschäftsführerhaftung gegenüber der GmbH, 1986; *Henze*, Entwicklungen der Rechtsprechung des BGH im GmbH-Recht – Freud und Leid der Kommentatoren, GmbHR 2000, 1069; *Hirte*, Kapitalgesellschaftsrecht, 6. Aufl. 2009; *Hirte*, Neuregelungen mit Bezug zum gesellschaftsrechtlichen Gläubigerschutz und im Insolvenzrecht durch das Gesetz zur Modernisierung des GmbH-Rechts und zur Bekämpfung von Missbräuchen (MoMiG), ZInsO 2008, 689; *Immenga*, Bindung von Rechtsmacht durch Treuepflichten, in FS 100 Jahre GmbH-Gesetz, 1992, S. 189; *Jula*, Geschäftsführerhaftung gemäß § 43 GmbHG: Minimierung der Risiken durch Regelungen im Anstellungsvertrag?, GmbHR 2001, 806; *Konzen*, Geschäftsführung, Weisungsrecht und Verantwortlichkeit in der GmbH und GmbH & Co. KG, NJW 1989, 2977; *Kort*, Das Verhältnis von Auszahlungsverbot (§ 30 Abs. 1 GmbHG) und Erstattungspflicht (§ 31 GmbHG), ZGR 2001, 613; *Lohr*,

Die Beschränkung der Innenhaftung des GmbH-Geschäftsführers, NZG 2000, 1204; *Lutter*, Haftung und Haftungsfreiräume des GmbH-Geschäftsführers – 10 Gebote an den Geschäftsführer, GmbHR 2000, 301; *Mertens*, Die gesetzlichen Einschränkungen der Disposition über Ersatzansprüche der Gesellschaft durch Verzicht und Vergleich in der aktien- und konzernrechtlichen Organhaftung, in FS Fleck, 1988, S. 209; *Mestmäcker*, Zur aktienrechtlichen Stellung der Verwaltung bei Kapitalerhöhungen, BB 1961, 945; *Noack*, Reform des deutschen Kapitalgesellschaftsrecht: Das Gesetz zur Modernisierung des GmbH-Rechts und zur Bekämpfung von Missbräuchen, DB 2006, 1475; *Paulus*, Konzernrecht und Konkursanfechtung, ZIP 1996, 2141; *Reese*, Die Haftung von „Managern" im Innenverhältnis, DStR 1995, 532; *Röhricht*, Insolvenzrechtliche Ansprüche im Gesellschaftsrecht, ZIP 2005, 505; *K. Schmidt*, Reform der Kapitalsicherung und Haftung in der Krise nach dem Regierungsentwurf des MoMiG, GmbHR 2007, 1072; *Uwe H. Schneider/Sven H. Schneider*, Zwölf goldene Regeln des GmbH-Geschäftsführers zur Haftungsvermeidung, GmbHR 2005, 1229; *Sernetz/Haas* (Hrsg.), Kapitalaufbringung und -erhaltung in der GmbH, 2003; *Stobbe*, Die Durchsetzung gesellschaftsrechtlicher Ansprüche der GmbH in der Insolvenz und masselosen Insolvenz, 2001; *Thelen*, Der Gläubigerschutz bei Insolvenz der Gesellschaft mit beschränkter Haftung, ZIP 1987, 1027; *Wiedemann*, Entwicklungen im Kapitalgesellschaftsrecht, DB 1993, 141; *Weller*, Scheinauslandsgesellschaften nach Centros, Überseering und Inspire Art: Ein neues Anwendungsfeld für die Existenzvernichtungshaftung, IPRax 2003, 207; *Wiedemann*, Europäische Rechtsformwahlfreiheit und Gesellschafterhaftung, 2004; *Ziemons* in Oppenländer/Trölitzsch (Hrsg.), Praxishandbuch der GmbH-Geschäftsführung, 2004, § 29; *Zimmermann*, Vereinbarungen über die Erledigung von Ersatzansprüchen gegen Vorstandsmitglieder von Aktiengesellschaften, in FS Duden, 1977, S. 773.

A. GmbH

Im GmbH-Recht wird eine Enthaftung des Geschäftsführers gegenüber der Gesellschaft – sieht man einmal von der Verwirkung oder der Verjährung ab –[1] für folgende **Fallgestaltungen** diskutiert: Verzicht und Vergleich auf den Haftungsanspruch (s. unten I., Rz. 2 ff.), Weisung und Billigung der bzw. durch die Gesellschafterversammlung (s. unten II., Rz. 45 ff.) sowie Modifikation des Pflichten- und Sorgfaltsmaßstabs (s. unten III., Rz. 56 ff.). Kraft Gesetzes kommt eine Enthaftung bzw. Haftungsbeschränkung des Geschäftsführers gegenüber der Gesellschaft nur in seltenen Ausnahmefällen in Betracht.[2] Keine Reduzierung des vom Geschäftsführer zu beachtenden Sorgfaltsmaßstabs im Zusammenhang mit den Organpflichten folgt insbesondere aus arbeitsrechtlichen Grundsätzen[3], einem ideellen Unternehmenszweck oder aus dem Umstand, dass der Geschäftsführer ehrenamtlich tätig wird.[4]

---

1 S. hierzu etwa *Haas* in Michalski, § 43 GmbHG Rz. 230 ff. und 243 f.; *Haas*, NZG 2009, 976 ff.
2 S. *Haas* in Michalski, § 43 GmbHG Rz. 20.
3 BGH v. 25.6.2001 – II ZR 38/99, BGHZ 148, 167, 172 = GmbHR 2001, 771; *Zöllner/Noack* in Baumbach/Hueck, § 43 GmbHG Rz. 6; *Uwe H. Schneider* in Scholz, § 43 GmbHG Rz. 254 ff.; *Altmeppen* in Roth/Altmeppen, § 43 GmbHG Rz. 5; *Ziemons* in Praxishandbuch der GmbH-Geschäftsführung, § 29 Rz. 15; *Kleindiek* in Lutter/Hommelhoff, § 43 GmbHG Rz. 31; *Haas* in Michalski, § 43 GmbHG Rz. 194 f.; für das Aktienrecht, s. *Hopt* in Großkomm. AktG, § 93 AktG Rz. 340 ff.
4 *Haas* in Michalski, § 43 GmbHG Rz. 197. Für (unentgeltlich tätige) ehrenamtliche Geschäftsführer gilt wohl § 31a BGB entsprechend. Die Vorschrift zielt zwar dem Wortlaut nach allein auf Vereine, ist aber ihrer Intention und ihrem Zweck nach auch auf andere Verbände anwendbar.

I. Verzicht und Vergleich

2 Grundsätzlich steht die Haftung des Geschäftsführers gegenüber (seiner) GmbH zur Disposition der Gesellschafter. Letztere können auf den Anspruch der Gesellschaft verzichten oder auf einen entsprechenden Vergleich hinwirken. Der Verzicht oder Vergleich unterliegt jedoch bestimmten Voraussetzungen bzw. Beschränkungen.

1. Beschränkung nach § 9b Abs. 1 GmbHG

3 Nach § 9b Abs. 1 GmbHG ist ein Verzicht bzw. Vergleich über Ersatzansprüche der Gesellschaft nach § 9a GmbHG unwirksam, soweit der Ersatz zur Befriedigung der Gläubiger der Gesellschaft erforderlich ist. Eine Einschränkung erfährt diese Rechtsfolge dann, wenn der Geschäftsführer zahlungsunfähig ist und sich zur Abwendung des Insolvenzverfahrens mit einem Gläubiger vergleicht oder wenn die Ersatzpflicht in einem Insolvenzverfahren geregelt wird.

a) Die erfassten Handlungsweisen

4 Unter den Begriff „Verzicht" i.S. des § 9b Abs. 1 GmbHG fällt der Erlass (auch der Teilerlass) des Anspruchs nach § 397 BGB sowie das negative Schuldanerkenntnis.[1] Dem steht der Fall gleich, dass die Gesellschaft auf eine negative Feststellungsklage des Geschäftsführers mit einem Anerkenntnis i.S. des § 307 ZPO reagiert oder die Gesellschaft nach Erhebung der Klage auf den prozessualen Anspruch verzichtet (§ 306 ZPO).[2] Ein Verzicht auf den Ersatzanspruch liegt auch in der Entlastung des Geschäftsführers für den Zeitraum, in dem die Pflichtverletzung erfolgt ist.[3] Erfasst werden von § 9b Abs. 1 GmbHG auch der Vergleich (§ 779 BGB) und der Prozessvergleich (§ 794 Abs. 1 Nr. 1 ZPO).[4] Anwendbar ist § 9b Abs. 1 GmbHG auch auf Vereinbarungen zwischen Geschäftsführer und Gesellschafter, die eine vergleichbare Wirkung wie ein Verzicht bzw. Vergleich haben. Dies trifft etwa für Abmachungen zu, die die Durchsetzbarkeit bzw. Geltendmachung des (einmal entstandenen) Anspruchs beschränken oder (zeitweise) verhindern (z.B. Stillhalteabkommen, Ausschluss oder Einschränkung der Klagbarkeit).[5] Hierher gehören auch Vereinbarungen, durch die die Verjährungsfrist abgekürzt wird.[6] Nichts anderes gilt, wenn der Ersatzanspruch an den Geschäfts-

---

1 BGH v. 20.3.1986 – II ZR 114/85, ZIP 1987, 1050 = GmbHR 1986, 302.
2 Nicht hierunter fallen aber die Fälle einer schlechten Prozessführung, etwa wenn gegen die Gesellschaft auf Grund nachlässiger Prozessführung ein Versäumnisurteil ergeht, s. auch *Spindler* in MünchKomm. AktG, § 93 AktG Rz. 230.
3 BGH v. 20.3.1986 – II ZR 114/85, ZIP 1987, 1050, 1052 = GmbHR 1986, 302; *Heyder* in Michalski, § 9b GmbHG Rz. 2; *H. Winter/Veil* in Scholz, § 9b GmbHG Rz. 6; *Ulmer* in Ulmer/Habersack/Winter, § 9b GmbHG Rz. 9.
4 OLG Düsseldorf v. 17.11.1988 – 8 U 52/88, AG 1989, 361; 362; *Bayer* in Lutter/Hommelhoff, § 9b GmbHG Rz. 1; *H. Winter/Veil* in Scholz, § 9b GmbHG Rz. 7.
5 *Heyder* in Michalski, § 9b GmbHG Rz. 3; *H. Winter/Veil* in Scholz, § 9b GmbHG Rz. 6; *Ulmer* in Ulmer/Habersack/Winter, § 9b GmbHG Rz. 9.
6 Zur Gleichbehandlung von Ausschlussfristen und Verkürzung der Verjährungsfrist, s. BGH v. 15.11.1999 – II ZR 122/98, ZIP 2000, 135, 136 = GmbHR 2000, 187; BGH v.

führer abgetreten wird, damit dieser durch Konfusion erlischt. Nicht hierher gehört allerdings die Vereinbarung einer schiedsgerichtlichen Entscheidungszuständigkeit für die Geltendmachung der Ansprüche[1]; denn bei der Schiedsgerichtsbarkeit handelt es sich um eine in jeder Hinsicht gleichwertige Alternative zur staatlichen Gerichtsbarkeit.[2]

b) Die erfassten Ansprüche

aa) Die unstreitigen Fälle. Dem Verzichts- und Vergleichsverbot nach § 9b Abs. 1 GmbHG unterliegt in erster Linie der Anspruch nach § 9a Abs. 1 GmbHG. Danach haftet (u.a.) der Geschäftsführer gegenüber der Gesellschaft, wenn er zum Zweck der Errichtung der Gesellschaft „falsche Angaben" macht. § 9b Abs. 1 GmbHG findet entsprechende Anwendung auf Ersatzansprüche gegen den Geschäftsführer nach § 57 Abs. 4 GmbHG wegen falscher Angaben bei Kapitalerhöhung, in den Fällen der Verschmelzung oder Spaltung zu Neugründung einer GmbH (§§ 36 Abs. 2 Satz 1, 135 Abs. 2 Satz 1 UmwG) sowie der formwechselnden Umwandlung in einer GmbH (§ 197 Satz 1 UmwG).[3]

5

Eine Verweisung auf § 9b Abs. 1 GmbHG enthält auch § 43 Abs. 3 Satz 2 GmbHG. Ausdrücklich erfasst werden von der Verweisung Haftungsansprüche nach § 43 Abs. 3 Satz 1 GmbHG, d.h. Ersatzansprüche der Gesellschaft, die auf einem Verstoß gegen § 30 Abs. 1 GmbHG oder § 33 GmbHG beruhen.[4] Mit dem MoMiG[5] wurde der Anwendungsbereich des § 30 Abs. 1 GmbHG durch die Einführung der Vorschriften in § 30 Abs. 1 Satz 2 und Satz 3 GmbHG allerdings dahingehend eingeschränkt, dass Leistungen, die im Rahmen eines Beherrschungs- oder Gewinnabführungsvertrags nach § 291 AktG erfolgen oder durch einen vollwertigen Gegenleistungs- oder Rückgewähranspruch gegen den Gesellschafter gedeckt sind, sowie die Rückgewähr von Gesellschafterdarlehen und wirtschaftlich entsprechende Rechtshandlungen nicht vom Auszahlungsverbot des § 30 Abs. 1 Satz 1 GmbHG erfasst sind. Eine Verletzung des § 30 Abs. 2 GmbHG löst eine Haftung nach § 43 Abs. 3 Satz 1 GmbHG nur im Fall des § 30 Abs. 2 Satz 3 GmbHG aus.[6] H.M. nach findet § 43 Abs. 3 Satz 1 GmbHG (und damit auch Satz 2) ebenfalls auf die der Kapitalerhaltung dienende Ge-

6

16.9.2002 – II ZR 107/01, ZIP 2002, 2128, 2129 = GmbHR 2002, 1197, 1198; OLG Stuttgart v. 26.5.2003 – 5 U 160/02, GmbHR 2003, 835, 837; *Zöllner/Noack* in Baumbach/Hueck, § 43 GmbHG Rz. 55; s. auch *Hueck/Fastrich* in Baumbach/Hueck, § 9b GmbHG Rz. 4.

1 *Hueck/Fastrich* in Baumbach/Hueck, § 9b GmbHG Rz. 2; a.A. *Schmidt-Leithoff* in Rowedder/Schmidt-Leithoff, § 9b GmbHG Rz. 9; offen gelassen bei *Roth* in Roth/Altmeppen, § 9b GmbHG Rz. 2.
2 BR-Drucks. 211/96 v. 22.3.1996, S. 109/110.
3 *Ulmer* in Ulmer/Habersack/Winter, § 9b GmbHG Rz. 4.
4 Zur umstrittenen Rechtsnatur des Haftungsanspruchs, s. *Habersack/Schürnbrandt*, WM 2005, 957, 958 ff.; *Paefgen* in Ulmer/Habersack/Winter, § 43 GmbHG Rz. 142.
5 Gesetz zur Modernisierung des GmbH-Rechts und zur Bekämpfung von Missbräuchen vom 23.10.2008, BGBl. I 2008, 2026.
6 *Zöllner/Noack* in Baumbach/Hueck, § 43 GmbHG Rz. 49; *Haas* in Michalski, § 43 GmbHG Rz. 217; a.A. *Paefgen* in Ulmer/Habersack/Winter, § 43 GmbHG Rz. 145.

schäftsführerhaftung nach § 43a GmbHG Anwendung.[1] Mit besagter Einführung des § 30 Abs. 1 Satz 3 GmbHG wurde Haftungsansprüchen aus § 43 Abs. 3 Satz 1 GmbHG, die auf den eigenkapitalersatzrechtlichen Rechtsprechungsregeln beruhen und nach bisheriger h.M. von § 9b Abs. 1 GmbHG durch den Verweis in § 43 Abs. 3 Satz 2 GmbHG erfasst waren[2], die Rechtsgrundlage entzogen.[3] Die alte Rechtslage kommt jedoch entsprechend Art. 103d Satz 1 EGInsO weiterhin zur Anwendung, wenn das Insolvenzverfahren über das Vermögen der Gesellschaft vor dem 1.11.2008 eröffnet worden ist.[4] Unstreitig findet schließlich § 9b Abs. 1 GmbHG entsprechende Anwendung (auf Grund der Verweisung in § 64 Satz 4 GmbHG n.F. und § 43 Abs. 3 GmbHG) auf die Geschäftsführerhaftung nach § 64 Satz 1 GmbHG n.F.[5]

7 **bb) Problem: Über Kapitalerhaltung hinausgehender Schaden.** Problematisch ist, ob das Verzichts- und Vergleichsverbot auch auf Ersatzansprüche Anwendung findet, mit denen die Gesellschaft einen über die Verletzung der Kapitalerhaltungspflichten hinausgehenden Schaden verlangt. Dass der Geschäftsführer hierfür von der Gesellschaft in Anspruch genommen werden kann, ist unstreitig.[6] Fraglich ist allein, nach welcher Norm sich die Ersatzpflicht des Geschäftsführers richtet. In Frage kommen insoweit § 43 Abs. 3 Satz 1 GmbHG oder aber – so wohl die überwiegende Ansicht – § 43 Abs. 2 GmbHG.[7] Folgt man der letztgenannten

---

1 *Zöllner/Noack* in Baumbach/Hueck, § 43 GmbHG Rz. 47 und 54; *Paefgen* in Ulmer/Habersack/Winter, § 43 GmbHG Rz. 147; *Kleindiek* in Lutter/Hommelhoff, § 43 GmbHG Rz. 55; *Haas* in Michalski, § 43 GmbHG Rz. 220.
2 BGH v. 9.12.1991 – II ZR 43/91, ZIP 1992, 108, 109 = GmbHR 1992, 166; s. auch BGH v. 25.6.2001 – II ZR 38/99, BB 2001, 1753, 1754 = GmbHR 2001, 771 m. Anm. *Harnier*; *Paefgen* in Ulmer/Habersack/Winter, § 43 GmbHG Rz. 147; *Kleindiek* in Lutter/Hommelhoff, § 43 GmbHG Rz. 48; *Altmeppen* in Roth/Altmeppen, § 30 GmbHG Rz. 1, 5; *Uwe H. Schneider* in Scholz, § 43 GmbHG Rz. 270 (zur Rechtslage vor dem MoMiG); *Zöllner/Noack* in Baumbach/Hueck, § 43 GmbHG Rz. 49; a.A. *Haas* in Michalski, § 43 GmbHG Rz. 219.
3 S. zu der Abschaffung der Rechtsprechungsregeln (und damit auch der damit einhergehenden Geschäftsführerhaftung) durch das MoMiG, *Altmeppen*, NJW 2008, 3601, 3606; *Gehrlein*, BB 2008, 846, 848 f.; *Hirte*, ZInsO 2008, 689, 692; *K. Schmidt*, GmbHR 2007, 1072, 1076 f.
4 Zur Übergangsregelung s. auch BGH v. 26.1.2009 – II ZR 260/07, ZIP 2009, 615 ff. = GmbHR 2009, 427; eingehend *Haas*, DStR 2009, 976.
5 Hier sind freilich die Voraussetzungen für ein „Verzichts- und Vergleichsverbot" nach § 9b Abs. 1 GmbHG stets gegeben; denn richtiger Ansicht nach setzt der Anspruch wegen Massekürzung nach § 64 Satz 1 GmbHG n.F. entweder die Eröffnung des Insolvenzverfahrens oder aber die Abweisung des Insolvenzantrags mangels Masse voraus, s. *Nerlich* in Michalski, § 64 GmbHG Rz. 47; *Schulze-Osterloh* in Baumbach/Hueck, § 64 GmbHG Rz. 82; *Ulmer* in Hachenburg, § 64 GmbHG Rz. 38; *Fleck*, GmbHR 1974, 224, 230; *Stobbe*, Die Durchsetzung gesellschaftsrechtlicher Ansprüche der GmbH in der Insolvenz und masselosen Insolvenz, 2001, Rz. 301; *Haas* in Gottwald, Insolvenzrechts-Handbuch, § 92 Rz. 157. In beiden Fällen ist dann aber die Geltendmachung des Anspruchs stets zur Gläubigerbefriedigung erforderlich (s. unten Rz. 12 ff.).
6 BGH v. 20.3.1986 – II ZR 114/85, WM 1986, 789 f. = GmbHR 1986, 302; OLG Nürnberg v. 19.4.2001 – 13 U 3405/00, NZG 2001, 943, 944; *Habersack/Schürnbrandt*, WM 2005, 957, 958; *Haas* in Michalski, § 43 GmbHG Rz. 221.
7 S. RGZ 159, 211, 230; *Paefgen* in Ulmer/Habersack/Winter, § 43 GmbHG Rz. 149; *Thelen*, ZIP 1987, 1027, 1032; *Haas* in Sernetz/Haas, Kapitalaufbringung und -erhaltung in

Ansicht, dann findet das Verzichts- und Vergleichsverbot in § 43 Abs. 3 Satz 2 GmbHG keine unmittelbare Anwendung.[1] In Betracht zu ziehen ist aber u.U., dass auch hier (auf den Ersatzanspruch nach § 43 Abs. 2 GmbHG) § 43 Abs. 3 Satz 2 GmbHG analog angewendet wird.[2]

cc) Problem: Existenzvernichtender Eingriff. Fraglich ist, ob § 43 Abs. 3 Satz 2 GmbHG auch auf Ansprüche der Gesellschaft gegen den Geschäftsführer im Zusammenhang mit einem existenzvernichtenden Eingriff Anwendung findet. Mit der Rechtsfigur[3] des existenzvernichtenden Eingriffs will die Rspr. – in erster Linie – Einflussnahmen des Gesellschafters auf das Gesellschaftsvermögen erfassen, die zu einer Auszahlung an die Gesellschafter führen, die die Fähigkeit der Gesellschaft, ihre Schulden zu begleichen nicht unerheblich beeinträchtigt und durch einen Einzelausgleich in Form einer Rückzahlung der „Ausschüttung" nicht adäquat kompensiert wird. Woraus sich die Haftung des Gesellschafters in diesen Fällen ergibt, war in Rechtsprechung und Literatur zunächst nicht ganz eindeutig. Ursprünglich jedenfalls hat man die Gesellschafterhaftung bei der „Durchgriffshaftung" (analog § 128 HGB) verortet.[4] Heute sieht man demgegenüber in Rechtsprechung[5] und Schrifttum[6] die Rechtsgrundlage für eine Gesellschafterhaftung in einer deliktischen Innenhaftung. Anknüpfungspunkt ist insoweit die Fallgruppe der sittenwidrigen vorsätzlichen Schädigung gem. § 826 BGB. Beteiligt sich der Geschäftsführer an einem derartigen existenzvernichtenden Eingriff, so macht sich dieser unstreitig (auch) gegenüber der Gesellschaft ersatzpflichtig. Fraglich ist freilich woraus sich die Haftung ergibt. In Betracht

8

---

der GmbH, 2003, Rz. 507; *Haas* in Michalski, § 43 GmbHG Rz. 221; *Kleindiek* in Lutter/Hommelhoff, § 43 GmbHG Rz. 49; im Ergebnis auch *Habersack/Schürnbrandt*, WM 2005, 957, 961.

1 *Habersack/Schürnbrandt*, WM 2005, 957, 961.
2 Für eine analoge Anwendung des § 43 Abs. 3 Satz 3 GmbHG in einem solchen Fall spricht jedenfalls, dass es gekünstelt erscheint, der (einheitlichen) Weisung der Gesellschafter an den Geschäftsführer, gegen die Kapitalerhaltungspflichten zu verstoßen, teilweise haftungsbefreiende Wirkung (und damit eine Folgepflicht) zusprechen zu wollen und teilweise nicht, a.A. aber BGH v. 18.2.2008 – II ZR 62/07, ZIP 2008, 736, 737 = GmbHR 2008, 488, 489; *Habersack/Schürnbrandt*, WM 2005, 957, 961: Haftungsausschließende Wirkung von Weisungen ist nicht außer Kraft gesetzt.
3 S. hierzu im Einzelnen, BGH v. 17.9.2001 – II ZR 178/99, ZIP 2001, 1874 = AG 2002, 43 = GmbHR 2001, 1036; BGH v. 25.2.2002 – II ZR 196/00, BGHZ 150, 61 ff. = GmbHR 2002, 549; BGH v. 24.6.2002 – II ZR 300/00, ZIP 2002, 1578 ff. = GmbHR 2002, 902; BGH v. 13.12.2004 – II ZR 206/02, NZI 2005, 237 ff. = GmbHR 2005, 225; BGH v. 13.12.2004 – II ZR 256/02, ZIP 2005, 250 ff. = GmbHR 2005, 299; BGH v. 25.7.2005 – II ZR 390/03, ZIP 2005, 1734 ff. = GmbHR 2005, 1425; *Röhricht*, ZIP 2005, 505, 513 f.; *Weller*, Europäische Rechtsformwahlfreiheit und Gesellschafterhaftung, 2004, S. 123 ff.; *Haas* in Gutachten zum 66. DJT, 2006, E 83 ff.
4 *Altmeppen*, ZIP 2002, 1553, 1555 ff.; *Weller*, IPRax 2003, 207, 208; *Bitter*, WM 2001, 2133, 2139 ff.
5 „Trihotel"-Entscheidung des BGH v. 16.7.2007 – II ZR 3/04, ZIP 2007, 1552, 1554 = GmbHR 2007, 927, 929 und „GAMMA"-Entscheidung des BGH v. 28.4.2008 – II ZR 264/06, ZIP 2008, 1232, 1233 = GmbHR 2008, 805, 807.
6 *Emmerich/Habersack*, Konzernrecht, § 31 II 1 (S. 429); *Haas* in Gutachten zum 66. DJT, 2006, E 90 ff.; *Haas*, WM 2003, 1929, 1940; *Wagner* in MünchKomm. BGB, § 826 BGB Rz. 101; s. auch *Dauner-Lieb*, DStR 2006, 2034 ff.

kommt eine (Binnen-)Haftung nach § 43 Abs. 2 GmbHG (u.U. auch aus § 823 Abs. 2 BGB i.V.m. § 266 StGB)[1] oder nach § 826 BGB[2]. Eine analoge Anwendung des § 43 Abs. 3 Satz 1 GmbHG scheidet jedenfalls aus; denn dieser Haftungsnorm liegt – richtiger Ansicht zufolge –[3] ein verengter am Normzweck der Kapitalerhaltung orientierter Schadensbegriff zugrunde, der gerade die (in den Fällen des existenzvernichtenden Eingriffs nicht bestehende) Möglichkeit eines „Einzelausgleichs" voraussetzt.

9   Kann die Binnenhaftung des Geschäftsführers im Zusammenhang mit einem existenzvernichtenden Eingriff nicht in § 43 Abs. 3 Satz 1 GmbHG verortet werden, stellt sich die Frage, ob das **Verzichts- und Vergleichsverbot** in § 9b Abs. 1 GmbHG (über § 43 Abs. 3 Satz 2 GmbHG) **zur (analogen) Anwendung gelangt**. Richtiger Ansicht nach ist dies zu bejahen.[4] Wenn nämlich die Dispositionsbefugnis der Gesellschafter über den Haftungsanspruch beschränkt wird, soweit dieser auf einen Einzelausgleich gerichtet ist, dann muss dies erst recht dann gelten, wo der der Gesellschaft zugefügte Nachteil nach Art und Ausmaß nicht oder nicht angemessen durch § 43 Abs. 3 Satz 1 GmbHG kompensiert wird. Folgt man dieser Ansicht, dann ist der aus einem (existenzvernichtenden) Eingriff resultierende Haftungsanspruch gegen den Geschäftsführer auch nicht ohne weiteres „verzichtbar".

10 Mit Inkrafttreten des **MoMiG** ist diese Frage jedoch nur noch von untergeordneter Bedeutung, denn nunmehr hat die Innenhaftung des Geschäftsführers im Zusammenhang mit einem existenzvernichtenden Eingriff (auch) einen ausdrücklichen Niederschlag im Gesetz in Form des § 64 Satz 3 GmbHG gefunden.[5] Danach hat der Geschäftsführer an die Gesellschaft alle an die Gesellschafter erfolgten Zahlungen zu erstatten, soweit diese zur Zahlungsunfähigkeit der Gesellschaft führen mussten, es sei denn, dass diese Folge auch bei Beachtung der Sorgfalt eines ordentlichen Geschäftsmannes nicht erkennbar war. Dieser Anspruch unterliegt dabei – auf Grund der Verweisung in § 64 Satz 4 GmbHG – ausdrücklich der Beschränkung im Gläubigerinteresse nach § 43 Abs. 3 Satz 2 GmbHG.

11 **dd) Problem: (Insolvenz-)Krisenpflichten.** Fraglich ist, ob dem Verzichts- und Vergleichsverbot nach § 9b Abs. 1 GmbHG auch die Binnenhaftung des Geschäftsführers wegen Insolvenzverschleppung unterliegt. H. M. nach haftet der Geschäftsführer bei **Insolvenzverschleppung** der Gesellschaft gegenüber nach

---

1   BGH v. 17.9.2001 – II ZR 178/99, ZIP 2001, 1874, 1876f. = AG 2002, 43 = GmbHR 2001, 1036; BGH v. 25.2.2002 – II ZR 196/00, BGHZ 150, 61, 63 = GmbHR 2002, 549; *Haas*, ZIP 2006, 1373, 1380.
2   Vgl. hierzu *Haas* in Baumbach/Hueck, § 64 GmbHG Rz. 2, 94ff.
3   *Paefgen* in Ulmer/Habersack/Winter, § 43 GmbHG Rz. 149; *Haas* in Michalski, § 43 GmbHG Rz. 221.
4   *Zöllner/Noack* in Baumbach/Hueck, 43 GmbHG Rz. 34; *Paefgen* in Ulmer/Habersack/Winter, § 43 GmbHG Rz. 147; *Hommelhoff/Kleindiek* in Lutter/Hommelhoff, 16. Aufl., § 43 GmbHG Rz. 23; *Haas* in Michalski, § 43 GmbHG Rz. 220.
5   S. hierzu *Altmeppen* in Roth/Altmeppen, § 64 GmbHG Rz. 54ff.; *Kleindiek* in Lutter/Hommelhoff, § 64 GmbHG Rz. 20ff.; *Haas* in Baumbach/Hueck, § 64 GmbHG Rz. 94ff.

§ 43 Abs. 2 GmbHG.¹ Zu ersetzen hat der Geschäftsführer danach den über die von § 64 Satz 1 GmbHG erfassten Zahlungen hinausgehenden (Gesellschafts-) Schaden, der durch die pflichtwidrig unterlassene bzw. verspätete Insolvenzantragstellung entsteht.² Umstritten ist nun, inwieweit auf diesen Ersatzanspruch § 43 Abs. 3 Satz 2 GmbHG entsprechend anzuwenden ist. Ursprünglich hatte der BGH die Dispositionsbefugnis der Gesellschafterweisung in Bezug auf die Haftung wegen Insolvenzverschleppung nach § 43 Abs. 2 GmbHG ausdrücklich bejaht.³ In einer neueren Entscheidung hat er diese Frage aber wieder offen gelassen.⁴ Die wohl überwiegende Ansicht in der Literatur geht – zu Recht – davon aus, dass die Gesellschafter den Geschäftsführer nur in den Grenzen des § 43 Abs. 3 Satz 2 GmbHG von der Haftung freistellen können.⁵ Da die h.M. den deliktischen Anspruch wegen Insolvenzverschleppung nach § 823 Abs. 2 BGB i.V.m. § 15a InsO stets – d.h. auch soweit es um den Quotenschaden geht – dem einzelnen Gläubiger zuweist⁶, stellt sich insoweit die Frage der Einbeziehung dieser Ansprüche in § 9b GmbHG nicht. Folgt man hingegen der Ansicht, dass der Ersatzanspruch (soweit es um den Gesamtgläubigerschaden geht) der Gesellschaft zusteht⁷, muss folgerichtig auch § 9b GmbHG hierauf Anwendung finden.

c) Zur Befriedigung der Gläubiger erforderlich

Der Verzicht bzw. Vergleich auf die von § 9b Abs. 1 GmbHG erfassten Haftungsansprüche entfällt kraft Gesetzes, wenn der Ersatzanspruch *„zur Befriedigung der Gläubiger erforderlich"* ist.⁸ **Mithin sind die oben genannten Handlungsweisen h.M. zufolge nur „auflösend bedingt" wirksam.**⁹ Diese Konstruktion passt freilich nicht, wenn der Verzicht in einer Prozesshandlung (§§ 306, 307 ZPO) liegt (s. oben Rz. 4); denn Letztere sind grundsätzlich bedingungsfeindlich. Im Übrigen aber entfällt die (Verzichts- bzw. Vergleichs-)Wirkung immer dann, wenn – irgendwann innerhalb der Verjährungsfrist – die „erlassenen" Beträge zur Gläubigerbefriedigung erforderlich werden.¹⁰ Ob dies bereits im Zeitpunkt des Verzichts

12

---

1 BGH v. 18.3.1974 – II ZB 3/74, NJW 1974, 1088, 1089; *Kleindiek* in Lutter/Hommelhoff, § 43 GmbHG Rz. 27; *Schulze-Osterloh* in Baumbach/Hueck, § 64 GmbHG Rz. 88; *Haas* in Michalski, § 43 GmbHG Rz. 45.
2 Zu diesem Schaden s. im Einzelnen *Haas* in Gottwald, Insolvenzrechts-Handbuch, § 92 Rz. 125.
3 BGH v. 18.3.1974 – II ZB 3/74, NJW 1974, 1088, 1089.
4 BGH v. 1.3.1993 – II ZR 81/94 (früher: 61/92), DStR 1994, 1092, 1094 = GmbHR 1994, 460.
5 *Kleindiek* in Lutter/Hommelhoff, § 43 GmbHG Rz. 55; *Zöllner/Noack* in Baumbach/Hueck, § 43 GmbHG Rz. 5; *Haas* in Gottwald, Insolvenzrechts-Handbuch, § 92 Rz. 126; a.A. *Schulze-Osterloh* in Baumbach/Hueck, § 64 GmbHG Rz. 80.
6 S. Nachweise bei *Kleindiek* in Lutter/Hommelhoff, Anh. zu § 64 GmbHG Rz. 64; *Haas* in Baumbach/Hueck, § 64 GmbHG Rz. 109.
7 In diesem Sinne *Haas*, ZIP 2009, 1257 ff.
8 *Ulmer* in Ulmer/Habersack/Winter, § 9b GmbHG Rz. 15.
9 *Hueck/Fastrich* in Baumbach/Hueck, § 9b GmbHG Rz. 2; *H. Winter/Veil* in Scholz, § 9b GmbHG Rz. 10; *Ulmer* in Ulmer/Habersack/Winter, § 9b GmbHG Rz. 15; *Schmidt-Leithoff* in Rowedder/Schmidt-Leithoff, § 9b GmbHG Rz. 9; kritisch insoweit *Cahn*, Vergleichsverbote im Gesellschaftsrecht, 1996, S. 105 f.
10 *Ulmer* in Ulmer/Habersack/Winter, § 9b GmbHG Rz. 13.

bzw. Vergleichs der Fall oder zu diesem Zeitpunkt bereits vorsehbar war oder nicht, ist gleichgültig.

13 **aa) Eintritt der auflösenden Bedingung.** Wann die auflösende Bedingung eintritt, ist fraglich. Unstreitig ist dies der Fall, wenn über das Vermögen der Gesellschaft das Insolvenzverfahren eröffnet[1] oder wenn der Insolvenzantrag über das Vermögen der Gesellschaft mangels Masse abgewiesen wurde[2]. Fraglich ist, ob auch Zeiträume im Vorfeld der Entscheidung des Insolvenzgerichts über den Insolvenzantrag von § 9b Abs. 1 GmbHG erfasst werden. Dies wird überwiegend bejaht. Danach soll der Betrag zur Gläubigerbefriedigung bereits dann notwendig sein, wenn die Gesellschaft zahlungsunfähig oder überschuldet ist.[3] Zur Frage, ob Gleiches auch für den Eintritt der drohenden Zahlungsunfähigkeit (§ 18 InsO) gilt, finden sich keine Stellungnahmen. Mitunter sollen die Voraussetzungen auch schon bei „ernsthaften, nicht nur vorübergehenden Zahlungsschwierigkeiten" vorliegen.[4]

14 **bb) Darlegungs- und Beweislast.** Der Nachweis, dass die Forderung zur Gläubigerbefriedigung erforderlich ist, obliegt der (sich auf das Verzichts- bzw. Vergleichsverbot berufenden) Gesellschaft bzw. dem Gläubiger, der einen von § 9b Abs. 1 GmbHG erfassten Anspruch pfändet und sich zur Einziehung überweisen lässt.[5] Der Gläubiger kann den Ersatzanspruch bereits pfänden und sich zur Einziehung überweisen lassen, auch wenn der Anspruch zu diesem Zeitpunkt noch nicht zur Befriedigung der Gläubiger „erforderlich" ist[6]; denn auch bedingte bzw. künftige Ansprüche können gepfändet werden.[7] Erst wenn der Gläubiger den Anspruch gegen den Geschäftsführer einzieht, muss er den Nachweis erbringen, dass der Anspruch zur Befriedigung der Gläubiger notwendig ist. Die **Anforderungen an den Vortrag des Gläubigers, sollten insoweit nicht überspannt werden**; denn Letzterem ist in aller Regel der Einblick in die wirtschaftlichen Verhältnisse der Gesellschaft verschlossen. Hat daher der den Ersatzanspruch pfändende Gläubiger zuvor bereits einen vergeblichen Vollstreckungsversuch gegen die Gesellschaft unternommen, ist der Nachweis in jedem Fall erbracht.

15 **cc) Rechtsfolgen.** Ist der Anspruch zur Gläubigerbefriedigung erforderlich, ist ein abgeschlossener Verzicht bzw. Vergleich über den Ersatzanspruch unwirksam. Sind nur Teile des Anspruchs der Gesellschaft gegen den Ersatzpflichtigen zur Befriedigung der Gläubiger erforderlich, bleibt der Verzicht bzw. Vergleich im Übrigen wirksam. Letzteres gilt nach § 139 BGB aber nur dann, wenn die Parteien den

---

1 *H. Winter/Veil* in Scholz, § 9b GmbHG Rz. 8; *Hueck/Fastrich* in Baumbach/Hueck, § 9b GmbHG Rz. 2.
2 OLG Hamm v. 13.6.2001 – 8 U 130/00, NZG 2001, 1144.
3 *Hueck/Fastrich* in Baumbach/Hueck, § 9b GmbHG Rz. 2; *Bayer* in Lutter/Hommelhoff, § 9b GmbHG Rz. 2; *H. Winter/Veil* in Scholz, § 9b GmbHG Rz. 8; *Ulmer* in Ulmer/Habersack/Winter, § 9b GmbHG Rz. 13.
4 *Hueck/Fastrich* in Baumbach/Hueck, § 9b GmbHG Rz. 2; *Heyder* in Michalski, § 9b GmbHG Rz. 7; worin freilich der Unterschied zur Zahlungsunfähigkeit nach § 17 Abs. 2 InsO liegen soll, ist nicht zu erkennen.
5 *Heyder* in Michalski, § 9b GmbHG Rz. 9; *Ulmer* in Ulmer/Habersack/Winter, § 9b GmbHG Rz. 13.
6 A.A. wohl *H. Winter/Veil* in Scholz, § 9b GmbHG Rz. 9.
7 *Thomas/Putzo*, § 829 ZPO Rz. 10; *Musielak/Becker*, § 829 ZPO Rz. 6; s. auch OLG Karlsruhe v. 30.7.1991 – 17 U 225/89, NJW-RR 1993, 242 f.

Verzicht bzw. Vergleich ohne den unwirksamen Teil nicht vorgenommen hätten. Dann führt die Teilunwirksamkeit zur Unwirksamkeit des gesamten Verzichts bzw. Vergleich.[1]

d) Ausnahmen vom „Verbot" in § 9b Abs. 1 GmbHG

Das Verbot in § 9b Abs. 1 GmbHG kennt geschriebene und ungeschriebene Ausnahmen. Eine ausdrücklich geregelte Ausnahme enthält § 9b Abs. 1 Satz 2 GmbHG. Danach ist ein Verzicht bzw. Vergleich ausnahmsweise wirksam, obwohl der Betrag (bis zum Eintritt der Verjährung) zur Befriedigung des Gläubigers erforderlich ist, wenn der Geschäftsführer „zahlungsunfähig ist und sich zur Abwendung des Insolvenzverfahrens mit seinen Gläubigern vergleicht oder wenn die Ersatzpflicht in einem Insolvenzplan geregelt wird". Die Bestimmung ist nicht ohne weiteres verständlich. Es verwundert daher nicht, wenn über den **Normzweck** der Vorschrift wenig Einigkeit herrscht. *Ulmer*[2] etwa sieht in der Vorschrift eine Ausprägung des Gläubigergleichbehandlungsgrundsatzes. *Spindler* vertritt hingegen hinsichtlich der inhaltsgleichen aktienrechtlichen Bestimmung die Ansicht, dass die Vorschrift der Gesellschaft zumindest einen Teil ihrer Ansprüche vor der Zahlungsunfähigkeit des Organmitglieds sichern wolle.[3] *Cahn*[4] hingegen meint – zu Recht –, in der Bestimmung eine Privilegierung von Sanierungsbemühungen zu Gunsten des Ersatzpflichtigen auf Kosten der Gesellschaftsgläubiger zu erkennen.

16

aa) Abwendung des Insolvenzverfahrens über das Vermögen des Ersatzpflichtigen. § 9b Abs. 1 Satz 2 Alt. 1 GmbHG knüpft die Ausnahme von dem Verzichts- und Vergleichverbot an enge Voraussetzungen. Die Vorschrift setzt voraus, dass der Ersatzpflichtige (hier der Geschäftsführer) zahlungsunfähig i.S. des § 17 Abs. 2 InsO ist. Darüber hinaus verlangt § 9b Abs. 1 Satz 2 Alt. 1 GmbHG, dass die Vereinbarung im Rahmen eines Vergleichs mit den Gläubigern des Ersatzpflichtigen getroffen wird und der Abwendung des Insolvenzverfahrens dient. Letzteres wird man nur annehmen können, wenn das Insolvenzverfahren tatsächlich verhindert wird, und zwar mit einer gewissen Nachhaltigkeit.[5] Erfolgt der Verzicht bzw. Vergleich im Vorfeld des Insolvenzverfahrens, um dieses abzuwenden und gelingt dies jedoch nicht, so ist der Ausnahmetatbestand in § 9b Abs. 1 Satz 2 GmbHG nicht eröffnet.[6] Wann ein Vergleich mit „den Gläubigern" i.S. des § 9b Abs. 1 GmbHG vorliegt, ist fraglich. Mitunter wird verlangt, dass sich der Ersatzpflichtige mit „allen" am Insolvenzverfahren interessierten Gläubigern verständigen muss.[7] Sieht man aber den Normzweck der Vorschrift darin, dass

17

---
1 H. Winter/Veil in Scholz, § 9b GmbHG Rz. 10; Ulmer in Ulmer/Habersack/Winter, § 9b GmbHG Rz. 16.
2 Ulmer in Ulmer/Habersack/Winter, § 9b GmbHG Rz. 17.
3 Spindler in MünchKomm. AktG, § 93 AktG Rz. 226.
4 Cahn, Vergleichsverbote im Gesellschaftsrecht, 1996, S. 113 f.
5 Vgl. Hirte/Stoll, ZIP 2010, 253, 257.
6 Gundlach/Frenzel/Strondmann, DZWIR 2007, 142, 145; a.A. Hirte/Stoll, ZIP 2010, 253, 257 f.; Spindler in MünchKomm. AktG, § 93 AktG Rz. 243, 248.
7 Schmidt-Leithoff in Rowedder/Schmidt-Leithoff, § 9b GmbHG Rz. 7; im Grundsatz auch Ulmer in Ulmer/Habersack/Winter, § 9b GmbHG Rz. 20.

durch das Verzichts- und Vergleichsverbot die Möglichkeit einer Sanierung des Ersatzpflichtigen nicht von vornherein unmöglich gemacht werden soll, dann macht eine solche enge Auslegung wenig Sinn. Richtiger Ansicht nach müssen sich weder alle noch die Mehrzahl der Gläubiger an dem Vergleich beteiligen. Ausreichend ist vielmehr jede Vereinbarung mit einer hinreichenden Zahl von Gläubigern, um das Insolvenzverfahren über das Vermögen des Ersatzpflichtigen abzuwenden.[1] Dem Zweck, das Insolvenzverfahren über das Vermögen des Ersatzpflichtigen abzuwenden, dient sowohl ein außergerichtlicher Vergleich (auch der nach § 305 Abs. 1 Nr. 1 InsO) als auch – h.M. zufolge – ein Vergleich, der im eröffneten Verfahren im Zusammenhang mit dem Ziel geschlossen wird, die Einstellung des Verfahrens nach § 213 InsO herbeizuführen.[2]

18 **bb) Regelung im Insolvenzplan.** Eine weitere Ausnahme von dem Verzichts- und Vergleichsverbot sieht § 9b Abs. 1 GmbHG für den Fall vor, dass „die Ersatzpflicht in einem Insolvenzplanverfahren" geregelt wird. Da das Insolvenzplanverfahren nur Abweichungen vom Regelverfahren ermöglicht, scheidet diese Alternative immer dann aus, wenn der Geschäftsführer keine selbständige wirtschaftliche Tätigkeit ausübt; denn dann ist allein der Anwendungsbereich des Kleininsolvenzverfahrens eröffnet (§ 304 InsO), das aber keinen Insolvenzplan kennt. An dessen Stelle tritt auch nicht der im Verbraucherinsolvenzverfahren an die Stelle des Insolvenzplans tretende Schuldenbereinigungsplan. Handelt es sich bei dem Geschäftsführer um einen Fremdgeschäftsführer, dann ist mithin die 2. Alternative in § 9b Abs. 1 Satz 2 GmbHG nicht gegeben.[3] Hält der Geschäftsführer dagegen auch eine Beteiligung an der Gesellschaft, ist umstritten, unter welchen Voraussetzungen diesem die wirtschaftliche Tätigkeit der Gesellschaft zuzurechnen ist.[4] Teilweise wird insoweit eine Beteiligung verlangt, die über 10 % am Stammkapital hinausgeht (analog § 32a Abs. 3 Satz 2 GmbHG a.F. bzw. § 39 Abs. 5 InsO n.F.); mitunter wird die Beteiligungsschwelle aber auch in Anlehnung an die sozialrechtliche Judikatur höher, nämlich bei einer maßgeblichen Beteiligung (50 % und mehr) angesiedelt.[5] Unstreitig liegt eine selbständige wirtschaftliche Tätigkeit des Geschäftsführers aber dann vor, wenn dieser gleichzeitig Alleingesellschafter ist.[6] Soweit dem (Gesellschafter-)Geschäftsführer die wirtschaftliche Tätigkeit der GmbH zuzurechnen ist,

---

1 *H. Winter/Veil* in Scholz, § 9b GmbHG Rz. 14; *Hirte/Stoll*, ZIP 2010, 253, 255; *Heyder* in Michalski, § 9b GmbHG Rz. 11; wohl auch *Bayer* in Lutter/Hommelhoff, § 9b GmbHG Rz. 3; ebenso für die inhaltsgleiche Vorschrift im AktG, s. *Hüffer*, § 93 AktG Rz. 30; *Hopt* in Großkomm. AktG, § 93 AktG Rz. 387; *Spindler* in MünchKomm. AktG, § 93 AktG Rz. 226.
2 *Heyder* in Michalski, § 9b GmbHG Rz. 11; *Ulmer* in Ulmer/Habersack/Winter, § 9b GmbHG Rz. 20; *Hueck/Fastrich* in Baumbach/Hueck, § 9b GmbHG Rz. 3; *Bayer* in Lutter/Hommelhoff, § 9b GmbHG Rz. 3.
3 S. BGH v. 22.9.2005 – IX ZB 55/04, NZI 2005, 676; *Ott/Vuia* in MünchKomm. InsO, § 304 InsO Rz. 55; *Vallender* in Uhlenbruck, § 304 InsO Rz. 8, 13; *Kohte* in FK-InsO, § 304 InsO Rz. 18; vgl. auch *Hirte/Stoll*, ZIP 2010, 253, 254f.
4 S. hierzu *Haas* in Gottwald, Insolvenzrechts-Handbuch, § 92 Rz. 274.
5 S. etwa *Kohte* in FK-InsO, § 304 InsO Rz. 20f.; AG Duisburg v. 8.8.2007 – 62 IN 181/07, ZIP 207, 1963, 1964.
6 BGH v. 22.9.2005 – IX ZB 55/04, NZI 2005, 676f. = GmbHR 2005, 1610; für eine 96 %-Beteiligung BGH v. 12.2.2009 – IX ZB 215/08, GmbHR 2009, 547, 548; s. auch *Andres/Leithaus*, § 304 InsO Rz. 6.

ist das Verbraucherinsolvenzverfahren nur dann eröffnet, wenn die GmbH ihre wirtschaftliche Tätigkeit im Zeitpunkt der Antragstellung eingestellt und die Vermögensverhältnisse des Geschäftsführers überschaubar sind.[1]

cc) Keine Anwendung auf den Insolvenzverwalter. Über den Wortlaut des § 9b Abs. 1 GmbHG hinaus gilt – richtiger Ansicht nach – das Verzichts- und Vergleichsverbot nicht für den Insolvenzverwalter in dem Insolvenzverfahren über das Vermögen der GmbH.[2] Dieser kann sich daher – vorbehaltlich einer Eigenhaftung nach § 60 InsO und den Grundsätzen über das insolvenzzweckwidrige Verhalten[3] – mit dem Geschäftsführer ohne weiteres vergleichen oder auf den Anspruch (teilweise) verzichten. U.U. muss jedoch der Insolvenzverwalter, wenn der Verzicht bzw. Vergleich eine für das Verfahren bedeutsame Rechtshandlung darstellt, die Zustimmung des Gläubigerausschusses einholen (§ 160 InsO).

2. Gesellschafterbeschluss

Nach § 46 Nr. 8 GmbHG entscheiden über die Geltendmachung von Ersatzansprüchen der Gesellschaft gegen den (auch ehemaligen)[4] Geschäftsführer die Gesellschafter. Dahinter steht die Vorstellung, dass die Durchsetzung derartiger Ansprüche für die Gesellschaft weit reichende Wirkungen hat; denn zum einen werden hierdurch für das Ansehen der Gesellschaft relevante Interna in die Öffentlichkeit getragen und zum anderen wird durch die Geltendmachung eines Haftungsanspruchs die Zusammenarbeit der Organe bzw. Beteiligten untereinander erheblich belastet.[5] Aus diesem Sinn und Zweck des § 46 Nr. 8 GmbHG wird – über den Wortlaut der Vorschrift hinaus – eine **Entscheidungszuständigkeit der Gesellschafter für den Anspruchsverzicht, die Stundung, den Erlass und den Vergleich** (oder vergleichbare Formen der „Erledigung" des Anspruchs, z.B. die Vereinbarung einer Ausschlussfrist für die Geltendmachung des Anspruchs oder die Verkürzung der Verjährung) abgeleitet.[6] Dies gilt unabhängig davon, ob der Verzicht oder Vergleich den Beschränkungen des § 9b Abs. 1 GmbHG (s. oben

---

1 S. hierzu BGH v. 22.9.2005 – IX ZB 55/04, NZI 2005, 676, 677 = GmbHR 2005, 1610; *Schmidt-Räntsch* in Gottwald, Insolvenzrechts-Handbuch, § 81 Rz. 19; *Andres/Leithaus*, § 304 InsO Rz. 9.
2 *Hirte* in Uhlenbruck, § 35 InsO Rz. 149; *Haas* in Gottwald, Insolvenzrechts-Handbuch, § 92 Rz. 332 und 478.
3 S. zur Nichtigkeit wegen Insolvenzzweckwidrigkeit, *Maus* in Uhlenbruck, § 80 InsO Rz. 101; *Gerhardt* in Jaeger, § 60 InsO Rz. 33; *Ott/Vuia* in MünchKomm. InsO, § 80 InsO Rz. 62 f.
4 BGH v. 20.11.1958 – II ZR 17/57, BGHZ 28, 355, 357; *Hüffer* in Ulmer/Habersack/Winter, § 46 GmbHG Rz. 93; *Zöllner/Noack* in Baumbach/Hueck, § 46 GmbHG Rz. 59.
5 *Hüffer* in Ulmer/Habersack/Winter, § 46 GmbHG Rz. 90; *Bayer* in Lutter/Hommelhoff, § 46 GmbHG Rz. 35.
6 BGH v. 8.12.1997 – II ZR 236/96, NJW 1998, 1315, 1316 = GmbHR 1998, 278; OLG Brandenburg v. 6.10.1998 – 6 U 278/97, NZG 1999, 210, 211 = GmbHR 1999, 344; OLG Frankfurt v. 4.12.1998 – 25 U 39/98, NZG 1999, 767, 768 = GmbHR 1999, 1144; *Zöllner* in Baumbach/Hueck, § 46 GmbHG Rz. 60; *Römermann* in Michalski, § 46 GmbHG Rz. 433 f.; *Haas* in Michalski, § 43 GmbHG Rz. 239; *Hüffer* in Ulmer/Habersack/Winter, § 46 GmbHG Rz. 98; *Roth* in Roth/Altmeppen, § 46 GmbHG Rz. 63; *Koppensteiner* in Rowedder/Schmidt-Leithoff, § 46 GmbHG Rz. 42; *Bayer* in Lutter/Hommelhoff, § 46 GmbHG Rz. 36; *H. Winter/Veil* in Scholz, § 9b GmbHG Rz. 4.

Rz. 3 ff.) unterliegt oder nicht. Freilich können die Gesellschafter in der Satzung für die einzelnen Formen der Haftungserledigung auch die Zuständigkeit eines anderen Gesellschaftsorgans (z.B. Aufsichtsrat) vorsehen.[1]

21 Nach § 46 Nr. 5 GmbHG sind die Gesellschafter auch für den Anspruchsverzicht in Gestalt der **Entlastung** zuständig. Letztere befreit den Geschäftsführer von der Haftung aber grundsätzlich nur insoweit als die in Frage stehenden Ersatzansprüche bei sorgfältiger Prüfung aller Vorlagen und erstatteten Berichte erkennbar waren.[2] Aus § 46 Nr. 5 und/oder § 46 Nr. 8 GmbHG (sowie teilweise auch aus § 46 Nr. 6 GmbHG) wird schließlich auch die Entscheidungszuständigkeit der Gesellschafterversammlung zu einer so genannten **Generalbereinigung** entnommen.[3] Hierbei handelt es sich um einen Vertrag zwischen Gesellschaft und Geschäftsführer, der eine endgültige Regelung herbeiführen will und damit über die Entlastung hinaus geht, indem er einen Verzicht auf alle denkbaren, mit der Geschäftsführerposition zusammenhängenden Ersatzansprüche unabhängig davon vorsieht, ob diese zum maßgebenden Zeitpunkt erkennbar waren.[4]

a) Beschlussverfahren

22 Die Entscheidung der Gesellschafter, auf den Anspruch zu verzichten oder sich hierüber zu vergleichen, hat – grundsätzlich – durch Beschluss zu ergehen.[5] Insoweit finden die §§ 47 ff. GmbHG Anwendung. Erforderlich und genügend für den Beschluss ist die **einfache Stimmenmehrheit**.[6] Derjenige (Gesellschafter-)Geschäftsführer, um dessen Ersatzpflicht es geht, darf an der Beschlussfassung nach § 47 Abs. 4 Satz 2 GmbHG nicht teilnehmen.[7] Ein Verstoß hiergegen macht den Beschluss jedoch nicht nichtig, sondern lediglich anfechtbar.[8] Der Beschluss

---

1 S. z.B. OLG Brandenburg v. 6.10.1998 – 6 U 278/97, NZG 1999, 210, 211 = GmbHR 1999, 344.
2 S. hierzu BGH v. 20.5.1985 – II ZR 165/84, BGHZ 94, 324, 326 = AG 1986, 21 = GmbHR 1985, 356; vgl. auch BGH v. 4.5.2009 – II ZR 169/07, GmbHR 2009, 1327, 1329; *Uwe H. Schneider/Sven H. Schneider*, GmbHR 2005, 1229, 1232; *Ulmer* in Ulmer/Habersack/Winter, § 9b GmbHG Rz. 9; *Bayer* in Lutter/Hommelhoff, § 46 GmbHG Rz. 26.
3 S. hierzu BGH v. 8.12.1997 – II ZR 236/96, NJW 1998, 1315 f. = GmbHR 1998, 278; BGH v. 18.9.2000 – II ZR 15/99, DStR 2000, 2100, 2101 = GmbHR 2000, 1258; BGH v. 7.4.2003 – II ZR 193/02, GmbHR 2003, 712, 713 f.; OLG Frankfurt v. 4.12.1998 – 25 U 39/98, NZG 1999, 767, 768 = GmbHR 1999, 1144; OLG Brandenburg v. 6.10.1998 – 6 U 278/97, NZG 1999, 210, 211 = GmbHR 1999, 344; *Bayer* in Lutter/Hommelhoff, § 46 GmbHG Rz. 29; *Uwe H. Schneider/Sven H. Schneider*, GmbHR 2005, 1229, 1232.
4 BGH v. 8.12.1997 – II ZR 236/96, NJW 1998, 1315 f. = GmbHR 1998, 278; BGH v. 7.4.2003 – II ZR 193/02, GmbHR 2003, 712, 713; OLG Frankfurt v. 4.12.1998 – 25 U 39/98, NZG 1999, 767, 768 = GmbHR 1999, 1144.
5 BGH v. 8.12.1997 – II ZR 236/96, NJW 1998, 1315, 1316 = GmbHR 1998, 278; *Hüffer* in Ulmer/Habersack/Winter, § 46 GmbHG Rz. 99.
6 BGH v. 8.12.1997 – II ZR 236/96, NJW 1998, 1315, 1316 = GmbHR 1998, 278; *Paefgen* in Ulmer/Habersack/Winter, § 43 GmbHG Rz. 133; *Koppensteiner* in Rowedder/Schmidt-Leithoff, § 43 GmbHG Rz. 37.
7 *Zöllner* in Baumbach/Hueck, § 46 GmbHG Rz. 62; *Koppensteiner* in Rowedder/Schmidt-Leithoff, § 46 GmbHG Rz. 43; *Hüffer* in Ulmer/Habersack/Winter, § 46 GmbHG Rz. 99.
8 BGH v. 12.6.1989 – II ZR 246/88, BGHZ 108, 21 ff. = GmbHR 1989, 329; OLG Frankfurt v. 4.12.1998 – 25 U 39/98, NZG 1999, 767, 768 f. = GmbHR 1999, 1144; OLG München v. 18.7.1991 – 24 U 880/90, NJW-RR 1993, 1507 ff.

steht grundsätzlich im Ermessen der Gesellschaft, ist aber dann anfechtbar, wenn keine andere Entscheidung als die Versagung denkbar und die Entlastung missbräuchlich ist.[1] Letzteres ist in der Regel dann der Fall, wenn dem Geschäftsführer schwere Pflichtverletzungen vorzuwerfen sind und der Gesellschaft erheblicher Schaden zugefügt wurde. Anfechtbar ist die Entscheidung u.U. auch dann, wenn sie zu einem Zeitpunkt getroffen wird, in dem die Gesellschaft nicht in der Lage ist, die Tragweite des Geschäftsführerverhaltens zu beurteilen.[2]

Ein auch **länger andauerndes Schweigen** der Gesellschaft kann einen Beschluss nicht ersetzen und damit auch nicht als Haftungsverzicht gewertet werden.[3] Ein formeller, in einberufener Gesellschafterversammlung gefasster Beschluss ist aber nicht erforderlich, wenn alle Gesellschafter – u.U. auch in formlos getroffener Abrede – ihr Einverständnis erklären.[4] Bei der Einmann-Gesellschaft ist ebenfalls kein Beschluss erforderlich. Der Wille des Gesellschafters, auf den Anspruch verzichten zu wollen, muss aber nach außen zutage getreten sein.[5]

23

Ob von den Gesellschaftern tatsächlich ein Verzicht bzw. Vergleich gewollt ist, ist ebenso **durch Auslegung zu ermitteln** wie die Frage, welche Ansprüche hiervon erfasst sein sollen. Für den Gesellschafterbeschluss selbst genügt die einfache Mehrheit. Lehnen die Gesellschafter mit Beschluss die Geltendmachung des Ersatzanspruchs ab, so liegt darin nicht ohne weiteres schon ein Verzicht auf den Anspruch.[6]

24

b) Fehlen des Gesellschafterbeschlusses

Ist für die Verzichtswirkung neben dem Beschluss **auch noch im Außenverhältnis eine Rechtshandlung erforderlich** (z.B. Abschluss einer entsprechenden Vereinbarung bei Generalbereinigung oder Erlassvertrag), stellt sich die Frage, ob dem Fehlen des Gesellschafterbeschlusses (auch im Außenverhältnis) eine „verzichtsausschließende" Bedeutung zukommt. Dies wird richtiger Ansicht nach mit dem Hinweis bejaht, dass die Beschlussfassung (nach § 46 Nr. 8 GmbHG) nicht nur Kompetenznorm für die gesellschaftsinterne Willensbildung, sondern auch materielle Voraussetzung für die Vornahme der Rechtshandlung im Außenverhältnis ist.[7] Fehlt es an dem Beschluss und ist die Maßnahme damit im Außenverhält-

25

---

1 BGH v. 10.2.1977 – II ZR 79/75, WM 1977, 361; BGH v. 4.5.2009 – II ZR 169/07, GmbHR 2009, 1327, 1329.
2 BGH v. 4.5.2009 – II ZR 169/07, GmbHR 2009, 1327, 1329.
3 *Paefgen* in Ulmer/Habersack/Winter, § 43 GmbHG Rz. 134; *Haas* in Michalski, § 43 GmbHG Rz. 239; *Römermann* in Michalski, § 46 GmbHG Rz. 440; a.A. OLG Stuttgart v. 30.5.2000 – 20 W 1/2000, GmbHR 2000, 1048, 1049: stillschweigendes Einverständnis aller Gesellschafter ausreichend.
4 BGH v. 7.4.2003 – II ZR 193/02, DStR 2003, 1309f. = GmbHR 2003, 712 m. Anm. *Blöse*; *Zöllner* in Baumbach/Hueck, § 46 GmbHG Rz. 62.
5 *Zöllner* in Baumbach/Hueck, § 46 GmbHG Rz. 63.
6 *Hüffer* in Ulmer/Habersack/Winter, § 46 GmbHG Rz. 102.
7 BGH v. 8.12.1997 – II ZR 236/96, NJW 1998, 1315, 1316 = GmbHR 1998, 278; *Zöllner* in Baumbach/Hueck, § 46 GmbHG Rz. 61; *Bayer* in Lutter/Hommelhoff, § 46 GmbHG Rz. 40; *Haas* in Michalski, § 43 GmbHG Rz. 239; *Goette*, DStR 1998, 460f. (für die Generalbereinigung); zweifelnd *Roth* in Roth/Altmeppen, § 46 GmbHG Rz. 64.

nis ohne Vertretungsmacht vorgenommen worden, kann sie durch einen nachträglich gefassten Beschluss noch genehmigt werden. Folgt man dieser Ansicht allerdings nicht, so finden zumindest die Grundsätze über den Missbrauch der Vertretungsmacht Anwendung. Von der Frage des Fehlens eines Gesellschafterbeschlusses ist die Frage zu unterscheiden, ob ein (wirksam getroffener) Beschluss überhaupt eine Haftungsfreistellung enthält. Letzteres kann sich u.U. auch konkludent ergeben und ist durch Auslegung zu ermitteln.[1] Keine unmittelbare Auswirkung im Außenverhältnis hat das Fehlen des Beschlusses, wenn der Verzicht in einer Prozesshandlung, z.B. in der Erklärung eines Klageverzichts oder Anerkenntnis liegt (§§ 306, 307 ZPO, s. oben Rz. 4).

3. Sonstige Beschränkungen

a) § 30 Abs. 1 Satz 1 GmbHG

26   Ist der Geschäftsführer gleichzeitig Gesellschafter (oder eine dem Gesellschafter gleichzustellende Person)[2], wird die Dispositionsbefugnis der Gesellschafter über den Ersatzanspruch der Gesellschaft durch § 30 Abs. 1 Satz 1 GmbHG eingeschränkt.[3] Die Vorschrift verbietet nämlich Auszahlungen aus dem zur Erhaltung des Stammkapitals erforderlichen Vermögen. **Ein Verzicht der Gesellschaft auf einen bereits entstandenen Schadensersatzanspruch gegen den Gesellschafter-Geschäftsführer stellt regelmäßig eine Auszahlung dar.**[4] Nichts anderes gilt – grundsätzlich – für einen Vergleich über einen derartigen Ersatzanspruch.

27   Fraglich ist, welche Auswirkungen ein derartiger Verstoß gegen § 30 Abs. 1 Satz 1 GmbHG auf den Verzicht bzw. Vergleich hat. Grundsätzlich liegt dem Verzicht oder Vergleich (bzw. der gleichgestellten Handlung) ein Gesellschafterbeschluss zugrunde. Verstößt dieser gegen § 30 Abs. 1 Satz 1 GmbHG, weil durch den Verzicht oder Vergleich die Unterbilanz herbeigeführt oder vertieft wird, so geht die wohl überwiegende Ansicht davon aus, **dass der Beschluss nichtig ist.**[5] Folgt man dieser Ansicht, so tritt beispielsweise die mit der Entlastung einhergehende Verzichtswirkung zu Gunsten des Gesellschafter-Geschäftsführers nicht ein, wenn hierdurch in das zur Erhaltung des Stammkapitals erforderliche

---

1 OLG Frankfurt v. 4.12.1998 – 25 U 39/98, NZG 1999, 767, 768 = GmbHR 1999, 1144.
2 S. hierzu *Haas* in Sernetz/Haas (Hrsg.), Kapitalaufbringung und -erhaltung in der GmbH, 2003, Rz. 397 ff.
3 BGH v. 31.1.2000 – II ZR 189/99, NZG 2000, 544 (*Haas*) = AG 2000, 472; BGH v. 7.4.2003 – II ZR 193/02, GmbHR 2003, 712, 713; BGH v. 10.5.1993 – II ZR 74/92, BGHZ 122, 333, 338 = GmbHR 1993, 427.
4 BGH v. 31.1.2000 – II ZR 189/99, NZG 2000, 544 (*Haas*) = AG 2000, 472; *Altmeppen* in Roth/Altmeppen, § 43 GmbHG Rz. 128; *Altmeppen*, DB 2000, 657; *Hommelhoff* in Lutter/Hommelhoff, § 30 GmbHG Rz. 8.
5 LG Kassel v. 11.9.2001 – 12 O 4101/00, ZInsO 2001, 1068, 1069; *Paefgen* in Ulmer/Habersack/Winter, § 43 GmbHG Rz. 138; *Zöllner* in Baumbach/Hueck, Anh § 47 GmbHG Rz. 53; *Roth* in Roth/Altmeppen, § 47 GmbHG Rz. 97; *Bayer* in Lutter/Hommelhoff, Anh. zu § 47 GmbHG Rz. 18; *Koppensteiner* in Rowedder/Schmidt-Leithoff, § 47 GmbHG Rz. 101; s. aber auch *Haas* in Sernetz/Haas (Hrsg.), Kapitalaufbringung und -erhaltung in der GmbH, Rz. 477 f.; *Kort*, ZGR 2001, 613, 615, 634; *Henze*, GmbHR 2000, 1069, 1074.

Vermögen eingegriffen wird. Nichts anderes gilt aber auch dort, wo es (zusätzlich) für die „Erledigung" des Anspruchs eines nach außen gerichteten Vollzugsaktes (z.B. Erlassvertrag) bedarf; denn – h.M. zufolge – ist der (wirksame) Gesellschafterbeschluss stets auch im Außenverhältnis Wirksamkeitsvoraussetzung für das Rechtsgeschäft zwischen Gesellschaft und Geschäftsführer (s. oben Rz. 25).

b) Analoge Anwendung gesellschaftsrechtlicher Vorschriften

Vielfach werden in der Literatur die Beschränkungen der §§ 9b, 43 Abs. 3 Satz 2 und 3, 57 Abs. 4, 64 Satz 4 GmbHG als nicht ausreichend empfunden, um die Gläubiger angemessen zu schützen.[1] Im Einzelnen sind die Ansätze, um die (angebliche) Lücke zu Lasten der Gläubiger zu schließen, recht unterschiedlich. Die Rspr. steht diesen Ansätzen bislang eher ablehnend gegenüber.[2]   28

aa) Analoge Anwendung des § 43 Abs. 3 Satz 2 GmbHG. Teilweise wird in der Literatur gefordert, § 43 Abs. 3 Satz 2 GmbHG (jenseits der Fälle der Kapitalerhaltung und Insolvenzreife, s. oben Rz. 5ff.) auch auf andere Haftungsansprüche der Gesellschaft gegen den Geschäftsführer auszudehnen. Umstritten ist jedoch, wie weit die Analogie reichen soll.   29

Am weitesten geht die Ansicht, die § 43 Abs. 3 Satz 2 GmbHG auf alle Haftungsansprüche ausweiten will. Danach wäre ein Verzicht bzw. Vergleich immer dann unwirksam, wenn der Anspruch der Gesellschaft gegen den Geschäftsführer – innerhalb der Verjährungsfrist – zur Gläubigerbefriedigung notwendig wäre.[3] Hiergegen spricht jedoch der klare Wortlaut der Vorschrift[4]; denn der Gesetzgeber hat den § 43 Abs. 3 Satz 2 GmbHG eben nicht als eigenständigen § 43 Abs. 5 GmbHG normiert, der sich auf sämtliche Schadensersatzansprüche (und damit auch auf den § 43 Abs. 2 GmbHG) bezieht.   30

Mitunter wird auch die Ansicht vertreten, dass § 43 Abs. 3 Satz 2 GmbHG zwar nicht auf alle, wohl aber auf solche **Pflichtverletzungen** auszudehnen ist, **die überwiegend dem Schutz der Gläubigerinteressen dienen**.[5] Letzteres wird etwa der Pflicht zur Buchführung (§ 41 GmbHG) oder der Einberufungspflicht des Geschäftsführers nach § 49 Abs. 3 GmbHG nachgesagt.[6] Folgt man dieser Ansicht, ist für die Frage einer wirksamen Enthaftung abseits der gesetzlich normierten   31

---

1 *Altmeppen* in Roth/Altmeppen, § 43 GmbHG Rz. 120.
2 BGH v. 16.9.2002 – II ZR 107/01, NJW 2002, 3777, 3778 = GmbHR 2002, 1197; BGH v. 7.4.2003 – II ZR 193/02, GmbHR 2003, 712, 713; OLG Stuttgart v. 30.5.2000 – 20 W 1/2000, GmbHR 2000, 1048, 1049.
3 S. in diesem Sinne etwa *Lutter*, GmbHR 2000, 301, 311; *Lutter/Hommelhoff*, GmbHG, 15. Aufl., § 43 Rz. 28; wohl auch *Cahn*, Vergleichsverbote im Gesellschaftsrecht, 1996, S. 105f.
4 *Zöllner/Noack* in Baumbach/Hueck, § 43 GmbHG Rz. 53.
5 *Paefgen* in Ulmer/Habersack/Winter, § 43 GmbHG Rz. 147; *Koppensteiner* in Rowedder/Schmidt-Leithoff, § 43 GmbHG Rz. 41; *Kleindiek* in Lutter/Hommelhoff, § 43 GmbHG Rz. 56.
6 *Kleindiek* in Lutter/Hommelhoff, § 43 GmbHG Rz. 55; s. auch *Zöllner/Noack* in Baumbach/Hueck, § 43 GmbHG Rz. 5; *Paefgen* in Ulmer/Habersack/Winter, § 43 GmbHG Rz. 147.

Fälle eine Einzelfallentscheidung hinsichtlich der jeweiligen Pflichtverletzung des Geschäftsführers erforderlich. Diese Entscheidung basiert dabei auf einem mitunter diffusen Abgrenzungsmerkmal, denn eine Unterscheidung zwischen Geschäftsführerpflichten die (überwiegend) dem Schutz der Gesellschaft bzw. der Gläubiger dienen, ist nicht immer trennscharf möglich. Soweit die Insolvenzreife noch nicht eingetreten ist, liegt ferner dem Haftungsmodell der GmbH der Grundsatz der Haftungskonzentration auf die Gesellschaft zugrunde.[1] Letzterer baut auf der Vorstellung auf, dass das, was „gut für die Gesellschaft ist, auch gut für die Gesellschaftsgläubiger ist". Es verwundert daher nicht, dass auch der Haftung des Geschäftsführers nach § 43 Abs. 2 GmbHG ein Beitrag zum mittelbaren Gläubigerschutz nachgesagt wird. Insoweit unterscheidet sich der von § 43 Abs. 2 GmbHG ausgehende reflexartige Schutz der Gläubigerinteressen zumindest grundsätzlich nicht von § 43 Abs. 3 Satz 1 GmbHG. Die Aussage, § 41 GmbHG oder § 49 Abs. 3 GmbHG lägen – anders als andere Geschäftsführerpflichten – „überwiegend im Gläubigerinteresse", legt daher eine petitio principii nahe.

31a Gleichwohl hätte es der Vorschrift des § 9b Abs. 1 GmbHG und der gesetzlichen Verweise auf diese Vorschrift in §§ 43 Abs. 3 Satz 2, 64 Satz 4, 57 Abs. 4 GmbHG und in §§ 36 Abs. 2, 135 Abs. 2, 197 UmwG nicht bedurft, wenn der Gesetzgeber den lediglich reflexartigen Schutz der Gesellschaftsgläubiger in allen Fällen als ausreichend erachtet hätte. Bereits § 9a GmbHG als Grundnorm des Verzichts- und Vergleichsverbots des § 9b Abs. 1 GmbHG hat einen gläubigerschützenden Charakter[2], nicht anders verhält es sich bei den Haftungstatbeständen der §§ 43 Abs. 3 Satz 1 und 64 Satz 1 GmbHG. Gleichwohl ist all diesen Haftungsnormen gemeinsam, dass ein Ersatzanspruch gegen die Geschäftsführung – aufgrund besagter Haftungskonzentration – nur der Gesellschaft zusteht. Dieser Umstand kann daher für die Frage einer analogen Anwendung des § 43 Abs. 3 Satz 2 GmbHG nur von untergeordneter Bedeutung sein. Ist für den Gesetzgeber demnach Anlass für ein gesetzlich angeordnetes Verzichts- und Vergleichsverbot stets ein Haftungsanspruch gegen die Geschäftsführung aufgrund der Verletzung einer Pflicht, die über einen Reflex hinaus unmittelbar dem Gläubigerschutz dient, ist im Spannungsfeld zwischen der allgemeinen Haftungskonzentration auf die Gesellschaft und den konkret schutzwürdigen Interessen der Gesellschaftsgläubiger eine analoge Anwendung des § 43 Abs. 3 Satz 2 GmbHG jedenfalls dann nicht von vornherein auszuschließen, wenn es um die Verletzung gläubigerschützender Geschäftsführerpflichten geht. Ausgehend von einem grundsätzlichen, nur

---

1 S. hierzu *Kleindiek* in Lutter/Hommelhoff, § 43 GmbHG Rz. 39; *Paefgen* in Ulmer/Habersack/Winter, § 43 GmbHG Rz. 166; *Haas*, WM 2006, 1417, 1419; *Haas* in Michalski, § 43 GmbHG Rz. 173, 283.
2 *H. Winter/Veil* in Scholz, § 9a GmbHG Rz. 1; *Heyder* in Michalski, § 9a GmbHG Rz. 1, jedoch von einem indirekten Gläubigerschutz sprechend; a.A. *Hueck/Fastrich* in Baumbach/Hueck, § 9a GmbHG Rz. 1. Angesichts der in § 9a Abs. 1 GmbHG sanktionierten falschen Angaben im Handelsregister insbesondere zum aufzubringenden Stammkapital, der grundsätzlichen Publizität dieser Tatsachen nach § 15 Abs. 2 Satz 1 HGB zu Lasten Dritter und der in § 82 GmbHG normierten Strafbarkeit falscher Angaben erscheint ein auf den Schutz der Gesellschaft reduzierter Normzweck des § 9a GmbHG jedoch eher zweifelhaft.

reflexartigen Schutz der Gesellschaftsgläubiger durch die Haftungskonzentration auf die Gesellschaft muss prinzipiell die Privatautonomie der Gesellschaft hinsichtlich der Verfolgung ihr zustehender Ersatzansprüche gegen die Geschäftsführung überwiegende Beachtung finden. Die Dispositionsbefugnis der Gesellschaft über derartige Ansprüche sollte jedoch dort in Frage gestellt werden, wo die Interessen der Gesellschaftsgläubiger nicht nur reflexartig, sondern durch die Nichteinhaltung von bestimmten gläubigerschützenden Organpflichten unmittelbar betroffen sind. Die erwähnten Unwägbarkeiten der Abgrenzung zwischen den einzelnen Pflichten im Hinblick auf ihren gläubigerschützenden Charakter hat dabei letztlich der Gesellschaftsgläubiger oder Insolvenzverwalter in Kauf zu nehmen, der sich gegenüber dem Geschäftsführer auf das Vergleichs- und Verzichtsverbot aus § 43 Abs. 3 Satz 2 GmbHG und dessen analoge Anwendung beruft. Eine Differenzierung nach dem Schutzzweck von Geschäftsleiterpflichten ist dem Kapitalgesellschaftsrecht nämlich grundsätzlich nicht fremd. Im Rahmen der Nichtigkeit von Beschlüssen der Hauptversammlung einer Aktiengesellschaft kann es gem. § 241 Nr. 3 AktG mitunter auch auf eben diese Abgrenzung maßgebend ankommen.

Unabhängig davon ist eine entsprechende Anwendung des § 43 Abs. 3 Satz 2 GmbHG nur dann erforderlich, wenn dies zu einer Verbesserung des Gläubigerschutzes beitragen kann. Verzichtet nämlich die Gesellschaft gegenüber dem Geschäftsführer auf einen Haftungsanspruch, so wird dies – wenn der Anspruch später zur Gläubigerbefriedigung erforderlich wird – in aller Regel eine nach dem AnfG bzw. nach §§ 129 ff. InsO **anfechtbare Rechtshandlung** darstellen (s. unten Rz. 43). Damit kann der Geschäftsführer, soweit die Gläubiger keine Befriedigung aus dem Gesellschaftsvermögen erhalten, weiter in Anspruch genommen werden. Schwieriger ist die Frage der Anfechtbarkeit allerdings zu beantworten, wenn sich die Gesellschaft mit dem Geschäftsführer verglichen und Letzterer auf dieser Grundlage eine Leistung in das Gesellschaftsvermögen erbracht hat. Es gilt in diesem Fall nämlich, Leistung und Gegenleistung im Rahmen eines solchen Vergleichs nachträglich inhaltlich zu beurteilen, um die Anfechtbarkeit festzustellen (s. unten Rz. 44). Dieses Erfordernis der inhaltlichen Überprüfung birgt nicht zu unterschätzende prozessuale Risiken für den anfechtenden Insolvenzverwalter oder Gläubiger. Die Voraussetzungen eines jeden Anfechtungstatbestands müssen außerdem nach § 140 Abs. 1 InsO bzw. § 8 Abs. 1 AnfG zum Zeitpunkt der Vornahme der anfechtbaren Rechtshandlung vorliegen (s. unten Rz. 42). Auf Grund der gesellschaftsrechtlichen Vorschriften tritt der Verzicht bzw. Vergleich hingegen im (meist späteren) Zeitpunkt der Erforderlichkeit des Ersatzanspruchs zur Gläubigerbefriedigung automatisch und ohne inhaltliche Prüfung des Vergleichs außer Kraft (s. oben Rz. 12). Insofern geht der durch § 43 Abs. 3 Satz 2 GmbHG vermittelte Schutz teilweise über das Anfechtungsrecht hinaus. Kompensiert wird dies jedoch dadurch, dass das Anfechtungsrecht die dem § 9b Abs. 1 GmbHG innewohnenden Beschränkungen nicht kennt (s. oben Rz. 16 ff.). Insgesamt gesehen bleibt damit der durch das Anfechtungsrecht vermittelte (Gläubiger-)Schutz (auch unter Berücksichtigung der Anfechtungsfristen) nicht hinter einer analogen Anwendung des § 9b Abs. 1 GmbHG zurück.

33 **bb) Analoge Anwendung des § 93 Abs. 5 Satz 2 und 3 AktG.** Teilweise wird auch die Ansicht vertreten, dass ein Verzicht bzw. Vergleich auf den Ersatzanspruch (jenseits der explizit geregelten Fälle) dann unwirksam sein soll, wenn dem Anspruch gegen den Geschäftsführer eine **gröbliche Pflichtverletzung** zugrunde liegt und darüber hinaus der Anspruch zur Befriedigung der Gläubiger erforderlich ist. Dies soll sich – so die Vertreter dieser Ansicht – aus einer analogen Anwendung der § 93 Abs. 5 Satz 2 und 3 AktG (s. hierzu unten Rz. 75 f., 77) ergeben.[1] Auch diesem Ansatz steht die Rspr. zu Recht ablehnend gegenüber.[2] Die Ansicht bleibt nämlich – ebenso wie die entsprechende Anwendung des § 9b Abs. 1 GmbHG (s. oben Rz. 32) – die Antwort auf die zentrale Frage schuldig, worin überhaupt die nicht hinnehmbare (und überdies durch das AktG aufzufüllende) Schutzlücke zu Lasten der Gläubiger besteht.

c) Allgemeine Beschränkungen

34 **aa) § 80 InsO.** Durch die **Insolvenzeröffnung** über das Vermögen der GmbH verändert sich zwar die Organisationsverfassung der GmbH nicht. Insbesondere bleiben die Gesellschaftsorgane (einschließlich der Gesellschafterversammlung) auch nach Insolvenzeröffnung bestehen. Die Kompetenzen der Gesellschaftsorgane beschränken sich aber auf Grund der auf den Insolvenzverwalter übergegangenen Verwaltungs- und Verfügungsbefugnis (§ 80 InsO) auf den so genannten „insolvenzfreien" Bereich.[3] Aufgrund dieser Verfügungsbeschränkung in Bezug auf alle masserelevanten Angelegenheiten sind die Gesellschafter mit Eröffnung des Insolvenzverfahrens nicht mehr befugt, auf einen Haftungsanspruch der Gesellschaft gegen den Geschäftsführer zu verzichten oder sich hierüber zu vergleichen.[4]

35 **bb) § 138 BGB.** Im Einzelfall kann ein Verzicht oder Vergleich auf einen Haftungsanspruch nach § 138 Abs. 1 BGB nichtig sein. Zu den unter die Vorschrift fallenden Fallgruppen gehören u.a. die **sittenwidrige Gläubigergefährdung und Gläubigerbenachteiligung**.[5] Die Anforderungen sind allerdings hoch. Nicht ausreichend ist es, wenn durch das Rechtsgeschäft die Befriedigungsaussichten anderer Gläubiger gefährdet werden. Das gilt nicht nur, wenn es um die Beurteilung eines schuldrechtlichen Rechtsgeschäfts, sondern auch dann, wenn es um die Frage der Sittenwidrigkeit eines Gesellschafterbeschlusses geht. So hat der BGH etwa entschieden, dass ein Entlastungsbeschluss nur dann nach § 138 Abs. 1 BGB nichtig ist, wenn „er seinem inneren Gehalt" nach in einer sittenwid-

---

1 Altmeppen in Roth/Altmeppen, § 43 GmbHG Rz. 131 ff.; Altmeppen, DB 2000, 657, 658 f.; in diesem Sinne auch Burgard, ZIP 2002, 827, 839; a.A. aber Zöllner/Noack in Baumbach/Hueck, § 43 GmbHG Rz. 60; Hüffer in Ulmer/Habersack/Winter, § 46 GmbHG Rz. 198.
2 BGH v. 7.4.2003 – II ZR 193/02, GmbHR 2003, 712, 713.
3 BayObLG v. 17.3.2004 – 3 Z BR 046/04, BB 2004, 797; OLG Rostock v. 17.12.2002 – 6 W 52/02, Rpfleger 2003, 444, 445 = GmbHR 2003, 1133; Schulze-Osterloh in Baumbach/Hueck, § 64 GmbHG Rz. 59; Kleindiek in Lutter/Hommelhoff, Anh. zu § 64 GmbHG Rz. 57; Haas in Gottwald, Insolvenzrechts-Handbuch, § 92 Rz. 263.
4 Zu den Restbefugnissen der Gesellschafterversammlung, s. Haas in Gottwald, Insolvenzrechts-Handbuch, § 92 Rz. 291 ff.
5 BGH v. 16.3.1995 – IX ZR 72/94, NJW 1995, 1668; Sack in Staudinger, § 138 BGB Rz. 348; s. auch Wendtland in Bamberger/Roth, § 138 BGB Rz. 21; Armbrüster in MünchKomm. BGB, § 138 BGB Rz. 96 ff.

rigen Schädigung nicht anfechtungsberechtigter Personen besteht.[1] Zumeist wird hier ein Verstoß gegen Satzung und Gesetz allein nicht ausreichen. Vielmehr müssen zusätzliche Umstände hinzutreten, um den Vorwurf der Sittenwidrigkeit zu begründen.[2] Hierzu zählt etwa,[3] wenn das Rechtsgeschäft geeignet ist, die Gläubiger über die Kreditfähigkeit des Schuldners zu täuschen oder der Schuldner damit gegenüber anderen Vertragspartner zum Vertragsbruch verleitet wird, wenn es den Geschäftspartnern darauf ankommt, die übrigen Gläubiger zu benachteiligen oder die Gläubigerbenachteiligung unter (rücksichtsloser) Ausnutzung einer wirtschaftlichen Machtstellung zu Stande kommt.[4] Diese hohen Hürden wird ein Verzicht oder Vergleich der Gesellschaft auf bzw. über den Haftungsanspruch gegen den Geschäftsführer nur selten nehmen.

cc) §§ 276 Abs. 3, 202 Abs. 1 BGB. Nach § 276 Abs. 3 BGB kann **die Haftung dem Schuldner für Vorsatz nicht im Voraus erlassen werden**. Ein derartiger (im Vorfeld vereinbarter) Verzicht ist unwirksam. Eine weitere allgemeine Schranke ergibt sich aus § 202 Abs. 1 BGB. Danach kann die Verjährung bei Haftung wegen Vorsatzes nicht im Voraus durch Rechtsgeschäft erleichtert werden. Nach Anspruchsentstehung kann dagegen die Verjährung auch für diese Ansprüche abgekürzt werden.[5] Entsprechende Anwendung findet § 202 Abs. 1 BGB auch auf die „vorherige" Vereinbarung von Ausschlussfristen zur Geltendmachung von Schadensersatzansprüchen, denen ein vorsätzlicher Pflichtenverstoß zugrunde liegt.[6]

36

4. Rechtsfolgen

a) Der Grundsatz

Haben die Gesellschafter den Geschäftsführer gegenüber der Gesellschaft von der Haftung durch Verzicht oder Vergleich (wirksam) freigestellt, kann die Gesellschaft den betreffenden Geschäftsführer nicht mehr in Anspruch nehmen. Fraglich ist, welche Auswirkungen eine Haftungsfreistellung gegenüber einem Teil der Geschäftsführer auf die übrigen Geschäftsleiter hat. Was von den Gesellschaftern gewollt ist, muss letztlich im Wege der Auslegung ermittelt werden.[7] Grundsätzlich sind die **Wirkungen von Verzicht bzw. Erlass auf die an der Vereinbarung Beteiligten beschränkt** (§§ 423, 425 Abs. 1 BGB).[8] Zwingend ist dies freilich

37

---

1 BGH v. 8.12.1954 – II ZR 291/53, BGHZ 15, 382, 386.
2 BGH v. 16.3.1995 – IX ZR 72/94, NJW 1995, 1668; BGH v. 4.3.1993 – IX ZR 151/92, NJW 1993, 2041 f.; *Sack* in Staudinger, § 138 BGB Rz. 349.
3 *Sack* in Staudinger, § 138 BGB Rz. 348 ff.; *Armbrüster* in MünchKomm. BGB, § 138 BGB Rz. 96.
4 Zu den subjektiven Anforderungen an die Sittenwidrigkeit nach § 138 Abs. 1 BGB, s. *Wendtland* in Bamberger/Roth, § 138 BGB Rz. 22 ff.; *Armbrüster* in MünchKomm. BGB, § 138 BGB Rz. 129 ff.
5 *Grothe* in MünchKomm. BGB, § 202 BGB Rz. 7.
6 *Zöllner/Noack* in Baumbach/Hueck, § 43 GmbHG Rz. 60.
7 *Haas* in Michalski, § 43 GmbHG Rz. 241; *Ulmer* in Ulmer/Habersack/Winter, § 9b GmbHG Rz. 7.
8 BGH v. 21.3.2000 – IX ZR 39/99, NJW 2000, 1942, 1943; *Uwe H. Schneider* in Scholz, § 43 GmbHG Rz. 189; *Koppensteiner* in Rowedder/Schmidt-Leithoff, § 43 GmbHG Rz. 39; *Haas* in Michalski, § 43 GmbHG Rz. 241; *H. Winter/Veil* in Scholz, § 9b GmbHG Rz. 4; *Ulmer* in Ulmer/Habersack/Winter, § 9b GmbHG Rz. 7.

nicht. Denkbar ist auch, dass die Beteiligten mit der Vereinbarung eine Befreiung sämtlicher Haftungsschuldner erreichen wollten. Letzteres liegt etwa dann nahe, wenn der Verzicht mit dem Gesamtschuldner vereinbart wird, der im Innenverhältnis der Gesamtschuldner untereinander die Verbindlichkeit allein tragen müsste.[1]

38 Beschränkt sich die Wirkung des Verzichts bzw. Vergleichs auf die an der Vereinbarung unmittelbar Beteiligten, können die übrigen Geschäftsführer von der Gesellschaft nach wie vor in Anspruch genommen werden. Fraglich ist allerdings, in welcher Höhe die restlichen Geschäftsführer haften. Auch hier kommen verschiedene Optionen in Betracht, die im Wege der Auslegung zu ermitteln sind.[2] Denkbar ist etwa, dass die übrigen Geschäftsführer im vollen Umfang haften, ihrerseits aber gegen die von der Haftung (im Außenverhältnis) befreiten Personen Regress nehmen können. Eine Auslegung der Vereinbarung kann jedoch auch ergeben, dass der Verzicht bzw. Vergleich zu einem **Teilerlass** zu Gunsten der übrigen Geschäftsführer führt.[3] Ist Letzteres der Fall, verbirgt sich hinter der Vereinbarung ein Vertrag zu Gunsten der am Vergleich bzw. Verzicht nicht beteiligten Geschäftsführer.[4]

b) Insolvenzanfechtung

39 Der (wirksame) Verzicht bzw. Vergleich auf einen Ersatzanspruch kann – wenn der Schadensersatzanspruch zur Befriedigung der Gläubiger erforderlich werden sollte – nach §§ 129 ff. InsO bzw. nach dem AnfG anfechtbar sein.[5] In Betracht kommt insoweit insbesondere eine Anfechtung nach § 134 Abs. 1 InsO (bzw. nach der nahezu inhaltsgleichen Vorschrift in § 4 AnfG). Danach sind mit Eröffnung des Insolvenzverfahrens **unentgeltliche Leistungen** des Schuldners anfechtbar, es sei denn sie sind früher als vier Jahre vor dem Antrag auf Eröffnung des Insolvenzverfahrens vorgenommen worden. Der Verzicht oder Vergleich erfüllt grundsätzlich den Begriff der „Leistung" in § 134 Abs. 1 InsO; denn dieser wird recht weit ausgelegt. Erfasst ist danach jede Schmälerung des Schuldnervermögens – auch durch Unterlassen (z.B. Nichtgeltendmachung eines Schadensersatzanspruchs) –, soweit hierdurch die Gläubiger unmittelbar oder mittelbar benachteiligt werden.[6]

40 aa) Der Begriff der Unentgeltlichkeit. Im Mittelpunkt des § 134 InsO steht das Merkmal der Unentgeltlichkeit. Im objektiven Sinne setzt eine unentgeltliche

---

1 BGH v. 21.3.2000 – IX ZR 39/99, NJW 2000, 1942, 1943; OLG Köln v. 18.5.1992 – 19 W 15/92, NJW-RR 1992, 1398.
2 BGH v. 21.3.2000 – IX ZR 39/99, NJW 2000, 1942, 1943; OLG Köln v. 17.12.1993 – 19 U 135/93, NJW-RR 1994, 1307.
3 BGH v. 21.3.2000 – IX ZR 39/99, NJW 2000, 1942, 1943; BGH v. 9.3.1972 – VII ZR 178/70, BGHZ 58, 216, 220; *H. Winter/Veil* in Scholz, § 9b GmbHG Rz. 4; *Ulmer* in Ulmer/Habersack/Winter, § 9b GmbHG Rz. 7.
4 BGH v. 21.3.2000 – IX ZR 39/99, NJW 2000, 1942, 1943.
5 Im Einzelfall kann freilich auch eine nichtige Rechtshandlung des Schuldners anfechtbar sein, s. *Kreft* in HK-InsO, § 129 InsO Rz. 23.
6 *Kirchhof* in MünchKomm. InsO, § 134 InsO Rz. 10, 43; *Kreft* in HK-InsO, § 134 InsO Rz. 6; *Hirte* in Uhlenbruck, § 134 InsO Rz. 6.

Verfügung voraus, dass ein Vermögenswert[1] des Schuldners zu Gunsten einer anderen Person aufgegeben wird, ohne dass der Empfänger eine ausgleichende Gegenleistung an den Schuldner (oder mit dessen Einverständnis an einen Dritten) erbringt.[2] Ganz h.M. nach kann jedoch nicht allein auf die objektiven Verhältnisse abgestellt werden. Zum Schutz der Gläubiger ist aber der Einfluss subjektiver Wertungen im Zusammenhang mit der Prüfung der Unentgeltlichkeit beschränkt.[3]

Eingang finden subjektive Wertungen zunächst, um die Zwecksetzung der schuldnerischen Leistung, d.h. den Inhalt des Rechtsgeschäfts zu ermitteln. Mithin kommt es auf den Willen der Parteien an, um überhaupt festzustellen, ob und um welcher Gegenleistung oder Vorteil willen die Leistung erbracht bzw. vereinbart wurde.[4] Im Rahmen der Prüfung, welche **Zwecksetzung** mit der Leistung verknüpft ist, kommt es nicht darauf an, ob und inwieweit zwischen dem Schuldner und dem Empfänger der Leistung eine Einigung erzielt wurde.[5] Ausreichend ist, wenn zwischen den Beteiligten ein Gleichlauf bzw. eine natürliche Übereinstimmung hinsichtlich der Zwecksetzung besteht.[6] Einseitige Vorstellungen oder Motivationen des Schuldners über mögliche wirtschaftliche Vorteile, die in keiner rechtlichen Abhängigkeit von der Leistung des Schuldners stehen, reichen demgegenüber aber nicht.[7] Auch kann nicht nachträglich ein Rechtsgrund geschaffen werden.[8] Lässt sich anhand des Parteiwillens feststellen, dass die Leistung des Schuldners nicht um einer anderen Leistung willen erbracht wurde, so ist – ohne weiteres – von einer „Unentgeltlichkeit" i.S. des § 134 InsO auszugehen.[9]

41

Hat der Schuldner hingegen (nach dem Willen der Parteien) die Leistung um einer anderen Leistung willen erbracht, steht damit die Entgeltlichkeit der Leistung noch nicht fest. Vielmehr prüft die h.M. sodann, **ob der Gegenleistung objektiv überhaupt ein Wert zukommt**.[10] Maßgebender Zeitpunkt ist insoweit derjenige

42

---

1 Völlig wertlose Gegenstände begründen die Anfechtung nicht; denn hierdurch entsteht kein Gläubigernachteil, s. BGH v. 11.12.2003 – IX ZR 336/01, ZIP 2004, 671, 672.
2 BGH v. 29.11.1990 – IX ZR 29/90, BGHZ 113, 98, 101; BGH v. 24.6.1993 – IX ZR 96/92, ZIP 1993, 1170, 1173; BGH v. 25.6.1992 – IX ZR 4/91, ZIP 1992, 1089, 1091 f.; BGH v. 1.4.2004 – IX ZR 305/00, ZIP 2004, 957, 960.
3 BGH v. 29.11.1990 – IX ZR 29/90, BGHZ 113, 98, 103; BGH v. 15.10.1975 – VIII ZR 62/74, WM 1975, 1182, 1184; BGH v. 24.6.1993 – IX ZR 96/92, ZIP 1993, 1170, 1173; BGH v. 21.1.1999 – IX ZR 429/97, ZIP 1999, 316, 317; BGH v. 1.4.2004 – IX ZR 305/00, ZIP 2004, 957, 960 = GmbHR 2004, 799; BGH v. 3.3.2005 – IX ZR 441/00, ZIP 2005, 767, 768; *Kreft* in HK-InsO, § 134 InsO Rz. 8.
4 BGH v. 21.1.1999 – IX ZR 429/97, ZIP 1999, 316, 317; s. auch *Hirte* in Uhlenbruck, § 134 InsO Rz. 22; *Kirchhof* in MünchKomm. InsO, § 134 InsO Rz. 17.
5 BGH v. 3.3.2005 – IX ZR 441/00, ZIP 2005, 767, 768; BGH v. 24.6.1993 – IX ZR 96/92, ZIP 1993, 1170, 1173. Besteht freilich eine Einigung, so ist diese bindend, s. *Gerhardt*, ZIP 1991, 273, 279 ff.
6 *Häsemeyer*, Insolvenzrecht, Rz. 21.90.
7 BGH v. 29.11.1990 – IX ZR 29/90, BGHZ 113, 98, 101 und 104; BGH v. 24.6.1993 – IX ZR 96/92, ZIP 1993, 1170, 1173; *Hirte* in Uhlenbruck, § 134 InsO Rz. 27.
8 *Hirte* in Uhlenbruck, § 134 InsO Rz. 22; *Paulus* in Kübler/Prütting/Bork, § 134 InsO Rz. 20.
9 *Häsemeyer*, Insolvenzrecht, Rz. 21.90.
10 BGH v. 9.11.2006 – IX ZR 285/03, ZIP 2006, 2391, 2391; BGH v. 29.11.1990 – IX ZR 29/90, BGHZ 113, 98, 102; BGH v. 21.1.1999 – IX ZR 429/97, ZIP 1999, 316, 317; *Kreft* in HK-InsO, § 134 InsO Rz. 9; *Häsemeyer*, Insolvenzrecht, Rz. 21.91; *Kirchhof* in MünchKomm. InsO, § 134 InsO Rz. 22.

der Vollendung des Rechtserwerbs (§ 140 InsO).[1] Ein beliebiges (wirtschaftliches) Interesse, um derentwillen der Schuldner seine Leistung erbringt, reicht insoweit nicht aus.[2] Fließt dem Schuldner ein objektiver Vermögenswert zu, dann ist h.M. zufolge für die Frage der Unentgeltlichkeit (auch) auf die Wertvorstellungen der Parteien abzustellen.[3] Wollte man nämlich allein auf die objektiven Wertrelationen abstellen, würde die Grenze zum § 133 Abs. 1 InsO überschritten. Mithin ist nach dem Parteiwillen zu beurteilen, ob der Hauptzweck des Geschäfts auf Freigiebigkeit gerichtet ist oder nicht. Den Parteien steht insoweit ein gewisser Bewertungsspielraum zu.[4] Bestehen aber erhebliche Differenzen zwischen dem objektiven und dem subjektiven Wert, so ist dies ein Indiz für eine von den Parteien gewollte Teilunentgeltlichkeit. Die Parteien können sich also m.a.W. nicht zu weit von den objektiven Verhältnissen entfernen.[5] Liegt eine Teilunentgeltlichkeit vor, ist grundsätzlich eine auf die Wertdifferenz gerichtete Anfechtung möglich.[6]

43 **bb) Die Unentgeltlichkeit im konkreten Fall.** Grundsätzlich ist ein **Verzicht** auf eine Forderung eine (die Gläubiger benachteiligende) *„unentgeltliche"* Leistung i.S. des § 134 InsO.[7] Das gilt auch dann, wenn eine Gesellschaft gegenüber dem Geschäftsführer auf ihren Ersatzanspruch verzichtet. Rechtshandlung des Schuldners (hier der Gesellschaft) ist insoweit auch der durch die Gesellschafter herbeigeführt Beschluss.[8] Fraglich ist, ob sich an dieser Einordnung etwas ändert, wenn die Gesellschaft auf den Anspruch verzichtet hat, um Schaden von der Gesellschaft abzuwenden, d.h. wenn es der Gesellschaft darum geht, zu verhindern, dass Interna der Gesellschaft in die Öffentlichkeit getragen und/oder die Zusammenarbeit der Organe belastet wird (s. oben Rz. 20). Diese „Vorteile" machen den Verzicht aber nicht zu einer „entgeltlichen" Leistung; denn hierbei wird es sich zumeist um einseitige Vorstellungen des Schuldners (Gesellschaft) über mögliche

---

1 BGH v. 15.1.1964 – VIII ZR 236/62, BGHZ 41, 17, 19; BGH v. 3.3.2005 – IX ZR 441/00, ZIP 2005, 767, 768; *Hirte* in Uhlenbruck, § 134 InsO Rz. 42; *Kirchhof* in MünchKomm. InsO, § 134 InsO Rz. 20.
2 BGH v. 29.11.1990 – IX ZR 29/90, BGHZ 113, 98, 103f.; *Hirte* in Uhlenbruck, § 134 InsO Rz. 35.
3 BGH v. 29.11.1990 – IX ZR 29/90, BGHZ 113, 98, 102; BGH v. 24.6.1993 – IX ZR 96/92, ZIP 1993, 1170, 1173; BGH v. 21.1.1999 – IX ZR 429/97, ZIP 1999, 316, 317; BGH v. 3.3.2005 – IX ZR 441/00, ZIP 2005, 767, 768.
4 BGH v. 1.4.2004 – IX ZR 305/00, ZIP 2004, 957, 960 = GmbHR 2004, 799; *Hirte* in Uhlenbruck, § 134 InsO Rz. 21; *Kirchhof* in MünchKomm. InsO, § 134 InsO Rz. 40.
5 BGH v. 28.2.1991 – IX ZR 74/90, BGHZ 113, 393, 397; BGH v. 24.6.1993 – IX ZR 96/92, ZIP 1993, 1170, 1173; BGH v. 21.1.1999 – IX ZR 429/97, ZIP 1999, 316, 317; BGH v. 1.4.2004 – IX ZR 305/00, ZIP 2004, 957, 960 = GmbHR 2004, 799; s. auch *Hirte* in Uhlenbruck, § 134 InsO Rz. 39; *Kirchhof* in MünchKomm. InsO, § 134 InsO Rz. 41.
6 BGH v. 1.4.2004 – IX ZR 305/00, ZIP 2004, 957, 960 = GmbHR 2004, 799; BGH v. 24.6.1993 – IX ZR 96/92, ZIP 1993, 1170, 1173; *Kreft* in HK-InsO, § 134 InsO Rz. 10; *Hirte* in Uhlenbruck, § 134 InsO Rz. 39; *Häsemeyer*, Insolvenzrecht, Rz. 21.93; s. zur Möglichkeit einer Teilanfechtung auch BGH v. 11.11.1993 – IX ZR 257/92, BGHZ 124, 76, 84f. = *Haas*, EWiR 1994, 169.
7 BGH v. 14.11.1979 – VIII ZR 333/78, ZIP 1980, 21; *Kirchhof* in MünchKomm. InsO, § 134 InsO Rz. 24; *Dauernheim* in FK-InsO, § 134 InsO Rz. 28; *Kreft* in HK-InsO, § 134 InsO Rz. 12.
8 *Paulus*, ZIP 1996, 2141, 2147f.; *Kirchhof* in MünchKomm. InsO, § 129 InsO Rz. 39.

wirtschaftliche Vorteile handeln, die nicht in rechtlicher Abhängigkeit zu der von ihm erbrachten Leistung stehen. Dann aber fehlt es bereits an der für eine „entgeltliche" Leistung erforderlichen Verknüpfung von Aufgabe eines Vermögenswerts und hierdurch erlangtem wirtschaftlichem Vorteil.

In einem **Vergleich** liegt nicht zwingend eine *„unentgeltliche"* Leistung i.S. des § 134 InsO. Wird ein Vergleich geschlossen, um die bei einer verständigen Würdigung des Sachverhalts und Rechtslage bestehende Ungewissheit durch gegenseitiges Nachgeben zu beseitigen, so liegt nämlich – objektiv gesehen – nicht nur eine „Leistung" des Schuldners, sondern auch eine solche des anderen Vertragsteils vor.[1] Darüber hinaus ist in einem solchen Fall zu vermuten, dass die vereinbarte Regelung die gegenseitigen Interessen ausgewogen berücksichtigt. Innerhalb der von der objektiven Ungewissheit gekennzeichneten Vergleichslage haben mithin die Parteien für ihr gegenseitiges Nachgeben einen (die Anwendung des § 134 InsO ausschließenden) Ermessens- und Bewertungsspielraum.[2] Erst wenn der Vergleichsinhalt den Bereich verlässt, der bei objektiver Beurteilung ernstlich zweifelhaft ist, ist der Anwendungsbereich des § 134 InsO eröffnet.

44

II. Weisung und Billigung

Eine Haftung des Geschäftsführers entfällt nicht nur im Fall eines Verzichtes oder Vergleichs, sondern auch dann, wenn er auf Weisung der Gesellschafter handelt; denn **im Rahmen seiner Folgepflicht**[3] **haftet der Geschäftsführer nicht** (arg. e § 43 Abs. 3 Satz 3 GmbHG).[4] Gleiches gilt auch, wenn die Gesellschafter das Verhalten des Geschäftsführers **billigen**.[5] Für die Frage, ob das zuständige Organ überhaupt die Geschäftsführungsmaßnahme billigen kann, gelten dieselben Voraussetzungen wie für eine Weisung.[6]

45

1. Zuständigkeit

Das Recht, eine Weisung zu erteilen, steht – soweit die Satzung nichts anderes vorsieht – der Gesellschafterversammlung zu. Die Erteilung der Weisung erfolgt durch einfachen Gesellschafterbeschluss (§ 47 Abs. 1 GmbHG).[7] Das weisungsbefugte Organ ist auch zuständig für eine haftungsausschließende Billigung des

46

---

1 BGH v. 9.11.2006 – IX ZR 285/03, ZIP 2006, 2391, 2392 f.
2 BGH v. 9.11.2006 – IX ZR 285/03, ZIP 2006, 2391, 2393.
3 *Haas* in Michalski, § 43 GmbHG Rz. 182 ff.; *Altmeppen* in Roth/Altmeppen, § 43 GmbHG Rz. 114.
4 BGH v. 14.12.1959 – II ZR 187/57, BGHZ 31, 258, 278; *Uwe H. Schneider* in Scholz, § 43 GmbHG Rz. 119; *Uwe H. Schneider/Sven H. Schneider*, GmbHR 2005, 1229, 1231.
5 BGH v. 7.4.2003 – II ZR 193/02, GmbHR 2003, 712, 713; OLG Stuttgart v. 30.5.2000 – 20 W 1/2000, GmbHR 2000, 1048, 1049; OLG Koblenz v. 9.6.1998 – 3 U 1662/89, NZG 1998, 953, 954 = GmbHR 1999, 122; *Paefgen* in Ulmer/Habersack/Winter, § 43 GmbHG Rz. 134; *Altmeppen* in Roth/Altmeppen, § 43 GmbHG Rz. 114; *Koppensteiner* in Rowedder/Schmidt-Leithoff, § 43 GmbHG Rz. 37; *Haas* in Michalski, § 43 GmbHG Rz. 185.
6 *Koppensteiner* in Rowedder/Schmidt-Leithoff, § 43 GmbHG Rz. 33; *Haas* in Michalski, § 43 GmbHG Rz. 185.
7 *Kleindiek* in Lutter/Hommelhoff, § 37 GmbHG Rz. 17.

Geschäftsführerverhaltens. Auch diese muss – grundsätzlich – durch Beschluss ergehen.¹ Die Zuständigkeit der **Gesellschafterversammlung**, dem Geschäftsführer haftungsbefreiende Weisungen zu erteilen, entfällt mit Eröffnung des Insolvenzverfahrens, soweit die in Frage stehende Geschäftsführungsmaßnahme Masserelevanz hat (s. oben Rz. 34).

47 Ausnahmsweise ist ein Beschluss entbehrlich. Dies gilt etwa in einer **Einmann-Gesellschaft**. Hier bedarf es für eine bindende Weisung bzw. eine haftungsausschließende Billigung keines förmlichen Gesellschafterbeschlusses. Es genügt vielmehr das für den Geschäftsführer erkennbare Einverständnis des Alleingesellschafters mit seinem Handeln.² Hiervon ist immer bei einem Alleingesellschafter-Geschäftsführer auszugehen. Letzterer handelt daher stets „im Einverständnis mit sich selbst".³ Gleiches gilt auch, wenn zwei oder mehrere Gesellschafter-Geschäftsführer einvernehmlich zum Nachteil der Gesellschaft handeln und zusammen über alle Gesellschaftsanteile verfügen.⁴

a) Reichweite der haftungsausschließenden Wirkung

48 Unberührt bleiben von der haftungsausschließenden Wirkung einer Weisung (oder Billigung) die „**Restpflichten**" des Geschäftsführers im „**Umfeld**" des Beschlusses.⁵ Eine (haftungsauslösende) Verletzung dieser Restpflichten liegt etwa vor, wenn der Geschäftsführer den Beschluss des weisungsberechtigten Organs nicht ordnungsgemäß vorbereitet, nicht ausreichend auf die Folgen der Entscheidung hingewiesen, Bedenken nicht angemessen geltend gemacht bzw. pflichtwidrig auf die Willensbildung der Gesellschafter eingewirkt hat.⁶ Hat der Geschäftsführer Bedenken hinsichtlich der Recht- bzw. Zweckmäßigkeit der Gesellschafterweisungen, so hat er diese vor Ausführung der Weisung gegenüber der Gesellschafterversammlung angemessen zum Ausdruck zu bringen, damit diese die Weisung aufheben bzw. abändern kann.⁷ Dies gilt insbesondere dann, wenn

---

1 OLG Koblenz v. 9.6.1998 – 3 U 1662/89, NZG 1998, 953, 954 = GmbHR 1999, 122; *Zöllner/Noack* in Baumbach/Hueck, § 43 GmbHG Rz. 33; s. aber auch oben Rz. 22 ff.
2 BGH v. 26.10.2009 – II ZR 222/08, DStR 2010, 63; BGH v. 21.6.1999 – II ZR 47/98, BGHZ 142, 92, 95 f. = GmbHR 1999, 921; BGH v. 25.2.1991 – II ZR 76/90, NJW 1991, 1681 f. = AG 1991, 235 = GmbHR 1991, 197; OLG Stuttgart v. 30.5.2000 – 20 W 1/2000, GmbHR 2000, 1048; *Paefgen* in Ulmer/Habersack/Winter, § 43 GmbHG Rz. 118; *Zöllner/Noack* in Baumbach/Hueck, § 43 GmbHG Rz. 34.
3 BGH v. 26.10.2009 – II ZR 222/08, DStR 2010, 63; BGH v. 31.1.2000 – II ZR 189/99, NZG 2000, 544 (*Haas*) = AG 2000, 472; *Paefgen* in Ulmer/Habersack/Winter, § 43 GmbHG Rz. 118; *Zöllner/Noack* in Baumbach/Hueck, § 43 GmbHG Rz. 33.
4 BGH v. 7.4.2003 – II ZR 193/02, GmbHR 2003, 712, 713; *Paefgen* in Ulmer/Habersack/Winter, § 43 GmbHG Rz. 118; *Zöllner/Noack* in Baumbach/Hueck, § 43 GmbHG Rz. 33.
5 *Uwe H. Schneider* in Scholz, § 43 GmbHG Rz. 119; *Uwe H. Schneider/Sven H. Schneider*, GmbHR 2005, 1229, 1231; *Haas* in Michalski, § 43 GmbHG Rz. 183.
6 *Uwe H. Schneider* in Scholz, § 43 GmbHG Rz. 119; *Haas* in Michalski, § 43 GmbHG Rz. 183; *Giesecke*, GmbHR 1996, 486, 490; *Konzen*, NJW 1989, 2977, 2985; *Koppensteiner* in Rowedder/Schmidt-Leithoff, § 43 GmbHG Rz. 28; *Hefermehl* in FS Schilling, 1973, S. 159, 172; *Canaris*, ZGR 1978, 207, 213.
7 BGH v. 26.3.1956 – II ZR 57/55, BGHZ 20, 239, 246; OLG Jena v. 1.9.1998 – 5 U 1816/97, NZG 1999, 121, 122 = GmbHR 1999, 346; *Uwe H. Schneider* in Scholz, § 43 GmbHG Rz. 119; *Haas* in Michalski, § 43 GmbHG Rz. 184; *Konzen*, NJW 1989, 2977, 2985.

die Gesellschafterentscheidung für den Geschäftsführer erkennbar auf einer unrichtigen Sachverhaltsgrundlage gefällt wurde. Der Geschäftsführer muss in einem solchen Fall die Gesellschafterversammlung über die Risiken ausreichend informieren.[1] Verändern sich die Entscheidungsgrundlagen zu einem späteren Zeitpunkt und ist aus der Sicht der Gesellschafter eine Abänderung oder Aufhebung der Gesellschafterweisung veranlasst, so hat der Geschäftsführer ebenfalls den Sachverhalt erneut der Gesellschafterversammlung zu unterbreiten.[2]

b) Rechtsfolgen bei Fehlen oder Rechtswidrigkeit eines Beschlusses

Liegt kein Beschluss des zuständigen Organs vor (z.B. Weisung des Mehrheitsgesellschafters), kommt ein Haftungsausschluss von vornherein nicht in Betracht.[3] Für die Frage, ob ein rechtswidriger Beschluss eine Folgepflicht auslöst, ist danach zu unterscheiden, ob der **Beschluss nichtig oder lediglich anfechtbar** ist.[4] Ist der Beschluss nichtig, so führt der Geschäftsführer die Maßnahme in eigener Verantwortung durch. Weisen die Gesellschafter den Geschäftsführer durch nichtigen Beschluss zu einem schadensstiftenden Verhalten an, kommt eine Enthaftung des Geschäftsführers nicht in Betracht.[5] Ist der Beschluss nicht nichtig, sondern lediglich anfechtbar, so ist danach zu differenzieren, ob der Beschluss wirksam angefochten wurde oder der Beschluss unanfechtbar geworden ist.[6] Unstreitig entfällt die haftungsbefreiende Wirkung des Beschlusses, wenn dieser wirksam angefochten wurde.[7] Ist der Beschluss durch Zeitablauf unanfechtbar geworden (analog § 246 Abs. 1 AktG analog), kommt ihm grundsätzlich (weil die Folgepflicht auslösend) auch eine haftungsbefreiende Wirkung zu.[8] Ist die Anfechtung hingegen noch möglich, so ist die Rechtslage für die Dauer der Schwebezeit streitig, da die erfolgreiche Anfechtungsklage ex tunc wirkt und damit rückwirkend die Folgepflicht des Geschäftsführers entfallen lässt.[9]

49

---

1 OLG Jena v. 1.9.1998 – 5 U 1816/97, NZG 1999, 121, 122 = GmbHR 1999, 346.
2 *Koppensteiner* in Rowedder/Schmidt-Leithoff, § 43 GmbHG Rz. 28; *Haas* in Michalski, § 43 GmbHG Rz. 184; *Hefermehl* in FS Schilling, 1973, S. 159, 172.
3 Zu einem Fall, in dem der Vertreter der Gesellschafter für den Geschäftsführer erkennbar unter Missbrauch seiner Vertretungsmacht gehandelt hat, s. OLG Koblenz v. 20.3.2003 – 6 U 850/00, EWiR 2003, 769 f.
4 *Ebenroth/Lange*, GmbHR 1992, 69, 73; *Konzen*, NJW 1989, 2977, 2982; *Mennicke*, NZG 2000, 622, 624.
5 BGH v. 13.4.1994 – II ZR 16/93, BGHZ 125, 366, 372 = GmbHR 1994, 390; BGH v. 18.3.1974 – II ZR 2/72, GmbHR 1974, 131, 132; *Uwe H. Schneider* in Scholz, § 43 GmbHG Rz. 127; *Uwe H. Schneider/Sven H. Schneider*, GmbHR 2005, 1229, 1231 f.
6 *Ebenroth/Lange*, GmbHR 1992, 69, 73; *Haas* in Michalski, § 43 GmbHG Rz. 62.
7 *Zöllner/Noack* in Baumbach/Hueck, § 37 GmbHG Rz. 20. U. U. kann die Haftung hier aber dann entfallen, wenn sich der Geschäftsführer insoweit in einem entschuldbaren Verbotsirrtum befand, *Uwe H. Schneider/Sven H. Schneider*, GmbHR 2005, 1229, 1232.
8 *Zöllner/Noack* in Baumbach/Hueck, § 37 GmbHG Rz. 20; *Uwe H. Schneider* in Scholz, § 43 GmbHG Rz. 130; *Konzen*, NJW 1989, 2977, 2982; *Fleck*, GmbHR 1974, 224, 228.
9 S. hierzu *Zöllner/Noack* in Baumbach/Hueck, § 37 GmbHG Rz. 20; *Haas* in Michalski, § 43 GmbHG Rz. 62.

2. Beschränkung nach § 43 Abs. 3 Satz 3 GmbHG

50 Die haftungsbefreiende Wirkung der Gesellschafterweisung (bzw. Billigung) entfällt, wenn es um die Erfüllung der Kapitalerhaltungs- oder Krisenpflichten geht (s. oben Rz. 5ff.). Dies gilt nach § 43 Abs. 3 Satz 3 GmbHG jedenfalls dann, wenn der Anspruch zur Befriedigung der Gläubiger erforderlich ist (oder innerhalb der Verjährungsfrist wird). Mithin steht die (wirksame) Weisung – ebenso wie der Verzicht bzw. der Vergleich – kraft Gesetzes **unter einer auflösenden Bedingung**. Nichts anderes gilt, wenn in diesen Fällen der Geschäftsführer mit Einverständnis der Gesellschafter gehandelt hat.[1]

3. Beschränkung nach sonstigen gesellschaftsrechtlichen Grundsätzen

51 Mitunter wird der durch § 43 Abs. 3 Satz 3 GmbHG vermittelte Gläubigerschutz als unzureichend empfunden. Dabei werden verschiedene Lösungen zur Lückenschließung vorgeschlagen. Die Rspr. steht einer Beschränkung der haftungsbefreienden Wirkung einer Weisung (oder Billigung) über die Fälle der §§ 30, 33, 43 Abs. 3, 64 GmbHG hinaus ablehnend gegenüber.[2]

a) Analoge Anwendung des § 30 Abs. 1 Satz 1 GmbHG

52 Wie oben bereits erwähnt (Rz. 26), kann ein Verzicht oder Vergleich auf einen Anspruch der Gesellschaft gegen einen Gesellschafter-Geschäftsführer eine verbotswidrige Auszahlung i.S. des § 30 Abs. 1 Satz 1 GmbHG darstellen. Mitunter werden in der Literatur nun diesen Fällen des Verzichts die Fälle einer Enthaftung des Gesellschafter-Geschäftsführers kraft Weisung gleichgestellt.[3] Die überwiegende Ansicht folgt diesem Vorschlag jedoch nicht. Erfasst werden nämlich von dem Verbot in § 30 Abs. 1 Satz 1 GmbHG nur solche Handlungsweisen, die zu einer „Auszahlung" führen, d.h. die das Vermögen der Gesellschaft mindern. Erteilen aber die Gesellschafter dem (Gesellschafter-)Geschäftsführer die **Weisung, eine – ansonsten pflichtwidrige, aber nicht kapitalerhaltungsrechtlich relevante – Geschäftsführungsmaßnahme vorzunehmen, so wird kein Vermögenswert aufgegeben**, der jemals in das Vermögen der Gesellschaft gelangt ist. Dann aber liegt keine Auszahlung aus dem zur Erhaltung des Stammkapitals erforderlichen Vermögens vor. Der Anwendungsbereich des § 30 Abs. 1 Satz 1 GmbHG ist m.a.W. bei diesen Formen der Enthaftung von vornherein nicht eröffnet.[4] Damit bleibt es dabei, dass die Gesellschafter nicht gehindert sind, in der wirtschaftlichen Krise der Gesellschaft über den Haftungsanspruch gegen den Gesellschafter-Geschäftsführer in Form einer Weisung zu disponieren. Nichts anderes gilt bei der Einpersonen-GmbH, in der der Gesellschafter gleichzeitig auch Geschäftsführer ist. In einem solchen Fall haftet – h.M. zufolge – der (Gesellschafter-)Geschäftsführer nicht nach § 43

---

1 BGH v. 7.4.2003 – II ZR 193/02, GmbHR 2003, 712, 713.
2 BGH v. 31.1.2000 – II ZR 189/99, NZG 2000, 544 (Haas) = AG 2000, 472; BGH v. 14.12.1959 – II ZR 187/57, BGHZ 31, 258, 278.
3 Altmeppen, Die Haftung des Managers im Konzern, 1998, S. 75 ff.; Altmeppen, DB 2000, 657; 659; Altmeppen, ZIP 2001, 1837, 1854 ff.; Altmeppen in Roth/Altmeppen, § 43 GmbHG Rz. 129.
4 BGH v. 31.1.2000 – II ZR 189/99, NZG 2000, 544 (Haas) = AG 2000, 472; Hommelhoff in Lutter/Hommelhoff, § 30 GmbHG Rz. 8.

Abs. 2 GmbHG gegenüber der Gesellschaft; denn ein eigenständiges schützenswertes, vom Gesellschafterinteresse zu unterscheidendes Gesellschaftsinteresse besteht hier nicht. In dieser Nichtanwendbarkeit des § 43 Abs. 2 GmbHG liegt (ebenso wie im Fall einer Gesellschafterweisung) keine „Auszahlung" i.S. des § 30 Abs. 1 Satz 1 GmbHG, und zwar selbst dann nicht, wenn sich die Gesellschaft im Zeitpunkt der Geschäftsleitungsmaßnahme in einer Unterbilanz befindet.[1]

b) Analoge Anwendung des § 43 Abs. 3 Satz 3 GmbHG

In der Literatur wird teilweise die Ansicht vertreten, dass § 43 Abs. 3 Satz 3 GmbHG auf solche Pflichtverletzungen auszudehnen ist, die überwiegend dem Schutz der Gläubigerinteressen dienen.[2] Letzteres wird etwa der Pflicht zur Buchführung (§ 41 GmbHG) oder der Einberufungspflicht des Geschäftsführers nach § 49 Abs. 3 GmbHG nachgesagt.[3] Zweifel an dieser Ansicht sind – lässt mal einmal das mitunter diffuse Abgrenzungskriterium auch hier außen vor (s. oben Rz. 31) – an dieser Stelle jedoch bereits aus systematischen Gründen angebracht. 53

Die analoge Anwendung des § 43 Abs. 3 Satz 3 GmbHG auf Geschäftsführerpflichten, die dem Schutz der Gesellschaftsgläubiger dienen, trägt nämlich – anders als im Bereich der Enthaftung durch Verzicht oder Vergleich – wenig zur Verbesserung des Gläubigerschutzes bei. Die Pflichten in §§ 41, 49 Abs. 3 GmbHG wie auch sonstige Pflichten, die im Interesse der Gesellschaftsgläubiger stehen, sind ohnehin der Disposition der Gesellschafter entzogen. Ein Beschluss, der sich hierüber hinwegsetzt und den Geschäftsführer zu einer derartigen Pflichtverletzung anweist, ist nichtig. Einem nichtigen Beschluss kommt von vornherein keine haftungsbefreiende Wirkung zu.[4] Der Geschäftsführer haftet dann ohnehin nach § 43 Abs. 2 GmbHG gegenüber der Gesellschaft, wenn er eine nichtige Weisung ausführt. Nun wird zwar mitunter die Ansicht vertreten, dass die Geltendmachung dieses Anspruchs durch die Gesellschaft treuwidrig sei, wenn die Gesellschafter den Geschäftsführer *einstimmig* zu der Pflichtverletzung angewiesen bzw. das Verhalten desselben gebilligt haben.[5] Diese Ansicht ist jedoch dahingehend einzuschränken, dass die **Treuwidrigkeit** nicht gegeben ist, wenn sich die Gesellschaft in einer wirtschaftlichen Schieflage befinde, d.h. der Anspruch zur Befriedigung der Gläubiger erforderlich ist. Mithin besteht in den Fällen der vorliegenden Art im Grunde keine Schutzlücke zu Lasten der Gläubiger, die durch eine entsprechende Anwendung des § 43 Abs. 3 Satz 3 GmbHG geschlossen werden müsste. 54

---
1 OLG Karlsruhe v. 12.5.1999 – 13 U 140/98, NZG 1999, 889 = GmbHR 1999, 1144; *Haas* in Michalski, § 43 GmbHG Rz. 180 f.
2 *Paefgen* in Ulmer/Habersack/Winter, § 43 GmbHG Rz. 147; *Koppensteiner* in Rowedder/Schmidt-Leithoff, § 43 GmbHG Rz. 41; *Kleindiek* in Lutter/Hommelhoff, § 43 GmbHG Rz. 56.
3 *Kleindiek* in Lutter/Hommelhoff, § 43 GmbHG Rz. 55; s. auch *Zöllner/Noack* in Baumbach/Hueck, § 43 GmbHG Rz. 5; *Paefgen* in Ulmer/Habersack/Winter, § 43 GmbHG Rz. 147.
4 S. nur *Paefgen* in Ulmer/Habersack/Winter, § 43 GmbHG Rz. 129; *Kleindiek* in Lutter/Hommelhoff, § 43 GmbHG Rz. 34; *Haas* in Michalski, § 43 GmbHG Rz. 61 und 182.
5 BGH v. 18.3.1974 – II ZR 2/72, GmbHR 1974, 131, 132; *Uwe H. Schneider* in Scholz, § 43 GmbHG Rz. 105; *Koppensteiner* in Rowedder/Schmidt-Leithoff, § 43 GmbHG Rz. 33; s. auch *Haas* in Michalski, § 43 GmbHG Rz. 234 f.

c) **Analoge Anwendung des § 93 Abs. 5 Satz 2 und 3 AktG**

55 Nach § 93 Abs. 5 Satz 2 und 3 AktG kann eine (im Innenverhältnis zur Gesellschaft) haftungsbefreiende (gesetzmäßige) Weisung der Hauptversammlung an den Vorstand dem Verfolgungsrecht der Gläubiger nicht entgegen gehalten werden, wenn dem Vorstand entweder eine Pflichtverletzung nach § 93 Abs. 3 AktG oder aber – im Anwendungsbereich des § 93 Abs. 2 AktG – eine **gröbliche Pflichtverletzung** zur Last fällt (s. unten Rz. 75 f.). Fraglich ist nun, ob die in diesen Vorschriften enthaltene Wertung auf das GmbHG übertragbar ist.[1] Auf den ersten Blick wird hierdurch der Gläubigerschutz (deutlich – aber freilich gegen den ausdrücklichen Wortlaut) ausgeweitet; denn – folgt man der Ansicht – wären nicht nur Weisungen der Gesellschafter, die zu einer Verletzung der Kapitalerhaltungs- oder Krisenpflichten aufrufen, den Gläubigern gegenüber unwirksam (§§ 64 Satz 4, 43 Abs. 3 Satz 1 GmbHG, s. oben Rz. 50), sondern auch solche, die eine gröbliche Pflichtverletzung durch den Geschäftsführer zum Gegenstand haben. Letztlich stellt sich aber auch hier die Frage, ob wirklich eine nennenswerte Regelungslücke besteht, die es durch aktienrechtliche Vorschriften zu schließen gilt. In der überwiegenden Zahl der Fälle wird nämlich der Beschluss der Gesellschafter, der zu einer „gröblichen Pflichtverletzung" anweist, wegen Verstoßes gegen gläubigerschützende Vorschriften, eines Sittenverstoßes oder auch deshalb nichtig sein, weil er auf die Schädigung nicht anfechtungsberechtigter Dritter ausgerichtet ist (vgl. auch oben Rz. 35).[2] In all diesen Fällen entfällt aber von vornherein die haftungsbefreiende Wirkung des Beschlusses mit der Folge, dass sich schon auf Grund der im GmbH-Recht angeordneten Rechtsfolgen die Frage nach einer analogen Anwendung des § 93 Abs. 5 Satz 2 und 3 AktG nicht stellt.[3]

III. Haftungsbeschränkung durch Reduzierung des Pflichten- und Sorgfaltsmaßstabs

56 Grundsätzlich hat der Geschäftsführer im Verhältnis zur Gesellschaft den Sorgfalts- und Pflichtenmaßstab eines ordentlichen Geschäftsmannes anzuwenden (§ 43 Abs. 1 GmbHG). Verstößt er hiergegen, dann haftet der Geschäftsführer gegenüber der Gesellschaft auf Ersatz des Schadens. In Literatur und Rspr. ist nun umstritten, inwieweit die Gesellschafter diesen Sorgfalts- und Pflichtenmaßstab absenken können (zur Verkürzung der Verjährungsfrist, s. oben Rz. 4). Problematisch ist diese Haftungsbeschränkung nicht nur hinsichtlich des „ob", sondern auch in Bezug auf das „wie".

---

1 *Altmeppen* in Roth/Altmeppen, § 43 GmbHG Rz. 131 ff.; s. auch *Altmeppen*, DB 2000, 657, 658.
2 S. zu den Nichtigkeitsgründen *Roth* in Roth/Altmeppen, § 47 GmbHG Rz. 97 ff.; *Koppensteiner* in Rowedder/Schmidt-Leithoff, § 47 GmbHG Rz. 100 ff.; *Zöllner* in Baumbach/Hueck, Anh. § 47 GmbHG Rz. 50 ff.
3 Im Ergebnis auch *Uwe H. Schneider/Sven H. Schneider*, GmbHR 2005, 1229, 1231. Nicht abschließend geklärt ist, ob ein der Weisung zugrunde liegender Beschluss auch der Insolvenzanfechtung oder Anfechtung nach dem AnfG unterliegen kann.

1. Dispositionsbefugnis der Gesellschafter

Die wohl h.M. bejaht eine – grundsätzliche – Befugnis der Gesellschafter, den Pflichten- und Sorgfaltsmaßstab entsprechend zu modifizieren.[1] Eine Ausnahme soll – von der allgemeinen Schranken in § 276 Abs. 3 BGB abgesehen (s. oben Rz. 36) – lediglich für die zwingenden Geschäftsführerpflichten gelten (z.B. §§ 9a, 41, 43 Abs. 3 Satz 1, 49 Abs. 3, 57 Abs. 4, 64 Satz 1 GmbHG).[2] Anderer Ansicht nach sollen auch jenseits dieser Fälle die Gesellschafter über die Haftungsvoraussetzungen nicht ohne Weiteres disponieren können. Wie weit allerdings diese Beschränkung reicht, ist im Einzelnen umstritten. Teilweise wird jede Absenkung des Pflichten- und Sorgfaltsmaßstabs im Grundsatz für unzulässig erachtet.[3] Andere wollen eine Absenkung des Sorgfaltsmaßstabs insoweit zulassen, als dadurch nicht generell die Haftung für Vorsatz und grobe Fahrlässigkeit ausgeschlossen wird.[4]

57

Gegen eine (generelle) Beschränkung der Verfügungsfreiheit der Gesellschafter spricht – zumindest auf den ersten Blick – ein Wertungsgesichtspunkt. Warum soll es jemandem, der im Nachhinein über einen Anspruch in Form des Verzichts disponieren kann, nicht schon im Voraus gestattet sein, die Entstehung dieses Anspruchs durch Modifikation des Pflichten- und Sorgfaltsmaßstabs zu verhindern? Die Gleichung aber, dass dasjenige, was nachträglich möglich ist, auch im Vorhinein erlaubt sein muss, ist falsch; denn der Verzicht im Nachhinein hat eine völlig andere Qualität als eine ex ante Freistellung von der Haftung.[5] Dies zeigt schon ein Blick auf § 276 Abs. 3 BGB (s. oben Rz. 36). Auch wenn auf einen Schadensersatzanspruch, dem eine vorsätzliche Pflichtverletzung zugrunde liegt, im Nachhinein verzichtet werden kann, so folgt daraus eben nicht, dass eine Freizeichnung für Vorsatz schon im Voraus zulässig wäre. Ein weiteres Beispiel findet sich auch im Gesellschaftsrecht. So kann etwa auf einen Ersatzanspruch der Gesellschaft nach § 9a Abs. 1 GmbHG (im Nachhinein) verzichtet werden (unter der Bedingung, dass dieser nicht zur Befriedigung der Gläubiger erforderlich ist, s. oben Rz. 12 ff.). Trotzdem aber ist es den Gesellschaftern nicht gestattet, im Vorhinein den Pflichten- und Sorgfaltsmaßstab im Zusammenhang mit dem § 9a Abs. 1 GmbHG zu verändern.[6]

58

---

1 BGH v. 16.9.2002 – II ZR 107/01, NJW 2002, 3777, 3778 = GmbHR 2002, 1197; OLG Stuttgart v. 26.5.2003 – 5 U 160/02, GmbHR 2003, 835, 837; *Uwe H. Schneider* in Scholz, § 43 GmbHG Rz. 259 ff.; *Uwe H. Schneider/Sven H. Schneider*, GmbHR 2005, 1229, 1233; *Paefgen* in Ulmer/Habersack/Winter, § 43 GmbHG Rz. 7; *Altmeppen* in Roth/Altmeppen, § 43 GmbHG Rz. 111; *Kleindiek* in Lutter/Hommelhoff, § 43 GmbHG Rz. 55; rechtsvergleichend *Fleischer*, WM 2005, 909, 910 f., 913; *Haas*, WM 2006, 1417, 1418.
2 *Kleindiek* in Lutter/Hommelhoff, § 43 GmbHG Rz. 56; *Uwe H. Schneider/Sven H. Schneider*, GmbHR 2005, 1229, 1233; wohl auch OLG Stuttgart v. 26.5.2003 – 5 U 160/02, GmbHR 2003, 835, 837.
3 *Lutter*, GmbHR 2000, 301, 311; *Ebenroth/Lange*, GmbHR 1992, 69, 76; *Haas* in Michalski, § 43 GmbHG Rz. 14 ff.; *Ziemons* in Praxishandbuch der GmbH-Geschäftsführung, § 29 Rz. 20.
4 *Zöllner/Noack* in Baumbach/Hueck, § 43 GmbHG Rz. 5; *Lohr*, NZG 2000, 1204, 1209; *Reese*, DStR 1995, 532, 536.
5 *Haas* in Michalski, § 43 GmbHG Rz. 16; *Koppensteiner* in Rowedder/Schmidt-Leithoff, § 43 GmbHG Rz. 4; *Ebenroth/Lange*, GmbHR 1992, 69, 76.
6 Die Tatbestandsvoraussetzungen des § 9a GmbHG sind nicht dispositiv, vgl. *Ulmer* in Ulmer/Habersack/Winter, § 9a GmbHG Rz. 4; *Schmidt-Leithoff* in Rowedder/Schmidt-Leithoff, § 9a GmbHG Rz. 2; *Bayer* in Lutter/Hommelhoff, § 9a GmbHG Rz. 14.

59 Wenn an eine Haftungserledigung ex ante mithin strengere Anforderungen geknüpft werden können als an einen ex post wirkenden Verzicht, ist damit freilich noch nicht gesagt, dass dies vorliegend auch so sein muss. Hiergegen könnte insbesondere sprechen, dass der Gesetzgeber in § 276 Abs. 3 BGB bereits eine abschließende Wertung vorgenommen hat. Letzteres ist jedoch abzulehnen. § 276 Abs. 3 BGB zeigt am Leitbild eines schuldrechtlichen Austauschvertrages auf, bis zu welcher Grenze sich die eine Vertragspartei der Willkür der anderen im Vorhinein ausliefern darf. Im Gesellschaftsrecht ist die Ausgangslage aber sehr viel komplexer; denn § 43 Abs. 1 GmbHG will nicht nur die Interessen des Geschäftsführers und der Gesellschaft bzw. der Gesellschafter zu einem angemessenen Ausgleich bringen. Vielmehr dienen die § 43 Abs. 1 und 2 GmbHG auch dem (zumindest mittelbaren) Schutz der Gläubiger. Hinter der Vorschrift steht nämlich die Vorstellung, dass dasjenige, was zum Wohle der Gesellschaft ist, auch dem Wohl der Gläubiger dient. Nur aus diesem Grund ist nämlich die Haftungskonzentration auf die Gesellschaft gerechtfertigt. Schon auf Grund der Mehrseitigkeit der Interessen im GmbHG kann daher in § 276 Abs. 3 BGB keine abschließende Wertung gesehen werden. Dies hat auch der historische Gesetzgeber so gesehen. In der amtlichen Begründung zum Entwurf des GmbH-Gesetzes von 1891 heißt es insoweit:

> „Ein geringerer Maßstab [als § 43 Abs. 1 GmbHG] darf an die Verantwortlichkeit ... [des Geschäftsführers] nicht gelegt werden, zumal es sich dabei nicht bloß um die Interessen der Gesellschafter, sondern auch um diejenigen der Gesellschaftsgläubiger handelt. Der Entwurf gestattet daher auch keine Abschwächung der gesetzlichen Diligenzpflicht durch den Geschäftsführervertrag."[1]

60 Schließlich könnte noch für eine Dispositionsbefugnis der Gesellschafter sprechen, dass eine ex ante Haftungserledigung ja nicht nur in Form einer Modifikation des Pflichten- und Sorgfaltsmaßstabs, sondern auch in Gestalt einer Weisung oder Billigung der Gesellschafter gegenüber dem Geschäftsführer möglich ist. Wenn nun aber eine haftungsbefreiende Weisung (bzw. Billigung) statthaft ist, dann stellt sich die Frage, warum für andere Formen der ex ante Haftungserledigung höhere Hürden gelten sollen. Richtiger Ansicht nach ist auch diese Gleichung nicht stimmig; denn in den Fällen der Weisung bzw. Billigung durch Gesellschafterbeschluss entfällt ja nicht jede Form der corporate governance im (mittelbaren) Interesse der Gläubiger.[2] Auch im Vergleich zur Weisung oder Billigung hat damit letztendlich die abstrakte Modifikation des Pflichten- und Sorgfaltsmaßstab eine andere Qualität. Darum sprechen die besseren Gründe dafür, eine Modifikation des Pflichten- und Sorgfaltsmaßstabs insgesamt nicht zuzulassen.

2. Ausübung der Befugnis

61 Geht man entgegen der hier vertretenen Ansicht (s. oben Rz. 58 ff.) davon aus, dass der Pflichten- und Sorgfaltsmaßstab im Rahmen der Geschäftsführerhaftung abgemildert werden kann, stellt sich die weitere Frage, in welcher Form eine der-

---

1 BR-Drucks. 1891, Bd. II, Nr. 94, S. 78.
2 Vgl. *Haas* in Michalski, § 43 GmbHG Rz. 16 ff.; s. auch *Wiedemann*, Gesellschaftsrecht, 1980, § 8 I 1; *Wiedemann*, DB 1993, 141, 147; *Immenga* in FS 100 Jahre GmbH-Gesetz, 1992, S. 189, 206.

artige Modifikation zu erfolgen hat. Die Ansichten gehen auch hierzu stark auseinander. Teilweise wird insoweit die Ansicht vertreten, dass dies nur in der Satzung erfolgen kann.[1] Ob es hierfür aus Gründen des Minderheitenschutzes eines einstimmigen Gesellschafterbeschlusses bedarf, ist allerdings streitig.[2] Anderer Ansicht nach soll eine (vorherige) Modifizierung des Pflichten- und Sorgfaltsmaßstabs auch außerhalb der Satzung auf der Grundlage eines Gesellschafterbeschlusses möglich sein.[3] Auch innerhalb dieser Ansicht gehen jedoch die Meinungen darüber auseinander, ob insoweit ein einstimmiger Beschluss der Gesellschafter notwendig ist oder nicht.[4] Schließlich wird die Ansicht vertreten, dass eine Modifizierung des § 43 GmbHG auch im Anstellungsvertrag mit dem Geschäftsführer möglich sei, soweit dem Vertrag ein entsprechender Gesellschafterbeschluss zugrunde liege.[5]

B. AG

Im Aktienrecht wird eine Enthaftung – sieht man einmal von der Verwirkung oder der Verjährung ab –[6] für folgende Fälle diskutiert: Verzicht und Vergleich auf den Haftungsanspruch (s. unten I., Rz. 63 ff.) sowie Weisungen der Hauptversammlung (s. unten II., Rz. 77 ff.). Eine Modifikation des vom Vorstand zu beachtenden Pflichten- und Sorgfaltsmaßstabs kommt im Hinblick auf § 93 Abs. 5 AktG weder in der Satzung noch im Anstellungsvertrag in Betracht.[7] Für die Reduzierung der Haftung kraft Gesetzes gilt das zur GmbH Gesagte entsprechend (s. oben Rz. 1).

62

---

1 *Zöllner/Noack* in Baumbach/Hueck, § 43 GmbHG Rz. 5; *Koppensteiner* in Rowedder/Schmidt-Leithoff, § 43 GmbHG Rz. 4; *Lindacher*, JuS 1984, 672, 674; *Ziemons* in Praxishandbuch der GmbH-Geschäftsführung, § 29 Rz. 21.
2 So *Koppensteiner* in Rowedder/Schmidt-Leithoff, § 43 GmbHG Rz. 4; *Altmeppen* in Roth/Altmeppen, § 43 GmbHG Rz. 111; a.A. *Zöllner/Noack* in Baumbach/Hueck, § 43 GmbHG Rz. 5; *Haas* in Michalski, § 43 GmbHG Rz. 12; *Ziemons* in Praxishandbuch der GmbH-Geschäftsführung, § 29 Rz. 21.
3 OLG Stuttgart v. 26.5.2003 – 5 U 160/02, GmbHR 2003, 835, 837; *Uwe H. Schneider* in Scholz, § 43 GmbHG Rz. 186; *Altmeppen* in Roth/Altmeppen, § 43 GmbHG Rz. 111; *Koppensteiner* in Rowedder/Schmidt-Leithoff, § 43 GmbHG Rz. 4; *Lindacher*, JuS 1984, 672, 674; *Kion*, BB 1984, 864, 867; a.A. *Zöllner/Noack* in Baumbach/Hueck, § 43 GmbHG Rz. 5.
4 So *Altmeppen* in Roth/Altmeppen, § 43 GmbHG Rz. 111 (einstimmiger Beschluss); a.A. *Kleindiek* in Lutter/Hommelhoff, § 43 GmbHG Rz. 57 (differenzierend); *Konzen*, NJW 1989, 2977, 2984; *Uwe H. Schneider* in FS Werner, 1984, S. 795, 814; *Uwe H. Schneider* in Scholz, § 43 GmbHG Rz. 186; *Heisse*, Die Beschränkung der Geschäftsführerhaftung gegenüber der GmbH, 1986, S. 139; *Jula*, GmbHR 2001, 806, 808.
5 OLG Brandenburg v. 6.10.1998 – 6 U 278/97, NZG 1999, 210, 211 = GmbHR 1999, 344; *Kleindiek* in Lutter/Hommelhoff, § 43 GmbHG Rz. 57.
6 S. hierzu *Hopt* in Großkomm. AktG, § 93 AktG Rz. 336 ff.
7 *Hopt* in Großkomm. AktG, § 93 AktG Rz. 29; *Fleischer*, WM 2005, 909, 914; s. auch *Spindler* in MünchKomm. AktG, § 93 AktG Rz. 26; *Hüffer*, § 93 AktG Rz. 1; *Hirte/Stoll*, ZIP 2010, 253, 254.

I. Verzicht und Vergleich

63 Nach § 93 Abs. 4 Satz 3 AktG kann die Gesellschaft nur unter eingeschränkten Voraussetzungen auf einen Ersatzanspruch[1] gegen den Vorstand verzichten oder sich hierüber vergleichen. Eine inhaltsgleiche Bestimmung enthält § 50 Satz 1 AktG für die Haftungsansprüche aus §§ 46–48 AktG. Die Begriffe Verzicht bzw. Vergleich i.S. der beiden Vorschriften sind ebenso (weit) auszulegen wie im Rahmen des § 9b Abs. 1 GmbHG.[2] Insoweit kann an dieser Stelle hierauf verwiesen werden (s. oben Rz. 4). Die in § 93 Abs. 4 Satz 3 AktG aufgestellten Anforderungen an einen Verzicht oder Vergleich gelten nicht für den Insolvenzverwalter über das Vermögen der Gesellschaft (s. bereits oben Rz. 19). Letzterer muss – wenn er über den Anspruch verfügen will – weder die Dreijahresfrist (s. unten Rz. 65 ff.) abwarten noch bedarf er zu der Verfügung der Zustimmung der Hauptversammlung (s. unten Rz. 70 ff.).[3]

1. Wirksamkeitserfordernisse

64 Die in §§ 93 Abs. 4, 50 Satz 1 AktG niedergelegten Wirksamkeitserfordernisse für einen Verzicht und Vergleich auf einen Ersatzanspruch gelten für Schadensersatzansprüche der Gesellschaft gegen den Vorstand. Maßgebend für die Eigenschaft als Vorstandsmitglied ist der Zeitpunkt der Anspruchsentstehung.[4] In sachlicher Hinsicht werden von dem Anwendungsbereich der Vorschrift erfasst die Ansprüche nach § 93 Abs. 2 und 3 AktG bzw. nach §§ 46–48 AktG. Entsprechende Anwendung findet § 93 Abs. 4 AktG auf Schadensersatzansprüche der Gesellschaft gegen Aufsichtsratsmitglieder (§ 116 AktG). Darüber hinaus gilt die Vorschrift auch für Ersatzansprüche der Gesellschaft nach § 117 Abs. 4 AktG. Sonderbestimmungen bestehen für Ersatzansprüche gegen die Organmitglieder im Recht der verbundenen Unternehmen (§§ 302 Abs. 3, 309 Abs. 3, 310 Abs. 4, 317 Abs. 4, 318 Abs. 4, 323 Abs. 1 AktG). Auch diese Vorschriften kennen die dreijährige Sperrfrist (s. unten Rz. 65 ff.). An die Stelle des Hauptversammlungsbeschlusses nach § 93 Abs. 4 Satz 3 AktG (s. unten Rz. 70 ff.) tritt in diesen Fällen jedoch der zustimmende Sonderbeschluss der außenstehenden Aktionäre, dem nicht eine Minderheit von wenigstens 10 % des vertretenen Grundkapitals zur Niederschrift widersprochen haben darf.

a) Zeitliche Voraussetzungen

65 **aa) Frist und Fristberechnung.** Nach § 93 Abs. 4 Satz 3 AktG (bzw. § 50 Satz 1 AktG) ist ein Vergleich bzw. ein Verzicht über die Ersatzansprüche der AG erst nach Ablauf einer **Dreijahresfrist** möglich. Sinn und Zweck der Vorschrift ist

---

[1] Das Vergleichsverbot erfasst nicht nur den Ersatzanspruch gem. § 93 Abs. 2 AktG, sondern sämtliche Schadensersatzansprüche der Gesellschaft gegen Vorstandsmitglieder, *Hirte/Stoll*, ZIP 2010, 253, 254.
[2] S. auch *Fleischer*, WM 2005, 909, 918; *Hüffer*, § 93 AktG Rz. 28.
[3] S. auch *Fleischer* in Fleischer, Handbuch des Vorstandsrechts, § 11 Rz. 103; *Mertens/Cahn* in KölnKomm. AktG, § 93 AktG Rz. 191 f.; *Spindler* in MünchKomm. AktG, § 93 AktG Rz. 227; *Hopt* in Großkomm. AktG, § 93 AktG Rz. 383.
[4] *Hirte/Stoll*, ZIP 2010, 253, 254.

es, dass der Aufsichtsrat als Vertreter der AG (§ 112 AktG) nicht über die Haftungsansprüche disponiert, bevor das Ausmaß des Schadens überschaubar ist.[1] Darüber hinaus dient die Vorschrift dem Schutz der Gesellschaft und der Minderheitsaktionäre.[2] Die Sperrfrist gilt nur für einen Verzicht oder Vergleich durch die Gesellschaft. Auf einen Dritten, der den Anspruch von der Gesellschaft erworben hat, findet die Frist keine Anwendung.[3]

Für die Fristberechnung gelten die bürgerlichrechtlichen Bestimmungen (§§ 187, 188 BGB). Die Frist beginnt mit Entstehung des Anspruchs.[4] Letzteres setzt den Eintritt eines Schadens voraus. Für die sich aus dem Erstschaden entwickelnden Folgeschäden fängt die Frist nicht gesondert an zu laufen. Vielmehr ist in diesem Zusammenhang von einem **„Einheitsschaden"** auszugehen. Dies ist auch sachgerecht, weil auch die künftigen Schäden (selbst wenn deren Höhe ungewiss ist) grundsätzlich schon zu diesem Zeitpunkt geltend gemacht werden können (etwa im Wege der Feststellungsklage[5]). Fraglich ist, ob die Sperrfrist auch für solche Schäden zu laufen beginnt, die im Zeitpunkt des Eintritts des Erstschadens noch nicht absehbar sind. Im Verjährungsrecht jedenfalls wird in diesen Fällen die Frist nicht in Gang gesetzt. Letzteres ergibt sich letztlich aus § 199 Abs. 1 BGB[6], der – zum Schutz der Gläubiger – für den Lauf der Frist u.a. auf dessen Kenntnis bzw. Kennenmüssen von den den Anspruch begründenden Umständen abstellt. Eine vergleichbare Vorschrift fehlt aber für die Sperrfrist des § 93 Abs. 4 Satz 3 AktG (bzw. § 50 Satz 1 AktG). Hier kommt es für den Lauf der Frist auf die Kenntnis des Aufsichtsrats bzw. der Gesellschaft eben gerade nicht an.[7] Dann aber besteht auch kein Anlass für den Lauf der Sperrfrist zwischen vorhersehbaren und nicht vorhersehbaren Schäden zu differenzieren.[8]

66

bb) Folgen der Nichteinhaltung der Frist. Werden der Verzicht oder Vergleich vor Ablauf der Dreijahresfrist vereinbart, sind und bleiben diese auch nach Ablauf der

67

---

1 *Spindler* in MünchKomm. AktG, § 93 AktG Rz. 221; *Hüffer*, § 93 AktG Rz. 28; *Mertens/Cahn* in KölnKomm. AktG, § 93 AktG Rz. 164; *Zimmermann* in FS Duden, 1977, S. 773, 774; zur rechtspolitischen Kritik an der Frist, s. *Cahn*, Verzichts- und Vergleichsverbote im Gesellschaftsrecht, S. 143; s. auch *Fleischer* in Fleischer, Handbuch des Vorstandsrechts, § 11 Rz. 96; *Raiser/Veil*, Recht der Kapitalgesellschaften, § 14 Rz. 100.
2 *Fleischer* in Fleischer, Handbuch des Vorstandsrechts, § 11 Rz. 95.
3 *Fleischer* in Fleischer, Handbuch des Vorstandsrechts, § 11 Rz. 96; *Fleischer*, WM 2005, 909, 919; *Hopt* in Großkomm. AktG, § 93 AktG Rz. 353. Im Einzelfall kann hierin freilich auch eine (unzulässige) Umgehung der Sperrfrist liegen, etwa wenn der Anspruch unentgeltlich an einen Dritten abgetreten wird, damit dieser dann auf den Ersatzanspruch verzichtet; s. hierzu auch *Mertens/Cahn* in KölnKomm. AktG, § 93 AktG Rz. 172.
4 *Hüffer*, § 93 AktG Rz. 28; *Mertens/Cahn* in KölnKomm. AktG, § 93 AktG Rz. 165; *Bauer/Krets*, DB 2003, 811; *Fleischer* in Fleischer, Handbuch des Vorstandsrechts, § 11 Rz. 95.
5 BGH v. 24.1.2006 – XI ZR 384/03, NJW 2006, 830, 832 f.; *Musielak/Foerste*, § 256 ZPO Rz. 4 und 29.
6 S. hierzu *Grothe* in MünchKomm. BGB, § 199 BGB Rz. 1 und 11 f.
7 *Spindler* in MünchKomm. AktG, § 93 AktG Rz. 221; *Mertens/Cahn* in KölnKomm. AktG, § 93 AktG Rz. 165; *Fleischer* in Fleischer, Handbuch des Vorstandsrechts, § 11 Rz. 101.
8 Im Ergebnis auch *Mertens* in FS Fleck, 1988, S. 209, 210; *Fleischer* in Fleischer, Handbuch des Vorstandsrechts, § 11 Rz. 101.

Frist ungültig.¹ Auch eine nachträgliche Genehmigung durch die Hauptversammlung heilt den Verstoß nicht.² Vielmehr bedarf es der Neuvornahme des Rechtsgeschäfts.³ Ist der Verzicht oder Vergleich Teil eines umfassenderen Rechtsgeschäfts, so richten sich die Folgen nach § 139 BGB. Mithin ist das gesamte Rechtsgeschäft nichtig, wenn nicht anzunehmen ist, dass die Parteien das Rechtsgeschäft auch ohne den nichtigen Teil vorgenommen hätten.⁴ Eine unzulässige Umgehung der Dreijahresfrist liegt vor, wenn die Vereinbarung ausdrücklich unter dem Vorbehalt der späteren (fristgemäßen) Einholung des Hauptversammlungsbeschlusses (s. unten Rz. 70 ff.) getroffen wird.⁵ Gleiches trifft zu, wenn die Aktionäre vor Ablauf der Dreijahresfrist eine Stimmrechtsbindung im Hinblick auf den später vorzunehmenden Hauptversammlungsbeschluss vereinbaren.⁶ Der vorzeitig abgeschlossene Verzicht oder Vergleich kann auch nicht dahin umgedeutet werden (§ 140 BGB), dass das Vorstandsmitglied nicht vor Ablauf der Dreijahresfrist in Anspruch genommen werden kann und sodann die Hauptversammlung erneut über den Verzicht zu entscheiden hat. Auch dies wäre nämlich eine unzulässige Umgehung der Dreijahresfrist.⁷

68 Vielfach wird ein Verstoß gegen die zeitliche Beschränkung in § 93 Abs. 4 Satz 3 AktG (bzw. § 50 Satz 1 AktG) gar schon in dem Abschluss einer **Schiedsvereinbarung** vor Ablauf der Dreijahresfrist gesehen.⁸ Dies trifft freilich allenfalls für das „alte" Schiedsverfahrensrecht. Letzteres hatte nämlich die objektive Schiedsfähigkeit noch an die Vergleichsfähigkeit der Parteien geknüpft. Mit Inkrafttreten des SchiedsVfG zum 1.1.1998 hat sich diese Rechtslage aber geändert.⁹ Seitdem sind nach § 1030 Abs. 1 ZPO Streitigkeiten, die einen vermögensrechtlichen Anspruch zum Gegenstand haben, uneingeschränkt schiedsfähig. Auf eine Verfügungs- oder Vergleichsfähigkeit kommt es nach neuem Recht insoweit nicht mehr an.¹⁰

69 **cc) Ausnahmen von der Dreijahresfrist.** Ausnahmsweise gilt die Dreijahresfrist nach § 93 Abs. 4 Satz 4 AktG (bzw. § 50 Satz 2 AktG) nicht, wenn der Vorstand

„zahlungsunfähig ist und sich zur Abwendung des Insolvenzverfahrens mit seinen Gläubigern vergleicht oder wenn die Ersatzpflicht in einem Insolvenzplan geregelt wird".

---

1 *Fleischer* in Fleischer, Handbuch des Vorstandsrechts, § 11 Rz. 107.
2 *Spindler* in MünchKomm. AktG, § 93 AktG Rz. 224; *Mertens/Cahn* in KölnKomm. AktG, § 93 AktG Rz. 174.
3 *Spindler* in MünchKomm. AktG, § 93 AktG Rz. 224; *Hopt* in Großkomm. AktG, § 93 AktG Rz. 381; *Mertens/Cahn* in KölnKomm. AktG, § 93 AktG Rz. 175; *Fleischer* in Fleischer, Handbuch des Vorstandsrechts, § 11 Rz. 107.
4 *Bauer/Krets*, DB 2003, 811.
5 RGZ 133, 33, 38; *Hopt* in Großkomm. AktG, § 93 AktG Rz. 374, 380.
6 *Mertens* in FS Fleck, 1988, S. 209, 213; *Spindler* in MünchKomm. AktG, § 93 AktG Rz. 231.
7 OLG Düsseldorf v. 17.11.1988 – 8 U 52/88, AG 1989, 361, 362.
8 S. etwa *Spindler* in MünchKomm. AktG, § 93 AktG Rz. 221; *Mertens* in FS Fleck, 1988, S. 209, 211.
9 BGBl. I 1998, 3224.
10 *Reichold* in Thomas/Putzo, § 1030 ZPO Rz. 2; *Musielak/Voit*, § 1030 ZPO Rz. 2.

Die Vorschrift entspricht wörtlich § 9b Abs. 1 Satz 2 GmbHG, so dass an dieser Stelle auf die Ausführungen zum GmbH-Recht (s. oben Rz. 16 ff.) verwiesen werden kann. § 93 Abs. 4 Satz 4 AktG befreit nicht von dem Erfordernis der Zustimmung der Hauptversammlung.

b) Zustimmung der Hauptversammlung

aa) Anforderungen an den Zustimmungsbeschluss. Ein Verzicht bzw. Vergleich über den Ersatzanspruch bedarf nach § 93 Abs. 4 Satz 3 AktG (bzw. § 50 Satz 1 AktG) der Zustimmung der Hauptversammlung. Sinn und Zweck der Vorschrift ist es, zu verhindern, dass sich Vorstand und Aufsichtsrat wechselseitig schonen.[1] Erforderlich und genügend ist eine (formelle) Beschlussfassung mit einfacher Stimmenmehrheit (§ 133 AktG)[2], wobei aber zu beachten ist, dass betroffene[3] Vorstandsmitglieder ihrerseits die Stimmrechte aus ihren Aktien nicht ausüben dürfen (§ 136 Abs. 1 AktG).[4] Bloße Meinungsäußerungen der Hauptversammlung oder die Zustimmung eines Mehrheitsaktionärs erfüllen das Beschluss- und Zustimmungserfordernis nicht.[5] Gleiches gilt für eine schlichte Entlastung des Vorstandsmitglieds in der Hauptversammlung.[6] 70

Die Zustimmung der Hauptversammlung bleibt wirkungslos, wenn **eine Minderheit von 10 % des Grundkapitals Widerspruch** zur Niederschrift erhebt. Berechnet wird der Hundersatz nach dem Nennbetrag des vorhandenen, nicht des in der Hauptversammlung vertretenen Grundkapitals.[7] Damit kann ein auf Geltendmachung von Ersatzansprüchen gerichtetes Minderheitsverlangen i.S. des § 147 AktG nicht durch einen Zustimmungsbeschluss zu einem Verzicht oder Vergleich über den Ersatzanspruch gegenstandslos gemacht werden.[8] Der Widerspruch kann sich auch nur gegen einen Teil des Beschlusses richten. In jedem Fall aber muss der Widerspruch zur Niederschrift des amtierenden Notars erklärt werden. Allein die Stimmabgabe gegen den Verzicht oder Vergleich genügt nicht.[9] 71

---

1 *Fleischer* in Fleischer, Handbuch des Vorstandsrechts, § 11 Rz. 97; *Spindler* in MünchKomm. AktG, § 93 AktG Rz. 222; *Mertens/Cahn* in KölnKomm. AktG, § 93 AktG Rz. 161.
2 Die Satzung kann freilich eine größere Mehrheit bestimmen.
3 Betroffenheit in diesem Sinne liegt auch dann vor, wenn mehrere Vorstandsmitglieder gesamtschuldnerisch haften und nur gegenüber Einzelnen ein Verzicht bzw. Vergleich geschlossen werden soll, *Mertens* in FS Fleck, 1988, S. 209, 215.
4 *Hirte/Stoll*, ZIP 2010, 253, 254; *Spindler* in MünchKomm. AktG, § 93 AktG Rz. 222; *Mertens/Cahn* in KölnKomm. AktG, § 93 AktG Rz. 162; *Fleischer* in Fleischer, Handbuch des Vorstandsrechts, § 11 Rz. 98; *Mertens* in FS Fleck, 1988, S. 209, 215.
5 *Fleischer* in Fleischer, Handbuch des Vorstandsrechts, § 11 Rz. 97; *Mertens/Cahn* in KölnKomm. AktG, § 93 AktG Rz. 150; *Hopt* in Großkomm. AktG, § 93 AktG Rz. 359.
6 *Fleischer* in Fleischer, Handbuch des Vorstandsrechts, § 11 Rz. 97; *Hopt* in Großkomm. AktG, § 93 AktG Rz. 352.
7 *Spindler* in MünchKomm. AktG, § 93 AktG Rz. 223; *Mertens/Cahn* in KölnKomm. AktG, § 93 AktG Rz. 160.
8 *Hüffer*, § 93 AktG Rz. 29.
9 *Spindler* in MünchKomm. AktG, § 93 AktG Rz. 223; *Fleischer* in Fleischer, Handbuch des Vorstandsrechts, § 11 Rz. 100.

72 **bb) Rechtsfolgen bei einem Verstoß.** Fehlt der Zustimmungsbeschluss der Hauptversammlung oder bleibt dieser infolge des Widerspruchs wirkungslos (s. oben Rz. 71), so ist der Verzicht bzw. Vergleich unwirksam. Das Beschlusserfordernis ist mithin nicht nur im Innen-, sondern auch im Außenverhältnis zu beachten.[1] Die Vertretungsmacht des Aufsichtsrats (§ 112 AktG) ist m.a.W. beschränkt. Ist die Rechtshandlung (Verzicht, Vergleich) nach Ablauf der Dreijahresfrist vorgenommen worden, kann der Beschluss noch nachgeholt werden. Bis dahin ist der Verzicht bzw. Vergleich schwebend unwirksam.[2]

c) Sonstige Beschränkungen

73 Ist das Vorstandsmitglied gleichzeitig Aktionär, kann in einem Verzicht auf oder Vergleich über einen Ersatzanspruch eine verbotswidrige Rückgewähr von Einlagen nach § 57 Abs. 1 AktG liegen. Nach dieser Vorschrift dürfen die Einlagen nicht zurückgewährt werden. Erfasst werden von diesem Verbot – ebenso wie nach § 30 Abs. 1 Satz 1, 2 GmbHG (s. oben Rz. 26 f.) – auch Verkehrsgeschäfte zwischen Gesellschaft und Aktionär, die nicht zu marktüblichen Konditionen abgewickelt werden. Bei derartigen Geschäften wird nur der „marktübliche" Teil des Rechtsgeschäfts als gesellschaftsrechtlich zulässig angesehen.[3] Verzichtet die Gesellschaft auf einen Ersatzanspruch gegenüber dem Vorstandsmitglied, so stellt dies eine verbotene Einlagenrückgewähr dar, wenn dieses gleichzeitig auch Aktionär ist. Letztlich ist damit auf Grund der strengen Kapitalerhaltungsregeln im Aktienrecht jeglicher Verzicht oder Vergleich gegenüber einem Vorstandsmitglied, das gleichzeitig Aktionär ist, ausgeschlossen. Eine Ausnahme gilt allenfalls dann, wenn man in dem Verzicht bzw. Vergleich im Einzelfall keine Leistung causa societatis sehen würde.

2. Rechtsfolgen

a) Allgemeine Folgen

74 Für die Frage, welchen Wirkungen Verzicht und Vergleich im Verhältnis zur Gesellschaft bzw. zu anderen Gesamtschuldnern hat, siehe oben Rz. 37 f. Auch gelten die Ausführungen zur Insolvenzanfechtung bzw. Anfechtung nach dem AnfG entsprechend (s. oben Rz. 39 ff.).

b) Auswirkungen auf das Verfolgungsrecht der Gläubiger

75 Grundsätzlich können sich die Gesellschaftsgläubiger mit ihren Ansprüchen nur an die Aktiengesellschaft halten. Unter bestimmten Voraussetzungen sieht nun § 93 Abs. 5 AktG ein so genanntes „**Verfolgungsrecht**" zu Gunsten der Gesellschaftsgläubiger vor. Danach sind die Gläubiger befugt, bestimmte Ersatzansprüche der Gesellschaft gegen den Vorstand (§ 93 Abs. 5 Satz 2 AktG)[4] im eigenen

---

1 *Spindler* in MünchKomm. AktG, § 93 AktG Rz. 224.
2 *Fleischer* in Fleischer, Handbuch des Vorstandsrechts, § 11 Rz. 107.
3 *Hirte*, Kapitalgesellschaftsrecht, Rz. 5.81.
4 S. hierzu auch *Gundlach/Frenzel/Strondmann*, DZWIR 2007, 142, 144 f.

Namen geltend zu machen (ohne vorher den Anspruch zu pfänden und sich zur Einziehung überweisen zu lassen). Die Deutung des Verfolgungsrechts ist umstritten. Teilweise wird in dem Verfolgungsrecht ein eigenständiger (von dem Anspruch der Gesellschaft verschiedener) Anspruch des Gläubigers gesehen[1], teilweise nur eine Befugnis, den Anspruch der Gesellschaft in Prozessstandschaft geltend machen zu können[2]. Unabhängig davon, ob § 93 Abs. 5 Satz 1 AktG zu einer Anspruchsverdoppelung führt oder nicht, stellt sich die Frage, wie sich ein (wirksamer) Verzicht oder Vergleich auf den der Gesellschaft zustehenden Ersatzanspruch auf das Verfolgungsrecht der Gläubiger auswirkt.

§ 93 Abs. 5 Satz 3 AktG ordnet an, dass ein Verzicht oder Vergleich zwar gegenüber der Gesellschaft, nicht aber zu Lasten des Verfolgungsrechts der Gläubiger (bzw. des Insolvenzverwalters) wirkt.[3] Diese können sich mithin nach wie vor auf ihr Verfolgungsrecht berufen. Fraglich ist, ob das auch für den Fall gilt, dass sich die Gesellschaft mit dem Ersatzpflichtigen verglichen hat, um das Insolvenzverfahren abzuwenden (s. oben Rz. 69). Eine dahingehende Einschränkung enthält § 93 Abs. 5 AktG jedenfalls nicht. Auch der Sache nach erscheint eine teleologische Reduktion des § 93 Abs. 5 Satz 3 AktG kaum angezeigt; denn es ist wenig einsichtig, warum die Sanierungsbemühungen zu Gunsten des Ersatzpflichtigen auf dem Rücken der Gesellschaftsgläubiger ausgetragen werden sollen.[4] Dass die Sanierungsinteressen der Ersatzpflichtigen nicht vorrangig sind, ergibt sich nicht zuletzt daraus, dass auch die Anfechtungsmöglichkeit in diesen Fällen (s. oben Rz. 74) zum Schutz der Gesellschaftsgläubiger weiterhin bestehen bleibt.

76

II. Beschluss der Hauptversammlung

Nach § 93 Abs. 4 Satz 1 AktG entfällt die Haftung des Vorstands gegenüber der AG, wenn die schadensstiftende Handlung auf einem gesetzmäßigen Hauptversammlungsbeschluss beruht. Für die Frage, wie sich ein solcher Hauptversammlungsbeschluss auf das Verfolgungsrecht der Gläubiger nach § 93 Abs. 5 AktG auswirkt, gelten nach § 93 Abs. 5 Satz 3 AktG die Ausführungen zum Verzicht und Vergleich entsprechend (s. oben Rz. 75 f.).[5] Haftungsbefreiend ist – nach dem ausdrücklichen Wortlaut des § 93 Abs. 4 Satz 2 AktG – nur ein Beschluss der Hauptversammlung, nicht ein solcher des Aufsichtsrats. Sinn und Zweck

77

---

1 *Hüffer*, § 93 AktG Rz. 32; *Mertens/Cahn* in KölnKomm. AktG, § 93 AktG Rz. 180; *Spindler* in MünchKomm. AktG, § 93 AktG Rz. 234.
2 Vgl. OLG Frankfurt v. 21.10.1976 – 1 U 19/76, WM 1977, 59, 62; LG Köln v. 13.1.1976 – 3 O 243/75, AG 1976, 105, 106.
3 *Gundlach/Frenzel/Strondmann*, DZWIR 2007, 142, 144 f.; *Fleischer* in Fleischer, Handbuch des Vorstandsrechts, § 11 Rz. 108 *Mertens/Cahn* in KölnKomm. AktG, § 93 AktG Rz. 177.
4 *Gundlach/Frenzel/Strondmann*, DZWIR 2007, 142, 145; s. auch oben Rz. 17; a.A. *Hirte/Stoll*, ZIP 2010, 253, 256; *Spindler* in MünchKomm. AktG, § 93 AktG Rz. 248; *Mertens/Cahn* in KölnKomm. AktG, § 93 AktG Rz. 185.
5 Für eine – nicht zu rechtfertigende – teleologische Reduktion des § 93 Abs. 5 Satz 3 AktG in den Fällen, in denen die Enthaftung auf einen Beschluss der Hauptversammlung beruht, *Hopt* in Großkomm. AktG, § 93 AktG Rz. 334.

der Vorschrift ist es – auch hier – zu verhindern, dass Aufsichtsrat und Vorstand kollusiv zum Nachteil der Gesellschaft und der Minderheitsgesellschafter zusammenwirken. Im Übrigen korrespondiert die Vorschrift mit § 111 Abs. 1 und 4 AktG, wonach der Aufsichtsrat die Geschäftsführung zu überwachen hat, nicht aber bindend bestimmen kann, dass der Vorstand Maßnahmen positiv zu ergreifen hat.[1]

1. Gesetzmäßiger Beschluss

78 Haftungsbefreiende Wirkung kommt nach § 93 Abs. 4 Satz 1 AktG nur einem **förmlichen Beschluss** der Hauptversammlung zu. Eine Meinungsäußerung der Hauptversammlung oder eines einzelnen (Mehrheits-)Aktionärs reicht mithin nicht aus.[2] Auch die Einwilligung aller Aktionäre ist unbeachtlich.[3] Ein Beschluss ist selbst dann notwendig, wenn es nur einen Aktionär gibt. Handelt der Vorstand hier allerdings im Einverständnis mit dem Alleinaktionär, wird dem Haftungsanspruch u.U. der Einwand der unzulässigen Rechtsausübung entgegenstehen.[4]

79 „Gesetzmäßigkeit" i.S. der Vorschrift setzt desweiteren voraus, dass der Beschluss nicht nichtig (§ 241 AktG) ist.[5] Nichtig sind auch kompetenzüberschreitende Beschlüsse der Hauptversammlung, insbesondere wenn sie in die Geschäftsführungszuständigkeit des Vorstands eingreifen.[6] Eine Enthaftung des Vorstands in Fragen der Geschäftsführung tritt mithin nur ein, wenn die Hauptversammlung auf Verlangen des Vorstands gem. § 119 Abs. 2 AktG entschieden hat.[7] Dem steht nicht der Fall gleich, dass die Hauptversammlung nach § 111 Abs. 4 AktG beschließt; denn hier wird lediglich die Zustimmung des Aufsichtsrats zu einer Geschäftsführungsmaßnahme ersetzt, die jedoch nicht haftungsbefreiend wirkt (s. oben Rz. 77). Fraglich ist, ob ein nichtiger Beschluss durch Heilung nach § 242 AktG zu einem „gesetzmäßigen" Beschluss i.S. des § 93 Abs. 4 Satz 1 AktG wird.[8] Richtiger Ansicht nach ist die Enthaftung nach § 93 Abs. 4 Satz 1 AktG aber Kehrseite der Folgepflicht des Vorstands (§ 83 Abs. 2 AktG).

---

1 *Hüffer*, § 93 AktG Rz. 27; *Spindler* in MünchKomm. AktG, § 93 AktG Rz. 217.
2 *Hüffer*, § 93 AktG Rz. 24; *Wiesner* in MünchHdb. AG, § 26 Rz. 15; *Mertens/Cahn* in KölnKomm. AktG, § 93 AktG Rz. 150; *Spindler* in MünchKomm. AktG, § 93 AktG Rz. 218.
3 *Hopt* in Großkomm. AktG, § 93 AktG Rz. 315.
4 *Mertens/Cahn* in KölnKomm. AktG, § 93 AktG Rz. 150; *Wiesner* in MünchHdb. AG, § 26 Rz. 15.
5 *Spindler* in MünchKomm. AktG, § 93 AktG Rz. 208; *Mertens/Cahn* in KölnKomm. AktG, § 93 AktG Rz. 155.
6 Str., vgl. hierzu *Hüffer*, § 241 AktG Rz. 20; *Geßler*, ZGR 1980, 427, 444; wohl auch OLG Stuttgart v. 28.7.2004 – 20 U 5/04, AG 2004, 678, 67.
7 *Hopt* in Großkomm. AktG, § 93 AktG Rz. 308; *Wiesner* in MünchHdb. AG, § 26 Rz. 12; *Hefermehl* in FS Schilling, 1973, S. 159, 169.
8 In diesem Sinne BGH v. 6.10.1960 – II ZR 150/58, BGHZ 33, 175, 176 ff.; *Hopt* in Großkomm. AktG, § 93 AktG Rz. 318 ff.; *Hüffer*, § 93 AktG Rz. 25; *Spindler* in MünchKomm. AktG, § 93 AktG Rz. 209 (anders aber noch 1. Aufl. unter Rz. 113); a.A. *Mertens/Cahn* in KölnKomm. AktG, § 93 AktG Rz. 155; *Mestmäcker*, BB 1961, 945, 947 f.

Ist damit der Hauptversammlungsbeschluss bindend, muss er von dem Vorstand beachtet werden mit der Folge, dass dessen Haftung entfällt.

Nicht „gesetzmäßig" sind schließlich auch **anfechtbare Beschlüsse**.[1] Auch hier ist aber zu beachten, dass anfechtbare Beschlüsse mit Fristablauf (§ 246 Abs. 1 AktG) „gesetzmäßig" i.S. des § 93 Abs. 4 Satz 1 AktG werden.[2] Dennoch kann in diesen Fällen der Vorstand ausnahmsweise dann haften, wenn er im Zusammenhang mit dem Hauptversammlungsbeschluss (vorbereitende oder nachgelagerte) Begleit- oder Restpflichten (s. auch oben Rz. 48) schuldhaft verletzt hat, etwa wenn er gegen den anfechtbaren Beschluss pflichtwidrig[3] nicht (oder nicht rechtzeitig) vorgegangen ist (§ 245 Nr. 4, 5 AktG), diesen selbst herbeigeführt oder für den Beschluss infolge unrichtiger Informationen mitursächlich geworden ist.[4]

80

2. Zusammenhang zwischen Beschluss und Handlung

Nach § 93 Abs. 4 Satz 1 AktG muss die schadensstiftende Handlung des Vorstands auf dem Hauptversammlungsbeschluss „beruhen", damit eine enthaftende Wirkung eintritt. Hieraus folgt, dass der Beschluss dem Vorstandshandeln (nicht dem Entstehen des Anspruchs) vorausgehen muss.[5] Eine Enthaftung durch nachträgliche Billigung des Vorstandshandelns ist mithin nicht möglich. Eine nachträgliche (unzulässige) Billigung liegt auch dann vor, wenn der Beschluss nach Vornahme der Geschäftsführungsmaßnahme, aber vor Eintritt des Schadens getroffen wird; denn auch dann beruht die „Handlung" nicht auf dem Beschluss der Hauptversammlung.[6]

81

Fraglich ist, ob nur eine Weisung der Hauptversammlung haftungsbefreiend wirkt oder auch eine Ermächtigung zu oder ein Einverständnis mit einer bestimmten Geschäftsführungsmaßnahme. Letztlich wird man durch Auslegung ermitteln müssen, welches Risiko die Hauptversammlung dem Vorstand durch den Beschluss abnehmen will.[7]

82

---

1 *Hopt* in Großkomm. AktG, § 93 AktG Rz. 323.
2 *Spindler* in MünchKomm. AktG, § 93 AktG Rz. 208; *Mertens/Cahn* in KölnKomm. AktG, § 93 AktG Rz. 156; *Wiesner* in MünchHdb. AG, § 26 Rz. 13; *Hüffer*, § 93 AktG Rz. 25; *Hopt* in Großkomm. AktG, § 93 AktG Rz. 322f.
3 Hiervon ist nicht schon bei Anfechtbarkeit des Beschlusses, sondern nur dann auszugehen, wenn nach Lage der Dinge mit einem Eintritt des Schadens bei Ausführung des Beschlusses zu rechnen ist, *Wiesner* in MünchHdb. AG, § 26 Rz. 13; *Spindler* in MünchKomm. AktG, § 93 AktG Rz. 208.
4 RGZ 46, 60, 63; *Hüffer*, § 93 AktG Rz. 26; *Wiesner* in MünchHdb. AG, § 26 Rz. 13f.; *Spindler* in MünchKomm. AktG, § 93 AktG Rz. 208 und 214; *Hopt* in Großkomm. AktG, § 93 AktG Rz. 312 und 323ff.; *Mertens/Cahn* in KölnKomm. AktG, § 93 AktG Rz. 154, 156.
5 *Hopt* in Großkomm. AktG, § 93 AktG Rz. 314; *Mertens/Cahn* in KölnKomm. AktG, § 93 AktG Rz. 153; *Wiesner* in MünchHdb. AG, § 26 Rz. 12; *Hüffer*, § 93 AktG Rz. 25; *Spindler* in MünchKomm. AktG, § 93 AktG Rz. 213.
6 *Spindler* in MünchKomm. AktG, § 93 AktG Rz. 213.
7 *Mertens/Cahn* in KölnKomm. AktG, § 93 AktG Rz. 152; a.A. *Hopt* in Großkomm. AktG, § 93 AktG Rz. 309; *Spindler* in MünchKomm. AktG, § 93 AktG Rz. 212, die stets eine Anweisung für eine Haftungsbefreiung verlangen.

§ 17
Erstattung von Kosten und Geldstrafen

Professor Dr. Reinhard Marsch-Barner

	Rz.		Rz.
A. Einleitung	1	VII. Freistellungszusage im Anstellungsvertrag	28
B. Kosten des Rechtsschutzes	4	VIII. Umfang der Kostenübernahme	30
I. Art und Umfang von Rechtsschutzkosten	4	**C. Erstattung von Geldstrafen, Geldauflagen und Bußgeldern**	32
II. Kostenerstattung nach Auftragsrecht	6	I. Grundsätze des Auftragsrechts	32
III. Innerer Zusammenhang mit den dienstlichen Aufgaben	10	II. Anspruch auf Erstattung	33
IV. Keine Pflichtverletzung gegenüber der Gesellschaft	13	III. Freiwillige Erstattung	39
V. Anspruch auf Vorschussleistungen	14	IV. Angemessene Entschädigung	44
VI. Endgültige Kostentragung	21	V. Erstattung oder Entschädigung durch Dritte	47
		D. Verfahrensfragen	48
		E. Offenlegung	53

Schrifttum: *Bastuck*, Enthaftung des Managements – Corporate Indemnifikation im amerikanischen und deutschen Recht, 1986; *v. Dalwigk*, Erstattung von Verfahrens- und Verteidigungskosten, Bußgeldern, Geldauflagen und Geldstrafen, in Widmaier (Hrsg.), Münchener Anwalts-Handbuch Strafverteidigung, 2006, § 42; *Fleischer*, Haftungsfreistellung, Prozesskostenersatz und Versicherung für Vorstandsmitglieder, WM 2005, 909; *Hoffmann/Wissmann*, Die Erstattung von Geldstrafen, Geldauflagen und Verfahrenskosten im Strafverfahren durch Wirtschaftsunternehmen gegenüber ihren Mitarbeitern, StV 2001, 249; *Holly/Friedhofen*, Die Abwälzung von Geldstrafen und Geldbußen auf den Arbeitgeber, NZA 1992, 145; *Kapp*, Dürfen Unternehmen ihren (geschäftsführenden) Mitarbeitern Geldstrafen bzw. -bußen erstatten?, NJW 1992, 2796; *R. Krause*, „Nützliche" Rechtsverstöße im Unternehmen – Verteilung finanzieller Lasten und Sanktionen, BB-Special 8/2007, 2; *Krieger*, Zahlungen der Aktiengesellschaft im Strafverfahren gegen Vorstandsmitglieder, in FS G. Bezzenberger, 2000, S. 211; *Rehbinder*, Rechtliche Schranken der Erstattung von Bußgeldern an Organmitglieder und Angestellte, ZHR 148 (1984), 555; *Zimmer*, Regress bei Korruption und Kartellverstößen, BB-Special 8/2007, 1; *Zimmermann*, Aktienrechtliche Grenzen der Freistellung des Vorstands von kartellrechtlichen Bußgeldern, DB 2008, 687.

A. Einleitung

1   Die rechtlichen Risiken, die mit der Tätigkeit als Mitglied der Geschäftsführung oder des Aufsichtsrates oder sonst in führender Position eines Wirtschaftsunternehmens verbunden sind, haben in den letzten Jahren deutlich zugenommen. Dies gilt vor allem für die **Haftungsrisiken** der Organmitglieder börsennotierter

Gesellschaften. Für diese haben Gesetzgeber[1] und Rechtsprechung[2] die zivilrechtlichen Pflichtanforderungen kontinuierlich verschärft. Mit der Aktionärsklage gem. § 148 AktG[3] und dem Musterklageverfahren nach dem KapMuG[4] wurden sogar neue Klagemöglichkeiten von Aktionären und Gläubigern eingeführt. Auch die Normierung der „business judgment rule" in § 93 Abs. 1 Satz 2 AktG[5] dürfte zu einer stärkeren Verrechtlichung unternehmerischen Handelns und damit ebenfalls zu einer verstärkten Inanspruchnahme führen.

Gewachsen sind auch die **strafrechtlichen Risiken** (s. dazu unten *Krause*, § 35, S. 1077ff.). So ist die Zahl der Ermittlungsverfahren im Wirtschaftsstrafrecht seit Jahren gestiegen. Ziel solcher Verfahren sind häufig Organmitglieder und andere Führungskräfte der Gesellschaften. Ihre Verwicklung in strafrechtliche Untersuchungen dient den Initiatoren nicht selten dazu, auf die Unternehmen Druck auszuüben, um (angebliche) Schadensersatzforderungen besser durchzusetzen zu können. Diese Entwicklung wird dadurch begünstigt, dass manche neuere Straftatbestände kaum bestimmbar sind.[6] Andere Tatbestände wie die Untreue (§ 266 StGB) werden zunehmend extensiv ausgelegt.[7] Viele Verfahren betreffen zudem komplexe Sachverhalte, die mit zahlreichen außerstrafrechtlichen Vorfragen, z.B. aus dem Umwelt-, Kapitalmarkt- oder Bilanzrecht, verbunden sind. Dies führt in der Regel zu einer erheblichen Ausweitung solcher Verfahren mit entsprechenden Kosten, nicht zuletzt auch für die Verteidigung. Diese Kosten können von den Beschuldigten selbst häufig gar nicht aufgebracht werden; sie sind insoweit auf die Unterstützung durch ihr Unternehmen angewiesen.[8]

2

Vor diesem Hintergrund stellt sich die Frage, ob und inwieweit die Mitglieder von Geschäftsführung und Aufsichtsrat und andere Führungskräfte einen Anspruch auf finanzielle Unterstützung durch „ihre" Gesellschaft haben und inwieweit diese Gesellschaften ihrerseits berechtigt sind, die Kosten des Rechtsschutzes für diese Personen zu tragen und eventuell auch etwaige gegen Einzelne von ihnen verhängte Geldbußen oder Geldstrafen zu übernehmen. Diese Fragen stellen

3

---

1 Vgl. vor allem die zusätzlichen Anforderungen durch das Gesetz zur Kontrolle und Transparenz im Unternehmensbereich (KonTraG) vom 27.4.1998 (BGBl. I 1998, 786), das Transparenz- und Publizitätsgesetz (TransPuG) vom 19.7.2001 (BGBl. I 2001, 2010) sowie das Gesetz zur Angemessenheit der Vorstandsvergütung (VorstAG) vom 31.7.2009 (BGBl. I 2009, 2509).
2 Vgl. zur Geltendmachung von Schadensersatzansprüchen gegen Vorstandsmitglieder BGH v. 21.4.1997 – II ZR 175/95, BGHZ 135, 244 = AG 1997, 377 – ARAG/Garmenbeck.
3 S. dazu näher *Paschos/Neumann*, DB 2005, 1779, *Spindler*, NZG 2005, 865 und *H. Schröer*, ZIP 2005, 2081.
4 Dazu näher *Gundermann/Härle*, VuR 2006, 457ff. sowie oben *Hess*, § 14 (S. 391ff.).
5 Durch das Gesetz zur Unternehmensintegrität und Modernisierung des Anfechtungsrechts (UMAG) vom 22.9.2005 (BGBl. I 2005, 2802).
6 Vgl. etwa die Definition der Insiderinformation nach der Neufassung des § 15 WpHG i.V.m. §§ 14, 38 WpHG durch das Anlegerschutzverbesserungsgesetz (AnSVG) vom 28.10.2004 (BGBl. I 2004, 2630).
7 Vgl. z.B. BGH v. 21.12.2005 – 3 StR 470/04, NJW 2006, 522, 525 = AG 2006, 110 – Mannesmann; zu den strafrechtlichen Risiken aus § 266 StGB für Aufsichtsratsmitglieder s. *Kiethe*, WM 2005, 2122, 2128ff.
8 Vgl. *v. Dalwigk* in Widmaier, Münchener Anwalts-Handbuch Strafverteidigung, § 42 Rz. 3f.

sich teilweise anders, wenn die Gesellschaft eine Rechtsschutz- und/oder eine D&O-Versicherung abgeschlossen hat (s. dazu oben *Sieg*, § 15, S. 411 ff.).

B. Kosten des Rechtsschutzes

I. Art und Umfang von Rechtsschutzkosten

4   Zu den Kosten, die einem Organmitglied im Rahmen eines gegen ihn eingeleiteten **Strafverfahrens** entstehen, zählen vor allem die Kosten eines zur Verteidigung bestellten Rechtsanwalts. In schwierigen Fällen kann sogar die Bestellung mehrerer Verteidiger und die Einschaltung von Spezialanwälten, z.B. für das Presserecht, angebracht sein. Kosten können außerdem durch die Einholung von Gutachten oder die Durchführung ergänzender Untersuchungen, z.B. zu bestimmten ökonomischen Sachverhalten, entstehen. Kommt es zu einer gerichtlichen Verhandlung und später zu einer Verurteilung, einem Strafbefehl oder auch einer Einstellung des Verfahrens, hat das betroffene Organmitglied unter Umständen ganz oder teilweise die Verfahrenskosten zu tragen (§§ 464 ff. StPO). Kosten für rechtliche Beratung und Vertretung können einem Organmitglied auch schon im Zusammenhang mit einem bloßen **Ermittlungsverfahren** entstehen, das irgendwann nicht weiter verfolgt oder förmlich eingestellt wird.

5   Ähnliche Fragen können sich bei einem **Bußgeldverfahren**, z.B. im Zusammenhang mit Kartellabsprachen, Korruptionsvorwürfen oder bei Verstößen gegen die Publizitätsvorschriften des WpHG, ergeben. Mit in die Betrachtung einzubeziehen sind auch **zivilrechtliche Verfahren**, z.B. Schadensersatzklagen, die von Aktionären oder sonstigen Dritten gegen ein Organmitglied wegen einer unternehmensbezogenen Handlung betrieben werden.[1] Bei zivilrechtlichen Streitigkeiten sind im Falle des Unterliegens als Teil der Kosten des Rechtsstreits auch die der anderen Partei erwachsenen notwendigen Rechtsverfolgungskosten zu erstatten (§ 91 ZPO). Umgekehrt sind bei einem Obsiegen des Organmitglieds dessen Rechtsverfolgungskosten von der anderen Seite zu tragen. Weiter gehend kann sich die Frage stellen, ob die Gesellschaft im Falle einer Verurteilung berechtigt oder verpflichtet ist, neben den Rechtsschutzkosten auch die dem Betroffenen auferlegten Schadensersatzleistungen zu übernehmen.

II. Kostenerstattung nach Auftragsrecht

6   Ob Kosten, wie sie vorstehend skizziert sind, von der Gesellschaft, in deren Diensten der Betroffene steht, übernommen werden dürfen, ist nach allgemeiner Ansicht nach **Auftragsrecht** (§§ 670, 675 BGB) zu beurteilen.[2] Danach haben die

---

1   Vgl. z.B. BGH v. 24.1.2006 – XI ZR 384/03, NJW 2006, 830 zur Deliktsaußenhaftung eines Vorstandsmitglieds (Kirch ./. Deutsche Bank/Breuer); dazu näher *Hellgardt*, WM 2006, 1514 ff.
2   *Wiesner* in MünchHdb. AG, § 21 Rz. 63; *Fleischer*, WM 2005, 909, 915, 916; *Fleischer* in Spindler/Stilz, § 84 AktG Rz. 70; *Kort* in Großkomm. AktG, § 84 AktG Rz. 407; *Krieger* in FS Bezzenberger, 2000, S. 211, 212; *Thüsing* in Fleischer, Handbuch des Vorstandsrechts, § 4 Rz. 80; *Mertens/Cahn* in KölnKomm. AktG, 3. Aufl. 2010, § 84 AktG Rz. 89;

§ 17 Erstattung von Kosten und Geldstrafen

Vorstandsmitglieder oder **Geschäftsführer** einer AG, KGaA, SE oder GmbH auf Grund ihres Anstellungsvertrages mit der Gesellschaft grundsätzlich Anspruch auf Ersatz der **erforderlichen Aufwendungen**, die ihnen **durch ihre Amtstätigkeit entstehen**. Dies gilt nicht nur für freiwillige Vermögensopfer wie Reisekosten oder sonstige Auslagen, sondern auch für Schäden, die sich unfreiwillig aus einer mit der Amtstätigkeit verbundenen Gefahr ergeben (sog. Zufallsschäden). Dies ist im Auftragsrecht zwar nicht ausdrücklich geregelt. Es entspricht aber allgemeiner Ansicht, dass ein Auftraggeber, der aus der Tätigkeit des Beauftragten Nutzen zieht, auch die damit verbundenen Schäden tragen soll.[1] Zu diesen Schäden gehören grundsätzlich auch die Kosten eines gegen ein Vorstandsmitglied oder einen Geschäftsführer im Zusammenhang mit seiner Diensttätigkeit eingeleiteten Zivil-, Straf- oder Ordnungswidrigkeitenverfahrens.[2] Besteht der Schaden in einer Zahlungspflicht gegenüber einem Dritten, so verwandelt sich der Ersatzanspruch gegen die Gesellschaft in einen Freistellungsanspruch (§ 257 BGB).

Für die Mitglieder eines gesetzlich vorgeschriebenen oder freiwilligen **Aufsichtsrats** gilt dies gleichermaßen. Zwischen ihnen und der Gesellschaft besteht zwar – in Bezug auf die Aufsichtsratstätigkeit – kein Dienstvertrag, sondern ein gesetzliches Schuldverhältnis. Die §§ 670, 675 BGB sind aber auch hier entsprechend anwendbar.[3]   7

Im Recht der **Personengesellschaften** ist der Erstattungsanspruch der geschäftsführenden Gesellschafter wegen (freiwilliger) Aufwendungen in den Gesellschaftsangelegenheiten § 110 HGB besonders geregelt. Nach der h.M. ergibt sich daraus ein Anspruch auf Erstattung der Kosten eines Zivil- oder strafrechtlichen Verfahrens, das gegen einen geschäftsführenden Gesellschafter im Zusammenhang mit seiner Tätigkeit geführt wird.[4]   8

Die gleichen Grundsätze gelten im **Arbeitsrecht** für den Rechtsschutz von Mitarbeitern.[5] Hier hat das BAG entschieden, dass der Arbeitgeber einem Berufskraftfahrer, der in Ausübung einer betrieblichen Tätigkeit unverschuldet einen schweren Verkehrsunfall verursacht und deshalb in ein Ermittlungsverfahren verwickelt wird, analog § 670 BGB die Kosten der Strafverteidigung in diesem   9

Krause, BB-Special 8/2007, 2, 7; *Paefgen* in Ulmer/Habersack/Winter, § 35 GmbHG Rz. 241.
1 *Bastuck*, Enthaftung des Managements, S. 112 m.w.N.
2 Vgl. BGH v. 7.11.1960 – VII ZR 82/59, BGHZ 33, 251, 257; BGH v. 5.12.1983 – II ZR 252/82, BGHZ 89, 153, 157; LG Hamburg v. 18.11.1996 – 415 O 106/96, WM 1997, 258; *Sprau* in Palandt, § 670 BGB Rz. 2; *Krieger* in FS Bezzenberger, 2000, S. 211, 212.
3 *Hüffer*, § 113 AktG Rz. 2 b; *Hoffmann-Becking* in MünchHdb. AG, § 33 Rz. 13; *Semler* in MünchKomm. AktG, 2. Aufl., § 113 AktG Rz. 104; *Semler/Wagner* in Semler/v. Schenck, Arbeitshandbuch für Aufsichtsratsmitglieder, 3. Aufl., § 10 Rz. 62.
4 *Hopt* in Baumbach/Hopt, § 110 HGB Rz. 11, 14; *Goette* in Ebenroth/Boujong/Joost/Strohn, § 110 HGB Rz. 24; *Langhein* in MünchKomm. HGB, § 110 HGB Rz. 23; vgl. auch BGH v. 3.2.1987 – 5 StR 603/86, wistra 1987, 216, wonach die Erstattung der Prozesskosten von Gesellschaftern einer KG im Hinblick auf § 110 HGB keine Untreue darstellt.
5 S. dazu *Zimmer*, BB-Special 8/2007, 1 und *Krause*, BB-Special 8/2007, 2, 3 f.

Verfahren zu erstatten hat.¹ Verteidigungskosten, die aus einer Verletzung der Berufspflichten des Mitarbeiters entstanden sind, muss der Arbeitgeber nicht übernehmen.² Soweit ein Mitverschulden des Mitarbeiters vorliegt, hat der Arbeitgeber nur einen Teil der Kosten zu tragen.³

III. Innerer Zusammenhang mit den dienstlichen Aufgaben

10 Ein Ersatzanspruch besteht nur für Aufwendungen, die das Organmitglied oder der Mitarbeiter den Umständen nach für erforderlich halten durfte (§ 670 BGB). Diese allgemeine Voraussetzung eines Aufwendungsersatzanspruchs bedeutet, dass nur solche Rechtskosten erstattungs- oder übernahmefähig sind, die **mit der Wahrnehmung der** jeweiligen **dienstlichen Aufgaben zusammenhängen**. Zu erstatten sind nur tätigkeitsspezifische Schäden, nicht aber Schäden, die sich aus den allgemeinen Lebensrisiken ergeben.⁴ Dieser tätigkeitsbezogene Zusammenhang wird bei Vorstandsmitgliedern und ähnlichen Führungskräften, die regelmäßig verpflichtet sind, ihre gesamte Arbeitskraft der Gesellschaft zu widmen, in weitem Umfang gegeben sein. So sind z.B. Aufwendungen erfasst, die mit amtsbezogenen Nebentätigkeiten wie z.B. einem Aufsichtsratsmandat in einem Konzernunternehmen oder auch einem anderen nahestehenden Unternehmen zusammenhängen.

11 Ein Anspruch auf Aufwendungsersatz besteht danach nicht bei Verfahren, die sich ausschließlich auf Ereignisse in der **Privatsphäre** des Betroffenen beziehen. Wird ein GmbH-Geschäftsführer z.B. wegen eines Verkehrsunfalls bei einer privaten Autofahrt in Anspruch genommen oder strafrechtlich verfolgt, so hat dies mit seiner Organstellung bei der Gesellschaft nichts zu tun. Die daraus entstehenden Kosten sind eine persönliche Angelegenheit und deshalb von dem Organmitglied selbst zu tragen. Die Gesellschaft kann die Kosten in solchen Fällen allenfalls **freiwillig**, also ohne Bestehen einer Rechtspflicht, übernehmen, dies aber nur dann, wenn die Übernahme auf Grund besonderer Umstände im Interesse der Gesellschaft liegt.⁵

12 Die Grundsätze für die Übernahme von Rechtsschutzkosten gelten in erster Linie für Organmitglieder und Mitarbeiter, die in einem **aktiven Dienst- oder Arbeitsverhältnis** zur Gesellschaft stehen. In Einzelfällen können solche Kosten aber auch zu Gunsten von Personen übernommen werden, die aus den Diensten der

---

1 BAG v. 16.3.1995 – 8 AZR 260/94, NJW 1995, 2372; zustimmend *Preis* in Erfurter Komm. Arbeitsrecht, 7. Aufl. 2007, § 611 BGB Rz. 701; *Linck* in Schaub, Arbeitsrechts-Handbuch, 13. Aufl. 2009, § 54 Rz. 8f.; *Griese* in Küttner, Personalbuch 2009, 16. Aufl., 68 Aufwendungsersatz Rz. 21; vgl. auch LAG Hamm v. 5.4.2000 – 10 (16) Sa 1012/99 S. 8 zur Übernahme der Kosten eines Verteidigers.
2 BAG v. 14.11.1991 – AP BGB § 611 Gefährdungshaftung des Arbeitgebers Nr. 10 zu unwahren negativen Behauptungen eines angestellten Journalisten.
3 *Linck* in Schaub, Arbeitsrechts-Handbuch, 13. Aufl. 2009, § 54 Rz. 8.
4 *Bastuck*, Enthaftung des Managements, S. 112.
5 Vgl. dazu die Anforderungen des BGH v. 21.12.2005 – 3 StR 470/04, ZIP 2006, 72, 74 ff. = AG 2006, 110 – Mannesmann, an nachträgliche freiwillige Vergütungen unter dem Gesichtspunkt der Untreue.

Gesellschaft bereits ausgeschieden sind. Dies ist etwa der Fall, wenn ein Organmitglied im Laufe eines gegen ihn geführten Verfahrens wegen Erreichens der Altersgrenze oder aus anderen Gründen aus der Gesellschaft ausscheidet. Denkbar ist auch, dass ein bereits ausgeschiedenes Organmitglied wegen seiner früheren Tätigkeit mit einem Prozess überzogen wird. Soweit ein hinreichender Bezug zur früheren Tätigkeit bei der Gesellschaft besteht, gelten für die Erstattung der Verfahrenskosten die gleichen Grundsätze wie bei einer noch aktiven Tätigkeit.

IV. Keine Pflichtverletzung gegenüber der Gesellschaft

Als weitere Voraussetzung des Ersatzanspruchs darf Gegenstand des Verfahrens, dessen Kosten übernommen werden sollen, **kein** der Gesellschaft gegenüber **pflichtwidriges Verhalten** des Organmitglieds bzw. der sonstigen Führungskraft sein. Erstattungsfähig sind nur solche Aufwendungen, die der Beauftragte den Umständen nach für erforderlich halten durfte (§ 670 BGB). Rechtskosten aus Anlass einer schuldhaft begangenen Pflichtverletzung gegenüber der Gesellschaft gehören dazu nicht.[1] Dies folgt auch daraus, dass rechtswidrige Aufwendungen nicht erforderlich sind.[2] Die Erstattung würde in solchen Fällen im Widerspruch zu der gesetzlichen Regelung stehen, nach der das Organmitglied bzw. die sonstige Führungskraft der Gesellschaft den aus einem pflichtwidrigen Verhalten entstandenen Schaden selbst zu ersetzen hat.[3] Die Begehung von Straftaten oder Ordnungswidrigkeiten gehört selbst dann nicht zu den Dienstpflichten dieses Personenkreises, wenn der Rechtsverstoß subjektiv im Interesse der Gesellschaft oder sogar objektiv zu ihrem Nutzen erfolgt.[4] Eine andere Beurteilung kann aber dann geboten sein, wenn das Verschulden des Organmitglieds gering ist oder unklar ist, ob überhaupt ein schuldhaftes Verhalten der Gesellschaft gegenüber vorliegt.[5]

13

V. Anspruch auf Vorschussleistungen

Nach § 669 BGB kann der Beauftragte für die zur Ausführung des Auftrags erforderlichen Aufwendungen einen Vorschuss verlangen. Ein Anspruch auf Vorschussleistungen besteht aber nur, wenn die Gesellschaft zum Aufwendungsersatz verpflichtet ist. Dies ist indessen nicht der Fall, wenn es um ein Verhalten geht, dass der Gesellschaft gegenüber eine Pflichtverletzung darstellt.[6] Im Schrifttum wird zwar überwiegend die Ansicht vertreten, dass die Gesellschaft ohne

14

---

1 *Mertens/Cahn* in KölnKomm. AktG, 3. Aufl. 2010, § 84 AktG Rz. 90; *Wiesner* in MünchHdb. AG, § 21 Rz. 63; *Fleischer*, WM 2005, 909, 915; *Fonk* in Semler/v. Schenck, Arbeitshandbuch für Aufsichtsratsmitglieder, 3. Aufl., § 9 Rz. 169; *Spindler* in MünchKomm. AktG, 3. Aufl., § 84 AktG Rz. 87; *Bastuck*, Enthaftung des Managements, S. 113 f.; *Krause*, BB-Special 8/2007, 2, 4 ff.; im Ergebnis auch *Hopt* in Großkomm. AktG, § 93 AktG Rz. 515; *Zöllner/Noack* in Baumbach/Hueck, § 43 GmbHG Rz. 108.
2 Vgl. *Martinek* in Staudinger, § 670 BGB Rz. 14.
3 §§ 93, 116 Satz 1 AktG; § 43 GmbHG; §§ 612, 619a BGB.
4 *Fleischer*, WM 2005, 909, 917.
5 *Kort* in Großkomm. AktG, § 84 AktG Rz. 407.
6 *Krieger* in FS Bezzenberger, 2000, S. 211, 223.

weiteres einen Vorschuss für die Verfahrenskosten gewähren darf. Tatsächlich darf der Gesichtspunkt eines möglicherweise pflichtwidrigen Verhaltens bei der Vorschussgewährung aber nicht außer Acht gelassen werden.[1]

15 Um diesem Gesichtspunkt Rechnung zu tragen, muss sich die Gesellschaft eine Meinung darüber bilden, ob sich der Betroffene nach den bislang bekannten Umständen ihr gegenüber pflichtgemäß verhalten hat. Sollte bereits eine abschließende Beurteilung möglich sein, muss diese der Entscheidung über die Gewährung eines Vorschusses zugrunde gelegt werden. In den meisten Fällen wird zu Beginn eines Verfahrens eine abschließende Beurteilung allerdings noch nicht möglich sein. Die Gesellschaft kann die Gewährung eines Vorschusses dann von einer **positiven Prognose** über den Ausgang des betreffenden Verfahrens abhängig machen.[2] Eine zuverlässige Prognose ist zu Beginn des Verfahrens, insbesondere bei komplexen Sachverhalten, häufig aber ebenfalls nicht möglich. In diesem Stadium werden der Betroffene und die Gesellschaft auch eher geneigt sein, die tatsächlichen und rechtlichen Gesichtspunkte zu betonen, die für ihren Standpunkt und damit für eine Entlastung des beschuldigten Organmitglieds sprechen. Eine zu kritische Einstellung wird eher als Schwächung der eigenen Position empfunden.

16 Nicht sachgerecht und mit der Fürsorgepflicht der Gesellschaft nicht vereinbar wäre es allerdings, die sich daraus ergebende Unsicherheit auf die betroffene Führungskraft abzuwälzen, indem z.B. ein Vorschuss nur in eindeutigen Fällen gewährt und im Übrigen **erst nach Abschluss des Verfahrens** über eine Kostenerstattung entschieden wird. Dies würde dem Regelungsgehalt des § 669 BGB, der einen Rechtsanspruch auf Vorschuss begründet, nicht gerecht. Für den Betroffenen fallen Kosten auch nicht erst am Ende des Verfahrens, sondern regelmäßig schon während des Verfahrens und auch bereits zu dessen Beginn an. So machen insbesondere Anwälte ihr Tätigwerden häufig davon abhängig, das ihnen ein angemessener Vorschuss gezahlt wird (§ 9 RVG).

17 Steht zu Beginn des Verfahrens dessen Ausgang noch nicht fest, so erscheint es sachgerechter, wenn die Gesellschaft hinsichtlich der erforderlichen Aufwendungen einen Vorschuss gewährt, dies aber unter dem **Vorbehalt der Rückforderung** geschieht, falls sich bei der endgültigen Beurteilung ein pflichtwidriges Verhalten im Innenverhältnis herausstellen sollte.[3] Mit einer solchen Zusage unter Rückforderungsvorbehalt wird den Interessen beider Seiten Rechnung getragen. Der Betroffene wird zu einem Zeitpunkt entlastet, zu dem er die Mittel für den Prozess benötigt. Die Gesellschaft entspricht damit zugleich ihrer Fürsorge-

---

[1] Krieger in FS Bezzenberger, 2000, S. 211, 223; großzügiger z.B. Paefgen in Ulmer/Habersack/Winter, § 35 GmbHG Rz. 241.
[2] Bastuck, Enthaftung des Managements, S. 116 ff.; Baums, Gutachten zum 63. Deutschen Juristentag (2000), F 236; Hopt in Großkomm. AktG, § 93 AktG Rz. 515; Fleischer, WM 2005, 909, 915; Krieger in FS Bezzenberger, 2000, S. 211, 223; v. Dalwigk in Widmaier, Münchener Anwalts-Handbuch Strafverteidigung, § 42 Rz. 73; vgl. auch Thümmel, Persönliche Haftung von Managern und Aufsichtsräten, Rz. 366.
[3] Vgl. Fleischer, WM 2005, 909, 915; v. Dalwigk in Widmaier, Münchener Anwalts-Handbuch Strafverteidigung, § 42 Rz. 46 ff., 79.

pflicht[1] gegenüber ihrem Organmitglied oder der sonstigen Führungskraft. Sie kann bei einer solchen frühzeitigen Unterstützung auch Einfluss auf eine sachgerechte Verteidigung nehmen, indem sie z.B. selbst einen geeigneten Rechtsanwalt aussucht und diesen unmittelbar beauftragt.

Ein lediglich einseitiger Rückforderungsvorbehalt würde allerdings bedeuten, dass die Gesellschaft bei einer späteren Rückforderung beweisen muss, dass der Betroffene seine Pflichten verletzt hat. Der Gesellschaft würde dadurch der Vorteil der Beweislastumkehr, wie er sich aus § 93 Abs. 2 Satz 2 AktG ergibt, verloren gehen. Der Betroffene könnte später u.U. auch den Einwand der Entreicherung entgegenhalten (§ 818 Abs. 3 BGB). Der Gesellschaft ist daher anzuraten, mit dem Betroffenen eine schriftliche **Vereinbarung** zu treffen, wonach die Kosten nur vorläufig übernommen werden und der Betroffene sich zur Rückzahlung verpflichtet, wenn die Gesellschaft später zu der Beurteilung gelangt, dass der Betroffene seine Pflichten der Gesellschaft gegenüber verletzt hat.[2] Dabei kann auch eine angemessene Verzinsung des zurückzuzahlenden Betrages vereinbart werden.[3] 18

Vor allem bei hohen Kosten können Zweifel bestehen, ob die spätere **Rückforderung** der übernommenen Vorleistungen erfolgreich **durchgesetzt** werden kann. Eine Verpflichtung, den Rückforderungsanspruch zu besichern, besteht allerdings nicht.[4] Gleichwohl sollte die Gesellschaft bei ihrer Entscheidung auch an eine eventuelle Rückforderung denken. Dabei sind nicht nur die Vermögensverhältnisse der unterstützten Person, sondern auch die sonstigen Interessen der Gesellschaft, z.B. die Wahrung der eigenen Reputation und das Interesse an einer sachgerechten Verteidigung, sorgfältig abzuwägen. Soweit die Gesellschaft ein eigenes Interesse an der Führung des Verfahrens hat, wird schon dies in der Regel ausreichen, um die vorläufige Übernahme der Verfahrenskosten zu rechtfertigen. Bei verbleibenden Zweifeln kann die Gesellschaft den Vorschuss auch begrenzen und über die Weitergewährung nach dem jeweiligen Stand des Verfahrens neu entscheiden. Aus der Sicht des Betroffenen ist eine Zusage für das gesamte Verfahren allerdings sinnvoller. 19

Für die Gewährung des Vorschusses kommt neben einer unmittelbaren Kostenübernahme auch eine Erstattung der zunächst von dem Betroffenen getragenen Vertretungs- und Verfahrenskosten in Betracht. Im Bereich des öffentlichen Dienstes kann zu diesem Zweck ein zinsloses **Darlehen** gewährt werden. Voraussetzung für die Gewährung eines solchen Darlehens ist u.a., dass ein dienstliches Interesse an der zweckentsprechenden Rechtsverteidigung besteht. Über die Rückforderung des Darlehens oder einen Verzicht auf die Rückforderung wird nach Abschluss des Verfahrens entschieden.[5] 20

---
1 Vgl. BGH v. 9.11.1967 – II ZR 64/67, BGHZ 49, 30, 32; BGH v. 23.9.1968 – II ZR 94/67, BGHZ 50, 378, 383; *Mertens/Cahn* in KölnKomm. AktG, 3. Aufl. 2010, § 84 AktG Rz. 93; *Krieger* in FS Bezzenberger, 2000, S. 211, 224; *Fleischer* in Spindler/Stilz, § 84 AktG Rz. 70; *Wiesner* in MünchHdb. AG, § 21 Rz. 63.
2 *Krieger* in FS Bezzenberger, 2000, S. 211, 224f.; *Krause*, BB-Special 8/2007, 2, 8.
3 Für eine entsprechende Rechtspflicht *Krieger* in FS Bezzenberger, 2000, S. 211, 225.
4 So auch *Krieger* in FS Bezzenberger, 2000, S. 211, 225.
5 Vgl. dazu das Rundschreiben des BMI vom 1.7.1985 (GMBl. 432), geändert durch Rundschreiben vom 22.5.1991 (GMBl. 497), wiedergegeben bei *v. Dalwigk* in Widmaier, Mün-

VI. Endgültige Kostentragung

21 Nach Abschluss des Zivil-, Straf- oder Ordnungswidrigkeitenverfahrens, dessen Kosten bereits vorläufig übernommen wurden, hat die Gesellschaft auf der Grundlage der dann vorliegenden Erkenntnisse abschließend zu prüfen, ob es bei der Kostenübernahme bleibt oder ob die vorgeschossenen Leistungen zurückgefordert werden sollen. Dabei können sehr unterschiedliche Sachverhalte zu beurteilen sein.

22 Endete das Verfahren zu Gunsten der betroffenen Führungskraft, wurde diese z.B. von allen strafrechtlichen Vorwürfen **freigesprochen**, sind die Vorschussleistungen zu Recht erfolgt. Eine Rückforderung durch die Gesellschaft scheidet aus. Sofern noch Zahlungspflichten z.B. gegenüber den eingeschalteten Anwälten ausstehen, kann der Betroffene deren Übernahme durch die Gesellschaft verlangen (§§ 670, 675 BGB). Im Einzelfall kann allerdings trotz eines Freispruchs in strafrechtlicher Hinsicht eine Pflichtverletzung im Verhältnis zur Gesellschaft vorliegen. Dies ist z.B. dann denkbar, wenn bei dem Verdacht einer Untreue gegenüber der Gesellschaft (§ 266 StGB) nur der Vorsatz nicht nachgewiesen werden kann und deshalb ein Freispruch erfolgt. Ist der objektive Untreuetatbestand durch ein rechtswidriges Verhalten verwirklicht, kann dies für die Feststellung einer zivilrechtlichen Pflichtverletzung im Innenverhältnis ausreichen, da insoweit schon der Nachweis einfacher Fahrlässigkeit genügt.[1] Liegt ein Rechtfertigungsgrund vor, schließt dieser die Rechtswidrigkeit allerdings auch im Innenverhältnis aus.

23 Wird der Betroffene strafrechtlich **verurteilt**, steht damit in der Regel auch eine Pflichtverletzung der Gesellschaft gegenüber fest. Die Gesellschaft ist dann grundsätzlich verpflichtet, die geleisteten Vorschüsse zurückzufordern und die Übernahme etwaiger noch ausstehender Kosten abzulehnen. Auch hiervon kann es aber Ausnahmen geben. Eine bestimmte strafrechtliche Beurteilung stellt noch kein zwingendes Präjudiz für die zivilrechtliche Beurteilung der Rechtslage im Innenverhältnis dar. So ist im Arbeitsrecht anerkannt, dass eine **Straftat im Ausland**, die im Inland zu keiner oder einer wesentlich geringeren Strafe geführt hätte, nicht als interne Pflichtwidrigkeit zu werten ist.[2] Solche differenzierenden Überlegungen sind auch bei Organmitgliedern angebracht.[3]

24 Die Rückforderung eines Vorschusses kann z.B. dann unterbleiben, wenn sich das Fehlverhalten auf eine **Nebentätigkeit** beschränkt. Ein Vorstandsmitglied, das z.B. seine Pflichten im Nebenamt als Aufsichtsrat einer anderen Gesellschaft verletzt, handelt damit nicht ohne Weiteres auch seiner eigener Gesellschaft gegen-

---

chener Anwalts-Handbuch Strafverteidigung, § 42 Rz. 18; zu den Regelungen im Bereich des öffentlichen Dienstes s. auch *Rehbinder*, ZHR 148 (1984), 555, 576 Fn. 68.
1 Vgl. § 43 Abs. 1 GmbHG, § 93 Abs. 1 Satz 1 AktG.
2 BAG v. 11.8.1988 – 8 AZR 721/85, AP Nr. 7 zu § 611 BGB Gefährdungshaftung = NJW 1989, 316 zu einem Verkehrsunfall auf der Transitautobahn in der DDR; *Linck* in Schaub, Arbeitsrechts-Handbuch, 13. Aufl. 2009, § 55 Rz. 9; *Griese* in Küttner, Personalbuch 2009, 16. Aufl., 68 Aufwendungsersatz Rz. 21.
3 Vgl. *Bastuck*, Enthaftung des Managements, S. 132; *Mertens/Cahn* in KölnKomm. AktG, 3. Aufl., 2010, § 84 AktG Rz. 92; *Fleischer*, WM 2005, 909, 917.

über pflichtwidrig. Ist deshalb eine Pflichtverletzung im Innenverhältnis trotz strafrechtlicher oder anderweitiger Verurteilung zu verneinen, bleibt es bei der erfolgten Kostenübernahme. Soweit noch Kosten ausstehen, sind auch diese von der Gesellschaft zu übernehmen.

Steht nach den abschließenden Erkenntnissen fest, dass im Innenverhältnis ein **pflichtwidriges Verhalten** vorliegt, stellt sich die Frage, ob die Gesellschaft unter Umständen dennoch berechtigt ist, die Kosten des Verfahrens zu übernehmen und davon abzusehen, die bereits geleisteten Vorschüsse zurückzuverlangen. Dies ist aber nur ausnahmsweise der Fall. Die für die Gesellschaft entscheidenden Organe, insbesondere der Aufsichtsrat, sind verpflichtet, den Vorteil der Gesellschaft zu wahren und Nachteile von ihr abzuwenden (vgl. §§ 93, 116 Satz 1 AktG).[1] Ersatzansprüche der Gesellschaft sind deshalb grundsätzlich durchzusetzen.[2] Von der Geltendmachung solcher Ansprüche gegen einzelne Vorstandmitglieder kann nur abgesehen werden, wenn gewichtige Gründe des Gesellschaftswohls dagegen sprechen und diese Umstände die Gründe, die für eine Rechtsverfolgung sprechen, überwiegen.[3] Nach der Mannesmann-Entscheidung kommt es zusätzlich darauf an, ob der Gesellschaft bei einer freiwilligen Zahlung gleichzeitig Vorteile zufließen, die in einem angemessenen Verhältnis zu der mit der Zahlung verbundenen Minderung des Gesellschaftsvermögens stehen.[4] Liegt kein entsprechender zukunftsbezogener Nutzen vor, ist der objektive Tatbestand der Untreue (§ 266 StGB) erfüllt.

Nach diesen Vorgaben muss die Gesellschaft sorgfältig alle Umstände prüfen, wenn sie trotz interner Pflichtwidrigkeit die Verfahrenskosten übernehmen bzw. **auf die Rückforderung** ihrer Vorschüsse **verzichten** will.[5] Motive dafür können sein, dass die Gesellschaft ihrer Schutzpflicht gegenüber der eigenen Führungsmannschaft nachkommen will[6], ein besonderes Interesse daran hat, die betreffende Führungskraft zu halten, die Rechtslage bis zum Ausgang des Prozesses unklar war, im Verhältnis zur Gesellschaft nur eine geringe Schuld vorliegt und endlich Rechtsfrieden einkehren soll.

Bleibt zweifelhaft, ob die Kostenübernahme trotz interner Pflichtverletzung hinreichend gerechtfertigt ist, kann dazu die **Zustimmung der Haupt- bzw. Gesellschafterversammlung** eingeholt werden. Für die GmbH ergibt sich dies daraus, dass die Gesellschafter jedenfalls über das nicht nach § 30 GmbHG gebundene

---

1 BGH v. 21.4.1997 – II ZR 175/95, ZIP 1997, 883, 885 f. = AG 1997, 377 – ARAG/Garmenbeck; BGH v. 21.12.2005 – 3 StR 470/04, ZIP 2006, 72, 73 = AG 2006, 110 – Mannesmann.
2 Vgl. BGH v. 21.4.1997 – II ZR 175/95, ZIP 1997, 883, 886 = AG 1997, 377 – ARAG/Garmenbeck.
3 Vgl. § 148 Abs. 1 Satz 2 Nr. 4 AktG; weiter BGH v. 21.4.1997 – II ZR 175/95, ZIP 1997, 883, 886 = AG 1997, 377 – ARAG/Garmenbeck, wonach auch gleichwertige Gründe für ein Absehen von der Geltendmachung von Ersatzansprüchen ausreichend sein können.
4 BGH v. 21.12.2005 – 3StR 470/04, ZIP 2006, 72, 74 = AG 2006, 110; diese einfache Schaden-Nutzen-Betrachtung widerspricht allerdings der business judgment rule des § 93 Abs. 1 Satz 2 AktG.
5 Zurückhaltend auch *Krieger* in FS Bezzenberger, 2000, S. 211, 222.
6 S. dazu *v. Dalwigk* in Widmaier, Münchener Anwalts-Handbuch Strafverteidigung, Rz. 76.

Gesellschaftsvermögen frei verfügen dürfen. Auch bei der AG soll nach der Mannesmann-Entscheidung die Möglichkeit bestehen, dass die Hauptversammlung der Gewährung einer freiwilligen Zuwendung zustimmt und damit der Untreuevorwurf entfällt.[1] Eine solche Zustimmung könnte über eine Vorlage des Vorstands nach § 119 Abs. 2 AktG eingeholt werden.[2] Die Kostenübernahme bzw. der Verzicht auf die Rückforderung des Vorschusses wären dann im Verhältnis zur Gesellschaft rechtmäßig (§ 93 Abs. 4 Satz 1 AktG). Bei einer Publikumsgesellschaft wird solcher Weg schon wegen der damit verbundenen Publizität kaum in Betracht kommen. Fraglich ist zudem, ob im Falle einer internen Pflichtverletzung nicht § 93 Abs. 4 Satz 3 AktG eingreift, wonach die Gesellschaft auch mit Zustimmung der Hauptversammlung erst nach Ablauf von drei Jahren auf Ersatzansprüche verzichten kann. Diese Frage müsste im Einzelfall sorgfältig geprüft werden.

VII. Freistellungszusage im Anstellungsvertrag

28 Soweit das Organmitglied oder der Mitarbeiter einen gesetzlichen Anspruch auf Kostenerstattung hat, kann ihm die Gesellschaft die Erstattung, auch wenn dies rechtlich nicht erforderlich ist, im Voraus **zusagen**. Eine entsprechende Zusage kann bereits im Anstellungsvertrag oder einer internen Richtlinie enthalten sein; sie wird dort aber nur sehr allgemein formuliert sein können. Eine solche Zusage sollte mit der Einschränkung versehen sein, dass Verfahrenskosten endgültig nur in solchen Fällen übernommen werden, bei denen im Innenverhältnis kein der Gesellschaft gegenüber pflichtwidriges Verhalten des Begünstigten vorliegt. Erweist sich später in einem konkreten Falle, dass diese Voraussetzung nicht erfüllt ist, kann die Kostenübernahme abgelehnt werden. Bei unklarer Sach- und Rechtslage kann auf der Grundlage einer solchen Zusage ein Vorschuss gewährt werden, der dann allerdings unter den Vorbehalt einer Rückforderung gestellt wird, falls sich Regressansprüche der Gesellschaft ergeben sollten (s. oben Rz. 17).

29 Wird die Zusage weiter gefasst, soll sie auch für den Fall der internen Pflichtwidrigkeit gelten, muss sie entsprechend einschränkend ausgelegt werden. Ist dies nicht möglich, ist die Zusage, soweit sie den Fall eines pflichtwidrigen Verhaltens einschließt, nach §§ 134, 138 BGB nichtig.[3]

---

1 BGH v. 21.12.2005 – 3 StR 470/04, ZIP 2006, 72, 75 f. = AG 2006, 110.
2 Nach § 119 Abs. 2 AktG darf der Vorstand grundsätzlich jede Geschäftsführungsmaßnahme der Hauptversammlung zur Entscheidung vorlegen, vgl. *Mülbert* in Großkomm. AktG, § 119 AktG Rz. 47. Eine Vorlage nach § 120 Abs. 4 AktG kommt dagegen nicht in Betracht, da es sich nicht um eine Frage des Vergütungssystems handelt. Ein Hauptversammlungsbeschluss auf dieser Grundlage wäre zudem rechtlich unverbindlich (§ 120 Abs. 4 Satz 2 AktG).
3 *Fleischer*, WM 2005, 909, 916; *Fleischer* in Spindler/Stilz, § 84 AktG Rz. 71 f.; *Spindler* in MünchKomm. AktG, 3. Aufl., § 84 AktG Rz. 87; *Mertens/Cahn* in KölnKomm. AktG, 3. Aufl. 2010, § 84 AktG Rz. 95; *Rehbinder*, ZHR 148 (1984), 555, 572.

VIII. Umfang der Kostenübernahme

Was den Umfang der Kostenerstattung angeht, darf die Gesellschaft nur solche Kosten übernehmen, die tatsächlich angefallen sind und dem Organmitglied zu Recht auferlegt wurden. Dazu gehört, dass die Auslagen jeweils ordnungsgemäß zu **belegen** sind.[1] Ein pauschaler Aufwendungsersatz kommt bei der Übernahme von genau zu berechnenden Verfahrenskosten nicht in Betracht.

30

Soweit Rechtsanwälte eingeschaltet sind, sind nicht nur die gesetzlichen Gebühren, sondern auch die freiwillig vereinbarten Gebühren erstattungsfähig.[2] Das BAG hat bislang zwar nur die gesetzlichen Gebühren als erforderliche Kosten der Verteidigung anerkannt. Eine darüber hinausgehende **Honorarvereinbarung** sei nur dann i.S. des § 670 BGB erforderlich, wenn auf der Grundlage der gesetzlichen Gebühren keine anwaltliche Hilfe zu erlangen sei.[3] Bei wirtschafts(straf)rechtlichen Mandaten sind Honorarvereinbarungen inzwischen aber üblich. Eine qualifizierte anwaltliche Vertretung zu den gesetzlichen Gebühren wird gerade bei schwierigen und umfangreichen Verfahren kaum zu erlangen sein.[4] Dies gilt umso mehr, als der Gesetzgeber den Abschluss von Vergütungsvereinbarungen generell erleichtert hat (vgl. § 4 RVG).

31

C. Erstattung von Geldstrafen, Geldauflagen und Bußgeldern

I. Grundsätze des Auftragsrechts

Ist ein Organmitglied oder eine sonstige Führungskraft eines Wirtschaftsunternehmens in einem Strafverfahren im Zusammenhang mit der beruflichen Tätigkeit zu einer Geldstrafe verurteilt worden, stellt sich die Frage, ob die Gesellschaft verpflichtet oder zumindest berechtigt ist, diese Geldstrafe zu erstatten. Die gleiche Frage ergibt sich bei der Verhängung eines Bußgeldes oder der Einstellung eines Strafverfahrens gegen Geldauflage. Ob und unter welchen Voraussetzungen ein Erstattungsanspruch anzunehmen ist, beurteilt sich wie die Erstattung von Verfahrenskosten nach den Grundsätzen des Auftragsrechts. Zu den Risiken der beruflichen Tätigkeit gehört nicht nur, dass ein Straf- oder Ordnungswidrigkeitenverfahren im Zusammenhang mit einer geschäftlichen Tätigkeit durchgeführt wird, sondern auch, dass ein solches Verfahren unter Umständen zu einer Strafe oder einer sonstigen finanziellen Sanktion führt. Es liegt deshalb nahe, eine Verpflichtung der Gesellschaft zur Erstattung derartiger Aufwendungen gem. §§ 670, 675 BGB anzunehmen. In diesem Sinne hat das BAG festgestellt,

32

---

1 *Wiesner* in MünchHdb. AG, § 21 Rz. 62; *Hüffer*, § 113 AktG Rz. 2b; OLG Karlsruhe v. 3.10.1961 – 6 U 36/59, GmbHR 1962, 135; vgl. auch BGH v. 5.7.2000 – XII ZB 58/97, NJW 2000, 3712, 3715.
2 *Fleischer*, WM 2005, 909, 915; *v. Dalwigk* in Widmaier, Münchener Anwalts-Handbuch Strafverteidigung, § 42 Rz. 45; wohl auch *Uwe H. Schneider* in Scholz, § 35 GmbHG Rz. 243; abl. BAG v. 16.3.1995 – 8 AZR 260/94, NJW 1995, 2372 und *Bastuck*, Enthaftung des Managements, S. 142 mit Fn. 353.
3 BAG v. 16.3.1995 – 8 AZR 260/94, NJW 1995, 2372, 2373.
4 *v. Dalwigk* in Widmaier, Münchener Anwalts-Handbuch Strafverteidigung, § 42 Rz. 45.

dass ein Mitarbeiter nach den allgemeinen zivilrechtlichen Regeln einen Anspruch auf Erstattung einer von ihm bezahlten Geldstrafe oder eines Bußgeldes haben kann.[1]

II. Anspruch auf Erstattung

33 Ist eine Geldstrafe oder ein Bußgeld verhängt worden, steht damit im Regelfall allerdings fest, dass der Betroffene nicht nur gegen bestimmte Rechtsvorschriften verstoßen, sondern zugleich eine **Pflichtverletzung gegenüber seiner Gesellschaft** begangen hat. Zu den Pflichten eines Organmitglieds oder leitenden Mitarbeiters gegenüber der Gesellschaft gehört es, dass er die Geschäfte der Gesellschaft im Einklang mit Recht und Gesetz führt.[2] Wird ein bestimmtes Verhalten von der Rechtsordnung missbilligt, so bedeutet dies in der Regel, dass der Täter der Gesellschaft gegenüber zum Schadensersatz verpflichtet ist.[3] Dieser Ersatzpflicht würde es widersprechen, wenn die Gesellschaft ihrerseits verpflichtet wäre, die finanziellen Folgen eines derartigen Verhaltens zu übernehmen. Eine Pflicht zum Aufwendungsersatz besteht nach § 670 BGB nur bei sog. Zufallsschäden und ist ausgeschlossen, wenn der Schaden auf einem eigenen Verschulden des Beauftragten beruht.[4] Ein Anspruch gegen die Gesellschaft auf Erstattung einer Geldstrafe oder Geldbuße ist daher grundsätzlich zu verneinen.[5]

34 Die **Verurteilung** in einem Straf- oder Ordnungswidrigkeitenverfahren stellt für die Frage der Erstattungspflicht im Innenverhältnis allerdings nur einen ersten Anhaltspunkt dar.[6] Die Gesellschaft hat selbständig zu prüfen, ob zivilrechtlich eine Erstattungspflicht besteht. Der Ausgang des strafrechtlichen oder Ordnungswidrigkeitenverfahrens ist dafür **nicht bindend**.[7] Die Gesellschaft kann bei der zivilrechtlichen Prüfung durchaus zu einer anderen Auffassung gelangen, einschließlich der Überzeugung, dass die Auferlegung der Geldstrafe oder Geldbuße unberechtigt war.[8]

---

1 Vgl. BAG v. 25.1.2001 – 8 AZR 465/00, NZA 2001, 653, 654; abl. Vorinstanz LAG Hamm v. 5.4.2000 – 10 (16) Sa 1012/99 S. 8.
2 *Mertens/Cahn* in KölnKomm. AktG, 3. Aufl. 2010, § 93 AktG Rz. 71; *Spindler* in MünchKomm. AktG, 3. Aufl., § 84 AktG Rz. 87; *Lutter/Krieger*, Rechte und Pflichten des Aufsichtsrats, Rz. 72; *Kapp*, NJW 1992, 2796, 2798; *Krieger* in FS Bezzenberger, 2000, S. 211, 215; *Fleischer*, WM 2005, 909, 916; *Fleischer* in Spindler/Stilz, § 84 AktG Rz. 66; vgl. auch Ziff. 4.1.3 DCGK.
3 §§ 43 Abs. 2, 93 Abs. 2, 116 Satz 1 AktG.
4 Vgl. zum Mitverschulden BAG v. 27.1.2000 – 8 AZR 876/98, NZA 2000, 727.
5 *Mertens/Cahn* in KölnKomm. AktG, 3. Aufl. 2010, § 84 AktG Rz. 91, 94; *Wiesner* in MünchHdb. AG, § 21 Rz. 63; *Fleischer* in Spindler/Stilz, § 84 AktG Rz. 67; *Kort* in Großkomm. AktG, § 84 AktG Rz. 402; *Spindler* in MünchKomm. AktG, 3. Aufl., § 84 AktG Rz. 74; *Rehbinder*, ZHR 148 (1984), 555, 572 f.; *v. Dalwigk* in Widmaier, Münchener Anwalts-Handbuch Strafverteidigung, § 42 Rz. 26 ff.; *Zimmermann*, DB 2008, 687, 691; ebenso fürs Arbeitsrecht LAG Hamm v. 30.7.1991 – 19 (14) Sa 1824/89, NJW 1991, 861; *Linck* in Schaub, Arbeitsrechts-Handbuch, 13. Aufl. 2009, § 54 Rz. 8 f. m.w.N. aus der Rechtsprechung der Arbeitsgerichte.
6 *Zimmer*, BB-Special 8/2007, 1 und *Krause*, BB-Special 8/2007, 2, 5 f.
7 *Krieger* in FS Bezzenberger, 2000, S. 211, 215; *Mertens/Cahn* in KölnKomm. AktG, 3. Aufl. 2010, § 84 AktG Rz. 92.
8 *Krieger* in FS Bezzenberger, 2000, S. 211, 215.

Eine vom Strafrecht abweichende Beurteilung kann z.B. dann angebracht sein, wenn ein Organmitglied bei **unklarer Rechtslage** einen vertretbaren, für die Gesellschaft günstigen Standpunkt eingenommen hat. Erfolgt dann eine Verurteilung, kann die Erstattung der Strafe dennoch geboten sein.[1] Ein Erstattungsanspruch kann auch bei einer Verurteilung im **Ausland** gegeben sein, wenn das Verhalten normalerweise ungeahndet geblieben wäre[2] oder wenn die Strafe im Verhältnis zum inländischen Recht völlig unverhältnismäßig ist.[3]

35

Ein Erstattungsanspruch kann sodann bei **Geldbußen** in Betracht kommen, die unabhängig von einem Verschulden oder nur auf Grund von Verschuldensvermutungen verhängt worden sind. Solche Geldbußen hat die Gesellschaft zu erstatten, wenn das Organmitglied bzw. der Mitarbeiter mit der geforderten Sorgfalt gehandelt hat.[4]

36

Eine Pflicht zur Erstattung kommt auch bei **Geldauflagen** im Falle einer Einstellung des Strafverfahrens nach § 153a StPO in Betracht. In solchen Fällen der Verfahrensbeendigung ist kein strafbares Verhalten festgestellt. Jedenfalls fehlt es an einer schweren Schuld. Die Annahme einer Erstattungspflicht wird deshalb eher möglich sein als bei einer Geldstrafe oder Geldbuße.[5]

37

Soweit danach ausnahmsweise ein Anspruch auf Erstattung einer Geldstrafe oder Geldbuße besteht, erfüllt dies aus strafrechtlicher Sicht nicht den Tatbestand der **Strafvereitelung** (§ 258 Abs. 2 StGB).[6] Eine Strafbarkeit unter dem Gesichtspunkt der Untreue (§ 266 StGB) scheidet bei Bestehen eines Erstattungsanspruchs ohnehin aus, weil der Gesellschaft aus der Erfüllung ihrer Pflichten kein Nachteil entsteht.

38

III. Freiwillige Erstattung

Auch wenn die Gesellschaft nicht verpflichtet ist, eine Geldstrafe, Geldbuße oder Geldauflage zu erstatten, bleibt die Frage, ob sie diese freiwillig erstatten darf. Soweit es darum geht, ob die Gesellschaft einem Organmitglied oder Mitarbeiter **im Voraus** die Übernahme einer solchen Strafe zusagen darf, besteht Einigkeit, dass

39

---

1 *Mertens/Cahn* in KölnKomm. AktG, 3. Aufl. 2010, § 84 AktG Rz. 92; *Bastuck*, Enthaftung des Managements, S. 137; *Krieger* in FS Bezzenberger, 2000, S. 211, 215.
2 *Mertens/Cahn* in KölnKomm. AktG, 3. Aufl. 2010, § 93 AktG Rz. 73; *Mertens* in Hachenburg, § 43 GmbHG Rz. 21; *Krieger* in FS Bezzenberger, 2000, S. 211, 216.
3 Vgl. BAG v. 11.8.1988 – 8 AZR 721/85, AP Nr. 7 zu § 611 Gefährdungshaftung zu einem Verkehrsunfall auf der Transitautobahn in der früheren DDR.
4 *Bastuck*, Enthaftung des Managements, S. 133; *Krieger* in FS Bezzenberger, 2000, S. 211, 215.
5 Vgl. dazu auch *v. Dalwigk* in Widmaier, Münchener Anwalts-Handbuch Strafverteidigung, § 42 Rz. 32 ff., der einen Erstattungsanspruch allerdings verneint.
6 BGH v. 7.11.1990 – 2 StR 439/90, NJW 1991, 990, 992; BAG v. 25.1.2001 – 8 AZR 465/00, NZA 2001, 653, 654.

derartige Zusagen **unzulässig** sind.[1] Im Aktienrecht wird die Unwirksamkeit solcher Zusagen teilweise aus § 93 Abs. 4 AktG hergeleitet.[2] Sie sind jedenfalls nach § 138 BGB nichtig, weil damit der Präventionszweck des Straf- und Ordnungswidrigkeitenrechts unterlaufen würde.[3] Dieser Gesichtspunkt spielt allerdings keine Rolle, wenn eine entsprechende Zusage erst **nachträglich**, insbesondere nach einer Verurteilung, abgegeben wird. Solche nachträgliche Erstattungszusagen sind daher vom Grundsatz her zulässig.[4] Sie sind z.B. dann möglich, wenn es sich um eine Ordnungswidrigkeit handelt, die lediglich fahrlässig begangen wurde.[5]

40 Soweit bei der Verurteilung zu einer Geldstrafe zugleich eine Pflichtverletzung im Verhältnis zur Gesellschaft feststeht, stellt sich die Frage, ob für die nachträgliche Übernahme einer solchen Strafe bei den Mitgliedern von Vorstand und Aufsichtsrat einer AG die Bestimmungen des **§ 93 Abs. 4 Satz 3 AktG** entsprechend gelten. Im Schrifttum wird dies überwiegend angenommen.[6] Die Erstattung bedarf danach der Zustimmung der Hauptversammlung, wobei diese erst nach einer Sperrfrist von drei Jahren erteilt werden darf. Dem Zustimmungsbeschluss der Hauptversammlung darf außerdem keine Aktionärsminderheit von mindestens 10 % des Grundkapitals widersprechen. Unmittelbar anwendbar ist § 93 Abs. 4 Satz 3 AktG allerdings nicht. Auch eine analoge Anwendung ist nicht geboten, da der Verzicht auf einen Ersatzanspruch und die Erstattung einer Geldstrafe nicht vergleichbare Sachverhalte sind.

41 Ob die Erstattung einer Geldstrafe zulässig ist, hängt maßgebend von der **Interessenlage des Unternehmens** ab.[7] Danach hat das für die Entscheidung zuständige

---

1 *Bastuck*, Enthaftung des Managements, S. 136; *Fleischer*, WM 2005, 909, 916; *Fleischer* in Spindler/Stilz, § 84 AktG Rz. 72; *Kort* in Großkomm. AktG, § 84 AktG Rz. 408 f.; *Seibt* in K. Schmidt/Lutter, § 84 AktG Rz. 34; *Spindler* in MünchKomm. AktG, 3. Aufl., § 84 AktG Rz. 87; *Langhein* in MünchKomm. HGB, § 110 HGB Rz. 23; v. *Dalwigk* in Widmaier, Münchener Anwalts-Handbuch Strafverteidigung, § 42 Rz. 29; vgl. auch *Kapp*, NJW 1992, 2796, 2797 f.; *Blomeyer* in MünchHdb. ArbR, 2. Aufl. 2000, § 96 Rz. 88; *Holly/Friedhofen*, NZA 1992, 145, 149; LAG Hamm v. 5.4.2000 – 10 (16) Sa 1012/99 S. 8; LAG Schleswig-Holstein v. 30.3.2000 – 4 Sa 450/99, BB 2000, 1736, 1737.
2 *Wiesner* in MünchHdb. AG, § 21 Rz. 63; *Rehbinder*, ZHR 148 (1984), 555, 572 f.; *Kapp*, NJW 1992, 2796, 2798; *Krieger* in FS Bezzenberger, 2000, S. 211, 220; *Fleischer*, WM 2005, 909, 916.
3 S. dazu insbesondere *Kapp*, NJW 1992, 2796, 2797 f. und *Holly/Friedhofen*, NZA 1992, 145, 149.
4 *Bastuck*, Enthaftung des Managements, S. 136; *Fleischer* in Spindler/Stilz, § 84 AktG Rz. 72; *Spindler* in MünchKomm. AktG, 3. Aufl., § 84 AktG Rz. 87; *Langhein* in MünchKomm. HGB, § 110 HGB Rz. 23; *Uwe H. Schneider* in Scholz, § 35 GmbHG Rz. 243; v. *Dalwigk* in Widmaier, Münchener Anwalts-Handbuch Strafverteidigung, § 42 Rz. 29; *Hasselbach/Seibel*, GmbHR 2009, 354, 358.
5 *Wiesner* in MünchHdb. AG, § 21 Rz. 63; *Kort* in Großkomm. AktG, § 84 AktG Rz. 405; *Uwe H. Schneider/Sethe* in Scholz, § 35 GmbHG Rz. 243; *Bastuck*, Enthaftung des Managements, S. 138 ff.; a.A. *Fleischer*, WM 2005, 909, 917.
6 *Wiesner* in MünchHdb. AG, § 21 Rz. 63; *Mertens/Cahn* in KölnKomm. AktG, 3. Aufl. 2010, § 84 AktG Rz. 94; *Seibt* in K. Schmidt/Lutter, § 84 AktG Rz. 34; *Spindler* in MünchKomm. AktG, 3. Aufl., § 84 AktG Rz. 87; *Rehbinder*, ZHR 148 (1984), 555, 572 f.; *Kapp*, NJW 1992, 2796, 2799; *Fleischer*, WM 2005, 909, 917.
7 Vgl. *Krieger* in FS Bezzenberger, 2000, S. 211, 218 f; *Krause*, BB-Special 8/2007, 2, 10.

Gremium, bei der AG in der Regel Vorstand oder Aufsichtsrat, sorgfältig zu prüfen, ob die Erstattung einer Geldstrafe im Unternehmensinteresse liegt. Nach einer älteren Ansicht müssen dafür die verschiedenen Gesichtspunkte gegeneinander abgewogen werden.[1] Zu diesen Gesichtspunkten gehören die mutmaßlichen Auswirkungen der Erstattung auf das Ansehen der Gesellschaft, auf die Moral des Begünstigten und die künftige Gesetzestreue der Belegschaft. Zu berücksichtigen ist auch die Schwere der Schuld des Betroffenen und der verursachte Schaden.[2]

Nach den vom BGH im Fall ARAG/Garmenbeck entwickelten Grundsätzen und nach der Regelung in § 148 Abs. 1 Satz 2 Nr. 4 AktG erscheint diese Auffassung allerdings zu großzügig. Wie bei der Frage, ob die Gesellschaft im Falle der Verurteilung eines Unternehmensangehörigen die Verfahrenskosten übernehmen darf (s. dazu oben Rz. 23 ff.), ist davon auszugehen, dass die freiwillige Erstattung einer Geldstrafe nur ausnahmsweise zulässig ist. Eine einfache Interessenabwägung genügt für eine Rechtfertigung nicht. Vielmehr müssen eindeutig **überwiegende Gründe** die Erstattung der Geldstrafe als **im Interesse der Gesellschaft** liegend geboten erscheinen lassen. Der BGH hat dazu beispielhaft Gesichtspunkte wie negative Auswirkungen auf die Geschäftstätigkeit und das Ansehen der Gesellschaft in der Öffentlichkeit, Behinderung der Vorstandsarbeit und eine Beeinträchtigung des Betriebsklimas angeführt. Bei der Abwägung dieser Aspekte stehen die Unternehmensbelange deutlich im Vordergrund.[3] 42

In strafrechtlicher Hinsicht stellt die freiwillige Erstattung einer Geldstrafe zwar keine **Strafvereitelung** (§ 258 Abs. 2 StGB) dar.[4] Es bleibt aber das Vorliegen einer Untreue (§ 266 StGB) zu prüfen. So hat der BGH in einem Fall, in dem die Mitarbeiter eines Abwasserverbandes wegen vorsätzlicher Gewässerverunreinigung zu einer Geldstrafe verurteilt wurden, die Erstattung der Geldstrafe durch den Verband als **Untreue** gewertet.[5] Solche Zahlungen gehörten nicht zu den Aufgaben des Verbandes und ließen sich auch nicht mit dem Gesichtspunkt der Fürsorgepflicht rechtfertigen. Bei der Erstattung einer Geldstrafe durch ein Wirtschaftsunternehmen sind ähnliche Überlegungen anzustellen. Da es sich bei der Erstattung um eine freiwillige Zuwendung handelt, liegt diese nur dann im Unternehmensinteresse, wenn mit der Zahlung ein angemessener zukunftsbezogener Nutzen für das Unternehmen verbunden ist.[6] Ein solcher Nutzen kann ähnlich wie bei den Überlegungen zur zivilrechtlichen Zulässigkeit z.B. dann vorliegen, wenn die Erstattung nach den Umständen des Falles notwendig ist, um die Gesellschaft aus den negativen Schlagzeilen zu bringen und nach innen und außen Rechtsfrieden herzustellen. 43

---

1 Vgl. *Bastuck*, Enthaftung des Managements, S. 137 ff.
2 *Bastuck*, Enthaftung des Managements, S. 139.
3 Vgl. zu den bei der Abwägung zu berücksichtigenden Gesichtspunkten *Krause*, BB-Spe-cial 8/2007, 2, 10 ff.; *Fonk* in Semler/v. Schenck, Arbeitshandbuch für Aufsichtsratsmitglieder, 3. Aufl., § 9 Rz. 171; zum Gesichtspunkt des Unternehmens- und Betriebsrisikos *Kort* in Großkomm. AktG, § 84 AktG Rz. 403; gegen Ausnahmen von § 93 Abs. 4 Satz 3 AktG im Unternehmensinteresse *Zimmermann*, DB 2008, 687, 690 f.
4 BGH v. 25.9.1990 – 5 StR 278/90, NJW 1991, 990, 992; BAG v. 25.1.2001 – 8 AZR 465/00, NZA 2001, 653, 654; *Krieger* in FS Bezzenberger, 2000, S. 211, 216.
5 BGH v. 25.9.1990 – 5 StR 278/90, NJW 1991, 990, 991.
6 BGH v. 21.12.2005 – 3 StR 470/04, ZIP 2006, 72, 74 = AG 2006, 110 – Mannesmann.

43a In **steuerlicher** Hinsicht stellt die Übernahme von Bußgeldern usw. durch die Gesellschaft bei dem Begünstigten grundsätzlich eine lohnsteuerpflichtige Einnahme dar.[1] Etwas anderes gilt nur, wenn der Zahlung ein ganz überwiegendes eigenbetriebliches Interesse des Unternehmens zugrunde liegt.[2] Ob die Zahlungen bei der Gesellschaft abzugsfähig sind, ist umstritten.[3]

IV. Angemessene Entschädigung

44 Da ein langwieriges Strafverfahren gegen ein Organmitglied für die mit betroffene Gesellschaft eine starke Belastung darstellen kann, wird die Gesellschaft daran interessiert sein, dass das betroffene Organmitglied bereit ist, eine Einstellung des Verfahrens gegen eine – unter Umständen auch hohe – **Geldauflage** oder sogar auch einen **Strafbefehl zu akzeptieren**. Ebenso kann Interesse daran bestehen, dass das Organmitglied eine Verurteilung hinnimmt und auf ein mögliches **Rechtsmittel verzichtet**. In diesen Fällen stellt sich die Frage, ob die Gesellschaft dem Betroffenen für seine Bereitschaft zusätzlich zur Übernahme der Verteidigungskosten und der verhängten Geldstrafe eine angemessene Entschädigung zahlen darf.

45 Eine entsprechende Zusage könnte nach § 138 BGB **sittenwidrig** und damit nichtig sein. Nach der Rechtsprechung ist allerdings z.B. eine Vereinbarung über die Nichterstattung oder Rücknahme einer Strafanzeige nicht ohne weiteres sittenwidrig.[4] Das Gleiche gilt für den Verzicht auf die Rücknahme eines Rechtsmittels gegen einen Kraftwerksbau.[5] Die Grenze zur Sittenwidrigkeit ist in derartigen Fällen erst dann überschritten, wenn durch solche Vereinbarungen bestimmte persönliche Rechtspositionen kommerzialisiert werden.[6] Dies ist bei der Zusage einer angemessenen Entschädigung für den Fall der Akzeptanz einer bestimmten Entscheidung sicher nicht der Fall, soweit es dabei nur um einen Nachteilsausgleich geht.[7]

46 Gesellschaftsrechtlich sind solche Vereinbarungen allerdings – wie die Übernahme der Verfahrenskosten und der Geldstrafe[8] – nur zulässig, wenn **überwiegende Gründe des Unternehmenswohls** für eine solche Beendigung des Verfahrens sprechen. Dabei handelt es sich um eine unternehmerische Entscheidung, die umso eher gerechtfertigt ist, je mehr die Gesellschaft davon ausgehen kann, dass sich das betroffene Organmitglied nicht pflichtwidrig verhalten hat.[9] Darüber hinaus darf die zugebilligte Entschädigung nicht unangemessen sein.

---

1 *Spatschek*, AG 2005, 576, 577; *Hasselbach/Seibel*, GmbHR 2009, 354, 361 f.
2 Dazu näher *Mack*, AG 2009, 365, 367 f.
3 Für die Abzugsfähigkeit *Hasselbach/Seibel*, GmbHR 2009, 354, 362; a.A. *Macher*, NZA 1996, 578; zur Abzugsfähigkeit von Strafverteidigungskosten *Mack*, AG 2009, 365 f.
4 BGH v. 22.1.1991 – VI ZR 107/90, NJW 1991, 1046.
5 BGH v. 11.12.1980 – III ZR 38/79, BGHZ 79, 141; *Heinrichs* in Palandt, § 138 BGB Rz. 56.
6 S. dazu näher *Sack* in Staudinger, § 138 BGB Rz. 463 ff.
7 *Krieger* in FS Bezzenberger, 2000, S. 211, 226 f.
8 S. dazu oben Rz. 25 f. und Rz. 39 ff.
9 *Krieger* in FS Bezzenberger, 2000, S. 211, 228.

V. Erstattung oder Entschädigung durch Dritte

Soweit danach eine Erstattung oder Entschädigung durch die Gesellschaft ausscheidet, kann die Erstattung durch einen Dritten, z.B. einen Aktionär oder die Konzernobergesellschaft zulässig sein.[1] Nicht ausgeschlossen ist auch, dass die Gesellschaft dem Betroffenen aus anderem Anlass eine höhere Vergütung gewährt und dadurch mittelbar die Belastung durch die Geldstrafe oder Geldbuße gemindert wird.

47

D. Verfahrensfragen

Soweit es um die Erstattung der Aufwendungen von Mitgliedern des **Vorstands** einer AG, SE oder KGaA geht, entscheidet nach § 112 AktG, § 52 Abs. 1 GmbHG im Einzelfall der Aufsichtsrat bzw. der mit der Durchführung der Anstellungsverträge beauftragte Ausschuss (z.B. Präsidium oder Personalausschuss).[2] Diese Zuständigkeit besteht auch gegenüber ausgeschiedenen Vorstandsmitgliedern.[3] Auch dann, wenn der Anstellungsvertrag einen Anspruch auf Erstattung der Rechtskosten bei allen von Dritten im Zusammenhang mit der Organstellung eingeleiteten Verfahren vorsehen sollte, empfiehlt es sich, die Übernahme der Rechtskosten in jedem Einzelfall gesondert zu beschließen. Für die Erstattung von Geldstrafen und ähnlichen Sanktionen gilt dies ohnehin, da insoweit eine vorherige Zusage unwirksam wäre.

48

Sind Mitglieder des **Aufsichtsrates** betroffen, entscheidet über deren Aufwendungsersatz im Einzelfall der Vorstand oder die Geschäftsführung bzw. die intern mit der Abwicklung solcher Fragen betraute Stelle (z.B. Generalsekretariat oder Personalabteilung). Soweit es dabei um die Erfüllung des gesetzlichen Anspruchs geht, ist dies unbedenklich. In Zweifelsfällen kann es sich empfehlen, auch eine Stellungnahme des Aufsichtsrates einzuholen.[4] Sollen Aufwendungen freiwillig über den gesetzlichen Rahmen der §§ 675, 670 BGB hinaus übernommen werden, muss entsprechend § 113 AktG, § 52 Abs. 1 GmbHG die Haupt- bzw. Gesellschafterversammlung zustimmen.[5]

49

---

1 *Hüffer*, § 116 AktG Rz. 8 zu Freistellungserklärungen Dritter zu Gunsten von Aufsichtsratsmitgliedern; zu Vorstandsmitgliedern auch *Rützel* in Börsen-Zeitung vom 5.10.2005, S. 2; zurückhaltend *Westermann* in FS Beusch, 1993, S. 871, 873 ff., 882 ff.; *Habersack* in FS Ulmer, 2003, S. 151, 169 ff. und *Fleischer*, WM 2005, 909, 918; generell abl. *Spindler* in MünchKomm. AktG, 3. Aufl., § 84 AktG Rz. 88.
2 Da es sich um keine Frage der Vergütung handelt, gilt das Delegationsverbot gem. § 107 Abs. 3 i.V.m. § 87 AktG nicht.
3 BGH v. 26.6.1995 – II ZR 122/94, BGHZ 130, 108, 111 f. = AG 1965, 464; BGH v. 1.12.2003 – II ZR 161/02, BGHZ 157, 151, 153 f. = AG 2004, 142; *Hüffer*, § 112 AktG Rz. 2 m.w.N.
4 *Hoffmann-Becking* in MünchHdb. AG, § 33 Rz. 15; *Bürgers/Israel* in Bürgers/Körber, § 113 AktG Rz. 14; a.A. *Hopt/Roth* in Großkomm. AktG, § 113 AktG Rz. 26 und *Hüffer*, § 113 AktG Rz. 2b: Aufsichtsrat entscheidet allein; *Semler/Wagner* in Semler/v. Schenck, Arbeitshandbuch für Aufsichtsratsmitglieder, 3. Aufl., § 10 Rz. 93: Entscheidung des Aufsichtsrates in Zweifelsfällen.
5 Vgl. BGH v. 14.12.1987 – II ZR 53/87, WM 1988, 531, 533 f. zum Verein.

50 Bei **Geschäftsführern** einer GmbH entscheidet über den Aufwendungsersatz das für die Durchführung des Anstellungsverhältnisses zuständige Organ. Besteht ein Aufsichtsrat oder Beirat, wird es meist dieser sein, andernfalls ist die Gesellschafterversammlung[1] zuständig.

51 Über den Aufwendungsersatz von **leitenden Mitarbeitern** entscheidet in der Regel die Personalabteilung oder ein besonderes Direktionsbüro für die Führungskräfte. Dabei handelt es sich meist um eine Stelle, die dem Vorstand bzw. der Geschäftsführung unmittelbar unterstellt ist.

52 Bei der Zusage der Kostenübernahme zu Beginn oder während eines Verfahrens handelt es sich um eine **unternehmerische Entscheidung** mit einem weiten Ermessensspielraum. Bei dieser sind neben den rechtlichen Rahmenbedingungen die Grundsätze der in § 93 Abs. 1 Satz 2 AktG normierten business judgment rule zu beachten. Diese Grundsätze gelten für die Mitglieder von Vorstand und Aufsichtsrat (§ 116 Satz 1 AktG). Für die Geschäftsführer einer GmbH sind sie entsprechend anzuwenden.[2]

E. Offenlegung

53 Die von der Gesellschaft zu Gunsten einzelner Organmitglieder übernommenen Anwalts- und Prozesskosten einschließlich etwaiger finanzieller Sanktionen sind Teil der sonstigen betrieblichen Aufwendungen, die im **Anhang** anzugeben sind (§ 275 Abs. 2 Nr. 8, Abs. 3 Nr. 7 HGB).[3] Ein gesonderter Ausweis ist dabei nicht erforderlich. Da es sich um den Ersatz von Aufwendungen und nicht um eine Vergütung im Sinne der §§ 87, 113 AktG[4] handelt, brauchen solche Kosten auch bei einer börsennotierten Gesellschaft nicht individuell aufgeschlüsselt zu werden.[5]

54 In der **Hauptversammlung** einer AG kann zwar nach solchen Kosten gefragt werden. Entsprechende Auskünfte sind für die Beurteilung der Entlastung von Vorstand oder Aufsichtsrat aber regelmäßig nicht erforderlich (§ 131 Abs. 1 Satz 1 AktG). Gegen eine Auskunftspflicht sprechen auch das allgemeine Persönlichkeitsrecht und Datenschutzüberlegungen[6], auch wenn diese Gesichtspunkte bei börsennotierten Gesellschaften in letzter Zeit in den Hintergrund getreten sind.[7]

---

1 Vgl. *Uwe H. Schneider* in Scholz, § 35 GmbHG Rz. 244; *v. Dalwigk* in Widmaier, Münchener Anwalts-Handbuch Strafverteidigung, § 42 Rz. 67.
2 Vgl. BGH v. 4.11.2002 – II ZR 224/00, NJW 2003, 358, 359 = AG 2003, 381; OLG Stuttgart v. 26.5.2003 – 5 U 160/02, GmbHR 2003, 835, 836; *Kleindiek* in Lutter/Hommelhoff, § 43 GmbHG Rz. 16; *Uwe H. Schneider* in Scholz, § 43 GmbHG Rz. 54.
3 *Förschle* in Beck'scher BilanzKomm., 7. Aufl. 2010, § 275 HGB Rz. 131.
4 Vgl. *Hüffer*, § 113 AktG Rz. 2b m.w.N. zum Auslagenersatz von Aufsichtsratsmitgliedern.
5 Vgl. § 285 Satz 1 Nr. 9a Satz 5 HGB mit der Verpflichtung, die Gesamtbezüge der Vorstandsmitglieder börsennotierter Gesellschaften für das letzte Geschäftsjahr individuell aufzuschlüsseln.
6 Vgl. *Krieger* in FS Bezzenberger, 2000, S. 211, 230.
7 Vgl. die Ausweitung der Offenlegungspflichten zu individuellen Abreden durch §§ 285 Nr. 9a, 314 Abs. 1 Nr. 6a HGB i.d.F. des VorstAG.

Erstattung von Kosten und Geldstrafen　　　　　　　　　　　　　　§ 17

Etwas anderes gilt allenfalls dann, wenn konkrete Anhaltspunkte dafür bestehen, dass die Gesellschaft bei der Kostenübernahme ihre Pflichten verletzt hat.[1] Bei umfangreichen Prozessen mit entsprechendem Aufmerksamkeitswert in der Öffentlichkeit kann es angebracht sein, die übernommenen Kosten freiwillig – ohne rechtliche Verpflichtung – zumindest in ihrer Größenordnung mitzuteilen.

Bei der **GmbH** steht den Gesellschaftern ein weiter gehendes Informationsrecht zu (vgl. § 51a GmbHG). Sie können danach auch Auskunft über Zahlungen an einzelne Organmitglieder oder Mitarbeiter verlangen.[2] Ein Auskunftsverweigerung steht der Geschäftsführung nur in den engen Grenzen des § 51a Abs. 2 GmbHG zu.

55

---

[1] *Krieger* in FS Bezzenberger, 2000, S. 211, 230 sowie zur Offenlegung einzelner Vorstandsbezüge LG Berlin v. 17.1.1990 – 98 AktE 10/89, AG 1991, 34, 36.
[2] *Lutter* in Lutter/Hommelhoff, § 51a GmbHG Rz. 9.

3. Teil
Besondere Risikobereiche und Haftungsfolgen

§ 18
Risikobereich und Haftung: Organisation (Geschäftsverteilung und Delegation) und Überwachung

Dr. Eberhard Vetter

	Rz.
Vorbemerkung	1
A. Das gesetzliche Leitbild der Gesamtverantwortung	2
I. Das mehrgliedrige Geschäftsführungsorgan	2
II. Gesamtverantwortung	4
III. Gesamtgeschäftsführung	9
IV. Gesamtvertretung	11
B. Abweichungen vom Prinzip der Gesamtverantwortung	13
I. Formen der Geschäftsverteilung in der Unternehmenspraxis	13
II. Rechtliche Bedeutung der Geschäftsverteilung	17
1. Materielle Auswirkungen	17
2. Materielle Schranken der Geschäftsverteilung	26
III. Formelle Anforderungen der Geschäftsverteilung bei der AG	31
1. Schriftlichkeit	31
2. Geschäftsordnung des Vorstands	32
3. Erlasskompetenz	33
4. Geltungsdauer	38
5. Verhältnis von Geschäftsverteilung und Anstellungsvertrag	39
IV. Formelle Voraussetzungen der Geschäftsverteilung bei der GmbH	41
C. Willensbildung und Vertretung	45
I. Willensbildung	45
II. Vertretung	47
D. Besondere Geschäftsleitungsmitglieder und Geschäftsleitungsgremien	48

	Rz.
I. Vorsitzender	48
II. Sprecher des Vorstands	53
III. Arbeitsdirektor	54
IV. Stellvertretende Geschäftsleitungsmitglieder	55
V. Vertreter eines Vorstandsmitglieds	57
VI. Bereichsvorstand	58
VII. Vorstandsausschuss	59
E. Delegation	60
I. Vorbemerkung	60
II. Unternehmensinterne Delegation	61
1. Allgemeines	61
2. Voraussetzungen der unternehmensinternen Delegation	63
3. Grenzen der Delegation	65
4. Kontrollverantwortung	68
5. Unternehmensbeauftragte	70
III. Unternehmensexterne Delegation	72
1. Allgemeines	72
2. Voraussetzungen der unternehmensexternen Delegation	73
3. Kontrollverantwortung	74
F. Haftung	76
I. Allgemeines	76
II. Haftung bei Gesamtgeschäftsführung	81
III. Haftung bei Geschäftsverteilung	82
IV. Haftung im Fall der Delegation	86
1. Haftung bei interner Delegation	87
2. Haftung bei externer Delegation	88

Schrifttum: *Bedkowski,* Die Geschäftsleiterpflichten, 2006; *Bertschinger,* Arbeitsteilung und aktienrechtliche Verantwortlichkeit, 1999; *T. Bezzenberger,* Der Vorstandsvorsitzende der Aktiengesellschaft, ZGR 1996, 661; *Dose,* Die Rechtsstellung der Vorstandsmitglieder einer Aktiengesellschaft, 3. Aufl. 1975; *Dreher,* Unternehmensbeauftragte und Gesellschaftsrecht, in FS Claussen, 1997, S. 69; *Eisenhardt,* Zum Weisungsrecht der Gesellschafter in der nicht mitbestimmten GmbH, in FS Pfeiffer, 1988, S. 839; *Fleischer,* Zur Leitungsaufgabe des Vorstands im Aktienrecht, ZIP 2003, 1; *Fleischer,* Zum Grundsatz der Gesamtverantwortung im Aktienrecht, NZG 2003, 449; *Fleischer,* Zur Verantwortlichkeit einzelner Vorstandsmitglieder bei Kollegialentscheidungen im Aktienrecht, BB 2004, 2645; *Fleischer,* Buchführungsverantwortung des Vorstands und Haftung der Vorstandsmitglieder für fehlerhafte Buchführung, WM 2006, 2021; *Frels,* Die Geschäftsverteilung im Vorstand der Aktiengesellschaft, ZHR 122 (1959), 8; *Frühauf,* Geschäftsleitung in der Unternehmenspraxis, ZGR 1998, 407; *Götz,* Die Überwachung der Aktiengesellschaft im Lichte jüngerer Unternehmenskrisen, AG 1995, 337; *Haas,* Geschäftsführerhaftung und Gläubigerschutz, 1997; *Habersack,* Gesteigerte Überwachungspflichten des Leiters eines „sachnahen" Vorstandsressorts?, WM 2005, 2360; *Haouache,* Unternehmensbeauftragte und Gesellschaftsrecht der AG und GmbH, 2003; *Heisse,* Die Beschränkung der Geschäftsführerhaftung gegenüber der GmbH, 1988; *Heller,* Unternehmensführung und Unternehmenskontrolle unter besonderer Berücksichtigung der Gesamtverantwortung des Vorstands, 1998; *Henze,* Leitungsverantwortung des Vorstands – Überwachungspflicht des Aufsichtsrats, BB 2000, 209; *Höhn,* Die Geschäftsleitung der GmbH, 1987; *Hoffmann-Becking,* Zur rechtlichen Organisation der Zusammenarbeit im Vorstand der AG, ZGR 1998, 497; *Hoffmann-Becking,* Vorstandsvorsitzender oder CEO, NZG 2003, 745; *Hommelhoff,* Die Konzernleitungspflicht, 1982; *Krieger,* Personalentscheidungen des Aufsichtsrats, 1981; *Martens,* Der Grundsatz der gemeinsamen Vorstandsverantwortung, in FS Fleck, 1988, S. 191; *Martens,* Die Organisation des Konzernvorstands, in FS Heinsius, 1991, S. 523; *Mielke,* Die Leitung der unverbundenen Aktiengesellschaft, 1990; *Peters,* Ressortverteilung zwischen GmbH-Geschäftsführern und ihre Folgen, GmbHR 2008, 682; *Rieger,* Gesetzeswortlaut und Rechtswirklichkeit im Aktienrecht, in FS Peltzer, 2001, S. 339; *M. Roth,* Unternehmerisches Ermessen und Haftung des Vorstands, 2001; *Schiessl,* Gesellschafts- und mitbestimmungsrechtliche Probleme der Spartenorganisation (Divisionalisierung), ZGR 1992, 64; *Uwe H. Schneider,* Die Geschäftsordnung der GmbH-Geschäftsführer, in FS Mühl, 1981, S. 633; *Uwe H. Schneider,* Die Wahrnehmung öffentlich-rechtlicher Pflichten durch Geschäftsführer, in FS 100 Jahre GmbHG, 1992, S. 473; *Uwe H. Schneider,* Gesellschaftsrechtliche und öffentlich-rechtliche Anforderungen an eine ordnungsgemäße Unternehmensorganisation, DB 1993, 1909; *Schönbrod,* Die Organstellung von Vorstand und Aufsichtsrat in der Spartenorganisation, 1987; *Schwark,* Spartenorganisation in Großunternehmen und Unternehmensrecht, ZHR 142 (1978), 203; *Schwark,* Virtuelle Holding und Bereichsvorstände – eine aktien- und konzernrechtliche Betrachtung, in FS Ulmer, 2003, S. 605; *Semler,* Rechtsfragen der divisionalen Organisationsstruktur in der unabhängigen Aktiengesellschaft, in FS Döllerer, 1988, S. 571; *Semler,* Leitung und Überwachung der Aktiengesellschaft, 2. Aufl. 1996; *Sina,* Voraussetzungen und Wirkungen der Delegation von Geschäftsführer-Verantwortung in der GmbH, GmbHR 1990, 65; *Spindler,* Unternehmensorganisationspflichten, 2001; *Stein,* Konzernherrschaft durch EDV, ZGR 1988, 163; *Turiaux/Knigge,* Vorstandshaftung ohne Grenzen? – Rechtssichere Vorstands- und Unternehmensorganisation als Instrument der Risikominimierung, DB 2004, 2199; *Veil,* Unternehmensverträge, 2003; *Wendeling-Schröder,* Divisionalisierung, Mitbestimmung und Tarifvertrag, 1984; *v. Werder,* Organisation der Unternehmensleitung und Haftung des Top-Managements, DB 1987, 2265; *Wolf,* Wider eine Misstrauenspflicht im Kollegialorgan „Vorstand", VersR 2005, 1042; *Ziemons,* Die Haftung der Gesellschafter für Einflussnahmen auf die Geschäftsführung der GmbH, 1996.

1 **Vorbemerkung:** Die Organisation der Unternehmensleitung, die Regelung der Aufgaben- und Verantwortung der Organmitglieder sowie der Prozess der Entscheidungsfindung bilden zentrale Themen der Corporate Governance. Gute

und anerkannte Unternehmenspraxis verlangt klare und praxistaugliche Regelungen unter Beachtung der gesetzlichen Vorgaben. Sie müssen sowohl eine der konkreten individuellen Unternehmenssituation angepasste verantwortliche und effiziente Unternehmensführung ermöglichen, als auch eine eindeutige Lokalisierung der Zuständigkeiten gewährleisten, die eine Beurteilung der ordentlichen und verantwortlichen Aufgabenerfüllung durch die verschiedenen Organmitglieder ermöglicht. Dabei ist an eine Feststellung des II. Senats des BGH aus dem Jahr 1994 zu erinnern, dass „der Mensch unter den Bedingungen des arbeitsteiligen Betriebs zu einem Risikofaktor wird"[1]. Dem hat die Unternehmensorganisation Rechnung zu tragen.

A. Das gesetzliche Leitbild der Gesamtverantwortung

I. Das mehrgliedrige Geschäftsführungsorgan

Bei einer AG mit einem Grundkapital von mehr als 3 Mio. Euro hat der Vorstand nach § 76 Abs. 2 AktG aus mindestens zwei Personen zu bestehen, sofern nicht die Satzung bestimmt, dass er nur aus einer Person besteht.[2] Bei der GmbH ist es nach § 6 Abs. 1 GmbHG der Gesellschafterversammlung überlassen, wie viele Geschäftsführer zu bestellen sind. Nur im Geltungsbereich der **paritätischen Mitbestimmung** sind zwingend in jedem Fall **mindestens zwei Mitglieder in die Geschäftsleitung** zu berufen, von denen eines zum Arbeitsdirektor zu bestimmen ist (§ 33 Abs. 1 MitbestG, § 13 Abs. 1 MontanmitbestG, § 13 MitbestErgG).

Setzen sich der Vorstand der AG oder die Geschäftsführung der GmbH aus mehreren Mitgliedern zusammen, so ist zu klären, welche Regeln das Gesetz für ihre Verantwortung und Zusammenarbeit sowie die innere Organisation vorsieht und in wieweit davon durch individuelle Gestaltungen abgewichen werden kann.

II. Gesamtverantwortung

§ 76 Abs. 1 AktG weist dem Vorstand die Leitung des Unternehmens zu. Damit ist in der Kompetenzordnung der AG nicht nur die Aufgabenabgrenzung des Vorstands gegenüber dem Aufsichtsrat und der Hauptversammlung erfolgt[3], sondern zugleich auch der Charakter der **Unternehmensleitung als Gesamtaufgabe des Vorstands** klargestellt.[4] Auf Grund der Gesamtverantwortung trifft im mehrköpfigen Vorstand jedes Organmitglied die Verantwortung für die Geschäftsleitung

---

1 BGH v. 13.4.1994 – II ZR 16/93, BGHZ 125, 366, 373.
2 Für börsennotierte Gesellschaften empfiehlt Ziff. 4.2.1 Deutscher Corporate Governance Kodex ausdrücklich einen mehrgliedrigen Vorstand.
3 Nach *Hoffmann-Becking*, ZGR 1998, 497, 507; *Hoffmann-Becking*, NZG 2003, 745, 747 ist die Funktion von § 76 Abs. 1 AktG hierauf beschränkt; a.A. *Fleischer* in Fleischer, Handbuch des Vorstandsrechts, § 8 Rz. 6; *Martens* in FS Fleck, 1988, S. 191, 194; *Schwark*, ZHR 142 (1978), 203, 212.
4 *Fleischer*, NZG 2003, 449, 450; *Fleischer* in Fleischer, Handbuch des Vorstandsrechts, § 8 Rz. 6; *Hüffer*, § 76 AktG Rz. 1; *Kort* in Großkomm. AktG, § 76 AktG Rz. 156.

im Ganzen.¹ Dies bedeutet z.B., dass es nicht eigenmächtig gemeinsame Kompetenzen an sich ziehen kann und auch ungeachtet der Festlegung von individuellen Funktionen stets die Geschäftsleitung als Gesamtaufgabe im Blick behalten muss.²

5 Das Prinzip der **Gesamtverantwortung** kommt bei vielen Angelegenheiten der Gesellschaft, etwa bei der Ad-hoc-Publizitätspflicht nach § 15 WpHG, bei der Stellungnahme nach § 27 WpÜG, der Prospektverantwortung[3] aber auch bei den öffentlich-rechtlichen Pflichten zum Tragen, die das von der Gesellschaft betriebene Unternehmen zu beachten hat.[4] Insbesondere gilt die gemeinsame Verantwortung hinsichtlich der steuerlichen Pflichten der Gesellschaft und der Abführung der Arbeitnehmeranteile der Sozialversicherungsbeiträge.[5]

6 Typischer Gegenstand der Gesamtverantwortung ist auch die **Buchführungspflicht** gem. § 91 Abs. 1 AktG i.V.m. §§ 238 ff. HGB und § 150 AktG, die durch die Pflicht zur **Bilanzaufstellung** ergänzt wird.[6] Die Gesamtverantwortung wird nachdrücklich dadurch betont, dass die Unterzeichnung des Jahresabschlusses nach § 245 HGB nach allgemeiner Ansicht durch alle Mitglieder des Vorstands, einschließlich der stellvertretenden Mitglieder, zu erfolgen hat.[7] Der Gesamtverantwortung unterliegt auch der so genannte **Bilanzeid**, den der Vorstand von börsennotierten Gesellschaften nach §§ 264 Abs. 2 Satz 3, 289 Abs. 1 Satz 5, 297 Abs. 2 Satz 4 und 315 Abs. 1 Satz 6 HGB abzugeben hat. Nach dem in Anlehnung an die Regelung in Section 302 Sarbanes Oxley Act vorgesehenen Bilanzeid[8] haben die Mitglieder des Vorstands schriftlich zu versichern, dass nach bestem Wissen der Jahresabschluss ein den tatsächlichen Verhältnissen entsprechendes Bild der Vermögens-, Finanz- und Ertragslage vermittelt und dass im Lagebericht der Geschäftsverlauf einschließlich des Geschäftsergebnisses und die Lage der Gesellschaft so dargestellt werden, dass ein den tatsächlichen Verhältnissen entsprechendes Bild vermittelt wird. Die gleiche Verpflichtung besteht nach § 37w Abs. 2 Nr. 3 WpHG für den Halbjahresfinanzbericht.

---

1 Vgl. OLG Hamburg v. 18.2.2000 – 11 U 213/98, AG 2001, 141, 144; *Hoffmann-Becking*, NZG 2003, 745, 747; *Martens* in FS Fleck, 1988, S. 191, 193; *Mertens/Cahn* in KölnKomm. AktG, § 77 AktG Rz. 22; *Schiessl*, ZGR 1992, 64, 67; *Schwark* in FS Ulmer, 2003, S. 605, 613.
2 Zur daraus resultierenden konkreten Überwachungsaufgabe s. unten Rz. 19.
3 OLG Hamburg v. 18.2.2000 – 11 U 213/98, AG 2001, 141, 144.
4 Vgl. z.B. *Kort* in Großkomm. AktG, § 76 AktG Rz. 156 (zur AG); *Goette*, DStR 1998, 1308, 1309; *Uwe H. Schneider* in FS 100 Jahre GmbHG, 1992, S. 473, 478 (zur GmbH); *Uwe H. Schneider*, DB 1993, 1909.
5 Vgl. z.B. BGH v. 15.10.1996 – VI ZR 319/95, BGHZ 133, 370, 375 = AG 1997, 37; BFH v. 26.4.1984 – V R 128/79, BFHE 141, 443, 447; BFH v. 4.3.1986 – VII S 33/85, GmbHR 1986, 288; *Mertens/Cahn* in KölnKomm. AktG, § 77 AktG Rz. 24.
6 BGH v. 12.1.2009 – II ZR 27/08, GmbHR 2009, 434; OLG Karlsruhe v. 21.11.1986 – 15 U 78/84, AG 1989, 35, 37; *Adler/Düring/Schmaltz*, Rechnungslegung und Prüfung der Unternehmen, 6. Aufl. 1997, § 91 AktG Rz. 7; *Mertens/Cahn* in KölnKomm. AktG, § 91 AktG Rz. 7; *Niemeier*, WPg 2006, 173, 184; *Wiesner* in MünchHdb. AG, § 25 Rz. 59.
7 *Claussen/Korth* in KölnKomm. AktG, § 245 HGB Rz. 3; *Erle*, WPg 1987, 637, 638; *Hüffer*, § 91 AktG Rz. 3; *Nonnenmacher* in Marsch-Barner/Schäfer, Handbuch börsennotierte AG, § 55 Rz. 28; *Spindler* in MünchKomm. AktG, § 91 AktG Rz. 6.
8 Vgl. dazu *Fleischer*, WM 2006, 2021 ff.; *Fleischer*, ZIP 2007, 97 ff.

Die kollektive Verantwortung der Vorstandsmitglieder wird im Übrigen speziell hinsichtlich der Aufstellung und Veröffentlichung des Jahresabschlusses und des Lageberichts sowie der Erklärung zur Unternehmensführung nach § 289a HGB in Art. 50b der 4. Gesellschaftsrechts-Richtlinie, die durch die Richtlinie 2006/46/EG vom 14.6.2006[1] geändert worden ist, ausdrücklich betont. Mit dieser Regelung soll keine jedoch Erfolgshaftung der Vorstandsmitglieder begründet werden[2]. 7

Für die Verantwortung der **Mitglieder der Geschäftsführung der GmbH** gilt im Grundsatz nichts anderes. Auch wenn das GmbHG im Unterschied zum AktG keine ausdrückliche Regelung enthält, haben die Geschäftsführer die Geschäftsleitung als **Gesamtaufgabe mit Gesamtverantwortung** wahrzunehmen.[3] 8

III. Gesamtgeschäftsführung

Im **mehrgliedrigen Vorstand einer AG** ist nach der Grundregel von § 77 Abs. 1 Satz 1 AktG die **Geschäftsführung allen Vorstandsmitgliedern gemeinsam** – einschließlich der stellvertretenden Vorstandsmitglieder – zur Wahrnehmung zugewiesen. Dies bedeutet, dass der Vorstand einen **einstimmigen Beschluss** herbeiführen muss[4] und entweder alle Vorstandsmitglieder zusammen handeln müssen oder ein Vorstandsmitglied mit ausdrücklicher oder konkludenter Zustimmung[5] der anderen Mitglieder tätig wird. Jedem Vorstandsmitglied kommt damit ein Vetorecht zu, wobei bei **Gefahr im Verzug** ausnahmsweise – analog § 115 Abs. 2 HGB, § 744 Abs. 2 BGB – ein Übergehen nicht erreichbarer Vorstandsmitglieder zulässig ist, sofern sie umgehend über die Vorstandsentscheidung informiert werden.[6] Die Zustimmung kann zu einer einzelnen Maßnahme oder auch zu einer Reihe von gleichartigen Maßnahmen erteilt werden.[7] Eine pauschale Einwilligung zu zukünftigen und noch nicht konkret absehbaren Geschäften und Maßnahmen reicht allerdings nicht aus und ist unwirksam.[8] 9

Für die **GmbH mit mehrköpfiger Geschäftsführung** fehlt es an einer ausdrücklichen gesetzlichen Regelung, jedoch sieht § 35 Abs. 2 Satz 2 GmbHG als gesetzliche Grundform für das Außenverhältnis die Gesamtvertretung aller Geschäfts- 10

---

1 Richtlinie 2006/46/EG vom 14.6.2006, ABl. EG Nr. L 224 v. 16.8.2006, S. 1.
2 *Fleischer*, ZIP 2007, 97, 103; *Habersack*, NZG 2004, 1, 6.
3 BGH v. 15.10.1996 – VI ZR 319/95, BGHZ 133, 370, 377 = AG 1997, 37; BGH v. 1.3.1993 – II ZR 81/94, GmbHR 1994, 460, 461; BGH v. 8.11.1989 – 3 StR 249/89, GmbHR 1990, 298, 299; *Koppensteiner* in Rowedder/Schmidt-Leithoff, § 43 GmbHG Rz. 11; *Uwe H. Schneider* in Scholz, § 43 GmbHG Rz. 35.
4 OLG München v. 3.3.1993 – 7 U 3817/92, AG 1993, 285, 286; *Dose*, Rechtsstellung, S. 52; *Frels*, ZHR 122 (1959), 8, 11; *Kort* in Großkomm. AktG, § 77 AktG Rz. 7; *Spindler* in MünchKomm. AktG, § 77 AktG Rz. 11.
5 *Mertens/Cahn* in KölnKomm. AktG, § 77 AktG Rz. 8; *Wiesner* in MünchHdb. AG, § 22 Rz. 3.
6 OLG München v. 16.7.1997 – 7 U 4603/96, AG 1997, 575, 576; OLG München v. 3.3.1993 – 7 U 3817/92, AG 1993, 285, 286; *Hüffer*, § 77 AktG Rz. 6; *Mertens/Cahn* in KölnKomm. AktG, § 77 AktG Rz. 8; *Kort* in Großkomm. AktG, § 77 AktG Rz. 11; *Turiaux/Knigge*, DB 2004, 2199, 2202.
7 *Kort* in Großkomm. AktG, § 77 AktG Rz. 7; *Wiesner* in MünchHdb. AG, § 22 Rz. 3.
8 BGH v. 12.12.1960 – II ZR 255/59, BGHZ 34, 27, 29 (zur GmbH); *Hüffer*, § 77 AktG Rz. 7; *Kort* in Großkomm. AktG, § 77 AktG Rz. 7.

führer vor. § 35 Abs. 2 Satz 2 GmbHG bzw. § 77 Abs. 1 AktG werden von der herrschenden Meinung analog auf das Innenverhältnis angewandt[1], so dass auch in der GmbH das Prinzip der **Gesamtgeschäftsführung** gilt und die Geschäftsführer getroffene Entscheidungen grundsätzlich gemeinsam zu verantworten haben und Maßnahmen nur auf Grund einstimmiger Beschlüsse ausführen dürfen.[2]

IV. Gesamtvertretung

11 Für das **Außenverhältnis** geht das Gesetz sowohl bei der AG wie auch bei der GmbH von einer vergleichbaren Grundregel wie im Innenverhältnis aus. Nach § 78 AktG besteht bei mehreren Vorstandsmitgliedern **Gesamtvertretung**. Entsprechendes gilt nach § 35 Abs. 2 Satz 1 GmbHG für die Geschäftsführer der GmbH. Die Gesamtvertretung muss **nicht zwingend in einer gemeinsamen Erklärung aller Organmitglieder** erfolgen. Es genügen auch übereinstimmende Willenserklärungen oder auch die Erklärung eines Mitglieds mit Zustimmung der anderen.[3]

12 Ausnahmen vom Prinzip der Gesamtvertretung gelten allerdings für den Fall der **Passivvertretung**; hier gilt **Einzelvertretung** und es genügt die Abgabe der Erklärung gegenüber einem Organmitglied (§ 78 Abs. 2 Satz 2 AktG, § 35 Abs. 2 Satz 2 GmbHG).[4] Eine weitere Ausnahme sieht § 15 Abs. 1 Satz 1 InsO für den Antrag auf Eröffnung des Insolvenzverfahrens vor.

B. Abweichungen vom Prinzip der Gesamtverantwortung

I. Formen der Geschäftsverteilung in der Unternehmenspraxis

13 Die Komplexität des Wirtschaftslebens mit diversifizierten Produkten und Märkten sowie die Strukturen der Unternehmen lassen sich in der Praxis kaum noch mit dem gesetzlichen Leitbild der Gesamtgeschäftsführung und Gesamtvertretung vereinbaren.[5] Die Beibehaltung dieser Organisationsform würde bei größeren und komplexeren Unternehmen und Unternehmensgruppen wegen des Um-

---

1 *Altmeppen* in Roth/Altmeppen, § 37 GmbHG Rz. 33; *Koppensteiner* in Rowedder/Schmidt-Leithoff, § 37 GmbHG Rz. 16; *Zöllner/Noack* in Baumbach/Hueck, § 37 GmbHG Rz. 29; a.A. *van Venrooy*, GmbHR 1999, 685, 686.
2 BGH v. 15.10.1996 – VI ZR 319/95, BGHZ 133, 370, 376 = AG 1997, 37; *Koppensteiner* in Rowedder/Schmidt-Leithoff, § 37 GmbHG Rz. 17; *Kleindiek* in Lutter/Hommelhoff, § 37 GmbHG Rz. 28; *Lenz* in Michalski, § 37 GmbHG Rz. 29; a.A. *van Venrooy*, GmbHR 1999, 685, 686.
3 *Hüffer*, § 78 AktG Rz. 12; *Mertens/Cahn* in KölnKomm. AktG, § 78 AktG Rz. 48.
4 Vgl. z.B. *Habersack* in Großkomm. AktG, § 78 AktG Rz. 37; *Koppensteiner* in Rowedder/Schmidt-Leithoff, § 35 GmbHG Rz. 49.
5 S. auch *Fleischer* in Fleischer, Handbuch des Vorstandsrechts, § 8 Rz. 7; *Rieger* in FS Peltzer, 2001, S. 339, 346; *Spindler* in MünchKomm. AktG, § 77 AktG Rz. 12; drastisch bereits *Brodmann*, Aktienrecht, 1928, § 231 HGB Anm. 2a, der die Kollektivgeschäftsführung als „Unding" bezeichnet hat.

fangs der Aufgaben des Managements zu unvertretbaren Effizienzeinbußen führen. Die Unternehmenspraxis nutzt deshalb regelmäßig die Möglichkeiten, die der Satzungs- und Geschäftsordnungsautonomie nach § 77 Abs. 1 Satz 2 AktG eröffnet sind, zur Modifikation der Organisation durch **Arbeitsteilung und Aufspaltung der Verantwortung** auf die einzelnen Organmitglieder. Für die Aufteilung der Verantwortung in der Unternehmensleitung in einzelne Ressorts kommen unterschiedliche Kriterien in Betracht.[1]

Die **funktionale Organisation**, die einer langen Tradition des 20. Jahrhunderts entspricht, orientiert die **Geschäftsverteilung** an den wesentlichen unternehmerischen Funktionen im Rahmen der Wertschöpfungskette und ist damit stark **nach internen Abläufen** ausgerichtet.[2] Bei Industrieunternehmen werden die Ressorts z.B. typischerweise definiert als Beschaffung, Fertigung, Vertrieb, Forschung und Entwicklung, Finanzen, Personal, während die Koordination sämtlicher Ressorts dem Vorstandsvorsitzenden zugewiesen ist. 14

Die **divisionale Organisation** nimmt die **Geschäftsverteilung nach Sparten** vor. Sie orientiert sich nicht an funktionalen Zusammenhängen und Sachzuständigkeiten im Unternehmen, sondern verfolgt einen verstärkt marktorientierten Ansatz, der meist umfassende Kompetenzen und ein hohes Maß an der selbstständigen Führung des Geschäfts als Profitcenter mit eigener Ergebnisverantwortung umfasst und schnellere Reaktionen auf Marktveränderungen ermöglichen soll.[3] Die Sparte, die regelmäßig unter der Leitung eines Vorstandsmitglieds steht, kann dabei sowohl nach Produkten (z.B. Pkw, Lkw, Spezialfahrzeuge), Kundengruppen (z.B. Industrie, Handel, Endverbraucher) oder auch Regionen definiert sein. Nicht selten kommt es auch zu Mischformen mit dem funktionalen Organisationsmodell im Sinne einer **Matrixorganisation**, da bestimmte Zentralfunktionen wie etwa Finanzen, Rechnungswesen, Controlling, Personal, Recht und Steuern übergreifende Zuständigkeiten wahrnehmen.[4] Nach h.M. bestehen gegenüber der Spartenorganisation keine rechtlichen Bedenken, sofern die Anforderungen der Gesamtleitung und Gesamtverantwortung des Vorstands beachtet werden.[5] 15

---

1 Vgl. dazu aus betriebswirtschaftlicher Sicht z.B. v. *Werder*, DB 1987, 2265; *Witt* in Hommelhoff/Hopt/v. Werder, Handbuch Corporate Governance, 2. Aufl. 2009, S. 303, 315.
2 *Fleischer*, NZG 2003, 449, 451; *Heller*, Unternehmensführung, S. 10; *Kort* in Großkomm. AktG, § 76 AktG Rz. 154; *Mielke*, Leitung, S. 13; *Wiedemann*, Gesellschaftsrecht, Bd. 1, 1980, S. 330.
3 *Heller*, Unternehmensführung, S. 11; *Schiessl*, ZGR 1992, 64; *Schönbrod*, Spartenorganisation, S. 154; *Schwark*, ZHR 142 (1978), 203, 212; *Wendeling-Schröder*, Divisionalisierung, S. 9.
4 *Heller*, Unternehmensführung, S. 23; *Kort* in Großkomm. AktG, § 76 AktG Rz. 155; *Schiessl*, ZGR 1992, 64, 65; *Schönbrod*, Spartenorganisation, S. 107; *Semler*, Überwachung, Rz. 26.
5 *Fleischer*, ZIP 2003, 1, 7; *Mertens/Cahn* in KölnKomm. AktG, § 77 AktG Rz. 27; *Schwark*, ZHR 142 (1978), 203, 216; *Wendeling-Schröder*, Divisionalisierung, S. 57; kritisch *Karsten Schmidt*, ZGR 1981, 455, 479; vgl. auch Bericht der Unternehmensrechtskommission, 1980, Rz. 1736.

16 Die Entscheidung über die konkrete Ausgestaltung der eigenen Organisationsstruktur hat der Vorstand im Rahmen seines unternehmerischen Ermessens unter Berücksichtigung der individuellen Situation des Unternehmens wie Größe, Wirtschaftszweig und Wettbewerb sowie der Anforderungen von § 93 Abs. 1 Satz 2 AktG zu treffen.[1]

II. Rechtliche Bedeutung der Geschäftsverteilung

1. Materielle Auswirkungen

17 Mit der Einsetzung von funktional oder divisional ausgerichteten Vorstandsressorts wird in das Verhältnis der Organmitglieder untereinander eingegriffen und sowohl die **Verantwortung des einzelnen Vorstandsmitglieds für das eigene Ressort als auch hinsichtlich der fremden Ressorts** modifiziert. Den Vorstandsmitgliedern wird ein definierter Aufgabenbereich zur verantwortlichen Wahrnehmung zugewiesen. In diesem Bereich tragen sie die **Ressortverantwortung**. Ihnen steht damit insoweit abweichend von § 77 Abs. 1 Satz 1 AktG **Einzelgeschäftsführungsbefugnis** zu, das heißt das einzelne Vorstandsmitglied führt seinen Bereich „wie ein eigenes Unternehmen im Gesamtunternehmen"[2]. Es trägt in seinem Ressort die Verantwortung für das laufende Geschäft sowie für die Leistungsfähigkeit der Organisation und die Entwicklung und Kontrolle des Bereichs einschließlich der Auswahl, Führung und Überwachung der ihm unterstellten Mitarbeiter.[3] Der „Ressortvorstand" kann **in seinem Bereich grundsätzlich selbständig Entscheidungen treffen** und Maßnahmen ohne Abstimmung mit den übrigen Vorstandmitgliedern durchführen.[4] Dieser Gestaltungsspielraum ist von den übrigen Vorstandsmitgliedern zu respektieren, das heißt sie sind von der unmittelbaren Einwirkung in diesem Bereich ausgeschlossen und dürfen insoweit nicht auf eigene Initiative aktiv werden, sondern müssen sich auf eventuelle Interventionen gegenüber dem Gesamtvorstand beschränken.[5] Trotz Ressortprinzip haben die Vorstandsmitglieder mit Blick auf ihre Gesamtverantwortung kollegial zusammenzuarbeiten.[6]

---

1 Vgl. *Fleischer* in Fleischer, Handbuch des Vorstandsrechts, § 7 Rz. 42; *Hommelhoff*, Konzernleitungspflicht, S. 182; *Mertens/Cahn* in KölnKomm. AktG, § 76 AktG Rz. 9.
2 *Fonk* in Semler/v. Schenck, ArbeitsHdb. Aufsichtsratsmitglieder, § 9 Rz. 357; vgl. auch *Semler*, Überwachung, S. 113.
3 *Heller*, Unternehmensführung, S. 43; *Martens* in FS Fleck, 1988, S. 191, 200; *Schiessl*, ZGR 1992, 64, 81.
4 Zu den deliktsrechtlichen und strafrechtlichen Konsequenzen vgl. z.B. *Dreher*, ZGR 1992, 22, 32 ff.; *Spindler* in Fleischer, Handbuch des Vorstandsrechts, § 13 Rz. 80 und § 15 Rz. 82 ff.; *Spindler*, Unternehmensorganisationspflichten, S. 702 ff.
5 BGH v. 13.7.1998 – II ZR 131/97, AG 1998, 519, 520; OLG Koblenz v. 22.11.2007 – 6 U 1170/07, GmbHR 2008, 37, 39 (zur GmbH); *Dose*, Rechtsstellung, S. 56; *Fleischer* in Fleischer, Handbuch des Vorstandsrechts, § 8 Rz. 9; *Heller*, Unternehmensführung, S. 44; *Mielke*, Leitung, S. 54; *Semler* in FS Döllerer, 1988, S. 571, 580; *Spindler* in Münch-Komm. AktG, § 77 AktG Rz. 58; vgl. auch *Resch*, GesRZ 2000, 2, 5.
6 BGH v. 13.7.1998 – II ZR 131/97, AG 1998, 519; *Mertens/Cahn* in KölnKomm. AktG, § 93 AktG Rz. 81; *Raiser/Veil*, Kapitalgesellschaften, § 14 Rz. 83; zu weitgehend aber *Bedkowski*, Geschäftsleiterpflichten, S. 186: „geschlossen hinter jedem Akt der Geschäftsführung".

Ungeachtet der besonderen Zuständigkeit und Verantwortung für das eigene Ressort hat dabei jedes Vorstandsmitglied den gemeinsam festgelegten Handlungsrahmen (Jahresplanung, Richtlinien etc.) sowie die Anforderungen zu beachten, die sich unter anderem aus dem Gesetz, der Satzung und Geschäftsordnung oder aus dem Prinzip der Gesamtverantwortung ergeben (s. dazu unten Rz. 26). Die Einzelgeschäftsführungsbefugnis entfällt im Übrigen auch dort, wo die Entscheidung oder Maßnahme der Ressortleitung ein anderes Ressort berührt. Eine Ausstrahlung auf andere Ressorts ist in der Praxis häufig gegeben, da sich die Vorgänge nur schwer auf ein Ressort begrenzen lassen. In diesem Fall bedarf es der Abstimmung mit dem betroffenen anderen Ressortvorstand. In vielen Gesellschaften wird darüber hinaus auch ausdrücklich bestimmt, dass bei Geschäften oder Vorgängen, auch wenn sie nur das Einzelressort betreffen, wegen ihrer finanziellen Größenordnung, des damit verbundenen Risikos oder ihrer sonstigen Bedeutung für das Unternehmen gleichwohl die **vorherige Entscheidung des Gesamtvorstands** eingeholt werden muss (zu Fragen der Haftung s. unten Rz. 84). 18

Die Einrichtung von speziellen Vorstandsressorts führt zu einer **gespaltenen Pflichtenstellung** der Vorstandsmitglieder, nämlich in eine unmittelbar verwaltende und eine beaufsichtigende Tätigkeit.[1] Hinsichtlich des **eigenen Ressorts** hat jedes Vorstandsmitglied **Informationspflichten gegenüber dem Gesamtvorstand** zu beachten und regelmäßig von sich aus in den Vorstandssitzungen und an das unternehmensinterne Berichtssystem oder das Controlling zu berichten, insbesondere soweit es sich um wesentliche Vorgänge handelt, sowie auf Nachfrage aus dem Vorstand auch darüber hinaus.[2] Dazu zählt auch die Information über die im eigenen Zuständigkeitsbereich bereits eingetretenen oder zu erwartenden Planabweichungen sowie eventueller Korrekturmaßnahmen. Was die **fremden Ressorts** anbetrifft, so sind die Vorstandsmitglieder von der laufenden Geschäftsführung ausgeschlossen. Sie haben aber neben der eigenen Ressortverantwortung auch **Überwachungspflichten hinsichtlich der fremden Ressorts**, nämlich die Aufgabenerledigung durch die anderen Vorstandsmitglieder und den Gang der Geschäfte sorgfältig, kontinuierlich und angemessen[3] auf Recht- und Ordnungsmäßigkeit sowie Zweckmäßigkeit hin zu beobachten.[4] Diese Überwachungspflicht besteht in gleicher Weise sowohl in der funktionalen als auch in der divisionalen Organisationsstruktur.[5] 19

---

1 *Fleischer*, NZG 2003, 449, 452; *Heller*, Unternehmensführung, S. 42; *Spindler* in Münch-Komm. AktG, § 77 AktG Rz. 59.
2 *Heller*, Unternehmensführung, S. 40; *Martens* in FS Fleck, 1988, S. 191, 197; *Mielke*, Leitung, S. 74; *Turiaux/Knigge*, DB 2004, 2199, 2203; *Wiesner* in MünchHdb. AG, § 22 Rz. 15; speziell zur Verantwortung im Rechnungswesen vgl. *Fleischer*, WM 2006, 2021, 2024.
3 BGH v. 20.2.1995 – II ZR 9/94, GmbHR 1995, 299, 300; BGH v. 26.6.1995 – II ZR 109/94, GmbHR 1995, 653, 654; *Kleindiek* in Lutter/Hommelhoff, § 43 GmbHG Rz. 21.
4 OLG Köln v. 31.8.2000 – 18 U 42/00, AG 2001, 363, 364; *Dose*, Rechtsstellung, S. 57; *Hoffmann-Becking*, ZGR 1998, 497, 512; *Fleischer* in Fleischer, Handbuch des Vorstandsrechts, § 8 Rz. 10; *Götz*, AG 1995, 337, 339; *Habersack*, WM 2005, 2360, 2362; *Richter* in Semler/Peltzer, ArbeitsHdb. Vorstandsmitglieder, § 4 Rz. 91; *Schiessl*, ZGR 1992, 64, 68; vgl. auch OLG Hamm v. 24.4.1991 – 8 U 188/90, GmbHR 1992, 375, 377 (zur GmbH).
5 *Schwark*, ZHR 142 (1978), 203, 216; *Semler* in FS Döllerer, 1988, S. 571, 581.

20 Die wechselseitige Überwachungspflicht beruht auf der Gesamtverantwortung des Vorstands. Treffend sind die Vorstandsmitglieder als die **primär zuständigen Kontrolleure der Vorstandsarbeit** bezeichnet worden.[1] Die Aufgabe entfällt nicht dadurch, dass im Unternehmen z.B. eine gesonderte Controlling-Einheit oder im Vorstand ein spezielles Controlling-Ressort besteht.[2] Allerdings sind eigene Anstrengungen oder gar aktive Nachforschungen zur Überprüfung der Amtsführung der Vorstandskollegen nicht erforderlich.[3] Dies gilt insbesondere dann, wenn die Entwicklung des Unternehmens plangemäß verläuft und Gewinne erwirtschaftet werden. Nach verbreiteter Ansicht lassen sich allgemeine Grundsätze, wie die Überwachung der fremden Ressorts konkret erfolgen soll, nicht finden.[4] Abzustellen ist vielmehr auf die **Umstände des Einzelfalls**[5], nämlich insbesondere die Größe und den Diversifizierungsgrad des Unternehmens, die Spezialisierung und individuelle Erfahrung des zu überwachenden Vorstandsmitglieds, die Lage des Unternehmens und die Sicherheit der Planerfüllung aber auch die Art und die Höhe der betroffenen Risiken, für die das einzelne Vorstandsmitglied Verantwortung trägt.[6] Im Allgemeinen muss jedoch berücksichtigt werden, dass sich die Geschäftsverteilung im Vorstand auf das **gegenseitige Vertrauen** in die verantwortliche und qualifizierte Wahrnehmung der jeweiligen Ressortzuständigkeit stützt, so dass die Vorstandsmitglieder sich grundsätzlich darauf verlassen können müssen, dass jedes Vorstandsmitglied seine Kollegen offen und gewissenhaft über die Entwicklung und wesentlichen Vorkommnisse seines Bereichs insbesondere dann unterrichtet, wenn es um Abweichungen gegenüber den Erwartungen oder früheren Berichten im Vorstand geht.[7] Allerdings darf sich ein Vorstandsmitglied nicht allein auf die (mehr oder weniger aufmerksame) Kenntnisnahme in der Vorstandssitzung beschränken, sondern hat die Informationen über die Nachbarressorts z.B. daraufhin auszuwerten, ob Informationslücken oder

---

1 *Martens* in FS Fleck, 1988, S. 191, 201; zustimmend *Fleischer*, NZG 2003, 449, 459; *Hoffmann-Becking*, ZGR 1998, 497, 513; *Mertens/Cahn* in KölnKomm. AktG, § 77 AktG Rz. 25; *Semler* in Semler/Peltzer, ArbeitsHdb. Vorstandsmitglieder, § 1 Rz. 334; vgl. auch LG Berlin v. 3.7.2002 – 2 O 358/01, AG 2002, 682, 684 – Hypothekenbank.
2 *Heller*, Unternehmensführung, S. 43; *Hoffmann-Becking*, NZG 2003, 745, 747; *Kort* in Großkomm. AktG, § 77 AktG Rz. 35; weitergehend *Martens* in FS Fleck, 1988, S. 191, 200; s. auch *Götz*, AG 1995, 337, 338.
3 *Hopt* in Großkomm. AktG, § 93 AktG Rz. 62; *Mielke*, Leitung, S. 75; *Uwe H. Schneider*, DB 1993, 1909, 1912; *Spindler* in MünchKomm. AktG, § 93 AktG Rz. 143; vgl. auch OLG Hamm v. 24.4.1991 – 8 U 188/90, GmbHR 1992, 375, 377 (zur GmbH).
4 *Hoffmann-Becking*, ZGR 1998, 497, 513; *Hopt* in Großkomm. AktG, § 93 AktG Rz. 62; *Spindler* in MünchKomm. AktG, § 77 AktG Rz. 136.
5 *Fleischer*, NZG 2003, 449, 453 „Maß und Gradfrage".
6 OLG Köln v. 31.8.2000 – 18 U 42/00, AG 2001, 363, 364; s. im Einzelnen *Fleischer* in Fleischer, Handbuch des Vorstandsrechts, § 8 Rz. 22; *Heller*, Unternehmensführung, S. 45; vgl. auch *Bertschinger*, Arbeitsteilung und aktienrechtliche Verantwortlichkeit, 1999, S. 99; vgl. auch *Haas*, Geschäftsführerhaftung, S. 287; *Wolf*, VersR 2005, 1042, 1043.
7 BGH v. 15.10.1996 – VI ZR 319/95, BGHZ 133, 370, 377 = AG 1997, 37; *Mertens/Cahn* in KölnKomm. AktG, § 77 AktG Rz. 50; *Habersack*, WM 2005, 2360, 2362; *Hopt* in Großkomm. AktG, § 93 AktG Rz. 62; *M. Roth*, Unternehmerisches Ermessen, S. 117; *Spindler* in MünchKomm. AktG, § 93 AktG Rz. 137; strenger *Mertens/Cahn* in KölnKomm. AktG, § 93 AktG Rz. 92.

Plausibilitätsdefizite bestehen.[1] „Blindes Vertrauen" auf die ordnungsgemäße Tätigkeit eines Vorstandskollegen kann nicht das Unterlassen der gegenseitigen Überwachung rechtfertigen und ist pflichtwidrig.[2]

In besonderen Situationen bestehen gesteigerte Überwachungspflichten. Ergeben sich **konkrete Anhaltspunkte oder Verdachtsmomente** (Hinweise von Vorstandskollegen, gegebenenfalls auch substantiierte Hinweise aus dem Unternehmen oder von Dritten), für eine sorgfaltswidrige oder gar rechtswidrige Geschäftsführung, ist jedes Vorstandsmitglied ungeachtet der bestehenden Ressortverteilung nicht nur **zum Einschreiten berechtigt**, sondern sogar **verpflichtet aktiv zu** werden.[3]

Auch in **finanziellen Krisenzeiten** wird von den Organmitgliedern nach der Rechtsprechung eine strengere Wahrnehmung der Überwachungspflicht erwartet.[4] Treten in einem Geschäftsbereich etwa besondere Probleme oder gar Missstände auf, werden die vereinbarten Planziele ohne plausible Erklärung signifikant verfehlt, lassen sich Informationen aus einem Geschäftsbereich nicht mit den Entwicklungen aus anderen Geschäftsbereichen vereinbaren, sind die übrigen Vorstandsmitglieder **zur erhöhten Wachsamkeit aufgerufen** und verpflichtet, sich von der Effizienz und Ordnungsmäßigkeit der Aufgabenerledigung in dem verantwortlichen Ressort zu vergewissern.[5] Dies gilt erst recht, wenn die Informationen aus einem anderen Geschäftsbereich den Erkenntnissen aus dem eigenen Ressort widersprechen. Die Rechtsprechung stellt speziell im Hinblick auf die Verpflichtung zur Abführung der Arbeitnehmerbeiträge zur Sozialversicherung hohe Anforderungen an die Überwachungspflicht und verlangt im Einzelfall

---

1 *Heller*, Unternehmensführung, S. 45; *Seibt* in K. Schmidt/Lutter, § 77 AktG Rz. 18; *Spindler* in MünchKomm. AktG, § 93 AktG Rz. 142; *Wolf*, VersR 2005, 1042, 1043; zurückhaltender *Hopt* in Großkomm. AktG, § 93 AktG Rz. 62; weitergehend VG Frankfurt v. 8.7.2004 – 1 E 7363/03, AG 2005, 264; kritisch dazu z.B. *Habersack*, WM 2005, 2360; *Hüffer*, § 93 AktG Rz. 13a; *Wolf*, VersR 2005, 1042.
2 BGH v. 8.12.1977 – II ZR 219/75, AG 1978, 162, 165; *Bedkowski*, Geschäftsleiterpflichten, S. 186; *Mertens/Cahn* in KölnKomm. AktG, § 93 AktG Rz. 93.
3 BGH v. 15.10.1996 – VI ZR 319/95, BGHZ 133, 370, 378 = AG 1997, 37 (zur GmbH); BGH v. 20.3.1986 – II ZR 114/85, GmbHR 1986, 302, 303; BGH v. 8.7.1985 – II ZR 198/84, GmbHR 1985, 19, 20 (zur GmbH); OLG Frankfurt v. 23.1.2004 – 24 U 135/03, GmbHR 2004, 1016; OLG Hamburg v. 18.2.2000 – 11 U 213/98, AG 2001, 141, 144; OLG Köln v. 31.8.2000 – 18 U 42/00, AG 2001, 363, 364; OLG Bremen v. 18.5.1999 – 3 U 2/98, ZIP 1999, 1671, 1676; *Buchta*, DStR 2003, 694, 698; *Fleischer* in Fleischer, Handbuch des Vorstandsrechts, § 8 Rz. 19; *Götz*, AG 1995, 337, 339; *Heller*, Unternehmensführung, S. 45; *Hopt* in Großkomm. AktG, § 93 AktG Rz. 74; *Kort* in Großkomm. AktG, § 77 AktG Rz. 38; *Mertens/Cahn* in KölnKomm. AktG, § 77 AktG Rz. 28; *Turiaux/Knigge*, DB 2004, 2199, 2203; die Rechtsprechung zu § 130 Abs. 1 OWiG kann im Übrigen als Orientierung dienen.
4 BGH v. 15.10.1996 – VI ZR 319/95, BGHZ 133, 370, 379 = AG 1997, 37 (zur GmbH); kritisch dazu z.B. *Uwe H. Schneider*, EWiR 1997, 37, 38; BGH v. 9.1.2001 – VI ZR 407/99, GmbHR 2001, 236, 237; OLG Düsseldorf v. 27.10.1995 – 22 U 53/95, GmbHR 1996, 368; *Kleindiek* in Lutter/Hommelhoff, § 37 GmbHG Rz. 32 und § 64 GmbHG Rz. 15; *Spindler* in MünchKomm. AktG, § 77 AktG Rz. 135.
5 Entgegen *Götz*, AG 1995, 337, 338, sind hinsichtlich der Zuverlässigkeit der Internen Revision und des Controlling allerdings im Vergleich zu den anderen Ressorts keine besonderen Überwachungspflichten der übrigen Vorstandsmitglieder anzuerkennen.

§ 18 Besondere Risikobereiche und Haftungsfolgen

ungeachtet des Risikos negativer Rückwirkungen auf das Unternehmen sogar **Nachforschungen bei Dritten**.[1] In weit verzweigten Großunternehmen mit zahllosen Unternehmenszweigen und Sparten, die mit relativ großer Eigenständigkeit agieren, und der großen Zahl komplexer Vorgänge in den einzelnen Ressorts, die für die anderen Ressorts wegen der dabei erforderlichen Spezialkenntnisse oftmals kaum im Detail zu beurteilen sind, wird man freilich die Anforderungen an ein einzelnes Vorstandsmitglied auch nicht überspannen dürfen.

23 Die **Auswahl der konkreten Überwachungsmaßnahme** steht im Ermessen des Organmitglieds.[2] Im Allgemeinen muss es ausreichen, wenn sich das Vorstandsmitglied mit den Informationen aus und über die Nachbarressorts sorgfältig auseinandersetzt und in seinem eigenen Ressort durch die fachliche Qualifikation der Mitarbeiter, die sachgerechte Führung und Organisation der Stäbe und Abteilungen sowie eine effiziente Informationsstruktur dafür sorgt, dass Fälle von Fehlentwicklungen in anderen Ressorts frühzeitig bemerkt werden und ihm direkt gemeldet werden können.[3] Ein gesteigertes generelles Misstrauen gegenüber anderen Vorstandskollegen ist weder angemessen noch wird es erwartet.[4]

24 Unter Berücksichtigung des Grundsatzes der vertrauensvollen Zusammenarbeit ist der **Interventionspflicht** eines Vorstandsmitglieds im Allgemeinen durch das unverzügliche direkte Gespräch mit dem Kollegen oder mit der Information des Vorstandsvorsitzenden Genüge getan, damit die Angelegenheit umgehend mit dem betreffenden Vorstandsmitglied erörtert werden kann.[5] Findet eine befriedigende Klärung allerdings nicht statt, so ist das Vorstandsmitglied verpflichtet, den Handlungen des anderen Vorstandsmitglieds zu widersprechen und die Angelegenheit dem Gesamtvorstand zur Entscheidung vorzulegen, so dass eine für alle Organmitglieder verbindliche Kollegialentscheidung herbeigeführt werden kann. Vgl. zur Sorgfaltspflicht und Haftung generell oben *Krieger*, § 3 Rz. 19 ff. Die Satzung oder die Geschäftsordnung kann dem einzelnen Vorstandsmitglied darüber hinaus ein Widerspruchsrecht einräumen und dessen Voraussetzungen und Rechtsfolgen näher regeln. Oftmals wird in Geschäftsordnungen vorgesehen, dass eine Maßnahme zu unterbleiben hat, bis der Gesamtvorstand entschieden hat.[6] Im Ausnah-

---

1 BGH v. 9.1.2001 – VI ZR 407/99, GmbHR 2001, 236, 237, es handelte sich allerdings um eine GmbH mit nur zwei Geschäftsführern; s. auch *Peters*, GmbHR 2008, 682, 685.
2 *Jaeger/Trölitzsch*, ZIP 1995, 1157, 1159; *M. Roth*, Unternehmerisches Ermessen, S. 116; vgl. auch *Fleischer* in Fleischer, Handbuch des Vorstandsrechts, § 7 Rz. 55.
3 Vgl. auch *Fonk* in Semler/v. Schenck, ArbeitsHdb. Aufsichtsratsmitglieder, § 9 Rz. 360; *Hüffer*, § 77 AktG Rz. 15; *Martens* in FS Fleck, 1988, S. 191, 195; *Uwe H. Schneider*, DB 1993, 1909, 1912; *Semler* in Lutter, Holding-Handbuch, 4. Aufl. 2004, § 5 Rz. 3; vgl. auch *Semler* in FS Lutter, 2000, S. 721, 731; *Kleindiek* in Lutter/Hommelhoff, § 43 GmbHG Rz. 22; die Einführung von „Spiegelreferaten" in den einzelnen Ressorts etwa nach dem Vorbild des Bundeskanzleramtes wäre zweifelsfrei überzogen.
4 *Wolf*, VersR 2005, 1042, 1044; s. auch *Haas* in Michalski, § 37 GmbHG Rz. 161; *Spindler* in MünchKomm. AktG, § 93 AktG Rz. 136.
5 Ebenso *Richter* in Semler/Peltzer, ArbeitsHdb. Vorstandsmitglieder, § 4 Rz. 94; für direkte Einschaltung des Vorstandsplenums hingegen *Kort* in Großkomm. AktG, § 77 AktG Rz. 38; *Mertens/Cahn* in KölnKomm. AktG, § 77 AktG Rz. 28; *Kleindiek* in Lutter/Hommelhoff, § 37 GmbHG Rz. 30.
6 *Kort* in Großkomm. AktG, § 77 AktG Rz. 24; *Mertens/Cahn* in KölnKomm. AktG, § 77 AktG Rz. 29; *Spindler* in MünchKomm. AktG, § 93 AktG Rz. 142.

mefall hat das Vorstandsmitglied die Abberufung des pflichtwidrig handelnden Vorstandskollegen durch den Aufsichtsrat anzuregen.[1]

Die Ressortbildung hat bei der **mehrgliedrigen Geschäftsführung der GmbH** grundsätzlich die gleichen Wirkungen. Insbesondere bei Großunternehmen in der Rechtsform der GmbH ist die Organisation der Geschäftsleitung oftmals der AG angeglichen. Auch hier besteht eine **gespaltene Pflichtenstellung des einzelnen Geschäftsführers**, die hinsichtlich des fremden Ressorts nur eine Überwachungs- und gegebenenfalls eine Interventionspflicht begründet.[2] Nach überwiegender Ansicht kann in der mitbestimmungsfreien GmbH nach § 37 Abs. 1 GmbHG kraft des Weisungsrechts der Gesellschafterversammlung durch Beschluss einem Teil der Mitglieder der Geschäftsführung aufgegeben werden, sich jeder aktiven Tätigkeit für die Gesellschaft zu enthalten.[3] Im Unterschied zur AG gilt in der GmbH nicht der Grundsatz der gleichberechtigten Rechtsstellung der Geschäftsführer[4], so dass so genannte **Zölibatsklauseln** zulässig sind. Sie beseitigen jedoch nur die Geschäftsführungsbefugnis für das laufende Geschäft. Die Rechte und Pflichten im Rahmen der gegenseitigen Überwachung, die generell bei krisenhafter Entwicklung der Gesellschaft ohnehin von allen Geschäftsführern besonders intensiv auszuüben sind[5], wie auch die gesetzlichen Pflichten der Geschäftsführer (z.B. §§ 30 Abs. 1, 49 Abs. 3, 64 GmbHG, § 15a InsO), bleiben davon allerdings unberührt.[6]

25

2. Materielle Schranken der Geschäftsverteilung

Eine generelle Beschränkung der Ressortbildung und Einzelgeschäftsführungsbefugnis ergibt sich in der AG zunächst für die Aufgaben, bei denen das Gesetz den **Vorstand als solchen als Adressat** meint, insbesondere: §§ 83, 90, 91 Abs. 1,

26

---

1 Vgl. *Fleischer*, BB 2004, 2645, 2649; *Mertens/Cahn* in KölnKomm. AktG, § 77 AktG Rz. 49.
2 Vgl. BGH v. 1.3.1993 – II ZR 81/94, GmbHR 1994, 460, 462; OLG Schleswig-Holstein v. 7.12.2001 – 14 U 122/01, GmbHR 2002, 216, 218; OLG Karlsruhe v. 4.5.1999 – 8 U 153/97, NZG 2000, 264, 266; OLG Koblenz v. 22.11.2007 – 6 U 1170/07, GmbHR 2008, 37, 39; OLG Koblenz v. 9.6.1998 – 3 U 1662/89, NZG 1998, 953, 954; RG v. 3.2.1920 – II 272/19, RGZ 98, 98, 100; *Altmeppen* in Roth/Altmeppen, § 37 GmbHG Rz. 34; *Haas*, Geschäftsführerhaftung, S. 286; *Kleindiek* in Lutter/Hommelhoff, § 43 GmbHG Rz. 21; *Rohde*, JuS 1995, 965, 966; *Uwe H. Schneider* in Scholz, § 43 GmbHG Rz. 39; *Zöllner/Noack* in Baumbach/Hueck, § 35 GmbHG Rz. 33.
3 OLG Hamm v. 8.7.1985 – 8 U 295/83, ZIP 1986, 1188, 1193; *Heisse*, Geschäftsführerhaftung, S. 83; *Koppensteiner* in Rowedder/Schmidt-Leithoff, § 37 GmbHG Rz. 22; a.A. *Wiedemann*, Gesellschaftsrecht, Bd. 1, 1980, S. 336; *Zöllner*, ZGR 1977, 319, 325; *Zöllner/Noack* in Baumbach/Hueck, § 35 GmbHG Rz. 34, § 37 GmbHG Rz. 17.
4 *Koppensteiner* in Rowedder/Schmidt-Leithoff, § 37 GmbHG Rz. 22; *Zöllner/Noack* in Baumbach/Hueck, § 37 GmbHG Rz. 33.
5 BGH v. 1.3.1993 – II ZR 81/94, GmbHR 1994, 460, 461; *Kleindiek* in Lutter/Hommelhoff, § 64 GmbHG Rz. 15; *Karsten Schmidt* in Scholz, Anh. § 64 GmbHG Rz. 78.
6 *Haas*, Geschäftsführerhaftung, S. 281; *Heisse*, Geschäftsführerhaftung, S. 84; *Hommelhoff*, ZGR 1978, 119, 129; *Lutter*, ZIP 1986, 1195, 1196; *Kleindiek* in Lutter/Hommelhoff, § 37 GmbHG Rz. 39; *Peters*, GmbHR 2008, 682, 684; s. z.B. auch BGH v. 20.2.1995 – II ZR 9/94, GmbHR 1995, 299, 300; differenzierend *Ulmer* in FS Schwark, 2009, S. 271, 281.

Abs. 2¹, 92, §§ 110 Abs. 1, 118 Abs. 2, 121 Abs. 2, 124 Abs. 3 Satz 1, 126 Abs. 1, 131, 161², 170, 186 Abs. 4 Satz 2 und § 245 Nr. 4 AktG.

27 Für **börsennotierte Aktiengesellschaften** wird die kollektive Verantwortung der Vorstandsmitglieder hinsichtlich der **Aufstellung und Veröffentlichung des Jahresabschlusses und für die Erklärung zur Corporate Governance im Lagebericht**, die durch die Richtlinie 2006/46/EG vom 14.6.2006³ eingeführt worden ist, ausdrücklich betont (s. oben Rz. 6). Damit wird jedoch die Möglichkeit der Geschäftsverteilung und internen Delegation insbesondere zur Entscheidungsvorbereitung des Gesamtvorstands nicht eingeschränkt, soweit dabei die Gesamtverantwortung aller Vorstandsmitglieder gewahrt bleibt.

28 Weitere Aufgaben, die in der Verantwortung des Gesamtvorstandes liegen und die nicht von einzelnen Mitgliedern wahrgenommen werden können, bestehen bei solchen Maßnahmen, die unmittelbar das **Verhältnis zu Aufsichtsrat und Hauptversammlung** als den beiden anderen Organen der Gesellschaft betreffen.⁴

29 Dem Gesamtvorstand obliegen nach verbreiteter wenn auch nicht einhelliger Ansicht, zentrale Aufgaben, nämlich die **generelle Leitungsverantwortung**⁵, bzw. die Wahrnehmung der **originären Führungsfunktionen**⁶, wie die Unternehmensplanung, Unternehmenskoordination, Unternehmenskontrolle und Führungspostenbesetzung, die **nicht zur Disposition** stehen und auch nicht eingeschränkt werden können.⁷ Hierzu zählt schließlich auch die Verantwortung für die Prüfung und gegebenenfalls Einrichtung einer angemessenen **Corporate Compliance-Organisation** als Präventionsmaßnahme.⁸ Weitere spezielle gesetzliche Pflicht-

---

1 Vgl. zur gemeinsamen Verantwortung für das Risikofrüherkennungssystem z.B. LG Berlin v. 3.7.2002 – 2 O 358/01, AG 2002, 682, 684 – Hypothekenbank; *Arnold* in Marsch-Barner/Schäfer, Handbuch börsennotierte AG, § 18 Rz. 16; *Buchta*, DStR 2003, 694, 698; *Preußner/Zimmermann*, AG 2002, 657, 661; *Wiesner* in MünchHdb. AG, § 25 Rz. 5.
2 Vgl. zur gemeinsamen Verantwortung für die Entsprechenserklärung z.B. *Marsch-Barner* in Marsch-Barner/Schäfer, Handbuch börsennotierte AG, § 2 Rz. 66; *Radke*, Die Entsprechenserklärung zum Deutschen Corporate Governance Kodex nach § 161 AktG, 2004, S. 79; *E. Vetter*, DNotZ 2003, 748, 755; s. auch BGH v. 16.2.2009 – II ZR 185/07, AG 2009, 285, 289; dazu *E. Vetter*, NZG 2009, 561.
3 Richtlinie 2006/46/EG vom 14.6.2006, ABl. EG Nr. L 224 v. 16.8.2006, S. 1.
4 *Hoffmann-Becking*, ZGR 1998, 497, 508; *Hüffer*, § 76 AktG Rz. 8; *Kort* in Großkomm. AktG, § 77 AktG Rz. 34; *Semler*, Überwachung, Rz. 23; s. z.B. BGH v. 13.7.1998 – II ZR 131/97, AG 1998, 519.
5 *Fleischer*, ZIP 2003, 1, 5; *Spindler* in MünchKomm. AktG, § 77 AktG Rz. 63; *Turiaux/Knigge*, DB 2004, 2199, 2201.
6 *Bedkowski*, Geschäftsleiterpflichten, S. 184; *Henze*, BB 2003, 209, 210; *Hüffer*, § 77 AktG Rz. 18; *Kort* in Großkomm. AktG, § 77 AktG Rz. 31; *Raiser/Veil*, Kapitalgesellschaften, § 14 Rz. 27; *Semler* in FS Döllerer, 1988, S. 571, 577; *Semler*, Überwachung, Rz. 11.
7 *Hüffer*, § 77 AktG Rz. 18; *Kort* in Großkomm. AktG, § 77 AktG Rz. 31; *Mertens/Cahn* in KölnKomm. AktG, § 77 AktG Rz. 23; *Spindler* in MünchKomm. AktG, § 77 AktG Rz. 63; *Wiesner* in MünchHdb. AG, § 19 Rz. 12.
8 Vgl. dazu unten *Kremer/Klahold*, § 21 (S. 613 ff.) sowie *Fleischer*, BB 2008, 1070, 1072; *Fleischer* in Fleischer, Handbuch des Vorstandsrechts, § 8 Rz. 43; *Hauschka*, NJW 20004, 257, 259; *Rodewald/Unger*, BB 2006, 113; *Uwe H. Schneider*, ZIP 2003, 645, 647; *Spindler* in MünchKomm. AktG, § 76 AktG Rz. 17.

aufgaben ergeben sich z.B. aus § 34 AO, §§ 15 und 15a WpHG, §§ 16 Abs. 3, 27 Abs. 1 WpÜG, § 10 WpPG. Soweit es bei den genannten Aufgaben lediglich um vorbereitende Arbeiten einschließlich Beschlussvorlagen geht, steht einer Übertragung auf ein einzelnes Organmitglied oder auch nachgeordneten Unternehmensebenen nichts entgegen.[1] Es muss allerdings sichergestellt sein, dass das Kollegialorgan auf Grund der Vorbereitung und Information durch den Ressortverantwortlichen die endgültige Entscheidung in eigener Verantwortung trifft. Dazu reicht es z.B. nicht aus, dass die Entscheidung von einem Teil der Organmitgliedern getroffen wird und die übrigen davon nur unterrichtet werden.

Für die **Geschäftsführer einer GmbH** bestehen wegen ihrer Gesamtverantwortung im Grundsatz für die Geschäftsverteilung hinsichtlich der gesetzlich bestimmten Aufgaben die gleichen Einschränkungen, sofern für bestimmte Aufgaben spezielle Ressorts eingerichtet werden sollen.[2] Diese Schranke gilt insbesondere auch gegenüber dem Weisungsrecht der Gesellschafter.[3]

30

III. Formelle Anforderungen der Geschäftsverteilung bei der AG

1. Schriftlichkeit

Die Geschäftsverteilung greift tief in die Gesamtgeschäftsführung und Verantwortung der Organmitglieder ein. Deshalb muss ihre rechtliche Anerkennung an bestimmte Voraussetzungen geknüpft werden. Für die AG ist nach einhelliger Ansicht eine **schriftliche Niederlegung der Geschäftsverteilung** notwendig.[4] Die gilt auch für sämtliche in der Praxis häufig notwendig werdende Änderungen. Aber auch für die Geschäftsführung der GmbH ist zwingend eine schriftliche Festlegung der einzelnen Ressorts geboten, damit für sämtliche Beteiligte eine verlässliche Grundlage besteht, wer für welchen Bereich sowie für welche speziellen Aufgaben zuständig ist, so dass im Ernstfall das wechselseitige Zuschieben der Verantwortung zwischen den Organmitgliedern ausgeschlossen ist.[5] Mündliche Absprachen zwischen den Geschäftsführern oder eine andauernde Praxis der Geschäftsverteilung reichen deshalb keinesfalls aus. Eine Entlastung wird hierdurch für das einzelne Vorstandsmitglied nicht bewirkt.

31

---

1 *Fleischer* in Spindler/Stilz, § 76 AktG Rz. 20; *Hoffmann-Becking*, ZGR 1998, 497, 508; *Hüffer*, § 77 AktG Rz. 17; *Spindler* in MünchKomm. AktG, § 77 AktG Rz. 64.
2 *Kleindiek* in Lutter/Hommelhoff, § 37 GmbHG Rz. 31; *Uwe H. Schneider* in Scholz, § 43 GmbHG Rz. 39 und 43; *Zöllner/Noack* in Baumbach/Hueck, § 35 GmbHG Rz. 33, § 37 GmbHG Rz. 27; s. auch OLG Düsseldorf v. 15.11.1984 – 8 U 22/84, ZIP 1984, 1476, 1478; *Eisenhardt* in FS Pfeiffer, 1988, S. 839, 844; *Ziemons*, Haftung der Gesellschafter, S. 21.
3 *Eisenhardt* in FS Pfeiffer, 1988, S. 839, 846; *Ziemons*, Haftung der Gesellschafter, S. 22.
4 OLG Koblenz v. 9.6.1998 – 3 U 1662/89, NZG 1998, 953, 954; *Fleischer* in Fleischer, Handbuch des Vorstandsrechts, § 8 Rz. 12; *Hüffer*, § 77 AktG Rz. 21; *Kort* in Fleischer, Handbuch des Vorstandsrechts, § 3 Rz. 46; *Mertens/Cahn* in KölnKomm. AktG, § 77 AktG Rz. 56; *Wiesner* in MünchHdb. AG, § 22 Rz. 20.
5 BFH v. 26.4.1984 – V R 128/79, BFHE 141, 443, 447; *Dreher*, ZGR 1992, 22, 59; *Haas*, Geschäftsführerhaftung, S. 285; *Heisse*, Geschäftsführerhaftung, S. 84; *Uwe H. Schneider* in Scholz, § 43 GmbHG Rz. 37; a.A. *Kleindiek* in Lutter/Hommelhoff, § 37 GmbHG Rz. 37; s. aber auch OLG Frankfurt v. 9.12.1994 – 24 U 254/93, ZIP 1995, 213, 216.

2. Geschäftsordnung des Vorstands

32 Die Regelung der Geschäftsverteilung im Vorstand erfolgt üblicherweise in der Geschäftsordnung des Vorstands[1], die in jedem Fall der Schriftform bedarf.[2] In der Unternehmenspraxis bildet sie regelmäßig eine **Anlage zur Geschäftsordnung**[3] und teilt damit deren rechtliches Schicksal.[4] Verbreitet ist die abstrakte Aufteilung der Vorstandsaufgaben durch Einrichtung allgemein beschriebener und auf die jeweilige Unternehmensorganisation (vgl. dazu oben Rz. 14 und 15) abgestimmter Ressorts. Höchst selten findet sich in der Vorstandsgeschäftsordnung auch bereits die konkrete Ressortzuweisung bestimmter Aufgaben an namentlich benannte Vorstandsmitglieder.

3. Erlasskompetenz

33 Der **Vorstand** hat keine Organisationsautonomie hinsichtlich seiner inneren Ordnung, sondern ihm steht nur eine **subsidiäre Zuständigkeit** zum Erlass seiner Geschäftsordnung zu, denn § 77 Abs. 2 Satz 1 AktG sieht vor, dass sich der Vorstand eine Geschäftsordnung nur geben kann, sofern nicht die Satzung dem Aufsichtsrat den Erlass der Satzung zugewiesen hat und auch der Aufsichtsrat nicht selbst die Geschäftsordnung erlässt. § 77 Abs. 2 Satz 3 AktG verlangt für den Erlass der Geschäftsordnung durch den Vorstand zwingend einen **einstimmigen Vorstandsbeschluss**.[5] Damit wird sichergestellt, dass einem Vorstandsmitglied keine Rechte oder Zuständigkeiten gegen seinen Willen genommen oder neue Zuständigkeiten zugewiesen werden können.[6] Der Grundsatz der Einstimmigkeit gilt auch für spätere Änderungen einer vom Vorstand beschlossenen Geschäftsordnung.[7] Hinsichtlich der Geschäftsverteilung ist jedes einzelne Vorstandsmitglied für eine möglichst sachgerechte Ressortaufteilung verantwortlich.[8]

34 § 77 Abs. 2 Satz 1 AktG weist dem **Aufsichtsrat** die **primäre Zuständigkeit** zum Erlass der Geschäftsordnung des Vorstands zu, die gem. § 107 Abs. 3 Satz 2 AktG nicht auf einen Aufsichtsratsausschuss delegiert werden darf. Dieses aus der Kompetenz des Aufsichtsrats zur Bestellung von Vorstandsmitgliedern und

---

1 Nach Ziff. 4.2.1 Satz 2 Deutscher Corporate Governance Kodex soll eine Geschäftsordnung die Geschäftsverteilung und Zusammenarbeit des Vorstands regeln.
2 *Hüffer*, § 77 AktG Rz. 21; *Mertens/Cahn* in KölnKomm. AktG, § 77 AktG Rz. 56; vgl. auch *Kropff*, Aktiengesetz, S. 100.
3 S. z.B. die Muster bei *Happ*, Aktienrecht, Formular 8.02; *Semler* in Semler/Peltzer, ArbeitsHdb. Vorstandsmitglieder, Anlage § 1–3.
4 *Kort* in Fleischer, Handbuch des Vorstandsrechts, § 2 Rz. 51; *Semler* in Semler/Peltzer, ArbeitsHdb. Vorstandsmitglieder, § 1 Rz. 24.
5 *Hüffer*, § 77 AktG Rz. 19; *Kort* in Fleischer, Handbuch des Vorstandsrechts, § 3 Rz. 40.
6 *Kort* in Großkomm. AktG, § 77 AktG Rz. 73; *Spindler* in MünchKomm. AktG, § 77 AktG Rz. 42.
7 *Hüffer*, § 77 AktG Rz. 19; *Mertens/Cahn* in KölnKomm. AktG, § 77 AktG Rz. 62; *Spindler* in MünchKomm. AktG, § 77 AktG Rz. 42.
8 BGH v. 26.6.1995 – II ZR 109/94, GmbHR 1995, 653, 654; *Fleischer*, NZG 2003, 449, 453; *Habersack*, WM 2005, 2360, 2362; *Kort* in Großkomm. AktG, § 77 AktG Rz. 41; *Mertens/Cahn* in KölnKomm. AktG, § 77 AktG Rz. 24; *Turiaux/Knigge*, DB 2004, 2199, 2202.

zum Abschluss des Anstellungsvertrages fließende Recht, das auch durch die Satzung nicht beschnitten werden darf[1], greift auch dann, wenn sich der Vorstand bereits selbst eine Geschäftsordnung gegeben hat.[2] Diese tritt mit Beschluss des Aufsichtsrats außer Kraft. Der Aufsichtsrat ist grundsätzlich frei, ob er von seiner Zuständigkeit zum Erlass einer Vorstandsgeschäftsordnung Gebrauch machen will oder nicht. Auch Ziff. 4.2.1 Deutscher Corporate Governance Kodex enthält insoweit keine Empfehlung. Scheitert aber z.B. der Erlass der Vorstandsgeschäftsordnung durch den Vorstand selbst oder eine sachlich notwendige Änderung der geltenden Geschäftsordnung am Widerspruch eines einzelnen Vorstandsmitglieds, so ist der Aufsichtsrat aufgefordert, von seiner Kompetenz nach § 77 Abs. 2 Satz 1 AktG Gebrauch zu machen und selbst die Vorstandsgeschäftsordnung zu erlassen.[3]

Der **Aufsichtsrat** kann die von ihm erlassene Vorstandsgeschäftsordnung **jederzeit ändern**. Dies gilt auch für die Geschäftsverteilung. In der mitbestimmten Gesellschaft richtet sich der Aufsichtsratsbeschluss nicht nach § 31 MitbestG sondern nach § 29 MitbestG, so dass die einfache Stimmenmehrheit ausreicht.[4] Anlass für eine Um- oder Neuorganisation der Zuständigkeiten im Vorstand bildet in der Praxis insbesondere die Bestellung eines neuen Vorstandsmitglieds, was auch Auswirkungen auf den Zuschnitt der Ressorts der bisherigen Vorstandsmitglieder haben kann. Die Zustimmung der durch eine Ausdehnung oder Beschränkung ihrer bisherigen Kompetenzen betroffenen Vorstandsmitglieder zur vom Aufsichtsrat beschlossenen Umorganisation der Geschäftsverteilung ist für deren korporationsrechtliche Wirksamkeit nicht erforderlich, auch wenn diese im Widerspruch zur im Anstellungsvertrag enthaltenen Ressortbeschreibung steht[5] (vgl. zur dienstvertraglichen Bedeutung der Ressortzuweisung unten Rz. 39). 35

Nach herrschender Ansicht sind Vorstand als auch Aufsichtsrat nicht berechtigt, nur Einzelfragen einer Geschäftsordnung des Vorstands zu beschließen.[6] Sie sind vielmehr gezwungen, ein Regelwerk als **Gesamtregelung** zu erlassen. Allerdings kann der Aufsichtsrat für den Vorstand eine **Rahmengeschäftsordnung** beschließen, die von diesem dann in bestimmten Bereichen noch zu konkretisieren 36

---

1 *Hüffer*, § 77 AktG Rz. 19; *Kort* in Großkomm. AktG, § 77 AktG Rz. 66; *Wiesner* in MünchHdb. AG, § 22 Rz. 18; a.A. *Meyer-Landrut* in Großkomm. AktG. 3. Aufl. 1971, § 77 AktG Anm. 7.
2 *Hoffmann-Becking*, ZGR 1998, 497, 501; *Pentz* in Fleischer, Handbuch des Vorstandsrechts, § 16 Rz. 107.
3 Ebenso wohl *Mertens/Cahn* in KölnKomm. AktG, § 77 AktG Rz. 62.
4 *Lutter/Krieger*, Rechte und Pflichten des Aufsichtsrats, Rz. 451; *Pentz* in Fleischer, Handbuch des Vorstandsrechts, § 16 Rz. 112.
5 *Kort* in Fleischer, Handbuch des Vorstandsrechts, § 3 Rz. 68; *Mertens/Cahn* in KölnKomm. AktG, § 77 AktG Rz. 64; *Pentz* in Fleischer, Handbuch des Vorstandsrechts, § 16 Rz. 112; *Spindler* in MünchKomm. AktG, § 77 AktG Rz. 51; *Wiesner* in MünchHdb. AG, § 22 Rz. 16; a.A. *Krieger*, Personalentscheidungen, S. 204 ff.; vgl. auch *Lutter/Krieger*, Rechte und Pflichten des Aufsichtsrats, Rz. 450.
6 *Hoffmann-Becking*, ZGR 1998, 497, 503; *Kort* in Großkomm. AktG, § 77 AktG Rz. 69; a.A. *Hoffmann/Lehmann/Weinmann*, MitbestG, 1978, § 33 Rz. 37; *Krieger*, Personalentscheidungen, S. 197; s. die Regierungsbegründung zu § 77 Abs. 2 AktG, abgedruckt bei *Kropff*, Aktiengesetz, S. 99.

ist.[1] Dies kommt etwa für die Einrichtung von Vorstandsressorts durch den Aufsichtsrat in Betracht, deren nähere Ausgestaltung und Abgrenzung der einzelnen Geschäftsbereiche dem Vorstand überlassen bleibt.[2]

37 **Einzelfragen der Geschäftsordnung** sind nach dem ausdrücklichen Wortlaut von § 77 Abs. 2 Satz 2 AktG auch einer **bindenden Satzungsregelung** zugänglich. Hierzu zählt grundsätzlich auch die Geschäftsverteilung. Allerdings kann die Satzung nach h.M.[3] nicht den vollständigen Inhalt der Geschäftsordnung vorgeben. Die Satzungsregelung muss vielmehr die **Kompetenz des Aufsichtsrats zur Bestellung der Vorstandsmitglieder** und zum Abschluss des Anstellungsvertrages wie auch die Flexibilität und Gestaltungskompetenz von Vorstand und Aufsichtsrat zur Regelung der Zusammenarbeit und inneren Ordnung des Vorstands respektieren.[4] Damit kann die Satzung zwar die Geschäftsverteilung durch generelle Einrichtung bestimmter Ressorts regeln; die Zuweisung bestimmter Ressorts an einzelne Person ist jedoch ausgeschlossen.[5]

4. Geltungsdauer

38 Die Geschäftsordnung gilt als abstrakt-generelle Regelung **unabhängig von der konkreten Zusammensetzung des Vorstands** und bleibt solange in Kraft, bis sie geändert oder aufgehoben wird.[6] Insoweit besteht eine Parallele zur Geschäftsordnung des Aufsichtsrats.[7] Von einem neu in den Vorstand eintretenden Mitglied bedarf es deshalb keiner ausdrücklichen oder konkludenten Anerkennungserklärung.[8] Etwas anderes gilt allerdings, wenn es um die Zuweisung eines konkreten Vorstandsressorts an das neue Vorstandsmitglied durch die Vorstandsgeschäftsordnung geht. Sofern nicht der Aufsichtsrat diese Zuweisung bereits bei der Bestel-

---

1 *Hoffmann-Becking*, ZGR 1998, 497, 504; *Kort* in Großkomm. AktG, § 77 AktG Rz. 68; *Mertens/Cahn* in KölnKomm. AktG, § 77 AktG Rz. 56.
2 *Krieger*, Personalentscheidungen, S. 198.
3 *Hoffmann-Becking*, ZGR 1998, 497, 505; *Hüffer*, § 77 AktG Rz. 20; *Mertens/Cahn* in KölnKomm. AktG, § 77 AktG Rz. 61; a.A. v. *Godin/Wilhelmi*, § 77 AktG Anm. 10; *Meyer-Landrut* in Großkomm. AktG, 3. Aufl. 1971, § 77 AktG Anm. 7; *Paefgen*, Struktur und Aufsichtsratsverfassung der mitbestimmten AG, 1982, S. 138.
4 *Krieger*, Personalentscheidungen, S. 202: „grobe Züge der Geschäftsverteilung"; *Mertens/Cahn* in KölnKomm. AktG, § 77 AktG Rz. 61; *Spindler* in MünchKomm. AktG, § 77 AktG Rz. 52; zu eng *Kort* in Fleischer, Handbuch des Vorstandsrechts, § 3 Rz. 39, der nur einen „Rest an Gestaltungsfreiheit" erhalten will.
5 *G. Bezzenberger*, ZGR 1998, 352, 354; *Kort* in Fleischer, Handbuch des Vorstandsrechts, § 3 Rz. 39; *Krieger*, Personalentscheidungen, S. 196; *Lutter/Krieger*, Rechte und Pflichten des Aufsichtsrats, Rz. 449.
6 *Hoffmann-Becking*, ZGR 1998, 497, 500; *Hüffer*, § 78 AktG Rz. 22; *Mertens/Cahn* in KölnKomm. AktG, § 77 AktG Rz. 65; *Spindler* in MünchKomm. AktG, § 77 AktG Rz. 51; a.A. *Hefermehl* in Geßler/Hefermehl/Eckardt/Kropff, § 77 AktG Rz. 25; *Wiesner* in MünchHdb. AG, § 22 Rz. 19.
7 Vgl. zur Situation beim Aufsichtsrat z.B. *Lutter/Krieger*, Rechte und Pflichten des Aufsichtsrats, Rz. 653; *E. Vetter* in Marsch-Barner/Schäfer, Handbuch börsennotierte AG, § 27 Rz. 6.
8 *Mertens/Cahn* in KölnKomm. AktG, § 77 AktG Rz. 65; *Spindler* in MünchKomm. AktG, § 77 AktG Rz. 46.

lung beschlossen hat, ist ein einstimmiger Beschluss aller Vorstandsmitglieder notwendig.[1]

5. Verhältnis von Geschäftsverteilung und Anstellungsvertrag

Der Anstellungsvertrag hat die Bestimmungen der Satzung und die Regelungen der vom Aufsichtsrat erlassenen Vorstandsgeschäftsordnung zu respektieren. Durch Abschluss eines Anstellungsvertrages kann ein **neues Vorstandsressort korporationsrechtlich nicht wirksam begründet** und einer bestimmten Person zugewiesen werden. Entsprechende vertragliche Regelungen setzen vielmehr voraus, dass im Rahmen der Geschäftsordnung ein entsprechendes Vorstandsressort bereits eingerichtet ist.[2] Über die Ressorteinrichtung beschließen entweder der Vorstand nach § 77 Abs. 2 Satz 1 AktG oder der Gesamtaufsichtsrat nach § 107 Abs. 3 AktG (vgl. zur Zuständigkeit für die Ressortzuweisung oben Rz. 35). 39

Widerspricht eine vom Aufsichtsrat beschlossene **Änderung der Geschäftsverteilung** der im Anstellungsvertrag vereinbarten Ressortzuweisung und ist auch keine Öffnungsklausel enthalten, dass das Vorstandsmitglied die vom Aufsichtsrat beschlossenen Änderungen der Geschäftsverteilung hinzunehmen hat, kann dies die Niederlegung des Mandats aus wichtigem Grund rechtfertigen.[3] 40

IV. Formelle Voraussetzungen der Geschäftsverteilung bei der GmbH

Die **primäre Zuständigkeit** zur Regelung einer vom gesetzlichen Normalfall abweichenden Geschäftsführung in der GmbH liegt in den Händen der Gesellschafter.[4] Ihnen ist es überlassen, ob sie den Umfang der Geschäftsführung (wie auch die Vertretungsbefugnis) im Gesellschaftsvertrag oder durch einen Einzelbeschluss regeln wollen. Für den Einzelbeschluss reicht die einfache Mehrheit aus.[5] Dies gilt auch für die Ressortverteilung unter den Geschäftsführern.[6] In der mitbestimmten GmbH sind dabei jedoch die besonderen Kompetenzen des Arbeitsdirektors zu beachten (s. unten Rz. 54). 41

---

1 *Hoffmann-Becking*, ZGR 1998, 497, 501; *Mutter* in Marsch-Barner/Schäfer, Handbuch börsennotierte AG, § 18 Rz. 70.
2 *Hüffer*, § 84 AktG Rz. 12; *Lutter/Krieger*, Rechte und Pflichten des Aufsichtsrats, Rz. 449; *Mertens/Cahn* in KölnKomm. AktG, § 84 AktG Rz. 42.
3 *Kort* in Fleischer, Handbuch des Vorstandsrechts, § 3 Rz. 69; *Mertens/Cahn* in KölnKomm. AktG, § 84 AktG Rz. 44; *Spindler* in MünchKomm. AktG, § 77 AktG Rz. 51; *Thüsing* in Fleischer, Handbuch des Vorstandsrechts, § 4 Rz. 134.
4 OLG Stuttgart v. 24.7.1990 – 12 U 234/89, GmbHR 1992, 48; *Altmeppen* in Roth/Altmeppen, § 37 GmbHG Rz. 33; *Heisse*, Geschäftsführerhaftung, S. 83; *Koppensteiner* in Rowedder/Schmidt-Leithoff, § 37 GmbHG Rz. 42; *Uwe H. Schneider* in Scholz, § 37 GmbHG Rz. 57.
5 *Altmeppen* in Roth/Altmeppen, § 37 GmbHG Rz. 33; *Kleindiek* in Lutter/Hommelhoff, § 37 GmbHG Rz. 36; a.A. *Uwe H. Schneider* in Scholz, § 37 GmbHG Rz. 59: Beschluss entsprechend § 53 Abs. 2 Satz 1 GmbHG mit satzungsändernder Mehrheit.
6 *Heisse*, Geschäftsführerhaftung, S. 84; *Höhn*, Die Geschäftsleitung der GmbH, S. 13; *Koppensteiner* in Rowedder/Schmidt-Leithoff, § 37 GmbHG Rz. 42.

42 Haben die Gesellschafter keine Entscheidung getroffen, sind die **Geschäftsführer** befugt, selbst eine Geschäftsverteilung zu beschließen.[1] Hierfür bedarf es ebenso wie für den Erlass der Geschäftsordnung durch die Geschäftsführer eines einstimmigen Beschlusses, sofern nicht die Gesellschafter etwas anderes bestimmt haben.[2] Die Geschäftsführer haben dabei allerdings die Vorgaben des Gesellschaftsvertrags zu beachten.[3]

43 Für die Geschäftsordnung der Geschäftsführung ist **Schriftform** erforderlich.[4] Durch eine rein faktische interne Geschäftsaufteilung wird für den einzelnen Geschäftsführer eine Entlastung von seiner Verantwortung nicht erreicht.[5] Eine ordnungsgemäß erlassene Geschäftsordnung bleibt bis zu einer eventuellen Änderung in Kraft, und zwar unabhängig von der individuellen personellen Zusammensetzung der Geschäftsführung.[6]

44 Der **Aufsichtsrat** der GmbH ist im Unterschied zur Rechtlage in der AG zum Erlass der Geschäftsordnung für die Geschäftsführung sowie zur Regelung der Zuständigkeitsverteilung, selbst wenn die Gesellschafter den Geschäftsführern keine Geschäftsordnung gegeben haben, nur dann berufen, wenn er hierzu **durch die Gesellschafter ausdrücklich ermächtigt** ist.[7] Dies gilt nicht nur für den fakultativen Aufsichtsrat, sondern insbesondere auch für den paritätisch mitbestimmten Aufsichtsrat, da ungeachtet seiner Kompetenz zur Bestellung der Mitglieder der Geschäftsführung § 25 Abs. 1 Nr. 2 MitbestG keinen Verweis auf § 77 AktG enthält.[8]

---

1 *Koppensteiner* in Rowedder/Schmidt-Leithoff, § 37 GmbHG Rz. 42; *Uwe H. Schneider* in FS Mühl, 1981, S. 633, 644; *Zöllner/Noack* in Baumbach/Hueck, § 37 GmbHG Rz. 29.
2 *Altmeppen* in Roth/Altmeppen, § 37 GmbHG Rz. 35; *Heisse*, Geschäftsführerhaftung, S. 84; *Koppensteiner* in Rowedder/Schmidt-Leithoff, § 37 GmbHG Rz. 42; *Uwe H. Schneider* in Scholz, § 37 GmbHG Rz. 62; *Zöllner/Noack* in Baumbach/Hueck, § 37 GmbHG Rz. 29; a.A. *Hoffmann/Lehmann/Weinmann*, MitbestG, 1978, § 30 Rz. 27; *Mertens* in Hachenburg, § 35 GmbHG Rz. 122.
3 *Mertens* in Hachenburg, § 35 GmbHG Rz. 122; *Uwe H. Schneider* in FS Mühl, 1981, S. 633, 645; *Uwe H. Schneider* in Scholz, § 37 GmbHG Rz. 63.
4 BFH v. 26.4.1984 – V R 128/79, BFHE 141, 443, 447; *Haas*, Geschäftsführerhaftung, S. 285; *Heisse*, Geschäftsführerhaftung, S. 84; *Uwe H. Schneider* in Scholz, § 37 GmbHG Rz. 57; *Uwe H. Schneider* in FS 100 Jahre GmbHG, 1992, S. 473, 484; einschränkend *Kleindiek* in Lutter/Hommelhoff, § 37 GmbHG Rz. 37.
5 BFH v. 17.5.1988 – VII R 90/85, GmbHR 1989, 170, 171; OLG Koblenz v. 9.6.1998 – 3 U 1662/89, NZG 1998, 953, 954; *Haas* in Michalski, § 37 GmbHG Rz. 159; *Mertens* in Hachenburg, § 43 GmbHG Rz. 33; *Uwe H. Schneider* in FS 100 Jahre GmbHG, 1992, S. 473, 483; einschränkend *Altmeppen* in Roth/Altmeppen, § 43 GmbHG Rz. 12.
6 *Uwe H. Schneider* in FS Mühl, 1981, S. 633, 648.
7 *Koppensteiner* in Rowedder/Schmidt-Leithoff, § 37 GmbHG Rz. 42; *Uwe H. Schneider* in FS Mühl, 1981, S. 633, 643; *Zöllner/Noack* in Baumbach/Hueck, § 37 GmbHG Rz. 29.
8 *Raiser/Veil*, MitbestG, 5. Aufl. 2009, § 25 Rz. 87; *Uwe H. Schneider* in FS Mühl, 1981, S. 633, 644; *Uwe H. Schneider* in Scholz, § 37 GmbHG Rz. 59; *Ulmer/Habersack* in Ulmer/Habersack/Henssler, Mitbestimmungsrecht, 2. Aufl. 2006, § 30 Rz. 21; *Zöllner/Noack* in Baumbach/Hueck, § 37 GmbHG Rz. 29; a.A. *Koberski* in Wlotzke/Wissmann/Koberski/Kleinsorge, Mitbestimmungsrecht, 3. Aufl. 2008, § 30 Rz. 40; *Hoffmann/Lehmann/Weinmann*, MitbestG, 1978, § 30 Rz. 28; *Krieger*, Personalentscheidungen, S. 296; *Lutter/Krieger*, Rechte und Pflichten des Aufsichtsrats, Rz. 1142.

C. Willensbildung und Vertretung

I. Willensbildung

Das für Geschäftsführungsentscheidungen schwerfällige Einstimmigkeitsprinzip wird in der Unternehmenspraxis regelmäßig durch das Mehrheitsprinzip ersetzt. Meist reicht danach für Beschlüsse des Vorstands- oder der Geschäftsführung die **einfache Mehrheit** aus.[1] Gelegentlich wird für besonders bedeutsame Gegenstände auch eine **qualifizierte Mehrheit** verlangt.[2]

45

Sämtliche Organmitglieder sind gem. § 93 Abs. 1 Satz 1 AktG verpflichtet, dafür zu sorgen, dass die Beschlüsse den Anforderungen von Gesetz, Satzung und Geschäftsordnung entsprechen.[3] Stimmt ein Vorstandsmitglied für einen **rechtswidrigen Beschluss**, handelt es pflichtwidrig i.S. von § 93 Abs. 1 Satz 1 AktG; stimmt es dagegen, liegt eine Pflichtverletzung nicht vor. Dabei ist aus Beweisgründen anzuraten, dass die Gegenstimme im Protokoll vermerkt wird.[4] Mit der bloßen Stimmenthaltung ist es bei einem solchen Beschluss nicht getan.[5] Das **überstimmte Vorstandsmitglied** ist im Übrigen verpflichtet, das ihm Mögliche und Zumutbare zu unternehmen, dass die Gesellschaft zu einem rechtmäßigen Verhalten zurückkehrt und der rechtswidrige Beschluss nicht zur Ausführung gelangt. Im Wege der Eskalationsscala kommt zunächst die Remonstration bei den Vorstandskollegen und danach die Unterrichtung des Aufsichtsrats in Betracht.[6] Zur Amtsniederlegung ist es nicht verpflichtet.[7] Eine Pflicht zur Strafanzeige besteht nur im Ausnahmefall, wie z.B. bei Wiederholungsgefahr. Hat das Vorstandsmitglied an einem Beschluss überhaupt nicht mitgewirkt, muss es gleichwohl die Rechtmäßigkeit eines Vorstandsbeschlusses überprüfen und bei dessen Rechtswidrigkeit wie dargestellt aktiv werden.[8]

Für den Fall der Stimmengleichheit kann bei einer Mindestgröße von 3 Mitgliedern für ein Organmitglied, regelmäßig ist dies der Vorsitzende, auch der **Stich-**

46

---

1 *Kort* in Fleischer, Handbuch des Vorstandsrechts, § 2 Rz. 98; *Spindler* in MünchKomm. AktG, § 77 AktG Rz. 12.
2 *Hüffer*, § 77 AktG Rz. 11; *Kort* in Großkomm. AktG, § 77 AktG Rz. 21; *Mertens/Cahn* in KölnKomm. AktG, § 77 AktG Rz. 11.
3 OLG Hamm v. 10.5.1995 – 8 U 59/94, AG 1995, 512, 514 – Harpener Omni; *Fleischer*, BB 2004, 2645, 2649; *Hauschka*, AG 2004, 461, 462; zu den Pflichten des überstimmten Mitglieds s. *Fleischer*, BB 2004, 2645, 2648; *Hopt* in Großkomm. AktG, § 93 AktG Rz. 52; *Kort* in Großkomm. AktG, § 77 AktG Rz. 22; *Mertens/Cahn* in KölnKomm. AktG, § 93 AktG Rz. 94.
4 *Bürgers/Israel* in Bürgers/Körber, § 93 AktG Rz. 20; *Fleischer*, BB 2004, 2645, 2648; für Aufsichtsratsmitglieder *E. Vetter*, DB 2004, 2623 ff.
5 *Fleischer*, BB 2004, 2645, 2651; a.A. LG Berlin v. 8.10.2003 – 101 O 80/02, ZIP 2004, 73, 76; dagegen *E. Vetter*, DB 2004, 2623, 2625.
6 OLG Hamm v. 10.5.1995 – 8 U 59/94, AG 1995, 512, 514 – Harpener Omni; *Bedkowski*, Geschäftsleiterpflichten, S. 184; *Mertens/Cahn* in KölnKomm. AktG, § 77 AktG Rz. 50; *Hopt* in Großkomm. AktG, § 93 AktG Rz. 53.
7 *Bürgers/Israel* in Bürgers/Körber, § 93 AktG Rz. 20; *Hopt* in Großkomm. AktG, § 93 AktG Rz. 54; *Mertens/Cahn* in KölnKomm. AktG, § 77 AktG Rz. 50; *Spindler* in MünchKomm. AktG, § 93 AktG Rz. 149; vgl. zum Aufsichtsrat *E. Vetter*, DB 2004, 2623, 2626.
8 S. *Fleischer*, BB 2004, 2645, 2651; *Spindler* in MünchKomm. AktG, § 93 AktG Rz. 149.

entscheid vorgesehen werden.¹ Ein **Vetorecht** mit Dauerwirkung gegen Entscheidungen der Mehrheit der Organmitglieder ist grundsätzlich zulässig², scheidet hingegen in mitbestimmten Gesellschaften wegen der durch § 33 MitbestG angeordneten gleichberechtigten Stellung des Arbeitsdirektors aus³ (vgl. zu diesen Rechten des Vorsitzenden unten Rz. 49). Ungeachtet des formal bestehenden Mehrheitsprinzips wird allerdings in vielen Unternehmen im Vorstand oder der Geschäftsführung gleichwohl aus gemeinsamer Überzeugung bewusst das Prinzip der Einstimmigkeit praktiziert.

II. Vertretung

47 Von der nach § 78 Abs. 2 AktG und § 35 Abs. 2 GmbHG vorgesehenen schwerfälligen und unpraktikablen Gesamtvertretung durch alle Organmitglieder weicht die Praxis üblicherweise ab. Hierfür bedarf es nach § 78 Abs. 2 AktG einer Satzungsregelung oder eines Beschlusses des Aufsichtsrates, soweit er hierzu durch die Satzung ermächtigt ist, bzw. in der GmbH nach § 35 Abs. 2 GmbHG einer Regelung im Gesellschaftsvertrag. Die Einräumung von **Einzelvertretungsmacht** ist zulässig aber in der Praxis – auch für den Vorsitzenden – relativ selten.⁴ Typischerweise besteht nach § 78 Abs. 3 AktG **Gesamtvertretung** in der Form, dass ein Organmitglied die Gesellschaft gemeinsam mit einem anderen Organmitglied (echte Gesamtvertretung) oder zusammen mit einem Prokuristen (unechte Gesamtvertretung) vertritt.⁵ Zur **Entgegennahme von Willenserklärungen** besteht für jedes Organmitglied nach § 78 Abs. 2 Satz 2 AktG und § 35 Abs. 2 Satz 3 GmbHG stets Einzelvertretungsbefugnis.

D. Besondere Geschäftsleitungsmitglieder und Geschäftsleitungsgremien

I. Vorsitzender

48 Nach § 84 Abs. 2 AktG kann der Aufsichtsrat einen **Vorsitzenden des Vorstands** ernennen. Die Ernennung ist auch bei börsennotierten Gesellschaften nicht

---

1 BGH v. 14.11.1983 – II ZR 33/83, BGHZ 89, 48, 59 = AG 1984, 48 – Reemtsma; *Hoffmann-Becking*, ZGR 1998, 497, 518; *Kort* in Großkomm. AktG, § 77 AktG Rz. 26; *Mertens* in Hachenburg, § 35 GmbHG Rz. 111; *Uwe H. Schneider* in Scholz, § 37 GmbHG Rz. 29.
2 OLG Karlsruhe v. 20.5.2000 – 8 U 233/99, AG 2001, 93, 94; *Höhn*, Die Geschäftsleitung der GmbH, S. 66; *Kort* in Fleischer, Handbuch des Vorstandsrechts, § 3 Rz. 12; *Zöllner/Noack* in Baumbach/Hueck, § 37 GmbHG Rz. 30; a.A. *T. Bezzenberger*, ZGR 1996, 661, 665; *Hoffmann-Becking*, NZG 2003, 745, 748.
3 BGH v. 14.11.1983 – II ZR 33/83, BGHZ 89, 48, 59 = AG 1984, 48 – Reemtsma; *Hüffer*, § 84 AktG Rz. 21; *Raiser/Veil*, MitbestG, 5. Aufl. 2009, § 33 Rz. 29; *Uwe H. Schneider* in Scholz, § 37 GmbHG Rz. 44; *Spindler* in MünchKomm. AktG, § 77 AktG Rz. 19.
4 *Kort* in Fleischer, Handbuch des Vorstandsrechts, § 2 Rz. 53; *Richter* in Semler/Peltzer, ArbeitsHdb. Vorstandsmitglieder, § 4 Rz. 146; *Rieger* in FS Peltzer, 2001, S. 339, 346.
5 *Kort* in Großkomm. AktG, § 78 AktG Rz. 45; *Mertens/Cahn* in KölnKomm. AktG, § 78 AktG Rz. 38; *Roquette* in FS Oppenhoff, 1985, S. 335; *Altmeppen* in Roth/Altmeppen, § 35 GmbHG Rz. 56.

zwingend.[1] Die Stellung des Vorstandsvorsitzenden ist im AktG nicht näher geregelt. Als Vorsitzender des Kollegialorgans obliegt ihm die **Leitung und Organisation der Vorstandssitzungen**, ohne dass ihm dabei automatisch besondere Befugnisse zukommen.[2] Die Wahrnehmung der vorstandsinternen Koordinationsaufgabe verschafft ihm nicht nur einen guten Einblick in die Geschehnisse in den verschiedenen Ressorts sondern auch und einen schnelleren Überblick über die Lage des Gesamtunternehmens. Dies bringt zwangsläufig eine gesteigerte Überwachungsaufgabe mit sich, die über die allen Vorstandsmitgliedern obliegende Überwachungspflicht hinausgeht.[3] Im Geschäftsverteilungsplan kann ihm auch ein spezielles Sachressort zugewiesen werden. Typischerweise ist er **Repräsentant des Vorstands in der Öffentlichkeit**. Angesichts des starken Trends zur Personalisierung in der Welt der Medien darf die besondere Bedeutung dieser Rolle nicht unterschätzt werden.[4]

Ungeachtet des Kollegialprinzips und der Gleichberechtigung im Vorstand kann dem Vorstandsvorsitzenden das **Recht zum Stichentscheid** eingeräumt werden, wenn im Vorstand Stimmengleichheit besteht[5]; allerdings nicht im zweiköpfigen Vorstand.[6] Ob ihm bei Vorstandsbeschlüssen weiter gehende Rechte eingeräumt werden können, hängt davon ab, ob die Gesellschaft mitbestimmt ist oder nicht. In der mitbestimmungsfreien AG soll dem Vorstandsvorsitzenden nach der wohl vorherrschenden Meinung auch ein **Vetorecht mit Dauerwirkung** gegen Vorstandsbeschlüsse gestattet werden können.[7] Jedenfalls bei mitbestimmten Gesellschaften sind derart weit reichende Kompetenzen ausgeschlossen, da sie die gleichberechtigte Stellung des Arbeitsdirektors untergraben würden.[8]

49

---

1 Vgl. aber Ziff. 4.2.1 Deutscher Corporate Governance Kodex, wonach die Gesellschaft einen Vorsitzenden oder Sprecher des Vorstands haben soll.
2 *Mertens/Cahn* in KölnKomm. AktG, § 84 AktG Rz. 102; a.A. *Krieger*, Personalentscheidungen, S. 250.
3 *T. Bezzenberger*, ZGR 1996, 661, 672; *Dose*, Rechtsstellung, S. 122; *Habersack*, WM 2005, 2360, 2362; *Heller*, Unternehmensführung, S. 160; *Krieger*, Personalentscheidungen, S. 250; *Spindler* in MünchKomm. AktG, § 84 AktG Rz. 102; s. auch *Peters*, GmbHR 2008, 682, 686; a.A. *Fleischer*, NZG 2003, 449, 455; *Uwe H. Schneider/Brouwer* in FS Priester, 2006, S. 713, 718.
4 Vgl. auch *Peltzer*, Deutsche Corporate Governance, 2. Aufl. 2004, S. 52.
5 BGH v. 14.11.1983 – II ZR 33/83, BGHZ 89, 48, 59 = AG 1984, 48 – Reemtsma; *T. Bezzenberger*, ZGR 1996, 661, 669; *Hüffer*, § 84 AktG Rz. 21; *Kort* in Fleischer, Handbuch des Vorstandsrechts, § 3 Rz. 14; *Mertens/Cahn* in KölnKomm. AktG, § 84 AktG Rz. 102; *T. Bezzenberger*, ZGR 1996, 661, 669.
6 OLG Hamburg v. 20.5.1985 – 2 W 49/84, AG 1985, 251; OLG Karlsruhe v. 20.5.2000 – 8 U 233/99, AG 2001, 93, 94; *T. Bezzenberger*, ZGR 1996, 661, 670; *Kort* in Großkomm. AktG, § 77 AktG Rz. 26; *Mertens/Cahn* in KölnKomm. AktG, § 77 AktG Rz. 12; a.A. *Priester*, AG 1984, 253, 256; *Riegger*, BB 1972, 592.
7 OLG Karlsruhe v. 20.5.2000 – 8 U 233/99, AG 2001, 93, 94; *Hüffer*, § 84 AktG Rz. 21; *Kort* in Fleischer, Handbuch des Vorstandsrechts, § 3 Rz. 13; *Lutter/Krieger*, Rechte und Pflichten des Aufsichtsrats, Rz. 457; *Mertens/Cahn* in KölnKomm. AktG, § 77 AktG Rz. 13; *Semler*, ZGR 2004, 631, 636; a.A. *T. Bezzenberger*, ZGR 1996, 661, 665; *Erle*, AG 1987, 7, 8; *Hoffmann-Becking*, NZG 2003, 745, 748.
8 BGH v. 14.11.1983 – II ZR 33/83, BGHZ 89, 48, 59 = AG 1984, 48 – Reemtsma; *Hüffer*, § 84 AktG Rz. 21; *Raiser/Veil*, MitbestG, 5. Aufl. 2009, § 33 Rz. 29; *Spindler* in MünchKomm. AktG, § 77 AktG Rz. 19.

50　Über die Möglichkeit hinaus ihm bei Vorstandsbeschlüssen besondere Rechte einzuräumen gewinnt das Amt des Vorstandsvorsitzenden **in der Unternehmenswirklichkeit meist eine hervorgehobene Bedeutung**, die den Vorstandsvorsitzenden bisweilen deutlich in Widerspruch zum gesetzlichen Leitbild des *primus inter pares* setzt. Auch wenn ihm **weder Richtlinienkompetenz noch ein Weisungsrecht** gegenüber den Vorstandskollegen zusteht[1], nimmt er auf Grund seiner Rolle bei der Vorbereitung und Leitung der Vorstandssitzungen eine Koordinationsfunktion für die verschiedenen Ressorts ein, die ihn *de facto* deutlich gegenüber den anderen Vorstandsmitgliedern abhebt.[2] Diese Position, die im Übrigen stark vom persönlichen Durchsetzungsvermögen des Vorstandsvorsitzenden geprägt ist, wird durch seine regelmäßigen Kontakte mit dem Aufsichtsratsvorsitzenden noch verstärkt.[3] Grenze der Machtposition muss jedoch nach allgemeiner Ansicht stets sein, dass er nicht die inhaltliche Führung der Ressorts der anderen Vorstandsmitglieder bestimmt und in deren Amtsführung „hineinregiert"[4]. Wo die genaue Grenzziehung in der Praxis vorzunehmen ist, ist allerdings offen. Die Beachtung der Grenze ist jedoch notwendig, da eine **vertikale Vorstandsorganisation** nach dem **US-amerikanischen Modell des CEO** mit der gemeinsamen Vorstandsverantwortung zur Unternehmensleitung nicht vereinbar ist.[5] Es fehlen Gerichtentscheidungen zur genauen Abgrenzung zwischen Koordination und Weisung und sind auch kaum zu erwarten, da die Unternehmenspraxis Konfliktfälle üblicherweise dadurch löst, dass das einfache Vorstandsmitglied wegen „unüberbrückbarer Meinungsverschiedenheiten" im Vorstand ausscheidet.

51　In der **mitbestimmungsfreien GmbH** können die Gesellschafter durch Gesellschafterbeschluss einen **Vorsitzenden der Geschäftsführung** einsetzen und ihm eine gegenüber den anderen Geschäftsführungsmitgliedern überragende Stellung einräumen. Der Aufsichtsrat ist zur Ernennung eines Vorsitzenden nur kraft Ermächtigung durch die Gesellschafter befugt.[6] Ist dies der Fall, kann der Aufsichtsrat dem Vorsitzenden nicht nur das Vetorecht gegen Mehrheitsentscheidungen einräumen[7], sondern auch das Recht, jederzeit eine Angelegenheit aus einem anderen Geschäftsführungsressort an sich zu ziehen.[8]

1　*T. Bezzenberger*, ZGR 1996, 661, 662; *Fleischer*, ZIP 2003, 1, 8; *v. Hein*, ZHR 166 (2002), 464, 501; *Mertens/Cahn* in KölnKomm. AktG, § 77 AktG Rz. 17; a.A. *Dose*, Rechtsstellung, S. 74.
2　Vgl. dazu z.B. *Heller*, Unternehmensführung, S. 158; *Rieger* in FS Peltzer, 2001, S. 339, 349; *Semler* in FS Lutter, 2000, S. 721, 729.
3　S. auch Ziff. 5.2 Abs. 3 Deutscher Corporate Governance Kodex.
4　*Kort* in Großkomm. AktG, § 77 AktG Rz. 51; *Rieger* in FS Peltzer, 2001, S. 339, 349; vgl. auch *v. Hein*, ZHR 166 (2002), 464, 499.
5　*Hoffmann-Becking*, NZG 2003, 745, 748; *Kort* in Großkomm. AktG, § 77 AktG Rz. 54; *Kort* in Fleischer, Handbuch des Vorstandsrechts, § 3 Rz. 11; *Seibt* in K. Schmidt/Lutter, § 77 AktG Rz. 21; *Spindler* in MünchKomm. AktG, § 84 AktG Rz. 104; vgl. auch *Dauner-Lieb* in FS Röhricht, 2005, S. 83, 100; *Fonk* in Semler/v. Schenck, ArbeitsHdb. Aufsichtsratsmitglieder, § 9 Rz. 360.
6　*Koppensteiner* in Rowedder/Schmidt-Leithoff, § 37 GmbHG Rz. 42; *Uwe H. Schneider* in Scholz, § 37 GmbHG Rz. 32; a.A. *Krieger*, Personalentscheidungen, S. 298.
7　*Kleindiek* in Lutter/Hommelhoff, § 37 GmbHG Rz. 34; *Zöllner/Noack* in Baumbach/Hueck, § 37 GmbHG Rz. 30.
8　*Höhn*, Die Geschäftsleitung der GmbH, S. 69.

In der **paritätisch mitbestimmten GmbH** liegt das Recht zur Ernennung eines Vorsitzenden der Geschäftsleitung jedoch, ohne dass es dazu einer Ermächtigung durch die Gesellschafter bedarf, nach allerdings nicht unumstrittener Ansicht ausschließlich beim Aufsichtsrat[1], da sich der Verweisung von § 31 Abs. 1 MitbestG auf § 84 AktG nicht entnehmen lässt, dass sie § 84 Abs. 2 AktG ausnehmen will. Im Unterschied zur mitbestimmungsfreien GmbH kann dem Vorsitzenden der Geschäftsführung in der mitbestimmten GmbH jedoch **kein Vetorecht** eingeräumt werden.[2]

II. Sprecher des Vorstands

Die Funktion des Vorstandssprechers wird im Unterschied zum Deutschen Corporate Governance Kodex[3] im AktG nicht erwähnt. Er wird vom Vorstand im Rahmen seiner Geschäftsführungsbefugnis nach § 77 Abs. 2 Satz 1 AktG gewählt, sofern sich nicht der Aufsichtsrat dieses Recht vorbehalten hat und kein Vorstandsvorsitzender ernannt ist.[4] Die Funktion des Sprechers beschränkt sich auf die **organisatorische Betreuung der Vorstandssitzungen sowie Repräsentationsaufgaben**. Weiter gehende Kompetenzen, insbesondere gesteigerte Überwachungspflichten hinsichtlich der Vorstandsarbeit, sind dem Vorstandsvorsitzenden vorbehalten und können dem Sprecher nicht übertragen werden.[5]

III. Arbeitsdirektor

In mitbestimmten Gesellschaften ist ein **gleichberechtigtes Mitglied des Vorstands oder der Geschäftsführung** als Arbeitsdirektor zu bestellen.[6] Ihm dürfen nicht weniger Rechte eingeräumt werden als den übrigen Vorstandsmitgliedern, das heißt Regelungen zur Geschäftsführung müssen für alle gelten und dürfen nicht speziell auf ihn zugeschnitten sein. Der Arbeitsdirektor hat eine **besondere Zuständigkeit für das Personal- und Sozialwesen**. Was dabei zum Kernbereich gehört, ist im Einzelnen schwer zu bestimmen. Typischerweise zählen dazu die Personal-Planung, Entwicklung, Verwaltung, Gehaltsabrechnung, Arbeitsschutz

---

1 *Koberski* in Wlotzke/Wissmann/Koberski/Kleinsorge, Mitbestimmungsrecht, 3. Aufl. 2008, § 30 Rz. 6; *Krieger*, Personalentscheidungen, S. 298; *Raiser/Veil*, MitbestG, 5. Aufl. 2009, § 31 Rz. 29; *Ulmer/Habersack* in Ulmer/Habersack/Henssler, Mitbestimmungsrecht, 2. Aufl. 2006, § 30 Rz. 9; a.A. *Henssler*, GmbHR 2004, 323, 325; *Hoffmann/Lehmann/Weinmann*, MitbestG, 1978, § 31 Rz. 47; *Koppensteiner* in Rowedder/Schmidt-Leithoff, § 37 GmbHG Rz. 44; *Werner* in FS Fischer, 1979, S. 821, 826.
2 BGH v. 14.11.1983 – II ZR 33/83, BGHZ 89, 48, 59 = AG 1984, 48 – Reemtsma; *Kleindiek* in Lutter/Hommelhoff, § 37 GmbHG Rz. 34.
3 Vgl. Ziff. 4.2.1 Deutscher Corporate Governance Kodex.
4 *Hüffer*, § 84 AktG Rz. 22; *Kort* in Großkomm. AktG, § 77 AktG Rz. 57; *Krieger*, Personalentscheidungen, S. 255.
5 *Hoffmann-Becking*, ZGR 1998, 497, 517; *Kort* in Fleischer, Handbuch des Vorstandsrechts, § 3 Rz. 15; *Spindler* in MünchKomm. AktG, § 84 AktG Rz. 103; *Wiesner* in MünchHdb. AG, § 24 Rz. 4.
6 § 33 Abs. 1 Satz 1 MitbestG, § 13 Abs. 1 Satz 1 Montan-MitbestG, § 13 Satz 1 Montan-MitbestErgG.

und Altersversorgung.[1] In die gesetzlich gesicherte Zuständigkeit des Arbeitsdirektors fällt jedoch nicht die Verantwortung für die Leitenden Angestellten.[2] Nach allgemeiner Ansicht können dem Arbeitsdirektor auch weitere Aufgaben übertragen werden, sofern die Wahrnehmung seiner Hauptaufgabe darunter nicht leidet. Dies schließt z.B. die Übernahme des Vorstandsvorsitzes nicht aus.[3] Missachten Geschäftsordnung oder Geschäftsverteilungsplan die Mindestzuständigkeit, führt dies zur Nichtigkeit der entsprechenden Beschlüsse.[4]

IV. Stellvertretende Geschäftsleitungsmitglieder

55 **Stellvertretende Vorstandsmitglieder** sind nicht Vertreter eines ordentlichen Vorstandsmitglieds, sondern, wie § 94 AktG deutlich macht, echte und **vollverantwortliche Organmitglieder**. Für ihre Bestellung wie auch für die Vertretungsmacht gelten die allgemeinen Regeln. Der Bestellung eines stellvertretenden Vorstandsmitglieds, die in der Praxis nicht selten im Fall der erstmaligen Berufung in den Vorstand erfolgt, liegt lediglich im Innenverhältnis eine gewisse **hierarchische Differenzierung** zugrunde, die sich an verschiedenen Merkmalen äußern kann, wie z.B. der bisweilen fehlenden Zuweisung eines eigenen Ressorts, Beschränkungen der Geschäftsführungsbefugnis auf den Vertretungsfall, den Konditionen des Anstellungsvertrages und der Länge des Bestellungszeitraums.[5] Aber auch bei bloßer Mitarbeit im Ressort eines anderen Vorstandskollegen ist das stellvertretende Vorstandsmitglied nicht von diesem weisungsabhängig.[6] Das stellvertretende Vorstandsmitglied trägt gem. § 94 AktG uneingeschränkt die Verantwortung zur gemeinsamen eigenverantwortlichen Leitung der Gesellschaft.[7]

56 Ebenso wie § 94 AktG lässt § 44 GmbHG die Bestellung eines **stellvertretenden Geschäftsführungsmitglieds** zu. Seine Vertretungsmacht und Haftung unterscheidet sich nicht von der der anderen Geschäftsführungsmitglieder.[8] Hingegen

---

1 Vgl. OLG Frankfurt v. 23.4.1985 – 5 U 194/84, AG 1986, 262, 263; Einzelheiten bei *Henssler* in Ulmer/Habersack/Henssler, Mitbestimmungsrecht, 2. Aufl. 2006, § 33 Rz. 45; *Kort* in Fleischer, Handbuch des Vorstandsrechts, § 3 Rz. 19; *Oetker* in Großkomm. AktG, § 33 MitbestG Rz. 21; *Raiser/Veil*, MitbestG, 5. Aufl. 2009, § 33 Rz. 16.
2 *Hanau*, ZGR 1977, 346, 347; *Kort* in Großkomm. AktG, § 77 AktG Rz. 60; *Oetker* in Großkomm. AktG, § 33 MitbestG Rz. 21.
3 LG Frankfurt v. 26.4.1984 – 3/6 O 210/83, AG 1984, 276, 277; *Henssler* in Ulmer/Habersack/Henssler, Mitbestimmungsrecht, 2. Aufl. 2006, § 33 Rz. 41; *Oetker* in Großkomm. AktG, 4. Aufl. 1999, § 33 MitbestG Rz. 23; *Raiser/Veil*, MitbestG, 5. Aufl. 2009, § 33 Rz. 22.
4 OLG Frankfurt v. 23.4.1985 – 5 U 194/84, AG 1986, 262; *Henssler* in Ulmer/Habersack/Henssler, Mitbestimmungsrecht, 2. Aufl. 2006, § 33 Rz. 28; *Raiser/Veil*, MitbestG, 5. Aufl. 2009, § 33 Rz. 34.
5 Ziff. 5.1.2 Abs. 2 Satz 1 Deutscher Corporate Governance Kodex empfiehlt bei erstmaliger Bestellung einen Bestellungszeitraum von weniger als 5 Jahren.
6 *Hüffer*, § 94 AktG Rz. 2.
7 *Habersack* in Großkomm. AktG, § 94 AktG Rz. 7; *Krieger*, Personalentscheidungen, S. 220; *Mertens/Cahn* in KölnKomm. AktG, § 94 AktG Rz. 4.
8 Vgl. BGH v. 10.11.1997 – II ZB 6/97, GmbHR 1998, 181, 182; *Höhn*, Die Geschäftsleitung der GmbH, S. 48; *Kleindiek* in Lutter/Hommelhoff, § 44 GmbHG Rz. 2; teilweise einschränkend *Zöllner/Noack* in Baumbach/Hueck, § 44 GmbHG Rz. 12.

sind Einschränkungen der Geschäftsführungsbefugnis zulässig und weitgehend üblich.[1]

V. Vertreter eines Vorstandsmitglieds

Fehlt ein Vorstandsmitglied oder ist es an der Wahrnehmung seines Amtes gehindert, so kann der Aufsichtsrat nach § 105 Abs. 2 AktG für einen im Voraus begrenzten **Zeitraum von maximal einem Jahr** ein Aufsichtsratmitglied zum Vertreter eines Vorstandsmitglieds bestellt werden, wobei es in diesem Zeitraum nach § 105 Abs. 2 Satz 3 AktG seine Aufgabe als Aufsichtsratsmitglied nicht ausüben darf. Seine Kompetenzen und Verantwortung richten sich nach allerdings umstrittener Ansicht[2] nach der Position des fehlenden oder behinderten Vorstandsmitglieds, sofern der Aufsichtsrat in seinem Bestellungsbeschluss keine abweichende Bestimmung vornimmt, so dass insoweit auf die allgemeinen Grundsätze (s. oben Rz. 17 ff.) verwiesen werden kann.

57

VI. Bereichsvorstand

In großen und stark diversifizierten Unternehmen ist bisweilen ein Bereichsvorstand oder Markenvorstand eingerichtet, der unterhalb des Gesamtvorstands als **virtuelle Holding** für einen bestimmten Unternehmensbereich (Sparte) fungiert. Hierbei handelt es sich meist um ein Gremium, das unter der Leitung des für diesen Unternehmensbereich zuständigen Vorstandsmitglieds steht und dem weitere so genannte Bereichsvorstandsmitglieder – typischerweise leitende Angestellte aus dem Unternehmensbereich – angehören. Der Bereichsvorstand ist eine Einrichtung mit Blick auf den Markt und die Öffentlichkeit und hat mit dem Vorstand i.S. von § 76 AktG nichts zu tun.[3] Die neben dem Vorsitzenden des Bereichs als weitere Bereichsvorstandsmitglieder bezeichneten Führungskräfte bleiben ungeachtet ihrer optischen Aufwertung Prokuristen oder Generalbevollmächtigte des Unternehmens. Sie unterstehen weiterhin dem Weisungsrecht des Arbeitgebers und tragen Verantwortung nur in den Grenzen ihrer arbeitsvertraglichen Pflichten.[4] Dem Bereichsvorstand können deshalb auch Aufgaben, die der Gesamtverantwortung des Vorstands unterliegen, nicht übertragen werden.[5] In jedem Fall muss sichergestellt werden, dass bei den Entschei-

58

---

1 *Altmeppen* in Roth/Altmeppen, § 44 GmbHG Rz. 4; *Höhn*, Die Geschäftsleitung der GmbH, S. 48; *Koppensteiner* in Rowedder/Schmidt-Leithoff, § 44 GmbHG Rz. 3; *Zöllner/Noack* in Baumbach/Hueck, § 44 GmbHG Rz. 4.
2 Vgl. *Heidbüchel*, WM 2004, 1317, 1321; *Hopt/M. Roth* in Großkomm. AktG, § 105 AktG Rz. 67; *Hüffer*, § 105 AktG Rz. 9; *Mertens/Cahn* in KölnKomm. AktG, § 105 AktG Rz. 27; *Semler* in MünchKomm. AktG, § 105 AktG Rz. 64.
3 Kritisch gegenüber dem Terminus deshalb *Hoffmann-Becking*, ZGR 1998, 497, 510; s. auch *Schwark* in FS Ulmer, 2003, S. 605, 616; für Unzulässigkeit des Bereichsvorstands unter Beteiligung von leitenden Angestellten jedoch *Kort* in Großkomm. AktG, § 76 AktG Rz. 16; *Kort* in Fleischer, Handbuch des Vorstandsrechts, § 2 Rz. 7.
4 *Hoffmann-Becking*, ZGR 1998, 497, 510; *Raiser/Veil*, Kapitalgesellschaften, § 14 Rz. 29.
5 *Fleischer*, NZG 2003, 449, 452; *Fleischer* in Fleischer, Handbuch des Vorstandsrechts, § 1 Rz. 55; *Schwark* in FS Ulmer, 2003, S. 605, 614; *Turiaux/Knigge*, DB 2004, 2199, 2203; vgl. auch *Götz*, ZGR 2003, 1, 11.

dungen des Bereichsvorstands die **Verantwortung des Gesamtvorstands** gewahrt und eingefordert wird, indem insbesondere die Berichtspflichten gegenüber dem Gesamtvorstand beachtet und die **Kontroll- und Interventionsrechte** der übrigen dem Bereichsvorstand nicht angehörenden Vorstandsmitglieder beachtet werden.[1] Werden z.B. die Berichtspflichten gegenüber dem Gesamtvorstand durch Berichtspflichten gegenüber dem Vorstandsvorsitzenden ersetzt, so wird die gegenseitige Überwachung der Vorstandsmitglieder in problematischer Weise ausgehöhlt und zudem die irrige Vorstellung gefördert wird, die ausgeschlossenen Vorstandsmitglieder seien insoweit aus ihrer Gesamtverantwortung entlassen.[2]

VII. Vorstandsausschuss

59 Nicht selten finden sich in Großunternehmen Vorstandsausschüsse, denen nur ein Teil der Vorstandsmitglieder angehört und die für einen Geschäftsbereich oder eine bestimmte Aufgabe eine besondere Verantwortung tragen. Hat der Vorstandsausschuss z.B. als Präsidium, *Steering Committee*, Projekt-, Lenkungs- oder Integrationsausschuss die Aufgabe, die Entscheidung des Vorstands vorzubereiten und etwa ein bestimmtes Projekt zur Entscheidungsreife im Gesamtvorstand zu führen, so löst das keine rechtlichen Probleme aus.[3] Soll der Vorstandsausschuss jedoch z.B. als „*Group Executive Committee*" endgültige Entscheidungen mit großer Tragweite für das Unternehmen treffen, so führt die Beschränkung des Ausschusses auf bestimmte Vorstandsmitglieder zu einem Verstoß gegen den dem Kollegialprinzip innewohnenden **Grundsatz der Gleichberechtigung und Gesamtverantwortung**, da die anderen Vorstandsmitglieder von der Entscheidung ausgeschlossen sind.[4] Ob der Vorstandsausschuss durch Beschluss des Gesamtvorstands eingesetzt worden ist, ist unbeachtlich, da die Gesamtverantwortung nicht zur Disposition der Organmitglieder steht und kein Vorstandsmitglied aus der Verantwortung entlassen werden darf. Die Einsetzung eines solchen Ausschusses ist nur dann rechtlich unbedenklich, wenn die dem Ausschuss nicht angehörenden Vorstandsmitglieder umfassend und kontinuierlich über die Ausschussarbeit informiert werden, so dass sie jederzeit von ihrem Interventionsrecht Gebrauch machen und die Behandlung der Angelegenheit im Gesamtvorstand verlangen können.[5] Ein Verstoß liegt schließlich ebenso vor, wenn ein bestimmtes Projekt von vom Vorstandsvorsitzenden ausgewählten Vorstands-

---

1 *Schwark* in FS Ulmer, 2003, S. 605, 615; *Spindler* in MünchKomm. AktG, § 77 AktG Rz. 68.
2 Zum Grenzfall Deutsche Bank vgl. z.B. *Hoffmann-Becking*, NZG 2003, 745, 748; *v. Hein*, ZHR 166 (2002), 464, 467; dazu auch OLG Frankfurt v. 30.1.2006 – 20 W 56/05, ZIP 2006, 610, 612 – Deutsche Bank.
3 *Heller*, Unternehmensführung, S. 87; *Hoffmann-Becking*, ZGR 1998, 497, 516; *Martens* in FS Fleck, 1988, S. 191, 205; *Schiessl*, ZGR 1992, 64, 78; *Spindler* in MünchKomm. AktG, § 76 AktG Rz. 32.
4 *Bedkowski*, Geschäftsleiterpflichten, S. 187; *Hoffmann-Becking*, ZGR 1998, 497, 516; *Kort* in Fleischer, Handbuch des Vorstandsrechts, § 3 Rz. 27; *Martens* in FS Fleck, 1988, S. 191, 207; *Mielke*, Leitung, S. 68; *Schiessl*, ZGR 1992, 64, 79.
5 *Heller*, Unternehmensführung, S. 88; *Hoffmann-Becking*, ZGR 1998, 497, 517; *Kort* in Fleischer, Handbuch des Vorstandsrechts, § 3 Rz. 27; *Spindler* in MünchKomm. AktG, § 77 AktG Rz. 71.

mitgliedern betrieben und dem Gesamtvorstand nur formal zur abschließenden Zustimmung vorgelegt werden soll, ohne dass zu diesem Zeitpunkt noch auf die Gestaltung des Vorhabens Einfluss genommen werden kann. Ebenso wenig zulässig ist ein Zentralausschuss oder ein Vorstandspräsidium, dem die Kompetenz eingeräumt wird, Meinungsverschiedenheiten zwischen Vorstandsmitgliedern endgültig zu entscheiden.[1]

E. Delegation

I. Vorbemerkung

Die oben im Abschnitt B. (s. oben Rz. 17) erläuterte Geschäftsverteilung innerhalb des Vorstands oder der Geschäftsführung stellt der Sache nach eine Delegation von gemeinschaftlichen Aufgaben auf einzelne Organmitglieder dar. Davon zu unterscheiden ist die Delegation im engeren Sinne, die die Delegation von Geschäftsleitungsaufgaben auf Adressaten betrifft, die außerhalb des Geschäftsleitungsorgans stehen. Dies ist zum einen die **unternehmensinterne Delegation** von zentralen Vorstands- oder Geschäftsführungsaufgaben auf Stellen innerhalb des Unternehmens, die der Leitungsebene nachgeordnet sind. Zum anderen handelt es sich um die **externe Delegation** auf Dritte wie Tochtergesellschaften oder Fremdunternehmen, die üblicherweise als **Outsourcing** bezeichnet wird.

60

II. Unternehmensinterne Delegation

1. Allgemeines

Die Komplexität des modernen Wirtschaftslebens macht eine Arbeitsteilung im Unternehmen in hohem Maße unausweichlich. Dies gilt in Besonderheit für die Geschäftsleitung. Ungeachtet ihrer umfassenden Zuständigkeit ist sie auf die Delegation von Aufgaben angewiesen. Typisch ist neben der Delegation der Arbeiten im laufenden Tagesgeschäft, die Delegation der Entscheidungsvorbereitung, also der Erarbeitung von Beschlussvorlagen, der Analyse von Entscheidungsalternativen und der Erstellung von für die Entscheidung benötigten Unterlagen an Angestellte auf den nachgeordneten Unternehmensebenen, auf deren Grundlage anschließend auf der Geschäftsleitungsebene die endgültigen Beschlüsse herbeigeführt werden. Ebenso in Betracht kommt die Delegation von allgemeinen oder speziellen Arbeiten und Maßnahmen an Mitarbeiter zur Ausführung der von der Geschäftsleitung in alleiniger Verantwortung verabschiedeten Entscheidungen.

61

Die **Delegation von Funktionen und Verantwortung ist Teil der Leitungsaufgabe des Vorstands**, über die er im Rahmen seines unternehmerischen Ermessens zu entscheiden hat.[2] Dabei steht dem Vorstand grundsätzlich ein weiter Spielraum zu, in welchem Umfang er von der Delegationsbefugnis Gebrauch macht. Zu weit

62

---

1 *Hoffmann-Becking*, ZGR 1998, 497, 516; *Kort* in Großkomm. AktG, § 77 AktG Rz. 45.
2 *Hegnom*, CCZ 2009, 57, 58; *Kort* in Großkomm. AktG, § 76 AktG Rz. 36; *Mertens/Cahn* in KölnKomm. AktG, § 76 AktG Rz. 9; *Turiaux/Knigge*, DB 2004, 2199, 2204.

geht allerdings die Ansicht, dass der Vorstand im Rahmen des effizienten Einsatzes von personellen Ressourcen verpflichtet sei, delegierbare Aufgaben auch zu delegieren.[1] Mit der Delegation werden die Mitglieder von Vorstand oder Geschäftsführung nicht vollständig von ihrer Verantwortung für den betroffenen Aufgabenbereich befreit. Es bleibt auf Grund der ihnen obliegenden Gesamtverantwortung stets die Überwachungspflicht.[2] Für die Spartenorganisation (s. oben Rz. 15) gelten hinsichtlich Delegation von Aufgaben und Funktionen im Grundsatz die gleichen Regeln.

2. Voraussetzungen der unternehmensinternen Delegation

63 Ausgehend von den zu den §§ 831, 823 BGB entwickelten Grundsätzen setzt die Delegation von Aufgaben an Angestellte deren **sorgfältige Auswahl, Einweisung und Einarbeitung sowie die fachliche Eignung und persönliche Zuverlässigkeit** voraus. Soweit die fachlichen Anforderungen nicht in ausreichendem Umfang vorhanden sind, muss für die notwendige Vermittlung der benötigten Kenntnisse und Fertigkeiten gesorgt werden.[3] Schließlich muss für ihre regelmäßige und angemessene Fortbildung gesorgt werden.[4]

64 Über die **Aufgabendelegation** entscheidet der Vorstand der AG bzw. die Geschäftsführung der GmbH im Rahmen des ihnen **zustehenden unternehmerischen Ermessens**.[5] Die Entscheidung hat damit die inhaltlichen Anforderungen der Business Judgement Rule nach § 93 Abs. 1 Satz 2 AktG zu beachten, der der Sache nach auch für die Geschäftsführer der GmbH gilt[6], sofern insoweit nicht eine Weisung der Gesellschafter erfolgt.[7] Über die interne Delegation entscheidet das für das Ressort zuständige Organmitglied, falls eine Ressortaufteilung vorhanden ist. Besteht keine Ressortaufteilung, so bedarf die Delegation einer Entscheidung des Gesamtorgans. Die Delegation ist formlos wirksam.[8] Den Anforderungen guter Corporate Compliance entspricht allerdings aus Gründen der ordnungsgemäßen Dokumentation nur eine **schriftlich festgehaltene Delegation**.

---

1 So aber *Hommelhoff*, Konzernleitungspflicht, S. 181.
2 *Martens* in FS Fleck, 1988, S. 191, 196; *Schiessl*, ZGR 1992, 64, 81; vgl. auch *Götz*, AG 1995, 337, 338.
3 Vgl. KG v. 9.10.1998 – 14 U 4823/96, NZG 1999, 400, 401; *Fleischer* in Fleischer, Handbuch des Vorstandsrechts, § 8 Rz. 30; *Haas* in Michalski, § 43 GmbHG Rz. 167; *Kleindiek* in Lutter/Hommelhoff, § 43 GmbHG Rz. 22; *Uwe H. Schneider* in Scholz, § 43 GmbHG Rz. 41; *Sina*, GmbHR 1990, 65, 66.
4 *Uwe H. Schneider* in FS 100 Jahre GmbHG, 1992, S. 473, 486.
5 *Fleischer*, ZIP 2003, 1, 8; *Fleischer* in Fleischer, Handbuch des Vorstandsrechts, § 1 Rz. 56; *Grunewald*, Gesellschaftsrecht, 7. Aufl. 2008, 2 C.45; *Haas* in Michalski, § 43 GmbHG Rz. 54; *Hüffer* in Liber amicorum Happ, 2006, S. 93, 107.
6 BGH v. 4.11.2002 – II ZR 224/00, BGHZ 152, 280, 287 = AG 2003, 381; BGH v. 14.7.2008 – II ZR 202/07, GmbHR 2008, 1033; OLG Stuttgart v. 26.5.2003 – 5 U 160/02, GmbHR 2003, 835, 836; *Kleindiek* in Lutter/Hommelhoff, § 43 GmbHG Rz. 16; *Raiser/Veil*, Kapitalgesellschaften, § 32 Rz. 85; *Zöllner/Noack* in Baumbach/Hueck, § 43 GmbHG Rz. 22.
7 Vgl. *Oltmanns*, Geschäftsleiterhaftung und unternehmerisches Ermessen, 2001, S. 352; *Zöllner/Noack* in Baumbach/Hueck, § 43 GmbHG Rz. 28.
8 Ebenso *Uwe H. Schneider* in FS 100 Jahre GmbHG, 1992, S. 473, 488.

3. Grenzen der Delegation

Der **Vorstand der AG** hat bei der Delegation auf nachgeordnete Abteilungen nicht 65
nur das **Gebot der Eigenverantwortlichkeit** bei der Ausübung der Leitungsmacht
gem. § 76 Abs. 1 AktG zu befolgen, sondern darüber hinaus die Grenzen zu beachten, die auch für eine organinterne Geschäftsverteilung hinsichtlich der **originären Führungsfunktionen** von Bedeutung sind (s. oben Rz. 26 ff.). Insbesondere
hat er sicherzustellen, dass von den beauftragten Abteilungen oder Mitarbeitern
bei der Erledigung der delegierten Aufgaben, soweit es sich um **Funktionen im
Leitungsbereich** handelt, die Vorgaben der Geschäftsleitung beachtet und **keine
definitiven Entscheidungen** getroffen werden, sondern dem Vorstand das Letztentscheidungsrecht verbleibt.[1] Schließlich muss der Vorstand die Möglichkeit
haben, die **Delegation jederzeit rückgängig zu machen** und die Aufgaben und
Funktionen wieder an sich zu ziehen.[2] Auf Grund des arbeitsrechtlichen Direktionsrechts gegenüber den Mitarbeitern ist dies gewährleistet. Unter Berücksichtigung dieser Vorgaben können jederzeit vorbereitende oder ausführende Aufgaben
sowie Unterstützungsfunktionen vom Vorstand an Mitarbeiter delegiert werden.

Das interne Berichtswesen muss allerdings sicherstellen, dass der Vorstand sein 66
Leitungsrecht im Ernstfall auch wahrnehmen kann. Im Geltungsbereich des MitbestG ist bei einer Delegation auf nachgeordnete Stellen auch zu beachten, dass
dem Arbeitsdirektor der ihm nach § 33 MitbestG zustehende Entscheidungsbereich in grundlegenden Fragen des Personal- und Sozialwesens erhalten bleibt
(s. oben Rz. 54).

Im Unterschied zur AG ist den **Geschäftsführern der GmbH kein geschützter** 67
Bereich der eigenverantwortlichen Geschäftsleitung zugewiesen.[3] Ihr Aufgabenbereich kann demgemäß kraft des Weisungsrechts der Gesellschafter, auch soweit **Funktionen im Leitungsbereich** betroffen sind, weitgehend auf nachgeordnete Abteilungen übertragen werden.[4] Ob der Geschäftsführung ein Kernbestand
eigener Sachentscheidungen in Geschäftsleitungsfragen als „Chefsache" vorbehalten bleiben muss, ist streitig.[5] In jedem Fall sind der Delegation hinsichtlich

---

1 *Fleischer* in Fleischer, Handbuch des Vorstandsrechts, § 8 Rz. 27; *Henze*, BB 2000, 209, 210; *Kort* in Großkomm. AktG, § 76 AktG Rz. 49; *Mertens/Cahn* in KölnKomm. AktG, § 76 AktG Rz. 45; *Mielke*, Leitung, S. 93; *Turiaux/Knigge*, DB 2004, 2199, 2205; *Veil*, Unternehmensverträge, S. 88.
2 *Kort* in Großkomm. AktG, § 76 AktG Rz. 49; *Mertens/Cahn* in KölnKomm. AktG, § 76 AktG Rz. 45; *Stein*, ZGR 1988, 163, 170; *Turiaux/Knigge*, DB 2004, 2199, 2205.
3 Vgl. BGH v. 14.12.1959 – II ZR 187/57, BGHZ 31, 258, 278; OLG Frankfurt v. 7.2.1997 – 24 U 88/95, GmbHR 1997, 346, 347; *Uwe H. Schneider* in Scholz, § 37 GmbHG Rz. 30; *Ziemons*, Haftung der Gesellschafter, S. 21.
4 BGH v. 15.10.1996 – VI ZR 319/95, BGHZ 133, 370, 377; *Kleindiek* in Lutter/Hommelhoff, § 37 GmbHG Rz. 12; *Mertens* in Hachenburg, § 37 GmbHG Rz. 15.
5 So z.B. *Hommelhoff*, ZGR 1978, 119, 128; *Mertens* in Hachenburg, § 37 GmbHG Rz. 16; *Zöllner* in Baumbach/Hueck, § 46 GmbHG Rz. 5, 93; *Zöllner/Noack* in Baumbach/Hueck, § 37 GmbHG Rz. 18; wohl auch *Haas* in Michalski, § 43 GmbHG Rz. 167; a.A. OLG Nürnberg v. 9.6.1999 – 12 U 4408/98, NZG 1999, 154, 155; OLG Karlsruhe v. 25.8.1995 – 15 U 286/94, GmbHR 1996, 208, 209; *Altmeppen* in Roth/Altmeppen, § 37 GmbHG Rz. 4; *Eisenhardt* in FS Pfeiffer, 1988, S. 839, 846; *Koppensteiner* in Rowedder/Schmidt-Leithoff, § 37 GmbHG Rz. 22; *Ziemons*, Haftung der Gesellschafter, S. 22.

der gesetzlich bestimmten Aufgaben der Geschäftsführung (vgl. z.B. §§ 7, 30, 31, 33, 40, 41, 49 Abs. 3, 57 Abs. 1, 64 GmbHG, § 15 InsO, § 33 MitbestG, § 264 Abs. 1 HGB, § 34 AO) zwingende Grenzen gesetzt.[1]

4. Kontrollverantwortung

68 Mit der wirksamen Delegation werden Entscheidungsmacht und Verantwortung auf den nachgeordneten Adressaten und Aufgabenempfänger im Unternehmen übertragen. Ähnlich wie bei der organinternen Geschäftsverteilung (s. oben Rz. 65) führt die Delegation jedoch **keine völlige Entlastung der Geschäftsleitung** herbei, sondern begründet **Überwachungs- und Aufsichtspflichten als Restzuständigkeit der Leitungsaufgabe**.[2] Bei mehrfach hierarchisch gestuften Unternehmensstrukturen bezieht sich die Überwachungspflicht der Geschäftsleitung auf die unmittelbar unterstellten Mitarbeiter und deren Führungs- und Überwachungsverhalten.[3] Dies schließt die Einrichtung entsprechender Organisations-, Berichts- und Kontrollstrukturen ein, damit die Geschäftsleitung über die notwendigen Informationen verfügt, um im Notfall erforderliche Maßnahmen ergreifen zu können.[4]

69 In Abhängigkeit vom Geschäftszweig des Unternehmens und dem sich aus seiner Größe und Komplexität ergebenden Risikoprofil ist die Geschäftsleitung gehalten, besondere Organisationsmaßnahmen zu ergreifen, insbesondere ein **Compliance-System** einzurichten, um den vielfältigen rechtlichen Anforderungen sachgerecht und angemessen begegnen zu können, die sich aus den technischen, regulativen und sonstigen Herausforderungen und Risiken der Unternehmenstätigkeit ergeben.[5] Ziff. 4.1.3 Deutscher Corporate Governance Kodex enthält zwar keine Verhaltensempfehlung, sondern hat nur deskriptiven Charakter. Die Regelung lässt sich aber zusammen mit Ziff. 3.4 Abs. 2 Deutscher Corporate Governance Kodex durchaus als Hinweis auf die besondere Compliance-Verantwortung verstehen. Gesetzliche Grundlagen z.B. für eine Compliance-Organisation für Wertpapierdienstleistungsunternehmen finden sich in § 33 WpHG (s. im Einzelnen unten *Gebauer/Kleinert*, § 20 Rz. 82 ff.). Das Compliance-System

---

1 *Altmeppen* in Roth/Altmeppen, § 37 GmbHG Rz. 6; *Kleindiek* in Lutter/Hommelhoff, § 37 GmbHG Rz. 12; *Uwe H. Schneider* in FS 100 Jahre GmbHG, 1992, S. 473, 487.
2 BGH v. 15.10.1996 – VI ZR 319/95, BGHZ 133, 370, 377; KG v. 9.10.1998 – 14 U 4823/96, NZG 1999, 400; *Götz*, AG 1995, 337, 338; *Haas* in Michalski, § 43 GmbHG Rz. 170; *Hegnom*, CCZ 2009, 57, 61; *Heller*, Unternehmensführung, S. 35; *Semler*, Überwachung, Rz. 24; *Sina*, GmbHR 1990, 65; *Turiaux/Knigge*, DB 2004, 2199, 2205.
3 KG v. 9.10.1998 – 14 U 4823/96, NZG 1999, 400; *Fleischer* in Fleischer, Handbuch des Vorstandsrechts, § 8 Rz. 39; *Haouache*, Unternehmensbeauftragte, S. 69; *Lohr*, NZG 2000, 1204, 1210; *Uwe H. Schneider* in Scholz, § 43 GmbHG Rz. 41.
4 OLG Köln v. 31.8.2000 – 18 U 42/00, AG 2001, 363, 364; *Götz*, AG 1995, 337, 338; *Haas* in Michalski, § 43 GmbHG Rz. 171.
5 Vgl. zur Einrichtung von Corporate Compliance Systemen unten *Kremer/Klahold*, § 21 (S. 613 ff.) sowie *Fleischer* in Fleischer, Handbuch des Vorstandsrechts, § 8 Rz. 43; *Hauschka* (Hrsg.), Corporate Compliance, 2007 m.w.N.; zur Compliance im Konzern vgl. z.B. *Fleischer*, CCZ 2008, 1; *Uwe H. Schneider/Sven H. Schneider*, ZIP 2007, 2061.

tritt ergänzend neben das Frühwarnsystem zur Erfassung und Erkennung existenzgefährdender Risiken i.S. von § 91 Abs. 2 AktG.[1]

5. Unternehmensbeauftragte

Nur in eingeschränktem Umfang kann die Bestellung von Unternehmensbeauftragten als Teil der Geschäftsleitung betrachtet werden. Verschiedene spezialgesetzliche Vorschriften fordern die Bestellung von Betriebs- oder Unternehmensbeauftragten zur Wahrung von Belangen, die im öffentlichen Interesse als besonders schutzwürdig eingestuft werden.[2] Für einige dieser Beauftragten ist die Mitgliedschaft im Vorstand bzw. Geschäftsführung zwingend. Bei diesen Einrichtungen handelt es sich im Regelfall nicht um die Wahrnehmung einer der Geschäftsleitung zuzurechnenden Kompetenz, sondern um eine außerhalb der Unternehmenshierarchie stehende **unternehmensinterne Überwachungsfunktion in Ergänzung zur externen staatlichen Aufsicht**.[3] Deshalb stehen den Unternehmensbeauftragten regelmäßig auch **besondere Rechte gegenüber der Geschäftsleitung** zu.[4] Soweit die Einsetzung von Unternehmensbeauftragten gesetzlich vorgeschrieben ist, handelt es sich bei diesen Funktionen nicht um eine freiwillige Delegation von Aufgaben der Geschäftsleitung auf ein bestimmtes Geschäftsleitungsmitglied oder einen Mitarbeiter einer nachgeordneten Ebene, sondern um die Befolgung eines an den Unternehmensträger adressierten Gesetzesbefehls. Die Unternehmensleitung ist kraft Gesetzes zur Bestellung der Betriebs- oder Unternehmensbeauftragten verpflichtet, hat aber ein Ermessen bei der Personalauswahl.

70

Anders zu beurteilen ist die Einsetzung eines **kraft autonomer Entscheidung der Geschäftsleitung eingesetzten Unternehmensbeauftragten**, z.B. als Compliance Beauftragter[5], Corporate Governance Beauftragter[6], Familienbeauftragter oder Qualitätsbeauftragter. Diese Beauftragten nehmen eine vom Vorstand oder der Geschäftsführung besonders hoch eingeschätzte Aufgabe wahr, die ihnen im Wege der unternehmensinternen Delegation zugewiesen wird. Dabei stehen ihnen jedoch **keine Autonomie in ihrer Amtsführung und keine besonderen Rechte gegenüber der Geschäftsleitung** zu, sondern sie erledigen ihre Aufgabe in deren Auftrag und unterstehen deren Weisungen. Der Geschäftsleitung

71

---

1 Vgl. bereits BGH v. 12.7.1979 – III ZR 154/77, BGHZ 75, 96, 120, 133 = AG 1980, 53 – Herstatt; Götz, AG 1995, 337, 338.
2 Vgl. z.B. Arbeitssicherheitsbeauftragter, § 5 ArbSichG; Betriebsarzt, § 2 ArbSichG; Datenschutzbeauftragter, § 36 BDSG; Geldwäschebeauftragter, § 14 Abs. 2 Nr. 1 GwG; Gewässerschutzbeauftragter, § 21a WHG; Immissionsschutzbeauftragter, Störfallbeauftragter, §§ 53, 58 BImschG; Abfallbeauftragter, § 54 KrW-AbfG; weiterhin Ausfuhrverantwortlicher gem. Nr. 2 der Grundsätze der Bundesregierung zur Prüfung der Zuverlässigkeit von Exporteuren von Kriegswaffen und rüstungsrelevanten Gütern vom 25.7.2001.
3 Dreher in FS Claussen, 1997, S. 69, 71; Haouache, Unternehmensbeauftragte, S. 23; Rehbinder, ZHR 165 (2001), 1, 10; vgl. auch Uwe. H. Schneider in FS 100 Jahre GmbHG, 1992, S. 473, 480 (zur GmbH).
4 Dreher in FS Claussen, 1997, S. 69, 72; Haouache, Unternehmensbeauftragte, S. 23; Rehbinder, ZGR 1989, 321 ff.; vgl. auch Kort in Großkomm. AktG, § 76 AktG Rz. 48.
5 S. dazu z.B. Bürkle, BB 2005, 565; Hauschka, NJW 2004, 257, 259; Lösler, NZG 2005, 104, 105.
6 S. dazu z.B. Peltzer, DB 2002, 2580; Seibt, AG 2002, 249, 254.

kommt damit weiterhin die Führungs- und Kontrollverantwortung für diese Mitarbeiter zu.

III. Unternehmensexterne Delegation

1. Allgemeines

72 Entscheidet sich die Geschäftsleitung im Rahmen ihres unternehmerischen Ermessens z.B. aus Effizienz- und Kostengründen oder zur Sicherstellung der technologischen Fortentwicklung für die externe Delegation von bestimmten bisher im Unternehmen wahrgenommenen Aufgaben und Funktionen, hat dies im Unterschied zur (vertikalen) unternehmensinternen Delegation relativ tief greifende Einschnitte in die Unternehmensstruktur zur Folge. **„Make-or-buy"-Prozesse**, die zur Aufgabe von bestimmten Funktionsbereichen führen, lassen sich in der Regel nicht oder jedenfalls nicht kurzfristig und meist nur mit erheblichem Aufwand rückgängig machen. Dies gilt es insbesondere bei der Verlagerung von Funktionen an externe Dritte, aber eingeschränkt auch bei der Verlagerung in Konzerngesellschaften zu bedenken. Ausgespart bleibt die Darstellung des Betriebsführungs- oder Managementvertrages.[1]

2. Voraussetzungen der unternehmensexternen Delegation

73 Nach § 76 Abs. 1 AktG hat der Vorstand das Recht und die Pflicht, die Gesellschaft eigenverantwortlich zu leiten. Entscheidet sich der Vorstand im Rahmen seines Ermessens auf Grund strategischer Überlegungen dafür, eigene Unternehmensfunktionen auf externe Dritte auszulagern, so hat er dabei zu beachten, dass **originäre Führungsfunktionen** ebenso wenig ausgelagert werden dürfen wie Hilfsfunktionen, die für die Wahrnehmung der Führungsfunktion und seiner unternehmerischen Verantwortung unverzichtbar sind[2] (s. oben Rz. 29). Welche konkreten Einzelfunktionen darüber hinaus einem Auslagerungsverbot unterliegen, ist nicht vollständig geklärt und kann nur im konkreten Einzelfall unter Berücksichtigung der konkreten Unternehmenssituation beurteilt werden.[3] Stets hat der Vorstand jedoch sicherzustellen, dass er ungeachtet einer erfolgten Delegation seine Führungsfunktionen eigenverantwortlich wahrnehmen kann. Dies bedeutet, dass speziell im Hinblick auf die Anforderungen an die Zulässigkeit eines **Outsourcing der Datenverarbeitung** sichergestellt werden muss, dass die für den Vorstand verfügbare IT-Infrastruktur und die Systeme auch die Unterstützungsfunktion in organisatorischer und funktioneller Hinsicht erbringen, auf die der Vorstand zur Wahrung seiner Führungsfunktion angewiesen ist.[4]

---

1 Vgl. dazu z.B. *Fleischer*, ZIP 2003, 1, 9; *Huber*, ZHR 152 (1988), 1 ff., 123 ff.; *Krieger* in MünchHdb. AG, § 72 Rz. 41.
2 *Fleischer* in Fleischer, Handbuch des Vorstandsrechts, § 1 Rz. 57; *Hüffer*, § 76 AktG Rz. 8; *Kort* in Großkomm. AktG, § 76 AktG Rz. 50; *Mertens/Cahn* in KölnKomm. AktG, § 76 AktG Rz. 4, 45; *Semler*, Überwachung, Rz. 22; *Stein*, ZGR 1988, 163, 168; *Veil*, Unternehmensverträge, S. 89.
3 S. dazu z.B. *Spindler* in MünchKomm. AktG, § 76 AktG Rz. 16; *Veil*, Unternehmensverträge, S. 89 ff.
4 LG Darmstadt v. 6.5.1986 – 14 O 328/85, AG 1987, 218 – EDS/Opel; *Hirte*, CR 1992, 193, 195; *Spindler* in MünchKomm. AktG, § 76 AktG Rz. 19; *Stein*, ZGR 1988, 163, 169.

3. Kontrollverantwortung

Beim Abschluss eines Outsourcing-Vertrages muss der Vorstand neben der sorgfältigen Auswahl des Dritten darauf achten, dass der verlagernden Gesellschaft nicht nur vertraglich **Informations-, Steuerungs- und Kontrollrechte** eingeräumt werden, sondern dass ungeachtet der Delegation das **Letztentscheidungsrecht der Geschäftsleitung** gewährleistet ist, wie wenn die Aufgabe noch im Unternehmen wahrgenommen würde.[1] Darüber hinaus ist zu verlangen, dass das auslagernde Unternehmen durch geeignete organisatorische Maßnahmen personelle Restkompetenzen und Know-how im eigenen Unternehmen sichert, um der Gefahr einer existentiellen Abhängigkeit von dem Dienstleister (Beurteilung von technologischen Entwicklungen, Systemwechsel und Investitionen) zu begegnen und um es der Geschäftsleitung zu ermöglichen, nicht nur die vertraglichen Informations-, Steuerungs- und Kontrollrechte kompetent und effektiv wahrnehmen zu können, sondern im Notfall auch in verantwortlicher Weise über eine Kündigung des Outsourcing-Vertrages entscheiden zu können.[2] Der **Zugriff auf die existenznotwendigen Daten** muss stets gesichert sein, z.b. durch Sicherung der Eigentumsrechte an sensiblen Daten, Ausschluss von Zurückbehaltungsrechten im Fall der Vertragsbeendigung etc.[3] Mit der Auslagerung wird die Verantwortung der Geschäftsleitung für die sachgerechte Erfüllung der übertragenen Aufgaben deutlich modifiziert und auf die Überwachungsfunktion reduziert.

74

Ob man im Fall der **100%igen Tochtergesellschaft** ähnliche Anforderungen an die Absicherung des Letztentscheidungsrechts der Geschäftsleitung stellen kann wie bei der unternehmensinternen Delegation, ist offen. Die Obergesellschaft ist mangels Drittinteressen regelmäßig in der Lage, ihre eigenen Interessen nicht nur über die vertraglichen Rechte sondern auch auf anderem Weg durchzusetzen.[4] Strenge Anforderungen an die vertragliche Absicherung der unternehmerischen Verantwortung sind allerdings im Fall des **Outsourcing an einen externen Dritten** zu beachten, da die Gesellschaft in diesem Fall allein auf ihre vertraglichen Rechte angewiesen ist. § 25a Abs. 2 KWG und § 64 Abs. 4 VAG zu Outsourcing-Verträgen in der Kredit- bzw. Versicherungswirtschaft können insoweit wertvolle Anhaltspunkte liefern.[5]

75

---

1 LG Darmstadt v. 6.5.1986 – 14 O 328/85, AG 1987, 218 – EDS/Opel; *Fleischer*, ZIP 2003, 1, 10; *Henze*, BB 2000, 209, 210; *Hirte*, CR 1992, 193, 195; *Kort* in Großkomm. AktG, § 76 AktG Rz. 48; *Semler*, Überwachung, Rz. 24; *Stein*, ZGR 1988, 163, 171; *Turiaux/Knigge*, DB 2004, 2199, 2206.
2 S. auch die Warnung von *Stein*, ZGR 1988, 163, 173, dass der „Kontrollierte zwangsläufig zum Kontrolleur" würde.
3 *Fleischer*, ZIP 2003, 1, 10; *Kort* in Großkomm. AktG, § 76 AktG Rz. 37; *Spindler* in MünchKomm. AktG, § 76 AktG Rz. 19.
4 Ebenso *Stein*, ZGR 1988, 163, 170; wohl auch *Fleischer* in Spindler/Stilz, § 76 AktG Rz. 69.
5 Vgl. auch die aufsichtsrechtlichen Grundsätze zur Funktionsausgliederung in der Versicherungswirtschaft gem. § 5 Abs. 3 Nr. 4 VAG und dazu z.B. *Präve* in Prölls, VAG, 12. Aufl. 2005, § 5 Rz. 73 ff.; vgl. generell z.B. *Spindler*, Unternehmensorganisationspflichten, S. 236 ff.

F. Haftung

I. Allgemeines

76 Die Binnenhaftung der Mitglieder des Vorstands einer AG, bzw. der Geschäftsführung einer GmbH ist ungeachtet ihrer Gesamtverantwortung sowohl nach § 93 Abs. 2 AktG als auch nach § 43 Abs. 2 GmbHG stets eine **Haftung für eigenes Verschulden** bei der Verletzung der ihnen persönlich obliegenden Sorgfaltspflichten.[1] Demgemäß ist bei der Beurteilung der persönlichen Haftung von einzelnen Organmitgliedern gegenüber der Gesellschaft auf ihre individuelle Verantwortung im Rahmen der Geschäftsführung abzustellen. Zu berücksichtigen ist, dass wegen des **objektiv-typisierten Verschuldensmaßstabs** mit der Verletzung von Sorgfaltspflichten regelmäßig auch das Verschulden des Organmitglieds zu bejahen ist.[2] Vgl. zur Sorgfaltspflicht und Haftung generell *Krieger*, § 3 Rz. 37 ff. und *Uwe H. Schneider*, § 2 Rz. 35 ff.

77 Die dem Organmitglied im Rahmen der Geschäftsverteilung konkret zugewiesene Aufgabe innerhalb des Gesamtgremiums wirkt sich zwangsläufig auf seine individuelle Haftung maßgeblich aus, denn die zulässige Geschäftsverteilung im mehrköpfigen Geschäftsleitungsorgan führt zu einer **Reduktion der individuellen Pflichten** des einzelnen Organmitglieds (s. oben Rz. 19) und damit zu einer Reduktion seines Haftungsrisikos.

78 Für den Geschäftsführer einer GmbH gilt allerdings, dass eine Haftung wegen sorgfaltswidrigen Verhaltens nach § 43 Abs. 2 GmbHG gegenüber der Gesellschaft ausscheidet, wenn sein Handeln auf eine **bindende Weisung der Gesellschafter** zurückgeht.[3] In diesem Fall kommt auch eine Haftung gegenüber der Gesellschaft nach anderen Anspruchsgrundlagen nicht in Betracht.[4]

79 Eine **Zurechnung des Verschuldens von Dritten** gegenüber einem Organmitglied wie z.B. von Angestellten des Unternehmens kommt ebenso wenig in Betracht

---

1 BGH v. 8.7.1985 – II ZR 198/84, GmbHR 1986, 19; *Bedkowski*, Geschäftsleiterpflichten, S. 185; *Hopt* in Großkomm. AktG, § 93 AktG Rz. 55; *Mertens/Cahn* in KölnKomm. AktG, § 93 AktG Rz. 48; *Wiesner* in MünchHdb. AG, § 26 Rz. 8; *Koppensteiner* in Rowedder/Schmidt-Leithoff, § 43 GmbHG Rz. 9; s. auch *Peters*, GmbHR 2008, 682, 686; *Uwe H. Schneider* in Scholz, § 43 GmbHG Rz. 31.
2 BGH v. 16.2.1981 – II ZR 49/80, GmbHR 1981, 191, 192 (zur GmbH); BGH v. 28.10.1971 – II ZR 49/70, WM 1971, 1548, 1549 (zur AG); *Fleischer* in Fleischer, Handbuch des Vorstandsrechts, § 11 Rz. 55; *Hopt* in Großkomm. AktG, § 93 AktG Rz. 255; *Mertens/Cahn* in KölnKomm. AktG, § 93 AktG Rz. 136; *Spindler* in MünchKomm. AktG, § 93 AktG Rz. 158.
3 BGH v. 10.5.1993 – II ZR 74/92, BGHZ 122, 339, 336; BGH v. 21.6.1999 – II ZR 47/98, BGHZ 142, 92, 95; *Bedkowski*, Geschäftsleiterpflichten, S. 468; *Haas* in Michalski, § 43 GmbHG Rz. 182; *Koppensteiner* in Rowedder/Schmidt-Leithoff, § 43 GmbHG Rz. 28; *Uwe H. Schneider* in Scholz, § 43 GmbHG Rz. 119.
4 BGH v. 21.6.1999 – II ZR 47/98, GmbHR 1999, 921, 922; *Haas* in Michalski, § 43 GmbHG Rz. 182.

wie das von anderen Organmitgliedern. Weder § 278 BGB[1] noch § 831 BGB sind anwendbar.[2] Die Mitverantwortung oder Versäumnisse anderer Mitglieder des Geschäftsleitungsorgans oder des Aufsichtsrats führen im Übrigen nicht zu einer Entlastung des verantwortlichen Geschäftsleitungsmitglieds.[3]

Hat allerdings die Gesellschafterversammlung hinsichtlich der Geschäftsverteilung **bindende Weisungen** vorgenommen, z.B. im Wege der Beschränkung der Rechtsstellung und Befugnisse eines Geschäftsführers, so genannte Zölibatsklauseln (s. oben Rz. 25), so kann dies u.U. den **Einwand des Mitverschuldens** der Gesellschaft gem. § 254 BGB begründen.[4]

80

II. Haftung bei Gesamtgeschäftsführung

Ist im Geschäftsleitungsorgan keine Geschäftsverteilung vorgesehen, sondern gilt uneingeschränkt die Gesamtgeschäftsführung, so liegt eine **Pflichtverletzung des allein handelnden Organmitglieds** bereits darin, dass es die Gesamtgeschäftsführungsbefugnis missachtet und ohne die übrigen Mitglieder tätig geworden ist.[5] Die anderen Vorstands- oder Geschäftsführungsmitglieder haften, sofern sie das selbständige Agieren ihres Kollegen wissentlich geduldet haben.[6]

81

III. Haftung bei Geschäftsverteilung

Besteht für das Geschäftsleitungsorgan eine Geschäftsverteilung, so verändert dies auch den Umfang der individuellen Sorgfaltspflichten des einzelnen Organmitglieds (s. oben Rz. 17).

82

---

1 *Hüffer*, § 93 AktG Rz. 14; *Mertens/Cahn* in KölnKomm. AktG, § 93 AktG Rz. 49; *Mielke*, Leitung, S. 115; *Haas*, Geschäftsführerhaftung, S. 286; *Kleindiek* in Lutter/Hommelhoff, § 43 GmbHG Rz. 21; a.A. FG München v. 18.3.1992 – 3 K 3164/87, GmbHR 1992, 627, 628 (zur GmbH); *Schönbrod*, Spartenorganisation, S. 188; s. aber auch BGH v. 31.3.1954 – II ZR 57/53, BGHZ 13, 61, 66 (zur GmbH); *Fleck*, GmbHR 1974, 224, 225.
2 BGH v. 14.5.1974 – VI ZR 8/73, NJW 1974, 1371, 1372 (zur GmbH); *Hüffer*, § 93 AktG Rz. 14; *Mertens/Cahn* in KölnKomm. AktG, § 93 AktG Rz. 49; *Kleindiek* in Lutter/Hommelhoff, § 43 GmbHG Rz. 21; *Uwe H. Schneider* in Scholz, § 43 GmbHG Rz. 31.
3 BGH v. 16.2.1981 – II ZR 49/80, GmbHR 1981, 191, 192 (zur GmbH); BGH v. 14.3.1983 – II ZR 103/82, GmbHR 1983, 300 (zur GmbH); OLG Düsseldorf v. 28.11.1996 – 6 U 11/95, AG 1997, 231, 237 – ARAG/Garmenbeck; *Bedkowski*, Geschäftsleiterpflichten, S. 185; *Fleischer* in Fleischer, Handbuch des Vorstandsrechts, § 11 Rz. 59; *Mertens* in Hachenburg, § 43 GmbHG Rz. 13; *Raiser/Veil*, Kapitalgesellschaften, § 14 Rz. 87; *Uwe H. Schneider* in Scholz, § 43 GmbHG Rz. 245.
4 BGH v. 5.7.1993 – II ZR 174/92, DStR 1993, 1637, 1638 (zur GmbH); *Altmeppen* in Roth/Altmeppen, § 43 GmbHG Rz. 108; *Zöllner/Noack* in Baumbach/Hueck, § 43 GmbHG Rz. 45.
5 BGH v. 12.10.1992 – II ZR 208/91, VersR 1993, 116, 118 (zum Verein); OLG München v. 3.3.1993 – 7 U 381/92, AG 1993, 285, 286 (zur AG); *Hopt* in Großkomm. AktG, § 93 AktG Rz. 60; *Koppensteiner* in Rowedder/Schmidt-Leithoff, § 43 GmbHG Rz. 12.
6 *Hopt* in Großkomm. AktG, § 93 AktG Rz. 60; *Mertens* in Hachenburg, § 43 GmbHG Rz. 33.

83 Das für den jeweiligen Geschäftsbereich zuständige Mitglied trägt die so genannte **Ressortverantwortung**, d.h. es trifft die volle Handlungsverantwortung für die ihm zugewiesenen Aufgaben. Dies schließt die Verantwortung für die effiziente Organisation des eigenen Ressorts und die **Auswahl, Einweisung und Überwachung der zugehörigen Mitarbeiter** ebenso ein wie die sorgfältige Vorbereitung und Durchführung von Entscheidungen innerhalb des eigenen Ressorts (s. oben Rz. 18). Für fehlerhafte Organisation, Überwachung oder Fehlentscheidungen, für die es auf Grund der Ressortverteilung allein zuständig ist, trägt das Organmitglied auch die alleinige Verantwortung.

84 Handelt es sich allerdings um eine **nicht ressortfähige Aufgabe**, die wegen der insoweit zwingenden Gesamtverantwortung nicht einem einzelnen Mitglied zugewiesen werden kann, haften die übrigen Vorstands- oder Geschäftsführungsmitglieder bereits wegen **Verstoßes gegen das Delegationsverbot**, und zwar auch dann, wenn gegenüber ihrem Verhalten nach unternehmerischen Maßstäben der Vorwurf der Sorgfaltswidrigkeit nicht zu erheben wäre.[1] Gleiches gilt im Übrigen auch, wenn der **Zustimmungsvorbehalt des Aufsichtsrates** zu einem Geschäft nach § 111 Abs. 4 Satz 2 AktG missachtet und auch nicht nachträglich durch den Aufsichtsrat oder die Hauptversammlung nachgeholt wird.[2]

85 Die Mitglieder des Vorstands, bzw. der Geschäftsführung, die auf Grund der Geschäftsverteilung nicht in der speziellen Ressortverantwortung stehen, sind wegen ihrer Gesamtverantwortung verpflichtet, den Ressortverantwortlichen zu beobachten und zu überwachen. Sie haben sich selbst stetig über die Geschehnisse in den anderen Ressorts zu informieren und gegebenenfalls korrigierend einzugreifen (s. oben Rz. 24). Schadenstiftende Versäumnisse durch **Verletzung der Selbstinformations-, Überwachungs- und Interventionspflichten**, kann ihre persönliche Haftung nach § 93 Abs. 2 AktG oder § 43 Abs. 2 GmbHG begründen.[3] Im Übrigen haben sie aber für Sorgfaltspflichtverstöße in einem Ressort, für das sie nicht zuständig sind, nicht einzustehen.

IV. Haftung im Fall der Delegation

86 Das Vorstands- oder Geschäftsführungsmitglied haftet bei der vertikalen Delegation von Aufgaben stets nach § 93 Abs. 2 AktG als auch nach § 43 Abs. 2

---

1 *Fleischer*, AG 2003, 291, 292; *Hopt* in Großkomm. AktG, § 93 AktG Rz. 55; *Hüffer*, § 93 AktG Rz. 14; *Mertens* in KölnKomm. AktG, § 93 AktG Rz. 19; *Altmeppen* in Roth/Altmeppen, § 43 GmbHG Rz. 12; *Mertens* in Hachenburg, § 43 GmbHG Rz. 22; *Uwe H. Schneider* in Scholz, § 43 GmbHG Rz. 42.
2 *Hopt* in Großkomm. AktG, § 111 AktG Rz. 711; *Spindler* in MünchKomm. AktG, § 93 AktG Rz. 23; *E. Vetter* in Marsch-Barner/Schäfer, Handbuch börsennotierte AG, § 26 Rz. 40.
3 BGH v. 15.10.1996 – VI ZR 319/95, BGHZ 133, 370, 379 (zur GmbH); BGH v. 20.3.1986 – II ZR 114/85, GmbHR 1986, 302, 303 (zur GmbH); *Hopt* in Großkomm. AktG, § 93 AktG Rz. 59; *Hüffer*, § 93 AktG Rz. 13a; *Mertens/Cahn* in KölnKomm. AktG, § 93 AktG Rz. 92; *Haas* in Michalski, § 43 GmbHG Rz. 161; *Kleindiek* in Lutter/Hommelhoff, § 43 GmbHG Rz. 21; *Koppensteiner* in Rowedder/Schmidt-Leithoff, § 43 GmbHG Rz. 11; *Uwe H. Schneider*, DB 1993, 1909, 1912.

GmbHG, wenn eine Delegation der ihm übertragenen Aufgabe nach Gesetz, Satzung oder Geschäftsordnung unzulässig ist.[1] Gleiches gilt, wenn es einen zulässigen Widerspruch eines anderen Geschäftsleitungsmitglieds gegen alleiniges Handeln missachtet.[2]

1. Haftung bei interner Delegation

Macht die Geschäftsleitung von der Möglichkeit bestimmte Sachaufgaben auf nachgeordnete Hierarchieebenen zu delegieren in zulässigem Rahmen Gebrauch, so hat sie die jeweiligen Mitarbeiter sorgfältig auf ihre fachliche und persönliche Eignung auszusuchen, in die übertragenen Aufgaben einzuweisen und regelmäßig zu überwachen, um gegebenenfalls korrigierend eingreifen zu können[3] (s. oben Rz. 68). Erleidet die Gesellschaft trotz sorgfältiger Überwachung durch die Geschäftsleitung auf Grund von Fehlern eines fachlich qualifizierten Mitarbeiters einen Schaden, scheidet eine Haftung des zuständigen Vorstands- oder Geschäftsführungsmitglieds aus.[4] Das pflichtwidrige Intervenieren gegen ein sorgfaltsgemäßes Verhalten löst jedoch die persönliche Haftung des intervenierenden Organmitglieds aus.[5] 87

2. Haftung bei externer Delegation

Hat die Gesellschaft zentrale Aufgaben auf einen externen Dienstleister durch Outsourcing übertragen, so gelten im Grundsatz die gleichen Haftungsprinzipien wie bei der internen Delegation. Da die organschaftliche Haftung eigenes Verschulden voraussetzt[6], kommt eine Zurechnung des Verschuldens des Dienstleisters nicht in Betracht.[7] Über die **sorgfältige Auswahl und laufende Überwachung** hinaus wird die Geschäftsleitung allerdings regelmäßig rechtzeitig vor den Terminen zur Kündigung oder Verlängerung des Vertrages zu überprüfen haben, ob die Outsourcing-Entscheidung weiterhin die unternehmerisch richtige Entscheidung ist. Ebenso muss die Unternehmensleitung kontinuierlich prüfen, ob die eigenen organisatorischen Vorkehrungen und die mit der Überwachung des externen Dienstleisters betrauten eigenen Mitarbeiter ihre Überwachungsaufgabe effizient ausüben (s. oben Rz. 74). 88

---

1 *Arnold* in Marsch-Barner/Schäfer, Handbuch börsennotierte AG, § 22 Rz. 45; *Fleischer* in Fleischer, Handbuch des Vorstandsrechts, § 11 Rz. 27; *Uwe H. Schneider* in Scholz, § 43 GmbHG Rz. 42.
2 BGH v. 12.10.1992 – II ZR 208/91, VersR 1993, 116, 117 (zum Verein).
3 OLG Koblenz v. 10.6.1991 – 6 U 1650/89, GmbHR 1991, 416, 417 (zur GmbH); *Heller*, Unternehmensführung, S. 44; *Kleindiek* in Lutter/Hommelhoff, § 43 GmbHG Rz. 22; *Uwe H. Schneider* in FS 100 Jahre GmbHG, 1992, S. 473, 485 ff.
4 *Uwe H. Schneider* in Scholz, § 43 GmbHG Rz. 39; kritisch deshalb mit Blick auf die Spartenorganisation z.B. *Schwark*, ZHR 142 (1978), 203, 219; s. auch *Schwark* in FS Ulmer, 2003, S. 605, 618; speziell zur Buchführungsverantwortung vgl. *Fleischer*, WM 2006, 2021, 2024.
5 *Heller*, Unternehmensführung, S. 40; *Kort* in Großkomm. AktG, § 77 AktG Rz. 39; *Mertens/Cahn* in KölnKomm. AktG, § 77 AktG Rz. 30.
6 *Mertens/Cahn* in KölnKomm. AktG, § 93 AktG Rz. 48.
7 *Uwe H. Schneider/Brouwer* in FS Priester, 2007, S. 713, 731; *Uwe H. Schneider* in Scholz, § 43 GmbHG Rz. 45; *Veil*, Unternehmensverträge, S. 87.

§ 19
Risikobereich und Haftung: Haftung und Abberufung von Vorstand und Aufsichtsorgan bei Kreditinstituten

Reinfrid Fischer

	Rz.		Rz.
A. Einführung	1	1. Anforderungen an die Prozesse im Kreditgeschäft	37
B. Haftung der Geschäftsleiter	6	2. Bonitätsprüfung des Kreditnehmers	39
I. Grundlagen der Haftung	6	3. Risikoermittlung und -bewertung im Kreditgeschäft	41
1. Organhaftung der privatrechtlich organisierten Institute	6	4. Gewährung von Sanierungskrediten	44
2. Haftungsgrundlagen bei Sparkassen und Landesbanken	7	5. Organkredite	48
a) Landesgesetzliche Regelungen	7	IV. Verjährung	50
b) Fehlende gesetzliche Grundlagen	9	1. Beginn der Verjährungsfrist	51
c) Vereinzelte Haftungsprivilegierung im öffentlichen Sektor	10	2. Verjährung bei öffentlich-rechtlich organisierten Instituten	54
3. Deliktische Haftung	12	V. Darlegungs- und Beweislast	55
a) Der Kirch/Breuer-Fall	13	VI. Wirkung der Entlastung	58
b) Verletzung von Geheimhaltungspflichten	14	C. Haftung der Mitglieder des Aufsichtsorgans	60
4. Haftung nach § 17 KWG	16	I. Sorgfaltsforderungen	61
II. Bankspezifische Sorgfaltspflichten	17	1. Allgemeine Anforderungen	61
1. Bankaufsichtliche Qualifikationsanforderungen	17	2. Richtlinienkompetenz der Verwaltungsräte von Sparkassen	64
2. Business-Judgement-Rule in der Rechtsprechung zu Banken	18	3. Bankaufsichtliches Sachkundeerfordernis	67
3. Anforderungen an die Geschäftsorganisation	19	a) Regelung in § 36 Abs. 3 KWG	67
a) § 25a KWG	19	b) Unzureichende Sachkunde in der Praxis	69
b) MaRisk	21	c) Großzügige Kriterien der Gesetzesbegründung	71
aa) Risikostrategie	23	d) Flexible Anforderungen der BaFin	74
bb) Funktionstrennung	25	e) Zeitlicher Einsatz	79
cc) Personalausstattung und Anreizsysteme	26	4. Informationsrechte und -pflichten	80
dd) Operationelle Risiken	27	5. Verschwiegenheitspflicht	84
ee) Kreditgeschäft	28	a) Vertrauensempfindlichkeit	86
ff) Handelsgeschäft	31	b) Beratungsgeheimnis	87
gg) Kontrollsysteme	32	c) Gefährdung der Vertraulichkeit	88
hh) Outsourcing	33	d) Vorkehrungen zur Wahrung der Vertraulichkeit	90
c) Organisationspflichten zur Verhinderung krimineller Handlungen	35	II. Rechtsgrundlagen der Haftung	94
III. Haftungsrisiken im Kreditgeschäft	36		

	Rz.		Rz.
1. Allgemeine Grundlagen	94	1. Verantwortlichkeit des Geschäftsleiters	109
2. Besonderheiten bei öffentlich-rechtlichen Instituten	96	2. Nachweis durch die BaFin	113
a) Haftungsbeschränkung in einigen Landesgesetzen	98	II. Abberufung nach Verwarnung	114
b) Haftung ohne gesetzliche Regelung	99	1. Verwarnung bei leichtfertigen Gesetzesverstößen	115
c) Haftungsmaßstab für den Verwaltungsratsvorsitzenden	101	2. Missbilligung als milderes Mittel	118
d) Verjährung	102	3. Abberufung wegen Qualifikationsmängeln	119
D. Bankaufsichtliche Maßnahmen gegen Geschäftsleiter und Mitglieder des Aufsichtsorgans	104	III. Abberufung und Tätigkeitsverbot von Mitgliedern des Aufsichtsorgans	122
I. Tätigkeitsverbot und Abberufung von Geschäftsleitern	104	1. Abberufungsgründe	123
		2. Abberufungsverlangen bei geborenen Mitgliedern	126

Schrifttum: *Beck/Samm/Kokemoor*, Gesetz über das Kreditwesen, Loseblattkommentar, Stand Juni 2009; *Berg*, Zur Haftung von Vorstandsmitgliedern der Sparkassen in Bayern, Bayerische Verwaltungsblätter 2000, 385; *Berger*, Niedersächsisches Sparkassengesetz, 2. Aufl. 2006; *Beuthien*, Genossenschaftsgesetz, 14. Aufl. 2004; *Boos/Fischer/Schulte-Mattler*, Kommentar zum KWG, 3. Aufl. 2008; *Consbruch/Fischer*, KWG-Textsammlung, Loseblattausgabe, Stand November 2009; *Ehricke/Rotstegge*, Drittschutz zu Gunsten anderer Konzerngesellschaften bei Verletzung des Bankgeheimnisses, ZIP 2006, 925; *Fischer, R.*, Haftung und Abberufung von Bankvorständen, DStR 2007, 1083; *Fischer, R.*, Entlastung des Sparkassenvorstands und Bestätigung der Sparkassenaufsichtsbehörde, WM 2007, 1005; *Fischer, R.*, Informationsrechte des Verwaltungsrats und Vertraulichkeitsgebot bei Sparkassen, ZIP 2004, 2169; *Fischer/Klanten*, Bankrecht, 4. Aufl. 2010; *Goette*, Leitung, Aufsicht, Haftung – zur Rolle der Rechtsprechung bei der Sicherung einer modernen Unternehmensführung, in Festschrift aus Anlass des fünfzigjährigen Bestehens von Bundesgerichtshof, Bundesanwaltschaft und Rechtsanwaltschaft beim Bundesgerichtshof, 2000, S. 123; *Goette*, Zur Verteilung der Darlegungs- und Beweislast der objektiven Pflichtwidrigkeit bei der Organhaftung, ZGR 1995, 648; *Graef*, Haftung der Geschäftsführer bei fehlerhafter Kreditvergabe, GmbHR 2004, 327; *Großfeld/Noelle*, Haftung des Vorstands einer Genossenschaftsbank als Strukturproblem, AG 1986, 275; *Habersack*, Gesteigerte Überwachungspflichten des Leiters eines „sachnahen" Ressorts?, WM 2005, 2360; *Hingst/Himmelreich/Krawinkel*, Neue rechtliche Rahmenbedingungen für die Kontrollorgane von Banken und Sparkassen, WM 2009, 2016; *Kiethe*, Die zivil- und strafrechtliche Haftung von Vorstandsmitgliedern eines Kreditinstituts für riskante Kreditgeschäfte, WM 2003, 861; *Klüpfel/Gaberdiel/Gnamm/Höppel*, Kommentar zum Sparkassengesetz, 7. Aufl. 2006; *Lehleiter/Hoppe*, Die Haftung des Bankverantwortlichen bei der Kreditvergabe, BKR 2007, 178; *Lutter*, Bankenkrise und Organhaftung, ZIP 2009, 197; *Lutter*, Pflichten und Haftung von Sparkassenorganen, 1991; *Lutter*, Zur Rechtmäßigkeit von internationalen Risikogeschäften durch Banken der öffentlichen Hand, BB 2009, 786; *Lutz/Neus/Scharpf/Schneider/Weber*, Gesetz über das Kreditwesen, 2009; *Reischauer/Kleinhans*, Kreditwesengesetz, Loseblattkommentar, Stand Juni 2009; *Redeke*, Auswirkungen des UMAG auf die Verfolgung von Organhaftungsansprüchen seitens des Aufsichtsrats?, ZIP 2008, 1549; *Schäfer/Zeller*, Finanzkrise, Risikomodelle und Organhaftung, BB 2009, 1706; *Schimansky/Bunte/Lwowski*, Bankrechts-Handbuch, 3. Aufl. 2007; *Schlierbach/Püttner*, Das Sparkassenrecht in der Bundesrepublik Deutschland, 5. Aufl. 2003; *Schmidt, M.*, Die Sorgfaltspflicht des Vorstands bei Kreditentscheidungen aus ökonomischer Sicht, ZBB 2006, 31; *Schmitt, B.*, Untreue von Bank- und Sparkassenverantwortlichen bei der Kreditvergabe, BKR 2006, 125; *Schwennicke/Auerbach*, KWG, Kommentar, 2009.

A. Einführung

1 Das Haftungsregime für Vorstände und Aufsichts- oder Verwaltungsräte von Banken, Sparkassen und Finanzdienstleistungsinstituten unterliegt zwar grundsätzlich den gleichen Regeln wie das anderer Unternehmen. Dennoch bedingen die Struktur der Branche und die **besondere Aufmerksamkeit**, die **Gesetzgeber** und **Gesellschaft** diesem Bereich widmen, eine Reihe von Besonderheiten. Vor allem enthalten die Aufsichtsgesetze, besonders das Kreditwesengesetz, das Geldwäschegesetz, das Pfandbriefgesetz, das Depotgesetz sowie weitere Spezialgesetze samt ergänzender Verordnungen und aufsichtsbehördlicher Verlautbarungen eine Vielzahl spezifischer Sorgfalts- und Verhaltenspflichten, deren Nichtbeachtung Haftungsrisiken beinhaltet. Die Erfüllung dieser Pflichten wird durch die Bundesanstalt für Finanzdienstleistungsaufsicht (BaFin) überwacht. Auch die starke Einbindung der Institute in die Verbandsorganisation, die bei einem Großteil – nämlich den Kreditgenossenschaften und Sparkassen – zudem als gesetzlicher Jahresabschlussprüfer fungiert, sorgt für eine engmaschige Kontrolle und Beobachtung der Institute und damit auch der Pflichterfüllung durch deren Organe.

2 Vielfach herrscht die Vorstellung, dass Schadensersatzansprüche gegen Organmitglieder von Banken in der Praxis kaum vorkämen[1], das Organhaftungsrecht insgesamt weitgehend „**totes Recht**" sei. Ein signifikantes Beispiel ist die so genannte Subprime Krise. Eine Reihe großer privater und öffentlicher Banken beteiligten sich an der Emission, Gewährleistung oder an Investments in von nicht haftenden Zweckgesellschaften (SPVs) ausgegebenen Wertpapieren oder Derivaten, ohne diese Geschäfte wirklich überblicken zu können. Betrachtet man die individuellen und gesamtwirtschaftlichen Schäden, durch die im Anschluss an den Zusammenbruch des Bankhauses Lehman Brothers im September 2008 eskalierte Bankenkrise, die offenkundig durch bestandsgefährdendes Versagen von Organmitgliedern der beteiligten Banken maßgeblich verursacht wurde[2], so überrascht in der Tat, dass die Geltendmachung von Schadensersatzansprüchen kaum wahrnehmbar ist. Möglicherweise verstärkt die fundamentalistisch streng ausgestaltete Haftung aller Beteiligter, die keinerlei Haftungsmilderung etwa nach Komplexität und Schwere der Aufgabe zulässt – die Business Judgement Rule ist keine solche – die Abneigung, Schadensersatzansprüche überhaupt geltend zu machen. Außerdem dürfte bei Großunternehmen auch außerhalb des Bankenbereichs ein korporatives Einvernehmen zwischen den Vorständen und ihren Aufsichtsorganen herrschen, nach dem man sich nicht gegenseitig in die Haftung nimmt.

3 Die nur seltene **Realisierung potentieller Schadensersatzansprüche** beschränkt sich jedoch auf die großen öffentlichen Banken und großen Aktienbanken. Bei **Kreditgenossenschaften und Sparkassen** trifft es nicht zu, dass die Inanspruch-

---

[1] Zur generell geringen Haftungs-Inanspruchnahme vgl. *Spindler* in MünchKomm. AktG, 3. Aufl., § 93 AktG Rz. 2.
[2] Vgl. dazu *Lutter*, ZIP 2009, 197 und OLG Düsseldorf v. 9.12.2009 – I-6 W 45/09, ZIP 2010, 28.

nahme von Vorstandsmitgliedern kaum vorkäme. Die Genossenschaftsorganisation macht zum Beispiel bei Krisenfällen von Volks- oder Raiffeisenbanken grundsätzlich zur Bedingung für Sanierungsleistungen, dass Haftungsansprüche gegen Vorstände geprüft und gegebenenfalls durchgesetzt werden.[1] Wesentlich wegen dieses Haftungsrisikos sind ein Großteil der Vorstände von Kreditgenossenschaften und von Sparkassen in einer Art Schutzgemeinschaften organisiert[2], die kostenlosen Rechtsschutz bei Schadensersatzforderungen bieten. Zahlreiche Fälle werden still durch Vergleich gelöst, z.b. durch Teilverzicht auf Pensionszahlungen ehemaliger Vorstandsmitglieder. Es gibt aber auch eine ausgeprägte Rechtsprechung zur Haftung von Bankvorständen. Einige gelangten bis zum BGH[3], der anders als häufig die Vorinstanzen eine konsequente Anwendung der gesetzlichen Haftungsgrundsätze praktiziert. Möglicherweise werden weitere Fälle auch für den Bereich der großen international tätigen Banken hinzukommen, wenn die derzeitige Bankenkrise aufgearbeitet ist und Strafverfahren zu Verurteilungen führen sollten.

Die **heterogene Organisationsstruktur** der Kreditwirtschaft bedingt Unterschiede in den rechtlichen Grundlagen und der Praxis der Organhaftung. Dabei steht auf den gleichen Märkten eine Vielzahl von Instituten ganz unterschiedlicher Größenordnung und Rechtsform miteinander im Wettbewerb. Nach der Bankenstatistik der Deutschen Bundesbank[4] waren im Juni 2009 1967 Kreditinstitute am Markt tätig. Die Bankenstatistik unterscheidet zwischen Großbanken, Regionalbanken und sonstigen Kreditbanken, Zweigstellen ausländischer Banken, Landesbanken und Sparkassen, genossenschaftlichen Zentralbanken und Kreditgenossenschaften, Realkreditinstituten, Bausparkassen und Banken mit Sonderaufgaben. Nur der zahlenmäßig und gemessen am Geschäftsvolumen der Branche kleinere Teil der Kreditinstitute wird in den Rechtsformen der AG, GmbH oder oHG betrieben. Der Großteil – nämlich die Sparkassen, die meisten Landesbanken und staatlichen Förderbanken – werden in öffentlicher Rechtsform betrieben, ein weiterer Teil der Branche in der Rechtsform der Genossenschaft. Auch dies bedingt Besonderheiten in Bezug auf die Haftung, die bei den öffentlich-rechtlichen Kreditinstituten zudem landesrechtlich unterschiedlich geregelt ist. Teilweise fehlt auch eine Regelung oder beschränkt sich auf Grundsätze, so dass die Rechtslage durch Analogien zum Gesellschaftsrecht oder zum öffentlichen Dienstrecht klärungsbedürftig ist. Im Zusammenhang mit internationalen Risikogeschäften durch Banken der öffentlichen Hand wurde außerdem auf Risiko begrenzende Sonderpflichten aufgrund der öffentlichen Anbindung hingewiesen und daraus auf eine verschärfte Haftung geschlossen.[5] Ebenso sieht das OLG Düsseldorf[6] eine grobe Pflichtverletzung, wenn der Vorstand einer Bank einen Groß-

---

1 Vgl. § 16 Abs. 1 des Statuts der Sicherungseinrichtung des Bundesverbands der Volks- und Raiffeisenbanken.
2 Z.B. Interessengemeinschaft von Sparkassenvorstandsmitgliedern oder VGgB, Vereinigung der Geschäftsleiter genossenschaftlicher Banken in Südwestdeutschland e.V.
3 Vgl. z.B. BGH v. 8.1.2007 – II ZR 304/04, DStR 2007, 402; BGH v. 21.3.2005 – II ZR 54/05, ZIP 2005, 981 und BGH v. 3.12.2001 – II ZR 308/99, ZIP 2002, 213.
4 Monatsbericht September 2009, S. 104 ff.
5 Lutter, BB 2009, 786.
6 OLG Düsseldorf v. 9.12.2009 – I-6 W 45/09, ZIP 2010, 28, 31.

teil risikoreicher Geschäftstätigkeit (46 %) außerhalb des satzungsmäßigen Unternehmenszwecks (Förderung der gewerblichen Wirtschaft) entwickelt.

5 Ein weiteres berufliches Risiko von Vorständen und Mitgliedern der Aufsichtsorgane der Banken und Finanzdienstleistungsinstitute beruht auf der Möglichkeit der Bankenaufsicht (BaFin), gem. § 36 Abs. 1 bis 3 KWG die Abberufung von unfähigen Organmitgliedern zu verlangen. Außerdem kann ein Tätigkeitsverbot verhängt werden.

B. Haftung der Geschäftsleiter

I. Grundlagen der Haftung

1. Organhaftung der privatrechtlich organisierten Institute

6 Rechtsgrundlagen für die Haftung von Vorstandsmitgliedern von Banken und Finanzinstituten in privater Rechtsform sind die allgemeinen gesellschafts- und genossenschaftsrechtlichen Bestimmungen, also insbesondere § 93 Abs. 2 AktG, § 43 Abs. 1 GmbHG und § 34 Abs. 2 GenG. Insoweit gelten keine Besonderheiten gegenüber den Darstellungen von *Uwe H. Schneider*, *Krieger* und *Weber* im Grundlagenteil in den §§ 2 bis 4.

2. Haftungsgrundlagen bei Sparkassen und Landesbanken

a) Landesgesetzliche Regelungen

7 Für öffentlich-rechtliche Institute ist die Rechtslage hingegen aufgrund **landesrechtlicher Gesetzgebungszuständigkeit und teilweise fehlender Regelungen** differenziert. Eine gesetzlich geregelte Haftungsgrundlage für Sparkassenvorstände enthalten die Sparkassengesetze von Baden-Württemberg, Niedersachsen und den neuen Bundesländern außer Thüringen (§ 24 Abs. 5 SpkG Baden-Württemberg, § 20 Abs. 4 SpkG Brandenburg, § 20 Abs. 3 SpkG Mecklenburg-Vorpommern, § 10 Abs. 1 Satz 4 SpkG Niedersachsen, § 20 Abs. 3 Sächsisches SpkG und § 20 Abs. 3 SpkG Sachsen-Anhalt). Für die Norddeutsche Landesbank und die Nieders. Förderbank gibt es gleichfalls eine spezifische Regelung in § 9 Abs. 2 des NordLB-Staatsvertrags[1] bzw. § 10 Nieders. FörderbankG. Teilweise wird auch auf die Sorgfalts- und Haftungsregelungen des Aktiengesetzes verwiesen, so z.B. bei der Aufbaubank Thüringen (§ 4 Nr. 3 AufbaubankG Thüringen) und bei der Investitionsbank Hessen (§ 9 Abs. 3 InvestitionsbankG Hessen).

8 Abgesehen von den Verweisungen auf das Aktiengesetz beschränken sich die genannten gesetzlichen Regelungen auf die Feststellung, dass Vorstandsmitglieder, die ihre Pflichten verletzen, der Sparkasse oder der Landesbank zum Ersatz des hieraus entstandenen Schadens verpflichtet sind. Weitere Regelungen, wie sie

---

[1] Staatsvertrag zwischen dem Land Niedersachsen, dem Land Sachsen-Anhalt und dem Land Mecklenburg-Vorpommern über die Norddeutsche Landesbank vom 22.8.2007, GVBl. 2007, 632.

das Aktien- und Genossenschaftsrecht kennt, z.B. zur **Beweislast oder Verjährung**, bestehen nicht. In Niedersachsen ist allerdings sowohl für die Sparkassen wie für die Norddeutsche Landesbank und die Niedersächsische Förderbank eine Haftungsbeschränkung eingeführt (Näheres nachfolgend Rz. 10f.). Einen mittelbaren Hinweis auf eine bestehende Haftung enthalten die Sparkassengesetze von Rheinland-Pfalz und dem Saarland. Dort ist nämlich geregelt, dass die Entlastung keine Haftungsfreistellung bewirkt, was eine Haftung voraussetzt (§ 19 Abs. 5 Satz 3 SpkG Rheinland-Pfalz und § 24 Abs. 5 Satz 2 Saarländisches SpkG). Eine Regelung im Umkehrschluss, nämlich eine unbeschränkte Haftung, lässt sich auch aus § 20 SpkG Schleswig-Holstein schließen. Diese Bestimmung erklärt die Haftungsbegrenzung des Landesbeamtengesetzes für Mitglieder des Verwaltungsrats und der Ausschüsse für entsprechend anwendbar. Aus dem Fehlen einer entsprechenden Regelung kann für Vorstandsmitglieder auf eine unbeschränkte Haftung geschlossen werden.[1]

b) Fehlende gesetzliche Grundlagen

Für die Sparkassen der Länder ohne gesetzliche Regelung und die weiteren in öffentlicher Rechtsform geführten Landesbanken ist keine ausdrücklich geregelte Haftungsgrundlage ersichtlich. Dennoch ist es heute herrschende Meinung[2], dass auch ohne gesetzliche Regelung der allgemeine organisationsrechtliche Grundsatz gilt, der den § 93 AktG, § 43 GmbHG, § 34 GenG zugrunde liegt: Aus der Übertragung der Organfunktion folgt die Verantwortlichkeit für die korrekte Erfüllung der Organaufgabe. Aufgabe und Haftungsverantwortlichkeit bilden eine Einheit, deren Grundlage das **organschaftliche Rechtsverhältnis** zwischen Organmitglied und Unternehmen ist.[3] Demnach besteht ein organschaftliches Treue- und Pflichtverhältnis, aus dem das Organmitglied zur sorgfältigen und gewissenhaften Erfüllung seiner Aufgaben verpflichtet ist. Entsteht der Sparkasse oder Landesbank ein Schaden durch die schuldhafte Verletzung dieser Pflichten, so haftet das Organmitglied.[4] Dies entspricht weitgehend den Regeln des privaten Verbandsrechts, so dass auf dessen Haftungsgrundsätze sowie die Kommentierung und das Fallmaterial, insbesondere zur Aktiengesellschaft, zurückgegriffen werden kann.[5]

9

c) Vereinzelte Haftungsprivilegierung im öffentlichen Sektor

Für die öffentlich-rechtlich organisierten Institute des Finanzsektors gelten grundsätzlich die gleichen Haftungsmaßstäbe wie für andere Unternehmen, also die unbeschränkte Haftung für jede Fahrlässigkeit. Eine Ausnahme wird für die Mitglieder des Vorstands der **bayerischen Sparkassen** vertreten.[6] Diese Auffassung stützt sich darauf, dass das bayerische Sparkassenrecht keine Rege-

10

---

1 Ebenso *Schlierbach/Püttner*, S. 221, Fn. 1.
2 *Lutter*, Pflichten und Haftung, S. 10ff. und BB 2009, 791; *Schlierbach/Püttner*, S. 221.
3 *Lutter*, Pflichten und Haftung, S. 11.
4 *Lutter*, Pflichten und Haftung, S. 12; *Schlierbach/Püttner*, S. 220ff.
5 *Lutter*, Pflichten und Haftung, S. 11f.
6 Vgl. *Berg*, Bayerische Verwaltungsblätter 2000, 385ff.

lung der Organhaftung enthält, jedoch nach Art. 20 Abs. 2 Bayer. SpkG ergänzend die Bestimmungen des allgemeinen Kommunalrechts heranzuziehen sind. Damit gelte die **kommunalrechtliche Haftungsprivilegierung** auch für die Mitglieder des Vorstands. Diese Auffassung findet eine gewisse Stütze darin, dass die Mitglieder des Vorstands der bayerischen Sparkassen – anders als in den anderen Bundesländern – nicht Bedienstete der Sparkasse, sondern von deren Trägern sind. Dennoch begegnet diese Auffassung angesichts der gleichartigen Aufgaben, Pflichten und Funktionen von bayerischen Sparkassenvorständen im Vergleich zu den Vorständen anderer Sparkassen und Banken rechtspolitischen Bedenken. Auch erscheint die Anwendung des Kommunalrechts keineswegs zwingend. Vielmehr lässt sich die Regelungslücke ebenso wie in den anderen Bundesländern ohne spezifische Organhaftungsregelung durch entsprechende Anwendung der allgemeinen Organhaftungsgrundsätze schließen.[1]

11 Eine weitere Besonderheit ergibt sich aus der ausdrücklichen Haftungsprivilegierung im **Niedersächsischen Sparkassengesetz**. Der niedersächsische Gesetzgeber hat den im Referentenentwurf zum UMAG[2] enthaltenen Vorschlag einer Haftungsmilderung übernommen[3], der letztlich jedoch nicht Eingang in § 93 AktG gefunden hat. § 10 Abs. 1 Satz 5 Nieders. SpkG enthält für die Vorstände der Sparkassen eine Haftungsbeschränkung für bestimmte fahrlässig begangene Pflichtverletzungen. Danach liegt eine haftungsbegründende Pflichtverletzung nicht vor, wenn das Vorstandsmitglied **ohne grobe Fahrlässigkeit annehmen durfte, auf der Grundlage angemessener Informationen** zum Wohl der Sparkasse zu handeln. Der Vorstand haftet also auch dann nicht, wenn er leicht fahrlässig keine hinreichenden Informationen eingeholt, diese nicht sorgfältig genug ausgewertet oder das Unternehmensinteresse mit leichter Fahrlässigkeit fehlerhaft eingeschätzt hat. Dies bedeutet aber nicht, dass der Vorstand generell nur für Vorsatz und grobe Fahrlässigkeit haften würde. Die Haftungserleichterung für niedersächsische Sparkassenvorstände gilt vielmehr nur für die Informationsbeschaffung und -auswertung sowie die Abwägung bei unternehmerischen Entscheidungen, nicht aber für sonstige haftungsbegründende Sachverhalte. Die Haftungsprivilegierung greift z.B. nicht, wenn keine Entscheidungsgrundlagen ermittelt und bewertet, gesetzliche oder satzungsmäßige Bestimmungen verletzt oder das mit der Entscheidung verbundene Risiko in unverantwortlicher Weise falsch eingeschätzt wird.[4] Eine gleichartige Haftungsmilderung gilt für die Vorstände der Norddeutschen Landesbank und der Niedersächsischen Förderbank.

3. Deliktische Haftung

12 Hinsichtlich der weiteren Anspruchsgrundlagen aus deliktischer Haftung – z.B. aus § 823 Abs. 1 und 2 BGB i.V.m. § 266 StGB oder § 826 BGB bestehen keine Besonderheiten gegenüber der Rechtslage bei sonstigen Unternehmen. Gleiches

---

1 Im Ergebnis ebenso *Lutter*, Pflichten und Haftung, S. 11, 12.
2 Gesetz zur Unternehmensintegrität und Modernisierung des Anfechtungsrechts (UMAG) vom 22.9.2005, BGBl. I 2005, 2802.
3 Näheres zur Gesetzesentwicklung vgl. *Berger*, § 10 Rz. 15, Fn. 49.
4 *Berger*, § 10 Rz. 15.

gilt für **Direktansprüche** von Gläubigern gegen die Organe des Instituts z.B. nach § 93 Abs. 5 AktG oder § 34 Abs. 5 GenG. Schadensersatzansprüche von Gläubigern gegen Organmitglieder haben in der Finanzwirtschaft bislang – soweit bekannt – in Praxis und Rechtsprechung kaum Bedeutung erlangt.

a) Der Kirch/Breuer-Fall

Eine Ausnahme stellt allerdings der Kirch/Breuer-Fall[1] dar. Dabei ging es um eine (abgetretene) Schadensersatzforderung eines Unternehmens der Kirch-Gruppe gegen den Sprecher des Vorstands der Deutschen Bank, weil dieser in einer Fernsehsendung geäußert hatte, dass die sanierungsbedürftige Gruppe von den bisherigen Hausbanken keine Kredite mehr erhalten werde. Die stark beachtete Entscheidung des BGH berührt neben komplexen Fragen der Schadenskausalität und der Schutzbereichserstreckung[2] auch banktypische Verhaltenspflichten der Organmitglieder. Der BGH begründet die Haftung mit **Nebenpflichten aus dem besonderen Vertrauensverhältnis** zwischen Bank und Kunde. Eine solche Nebenpflicht aus dem Darlehensvertrag verpflichte zur Rücksichtnahme und Loyalität gegenüber dem Darlehensnehmer und dazu, „die Kreditwürdigkeit des Darlehensnehmers weder durch Tatsachenbehauptungen, auch wenn sie wahr sind, noch durch Werturteile oder Meinungsäußerungen zu gefährden". Durch die öffentlichen Äußerungen über die fehlende Sanierungsbereitschaft und damit die geringe Kreditwürdigkeit der insolvenzgefährdeten Kreditnehmerin sei diese Loyalitätspflicht verletzt worden. Dies stelle einen Eingriff in das durch § 823 Abs. 1 BGB geschützte Recht am eingerichteten und ausgeübten Gewerbebetrieb dar.

b) Verletzung von Geheimhaltungspflichten

Die Kirch/Breuer-Entscheidung hätte auch mit einer Verletzung des **Bankgeheimnisses**[3] begründet werden können, was der BGH aber offen lässt. Im Ergebnis begründen damit kreditgefährdende Äußerungen über Kunden, auch wenn sie wahr sind, Direktansprüche aus unerlaubter Handlung, für die über § 31 BGB auch das Institut haftet. Allerdings kommt der Haftung für Verletzungen des Bankgeheimnisses kaum praktische Bedeutung zu, obwohl das Bankgeheimnis wesentlicher Teil der Vertrauensbasis der Kreditinstitute ist.[4] Dies dürfte weniger daran liegen, dass Verletzungen des Bankgeheimnisses nicht vorkämen, sondern daran, dass Schaden und Schadenskausalität schwer nachweisbar sind.

Der BGH spricht in dieser Entscheidung einen weiteren banktypischen Sachverhalt an. Die relativ wenig bekannte Bestimmung des § 55b KWG verbietet die unbefugte Offenbarung von Angaben, die dem Institut im Zusammenhang mit **Millionen-Kredit-Anzeigen** bekannt werden. Zugrunde liegt die Verpflichtung der Institute nach § 14 Abs. 1 KWG, die Verschuldung ihrer Kreditnehmer ab einer

---
1 BGH v. 24.1.2006 – XI ZR 384/03, BGHZ 166, 84 = WM 2006, 308 = ZIP 2006, 317.
2 Hierzu vgl. *Ehricke/Rotstegge*, ZIP 2006, 925 ff.
3 Vgl. Nr. 2 AGB Banken sowie Kommentierung hierzu z.B. von *Bunte* in Schimansky/Bunte/Lwowski, Bankrechts-Handbuch, § 7.
4 Vgl. *Bruckner/Krepold* in Schimansky/Bunte/Lwowski, Bankrechts-Handbuch, § 39 Rz. 1 ff.

Grenze von 1,5 Mio. Euro der Bundesbank anzuzeigen. Diese informiert in einer Rückmeldung die anzeigenden Institute über die Gesamtverschuldung eines Kreditnehmers sowie die Anzahl der kreditgewährenden Unternehmen. Die unbefugte Offenbarung von daraus gewonnenen Informationen ist gem. § 55b KWG strafbar. Damit ist im Zusammenhang mit der Weitergabe vertraulicher Informationen durch Organmitglieder ein Haftungstatbestand gem. § 823 Abs. 2 BGB i.V.m. § 55b KWG gegeben, und zwar gerade bei der Bekanntgabe zutreffender Informationen. In dem Kirch/Breuer-Fall hat der BGH in den mehr generalisierenden öffentlichen Äußerungen und Einschätzungen jedoch zu Recht keine Verletzung des § 55b KWG gesehen. Hierzu wäre vielmehr erforderlich, dass konkrete Erkenntnisse aus den Rückmeldungen der Deutschen Bundesbank offenbart werden.

4. Haftung nach § 17 KWG

16 Eine weitere bankspezifische Haftungsgrundlage enthält § 17 KWG. Hierauf wird gesondert unter B.III.5. (Rz. 48 f.) eingegangen.

II. Bankspezifische Sorgfaltspflichten

1. Bankaufsichtliche Qualifikationsanforderungen

17 Das Bankaufsichtsrecht fordert in § 32 Abs. 1 Nr. 4 i.V.m. Abs. 2 KWG eine besondere Qualifikation der Geschäftsleiter. Sie müssen in ausreichendem Maße **theoretische und praktische Kenntnisse** in den von dem Kreditinstitut betriebenen Geschäftsarten aufweisen sowie **Leitungserfahrung**. Die fachliche Qualifikation ist bei Bestellung durch Lebenslauf, Zeugnisse usw. nachzuweisen und wird im Regelfall vermutet, wenn eine mindestens dreijährige leitende Tätigkeit in einem Institut vergleichbarer Größe und Geschäftsart absolviert wurde (§ 33 Abs. 2 Satz 2 KWG). Die Details der bankaufsichtlichen Anforderungen an die fachliche Qualifikation sind in der Kommentarliteratur[1] und teilweise auch in der Rechtsprechung[2] ausführlich diskutiert.

2. Business-Judgement-Rule in der Rechtsprechung zu Banken

18 Die mit der ARAK/Garmenbeck-Entscheidung[3] entwickelten und heute in § 93 Abs. 1 AktG kodifizierten Grundsätze für den Handlungsrahmen eines ordentlichen und gewissenhaften Geschäftsleiters wurden in mehreren BGH-Urteilen, die Kreditinstitute betrafen, aufgegriffen und auf die spezifischen Pflichten von Bankmanagern angewandt. In einer Entscheidung vom 3.12.2001[4] hält der BGH den Handlungsrahmen für überschritten, „wenn aus der Sicht eines ordentlichen

---

1 Vgl. z.B. *Fischer* in Boos/Fischer/Schulte-Mattler, § 33 KWG Rz. 39 ff. m.w.N.; *Reischauer/Kleinhans*, § 33 KWG Rz. 7 ff.; *Samm* in Beck/Samm, § 33 KWG Rz. 72 ff.
2 Vgl. z.B. BVerwG v. 27.6.1961 – I c 34.60, NJW 1961, 1834.
3 BGH v. 24.4.1997 – II ZR 175/95, ZIP 1997, 383.
4 BGH v. 3.12.2001 – II ZR 309/99, WM 2002, 220 = ZIP 2002, 213.

und gewissenhaften Geschäftsleiters einer Genossenschaftsbank das hohe Risiko eines Schadens unabweisbar ist und keine vernünftigen geschäftlichen Gründe dafür sprechen, es dennoch einzugehen". Eine Pflichtverletzung sei gegeben, „wenn das Vorstandsmitglied gegen die **in dieser Branche anerkannten Erkenntnisse und Erfahrungssätze** verstößt".[1] Mit seinem Urteil vom 21.3.2005[2] bezieht sich der BGH auf das Urteil aus 2001 und ergänzt: „Für Vorstandsmitglieder einer Genossenschaftsbank bedeutet dies, dass Kredite grundsätzlich nicht ohne übliche Sicherheiten und nur unter Beachtung der Beleihungsobergrenzen gewährt werden dürfen."

3. Anforderungen an die Geschäftsorganisation

a) § 25a KWG

Die für jeden Unternehmensleiter zentrale Aufgabe, für eine den Anforderungen des Unternehmens geeignete Geschäftsorganisation zu sorgen, ist im Bankaufsichtsrecht detailliert kodifiziert. Die in § 25a KWG geregelten Anforderungen an die Geschäftsorganisation eines Kreditinstituts wurden vom Gesetzgeber und der BaFin laufend fortgeschrieben und teilweise neu definiert.[3] Diese durch jeweils aktuelle Krisenerfahrungen und das steigende Sicherheitsbedürfnis des Staates besonders bei der Geldwäsche- und Terrorbekämpfung veranlasste Regulierungshektik erscheint zwar **rechtspolitisch fragwürdig**. Denn außer der immer stärkeren Instrumentalisierung der Finanzwirtschaft für Zwecke der Kriminalitätsbekämpfung stellen die laufend erweiterten Spezialanforderungen an die Betriebsorganisation z.B. bei der Erfassung der Einzelrisiken, der Geldwäsche- und Betrugsbekämpfung u.a. besonders kleinere Institute vor kurzfristig schwer lösbare Umsetzungs- und Kostenprobleme. Dennoch ergeben die in § 25a KWG formulierten Anforderungen den wesentlichen Maßstab für die sorgfältige und gewissenhafte Erfüllung der Geschäftsleiterpflichten – auch i.S. des § 93 Abs. 1 AktG[4] –, wie § 93 Abs. 1 Satz 2 AktG ausdrücklich klarstellt. Ihnen kommt damit **zentrale Bedeutung für die Haftung** im Falle von schadensbegründenden Fehlentwicklungen zu.

19

§ 25a KWG verpflichtet die Institute, neben der Sicherstellung der gesetzlichen Anforderungen, ein auf der Risikotragfähigkeit des Instituts basiertes angemessenes und wirksames **Risikomanagement** zu unterhalten – weit über die allgemeine Bestimmung in § 91 Abs. 2 AktG hinausgehend.[5] Es soll die jederzeitige Bestimmung der finanziellen Lage gewährleisten und die Ermittlung der Risikotrag-

20

---

1 Ähnlich BGH v. 8.1.2007 – II ZR 304/04, ZIP 2007, 321.
2 BGH v. 21.3.2005 – II ZR 54/03, ZIP 2005, 981.
3 Sieben Gesetzesänderungen seit 2002, zuletzt mit Gesetz vom 29.7.2009 (BGBl. I 2009, 2305); ebenso Neufassung der Mindestanforderungen an das Risikomanagement (MaRisk), neu gefasst durch Rundschreiben 15/2009 der BaFin vom 14.8.2009, abgedruckt bei *Consbruch/Fischer*, B 64.36.
4 Ebenso *Schäfer/Zeller*, BB 2009, 1707.
5 In der Literatur wird zum Teil die Anwendung oder zumindest die Maßstabfunktion des § 25a KWG für andere Teile der Wirtschaft erwogen – vgl. *Schäfer/Zeller*, BB 2009, 1707 m.w.N., dort Fn. 14 und 15.

fähigkeit, die Festlegung von Risikostrategien, ein internes Kontrollsystem samt Innenrevision, sowie ein Notfallkonzept, besonders für das IT-System, umfassen.[1]

b) MaRisk

21 Zur Konkretisierung hat die BaFin zuletzt am 14.8.2009 Mindestanforderungen an das Risikomanagement (MaRisk) samt ausführlicher Erläuterungen veröffentlicht.[2] Dabei handelt es sich zwar nur um eine rechtlich nicht verbindliche, empfehlende Kundgabe der behördlichen Rechtsauffassung[3] zur Konkretisierung der Anforderungen nach § 25a KWG. In der bankaufsichtlichen Praxis und ebenso in der Prüfungspraxis der Institute werden die MaRisk jedoch als auch im Detail verbindliche **Richtlinien für die Unternehmensorganisation** sowie deren Umsetzung in der Unternehmenspraxis und somit als Maßstab für die Erfüllung der Sorgfaltsanforderungen der Geschäftsleiter behandelt. Auch ist damit zu rechnen, dass die Zivilgerichte in Haftungsprozessen und ebenso die Strafgerichte bei der Prüfung des Untreuetatbestands[4] diesen Maßstab anwenden. In einem Urteil des OLG Frankfurt vom 12.12.2007[5] rechtfertigt das Gericht die Nichtanwendung der Vorgängerregelung, der Mindestanforderungen für das Kreditgeschäft (MaK), mit der seinerzeit von der Bankenaufsicht eingeräumten, noch nicht abgelaufenen Übergangsfrist[6] für deren Anwendung. Dies lässt den Schluss zu, dass bei Inkrafttreten der jeweils gültigen Regelung Abweichungen von den Vorgaben der MaRisk allenfalls dann, wenn ungewöhnliche Sonderverhältnisse vorliegen, den Sorgfaltspflichtanforderungen entsprechen.

22 Die derzeit geltenden MaRisk zielen auf ein Konzept einer ganzheitlichen Risikobetrachtung. Sie gehen von einem prinzipienorientierten Ansatz mit einer Reihe von Öffnungsklauseln aus, die den Instituten **Gestaltungsspielräume** für betriebswirtschaftlich bestimmte Umsetzungslösungen einräumen. Nach dem vorstehend zitierten Urteil des OLG Frankfurt steht dem Vorstand einer Bank bei der gem. § 91 Abs. 2 AktG i.V.m. § 25a KWG erforderlichen Einrichtung eines Risikomanagement- und -überwachungssystems ein weiter unternehmerischer Spielraum zu. Darüber hinaus enthalten die MaRisk eine Vielzahl von organisatorischen Anforderungen und Detailregelungen für die gesamte Geschäftsorganisation. Die wesentlichen Anforderungen umfassen folgende Bereiche:

23 **aa) Risikostrategie.** Auf der Grundlage eines **Gesamtrisikoprofils** soll sichergestellt werden, dass alle wesentlichen Risiken durch das Risikodeckungspotential laufend abgedeckt sind. Dabei hat die Geschäftsleitung eine Geschäfts-

---
1 Zu Ausgestaltung und Management eines Compliance-Systems vgl. auch unten *Gebauer/Kleinert*, § 20 Rz. 82 ff.
2 Rundschreiben 15/2009 der BaFin vom 14.8.2009, abgedruckt bei *Consbruch/Fischer*, B 64.36.
3 Vgl. Urteil des Hess. VGH v. 31.4.2006 – 6 UE 3256/05, WM 2007, 392 mit Anm. *Fischer*, WuB I L 1. § 36 KWG 1.07; *Braun* in Boos/Fischer/Schulte-Mattler, § 25a KWG Rz. 67.
4 So *Schmitt*, BKR 2006, 125, 129.
5 OLG Frankfurt v. 12.12.2007 – 17 U 111/07, AG 2008, 453.
6 Vgl. hierzu auch *Fischer* in Boos/Fischer/Schulte-Mattler, § 36 KWG Rz. 24.

strategie und eine dazu konsistente Risikostrategie – ggf. unterteilt in Teilstrategien – festzulegen. Weiterhin ist ein internes Kontrollsystem einzurichten, das Regelungen zur Aufbau- und Ablauforganisation sowie Risikosteuerungs- und -controllingprozesse umfasst. Die damit verbundenen Aufgaben, Kompetenzen, Verantwortlichkeiten, Kontrollen und Kommunikationswege sind klar zu definieren und aufeinander abzustimmen.

Das Risikomanagement soll einen Überblick über alle Risiken des Instituts, deren Identifizierung und Grundlagen für die Handhabung der wesentlichen Risiken umfassen. Die wesentlichen Risiken sind dabei das **Adressenausfallrisiko** (einschließlich Länderrisiken), das **Marktpreisrisiko** (Kursrisiko aus Wertpapier- und Währungsgeschäften, Zinsänderungsrisiko, Marktpreisrisiko aus Warengeschäften) und das **Liquiditätsrisiko** sowie Risiken aus den **operationellen Abläufen** innerhalb des Instituts. Zur Risikosteuerung und zum Risikocontrolling werden in der Praxis Risikoszenarien ermittelt und Stresstests durchgeführt. 24

bb) Funktionstrennung. Wesentliche Prinzipien der MaRisk sind die Funktionstrennung im Kreditgeschäft[1] und im Handelsgeschäft zwischen Markt und Marktfolge bis zur Ebene der Geschäftsleitung und das **Zwei-Voten-Prinzip**, nach dem grundsätzlich beide Bereiche einer Entscheidung zustimmen müssen. Dies schließt – je nach Art, Umfang, Komplexität, Risikogehalt und Kompetenzregelung – abweichende Einzelregelungen besonders bei kleinen Instituten (MaRisk BTO 1.1) oder die Nichtbeachtung eines Votums durch den letzten Kompetenzträger nicht aus. 25

cc) Personalausstattung und Anreizsysteme. Eine ordnungsgemäße Geschäftsorganisation setzt nach den MaRisk zunächst eine an den Geschäftsaktivitäten und der Risikosituation ausgerichtete quantitativ und qualitativ hinreichende Personalausstattung voraus. Es sind Stellenbeschreibungen erforderlich, die Aufgaben, Inhalte, Kompetenzen, Verantwortlichkeiten und die Weisungsbefugnisse darstellen. Die Erfahrungen mit der jüngsten Finanzmarktkrise haben bei der Neufassung 2009 der MaRisk eine Regelung zu den Anreizsystemen veranlasst. Sie konkretisieren die mit dem Gesetz zur Angemessenheit der Vorstandsvergütung[2] getroffenen Regelungen (besonders § 87 AktG) und gelten für Institute in jeder Rechtsform. Danach müssen „Vergütungssysteme so ausgerichtet sein, dass schädliche Anreize zur Eingehung unverhältnismäßig hoher Risikopositionen vermieden werden" (MaRisk, AT 7.4 S. 2). Weitere risikobezogene Vorgaben sind für die **Vorstandsvergütung** mit Hinweisen zu anzuwendenden Parametern in MaRisk, AT 7.1.7 formuliert. 26

dd) Operationelle Risiken. Die organisatorischen Anforderungen zur Beherrschung der operationellen Risiken sollen insbesondere eine funktionsfähige Entwicklung der Aufbau- und Ablauforganisation durch entsprechende Qualifizierung der Mitarbeiter, laufende Anpassung der technisch-organisatorischen Ausstattung, eine hinreichende Notfallplanung und funktionsfähige Vorgaben 27

---

1 Vgl. dazu Urteil des BGH v. 8.1.2007 – II ZR 304/04, ZIP 2007, 322.
2 VorstAG v. 31.7.2009, BGBl. I 2009, 2509.

(**Organisationshandbücher**) für sämtliche Geschäfte und vor allem Geschäfte in neuen Produkten oder neuen Märkten umfassen.

28 ee) **Kreditgeschäft.** Bei der Organisation der Kreditprozesse sehen die MaRisk eine Trennung zwischen risikorelevanten und nicht risikorelevanten Engagements vor. Maßgebliche Kriterien hierfür sind **Größenkonzentrations- und Klumpenrisiken**, das Maß der **Ausfallwahrscheinlichkeit** sowie die **Werthaltigkeit der Sicherheiten**.

29 Zur Risikosteuerung und Risikoüberwachung im Kreditgeschäft ist zunächst eine **Risikostrategie mit entsprechenden Limiten** zu formulieren. Es sind Überwachungsinstrumente zur Früherkennung und Quantifizierung von Ausfallrisiken sowie ein funktionsfähiges Berichtswesen hierzu einzurichten. Zur Risikobeurteilung ist ein aussagefähiges Risikoklassifizierungsverfahren (Rating und Scoring) zu unterhalten.

30 Die jüngsten Erfahrungen mit der Zuverlässigkeit **externer Ratingsysteme** hat die BaFin veranlasst in der Neufassung 2009 der MaRisk klarzustellen, dass die „Verwendung externer Bonitätseinschätzungen ... das Institut nicht von seiner Verpflichtung (enthebt), sich ein Urteil über das Adressenausfallrisiko, zu bilden und dabei eigene Erkenntnisse und Informationen in die Kreditentscheidung einfließen zu lassen" (MaRisk BTO 1.2.4.).

31 **ff) Handelsgeschäft.** Ein ähnliches Risikocontrolling ist für die Handelsgeschäfte erforderlich, das Strategie, Risikolimite und Kompetenzen umfasst. Auch für das Handelsgeschäft muss eine **aufbauorganisatorische Trennung** zwischen Handel, Risikocontrolling sowie der Abwicklung und Kontrolle bis zur Ebene der Geschäftsleitung eingerichtet sein. Voraussetzung ist, dass für sämtliche Handelsgeschäfte verbindliche Vorgaben z.B. zu Konditionen samt Nebenabreden und der grundsätzlichen Abwicklung zu marktgerechten Bedingungen vereinbart sind. Die laufende Kontrolle umfasst insbesondere die Marktgerechtigkeit der Geschäftsabschlüsse, die Einhaltung der Limite sowie die Ordnungsmäßigkeit der Abwicklung und Dokumentation.

32 **gg) Kontrollsysteme.** Schließlich erfordert eine ordnungsgemäße Betriebsorganisation eine ausreichende Kontrolle der Umsetzung der festgelegten Risikostrategie. Diese erfolgt durch prozessabhängige Kontrollsysteme bei den jeweiligen Geschäften und Geschäftsarten und eine prozessunabhängige **interne Revision**, die in jedem Institut eingerichtet sein muss. Die interne Revision hat risikoorientiert die Funktionsfähigkeit des Risikomanagements nach den individuellen Anforderungen des jeweiligen Instituts und den getroffenen Vorgaben, die Funktionsfähigkeit der prozessabhängigen Kontrollsysteme und die Ordnungsmäßigkeit aller Geschäfte und sonstigen Prozesse zu prüfen.

33 **hh) Outsourcing.** Zu einer ordnungsmäßigen Betriebsorganisation gehört gem. § 25a Abs. 2 KWG auch, dass bei Auslagerung von Aktivitäten und Prozessen auf andere Unternehmen (Outsourcing) die Ordnungsmäßigkeit der Geschäfte und der Geschäftsorganisation nicht beeinträchtigt und dadurch keine übermäßigen zusätzlichen Risiken begründet werden. Einzelheiten sind in den MaRisk, AT

9 geregelt. Dabei gehen die MaRisk von dem Grundsatz aus, dass Zuverlässigkeit, Art, Umfang, Ausgestaltung und Kontrolle ausgelagerter Funktionen von der Geschäftsleitung zu beurteilen sind. Sofern bestimmte geschäftliche oder organisatorische Prozesse (EDV-Dienstleistungen, Durchführung der Innenrevision, Notfalldienste, Kreditüberwachung usw.) auf externe Unternehmen ausgelagert werden, darf dadurch die **Steuerungsmöglichkeit der Geschäftsleitung** und die bankaufsichtliche Überwachung nicht faktisch gelockert werden. Die Auslagerung darf auch nicht dazu führen, dass die Geschäftsleitung nicht mehr für sämtliche – auch die ausgelagerten – Tätigkeiten verantwortlich wäre.[1]

Bestimmte **kardinale Funktionen** sind grundsätzlich nicht auslagerbar, so Unternehmensplanung, -koordination und -kontrolle. Die Innenrevision kann ausgelagert werden, sofern die Geschäftsleitung einen hausinternen Revisionsbeauftragten bestellt, der Planung und Abwicklung der Innenrevision mit dem beauftragten Dritten abstimmt und überwacht.[2]

34

c) Organisationspflichten zur Verhinderung krimineller Handlungen

Die §§ 25b bis 25g KWG begründen weitere organisatorische Pflichten zur **Verhinderung von Geldwäsche, Terrorismusfinanzierung** und von **betrügerischen Handlungen** zum Nachteil der Institute. Sie sollen vor allem gewährleisten, dass den staatlichen Sicherheitsinteressen in Zusammenhang mit den Sonderpflichten nach dem Geldwäschegesetz und weiteren Überwachungs- und Mitwirkungspflichten der Institute bei der Kriminalitätsbekämpfung – z.B. automatisierter behördlicher Zugriff auf Konteninformationen der Kunden, Kontenscreening u.a. – entsprochen wird. Sie können darüber hinaus aber auch haftungsrelevant werden, z.B. wenn Verletzungen dieser Pflichten zu Sanktionen führen oder eine unzureichende Kriminalitätsprävention Betrugs- oder Unterschlagungsfälle begünstigt.

35

III. Haftungsrisiken im Kreditgeschäft

Das Schwergewicht der aus Rechtsprechung und Praxis bekannt gewordenen Haftungsfälle betrifft Pflichtverletzungen im Zusammenhang mit dem Kreditgeschäft. Bedeutsame Haftungsrisiken entstehen aber auch aus anderen Geschäftsbereichen der Finanzinstitute. Dies gilt für Anlageentscheidungen im Wertpapiereigengeschäft, die vereinzelt auch zum Gegenstand von Schadensersatzansprüchen gemacht wurden. Dies könnte bei der Aufarbeitung der Haftungsfolgen aus spekulativen Fehlentscheidungen bei der so genannten Subprimekrise ab dem Jahre 2007 (vgl. Rz. 2) eine zunehmende Bedeutung erlangen.[3]

36

---

1 Einen solchen Fall behandelt das OLG Düsseldorf v. 9.12.2009 – I-6 W 45/09, ZIP 2010, 28.
2 Vgl. *Braun* in Boos/Fischer/Schulte-Mattler, § 25a KWG Rz. 633.
3 Vgl. dazu *Lutter*, ZIP 2009 197 und *Lutter*, BB 2009, 786.

1. Anforderungen an die Prozesse im Kreditgeschäft

37 Die organisatorischen Anforderungen des § 25a KWG und ihre Konkretisierung in den MaRisk (vgl. Rz. 21 ff.) haben maßgebliche Bedeutung für die Vermeidung von Haftungsrisiken im Kreditgeschäft. Denn Bearbeitungsfehler werden häufig nicht auf Vorstandsebene, sondern von den zuständigen Kreditbearbeitern verursacht. Eine mangelhafte Aufbau- oder Ablauforganisation begünstigt solche Fehlentwicklungen. Haftungsfälle können sich daher keineswegs nur dann ergeben, wenn der Vorstand selbst an einer Kreditentscheidung beteiligt war, sondern auch aus einer vom Vorstand zu verantwortenden mangelhaften **Organisation und Fehlern auf nachgeordneter Ebene**. Für den Haftungsnachweis stellt sich in diesem Fall zwar ein Kausalitätsproblem. Generell kann man aber davon ausgehen, dass mangelhafte Vorgaben für die Kreditbearbeitung und Risikokontrolle den Anscheinsbeweis für in diesem Zusammenhang aufgetretene Fehler der nachgeordneten Stelle und daraus resultierende Schäden erbringen kann.[1]

38 Die Umsetzung und laufende Einhaltung der Anforderungen an die Prozesse bei Kreditgewährung, Kreditweiterbearbeitung, Kreditbearbeitungskontrolle, Intensivbetreuung bei gefährdeten Engagements und die rechtzeitige Bildung der erforderlichen Risikovorsorge sind Voraussetzung für eine pflichtgemäße **Schadensprävention** im Kreditgeschäft. Weiterhin müssen Verfahren zur Früherkennung von Risiken im Kreditgeschäft und zur Risikoklassifizierung eingerichtet und praktiziert werden (zu Einzelheiten vgl. MaRisk BTO 1.1 bis 1.4).

2. Bonitätsprüfung des Kreditnehmers

39 Die Verletzung der Pflicht zur sorgfältigen Bonitätsprüfung des Kreditnehmers ist ein häufiger Vorwurf in den von der Rechtsprechung entschiedenen Fällen zur Haftung von Bankvorständen[2], zur Strafbarkeit wegen Untreue bei Kreditvergabe[3] und bei der Begründung von bankaufsichtlichen Verwarnungen oder Abberufungsverlangen nach § 36 Abs. 2 KWG.[4]

Nach der in § 18 KWG formulierten **Offenlegungspflicht** darf ein Kreditinstitut einen Kredit von mehr als 750 000,00 Euro oder 10 % des haftenden Eigenkapitals des Kreditinstituts nur gewähren, wenn es sich die wirtschaftlichen Verhältnisse des Kreditnehmers insbesondere durch Vorlage der aktuellen Jahresabschlüsse und betriebswirtschaftlichen Auswertungen offen legen lässt. Auch nach Kreditgewährung sind die wirtschaftlichen Verhältnisse des Kreditnehmers laufend zu überwachen. Hiervon gibt es einige Ausnahmen, auf die hier nicht im Einzelnen

---

1 So z.B. für Verletzung von Verkehrssicherungspflichten, BGH v. 14.12.1993 – VI ZR 271/92, NJW 1994, 945; zum Anscheinsbeweis generell vgl. *Hartmann* in Baumbach/Lauterbach, ZPO, 67. Aufl., Anh. zu § 286 ZPO Rz. 22 ff.
2 Vgl. z.B. BGH v. 8.1.2007 – II ZR 304/04, DStR 2007, 402, und BGH v. 3.12.2001 – II ZR 308/99, ZIP 2002, 213; OLG Frankfurt v. 12.12.2007 – 17 U 111/07, AG 2008, 453; KG v. 22.3.2005 – 14 U 248/03, ZIP 2005, 1866.
3 Vgl. BGH v. 15.1.2001 – 1 Str 185/01, WM 2002, 225 und BGH v. 4.6.2000 – 1 StR 280/99, NJW 2000, 2364; *Schmitt*, BKR 2006, 125, 128.
4 Vgl. z.B. Beschluss des OVG Berlin v. 2.10.2001 – 1 Sn 27.01, EWiR § 36 KWG 1/02, 533 – *Fischer*; *Fischer* in Boos/Fischer/Schulte-Mattler, § 36 KWG Rz. 21.

eingegangen werden kann. Die Offenlegungsgrenze von 750 000,00 Euro besagt keineswegs, dass Kredite unterhalb dieses Rahmens blind gewährt werden dürften. Die Pflicht zur Kreditwürdigkeitsprüfung gilt generell, wenn auch unterhalb der Bagatellgrenze ein größerer Entscheidungsspielraum darüber besteht, welche Informationen vom Kreditnehmer beschafft werden müssen.

Zur Offenlegung der wirtschaftlichen Verhältnisse der Kreditnehmer hatte die Bankenaufsicht bis zum Jahre 2005 eine kaum mehr überschaubare Anzahl an Rundschreiben und sonstigen Verlautbarungen herausgegeben und der Jahresabschlussprüfung aufgegeben, über deren Einhaltung detailliert zu berichten. Dies hatte zu einer stark formalisierten Praxis geführt. Mit Rundschreiben vom 9.5.2005[1] hatte die BaFin sämtliche Verlautbarungen hierzu aufgehoben und die Anwendung der Offenlegungsanforderungen des § 18 KWG in die Verantwortung der Geschäftsleiter gestellt.[2] Nach der heutigen Aufsichtspraxis sind diese Anforderungen flexibler und mit mehr Eigenverantwortlichkeit der Geschäftsleiter im Rahmen der Betriebsorganisation sicherzustellen (MaRisk BTO 1.2). 40

3. Risikoermittlung und -bewertung im Kreditgeschäft

Bei einer Kreditentscheidung muss eine Prognoseentscheidung getroffen werden, die sich auf vergangenheits- und gegenwartsbezogene Fakten des Kreditnehmers und des wirtschaftlichen Umfelds sowie eine zukunftsbezogene Einschätzung stützt. Das stets bestehende Ausfallrisiko muss bestimmt und in Relation zu den Ertragschancen gesetzt werden. Die auf die Zukunft gerichtete Einschätzung muss durch vollständige und entscheidungsrelevante Tatsachen unterlegt werden. Die Kreditentscheidung darf sich daher nicht auf eine „Prophezeiung", sondern muss sich auf eine **Prognose** stützen.[3] 41

Kardinale Bedeutung kommt dabei der laufenden **Offenlegung der wirtschaftlichen Verhältnisse** gem. § 18 KWG und deren Auswertung zu. Alle für die Kreditentscheidung und Weitergewährung maßgeblichen Zahlen, Fakten und sonstigen Beurteilungsgrundlagen müssen je nach Bedarf aus aktuellen Jahresabschlüssen, zuverlässigen betriebswirtschaftlichen Zwischenberichten, Steuererklärungen, Gehaltsnachweisen, Vermögensaufstellungen u.a. ermittelt, sorgfältig ausgewertet und – notfalls mittels externer Sachkunde – bewertet werden. Hierzu sind zunächst die Ausgangsdaten der wirtschaftlichen Situation des Kreditnehmers als auch Informationen zu den persönlichen Verhältnissen, der fachlichen Erfahrung und dem bisherigen Auftreten des Kreditnehmers sowie Daten des zu finanzierenden Objekts bzw. der Marktstellung und Branche des Unternehmens zu ermitteln. Die ermittelten Daten müssen richtig, vollständig und relevant, die zukunftsbezogenen Prämissen plausibel, sachlogisch und neutral sein. 42

Auf Basis dieser Informationen müssen Prämissen gesetzt werden, also zukunftsbezogene Annahmen hinsichtlich der weiteren Entwicklung des Kreditnehmers 43

---
1 Abgedruckt bei *Consbruch/Fischer*, B 61.55.
2 Zu dieser Entwicklung und deren Konsequenzen vgl. *Lehleiter/Hoppe*, BKR 2007, 182; *Schmitt*, BKR 2006, 125.
3 Eine scharfsinnige Analyse dazu enthält ein Aufsatz von *M. Schmidt*, ZBB 2006, 31.

und/oder des zu finanzierenden Objekts sowie des wirtschaftlichen Umfelds wie Konjunktur, Situation der Branche, erwartete Preis- und Ertragsentwicklung. Die bei diesen Prämissen unterstellten Annahmen müssen sachlogisch und plausibel sein. Ob sie letztlich eintreten, liegt außerhalb des **Verantwortungsbereichs des Entscheidungsträgers**. Die auf dieser Basis getroffene Entscheidung muss vertretbar und nachvollziehbar sein, braucht sich aber im Nachhinein nicht als erfolgreich zu erweisen. Solange die Entscheidung in weitem unternehmerischen Handlungsspielraum auf informierter Basis getroffen wurde, ist sie nicht pflichtwidrig. Sie wird auch nicht dadurch widerlegt, dass nachgewiesen wird, dass z.B. ein gegenteiliges Votum auf gleicher Entscheidungsgrundlage die sich nachträglich als richtig erweisende Handlungsalternative vorgeschlagen hatte.[1] Vielmehr ist dies Gegenstand des unternehmerischen Entscheidungsspielraums gem. § 93 Abs. 1 Satz 2 AktG.

4. Gewährung von Sanierungskrediten

44 Eine in der Kreditwirtschaft nicht seltene Problematik ergibt sich bei Kreditbedarf eines in der Krise befindlichen Kreditkunden. Hier stellt sich für den Bankvorstand die Entscheidungsnotwendigkeit, ob das ausfallgefährdete „**schlechte Geld**" durch neues „**gutes Geld**" gerettet werden kann. Im Grundsatz gelten die gleichen Ermittlungs- und Prognoseanforderungen wie vorstehend beschrieben. Entscheidende Beutung kommt der Aufstellung und zuverlässigen Beurteilung eines Sanierungsplans auf der Grundlage weiterer Kredite zu.

45 Ein signifikantes Beispiel einer solchen Situation hatte das **Kammergericht** bei seinem Urteil vom 22.3.2005[2] zu entscheiden. Es ging um die Finanzierung von Plattenbauten. Die wirtschaftlich wenig erfahrenen Initiatoren hatten bereits erhebliche Kredite von der Bank zum Ankauf und zur Sanierung der Objekte bekommen, waren in einer kritischen wirtschaftlichen Situation, hatten sich aber dennoch zum Kauf und zur Sanierung weiterer Plattenbauten auf Kredit verpflichtet. Bei der Vorbereitung der Kreditentscheidung hatte der Bereich Marktfolge ein negatives Votum abgegeben, weil er die Wirtschaftlichkeit der weiteren Finanzierung kritisch sah. Dennoch hat das Kammergericht – wie schon die Vorinstanz – die Schadensersatzklage abgelehnt. Es führt aus, dass für die Bank die Entscheidungslage bestand, entweder das Projekt weiter zu fördern oder bei Versagung neuer Kredite die Gefahr des finanziellen Zusammenbruchs samt Teilausfall des Kreditengagements in Kauf zu nehmen. In dieser Situation hätte der Vorstand trotz des kritischen internen Revisionsberichtes nicht gegen seine Sorgfaltspflichten verstoßen, indem er sich für die weitere Finanzierung des Vorhabens entschieden habe.

46 Das Urteil enthält noch einen bemerkenswerten Aspekt zur Anwendung des § 18 KWG. Auf den ersten Blick scheint bei ausfallgefährdeten Krediten eine besondere **Sorgfalt hinsichtlich der Offenlegung** der wirtschaftlichen Verhältnisse erforderlich zu sein. Dies ist nicht der Fall. Wenn die Bank nämlich weiß, dass ihr Kreditnehmer mehr oder minder zahlungsunfähig ist, nutzen ihr ordnungs-

---

1 Einen solchen Fall hatte KG v. 22.3.2005 – 14 U 248/03, ZIP 2005, 1866 entschieden.
2 KG v. 22.3.2005 – 14 U 248/03, ZIP 2005, 1866.

gemäß unterschriebene Bilanzen – sofern überhaupt noch vorhanden – oder die Erfüllung sonstiger mehr formaler Anforderungen wenig. In dieser Situation sind Prognoseentscheidungen über den Sanierungsplan, den Objektwert und die Sicherheitenbewertung die maßgeblichen Entscheidungsgrundlagen. Das Kammergericht führt dazu aus, dass der Vorstand bereits auf Grund des Revisionsberichtes die mangelnde Bonität der Initiatoren kannte. Eine weitere Prüfung war damit entbehrlich, da bereits feststand, dass die Vermögenslage der Initiatoren allein nicht geeignet war, eine weitere Kreditvergabe zu rechtfertigen. Der Vorschrift des § 18 KWG war damit im Ergebnis Genüge getan, da schon auf Grund des Revisionsberichtes ein hinreichend klares Bild von den mit der Kreditvergabe verbundenen Risiken bestand.

Diesen Ausführungen ist im Grundsatz zuzustimmen. Allerdings wurde in der Literatur **Kritik an der Entscheidung** geübt.[1] Diese bezog sich aber nicht auf die grundsätzlichen Ausführungen, sondern darauf, dass das Gericht sich zu wenig mit der Tatsachengrundlage auseinandergesetzt habe. So sollen neben der mangelnden Berücksichtigung der fehlenden kaufmännischen und technischen Erfahrung der Initiatoren vor allem auch erhebliche technische Fehler bei der Ermittlung der Entscheidungsgrundlage gemacht worden sein. Träfe dies zu, läge eine Haftung wegen schadensbegründender Sorgfaltspflichtverletzungen nahe.

5. Organkredite

§ 17 KWG enthält eine spezifische Haftungsbestimmung für Kredite an Gesellschafter, Organmitglieder, Prokuristen und Generalbevollmächtigte des Instituts einschließlich deren Ehegatten und Kinder sowie an durch personelle oder Kapitalverflechtung nahe stehende Unternehmen oder deren Organmitglieder, Ehegatten und Kinder. Solche Organkredite müssen gem. § 15 Abs. 1 KWG einstimmig von allen Geschäftsleitern beschlossen sowie vom Aufsichtsorgan gebilligt werden. Die Zustimmung des Aufsichtsrats entfällt naturgemäß, wenn ein solcher z.B. bei einer GmbH nicht gebildet ist.[2] Außerdem dürfen Organkredite – außer im Rahmen von Mitarbeiterprogrammen – nur zu marktmäßigen Konditionen gewährt werden. Die **Zustimmung des Aufsichtsorgans und der einstimmige Beschluss** der Geschäftsleiter müssen sich nicht nur auf die Höhe des Kredits und die Person des Kreditnehmers, sondern auch auf die Konditionen, insbesondere die Verzinsung und die Rückzahlung des Kredits, erstrecken. Sollen die Konditionen (außer Verlängerung der Laufzeit des Kredits) nachträglich geändert werden, gelten die Beschlussanforderungen auch hierfür[3], ebenso wenn der Kredit um mehr als 10 % erhöht wird (§ 15 Abs. 3 Nr. 3 KWG). Die Regelung soll Vetternwirtschaft in der Kreditwirtschaft vorbeugen.

Wird ein Organkredit ohne die einstimmige Zustimmung der Geschäftsleiter oder ohne die Zustimmung des Aufsichtsorgans gewährt, so **haften die Organmit-**

---
1 *M. Schmidt*, ZBB 2006, 38.
2 BGH v. 11.7.2006 – VI ZR 339/04, ZIP 2006, 1761.
3 *Groß* in Boos/Fischer/Schulte-Mattler, § 15 KWG Rz. 38 unter Bezugnahme auf Schreiben des ehemaligen Bundesaufsichtsamts für das Kreditwesen vom 20.6.1974 und vom 6.9.1974, *Consbruch/Fischer*, B 62.8 und B 62.9.

glieder gegenüber der Bank als Gesamtschuldner für entstehende Schäden, sogar auch dann, wenn sie zwar unbeteiligt sind, aber trotz Kenntnis nicht dagegen einschreiten (§ 17 Abs. 1 KWG). Einer weiteren Pflichtverletzung – etwa unsorgfältige Kreditprüfung – bedarf es für die Haftungsinanspruchnahme nicht. Es gilt eine gleichartige Beweislastumkehr wie für Organhaftungsansprüche im Gesellschaftsrecht sowie eine fünfjährige Verjährungsfrist (§ 17 Abs. 1 Hs. 1 und Abs. 3 KWG). Die Haftung kann auch von Gläubigern des Instituts geltend gemacht werden, soweit sie durch das Institut nicht befriedigt werden (§ 17 Abs. 2 KWG). Die Haftung nach § 17 KWG spielt in der Bankenpraxis bislang kaum eine Rolle.

IV. Verjährung

50 Für die fünfjährige Verjährungsfrist der § 93 Abs. 6 AktG, § 34 Abs. 6 GenG und § 43 Abs 4 GmbHG gelten bei privatrechtlich organisierten Instituten keine Besonderheiten.

1. Beginn der Verjährungsfrist

51 Die fünfjährige Verjährungsfrist beginnt unabhängig von der Kenntnis des Schadens gem. § 200 BGB mit dem Eintritt des Schadens. Dabei nimmt die Rechtsprechung einen Schaden nicht erst dann an, wenn er der Höhe nach feststeht. Es genügt, dass der Schaden **dem Grunde nach entstanden** ist, also eine Sorgfaltspflichtverletzung eine Verschlechterung der Vermögenslage bewirkt, ohne dass zu diesem Zeitpunkt bereits feststeht, ob der Schaden bestehen bleibt und in welcher Höhe er entsteht.[1] Es genügt also, dass eine Feststellungsklage erfolgreich erhoben werden könnte.[2]

52 Pflichtwidrigkeiten des Vorstands bei Kreditvergaben oder im Anlagegeschäft genügen allein nicht für den Beginn der Verjährungsfrist. Ein latentes Ausfallrisiko besteht bei jedem Kredit- oder Anlagegeschäft. Wenn z.B. die Bonität des Kreditnehmers oder die Sicherheiten auf Grund pflichtwidrig fehlerhaft ermittelter Beurteilungsgrundlagen zu günstig eingeschätzt werden, kann ein Schaden zwar entstehen. Solange der Kreditnehmer seine Verbindlichkeiten erfüllt und keine Korrektur der Sicherheitenbewertung erfolgt, ist noch kein konkretisierter Schaden eingetreten. Eine bloße **Vermögensgefährdung setzt die Verjährungsfrist aber noch nicht in Lauf**.[3] Selbst wenn der Bericht des Jahresabschlussprüfers Mängel zum Beispiel bei der Offenlegung der wirtschaftlichen Verhältnisse feststellt, ist noch keine als Schaden anzusehende Verschlechterung der Vermögenslage eingetreten. Erst wenn z.B. Zahlungsstockungen eintreten oder der Blankoanteil die Leistungsfähigkeit des Kreditnehmers übersteigt, weil erkannt wird, dass die Sicherheiten weniger als eingeschätzt wert sind, konkretisiert sich ein Schaden.

---

1 BGH v. 28.10.1993 – IX ZR 21/93, AG 1994, 81 und BGH v. 23.3.1987 – II ZR 190/86, ZIP 1987, 776.
2 BGH v. 21.2.2005 – II ZR 112/03, ZIP 2005, 852 und BGH v. 23.3.1987 – II ZR 190/86, ZIP 1987, 776.
3 OLG Frankfurt v. 12.12.2007 – 17 U 111/07, AG 2008, 453 = BeckRS 2008, 02699.

Dies spricht dafür, den maßgeblichen Zeitpunkt erst dann anzunehmen, wenn entweder eine **Wertberichtigung** gebildet wird oder bei ordnungsmäßiger Beurteilung der zu diesem Zeitpunkt eingetretenen Tatsachen gebildet werden müsste. Vor dem Erfordernis einer Wertberichtigung ist ein Schaden, der über das allgemeine Kreditrisiko hinausgeht, hingegen noch nicht konkretisierbar.[1] Daher wäre auch eine Klage auf Feststellung der Schadensersatzpflicht nicht erfolgreich. In der Praxis kann selbst danach noch ein langer Zeitraum vergehen, bevor dem Aufsichtsorgan realistischerweise bekannt wird, dass bestimmte Wertberichtigungen auf Pflichtverletzungen des Vorstands beruhen, die zum Schadensersatz verpflichten. 53

2. Verjährung bei öffentlich-rechtlich organisierten Instituten

Bei Sparkassen, Landesbanken und sonstigen öffentlichen Instituten ist die Frage der Verjährungsfrist offen. Obwohl in einigen Sparkassengesetzen Regelungen zur Haftung des Vorstands getroffen sind, findet sich keine Bestimmung über die Verjährung. Ob eine **Analogie zur fünfjährigen Verjährungsfrist** des Aktienrechts veranlasst ist, ist bislang nicht entschieden. Die insoweit spärliche sparkassenrechtliche Literatur[2] vertritt die Auffassung, es gelte die gesetzliche, also die dreijährige Verjährungsfrist nach Kenntniserlangung durch den Verwaltungsrat. Die Begründung, dass die Unterlassung einer ausdrücklichen Regelung die Anwendung der gesetzlichen Verjährungsfrist gebiete[3], erscheint nicht überzeugend. Die sparkassenrechtlichen Bestimmungen enthalten entweder gar keine oder nur rudimentäre Regelungen zur Organhaftung.[4] Dass Organhaftungsansprüche auch ohne gesetzliche Regelung bestehen, ist hingegen herrschende Meinung.[5] Dies setzt die analoge Anwendung der gesellschaftsrechtlichen Haftungsregelungen voraus, die konsequenter Weise auch die Verjährung umfassen. 54

V. Darlegungs- und Beweislast

§ 93 Abs. 2 Satz 2 AktG und ebenso § 34 Abs. 2 Satz 2 GenG sehen eine **Umkehr der Beweislast** vor.[6] Obwohl es dafür keine gesetzliche Regelung gibt, wendet der BGH die Umkehr der Beweislast auch für die GmbH-Geschäftsführer an, zumal die Beweislastumkehr von der Rechtsprechung bereits angewandt wurde, als es eine gesetzliche Regelung hierfür noch nicht gab.[7] 55

---

1 OLG Frankfurt v. 12.12.2007 – 17 U 111/07, AG 2008, 453 = BeckRS 2008, 02.699.
2 *Berger*, § 10 Rz. 14 mit unzutreffendem Verweis (vgl. dort Fn. 47) auf *Heinrichs* in Palandt, § 195 BGB Rz. 20; *Klüpfel/Gaberdiel/Gnamm/Höppel*, § 25 Anm. V.6.
3 *Klüpfel/Gaberdiel/Gnamm/Höppel*, § 25 Anm. V.6.
4 Vgl. vorstehend B.I.3. (Rz. 7–11).
5 *Lutter*, Pflichten und Haftung, S. 10 ff. und BB 2009, 791; *Schlierbach/Püttner*, S. 221.
6 Einzelheiten hierzu vgl. den Beitrag von *Kurzwelly*, oben § 12 sowie *Goette*, Beweislast, ZGR 1995, 648 ff.
7 Vgl. BGH v. 4.11.2002 – II ZR 224/00, ZIP 2002, 2314. Die Entscheidung verweist u.a. auch auf die historische Entwicklung dieser Rechtsprechung bereits vor der gesetzlichen Regelung.

56 Das **Sparkassenrecht** kennt gleichfalls keine Regelung der Beweislast für Organhaftungsansprüche. Es ist davon auszugehen, dass die von der Rechtsprechung für maßgebend gehaltenen Gesichtspunke – insbesondere, dass primär der handelnde Vorstand seine eigene Tätigkeit zu seiner Entlastung offen legen muss –, für Sparkassen und Landesbanken gleichfalls gilt. Außerdem bietet sich die Analogie zum Gesellschaftsrecht aus gleichen Gründen, wie vorstehend zur Anwendung der Beweislastumkehr auf GmbH-Geschäftsführer[1] und zur Verjährungsfrist dargelegt, an.

57 In der **gerichtlichen Schadensersatzpraxis** verlässt sich der Kläger in der Regel nicht auf die Beweislastumkehr. Vielmehr ist es üblich, dass die Bank alle Tatsachen, auch die Einzelumstände der Pflichtverletzung, darlegt und Beweis hierfür anbietet. Meist macht sie dies zunächst durch Vorlage von Auszügen aus Prüfungsberichten, was aber allein nicht genügt. Vielmehr wird sie anhand der konkreten Entscheidungsumstände – also der Kreditunterlagen usw. – Schadensursache und Pflichtverletzung darlegen. Wenn die maßgeblichen Tatsachen aber nicht dokumentiert sind, spielt die Beweislastumkehr eine Rolle. Wenn sich zum Beispiel die Sicherheitenprüfung nicht aus den Kreditakten ergibt, trägt der Vorstand die Beweislast, dass sie dennoch mit der notwendigen Sorgfalt erfolgt ist. Der Vertreter der Beklagtenseite stellt daher nicht selten – auch aus taktischen Gründen – umfängliche Informations- und Vorlageanforderungen. Es ist Aufgabe einer sachgerechten Abwägung durch das Gericht, welche Einsichts- und Vorlagerechte für den Beklagten zielführend sein können und welche lediglich der Verzögerung oder Vernebelung dienen.

VI. Wirkung der Entlastung

58 § 93 Abs. 4 Satz 2 AktG schließt einen Haftungsverzicht aufgrund der Entlastung durch den Aufsichtsrat ausdrücklich aus. Das Genossenschaftsrecht kennt eine solche Regelung nicht. Trotzdem gilt im praktischen Ergebnis kaum etwas anderes. Denn nach der Rechtsprechung kann eine Verzichtswirkung nur eintreten, wenn das Entlastungsorgan den **Schaden und die schadensbegründenden Umstände** kennt. In einer Entscheidung vom 3.12.2001[2] hat der BGH die Verzichtswirkung selbst in einem Fall abgelehnt, in dem der Generalversammlung über Probleme mit der Kreditvergabe berichtet und deutliche Kritik an der vom Vorstand eingeschlagenen Kreditpolitik formuliert wurden. Ansprüche, die aus dem Bericht nicht oder in wesentlichen Punkten nur so unvollständig erkennbar sind, dass die Tragweite der Entlastungsentscheidung nicht voll überblickbar ist, werden nach Auffassung des BGH von der Verzichtswirkung dennoch nicht erfasst. Da der Generalversammlung bzw. der Vertreterversammlung einer Genossenschaftsbank der Prüfungsbericht nicht vorliegt und auch kaum je über einzelne Kreditausfälle samt der schadensbegründenden Pflichtverletzungen berichtet wird, kommt damit eine Haftungsentlastung bei Kreditgenossenschaften kaum in Betracht.

---

1 Vgl. vorstehende Fn.
2 BGH v. 3.12.2001 – II ZR 308/99, WM 2002, 220, ähnlich BGH v. 21.3. 2005 – II ZR 54/03, ZIP 2005, 981.

Bei **Sparkassen** ist die Situation etwas anders. In einer Reihe von Bundesländern ist zwar – ebenso wie im Aktienrecht – die Verzichtswirkung ausdrücklich gesetzlich ausgeschlossen, in anderen aber nicht. In den letzteren Bundesländern, z.B. in Baden-Württemberg, Bayern, Niedersachsen und in drei neuen Bundesländern, gilt keine solche Regelung. Dort erhält der Verwaltungsrat den Prüfungsbericht und kann somit von kritischen Feststellungen Kenntnis nehmen, wozu er verpflichtet ist.[1] Daher ist für diese Länder vertretbar, dass die Entlastung einen Haftungsverzicht zumindest dann bewirkt, wenn die Umstände von Schaden und Pflichtwidrigkeit aus dem Prüfungsbericht erkennbar sind.[2] Eine Besonderheit stellt das in einigen Bundesländern bestehende, angesichts des kommunalen Selbstverwaltungsrechts der Sparkassenträger verfassungsrechtlich fragwürdige[3] Erfordernis der Zustimmung der Sparkassenaufsichtsbehörde zur Entlastung dar. Auch wenn diese erteilt wird, stellt dies keine Haftungsentlastung dar, da für diese Zustimmung andere Beurteilungsmaßstäbe gelten und die Sparkassenaufsicht auf die Rechtsaufsicht beschränkt ist.[4]

C. Haftung der Mitglieder des Aufsichtsorgans

Eine Haftungsinanspruchnahme von Aufsichtsrats- oder Verwaltungsratsmitgliedern von Banken oder Sparkassen kommt – anders als für den Vorstandsbereich (zumindest bei kleineren Instituten, vgl. vorstehend Rz. 3) – in der Praxis kaum vor. Dies mag zum einen an der weit verzweigten Streuung der Verantwortlichkeit liegen. Die Durchsetzung der zivilrechtlichen Konsequenzen von Pflichtverletzungen z.B. im Zusammenhang mit den Schadensfolgen der Subprime-Krise dürfte einen großen Teil der Aufsichtsorganmitglieder einschließlich der Mitglieder aus Wirtschaft, Politik und Gewerkschaften erfassen, was ein faktisches Hindernis für die Geltendmachung von Schadensersatzansprüchen darstellen dürfte. Außerdem wird hier der kardinale **Fehler des Haftungssystems** besonders deutlich, nach dem die häufig selbst versagenden Mitglieder des Vorstands die Mitglieder ihres eigenen Wahlorgans in die Haftung nehmen müssten.

I. Sorgfaltsforderungen

1. Allgemeine Anforderungen

Für die Pflichten sowie die Sorgfaltsanforderungen der Mitglieder des Aufsichtsorgans gelten grundsätzlich keine anderen Maßstäbe, als sie von *Krieger*, oben § 3 Rz. 23 ff. für die Aktiengesellschaft dargestellt sind.

Die besonderen Qualifikationsanforderungen des § 33 Abs. 2 KWG für Geschäftsleiter muss ein Mitglied des Aufsichtsorgans nicht aufweisen, sondern die eines

---

1 *Fischer*, Informationsrechte, ZIP 2004, 2169.
2 H.M. z.B. *Schlierbach/Püttner*, S. 261; *Berger*, § 23 Rz. 22 m.w.N.; *Klüpfel/Gaberdiel/Gnamm/Höppel*, § 30 II 9; *Fischer*, Entlastung, WM 2007, 1005.
3 *Fischer*, Entlastung, WM 2007, 1009.
4 *Fischer*, Entlastung, WM 2007, 1010.

ordentlichen und gewissenhaften Überwachers eines gleichartigen Instituts. Für Kreditinstitute werden allgemeine wirtschaftliche Erfahrung und Grundkenntnisse der spezifischen Geschäfte, die das Institut betreibt, samt deren Risiken und des allgemeinen Organisationsablaufs, ferner Kenntnisse der Rechtsgrundlagen des Instituts samt Bankaufsichtsrecht für notwendig gehalten. Die Organmitglieder müssen diejenigen Mindestkenntnisse und -fähigkeiten besitzen oder sich aneignen, die notwendig sind, um alle normalerweise anfallenden Geschäftsvorgänge ohne fremde Hilfe verstehen und sachgerecht beurteilen zu können.[1] Die Sachkunde muss so weit reichen, dass das Mitglied imstande ist, die vorgelegten Unterlagen einschließlich Bilanz und Prüfungsbericht zu verstehen, ggf. Ergänzungen zu fordern und aufgrund dieser Information die Situation des Instituts, die Vorstandsarbeit und die zu treffenden Entscheidungsgegenstände zu beurteilen.

63 Die Einschaltung von Außenstehenden als ständige **Berater** zur Erledigung von Vorbereitungsarbeiten für Aufsichtsrats- oder Verwaltungsratssitzungen sind unzulässig. Darunter würde nicht nur die Vertraulichkeit, sondern auch das Prinzip der Eigenverantwortlichkeit leiden. Allerdings können von einem Aufsichtsratsmitglied nicht auf allen Gebieten Spezialkenntnisse der sehr komplexen bankgeschäftlichen und organisatorischen Abläufe verlangt werden. Es ist dann Sache des Organs, in konkreten Einzelfällen externe Sachkunde einzuholen.

2. Richtlinienkompetenz der Verwaltungsräte von Sparkassen

64 Für Sparkassen gelten einige Besonderheiten. Neben der Überwachungsaufgabe bestimmt der Verwaltungsrat nach den Sparkassengesetzen der Länder[2] auch die Richtlinien der Geschäftspolitik. Damit ist das Management-System der Sparkassen tendenziell auf eine engere Verzahnung der Aufgaben von Vorstand und Verwaltungsrat als bei der Aktiengesellschaft angelegt.[3] Richtlinien der Geschäftspolitik sind **allgemeine Orientierungsmaßstäbe und Zielvorstellungen für die Unternehmenspolitik**.[4] Eingriffe in die Geschäftsführung oder Einzelweisungen – z.B. zu Regelkonditionen, bestimmten Geschäftsabschlüssen oder organisatorischen Maßnahmen – sind damit nicht legitimiert. Trotz Richtlinienkompetenz des Verwaltungsrats gilt auch für Sparkassen die grundsätzliche Funktionstrennung zwischen Geschäftsführungsaufgabe des Vorstands und deren Überwachung durch den Verwaltungsrat.[5] Etwas anderes wäre mit der aufsichtsrechtlich gebotenen Alleinverantwortlichkeit[6] des Vorstands für den Unternehmenserfolg nicht vereinbar.

---

1 BGH v. 15.11.1982 – II ZR 27/82, BGHZ 85, 293, 295, für den Verwaltungsrat von Sparkassen, *Berger*, § 10 Rz. 20.
2 Außer in Niedersachsen, wo der Verwaltungsrat den Vorstand nur berät und dessen Geschäftsführung überwacht – vgl. § 16 Abs. 1 Nieders. SpkG.
3 *Lutter*, Pflichten und Haftung, S. 138f.
4 *Schlierbach/Püttner*, 14.6.2; *Klüpfel/Gaberdiel/Gnamm/Höppel*, § 12 II 2 und 3; *Lutter*, Pflichten und Haftung, S. 79.
5 *Berger*, § 16 Rz. 2; *Klüpfel/Gaberdiel/Gnamm/Höppel*, § 12 I 2.
6 *Fülbier* in Boos/Fischer/Schulte-Mattler, § 1 KWG Rz. 153; *Berger*, § 10 Rz. 4; *Klüpfel/Gaberdiel/Gnamm/Höppel*, § 12 II 2 und 3.

Neben der Richtlinienkompetenz ist die Überwachung der Geschäftsführung des Vorstands Hauptaufgabe des Verwaltungsrats. Die Überwachung durch den Verwaltungsrat bezieht sich darauf, dass der Vorstand seiner Pflicht zur ordnungsgemäßen Geschäftsführung nachkommt und sich bei seiner Tätigkeit im Rahmen von Gesetz, Verordnung, Satzung, aufsichtsbehördlichen Anordnungen und internen Geschäftsanweisungen hält.[1] Allerdings ist Gegenstand der Überwachung nur eine **Rechtmäßigkeitskontrolle**[2], während Zweckmäßigkeitsfragen im ausschließlichen Kompetenzbereich des Vorstands liegen.

65

Der Sorgfaltsmaßstab ist in den Sparkassengesetzen weniger detailliert, aber im Grundsatz ähnlich wie für Aufsichtsratsmitglieder formuliert. Er bemisst sich an den Anforderungen an einen **ordentlichen und gewissenhaften Überwacher** in einem Kreditinstitut eigener Prägung bzw. der Sorgfalt eines ordentlichen Kaufmanns (so z.B. § 19 Abs. 1 Satz 2 SpkG BW und § 14 Abs. 1 Satz 1 Sächsisches SpkG).

66

3. Bankaufsichtliches Sachkundeerfordernis

a) Regelung in § 36 Abs. 3 KWG

Die allgemeinen Sachkundeanforderungen des Gesellschafts-, Genossenschafts- und Sparkassenrechts für die Mitglieder der Aufsichtsorgane wurden für Kredit- und Finanzdienstleistungsinstitute mit dem Gesetz zur Stärkung der Finanzmarkt- und Versicherungsaufsicht vom 29.7.2009[3] im Bankaufsichtsrecht konkretisiert. Nach dem zum 1.8.2009 in Kraft getretenen § 36 Abs. 3 KWG müssen die Mitglieder des Verwaltungs- oder Aufsichtsorgans eines Instituts zuverlässig sein und „die zur Wahrnehmung der Kontrollfunktion sowie zur Beurteilung und Überwachung der Geschäfte, die das Unternehmen betreibt, erforderliche Sachkunde besitzen. Dabei sind der **Umfang und die Komplexität der von dem Institut betriebenen Geschäfte zu berücksichtigen**".[4]

67

Außerdem beschränkt § 36 Abs. 3 Satz 5 KWG den **Wechsel von Geschäftsleitern in das Aufsichtsorgan**, wenn bereits zwei ehemalige Geschäftsleiter des Unternehmens dort Mitglied sind. Dies entspricht einer Forderung des Deutschen Corporate Governance Kodex.[5] Es besteht eine Anzeigepflicht für die Bestellung eines Mitglieds des Verwaltungs- und Aufsichtsorgans, bei der Angaben zur Beurteilung der Zuverlässigkeit und Sachkunde (Einreichung von Lebenslauf – entsprechend § 5 AnzeigenVO, Führungszeugnis nach § 30 Abs. 5 BRZG, Straffreiheitserklärung) gemacht werden müssen (§ 24 Abs. 1 Nr. 15 KWG). Die BaFin über-

68

---

1 *Lutter*, Pflichten und Haftung, S. 87.
2 *Berger*, § 15 Rz. 5; *Schlierbach/Püttner*, S. 185; *Lutter*, Pflichten und Haftung, S. 86.
3 BGBl. I 2009, 2305.
4 Zu Einzelheiten der gesetzlichen Regelung vgl. auch *Hingst/Himmelreich/Krawinkel*, WM 2009, 2016.
5 Deutscher Corporate Governance Kodex vom 26.2.2002 in der Fassung der Neubekanntmachung im elektronischen Bundesanzeiger vom 24.7.2006, Ziff. 5.4.2.

wacht die Zuverlässigkeits- und Sachkundeanforderungen und kann die Abberufung der Mitglieder des Aufsichtsorgans verlangen (dazu nachfolgend Rz. 122 ff.).

b) Unzureichende Sachkunde in der Praxis

69 Die tatsächlich vorhandene Sachkunde dürfte zumindest bei den kleinen und mittleren Instituten trotz der auch bisher bestehenden gesetzlichen Anforderungen diesem Standard kaum entsprechen. Die Wahl der Mitglieder in die Verwaltungsräte von Sparkassen folgt großenteils **kommunalpolitischen Gepflogenheiten**. Parteipolitische Verdienste dürften nicht selten das wirtschaftliche Sachkundeerfordernis überlagern, was dazu führt, dass auch Verwaltungsangestellte, Hausfrauen, Lehrer, usw. ohne hinreichende bankwirtschaftliche Erfahrung Mitglieder des Verwaltungsrats werden. Nicht viel anders sind die Verhältnisse bei kleinen und mittleren Kreditgenossenschaften. Hinzu kommt, dass nach den meisten Sparkassengesetzen der Hauptverwaltungsbeamte oder der Landrat oder Bürgermeister geborener Vorsitzender des Verwaltungsrats ist, also eine Auswahl nach Sachkundekriterien gar nicht erfolgen kann. Trotzdem ist nicht zu verkennen, dass diese allenfalls partiell sachkundeorientierte Besetzungspraxis der Aufsichtsorgane von Sparkassen und Kreditgenossenschaften diesen Organisationen offenbar keine signifikanten Nachteile gebracht haben, wie deren hohe Wirtschaftlichkeit und Krisenfestigkeit im Vergleich zu den Großinstituten – jüngst auch im Zusammenhang mit der Finanzmarktkrise 2008/2009 – belegt.

70 Schließlich dürfte auch bei der **Arbeitnehmerseite** im Aufsichtsorgan die wirtschaftliche Sachkunde im Verhältnis zum Gesichtspunkt der Interessenvertretung nicht die primäre Rolle spielen. Bei Arbeitnehmervertretern aus dem eigenen Unternehmen kann allerdings davon ausgegangen werden, dass sie zumindest aufgrund ihrer Berufstätigkeit über allgemeine kreditwirtschaftliche Kenntnisse verfügen und die Spezifika des eigenen Unternehmens kennen. Bei externen Gewerkschaftsvertretern erscheint dies nicht unbedingt gewährleistet.

c) Großzügige Kriterien der Gesetzesbegründung

71 Diese Problemlage war dem Gesetzgeber bekannt. Die Bundesregierung betont in der Gesetzesbegründung[1], dass sich die fachliche Eignung nach der Art der getätigten Geschäfte zu richten habe und die Anforderungen bei kleineren Instituten andere als bei international tätigen Banken seien. Der **Finanzausschuss** des deutschen Bundestages hat ergänzend ungewöhnlich flexible und detaillierte Erläuterungen[2] zu den neuen gesetzlichen Anforderungen gegeben. Die Sachkunde sei danach jedenfalls bei Personen mit Erfahrungen im Bereich der Rechnungslegung oder der Abschlussprüfung anzunehmen oder solchen, die an herausgehobener Stelle eines Unternehmens tätig waren. Darüber hinaus räumt der Finanzausschuss einen flexiblen und sehr weiten Spielraum zur Beurteilung der fachlichen Eignung der Mitglieder des Aufsichtsorgans ein:

---

1 BT-Drucks. 16/12783, S. 16.
2 Beschlussempfehlung und Bericht des Finanzausschusses zu dem Gesetzentwurf zur Stärkung der Finanzmarkt- und der Versicherungsaufsicht BT-Drucks. 16/13684, S. 40 ff.

„Daneben erfüllen auch solche Personen die Voraussetzungen, die über berufliche Erfahrungen aus einer Tätigkeit in einer **anderen Branche oder der öffentlichen Verwaltung** verfügen oder sich durch berufsbezogene Weiterbildung die erforderlichen Kenntnisse angeeignet haben oder bereit sind, sich diese **Kenntnisse ... anzueignen**. Auch diese Personen sind unter dem Aspekt der Überwachung der Geschäftsführung aus einem anderen, weniger finanzmarktgeprägten Blickwinkel als Mitglied eines Verwaltungs- oder Aufsichtsorgans geeignet. 72

Dabei können im Wege der Arbeitsteilung im Verwaltungs- und Aufsichtsorgan Tätigkeiten, die vertiefte Fachkenntnisse erfordern, auf ausgewählte Mitglieder übertragen werden, die einen **besonderen Ausschuss**, wie etwa den Kreditausschuss, den Risikoausschuss oder Bilanzausschuss bilden. Die übrigen Mitglieder des Verwaltungs- und Aufsichtsorgans müssen aber über ausreichende Sachkunde verfügen, um die vom jeweiligen Ausschuss für das gesamte Verwaltungs- und Aufsichtsorgan erstellten Berichte nachvollziehen und eigenständig beurteilen zu können. Die Anforderungen sind damit nicht auf einen abstrakten Experten ausgerichtet, sondern abhängig vom konkreten Geschäftsmodell des jeweiligen Instituts und der innerhalb des Verwaltungs- und Aufsichtsorgans wahrgenommenen Funktion." 73

d) Flexible Anforderungen der BaFin

Die BaFin hat in einem Merkblatt[1] weitere Erläuterungen gegeben. Danach sind die Anforderungen an Mitglieder von Aufsichts- und Verwaltungsräten an der **Größe, Komplexität und systemischen Relevanz** des Instituts zu messen. Für **Arbeitnehmervertreter** sollen zwar keine abweichenden Kriterien gelten. Bei Beschäftigten des jeweiligen Unternehmens, geht die BaFin jedoch davon aus, dass das gesetzliche Kriterium „Verständnis für die wirtschaftlichen und rechtlichen Abläufe im Tagesgeschehen eines Instituts" zumindest dann vorliegt, wenn sie nicht lediglich Unterstützungsfunktionen in dem Institut wahrnehmen. 74

Weiterhin nimmt die BaFin bei **Kaufleuten**, buchführungspflichtigen Land- und Forstwirten sowie sonstigen Unternehmern i.S. des § 141 AO regelmäßig die allgemeine wirtschaftliche Sachkunde an. Sie sei beispielsweise dann zu bejahen, wenn das Gewerbe des Organmitglieds dem Großteil der Institutskunden der Art nach vergleichbar ist. Danach verfügt z.B. der Geschäftsführer oder Inhaber eines mittelständigen Betriebs über die erforderliche kreditwirtschaftliche Sachkunde für das Aufsichtsorgan einer Kreditgenossenschaft oder Sparkasse, deren gewerbliche Kunden zum größeren Teil dieser Art von Unternehmen entsprechen. 75

Schließlich könne auch die **Tätigkeit in anderen Branchen oder der öffentlichen Verwaltung** oder aufgrund von **politischen Mandaten** die erforderliche Sachkunde begründen, wenn diese Tätigkeit maßgeblich auf wirtschaftliche und juristische Fragestellungen ausgerichtet ist. Allerdings sollte die Tätigkeit eine gewisse Ver- 76

---

1 Merkblatt zur Kontrolle von Mitgliedern von Verwaltungs- und Aufsichtsorganen gemäß KWG und VAG vom 22.2.2010.

antwortlichkeit beinhalten, während ganz nachgeordnete Positionen nicht geeignet seien, die erforderliche Sachkunde zu begründen. Danach verfügten auch Kämmerer, Bürgermeister oder Landräte einer Gebietskörperschaft regelmäßig über die erforderliche Sachkunde. Diese Aussage mag zwar etwas gewagt sein, nimmt aber auf die Gesetzeslage Rücksicht, nach der bei Sparkassen diese Funktionsträger geborene Vorsitzende von Verwaltungsräten sind, die nicht oder nur unter erheblichen rechtlichen und tatsächlichen Komplikationen austauschbar wären (vgl. hierzu Rz. 126 ff.).

77 Selbst wenn diese schon weit gefassten Anforderungen nicht erfüllt sind, können die erforderlichen Kenntnisse nach den Erläuterungen der BaFin – wie auch vom Finanzausschuss des Deutschen Bundestages angenommen – grundsätzlich durch **Fortbildung** erworben werden, sogar nach der Bestellung. Der Inhalt der Fortbildung soll Größe und Komplexität des Instituts berücksichtigen. Die Fortbildung soll die grundlegenden wirtschaftlichen und rechtlichen Abläufe im Tagesgeschehen des jeweiligen Instituts, das Risikomanagement sowie die Funktionen und die Verantwortung der Mitglieder des Aufsichtsorgans umfassen. Auch Kenntnisse über die Grundzüge der Bilanzierung sowie des Aufsichtsrechts sollten erworben werden. Werden die Kenntnisse erst nach Beginn der Tätigkeit in dem Aufsichtsorgan erworben, sollte dies innerhalb von 6 Monaten nach Bestellung erfolgen, ausnahmsweise (Saisonbeschäftigung) auch später. Die Bereitschaft zu entsprechender Fortbildung soll im Zusammenhang mit der Anzeige der Bestellung erklärt werden. Nach Abschluss der Fortbildung soll die BaFin einen entsprechenden Teilnahmenachweis erhalten.

78 Mit diesen großzügigen Auslegungsgrundsätzen kommt die BaFin der **nicht kurzfristig änderbaren Realität** bei einem erheblichen Teil der Kreditwirtschaft entgegen. Die kreditwirtschaftlichen Verbände boten zwar schon vorher vielfach Fortbildungskurse und Seminare an, von denen aber nur teilweise Gebrauch gemacht wurde. Die neuen Sachkundeanforderungen dürften zumindest bewirken, dass sich die Mitglieder der Aufsichtsorgane künftig in höherem Maße fortbilden müssen und damit langfristig das Sachkundeniveau ansteigen könnte.

e) Zeitlicher Einsatz

79 Zur Ausübung der Aufsichtsfunktion fordert das Merkblatt der BaFin, dass Mitglieder des Aufsichtsorgans die Geschäftsstrategie und die Risikosituation des Unternehmens **laufend beobachten** und sich ein Urteil darüber bilden. Insbesondere bei bereits festgestellten oder zu erwartenden erheblichen Änderungen der Risikosituation sei auch zwischen den Sitzungen eine enge Begleitung der Entwicklung des Instituts erforderlich. Die BaFin bezieht sich dabei auf § 36 Abs. 3 Satz 4 KWG, wonach Mitglieder des Aufsichtsorgans ihre Überwachungs- und Kontrollfunktion so auszuüben hätten, dass wesentliche Verstöße der Geschäftsleiter gegen die Grundsätze einer ordnungsgemäßen Geschäftsführung entdeckt und verhindert werden können. Dies setze den notwendigen zeitlichen Einsatz besonders für die Vorbereitung von Sitzungen und eine aktive Inanspruchnahme des Auskunftsrechts gegenüber der Geschäftsleitung voraus.

4. Informationsrechte und -pflichten

Die Mitglieder des Aufsichtsorgans können ihre Aufgabe nur dann sachgerecht erfüllen, wenn sie hinreichend informiert sind. Die Information muss so aufbereitet sein, dass sie die erforderliche **Entscheidungsgrundlage** für alle zu behandelnden Fragen im Aufsichtsorgan darstellt. Je nach Entscheidungsgegenstand müssen die zur Beurteilung erforderlichen Maßnahmen, geschäftspolitischen Zwecke, Konsequenzen und Risiken vom Vorstand dargestellt bzw. die entsprechenden Daten geliefert werden. Weitere Informationsquellen sind die Ergebnisse von Ausschüssen, die Prüfungsberichte und Pressedarstellungen. Allerdings befasst sich der Aufsichts- oder Verwaltungsrat – von gewichtigen Ausnahmen abgesehen – weder mit Einzelgeschäften, noch mit den Details der organisatorischen Entwicklung. Für die Information genügt die Darstellung der wesentlichen Planungen, Entwicklungen, Risiken und organisatorischen Veränderungen. 80

Der Vorstand ist zur selbständigen, rechtzeitigen, offenen und gewissenhaften Unterrichtung über alle wichtigen Vorgänge unabhängig von etwaigen konkreten Fragen der Organmitglieder verpflichtet, ggf. auch zur Aktenvorlage.[1] **Wichtige Angelegenheiten** sind bei Kreditinstituten unter anderem die wirtschaftliche Lage, die Solvabilität und Liquidität entsprechend den bankaufsichtlichen Anforderungen nach §§ 10 bis 11 KWG und der Solvabilitätsverordnung, besondere Risiken, größere Wertberichtigungen oder Abschreibungen, Beanstandungen der Aufsicht, geplante Strukturmaßnahmen u.a. 81

Die Information durch den Vorstand muss nicht nur inhaltlich zutreffen, für Zwecke des Aufsichtsorgans hinreichend vollständig und in sich schlüssig sein, sondern auch in einer **Form** zur Verfügung gestellt werden, die es den Mitgliedern ermöglicht, die Informationen in zumutbarer Weise zur Kenntnis zu nehmen. Für leicht überblickbare Sachverhalte, z.B. solche, die lediglich eine Fortschreibung bekannter Umstände usw. darstellen, genügen wesentlich geringere Anforderungen – z.B. nur mündlicher Vortrag in der Sitzung – als für sachlich schwierige Beratungs- oder Entscheidungsgegenstände. Der in der Regierungsbegründung[2] zum Transparenz- und Publizitätsgesetz niedergelegte Grundsatz, dass umfangreiche oder komplizierte Unterlagen früher als andere zur Verfügung gestellt werden müssen, gilt ebenso wie das Erfordernis, dass bei besonders schwierigen Beschlussgegenständen oder solchen von bedeutsamer Tragweite ein größerer Zeitraum für eine gewissenhafte Prüfung erforderlich ist. Andererseits müssen die Unterlagen den aktuellen Stand wiedergeben. Soweit dies nicht im Rahmen einer hinreichend frühzeitigen Vorlage möglich ist, lässt sich das Problem durch kurzfristige Ergänzung – ggf. auch mündlich in der Sitzung – lösen. 82

Jedes Organmitglied ist dafür verantwortlich, dass es, soweit erkennbar, die erforderlichen Informationen erhält. Dies bedeutet allerdings nicht, dass jedes Organmitglied jedwede Information an sich selbst einfordern könnte. Zur Erfüllung der aktiven Informationspflicht genügt der Hinweis auf eine ggf. unzureichende Entscheidungsvorbereitung mit dem Antrag, entsprechende **Informationen dem Auf-** 83

---

1 *Spindler* in MünchKomm. AktG, § 90 AktG Rz. 48ff.; *Schlierbach/Püttner*, S. 187.
2 BT-Drucks. 14/8769, S. 15.

sichtsorgan zu übermitteln. Erhält ein solcher Antrag nicht die notwendige Mehrheit oder ist er aus anderen Gründen nicht durchsetzbar, wurde der Antragsteller seiner Informationsverpflichtung gerecht.

5. Verschwiegenheitspflicht

84 Die gesetzliche Pflicht der Mitglieder der Aufsichtsorgane zur Verschwiegenheit gilt für privatrechtlich wie öffentlich-rechtlich organisierte Institute[1] gleichermaßen. Bei letzteren sind Verletzungen der Verschwiegenheitspflicht zudem **strafbewehrt**. „Wer unbefugt ein fremdes Geheimnis, namentlich ... ein Betriebs- oder Geschäftsgeheimnis, offenbart, das ihm als Amtsträger oder für den öffentlichen Dienst besonders Verpflichteter ... anvertraut oder sonst bekannt geworden ist", macht sich gem. § 203 Abs. 2 Nr. 1 StGB strafbar. Der Amtsträgerbegriff nach § 11 Abs. 1 Nr. 2 StGB umfasst unter anderem sonstige in einem öffentlich-rechtlichen Amtsverhältnis stehende Personen, was für die Mitglieder der Organe von Sparkassen und Landesbanken allgemein angenommen wird.[2, 3]

85 Auch die Kommunal- und Staatsvertreter in den öffentlich-rechtlich organisierten Instituten unterliegen der strikten Schweigepflicht auch gegenüber ihren Entsendungskörperschaften. Eine Offenbarung von vertraulichen Informationen über die geschäftlichen Verhältnisse oder Sitzungsgang und Abstimmungsverhalten z.B. **gegenüber der Trägerkörperschaft, Partei oder Fraktion** stellt eine Verletzung der Verschwiegenheitspflicht dar.[4] Es besteht keine rechtlich anzuerkennende Güterabwägung zwischen dem Informationsinteresse von Institutsträger, Politik oder Öffentlichkeit im Verhältnis zu der gesetzlich angeordneten Verschwiegenheitspflicht. Entsprechendes gilt im Verhältnis der Mitarbeitervertreter gegenüber Personalrat oder Gewerkschaft.

a) Vertrauensempfindlichkeit

86 Die Verschwiegenheitspflicht hat in der Kreditwirtschaft angesichts von **Bankgeheimnis** und besonderer Vertrauensempfindlichkeit der Branche[5] herausragende Bedeutung. Sie erfasst jede vertrauliche Information aus dem Geschäftsbetrieb und den gesamten Beratungsinhalt (Beratungs- und Abstimmungsgeheimnis). Alle kundenbezogenen Tatsachen sind durch das Bankgeheimnis geschützt, vertrauliche Interna der geschäftlichen Entwicklung, der Planung usw. unterliegen dem Schutz des Betriebsgeheimnisses und personelle Angelegenheiten wie z.B. Bewerbungsunterlagen dem Daten- und Persönlichkeitsschutz.

---

1 *Lutter*, Pflichten und Haftung, S. 121 ff.; *Schlierbach/Püttner*, S. 178; *Berger*, § 15 Rz. 1 ff.; *Klüpfel/Gaberdiel/Gnamm/Höppel*, § 19 III.
2 Vgl. *Schönke/Schröder*, StGB, 27. Aufl. 2006, § 11 StGB Rz. 21 ff.; *Berger*, § 25 Rz. 9; *Fischer*, Informationsrechte, ZIP 2004, 2169, 2157; vgl. aber vorige Fn.
3 Die Anwendbarkeit von § 203 StGB auf die Verletzung des Bankgeheimnisses wurde vom BGH allerdings jüngst in Zweifel gezogen – BGH v. 27.10.2009 – XI ZR 225/08, ZIP 2009, 2329.
4 *Schlierbach/Püttner*, S. 178 unter Verweis auf VGH BW v. 12.3.2001 – 1 S 785/00, VBl. BW 2001, 261 f.; *Berger*, § 15 Rz. 1.
5 Vgl. *Fischer* in Boos/Fischer/Schulte-Mattler, Einf. 62.

b) Beratungsgeheimnis

Beratungen des Plenums und der Ausschüsse sind auch ohne besondere Kennzeichnung grundsätzlich vertraulich. Sowohl Gegenstand als auch Ablauf der Sitzung und das Verhalten der Mitglieder unterliegen der Schweigepflicht.[1] Kein Mitglied darf öffentlich über den Verlauf der Sitzung berichten. Besonders schutzbedürftig ist dabei neben dem Bank- und Betriebsgeheimnis das Beratungs- und Abstimmungsverhalten der Sitzungsteilnehmer. Das besondere Vertraulichkeitsgebot ergibt sich insoweit aus dem Schutzbedürfnis der Sitzungsteilnehmer, da anderenfalls eine unbefangene Meinungsäußerung und Meinungsbildung der Mitglieder des Aufsichtsorgans gefährdet sein können.[2] Das Beratungsgeheimnis fällt daher in weitestem Umfang unter die Schweigepflicht.[3]

87

c) Gefährdung der Vertraulichkeit

Der in der Kreditwirtschaft besonders wichtige Schutz der Vertraulichkeit ist in der Praxis gefährdet durch anderweitige Pflichten und Einbindungen der Organmitglieder. Die Mitglieder der Vertretung der Träger bei den öffentlich-rechtlichen Instituten sind ihren Fraktionen und den Bürgern ihres Wahlbezirks besonders verbunden[4], die Mitbestimmungsvertreter sind häufig Mitglieder des Personalrats und den Arbeitnehmerinteressen verpflichtet.[5] Schließlich können sich **Kollisionen** auch aus geschäftlichen Verpflichtungen und Beziehungen zu Kunden oder sonstigen Geschäftspartnern des Instituts ergeben.

88

Das Spannungsverhältnis zwischen Geheimhaltungserfordernis bzw. Missbrauchsgefahr einerseits und dem Informationsbedarf der Aufsichts- oder Verwaltungsratsmitglieder andererseits kann nicht in der Weise gelöst werden, dass den Organmitgliedern **entscheidungsnotwendige Informationen vorenthalten** oder ohne hinreichende Prüfungsmöglichkeit übermittelt werden. Vorstand und Aufsichtsorgan gelten in gleicher Weise als vertrauenswürdig. Ein Bankgeheimnis oder Betriebsgeheimnis zwischen Vorstand und Verwaltungsrat ist daher in keinem Falle anzuerkennen. Gegenüber einem pflichtgemäßen, d.h. nicht überwachungsfremden Zweck dienenden Auskunftsverlangen des Aufsichtsorgans kann sich der Vorstand daher nicht auf das Bankgeheimnis berufen.[6]

89

d) Vorkehrungen zur Wahrung der Vertraulichkeit

Jedoch kann die geschilderte Vertrauensempfindlichkeit vieler Beratungs- und Beschlussgegenstände Anlass sein, besondere Vorkehrungen zur Gewährleistung

90

---

1 *Hüffer*, § 113 AktG Rz. 6a; *Habersack* in MünchKomm. AktG, 3. Aufl., § 116 AktG Rz. 54; *Hopt/Roth* in Großkomm. AktG, § 116 AktG Rz. 250 ff.; *Drygala* in K. Schmidt/Lutter, § 116 AktG Rz. 24.
2 *Hüffer*, § 116 AktG Rz. 6 a ff.
3 BGH v. 5.6.1975 – II ZR 156/73, BGHZ 64, 332 = NJW 1975, 1412.
4 Hierauf weist *Berger* in § 15 Rz. 1 hin.
5 Zur Problematik bei den Mitbestimmungsvertretern vgl. *Spindler* in MünchKomm. AktG, § 90 AktG Rz. 54 und *Schlierbach/Püttner*, S. 178, 179.
6 Vgl. *Lutter*, Information und Vertraulichkeit im Aufsichtsrat, *Spindler* in MünchKomm. AktG, § 90 AktG Rz. 53; *Schlierbach/Püttner*, S. 187.

des Geheimnisschutzes vorzusehen, ohne dem Aufsichtsorgan die für seine Tätigkeit erforderlichen Informationen zu verweigern. Von Bedeutung ist dabei die Frage der **Übermittlung schriftlicher Sitzungsunterlagen**. Der Gesetzestext des § 90 Abs. 1 AktG besagt zwar, dass schriftliche Berichte jedem Aufsichtsratsmitglied auf Verlangen zu übermitteln sind. Dies steht jedoch unter dem Vorbehalt eines gegenteiligen Beschlusses des Aufsichtsrats. Das Schwergewicht der Regelung des § 90 Abs. 5 Satz 2 AktG liegt nicht in der Art der Übermittlung, sondern darin, dass jedes Aufsichtsratsmitglied die Übermittlung von schriftlichen Berichten verlangen kann.[1]

91 Die Art der Übermittlung bedeutet daher nicht zwangsläufig **Übersendung an die Privat- oder Geschäftsanschrift**. Im Zusammenhang mit § 90 Abs. 5 Satz 2 AktG werden zwar unterschiedliche Möglichkeiten der Informationsvermittlung diskutiert – so z.B. die Übersendung per Post, per E-Mail, per Telefax oder durch Aushändigung zur Mitnahme und Rückgabe. Keine dieser Formen und auch nicht das Prinzip, dass die Unterlagen grundsätzlich außerhalb der Geschäftsräume des Unternehmens eingesehen werden dürfen, ist im Gesetz festgeschrieben. Vielmehr ist unter Übermittlung auch die Aushändigung schriftlicher Unterlagen in den Geschäftsräumen der Gesellschaft zu verstehen.[2] Eine „Übermittlung" ist – z.B. in Sonderfällen besonderer Geheimhaltung – selbst dann gegeben, wenn die Unterlagen dem Mitglied nur während der Sitzung zur Einsicht bereitgestellt werden.[3]

92 Besonders im Hinblick auf die Vertraulichkeit von Beratungsgegenständen und die Verschwiegenheitspflicht der Aufsichtsratsmitglieder sind hierzu auch **satzungsrechtliche Regelungen** möglich, soweit sie den Rahmen des § 90 Abs. 5 AktG einhalten. Dass die Aufstellung von Richtlinien zur Wahrung oder Konkretisierung der Vertraulichkeit generell zulässig ist, ergibt sich unter anderem aus einer Entscheidung des Bundesgerichtshofs[4] und der Gesetzesbegründung zum Gesetz zur Kontrolle und Transparenz im Unternehmensbereich (KonTraG).[5] Danach kann „der Aufsichtsrat eine Informationsordnung erlassen ..., die die Berichtspflicht im einzelnen regelt".

93 Sofern besondere Umstände dies erfordern – z.B. bei Befangenheit oder persönlicher Betroffenheit – kann außerdem im Einzelfall das Aufsichtsorgan durch Beschluss ein **einzelnes Mitglied** von einer bestimmten Information **ausschließen** oder beschließen, dass besonders vertrauensempfindliche Informationen z.B. nur dem Vorsitzenden oder einem Ausschuss (z.B. Personalausschuss, Hauptausschuss) zugänglich gemacht werden.

---

1 So z.B. *Spindler* in MünchKomm. AktG, § 90 AktG Rz. 45.
2 *Spindler* in MünchKomm. AktG, 3. Aufl., § 90 AktG Rz. 45; *Hüffer*, § 90 AktG Rz. 14; zur Aushändigung von Unterlagen bei Sparkassen vgl. *Fischer*, Informationsrechte, ZIP 2004, 2169, 2176.
3 *Oltmanns* in Heidelberger Anwaltskomm. Aktienrecht, 2003, § 90 AktG Rz. 19.
4 BGH v. 5.6.1975 – II ZR 156/73, BGHZ 64, 332 = NJW 1975, 1412; *Hüffer*, § 116 AktG Rz. 7.
5 BT-Drucks. 13/9712, S. 15.

II. Rechtsgrundlagen der Haftung

1. Allgemeine Grundlagen

Gegenüber den allgemeinen Haftungsgrundlagen der § 116 AktG und § 41 GenG gelten bei Banken keine Besonderheiten. Die Haftungsregelung des § 17 KWG bei fehlerhaft vergebenen Organkrediten (vgl. Rz. 48 f.) gilt für Mitglieder des Aufsichtsorgans gleichermaßen. Die Mitglieder der Aufsichtsräte von Banken haften somit (theoretisch) für Schäden aus jedweder Verletzung ihrer Pflichten nach **objektiven Maßstäben** mit ihrem Vermögen unbeschränkt.[1] Eine Differenzierung der Verantwortlichkeit nach Herkunft oder Vorerfahrung (Personalvertreter, Neuwahl, Mitglied kraft Amtes usw.) findet nicht statt.[2] Das Mitglied kann sich somit weder auf mangelnde Sachkunde noch auf unzureichende Information berufen, jedenfalls wenn der Informationsmangel erkennbar und behebbar ist.

94

Allerdings hat der Gesetzgeber durch die relativ großzügige Sachkunderegelung des § 36 Abs. 3 KWG in der Interpretation durch die Gesetzesbegründung und die amtliche Auslegung durch die BaFin (vgl. Rz. 71 und 74) die Sorgfaltsstandards relativ niedrig gesetzt. Auch fragt sich, welche Haftungsmaßstäbe in der Übergangsfrist zwischen Bestellung und einer von der amtlichen Interpretation eingeräumten **Frist bis zur Aneignung der erforderlichen Sachkunde** gelten sollen. Insoweit ist wohl davon auszugehen, dass diese Standards für die Beurteilung der Erfüllung von Sorgfaltspflichten maßgebend und in der eingeräumten Übergangszeit zur Aneignung entsprechender Kenntnisse nochmals herabgesetzt sind.

95

2. Besonderheiten bei öffentlich-rechtlichen Instituten

Die **Haftungsgrundlage** für das Aufsichtsorgan der öffentlich-rechtlichen Institute ist teilweise in den Landesgesetzen enthalten, teilweise fehlt jedwede Regelung. In der sparkassenrechtlichen Literatur ist jedoch allgemein anerkannt, dass Verwaltungsratsmitglieder für Pflichtverletzungen haften, und zwar auch dann, wenn das anwendbare Sparkassengesetz keine Haftungsnorm enthält.[3] Gleiches gilt für Landesbanken und sonstige öffentlich-rechtliche Kreditinstitute. Denn auch hier gilt, dass aus der Verleihung der Organstellung die Verpflichtung zur ordnungsgemäßen Erfüllung der entsprechenden Aufgaben und somit die Haftung für Verletzungen dieser Pflichten folgt.

96

Die Haftung besteht auch dort, wo bei Pflichtverletzungen gesetzlich nur die Möglichkeit des **Ausschlusses aus dem Verwaltungsrat** geregelt ist (wie z.B. in § 14 Abs. 3 SpkG M-V), eine gesetzliche Haftungsanordnung für Pflichtverletzungen aber fehlt.[4] Mittelbar wird dies z.B. durch die gesetzliche Regelung in Ba-

97

---

1 Ein Fallbeispiel einer möglichen Haftung wegen unzureichender Wahrnehmung der Aufsichts- und Kontrollaufgabe enthält der Beschluss des OLG Düsseldorf v. 9.12.2009 – I-6 W 45/09, ZIP 2010, 28, 33.
2 Dieser allgemeine Grundsatz gilt auch für Sparkassen, vgl. *Schlierbach/Püttner*, S. 182.
3 *Schlierbach/Püttner*, S. 180; *Lutter*, Pflichten und Haftung, S. 72.
4 *Lutter*, Pflichten und Haftung, S. 74.

den-Württemberg in § 18 Abs. 5 und Abs. 6 SpkG B-W[1] bestätigt, die sowohl die Haftung als auch gleichzeitig die Ausschließung vorsehen, mithin die Ausschließung kein die Haftung verdrängender Tatbestand ist.

a) Haftungsbeschränkung in einigen Landesgesetzen

98 In einigen Bundesländern wurde der Haftungsmaßstab des Verwaltungsrats einer Sparkasse gesetzlich ausdrücklich geregelt. So kennen Baden-Württemberg, Hessen, Nordrhein-Westfalen, Rheinland-Pfalz, das Saarland, Schleswig-Holstein und Thüringen eine Haftungsbeschränkung für Mitglieder des Verwaltungsrats auf Vorsatz und grobe Fahrlässigkeit – meist durch Verweisung auf die **Regelungen des Landesbeamtengesetzes** (vgl. z.B. § 19 Abs. 6 SpkG B-W i.V.m. § 96 LBG; § 5d Abs. 3 Satz 2 hess. SpkG; § 14 Abs. 8 SpkG NRW i.V.m. § 84 Abs. 1 LBG). Gleiches gilt für die Verwaltungsratsmitglieder in Bayern. Dort besteht zwar keine ausdrückliche Haftungsregelung, jedoch in Art. 20 Abs. 2 bay. SpkG eine allgemeine Verweisungsklausel auf die Bestimmungen des Kommunalrechts.[2] Niedersachsens Sparkassengesetz enthält eine Regelung, die die modifizierten Haftungsgrundsätze für den Vorstand für anwendbar erklärt (vgl. dazu Rz. 11). Danach liegt eine haftungsbegründende Pflichtverletzung nicht vor, wenn das Verwaltungsratsmitglied ohne grobe Fahrlässigkeit annehmen durfte, auf der Grundlage angemessener Informationen zum Wohl der Sparkasse zu handeln. Gleiches gilt für die Norddeutsche Landesbank (§ 9 Abs. 3 i.V.m. Abs. 2 Satz 3 NordLB-Staatsvertrag) sowie die Niedersächsische Förderbank (§ 10 Abs. 1 Satz 5 Nieders. FörderbankG). Eine Haftungsbeschränkung auf Vorsatz und grobe Fahrlässigkeit gilt für die Mitglieder der Verwaltungsräte der Landesbank Baden-Württemberg (§ 6 Abs. 3 Satz 2 Satzung LBBW), der Bayerischen Landesbank (§ 19 Abs. 2 Satz 2 Bayerischen Landesbank-Satzung) und der Hessischen Landesbank (§ 11 Abs. 8 Satz 2 Satzung Helaba). Für andere öffentliche Banken sind die aktienrechtlichen Haftungsbestimmungen ausdrücklich für anwendbar erklärt, so für die Investitionsbank Hessen (§ 9 Abs. 2 Errichtungsgesetz Investitionsbank Hessen) und die Aufbaubank Thüringen (§ 4 Nr. 3 AufbaubankG) sowie für die Sachsen LB (§ 8 Abs. 10 Satzung Sachsen LB).

b) Haftung ohne gesetzliche Regelung

99 Fraglich ist die Rechtslage, wenn eine spezialgesetzliche Regelung fehlt wie in Berlin und den vier neuen Bundesländern außer Thüringen. Hiezu wird in der sparkassenrechtlichen Literatur teilweise vertreten, dass die Regelung der Länder mit einer entsprechenden **Haftungsprivilegierung analog anwendbar** sei.[3] Dies wird mit der ehrenamtlichen Tätigkeit, mit der Nähe zu kommunalen Ämtern, bei denen die kommunalrechtliche Haftungsbeschränkung greift, und mit dem Fehlen eines Sachgrundes für eine unterschiedliche Behandlung begründet.

---

1 Ebenso in Thüringen, vgl. § 12 Abs. 4 Thür SpkG und § 4 Satz 2 Thür. SpkVO.
2 Näheres vgl. *Berg*, Bay. VBl. 2000, 385 ff.
3 *Schlierbach/Püttner*, S. 180 ff. m.w.N.

Letzteres überzeugt aber schon deshalb nicht, weil **landesrechtlich unterschiedli-** 100
che Regelungen im Organisationsrecht der Landesbanken und Sparkassen häufig
anzutreffen sind und zumindest durch die Sonderregelung in Niedersachsen (nur
teilweise Haftungsbeschränkung) ausdrücklich abweichend von den anderen
Ländern mit einer Haftungsregelung ausgestaltet ist (ebenso unterschiedliche Regelungen
bei anderen öffentlichen Banken – siehe vorstehender Absatz). Hinzu
kommt, dass in vier neuen Bundesländern[1] eine Haftungsprivilegierung für Mitglieder
des Verwaltungsrats nicht geregelt wurde, obwohl die Sparkassengesetze
der anderen Bundesländer bekannt waren und weitgehend als Vorlage dienten.
Dies spricht für eine bewusste Nichtregelung einer Haftungsprivilegierung, die
somit auch nicht gewollt sein dürfte. Außerdem ist der beamtenrechtliche Haftungsmaßstab
mit der gesetzlich angeordneten Sorgfalt eines ordentlichen Kaufmanns
kaum vereinbar.[2] Schließlich ist bei heutigen Sparkassen die Vergleichbarkeit
und die Wettbewerbssituation mit Instituten des privaten und genossenschaftlichen
Sektors zu berücksichtigen, der keine Haftungsprivilegierung ihrer
Überwachungsorgane kennt. Die Milderung des Haftungsmaßstabs könnte den
Fehlschluss suggerieren, dass die Überwachungstätigkeit eines Sparkassenverwaltungsrats
potenziell mit höheren Defiziten und Unzulänglichkeiten behaftet
wäre, weil es keine branchenübliche Haftung gibt, die disziplinierend wirkt.[3] Sofern
keine ausdrückliche Regelung im Landessparkassenrecht getroffen ist, sprechen
die überzeugenderen Gründe daher gegen eine analoge Anwendung der beamtenrechtlichen
Haftungsprivilegierung.

c) Haftungsmaßstab für den Verwaltungsratsvorsitzenden

In den Ländern ohne gesetzlich geregelte Haftungsprivilegierung könnte fraglich 101
sein, ob die gleichen Haftungsmaßstäbe für den Vorsitzenden des Verwaltungsrats
gelten. Denn er gehört nach den Landessparkassengesetzen dem Organ nicht
als gewählter, sondern als geborener Vertreter an (außer bei Zweckverbandssparkassen).
Das Amt des Vorsitzenden folgt dem Hauptamt in der Verwaltung des
Trägers. Das Kommunalrecht enthält eine **Haftungsprivilegierung für die Vertreter
der Gebietskörperschaften** für ihre Tätigkeit in einem Organ eines Unternehmens
in privater Rechtsform (vgl. z.B. § 104 Abs. 3 GO Brdb oder § 71 Abs. 3 GO
M-V). Das kommunale Wirtschaftsrecht ist jedoch auf die Tätigkeit bei Sparkassen
nicht anwendbar, weil die deutschen Gemeindeordnungen einheitlich bestimmen,
dass es für das öffentliche Sparkassenwesen bei den besonderen Vorschriften
des Sparkassenrechts verbleibt (vgl. z.B. § 101 Abs. 5 Satz 2 GO Brdb
oder § 68 Abs. 3 Satz 2 GO M-V).[4] Eine abweichende haftungsrechtliche Behandlung
des Vorsitzenden des Verwaltungsrats ist damit nicht begründet. Für ihn gelten
die gleichen Grundsätze, nach denen aus der übertragenen Organstellung die
Pflicht zur ordnungsgemäßen Erfüllung der Organaufgaben folgt, für deren Verletzung
der Amtsträger mangels entgegenstehender Regelung für jedwede Fahrlässigkeit
einzustehen hat. Ein Übergreifen der mit dem Hauptamt verbundenen

---

1 Anders in Thüringen – vgl. § 4 Satz 2 Thür. SpkVO.
2 So *Lutter*, Pflichten und Haftung, S. 126 ff.
3 Ähnlich *Lutter*, Pflichten und Haftung, S. 126 ff.
4 Ebenso *Berg*, Bay. VBl. 2000, 392, rechte Spalte.

Haftungsprivilegierung auf die andersartige Tätigkeit als Überwacher des im Vergleich zu Kommunalunternehmen andersartigen Wirtschaftsunternehmens Sparkasse ist nicht veranlasst. Es wäre auch inkonsequent, die weiteren Mitglieder des Verwaltungsrats für jedwede Fahrlässigkeit haften zu lassen, den Vorsitzenden jedoch nicht.[1]

d) Verjährung

102 In den Ländern mit einer haftungsrechtlichen Privilegierung durch Verweis auf die beamtenrechtlichen Bestimmungen gilt die für diese geltende **kurze Verjährungsfrist von drei Jahren**.[2] Sie endet, anders als die zivilrechtliche Verjährungsfrist, taggenau drei Jahre nach dem schädigenden Ereignis. Die spezialgesetzliche Verjährungsfrist des § 17 Abs. 3 KWG für Schäden aus einer Verletzung der Organkreditbestimmungen (vgl. Rz. 48 f.) gilt auch für Mitglieder und den Vorsitzenden der Verwaltungsräte von Sparkassen in diesen Ländern.

103 Soweit für die Verwaltungsräte in den anderen Ländern eine Verweisung auf beamtenrechtliche Regelungen fehlt, kommt die Verjährungsfrist nach allgemeinen zivilrechtlichen Grundsätzen (§§ 195, 199 BGB) von drei Jahren ab Anspruchsentstehung und Kenntnis von Schaden und Schädiger in Betracht[3] oder eine Analogie zu den beamtenrechtlichen Haftungsregelungen. Die Frist ist nach beiden Meinungen zwar gleich lang. Der Fristenlauf beginnt aber unterschiedlich und führt bei der zivilrechtlichen Methode zu einer längeren Verjährungsfrist, weil die Frist erst zum jeweiligen Jahresende zu laufen beginnt. Nach hier vertretener Auffassung ist die Vergleichbarkeit mit den für private Banken und genossenschaftliche Institute geltenden Regelungen jedoch maßgebend. Dies gebietet die Anwendung der Organhaftungsgrundsätze auch hinsichtlich der **fünfjährigen Verjährung**. Hierzu gelten die gleichen Überlegungen wie unter Rz. 54 und 100 dargestellt.

D. Bankaufsichtliche Maßnahmen gegen Geschäftsleiter und Mitglieder des Aufsichtsorgans

I. Tätigkeitsverbot und Abberufung von Geschäftsleitern

104 Die BaFin kann nach § 36 KWG vom Bestellungsorgan verlangen, dass ungeeignete Geschäftsleiter abberufen werden oder sie kann ihnen mit sofortiger Wirkung die Tätigkeit als Geschäftsleiter untersagen. Solche Fälle kommen in der **Aufsichtspraxis** durchaus vor und werden in den Jahresberichten der BaFin unter „Maßnahmen gegen Geschäftsleiter" bekannt gemacht.[4] Eine größere Anzahl aufsichtlich ver-

---

1 *Lutter*, Pflichten und Haftung, S. 143; für die umgekehrte Gesetzeslage in BW (Haftungsprivilegierung trotz fehlender Regelung für Vorsitzenden vgl. *Klüpfel/Gaberdiel/Gnamm/Höppel*, § 19 Anm. VI.3.
2 *Schlierbach/Püttner*, S. 183.
3 So für Ansprüche gegen den Vorstand *Klüpfel/Gaberdiel/Gnamm/Höppel*, § 25 Anm. V.6 und *Berger*, § 10 Rz. 1.
4 www.bafin.de-veroeffentlichungen-jahresberichte, z.B. Jahresbericht 2008, S. 130, Tabelle 20.

anlasster Abberufungen von Vorständen aus Banken und Finanzdienstleistungsinstituten dürfte aber aufgrund informellen Verwaltungshandelns durch entsprechende Einflussnahme der BaFin auf die Aufsichtsorgane stattfinden.

Die Gründe für ein Abberufungsverlangen nach § 36 Abs. 1 KWG sind vor allem eine unzureichende fachliche Qualifikation oder Mängel der Zuverlässigkeit sowie weitere Gründe, die den Entzug der Betriebserlaubnis rechtfertigen könnten. Als weiteren Grund nennt § 36 Abs. 2 KWG **vorsätzliche oder leichtfertige Verstöße gegen Aufsichtsnormen**, die trotz Verwarnung fortgesetzt werden. Das Abberufungsverlangen kann selbstständig angeordnet werden, ohne dass es zu einem sofortigen Tätigkeitsverbot kommt. Hingegen kann das Tätigkeitsverbot nur verfügt werden, wenn die BaFin gleichzeitig oder vorher die Abberufung verlangt hat.[1] Das Tätigkeitsverbot bezieht sich nicht nur auf die Ausübung der gegenwärtigen Geschäftsführungs- und Vertretungsfunktion, sondern (bis zur Aufhebung) auf jede Geschäftsleiterfunktion bei demselben oder anderen Instituten.[2]

105

Das Abberufungsverlangen ist ein Verwaltungsakt, der sich an das Institut und nicht an den betroffenen Geschäftsleiter richtet. **Adressat** ist demnach nur das Institut, das die Abberufung durchzuführen hat. Da das Abberufungsverlangen gegenüber dem Geschäftsleiter Drittwirkung erzeugt, ist er Betroffener i.S. von § 41 Abs. 1 Satz 1 VwVfG. Damit hat dieser ein selbständiges Anfechtungsrecht.[3] Das Tätigkeitsverbot richtet sich unmittelbar an den Geschäftsleiter. Er ist materieller Adressat, an den der Verwaltungsakt zuzustellen ist. Das Institut ist allerdings mittelbar betroffen, weshalb eine Bekanntgabe regelmäßig auch an dieses erfolgt und ein selbständiges Anfechtungsrecht eröffnet.

106

Auch nach § 46 Abs. 1 Satz 1 Nr. 3 KWG kann ein Tätigkeitsverbot verfügt werden. Abgesehen davon, dass dieses nicht in Verbindung mit einem Abberufungsverlangen ausgesprochen werden muss, handelt es sich um eine einstweilige Maßnahme zur **Gefahrenabwehr bei Gläubigergefährdung**, die mit der Wiederherstellung ordnungsmäßiger Zustände endet. Allerdings kann auch in diesem Falle nach Klärung der Verantwortlichkeit ein Abberufungsverlangen oder ein dauerhaftes Tätigkeitsverbot nach § 36 KWG folgen.

107

Typische Qualifikations- oder Zuverlässigkeitsmängel als Abberufungsgründe sind eine unsachgemäße Geschäftsführung z.B. im Bereich der Geschäftsorganisation (§ 25a Abs. 1 KWG), bei Kontroll- und Sicherheitsvorkehrungen, bei der Führung der Geschäftsbücher, die Verletzung von Satzungsbestimmungen wie Kompetenzverletzungen oder Nichteinhaltung von Zustimmungsvorbehalten anderer Organe, ferner Buchungsmanipulationen, kriminelle Handlungen u.a. Die Verletzung aufsichtlicher Bestimmungen kann zwar grundsätzlich die Qualifikation in Frage stellen. Ein damit begründetes Abberufungsverlangen oder ein Tätigkeitsverbot muss jedoch die spezielleren gesetzlichen Voraussetzungen der § 36 Abs. 1 i.V.m. § 35 Abs. 2 Nr. 6 KWG oder § 36 Abs. 2 KWG erfüllen.[4] Auch

108

---

1 *Fischer* in Boos/Fischer/Schulte-Mattler, § 36 KWG Rz. 3.
2 Regierungsbegründung zur 6. KWG-Novelle BR-Drucks 963/96, Nr. 54.
3 *Fischer* in Boos/Fischer/Schulte-Mattler, § 36 KWG Rz. 41.
4 *Fischer* in Boos/Fischer/Schulte-Mattler, § 36 KWG Rz. 29.

ist davon auszugehen, dass die BaFin den Geschäftsleiter bei Qualifikationsmängeln vorher abmahnen und ihm Gelegenheit zur Beseitigung der Mängel geben muss, obwohl eine förmliche Verwarnung nur in § 36 Abs. 2 KWG, nicht aber bei einem Abberufungsverlangen nach § 36 Abs. 1 KWG gesetzlich vorausgesetzt ist (zur Begründung vgl. nachstehend Rz. 121).

1. Verantwortlichkeit des Geschäftsleiters

109 Abberufung und Tätigkeitsverbot setzen die persönliche Verantwortlichkeit des Betroffenen voraus. Es genügt, dass Mängel der Führung und insbesondere Verletzungen bankaufsichtlicher Normen **in seinem Verantwortungsbereich entstanden** sind, wobei ihm auch unterlassene Kontrollen, mangelhafte Durchsetzung angeordneter Maßnahmen oder Desorganisation ohne entsprechende Kompetenzzuweisung zuzurechnen sind. Bei Unklarheiten in den Verantwortungsbereichen liegt regelmäßig ein Mangel in der Geschäftsorganisation vor, für den sämtliche Geschäftsleiter nach dem Grundsatz der Gesamtverantwortlichkeit verantwortlich sind.

110 Mit dem **Grundsatz der Gesamtverantwortung** lässt sich aber nicht jeder Mangel der Geschäftsorganisation oder jeder sonstige Verstoß gegen bankaufsichtliche Pflichten jedem Geschäftsleiter zurechnen. Der auch im Bankaufsichtsrecht geltende gesellschaftsrechtliche Grundsatz der Gesamtverantwortung geht zwar einerseits davon aus, dass jeder Geschäftsleiter, also auch der nicht ressortzuständige, Erfolg oder Misserfolg des Instituts zu verantworten hat. Die Gesamtverantwortung bezieht sich aber auf den Unternehmenserfolg als solchen und nicht auf Details der Ressortverantwortlichkeit der anderen Vorstandsmitglieder. Sie umfasst die elementaren Angelegenheiten des Unternehmens, also z.B. die Unternehmensstrategie, die Grundlagen der Betriebs- und Geschäftsorganisation und existenziell bedeutsame Einzelgeschäfte, nicht aber die Vielzahl von organisatorischen Einzelheiten wie z.B. die Erfüllung der Offenlegungsanforderungen des § 18 KWG durch die Mitarbeiter oder die Umsetzung dieser Pflicht durch das ressortzuständige Vorstandsmitglied.[1] Vielmehr beschränkt sich die Verantwortlichkeit bei Maßnahmen im Rahmen der arbeitsteiligen Betriebsorganisation auf unmittelbar eigene Fehlentscheidungen oder eine Verletzung von Kontroll-, Auswahl- und Überwachungspflichten gegenüber den anderen Vorstandsmitgliedern und den Mitarbeitern des eigenen Ressorts.

111 Das **Delegationsprinzip** bewirkt dabei, dass sich die Verantwortlichkeit auf eine Sekundärpflicht in Form der sorgfältigen Auswahl der beauftragten Personen und der funktionsfähigen Organisation der delegierten Aufgaben reduziert, sowie im Falle der Delegation auf Ebene des Vorstands auf Grund der Geschäftsverteilung auf eine Plausibilitätskontrolle und verstärkte Überwachung bei Auffälligkeiten. Dies führt zu unterschiedlichen Stufen der Verantwortung. Grundsätzlich darf jedes Vorstandsmitglied darauf vertrauen, dass alle Vorstandsmitglieder ihre Aufgaben ordnungsgemäß erfüllen. Die fachliche Verantwortung der anderen Vorstandsmitglieder tritt daher solange hinter diejenige des Ressortleiters zurück,

---

1 Vgl. *Fischer*, DStR 2007, 1083, 1087.

als kein greifbarer Anlass zur Vermutung von Fehlleistungen des Zuständigen besteht. Das ressortmäßig nicht zuständige Vorstandsmitglied ist also grundsätzlich von der fachlichen Einzelverantwortung entlastet. Vielmehr ist ihm aufgrund der Aufgabenteilung verwehrt, in den einem Anderen zugewiesenen Geschäftsbereich einzugreifen.[1]

Der BGH hat die **abgestufte Verantwortlichkeit** des Vorstandsvorsitzenden eines Kreditinstituts bei Kreditentscheidungen durch einen mehrköpfigen Vorstand anschaulich wie folgt beurteilt: „Wird die Entscheidung über eine Kreditvergabe wie hier von einem mehrköpfigen Gremium getroffen, kommen auch für den Fall des Einstimmigkeitsprinzips unterschiedliche Verantwortlichkeiten der Beteiligten in Frage. So wird sich der Vorstandsvorsitzende, es sei denn, es gehe um besonders hohe Risiken, auf den Bericht des Kreditsachbearbeiters und des Kreditvorstands verlassen dürfen. Nur wenn sich daraus Zweifel oder Unstimmigkeiten ergeben, ist Rückfrage oder eigene Nachprüfung geboten. Das Gleiche gilt für weitere Beteiligte wie die Mitglieder eines Kreditausschusses."[2]   112

2. Nachweis durch die BaFin

Die BaFin stützt sich bei Abberufungsverlangen regelmäßig auf **Feststellungen des Jahresabschlussprüfers** oder eines Sonderprüfers. Feststellungen von Prüfern beschreiben regelmäßig aber nur die Situation, ohne dass dies zwingend auf die Vermeidbarkeit, die Vorwerfbarkeit und die persönliche Zurechnung schließen lässt. Hierzu muss die BaFin eigene Feststellungen und Wertungen treffen.[3]   113

Dabei muss, anders als bei Prüfungsberichten, die sich auf die Darlegung von Mängeln beschränken, zusätzlich festgestellt werden, dass der Abzuberufende für die Mängel verantwortlich ist. Soweit z.B. ein Institut in einer Restrukturierungsphase oder aufgrund des Zusammentreffens besonderer Erschwernisse nicht in der Lage ist, sämtliche bankaufsichtliche Anforderungen zeitnah zu erfüllen, ist ein Abberufungsverlangen nur dann gerechtfertigt, wenn die BaFin nachweisen kann, dass es **realistische Handlungsalternativen** gegeben hätte, die die kritische Situation vermieden hätten. Die Abwendung einer Gefahrenlage durch unqualifizierte Geschäftsleiter ist zwar ein vorrangiges Ziel zur Gläubigersicherung und zur Erhaltung der Ordnungsmäßigkeit im Kreditgewerbe. Die Abberufung allein löst das Problem aber nicht. Vielmehr muss die BaFin zuverlässig davon ausgehen können, dass andere Geschäftsleiter die Probleme effizienter in den Griff bekommen können.

---

1 *Beuthien*, § 34 GenG Rz. 14; ähnlich *Spindler* in MünchKomm. AktG, 3. Aufl., § 93 AktG Rz. 131 mit Rechtsprechungsnachweisen; ähnlich *Großfeld/Noelle*, AG 1986, 275, 278.
2 BGH v. 4.6.2000 – 1 StR 280/99, NJW 2000, 2364, 2366.
3 Näheres hierzu vgl. *Fischer* in Boos/Fischer/Schulte-Mattler, § 36 KWG Rz. 21aff. und VerwG Berlin v. 18.9.2001 – VG 25 A 16.99 (Seelow – unveröffentlicht).

II. Abberufung nach Verwarnung

114 Geschäftsleiter, die vorsätzlich oder leichtfertig gegen Bestimmungen des KWG oder des WpHG oder gegen die zur Durchführung dieser Gesetze erlassenen Verordnungen oder Anordnungen der BaFin verstoßen, können gem. § 36 Abs. 2 KWG nach vorheriger Verwarnung ebenfalls abberufen werden. Der Gesetzeswortlaut bestätigt, dass Maßnahmen nach § 36 Abs. 2 KWG nicht auf sonstige **Gesetzesverstöße** gestützt werden können, zumal es nicht Aufgabe der BaFin ist, zivilrechtliche, verbraucherschützende oder sonstige allgemeine Rechtsnormen zu überwachen.

1. Verwarnung bei leichtfertigen Gesetzesverstößen

115 Ein Abberufungsverlangen nach § 36 Abs. 2 KWG setzt eine Verwarnung durch die Aufsicht voraus. Die Verwarnung ist ein anfechtbarer **Verwaltungsakt**.[1] Dieser ist bei schwerwiegenden Verstößen bereits nach einem einmaligen Vorfall möglich. Die vorstehend dargestellten Anforderungen an die Begründung eines Abberufungsverlangens (persönliche Zurechenbarkeit, Vermeidbarkeit, angemessene Gewichtung usw.) gelten für die Erteilung einer Verwarnung entsprechend.

116 Eine Verwarnung kann weiterhin nur bei leichtfertigem Verhalten des Betroffenen ausgesprochen werden. Es setzt ein **ungewöhnlich großes Maß an Nachlässigkeit** voraus, mit dem der Geschäftsleiter Pflichten nicht wahrnimmt oder in grober Achtlosigkeit darauf vertraut, dass die notwendigen bankaufsichtlichen Maßnahmen von anderen erfüllt werden.

117 Aus dem Gesetzeswortlaut ergibt sich weiter, dass einzelne Verstöße gegen Regelungen trotz vorheriger Verwarnung nicht für ein Abberufungsverlangen ausreichen. Vielmehr muss ein **Verhalten** vorliegen, das fortgesetzt wird. Dies setzt voraus, dass ein inhaltlicher Zusammenhang zwischen mehreren Regelverstößen vorliegt, was allerdings nicht bedeutet, dass es sich um Verstöße gegen gleiche Bestimmungen handeln muss. Es genügt z.B., dass Anzeigepflichten verschiedener Art vernachlässigt oder Kreditbegrenzungen nicht eingehalten werden. Jedenfalls muss ein zeitlicher Zusammenhang zwischen Verwarnung und erneutem Verstoß bestehen. Beachtet der Geschäftsleiter die Verwarnung über einen längeren Zeitraum und verstößt er erst später erneut gegen eine bankaufsichtliche Bestimmung, so ist dies kein fortgesetztes Verhalten. Die BaFin nimmt diesen Zeitraum mit ca. drei Jahren an.

2. Missbilligung als milderes Mittel

118 Andererseits geht der Hessische Verwaltungsgerichtshof in einem Urteil vom 31.5.2006[2] von einer „Ermessensunterschreitung" aus, wenn die BaFin nicht

---

[1] Streitig, wie hier VGH Kassel v. 31.5.2006 – VI UE 3256/05, WM 2007, 392 = WuB I L 1. § 36 KWG 1.07 – *R. Fischer*; zum Streitstand s. *Schwennicke* in Schwennicke/Auerbach, § 36 KWG Rz. 33.
[2] Hess. VGH v. 31.5.2006 – VI UE 3256/05, WM 2007, 392 = WuB I L 1. § 36 KWG 1.07 – *R. Fischer*.

auch die Möglichkeit einer **formlosen Missbilligung als milderes Mittel** prüft. Das Gericht sah eine „zur Rechtswidrigkeit führende erhebliche Ermessensunterschreitung ... darin, dass die BaFin erkennbar die Möglichkeit einer einfachen oder formlosen Missbilligung als möglicherweise ausreichende Reaktion auf die begangenen Pflichtverstöße nicht in Betracht gezogen hat". Die BaFin machte vor dem Bundesverwaltungsgericht geltend, dass eine Missbilligung, da gesetzlich nicht geregelt, kein rechtlich zulässiges Aufsichtsmittel sei. Das Bundesverwaltungsgericht ließ die Revision mit Beschluss vom 6.11.2006[1] nicht zu. Es ist der Auffassung, dass eine formlose Missbilligung auch ohne ausdrückliche Ermächtigung als milderes Mittel gegenüber einer förmlichen Verwarnung zulässig und unter dem Gesichtspunkt der Verhältnismäßigkeit je nach Sachlage geboten sein kann. Danach muss die BaFin vor Erlass einer förmlichen Verwarnung oder eines Abberufungsverlangens regelmäßig den Einsatz einer Missbilligung, Beanstandung oder sonstigen nicht förmlichen Maßnahme prüfen. Zum anderen kann sich die Rechtsverteidigung gegen eine Verwarnung darauf stützen, dass weniger belastende Maßnahmen ausgereicht hätten.

3. Abberufung wegen Qualifikationsmängeln

Mängel bei der Geschäftsführung beruhen regelmäßig nicht auf Unwilligkeit oder besonders großer Nachlässigkeit, also leichtfertigem Führungsverhalten, sondern darauf, dass der Geschäftsleiter die korrekte **Anwendung der bankaufsichtlichen Regelungen nicht in den Griff bekommt**. Dies galt früher vor allem für § 18 KWG, auf den Verwarnungen und Abberufungsverlangen gestützt wurden, und heute für § 25a KWG samt Mindestanforderung an das Risikomanagement. In diesen Fällen verhält sich der Geschäftsleiter kaum je leichtfertig. Die Praxis zeigt vielmehr, dass der Geschäftsleiter bei kritischen Situationen die Problemlage auch ohne Leichtfertigkeit nicht zutreffend bewertet oder mit der Problemlösung überfordert ist.

119

Die Praxis der BaFin unterstellt regelmäßig das gesetzliche Tatbestandsmerkmal der Leichtfertigkeit, ohne diese vertretbar zu begründen. Wenn erhebliche Mängel z.B. aus einem früheren Prüfungsbericht oder einer Beanstandung der BaFin erkennbar waren und vom Geschäftsleiter nicht behoben wurden, wird daraus auf Leichtfertigkeit geschlossen. Die BaFin begründet dies formelhaft z.B. damit, dass sich aus der Schwere der Verstöße die Leichtfertigkeit ergebe – ein recht eigenwilliger Schluss. Würde die BaFin das Tatbestandsmerkmal der Leichtfertigkeit zutreffend begründen, könnte sie kaum je eine Verwarnung erteilen. Ihr bliebe dann nur die auch sachlich richtige Möglichkeit, die fachliche **Qualifikation des Geschäftsleiters** in Zweifel zu ziehen. Dies kann gleichfalls ein Abberufungsverlangen begründen, wobei der Gesetzeswortlaut keine vorherige Verwarnung vorschreibt.

120

Es erscheint jedoch widersprüchlich und unangemessen, wenn der leichtfertig handelnde Geschäftsleiter eine Bewährungschance in Form der zwingend vor-

121

---

[1] BVerwG v. 6.11.2006 – 15 C 2028/08, WM 2007, 1655 = WuB I L 1. § 36 KWG 2.07, R. Fischer.

geschriebenen vorherigen Verwarnung erhalten muss, während der Geschäftsleiter, der möglicherweise nur vorübergehend Probleme nicht in den Griff bekommt, ohne Verwarnung abberufen werden kann.[1] Hier zeigt sich die weitere Bedeutung des zitierten Beschlusses des Bundesverwaltungsgerichts. Denn die BaFin kann eine nicht förmliche **Abmahnung auch als Vorstufe einer potenziellen Abberufung** wegen mangelnder fachlicher Eignung einsetzen, ohne den fragwürdigen Vorwurf der Leichtfertigkeit begründen zu müssen. Die Entscheidung des Bundesverwaltungsgerichts stellt klar, dass die BaFin die Möglichkeit hat, im Vorfeld und zur Vermeidung der Abberufung eines Geschäftsleiters von diesem eine Beseitigung der Mängel unter Hinweis auf die Möglichkeit der Abberufung zu verlangen.

III. Abberufung und Tätigkeitsverbot von Mitgliedern des Aufsichtsorgans

122 Die Bankenaufsicht hat seit August 2009 die Möglichkeit, von einem Institut oder einer Finanzholding-Gesellschaft zu verlangen, dass sie ungeeignete Mitglieder ihres Verwaltungs- oder Aufsichtsorgans abberuft. Die Regelung in § 36 Abs. 3 KWG wurde mit dem Gesetz zur Stärkung der Finanzmarkt- und Versicherungsaufsicht vom 29.7.2009[2] in das Kreditwesengesetz eingefügt. Nach der Gesetzesbegründung[3] besteht auch für die **bereits bestellten Mitglieder** des Aufsichtsorgans, gleichgültig ob sie der Arbeitgeber- oder der Arbeitnehmerseite zuzurechnen sind, „keine schützenswerte Vertrauensposition, wenn sie unzuverlässig oder fachlich ungeeignet sind. Soweit eine Abberufung durch das Gericht in Betracht kommt (z.B. § 103 Abs. 3 AktG), kann auch die BaFin den Antrag auf Abberufung stellen, wenn der Aufsichtsrat dem Abberufungsverlangen der Aufsichtsbehörde nicht nachgekommen ist (§ 36 Abs. 3 Satz 7 KWG).

1. Abberufungsgründe

123 Als Grund für ein solches Abberufungsverlangen nennt das Gesetz entweder **mangelnde Zuverlässigkeit, mangelnde Sachkunde oder die unzureichende Wahrnehmung der Überwachungs- und Kontrollaufgabe**. Die mangelnde Zuverlässigkeit oder fehlende fachliche Qualifikation kann die BaFin aus den nach § 24 Abs. 1 Nr. 15 KWG bei Bestellung einzureichenden Unterlagen (Lebenslauf, Führungszeugnis u.a.) oder aus späteren Erkenntnissen aus ihrer laufenden Aufsicht z.B. aufgrund der Jahresabschlussprüfungen oder einer Sonderprüfung erkennen.

124 Das Gesetz konkretisiert die mangelnde Ausübung der Aufsichts- und Kontrollaufgabe in § 36 Abs. 3 Satz 4 KWG. So soll ein Abberufungsverlangen z.B. dann begründet sein, wenn das Mitglied des Aufsichtsorgans wesentliche Verstöße des Unternehmens gegen die Grundsätze einer ordnungsgemäßen Geschäftsführung wegen sorgfaltswidriger Ausübung seiner Überwachungs- und Kontrollfunktion

---

1 So *Fischer* in Boos/Fischer/Schulte-Mattler, § 36 KWG Rz. 23a.
2 BGBl. I 2009, 2305.
3 BT-Drucks. 16/12783, S. 16.

nicht bemerkt oder das Mitglied nicht alles Erforderliche zur Beseitigung der Verstöße veranlasst hat. In diesem Fall ist vor einem Abberufungsverlangen allerdings eine Verwarnung der Organe des Unternehmens durch die BaFin Voraussetzung des Abberufungsverlangens. Bei fehlender Zuverlässigkeit oder Sachkunde ist ein Abberufungsverlangen hingegen ohne vorherige Verwarnung möglich.[1] Eine vorwerfbare Pflichtverletzung liegt nur dann vor, wenn der Vorstand das Aufsichtsorgan über die Lage des Unternehmens und die geschäftliche Situation hinreichend informiert hat oder das Mitglied aufgrund eigener Kenntnisse ernsthafte Zweifel an den vom Vorstand erteilten Informationen oder an der Geschäftspolitik haben musste.[2]

Unter den gleichen Voraussetzungen wie ein Abberufungsverlangen kann die BaFin den Mitgliedern des Aufsichtsorgans die Ausübung ihrer Tätigkeit untersagen. Allerdings kann sie ein solches **Tätigkeitsverbot** – anders als bei Geschäftsleitern (s. vorstehend Rz. 106) – nicht unmittelbar gegenüber dem betroffenen Mitglied aussprechen, sondern kann nur verlangen, dass dieses von den hierzu berufenen Organen des betroffenen Unternehmens ausgesprochen wird, soweit dies gesellschaftsrechtlich überhaupt möglich ist.[3]

125

2. Abberufungsverlangen bei geborenen Mitgliedern

Fraglich ist, wie ein Abberufungsverlangen realisiert werden kann, wenn das Mitglied nicht bestellt werden muss, sondern kraft Amtes die Aufsichtsfunktion wahrnimmt. Dies ist insbesondere bei Sparkassen und Landesbanken der Fall. So ist Vorsitzender des Verwaltungsrats einer Sparkasse kraft Gesetzes meist der Hauptverwaltungsbeamte, Oberbürgermeister oder Landrat und bei Landesbanken der vom Gesetz für zuständig erklärte Minister oder der Präsident des Sparkassenverbands (vgl. z.B. § 11 Satzung NordLB, anders z.B. § 12 Satzung der LBBW). Ein Abberufungsverlangen würde ein **Ausscheiden aus dem Hauptamt** voraussetzen. Dementsprechend müsste sich die BaFin bei einer Sparkasse an die kommunale Gebietskörperschaft mit der Forderung wenden, ihren Hauptverwaltungsbeamten, Landrat oder Bürgermeister aus dem Amt zu entfernen. Entsprechendes würde für die Landesregierung im Hinblick auf Minister als geborene Vorsitzende des Aufsichtsrats einer Landesbank gelten.

126

Ob dies – besonders im Falle der Wahl eines Kommunalbeamten in sein Hauptamt – rechtlich überhaupt möglich ist, sei dahingestellt. Jedenfalls erscheint eine solche Situation lebensfremd – abgesehen von dem Fall schwerkrimineller Verfehlungen, die aufgrund gesetzlicher Bestimmungen zur Entfernung aus dem Hauptamt oder zur Amtsniederlegung führen. Die **Realitätsferne** dieser Regelung dürfte auch der Grund dafür sein, dass die BaFin in ihren Erläuterungen zum Sachkundeerfordernis davon ausgeht, dass bei dem Kämmerer und dem Hauptverwal-

127

---

1 Vgl. Merkblatt der BaFin, Merkblatt zur Kontrolle von Mitgliedern von Verwaltungs- und Aufsichtsorganen gemäß KWG und VAG vom 22.2.2010.
2 So Ausschussempfehlung des Finanzausschusses BT-Drucks. 16/13684, S. 41.
3 Vgl. Merkblatt der BaFin, Merkblatt zur Kontrolle von Mitgliedern von Verwaltungs- und Aufsichtsorganen gemäß KWG und VAG vom 22.2.2010.

tungsbeamten einer Gebietskörperschaft und vermutlich auch bei den anderen geborenen Vorsitzenden die Sachkunde regelmäßig anzunehmen ist.

128 Ob bei künftigen Bankenkrisen, die auf Versagen des Aufsichtsorgans mit zurückzuführen sind, die Bankenaufsicht tatsächlich den Mut und die Macht aufbringen wird, ungeeignete Mitglieder des Aufsichtsorgans abzuberufen, wird die Zukunft erweisen. Nicht ausgeschlossen ist, dass diese, wie auch andere Regelungen in der Folge der Bankenkrise, mehr **Alibi-Funktion für die Politik** als praktische Bedeutung haben werden.

§ 20
Risikobereich und Haftung: Compliance in Finanzdienstleistungsunternehmen

Dr. Stefan Gebauer/Dr. Ursula Kleinert

	Rz.
A. Begriff	1
B. Gegenstand von Compliance im Finanzdienstleistungsunternehmen	6
I. Allgemeines	6
II. Einzelne Pflichten	12
1. WpHG	13
a) Verhaltenspflichten nach §§ 31 ff. WpHG	13
b) Anzeigepflicht bei Verdacht von Insiderverstoß oder Marktmanipulation	14
2. Kreditwesengesetz (KWG)	16
a) Erlaubnis	17
b) Eigenmittel, Liquidität	18
c) Groß- und Millionenkredite	19
d) Organkredite	20
e) Kreditunterlagen	21
f) Anzeige- und Meldevorschriften	22
3. ZAG	25
a) Erlaubnis	26
b) Eigenmittel	27
c) Sicherungsanforderungen	28
d) Anzeige- und Meldevorschriften	29
4. GwG	30
a) Kundenidentifizierung	35
b) Anzeigepflicht bei Verdacht der Geldwäsche	39
C. Mögliche Rechtsfolgen von Regelverstößen innerhalb eines Finanzdienstleistungsunternehmens	40
I. Strafrechtliche und ordnungswidrigkeitenrechtliche Verantwortlichkeit von Vorstand und Aufsichtsrat	40
1. Strafrechtliche Verantwortlichkeiten	42
a) Verstoß gegen § 32 Abs. 1 Satz 1 KWG bzw. § 8 Abs. 1 Satz 1 ZAG	43
b) Verstoß gegen Insiderhandelsverbote	49
c) Verstoß gegen Manipulationsverbote	55
d) Verstoß gegen Geldwäschevorschriften	58
2. Ordnungswidrigkeitenrechtliche Verantwortlichkeiten	62
II. Aufsichtsrechtliche Folgen	68
1. Geschäftsleiter	68
2. Aufsichtsrat	78
III. Zivilrechtliche Haftung	80
D. Ausgestaltung eines Compliance-Systems	82
I. Interne Kontrollverfahren	82
II. Management des Compliance-Risikos	85
1. Definition des Compliance-Risikos	85
2. Aufgaben für eine Compliance-Abteilung	87

A. Begriff

Der angelsächsische Begriff „Compliance" hat seit Beginn der 90er-Jahre mehr und mehr Eingang auch in den deutschen Sprachgebrauch gefunden und sich vor allem im Bereich der Wertpapierdienstleistungsunternehmen schnell durchgesetzt.[1] 1

---
1 *Lösler*, WM 2008, 1098, 1099; *Koch*, WM 2009, 1013, 1013.

Was er meint, ist im Grunde nichts Neues. Er fasst vielmehr in einem Wort zusammen, was seit jeher von wesentlicher Bedeutung für jedes Unternehmen ist: Die Pflicht, im Einklang mit dem geltenden Recht zu handeln.[1] Er beschränkt sich dabei allerdings nicht nur auf das rechtmäßige Handeln selbst, sondern umfasst darüber hinaus auch die (insbesondere organisatorischen) Maßnahmen, die erforderlich sind, um im Unternehmen für die Einhaltung der einschlägigen Gesetze zu sorgen.[2] Diese organisatorischen Maßnahmen sind es, die erst vor einigen Jahren verstärkt Einzug in die Unternehmen gehalten haben.[3]

2   In einem sehr **weit gehenden Verständnis** umfasst Compliance die Gewährleistung rechtmäßigen Verhaltens in Bezug auf alle gesetzlichen Vorschriften, Usancen sowie die gegebenenfalls einschlägigen Regeln des sog. soft law (z.B. Corporate Governance Kodex).[4] Welche Vorschriften von einem Unternehmen und seinen Mitarbeitern zu beachten sind, ist in Abhängigkeit von Gegenstand, Größe, Börsennotierung etc. des Unternehmens sehr unterschiedlich. Für alle Unternehmen gleichermaßen ist jedoch festzustellen, dass sie sich mit einer stetig wachsenden Regelungsdichte konfrontiert sehen. Dies gilt besonders für das Bank- und Kapitalmarktrecht, vor allem das Wertpapierhandelsrecht, das für die hier zu behandelnde Unternehmensgruppe von besonderer Bedeutung ist. In der Konsequenz sehen sich die Unternehmen und ihre Organe einer kaum noch zu überblickenden Gesetzesflut gegenüber, aus der sie die für sie relevanten Normen herauszufiltern und für deren Einhaltung sie zu sorgen haben. Entsprechend hat „Compliance" in den vergangenen Jahren stark an Bedeutung gewonnen.

3   Die **Verantwortung** für „Compliance" im Sinne von rechtmäßigem Handeln liegt bei der Unternehmensleitung.[5] Diese muss sich nicht nur selbst rechtmäßig verhalten, sondern hat darüber hinaus für die Einhaltung der gesetzlichen Bestimmungen durch die Gesellschaft, ihre Mitarbeiter und die anderen Unternehmensorgane zu sorgen.[6] In Konzernen obliegt der Unternehmensleitung des herrschenden Unternehmens – jedenfalls bei Finanzdienstleistungsunternehmen –[7] im

---

1   Für den Vorstand einer Aktiengesellschaft folgt diese Pflicht aus §§ 76, 93 Abs. 1 AktG. *Hopt* in Großkomm. AktG, § 93 AktG Rz. 89, 98; *Lösler*, Compliance im Wertpapierdienstleistungskonzern, 2003, S. 139, *Gebauer* in DIRK e.V. (Hrsg.), Handbuch Investor Relations, 2004, S. 508 sowie Ziff. 4.1.3 des Deutschen Corporate Governance Kodex.
2   *Uwe H. Schneider*, ZIP 2003, 645, 645; *Eisele* in Schimansky/Bunte/Lwowski, Bankrechts-Handbuch, Band II, 3. Aufl. 2007, § 109 Rz. 1; *Bürkle*, BB 2005, 565.
3   *Eisele* in Schimansky/Bunte/Lwowski, Bankrechts-Handbuch, Band II, 3. Aufl. 2007, § 109 Rz. 6.
4   *Uwe H. Schneider*, ZIP 2003, 645, 646; *Lösler*, WM 2008, 1098, 1100.
5   § 25a Abs. 1 Satz 2 KWG; § 76 AktG; *Eisele* in Schimansky/Bunte/Lwowski, Bankrechts-Handbuch, Band II, 3. Aufl. 2007, § 109 Rz. 99; *Eisele* in FS Scheidl, 2009, S. 43 ff.; *Uwe H. Schneider/Sven H. Schneider*, ZIP 2007, 2061, 2061 f.; hieran ändert auch die Bestellung eines Compliance-Beauftragten nichts (s. hierzu *Veil*, WM 2008, 1093, 1096; *Lösler*, WM 2008, 1098, 1102).
6   *Gebauer* in DIRK e.V. (Hrsg.), Handbuch Investor Relations, 2004, S. 509; *Kort* in Großkomm. AktG, § 76 AktG Rz. 47; *Uwe H. Schneider* in Scholz, § 43 GmbHG Rz. 46.
7   Der Begriff Finanzdienstleistungsunternehmen wird im Folgenden (gleich bedeutend mit dem Begriff „Institut" gem. § 1 Abs. 1b KWG) als Oberbegriff für Kreditinstitute und Finanzdienstleistungsinstitute i.S. des § 1 Abs. 1 und 1a KWG verwendet.

Verhältnis zur eigenen Gesellschaft sogar die Pflicht, eine konzernweite Compliance sicherzustellen.[1]

Dass ein Unternehmen, seine Mitarbeiter und Organmitglieder sich regelkonform verhalten, ist zum einen für das Unternehmen selbst von erheblicher **Bedeutung**. Gesetzesverstöße bergen stets die Gefahr von materiellen Nachteilen etwa in Form von Bußgeldern oder Schadensersatzansprüchen sowie von Reputationsschäden in sich.[2] Mögliche Rechtsverletzungen stellen damit ein operationelles Risiko dar.[3] Darüber hinaus drohen den handelnden und/oder verantwortlichen Organmitgliedern persönlich haftungs-, aufsichtsrechtliche oder sogar strafrechtliche Konsequenzen.

4

Ein effektives Compliance-System kann diese Gefahren möglicherweise nicht vollständig beseitigen, aber deutlich reduzieren.[4] Zu Recht bezeichnet der Baseler Ausschuss für Bankenaufsicht eine unabhängige Compliance-Organisation deshalb als eine der wesentlichen Überwachungs-Funktionen, um ausreichende „checks and balances" zu gewährleisten.[5]

5

B. Gegenstand von Compliance im Finanzdienstleistungsunternehmen

I. Allgemeines

Grundlage für Compliance in Finanzdienstleistungsunternehmen **ist zunächst § 25a Abs. 1 KWG** (§ 33 Abs. 1 Satz 1 WpHG). § 25a Abs. 1 Satz 1 KWG verlangt eine ordnungsgemäße Geschäftsorganisation, die die Einhaltung der vom Institut zu beachtenden gesetzlichen Bestimmungen gewährleistet. Hierunter fallen alle gesetzlichen Bestimmungen, die dem Schutz der anvertrauten Vermögenswerte, der ordnungsgemäßen Durchführung der Bankgeschäfte und Dienstleistungen sowie der Vermeidung von Nachteilen für die Gesamtwirtschaft durch Missstände im Kredit- und Finanzdienstleistungswesen dienen.[6] Gemeint sind damit in erster Linie die – abhängig von der Geschäftstätigkeit des jeweiligen Instituts – ein-

6

---

1 § 25a Abs. 1a KWG; § 25g KWG; vgl. hierzu auch BaFin-Rundschreiben 17/2009 – Gruppenweite Umsetzung von Präventionsmaßnahmen gem. § 25g KWG vom 23.9.2009; ferner *Fett/Gebauer* in FS Schwark, 2009, S. 375 ff. Für eine generelle Geltung dieses Grundsatzes *Uwe H. Schneider/Sven H. Schneider*, ZIP 2007, 2061 ff.; einschränkend *Koch*, WM 2009, 1013 ff.
2 Seit dem 1.1.2007 kann die Bundesanstalt für Finanzdienstleistungsaufsicht („BaFin") darüber hinaus, wenn ein Institut nicht über eine ordnungsgemäße Geschäftsorganisation i.S. des § 25a Abs. 1 KWG verfügt, die die Einhaltung der zu beachtenden gesetzlichen Bestimmungen gewährleistet, u.a. verlangen, dass das Institut zusätzliche Eigenmittel vorhalten muss (§ 45b KWG).
3 *Uwe H. Schneider*, ZIP 2003, 645, 645; zustimmend *Gebauer* in DIRK e.V. (Hrsg.), Handbuch Investor Relations, 2004, S. 507 m.w.N.
4 *Bürkle*, BB 2005, 565, 566.
5 *Baseler Ausschuss für Bankenaufsicht*, Leitfaden „Enhancing Corporate Governance for Banking Organisations", S. 5, 14.
6 *Braun* in Boos/Fischer/Schulte-Mattler, KWG, 3. Aufl. 2008, § 25a KWG Rz. 29.

schlägigen aufsichtsrechtlichen Gesetze, und zwar nicht nur das Kreditwesengesetz (KWG) selbst, sondern auch das Wertpapierhandelsgesetz (WpHG), das Gesetz über Bausparkassen, das Depotgesetz, das Geldwäschegesetz (GwG), das Pfandbriefgesetz, und die zur Durchführung dieser Gesetze erlassenen Rechtsverordnungen.[1] § 25a Abs. 1 KWG versteht somit den Begriff Compliance in der international weiten Auslegung im Sinne von im Einklang mit den gesetzlichen Vorschriften.[2]

§ 25a Abs. 1 Satz 2 i.V.m. § 1 Abs. 2 Satz 1 KWG schreibt ausdrücklich fest, dass die Verantwortung für die ordnungsgemäße Geschäftsorganisation, die die Einhaltung der zu beachtenden gesetzlichen Bestimmungen zu gewährleisten hat, bei den Geschäftsleitern des Instituts liegt.

7 Ein Wertpapierdienstleistungsunternehmen muss über § 25a Abs. 1 KWG hinaus die Vorgaben des **§ 33 WpHG i.V.m. § 12 der Verordnung zur Konkretisierung der Verhaltensregeln und Organisationsanforderungen für Wertpapierdienstleistungsunternehmen (WpDVerOV)** erfüllen.[3] Nach § 33 Abs. 1 Satz 2 Nr. 1 WpHG sind angemessene Grundsätze aufzustellen, Mittel vorzuhalten und Verfahren einzurichten, die darauf ausgerichtet sind, sicherzustellen, dass das Wertpapierdienstleistungsunternehmen selbst und seine Mitarbeiter den Verpflichtungen des WpHG nachkommen, wobei insbesondere eine dauerhafte und wirksame **Compliance-Funktion** einzurichten ist.[4]

Die Regelung wird durch § 12 Abs. 1 WpDVerOV konkretisiert. Die Grundsätze und Verfahren müssen danach darauf ausgerichtet sein, die Gefahr einer Verletzung des Wertpapierhandelsgesetzes und der in entsprechenden Verordnungen geregelten Verpflichtungen durch das Wertpapierhandelsunternehmen oder seine Mitarbeiter sowie die mit einer solchen Verletzung verbundenen Risiken aufzudecken. § 12 Abs. 4 WpDVerOV verlangt ausdrücklich die Benennung eines **Compliance-Beauftragten**, der für die Compliance-Funktion verantwortlich ist.

8 In Bezug auf die Pflichten aus dem WpHG und ihre Erfüllung („Wertpapier-Compliance"), die von jeher als der Kern von Compliance angesehen werden[5], existieren somit nunmehr recht detaillierte Vorgaben, die die wesentlichen Aufgaben zumindest umreißen und insbesondere die Einrichtung einer Compliance-Stelle umfassen. Allerdings fehlt es auch nach Umsetzung der MiFID nach wie vor an konkreten Vorgaben, worin die Organisationspflichten im Einzelnen bestehen,

---

1 BT-Drucks. 15/3641, S. 47.
2 *Braun* in Boos/Fischer/Schulte-Mattler, KWG, 3. Aufl. 2008, § 25a KWG Rz. 27.
3 § 33 WpHG ist durch die Umsetzung der Richtlinie über Märkte für Finanzinstrumente (Richtlinie 2004/39/EG, ABl. EU Nr. L 145 v. 30.4.2004, S. 1; „MiFID") zum 1.11.2007 grundlegend überarbeitet worden.
4 Seit dem 1.11.2007 findet sich der Begriff der Compliance-Funktion damit erstmalig explizit im Gesetz. § 33 WpHG und § 12 der Verordnung zur Konkretisierung der Verhaltensregeln und Organisationsanforderungen für Wertpapierdienstleistungsunternehmen (WpDVerOV) enthalten hierzu eine ganze Reihe detaillierter Einzelanforderungen. Für nähere Einzelheiten s. *Röh*, BB 2008, 398 ff.; *Veil*, WM 2008, 1093 ff.; *Schlicht*, BKR 2006, 469 ff.
5 Bei *Eisele* in FS Scheidl, 2009, S. 47, als „Königsdisziplin" beschrieben.

sowie der Benennung von Instrumenten/Maßnahmen, die von der Compliance-Organisation einzusetzen sind.[1] Wichtig ist in diesem Zusammenhang, dass die vom Institut zu treffenden Vorkehrungen abhängig sind von Art, Umfang, Komplexität und Risikogehalt seines Geschäfts und Art und Umfang der von ihm angebotenen Dienstleistungen (§ 33 Abs. 1 Satz 3 WpHG). Dies führt dazu, dass die Ausgestaltung der Compliance-Funktion sowie die von dieser zu treffenden Maßnahmen **von Institut zu Institut neu zu definieren** sind.

Die BaFin beabsichtigt allerdings, für die Ausgestaltung der Compliance-Organisation norminterpretierende Verwaltungsvorschriften zu erlassen. Das Konsultationsverfahren für ein entsprechendes Rundschreiben („Mindestanforderungen an Compliance und die weiteren Verhaltens-, Organisations- und Transparenzpflichten nach §§ 31ff. WpHG ChaCorp") wurde am 21.12.2009 eingeleitet.[2] Klarstellend vertritt die Wertpapieraufsicht die Ansicht, dass die Geschäftsleitung die Verantwortung für die Einhaltung der im WpHG geregelten Pflichten und die Gesamtverantwortung für die Compliance-Funktion trägt. Alle Geschäftsleiter sind unabhängig von der internen Zuständigkeitsregelung für die ordnungsgemäße Geschäftsorganisation und deren Weiterentwicklung verantwortlich. Die Compliance-Funktion als ein Instrument der Geschäftsleitung kann auch nur einem Mitglied der Geschäftsleitung unterstellt sein. Die BaFin will zudem sichergestellt sehen, dass das Aufsichtsorgan unter Einbeziehung der Geschäftsleitung direkt beim Compliance-Beauftragten Auskünfte einholen kann.

9

Welche Aufgaben der Compliance-Stelle über § 33 WpHG hinaus zugeordnet werden (z.B. Geldwäscheprävention, Datenschutz etc.), insbesondere um die weitergehenden Anforderungen § 25a Abs. 1 KWG zu erfüllen, bleibt unabhängig davon weiterhin jedem Institut selbst überlassen. Entsprechend unterschiedlich sind die Aufgaben, die von den Compliance-Bereichen wahrgenommen werden.

10

Für Zahlungsinstitute ist schließlich **§ 22 des am 31.10.2009 in Kraft getretenen Zahlungsdiensteaufsichtsgesetz (ZAG)** die Grundnorm der Compliance. Dies gilt zumindest dann, wenn ein nach dem ZAG lizensiertes Zahlungsinstitut ohne Bankerlaubnis nach dem KWG Zahlungsdienste erbringt. Hinsichtlich des Pflichtenkatalogs befinden sich im ZAG allerdings spezielle aufsichtsrechtliche Pflichten, die auch von Finanzdienstleistungsinstituten zu beachten sind, wenn diese neben den KWG- bzw. WpHG-Dienstleistungen Zahlungsdienste erbringen. § 22 ZAG fordert vom Institut wie § 25a KWG eine ordnungsgemäße Geschäftsorganisation. Eine ordnungsgemäße Geschäftsorganisation umfasst nach § 22 Abs. 1 ZAG insbesondere angemessene Maßnahmen der Unternehmenssteuerung, Kontrollmechanismen und Verfahren, die gewährleisten, dass das Zahlungsinstitut seine Verpflichtungen erfüllt. Hiermit ist die Erfüllung gesetzlicher und auch vertraglicher Verpflichtungen gemeint.[3] § 22 Abs. 1 Satz 2 i.V.m. § 8 Abs. 3 Nr. 9 ZAG schreibt wie das KWG fest, dass die Verantwortung für die ordnungsgemäße

11

---
1 *Veil*, WM 2008, 1093, 1095.
2 Zu finden unter www.bafin.de, Konsultation 17/2009.
3 BT-Drucks. 16/11613, S. 52.

Geschäftsorganisation, die die Einhaltung der zu beachtenden gesetzlichen Bestimmungen zu gewährleisten hat, bei den Geschäftsleitern des Instituts liegt.

II. Einzelne Pflichten

12 **Die (aufsichtsrechtlichen) Pflichten**, die ein Finanzdienstleistungsunternehmen einzuhalten, und deren Befolgung es gem. § 25a Abs. 1 Satz 1 KWG, § 33 Abs. 1 WpHG und § 22 Abs. 1 ZAG durch eine ordnungsgemäße Geschäftsorganisation sicherzustellen hat, sind, wie allein der Blick in die Gesetzesbegründung zu § 25a KWG zeigt[1], vielfältig. Sie lassen sich in **zwei Gruppen** unterteilen: Zum einen die Vorschriften, die ausschließlich auf Unternehmen des Finanzdienstleistungssektors zugeschnitten sind (z.B. sämtliche Vorschriften des KWG und ZAG oder §§ 31 ff. WpHG), und zum anderen die Regeln, die – unabhängig vom Geschäftsgegenstand –, unter bestimmten Voraussetzungen von Unternehmen aller Sektoren einzuhalten sind (z.B. Pflicht zur Ad-hoc-Publizität gem. § 15 WpHG für börsennotierte Unternehmen). Die wichtigsten Vorschriften der ersten Gruppe sollen im Folgenden im Mittelpunkt der Untersuchung stehen. Die Besonderheiten von Spezialinstituten (insb. Kapitalanlagegesellschaften, Bausparkassen) können dabei auf Grund des Umfangs der vorliegenden Darstellung grundsätzlich keine Berücksichtigung finden.

1. WpHG

a) Verhaltenspflichten nach §§ 31 ff. WpHG

13 Die **§§ 31 ff. WpHG** enthalten eine Reihe von Verhaltenspflichten für Wertpapierdienstleistungsunternehmen, die durch die Umsetzung der MiFID zum 1.11.2007 erheblich verfeinert und erweitert worden sind. Danach sind u.a. Dienstleistungen mit der erforderlichen Sachkenntnis, Sorgfalt und Gewissenhaftigkeit im Interesse des Kunden zu erbringen, Interessenkonflikte sind zu vermeiden bzw. zu managen, Kunden sind bestimmte Informationen zur Verfügung zu stellen, Kundenaufträge sind bestmöglich auszuführen etc. Die Einhaltung diese gesetzlich normierten Verhaltensstandards haben die Unternehmen selbst durch geeignete Organisationsstrukturen und Kontrollverfahren sicherzustellen (**§ 33 WpHG**).[2]

b) Anzeigepflicht bei Verdacht von Insiderverstoß oder Marktmanipulation

14 Die Regelungen zur Verhinderung von Insidergeschäften (§§ 12 ff. WpHG) und Marktmanipulation (§ 20a WpHG) gelten für Jedermann. Speziell Finanzinstitute trifft darüber hinaus die Pflicht, bei der Feststellung von Tatsachen, die den Verdacht eines Insiderhandels oder einer Manipulation begründen, dies unverzüglich der BaFin mitzuteilen (**§ 10 WpHG**).

---

[1] BT-Drucks. 15/3641, S. 47.
[2] *Eisele* in Schimansky/Bunte/Lwowski, Bankrechts-Handbuch, Band II, 3. Aufl. 2007, § 109 Rz. 7.

Diese 2004 eingefügte Vorschrift birgt **zahlreiche Auslegungsfragen** in sich, die zu entsprechenden Unsicherheiten bei ihrer Anwendung und Einhaltung führen.[1] So ist umstritten, wie stark ein Verdacht sein muss, damit er zu einer Anzeigepflicht führt.[2] Weiterhin stellt sich die Frage, ob bzw. inwieweit ein Finanzinstitut (interne) Ermittlungen anstellen muss, um einen Verdacht zu entkräften oder zu erhärten[3] und ob möglicherweise sogar Überwachungsmaßnahmen (im Sinne von flächendeckender Suche nach Verdachtsfällen)[4] erforderlich sind, um verdächtige Transaktionen aufzuspüren. Streitig ist auch, ob ein Institut, das Unregelmäßigkeiten im Bereich seines Eigenhandels aufdeckt, durch die Vorschrift zu einer Selbstanzeige gezwungen wird.[5]

15

2. Kreditwesengesetz (KWG)

Das KWG steckt den rechtlichen Rahmen für die geschäftliche Tätigkeit von Finanzdienstleistungsunternehmen ab, der – im Interesse der Gesamtwirtschaft – ein funktionsfähiges Kreditgewerbe gewährleisten soll.[6] Diese Zielrichtung ist für die Verantwortlichkeit von Geschäftsleitung und Aufsichtsorgan für die „Compliance" des Instituts mit den Vorschriften des KWG von entscheidender Bedeutung: Die Regelungen verfolgen vorwiegend allein öffentliche Interessen, eine drittschützende Wirkung individueller Gläubiger kommt den meisten von ihnen nicht zu.[7] Als Rechtsfolge bei Verletzungen kommen daher hauptsächlich Bußgelder und aufsichtsrechtliche Sanktionen in Betracht, Schadensersatzansprüche Dritter scheiden in den meisten Fällen aus.[8]

16

---

1 S. hierzu die Darstellungen bei *Gebauer* in Gedächtnisschrift Bosch, 2005, S. 31 ff.; *Schwintek*, WM 2005, 861 ff.
2 In der Literatur wird mindestens ein dem strafrechtlichen Anfangsverdacht angenäherter Verdachtsgrad gefordert (so *Gebauer* in Gedächtnisschrift Bosch, 2005, S. 42). Andere fordern weitergehend, dass die konkrete Möglichkeit eines Verstoßes geradezu nahe liegt und die festgestellten Tatsachen typische Indizien für einen Marktmissbrauch sind (so *Vogel* in Assmann/Uwe H. Schneider, WpHG, 5. Aufl. 2009, § 10 WpHG Rz. 15) oder dass aus den Tatsachen auf einen Verstoß nicht nur geschlossen werden kann, sondern muss (so *Schwintek*, WM 2005, 861, 862).
3 Ablehnend *Schwintek*, WM 2005, 861, 862. Für eine Pflicht zur Berücksichtigung aller im Unternehmen vorhandenen Informationen *Gebauer* in Gedächtnisschrift Bosch, 2005, S. 41 und *Vogel* in Assmann/Uwe H. Schneider, WpHG, 5. Aufl. 2009, § 10 WpHG Rz. 13, 41.
4 Dies wird, soweit ersichtlich, einhellig verneint, s. *Vogel* in Assmann/Uwe H. Schneider, WpHG, 5. Aufl. 2009, § 10 WpHG Rz. 41; *Gebauer* in Gedächtnisschrift Bosch, 2005, S. 41; *Schwintek*, WM 2005, 861, 863.
5 Bejahend *Gebauer* in Gedächtnisschrift Bosch, 2005, S. 41; verneinend (unter Berufung auf den nemo-tenetur-Grundsatz und die Intention des Gesetzgebers) *Vogel* in Assmann/Uwe H. Schneider, WpHG, 5. Aufl. 2009, § 10 WpHG Rz. 17.
6 *Fischer* in Boos/Fischer/Schulte-Mattler, KWG, 3. Aufl. 2008, Einf Rz. 63; s. auch § 6 Abs. 2 KWG.
7 Nachdem dies früher umstritten war, ergibt es sich nun mittelbar aus § 4 Abs. 4 Finanzdienstleistungsaufsichtsgesetz (FinDAG).
8 Eine Ausnahme hat der BGH für die §§ 32, 54 KWG (fehlende Erlaubnis zum Betreiben der Geschäfte) angenommen (BGH v. 11.7.2006 – VI ZR 339/04, ZIP 2006, 1761; BGH v. 11.7.2006 – VI ZR 340/04, ZIP 2006, 1764; BGH v. 11.7.2006 – VI ZR 341/04, ZIP 2006, 1764; BGH v. 21.4.2005 – III ZR 238/03, BGHZ 125, 367, 379 = ZIP 2005, 1223).

a) Erlaubnis

17 Grundvoraussetzung für das Betreiben von Bankgeschäften und/oder die Erbringung von Finanzdienstleistungen im Inland ist – sofern die Tätigkeit gewerbsmäßig oder in einem Umfang erfolgt, der einen in kaufmännischer Weise eingerichteten Geschäftsbetrieb erfordert – das Vorliegen einer schriftlichen Erlaubnis der BaFin (§ 32 Abs. 1 KWG).

b) Eigenmittel, Liquidität

18 Finanzdienstleistungsunternehmen müssen im Interesse der Erfüllung ihrer Verpflichtungen gegenüber ihren Gläubigern, insbesondere zur Sicherheit der ihnen anvertrauten Vermögenswerte, über **angemessene Eigenmittel** verfügen (§ 10 Abs. 1 KWG), die sie so anzulegen haben, dass jederzeit eine ausreichende Zahlungsbereitschaft **(Liquidität)** gewährleistet ist (§ 11 KWG).

c) Groß- und Millionenkredite

19 Die Regelungen in Bezug auf Groß- und Millionenkredite (§§ 13–14 KWG) sollen vor zu großen Einzelrisiken („Klumpenrisiken") schützen. Daher sind Kredite an einzelne Kreditnehmer, die eine Kreditsumme von 1,5 Mio. Euro oder mehr erreichen (sog. **Millionenkredite**), der Deutschen Bundesbank anzuzeigen (§ 14 Abs. 1 Satz 1 KWG). Die Gewährung von **Großkrediten** an einzelne Kreditnehmer wird begrenzt durch die Höhe des haftenden Eigenkapitals des jeweiligen Instituts (§§ 13, 13a KWG): Erreicht die Kreditsumme 10 % des haftenden Eigenkapitals, ist ein einstimmiger Kreditbeschluss aller Geschäftsleiter erforderlich; zudem hat eine Anzeige an die Bundesbank zu erfolgen. Werden 25 % des haftenden Eigenkapitals überschritten, muss die BaFin zustimmen.[1] Alle Großkredite zusammen dürfen ohne Zustimmung der BaFin das Achtfache des haftenden Eigenkapitals nicht überschreiten.

d) Organkredite

20 Organkredite[2] sind Kredite an Personen und Unternehmen, die mit dem kreditgebenden Institut in einem **besonders engen Verhältnis** stehen. Sie bedürften einer besonderen Regulierung, weil die Gefahr besteht, dass sachfremde Erwägungen in die Kreditvergabe einfließen, die Kreditnehmer unsachgemäß Einfluss nehmen und/oder Interessenkonflikte zwischen den Parteien bestehen.[3] Um diesen Gefahren zu begegnen, sieht § 15 KWG vor, dass Organkredite nur auf Grund eines einstimmigen Beschlusses sämtlicher Geschäftsleiter, außer im Rahmen von Mitarbeiterprogrammen nur zu marktmäßigen Bedingungen und nur mit ausdrücklicher Zustimmung des Aufsichtsorgans gewährt werden dürfen. Eine betragliche Limitierung ist nicht vorgesehen, allerdings kann die BaFin im Einzelfall Obergrenzen anordnen.

---

1 Seit dem 1.1.2007 kann die BaFin bestimmte Institute von dieser Zustimmungspflicht unter bestimmten Voraussetzungen auf Antrag befreien (§ 20c KWG).
2 S. auch oben *Fischer*, § 19 (Rz. 48f.).
3 *Groß* in Boos/Fischer/Schulte-Mattler, KWG, 3. Aufl. 2008, § 15 KWG Rz. 1.

e) Kreditunterlagen

Um sein Kreditrisiko einschätzen und begrenzen zu können, ist ein Institut nach § 18 KWG grundsätzlich verpflichtet, einen Kredit, der insgesamt 750 000 Euro oder 10 % seines haftenden Eigenkapitals überschreitet, nur zu gewähren, wenn es sich vom Kreditnehmer dessen **wirtschaftliche Verhältnisse** offen legen lässt. Es darf hiervon absehen, wenn das Verlangen nach Offenlegung im Hinblick auf die gestellten Sicherheiten oder auf die Mitverpflichteten offensichtlich unbegründet wäre. Die Risikoeinschätzung und die Kreditvergabe selbst bleiben allein in der Eigenverantwortlichkeit der Bank.[1] Ausführlich zu den Haftungsrisiken im Kreditgeschäft oben *Fischer*, § 19 (Rz. 36 ff.). — 21

f) Anzeige- und Meldevorschriften

Das KWG enthält eine ganze Reihe von Vorschriften, die Anzeige- und Meldepflichten der Institute insbesondere gegenüber der BaFin und der Bundesbank begründen. — 22

Zu den wichtigsten gehört **§ 24 KWG**, der die laufende Information der Aufsichtsbehörden über wesentliche personelle, organisatorische, rechtliche und wirtschaftliche Veränderungen bei den Instituten sicherstellen soll.[2] Die jeweiligen Veränderungen sind der BaFin und der Bundesbank grundsätzlich unverzüglich anzuzeigen.

Nach **§ 24a Abs. 1 KWG** haben Einlagenkreditinstitute, E-Geld-Institute und Wertpapierhandelsunternehmen, die auf Grund des „Europäischen Passes" innerhalb des Europäischen Wirtschaftsraums ohne zusätzliche Zulassung in anderen Ländern Bank- und Wertpapierdienstleistungen erbringen können, ihre Absicht, in einem anderen EWR-Staat eine Zweigniederlassung zu errichten, unverzüglich der BaFin und der Bundesbank anzuzeigen. Nach § 24a Abs. 3 KWG gilt gleiches für die Absicht, im Wege des grenzüberschreitenden Dienstleistungsverkehrs tätig zu werden. — 23

§ 25 KWG verpflichtet die Institute, unverzüglich nach Ablauf eines jeden Monats der Deutschen Bundesbank einen Monatsausweis einzureichen, der den Aufsichtsbehörden einen laufenden Einblick in die geschäftliche Entwicklung der Instituts ermöglichen soll. — 24

3. ZAG

Das Zahlungsdiensteaufsichtsgesetz regelt die Pflichten für Zahlungsinstitute. Für Zahlungsinstitute, die eine Erlaubnis nach § 32 Abs. 1 Satz 1 KWG besitzen, werden allerdings gem. § 1 Abs. 11 ZAG eine Reihe von Vorschriften wieder von der Anwendung des ZAG ausgenommen, so dass sich für die Finanzdienstleistungsinstitute mit breiter Produktpalette die Duplizität der Aufsichtsgesetze in Grenzen hält. — 25

---

1 *Bock* in Boos/Fischer/Schulte-Mattler, KWG, 3. Aufl. 2008, § 18 KWG Rz. 4.
2 *Braun* in Boos/Fischer/Schulte-Mattler, KWG, 3. Aufl. 2008, § 24 KWG Rz. 1.

a) Erlaubnis

26 Wer im Inland gewerbsmäßig oder in einem Umfang, der einen in kaufmännischer Weise eingerichteten Geschäftsbetrieb erfordert, Zahlungsdienste als Zahlungsinstitut erbringen will, bedarf der schriftlichen Erlaubnis der BaFin (§ 8 Abs. 1 ZAG). Die Erlaubnis berechtigt zur Erbringung von in § 1 ZAG definierten Zahlungsdiensten, sowie zur Erbringung betrieblicher und eng verbundener Nebendienstleistungen. Zudem kann unter der Erlaubnis auch ein Zahlungssystem nach § 7 ZAG betrieben werden. Für Zahlungsinstitute ohne KWG-Erlaubnis sind das Einlagengeschäft und die Kreditgewährung nach § 2 ZAG einem Verbot nahekommend sehr stark eingeschränkt.

b) Eigenmittel

27 § 12 Abs. 1 ZAG fordert von Zahlungsinstituten, dass diese im Interesse der Erfüllung ihrer Verpflichtungen über angemessenes Eigenkapital verfügen. Zahlungsinstitute, die eine Erlaubnis gem. § 32 Abs. 1 KWG besitzen, müssen unter Umständen die Eigenkapitalanforderungen nach ZAG und KWG ermitteln.[1] Der sich aus dem Vergleich ergebende höhere Betrag ist in Ansatz zu bringen.

c) Sicherungsanforderungen

28 Werden im Rahmen von Zahlungsdiensten Geldbeträge von Zahlungsdienstnutzern oder anderen Zahlungsdienstleistern entgegengenommen, so müssen diese durch das Zahlungsinstitut gesichert werden (§ 13 ZAG). Die Geldbeträge dürfen nicht mit anderen Geldbeträgen anderer Personen als Zahlungsdienstnutzern vermischt werden. Sie müssen, wenn sie sich am Ende des auf den Tag ihres Eingangs folgenden Geschäftstags noch in Händen des Zahlungsinstituts befinden und noch nicht dem Zahlungsempfänger übergeben oder an einen anderen Zahlungsdienstleister übermittelt worden sind, auf einem offenen Treuhandkonto bei einem Kreditinstitut hinterlegt oder in sichere liquide Anlagen investiert werden. Die Geldbeträge müssen schließlich aus insolvenzrechtlichen Gründen von den übrigen Vermögenswerten des Zahlungsinstituts getrennt gehalten werden. Wahlweise können die Geldbeträge auch durch eine Versicherung oder eine andere vergleichbare Garantie bei einem im Drittinstitut über einen Betrag abgesichert werden, der demjenigen entspricht, welcher ohne die Versicherung oder die andere vergleichbare Garantie getrennt geführt werden müsste.

d) Anzeige- und Meldevorschriften

29 Wie das KWG enthält auch das ZAG eine Reihe von Vorschriften, die Anzeige- und Meldepflichten der Institute insbesondere gegenüber der BaFin und der Bundesbank begründen.

---

1 S. § 1 Abs. 1 ZAG.

4. GwG

Das **Einschleusen kriminell erworbener Gelder in den legalen Finanz- und Wirtschaftskreislauf – die Geldwäsche**[1] – ist strafbar (§ 261 StGB). Der Gesetzgeber hat im Anschluss an die Strafbarkeit eine Reihe von Verpflichtungen für die Institute in das GwG, später auch in das KWG und das ZAG eingefügt, die die Geldwäsche zunehmend erschweren sollen. 30

Nach § 9 Abs. 1 GwG sind die Institute, wie alle Adressaten des GwG, verpflichtet, angemessene interne Sicherungsmaßnahmen dagegen zu treffen, dass sie zur Geldwäsche und zur Terrorismusfinanzierung missbraucht werden können. Interne Sicherungsmaßnahmen sind gem. § 9 Abs. 2 GwG die Bestellung eines der Geschäftsleitung unmittelbar nachgeordneten Geldwäschebeauftragten, die Entwicklung und Aktualisierung interner Grundsätze, angemessener geschäfts- und kundenbezogener Sicherungssysteme und Kontrollen zur Verhinderung der Geldwäsche und der Terrorismusfinanzierung sowie Schulungsmaßnahmen der Mitarbeiter über die Methoden der Geldwäsche und der Terrorismusfinanzierung. 31

Gem. § 25c Abs. 1 KWG haben Institute über die in § 25a Abs. 1 KWG und in § 9 Abs. 1 und 2 GwG aufgeführten Pflichten im Rahmen ihrer ordnungsgemäßen Geschäftsorganisation und des angemessenen Risikomanagements zur Verhinderung von betrügerischen Handlungen zu ihren Lasten interne Grundsätze und angemessene geschäfts- und kundenbezogene Sicherungssysteme zu schaffen und zu aktualisieren und Kontrollen durchzuführen. Nach § 25c Abs. 2 KWG sind angemessene Datenverarbeitungssysteme zu betreiben und zu aktualisieren, mittels derer die Institute in der Lage sind, Geschäftsbeziehungen und einzelne Transaktionen im Zahlungsverkehr zu erkennen, die auf Grund des öffentlich und im Kreditinstitut verfügbaren Erfahrungswissens über die Methoden der Geldwäsche, der Terrorismusfinanzierung und betrügerischer Handlungen zum Nachteil von Instituten als zweifelhaft oder ungewöhnlich anzusehen sind. Liegen solche Sachverhalte vor, ist diesen vor dem Hintergrund der laufenden Geschäftsbeziehung und einzelner Transaktionen nachzugehen, um das Risiko der jeweiligen Geschäftsbeziehungen und Transaktionen überwachen, einschätzen und gegebenenfalls das Vorliegen eines Verdachtsfalls prüfen zu können. 32

§ 22 Abs. 4 ZAG verlangt von Zahlungsinstituten unbeschadet der Pflichten des § 9 Abs. 1 und 2 GwG ein angemessenes Risikomanagement und angemessene Kontrollmechanismen sowie Verfahren und Datenverarbeitungssysteme, die die Einhaltung der Anforderungen des GWG und der Verordnung (EG) Nr. 1781/2006[2] gewährleisten. Bei Sachverhalten, die auf Grund des Erfahrungswissens über die Methoden der Geldwäsche und der Terrorismusfinanzierung zweifelhaft oder ungewöhnlich sind, hat das Zahlungsinstitut diesen vor dem Hintergrund der laufenden Geschäftsbeziehung und einzelner Transaktionen nachzugehen. 33

---

1 Zum Begriff vgl. statt vieler *Vogt* in Herzog/Mühlhausen, Geldwäschebekämpfung, 2006, § 1 Rz. 1 ff.
2 Verordnung des Europäischen Parlaments und des Rates vom 15.11.2006 über die Übermittlung von Angaben zum Auftraggeber bei Geldtransfers, ABl. Nr. L 345 v. 8.12.2006, S. 1.

34 Das **GwG** beschreibt insbesondere die Verpflichtung zur **Kundenidentifizierung** und zur **Verdachtsanzeige** näher. Diese Pflichten können insofern als gesetzlich ausformulierte Sicherungssysteme gegen Geldwäsche angesehen werden. Insbesondere das Verbot anonymer Transaktionen ist ein probates Mittel zur Erschwerung der Geldwäsche.

a) Kundenidentifizierung

35 Wie bereits die Abgabenordnung und das WpHG enthält auch das GwG Vorschriften, wonach das Institut Angaben über seinen Kunden einholen muss. § 3 Abs. 1 GwG verlangt beim geschäftlichen Kontakt als Ausdruck allgemeiner Sorgfalt vom Institut u.a. (1) die Identifizierung des Vertragspartners, (2) die Einholung von Informationen über den Zweck und die angestrebte Art der Geschäftsbeziehung, (3) die Abklärung, ob der Vertragspartner für einen wirtschaftlich Berechtigten handelt, und, soweit dies der Fall ist, dessen Identifizierung und (4) im Rahmen der kontinuierlichen Überwachung die Sicherstellung, dass die jeweiligen Dokumente, Daten oder Informationen in angemessenem zeitlichen Abstand aktualisiert werden. § 1 Abs. 1 GwG enthält eine Legaldefinition, dass unter Identifizieren die Feststellung der Identität durch Erheben von Angaben und die Überprüfung der Identität zu verstehen ist.

36 Zur **Feststellung der Identität des Vertragspartners** hat das Institut gem. § 4 Abs. 3 GwG Name, Geburtsort, Geburtsdatum, Staatsangehörigkeit und Anschrift zu erheben. Bei einer juristischen Person oder einer Personengesellschaft sind Firma, Name oder Bezeichnung, Rechtsform, Registernummer, Anschrift des Sitzes oder der Hauptniederlassung und Namen der Mitglieder des Vertretungsorgans oder der gesetzlichen Vertreter zu benennen, ist ein Mitglied des Vertretungsorgans oder der gesetzliche Vertreter eine juristische Person, so sind deren Firma, Name oder Bezeichnung, Rechtsform, Registernummer und Anschrift des Sitzes oder der Hauptniederlassung zu ermitteln. Nach § 4 Abs. 4 GwG hat die Identifizierung unter Vorlage von Dokumenten zu erfolgen. Bei natürlichen Personen ist dies ein gültiger amtlicher Ausweis, der ein Lichtbild des Inhabers enthält und mit dem die Pass- und Ausweispflicht im Inland erfüllt wird.[1] Juristischen Personen oder Personengesellschaften sind anhand eines Auszugs aus dem Handels- oder Genossenschaftsregister oder einem vergleichbaren amtlichen Register oder Verzeichnis, der Gründungsdokumente oder gleichwertiger beweiskräftiger Dokumente oder durch Einsichtnahme in die Register- oder Verzeichnisdaten zu identifizieren. Bei einem wirtschaftlich Berechtigten hat das Institut zur Feststellung der Identität zumindest dessen Name und, soweit dies in Ansehung des im Einzelfall bestehenden Risikos der Geldwäsche oder der Terrorismusfinanzierung angemessen ist, weitere Identifizierungsmerkmale zu erheben. Zur Überprüfung der Identität des wirtschaftlich Berechtigten hat sich der Verpflichtete durch risikoangemessene Maßnahmen zu vergewissern, dass die Angaben zutreffend sind.[2]

---

1 Ausf. hierzu Begr. RegE BT-Drucks. 16/9038, S. 37f.
2 Vgl. hierzu Abschnitt III. des BaFin-Rundschreibens vom 29.7.2009 zu den Anforderungen an den Umfang der Überprüfung der Identität des wirtschaftlich Berechtigten in Fällen, in denen von einem normalen Risiko auszugehen ist.

Verstärkte Sorgfalt ist nach § 6 GwG insbesondere bei der Identifizierung einer physisch nicht anwesenden Person und bei der Aufnahme einer Geschäftsbeziehung zu einer politisch exponierten Person, die nicht im Inland ansässig ist, anzuwenden. § 25f KWG verstärkt die Sorgfaltsverpflichtung für Finanzdienstleistungsinstitute bei der Abwicklung des Zahlungsverkehrs im Rahmen von Geschäftsbeziehungen zu Korrespondenzinstituten mit Sitz in einem Drittstaat. 37

In gewissen Fallen kann gegenüber der allgemeinen Sorgfalt des § 3 GwG eine vereinfachte Sorgfalt bei der Feststellung der Kundenidentität angelegt werden. Dies gilt z.B. bei geschäftlichen Kontakten von inländischen Instituten untereinander, mit börsennotierten Gesellschaften und inländischen Behörden. 38

b) Anzeigepflicht bei Verdacht der Geldwäsche

Ein Institut hat nach **§ 11 GwG** bei Feststellung von Tatsachen, die darauf schließen lassen, dass eine Finanztransaktion einer Geldwäsche nach § 261 oder eine Terrorismusfinanzierung begangen oder versucht wurde oder wird, diese unverzüglich den zuständigen Strafverfolgungsbehörden und in Kopie dem Bundeskriminalamt – Zentralstelle für Verdachtsanzeigen – anzuzeigen. 39

Ähnlich wie bei der Anzeigepflicht für marktmissbräuchliches Verhalten nach § 10 WpHG ist es auch hier schwierig zu bestimmen, welche Verdachtsstärke erfüllt sein muss.[1]

C. Mögliche Rechtsfolgen von Regelverstößen innerhalb eines Finanzdienstleistungsunternehmens

I. Strafrechtliche und ordnungswidrigkeitenrechtliche Verantwortlichkeit von Vorstand und Aufsichtsrat

Verstöße gegen eine Vielzahl der hier behandelten Vorschriften können für Vorstandsmitglieder und Geschäftsführer (im Folgenden: Geschäftsleiter) sowie für Aufsichtsratsmitglieder strafrechtliche Konsequenzen in Form von Freiheits- oder Geldstrafen oder von im Ordnungswidrigkeitsverfahren verhängten Geldbußen nach sich ziehen. Die **Tendenz, Vorstandsmitglieder auch strafrechtlich zur Verantwortung zu ziehen, ist steigend.** Die Gründe dafür liegen einmal darin, dass Straftatbestände Schutzvorschriften im Sinne des § 823 Abs. 2 BGB darstellen und damit einen zusätzlichen Anknüpfungspunkt für zivilrechtliche Schadensersatzansprüche bieten können; zum anderen wird gerne die effektivere Sachverhaltsaufklärung durch die Staatsanwaltschaft genutzt.[2] 40

Eine strafrechtliche Verantwortlichkeit von Vorstands- und Aufsichtsratsmitgliedern kann sich in zweierlei Hinsicht ergeben: für eigenhändig begangene Delikte sowie für Gesetzesverstöße durch Mitarbeiter des Unternehmens. 41

---
1 S. hierzu *Fülbier* in Fülbier/Aepfelbach/Langweg, § 11 GWG Rz. 50 ff.
2 *Spindler* in Fleischer, Handbuch des Vorstandsrechts, § 15 Rz. 1.

1. Strafrechtliche Verantwortlichkeiten

42 Von den hier behandelten Vorschriften sind fünf für den Fall ihrer Verletzung mit strafrechtlichen Sanktionen belegt: Das Betreiben von Bankgeschäften, das Erbringen von Finanzdienstleistungen und das Erbringen von Zahlungsdienstleistungen ohne entsprechende Erlaubnis (§ 32 Abs. 1 Satz 1, § 54 Abs. 1 Nr. 2, Abs. 2 KWG, § 31 Abs. 1 Nr. 2 ZAG), bestimmte Fälle von Insiderhandel und Marktmanipulation (§§ 14, 20a, 38 WpHG) sowie die Geldwäsche (§ 261 StGB).[1]

a) Verstoß gegen § 32 Abs. 1 Satz 1 KWG bzw. § 8 Abs. 1 Satz 1 ZAG

43 Nach § 54 Abs. 1 Nr. 2 KWG ist strafbar, wer ohne Erlaubnis nach § 32 Abs. 1 Satz 1 KWG gewerbsmäßig oder in einem Umfang, der einen in kaufmännischer Weise eingerichteten Geschäftsbetrieb erfordert, Bankgeschäfte betreibt oder Finanzdienstleistungen erbringt. § 31 Abs. 1 Nr. 2 ZAG stellt die Erbringung von Zahlungsdiensten ohne entsprechende Erlaubnis nach § 8 Abs. 1 Satz 1 ZAG unter Strafe. Die Erlaubnis muss für die **konkret betriebenen Geschäfte** vorliegen. Unerheblich ist, ob das Geschäft erlaubnisfähig ist oder nachträglich erlaubt wird, da für die Beurteilung die zum Tatzeitpunkt bestehende Sachlage maßgeblich ist.[2]

44 Bei einer Aktiengesellschaft, GmbH oder sonstigen juristischen Person (des privaten oder öffentlichen Rechts) ist (zivilrechtlicher) Betreiber der Geschäfte die juristische Person selbst, die aber nach deutschem Recht nicht strafbar ist. Um keine Strafbarkeitslücken entstehen zu lassen, dehnt **§ 14 StGB** die Strafbarkeit u.a. auf diejenigen (natürlichen) Personen aus, die als **vertretungsberechtigtes Organ** einer juristischen Person oder als Mitglied eines solchen Organs handeln. Betreibt eine juristische Person Bankgeschäfte oder erbringt sie Finanzdienstleistungen, ohne die für diese konkreten Geschäfte erforderliche Erlaubnis zu besitzen, so können folglich die Mitglieder ihres vertretungsberechtigten Organs (Vorstand, Geschäftsführer) hierfür strafbar sein.[3]

45 Eine Strafbarkeit ist jedenfalls dann gegeben, wenn der Geschäftsleiter Kenntnis von der Erbringung der Dienstleistungen hat, die eine Erlaubnispflicht begründen, (oder er die Erbringung zumindest für möglich hält und sie billigend in Kauf nimmt), er also **vorsätzlich** handelt. Dabei ist unerheblich, ob er an den Geschäften persönlich mitwirkt oder Mitarbeiter des Unternehmens handeln. Ohne Bedeutung ist dabei auch, ob er jeden einzelnen, durch Mitarbeiter vorgenomme-

---

1 Der Vollständigkeit halber ist darauf hinzuweisen, dass Verstöße gegen die die Kreditvergabe betreffenden Regeln, insbesondere § 18 KWG zwar keine unmittelbaren strafrechtlichen Konsequenzen nach sich ziehen, die Kreditvergabe je nach Fallgestaltung aber möglicherweise den Tatbestand der Untreue (§ 266 StGB) erfüllen kann.
Zur strafrechtlichen Haftung von Geschäftsleitern s. ausführlich unten *Krause*, § 35 (S. 1077 ff.).
2 *Lindemann* in Boos/Fischer/Schulte-Mattler, KWG, 3. Aufl. 2008, § 54 KWG Rz. 6.
3 *Szagunn/Haug/Ergenzinger*, KWG, 6. Aufl. 1997, § 54 KWG Rz. 10; *Lindemann* in Boos/Fischer/Schulte-Mattler, KWG, 3. Aufl. 2008, § 54 KWG Rz. 10; *Beck/Samm/Kokemoor*, KWG, Stand August 2009, § 54 KWG Rz. 16.

nen Geschäftsabschluss kennt. Es reicht vielmehr aus, dass er die Organisationsstrukturen vorgibt und dadurch über die Art der Geschäfte Bescheid weiß.[1]

Nach § 54 Abs. 2 KWG bzw. § 31 Abs. 2 ZAG ist aber auch strafbar, wer nur **fahrlässig** handelt, d.h. wer sich (objektiv und subjektiv) sorgfaltswidrig verhält, für den die Tatbestandsverwirklichung also vorhersehbar und vermeidbar war. Ein solch fahrlässiges Verhalten kommt insbesondere in Betracht, wenn sich der Geschäftsleiter der die Erlaubnispflicht begründenden Umstände eines Geschäfts nicht bewusst ist oder pflichtwidrig darauf vertraut, dass solche Umstände nicht gegeben sind, oder gar keine Kenntnis von bestimmten Geschäften hat.[2] Erforderlich ist aber stets, dass der Betreffende die Geschäfte und deren Umstände zumindest (sowohl objektiv als auch subjektiv) hätte erkennen und verhindern können.[3]

46

Erkennt der Geschäftsleiter irrtümlich nicht, dass bestimmte Geschäfte – von denen er weiß, dass sie betrieben werden und deren Einzelheiten er kennt – erlaubnispflichtig sind, so liegt ein sog. **Verbotsirrtum** vor. Ein solcher Irrtum kann leicht auftreten, da die rechtliche Einstufung eines Geschäfts oft von schwierigen rechtlichen Wertungen abhängt.[4] Er schließt die Strafbarkeit nur dann aus, wenn er unvermeidbar ist, d.h. auch bei gehöriger Gewissensanspannung nicht hätte vermieden werden können. Dass setzt voraus, dass fachkundiger Rechtsrat eingeholt wurde, der fälschlicherweise eine Erlaubnispflicht verneint hat.

47

Eine strafrechtliche Verantwortlichkeit von **Mitgliedern des Aufsichtsrats** kommt, da sie von der Straferweiterung des § 14 StGB grundsätzlich nicht erfasst sind, in der Regel nicht in Betracht.[5] Je nach den Umständen des Einzelfalls kann u.U. einmal eine Strafbarkeit wegen Anstiftung oder Beihilfe in Betracht kommen.

48

b) Verstoß gegen Insiderhandelsverbote

Nicht alle Verstöße gegen die Insiderhandelsverbote des § 14 WpHG sind strafbewehrt.

49

Nach **§ 38 Abs. 1 Nr. 1 i.V.m. § 14 Abs. 1 Nr. 1 WpHG** ist zunächst strafbar, wer unter Verwendung einer Insiderinformation Insiderpapiere für eigene oder fremde

---

1 Sog. „Täterschaft kraft Organisationsherrschaft". S. dazu BGH v. 11.12.1997 – 4 StR 323/97, NJW 1998, 767, 769; BGH v. 26.8.2003 – 5 StR 145/03, NJW 2004, 375, 378.
2 Beispiele hierfür finden sich bei *Lindemann* in Boos/Fischer/Schulte-Mattler, KWG, 3. Aufl. 2008, § 54 KWG Rz. 14.
3 Machen Mitarbeiter des Instituts, z.B. eigenständig agierende Filialleiter, ohne Kenntnis des Vorstandes (und ohne dass ihm Pflichtwidrigkeit wegen der Unkenntnis vorzuwerfen ist) Geschäfte, die von der Erlaubnis des Instituts nicht gedeckt sind, so kommt eine Ordnungswidrigkeit seitens des Vorstandes nach § 130 OWiG in Betracht. S. hierzu näher unter Rz. 64 ff. und unten *Schücking*, § 36 (S. 1141 ff.).
4 *Lindemann* in Boos/Fischer/Schulte-Mattler, KWG, 3. Aufl. 2008, § 54 KWG Rz. 13.
5 Etwas anderes kann ausnahmsweise nur dann gelten, wenn ein Aufsichtsratsmitglied wie ein faktischer Geschäftsführer eine überragende Stellung hat und die Geschicke des Instituts faktisch leitet (*Taschke* in Semler/Peltzer, Arbeitshandbuch für Vorstandsmitglieder, § 10 Rz. 13).

Rechnung oder für einen anderen erwirbt oder veräußert.[1] Täter (auch Mittäter oder mittelbarer Täter) dieses Delikts kann jeder sein, der über Insiderinformationen verfügt. Mitglieder von Vorstand oder Aufsichtsrat sind daher – wie jeder andere – nach dieser Vorschrift strafbar, insbesondere dann wenn sie unter Verwendung einer Insiderinformation das betreffende Wertpapier für sich selbst oder für Dritte (z.B. Angehörige) kaufen oder verkaufen. Ebenso erfasst ist der Fall, dass sie für den Eigenhandel des Instituts, dessen Organmitglied sie sind, eine Wertpapiertransaktion ausführen oder täterschaftlich an ihr mitwirken. Hierfür genügt schon eine Mitwirkung am Beschluss eines mehrgliedrigen Organs, da die Mitwirkung im Vorbereitungsstadium nach h.M. als ausreichender Tatbeitrag im Rahmen der Mittäterschaft angesehen wird.[2]

50 Weiterhin sind **bestimmte Personen ("Primärinsider")**[3] strafbar, wenn sie einem anderen eine Insiderinformation **unbefugt mitteilen oder zugänglich machen** oder auf der Grundlage einer Insiderinformation den Erwerb oder die Veräußerung von Insiderpapieren **empfehlen** oder einen anderen **auf sonstige Weise hierzu verleiten**.[4] Zum erfassten Täterkreis gehören u.a. diejenigen, die als Mitglied des Geschäftsführungs- oder Aufsichtsorgans des Emittenten oder eines mit diesem verbundenen Unternehmens oder auf Grund ihres Berufes oder ihrer Tätigkeit oder ihrer Aufgabe bestimmungsgemäß über Insiderinformationen verfügen sowie die Personen, die auf Grund der Vorbereitung oder Begehung einer Straftat Insiderinformationen haben. Geschäftsleiter und Aufsichtsratsmitglieder – insbesondere von Investmentbanken – haben häufig auf Grund ihres Berufes Kenntnis von Insiderinformationen. Sie machen sich in einem solchen Fall strafbar, wenn sie Insiderinformationen weitergeben, zugänglich machen, oder Kauf-/Verkaufempfehlungen abgeben oder Dritte zu einer solchen Tat veranlassen.

51 Eine strafbare Handlung liegt auch dann vor, wenn ein Geschäftsleitungs- oder Aufsichtsratsmitglied auf der Grundlage einer Insiderinformation einen Mitarbeiter – der die Insiderinformation nicht zu kennen braucht – dazu veranlasst, das betroffene Finanzinstrument für das Unternehmen zu erwerben.

52 Weitgehend ungeklärt ist, ob und inwieweit Mitglieder der Geschäftsführung strafrechtlich wegen Unterlassen zur Verantwortung gezogen werden können, wenn es zu strafbarem **Insiderhandel durch Mitarbeiter** ihres Unternehmens kommt.

53 Eine mögliche Verpflichtung des Geschäftsleiters, Straftaten von Unternehmensangehörigen entgegenzutreten hat, wird in der Literatur unter dem Stichwort

---

1 Nach § 38 Abs. 3 WpHG ist auch der Versuch strafbar. § 38 Abs. 4 WpHG stellt zudem eine Strafbarkeit für leichtfertiges Handeln unter Strafe.
2 *Assmann* in Assmann/Uwe H. Schneider, WpHG, 5. Aufl. 2009, § 14 WpHG Rz. 184. Allgemein zur strafrechtlichen Verantwortlichkeit für Entscheidungen eines Kollegialorgans: BGH v. 6.7.1990 – 2 StR 549/89, NJW 1990, 2560.
3 Abweichend von dem kapitalmarktrechtlichen Verbotstatbestand des § 14 WpHG wird in Bezug auf die strafrechtliche Beurteilung (weiterhin) zwischen Primär- und Sekundärinsidern unterschieden. Sekundärinsider sind in Bezug auf das Weitergabe- und Empfehlungsverbot zwar nicht strafbar, begehen bei Zuwiderhandlung aber eine Ordnungswidrigkeit (§ 39 Abs. 2 Nr. 3, 4 WpHG).
4 § 38 Abs. 1 Nr. 2 i.V.m. § 39 Abs. 2 Nr. 3, 4 i.V.m. § 14 Abs. 1 Nr. 2, 3 WpHG.

„Geschäftsherrenhaftung" diskutiert.[1] Die im Vordringen befindliche Auffassung befürwortet eine solche Pflicht, wenn es sich um eine betriebsbezogene Straftat handelt, wobei umstritten ist, wann eine solche Tat vorliegt.[2] Die wohl h.M. lässt es ausreichen, dass die Tat im Zusammenhang mit der Führung des Betriebs steht, d.h. der Betriebsangehörige seine betriebliche Stellung und den Betrieb zu einer Straftat missbraucht.[3] Je nach den Umständen des Einzelfalls kann es sich bei Insiderdelikten durch Mitarbeiter von Finanzdienstleistungsunternehmen um solche Delikte handeln, insbesondere wenn der Mitarbeiter für Rechnung des Unternehmens tätig wird. Dafür ist es unerheblich, ob der Geschäftsleiter das Verhalten des Mitarbeiters erkennt und untätig bleibt, oder ob er (objektiv und subjektiv) die Deliktsbegehung zumindest hätte erkennen und verhindern können. Allerdings kann aus einer Garantenstellung der Geschäftsleiter lediglich die Pflicht folgen, „unternehmensspezifische Steuerungsmaßnahmen" zur Prävention gegen Insiderdelikte durch Mitarbeiter zu ergreifen;[4] keinesfalls trifft sie – im Wege einer „Totalüberwachungspflicht" – eine strafrechtliche Einstandspflicht für alle Insiderdelikte, die Mitarbeiter begehen. Zur Erfüllung dieser Pflicht muss die Einhaltung der organisatorischen Anforderungen, die § 33 WpHG, konkretisiert durch die WpDVerOV, genügen. Eine darüber hinausgehende Kontrolle der Mitarbeiter ist nicht zu verlangen.

Daneben kommt je nach Sachverhalt bei positiver Kenntnis von Insiderdelikten durch Mitarbeiter eine Unterlassensstrafbarkeit wegen Mittäterschaft oder Beihilfe in Betracht.

Fraglich ist, ob und inwieweit eine strafrechtliche Verantwortlichkeit von **Aufsichtsratsmitgliedern** für Delikte von Unternehmensmitarbeitern gegeben sein kann. Bei entsprechenden Tatbeiträgen können sie zunächst (Mit-)Täter von Insiderdelikten, die Vorstandsmitglieder oder Mitarbeiter begehen, sein oder sich der Beihilfe oder Anstiftung schuldig machen. Weit schwieriger ist zu beurteilen, ob Aufsichtsratsmitglieder eine Rechtspflicht zu Verhinderung von (zumindest unternehmensbezogenen) Straftaten von Vorstandsmitgliedern und/oder Mitarbeitern trifft, deren Verletzung zu einer Strafbarkeit wegen Unterlassen führen könnte. Anknüpfungspunkt hierfür ist § 111 AktG. Nach § 111 Abs. 1 AktG hat der Aufsichtsrat die Geschäftsführung zu überwachen.[5] Das kann und soll jedoch nicht bedeuten, dass der Aufsichtsrat jedwede Maßnahme des Vorstandes zu kontrollieren hat; die Kontrollpflicht beschränkt sich vielmehr in der Regel auf Leitungsmaßnahmen und wesentliche Einzelmaßnahmen.[6] Der Aufsichtsrat

54

---

1 Zum Streitstand s. *Roxin*, Strafrecht, Allgemeiner Teil, Band 2, 3. Aufl. 2003, § 32 Rz. 134 ff.; *Stree* in Schönke/Schröder, StGB, 27. Aufl. 2006, § 13 StGB Rz. 52; *Fischer*, StGB, 57. Aufl. 2010, § 13 StGB Rz. 37 f. Richtungsweisende Gerichtsentscheidungen zu der Thematik sind nicht bekannt.
2 S. zum Streitstand in Bezug auf den Begriff *Rogall* in Senge (Hrsg.), Karlsruher Kommentar zum Gesetz über Ordnungswidrigkeiten, 3. Aufl. 2006, § 130 OWiG Rz. 77 ff.
3 Für viele: *Stree* in Schönke/Schröder, StGB, 27. Aufl. 2006, § 13 StGB Rz. 52.
4 *Roxin*, Strafrecht, Allgemeiner Teil, Band 2, 3. Aufl. 2003, § 32 Rz. 142.
5 Zu einer Überwachung der Mitarbeiter des Unternehmens ist der Aufsichtsrat grundsätzlich nicht verpflichtet, so dass schon aus diesem Grunde strafrechtliche Verantwortung für deren Fehlverhalten ausscheidet.
6 *Hüffer*, § 111 AktG Rz. 3; *Hopt/Roth* in Großkomm. AktG, § 111 AktG Rz. 160.

kann sich dabei im Normalfall darauf beschränken, Vorstandsberichte seinerseits zu prüfen.[1] Bei derartigen Kontrollen dürften Insiderdelikte in der Regel nicht erkennbar sein. Selbst wenn der Aufsichtsrat von Insiderdelikten Kenntnis erlangen würde, würde eine Rechtspflicht zum Einschreiten aber weiterhin voraussetzen, dass er überhaupt eine rechtliche Möglichkeit zum Einschreiten hat.[2] Über ein geeignetes rechtliches Mittel, Straftaten des Vorstandes oder seiner Mitglieder zu verhindert, verfügt der Aufsichtsrat jedoch nicht.[3] Er kann lediglich auf die Strafbarkeit einer beabsichtigten Handlung hinweisen. Tut er dies, so kann er nicht wegen Beteiligung oder Beihilfe belangt werden.[4]

c) Verstoß gegen Manipulationsverbote

55 Wie bei den Insiderhandelsverboten, so sind auch nicht alle Verstöße gegen die Manipulationstatbestände des § 20a WpHG mit strafrechtlichen Sanktionen belegt.

Strafbar macht sich derjenige, der eine der in § 20a Abs. 1 Satz 1 WpHG beschriebenen Handlungen vornimmt und dadurch **tatsächlich** eine **Preiseinwirkung** (nicht zwingend Preisänderung) herbeiführt.[5] Die Preiseinwirkung braucht nicht erheblich zu sein. In der Praxis problematisch ist der Nachweis der Kausalität zwischen Tathandlung und Preiseinwirkung. Die Rechtsprechung zeigt sich hier jedoch eher großzügig und lässt es genügen, dass der Richter nach der Gesamtbewertung der ihm vorliegenden wissenschaftlichen Erkenntnisse und anderen Indizien zur Überzeugung der (Mit-)Ursächlichkeit kommt.[6]

56 **Täter** dieser Delikte kann grundsätzlich jedermann sein, also auch Geschäftsleitungs- und Aufsichtsratsmitglieder. Sie können selber die manipulativen Handlungen vornehmen oder daran mitwirken, aber auch unwissende Werkzeuge dazwischenschalten und so in mittelbarer Täterschaft handeln. Letzteres wäre z.B. dann gegeben, wenn der Finanzvorstand eines börsennotierten Finanzdienstleistungsunternehmens den Leiter der Finanzabteilung anweist, Zahlen im Jahresabschluss zu manipulieren,[7] oder dem Leiter der Kommunikationsabteilung aufträgt, falsche Informationen zu veröffentlichen. Bei Kenntnis der eingeschalteten Personen kann eine Strafbarkeit wegen Anstiftung oder Beihilfe, möglicherweise auf Grund „Täterschaft kraft Organisationsherrschaft" auch wegen mittelbarer Täterschaft in Betracht kommen.

Begeht ein Mitarbeiter des Unternehmens manipulative Handlungen, kommt wiederum unter dem Gesichtspunkt der „Geschäftsherrnhaftung" eine Strafbarkeit wegen Unterlassen in Betracht (s. oben Rz. 53).

---
1 *Hüffer*, § 111 AktG Rz. 7; *Hopt/Roth* in Großkomm. AktG, § 111 AktG Rz. 162 ff.
2 *Cramer* in FS Stree/Wessels, S. 563, 570.
3 *Cramer* in FS Stree/Wessels, S. 563, 572 ff. Nur ausnahmsweise verfügt der Aufsichtsrat über ein geeignetes Mittel, z.B. wenn zu der Maßnahme, durch die das Delikt begangen wird, seine Zustimmung erforderlich ist.
4 *Cramer* in FS Stree/Wessels, S. 563, 585.
5 § 38 Abs. 2 i.V.m. § 39 Abs. 1 Nr. 1, 2, Abs. 2 Nr. 11 i.V.m. § 20a Abs. 1 Satz 1 WpHG.
6 BGH v. 6.7.1990 – 2 StR 549/89, NJW 1990, 2560; BGH v. 2.8.1995 – 2 StR 221/94, BGHSt 41, 206, 216; BGH v. 6.11.2003 – 1 StR 24/03, BGHSt 48, 374, 384.
7 *Sorgenfrei* in Park (Hrsg.), Kapitalmarktstrafrecht, 2. Aufl. 2008, S. 374, Rz. 238.

Wegen einer strafrechtlichen Verantwortlichkeit von Aufsichtsratsmitgliedern für Manipulationen durch Mitarbeiter oder Geschäftsführungsmitglieder gilt das zu den Insiderdelikten gesagte entsprechend (s. oben Rz. 54). 57

d) Verstoß gegen Geldwäschevorschriften

Gem. § 261 StGB (**Geldwäsche, Verschleierung unrechtmäßig erlangter Vermögenswerte**) wird bestraft, wer einen Gegenstand, der aus bestimmten schweren Straftaten herrührt, verbirgt, dessen Herkunft verschleiert oder die Ermittlung der Herkunft, das Auffinden, den Verfall, die Einziehung oder die Sicherstellung eines solchen Gegenstandes vereitelt oder gefährdet (§ 261 Abs. 1 StGB). Nach § 261 Abs. 2 StGB macht sich strafbar, (1) wer einen solchen Gegenstand sich oder einem Dritten verschafft oder (2) verwahrt oder für sich oder einen Dritten verwendet, wenn er die Herkunft des Gegenstandes zu dem Zeitpunkt gekannt hat, zu dem er ihn erlangt hat. § 261 Abs. 5 StGB besagt, dass auch derjenige strafbar ist, der leichtfertig nicht erkennt, dass der Gegenstand aus einer Straftat herrührt. § 261 Abs. 3 StGB stellt den Versuch unter Strafe. Wer bereits an der Vortat beteiligt war, kann gem. § 261 Abs. 9 StGB nicht wegen § 261 StGB belangt werden. Die Tathandlungen der § 261 Abs. 1 und 2 StGB sind mit einer Vielzahl von Auslegungsschwierigkeiten behaftet, da sie sich nicht scharf voneinander abgrenzen lassen, sondern vielfach überschneiden.[1] Wegen der schwer zu fassenden Reichweite des Paragraphen werden immer wieder verfassungsrechtliche Bedenken vorgetragen.[2] 58

Insbesondere wegen der **Leichtfertigkeitsklausel in § 261 Abs. 5 StGB** begründet § 261 StGB innerhalb der ganz normalen Geschäftstätigkeit ein beachtliches Risiko vor allem für die Institutsmitarbeiter, einschließlich der Geschäftsleiter, die in der Kundenakquisition tätig sind. Die bewusste Nichteinhaltung der geldwäscherechtlich erforderlichen Identifizierungsvorschriften kann bereits als strafbare Handlung nach § 261 Abs. 1 Alt. 1 StGB angesehen werden, wenn zugleich leichtfertig verkannt wurde, dass die Vermögenswerte aus schweren Straftaten herrühren.[3] Denn leichtfertig soll derjenige handeln, wer die sich aufdrängende Möglichkeit einer kriminellen Herkunft der Gegenstände aus besonderem Leichtsinn oder besonderer Gleichgültigkeit verkannt hat.[4] Nach allgemeiner Ansicht liegt keine Leichtfertigkeit vor, wenn vor einer Transaktion der Geldwäschebeauftragte konsultiert und auf Grundlage seines Rats gehandelt wurde.[5] 59

Umstritten ist, ob die Verpflichtung zur Anzeige eines Geldwäscheverdachts nach **§ 11 GwG** eine **Garantenpflicht** für Organe und Institutsmitarbeiter statu- 60

---

1 *Fischer*, StGB, 57. Aufl. 2010, § 261 StGB Rz. 19.
2 Ausführlich etwa *Niermann*, e-Geldwäsche, 2004, S. 64 ff. mit zahlreichen Nachweisen.
3 In diesem Sinne etwa *Nestler* in Herzog/Mühlhausen, Geldwäschebekämpfung, 2006, § 17 Rz. 35, 59. Nach *Schröder/Textor* in Fülbier/Aepfelbach/Langweg, GwG, § 261 StGB Rz. 82 würde der Fall unter § 261 Abs. 1 Nr. 2 StGB fallen.
4 BGH v. 17.7.1997 – 1 StR 791/96, BGHSt 43 158, 168; *Nestler* in Herzog/Mühlhausen, Geldwäschebekämpfung, § 17 Rz. 35, 59; *Schröder/Textor* in Fülbier/Aepfelbach/Langweg, GwG, § 261 StGB Rz. 89.
5 *Nestler* in Herzog/Mühlhausen, Geldwäschebekämpfung, § 17 Rz. 65.

iert, die eine Strafbarkeit nach § 261 StGB wegen des Unterlassens einer Anzeige begründen würde.[1]

61 Wie bereits bei der Insiderhandelsstrafbarkeit ausgeführt ist auch eine strafrechtliche Verantwortlichkeit der Geschäftsleitung bei Geldwäschestraftaten von Unternehmensangehörigen unter dem **Gesichtspunkt des Unterlassens** denkbar. Hat die Geschäftsleitung allerdings einen Geldwäschebeauftragten bzw. bei größeren Unternehmen eine (Anti-Geldwäsche-)Compliance-Abteilung eingerichtet, die mit entsprechenden Aufgaben und Kompetenzen ausgestattet sind, so sollte der Unterlassensvorwurf entfallen (s. oben Rz. 53).

2. Ordnungswidrigkeitenrechtliche Verantwortlichkeiten

62 Die Mehrzahl der hier behandelten Vorschriften belegt Zuwiderhandlungen nicht mit strafrechtlichen Sanktionen, sondern droht lediglich **im Ordnungswidrigkeitenverfahren verhängte Geldbußen** an.[2] Im Wertpapierhandelsgesetz findet sich der Katalog der betroffenen Regeln in **§ 39 WpHG**, im Kreditwesengesetz in **§ 56 KWG**, im Zahlungsdiensteaufsichtsgesetz in **§ 32 ZAG** und im Geldwäschegesetz in **§ 17 GwG**. Erfasst sind insbesondere die Tatbestandsvarianten des Insiderhandelsverbots und der Marktmanipulation, die nicht als Strafvorschriften ausgestaltet sind.

63 Ebenso wie im strafrechtlichen Bereich kann – je nach Sachverhalt – eine Verantwortlichkeit von Geschäftsleitern und Aufsichtsratsmitgliedern auf Grund **eigenhändigen Handels oder des Verhaltens von Mitarbeitern**, durch aktives Tun oder Nichteinschreiten in Betracht kommen. Dabei ist grundsätzlich Vorsatz gefordert (§ 10 OWiG), allerdings ist bei einer Reihe von Vorschriften auch leichtfertiges[3] oder sogar (einfach) fahrlässiges[4] Verhalten ausreichend. Für die Verletzung von Pflichten, deren Adressaten die Finanzdienstleistungsunternehmen selbst sind, statuiert § 9 OWiG (entsprechend § 14 StGB) eine persönliche Verantwortlichkeit der vertretungsberechtigten Organmitglieder.[5] Verhindert ein Geschäftsleiter nicht, dass Betriebsangehörige Ordnungswidrigkeiten begehen, so kann – wie im Strafrecht – möglicherweise eine sog. Geschäftsherrenhaftung begründet sein.[6]

---

1 Ablehnend mit guten Gründen und mit Nachw. zum Streitstand *Nestler* in Herzog/Mühlhausen, Geldwäschebekämpfung, § 17 Rz. 50; ebenso *Schröder/Textor* in Fülbier/Aepfelbach/Langweg, GwG, § 261 StGB Rz. 63 ff.
2 Das darf allerdings nicht darüber hinwegtäuschen, dass die Höhe der Geldbuße, die verhängt werden kann, immens sein kann. Das Gesetz sieht einen Rahmen von bis zu einer Million Euro vor (§ 39 Abs. 4 WpHG). Zusätzlich sind ggf. aufsichtsrechtliche Maßnahmen möglich (s. dazu unter Rz. 68 ff.).
3 So z.B. § 39 Abs. 2 WpHG.
4 So z.B. § 39 Abs. 3 WpHG.
5 Für Einzelheiten s. *Vogel* in Assmann/Uwe H. Schneider, WpHG, 5. Aufl. 2009, § 39 WpHG Rz. 55 ff.
6 *Vogel* in Assmann/Uwe H. Schneider, WpHG, 5. Aufl. 2009, § 39 WpHG Rz. 61; für weitere Einzelheiten s. *Rengier* in Senge (Hrsg.), Karlsruher Kommentar zum Gesetz über Ordnungswidrigkeiten, 3. Aufl. 2006, § 8 Rz. 47 mit Nachw.

64 Ergänzend zu diesen allgemeinen Regeln sieht § 130 OWiG eine selbständige Sanktion für die **Verletzung der Aufsichtspflicht** in Unternehmen vor.[1] Nach § 130 OWiG handelt ordnungswidrig, wer als Inhaber eines Unternehmens vorsätzlich oder fahrlässig die Aufsichtsmaßnahmen unterlässt, die erforderlich sind, um in dem Unternehmen Zuwiderhandlungen gegen Pflichten zu verhindern, die den Inhaber als solches treffen und deren Verletzung mit Strafe oder Geldbuße bedroht ist, wenn eine solche Zuwiderhandlung begangen wird, die durch gehörige Aufsicht verhindert oder wesentlich erschwert worden wäre. Über § 9 OWiG gilt diese Regelung auch für Mitglieder eines vertretungsberechtigten Organs einer juristischen Person.[2]

65 § 130 OWiG setzt zunächst (als objektive Bedingung der Ahndung)[3] voraus, dass im Unternehmen eine **betriebsbezogene Straftat oder Ordnungswidrigkeit** begangen wird.[4] Was darunter zu verstehen ist, ist umstritten.[5] Unstreitig erfasst sind Sonderdelikte im Sinne des § 14 StGB bzw. § 9 OWiG.[6] Wann ein solches Delikt vorliegt, lässt sich nicht generell beantworten, sondern bedarf einer Analyse im Einzelfall.[7] Uneinigkeit besteht dagegen darin, ob auch Allgemeindelikte betriebsbezogen sein können. Die h. M. bejaht dies, wenn sie im Zusammenhang mit der Führung des Unternehmens stehen.[8] Folgt man dieser Auffassung, so fallen z.B. Verstöße gegen die Insiderhandels- oder Manipulationsverbote in den Anwendungsbereich des § 130 OWiG, wenn die Handlungen im Rahmen der Tätigkeit für das Unternehmen begangen werden, etwa durch Eigenhandelsaktivitäten oder Veröffentlichung falscher Unternehmenszahlen.

66 Die **objektive Tatbestand** des § 130 OWiG i.V.m. § 9 OWiG erfordert, dass der Geschäftsleiter **Aufsichtsmaßnahmen unterlässt**, die erforderlich wären, um

---

1 Bei § 130 OWiG handelt es sich um einen subsidiären Auffangtatbestand, der nur zum Tragen kommen kann, wenn dem Aufsichtspflichtigen keine Täterschaft oder Teilnahme an einer Straftat oder Ordnungswidrigkeit nachgewiesen werden kann (s. nur *Rogall* in Senge (Hrsg.), Karlsruher Kommentar zum Gesetz über Ordnungswidrigkeiten, 3. Aufl. 2006, § 130 OWiG Rz. 108 f.).
Ausführlich dazu unten *Schücking*, § 36 (S. 1141 ff.).
2 *Rogall* in Senge (Hrsg.), Karlsruher Kommentar zum Gesetz über Ordnungswidrigkeiten, 3. Aufl. 2006, § 130 OWiG Rz. 31; *Spindler* in Fleischer, Handbuch des Vorstandsrechts, § 15 Rz. 94; *Vogel* in Assmann/Uwe H. Schneider, WpHG, 5. Aufl. 2009, § 39 WpHG Rz. 62.
3 H.M., s. hierzu *Rogall* in Senge (Hrsg.), Karlsruher Kommentar zum Gesetz über Ordnungswidrigkeiten, 3. Aufl. 2006, § 130 OWiG Rz. 73.
4 Nicht erforderlich ist, dass der konkrete Täter festgestellt werden kann, s. *Vogel* in Assmann/Uwe H. Schneider, WpHG, 5. Aufl. 2009, § 39 WpHG Rz. 62; *Rogall* in Senge (Hrsg.), Karlsruher Kommentar zum Gesetz über Ordnungswidrigkeiten, 3. Aufl. 2006, § 130 OWiG Rz. 93.
5 Ausführlich zum Streitstand s. *Rogall* in Senge (Hrsg.), Karlsruher Kommentar zum Gesetz über Ordnungswidrigkeiten, 3. Aufl. 2006, § 130 OWiG Rz. 77 ff.
6 *Rogall* in Senge (Hrsg.), Karlsruher Kommentar zum Gesetz über Ordnungswidrigkeiten, 3. Aufl. 2006, § 130 OWiG Rz. 78.
7 *Rogall* in Senge (Hrsg.), Karlsruher Kommentar zum Gesetz über Ordnungswidrigkeiten, 3. Aufl. 2006, § 130 OWiG Rz. 89. Von den hier behandelten Vorschriften fallen zumindest diejenigen darunter, die Pflichten der Finanzdienstleistungsunternehmen betreffen, so z.B. § 32 KWG oder die meisten der in §§ 38, 39 WpHG aufgelisteten Delikte.
8 Nachweise bei *Rogall* in Senge (Hrsg.), Karlsruher Kommentar zum Gesetz über Ordnungswidrigkeiten, 3. Aufl. 2006, § 130 OWiG Rz. 79.

die Begehung betriebsbezogener Delikte zu verhindern, und die die Begehung verhindern oder wesentlich erschweren würden. Eine Konkretisierung der Aufsichtspflichten enthält das Gesetz nicht. § 130 Abs. 1 Satz 2 OWiG sagt lediglich, dass zu den erforderlichen Aufsichtsmaßnahmen „auch" die Bestellung, sorgfältige Auswahl und Überwachung von Aufsichtspersonen gehören. Rechtsprechung und Literatur gehen davon aus, dass es vom Einzelfall abhängt, welche Absichtsmaßnahmen situativ geboten sind, die Maßnahmen also nicht abstrakt für alle Betriebs- und Geschäftsbereiche festgelegt werden können.[1] Grundsätzlich lässt sich jedoch Folgendes feststellen: Erforderlich sind von vornherein nur solche Aufsichtsmaßnahmen, die geeignet sind, betriebsbezogene Verstöße zu verhindern.[2] Die Aufsichtsmaßnahmen müssen zudem (rechtlich) möglich und zumutbar sein.[3] Die Aufsicht ist insgesamt so zu gestalten, dass die betriebsbezogenen Pflichten voraussichtlich eingehalten werden.[4] Sie hat daher **Leitungs-, Koordinations-, Organisations- und Kontrollmaßnahmen zu beinhalten.**[5] Erforderlich (aber auch ausreichend) ist im Hinblick auf die Einhaltung der hier behandelten Regelungen somit letztlich eine angemessene Compliance-Organisation, die Meldeverfahren, Monitoringprogramme, Sanktionsverfahren etc. beinhaltet.[6] § 130 OWiG verpflichtet dagegen nicht zur Einrichtung eines quasi flächendeckenden Kontrollnetzes im Sinne einer allumfassenden Personalaufsicht.[7]

67 Ahndbar ist vorsätzliches oder fahrlässiges Unterlassen der erforderlichen Aufsichtsmaßnahmen. Das bedeutet, der Geschäftsleiter muss die Gefahr einer betriebsspezifischen Zuwiderhandlung in dem bestimmten Pflichtenkreis (nicht jedoch die Gefahr der später begangenen *konkreten* Zuwiderhandlung) erkannt oder infolge mangelnder Sorgfalt nicht erkannt und die erforderlichen Aufsichtsmaßnahmen unterlassen haben.[8]

---

1 Zu den Einzelheiten *Rogall* in Senge (Hrsg.), Karlsruher Kommentar zum Gesetz über Ordnungswidrigkeiten, 3. Aufl. 2006, § 130 OWiG Rz. 40 ff.
2 *Rogall* in Senge (Hrsg.), Karlsruher Kommentar zum Gesetz über Ordnungswidrigkeiten, 3. Aufl. 2006, § 130 OWiG Rz. 43.
3 *Rogall* in Senge (Hrsg.), Karlsruher Kommentar zum Gesetz über Ordnungswidrigkeiten, 3. Aufl. 2006, § 130 OWiG Rz. 36, 38.
4 BGH v. 23.3.1973 – 2 StR 390/72, NJW 1973, 1511; *Rogall* in Senge (Hrsg.), Karlsruher Kommentar zum Gesetz über Ordnungswidrigkeiten, 3. Aufl. 2006, § 130 OWiG Rz. 41; *Spindler* in Fleischer, Handbuch des Vorstandsrechts, § 15 Rz. 105.
5 Näher *Rogall* in Senge (Hrsg.), Karlsruher Kommentar zum Gesetz über Ordnungswidrigkeiten, 3. Aufl. 2006, § 130 OWiG Rz. 40 ff.
6 Zur Organisation s. unter Rz. 82 ff.
7 *Rogall* in Senge (Hrsg.), Karlsruher Kommentar zum Gesetz über Ordnungswidrigkeiten, 3. Aufl. 2006, § 130 OWiG Rz. 15, 43.
8 *Rogall* in Senge (Hrsg.), Karlsruher Kommentar zum Gesetz über Ordnungswidrigkeiten, 3. Aufl. 2006, § 130 OWiG Rz. 103; *Roxin*, Strafrecht, Allgemeiner Teil, Band 2, 3. Aufl. 2003, § 32 Rz. 140.

II. Aufsichtsrechtliche Folgen

1. Geschäftsleiter

Bei Gesetzesverstößen kann die Aufsichtsbehörde unter Umständen Maßnahmen gegen die Geschäftsleiter des betreffenden Instituts ergreifen.[1] 68

Finanzdienstleistungsunternehmen und Zahlungsinstitute benötigen für ihre Tätigkeit eine schriftliche Erlaubnis der Bundesanstalt für Finanzdienstleistungsaufsicht (§ 32 Abs. 1 Satz 1 KWG, § 8 Abs. 1 Satz 1 ZAG). Voraussetzung für die Erteilung einer solchen Erlaubnis ist u.a., dass das Institut über zuverlässige und fachlich geeignete Geschäftsleiter verfügt (§ 33 Abs. 1 Nr. 2, 4 KWG; § 8 Abs. 3 Nr. 9 ZAG). Stellt sich nach Erlaubniserteilung heraus, dass ein Geschäftsleiter nicht (mehr) zuverlässig und/oder ungeeignet ist, so kann die BaFin die Erlaubnis aufheben oder, als weniger einschneidende Maßnahme, die Abberufung des betreffenden Geschäftsleiters verlangen und ihm die Ausübung seiner Tätigkeit untersagen (**Abberufungsverlangen und Tätigkeitsverbot**) (§§ 36 Abs. 1 Satz 1, 35 Abs. 2 Nr. 3, 33 Abs. 1 Nr. 2, 4 KWG; §§ 15 Abs. 1, 10 Abs. 2 Nr. 3 ZAG).[2]

Die gleichen Maßnahmen kann die BaFin bei Finanzdienstleistungsinstituten ergreifen, wenn ein Geschäftsleiter (§ 36 Abs. 2 KWG) oder das Institut (§§ 36 Abs. 1 Satz 1, 35 Abs. 2 Nr. 6 KWG) nachhaltig gegen bestimmte aufsichtsrechtliche Regelungen verstoßen. Auch bei Zahlungsinstituten können bei wiederholten Verstößen gegen bankaufsichtsrechtliche Bestimmungen durch die Geschäftsleiter Abberufungen und Tägigkeitsverbote ausgesprochen werden (§ 15 Abs. 3 ZAG). Schließlich können Abberufungsverlangen und Tätigkeitsverbot bei Finanzdienstleistungsinstituten auch darauf gestützt werden, dass das Institut über unzureichende Eigenmittel verfügt und die Ursache hierfür in einer verfehlten Geschäfts- oder Eigenkapitalpolitik liegt (§§ 36 Abs. 1, 35 Abs. 2 Nr. 3, 33 Abs. 1 Nr. 1 KWG).[3] 69

Kommt es in einem Institut zu **Verstößen** gegen die unter Rz. 12 ff. dargestellten Regelungen, so stellt sich damit die Frage nach einer möglichen Abberufung des oder der Geschäftsleiter. 70

Ein Einschreiten der BaFin nach **§ 36 Abs. 2 KWG** und **§ 15 Abs. 3 ZAG** setzt Verstöße des Geschäftsleiters gegen in den Vorschriften genannte aufsichtsrechtliche Bestimmungen voraus, die vorsätzlich oder leichtfertig begangen und trotz Warnung der BaFin fortgesetzt wurden. Diese Vorschrift ermöglicht also die Sanktionierung von **Regelverstößen des Geschäftsleiters selbst**. 71

---

[1] S. dazu auch oben Fischer, § 19 (Rz. 104ff.).
[2] Hierbei handelt es sich um ein mittelbares und ein unmittelbares Eingriffsrecht: Das Abberufungsverlangen wirkt mittelbar, da die BaFin nicht selbst die organschaftliche Funktion des Geschäftsleiters beenden kann, sondern nur vom Institut die Abberufung verlangen kann. Demgegenüber kann die BaFin dem betroffenen Geschäftsleiter die Ausübung seiner Tätigkeit unmittelbar untersagen.
[3] Fischer in Boos/Fischer/Schulte-Mattler, KWG, 3. Aufl. 2008, § 36 KWG Rz. 19.

72 § 36 Abs. 1 i.V.m. § 35 Abs. 2 Nr. 6 KWG sieht die gleichen Rechtsfolgen vor, wenn das **Institut** nachhaltig Vorschriften des WpHG, KWG oder der zur Durchführung dieser Gesetze erlassenen Verordnungen oder Anordnungen verletzt. Während für § 36 Abs. 2 WpHG die Verstöße einem bestimmten Geschäftsleiter vorgeworfen werden können müssen, kommt es hier nicht darauf an, wer in dem Institut regelwidrig gehandelt hat.[1] Ausreichend ist, dass der Geschäftsleiter für die Regelverstöße **verantwortlich** ist (§ 36 Abs. 1 WpHG). Verantwortlichkeit heißt nicht, dass der Geschäftsleiter selbst gehandelt hat oder die Mängel in seinem Kompetenzbereich eingetreten sind; ausreichend sind die Verletzung von Aufsichtspflichten, unterlassene Kontrollen, eine mangelhafte Durchsetzung angeordneter Maßnahmen, Organisationsmängel etc.[2] Insbesondere eine Verletzung der Organisationspflichten nach § 25a KWG fällt hierunter.[3] Die Zuordnung einer Aufgabe zu einem anderen Ressort entbindet den Geschäftsleiter nicht vollständig von seinen diesbezüglichen Pflichten. Diese bestehen vielmehr in Form einer allgemeinen Aufsichtspflicht weiter.[4]

73 Die Aufzählung der Gesetze, gegen die verstoßen wird, ist sowohl in § 36 Abs. 2 KWG, in § 15 Abs. 3 ZAG als auch in § 35 Abs. 2 Nr. 6 KWG abschließend.[5] Beide Vorschriften setzen voraus, dass die Zuwiderhandlungen trotz Verwarnung durch die BaFin fortgesetzt werden. § 36 Abs. 2 KWG fordert die Verwarnung ausdrücklich, für § 35 Abs. 2 Nr. 6 KWG wird ihr Notwendigkeit insbesondere aus dem Wort „nachhaltig" hergeleitet.[6]

74 Kommt es also in einem Institut zu Verstößen gegen oben unter Rz. 12 ff. dargestellte Regelungen des WpHG, KWG oder GwG und wiederholen sich diese trotz Abmahnung seitens der BaFin, so kommt damit grundsätzlich ein Abberufungsverlangen und Tätigkeitsverbot in Bezug auf die Geschäftsleiter in Betracht.

75 Sind die Voraussetzungen des § 36 Abs. 2 KWG oder der §§ 36 Abs. 1 Satz 1, 35 Abs. 2 Nr. 6 KWG nicht erfüllt, z.B. weil es sich lediglich um einmalige Gesetzesverstöße handelt oder weil noch keine Verwarnung seitens der BaFin erfolgt ist, so stellt sich die Frage, ob ein Abberufungsverlangen und/oder Tätigkeitsverbot in Anwendung der §§ 36 Abs. 1 Satz 1, 35 Abs. 2 Nr. 3, 33 Abs. 1 Nr. 2, 4 KWG auf **mangelnde Zuverlässigkeit oder Eignung** gestützt werden kann.

76 Maßgeblich für die Auslegung des Begriffs der persönlichen Zuverlässigkeit sind gewerberechtliche Grundsätze, die handelsrechtliche Sorgfalt eines ordentlichen und gewissenhaften Kaufmanns sowie der spezifische Schutzweck des KWG.[7]

---

1 *Fischer* in Boos/Fischer/Schulte-Mattler, KWG, 3. Aufl. 2008, § 36 KWG Rz. 29.
2 *Fischer* in Boos/Fischer/Schulte-Mattler, KWG, 3. Aufl. 2008, § 36 KWG Rz. 7, 30; *Beck/Samm/Kokemoor*, KWG, Stand August 2009, § 36 KWG Rz. 17.
3 *Reischauer/Kleinhans*, KWG, Stand 2009, § 36 KWG Anm. 10.
4 S. nur *Hüffer*, § 93 AktG Rz. 13a.
5 Vgl. zu den KWG-Vorschriften *Reischauer/Kleinhans*, KWG, Stand 2009, § 36 KWG Anm. 15; *Fischer* in Boos/Fischer/Schulte-Mattler, KWG, 3. Aufl. 2008, § 36 KWG Rz. 32.
6 *Beck/Samm/Kokemoor*, KWG, Stand August 2009, § 35 KWG Rz. 59a; *Fischer* in Boos/Fischer/Schulte-Mattler, KWG, 3. Aufl. 2008, § 36 KWG Rz. 30a.
7 *Fischer* in Boos/Fischer/Schulte-Mattler, KWG, 3. Aufl. 2008, § 33 KWG Rz. 29.

Allgemein wird die Zuverlässigkeit eines Geschäftsleiters daher verneint, wenn er nachhaltig gegen gesetzliche Ordnungsvorschriften für den Betrieb des Unternehmens verstoßen oder in seinem geschäftlichen oder privaten Verhalten gezeigt hat, dass von ihm eine solide Geschäftsführung nicht erwartet werden kann, er also nach seiner gesamten Persönlichkeit nicht die Gewähr dafür bietet, dass er seine Tätigkeit künftig ordnungsgemäß betreiben wird.[1] **Wann Unzuverlässigkeit anzunehmen ist, hängt dementsprechend von den Umständen des Einzelfalls ab**, insbesondere auch von den unterschiedlichen Anforderungen des konkreten Instituts an den jeweiligen Geschäftsleiter, die abhängig sind z.B. von Größe und Geschäftsart des Instituts.[2] Einmalige oder aus einer Sondersituation resultierende Verfehlungen lassen in der Regel noch nicht auf Unzuverlässigkeit schließen.[3] Vor dem Hintergrund der in § 36 Abs. 2 KWG zum Ausdruck gebrachten Einschränkungen im Hinblick auf die Möglichkeit von Abberufungen ist vielmehr zu verlangen, dass die Gesetzesverstöße eine gewisse Schwere aufweisen oder häufiger vorkommen.[4] Mangelnde Zuverlässigkeit wird insbesondere diskutiert bei Vermögensdelikten wie Untreue oder Betrug, Betreibung von Bankgeschäften oder Erbringung von Finanzdienstleistungen ohne Erlaubnis, wiederholte Verletzung von Anzeigepflichten nach dem KWG etc.[5] Zu beachten ist in jedem Fall, dass durch die Annahme der Unzuverlässigkeit grundsätzlich nicht die Voraussetzungen für eine Abberufung wegen Gesetzesverstößen nach § 36 Abs. 2 KGW bzw. §§ 36 Abs. 1, 35 Abs. 2 Nr. 6 KWG umgangen werden dürfen, indem eine Abberufung für zulässig erachtet wird, ohne dass eine Verwarnung durch die BaFin vorangegangen ist.[6]

Ob die BaFin im konkreten Fall zum scharfen Schwert des Abberufungsverlangens und Tätigkeitsverbots greifen darf, bedarf einer **pflichtgemäßen Ermessensausübung**. Es handelt sich um für das Institut, mehr aber noch für die betroffenen Geschäftsleiter besonders einschneidende Maßnahmen, die nur eingesetzt werden dürfen, wenn sie dem Verhältnismäßigkeitsgrundsatz entsprechen.[7] Mit dem Abberufungsverlangen wird dem Unternehmen aufgegeben, den Geschäftsleiter aus seiner Stellung als Geschäftsleiter zu entfernen. Die ganz h.M. sieht da-

77

---

1 *Beck/Samm/Kokemoor*, KWG, Stand August 2009, § 36 KWG Rz. 39; *Reischauer/Kleinhans*, KWG, Stand 2009, § 33 KWG Anm. 5b; *Fischer* in Boos/Fischer/Schulte-Mattler, KWG, 3. Aufl. 2008, § 33 KWG Rz. 31.
2 So sind z.B. bei einem Finanzdienstleister, der keine Vermögenswerte von seinen Kunden entgegennimmt, weniger strenge Anforderungen zu stellen als an den Leiter einer Universalbank (*Fischer* in Boos/Fischer/Schulte-Mattler, KWG, 3. Aufl. 2008, § 33 KWG Rz. 32).
3 Ebenso *Fischer* in Boos/Fischer/Schulte-Mattler, KWG, 3. Aufl. 2008, § 33 KWG Rz. 32; *Habersack*, WM 2005, 2360, 2364; anders VG Frankfurt a.M. v. 8.7.2004 – 1 E 7363/03[1], WM 2004, 2157.
4 *Beck/Samm/Kokemoor*, KWG, Stand August 2009, § 36 KWG Rz. 39.
5 Ein ausführlicher Beispielskatalog findet sich bei *Reischauer/Kleinhans*, KWG, Stand 2009, § 33 KWG Anm. 5c.
6 *Fischer* in Boos/Fischer/Schulte-Mattler, KWG, 3. Aufl. 2008, § 36 KWG Rz. 34; *Beck/Samm/Kokemoor*, KWG, Stand August 2009, § 36 KWG Rz. 60.
7 *Beck/Samm/Kokemoor*, KWG, Stand August 2009, § 36 KWG Rz. 11; *Fischer* in Boos/Fischer/Schulte-Mattler, KWG, 3. Aufl. 2008, § 36 KWG Rz. 4; *Habersack*, WM 2005, 2360, 2364.

rin für das Institut nicht nur einen wichtigen Grund, die Organstellung zu beenden, sondern zudem das Anstellungsverhältnis außerordentlich zu kündigen.[1] De facto führt ein Abberufungsverlangen daher in der Regel nicht nur zum Ausscheiden aus der Geschäftsführerposition, sondern zum Verlust des Arbeitsplatzes insgesamt.[2] Dies wiegt umso schwerer, als nach § 49 KWG Widerspruch und Anfechtungsklage gegen Abberufungsverlangen[3] und Tätigkeitsverbot **keine aufschiebende Wirkung** entfalten. Folge ist in vielen Fällen, dass die betroffenen Geschäftsleiter bis zum Abschluss von Verwaltungs- und ggf. anschließendem Gerichtsverfahren (die sich über Jahre hinziehen können) ihrer beruflichen Tätigkeit nicht mehr nachgehen können. Die damit verbundenen schwerwiegenden persönlichen und beruflichen Konsequenzen selbst bei Erfolg der Rechtsmittel sind unschwer vorstellbar. Die Maßnahmen sind daher in der Regel ein tiefer **Eingriff in die grundrechtlich geschützte Berufsfreiheit**. Insbesondere bei Verhaltensweisen, deren rechtliche Bewertung schwierig ist und die daher einer detaillierten juristischen Analyse bedürfen (z.B. Manipulationshandlungen), ist die BaFin daher gehalten, genau zu prüfen, ob sie zum Mittel des Abberufungsverlangens greifen darf oder ob sie der (vermeintlichen) Gefährdung von Institut und Allgemeinheit nicht durch andere aufsichtsrechtliche Maßnahmen in ausreichender Weise begegnen kann. In keinem Fall darf sie weniger gravierende Mängel oder sogar rechtliche Meinungsverschiedenheiten mit der Drohung der Prüfung der Eignung und ggf. dem Abberufungsverlangen sanktionieren.[4]

2. Aufsichtsrat

78   Seit dem 1.8.2009[5] enthält das KWG Regelungen, die der BaFin nun auch die **Abberufung von Mitgliedern des Verwaltungs- und Aufsichtsorgans**, also insbesondere von Aufsichtsratsmitgliedern ermöglichen (§ 36 Abs. 3 KWG).[6]

Danach müssen die Mitglieder des Verwaltungs- oder Aufsichtsorgans eines Instituts zuverlässig sein und die zur Wahrnehmung der Kontrollfunktion sowie zur Beurteilung und Überwachung der Geschäfte erforderliche Sachkunde besitzen

---

1 *Beck/Samm/Kokemoor*, KWG, Stand August 2009, § 36 KWG Rz. 34; *Reischauer/Kleinhans*, KWG, Stand 2009, § 36 KWG Anm. 22; *Fischer* in Boos/Fischer/Schulte-Mattler, KWG, 3. Aufl. 2008, § 36 KWG Rz. 48.
2 Rechtlich wäre es dem Institut allerdings gestattet, den Betroffenen in einer anderen Position als der des Geschäftsleiters weiterzubeschäftigen.
3 Adressat des Abberufungsverlangens ist das Institut. Der Geschäftsleiter als Drittbetroffener hat aber ein selbständiges Widerspruchs- und Anfechtungsrecht. Für alle *Fischer* in Boos/Fischer/Schulte-Mattler, KWG, 3. Aufl. 2008, § 36 KWG Rz. 41, 56.
4 Zutreffend *Fischer* in Boos/Fischer/Schulte-Mattler, KWG, 3. Aufl. 2008, § 36 KWG Rz. 4a. Die BaFin hat seit 2002 bereits mehr als zwei Dutzend Vorstände von Finanzunternehmen und Versicherungen aus ihren Ämtern entfernen lassen (Spiegel v. 11.9. 2006).
5 Inkrafttreten des Gesetzes zur Stärkung der Finanzmarkt- und der Versicherungsaufsicht vom 29.7.2009, BGBl. I 2009, 2305 ff.
6 Bis zu diesem Zeitpunkt unterlagen die Aufsichtsratsmitglieder von Instituten – anders als die Geschäftsleiter – nicht der unmittelbaren Aufsicht durch die BaFin. Die Neuregelung gilt auch für Mitglieder eines Kontrollgremium, die zum Zeitpunkt ihres In-Kraft-Tretens schon bestellt waren (BR-Drucks. 277/09, S. 23).

(§ 36 Abs. 3 Satz 1 KWG).[1] Liegen Tatsachen vor, aus denen sich ergibt, dass bei einem Mitglied des Verwaltungs- oder Aufsichtsorgans eine dieser Voraussetzungen nicht erfüllt ist, kann die BaFin von den Organen des Unternehmens verlangen, dieses abzuberufen oder ihm die Ausübung seiner Tätigkeit zu untersagen (§ 36 Abs. 3 Satz 3 KWG).

Gleiches gilt, wenn dem Betreffenden wesentliche Verstöße des Unternehmens gegen die Grundsätze einer ordnungsgemäßen Geschäftsführung wegen sorgfaltswidriger Ausübung der Überwachungs- und Kontrollfunktion verborgen geblieben sind oder er nicht alles Erforderliche zur Beseitigung festgestellter Verstöße veranlasst hat und dieses Verhalten trotz Verwarnung der Organe des Unternehmens durch die BaFin fortsetzt (§ 36 Abs. 3 Satz 4 KWG).

Damit stellt sich nun auch die Frage nach einer möglichen Abberufung eines oder mehrerer Aufsichtsratsmitglieder, wenn es in einem Institut zu **Verstößen gegen die unter Rz. 12 ff. dargestellten Vorschriften kommt**. 79

Eine spezielle Regelung für die Abberufung im Fall von bestimmten Gesetzesverstößen, wie es sie für Geschäftsleiter gibt (§ 36 Abs. 2 KWG bzw. §§ 36 Abs. 1 Satz 1, 35 Abs. 2 Nr. 6 KWG (dazu Rz. 69 ff.), existiert im Hinblick auf Aufsichtsratsmitglieder nicht. Zumindest **nachhaltige Gesetzesverletzungen** dürften aber als Verstoß gegen die Grundsätze einer ordnungsgemäßen Geschäftsführung anzusehen sein und können somit bei sorgfaltswidriger, d.h. zumindest leicht fahrlässiger, Überwachung und Verwarnung durch die BaFin ein Abberufungsverlangen nach § 36 Abs. 3 Satz 4 KWG rechtfertigen.

Darüber hinaus kann ein Abberufungsverlangen gegebenenfalls auf mangelnde Zuverlässigkeit gestützt werden. Hier sind grundsätzlich die gleichen Kriterien heranzuziehen wie bei Geschäftsleitern (s. Rz. 75 ff.). Um Umgehungen der Anforderungen des § 36 Abs. 3 Satz 4 KWG zu verhindern, ist auch hier grundsätzlich eine vorherige Verwarnung durch die BaFin als erforderlich anzusehen.

III. Zivilrechtliche Haftung

Die **Rechtsformen der deutschen Finanzdienstleistungsunternehmen** sind – nicht zuletzt bedingt durch deren Einteilung in den privatrechtlichen, den öffentlich-rechtlichen und den genossenschaftsrechtlichen Sektor – **vielfältig**. Entsprechend unterschiedlich ist die Ausgestaltung der zivilrechtlichen Haftungsgrundsätze für die Geschäftsleiter und – soweit vorhanden – die Mitglieder der Aufsichtsorgane.[2] 80

Unabhängig von der Rechtsform kommt jedoch grundsätzlich bei Verstößen eines Organmitglieds, des Instituts oder eines seiner Mitarbeiter sowohl eine Innenhaftung gegenüber dem Institut als auch eine Außenhaftung (gegenüber Dritten und ggf. gegenüber Gesellschaftern) in Betracht. Die Voraussetzungen 81

---

[1] Diese Anforderungen gelten sowohl für die Vertreter der Arbeitgeber- als auch der Arbeitnehmerseite (BR-Drucks. 277/09, S. 22). Die für die Beurteilung erforderlichen Tatsachen sind im Erlaubnisantrag anzugeben (§ 32 Abs. 1 Satz 2 Nr. 8 KWG).
[2] S. hierzu oben *Krieger*, § 3 (S. 41 ff.), *Weber*, § 4 (S. 75 ff.) und *Fischer*, § 19 (S. 540 ff.)

für eine solche Haftung sind allerdings hoch. So setzen die maßgeblichen Anspruchsgrundlagen (z.B. §§ 823, 826 BGB, § 93 Abs. 1 AktG) stets ein Verschulden der Organmitglieder voraus. Sorgen diese für angemessene organisatorische Maßnahmen, um Gesetzesverstößen entgegenzuwirken, ist für einen Verschuldensvorwurf nur wenig Raum.

D. Ausgestaltung eines Compliance-Systems

I. Interne Kontrollverfahren

82 Die Maßnahmen, die die Organe eines Finanzdienstleistungsinstituts zur Sicherstellung rechtmäßigen Verhaltens in Finanzdienstleistungsunternehmen zu treffen haben, sind heute vielfach durch gesetzliche Vorschriften vorgegeben. Gleichwohl bleiben gewisse **Gestaltungsfreiheiten** bestehen, da das Gesetz Art, Umfang und Risikogehalt des Geschäfts und die Größe des Unternehmens berücksichtigt. Die Einhaltung der Organisationsvorschriften, insbesondere die Einrichtung interner Kontrollverfahren bewirkt, dass den Geschäftsleitungsmitgliedern bei Gesetzesverstößen durch nachgeordnete Mitarbeiter kein Verschuldensvorwurf gemacht werden kann.

83 Wie eingangs betont, enthalten die **§ 25a KWG, § 22 ZAG und 33 WpHG die zentralen Vorgaben an die Organisation** zur Sicherstellung der Gesetzeskonformität in den Instituten. Durch die Verzahnung des KWG mit dem WpHG, dem ZAG und dem GwG sind die grundsätzlichen Vorgaben für die verschiedenen Institutstypen gleichgelagert, unabhängig davon, ob der Schwerpunkt der Dienstleistungen in der Kreditvergabe, im Zahlungsverkehr oder Wertpapiergeschäft liegt.

84 § 25a KWG verlangt innerhalb eines zu etablierenden Risikomanagements die Einrichtung **interner Kontrollverfahren**, die aus einem internen Kontrollsystem und einer internen Revision bestehen.[1] Damit wird deutlich, dass zur Aufdeckung und Korrektur von Fehlentwicklungen die **Einrichtung einer Revisionsabteilung allein nicht genügen kann**. Zum internen Kontrollsystem gehören daher heutzutage regelmäßig eine Reihe weiterer Abteilungen, die sich mit der Überwachung der Regelkonformität der Kunden- und Produktbereiche beschäftigen. Eine Abteilung unterhalb der Geschäftsleitung, die sämtliche interne Kontrollverfahren unter sich vereint, ist in der Praxis eher selten anzutreffen. Die Zuständigkeiten der jeweiligen Kontrollabteilungen, einschließlich einer Compliance-Abteilung, sind daher enumerativ durch Geschäftsleitungsbeschluss festzulegen.

II. Management des Compliance-Risikos

1. Definition des Compliance-Risikos

85 Hilfreich bei der Zuordnung der Aufgaben an eine Compliance-Abteilung sind die Ausführungen des Baseler Ausschuss zur Compliance-Funktion: Unter dem (all-

---

1 Dazu ausführlich oben *Fischer*, § 19 Rz. 19 ff.

gemeinen) Compliance-Risiko versteht der Ausschuss entweder das Risiko (aufsichts-)rechtlicher Sanktionen – also insbesondere Verwarnungen, Bußgelder, Vertragsstrafen und Ausschluss von der Teilnahme am Börsenhandel –, das finanzielle Verlustrisiko oder das Reputationsrisiko, das sich aus der Nichteinhaltung der Gesetze, Rechtsverordnungen, behördlichen Anordnungen oder Regularien quasi-hoheitlicher Organisationen sowie aus berufsständischen Integritätsstandards für das Bankgeschäft ergeben kann.[1] Im Kern geht es bei den Gesetzen um kundenbezogene Wohlverhaltensregelungen, wie die richtige Handhabung von Interessenkonflikten, die allgemeine Fairness gegenüber Kunden und die kundengerechter Beratung.[2] Darüber hinaus werden als genuine Compliance-Regelungen die Anti-Geldwäsche- und Anti-Terrorismus-Finanzierungs-Regelungen verstanden,[3] ferner auch das Steuerrecht, wenn dieses bei der Strukturierung von Bankprodukten und bei der Kundenberatung eine Rolle spielt.[4]

Neben der Compliance-Abteilung sind dem internen Kontrollsystem alle weiteren spezialisierten Risikosteuerungsabteilungen (insbesondere Kreditrisiko, Marktrisiko, Operationelles Risiko) sowie die Bilanzabteilung zuzurechnen. Im Unterschied zur Compliance-Abteilung liegt der Schwerpunk dieser Abteilungen weniger auf der Überwachung der Einhaltung kundenschützender Vorschriften, sondern mehr auf der Einhaltung institutsschützender Vorschriften, wobei die Grenzen natürlich fließend sind.[5] Ab einer gewissen Unternehmensgröße sind schließlich auch separate Abteilungen wie Recht, Unternehmenssicherheit und Datenschutz anzutreffen. Alle internen Kontrollen müssen von den Geschäftsabteilungen unabhängig sein (Funktionstrennung).[6]

2. Aufgaben für eine Compliance-Abteilung

Die Minimierung des Compliance-Risikos lässt sich durch einen Mix aus Beratung und Kontrollen erreichen.[7] Leitlinie für eine Compliance-Abteilung sollte die Förderung der allgemeinen Compliance-Kultur im Unternehmen sein. Dazu gehören zuvorderst das Festschreiben und die interne Kommunikation von Com-

---

1 Baseler Ausschuss für Bankenaufsicht „Compliance and the compliance function in banks" vom April 2005, Einleitung Nr. 3; abrufbar unter www.bis.org; vgl. auch *Gebauer/Niermann* in Hauschka, Corporate Compliance, 2. Aufl. 2010, § 36 Rz. 5.
2 Baseler Ausschuss für Bankenaufsicht „Compliance and the compliance function in banks", Einleitung Nr. 4.
3 Baseler Ausschuss für Bankenaufsicht „Compliance and the compliance function in banks", Einleitung Nr. 4; s. auch *Braun* in Boos/Fischer/Schulte-Mattler, KWG, 3. Aufl. 2008, § 25a KWG Rz. 91.
4 Baseler Ausschuss für Bankenaufsicht „Compliance and the compliance function in banks", Einleitung Nr. 4.
5 Vgl. zur Compliance-Abteilung als integrierte Risikomanagementfunktion *Lösler*, NZG 2005, 104 ff. sowie *Gebauer/Niermann* in Hauschka, Corporate Compliance, 2. Aufl. 2010, § 36 Rz. 4 f.; ferner zur Geldwäsche-Compliance *Mühlhausen* in Herzog/Mühlhausen, Geldwäschebekämpfung, § 41 Rz. 25 ff.
6 Allg. zur Funktionstrennung vgl. MaRisk, abrufbar unter www.bafin.de.
7 Zur Methodik des Managements des Compliance-Risikos näher *Gebauer/Niermann* in Hauschka, Corporate Compliance, 2. Aufl. 2010, § 36 Rz. 19 ff.; allgemein vgl. MaRisk AT 4.3.2. Risikosteuerungs- und -controllingprozesse.

pliance-Standards. Die Kommunikation erfolgt dabei mittels Handbüchern, Schulungsveranstaltungen sowie durch Beratung in konkreten Geschäftsvorfällen. Die Kontrollen, das sog. Monitoring, sind zumeist EDV-technisch unterstützte Betrachtungen von konkreten Geschäftsvorfällen, aber auch die Inaugenscheinnahme einzelner Geschäftsbereiche und Prozessabläufe.[1] Im Gegensatz zur internen Revision sind diese Kontrollen unmittelbar in die laufenden Prozesse eingebunden und nicht wie bei der Revision zeitlich nachgelagert.[2] Die Compliance-Abteilung berichtet über die Ergebnisse ihrer Arbeit regelmäßig an die Geschäftsleitung.[3] Schließlich sind die Compliance-Abteilungen nicht zuletzt wegen der vielfältigen Meldeverpflichtungen vielfach durch die Geschäftsleitungen autorisiert, mit den Aufsichtsbehörden zu kommunizieren. Bei dem für die Compliance mit dem GwG verantwortlichen Geldwäschebeauftragten sieht § 9 Abs. 2 GwG beispielsweise vor, dass dieser mit der Kompetenz ausgestattet sein muss, Ansprechpartner für die zuständigen Behörden zu sein.

---

[1] Näher *Gebauer/Niermann* in Hauschka, Corporate Compliance, 2. Aufl. 2010, § 36 Rz. 23.
[2] Vgl. *Eisele* in Schimansky/Bunte/Lwowski, Bankrechts-Handbuch, Band II, 3. Aufl. 2007, § 109 Rz. 104.
[3] Zum Risikoreporting näher *Gebauer/Niermann* in Hauschka, Corporate Compliance, 2. Aufl. 2010, § 36 Rz. 44 ff.

§ 21
Risikobereich und Haftung: Compliance in Industrieunternehmen

Dr. Thomas Kremer/Dr. Christoph Klahold

	Rz.
A. Einführung	1
B. Wirtschaftliche Risiken bei Kartellverstößen und Korruptionsfällen	3
C. Compliance als Konzernleitungsaufgabe	8
D. Aufbau und Elemente von Compliance Programmen	12
I. Einrichtung einer Compliance Organisation und Aufgabenverteilung	15
1. Vorstand	15
2. Aufsichtsrat/Prüfungsausschuss	18
3. Operative Einheiten sowie Segment- bzw. Spartenführungsgesellschaften	19
4. Compliance Committee/Compliance Officer	20
5. Mitbestimmung des Betriebsrats	24
II. Elemente eines Compliance Programms	26
1. Konzernrichtlinien/Policy Statements	27
2. Richtlinie zum Umgang mit Vertriebsberatern und -agenten	31
3. Merk- und Informationsblätter	33
4. Schulungsmaßnahmen	37
a) E-Learning	40
b) Präsenzschulungen	42

	Rz.
5. Beratungshotline	45
6. Compliance Audits	47
a) Organisation und Durchführung	48
b) Umgang mit Audit-Ergebnissen	53
7. Whistleblower Hotline/Ombudsmann	56
a) Interne oder externe Hotline für Whistleblower	58
b) Aufgaben eines externen Whistleblowing Anwalts	60
c) Auswahlkriterien für einen externen Whistleblowing Anwalt	61
8. Compliance Reporting	62
a) Compliance Bericht	62
b) Einzelberichterstattung	66
9. Sanktionen	67
III. Organisatorische Maßnahmen	71
1. Rotation	72
2. Fraud Scanns und andere Maßnahmen zur Risikoanalyse	73
3. Maßnahmen der allgemeinen Unternehmensorganisation	74
IV. Verhalten des Unternehmens im Ermittlungsverfahren	75
E. Zusammenfassung und Ausblick	79
I. Haftungsreduzierung durch Compliance Programme	80
II. Haftungsrisiko aus Compliance Programmen	82

Schrifttum: *Fleischer,* Vorstandsverantwortlichkeit und Fehlverhalten von Unternehmensangehörigen – Von der Einzelüberwachung zur Errichtung einer Compliance-Organisation, AG 2003, 291; *Fleischer,* Corporate Compliance im aktienrechtlichen Unternehmensverbund, CCZ 2008, 1; *Hauschka,* Der Compliance-Beauftragte im Kartellrecht, BB 2004, 1178; *Hauschka/Greeve,* Compliance in der Korruptionspräventation – was müssen, was sollen, was können die Unternehmen tun?, BB 2007, 165; *Koch,* Compliance-Pflichten im Unternehmensverbund?, WM 2009, 1013; *Kremer/Klahold,* Compliance Programme in Industriekonzernen, ZGR 2010, 113; *Uwe H. Schneider,* Compliance als Aufgabe der Unternehmensleitung, ZIP 2003, 645; *Voet van Vormizizeele,* Kartellrechtliche Compliance-Programme im Rahmen der Bußgeldbestimmung de lege lata und de lege ferenda, CCZ 2009, 41.

A. Einführung

1 Compliance im Sinne von Maßnahmen zur Einhaltung der gesetzlichen Vorschriften und unternehmensinternen Regelwerke ist in den letzten Jahren bei vielen deutschen Industrieunternehmen und -Konzernen zu einem festen Bestandteil der Unternehmensorganisation und des Risikomanagements geworden.[1] Dabei liegt das Schwergewicht in der Praxis der Industrieunternehmen auf der Einhaltung **kartellrechtlicher Bestimmungen** und auf der **Korruptionsbekämpfung**[2], da in diesen beiden Bereichen das wirtschaftliche Risiko für die betroffenen Unternehmen besonders hoch ist.

2 Compliance Maßnahmen bei einzelnen Unternehmen sind inzwischen selbstverständlich und nicht auf Korruptionsbekämpfung und kartellrechtliche Fragestellungen begrenzt. Produzierende Unternehmen müssen besonderen Wert auf die Einhaltung der Umweltgesetze legen[3], bei börsennotierten Unternehmen machen die insiderrechtlichen Regeln vielfältige, insbesondere im Anlegerschutzverbesserungsgesetz festgelegte Compliance Maßnahmen erforderlich.[4] Exportierende Unternehmen müssen durch organisatorische Maßnahmen sicherstellen, dass die außenwirtschaftsrechtlichen Bestimmungen eingehalten werden und selbstverständlich ist jede Geschäftsführung verpflichtet, in ihrem Verantwortungsbereich für die Einhaltung des Arbeitnehmergleichbehandlungsgesetzes Sorge zu tragen.[5] Schließlich hat sich in der Unternehmenspraxis in jüngerer Zeit ein deutlich gesteigertes Bewusstsein gegenüber der notwendigen Einhaltung der einschlägigen Datenschutzgesetze herausgebildet.[6] All diese wichtigen Fragen werden hier nicht weiter vertieft, denn sie sind durch die einschlägigen Gesetzestexte und Verordnungen und nicht zuletzt durch die Unternehmenspraxis in deutlich höherem Maße geregelt als es z.B. in den Bereichen der Kartell- und Korruptionsbekämpfung der Fall ist.[7]

---

1 Vgl. etwa nur die DAX Unternehmen BASF, Bayer, RWE und Siemens, deren Compliance Programme jeweils im Internet abrufbar sind.
2 *Ringleb* in Ringleb/Kremer/Lutter/v. Werder, Deutscher Corporate Governance Kodex, 3. Aufl. 2008, Ziff. 4.1.3, Rz. 630 ff.; *Kremer/Klahold*, ZGR 2010, 121 ff.; *Hauschka*, BB 2007, 165 ff.; *Lampert*, BB 2002, 2237 ff.
3 S. zu den Haftungsfragen im Umweltrecht unten *Uwer*, § 34 (S. 1018 ff.).
4 S. zur Haftung für fehlerhafte Informationen im Kapitalmarkt unten *Krämer*, § 28 (S. 814 ff.).
5 Vgl. *Fleischer* in Fleischer, Handbuch des Vorstandsrechts, § 8 Rz. 40, 45; *Hauschka*, NJW 2004, 257 ff.
6 Vgl. nur Presseinformation der Deutschen Bahn v. 27.8.2009 im Internet abrufbar unter http://www.deutschebahn.com/site/bahn/de/unternehmen/presse/presseinformationen/ubh/h20090827.html; zu Datenschutz Compliance: *Neundorf* in Hauschka, Corporate Compliance, 2007, § 27.
7 Vgl. zu Compliance in Finanzdienstleistungsunternehmen oben *Gebauer/Kleinert*, § 20 (S. 583 ff.).

B. Wirtschaftliche Risiken bei Kartellverstößen und Korruptionsfällen

Kartellverstöße aber auch Korruptionsfälle können erhebliche und mitunter **Existenz bedrohende Risiken** für ein Unternehmen begründen. 3

So hat die **EU-Kommission** im Jahr 2009 allein gegen E. ON und GDF ein **Bußgeld** von jeweils rund 553 Mio. Euro wegen kartellrechtlicher Verstöße im Zusammenhang mit dem Betrieb einer Gaspipeline[1] verhängt und gegen das französische Unternehmen Saint Gobain im sog. Autoglaskartell[2] im Jahr 2008 ein neues Rekordbußgeld für ein einzelnes Unternehmen von rund 896 Mio. Euro (Bußgeld insgesamt: rund 1,4 Mrd. Euro) festgesetzt. Basis dieser Bußgeldfestsetzungen waren die von der EU-Kommission am 28.6.2006 beschlossenen neuen Bußgeldleitlinien.[3] Damit scheint sich die Prognose zu bestätigen, dass auf Basis der neuen Leitlinien im Vergleich zu den Leitlinien von 1998 Geldbußen weiter erheblich steigen. Die EU-Kommission schätzt, dass sich das bisherige Bußgeldniveau insbesondere für Großunternehmen verdreifachen kann.[4] Höchstgrenze für ein Bußgeld sind 10 % des Konzernumsatzes[5] je Verstoß. 4

Auch die vom Bundeskartellamt verhängten Geldbußen wegen Verstößen gegen das deutsche Kartellrecht (GWB) haben inzwischen exorbitante Höhen erreicht.[6] So hat das Amt in 2003 Bußgelder von über 660 Mio. Euro gegen die Teilnehmer des Zementkartells verhängt, die mittlerweile gerichtlich auf knapp 330 Mio. Euro herabgesetzt wurden.[7] Hinzukommen **Schadensersatzrisiken** für die betroffenen Unternehmen (sog. Private Enforcement), die nach Einschätzung einiger Experten[8] nochmals die Höhe der für das Kartell verhängten Bußgelder erreichen können, zumal dann, wenn sie in class action ähnlichen Sammelverfahren geltend gemacht werden können.[9] Auch das Aufdeckungsrisiko von Kartellver- 5

---

1 Pressemitteilung der Europäischen Kommission v. 8.7.2009, IP/09/1099.
2 Pressemitteilung der Europäischen Kommission v. 12.11.2008, IP/08/1685.
3 Leitlinien für das Verfahren zur Festsetzung von Geldbußen gem. Art. 23 Abs. 2 (a) der Verordnung (EG) Nr. 1/2003 – ABl. EG Nr. C 210 v. 1.9.2006, S. 2; dazu *Sünner*, EuZW 2007, 8 ff.
4 *Neelie Kroes*, Delivering on the crackdown: recent developments on the European Commission's campaign against cartels, The 10th Annual Competition Conference at the European Institute Fiesole, Italy, 13th October 2006.
5 Art. 23 Abs. 2 VO (EG) Nr. 1/2003, vgl. dazu *Bechtold/Bosch/Brinker/Hirsbrunner*, EG-Kartellrecht, Art. 23 VO 1/2003 Rz. 40.
6 Vgl. auch die Bußgeldleitlinien des Bundeskartellamtes, Bekanntmachung v. 15.9.2006 (Nr. 38/2006).
7 Vgl. Pressemitteilung des Bundeskartellamts v. 14.4.2003 und Pressemitteilung Nr. 19/09 des OLG Düsseldorf v. 26.6.2009.
8 Vgl. *Lampert*, BB 2002, 2237, 2238; *Hauschka*, BB 2004, 1178.
9 Vgl. FAZ v. 20.10.2009 („Barroso verheddert sich im Sammelklagen-Dickicht") sowie die Internetseite der EU Kommission (http://ec.europa.eu/competition/antitrust/actions damages/index.html) zu den Überlegungen eine EU-Richtlinie zur Regelung von Gruppen- und Verbandsklagen zur Geltendmachung kartellrechtlicher Schadensersatzansprüche einzuführen. Vgl. zu anhängigen Klagen etwa Wirtschaftswoche v. 23.4.2009 („Rekordklage gegen Evonik eingereicht") – http://www.wiwo.de/unternehmen-maerkte/rekord klage-gegen-evonik-eingereicht-394818/.

stößen ist wegen der europäischen und nationalen Kronzeugenregelungen hoch.[1] Schließlich steigt auch im Kartellrecht die Gefahr, dass Mitarbeiter wegen Submissionsabsprachen strafrechtlich zur Verantwortung gezogen werden.[2]

6 Die wirtschaftlichen Risiken für die Unternehmen in **Korruptionsfällen** haben sich in außerordentlicher Weise im Fall Siemens gezeigt.[3] Sie resultieren in erster Linie aus den strafrechtlichen **Verfallvorschriften** (Abschöpfung des durch die Korruption erlangten Gewinns nach dem „Bruttoprinzip")[4], aus der strafrechtlichen Verfolgung[5] von Mitarbeitern, die in der Regel eine Gefängnisstrafe nach sich zieht, aus der Haftung des Geschäftsführers und leitender Mitarbeiter des Unternehmens für Korruptionshandlungen[6] der ihnen zugeordneten Arbeitnehmer gem. §§ 130, 9 OWiG und aus der Haftung des Unternehmens für diese Pflichtverletzungen nach den Grundsätzen des § 30 OWiG.[7] Hinzukommen vergleichbare oder noch weitergehende Risiken aus **ausländischen Rechtsordnungen**, insbesondere – aber nicht nur[8] – aus den USA.[9] Größte Bedeutung hat auch der **Reputationsschaden**[10], der dem Unternehmen bei Korruptions- wie bei Kartellfällen entsteht. Börsennotierte Unternehmen haben daneben ein nicht zu unterschätzendes Börsenkursrisiko.

7 Im Hinblick auf eine **zivilrechtliche Inanspruchnahme** von Organmitgliedern in Aktiengesellschaften ist zusätzlich zu beachten, dass das Risiko einer persönlichen deliktischen Haftung im Außenverhältnis gegenüber Dritten[11] bzw. einer

---

1 Bundeskartellamt: Bekanntmachung über den Erlass und die Reduktion von Geldbußen in Kartellsachen v. 7.3.2006 (Bekanntmachung Nr. 9/2006); Europäische Kommission: Mitteilung der Kommission über den Erlass und die Ermäßigung von Geldbußen in Kartellsachen, ABl. EG Nr. C 298 v. 8.12.2006, S. 17.
2 Vgl. § 298 StGB – wettbewerbsbeschränkende Absprachen bei Ausschreibungen; vgl. auch *Lampert*, BB 2002, 2237, 2238; *Reimann/Krohs*, WuW 2003, 739 ff. zur Rechtslage in UK.
3 Vgl. Pressemitteilung der Siemens AG v. 15.12.2008 im Internet abrufbar unter http://w1.siemens.com/press/de/events/2008-12-pk.php.
4 Vgl. BGH v. 2.12.2005 – 5 StR 119/05, wistra 2006, 96 = NJW 2006, 925; BGH v. 21.8.2002 – 1 StR 115/02, NJW 2002, 3339–3342; *Sedemund*, DB 2003, 323; *Zimmer/Stetter*, BB 2006, 1445, 1449.
5 Vgl. BGH v. 29.8.2008 – 2 StR 587/07, NJW 2009, 89 ff.; LG München I v. 19.11.2008 – Pressemitteilung OLG München Strafsachen v. 19.11.2008 im Internet abrufbar unter www.justiz.bayern.de/gericht/olg/m/presse/archiv/2008/01686/index.php; *Zimmer/Stetter*, BB 2006, 1445, 1446 mit einem Überblick zu Korruptionsdelikten im Inland; zu Auslandssachverhalten vgl. *Randt*, BB 2000, 1006 ff.
6 Strafbar etwa gem. §§ 298, 299, 333, 334 StGB (ggf. i.V.m. IntBestG oder EUBestG).
7 *Bachmann/Prüfer*, ZRP 2005, 109, 110; *Zimmer/Stetter*, BB 2006, 1445, 1448; *Hauschka*, ZIP 2004, 877, 879; oben *Gebauer/Kleinert*, § 20 Rz. 62 ff.; unten *Schücking*, § 36 Rz. 14 f., 68); zur Bedeutung von § 130 OWiG im Konzern: *Wirtz*, WuW 2001, 342; *Gürtler* in Göhler, OWiG, 15. Aufl. 2009, § 130 OWiG Rz. 5a.
8 Vgl. etwa zu den Folgen des Siemens/Enel-Verfahrens nach italienischem Recht: BGH v. 29.8.2008 – 2 StR 587/07, NJW 2009, 89, 90, Rz. 21 ff.
9 Vgl. aus dem deutschen Schrifttum zum US-amerikanischen Foreign Corrupt Practises Act nur *Schulte/Görts*, RIW 2006, 561 ff.; *Partsch*, The Foreign Corrupt Practices Act (FCPA) der USA, Monographie, 2007.
10 *Bürkle*, BB 2005, 565, 566; *Hauschka*, BB 2007, 165, 166.
11 Vgl. zum Kartellrecht *Kapp/Gärtner*, CCZ 2009, 168 ff.; *Dreher*, WuW 2/2009, S. 133 ff.

strafrechtlichen Verantwortlichkeit deutlich gestiegen ist. Dies bezieht auch die Gefahr mit ein, dass Haftungsansprüche im Innenverhältnis[1], also Ansprüche der Gesellschaft gegen Mitglieder des Vorstands oder Aufsichtsrats erfolgreich durchgesetzt werden. Neben der einschlägigen ARAG/Garmenbeck-Rechtsprechung[2] des Bundesgerichtshofs, wonach der Aufsichtsrat grundsätzlich verpflichtet ist, Ansprüche der Gesellschaft gegen den Vorstand geltend zu machen, dürften in diesem Zusammenhang auch die durch das UMAG im Jahr 2005 neu eingeführten Regelungen der §§ 147ff. AktG zur erleichterten Geltendmachung von Ersatzansprüchen durch die Aktionäre in Zukunft verstärkt eine Rolle spielen.[3] Die D&O Versicherungen decken den Schaden in der Regel nicht ab, da Vorsatztaten aus der Versicherungsdeckung herausgenommen sind.

C. Compliance als Konzernleitungsaufgabe

In Anbetracht der geschilderten wirtschaftlichen Risiken aus Kartellverstößen und Korruptionsfällen, aber auch unter Berücksichtigung der persönlichen Haftungs- und Strafbarkeitsrisiken von Organmitgliedern sollte es selbstverständlich sein, dass nicht nur die Organe der betreffenden Unternehmen, sondern bei Konzerneingebundenheit des Unternehmens auch der Vorstand einer Konzernobergesellschaft im Rahmen seiner eigenen Leitungspflicht gehalten ist, diesen Risiken durch geeignete Maßnahmen im Konzern vorzubeugen.[4] Der **Deutsche Corporate Governance Kodex** drückt das sehr deutlich aus: Der Vorstand hat für die Einhaltung der gesetzlichen Bestimmungen zu sorgen und wirkt auf deren Beachtung durch die Konzernunternehmen hin.[5]

8

In diesem Zusammenhang ist auch zu berücksichtigen, dass z.B. die EU-Kommission bei Verstößen gegen das europäische Kartellrecht durch ein Konzernunternehmen in aller Regel die **gesamtschuldnerische Haftung der Konzernobergesellschaft** für die Geldbuße anordnet. Auf Basis der ständigen Rechtsprechung der europäischen Gerichte[6] bilden Mutter- und Tochtergesellschaft eine wirtschaft-

9

---

1 Vgl. zu Ansprüchen aus § 93 Abs. 1 AktG aus Compliance Fällen: *Fleischer* in Fleischer, Handbuch des Vorstandsrechts, § 8 Rz. 45; *Fleischer*, ZIP 2005, 141 ff.; zur Frage, ob eine Rechtspflicht zur Einführung von Compliance Programmen besteht, vgl. *Bürkle*, BB 2005, 565, 568; *Fleischer*, BB 2008, 1070, 1072; *Kremer/Klahold*, ZGR 2010, 118f.; *Uwe H. Schneider/v. Buttlar*, ZIP 2004, 1621, 1622; *Uwe H. Schneider*, ZIP 2003, 645, 648f.; *Thole*, ZHR 173 (2009), 504, 510.
2 BGH v. 21.4.1997 – II ZR 175/95, BGHZ 135, 244 = AG 1997, 377.
3 Vgl. *Hüffer*, Kommentierung zu § 148 AktG m.w.N.; als Beispiel aus der Unternehmenspraxis kann auf die Ankündigung von institutionellen Investoren der Siemens AG verwiesen werden, Schadensersatzansprüche gegen ehemalige Vorstandsmitglieder auf diese Weise geltend machen zu wollen, s. z.B. „Siemens-Aktionäre fordern Schadensersatz – Klage gegen Exmanager"; www.zdnet.de/news v. 19.10.2009.
4 *Uwe H. Schneider*, ZIP 2003, 646, 648; *Uwe H. Schneider*, NZG, 2009, 1321, 1323ff.
5 Deutscher Corporate Governance Kodex, Ziffer 4.1.3, abrufbar unter www.corporate-governance-code.de.
6 EuGH v. 10.9.2009 – C-97/08 P, abrufbar unter www.eur-lex.eu, Rz. 54ff.; EuGH v. 12.12.2007 – T-112/05, Slg. 2007, 5049, Rz. 57ff.; EuGH v. 25.10.1983 – 107/82, Slg. 1983, 3151, Rz. 49; EuGH v. 16.11.2000 – C-286/98 P, Slg. 2000, I-9925, Rz. 29; *Bechtold/Bosch/Brinker/Hirsbrunner*, EG-Kartellrecht, Art. 23 VO 1/2003 Rz. 26 m.w.N. Vgl. zu entspre-

liche Einheit, wenn die Muttergesellschaft entscheidenden Einfluss auf das Geschäftsverhalten der Tochtergesellschaft ausübt. Die EU-Kommission geht dann im Wege der Vermutung davon aus, dass die Muttergesellschaft einen entsprechenden Einfluss über ihre 100%ige Tochtergesellschaft ausübt. Diese Vermutung ist in der Praxis nur schwer zu widerlegen.

10 Deutsche Konzerne sind aus steuerlichen Gründen im Inland vielfach als **Vertragskonzerne** strukturiert. Somit haftet die Konzernobergesellschaft in diesen Fällen über ihre konzernrechtliche Verlustausgleichspflicht (§ 302 AktG) mittelbar für alle ihren Konzernunternehmen auferlegten Geldbußen. Auch dies spricht dafür, geeignete Maßnahmen zu treffen, dass wesentliche Bußgeldtatbestände auch in Tochtergesellschaften nicht verwirklicht werden.

11 Bei einem Konzern mit einheitlichem Außenauftritt lassen sich Reputationsschäden bei Korruption oder Kartellverstößen erfahrungsgemäß nicht auf das betreffende Konzernunternehmen „isolieren", sondern strahlen auf den Gesamtkonzern einschließlich der Konzernobergesellschaft aus. Auch deshalb ist der Konzernvorstand gehalten, durch geeignete organisatorische Maßnahmen den Reputationsschäden vorzubeugen. Diese Maßnahmen werden in der Regel als „Compliance Programm" bezeichnet.

D. Aufbau und Elemente von Compliance Programmen

12 Der Vorstand ist für die Einhaltung der geltenden Gesetze und internen Richtlinien verantwortlich.[1] Diese Pflicht zur materiellen Compliance im Sinne des Legalitätsprinzips ist aber nicht nur Aufgabe des Vorstands, sondern jedes einzelnen Mitarbeiters. Davon zu unterscheiden ist die Zuständigkeit zur Einrichtung von Compliance Programmen, deren **Organisation, Struktur und Inhalt** nachfolgend exemplarisch in den Bereichen Kartellrecht und Korruptionsbekämpfung näher vorgestellt werden soll. Das Programm ist auf einen international tätigen und organisatorisch tief gestaffelten Industriekonzern zugeschnitten.

13 Das in der Praxis eingesetzte Repertoire der in Frage kommenden Compliance Maßnahmen ist vielfältig.[2] Üblicherweise besteht ein Compliance Programm jedenfalls aus verschiedenen teils präventiv, teils repressiv ausgerichteten Bestandteilen (**Compliance Tools**):
– aus Konzernrichtlinien, die deutlich machen, dass Gesetzesverstöße im Konzern keinesfalls geduldet werden, und die hierzu Verhaltensregeln aufstellen,
– aus Informationsblättern zur Erläuterung der Rechtslage,
– aus vertiefenden Schulungsmaßnahmen für und Beratungsangebote an ausgewählte Mitarbeiterkreise,

---

den und auf § 130 OWiG gestützten Tendenzen in der Entscheidungspraxis des Bundeskartellamtes („Etex"): *Koch*, AG 2009, 564 ff.
1 Vgl. Ziffer 4.1.3 Deutscher Corporate Governance Kodex.
2 Übersichten zur Ausgestaltung von Compliance Programmen finden sich bei *Hauschka*, BB 2007, 165 ff.; *Hauschka*, ZIP 2004, 877 ff.; *Bürkle*, BB 2005, 565 ff.; *Uwe H. Schneider*, ZIP 2003, 645, 649 f.

- aus Auditierungen zur Überprüfung der Einhaltung der Konzernrichtlinien
- aus Berichtspflichten über aufgetretene Verstöße gegen gesetzliche Vorschriften oder Konzernrichtlinien

sowie

- aus weiteren Kontroll- und Überwachungsmaßnahmen.

Das Compliance Programm soll in seiner Gesamtheit bewirken, dass Rechtsverstöße auf den jeweiligen Compliance Feldern möglichst unterbleiben[1], auch wenn es eine absolute Sicherheit nicht geben kann. Auch ein noch so gutes Compliance Programm kann kriminelles Handeln oder vorsätzliche Verstöße nicht vollständig ausschließen.

I. Einrichtung einer Compliance Organisation und Aufgabenverteilung

1. Vorstand

Compliance Maßnahmen zur Korruptionsprävention und zur Einhaltung kartellrechtlicher Bestimmungen fallen in erster Linie in die Zuständigkeit des **Vorstands der Konzernobergesellschaft**, der unter Einsatz entsprechender Richtlinien oder Anweisungen die Einführung und die regelmäßige Fortentwicklung eines konzernweit geltenden **Compliance Programms** in diesen Bereichen **beschließt** und seine **Durchführung überwacht**.[2] Ferner informiert der Vorstand den Aufsichtsrat regelmäßig über das Programm und seine Umsetzung, um den Aufsichtsrat in die Lage zu versetzen, seine Überwachungs- und Beratungsaufgaben im Bereich Compliance wahrzunehmen.[3]

Die Umsetzung des Compliance Programms im Konzern wird durch den Vorstand kontrolliert. Liegen keine Hinweise auf mögliche Schwachstellen vor, ist es nicht die Aufgabe des Vorstands „jeden Stein im Unternehmen umzudrehen"[4]. Gleichwohl ist zu beachten, dass sich die **Überwachungsaufgaben** von Vorstand und Aufsichtrat **intensivieren**, wenn und soweit es zu Verstößen gegen das Compliance Programm gekommen ist bzw. entsprechende Hinweise auftreten.[5]

Innerhalb des Vorstands kann es sich anbieten, einem einzelnen Vorstandsmitglied die **Ressortverantwortung für Compliance** zuzuweisen, um das Programm in die Vorstandsorganisation einzubinden und einen sachkundigen Ansprechpartner im Vorstand zu haben.[6] Als Ressortverantwortlicher kommt z.B. der für das Risikomanagement zuständige Finanzvorstand in Betracht. Weniger optimal

---

1 *Lampert*, BB 2002 2237, 2243.
2 *Fleischer*, AG 2003, 291 ff.; *Uwe H. Schneider*, ZIP 2003, 645 ff.
3 Vgl. *Wagner*, CCZ 2009, 8, 18.
4 Vgl. zur abgestuften Überwachungspflicht des Vorstands *Fleischer* in Fleischer, Handbuch des Vorstandsrechts, § 8 Rz. 32 ff. m.w.N.
5 *Fleischer*, AG 2003, 291, 299; OLG Düsseldorf v. 22.5.1990 – 2 Ss OWi 144/90–28/90 III, wistra 1991, 38; *Rogall* in Karlsruher Komm. OWiG, 3. Aufl. 2006, § 130 OWiG Rz. 64.
6 *Hauschka*, BB 2007, 165, 167.

wäre hingegen die Benennung eines Vorstandsmitglieds mit operativer Verantwortung, da in dieser Konstellation Interessenkonflikte im Zusammenhang mit notwendigen Aufklärungsmaßnahmen nicht ausgeschlossen werden können.

2. Aufsichtsrat/Prüfungsausschuss

18 Auch die Aufgaben des Aufsichtsrats bei Compliance Maßnahmen gewinnen zunehmend an Bedeutung.[1] Da gerade Kartell- und Korruptionssachverhalte erhebliches Risikopotential beinhalten, wird sich der Aufsichtsrat bzw. sein Prüfungsausschuss regelmäßig vom Vorstand über das Compliance System und seine Fortentwicklung sowie über wesentliche Verstöße berichten lassen und diese diskutieren.

3. Operative Einheiten sowie Segment- bzw. Spartenführungsgesellschaften

19 Die operativen Einheiten sowie – falls vorhanden – ihre zuständigen Segment- oder Spartenführungsgesellschaften sind in erster Linie für die **Umsetzung** des Compliance Programms verantwortlich. Dazu zählen unter anderem die Durchführung von Schulungen sowie die Behandlung von Einzelfällen, einschließlich der Umsetzung von Maßnahmen gegen die Verantwortlichen bei Verstößen. Über sämtliche relevanten Vorgänge ist die Konzernobergesellschaft zu informieren.

4. Compliance Committee/Compliance Officer

20 Bei der Einrichtung des Compliance Systems kann der Vorstand die Bildung eines aus **verschiedenen Stabsfunktionen zusammengesetzten Compliance Lenkungskreises** (Compliance Committee) bei der Konzernobergesellschaft beschließen.[2] Neben den Rechts- und ggfs. den Controllingbereichen sollte insbesondere die interne Revision in diesem Gremium vertreten sein. Hinzu kommt im Korruptionsbereich auf Grund der großen Bedeutung der steuerlichen Behandlung durch die Betriebsprüfung die Teilnahme der Steuerabteilung. Auch externe Experten können zu den Sitzungen hinzugezogen werden. Auch der Aufbau einer besonderen **Compliance Abteilung** mit einem (Chief) Compliance Officer als Abteilungsleiter kommt in Betracht, die organisatorisch eigenständig in Abstimmung mit den anderen Fachbereichen das Thema behandelt.[3]

---

1 *Bürkle*, BB 2007, 1797, 1800; *Kremer/Klahold*, ZGR 2010, 123 f.; allg. dazu *Lutter/Krieger*, Rechte und Pflichten des Aufsichtsrats, § 3 Rz. 63 ff., 68; *Lutter*, Aufsichtsrat und Sicherung der Legalität in Unternehmen, in FS Hüffer, 2010, S. 617; *Winter*, Die Verantwortlichkeit des Aufsichtsrats für „Corporate Compliance", in FS Hüffer, 2010, S. 1103; *Semler* in MünchKomm. AktG, § 111 AktG Rz. 61 f.; *Hüffer*, NZG 2007, 47, 49.
2 *Bürkle* in Hauschka, Corporate Compliance, 2007, § 8 Rz. 31; zum Aufbau einer Compliance Organisation vgl. auch *Lösler*, NZG 2005, 105, 107.
3 *Bürkle*, BB 2005, 565, *Hauschka*, NJW 2004, 257, 261; vgl. dazu auch *Klindt*, NJW 2006, 3399/3400; zu den Anforderungen an einen Chief Compliance Officer *Jens Hüffer/Uwe H. Schneider*, ZIP 2010, 55.

Die zu erledigenden **Aufgaben** sind in beiden Fällen identisch: Das Compliance Programm ist fortlaufend zu prüfen und notwendige Optimierungs- oder Ergänzungsmaßnahmen sind dem Vorstand vorzuschlagen. Einzelne Elemente des Compliance Programms (etwa Informations- und Schulungsmaterialien) werden erarbeitet und umgesetzt bzw. den für die Umsetzung des Programms verantwortlichen Stellen zur Verfügung gestellt. Bei Einzelfällen ist die zur Risikoprüfung erforderliche Rechts- bzw. Compliance Beratung sicherzustellen. Organisatorische Maßnahmen im Rahmen der Umsetzung (Risikoanalysen, Audits etc.) werden, soweit erforderlich, begleitet. 21

Für die Frage, ob die Einrichtung einer eigenständigen **Compliance Abteilung oder** die Behandlung des Themas durch einen Arbeitskreis der beteiligten **Fachbereiche** unter Federführung der Rechtsabteilung vorzugswürdig ist, gibt es vor dem Hintergrund der vielfältigen Unternehmenswirklichkeit keine für alle Fälle richtige Antwort. 22

Voraussetzung für die Einrichtung einer Compliance Abteilung und/oder die Benennung eines Compliance Beauftragten ist zunächst eine sachgerechte Aufgabenbeschreibung und die Ausstattung mit angemessenen Personal- und Sachmitteln.[1] Vorteil einer solchen Lösung kann sein, dass eine eigenständige Compliance Abteilung ihre Arbeit unabhängig von der Beratung im operativen Geschäft erbringen kann. Zugleich wird unternehmensintern wie -extern die besondere Bedeutung des Themas Compliance vermittelt. Die Eigenständigkeit der Compliance Abteilung darf umgekehrt nicht dazu führen, dass sie im Unternehmen ein Schattendasein führt und sich ihr Wirken etwa auf den Bereich der Präventivmaßnahmen, also insbesondere auf Schulungsmaßnahmen, konzentriert, während kritische Sachverhalte, also etwa mögliche Verstöße gegen das Compliance Programm, in erster Linie von den einzelnen Fachabteilungen bzw. operativ tätigen Konzernunternehmen behandelt werden. Gestaltungen, bei denen die Zuständigkeit für Compliance und damit die **Federführung** im Compliance Committee bei der **Rechtsabteilung** verbleibt, die Aufgaben aber von Justitiaren übernommen werden, die zur Vermeidung denkbarer Interessenkonflikte nicht zugleich operativ beratend tätig sind[2] und die direkt oder über den Chefjustitiar bzw. Chief Compliance Officer an den Vorstand berichten, können zweckmäßig sein. 23

5. Mitbestimmung des Betriebsrats

Ein allgemeines Mitbestimmungsrecht des Betriebsrats bei der Einrichtung von Compliance Programmen besteht grundsätzlich nicht. Allerdings kann sich eine Zustimmungspflicht für gewisse Einzelmaßnahmen ergeben.[3] Zuständig ist bei Konzernprogrammen nach § 58 Abs. 1 BetrVG der Konzernbetriebsrat.[4] Denkbar ist dies etwa gem. **§ 87 Abs. 1 Nr. 6 BetrVG** bei der Einführung von elektronischen Schulungsprogrammen, wenn diese die Möglichkeit zur elektroni- 24

---
1 Vgl. *Hauschka*, BB 2004, 1178, 1180.
2 Vgl. auch *Bürkle* in Hauschka, Corporate Compliance, 2007, § 8 Rz. 18.
3 Vgl. dazu *Meyer*, NJW 2006, 3605 ff.; *Schuster/Darsow*, NZA 2005, 273; *Juncker*, BB 2005, 602.
4 BAG v. 22.7.2008 – 1 ABR 40/07, NZA 2008, 1248, 1255.

schen Verhaltensüberwachung beinhalten. Je nach Ausgestaltung der Schulungsmaßnahmen kann sich ein Mitbestimmungsrecht auch aus § 98 BetrVG ergeben.

25 Daneben kann sich aus **§ 87 Abs. 1 Nr. 1 BetrVG** ein betriebliches Mitbestimmungsrecht bei Compliance Maßnahmen ergeben. Die Vorschrift ist von der Rechtsprechung[1] mittlerweile in verschiedenen Entscheidungen (**Wal Mart und Honeywell**) angewendet worden, in der es um Mitspracherechte des Betriebsrats bei der Einführung eines an amerikanischen Standards orientierten Compliance- und Ethik-Programms ging. So wurde eine Mitbestimmungspflicht des Betriebsrats wegen Regelungen zum Ordnungsverhalten im Betrieb für Vorgaben des Arbeitgebers bejaht, die eine Verpflichtung zur (anonymen) Meldung von (möglichen) Verstößen gegen den unternehmensinternen Verhaltenskodex an den Arbeitgeber (Pflicht zur Whistleblower-Meldung) vorsahen.[2] Gleiches gilt für das ausnahmslose Verbot, Geschenke oder Zuwendungen (einschließlich Trinkgeldern und Aufmerksamkeiten zu Weihnachten etc.) von Lieferanten anzunehmen oder zu fordern, jedenfalls dann, wenn zugleich eine Verpflichtung geschaffen wird, den Vorgesetzten über eine entsprechende Offerte eines Lieferanten zu informieren.[3]

II. Elemente eines Compliance Programms

26 Compliance Programme bestehen aus verschiedenen Einzelelementen, die aufeinander aufbauen und miteinander zu verzahnen sind. Die wesentlichen Bestandteile eines Compliance Programms zur Korruptionsbekämpfung und zum Kartellrecht werden im Folgenden vorgestellt, sie lassen sich in die Elemente „informieren und beraten der Mitarbeiter" (Ziffern 1–5), „identifizieren möglicher Compliance Verstöße" (Ziffern 6 und 7) sowie „berichten und handeln" (Ziffern 8 und 9) einteilen.

1. Konzernrichtlinien/Policy Statements

27 An der Spitze eines Compliance Programms zur Korruptionsbekämpfung und zum Kartellrecht stehen in aller Regel eine bzw. mehrere vom Vorstand zu verabschiedende **Konzernrichtlinien** oder vergleichbare verbindliche Anweisungen. Diese unternehmensinternen Vorschriften verankern das Compliance Programm im Konzern, legen die Verantwortlichkeiten für das Programm sowie seine konzernweite Umsetzung fest und bilden die Grundlage für alle weiteren Compliance Maßnahmen.

28 Kernbestandteil der Richtlinien ist das Bekenntnis des Vorstands, das Unternehmen nach **wirtschaftsethischen Grundsätzen** verantwortungsvoll und im Einklang mit den geltenden Gesetzen und den Regeln des fairen Wettbewerbs zu füh-

---

1 BAG v. 22.7.2008 – 1 ABR 40/07, NZA 2008, 1248, 1255; ArbG Wuppertal v. 15.6.2005 – 5 BV 20/05, ZIP 2005, 1334; LAG Düsseldorf v. 14.11.2005 – 10 TaBV 46/05, ZIP 2006, 436.
2 BAG v. 22.7.2008 – 1 ABR 40/07, NZA 2008, 1248, 1255; LAG Düsseldorf v. 14.11.2005 – 10 TaBV 46/05, ZIP 2006, 436, 438; vgl. *Wisskirchen/Körber/Bissels*, BB 2006, 1567, 1571; *Unmuß*, CCZ 2009, 88, 90 ff.
3 LAG Düsseldorf v. 14.11.2005 – 10 TaBV 46/05, ZIP 2006, 436, 439 m.w.N.

ren, sog. Policy Statement oder Commitment.[1] Es muss deutlich werden, dass Compliance im Unternehmen eine **wesentliche Leitungsaufgabe** ist und dass die in der Richtlinie verankerten Grundwerte wesentliche Grundprinzipien für das unternehmerische Handeln des Konzerns bilden: Im Sinne einer „**zero tolerance**" Politik sind demnach kartellrechtswidrige Absprachen oder die Amtsträger- oder Angestelltenbestechung niemals im Unternehmensinteresse. Das gilt unabhängig davon, welche (kurzfristig wirkenden) Ertragschancen sich für das Unternehmen ergeben könnten, wenn in Form von kartell- oder korruptionsrelevantem Verhalten die Geschäftsaussichten verbessert würden.[2]

Ein derartiges gelebtes Policy Statement des Vorstands ist als Basis eines Compliance Programms in der unternehmensinternen und -externen **Kommunikation** von großer Bedeutung. Folglich ist sicherzustellen, dass es auch entsprechend umfassend im Unternehmen verteilt bzw. versendet wird oder den Mitarbeitern auf andere Weise zur Kenntnis gebracht wird. Den Vorständen, Geschäftsführern und Führungskräften des Konzerns ist die Relevanz des Compliance Programms für den dauerhaften Unternehmenserfolg zu erläutern. Eine erfolgreiche Implementierung des Programms kann nur gelingen, wenn die Führungskräfte die Einführung des Programms unterstützen und ihrer **Verantwortung als Geschäftsleiter und Vorgesetzte** gerecht werden.

So wichtig ein solches Policy Statement des Vorstands für die Glaubwürdigkeit der Compliance Maßnahmen des Unternehmens ist – in gleicher Weise kommt es darauf an, dass die eingeführten Compliance Programme auch **konsequent umgesetzt** werden.[3] Dabei muss sichergestellt sein, dass das Programm bei der **Anwendung im Ausland**, etwa in den USA[4] oder in Italien[5] an eventuell abweichende lokale Organisationsvorschriften angepasst werden kann.

2. Richtlinie zum Umgang mit Vertriebsberatern und -agenten

Während das Policy Statement sowie darauf aufbauende Konzernrichtlinien die Kernbotschaften und -gebote des Programms in kurzer und verständlicher Form vermitteln sollen, kann sich daneben als wichtiges Element zur Korruptionsprä-

---

1 *Itzen*, BB-Special 5/2008, 12, 14.
2 Zur Legalitätspflicht des Vorstands auch bei „nützlichen" Pflichtverletzungen im Zusammenhang mit Compliance Sachverhalten vgl. *Fleischer*, ZIP 2005, 141 ff.; *Thole*, ZHR 173 (2009), 504, 512 ff.
3 *Ringleb* in Ringleb/Kremer/Lutter/v. Werder, Deutscher Corporate Governance Kodex, 3. Aufl. 2008, Ziff. 4.1.3, Rz. 628.
4 Konkrete Vorgaben für Compliance Programme in den USA ergeben sich aus den Federal Sentencing Guidelines, den bundesweit geltenden US-amerikanischen Strafzumessungsrichtlinien. Diese enthalten im 8. Kapitel („Sentencing of Organizations") detaillierte Vorgaben über die Ausgestaltung eines Compliance Programms, deren Umsetzung sich für die Unternehmen strafverschärfend bzw. -mildernd auswirkt, vgl. United States Sentencing Commission, Guidelines Manual, § 3 E 1.1 (Nov. 2005), abrufbar unter www.ussc.gov/2005guid/CHAP8.pdf.
5 In Italien ergeben sich organisationsrechtliche Vorgaben für ein Compliance Programm aus dem Gesetz Nr. 231/2001 v. 8.6.2001 (vgl. zur Umsetzung etwa „Annual Corporate Governance Report" der Fiat Gruppe, abrufbar im Internet unter http://sustainability.fiatgroup.com/responsabilita-impresa/governance.php.).

vention die Einführung von verbindlichen Vorgaben für den Umgang mit Berater- und Provisionsverträgen im Vertrieb darstellen. Berater und Agenten übernehmen in etlichen Branchen, insbesondere im internationalen Projektgeschäft mitunter eine wichtige vertriebsunterstützende Funktion. Die Compliance Relevanz derartiger Verträge ergibt sich daraus, dass in Beraterverträgen oftmals hoch erscheinende erfolgsabhängige Provisionen vereinbart sind. Entsprechende Vereinbarungen eignen sich daher auch als **Vehikel, um illegale Zahlungen zu verschleiern**, indem den Leistungen des Unternehmens keine adäquate Gegenleistung des Beraters gegenübersteht und das Geld stattdessen teilweise als Schmiergeld an Dritte weitergeleitet wird.

32 Vor diesem Hintergrund sind besondere Vorsichtsmaßnahmen zu ergreifen, damit sichergestellt ist, dass die Provisionen tatsächlich bei dem Berater verbleiben und nicht zu ungesetzlichen Zwecken verwendet werden. **Verbindliche Vorgaben im Umgang mit vertriebsunterstützenden Beratern** dienen dazu, derartige Risiken zu minimieren. Die folgenden Aspekte sind dabei von besonderer Bedeutung: Vorgaben für die Vertragsverhandlungen (Auswahl, Identität und Wettbewerber des Beraters), den Vertragsinhalt (detaillierte Beschreibung der vertraglich vereinbarten Leistungen des Beraters sowie Vereinbarung einer angemessenen Vergütung), den Vertragsabschluss (interner Zustimmungsprozess) und die Vertragsabwicklung (einschließlich Vorgaben für die Zahlungsabwicklung – etwa Identität zwischen Leistungserbringer und Zahlungsempfänger sowie Vorgaben für eine detaillierte Dokumentation der erbrachten Leistungen). Dabei geht es wie stets bei Maßnahmen zur Korruptionsprävention nicht nur darum, dass die Geschäftsbeziehung zu dem Berater aus Sicht des Unternehmens bzw. des prüfenden Unternehmensjuristen zulässig ist und insbesondere keinen Verstoß gegen die Korruptionsgesetze begründet. Darüber hinaus ist auch sicherzustellen, dass aus Sicht einer Staatsanwaltschaft bzw. aus Sicht der steuerlichen Betriebsprüfung[1] von dem Beratervertrag und seiner Abwicklung keine Indizwirkung im Hinblick auf einen Korruptionsfall ausgeht.

3. Merk- und Informationsblätter

33 Merk- und Informationsblätter, in denen den Mitarbeitern die relevanten und jeweils aktuellen gesetzlichen **Bestimmungen in verständlicher Weise erläutert** werden, sind zur Verhinderung von Gesetzesverstößen in den Bereichen Korruptionsbekämpfung und Kartellrecht[2] besonders wichtig. **Inhaltliche Schwerpunkte** können z.B. im Bereich der Anwendung deutschen Korruptionsstrafrechts auf Auslandssachverhalte, bei der Darstellung der steuerrechtlichen Rahmenbedingungen bei einem Korruptionsverdacht (Stichwort: Mitteilungspflicht der Betriebsprüfung an die Staatsanwaltschaft) oder bei der Erläuterung so genannter Hard Core Kartelle und ihrer Rechtsfolgen nach deutschem, europäischem und ggf. US-Kartellrecht liegen.

---

1 Zur Praxis der Betriebsprüfung bei Indizien für Korruption: *Hauschka*, BB 2007, 165, 169; allgemein zur Rolle des Steuerrechts bei der Korruptionsbekämpfung: *Spatscheck*, NJW 2006, 641 ff.
2 *Bürkle*, BB 2005, 565, 566.

Anknüpfend an die Richtlinien können den Mitarbeitern in ergänzenden Merk- 34
blättern weitere Verhaltensempfehlungen und Vorgaben gemacht werden, die
die gesetzlichen Vorschriften konkretisieren und dazu den Umgang mit einzelnen Sachverhalten verbindlich festlegen oder empfehlen. Zum Kartellrecht
bieten sich Empfehlungen zum Verhalten bei Treffen mit Vertretern branchengleicher Unternehmen im Rahmen von Verbandssitzungen an, etwa um unzulässigem Informationsaustausch zwischen Wettbewerbern vorzubeugen und die
Mitarbeiter über gebotenes Verhalten zu informieren, sofern ein solcher Austausch gleichwohl stattfindet. Im Korruptionsbereich kann etwa der **Umgang
mit Geschenken und Einladungen** vorgegeben werden, um bei diesem sensiblen
Thema bereits einen „bösen Schein" im Hinblick auf ungesetzliches Verhalten
durch Mitarbeiter zu vermeiden. Denkbar ist zum Beispiel eine Regelung, dass
Einladungen zu Sport- oder Kulturveranstaltungen stets der Genehmigung des
Vorgesetzten bedürfen oder dass Einladungen nicht auch die Übernahme von
Transport- und Übernachtungskosten umfassen dürfen. Zudem können Richtwerte mit zumindest indikativer Wirkung festgelegt und kommuniziert werden,
um für die Mitarbeiter zu verdeutlichen, bis zu welcher Größenordnung (etwa bei
Einladungen: bis 100 Euro) Zuwendungen dieser Art im Unternehmen im Normalfall (also etwa nicht gegenüber Amtsträgern oder zum Anfüttern) akzeptiert
werden. Auch wenn sich damit naturgemäß mangels Bindungswirkung gegenüber den Strafverfolgungsbehörden nur relative Rechtssicherheit erzeugen lässt,
kann gleichwohl für sozialadäquate Zuwendungen ein notwendiger unternehmerischer Ermessensspielraum geschaffen werden.

Darüber hinaus können schriftliche Merkblätter erstellt und verteilt werden, in 35
denen die Mitarbeiter – ggf. je nach Aufgabenbereich unterschiedlich detailliert –
über das gebotene **Verhalten beim Erscheinen von Ermittlungsbehörden** (Staatsanwaltschaft bzw. nationale oder europäische Kartellbehörden) unterrichtet werden.[1] Derartige Informationsschriften stellen die Rechte und Pflichten der ermittelnden Behörden einerseits und der Mitarbeiter andererseits dar und dienen für
letztere als Handlungsleitfaden in einer Durchsuchungs- bzw. Nachprüfungssituation. Hintergrund ist die Erfahrung, dass gerade in einer solchen für die allermeisten Mitarbeiter sehr ungewohnten Situation mannigfaltige Fehler vorkommen können, die im weiteren Verfahrensablauf die Position des Unternehmens
erheblich beeinträchtigen können. Durch ein Merkblatt zum Verhalten beim Erscheinen von Ermittlungsbehörden kann weitgehend sichergestellt werden, dass
sich beispielsweise jede Durchsuchung/Nachprüfung nur im Rahmen des zugrunde liegenden Beschlusses bewegt und stets von einer ausreichenden Anzahl
von Unternehmensjuristen, externen Anwälten und/oder entsprechend instruierten Personen begleitet wird. Mit steigender Relevanz elektronischer Daten gilt
auch und insbesondere für die Durchsicht von E-Mail Korrespondenz und elektronisch gespeicherten Dokumenten besondere Vorsicht, damit nicht durch die Suche unter Verwendung allgemein gültiger Schlagwörter ohne einen konkreten
Fallbezug oder durch einen unbegrenzten Server-Zugang die Grenzen des zulässigen Durchsuchungsumfangs überschritten werden.[2] Umgekehrt darf nicht durch

---
1 Ein Mustertext findet sich bei *Zimmer/Stetter*, BB 2006, 1445, 1452.
2 Vgl. zum Kartellverfahren *Vollmer*, WuW 2006, 235 ff.

eine rechtlich unzulässige Abwehrhaltung einzelner Mitarbeiter (etwa indem den Beamten der Zutritt verweigert wird oder Akten vernichtet werden) gegenüber den ermittelnden Behörden die Basis für eine spätere Kooperation des Unternehmens mit den Behörden zerstört werden.

36 Wie die zugrunde liegenden Richtlinien sind auch Merk- und Informationsblätter breit im Konzern bekannt zu geben, um einen möglichst großen Personenkreis mit diesen Basisinformationen zu versorgen. Dazu können entsprechende Rundschreiben genauso genutzt werden wie eine Veröffentlichung im Intranet oder die Verteilung im Rahmen von Schulungsmaßnahmen. Bei international tätigen Konzernen wird zudem häufig eine Übersetzung der Dokumente nicht nur in die englische Sprache erforderlich sein, um auch alle Mitarbeiter zu erreichen. Dabei entsteht mit zunehmender Sprachenvielfalt ein nicht zu unterschätzender Aufwand.

Neben diesen administrativen Herausforderungen ist darauf zu achten, dass das Programm auch inhaltlich nicht überfrachtet wird. Es gilt die richtige Balance zu finden zwischen der gebotenen Ausführlichkeit und Themenabdeckung durch Richtlinien und Merkblätter einerseits und der richtig dosierten Kommunikation eines für die Mitarbeiter sehr wichtigen, aber nicht alles entscheidenden Themas andererseits.[1] Gelingt das in die eine oder andere Richtung nicht, droht das Compliance Programm bei den Mitarbeitern entweder nicht ernst genommen zu werden oder an **Akzeptanz** zu verlieren. Beide Fälle können zu einem erhöhten Risiko von Compliance Verstößen führen.

4. Schulungsmaßnahmen

37 In Ergänzung zu den vorgehaltenen Unterlagen sollten Schulungsmaßnahmen durchgeführt werden.[2] Adressaten der Schulungen sind sämtliche Mitarbeiter des Konzerns, die potentiell mit Kartell- oder Korruptionssachverhalten in Berührung kommen können. Die **Schulungsteilnehmer** setzen sich demnach insbesondere aus Mitarbeitern mit den folgenden Funktionen zusammen: Vorstände, Geschäftsführer, Leitende Angestellte, Mitarbeiter aus den Bereichen Vertrieb, Marketing, Projektmanagement, Einkauf/Beschaffung, Recht sowie aus technischen Abteilungen, die vertriebs- bzw. einkaufsunterstützend tätig sind.

38 Diese sind über die maßgeblichen kartell- und korruptionsrechtlichen Grundlagen sowie die erheblichen Unternehmensrisiken, die sich aus Verstößen gegen diese Gesetze ergeben, zu informieren. **Thematisch** kommen neben einer Darstellung des Compliance Programms etwa die folgenden Schulungsaspekte in Betracht: Überblick über kartellrechtliche Prinzipien und Regelungen, Beziehungen zu Wettbewerbern, Beziehungen zu Lieferanten und Kunden, Missbrauch marktbeherrschender Stellung, Auslöser von Kartellverfahren, Rechtsfolgen und persönliche Risiken sowie Korruption von (ausländischen) Amtsträgern und in der

---

1 Vgl. *Voet von Vormizeele*, CCZ 2009, 41, 43.
2 *Rogall* in Karlsruher Komm. OWiG, 3. Aufl. 2006, § 130 OWiG Rz. 55, 57; *Wirtz*, WuW 2001, 342, 343; *Bürkle*, BB 2005, 565, 566; unten *Dreher*, § 31 Rz. 62 ff. jeweils m.w.N.

Privatwirtschaft, steuerliche Behandlung, Gestaltung und Inhalt von Provisionsverträgen im Vertrieb, Sanktionen, Entdeckungsrisiken.

Für die Durchführung der Schulungen kommen im Wesentlichen zwei verschiedene Schulungstypen in Frage: Klassische Präsenzschulungen sowie ein elektronisch und ggf. interaktiv ausgestaltetes Training, sog. E-Learning. Da mit Präsenzschulungen eine höhere Aufmerksamkeit und Schulungstiefe und mit einem E-Learning Programm ein größerer Teilnehmerkreis zur Vermittlung von Basiswissen erreicht werden kann, bietet es sich an, beide Schulungsarten in einer Weise zu kombinieren, dass die elektronische Schulung z.B. einmal jährlich und die physischen Schulungen z.B. in einem Zeitraum von zwei bis drei Jahren wiederholt werden.[1]

39

a) E-Learning

Gerade in großen Unternehmen und Konzernen mit einer Vielzahl von Mitarbeitern werden sich mit vertretbarem Aufwand Schulungen für den genannten **sehr weit gefassten Personenkreis** nur realisieren lassen, wenn die Umsetzung auch in Form eines E-Learning Programms erfolgt.[2] Unabhängig vom Anbieter eines solchen Programms muss sichergestellt sein, dass die Inhalte auf die **spezifische Situation** des Unternehmens (Größe und Branche des Unternehmens, Ausgestaltung des Compliance Programms, besondere Risikobereiche etc.) zugeschnitten sind.

40

Durch ein E-Learning Programm können sämtliche relevanten Mitarbeiter mit **einheitlichen Schulungsinhalten** über die grundlegenden Compliance Vorschriften und die vorhandenen Richtlinien länderübergreifend informiert werden. Zudem besteht die Möglichkeit, bereichs- bzw. teilkonzernspezifische Inhalte sowie Erläuterungen zur Rechtslage in anderen wesentlichen Jurisdiktionen zu ergänzen. Die Durchführung der Schulung und etwa die Kenntnisnahme der Compliance Richtlinien können auf elektronische Weise kontrolliert und dokumentiert werden. Ist das E-Learning Programm erst einmal implementiert, können die Schulungen regelmäßig, z.B. **einmal jährlich**, ohne größeren Aufwand wiederholt werden. Insgesamt lässt sich dieses Medium sehr flexibel einsetzen.

41

b) Präsenzschulungen

Zusätzlich zu E-Learning Schulungen ist zu empfehlen, weiterhin auch klassische Präsenzschulungen abzuhalten. Inhaltlich **vertiefende Schulungsinhalte** lassen sich in einer persönlichen Schulungssituation deutlich überzeugender vermitteln, zumal ein E-Learning Programm naturgemäß keine Gelegenheit bietet, Rückfragen (in größerer Gruppe) zu diskutieren. Gleiches gilt für die Verdeutlichung der erheblichen Unternehmensrisiken, die sich aus Compliance-Verstößen ergeben können. Durch Präsenzschulungen können zudem Mitarbeiter aus

42

---

[1] Zu Wiederholungsschulungen vgl. *Rogall* in Karlsruher Komm. OWiG, 3. Aufl. 2006, § 130 OWiG Rz. 57.
[2] *Hauschka*, BB 2007, 165, 168.

Unternehmensbereichen, bei denen etwa auf Grund der betroffenen Märkte oder Regionen oder wegen des jeweiligen Geschäftsfeldes (etwa Großprojekte oder öffentliche Aufträge) eine besondere Schulungsintensität erreicht werden soll, in gesonderten Veranstaltungen und Workshops entsprechend trainiert und sensibilisiert werden.

43 Um auch im Bereich der Präsenzschulungen ein einheitliches Schulungsniveau sicherzustellen können von zentraler Stelle, etwa durch das Compliance Committee oder den Compliance Officer, **Standardvorträge** erstellt werden.

44 In Kombination mit einem E-Learning Programm lässt sich der **Teilnehmerkreis** von Präsenzschulungen entsprechend enger fassen (etwa Organmitglieder bzw. Mitarbeiter in leitenden Funktionen, Mitarbeiter mit besonderem Risikoprofil, etwa Leiter Vertrieb, Leiter Einkauf/Beschaffung). Um ein angemessenes Verhältnis zwischen Schulungsaufwand, Akzeptanz bei den Teilnehmern und der notwendigen Themenauffrischung zu wahren, bietet sich für Präsenzschulungen ein Schulungsrhythmus von **zwei bis drei Jahren** an. Die Umsetzung kann über jährlich aufzustellende **Schulungspläne** erfolgen, in denen die jeweils vorgesehenen Schulungsveranstaltungen aufgelistet und terminiert werden. Die Durchführung der Schulung kann in Abhängigkeit von den personellen Ressourcen der betroffenen Rechts- oder Compliance Abteilung durch interne oder externe Referenten erfolgen. Auch für den Fall, dass externe Rechtsanwälte hinzugezogen werden, sollte durch Anwesenheit der örtlichen Geschäftsführung oder deren Vertretung deutlich werden, dass die Compliance Schulungen von den Teilnehmern mit der erforderlichen Ernsthaftigkeit aufgenommen werden. Bei Schulungen in Auslandsgesellschaften bietet es sich an, einen lokalen rechtlichen Berater hinzuzuziehen, um auch einen Überblick zu den Besonderheiten der jeweiligen Jurisdiktion vermitteln zu können.

5. Beratungshotline

45 Über die regelmäßigen Schulungsmaßnahmen hinaus kann es sich empfehlen, im Unternehmen qualifizierte Ansprechpartner zu benennen, die bei **Zweifelsfragen** zu Kartell- oder Korruptionsthemen jederzeit als Kontaktpersonen zur Verfügung stehen (Beratungshotline).

46 Eine derartige interne Hotline sollte unabhängig von einer ggf. existierenden externen Whistleblower Hotline (s. dazu unten Rz. 56 ff.) eingerichtet werden, da die Zielrichtung der beiden Maßnahmen deutlich unterschiedlich ist: Die Beratungshotline steht zur Beantwortung abstrakter oder konkreter Rechts- und Verhaltensfragen zur Verfügung. Die Mitarbeiter sollen einen persönlichen Ansprechpartner in Compliance Fragen haben, der sie kompetent berät. Durch eine Whistleblower Hotline soll dagegen in erster Linie die Möglichkeit geschaffen werden, auch unter Wahrung der Anonymität vertraulich auf mögliche Verdachtsfälle aufmerksam zu machen.

6. Compliance Audits

Die Rechtsprechung zu § 130 OWiG verlangt von der Unternehmensleitung, dass zur Wahrnehmung der im Betrieb erforderlichen Aufsicht auch **wiederkehrende unangekündigte Stichprobenkontrollen** durchzuführen sind.[1] Die Erfüllung dieser Anforderung in der Praxis der Kartell- bzw. Korruptionscompliance kann sich insbesondere in großen tief gestaffelten Konzernen, in denen es in den verschiedenen betrieblichen Einheiten eine große Vielzahl einzelner Projekte und eine noch viel größere Anzahl von Buchungsvorgängen gibt, als schwierig erweisen.[2]

47

a) Organisation und Durchführung

Das Compliance Audit, also die **systematische Prüfung** einzelner Unternehmensbereiche anhand bestimmter Untersuchungskriterien[3], wird in der Praxis vielfach von der Rechtsabteilung bzw. von externen Rechtsanwälten durchgeführt. Eine Personenidentität von Rechts- bzw. Complianceberater der betroffenen Einheit und Prüfer (*Investigator*) sollte wegen der Gefahr von Interessenkonflikten möglichst vermieden bzw. durch andere Maßnahmen zur Sicherstellung der Prüfungsstandards kompensiert werden. Sofern kaufmännische Sachverhalte zu untersuchen sind oder wenn komplexe forensische Prüfungen erfolgen müssen, ist das Team durch die interne Revision, ggf. unterstützt von externen Wirtschaftsprüfern, zu ergänzen.

48

Bei der Vorbereitung der Audits kann es je nach Größe und Risikoeinschätzung des Unternehmens geboten sein, entsprechend der Vorgehensweise bei Präsenzschulungen, vergleichbare **Audit Pläne** aufzustellen, auf deren Basis sukzessive die identifizierten Bereiche geprüft werden.[4]

49

Im Einzelnen sind zunächst der **Untersuchungszeitraum und der Untersuchungsgegenstand** (die zu untersuchende geschäftliche Aktivität) festzulegen. Liegen keine – selbstverständlich vorrangig zu behandelnden – konkreten Hinweise auf Verstöße vor, kann es sich im Sinne einer abgestuften Vorgehensweise empfehlen, sich (zunächst) auf bestimmte Risikofaktoren zu konzentrieren. Dazu können etwa diejenigen Länder, Regionen und Märkte identifiziert werden, bei denen ein erhöhtes Kartell- oder Korruptionsrisiko vermutet wird. So sind Kartelle tendenziell eher in Märkten mit oligopolen Wettbewerbsstrukturen oder bei Massenprodukten anzutreffen.

50

---

1 *Rogall* in Karlsruher Komm. OWiG, 3. Aufl. 2006, § 130 OWiG Rz. 60; unten *Dreher*, § 31 Rz. 67; OLG Düsseldorf v. 27.3.2006 – VI-Kart 3/05 (OWi), WuW/E DE-R 1733, 1745; BayObLG v. 10.8.2001 – 3 ObOWI 51/01, NJW 2002, 766, 767; vgl. auch BGH v. 25.6.1985 – KRB 2/85, NStZ 1986, 34f.; OLG Köln v. 20.5.1994 – Ss 193/94 (B), wistra 1994, 314ff. (umfassende Geschäftsprüfungen als Alternative zu stichprobenartigen Kontrollen).
2 Vgl. *Klusmann* in Wiedemann, Handbuch des Kartellrechts, 2. Aufl. 2008, § 55 Rz. 35, 36.
3 Zu kartellrechtlichen Prüfungen: *Hauschka*, BB 2004, 1178, 1181f.; zu rechtlichen Fragen bei Internal Investigations vgl. *Klengel/Mückenberger*, CCZ 2009, 81ff.; *Wagner*, CCZ 2009, 8ff.
4 *Hauschka*, BB 2004, 1178, 1181.

51 Zur Ermittlung von Korruptionsrisiken können ggf. entsprechend ausgerichtete **Länderrisikovergleiche** herangezogen werden, wie etwa der Corruption Perception Index von Transparency International.[1] Die Risikofelder können weiter eingegrenzt werden, indem der Fokus auf bestimmte Geschäftsbereiche oder Vertriebsmodelle gerichtet wird, die potentiell für Korruption in Frage kommen, etwa Großprojekte, öffentliche Auftragsvergaben oder der regelmäßige Einsatz erfolgsabhängig tätiger Berater im Vertrieb.

52 Der auf diese Weise näher eingegrenzte Untersuchungsgegenstand wird anschließend im Einzelnen detailliert geprüft. Ein erster Überblick über mögliche Compliance Risiken lässt sich üblicherweise durch eine (erste) **Befragung** der bei dem konkreten Geschäft involvierten Mitarbeiter und Organmitglieder gewinnen, wobei sämtliche Befragungen zu dokumentieren sind.[2] Parallel sind die zugrunde liegenden (auch elektronischen) **Akten**, insbesondere Verträge und Rechtsbeziehungen sowie die darauf basierenden Zahlungsströme zu **prüfen**. Die Aufklärungsmaßnahmen des Unternehmens unterliegen allerdings rechtlichen Schranken. Dies gilt etwa für gesellschaftsrechtliche Hürden (etwa bei der Auditierung eines gemeinschaftlich kontrollierten Joint Ventures) als auch für Vorgaben aus den einschlägigen Datenschutzbestimmungen. Vor allem bei Überwachung und Auswertung von E-Mails können sich (straf-) rechtliche Risiken ergeben, insbesondere soweit die private Nutzung von E-Mails im Unternehmen erlaubt ist oder geduldet wird.[3]

b) Umgang mit Audit-Ergebnissen

53 Es liegt auf der Hand, dass die Aufdeckung von Korruptions- oder Kartellfällen im Rahmen eines Audits auch die Frage nach **arbeits- und zivilrechtlichen Sanktionen** gegen die betroffenen Mitarbeiter auslöst. Daneben kann es im Unternehmensinteresse liegen, die zuständige **Ermittlungsbehörde** über einen Gesetzesverstoß in Kenntnis zu setzen.[4] Ein denkbares Motiv ist in diesem Zusammenhang die Möglichkeit, das Bußgeldrisiko in erheblichem Maße zu reduzieren, indem das Unternehmen von einer kartellrechtlichen Kronzeugenregelung (Bundeskartellamt)[5] bzw. einem **Leniency Programm** (EU Kommission)[6] profitiert. Im Korruptionsbereich ist zu überlegen, proaktiv die Staatsanwaltschaft über einen problematischen Vorgang zu informieren, wenn eine Risikoeinschätzung ergibt, dass es bei der nächsten **steuerlichen Betriebsprüfung** ohnehin zu einer Mitteilung des Falls an die Staatsanwaltschaft kommen würde. Dieses Risiko besteht,

---

1 Abrufbar im Internet unter http://www.transparency.de/Corruption-Perceptions-Index-2.1234.0.html.
2 *Hauschka*, BB 2004, 1178, 1181.
3 Vgl. *Klengel/Mückenberger*, CCZ 2009, 81, 83.
4 Eine Rechtspflicht zur Anzeige von Verdachtsfällen besteht dagegen außerhalb der Katalogtaten des § 138 StGB nicht. Vgl. auch *Reichert/Ott*, ZIP 2009, 2173, 2177.
5 Sog. Bonusregelung des Bundeskartellamtes – Bekanntmachung über den Erlass und die Reduktion von Geldbußen in Kartellsachen v. 7.3.2006 (Bekanntmachung Nr. 9/2006).
6 Mitteilung der Kommission über den Erlass und die Ermäßigung von Geldbußen in Kartellsachen, ABl. EG Nr. C 298 v. 8.12.2006, S. 17. Zum Spannungsfeld zwischen behördlichen Leniency und unternehmensinternen Compliance Programmen vgl. *Bosch/Colbus/Harbusch*, WuW 2009, 740, 746.

wenn etwa auf Grund der Höhe der im Raum stehenden Schmiergeldbeträge oder anderer Indizien davon auszugehen ist, dass der Betriebsprüfer auch bei Nichtgeltendmachung der betreffenden Beträge als Betriebsausgabe und entsprechender Korrektur der Steuererklärung bzw. trotz Nichtbenennung des Zahlungsempfängers nach § 160 AO von seiner Mitteilungspflicht nach § 4 Abs. 5 Satz 1 Nr. 10 Satz 3 EStG Gebrauch machen wird und den Vorgang voraussichtlich an die Staatsanwaltschaft zur strafrechtlichen Prüfung abgibt.[1]

Wichtig ist in diesen Fällen, dass der jeweiligen Behörde der Vorgang gemeinsam mit einer möglichst umfassenden Darstellung des Sachverhalts mitgeteilt wird, um die **Kooperationsbereitschaft** des Unternehmens zu unterstreichen und reputationsschädigende Ermittlungsmaßnahmen der Behörde, insbesondere eine Durchsuchung der Geschäftsräume, auf ein erforderliches Maß zu reduzieren bzw. ganz zu vermeiden. 54

In Ergänzung zu einzelfallbezogenen Maßnahmen infolge des Audits sind die Ergebnisse der Prüfung auch im Hinblick auf möglicherweise erforderliche Änderungen des Compliance Programms oder der Unternehmensorganisation zu analysieren. Die danach erforderlichen Maßnahmen sind umgehend einzuleiten. Sofern diese Risikoanalyse im Korruptionsbereich für bestimmte Regionen oder Länder ergibt, dass unabhängig von sämtlichen möglichen Präventionsmaßnahmen ein nicht unerhebliches Korruptionsrisiko verbleibt, kann als ultima ratio auch der Rückzug aus diesen Ländern in Betracht kommen. 55

7. Whistleblower Hotline/Ombudsmann

Ein zusätzliches Element, das vermehrt als wichtiger Teil der Compliance Organisation diskutiert wird, ist die Einrichtung einer sog. Whistleblower-Hotline bei einer externen Rechtsanwaltskanzlei bzw. die Beauftragung eines externen Compliance Ombudsmanns. In beiden Gestaltungen geht es darum, dass Mitarbeiter oder Geschäftspartner dem Unternehmen auf **vertraulicher bzw. anonymer Basis** kostenfrei **Hinweise** auf mögliche Verstöße gegen Kartell- oder Korruptionsbestimmungen **melden** können.[2] Um dabei nicht in Konflikt mit der arbeitsgerichtlichen Rechtsprechung zu kommen, wonach Sanktionen gegen einen Arbeitnehmer, der illegale Praktiken seines Arbeitgebers anzeigt[3], zulässig sind, wird den Whistleblowern dabei vom Unternehmen zugesichert, dass ihnen durch die Meldung an die Hotline bzw. den Ombudsmann keine Nachteile entstehen. 56

Auch wenn die Effektivität des Whistleblowings als Compliance Maßnahme noch nicht ausreichend abgesichert ist, gehört eine **Whistleblower-Hotline** inzwischen zu den Kernelementen einer Compliance Organisation.[4] 57

---

1 Vgl. dazu *Spatscheck*, NJW 2006, 641. Steuerliche Handlungspflichten können sich zudem aus § 153 AO ergeben.
2 Allgemein zum Whistleblowing *Reiter*, RIW 2005, 168 ff.; *Weber-Rey*, AG 2006, 406 ff.; *Berndt/Hoppler*, BB 2005, 2623 ff.; *Wisskirchen/Körber/Bissels*, BB 2006, 1567.
3 Nachweise bei *Wisskirchen/Körber/Bissels*, BB 2006, 1567, 1570/1571.
4 Vgl. etwa die Compliance Hotline des Bayer Konzerns im Internet unter www.bayer.de/de/Corporate-Compliance.aspx.

a) Interne oder externe Hotline für Whistleblower

58 Zunächst ist fest zu halten, dass beim Thema Whistleblowing zwischen einer internen und einer externen Lösung zu differenzieren ist. Bei der internen Lösung kann sich der Whistleblower (schriftlich, per E-Mail oder telefonisch) an eine unternehmensinterne zentrale Stelle wenden, etwa an den für das Compliance Programm Verantwortlichen bzw. an die Rechts- oder Revisionsabteilung. Inwiefern bei einer solchen Meldestelle tatsächlich zielführende Hinweise auf mögliche Verstöße gegen das Compliance Programm eingehen, hängt im Wesentlichen davon ab, ob die Mitarbeiter **Vertrauen in den Schutz der Whistleblower** durch das Unternehmen haben. Mangelt es daran, besteht die Gefahr, dass potentielle Whistleblower entweder vollständig auf die Meldung der Verdachtsmomente verzichten oder diese in lediglich abstrakter Form melden, um auf gar keinen Fall erkannt werden zu können. Vor diesem Hintergrund empfiehlt sich eine Zusage des Unternehmens, dass Mitarbeitern, die die Whistleblower-Hotline in Anspruch nehmen, dadurch kein Nachteil entsteht.[1]

59 Alternativ zur internen Lösung besteht die Möglichkeit eine **externe Stelle**, in der Regel einen vom Unternehmen beauftragten Rechtsanwalt, der auf Grund seiner beruflichen Stellung zur Verschwiegenheit verpflichtet ist, als Whistleblowing Anwalt/Ombudsmann einzuschalten, der die Whistleblowing Meldungen über eine telefonische „Hotline" bzw. per E-Mail entgegennimmt. Der Whistleblower kann in diesem Fall „gefahrlos" den Anwalt kontaktieren und der Anwalt kann im günstigsten Fall mit dem Whistleblower in einen fortgesetzten Dialog eintreten, der parallel zu den unternehmensinternen Ermittlungen des Falls zur Klärung offener Sachverhaltsfragen beitragen kann.

b) Aufgaben eines externen Whistleblowing Anwalts

60 Die **Aufgaben** eines externen Whistleblowing Anwalts sind im Einzelnen in einer Mandatsvereinbarung zu fixieren. Wesentliche Leistung des Anwalts ist, die eingehenden Meldungen entgegenzunehmen und – selbstverständlich auch in anonymer Form – nach einer ersten Plausibilitätsprüfung an die vereinbarte Stelle im Unternehmen weiterzuleiten. Es sollte nicht Aufgabe des Anwalts sein, eigene Sachverhaltsermittlungen anzustellen.

c) Auswahlkriterien für einen externen Whistleblowing Anwalt

61 Bei der Auswahl der zur Entgegennahme der Whistleblowing Meldungen bestimmten Rechtsanwaltskanzlei ist zu beachten, dass diese über genügende **personelle Ressourcen** verfügen muss, um die ständige Erreichbarkeit der Hotline zu gewährleisten. Soll die Hotline auch für Mitarbeiter ausländischer Unternehmen zugänglich sein, ergeben sich für die **Erreichbarkeit** auf Grund der verschiedenen Zeitzonen erhöhte Anforderungen. Daneben müssen die jeweiligen Rechtsanwälte nicht nur über das fachliche Know-How zur Entgegennahme von Meldungen aus den Bereichen Kartellrecht und Korruption und zur Ermittlung des

---

[1] Die Zusage sollte sowohl bei Einrichtung einer internen als auch einer externen Hotline für Whistleblower abgegeben werden.

relevanten Sachverhalts verfügen, sondern auch über entsprechende Fremdsprachenkenntnisse. Auch wenn die Anforderungen an die Tätigkeit und das Kanzleiprofil nicht überspannt werden dürfen, handelt es sich mithin um einen anspruchsvollen Auswahlprozess.

8. Compliance Reporting

a) Compliance Bericht

In vielen Unternehmen werden inzwischen regelmäßig sog. Compliance Berichte erstellt, die jährlich, halbjährlich oder quartalsweise über das Compliance Programm und die im Berichtszeitraum durchgeführten Maßnahmen informieren.[1] **Bestandteil der Berichte** sind neben einer Darstellung der aktuellen Compliance Organisation – soweit nicht schon bekannt – die Information über durchgeführte und geplante Schulungen, Hinweise auf neue Elemente des Programms, ggf. ein Bericht über die Effektivität des Programms, ggf. Auswertungen zu Whistleblower Meldungen sowie ggfs. eine Berichterstattung über im Berichtszeitraum aufgetretene Compliance **Einzelfälle** und die in diesem Zusammenhang ergriffenen Maßnahmen.[2] Dabei gilt, dass die Berichte an **Ausführlichkeit und Tiefe** zunehmen müssen, sobald Verstöße gegen die Richtlinien bzw. die zugrunde liegenden Gesetze bekannt werden.

Je nach Organisation und Größe des Unternehmens wird ein zentraler Bericht oder je Sparte bzw. je Segment des Konzerns jeweils ein gesonderter Bericht zu bevorzugen sein. Verantwortlich für den Bericht ist die für Compliance zuständige Abteilung des Unternehmens bzw. der einzelnen Konzerneinheiten sein, wobei insbesondere für die Darstellung von Einzelfällen die jeweils verantwortlichen Konzernunternehmen einzubinden sind.

Die Compliance Berichte können – ggf. in zusammengefasster Form – dem Vorstand der Konzernobergesellschaft, deren Aufsichtsrat sowie den Organen der jeweiligen Führungsgesellschaft des Segments oder der Sparte zugänglich gemacht werden.

Auch der Bericht des Aufsichtsrats an die Hauptversammlung nach § 171 Abs. 2 AktG sollte auf das Thema Überwachung der Compliance Aktivitäten des Vorstands durch den Aufsichtsrat eingehen.[3] Die Intensität der Berichterstattung richtet sich dann nach dem Einzelfall:

Bei börsennotierten Unternehmen, die der Empfehlung in Ziffer 3.10 des Deutschen Corporate Governance Kodex folgen und jährlich in ihrem Geschäftsbericht über die Corporate Governance des Unternehmens berichten, sind Erläuterungen zu den Compliance Aktivitäten im Unternehmen angezeigt.[4]

---

1 *Bürkle*, BB 2005, 565.
2 Vgl. etwa den Compliance Bericht der Siemens AG, abrufbar unter http://w1.siemens.com/responsibility/report/08/en/key_figures/compliance.htm.
3 Weitergehend *Lutter* in FS Uwe Hüffer, 2010, S. 617, 623f. – Rechtspflicht.
4 Vgl. z.B. den Corporate Governance Bericht der ThyssenKrupp AG für das Geschäftsjahr 2008/2009, S. 56/57, veröffentlicht auf der Internetseite der Gesellschaft unter www.thyssenkrupp.com.

b) Einzelberichterstattung

66 Über wesentliche Compliance Fälle sollte umgehend und nicht erst im Rahmen des nächsten Regelberichts informiert werden. Dabei kann je nach Relevanz des Vorgangs eine **abgestufte Berichterstattung** erfolgen. Einerseits ist der Vorstand der Konzernobergesellschaft nicht über jeden unbedeutenden Verdachtsfall in Kenntnis zu setzen, andererseits sind Hinweise auf Compliance Verstöße, die unter Haftungs- oder Reputationsaspekten aus Konzernsicht relevant sein können, unter Darstellung des Sachverhalts und der konkret ergriffenen Maßnahmen (Sachverhaltsaufklärung, Risikoeinschätzung, Sanktionen gegen einzelne Mitarbeiter, Maßnahmen zur Vermeidung von Wiederholungen) unverzüglich sowie im Rahmen eines Follow-Up zu berichten. Abhängig vom Einzelfall kann die Berichterstattung mündlich oder schriftlich erfolgen.

9. Sanktionen

67 Verstöße gegen das Compliance Programm und die zu Grunde liegenden gesetzlichen Vorschriften durch Mitarbeiter des Unternehmens sind in Form von **arbeits- und/oder zivilrechtlichen Maßnahmen**, bis hin zur fristlosen Kündigung, zu sanktionieren.[1]

68 Auf Grund der Vielfalt der denkbaren Sachverhaltskonstellationen kann allerdings nicht pauschal ein „**Sanktionskatalog**" festgelegt werden. Dagegen spricht bereits, dass die Ermittlung von Compliance Fällen in aller Regel kompliziert und langwierig ausfällt. Insbesondere eine fristlose Kündigung wird häufig an der 2-Wochen Frist des § 626 Abs. 2 BGB zur Aussprache einer außerordentlichen Kündigung scheitern, da innerhalb dieser Frist der maßgebliche Sachverhalt noch nicht mit der erforderlichen Sicherheit ermittelt werden konnte.[2]

69 Je nach Fallkonstellation ist die sofortige Beendigung des Arbeitsverhältnisses aber auch gar nicht zweckmäßig, da das Unternehmen mangels eigener Sachverhaltskenntnis auf Seiten der Unternehmensleitung auf die Kooperation des beschuldigten Mitarbeiters angewiesen ist.

70 Gleichwohl ist zwingend darauf zu achten, dass festgestellte **Verstöße** gegen das Compliance Programm auch in angemessener Weise **sanktioniert werden**. Andernfalls besteht die Gefahr, dass die Compliance Bemühungen des Unternehmens von den Mitarbeitern als bloße Lippenbekenntnisse aufgefasst werden. Der dadurch eintretende Verlust an Glaubwürdigkeit hat zur Folge, dass das Programm seine Abschreckungswirkung verliert und ggf. nicht mehr ernst genommen wird.[3]

---

[1] *Rogall* in Karlsruher Komm. OWiG, 3. Aufl. 2006, § 130 OWiG Rz. 61, 62; *Krekeler/Werner*, Unternehmer und Strafrecht, München 2006, Rz. 26 m.w.N.; *Reichert/Ott*, ZIP 2009, 2173, 2178.
[2] Vgl. zu den Voraussetzungen in Korruptionsfällen *Zimmer/Stetter*, BB 2006, 1445, 1449 f.
[3] Unten *Dreher*, § 31 Rz. 74; *Hauschka*, BB 2007, 165, 171 f. Aus kriminologischer Sicht *Bussmann/Matschke*, CCZ 2009, 132, 136.

III. Organisatorische Maßnahmen

Das Compliance Programm kann schließlich durch eine Reihe von weiteren organisatorischen Maßnahmen abgerundet werden.

1. Rotation

Im Bereich der Korruptionsprävention kann es sich z.B. empfehlen, in gewissen zeitlichen Abständen eine Rotation von Mitarbeitern durchzuführen, die in potentiell korruptionsanfälligen Positionen, etwa **im Bereich Einkauf oder Vertrieb** tätig sind.[1] Dadurch soll verhindert werden, dass es zwischen den entsprechenden Mitarbeitern auf Kunden- und Lieferantenseite zu Interessenkonflikten und Abhängigkeitsverhältnissen kommt.

2. Fraud Scanns und andere Maßnahmen zur Risikoanalyse

Unter der Federführung der internen Revision können weitere Maßnahmen zur Risikoanalyse durchgeführt werden, die in der Regel auch extern von Wirtschaftsprüfungsgesellschaften angeboten bzw. mit dem Abschlussprüfer vereinbart werden. Dazu gehören entsprechend ausgerichtete Schwerpunktprüfungen, einschließlich Prüfungen des internen Kontrollsystems sowie sog. Fraud Scanns, bei denen softwaregestützt eine hohe Anzahl von Buchungs- und Kontenbewegungen auf **typische Auffälligkeiten** hin untersucht werden, die dann einer Einzelprüfung zugeführt werden können. Fraud Scanns werden in erster Linie eingesetzt, um Untreue- oder Korruptionsfälle aufzudecken, bei denen sich Mitarbeiter zum Nachteil des Unternehmens von Dritten haben bestechen lassen oder auf andere Weise das Unternehmen schädigen. Auf die Wahrung der datenschutzrechtlichen Bestimmungen ist zu achten.

3. Maßnahmen der allgemeinen Unternehmensorganisation

Schließlich runden verschiedene organisatorische Maßnahmen aus dem Bereich der allgemeinen Unternehmensorganisation ein Compliance Programm zum Kartellrecht und zur Korruptionsbekämpfung ab. Zu nennen sind insbesondere weitere allgemeine Richtlinien und Anweisungen, denen im Hinblick auf eine wirksame Korruptions- oder Kartellprävention eine wesentliche Bedeutung zukommt. Dazu gehören u.a. das **Vier-Augen-Prinzip**[2] und die Funktionstrennung zwischen Bestell-, Annahme- und Bezahlvorgängen sowie Regeln über den Umgang mit Spenden und Sponsoring. Ferner ist bei aller Komplexität des Themas darauf zu achten, dass die bestehenden **Vergütungssysteme** des Unternehmens jedenfalls keine Compliance konträren Leistungsanreize schaffen[3] und nach Möglichkeit zugleich um Compliance orientierte Komponenten (etwa Berücksichtigung, in

---

1 *Hauschka*, BB 2007, 165, 170.
2 *Hauschka*, AG 2004, 461, 467, 472; *Hauschka*, BB 2007, 165, 168 mit weiteren Vorschlägen zur Ablauforganisation im Rahmen der Korruptionsprävention.
3 *Bussmann/Matschke*, CCZ 2009, 132, 138; vgl. auch *Lutter* in FS Hüffer, 2010, S. 617, 620.

welchem Umfang präventive Compliance Maßnahmen durchgeführt wurden) ergänzt werden.

IV. Verhalten des Unternehmens im Ermittlungsverfahren

75 Das Unternehmen sollte für den Fall, dass gegen das Unternehmen oder einzelne Mitarbeiter ein kartell- oder strafrechtliches Ermittlungsverfahren anhängig wird, unverzüglich sämtliche erforderlichen Maßnahmen ergreifen, um das **Schadensrisiko** soweit wie möglich zu **begrenzen**.

76 Dazu ist im ersten Schritt das **Verteidigungsteam** aufzustellen, zu dem neben den intern zuständigen Stellen auch entsprechend qualifizierte externe Berater gehören sollten. Sodann ist einerseits die vollumfängliche **Kooperation** mit den ermittelnden Behörden zu suchen, andererseits aber auch die Wahrnehmung der Verfahrensrechte des Unternehmens sicherzustellen, etwa bei Durchsuchungen/ Nachprüfungen oder im Hinblick auf Akteneinsicht etc. Ferner wird es in dieser Phase häufig geboten sein, den betroffenen Mitarbeitern geeignete Individualverteidiger zur Seite zu stellen, deren Kosten unter dem Vorbehalt, dass es zu keiner Verurteilung wegen einer vorsätzlichen Straftat kommt, vom Unternehmen bzw. von einer ggf. bestehenden Industriestrafrechtsversicherung übernommen werden.

77 Gleichzeitig kann es geboten sein, eine interne Untersuchung der Vorwürfe einzuleiten, um das Risikopotential des Vorgangs abschätzen zu können und ggf. die erforderlichen Sanktionen bzw. anderen internen Maßnahmen zu veranlassen. Wie bei Compliance Audits ergeben sich auch insoweit Grenzen der internen Ermittlungsbefugnisse aus den einschlägigen Datenschutzgesetzen.

78 Davon ausgehend, dass bei größeren anhängigen Ermittlungsverfahren regelmäßig in der Presse berichtet wird, ist neben der internen **Kommunikation** (Information von Vorstand und Aufsichtsrat) auch die externe Kommunikation zu organisieren.

E. Zusammenfassung und Ausblick

79 Compliance im Kartellrecht und zur Korruptionsbekämpfung ist für den Konzernvorstand eines Industrieunternehmens infolge der erheblichen **Haftungs- und Reputationsrisiken**, die sich aus Verstößen gegen diese Vorschriften ergeben, eine **wesentliche Leitungsaufgabe**.

I. Haftungsreduzierung durch Compliance Programme

80 Für die konkrete Ausgestaltung eines Compliance Programms gibt es keine allgemein verbindlichen Lösungen. Gleichwohl empfiehlt es sich unter Beachtung der organisationsrechtlichen Vorgaben und der spezifischen Situation des Unternehmens eine strukturierte **Compliance Organisation** aufzubauen. Mit der Aufteilung in die Einzelbestandteile Richtlinien, Merk- und Informationsblätter,

Schulungen, Reporting, Compliance Audits, und weitere organisatorische Maßnahmen sind dazu alle wesentlichen **präventiv und repressiv wirkenden Handlungsfelder** angesprochen.

Auch wenn sich das Risiko von Verstößen gegen Kartell- oder Korruptionsvorschriften durch einzelne Mitarbeiter in einem großen Unternehmen niemals gänzlich ausschließen lässt, besteht zumindest die begründete Erwartung, dass ein entsprechend eingeführtes und umgesetztes Compliance Programm **Risiko minimierende Wirkung** entfaltet. Kommt es gleichwohl zu derartigen Gesetzesverstößen stellt sich die Frage, inwieweit sich effektive Compliance Programme straf- oder bußgeldmindernd bzw. -verhindernd auswirken können. Entsprechende Anreize werden allerdings derzeit weder auf deutscher noch auf europäischer Ebene von den zuständigen (Kartell-) Behörden oder Gerichten gesetzt.[1] Im Schrifttum[2] wird zu recht zunehmend Kritik an dieser Praxis laut, zumal eine Änderung dieser Handhabung dogmatisch ohne Weiteres möglich und zur Anerkennung und Förderung der Compliance Anstrengungen der Unternehmen auch geboten wäre. Der Vorwurf der Aufsichtspflichtverletzung mit einer entsprechenden Haftung aus §§ 130, 30 OWiG für Führungspersonen und Unternehmen kann ggf. durch ein effektives Compliance Programm vollständig beseitigt werden, wenn die Zuwiderhandlung durch die „gehörige Aufsicht", d.h. weder durch das Compliance Programm noch durch andere betriebliche Maßnahmen, nicht hätte verhindert oder wesentlich erschwert werden konnte.[3]

81

II. Haftungsrisiko aus Compliance Programmen

Umgekehrt ist zu beachten, dass Haftungsrisiken für das Unternehmen und seine Mitarbeiter nicht nur aus aktiven Verstößen gegen die einschlägigen straf- und bußgeldbewährten Vorschriften des Kartell- und Korruptionsstrafrechts[4] folgen, sondern vermehrt auch aus den zunehmend strikter werdenden **Vorgaben** resultieren, die an ein **effektives Compliance Programm** gestellt werden. Eine entsprechende Tendenz lässt sich bei der **Außenhaftung** des Unternehmens und seines Managements in der Rechtsprechung zu §§ 130, 30 OWiG[5] beobachten. Hinzu kommt, dass die herrschende Meinung in der Literatur einen Gleichlauf zwischen den weitgehenden Aufsichtspflichten nach § 130 OWiG und den **Sorgfalts-**

82

---

1 Vgl. nur die Nachweise bei *Voet van Vormizeele*, CCZ 2009, 41, 44.
2 Vgl. etwa zuletzt *Bosch/Colbus/Harbusch*, WuW 2009, 740 ff.; *Voet van Vormizeele*, CCZ 2009, 41 ff.; vgl. auch *Sieber*, Compliance Programme im Unternehmensstrafrecht, in FS Tiedemann, 2008, S. 449, 472 f.
3 *Sieber* in FS Tiedemann, S. 449, 470/471.
4 Vgl. oben Rz. 5 ff.
5 Vgl. die Übersicht unten bei *Schücking*, § 36 (S. 1141 ff.) sowie bei *Krekeler/Werner*, Unternehmer und Strafrecht, München 2006, Rz. 24 ff.; *Müller-Gugenberger/Bieneck*, Wirtschaftsstrafrecht, 4. Aufl. 2006, § 30 Rz. 118 ff.; *Rogall* in Karlsruher Komm. OWiG, 3. Aufl. 2006, § 130 OWiG Rz. 51 ff.; *Huff*, Die Freizeichnung von strafrechtlicher Verantwortlichkeit durch Pflichtendelegation im Unternehmen – ein deutsch-französischer Vergleich, Dissertation, 2008, S. 73 ff.

pflichten des Vorstands nach § 93 AktG annimmt.[1] Daneben sind auch **strafrechtliche Risiken** denkbar, die in der Literatur unter dem Begriff der **Geschäftsherrenhaftung** diskutiert werden, wonach den Betriebsinhaber eine Garantenpflicht aus § 13 StGB zur Verhinderung betriebsbezogener Straftaten trifft.[2] Dieses Risiko kann sich qua Delegation bzw. arbeitsvertragliche Regelung auch auf den **Compliance Officer** übertragen, wenn es trotz Compliance Programm aus dem Unternehmen heraus zu Verstößen etwa gegen Korruptionsdelikte kommt. So sieht auch der **BGH** in einem jüngst ergangenen Urteil[3] den Compliance Officer in einer **Garantenpflicht**, solche im Zusammenhang mit der Tätigkeit des Unternehmens stehende Straftaten von Unternehmensangehörigen zu verhindern, wenn er gegenüber der Unternehmensleitung die Pflicht übernommen hat, vom Unternehmen ausgehende Rechtsverstöße zu beanstanden und zu unterbinden. Inwieweit eine entsprechende Pflicht des Compliance Beauftragten tatsächlich besteht, wird im Einzelfall vom Compliance Programm und der konkreten Aufgabenzuweisung an den Compliance Officer abhängen. Auf **Konzernsachverhalte** wird die Entscheidung dagegen regelmäßig nicht anwendbar sein, da sich eine Garantenstellung des Compliance Officers stets von derjenigen der Geschäftsleitung ableitet und diese nicht mehr Verantwortung übertragen kann, als sie selbst aufgrund ihrer Leitungsmacht als Geschäftsherr eines Betriebes bzw. Unternehmens in strafrechtlicher Hinsicht zu tragen hat.[4] Eine allgemeine Garantenpflicht für das Verhalten von verbundenen Unternehmen bzw. deren Mitarbeitern ist mit der h.M. aber zu Recht abzulehnen, da es jenseits von §§ 309, 317 AktG bereits an zivil- bzw. gesellschaftsrechtlichen Haftungstatbeständen gegenüber den verbundenen Unternehmen mangelt (keine Konzernleitungspflicht gegenüber abhängigen Gesellschaften).[5]

Unabhängig davon ist jedoch auf Basis dieser jüngsten BGH-Rechtsprechung dringend anzuraten, als Compliance Officer stets dafür zu sorgen, dass festgestellte

---

1 *Fleischer* in Fleischer, Handbuch des Vorstandsrechts, § 8 Rz. 45; *Fleischer*, ZIP 2005, 141 ff.; *Fleischer*, CCZ 2008, 1, 3 ff.; *Kremer/Klahold*, ZGR 2010, 141; *Uwe H. Schneider*, ZGR 1996, 225, 242 ff.; *Wagner*, CCZ 2009, 8, 13; *Wirtz*, WuW 2001, 342, 354/355; *Schwintowski*, NZG 2005, 200, 202 (i.V.m. § 91 Abs. 2 AktG).
2 *Fischer*, 55. Aufl., § 13 StGB Rz. 37, 38 m.w.N.; *Huff*, S. 84 ff.; *Langkeit*, Garantenpflicht der Mitglieder des Holding-Vorstandes auf Unterbindung von Straftaten der Geschäftsführer von Tochtergesellschaften, in FS Otto, 2007, S. 649, 651 ff. Der BGH hat diese Garantenstellung des Geschäftsherrn durch das obiter dictum in seinem Urteil vom 17.7. 2009 (5 StR 394/08, AG 2009, 740, 741, bei Rz. 27) im Grundsatz wohl anerkannt, da der Compliance Officer nicht weitergehende Pflichten haben kann, als die die Aufgaben übertragende Geschäftsleitung.
3 BGH v. 17.7.2009 – 5 StR 394/08, AG 2009, 740, 741, bei Rz. 27; *Berndt*, StV 2009, 689; *Thomas*, CCZ 2009, 239; *Kraft/Winkler*, CCZ 2009, 29, 32; zur vertikalen Delegation der Garantenpflicht im Unternehmen: *Huff*, S. 93 f., 137 ff., 177 ff.
4 Vgl. *Langkeit* in FS Otto, S. 649 ff.; *Fischer*, 55. Aufl., § 13 StGB Rz. 38 m.w.N.; zur Anwendbarkeit von § 130 OWiG im Konzern: *Spindler* in Fleischer, Handbuch des Vorstandsrechts, § 15 Rz. 127 f.; *Wirtz*, WuW 2001, 342; *Gürtler* in Göhler 15. Aufl. 2009, § 130 OWiG Rz. 5a; *Fleischer*, CCZ 2008, 1, 5; *Koch*, AG 2009, 564 ff.
5 *Spindler* in Fleischer, Handbuch des Vorstandsrechts, § 15 Rz. 127 f. m.w.N.; *Langkeit* in FS Otto, S. 649 ff.; *Koch*, WM 2009, 1013, 1018; differenzierend *Koch*, ZHR 171 (2007), 554, 578; *Ransiek*, ZGR 1999, 613, 630; zur zivilrechtlichen Haftung im Konzern: oben *Sven H. Schneider* § 8, Rz. 44 ff.

Verstöße gegen das Compliance Programm unverzüglich an die Geschäftsleitung berichtet[1] und abgestellt werden sowie alle weitergehende Maßnahmen ergriffen werden, um künftige Verstöße dieser Art zu unterbinden.

All dies darf jedoch nicht dazu führen, dass die Anforderungen an Compliance Programme überspannt werden, indem den Vorstandsmitgliedern aus der ex-post Perspektive in allen Einzelheiten vorgeschrieben wird, wie sie das Unternehmen hätten organisieren sollen.[2] Daraus ergäben sich nämlich nicht nur überzogene Sorgfaltsanforderungen an den Vorstand und die Compliance Officer, sondern auch die Gefahr eines Haftungskreislaufs durch eine unangemessene Selbstbindung: Indem der Vorstand etwa auf die hohen Anforderungen der Rechtsprechung zu § 130 OWiG durch (überzogene) Compliance Maßnahmen reagiert, begründet er für sich neue Haftungsrisiken, wenn er oder die nachgeordneten Mitarbeiter die selbst definierten Anforderungen nicht erfüllen.

Zu unmittelbaren Haftungsrisiken tritt schließlich noch die Option einer **Herabsetzung der Vorstandsvergütung**, einschließlich der Versorgungsbezüge in den ersten drei Jahren nach Ausscheiden des Vorstandsmitglieds, auf Basis des durch das Gesetz zur Angemessenheit der Vorstandsvergütung (VorstAG)[3] geänderten § 87 Abs. 2 AktG. Neben einer Verschlechterung der Lage der Gesellschaft, etwa durch eine erhebliche, ggf. Existenz bedrohende Kartellstrafe, muss die Weitergewährung der Bezüge für die Gesellschaft unbillig sein. Letzteres soll nach dem Willen des Gesetzgebers stets der Fall sein, wenn das Vorstandsmitglied pflichtwidrig gehandelt hat.[4]

Um in diesem Spannungsfeld möglichst von vorneherein der Frage zu entgehen, ob der Vorstand haftet, weil er zwar nicht selbst aktiv gegen ein gesetzliches Verbot verstoßen, wohl aber gebotene Compliance Maßnahmen unterlassen hat[5], ist die Einführung eines angemessenen und wirkungsvollen Compliance Programms insbesondere zur Korruptions- und Kartellprävention dringend zu empfehlen.

---

1 Vgl. BGH v. 17.7.2009 – 5 StR 394/08, AG 2009, 740, 742, bei Rz. 31; *Illig/Unmuß*, CCZ 2009, 1, 5; *Bürkle* in Hauschka, Corporate Compliance, 2007, § 8 Rz. 12.
2 *Fleischer*, CCZ 2008, 1, 3.
3 VorstAG, BGBl. I 2009, 2509.
4 BT-Drucks. 16/12278, S. 6, Begr. zu Art. 1 Nr. 1 lit. b.; vgl. dazu *Thüsing*, AG 2009, 517, 523; *Nikolay*, NJW 2009, 2640, 2643; *Bauer/Arnold*, AG 2009, 717, 726 „§ 87 Abs. 2 AktG als ‚Vorhof' von § 93".
5 Vgl. zum Meinungsstand *Koch*, WM 2009, 1013 ff.; *Koch*, ZHR 171 (2007), 554, 572; *Bürkle*, BB 2005, 565, 568; *Bürkle*, BB 2007, 1797, 1799; *Uwe H. Schneider/v. Buttlar*, ZIP 2004, 1621, 1622; *Uwe H. Schneider*, ZIP 2003, 645, 648 f.; *Fleischer* in Fleischer, Handbuch des Vorstandsrechts, § 8 Rz. 43 ff.; *Fleischer*, CCZ 2008, 1, 4 ff.

§ 22
Risikobereich und Haftung: Wettbewerbsverbote und Ansichziehen von Corporate Opportunities

Professor Dr. Dirk A. Verse, M.Jur.

	Rz.		Rz.
A. Einführung	1	2. Mehrheitserfordernis; konkrete und generelle Befreiung	35
B. Gesetzliche Pflichten der Vorstandsmitglieder und Geschäftsführer	4	3. Weitere Modalitäten der Befreiung	36
I. Wettbewerbsverbot	4	IV. Rechtsfolgen von Verstößen	39
1. Grundlagen	5	1. Unterlassungsanspruch	40
a) Vorstand der AG	5	2. Schadensersatz	41
b) GmbH-Geschäftsführer	7	3. Eintrittsrecht	42
2. Persönlicher Geltungsbereich	8	V. Verjährung	48
3. Zeitlicher Geltungsbereich	10	**C. Pflichten der Vorstandsmitglieder und Geschäftsführer aus dem Anstellungsvertrag**	51
4. Gegenständlicher Geltungsbereich	14	I. Überblick über mögliche vertragliche Regelungen	51
a) Betreiben eines Handelsgewerbes	14	II. Nachvertragliche Wettbewerbsverbote	54
b) Geschäftemachen im Geschäftszweig der Gesellschaft	16	1. Prüfungsmaßstab	55
		2. Konkretisierung	56
c) Vorstandsmitglied, Geschäftsführer oder Komplementär einer anderen Handelsgesellschaft	21	3. Rechtsfolgen unzulässiger Vereinbarungen	60
d) Grenzfall: Vorbereitungsmaßnahmen	23	4. Verzicht; Lösung vom nachvertraglichen Wettbewerbsverbot	61
II. Geschäftschancenbindung	24	III. Rechtsfolgen von Verstößen	62
1. Verhältnis zum Wettbewerbsverbot	24	**D. Pflichten der Aufsichtsratsmitglieder**	63
2. Zuordnung der Geschäftschancen	29	I. Ausgangspunkt: kein Wettbewerbsverbot, keine Inkompatibilität	63
3. Rechtfertigungsgründe für die Eigenwahrnehmung	32	II. Treuepflicht und Geschäftschancenbindung	66
4. Ansichziehen von Geschäftschancen	33	1. Pflichten im Rahmen der Organtätigkeit	66
III. Befreiung von Wettbewerbsverbot und Geschäftschancenbindung	34	2. Pflichten außerhalb der Organtätigkeit	68
1. Zuständiges Organ	34		

Schrifttum: *Abeltshauser*, Leitungshaftung im Kapitalgesellschaftsrecht, 1998; *Armbrüster*, Wettbewerbsverbote im Kapitalgesellschaftsrecht, ZIP 1997, 1269; *Bauer/Diller*, Wettbewerbsverbote, 5. Aufl. 2009; *Bergwitz*, Befreiung der GmbH von der Karenzentschädigungspflicht beim nachvertraglichen Wettbewerbsverbot des abberufenen Geschäftsführers, GmbHR 2007, 523; *Claussen/Korth*, Das Wettbewerbsverbot des Geschäftsführers/

Gesellschafters einer GmbH, in FS Beusch, 1993, S. 111; *Diller*, Konkurrenztätigkeit des GmbH-Geschäftsführers während des Kündigungsprozesses, ZIP 2007, 201; *Fleck*, Eigengeschäfte eines Aufsichtsratsmitglieds, in FS Heinsius, 1991, S. 89; *Fleischer*, Verdeckte Gewinnausschüttung: Die Geschäftschancenlehre im Spannungsfeld zwischen Gesellschafts- und Steuerrecht, DStR 1999, 1249; *Fleischer*, Gelöste und ungelöste Probleme der gesellschaftsrechtlichen Geschäftschancenlehre, NZG 2003, 985; *Fleischer*, Gegenwartsfragen der Geschäftschancenlehre im englischen und deutschen Gesellschaftsrecht, in FS Kilian, 2004, S. 645; *Fleischer*, Wettbewerbs- und Betätigungsverbote für Vorstandsmitglieder im Aktienrecht, AG 2005, 336; *Freudenberg*, Das Nebentätigkeitsrecht der Vorstandsmitglieder nach § 88 AktG, 1989; *Goette*, Die GmbH, 2. Aufl. 2002; *Goette*, Aktuelle höchstrichterliche Rechtsprechung zur Freiberuflersozietät, AnwBl 2007, 637; *Grundmann*, Der Treuhandvertrag, 1997; *Heidenhain*, Nachvertragliches Wettbewerbsverbot des GmbH-Geschäftsführers, NZG 2002, 605; *Hitzler*, Loyalitätskonflikte bei Arbeitnehmern und GmbH-Fremdgeschäftsführern, 2005; *Hoffmann-Becking*, Nachvertragliche Wettbewerbsverbote für Vorstandsmitglieder und Geschäftsführer, in FS Quack, 1991, S. 273; *Hopt*, Interessenwahrung und Interessenkonflikte im Aktien-, Bank- und Berufsrecht, ZGR 2004, 1; *Jäger*, Das nachvertragliche Wettbewerbsverbot und die Karenzentschädigung für Organmitglieder juristischer Personen, DStR 1995, 727; *Kort*, Interessenkonflikte bei Organmitgliedern der AG, ZIP 2008, 717; *Krämer*, Nachvertragliche Wettbewerbsverbote im Spannungsfeld von Berufs- und Vertragsfreiheit, in FS Röhricht, 2005, S. 335; *Kübler*, Erwerbschancen und Organpflichten, in FS Werner, 1984, S. 437; *Kübler/Waltermann*, Geschäftschancen der Kommanditgesellschaft, ZGR 1991, 162; *Kukat*, Praktische Hinweise zur Vereinbarung nachvertraglicher Wettbewerbsverbote für Geschäftsführer und zur Anrechnung anderweitigen Erwerbs, BB 2001, 951; *Manger*, Das nachvertragliche Wettbewerbsverbot des GmbH-Geschäftsführers, GmbHR 2001, 89; *J. M. Menke*, Gestaltung nachvertraglicher Wettbewerbsverbote mit GmbH-Geschäftsführern – Verzicht statt Karenzentschädigung, NJW 2009, 636; *Mense*, Interessenkonflikte bei Mehrfachmandaten im Aufsichtsrat der AG, 2007; *Merkt*, Unternehmensleitung und Interessenkollision, ZHR 159 (1995), 423; *Meyer*, Das „Eintrittsrecht" der Aktiengesellschaft gemäß § 88 Abs. 2 Satz 2 AktG, AG 1988, 259; *Möllers*, Treuepflichten und Interessenkonflikte bei Vorstands- und Aufsichtsratsmitgliedern, in Hommelhoff u.a. (Hrsg.), Handbuch Corporate Governance, 2. Aufl. 2009, S. 423; *Palzer*, Fortwirkende organschaftliche Pflichten des Geschäftsführers einer GmbH, 2001; *Polley*, Wettbewerbsverbot und Geschäftschancenlehre, 1993; *Reinhardt*, Interessenkonflikte bei der Wahrnehmung von Geschäftschancen im US-amerikanischen und deutschen Gesellschaftsrecht, 1994; *Röhricht*, Das Wettbewerbsverbot des Gesellschafters und des Geschäftsführers, WPg 1992, 766; *Salfeld*, Wettbewerbsverbote im Gesellschaftsrecht, 1987; *Schiessl*, Die Wahrnehmung von Geschäftschancen der GmbH durch ihren Geschäftsführer, GmbHR 1988, 53; *U.H. Schneider*, Wettbewerbsverbot für Aufsichtsratsmitglieder einer Aktiengesellschaft?, BB 1995, 365; *Sina*, Die Befreiung des GmbH-Geschäftsführers vom Wettbewerbsverbot, DStR 1991, 40; *Steck*, Neue Aspekte zur Geschäftschancenlehre bei GmbH-Gesellschaftern, GmbHR 2005, 1157; *Strelau*, Wettbewerbsverbote für den GmbH-Geschäftsführer und Befreiungsmöglichkeiten, 1999; *Thüsing*, Nachorganschaftliche Wettbewerbsverbote bei Vorständen und Geschäftsführern, NZG 2004, 9; *Timm*, Wettbewerbsverbot und „Geschäftschancen"-Lehre im Recht der GmbH, GmbHR 1981, 177; *Ulmer*, Aufsichtsratsmandat und Interessenkollision, NJW 1980, 1603; *Wassermeyer*, Das Wettbewerbsverbot des Gesellschafters und des Gesellschafter-Geschäftsführers einer GmbH, GmbHR 1993, 329; *Weisser*, Corporate Opportunities, 1991; *Wirth*, Anforderungsprofil und Inkompatibilitäten für Aufsichtsratsmitglieder, ZGR 2005, 327.

A. Einführung

Dass die Mitglieder des Leitungsorgans (Vorstand, Geschäftsführung) gegenüber ihrer Gesellschaft eine besondere Treuepflicht trifft, aus der sich u.a. das Verbot ergibt, mit der Gesellschaft in Wettbewerb zu treten, ist rechtsformübergreifend

1

seit langem anerkannt. Für die Vorstandsmitglieder einer AG (§ 88 AktG), die Vorstandsmitglieder bzw. geschäftsführenden Direktoren einer SE (Art. 9 SE-VO, § 40 Abs. 7 SEAG i.V.m. § 88 AktG) sowie die geschäftsführenden, persönlich haftenden Gesellschafter einer OHG, KG oder KGaA (§§ 112, 113, 161 HGB, § 284 AktG) ergibt sich das **Wettbewerbsverbot** unmittelbar aus dem Gesetz. Aber auch dort, wo es – wie insbesondere für den GmbH-Geschäftsführer – an einer gesetzlichen Bestimmung fehlt, besteht Einigkeit, dass auch ohne dahingehende Satzungsregelung oder Vereinbarung im Anstellungsvertrag ein Wettbewerbsverbot des Geschäftsführers als Ausfluss der organschaftlichen Treuepflicht anzuerkennen ist.[1] Für börsennotierte Gesellschaften sieht der Deutsche Corporate Governance Kodex (DCGK) noch weiter gehende Regelungen vor. Ziff. 4.3.1 DCGK erinnert zunächst an die gesetzliche Verpflichtung, dass die Vorstandsmitglieder während ihrer Tätigkeit für das Unternehmen einem umfassenden Wettbewerbsverbot unterliegen. Darüber hinaus formuliert Ziff. 4.3.5 DCGK die Empfehlung, dass Vorstandsmitglieder Nebentätigkeiten, insbesondere Aufsichtsratsmandate außerhalb des Unternehmens, nur mit Zustimmung des Aufsichtsrats übernehmen sollen.

2   Als gesichert gelten kann neben dem Wettbewerbsverbot auch das durch die US-amerikanische Rechtsprechung inspirierte[2] Verbot des Vorstandsmitglieds bzw. Geschäftsführers, Geschäftschancen der Gesellschaft („**corporate opportunities**") zum eigenen Vorteil auszunutzen.[3] Zwar fehlt es insoweit an einer ausdrücklichen gesetzlichen Regelung. Die Geschäftschancenbindung ergibt sich aber unmittelbar aus der organschaftlichen Treuepflicht, genauer: aus der Pflicht der Geschäftsleiter, „bei der Wahrnehmung der ihnen übertragenen Aufgaben allein das Wohl des Unternehmens und nicht ihren eigenen wirtschaftlichen Nutzen zu verfolgen."[4] Erwähnung findet die Geschäftschancenlehre zudem in Ziff. 4.3.3

---

1 Vgl. für den Geschäftsführer einer GmbH BGH v. 9.11.1967 – II ZR 64/67, BGHZ 49, 30, 31; BGH v. 26.10.1964 – II ZR 127/62, WM 1964, 1320, 1321; BGH v. 24.11.1975 – II ZR 104/73, WM 1976, 77; BGH v. 11.10.1976 – II ZR 104/75, GmbHR 1977, 43; *Uwe H. Schneider* in Scholz, § 43 GmbHG Rz. 153 ff.; *Zöllner/Noack* in Baumbach/Hueck, § 35 GmbHG Rz. 41 ff.; für den geschäftsführenden Kommanditisten (gegen den Wortlaut des § 165 HGB) BGH v. 5.12.1983 – II ZR 242/82, BGHZ 89, 162, 165 f. = GmbHR 1984, 203; BGH v. 8.5.1989 – II ZR 229/88, WM 1989, 1216, 1217 = GmbHR 1989, 460; *Hopt* in Baumbach/Hopt, § 165 HGB Rz. 3.
2 Zur US-amerikanischen „corporate opportunities"-Doktrin aus deutscher Sicht erstmals *Mestmäcker*, Verwaltung, Konzerngewalt und Rechte der Aktionäre, 1958, S. 166 ff.; ferner etwa *Abeltshauser*, Leitungshaftung im Kapitalgesellschaftsrecht, 1998, S. 298 ff.; *Merkt/Göthel*, US-amerikanisches Gesellschaftsrecht, 2. Aufl. 2006, Rz. 913 ff.; *Weisser*, Corporate Opportunities, 1991.
3 Vgl. vorerst nur BGH v. 23.9.1985 – II ZR 246/84, WM 1985, 1443 f. = GmbHR 1986, 42; *Spindler* in MünchKomm. AktG, § 88 AktG Rz. 56 ff.; *Uwe H. Schneider* in Scholz, § 43 GmbHG Rz. 201 ff.; aus der steuerlichen Rechtsprechung (Ansichziehen von Geschäftschancen durch den Gesellschafter-Geschäftsführer als verdeckte Gewinnausschüttung) BFH v. 30.8.1995 – I R 155/94, BFHE 178, 371 ff. = GmbHR 1996, 58; BFH v. 9.7.2003 – I R 100/02, NZG 2004, 975 = GmbHR 2003, 1497 m.w.N.
4 St.Rspr., vgl. BGH v. 8.5.1967 – II ZR 126/65, WM 1967, 679; BGH v. 10.2.1977 – II ZR 79/75, WM 1977, 361, 362; BGH v. 21.2.1983 – II ZR 183/82, WM 1983, 498, 499 = GmbHR 1983, 300; BGH v. 23.9.1985 – II ZR 246/84, WM 1985, 1443 = GmbHR 1986, 42; BGH v. 12.6.1989 – II ZR 334/887, WM 1989, 1335, 1339 = AG 1989, 354.

Satz 2 DCGK. Danach darf kein Mitglied des Vorstands „bei seinen Entscheidungen persönliche Interessen verfolgen und Geschäftschancen, die dem Unternehmen zustehen, für sich nutzen."

Jenseits der grundsätzlichen Anerkennung von Wettbewerbsverbot und Geschäftschancenlehre befindet man sich allerdings sehr schnell auf ungesichertem Terrain. Unsicherheiten bestehen nicht nur darüber, in welchem Verhältnis Wettbewerbsverbot und Geschäftschancenbindung grundsätzlich zueinander stehen, sondern auch (und praktisch bedeutsamer) in Bezug auf zahlreiche Einzelfragen, die den Geltungsbereich beider Verbote betreffen. Die Rechtslage wird zudem dadurch unübersichtlich, dass die Reichweite des gesetzlichen Wettbewerbsverbots nicht für alle Rechtsformen einheitlich zu bestimmen ist. Die folgende Darstellung konzentriert sich auf die Rechtslage in der AG und der GmbH. Sie beschränkt sich ferner auf das Wettbewerbsverbot der Organmitglieder, bezieht also das ggf. zusätzlich bestehende, im Einzelnen umstrittene Wettbewerbsverbot aus der Stellung als herrschender Gesellschafter[1] nicht mit ein. Im Mittelpunkt stehen im Folgenden das Wettbewerbsverbot und die Geschäftschancenbindung der Vorstandsmitglieder und Geschäftsführer, wobei zunächst der gesetzliche Pflichtenrahmen (unter B., Rz. 4 ff.) und sodann mögliche Modifikationen durch den Anstellungsvertrag (C., Rz. 51 ff.) in den Blick genommen werden. Zum Abschluss wird die Frage behandelt, ob und inwieweit Wettbewerbsverbot und Geschäftschancenbindung auch auf Aufsichtsratsmitglieder anzuwenden sind (D., Rz. 63 ff.).

3

B. Gesetzliche Pflichten der Vorstandsmitglieder und Geschäftsführer

I. Wettbewerbsverbot

Zwischen dem in § 88 AktG geregelten Wettbewerbsverbot des Vorstands der AG und dem ungeschriebenen, aber allgemein anerkannten[2] Wettbewerbsverbot des GmbH-Geschäftsführers bestehen zahlreiche Parallelen. Sie werden daher im Folgenden gemeinsam behandelt. Dies darf jedoch nicht den Blick für verbleibende Unterschiede verstellen (s. insbes. Rz. 7, 34 f.).

4

1. Grundlagen

a) Vorstand der AG

Das Wettbewerbsverbot des Vorstandsmitglieds nach § 88 AktG dient einem doppelten **Schutzzweck**: zum einen dem Schutz der Gesellschaft vor Wettbewerbshandlungen, zum anderen dem Schutz vor anderweitigem Einsatz der Arbeits-

5

---

[1] Dazu *Michalski/Funke* in Michalski, § 13 GmbHG Rz. 188 ff.; *Habersack* in Emmerich/Habersack, Aktien- und GmbH-Konzernrecht, vor § 311 AktG Rz. 7 (AG); Anh. § 318 AktG Rz. 16 ff. (GmbH); kritisch *Hüffer* in FS Röhricht, 2005, S. 251 ff.
[2] Nachw. in Rz. 1 Fn. 1.

kraft der Vorstandsmitglieder.¹ Grundlegend für das zutreffende Verständnis des gesetzlichen Wettbewerbsverbots ist die Erkenntnis, dass die in § 88 AktG ausdifferenzierten Verbotstatbestände diesem doppelten Schutzzweck mit ganz unterschiedlicher Akzentsetzung dienen.²

6 Bei dem in § 88 Abs. 1 Satz 1, 2. Alt. AktG geregelten Verbot, ohne Einwilligung des Aufsichtsrats im Geschäftszweig der Gesellschaft für eigene oder fremde Rechnung Geschäfte zu machen, steht der Schutzzweck der Konkurrenzverhütung ganz im Vordergrund.³ Hier lässt sich deshalb von einem „**echten**" **Wettbewerbsverbot** sprechen.⁴ Anderes gilt für die in § 88 Abs. 1 Satz 1, 1. Alt. und § 88 Abs. 1 Satz 2 AktG angesprochenen Verbotstatbestände („**unechtes**" **Wettbewerbsverbot; Betätigungsverbot**). Diese Vorschriften untersagen dem Vorstandsmitglied ohne Einwilligung des Aufsichtsrats schlechthin, ein Handelsgewerbe zu betreiben und/oder Vorstandsmitglied, Geschäftsführer oder persönlich haftender Gesellschafter einer anderen Handelsgesellschaft zu sein. Dabei kommt es nach bisher einhelliger Ansicht *nicht* darauf an, ob es sich um ein konkurrierendes Handelsunternehmen handelt.⁵ Es kann sich vielmehr auch um Unternehmen handeln, die auf ganz anderen Geschäftsfeldern tätig sind. Daraus erhellt, dass es hier weniger um den Schutz vor Wettbewerbshandlungen geht, sondern in erster Linie um den Schutz der Gesellschaft vor anderweitigem Einsatz der Arbeitskraft ihrer Vorstandsmitglieder.⁶ Ein Bezug zum Schutz vor Wettbewerbshandlungen lässt sich in dieser zweiten Kategorie nur herstellen, wenn man § 88 Abs. 1 Satz 1, 1. Alt. und Satz 2 AktG als eine Art Vorfeldtatbestand begreift:⁷ Das Verbot, ein Handelsgewerbe bzw. eine Handelsgesellschaft gleich welcher Art zu betreiben oder zu leiten, schützt die Gesellschaft auch dort, wo die genauen Grenzen des eigenen Geschäftszweigs unsicher sind, und beugt so Zweifelsfällen vor. Gleichwohl bleibt das weit ausgreifende Betätigungsverbot, wie nicht zuletzt die Rechtsvergleichung belegt⁸, rechtspolitisch fragwürdig. Selbst verfassungsrechtliche Bedenken, namentlich mit Rücksicht auf das Grundrecht der freien Berufswahl (Art. 12 Abs. 1 GG), erscheinen keineswegs fern liegend. Die Forderung nach einer verfassungskonformen Auslegung, die das Betätigungsverbot auf konkurrierende Tätigkeiten beschränkt, kann sich im-

---

1 BGH v. 17.2.1997 – II ZR 278/95, ZIP 1997, 1063, 1064 = AG 1997, 328; BGH v. 2.4.2001 – II ZR 217/99, NJW 2001, 2476 = AG 2001, 468; *Mertens/Cahn* in KölnKomm. AktG, § 88 AktG Rz. 2.
2 Vgl. *Fleischer*, AG 2005, 336, 337; *Meyer*, AG 1988, 259; noch weitergehend *Armbrüster*, ZIP 1997, 1269, 1270: „zwei völlig verschiedenartige Institute".
3 BGH v. 2.4.2001 – II ZR 217/99, NJW 2001, 2476 re. Sp. = AG 2001, 468.
4 Zu dieser Terminologie *Fleischer*, AG 2005, 336, 337; *Fleischer* in Spindler/Stilz, § 88 AktG Rz. 1; für Österreich *Strasser* in Jabornegg/Strasser, AktG, 4. Aufl. 2001, §§ 77–84 öAktG Rz. 73.
5 Allg. M.; vgl. nur *Spindler* in MünchKomm. AktG, § 88 AktG Rz. 11, 18; *Kort* in Großkomm. AktG, § 88 AktG Rz. 25, 44; *Mertens/Cahn* in KölnKomm. AktG, § 88 AktG Rz. 10. Zur abweichenden Auslegung des § 60 Abs. 1, 1. Alt. HGB trotz gleichen Wortlauts s. sogleich im Text.
6 Vgl. *Fleischer* in Spindler/Stilz, § 88 AktG Rz. 1; *Hüffer*, § 88 AktG Rz. 1; *Armbrüster*, ZIP 1997, 1269 f. S. auch Begr. RegE AktG 1965 bei *Kropff*, Aktiengesetz, S. 112.
7 So *Fleischer*, AG 2005, 336, 337; *Fleischer* in Spindler/Stilz, § 88 AktG Rz. 2.
8 Dazu *Fleischer*, AG 2005, 336, 338 ff.

merhin darauf stützen, dass das BAG für das Wettbewerbsverbot des Handlungsgehilfen (§ 60 HGB) eine derartige verfassungskonforme Auslegung vorgenommen hat[1] und der Wortlaut des § 88 Abs. 1 Satz 1, 1. Alt. AktG demjenigen des § 60 Abs. 1, 1. Alt. HGB nachgebildet ist. Im Aktienrecht hat sich diese Forderung jedoch bislang nicht durchsetzen können.[2]

b) GmbH-Geschäftsführer

Das ungeschriebene, im Wege der richterlichen Rechtsfortbildung aus der organschaftlichen Treuepflicht entwickelte Wettbewerbsverbot des GmbH-Geschäftsführers wird zwar ebenfalls auf den genannten doppelten Schutzzweck – Schutz vor Wettbewerbshandlungen einerseits, Erhaltung der Arbeitskraft andererseits – zurückgeführt.[3] Bei näherem Hinsehen zeigt sich aber, dass letzterem Gesichtspunkt im GmbH-Recht nicht dasselbe Gewicht beigemessen wird wie im Aktienrecht. Das organschaftliche Wettbewerbsverbot des GmbH-Geschäftsführers beschränkt sich nach h.M. nur auf echte Konkurrenzaktivitäten[4], bezieht also die von § 88 AktG erfassten Vorfeldtatbestände, die auch Tätigkeiten für nicht konkurrierende Handelsgesellschaften untersagen, *nicht* mit ein. Darin liegt ein **wesentlicher Unterschied** zwischen dem gesetzlichen Wettbewerbsverbot des Vorstandsmitglieds und demjenigen des GmbH-Geschäftsführers.[5] Zwar wird nicht selten pauschal von einer analogen Anwendung des § 88 AktG auf den GmbH-Geschäftsführer gesprochen.[6] Bei Beschreibung des Schutzbereichs des Wettbewerbsverbots wird dann aber auch bei diesen Autoren zumeist deutlich, dass Aktivitäten in nicht-konkurrierenden Gesellschaften nicht erfasst sind.[7] Auch die Rechtsprechung hat, soweit ersichtlich, das Wettbewerbsverbot des GmbH-Geschäftsführers bislang nicht auf solche Tätigkeiten erstreckt. In Anbetracht der Tatsache, dass die weite Ausdehnung des § 88 AktG ohnehin rechtspolitisch und sogar verfassungsrechtlich bedenklich ist (Rz. 6 a.E.), sollte es bei dieser restriktiven Linie auch bleiben. In der Praxis relativiert sich der Unterschied allerdings dadurch, dass im Anstellungsvertrag des GmbH-Geschäftsführers häufig ein vertragliches Verbot jeglicher anderweitigen Tätigkeit im beruflichen Bereich vereinbart wird.[8]

7

---

1 BAG v. 25.5.1970 – 3 AZR 384/69, BAGE 22, 344 ff.; BAG v. 3.5.1983 – 3 AZR 62/81, BAGE 42, 329, 334.
2 Ausdrücklich ablehnend *Mertens/Cahn* in KölnKomm. AktG, § 88 AktG Rz. 10 a.E.; *Fleischer* in Spindler/Stilz, § 88 AktG Rz. 17 („trotz gewisser Bedenken").
3 Vgl. nur *Haas* in Michalski, § 43 GmbHG Rz. 97.
4 Vgl. *Zöllner/Noack* in Baumbach/Hueck, § 35 GmbHG Rz. 41; *Haas* in Michalski, § 43 GmbHG Rz. 100 f.; *Uwe H. Schneider* in Scholz, § 43 GmbHG Rz. 164; *Armbrüster*, ZIP 1997, 1269, 1276; näher unten im Text (Rz. 14–23, insbes. 19 f.).
5 Es ist deshalb nur bedingt richtig, wenn im Schrifttum (etwa *Uwe H. Schneider* in Scholz, § 43 GmbHG Rz. 153) gesagt wird, dass die im Zuge der gescheiterten GmbH-Reform 1971 vorgeschlagene Regelung des § 71 GmbHG-E, die für den GmbH-Geschäftsführer ein an § 88 AktG angelehntes Wettbewerbsverbot einführen wollte (BT-Drucks. VI/3088, S. 20, 124), nur die bereits bestehende Rechtslage wiedergegeben hätte.
6 Exemplarisch *Kleindiek* in Lutter/Hommelhoff, Anh. § 6 GmbHG Rz. 20.
7 Anders allerdings *Paefgen* in Ulmer/Habersack/Winter, § 43 GmbHG Rz. 41.
8 Vgl. etwa das Vertragsmuster bei *Stephan* in Beck'sches Formularbuch Bürgerliches Handels- und Wirtschaftsrecht, 10. Aufl. 2010, IX.48, § 1 Abs. 3.

2. Persönlicher Geltungsbereich

8 Dem Wettbewerbsverbot unterliegen grundsätzlich alle amtierenden Vorstandsmitglieder und Geschäftsführer, und zwar auch bei fehlerhafter Bestellung.[1] Gleiches gilt für stellvertretende Vorstandsmitglieder (§ 94 AktG). Nicht erfasst werden dagegen Aufsichtsratsmitglieder[2], selbst wenn sie gem. § 105 Abs. 2 AktG für einen begrenzten Zeitraum zu stellvertretenden Vorstandsmitgliedern bzw. Geschäftsführern bestellt werden (§ 105 Abs. 2 Satz 4 AktG i.V.m. § 52 Abs. 1 GmbHG, § 1 Abs. 1 Nr. 3 DrittelbG, § 6 Abs. 2 MitbestG). Keine Anwendung findet das gesetzliche Wettbewerbsverbot gem. § 268 Abs. 3 AktG auch auf die Abwickler einer AG, mögen diese auch mit den bisher amtierenden Vorstandsmitgliedern identisch sein (§ 265 Abs. 1 AktG). Dahinter steht die Überlegung, dass mit Rücksicht auf die vorübergehende Natur des Amtes ein umfassendes gesetzliches Wettbewerbsverbot zu weit ginge. Um die Abwickler an das Wettbewerbsverbot zu binden, bedarf es somit einer entsprechenden Vereinbarung. Dabei stellt sich häufig die Auslegungsfrage, ob ein im Anstellungsvertrag des Vorstandsmitglieds vereinbartes Wettbewerbsverbot auch für seine Tätigkeit als Abwickler gilt. Um die gesetzliche Wertung des § 268 Abs. 3 AktG nicht auszuhöhlen, bedarf es besonderer Anhaltspunkte, die für eine Ausdehnung des Verbots auch auf das Abwicklungsstadium sprechen. Im Zweifel ist eine solche Ausdehnung zu verneinen.[3] Entsprechendes wird man für die Liquidatoren der GmbH anzunehmen haben (§ 268 Abs. 3 AktG analog).

9 Fraglich ist, ob das Wettbewerbsverbot auch dann eingreift, wenn das Vorstandsmitglied oder der Geschäftsführer zugleich **Alleingesellschafter** ist. Im GmbH-Recht verneint die h.M. diese Frage, da den Alleingesellschafter-Geschäftsführer auch sonst keine Treuepflicht gegenüber seiner Gesellschaft trifft.[4] Äußerstenfalls kann der Entzug von Geschäftschancen aber als existenzvernichtender Eingriff geahndet werden.[5] Im Aktienrecht zeichnet sich dagegen noch keine klare Linie ab.[6] Die Frage verliert dadurch an Brisanz, dass in einer solchen Konstellation der Aufsichtsrat regelmäßig bereit sein wird, eine Befreiung von dem Wettbewerbsverbot zu erteilen. Ist dies nicht rechtzeitig geschehen, lässt sich der Frage allerdings nicht länger ausweichen. Für eine teleologische Reduktion des

---

1 BGH v. 6.4.1964 – II ZR 75/62, BGHZ 41, 282, 287; *Fleischer* in Spindler/Stilz, § 88 AktG Rz. 7.
2 Näher unten Rz. 63.
3 *Hüffer* in MünchKomm. AktG, § 268 AktG Rz. 9; *Kort* in Großkomm. AktG, § 88 AktG Rz. 13.
4 Vgl. BGH v. 28.9.1992 – II ZR 299/91, BGHZ 119, 257, 262 = GmbHR 1993, 38 = AG 1993, 84; BGH v. 10.5.1993 – II ZR 74/92, BGHZ 122, 333, 336 = GmbHR 1993, 427; BFH v. 12.10.1995 – I R 127/94, DStR 1996, 337, 338 = GmbHR 1996, 219; *Paefgen* in Ulmer/Habersack/Winter, § 43 GmbHG Rz. 39; *Habersack* in Emmerich/Habersack, Aktien- und GmbH-Konzernrecht, Anh. § 318 AktG Rz. 17, 33; *Goette*, DStR 1998, 1137, 1139; *Röhricht*, WPg 1992, 766, 784f.; a.A. *Claussen/Korth* in FS Beusch, S. 111, 117f.
5 Dazu *Verse* in Henssler/Strohn, Komm. zum Gesellschaftsrecht, § 13 GmbHG Rz. 44ff.
6 Für Anwendung des § 88 AktG *Claussen/Korth* in FS Beusch, S. 111, 117; *Mertens/Cahn* in KölnKomm. AktG, § 88 AktG Rz. 6; dagegen *Armbrüster*, ZIP 1997, 1269, 1270 (teleologische Reduktion); vermittelnd *Fleischer* in Spindler/Stilz, § 88 AktG Rz. 7 (kein Wettbewerbsverbot, solange Gläubigerinteressen nicht gefährdet sind).

§ 88 AktG wird angeführt, dass die Vorschrift ausschließlich den Interessen der Aktionäre und nicht Gläubigerinteressen diene.[1] Diese Aussage ist indes keineswegs gesichert. Im Gegenteil ist auch sonst für die organschaftlichen Sorgfalts- und Treuepflichten, die das Vorstandsmitglied gem. § 93 Abs. 1 AktG zu beachten hat, anerkannt, dass sie auch eine gläubigerschützende Funktion erfüllen.[2] Hinzu kommt, dass der Alleinaktionär generell stärkeren Bindungen gegenüber seiner AG unterliegt als der Alleingesellschafter einer GmbH, der seine Gesellschaft bis zur Grenze des Stammkapitals bzw. der Existenzvernichtung beliebig schädigen darf. Im Ergebnis dürfte deshalb mehr dafür sprechen, § 88 AktG auch auf das Vorstandsmitglied anzuwenden, das zugleich Alleinaktionär ist.

3. Zeitlicher Geltungsbereich

Das Wettbewerbsverbot des Vorstandsmitglieds (§ 88 AktG) und des GmbH-Geschäftsführers gelten nur während der Amtszeit als Geschäftsleiter.[3] Hinsichtlich des Beginns des Verbots ist man sich einig, dass es auf die **Bestellung** und nicht auf den möglicherweise erst später abgeschlossenen Anstellungsvertrag ankommt.[4] In Bezug auf das Ende des Verbots bestehen dagegen einige Zweifelsfragen.

Ungekündigter Anstellungsvertrag. So ist umstritten, ob das Wettbewerbsverbot fortgilt, wenn die Bestellung zum Vorstandsmitglied/Geschäftsführer bereits widerrufen ist, der Anstellungsvertrag aber nicht zum selben Termin gekündigt wurde, sondern weiter besteht. Das OLG Frankfurt a.M. hat hierzu entschieden, dass das echte Wettbewerbsverbot aus § 88 Abs. 1 Satz 1, 2. Alt. AktG bis zur Beendigung des Anstellungsvertrags fortgelte.[5] Das weiter gehende Betätigungsverbot auch für nicht konkurrierende Tätigkeiten (§ 88 Abs. 1 Satz 1, 1. Alt., Satz 2 AktG) will das Gericht dagegen offenbar nicht mehr anwenden, wenn die AG das frühere Vorstandsmitglied für die restliche Dauer seines Anstellungsvertrags von weiterer Tätigkeit für sie freigestellt hat.[6] Richtiger erscheint es indes, § 88 AktG nach Widerruf der Bestellung gänzlich unangewendet zu lassen. Die Vorschrift knüpft nach ihrem klaren Wortlaut und ihrer Funktion als Ausprägung der organschaftlichen Treuepflicht unmittelbar an die Organstellung an und kann deshalb nach einem Widerruf der Bestellung auch dann nicht fortgelten, wenn der Anstellungsvertrag weiterhin Bestand hat. Stattdessen liegt es nahe, sich für den Zeitraum vom Ende der Bestellung bis zum Ende des Anstellungsvertrags an den

---

1 *Armbrüster*, ZIP 1997, 1269, 1270.
2 *Hopt* in Großkomm. AktG, § 93 AktG Rz. 12 m.w.N.
3 Nahezu allg. M.; vgl. nur *Hüffer*, § 88 AktG Rz. 2; *Uwe H. Schneider* in Scholz, § 43 GmbHG Rz. 153, 173; abweichend *Palzer*, Fortwirkende organschaftliche Pflichten des Geschäftsführers der GmbH, 2001, S. 239, die für eine im Umfang eingeschränkte Fortwirkung des Wettbewerbsverbots für ehemalige Geschäftsleiter plädiert.
4 *Fleischer*, AG 2005, 336, 340; *Fleischer* in Spindler/Stilz, § 88 AktG Rz. 8.
5 OLG Frankfurt a.M. v. 5.11.1999 – 10 U 257/98, NZG 2000, 738, 739 = AG 2000, 518; zustimmend *Spindler* in MünchKomm. AktG, § 88 AktG Rz. 8; *Mertens/Cahn* in Kölnkomm. AktG, § 88 AktG Rz. 7; zum GmbH-Recht OLG Oldenburg v. 17.2.2000 – 1 U 155/99, NZG 2000, 1038, 1039; *Haas* in Michalski, § 43 GmbHG Rz. 104.
6 Der zweite Leitsatz der Entscheidung, der von einer Fortgeltung des gesamten § 88 Abs. 1 AktG bis zum Ende des Anstellungsvertrags spricht, ist insofern zu weit geraten.

Grundsätzen des arbeitsrechtlichen Wettbewerbsverbots zu orientieren.[1] Im Arbeitsrecht ist anerkannt, dass das aus der Treuepflicht des Arbeitnehmers abgeleitete Wettbewerbsverbot auch dann bis zum Ende des Arbeitsverhältnisses gilt, wenn das Arbeitsverhältnis nicht mehr ausgeübt wird.[2] Das arbeitsrechtliche Wettbewerbsverbot untersagt jedoch nur die Aufnahme einer Konkurrenztätigkeit,[3] während das weiter gehende, auch nicht-konkurrierende Tätigkeiten erfassende Betätigungsverbot des § 88 Abs. 1 Satz 1, 1. Alt., Satz 2 AktG im Arbeitsrecht keine Entsprechung findet. Im Ergebnis gelangt man auf diesem Weg zu dem, was offenbar auch das OLG Frankfurt a.M. zu begründen suchte: ein Konkurrenzverbot bis zum Ende des Anstellungsvertrags, aber kein allgemeines Betätigungsverbot.[4]

12 **Bestrittene Abberufung und Kündigung.** Sind der Widerruf der Bestellung und die Kündigung des Anstellungsvertrags erfolgt, geht die überwiegende Ansicht davon aus, dass das Wettbewerbsverbot auch dann nicht fortbesteht, wenn das (ehemalige) Mitglied des Vorstands bzw. der Geschäftsführung die Wirksamkeit von Widerruf und Kündigung bestreitet.[5] Zur Begründung heißt es, dem Betroffenen könne nicht zugemutet werden, den selten mit Sicherheit vorhersehbaren Ausgang eines Prozesses über die Wirksamkeit des Widerrufs und der Kündigung mit gebundenen Händen abzuwarten. Richtigerweise ergibt sich die Unanwendbarkeit des Wettbewerbsverbots schon daraus, dass der Widerruf der Bestellung gem. § 84 Abs. 3 Satz 4 AktG bis zur Rechtskraft des Urteils als wirksam zu behandeln ist, der Betroffene also in diesem Zeitraum nicht mehr Organmitglied ist. Ein Konkurrenzverbot kann sich daher allenfalls noch in Anlehnung an die bereits erwähnten arbeitsrechtlichen Grundsätze aus dem Anstellungsverhältnis ergeben. Ist die Kündigung wirksam, ist auch Letzteres unproblematisch zu verneinen, sofern kein nachvertragliches Wettbewerbsverbot vereinbart worden ist. Erweist sich die Kündigung des Anstellungsvertrags aber als unwirksam, hat das Anstellungsverhältnis fortbestanden, so dass auf den ersten Blick viel dafür spricht, auch vom Fortbestehen des aus dem Anstellungsverhältnis abzuleitenden Konkurrenzverbots auszugehen. Auf dieser Linie liegt auch die Rechtsprechung des BAG zum arbeitsrechtlichen Konkurrenzverbot.[6] Bei näherer Betrachtung erscheint diese Ansicht indes überprüfungsbedürftig.[7] Dem Betroffenen wird

---

1 So auch *Fleischer* in Spindler/Stilz, § 88 AktG Rz. 10; *Thüsing* in Fleischer, Handbuch des Vorstandsrechts, § 4 Rz. 85.
2 BAG v. 17.10.1969 – 3 AZR 442/68, AP § 611 BGB Treuepflicht Nr. 7; *Richardi* in Staudinger, § 611 BGB Rz. 477.
3 Vgl. oben Rz. 6 a.E.; *Richardi* in Staudinger, § 611 BGB Rz. 477.
4 Auch die Rechtsfolgen sind dieselben wie bei der vom OLG Frankfurt a.M. angenommenen Fortgeltung des § 88 Abs. 1 Satz 1, 2. Alt. AktG. Insbesondere ist auch im Arbeitsrecht wie in § 88 Abs. 2 AktG ein Eintrittsrecht anzuerkennen (Rechtsgedanke des § 61 Abs. 1 HGB); vgl. *Richardi* in Staudinger, § 611 BGB Rz. 480; a.A. insoweit *Thüsing* in Fleischer, Handbuch des Vorstandsrechts, § 4 Rz. 85.
5 OLG Frankfurt a.M. v. 5.11.1999 – 10 U 257/98, NZG 2000, 738, 740 = AG 2000, 518; *Fleischer* in Spindler/Stilz, § 88 AktG Rz. 11; *Spindler* in MünchKomm. AktG, § 88 AktG Rz. 9; *Kort* in Großkomm. AktG, § 88 AktG Rz. 111.
6 BAG v. 25.4.1991 – 2 AZR 624/90, AP § 626 BGB Nr. 104; *Weber* in Staub, § 60 HGB Rz. 34 m.w.N. auch zur Gegenauff.; a.A. RGZ 77, 121 ff.
7 Vgl. *v. Hoyningen-Huene* in MünchKomm. HGB, § 60 HGB Rz. 21 m.w.N.

man nämlich in der Tat schwerlich zumuten können, den ungewissen Ausgang des Rechtsstreits abzuwarten, zumal die Gesellschaft die Ursache für diese Rechtsunsicherheit selbst gesetzt hat. Im Ergebnis sollte deshalb auch ein aus dem Anstellungsverhältnis abgeleitetes Konkurrenzverbot verneint werden.[1]

Amtsniederlegung. Legt das Vorstandsmitglied bzw. der Geschäftsführer sein Amt nieder, so führt dies nach h.M. nur dann zur Beendigung des Wettbewerbsverbots, wenn die Niederlegung berechtigt war.[2] Die Gegenansicht ist großzügiger und will das Wettbewerbsverbot auch bei unberechtigter Amtsniederlegung nicht mehr anwenden, es sei denn, es liegt rechtsmissbräuchliches Verhalten vor.[3] Nach der hier vertretenen Ansicht kommt das organschaftliche Wettbewerbsverbot schon deshalb nicht zur Anwendung, da auch dann, wenn die Berechtigung der Amtsniederlegung streitig ist, das Vorstandsmitglied bzw. der Geschäftsführer analog § 84 Abs. 3 Satz 4 AktG aus dem Amt ausscheidet.[4] Hat das Vorstandsmitglied zugleich den Anstellungsvertrag gekündigt und herrscht über die Wirksamkeit der Kündigung Streit, erhebt sich aber erneut die Frage, ob analog arbeitsrechtlichen Grundsätzen ein Konkurrenzverbot aus dem Anstellungsverhältnis abzuleiten ist. Sofern die Kündigung unwirksam ist, wird man dies – insoweit in Übereinstimmung mit der Rechtsprechung des BAG zum arbeitsrechtlichen Konkurrenzverbot[5] – bejahen müssen. Dass das (ehemalige) Vorstandsmitglied damit bis zur Klärung der Unwirksamkeit der Kündigung über das Bestehen des Konkurrenzverbots im Ungewissen bleibt, erscheint in diesem Fall zumutbar, da es anders als im Fall des Widerrufs der Bestellung die Unsicherheit selbst herbeigeführt hat.

13

4. Gegenständlicher Geltungsbereich

a) Betreiben eines Handelsgewerbes

Wie eingangs dargelegt ist dem Vorstandsmitglied der AG das Betreiben eines **Handelsgewerbes** (§ 88 Abs. 1 Satz 1, 1. Alt. AktG) unabhängig davon verboten, ob es sich um ein Konkurrenzunternehmen handelt oder nicht (Rz. 6). Dagegen trifft den GmbH-Geschäftsführer das Verbot vorbehaltlich einer Erweiterung

14

---

1 Differenzierend *Diller*, ZIP 2007, 201, 206: Entfallen des Konkurrenzverbots nur in „extremen Fällen" einer vom früheren Geschäftsführer bzw. Vorstandsmitglied unverschuldeten Zwangslage.
2 *Fleischer* in Spindler/Stilz, § 88 AktG Rz. 12; *Spindler* in MünchKomm. AktG, § 88 AktG Rz. 9; *Hüffer*, § 88 AktG Rz. 2 m.w.N.
3 *Mertens/Cahn* in KölnKomm. AktG, § 88 AktG Rz. 7; *Armbrüster*, ZIP 1997, 1269, 1270 f.; vermittelnd *Thüsing* in Fleischer, Handbuch des Vorstandsrechts, § 4 Rz. 86: Aufhebung des Wettbewerbsverbots, sofern die Amtsniederlegung nicht offensichtlich unwirksam ist und solange nicht eine erstinstanzliche Entscheidung das Fortbestehen des Mandats feststellt bzw. eine einstweilige Verfügung den Wettbewerb untersagt.
4 H.M.; vgl. BGH v. 8.2.1993 – II ZR 58/92, BGHZ 121, 257, 261 f. = AG 1993, 280 = GmbHR 1993, 216 (GmbH); *Hüffer*, § 84 AktG Rz. 36 m.w.N. Eine Ausnahme kommt nur in Missbrauchsfällen in Betracht; vgl. OLG Düsseldorf v. 6.12.2000 – 3 Wx 393/00, DB 2001, 261 = GmbHR 2001, 144.
5 BAG v. 17.10.1969 – 3 AZR 442/68, AP § 611 Treuepflicht Nr. 7; *Weber* in Staub, § 60 HGB Rz. 33 m.w.N.

im Anstellungsvertrag nur, wenn es sich um ein konkurrierendes, d.h. im selben Geschäftszweig tätiges Handelsgewerbe handelt.[1] Ein Handelsgewerbe bildet nach der Legaldefinition des § 1 Abs. 2 HGB jeder Gewerbebetrieb, der nach Art oder Umfang einen in kaufmännischer Weise eingerichteten Geschäftsbetrieb erfordert. Dem Gewerbebegriff wiederum unterfällt nach herkömmlicher handelsrechtlicher Terminologie jede auf Gewinn und dauernde Wiederholung gerichtete selbständige Tätigkeit, jedoch unter Ausschluss freiberuflicher Tätigkeit.[2] Nach wohl herrschender Ansicht soll § 88 Abs. 1 Satz 1, 1. Alt. AktG gleichwohl auch auf **freiberufliche Aktivitäten** (analog) anzuwenden sein.[3] Einschränkend ist allerdings zu verlangen, dass der mit der freiberuflichen Tätigkeit verbundene Arbeitsaufwand mit jenem für den Betrieb eines Handelsgewerbes vergleichbar ist.[4]

15 Von § 88 Abs. 1 Satz 1, 1. Alt. AktG werden grundsätzlich nur selbständige Tätigkeiten im eigenen Namen erfasst. Der Tatbestand kann aber nicht dadurch umgangen werden, dass das Vorstandsmitglied einen Strohmann oder Treuhänder vorschiebt oder das Handelsgewerbe nicht unmittelbar selbst, sondern durch eine von ihm **beherrschte Gesellschaft** betreibt.[5]

b) Geschäftemachen im Geschäftszweig der Gesellschaft

16 Der Verbotstatbestand des Geschäftemachens für eigene oder fremde Rechnung im Geschäftszweig der Gesellschaft (§ 88 Abs. 1 Satz 1, 2. Alt. AktG) ist teils enger, teils weiter als derjenige der 1. Alt. (Betreiben eines Handelsgewerbes): enger insofern, als hier nur der Geschäftszweig der Gesellschaft betroffen ist; weiter insofern, als auch ein vereinzeltes oder unselbständiges Geschäftemachen genügt, während die 1. Alt. eine auf Dauer angelegte, selbständige Tätigkeit voraussetzt.

17 Unter **Geschäftemachen** versteht der BGH jede, wenn auch nur spekulative, auf Gewinnerzielung gerichtete Teilnahme am geschäftlichen Verkehr, die nicht zur Befriedigung eigener privater Bedürfnisse erfolgt, also nicht lediglich persönlichen Charakter hat.[6] Privaten Charakter hat z.B. der Erwerb einer Immobilie zu eigenen Wohnzwecken; auch das Vorstandsmitglied oder der Geschäftsführer einer im Immobilienhandel tätigen Gesellschaft bedarf hierfür also keiner Einwilligung des Aufsichtsrats bzw. der Gesellschafterversammlung.[7] Gleiches wird für

---

1 H.M.; s. oben Rz. 7. Zur Konkretisierung des Geschäftszweigs unten Rz. 19f.
2 *Hopt* in Baumbach/Hopt, § 1 HGB Rz. 12.
3 OLG Frankfurt a.M. v. 5.11.1999 – 10 U 257/98, NZG 2000, 738, 739 = AG 2000, 518; *Mertens/Cahn* in KölnKomm. AktG, § 88 AktG Rz. 10; *Seibt* in K. Schmidt/Lutter, § 88 AktG Rz. 6; *Spindler* in MünchKomm. AktG, § 88 AktG Rz. 1; einschränkend *Fleischer* in Spindler/Stilz, § 88 AktG Rz. 18; a.A. *Hüffer*, § 88 AktG Rz. 3; *Kort* in Großkomm. AktG, § 88 AktG Rz. 23.
4 Zutr. *Fleischer* in Spindler/Stilz, § 88 AktG Rz. 18.
5 *Fleischer*, AG 2005, 336, 342; *Spindler* in MünchKomm. AktG, § 88 AktG Rz. 19; *Uwe H. Schneider* in Scholz, § 43 GmbHG Rz. 165.
6 BGH v. 17.2.1997 – II ZR 278/95, ZIP 1997, 1063, 1064; ebenso BAG v. 15.2.1962 – 5 AZR 79/61, AP § 61 HGB Nr. 1.
7 Beim Erwerb zweier Immobilien kommt es auf den Einzelfall an; vgl. BGH v. 17.2.1997 – II ZR 278/95, ZIP 1997, 1063, 1064.

den Erwerb oder die Veräußerung von Aktien der Gesellschaft durch Vorstandsmitglieder (*directors' dealings*) angenommen.[1] Da der Schutzzweck der Konkurrenzverhütung nicht berührt ist, liegt ein unzulässiges Geschäftemachen auch dann nicht vor, wenn der Abschluss des Geschäfts letztlich der Gesellschaft zugutekommt, mag das Vorstandsmitglied oder der Geschäftsführer hierfür auch Provisionszahlungen erhalten haben.[2]

Verboten ist nicht nur das Geschäftemachen für **eigene**, sondern auch für **fremde Rechnung**. Deshalb darf das Vorstandsmitglied bzw. der Geschäftsführer im Geschäftszweig der Gesellschaft auch nicht als unmittelbarer (Prokurist, Handelsvertreter etc.) oder mittelbarer (Kommissionär) Stellvertreter eines anderen geschäftlich tätig werden. Dem Handeln des Geschäftsleiters selbst ist unter Umgehungsgesichtspunkten wiederum der Fall gleichzustellen, dass dieser einen Strohmann oder Treuhänder vorschiebt oder die Geschäfte durch eine von ihm beherrschte Gesellschaft betreibt.[3] 18

Wie weit der **Geschäftszweig der Gesellschaft** zu ziehen ist, wird uneinheitlich beantwortet. Die im Aktienrecht h.M. will im Anschluss an die Rechtsprechung des BGH zum Wettbewerbsverbot des § 112 HGB[4] nicht auf den satzungsmäßigen Unternehmensgegenstand, sondern auf den tatsächlichen Tätigkeitsbereich der Gesellschaft abstellen, und zwar unabhängig davon, ob dieser den Unternehmensgegenstand über- oder unterschreitet.[5] Im GmbH-Recht wird dagegen überwiegend vertreten, dass im zuletzt genannten Fall (Satzungsunterschreitung) der satzungsmäßige Unternehmensgegenstand maßgeblich bleiben müsse.[6] Diese Ansicht verdient für das GmbH- und Aktienrecht gleichermaßen Zustimmung. Andernfalls bestünde die Gefahr, dass die Geschäftsleiter eine im Gesellschaftsinteresse liegende und nach der Satzung erlaubte Ausdehnung der Geschäfte der Gesellschaft unterlassen, um nicht mit eigenen geschäftlichen Aktivitäten in Konflikt zu geraten. Die vorstehenden Grundsätze gelten auch dann, wenn während der Amtszeit des Geschäftsleiters der tatsächliche Tätigkeitsbereich oder der 19

---

1 *Fleischer* in Spindler/Stilz, § 88 AktG Rz. 20; *Spindler* in MünchKomm. AktG, § 88 AktG Rz. 12. Solche Geschäfte sind aber nach § 15a WpHG nachträglich zu veröffentlichen und der BaFin zu melden.
2 BGH v. 2.4.2001 – II ZR 217/99, NJW 2001, 2476 = AG 2001, 468 (anders noch OLG Köln v. 8.6.1999 – 22 U 269/98, AG 1999, 573, 574 als Vorinstanz). In Betracht kommt aber eine Pflicht zur Herausgabe der erlangten Provision entsprechend § 667 BGB; vgl. BGH v. 26.4.2001 – IX ZR 53/00, NJW 2001, 2477.
3 Vgl. *Spindler* in MünchKomm. AktG, § 88 AktG Rz. 19; *Uwe H. Schneider* in Scholz, § 43 GmbHG Rz. 165.
4 BGH v. 21.2.1978 – KZR 6/77, BGHZ 70, 331, 332f. = GmbHR 1978, 107; BGH v. 5.12.1983 – II ZR 242/82, BGHZ 89, 162, 170 = GmbHR 1984, 203.
5 *Hüffer*, § 88 AktG Rz. 3; *Kort* in Großkomm. AktG, § 88 AktG Rz. 28; *Seibt* in K. Schmidt/Lutter, § 88 AktG Rz. 7; *Spindler* in MünchKomm. AktG, § 88 AktG Rz. 15; *Thüsing* in Fleischer, Handbuch des Vorstandsrechts, § 4 Rz. 89; einschränkend *Mertens/Cahn* in KölnKomm. AktG, § 88 AktG Rz. 13: tatsächlicher Tätigkeitsbereich maßgeblich, aber nicht bei Satzungsüberschreitung.
6 *Goette*, Die GmbH, § 8 Rz. 142; *Röhricht*, WPg 1992, 766, 769; *Paefgen* in Ulmer/Habersack/Winter, § 43 GmbHG Rz. 44; *Uwe H. Schneider* in Scholz, § 43 GmbHG Rz. 163; ebenso auch für die AG *Fleischer* in Spindler/Stilz, § 88 AktG Rz. 21; *Tieves*, Der Unternehmensgegenstand der Kapitalgesellschaft, 1998, S. 296f.

Unternehmensgegenstand erweitert wird. Bereits vorher ausgeübte Konkurrenztätigkeiten des Organmitglieds genießen also keinen Bestandsschutz.[1]

20 Trotz des auf die „Gesellschaft" abstellenden Wortlauts sind nach wohl überwiegender Ansicht auch die Geschäftszweige von weiteren Unternehmen geschützt, sofern diese unter der Konzernleitung der Gesellschaft (§ 18 AktG) stehen.[2] Teilweise werden auch schlicht abhängige Unternehmen (§ 17 AktG) mit einbezogen.[3] Sinn und Zweck des Wettbewerbsverbots sprechen in der Tat für eine **konzernweite Ausdehnung**, da auch durch Konkurrenz in den Geschäftszweigen von Tochter- und Enkelgesellschaften mittelbar die Gesellschaft beeinträchtigt wird. Auch der Wortlaut des § 88 Abs. 1 Satz 1, 2. Alt. AktG bildet zumindest bei Konzernunternehmen, die im Sinne des § 18 AktG der einheitlichen Leitung der Gesellschaft unterstehen, keine unübersteigbare Schranke. Da die Gesellschaft auf jene Unternehmen beherrschenden Einfluss ausübt, lässt sich in einem weiteren Sinne davon sprechen, dass die Gesellschaft (mittelbar) auch auf den Geschäftsfeldern der Konzernunternehmen aktiv ist. Eine Ausdehnung in umgekehrter Richtung mit der Folge, dass zum Geschäftszweig einer Tochtergesellschaft auch alle vom Mutterkonzern betriebenen Aktivitäten zählen, lässt sich dagegen nicht begründen.[4]

c) Vorstandsmitglied, Geschäftsführer oder Komplementär einer anderen Handelsgesellschaft

21 Nach § 88 Abs. 1 Satz 2 AktG darf das Vorstandsmitglied der AG ohne Einwilligung des Aufsichtsrats nicht Vorstandsmitglied oder Geschäftsführer oder persönlich haftender Gesellschafter einer anderen Handelsgesellschaft sein. Wie in Abs. 1, 1. Alt. (Betreiben eines Handelsgewerbes) kommt es im Aktienrecht nicht darauf an, ob die Handelsgesellschaft mit der AG in Wettbewerb steht (Rz. 6). Auch Handelsgesellschaften desselben Konzerns sind nicht ausgenommen.[5] Ist die AG Komplementärin einer AG & Co. KG und will ihr Vorstandsmitglied zugleich ein Vorstandsamt bei der herrschenden Mehrheitskommanditistin übernehmen, so ist auch dies allein nach § 88 Abs. 1 Satz 2 AktG zu beurteilen,

---

1 *Armbrüster*, ZIP 1997, 1269, 1270; *Fleischer* in Spindler/Stilz, § 88 AktG Rz. 22; *Spindler* in MünchKomm. AktG, § 88 AktG Rz. 14; abweichend allerdings die h.L. zum Wettbewerbsverbot des Handlungsgehilfen (§ 60 HGB), vgl. *Weber* in Staub, § 60 HGB Rz. 12 m.w.N.
2 *Fleischer* in Spindler/Stilz, § 88 AktG Rz. 24; *Mertens/Cahn* in KölnKomm. AktG, § 88 AktG Rz. 13; *Ringleb* in Ringleb/Kremer/Lutter/v. Werder, DCGK, Rz. 798; *Röhricht*, WPg 1992, 766, 770; *Uwe H. Schneider* in Scholz, § 43 GmbHG Rz. 163; *Zöllner/Noack* in Baumbach/Hueck, § 35 GmbHG Rz. 45; a.A. aber OLG Frankfurt a.M. v. 5.11.1999 – 10 U 257/98, NZG 2000, 738, 739 = AG 2000, 518; *Mutter* in Marsch-Barner/Schäfer, Handbuch börsennotierte AG, § 19 Rz. 55; *Thüsing* in Fleischer, Handbuch des Vorstandsrechts, § 4 Rz. 106; wohl auch *Spindler* in MünchKomm. AktG, § 88 AktG Rz. 5.
3 *Röhricht*, WPg 1992, 766, 770; *Zöllner/Noack* in Baumbach/Hueck, § 35 GmbHG Rz. 45.
4 A.A. offenbar *Kort* in Großkomm. AktG, § 88 AktG Rz. 30.
5 Allg. M.; vgl. nur BGH v. 9.3.2009 – II ZR 170/07, BGHZ 180, 105 = AG 2009, 500, Rz. 14f.; *Fleischer* in Spindler/Stilz, § 88 AktG Rz. 25; *Hüffer*, § 88 AktG Rz. 4 i.V.m. § 76 AktG Rz. 20f.

d.h. von der Einwilligung des Aufsichtsrats abhängig.[1] Im Wege der Analogie wird man die Vorschrift auch auf vergleichbare Tätigkeiten in einer ausländischen Handelsgesellschaft[2] oder einer unternehmerisch tätigen BGB-Gesellschaft[3] anwenden müssen. Ob auch die Stellung als (abweichend von § 164 HGB) geschäftsführender Kommanditist dem Verbot unterfällt, ist umstritten, richtigerweise aber ebenfalls zu bejahen.[4] Eine entsprechende Anwendung auf Aufsichtsratsmandate kommt dagegen nach allgemeiner Ansicht nicht in Betracht. Für börsennotierte Gesellschaften bleibt insoweit allerdings die Empfehlung in Ziff. 4.3.5 DCGK zu beachten, wonach Aufsichtsratsmandate außerhalb des Unternehmens – gemeint ist damit: außerhalb des Konzerns[5] – nur mit Zustimmung des Aufsichtsrats übernommen werden dürfen.

Für den GmbH-Geschäftsführer ist wiederum die Einschränkung zu beachten, 22 dass ihm die genannten Ämter nur untersagt sind, wenn es sich um konkurrierende, d.h. im Geschäftszweig der Gesellschaft tätige Gesellschaften handelt.[6]

d) Grenzfall: Vorbereitungsmaßnahmen

Einen streitträchtigen Grenzfall bilden vorbereitende Maßnahmen, die auf die 23 Gründung eines künftigen Handelsgewerbes oder auf künftige Geschäftsabschlüsse im Geschäftszweig der Gesellschaft gerichtet sind. Einigkeit besteht, dass **vorbereitende Hilfsgeschäfte** wie z.B. die Anmietung und Ausstattung von Geschäftsräumen nicht unter das Wettbewerbsverbot fallen.[7] Die Grenze des Zulässigen wird aber überschritten, sobald bereits konkret Geschäftsbeziehungen angebahnt werden.[8] Gleiches gilt für das Abwerben von Kunden und Auftraggebern[9]

---

1 Die Minderheitsgesellschafter der KG können die Bestellung zum Doppelvorstandsmitglied nicht in analoger Anwendung des § 112 Abs. 1 HGB unterbinden; BGH v. 9.3.2009 – II ZR 170/07, BGHZ 180, 105 = AG 2009, 500; zust. *Blasche*, EWiR 2009, 525 f.; *Böttcher/Kautzsch*, NZG 2009, 819 ff.; zuvor bereits *Altmeppen*, ZIP 2008, 437 ff.; a.A. *Cahn*, Der Konzern 2007, 716 ff.; *Mertens/Cahn* in KölnKomm. AktG, § 88 AktG Rz. 4.
2 *Fleischer* in Spindler/Stilz, § 88 AktG Rz. 25; *Mertens/Cahn* in KölnKomm. AktG, § 88 AktG Rz. 15.
3 *Fleischer* in Spindler/Stilz, § 88 AktG Rz. 25; *Mertens/Cahn* in KölnKomm. AktG, § 88 AktG Rz. 15; *Armbrüster*, ZIP 1997, 1269, 1270.
4 *Fleischer* in Spindler/Stilz, § 88 AktG Rz. 25; *Hüffer*, § 88 AktG Rz. 4; *Kort* in Großkomm. AktG, § 88 AktG Rz. 47; abweichend *Spindler* in MünchKomm. AktG, § 88 AktG Rz. 19; *Thüsing* in Fleischer, Handbuch des Vorstandsrechts, § 4 Rz. 91 (fehlende Regelungslücke).
5 *Ringleb* in Ringleb/Kremer/Lutter/v. Werder, DCGK, Rz. 838.
6 *Zöllner/Noack* in Baumbach/Hueck, § 35 GmbHG Rz. 41; s. schon Rz. 7.
7 BAG v. 12.5.1972 – 3 AZR 401/71, AP § 60 HGB Nr. 6 (zur Parallelfrage im Rahmen des § 60 HGB); OLG Frankfurt a.M. v. 5.11.1999 – 10 U 257/98, NZG 2000, 738, 739 = AG 2000, 518; OLG Oldenburg v. 17.2.2000 – 1 U 155/99, NZG 2000, 1038, 1039; *Fleischer*, AG 2005, 336, 341; *Spindler* in MünchKomm. AktG, § 88 AktG Rz. 20; *Paefgen* in Ulmer/Habersack/Winter, § 43 GmbHG Rz. 42; *Goette* in Ebenroth/Boujong/Joost/Strohn, § 112 HGB Rz. 20.
8 BAG v. 30.1.1963 – 2 AZR 319/62, AP § 60 HGB Nr. 3; BAG v. 12.5.1972 – 3 AZR 401/71, AP § 60 HGB Nr. 6; OLG Oldenburg v. 17.2.2000 – 1 U 155/99, NZG 2000, 1038, 1039; vgl. auch BGH v. 19.6.1995 – II ZR 228/94, DStR 1995, 1359 m. Anm. *Goette*.
9 BAG v. 24.4.1970 – 3 AZR 324/69, AP § 60 HGB Nr. 5.

sowie das Abwerben von wichtigem Personal der Gesellschaft.[1] Die zuletzt genannten Sachverhalte fallen nach der Rechtsprechung des BAG zum Parallelproblem im Rahmen des § 60 HGB (Wettbewerbsverbot des Handlungsgehilfen) zwar nicht unter die 1. Alt. (Betreiben eines Handelsgewerbes), wohl aber unter das Geschäftemachen im Geschäftszweig der Gesellschaft im Sinne der 2. Alt.

II. Geschäftschancenbindung

1. Verhältnis zum Wettbewerbsverbot

24 Betrachtet man den weiten Geltungsbereich des gesetzlichen Wettbewerbsverbots, mag man sich fragen, welcher Anwendungsbereich insbesondere im Aktienrecht noch für die eingangs erwähnte **Geschäftschancenlehre** verbleibt. In der Tat sind die meisten denkbaren Tätigkeiten, durch die das Vorstandsmitglied Geschäftschancen der Gesellschaft an sich zieht, bereits vom gesetzlichen Wettbewerbsverbot erfasst.[2] Gleichwohl bleiben Schutzlücken, in denen das Wettbewerbsverbot der Ergänzung durch die Geschäftschancenlehre bedarf.

25 Anerkannt ist dies zunächst für den Fall des Ausnutzens von Geschäftschancen **nach Ausscheiden** des Vorstandsmitglieds bzw. Geschäftsführers aus dem Amt. Wie dargelegt (Rz. 10–13) wirkt das Wettbewerbsverbot in diesem Zeitraum nicht mehr, sofern keine abweichende Vereinbarung im Anstellungsvertrag getroffen wurde. Es liegt also kein Verstoß gegen das Wettbewerbsverbot vor, wenn der Geschäftsleiter eine ihm während seiner Amtszeit angetragene Geschäftschance der Gesellschaft vorenthält und erst nach seinem Ausscheiden für sich ausnutzt.[3] Hier hilft die Geschäftschancenlehre, die der BGH aus der allgemeinen Treuepflicht des Geschäftsleiters ableitet, allein das Wohl der Gesellschaft und nicht seinen eigenen wirtschaftlichen Nutzen zu verfolgen.[4] Diese Pflicht wird verletzt, wenn der Geschäftsleiter eine ihm während seiner Amtszeit bekannt gewordene Geschäftschance der Gesellschaft nicht für diese ausnutzt, sondern bei seinem Ausscheiden mitnimmt, um sie anschließend für sich auszunutzen.[5]

26 Eine zweite Fallgruppe, in der das Wettbewerbsverbot nach verbreiteter Ansicht der Ergänzung durch die Geschäftschancenlehre bedarf, bilden die sog. **geschäfts-**

---

1 BAG v. 30.1.1963 – 2 AZR 319/62, AP § 60 HGB Nr. 3; BAG v. 12.5.1972 – 3 AZR 401/71, AP § 60 HGB Nr. 6.
2 *Hopt* in Großkomm. AktG, § 93 AktG Rz. 167; *Kort* in Großkomm. AktG, § 88 AktG Rz. 196.
3 BGH v. 23.9.1985 – II ZR 246/84, WM 1985, 1443, 1444 = GmbHR 1986, 42 = WuB II C. § 43 GmbHG 2.86 m. Anm. *Uwe H. Schneider*; OLG Frankfurt a.M. v. 13.5.1997 – 11 U (Kart) 68/96, GmbHR 1998, 376, 377 f.
4 BGH v. 8.5.1967 – II ZR 126/65, WM 1967, 679; BGH v. 10.2.1977 – II ZR 79/75, WM 1977, 361, 362; BGH v. 21.2.1983 – II ZR 183/82, WM 1983, 498, 499 = GmbHR 1983, 300; BGH v. 23.9.1985 – II ZR 246/84, WM 1985, 1443 = GmbHR 1986, 42; BGH v. 12.6.1989 – II ZR 334/87, WM 1989, 1335, 1339 = AG 1989, 354 = GmbHR 1989, 365; s. bereits oben Rz. 2.
5 BGH v. 23.9.1985 – II ZR 246/84, WM 1985, 1443, 1444 = GmbHR 1986, 42 = WuB II C. § 43 GmbHG 2.86 m. Anm. *Uwe H. Schneider*; OLG Frankfurt a.M. v. 13.5.1997 – 11 U (Kart) 68/96, GmbHR 1998, 376, 378; OLG Oldenburg v. 17.2.2000 – 1 U 155/99, NZG 2000, 1038, 1039; *Fleischer*, AG 2005, 336, 341; *Haas* in Michalski, § 43 GmbHG Rz. 123.

zweigneutralen Geschäfte.[1] Hierzu werden Hilfsgeschäfte wie etwa die Beschaffung eines Darlehens oder von Arbeitsmitteln (Maschinen, Betriebsgrundstücke etc.) gezählt. Dabei wird unterstellt, dass sich diese Geschäfte jenseits des Geschäftszweigs der Gesellschaft bewegen und deshalb – sofern sie das Vorstandsmitglied nicht gewerblich betreibt (§ 88 Abs. 1 Satz 1, 1. Alt. AktG) – nicht vom Wettbewerbsverbot erfasst werden.[2] Bei dieser Sicht der Dinge bleibt in der Tat nur der Rückgriff auf die Geschäftschancenlehre. Die Prämisse, dass derartige Geschäfte jenseits des Geschäftszweigs der Gesellschaft liegen, ist indes nicht zwingend. Da Hilfsgeschäfte vom Unternehmensgegenstand gedeckt sind[3], lassen sich die betreffenden Fälle bei weiter Auslegung des Geschäftszweigs auch über das Wettbewerbsverbot lösen. In der Rechtsprechung des BGH begegnen denn auch beide Lösungswege.[4]

Schutzlücken des gesetzlichen Wettbewerbsverbots werden schließlich in einer dritten Fallgruppe sichtbar. Auch bei weiter Auslegung des Geschäftszweigs der Gesellschaft lassen sich hierunter nicht solche Geschäfte subsumieren, die sowohl **jenseits des Unternehmensgegenstands** als auch jenseits eines u.U. darüber hinausgehenden tatsächlichen Tätigkeitsbereichs der Gesellschaft liegen. Es kann aber im Interesse der Gesellschaft sein, auch in diesem Bereich Geschäftschancen, z.B. die Erschließung eines neuen Produktmarktes oder den Erwerb eines gut zur Erweiterung der vorhandenen Konzernstruktur passenden Unternehmens, wahrzunehmen und den Unternehmensgegenstand entsprechend zu ändern.[5] Nutzt der Geschäftsleiter eine solche Geschäftschance für eigene Zwecke, lässt sich dies grundsätzlich nicht über das Wettbewerbsverbot erfassen[6], sondern nur über die Geschäftschancenlehre. 27

Nach verbreiteter, aber zunehmend in die Kritik geratener Ansicht stellt das gesetzliche Wettbewerbsverbot lediglich einen **Unterfall** der weiter ausgreifenden Geschäftschancenlehre dar.[7] Zutreffend ist dies allenfalls für das „echte" Wettbewerbsverbot des § 88 Abs. 1 Satz 1, 2. Alt. AktG, nicht für die im Aktienrecht 28

---

1 Vgl. *Armbrüster*, ZIP 1997, 1269, 1270; *Polley*, Wettbewerbsverbot und Geschäftschancenlehre, 1993, S. 126f.
2 Deutlich *Polley*, Wettbewerbsverbot und Geschäftschancenlehre, 1993, S. 126ff.; vgl. auch *Hopt* in Großkomm. AktG, § 93 AktG Rz. 168.
3 Allg. M.; vgl. nur *Tieves*, Der Unternehmensgegenstand der Kapitalgesellschaft, 1998, S. 211, m.w.N.
4 Vgl. einerseits zu § 112 HGB BGH v. 27.6.1957 – II ZR 37/56, WM 1957, 1128, 1129 (Ausdehnung des Wettbewerbsverbots auf ein Hilfsgeschäft, auf das die Gesellschaft dringend angewiesen war); andererseits BGH v. 8.5.1967 – II ZR 126/65, WM 1967, 679; BGH v. 10.2.1977 – II ZR 79/75, WM 1977, 361 (keine Erwähnung des Wettbewerbsverbots; Geschäftschancenlehre).
5 Vgl. *Röhricht*, WPg 1992, 766, 770; *Schiessl*, GmbHR 1988, 53, 54.
6 Anders liegt es nur, wenn die Schwelle zu einer gewerblichen Tätigkeit überschritten wird (§ 88 Abs. 1 Satz 1, 1. Alt. AktG).
7 *Merkt*, ZHR 159 (1995), 423, 434; *Timm*, GmbHR 1981, 177; *Weisser*, Corporate Opportunities, 1991, S. 147f.; a.A. *Hopt* in Großkomm. AktG, § 93 AktG Rz. 167; *Mertens/Cahn* in KölnKomm. AktG, § 88 AktG Rz. 5; *Paefgen* in Ulmer/Habersack/Winter, § 43 GmbHG Rz. 45; *Uwe H. Schneider* in Scholz, § 43 GmbHG Rz. 201; *Grundmann*, Der Treuhandvertrag, 1997, S. 443ff.; *Polley*, Wettbewerbsverbot und Geschäftschancenlehre, 1993, S. 114ff.

geltenden Vorfeldtatbestände des § 88 Abs. 1 Satz 1, 1. Alt. und Satz 2 AktG, deren primärer Zweck in der Erhaltung der Arbeitskraft des Vorstandsmitglieds liegt (Rz. 6). Wenn dem Vorstandsmitglied verboten wird, in einer grundverschiedenen, für die Gesellschaft uninteressanten Branche ein Handelsgewerbe zu betreiben (§ 88 Abs. 1 Satz 1, 1. Alt. AktG), hat dies mit dem Ansichziehen von Geschäftschancen der Gesellschaft ersichtlich nichts zu tun. Ungeachtet der Meinungsverschiedenheiten über das genaue Verhältnis von Wettbewerbsverbot und Geschäftschancenlehre besteht aber Einigkeit, dass die Rechtsfolgen von Verstößen dieselben sind. § 88 Abs. 2 und Abs. 3 AktG werden auf Verletzungen der Geschäftschancenbindung entsprechend angewendet (Rz. 39), was angesichts der Nähe zu Verstößen gegen das echte Wettbewerbsverbot (§ 88 Abs. 1 Satz 1, 2. Alt. AktG) auch gerechtfertigt erscheint.

2. Zuordnung der Geschäftschancen

29 Im Zentrum der Geschäftschancenlehre steht die Frage, unter welchen Voraussetzungen eine Geschäftschance der Gesellschaft zugeordnet ist. Es fällt schwer, diese Frage in verallgemeinerungsfähiger Form zu beantworten. Mit Recht wird darauf hingewiesen, dass es letztlich immer einer sorgfältigen Überprüfung anhand aller Umstände des Einzelfalls bedarf.[1] Unbeschadet dessen haben sich in Rechtsprechung und Literatur einzelne Kriterien herausgebildet, die in den meisten Fällen eine hinreichend verlässliche Zuordnung der Geschäftschancen ermöglichen. Dabei werden in Anlehnung an die in den USA entwickelten Abgrenzungskriterien („**interest or expectancy test**" und „**line of business test**")[2] zwei Zuordnungskategorien unterschieden.[3] Diese gelten für Geschäftsleiter personalistischer Gesellschaften und solche von Publikumsgesellschaften gleichermaßen.[4]

30 In der ersten Kategorie sind die Geschäftschancen deshalb der Gesellschaft zugeordnet, weil sie an dem betreffenden Geschäft bereits ein **konkretes Interesse** geäußert hat oder ihr eine **konkrete Geschäftsaussicht** zusteht. So gebührt eine Geschäftschance der Gesellschaft, wenn

– der Geschäftsabschluss von der Gesellschaft bereits beschlossen wurde[5],
– die Gesellschaft in Vertragsverhandlungen eingetreten ist[6],

---

1 *Fleischer*, NZG 2003, 985, 987.
2 Dazu *Weisser*, Corporate Opportunities, 1991, S. 47 ff.; *Merkt/Göthel*, US-amerikanisches Gesellschaftsrecht, 2. Aufl. 2006, Rz. 918 ff.
3 Vgl. *Uwe H. Schneider* in Scholz, GmbHG, § 43 Rz. 203 f.; *Hopt* in Großkomm. AktG, § 93 AktG Rz. 168; *Fleischer* in Spindler/Stilz, § 93 AktG Rz. 127 ff.; *Fleischer*, NZG 2003, 985, 986 f.; *Merkt*, ZHR 159 (1995), 423, 438 ff.; einschränkend *Steck*, GmbHR 2005, 1157, 1162 ff. (allerdings zur Bindung der Gesellschafter, nicht der Geschäftsführer, an die Geschäftschancenlehre).
4 *Fleischer* in Spindler/Stilz, § 93 AktG Rz. 131; abweichend (strengere Anforderungen in Publikumsgesellschaften) *Reinhardt*, Interessenkonflikte bei der privaten Wahrnehmung von Geschäftschancen, 1994, S. 95 ff., 101 ff.
5 BGH v. 8.5.1989 – II ZR 229/88, WM 1989, 1216, 1218 = GmbHR 1989, 460 (zur KG).
6 BGH v. 8.5.1989 – II ZR 229/88, WM 1989, 1216, 1217 = GmbHR 1989, 460 (zur KG).

- die Gesellschaft anderweitig ihr Interesse an Geschäften dieser Art bekundet hat,[1] oder
- dem Geschäftsleiter das Geschäft nur mit Rücksicht auf seine Organstellung angetragen wurde.[2]

Darauf, ob das in Aussicht genommene Geschäft in den Geschäftszweig der Gesellschaft fällt, kommt es nicht an (Rz. 26 f.).

Die zweite Kategorie umfasst Geschäftschancen, die der Gesellschaft auf Grund ihres **Sachzusammenhangs mit der Geschäftstätigkeit der Gesellschaft** zugeordnet werden. Hierunter fallen insbesondere Geschäfte, die sich im bisherigen Tätigkeitsbereich der Gesellschaft bewegen.[3] Obwohl der Tätigkeitsbereich der Gesellschaft bereits durch das Wettbewerbsverbot des § 88 Abs. 1 Satz 1, 2. Alt. AktG geschützt ist, hat die Geschäftschancenlehre auch hier eigenständige Bedeutung, da sie anders als das Wettbewerbsverbot auch den Fall erfasst, dass der Geschäftsleiter die Geschäftschance erst nach seinem Ausscheiden für sich ausnutzt (Rz. 25). Darüber hinaus wird im Schrifttum angenommen, dass eine Geschäftschance auch dann kraft Sachzusammenhangs der Gesellschaft zuzuordnen ist, wenn es sich um die bisherigen Geschäftsfelder gut ergänzende, angrenzende Tätigkeitsbereiche handelt, die für die Gesellschaft – z.B. weil sie Synergie- oder andere Effizienzvorteile versprechen – erkennbar von Interesse sind.[4]

3. Rechtfertigungsgründe für die Eigenwahrnehmung

Ist eine Geschäftschance nach den vorstehenden Grundsätzen der Gesellschaft zuzuordnen, darf der Geschäftsleiter die Geschäftschance nur in Ausnahmefällen selbst nutzen. Die wichtigste Ausnahme bildet der Fall, dass der Aufsichtsrat bzw. die Gesellschafterversammlung die Geschäftschance vorab **freigegeben** hat (Rz. 34–38). Sieht man hiervon ab, bestehen für die Eigenwahrnehmung sehr eng gezogene Grenzen. So kann sich der Geschäftsleiter nach der Rechtsprechung des BGH nicht damit verteidigen, dass er von der Geschäftschance außerhalb des Dienstes, also privat Kenntnis erlangt hat.[5] Dies gilt nach einer Entscheidung des OLG Frankfurt a.M. auch dann, wenn die Geschäftschance dem Geschäftsleiter von einem persönlichen Freund angetragen wird.[6] Wenn allerdings feststeht, dass der Antragende nicht mit der Gesellschaft kontrahiert hätte, sondern sich

---

1 *Hopt* in Großkomm. AktG, § 93 AktG Rz. 169; *Mertens/Cahn* in KölnKomm. AktG, § 93 AktG Rz. 105; *Uwe H. Schneider* in Scholz, § 43 GmbHG Rz. 204.
2 BGH v. 8.5.1967 – II ZR 126/65, WM 1967, 679; BGH v. 10.2.1077 – II ZR 79/75, GmbHR 1977, 129, 130.
3 Vgl. BGH v. 23.9.1985 – II ZR 246/84, WM 1985, 1443 f. = GmbHR 1986, 42; OLG Frankfurt a.M. v. 13.5.1997 – 11 U (Kart) 68/96, GmbHR 1998, 376, 378; *Fleischer* in Spindler/Stilz, § 93 AktG Rz. 130; *Hopt* in Großkomm. AktG, § 93 AktG Rz. 168; *Uwe H. Schneider* in Scholz, § 43 GmbHG Rz. 204.
4 *Fleischer* in Spindler/Stilz, § 93 AktG Rz. 130; *Fleischer*, NZG 2003, 985, 987; *Hopt* in Großkomm. AktG, § 93 AktG Rz. 168; *Röhricht*, WPg 1992, 766, 770; *Schiessl*, GmbHR 1988, 53, 54; *Weisser*, Corporate Opportunities, 1991, S. 150 ff.
5 BGH v. 23.9.1985 – II ZR 246/84, WM 1985, 1443, 1444 = GmbHR 1986, 42.
6 OLG Frankfurt a.M. v. 13.5.1997 – 11 U (Kart) 68/96, GmbHR 1998, 376, 378.

nur an den Geschäftsleiter **höchstpersönlich** wenden wollte, was namentlich bei Geschäften im Familienkreis oder auf Grund persönlicher Freundschaft in Betracht kommt, wird man die Erwerbsgelegenheit richtigerweise nicht als „corporate opportunity" einordnen können.[1] Die Beweislast für diese Ausnahme trägt freilich der Geschäftsleiter.[2] Auch sonst kann sich dieser mit dem von ihm zu führenden Nachweis entlasten, dass es **der Gesellschaft unmöglich** gewesen wäre, die Geschäftschance zu nutzen.[3] Nicht hinreichend ist jedoch der Einwand, der Gesellschaft hätten die finanziellen Mittel gefehlt, die Geschäftschance zu ergreifen.[4] Die Entscheidung, ob die finanziellen Mittel nicht doch durch Kapitalmaßnahmen oder anderweitig aufgebracht werden können, darf der Geschäftsleiter nicht alleine treffen. Auch ein bevorstehender Wechsel in die Selbständigkeit vermag die Mitnahme von Geschäftschancen nicht zu rechtfertigen.[5]

4. Ansichziehen von Geschäftschancen

33 Ein verbotenes **Ansichziehen** von Geschäftschancen soll nach häufig vertretener Ansicht nur vorliegen, wenn das Vorstandsmitglied die Chance für sich selbst, eine ihm nahe stehende Person oder ein Unternehmen nutzt, an dem es in relevantem Maße beteiligt ist.[6] Diese nicht näher begründete Einschränkung erscheint allerdings überprüfungsbedürftig. Das Vorstandsmitglied verletzt seine Pflicht, das Gesellschaftsinteresse zu fördern, auch dann, wenn er Geschäftschancen auf einen Dritten überleitet, der ihm nicht in dem genannten Sinn nahe steht. Mit Recht hat deshalb das Kammergericht ein verbotenes Ansichziehen von Geschäftschancen in einem Fall bejaht, in dem der Geschäftsleiter Geschäftschancen auf eine andere Gesellschaft übergeleitet hatte, deren Prokurist er war, an der er aber keine Beteiligung hielt.[7]

---

1 Vgl. *Uwe H. Schneider* in Scholz, § 43 GmbHG Rz. 205; *Hopt* in Großkomm. AktG, § 93 AktG Rz. 169; *Fleischer* in Spindler/Stilz, § 93 AktG Rz. 136; *Fleischer*, NJW 2006, 3239, 3240.
2 *Fleischer*, NZG 2003, 985, 989; *Fleischer*, NJW 2006, 3239, 3240.
3 Vgl. BFH v. 13.11.1996 – I R 149/94, NJW 1997, 1806, 1807 = GmbHR 1997, 315; *Merkt*, ZHR 159 (1995), 423, 443f.; *Schiessl*, GmbHR 1988, 53, 55; i.E. auch *Hopt* in Großkomm. AktG, § 93 AktG Rz. 171 a.E. mit dem zutr. Hinweis, dass aber ein Verstoß gegen das Wettbewerbsverbot gegeben sein kann; a.A. *Uwe H. Schneider* in Scholz, § 43 GmbHG Rz. 208.
4 BGH v. 23.9.1985 – II ZR 257/84, WM 1985, 1444, 1445 (zur OHG); *Fleischer* in Spindler/Stilz, § 93 AktG Rz. 133f.; *Hopt* in Großkomm. AktG, § 93 AktG Rz. 171; *Uwe H. Schneider* in Scholz, § 43 GmbHG Rz. 208; *Merkt*, ZHR 159 (1995), 423, 443f.; *Röhricht*, WPg 1992, 766, 770; *Schiessl*, GmbHR 1988, 53, 55; zu weit insofern BFH v. 13.11.1996 – I R 149/94, NJW 1997, 1806, 1807 = GmbHR 1997, 315.
5 BGH v. 23.9.1985 – II ZR 246/84, WM 1985, 1443, 1444 = GmbHR 1986, 42; einschränkend *Fleischer* in Spindler/Stilz, § 93 AktG Rz. 140; *Hopt* in Großkomm. AktG, § 93 AktG Rz. 169.
6 *Hopt* in Großkomm. AktG, § 93 AktG Rz. 172; *Haas* in Michalski, § 43 GmbHG Rz. 119; *Paefgen* in Ulmer/Habersack/Winter, § 43 GmbHG Rz. 46; *Uwe H. Schneider* in Scholz, § 43 GmbHG Rz. 201 mit Fn. 4.
7 KG v. 11.5.2000 – 2 U 4203/99, NZG 2001, 129 = DStR 2001, 1042 m. Anm. *Haas/Holler*; ablehnend *Haas* in Michalski, § 43 GmbHG Rz. 119. Wie hier *Altmeppen* in Roth/Altmeppen, § 43 GmbHG Rz. 30 („auf eigene Rechnung oder zu Gunsten Dritter").

III. Befreiung von Wettbewerbsverbot und Geschäftschancenbindung

1. Zuständiges Organ

Sowohl vom gesetzlichen Wettbewerbsverbot als auch vom Verbot, Geschäftschancen der Gesellschaft an sich zu ziehen, kann nach allgemeiner Ansicht Dispens erteilt werden. Zuständiges Organ ist in der AG der **Aufsichtsrat**. Für das Wettbewerbsverbot ergibt sich dies unmittelbar aus § 88 Abs. 1 AktG; für die Geschäftschancenlehre gilt nichts anderes.[1] Für die GmbH ist zu differenzieren: Sofern sie keinen Aufsichtsrat hat, entscheidet die **Gesellschafterversammlung** über die Befreiung. In der nach MitbestG mitbestimmten GmbH ist dagegen nach h.M. analog § 88 Abs. 1 AktG grundsätzlich[2] der Aufsichtsrat zuständig.[3] Für diese Ansicht spricht der enge Sachzusammenhang mit der Be- und Anstellung der Geschäftsführer, für die in der dem MitbestG unterliegenden GmbH ebenfalls der Aufsichtsrat zuständig ist.[4] In der nach dem DrittelbG mitbestimmten GmbH bewendet es hingegen bei der Zuständigkeit der Gesellschafterversammlung, da diese auch für die Be- und Anstellung der Geschäftsführer zuständig bleibt.[5] Gleiches wird in Ermangelung einer abweichenden Satzungsregelung auch für die GmbH mit fakultativem Aufsichtsrat zu gelten haben.

34

2. Mehrheitserfordernis; konkrete und generelle Befreiung

Sofern in der GmbH die Gesellschafterversammlung über die Befreiung entscheidet, wird unterschiedlich beurteilt, welches **Mehrheitserfordernis** für die Beschlussfassung gelten soll. Wenn es um einen konkreten Dispens und nicht um eine generelle Aufhebung des Wettbewerbsverbots oder der Geschäftschancenbindung geht, genügt nach überwiegender und zutreffender Ansicht die einfache Mehrheit,[6] wobei zu beachten ist, dass der betroffene Gesellschafter-Geschäfts-

35

---
1 *Fleischer* in Spindler/Stilz, § 93 AktG Rz. 137; *Hopt* in Großkomm. AktG, § 93 AktG Rz. 167; *Mertens/Cahn* in KölnKomm. AktG, § 93 AktG Rz. 105.
2 Anders nur, wenn es um eine generelle Aufhebung des Wettbewerbsverbots geht; s. dazu Rz. 35.
3 *Ulmer/Habersack* in Ulmer/Habersack/Henssler, MitbestR, § 31 MitbestG Rz. 40; *Kübler/Waltermann*, ZGR 1991, 162, 171; *Merkt*, ZHR 159 (1995), 423, 445; *Röhricht*, WPg 1992, 766, 781; *Schiessl*, GmbHR 1988, 53, 55 f.; a.A. *Raiser* in Raiser/Veil, § 25 MitbestG Rz. 87; offen gelassen in BGH v. 14.11.1983 – II ZR 33/83, BGHZ 89, 48, 57 = AG 1984, 48 = GmbHR 1984, 151.
4 Vgl. § 31 MitbestG sowie BGH v. 14.11.1983 – II ZR 33/83, BGHZ 89, 48 ff. = AG 1984, 48 = GmbHR 1984, 151; *Ulmer/Habersack* in Ulmer/Habersack/Henssler, MitbestR, § 31 MitbestG Rz. 37 ff.
5 § 31 MitbestG findet im DrittelbG keine Entsprechung; vgl. nur *Ulmer/Habersack* in Ulmer/Habersack/Henssler, MitbestR, Einl. DrittelbG Rz. 6.
6 *Altmeppen* in Roth/Altmeppen, § 43 GmbHG Rz. 31; *Kleindiek* in Lutter/Hommelhoff, Anh. § 6 GmbHG Rz. 23; ferner *Haas* in Michalski, § 43 GmbHG Rz. 109 (mit der Einschränkung, dass die Befreiung im Gesellschaftsinteresse liegen muss); zumindest für den Fall, dass die Satzung die Möglichkeit der Befreiung ausdrücklich vorsieht (Öffnungsklausel), auch BGH v. 16.2.1981 – II ZR 168/79, GmbHR 1981, 189, 190 = AG 1981, 225; a.A. etwa *Uwe H. Schneider* in Scholz, § 43 GmbHG Rz. 192 (Satzungsänderung oder ein-

führer gem. § 47 Abs. 4 GmbHG einem Stimmverbot unterliegt.[1] Eine generelle Aufhebung bedarf dagegen eines satzungsändernden Beschlusses der Gesellschafterversammlung mit Dreiviertel-Mehrheit,[2] und zwar richtigerweise auch in der dem MitbestG unterliegenden GmbH. In der AG ist eine generelle Aufhebung des Verbots sogar gänzlich ausgeschlossen. Dass der Aufsichtsrat keine generelle Aufhebung erteilen darf, ergibt sich unmittelbar aus § 88 Abs. 1 Satz 3 AktG. Danach kann die Einwilligung nur für bestimmte Arten von Tätigkeiten, also für einen klar abgegrenzten Bereich, erteilt werden; eine **Blankoeinwilligung** ist unwirksam. Hierdurch soll erreicht werden, dass sich der Aufsichtsrat eindeutig darüber schlüssig wird, in welchem Umfang er Nebentätigkeiten zulässt.[3] Mit Rücksicht auf die in der AG zu beachtende Satzungsstrenge (§ 23 Abs. 5 AktG) dürfte auch eine anders lautende Satzungsbestimmung unzulässig sein.

3. Weitere Modalitäten der Befreiung

36 Auch hinsichtlich der weiteren Modalitäten der Befreiung ist zwischen den Rechtsformen zu unterscheiden. In der AG verlangt § 88 Abs. 1 AktG für die Befreiung eine Einwilligung, also die **vorhergehende Zustimmung** (§ 183 BGB) des Aufsichtsrats. Eine spätere Genehmigung genügt nicht[4] und kann nur für die Zukunft Bedeutung erlangen. Bereits entstandene Ersatzansprüche der Gesellschaft bleiben bestehen (§ 93 Abs. 4 Satz 2 AktG); auf sie kann nur nach Maßgabe des § 93 Abs. 4 Satz 3 AktG verzichtet werden.[5] In der GmbH kann die Gesellschafterversammlung die Befreiung dagegen auch rückwirkend aussprechen und dies mit einem Erlass bereits entstandener Ansprüche verbinden.[6] § 93 Abs. 4 Satz 3 AktG findet in der GmbH keine analoge Anwendung.[7] Beim Erlass von Ansprüchen gegen einen Gesellschafter-Geschäftsführer sind allerdings die Kapitalerhaltungsgrundsätze (§§ 30f. GmbHG) zu berücksichtigen.

---

stimmiger Gesellschafterbeschluss); bei Fehlen einer Öffnungsklausel auch *Paefgen* in Ulmer/Habersack/Winter, § 43 GmbHG Rz. 47; *Röhricht*, WPg 1992, 766, 781 (Satzungsänderung).

1 *Altmeppen* in Roth/Altmeppen, § 43 GmbHG Rz. 31; *Zöllner/Noack* in Baumbach/Hueck, § 35 GmbHG Rz. 43; *Röhricht*, WPg 1992, 766, 781; implizit auch BGH v. 16.2.1981 – II ZR 168/79, GmbHR 1981, 189, 190 = AG 1981, 225.
2 Str., wie hier *Röhricht*, WPg 1992, 766, 781 m.w.N.; für Einstimmigkeitserfordernis *Haas* in Michalski, § 43 GmbHG Rz. 109.
3 Begr. RegE AktG bei *Kropff*, Aktiengesetz, S. 112.
4 Ganz h.M.; *Hüffer*, § 88 AktG Rz. 5; *Kort* in Großkomm. AktG, § 88 AktG Rz. 55; *Spindler* in MünchKomm. AktG, § 88 AktG Rz. 25; *Wiesner* in MünchHdb. AG, § 21 Rz. 67; abweichend *Meyer-Landrut* in Großkomm. AktG, 3. Aufl., § 88 AktG Anm. 5: Rechtswidrigkeit entfällt, wenn vergangenes und künftiges Tun eine wirtschaftliche Einheit bilden.
5 *Fleischer* in Spindler/Stilz, § 88 AktG Rz. 34; *Kort* in Großkomm. AktG, § 88 AktG Rz. 55; *Spindler* in MünchKomm. AktG, § 88 AktG Rz. 28.
6 Auch in der mitbestimmten GmbH obliegt der Erlass von Ansprüchen gegen die Geschäftsführer in Ermangelung abweichender Regelungen nach § 46 Nr. 8 GmbHG den Gesellschaftern, nicht dem Aufsichtsrat.
7 Statt aller *Uwe H. Schneider* in Scholz, § 43 GmbHG Rz. 264.

Der Aufsichtsrat kann die Entscheidung über die Einwilligung einem Ausschuss 37
übertragen (§ 107 Abs. 3 AktG).[1] Gem. § 108 Abs. 1 AktG muss sich die Einwilligung aus einem **Beschluss** des Aufsichtsrats bzw. des zuständigen Ausschusses ergeben; sie kann also nicht durch konkludentes Verhalten außerhalb eines Beschlusses erteilt werden.[2] Die Einwilligung muss in dem Beschluss aber nicht ausdrücklich ausgesprochen werden. Vielmehr ist der rechtliche Sinngehalt des Beschlusses wie sonst auch[3] durch Auslegung zu ermitteln. Deshalb wird man in dem Beschluss über die Bestellung eines Vorstandsmitglieds bzw. Geschäftsführers, von dem alle Aufsichtsratsmitglieder (bzw. alle Mitglieder des zuständigen Ausschusses) wissen, dass er eine der in § 88 Abs. 1 AktG genannten Tätigkeiten entfaltet, in der Regel zugleich die erforderliche Einwilligung erblicken können.[4] Entsprechendes gilt auch für die Bestellung von GmbH-Geschäftsführern durch die Gesellschafterversammlung, wenn alle Gesellschafter von der Konkurrenztätigkeit Kenntnis haben.[5]

Die Entscheidung über die Einwilligung liegt im pflichtgemäßen **Ermessen** des 38
Aufsichtsrats bzw. der Gesellschafterversammlung. In Ausnahmefällen, z.B. wenn die Gesellschaft den Unternehmensgegenstand oder ihren tatsächlichen Tätigkeitsbereich erweitert und ein früher zulässiges Geschäftemachen nunmehr in den Geschäftszweig der Gesellschaft fällt, kann sich das Ermessen dahin reduzieren, dass die Einwilligung für eine Übergangszeit zu erteilen ist.[6] Die Einwilligung kann widerruflich oder unwiderruflich erteilt werden. Ist sie Bestandteil des Anstellungsvertrags geworden, wird sie bei Fehlen einer ausdrücklichen Regelung im Zweifel als unwiderruflich anzusehen sein.[7] Ansonsten wird angenommen, dass mit Rücksicht auf die auf dem Spiel stehenden Belange die Einwilligung in das Geschäftemachen im Geschäftszweig der Gesellschaft im Zweifel widerruflich, die Einwilligung in das Betreiben eines Handelsgewerbes oder zur Begründung einer Organmitgliedschaft dagegen unwiderruflich ist.[8]

---

1 *Fleischer* in Spindler/Stilz, § 88 AktG Rz. 27; *Hüffer*, § 88 AktG Rz. 5; *Mertens/Cahn* in KölnKomm. AktG, § 88 AktG Rz. 16.
2 Heute ganz h.M.; *Fleischer* in Spindler/Stilz, § 88 AktG Rz. 27; *Hüffer*, § 88 AktG Rz. 5; *Spindler* in MünchKomm. AktG, § 88 AktG Rz. 23; *Thüsing* in Fleischer, Handbuch des Vorstandsrechts, § 4 Rz. 92 mit dem zutr. Hinweis, dass ein solches Verhalten aber im Rahmen des Schadensersatzes nach § 88 Abs. 2 AktG Bedeutung erlangen kann (u.U. entschuldbarer Irrtum des Vorstandsmitglieds; Mitverschulden der Gesellschaft); a.A. noch *Baumbach/Hueck*, § 88 AktG Rz. 5.
3 Vgl. BGH v. 19.12.1988 – II ZR 74/88, NJW 1989, 1928, 1929 = AG 1989, 129 = GmbHR 1989, 166; *Habersack* in MünchKomm. AktG, § 108 AktG Rz. 13; *Hoffmann-Becking* in MünchHdb. AG, § 31 Rz. 61; *Lutter/Krieger*, Rechte und Pflichten des Aufsichtsrats, Rz. 712.
4 Rechtsgedanke der §§ 60 Abs. 2, 112 Abs. 2 HGB; wie hier *Fleischer* in Spindler/Stilz, § 88 AktG Rz. 27; *Mertens/Cahn* in KölnKomm. AktG, § 88 AktG Rz. 16; *Spindler* in MünchKomm. AktG, § 88 AktG Rz. 23.
5 Vgl. *Haas* in Michalski, § 43 GmbHG Rz. 109; *Röhricht*, WPg 1992, 766, 780.
6 *Fleischer* in Spindler/Stilz, § 88 AktG Rz. 29; *Fleischer*, AG 2005, 336, 345 unter Hinweis auf die Treuepflicht der Gesellschaft.
7 *Fleischer* in Spindler/Stilz, § 88 AktG Rz. 28; *Mertens/Cahn* in KölnKomm. AktG, § 88 AktG Rz. 18; *Meyer-Landrut* in Großkomm. AktG, 3. Aufl., § 88 AktG Anm. 5.
8 *Fleischer* in Spindler/Stilz, § 88 AktG Rz. 28; *Mertens/Cahn* in KölnKomm. AktG, § 88 AktG Rz. 18; *Meyer-Landrut* in Großkomm. AktG, 3. Aufl., § 88 AktG Anm. 5; abwei-

IV. Rechtsfolgen von Verstößen

39 Die **Rechtsfolgen** von Verstößen gegen das gesetzliche Wettbewerbsverbot sind in § 88 Abs. 2 AktG nur unvollständig geregelt. Neben den dort genannten Sanktionen (Schadensersatz, Eintrittsrecht), die auch auf die GmbH analoge Anwendung finden[1], besteht anerkanntermaßen auch ein Anspruch der Gesellschaft auf Unterlassung der verbotenen Tätigkeit. Ferner bilden Verstöße gegen das gesetzliche Wettbewerbsverbot regelmäßig einen wichtigen Grund zur Abberufung des Vorstandsmitglieds (§ 84 Abs. 3 Satz 1 AktG) bzw. des Geschäftsführers und zur Kündigung seines Anstellungsvertrags (§ 626 BGB).[2] Die genannten Rechtsfolgen gelten entsprechend auch für Verstöße gegen die Geschäftschancenbindung.[3]

1. Unterlassungsanspruch

40 Dass der Gesellschaft ein einklagbarer Anspruch auf **Unterlassung** der verbotenen Konkurrenztätigkeit zusteht, ergibt sich aus allgemeinen Grundsätzen[4] und ist mit Recht einhellig anerkannt.[5] Der Anspruch ist verschuldensunabhängig[6] und setzt nicht voraus, dass der Verstoß bereits erfolgt ist. Vielmehr genügt die Gefahr einer erstmaligen Begehung.[7] In eilbedürftigen Fällen kann der Unterlassungsanspruch im Wege der einstweiligen Verfügung (§ 935 ZPO) geltend gemacht werden.

2. Schadensersatz

41 Gem. § 88 Abs. 2 Satz 1 AktG bzw. § 43 Abs. 2 GmbHG steht der Gesellschaft ferner ein **Schadensersatzanspruch** zu. Obwohl der Gesetzeswortlaut hierzu schweigt, besteht Einigkeit, dass der Anspruch **Verschulden**, also Vorsatz oder

---

chend *Kort* in Großkomm. AktG, § 88 AktG Rz. 60 (stets unwiderruflich, sofern Widerruf nicht explizit vorbehalten).

1 Zum Eintrittsrecht der GmbH analog § 88 Abs. 2 AktG BGH v. 16.2.1981 – II ZR 168/79, BGHZ 80, 69, 76 = AG 1981, 225 = GmbHR 1981, 189; BGH v. 12.6.1989 – II ZR 334/87, WM 1989, 1335, 1338 = AG 1989, 354; *Paefgen* in Ulmer/Habersack/Winter, § 43 GmbHG Rz. 49; *Uwe H. Schneider* in Scholz, § 43 GmbHG Rz. 168.
2 *Spindler* in MünchKomm. AktG, § 88 AktG Rz. 37; *Marsch-Barner/Diekmann* in MünchHdb. GmbH, § 43 Rz. 66.
3 Vgl. *Merkt*, ZHR 159 (1995), 423, 446 ff.; *Schiessl*, GmbHR 1988, 53, 56; *Uwe H. Schneider* in Scholz, § 43 GmbHG Rz. 209; eingehend *Weisser*, Corporate Opportunities, S. 233 ff.
4 Allgemein zum Unterlassungsanspruch gegenüber drohenden Pflichtverletzungen aus vertraglichen Schuldverhältnissen *Kramer* in MünchKomm. BGB, § 241 BGB Rz. 12 m.w.N.
5 *Fleischer* in Spindler/Stilz, § 88 AktG Rz. 33; *Spindler* in MünchKomm. AktG, § 88 AktG Rz. 27; *Paefgen* in Ulmer/Habersack/Winter, § 43 GmbHG Rz. 48; *Uwe H. Schneider* in Scholz, § 43 GmbHG Rz. 166; ebenso zu den insoweit vergleichbaren §§ 112 f. HGB *Hopt* in Baumbach/Hopt, § 113 HGB Rz. 4.
6 Allg. M.; Nachw. wie vor.
7 Vgl. *Spindler* in MünchKomm. AktG, § 88 AktG Rz. 27; *Freudenberg*, Das Nebentätigkeitsrecht der Vorstandsmitglieder nach § 88 AktG, 1989, S. 154; jeweils unter Hinweis auf § 259 ZPO. Richtigerweise zählt die Begehungsgefahr wie bei anderen gesetzlichen Unterlassungsansprüchen (z.B. § 1004 Abs. 1 Satz 2 BGB) aber wohl schon zu den materiellen Anspruchsvoraussetzungen.

Fahrlässigkeit (§ 276 Abs. 1 BGB), voraussetzt.[1] Die Beweislast für ein fehlendes Verschulden trifft analog § 93 Abs. 2 Satz 2 AktG das Vorstandsmitglied bzw. den Geschäftsführer.[2] In der AG sind ferner § 93 Abs. 4 Satz 3 AktG (Einschränkungen für Verzicht oder Vergleich über den Schadensersatzanspruch)[3] und § 93 Abs. 5 AktG (Verfolgungsrecht der Gläubiger) entsprechend anzuwenden.[4] Der Inhalt des Schadensersatzanspruchs richtet sich nach allgemeinem Schadensrecht (§§ 249 ff. BGB). Die Gesellschaft ist mithin so zu stellen, wie wenn der Verstoß nicht erfolgt wäre. Die Beweislast für den eingetretenen Schaden trägt die Gesellschaft.[5] Hinsichtlich eines etwaigen entgangenen Gewinns kommt ihr die Beweiserleichterung des § 252 Satz 2 BGB zugute. Der entgangene Gewinn ist also bereits dann zu ersetzen, wenn nach dem gewöhnlichen Lauf der Dinge oder auf Grund besonderer Umstände mit Wahrscheinlichkeit zu erwarten ist, dass die Gesellschaft bei Unterbleiben des Verstoßes das dem Geschäftsleiter verbotene Geschäft selbst getätigt hätte.

3. Eintrittsrecht

Anstelle des Schadensersatzes kann die Gesellschaft nach § 88 Abs. 2 Satz 2 AktG von dem Geschäftsleiter auch verlangen, dass er die auf eigene Rechnung gemachten Geschäfte als für Rechnung der Gesellschaft eingegangen gelten lässt und die aus Geschäften für fremde Rechnung bezogene Vergütung herausgibt oder seinen Anspruch auf die Vergütung abtritt. Dieses sog. **Eintrittsrecht** ist für die Gesellschaft insbesondere dann von Interesse, wenn der Nachweis eines Schadens aus der verbotenen Wettbewerbstätigkeit Schwierigkeiten bereitet.

42

Der genaue **Anwendungsbereich** des Eintrittsrechts ist zweifelhaft und umstritten. Der Wortlaut („gemachte Geschäfte") legt es auf den ersten Blick nahe, das Eintrittsrecht auf Verstöße gegen das Geschäftemachen im Sinne des § 88 Abs. 1 Satz 1, 2. Alt. AktG zu beschränken.[6] Folgt man der Rechtsprechung des BGH zum Parallelfall des § 113 HGB[7], gilt das Eintrittsrecht darüber hinaus aber auch für die Tätigkeit als persönlich haftender Gesellschafter einer anderen Handelsgesellschaft (§ 88 Abs. 1 Satz 2 AktG). Allerdings wird man dies auf den Fall

43

---

1 Statt aller *Spindler* in MünchKomm. AktG, § 88 AktG Rz. 28; *Hüffer*, § 88 AktG Rz. 6. Bei Vorsatz ist daneben an konkurrierende Ansprüche aus § 823 Abs. 2 BGB i.V.m. § 266 StGB und § 826 BGB zu denken.
2 *Spindler* in MünchKomm. AktG, § 88 AktG Rz. 28; *Hüffer*, § 88 AktG Rz. 6; *Kort* in Großkomm. AktG, § 88 AktG Rz. 65; für die GmbH *Haas* in Michalski, § 43 GmbHG Rz. 253.
3 Anders in der GmbH; s. oben Rz. 36.
4 *Fleischer* in Spindler/Stilz, § 88 AktG Rz. 34; *Kort* in Großkomm. AktG, § 88 AktG Rz. 93; *Spindler* in MünchKomm. AktG, § 88 AktG Rz. 28. Zur analogen Anwendung des § 93 Abs. 5 AktG im GmbH-Recht einerseits *Altmeppen* in Roth/Altmeppen, § 43 GmbHG Rz. 88 f. (bejahend); andererseits BGH v. 6.2.1990 – VI ZR 75/89, NJW 1990, 1725; *Uwe H. Schneider* in Scholz, § 43 GmbHG Rz. 290 (verneinend).
5 *Spindler* in MünchKomm. AktG, § 88 AktG Rz. 28; *Hüffer*, § 88 AktG Rz. 6.
6 So *Fleischer* in Spindler/Stilz, § 88 AktG Rz. 35; *Spindler* in MünchKomm. AktG, § 88 AktG Rz. 35.
7 BGH v. 6.12.1962 – KZR 4/62, BGHZ 38, 306 ff.; zustimmend *Ulmer* in Staub, § 113 HGB Rz. 21; a.A. die früher h.M.

zu beschränken haben, dass die Handelsgesellschaft zu der AG in Wettbewerb steht, da die scharfe Sanktion des Eintrittsrechts nur beim Vorliegen eines konkreten Interessenkonflikts gerechtfertigt erscheint.[1] Steht die Handelsgesellschaft nur teilweise in Konkurrenz zur AG, sind die Gewinne also nur anteilig herauszugeben.[2] Entsprechendes muss auch für die übrigen in § 88 Abs. 1 Satz 1, 1. Alt. und Satz 2 AktG geregelten Tatbestände gelten. Betätigt sich der Geschäftsleiter unzulässigerweise als Vorstand oder Geschäftsführer einer konkurrierenden Handelsgesellschaft, bezieht sich das Eintrittsrecht nicht auf die bloße Tätigkeitsvergütung[3], sondern nur auf etwaige Gewinnanteile, die der Geschäftsleiter aus Konkurrenzgeschäften dieser Gesellschaft gezogen hat.[4]

44 Kein Eintrittsrecht besteht, wenn die erzielten Vorteile aus Geschäften stammen, welche die AG nicht selbst hätte abschließen können, da in diesem Fall kein Wettbewerb vorliegt.[5] Folglich scheidet das Eintrittsrecht insbesondere bei verbots- oder sittenwidrigen Geschäften aus.[6]

45 Nach h.M. setzt auch das Eintrittsrecht **Verschulden** voraus.[7] Dies mag zwar bei einer bereicherungsrechtsähnlichen Gewinnabschöpfung, wie sie mit dem Eintrittsrecht verbunden ist, nicht selbstverständlich sein.[8] Für die Beibehaltung der h.M. spricht aber der Wortlaut des § 88 Abs. 2 Satz 2 AktG („statt dessen", also statt des ebenfalls Verschulden voraussetzenden Schadensersatzes). Das von der Gegenansicht behauptete rechtsökonomische Bedürfnis nach einer strengeren Haftung wiegt demgegenüber nicht sonderlich schwer, wenn man bedenkt, dass die Beweislast für das fehlende Verschulden entsprechend § 93 Abs. 2 Satz 2 AktG beim Geschäftsleiter liegt.[9]

---

1 Wie hier i.E. *Hüffer*, § 88 AktG Rz. 8; *Kort* in Großkomm. AktG, § 88 AktG Rz. 69; *Mertens* in KölnKomm. AktG, 2. Aufl. § 88 AktG Rz. 17; *Meyer*, AG 1988, 259, 260 f.; ohne diese Einschränkung *Mertens/Cahn* in KölnKomm. AktG, § 88 AktG Rz. 24; *Oltmanns* in Heidel, § 88 AktG Rz. 8. Im Fall des § 113 HGB ergibt sich diese Einschränkung schon daraus, dass der Tatbestand des § 112 HGB enger als § 88 Abs. 1 AktG gefasst ist und nur die Beteiligung an „gleichartigen", d.h. im selben Geschäftszweig tätigen Handelsgesellschaften erfasst.
2 *Kort* in Großkomm. AktG, § 88 AktG Rz. 89. Notfalls muss der Anteil entsprechend § 287 ZPO geschätzt werden.
3 So aber *Mertens/Cahn* in KölnKomm. AktG, § 88 AktG Rz. 24.
4 *Hüffer*, § 88 AktG Rz. 8; *Meyer*, AG 1988, 259, 260; abweichend (kein Eintrittsrecht) *Fleischer* in Spindler/Stilz, § 88 AktG Rz. 36 a.E.; *Spindler* in MünchKomm. AktG, § 88 AktG Rz. 35.
5 *Spindler* in MünchKomm. AktG, § 88 AktG Rz. 36.
6 *Hüffer*, § 88 AktG Rz. 7; *Kort* in Großkomm. AktG, § 88 AktG Rz. 78; *Spindler* in MünchKomm. AktG, § 88 AktG Rz. 36; *Meyer*, AG 1988, 259, 261 ff.; offen gelassen in BGH v. 9.12.1987 – 3 StR 104/87, WM 1988, 650, 652.
7 *Kort* in Großkomm. AktG, § 88 AktG Rz. 74; *Spindler* in MünchKomm. AktG, § 88 AktG Rz. 31; *Thüsing* in Fleischer, Handbuch des Vorstandsrechts, § 4 Rz. 95; *Paefgen* in Ulmer/Habersack/Winter, § 43 GmbHG Rz. 49; zu § 113 HGB *Goette* in Ebenroth/Boujong/Joost/Strohn, § 113 HGB Rz. 11; *Ulmer* in Staub, § 113 HGB Rz. 17; a.A. *Fleischer* in Spindler/Stilz, § 88 AktG Rz. 37; *Mertens/Cahn* in KölnKomm. AktG, § 88 AktG Rz. 23; *Hopt*, ZGR 2004, 1, 48 f.; zweifelnd *Hüffer*, § 88 AktG Rz. 7.
8 Vgl. den Einwand bei *Hüffer*, § 88 AktG Rz. 7.
9 *Oltmanns* in Heidel, § 88 AktG Rz. 8; *Spindler* in MünchKomm. AktG, § 88 AktG Rz. 31.

Die **Wirkung** des Eintrittsrechts besteht *nicht* darin, dass die AG in das Geschäft mit dem Geschäftspartner des Vorstandsmitglieds einrückt. Das Eintrittsrecht hat anerkanntermaßen keine Außenwirkung, sondern regelt allein die internen Folgen einer Pflichtverletzung zwischen Geschäftsleiter und Gesellschaft.[1] Bei Geschäften auf eigene Rechnung ist der Geschäftsleiter verpflichtet, die Ergebnisse des Geschäfts auf die AG zu übertragen, insbesondere den erzielten Gewinn an die Gesellschaft herauszugeben.[2] Bei Geschäften auf fremde Rechnung muss er die bezogene Vergütung abführen bzw. den Vergütungsanspruch abtreten. Analog § 666 BGB ist der Geschäftsleiter ferner zur Auskunft und Rechnungslegung über die verbotenen Konkurrenzgeschäfte verpflichtet.[3] Im Zusammenhang mit der Gewinnerzielung stehende Aufwendungen kann er in Anrechnung bringen (Rechtsgedanke des § 687 Abs. 2 Satz 2 BGB).[4] Dagegen ist der im neueren Schrifttum vereinzelt vertretenen Auffassung, ein gutgläubiger Geschäftsleiter könne dem Herausgabeanspruch analog § 818 Abs. 3 BGB auch einen Wegfall der Bereicherung entgegenhalten[5], nicht zu folgen. Diese Ansicht wäre allenfalls dann erwägenswert, wenn das Eintrittsrecht wie ein Bereicherungsanspruch verschuldensunabhängig wäre, was jedoch nach herrschender Ansicht nicht der Fall ist.

46

Die Gesellschaft kann nur entweder Schadensersatz oder Gewinnherausgabe verlangen. Streitig ist, ob die **Ausübung des Wahlrechts** durch Erklärung des Aufsichtsrats (§ 112 AktG) bzw. der Gesellschafterversammlung gegenüber dem Geschäftsleiter Bindungswirkung in dem Sinne entfaltet, dass die Gesellschaft später nicht mehr auf die jeweils andere Rechtsfolge wechseln darf. Während dies früher unter Hinweis auf den Rechtsgedanken des § 263 Abs. 2 BGB bejaht wurde[6], mehren sich in neuerer Zeit die Gegenstimmen.[7] In der Tat dürfte es zum Schutz der Interessen des Geschäftsleiters ausreichen, wenn man eine Bindung nicht generell annimmt, sondern nur ausnahmsweise, wenn die Gesellschaft einen Vertrauenstatbestand gesetzt hat, der Geschäftsleiter sich in schutzwürdigem Vertrauen auf diese Alternative eingerichtet hat und der spätere Wechsel des-

47

---

1 Allg. M.; BGH v. 6.12.1962 – KZR 4/62, BGHZ 38, 306, 310; BGH v. 5.12.1983 – II ZR 242/82, BGHZ 89, 162, 171 = GmbHR 1984, 203 (jeweils zu § 113 HGB); *Spindler* in MünchKomm. AktG, § 88 AktG Rz. 32.
2 BGH v. 6.12.1962 – KZR 4/62, BGHZ 38, 306, 310f.; BGH v. 5.12.1983 – II ZR 242/82, BGHZ 89, 162, 171 = GmbHR 1984, 203; *Spindler* in MünchKomm. AktG, § 88 AktG Rz. 33.
3 *Kort* in Großkomm. AktG, § 88 AktG Rz. 81, 85; *Spindler* in MünchKomm. AktG, § 88 AktG Rz. 32, 34; *Paefgen* in Ulmer/Habersack/Winter, § 43 GmbHG Rz. 49.
4 BGH v. 6.12.1962 – KZR 4/62, BGHZ 38, 306, 311; BGH v. 5.12.1983 – II ZR 242/82, BGHZ 89, 162, 171 = GmbHR 1984, 203; *Fleischer* in Spindler/Stilz, § 88 AktG Rz. 38; *Spindler* in MünchKomm. AktG, § 88 AktG Rz. 34.
5 *Rusch*, Gewinnhaftung bei Verletzung von Treuepflichten, 2003, S. 240; vgl. dazu auch *Fleischer* in Spindler/Stilz, § 88 AktG Rz. 38 a.E.; ablehnend *Hopt*, ZGR 2004, 1, 48f.
6 *Meyer-Landrut* in Großkomm. AktG, § 88 AktG Anm. 6.
7 *Hüffer*, § 88 AktG Rz. 6; *Kort* in Großkomm. AktG, § 88 AktG Rz. 95f.; *Mertens/Cahn* in KölnKomm. AktG, § 88 AktG Rz. 20; *Seibt* in K. Schmidt/Lutter, § 88 AktG Rz. 12; *Thüsing* in Fleischer, Handbuch des Vorstandsrechts, § 4 Rz. 99; grundsätzlich auch *Spindler* in MünchKomm. AktG, § 88 AktG Rz. 29, der aber den Wechsel vom Eintrittsrecht zum Schadensersatz nur bei wichtigen Gründen zulassen will.

halb als treuepflichtwidrig erscheinen muss.[1] An einem schutzwürdigen Vertrauenstatbestand fehlt es, wenn sich die Gesellschaft einen späteren Wechsel vorbehalten hat.[2] Ist freilich einer der beiden Ansprüche bereits erfüllt worden, erlischt damit auch der andere, so dass danach ein Übergang auf die andere Alternative nicht mehr in Betracht kommt.

V. Verjährung

48 Für die Ansprüche der Gesellschaft aus dem Wettbewerbsverbot enthält § 88 Abs. 3 AktG eine besondere, im Vergleich zu den allgemeinen bürgerlich-rechtlichen Regeln (§§ 195, 199 BGB) kürzere Verjährungsregelung.[3] Sie ist nach überwiegender und überzeugender Ansicht auch auf die GmbH entsprechend anzuwenden.[4] Auch auf Verstöße gegen die Geschäftschancenbindung ist die Vorschrift analog anwendbar.[5] Nach § 88 Abs. 3 Satz 1 AktG verjähren die Ansprüche bereits nach **drei Monaten** seit dem Zeitpunkt, in dem alle übrigen Vorstandsmitglieder und alle Aufsichtsratsmitglieder von der zum Schadensersatz verpflichtenden Handlung Kenntnis erlangen oder ohne grobe Fahrlässigkeit erlangen müssten. Auf wessen Kenntnis bzw. grob fahrlässige Unkenntnis es in der GmbH ankommt, wird uneinheitlich beantwortet.[6] Da § 88 Abs. 3 Satz 1 AktG auf das Leitungs- und das Bestellungsorgan abhebt, wird in der dem MitbestG unterliegenden GmbH richtigerweise auf alle Mitgeschäftsführer sowie alle Aufsichtsratsmitglieder abzustellen sein, im Übrigen auf alle Mitgeschäftsführer und alle Gesellschafter. Werden einzelne Mitglieder bewusst nicht informiert, um den Verjährungsbeginn hinauszuzögern, liegt ein Rechtsmissbrauch vor, der den Lauf der Frist nicht hindert.[7]

49 Unabhängig von Kenntnis bzw. grobfahrlässiger Unkenntnis verjähren die Ansprüche gem. § 88 Abs. 3 Satz 2 AktG spätestens in **fünf Jahren** seit ihrer Entste-

---

1 Vgl. *Hüffer*, § 88 AktG Rz. 6; *Kort* in Großkomm. AktG, § 88 AktG Rz. 96; *Seibt* in K. Schmidt/Lutter, § 88 AktG Rz. 12; ähnlich *Thüsing* in Fleischer, Handbuch des Vorstandsrechts, § 4 Rz. 99.
2 *Thüsing* in Fleischer, Handbuch des Vorstandsrechts, § 4 Rz. 99.
3 Der Gesetzgeber stützt dies auf die Überlegung, dass Wettbewerbsverbote besonders begründungsbedürftige Ausnahmen von § 1 GWB seien; vgl. Begr. RegE eines Gesetzes zur Anpassung von Verjährungsvorschriften, BT-Drucks. 15/3653, S. 12 rc. Sp.
4 BGH v. 26.10.1964 – II ZR 127/62, WM 1964, 1320, 1321 (zur analogen Anwendung des § 79 Abs. 3 AktG 1937); wohl auch BGH v. 12.6.1989 – II ZR 334/87, WM 1989, 1335, 1338 = AG 1989, 354 = GmbHR 1989, 365; *Marsch-Barner/Diekmann* in MünchHdb. GmbH, § 43 Rz. 65; *Zöllner/Noack* in Baumbach/Hueck, § 35 GmbHG Rz. 42; einschränkend (analoge Anwendung nur für das Eintrittsrecht) *Uwe H. Schneider* in Scholz, § 43 GmbHG Rz. 170.
5 OLG Köln v. 10.1.2008 – 18 U 1/07, GmbHR 2008, 1103, 1104 f.; *Mertens/Cahn* in KölnKomm. AktG, § 88 AktG Rz. 29.
6 Vgl. einerseits *Marsch-Barner/Diekmann* in MünchHdb. GmbH, § 43 Rz. 65 (alle Mitgeschäftsführer, Gesellschafter und, falls ein obligatorischer Aufsichtsrat besteht, Aufsichtsratsmitglieder); andererseits *Mertens* in Hachenburg, § 43 GmbHG Rz. 39 (alle Gesellschafter und, sofern die Gesellschaft einen Aufsichtsrat hat, alle Aufsichtsratsmitglieder); ebenso § 71 Abs. 3 GmbHG-RegE 1971.
7 *Fleischer* in Spindler/Stilz, § 88 AktG Rz. 41; *Mertens/Cahn* in KölnKomm. AktG, § 88 AktG Rz. 30; *Thüsing* in Fleischer, Handbuch des Vorstandsrechts, § 4 Rz. 100.

hung. Die Frist beginnt beim Geschäftemachen im Geschäftszweig der Gesellschaft mit dem Abschluss des jeweiligen Geschäfts.[1] Beim Betrieb eines Handelsgewerbes oder bei der Beteiligung an einer anderen Handelsgesellschaft als Geschäftsleiter oder persönlich haftender Gesellschafter wollte eine früher verbreitete Ansicht auf den Beginn der jeweiligen Dauertätigkeit abstellen.[2] Da nicht nur die Aufnahme, sondern auch das Fortbetreiben dieser Aktivitäten verboten ist, überwiegt heute indes mit Recht die Auffassung, dass die Frist kontinuierlich neu zu laufen beginnt.[3]

Die Verjährungsregelung des § 88 Abs. 3 AktG gilt neben den in Abs. 2 erwähnten Ansprüchen auch für den Unterlassungsanspruch und im Zweifel auch für vertraglich vereinbarte weitere Sanktionen des gesetzlichen Wettbewerbsverbots (z.B. eine Vertragsstrafe).[4] Auf konkurrierende Ansprüche aus unerlaubter Handlung findet § 88 Abs. 3 AktG dagegen nach zutreffender Ansicht keine Anwendung.[5] Gleiches wird für Ansprüche aus § 687 Abs. 2 BGB gelten müssen.[6]

50

C. Pflichten der Vorstandsmitglieder und Geschäftsführer aus dem Anstellungsvertrag

I. Überblick über mögliche vertragliche Regelungen

Im Anstellungsvertrag können sowohl Erleichterungen als auch Ausweitungen des gesetzlichen Wettbewerbsverbots und der Geschäftschancenbindung vereinbart werden. Eine Grenze für Erleichterungen bildet in der AG das in § 88 Abs. 1 Satz 3 AktG geregelte Verbot der Blankoeinwilligung, das auch für den Anstellungsvertrag gilt.[7] In der GmbH bedarf es für die generelle Aufhebung einer Grundlage in der Satzung.[8] Verschärfungen des Wettbewerbsverbots und der Geschäftschancenbindung sind vornehmlich an §§ 134, 138 BGB zu messen,

51

---

1 *Mertens/Cahn* in KölnKomm. AktG, § 88 AktG Rz. 31; *Spindler* in MünchKomm. AktG, § 88 AktG Rz. 40.
2 *Meyer-Landrut* in Großkomm. AktG, § 88 AktG Anm. 9 m.w.N.
3 *Fleischer* in Spindler/Stilz, § 88 AktG Rz. 41; *Kort* in Großkomm. AktG, § 88 AktG Rz. 102; *Spindler* in MünchKomm. AktG, § 88 AktG Rz. 40; *Thüsing* in Fleischer, Handbuch des Vorstandsrechts, § 4 Rz. 100; im Ergebnis auch *Mertens/Cahn* in KölnKomm. AktG, § 88 AktG Rz. 31.
4 *Fleischer* in Spindler/Stilz, § 88 AktG Rz. 41 a.E.; *Mertens/Cahn* in KölnKomm. AktG, § 88 AktG Rz. 29; *Spindler* in MünchKomm. AktG, § 88 AktG Rz. 42; *Thüsing* in Fleischer, Handbuch des Vorstandsrechts, § 4 Rz. 100.
5 *Mertens/Cahn* in KölnKomm. AktG, § 88 AktG Rz. 29; *Spindler* in MünchKomm. AktG, § 88 AktG Rz. 43; *Thüsing* in Fleischer, Handbuch des Vorstandsrechts, § 4 Rz. 100; differenzierend *Kort* in Großkomm. AktG, § 88 AktG Rz. 182.
6 Differenzierend allerdings *Mertens/Cahn* in KölnKomm. AktG, § 88 AktG Rz. 29.
7 *Mertens/Cahn* in KölnKomm. AktG, § 88 AktG Rz. 8; *Thüsing* in Fleischer, Handbuch des Vorstandsrechts, § 4 Rz. 104.
8 S. oben Rz. 35.

bei nicht individuell ausgehandelten (Formular-)Verträgen auch an §§ 307 ff. BGB.[1]

52 In der Vertragspraxis sind insbesondere **Ausweitungen** des Wettbewerbsverbots weit verbreitet. Besondere Bedeutung hat dabei die Vereinbarung eines nachvertraglichen Wettbewerbsverbots (dazu gesondert unter II., Rz. 54 ff.). Häufig anzutreffen ist auch die Regelung, dass Vorstandsmitglieder und Geschäftsführer sich nicht an Unternehmen beteiligen dürfen, die zu der Gesellschaft in Wettbewerb stehen oder zu ihr Geschäftsbeziehungen in wesentlichem Umfang unterhalten.[2] Eine solche Vertragsbestimmung ist rechtlich unbedenklich und aus Sicht der Gesellschaft sinnvoll, da dieser Fall vom gesetzlichen Wettbewerbsverbot nicht erfasst wird.[3] Darüber hinaus sehen die Anstellungsverträge häufig vor, dass jede anderweitige bezahlte oder unbezahlte Tätigkeit der Einwilligung des Aufsichtsrats bzw. der Gesellschafterversammlung bedarf. Das OLG Frankfurt a.M. hat hierzu entschieden, dass eine solche Klausel restriktiv dahin auszulegen ist, dass nur solche Tätigkeiten der Einwilligung bedürfen, durch die die Erfüllung der geschuldeten Dienste beeinträchtigt wird.[4] Sachgerecht erscheint es, derartige Klauseln im Anstellungsvertrag auf Tätigkeiten im beruflichen Bereich, gleich ob entgeltlich oder ehrenamtlich, zu beschränken.[5]

53 Rechtlich bedenklich sind dagegen Vertragsbestimmungen, die entgegen § 88 Abs. 1 AktG die Entscheidung über die Befreiung vom Wettbewerbsverbot nicht dem Aufsichtsrat oder dem zuständigen Ausschuss (§ 107 Abs. 3 AktG), sondern dem **Aufsichtsratsvorsitzenden** zuweisen.[6] Einem Vorstandsmitglied bzw. Geschäftsführer, der im Vertrauen auf eine entsprechende Bestimmung des Anstellungsvertrags lediglich die Einwilligung des Aufsichtsratsvorsitzenden eingeholt hat, wird aber häufig kein schuldhafter Verstoß gegen das Wettbewerbsverbot zur Last fallen.

---

1 Wenn man mit dem BGH (BGH v. 5.6.1996 – VIII ZR 151/95, BGHZ 133, 71, 77 f.; BGH v. 28.6.2000 – VIII ZR 240/99, NJW 2000, 3133, 3135 f. = GmbHR 2000, 878; str.) den GmbH-Geschäftsführer – und dann wohl auch das Vorstands- oder Aufsichtsratsmitglied – als Verbraucher im Sinne des § 13 BGB einstuft, gilt Letzteres sogar dann, wenn der vorformulierte Anstellungsvertrag nur zur einmaligen Verwendung bestimmt ist (§ 310 Abs. 3 Nr. 2 BGB).
2 Vgl. etwa die Vertragsformulare bei *Hölters* in MünchVertragshdb. I, 6. Aufl. 2005, V. 64 § 8 mit Anm. 13; *A. Wiedemann* in Beck'sches Formularbuch Aktienrecht, 2005, G IV § 8 mit Anm. 19.
3 Erfasst wird nur die beherrschende Beteiligung an einem anderen Unternehmen, s. oben Rz. 15, 18.
4 OLG Frankfurt a.M. v. 5.11.1999 – 10 U 257/98, NZG 2000, 738, 739 = AG 2000, 518; zustimmend *Kort* in Großkomm. AktG, § 88 AktG Rz. 126.
5 Vgl. das Vertragsmuster bei *Hoffmann-Becking* in Beck'sches Formularbuch Bürgerliches, Handels- und Wirtschaftsrecht, 10. Aufl. 2010, X.13 § 1 Abs. 2.
6 *Fonk* in Semler/v. Schenck, Arbeitshdb. für Aufsichtsratsmitglieder, § 9 Rz. 97 mit Fn. 269; *Hoffmann-Becking* in Beck'sches Formularbuch Bürgerliches, Handels- und Wirtschaftsrecht, 10. Aufl. 2010, X.13 Anm. 3.

II. Nachvertragliche Wettbewerbsverbote

Das gesetzliche Wettbewerbsverbot endet mit dem Ausscheiden aus dem Amt (Rz. 10–13). Will sich die Gesellschaft auch für den danach liegenden Zeitraum schützen, bedarf es daher einer Regelung im Anstellungsvertrag (sog. nachvertragliches Wettbewerbsverbot). Hiervon wird üblicherweise auch Gebrauch gemacht.[1]

54

1. Prüfungsmaßstab

Nach höchstrichterlicher Rechtsprechung sind die für Arbeitnehmer geltenden Schutzvorschriften der §§ 74 ff. HGB, sofern der Anstellungsvertrag sie nicht in Bezug nimmt[2], auf Geschäftsführer einer GmbH nicht durchgehend entsprechend anwendbar.[3] Für Vorstandsmitglieder einer AG kann konsequenterweise nichts anderes gelten.[4] Die Wirksamkeit des nachvertraglichen Wettbewerbsverbots setzt daher nicht generell eine Entschädigungsregelung im Sinne des § 74 Abs. 2 HGB voraus. Die Rechtsprechung stellt gleichwohl strenge Anforderungen an die Zulässigkeit solcher Vereinbarungen. Sie halten einer Kontrolle am Maßstab des **§ 138 Abs. 1 BGB i.V.m. Art. 2, 12 GG** nur stand, wenn sie – insoweit nahezu wortgleich § 74a Abs. 1 Sätze 1 und 2 HGB – „dem Schutz eines berechtigten Interesses des Gesellschaftsunternehmens dienen und nach Ort, Zeit und Gegenstand die Berufsausübung und wirtschaftliche Betätigung des Geschäftsführers nicht unbillig erschweren"[5]. Beschränkt die Klausel auch die selbständige unternehmerische Betätigung des Geschäftsleiters, kommen als zusätzliche Schranken § 1 GWB und Art. 81 EG-Vertrag in Betracht. Hält die Klausel den genannten strengen Anforderungen stand, wird man aber auch eine verbotene Wettbewerbsbeschränkung im Sinne dieser Vorschriften verneinen müssen.[6]

55

2. Konkretisierung

Der oben wiedergegebene Prüfungsmaßstab des BGH beinhaltet eine **zweistufige Prüfung**. Auf der ersten Stufe wird geprüft, ob das Verbot dem Schutz eines be-

56

---

1 Vertragsmuster bei *Hoffmann-Becking* in Beck'sches Formularbuch Bürgerliches, Handels- und Wirtschaftsrecht, 10. Aufl. 2010, X.13 § 8; *Stephan* in Beck'sches Formularbuch Bürgerliches, Handels- und Wirtschaftsrecht, 10. Aufl. 2010, IX.48 § 7.
2 Eine solche Inbezugnahme wäre unproblematisch zulässig; vgl. *Mertens/Cahn* in KölnKomm. AktG, § 88 AktG Rz. 37; *Thüsing* in Fleischer, Handbuch des Vorstandsrechts, § 4 Rz. 109.
3 BGH v. 26.3.1984 – II ZR 229/83, BGHZ 91, 1, 3 ff. = GmbHR 1984, 234; BGH v. 17.2.1992 – II ZR 140/91, NJW 1992, 1892 f. = GmbHR 1992, 263; BGH v. 4.3.2002 – II ZR 77/00, NZG 2002, 475, 476 = GmbHR 2002, 431; BGH v. 28.4.2008 – II ZR 11/07, GmbHR 2008, 930; BGH v. 7.7.2008 – II ZR 81/07, GmbHR 2008, 1032; in der Literatur sehr str., vgl. nur *Bauer/Diller*, Wettbewerbsverbote, Rz. 716, mit umfangreichen Nachw.
4 *Hüffer*, § 88 AktG Rz. 10; *Spindler* in MünchKomm. AktG, § 88 AktG Rz. 45; *Wiesner* in MünchHdb. AG, § 21 Rz. 70.
5 BGH v. 26.3.1984 – II ZR 229/83, BGHZ 91, 1, 5 = GmbHR 1984, 234.
6 *Kort* in Großkomm. AktG, § 88 AktG Rz. 174; *Spindler* in MünchKomm. AktG, § 88 AktG Rz. 50 f.; *Thüsing* in Fleischer, Handbuch des Vorstandsrechts, § 4 Rz. 109; strenger wohl *Armbrüster*, ZIP 1997, 1269, 1271 m.w.N.

rechtigten Interesses der Gesellschaft dient. Ist das nicht der Fall, ist das nachvertragliche Wettbewerbsverbot bereits aus diesem Grund unzulässig. Hieran vermag auch eine etwa vorgesehene Karenzentschädigung nichts zu ändern.[1] Besteht dagegen – wie in der Regel – ein berechtigtes Interesse der Gesellschaft, ist auf der zweiten Stufe im Rahmen einer Gesamtbetrachtung anhand aller Umstände des Einzelfalls zu prüfen, ob das berufliche Fortkommen des Geschäftsleiters nach Gegenstand, Ort und Zeit unbillig erschwert wird. Erst auf dieser zweiten Stufe ist mit zu berücksichtigen, ob und in welcher Höhe eine Karenzentschädigung vorgesehen ist.

57 In **gegenständlicher** Hinsicht ist eine Klausel, die sich auf den Schutz der bestehenden Kundenbeziehungen beschränkt (Kunden- oder Mandantenschutzklausel), wesentlich eher zulässig als eine Bestimmung, die generell jeglichen Wettbewerb untersagt (Konkurrenzschutzklausel). Konkurrenzschutzklauseln sind zwar nicht per se unzulässig[2], werden aber in der Rechtsprechung häufig kassiert.[3] Allgemein gilt, dass Klauseln, die den gegenständlichen Verbotsumfang präzise beschreiben, indem sie z.B. die Hauptgeschäftsfelder der Gesellschaft und ggf. weiterer Konzerngesellschaften[4] sowie das von dem Geschäftsleiter wahrgenommene Ressort konkret bezeichnen, weniger Bedenken begegnen als solche, die derartige Präzisierungen vermissen lassen.[5]

58 Auch die **örtliche** Reichweite des Verbots darf nicht zu weit gefasst sein. Sie muss sich in erster Linie an dem Markt orientieren, auf dem die Gesellschaft tätig ist.[6] Ferner ist zu fragen, ob der Geschäftsleiter über Kenntnisse verfügt, deren Ausnutzung tatsächlich in allen regionalen Märkten, in denen die Gesellschaft aktiv ist, eine Bedrohung für die Interessen der Gesellschaft darstellt. Als Richtschnur für die **zeitliche** Begrenzung des Verbots wird die Zweijahresfrist des § 74a Abs. 1 Satz 3 HGB herangezogen.[7]

---

1 *Bauer/Diller*, Wettbewerbsverbote, Rz. 720; *Hoffmann-Becking* in FS Quack, S. 273, 274f.; *Thüsing* in Fleischer, Handbuch des Vorstandsrechts, § 4 Rz. 111.
2 Zutr. *Bauer/Diller*, Wettbewerbsverbote, Rz. 725; *Thüsing* in Fleischer, Handbuch des Vorstandsrechts, § 4 Rz. 112.
3 Vgl. etwa BGH v. 26.3.1984 – II ZR 229/83, BGHZ 91, 1, 6f. = GmbHR 1984, 234; OLG Hamm v. 11.1.1988 – 8 U 142/87, GmbHR 1988, 344, 345 = GmbHR 1988, 344; OLG Düsseldorf v. 3.12.1998 – 6 U 151/98, NZG 1999, 405 = GmbHR 1999, 120; näher *Bauer/Diller*, Wettbewerbsverbote, Rz. 722ff.; *Thüsing* in Fleischer, Handbuch des Vorstandsrechts, § 4 Rz. 112.
4 Dazu OLG Nürnberg v. 25.11.2009 – 12 U 681/09, GmbHR 2010, 141, 143; *Hoffmann-Becking* in FS Quack, S. 273, 275f.; *Bauer/Diller*, Wettbewerbsverbote, Rz. 727.
5 Hinweise zur Vertragsgestaltung bei *Hoffmann-Becking* in FS Quack, S. 273, 275f.; *Hoffmann-Becking* in Beck'sches Formularbuch Bürgerliches, Handels- und Wirtschaftsrecht, 10. Aufl. 2010, X.13 § 8; *Kukat*, BB 2001, 951, 952.
6 Vgl. OLG Celle v. 13.9.2000 – 9 U 110/00, NZG 2001, 131, 132 = GmbHR 2000, 1258; *Spindler* in MünchKomm. AktG, § 88 AktG Rz. 48; *Thüsing* in Fleischer, Handbuch des Vorstandsrechts, § 4 Rz. 114; *Jäger*, DStR 1995, 724, 726.
7 OLG Celle v. 13.9.2000 – 9 U 110/00, NZG 2001, 131, 132 = GmbHR 2000, 1258 („regelmäßig zwei Jahre"); *Bauer/Diller*, Wettbewerbsverbote, Rz. 729; *Kort* in Großkomm. AktG, § 88 AktG Rz. 145; *Thüsing* in Fleischer, Handbuch des Vorstandsrechts, § 4 Rz. 114; *Wiesner* in MünchHdb. AG, § 21 Rz. 71.

Obwohl nach der Rechtsprechung des BGH § 74 Abs. 2 HGB keine analoge Anwendung findet und deshalb nicht generell eine **Karenzentschädigung** vorgesehen werden muss (Rz. 55), fallen die Vereinbarung einer solchen und deren Höhe im Rahmen der vorzunehmenden Abwägung durchaus ins Gewicht. Insbesondere bei weit gefassten Wettbewerbsverboten, die über eine bloße Kundenschutzklausel hinausgehen, wird die Vereinbarung einer Karenzentschädigung regelmäßig erforderlich sein, um dem Verdikt der Sittenwidrigkeit zu entgehen.[1] Die Entschädigung muss aber nicht notwendig die in § 74 Abs. 2 HGB vorgegebene Höhe erreichen.[2] Ergibt sich nach den vorstehenden Grundsätzen, dass eine Karenzentschädigung erforderlich ist, um die Sittenwidrigkeit abzuwenden, wird man diese im Anstellungsvertrag nicht davon abhängig machen dürfen, ob die Gesellschaft nach Beendigung des Anstellungsvertrags auf das Wettbewerbsverbot verzichtet. Wegen der Ungewissheit, wie die Gesellschaft sich entscheidet, würde ein solches **bedingtes Wettbewerbsverbot** wie ein unbedingtes Verbot ohne Karenzentschädigung wirken.[3] Eine derartige Klausel wird deshalb – in Anlehnung an die Rechtsprechung des BAG zu bedingten Wettbewerbsverboten bei Arbeitnehmern[4] – als unzulässig anzusehen sein.[5] Wird eine Karenzentschädigung vereinbart, sollte unbedingt geregelt werden, in welchem Umfang **anderweitiger Verdienst**, den der Geschäftsleiter während der Karenzzeit erzielt, auf die Karenzentschädigung anzurechnen ist. Unterbleibt dies, findet keine Anrechnung statt, da § 74c HGB nicht entsprechend anwendbar ist.[6]

59

3. Rechtsfolgen unzulässiger Vereinbarungen

Der sorgfältigen Begrenzung des nachvertraglichen Wettbewerbsverbots kommt nicht zuletzt deshalb besondere Bedeutung zu, weil nach h.M. eine **geltungserhaltende Reduktion** von zu weit gefassten Klauseln nur in engen Grenzen in Betracht kommt. Zwar nimmt die Rechtsprechung bei überlangen Wettbewerbsverboten eine geltungserhaltende Reduktion auf den angemessenen Zeitraum vor.[7] Für inhaltlich zu weit gefasste Wettbewerbsverbote soll jedoch anderes gelten, da eine

60

---

1 *Bauer/Diller*, Wettbewerbsverbote, Rz. 741; *Wiesner* in MünchHdb. AG, § 21 Rz. 71; *Hoffmann-Becking* in FS Quack, S. 273, 278; *Kort*, ZIP 2008, 717, 718f.
2 *Bauer/Diller*, Wettbewerbsverbote, Rz. 742; *Hoffmann-Becking* in FS Quack, S. 273, 278; strenger OLG Düsseldorf v. 18.5.1989 – 8 U 143/88, DB 1990, 1960.
3 *Hoffmann-Becking* in FS Quack, S. 273, 280.
4 St.Rspr., vgl. etwa BAG v. 2.5.1970 – 3 AZR 134/69, AP § 74 HGB Nr. 26; BAG v. 19.1.1978 – 3 AZR 573/77, AP § 74 HGB Nr. 36.
5 Für Heranziehung der Grundsätze der BAG-Rechtsprechung mit Unterschieden im Einzelnen auch *Hoffmann-Becking* in FS Quack, S. 273, 280; *Wiesner* in MünchHdb. AG, § 21 Rz. 71; abweichend *Thüsing* in Fleischer, Handbuch des Vorstandsrechts, § 4 Rz. 116 m. w. Nachw.
6 BGH v. 28.4.2008 – II ZR 11/07, GmbHR 2008, 930; *Mertens/Cahn* in KölnKomm. AktG, § 88 AktG Rz. 39; a.A. *Bauer/Diller*, Wettbewerbsverbote, Rz. 751; *Fleischer* in Spindler/Stilz, § 88 AktG Rz. 47.
7 BGH v. 29.10.1991 – II ZR 241/89, NJW 1991, 699f. = GmbHR 1991, 15; NJW 1997, 3089f. (jeweils zum Wettbewerbsverbot eines ausscheidenden Gesellschafters); ebenso für Vorstandsmitglieder *Spindler* in MünchKomm. AktG, § 88 AktG Rz. 47; *Hüffer*, § 88 AktG Rz. 10; *Thüsing* in Fleischer, Handbuch des Vorstandsrechts, § 4 Rz. 122 (trotz § 306 BGB auch bei Formularverträgen).

Aufrechterhaltung in diesem Fall nur durch eine rechtsgestaltende Einwirkung auf den Vertrag möglich sei, die den Gestaltungsspielraum der Gerichte überschreite.[1] Ob eine salvatorische Klausel hieran etwas zu ändern vermag, ist zweifelhaft.[2] Für die rigide Haltung der Rechtsprechung lässt sich insbesondere der Präventionsgedanke anführen. Das Risiko der Nichtigkeit gibt einen Anreiz, die Grenzen des § 138 BGB nicht durch allzu einseitige Vertragsgestaltung zu überschreiten. Gleichwohl mehren sich im Schrifttum die Stimmen, die für eine Ausdehnung der geltungserhaltenden Reduktion plädieren.[3]

4. Verzicht; Lösung vom nachvertraglichen Wettbewerbsverbot

61 Sofern nichts Abweichendes vereinbart ist, kann die Gesellschaft vor Beendigung des Anstellungsvertrags entsprechend § 75a HGB schriftlich auf das nachvertragliche Wettbewerbsverbot **verzichten** mit der Folge, dass sie mit Ablauf eines Jahres[4] seit der Erklärung von der Pflicht zur Karenzentschädigung frei wird.[5] Nach Ansicht des BGH soll ein Verzicht allerdings dann nicht mehr möglich sein, wenn sich der Geschäftsleiter bereits auf die mit dem Wettbewerbsverbot verbundenen Einschränkungen seiner neuen beruflichen Tätigkeit eingerichtet hat.[6] Ferner können sich die Parteien unter den Voraussetzungen des entsprechend anwendbaren § 75 Abs. 1, Abs. 3 HGB von dem nachvertraglichen Wettbewerbsverbot lösen.[7]

III. Rechtsfolgen von Verstößen

62 Treffen die Parteien keine anders lautende Regelung, wird man im Zweifel davon ausgehen können, dass sich die Rechtsfolgen von Verstößen gegen ein (nach-)vertragliches Wettbewerbsverbot nach den Regeln richten sollen, die bei Verstößen

---

1 BGH v. 29.10.1991 – II ZR 241/89, NJW 1991, 699f. = GmbHR 1991, 15; BGH v. 14.7.1997 – II ZR 238/96, NJW 1997, 3089, 3090; OLG Nürnberg v. 25.11.2009 – 12 U 681/09, GmbHR 2010, 141, 143f.; ebenso *Hüffer*, § 88 AktG Rz. 10; *Spindler* in MünchKomm. AktG, § 88 AktG Rz. 47 m.w.N.
2 Ablehnend OLG Nürnberg v. 25.11.2009 – 12 U 681/09, GmbHR 2010, 141, 144f., 146; *Goette*, AnwBl. 2007, 637, 644; *Kort* in Großkomm. AktG, § 88 AktG Rz. 166; *Thüsing* in Fleischer, Handbuch des Vorstandsrechts, § 4 Rz. 123, 126 m.w.N.; befürwortend aber *Sack* in Staudinger, 2003, § 138 BGB Rz. 136.
3 Allgemein *Faust* in AnwKomm. BGB, § 139 BGB Rz. 31 ff.; speziell zum Wettbewerbsverbot *Bauer/Diller*, Wettbewerbsverbote, Rz. 735f.; *Hirte*, ZHR 154 (1990), 443, 459f.; *Manger*, GmbHR 2001, 89, 91f.
4 Diese Schutzfrist kann im Anstellungsvertrag verkürzt werden; näher dazu *Bauer/Diller*, Wettbewerbsverbote, Rz. 756; *J.-M. Menke*, NJW 2009, 636, 637ff.
5 BGH v. 17.2.1992 – II ZR 140/91, NJW 1992, 1892f. = GmbHR 1992, 263; *Bauer/Diller*, Wettbewerbsverbote, Rz. 754; a.A. (Anwendbarkeit des § 75a HGB bedarf besonderer Vereinbarung) *Mertens/Cahn* in KölnKomm. AktG, § 88 AktG Rz. 41.
6 BGH v. 4.3.2002 – II ZR 77/00, NZG 2002, 475f. = GmbHR 2002, 431; sehr zw., da der Verzicht noch vor Beendigung des Anstellungsvertrags erklärt wurde, die Voraussetzungen des § 75a HGB also vorlagen. Kritisch auch *Bauer/Diller*, Wettbewerbsverbote, Rz. 755f.; *Heidenhain*, NZG 2002, 605f.
7 H.M., vgl. *Spindler* in MünchKomm. AktG, § 88 AktG Rz. 55; *Thüsing* in Fleischer, Handbuch des Vorstandsrechts, § 4 Rz. 120; *Bergwitz*, GmbHR 2007, 523, 524f.; a.A. *Bauer/Diller*, Wettbewerbsverbote, Rz. 761a.

gegen das gesetzliche Wettbewerbsverbot eingreifen (Rz. 39–47). Das gilt nicht nur für die Ansprüche auf Unterlassung und Schadensersatz, sondern richtigerweise auch für das Eintrittsrecht (§ 88 Abs. 2 Satz 2 AktG).[1] Weiter gehende Regelungen, z.B. über eine Vertragsstrafe, sind grundsätzlich zulässig.[2] Für die Verjährung sollen die allgemeinen Regeln (§ 195 BGB, nicht § 88 Abs. 3 AktG) Anwendung finden.[3]

D. Pflichten der Aufsichtsratsmitglieder

I. Ausgangspunkt: kein Wettbewerbsverbot, keine Inkompatibilität

Für Aufsichtsratsmitglieder sieht das Gesetz **kein Wettbewerbsverbot** vor. Nach allgemeiner Ansicht lässt sich das weit reichende Wettbewerbsverbot des § 88 AktG auf Aufsichtsratsmitglieder auch nicht entsprechend anwenden.[4] Die Richtigkeit dieser Ansicht ergibt sich unmittelbar aus § 105 Abs. 2 Satz 4 AktG: Danach besteht für Aufsichtsratsmitglieder selbst dann kein Wettbewerbsverbot gem. § 88 AktG, wenn sie ausnahmsweise zu Stellvertretern von fehlenden oder verhinderten Vorstandsmitgliedern bestellt werden.[5] Da § 88 AktG jedenfalls auch den Schutz vor anderweitigem Einsatz der Arbeitskraft des Organwalters bezweckt (Rz. 5 f.), das Aufsichtsratsamt aber als Nebenamt ausgestaltet ist, leuchtet die mangelnde Anwendbarkeit des § 88 AktG auch unmittelbar ein. 63

Wenn die besonders weit reichende Vorschrift des § 88 AktG, die zum Teil sogar nicht-konkurrierende Tätigkeiten verbietet (Rz. 6), auf Aufsichtsratsmitglieder keine Anwendung findet, ist damit allerdings noch nicht entschieden, ob sich nicht ein dem Umfang nach beschränkteres Wettbewerbsverbot für Aufsichtsratsmitglieder begründen lässt. So wird von namhafter Seite vertreten, dass der Vertreter eines konkurrierenden Unternehmens jedenfalls dann, wenn eine Konkurrenzsituation in zentralen Tätigkeitsbereichen besteht, von der Übernahme des Aufsichtsratsamts ausgeschlossen sei.[6] Die h.M. steht der Annahme einer derartigen **Inkompatibilität** indes aus guten Gründen ablehnend gegenüber.[7] 64

---

1 A.A. *Paefgen* in Ulmer/Habersack/Winter, § 35 GmbHG Rz. 262; *Thüsing* in Fleischer, Handbuch des Vorstandsrechts, § 4 Rz. 127, der eine Vereinbarung des Eintrittsrechts zwar für zulässig hält, insoweit aber offenbar eine ausdrückliche Vereinbarung verlangt.
2 Zu den Grenzen *Thüsing* in Fleischer, Handbuch des Vorstandsrechts, § 4 Rz. 131.
3 *Kort* in Großkomm. AktG, § 88 AktG Rz. 131.
4 Statt aller *Hüffer*, § 88 AktG Rz. 2; *Spindler* in MünchKomm. AktG, § 88 AktG Rz. 7; *Uwe H. Schneider*, BB 1995, 365, 366 f.
5 Bisher entfaltete Konkurrenzaktivitäten dürfen also weitergeführt werden. Die neue Aufnahme einer Wettbewerbstätigkeit nach Beginn der Abordnung in den Vorstand wird dagegen als unzulässig angesehen; vgl. *Habersack* in MünchKomm. AktG, § 105 AktG Rz. 34; *Mertens* in KölnKomm. AktG, § 105 AktG Rz. 28.
6 So insbesondere *Lutter/Krieger*, Rechte und Pflichten des Aufsichtsrats, Rz. 21 ff.; *Lutter*, ZHR 159 (1995), 287, 303; ähnlich *Drygala* in K. Schmidt/Lutter, § 116 AktG Rz. 17 (Vermutung der Amtsunfähigkeit).
7 OLG Schleswig v. 26.4.2004 – 2 W 46/04, BB 2004, 1187, 1189 = AG 2004, 453; *Habersack* in MünchKomm. AktG, § 100 AktG Rz. 58; *Hüffer*, § 103 AktG Rz. 13b; *Hopt/M. Roth* in Großkomm. AktG, § 100 AktG Rz. 78 ff.; *Wirth*, ZGR 2005, 327, 343 ff.; jeweils m.w.N.

Den Vorschlag, im Gesetz eine Unvereinbarkeit von Aufsichtsratsmandaten mit Vorstands- und Aufsichtsratsmandaten in konkurrierenden Unternehmen vorzusehen[1], hat der Gesetzgeber bewusst nicht aufgegriffen. Statt dessen hat er sich im KonTraG[2] mit der Regelung begnügt, dass bei Aufsichtsratswahlen in börsennotierten Gesellschaften Angaben zu Mitgliedschaften in anderen gesetzlich zu bildenden Aufsichtsräten und vergleichbaren Kontrollgremien zu machen sind (§ 125 Abs. 1 Satz 5 AktG). Von dieser Rechtslage (keine gesetzliche Inkompatibilität) geht auch der Deutsche Corporate Governance Kodex aus, der in Ziff. 5.4.2 Satz 4 lediglich die Empfehlung ausspricht, dass Aufsichtsratsmitglieder börsennotierter Gesellschaften keine Organfunktion oder Beratungsaufgaben bei wesentlichen Wettbewerbern ausüben sollen.[3] In besonders gravierenden Fällen kann ferner eine Pflicht zur Amtsniederlegung bestehen (Rz. 67). Den Gesellschaften bleibt es unbenommen, darüber hinaus in ihrer Satzung besondere Inkompatibilitätsregeln aufzustellen.[4]

65 Soweit in Teilen des Schrifttums versucht wird, für die GmbH abweichende Grundsätze zu begründen und hier doch wieder zu einem Wettbewerbsverbot der Aufsichtsratsmitglieder zu gelangen[5], ist dem nicht zu folgen. Insbesondere ist die umfassende Information der Aufsichtsratsmitglieder, auf die das Bedürfnis nach einem Wettbewerbsverbot gestützt wird, keine Besonderheit der GmbH, die eine Abweichung von den im Aktienrecht geltenden Grundsätzen rechtfertigen würde.

II. Treuepflicht und Geschäftschancenbindung

1. Pflichten im Rahmen der Organtätigkeit

66 Die Entscheidung des Gesetzgebers gegen ein Wettbewerbsverbot der Aufsichtsratsmitglieder ändert nichts daran, dass auch die Aufsichtsratsmitglieder organschaftlichen Treuebindungen gegenüber der Gesellschaft unterliegen und, soweit sie in Ausübung ihres Amtes handeln[6], sich allein am Gesellschaftsinteresse zu orientieren haben.[7] In diesem Bereich besteht daher auch für Aufsichtsratsmit-

---

1 Vgl. § 100 Abs. 2 Satz 1 Nr. 4 AktG-E in der Fassung des „Entwurfs eines Gesetzes zur Steigerung der Effizienz in Aufsichtsräten und zur Begrenzung von Machtkonzentrationen bei Kreditinstituten infolge von Unternehmensbeteiligungen", BT-Drucks. 13/9716, S. 4, 11 f.
2 Gesetz zur Kontrolle und Transparenz im Unternehmensbereich (KonTraG) vom 27.4.1998, BGBl. I 1998, 786.
3 Vgl. dazu (jeweils zu Ziff. 5.4.2 DCGK a.F.) *Kremer* in Ringleb/Kremer/Lutter/v. Werder, DCGK, Rz. 1046 ff.; *E. Vetter* in Marsch-Barner/Schäfer, Handbuch börsennotierte AG, § 25 Rz. 18.
4 *Hopt/M. Roth* in Großkomm. AktG, § 100 AktG Rz. 83, 104; *Wirth*, ZGR 2005, 327, 346 f.
5 So etwa *Uwe H. Schneider* in Scholz, § 52 GmbHG Rz. 506; ablehnend *Raiser/Heermann* in Ulmer/Habersack/Winter, § 52 GmbHG Rz. 137; *Zöllner/Noack* in Baumbach/Hueck, § 52 GmbHG Rz. 38, 40, 66.
6 Zum Handeln außerhalb der Organfunktion sogleich Rz. 68.
7 Statt aller *Hopt/M. Roth* in Großkomm. AktG, § 116 AktG Rz. 173 ff.; *Lutter/Krieger*, Rechte und Pflichten des Aufsichtsrats, Rz. 1001 ff.

glieder eine Bindung an die **Geschäftschancenlehre**. Bietet sich auf Grund der Kenntnisse und Verbindungen, die das Aufsichtsratsmitglied kraft seines Amtes erlangt hat, die Gelegenheit, ein die Gesellschaft interessierendes Geschäft abzuschließen, muss das Aufsichtsratsmitglied also darauf hinwirken, dass die Gesellschaft das Geschäft abschließen kann. Dagegen wäre es pflichtwidrig, das Geschäft stattdessen zu eigenen Gunsten abzuschließen oder Dritten zukommen zu lassen.[1] Für Aufsichtsratsmitglieder börsennotierter Gesellschaften ruft Ziff. 5.5.1 DCGK diese Pflicht ausdrücklich in Erinnerung. Wegen der haftungsrechtlichen Konsequenzen eines Verstoßes kann auf die Ausführungen unter B.IV und V. (Rz. 39–50) verwiesen werden.

Der Umstand, dass das Aufsichtsratsamt als Nebenamt ausgestaltet ist, kann zu mannigfaltigen **Interessenkonflikten** mit dem Hauptamt oder weiteren Nebenämtern führen. In der Rechtsprechung ist geklärt, dass sich das Aufsichtsratsmitglied nicht damit entlasten kann, die Pflichterfüllung gegenüber der einen Gesellschaft rechtfertige die Pflichtverletzung gegenüber der anderen.[2] In einer solchen Situation ist das Aufsichtsratsmitglied vielmehr gehalten, den Interessenkonflikt offenzulegen[3], sich der Stimme zu enthalten und auch von sonstigen Einflussnahmen auf die Entscheidung abzusehen.[4] Wenn sich die Interessenkollision zum andauernden Pflichtwiderstreit verdichtet, muss das Aufsichtsratsmitglied eines der kollidierenden Ämter niederlegen.[5] Kommt das Mitglied dem nicht nach, kann es nach § 103 Abs. 3 AktG aus wichtigem Grund abberufen werden.[6]

67

2. Pflichten außerhalb der Organtätigkeit

Die Treuebindungen der Aufsichtsratsmitglieder und ihre Pflicht, das Gesellschaftsinteresse zu wahren, gehen aber nicht so weit, dass sie verpflichtet wären, das Wohl der Gesellschaft auch dort aktiv zu fördern, wo sie außerhalb ihrer Organfunktionen einer anderen Tätigkeit nachgehen. Vielmehr dürfen sie in diesem

68

---

1 *Raiser/Heermann* in Ulmer/Habersack/Winter, § 52 GmbHG Rz. 137; *Lutter/Krieger*, Rechte und Pflichten des Aufsichtsrats, Rz. 1002; anders offenbar *Merkt*, ZHR 159 (1995), 423, 432 ff., insbes. 434 f., der annimmt, eine derartige Pflicht müsse erst vertraglich vereinbart werden.
2 BGH v. 21.12.1978 – II ZR 244/78, NJW 1980, 1629 f.; *Hüffer*, § 116 AktG Rz. 5; *Hoffmann-Becking* in MünchHdb. AG, § 33 Rz. 65; *Kort*, ZIP 2008, 717, 721.
3 *Habersack* in MünchKomm. AktG, § 100 AktG Rz. 69; *Hopt/M. Roth* in Großkomm. AktG, § 100 AktG Rz. 164; vgl. auch die Empfehlung in Ziff. 5.5.2 DCGK. Nach Ziff. 5.5.3 DCGK soll der Aufsichtsrat sodann in einem Bericht an die Hauptversammlung über aufgetretene Interessenkonflikte und deren Behandlung informieren.
4 *Lutter/Krieger*, Rechte und Pflichten des Aufsichtsrats, Rz. 1003; *Hopt/M. Roth* in Großkomm. AktG, § 116 AktG Rz. 174; noch strenger *Habersack* in MünchKomm. AktG, § 100 AktG Rz. 71. Ein Stimmverbot kommt dagegen nur in Ausnahmefällen in Betracht; näher dazu *Habersack* in MünchKomm. AktG, § 100 AktG Rz. 70, § 108 AktG Rz. 29 ff.; *Mense*, Interessenkonflikte bei Mehrfachmandaten im Aufsichtsrat der AG, 2007, S. 107 ff.
5 *Habersack* in MünchKomm. AktG, § 100 AktG Rz. 72; *Hüffer*, § 116 AktG Rz. 5; *Hoffmann-Becking* in MünchHdb. AG, § 33 Rz. 65; *Hopt/M. Roth* in Großkomm. AktG, § 100 AktG Rz. 171, § 116 AktG Rz. 174; *Mertens* in KölnKomm. AktG, § 116 AktG Rz. 32. Vgl. auch Ziff. 5.5.3 Satz 2 DCGK.
6 *Mertens* in KölnKomm. AktG, § 103 AktG Rz. 34.

Bereich grundsätzlich ihre eigenen Interessen verfolgen, selbst wenn diese sich mit den Belangen der Gesellschaft berühren oder ihnen sogar widersprechen.[1] Deshalb besteht in diesem Bereich auch **keine Geschäftschancenbindung**. Geschäftschancen, die sich dem Aufsichtsratsmitglied unabhängig von seinem Amt eröffnen, darf es also für eigene Zwecke oder für Dritte ausnutzen.[2] Darin liegt ein zentraler Unterschied zur Geschäftschancenbindung der Vorstandsmitglieder und Geschäftsführer, die jeweils gehalten sind, grundsätzlich auch solche Geschäftschancen für die Gesellschaft auszunutzen, von denen sie außerhalb ihres Amtes erfahren haben (Rz. 32). Die Grenze der zulässigen Wahrnehmung außergesellschaftlicher Interessen der Aufsichtsratsmitglieder außerhalb ihrer Organfunktion ist erst dort erreicht, wo das Interesse der Gesellschaft ohne Not und stärker beeinträchtigt wird, als dies zur berechtigten Interessenwahrnehmung erforderlich ist.[3]

---

1 *Hopt/M. Roth* in Großkomm. AktG, § 116 AktG Rz. 178; *Mertens* in KölnKomm. AktG, § 116 AktG Rz. 29; *Fleck* in FS Heinsius, S. 89, 90 f.; *Ulmer*, NJW 1980, 1603, 1606.
2 *Habersack* in MünchKomm. AktG, § 116 AktG Rz. 48; *Hopt/M. Roth* in Großkomm. AktG, § 116 AktG Rz. 194; *Mertens* in KölnKomm. AktG, § 116 AktG Rz. 29; *Spindler* in Spindler/Stilz, § 116 AktG Rz. 59; *Fleck* in FS Heinsius, S. 89, 92.
3 *Mertens* in KölnKomm. AktG, § 116 AktG Rz. 29; *Fleck* in FS Heinsius, S. 89, 91.

§ 23
Risikobereich und Haftung: Schutzrechtsverletzungen und Wettbewerbsverstöße

Dr. Wolfgang Kellenter, LL.M.

	Rz.		Rz.
A. Einführung	1	2. Instanzgerichte	17
B. Überblick über die Haftungssystematik	3	II. Literaturmeinungen	19
		1. Organisationshaftung	19
I. Ansprüche bei Schutzrechtsverletzungen und Wettbewerbsverstößen	3	2. Verkehrssicherungspflicht	21
		3. Ablehnung von Organisationshaftung und Verkehrssicherungspflicht	27
II. Haftende	8	III. Stellungnahme	28
C. Außenhaftung des Managers	13	1. Deliktsrechtliche Haftung	28
I. Entwicklung und Stand der Rechtsprechung	15	2. Störerhaftung	34
1. Reichsgericht und Bundesgerichtshof	15	D. Fazit	35

Schrifttum: *Götting*, Die persönliche Haftung des GmbH-Geschäftsführers für Schutzrechtsverletzungen und Wettbewerbsverstöße, GRUR 1994, 6; *Harrer*, Die Haftung des Geschäftsführers im Wettbewerbsrecht, in FS Koppensteiner, 2001, S. 407; *Haß*, Die persönliche Haftung des GmbH-Geschäftsführers bei Wettbewerbsverstößen und Verletzung gewerblicher Schutzrechte, GmbHR 1994, 666; *Haß*, Zur persönlichen Haftung des GmbH-Geschäftsführers bei Wettbewerbsverstößen und Verletzungen gewerblicher Schutzrechte, in FS Schilling, 2007, S. 249; *Keller*, Außenhaftung des GmbH-Geschäftsführers bei Wettbewerbsverstößen und Verletzung gewerblicher Schutzrechte, GmbHR 2005, 1235; *Klaka*, Persönliche Haftung des gesetzlichen Vertreters für die im Geschäftsbetrieb der Gesellschaft begangenen Wettbewerbsverstöße und Verletzungen von Immaterialgüterrechten, GRUR 1988, 729; *Köhler*, „Täter" und „Störer" im Wettbewerbs- und Markenrecht – Zur BGH-Entscheidung „Jugendgefährdende Medien bei eBay", GRUR 2008, 1; *Leistner*, Störerhaftung und mittelbare Schutzrechtsverletzung, GRUR-Beilage 1/2010; *Lutter*, Zur persönlichen Haftung des Geschäftsführers aus deliktischen Schäden im Unternehmen, ZHR 157 (1993), 464; *Maier*, Die Haftung des GmbH-Geschäftsführers für Wettbewerbsverstöße im Unternehmen, WRP 1986, 71; *Maier*, Die Haftung des GmbH-Geschäftsführers für Immaterialgüterrechtsverletzungen, GmbHR 1986, 153; *Messer*, Wettbewerbsrechtliche Haftung der Organe juristischer Personen, in FS Ullmann, 2006, S. 769; *Ottofülling*, Die wettbewerbsrechtliche und immaterialgüterrechtliche Störerhaftung des Geschäftsführers der GmbH, 1990; *Ottofülling*, Steht der Geschäftsführer der GmbH in der Gefahr, persönlich auf Unterlassung zu haften? – Eine Darstellung anhand von Beispielen aus dem gewerblichen Rechtsschutz, GmbHR 1991, 304; *Werner*, Die Haftung des GmbH-Geschäftsführers für die Verletzung gewerblicher Schutzrechte, GRUR 2009, 820.

A. Einführung

Bei der Verletzung von Schutzrechten (wie etwa Patenten, Marken, Geschmacksmustern oder Urheberrechten) und bei Wettbewerbsverstößen durch eine GmbH oder AG wird in erster Linie die Gesellschaft verklagt. Darüber hinaus ist es aber 1 gängige Praxis, die Geschäftsführer bzw. Mitglieder des Vorstands (nachfolgend zusammen als „Manager" bezeichnet) auch persönlich in Anspruch zu nehmen.[1] Die (Instanz-)Gerichte verurteilen in der Regel ohne nähere Ausführungen die Gesellschaft und die Manager als Gesamtschuldner. Dementsprechend ist in der Praxis eine (Mit-)Haftung des Managers nahezu immer gegeben. Es gibt nur wenige Entscheidungen, die sich nicht nur am Rande mit den Anforderungen für die Managerhaftung befassen. Auch in der Literatur finden sich nur relativ wenige Beiträge, die sich mit der Thematik tiefer gehend auseinander setzen.

2   Im Folgenden wird zunächst ein Überblick über die Haftungssystematik bei Schutzrechtsverletzungen und Wettbewerbsverstößen gegeben (Abschnitt B., Rz. 3 ff.). Anschließend wird untersucht, ob die Praxis gerechtfertigt ist, dass Manager nahezu immer mithaften (Abschnitt C., Rz. 13 ff.). Betrachtet wird hierbei nur die Frage der Außenhaftung. Für die Innenhaftung sind keine Besonderheiten ersichtlich. Daher kann insoweit auf die ausführliche Darstellung zur Innenhaftung oben in § 2 und § 3 (S. 15 ff. und S. 41 ff.) verwiesen werden. Ferner wird auch auf die Frage der strafrechtlichen Haftungsrisiken nicht eingegangen. Obgleich die vorsätzliche Verletzung von Schutzrechten eine Straftat ist, findet eine Strafverfolgung in der Praxis in der Regel nur im Bereich der Produktpiraterie statt.

B. Überblick über die Haftungssystematik

I. Ansprüche bei Schutzrechtsverletzungen und Wettbewerbsverstößen

3   Bei der (drohenden) Verletzung von Schutzrechten und Wettbewerbsverstößen besteht zunächst ein **Unterlassungsanspruch**.[2] Der Unterlassungsanspruch ist verschuldensunabhängig.[3] Er setzt eine Wiederholungs- oder Erstbegehungsgefahr voraus.[4] Eine bereits begangene Rechtsverletzung indiziert Wiederholungsgefahr, die in der Regel nur durch Abgabe einer Unterlassungsverpflichtungserklärung ausgeräumt werden kann, welche durch ein Vertragsstrafeversprechen des Verletzers für künftige Verletzungen gesichert ist.[5]

---

1 Vgl. auch *Haß*, GmbHR 1994, 666; *Ottofülling*, GmbHR 1991, 304 f.; *Klaka*, GRUR 1988, 729.
2 S. z.B. § 139 Abs. 1 PatG, § 14 Abs. 5 MarkenG, § 42 Abs. 1 GeschmMG, § 8 Abs. 1 UWG.
3 *Rogge/Grabinski* in Benkard, Kommentar zum Patentgesetz & Gebrauchsmustergesetz, 10. Aufl. 2006, § 139 PatG Rz. 27; *Hacker* in Ströbele/Hacker, Kommentar zum Markengesetz, 9. Aufl. 2009, § 14 Rz. 262; *Bergmann* in Harte-Bavendamm/Henning-Bodewig, Kommentar zum UWG, 2. Aufl. 2009, § 8 Rz. 1; jeweils m.w.N.
4 *Rogge/Grabinski* in Benkard, Kommentar zum Patentgesetz & Gebrauchsmustergesetz, 10. Aufl. 2006, § 139 PatG Rz. 28 ff.; *Hacker* in Ströbele/Hacker, Kommentar zum Markengesetz, 9. Aufl. 2009, § 14 Rz. 294 ff.; *Bergmann* in Harte-Bavendamm/Henning-Bodewig, Kommentar zum UWG, 2. Aufl. 2009, § 8 Rz. 1; jeweils m.w.N.
5 BGH v. 19.3.1998 – I ZR 264/95, GRUR 1998, 1045, 1046 – Brennwertkessel; *Rogge/Grabinski* in Benkard, Kommentar zum Patentgesetz & Gebrauchsmustergesetz, 10. Aufl. 2006, § 139 PatG Rz. 30; *Hacker* in Ströbele/Hacker, Kommentar zum Markengesetz, 9. Aufl. 2009, § 14 Rz. 295; *Bergmann* in Harte-Bavendamm/Henning-Bodewig, Kommentar zum UWG, 2. Aufl. 2009, § 8 Rz. 8, 13; jeweils m.w.N.

§ 23 Schutzrechtsverletzungen und Wettbewerbsverstöße

Bei Schutzrechtsverletzungen steht dem Verletzten ferner grundsätzlich ein verschuldensunabhängiger[1] **Anspruch auf Auskunft** über den Vertriebsweg des Verletzungsprodukts zu.[2] Weiterhin kann der Verletzte grundsätzlich die **Vernichtung** der sich im Besitz oder Eigentum des Verletzers befindlichen Verletzungsprodukte verlangen.[3] Auch dieser Anspruch ist verschuldensunabhängig.[4]   4

Schutzrechtsverletzungen und Wettbewerbsverstöße lösen darüber hinaus einen **Schadensersatzanspruch** aus. Dieser ist verschuldensabhängig, erfordert also Vorsatz oder Fahrlässigkeit.[5] Die Rechtsprechung nimmt jedoch in nahezu jedem Verletzungsfall jedenfalls Fahrlässigkeit an.[6] In der Praxis stellt das Verschuldenserfordernis damit keine signifikante Hürde für die Zuerkennung eines Schadensersatzanspruchs dar.   5

Der Verletzte kann seine Schadensersatzforderung in aller Regel nicht ohne Auskunft des Verletzers über den Umfang der Rechtsverletzung und deren weitere Einzelheiten beziffern. Daher ist anerkannt, dass der Verletzte von dem Verletzer qua Gewohnheitsrecht **Auskunft/Rechnungslegung** über die Umstände verlangen kann, die der Verletzte zur ordnungsgemäßen Berechnung des Schadensersatzanspruchs kennen muss.[7]   6

Durch das Gesetz zur Verbesserung der Durchsetzung von Rechten des geistigen Eigentums[8], welches zur Umsetzung der sog. Durchsetzungsrichtlinie[9] geschaf-   7

---

1 *Rogge/Grabinski* in Benkard, Kommentar zum Patentgesetz & Gebrauchsmustergesetz, 10. Aufl. 2006, § 140b PatG Rz. 2; *Ingerl/Rohnke*, Kommentar zum Markengesetz, 2. Aufl. 2003, § 19 Rz. 8; jeweils m.w.N.
2 S. z.B. § 140b Abs. 1 PatG, § 19 Abs. 1 MarkenG, § 46 Abs. 1 GeschmMG.
3 S. z.B. § 140a Abs. 1 PatG, § 18 Abs. 1 MarkenG, § 43 Abs. 1 GeschmMG.
4 BGH v. 14.12.1995 – I ZR 210/93, GRUR 1996, 271, 275 – Gefärbte Jeans; *Rogge/Grabinski* in Benkard, Kommentar zum Patentgesetz & Gebrauchsmustergesetz, 10. Aufl. 2006, § 140a PatG Rz. 3; *Hacker* in Ströbele/Hacker, Kommentar zum Markengesetz, 9. Aufl. 2009, § 18 Rz. 17; jeweils m.w.N.
5 S. z.B. § 139 Abs. 2 Satz 1 PatG, § 14 Abs. 6 Satz 1 MarkenG, § 42 Abs. 2 Satz 1 GeschmMG, § 9 Satz 1 UWG.
6 Vgl. z.B. BGH v. 6.5.1999 – I ZR 199/96, GRUR 1999, 923, 928 – Tele-Info-CD: Ein Verschulden ist nur dann ausgeschlossen, wenn der Verletzer „bei Anwendung der im Verkehr erforderlichen Sorgfalt mit einer anderen Beurteilung durch die Gerichte nicht zu rechnen brauchte"; vgl. auch *Keukenschrijver* in Busse, Kommentar zum Patentgesetz, 6. Aufl. 2003, § 139 Rz. 93; *Ingerl/Rohnke*, Kommentar zum Markengesetz, 2. Aufl. 2003, vor §§ 14–19 Rz. 110 („Einwand des Rechtsirrtums auch bei noch so sorgfältiger Beiziehung anwaltlichen oder gar gutachterlichen Rates praktisch aussichtslos"); jeweils m.w.N.
7 Vgl. z.B. BGH v. 16.9.1982 – X ZR 54/81, GRUR 1982, 723 – Dampffrisierstab I; BGH v. 24.11.1983 – I ZR 147/81, GRUR 1984, 730 – Dampffrisierstab II; BGH v. 29.9.1994 – I ZR 114/84, GRUR 1995, 50, 53 – Indorektal/Indohexal; *Rogge/Grabinski* in Benkard, Kommentar zum Patentgesetz & Gebrauchsmustergesetz, 10. Aufl. 2006, § 139 Rz. 88 ff.; *Ingerl/Rohnke*, Kommentar zum Markengesetz, 2. Aufl. 2003, vor §§ 14–19 Rz. 127 ff.; jeweils m.w.N.
8 Gesetz zur Verbesserung der Durchsetzung von Rechten des geistigen Eigentums v. 7.7.2008, BGBl. I 2008, 1191 ff., in Kraft getreten am 1.9.2008.
9 Europäische Richtlinie 2004/48/EG zur Durchsetzung der Rechte des geistigen Eigentums v. 29.4.2004, ABl. EG 2004, Nr. L 195, S. 16 (sog. Durchsetzungsrichtlinie).

fen wurde, haben zusätzliche Ansprüche des Verletzten Eingang in das deutsche Recht gefunden. Nunmehr hat der Verletzte Anspruch auf **Rückruf** der rechtsverletzenden Gegenstände und deren **Entfernung aus den Vertriebswegen**.[1] Bei hinreichender Wahrscheinlichkeit einer Rechtsverletzung kann der Rechteinhaber **Vorlage- und Besichtigungsansprüche** geltend machen.[2] Ein Anspruch auf Vorlage von bzw. Zugang zu Bank-, Finanz- oder Handelsunterlagen kann zudem geltend gemacht werden, wenn eine in gewerblichem Ausmaß begangene Rechtsverletzung hinreichend wahrscheinlich und die Vorlage bzw. der Zugang für die Sicherung von Schadensersatzansprüchen des Verletzten erforderlich ist.

Schließlich besteht aufgrund der nunmehr vorgesehenen **Veröffentlichungsbefugnis** für den Verletzten die Möglichkeit, zivilrechtliche Urteile auf Kosten des Prozessgegners zu veröffentlichen.[3]

II. Haftende

8   Für Schutzrechtsverletzungen und Wettbewerbsverstöße haftet jeder **Täter** (einschließlich Mittäter oder mittelbarer Täter), also jeder, dessen eigene Tat den Rechtsverstoß darstellt.[4] Außerdem haftet jeder **Gehilfe** und Anstifter. Die Haftung als Gehilfe oder Anstifter setzt jedoch eine vorsätzliche Beteiligung an der objektiv rechtswidrigen Haupttat voraus.[5]

9   Daneben haftet nach der Rechtsprechung auch der sog. **Störer**. Störer ist grundsätzlich jeder, der in irgendeiner Weise willentlich und adäquat kausal an der Herbeiführung der rechtswidrigen Beeinträchtigung mitwirkt.[6] In der Rechtsprechung wurde die Störerhaftung zunächst sehr weit ausgedehnt. Als Störer sollte haften, wer den Rechtsverstoß eines Dritten in irgendeiner Weise unterstützt und es trotz bestehender rechtlicher Möglichkeit unterlässt, den Dritten an der Rechtsverletzung zu hindern.[7] Später war jedoch eine restriktivere Tendenz zu

---

1   S. z.B. § 140a Abs. 3 PatG, § 18 Abs. 2 MarkenG, § 43 Abs. 2 GeschmMG.
2   S. z.B. § 140c PatG, § 19a MarkenG, § 46a GeschmMG.
3   S. z.B. § 140e PatG, § 19c MarkenG, § 24e GebrMG.
4   Vgl. nur *Keukenschrijver* in Busse, Kommentar zum Patentgesetz, 6. Aufl. 2003, § 139 Rz. 28; *Ingerl/Rohnke*, Kommentar zum Markengesetz, 2. Aufl. 2003, vor §§ 14–19 Rz. 20; jeweils m.w.N.
5   BGH v. 17.5.2001 – I ZR 251/99, GRUR 2001, 1038, 1039 – ambiente.de; OLG Karlsruhe v. 23.5.2001 – 6 U 104/99, Mitt. 2001, 447, 451 – Trinityringe; *Ingerl/Rohnke*, Kommentar zum Markengesetz, 2. Aufl. 2003, vor §§ 14–19 Rz. 21; jeweils m.w.N.
6   BGH v. 12.10.1989 – I ZR 29/88, GRUR 1990, 373, 374 – Schönheitschirurgie; BGH v. 4.10.1990 – I ZR 299/88, GRUR 1991, 540, 541 – Gebührenausschreibung; BGH v. 17.5.2001 – I ZR 251/99, GRUR 2001, 1038, 1039 – ambiente.de; BGH v. 18.10.2001 – I ZR 22/99, GRUR 2002, 618, 619 – Meißner Dekor; BGH v. 30.4.2008 – I ZR 73/05, GRUR 2008, 702, 706 – Internet-Versteigerung III; *Keukenschrijver* in Busse, Kommentar zum Patentgesetz, 6. Aufl. 2003, § 139 Rz. 27; *Ingerl/Rohnke*, Kommentar zum Markengesetz, 2. Aufl. 2003, vor §§ 14–19 Rz. 30; *Köhler* in Köhler/Bornkamm, Gesetz gegen den unlauteren Wettbewerb, 28. Aufl. 2010, § 8 Rz. 2.11; jeweils m.w.N.
7   BGH v. 21.9.1989 – I ZR 27/88, GRUR 1990, 463, 464 – Firmenrufnummern; BGH v. 7.7.1988 – I ZR 36/87, GRUR 1988, 829, 830 – Verkaufsfahrten II; BGH v. 5.12.1975 – I ZR 122/74, GRUR 1976, 256 – Rechenscheibe; BGH v. 6.9.1954 – I ZR 38/53, GRUR 1955, 97 – Constanze II.

beobachten. Seither wird eine Störerhaftung nur noch dann angenommen, wenn der Störer eine ihm zumutbare Prüfungspflicht, ob seine Handlung eine Rechtsverletzung begünstigen würde, verletzt hat.[1] Der Umfang dieser Prüfungspflicht beurteilt sich nach der Zumutbarkeit, insbesondere unter Berücksichtigung von Funktion und Stellung des Inanspruchgenommenen sowie im Blick auf die Eigenverantwortlichkeit des unmittelbaren Rechtsverletzers.[2] In jüngeren Entscheidungen ließ der Bundesgerichtshof zunächst offen, ob es eine Störerhaftung jenseits der Haftung nach den allgemeinen Regeln von Täterschaft und Teilnahme noch geben solle.[3] Der Bundesgerichtshof hat die Figur der Störerhaftung für den Bereich der Verletzung absoluter Rechte jedoch bislang beibehalten.[4] Insbesondere zu Markenverstößen im Internet hat das Gericht die Zumutbarkeit der Prüfpflichten zunehmend konkretisiert.[5] So ist der Störer auch für die Verhinderung künftiger, im Kern vergleichbarer Rechtsverstöße verantwortlich, soweit diese mit zumutbaren Kontrollmaßnahmen identifizierbar sind, wenn er zuvor auf eine konkrete, klare Rechtsverletzung hingewiesen worden war.[6]

Im Bereich des Wettbewerbsrechts ist hingegen eine andere Entwicklung der Rechtsprechung zu beobachten. Bei der Entscheidung *Jugendgefährdende Medien bei eBay*[7] statuierte der Bundesgerichtshof Verkehrspflichten, wie sie hinsichtlich der deliktsrechtlichen Verantwortlichkeit für das Verhalten Dritter in der allgemeinen zivilrechtlichen Dogmatik zu § 823 Abs. 1 BGB entwickelt wurden und beurteilte den Verletzer als **Täter**. Das Gericht stellte den Grundsatz auf, dass, wer durch sein Handeln im geschäftlichen Verkehr die ernsthafte Gefahr begründet, dass Dritte durch das Wettbewerbsrecht geschützte Interessen von Marktteilnehmern verletzen, aufgrund einer wettbewerbsrechtlichen Verkehrspflicht dazu verpflichtet ist, diese Gefahr im Rahmen des Möglichen und Zumutbaren zu begrenzen. Zwar hat der Bundesgerichtshof mit diesem Urteil die Figur der Störerhaftung im Wettbewerbsrecht nicht ausdrücklich aufgegeben.[8] Um-

---

1 Das Konzept der Prüfungspflichten über den Bereich der Pressehaftung hinaus wurde erstmals verallgemeinert in BGH v. 10.10.1996 – I ZR 129/94, GRUR 1997, 313 – Architektenwettbewerb; BGH v. 15.10.1998 – I ZR 120/96, GRUR 1999, 418 – Möbelklassiker.
2 BGH v. 17.5.2001 – I ZR 251/99, GRUR 2001, 1038f. – ambiente.de; BGH v. 15.10.1998 – I ZR 120/96, GRUR 1999, 418 – Möbelklassiker; BGH v. 1.4.2004 – I ZR 317/01, GRUR 2004, 693, 695 – Schöner Wetten; BGH v. 9.2.2006 – I ZR 124/03, GRUR 2006, 875, 877 – Rechtsanwalts-Ranglisten; BGH v. 30.4.2008 – I ZR 73/05, GRUR 2008, 702, 706 – Internet-Versteigerung III; vgl. auch *Ingerl/Rohnke*, Kommentar zum Markengesetz, 2. Aufl. 2003, vor §§ 14–19 Rz. 30; *Köhler* in Köhler/Bornkamm, Gesetz gegen den unlauteren Wettbewerb, 28. Aufl. 2010, § 8 Rz. 2.13; jeweils m.w.N.
3 BGH v. 24.6.2003 – KZR 32/02, GRUR 2003, 807, 808 – Buchpreisbindung; BGH v. 15.5.2003 – I ZR 292/00, GRUR 2003, 969, 970 – Ausschreibung von Vermessungsleistungen.
4 Vgl. zum Markenrecht BGH v. 19.4.2007 – I ZR 35/04, GRUR 2007, 708, 712 – Internet-Versteigerung II; vgl. zum Namensrecht, § 12 BGB, BGH v. 14.6.2006 – I ZR 249/03, GRUR 2006, 957, 958 – Stadt Geldern.
5 BGH v. 11.3.2004 – I ZR 304/01, GRUR 2004, 860 – Internet-Versteigerung I; BGH v. 19.4.2007 – I ZR 35/04, GRUR 2007, 708 – Internet-Versteigerung II; BGH v. 30.4.2008 – I ZR 73/05, GRUR 2008, 702 – Internet-Versteigerung III; *Leistner*, GRUR-Beil. 1/2010, 1, 22ff.
6 BGH v. 19.4.2007 – I ZR 35/04, GRUR 2007, 708, 712 – Internet-Versteigerung II; BGH v. 30.4.2008 – I ZR 73/05, GRUR 2008, 702, 706 – Internet-Versteigerung III.
7 BGH v. 12.7.2007 – I ZR 18/04, GRUR 2007, 890 – Jugendgefährdende Medien bei eBay.
8 Vgl. nur *Köhler*, GRUR 2008, 1, 2.

stritten ist seither aber die Frage, ob im Wettbewerbsrecht neben der Verkehrspflichtverletzung mit der Folge der Haftung als Täter überhaupt noch Raum für die Störerhaftung bleibt.[1] Abzuwarten bleibt ferner, ob der Bundesgerichtshof in Zukunft auch für Verletzungen absoluter Rechte von der Störerhaftung Abstand nehmen und zu einer Haftung aufgrund Verkehrspflichtverletzung übergehen wird.

11 Der praktische Unterschied zwischen Störer- und Täterhaftung besteht darin, dass nach der Rechtsprechung des Bundesgerichtshofs Störer allenfalls auf **Unterlassung und Beseitigung, nicht** jedoch auf **Schadensersatz** haften[2], Täter hingegen auch auf Schadensersatz in Anspruch genommen werden können.[3]

12 Eine Haftung als Täter kommt ferner im Falle der **unzureichenden Kontrolle geschäftlicher Einrichtungen** in Betracht. Begeht ein Dritter bei der Nutzung geschäftlicher Einrichtungen einen Wettbewerbsverstoß, so kann der Inhaber der Einrichtung hierfür haften müssen. So legte der Bundesgerichtshof in der Entscheidung *Halzband*[4] fest, dass – jedenfalls im Rahmen des Unterlassungsanspruchs – auch derjenige als Täter eines Wettbewerbsverstoßes haftet, der seine Zugangsdaten zu einem Mitgliedskonto bei eBay nicht hinreichend vor fremdem Zugriff sichert.[5] Bei sonstigen geschäftlichen Einrichtungen wie Telefon- und Telefaxanschlüssen, E-Mail-Adressen oder Briefbögen kann der Verkehr nach Auffassung des Bundesgerichtshofs hingegen nicht ohne weiteres davon ausgehen, dass die jeweilige Aktivität vom Inhaber der Einrichtung oder mit dessen Zustimmung von einem Dritten ausgeht, so dass diesbezüglich weniger strenge Maßstäbe anzulegen sind.[6]

C. Außenhaftung des Managers

13 Eine Außenhaftung des Managers besteht stets dann, wenn **eigene Handlungen** des Managers zu einer **Schutzrechtsverletzung** oder einem **Wettbewerbsverstoß** geführt haben. Der Manager haftet daher, wenn er selbst z.B. marken- oder patentverletzende Produkte entwickelt, eingekauft oder vertrieben oder eine wettbewerbswidrige Werbeanzeige gestaltet oder in Auftrag gegeben hat.[7]

---

1 Vgl. *Leistner*, GRUR-Beil. 1/2010, 9; *Köhler*, GRUR 2008, 1, 6ff.
2 BGH v. 18.10.2001 – I ZR 22/99, GRUR 2002, 618, 619 – Meißner Dekor.
3 *Köhler*, GRUR 2008, 1, 7.
4 BGH v. 11.3.2009 – I ZR 114/06, GRUR 2009, 597 – Halzband.
5 Eine Schadensersatzpflicht des Inhabers der Einrichtung kommt allerdings in der Regel nur dann in Betracht, wenn er weiß oder jedenfalls damit rechnen muss, dass der Dritte sie für rechtsverletzende Handlungen nutzt, vgl. BGH v. 11.3.2009 – I ZR 114/06, GRUR 2009, 597, 598 – Halzband.
6 Vgl. BGH v. 11.3.2009 – I ZR 114/06, GRUR 2009, 597, 598 – Halzband; *Köhler* in Köhler/Bornkamm, Gesetz gegen den unlauteren Wettbewerb, 28. Aufl. 2010, § 8 Rz. 2.5e.
7 Vgl. nur BGH v. 26.9.1985 – I ZR 86/83, GRUR 1986, 248, 251 – Sporthosen; BGH v. 5.6.1975 – X ZR 37/72, GRUR 1975, 652, 653 – Flammkaschierverfahren; *Keukenschrijver* in Busse, Kommentar zum Patentgesetz, 6. Aufl. 2003, § 139 Rz. 29; *Ingerl/Rohnke*, Kommentar zum Markengesetz, 2. Aufl. 2003, vor §§ 14–19 Rz. 23; *Köhler* in Köhler/Bornkamm, Gesetz gegen den unlauteren Wettbewerb, 28. Aufl. 2010, § 8 Rz. 2.21; jeweils m.w.N.

Schutzrechtsverletzungen und Wettbewerbsverstöße § 23

In der Regel ist der Manager jedoch nur in kleineren Betrieben unmittelbar in (alle) Handlungen des operativen Geschäfts involviert. Je größer das Unternehmen, desto mehr überwiegen **Arbeitsteilung und Delegation**. Der Manager trägt hierbei zwar die operative Verantwortung, befasst sich aber nicht mit allen Einzelfragen des Tagesgeschäftes. Es stellt sich daher die Frage, ob und ggf. unter welchen Voraussetzungen der Manager nach außen haftet, wenn im Unternehmen Schutzrechtsverletzungen oder Wettbewerbsverstöße begangen werden, an denen der Manager nicht selbst durch eigenes Tun beteiligt ist. 14

I. Entwicklung und Stand der Rechtsprechung

1. Reichsgericht und Bundesgerichtshof

Das **RG** ging davon aus, dass der Geschäftsführer einer GmbH für Wettbewerbsverstöße gesamtschuldnerisch mit der Gesellschaft haftet. Diese Haftung sollte unabhängig davon bestehen, ob der Geschäftsführer an dem von einem Mitgeschäftsführer begangenen Wettbewerbsverstoß selbst beteiligt gewesen sei oder diesen gekannt habe.[1] Dies folge daraus, dass der Geschäftsführer die Pflicht habe, gesetzeswidrige Handlungen von Mitgeschäftsführern zu verhindern. Tue er dies nicht, so mache er sich diese zu Eigen.[2] 15

Diese Erwägungen übernahm der **Bundesgerichtshof** zunächst in seiner *Underberg*-Entscheidung aus dem Jahre 1956.[3] In der Folge war jedoch in weiteren Entscheidungen des Bundesgerichtshofs zu beobachten, dass das Gericht die Haftung des Geschäftsführers in der Regel mit seiner konkreten Beteiligung an einer Schutzrechtsverletzung bzw. einem Wettbewerbsverstoß begründete[4], wenngleich in den jeweils zu entscheidenden Fällen die Frage einer Haftung ohne konkrete Beteiligung des Geschäftsführers nicht zu entscheiden war. Über eine solche Konstellation hatte der Bundesgerichtshof dann erst in seinen Entscheidungen *Sporthosen*[5] und *Sportschuhe*[6] aus dem Jahr 1985 zu befinden, die den derzeitigen Stand der höchstrichterlichen Rechtsprechung markieren. In diesen Entscheidungen lehnte der Bundesgerichtshof die Haftung eines Geschäftsführers ab, der weder an der Rechtsverletzung teilgenommen noch von ihr gewusst hatte.[7] Die Auffassung, dass Manager (nur) haften, wenn sie den Rechtsverstoß ver- 16

---

1 RG, GRUR 1936, 1084, 1089 – Standard-Lampen.
2 RG, GRUR 1936, 1084, 1089 – Standard-Lampen; vgl. auch RG, GRUR 1933, 656 – Tekton; RG, GRUR 1935, 99, 101 – Viskoselösung; RG, GRUR 1935, 913, 915 – Reißverschluss.
3 BGH v. 30.10.1956 – I ZR 199/55, GRUR 1957, 342, 347 – Underberg.
4 BGH v. 12.4.1957 – I ZR 28/56, GRUR 1959, 428, 429 – Michaelismesse; BGH v. 19.6.1963 – Ib ZR 15/62, GRUR 1964, 88, 89 – Verona-Gerät; BGH v. 5.6.1975 – X ZR 37/72, GRUR 1975, 652, 653 – Flammkaschierverfahren; BGH v. 13.11.1979 – KZR 1/79, GRUR 1980, 242, 244 – Denkzettel-Aktion.
5 BGH v. 26.9.1985 – I ZR 86/83, GRUR 1986, 248 ff. – Sporthosen.
6 BGH v. 26.9.1985 – I ZR 85/83, GRUR 1986, 252 f. – Sportschuhe.
7 BGH v. 26.9.1985 – I ZR 86/83, GRUR 1986, 248, 251 – Sporthosen; die Entscheidung Sportschuhe ist insofern wortgleich, vgl. BGH v. 26.9.1985 – I ZR 85/83, GRUR 1986, 252, 253.

anlasst haben oder den ihnen bekannten Rechtsverstoß hätten unterbinden können, bestätigte der Bundesgerichtshof zuletzt in der Entscheidung *Telefonische Gewinnauskunft*.[1]

2. Instanzgerichte

17 Die Instanzgerichte folgen überwiegend der oben aufgezeigten Linie des Bundesgerichtshofs.[2] Es finden sich aber auch einige Entscheidungen, bei denen eine Managerhaftung auch dann bejaht wurde, wenn der Manager keine Kenntnis von der Schutzrechtsverletzung bzw. dem Wettbewerbsverstoß hatte. So hatte beispielsweise das **OLG Hamburg** einen Fall zu entscheiden, bei dem der Geschäftsführer einer GmbH behauptete, sich dauerhaft im Ausland aufgehalten und deswegen von einem in der GmbH begangenen Urheberrechtsverstoß nichts mitbekommen zu haben. Das Gericht hielt den Geschäftsführer gleichwohl für haftbar, weil er seine Organisationspflichten verletzt habe.[3] Ähnlich gelagert war ein vom **OLG Nürnberg** entschiedener Fall, in dem sich der Geschäftsführer einer GmbH überwiegend im Ausland aufhielt. Das Gericht hielt den Geschäftsführer jedenfalls auf Grund fahrlässiger Unkenntnis des von der GmbH begangenen Wettbewerbsverstoßes für haftbar.[4]

18 Das **OLG Frankfurt a.M.** bejahte die Haftung eines Geschäftsführers für einen in der Werbung der GmbH begangenen Wettbewerbsverstoß, obwohl der Geschäftsführer den Bereich der Werbung einem weiteren Geschäftsführer überlassen hatte. Das Gericht hielt es für unbeachtlich, ob der Geschäftsführer Kenntnis von dem Wettbewerbsverstoß gehabt habe. Dem Geschäftsführer sei die Kenntnis des für die Werbung verantwortlichen anderen Geschäftsführers gem. § 166 Abs. 1 BGB analog zuzurechnen.[5] Schließlich führt das **OLG Karlsruhe** in einem obiter dictum aus, dass es für die Haftung eines Geschäftsführers für einen in der Werbung der GmbH begangenen Rechtsverstoß ausreiche, wenn der Geschäftsführer es unterlassen habe, die Werbung selbst zu kontrollieren.[6]

II. Literaturmeinungen

1. Organisationshaftung

19 Nach Ansicht eines Teils der Literatur soll der Manager generell für die Verletzung von Rechten Dritter durch die Gesellschaft haften, für die Mängel in der Or-

---

1 BGH v. 9.6.2005 – I ZR 279/02, GRUR 2005, 1061, 1064 – Telefonische Gewinnauskunft.
2 Vgl. z.B. KG v. 7.11.2000 – 5 U 6923/99, GRUR Int. 2002, 327, 328 f. – EURO-Paletten; OLG Düsseldorf v. 17.11.1998 – 20 U 162/97, WRP 1999, 343, 346 – ufa. de; OLG Bremen v. 20.2.1997 – 2 U 120/96, WRP 1997, 331, 337 – Comtes; OLG Bremen v. 22.6.2006 – 2 U 19/06, AfP 2007, 219 f.; jeweils m.w.N.
3 OLG Hamburg v. 17.4.2002 – 5 U 24/01, GRUR-RR 2002, 240, 242 f. – Super Mario.
4 OLG Nürnberg v. 17.5.1983 – 3 U 681/83, GRUR 1983, 595 – Abwesender Geschäftsführer.
5 OLG Frankfurt a.M. v. 11.5.2000 – 6 U 32/00, GRUR-RR 2001, 198, 199.
6 OLG Karlsruhe v. 1.8.1984 – 6 W 61/84, WRP 1985, 104, 105.

ganisation der Gesellschaft ursächlich sind.[1] Da die Gesellschaft nur durch ihre Organe handeln könne, sei die Rechtspflicht der Gesellschaft, Schädigungen Dritter zu vermeiden, letztlich eine Rechtspflicht ihrer Organe. § 31 BGB als reine Zurechnungsnorm begründe lediglich eine zusätzliche Haftung der Gesellschaft für das vom Organ begangene Delikt. Dieses bleibe aber (auch) ein Delikt des Organs.[2]

In Folge dieser Ansicht wäre der Manager immer dann auch für ohne seine Beteiligung begangene Schutzrechtsverletzungen oder Wettbewerbsverstöße haftbar, wenn er keine ausreichenden organisatorischen Maßnahmen zur Vermeidung solcher Rechtsverstöße getroffen hat.

2. Verkehrssicherungspflicht

Andere Teile der Literatur begründen eine Haftung des Managers für Schutzrechtsverletzungen oder Wettbewerbsverstöße, die ohne seine Beteiligung begangen wurden, mit einer auch den Manager treffenden Verkehrssicherungspflicht.[3] Begründet wird dies insbesondere mit der besonderen Bedeutung und Verletzlichkeit von Schutzrechten bzw. der Gebote des lauteren Wettbewerbs. Hieraus folge die **persönliche Pflicht des Managers**, mittels der Unternehmensorganisation derartige Rechtsverletzungen zu vermeiden.[4] Im Übrigen drohe, dass sich der Manager durch Vorschieben von ahnungslosen Mitarbeitern oder z.B. mit der Werbungserstellung beauftragten Dritten seiner Verantwortung entziehen könne.[5]

Bei den Autoren, die eine persönliche Verkehrssicherungspflicht des Managers im Grundsatz bejahen, gibt es jedoch unterschiedliche Ansichten dazu, wann im Einzelnen eine solche Verkehrssicherungspflicht bestehen bzw. diese verletzt sein soll.

Ottofülling nimmt eine **Einzelfallbetrachtung** vor, die darauf abstellt, ob es im konkreten Fall dem Manager zumutbar gewesen sei, die Rechtsverletzung zu vermeiden.[6] Im Rahmen der Einzelfallentscheidung seien insbesondere zu be-

---

1 *Brüggemann*, AcP 191 (1991), 33, 64 ff.; vgl. auch *Altmeppen*, ZIP 1995, 881, 886 f.; *Altmeppen*, NJW 1996, 1017, 1024; *Messer* in FS Ullmann, 2006, S. 769, 777 f.; ähnlich auch BGH v. 5.12.1989 – VI ZR 73/89, BGHZ 109, 291, 303 – Baustoff: Außenhaftung des GmbH-Geschäftsführers bejaht, „wenn mit den Pflichten aus der Organstellung gegenüber der Gesellschaft Pflichten einhergehen, die von dem Geschäftsführer nicht mehr nur für die Gesellschaft als deren Organ zu erfüllen sind, sondern die ihn aus besonderen Gründen persönlich gegenüber dem Dritten treffen."
2 Vgl. *Brüggemann*, AcP 191 (1991), 33, 64 ff.
3 *Ottofülling*, GmbHR 1991, 304, 309; *Ottofülling*, Die wettbewerbsrechtliche und immaterialgüterrechtliche Störerhaftung des Geschäftsführers der GmbH, 1990, S. 94 ff.; *Klaka*, GRUR 1988, 729, 732; *Maier*, WRP 1986, 71, 75; *Keller*, GmbHR 2005, 1235, 1242.
4 *Ottofülling*, GmbHR 1991, 304, 309; *Ottofülling*, Die wettbewerbsrechtliche und immaterialgüterrechtliche Störerhaftung des Geschäftsführers der GmbH, 1990, S. 94 ff.; *Klaka*, GRUR 1988, 729, 732; *Maier*, WRP 1986, 71, 75.
5 *Ottofülling*, GmbHR 1991, 304, 309.
6 *Ottofülling*, GmbHR 1991, 304, 309; *Ottofülling*, Die wettbewerbsrechtliche und immaterialgüterrechtliche Störerhaftung des Geschäftsführers der GmbH, 1990, S. 94 ff.

rücksichtigen die situationsbedingte Wahrscheinlichkeit einer Schutzrechtsverletzung oder eines Wettbewerbsverstoßes, die Qualifikation und Erfahrung des Managers, das Ausmaß der Pflichtwidrigkeit, die Schwere des Organisationsmangels sowie die Höhe des drohenden Schadens.[1]

24 *Klaka* sieht in dem Manager einen „**Zustandsstörer**", der unabhängig von den Umständen des Einzelfalls auf Unterlassung und Beseitigung der Störung hafte, wenn die Gesellschaft ein Schutzrecht oder das Wettbewerbsrecht verletzt.[2] Gleichfalls sei der Manager grundsätzlich auch auf Schadensersatz haftbar. Hierbei sei jedoch für die Frage des Verschuldens – insoweit ähnlich der Ansicht von *Ottofülling* – auf die Umstände des Einzelfalls abzustellen, insbesondere auf die Art bzw. Branche und Größe des Unternehmens sowie die betriebsbedingte Wahrscheinlichkeit der Verletzung von Schutzrechten bzw. von Wettbewerbsverstößen.[3]

25 *Maier* bejaht eine auch nach außen bestehende Pflicht des Managers, in **schutzrechtssensiblen Unternehmensbereichen** die Schutzrechtslage zu überprüfen und durch organisatorische Maßnahmen Schutzrechtsverletzungen zu vermeiden. Bei Wettbewerbssachen hänge es von der Schwere der Rechtsgutgefährdung und den besonderen Umständen des Einzelfalls ab, ob eine derartige Pflicht bestehe.[4] Diese Differenzierung begründet Maier damit, dass die Gesetze zum Schutz von Schutzrechten konkrete und absolute Handlungsge- und -verbote vorsähen, was jedoch für den Fall von Werbemaßnahmen (die *Maier* anscheinend als die wesentliche Konstellation wettbewerbsrechtlich relevanter Handlungen ausmacht) nicht ersichtlich sei.[5]

26 Deutlich restriktiver als die vorgenannten Autoren ist schließlich *Keller*. Dieser sieht eine nach außen bestehende Verkehrssicherungspflicht des Managers nur dann als gegeben an, wenn der Manager auf Grund seiner Vergütung **in ausgeprägtem und erheblichem Maße am wirtschaftlichen Erfolg der Gesellschaft** teilhat, wobei bereits die Chance auf eine solche Teilhabe haftungsbegründend sei.[6] Keller begründet dies damit, dass derjenige, der den Gewinn aus einer gefährlichen Tätigkeit zieht, auch das Risiko der Haftung gegenüber Dritten tragen müsse.[7]

3. Ablehnung von Organisationshaftung und Verkehrssicherungspflicht

27 Weitere Teile der Literatur lehnen wiederum eine Organisationshaftung des Managers ebenso ab wie eine Haftung auf Grund von Verkehrssicherungspflicht.[8] Für

---

1 *Ottofülling*, GmbHR 1991, 304, 309; *Ottofülling*, Die wettbewerbsrechtliche und immaterialgüterrechtliche Störerhaftung des Geschäftsführers der GmbH, 1990, S. 94ff.
2 *Klaka*, GRUR 1988, 729, 732.
3 *Klaka*, GRUR 1988, 729, 733.
4 *Maier*, WRP 1986, 71, 75.
5 *Maier*, WRP 1986, 71, 75.
6 *Keller*, GmbHR 2005, 1235, 1242.
7 *Keller*, GmbHR 2005, 1235, 1242.
8 *Götting*, GRUR 1994, 6, 12; *Haß*, GmbHR 1994, 666, 671f.

eine Organisationshaftung oder die Annahme einer Verkehrssicherungspflicht fehle es an einer gesetzlichen Grundlage.[1]

III. Stellungnahme

1. Deliktsrechtliche Haftung

Eine Haftung des Managers für im Unternehmen ohne eigene Mitwirkung des Managers begangene Schutzrechtsverletzungen oder Wettbewerbsverstöße wäre eine **Haftung für Unterlassen**, nämlich dafür, dass der Manager es unterlassen hat, die Rechtsverletzung (insbesondere durch eine entsprechende Unternehmensorganisation) zu verhindern.[2] Nach den allgemeinen deliktsrechtlichen Grundsätzen ist für eine Unterlassungshaftung jedoch erforderlich, dass der in Anspruch Genommene „Garant" war, ihn also eine **Rechtspflicht** traf, **den Deliktserfolg abzuwenden**. Eine Garantenstellung kommt dabei nicht jedermann zu, sondern nur demjenigen, der auf Grund besonderer Umstände zur Schadensverhinderung verpflichtet ist.[3]

28

Eine **Garantenstellung** lässt sich insoweit nicht mit Organisationspflichten des Managers begründen. Der Manager hat zwar solche Organisationspflichten und zwar auch im Hinblick darauf, dass Verletzungen der Rechte Dritter vermieden werden.[4] Diese Organisationspflicht des Managers besteht jedoch prinzipiell nur gegenüber der Gesellschaft, wie sich insbesondere aus § 43 Abs. 2 GmbHG und § 93 Abs. 2 Satz 1 AktG ergibt.[5] Eine Ausdehnung dieser Pflicht auch gegenüber Dritten würde dem Grundgedanken zuwiderlaufen, dass bei Kapitalgesellschaften eine persönliche Haftung der Handelnden gegenüber Dritten gerade nicht gegeben sein soll, um das unternehmerische Risiko zu mindern und so einen Anreiz für unternehmerisches Handeln zu bieten. Eine Organisationsaußenhaftung ist mithin abzulehnen.[6]

29

Eine Garantenstellung lässt sich auch nicht auf Grund einer den Manager persönlich treffenden Verkehrssicherungspflicht gegenüber Schutzrechten Dritter bzw. den Regeln des lauteren Wettbewerbs begründen. Zwar treffen nach der Rechtsprechung des Bundesgerichtshofs im Bereich des Wettbewerbsrechts das Unternehmen Verkehrssicherungspflichten (s. oben Rz. 10). Hieraus lässt sich jedoch nicht ableiten, dass den Manager per se eine persönliche Verkehrssicherungspflicht treffen würde. Insoweit gilt zunächst, dass es keine allgemeine Rechtspflicht gibt, Schädigungen der Rechtsgüter Dritter (etwa deren Eigentum oder

30

---

[1] *Götting*, GRUR 1994, 6, 11 f.; *Haß*, GmbHR 1994, 666, 671 f.; *Haß* in FS Schilling, S. 249 ff.
[2] *Haß*, GmbHR 1994, 666, 670; *Götting*, GRUR 1994, 6, 9; *Ottofülling*, GmbHR 1991, 304, 309; *Maier*, GmbHR 1986, 153, 156; *Maier*, WRP 1986, 71, 73.
[3] Vgl. nur *Spickhoff* in Soergel, 13. Aufl. 2005, § 823 BGB Rz. 15 f. m.w.N.
[4] Vgl. nur *Haas* in Michalski, § 43 GmbHG Rz. 161 ff. m.w.N.
[5] Vgl. nur *Zöllner/Noack* in Baumbach/Hueck, § 43 GmbHG Rz. 77 m.w.N.
[6] *Zöllner/Noack* in Baumbach/Hueck, § 43 GmbHG Rz. 77; *Marsch-Barner/Dieckmann* in MünchHdb. GmbH, 3. Aufl. 2009, § 46 Rz. 67; *Lutter*, GmbHR 1997, 329, 335; *Medicus*, ZGR 1998, 570, 579 f.; *Haß*, GmbHR 1994, 666, 671; *Keller*, GmbHR 2005, 1235, 1241; *Götting*, GRUR 1994, 6, 9 f.; jeweils m.w.N.

körperliche Unversehrtheit) durch fremde Handlungen zu verhindern.[1] Die besondere Bedeutung und Verletzlichkeit von Schutzrechten vermag hiervon keine Ausnahme zu begründen. Denn mit der besonderen Verletzlichkeit geht einher, dass in vielen Fällen die Verletzungslage alles andere als überschaubar und einfach erkennbar ist.[2] Die Annahme einer umfassenden Verkehrssicherungspflicht des Managers würde in der Folge erhebliche persönliche Haftungsrisiken nach sich ziehen, die mit der in § 43 Abs. 2 GmbHG/§ 93 Abs. 2 Satz 1 AktG getroffenen Wertung – als Anreiz für unternehmerisches Tun – kaum vereinbar wäre.[3]

31 Auch eine **einzelfallbezogene Betrachtung** auf Grund von Qualifikation und Stellung des Managers, der betriebsbedingten Risikolastigkeit etc. wie sie *Ottofülling* fordert (s. oben Rz. 23), überzeugt nicht. Bei einer solchen Herangehensweise würde ein nicht tragfähiges Maß an Rechtsunsicherheit entstehen.[4] Nicht überzeugend ist auch der von *Keller* vertretene Ansatz, dass eine Verkehrssicherungspflicht dann bestehen soll, wenn der Manager durch die Strukturierung seiner Vergütung den Gewinn aus der rechtsverletzenden Handlung zieht (s. oben Rz. 26). Insoweit fehlt es an einer gesetzlichen Grundlage, die eine Ausnahme von dem Grundprinzip, dass der Manager nicht persönlich haftet, rechtfertigen würde. Wenn für den Gesellschafter, der durch sein Gewinnbezugsrecht von den geschäftlichen Erfolgen der Gesellschaft profitiert, die Haftungssperre des § 13 Abs. 2 GmbHG bzw. § 1 Abs. 1 Satz 2 AktG gilt, ist nicht ersichtlich, warum für einen Manager etwas anderes gelten soll, nur weil er auf Grund seiner Vergütung von dem Geschäftserfolg profitiert.

32 Eine Garantenstellung des Managers auf Grund von Organisationshaftung oder Verkehrssicherungspflicht ist folglich abzulehnen. Damit haftet der Manager unter Zugrundelegung allgemeiner deliktischer Betrachtung zunächst (nur) dann, wenn er selbst an der Rechtsverletzung mitgewirkt hat. War der Manager an einer Schutzrechtsverletzung oder einem Wettbewerbsverstoß nicht beteiligt, ist eine persönliche Haftung grundsätzlich abzulehnen. Eine Ausnahme ist jedoch dann zu machen, wenn dem Manager die im Unternehmen begangene Rechtsverletzung bekannt ist oder wird (etwa durch eine Abmahnung oder Klage) und er trotz Möglichkeit der Unterbindung hiergegen nicht einschreitet. In diesem Fall ist davon auszugehen, dass der Manager wegen seiner Herrschaft über das Unternehmen die Tat zu seiner eigenen macht und somit als (Mit-)Täter oder jedenfalls Teilnehmer zu gelten hat.[5]

33 Abzulehnen ist in diesem Zusammenhang die Ansicht des OLG Frankfurt a.M., nach der dem Manager die **Kenntnis seines Co-Managers** nach § 166 Abs. 1 BGB analog **zuzurechnen** sei (s. oben Rz. 18). § 166 Abs. 1 BGB ist eine Regelung zur Kenntniszurechnung bei Vertretern im rechtsgeschäftlichen Bereich. Für das De-

---

1 Vgl. nur *Götting*, GRUR 1994, 6, 10; *Haß*, GmbHR 1994, 666, 671; *Larenz*, Schuldrecht, Band I, Allgemeiner Teil, 14. Aufl. 1987, § 27 III 5 m.w.N.
2 *Götting*, GRUR 1994, 6, 12; *Haß*, GmbHR 1994, 666, 671.
3 Vgl. auch *Götting*, GRUR 1994, 6, 12; *Haß*, GmbHR 1994, 666, 671.
4 *Keller*, GmbHR 2005, 1235, 1241; *Haß*, GmbHR 1994, 666, 672; *Götting*, GRUR 1994, 6, 12.
5 *Keller*, GmbHR 2005, 1235, 1238 f.; *Werner*, GRUR 2009, 820, 821 f.

liktsrecht gelten demgegenüber die aufgezeigten Regeln der Täterschaft und Teilnahme. Die insoweit geltenden unterschiedlichen Maßstäbe sind auch interessengerecht, da es bei der Begehung von Delikten keine „Stellvertretung" gibt. Es fehlt mithin sowohl an einer Regelungslücke als auch an einer vergleichbaren Interessenlage.[1]

2. Störerhaftung

Zu einer weiter gehenden Haftung des Managers für ohne seine Beteiligung begangene Schutzrechtsverletzungen oder Wettbewerbsverstöße wird man auch nicht unter dem Aspekt der Störerhaftung kommen. Die neuere Rechtsprechung verlangt insoweit (sofern die Störerhaftung nicht ohnehin generell bzw. für den Bereich des Wettbewerbsrechts in Frage gestellt wird, s. oben Rz. 9 f.), dass der Störer zumutbare Prüfpflichten verletzt haben muss (s. oben Rz. 9 f.). Mit wachsender Größe eines Unternehmens muss nahezu zwangsläufig eine Arbeitsteilung stattfinden, in der sich ein Manager nicht um jeden einzelnen Aspekt des operativen Geschäfts persönlich kümmern kann. Zwar ist der Manager, wie aufgezeigt, gegenüber der Gesellschaft zu einer Unternehmensorganisation verpflichtet, die Rechtsverletzungen Dritter vermeidet. Eine Organisationspflicht mit Wirkung gegenüber Dritten ist jedoch aus den aufgezeigten Gründen abzulehnen (s. oben Rz. 29). Würde man insoweit jedoch eine Prüfpflicht unter dem Aspekt der Störerhaftung bejahen, so käme es über diesen Umweg doch noch zu einer – wenn auch auf Abwehr- und Unterlassungsansprüche beschränkten (s. oben Rz. 11) – Organisationshaftung des Managers gegenüber Dritten. Eine derartige Prüfpflicht ist daher abzulehnen, da ansonsten die Haftungsschranken bei Kapitalgesellschaften systemwidrig geöffnet würden.

34

D. Fazit

Manager haften für im Unternehmen begangene Schutzrechtsverletzungen und Wettbewerbsverstöße, die sie selbst begangen oder an denen sie teilgenommen haben. Für ohne Beteiligung des Managers begangene Rechtsverletzungen haftet der Manager demgegenüber nur dann bzw. ab dem Zeitpunkt, ab dem der Manager den Rechtsverstoß kennt und er trotz Möglichkeit des Unterbindens nicht eingeschritten ist.[2] Diese Kenntnis wird allerdings in der Praxis in der Regel spätestens durch eine Abmahnung[3] bzw. Klageerhebung gegeben sein. Auf jeden Vorwurf einer Schutzrechtsverletzung oder eines Wettbewerbsverstoßes hin hat der Manager daher kritisch zu überprüfen, ob er den – angeblichen – Rechtsverstoß unverzüglich abstellt oder sich dem Risiko aussetzt, auch persönlich zu haften.

35

---

1 Vgl. nur OLG Köln v. 26.6.1992 – 6 U 72/91, NJW-RR 1993, 865, 867; *Wilhelm*, Rechtsform und Haftung der juristischen Person, 1981, S. 254; *Keller*, GmbHR 2005, 1235, 1238; *Werner*, GRUR 2009, 820, 822; jeweils m.w.N.
2 *Haß* in FS Schilling, S. 249, 262.
3 In der Praxis wird in der Regel eine Abmahnung wegen Schutzrechtsverletzung oder Wettbewerbsverstoßes vor dem Hintergrund der hier diskutierten Problematik auch persönlich an den/die Manager adressiert; vgl. auch *Keller*, GmbHR 2005, 1235, 1237; *Haß*, GmbHR 1994, 666, 669; *Haß* in FS Schilling, S. 249, 254.

§ 24
Risikobereich und Haftung: Produktverantwortung

Dr. Stephan Harbarth, LL.M.

	Rz.		Rz.
A. Einführung	1	a) Grundsätze	33
B. Thematische Eingrenzung	3	b) Sicht des BGH	35
I. Produkthaftung im klassischen Sinn	4	c) Sicht der Literatur	37
1. Haftungsgrundlage	4	d) Stellungnahme	38
2. Produktbegriff	8	e) Unterschiedliche Verjährung bei gesamtschuldnerischer Haftung	41
II. Untersuchungsgegenstand	9	2. Inanspruchnahme im Innenverhältnis	42
C. Zivilrechtliche Verantwortlichkeit	11	a) Grundsätze	43
I. Schadensersatzansprüche gegen die Gesellschaft	11	b) Mehrköpfige Geschäftsführungsorgane	47
1. Produkthaftung im engeren Sinn	11	c) Delegation auf nachgeordnete Unternehmensebenen	59
a) Produkthaftung gem. § 823 Abs. 1 BGB	12	d) Eigenes Verschulden	66
b) Produkthaftung gem. § 1 Abs. 1 Satz 1 ProdHaftG	27	e) Problematik sog. nützlicher Pflichtverletzungen	69
c) Vertragliche Produkthaftung	31	III. Konzernspezifische Besonderheiten	71
2. Produkthaftung im weiteren Sinn	32	IV. Sonstige zivilrechtliche Verantwortlichkeit	72
II. Schadensersatzansprüche gegen Vorstandsmitglieder und Geschäftsführer	33	D. Strafrechtliche Verantwortlichkeit	75
1. Inanspruchnahme im Außenverhältnis	33	E. Zusammenfassung	79

Schrifttum: *Dreher*, Die persönliche Verantwortlichkeit von Geschäftsleitern nach außen und die innergesellschaftliche Aufgabenteilung, ZGR 1992, 22; *Fleischer*, Zur Leitungsaufgabe des Vorstands im Aktienrecht, ZIP 2003, 1, 2; *Fleischer*, Aktienrechtliche Legalitätspflicht und „nützliche" Pflichtverletzungen von Vorstandsmitgliedern, ZIP 2005, 141; *Haas*, Geschäftsführerhaftung und Gläubigerschutz, 1997; *Hager* in Staudinger, Kommentar zum Bürgerlichen Gesetzbuch, 13. Bearbeitung 1999, § 823 BGB Rz. 7; *Hassemer*, Produktverantwortung im modernen Strafrecht, 2. Aufl. 1994; *Hauschka*, Compliance am Beispiel der Korruptionsbekämpfung, ZIP 2004, 877; *Heil/Russenschuck*, Die persönliche Haftung des GmbH-Geschäftsführers, BB 1998, 1749; *Kleindiek*, Deliktshaftung und juristische Personen, 1997; *Krause* in Soergel, Bürgerliches Gesetzbuch, 13. Aufl. 2005, Anh. III § 823 BGB; *Löbbe*, Unternehmenskontrolle im Konzern, 2003; *Medicus*, Deliktische Außenhaftung der Vorstandsmitglieder und Geschäftsführer, ZGR 1998, 570; *Medicus*, Die Außenhaftung des Führungspersonals juristischer Personen im Zusammenhang mit Produktmängeln, GmbHR 2002, 809; *Molitoris/Klindt*, Produkthaftung und Produktsicherheit – Ein aktueller Rechtsprechungsüberblick, NJW 2008, 1203; *Sandberger*, Die Außenhaftung des GmbH-Geschäftsführers, 1997; *Uwe H. Schneider*, Die Wahrnehmung öffentlich-rechtlicher Pflichten durch den Geschäftsführer, in FS 100 Jahre GmbH-Gesetz, 1992, S. 473; *Uwe H. Schneider*, Compliance als Aufgabe der Unternehmensleitung, ZIP 2003, 645; *Semler*, Leitung und Überwachung der Aktiengesellschaft, 2. Aufl. 1996; *Spindler*, Unternehmensorganisationspflichten, 2001; *Wagner* in Münchener Kommentar zum Bürgerlichen Gesetzbuch, 5. Aufl. 2009, § 823 BGB Rz. 592 ff.; *Wagner*, Persönliche Haftung der Unternehmensleitung: die zweite Spur der Produkthaftung?, VersR 2001, 1057.

A. Einführung

Die Haftung von Managern ist in den vergangenen Jahren zunehmend stärker in den Fokus nicht nur der öffentlichen Diskussion, sondern auch der rechtswissenschaftlichen Analyse geraten. Auch die Produktverantwortung bzw. Produkthaftung hat sich unter dem Eindruck wegweisender Judikate und intensiver rechtswissenschaftlicher Betrachtung über die Jahrzehnte zu einer komplexen Rechtsmaterie entwickelt. Dessen ungeachtet hat die Produktverantwortung von Managern, die in strafrechtlicher Hinsicht Gegenstand höchstrichterlicher Entscheidungen war, im gesellschaftsrechtlichen Schrifttum bislang nur wenig Beachtung gefunden. 1

Vor diesem Hintergrund möchte der nachfolgende Beitrag zunächst die zu untersuchende Thematik eingrenzen (dazu B., Rz. 3 ff.), sodann die zivilrechtliche Verantwortlichkeit von Managern näher beleuchten (dazu C., Rz. 11 ff.) und ihre strafrechtliche Verantwortlichkeit stichwortartig skizzieren (dazu D., Rz. 75 ff.), bevor die zentralen Ergebnisse abschließend kurz zusammengefasst werden (dazu E., Rz. 79 ff.). 2

B. Thematische Eingrenzung

Eine Analyse der Produktverantwortung des Managers legt eine Anknüpfung an die von Rechtsprechung und Literatur entwickelten **Grundsätze zur Produkthaftung** nahe. Indes bestehen zwischen dem Anwendungsbereich der klassischen Produkthaftungsgrundsätze und jenem der Produktverantwortung von Managern nicht unerhebliche Unterschiede. Vor diesem Hintergrund soll zunächst die Produkthaftung im klassischen Sinn kurz dargestellt werden (dazu I., Rz. 4 ff.), bevor der Gegenstand der vorliegenden Untersuchung näher eingegrenzt wird (dazu II., Rz. 9 ff.). 3

I. Produkthaftung im klassischen Sinn

1. Haftungsgrundlage

Die Produkthaftung oder Produktverantwortung im herkömmlichen Sinn bezeichnet eine Haftungskonstruktion, die auf **§ 823 Abs. 1 BGB als Anspruchsgrundlage** zurückgreift[1] und durch Richterrecht zu Beweislastverteilung und Ver- 4

---

[1] In Betracht kommen daneben grundsätzlich auch Ansprüche aus § 823 Abs. 2 BGB i.V.m. einem Schutzgesetz (etwa das Geräte- und Produktsicherheitsgesetz – GPSG – vom

kehrspflichtkonzeption geprägt ist. Haftungsvoraussetzung ist dabei das In-Verkehr-Bringen eines fehlerhaften Produkts unter schuldhaftem Verstoß gegen die Pflicht zu ordnungsgemäßer Konstruktion, Fabrikation, Instruktion oder Produktbeobachtung, das in zurechenbarer Weise zu einer Rechtsgutsverletzung und einem Schaden führt.[1]

5 Neben diesen deliktsrechtlichen Ansatz tritt die Haftung nach dem auf Gemeinschaftsrecht beruhenden **Produkthaftungsgesetz** (ProdHaftG)[2], namentlich auf Grund von § 1 Abs. 1 Satz 1 ProdHaftG. Das ProdHaftG sieht eine Haftung für Schäden vor, die durch das In-Verkehr-Bringen eines fehlerhaften Produktes infolge einer Verletzung der dort niedergelegten Rechtsgüter entstanden sind.[3] Über die zutreffende rechtsdogmatische Einordnung der Produkthaftung nach Produkthaftungsgesetz im System des deutschen Haftungsrechts herrscht keine Einigkeit; der Gemeinschaftsgesetzgeber ging jedenfalls von einer verschuldensunabhängigen Haftung aus.[4]

6 Ersatzfähig ist im Rahmen der Produkthaftung nach § 823 Abs. 1 BGB sowie nach Produkthaftungsgesetz nur das sog. **Integritätsinteresse**. Die das Äquivalenzinteresse betreffende Einbuße, die durch den Produktfehler an sich eintritt, ist weder nach § 823 Abs. 1 BGB noch nach dem Produkthaftungsgesetz ersatzfähig.[5] Auch reine Vermögensschäden sind hiernach nicht zu ersetzen.

7 Daneben kommt eine Produkthaftung auch auf **vertraglicher oder vorvertraglicher Grundlage** in Betracht, insbesondere wegen zu vertretender Verletzung einer

---

    6.1.2004 (BGBl. I 2004, 2, 219), zuletzt geändert durch Art. 3 Abs. 33 des Gesetzes vom 7.7.2005 (BGBl. I 2005, 1970), aus § 826 BGB sowie aus § 831 BGB (zur Produkthaftung gem. § 823 Abs. 2 BGB *Wagner* in MünchKomm. BGB, § 823 BGB Rz. 667 ff.; *Spindler* in Bamberger/Roth, § 823 BGB Rz. 522 f.; *Rolland*, Produkthaftungsrecht, 1990, Teil II Rz. 125 ff.; *Foerste* in Graf von Westphalen, Produkthaftungshandbuch, Bd. 1, 2. Aufl. 1997, S. 596 ff.; zur Produkthaftung nach § 826 BGB *Foerste* in Graf von Westphalen, Produkthaftungshandbuch, Bd. 1, 2. Aufl. 1997, S. 617 ff.; zur Produkthaftung gem. § 831 BGB BGH v. 19.6.1973 – VI ZR 178/71, NJW 1973, 1602, 1603; *Wagner* in MünchKomm. BGB, § 823 BGB Rz. 593; *Foerste* in Graf von Westphalen, Produkthaftungshandbuch, Bd. 1, 2. Aufl. 1997, S. 624 ff.; *Rolland*, Produkthaftungsrecht, 1990, Teil II Rz. 129 ff.).

1 Grundlegend BGH v. 26.11.1968 – VI ZR 212/66, BGHZ 51, 91, 102, 104 ff. – Hühnerpestfall; *Hager* in Staudinger, § 823 BGB Rz. F 6 ff.; *Krause* in Soergel, § 823 BGB Anh. III Rz. 1 ff.; *Wagner* in MünchKomm. BGB, § 823 BGB Rz. 592 ff.; *Schaub* in Prütting/Wegen/Weinreich, § 823 BGB Rz. 167 ff.

2 Das Produkthaftungsgesetz erging in Umsetzung der EG-Richtlinie 85/374/EWG, ABl. EG Nr. L 210 v. 7.8.1985, S. 29, geändert durch EG-Richtlinie 1999/34/EG, ABl. EG Nr. L 141 v. 4.6.1999, S. 20; näher hierzu *Wagner* in MünchKomm. BGB, Einl. ProdHaftG Rz. 1 ff.

3 *Oechsler* in Staudinger, Einl zum ProdHaftG Rz. 1 ff.; *Krause* in Soergel, Vor § 1 ProdHaftG Rz. 1 ff.; *Wagner* in MünchKomm. BGB, Einl. ProdHaftG Rz. 1 ff.

4 Vgl. zum Streitstand *Oechsler* in Staudinger, Einl zum ProdHaftG Rz. 27 ff.; *Krause* in Soergel, Vor § 1 ProdHaftG Rz. 5; *Wagner* in MünchKomm. BGB, Einl. ProdHaftG Rz. 14 ff. Vgl. zu den Auswirkungen der Diskussion für die Praxis *Oechsler* in Staudinger, Einl. zum ProdHaftG Rz. 28.

5 *Oechsler* in Staudinger, § 1 ProdHaftG Rz. 6, 9; *Wagner* in MünchKomm. BGB, § 1 ProdHaftG Rz. 2 f.; *Spindler* in Bamberger/Roth, § 823 BGB Rz. 479; *Rolland*, Produkthaftungsrecht, 1990, § 1 ProdHaftG Rz. 22.

vertraglichen oder vorvertraglichen Leistungs- oder Schutzpflicht in Form eines Produktfehlers nach allgemeinem Haftungsrecht gem. §§ 280, 241, 311 BGB.[1] Vertragliche Ansprüche, die grundsätzlich auch das Äquivalenzinteresse umfassen, treten in ihrer Bedeutung indes hinter deliktsrechtlichen und produkthaftungsgesetzlichen Ansprüchen zurück. Denn es fehlt häufig an direkten vertraglichen Beziehungen zwischen dem Geschädigten und demjenigen, der das Produkt in Verkehr bringt. Derjenige, der das Produkt in Verkehr bringt, ist grundsätzlich auch nicht Erfüllungsgehilfe desjenigen, der mit dem Geschädigten in einem vertraglichen oder vorvertraglichen Rechtsverhältnis steht.[2]

2. Produktbegriff

Die herkömmlichen Grundsätze über die Produkthaftung betreffen indes nur einen Ausschnitt aus den im Wirtschaftsverkehr angebotenen Produkten: 8

- Nach überwiegender Auffassung sind sowohl die Grundsätze über die Haftung nach Deliktsrecht als auch jene über die Haftung nach dem Produkthaftungsgesetz auf **körperliche Gegenstände** beschränkt.[3] Keine Anwendung finden sie hiernach z.B. auf fehlerhafte Dienstleistungen.
- Nicht von der Haftung nach dem Produkthaftungsgesetz erfasst werden auf Grund der Legaldefinition in § 2 ProdHaftG ferner **unbewegliche Sachen**.[4] Auch im Anwendungsbereich der deliktsrechtlichen Produkthaftung wird teilweise für die Ausklammerung unbeweglicher Sachen plädiert.[5]

II. Untersuchungsgegenstand

Der Gegenstand der vorliegend vorzunehmenden Untersuchung ist in mehrfacher Hinsicht grundsätzlich weiter als der Anwendungsbereich der klassischen Produkthaftungsgrundsätze. Dies betrifft zunächst den **Produktbegriff**. Zahlreiche Unternehmen bieten Produkte an, die insbesondere mangels Körperlichkeit dem Anwendungsbereich der klassischen Produkthaftungsgrundsätze nicht oder nicht uneingeschränkt unterfallen (z.B. Versicherungsverträge, Dienstleistungen oder Immobilien). Aus einer Untersuchung der Produktverantwortung von Managern können derartige Produkte jedoch nicht ausgeklammert werden. In die Untersuchung miteinbezogen werden müssen darüber hinaus solche Fälle der Produkthaftung, in denen es nicht um den Ersatz des Integritäts-, sondern jenen 9

---

1 *Foerste* in Graf von Westphalen, Produkthaftungshandbuch, Bd. 1, 2. Aufl. 1997, 1. Teil; *Hager* in Staudinger, § 823 BGB Rz. F 3; *Krause* in Soergel, Anh III § 823 BGB Rz. 8; *Wagner* in MünchKomm. BGB, § 823 BGB Rz. 594 f.
2 BGH v. 26.11.1968 – VI ZR 212/66, BGHZ 51, 91, 93 ff.
3 So zur deliktsrechtlichen Produkthaftung *Hager* in Staudinger, § 823 BGB Rz. F 6; a.A. *Wagner* in MünchKomm. BGB, § 823 BGB Rz. 599. Ebenso zur Haftung nach Produkthaftungsgesetz *Oechsler* in Staudinger, § 2 ProdHaftG Rz. 11 ff.; *Wagner* in MünchKomm. BGB, § 2 ProdHaftG Rz. 3; a.A. *Lehmann*, NJW 1992, 1721, 1724.
4 *Oechsler* in Staudinger, § 2 ProdHaftG Rz. 17 ff.; *Wagner* in MünchKomm. BGB, § 2 ProdHaftG Rz. 6.
5 *Rolland*, Produkthaftungsrecht, 1990, Teil II Rz. 60; a.A. *Hager* in Staudinger, § 823 BGB Rz. F 6.

des von der deliktsrechtlichen sowie der produkthaftungsgesetzlichen Produkthaftung nicht geschützten Äquivalenzinteresses geht; auch insoweit können erhebliche Schäden entstehen. Die nachfolgende Untersuchung hat daher grundsätzlich die Haftung für sämtliche am Markt angebotenen Produkte und alle in Betracht kommen, durch sie verursachten Schäden in den Blick zu nehmen. Da Fälle der Produkthaftung im klassischen Sinn jedoch auch bei der Produktverantwortung von Managern die praktisch bedeutsamste Rolle spielen dürften, soll hier der Schwerpunkt der Untersuchung liegen.

10 Der **Eingrenzung** bedarf der Untersuchungsgegenstand demgegenüber in anderer Hinsicht: Nicht Gegenstand der Untersuchung sein sollen zum einen Besonderheiten, die sich auf Grund ausländischer Bestimmungen über die Produkthaftung ergeben können (z.B. im Rahmen der unmittelbaren Inanspruchnahme von Managern durch Geschädigte), zum anderen die Inanspruchnahme von Managern mit Arbeitnehmerstatus und Aufsichtsrats- oder Beiratsmitgliedern. Auch hinsichtlich der Rechtsform ist einzugrenzen: Untersucht werden soll ausschließlich die Verantwortung von Vorstandsmitgliedern einer AG sowie Geschäftsführern einer GmbH.

C. Zivilrechtliche Verantwortlichkeit

I. Schadensersatzansprüche gegen die Gesellschaft

1. Produkthaftung im engeren Sinn

11 Unter der Produkthaftung im engeren Sinn ist die Haftung gem. §§ 823 Abs. 1 und 2, 826, 831 BGB, § 1 Abs. 1 Satz 1 ProdHaftG sowie §§ 280, 241, 311 BGB zu verstehen, soweit sie an den Begriff des Produkts im Sinn eines (beweglichen) körperlichen Gegenstands anknüpft und auf den Ersatz des Integritätsinteresses gerichtet ist (vgl. Rz. 4 ff.).[1]

a) Produkthaftung gem. § 823 Abs. 1 BGB

12 aa) Die Produkthaftung gem. § 823 Abs. 1 BGB[2] erfordert das **In-Verkehr-Bringen eines fehlerhaften Produkts** durch den deliktisch Verantwortlichen als Verletzungshandlung.[3]

13 Deliktisch verantwortlich und damit Anspruchsgegner ist zunächst der **Hersteller des Produkts**, also derjenige, der das Erzeugnis vollständig in seinem Unternehmen produziert. Weiterhin trifft den Zulieferer eine Einstandspflicht für Schäden, die das von ihm gefertigte Teil hervorruft. In Betracht kommt ferner eine

---

[1] Keiner näheren Betrachtung können hier Fragen der Produkthaftung auf Grund von Spezialgesetzen (z.B. dem Arzneimittelgesetz) unterzogen werden.
[2] Aufgrund ihrer untergeordneten praktischen Relevanz soll die Produkthaftung gem. §§ 823 Abs. 2, 826 und 831 BGB hier keiner näheren Betrachtung unterzogen werden.
[3] *Hager* in Staudinger, § 823 BGB Rz. F 11; *Spindler* in Bamberger/Roth, § 823 BGB Rz. 479; *Schiemann* in Erman, § 823 BGB Rz. 112; *Sprau* in Palandt, § 823 BGB Rz. 166; *Rolland*, Produkthaftungsrecht, 1990, Teil II, S. 326 f.

Haftung von Unternehmern, die lediglich eine Montageleistung erbringen, Händlern, Quasi-Herstellern und Importeuren.[1]

Ein Produkt ist fehlerhaft, wenn es den **Sicherheitsanforderungen**, die der Verkehr an ein solches Erzeugnis stellt, nicht genügt und das Integritätsinteresse derer, die mit dem Produkt in Kontakt geraten, nicht hinreichend geschützt ist.[2] Zur Konkretisierung dieser Anforderungen hat die Rechtsprechung, ausgehend von den objektiven Verhaltenspflichten, die einen Produzenten auf Grund berechtigter Verkehrserwartung treffen, verschiedene Fehlerkategorien herausgebildet.[3]   14

Der Verantwortliche haftet zunächst für **Konstruktionsfehler**. Ein solcher liegt vor, wenn ein Produkt in Verkehr gebracht wird, das auf Grund seiner Konstruktion oder Zusammensetzung den Anforderungen, die im Hinblick auf den Verwendungszweck gestellt werden, nicht gerecht wird und daher nicht die erforderliche Betriebssicherheit aufweist; nicht erforderlich ist indes die optimale Sicherheit des Produkts.[4] Der für die Beurteilung maßgebliche Zeitpunkt ist insoweit das In-Verkehr-Bringen des Erzeugnisses.[5]   15

Daneben treten als weitere Kategorie **Fabrikationsfehler**. Ein Fabrikationsfehler liegt vor, wenn der „Bauplan" des Produkts das gebotene Maß an Sicherheit bietet, es jedoch im Fertigungsprozess zu einer planwidrigen Abweichung von der vom Hersteller selbst angestrebten Sollbeschaffenheit der Ware kommt.[6] Besondere Bedeutung kommt insoweit Zwischen- und Endkontrollen zu, die in der Betriebsorganisation vorgesehen sein müssen, um einen hinreichenden Qualitätsstandard zu gewährleisten.[7] Keine haftungsbegründende Pflichtverletzung liegt im Fall eines sog. „Ausreißer" vor, also dann, wenn ein den Sicherheitsanforderungen nicht gerecht werdendes Produkt in den Verkehr geraten ist, obwohl alle im Rahmen des Zumutbaren möglichen Maßnahmen getroffen worden waren.[8]   16

Eine Haftung für **Entwicklungsfehler**, d.h. für diejenigen Gefahren, die im Zeitpunkt des In-Verkehr-Bringens des Produktes nach dem Stand der Wissenschaft und Technik bei Anwendung zumutbarer Sorgfalt nicht erkennbar waren, kommt demgegenüber nicht in Betracht; umstritten ist insoweit nur, ob es an einem Produktfehler, an der objektiven Pflichtwidrigkeit oder am Verschulden fehlt.[9]   17

---
1 Vgl. mit weiteren Differenzierungen *Hager* in Staudinger, § 823 BGB Rz. F 27 ff.; *Krause* in Soergel, Anh. III § 823 BGB Rz. 29 ff.; *Wagner* in MünchKomm. BGB, § 823 BGB Rz. 601 ff.
2 *Rolland*, Produkthaftungsrecht, 1990, Teil II Rz. 21.
3 Zu Umfang und Entstehungsgrund der Verkehrspflichten in der Produkthaftung *Hager* in Staudinger, § 823 BGB Rz. F 8 ff.; *Wagner* in MünchKomm. BGB, § 823 BGB Rz. 617 ff.
4 *Hager* in Staudinger, § 823 BGB Rz. F 12 f.; *Wagner* in MünchKomm. BGB, § 823 BGB Rz. 628 ff.; *Schaub* in Prütting/Wegen/Weinreich, § 823 BGB Rz. 175.
5 *Krause* in Soergel, Anh. III § 823 BGB Rz. 18.
6 *Wagner* in MünchKomm. BGB, § 823 BGB Rz. 632.
7 *Hager* in Staudinger, § 823 BGB Rz. F 17 ff.; *Krause* in Soergel, Anh. III § 823 BGB Rz. 19 f.; *Wagner* in MünchKomm. BGB, § 823 BGB Rz. 632 ff.
8 *Krause* in Soergel, Anh. III § 823 BGB Rz. 20; *Wagner* in MünchKomm. BGB, § 823 BGB Rz. 634 f.
9 Vgl. BGH v. 26.11.1968 – VI ZR 212/66, BGHZ 51, 91, 105 f.; BGH v. 17.3.1981 – VI ZR 191/79, BGHZ 80, 186, 193; *Hager* in Staudinger, § 823 BGB Rz. F 19; *Foerste* in Graf von Westphalen, Produkthaftungshandbuch, Bd. 1, 2. Aufl. 1997, § 24 Rz. 82 f.

18 Ferner trifft den Verkehrspflichtigen eine Einstandspflicht für **Instruktionsfehler**. Wer ein Produkt in Verkehr bringt, hat die Pflicht, dem künftigen Nutzer Gebrauchsinformationen zu erteilen, die ihn unterrichten und warnen, damit keine Rechtsgutverletzung und kein Schaden durch das Erzeugnis entsteht, von dem zumindest eine unvermeidbare „Restgefahr" ausgeht. Der Umfang der Pflicht wird dabei von einem vorhersehbaren Fehlgebrauch bestimmt.[1]

19 Schließlich besteht eine Haftung bei Verletzung der **Produktbeobachtungspflicht**. Auch ein Produkt, das den berechtigten Erwartungen des Verkehrs nach dem Kenntnisstand zum Zeitpunkt des In-Verkehr-Bringens gerecht wird, löst im weiteren Verlauf die Pflicht aus, das Erzeugnis zu beobachten und Informationen über die Folgen der Nutzung einzuholen.[2] In diesem Zusammenhang müssen zunächst Einrichtungen geschaffen werden, um Eingaben von Benutzern aufzunehmen und bearbeiten zu können („*passive Produktbeobachtung*"). Weiterhin müssen alle Erkenntnisquellen im Rahmen des Zumutbaren genutzt werden, um nachträglich auftretende Gefahren wahrnehmen zu können („*aktive Produktbeobachtung*"). Dabei kann es erforderlich werden, neben den bisher bereits zu beachtenden Fachpublikationen in Zukunft auch Fachforen im Internet zumindest in regelmäßigen zeitlichen Abständen auf berichtete Produktmängel zu überprüfen.[3] Auch die Produktentwicklung bei Wettbewerbern und der Markt der Produktkombinationen sind dabei zu beachten. Wird eine Gefahr offenbar, ist der Pflichtige gehalten, die laufende Produktion bzw. den Vertrieb ggf. um- oder einzustellen, weitergehend zu instruieren, zu warnen oder gar zurückzurufen.[4]

20 Da die Gesellschaft über ihre Organe handelt, hat sie sich die Verletzung der Verkehrspflichten, die sie zwar als Unternehmensträger treffen, aber von den Organen und Repräsentanten wahrgenommen werden, über § 31 BGB zurechnen zu lassen[5] (vgl. zur Frage der Haftung der Organe und Repräsentanten Rz. 33 ff.).

21 bb) Ein auf § 823 Abs. 1 BGB gestützter Schadensersatzanspruch setzt darüber hinaus rechtswidriges und schuldhaftes Verhalten des Verkehrspflichtigen sowie

---

1 *Hager* in Staudinger, § 823 BGB Rz. F 14 ff.; *Krause* in Soergel, Anh. III § 823 BGB Rz. 21 ff.; *Wagner* in MünchKomm. BGB, § 823 BGB Rz. 636 ff.
2 Die Pflicht zur Produktbeobachtung kann jedenfalls dann auch einer reinen Vertriebsgesellschaft obliegen, wenn sie als einziger Repräsentant des ausländischen Herstellers auf dem deutschen Markt in Erscheinung tritt (BGH v. 9.12.1986 – VI ZR 65/86, BGHZ 99, 167, 170 f.).
3 Vgl. – in der Tendenz noch weitergehend – *Hauschka/Klindt*, NJW 2007, 2726, 2729.
4 *Hager* in Staudinger, § 823 BGB Rz. F 20 ff.; *Krause* in Soergel, Anh. III § 823 BGB Rz. 25 ff.; *Wagner* in MünchKomm. BGB, § 823 BGB Rz. 645 ff. Vgl. zum Erfordernis effektiver Gefahrenabwehr zum Schutz der in § 823 Abs. 1 BGB genannten Rechtsgüter durch deutliche Warnung, Rückruf oder Nachrüstung BGH v. 6.12.2008 – VI ZR 170/07, BGHZ 179, 157 ff. und die Besprechung *Klindt*, Produktrückrufe und deren Kostenerstattung nach der Pflegebetten-Entscheidung des BGH, BB 2009, 792. Praktische Erleichterungen zur Warnung vor fehlerhaften Produkten bringt nunmehr die zentrale Internetseite *https://webgate.ec.europa.eu/gpsd-ba*, über die die zuständigen Behörden der EWR-Mitgliedstaaten zentral in Kenntnis gesetzt werden können.
5 *Kleindiek*, Deliktshaftung und juristische Person, 1997, S. 356 f.; *Weick* in Staudinger, § 31 BGB Rz. 1, 6; *Reuter* in MünchKomm. BGB, § 31 BGB Rz. 11, 30 ff.

den Eintritt einer zurechenbaren Rechtsgutsverletzung und eines zurechenbaren Schadens voraus.

cc) Von herausragender Bedeutung im Rahmen der deliktischen Produkthaftung sind die von der Rechtsprechung entwickelten **Grundsätze zur Beweislastverteilung**. Da es sich bei den anspruchsbegründenden Tatsachen um Vorgänge im Betrieb des Anspruchsgegners handele, dieser die Produktionssphäre überblicke und den Herstellungsprozess und die Auslieferungskontrolle der fertigen Produkte organisiere, sei er näher daran, den Sachverhalt aufzuklären und die Folgen der Beweislosigkeit zu tragen.[1]

22

Nach den von der Rechtsprechung entwickelten Regeln muss der Anspruchsteller im Grundsatz darlegen und beweisen, dass das Produkt einen Fehler aufweist, Rechtsgutsverletzung und Schaden eingetreten sind, der erforderliche Zurechnungszusammenhang zwischen der Fehlerhaftigkeit des Produkts und der Verletzung des Rechtsguts sowie dem Eintritt des Schadens besteht und der Produktfehler aus dem Gefahrenbereich des Verkehrspflichtigen herrührt.[2]

23

Dem Anspruchsgegner obliegt hingegen Darlegung und Beweis im Hinblick darauf, dass eine **objektive Pflichtwidrigkeit nicht vorliegt oder ihm kein Verschulden zur Last fällt**. Dies soll allerdings bei der Verletzung der Produktbeobachtungspflicht bzw. einem nachträglichen Instruktionsfehler in Bezug auf die objektive Pflichtwidrigkeit nicht gelten; dort soll dem Anspruchsteller die Darlegungs- und Beweislast obliegen. Falls der Verantwortliche den Kausalzusammenhang zwischen einem Verstoß gegen eine Verkehrspflicht und einem Produktfehler in Abrede stellen will, trägt er auch hierfür die Darlegungs- und Beweislast.[3]

24

Ausgehend von diesen Grundsätzen nahm die Rechtsprechung weitere Differenzierungen vor. So trifft den Verantwortlichen eine **Befundsicherungspflicht** bei Produkten, die erhebliche Risiken für den Verbraucher in sich tragen, die in der Herstellung angelegt sind und deren Beherrschung deshalb einen Schwerpunkt des Produktionsvorgangs darstellt.[4] Der Verantwortliche hat im Rahmen des Möglichen und Zumutbaren durch die Einrichtung eines Kontrollverfahrens dafür Sorge zu tragen, dass der Status der Fehlerlosigkeit vor dem In-Verkehr-Bringen als Befund gesichert wird. Gelingt dem Anspruchsteller der Nachweis einer Verletzung der Befundsicherungspflicht durch den Anspruchsgegner, kehrt sich

25

---

1 BGH v. 26.11.1968 – VI ZR 212/66, BGHZ 51, 91, 104 ff.; vgl. zu den Gründen der Änderung der Beweislastverteilung auch *Hager* in Staudinger, § 823 BGB Rz. F 1.
2 BGH v. 26.11.1968 – VI ZR 212/66, BGHZ 51, 91, 105; BGH v. 30.4.1991 – VI ZR 178/90, NJW 1991, 1948, 1950 f.; BGH v. 2.2.1999 – VI ZR 392/97, NJW 1999, 1028, 1029; *Hager* in Staudinger, § 823 BGB Rz. F 39; *Wagner* in MünchKomm. BGB, § 823 BGB Rz. 660, 663, 664 ff.; *Schaub* in Prütting/Wegen/Weinreich, § 823 BGB Rz. 192; *Spindler* in Bamberger/Roth, § 823 BGB Rz. 553, 556 f.
3 BGH v. 26.11.1968 – VI ZR 212/66, BGHZ 51, 91, 105 ff.; BGH v. 30.4.1991 – VI ZR 178/90, NJW 1991, 1948, 1950 f.; BGH v. 2.2.1999 – VI ZR 392/97, NJW 1999, 1028, 1029; *Hager* in Staudinger, § 823 BGB Rz. F 43 ff. mit zahlreichen weiteren Rechtsprechungsnachweisen; *Wagner* in MünchKomm. BGB, § 823 BGB Rz. 658 ff.; *Spindler* in Bamberger/Roth, § 823 BGB Rz. 556 f.
4 BGH v. 8.12.1992 – VI ZR 24/92, NJW 1993, 528, 529; ebenso *Spindler* in Bamberger/Roth, § 823 BGB Rz. 501.

die Beweislast hinsichtlich des Umstands, dass der Produktfehler im Bereich des Anspruchsgegners entstanden ist (*„Fehlerherkunfts-Beweis"*), um.[1] Der Anspruchsgegner kann sich mithin durch die bloße Behauptung, der zu einer Rechtsgutsverletzung und einem Schaden führende Fehler (z.B. die Schadhaftigkeit einer Mineralwasserflasche) rühre nicht aus seinem Gefahrenbereich, nicht entlasten.

26 Demgegenüber hält die Rechtsprechung im Bereich der Verletzung von Instruktionspflichten und Reaktionspflichten im Fall der Produktbeobachtung eine **Beweislastumkehr** hinsichtlich des Nachweises, dass sich der Anspruchsteller bei ordnungsgemäßer Instruktion an die Anweisung gehalten hätte und infolge dessen Rechtsgutsverletzung und Schaden ausgeblieben wären, nicht für gerechtfertigt.[2] Diese Abweichung von der Rechtsprechung im Bereich der vertraglichen Haftung aus Pflichtverletzung[3] wird von einem Großteil des Schrifttums zurecht kritisiert. Es besteht kein sachlicher Grund, die Beweislast bei der Verletzung von Verkehrs- und Vertragspflichten in dieser Hinsicht unterschiedlich zu handhaben.[4]

b) Produkthaftung gem. § 1 Abs. 1 Satz 1 ProdHaftG

27 aa) Die Haftung nach § 1 Abs. 1 Satz 1 ProdHaftG setzt zunächst voraus, dass durch den Fehler eines Produkts jemand getötet, sein Körper oder seine Gesundheit verletzt oder eine Sache beschädigt wird.[5]

28 bb) Der **Produktfehler** wird in § 3 ProdHaftG definiert. Maßgeblich ist insoweit die Sicherheit des Erzeugnisses gemessen an den berechtigten Erwartungen des Verkehrs in Bezug auf die Achtung des Integritätsinteresses.[6]

29 cc) Die Haftung nach dem Produkthaftungsgesetz trifft den sog. **Hersteller**. Hierunter fällt nach § 4 Abs. 1 Satz 1 ProdHaftG zunächst derjenige, in dessen Organisationsbereich ein Endprodukt, ein Grundstoff oder ein Teilprodukt gefertigt wurde. Erforderlich ist ein Tätigwerden für eigene Rechnung; an der Entstehung

---

1 *Hager* in Staudinger, § 823 BGB Rz. F 40; *Krause* in Soergel, Anh. III § 823 BGB Rz. 47; *Wagner* in MünchKomm. BGB, § 823 BGB Rz. 663; *Schaub* in Prütting/Wegen/Weinreich, § 823 BGB Rz. 193; *Spindler* in Bamberger/Roth, § 823 BGB Rz. 500 f.; *Baumgärtel* in Baumgärtel, Handbuch der Beweislast im Privatrecht, Band 1, 2. Aufl. 1991, § 823 Anh. C III Rz. 21.
2 BGH v. 9.12.1986 – VI ZR 65/86, BGHZ 99, 167, 181; BGH v. 24.1.1989 – VI ZR 112/88, BGHZ 106, 273, 284; BGH v. 12.11.1991 – VI ZR 7/91, BGHZ 116, 60, 73; zu tatsächlicher Vermutung hinsichtlich haftungsbegründender Kausalität BGH v. 2.3.1999 – VI ZR 175/98, NJW 1999, 2273, 2274.
3 Vgl. BGH v. 19.2.1975 – VIII ZR 144/73, BGHZ 64, 46, 51 f.; *Hager* in Staudinger, § 823 BGB Rz. F 41; *Foerste* in Graf von Westphalen, Produkthaftungshandbuch, Bd. 1, 2. Aufl. 1997, § 30 Rz. 106; vgl. allerdings BGH v. 12.11.1991 – VI ZR 7/91, BGHZ 116, 60, 73 (tatsächliche Vermutung für instruktionsgerechtes Verhalten).
4 *Hager* in Staudinger, § 823 BGB Rz. F 42; *Krause* in Soergel, Anh. III § 823 BGB Rz. 52; *Foerste* in Graf von Westphalen, Produkthaftungshandbuch, Bd. 1, 2. Aufl. 1997, § 30 Rz. 105 ff.
5 Umstritten ist in diesem Zusammenhang die Haftung für sog. „Weiterfresserschäden"; sie wird mehrheitlich unter Berufung auf § 1 Abs. 1 Satz 2 Halbsatz 1 ProdHaftG abgelehnt (*Oechsler* in Staudinger, § 1 ProdHaftG Rz. 8 ff.; *Krause* in Soergel, § 1 ProdHaftG Rz. 3 ff.; *Wagner* in MünchKomm. BGB, § 1 ProdHaftG Rz. 5 ff.).
6 *Oechsler* in Staudinger, § 3 ProdHaftG Rz. 15 ff.; *Krause* in Soergel, § 3 ProdHaftG Rz. 1 f.

beteiligte Organwalter sind somit nicht Hersteller.[1] Haftbar sind weiterhin der Quasi-Hersteller, der Importeur und der Lieferant unter den in § 4 Abs. 1 Satz 2, Abs. 2 und 3 ProdHaftG normierten Voraussetzungen.[2]

dd) Ein Anspruch nach dem Produkthaftungsgesetz setzt ferner voraus, dass keiner der **Ausschlusstatbestände** des § 1 Abs. 2 und 3 ProdHaftG eingreift.[3] § 1 Abs. 4 ProdHaftG regelt die Beweislast: Für den Fehler, den Schaden und den ursächlichen Zusammenhang zwischen Fehler und Schaden trägt der Geschädigte die Beweislast. Ist streitig, ob die Ersatzpflicht gem. § 1 Abs. 2 oder 3 ProdHaftG ausgeschlossen ist, so trägt der Hersteller die Beweislast.

c) Vertragliche Produkthaftung

Vertragliche oder vorvertragliche Schadensersatzansprüche können sich aus einer Pflichtverletzung gem. §§ 280 Abs. 1, 241 Abs. 1 Satz 1 und Abs. 2, 311 Abs. 1 und Abs. 2 BGB ergeben. Die Einzelheiten können insoweit hier nicht näher dargestellt werden.

2. Produkthaftung im weiteren Sinn

Die Ansprüche im Rahmen der Produkthaftung im weiteren Sinne, also hinsichtlich unbeweglicher Sachen (z.B. Erstellung fehlerhafter Reihenhäuser), nicht-körperlicher Gegenstände (z.B. fehlerhafte Versicherungsprodukte) sowie des Äquivalenzinteresses (z.B. Kaufpreisminderung bei einem mangelhaften Kraftfahrzeug), sind vielgestaltig und können hier nur schlagwortartige Erwähnung finden. In Betracht kommt insbesondere eine Haftung aus Vertrag oder aus Verschulden bei Vertragsschluss. Daneben sind auch deliktische Schadensersatzansprüche möglich. Als Anspruchsgrundlagen sind insoweit § 823 Abs. 2 BGB i.V.m. einem Schutzgesetz (z.B. § 263 StGB oder Normen des Geräte- und Produktsicherheitsgesetzes – GPSG) sowie § 826 BGB denkbar. Auch Ansprüche nach § 823 Abs. 1 BGB können gegeben sein, sofern es sich nicht um reine Vermögensschäden handelt.

II. Schadensersatzansprüche gegen Vorstandsmitglieder und Geschäftsführer

1. Inanspruchnahme im Außenverhältnis

a) Grundsätze

Soweit nicht ausnahmsweise eine Außenhaftung der Vorstandsmitglieder und Geschäftsführer aus Vertrag oder aus Verschulden bei Vertragsschluss in Betracht

---

1 *Oechsler* in Staudinger, § 4 ProdHaftG Rz. 9.
2 Vgl. *Oechsler* in Staudinger, § 4 ProdHaftG Rz. 8 ff.; *Krause* in Soergel, § 4 ProdHaftG Rz. 3 ff.
3 Vgl. hierzu die ausführliche Kommentierung bei *Oechsler* in Staudinger, § 1 ProdHaftG Rz. 40 ff.; *Krause* in Soergel, § 1 ProdHaftG Rz. 8 ff.; *Wagner* in MünchKomm. BGB, § 1 ProdHaftG Rz. 23 ff. und 56 ff.

kommt[1] (vgl. auch oben *Altmeppen*, § 7 Rz. 5 ff., 19 ff.), stellt sich die Frage ihrer deliktsrechtlichen Produktverantwortung. Grundsätzlich unproblematisch ist insoweit die Anwendbarkeit von § 823 Abs. 1 BGB, von § 823 Abs. 2 BGB in Verbindung mit einem Schutzgesetz (z.B. § 263 StGB oder Normen des Geräte- und Produktsicherheitsgesetzes – GPSG) sowie von § 826 BGB in Fällen **eigenhändigen Fehlverhaltens** eines Vorstandsmitglieds oder eines GmbH-Geschäftsführers.[2]

34 Problematisch sind demgegenüber Fälle der **Verletzung von Verkehrspflichten** durch Organmitglieder, in denen allein die juristische Person Pflichtenträger ist (vgl. auch oben *Kleindiek*, § 10 Rz. 12 ff.). Die juristische Person hat gegenüber jedermann Verkehrssicherungspflichten, deren Verletzung durch ein Organ der juristischen Person nach § 31 BGB zugerechnet wird. Organisationspflichten der Organmitglieder (näher zum Inhalt der Organisationspflichten Rz. 43 ff.) wurden hingegen grundsätzlich nur gegenüber der juristischen Person bejaht.[3]

b) Sicht des BGH

35 In Abkehr von diesem Prinzip wurde indes vermehrt eine deliktische Haftung von Führungspersonen wegen Organisationsmängeln gegenüber Dritten angenommen. Insbesondere die **Rechtsprechung** hat verschiedentlich eine Neigung erkennen lassen, **Führungskräfte** persönlich neben der juristischen Person als **Träger von deliktischen Verhaltenspflichten** anzusehen, die auf die Vornahme von gebotenen Organisationsmaßnahmen gerichtet sind.[4] So hat der BGH in der sog. „Spannkupplung"-Entscheidung die bezüglich des Herstellers eines gefährlichen Produkts entwickelten Grundsätze über die Beweislastumkehr auch zu Lasten von Personen für anwendbar erklärt, die neben dem Hersteller haften und in dessen Produktionsbereich als Produktionsleiter eine herausgehobene und verantwortliche Stellung inne haben[5]; in der Literatur ist diese Sicht auf verbreitete Ablehnung gestoßen.[6] In der sog. „Salmonellen"-Entscheidung hat der BGH hingegen den Standpunkt eingenommen, die Beweislastumkehr gelte nicht für alle leitenden Mitarbeiter; nur in besonderen Fällen könne etwas anderes gelten, nämlich dann, wenn der Betriebsangehörige „auf Grund seiner besonderen

---

1 Näher zur Haftung von Organmitgliedern aus Vertrag und aus Verschulden bei Vertragsschluss *Kleindiek* in Lutter/Hommelhoff, § 43 GmbHG Rz. 62 ff. mit zahlreichen weiteren Nachweisen.
2 Vgl. *Kleindiek* in Lutter/Hommelhoff, § 43 GmbHG Rz. 70 ff.
3 BGH v. 13.4.1994 – II ZR 16/93, BGHZ 125, 366, 375 f. m.w.N. Keiner näheren Betrachtung unterzogen werden können hier öffentlich-rechtliche Organisationspflichten (dazu ausführlich *Spindler*, Unternehmensorganisationspflichten, 2001, S. 15 ff.).
4 Vgl. jüngst OLG Stuttgart v. 29.4.2008 – 5 W 9/08, NJW 2008, 2514, 2515; vgl. auch *Larenz/Canaris*, Lehrbuch des Schuldrechts, Bd. II/2, 13. Aufl. 1994, § 76 III 5.d).
5 BGH v. 3.6.1975 – VI ZR 192/73, NJW 1975, 1827, 1828 f.
6 *Von Caemmerer* in FS Flume, 1978, Bd. I, S. 359, 368 Fn. 48; *Diederichsen*, NJW 1978, 1281, 1287; *Mertens*, AcP 178 (1978), 227, 236; vgl. auch die ausführliche Darstellung des Meinungsstands bei *Sandberger*, Die Außenhaftung des GmbH-Geschäftsführers, 1997, S. 240 ff.; vgl. ferner BGH v. 7.10.1986 – VI ZR 187/85, NJW 1987, 372, 373 f.

Stellung im Betrieb als Repräsentant des Unternehmens" betrachtet werden könne.[1]

In der sog. **„Baustoff"-Entscheidung** hat der VI. Zivilsenat des BGH eine deliktsrechtliche Außenhaftung eines GmbH-Geschäftsführers bejaht, „wenn mit den Pflichten aus der Organstellung gegenüber der Gesellschaft Pflichten einhergehen, die von dem Geschäftsführer nicht mehr nur für die Gesellschaft als deren Organ zu erfüllen sind, sondern die ihn aus besonderen Gründen persönlich gegenüber dem Dritten treffen". Im außervertraglichen, deliktischen Bereich könne über die Organstellung hinaus eine mit der Zuständigkeit für die Organisation und Leitung und der daraus erwachsenden persönlichen Einflussnahme auf die Gefahrenabwehr bzw. -steuerung verbundene persönliche Verantwortung des Organs dem betroffenen Außenstehenden gegenüber zum Tragen kommen.[2] Der VI. Zivilsenat des BGH hat seine Haltung später bestätigt.[3] Der II. Zivilsenat des BGH hat gegenüber dieser Linie des VI. Zivilsenats allerdings eine gewisse Skepsis erkennen lassen.[4]

36

c) Sicht der Literatur

In der Literatur ist die „Baustoff"-Entscheidung auf ein **geteiltes Echo** gestoßen. Während einige die Entscheidung begrüßen[5], überwiegen insgesamt kritische Stimmen. Mehrheitlich wird die „Baustoff"-Entscheidung im Hinblick auf unabsehbare Haftungsrisiken[6] sowie unter Hinweis darauf abgelehnt, dass eine Grenze zwischen den Pflichten der Geschäftsführung gegenüber der Gesellschaft und den deliktischen Pflichten der Geschäftsführung gegenüber Dritten nicht ersichtlich sei.[7] Darüber hinaus wird im Schrifttum darauf hingewiesen, dass die Grundsätze der „Baustoff"-Entscheidung jedenfalls auf Fälle mangelhafter Produktinforma-

37

---

1 BGH v. 19.11.1991 – VI ZR 171/91, BGHZ 116, 104, 113f.; näher zur Entwicklung der Rechtsprechung hinsichtlich der Eigenhaftung von Mitarbeitern des Produzenten *Rogge*, Selbständige Verkehrspflichten bei Tätigkeiten im Interesse Dritter, 1997, S. 97ff.
2 BGH v. 5.12.1989 – VI ZR 335/88, BGHZ 109, 297, 303.
3 BGH v. 12.3.1996 – VI ZR 90/95, ZIP 1996, 786, 788.
4 BGH v. 13.4.1994 – II ZR 16/93, BGHZ 125, 366, 375f.; ebenso *Goette*, DStR 1998, 1308, 1314.
5 *Hager* in Staudinger, § 823 BGB Rz. E 68; *Schlechtriem* in FS Heiermann, 1995, S. 281, 289f.; *Wimmer*, NJW 1996, 2546, 2549; vgl. auch *Foerste*, VersR 2002, 1, 2ff.
6 *Mertens/Mertens*, JZ 1990, 488, 488f.; *Lutter*, ZHR 157 (1993), 464, 471ff.; *Dreher*, ZGR 1992, 22, 33f.; *Medicus*, ZGR 1998, 570, 584f.; *Kleindiek* in Lutter/Hommelhoff, § 43 GmbHG Rz. 77; ausführlich zum Meinungsbild *Kleindiek*, Delikthaftung und juristische Person, 1997, S. 368ff.; *Spindler*, Unternehmensorganisationspflichten, 2001, S. 846ff.
7 *Dreher*, ZGR 1992, 22, 33f.; *Mertens/Mertens*, JZ 1990, 488, 489; *Hopt* in Großkomm. AktG, § 93 AktG Rz. 504. Demgegenüber plädieren *Zöllner/Noack* für eine Garantenstellung des Geschäftsführers, dafür zu sorgen, dass das von ihm geführte Unternehmen Leib und Leben Dritter nicht verletzt; eine Garantenstellung zum Schutz fremden Eigentums oder fremden Vermögens bestehe demgegenüber nicht (*Zöllner/Noack* in Baumbach/Hueck, § 43 GmbHG Rz. 78); demgegenüber generell für eine „Garantenstellung zum Schutz fremder Güter, die der Einflusssphäre der Gesellschaft anvertraut wurden" OLG Stuttgart v. 29.4.2008 – 5 W 9/08, NJW 2008, 2514, 2515; zu weiteren Ansätzen in der Literatur *Medicus*, GmbHR 2002, 809, 816ff.

tion nicht übertragbar seien, weil es dabei nicht um das Fehlen eines organisierten Informationsaustauschs, sondern um die richtige Auswertung der vorhandenen Informationen gehe.[1]

d) Stellungnahme

38 Will man (zu Recht) die Haftungsschleusen in AG und GmbH nicht öffnen, indem man die grundsätzliche Differenzierung zwischen Verkehrspflichten der Gesellschaft und solchen ihrer Geschäftsführungsmitglieder aufhebt, sämtliche Verkehrspflichten der Gesellschaft auf die Mitglieder des Leitungsorgans projiziert und damit diese letztlich zu „Ausfallbürgen der Gesellschaft"[2] macht, ist der „Baustoff"-Entscheidung des BGH eine Absage zu erteilen. Nach zutreffender Auffassung ist vielmehr zu differenzieren zwischen Fällen, in denen juristische Personen für ein Eigendelikt ihres Organwalters neben diesem haften, und anderen Fällen der Verletzung von Verkehrspflichten, in denen allein die juristische Person Pflichtenträger ist.[3] Die deliktische Haftung einer juristischen Person setzt nach dem Haftungskonzept des BGB gerade keine deliktische Haftung des Organs voraus.[4] Die aus den bestehenden Verkehrspflichten resultierenden Organisations- und Überwachungspflichten der Geschäftsleiter bestehen nur gegenüber der Gesellschaft, nicht gegenüber Dritten. Sie vermögen deshalb jedenfalls **grundsätzlich keine Produktaußenhaftung der Geschäftsleiter** zu begründen. Gleiches ist im Hinblick auf den Aspekt der Übernahme von Verkehrspflichten fest zu halten. Mit der Übernahme der Geschäftsleiterposition erfolgt das für ein Organ charakteristische Handeln für eine andernfalls handlungsunfähige juristische Person, aber keine Übernahme sämtlicher die Gesellschaft treffender Verkehrspflichten.[5]

39 Auch kann nicht ohne Weiteres eine haftungsbegründende **Garantenstellung** des Geschäftsleiters aus einem der Gesellschaft zuzurechnenden pflichtwidrigen gefährdenden Vorverhalten angenommen werden; auch insoweit ist zwischen Gesellschaft und Organ sorgfältig zu trennen.[6] Anderes kann dann gelten, wenn der Geschäftsführer selbst Garant ist (z.B. weil er durch eigenes Verhalten eine Gefahrenquelle schafft).[7]

40 Eine Außenhaftung des Geschäftsleiters für Produktmängel ist demgegenüber u.a.[8] dann zu bejahen, wenn er von einer (bevorstehenden) Verletzungshandlung nachgeordneter Mitarbeiter – Gleiches wird man im Hinblick auf andere Organ-

---

1 *Medicus*, GmbHR 2002, 809, 815.
2 So *Kleindiek* in Lutter/Hommelhoff, § 43 GmbHG Rz. 77.
3 Ausführlich *Kleindiek*, Deliktshaftung und juristische Person, 1997, S. 368 ff., 473 ff.; *Kleindiek* in Lutter/Hommelhoff, § 43 GmbHG Rz. 75.
4 Näher *Kleindiek* in Lutter/Hommelhoff, § 43 GmbHG Rz. 75; a.A. *Altmeppen*, ZIP 1995, 881, 887 f.; *Altmeppen* in Roth/Altmeppen, § 43 GmbHG Rz. 58.
5 Zutreffend *Heil/Russenschuck*, BB 1998, 1749, 1752; *Kleindiek* in Lutter/Hommelhoff, § 43 GmbHG Rz. 78; *Medicus*, GmbHR 2002, 809, 814.
6 Vgl. *Heil/Russenschuck*, BB 1998, 1749, 1752 f.
7 *Kleindiek* in Lutter/Hommelhoff, § 43 GmbHG Rz. 78.
8 Ausführlich zu Fällen der Außenhaftung *Haas*, Geschäftsführerhaftung und Gläubigerschutz, 1997, passim; *Medicus*, ZGR 1998, 570, 580 ff.

mitglieder bejahen müssen – **Kenntnis erlangt** und dennoch hiergegen nicht einschreitet; in einer derartigen Konstellation haftet der Geschäftsleiter in gleicher Weise wie bei einer eigenhändigen Verletzungshandlung.[1] Unter diesen Voraussetzungen kann ein Vorstandsmitglied bzw. Geschäftsführer für Produktmängel somit auch dann haften, wenn er nach der internen Geschäftsverteilung innerhalb des Geschäftsführungsorgans nicht dafür zuständig war, den drittschädigend tätigen Unternehmensmitarbeiter zu überwachen. Zur Bejahung der Handlungspflicht und zur Haftungsbegründung nicht ausreichend ist demgegenüber fahrlässige Unkenntnis der Verletzungshandlung eines nachgeordneten Mitarbeiters oder eines anderen Organmitglieds.[2]

e) Unterschiedliche Verjährung bei gesamtschuldnerischer Haftung

Bestehen Ansprüche sowohl gegen eine Gesellschaft als auch gegen ihre Geschäftsführer oder Vorstandsmitglieder, können die Ansprüche zu unterschiedlichen Zeitpunkten verjähren. Daran ändert auch die Tatsache nichts, dass die Gesellschaft und ihre Organmitglieder gem. § 840 Abs. 1 BGB als Gesamtschuldner haften. Nach § 199 Abs. 1 BGB beginnt die Verjährungsfrist im Regelfall erst mit dem Schluss des Jahres zu laufen, in dem der Anspruch entstanden ist und der Gläubiger von den den Anspruch begründenden Umständen und der Person des Schuldners Kenntnis erlangt oder ohne grobe Fahrlässigkeit erlangen müsste. Sind die mithaftenden Organmitglieder etwa nach Namen, Anschrift und Aufgabenstellung im Betrieb und durch ein schadhaftes Produkt Geschädigten unbekannt, kann es der Fall sein, dass ein Anspruch gegen die zuständigen Organmitglieder noch nicht verjährt ist, während der Schadensersatzanspruch gegen die – nach Namen und Anschrift bekannte – Gesellschaft selbst bereits verjährt ist.[3]

41

2. Inanspruchnahme im Innenverhältnis

Von der Außenhaftung zu unterscheiden ist eine mögliche **Innenhaftung** von Vorstandsmitgliedern und GmbH-Geschäftsführern gegenüber der Gesellschaft für Schäden, die durch mangelhafte Produkte verursacht werden.[4] Sie ist nicht nur im Rahmen echter Produkthaftungsfälle (also bei Verbindlichkeiten der Gesellschaft aus Produkthaftung) von Relevanz, sondern unter Umständen auch bei fehlender Haftung der Gesellschaft (z.B. wenn Produktmängel zwar keine Haftung der Gesellschaft nach sich ziehen, es aber wegen Reputationsverlusts zu einem Gewinnrückgang kommt).

42

a) Grundsätze

Die Analyse der Innenhaftung der Mitglieder des Geschäftsführungsorgans verlangt zunächst eine nähere Betrachtung ihres Pflichtenkreises. Im Recht der

43

---

1 *Lutter*, ZHR 157 (1993), 464, 468f.; *Kleindiek*, Delikthaftung und juristische Person, 1997, S. 464f.; *Kleindiek* in Lutter/Hommelhoff, § 43 GmbHG Rz. 79; dies als zu eng kritisierend *Wagner*, VersR 2001, 1057, 1061.
2 *Kleindiek* in Lutter/Hommelhoff, § 43 GmbHG Rz. 79.
3 Vgl. BGH v. 12.12.2000 – VI ZR 345/99, NJW 2001, 964f.
4 Vgl. *Heil/Russenschuck*, BB 1998, 1749, 1752.

AG und der GmbH wird aus der Verpflichtung der Vorstandsmitglieder bzw. GmbH-Geschäftsführer, bei ihrer Geschäftsführung die Sorgfalt eines ordentlichen und gewissenhaften Geschäftsleiters anzuwenden (§ 93 Abs. 1 Satz 1 AktG), ihre Pflicht abgeleitet, sich in ihrer gesamten Amtsführung gesetzestreu zu verhalten.[1] Diese **Legalitätspflicht** schließt neben der internen Pflichtenbindung nach Aktiengesetz bzw. GmbH-Gesetz, Satzung und Geschäftsordnung auch die externe Pflichtenbindung ein, die sich aus Rechtsvorschriften außerhalb des Aktiengesetzes bzw. des GmbH-Gesetzes ergibt.[2]

44 Die Verpflichtung der Vorstandsmitglieder bzw. GmbH-Geschäftsführer, kraft ihrer Organfunktion für die Erfüllung von Pflichten der Gesellschaft zu sorgen, gilt auch im Hinblick auf die der Gesellschaft obliegenden **Verkehrspflichten**[3], mithin auch für jene im Bereich der Produktverantwortung. Auf Grund der organschaftlichen Pflichtenstellung der Vorstandsmitglieder bzw. GmbH-Geschäftsführer schlagen die vorstehend (vgl. Rz. 12 ff.) skizzierten Verkehrspflichten der Gesellschaft gegenüber Dritten im Innenverhältnis in die Verpflichtung der Vorstandsmitglieder bzw. GmbH-Geschäftsführer um, für die Einhaltung dieser Verkehrspflichten Sorge zu tragen. Gleiches gilt im Hinblick auf die Einhaltung der rechtsgeschäftlichen Pflichten der Gesellschaft; auch dies haben die Vorstandsmitglieder bzw. GmbH-Geschäftsführer sicherzustellen.[4]

45 Die Pflichten der Vorstandsmitglieder und GmbH-Geschäftsführer betreffen **Konstruktion, Fabrikation, Instruktion und Produktbeobachtung**. Sie haben demnach im Einzelnen sicherzustellen, dass Produkte so konstruiert werden, dass sie den sich aus dem Verwendungszweck ergebenden Anforderungen gerecht werden, dass die Produkte nicht fehlerhaft hergestellt werden, dass die Nutzer der Produkte zutreffend instruiert werden und dass in den Verkehr gebrachte Produkte passiv und aktiv beobachtet werden. Zur Konkretisierung dieser organschaftlichen Pflichten kann auf die die Gesellschaft im Außenverhältnis treffenden Verkehrspflichten (dazu Rz. 12 ff.) Bezug genommen werden.[5] Die Vorstandsmitglieder und GmbH-Geschäftsführer brauchen sich dabei nicht unmittelbar in der Konstruktion, Fabrikation, Instruktion und Produktbeobachtung zu betätigen. Sie können ihrer Verpflichtung, dafür Sorge zu tragen, dass die die Gesellschaft im Außenverhältnis treffenden Verkehrspflichten beachtet werden, auch durch Schaffung, Beobachtung und ggf. Fortentwicklung adäquater Organisationsstrukturen entsprechen.

46 Die Pflicht der Vorstandsmitglieder bzw. GmbH-Geschäftsführer erschöpft sich im Bereich der deliktischen Produkthaftung indes nicht in der Sicherstellung ver-

---

1 Vgl. BGH v. 15.10.1996 – VI ZR 319/95, BGHZ 133, 370, 377; *Hopt* in Großkomm. AktG, § 93 AktG Rz. 98; *Mertens* in KölnKomm. AktG, § 93 AktG Rz. 34.
2 *Fleischer*, ZIP 2005, 141, 142; ähnlich *Abeltshauser*, Leitungshaftung im Kapitalgesellschaftsrecht, 1998, S. 205; *Spindler* in MünchKomm. AktG, § 93 AktG Rz. 63 f.
3 Zur GmbH *Kleindiek* in Lutter/Hommelhoff, § 43 GmbHG Rz. 8.
4 Zur GmbH *Kleindiek* in Lutter/Hommelhoff, § 43 GmbHG Rz. 8.
5 Ausführlich zur Konkretisierung der Organisationspflichten im Bereich der Produkthaftung *Spindler*, Unternehmensorganisationspflichten, 2001, S. 701 ff. (auf S. 719 ff. auch zur unternehmensexternen Organisation).

kehrspflichtkonformen Verhaltens, sondern betrifft zugleich **Beweislastaspekte**. Auch im Fall eines „non liquet" hinsichtlich der objektiven Pflichtwidrigkeit oder des Verschuldens kommt eine Haftung der Gesellschaft nämlich dann in Betracht, wenn der Produzent das Fehlen der objektiven Pflichtwidrigkeit oder des Verschuldens nicht dartun und beweisen kann.[1] Das Geschäftsführungsorgan ist deshalb nicht nur verpflichtet, für das Ausbleiben schuldhafter Verkehrspflichtverletzungen Sorge zu tragen, sondern hat zugleich sicherzustellen, dass die Gesellschaft das Fehlen der objektiven Pflichtwidrigkeit oder des Verschuldens dartun und beweisen kann. Diese Pflicht, die nicht aus der organschaftlichen Pflicht zur Einhaltung der externen Pflichtenbindung resultiert (eine externe Pflicht besteht zwar bezüglich eines verkehrspflichtkonformen Verhaltens, nicht hingegen hinsichtlich der Darlegung und des Beweises des Fehlens der objektiven Pflichtwidrigkeit oder des Verschuldens), sondern aus der allgemeinen organschaftlichen Pflicht zur Wahrnehmung der Vermögensinteressen der Gesellschaft folgt, beinhaltet neben der Durchführung der die objektive Pflichtwidrigkeit oder das Verschulden ausschließenden Maßnahmen insbesondere deren sorgfältige Dokumentation.

b) Mehrköpfige Geschäftsführungsorgane

Setzt sich das Geschäftsführungsorgan – wie regelmäßig der Fall – aus mehreren Personen zusammen, treffen die vorstehend entwickelten Pflichten im Ausgangspunkt das **Gesamtorgan**. Es stellt sich indes die Frage, wie sich die das Gesamtorgan treffenden Verpflichtungen auf die individuelle Pflichtenstellung des einzelnen Organmitglieds auswirken, insbesondere welche Organmitglieder zur Erfüllung der Pflichten zuständig sind und welchen Pflichten die übrigen Organmitglieder insoweit unterliegen.

Mehrere Vorstandsmitglieder sind gem. § 77 Abs. 1 Satz 1 AktG nur gemeinschaftlich zur Geschäftsführung befugt. Gem. § 77 Abs. 1 Satz 2 AktG kann die Satzung oder die Geschäftsordnung indes Abweichendes bestimmen. Entsprechendes gilt in der GmbH.[2] Ihre Grenze findet die zulässige Geschäftsverteilung am **Kernbereich zwingender Gesamtzuständigkeiten**, die vom Vorstand bzw. den Geschäftsführern als Gesamtorgan wahrzunehmen sind.[3] So sind neben Zuständigkeiten, die das Gesetz zwingend der Gesamtverantwortung des Vorstands bzw. der Geschäftsführer zuweist (z.B. §§ 90, 91 AktG), unternehmerische Führungsaufgaben und Entscheidungen über grundlegende geschäftspolitische Fragen nicht auf ein einzelnes Vorstandsmitglied bzw. einen einzelnen Geschäftsführer delegierbar, sondern bleiben der Entscheidung des Gesamtgremiums vorbehalten.[4] Dies wirft die Frage auf, ob und unter welchen Voraussetzungen Maßnah-

---

1 Vgl. BGH v. 2.2.1999 – VI ZR 392/97, NJW 1999, 1028, 1029.
2 *Zöllner/Noack* in Baumbach/Hueck, § 37 GmbHG Rz. 29.
3 *Mertens* in KölnKomm. AktG, § 77 AktG Rz. 18, 20; *Wiesner* in MünchHdb. AG, § 22 Rz. 15; *Hoffmann-Becking*, ZGR 1998, 497, 512; *Schiessl*, ZGR 1992, 64, 68 ff.; *Löbbe*, Unternehmenskontrolle im Konzern, 2003, S. 169.
4 *Mertens* in KölnKomm. AktG, § 77 AktG Rz. 18; *Martens* in FS Fleck, 1988, S. 191, 193 ff.; *Schwark*, ZHR 142 (1978), 203, 216.

men des Geschäftsführungsorgans im Rahmen seiner Produktverantwortung zwingend vom Gesamtorgan zu treffen sind.

49 Eine zwingende Gesamtzuständigkeit des Vorstands könnte sich zunächst aus dessen Verpflichtung zur **Einrichtung eines sog. Frühwarnsystems**[1] zwecks Früherkennung von den Fortbestand der Gesellschaft gefährdenden Entwicklungen gem. § 91 Abs. 2 AktG ergeben.[2] Die Pflicht zur Einrichtung eines Frühwarnsystems trifft das Organ in seiner Gesamtheit[3]; indes müssen lediglich die groben Strukturen und Ziele des Frühwarnsystems vom Gesamtgremium festgelegt und ihre Einhaltung überwacht werden, während die konkrete Ausformung des Frühwarnsystems auf einzelne Vorstandsmitglieder delegiert werden kann.[4] Eine Bestandsgefährdung setzt zunächst voraus, dass sich nachteilige Veränderungen wesentlich auf die Vermögens-, Finanz- oder Ertragslage der Gesellschaft auswirken können. Auf Grund der gesetzlichen Bezugnahme auf den Fortbestand der Gesellschaft ist darüber hinaus erforderlich, dass es sich um Vorgänge handelt, die das Insolvenzrisiko hervorrufen oder erheblich steigern.[5] Nur unter diesen engen Voraussetzungen besteht demnach eine aus § 91 Abs. 2 AktG folgende zwingende Zuständigkeit des Gesamtorgans.

50 Außerhalb des schmalen Anwendungsbereichs von § 91 Abs. 2 AktG verengt sich die aufgeworfene Frage somit dahingehend, ob es sich bei den Bereich der Produktverantwortung betreffenden Geschäftsführungsmaßnahmen (z.B. Richtlinien zur Produktentwicklung, organisatorischen Vorgaben zur Produktion, Rückrufentscheidungen) um **unternehmerische Führungsaufgaben** bzw. **Entscheidungen über grundlegende geschäftspolitische Fragen** handelt oder ob dies nicht der Fall ist. Für das Vorliegen einer unternehmerischen Führungsentscheidung kommt es entscheidend auf ihre Erheblichkeit für die mittel- und langfristige Entwicklung des Unternehmens- und dessen Ertrags-, Finanz- und Beschäftigungslage an. Als unternehmerische Führungsentscheidungen werden daher regelmäßig die Unternehmensplanung, insbesondere die Festlegung strategischer Unternehmensziele, die Festsetzung der Unternehmenspolitik und der Organisationsstruktur, die unternehmerische Koordinierung und Kontrolle sowie die Be-

---

1 An dieser Stelle kann nicht näher auf die Neuerungen durch das Gesetz zur Modernisierung des Bilanzrechts (Bilanzrechtsmodernisierungsgesetz – BilMoG) eingegangen werden. Es finden sich nunmehr für Aktiengesellschaften und kapitalmarktorientierte Kapitalgesellschaften ohne Aufsichts- oder Verwaltungsrat Vorschriften, die auf die Einrichtung eines internen Risikomanagement- und eines internen Kontrollsystems abzielen (vgl. etwa § 107 Abs. 3 Satz 2 AktG n.F. zu den Aufgaben des Prüfungsausschusses); vgl. hierzu etwa *Hommelhoff/Mattheus*, BB 2007, 2787 ff. sowie unten *Gelhausen*, § 30 Rz. 73 ff.
2 Zur Anwendbarkeit von § 91 Abs. 2 AktG im GmbH-Recht *Löbbe*, Unternehmenskontrolle im Konzern, 2003, S. 189.
3 LG Berlin v. 3.7.2002 – 2 O 358/01, AG 2002, 682, 684; *Hüffer*, § 91 AktG Rz. 1, 4; *Vogler/Kundert*, DB 1998, 2377, 2378.
4 LG Berlin v. 3.7.2002 – 2 O 358/01, AG 2002, 682, 684; *Fleischer*, NZG 2003, 449, 449 ff.; enger *Preußner*, NZG 2004, 1151 ff.; *Hopt* in Großkomm. AktG, § 93 AktG Rz. 107; allgemein zur Geschäftsverteilung im Vorstand *Spindler* in MünchKomm. AktG, § 93 AktG Rz. 131 ff.
5 *Spindler* in MünchKomm. AktG, § 91 AktG Rz. 21; *Götz*, NJW-Sonderheft H. Weber, 2001, S. 21, 22; a.A. *J. Hüffer* in FS Imhoff, 1998, S. 91, 100.

setzung von Führungspositionen im Unternehmen qualifiziert.[1] Verlässliche Kriterien dafür, ob eine Maßnahme zum Leitungsbereich zu rechnen ist und damit in die Zuständigkeit des Gesamtvorstands fällt oder aber zum Kreis einfacher Geschäftsführungsmaßnahmen gehört, haben sich in Rechtsprechung und Literatur noch nicht herausgebildet.[2] Als maßgeblich werden allgemein die Größe des Unternehmens sowie Art und Umfang des Geschäfts angesehen.[3] Dieser allgemeine Maßstab legt es nahe, die gestellte Frage einzelfallbezogen zu beantworten. Für auf einzelne Vorstandsmitglieder oder Geschäftsführer delegierbare Maßnahmen verbliebe im Bereich der Produktverantwortung somit ein erheblicher Anwendungsbereich.

Fraglich ist indes, ob aus der strafrechtlichen **„Lederspray"-Entscheidung** des BGH[4], die im strafrechtlichen Schrifttum überwiegend Zuspruch gefunden hat[5], eine generelle Regel folgt, dass Entscheidungen über einen Vertriebsstopp, eine Warn- oder Rückrufaktion stets vom Geschäftsführungsorgan[6] als Ganzem getroffen werden müssen. Der BGH betonte, der Grundsatz der Generalverantwortung und Allzuständigkeit der Geschäftsleitung greife dort ein, „wo – wie etwa in Krisen- und Ausnahmesituationen – aus besonderem Anlass das Unternehmen als Ganzes betroffen ist". So verhalte es sich „gerade auch bei einer Häufung von Verbraucherbeschwerden über Schadensfälle durch Benutzung eines vom Unternehmen massenweise hergestellten und vertriebenen Serienprodukts, wenn zu entscheiden ist, welche Maßnahmen zu ergreifen sind und ob insbesondere ein Vertriebsstopp, eine Warn- oder eine Rückrufaktion stattfinden muss"[7]. 51

Ob der BGH damit eine generelle Gesamtzuständigkeit des Geschäftsführungsorgans für Entscheidungen über einen Vertriebsstopp, eine Warn- oder Rückrufaktion verlangt, erscheint allerdings nicht frei von Zweifeln. Zum einen ließe sich die Bezugnahme auf **Krisen- und Ausnahmesituationen** so verstehen, dass in Ermangelung einer solchen Krisen- und Ausnahmesituation keine Gesamtzuständigkeit anzunehmen ist. Über das aus Sicht des Unternehmens zu beurteilende Kriterium des Vorliegens einer krisenhaften Zuspitzung (eine solche könnte etwa fehlen, wenn bei einem Großkonzern nur eine kleine Produktions- 52

---

1 *Mertens* in KölnKomm. AktG, § 76 AktG Rz. 5; *Semler*, Leitung und Überwachung der Aktiengesellschaft, Rz. 11 ff.; *Hüffer*, § 76 AktG Rz. 8; *Spindler* in MünchKomm. AktG, § 76 AktG Rz. 16 ff.
2 Vgl. *Fleischer*, ZIP 2003, 1, 2, der die Ausarbeitung einer aktienrechtlichen „Kernbereichslehre", anhand derer delegierbare und nicht delegierbare Aufgaben unterschieden werden sollen, als „wünschenswert" bezeichnet.
3 *Kort* in Großkomm. AktG, § 77 AktG Rz. 31.
4 BGH v. 6.7.1990 – 2 StR 549/89, BGHSt 37, 106, 106 ff.
5 *Krekeler/Werner*, Unternehmer und Strafrecht, 2006, Rz. 1083; *Kuhlen* in 50 Jahre BGH – FG Wissenschaft, Band IV, S. 647 ff.; *Schünemann* in 50 Jahre BGH – FG Wissenschaft, Band IV, S. 621 ff.; ablehnend *Spindler* in Fleischer, Handbuch des Vorstandsrechts, § 15 Rz. 72 ff.
6 Die vom BGH aufgestellten Grundsätze gelten, wenngleich der „Lederspray"-Fall eine GmbH betraf, nicht nur für GmbH-Geschäftsführer, sondern auch für Vorstandsmitglieder einer Aktiengesellschaft (*Spindler* in Fleischer, Handbuch des Vorstandsrechts, § 15 Rz. 68 ff.).
7 BGH v. 6.7.1990 – 2 StR 549/89, BGHSt 37, 106, 124.

einheit betroffen ist) käme es letztlich entscheidend auf eine Beurteilung des konkreten Einzelfalls an. Zum anderen hat der BGH seinen Standpunkt zugleich mit dem – nur im Einzelfall zutreffenden – Umstand begründet, dass im konkreten Fall in unterschiedlicher Weise alle vier Geschäftsbereiche der Muttergesellschaft wie auch die Vertriebsgesellschaften kompetenzmäßig betroffen gewesen seien[1]; auch insoweit sind Interpretationsspielräume im Sinn einer einzelfallbezogenen Sicht eröffnet. Insgesamt dürfte indes viel dafür sprechen, die einschlägigen Ausführungen des BGH so zu verstehen, dass nach Ansicht des BGH Entscheidungen über einen Vertriebsstopp, eine Warn- oder Rückrufaktion in allen Fällen vom gesamten Geschäftsführungsorgan zu treffen sind.

53 Ein solches Verständnis unterstellt, wäre der „Lederspray"-Entscheidung des BGH jedoch eine Absage zu erteilen. Es wäre nicht einsichtig, weshalb der auf die Definition des Kernbereichs zwingender Gesamtzuständigkeiten anzuwendende allgemeine **einzelfallbezogene Maßstab**, wonach es entscheidend auf die Größe des Unternehmens sowie Art und Umfang des Geschäfts ankommt, nicht auch im Bereich von Entscheidungen über einen Vertriebsstopp, eine Warn- oder Rückrufaktion gelten sollte. Nimmt man die rechtliche Beurteilung richtigerweise anhand des vorerwähnten allgemeinen Maßstabs vor, kommt erhebliche Bedeutung zum einen der Größe des Unternehmens, zum anderen der Dimension der konkreten Entscheidung über einen Vertriebsstopp, eine Warn- oder Rückrufaktion zu. So wird eine Entscheidung über den Rückruf einer kleinen Produktionseinheit in vielen Fällen keine nachhaltigen Auswirkungen auf die mittel- und langfristige Entwicklung des Unternehmens haben, während dies bei einer umfassenden Rückrufaktion für ein bestimmtes Produkt (z.B. alle Fahrzeuge eines bestimmten Typs) durchaus der Fall sein kann. Fraglich ist in diesem Zusammenhang weiterhin, ob eine zwingende Gesamtzuständigkeit dann anzunehmen ist, wenn die Produktfehler zu Lebens- oder ernsthaften Gesundheitsgefahren führen können. Die organschaftliche Pflichtenstellung der Vorstandsmitglieder bzw. GmbH-Geschäftsführer bemisst sich indes primär nach den der Gesellschaft drohenden Gefahren, nicht hingegen nach den Dritten drohenden Rechtsgutsverletzungen. Eine zwingende Gesamtzuständigkeit ist unter Zugrundelegung des vorstehend dargestellten allgemeinen Maßstabs deshalb nur dann anzunehmen, wenn die Dritten drohenden Rechtsgutsbeeinträchtigungen unter Berücksichtigung der Größe des Unternehmens sowie der Art, des Umfangs und der Auswirkungen des Geschäfts eine Qualifizierung als unternehmerische Führungsaufgabe bzw. grundlegende geschäftspolitische Entscheidung rechtfertigen. Diese Voraussetzung ist bei Lebens- oder Gesundheitsgefahren nicht notwendig, im Hinblick auf den von Lebens- oder schwerwiegenden Gesundheitsgefahren ausgehenden finanziellen Schaden oder Imageschaden eines Unternehmens jedoch vielfach erfüllt.

54 Selbst wenn man vor dem Hintergrund des „Lederspray"-Urteils des BGH grundsätzlich eine zwingende Gesamtkompetenz aller Mitglieder des Geschäftsführungsorgans bejahen wollte, wäre der Anwendungsbereich dieses Urteils in mehrfacher Hinsicht begrenzt. Zunächst betrifft das „Lederspray"-Urteil des BGH nur

---

1 BGH v. 6.7.1990 – 2 StR 549/89, BGHSt 37, 106, 124.

Entscheidungen über einen Vertriebsstopp, eine Warn- oder Rückrufaktion. **Andere Bereiche der Produktverantwortung** des Geschäftsführungsorgans (wie z.B. die Organisation der Produktentwicklung und der Produktion) waren demgegenüber nicht Gegenstand der BGH-Entscheidung.

Darüber hinaus betraf die „Lederspray"-Entscheidung des BGH nur den **Fall einer ablehnenden Entscheidung** über einen Vertriebsstopp, eine Warn- oder Rückrufaktion. Auch unter Zugrundelegung der „Lederspray"-Entscheidung des BGH wäre es mithin vertretbar, einem Mitglied des Geschäftsführungsorgans die Kompetenz einzuräumen, allein einen Vertriebsstopp, eine Warn- oder Rückrufaktion anzuordnen[1], und es nur im Fall einer ablehnenden Entscheidung zu verpflichten, die Angelegenheit dem Gesamtorgan zur Entscheidung vorzulegen.

55

Orientiert man sich primär nicht an den im „Lederspray"-Urteil des BGH enthaltenen Ausführungen, sondern an den allgemeinen Leitlinien zur Abgrenzung von Maßnahmen mit zwingender Gesamtzuständigkeit des Geschäftsführungsorgans und solchen, die in die **Einzelverantwortung eines Organmitglieds** übertragen werden können, bleibt fest zu halten, dass Maßnahmen im Bereich der Produktverantwortung grundsätzlich nicht dem Gesamtorgan vorbehalten sind, sondern in die Einzelzuständigkeit einzelner Organmitglieder übertragen werden können.[2] Dies betrifft neben dem Bereich der Produktkonstruktion und der Herstellung einschließlich der Befundsicherung die Instruktion der Produktnutzer und die Produktbeobachtung einschließlich Entscheidungen über einen Vertriebsstopp, eine Warn- oder Rückrufaktion. Eine Grenze ist der Übertragbarkeit in die Zuständigkeit eines einzelnen Organmitglieds erst dann gezogen, wenn die Maßnahme im Hinblick auf ihre Art und ihren Umfang sowie die Unternehmensgröße dem Leitungsbereich zuzurechnen ist. Fraglich ist, ob eine strengere Sicht bei Produkten mit einem besonderen Gefahrenpotential (z.B. Sprengstoff) gerechtfertigt ist. Indes erscheint es vorzugswürdig, auch bei derartigen Produkten keine zwingende Gesamtkompetenz anzunehmen, sondern die Gefährlichkeit als einen Faktor bei der Beurteilung der Art der Maßnahme zu würdigen (was im Ergebnis freilich häufig zu einer Gesamtkompetenz führen wird).

56

Möchte man von der Möglichkeit weitreichender Einzelzuständigkeit von Mitgliedern des Geschäftsführungsorgans Gebrauch machen, stellt sich in der Rechtspraxis die Frage, wie die Abgrenzung von zwingenden Gesamtkompetenzen und organintern delegierbaren Aufgaben in der Satzung oder – vor allem im Hinblick auf die Möglichkeit der vereinfachten Änderung regelmäßig vorzugswürdig – in der **Geschäftsordnung** umgesetzt werden kann. Dabei können die Voraussetzungen einer zwingenden Gesamtkompetenz des Geschäftsführungsorgans abstrakt umschrieben werden (z.B. wesentliche Bedeutung für das Unter-

57

---

1 Anderes würde dann gelten, wenn die Anordnung eines Vertriebsstopps, einer Warn- oder Rückrufaktion auf Grund der von ihr hervorgerufenen Auswirkungen (z.B. Imageschaden, finanzieller Aufwand) unter Berücksichtigung der Größe des Unternehmens als eine dem Leitungsbereich zuzurechnende Maßnahme zu qualifizieren wäre.
2 Dabei muss das Organmitglied, dem die Aufgabe übertragen wird, die zu ihrer Erfüllung erforderliche persönliche und fachliche Qualifikation besitzen (*Uwe H. Schneider* in FS 100 Jahre GmbH-Gesetz, 1992, S. 473, 484).

nehmen unter Berücksichtigung von Art und Umfang der Maßnahmen) oder durch betragsmäßige Schwellenwerte konkretisiert werden. Im letzteren Fall ist darauf zu achten, dass die Schwellenwerte, falls das Unternehmen schrumpft, angepasst werden.

58 Auch soweit Geschäftsführungsaufgaben innerhalb des Geschäftsführungsorgans auf ein Mitglied delegiert werden, werden die übrigen Mitglieder nicht von ihrer Verantwortung für die delegierten Aufgaben befreit. Vielmehr wandeln sich die bestehenden Sorgfaltspflichten in **wechselseitige Kontrollpflichten**.[1] Dabei steigt die Intensität der geforderten wechselseitigen Kontrolle mit der Wahrscheinlichkeit und Größe eines drohenden Schadens.

c) Delegation auf nachgeordnete Unternehmensebenen

59 Da Vorstandsmitglieder einer AG und Geschäftsführer einer GmbH schon aus Kapazitätsgründen nicht in der Lage sind, sämtliche Geschäftsführungstätigkeiten umfassend selbst wahrzunehmen, können sie sie auf **nachgeordnete Stellen übertragen**[2] (vgl. auch oben *E. Vetter*, § 18 Rz. 60 ff.). Zwingend dem Gesamtgeschäftsführungsorgan zugewiesen sind jedoch unternehmerische Führungsentscheidungen (vgl. Rz. 47 ff.). Indes wird die Leitungsmacht des Geschäftsführungsorgans auch in den Fällen unternehmerischer Führungsentscheidungen nicht berührt, wenn lediglich die Vorbereitung oder die Ausführung der Entscheidungen an Personen delegiert wird, die dem arbeitsrechtlichen Direktionsrecht des Geschäftsführungsorgans unterliegen. Nur die Leitungsentscheidung selbst muss beim Geschäftsführungsorgan verbleiben.[3]

60 Auch hinsichtlich der Möglichkeit der vertikalen Delegation ist es bislang weder der Rechtsprechung noch der Literatur gelungen, klare Kriterien für die Abgrenzung von unternehmerischen Führungsentscheidungen und an nachgeordnete Ebenen **delegierbaren Entscheidungen** zu entwickeln. Nach hier vertretener Auffassung kann bei der Beurteilung des Vorliegens einer unternehmerischen Führungsentscheidung kein verallgemeinernder Maßstab Anwendung finden. Es muss vielmehr unter Berücksichtigung der Unternehmensgröße sowie von Art und Umfang der Maßnahme beurteilt werden, ob diese dem nicht delegierbaren Leitungsbereich zuzuordnen ist.[4] Hinsichtlich der bei der Beurteilung der Dele-

---

1 *Mertens* in KölnKomm. AktG, § 77 AktG Rz. 20; *Wiesner* in MünchHdb. AG, § 22 Rz. 15 f.; *Schiessl*, ZGR 1992, 64, 68; *Löbbe*, Unternehmenskontrolle im Konzern, 2003, S. 172 ff.
2 *Löbbe*, Unternehmenskontrolle im Konzern, 2003, S. 42; *Semler*, Leitung und Überwachung der Aktiengesellschaft, Rz. 10. Keiner näheren Betrachtung unterzogen werden kann hier die Übertragung von Aufgaben im Rahmen der Produktverantwortung auf Unternehmensexterne (vgl. dazu *Spindler*, Unternehmensorganisationspflichten, 2001, S. 719 ff.; insbesondere S. 729 ff.).
3 *Fleischer* in Fleischer, Handbuch des Vorstandsrechts, § 1 Rz. 56; *Fleischer*, ZIP 2003, 1, 8; *Spindler* in MünchKomm. AktG, § 76 AktG Rz. 19; *Kort* in Großkomm. AktG, § 76 AktG Rz. 49.
4 Im gedanklichen Ausgangspunkt spricht viel dafür, die Schwelle für die rechtliche Zulässigkeit der Delegation auf nachgeordnete Ebenen tendenziell höher anzusiedeln als bei einer Delegation auf einzelne Mitglieder des Geschäftsführungsorgans. In beiden Kon-

gierbarkeit zu berücksichtigenden Aspekte kann auf die Ausführungen zur horizontalen Delegierbarkeit Bezug genommen werden (vgl. Rz. 46 ff.). Ist die Delegation in concreto zulässig, lässt sie die Verantwortung der Mitglieder des Geschäftsführungsorgans nicht zur Gänze entfallen, sondern gibt ihr nur einen anderen Inhalt.[1] Die Mitglieder des Geschäftsführungsorgans haben in solchen Fällen für die ordnungsgemäße Auswahl, Einweisung und Überwachung der betrauten Mitarbeiter einzustehen.[2]

Die **ordnungsgemäße Auswahl** der Mitarbeiter erfordert, dass sie über die erforderlichen persönlichen und fachlichen Qualifikationen hinsichtlich der Konstruktion, Fabrikation einschließlich Befundsicherung, Instruktion, Produktbeobachtung und Dokumentation verfügen, um die ihnen zugewiesenen Aufgaben ordnungsgemäß zu erfüllen.[3] Die konkreten Sorgfaltsanforderungen hängen nach allgemeinen Grundsätzen dabei insbesondere vom Grad der dem Unternehmen drohenden Risiken ab.[4] Für den Bereich der Produkthaftung folgt hieraus, dass die Sorgfaltspflichtanforderungen mit einer Erhöhung des vom konkreten Produkt ausgehenden Gefährdungspotentials für das Unternehmen zunehmen, wobei sich das Gefährdungspotential nicht nur in Verbindlichkeiten aus etwaigen Schadensfällen, sondern auch in Ertragseinbußen infolge von durch Schadensfälle ausgelösten Imageschäden manifestieren kann. Je wahrscheinlicher derartige Vorgänge sind und je höher der durch sie verursachte Schaden der Gesellschaft sein kann, desto strenger sind die an die Auswahl der Mitarbeiter anzulegenden Sorgfaltsmaßstäbe. Die vom Vorstand ausgewählten Mitarbeiter brauchen ihrerseits nicht über eine spezielle fachliche Expertise hinsichtlich aller in ihrem Verantwortungsbereich angesiedelten Produkte zu verfügen; es reicht aus, dass sie ihrerseits zur ordnungsgemäßen Auswahl, Einweisung und Überwachung von Mitarbeitern in der Lage sind. Das Vorhandensein der erforderlichen fachlichen Qualifikation setzt in der Regel nicht notwendig bestimmte Berufsabschlüsse voraus. Die Existenz von Berufsabschlüssen wird es indes vielfach erleichtern, eine ordnungsgemäße Auswahl darzutun. 61

Eine **sorgfaltsgemäße Einweisung** der Mitarbeiter erfordert die Erläuterung der ihnen übertragenen Aufgaben, die Schaffung von Berichtszuständigkeiten, die Bekanntgabe der Regeln über die unternehmensinterne Organisation und Hinweise 62

---

stellationen wird die Aufgabe zwar nicht mehr vom Gesamtgeschäftsführungsorgan, im zweiten Szenario aber immerhin noch von einem Mitglied des Geschäftsführungsorgans und nicht lediglich von auf nachgeordneten Ebenen tätigen Mitarbeitern wahrgenommen. Es erscheint indes zweifelhaft, ob sich derartige Differenzierungen einigermaßen praktikabel umsetzen ließen. Festgehalten werden kann jedenfalls, dass viel dafür spricht, nicht auf einzelne Mitglieder des Geschäftsführungsorgans horizontal delegierbare Aufgaben auch als vertikal nicht delegierbar zu qualifizieren.

1 Vgl. *Fleischer* in Fleischer, Handbuch des Vorstandsrechts, § 8 Rz. 28; *Hopt* in Großkomm. AktG, § 93 AktG Rz. 59; *Löbbe*, Unternehmenskontrolle im Konzern, 2003, S. 42; ebenso zur GmbH *Haas* in Michalski, § 43 GmbHG Rz. 170.
2 Vgl. BGH v. 7.11.1994 – II ZR 270/93, BGHZ 127, 336, 347.
3 Vgl. *Fleischer* in Fleischer, Handbuch des Vorstandsrechts, § 8 Rz. 30.
4 Vgl. *Fleischer* in Fleischer, Handbuch des Vorstandsrechts, § 8 Rz. 30; *Uwe H. Schneider* in FS 100 Jahre GmbH-Gesetz, 1992, S. 473, 488.

auf besondere Gefahrenmomente.[1] Die Einweisungspflicht beinhaltet auch die Pflicht, die Mitarbeiter in angemessener Weise fortzubilden.[2]

63 Ferner haben die Mitglieder des Geschäftsführungsorgans für eine **laufende Überwachung** zu sorgen und sicherzustellen, dass die Mitarbeiter auf nachgeordneten Unternehmensebenen die ihnen übertragenen Aufgaben ordnungsgemäß erledigen.[3] Sie haben zunächst geeignete organisatorische Vorkehrungen zu treffen, um Pflichtverletzungen von Unternehmensangehörigen zu vermeiden, insbesondere die Verantwortlichkeiten unter den Mitarbeitern festzulegen.[4] Sie haben weiterhin Kontrollmechanismen zu etablieren, die nicht erst bei der Entdeckung von Missständen eingreifen.[5] Gibt es Hinweise auf Pflichtverstöße auf nachgeordneten Unternehmensebenen, haben die Mitglieder des Geschäftsführungsorgans dem unverzüglich nachzugehen.[6] Die erforderlichen Überwachungsmaßnahmen können je nach Größe und Organisationsform des Unternehmens auch auf mehreren Unternehmensebenen zu treffen sein.[7] In besonderen Fällen kann eine gesteigerte Überwachungspflicht anzunehmen sein.[8] Dies kann insbesondere dann der Fall sein, wenn bei vergleichbaren Produkten Schadensfälle bekannt werden oder sonstige Anhaltspunkte vorliegen, die ein gesteigertes Risiko von Produktfehlern erkennen lassen.

64 Aufgrund der Überwachungspflichten des Geschäftsführungsorgans kann sich dieses seiner Pflichten im Rahmen der Produktverantwortung nicht durch die Delegation auf ein **Expertengremium** entledigen. Ein solches – im Hinblick auf den größeren Sachverstand und eine eventuell erhöhte Reaktionsgeschwindigkeit durchaus nahe liegendes – Gremium kann zwar eingerichtet werden. Es kann indes nicht als „frei schwebendes" Gremium ausgestaltet werden, sondern bedarf der „Anbindung" an und der Überwachung durch das Geschäftsführungsorgan. Auch unter Zugrundelegung der Grundsätze der „Ledersprüh"-Entscheidung des BGH kann ein solches Gremium ermächtigt werden, einen Vertriebsstopp, eine Warn- oder Rückrufaktion anzuordnen, und es nur für den Fall einer ablehnenden Entscheidung zur Vorlage der Angelegenheit an das Gesamtgeschäftsführungsorgan verpflichtet werden (vgl. auch Rz. 55).

65 Fraglich ist darüber hinaus, ob und unter welchen Voraussetzungen das Geschäftsführungsorgan im Produktbereich zur Einrichtung einer auf Schadensprävention und Risikokontrolle angelegten **Compliance-Organisation** verpflichtet ist. Der Begriff der Compliance, der ursprünglich aus der anglo-amerikanischen

---

1 *Fleischer* in Fleischer, Handbuch des Vorstandsrechts, § 8 Rz. 31.
2 *Uwe H. Schneider* in FS 100 Jahre GmbH-Gesetz, 1992, S. 473, 486.
3 Vgl. BGH v. 7.11.1994 – II ZR 270/93, BGHZ 127, 336, 347; KG Berlin v. 9.10.1998 – 14 U 4823/96, NZG 1999, 400, 400; *Hopt* in Großkomm. AktG, § 93 AktG Rz. 59; *Fleischer* in Fleischer, Handbuch des Vorstandsrechts, § 8 Rz. 32.
4 *Lutter*, GmbHR 2000, 301, 304.
5 Vgl. *Fleischer* in Fleischer, Handbuch des Vorstandsrechts, § 8 Rz. 37.
6 Vgl. BGH v. 8.10.1984 – II ZR 175/83, GmbHR 1985, 143, 144; *Fleischer* in Fleischer, Handbuch des Vorstandsrechts, § 8 Rz. 35.
7 *Fleischer* in Fleischer, Handbuch des Vorstandsrechts, § 8 Rz. 39.
8 Vgl. *Hopt* in Großkomm. AktG, § 93 AktG Rz. 59.

Bankenwelt stammt[1], umfasst die Gesamtheit aller Maßnahmen, um das rechtmäßige Verhalten von Unternehmen, Organmitgliedern und Mitarbeitern zu gewährleisten.[2] Wenngleich in jüngerer Vergangenheit weitere Compliance-relevante Risikobereiche identifiziert wurden, wurde der Bereich der Produkthaftung bisher vielfach nicht als Compliance-Gebiet angesehen.[3] Angesichts des hier vorhandenen erheblichen Risikopotentials erscheint es indes nahe liegend, Compliance-Pflichten auch im Bereich der Produkthaftung als möglich anzusehen. Eine Pflicht zur Schaffung einer Compliance-Organisation[4] wird man insoweit indes nicht generell, sondern nur dann bejahen können, wenn dies im konkreten Fall unter Berücksichtigung der Größe des Unternehmens, der Vielfalt und Bedeutung der von ihm einzuhaltenden Vorschriften sowie früherer Missstände und Unregelmäßigkeiten[5] erforderlich ist.[6]

d) Eigenes Verschulden

Eine Haftung von AG-Vorstandsmitgliedern nach § 93 Abs. 2 AktG bzw. von GmbH-Geschäftsführern nach § 43 Abs. 2 GmbHG setzt eine **eigene schuldhafte Pflichtverletzung** voraus. Schuldhafte Pflichtverletzungen anderer Organmitglieder oder von Mitarbeitern auf nachgeordneten Unternehmensebenen sind weder nach § 278 BGB noch nach § 831 BGB zuzurechnen.[7] Erforderlich ist demnach, dass das in Anspruch genommene Vorstandsmitglied bzw. der in Anspruch genommene Geschäftsführer schuldhaft die vorstehend entwickelten Pflichten (dazu Rz. 43 ff.) verletzt. 66

Nach § 93 Abs. 2 Satz 2 AktG trifft die Vorstandsmitglieder die **Beweislast** dafür, dass sie die Sorgfalt eines ordentlichen und gewissenhaften Geschäftsleiters angewandt haben. Die AG muss hiernach Eintritt und Höhe des Schadens, Handlung bzw. Unterlassung des beklagten Vorstandsmitglieds sowie adäquate Kausalität zwischen Handlung und Schaden beweisen. Demgegenüber ist das Vorstandsmitglied beweisbelastet, dass die Handlung nicht pflichtwidrig oder nicht schuldhaft war oder dass der Schaden auch bei pflichtgemäßem Verhalten eingetreten wäre.[8] Gleiches gilt, auch wenn dort keine ausdrückliche gesetzliche Re- 67

---

1 *Fleischer* in Fleischer, Handbuch des Vorstandsrechts, § 8 Rz. 41.
2 Vgl. *Uwe H. Schneider*, ZIP 2003, 645, 646f. und in diesem Handbuch oben *Kremer/Klahold*, § 21 Rz. 1ff.
3 Vgl. *Fleischer* in Fleischer, Handbuch des Vorstandsrechts, § 8 Rz. 44; s. indes auch *Veltins* in Hauschka, Corporate Compliance, 2. Aufl. 2010, §§ 21ff. sowie *Uwe H. Schneider*, CCZ 2008, 18, mit Hinweisen zum Unternehmensstrafrecht in den USA und Großbritannien.
4 Zu deren Ausgestaltung näher *Uwe H. Schneider*, ZIP 2003, 645, 649f.
5 Vgl. zu derartigen Faktoren *Fleischer* in Fleischer, Handbuch des Vorstandsrechts, § 8 Rz. 44.
6 S. auch *Hauschka*, ZIP 2004, 877, 878; tendenziell strenger *Uwe H. Schneider*, ZIP 2003, 645, 647ff.
7 Zur AG *Fleischer* in Fleischer, Handbuch des Vorstandsrechts, § 8 Rz. 14; *Fleischer*, AG 2003, 291, 292; zur GmbH *Haas* in Michalski, § 43 GmbHG Rz. 175f.
8 *Hüffer*, § 93 AktG Rz. 16; *Wiesner* in MünchHdb. AG, § 26 Rz. 11 jeweils m.w.N.; ausführlich zur Problematik auch *Goette*, ZGR 1995, 648, 649ff.

gelung existiert, für die GmbH.[1] Auf Grund dieser Beweislastregelung kommt der Frage, ob die Grundsätze über die Beweislastverteilung im Verhältnis zwischen Geschädigtem und Produzenten auch für dessen Rückgriff bei den Mitgliedern des Geschäftsführungsorgans zu beachten sind, nur eingeschränkte Relevanz zu. Es sind indes Konstellationen denkbar, in denen sich diese Frage durchaus stellen kann. Haftet die Gesellschaft etwa wegen Verletzung der Befundsicherungspflicht und möchte sie hierfür Rückgriff bei einem Mitglied des Geschäftsführungsorgans nehmen, würde etwa die Frage aufgeworfen, ob das Vorstandsmitglied die Beweislast dafür trägt, dass der Produktfehler nicht in dem von ihm zu verantwortenden Bereich entstanden ist. Im Ergebnis ist eine Übertragung der Beweislastgrundsätze des klassischen Produkthaftungsrechts auf das Verhältnis zwischen Gesellschaft und Organmitglied jedoch abzulehnen. Die den Geschädigten gewährten Beweiserleichterungen werden gerechtfertigt unter Hinweis auf die Unübersichtlichkeit des Produktionsbereichs und die damit verbundenen Schwierigkeiten des Nachweises eines verschuldeten Fehlers, die auf die Beeinflussung des Konsumverhaltens abzielende Werbung und die Möglichkeit des Produzenten, die Risiken am ehesten versichern zu können.[2] Diese Überlegungen lassen sich auf das Verhältnis zwischen Gesellschaft und Organmitglied nicht übertragen. Insoweit bewendet es daher bei den auf § 93 Abs. 2 Satz 2 AktG gestützten Grundsätzen, die auch auf die GmbH Anwendung finden.

68 Hiervon zu unterscheiden ist die weitere – zu bejahende – Frage, ob die auf das Verhältnis zwischen Geschädigtem und Produzent anwendbaren Beweislastgrundsätze im Regressszenario insofern Berücksichtigung finden, als es um die Frage geht, ob der Gesellschaft überhaupt ein Schaden entstanden ist. Ist – wie regelmäßig der Fall – gem. §§ 72 ff. ZPO der Streit verkündet worden, greift insoweit die Nebeninterventionswirkung gem. § 68 ZPO ein.

e) Problematik sog. nützlicher Pflichtverletzungen

69 Fraglich ist, ob sich Mitglieder des Geschäftsführungsorgans im Innenverhältnis darauf berufen können, ein erfolgter Gesetzesverstoß sei im Interesse der Gesellschaft geschehen. Praktische Bedeutung könnte dem etwa dann zukommen, wenn die mit der Wahrung der Befundsicherungspflicht verbundenen Kosten betragsmäßig die aus ihrer Verletzung resultierenden Schadensersatzpflichten der Gesellschaft jedenfalls ex ante übersteigen (z.B. weil Rechtsgutsverletzungen nur in extrem seltenen Fällen zu erwarten stehen). Ein unternehmerischer Handlungsspielraum bei **profitablen Pflichtverletzungen** wird indes im einschlägigen Schrifttum jedenfalls im Grundsatz verneint.[3] Dem ist im Hinblick darauf zu folgen, dass die Einhaltung der Gesetzesbestimmungen dem Gesellschaftsinte-

---

[1] BGH v. 4.11.2002 – II ZR 224/00, BGHZ 152, 280, 284 f.; *Kleindiek* in Lutter/Hommelhoff, § 43 GmbHG Rz. 43.
[2] Vgl. *Hager* in Staudinger, § 823 BGB Rz. F 1.
[3] *Hopt* in Großkomm. AktG, § 93 AktG Rz. 99; *Ihrig*, WM 2004, 2098, 2104; *Paefgen*, Unternehmerische Entscheidungen und Rechtsbindung der Organe in der AG, 2002, S. 24; *Fleischer*, ZIP 2005, 141, 142 ff. (auch näher zu Ausnahmen); *Altmeppen* in Roth/Altmeppen, § 43 GmbHG Rz. 6; differenzierend *Uwe H. Schneider* in Scholz, § 43 GmbHG Rz. 78 f.

resse vorgeordnet ist[1] (vgl. zu diesem Fragenkreis auch unten *Wilsing*, § 27 Rz. 25 ff.).

Kein Gesetzesverstoß der Gesellschaft steht demgegenüber in Rede, soweit es nur um die Verpflichtung der Mitglieder des Geschäftsführungsorgans geht, insbesondere durch **Dokumentation** sicherzustellen, dass die Gesellschaft das Fehlen der objektiven Pflichtwidrigkeit oder des Verschuldens dartun und beweisen kann (vgl. Rz. 46). Insoweit verbleibt deshalb Raum für die Argumentation, die im Innenverhältnis grundsätzlich gebotenen Handlungsweisen hätten im konkreten Fall auf Grund der mit ihnen verbundenen Kosten im Interesse der Gesellschaft unterbleiben dürfen. 70

III. Konzernspezifische Besonderheiten

Schwierige Rechtsfragen stellen sich im Zusammenhang mit der Produktverantwortung von Managern in Konzernstrukturen (näher zur Organhaftung im Konzern *Sven H. Schneider*, § 8 Rz. 12 ff.). Auch insoweit ist zwischen der Frage der Inanspruchnahme von Organmitgliedern des Mutterunternehmens im **Außenverhältnis**[2] und jener ihrer Inanspruchnahme im **Innenverhältnis** zu unterscheiden. Letztere betrifft dabei nicht nur Fälle, in denen das Mutterunternehmen seinerseits in Anspruch genommen wird, sondern auch solche, in denen schuldhafte Pflichtverletzungen von Organmitgliedern des Mutterunternehmens zur Schädigung von Tochterunternehmen und damit mittelbar zur Schädigung des Mutterunternehmens geführt haben. Voraussetzung der Inanspruchnahme im Innenverhältnis ist dabei die schuldhafte Verletzung von Pflichten der Mitglieder des Geschäftsführungsorgans im Zusammenhang mit der Leitung und Kontrolle des Konzernverbundes[3]. Dieser komplexe Fragenkreis kann hier nicht vertieft werden. 71

IV. Sonstige zivilrechtliche Verantwortlichkeit

Pflichtverletzungen von Vorstandsmitgliedern im Rahmen der Produktverantwortung können den **Widerruf ihrer Bestellung** rechtfertigen. Voraussetzung hierfür ist nach § 84 Abs. 3 Satz 1 AktG das Vorliegen eines wichtigen Grundes. Ein solcher ist zu bejahen, wenn die Fortsetzung des Organverhältnisses bis zum Ende der Amtszeit für die AG unzumutbar ist.[4] Als wichtiger Grund gilt namentlich grobe Pflichtverletzung, Unfähigkeit zur ordnungsgemäßen Geschäftsführung oder Vertrauensentzug durch die Hauptversammlung, es sei denn, dass das Vertrauen aus offenbar unsachlichen Gründen entzogen wurde (§ 84 Abs. 3 Satz 2 AktG). Ob Pflichtverletzungen von Vorstandsmitgliedern im Rahmen ihrer Produktverantwortung einen wichtigen Grund für den Widerruf der Bestel- 72

---

1 Zutreffend *Fleischer*, ZIP 2005, 141, 148 f.
2 Vgl. dazu die Darstellung bei *Spindler* in Fleischer, Handbuch des Vorstandsrechts, § 13 Rz. 88 ff.
3 Ausführlich zur Kontrolle von Konzernunternehmen durch das Leitungsorgan der Obergesellschaft *Löbbe*, Unternehmenskontrolle im Konzern, 2003, S. 74 ff.
4 *Hüffer*, § 84 AktG Rz. 26.

lung darstellen, lässt sich indes nicht verallgemeinernd, sondern nur im Hinblick auf den jeweils in Rede stehenden Einzelfall beurteilen.

73 In der GmbH ist die Bestellung der Geschäftsführer grundsätzlich unbeschadet etwaiger Entschädigungsansprüche aus bestehenden Verträgen jederzeit widerruflich. Allerdings kann der Gesellschaftsvertrag die Abberufbarkeit bis zur Grenze des Vorliegens wichtiger Gründe beliebig einschränken.[1] Im Anwendungsbereich des Mitbestimmungsgesetzes findet auf die Abberufung von GmbH-Geschäftsführern zwingend § 84 AktG Anwendung (§ 31 MitbestG).

74 Der Widerruf der Bestellung als Vorstandsmitglied bzw. Geschäftsführer lässt den **Anstellungsvertrag** grundsätzlich unberührt. Eine grobe Pflichtverletzung kann einen wichtigen Grund für die außerordentliche Kündigung des Anstellungsvertrages darstellen[2]; dessen Vorliegen kann letztlich indes auch im Bereich der Produktverantwortung nur einzelfallbezogen beurteilt werden.

D. Strafrechtliche Verantwortlichkeit

75 Die strafrechtliche Verantwortung von Vorstandsmitgliedern einer AG und GmbH-Geschäftsführern, die hier nur kurz skizziert werden kann (s. dazu unten *Krause*, § 35 Rz. 1ff.)[3], wird maßgeblich durch die sog. **„Lederspray"-Entscheidung** des II. Strafsenats des BGH geprägt.

76 Die Entscheidung ist insbesondere[4] im Hinblick darauf bedeutsam, dass der BGH eine **Garantenstellung** der Geschäftsleitung aus gefährlichem Vorverhalten schon allein jedenfalls auf Grund der objektiven Pflichtwidrigkeit der Geschäftsleitung bejaht, also auch ohne schuldhaftes Vorverhalten.[5] Offen ließ der BGH demgegenüber die Ableitung einer Garantenstellung aus zivilrechtlichen Verkehrssicherungspflichten.[6]

77 Nach herrschender Meinung ist strafrechtlich jedes Mitglied des Geschäftsführungsorgans zum Handeln für die juristische Person verpflichtet. Indes kann es auch im strafrechtlichen Bereich zu einer Reduktion der Pflicht des infolge

---

1 *Zöllner/Noack* in Baumbach/Hueck, § 38 GmbHG Rz. 6.
2 Näher *Hüffer*, § 84 AktG Rz. 39f.
3 Umfangreichere Untersuchungen finden sich insbesondere bei *Hilgendorf*, Strafrechtliche Produzentenhaftung in der „Risikogesellschaft", 1993; *Kuhlen*, Fragen einer strafrechtlichen Produkthaftung, 1989; *Hassemer*, Produktverantwortung im modernen Strafrecht, 2. Aufl. 1996; *Ransiek*, Unternehmensstrafrecht, 1996.
4 Bedeutung kommt ihr auch insoweit zu, als sie einen Ursachenzusammenhang zwischen der Beschaffenheit eines Produkts und Gesundheitsbeeinträchtigungen seiner Nutzer auch dann als rechtsfehlerfrei festgestellt ansieht, wenn offen bleibt, welche Substanz den Schaden ausgelöst hat, aber andere in Betracht kommende Schadensursachen auszuschließen sind (BGHSt 37, 106, 111 ff.); vgl. zu den Anforderungen an die Feststellung eines Ursachenzusammenhangs zwischen chemischen Substanzen und Gesundheitsschäden auch BGHSt 41, 206, 214 ff.
5 BGH v. 6.7.1990 – 2 Str 549/89, BGHSt 37, 106, 113 ff.
6 BGH v. 6.7.1990 – 2 Str 549/89, BGHSt 37, 106, 115; vgl. hierzu auch *Spindler* in Fleischer, Handbuch des Vorstandsrechts, § 15 Rz. 70ff. m.w.N.

einer bestimmten Ressortverteilung unzuständigen Organmitglieds auf eine Überwachungspflicht kommen, die bei Anhaltspunkten für Pflichtverletzungen auch zu einer Pflicht zum Eingreifen erstarken kann.[1] Auch in strafrechtlicher Hinsicht ist nach zutreffender Auffassung eine zwingende **Gesamtzuständigkeit** für jedwede Entscheidung über einen Vertriebsstopp, eine Warn- oder Rückrufaktion abzulehnen (vgl. Rz. 51 ff.).

Keiner näheren Betrachtung unterzogen werden können hier die Konkretisierung strafrechtlich begründeter **Organisationspflichten** sowie die Fragenkreise der Täterschaft kraft Organisationsherrschaft, der Verletzung der Aufsichtspflicht nach § 130 OWiG sowie von Straftaten und Ordnungswidrigkeiten in Konzernstrukturen (s. dazu unten *Schücking*, § 36 Rz. 22 ff.).[2]   78

E. Zusammenfassung

1. Der Produktverantwortung von Managern liegt ein weiterer Produktbegriff zugrunde als dem klassischen Produkthaftungsrecht: Erfasst wird auch die Haftung für unkörperliche Produkte und für unbewegliche Sachen. Darüber hinaus schließt die Produktverantwortung von Managern anders als das klassische Produkthaftungsrecht auch Aspekte des Ersatzes des Äquivalenzinteresses ein.   79

2. a) Eine deliktische Produktaußenhaftung von Vorstandsmitgliedern und GmbH-Geschäftsführern kommt in den Fällen eigenhändigen Fehlverhaltens nach § 823 Abs. 1 BGB, § 823 Abs. 2 BGB in Verbindung mit einem Schutzgesetz sowie nach § 826 BGB in Betracht.   80

   b) Eine deliktische Produktaußenhaftung von Vorstandsmitgliedern und GmbH-Geschäftsführern scheidet außerhalb eigenhändigen Fehlverhaltens demgegenüber grundsätzlich aus, weil Träger der Verkehrspflichten nur die juristische Person, nicht hingegen das Organmitglied ist.   81

   c) Eigenhändigem Handeln steht es indes gleich, wenn das Organmitglied von Verletzungshandlungen nachgeordneter Mitarbeiter oder anderer Organmitglieder erfährt und hiergegen nicht einschreitet.   82

3. Im Innenverhältnis gegenüber der Gesellschaft haben Vorstandsmitglieder und GmbH-Geschäftsführer (vor allem mittels Organisation) die sorgfältige Konstruktion und Fabrikation von Produkten, die sachgerechte Instruktion ihrer Nutzer und die sorgfältige Produktbeobachtung sicherzustellen. Sie haben darüber hinaus sicherzustellen, dass die Gesellschaft das Fehlen der objektiven Pflichtwidrigkeit oder des Verschuldens im Rahmen eines Produkthaftungsprozesses beweisen kann (insbesondere durch sorgfältige Dokumentation ergriffener Maßnahmen).   83

---

1 *Spindler* in Fleischer, Handbuch des Vorstandsrechts, § 15 Rz. 82 m.w.N.
2 Näher zu alldem *Spindler* in Fleischer, Handbuch des Vorstandsrechts, § 15 Rz. 75 ff. m.w.N.

84	4. a) Die Produktverantwortung obliegt grundsätzlich dem gesamten Geschäftsführungsorgan. Es kann indes durch die Satzung oder die Geschäftsordnung eine Einzelzuständigkeit begründet werden.
85	b) Eine zwingende Gesamtzuständigkeit folgt aus § 91 Abs. 2 AktG nur bei Hervorrufen oder erheblicher Steigerung eines Insolvenzrisikos.
86	c) Eine zwingende Gesamtzuständigkeit besteht auch dann, wenn die konkrete Maßnahme als unternehmerische Führungsaufgabe zu qualifizieren ist. Dies beurteilt sich in Abhängigkeit von der Größe des Unternehmens sowie Art und Umfang der Maßnahme, wobei es insbesondere auf das Gefahrenpotential der jeweiligen Produkte ankommt. Verallgemeinerungen im Sinn einer zwingenden Gesamtzuständigkeit für einen Vertriebsstopp, eine Warn- oder Rückrufaktion betreffende Maßnahmen sind auch vor dem Hintergrund des „Ledersprays"-Urteils des BGH abzulehnen.
87	5. Soweit keine unternehmerische Führungsentscheidung betroffen ist, können die Maßnahmen im Rahmen der Produktverantwortung auch auf nachgeordnete Unternehmensebenen übertragen werden. Die betrauten Mitarbeiter sind indes ordnungsgemäß auszuwählen, einzuweisen und zu überwachen. Die an die Auswahl, Einweisung und Überwachung anzulegenden Pflichtenmaßstäbe hängen insbesondere vom Gefahrenpotential der jeweiligen Produkte ab. Das Geschäftsführungsorgan kann sich seiner Pflichten durch Einschaltung eines Sachverständigengremiums nicht vollständig entledigen.
88	6. Die Gesellschaft kann sich im Regressprozess hinsichtlich der Pflichtwidrigkeit und des Verschuldens eines Organmitglieds nicht auf die von der Rechtsprechung im Recht der Produkthaftung entwickelten Beweislastgrundsätze berufen. Indes finden die Regelungen gem. § 93 Abs. 2 Satz 2 AktG insoweit Anwendung (und zwar auch in der GmbH).
89	7. Den Mitgliedern des Geschäftsführungsorgans ist im Innenverhältnis der Einwand versagt, eine Verletzung der Verkehrssicherungspflichten habe im wohl verstandenen Interesse der Gesellschaft gelegen. Möglich bleibt dieser Einwand demgegenüber im Hinblick auf Maßnahmen, die erforderlich sind, um das Fehlen der objektiven Pflichtwidrigkeit oder des Verschuldens darzutun und zu beweisen (insbesondere Dokumentationsmaßnahmen).
90	8. Auch in strafrechtlicher Hinsicht ist einer zwingenden Gesamtzuständigkeit des Geschäftsführungsorgans für jedwede Entscheidung über einen Vertriebsstopp, eine Warn- oder Rückrufaktion eine Absage zu erteilen.

§ 25
Risikobereich und Haftung: M&A-Transaktionen

Dr. Thomas Bücker/Dr. Christoph von Bülow

	Rz.
A. Einführung	1
B. Spezifische Managerpflichten bei M&A-Transaktionen	3
I. Insiderrecht	3
1. Kauf bzw. Verkauf börsennotierter Aktien	5
2. Börsennotiertes Unternehmen als Käufer oder Verkäufer	9
II. Ad-hoc-Publizität	11
III. Anzeige- und Genehmigungspflichten	16
1. Fusionskontrolle	17
2. Bank- und Versicherungsaufsichtsrecht	18
3. Ausländische Anzeige- und Genehmigungserfordernisse	19
4. Außenwirtschaftsrecht	20
IV. Managerpflichten bei öffentlichen Übernahmen	21
1. Rechtliche Rahmenbedingungen in Deutschland	22
a) Vertraulichkeit	23
b) Vorbereitungsmaßnahmen	24
c) Beteiligungsaufbau	27
d) Berater	30
e) Informationspflichten	31
f) Angebotsunterlage	32
2. Zielgesellschaft	34
a) Verhinderungsverbot	35
b) Informationspflichten	37
c) Interessenkonflikte	39
V. Wahrung der aktienrechtlichen Kompetenzordnung	40
1. Zustimmungsvorbehalte des Aufsichtsrats	41
2. Mitwirkungsrechte der Hauptversammlung	43
3. Folgen einer Kompetenzüberschreitung	44
VI. Mitteilungspflichten	46
1. Börsennotierte Unternehmen	47
a) §§ 21 f. WpHG	47
b) Directors' Dealings	53
2. Nicht börsennotierte Unternehmen	54
C. Allgemeine Managerpflichten bei M&A-Transaktionen	55
I. Handeln zum Wohl der Gesellschaft auf Grund angemessener Information	56
II. Due Diligence	60
III. Transaktionsstrukturierung	65
IV. Abbruch von Vertragsverhandlungen	68
V. Vertragsgestaltung	69
VI. Haftungsrisiken und Pflichten nach Vertragsvollzug	73
1. Integrationsmaßnahmen	73
2. Vertragsmonitoring	76

Schrifttum: *Berens/Brauner/Strauch,* Due Diligence bei Unternehmensakquisitionen, 3. Aufl. 2002; *Böttcher,* Organpflichten beim Unternehmenskauf, NZG 2007, 481; *Fleischer,* Kompetenzüberschreitungen von Geschäftsleitern im Personen- und Kapitalgesellschaftsrecht: Schaden – rechtmäßiges Alternativverhalten – Vorteilsausgleichung, DStR 2009, 1294; *Fleischer,* Aktuelle Entwicklungen in der Managerhaftung, NJW 2009, 2337; *Fleischer/Körber,* Due Diligence und Gewährleistung beim Unternehmenskauf, BB 2001, 841; *Haas/Müller,* Haftungsrisiken des GmbH-Geschäftsführers im Zusammenhang mit Unternehmens(ver)käufen, GmbHR 2004, 1169; *Hemeling,* Gesellschaftsrechtliche Fragen der Due Diligence beim Unternehmenskauf, ZHR 169 (2005), 274; *Hoor,* Die Haftung der Unternehmensleiter von Kapitalgesellschaften für das Fehlverhalten beim Erwerb eines Unternehmens, 2003; *Kiethe,* Vorstandshaftung aufgrund fehlerhafter Due Diligence beim Unternehmenskauf, NZG 1999, 976; *Lutter,* Due Diligence des Erwerbers beim Kauf einer Beteiligung, ZIP 1997, 613; *Munkert*, Unternehmenstransaktionen erfolgreich managen, DStR 2008, 2501; *Osswald*, Die D&O-Versicherung beim Unternehmenskauf: Auswirkungen eines Unternehmenskaufs und einer Verschmelzung auf den D&O-Versicherungsschutz, 2009; *Pöllath/Philipp*, Unternehmenskauf und Verschmelzung: Pflichten und Haftung von Vorstand und Geschäftsführer, DB 2005, 1503; *Schaffner*, Haftungsbeschränkungen im Managementletter, BB 2007, 1292; *Seibt/Wollenschläger*, Haftungsrisiken für Manager wegen fehlgeschlagener Post Merger Integration, DB 2009, 1579; *Sieger*/Hasselbach, Die Haftung des GmbH-Geschäftsführers bei Unternehmenskäufen, GmbHR 1998, 957; *van Venrooy*, Geschäftsführerhaftung beim Unternehmenskauf, GmbHR 2008, 1; *Werner*, Haftungsrisiken bei Unternehmensakquisitionen: die Pflicht des Vorstands zur Due Diligence, ZIP 2000, 989.

A. Einführung

1   Der Erwerb und die Veräußerung von Unternehmen ist für die strategische Ausrichtung und Entwicklung vieler Gesellschaften von zentraler Bedeutung. Das Volumen von Mergers & Acquisitions (M&A) hatte über viele Jahre auch aufgrund der Öffnung der Märkte in Osteuropa und Fernost sowie der allgemeinen Intensivierung des globalen Wettbewerbs Jahr für Jahr neue Höchststände erreicht. Auf Grund der weltweiten Finanzmarkt- und Wirtschaftskrise ist das Transaktionsgeschäft seit 2008 allerdings stark zurückgegangen. Dennoch wurden 2008 weltweit immer noch fast 29 000 M&A-Transaktionen mit einem Gesamtvolumen von mehr als USD 2688 Mrd. durchgeführt.[1] Grund für den Erwerb von Unternehmen ist zumeist der Wunsch nach Expansion oder Diversifizierung. Die Veräußerung von Unternehmen oder Geschäftsbereichen ist oftmals durch die angestrebte Konzentration auf strategische Kernfelder oder Trennung von weniger profitablen oder restrukturierungsbedürftigen Unternehmensbereichen motiviert. In jüngerer Zeit erfolgten Unternehmensverkäufe verstärkt auch zur Beschaffung liquider Mittel.

2   Angesichts der großen Bedeutung von M&A-Transaktionen und der Komplexität der Rahmenbedingungen ist es fast verwunderlich, dass es bislang nicht häufiger zu Fällen von M&A-bezogener Organhaftung gekommen ist.[2] Die ganz überwiegende Zahl spektakulärer Fälle von Managerhaftung – allen voran die US-Fälle Enron, Worldcom bzw. die deutschen Beispiele EM.TV, Comroad und Flowtex[3] – ist eher dem Bereich von Falschbilanzierung und irreführender Kapitalmarktkommunikation zuzuordnen. Die Gründe für diese vergleichsweise geringe „**Prozessneigung**" des M&A-Geschäfts dürften zum einen im bislang vorherrschenden

---

1 Vgl. Aquisitions Monthly, Feb. 2009, S. 6.
2 Vgl. jedoch etwa OLG Oldenburg v. 22.6.2006 – 1 U 34/03, DB 2006, 2511 (bestätigt durch Nichtzulassungsbeschluss des BGH v. 15.5.2007 – II ZR 165/06).
3 BGH v. 10.11.2004 – VIII ZR 186/03, NJW 2005, 359 = ZIP 2004, 2384 – Flowtex; BGH v. 9.5.2005 – II ZR 287/02, NJW 2005, 2450 = AG 2005, 609 – EM.TV; BGH v. 26.6.2006 – II ZR 153/05, NZG 2007, 269 = AG 2007, 169 – Comroad III; BGH v. 4.6.2007 – II ZR 147/05, NZG 2007, 708 = AG 2007, 620 – Comroad IV; BGH v. 4.6.2007 – II ZR 173/05, NZG 2007, 711 = AG 2007,623 – Comroad V; BGH v. 7.1.2008 – II ZR 229/05, NZG 2008, 382 = AG 2008, 252 – Comroad VI; BGH v. 7.1.2008 – II ZR 68/06, NZG 2008, 385 = AG 2008, 254 – Comroad VII; BGH v. 7.1.2008 – II ZR 310/06, NZG 2008, 386 = AG 2008, 377 – Comroad VIII.

System der „Innenhaftung" von Vorstand und Aufsichtsrat liegen, das signifikante Hürden für die gerichtliche Inanspruchnahme von Organen errichtet.[1] Zum anderen wirkt sich gerade im Bereich des M&A das Haftungsprivileg der *Business Judgment Rule*, die nach ihrer richterrechtlichen Ausformung durch die ARAG/Garmenbeck-Entscheidung des BGH[2] seit 2005 in § 93 Abs. 1 AktG explizit verankert ist[3], in besonderer Weise aus: Die Entscheidung zum Erwerb oder zur Veräußerung eines Unternehmens oder Geschäftszweigs liegt im Kernbereich des unternehmerischen Handelns und geht oftmals mit komplexen Einschätzungen, Wertungen und Prognosen einher. Fehlurteile – selbst wenn sie gravierende wirtschaftliche Folgen haben – sind in diesem „geschützten" Bereich daher kaum justitiabel. Sie führen in der Praxis allenfalls zur Abberufung der verantwortlichen Organmitglieder, nicht aber zu einer persönlichen Inanspruchnahme. Im Zuge der Finanzmarktkrise sind allerdings die Verantwortlichkeiten von Vorständen und Aufsichtsräten auch im Zusammenhang von M&A-Transaktionen stärker in den Fokus der Diskussion geraten. Es wäre daher nicht überraschend, wenn zukünftig die Bereitschaft steigt, Manager für wirtschaftlich „gescheiterte" M&A-Transaktionen in Anspruch zu nehmen. Daher hat die sorgfältige **Dokumentation** der Informations- und Entscheidungsprozesse weiterhin maßgebliche Bedeutung für die Abwehr etwaiger Ansprüche.

B. Spezifische Managerpflichten bei M&A-Transaktionen

I. Insiderrecht

Bei M&A-Transaktionen unter Beteiligung börsennotierter Unternehmen ergeben sich für das jeweilige Management der handelnden Parteien besondere Haftungsrisiken aus dem gesetzlichen **Verbot von Insidergeschäften** nach § 14 Abs. 1 WpHG. Es umfasst drei Grundtatbestände: Das Verbot, Insiderpapiere unter Verwendung einer Insiderinformation zu erwerben oder zu veräußern (§ 14 Abs. 1 Nr. 1 WpHG, sog. *Insiderhandelsverbot*), einem anderen eine Insiderinformation unbefugt mitzuteilen oder zugänglich zu machen (§ 14 Abs. 1 Nr. 2 WpHG, sog. *Offenlegungsverbot*) sowie das Verbot, auf der Grundlage einer Insiderinformation den Erwerb oder die Veräußerung von Insiderpapieren zu empfehlen (*Empfehlungsverbot*, § 14 Abs. 1 Nr. 3 WpHG). Adressat der Norm ist jedermann, der über eine Insiderinformation verfügt. Dazu können auch juristische Personen gehören.[4]

3

---

1 Auch nach Inkrafttreten des Gesetzes zur Unternehmensintegrität und Modernisierung des Anfechtungsrechts (UMAG) vom 22.9.2005 (BGBl. I 2005, 2802ff.) setzt die Erhebung einer gegen Organmitglieder gerichteten Klage das Durchlaufen eines Klagezulassungsverfahrens voraus (§ 148 AktG), bei dem unter anderem Tatsachen vorliegen müssen, die den Verdacht rechtfertigen, dass der Gesellschaft durch *Unredlichkeit oder grobe Verletzung des Gesetzes oder der Satzung* ein Schaden entstanden ist, hierzu: Hüffer, § 148 AktG Rz. 4ff.; *K. Schmidt*, NZG 2005, 796. Vgl. aber *Duve/Basak*, BB 2006, 1345, 1347ff.
2 BGH v. 21.4.1997 – II ZR 175/95, NJW 1997, 1926 = AG 1997, 377.
3 Eingeführt durch das UMAG, vgl. Fn. 1.
4 *Assmann* in Assmann/Uwe H. Schneider, § 14 WpHG Rz. 5; vgl. auch Art. 1 Nr. 6 der Richtlinie 2003/6/EG vom 28.1.2003 über Insider-Geschäfte und Marktmanipulation ABl. EG Nr. L 96 v. 12.4.2003, S. 16.

4 Das Insiderhandelsverbot ist **strafbewehrt**, vgl. § 38 Abs. 1 WpHG. Verstöße gegen das Offenlegungsverbot oder das Empfehlungsverbot stellen für sog. Primärinsider, zu denen auch Organmitglieder zählen, eine Straftat (§ 38 Abs. 1 Nr. 2 WpHG), im Übrigen nach § 39 Abs. 2 Nrn. 3 und 4 WpHG eine Ordnungswidrigkeit dar. Hat ein Unternehmen aus einer Insidertat einen Vermögensvorteil erlangt, kann zudem nach § 73 StGB dessen Verfall angeordnet werden.[1]

1. Kauf bzw. Verkauf börsennotierter Aktien

5 Aktien sind **Insiderpapiere**, wenn sie an einer inländischen Börse zum Handel zugelassen, in den geregelten Markt oder den Freiverkehr einbezogen (§ 12 Satz 1 Nr. 1 WpHG) oder aber in einem anderen EWR-Mitgliedstaat zum Handel an einem organisierten Markt zugelassen sind (§ 12 Satz 1 Nr. 2 WpHG).[2] Auch Optionen und Derivativgeschäfte, die sich auf die Aktien eines börsennotierten Unternehmens beziehen, sind erfasst, vgl. § 12 Abs. 1 Nr. 3 WpHG.

6 Das Insiderhandelsverbot untersagt den Erwerb und die Veräußerung von Insiderpapieren unter **Verwendung** einer „**Insiderinformation**". Nach § 13 Abs. 1 WpHG sind Insiderinformationen konkrete Informationen über nicht öffentlich bekannte Umstände, die sich auf einen oder mehrere Emittenten börsennotierter Wertpapiere oder auf die Insiderpapiere selbst beziehen und die geeignet sind, im Falle ihres öffentlichen Bekanntwerdens den Börsenkurs der Insiderpapiere erheblich zu beeinflussen.[3]

7 Insiderinformationen führen nur dann zu einem Veräußerungsverbot, wenn diese im Falle ihres Bekanntwerdens zu einem niedrigeren Börsenkurs der Aktie führen können. Umgekehrt führt nur die Kenntnis von *positiven* Insiderinformationen zu einem Erwerbsverbot.[4] Ausnahmen gibt es gleichwohl: Hat etwa der Käufer eine positive Insiderinformation im Rahmen einer **Due-Diligence-Prüfung** bei der Zielgesellschaft erlangt, kann er dennoch einen ursprünglich beabsichtigten außerbörslichen Paketerwerb durchführen, wenn der Verkäufer den gleichen Kenntnisstand über die betreffende Insiderinformation hat wie er selbst.[5] Weitere Zukäufe über die Börse oder von Dritten, die nicht über die betreffende Insiderinformation verfügen (sog. *alongside purchases*), würden hingegen gegen das Insiderhandelsverbot verstoßen.[6]

---

1 Dazu *Gassmann*, wistra 2004, 41.
2 Ausreichend ist hierbei, dass ein Antrag auf Börsenzulassung oder Einbeziehung in den geregelten Markt bzw. Freiverkehr gestellt oder öffentlich angekündigt worden ist, vgl. § 12 Satz 2 WpHG.
3 Zum Begriff der Insiderinformation vgl. etwa *Assmann* in Assmann/Uwe H. Schneider, § 13 WpHG Rz. 49; *Mennicke/Jakovou* in Fuchs, § 13 WpHG Rz. 19 ff. Zu Beispielen aus der Praxis vgl. Emittentenleitfaden der Bundesanstalt für Finanzdienstleistungsaufsicht (Stand: 28.4.2009), S. 55 ff.
4 Ebenso *Mennicke* in Fuchs, § 14 WpHG Rz. 83.
5 *Assmann* in Assmann/Uwe H. Schneider, § 14 WpHG Rz. 28, 42; *Hasselbach*, NZG 2004, 1087, 1089, 1091; *Mennicke* in Fuchs, § 14 WpHG Rz. 84; *Schäfer* in Schäfer/Hamann, Kapitalmarktgesetze, § 14 WpHG Rz. 8 f.
6 Emittentenleitfaden der Bundesanstalt für Finanzdienstleistungsaufsicht (Stand: 28.4. 2009), S. 38; *Schäfer* in Schäfer/Hamann, Kapitalmarktgesetze, § 14 WpHG Rz. 69.

In welchem Umfang das Insiderhandelsverbot auch im Rahmen von öffentlichen **Übernahme- oder Pflichtangeboten** gilt, ist im Einzelnen umstritten. Nach der Verwaltungspraxis der Bundesanstalt für Finanzdienstleistungsaufsicht (BaFin) soll die Abgabe eines öffentlichen Übernahmeangebots unter Verwendung einer Insiderinformation grundsätzlich unzulässig sein.[1] Diese Auffassung steht jedoch im Widerspruch zu Erwägungsgrund 29 der Marktmissbrauchsrichtlinie[2], wonach das Verwenden einer Insiderinformation im Falle eines öffentlichen Übernahmeangebots als solches gerade nicht als Insidergeschäft gelten soll. Zulässig bleibt auch das sog. „**stake building**" im Vorfeld einer Übernahme, wenn der Käufer über keine andere Insiderinformation verfügt als die Kenntnis von seiner eigenen Übernahmeabsicht. Denn in diesem Fall wird die Insiderinformation nicht verwendet, sondern lediglich umgesetzt.[3] Neben einer möglichen Organhaftung im Hinblick auf Schäden des Unternehmens durch eine Verletzung des Insiderhandelsverbots sind auch die individuellen strafrechtlichen Sanktionen für das Management zu beachten (s. oben Rz. 4).

2. Börsennotiertes Unternehmen als Käufer oder Verkäufer

Tritt ein börsennotiertes Unternehmen als Verkäufer oder Käufer auf, kann diese Tatsache für das Unternehmen selbst eine Insiderinformation darstellen. Dies ist der Fall, wenn die Transaktion für das Unternehmen von solcher Bedeutung ist, dass sie ein verständiger Anleger bei seiner Anlageentscheidung berücksichtigen würde. Bei **mehrstufigen Prozessen**, wie dies bei M&A-Transaktionen regelmäßig der Fall ist, stellt sich für jedes Stadium der Transaktion die Frage, ob bereits die Eignung zur erheblichen Preisbeeinflussung besteht. Sind die Verhandlungen noch nicht über die Abgabe eines sog. Letter of Intent hinausgekommen oder läuft noch eine Due-Diligence-Prüfung, würde ein verständiger Anleger diesen Sachverhalt wegen der noch bestehenden Unwägbarkeiten regelmäßig noch nicht „einpreisen".[4] Er stellt dann noch keine Insiderinformation dar. Erst wenn eine hinreichende Wahrscheinlichkeit besteht, dass es tatsächlich zur Transaktion kommt, wird der Umstand zu einer Insiderinformation.[5] Ab diesem Zeitpunkt ist es dem Management und allen sonstigen von der Transaktion informierten Dritten verboten, in Wertpapieren des betreffenden Unternehmens zu handeln. Auch der **Erwerb eigener Aktien** ist dann nur noch möglich, wenn die (engen) Voraussetzungen des § 14 Abs. 2 WpHG vorliegen. In dieser Situation hat also der Vorstand sicherzustellen, dass keine Aktienrückkäufe mehr z.B. zu dem Zweck erfolgen, die Aktien später als Akquisitionswährung einzusetzen. Bei der Umsetzung von Aktienrückkaufprogrammen empfiehlt es sich daher, gegenüber der beauftragten Bank eine feste Verpflichtung zum Erwerb einer bestimmten Anzahl

---

1 Emittentenleitfaden der Bundesanstalt für Finanzdienstleistungsaufsicht (Stand: 28.4. 2009), S. 38.
2 ABl. EG Nr. L 96 v. 12.4.2003, S. 16.
3 *Assmann* in Assmann/Uwe H. Schneider, § 14 WpHG Rz. 31; *Cascante/Topf*, AG 2009, 53, 56; *Schäfer* in Schäfer/Hamann, Kapitalmarktgesetze, § 14 WpHG Rz. 71.
4 Vgl. Emittentenleitfaden der Bundesanstalt für Finanzdienstleistungsaufsicht (Stand: 28.4.2009), S. 31.
5 BGH v. 25.2.2008 – II ZB 9/07, NZG 2008, 300 = AG 2008, 380; OLG Stuttgart – 20 Kap 1/08, NZG 2009, 624; OLG Frankfurt – 2 Ss – OWi 514/08, NJW 2009, 391.

von Aktien einzugehen.[1] Dann kann das beauftragte Institut den Aktienrückkauf auch dann noch durchführen, wenn das Unternehmen nach Auftragserteilung Kenntnis von Insiderinformationen erhält. Stoppt dagegen das Unternehmen im Hinblick auf eine Insiderinformation das Rückkaufprogramm, wird das Insiderhandelsverbot nicht verletzt, da es nicht mehr zu einem Erwerb kommt.[2] Bei Fortführung des Aktienrückkaufprogramms ist darauf zu achten, dass dann keine Insiderinformationen mehr vorliegen.[3]

10 Aus § 15b WpHG ergeben sich besondere Organisationspflichten des Vorstands im Hinblick auf die Compliance mit insiderrechtlichen Vorschriften bei M&A-Transaktionen. Nach jener Norm müssen börsennotierte Unternehmen ein sog. **Insiderverzeichnis** führen. Der Vorstand hat dafür zu sorgen, dass die in den Verzeichnissen aufgeführten Personen über die rechtlichen Pflichten, die sich aus dem Zugang zu Insiderinformationen ergeben, sowie über die Rechtsfolgen von Verstößen gegen das Verbot von Insidergeschäften aufgeklärt werden, vgl. § 15b Abs. 1 Satz 3 WpHG. Ergänzende Pflichten ergeben sich aus §§ 14 bis 16 WpAIV.[4] Die vorsätzliche oder leichtfertige Verletzung der Verpflichtung zur Führung eines Insiderverzeichnisses stellt eine Ordnungswidrigkeit dar (§ 39 Abs. 2 Nr. 8 WpHG).

II. Ad-hoc-Publizität

11 Nach § 15 Abs. 1 Satz 1 WpHG sind börsennotierte und im Börsenzulassungsverfahren befindliche Unternehmen verpflichtet, Insiderinformationen, die diese unmittelbar betreffen, unverzüglich zu veröffentlichen. Zweck der Ad-hoc-Publizitätspflicht ist es, den Kapitalmärkten unverzüglich und gleichmäßig alle **kursrelevanten Informationen** zur Verfügung zu stellen. Gleichzeitig ist die Pflicht zur Ad-hoc-Publizität eine wichtige Präventivmaßnahme zur Einhaltung des Verbots von Insidergeschäften.

12 Der Begriff der „Insiderinformation" ist deckungsgleich mit dem im Rahmen des Insiderhandelsverbots verwendeten Begriff (s. oben Rz. 6). Allerdings bezieht sich die Veröffentlichungspflicht nur auf solche Insiderinformationen, die den Emittenten **unmittelbar betreffen**. Nach § 15 Abs. 1 Satz 3 WpHG ist dies insbesondere dann der Fall, wenn sich die Insiderinformation auf Umstände bezieht, die in seinem Tätigkeitsbereich eingetreten sind. Bezieht sich eine Information nur auf seine Wertpapiere (beispielsweise die bevorstehende Umplatzierung eines Aktienpakets) oder allgemeine, wenn auch für den Emittenten besonders bedeut-

---

1 Vgl. Emittentenleitfaden der Bundesanstalt für Finanzdienstleistungsaufsicht (Stand: 28.4.2009), S. 40.
2 *Assmann* in Assmann/Uwe H. Schneider, § 14 WpHG Rz. 39.
3 Emittentenleitfaden der Bundesanstalt für Finanzdienstleistungsaufsicht (Stand: 28.4. 2009), S. 40.
4 Verordnung zur Konkretisierung von Anzeige-, Mitteilungs- und Veröffentlichungspflichten sowie der Pflicht zur Führung von Insiderverzeichnissen nach dem Wertpapierhandelsgesetz vom 13.12.2004 (BGBl. I 2004, 3376).

same Sachverhalte (wie etwa allgemeine Wirtschaftsdaten oder die Ölpreisentwicklung), besteht keine Veröffentlichungspflicht.[1]

Bei M&A-Transaktionen kann sowohl für die Bieter- als auch für die Zielgesellschaft die Frage eine Veröffentlichungspflicht nach § 15 Abs. 1 WpHG entstehen. Insoweit gelten grundsätzlich die gleichen Erwägungen wie oben unter Rz. 9. Eine veröffentlichungspflichtige Insiderinformation entsteht grundsätzlich erst dann, wenn aus Sicht eines verständigen Anlegers eine hinreichende Wahrscheinlichkeit für das Zustandekommen der betreffenden Transaktion besteht. Stehen sich auf Seiten der Bieter- und der Zielgesellschaft von Anfang an nur jeweils ein Unternehmen gegenüber kann dies bereits der Fall sein, wenn sich der ernsthafte Einigungswille der Verhandlungspartner in einer Vereinbarung – beispielsweise dem Abschluss eines Letter of Intent – manifestiert. Bei Beteiligung mehrerer Unternehmen auf der einen oder anderen Seite ist spätestens beim Eintritt in konkrete Verhandlungen auf exklusiver Basis an das Vorliegen einer Insiderinformation zu denken.[2]

13

Unter bestimmten Voraussetzungen kann der Emittent eigenverantwortlich den **Aufschub der Veröffentlichung** einer Insiderinformation nach § 15 Abs. 3 WpHG vornehmen. Dafür ist erforderlich, dass berechtigte Interessen des Emittenten die verzögerte Veröffentlichung der Insiderinformation rechtfertigen, vgl. § 15 Abs. 3 Satz 1 WpHG i.V.m. § 6 WpAIV. Dabei sind an die Interessen des Emittenten zur Vertraulichkeit keine zu hohen Anforderungen zu stellen. So ist bei Entscheidungsprozessen, die den Aufsichtsrat involvieren, ein Aufschub angesichts der dem Aufsichtsrat nach dem Aktienrecht zugewiesenen Überwachungsaufgabe regelmäßig zulässig.[3] Ein Aufschub der Veröffentlichung kommt jedoch in jedem Fall nur dann in Betracht, wenn keine **Irreführung der Öffentlichkeit** zu befürchten ist und der Emittent die **Vertraulichkeit der Insiderinformation** gewährleisten kann (§ 15 Abs. 3 Satz 1 WpHG). Nimmt der Emittent ein Recht zum Aufschub der Veröffentlichung wahr, darf er keine dem wahren Sachverhalt gegenläufigen Erklärungen abgeben oder Signale setzen. Er muss sich in diesen Fällen auf eine strikte „No Comment Policy" beschränken.[4] Nach h.M. setzt ein Aufschub der Veröffentlichungspflicht nach § 15 Abs. 3 WpHG einen entsprechenden ausdrücklichen Beschluss des Emittenten voraus.[5] Nach Auffassung der BaFin soll sogar ein entsprechender Vorstandsbeschluss erforderlich sein.[6] Entfallen die Voraussetzungen für einen Aufschub der Veröffentlichung, ist diese unverzüglich **nachzuholen** (§ 15 Abs. 3 Satz 2 WpHG). Der BaFin sind gleichzeitig die Gründe

14

---

1 Emittentenleitfaden der Bundesanstalt für Finanzdienstleistungsaufsicht (Stand: 28.4.2009), S. 53 ff.
2 Emittentenleitfaden der Bundesanstalt für Finanzdienstleistungsaufsicht (Stand: 28.4.2009), S. 63 f.
3 Emittentenleitfaden der Bundesanstalt für Finanzdienstleistungsaufsicht (Stand: 28.4.2009), S. 67.
4 Emittentenleitfaden der Bundesanstalt für Finanzdienstleistungsaufsicht (Stand: 28.4.2009), S. 67.
5 *Pfüller* in Fuchs, § 15 WpHG Rz. 345; *Widder*, DB 2009, 967 m.w.N. A.A. OLG Stuttgart v. 22.4.2009 – 20 Kap 1/08, NZG 2009, 624, 635.
6 Emittentenleitfaden der Bundesanstalt für Finanzdienstleistungsaufsicht (Stand: 28.4.2009), S. 65.

offen zu legen, weshalb dem Emittenten ein Recht auf Aufschub der Veröffentlichung zustand (§ 15 Abs. 3 Satz 4 WpHG). Die Pflicht zur Nachholung der Veröffentlichung entfällt, wenn die betreffende Information dann nicht mehr eine nach § 15 Abs. 1 WpHG veröffentlichungspflichtige Insiderinformation darstellt.[1]

15 Nach §§ 37b und c WpHG haftet der **Emittent** für Verletzungen der Ad-hoc-Publizitätspflicht unter den dort genannten Voraussetzungen. Der Vorstand ist für die Einhaltung der Pflichten nach § 15 WpHG verantwortlich. Vorstandsmitglieder, die diese Pflicht verletzen, haften der Gesellschaft auf Schadensersatz.[2] Der Regressanspruch kann nach §§ 37b/c Abs. 6 WpHG nicht im Voraus beschränkt oder erlassen werden. Bei deliktischem Handeln von Organmitgliedern besteht auch eine **Organaußenhaftung**.[3]

III. Anzeige- und Genehmigungspflichten

16 Der Erwerb und die Veräußerung bedeutender Beteiligungen an Unternehmen können im In- und Ausland Anzeige- und Genehmigungspflichten auslösen. Um Haftungsrisiken für das Management zu vermeiden, müssen M&A-Transaktionen daher schon in einem sehr frühen Stadium sorgfältig daraufhin geprüft werden, ob sie **Anmeldungserfordernissen** und ggf. sogar **gesetzlichen Vollzugsverboten** unterliegen.

1. Fusionskontrolle

17 Nach § 41 Abs. 1 GWB dürfen größere **Zusammenschlussvorhaben** erst nach Freigabe durch das Bundeskartellamt vollzogen werden. Auch für Zusammenschlussvorhaben mit gemeinschaftsweiter Bedeutung besteht nach Art. 7 Abs. 2 EG-Fusionskontrollverordnung grundsätzlich ein Vollzugsverbot bis zur Freigabe der Transaktion durch die Kommission.

2. Bank- und Versicherungsaufsichtsrecht

18 Der beabsichtigte Erwerb oder die Erhöhung einer bedeutenden Beteiligung an einem **Kredit- oder Finanzdienstleistungsinstitut** ist sowohl der BaFin als auch der Deutschen Bundesbank unverzüglich schriftlich anzuzeigen (§ 2c Abs. 1 Satz 1 KWG). Die BaFin kann innerhalb von 60 Arbeitstagen nach Bestätigung des Eingangs der vollständigen Anzeige bei Vorliegen einer der in § 2c Abs. 1b KWG genannten Gründe den beabsichtigten Erwerb der bedeutenden Beteiligung oder deren Erhöhung untersagen. Das KWG enthält jedoch kein § 41 Abs. 1 GWB vergleichbares Vollzugsverbot. Ähnliches gilt im Fall des beabsichtigten Erwerbs

---

1 Emittentenleitfaden der Bundesanstalt für Finanzdienstleistungsaufsicht (Stand: 28.4.2009), S. 65.
2 *Fuchs* in Fuchs, §§ 37b, 37c WpHG Rz. 46; *Sethe* in Assmann/Uwe H. Schneider, §§ 37b, 37c WpHG Rz. 131 ff.
3 St.Rspr. vgl. nur BGH v. 9.5.2005 – II ZR 287/02, NJW 2005, 2450 = AG 2005, 609 – EM.TV. Vgl. dazu den Überblick bei *Duve/Basak*, BB 2005, 2645 ff.

einer bedeutenden Beteiligung an **Versicherungsunternehmen**. Hinsichtlich der Anzeigepflichten und der Untersagungsmöglichkeiten durch die BaFin (§ 104 Abs. 1 und 1b VAG) gelten im Wesentlichen die gleichen Voraussetzungen wie im Bankaufsichtsrecht.

3. Ausländische Anzeige- und Genehmigungserfordernisse

Auch nach ausländischen Rechtsordnungen bestehende Anmeldepflichten und Vollzugsverbote sind zu beachten. Nach den jeweils nationalen Regelungen können diese auch dann Anwendung finden, wenn eine M&A-Transaktion zunächst nur einen rein inländischen Sachverhalt zu betreffen scheint. Dies gilt etwa für kartellrechtliche Anmeldeerfordernisse bzw. Vollzugsverbote, da die entsprechenden Regelungen nach den nationalen Regelungen jeweils auch auf Auslandssachverhalte Anwendung finden, wenn diese **Auswirkungen in dem jeweiligen Staat** haben. Voraussetzung hierfür ist, dass die jeweiligen nationalen Schwellenwerte überschritten sind und die Transaktion einen „Zusammenschluss" im Sinne der nationalen Gesetze darstellt. Von nicht unerheblicher praktischer Bedeutung sind auch ausländische bankaufsichts- und versicherungsrechtliche Anmelde- und Freigabeerfordernisse. Diese können schon dann ausgelöst werden, wenn eine bedeutende Beteiligung an einem Mutterunternehmen des betreffenden ausländischen Kreditinstituts bzw. Versicherungsunternehmens erworben wird.[1] Die Verletzung ausländischer regulatorischer Normen kann zwar im Inland regelmäßig nicht geahndet werden. Sie hat daher regelmäßig nur praktische Folgen (z.B. „cold shouldering"), die im Einzelfall aber durchaus gravierend sein können.

19

4. Außenwirtschaftsrecht

Mit der im April 2009 in Kraft getretenen Novellierung des Außenwirtschaftsgesetzes sowie der Außenwirtschaftsverordnung[2] sind dem Bundesministerium für Wirtschaft und Technologie weitreichende Kontrollbefugnisse hinsichtlich des Erwerbs deutscher Unternehmen durch gemeinschaftsfremde Investoren eingeräumt worden. Nunmehr kann der Erwerb deutscher Unternehmen bzw. wesentlicher Beteiligungen an solchen Unternehmen durch Gemeinschaftsfremde untersagt werden, wenn dies erforderlich ist, um die öffentliche Ordnung oder Sicherheit der Bundesrepublik Deutschland zu gewährleisten (§ 7 Abs. 2 Nr. 6 AWG, § 53 Abs. 2 Satz 4 AWV). Ein Vollzugsverbot für entsprechende Transaktionen besteht nicht. In der Praxis ist jedoch zu empfehlen, entsprechende Erwerbsvorhaben nach § 53 Abs. 3 AWV freiwillig anzuzeigen, um zu einem möglichst frühen Stadium Transaktionssicherheit zu erlangen.[3]

20

---

[1] Vgl. etwa die entsprechenden Bestimmungen des Change In Bank Control Act of 1978 (12 U.S.C. § 1817(j)).
[2] BGBl. I 2009, 770.
[3] Vgl. dazu etwa *Krause*, BB 2009, 1082 ff.; *von Rosenberg/Hilf/Klepper*, DB 2009, 831 ff.; *Seibt/Wollenschläger*, ZIP 2009, 833.

IV. Managerpflichten bei öffentlichen Übernahmen

21 Mit der ständig wachsenden Markttiefe der nationalen Kapitalmärkte in den vergangenen Jahren hat national wie international die Übernahme börsennotierter Gesellschaften ständig zugenommen. Bei öffentlichen Angeboten sind eine Vielzahl von Pflichten zu beachten, die sich aus der **Kapitalmarktorientierung** dieser Angebote und der höheren gesetzlichen Regelungsdichte in diesem Bereich, gerade auch bei grenzüberschreitenden Angeboten, ergeben. Bei Planung und Durchführung eines Angebotsverfahrens ist die Geschäftsführung des Bieters für die strikte Beachtung aller anwendbaren gesetzlichen Regelungen verantwortlich. Auch anwendbare ausländische, insbesondere US-amerikanische Normen sind zu beachten. Das Management trifft eine besondere Verantwortung bei der Auswahl geeigneter Berater. **Interessenkonflikte** von Vertretern des Bieters aus Mandaten bei der Zielgesellschaft[1] sind rechtzeitig aufzulösen.

1. Rechtliche Rahmenbedingungen in Deutschland

22 Öffentliche Angebote für deutsche börsennotierte Unternehmen unterliegen den Vorschriften des sog. **Wertpapiererwerbs- und Übernahmegesetzes** (WpÜG)[2] sowie der nach dem WpÜG ergangenen Rechtsvorordnungen, insbesondere der WpÜG-Angebotsverordnung.[3] Öffentliche Angebote zum Erwerb eigener Aktien sind vom Anwendungsbereich des Gesetzes ausgenommen.[4] Das WpÜG unterscheidet nach Struktur und Zielrichtung des Angebots zwischen Erwerbs-, Übernahme- und Pflichtangeboten. Während eine Reihe von Regelungen für alle Angebotsverfahren gelten, finden insbesondere die Mindestpreisregelungen des § 31 WpÜG i.V.m. §§ 4 ff. WpÜG-AngebVO nur auf Übernahme- und Pflichtangebote Anwendung.

a) Vertraulichkeit

23 Die Vorbereitung eines öffentlichen Übernahme- oder Pflichtangebots erfordert besondere Vorkehrungen seitens des Bieters und seiner Berater zur Wahrung der Vertraulichkeit. Dies ist zum einen in den **Mindestpreisregelungen** des WpÜG begründet. Nach § 31 WpÜG i.V.m. §§ 3 ff. WpÜG-AngebVO muss bei Übernahme- und Pflichtangeboten die angebotene Gegenleistung bestimmte Mindestanforderungen erfüllen. Insbesondere darf der Angebotspreis den gewichteten durchschnittlichen Börsenkurs der betreffenden Aktien der Zielgesellschaft während der letzten drei Monate vor Ankündigung des Übernahmeangebots bzw. Mitteilung des Kontrollerwerbs nicht unterschreiten (§ 31 Abs. 1 WpÜG i.V.m. §§ 5 und 6 WpÜG-AngebVO).[5] Vertraulichkeitslücken führen regelmäßig zu **spekulativen Käufen** bzw. Insidergeschäften und können somit einen Anstieg des

---

[1] Dazu etwa *Möllers*, ZIP 2006, 1615 ff.
[2] Wertpapiererwerbs- und Übernahmegesetz vom 20.12.2001 (BGBl. I 2001, 3822).
[3] WpÜG-Angebotsverordnung vom 27.12.2001 (BGBl. I 2001, 4263).
[4] Verlautbarung der BaFin vom 9.8.2006. Vgl. auch *Pluskat*, NZG 2006, 731.
[5] Anders als früher ist eine zeitnahe Berechnung dieses Börsenkurses auf der Homepage der BaFin nicht mehr möglich. Allerdings kann der Mindestpreis bei der BaFin, nach Veröffentlichung der Absicht ein Übernahmeangebot abzugeben, direkt erfragt werden.

Börsenkurses der betreffenden Aktien auslösen. Dadurch verringert sich der Spielraum des Bieters zum Angebot einer Prämie. Im Extremfall kann das Angebot sogar wirtschaftlich obsolet werden. Ist der Bieter selbst eine börsennotierte Gesellschaft, ist die strikte Vertraulichkeitswahrung auch deshalb erforderlich, weil ansonsten die Möglichkeit des Aufschubs der Veröffentlichung des bevorstehenden Angebots als **Ad-hoc-Mitteilung** nach § 15 Abs. 3 WpHG entfallen könnte (s. oben Rz. 14). Die Organe des Bieters haben also diejenigen Maßnahmen zu veranlassen, die erforderlich sind, damit Informationen über das in Erwägung gezogene bzw. bevorstehende Angebot nur an Personen weitergegeben werden, die diese zur Wahrnehmung der ihnen übertragenen Aufgaben auch tatsächlich benötigen.

b) Vorbereitungsmaßnahmen

Das Management hat **alternative Transaktionsstrukturen**, wie etwa eine Verschmelzung von Bieter und Zielgesellschaft zu prüfen und deren Vor- und Nachteile gegenüber einem Übernahmeverfahren abzuwägen. Transaktionsstrukturen, die hauptversammlungspflichtige Kapitalmaßnahmen seitens des Bieters voraussetzen, sollten aus Gründen der **Transaktionssicherheit** und **Transaktionsgeschwindigkeit** regelmäßig vermieden werden. Ist der Bieter selbst eine Aktiengesellschaft, bedarf es jedoch selbst bei großvolumigen Transaktionen nach den sog. „Holzmüller"- bzw. „Gelatine"-Grundsätzen des BGH[1] regelmäßig nicht der Zustimmung der Hauptversammlung. 24

Im Übrigen ist darauf zu achten, dass die Angebotsstruktur den Bedürfnissen des Bieters insbesondere in finanzieller, bilanzieller und steuerlicher (und zwar auch grunderwerbsteuerlicher[2]) Hinsicht entspricht. Um eine möglichst hohe Annahmequote zu erzielen, müssen auch die **steuerlichen Folgen** einer Annahme des Angebots aus Sicht der Aktionäre der Zielgesellschaft berücksichtigt werden. 25

Spätestens zum Zeitpunkt der Einreichung der Angebotsunterlage bei der BaFin muss der Bieter zudem sicherstellen, dass ihm die zur vollständigen Erfüllung des Angebots notwendigen Mittel zur Abwicklung des Angebots zeitgerecht zur Verfügung stehen werden (§ 13 Abs. 1 Satz 1 WpÜG). Bei Barangeboten muss der Bieter zusätzlich eine **Finanzierungsbestätigung** durch ein unabhängiges Wertpapierdienstleistungsunternehmen beschaffen (§ 13 Abs. 1 Satz 2 WpÜG). Im Hinblick auf die Pflicht zur Abgabe eines Angebots nach Veröffentlichung der Angebotsabsicht (§ 14 Abs. 1 Satz 1 WpÜG) ist zu empfehlen, dass der Bieter die Finanzierung des Angebots sowie die Ausstellung der Finanzierungsbestätigung bereits vor der Angebotsankündigung sicherstellt. 26

---

1 BGH v. 25.2.1982 – II ZR 174/80, NJW 1982, 1703 = AG 1982, 158 – Holzmüller; BGH v. 26.4.2004 – II ZR 155/02, ZIP 2004, 993 = AG 2004, 384 – Gelatine I; BGH v. 26.4.2004 – II ZR 154/02 = ZIP 2004, 1001 – Gelatine II; BGH v. 20.11.2006 – II ZR 226/05, NZG 2007, 234 = AG 2007, 203 zu Veräußerungsfällen; vgl. dazu etwa *Liebscher*, ZGR 2005, 1 ff.; *Habersack* in Emmerich/Habersack, Aktien- und GmbH-Konzernrecht, vor § 311 AktG Rz. 33; *Mülbert* in Großkomm. AktG, § 119 AktG Rz. 20.
2 Vgl. *Behrens/Scholderer*, AG 2005, 388 ff.

c) Beteiligungsaufbau

27 Neben dem historischen Börsenkurs bildet die höchste der von dem Bieter innerhalb der letzten sechs Monate vor Veröffentlichung der Angebotsunterlage gewährte oder vereinbarte Gegenleistung für Aktien der Zielgesellschaft eine zwingende gesetzliche Vorgabe für die Mindesthöhe der anzubietenden Gegenleistung (§ 4 WpÜG-AngebVO). **Vorerwerbe** können auch die Möglichkeit des Bieters, eigene Aktien als Gegenleistung anzubieten, einschränken. Denn hat der Bieter in dem Zeitraum von sechs Monaten vor Veröffentlichung der Angebotsabsicht bzw. des erfolgten Kontrollerwerbs bis zum Ablauf der Annahmefrist des Angebots mindestens 5 % der Aktien oder Stimmrechte an der Zielgesellschaft gegen Zahlung einer Geldleistung erworben, muss auch das Pflicht- bzw. Übernahmeangebot (jedenfalls auch) gegen Barleistung erfolgen (§ 31 Abs. 3 WpÜG). Erwerbsvorgänge oder sonstige Vereinbarungen von Personen, die mit dem Bieter gemeinsam handeln (§ 2 Abs. 5 WpÜG), werden dem Bieter **zugerechnet**. Konzernunternehmen des Bieters gelten dabei (unwiderleglich) als mit diesem gemeinsam handelnde Personen (§ 2 Abs. 5 Satz 3 WpÜG). Das Management des Bieters muss daher schon im Vorfeld einer Transaktion sorgfältig Geschäfte in Aktien der Zielgesellschaft abwägen. Der Abschluss von Derivatgeschäften im Vorfeld eines Übernahmeverfahrens, die dem Bieter keinen Anspruch auf Lieferung von Aktien, sondern lediglich auf Barausgleich vermitteln, stellt hingegen keinen Art oder Höhe der Gegenleistung präjudizierenden Vorerwerbstatbestand dar.[1]

28 Ein **verdeckter Beteiligungsaufbau** ist nur in engen Grenzen möglich.[2] Neben Mitteilungspflichten nach §§ 21 f., § 25 sowie ggf. § 15a WpHG sind in diesem Zusammenhang insbesondere auch mögliche Ad-hoc-Publizitätspflichten nach § 15 WpHG sowie das Verbot der Marktmanipulation nach § 20a WpHG zu beachten. Dennoch verbleiben Gestaltungsspielräume, etwa durch den Einsatz von Wertpapierleihgeschäften oder auf Barausgleich gerichteten Derivaten.

29 Entsprechendes gilt für **Parallel- und Nacherwerbe** von Aktien der Zielgesellschaft durch den Bieter oder mit diesem gemeinsam handelnde Personen. Auch diese können (rückwirkend) zu einer Erhöhung des Mindestangebotspreises führen (§ 31 Abs. 4 und 5 WpÜG).

d) Berater

30 Die Regelungsdichte und Besonderheiten öffentlicher Pflicht- und Übernahmeangebote erfordern die Beratung des Bieters nicht nur aus rechtlicher und steuerlicher Sicht, sondern auch aus Kapitalmarktperspektive. Deshalb ist regelmäßig die Einschaltung eines in Transaktionen dieser Art erfahrenen **Finanzberaters** indiziert. Ist dieser ein vom Bieter unabhängiges Finanzdienstleistungsunternehmen, kann er auch die von dem Bieter der Angebotsunterlage ggf. beizufügende sog. Finanzierungsbestätigung abgeben (vgl. § 13 Abs. 1 Satz 2 i.V.m. § 11 Abs. 2 Satz 3 Ziff. 4 WpÜG).

---

1 Ebenso *Baums/Sauter*, ZHR 173 (2009), 454, 480.
2 Vgl. dazu etwa *Baums/Sauter*, ZHR 173 (2009), 454; *Cascante/Topf*, AG 2009, 53; *Fleischer/Schmolke*, NZG 2009, 401; *Meyer/Kiesewetter*, WM 2009, 340; *Schiessl*, Der Konzern 2009, 291.

e) Informationspflichten

In öffentlichen Angebotsverfahren unterliegt der Bieter diversen Informationspflichten. Dazu gehört zunächst die Verpflichtung zur unverzüglichen Veröffentlichung seiner **Entscheidung zur Abgabe eines Angebots** (§ 10 Abs. 1 und 3 WpÜG) bzw. des erfolgten Kontrollerwerbs (§ 35 Abs. 1 i.V.m. § 10 Abs. 3 WpÜG) sowie die entsprechende Unterrichtung des Vorstands der Zielgesellschaft und des Betriebsrats beim Bieter (§ 10 Abs. 5 WpÜG). Nach § 23 WpÜG muss der Bieter während und auch noch nach der Annahmefrist Veröffentlichungen über Erwerbsgeschäfte, aktuelle Stimmrechtsanteile und den Umfang zugegangener Annahmeerklärungen veröffentlichen (sog. **Wasserstandsmeldungen**).

f) Angebotsunterlage

Nach § 12 Abs. 1 WpÜG haftet u.a. der Bieter als **Unterzeichner der Angebotsunterlage** (§ 11 Abs. 1 Satz 5 WpÜG) für deren Richtigkeit und Vollständigkeit. Daneben haften diejenigen, von denen der Erlass der Angebotsunterlage ausgeht (§ 12 Abs. 1 Nr. 2 WpÜG). Allein auf Grund ihrer Organstellung haften Mitglieder der Geschäftsführung des Bieters Dritten gegenüber jedoch nicht für den Inhalt der Angebotsunterlage.[1] Anderes kann jedoch gelten, wenn diese ein **eigenes wirtschaftliches Interesse** an der Transaktion haben, etwa weil sie (aktuell oder prospektiv) Anteilseigner des Bieters oder der Zielgesellschaft sind.[2]

Neben den Regelungen zu Art und Höhe der angebotenen Gegenleistung sind die **Bedingungen**, unter die das Angebot gestellt wird (§ 18 Abs. 1 WpÜG), für den Bieter von großer Bedeutung. Zwingend aufzunehmen sind regulatorische Bedingungen zur Berücksichtigung etwaiger Vollzugsverbote (s. oben Rz. 16 ff.). Etwaige Annahmen, die der Bieter seinem Angebot zu Grunde gelegt hat, können durch geeignete (nach § 18 Abs. 1 WpÜG objektiv zu fassende) Bedingungen abgesichert werden. Dazu können etwa die Festlegung einer Mindestannahmeschwelle (§ 21 Abs. 1 Nr. 3 WpÜG) sowie Bedingungen, die den Bieter gegen Verwässerungseffekte schützen, gehören. Auch Bedingungen, die den Bieter vor wesentlichen Veränderungen bei der Zielgesellschaft schützen, sind möglich, wenn auch die Verwaltungspraxis der BaFin an sog. *Material Adverse Change*-Bedingungen besondere Anforderungen stellt.[3]

2. Zielgesellschaft

Die Pflichten von Vorstand und Aufsichtsrat der Zielgesellschaft bei Übernahmeverfahren werden im Wesentlichen durch den allgemeinen Grundsatz der **Gleichbehandlung** der Aktionäre (§ 3 Abs. 1 WpÜG), der Verpflichtung, ausschließlich im **Interesse der Zielgesellschaft** zu handeln (§ 3 Abs. 3 WpÜG) sowie das sog. **Verhinderungsverbot** (§ 33 WpÜG) geprägt.

---

1 *Fuchs* in Fleischer, Handbuch des Vorstandsrechts, § 22 Rz. 47.
2 *Hopt*, ZHR 166 (2002), 383, 406 ff.; *Assmann* in Assmann/Pötzsch/Uwe H. Schneider, § 12 WpÜG Rz. 39.
3 Vgl. *Krause* in Assmann/Pötzsch/Uwe H. Schneider, § 18 WpÜG Rz. 88 ff.; *Berger/Filgut*, WM 2005, 253 ff.; *Hasselbach/Wirtz*, BB 2005, 842 ff.

a) Verhinderungsverbot

35 Nach § 33 Abs. 1 WpÜG darf der Vorstand der Zielgesellschaft nach Veröffentlichung der Entscheidung zur Abgabe eines Übernahmeangebots keine Handlungen vornehmen, durch die der **Erfolg** des Angebots **verhindert** werden könnte (§ 33 Abs. 1 WpÜG). Dies gilt auch nach Veröffentlichung eines erfolgten Kontrollerwerbs nach § 35 Abs. 1 WpÜG, wenn der Kontrollerwerber zugleich die Abgabe eines sog. **Pflichtangebots** angekündigt hat.[1] Allerdings unterliegt das sog. Verhinderungsverbot einer Reihe von **Ausnahmen**, vgl. § 33 Abs. 1 Satz 2 WpÜG. Insbesondere bleiben die Suche nach einem konkurrierenden Bieter, Maßnahmen, die auch unabhängig von dem Angebot durchgeführt worden wären sowie Handlungen, denen der Aufsichtsrat zugestimmt hat, zulässig. Wesentlich enger ist der Handlungsspielraum von Vorstand und Aufsichtsrat hingegen, wenn die Satzung der Zielgesellschaft das **europäische Verhinderungsverbot** für anwendbar erklärt hat (§ 33a WpÜG). Bislang ist jedoch kein Fall bekannt geworden, in dem eine börsennotierte Gesellschaft ein entsprechendes „opting in" durchgeführt hat. Die Verletzung des Verhinderungsverbots stellt eine Ordnungswidrigkeit dar (§ 60 Abs. 1 Nr. 8 WpÜG) und kann zum Innenregress führen.[2]

36 Vor Bekanntgabe eines bevorstehenden Übernahme- oder Pflichtangebots werden Vorstand und Aufsichtsrat der Zielgesellschaft durch § 33 WpÜG nicht in ihrem Handlungsspielraum beschränkt.[3] **Präventive Abwehrmaßnahmen** einer Zielgesellschaft sind deshalb nicht von vornherein unzulässig.[4] Ihre Zulässigkeit im Einzelfall richtet sich vielmehr nach den für die jeweilige Maßnahme geltenden aktienrechtlichen Bestimmungen. Bei der Entscheidung über die Implementierung präventiver Abwehrmaßnahmen besteht nach h.M. insbesondere keine Neutralitätspflicht des Vorstands.[5] Dieser hat sein Handeln vielmehr allein am Unternehmensinteresse auszurichten. Abwehrmaßnahmen müssen also im Unternehmensinteresse liegen und dürfen nicht gegen das Schädigungsverbot verstoßen.[6] Im Übrigen besteht jedoch bei der Entscheidung über konkrete Abwehrmaßnahmen ein breites unternehmerisches Ermessen.[7] Maßnahmen, die mit Blick auf das Unternehmensinteresse „neutral" sind, sind gerechtfertigt, sofern der Vorstand bei der Planung und Umsetzung dieser Maßnahmen von dem Interesse einer auf Kontinuität und Nachhaltigkeit ausgerichteten Unternehmens-

---

1 *Pötzsch* in Assmann/Pötzsch/Uwe H. Schneider, § 39 WpÜG Rz. 48; *von Bülow* in KölnKomm. WpÜG, § 39 WpÜG Rz. 37; *Baums/Hecker* in Baums/Thoma, § 39 WpÜG Rz. 41.
2 *Krause/Pötzsch* in Assmann/Pötzsch/Uwe H. Schneider, § 33 WpÜG Rz. 309.
3 *Hirte* in KölnKomm. WpÜG, § 33 WpÜG Rz. 37; *Krause/Pötzsch* in Assmann/Pötzsch/Uwe H. Schneider, § 33 WpÜG Rz. 71 und 243 ff.; *Grunewald* in Baums/Thoma, § 33 WpÜG Rz. 99.
4 *Schlitt* in MünchKomm. AktG, § 33 WpÜG Rz. 256. Allgemein zu den Pflichten des Vorstands bei der Übernahmeprophylaxe *von Falkenhausen*, NZG 2007, 97 ff.; *Schiessl*, AG 2009, 385 ff.
5 *Krause/Pötzsch* in Assmann/Pötzsch/Uwe H. Schneider, § 33 WpÜG Rz. 245; *Schiessl*, AG 2009, 385, 386; *Schlitt* in MünchKomm. AktG, § 33 WpÜG Rz. 77 ff.
6 *Krause*, AG 2002, 133, 135 ff.; *Schlitt* in MünchKomm. AktG, § 33 WpÜG Rz. 79 und 256.
7 *Grunewald* in Baums/Thoma, § 33 WpÜG Rz. 100.

entwicklung geleitet wird. Maßnahmen, die mit Nachteilen für die Gesellschaft verbunden sind, bedürfen hingegen einer besonders eingehenden Rechtfertigung und dürften nur ausnahmsweise zulässig sein.[1] Die bloße abstrakte Befürchtung, dass unerwünschte Anleger Einfluss auf die Gesellschaft erlangen könnten, um bestimmte kurzfristige Ziele herbeizuführen, wird hierfür in aller Regel nicht ausreichen. In diesem Zusammenhang ist zu beachten, dass bestimmte Abwehrmechanismen als Teil des Lageberichts **offenlegungspflichtig** sind, vgl. § 289 Abs. 4 bzw. § 315 Abs. 4 HGB.

b) Informationspflichten

Der Vorstand der Zielgesellschaft hat den zuständigen Betriebsrat unverzüglich von einem angekündigten öffentlichen Angebot zu unterrichten (§ 10 Abs. 5 WpÜG) und diesem die Angebotsunterlage zu übermitteln (§ 14 Abs. 4 WpÜG). Nach § 106 Abs. 2, Abs. 3 Nr. 9a BetrVG ist im Fall von Pflicht- und Übernahmeangeboten auch der Wirtschaftsausschuss zu unterrichten.[2] Ferner haben Vorstand und Aufsichtsrat der Zielgesellschaft eine **begründete Stellungnahme** zu dem Angebot und jeder Angebotsänderung abzugeben (§ 27 WpÜG). Neben dem gesetzlich vorgeschriebenen Inhalt der Stellungnahme (vgl. § 27 Ziff. 1 bis 4 WpÜG) ist es üblich geworden, dass Vorstand und Aufsichtsrat in ihren Stellungnahmen nach § 27 WpÜG auch Aussagen zu dem Wert des Angebots für die Aktionäre der Zielgesellschaft aufnehmen und ggf. eine Empfehlung zur Annahme bzw. Nichtannahme des Angebots aussprechen. Dazu empfiehlt sich die vorherige Einholung einer **Fairness Opinion** durch einen unabhängigen Finanzberater. 37

Verletzt der Vorstand bei Abgabe der Stellungnahme seine Sorgfaltspflichten, kann dies grundsätzlich zu Schadensersatzansprüchen nach § 93 Abs. 2 AktG führen. Allerdings wird der Gesellschaft im Regelfall durch die Pflichtverletzung kein Schaden entstehen.[3] Ein gesetzlicher Haftungstatbestand, der die Geltendmachung von **Schadensersatzansprüchen** durch Aktionäre der Zielgesellschaft auf Grund einer unrichtigen oder unvollständigen Stellungnahme normiert, besteht nicht. Eine entsprechende Anwendung des § 12 WpÜG scheidet aus. Auch die Grundsätze der Prospekthaftung finden keine Anwendung.[4] 38

c) Interessenkonflikte

Mitglieder des Vorstands und des Aufsichtsrats der Zielgesellschaft können in Übernahmeverfahren vielfältigen Interessenkonflikten ausgesetzt sein. Sie müssen den Unternehmensinteressen stets den Vorrang gegenüber eigenen Interessen einräumen.[5] Zudem ist es dem Bieter ausdrücklich verboten, Organmitgliedern 39

---

1 Ein Überblick über zulässige präventive Abwehrmaßnahmen findet sich bei *Krause/Pötzsch* in Assmann/Pötzsch/Uwe H. Schneider, § 33 WpÜG Rz. 248 ff.
2 Dazu *Schröder/Folter*, NZA 2008, 1097 ff.
3 *Fuchs* in Fleischer, Handbuch des Vorstandsrechts, § 22 Rz. 101.
4 *Fuchs* in Fleischer, Handbuch des Vorstandsrechts, § 22 Rz. 101; a.A. *Röh* in Haarmann/Schüppen, FrankfurtKomm. WpÜG, § 27 WpÜG Rz. 85 ff.
5 BGH v. 21.12.1979 – II ZR 244/78, NJW 1980, 1629, 1639 = AG 1980, 111; *Möllers*, ZIP 2006, 1615.

ungerechtfertigte Vorteile zu gewähren oder in Aussicht zu stellen (vgl. § 33d WpÜG). Insbesondere im Falle einer Ansprache der Zielgesellschaft durch sog. **Private-Equity-Investoren** müssen die Organmitglieder schon im Vorfeld eines Angebots besonders sorgfältig auf die sachgerechte Auflösung etwaiger Interessenkonflikte achten. Dabei geht es nicht nur um die Pflicht zur Wahrung von Betriebs- und Geschäftsgeheimnissen (§ 93 Abs. 1 Satz 3 AktG), sondern etwa auch um ein mögliches Interesse der Zielgesellschaft an einem Bieterwettbewerb oder dem Zusammenschluss mit einem strategischen Investor. Die Vereinbarung einer **Rückbeteiligung** bzw. sonstiger Incentivierungsprogramme nach einem erfolgreichen Angebot bedarf im Hinblick auf § 33d WpÜG besonders sorgfältiger Prüfung. Eine Treuepflichtverletzung kann zu einer Abberufung des Organmitglieds und zu Schadensersatzpflichten führen.

V. Wahrung der aktienrechtlichen Kompetenzordnung

40 Das Aktiengesetz enthält kein Sonderrecht für M&A-Transaktionen. Das Vorstandsverhalten ist insoweit an den allgemeinen Sorgfaltspflichten der §§ 76, 93 AktG und dem übrigen Regelungsrahmen des Aktiengesetzes, z.B. hinsichtlich der Ausgabe neuer Aktien[1] oder der Vorbereitung und Durchführung von strukturändernden Maßnahmen[2], zu messen. Dabei kommt vor allem der Wahrung der aktienrechtlichen Kompetenzordnung besondere Bedeutung zu.

1. Zustimmungsvorbehalte des Aufsichtsrats

41 Nach § 111 Abs. 4 Satz 2 AktG müssen die Satzung oder der Aufsichtsrat bestimmen, dass bestimmte Arten von Geschäften nur mit Zustimmung des Aufsichtsrats vorgenommen werden dürfen. Typischerweise zählen sowohl die Veräußerung als auch der Erwerb von Unternehmen oder Beteiligungen an Unternehmen zum **Katalog der zustimmungsbedürftigen Geschäfte**. Signifikante M&A-Transaktionen wird der Vorstand in der Regel nicht ohne die Einbindung des Aufsichtsrats durchführen dürfen.[3] Die Frage, ob die Transaktion dem Aufsichtsrat vorzulegen ist, ist keine unternehmerische Entscheidung und unterfällt daher nicht der Business Judgment Rule.[4] Missachtet der Vorstand die Aufsichtsratszuständigkeit, so handelt er pflichtwidrig.[5] Zweifelsfragen bei der Auslegung von unbestimmten Rechtsbegriffen im Zustimmungskatalog, wie z.B. „Wesentlichkeit" oder „außerhalb des gewöhnlichen Geschäftsgangs" gehen zu Lasten des Vorstands, so dass der Vorstand sich im Zweifel eher für die **Einbeziehung des Aufsichtsrats** entscheiden sollte.

---

1 Z.B. § 186 AktG zum Bezugsrechtsausschluss oder § 255 AktG zur Angemessenheit des Ausgabebetrags.
2 Z.B. §§ 293 ff. AktG zum Abschluss von Unternehmensverträgen.
3 Dazu *Jens Hüffer* in FS Hüffer, 2010, S. 365, 371 ff.
4 Begr. RegE UMAG, BT-Drucks. 15/5092, S. 11.
5 *Habersack* in MünchKomm. AktG, § 111 AktG Rz. 129; *Fleischer* in Fleischer, Handbuch des Vorstandsrechts, § 7 Rz. 10; *Ihrig*, WM 2004, 2098, 2103. Allgemein zum Zustimmungsvorbehalt nach § 111 Abs. 4 AktG *Fonk*, ZGR 2006, 841 ff.

Für die Auflösung des bei Transaktionen mit börsennotierten Aktiengesellschaften oftmals bestehenden Spannungsverhältnisses zwischen Aufsichtsratszustimmung und **Wahrung der Vertraulichkeit** gibt es keine „Standardlösung". Im Grundsatz ist der Aufsichtsrat vollumfänglich und innerhalb der in Satzung oder Geschäftsordnung enthaltenen Fristen zu informieren. Dies führt in der Praxis, insbesondere bei Großtransaktionen börsennotierter Gesellschaften, oftmals zu so genannten „Leakage"-Risiken. Daher wird unter pragmatischen Aspekten oft auf eine Kombination aus Involvierung des **Aufsichtsratsvorsitzenden**, ggf. Vorbesprechung im Aufsichtsratspräsidium – unter Einbeziehung des Spitzenrepräsentanten der Arbeitnehmerseite – und Tischvorlage im Aufsichtsratsplenum zurückgegriffen. Dieses Vorgehen erscheint vertretbar, wenn sichergestellt ist, dass in der relevanten Sitzung des Aufsichtsratsplenums hinreichend **Gelegenheit zur Information** (u.U. auch durch die Fachabteilungen der Gesellschaft oder externe Berater), Aussprache und Abwägung zur Verfügung steht. Eine weitere Alternative besteht im Abschluss des Unternehmenskaufvertrags (und der Bekanntmachung der Transaktion) unter dem Vorbehalt der noch einzuholenden Aufsichtsratszustimmung. In diesem Fall kann regelmäßig bis zur Einholung der Zustimmung des Aufsichtsrats eine evtl. erforderliche Ad-hoc-Publizitätspflicht nach § 15 Abs. 3 WpHG aufgeschoben werden (vgl. oben Rz. 14). Der Abschluss einer M&A-Transaktion ohne die erforderliche Zustimmung des Aufsichtsrats hat für die handelnde Personen unter Umständen erhebliche **Haftungsfolgen** (vgl. unten Rz. 44 f.).

42

2. Mitwirkungsrechte der Hauptversammlung

Das Aktiengesetz sieht – ebenso wie das Umwandlungsgesetz – für eine Vielzahl von Maßnahmen die **Mitwirkung der Hauptversammlung** vor. Im Zusammenhang mit M&A-Transaktionen sind insbesondere folgende hauptversammlungspflichtige Maßnahmen relevant:

43

Hauptversammlungspflichtige Maßnahme	Anwendungsbereich
Beschlüsse nach den Grundsätzen der Holzmüller- bzw. Gelatine Entscheidungen des BGH[1]	Transaktionen, die auf Grund ihrer qualitativen oder quantitativen Bedeutung einer Satzungsänderung nahe kommen.
Änderung des Unternehmensgegenstands	Transaktionen, deren Vollzug zu einer Über- oder Unterschreitung des in der Satzung festgelegten Unternehmensgegenstands führen würden

---

1 Vgl. BGH v. 25.2.1982 – II ZR 174/80, NJW 1982, 1703 = AG 1982, 158 – Holzmüller; BGH v. 26.4.2004 – II ZR 155/02, ZIP 2004, 993 = AG 2004, 384 – Gelatine I; BGH v. 26.4.2004 – II ZR 154/02 = ZIP 2004, 1001 – Gelatine II; vgl. aber BGH v. 20.11.2006 – II ZR 226/05, NZG 2007, 234 = AG 2007, 203 zu Veräußerungsfällen. Umstritten ist das Bestehen einer ungeschriebenen Hauptversammlungszuständigkeit nach den „Holzmüllergrundsätzen" für den Fall des Beteiligungserwerbs. Bejahend bspw. *Hoffmann* in Spindler/Stilz, § 119 AktG Rz. 30 sowie *Spindler* in K. Schmidt/Lutter, § 119 AktG Rz. 33 jeweils m.w.N. Ablehnend bspw. *Krieger* in MünchHdb. AG, § 69 Rz. 10 sowie *Kubis* in MünchKomm. AktG, § 119 AktG Rz. 67 jeweils m.w.N.

Hauptversammlungspflichtige Maßnahme	Anwendungsbereich
Beschlüsse nach § 179a AktG	Transaktionen, in denen das gesamte Gesellschaftsvermögen veräußert wird
Kapitalerhöhung nach §§ 182 ff. AktG	Aufnahme von Kapital zur Finanzierung einer Transaktion „Bezahlung" von Unternehmenserwerben mit Aktien
Verschmelzung nach §§ 2 ff. UmwG	Rechtlicher Zusammenschluss von Unternehmen
Ausgliederung nach § 123 Abs. 3 UmwG	Zur Vorbereitung von Veräußerungen (sog. „Carve-out")
Beherrschungs- und Gewinnabführungsvertrag nach §§ 291 ff. AktG	Zur Integration des Zielunternehmens nach Vollzug der Transaktion
Squeeze-out nach §§ 327 a ff. AktG, Delisting	Zur Vorbereitung der Integration des Zielunternehmens nach Vollzug der Transaktion Kostenersparnis durch Wegfall der Börsennotierung

Die Einholung einer etwa erforderlichen Hauptversammlungszustimmung ist ein aufwendiges, mühseliges und für die Beteiligten bisweilen nervenaufreibendes Projekt.[1] Trotz der mittlerweile vom Gesetzgeber ergriffenen „Gegenmaßnahmen"[2], existiert in Deutschland noch immer eine stark ausgeprägte, zunehmend unübersichtlich werdende „kritische Aktionärsszene", die den Vollzug von Hauptversammlungsbeschlüssen sehr häufig durch Anfechtungs- oder Nichtigkeitsklagen zu verhindern sucht. Um die insoweit bestehenden Risiken zu minimieren, muss die Vorbereitung einer Hauptversammlung – d.h. Einberufung, Berichterstattung, Auslage von Unterlagen und „Regieführung" in der Hauptversammlung – mit großer Sorgfalt betrieben werden. Eine erfolgreiche Inanspruchnahme von Organen wegen fehlerhafter Hauptversammlungsvorbereitung hat es jedoch, soweit ersichtlich, noch nicht gegeben. Risiken resultieren eher aus der pflichtwidrigen Umgehung erforderlicher Zustimmungen (s. unten Rz. 44).

3. Folgen einer Kompetenzüberschreitung

44 Der Vorstand hat die aktienrechtliche Kompetenzordnung zwingend zu wahren. Dies stellt § 82 Abs. 2 AktG explizit klar. Pflichtwidrige Kompetenzüberschreitungen liegen vor, wenn der Vorstand ohne Rücksichtnahme auf Zustimmungsvorbehalte des Aufsichtsrats ein Unternehmen veräußert, durch eine Veräußerung den satzungsmäßigen Unternehmensgegenstand ohne entsprechenden Än-

---

1 *Marsch-Barner* in Marsch-Barner/Schäfer, Handbuch börsennotierte AG, § 31 Rz. 3 f.; *Martens* in Leitfaden für die Leitung der Hauptversammlung einer Aktiengesellschaft, 3. Aufl. 2003, S. 9 ff.
2 Zuletzt durch das Gesetz zur Umsetzung der Aktionärsrechtrichtlinie (ARUG) vom 28.5. 2009, durch welches u.a. das Freigabeverfahren nach § 246a AktG auf eine Instanz verkürzt wurde und eine Mindestbeteiligungsschwelle von 1000 Euro für die Berücksichtigung von Aktionären im Freigabeverfahren eingeführt wurde.

derungsbeschluss der Hauptversammlung über- oder unterschreitet[1] oder sich eigenmächtig über **Mitwirkungsbefugnisse der Hauptversammlung** hinwegsetzt.[2] Eine Privilegierung durch die Business Judgment Rule greift in diesen Fällen nicht ein, auch wenn das Rechtsgeschäft als solches eine unternehmerische Entscheidung darstellt.

Während der Vorstand nach herrschender Lehre für alle durch das kompetenzwidrig abgeschlossene Geschäft entstehenden Schäden haftet und der Einwand eines „rechtmäßigen Alternativverhaltens" abgeschnitten ist[3], hat der BGH in zwei neueren Entscheidungen festgestellt, dass ein Verstoß gegen die innergesellschaftliche Kompetenzordnung allein noch keine Schadensersatzpflicht begründet.[4] Der Vorstand kann sich hiernach bei einem Überschreiten seiner Befugnisse also mit dem Argument entlasten, dass der Schaden auch bei pflichtgemäßem Handeln eingetreten wäre (etwa, weil der Aufsichtsrat oder die Hauptversammlung der betreffenden Maßnahme zugestimmt hätten). Allerdings trägt der Vorstand die volle Beweislast dafür, dass der Schaden auch bei Beachtung der Kompetenzordnung eingetreten wäre.[5]

45

Dieses verschärfte Haftungsregime besteht auch in jenen Fällen, in denen der Vorstand eine Transaktion auf der Grundlage eines Hauptversammlungsbeschlusses vollzogen hat, dieser sich im Nachhinein jedoch – auf Grund einer Anfechtungs- oder Nichtigkeitsklage – als unwirksam oder rechtswidrig herausstellt. Daher geht der Vorstand beim Vollzug von noch nicht endgültigen bestandskräftigen Hauptversammlungsbeschlüssen ein **gesteigertes Haftungsrisiko** ein, was die Bedeutung einer sorgfältigen Vorbereitung von hauptversammlungspflichtigen Maßnahmen unterstreicht. Allerdings stützt sich der Vorstand beim Vollzug dieser Maßnahmen in der Regel auf ein – intern oder extern erstelltes – Gutachten über die Rechtmäßigkeit der Beschlussfassung (sog. „Holzmüller-Gutachten"), so dass ihn bei einer späteren entgegengesetzten Gerichtsentscheidung grundsätzlich kein Verschulden wegen des Vollzugs der Maßnahme trifft.[6]

---

1 Dem Urteil des OLG Köln v. 15.1.2009 – 18 U 205/07, ZIP 2009, 1469 ff. = AG 2009, 416 zufolge ist es dem Vorstand verboten, Tätigkeitsfelder aufzugeben, die in der Satzung verbindlich und abschließend festgelegt sind. Zur nachträglichen „Legalisierung" einer Satzungsunterschreitung OLG Köln v. 15.1.2009 – 18 U 205/07, ZIP 2009, 1469 ff. = AG 2009, 416. Dies ablehnend OLG Stuttgart v. 13.7.2005 – 20 U 1/05, WM 2005, 1708, 1711 = AG 2005, 693.
2 *Fleischer* in Fleischer, Handbuch des Vorstandsrechts, § 7 Rz. 10 ff.; *Spindler* in MünchKomm. AktG, § 93 AktG Rz. 63; *Paefgen*, Unternehmerische Entscheidungen und Rechtsbindung der Organe in der AG, 2002, S. 19.
3 Vgl. bspw. *Hopt* in Großkomm. AktG, § 93 AktG Rz. 267; *Krieger/Sailer* in K. Schmidt/Lutter, § 93 AktG Rz. 30; *Spindler* in MünchKomm. AktG, § 93 AktG Rz. 156; *Wiesner* in MünchHdb. AG, § 26 Rz. 8.
4 BGH v. 11.12.2006 – II ZR 166/05, NJW 2007, 917, 918 = NZG 2007, 185, 187 sowie BGH v. 21.7.2008 – II ZR 39/07, NZG 2008, 783 = DStR 2008, 1974 = GmbHR 2008, 1092.
5 *Fleischer*, DStR 2009, 1204, 1208 f.
6 Vgl. zur Frage des mangelnden Verschuldens bei Einholung von Rechtsrat BGH v. 14.5.2007 – II ZR 48/06, NJW 2007, 2118 f. = NZG 2007, 545.

VI. Mitteilungspflichten

46 Erwerb und Übertragung von Unternehmensbeteiligungen können sowohl für den Erwerber als auch für den Veräußerer Mitteilungspflichten auslösen.

1. Börsennotierte Unternehmen

a) §§ 21 f. WpHG

47 Nach § 21 Abs. 1 WpHG ist der BaFin und der Gesellschaft schriftlich mitzuteilen, wenn der **Stimmrechtsanteil** des Mitteilungspflichtigen an einer deutschen börsennotierten Gesellschaft (§ 21 Abs. 2 WpHG) 3 %, 5 %, 10 %, 15 %, 20 %, 25 %, 30 %, 50 % oder 75 % erreicht, überschreitet oder unterschreitet. Die Mitteilung hat unverzüglich, spätestens innerhalb von vier Handelstagen zu erfolgen, vgl. § 21 Abs. 1 Sätze 1, 3 und 4 WpHG. Maßgeblich ist nicht das obligatorische Geschäft, sondern der Zeitpunkt des dinglichen Erwerbs der Aktien.

48 Um auch **mittelbare Stimmrechtsherrschaft** und sonstiges Beeinflussungspotential sowie Umgehungssachverhalte zu erfassen, sind für die Höhe des relevanten Stimmrechtsanteils nicht nur die von dem Meldepflichtigen selbst gehaltenen Stimmrechte relevant. Stimmrechte aus Aktien, auf deren Ausübung der Meldepflichtige tatsächlich oder wahrscheinlich Einfluss nehmen kann, werden zugerechnet, vgl. § 22 WpHG. Bei **Konzernsachverhalten** kann daher der Erwerb bzw. die Übertragung von Aktien durch ein Tochterunternehmen Meldepflichten auf jeder Ebene bis hin zur Konzernspitze auslösen, und zwar auch dann, wenn ein Tochterunternehmen ohne Wissen der Konzernspitze Stimmrechte erwirbt bzw. veräußert. Auch bloß konzerninterne Restrukturierungen können Mitteilungspflichten auslösen. Tatbestände im Vorfeld von M&A-Transaktionen, die auf die Stimmverhältnisse bei der Zielgesellschaft (noch) ohne Einfluss bleiben, sind für die Mitteilungspflichten nach §§ 21 f. WpHG regelmäßig ohne Bedeutung. Dies gilt insbesondere für Derivatgeschäfte, die sich auf Aktien der Zielgesellschaft beziehen, jedoch ausschließlich auf Barausgleich gerichtet sind.[1]

49 Die Verletzung einer Mitteilungspflicht nach § 21 Abs. 1 WpHG stellt nicht nur eine Ordnungswidrigkeit dar, vgl. § 39 Abs. 2 Ziff. 2e WpHG. Sie wird in außergewöhnlich scharfer Form auch zivilrechtlich sanktioniert: Nach § 28 WpHG tritt im Fall der Verletzung von Mitteilungspflichten nach §§ 21 f. WpHG ein **Rechtsverlust** im Hinblick auf alle Aktien ein, die dem Meldepflichtigen gehören oder aus denen ihm Stimmrechte nach § 22 Abs. 1 Satz 1 Nr. 1 (Tochterunternehmen) oder Nr. 2 (Handeln für Rechnung) WpHG zugerechnet werden.[2] Erfolgte die Pflichtverletzung nicht vorsätzlich und wurde diese unverzüglich nachgeholt, gilt dies allerdings insbesondere nicht für Dividendenansprüche, vgl. § 28

---

[1] von Bülow in KölnKomm. WpHG, § 22 WpHG Rz. 87; Fleischer/Schmolke, ZIP 2008, 1501, 1503 ff.; Schiessl, Der Konzern 2009, 291 ff. A.A. Uwe H. Schneider in Assmann/Uwe H. Schneider, § 25 WpHG Rz. 36 ff.

[2] Dazu etwa von Bülow/Petersen, NZG 2009, 481 ff.; Riegger/Wasmann in FS Hüffer, 2010, S. 823, 829 ff.

Satz 2 WpHG. Nach § 28 Sätze 3 und 4 WpHG kann sich der Rechtsverlust andererseits um sechs Monate verlängern, wenn die Mitteilungspflicht vorsätzlich oder grob fahrlässig verletzt wurde und in nicht nur unwesentlicher Weise die Offenlegung des gehaltenen Stimmrechtsanteils betraf.[1] Nach zutreffender Auffassung ordnet diese Regelung allerdings nur den fortdauernden Verlust von Verwaltungsrechten aus den betroffenen Aktien an.[2] Die Verletzung gesetzlicher Mitteilungspflichten kann zudem eine verbotene Marktmanipulation (vgl. § 20 Abs. 1 Nr. 1 WpHG) darstellen. Werden durch den Meldepflichtigen trotz rechtswidrig unterlassener Offenlegung Geschäfte in relevanten Wertpapieren vorgenommen, kommt auch ein Verstoß gegen das Insiderhandelsverbot nach § 14 Abs. 1 Nr. 1 WpHG in Betracht. Die Schärfe der möglichen Rechtsfolgen erfordert daher ein besonders hohes Maß an Sorgfalt des Managements bei der Erfüllung der Mitteilungspflichten nach §§ 21 ff. WpHG. Potentiell meldepflichtige Mutterunternehmen treffen daher bestimmte **Organisationspflichten**, um die ordungsgemäße Erfüllung aller Meldpflichten, insbesondere auf Grund zugerechneter Stimmrechtsanteile sicherzustellen.[3] Dabei können auch außerhalb des relativ engen Anwendungsbereichs des § 24 WpHG Mitteilungspflichten innerhalb des Konzerns durch eine Konzerngesellschaft auf Grund Vollmacht für andere Konzerngesellschaften erfüllt werden.

Mitteilungen nach § 21 Abs. 1 oder § 25 Abs. 1 WpHG sind von der betreffenden Gesellschaft unverzüglich, spätestens drei Handelstage nach Zugang der Mitteilung, zu **veröffentlichen** (§ 26 Abs. 1 WpHG). Nach § 27 WpHG kann die Gesellschaft einen Nachweis für das Bestehen des Stimmrechtsanteils verlangen. 50

Die Vorbereitung des Beteiligungsaufbaus durch den Erwerb von **Optionsrechten oder Lieferansprüchen** auf Aktien der Zielgesellschaft kann Mitteilungspflichten nach § 25 WpHG auslösen. Nach § 25 Abs. 1 Satz 3 WpHG findet dabei eine Zusammenrechnung von Stimmrechtsanteil und Erwerbsrechten des Mitteilungspflichtigen statt. Für einen Meldepflichtigen, der bereits einen Stimmrechtsanteil nach § 21 Abs. 1 WpHG gemeldet hat, kann eine Mitteilungspflicht nach § 25 Abs. 1 WpHG auf Grund des Erwerbs von Optionsrechten etc. also nur dann entstehen, wenn dadurch die Summe aus gehaltenen Stimmrechten und Erwerbsrechten die nächste Meldeschwelle erreicht. Nach der Verwaltungspraxis der BaFin erfasst § 25 Abs. 1 WpHG jedoch keine Lieferansprüche aus Repo-Geschäften oder Wertpapierleihen.[4] 51

Sobald der Stimmrechtsanteil des Meldepflichtigen die Schwelle von 10 Prozent erreicht oder überschreitet, ist dieser nach § 27a Abs. 1 WpHG außerdem verpflichtet, dem Emittenten innerhalb von 20 Handelstagen über die mit dem Er- 52

---
1 *von Bülow/Petersen*, NZG 2009, 481 ff.; *Fleischer*, DB 2009, 1335 ff.; *Scholz*, AG 2009, 313.
2 *Vocke*, BB 2009, 1600, 1605 f. unter zutr. Verweis auf Beschlussempfehlung des Finanzausschusses zum RisikobegrenzungsG, BT-Drucks. 16/9778, S. 3.
3 *Hirte* in KölnKomm. WpHG, § 21 WpHG Rz. 178; *Uwe H. Schneider* in Assmann/Uwe H. Schneider, § 21 WpHG Rz. 143 f.
4 Emittentenleitfaden der Bundesanstalt für Finanzdienstleistungsaufsicht (Stand: 28.4. 2009), S. 166.

werb verfolgten **Ziele** und die **Herkunft der Mittel** zu informieren.[1] Diese Information ist anschließend vom Emittenten zu veröffentlichen.

b) Directors' Dealings

53 Personen mit Führungsaufgaben bei börsennotierten Emittenten sind verpflichtet, eigene Geschäfte in Finanzinstrumenten des Emittenten unverzüglich zu melden (§ 15a WpHG). Dies gilt auch für Personen, die mit Führungspersonen in einer engen Beziehung stehen. Soweit es sich dabei nicht um natürliche Personen (z.B. Ehegatte) handelt, ist die Mitteilungspflicht jedoch einschränkend auszulegen.[2] Sie besteht nur dann, wenn die Person mit Führungsaufgaben bzw. die natürliche Person, die zu dieser in einer **engen Beziehung** steht, durch das Geschäft wirtschaftlich profitieren kann und damit die Gefahr besteht, dass Mitteilungspflichten umgangen werden. Entscheidend ist, dass sich die betreffende Person durch das Geschäft einen **nennenswerten wirtschaftlichen Vorteil** sichern kann.[3]

2. Nicht börsennotierte Unternehmen

54 Bei **nicht börsennotierten Aktiengesellschaften** sind die Mitteilungspflichten nach §§ 20f. AktG zu beachten. Wird ein Geschäftsanteil an einer **GmbH** übertragen, gilt gegenüber der Gesellschaft nur derjenige als Inhaber des Geschäftsanteils, der als solcher in der im Handelsregister aufgenommenen Gesellschafterliste eingetragen ist (§ 16 Abs. 1 GmbHG). Eine vergleichbare Regelung besteht nach § 67 Abs. 2 AktG im Fall von Namensaktien. Weitere Mitteilungspflichten über erworbene bzw. veräußerte Beteiligungen können sich aus der **Satzung** des betreffenden Unternehmens sowie nach ausländischem Recht ergeben.

C. Allgemeine Managerpflichten bei M&A-Transaktionen

55 Neben den vorstehend unter B. (Rz. 3 ff.) erörterten Verhaltenspflichten, die überwiegend auf spezifischen gesetzlichen Pflichten beruhen, gibt es weitere, aus eher allgemeinen Grundsätzen abgeleitete Regeln, die das Management bei M&A-Transaktionen zu beachten hat.

I. Handeln zum Wohl der Gesellschaft auf Grund angemessener Information

56 Wie eingangs bereits festgestellt, handelt es sich bei der Entscheidung, ob und zu welchen Konditionen ein Unternehmen erworben wird, um eine **unternehmerische Entscheidung**, die grundsätzlich in den Kernbereich der *Business Judgment Rule* fällt. Das Haftungsprivileg des § 93 Abs. 1 Satz 2 AktG setzt ferner voraus,

---

1 Dazu näher *von Bülow/Stephanblome*, ZIP 2008, 1797, 1801 ff.; *Fleischer*, AG 2008, 873 ff.; *Uwe H. Schneider* in Assmann/Uwe H. Schneider, § 27a WpHG Rz. 12 ff.
2 Ebenso *Sethe* in Assmann/Uwe H. Schneider, § 15a WpHG Rz. 56.
3 Emittentenleitfaden der Bundesanstalt für Finanzdienstleistungsaufsicht (Stand: 28.4.2009), S. 86 ff.

dass der Vorstand annehmen darf, auf der Grundlage angemessener Information zum Wohl der Gesellschaft zu handeln.

Das Handeln zum Wohl der Gesellschaft erfordert eine Ausrichtung an der nachhaltigen Ertragsstärkung und Wettbewerbsfähigkeit des Unternehmens.[1] Dies gilt uneingeschränkt auch für M&A-Transaktionen. Allein der Wunsch nach Größe reicht z.B. zur Rechtfertigung von Zukäufen nicht aus. Hinzukommen muss stets eine **qualitative Komponente**, wie z.B. die Verbesserung der Wettbewerbsposition oder zusätzliches Ertragspotential. Jedenfalls aus der ex ante Perspektive muss der Vorstand in der Lage sein, den Unternehmenskauf durch solche qualitativen Aspekte zu rechtfertigen.

57

Bedeutsam für die Vermeidung von Organhaftung bei M&A-Transaktionen ist das Handeln ohne **Sonderinteressen** und sachfremde Einflüsse.[2] Erweist sich ein Unternehmenskauf im Nachhinein als nachteilig und stellt sich heraus, dass der Erwerb durch unternehmensfremde Interessen motiviert war (z.B. Übernahme einer Bürgschaft zu Gunsten eines notleidenden Unternehmens aus dem Familienkreis eines Vorstandsmitglieds), ist das Organhandeln nicht mehr durch die Business Judgment Rule gedeckt und eine persönlich Haftung kommt regelmäßig in Betracht.[3]

58

Das in der Praxis wichtigste „Enthaftungskriterium" für Organhandeln im Rahmen von M&A-Transaktionen ist indes das Handeln auf der **Grundlage angemessener Information**.[4] Abgesehen von der zentralen Frage der Due-Diligence-Prüfung (hierzu unten Rz. 60 ff.) geht es hierbei vor allem um die sorgfältige Erhebung und Aufbereitung der relevanten Entscheidungsgrundlagen für die Transaktion. Angesichts der erheblichen wirtschaftlichen Tragweite einer Unternehmensübernahme sowie der mit ihr verbundenen Auswirkungen auf die Unternehmensstrategie, ist der Vorstand verpflichtet eine breite Informationsgrundlage für die Vorbereitung und Durchführung der Transaktion zu schaffen.[5] Er ist verpflichtet alle in der konkreten Entscheidungssituation verfügbaren Informationsquellen tatsächlicher und rechtlicher Art auszuschöpfen und auf dieser Grundlage die Vor- und Nachteile der bestehenden Handlungsoptionen sorgfältig abzuschätzen und den erkennbaren Risiken Rechnung zu tragen.[6] Hierbei stehen neben den Informationen über die Zielgesellschaft selbst (Rentabilität, Risiken, Finanzierung) insbesondere Marktanalysen, Bewertungsfragen, das rechtliche und regulatorische Umfeld sowie die sorgfältige Ermittlung potentieller Kauf- oder Verkaufsinteressenten im Vordergrund. Den Vorstand trifft in diesem

59

---

1 Begr. RegE UMAG, BT-Drucks. 15/5092, S. 11; *Fleischer* in Fleischer, Handbuch des Vorstandsrechts, § 7 Rz. 56.
2 Begr. RegE UMAG, BT-Drucks. 15/5092, S. 11; *Fleischer* in Fleischer, Handbuch des Vorstandsrechts, § 7 Rz. 56.
3 Vgl. allgemein zu den Pflichten des Vorstands beim Unternehmenskauf *Böttcher*, NZG 2007, 481 ff.
4 BGH v. 4.11.2002 – II ZR 224/00, NJW 2003, 358 = AG 2003, 381; OLG Oldenburg v. 22.6.2006 – 1 U 34/03, DB 2006, 2511 = GmbHR 2006, 1263; *Fleischer* in Fleischer, Handbuch des Vorstandsrechts, § 7 Rz. 58.
5 *Spindler* in MünchKomm. AktG, § 93 AktG Rz. 48.
6 BGH v. 14.7.2008 – II ZR 202/07, NJW 2008, 3361 = NZG 2008, 751 = GmbHR 2008, 1033.

Zusammenhang neben der Informations- auch eine **Organisationspflicht**, d.h. er muss durch den Einsatz interner oder externer Ressourcen sicherstellen, dass die relevanten Informationen beschafft werden (z.B. Strategieabteilung, M&A-Abteilung, Rechtsabteilung, Steuerabteilung). Die Praxis zeigt, dass größere M&A-Transaktionen mittlerweile ganz überwiegend von Investmentbanken und externen Rechtsberatern begleitet werden, die nicht nur Beratungs- und „Absicherungsfunktion" (z.B. Fairness Opinions, Legal Opinions) haben, sondern oftmals auch Informationen beschaffen und Erfahrungen aus vergleichbaren Transaktionen zur Verfügung stellen können, die für eine Kauf- oder Verkaufsentscheidung und deren Umsetzung von Bedeutung sind.

II. Due Diligence

60 In aller Regel ist die Durchführung einer sog. Due-Diligence-Prüfung der Zielgesellschaft durch den **Erwerbsinteressenten** geboten. Sie trägt zur Risikominderung bei und verbessert die Entscheidungsgrundlage der Geschäftsleitung über die Transaktion.[1] Eine absolute Pflicht zur Durchführung einer Due Diligence unabhängig vom konkreten Einzelfall besteht aber nicht. Kommt also der Vorstand der Erwerbergesellschaft nach einer Gesamtwürdigung der konkreten Umstände des Einzelfalls und einer Risikoabwägung ermessensfehlerfrei zu dem Ergebnis, dass der Erwerb auch ohne vorherige Due-Diligence-Prüfung im Unternehmensinteresse liegt, ist ein Unternehmens- oder Anteilserwerb auch ohne eine solche Prüfung nicht pflichtwidrig.[2] Die Durchführung einer Due-Diligence-Prüfung bei börsennotierten Unternehmen kann zudem für den Erwerbsinteressenten zu einem insiderrechtlichen Handelsverbot führen (s. oben Rz. 7).

61 Auch für den **Verkäufer** ist eine genaue Kenntnis der Verhältnisse der Zielgesellschaft vor Beginn der Verhandlungen von großer Wichtigkeit. Nur so können etwaige Probleme, die ein Erwerber wirtschaftlich bei dem Veräußerer wird belassen wollen, rechtzeitig adressiert werden. Denn der Veräußerer wird nicht in eine Situation kommen wollen, in der der potentielle Erwerber ggf. erst kurz vor Vertragsschluss unter Verweis auf ein von ihm in der Due Diligence identifiziertes Problem weit gehende Risikoübernahmen durch den Verkäufer oder gar eine Kaufpreisadjustierung verlangt.

62 Das Offenlegungsinteresse der potentiellen Erwerber steht jedoch in einem Spannungsverhältnis zu dem Interesse der Zielgesellschaft an der Wahrung von Betriebs- und Geschäftsgeheimnissen. Auch gesetzliche Vertraulichkeitsverpflichtungen (z.B. hinsichtlich personenbezogener Daten von Arbeitnehmern, vgl. §§ 3 Abs. 1 sowie 28 BDSG) können einer Offenlegung von Informationen entgegenstehen. Die Offenlegung von Informationen kann schließlich durch Vertraulichkeitsvereinbarungen der Zielgesellschaft mit Dritten erschwert werden. In jedem Fall muss das Management der Zielgesellschaft bestimmte **Vorkehrungen** zur Wahrung des Unternehmensinteresses an der Vertraulichkeit von Betriebs- und

---

[1] Dazu näher z.B. *Fleischer/Körber*, BB 2001, 841, 842.
[2] *Fleischer*, ZHR 172 (2009), 538, 543f.; *Spindler* in MünchKomm. AktG, § 93 AktG Rz. 86. A.A. *Huber*, AcP 202 (2002), 179, 203; *Kiethe*, NZG 1999, 976, 982.

Geschäftsgeheimnissen treffen. Hierzu werden in der Regel folgende Maßnahmen gehören[1]:

– Abschluss einer angemessenen Vertraulichkeitsvereinbarung vor Beginn der Due-Diligence-Prüfung,
– Einrichtung eines Datenraums mit festen Regeln über Zugang und Auswertung der Unterlagen,
– Erfassung aller offen gelegten Informationen, auch Management Präsentationen etc.,
– Begrenzung des Zugangs zu sensiblen Informationen auf einen bestimmten Personenkreis,
– gestuftes Verfahren, in dem sensiblere Informationen erst in einem fortgeschrittenen Stadium der Vertragsverhandlungen offen gelegt werden,
– Weitergabe bestimmter Informationen nur in anonymisierter oder aggregierter Form (z.B. personenbezogene Daten von Arbeitnehmern),
– Auswertung sensibler Informationen nur in Form eines verkürzten Due Diligence Reports durch einen zur Verschwiegenheit verpflichteten Berater des Interessenten.

Die Zulässigkeit von Due-Diligence-Prüfungen auch bei **börsennotierten Gesellschaften** ist mittlerweile allgemein anerkannt.[2] Zweifelsfragen bestehen lediglich hinsichtlich des zulässigen Umfangs und des dabei einzuhaltenden Verfahrens. Nach zutreffender Auffassung fällt die Entscheidung über das Ob, Wann und Wie einer Due-Diligence-Prüfung durch einen Erwerbsinteressenten in die Geschäftsleitungskompetenz des Vorstands der Zielgesellschaft.[3] Der Vorstand hat dabei regelmäßig einen **weiten Ermessensspielraum**.[4] Bei seiner Entscheidung hat er das Interesse der Gesellschaft an einer Übernahme bzw. eines Beteiligungserwerbs durch den Interessenten gegenüber den Geheimhaltungsinteressen der Gesellschaft abzuwägen.[5] Dabei lässt sich aus der in § 93 Abs. 1 Satz 3 AktG geregelten Schweigepflicht der Vorstandsmitglieder keine generelle Vermutung des Vorrangs des Geheimhaltungsinteresses der Gesellschaft gegenüber dem Interesse am Zustandekommen einer Transaktion ableiten.[6] Vielmehr ist das Interesse der Gesellschaft an der Wahrung von Geschäfts- und Betriebsgeheimnissen nur einer – wenn auch ein wichtiger – der in dem Abwägungsprozess zu berücksichtigenden Gesichtspunkte.[7] Die Verschwiegenheitspflicht des Vorstands ist

63

---

1 Vgl. etwa *Müller*, NJW 2000, 3452, 3454; *Fleischer*, ZIP 2002, 651, 652; *Hemeling*, ZHR 169 (2005), 274, 281 ff.
2 Vgl. etwa *Fleischer* in Spindler/Stilz, § 93 AktG Rz. 158; *Hemeling*, ZHR 169 (2005), 274, 278 ff.; *Spindler* in MünchKomm. AktG, § 93 AktG Rz. 120. A.A. jedoch *Lutter*, ZIP 1997, 613, 617.
3 *Fleischer*, ZIP 2002, 651; *Krieger/Sailer* in K. Schmidt/Lutter, § 93 AktG Rz. 22; *Schiessl*, AG 2009, 385, 390.
4 *Müller*, NJW 2000, 3452, 3453 f.; *Hemeling*, ZHR 169 (2005), 274, 279.
5 *Spindler* in MünchKomm. AktG, § 93 AktG Rz. 120.
6 A.A. *Lutter*, ZIP 1997, 613, 617.
7 *Banerjea*, ZIP 2003, 1730; *Fleischer*, ZIP 2002, 651, 652; *Hemeling*, ZHR 169 (2005), 274, 279.

schließlich kein Selbstzweck, sondern dient dem Gesellschaftsinteresse, dem im Einzelfall aber mit einer Offenbarung eines Geschäftsgeheimnisses besser gedient sein kann.[1] Das Ermessen des Vorstands kann sich sogar ausnahmsweise auf null reduzieren und damit zu einer verpflichtenden Ablehnung (etwa wenn ein Scheitern der vom Erwerber angestrebten Transaktion aus kartellrechtlichen Gründen evident ist) oder Gestattung (beispielsweise bei einer Sanierungssituation) der Due Diligence führen.[2] Aufsichtsrat oder gar Hauptversammlung der Zielgesellschaft müssen in die Entscheidungsfindung des Vorstands nicht involviert werden.[3] Jedoch ist es nahe liegend und ratsam, dass der Vorstand den Aufsichtsratsvorsitzenden in den Entscheidungsprozess einbezieht und unterrichtet.

64 Hat sich der Vorstand ermessensfehlerfrei entschlossen, einem Übernahmeinteressenten bestimmte Informationen zugänglich zu machen, erfolgt die Offenlegung weder „unbefugt" im Sinne des § 14 Abs. 1 Nr. 2 WpHG noch unter Verletzung der in § 303 AktG strafbewehrten Geheimhaltungspflicht der Vorstandsmitglieder.[4] Der Vorstand sollte jedoch durch eine sog. **Standstill-Vereinbarung** zu verhindern versuchen, dass eine Transaktion auf der Basis von Informationen, die die Gesellschaft zur Verfügung gestellt hat, ohne seine Unterstützung durchgeführt wird.

III. Transaktionsstrukturierung

65 Während die Auswahlentscheidung und die Kaufpreisbemessung in Bezug auf das „Target" als unternehmerische Entscheidung in den Anwendungsbereich der Business Judgment Rule fällt, trifft dies nicht bzw. nur eingeschränkt für die Transaktionsstrukturierung zu. Hier geht es nicht um Prognosen oder Wertungsspielräume, sondern um eine sorgfältige **Analyse von Optimierungsmöglichkeiten** bei der geplanten Transaktion.[5] Insbesondere für grenzüberschreitende Unternehmenszusammenschlüsse bestehen heute mehr Gestaltungsmöglichkeiten denn je.[6]

66 Im Vordergrund stehen hierbei vor allem Fragen der Transaktionssicherheit und -geschwindigkeit und der steuerlichen Effizienz. Zur Vermeidung von Haftungsrisiken wegen Verletzung der allgemeinen Sorgfaltspflicht sollten Vorstand bzw. Geschäftsführung u.a. folgende beispielhaft aufgeführte Gestaltungsfragen prüfen:

---

1 Vgl. *Fleischer* in Spindler/Stilz, § 93 AktG Rz. 157.
2 *Hemeling*, ZHR 169 (2005), 274, 280; *Rittmeister*, NZG 2004, 1032, 1035f.
3 *Fleischer*, ZIP 2002, 651; *Hemeling*, ZHR 169 (2005), 274, 282. A.A. *Krämer* in Marsch-Barner/Schäfer, Handbuch börsennotierte AG, § 9 Rz. 20. Differenzierend *Schiessl*, AG 2009, 385, 391f.
4 *Fleischer*, ZIP 2002, 651, 652; *Linker/Zinger*, NZG 2002, 497, 500.
5 Vgl. insoweit auch *Munkert*, DStR 2008, 2501 ff.
6 Dazu im Überblick *Hirte/Bücker* (Hrsg.), Grenzüberschreitende Gesellschaften, 2. Aufl. 2006, S. 116 ff.

Gestaltungsfrage	Anmerkung
Möglichkeit eines Auktionsverfahrens	Erzeugt kompetitives Umfeld bei einer Veräußerung und führt zur Ermittlung der besten Konditionen.
Sicherstellung der Abzugsfähigkeit von Finanzierungsaufwendungen	Allokation der Fremdverbindlichkeiten des Targets bzw. des Erwerbsvehikels auf der „richtigen" Ebene und in der „richtigen" Rechtsordnung, insbesondere Berücksichtigung steuerlicher Rahmenbedingungen.
Schaffung von Step-up-Volumen	Ausgestaltung von Teilbereichen einer Transaktion als asset deal, um dem Erwerber einen step-up zu ermöglichen.
Erhalt und Nutzung von Verlustvorträgen	Übertragung von Zwischenholdings statt der eigentlichen Zielgesellschaft. Ggf. „loss-refreshing" Techniken (unter Beachtung der sog. Mindestbesteuerung), um Verlustvorträge in künftigen Aufwand umzuwandeln.
Grunderwerbsteuer-Optimierung	Ausgestaltung der Transaktionsstruktur z.B. mit mehreren Erwerbsvehikeln, ggf. auch Ausgliederung des Grundvermögens in separate Personengesellschaften.
Steuerliche Optimierung des Veräußerungsgewinns	Veräußerungsstruktur, die möglichst geringe Steuerlast bei dem Verkäufer auslöst.
Absicherung der Steuerfolgen einer Transaktion	Bei komplexeren Steuerstrukturen ist die Einholung einer verbindlichen Auskunft des zuständigen Finanzamts empfehlenswert.
Vermeidung von eintragungspflichtigen Hauptversammlungsbeschlüssen sowie Minimierung von Anfechtungsrisiken	Zur Vermeidung von Verzögerungsrisiken, also z.B. (i) Übernahmeangebot nach WpÜG statt Verschmelzung nach Umwandlungsgesetz, (ii) Ausgabe von Aktien aus genehmigtem Kapital/eigenen Aktien statt Direktbeschlusses der Hauptversammlung und (iii) Verschmelzung der beteiligten Rechtsträger auf eine NewCo zur Vermeidung von Anfechtungsklagen wegen Bewertungsfragen
Vermeidung von Wirksamkeitsrisiken	Vermeidung einer Vermögensübertragung nach § 179a AktG
Vermeidung eines Pflichtangebots nach § 35 WpÜG	Erwerb von Minderheitsbeteiligungen, ggf. auf mehreren Zwischenstufen
Reduzierung von finanziellen Risiken im Rahmen der Integration im Hinblick auf Abfindungspflicht nach IDW-S1 statt Angebotspreis	Festsetzung einer Mindestannahmeschwelle im Übernahmeangebot
Vermeidung von gesetzlichen Haftungssituationen, z.B. nach Umwandlungsgesetz	Vermeidung einer Ausgliederung nach Umwandlungsgesetz wegen 5-jähriger Nachhaftungsfrist durch Einzelübertragung
Vermeidung von Transaktionskosten	Beurkundungskosten, Hauptversammlungskosten
Planung des Exits	Struktur, die aus gesellschaftsrechtlicher und steuerlicher Sicht eine mögliche spätere Veräußerung des Unternehmens berücksichtigt

67 **Strukturierungsfehler** können zu einem Vermögensschaden der Gesellschaft (z.B. Steuerbelastung, Vernichtung von Verlustvorträgen) oder zu einem Schaden wegen Verzögerung oder gar Scheitern der angestrebten Transaktion führen (z.B. Verschmelzung wird nicht eingetragen, Synergien können nicht realisiert werden). Bei sorgfaltswidrigem Verhalten der Organe können Haftungsrisiken entstehen, die sich durch angemessene Planung und Organisation vermeiden lassen.

IV. Abbruch von Vertragsverhandlungen

68 Mit Aufnahme der Verhandlungen über eine M&A-Transaktion entsteht zwischen den Verhandlungspartnern ein besonderes **vorvertragliches Pflichtenverhältnis** (§ 311 Abs. 2 BGB). Dieses erstreckt sich insbesondere auf die Erfüllung bestimmter Aufklärungs-, Offenbarungs- und Informationspflichten (§ 241 Abs. 2 BGB). Haftungsrisiken für das Management können sich aber auch aus dem Scheitern von Vertragsverhandlungen ergeben. Durfte eine Verhandlungspartei darauf vertrauen, dass es letztlich zum Vertragsschluss kommt und bricht in diesem Fall der Verhandlungspartner die Verhandlungen ohne triftigen Grund ab, kann die die Verhandlungen abbrechende Partei dem Verhandlungspartner zum Ersatz des diesem entstandenen Schadens verpflichtet sein.[1] Regelmäßig ist es empfehlenswert, dass die Verhandlungspartner einen entsprechenden **Haftungsausschluss** (etwa als Teil eines Letter of Intent oder einer Vertraulichkeitsvereinbarung) vorab vereinbaren. Im Hinblick auf die mit einer Transaktionsvorbereitung verbundenen großen zeitlichen und finanziellen Aufwendungen sowie zur Sicherstellung der Ernsthaftigkeit der Verhandlungen werden in der Praxis bisweilen sog. break-up fees vereinbart.[2]

V. Vertragsgestaltung

69 Der Erwerb bzw. der Verkauf der Beteiligung an einem **börsennotierten Unternehmen** erfolgt regelmäßig auf der Grundlage eines eher kurz gehaltenen Vertrags. Der Verkäufer wird nur in seltenen Fällen bereit sein, Gewährleistungen abzugeben und transaktionsbegleitende Verpflichtungen einzugehen. Im Rahmen eines öffentlichen Übernahmeangebots, verpflichtet sich der Verkäufer oftmals sogar lediglich dazu, das Angebot für die von ihm gehaltenen Aktien anzunehmen. Aus Sicht des Käufers hingegen ist der Abschluss eines Paketkaufvertrags vorzugswürdig. Durch einen detaillierten Vertrag können mittels Gewährleistungen und Haftungsfreistellungen bestimmte Risiken abgeschichtet werden. Ferner können Regelungen zu einem Wechsel in den Organen sowie ggf. ein Wettbewerbsverbot vereinbart werden. Die Praxis ist hier uneinheitlich. Besondere Kaufpreisgestaltungen führen bei anschließenden Übernahme- bzw. Pflichtangeboten zu Bewertungsschwierigkeiten.

---

1 Vgl. allgemein BGH v. 7.2.1980 – III ZR 23/78, BGHZ 76, 343, 349; BGH v. 29.3.1996 – V ZR 332/94, DStR 1996, 931; sowie speziell zu den Haftungsrisiken beim Scheitern von Vertragsverhandlungen bei M&A-Transaktionen *Geyrhalter/Zirngibl/Strehle*, DStR 2006, 1559 ff.
2 Vgl. dazu etwa *Drygala*, WM 2004, 1457 ff.; *Hilgard*, BB 2008, 286 ff.; *Sieger/Hasselbach*, BB 2000, 625 ff.

Anders ist die Situation bei M&A-Transaktionen, die sich auf **nichtbörsennotierte Unternehmen** beziehen. Hier basiert der Kaufpreis auf einem bestimmten Bewertungsmodell. Welche Methode dabei zur Bestimmung des Unternehmenswerts gewählt wird, hängt maßgeblich von der Käuferperspektive ab. Regelmäßig wird die sog. „Discounted Cash Flow-Methode" aus Käufersicht der zutreffende Ansatz zur Bestimmung des Unternehmenswertes sein.[1] Die für die **Kaufpreisfindung** maßgebenden Faktoren und Annahmen sind in der Vertragsdokumentation abzusichern. Das maßgebliche Kaufpreisfindungsmodell muss sich an unterschiedlichen Stellen im Kaufvertrag widerspiegeln, etwa bei der Kaufpreisformel (einschließlich Kaufpreisanpassung) sowie bei sonstigen Risikoallokationen, wie etwa im Katalog der Verkäufergarantien und der Haftungsfreistellungsverpflichtungen. Die Kaufpreisklausel bildet eine wichtige Schnittstelle zwischen dem Finanzberater des Käufers bzw. Verkäufers sowie dessen Wirtschaftsprüfer und den beratenden Anwälten. Nicht nur die Auswahl der Berater, sondern auch deren **Koordination** birgt somit Haftungsrisiken für das Management. 70

Für Käufer und Verkäufer verdient das vertragliche **Haftungsregime** besonderes Augenmerk. Dieses wird in aller Regel an Stelle des gesetzlichen Gewährleistungsrechts der §§ 434 ff. BGB individuell verhandelt. Haftungsrisiken des Verkäufers sind dabei sowohl betragsmäßig wie auch zeitlich angemessen zu beschränken. Verkäuferseitig sollte zudem darauf hingewirkt werden, dass Garantie- bzw. Freistellungsansprüche erst geltend gemacht werden können, wenn und soweit diese einen bestimmten Mindestbetrag überschreiten (Freigrenze und Freibetrag). Ferner hat der Verkäufer darauf zu achten, dass seine **Gesamthaftung** nach dem Vertrag bzw. der von ihm abgegebenen Garantien einen bestimmten Höchstbetrag nicht überschreitet und dass jede weiter gehende Haftung vertraglich ausgeschlossen ist. **Haftungsausschlüsse** oder -begrenzungen gehen im Falle vorsätzlichen Verhaltens allerdings regelmäßig ins Leere. Auch schon bedingt vorsätzliches Verhalten kann daher schwerwiegende Folgen für einen Verkäufer haben. Insbesondere Gewährleistungen, die ohne hinreichende Überprüfung auf deren Richtigkeit „ins Blaue hinein" abgegeben werden, werden nach ständiger Rechtsprechung bedingt vorsätzlich falsch abgegeben.[2] Hier trifft das Management des Verkäufers besondere Sorgfaltspflichten. Die Organmitglieder haben deshalb für die zeitgerechte Beschaffung der erforderlichen Informationen und für die sorgfältige Überprüfung der Richtigkeit vertraglicher Garantien zu sorgen. Dabei ist zu berücksichtigen, dass es in diesem Zusammenhang nicht nur auf das aktuelle **Wissen** der gesetzlichen Vertreter des Verkäufers ankommt. Auch „typischerweise aktenmäßig festgehaltenes Wissen" wird dem Verkäufer zugerechnet.[3] Die Geschäftsführung des Verkäufers trifft daher die Pflicht zur (ggf. sogar konzernweiten) Organisation eines Kommunikationsflusses, damit alle relevanten Umstände bekannt sind. Zur effektiven Haftungsbegrenzung können insbesondere bei Konzernsachverhalten auch **Freistellungsverpflichtungen** erforder- 71

---

1 Dazu etwa *von Braunschweig*, DB 2002, 1815 ff.; *Bruski*, Special zu BB 2005 Heft 30, 21 ff.
2 BGH v. 8.5.1980 – IV ZR 1/80, NJW 1980, 2460; BGH v. 18.3.1981 – VII ZR 44/80, NJW 1981, 1441; BGH v. 26.9.1997 – V ZR 29/96, NJW 1998, 302.
3 BGH v. 2.2.1996 – V ZR 239/94, NJW 1996, 1339. Vgl. dazu auch *Rasner*, WM 2006, 1425, 1428 f.

lich sein. Aus Verkäufersicht ist ferner darauf zu achten, dass angemessene Regelungen für die Verjährung von Gewährleistungsansprüchen vereinbart werden.

72 Eine auch in Deutschland zunehmend an Bedeutung gewinnende Methode zur Abschichtung von Risiken aus Gewährleistungs- und Haftungsfreistellungskatalogen bei M&A-Transaktionen, ist der Abschluss einer **Gewährleistungsversicherung** (sog. „Warranty and Indemnity Insurance").[1] Sie bietet sich vor allem dann an, wenn der Verkäufer aus strukturellen oder finanziellen Gründen nicht, oder nicht für einen längeren Zeitraum, „im Risiko stehen" will oder wenn aus Sicht des Käufers die Bonität des Verkäufers vor dem Hintergrund des Zeithorizonts möglicher Gewährleistungs- oder Haftungsfreistellungsansprüche nicht ausreicht.

VI. Haftungsrisiken und Pflichten nach Vertragsvollzug

1. Integrationsmaßnahmen

73 Der Erwerb eines Unternehmens zielt in aller Regel auf dessen Integration in den Konzernverbund des Erwerbers.[2] Der Erwerber ist insbesondere an der Realisierung von Synergien (z.B. Zusammenlegung von Vertrieb und Stabsabteilungen, Schließung oder Verlagerung von Produktionsstätten, Zentralisierung von Forschung und Entwicklung) und an einer **finanziellen Eingliederung** (Zugriff auf Liquidität, Cash-Pooling, Organschaft) interessiert. Unproblematisch möglich sind derlei Maßnahmen nach einer Verschmelzung oder dem Abschluss eines Beherrschungs- und Gewinnabführungsvertrags.[3] Erheblich schwieriger gestaltet sich der Zugriff im sog. **faktischen Konzern**, d.h. in einer Situation, in der der Erwerber einen herrschenden Einfluss auf die Zielgesellschaft ausschließlich über seine gesellschaftsrechtliche Beteiligung – letztlich also über das Stimmrecht aus den Gesellschaftsanteilen – ausübt.[4] Insbesondere im Aktienrecht unterliegt der Erwerber dem in der Praxis oft mit Zweifelsfragen einhergehenden Haftungssystem der §§ 311 ff. AktG, das u.a. folgende Schutzvorkehrungen zu Gunsten der abhängigen Gesellschaft und ihrer außenstehenden Aktionäre vorsieht:

– Ausgleichspflicht des herrschenden Unternehmens für veranlasste nachteilige Maßnahmen gem. § 311 AktG,
– Erstellung eines Abhängigkeitsberichts durch den Vorstand der abhängigen Gesellschaft gem. § 312 AktG, Prüfung des Berichts durch den Abschlussprüfer (§ 313 AktG) und den Aufsichtsrat (§ 314 AktG).

74 Abgesehen von diesen Primärpflichten im faktischen Konzern ist der Vorstand eines herrschenden Unternehmens nach § 317 Abs. 1 AktG auch persönlich sowohl der Gesellschaft, als auch unter besonderen Umständen den Aktionären

---
1 Vgl. den Überblick bei *Hasselbach/Reichel*, ZIP 2005, 377 ff.
2 Ausführlich zu Integrationsmaßnahmen nach erfolgter Übernahme der Zielgesellschaft *Austmann*, ZGR 2009, 277 ff.
3 Hierzu: *Kropff* in Semler/Volhard, Arbeitshandbuch für Unternehmensübernahmen, 2001, (Bd. 1) § 28 Rz. 37.
4 *Kropff* in Semler/Volhard, Arbeitshandbuch für Unternehmensübernahmen, 2001, (Bd. 1) § 28 Rz. 43 ff.

zum Schadensersatz verpflichtet, wenn das herrschende Unternehmen seiner Verpflichtung nach § 311 AktG nicht nachkommt. Nach § 318 AktG haften die Mitglieder des Vorstands der abhängigen Gesellschaft auf Schadensersatz, wenn sie es pflichtwidrig versäumt haben, ein nachteiliges Rechtsgeschäft oder eine nachteilige Maßnahme in den **Abhängigkeitsbericht** nach § 312 AktG aufzunehmen (§ 318 Abs. 1 AktG).[1]

Handelt es sich bei der erworbenen Gesellschaft um eine GmbH, so lassen die konzernrechtlichen Regelungen mehr Spielraum für Einflussnahme. Haftungsrelevante Grenzen, die es zu beachten gilt, sind hier vor allem die Verletzung der **Kapitalerhaltungsregeln** nach §§ 30, 31 GmbHG und die Grundsätze des existenzgefährdenden/**existenzvernichtenden Eingriffs**.[2]

2. Vertragsmonitoring

Auf Seiten des erwerbenden Unternehmens ist nach Vollzug der M&A-Transaktion für ein angemessenes Vertragsmonitoring zu sorgen. Die bei der Zielgesellschaft vorgefundenen Verhältnisse sind unverzüglich mit dem Gewährleistungs- und Haftungsfreistellungskatalog abzugleichen. Nur so wird sichergestellt, dass ggf. Ansprüche gegen den Verkäufer aus dem Kaufvertrag innerhalb der vertraglichen **Fristen** und im Einklang mit den ggf. vereinbarten **Verfahrensregeln** geltend gemacht werden können. Aus Verkäufersicht ist die (oftmals konzernweit erforderliche) Einhaltung **nachvertraglicher Verpflichtungen**, wie etwa eines Wettbewerbs- oder Abwerbungsverbots, sicherzustellen.

---

1 Ausführlich zu den Haftungsrisiken für den Vorstand bei Fehlschlag der Integration der Zielgesellschaft *Seibt/Wollenschläger*, DB 2009, 1579 ff.
2 Zu den §§ 30, 31 GmbHG s. zuletzt BGH v. 1.12.2008 – II ZR 102/07, NZG 2009, 107 ff. = GmbHR 2009, 199 ff. – MPS; zum existenzgefährdenden/existenzvernichtenden Eingriff s. nur BGH v. 16.7.2007 – II ZR 3/04, BGHZ 173, 246 ff. = NJW 2007, 2689 ff. – Trihotel.

§ 26
Risikobereich und Haftung: Zuwendungen an Dritte: soziale Aktivitäten, „nützliche Aufwendungen", Zahlungen an opponierende Aktionäre

Dr. Bodo Riegger/Dr. Cornelius Götze, LL.M.

	Rz.		Rz.
A. Einleitung	1	d) Sozialadäquanz, Rechtfertigung, Entschuldigung	44
B. Soziale Aktivitäten, insbesondere Spenden	6	e) Schlichte Rechtswidrigkeit	47
I. Begriff, Erscheinungsformen und Abgrenzung	6	2. Verstoß gegen ausländisches Recht	48
II. Gesellschaftsrechtliche Zulässigkeit	11	3. Verstoß gegen Grundsätze der Geschäftsmoral	51
1. Entscheidungszuständigkeit	12	III. Haftungsrisiken	52
2. Zulässigkeitsmaßstab	14	1. Vorstand	52
a) Gesellschaftszweck als Ausgangspunkt	14	a) Strafrechtliche Haftung	52
b) Beachtlichkeit von sozialen Erwägungen	18	b) Zivilrechtliche Haftung	54
3. Schranken	24	2. Aufsichtsrat	58
4. Besonderheiten bei Zuwendungen an Parteien	28	IV. Besonderheiten bei der GmbH	60
III. Haftungsrisiken	30	**D. Zahlungen an opponierende Aktionäre**	62
1. Vorstand	30	I. Begriff, Erscheinungsformen und Abgrenzung	62
2. Aufsichtsrat	32	II. Gesellschaftsrechtliche Zulässigkeit	65
IV. Besonderheiten bei der GmbH	34	1. Verstoß gegen § 57 AktG	65
C. „Nützliche Aufwendungen"	36	2. Rechtfertigung?	66
I. Begriff, Erscheinungsformen und Abgrenzung	36	3. Einzelfragen der Rechtfertigung	71
II. Gesellschaftsrechtliche Zulässigkeit	38	a) Eignung der Zahlung zur Schadensabwehr	71
1. Verstoß gegen deutsches Recht	39	b) Erforderlichkeit der Zahlung zur Schadensabwehr	73
a) Einschlägige Straftatbestände	40	c) Zustimmung des Aufsichtsrats	79
b) Insbesondere korruptive Zuwendungen an Amtsträger	41	III. Haftungsrisiken	80
c) Insbesondere korruptive Zuwendungen an Angestellte	42	1. Vorstand	80
		2. Aufsichtsrat	82

A. Einleitung

Unternehmen verfolgen i.d.R.[1] erwerbswirtschaftliche Zwecke. Mit dieser auf Gewinnerzielung ausgerichteten „raison d'être" lassen sich unentgeltliche oder ohne Rechtspflicht erbrachte Zuwendungen an Dritte nicht ohne weiteres vereinbaren: **wer Profite erwirtschaften soll, hat nichts zu verschenken.** Ein Management, das diesen Grundsatz nicht beherzigt, läuft Gefahr, sich dem Vorwurf pflichtwidrigen oder sogar strafbaren Handelns auszusetzen. 1

Der damit angesprochene Problemkreis betrifft freilich **sehr unterschiedliche Fallgruppen**:

So stellt sich erstens die Frage, ob und ggf. in welchem Umfang eine Gesellschaft – sei es aus eigennützigen Motiven, sei es als „good corporate citizen"[2] – berechtigt ist, ihr Geld für mildtätige, kulturelle, wissenschaftliche, sportliche oder sonstige gesellschaftliche Anliegen einzusetzen. Können Vorstand bzw. Geschäftsführer diese Entscheidung alleine treffen? Soweit ja: dürfen sie nur Projekte fördern, die dem Unternehmen „etwas bringen"? Was ist mit Zuwendungen an Parteien? Das Spannungsfeld, in dem sich die Beurteilung von **Unternehmensspenden und sonstigen Formen korporativen Sozialengagements** bewegt, wird in **Abschnitt B.** (Rz. 6 ff.) näher beleuchtet. 2

Rechtlich nicht veranlasst, allerdings völlig anders motiviert als Spenden, sind zweitens die oft beschönigend als **„nützliche Aufwendungen"** betitelten Zuwendungen an Entscheidungsträger, mittels derer sich Unternehmen Vorteile im Wettbewerb zu verschaffen versuchen. Das weniger euphemistische Schlagwort lautet **„Schmiergeldzahlungen"**. Auch dieser mit großer Regelmäßigkeit die Schlagzeilen beherrschende[3] Bereich ist nicht frei von Spannungen: Wenngleich einerseits heutzutage auch international ein breiter Konsens über die moralische Anstößigkeit und ökonomische Schädlichkeit von Bestechungsgeldern und anderen Korruptionspraktiken herrscht, kann man andererseits die Augen nicht vor der Tatsache verschließen, dass entsprechende Verhaltensmuster in einigen Regionen der Welt bis heute zu den faktischen Rahmenbedingungen geschäftlicher Tätigkeit gehören. Inwieweit dürfen die Unternehmensverantwortlichen diesem Umstand Tribut zollen? Hierzu näher in **Abschnitt C.** (Rz. 36 ff.). 3

Eine rechtsformspezifische Besonderheit sind die in **Abschnitt D.** (Rz. 62 ff.) angesprochenen **Zahlungen an opponierende Aktionäre**, die sich auf diese Weise den 4

---

1 AG und GmbH können auch zur Verfolgung ideeller Zwecke eingesetzt werden; vgl. *Pentz* in MünchKomm. AktG, § 23 AktG Rz. 69; *Hueck/Fastrich* in Baumbach/Hueck, § 1 GmbHG Rz. 12 m.w.N.; *Schlüter*, GmbHR 2002, 535; *Schlüter*, GmbHR 2002, 578.
2 Soweit ersichtlich, begegnet der Begriff in der rechtswissenschaftlichen Diskussion erstmals in der 1980 (unter dem Titel „Die Überwachungsaufgabe des Aufsichtsrats" erschienenen) Erstauflage von *J. Semler*, Leitung und Überwachung (s. dort S. 65; 2. Aufl. Rz. 56); vgl. auch BGH v. 6.12.2001 – 1 StR 215/01, BGHSt 47, 187, 195 – SSV Reutlingen; *Fleischer*, AG 2001, 171.
3 Vgl. zuletzt u.a. Focus v. 20.12.2008, S. 106 (betreffend Mercedes-Werk Sindelfingen); Spiegel v. 29.6.2009, S. 54 (betreffend Siemens Griechenland); FAZ v. 11.12.2009, S. 11 (betreffend MAN).

Lästigkeitswert einer gegen die Aktiengesellschaft erhobenen Klage abkaufen lassen.[1]

5 Die einzelnen Fragestellungen werden im Folgenden jeweils zunächst anhand der Maßstäbe des Aktienrechts untersucht. Soweit sich für die GmbH – vor allem infolge des unterschiedlichen Kompetenzgefüges – Abweichungen ergeben, werden diese jeweils im Anschluss daran behandelt.

B. Soziale Aktivitäten, insbesondere Spenden

Schrifttum: *Baas,* Leitungsmacht und Gemeinwohlbindung der AG, 1976, *Bertelsmann-Stiftung* (Hrsg.), Die gesellschaftliche Verantwortung von Unternehmen, 2006; *Bruhn/Mehlinger,* Rechtliche Gestaltung des Sponsoring, Band I: Allgemeiner Teil, 2. Aufl. 1995, Band II: Spezieller Teil, 2. Aufl. 1999; *Bundesministerium für Arbeit und Soziales* (Hrsg.), Die gesellschaftliche Verantwortung von Unternehmen (CSR) zwischen Markt und Politik, 2008; *Crane/Matten,* Business Ethics: A European Perspective, 2004; *Dreher,* Unternehmen und Politik – Die gesellschaftspolitische Kompetenz der Aktiengesellschaft, ZHR 155 (1991), 349; *Fleischer,* Unternehmensspenden und Leitungsermessen des Vorstands im Aktienrecht, AG 2001, 171; *Goette,* Leitung, Aufsicht, Haftung – zur Rolle der Rechtsprechung bei der Sicherung einer modernen Unternehmensführung, in FS 50 Jahre BGH, 2000, S. 123; *Habisch,* Corporate Citizenship – Gesellschaftliches Engagement von Unternehmen in Deutschland, 2003; *Habisch/Jonker/Wegner/Schmidpeter* (Hrsg.), Corporate Social Responsibility Across Europe, 2005; *Kind,* Darf der Vorstand einer AG Spenden an politische Parteien vergeben?, NZG 2000, 567; *Kessler,* Die Leitungsmacht des Vorstands einer Aktiengesellschaft, AG 1995, 61 und 120; *Kulitz,* Unternehmerspenden an politische Parteien, 1983; *Laub,* Grenzen der Spendenkompetenz des Vorstands, AG 2002, 308; *Lohse,* Unternehmerisches Ermessen, 2005; *Maaß/Clemens,* Corporate Citizenship. Das Unternehmen als „guter Bürger", 2002; *Meilicke,* Zuwendungen an politische Parteien aus Mitteln wirtschaftlicher Unternehmen, NJW 1959, 409; *Mertens,* Zur Auslegung und zum Verhältnis von § 76 Abs. 1 und § 58 AktG im Hinblick auf uneigennützige soziale Aktivitäten der Aktiengesellschaft, in FS Goerdeler, 1987, S. 349; *Mertens,* Der Vorstand darf zahlen – Zur Beteiligung von Aktiengesellschaften an der Stiftungsinitiative der Deutschen Wirtschaft: „Erinnerung, Verantwortung und Zukunft", AG 2000, 157; *Otto,* Untreue der Vertretungsorgane von Kapitalgesellschaften durch Vergabe von Spenden, in FS Kohlmann, 2003, S. 187; *Pelz,* Sponsoring – zwischen Marketing und Korruption, LMuR 2009, 50; *Philipp,* Darf der Vorstand zahlen? – Die Zwangsarbeiter und das Aktienrecht, AG 2000, 62; *PriceWaterhouseCoopers* (Hrsg.), Unternehmen als Spender, 2007; *Rittner,* Unternehmerspenden an politische Parteien, in FS Knur, 1972, S. 205; *Rittner,* Zur Verantwortung des Vorstands nach § 76 Abs. 1 AktG 1965, AG 1973, 113; *Säcker,* Gesetzliche und satzungsmäßige Grenzen für Spenden und Sponsoringmaßnahmen in der Kapitalgesellschaft, BB 2009, 282; *Samson,* Untreue durch Unternehmensspenden?, Non-Profit Law Yearbook 2004, 233; *Uwe H. Schneider,* Unentgeltliche Zuwendungen durch Unternehmen, AG 1983, 205; *Vorderwülbecke,* Die Spendenkompetenz der Geschäftsführung, BB 1989, 505; *Weiand,* Rechtliche Aspekte des Sponsoring, NJW 1994, 227; *H.P. Westermann,* Gesellschaftliche Verantwortung des Unternehmens als Gesellschaftsrechtsproblem, ZIP 1990, 771; *Wieland/Conradi* (Hrsg.), Corporate Citizenship: Gesellschaftliches Engagement – unternehmerischer Nutzen, 2002; *Windmöller,* Gesellschaftsrechtliche Befugnisse bei Zuwendungen an gemeinnützige Institutionen, in FS Budde, 1995, S. 675; *Zachert,* Grenzen des unternehmerischen Ermessens bei der

---

1 Nicht zu den in diesem Kapitel behandelten Problemen gehört die im Gefolge der „Mannesmann"-Entscheidung, BGH v. 21.12.2005 – 3 StR 470/04, BGHSt 50, 331 = AG 2006, 110, heftig diskutierte Frage nach der Zulässigkeit „kompensationsloser Anerkennungsprämien" an AG-Vorstände.

Vergabe von Unternehmensspenden im US-amerikanischen Gesellschafts- und im deutschen Kapitalgesellschaftsrecht, 2005.

I. Begriff, Erscheinungsformen und Abgrenzung

Unter einer sozialen Aktivität wird im Folgenden **jedes Tätigwerden** der Gesellschaft verstanden, das nicht unmittelbar auf die Förderung des eigenen Geschäftsbetriebs, sondern auf die **Unterstützung sozialnütziger Zwecke**[1] abzielt. Dazu zählt namentlich ein Engagement im karitativen, kirchlichen, wissenschaftlichen, kulturellen, sportlichen, Bildungs- und Umweltbereich. Sozial motivierte Leistungen an die eigenen Unternehmensmitarbeiter sind nicht Gegenstand der folgenden Ausführungen. 6

Das geläufige Instrument korporativer Freigiebigkeit ist die **Spende**. Der Begriff ist gesetzlich nicht definiert.[2] Üblicherweise versteht man darunter freiwillige, d.h. ohne rechtliche Verpflichtung erbrachte[3] unentgeltliche Zuwendungen zur Förderung eines der soeben genannten Zwecke. Die Regel sind Geldzahlungen; in Betracht kommen aber auch Sachspenden, z.B. die Überlassung von Ausrüstung.[4] Zivilrechtlich handelt es sich meist um eine Schenkung[5], häufig in Gestalt der Auflagen- oder Zweckschenkung.[6] Denkbar ist auch eine so genannte gemischte Schenkung[7], z.B. bei der verbilligten Lieferung von Waren. Die Ausführungen dieses Abschnitts gelten aber nicht nur für Spenden, sondern sinngemäß für **jede Art der unentgeltlichen Zuwendung eines Vermögensvorteils**.[8] 7

Schon das Beispiel der gemischten Schenkung zeigt, dass die **Übergänge zwischen Unentgeltlichkeit und Entgeltlichkeit** in der Praxis **fließend** sind. Diese Feststellung ist wichtig, weil die gesellschaftsrechtliche Brisanz sozialnütziger Aufwen- 8

---

1 Diese Wortwahl hebt sich bewusst vom engeren, steuerrechtlich geprägten Terminus der „Gemeinnützigkeit" i.S. des § 52 AO ab. Dass der Begriff der „Sozialnützigkeit" schillernd ist, ist in einer pluralistischen Gesellschaft hinzunehmen. Einen praktischen Anhaltspunkt bieten die in § 52 Abs. 2 AO genannten Zwecke. Vgl. auch *Baas*, Leitungsmacht, S. 105 ff.; *Mertens* in FS Goerdeler, S. 349, 354.
2 Lediglich im Steuerrecht wird der Begriff in § 10b Abs. 1 EStG als Unterfall der Zuwendung und in Abgrenzung zu Mitgliedsbeiträgen benutzt. Vgl. auch die Definition der Parteispende in § 27 Abs. 1 Sätze 3 und 4 PartG.
3 Dem steht eine aus freien Stücken eingegangene Rechtspflicht gleich.
4 Die steuerlichen Einschränkungen (vgl. § 10b Abs. 1 ff. EStG) sind im vorliegenden Kontext unmaßgeblich.
5 §§ 516 ff. BGB; vgl. BGH v. 10.12.2003 – IV ZR 249/02, ZEV 2004, 115; *Koch* in MünchKomm. BGB, § 516 BGB Rz. 100 ff. m.w.N., auch zur Gegenansicht. Bei vorübergehender Gebrauchsüberlassung kommen auch eine Leihe, § 598 BGB, oder (im Falle von Geld) ein zinsloses Darlehen, § 488 Abs. 3 Satz 3 BGB, in Betracht.
6 Zur Abgrenzung vgl. *Koch* in MünchKomm. BGB, § 525 BGB Rz. 8 ff.; *Lehmann*, DB 2006, 1281 f.
7 Zum Begriff *Koch* in MünchKomm. BGB, § 516 BGB Rz. 34.
8 Also außer Spenden („Corporate Giving") auch die Abstellung von Mitarbeitern („Corporate Volunteering") etc. Einen Sonderfall bildet die Errichtung oder Beteiligung an einer gemeinnützigen Stiftung; vgl. dazu die Kontroverse zwischen *Philipp*, AG 2000, 62, und *Mertens*, AG 2000, 157, zur (freilich etwas anders gelagerten) Zwangsarbeiterproblematik.

dungen – wie eingangs erwähnt – aus der kompensationslosen und damit gewinnschmälernden Weggabe von Gesellschaftsvermögen resultiert. Zu diesem Konflikt kommt es nicht, wenn der Leistung der Gesellschaft eine gleichwertige Gegenleistung des Leistungsempfängers gegenübersteht.

9 Deutlich werden die Abgrenzungsprobleme zwischen Mäzenatentum und wirtschaftlichem Kalkül insbesondere beim **Sponsoring**. Bei dieser heute weit verbreiteten Erscheinungsform der Drittförderung, die vor allem im Bereich des Sports, aber auch kultureller und sozialer Aktivitäten zum Einsatz kommt, handelt es sich im Grundsatz um eine Austausch-, also um eine **entgeltliche Beziehung**[1]: der Sponsor erbringt seine Leistung (zumeist in Gestalt finanzieller Mittel) in Erwartung einer konkreten Gegenleistung des Gesponserten (typisch ist die werbliche Herausstellung des Sponsors), von der er sich einen unmittelbaren wirtschaftlichen Nutzen verspricht. Dementsprechend wird beispielsweise im hochkommerziellen Bereich des Profisports niemand auf den Gedanken kommen, dass es sich bei der Zahlung des Sponsors um eine altruistische Geste und nicht um ein zur gezielten Förderung des eigenen Geschäftserfolgs eingesetztes Marketinginstrument handelt.[2] Die Entscheidung zum Sponsorenauftritt folgt in diesen Fällen einem wirtschaftlichen Kosten-Nutzen-Kalkül und unterscheidet sich damit nicht von anderen typischen unternehmerischen Entscheidungen[3] und den dafür geltenden Beurteilungsparametern.[4]

10 Dennoch kann die **Grenzziehung** zwischen entgeltlichem **Sponsoring** und unentgeltlicher **Spende** im Einzelfall **schwierig** sein.[5] Das liegt nicht nur an einem unscharfen Sprachgebrauch, der den modischen Begriff „Sponsoring" bisweilen über seinen eigentlichen Inhalt hinaus ausdehnt, sondern auch daran, dass sich der wirtschaftliche Nutzen oder zumindest der Marktwert der Gegenleistung aus einem bestimmten Sponsorenauftritt jenseits kommerzialisierter Sachverhalte nur selten verlässlich messen lässt.[6] In solchen Situationen gerät das Sponsoring in die Nähe freigiebiger Zuwendungen und unterliegt damit den im Folgenden erörterten Rechtmäßigkeitsvoraussetzungen.

---

1 *Bruhn/Mehlinger*, Bd. I, S. 4; *Weiand*, NJW 1994, 227, 229. Zur Rechtsnatur s. *Bruhn/Mehlinger*, Bd. I, S. 54 ff., 72; *Weiand*, NJW 1994, 227, 230 (Vertrag „sui generis").
2 Instruktiv in diesem Zusammenhang BGH v. 15.5.2000 – II ZR 359/98, BGHZ 144, 290 = AG 2000, 475 – Adidas, zur Sacheinlagefähigkeit von Nutzungsrechten aus Sponsorenverträgen mit Sportvereinen. – In seiner Wirkungsweise ähnlich ist das so genannte „Cause-Related Marketing", also die Werbung damit, dass ein Teil des Kaufpreises einem guten Zweck zufließt.
3 Ein Charakteristikum unternehmerischer Entscheidungen liegt in dem ihnen anhaftenden Prognoserisiko. S. oben *Krieger*, § 3 Rz. 15 f., sowie *Hüffer*, § 93 AktG Rz. 4 f a.E.; Begr. RegE zum UMAG, BT-Drucks. 15/5092, S. 11; teilweise a.A. *Hopt/Roth* in Großkomm. AktG, Nachtrag zu § 93 AktG (2006) Rz. 15 ff.
4 S. oben *Krieger*, § 3 Rz. 16 ff., sowie *Hopt/Roth* in Großkomm. AktG, Nachtrag zu § 93 AktG (2006) Rz. 26 ff.
5 S. *Bruhn/Mehlinger*, Bd. I, S. 5 ff., insbes. zum so genannten „mäzenatischen Sponsoring"; *Laub*, AG 2002, 308, 309.
6 Vgl. in diesem Zusammenhang auch das BMF-Schreiben v. 18.2.1998 (BStBl. I 1998, 212) zur ertragsteuerlichen Behandlung des Sponsoring, Rz. 5 (Versagung des Betriebsausgabenabzugs bei krassem Missverhältnis zwischen der Leistung des Sponsors und erstrebtem wirtschaftlichen Vorteil).

II. Gesellschaftsrechtliche Zulässigkeit

Laut einer neueren Studie der Bertelsmann-Stiftung[1] misst nahezu jedes zweite der befragten Unternehmen[2] Spenden im Bereich Soziales, Kultur und Sport eine wichtige Bedeutung als Teil seines gesellschaftlichen Engagements bei.[3] Spenden gehören also zum **festen Bestandteil der Unternehmenspraxis**.[4] Dieser Befund dispensiert freilich ebenso wenig von einer genaueren Untersuchung ihrer gesellschaftsrechtlichen Zulässigkeit wie der (berechtigte) Hinweis auf die ohne private Spendentätigkeit drohende völlige Abhängigkeit der geförderten Zwecke von staatlicher Bürokratie.[5] Das gilt umso mehr, als die Zulässigkeitsfrage zivilrechtlich bis heute nicht höchstrichterlich geklärt ist.[6]

11

1. Entscheidungszuständigkeit

Vorauszuschicken ist, dass die Entscheidung über die Vergabe einer Spende dem **Vorstand** obliegt.[7] Das folgt aus seiner eigenverantwortlichen Leitungsbefugnis (§ 76 Abs. 1 AktG). Zwar kann sich der Aufsichtsrat einen entsprechenden Zustimmungsvorbehalt einräumen lassen.[8] Die Hauptversammlung ist dagegen grundsätzlich nicht zuständig[9]; insbesondere handelt es sich nicht um eine Maßnahme der Gewinnverwendung.[10] Soweit die Satzung der Gesellschaft dies ausdrücklich vorsieht, kann die Hauptversammlung allerdings beschließen, den Bilanzgewinn oder Teile davon zu spenden (§§ 174 Abs. 1 Satz 1, 58 Abs. 3 Satz 2 AktG).[11] Ob eine solche – praktisch äußerst seltene – Satzungsbestimmung zugleich die Spendenkompetenz des Vorstands beschneidet, ist zweifelhaft.

12

---

1 *Bertelsmann-Stiftung* (Hrsg.), Die gesellschaftliche Verantwortung von Unternehmen, 2006.
2 Befragt wurden 500 Entscheider deutscher Unternehmen mit einem Mindestumsatz von 20 Mio. Euro oder mindestens 200 Mitarbeitern, knapp 60 % davon in der Rechtsform der AG oder GmbH.
3 *Bertelsmann-Stiftung* (Hrsg.), Die gesellschaftliche Verantwortung von Unternehmen, S. 21. Vgl. auch die früheren Studien von *Seitz* in Wieland/Conradi, Corporate Citizenship, S. 23 ff., und *Maaß/Clemens*, Corporate Citizenship, S. 52 ff.
4 Eine aussagekräftige Spendenstatistik für Deutschland existiert nicht.
5 *Uwe H. Schneider*, AG 1983, 205, 206.
6 Die bereits zitierte Entscheidung des BGH v. 6.12.2001 – 1 StR 215/01, BGHSt 47, 187 – SSV Reutlingen, betraf das Strafrecht.
7 H.M.; vgl. BGH v. 24.1.1957 – II ZR 208/55, BGHZ 23, 150, 157; *Kort* in Großkomm. AktG, § 76 AktG Rz. 71; *Säcker*, BB 2009, 282, 283; *Laub*, AG 2002, 308, 309 f.; *Fleischer*, AG 2001, 171, 177; *Mertens*, AG 2000, 157, 159 ff.
8 § 111 Abs. 4 Satz 2 AktG; vgl. *Laub*, AG 2002, 308, 310 f.; *Kind*, NZG 2000, 567, 570; *Dreher*, ZHR 155 (1991), 349, 360. Zur Frage, ob der Aufsichtsrat zur Einführung eines solchen Vorbehalts verpflichtet ist, s. unten Rz. 32.
9 Vorstellbar, aber praktisch nicht relevant ist eine Vorlage an die Hauptversammlung nach § 119 Abs. 2 AktG; vgl. *Mertens*, AG 2000, 157, 163; *H.P. Westermann*, ZIP 1990, 771, 776.
10 A.A. *Philipp*, AG 2000, 62, 65 f.; *Vorderwülbecke*, BB 1989, 505, 507, 509. Vgl. auch BGH v. 21.12.2005 – 3 StR 470/04, BGHSt 50, 331 = AG 2006, 110 – Mannesmann, wonach die Zahlung einer kompensationslosen Anerkennungsprämie an Vorstandsmitglieder einen entsprechenden Gewinnverwendungsbeschluss der Hauptversammlung voraussetzen soll.
11 Vgl. *Hüffer*, § 58 AktG Rz. 25 m.w.N.; *Kropff* in MünchKomm. AktG, § 174 AktG Rz. 32; *Kind*, NZG 2000, 567, 571.

13 **Innerhalb des Vorstands** obliegt die Entscheidung über eine Spende grundsätzlich dem nach der internen Geschäftsverteilung zuständigen Vorstandsmitglied. Fehlt eine einschlägige Kompetenzzuweisung, greift angesichts der Höhe der Zuwendung ein Kollegialvorbehalt ein oder unterliegt das zuständige Vorstandsmitglied einem Interessenkonflikt, muss der Gesamtvorstand entscheiden.[1] Auch unabhängig davon ist bei bedeutsameren Spenden im Interesse erhöhter Entscheidungskontrolle und -transparenz und damit einer Reduzierung des Haftungsrisikos eine **Befassung des Gesamtvorstands anzuraten**.[2]

2. Zulässigkeitsmaßstab

a) Gesellschaftszweck als Ausgangspunkt

14 Ausgangspunkt der gesellschaftsrechtlichen Beurteilung der Spendentätigkeit kann nur der **Gesellschaftszweck** sein.[3] Denn dieser Zweck ist die Existenzberechtigung der Gesellschaft[4] und bildet daher die Richtschnur, an der sich das Handeln der Gesellschaftsorgane zu orientieren hat.[5] Wie bereits festgestellt, ist der Zweck unternehmerisch tätiger Gesellschaften i.d.R. die **Erwirtschaftung von Gewinnen**.[6]

15 Das bedeutet allerdings **nicht** die Verpflichtung der Organe auf eine **kurzfristige Ertragsmaximierung**.[7] Eine solche Gleichung, die in Zeiten des „Shareholder

---

1 Vgl. *Spindler* in MünchKomm. AktG, § 77 AktG Rz. 60; *Fleischer* in Fleischer, Handbuch des Vorstandsrechts, § 1 Rz. 39; BGH v. 6.12.2001 – 1 StR 215/01, BGHSt 47, 187, 196 – SSV Reutlingen.
2 Vgl. BGH v. 6.12.2001 – 1 StR 215/01, BGHSt 47, 187, 196 – SSV Reutlingen.
3 Nicht ausschlaggebend ist die steuerliche Abzugsfähigkeit der Aufwendung (vgl. § 10b EStG, § 9 Abs. 1 Nr. 2 KStG), denn die Entscheidung hierüber folgt anderen, namentlich auch fiskalischen, Erwägungen; *Uwe H. Schneider*, AG 1983, 205, 212; *Vorderwülbecke*, BB 1989, 505, 507f.; a.A. *Baas*, Leitungsmacht, S. 172f. Vgl. auch unten Rz. 27.
4 Die Verfolgung eines bestimmten Zwecks ist konstitutives Merkmal aller Gesellschaftsformen; vgl. §§ 22, 705 BGB, §§ 105, 161 HGB, § 1 GmbHG.
5 Der Gesichtspunkt des *Unternehmensinteresses* trägt in diesem Zusammenhang u.E. nicht entscheidend weiter. Der genaue Inhalt dieses Begriffs ist ebenso ungeklärt wie die Folgefrage, in welchem Verhältnis er zum Gesellschaftszweck steht; zum Diskussionsstand ausführlich *J. Semler*, Leitung und Überwachung, Rz. 49ff. mit zahlreichen Nachweisen; *Spindler* in MünchKomm. AktG, § 76 AktG Rz. 69ff. Richtigerweise dürfte alles, was dem Gesellschaftszweck dient, im Unternehmensinteresse liegen (oder, was dasselbe ist, dem Unternehmenswohl dienen), der Begriff also entbehrlich sein; vgl. *Zöllner*, AG 2003, 2, 7f. Dass im Unternehmen, dessen Träger die Gesellschaft ist, die Interessen verschiedener Gruppen – der so genannten „stakeholders", also je nach Lesart Aktionäre, Mitarbeiter, Gläubiger, Kunden, Öffentlichkeit – zusammentreffen, sagt noch nichts darüber aus, anhand welcher Maßstäbe der Vorstand diese Interessen zum Ausgleich zu bringen hat. Es erscheint wenig plausibel, diesen Maßstab in etwas anderem als dem Zweck zu suchen, dessentwegen der Verband überhaupt existiert.
6 Möglich, wiewohl in der Praxis selten, ist auch bei erwerbswirtschaftlich tätigen Unternehmen die gesellschaftsvertragliche Verankerung weiterer Ziele, z.B. die Förderung des Gemeinwohls, vgl. *Kort* in Großkomm. AktG, § 76 AktG Rz. 45; *Fleischer*, AG 2001, 171, 173; *Dreher*, ZHR 155 (1991), 349, 371ff.
7 H.M.; vgl. *Hüffer*, § 76 AktG Rz. 14; *Spindler* in MünchKomm. AktG, § 76 AktG Rz. 75; *Goette* in FS BGH, S. 123, 127; *Laub*, AG 2002, 308, 309.

Value"-Denkens nicht abwegig erscheinen mag¹, ignoriert, dass eine Gesellschaft und ihr Geschäftsbetrieb üblicherweise auf unbestimmte Zeit angelegt sind.² Die Unternehmensführung darf daher nicht auf den Augenblick schielen, sondern muss auf eine nachhaltige Profitabilität, genauer: eine **dauerhafte Rentabilität**³, der Gesellschaft bedacht sein.⁴ Diese Maxime liegt letztlich auch jeder Investition zugrunde. Daraus folgt zugleich, dass eine Spendenvergabe jedenfalls nicht daran scheitert, dass sie zur Schmälerung eines bestimmten Periodenergebnisses beiträgt.⁵

Auch darüber hinaus lässt eine am Gebot wirtschaftlicher Rentabilität orientierte Spendentätigkeit dem Vorstand einen **erheblichen Entscheidungsspielraum**.⁶ Zwar müssen beabsichtigte Zuwendungen demnach stets darauf geprüft werden, ob sie wenigstens mittelbar und auf längere Sicht dem geschäftlichen Erfolg des Unternehmens zu dienen geeignet sind. Das führt aber nicht etwa dazu, dass ein Pharmaunternehmen nur noch einschlägige medizinische Aufklärungskampagnen oder ein Softwarehersteller nur noch die Ausstattung von Schulen mit Computern unterstützen dürfte. Ein dem wirtschaftlichen Fortkommen dienlicher Vorteil kann vielmehr auch in einem mittels der jeweiligen Zuwendung erzielbaren **Imagegewinn** bei Mitarbeitern, Kunden oder in der Öffentlichkeit liegen.⁷ Auch wenn der konkrete ökonomische Nutzen einer Ansehenssteigerung empirisch schwer belegbar ist⁸, dürfen solche Zusammenhänge vom Vorstand in seine Überlegungen einbezogen werden.⁹ Die Aussicht auf ein mittels sozialen Engagements verbessertes Unternehmensrenommee erscheint heutzutage umso berechtigter, als die Erwartungen an ein solches Engagement – Stichworte „**Corporate Social Responsibility**" und „**Corporate Citizenship**"¹⁰ – in neuerer

16

---

1 Vgl. zum „Shareholder Value"-Ansatz *Spindler* in MünchKomm. AktG, § 76 AktG Rz. 76 ff. m.w.N.
2 Auch die Unternehmensbewertung legt als Regelfall eine unbegrenzte Lebensdauer des zu bewertenden Unternehmens zugrunde; s. IDW Standard: Grundsätze zur Durchführung von Unternehmensbewertungen (IDW S 1), Stand 2.4.2008, Rz. 85.
3 Die Erzielung eines unrentablen Profits hilft der Gesellschaft auf Dauer nicht weiter. Näher dazu *J. Semler*, Leitung und Überwachung, Rz. 40 ff. m.w.N.
4 *Hüffer*, § 76 AktG Rz. 13; *Spindler* in MünchKomm. AktG, § 76 AktG Rz. 73 f.; *Kort* in Großkomm. AktG, § 76 AktG Rz. 52; *Goette* in FS BGH, S. 123, 127. Vgl. auch Begr. RegE zum UMAG, BT-Drucks. 15/5092, S. 11 (zu § 93 Abs. 1 Satz 2 AktG n.F., also der „Business Judgment Rule"): „Ein Handeln zum Wohle der Gesellschaft liegt jedenfalls vor, wenn es der langfristigen Ertragsstärkung und Wettbewerbsfähigkeit des Unternehmens und seiner Produkte oder Dienstleistungen dient."
5 *Hüffer*, § 76 AktG Rz. 14.
6 Zu den dabei im Einzelnen zu beachtenden rechtlichen Vorgaben s. unten Rz. 24 ff.
7 In der 2007 von *PriceWaterhouseCoopers* durchgeführten Studie „Unternehmen als Spender" gaben 84 % der etwa 100 teilnehmenden Aktiengesellschaften die Image- und Beziehungspflege in der Region als wichtigstes Spendenmotiv an (a.a.O., S. 11). Ein direktes geschäftspolitisches Motiv wurde hingegen nur von 30 % der Befragten bejaht (a.a.O., S. 13).
8 Vgl. auch *Habisch/Wegner* in Habisch/Jonker/Wegner/Schmidpeter, Corporate Social Responsibility, S. 114.
9 Wie gesehen, liegen vergleichbare Erwägungen auch dem Sponsoring zugrunde.
10 Die Begriffsbildung und -abgrenzung ist schwankend und uneinheitlich; s. nur *Crane/Matten*, Business Ethics, S. 41 ff., 61 ff.; *Habisch/Wegner* in Habisch/Jonker/Wegner/

Zeit erheblich gestiegen sind, was sich nicht zuletzt in einer Vielzahl einschlägiger Initiativen[1] und Veröffentlichungen[2] äußert. Erhebungen in der Praxis bestätigen[3], dass die Verfolgung eigennütziger Kommunikationsziele tatsächlich eine der wesentlichen Triebfedern sozialer Unternehmensaktivitäten ist.[4]

17 Indessen stößt dieses **Erklärungsmuster eines Interessengleichlaufs** zwischen Unternehmens- und Gemeinwohl an **Grenzen**.[5] Nicht nur zwingt es die Unternehmen, bei jeder Zuwendung das Motiv ihrer Imageträchtigkeit herauszustellen[6] (was dem Renommee wiederum abträglich sein kann), sondern es führt auch zu Erklärungsdefiziten in Fällen, in denen bewusst Vertraulichkeit gewahrt werden soll[7] (das Imagemotiv also allenfalls eine untergeordnete Rolle spielen

---

  Schmidpeter, Corporate Social Responsibility, S. 113; *Wieland* in Wieland/Conradi, Corporate Citizenship, S. 9; *Bundesministerium für Arbeit und Soziales* (Hrsg.), Die gesellschaftliche Verantwortung von Unternehmen zwischen Markt und Politik, S. 4. Die Betätigungsfelder der Corporate Social Responsibility greifen weit über den Bereich unentgeltlicher Zuwendungen hinaus und schließen je nach Lesart z.B. Sponsoring, Cause-Related Marketing, Fair Trade-Initiativen, Public Private Partnerships, aber auch betriebliche Sozialleistungen ein; vgl. *Wieland* in Wieland/Conradi, Corporate Citizenship, S. 10. Für eine umfassendere Darstellung ist dies nicht der Ort.
1 Zu nennen sind auf deutscher Ebene z.B. die Wirtschaftsinitiative „CSR Germany" (www.csrgermany.de), auf europäischer Ebene das Netzwerk CSR Europe (www.csreurope.org). Vgl. zudem die einschlägigen Websites des Bundesministeriums für Arbeit und Soziales (www.csr-in-deutschland.de) sowie des Auswärtigen Amtes (www.csr-weltweit.de). Auch die EU-Kommission hat sich seit längerem des Themas angenommen (ec.europa.eu/enterprise/csr/index_de.htm); so hat sie bereits im Juli 2001 ein Grünbuch zu den europäischen Rahmenbedingungen für die soziale Verantwortung der Unternehmen vorgelegt und im März 2006 eine „Europäische Allianz für wettbewerbsfähige und nachhaltige Unternehmenspolitik" ins Leben gerufen.
2 Vgl. die Nachweise in den vorigen Fußnoten sowie *Habisch*, Corporate Citizenship; *Maaß/Clemens*, Corporate Citizenship. Instruktiv auch die Website des Center for Corporate Citizenship an der Katholischen Hochschule Eichstätt (www.corporatecitizen.de).
3 *Bertelsmann-Stiftung* (Hrsg.), Die gesellschaftliche Verantwortung von Unternehmen, S. 16.
4 Vgl. *Maaß/Clemens*, Corporate Citizenship, S. 81 ff.; *Bertelsmann-Stiftung* (Hrsg.), Die gesellschaftliche Verantwortung von Unternehmen, S. 17. Dabei hat dieser Gesichtspunkt erwartungsgemäß besonders für kapitalmarktorientierte Unternehmen einen hohen Stellenwert. – Kein Widerspruch ist es, wenn viele Unternehmen auch die *Unternehmenstradition* oder *-kultur* als Hauptgrund für gesellschaftliches Engagement anführen; vgl. *Bertelsmann-Stiftung* (Hrsg.), Die gesellschaftliche Verantwortung von Unternehmen, S. 12, 16; *Seitz* in Wieland/Conradi, Corporate Citizenship, S. 44 ff. Denn diese Begründung lässt die Frage offen, *wieso* sich eine solche Tradition bzw. Kultur herausgebildet hat.
5 Vgl. *Fleischer*, AG 2001, 171, 174.
6 So in der Tat *Vorderwülbecke*, BB 1989, 505, 508 (unter gleichzeitiger Einordnung als Sponsoring); *Kessler*, AG 1995, 120, 132; in dieselbe Richtung argumentiert auch *Kort* in Großkomm. AktG, § 76 AktG Rz. 73. Als unbefriedigend wird dieser Zwang aber zu Recht vom BGH empfunden; vgl. Urteil v. 6.12.2001 – 1 StR 215/01, BGHSt 47, 187, 194 – SSV Reutlingen; ebenso *Fleischer*, AG 2001, 171, 174.
7 Solche Fälle dürften aus Furcht vor Trittbretteffekten nicht selten sein. – Nach deutscher Rechnungslegung besteht gegenwärtig keine Verpflichtung zum gesonderten Ausweis von Spenden; krit. dazu *Fleischer*, AG 2001, 171, 178 f. Die Regierungskommission Corporate Governance hat die Aufnahme einer Berichtspflicht gegenüber dem Aufsichtsrat in den Deutschen Corporate Governance Kodex empfohlen, vgl. *Baums* (Hrsg.), Bericht

kann). Im äußersten Fall verflüchtigt sich jener Gleichlauf auf diese Weise zu einer Fiktion.

b) Beachtlichkeit von sozialen Erwägungen

Es fragt sich daher, ob die Fixierung des Vorstandshandelns auf den wirtschaftlichen Erfolg der Gesellschaft nicht offen durch **andere Verhaltensmaßstäbe** ergänzt wird, namentlich ob der Vorstand in seine Entscheidung über eine Spendenvergabe auch **uneigennützige Überlegungen** einfließen lassen darf oder dies sogar tun muss. Der erste Teil der Frage ist u.E. zu bejahen, der zweite zu verneinen. 18

Eine **Verpflichtung** zur Berücksichtigung von Gemeinwohlbelangen halten wir – jenseits einer entsprechenden Satzungsbestimmung (s. oben Rz. 14 a.E.) – für **nicht begründbar**. Das gilt zunächst für den in diesem Zusammenhang immer wieder bemühten Hinweis[1] auf die **Sozialbindungsklausel des Art. 14 Abs. 2 GG**.[2] Zwar ist eine Ausstrahlungswirkung der Grundrechte auf das Privatrecht anerkannt.[3] Ob Entsprechendes auch für eine „Grundpflicht" aus Art. 14 Abs. 2 GG gilt, ja ob eine solche „Grundpflicht" überhaupt existiert, ist hingegen nicht geklärt.[4] Selbst wenn man beide Fragen grundsätzlich bejahen wollte, erscheint die Berechtigung einer Drittwirkung angesichts der die Sozialbindung bereits konkretisierenden gesetzlichen Pflicht der Unternehmen zur Versteuerung ihrer Erträge im vorliegenden Zusammenhang zweifelhaft.[5] Fraglich ist auch, inwieweit eine Berufung auf Art. 14 Abs. 2 GG die Unterstützung sozialer Anliegen rechtfertigen kann, die keinen oder allenfalls einen sehr indirekten Bezug speziell zum *deutschen* Gemeinwesen aufweisen (man denke an die Hilfe für Erdbebenopfer in Asien oder für Straßenkinder in Südamerika). 19

---

der Regierungskommission Corporate Governance, Rz. 263, was bisher jedoch nicht geschehen ist. Die Aktionäre wiederum sind nach h.M. gem. § 131 Abs. 1 AktG berechtigt, im Zusammenhang mit der Entlastung des Vorstands Auskunft über den Gesamtbetrag der geleisteten Spenden, in der Regel jedoch nicht über einzelne Spendenbeträge, zu verlangen; vgl. OLG Frankfurt a.M. v. 4.8.1993 – 20 W 295/90, AG 1994, 39, 40; *Hüffer*, § 131 AktG Rz. 18; *Mutter*, Auskunftsansprüche, S. 67 f.; bei Parteispenden weitergehend *Kind*, NZG 2000, 567, 571 f.

1 S. nur *Bertelsmann-Stiftung* (Hrsg.), Die gesellschaftliche Verantwortung von Unternehmen, S. 2.
2 „Eigentum verpflichtet. Sein Gebrauch soll zugleich dem Wohle der Allgemeinheit dienen."
3 Näher *Herdegen* in Maunz/Dürig, GG, Stand August 2005, Art. 1 Abs. 3 GG Rz. 59 ff.
4 Ablehnend z.B. *Papier* in Maunz/Dürig, GG, Stand Juni 2002, Art. 14 GG Rz. 305 f.; zum Diskussionsstand *Wieland* in Dreier, GG, Bd. 1, 2. Aufl. 2004, Art. 14 GG Rz. 90 f. m.w.N.
5 Ablehnend i.E. auch *Kort* in Großkomm. AktG, § 76 AktG Rz. 68 (gegen *Rittner*, AG 1973, 113, 116); *Fleischer*, AG 2001, 171, 175; *Uwe H. Schneider*, AG 1983, 205, 213; *Zachert*, Grenzen des unternehmerischen Ermessens, S. 131 ff.; zweifelnd *H.P. Westermann*, ZIP 1990, 771, 773; a.A. aber *Baas*, Leitungsmacht, S. 79 ff., und tendenziell auch *Spindler* in MünchKomm. AktG, § 76 AktG Rz. 68.

20 Ähnlich zwiespältig fällt der Hinweis auf einen bis zur Aktienrechtsreform 1965 im **Aktiengesetz** verankerten Gemeinwohlvorbehalt aus.[1] Einerseits hat diese Klausel im geltenden Gesetzestext gerade keinen Niederschlag mehr gefunden.[2] Andererseits führt die Begründung zum Aktiengesetz von 1965 (lediglich zur politischen Beschwichtigung?) aus, es verstehe sich von selbst, dass der Vorstand auch Belange der Allgemeinheit zu berücksichtigen habe, und verweist dabei auf § 396 AktG – der allerdings nur eine *gesetzeswidrige* Gefährdung des Gemeinwohls mit Strafe belegt. Ein solch ambivalenter Befund lässt u.E. keine tragfähigen Schlussfolgerungen zu.[3]

21 Durchschlagend – im Sinne eines bloßen „**Dürfens**" – erscheint uns demgegenüber der Gesichtspunkt zu sein, den *Rittner* bereits 1971 sehr plastisch wie folgt beschrieben hat:

„[Die Gesellschaft] dankt und grüßt, sie feiert Jubiläen und gratuliert anderen, sie äußert sich zu Plänen der Stadtgemeinde und zu Vorhaben staatlicher Instanzen, sie beteiligt sich an öffentlichen Sammlungen, an gemeinschaftlichen Bildungsprojekten u.a.m. – im großen und ganzen nicht anders als etwa der Einzelunternehmer. Das in dem Personenbegriff liegende Gleichheitsmoment erklärt dieses soziale Phänomen zwanglos: von jedem Unternehmensträger wird in einer bestimmten Situation ungefähr dasselbe erwartet, gleichgültig, ‚wer dahinter steht'."

22 In diesen viel zitierten[4] Worten kommt – jedenfalls ansatzweise – dieselbe Erkenntnis zum Ausdruck, die auch den bereits erwähnten (s. oben Rz. 16) Konzepten der „Corporate Social Responsibility" bzw. „Corporate Citizenship" zugrunde liegt: dass sich nämlich die Gesellschaft als Unternehmen in einem **sozialen Kontext** bewegt, der nicht nur durch rechtliche Anforderungen, sondern auch durch **gesellschaftliche Erwartungen** geprägt ist.[5] Dass der Grad der Erfüllbarkeit solcher Erwartungen von der Rechtsform abhängen soll, vermag nicht einzuleuchten. Zwar stellt sich nur bei einer fremdorganschaftlich verfassten Unternehmung das als „Principal-Agent"-Konflikt[6] geläufige Problem des Auseinanderfallens zwischen Vermögensinhaber (Gesamtheit der Anteilsinhaber) und Verfügungsberechtigtem (Geschäftsleitung).[7] Diese nicht ganz neue Tatsache hat das deutsche Aktienrecht aber nicht davon abgehalten, die AG der eigenverantwort-

---

1 § 70 Abs. 1 AktG 1937: „Der Vorstand hat unter eigener Verantwortung die Gesellschaft so zu leiten, wie das Wohl des Betriebs und seiner Gefolgschaft und der gemeine Nutzen von Volk und Reich es fordern."
2 Ablehnend daher *Rittner*, AG 1973, 113, 114; *Baas*, Leitungsmacht, S. 68 f.; *Spindler* in MünchKomm. AktG, § 76 AktG Rz. 65 f.; *Mertens/Cahn* in KölnKomm. AktG, § 76 AktG Rz. 33; *Zachert*, Grenzen des unternehmerischen Ermessens, S. 129 ff. Der Referentenentwurf von 1958 hatte ursprünglich noch eine Fortgeltung des (sprachlich von ideologischer Färbung befreiten) § 70 Abs. 1 AktG 1937 vorgesehen.
3 Ebenso *Fleischer*, AG 2001, 171, 175.
4 Vgl. *Dreher*, ZHR 155 (1991), 349, 353; *Kind*, NZG 2000, 567, 568; *Fleischer*, AG 2001, 171, 175.
5 Ganz abgesehen davon, dass die Entfaltungsmöglichkeiten privaten Gewinnstrebens in nicht geringem Maße von einem intakten Gemeinwesen abhängen.
6 Dazu näher *Hopt* in Großkomm. AktG, § 93 AktG Rz. 15. Diesen Aspekt streift auch der BGH im Urteil v. 6.12.2001 – 1 StR 215/01, BGHSt 47, 187, 195 – SSV Reutlingen.
7 Worauf *H.P. Westermann*, ZIP 1990, 771, 774 f. zu Recht hinweist.

lichen Leitung des Vorstands zu unterwerfen (und pflichtwidriges Verhalten zivil- und u.U. auch strafrechtlich zu sanktionieren; näher unten Rz. 30ff.).

Der Vorstand handelt mithin grundsätzlich **nicht pflichtwidrig**, wenn seine Entscheidung, eine Spende für sozialnützige Zwecke auszureichen, allein dem **Streben nach Sozialakzeptanz** oder (noch bescheidener) **Sozialadäquanz** entspringt.[1] Das gilt jedenfalls solange, als dadurch das Gebot der nachhaltigen Erwirtschaftung eines angemessenen Gewinns nicht in Gefahr gerät, die Spendenvergabe also quasi „**gesellschaftszweckneutral**" ist.[2] Unzulässig bleiben aber auch unter dieser Prämisse Zuwendungen, die sozial unüblich oder jedenfalls die soziale Integration des Unternehmens nicht ernsthaft zu fördern geeignet sind.[3]

3. Schranken

Von der Frage ihrer grundsätzlichen Zulässigkeit sind die **Rechtmäßigkeitsschranken** zu unterscheiden, denen sozialnützige Spenden unterliegen. Diese Schranken ergeben sich aus den Anforderungen, die die „Business Judgment Rule" in ihrer durch Rechtsprechung[4] und mittlerweile auch Gesetz (§ 93 Abs. 1 Satz 2 AktG) geformten Ausprägung an die Rechtmäßigkeit unternehmerischen Vorstandshandelns generell stellt. Dass es sich bei der Entscheidung über die Gewährung einer Spende um eine **unternehmerische Entscheidung** handelt, folgt zwar nicht bereits aus ihrer fehlenden rechtlichen Gebundenheit[5]; hinzukommen muss ein Prognoseelement (s. oben Rz. 9 a.E.), und dieses Element wird umso schwächer, je weniger es dem Vorstand mit der jeweiligen Zuwendung um die Verfolgung von außerhalb der Zuwendung selbst liegenden Zielen geht, je stärker sich ihr Motiv also – zulässigerweise – in der Sozialadäquanz erschöpft. Schon weil sich die verschiedenen Beweggründe in der Praxis aber meist kaum

---

1 Bei im Einzelnen unterschiedlicher dogmatischer Akzentuierung i.E. h.M.; vgl. *Hüffer*, § 76 AktG Rz. 14; *Spindler* in MünchKomm. AktG, § 76 AktG Rz. 82f.; *Kort* in Großkomm. AktG, § 76 AktG Rz. 67f.; *Mertens/Cahn* in KölnKomm. AktG, § 76 AktG Rz. 33f.; *J. Semler*, Leitung und Überwachung, Rz. 56; *Goette* in FS BGH, S. 123, 128; *Fleischer*, AG 2001, 171, 175ff.; *Fleischer* in Fleischer, Handbuch des Vorstandsrechts, § 1 Rz. 36f.; *Mertens*, AG 2000, 157, 158; *Mertens* in FS Goerdeler, S. 349, 359f.; *Rittner*, AG 1971, 113, 121; BGH v. 6.12.2001 – 1 StR 215/01, BGHSt 47, 187, 195 – SSV Reutlingen; *Otto* in FS Kohlmann, S. 187, 204; nicht eindeutig *Zachert*, Grenzen des unternehmerischen Ermessens, S. 147ff., 179f., 226f.; a.A. *Vorderwülbecke*, BB 1989, 505, 507, und *Lohse*, Unternehmerisches Ermessen, S. 302; übermäßig restriktiv auch *Philipp*, AG 2000, 62, 65.
2 Dieses Ergebnis entspricht auch einer rechtsvergleichenden Umschau; vgl. *Fleischer*, AG 2001, 171, 175f., und speziell zum US-amerikanischen Recht *Zachert*, Grenzen des unternehmerischen Ermessens, S. 30ff., insbes. S. 44f., 85ff. – Besonderheiten gelten für *staatseigene oder -nahe Gesellschaften*, vgl. *Kort* in Großkomm. AktG, § 76 AktG Rz. 72 m.w.N.
3 Man denke z.B. an die Förderung lokaler Sportarten in einem entfernten Land. Anderes gilt selbstverständlich, wenn das betreffende Unternehmen in der Sportbranche tätig ist und in jenem Land tätig ist oder werden will; dann ist das Engagement des Unternehmens geschäftlich begründet.
4 Vgl. BGH v. 21.4.1997 – II ZR 175/95, BGHZ 135, 244 = AG 1997, 377 – ARAG/Garmenbeck.
5 Zu dieser Voraussetzung s. Begr. RegE zum UMAG, BT-Drucks. 15/5092, S. 11.

voneinander trennen lassen, erscheint es dennoch richtig, unterschiedslos die für unternehmerische Entscheidungen geltenden Maßstäbe anzulegen.[1] Danach gilt Folgendes[2]:

25 Die Entscheidung zur Spendenvergabe muss auf der Grundlage **angemessener Informationen** über Art, Umfang, Hintergrund, Zielrichtung und Seriosität der zu fördernden Aktivitäten und ihres Trägers getroffen werden. Welcher Grad an Information nötig ist, lässt sich nicht pauschal festlegen[3], sondern richtet sich insbesondere nach der Höhe der beabsichtigten Zuwendung und dem Bekanntheitsgrad und Ruf des Adressaten der Spende. Hingegen kann der die Unternehmenspraxis sonst typischerweise prägende Zeitdruck grundsätzlich kein legitimes Regulativ der Informationsbeschaffung sein.

26 Die Entscheidung darf außerdem keinen **persönlichen Interessen** oder **sonstigen sachfremden Erwägungen** entspringen.[4] Solche Interessen sind insbesondere der Wunsch, das eigene Sozialprestige zu befördern[5] oder dem Begünstigten aus privaten Gründen eine Gefälligkeit zu erweisen.[6] Besteht die Gefahr eines entsprechenden Anscheins, sollte aus Gründen der Kontrolle und Transparenz eine Kollegialentscheidung herbeigeführt werden (s. oben Rz. 13).[7]

27 Schließlich muss die Entscheidung am **Unternehmenswohl** orientiert sein. Die in dieser Hinsicht wichtigste Vorgabe wurde bereits genannt: die Hingabe von Spenden darf nicht zu einer Beeinträchtigung des Gesellschaftszwecks, also der dauerhaften Rentabilität der Gesellschaft führen. Darüber hinaus hat der Vorstand im Rahmen seiner Prüfung **Zweck und Mittel, Aufwand und Nutzen** der geplanten Zuwendung gegeneinander **abzuwägen**. Ein hoher Spendenbetrag lässt sich desto leichter rechtfertigen, je näher die geförderte Tätigkeit dem Unternehmensgegenstand steht und je besser die Ertragslage des Unternehmens ist. Beide Aspekte können sich gegenseitig verstärken, aber auch in entgegengesetzte Richtungen weisen. Je nach Sachverhalt mögen auch Üblichkeitsvergleiche weiterhelfen; starre Regeln zur zulässigen Spendenhöhe lassen sich aber nicht aufstellen.[8]

---

1 So wohl auch *Fleischer*, AG 2001, 171, 175f., 178; inzident auch BGH v. 6.12.2001 – 1 StR 215/01, BGHSt 47, 187, 192 – SSV Reutlingen.
2 Vgl. auch (auf Basis des Rechtsstands vor Inkrafttreten des UMAG im Jahr 2005) *Zachert*, Grenzen des unternehmerischen Ermessens, S. 123 ff.
3 Vgl. Begr. RegE zum UMAG, BT-Drucks. 15/5092, S. 12.
4 Vgl. Begr. RegE zum UMAG, BT-Drucks. 15/5092, S. 11.
5 *Fleischer* in Fleischer, Handbuch des Vorstandsrechts, § 1 Rz. 39. Unschädlich ist, wenn ein solches Ergebnis nur als Nebeneffekt eintritt.
6 So genannte „pet charities"; tendenziell etwas großzügiger in diesem Punkt BGH v. 6.12. 2001 – 1 StR 215/01, BGHSt 47, 187, 198 f. – SSV Reutlingen. In einer von einem Aktionär veranlassten Zuwendung kann eine verbotene Einlagenrückgewähr i.S. des § 57 Abs. 1 AktG liegen; vgl. *Uwe H. Schneider*, AG 1983, 205, 214 (auch zur GmbH).
7 Der 1. Strafsenat des BGH behandelt das Problem sogar in erster Linie als ein Transparenzproblem; vgl. BGH v. 6.12.2001 – 1 StR 215/01, BGHSt 47, 187, 196 – SSV Reutlingen. Durch Sonderinteressen motivierte Entscheidungen werden aber durch Offenlegung nicht besser; zutreffend *Samson*, Non-Profit Law Yearbook 2004, 233, 238 ff.
8 Wie hier *Kleindiek* in Lutter/Hommelhoff, § 43 GmbHG Rz. 15. In der Literatur werden bisweilen Richtwerte genannt; vgl. z.B. *Säcker*, BB 2009, 282, 284, und *Pelz*, LMuR 2009, 50, 51 (jeweils „5 % des ausgeschütteten Gewinns nach Steuern"); *Uwe H. Schneider* in

Auch die steuerliche Abzugsfähigkeit bildet keine absolute Grenze[1]; selbstverständlich ist aber die begrenzte Abzugsfähigkeit in die Spendenkalkulation einzubeziehen. Speziell zur **finanziellen Verfassung** der Gesellschaft ist anzumerken, dass ein Grundsatz, wonach die Ausreichung einer Spende bei negativer Ertragslage grundsätzlich unzulässig sei, nicht existiert; einer solchen Regel ist zu Recht entgegengehalten worden, dass die Bewahrung des „corporate good will" gerade in Krisenzeiten von Bedeutung sein kann.[2] Allerdings ist in einer solchen Situation, zumal mit zunehmender Dauer, eine besonders kritische Kosten-Nutzen-Analyse vonnöten.[3]

4. Besonderheiten bei Zuwendungen an Parteien

Bei Zuwendungen an politische Parteien (§ 2 Abs. 1 PartG) oder ihnen nahe stehende Drittorganisationen wird das allen Spenden gemeinsame Problem der unentgeltlichen Weggabe von Gesellschaftsvermögen um eine **konfliktträchtige Dimension** erweitert: das Unternehmen betritt den Raum der **politischen Auseinandersetzung**. Dementsprechend kann der Ruf nach Abstinenz gerade bei Gesellschaften mit hohem und häufig wechselndem Gesellschafterbestand nicht verwundern. Dennoch besteht heute im Wesentlichen Einigkeit darüber, dass Parteispenden angesichts der den Parteien verfassungsrechtlich zugedachten Stellung als Instrument der politischen Willensbildung (Art. 21 Abs. 1 Satz 1 GG; vgl. auch § 1 PartG) grundsätzlich[4] nicht zu beanstanden sind[5] und dass den Vorstand[6] dabei auch **keine umfassende Pflicht zur parteipolitischen Neutralität**

28

Scholz, § 43 GmbHG Rz. 72 („2 % des Bilanzgewinns"); *Kind*, NZG 2000, 567, 569 („1 % des Bilanzgewinns"). Solche Werte können immerhin ein gewisses Gefühl für die Größenordnungen vermitteln, in denen sich die Diskussion bewegt. Unpraktikabel hingegen der Vorschlag von *Lohse*, Unternehmerisches Ermessen, S. 302 („125 % des in der Branche Verkehrsüblichen").

1 *Uwe H. Schneider*, AG 1983, 205, 214; a.A. *Philipp*, AG 2000, 62, 65; nicht eindeutig *Kort* in Großkomm. AktG, § 76 AktG Rz. 73 a.E.; *Zachert*, Grenzen des unternehmerischen Ermessens, S. 194, geht zwar nicht von einer Bindung an die steuerrechtliche Absetzbarkeit aus, sieht in ihr aber ein Indiz für den sozialadäquaten Umfang einer Unternehmensspende; umgekehrt liege bei Überschreiten dieser Grenzen die Annahme eines wirtschaftlich unvertretbar hohen Risikos nahe, S. 197 f.
2 BGH v. 6.12.2001 – 1 StR 215/01, BGHSt 47, 187, 197 – SSV Reutlingen; *Fleischer* in Fleischer, Handbuch des Vorstandsrechts, § 1 Rz. 39; *Windmöller* in FS Budde, S. 675, 679.
3 BGH v. 6.12.2001 – 1 StR 215/01, BGHSt 47, 187, 197 – SSV Reutlingen.
4 Eine Ausnahme gilt für verbotene Parteien und ihre Nachfolgeorganisationen, arg. §§ 84, 85 StGB.
5 Auch das BVerfG hält Parteispenden von Personenvereinigungen und juristischen Personen als geläufige Form politischer Interessenwahrnehmung für grundsätzlich zulässig; vgl. BVerfG v. 14.7.1986 – 2 BvE 2/84, 2 BvR 442/84, BVerfGE 73, 40, 79 f. (trotz restriktiverer Haltung im Prinzip bestätigt durch BVerfG v. 9.4.1992 – 2 BvE 2/89, BVerfGE 85, 264, 315). A.A. (Parteispenden unzulässig) *Kessler*, AG 1995, 120, 132.
6 Die Entscheidungszuständigkeit liegt nach h.M. auch in diesem Fall beim Vorstand, vgl. *Fleischer* in Fleischer, Handbuch des Vorstandsrechts, § 1 Rz. 41 m.w.N.; a.A *Meilicke*, NJW 1959, 409, 412; *Kulitz*, Unternehmerspenden, S. 167 (Zuständigkeit der Hauptversammlung, da Gewinnverwendung). – Im *Vereinigten Königreich* bedürfen politische Spenden durch Unternehmen der Zustimmung der Gesellschafterversammlung, vgl. s. 366 Companies Act 2006.

trifft.¹ Insoweit gelten prinzipiell dieselben Erwägungen wie für sonstige soziale Aktivitäten.² Anonyme Parteispenden sind allerdings oberhalb einer Bagatellgrenze von 500 Euro unzulässig.³

29   Im Übrigen nötigt die Nähe zur politischen Arena in diesem Fall zu einer **besonders sorgfältigen Abwägung** des Für und Wider der einzelnen Spende. So kann zwar die Tatsache, dass eine Partei bestimmte Ziele (z.B. die Förderung der Sonnenenergie) propagiert, die sich positiv auf das Geschäft des potentiellen Spenders (z.B. des Solarzellenherstellers) auswirken würden, ein legitimer Grund für eine Zuwendung sein; aber abgesehen davon, dass sich die Prioritäten politischer Parteien ändern können, sind dem erhofften Vorteil für die Gesellschaft etwaige negative Auswirkungen der Spende auf das **Unternehmensimage**, insbesondere in Gestalt des **Verdachts unangemessener parteipolitischer Einflussnahme**, gegenüberzustellen.⁴ Außerdem gilt auch und gerade im Bereich politischer Spenden das **Verbot der Verfolgung persönlicher Präferenzen**.⁵ Dieser Grundsatz führt u.E. dazu, dass in Fällen, in denen sich eine beabsichtigte Zuwendung nicht (wie im soeben gebildeten Beispiel) mit einer Konvergenz von parteipolitischer Zielsetzung und Geschäftsinteresse rechtfertigen lässt, i.d.R.⁶ nur eine gleichmäßige oder an der politischen Bedeutung orientierte proportionale Aufteilung der zur Verfügung stehenden Beträge auf die einzelnen Parteien in Betracht kommt⁷; dabei dürfte die Nichtberücksichtigung von Parteien an den äußersten Rändern des politischen Spektrums zulässig sein.⁸ Generell erscheint uns dann, wenn die Spendenvergabe allein dem **Gedanken der Sozialadäquanz** entspringt, **Zurückhaltung** angebracht, weil dieser Gedanke im Bereich der Partei-

---

1   *Kort* in Großkomm. AktG, § 76 AktG Rz. 69 ff.; *Mertens/Cahn* in KölnKomm. AktG, § 76 AktG Rz. 38 ff.; *Spindler* in MünchKomm. AktG, § 76 AktG Rz. 87; *Fleischer*, AG 2001, 171, 179 ff.; *Rittner* in FS Knur, S. 205, 216 ff. A.A. *Meilicke*, NJW 1959, 409, und *Lohse*, Unternehmerisches Ermessen, S. 302.
2   Das heißt u.a., dass auch hier die Frage der steuerlichen (seit 1994: Nicht-)Absetzbarkeit die gesellschaftsrechtliche Zulässigkeit nicht präjudiziert, vgl. *Kind*, NZG 2000, 567, 569.
3   Arg. § 25 Abs. 2 Nr. 6 PartG.
4   *Kort* in Großkomm. AktG, § 76 AktG Rz. 73; *Hopt* in Großkomm. AktG, § 93 AktG Rz. 121; *Mertens/Cahn* in KölnKomm. AktG, § 76 AktG Rz. 41. Besonders zu beachten ist, dass den Parteien die Entgegennahme so genannter „Einflussspenden", also von Spenden, die „erkennbar in Erwartung oder als Gegenleistung eines bestimmten wirtschaftlichen oder politischen Vorteils" gewährt werden, nach § 25 Abs. 2 Nr. 7 PartG verboten ist. Damit erledigt sich im Wesentlichen auch die von *Rittner* in FS Knur, S. 205, 213 ff. gebildete Unterscheidung zwischen „allgemeinen" und „speziellen" Parteispenden. – Zu Parteispenden an *Amtsträger* vgl. noch unten Rz. 31.
5   *Kort* in Großkomm. AktG, § 76 AktG Rz. 74; *Kind*, NZG 2000, 567, 569; *Rittner* in FS Knur, S. 205, 229.
6   Anderes mag gelten, wenn sich ein Wille der Aktionäre zur Unterstützung einer bestimmten Partei feststellen lässt; vgl. *Rittner* in FS Knur, S. 205, 232. Das dürfte allerdings eher selten vorkommen.
7   So tendenziell auch *Kind*, NZG 2000, 567, 570. In solchen Fällen kommt es daher zu einer Annäherung an den Neutralitätsgedanken.
8   Und zwar sowohl aus Gründen des Unternehmensimages als auch auf Grund der politisch begründeten Seltenheit von Parteiverbotsverfahren.

spenden weniger tragfähig sein dürfte als bei sonstigen sozialnützigen Zuwendungen.[1]

III. Haftungsrisiken

1. Vorstand

Vorstandsmitglieder, die die dargestellten Grundsätze und Schranken bei der Vergabe sozialnütziger Zuwendungen missachten, setzen sich nicht nur dem Risiko **zivilrechtlicher Haftung** nach § 93 Abs. 2 AktG aus.[2] Sie laufen auch Gefahr, sich den **strafrechtlichen Vorwurf der Untreue** gem. § 266 StGB zuzuziehen.[3] Im einschlägigen „SSV-Reutlingen"-Urteil hat der 1. Strafsenat des BGH allerdings nicht jede gesellschaftsrechtliche Pflichtverletzung genügen lassen, sondern eine **gravierende Verletzung** solcher Pflichten verlangt[4] und diese Qualität sodann anhand einer Gesamtschau der gesellschaftsrechtlichen Kriterien – das Gericht zählte hierzu insbesondere die fehlende Nähe zum Unternehmensgegenstand, die betragsmäßige Unangemessenheit der Spende, die fehlende innerbetriebliche Transparenz und das Vorliegen sachwidriger Motive, namentlich die Verfolgung rein persönlicher Interessen – geprüft; jedenfalls die Erfüllung all dieser Kriterien führe zur Bejahung einer Untreue.[5] Umgekehrt bedeutet dies, dass nicht bereits jede Überschreitung der durch die „Business Judgment Rule" gezogenen Grenzen zur Strafbarkeit führt[6]; im Einzelfall dürfte allerdings ein besonders krasser Verstoß gegen nur eine ihrer Vorgaben auch einmal ausreichen. Dass nur herausgehoben vorwerfbares Verhalten eine gesellschaftsrechtliche Pflichtverletzung zur untreuerelevanten Pflichtwidrigkeit qualifiziert, entspricht dem „ultima ratio"-Gedanken des Strafrechts. Jüngere Äußerungen des 3. Strafsenats des BGH in der „Mannesmann"-Entscheidung scheinen dieses Stufenver-

30

---

1 In diesem Punkt verdient *Kulitz*, Unternehmerspenden, S. 153 f., Zustimmung. A.A. aber *Kind*, NZG 2000, 567, 568 f.
2 *Säcker*, BB 2009, 282, 285, empfiehlt generell eine vorsorgliche Unterrichtung des Aufsichtsratsvorsitzenden gem. § 90 Abs. 1 Satz 3 AktG. Das erscheint uns etwas weitgehend. Sehr bedenkenswert ist hingegen sein Vorschlag (a.a.O., S. 286) für den Erlass einer Vorstandsrichtlinie zur Spendenpraxis. S. dazu auch *PriceWaterhouseCoopers* (Hrsg.), Unternehmen als Spender, S. 18, wonach 67 % der befragten größeren und 56 % der kleineren Unternehmen über interne Spendenrichtlinien verfügen.
3 In Betracht kommen sowohl der Missbrauchstatbestand, § 266 Abs. 1 Alt. 1 StGB, als auch der Treuebruchtatbestand, § 266 Abs. 1 Alt. 2 StGB; BGH v. 6.12.2001 – 1 StR 215/01, BGHSt 47, 187, 192 – SSV Reutlingen. § 266 Abs. 1 StGB ist im Übrigen Schutzgesetz i.S. des § 823 Abs. 2 BGB; vgl. nur *Wagner* in MünchKomm. BGB, § 823 BGB Rz. 369.
4 BGH v. 6.12.2001 – 1 StR 215/01, BGHSt 47, 187, 197 – SSV Reutlingen; zur subjektiven Seite vgl. a.a.O., S. 200.
5 BGH v. 6.12.2001 – 1 StR 215/01, BGHSt 47, 187, 197 – SSV Reutlingen. Die Entscheidung hat auch von gesellschaftsrechtlicher Seite weitgehend Zustimmung erfahren; vgl. *Gehrlein*, NZG 2002, 463; *Henze*, WuB 2002, 785; *Laub*, AG 2002, 308. Krit. zur Begründung aber *Samson*, Non-Profit Law Yearbook 2004, 233, 238 ff.
6 *Spindler*, ZIP 2006, 349, 354; *Fleischer*, DB 2006, 542, 545; undeutlich in dieser Hinsicht aber neuerdings BGH v. 22.11.2005 – 1 StR 571/04, NJW 2006, 453, 454 f. – Kinowelt; dazu krit. *Kutzner*, NJW 2006, 3541.

hältnis zwar in Frage zu stellen[1]; allerdings betonte das Gericht ausdrücklich, dass der dort entschiedene Sachverhalt mit dem Fall der Spendenvergabe nicht zu vergleichen sei.[2]

31 Besonders heikel sind **Parteispenden** an **Amtsträger**: denn darin kann eine strafbare **Vorteilsgewährung** gem. § 333 StGB liegen.[3]

2. Aufsichtsrat

32 In Bezug auf den Aufsichtsrat stellt sich zunächst die Frage, ob er rechtlich **verpflichtet** ist, die Spendentätigkeit des Vorstands (generell, ab einer bestimmten Zuwendungshöhe oder hinsichtlich bestimmter Zwecke) unter einen **Zustimmungsvorbehalt** gem. § 111 Abs. 4 Satz 2 AktG zu stellen. Diese Frage ist grundsätzlich zu verneinen; das Gesetz stellt den möglichen Inhalt solcher Vorbehalte bewusst in das Ermessen des Aufsichtsrats.[4] Unter besonderen Umständen kann dieses Ermessen allerdings in eine Verpflichtung zur Einführung eines „Spendenvorbehalts" umschlagen.[5] Das wird man insbesondere dann anzunehmen haben, wenn sich die Spendenpraxis des Vorstands in der Vergangenheit wiederholt nicht an die dafür geltenden rechtlichen Vorgaben gehalten hat oder eine unmittelbar bevorstehende rechtswidrige Zuwendung nur noch durch einen ad hoc beschlossenen Vorbehalt verhindert werden kann.[6]

33 Besteht ein Zustimmungsvorbehalt gem. § 111 Abs. 4 Satz 2 AktG, so hat sich die Entscheidung des Aufsichtsrats an den zuvor erörterten Grundsätzen zu orientieren. Andernfalls trifft auch die Aufsichtsratsmitglieder das Risiko zivil-[7] und strafrechtlicher[8] Haftung. Außerdem muss der Aufsichtsrat bei einer als unrechtmäßig erkannten Spendenvergabe grundsätzlich gegen den Vorstand einschreiten.[9]

---

1 BGH v. 21.12.2005 – 3 StR 470/04, BGHSt 50, 331 = AG 2006, 110; krit. zu diesem Punkt des Urteils *Spindler*, ZIP 2006, 349, 353 f.; *Fleischer*, DB 2006, 542, 544 f.; aus der strafrechtlichen Literatur in die Richtung des BGH argumentierend aber *Lenckner/Perron* in Schönke/Schröder, § 266 StGB Rz. 19a.
2 BGH v. 21.12.2005 – 3 StR 470/04, BGHSt 50, 331 = AG 2006, 110.
3 Bei Wahlkampfspenden soll das allerdings nur gelten, soweit mit der Zuwendung konkrete politische Entscheidungen zum individuellen Vorteil des Spenders beeinflusst werden sollen; näher BGH v. 28.10.2004 – 3 StR 301/03, BGHSt 49, 275, 294 f., 298 f., und dazu *Fischer*, § 331 StGB Rz. 28 f.
4 Vgl. *Hopt/Roth* in Großkomm. AktG, § 111 AktG Rz. 609 ff.; *Hüffer*, § 111 AktG Rz. 17. Abgesehen davon dürfte die Qualität eines „Geschäfts von grundlegender Bedeutung" i.S. der Nr. 3.3 des Deutschen Corporate Governance Kodex kaum je erreicht werden; vgl. dazu den Katalog von *Lutter* in Ringleb/Kremer/Lutter/v. Werder, Nr. 3.3 DCGK Rz. 372.
5 Vgl. *Hüffer*, § 111 AktG Rz. 17.
6 Vgl. BGH v. 15.11.1993 – II ZR 235/92, BGHZ 124, 111, 127 = AG 1994, 124.
7 Gem. §§ 116 Satz 1, 93 Abs. 2 AktG.
8 Gem. § 266 StGB, ggf. i.V.m. § 27 StGB. Vgl. BGH v. 6.12.2001 – 1 StR 215/01, BGHSt 47, 187, 200 – SSV Reutlingen (in diesem Punkt allerdings ein Sonderfall, da der Aufsichtsratsvorsitzende selbst die Spenden forderte).
9 Vgl. BGH v. 21.4.1997 – II ZR 175/95, BGHZ 135, 244 = AG 1997, 377 – ARAG/Garmenbeck.

IV. Besonderheiten bei der GmbH

Für die GmbH ergeben sich **keine Abweichungen** von der für die AG beschriebenen Rechtslage, soweit es um die **materiellen Rechtmäßigkeitsmaßstäbe** für die Spendenvergabe geht.[1] Anders als das Aktiengesetz sieht das GmbH-Gesetz aber keine „eigenverantwortliche" Leitung der Gesellschaft durch die Geschäftsführer vor, so dass sich die Frage stellt, ob die **Entscheidungszuständigkeit** anders zu beurteilen ist als in der AG. U.E. ist diese Frage differenziert zu beantworten:

Im **Grundsatz** ist die Entscheidung über die Ausreichung einer Spende auch im GmbH-Recht **Geschäftsführungsmaßnahme**.[2] Die geringere Machtfülle des GmbH-Geschäftsführers im Vergleich zum AG-Vorstand kommt aber nicht nur darin zum Ausdruck, dass er den Weisungen der Gesellschafter unterliegt. Sie äußert sich auch darin, dass der Geschäftsführer nach h.M. verpflichtet ist, der Gesellschafterversammlung bestimmte Maßnahmen von sich aus[3] zur Zustimmung vorzulegen. Dies gilt insbesondere für ihrer Art oder ihrem Umfang nach **ungewöhnliche Maßnahmen** und für solche, deren **Billigung** durch die Gesellschafter für den Geschäftsführer erkennbar mit **erheblichen Zweifeln** verbunden ist.[4] Wann diese Voraussetzungen im Fall der Spendenvergabe erfüllt sind, hängt von der Größe, dem Gegenstand und der Ertragslage der Gesellschaft, von der Höhe und dem Adressaten der Zuwendung, von den persönlichen Verhältnissen der Gesellschafter und weiteren Faktoren ab.[5] Weil sich über die Fragen der Ungewöhnlichkeit einer Spende und ihrer vermuteten Akzeptanz im Gesellschafterkreis häufig trefflich streiten lässt, kann den Geschäftsführern einer GmbH nur

---

1 Vgl. *Haas* in Michalski, § 43 GmbHG Rz. 82 f.; *Kleindiek* in Lutter/Hommelhoff, § 43 GmbHG Rz. 15; *Uwe H. Schneider* in Scholz, § 43 GmbHG Rz. 50 f.; *Zöllner/Noack* in Baumbach/Hueck, § 43 GmbHG Rz. 21; *Zachert*, Grenzen des unternehmerischen Ermessens, S. 210 ff. Zur Verallgemeinerungsfähigkeit der „Business Judgment Rule" des § 93 Abs. 1 Satz 2 AktG über das Aktienrecht hinaus vgl. Begr. RegE zum UMAG, BT-Drucks. 15/5092, S. 12.
2 *Uwe H. Schneider*, AG 1983, 205, 212. Wie im Fall der AG handelt es sich also nicht um eine den Gesellschaftern obliegende Maßnahme der Gewinnverwendung; vgl. *Zachert*, Grenzen des unternehmerischen Ermessens, S. 203.
3 Haben die Gesellschafter einen Katalog zustimmungsbedürftiger Maßnahmen bestimmt, der auch die Spendenvergabe umfasst, ergibt sich bereits daraus eine Vorlagepflicht; die Situation ist insoweit nicht anders als bei der AG im Verhältnis Vorstand/Aufsichtsrat. Unterliegt die GmbH der Mitbestimmung nach dem DrittelbG oder dem MitbestG, kann auch der Aufsichtsrat einen entsprechenden Zustimmungsvorbehalt anordnen; zu den sich daraus u.U. ergebenden Kompetenzkonflikten mit der Gesellschafterversammlung vgl. *Zöllner/Noack* in Baumbach/Hueck, § 52 GmbHG Rz. 254, 300.
4 Vgl. *Kind*, NZG 2000, 567, 572 f.; *Kulitz*, Unternehmerspenden, S. 156 (beide zu Parteispenden); *Uwe H. Schneider* in Scholz, § 37 GmbHG Rz. 12 ff.; *Uwe H. Schneider*, AG 1983, 205, 212; *Kleindiek* in Lutter/Hommelhoff, § 43 GmbHG Rz. 15; *Lenz* in Michalski, § 37 GmbHG Rz. 13 f.; (z.T. krit.) *Zöllner/Noack* in Baumbach/Hueck, § 37 GmbHG Rz. 7 ff.; i.E. ebenso *Zachert*, Grenzen des unternehmerischen Ermessens, S. 219 ff.
5 Vgl. *Uwe H. Schneider*, AG 1983, 205, 212; *Zachert*, Grenzen des unternehmerischen Ermessens, S. 219 ff.; *Kleindiek* in Lutter/Hommelhoff, § 43 GmbHG Rz. 15.

empfohlen werden, sich außerhalb offensichtlicher Bagatellfälle stets **vorsorglich der Zustimmung der Gesellschafterversammlung** zu versichern.[1]

C. „Nützliche Aufwendungen"

Schrifttum: *Berg*, Wirtschaftskorruption – Phänomen und zivilrechtliche Rechtsfolgen, 2004; *Berg*, Korruption in Unternehmen und Risikomanagement nach § 91 Abs. 2 AktG, AG 2007, 271; *Brooks*, Die Bedeutung der OECD-Konvention gegen internationale Korruption für den Aufsichtsrat, Vorstand und Abschlussprüfer einer deutschen Aktiengesellschaft, in FS Peltzer, 2001, S. 27; *Fietz/Weidlich*, Schwarze Schafe oder weiße Ritter? – Zur Problematik der Anwendung von § 299 StGB in der deutschen Außenwirtschaft, RIW 2005, 423; *Fleischer*, Aktienrechtliche Legalitätspflicht und „nützliche" Pflichtverletzungen von Vorstandsmitgliedern, ZIP 2005, 141; *Gänßle*, Das Antikorruptionsstrafrecht – Balsam aus der Tube der symbolischen Gesetzgebung?, NStZ 1999, 543; *Gotzens*, Nützliche Aufwendungen und das Abzugsverbot nach § 4 Abs. 5 Nr. 10 EStG, DStR 2005, 673; *Haft/Schwoerer*, Bestechung im internationalen Geschäftsverkehr, in FS Weber, 2004, S. 367; *Hauschka/Greeve*, Compliance in der Korruptionsprävention – was müssen, was sollen, was können Unternehmen tun, BB 2007, 165; *Korte*, Der Einsatz des Strafrechts zur Bekämpfung der internationalen Korruption, wistra 1999, 81; *Krause/Vogel*, Bestechungsbekämpfung im internationalen Geschäftsverkehr, RIW 1999, 488; *Pieth/Eigen* (Hrsg.), Korruption im internationalen Geschäftsverkehr, 1999; *Preising/Kiesel*, Korruptionsbekämpfung durch das Steuerrecht? – Zu den Problemen des Abzugsverbots und der Mitteilungspflicht gemäß § 4 Abs. 5 Nr. 10 EStG, DStR 2006, 118; *Randt*, Schmiergeldzahlungen bei Auslandssachverhalten, BB 2000, 1006; *Ransiek*, „Verstecktes" Parteivermögen und Untreue, NJW 2007, 1727; *Rönnau*, „Angestelltenbestechung" in Fällen mit Auslandsbezug, JZ 2007, 1084; *Satzger*, „Schwarze Kassen" zwischen Untreue und Korruption, NStZ 2009, 297; *Schmitz*, Auslandsgeschäfte unter Berücksichtigung des Korruptionsstrafrechts, RIW 2003, 189; *Schünemann*, Zur Quadratur des Kreises in der Dogmatik des Gefährdungsschadens, NStZ 2008, 430; *Sedemund*, Der Verfall von Unternehmensvermögen bei Schmiergeldzahlungen durch die Geschäftsleitung von Organgesellschaften, DB 2003, 323; *Sedemund*, Zivilrechtliche Regressmöglichkeiten bei Verfallsanordnungen auf Grund Schmiergeldzahlungen zwecks Auftragserlangung, DB 2003, 2423; *Sethe*, Zivilrechtliche Rechtsfolgen der Korruption am Beispiel von Bankgeschäften, WM 1998, 2303; *Walter*, Angestelltenbestechung, internationales Strafrecht und Steuerstrafrecht, wistra 2001, 411; *Weidemann*, Zur Angestelltenbestechung: Die Bedeutung des § 299 III StGB für § 4 V S. 1 Nr. 10 S. 1 EStG, RIW 2006, 370; *Weidlich/Fietz*, Schmiergeldzahlungen in Asien – Rechtliche Risiken für deutsche Mitarbeiter in Singapur und Hongkong, RIW 2005, 362; *Wittig*, § 299 StGB durch Einschaltung von Vermittlerfirmen bei Schmiergeldzahlungen, wistra 1998, 7; *Wolf*, Die Modernisierung des deutschen Antikorruptionsstrafrechts durch internationale Vorgaben, NJW 2006, 2735. Vgl. auch die Nachweise zu Abschnitt B. (vor Rz. 6).

I. Begriff, Erscheinungsformen und Abgrenzung

36 „Nützliche Aufwendungen" bezeichnen im Folgenden **Zuwendungen materieller oder immaterieller Art**, auf die der Empfänger **keinen rechtlichen Anspruch** hat

---

1 Ein weiterer Unterschied zum Aktienrecht ist das gegenüber § 131 Abs. 1 AktG erheblich umfassendere Informationsrecht der GmbH-Gesellschafter gem. § 51a Abs. 1 GmbHG, auf dessen Basis sie bis zur Grenze der Besorgnis gesellschaftsfremder Verwendung und des Rechtsmissbrauchs auch Details einzelner Spenden erfragen können. Vgl. *Kind*, NZG 2000, 567, 573 (zu Parteispenden); *Uwe H. Schneider*, AG 1983, 205, 216.

und die ihn dazu bewegen sollen, dem Leistenden seinerseits einen wirtschaftlichen Vorteil zu verschaffen.[1] Hauptfall ist das **Schmiergeld**, das begrifflich oft auf Geldzahlungen verengt wird.[2] Wird eine solche Zahlung als Rückvergütung aus einer dem Leistenden zugeflossenen Vergütung bestritten, ist dafür der Name „Kickback" gebräuchlich.

Von der **Spende** unterscheidet sich das Schmiergeld hauptsächlich durch den damit verfolgten **Zweck**, aber – damit zusammenhängend – auch durch die Person des Zuwendungsempfängers, bei dem es sich kaum je um eine sozialnützige Einrichtung handelt.[3]

37

II. Gesellschaftsrechtliche Zulässigkeit

Der zweckgefärbte Begriff der „nützlichen Aufwendung" könnte zunächst daran denken lassen, als Maßstab der gesellschaftsrechtlichen Zulässigkeitsprüfung wiederum – wie im Fall der Spende – den Gesellschaftszweck heranzuziehen. Eine solche Sichtweise würde aber verkennen, dass das gesamte Handeln einer Gesellschaft und ihrer Organe die Schranke der Gesetzeskonformität zu beachten hat. Das gebietet der Grundsatz der Einheit der Rechtsordnung, der in der so genannten **Legalitätspflicht des Vorstands**[4] Ausdruck findet und ihm nach ganz h.M. gesetzestreues Verhalten auch dann abverlangt, wenn ein Gesetzesbruch dem wirtschaftlichen Nutzen der Gesellschaft dienen soll und das Entdeckungsrisiko gering erscheint.[5] Für unternehmerische Ermessenserwägungen bleibt insoweit kein Raum.

38

1. Verstoß gegen deutsches Recht

Gesellschaftsrechtlich **unzulässig** ist die fragliche Leistung der Gesellschaft[6] demnach zunächst bei einem **Verstoß gegen deutsches Recht**. Das tritt besonders klar zutage, wenn sie einen inländischen Straftatbestand erfüllt (unten Rz. 40 bis 46). Aber auch schlicht rechtswidriges Handeln ist nicht gestattet (unten Rz. 47).

39

---

1 Eine Bestandsaufnahme der Korruption in Deutschland liefert *Schaupensteiner* in Pieth/Eigen, Korruption im internationalen Geschäftsverkehr, S. 131 ff.
2 Anders die Organisation Transparency International (www.transparency.de), die unter Schmiergeldern nur Zahlungen zur Beschleunigung von Leistungen versteht, auf die der Zahlende einen *Anspruch* hat („facilitation payments"), was nach deutscher Terminologie nicht Bestechung, sondern (nur) Vorteilsgewährung ist.
3 Es sei denn, eine solche Einrichtung wird zwecks Verschleierung zwischengeschaltet.
4 Vgl. dazu im vorliegenden Zusammenhang *Fleischer*, ZIP 2005, 141 m.w.N. – Die „Kompetenz" für Schmiergeldzahlungen liegt beim Vorstand; vgl. *Kessler*, AG 1995, 120, 128; *Berg*, AG 2007, 271.
5 *Hopt* in Großkomm. AktG, § 93 AktG Rz. 99; *Mertens/Cahn* in KölnKomm. AktG, § 93 AktG Rz. 71.
6 Die *passive* Korruption, also die *Entgegennahme* von Schmiergeldzahlungen etc. durch Mitarbeiter der Gesellschaft, ist nicht Gegenstand der folgenden Ausführungen. Vgl. hierzu §§ 299 Abs. 1, 266 StGB und zu den zivilrechtlichen Rechtsfolgen *Berg*, Wirtschaftskorruption, S. 145 ff.

a) Einschlägige Straftatbestände

40 Vorliegend kommen als Delikte je nach Sachlage in erster Linie die **Bestechung geschäftlicher Angestellter** (§ 299 Abs. 2 StGB), die **Vorteilsgewährung und Bestechung von Amtsträgern** (§§ 333, 334 StGB) sowie die **Abgeordnetenbestechung** (§ 108e StGB) in Betracht.[1] Der **internationale Schutzbereich** dieser Vorschriften wurde in den vergangenen Jahren beständig ausgeweitet[2], was sich nur teilweise aus dem Strafgesetzbuch selbst ablesen lässt (so im Fall der Ausdehnung der Angestelltenbestechung auf den ausländischen Wettbewerb[3]), teilweise hingegen einen Blick in andere Gesetze erfordert (so in den Fällen der Gleichstellung ausländischer mit inländischen Amtsträgern im Bereich der Beamten- und Richterbestechung[4] und des Verbots der Bestechung ausländischer Abgeordneter[5]). Im Ergebnis lässt sich etwas verkürzend[6] feststellen, dass heute grundsätzlich jede in Deutschland oder durch einen Deutschen vorgenommene[7] Bestechung in- oder ausländischer Amts- bzw. Mandatsträger oder Angestellter im geschäftlichen Verkehr strafbar ist, und zwar unabhängig davon, auf welchen Märkten

---

1 Soweit Vorstand bzw. Geschäftsführung nicht selbst tätig werden, geht es um Anstiftung (§ 26 StGB) oder Beihilfe (§ 27 StGB) zu den genannten Delikten.
 Ausführlich zur strafrechtlichen Haftung von Geschäftsleitern in Korruptionsfällen unten *Krause*, § 35 Rz. 67 ff.
2 Dieser Prozess soll durch ein Strafrechtsänderungsgesetz abgeschlossen werden, das der Umsetzung des Strafrechtsübereinkommens des Europarats über Korruption vom 27.1. 1999 (ETS Nr. 173), des Zusatzprotokolls zum Strafrechtsübereinkommen des Europarats über Korruption (ETS Nr. 191), des Rahmenbeschlusses 2003/568/JI des Rates vom 22.7. 2003 zur Bekämpfung der Bestechung im privaten Sektor (ABl. EU Nr. L 192, S. 54) sowie des Übereinkommens der Vereinten Nationen gegen Korruption vom 31.10.2003 dient. Die von *Wolf*, NJW 2006, 2735, geäußerte Kritik am Umsetzungsstand wäre damit bis auf Detailfragen gegenstandslos. Der inzwischen der legislativen Diskontinuität anheimgefallene RegE vom 30.5.2007, abrufbar unter http://www.bmj.bund.de/files/-/2223/GesEStrafRÄndG.pdf, sollte u.a. zur Ausdehnung des Geltungsbereichs des deutschen Strafrechts und des Anwendungsbereichs der §§ 299, 331 StGB führen. Nach Auskunft des Bundesjustizministeriums ist in der laufenden Legislaturperiode mit einem erneuten Anlauf zu rechnen.
3 Vgl. § 299 Abs. 3 StGB.
4 So bislang in den Fällen der Gleichstellung ausländischer mit inländischen Amtsträgern im Bereich der Beamten- und Richterbestechung, Art. 2 § 1 EU-Bestechungsgesetz (EUBestG), Art. 2 § 1 Gesetz zur Bekämpfung internationaler Bestechung (IntBestG), und des Verbots der Bestechung ausländischer Abgeordneter, Art. 2 § 2 IntBestG. Auf die derzeit noch bestehenden Unterschiede zwischen den Bestechungstatbeständen nach dem StGB, dem EUBestG und dem IntBestG kann an dieser Stelle nicht näher eingegangen werden; vgl. dazu u.a. *Gänßle*, NStZ 1999, 543.
5 Vgl. Art. 2 § 2 IntBestG.
6 So sind namentlich im Bereich des § 299 StGB auch *Auslandstaten* eines *Ausländers* strafbar, wenn sie sich gegen einen deutschen Wettbewerber richten oder der Täter im Inland betroffen und trotz potentieller Zulässigkeit nicht ausgeliefert wird, vgl. § 7 Abs. 1, Abs. 2 Nr. 2 StGB. Zur weiteren Voraussetzung der Strafbarkeit auch nach dem einschlägigen lokalen Recht s. sogleich im Text.
7 Vgl. §§ 3, 7 Abs. 2 Nr. 1 StGB. Zum Verhältnis zwischen den §§ 3–7, 9 StGB, die den räumlichen Geltungsbereich des deutschen Strafrechts regeln, und der davon zu trennenden vorrangigen Frage, ob die jeweils einschlägige Strafnorm überhaupt (auch) ausländische Rechtsgüter schützen will, vgl. *Fischer*, vor §§ 3 bis 7 StGB Rz. 4 ff.; *Fietz/Weidlich*, RIW 2005, 423, 425 f.; *Haft/Schwoerer* in FS Weber, S. 367, 368 ff.

sie sich auswirkt. Im Folgenden sollen einige Sonderkonstellationen betrachtet werden, wobei das Hauptaugenmerk wegen ihrer praktischen Bedeutung Fällen mit Auslandsberührung gilt.

b) Insbesondere korruptive Zuwendungen an Amtsträger

Nach deutschem Recht bis heute **nicht strafbar** ist die bloße **Vorteilsgewährung an ausländische Amtsträger**.[1] Die Vorteilsgewährung unterscheidet sich von der Bestechung nach deutschem Rechtsverständnis dadurch, dass die in beiden Fällen erforderliche Unrechtsvereinbarung hier nicht auf eine pflichtwidrige Diensthandlung abzielt, sondern sich nur auf die Dienstausübung allgemein beziehen muss. Damit sind Zuwendungen an einen Amtsträger straffrei, wenn sie allein Werbezwecken des zuwendenden Unternehmens dienen.[2] Auch bleiben (oft als „facilitation payments" bezeichnete) Zahlungen, die allein den Zweck verfolgen, den pflichtvergessenen Beamten oder Richter zum geschuldeten Tätigwerden zu bewegen, ohne strafrechtliche Folgen.[3] Die **Abgrenzung zur Bestechung** ist allerdings bisweilen schwierig. So kann bereits die bloße beschleunigte Behandlung eines Antrags eine Pflichtwidrigkeit bedeuten, wenn sie mit einer Hintanstellung früher eingereichter Anträge Dritter einhergeht.[4] Und im Bereich der Ermessensverwaltung genügt die Beeinflussung der Entscheidung durch den in Aussicht gestellten bzw. gewährten Vorteil schon dann zur Begründung des Bestechungsvorwurfs, wenn sich die resultierende Entscheidung selbst noch im Rahmen des vorgegebenen Ermessensspielraums bewegt.[5]

41

c) Insbesondere korruptive Zuwendungen an Angestellte

Eine – wenngleich schmale – Strafbarkeitslücke ergibt sich auch bei **Angestelltenbestechungen im Ausland**[6] (unabhängig davon, ob sie den Wettbewerb im In- oder im Ausland beeinflussen sollen) daraus, dass die Tat in diesen Fällen auch am Tatort mit Strafe bedroht sein muss (§ 7 Abs. 1 und 2 StGB)[7], allerdings nicht

42

---

1 *Krause/Vogel*, RIW 1999, 488, 491; *Korte*, wistra 1999, 81, 86; krit. *Gänßle*, NStZ 1999, 543, und insoweit auch *Randt*, BB 2000, 1006, 1007 (mangelhafte Umsetzung des OECD-Übereinkommens v. 17.12.1997 durch das IntBestG). Eine diesbezügliche Änderung der Rechtslage war auch im RegE eines Strafrechtsänderungsgesetzes vom 30.5.2007 ausdrücklich nicht vorgesehen, Begr. RegE zu Nr. 15, 1.b), S. 28.
2 Vgl. zu sog. „Hospitality"-Einladungen BGH v. 14.10.2008 – 1 StR 260/08, BGHSt 53, 6 – Utz Claassen. Der Grat ist allerdings schmal, da häufig zugleich dienstliche Berührungspunkte bestehen.
3 Vgl. BGH v. 16.2.1961 – 1 StR 611/60, BGHSt 15, 350.
4 Vgl. BGH v. 5.10.1960 – 2 StR 427/60, BGHSt 16, 37; OLG Naumburg v. 27.11.1996 – 2 Ss 130/96, NJW 1997, 1593; *Fischer*, § 332 StGB Rz. 8; § 334 StGB Rz. 4.
5 *Fischer*, § 332 StGB Rz. 9.
6 Eine Auslandstat liegt im Fall des § 299 Abs. 2 StGB i.V.m. § 9 StGB nur vor, wenn das Schmiergeld etc. im Inland *weder* angeboten *noch* versprochen *noch* gewährt wird. Vgl. *Fischer*, § 299 StGB Rz. 2a f.; näher *Rönnau*, JZ 2007, 1084, 1086 f.; *Weidemann*, RIW 2006, 370, 371 f.; *Fietz/Weidlich*, RIW 2005, 423, 426 f.
7 Vgl. *Walter*, wistra 2001, 321, 324; *Weidemann*, RIW 2006, 370; *Rönnau*, JZ 2007, 1084, 1086. Ob die ausländische Strafandrohung faktisch durchgesetzt wird, spielt nach wohl überwiegender Auffassung keine Rolle; vgl. *Eser* in Schönke/Schröder, § 7 StGB Rz. 11.

zwangsläufig als Korruptionsdelikt.[1] Das bedeutet, dass die Strafbarkeit nach deutschem Recht entfällt, wenn das maßgebliche ausländische Recht die betreffende Zuwendung als nicht strafbar einstuft.[2] In den Rechtsordnungen, in denen eine solche Beurteilung in Betracht kommt, dürften sich entsprechende Feststellungen allerdings häufig nur mit Schwierigkeit treffen lassen. Außerdem bleiben aus dem Inland heraus begangene Anstiftungs- und Beihilfehandlungen auch in diesem Fall strafbar.[3]

43 Soweit ersichtlich nicht näher erörtert wird die Frage, ob Zuwendungen an (in- oder ausländische) Angestellte strafbar sind, die diese (quasi als „Eintrittsgeld") dafür fordern, dass sie das geschäftliche Angebot des Zuwendenden **überhaupt in Betracht ziehen**. U.E. sprechen gute Gründe für eine Verneinung der Frage[4]; denn die Zahlung führt in diesem Fall nicht zu einer Bevorzugung des Zuwendenden, sondern nur zu seiner (wettbewerblich erwünschten) Gleichbehandlung mit seinen Konkurrenten.[5]

d) Sozialadäquanz, Rechtfertigung, Entschuldigung

44 Bei Inlandstaten führt der Gedanke der **Sozialadäquanz** jedenfalls dann zu keiner nennenswerten Einschränkung der Strafdrohung, wenn der Sachverhalt keine Bezüge zum Ausland aufweist. Der Kreis der noch als üblich und (!) bedenkenfrei angesehenen Zuwendungen mag zwar im geschäftlichen Verkehr (§ 299 StGB) weiter zu ziehen sein als im Bereich der öffentlichen Verwaltung (§§ 333, 334 StGB).[6] Wo jenseits kleinerer Trinkgelder, sporadischer Bewirtungen, geringwertiger Werbegeschenke und ähnlicher Gelegenheitszuwendungen die Grenze liegt,

---

1 *Tiedemann* in Leipziger Komm. StGB, § 299 StGB Rz. 65.
2 *Tiedemann* in Leipziger Komm. StGB, § 299 StGB Rz. 65, § 298 StGB Rz. 55; Rechtfertigungs- oder Entschuldigungsgründe am Tatort sind dabei aber nur beachtlich, wenn sie nicht universal anerkannten Rechtsgrundsätzen widersprechen, vgl. *Eser* in Schönke/Schröder, § 7 StGB Rz. 9.
3 Das folgt aus § 9 Abs. 2 Satz 2 StGB; vgl. *Rönnau*, JZ 2007, 1084, 1085 f.; *Weidemann*, RIW 2006, 370, 371; *Fietz/Weidlich*, RIW 2005, 423, 427.
4 Der BGH hat allerdings in einem Fall eine Bestechung bejaht, in dem sich der Zuwendungsempfänger dafür einsetzen sollte, dass die Produkte des Zuwendenden die interne Zulassung des Unternehmens des Zuwendungsempfängers erhalten, was wiederum Voraussetzung für eine spätere Bewerbung um einen entsprechenden Lieferauftrag war; vgl. BGH v. 16.7.2004 – 2 StR 486/03, BGHSt 49, 214, 227 ff.; ablehnend *Krehl*, StV 2005, 325, 327 f., u.a. mit dem Hinweis, dass die Zulassung nicht zu einer Bevorzugung bei einer späteren Auftragsvergabe führt, wenn diese selbst wettbewerbskonform abläuft.
5 Die Konstellation weist außerdem eine gewisse Nähe zu den oben erwähnten „facilitation payments" auf, die – wie gesehen – nach deutschem Recht zumindest dann straflos sind, wenn sie an ausländische Amtsträger erfolgen. Allerdings wird § 299 StGB-E in Zukunft womöglich auch Schmiergeldzahlungen *außerhalb* von Wettbewerbslagen erfassen, vgl. Art. 1 Nr. 10 RegE eines Strafrechtsänderungsgesetzes vom 30.5.2007.
6 *Fischer*, § 299 StGB Rz. 16 a.E.; *Tiedemann* in Leipziger Komm. StGB, § 299 StGB Rz. 28. – Die Angestelltenbestechung setzt außerdem eine Abrede über eine *zukünftige* Bevorzugung voraus (erfasst also anders als die Amtsträgerbestechung keine „Belohnungsfälle") und scheidet aus, wenn die betreffende Zuwendung *allein* der Förderung „allgemeinen Wohlwollens" dienen soll; vgl. *Fischer*, § 299 StGB Rz. 13.

lässt sich aber weder im einen noch im anderen Fall genau bestimmen.[1] Das ist misslich, weil die rechtlich unzutreffende Einordnung einer Leistung als (noch) sozialadäquat den Täter i.d.R. nicht vor Strafe schützt.[2] Als Indiz mag die Frage gelten, ob die betreffende Zuwendung objektiv geeignet erscheint, ihren Empfänger in seinen Entscheidungen sachwidrig zu beeinflussen.[3] Im Rahmen der §§ 333, 334 StGB sind bei der wertenden Abgrenzung insbesondere die Stellung des Amtsträgers und die Beziehung des Vorteilsgebers zu dessen dienstlichen Aufgaben, die Transparenz der Vorgehensweise sowie die Art, der Wert und die Zahl der Vorteile zu berücksichtigen.[4]

Wenig diskutiert wird hingegen, ob bei einer im oder aus dem Inland[5] heraus vorgenommenen Angestelltenbestechung, die sich aber auf einen **ausländischen Markt** bezieht, die Sozialadäquanz der Zuwendung nach dem Recht dieses Marktes zu beurteilen ist. Bejaht man die Frage (wofür u.E. einiges spricht[6]), führt dies zu einer weiteren Einschränkung der Strafbarkeit. 45

Auf einen die Strafbarkeit ausschließenden **rechtfertigenden Notstand** (§ 34 StGB) wird sich der Zuwendende **kaum je** berufen können.[7] Soweit das Schmiergeld der Bevorzugung eines qualitativ minderwertigen geschäftlichen Angebots dienen soll, ist es nicht das mildeste Mittel zum Schutz der Vermögensinteressen des Zuwendenden. Resultiert die Zuwendung hingegen aus einem vom Zuwendungsempfänger ausgehenden Druck, handelt der Zuwendende zwar womöglich in einem so genannten „Nötigungsnotstand", der aber in aller Regel nicht zur Rechtfertigung der Tat führt.[8] Ein **entschuldigender Notstand** (§ 35 StGB) schließlich setzt eine (hier nicht vorliegende) Bedrohung von Leben, Leib oder Freiheit des Zuwendenden voraus. 46

e) Schlichte Rechtswidrigkeit

Auch jenseits strafrechtlicher Sanktionsdrohungen ist der Vorstand zu gesetzestreuem Verhalten verpflichtet.[9] Bedeutung erlangt diese Feststellung im vorliegenden Zusammenhang vor allem im Hinblick auf die zivilrechtlichen Nichtigkeitsvorschriften der §§ 134, 138 BGB, wonach Rechtsgeschäfte, die gegen ein gesetzliches Verbot (§ 134 BGB) oder die guten Sitten (§ 138 BGB) verstoßen, nichtig 47

---

1 Ausführlich *Fischer*, § 331 StGB Rz. 25 ff., wo für den Bereich der Vorteilsgewährung an Amtsträger als Faustregel ein Betrag von 30 Euro als Wertobergrenze genannt wird.
2 Bloßer Verbotsirrtum gem. § 17 StGB; vgl. *Fischer*, § 333 StGB Rz. 12 a.E. i.V.m. § 331 StGB Rz. 31 a.E.
3 Vgl. (zu § 299 StGB) *Heine* in Schönke/Schröder, § 299 StGB Rz. 20.
4 BGH v. 14.10.2008 – 1 StR 260/08, BGHSt 53, 6 – Utz Claassen.
5 In der Inlandstat liegt der Unterschied zu der in Rz. 42 erörterten Konstellation.
6 Und zwar wegen der Ähnlichkeit zu den in § 7 Abs. 1 und Abs. 2 StGB geregelten Fällen. Ablehnend aber *Fischer*, § 299 StGB Rz. 23a; im Ergebnis auch *Rönnau*, JZ 2007, 1084, 1086.
7 Notwehr, § 32 StGB, scheidet von vornherein aus; vgl. *Wittig*, wistra 1998, 7, 10.
8 Vgl. *Wittig*, wistra 1998, 7, 10; *Fischer*, § 299 StGB Rz. 23 f.; *Heine* in Schönke/Schröder, § 299 StGB Rz. 30; *Tiedemann* in Leipziger Komm. StGB, § 299 StGB Rz. 56.
9 *Fleischer*, ZIP 2005, 141, 144.

sind. Unterliegt eine Schmiergeldabrede deutschem Recht[1], verstößt sie auch ohne Verwirklichung eines Straftatbestands regelmäßig gegen die **wettbewerbsrechtliche Generalklausel des § 3 UWG**[2] und damit gegen ein gesetzliches Verbot i.S. des § 134 BGB.[3] Zugleich liegt ein Verstoß gegen die guten Sitten i.S. des § 138 BGB vor.[4] Große praktische Relevanz dürften solche Fälle angesichts des mittlerweile fast lückenlosen Strafrechtsschutzes allerdings nicht haben.[5]

2. Verstoß gegen ausländisches Recht

48 Die Legalitätspflicht ist nach h.M. **nicht auf die Einhaltung deutschen Rechts beschränkt.**[6] Der Vorstand muss demnach auch darauf achten, keine ausländischen Verbotsnormen zu verletzen. Begreift man die Legalitätspflicht als Ausfluss der Einheit der Rechtsordnung und bedenkt man zudem, dass dieses Postulat sinnvoll nur auf die deutsche Rechtsordnung gemünzt sein kann, wird man an dieser Stelle allerdings wohl differenzieren müssen[7]:

49 Soweit sich die Anwendbarkeit ausländischen Rechts **aus deutschen (Kollisions-)Normen** ableiten lässt, steht einer Erstreckung der Legalitätspflicht auf die Beachtung dieses ausländischen Rechts nichts entgegen. Das betrifft vor allem den Bereich des Zivilrechts.[8] Unterliegt eine Schmiergeldabrede also nach den Grundsätzen des deutschen internationalen Privatrechts ausländischem Zivilrecht und verbietet dieses Recht Schmiergeldzahlungen, verstößt der Vorstand mit solchen Zahlungen gegen seine Legalitätspflicht.[9]

---

1 Diese Frage beurteilt sich nach den §§ 27 ff. EGBGB; vgl. *Sethe*, WM 1998, 2309, 2322 ff. Wurde keine ausdrückliche Rechtswahl getroffen, dürfte bei einer auf den deutschen Markt zielenden Absprache regelmäßig deutsches Recht anwendbar sein.

2 Das gilt jedenfalls insoweit, als die Abrede auf die Beeinflussung inländischen Wettbewerbs abzielt, denn das UWG schützt grundsätzlich nur den Wettbewerb auf Inlandsmärkten. Näher *Wilde* in Gloy/Loschelder/Erdmann, Handbuch des Wettbewerbsrechts, 4. Aufl. 2010, § 10 Rz. 1 ff.

3 Vgl. (zu § 1 UWG a.F.) *Sack* in Staudinger, § 134 BGB Rz. 298 ff.; *Berg*, Wirtschaftskorruption, S. 71 ff. – Als Verbotsgesetze i.S. des § 134 BGB kommen nach h.M. nur inländische Rechtsnormen in Betracht; vgl. nur *Sack* in Staudinger, § 134 BGB Rz. 48; *Sethe*, WM 1998, 2309, 2323.

4 Vgl. *Berg*, Wirtschaftskorruption, S. 74 ff. § 134 BGB geht dem § 138 BGB allerdings nach h.M. vor. – Bei einer deutschem Recht unterliegenden, aber den Wettbewerb auf einem *ausländischen* Markt betreffenden Abrede kann sich das Sittenwidrigkeitsurteil daraus ergeben, dass die Abrede gegen ein vor Ort geltendes und auch angewandtes Verbot verstößt; vgl. *Sethe*, WM 1998, 2309, 2323 f.; *Uwe H. Schneider*, AG 1983, 205, 210 f. Vgl. auch sogleich unten Rz. 50.

5 Vgl. die von *Berg*, Wirtschaftskorruption, S. 71, gebildeten Beispiele. – Überholt in diesem Punkte seit Inkrafttreten des IntBestG auch BGH v. 8.5.1985 – IVa ZR 138/83, BGHZ 94, 268, 271 ff.

6 *Spindler* in MünchKomm. AktG, § 93 AktG Rz. 21; *Hopt* in Großkomm. AktG, § 93 AktG Rz. 103; *Mertens/Cahn* in KölnKomm. AktG, § 93 AktG Rz. 73.

7 Die Problematik wird, soweit ersichtlich, nirgends näher erörtert.

8 *Hopt* in Großkomm. AktG, § 93 AktG Rz. 103; eingehend (z.T. allerdings auf Basis einer mittlerweile veralteten Rechtslage) *Sethe*, WM 1998, 2309, 2324 f.

9 Zur Klarstellung: Ist eine bestimmte (Korruptions-)Tat bereits nach *deutschem* Recht *strafbar*, kommt es auf ihre *zivilrechtliche* Beurteilung durch das berufene *ausländische* Recht nicht mehr an. Insoweit durch die in Rz. 40 beschriebene Ausdehnung des Schutz-

Geht es hingegen um eine Überschreitung **sonstigen (d.h. nicht durch deutsches Kollisionsrecht berufenen) ausländischen Rechts**, lässt sich ihre gesellschaftsrechtliche Unzulässigkeit nicht ohne weiteres unter Berufung auf die Legalitätspflicht begründen. Das gilt u.E. selbst dann, wenn das Verbot im Ausland strafrechtlich sanktioniert ist.[1] Vielmehr kommt es in diesen Fällen darauf an, ob das betreffende Verhalten des Vorstands nach dem Maßstab des § 138 BGB als sittenwidrig einzustufen ist – bejahendenfalls es ihm wiederum untersagt ist (vgl. Rz. 47). Bei einem Verstoß gegen ausländische Strafvorschriften dürfte der Vorwurf der Sittenwidrigkeit regelmäßig nahe liegen, soweit sie nicht in fundamentalem Konflikt mit deutschen Rechtsvorstellungen stehen (was angesichts der weltweiten Ächtung von Korruption im vorliegenden Zusammenhang eher selten sein dürfte).[2] Steht die einschlägige ausländische Strafnorm indes nur auf dem Papier, ohne in der Praxis angewandt zu werden, ist der Vorstand richtigerweise nicht zu ihrer Beachtung verpflichtet.[3] Im Zweifel muss er Rechtsrat einholen; bei dennoch verbleibenden Zweifeln darf er – unter Abwägung der damit verbundenen Sanktionsrisiken – die für die Gesellschaft günstigste Rechtsauffassung zugrunde legen.[4]

3. Verstoß gegen Grundsätze der Geschäftsmoral

Der (nicht die Grenzen des § 138 BGB überschreitende) Verstoß gegen Grundsätze der Geschäftsmoral oder rechtlich nicht verpflichtende Verhaltenskodices führt **nicht per se zur gesellschaftsrechtlichen Unzulässigkeit** der Handlung.[5] Die Pflichtwidrigkeit kann sich aber aus der Gesellschaft daraus ergebenden Nachteilen für ihre zukünftige Geschäftstätigkeit oder ihr Ansehen allgemein ergeben. Erforderlich ist in diesen Fällen mit anderen Worten eine Abwägung von Nutzen und Schaden. Praktische Bedeutung dürfte ihnen im Bereich korruptiven Verhaltens aus dem in Rz. 47 a.E. genannten Grund aber kaum zukommen.

---

bereichs deutscher Straftatbestände auf internationale Sachverhalte teilweise überholt *Hopt* in Großkomm. AktG, § 93 AktG Rz. 105; *Uwe H. Schneider*, AG 1983, 205, 211. Die Verpflichtung zur Beachtung ausländischen Zivilrechts wird also in erster Linie dort relevant, wo sich im deutschen Recht Strafbarkeitslücken ergeben; s. oben Rz. 41 (Vorteilsgewährung an ausländische Amtsträger); Rz. 42 (Angestelltenbestechung im Ausland) sowie die in Rz. 43 und 45 angesprochenen Zweifelsfälle.

[1] Ein echtes (mehrseitiges) Strafkollisionsrecht existiert bisher nicht; vgl. *Eser* in Schönke/Schröder, Vorbem. §§ 3–7 StGB Rz. 1, 60.
[2] Großzügiger *Uwe H. Schneider*, AG 1983, 205, 211 (nach lokalem Recht strafbare Vorteilsgewährung an ausländische Amtsträger nicht ohne weiteres sittenwidrig i.S. des § 138 BGB).
[3] *Mertens/Cahn* in KölnKomm. AktG, § 93 AktG Rz. 73.
[4] *Mertens/Cahn* in KölnKomm. AktG, § 93 AktG Rz. 75; vgl. auch *Fleischer*, ZIP 2005, 141, 149 f.
[5] *Hopt* in Großkomm. AktG, § 93 AktG Rz. 101 f.; *Fleischer*, ZIP 2005, 141, 144 f. A.A. *Mertens/Cahn* in KölnKomm. AktG, § 93 AktG Rz. 71; sehr restriktiv auch *Kessler*, AG 1995, 120, 132.

III. Haftungsrisiken

1. Vorstand

a) Strafrechtliche Haftung

52 Die Leistung, Veranlassung oder Förderung[1] von Schmiergeldzahlungen setzt den Vorstand zum einen der massiven Gefahr aus, sich als Täter oder Teilnehmer eines **Korruptionsdelikts** strafbar zu machen. Dazu ist oben (Rz. 40 ff.) alles Wesentliche gesagt worden.[2]

53 Denkbar ist ferner eine Strafbarkeit nach § 266 StGB, also wegen **Untreue**. Selbst wenn ihr aus der Schmiergeldzahlung ein Schaden entsteht (dazu unten Rz. 55), sollte der für eine Untreue zum Nachteil der eigenen Gesellschaft erforderliche Vorsatz der Nachteilszufügung nicht vorschnell bejaht werden; denn der Vorstand handelte ja zum vermeintlichen Nutzen der Gesellschaft und dürfte dabei auch meist auf die Nichtentdeckung der Bestechung vertraut haben.[3] Auf dieser Linie liegen auch einige jüngere BGH-Urteile, wonach es in Fällen einer i.S. des § 266 StGB objektiv tatbestandsmäßigen konkreten Vermögensgefährdung zur Bejahung des Vorsatzes nicht ausreicht, dass der Handelnde lediglich diese Gefährdung für möglich hält und billigt, sondern sich außerdem mit der Realisierung der Gefahr abfinden muss[4]; im Ergebnis anders entscheidet das Gericht aber neuestens für die Bildung „schwarzer" bzw. „verdeckter" Kassen, wo nunmehr bereits die Einrichtung und Führung derselben einen endgültigen Vermögensnachteil des Treugebers bewirken soll.[5] Unabhängig von dieser Diskussion droht dem betroffenen Vorstand aber jedenfalls auch eine Bestrafung als Gehilfe oder gar Anstifter einer Untreue des Korrumpierten zum Nachteil von dessen Geschäftsherrn[6], zu der außerdem eine Strafbarkeit wegen Betrugs, § 263 StGB, treten kann.[7]

b) Zivilrechtliche Haftung

54 Wie bereits angedeutet (s. oben Rz. 38), bedeutet eine Verletzung anwendbaren Straf- oder Zivilrechts und damit der Legalitätspflicht des Vorstands nach h.M.

---

1 Zweifelhaft ist die Strafbarkeit als Gehilfe bei bloß wissentlicher *Duldung*, denn den Vorstand trifft hinsichtlich der durch die Korruptionsdelikte geschützten Rechtsgüter – anders als bei § 266 StGB, dazu sogleich – keine Garantenpflicht, so dass als Gehilfenbeitrag ein Mindestmaß an Aktivität zu fordern ist; vgl. *Cramer/Heine* in Schönke/Schröder, § 27 StGB Rz. 12.

2 Zur strafrechtlichen Haftung von Geschäftsleitern in Korruptionsfällen s. auch unten *Krause*, § 35 Rz. 67 ff.

3 Vgl. OLG Frankfurt a.M. v. 26.2.2004 – 2 Ws 73/03, NStZ-RR 2004, 244; zweifelnd auch *Sedemund*, DB 2003, 2423, 2427.

4 Vgl. BGH v. 18.10.2006 – 2 StR 499/05, BGHSt 51, 100 – Kanther; BGH v. 25.5.2007 – 2 StR 469/06, NStZ 2007, 704; BGH v. 2.4.2008 – 5 StR 354/07, BGHSt 52, 182. Gegen das Erfordernis einer Erstreckung des Vorsatzes auf die Realisierung der Gefahr aber BGH v. 20.3.2008 – 1 StR 488/07, NJW 2008, 2451; *Ransiek*, NJW 2007, 1727, 1729.

5 Vgl. BGH v. 29.8.2008 – 2 StR 587/07, BGHSt 52, 323 – Siemens; *Satzger*, NStZ 2009, 297, 302. S. auch unten *Krause*, § 35 Rz. 57 f.

6 Vgl. *Uwe H. Schneider*, AG 1983, 205, 207.

7 Vgl. *Tiedemann* in Leipziger Komm. StGB, § 299 StGB Rz. 60 f., auch zum Submissionsbetrug, § 298 StGB.

grundsätzlich eine **Sorgfaltspflichtverletzung** i.S. des § 93 Abs. 2 StGB[1], die das verantwortliche Vorstandsmitglied der AG gegenüber zum Schadensersatz verpflichtet.[2] Das gilt (vorbehaltlich besonderer Rechtfertigungs- oder Entschuldigungsgründe) nur dann nicht, wenn die Rechtslage umstritten ist und sich das Vorstandsmitglied nach angemessener Prüfung einschließlich Folgenabwägung für eine vertretbar erscheinende Auslegung entscheidet, mag sie sich in einem späteren Gerichtsverfahren auch als unterlegen herausstellen.[3]

Ein **Schaden** kann der Gesellschaft im vorliegenden Zusammenhang bereits aus der steuerlichen Nichtabzugsfähigkeit der Schmiergeldzahlung[4] erwachsen, nämlich dann, wenn die daraus resultierende Steuerlast den betroffenen Auftrag zum Verlustgeschäft werden lässt. Der Schaden verschärft sich, wenn ein korruptiv angebahnter Vertrag nichtigkeits- oder anfechtungsbedingt rückabgewickelt[5], der vom Auftragnehmer daraus erzielte Gewinn[6] anlässlich eines Strafverfahrens nach § 73 Abs. 1, 3 StGB für verfallen erklärt[7] oder gegen die Gesellschaft eine Geldbuße gem. § 30 Abs. 1 OWiG verhängt wird.[8]

55

---

1 *Hopt* in Großkomm. AktG, § 93 AktG Rz. 98; *Mertens/Cahn* in KölnKomm. AktG, § 93 AktG Rz. 71; *Fleischer*, ZIP 2005, 141, 144 m.w.N. *Ihrig*, WM 2004, 2098, 2105, hält „im Einzelfall" eine andere Beurteilung für möglich. Problematisch in dieser Hinsicht BGH v. 8.5.1985 – IVa ZR 138/83, BGHZ 94, 268, 272; die Entscheidung ist aber jedenfalls durch das IntBestG überholt, worauf *Fleischer*, ZIP 2005, 141, 145, zu Recht hinweist.
2 Daneben tritt – setzt man sich über die Bedenken im subjektiven Bereich hinweg – eine mögliche Haftung gem. § 823 Abs. 2 BGB i.V.m. § 266 StGB. Dagegen dürften die §§ 299, 331, 333 StGB keine Schutzwirkung zu Gunsten des Geschäftsherrn des Korrumpierenden haben.
3 Vgl. bereits oben Rz. 50 sowie *Mertens/Cahn* in KölnKomm. AktG, § 93 AktG Rz. 75; *Fleischer*, ZIP 2005, 141, 149f.
4 Vgl. § 4 Abs. 5 Satz 1 Nr. 10 EStG und das dazu ergangene BMF-Schreiben v. 10.10.2002 (BStBl. I 2002, 1031). Zu den steuerlichen Folgen der Zahlung von Bestechungsgeldern vgl. aus jüngerer Zeit auch *Preising/Kiesel*, DStR 2006, 118; *Gotzens*, DStR 2005, 673.
5 Die Rechtsfolgen der Nichtigkeit einer Schmiergeldabrede nach den §§ 134, 138 BGB auf den anschließend abgeschlossenen Hauptvertrag sind streitig und werden selbst innerhalb des BGH nicht einheitlich beurteilt; vgl. einerseits BGH v. 6.5.1999 – VII ZR 132/97, BGHZ 141, 357 (keine automatische Folgenichtigkeit, aber u.U. schwebende Unwirksamkeit analog § 177 BGB), andererseits BGH v. 4.11.1999 – IX ZR 320/98, WM 2000, 21, 22 (regelmäßig Folgenichtigkeit), vermittelnd BGH v. 16.1.2001 – XI ZR 113/00, WM 2001, 457, 458f. In der Literatur wird bei im Einzelnen abweichender Begründung (Analogie zu § 177 BGB, Anfechtbarkeit gem. § 123 BGB, Einwand unzulässiger Rechtsausübung gem. § 242 BGB) im Ergebnis überwiegend eine Dispositionsbefugnis des Geschäftsherrn des Korrumpierten für richtig gehalten. Ausführlich zum Diskussionsstand *Berg*, Wirtschaftskorruption, S. 91ff.
6 „Erlangt" i.S. des § 73 Abs. 1 StGB ist bei Korruptionsdelikten nicht das gesamte Entgelt des Auftragnehmers, sondern nur der von ihm erzielte Gewinn; vgl. BGH v. 2.12.2005 – 5 StR 119/05, BGHSt 50, 299, 310f.; ausführlich *Sedemund*, DB 2003, 323, 325ff.
7 Der Schaden entspricht mindestens der Höhe des gezahlten Schmiergelds, weil dieses bei der Berechnung des dem Verfall unterliegenden Gewinns nicht abgezogen werden darf; vgl. BGH v. 2.12.2005 – 5 StR 119/05, BGHSt 50, 299, 312; eingehend *Sedemund*, DB 2003, 2423, 2424f. Der Schaden erhöht sich weiter, wenn man den verfallenen Betrag seinerseits als gem. § 12 Nr. 4 EStG steuerlich nicht abzugsfähig ansieht; dazu *Sedemund*, DB 2003, 323, 328 m.w.N. und – die Nichtabzugsfähigkeit wohl verneinend – EStR 2005 H 12.3.
8 Vgl. zu § 30 OWiG auch unten *Schücking*, § 36 Rz. 14f.

56 Was mögliche **Haftungsausschlussgründe** angeht, gehört die Berufung auf den beabsichtigten Nutzen der Schmiergeldzahlung für die Gesellschaft nicht dazu; dem steht der jede Nützlichkeitserwägung begrenzende Primat der Legalitätspflicht entgegen.[1] Nichts anderes gilt, wenn die Schmiergeldzahlung vom Aufsichtsrat gebilligt wurde.[2] Auch unter Notstandsgesichtspunkten lassen sich Schmiergeldzahlungen in aller Regel nicht rechtfertigen oder entschuldigen (dazu bereits oben Rz. 46).[3]

57 Zu bedenken ist außerdem, dass dem betroffenen Vorstandsmitglied eine Schadensersatzhaftung **nicht nur gegenüber der AG**, sondern auch **gegenüber dem Geschäftsherrn des Korrumpierten** droht.[4] Dieser kann als Schaden nach h.M. wenigstens den als Schmiergeld geflossenen Betrag geltend machen.[5] Das ist umso misslicher, als eine Rückforderung dieses Betrags vom Schmiergeldempfänger durch den Zahlenden regelmäßig ausgeschlossen ist[6] (§ 817 Satz 2 BGB).

57a Schließlich ist darauf hinzuweisen, dass sich der Vorstand auch ohne eigene Beteiligung an korruptiven Geschäftspraktiken dem Vorwurf pflichtwidrigen Verhaltens aussetzen kann, nämlich dann, wenn er es versäumt, **geeignete Maßnahmen zur Früherkennung** solcher Praktiken durch andere Unternehmensangehörige zu treffen. Ob man die Pflicht hierzu aus § 91 Abs. 2 AktG oder aus der allgemeinen Leitungsverantwortung des Vorstands gem. § 76 Abs. 1 AktG ableitet, ist dabei zweitrangig.[7]

2. Aufsichtsrat

58 Nach den Ausführungen zum Vorstand ist klar, dass der Aufsichtsrat sich seinerseits pflichtwidrig verhält und gem. §§ 116 Satz 1, 93 Abs. 2 AktG schadensersatzpflichtig macht, wenn er ihm bekannt werdende rechtswidrige Schmiergeldpraktiken nicht mit allen ihm zu Gebote stehenden Mitteln unterbindet. Hierzu zählen die Einführung eines **Zustimmungsvorbehalts** für „nützliche Aufwendungen"[8] ebenso wie die **Abberufung** pflichtvergessener Vorstandsmitglieder

---

1 *Fleischer*, ZIP 2005, 141, 148; *Berg*, AG 2007, 271.
2 Arg. § 93 Abs. 4 Satz 2 AktG. Auch eine Zustimmung durch die Hauptversammlung gem. § 119 Abs. 2 AktG – ein ohnehin theoretischer Fall – könnte den Vorstand nicht entlasten, arg. §§ 93 Abs. 4 Satz 2, 241 Nr. 3, 4 AktG.
3 Vgl. auch *Fleischer*, ZIP 2005, 141, 150 f.
4 Z.B. gem. § 823 Abs. 2 BGB i.V.m. §§ 263, 299, 333, 334 StGB, § 826 BGB, § 9 UWG. Näher, auch zu Unterlassungs- und Beseitigungsansprüchen, *Berg*, Wirtschaftskorruption, S. 198 ff.; *Sethe*, WM 1998, 2309, 2320 f.
5 *Sethe*, WM 1998, 2309, 2321 m.w.N. Dieser Anspruch geht einem Verfall gem. § 73 Abs. 1, 3 StGB vor, vgl. § 73 Abs. 1 Satz 2 StGB und dazu *Eser* in Schönke/Schröder, § 73 Rz. 26.
6 Der Schmiergeldempfänger haftet aber ebenfalls seinem Geschäftsherrn, und zwar gesamtschuldnerisch mit dem Schmiergeldzahler; *Berg*, Wirtschaftskorruption, S. 207 f.; *Sethe*, WM 1998, 2309, 2321.
7 So im Ergebnis auch *Berg*, AG 2007, 271 – Zur Pflicht des Vorstands zur Einrichtung einer angemessenen Corporate Compliance-Organisation vgl. oben *E. Vetter*, § 18 Rz. 29, 69 sowie *Kremer/Klahold*, § 21. Zur möglichen Ahndung einer Verletzung dieser Pflicht nach § 130 OWiG s. unten *Schücking*, § 36 Rz. 22 ff.
8 Dagegen lässt sich nicht einwenden, dass hierfür von vornherein kein Platz sei; denn wie erörtert, sind Schmiergeldzahlungen nicht unter allen Umständen rechtswidrig.

(§ 84 Abs. 3 AktG)[1] und die Verfolgung entstandener **Schadensersatzansprüche**.[2] Ferner erstreckt sich die Überwachungspflicht des Aufsichtsrats auf die Frage, ob der Vorstand in der Gesellschaft ein angemessenes System zur rechtzeitigen Erkennung korruptiver Verhaltensweisen eingerichtet hat.[3]

Duldet der Aufsichtsrat wissentlich korruptives Handeln durch den Vorstand oder andere Unternehmensangehörige, birgt dies auch für ihn außerdem das Risiko strafrechtlicher Verantwortlichkeit wegen **Beihilfe zur Untreue**, § 266 StGB, zu Lasten der Gesellschaft. Auch hier stellt sich aber wiederum die Frage nach der Erfüllung des subjektiven Tatbestands (vgl. bereits oben Rz. 53). 59

IV. Besonderheiten bei der GmbH

Für die GmbH ergeben sich insoweit **keine Unterschiede** zur AG, als auch der GmbH-Geschäftsführer zu rechtmäßigem Handeln verpflichtet ist.[4] Straf- oder zivilrechtlich verbotene Schmiergeldzahlungen sind daher auch ihm nicht erlaubt.[5] Das gilt im dargestellten Umfang (s. oben Rz. 40 ff.) auch für Fälle mit Auslandsberührung[6], beim Verstoß allein gegen ausländisches Recht aber wiederum mit der Einschränkung, dass die entsprechende Verbotsnorm auch tatsächlich durchgesetzt wird.[7] 60

Fraglich könnte aber sein, ob eine **Weisung** der Gesellschafterversammlung, Schmiergeld zu zahlen, den Geschäftsführer von seiner Haftung befreit. Denn grundsätzlich hat der Geschäftsführer den Weisungen der Gesellschafterversammlung Folge zu leisten.[8] Die Frage ist aber zu verneinen, denn die Folgepflicht erstreckt sich nach ganz h.M. nicht auf gesetzeswidrige Beschlüsse.[9] Wurde der entsprechende Gesellschafterbeschluss einstimmig gefasst, kann der Geltendmachung eines Ersatzanspruchs gegen den Geschäftsführer allerdings die Arglistein- 61

---

1 Zumindest erhebliche oder wiederholte Schmiergeldzahlungen dürften eine grobe Pflichtverletzung i.S. des § 84 Abs. 3 Satz 2 AktG bedeuten.
2 Vgl. im Einzelnen oben *Krieger*, § 3 Rz. 47 f.
3 Vgl. *Berg*, AG 2007, 271.
4 *Zöllner/Noack* in Baumbach/Hueck, § 43 GmbHG Rz. 17; *Haas* in Michalski, § 43 GmbHG Rz. 44 ff.; *Altmeppen* in Roth/Altmeppen, § 43 GmbHG Rz. 6; *Paefgen* in Ulmer/Habersack/Winter, § 43 GmbHG Rz. 23 ff.; *Mertens* in Hachenburg, § 43 GmbHG Rz. 20 f.; *Lutter*, GmbHR 2000, 301, 302 f.
5 *Uwe H. Schneider* in Scholz, § 43 GmbHG Rz. 76; *Altmeppen* in Roth/Altmeppen, § 43 GmbHG Rz. 6.
6 *Uwe H. Schneider* in Scholz, § 43 GmbHG Rz. 76 (auch zu dem oben Rz. 41 angesprochenen Fall der bloßen Vorteilsgewährung an ausländische Amtsträger); *Zöllner/Noack* in Baumbach/Hueck, § 43 GmbHG Rz. 23; (teils durch § 299 Abs. 3 StGB überholt) *Haas* in Michalski, § 43 GmbHG Rz. 48.
7 Vgl. bereits oben Rz. 50; *Paefgen* in Ulmer/Habersack/Winter, § 43 GmbHG Rz. 33; *Mertens* in Hachenburg, § 43 GmbHG Rz. 21 (dessen Ausführungen zur Zulässigkeit von Schmiergeldzahlungen im Ausland jedoch durch die oben Rz. 40 beschriebenen Entwicklungen überholt sind).
8 Vgl. nur *Zöllner/Noack* in Baumbach/Hueck, § 37 GmbHG Rz. 20 ff. m.w.N.
9 *Zöllner/Noack* in Baumbach/Hueck, § 37 GmbHG Rz. 22, § 43 GmbHG Rz. 35 m.w.N.

rede entgegenstehen.¹ An einer etwaigen Strafbarkeit des angewiesenen Verhaltens ändert das indessen nichts.

D. Zahlungen an opponierende Aktionäre

Schrifttum: *Baums*, Empfiehlt sich eine Neuregelung des aktienrechtlichen Anfechtungs- und Organhaftungsrechts, insbesondere der Klagemöglichkeiten von Aktionären? – Gutachten F für den 63. Deutschen Juristentag, 2000; *Baums/Keinath/Gajek*, Fortschritte bei Klagen gegen Hauptversammlungsbeschlüsse? Eine empirische Studie, ZIP 2007, 1629; *Bison*, Missbrauch der Anfechtungsklage durch den Aktionär – Eine rechtsvergleichende Analyse des US-amerikanischen und des deutschen Rechts, 1997; *Diekgräf*, Sonderzahlungen an opponierende Kleinaktionäre im Rahmen von Anfechtungs- und Spruchstellenverfahren, 1990; *Ehmann*, Sanktion gegen missbräuchliche Anfechtungsklagen „räuberischer Aktionäre": Rückforderung der Rechtsanwaltsgebühren, ZIP 2008, 584; *Feltkamp*, Anfechtungsklage und Vergleich im Aktienrecht, 1991; *Götz*, Zum Missbrauch aktienrechtlicher Anfechtungsklagen, DB 1989, 261; *Hirte*, Missbrauch aktienrechtlicher Anfechtungsklagen, BB 1988, 1469; *Hommelhoff/Timm*, Aufwandspauschalen für Anfechtungskläger?, AG 1989, 168; *Kessler*, Die Leitungsmacht des Vorstands einer Aktiengesellschaft, AG 1995, 61 und 120; *Kiethe*, Abkauf von Anfechtungsrechten der Aktionäre – neuere Tendenzen rechtsmissbräuchlichen Verhaltens räuberischer Aktionäre, NZG 2004, 489; *Kort*, Abkauf von Anfechtungsrechten und Anwaltshaftung, DB 1992, 1765; *Korte*, Zur missbräuchlichen Wahrnehmung der aktienrechtlichen Anfechtungsbefugnis, 2003; *Lutter*, Die entgeltliche Ablösung von Anfechtungsrechten – Gedanken zur aktiven Gleichbehandlung im Aktienrecht, ZGR 1978, 347; *Lutter*, Zur Abwehr räuberischer Aktionäre, in FS 40 Jahre Der Betrieb, 1988, S. 193; *Martens*, Die Vergleichs- und Abfindungsbefugnis des Vorstands gegenüber opponierenden Aktionären, AG 1988, 118; *Poelzig*, Die Verantwortlichkeit des Vorstands für den Abkauf missbräuchlicher Anfechtungsklagen, WM 2008, 1009; *Schlaus*, Auskauf opponierender Aktionäre, AG 1988, 113; *Schwintowski*, Räuberische Aktionäre: Konsequenzen der empirischen Forschung, DB 2007, 2695; *Slabschi*, Die so genannte missbräuchliche Anfechtungsklage, 1997; *Timm* (Hrsg.), Missbräuchliches Aktionärsverhalten, 1990.

I. Begriff, Erscheinungsformen und Abgrenzung

62 Das Phänomen, um das es in diesem Abschnitt geht, ist eine **ärgerliche Folgeerscheinung** des nach deutschem Aktienrecht² jedem Aktionär³ zustehenden Rechts, gegen Beschlüsse der Hauptversammlung im Wege der **Anfechtungsklage**⁴ vorzugehen. Denn in dem Maße, in dem seine Ausübung zu einer Verzögerung der von der Hauptversammlung beschlossenen Maßnahme zu führen droht,

---

1 *Zöllner/Noack* in Baumbach/Hueck, § 43 GmbHG Rz. 35; *Kleindiek* in Lutter/Hommelhoff, § 43 GmbHG Rz. 36.
2 Eine entsprechende Befugnis hat auch jeder GmbH-Gesellschafter. Gleichwohl haben Missbrauchsfälle in der GmbH bisher keine praktische Bedeutung. Der Grund dafür dürfte vor allem in der eingeschränkten Verkehrsfähigkeit von GmbH-Gesellschaftsanteilen liegen, die ein Eindringen von „Berufsopponenten" in den Gesellschafterkreis erschwert.
3 Vgl. § 245 Nr. 1–3 AktG. Zur rechtspolitischen Diskussion vgl. *Hüffer*, § 245 AktG Rz. 27; *Baums*, Gutachten Juristentag, S. F-102ff.
4 Für die Nichtigkeitsklage (§ 249 AktG) gelten die folgenden Ausführungen im Wesentlichen entsprechend. Hinsichtlich anderer Klagearten wird das hier behandelte Problem

schafft dieses Recht ein **erhebliches Druckpotential** gegen die Gesellschaft. Das gilt jedenfalls dann, wenn jene Maßnahme eine gewisse wirtschaftliche Bedeutung hat und die Gesellschaft – wie häufig – auf eine zügige Umsetzung angewiesen ist, um die damit verfolgten Ziele (vollständig) zu erreichen.

Diese Zusammenhänge machen sich bestimmte, zu Recht auch als „räuberisch" bezeichnete[1] Aktionäre seit langem[2] zunutze, indem sie nahezu routinemäßig jeden von einer Hauptversammlung gefassten Beschluss anfechten[3], der hinreichend bedeutsam erscheint und daher Aussicht auf ein Geschäft verspricht. Das Geschäft besteht darin, dass sich der anfechtende Aktionär den **Lästigkeitswert seiner Klage** von der Gesellschaft „abkaufen" lässt. Die mit der Klage gerügten Beschlussmängel betreffen i.d.R. Verfahrensfehler, insbesondere angebliche Verletzungen des Auskunftsrechts, die der opponierende Aktionär nicht selten selbst provoziert hat.[4] Nur mit dieser Konstellation, in der der Aktionär seine Klagebefugnis rechtsmissbräuchlich instrumentalisiert, um von der Gesellschaft eine Leistung zu erlangen, „auf die er keinen Anspruch hat und billigerweise nicht erheben kann"[5], befassen sich die folgenden Ausführungen. Dagegen geht es nicht um die Fälle, in denen eine „seriöse" Anfechtungsklage zulässigerweise durch Vergleich beendet wird, in dessen Rahmen sich die Gesellschaft zum Aus-

63

---

kaum erörtert, wenngleich es sich auch dort stellen kann; man denke z.B. an Unterlassungs- oder Feststellungsklagen auf Basis der „Holzmüller/Gelatine"-Rechtsprechung des BGH; Andeutungen in diese Richtung bei *Schlaus*, AG 1988, 113, 115; *Hirte*, BB 1988, 1469, 1475; *Windbichler* in Timm, Missbräuchliches Aktionärsverhalten, S. 39, 46; *Diekgräf*, Sonderzahlungen, S. 177. Auf Einzelheiten kann an dieser Stelle nicht eingegangen werden. – Zum Rechtsmissbrauch im Spruchverfahren vgl. *Diekgräf*, Sonderzahlungen, S. 294 ff.

1 Soweit ersichtlich, wird der Begriff erstmals von *Lutter* in FS Der Betrieb, S. 193, verwendet.
2 Die Anfänge dieses Unwesens reichen bis zum Ende des 19. Jahrhunderts zurück; vgl. den Überblick bei *Baums*, Gutachten Juristentag, S. F-144 ff.
3 Die im Jahr 2005 durch das UMAG in § 245 Nr. 1 AktG eingeführte Beschränkung der Anfechtungsbefugnis auf Aktionäre, die die Aktien vor Bekanntmachung der Tagesordnung erworben hatten, bedeutet keine hohe Hürde. Im Gegenteil ist die Zahl der Anfechtungsklagen seit Inkrafttreten des UMAG weiter gestiegen. Derzeit lässt sich von einem regelrechten „Gewerbe" professioneller Opponenten sprechen. Die von diesen „Berufsklägern" erhobenen Klagen bilden die Mehrheit aller Beschlussmängelklagen. Vgl. *Baums/Keinath/Gajek*, ZIP 2007, 1629, 1634 ff.
4 Sehr plastisch wird das typische Vorgehen („Kochrezept") der Berufsopponenten von *Diekgräf*, Sonderzahlungen, S. 14 ff., geschildert.
5 So die Formulierung des BGH in der Leitentscheidung v. 22.5.1989 – II ZR 206/88, BGHZ 107, 296, 311 = NJW 1989, 2689, 2692 = AG 1989, 399 – Kochs Adler; vgl. auch BGH v. 25.9.1989 – II ZR 254/88, NJW 1990, 322, 323; BGH v. 29.10.1990 – II ZR 146/89, AG 1991, 102, 104 – SEN; BGH v. 14.10.1991 – II ZR 249/90, AG 1992, 86 – Deutsche Bank; BGH v. 21.5.2007 – II ZR 266/05, AG 2007, 625, 627 f. – Vattenfall. Die Beweislast für den Rechtsmissbrauch liegt bei der Gesellschaft; krit. zur Beweiswürdigung durch die Gerichte *Kiethe*, NZG 2004, 489, 493 f.

gleich bestimmter dem Kläger entstandener Kosten verpflichtet.[1] Die Übergänge sind freilich fließend.[2]

64 Die der Aktiengesellschaft abgenötigte[3] Leistung kann **unterschiedliche Erscheinungsformen** annehmen. Nachdem in früheren Zeiten bisweilen ganz offen ein „Entgelt" für die Klagerücknahme[4] gefordert wurde, werden Zahlungen inzwischen seit langem i.d.R. als **Beratungs- oder Gutachtenhonorar**[5], **Aufwandsentschädigung, vergleichsweise Kostenübernahme**[6] oder (überhöhter) **Kaufpreis** für den Erwerb der Aktien des Anfechtungsklägers getarnt.[7]

II. Gesellschaftsrechtliche Zulässigkeit

1. Verstoß gegen § 57 AktG

65 § 57 Abs. 1 Satz 1 AktG untersagt der Gesellschaft die Rückgewähr von Einlagen an die Aktionäre. Entgegen dem zu eng gefassten Wortlaut erfasst dieses Verbot vorbehaltlich Dividendenzahlungen[8] und weiterer gesetzlicher Ausnahmen jegliche Leistung an einen Aktionär, der **kein einem Drittvergleich standhaltendes**

---

1 Hierzu *Martens*, AG 1988, 118, 122 ff.; *Hommelhoff/Timm*, AG 1989, 168; ausführlich *Diekgräf*, Sonderzahlungen, S. 242 ff. – Zu den prinzipiell ausgleichsfähigen Kosten gehören nach h.M. auch die Gebühren und Auslagen des vom Kläger eingeschalteten Anwalts, vgl. nur *Diekgräf*, Sonderzahlungen, S. 260 f.; *K. Schmidt* in Großkomm. AktG, § 246 AktG Rz. 69; weitgehend auch *Martens*, AG 1988, 118, 124; abweichende Konzeption bei *Hommelhoff/Timm*, AG 1989, 168. Dabei kann u.E. die Vergütung, die sich aus den gesetzlichen Gebührensätzen ergibt, angesichts der Spezialität und Komplexität der Materie keine starre Grenze nach oben bilden. Übersteigt die geltend gemachte Vergütung allerdings den bei Zugrundelegung üblicher Honorarstundensätze plausiblen Aufwand oder wird der gesetzlichen Vergütung ein offensichtlich überhöhter „Vergleichsmehrwert" zugrunde gelegt, ist die Grenze zur „Leistung, auf die der Aktionär keinen Anspruch hat", also zur Rechtsmissbräuchlichkeit, überschritten. Vgl. LG Frankfurt a.M. v. 6.6.2008 – 3-5 O 11/08, ZIP 2008, 1591; *Schwintowski*, DB 2007, 2695, 2698 ff.; *Ehmann*, ZIP 2008, 584, 585 ff. sowie aus empirischer Sicht *Baums/Keinath/Gajek*, ZIP 2007, 1629, 1645 ff. Die Auffassung von *Hüffer* in MünchKomm. AktG, § 245 AktG Rz. 54, wonach bereits eine beabsichtigte Gebührenteilung zwischen dem Kläger und seinem Anwalt zur Bejahung des Rechtsmissbrauchs führen soll, halten wir dagegen – abgesehen von Nachweisproblemen – für zu eng.
2 Vgl. die vorige Fn. sowie *Diekgräf*, Sonderzahlungen, S. 243; *K. Schmidt* in Großkomm. AktG, § 245 AktG Rz. 57, § 246 Rz. 69 f.; *Kiethe*, NZG 2004, 489, 490 f.
3 Das Vorgehen der (insofern nicht ganz glücklich titulierten) räuberischen Aktionäre dürfte häufig den Straftatbestand des § 240 StGB (Nötigung) oder des § 253 StGB (Erpressung) erfüllen; vgl. *K. Schmidt* in Großkomm. AktG, § 245 AktG Rz. 92; *Korte*, Missbräuchliche Wahrnehmung, S. 108 ff.; *Kiethe*, NZG 2004, 489, 492. Für den vorliegenden Zusammenhang ist die Frage bedeutungslos.
4 Oder die Nichterhebung der Klage, vgl. den Sachverhalt der Entscheidung des BGH v. 14.5.1992 – II ZR 299/90, AG 1992, 317.
5 Vgl. den Sachverhalt BGH v. 14.10.1991 – II ZR 249/90, AG 1992, 86 – Deutsche Bank: Forderung von 10 Mio. DM als „Honorar für Rechtsberatung".
6 Vgl. Fn. 1 auf dieser Seite.
7 Vgl. *Baums*, Gutachten Juristentag, S. F-153; *Kiethe*, NZG 2004, 489, 490 f.
8 Vgl. § 57 Abs. 3 AktG, der nach heute h.M. eine anders gefasste Wiederholung des § 57 Abs. 1 Satz 1 AktG ist, *Hüffer*, § 57 AktG Rz. 22.

Umsatzgeschäft zugrunde liegt. Demgemäß besteht heute weithin Einigkeit darüber, dass offen oder verdeckt auf einen Anfechtungsabkauf abzielende Zahlungen an Aktionäre[1] den Verbotstatbestand erfüllen.[2] Verbreitet wird in solchen Zahlungen außerdem ein Verstoß gegen das aktienrechtliche **Gleichbehandlungsgebot** des § 53a AktG erblickt[3]; praktische Bedeutung hat die Frage nicht.[4]

2. Rechtfertigung?

Zahlungen zur Erledigung einer missbräuchlichen Anfechtungsklage entspringen einer **Zwangslage** der Gesellschaft. Ob, wann und inwieweit diese Tatsache einen Auskauf zu **rechtfertigen** vermag, ist bis heute umstritten: 66

Für zu eng halten wir die Auffassung, dass die Gesellschaft unter keinen Umständen zahlen dürfe, weil die Bekämpfung missbräuchlicher Klagen nicht die Außerkraftsetzung der gesetzlichen Kapitalschutzregeln gestatte.[5] Diese Ansicht verkennt, dass der Vorstand nicht nur das Verbot der Einlagenrückgewähr zu beachten hat, sondern gleichzeitig das Gebot, Schaden von der Gesellschaft abzuwenden.[6] Eine **einseitige Auflösung** dieses Pflichtendilemmas erscheint **unangemessen**; soweit dem das Kalkül zugrunde liegt, Erpressungsversuche mangels Abwendungsbefugnis des Vorstands a limine zu bekämpfen[7], dürfte ein solcher Versuch untauglich sein.[8] 67

Mit der **überwiegenden Literaturmeinung**[9] ist daher wie folgt zu differenzieren: 68

---

1 Dem stehen Zahlungen an dem betreffenden Aktionär nahe stehende Personen gleich; vgl. *Diekgräf*, Sonderzahlungen, S. 105 ff. m.w.N.
2 Vgl. nur *Hüffer*, § 57 AktG Rz. 5, 12 m.w.N.; grundlegend *Lutter* in FS Der Betrieb, S. 193, 197 ff.; eingehend *Diekgräf*, Sonderzahlungen, S. 91 ff. Zu Zahlungen durch einen Großaktionär an Stelle der Gesellschaft s. *Windbichler* in Timm, Missbräuchliches Aktionärsverhalten, S. 39, 43 f.; *Hirte*, BB 1988, 1469, 1474. – Angesichts des gesetzlichen Verbots u.E. nicht überzeugend der Versuch von *Poelzig*, WM 2008, 1009, 1013 ff., das Vorstandshandeln anhand des Maßstabs der „Business Judgment Rule" zu beurteilen.
3 So z.B. *Bungeroth* in MünchKomm. AktG, § 53a AktG Rz. 10; *Lutter* in FS Der Betrieb, S. 193, 199; *Hirte*, BB 1988, 1469, 1473; a.A. *Martens*, AG 1988, 118, 122; *Feltkamp*, Anfechtungsklage, S. 145, 181 (keine Gleichbehandlung im Unrecht).
4 Ebenso *Slabschi*, Anfechtungsklage, S. 154; i.E. auch *Bison*, Missbrauch, S. 215. Soweit ein Verstoß gegen § 57 Abs. 1 AktG gerechtfertigt ist, ergibt sich daraus zugleich die Rechtfertigung einer Ungleichbehandlung.
5 *Bayer* in MünchKomm. AktG, § 57 AktG Rz. 88; *Henze* in Großkomm. AktG, § 57 AktG Rz. 70 f.; *Slabschi*, Anfechtungsklage, S. 137 ff., 155.
6 Dieses Gebot lässt sich als allgemeiner Ausfluss der Leitungsverantwortlichkeit des Vorstands aus den §§ 76 Abs. 1, 93 Abs. 1 Satz 1 AktG begreifen; vgl. *Martens*, AG 1988, 118, 119 f.; *Diekgräf*, Sonderzahlungen, S. 144 f.
7 So namentlich *Slabschi*, Anfechtungsklage, S. 155.
8 Krit. auch *Schlaus*, AG 1988, 113, 115.
9 Vgl. *Oechsler* in MünchKomm. AktG, § 71 AktG Rz. 131 f.; *Spindler* in MünchKomm. AktG, § 76 AktG Rz. 90; *Kort* in Großkomm. AktG, § 76 AktG Rz. 78; *K. Schmidt* in Großkomm. AktG, § 246 AktG Rz. 69 f.; *Mertens/Cahn* in KölnKomm. AktG, § 93 AktG Rz. 76; *Diekgräf*, Sonderzahlungen, S. 91 ff., 150 ff.; *Feltkamp*, Anfechtungsklage, S. 170 ff.; *Schlaus*, AG 1988, 113, 116; *Martens*, AG 1988, 118, 119 ff.; vgl. auch *Kessler*, AG 1995, 120, 131; sehr restriktiv noch *Lutter*, ZGR 1978, 347 („extremer Ausnahmefall"); offener dann *Lutter* in FS Der Betrieb, S. 193, 202 ff., 206.

69 Im **Außenverhältnis** Gesellschaft/Aktionär ist und bleibt jegliche Zahlung der genannten Art ein Verstoß gegen § 57 Abs. 1 Satz 1 AktG.[1] Das bedeutet insbesondere, dass der Aktionär die Leistung „entgegen den Vorschriften des Aktiengesetzes empfangen" und daher gem. § 62 Abs. 1 Satz 1 AktG zurückzugewähren hat.[2]

70 Im **Innenverhältnis** Vorstand/Gesellschaft lässt sich die Zahlung hingegen unter bestimmten Voraussetzungen aus Gründen des zuvor beschriebenen Pflichtendilemmas rechtfertigen. Beurteilt man die Kollision einer Unterlassungs- mit einer Handlungspflicht mit der Mehrheitsmeinung im strafrechtlichen Schrifttum nach den Grundsätzen des Notstands[3], kommt eine Rechtfertigung entsprechend § 34 StGB jedenfalls dann in Betracht, wenn die Zahlung an den opponierenden Aktionär geeignet und erforderlich ist, um die Gesellschaft vor einem erheblich höheren Schaden zu bewahren.[4] Dies entspricht auch der Wertung der (beim häufig sicherheitshalber vereinbarten Rückkauf der Aktien des Anfechtungsklägers unmittelbar ins Spiel kommenden) Vorschrift des § 71 Abs. 1 Satz 1 Nr. 1 AktG, wonach die Gesellschaft nicht gegen das Verbot der Einlagenrückgewähr verstößt[5], wenn sie eigene Aktien erwirbt, um einen schweren, unmittelbar bevorstehenden[6] Schaden von der Gesellschaft abzuwenden.[7]

---

1 *Kort* in Großkomm. AktG, § 76 AktG Rz. 78; *Diekgräf*, Sonderzahlungen, S. 98 ff., 156; *Feltkamp*, Anfechtungsklage, S. 137 ff. – Nach h.M. sind als Folge des Verstoßes sowohl Verpflichtungs- als auch Verfügungsgeschäft gem. § 134 BGB nichtig; vgl. *Diekgräf*, Sonderzahlungen, S. 112 ff. Besonderheiten ergeben sich bei Leistungen an Dritte; vgl. *Diekgräf*, Sonderzahlungen, S. 117 ff.
2 Die durch das UMAG im Jahr 2005 neu eingeführten Vorschriften der §§ 149, 248a AktG, die die Wirksamkeit von Leistungen der Gesellschaft im Zusammenhang mit der Beendigung u.a. von Anfechtungsklagen von der vollständigen Bekanntmachung dieser Leistungen abhängig macht, spielen im vorliegenden Zusammenhang keine Rolle. Denn eine nach § 57 Abs. 1 Satz 1 AktG unwirksame Leistung kann auch durch eine solche Bekanntmachung nicht wirksam werden. Vgl. *Hüffer*, § 149 AktG Rz. 4.
3 Vgl. *Lenckner* in Schönke/Schröder, Vorbem. §§ 32 ff. StGB Rz. 71/72 m.w.N. Nach a.A. finden auch in einem solchen Fall zumindest bei Gleichwertigkeit der Pflichten die Grundsätze der Pflichtenkollision Anwendung; vgl. (selbst unentschieden) *Fischer*, vor § 32 StGB Rz. 11d.
4 Vgl. *Oechsler* in MünchKomm. AktG, § 71 AktG Rz. 131 f.; *Spindler* in MünchKomm. AktG, § 76 AktG Rz. 90; *Kort* in Großkomm. AktG, § 76 AktG Rz. 78; *K. Schmidt* in Großkomm. AktG, § 246 AktG Rz. 69 f.; *Mertens/Cahn* in KölnKomm. AktG, § 93 AktG Rz. 76; *Diekgräf*, Sonderzahlungen, S. 91 ff., 150 ff.; *Feltkamp*, Anfechtungsklage, S. 170 ff.; *Schlaus*, AG 1988, 113, 116; *Martens*, AG 1988, 118, 119 ff.; *Fleischer*, ZIP 2005, 141, 150; i.E. auch *Poelzig*, WM 2008, 1009, 1011 f. – Da beide kollidierenden Vorstandspflichten dasselbe Rechtsgut (nämlich das Vermögen der Gesellschaft) schützen, reduziert sich die gem. § 34 Satz 1 StGB vorzunehmende Interessenabwägung u.E. auf einen Vergleich der Höhe des jeweils drohenden Schadens; vgl. *Fischer*, § 34 StGB Rz. 13. – Die Angemessenheitsklausel des § 34 Satz 2 StGB hat nach überwiegender Auffassung keine eigenständige Bedeutung; vgl. die Nachweise bei *Fischer*, § 34 StGB Rz. 14.
5 Vgl. § 57 Abs. 1 Satz 2 AktG.
6 D.h. einen in absehbarer Zukunft drohenden Schaden. Ein sofortiger Schadenseintritt ist nicht erforderlich; vgl. nur *Oechsler* in MünchKomm. AktG, § 71 AktG Rz. 110.
7 Allerdings gestattet § 71 Abs. 1 Satz 1 Nr. 1 AktG in unmittelbarer Anwendung keinen Aktienrückkauf zu überhöhten Preisen; vgl. nur *Schlaus*, AG 1988, 113, 116.

3. Einzelfragen der Rechtfertigung

a) Eignung der Zahlung zur Schadensabwehr

Die Eignung einer Zahlung zur Schadensabwehr ist zu **verneinen**, wenn sich die betroffene Maßnahme auch unabhängig von der missbräuchlichen Anfechtung erheblich zu verzögern droht. Denn in diesem Fall wäre mit der Niederschlagung der rechtsmissbräuchlichen Klage **nichts gewonnen**. Das gilt namentlich dann, wenn der Vorstand selbst zur Anfechtung des Beschlusses verpflichtet ist[1] oder war.[2] Eine Anfechtungspflicht besteht jedoch nicht bereits immer dann, wenn der Beschluss nach Ansicht des Vorstands rechtswidrig ist; zur Anfechtung verpflichtet ist er nach h.M. vielmehr nur dann, wenn ein Untätigbleiben der Gesellschaft zum Schaden gereichen würde.[3] Das ist aber in den hier interessierenden Fällen, die im Gegenteil gerade durch die Gefahr eines Verzögerungsschadens gekennzeichnet sind, kaum vorstellbar. Ist der Beschluss nach Auffassung des Vorstands mit Nichtigkeitsmängeln behaftet, darf er ihn allerdings frühestens nach Heilung gem. § 242 AktG ausführen.[4]

71

Aus dem Vorstehenden ergibt sich im Umkehrschluss, dass ein **Auskauf** des Anfechtungsklägers **nicht von vornherein unzulässig** ist, wenn die Klage, von ihrer Missbräuchlichkeit abgesehen[5], nach Meinung des Vorstands **begründet wäre**.[6] Allerdings ist (auch diesseits von Nichtigkeitsfällen) bei schweren Mängeln konstitutiv in das Handelsregister einzutragender Beschlüsse zu bedenken, dass das Registergericht nach h.M. in gewissem Umfang nicht nur ein materielles Prüfungsrecht, sondern eine materielle Prüfungspflicht hat[7], so dass sich bei abseh-

72

---

[1] Ebenso *Diekgräf*, Sonderzahlungen, S. 165 f.
[2] Hat der Vorstand die Anfechtung pflichtwidrig versäumt, darf er den Beschluss nicht ausführen; vgl. *Spindler* in MünchKomm. AktG, § 83 AktG Rz. 23; *Habersack* in Großkomm. AktG, § 83 AktG Rz. 13.
[3] Vgl. *Spindler* in MünchKomm. AktG, § 83 AktG Rz. 22, § 93 AktG Rz. 208; *Hüffer*, § 245 AktG Rz. 28 a.E.; *Pentz* in Fleischer, Handbuch des Vorstandsrechts, § 17 Rz. 133; anders *Diekgräf*, Sonderzahlungen, S. 169 f., der eine Pflicht zur Anfechtung annimmt, wenn „institutionelle Interessen der Gesellschaft" berührt sind.
[4] Vgl. *Hüffer*, § 93 AktG Rz. 25; *Hopt* in Großkomm. AktG, § 93 AktG Rz. 317 ff.
[5] Die rechtsmissbräuchlich erhobene Klage ist nach h.M. nicht als unzulässig, sondern als unbegründet abzuweisen; vgl. nur BGH v. 15.6.1992 – II ZR 173/91, AG 1992, 448; *Hüffer*, § 245 AktG Rz. 26 m.w.N., auch zur Gegenmeinung.
[6] Ebenso *Diekgräf*, Sonderzahlungen, S. 165, 170; *Mertens/Cahn* in KölnKomm. AktG, § 93 AktG Rz. 76; *Oechsler* in MünchKomm. AktG, § 71 AktG Rz. 132 (insbesondere bei „ganz unbedeutenden Fehlern"); *Schlaus*, AG 1988, 113, 116 (bei „geringfügigen Mängeln"); *Bison*, Missbrauch, S. 239; a.A. *Bayer* in MünchKomm. AktG, § 57 AktG Rz. 88; *Lutter* in KölnKomm. AktG, § 71 AktG Rz. 59; *Schlaus*, AG 1988, 113, 117. – Anderes dürfte insoweit bei Feststellungs- oder Unterlassungsklagen wegen Übergehung der Hauptversammlung auf Basis der „Holzmüller/Gelatine"-Rechtsprechung des BGH gelten; denn wenn der Vorstand in diesen Fällen die Klage für begründet hält, darf er die betroffene Maßnahme von sich aus nicht weiter umsetzen.
[7] Einschränkungen ergeben sich, wenn mit Erfolg ein einschlägiges Freigabeverfahren durchgeführt wurde, vgl. etwa § 246a Abs. 3 Satz 5 AktG und dazu Begr. RegE zum UMAG, BT-Drucks. 15/5092, S. 27 f.

barer Zurückweisung der Eintragung ein Klageabkauf auch aus diesem Grunde als zur Schadensverhinderung ungeeignet erweisen kann.[1]

b) Erforderlichkeit der Zahlung zur Schadensabwehr

73 Zu klären ist außerdem, unter welchen Umständen die Zahlung an den Anfechtungskläger erforderlich, also das **mildeste geeignete Mittel** zur Schadensabwehr ist.

74 Diese Frage stellt sich zunächst hinsichtlich der Anfechtung solcher Beschlüsse, die zu ihrem Wirksamwerden **keiner Handelsregistereintragung** bedürfen.[2] Hierzu zählen z.B. Beschlüsse über die Zustimmung zur Übertragung des Gesellschaftsvermögens gem. § 179a AktG und – wichtiger – über die Zustimmung zu strukturändernden Maßnahmen im Sinne der „Holzmüller/Gelatine"-Rechtsprechung des BGH.[3] In diesen Fällen könnte man der Ansicht sein, dass ein Auskauf des Anfechtungsklägers nicht erforderlich sei, weil der Vorstand nicht gehindert sei, die betreffende Maßnahme trotz der Klage umzusetzen, diese also kein Verzögerungspotential habe. Richtig an dieser Auffassung erscheint, dass das Haftungsrisiko, dem sich der Vorstand aussetzt, wenn er die Anfechtung irrtümlich für rechtsmissbräuchlich oder sonst unzulässig oder unbegründet hält, keine Zahlung rechtfertigt; denn insoweit geht es nicht um einen der Gesellschaft drohenden Schaden, und das Risiko der Pflichtwidrigkeit seines Handelns hat der Vorstand stets selbst zu tragen.[4]

75 Eine Verzögerungsgefahr kann sich aber **auch in derartigen Fällen** ergeben.[5] Das gilt nicht nur dann, wenn der anfechtende Aktionär gleichzeitig mit einstweiliger Verfügung und Unterlassungsklage gegen die Umsetzung des angefochtenen Beschlusses vorgeht[6], sondern auch, wenn Dritte, deren Mitwirkung es zur Umsetzung bedarf, z.B. der Vertragspartner bei einem Vertrag nach § 179a AktG, nicht bereit sind, die betreffende Maßnahme zu vollziehen, solange der notwendige Beschluss nicht unanfechtbar geworden ist.[7] In derartigen Konstellationen müssen u.E. dieselben Grundsätze wie für konstitutiv eintragungsbedürftige Beschlüsse gelten.

76 Eine Leistung an den klagenden Aktionär könnte auch dann nicht erforderlich sein, wenn es **gleichermaßen geeignete Alternativen** zur Schadensabwehr gäbe.

---

1 Die Einzelheiten sind umstritten, vgl. *Hüffer*, § 243 AktG Rz. 51 ff. m.w.N.
2 Im Schrifttum wird die Frage wenig erörtert. *Diekgräf*, Sonderzahlungen, S. 176 f., verneint eine Freikaufsbefugnis bei nicht konstitutiv einzutragenden Beschlüssen, verengt die Diskussion dabei aber auf Entlastungsbeschlüsse. Gegen eine Beschränkung auf eintragungsbedürftige Beschlüsse *Bison*, Missbrauch, S. 240.
3 Vgl. BGH v. 25.2.1982 – II ZR 174/80, BGHZ 83, 122 = AG 1982, 158 – Holzmüller, und BGH v. 26.4.2004 – II ZR 155/02, BGHZ 159, 30 = AG 2004, 384 – Gelatine.
4 Arg. § 93 Abs. 4 Satz 1 AktG.
5 *Baums*, Gutachten Juristentag, S. F-161.
6 Die von *Diekgräf*, Sonderzahlungen, S. 178, in diesem Zusammenhang erwähnte Schadensersatzpflicht des Aktionärs gem. § 945 ZPO läuft wegen des üblichen Einsatzes vermögensarmer Klagevehikel weitgehend ins Leere.
7 Vertraglich drückt sich solch ein Vorbehalt typischerweise durch entsprechende Vollzugsbedingungen und Rücktrittsrechte aus.

Die Möglichkeit der Herbeiführung eines **Bestätigungsbeschlusses** bedeutet i.d.R. keine solche Alternative.[1] Denn dieses Vorgehen ist nicht nur mit erheblichem Kosten- und (was schwerer wiegt) Zeitaufwand verbunden; sein Erfolg ist auch ungewiss, denn eine (kurzfristige) Bestätigung scheitert, wenn der Bestätigungsbeschluss seinerseits angefochten wird.

77

Anderes gilt möglicherweise für ein der Gesellschaft eröffnetes **Freigabeverfahren**. Ein solches Verfahren, mit dessen Hilfe die Gesellschaft die (konstitutive) Handelsregistereintragung bestimmter Arten von Beschlüssen trotz schwebender Anfechtungsklage erreichen kann, sieht das Gesetz u.a. bei Umwandlungsmaßnahmen (§§ 16 Abs. 3, 125 UmwG), beim Squeeze-Out (§ 327e Abs. 2 i.V.m. § 319 Abs. 6 AktG) und seit Einführung des § 246a AktG[2] auch bei Kapitalmaßnahmen und Unternehmensverträgen vor. Voraussetzung einer Freigabe ist, dass die Klage unzulässig oder offensichtlich unbegründet ist oder dass der Gesellschaft durch die Verzögerung der Eintragung wesentliche, unter Abwägung mit den gerügten Rechtsverstößen überwiegende Nachteile drohen.[3] Lässt sich die Missbrauchsabsicht des opponierenden Aktionärs durch Schriftverkehr oder andere Dokumente belegen, steht einer Freigabe wegen offensichtlicher Unbegründetheit der Klage nichts entgegen; angesichts der oft fragwürdigen Qualität der geltend gemachten Beschlussmängel dürfte häufig aber auch eine Freigabe wegen drohender schwerer Nachteile für die Gesellschaft nahe liegen. Allerdings kann das Freigabeverfahren auch nach seiner jüngst erfolgten Verkürzung auf eine Instanz[4] mehrere Monate dauern[5], so dass sich nur im Einzelfall beurteilen lässt, ob die damit verbundene Eintragungsverzögerung der Gesellschaft einen derart schweren Schaden zufügen würde, dass sofort gehandelt werden muss.[6]

78

c) Zustimmung des Aufsichtsrats

Eine Verpflichtung des Vorstands zur Einholung der Zustimmung des Aufsichtsrats besteht u.E. nur, wenn in der Gesellschaft ein entsprechender **Zustimmungsvorbehalt** gem. § 111 Abs. 4 Satz 2 AktG existiert.[7] Unabhängig davon sind beabsichtigte Zahlungen an räuberische Aktionäre i.d.R. als „wichtige Anlässe" berichtspflichtig gem. § 90 Abs. 1 Satz 3 AktG.

79

---

1 Ebenso *Diekgräf*, Sonderzahlungen, S. 181 f.; *Feltkamp*, Anfechtungsklage, S. 172 Fn. 352; *Poelzig*, WM 2008, 1009, 1012.
2 Durch das UMAG im Jahr 2005.
3 Seit der Neufassung des § 246a AktG und seiner Parallelnormen durch das ARUG im Jahr 2009 erfolgt eine Freigabe außerdem dann, wenn der Kläger nicht binnen einer Woche nach Zustellung des Freigabeantrags nachgewiesen hat, dass er seit Bekanntmachung der Einberufung der betreffenden Hauptversammlung einen anteiligen Betrag des Grundkapitals von mindestens 1000 Euro hält.
4 Vgl. § 246a Abs. 1 Satz 3 AktG i.d.F. des ARUG. Entsprechendes gilt für die Parallelnormen der Vorschrift.
5 Vgl. § 246a Abs. 3 Satz 6 AktG, wonach der Beschluss innerhalb von drei Monaten nach Antragstellung ergehen „soll".
6 Vgl. auch *Fleischer*, ZIP 2005, 141, 150; *Poelzig*, WM 2008, 1009, 1015 f. (beide zu § 246a AktG a.F.).
7 A.A. *Diekgräf*, Sonderzahlungen, S. 187 ff. – Zur Frage, ob der Aufsichtsrat zur Einführung eines solchen Vorbehalts verpflichtet ist, s. unten Rz. 82.

III. Haftungsrisiken

1. Vorstand

80 Gegen das Verbot der Einlagenrückgewähr verstoßende Leistungen sind pflichtwidrig und führen zur Schadensersatzhaftung des Vorstands nach § 93 Abs. 2 AktG.[1] Der Vorstand hat daher das Vorliegen der eine Zahlung an den klagenden Aktionär rechtfertigenden Umstände stets **sorgfältig zu prüfen**. Eine strafrechtliche Verantwortung wegen Untreue, § 266 StGB[2], dürfte hingegen in aller Regel zumindest am Nachteilszufügungsvorsatz scheitern.[3]

81 Außerdem ist der Vorstand nach h.M. im Sinne eines „Schütt-aus-hol-zurück"-Verfahrens[4] grundsätzlich[5] verpflichtet, den – wie ausgeführt – bestehenden **Rückgewähranspruch** der Gesellschaft gem. § 62 Abs. 1 AktG **unverzüglich**[6] **geltend zu machen** und nötigenfalls gerichtlich durchzusetzen.[7] Unterlässt er die erforderlichen Maßnahmen, liegt auch darin eine zum Schadensersatz verpflichtende Sorgfaltswidrigkeit im Sinne des § 93 Abs. 2 AktG.

2. Aufsichtsrat

82 Der Aufsichtsrat ist über anhängige Anfechtungsklagen von Aktionären bereits deshalb informiert, weil solche Klagen auch ihm zuzustellen sind.[8] Auch über die Absicht des Vorstands, die Klage durch Zahlung eines Geldbetrags niederzuschlagen, wird der Aufsichtsrat i.d.R. gem. § 90 Abs. 1 Satz 3 AktG zu unterrichten sein. Eine **Verpflichtung** des Aufsichtsrats zur **Einführung eines Zustimmungsvorbehalts** ergibt sich aus alledem nicht.[9] Entsprechende Zahlungen errei-

---

1 Was der Spezialtatbestand des § 93 Abs. 3 Nr. 1 AktG ausdrücklich hervorhebt. Bei einem gegen § 57 Abs. 1 AktG verstoßenden Rückerwerb eigener Aktien ergibt sich die Haftung auch aus § 93 Abs. 3 Nr. 3 AktG. – Der Vorstand kann nicht einwenden, dass der Gesellschaft ohne die Zahlung ein höherer Schaden entstanden wäre; vgl. *Feltkamp*, Anfechtungsklage, S. 145, 178 m.w.N.
2 Ohne Problemvertiefung erwähnt von *Schlaus*, AG 1988, 113, 116, und *Diekgräf*, Sonderzahlungen, S. 197.
3 Vgl. auch oben Abschnitt C., Rz. 53.
4 Soweit ersichtlich, wurde dieser Begriff für den vorliegenden Zusammenhang von *Martens*, AG 1988, 118, 121, geprägt.
5 Zu möglichen Ausnahmen s. *Martens*, AG 1988, 118, 121; enger *Diekgräf*, Sonderzahlungen, S. 192 f.
6 D.h. bei konstitutiv eintragungsbedürftigen Beschlüssen nach erfolgter Eintragung; *Martens*, AG 1988, 118, 121; *Diekgräf*, Sonderzahlungen, S. 192. Bei nicht konstitutiv einzutragenden Beschlüssen dürfte es auf das Wirksamwerden der entsprechenden prozessbeendigenden Maßnahme ankommen.
7 Vgl. *Schlaus*, AG 1988, 113, 117; *Lutter* in FS Der Betrieb, S. 193, 200 f., 207; *Martens*, AG 1988, 118, 121; *Diekgräf*, Sonderzahlungen, S. 190 ff.; *Feltkamp*, Anfechtungsklage, S. 176, *Ehmann*, ZIP 2008, 584, 585 ff.
8 Vgl. § 246 Abs. 2 Satz 2 AktG; näher *Hüffer*, § 246 AktG Rz. 32.
9 Wird die Klage durch übereinstimmende Erledigungserklärung gem. § 91a ZPO beendet (was wegen der damit verbundenen Prüfung der Klageaussichten durch das Gericht regelmäßig nicht im Interesse des Klägers liegt), ergibt sich ein „Zustimmungsvorbehalt" zu Gunsten des Aufsichtsrats bereits aus der dafür wegen § 246 Abs. 2 Satz 2 AktG erforderlichen Mitwirkung des Aufsichtsrats.

chen auch keineswegs ausnahmslos die Größenordnung, von der an der Deutsche Corporate Governance Kodex die Festlegung eines solchen Vorbehalts empfiehlt.[1] Im Einzelfall mag sich das demnach bestehende Ermessen des Aufsichtsrats allerdings auf null reduzieren, was auch ad hoc möglich ist, wenn die von ihm auf der Grundlage der vorliegenden Informationen angestellte Prüfung ergibt, dass die geplante Zahlung unzulässig wäre.[2] Versäumt der Aufsichtsrat in einem solchen Fall die Einführung eines Zustimmungsvorbehalts, oder erteilt er sorgfaltswidrig die Zustimmung, macht er sich gem. §§ 116 Satz 1, 93 Abs. 2 AktG schadensersatzpflichtig. Entsprechendes gilt, wenn er den Vorstand nicht nachdrücklich genug zur Geltendmachung des Rückgewähranspruchs nach § 62 Abs. 1 AktG anhält.

---

1 Vgl. Nr. 3.3 des Deutschen Corporate Governance Kodex: „Geschäfte von grundlegender Bedeutung", insbesondere „Maßnahmen, die die Vermögens-, Finanz- oder Ertragslage des Unternehmens grundlegend verändern".
2 Vgl. auch oben Abschnitt B., Rz. 32.

§ 27
Risikobereich und Haftung: Geldbußen gegen das Unternehmen

Hans-Ulrich Wilsing

	Rz.		Rz.
A. Einleitung	1	3. Verschulden	31
B. Die Unternehmensgeldbuße	4	4. Ersatzfähiger Schaden	32
I. Geldbußen gegen Vorstandsmitglieder	4	5. Anrechnung erzielter Vorteile	35
II. Geldbußen gegen Unternehmen	6	6. Schaden durch Ahndungsteil der Geldbuße	39
III. Die Voraussetzungen der Verbandssanktion	7	7. Art und Umfang des Schadensersatzanspruchs	43
IV. Verhängung der Unternehmensgeldbuße	14	II. Durchsetzung des Ersatzanspruchs	44
1. Verfahren	14	1. Verfolgung durch den Aufsichtsrat	44
2. Höhe und Bemessung der Unternehmensgeldbuße	16	2. Verfolgungsrecht einer Aktionärsminderheit	46
C. Der Regress	20	III. Beweisrechtliche Wirkung des Bußgeldbescheids im Regressprozess	48
I. Schadensersatzanspruch gegen Vorstandsmitglieder infolge einer Unternehmensgeldbuße	20	D. Versicherbarkeit des Regressrisikos	52
1. Pflichtverletzung durch Begehung von Ordnungswidrigkeiten oder Straftaten	21	I. Ausschluss bei vorsätzlicher oder wissentlicher Pflichtverletzung	53
2. Beschränkung des Rückgriffs	24	II. Ausschluss von Bußgeldern und Geldstrafen	54
a) Kein unternehmerisches Ermessen bei Gesetzesverstößen	25	E. Ausblick	56
b) Einschränkung der Legalitätspflicht	27		

Schrifttum: *Abeltshauser*, Leitungshaftung im Kapitalgesellschaftsrecht, 1998; *Buchta*, Haftung und Verantwortlichkeit des Vorstands einer Aktiengesellschaft – Eine Bestandsaufnahme, DB 2006, 1939; *Dreher*, Die kartellrechtliche Bußgeldverantwortlichkeit von Vorstandsmitgliedern, in FS Konzen, 2006, S. 85; *Fleischer*, Vorstandsverantwortlichkeit und Fehlverhalten von Unternehmensangehörigen – Von der Einzelüberwachung zur Errichtung einer Compliance-Organisation, AG 2003, 291; *Fleischer*, Aktienrechtliche Legalitätspflicht und „nützliche" Pflichtverletzungen von Vorstandsmitgliedern, ZIP 2005, 141; *Fleischer*, Haftungsfreistellung, Prozesskostenersatz und Versicherung für Vorstandsmitglieder, WM 2005, 909; *Fleischer*, Kartellrechtsverstöße und Vorstandsrecht, BB 2008, 1070; *Glöckner/Müller-Tautphaeus*, Rückgriffshaftung von Organmitgliedern bei Kartellrechtsverstößen, AG 2001, 344; *Gürtler*, Kommentierung zu §§ 9, 30, 130 OWiG, in Göhler, Gesetz über Ordnungswidrigkeiten, 15. Aufl. 2009; *Hellgardt*, Die deliktische Außenhaftung von Gesellschaftsorganen für unternehmensbezogene Pflichtverletzungen – Überlegungen vor dem Hintergrund des Kirch/Breuer-Urteils des BGH, WM 2006, 1514; *Horn*, Die Haftung des Vorstands der AG nach § 93 AktG und die Pflichten des Aufsichtsrats, ZIP 1997, 1129; *Paefgen*, Unternehmerische Entscheidungen und Rechtsbindung der Organe in der AG, 2002; *Rogall*, Kommentierung zu §§ 9, 30, 130 OWiG in Karlsruher Kommentar zum Gesetz über Ordnungswidrigkeiten, 3. Aufl. 2006; *Markus Roth*, Unternehmerisches Ermessen und Haftung des Vorstands, 2001; *Schmitz/Taschke*, Haftungsrisiken von Unternehmen bei der Begehung von Straftaten oder Ordnungswidrigkeiten durch Mitarbeiter, WiB 1997, 1169; *Schlechtriem*, Schadensersatzhaftung der Leitungsorgane von Kapitalgesellschaften, in Kreutzer, Die Haftung der Leitungsorgane von Kapitalgesellschaften, 1991, S. 9 ff.; *Uwe H. Schneider*, Die Wahrnehmung öffentlich-rechtlicher Pflichten durch den Geschäftsführer, in FS 100 Jahre GmbH-Gesetz, 1992, S. 473; *Thole*, Managerhaftung für Gesetzesverstöße, ZHR 173 (2009), 504; *Zimmermann*, Kartellrechtliche Bußgelder gegen Aktiengesellschaften und Vorstand: Rückgriffsmöglichkeiten, Schadensumfang und Verjährung, WM 2008, 433; *Zimmermann*, Aktienrechtliche Grenzen der Freistellung des Vorstands von kartellrechtlichen Bußgeldern, DB 2008, 687.

A. Einleitung

Vorstände von Unternehmen trifft bei der Begehung von Ordnungswidrigkeiten, die im Zusammenhang mit ihrer Tätigkeit stehen, ein **doppeltes Haftungsrisiko**. Zum einen kann nach §§ 9, 130 OWiG gegen das Vorstandsmitglied selbst ein Bußgeld verhängt werden. Zum anderen kommt eine Schadensersatzhaftung des Vorstands gegenüber der Gesellschaft für gegen das Unternehmen verhängte Geldbußen in Betracht.

1

In der Unternehmenspraxis gewinnt die Frage, ob und unter welchen Voraussetzungen die mit einem Bußgeld belegte Gesellschaft wegen des daraus entstehenden Schadens **Rückgriff** bei ihren verantwortlichen Organmitgliedern nehmen kann, **zunehmend an Bedeutung**. Dies ist zunächst darauf zurück zu führen, dass der Gesetzgeber in den vergangenen Jahren die von Unternehmen und ihren Organmitgliedern zu beachtenden **Verhaltensanforderungen** durch eine Reihe von Gesetzesänderungen **verschärft** hat und die Nichtbeachtung dieser Verhaltenspflichten immer häufiger mit einem Bußgeld bewehrt.[1] Zugleich ist das **Verfolgungsrisiko** für Unternehmen angesichts verbesserter Organisation der zuständigen Behörden gestiegen.[2] Vor allem Beispiele aus dem Bereich des Kartellrechts zeigen, dass die zuständigen Behörden Rechtsverstöße nicht nur konsequenter verfolgen, sondern diese auch mit **immer höheren Geldbußen** sanktionieren[3], die für die betroffenen Unternehmen wirtschaftlich bedrohlich werden und die Frage nach einem Rückgriff nahelegen können.[4]

2

---

1 Beispiel: Verringerung der Anforderungen an die Kausalität und Verschärfung des Bußgeldrahmens in § 130 OWiG – dazu *Dannecker* in Wabnitz/Janovsky, Handbuch des Wirtschafts- und Steuerstrafrechts, 3. Aufl. 2007, § 1 Rz. 57, bzw. *Rogall* in KK OWiG, § 130 OWiG Rz. 10; bußgeldbewehrte Pflicht zur Offenlegung der Bezüge jedes einzelnen Vorstandsmitglieds der börsennotierten AG, §§ 285 Satz 1 Nr. 9 Buchstabe a, 334 Abs. 1 Nr. 1 Buchstabe d HGB – dazu und mit weiteren Beispielen *Buchta*, DB 2006, 1939, 1940 ff. Kritisch zur Ausweitung öffentlicher Pflichten *Dreher*, AG 2006, 213, 220 ff.
2 Vgl. *Dreher*, ZWeR 2004, 75, 76 f.
3 Als Beispiel genannt seien hier nur das Anfang 2007 wegen der Beteiligung an einem Aufzugs- und Rolltreppenkartell gegen den ThyssenKrupp-Konzern verhängte Bußgeld in Höhe von 479,6 Mio. Euro sowie das im November 2008 gegen den französischen Autoglas-Hersteller Saint-Gobain verhängte Rekordbußgeld in Höhe von 896 Mio. Euro.
4 So auch *Dreher*, ZWeR 2004, 75, 76; *Hauschka*, AG 2004, 461, 465.

3   Mit dem Gesetz zur Unternehmensintegrität und Modernisierung des Anfechtungsrechts (UMAG) sind zudem die Möglichkeiten, Ersatzansprüche einer Aktiengesellschaft gegen ihre Organmitglieder durchzusetzen, verbessert worden. Neben dem zuständigen Organ ist seit Inkrafttreten des UMAG am 1.11.2005 auch eine qualifizierte Aktionärsminderheit berechtigt, Ersatzansprüche der Aktiengesellschaft gegen ihre Organmitglieder im eigenen Namen gerichtlich geltend zu machen (**Verfolgungsrecht der Aktionärsminderheit**, § 148 AktG, näher unten Rz. 46)[1]. Ob diese Verschärfung des Verfolgungsrechts jedoch dazu führen wird, dass auch die gerichtliche Durchsetzung von Ersatzansprüchen gegen Organmitglieder wegen Geldbußen, die gegen die Gesellschaft verhängt wurden, an Bedeutung gewinnen wird, bleibt abzuwarten. Bislang stellt die Verfolgung derartiger Ansprüche im Wege der Aktionärsklage jedenfalls noch den Ausnahmefall dar. Im Folgenden sollen zunächst die Voraussetzungen dargestellt werden, unter denen eine Unternehmensgeldbuße verhängt werden kann. Danach wird auf die Möglichkeit des Rückgriffs im Innenverhältnis sowie auf die praktischen Fragen der Durchsetzung des Regressanspruchs einzugehen sein.

B. Die Unternehmensgeldbuße

I. Geldbußen gegen Vorstandsmitglieder

4   Bei der Geldbuße handelt es sich um eine Unrechtsfolge, die keine Kriminalstrafe darstellt, die jedoch ebenfalls repressiven Charakter hat.[2] Typischerweise sanktioniert die Geldbuße eine Ordnungswidrigkeit.

5   Der Kreis der Personen, die Ordnungswidrigkeiten begehen können, entspricht grundsätzlich dem des Strafrechts. Danach kommen – anders als im europäischen Kartellrecht[3] – nur natürliche Personen als Täter in Betracht.[4] Soweit bußgeldbewehrte Normen besondere Pflichten begründen, die im Zusammenhang mit dem Wirkungskreis von Unternehmen stehen und diese als Adressaten treffen (sog. betriebsbezogene Pflichten), **erweitert § 9 Abs. 1 OWiG** den Kreis der **Normadressaten** auch auf die **gesetzlichen Vertreter einer juristischen Person**. Bei einem Verstoß gegen betriebsbezogene Pflichten kommt daher zunächst die Verhängung einer Geldbuße gegen die für das Unternehmen handelnden natürlichen Personen, insbesondere ihre Vorstandsmitglieder, in Betracht.[5]

---

1   § 148 AktG i.d.F. des UMAG v. 22.9.2005 (in Kraft getreten am 1.11.2005), vgl. Begr. RegE, BT-Drucks. 15/5092, S. 11 u. 19 ff.
2   *Gürtler* in Göhler, vor § 1 OWiG Rz. 9.
3   *Dreher*, ZWeR 2004, 75, 83 m.w.N.; Beispiel für Bußgeldtatbestände im Gemeinschaftsrecht: Art. 23 VO (EG) Nr. 1/2003, dazu etwa *Klees*, Europäisches Kartellverfahrensrecht, 2005, § 10 Rz. 123 ff. und *Dreher* in FS Konzen, 2006, S. 87; Art. 14 VO (EG) Nr. 139/2004, dazu etwa *Zeise* in Schulte, Handbuch Fusionskontrolle, 2005, Rz. 1975 ff.
4   BGH v. 27.10.1953 – 5 StR 723/52, BGHSt 5, 28, 32; *Gürtler* in Göhler, vor § 1 OWiG Rz. 31; *Rogall* in KK OWiG, vor § 1 OWiG Rz. 19; s. auch *Tiedemann*, NJW 1986, 1842.
5   Zu den Voraussetzungen einer kartellrechtlichen Bußgeldverfügung gegen Vorstandsmitglieder persönlich vgl. ausführlich *Dreher* in FS Konzen, 2006, S. 88 ff.

II. Geldbußen gegen Unternehmen

Anders als das Strafrecht erlaubt es das Ordnungswidrigkeitenrecht über § 30 OWiG allerdings auch, Sanktionen direkt gegen Unternehmen zu verhängen und diese mit einer Geldbuße zu belegen.[1] § 30 OWiG knüpft dabei an das Fehlverhalten einer natürlichen Person an, die für das Unternehmen gehandelt hat. Mit der Festsetzung der Verbandsgeldbuße sollen vor allem Vorteile abgeschöpft werden, die dem Unternehmen durch eine in seinem Interesse begangene Straftat oder Ordnungswidrigkeit zugeflossen sind. Darüber hinaus sollen die für das Unternehmen handelnden Organe dazu angehalten werden, dafür zu sorgen, dass die Pflichten des Unternehmens erfüllt werden und Rechtsverstöße unterbleiben.[2]

6

III. Die Voraussetzungen der Verbandssanktion

Eine Unternehmensgeldbuße kann nach § 30 OWiG verhängt werden, wenn ein vertretungsberechtigtes Organ, ein Mitglied eines solchen Organs oder eine sonstige Person mit Leitungs- und Kontrollbefugnissen in Ausübung ihrer Leitungsfunktion eine rechtswidrige und schuldhafte Straftat oder Ordnungswidrigkeit (**Anknüpfungstat**) begangen und durch die Tat eine unternehmensbezogene Pflicht verletzt bzw. den Verband bereichert hat. Als Mitglieder des gem. § 78 AktG vertretungsberechtigten Organs gehören vor allem die Vorstandsmitglieder einer Aktiengesellschaft zu dem von § 30 Abs. 1 Nr. 1 OWiG erfassten Personenkreis, ebenso ihre Stellvertreter.[3] Die Verhängung einer Unternehmensgeldbuße setzt weiter die **rechtswidrige** und **schuldhafte Verwirklichung** eines ordnungswidrigkeiten- oder strafrechtlichen Tatbestands voraus.

7

Als Anknüpfungstaten kommen dabei zunächst alle Straftaten und Ordnungswidrigkeiten in Betracht, die eine **Verletzung betriebsbezogener Pflichten (§ 30 Abs. 1 Alt. 1 OWiG)** sanktionieren. Betriebsbezogen sind solche Pflichten, die im Zusammenhang mit dem Wirkungskreis der juristischen Person stehen und diese als Normadressaten treffen, ihr also Ge- oder Verbote auferlegen.[4] Die Delikte, die Anknüpfungstat im Sinne des § 30 OWiG sein können, lassen sich einteilen in Sonderdelikte, Verletzung von Aufsichtspflichten und Allgemeindelikte.[5]

8

Sonderdelikte sanktionieren Verstöße gegen spezielle Verhaltensanforderungen, die sich gerade an das Unternehmen oder den Unternehmensträger richten. Hierzu gehören z.B. die Straf- und Ordnungswidrigkeitentatbestände im **Aktienrecht** (§§ 405, 406, 408 AktG[6]), im **Kapitalmarktrecht** (u.a. §§ 56, 59 KWG, § 39

9

---

1 Hierzu ausführlich *Rogall* in KK OWiG, § 30 OWiG Rz. 1 ff.
2 *Rogall* in KK OWiG, § 30 OWiG Rz. 16 ff. m.w.N.; *Schmitz/Taschke*, WiB 1997, 1169.
3 *Rogall* in KK OWiG, § 30 OWiG Rz. 53; *Gürtler* in Göhler, § 30 OWiG Rz. 10.
4 Begr. RegE eines Gesetzes über Ordnungswidrigkeiten, BT-Drucks. V/1269, S. 60 f.; *Gürtler* in Göhler, § 30 OWiG Rz. 19; *Rogall* in KK OWiG, § 30 OWiG Rz. 74; *Schmitz/Taschke*, WiB 1997, 1169, 1170.
5 *Rogall* in KK OWiG, § 30 OWiG Rz. 74.
6 Hierzu ausführlich *Otto* in Großkomm. AktG zu §§ 405, 406 und 408 AktG.

WpHG, § 30 WpPG, § 60 WpÜG[1]), im **Rechnungslegungsrecht** (§ 334 HGB[2]) und im **Kartellrecht** (etwa § 81 GWB[3]). Auch **arbeitsrechtliche Vorschriften** (§ 16 AÜG, § 8 SchwarzArbG, ebenso § 33 AWG[4]) und Normen, die **Schutzrechtsverletzungen** (§ 43 BDSG[5], § 145 MarkenG, § 111a UrhG) sowie **Umweltrechtsverletzungen**[6] (§ 46 AtG, § 62 BImSchG, § 38 GenTG, § 41 WHG) sanktionieren, zählen dazu.

10 Eine in der Praxis besonders wichtige Anknüpfungstat ist die **Aufsichtspflichtverletzung** gem. **§ 130 OWiG**[7] (dazu näher unten Rz. 23 und ausführlich unten *Schücking*, § 36, S. 1141 ff.). § 130 OWiG begründet unter dort näher bezeichneten Voraussetzungen die Verantwortlichkeit des Inhabers eines Betriebs oder Unternehmens für Zuwiderhandlungen gegen betriebsbezogene Pflichten, die in dem Betrieb oder Unternehmen begangen worden sind, wenn die Zuwiderhandlung durch gehörige Aufsicht verhindert oder erschwert worden wäre. Ist der Inhaber eine juristische Person, trifft die Aufsichtspflicht über § 9 Abs. 1 OWiG in erster Linie die gesetzlichen Vertreter, d.h. die Mitglieder des Vorstands. Diese haben geeignete Maßnahmen zu ergreifen, um die Beachtung bestehender Ge- und Verbote in dem Unternehmen zu gewährleisten.[8] Hierzu gehört insbesondere die Organisation der Personalstruktur und der Betriebsabläufe, die fortlaufende Unterrichtung der Mitarbeiter über die einschlägigen gesetzlichen Vorschriften sowie die Kontrolle des Betriebsablaufs vor allem durch stichprobenartige Überprüfung.

11 Zweck des § 130 OWiG ist es, Sanktionslücken zu vermeiden, die sich daraus ergeben, dass der Betriebsinhaber bzw. die gem. § 9 OWiG verpflichteten Personen als Täter einer Straftat oder Ordnungswidrigkeit ausscheiden, weil sie betriebsbezogene Pflichten nicht selbst wahrgenommen und Aufgaben an nachgeordnete

---

1 Zu §§ 56, 59 KWG *Lindemann* in Boos/Fischer/Schulte-Mattler, Kreditwesengesetz, Kommentar, 3. Aufl. 2008, § 56 KWG Rz. 9, § 59 KWG Rz. 1 ff.; zu § 39 WpHG *Vogel* in Assmann/Uwe H. Schneider, § 39 WpHG Rz. 76; zu § 60 WpÜG *Assmann* in Assmann/Pötzsch/Uwe H. Schneider, § 60 WpÜG Rz. 22.
2 *Kozikowski/H.P. Huber* in Beck'scher Bilanz-Kommentar, 7. Aufl. 2010, § 334 HGB Rz. 41; *Dannecker* in Staub, Handelsgesetzbuch, Großkommentar, 4. Aufl. 2002, § 334 HGB Rz. 97.
3 § 81 GWB erfasst dabei die Verhängung von Bußgeldern wegen Verletzung des europäischen und des deutschen Kartellrechts; vgl. *Cramer/Pananis* in Loewenheim/Meessen/Riesenkampff, Kartellrecht, Kommentar, 2. Aufl. 2009, § 81 GWB; *A. Johans* in Mäger, Europäisches Kartellrecht, 2006, S. 341 ff.
4 *John* in Hohmann, Ausfuhrrecht, 2002, Vorbem. zu §§ 33, 34 AWG Rz. 48 ff., 98 f. (ggf. i.V.m. § 130 OWiG).
5 Zu § 43 BDSG *Ehmann* in Simitis, Bundesdatenschutzgesetz, 6. Aufl. 2006, § 43 BDSG Rz. 1 ff.; zu § 111a UrhG *Hildebrandt* in Wandtke/Bullinger, Praxiskommentar zum Urheberrecht, 3. Aufl. 2009, § 111a UrhG Rz. 1 ff.
6 S. die Übersicht bei *Kloepfer*, Umweltrecht, 3. Aufl. 2004, § 7 Rz. 78 ff.
7 So auch *Schmitz/Taschke*, WiB 1997, 1169; kritisch im Hinblick auf Korruptionsdelikte *Nell*, ZRP 2008, 149.
8 Näher etwa *Rogall* in KK OWiG, § 130 OWiG Rz. 32; *Fleischer*, AG 2003, 291, 292 ff.; *Spindler* in Fleischer, Handbuch des Vorstandsrechts, § 15 Rz. 105 ff.; zur Kartellrechtscompliance *Dreher* in FS Konzen, 2006, S. 97; allgemein zur Corporate Compliance etwa *Hauschka*, AG 2004, 461; *Rodewald/Unger*, BB 2006, 113; *Spindler*, Unternehmensorganisationspflichten, 2001.

Mitarbeiter delegiert haben.[1] Besondere Bedeutung kommt § 130 OWiG insoweit zu, als die Verletzung der Aufsichtspflicht eine betriebsbezogene Ordnungswidrigkeit im Sinne des § 30 OWiG darstellt und damit den **Durchgriff auf das Unternehmen ermöglicht**. Hat z.B. der Vorstand einer börsennotierten Aktiengesellschaft die Einhaltung der Bestimmungen des WpHG an einen Compliance-Beauftragten delegiert und versäumt es dieser, eine Ad-hoc-Mitteilung zu veranlassen, kommt nicht nur die Verhängung eines Bußgeldes gegen den Vorstand gem. § 130 OWiG in Betracht, sofern der Vorstand wenigstens fahrlässig seine Kontroll- und Überwachungspflichten verletzt hat[2], sondern auch eine Unternehmensgeldbuße gem. § 30 OWiG. Darüber hinaus dient § 130 OWiG als Auffangtatbestand für solche Fälle, in denen die Verantwortlichen innerhalb des Unternehmens nicht ermittelt werden können.[3]

Schließlich können **Allgemeindelikte** im konkreten Fall Anknüpfungstaten im Sinne des § 30 OWiG sein. Es ist daher möglich, dass Pflichtverletzungen, durch die Tatbestände des StGB verwirklicht werden, betriebsbezogen sind, so z.B. wenn eine Leitungsperson eine fahrlässige Körperverletzung[4] oder Untreue unter Verletzung der Pflichten der juristischen Person begeht.[5] Eine Zuwiderhandlung gegen Pflichten, die jedermann treffen – wie z.B. Verkehrssicherungspflichten – stellt dann eine betriebsbezogene Pflichtverletzung dar, wenn die allgemeine Pflicht in einem sachlichen, räumlichen oder personalbezogenen Zusammenhang mit der Unternehmensführung steht und die Zuwiderhandlung im Geschäfts- und Wirkungsbereich des Unternehmens begangen wird. 12

Wird durch die Anknüpfungstat keine betriebsbezogene Pflicht verletzt, ist § 30 OWiG gleichwohl anwendbar, wenn das Unternehmen durch die Anknüpfungstat bereichert worden ist oder bereichert werden sollte. Anknüpfungstat in den **Bereicherungsfällen (§ 30 Abs. 1 Alt. 2 OWiG)** kann jeder Verstoß gegen Straf- und Bußgeldtatbestände sein, der zu einer günstigeren Gestaltung der Vermögenslage, d.h. zu einer Erhöhung des wirtschaftlichen Wertes des Vermögens geführt hat oder führen sollte, sofern zwischen der Tat des Organmitglieds und dem Wirkungskreis der juristischen Person ein innerer Zusammenhang besteht.[6] In Betracht kommt hier vor allem die Verwirklichung von Tatbeständen des StGB wie z.B. der Fall, dass ein Vorstandsmitglied zum Vorteil des Unternehmens einen Betrug oder eine Bestechung begangen hat. 13

---

1 *Rogall* in KK OWiG, § 130 OWiG Rz. 5; *Nell*, ZRP 2008, 149; *Spindler* in Fleischer, Handbuch des Vorstandsrechts, § 15 Rz. 95.
2 Näher zu den Pflichten im Hinblick auf die Erfüllung der Ad-hoc-Publizität etwa *Assmann* in Assmann/Uwe H. Schneider, § 15 WpHG Rz. 293 ff.
3 *Süßmann* in Park, Kapitalmarktstrafrecht, 2. Aufl. 2008, Teil 4 Kap. 12 § 130 OWiG Rz. 1 f.
4 Begr. RegE eines Gesetzes über Ordnungswidrigkeiten, BT-Drucks. V/1269, S. 60 li. Sp.
5 *Gürtler* in Göhler, § 30 OWiG Rz. 20; *Rogall* in KK OWiG, § 30 OWiG Rz. 76.
6 *Gürtler* in Göhler, § 30 OWiG Rz. 24; *Rogall* in KK OWiG, § 30 OWiG Rz. 79.

IV. Verhängung der Unternehmensgeldbuße

1. Verfahren

14 Die Unternehmensgeldbuße und die Geldbuße gegen die natürliche Person werden im Regelfall in einem einheitlichen Verfahren verhängt (**Klammerwirkung**).[1] In Ausnahmefällen kann die Unternehmensgeldbuße jedoch auch in einem selbständigen Verfahren festgesetzt werden, etwa wenn gegen das Organmitglied kein Verfahren durchgeführt wird oder ein solches Verfahren eingestellt worden ist. Da die Verfolgung der Anknüpfungstat häufig im Ermessen der zuständigen Behörde liegt (Verfolgungsermessen, vgl. § 46 Abs. 1 OWiG i.V.m. §§ 153 ff. StPO), entscheidet sie in Ausübung dieses Ermessens auch über die **kumulative** oder **isolierte** Verhängung einer **Unternehmensgeldbuße**.[2] Ein selbständiges Verfahren zur Verhängung der Geldbuße gegen das Unternehmen ist darüber hinaus zulässig, wenn dies gesetzlich vorgesehen ist (§ 30 Abs. 4 Satz 2 OWiG). Dies ist etwa bei der Verfolgung von Wettbewerbsstraftaten oder damit zusammenhängenden Ordnungswidrigkeiten nach § 130 OWiG der Fall, die zugleich den Tatbestand des § 81 Abs. 1 Nr. 1, 2 und Abs. 3 GWB verwirklichen. Hier besteht eine ausschließliche Zuständigkeit der Kartellbehörden für die Festsetzung der Unternehmensgeldbuße, so dass es zu einer Verfahrensspaltung kommt, wenn das Individualverfahren von der Staatsanwaltschaft geführt wird.[3]

15 Eine Geldbuße kann sogar dann in einem selbständigen Verfahren gegen das Unternehmen verhängt werden, wenn der Täter des Anlassdelikts unbekannt ist (sog. **anonyme Verbandsgeldbuße**).[4] Nur wenn rechtliche Gründe – etwa Verjährung – der Verfolgung der Anknüpfungstat entgegenstehen, entfällt auch die Möglichkeit, eine Verbandsgeldbuße in einem selbständigen Verfahren festzusetzen (§ 30 Abs. 4 Satz 3 Halbsatz 1 OWiG).

2. Höhe und Bemessung der Unternehmensgeldbuße

16 Die Geldbuße gegen das Unternehmen kann bei vorsätzlichen Straftaten nach § 30 Abs. 2 Satz 1 OWiG bis zu einer Million Euro betragen, bei fahrlässigen Straftaten bis zu 500 000 Euro. Im Falle einer Ordnungswidrigkeit bestimmt sich das Höchstmaß der Unternehmensgeldbuße nach dem für die Ordnungswidrigkeit angedrohten Höchstmaß der Geldbuße (§ 30 Abs. 2 Satz 2 OWiG). Ist die Anknüpfungstat gleichzeitig Straftat und Ordnungswidrigkeit, ist das für die Ordnungswidrigkeit angedrohte Höchstmaß der Geldbuße maßgeblich, wenn dieses eine Million Euro übersteigt (§ 30 Abs. 2 Satz 3 OWiG). Diese Bußgeldrahmen können gem. §§ 17 Abs. 4 Satz 2, 30 Abs. 3 OWiG überschritten werden, wenn nur so die Vorteile der Tat abgeschöpft werden können. Die Unternehmensgeldbuße soll also vor allem dazu dienen, unrechtmäßige Gewinne abzuschöpfen und

---

[1] Gürtler in Göhler, § 30 OWiG Rz. 28; Rogall in KK OWiG, § 30 OWiG Rz. 141.
[2] Näher Gürtler in Göhler, § 30 OWiG Rz. 28 ff., 35, 39; Rogall in KK OWiG, § 30 OWiG Rz. 100 f., 141 ff.
[3] Gürtler in Göhler, § 30 OWiG Rz. 34; Rogall in KK OWiG, § 30 OWiG Rz. 154.
[4] Näher Rogall in KK OWiG, § 30 OWiG Rz. 102 ff.

unlauterem Gewinnstreben vorzubeugen (**Abschöpfungsteil** der Geldbuße). Darüber hinaus soll der konkrete Rechtsverstoß geahndet und das Unternehmen durch seine Organe dazu angehalten werden, sich rechtstreu zu verhalten (**Ahndungsteil**).[1]

Die konkrete Höhe der Unternehmensgeldbuße ist zunächst nach dem **Unrechtsgehalt der Anknüpfungstat** zu bemessen. So können etwa der den Täter treffende Schuldvorwurf, Gewicht und Ausmaß der Pflichtverletzung, deren Häufigkeit sowie die Auswirkungen der Tat auf den geschützten Ordnungsbereich berücksichtigt werden.[2]

17

Darüber hinaus sind unabhängig von der Schuld des Organmitglieds **unternehmensbezogene Faktoren** in die Zumessungsentscheidung einzubeziehen, etwa ob Vorsorge- und Kontrollmaßnahmen in dem Unternehmen getroffen worden sind, um Zuwiderhandlungen zu verhindern, oder ob derartige Zuwiderhandlungen bereits mehrfach vorgekommen sind.[3] Wie bei natürlichen Personen können auch die **wirtschaftlichen Verhältnisse des Unternehmens** zu berücksichtigen sein, sofern es sich nicht um ganz geringfügige Ordnungswidrigkeiten handelt.[4] Entscheidende Bedeutung für die Bemessung der Unternehmensgeldbuße kommt schließlich der entsprechend anwendbaren Regelung des § 17 Abs. 4 OWiG zu. Danach soll die Geldbuße den wirtschaftlichen Vorteil überschreiten, den das Unternehmen aus der Tat gezogen hat, wobei zu diesem Zweck auch das gesetzliche Höchstmaß der Geldbuße überschritten werden darf. Der **wirtschaftliche Vorteil**, der dem Unternehmen zugeflossen ist, bildet daher die untere Grenze der zu verhängenden Unternehmensgeldbuße.

18

Besonderheiten in Bezug auf die Bemessung der Unternehmensgeldbuße gelten im **Kartellrecht**. Dort ist seit der 7. GWB-Novelle[5] die umsatzbezogene Geldbuße vorgesehen. Danach kann bei bestimmten Kartellordnungswidrigkeiten das Höchstmaß der Geldbuße die Summe von einer Million Euro und zehn Prozent des im vorausgegangenen Geschäftsjahr erzielten Gesamtumsatzes des Kartellanten erreichen (§ 81 Abs. 4 Satz 2 GWB). In § 81 Abs. 7 GWB findet sich außerdem eine ausdrückliche Ermächtigung für eine Bonusregelung (Kronzeugenregelung). Danach kann das Bundeskartellamt eine Offenbarungsprivilegierung schaffen und die Geldbuße verringern oder auf eine Festsetzung verzichten, wenn ein Kartellant mit ihm zusammenarbeitet.[6]

19

---

1 Grundlegend Begr. RegE eines Gesetzes über Ordnungswidrigkeiten, BT-Drucks. V/1269, S. 59 li. Sp.; vgl. *Rogall* in KK OWiG, § 30 OWiG Rz. 117 ff.
2 BGH v. 24.4.1991 – KRB 5/90, wistra 1991, 268; *Gürtler* in Göhler, § 30 OWiG Rz. 36a; *Rogall* in KK OWiG, § 30 OWiG Rz. 117; *Schmitz/Taschke*, WiB 1997, 1169, 1171.
3 *Gürtler* in Göhler, § 30 OWiG Rz. 36a; für die Berücksichtigung von Maßnahmen der Kartellrechtscompliance *Dreher*, ZWeR 2004, 75, 86 ff., insbes. 93; *Wegener*, wistra 2000, 361, 363; diff. *Rogall* in KK OWiG, § 30 OWiG Rz. 115, 118.
4 *Gürtler* in Göhler, § 30 OWiG Rz. 36a; *Rogall* in KK OWiG, § 30 OWiG Rz. 119.
5 GWB i.d.F. vom 13.7.2005 (BGBl. I 2005, 2114).
6 Näheres zur Zumessung im Kartellrecht bei *Cramer/Pananis* in Loewenheim/Meessen/Riesenkampff, Kartellrecht, Kommentar, 2. Aufl. 2009, § 81 GWB Rz. 63 ff.; zur Bonusregelung vgl. *Engelsing*, ZWeR 2006, 179; *Ohle/Albrecht*, WRP 2006, 866.

C. Der Regress

I. Schadensersatzanspruch gegen Vorstandsmitglieder infolge einer Unternehmensgeldbuße

20 Wurde eine Geldbuße nach § 30 OWiG gegen ein Unternehmen verhängt, drohen den Mitgliedern des Vorstands unter Umständen Ersatzansprüche der bußgeldbelasteten Gesellschaft.

Die **Voraussetzungen eines Schadensersatzanspruchs** der Aktiengesellschaft gegen ihre Vorstandsmitglieder regelt § 93 Abs. 2 AktG. Danach sind Vorstandsmitglieder, die ihre Pflichten schuldhaft verletzen, der Gesellschaft zum Ersatz des daraus entstehenden Schadens verpflichtet.

1. Pflichtverletzung durch Begehung von Ordnungswidrigkeiten oder Straftaten

21 Nach § 93 Abs. 1 Satz 1 AktG haben Vorstandsmitglieder einer Aktiengesellschaft bei ihrer Geschäftsführung die Sorgfalt eines ordentlichen und gewissenhaften Geschäftsleiters anzuwenden. § 93 Abs. 1 Satz 1 AktG kommt insoweit eine Doppelfunktion zu, als einerseits der relevante Verschuldensmaßstab umschrieben wird und andererseits objektive Verhaltenspflichten in Form einer Generalklausel bezeichnet werden.[1] Rechtsprechung und Schrifttum leiten aus der generellen Umschreibung der Verhaltenspflichten in § 93 Abs. 1 Satz 1 AktG auch die Verpflichtung der Vorstandsmitglieder ab, sich bei ihrer gesamten Amtsführung rechtmäßig zu verhalten.[2] Diese sog. **Legalitätspflicht** bezieht sich zum einen auf die durch Aktiengesetz, Satzung und Geschäftsordnung konkretisierten Ge- und Verbote und verpflichtet die Vorstandsmitglieder zum anderen, sämtliche Rechtsvorschriften zu beachten, die das Unternehmen als Rechtssubjekt im Außenverhältnis treffen. Hierzu gehören neben den zahlreichen Vorschriften des Zivil- und Wirtschaftsrechts, des Arbeits-, Sozial-, Steuer- und Verwaltungsrechts auch die Vorschriften des Straf- und Ordnungswidrigkeitenrechts.[3]

22 Die betreffenden gesetzlichen Pflichten gelten dabei nicht nur im Außenverhältnis, sondern die Vorstandsmitglieder schulden ihre Einhaltung auch der Gesellschaft. Rechtswidriges Verhalten eines Vorstandsmitglieds im Außenverhältnis stellt in der Regel zugleich eine **Pflichtverletzung im Innenverhältnis** dar.[4] Begeht

---

1 *Hüffer*, § 93 AktG Rz. 3a; *Fleischer* in Spindler/Stilz, § 93 AktG Rz. 10.
2 BGH v. 13.4.1994 – II ZR 16/93, BGHZ 125, 366, 372; BGH v. 15.10.1996 – VI ZR 319/95, BGHZ 133, 370, 377 (für den GmbH-Geschäftsführer); *Arnold* in Marsch-Barner/Schäfer, Handbuch börsennotierte AG, § 22 Rz. 12; *Fleischer* in Fleischer, Handbuch des Vorstandsrechts, § 7 Rz. 13; *Raiser/Veil*, Recht der Kapitalgesellschaften, § 14 Rz. 78 ff.; *Wiesner* in MünchHdb. AG, § 25 Rz. 4.
3 *Abeltshauser*, Leitungshaftung, S. 213; *Fleischer* in Fleischer, Handbuch des Vorstandsrechts, § 7 Rz. 13 am Ende; zur GmbH vgl. etwa *Zöllner/Noack* in Baumbach/Hueck, § 43 GmbHG Rz. 17.
4 *Thole*, ZHR 173 (2009), 504, 509; *Fleischer*, BB 2008, 1070; *Fleischer*, ZIP 2005, 141, 144; *Hopt* in Großkomm. AktG, § 93 AktG Rz. 98; *Mertens/Cahn* in KölnKomm. AktG, § 84 AktG Rz. 90 und § 93 AktG Rz. 71, 77.

daher ein Vorstandsmitglied selbst eine Ordnungswidrigkeit oder eine Straftat, die zur Verhängung einer Geldbuße gegen die Gesellschaft führt, ist grundsätzlich zugleich eine Pflichtverletzung gegeben, die das Organmitglied bei Vorliegen der übrigen Voraussetzungen des § 93 Abs. 2 AktG gegenüber der Gesellschaft zum Schadensersatz verpflichtet.[1]

Bei **Ordnungswidrigkeiten oder Straftaten nachgeordneter Mitarbeiter** kommt eine Haftung der Vorstandsmitglieder nur dann in Betracht, wenn diesen zugleich eine eigene Pflichtverletzung, insbesondere ein Verstoß gegen § 130 OWiG vorzuwerfen ist. Grundsätzlich besteht **Gesamtverantwortung** der Vorstandsmitglieder, für die erforderlichen Aufsichts- und Organisationsmaßnahmen zu sorgen. Im Rahmen einer ordnungsgemäßen Geschäftsverteilung ist es jedoch auch zulässig, die Überwachung der Einhaltung gesetzlicher Bestimmungen auf die jeweils für ein Ressort zuständigen Vorstandsmitglieder zu delegieren, so dass sich die Aufsichtspflichten der übrigen Vorstandsmitglieder auf eine Überwachung der **Ressortleitung** reduzieren.[2] Die ordentliche Erfüllung der ihnen nach § 130 OWiG obliegenden Aufsichtspflichten schulden die Vorstandsmitglieder auch der Gesellschaft.[3] Wegen des weitgehenden Gleichlaufs der Verhaltenspflichten im Innen- und Außenverhältnis stellt daher auch ein **Verstoß gegen § 130 OWiG** grundsätzlich zugleich eine **Pflichtverletzung gegenüber der Gesellschaft** dar.[4]

23

2. Beschränkung des Rückgriffs

Streitig ist allerdings, ob jeglicher Rechtsverstoß im Außenverhältnis als relevante Pflichtverletzung im Sinne des § 93 Abs. 2 AktG anzusehen ist und damit zu einem Ersatzanspruch gegen das verantwortliche Organmitglied führen kann, oder ob der Rückgriff auf Fälle besonders qualifizierter Verstöße zu beschränken ist. Eine Beschränkung der Innenhaftung wird dabei insbesondere unter dem Gesichtspunkt des unternehmerischen Ermessens erwogen (im Folgenden Rz. 25 f.). Allerdings dürfte ein Entscheidungsspielraum im Hinblick auf die Einhaltung gesetzlicher Vorschriften nur in Ausnahmefällen anzuerkennen sein (im Folgenden Rz. 27 ff.).

24

---

1 Ebenso *Abeltshauser*, Leitungshaftung, S. 213; *Buchta*, DB 2006, 1939, 1940 f.; *Fleischer* in Fleischer, Handbuch des Vorstandsrechts, § 7 Rz. 14; *Fleischer*, WM 2005, 909, 916; *Hopt* in Großkomm. AktG, § 93 AktG Rz. 98; *Mertens/Cahn* in KölnKomm. AktG, § 93 AktG Rz. 77; *Paefgen*, Unternehmerische Entscheidungen, S. 24 f.; *Raiser/Veil*, Recht der Kapitalgesellschaften, § 14 Rz. 88; *Rehbinder*, ZHR 148 (1984), 555, 569 f.; *Schlechtriem* in Kreuzer, Die Haftung der Leitungsorgane von Kapitalgesellschaften, 1991, S. 9, 20 f.; zweifelnd *Horn*, ZIP 1997, 1129, 1136; a.A. etwa *Hellgardt*, WM 2006, 1514, 1519 li. Sp.
2 *Krause*, BB 2009, 1370, 1372; *Rodewald/Unger*, BB 2006, 113, 115; *Spindler* in Fleischer, Handbuch des Vorstandsrechts, § 15 Rz. 123; zur GmbH *Uwe H. Schneider* in FS 100 Jahre GmbH-Gesetz, 1992, S. 473, 481 ff.; allgemein *Fleischer*, NZG 2003, 449, 453 ff.
3 Ebenso *Fleischer*, AG 2003, 291, 294; *Fleischer* in Fleischer, Handbuch des Vorstandsrechts, § 8 Rz. 34; *Hopt* in Großkomm. AktG, § 93 AktG Rz. 143; *Mertens/Cahn* in KölnKomm. AktG, § 93 AktG Rz. 77.
4 Ebenso *Fleischer* in Fleischer, Handbuch des Vorstandsrechts, § 8 Rz. 34; *Hopt* in Großkomm. AktG, § 93 AktG Rz. 143; *Mertens/Cahn* in KölnKomm. AktG, § 93 AktG Rz. 77.

a) Kein unternehmerisches Ermessen bei Gesetzesverstößen

25 Seit der ARAG/Garmenbeck-Entscheidung des BGH[1] ist anerkannt, dass Vorstände einer Gesellschaft nicht für jede Fehlentwicklung des Unternehmens haften, sondern dass ihnen – in Anlehnung an die aus dem angloamerikanischen Recht bekannte **Business Judgment Rule** – bei ihrer Tätigkeit ein Ermessensspielraum zusteht, der nur eingeschränkter gerichtlicher Kontrolle unterliegt. Zum Teil wird angenommen, unternehmerisches Ermessen bestehe grundsätzlich auch im Hinblick auf die Einhaltung gesetzlicher Pflichten. Eine Einschränkung sei insoweit nur anzuerkennen, als vorsätzlich gegen gesetzliche Vorschriften, insbesondere gegen Strafrechtsnormen und ähnlich bedeutsame Normen verstoßen werde.[2] Andere Erwägungen, die Rechtsbindung im Innenverhältnis zu beschränken, gehen dahin, mit Blick auf die von § 93 AktG geschützten wirtschaftlichen Interessen der Gesellschaft nach dem Zweck der verletzten Norm zu unterscheiden.[3] Grundsätzlich sollen danach nur Verstöße gegen Normen, die dem Schutz der Gesellschaft dienen, die Haftung im Rahmen des § 93 AktG begründen. Unter dem Aspekt der Einheit der Rechtsordnung soll ein Rückgriff darüber hinaus bei sonstigen Normverstößen zulässig sein, wenn die verletzte Norm Allgemeininteressen von erheblicher Bedeutung schützt.[4]

26 In der Tat erscheint eine unbeschränkte Haftung des Vorstands für jeglichen schuldhaften Normverstoß überzogen. Eine Beschränkung der Innenhaftung auf besonders qualifizierte Normverstöße oder vorsätzliche Gesetzesverletzungen dürfte indes im geltenden Aktienrecht nicht angelegt sein. Durch das UMAG hat der Gesetzgeber in § 93 Abs. 1 Satz 2 AktG einen **Haftungsfreiraum** für unternehmerische Entscheidungen erstmals ausdrücklich festgeschrieben.[5] Dieser bezieht sich nach der Regierungsbegründung zum UMAG allerdings nicht auf Verstöße gegen sonstige Pflichtenbindungen, insbesondere **Gesetzes- und Satzungsverstöße**. Die Regierungsbegründung stellt insoweit klar, dass es **für illegales Verhalten** keinen „sicheren Hafen" im Sinne einer Haftungsfreistellung geben soll, ohne dabei nach verschiedenen Normgruppen oder dem Grad des Verschuldens zu differenzieren.[6] Es begegnet daher Bedenken, den Bereich der Ordnungswidrigkeiten weitgehend oder gar komplett von der Legalitätspflicht auszunehmen.[7] Auch diese Normen sind im öffentlichen Interesse erlassen und zum Schutz der von ihnen Begünstigten und der Einheit der Rechtsordnung einzuhalten. Eine Auflockerung der Gesetzesbindung dürfte daher auch bei Verstößen ge-

---

1 BGH v. 21.4.1997 – II ZR 175/95, BGHZ 135, 244 = AG 1997, 377 – ARAG/Garmenbeck.
2 *Paefgen*, Unternehmerische Entscheidungen, S. 24; *Markus Roth*, Unternehmerisches Ermessen, S. 131 f.; *Hellgardt*, WM 2006, 1514, 1519.
3 *Glöckner/Müller-Tautphaeus*, AG 2001, 344, 345; *Spindler* in MünchKomm. AktG, § 93 AktG Rz. 130; *Sieg/Zeidler* in Hauschka, Corporate Compliance, 2007, § 3 Rz. 18 ff.
4 *Glöckner/Müller-Tautphaeus*, AG 2001, 344, 345; *Spindler* in MünchKomm. AktG, § 93 AktG Rz. 130.
5 Gesetz zur Unternehmensintegrität und Modernisierung des Anfechtungsrechts v. 22.9.2005, in Kraft getreten am 1.11.2005.
6 Begr. RegE zum UMAG, BT-Drucks. 15/5092, S. 11 li. Sp.; ebenso *Hüffer*, § 93 AktG Rz. 4 f.; *Ihrig*, WM 2004, 2098, 2103; *Paefgen*, AG 2004, 245, 251; *Thümmel*, DB 2004, 471; *Dreher* in FS Konzen, 2006, S. 96; *Fleischer*, BB 2008, 1070, 1071.
7 Ebenso *Fleischer*, ZIP 2005, 141, 149; *Krause*, BB-Special 8/2007, 2, 6.

gen bußgeldbewehrte Normen nur in besonderen Ausnahmefällen – etwa bei unbedeutenden Formalverstößen – in Betracht kommen.[1]

b) Einschränkung der Legalitätspflicht

Ist somit davon auszugehen, dass ein Vorstandsmitglied grundsätzlich mit der Begehung einer Ordnungswidrigkeit zugleich seine Sorgfaltspflicht gegenüber der Gesellschaft verletzt, sind doch **Sonderfälle** anzuerkennen, in denen dem Vorstand bei der **Befolgung gesetzlicher Pflichten ein Entscheidungsspielraum zusteht** und sein Handeln nur eingeschränkt überprüft werden kann.

27

Ein solcher Entscheidungsspielraum ist zunächst bei **unklarer oder umstrittener Rechtslage** anerkannt.[2] Zwar können Leitungspersonen sich nicht auf die Unkenntnis unternehmensbezogener Normen berufen. Sehen sich Organmitglieder aber mit einer Norm konfrontiert, deren Anforderungen unklar oder umstritten sind, dürfen sie nach pflichtgemäßer Abwägung der Chancen und Risiken einen für die Gesellschaft günstigen Standpunkt einnehmen.[3] Ein Pflichtverstoß im Innenverhältnis liegt bei einem Handeln auf Grund eines nicht unvertretbaren Rechtsstandpunkts jedenfalls dann nicht vor, wenn das mit einem denkbaren Gesetzesverstoß verbundene Risiko zu dem Vorteil für die Gesellschaft nicht außer Verhältnis steht. Bei entsprechender Bedeutung der Frage wird allerdings zunächst rechtlicher Rat, gegebenenfalls sogar eine zweite Meinung[4], einzuholen sein.[5] Bei eilbedürftigen Entscheidungen ist eine summarische Prüfung ausreichend.[6] Werden Gesetzesverstöße von der zuständigen Aufsichtsbehörde explizit geduldet, ist keine Pflichtverletzung gegeben.[7]

28

Ermessen besteht ebenfalls, wenn eine Norm selbst einen **tatbestandlichen Beurteilungsspielraum** enthält und damit die Anstellung von Prognosen und Wertentscheidungen voraussetzt.[8] Schließlich erscheint es auch möglich, dass die Beurteilung des Vorstandshandelns im Innen- und Außenverhältnis auseinander fällt, wenn die **ordnungsgemäße Erfüllung der Aufsichtspflicht** gem. § 130 OWiG in Frage steht. Die Aufsichtspflicht umfasst die sorgfältige Auswahl der Mitarbeiter,

29

---

1 Ähnlich *Fleischer*, ZIP 2005, 141, 149.
2 *Zimmermann*, WM 2008, 433, 435; *Fleischer*, ZIP 2005, 141, 149; *Hopt/Roth* in Großkomm. AktG, § 116 AktG Rz. 98 (Aufsichtsrat); *Horn*, ZIP 1997, 1129, 1136; für eine analoge Anwendung von § 93 Abs. 1 Satz 2 AktG eintretend *Spindler* in FS Canaris, Bd. 2, 2007, S. 403, 413 ff.; ähnlich *Thole*, ZHR 173 (2009), 504, 521 ff.
3 *Fleischer*, ZIP 2005, 141, 149 f.; *Hopt* in Großkomm. AktG, § 93 AktG Rz. 99 (einschränkend aber Rz. 255); *Horn*, ZIP 1997, 1129, 1136 li. Sp.; *Landwehrmann* in Heidel, § 93 AktG Rz. 12; *Mertens/Cahn* in KölnKomm. AktG, § 84 AktG Rz. 90 und § 93 AktG Rz. 75; *Paefgen*, Unternehmerische Entscheidungen, S. 24 mit Fn. 45; *Raiser/Veil*, Recht der Kapitalgesellschaften, § 14 Rz. 81.
4 *Spindler* in FS Canaris, Bd. 2, 2007, S. 403, 421.
5 *Fleischer*, BB 2008, 1070, 1071; *Spindler* in FS Canaris, Bd. 2, 2007, S. 403, 421.
6 *Fleischer*, ZIP 2005, 141, 150; wohl auch *Landwehrmann* in Heidel, § 93 AktG Rz. 12.
7 LG Frankfurt a.M. v. 25.1.2006 – 3/9 O 143/04, AG 2006, 510, 511 für Verstöße gegen das HypothekenbankG.
8 Allgemein *Hopt/Roth* in Großkomm. AktG, § 116 AktG Rz. 98; *Markus Roth*, Unternehmerisches Ermessen, S. 103 ff.

die sachgerechte Aufgaben- und Kompetenzverteilung, die Instruktion sowie die Überwachung der Mitarbeiter und berührt damit den **Bereich der internen Unternehmensorganisation**. Es wäre insoweit bedenklich, wenn die für die Verhängung eines Bußgelds zuständigen staatlichen Stellen über die Anknüpfung des § 130 OWiG an die Aufsichtspflicht Gelegenheit erhielten, mit detaillierten rechtlichen Vorgaben in interne Organisationsfragen einzugreifen und Vorständen aus ex-post-Sicht vorzuschreiben, wie sie das Unternehmen zu organisieren gehabt hätten.[1] In der Regel dürfte dieser Gesichtspunkt bereits im Außenverhältnis bei der Auslegung des § 130 OWiG Berücksichtigung finden. Sollte dies allerdings einmal nicht der Fall sein, weil es über die Anknüpfungstat gerade ermöglicht werden soll, ein Bußgeld gegen das Unternehmen zu verhängen, wird man dem organisatorischen Ermessen zumindest **im Innenverhältnis** zwischen Vorstandsmitglied und Gesellschaft Rechnung zu tragen haben und die **Anforderungen** an die Aufsichts- und Überwachungspflichten im Rahmen des Regresses **nicht überspannen** dürfen.[2]

30 In den vorgenannten Sonderfällen kann daher die Beurteilung des Vorstandshandelns im Innen- und Außenverhältnis auseinander fallen. **Zumeist** wird allerdings davon auszugehen sein, dass ein Vorstandsmitglied, das eine im Rahmen des § 30 OWiG relevante Straftat oder Ordnungswidrigkeit begeht, damit auch seine **organschaftliche Sorgfaltspflicht** verletzt.

3. Verschulden

31 Eine Verpflichtung zum Schadensersatz wegen einer gegen das Unternehmen verhängten Geldbuße besteht nur, wenn das Vorstandsmitglied seine Verpflichtung zu einem gesetzmäßigen Verhalten schuldhaft verletzt hat. Insoweit genügt jede (leichte) Fahrlässigkeit.[3] Allerdings kommt dem Verschulden **kaum eigene Bedeutung** zu, wenn eine Pflichtverletzung vorliegt, da ein objektiver Maßstab anzulegen ist und das Vorstandsmitglied für die Fähigkeiten und Kenntnisse einzustehen hat, welche die ihm anvertraute Tätigkeit objektiv erfordert (**typisierter Schuldmaßstab**).[4] Vorstandsmitglieder haften nur für eigenes Verschulden. Ein Verschulden nachgeordneter Mitarbeiter kann ihnen nicht zugerechnet werden.[5] Begehen nachgeordnete Mitarbeiter Ordnungswidrigkeiten durch Zuwiderhandlung gegen betriebsbezogene Pflichten, kommt eine Haftung der Mitglieder des Vorstands allerdings dann in Betracht, wenn diese ihre Aufsichtspflicht im Sinne

---

1 *Fleischer* in Fleischer, Handbuch des Vorstandsrechts, § 8 Rz. 45 m.w.N.; *Spindler* in MünchKomm. AktG, § 76 AktG Rz. 17; *Gürtler* in Göhler, § 130 OWiG Rz. 10; *Spindler* in Fleischer, Handbuch des Vorstandsrechts, § 15 Rz. 96; kritisch gegenüber einer fremdbestimmten Unternehmensorganisation auch *Dreher*, AG 2006, 213, 214 f. und 220 ff.
2 Vgl. *Spindler* in Fleischer, Handbuch des Vorstandsrechts, § 15 Rz. 97.
3 *Fleischer* in Fleischer, Handbuch des Vorstandsrechts, § 11 Rz. 56; *Hopt* in Großkomm. AktG, § 93 AktG Rz. 253.
4 *Fleischer* in Fleischer, Handbuch des Vorstandsrechts, § 11 Rz. 55; *Hopt* in Großkomm. AktG, § 93 AktG Rz. 255; *Spindler* in MünchKomm. AktG, § 93 AktG Rz. 158.
5 *Zimmermann*, WM 2008, 433, 436; *Fleischer*, AG 2003, 291, 292 ff.; *Fleischer* in Fleischer, Handbuch des Vorstandsrechts, § 11 Rz. 57; *Glöckner/Müller-Tautphaeus*, AG 2001, 344, 345 re. Sp.; *Hopt* in Großkomm. AktG, § 93 AktG Rz. 257.

des § 130 OWiG verletzt haben und ihnen ein eigenes **Auswahl-, Einweisungs- oder Überwachungsverschulden** zur Last fällt.[1]

4. Ersatzfähiger Schaden

Voraussetzung der Ersatzpflicht ist ferner, dass der Gesellschaft durch die Verhängung der Geldbuße ein **Schaden** entstanden ist. Maßgebend ist der bürgerlich-rechtliche Schadensbegriff der §§ 249 ff. BGB, der auf der sog. **Differenzhypothese** beruht. Vorstandsmitglieder haben danach im Rahmen der Haftung gem. § 93 Abs. 2 AktG jede nicht kompensierte Minderung des Gesellschaftsvermögens zu ersetzen.[2] Da die gegen das Unternehmen verhängte Geldbuße das Vermögen der Gesellschaft mindert, scheint ein Schaden zunächst ohne weiteres vorzuliegen.

32

Es ist jedoch streitig und bisher nicht höchstrichterlich geklärt, ob im Falle der Verhängung einer Unternehmensgeldbuße eine **Korrektur** der schadensrechtlichen Differenzhypothese durch **wertende Gesichtspunkte**, insbesondere unter Berücksichtigung des Schutzzwecks des § 93 Abs. 2 AktG und der Grundsätze der Vorteilsausgleichung, vorzunehmen ist.[3] Die Bedenken, die Unternehmensgeldbuße nachträglich im Wege der Innenhaftung auf das verantwortliche Vorstandsmitglied abzuwälzen, resultieren zum einen daraus, dass bei der Bemessung der Höhe der Unternehmensgeldbuße neben anderen unternehmensbezogenen Umständen auf die wirtschaftlichen Verhältnisse der Gesellschaft abzustellen ist, so dass die Unternehmensgeldbuße regelmäßig einen vielfach höheren Betrag ausmacht als die gegen das Vorstandsmitglied selbst verhängte Buße, zum anderen daraus, dass die Unternehmensgeldbuße gerade auch Vorteile abschöpfen kann, die das Unternehmen auf Grund des Gesetzesverstoßes erzielt hat.[4] Ein Rückgriff gegen das verantwortliche Vorstandsmitglied wird vor diesem Hintergrund zum Teil als unverhältnismäßig erachtet.[5]

33

Bei der Beurteilung, ob ein ersatzfähiger Schaden vorliegt, dürfte danach zu unterscheiden sein, inwieweit die verhängte Geldbuße der Abschöpfung unrechtmäßig erlangter Vorteile und der Ahndung der Anknüpfungstat des Vorstandsmitglieds dient. Einen ersatzfähigen Schaden wird man nur annehmen können, sofern der Betrag der Unternehmensgeldbuße die durch den Gesetzesverstoß erzielten Vorteile übersteigt.

34

---

1 *Fleischer*, AG 2003, 291, 292; *Fleischer* in Fleischer, Handbuch des Vorstandsrechts, § 11 Rz. 57; *Hopt* in Großkomm. AktG, § 93 AktG Rz. 59 ff.
2 *Fleischer* in Fleischer, Handbuch des Vorstandsrechts, § 11 Rz. 60; *Hopt* in Großkomm. AktG, § 93 AktG Rz. 261.
3 Für eine Beschränkung auf Grund des Schutzzwecks des § 93 Abs. 2 AktG *Horn*, ZIP 1997, 1129, 1136; ebenso *Dreher* in FS Konzen, 2006, S. 104 ff.; vgl. zur Vorteilsausgleichung *Glöckner/Müller-Tautphaeus*, AG 2001, 344, 346.
4 *Horn*, ZIP 1997, 1129, 1136; *Dreher* in FS Konzen, 2006, S. 104 ff.; *Zimmermann*, WM 2008, 433, 437.
5 *Horn*, ZIP 1997, 1129, 1136; a.A. *Glöckner/Müller-Tautphaeus*, AG 2001, 344, 346, die allerdings eine Beschränkung der Rückgriffsmöglichkeit bereits auf der Ebene der Pflichtverletzung vornehmen wollen.

5. Anrechnung erzielter Vorteile

35 Verstöße von Vorstandsmitgliedern gegen bußgeld- oder strafbewehrte Normen erweisen sich häufig für die Gesellschaft als profitabel. Als Beispiel seien hier nur Kartellrechtsverletzungen genannt, die es dem Unternehmen ermöglichen, im Vorfeld der Verhängung des Bußgeldes unrechtmäßige Gewinne zu erzielen und seine Marktposition durch Ausschaltung und Zurückdrängen von Wettbewerbern zu verbessern.[1] Die **Verletzung des Gesetzes** durch das Vorstandsmitglied entfaltet in diesen Fällen für die Gesellschaft **sowohl positive als auch negative Auswirkungen**.

36 Im allgemeinen Zivilrecht sind zur rechtlichen Bewältigung von schädigenden Ereignissen, die für den Geschädigten positive wirtschaftliche Auswirkungen haben, die Grundsätze der **Vorteilsausgleichung** entwickelt worden. Vor allem im Zusammenhang mit sog. „nützlichen" Pflichtverletzungen ist bisher erwogen worden, diese auch im Rahmen der gesellschaftsrechtlichen Organinnenhaftung zur Anwendung zu bringen, wenn ein Organmitglied seine gesellschaftsinternen Kompetenzen punktuell überschreitet.[2] Nach der Rechtsprechung des BGH sind Vorteile, die dem Geschädigten auf Grund des schädigenden Ereignisses zufließen, anzurechnen, wenn zwischen dem Vorteil und dem Schadensereignis ein adäquat-kausaler Zusammenhang besteht, die Anrechnung mit dem Zweck des jeweiligen Ersatzanspruchs übereinstimmt, sie dem Geschädigten zumutbar ist und den Schädiger nicht unangemessen entlastet.[3] Sind diese Kriterien erfüllt, bilden Vor- und Nachteile auf Grund einer wertenden Betrachtung nach der Rechtsprechung des BGH eine Rechnungseinheit. Es ist dabei grundsätzlich unerheblich, ob der Vorteil darin besteht, dass ein zunächst eingetretener Schaden später wieder ausgeglichen wird oder darin, dass von vornherein ein Schaden nicht entsteht.[4]

37 Bei Verhängung einer Unternehmensgeldbuße wird der von der Rechtsprechung geforderte adäquate Kausalzusammenhang in der Regel gegeben sein, da Geldbuße und wirtschaftliche Vorteile gleichermaßen vorhersehbar aus der Pflichtverletzung des Vorstandsmitglieds herrühren.[5] Mit Blick auf die externe Pflichtenbindung der Vorstandsmitglieder fragt sich allerdings, ob eine Vorteilsausgleichung bei Gesetzesverstößen mit dem Zweck der Ersatzpflicht des § 93 Abs. 2 AktG zu vereinbaren ist, oder ob die Anrechnung in diesem Fall aus Gründen des **öffentlichen Interesses** versagt werden muss.[6] Zweifellos würde es die Ab-

---
1 Schmitz/Taschke, WiB 1997, 1169, 1171 f.; § 81 Abs. 5 GWB sieht insoweit auch vor, dass der wirtschaftliche Vorteil, der aus einer Kartellordnungswidrigkeit gezogen wurde, durch die Geldbuße abgeschöpft werden kann.
2 So Fleischer, ZIP 2005, 141, 151 zur Vornahme von Spekulationsgeschäften durch Vorstandsmitglieder; Fleischer in Fleischer, Handbuch des Vorstandsrechts, § 7 Rz. 25 f.
3 S. nur BGH v. 17.5.1984 – VII ZR 169/82, BGHZ 91, 206, 209 f.; Oetker in MünchKomm. BGB, § 249 BGB Rz. 228; Heinrichs in Palandt, Vorb. v. § 249 BGB Rz. 120; für GmbH-Geschäftsführer Haas in Michalski, § 43 GmbHG Rz. 209.
4 Oetker in MünchKomm. BGB, § 249 BGB Rz. 223.
5 So zur Anrechnung wirtschaftlicher Vorteile, die durch einen Kartellverstoß erlangt wurden, Zimmermann, WM 2008, 433, 438; Glöckner/Müller-Tautphaeus, AG 2001, 344, 346.
6 Fleischer, ZIP 2005, 141, 148 und 151 f.; allgemein Oetker in MünchKomm. BGB, § 249 BGB Rz. 229.

schreckungswirkung des § 93 Abs. 2 AktG erhöhen, wenn bei Gesetzesverstößen von Organmitgliedern eine Vorteilsanrechnung ausgeschlossen wäre. Dabei würde jedoch vernachlässigt, dass § 93 Abs. 2 AktG in erster Linie der Schadenskompensation dient.[1] Darüber hinaus dürften bei Verhängung einer Unternehmensgeldbuße Gründe des öffentlichen Interesses gerade dafür sprechen, wirtschaftliche Vorteile der Gesellschaft auf ihren Ersatzanspruch gegen das Organmitglied anzurechnen. Die Unternehmensgeldbuße dient nicht nur der Ahndung von Ordnungswidrigkeiten, sondern auch der Abschöpfung unrechtmäßig erlangter Vorteile.[2] Könnte die Gesellschaft den Betrag des Bußgelds in voller Höhe als Schaden von ihrem Organmitglied ersetzt verlangen, verblieben die unrechtmäßigen Gewinne letztlich doch bei ihr. Es liefe daher dem Zweck der Unternehmensgeldbuße zuwider, wenn wirtschaftliche **Vorteile, die eine Gesellschaft** im Vorfeld der Verhängung der Geldbuße auf Grund des Gesetzesverstoßes erlangt hat, nicht **auf ihren Ersatzanspruch gegen das Organmitglied angerechnet** würden.[3] Vor diesem Hintergrund dürfte eine Vorteilsanrechnung auch **für die Gesellschaft zumutbar** sein und das Organmitglied nicht in unangemessener Weise entlasten.[4]

Ein Schaden der bußgeldbeschwerten Gesellschaft liegt daher regelmäßig nur vor, soweit die Geldbuße die auf Grund des Gesetzesverstoßes erlangten Vorteile übersteigt.[5] Praktisch dürfte sich dabei allerdings nicht selten die Feststellung schwierig gestalten, dass und in welchem Umfang die Gesellschaft infolge des Normverstoßes Vorteile erzielen konnte. Denn anders als im Rahmen einer Vorteilsabschöpfung nach § 34 GWB, deren Höhe die Kartellbehörde in der Regel schätzen wird[6], kann es für die Vorteilsanrechnung allein auf den tatsächlich erlangten wirtschaftlichen Vorteil ankommen, der im Einzelfall höher, aber auch niedriger als der Abschöpfungsbetrag ausfallen kann.[7]

6. Schaden durch Ahndungsteil der Geldbuße

Bisher kaum erörtert wird die Frage, **ob der Teil der Unternehmensgeldbuße, der die erzielten Vorteile übersteigt**, zulässigerweise nach § 93 Abs. 2 AktG auf das verantwortliche Vorstandsmitglied **abgewälzt werden darf** bzw. ob ein Rückgriff möglich ist, wenn eine Geldbuße einen reinen Ahndungszweck verfolgt.[8] Beden-

---

1 *Fleischer*, ZIP 2005, 141, 151 f.
2 Vgl. *Rogall* in KK OWiG, § 30 OWiG Rz. 18.
3 Ähnlich *Glöckner/Müller-Tautphaeus*, AG 2001, 344, 346; *Horn*, ZIP 1997, 1129, 1136.
4 Gleichsinnig *Zimmermann*, WM 2008, 433, 439.
5 Ebenso *Glöckner/Müller-Tautphaeus*, AG 2001, 344, 346; wohl auch *Fleischer*, ZIP 2005, 141, 152 mit Fn. 178; *Horn*, ZIP 1997, 1129, 1136 re. Sp.; *Zimmermann*, WM 2008, 433, 438; differenzierend *Thole*, ZHR 173 (2009), 504, 528 f.
6 Zur Zulässigkeit s. § 34 Abs. 4 Satz 1 GWB; im Rahmen der Bußgeldbemessung nach § 81 Abs. 5 GWB s. *Raum* in Langen/Bunte, Kartellrecht, Bd. 1, 10. Aufl. 2006, § 81 GWB Rz. 141 m.w.N.
7 Zutreffend *Zimmermann*, WM 2008, 433, 438.
8 Dafür *Zimmermann*, WM 2008, 433, 437 f.; wohl auch *Fleischer* in Fleischer, Handbuch des Vorstandsrechts, § 8 Rz. 34; ablehnend *Horn*, ZIP 1997, 1129, 1136; gegen die Möglichkeit des Regresses bei kartellrechtlichen Unternehmensgeldbußen generell *Dreher* in FS Konzen, 2006, S. 104 ff.

ken gegen dieses Vorgehen bestehen zunächst insoweit, als Vorstandsmitglieder, deren ordnungswidriges oder strafbares Verhalten bereits durch ein individuelles Bußgeld oder eine Kriminalstrafe sanktioniert worden ist, im Fall der Zulässigkeit des Rückgriffs **doppelt belastet** werden könnten. Wurde die Unternehmensgeldbuße in einem separaten Verfahren verhängt (oben Rz. 14 und 15), könnte die Entscheidung der zuständigen Behörden, von einer Sanktion gegen das verantwortliche Organmitglied abzusehen, unterlaufen werden. Allerdings kann dem Recht der Ordnungswidrigkeiten nicht die Aussage entnommen werden, dass es der Entscheidung der zuständigen Behörden überantwortet werden soll, wer die Geldbuße letztlich zu tragen hat.[1] Im Rahmen des Bußgeldverfahrens wird nur darüber entschieden, ob öffentliche Interessen eine Sanktion sowohl des Unternehmens als auch des Vorstandsmitglieds erfordern. Die Möglichkeit des Rückgriffs ist hiervon zu trennen.

40 Soweit die Frage, ob eine Unternehmensgeldbuße einen ersatzfähigen Schaden im Sinne des § 93 Abs. 2 AktG darstellen kann, überhaupt einmal thematisiert wird, wird vor allem darauf verwiesen, dass es grundsätzlich als zulässig angesehen werde, wenn eine Gesellschaft ihren Vorstandsmitgliedern Geldbußen erstatte, die direkt gegen diese verhängt wurden. Der umgekehrte Weg, Geldbußen der Gesellschaft auf Vorstandsmitglieder abzuwälzen, erscheine daher rechtlich zweifelhaft.[2] Auch diese Argumentation überzeugt indes nicht völlig. Ein Anspruch des Organmitglieds auf Erstattung besteht nach ganz überwiegender Auffassung nicht.[3] Eine freiwillige Erstattung von Geldbußen ist zwar zulässig.[4] Sie ist jedoch an den Schranken des § 93 Abs. 2 und Abs. 4 AktG zu messen, da der Gesellschaft durch das pflichtwidrige Verhalten eines Organmitglieds, das bei Verhängung einer Geldbuße in der Regel vorliegt, kein Nachteil entstehen darf.[5] Soll aber gerade verhindert werden, dass sich eine Gesellschaft durch freiwillige Erstattung der Geldbuße eines Vorstandsmitglieds einen Nachteil zufügt, dürfte sie auch **nicht** daran **gehindert** sein, wegen eines direkt bei ihr eingetretenen Nachteils **Rückgriff** gegen das verantwortliche Organmitglied **zu nehmen**.[6]

41 Besteht die Anknüpfungstat in einer **vorsätzlichen** Straftat oder Ordnungswidrigkeit, wird die Abwälzung des Teils der Geldbuße, der die abzuschöpfenden Vorteile der Gesellschaft übersteigt, auch nicht als unangemessene Belastung für das betrof-

---

1 Ebenso *Glöckner/Müller-Tautphaeus*, AG 2001, 344, 346.
2 So *Horn*, ZIP 1997, 1129, 1136.
3 *Bastuck*, Enthaftung des Managements, 1986, S. 125 ff.; *Horn*, ZIP 1997, 1129, 1136; *Mertens/Cahn* in KölnKomm. AktG, § 84 AktG Rz. 92; *Wiesner* in MünchHdb. AG, § 21 Rz. 63; *Krieger* in FS Bezzenberger, 2000, S. 211, 214 ff.
4 Vgl. BGH v. 7.11.1990 – 2 StR 439/90, BGHSt 37, 226, 229 ff. (Bezahlung einer Geldstrafe durch Dritte erfüllt nicht den Tatbestand der Strafvereitelung).
5 *Zimmermann*, DB 2008, 687, 690 f.; *Fleischer*, WM 2005, 909, 917; *Kapp*, NJW 1992, 2796, 2799; *Rehbinder*, ZHR 148 (1984), 555, 572 f.; differenzierend *Krieger* in FS Bezzenberger, 2000, S. 211, 216 ff.; zur Erstattung von Geldbußen auch *Dreher* in FS Konzen, 2006, S. 98 ff.
6 Vgl. *Rehbinder*, ZHR 148 (1984), 555, 570; für einen Ausschluss der Regressmöglichkeit bei Unternehmensgeldbußen aber *Dreher* in FS Konzen, 2006, S. 104 ff.

fene Vorstandsmitglied anzusehen sein. Die verantwortlichen Vorstandsmitglieder erscheinen insoweit nicht schutzbedürftig. In diesem Fall dürfte daher keine Veranlassung bestehen, von dem Grundsatz des § 93 Abs. 2 AktG abzurücken, dass Vorstandsmitglieder, die ihre Pflichten verletzen, für alle Schäden der Gesellschaft haften, die sich adäquat-kausal aus dieser Pflichtverletzung ergeben. Zu erwägen bliebe, ob der für die Anknüpfungstat vorgesehene Bußgeldrahmen auch als Obergrenze für Regressansprüche der Gesellschaft zu berücksichtigen ist. Eine solche summenmäßige Begrenzung hat in der Literatur durchaus Anhänger gefunden.[1] Zum Teil wird argumentiert, dass es einer flankierenden Innenhaftung des Vorstands aus Gründen der mit der Gesetzesbindung verfolgten Steuerungsziele jedenfalls in solchen Fällen nur mit Einschränkung bedürfe, in denen das Gesetz eine Außenhaftung des Vorstands statuiere.[2] Hierdurch sei der Vorstand bereits zur Gesetzestreue angehalten. Das ist ohne Zweifel zutreffend. Nur ist die von § 93 Abs. 2 AktG ausgehende Steuerungswirkung nicht primäres Regelungsanliegen der Vorschrift. Im Vordergrund steht die Kompensation des Schadens der Gesellschaft[3], der bei der vorgeschlagenen Begrenzung nicht vollständig liquidiert würde.

Schwerer fällt die Entscheidung, wenn dem betreffenden Vorstandsmitglied eine **fahrlässige** Ordnungswidrigkeit oder die Verletzung der Aufsichtspflicht zur Last fällt. Hier dürfte das eigentliche Problem allerdings nicht in der Haftungssanktion liegen, sondern bereits darin, dass die Zahl der bußgeldbewehrten Verhaltenspflichten, mit denen sich Unternehmen und ihre Organmitglieder konfrontiert sehen, beständig wächst[4] und das geltende Aktienrecht von einer strikten Legalitätspflicht der Vorstandsmitglieder auch im Innenverhältnis ausgeht (vgl. oben Rz. 21 ff.), so dass grundsätzlich jeder Gesetzesverstoß zu einer Haftung nach § 93 Abs. 2 AktG führen kann. 42

7. Art und Umfang des Schadensersatzanspruchs

Art und Umfang des Schadensersatzes sind nach den bürgerlichrechtlichen Regeln der §§ 249 ff. BGB zu bestimmen.[5] Danach sind auch die Kosten der erfolglosen Rechtsverteidigung gegen den Bußgeldbescheid sowie die Kosten der Rechtsverfolgung gegen das Organmitglied als adäquat-kausale Folgeschäden ersatzfähig. Etwaige **Mängel in der Rechtsverteidigung gegen die Unternehmensgeldbuße** berühren den Schadensersatzanspruch nicht, soweit kein ungewöhnlich grobes Fehlverhalten gegeben ist.[6] 43

---

1 *Thole*, ZHR 173 (2009), 504, 533 ff.; *Fleischer*, BB 2008, 1070, 1073; *Dreher* in FS Konzen, 2006, S. 104 ff.
2 *Thole*, ZHR 173 (2009), 504, 534.
3 *Fleischer*, ZIP 2005, 141, 151 f.
4 Kritisch insoweit auch *Buchta*, DB 2006, 1939; *Dreher*, AG 2006, 213, 220 ff.; *Fleischer*, WM 2005, 909, 918; *Uwe H. Schneider* in FS 100 Jahre GmbH-Gesetz, 1992, S. 473, 474–476; *Uwe H. Schneider* in Scholz, § 43 GmbHG Rz. 13.
5 Vgl. *Fleischer* in Fleischer, Handbuch des Vorstandsrechts, § 11 Rz. 62.
6 Zu dieser Beschränkung vgl. etwa *Heinrichs* in Palandt, Vorb. v. § 249 BGB Rz. 73.

II. Durchsetzung des Ersatzanspruchs

1. Verfolgung durch den Aufsichtsrat

44 Die Verfolgung möglicher Ersatzansprüche, die der Gesellschaft wegen der verhängten Unternehmensgeldbuße zustehen können, ist grundsätzlich **Aufgabe des Aufsichtsrats**, der die Gesellschaft auch in einem Prozess gegen das verantwortliche Vorstandsmitglied vertritt (§ 112 AktG).

45 Liegen entsprechende Anhaltspunkte für eine mögliche Ersatzpflicht vor, hat der Aufsichtsrat zunächst den Sachverhalt festzustellen und die Erfolgsaussichten der Anspruchsverfolgung in tatsächlicher und rechtlicher Hinsicht, insbesondere auch das Prozessrisiko und die Beitreibbarkeit der Forderung, zu prüfen.[1] Gelangt er dabei zu dem Ergebnis, dass voraussichtlich ein durchsetzbarer Ersatzanspruch der Gesellschaft wegen der Unternehmensgeldbuße besteht, weil nicht nur von einem Gesetzesverstoß des betreffenden Vorstandsmitglieds auszugehen ist, sondern die Geldbuße ihrer Höhe nach auch die durch den Gesetzesverstoß erlangten wirtschaftlichen Vorteile übersteigt, ist er **grundsätzlich verpflichtet, den Anspruch (gerichtlich) geltend zu machen**.[2] Von einer Klageerhebung darf er nach den vom BGH in der ARAG/Garmenbeck-Entscheidung entwickelten Grundsätzen nur absehen, wenn hierfür gewichtige Gründe des Unternehmenswohls streiten, weil etwa negative Auswirkungen auf das Ansehen der Gesellschaft[3], eine Behinderung der Vorstandsarbeit oder eine Beeinträchtigung des Betriebsklimas drohen, und diese Gründe dem Interesse an der Anspruchsverfolgung zumindest annähernd gleichwertig sind.[4] Gesichtspunkte, die nicht das Unternehmensinteresse betreffen, wie die mit der Anspruchsverfolgung verbundenen Konsequenzen für das Organmitglied oder seine früheren Verdienste, dürfen grundsätzlich nicht berücksichtigt werden, so dass auch bei besonders hohen Geldbußen in aller Regel dem Interesse des Vorstandsmitglieds an seiner Verschonung kein Vorrang gegenüber dem Interesse der Gesellschaft an einer Durchsetzung des Ersatzanspruchs einzuräumen sein dürfte. Etwas anderes kann in seltenen Ausnahmefällen dann gelten, wenn die Pflichtwidrigkeit nicht allzu schwerwiegend und der

---

1 BGH v. 21.4.1997 – II ZR 175/95, BGHZ 135, 244, 253 = AG 1997, 377 – ARAG/Garmenbeck; s. hierzu auch *Fleischer* in Fleischer, Handbuch des Vorstandsrechts, § 11 Rz. 110; *Hasselbach/Seidel*, AG 2008, 770, 773; *Paefgen*, AG 2008, 761 f.
2 BGH v. 21.4.1997 – II ZR 175/95, BGHZ 135, 244, 254 ff. = AG 1997, 377 – ARAG/Garmenbeck; *Hasselbach/Seidel*, AG 2008, 770, 773; *Paefgen*, AG 2008, 761 f.
3 *Redeke*, ZIP 2008, 1549, 1550; gegen die Öffentlichkeitswirkung als Kriterium für Klageverzicht aber *Götz*, NJW 1997, 3275, 3277 m.w.N.
4 BGH v. 21.4.1997 – II ZR 175/95, BGHZ 135, 244, 254 ff. = AG 1997, 377 – ARAG/Garmenbeck; daraus einen beschränkt justiziablen Entscheidungsspielraum folgernd *Boujong*, DZWir 1997, 326, 329; *Götz*, NJW 1997, 3275, 3277 m.w.N.; *Hopt/Roth* in Großkomm. AktG, § 111 AktG Rz. 361 f.; *Hüffer*, § 111 AktG Rz. 4b; *Jaeger/Trölitzsch*, WIB 1997, 684, 686 f.; *Ulmer*, ZHR 163 (1999), 290, 296 f.; *E. Vetter* in Marsch-Barner/Schäfer, Handbuch börsennotierte AG, § 26 Rz. 42; noch weitergehend *Paefgen*, AG 2008, 761, 764, der von der unternehmerischen Ermessensentscheidung als Regelfall ausgeht; deutlich enger und den Regelfall der Klageerhebung betonend *Henze*, NJW 1998, 3309, 3311; *Hirte*, Kapitalgesellschaftsrecht, 6. Aufl. 2009, Rz. 3.90; *Kindler*, ZHR 162 (1998), 101, 113 f.; *Pentz* in Fleischer, Handbuch des Vorstandsrechts, § 16 Rz. 127.

Schaden gering ist, für das betroffene Organmitglied aber einschneidende Folgen drohen.[1]

2. Verfolgungsrecht einer Aktionärsminderheit

Bleibt der Aufsichtsrat untätig, kann unter den Voraussetzungen des § 148 AktG auch eine Aktionärsminderheit Ersatzansprüche der Gesellschaft gegen ihre verantwortlichen Vorstandsmitglieder einklagen.[2] Voraussetzung der Klagezulassung ist allerdings, dass Tatsachen den Verdacht rechtfertigen, dass der Gesellschaft durch **Unredlichkeiten** oder **grobe Gesetzesverletzungen** ein Schaden entstanden ist (§ 148 Abs. 1 Satz 2 Nr. 3 AktG). Zum Begriff der Unredlichkeiten hat der Gesetzgeber klargestellt, dass es sich dabei um ins Kriminelle reichende Treuepflichtverstöße handeln soll.[3] Sofern Gesetzesverstöße dahinter zurückbleiben, ist auf den Grad des Verschuldens abzustellen. Leichte und leichteste Gesetzesverstöße genügen insoweit nicht.[4] Die Verfolgung von Ersatzansprüchen wegen einer gegen das Unternehmen verhängten Geldbuße im Wege der Aktionärsklage dürfte danach auf solche Fälle zu beschränken sein, in denen die Unternehmensgeldbuße an eine Straftat des Vorstandsmitglieds oder an einen **besonders schweren, für einen verantwortlich handelnden Unternehmensleiter nicht hinnehmbaren Gesetzesverstoß** – wie einen vorsätzlichen Verstoß gegen das Kartellrecht – anknüpft. Liegt ein solcher Verstoß vor, erscheint es allerdings durchaus denkbar, dass Aktionäre versuchen könnten, Regressansprüche der Gesellschaft gegen ihre verantwortlichen Vorstandsmitglieder durchzusetzen. Erste Erfahrungen mit § 148 AktG zeigen bereits, dass Aktionäre gerade in Fällen, in denen der Pflichtverstoß des Organmitglieds und der Schaden der Gesellschaft offen zu Tage treten, auch **von ihrem Verfolgungsrecht Gebrauch machen**.[5]

46

Der Klagezulassung kann unter Umständen ein überwiegendes Interesse der Gesellschaft entgegenstehen. Dies wird vor allem bei Klagen der Fall sein, die auf eine sehr geringe Schadenssumme gerichtet sind[6], so dass eine Verfolgung von Ersatzansprüchen wegen einer Unternehmensgeldbuße in Bagatellfällen stets scheitern dürfte. Darüber hinaus soll ein überwiegendes Interesse der Gesellschaft in Betracht kommen, wenn die Beitreibung des geltend gemachten Anspruchs – etwa angesichts der **Vermögensverhältnisse des Schuldners** – nahezu ausgeschlossen erscheint[7]. Bei der Geltendmachung eines Ersatzanspruchs wegen

47

---

1 BGH v. 21.4.1997 – II ZR 175/95, BGHZ 135, 244, 255 f. = AG 1997, 377 – ARAG/Garmenbeck.
2 Vgl. hierzu *Paschos/Neumann*, DB 2005, 1779.
3 Begr. RegE UMAG, BT-Drucks. 15/5092, S. 22 li. Sp.; vgl. *Paschos/Neumann*, DB 2005, 1779, 1780; wohl umfassenderes Verständnis bei LG München I v. 29.3.2007 – 5 HK O 12931/06, AG 2007, 458, 459 re. Sp.
4 Begr. RegE UMAG, BT-Drucks. 15/5092, S. 22 li. Sp.
5 Beispiel: Fall Kirch/Breuer: FAZ v. 10.5.2006, Nr. 108, S. 17; hierzu ausführlich *Duve/Basak*, BB 2006, 1345, 1349.
6 So auch Begr. RegE UMAG, BT-Drucks. 15/5092, S. 22 re. Sp.; *Paschos/Neumann*, DB 2005, 1779, 1781; *Mock* in Spindler/Stilz, § 148 AktG Rz. 56.
7 Begr. RegE UMAG, BT-Drucks. 15/5092, S. 22 re. Sp.; *Mock* in Spindler/Stilz, § 148 AktG Rz. 56; *Hüffer*, § 148 AktG Rz. 3 am Ende, jedoch kritisch im Hinblick auf die Verortung beim Gesellschaftswohl.

einer besonders hohen Geldbuße könnte dieser Gesichtspunkt Bedeutung gewinnen.

III. Beweisrechtliche Wirkung des Bußgeldbescheids im Regressprozess

48 Eintritt und Höhe des Schadens, die Handlung des beklagten Vorstandsmitglieds, die ihm als möglicherweise pflichtwidrig vorzuwerfen ist, sowie die adäquate Kausalität zwischen Handlung und Schaden sind in einem Schadensersatzprozess grundsätzlich von der klagenden Gesellschaft zu beweisen. Die Beweislast für fehlende Pflichtwidrigkeit und fehlendes Verschulden trifft dagegen das beklagte Vorstandsmitglied.[1]

49 Nimmt die Gesellschaft ein Vorstandsmitglied wegen einer Unternehmensgeldbuße auf Schadensersatz in Anspruch, besteht die Besonderheit, dass in der Regel bereits ein Strafurteil oder ein Bußgeldbescheid vorliegt, der die Gesetzeswidrigkeit des Verhaltens des Vorstandsmitglieds feststellt (anders bei der anonymen Verbandsgeldbuße, dazu oben Rz. 15). Vor diesem Hintergrund gewinnt die Frage Bedeutung, **inwieweit** ein solches **Strafurteil** oder ein solcher **Bußgeldbescheid** auch im Rahmen des Regressprozesses zwischen Gesellschaft und Vorstandsmitglied **zu berücksichtigen ist** und ob das beklagte Vorstandsmitglied mit dem Vorbringen gehört werden kann, ein gesetzes- und damit pflichtwidriges Verhalten sei nicht gegeben.

50 Strafurteile und Bußgeldbescheide sind öffentliche Urkunden im Sinne des Zivilprozessrechts, für die grundsätzlich spezielle Beweisregeln gelten. Diese besonderen Beweisregeln betreffen jedoch nicht die inhaltliche, d.h. materielle Richtigkeit des Urteils oder des Bußgeldbescheids.[2] Der Entwurf einer Vorschrift, die eine gesetzliche Bindung an rechtskräftige Urteile über Strafsachen und Ordnungswidrigkeiten auch für einen späteren Zivilprozess einführen sollte (§ 415a ZPO[3]), ist nicht Gesetz geworden.[4] Hinsichtlich der tatsächlichen Feststellungen und der Entscheidungsgründe eines rechtskräftigen Urteils besteht daher **keine gesetzliche Bindungswirkung**.[5] Gleiches gilt für den rechtskräftigen Bußgeldbescheid.

---

[1] Vgl. nur *Spindler* in MünchKomm. AktG, § 93 AktG Rz. 163f.; *Hopt* in Großkomm. AktG, § 93 AktG Rz. 276ff., insbes. 285; *Hüffer*, § 93 AktG Rz. 16.
[2] Die formelle Beweiskraft, die öffentlichen Urkunden und somit auch Bußgeldbescheiden, zukommt (§§ 415, 417 ZPO), bezieht sich nur auf die dort bekundeten äußeren Tatsachen, also etwa darauf, dass ein Bescheid ergangen ist, vgl. *Leipold* in Stein/Jonas, Kommentar zur ZPO, 22. Aufl. 2008, § 417 ZPO Rz. 1f.
[3] I.d.F. des RegE eines Gesetzes zur Modernisierung der Justiz – JuMoG, BT-Drucks. 15/1508, S. 6.
[4] *Huber* in Musielak, Kommentar zur ZPO, 6. Aufl. 2008, § 415 ZPO Rz. 3; *Vollkommer* in Zöller, 28. Aufl. 2010, vor § 322 ZPO Rz. 12.
[5] *Leipold* in Stein/Jonas, Kommentar zur ZPO, 22. Aufl. 2008, § 322 ZPO Rz. 302f. mit Hinweis auf § 14 Abs. 2 Nr. 1 EGZPO; *Meyer-Goßner*, StPO, Einl. Rz. 170; *Vollkommer* in Zöller, 28. Aufl. 2010, vor § 322 ZPO Rz. 12.

Das Gericht hat sich vielmehr nach allgemeinen zivilprozessualen Grundsätzen im Wege der **freien Beweiswürdigung** (§ 286 Abs. 1 Satz 1 ZPO) davon zu überzeugen, dass Tatsachen vorliegen, die eine Pflichtverletzung des beklagten Vorstandsmitglieds und damit einen Ersatzanspruch der Gesellschaft zu begründen vermögen. Die Verwertung von Urkunden aus einem anderen Verfahren ist allerdings grundsätzlich zulässig, soweit dies ausreicht, um die von einer Partei angesprochenen, aufklärungsbedürftigen Fragen zu beantworten.[1] Somit kann einem vorausgegangenen Strafurteil oder Bußgeldbescheid im Rahmen des Schadensersatzprozesses zwar keine rechtliche Bindungswirkung, unter Umständen aber eine erhebliche **faktische Wirkung** zukommen.

51

D. Versicherbarkeit des Regressrisikos

Angesichts immer höherer Unternehmensgeldbußen dürfte für die Praxis von besonderem Interesse sein, ob sich Vorstandsmitglieder durch eine **D&O-Versicherung** (Directors' and Officers' Liability Insurance)[2] gegen das Risiko eines Rückgriffs der bußgeldbelasteten Gesellschaft absichern können. Nach den üblicherweise verwendeten Versicherungsbedingungen (AVB-AVG)[3] gewähren D&O-Versicherungen Versicherungsschutz für den Fall, dass ein Mitglied des Vorstands wegen einer bei Ausführung seiner Tätigkeit begangenen Pflichtverletzung auf Grund gesetzlicher Haftpflichtbestimmungen privatrechtlichen oder öffentlichrechtlichen Inhalts für einen Vermögensschaden auf Schadensersatz in Anspruch genommen wird.[4] Die gängigen D&O-Versicherungen erfassen dabei nicht nur Außenhaftungsansprüche von gesellschaftsfremden Dritten, sondern auch Innenhaftungsansprüche der Gesellschaft als Versicherungsnehmerin gegen ihr versichertes Vorstandsmitglied.[5] Allerdings wird der D&O Versicherungsschutz durch eine Reihe von Deckungsausschlüssen begrenzt, die auch im Fall des Rückgriffs wegen einer gegen das Unternehmen verhängten Geldbuße einschlägig sein dürften.

52

---

1 Vgl. BGH v. 22.4.1997 – VI ZR 198/96, NJW 1997, 3381, 3382; BGH v. 23.4.2002 – VI ZR 180/01, NJW 2002, 2324, 2325; *Hartmann* in Baumbach/Lauterbach/Albers/Hartmann, Zivilprozessordnung, 67. Aufl. 2009, § 286 ZPO Rz. 63 f.
2 Die aktienrechtliche Zulässigkeit der D&O Versicherung steht spätestens seit Inkrafttreten des Gesetzes zur Angemessenheit der Vorstandsvergütung (VorstAG) am 5.8.2009 (BGBl. I 2009, 2509) und der Regelung in § 93 Abs. 2 Satz 3 AktG außer Zweifel. Zur Situation vor Inkrafttreten des VorstAG s. etwa *Dreher*, AG 2008, 429 ff.; *Pammler*, Die gesellschaftsfinanzierte D&O-Versicherung im Spannungsfeld des Aktienrechts, 2006, S. 43 ff.
3 Allgemeine Versicherungsbedingungen des GDV für die Vermögensschaden-Haftpflichtversicherung von Aufsichtsräten, Vorständen und Geschäftsführern, Stand: September 2009.
4 Dazu ausführlich oben *Sieg*, § 15 (S. 411 ff.).
5 *Hüffer*, § 93 AktG Rz. 11; *Olbrich*, Die D&O-Versicherung, 2. Aufl. 2007, S. 140 ff.; die in Ziff. 1.3 AVB-AVG vorgesehene Einschränkung, dass Versicherungsschutz für Innenhaftungsansprüche nur bei einer durch die Hauptversammlung initiierten Anspruchsverfolgung bestehen soll, hat sich in der Praxis nicht durchgesetzt.

I. Ausschluss bei vorsätzlicher oder wissentlicher Pflichtverletzung

53 Alle gängigen D&O-Versicherungen schließen Haftpflichtansprüche wegen **vorsätzlicher Schadensverursachung** aus (Ziff. 5.1 AVB-AVG). Zahlreiche Versicherungsbedingungen erstrecken den Ausschluss daneben auch auf wissentliche Pflichtverletzungen (Ziff. 5.1 AVB-AVG)[1], wobei Pflichtbewusstsein und Pflichtverletzungsbewusstsein erforderlich sein sollen.[2] Bereits diese Ausschlussregelungen dürften die Versicherbarkeit von Regressansprüchen der Gesellschaft wegen einer Unternehmensgeldbuße stark einschränken.

II. Ausschluss von Bußgeldern und Geldstrafen

54 Standardmäßig wird darüber hinaus in D&O-Versicherungen **Versicherungsschutz** wegen Vertragsstrafen, **Bußgeldern**, Geldstrafen sowie Entschädigungen mit Strafcharakter (punitive und exemplary damages) **ausgeschlossen** (Ziff. 5.11 AVB-AVG).[3] Geldbußen und -strafen schädigen zwar das Vermögen, zählen aber nicht zu den Vermögensschäden im versicherungsrechtlichen Sinne.[4] Vor allem wird der Ausschluss des Versicherungsschutzes damit begründet, dass eine Versicherung von Geldbußen einer vorherigen Erstattungszusage gleichkäme und daher gegen § 134 bzw. § 138 BGB verstoße.[5] Ganz überwiegend wird argumentiert, der Sanktionszweck der Geldbuße und ihre **Abschreckungswirkung** dürften nicht durch Abschluss einer Versicherung unterlaufen werden.[6] Außerdem würde die **Allgemeinheit**, die durch das Straf- und Ordnungswidrigkeitenrecht gerade geschützt werden soll, im Falle der Versicherbarkeit von Geldbußen **mit Prämien belastet** und der Täter in unzulässiger Weise entlastet.[7]

55 Soweit die gängigen D&O-Versicherungen Geldbußen vom Versicherungsschutz ausnehmen, bezieht sich dieser Ausschluss eindeutig jedenfalls auf Geldbußen, die wegen einer Ordnungswidrigkeit im Zusammenhang mit seiner geschäftlichen Tätigkeit gegen das Vorstandsmitglied selbst verhängt worden sind.[8] Ob darüber hinaus auch Schadensersatzansprüche, die eine bußgeldbelastete Gesell-

---

1 Zur Differenzierung zwischen Vorsatz und Wissentlichkeit in D&O-Versicherungsverträgen ausführlich *Seitz*, VersR 2007, 1476, 1477 f.
2 Eingehend *Möhrle*, Gesellschaftsrechtliche Probleme der D&O-Versicherung, 2007, S. 37 f.; s. auch *Lange*, DStR 2002, 1674, 1676; *Kiethe*, BB 2003, 537, 541.
3 *Olbrich*, Die D&O-Versicherung, 2. Aufl. 2007, S. 187 f.; *Ehlers*, VersR 2008, 1173, 1178.
4 *Ihlas*, Organhaftung und Haftpflichtversicherung, 1997, S. 73; *Olbrich*, Die D&O-Versicherung, 2. Aufl. 2007, S. 134, 188.
5 *Dreher*, ZWeR 2004, 75, 76; *Fleischer*, WM 2005, 909, 916; *Olbrich*, Die D&O-Versicherung, 2. Aufl. 2007, S. 134; *Ihlas*, Organhaftung und Haftpflichtversicherung, 1997, S. 73 und 290; *Lattwein/Krüger*, VW 1997, 1366, 1368; *Präve* in Prölss, Versicherungsaufsichtsgesetz, 12. Aufl. 2005, § 8 VAG Rz. 21 „Verstoß gegen den ordre public"; mit abw. Argumentation (Verstoß gegen § 93 AktG) auch *Krieger* in FS Bezzenberger, 2000, S. 211, 220.
6 *Olbrich*, Die D&O-Versicherung, 2. Aufl. 2007, S. 134.
7 *Ihlas*, Organhaftung und Haftpflichtversicherung, 1997, S. 73.
8 Einschränkend bei fahrlässigen Verstößen gegen § 130 OWiG wohl *Thümmel/Sparberg*, DB 1995, 1013, 1019.

schaft im Innenverhältnis gegen ihr verantwortliches Vorstandsmitglied geltend macht, einer solchen Ausschlussklausel unterfallen, wird – soweit ersichtlich – bisher weder im versicherungs- noch im aktienrechtlichen Schrifttum thematisiert. Der Schutzzweck derartiger Klauseln könnte es nahelegen, von einem umfassenden Ausschluss auszugehen, der jegliche Haftpflichtansprüche wegen Bußgeldern oder Geldstrafen erfasst. Vorstände dürften vor diesem Hintergrund gut daran tun, diese Frage mit ihrem Versicherer zu klären.

E. Ausblick

In den vergangenen Jahren ist die Anzahl der bußgeldbewehrten Ge- und Verbote, die Aktiengesellschaften und ihre Vorstände treffen, beständig erweitert worden. Damit hat sich zugleich das Haftungsrisiko der Vorstandsmitglieder erhöht, da diesen im Fall der Verhängung einer Unternehmensgeldbuße auch ein Regress durch die Gesellschaft wegen einer Pflichtverletzung im Innenverhältnis drohen kann. Zwar haben Schadensersatzklagen von Gesellschaften gegen ihre Vorstände noch immer Seltenheitswert. Angesichts immer höherer Geldbußen, die gegen Unternehmen verhängt werden, könnte allerdings auch das Risiko für Vorstandsmitglieder, wegen einer solchen Geldbuße in Regress genommen zu werden, noch weiter steigen. Darüber hinaus zeigen erste Erfahrungen mit dem Klagezulassungsverfahren des § 148 AktG, dass Aktionäre gerade in Fällen, in denen die Pflichtverletzung eines Organmitglieds und ein Schaden der Gesellschaft offen zu Tage treten, auch von dieser neu geschaffenen Verfolgungsmöglichkeit Gebrauch machen. Es erscheint daher keineswegs ausgeschlossen, dass Aktionäre etwa im Falle offensichtlicher Kartellverstöße, die zur Verhängung einer Kartellgeldbuße gegen das Unternehmen führen, versuchen könnten, Ersatzansprüche der Gesellschaft gegen die verantwortlichen Vorstandsmitglieder durchzusetzen. Dieser Entwicklung werden Vorstandsmitglieder – da eine Absicherung im Rahmen einer D&O-Versicherung wohl nicht möglich sein dürfte – in Zukunft verstärkt durch vorbeugende Maßnahmen wie etwa die Einrichtung einer effektiven Compliance-Organisation[1] Rechnung tragen müssen.

56

---

1 S. dazu oben *Kremer/Klahold*, § 21 (S. 613 ff.).

§ 28
Risikobereich und Haftung: Kapitalmarktinformationen

Dr. Lutz Robert Krämer

	Rz.
A. Grundlagen	1
B. Informationspflichten im Überblick	3
I. Primärmarktinformation	4
II. Sekundärmarktinformation	6
1. Kapitalmarktrechtliche Informationspflichten nach dem WpHG	7
2. Börsenrechtliche Informationspflichten	16
3. Kapitalmarktrechtliche Informationspflichten nach dem WpÜG	17
4. Informationspflichten nach dem AktG und dem HGB	18
C. Schadensersatzhaftung	19
I. Überblick	19
II. Haftung für fehlerhafte Information des Primärmarktes	20
1. Börsengesetzliche Prospekthaftung	20
2. Bürgerlich-rechtliche Prospekthaftung	31
a) Typisiertes Vertrauen	31
b) Haftung aus Verschulden bei Vertragsschluss bei Inanspruchnahme persönlichen Vertrauens	32
3. Deliktsrechtliche Informationshaftung	34
a) Haftung aus § 823 Abs. 2 BGB i.V.m. einem Schutzgesetz	35
b) Haftung aus § 826 BGB bei Primärmarktplatzierungen	39
III. Haftung für fehlerhafte Information des Sekundärmarktes	46
1. Haftung für unterlassene oder fehlerhafte Ad hoc-Mitteilungen	46
a) Spezialgesetzliche Haftung	47
b) Prospekthaftung für fehlerhafte Ad hoc-Mitteilungen	51

	Rz.
c) Deliktshaftung aus § 823 Abs. 2 BGB i.V.m. einem Schutzgesetz	52
d) Deliktshaftung aus § 826 BGB	54
aa) Sittenwidrigkeit und Vorsatz	55
bb) Schaden und Kausalität	59
2. Haftung für fehlerhafte Regelpublizität	64
a) Prospekthaftung für fehlerhafte Regelpublizität	65
b) Deliktshaftung aus § 823 Abs. 2 BGB i.V.m. einem Schutzgesetz	66
c) Deliktshaftung aus § 826 BGB	68
3. Haftung für fehlerhafte Stimmrechtsmitteilungen	69
4. Haftung für fehlerhaften Bilanzeid	73
5. Haftung für fehlerhafte Entsprechenserklärung nach § 161 AktG	74
a) Deliktshaftung aus § 823 Abs. 2 BGB i.V.m. einem Schutzgesetz	76
b) Deliktshaftung aus § 826 BGB	77
6. Kapitalmarktrechtliche Informationshaftung im Sekundärmarkt aus sonstigen Gründen	78
IV. Haftungsverteilung	81
D. Organisatorische Vorkehrungen/ Corporate Compliance	83
I. Rechtliche Grundlagen	85
II. Compliance-Maßnahmen	89
1. Information	91
2. Delegation	96
3. Kontrolle	99
4. Dokumentation	102

Schrifttum: *Akerlof,* The Market for Lemons: Quality Uncertainty and The Market Mechanism, 84 Quarterly Journal of Economics (1970) 488; *Assmann/Uwe H. Schneider* (Hrsg.), WpHG, 5. Aufl. 2009; *Fuchs* (Hrsg.), WpHG, 2009; *Groß,* Kapitalmarktrecht, 4. Aufl. 2009; *Habersack/Mülbert/Schlitt* (Hrsg.), Unternehmensfinanzierung am Kapitalmarkt, 2. Aufl. 2008; *Habersack/Mülbert/Schlitt* (Hrsg.), Handbuch der Kapitalmarktinformation, 2008; *Hopt/Voigt* (Hrsg.), Prospekt- und Kapitalmarktinformationshaftung, 2005; *Hauschka* (Hrsg.), Corporate Compliance, 2007; *Hellgardt,* Kapitalmarktdeliktsrecht, 2008; *Hirte/Möllers* (Hrsg.), Kölner Kommentar WpHG, 2007; *Hüffer,* Das Wertpapier-Verkaufsprospektgesetz, 1996; *Klöckner,* Informationspflichten und Haftung der Organmitglieder börsennotierter Aktiengesellschaften, 2009; *Kümpel/Hammen/Ekkenga* (Hrsg.), Kapitalmarktrecht, Loseblatt Stand 2009; *Kuthe/Rückert/Sickinger* (Hrsg.), Compliance-Handbuch Kapitalmarktrecht, 2004; *Marsch-Barner/Schäfer* (Hrsg.), Handbuch börsennotierte AG, 2. Aufl. 2009; *Sester,* Zur Interpretation der Kapitalmarkteffizienz in Kapitalmarktgesetzen, Finanzmarktrichtlinien und -standards, ZGR 2009, 310; *Teigelack,* Finanzanalysen und Behavioral Finance, 2009.

A. Grundlagen

Die Haftung von Vorstands- und Aufsichtsratsmitgliedern für fehlerhafte Kapitalmarktinformation droht bei der Verletzung von Pflichten zur Information des Primär- oder Sekundärmarktes, also der erstmaligen Platzierung oder dem nachfolgenden laufenden Handel bereits emittierter Wertpapiere. An beiden Märkten besteht ein ausgeprägtes **Informationsgefälle** zu Lasten der Anleger im Verhältnis zu Emittenten bzw. Finanzintermediären. Die Anleger sind deshalb auf zeitnahe und vollständige Information über die wesentlichen, den Geschäftsgang der Emittenten betreffenden Umstände angewiesen, um zu einer informierten und autonomen Transaktionsentscheidung zu gelangen.[1] Letztlich kann nur die Pflicht zur **Transparenz** das Recht des Anlegers, informiert über die Verwendung seines Vermögens zu entscheiden, sicherstellen. Der europäische Gesetzgeber hat diesen Ansatz in einigen Richtlinien ausdrücklich aufgegriffen.[2] Neben den Anlegern profitieren Emittenten und die Kapitalmärkte in ihrer Gesamtheit vom **Abbau der Informationsasymmetrien**. Je besser Anleger informiert sind, desto geringer wird die von ihnen verlangte Risikoprämie beim Kauf der Papiere ausfallen. So können Transaktionskosten gesenkt und einem möglichen Marktversagen vorgebeugt werden.[3]

Flankiert werden diese Informationspflichten durch eine Schadensersatzhaftung für fehlerhafte, unvollständige oder pflichtwidrig unterbliebene Informationserteilung. Einigen Informationspflichten ist ein gesonderter Haftungstatbestand zugeordnet. **Spezialgesetzliche Anspruchsgrundlagen** existieren bislang für die Fälle der Prospekthaftung nach § 44 BörsG bzw. §§ 13, 13a VerkProspG und der Haftung für fehlerhafte Ad hoc-Mitteilungen nach §§ 37b, 37c WpHG. Diese betreffen allerdings nur die sog. **Außenhaftung des Emittenten**, nicht jedoch die Vorstands- oder Aufsichtsratsmitglieder persönlich. Die Haftung für Falschinformationen richtet sich im Übrigen nach allgemeinen Grundsätzen.[4] Als general-

---

1 *Hopt/Voigt,* Prospekt- und Kapitalmarktinformationshaftung, S. 12.
2 Z.B. Erwägungsgründe 1, 2 der Transparenzrichtlinie, Richtlinie 2004/109 EG, ABl. EU Nr. L 390 v. 31.12.2004, S. 38; s. auch *Teigelack,* S. 81 f.
3 Grundlegend *Akerlof,* 84 Quarterly Journal of Economics (1970), 488 ff.; jüngstens auch *Sester,* ZGR 2009, 310, 332, 336 f.; *Teigelack,* S. 22 ff.
4 S. allg. *Holzborn/Foelsch,* NJW 2003, 932 ff.

klauselförmiger Haftungstatbestand fungiert insoweit ergänzend die kapitalmarktbezogene Informations*delikts*haftung nach § 826 BGB.

Sowohl die Emittenten- als auch die Organaußenhaftung knüpfen entweder an die **Verletzung von Informationspflichten** gegenüber dem **Primärmarkt** oder gegenüber dem **Sekundärmarkt** an. Ist die Sanktion einer solchen Pflichtverletzung als **Schutzgesetz** i.S. des § 823 Abs. 2 BGB zu qualifizieren, können Organmitglieder unter Umständen auch aus dieser Vorschrift in Anspruch genommen werden. Das setzt jedoch voraus, dass die Organmitglieder selbst, und nicht der Emittent, Adressaten der betreffenden Pflicht sind und eigenes Verhaltensunrecht gegenüber den Anlegern verwirklicht haben.[1] Die Erstreckungsnormen der § 9 OWiG und § 14 StGB vermögen dieses Verhaltensunrecht nicht zu begründen. Denn wenn sich bei jeder Informationspflichtverletzung eine gesamtschuldnerische Haftung von Emittent und Organmitglied ergäbe, wäre die Entscheidung des Gesetzgebers zu Gunsten einer Innenhaftung der Organmitglieder überflüssig.[2] Darüber hinaus wird die **Schutzgesetzeigenschaft der einzelnen Vorschriften** wegen der **doppelten Schutzrichtung des Kapitalmarktrechts**[3] teilweise kontrovers diskutiert. Bei jeder Informationspflichtverletzung ist daher zu erörtern, ob – auch – ein Schutzgesetz i.S. des § 823 Abs. 2 BGB verletzt wurde und wer im konkreten Fall zur Pflichterfüllung berufen war.

2   Die Haftung für Falschinformationen wird in der kapitalmarktrechtlichen Literatur überwiegend als kraft Gesetzes eintretende **Vertrauenshaftung** interpretiert.[4] Der Informationsgeber haftet für den Schaden aus dem enttäuschten Vertrauen des Informationsempfängers auf die Richtigkeit der gemachten Angaben. Im allgemeinen Haftungsrecht gilt allerdings grundsätzlich § 675 Abs. 2 BGB, demgemäß eine Wissensmitteilung oder Meinungsäußerung (z.B. Auskunft, Rat, Empfehlung) für sich genommen keine Haftung begründet. Deshalb muss für eine persönliche Haftung der Vorstands- und Aufsichtsratsmitglieder eine **spezialgesetzliche Informationsverpflichtung** hinzutreten. Diese kann sich aus dem Gesellschaftsrecht (aus dem Verhältnis Aktionär-Vorstand/Aufsichtsrat, dort in Form der Innenhaftung gegenüber der Gesellschaft gem. §§ 93, 116 AktG), aus dem Kapitalmarktrecht (aus dem Verhältnis Anleger-Vorstand/Aufsichtsrat) oder aus einer zivilrechtlichen Sonderbeziehung (z.B. (vor)vertraglich) ergeben. Entscheidender Anknüpfungspunkt ist daher das Bestehen einer **spezialgesetzlichen Informationspflicht** als **haftungsbegründender Umstand**. Sie führt dazu, dass eine fehlerhafte, unvollständige, verspätete oder pflichtwidrig unterbliebene Informationserteilung die verpflichteten Organe für enttäuschtes Vertrauen der Informa-

---

1   *Fuchs* in Fuchs, vor §§ 37b, 37c WpHG Rz. 58ff.; *Hellgardt*, S. 414f., 420; für die Haftung für fehlerhafte Ad hoc-Mitteilungen i.E. auch *Sethe* in Assmann/Uwe H. Schneider, §§ 37b, 37c WpHG Rz. 133.
2   *Fuchs* in Fuchs, vor §§ 37b, 37c WpHG Rz. 58ff.; ähnlich *Hellgardt*, S. 416ff.; a.A. *Maier-Reimer*, NJW 2007, 3157ff.
3   Schutz der Funktionsfähigkeit des Kapitalmarkts allgemein gegenüber dem Schutz der einzelnen Anleger, s. dazu *Fuchs* in Fuchs, WpHG, Einleitung Rz. 13ff.
4   Für die Prospekthaftung: *Groß*, Kapitalmarktrecht, §§ 44, 45 BörsG Rz. 9; *Schwark* in Kapitalmarktrechts-Kommentar, §§ 44, 45 BörsG Rz. 7; für die Haftung für fehlerhafte Ad hoc-Mitteilungen nach §§ 37b, 37c WpHG *Veil*, ZHR 167 (2003), 365, 391f.; *Zimmer* in Schwark, Kapitalmarktrechts-Kommentar, §§ 37b, 37c WpHG Rz. 6ff.

tionsempfänger am Kapitalmarkt haftbar macht. Andere ordnen zumindest einige Haftungstatbestände dem **Deliktsrecht** zu und gehen insoweit von **kapitalmarktbezogenen Verkehrspflichten** aus.[1] Die Frage gewinnt nur dann an Bedeutung, wenn Rechtsfolgen vom Bestehen eines Sonderrechtsverhältnisses zwischen Kapitalmarktteilnehmern abhängig sind, beispielsweise bei der Zurechnung des Verhaltens von Erfüllungsgehilfen nach § 278 BGB, was auch für die Zurechnung eines etwaigen Anwaltsverschuldens von Bedeutung ist.[2] Eine solche Zurechnung kann nur bejahen, wer die Informationshaftung als Vertrauenshaftung begreift[3], § 830 BGB greift dagegen nur bei deliktsrechtlicher Begründung.[4] Ansonsten hat die Unterscheidung nur geringe praktische Relevanz.

Mit dem **Gesetz zur Angemessenheit der Vorstandsvergütung**[5] hat der Gesetzgeber die Versicherbarkeit der Schäden durch „Managementfehler" beschränkt. Nach § 93 Abs. 2 AktG können nur solche Schäden von einer durch die Gesellschaft kontrahierten D&O-Versicherung reguliert werden, die das Eineinhalbfache der festen jährlichen Vergütung des Vorstandsmitglieds übersteigen (Selbstbehalt).

B. Informationspflichten im Überblick

Die nachfolgende Tabelle zeigt die wesentlichen Anspruchsgrundlagen für eine Primärmarkt- bzw. Sekundärmarkthaftung und den Verschuldensmaßstab im Überblick, wobei – soweit erkennbar – die jeweils überwiegende Auffassung aufgeführt ist:

Anknüpfungspunkt etwaiger Haftung	Außenhaftung nach h.M. möglich?	Anspruchsgrundlagen	Verschuldensgrad/ Sonstiges
Wertpapierprospekt/ Primärmarktinformation	Ja	1) §§ 44, 45 BörsG 2) §§ 13, 13a VerkProspG 3) Bürgerlich-rechtliche Prospekthaftung 4) § 826 BGB	1) Vorsatz, grobe Fahrlässigkeit 2) Vorsatz, grobe Fahrlässigkeit 3) Einfache Fahrlässigkeit 4) Mindestens bedingter Vorsatz
Ad hoc-Mitteilungen	Ja	§ 826 BGB	Mindestens bedingter Vorsatz

---

1 Für die Prospekthaftung *Assmann* in Assmann/Schütze, Handbuch Kapitalanlagerecht, § 6 Rz. 39 ff.; *Habersack* in Habersack/Mülbert/Schlitt, Handbuch Kapitalmarktinformation, § 28 Rz. 3; *Sethe* in Assmann/Uwe H. Schneider, §§ 37b, 37c WpHG Rz. 22 a.E.; für die Haftung für fehlerhafte Ad hoc-Mitteilungen nach §§ 37b, 37c WpHG *Möllers/Leisch* in KölnKomm. WpHG, §§ 37b, c WpHG Rz. 13; *Sethe* in Assmann/Uwe H. Schneider, §§ 37b, 37c WpHG Rz. 23; für die Einordnung als Spezialdeliktsrecht *Hellgardt*, S. 35 f.
2 *Mülbert* in FS K. Schmidt, 2009, S. 1237; s. auch BGH v. 3.12.2007 – II ZR 21/06, AG 2008, 260 = WuB I G 8. – 1.09 m. Anm. *Burianski/Hauptmann*.
3 *Möllers/Leisch* in KölnKomm. WpHG, §§ 37b, c WpHG Rz. 155 ff.; zum Konzept eines kapitalmarktrechtlichen Sonderrechtsverhältnisses allgemein *Hellgardt*, S. 213 ff.
4 *Sethe* in Assmann/Uwe H. Schneider, §§ 37b, 37c WpHG Rz. 17.
5 BGBl. I 2009, 2509.

Anknüpfungspunkt etwaiger Haftung	Außenhaftung nach h.M. möglich?	Anspruchsgrundlagen	Verschuldensgrad/ Sonstiges
Regelpublizität (Jahres-, Halbjahres-, Quartalsberichte, Zwischenmitteilungen)	Ja	1) § 823 Abs. 2 BGB; § 331 HGB 2) § 823 Abs. 2 BGB; § 400 AktG 3) § 826 BGB	1) Mindestens bedingter Vorsatz; nur Jahresberichte 2) Mindestens bedingter Vorsatz; subsidiär zu 1) 3) Mindestens bedingter Vorsatz
Stimmrechtsmitteilungen	Selten	§ 826 BGB	Mindestens bedingter Vorsatz
Bilanzeid	Selten	§ 823 Abs. 2 BGB; § 331 Nr. 3a HGB	Mindestens bedingter Vorsatz
Entsprechenserklärung zum DCGK	Kaum denkbar	§ 826 BGB (selten)	Mindestens bedingter Vorsatz
Informationen nach §§ 30b–e WpHG	Selten	§ 826 BGB	Mindestens bedingter Vorsatz
Freiwillige Äußerungen (Roadshows, Analystenkonferenzen)	1) Im Primärmarkt möglich (str.) 2) Für den Sekundärmarkt ungeklärt	1) §§ 311 Abs. 3; 241 Abs. 2 BGB (culpa in contrahendo im Falle der Inanspruchnahme persönlichen Vertrauens)	1) Einfache Fahrlässigkeit 2) Bisher nur über § 826 BGB
Information nach § 10 Abs. 1 WpÜG	Nein	./.	./.
Stellungnahme zur Angebotsunterlage	Nein	./.	./.
Wasserstandsmeldungen (WpÜG)	Nein	./.	./.
Kontrollerwerb (WpÜG)	Nein	./.	./.

Die Informationspflichten sind funktional in solche zur Information des Primärmarktes und des Sekundärmarktes zu unterteilen.

I. Primärmarktinformation

4 Die Primärmarktinformation erfolgt über den **Wertpapierprospekt**. Sollen Wertpapiere öffentlich angeboten oder zum Handel an einem organisierten Markt zugelassen werden, so führt dies gem. § 1 Abs. 1 WpPG zur Anwendbarkeit des Wertpapierprospektgesetzes. Gem. § 3 Abs. 1 WpPG besteht regelmäßig die Pflicht, einen Wertpapierprospekt zu erstellen.[1] Nach § 5 Abs. 1 WpPG muss der Prospekt in leicht analysierbarer und verständlicher Form sämtliche Angaben enthalten, die

---

1 Zu den Ausnahmen s. § 4 WpPG; dazu *Apfelbacher/Metzner*, BKR 2006, 81 ff.

im Hinblick auf den Emittenten und die öffentlich angebotenen bzw. zum Handel an einem organisierten Markt zugelassenen Wertpapiere notwendig sind, um dem Publikum ein zutreffendes Urteil über die Vermögenswerte und Verbindlichkeiten, die Finanzlage, die Gewinne und Verluste, die Zukunftsaussichten des Emittenten und jedes Garantiegebers sowie über die mit diesen Aktien verbundenen Rechte zu ermöglichen.

Die Gliederung des Emissionsprospekts und die inhaltlichen Mindestanforderungen sind im **Wertpapierprospektgesetz** und in der **EU-Prospektverordnung**[1] gesetzlich geregelt. Der Aufbau der Prospektgliederung ist in Bezug auf ein detailliertes Inhaltsverzeichnis, eine Zusammenfassung und die sog. Risikofaktoren auch in der Reihenfolge zwingend. Im Übrigen kann der Emittent selbst über Aufbau und Gliederung des Prospekts entscheiden. Es müssen jedoch sämtliche detaillierten inhaltlichen Anforderungen erfüllt werden, die von der EU-Prospektverordnung vorgegeben sind. Zu den Pflichtangaben gehören insbesondere Informationen zum Angebot (z.B. Grundkapital nach Durchführung der Kapitalerhöhung, Prozentsatz des angebotenen Grundkapitals, Preisspanne, Angebotspreis), eine Beschreibung der Geschäftstätigkeit (z.B. Markt- und Wettbewerbssituation, Produkte, Strategie, Betriebsstätten, Mitarbeiter) sowie die Darstellung und Analyse der Vermögens-, Finanz- und Ertragslage (z.B. Angaben zu Bilanz sowie GuV, Liquidität, Kapitalausstattung und Finanzierungsquellen sowie Kapitalflussrechnung). Dabei ist auf die Grundsätze der **Prospektwahrheit, Prospektklarheit** und der **Prospektaktualität** zu achten.[2] Nach diesen Grundsätzen beurteilen sich die Richtigkeit und die Vollständigkeit der Primärmarktinformationen, die durch das Prospekthaftungsregime des § 44 BörsG i.V.m. §§ 13, 13a VerkProspG sanktioniert werden.[3]

II. Sekundärmarktinformation

Die Sekundärmarktinformation betrifft sog. **Zulassungsfolgepflichten** für börsennotierte Gesellschaften. Die Zulassung von Aktien zum Handel an einer Börse bringt für den Emittenten eine Reihe **zusätzlicher Publizitätspflichten** mit sich. Diese folgen nach Inkrafttreten des Transparenzrichtlinie-Umsetzungsgesetzes (TUG) primär aus dem Wertpapierhandelsgesetz (WpHG), die frühere Pflichten aus der BörsZulVO – teilidentisch – abgelöst haben, aber auch aus dem Wertpapiererwerbs- und Übernahmegesetz (WpÜG) und der Entsprechungserklärung zum Deutschen Corporate Governance Kodex gem. § 161 AktG sowie den spezifischen Regelungen der Börsenordnungen.

1. Kapitalmarktrechtliche Informationspflichten nach dem WpHG

Die kapitalmarktrechtlichen Informationspflichten knüpfen an das Herkunftsstaatsprinzip an. Hiernach bestehen die einzelnen Veröffentlichungs- und Infor-

---
1 VO EG 809/2004, ABl. EU Nr. L 149 v. 30.4.2004, S. 1.
2 *Groß*, Kapitalmarktrecht, § 5 WpPG Rz. 3 ff.
3 In Bezug auf die Prospekthaftung als wesentliche Konsequenz eines mangelhaften Prospekts nach einheitlichen Vorgaben besteht – paradoxerweise – noch kein sog. *„level playing field"* in Europa. Vgl. dazu *Krämer*, Going Public, Heft 2/2004, S. 8.

mationspflichten des WpHG für Emittenten, deren **Herkunftsstaat** Deutschland i.S. von § 2 Abs. 6 WpHG (Pflichten nach §§ 30a-c WpHG) ist, oder die als **Inlandsemittent** i.S. von § 2 Abs. 7 WpHG (Pflichten nach §§ 15, 15a, 21, 22, 26, 26a, 30e und 37v-y WpHG) gelten.[1] Gem. § 2 Abs. 1 WpHG gelten die kapitalmarktrechtlichen Informationspflichten für Emittenten folgender Wertpapiere: Aktien, mit Aktien vergleichbare Wertpapiere, Zertifikate, sofern sie Aktien vertreten, Schuldverschreibungen (einschließlich Genussscheinen und Optionsscheinen) und Investmentanteile.

8   Eine der wichtigsten kapitalmarktrechtlichen Informationspflichten ist die Verpflichtung zur Veröffentlichung und Mitteilung von Insiderinformationen i.s. der §§ 12ff. WpHG gem. § 15 WpHG, die sog. **Ad hoc-Publizität**. Danach muss ein Inlandsemittent Insiderinformationen, die ihn unmittelbar betreffen, unverzüglich veröffentlichen. Der Begriff der **Insiderinformation** ist seinerseits in § 13 Abs. 1 Satz 1 WpHG legaldefiniert. Dies betrifft konkrete Information über Umstände bzw. Ereignisse, die nicht öffentlich bekannt sind und sich auf den Emittenten oder die Aktien selbst beziehen. Maßgeblich ist dabei die Eignung zur erheblichen Kursbeeinflussung. Diese ist gem. § 13 Abs. 1 Satz 2 WpHG einer europäischen Vorgabe folgend gegeben, wenn ein **verständiger Anleger** die Information bei seiner Anlageentscheidung berücksichtigen würde.[2] Ob im konkreten Fall die Eignung zur erheblichen Beeinflussung des Börsenkurses besteht, bedarf jeweils einer vorherigen Einzelfallbetrachtung.[3] Es kommt mithin nicht darauf an, ob sich der Börsenkurs nach der Veröffentlichung tatsächlich erheblich verändert. Die weite Definition der Insiderinformation wird im Hinblick auf die Ad hoc-Publizität dahingehend konkretisiert, dass nur solche Informationen zu veröffentlichen und mitzuteilen sind, die den Emittenten unmittelbar betreffen (§ 15 Abs. 1 Satz 1 WpHG). Diese Voraussetzung ist nach dem Regelbeispiel des § 15 Abs. 1 Satz 2 WpHG stets dann erfüllt, wenn der fragliche Umstand **im Tätigkeitsbereich des Emittenten eingetreten** ist. In Betracht kommen darüber hinaus Umstände, die von dritter Seite veranlasst werden, aber unmittelbar den Tätigkeitsbereich des Emittenten betreffen wie z.B. die Übermittlung eines Übernahmegebots oder die Herabstufung durch eine externe Ratingagentur.[4] Der Emittentenleitfaden der BaFin führt in Erweiterung eines Katalogs der CESR Umstände auf, die zwar Insiderinformationen darstellen, nicht jedoch zu einer Ad hoc-Verpflichtung führen sollen.[5]

---

1   Ausführlich zu den Begriffen Herkunftsstaat und Inlandsemittent *Fuchs* in Fuchs, § 2 WpHG Rz. 152ff., 161ff.
2   Art. 1 Abs. 2 der Durchführungsrichtlinie 2003/124/EG, ABl. EU Nr. L 339 v. 24.12.2003, S. 70.
3   S. nur *Assmann* in Assmann/Uwe H. Schneider, § 13 WpHG Rz. 65; *Mennicke/Jakovou* in Fuchs, § 13 WpHG Rz. 130ff.
4   BT-Drucks. 15/3174, S. 35 li. Sp.
5   BaFin-Emittentenleitfaden, 2. Aufl., S. 47ff. und insbesondere S. 54; externe Ratings werden dort im Gegensatz zur Regierungsbegründung als grundsätzlich nicht ad hoc-pflichtig eingestuft. Ebenso CESR's Advice on Level 2 Implementing Measures for the proposed Market Abuse Directive CESR/02–089d, Rz. 36. Die Praxis verfährt jedoch jedenfalls bei beauftragten Ratings im Zusammenhang mit Kapitalmarkttransaktionen in der Regel gem. Regierungsbegründung (vgl. BT-Drucks. 15/3174, S. 35 li. Sp.).

Als weitere wichtige Publizitätspflicht hat ein Inlandsemittent Informationen über sog. **Directors' Dealings** nach § 15a Abs. 4 Satz 1 WpHG unverzüglich zu veröffentlichen. Gem. § 15a Abs. 1 WpHG haben Personen, die bei einem Inlandsemittenten eine Führungsaufgabe für das gesamte Unternehmen bzw. die Unternehmensgruppe wahrnehmen, eigene Geschäfte mit Aktien des Emittenten diesem und der BaFin innerhalb von fünf Werktagen mitzuteilen. Zu den eigenen Geschäften zählt neben dem Erwerb und der Veräußerung von Aktien z.B. auch die Ausübung von Optionsrechten aus Aktienoptionsprogrammen. Vorstands- und Aufsichtsratsmitglieder zählen gem. § 15a Abs. 2 WpHG ex officio zu den mitteilungspflichtigen Personen. Darüber hinaus kommen Generalbevollmächtigte oder Bereichsvorstände in Betracht; entscheidend ist, dass Wertpapiergeschäften dieser Personen aus Sicht der Marktteilnehmer eine **Signalwirkung** beigemessen wird.

9

Ein Emittent, dessen Herkunftsstaat Deutschland ist, muss Mitteilungen über Ausschüttungen und Auszahlungen von Dividenden, die Ausgabe neuer Aktien und die Ausübung von Umtausch-, Bezugs- und Zeichnungsrechten unverzüglich veröffentlichen (§ 30b Abs. 1 Nr. 2 WpHG). Für Inlandsemittenten gilt darüber hinaus die Pflicht, jede Änderung der mit den Aktien verbundenen Rechte unverzüglich zu veröffentlichen (§ 30e Abs. 1 Nr. 1 WpHG).[1]

10

Gem. § 37v WpHG haben Inlandsemittenten, die nicht bereits nach § 325 HGB zur Offenlegung von Abschlüssen verpflichtet sind, einen **Jahresfinanzbericht** zu erstellen und zu veröffentlichen. Dieser muss mindestens einen geprüften Jahresabschluss, einen Lagebericht und den „**Bilanzeid**" i.S. von §§ 264 Abs. 2 Satz 3, 289 Abs. 1 Satz 5 HGB enthalten.[2] Diese Vorschriften des Handelsgesetzbuches verpflichten die gesetzlichen Vertreter einer Kapitalgesellschaft, die Inlandsemittent ist, zum einen dazu, bei der Unterzeichnung des Jahresabschlusses schriftlich zu versichern, dass dieser nach ihrem besten Wissen den Anforderungen des § 264 Abs. 2 Satz 1, 2 HGB entspricht. Zum anderen wird ihnen aufgegeben, schriftlich zu versichern, dass der Lagebericht den Anforderungen des § 289 Abs. 1 Satz 1, 4 HGB entspricht.

11

Gem. § 37w WpHG sind Inlandsemittenten darüber hinaus nunmehr auch unabhängig von einer Notierung im Prime Standard-Segment mindestens zur Erstellung und Veröffentlichung von **Halbjahresfinanzberichten** verpflichtet. Der Halbjahresfinanzbericht hat mindestens eine verkürzte Bilanz, eine verkürzte GuV, einen Anhang, einen Zwischenlagebericht und den bereits genannten „Bilanzeid" i.S. von §§ 264 Abs. 2 Satz 3, 289 Abs. 1 Satz 5 HGB zu enthalten. Er ist entgegen der ursprünglichen Gesetzentwurfsfassung **nicht zwingend** einer **prüferischen Durchsicht** zu unterziehen.[3] Ein Inlandsemittent muss gem. § 37x WpHG **Quar-**

12

---

[1] Dazu näher BaFin-Emittentenleitfaden, 2. Aufl., S. 183 ff.
[2] Zur Finanzberichterstattung allgemein *Nonnenmacher* in Marsch-Barner/Schäfer, Handbuch börsennotierte AG, § 57; zum Bilanzeid und seinen zivil- und strafrechtlichen Folgen *Fleischer*, ZIP 2007, 97 ff. m.w.N.
[3] Letzteres empfiehlt sich in der Regel jedenfalls nicht mit Außenwirkung. Zu der gleichwohl freiwillig gewählten Zwischenberichtsprüfung „mit Außenwirkung" und ihren Rechtsfolgen (u.a. Wahl des Abschlussprüfers in der Hauptversammlung auch für diese Zwischenprüfungen) s. *Wagner*, BB 2007, 454 ff.

talszwischenmitteilungen erstellen und veröffentlichen, wenn nicht bereits Quartalsfinanzberichte nach den Vorgaben des § 37w Abs. 2–4 WpHG veröffentlicht werden. Inhaltlich hat die Zwischenmitteilung die Beurteilung zu ermöglichen, wie sich die Geschäftstätigkeit des Emittenten in den drei Monaten vor Ablauf des Mitteilungszeitraumes entwickelt hat. Daneben sind die wesentlichen Ereignisse und Geschäfte und ihre Auswirkungen auf die Finanzlage und das Geschäftsergebnis zu erläutern. Durch die Anordnung einer zwingenden Zwischenmitteilung hat die **Segmentaufteilung** der Frankfurter Wertpapierbörse (**Prime Standard, General Standard**) weitgehend ihre **Funktion eingebüßt**.

13 Von erheblicher Bedeutung in der Praxis sind ferner die Mitteilungen über gehaltene **Stimmrechtsanteile** nach §§ 21 ff. WpHG. Wer durch Erwerb, Veräußerung oder auf sonstige Weise einen Stimmrechtsanteil von 3 %, 5 %, 10 %, 15 %, 20 %, 25 %, 30 %, 50 % oder 75 % an einem Emittenten, für den die Bundesrepublik Deutschland der Herkunftsstaat ist, erreicht, überschreitet oder unterschreitet, hat dies nach § 21 Abs. 1 Satz 1 WpHG dem Emittenten und der BaFin mitzuteilen. Dabei sind dem Meldepflichtigen unter bestimmten Umständen nach § 22 Abs. 1, 2 WpHG solche Stimmrechte zuzurechnen, die er zwar nicht selbst hält, auf deren Ausübung er jedoch Einfluss nehmen kann.[1] Eine Meldepflicht besteht nach § 25 Abs. 1 Satz 1 WpHG auch, wenn statt Aktien am Emittenten Finanzinstrumente gehalten werden, die den Anteilserwerb einseitig ermöglichen.[2] Nach dem Risikobegrenzungsgesetz sind Optionsrechte und andere Rechte auf Erwerb von Aktien zur Ermittlung des Schwellenwertes gem. § 25 Abs. 1 Satz 3 WpHG grundsätzlich mit gehaltenen Aktien zusammenzurechnen.[3]

14 Weitere wesentliche Pflichten zur Information des Kapitalmarkts treffen den Inlandsemittenten selbst gem. § 26 Abs. 1 Satz 1 WpHG. Geht dem Emittenten eine Mitteilung nach den beiden soeben genannten Vorschriften oder vergleichbaren Bestimmungen anderer europäischer Staaten der EU/des EWR zu, hat er diese unverzüglich zu veröffentlichen und an das **Unternehmensregister** zu übermitteln. Nach § 26 Abs. 1 Satz 2 WpHG hat ein Inlandsemittent darüber hinaus in Bezug auf eigene Aktien das Erreichen, Über- oder Unterschreiten der Schwellen von 5 % und 10 % – wenn Deutschland sein Herkunftsstaat ist, auch von 3 % – zu veröffentlichen.

15 Durch das Risikobegrenzungsgesetz wurde mit Wirkung vom 31.5.2009 durch § 27a WpHG außerdem die **Pflicht für Inhaber von wesentlichen Beteiligungen in Höhe von 10 %** oder mehr eingeführt, innerhalb von zwanzig Handelstagen eine Mitteilung zu den mit der Beteiligung verfolgten Absichten und zur Herkunft der Mittel zum Erwerb der Beteiligung zu machen. Die Mitteilung ist an den betroffenen Emittenten und an die BaFin zu richten.[4] Ein Emittent, den

---

1 Zu den einzelnen Zurechnungstatbeständen allgemein *Schäfer* in Marsch-Barner/Schäfer, Handbuch börsennotierte AG, § 17 Rz. 16 ff.
2 Hauptanwendungsfall sind schuldrechtliche Kaufoptionen, weil sie von § 22 WpHG nicht erfasst werden.
3 Ausführlich zu § 25 WpHG *Brandt*, BKR 2008, 441 ff.
4 S. dazu *Fleischer*, AG 2008, 873; *Pluskat*, NZG 2009, 206 ff.; *Schäfer* in Marsch-Barner/Schäfer, Handbuch börsennotierte AG, § 17 Rz. 60 ff.

eine solche – bewusst vom Gesetzgeber (noch) nicht sanktionierte – Mitteilung erreicht, muss diese oder die Tatsache, dass keine Mitteilung erfolgt ist, nach § 27a Abs. 2 WpHG veröffentlichen.

2. Börsenrechtliche Informationspflichten

Für an der Frankfurter Wertpapierbörse gelistete Gesellschaften folgen zusätzliche Publizitätspflichten aus der BörsO FWB. In § 42 BörsG werden die Börsen ermächtigt, zum Schutz des Publikums und zur Sicherstellung eines ordnungsgemäßen Börsenhandels für Teilbereiche des regulierten Marktes weitere Unterrichtungspflichten des Emittenten vorzusehen. Von dieser Ermächtigung hat namentlich die Frankfurter Wertpapierbörse mit Blick auf den Prime Standard des regulierten Marktes in §§ 63–66 BörsO FWB Gebrauch gemacht. Nach diesen Vorschriften sind die im **Prime Standard** gelisteten Emittenten zur Marktinformation von Quartalsberichten verpflichtet. Gem. § 65 Abs. 1 BörsO FWB muss der Emittent einen Jahresfinanzbericht nach den Vorgaben des § 37v Abs. 2, 3 WpHG oder § 37y Nr. 1 (Konzernabschluss und -lagebericht) erstellen und veröffentlichen. Gem. § 66 Abs. 1 BörsO FWB besteht eine Pflicht zur Veröffentlichung von Halbjahresfinanzberichten und Quartalsberichten, die nach den Vorgaben der § 37w Abs. 2 bis 4 bzw. § 37w Abs. 2 Nr. 1, 2; Abs. 3, 4 WpHG zu erstellen sind. Ist der Emittent verpflichtet, einen Konzernabschluss und -lagebericht zu erstellen, hat er die Vorgaben des § 37y Nr. 2 WpHG in direkter (Halbjahresberichte) oder analoger (Quartalsberichte) Anwendung einzuhalten.

16

3. Kapitalmarktrechtliche Informationspflichten nach dem WpÜG

Das WpÜG sieht besondere, angebotsbezogene Informationspflichten vor. Der Bieter muss gem. § 10 Abs. 1 Satz 1 WpÜG seine **Entscheidung zur Abgabe eines Angebotes** unverzüglich veröffentlichen. Hiervon zu trennen ist die schlichte Vorabmitteilung der Übernahmeabsicht an die Zielgesellschaft, um eine einvernehmliche Übernahme zu verhandeln. Ob dieser Umstand als Insiderinformation veröffentlichungspflichtig ist, ist streitig.[1] Nach § 11 Abs. 1 Satz 1 WpÜG muss der Bieter zudem eine **Angebotsunterlage** erstellen und ebenfalls veröffentlichen. Weitere Publizitätspflichten treffen den Bieter nach § 21 Abs. 3 WpÜG bei Abänderung des Angebots, gem. § 23 WpÜG hinsichtlich seiner Beteiligung an der Zielgesellschaft und nach § 35 Abs. 1 WpÜG bei Kontrollerlangung über die Zielgesellschaft. Die Leitungsorgane der Zielgesellschaft müssen ihrerseits nach § 27 WpÜG eine **begründete Stellungnahme zum Angebot der Bietergesellschaft** abgeben. Diese muss richtig und vollständig sein. Bei der Darstellung von Werturteilen ist darauf zu achten, dass diese auf einer zutreffenden oder ausreichenden Tatsachengrundlage beruhen und kaufmännisch vertretbar sind.[2]

17

---

[1] Dagegen *Hasselbach*, NZG 2004, 1087, 1093 mit Verweis auf 29. Erwägungsgrund der RL 2003/6/EG; *Meyer/Kiesewetter*, WM 2009, 340, 341.
[2] Gegen die Annahme einer Haftung des Vorstands bei zustimmender Stellungnahme gem. § 27 WpÜG und späterer höherer Barabfindung auf Grund Beherrschungs- und Gewinnabführungsvertrages LG Frankfurt v. 23.6.2005 – 3-6 O 181/04 – Celanese.

4. Informationspflichten nach dem AktG und dem HGB

18 Eine weitere Pflicht zur Information des Sekundärmarktes statuiert die Entsprechenserklärung zum **Deutschen Corporate Governance Kodex** gem. § 161 AktG. Diese Verpflichtung obliegt dem Vorstand und dem Aufsichtsrat einer börsennotierten Gesellschaft. Vorstand und Aufsichtsrat des Emittenten müssen einmal jährlich erklären, dass dem Deutschen Corporate Governance Kodex entsprochen wird bzw. inwieweit von seinen verbindlichen Bestimmungen abgewichen wird. Darüber hinaus ist durch das Bilanzrechtsmodernisierungsgesetz (BilMoG) die Verpflichtung zur Abgabe einer Erklärung zur Unternehmensführung (§ 289a HGB) hinzugetreten.[1] Strafrechtlich bewehrt sind schließlich gem. § 399 AktG (mindestens bedingt vorsätzlich) falsche Angaben in (Nach-)Gründungs- oder Prüfungsberichten sowie die (ebenfalls mindestens bedingt vorsätzlich) falsche Darstellung über die Verhältnisse der Gesellschaft in der Hauptversammlung gem. § 400 AktG.

C. Schadensersatzhaftung

I. Überblick

19 Hinsichtlich des Schadensersatzverpflichteten ist zwischen der Gesellschaft und den Organmitgliedern zu differenzieren. Von Ausnahmen – bedingt – vorsätzlichen Verhaltens abgesehen, folgt das Gesellschafts- und Kapitalmarktrecht dem Konzept der **Organbinnenhaftung**, d.h. die im Außenverhältnis zum Schadensersatz verpflichtete Aktiengesellschaft nimmt im Innenverhältnis gem. §§ 93, 116 AktG ggf. ihre Organmitglieder in Anspruch.[2] Das im Entwurf eines Kapitalmarktinformationshaftungsgesetzes (KapInhG) erstmals enthaltene Konzept der direkten Organaußenhaftung bereits bei grober Fahrlässigkeit wurde im Jahre 2004 nach heftigen Protesten aus Wirtschaft und Wissenschaft zurückgezogen. Die Schutzgesetzqualität vieler Publizitätsvorschriften und daraus resultierende Schadensersatzverpflichtungen der Gesellschaft bei deren Verletzung sind vielfach ungeklärt wie auch die Haftungsverteilung zwischen Organmitgliedern auf Grund bestehender/fehlender Ressortverantwortlichkeit.[3]

Wesentliche Haftungsgrundlage für fehlerhafte Primärmarktinformationen ist die börsengesetzliche Prospekthaftung. Wesentliche Haftungsgrundlage für fehlerhafte Sekundärmarktinformationen ist neben den §§ 37b, c WpHG bei fehlerhafter Ad hoc-Publizität auf Grund mehrerer höchstrichterlicher Entscheidungen nunmehr § 826 BGB. Die **Rechtsfolgen** der jeweiligen Ansprüche sind jedoch **unterschiedlich**. Während für § 826 BGB höchstrichterlich anerkannt ist, dass der Anleger seine Transaktion „rückabwickeln" kann, fehlt eine entsprechende Aussage des BGH zu §§ 37b, c WpHG noch. Die Literatur beschränkt den Anspruch des Anlegers bei §§ 37b, c WpHG überwiegend auf den Ersatz der Kursdifferenz.

---

1 BilMoG (BGBl. I 2009, 1102).
2 Wie hier im Ergebnis *Spindler* in Fleischer, Handbuch des Vorstandsrechts, § 13 Rz. 33.
3 Eingehend zu Überwachungspflichten des Leiters eines „sachnahen" Vorstandsressorts *Habersack*, Urteilsanmerkung zu VG Frankfurt a.M. v. 8.7.2004, WM 2005, 2360 ff. sowie *Fleischer* in Fleischer, Handbuch des Vorstandsrechts, § 8 Rz. 8 ff.

II. Haftung für fehlerhafte Information des Primärmarktes

1. Börsengesetzliche Prospekthaftung

Die Pflicht zur Information des Primärmarktes mittels Wertpapierprospekten wird flankiert von der Prospekthaftung nach §§ 44–47 BörsG. Sie spiegelt den Schutzzweck der Verpflichtung des Prospektverantwortlichen zur möglichst vollständigen Aufklärung über sämtliche für die Anlageentscheidung maßgeblichen Umstände wieder. Durch umfassende Aufklärung gegenüber den mit dem Prospekt geworbenen Interessenten soll deren **Recht zur selbstbestimmten Verwendung ihres Vermögens** sichergestellt werden.[1] Dementsprechend wird dem geschädigten Anleger im Falle eines in wesentlichen Punkten fehlerhaften oder unvollständigen Prospekts die Möglichkeit eingeräumt, seinen Erwerbspreis bzw., falls niedriger, den Ausgabepreis gegen Rückgabe der Wertpapiere zurückzuerhalten. 20

Die **Prospekthaftung** knüpft an ein sog. **typisiertes Vertrauen** des Anlegers auf die Richtigkeit und Vollständigkeit der von den Prospektverantwortlichen gemachten Angaben an. Gem. § 44 Abs. 1 Satz 1 BörsG sind objektive Tatbestandsvoraussetzungen für die Prospekthaftung das Vorliegen unrichtiger oder unvollständiger wesentlicher Angaben in einem Wertpapierprospekt. Der Anspruchsgegner muss ein Prospektverantwortlicher oder -erlasser sein. Darüber hinaus muss der Anspruchsteller die Wertpapiere innerhalb von sechs Monaten nach ihrer erstmaligen Einführung und nach der Veröffentlichung des Prospekts erworben haben. Der Anleger als Anspruchsteller muss das Vorliegen dieser objektiven Tatbestandsvoraussetzungen beweisen. Die Prospekthaftung scheidet aus, wenn die **Gesellschaft** oder ein sog. **Prospektveranlasser**[2] als Anspruchsgegner nachweisen kann, dass er die Unrichtigkeit oder die Unvollständigkeit der Prospektangaben nicht gekannt hat und seine Unkenntnis nicht auf grober Fahrlässigkeit beruhte. 21

Anknüpfungspunkt der Haftung sind die **Richtigkeit** und die **Vollständigkeit** der in dem Prospekt zu machenden **Angaben**. Dies können Tatsachen, Werturteile oder Prognosen sein, soweit sich letztere auf eine hinreichende Tatsachenbasis stützen.[3] Die im Prospekt enthaltenen Angaben sind unrichtig, wenn sie nicht der Wahrheit entsprechen. Maßgeblich ist der Kenntnisstand im Zeitpunkt der Prospektveröffentlichung.[4] Derselbe Zeitpunkt ist für die Unrichtigkeit von im Prospekt enthaltenen Prognosen und Werturteilen relevant. Prognosen und Werturteile sind unrichtig, wenn sie nicht auf Tatsachen gestützt bzw. kaufmännisch nicht vertretbar sind. Angaben sind unvollständig, wenn sie nicht alle für die Anlageentscheidung erheblichen Faktoren enthalten. Im Regelfall ist ein Prospekt, der die von § 7 WpPG i.V.m. den Bestimmungen und Anhängen der Prospektver- 22

---

1 BGH v. 5.7.1993 – II ZR 194/92, BGHZ 123, 106, 112 f. = AG 1994, 32.
2 Typische Anwendungsbeispiele für Prospektveranlasser sind Großaktionäre oder Muttergesellschaften, insbesondere wenn sie im Rahmen der Platzierung eigene Aktien anbieten.
3 BGH v. 12.7.1982 – II ZR 175/81, WM 1982, 862, 865 = AG 1982, 278 – BuM; *Krämer* in Marsch-Barner/Schäfer, Handbuch börsennotierte AG, § 10 Rz. 321.
4 OLG Frankfurt v. 1.2.1994 – 5 U 213/92, WM 1994, 291, 295 = AG 1994, 184.

ordnung geforderten Angaben enthält, vollständig.¹ **Maßstab für die Beurteilung** einer Unrichtigkeit oder Unvollständigkeit ist nach höchstrichterlicher Rechtsprechung der aufmerksame Leser und durchschnittliche Anleger, der zwar eine Bilanz zu lesen versteht, aber über kein überdurchschnittliches Fachwissen verfügt.² In der Literatur ist dieser Befund dahin weiterentwickelt worden, dass fast im gesamten Kapitalmarktinformationsrecht der **verständige Anleger** als Beurteilungsmaßstab herangezogen wird.³ Die Unrichtigkeit eines Prospekts kann sich bei zutreffenden Einzelangaben auch daraus ergeben, dass der Prospekt einen unrichtigen oder unvollständigen Gesamteindruck hinsichtlich der Vermögens-, Ertrags- und Liquiditätslage des Emittenten vermittelt.⁴ Umgekehrt fallen bei einem richtigen und vollständigen **Gesamteindruck** marginale Fehler nicht ins Gewicht. Durch etwaige Tipp- oder Schreibfehler oder stilistische Gestaltungsmängel wird ein Prospekt nicht unrichtig, sofern er in der Gesamtschau verständlich bleibt.

23 Die Billigung des Prospektes durch die BaFin nach § 13 WpPG bedeutet nicht, dass der Prospekt i.S. von § 44 BörsG richtig und vollständig ist. Diese Frage ist unabhängig von § 5 Abs. 1 WpPG zu beurteilen.⁵ Denn die BaFin nimmt keine umfassende inhaltliche Prüfung vor.⁶ Trotz Beachtung der §§ 5–7 WpPG kann ein Prospekt also unrichtig sein. **Maßgeblicher Zeitpunkt** für die Richtigkeit und Vollständigkeit ist die **Veröffentlichung des Prospektes**. Wenn der Prospekt auf Grund nachfolgender Ereignisse unrichtig wird, ist dies grundsätzlich nicht prospekthaftungsrelevant.⁷ Allerdings werden solche Ereignisse regelmäßig eine Ad hoc-Publizitätspflicht oder – je nach Fallgestaltung – eine **Prospektnachtragspflicht** nach § 16 WpPG auslösen.⁸

24 Eine Unrichtigkeit oder Unvollständigkeit von Prospektangaben führt nur dann zu einer Haftung, wenn diese für die Beurteilung der Wertpapiere durch einen aufmerksamen Leser und durchschnittlichen Anleger von wesentlicher Bedeutung sind.⁹ Die Wesentlichkeit der Angaben ist dann zu bejahen, wenn sie **wertbildende Faktoren** für die Anlageentscheidung betreffen. Weicht zum Beispiel die Darstellung der Geschäftsaussichten nicht nur unwesentlich von der tatsächlichen Lage im Zeitpunkt der Prospektveröffentlichung ab, handelt es sich regelmäßig um eine Angabe von wesentlicher Bedeutung. Dagegen ist einer fehlerhaften Angabe zu Zahlstellen oder zu unwesentlichen Tochtergesellschaften im

---

1 Ausführlich dazu *Groß*, Kapitalmarktrecht, §§ 44, 45 BörsG Rz. 45 ff.
2 BGH v. 12.7.1982 – II ZR 175/81, AG 1982, 278.
3 *Fleischer*, Gutachten F zum 64. DJT, S. F 44 f.; *Groß*, Kapitalmarktrecht, §§ 44, 45 BörsG Rz. 41; *Habersack* in Habersack/Mülbert/Schlitt, Handbuch Kapitalmarktinformation, § 28 Rz. 15; *Veil*, ZBB 2006, 162, 164 f. m.w.N.
4 BGH v. 12.7.1982 – II ZR 175/81, WM 1982, 862, 863 = AG 1982, 278.
5 Vgl. *Hopt* in Baumbach/Hopt, HGB, 33. Aufl. 2008, BörsG 44 (14) Rz. 7; hinsichtlich der Vollständigkeit hat die Billigung jedoch eine starke Indizwirkung; näher *Krämer* in Marsch-Barner/Schäfer, Handbuch börsennotierte AG, § 10 Rz. 326 ff.
6 *Krämer* in Marsch-Barner/Schäfer, Handbuch börsennotierte AG, § 10 Rz. 331; *Mülbert/ Steup*, WM 2005, 1633, 1640; *Barta*, NZG 2005, 305, 307.
7 OLG Frankfurt v. 10.5.2005 – 5 U 133/03, AG 2006, 162, 165.
8 Dazu *Groß*, Kapitalmarktrecht, §§ 44, 45 BörsG Rz. 55 ff.
9 *Mülbert/Steup* in Habersack/Mülbert/Schlitt, Unternehmensfinanzierung am Kapitalmarkt, § 33 Rz. 42.

Prospekt keine wesentliche Bedeutung beizumessen.[1] Des Weiteren ist nicht jede der Pflichtangaben nach § 7 WpPG i.V.m. der Prospektverordnung als wesentlich anzusehen.[2] Gem. § 45 Abs. 2 Nr. 2 BörsG ist darüber hinaus eine Haftung ausgeschlossen, wenn die Unrichtigkeit oder Unvollständigkeit der Angaben nicht zu einer Minderung des Börsenpreises der Wertpapiere beigetragen hat. Für diesen Haftungsausschluss ist jedoch die Gesellschaft als Anspruchsgegner beweispflichtig.

Anspruchsverpflichtete nach der Prospekthaftung sind die Prospektverantwortlichen nach § 44 Abs. 1 Satz 1 Nr. 1 BörsG und die Prospektveranlasser nach § 44 Abs. 1 Satz 1 Nr. 2 BörsG. Prospektverantwortliche sind die Unterzeichner des Prospekts sowie diejenigen Personen, die i.S. von § 5 Abs. 4 WpPG im Prospekt als Prospektverantwortliche aufgeführt werden.[3] Prospektveranlasser sind Personen, die nicht nach außen erkennbar für den Prospekt einstehen, sondern als dessen tatsächliche Urheber in der Sache hinter dem Prospekt stehen.[4] Typischerweise sind dies Personen mit einem eigenen wirtschaftlichen Interesse, oder solche, die auf die Erstellung des Prospekts maßgeblichen Einfluss genommen haben.[5] In der Regel sind dies eine Beteiligung veräußernde Großaktionäre im Rahmen von Sekundärplatzierungen oder eine Konzernmuttergesellschaft bei der Emission ihrer Finanzierungstochtergesellschaft. Aber auch die Mitglieder des Vorstands und des Aufsichtsrats eines Emittenten kommen als **Prospektverantwortliche** und **Prospekterlasser** in Betracht, wenn sie entsprechend den genannten Grundsätzen die Prospektherstellung wesentlich steuern und ein über ihre Organstellung hinausgehendes **erhebliches geschäftliches Eigeninteresse an der Emission** haben.[6] Unter welchen Voraussetzungen ein solches haftungsbegründendes Eigeninteresse von Organmitgliedern vorliegt, ist im Einzelnen noch ungeklärt.[7] Es reicht zur Haftungsbegründung jedoch nicht aus, lediglich zum Zeitpunkt der Prospekterstellung Mitglied des Vorstands des Emittenten gewesen zu sein.[8] Es ist hervorzuheben, dass die Kombination von Organstellung und substantiellem wirtschaftlichem Eigeninteresse am Gelingen der Transaktion die einzige Fallkonstellation ist, in der Organmitglieder bei Prospektmängeln wegen Informationspflichtverletzung des Primärmarktes bereits bei grob fahrlässigem Verhalten schadensersatzpflichtig werden können.[9]

---

1 BT-Drucks. 13/8933, S. 76, re. Sp. für das wenig ergiebige Beispiel der Zahlstellenangabe.
2 *Groß*, Kapitalmarktrecht, §§ 44, 45 BörsG Rz. 55, 68; *Krämer* in Marsch-Barner/Schäfer, Handbuch börsennotierte AG, § 10 Rz. 326.
3 *Groß*, Kapitalmarktrecht, §§ 44, 45 BörsG Rz. 30.
4 BT-Drucks. 13/8933, S. 78, li. Sp.
5 BT-Drucks. 13/8933, S. 78, li. Sp.
6 *Groß*, Kapitalmarktrecht, §§ 44, 45 BörsG Rz. 35.
7 BGH v. 5.7.1993 – II ZR 194/92, BGHZ 123, 106, 110 = AG 1994, 32 bejaht – zu weitgehend – ohne nähere Begründung die Prospektverantwortlichkeit des Vorstandsvorsitzenden einer Aktiengesellschaft.
8 *Fleischer* in Fleischer, Handbuch des Vorstandsrechts, § 14 Rz. 15; *Krämer* in Marsch-Barner/Schäfer, Handbuch börsennotierte AG, § 10 Rz. 352.
9 Hierbei kann nur im konkreten Einzelfall entschieden werden, ab welcher prozentualen Schwelle oder absoluten Betrag ein solches eigenständiges Interesse anzunehmen ist; zur etwaigen Haftung bei nur leichter Fahrlässigkeit – Inanspruchnahme persönlichen Vertrauens im Rahmen einer Investorenveranstaltung – s. Rz. 32 f.

26 Gem. § 44 Abs. 1 Satz 1 BörsG ist weiterhin erforderlich, dass die Wertpapiere innerhalb einer **Frist** von **sechs Monaten** nach ihrer erstmaligen Börseneinführung bzw. nach der Prospektveröffentlichung erworben wurden. Eine darüber hinausgehende haftungsbegründende Kausalität muss vom Anleger nicht nachgewiesen werden. Allerdings kann die Haftung dadurch ausgeschlossen sein, dass im Gegenzug der Anspruchsverpflichtete gem. § 45 Abs. 2 Nr. 1 BörsG beweist, dass die Wertpapiere nicht auf Grund eines Prospektes erworben wurden. Diesen Beweis könnte der Anspruchsverpflichtete möglicherweise gestützt auf die Rechtsprechung zu § 45 BörsG a.F. antreten.[1] Danach bestand eine Vermutung für die Kausalität zwischen Prospektveröffentlichung und Wertpapiererwerb bei Vorliegen einer positiven **Anlagestimmung**. Bei Aufhebung der Anlagestimmung galt diese Kausalitätsvermutung als widerlegt. Bei dramatischen Kurseinbrüchen kann eine positive Anlagestimmung aufgehoben sein.[2] Ähnliches dürfte für schlechte Quartalsergebnisse, Ad hoc-Meldungen negativen Inhalts sowie nachhaltig negative Presseberichte gelten.[3] In einem solchen Fall könnte entsprechend § 45 Abs. 2 Nr. 1 BörsG ausnahmsweise der Beweis gelingen, dass der Wertpapiererwerb nicht „auf Grund" der Prospektveröffentlichung erfolgt ist.

27 Liegen diese objektiven Tatbestandsvoraussetzungen vor, darf der Anspruch nicht gem. § 45 Abs. 1 BörsG ausgeschlossen sein. Danach ist eine **Exkulpation** des Anspruchsgegners bei unverschuldeter Unkenntnis der Prospektfehlerhaftigkeit möglich. Ein Anspruch scheidet gem. § 44 Abs. 1 Satz 1 BörsG aus, wenn der Anspruchsverpflichtete nachweisen kann, dass er die Unrichtigkeit oder Unvollständigkeit der Prospektangaben **nicht gekannt hat und die Unkenntnis nicht auf grober Fahrlässigkeit beruht**. Grob fahrlässig handelt, wer die im Verkehr übliche Sorgfalt in besonders hohem Masse außer Acht lässt. Dabei ist anhand der Umstände, welche in der handelnden Person und in dem konkreten Sachverhalt begründet sind, zu ermitteln, welche Sorgfalt im Einzelfall erforderlich war.[4] Für die Prospekterstellung und -veröffentlichung gilt als **Maßstab für die Bestimmung der Sorgfaltspflichten** die Nähe zur Information und die Einbindung in die Prospekterstellung.[5] Je nach Unternehmensgröße werden jedenfalls der Finanzvorstand oder ein anderes Vorstandsmitglied des Emittenten die Prospekterstellung und die **Organisation der hierfür erforderlichen Unternehmensinformation** steuern und für eine Delegation des Projektmanagements an die zweite Führungsebene (Leiter Recht, Leiter Finanzen, Vorstandsstab) mit entsprechenden Be-

---

1 S. auch *Groß*, Kapitalmarktrecht, §§ 44, 45 BörsG Rz. 70; u.U. kann das Papier jedoch auch dann „auf Grund" des Prospekts erworben sein, wenn der Anleger den Prospekt überhaupt nicht erhalten hat, BGH v. 3.12.2007 – II ZR 21/06, AG 2008, 260 = WuB I G 8. – 1.09 m. Anm. *Hauptmann/Burianski*.
2 OLG Frankfurt v. 27.3.1996 – 21 U 92/95, WM 1996, 1216, 1219.
3 S. auch *Groß*, Kapitalmarktrecht, §§ 44, 45 BörsG Rz. 70; *Habersack* in Habersack/Mülbert/Schlitt, Handbuch Kapitalmarktinformation, § 28 Rz. 37; *Krämer* in Marsch-Barner/Schäfer, Handbuch börsennotierte AG, § 10 Rz. 340.
4 Zur Fahrlässigkeit im Allgemeinen s. *Heinrichs* in Palandt, 68. Aufl. 2009, § 276 BGB Rz. 12 ff. und zur groben Fahrlässigkeit im Einzelnen *Heinrichs* in Palandt, 68. Aufl. 2009, § 277 BGB Rz. 4 ff.
5 *Groß*, Kapitalmarktrecht, §§ 44, 45 BörsG Rz. 76; *Habersack* in Habersack/Mülbert/Schlitt, Handbuch Kapitalmarktinformation, § 28 Rz. 37.

richtspflichten Sorge tragen. Insoweit müssen sie hohen Anforderungen an die von ihnen zu beachtende Sorgfalt genügen. Die Verkehrsüblichkeit dieser Sorgfaltspflichten ist danach zu bestimmen, wie die verantwortlichen Vorstände vergleichbarer Gesellschaften bei der Prospekterstellung für dessen Richtigkeit und Vollständigkeit sorgen.

Bei großen Unternehmen wird sich die Involvierung eines Vorstands bei der Prospekterstellung in der Auswahl und punktuellen Überwachung der Arbeit seiner Mitarbeiter und der Emissionsbegleiter sowie der Resultatskontrolle erschöpfen (Mitgliedschaft im sog. „Steering Committee"). Ähnliches gilt für ein Aufsichtsratsmitglied des Emittenten, wenn es in den Prozess der Prospekterstellung z.B. wegen einer Umplatzierungskomponente des Mehrheitsgesellschafters eingebunden ist. Gem. § 45 Abs. 1 BörsG **trifft den Anspruchsverpflichteten die Beweislast** für das Vorliegen seiner nicht auf grober Fahrlässigkeit beruhenden Unkenntnis der Prospektfehlerhaftigkeit. In der Gerichtspraxis wird dieser Beweis jedenfalls für den Emittenten in der Regel schwer zu erbringen sein. Einem Vorstandsmitglied dürfte regelmäßig der Beweis der (nicht grobfahrlässigen) Unkenntnis schwer fallen, wenn er nicht seine Überwachungs- und Ergebniskontrolle während der Prospekterstellung hinlänglich dokumentiert hat. Für „einfache" Aufsichtsratsmitglieder sollten dagegen die Anforderungen nicht überspannt werden, zumal bei größeren börsennotierten Gesellschaften eine Prüfung des Prospekts durch das Aufsichtsratsplenum von vornherein nicht opportun erscheint.

Liegen die Anspruchsvoraussetzungen vor und bestehen keine Ausschlussgründe, kann ein Anleger Schadensersatz verlangen. Der **Umfang des Schadensersatzanspruches** ergibt sich aus § 44 Abs. 1 Satz 1, 2 und Abs. 2 BörsG. Der Anleger wird so gestellt, als ob er die Wertpapiere nie erworben hätte. Der Schadensersatz umfasst danach grundsätzlich den Erwerbspreis zuzüglich Erwerbsnebenkosten. Bei einem zwischenzeitlichen Kursgewinn kann jedoch nur der Erwerbspreis in Höhe des Ausgabepreises verlangt werden. Diese vom BörsG angeordneten Rechtsfolgen gehen als lex specialis den §§ 57, 71 AktG vor.[1] Ebenso geht die Haftung für fehlerhafte Ad hoc-Mitteilungen nach zutreffender Ansicht des BGH den §§ 57, 71 AktG vor.[2] Dieses Ergebnis ist auf die Prospekthaftung zu übertragen.[3]

28

Bei zwischenzeitlicher Weiterveräußerung hat der Anleger einen Anspruch auf Zahlung des Betrages, der sich nach Abzug des Veräußerungspreises vom Erwerbspreis ergibt, zuzüglich der Erwerbs- und Veräußerungsnebenkosten. Der Erwerbspreis ist in diesem Fall nur bis zur Höhe des Ausgabepreises als Rechengröße anzurechnen. Eine **Kürzung des Anspruchs wegen etwaigen Mitverschul-**

29

---

[1] Übersicht über den Meinungsstand bei *Groß*, Kapitalmarktrecht, §§ 44, 45 BörsG Rz. 10 ff.; bejahend auch *Krämer* in Marsch-Barner/Schäfer, Handbuch börsennotierte AG, § 10 Rz. 344.
[2] BGH v. 9.5.2005 – II ZR 287/02, AG 2005, 609, 610 f. – EM.TV; BGH v. 26.6.2006 – II ZR 153/05, AG 2007, 169 – ComRoad III.
[3] Für den Vorrang der Prospekthaftung auch *Groß*, Kapitalmarktrecht, §§ 44, 45 BörsG Rz. 14 ff.; *Habersack* in Habersack/Mülbert/Schlitt, Handbuch Kapitalmarktinformation, § 28 Rz. 8.

dens des Anlegers (z.B. Nichtveräußerung trotz fallender Kurse) nach den allgemeinen Grundsätzen des § 254 BGB kommt bei der Prospekthaftung nach herrschender Meinung **grundsätzlich nicht in Betracht**.[1] Vielmehr ist der Fall des relevanten Mitverschuldens des Anlegers (positive Kenntnis der Unrichtigkeit) abschließend spezialgesetzlich als Haftungsausschlussgrund gem. § 45 Abs. 2 Nr. 3 BörsG geregelt.

30 Die Vorschriften der §§ 44–47 BörsG sind mit Modifikationen gem. § 13 VerkProspG entsprechend anzuwenden bei fehlerhaften Verkaufsprospekten für Wertpapiere, die nicht zum Handel an einer inländischen Börse zugelassen sind, bzw. für Vermögensanlagen i.S. von § 8f Abs. 1 VerkProspG, für die deshalb das WpPG nicht gilt. Besonderheiten bestehen insbesondere insoweit, als gem. § 13 Nr. 1 VerkProspG die Frist des § 44 Abs. 1 Satz 1 BörsG nicht ab der erstmaligen Börseneinführung zu laufen beginnt, sondern ab dem erstmaligen öffentlichen Angebot im Inland.[2] Im Falle fehlenden Verkaufsprospekts trotz bestehender gesetzlicher Prospektpflicht bestimmt sich die Haftung nach § 13a VerkProspG.[3]

2. Bürgerlich-rechtliche Prospekthaftung

a) Typisiertes Vertrauen

31 Neben der spezialgesetzlichen Prospekthaftung für Börsenzulassungsprospekte und sonstige Verkaufsprospekte hat die Rechtsprechung auf Basis der in § 311 Abs. 2 BGB normierten *culpa in contrahendo* die bürgerlich-rechtliche Prospekthaftung **im engeren Sinne** zur Schließung von Haftungslücken entwickelt. Sie knüpft ebenso wie die spezialgesetzliche Prospekthaftung an das **typisierte Vertrauen** des Anlegers auf die Richtigkeit und die Vollständigkeit der von den Prospektverantwortlichen gemachten Angaben an. Ihr Anwendungsbereich wurde jedoch durch eine jüngere Entscheidung des BGH überraschend ausgeweitet (s. dazu sogleich Rz. 32). Daneben wurde die bürgerlich-rechtliche Prospekthaftung **im weiteren Sinne** entwickelt. Diese beruht jedoch auf der Inanspruchnahme **persönlichen Vertrauens**. Sie betrifft zum Beispiel Finanzvertriebe, die Anlageobjekte anhand von Prospekten vertreiben. Auch der Anwendungsbereich der bürgerlich – rechtlichen Prospekthaftung im engeren Sinne ist jedoch eingeschränkt. Sie greift nur bei Haftungslücken.[4] Diejenigen Pflichten zur Information des Primärmarktes, welche eine Prospektpflicht nach sich ziehen, sind abschließend im WpPG und im VerkProspG geregelt. Daher kommt der Anwen-

---

1 *Ehricke* in Hopt/Voigt, Prospekt- und Kapitalmarktinformationshaftung, S. 242f.; *Mülbert/Steup* in Habersack/Mülbert/Schlitt, Unternehmensfinanzierung am Kapitalmarkt, § 33 Rz. 124 m.w.N. auch zur entgegengesetzten Ansicht.
2 Eine weitere spezialgesetzliche Prospekthaftungsnorm ist § 127 InvG. Sie gilt jedoch lediglich für inländische Investmentvermögen, soweit diese in Form von Investmentfonds oder Investmentaktiengesellschaften gebildet werden.
3 Näher zur Haftung gem. §§ 13, 13a VerkProspG *Groß*, Kapitalmarktrecht, §§ 13, 13a VerkProspG; *Habersack* in Habersack/Mülbert/Schlitt, Handbuch Kapitalmarktinformation, § 28 Rz. 59ff.
4 *Heinrichs* in Palandt, 68. Aufl. 2009, § 311 BGB Rz. 67ff. (Bauträgermodelle und Altfälle).

dung der bürgerlich-rechtlichen Prospekthaftung im engeren Sinne bei prospektunterlegten Emissionen in der Kapitalmarktpraxis kaum Bedeutung zu.[1]

b) Haftung aus Verschulden bei Vertragsschluss bei Inanspruchnahme persönlichen Vertrauens

Für Falschinformationen im Bereich des Primärmarktes hat der BGH in einer neueren viel beachteten Entscheidung darüber hinaus eine **Organaußenhaftung** nach den Grundsätzen der *culpa in contrahendo* bejaht.[2] Zwei Vorstände hatten auf einer Investorenveranstaltung zum Verkauf von Aktien falsche Angaben zu einem angeblichen „Finanzpolster" der Gesellschaft in Höhe von 20 Mio. Euro gemacht. Der BGH rechtfertigt die Haftung aus § 311 Abs. 2 Nr. 2, Abs. 3 BGB mit einem Erst-Recht-Schluss zu den Grundsätzen der bürgerlich-rechtlichen Prospekthaftung, obwohl im konkreten Fall kein Prospekt in deren Sinne vorlag. Wenn schon ein typisiertes Vertrauen der Anleger (Prospekt) eine persönliche Haftung der Organmitglieder auslösen könne, müsse dies erst Recht für in Anspruch genommenes **besonderes persönliches Vertrauen** gelten. Die beiden Vorstände waren danach persönlich verpflichtet, den Anlegern über alle für die Anlageentscheidung wesentlichen Umstände richtige und vollständige Auskunft zu geben. Die **Kausalität** der Falschangabe für die Entscheidung wird genau wie bei Fehlern in einem schriftlichen Prospekt **vermutet**. Inhalt des Anspruches ist Zahlung des Erwerbspreises Zug-um-Zug gegen Rückübertragung der Aktien auf die Organmitglieder.[3]

32

Die Entscheidung soll zwar nur für „Risikokapital" gelten, weil solches Kapital typischerweise ohne Sicherheiten gegeben werde.[4] Welche Anlageklassen konkret erfasst werden, macht der BGH jedoch nicht deutlich.

Die **Sprengkraft dieser Entscheidung** liegt in zwei Umständen begründet. Erstens haften die Organmitglieder schon für Falschinformationen aufgrund **leichter Fahrlässigkeit**. Eine Haftungsbeschränkung auf grobe Fahrlässigkeit, wie sie im Gebiet der bürgerlich-rechtlichen Prospekthaftung zu finden ist, hat der BGH nicht vorgenommen. Es fehlt des Weiteren eine ausdrückliche Begrenzung dieser neuen Haftungsgrundsätze auf Äußerungen auf dem Primärmarkt oder auf solche Äußerungen, die in unmittelbarer physischer Gegenwart der betroffenen Investoren getätigt werden. Damit rücken **alle freiwilligen Elemente der Kapitalmarktkommunikation** (z.B. Interviews oder Bilanzpressekonferenzen im TV oder auf der Homepage des Unternehmens, Analystenkonferenzen) in den Fokus, die sich zu einem oder mehreren Organmitgliedern zurückverfolgen lassen.[5] Die Ent-

33

---

1 OLG Frankfurt v. 6.7.2004 – 5 U 122/03, ZIP 2004, 1411, 1415; *Habersack* in Habersack/Mülbert/Schlitt, Handbuch Kapitalmarktinformation, § 28 Rz. 73; zur möglichen Bedeutung bei sog. Informationsmemoranden ausführlich *Groß*, Kapitalmarktrecht, §§ 44, 45 BörsG Rz. 26 ff.
2 BGH v. 2.6.2008 – II ZR 210/06, AG 2008, 662, 663.
3 BGH v. 2.6.2008 – II ZR 210/06, AG 2008, 662, 664, 666.
4 BGH v. 2.6.2008 – II ZR 210/06, AG 2008, 662, 664.
5 *Mülbert/Leuschner*, JZ 2009, 158, 159; s. auch unten Rz. 79 zur freiwilligen Kommunikation; i.E. schon vor diesem Urteil befürwortend *Hellgardt*, S. 221 f., allerdings nicht ausdrücklich zur Außenhaftung.

scheidung sieht sich deshalb berechtigter Kritik aus der Literatur ausgesetzt. Die Haftung für leichte Fahrlässigkeit werde zu einem Rückgang der freiwilligen Kapitalmarktkommunikation führen, der die Informationseffizienz zu beeinträchtigen geeignet sei. Eine **Beschränkung auf grobe Fahrlässigkeit** sei daher **zwingend geboten** und auch die Verjährung des Anspruchs sei an der kurzen Verjährung der Prospekthaftung nach § 46 BörsG zu orientieren.[1] Die Entscheidung ist im Übrigen inkonsistent zu den hohen Anforderungen an eine Außenhaftung bei fehlerhaften Ad hoc-Mitteilungen, ohne insoweit eine Änderung der Rechtsprechung anzudeuten.[2] Grundsätzlich ist eine Beschränkung des Anspruchs nach § 254 BGB denkbar. Im konkreten Falle hat der BGH sich nicht zum Mitverschulden geäußert.

3. Deliktsrechtliche Informationshaftung

34 Neben der spezialgesetzlichen Prospekthaftung ist auch eine deliktsrechtliche Informationshaftung sowohl der Gesellschaft als auch der Organmitglieder denkbar. Gem. § 47 Abs. 2 BörsG bleiben weitergehende Ansprüche wegen – auch bedingt – vorsätzlicher und grob fahrlässiger unerlaubter Handlungen neben prospektrechtlichen Ansprüchen unberührt. Eine **Organaußenhaftung** gegenüber den Anlegern nach § 823 Abs. 1 BGB kommt jedoch nicht in Betracht. Insoweit fehlt es an einer Verletzung der von § 823 Abs. 1 BGB geschützten absoluten Rechtsgüter der Anleger (wie z.B. Eigentum, Gesundheit etc.) durch die fehlerhafte Primärmarktinformation. Ein etwaiger Schaden aus Prospekthaftung stellt demgegenüber einen nicht über § 823 Abs. 1 BGB ersatzfähigen Vermögensschaden dar.

a) Haftung aus § 823 Abs. 2 BGB i.V.m. einem Schutzgesetz

35 Im Falle **fehlerhafter Information des Primärmarktes** kommt **in Ausnahmefällen** auch eine Haftung aus § 823 Abs. 2 BGB in Betracht. Zusätzliche Voraussetzung sind indes die Verletzung eines Schutzgesetzes, ein dadurch entstandener zurechenbarer Schaden, die Rechtswidrigkeit des Handelns sowie ein Verschulden des Handelnden. Darüber hinaus muss das Schutzgesetz Pflichten gerade für die Organmitglieder und nicht nur für den Emittenten begründen.

36 **Schutzgesetz** ist jedes Gesetz i.S. des Art. 2 EGBGB, welches neben dem Schutz der Allgemeinheit gerade auch den Schutz des Einzelnen, hier des Anlegers als Anspruchsteller bezweckt. Nach bisheriger Rechtsprechung des Bundesgerichtshofes sind die meisten Bestimmungen des Aktien- und Kapitalmarktrechts keine Schutzgesetze.[3] Sie sollen die Funktionsfähigkeit des Kapitalmarktes im All-

---

1 *Mülbert/Leuschner*, JZ 2009, 158, 161; *Klöhn*, LMK 2008, 267718.
2 Es ist deshalb davon auszugehen, dass der BGH die Verschärfung nur bei persönlichem Kontakt mit Investoren für bereits börsenzugelassene Aktien und nicht bei der Kommunikation mit einem potentiell unbegrenzten Personenkreis angewandt wissen will. Im Übrigen handelte es sich um einen extremen Sachverhalt, der weit von den Usancen einer professionell vorbereiteten Roadshow entfernt war. Grobe Fahrlässigkeit oder bedingter Vorsatz waren wohl ebenfalls leicht zu bejahen gewesen.
3 Näher *Fleischer* in Fleischer, Handbuch des Vorstandsrechts, § 14 Rz. 21 m.w.N.

gemeinen sicherstellen. Der einzelne Kapitalanleger wird dagegen in der Regel nur in Form eines Reflexes mitgeschützt. In Bezug auf die in § 5 WpPG geregelten Prospektanforderungen lässt sich vertreten, dass diese sowohl dem Interesse der Allgemeinheit an einem funktionierenden Kapitalmarkt als auch dem Schutz des einzelnen Anlegers dienen. Durch die umfassende Transparenz zu Gunsten des mit dem Prospekt geworbenen Interessenten soll – auch – dessen Recht zur selbstbestimmten Verwendung seines Vermögens sichergestellt werden.[1] Die Anwendbarkeit des § 823 Abs. 2 BGB bei Verletzungen zentraler Bestimmungen des WpPG ist daher streitig.[2] Die Schutzgesetzeigenschaft der §§ 44, 45 BörsG wird im Ergebnis zutreffend überwiegend verneint.[3] Die Pflichten aus § 3 Abs. 1, 3 WpPG treffen darüber hinaus allein den Emittenten und nicht die Verwaltungsmitglieder. Daher scheidet eine Außenhaftung nach § 823 Abs. 2 BGB i.V.m. diesen Vorschriften aus.[4] Andernfalls würde die Wertung der §§ 44 f. BörsG zu den Prospektveranlassern unterlaufen.

Auch **aktienrechtliche (Straf-)Normen** kommen als Schutzgesetz in Betracht. Insbesondere der Strafnorm des § 400 AktG kommt für eine Haftung nach § 823 Abs. 2 BGB in jüngerer Zeit steigende Bedeutung zu. Durch diese Vorschrift wird unmittelbar eine Strafbarkeit von Vorstand und Aufsichtsrat – allerdings nur bei mindestens bedingt vorsätzlichem Verhalten – begründet. Der **Schutzgesetzcharakter** der Norm wird heute einhellig in Rechtsprechung und Schrifttum **bejaht**. Er wurde im Hinblick auf die kapitalmarktrechtliche Informationshaftung u.a. in den Entscheidungen des BGH zu „Infomatec" und „EM.TV" bestätigt.[5] § 400 Abs. 1 Nr. 1 AktG soll auch das Vertrauen potentieller Anleger in die Richtigkeit und Vollständigkeit der Angaben über die Geschäftsverhältnisse schützen. Ein Verstoß gegen § 400 Abs. 1 Nr. 1 AktG liegt u.a. vor, wenn die Jahresabschlüsse vorsätzlich falsch aufgestellt worden sind. Da der Prospekt sog. historische Finanzinformationen enthalten muss, zu denen auch die Jahresabschlüsse der letzten drei Jahre gehören, wird deren erhebliche Fehlerhaftigkeit in der Regel auch zur Prospekthaftung führen.[6]

37

---

1 BGH v. 5.7.1993 – II ZR 194/92, BGHZ 123, 106, 112 f. = AG 1994, 32; im Sinne einer doppelten Schutzrichtung auch *Habersack* in Habersack/Mülbert/Schlitt, Handbuch Kapitalmarktinformation, § 28 Rz. 1.
2 Den Schutzcharakter der §§ 1, 9 VerkProspG a.F. bejahend: *Hüffer*, Das Wertpapier-Verkaufsprospektgesetz, S. 159; gegen eine Einordnung der OWi-Tatbestände in § 30 Nr. 6, 8, 9 WpPG als Schutzgesetze *Mülbert/Steup* in Habersack/Mülbert/Schlitt, Unternehmensfinanzierung am Kapitalmarkt, § 33 Rz. 142, 157.
3 *Habersack* in Habersack/Mülbert/Schlitt, Handbuch Kapitalmarktinformation, § 28 Rz. 58; *Kort*, AG 1999, 9, 18.
4 Anders noch die 1. Auflage. Zutreffend *Mülbert/Steup* in Habersack/Mülbert/Schlitt, Unternehmensfinanzierung am Kapitalmarkt, § 33 Rz. 158.
5 BGH v. 19.7.2004 – II ZR 218/03, BGHZ 160, 134, 140 = AG 2004, 543 – Infomatec I; BGH v. 17.9.2001 – II ZR 178/99, AG 2002, 43; OLG Frankfurt v. 10.5.2005 – 5 U 133/03, AG 2006, 162, 166.
6 Wobei dem letzten Jahresabschluss und einem etwaigen aktuellen Quartalsabschluss auch für Fragen einer Prospekthaftung weit größere Bedeutung als den beiden älteren, „historischen" Abschlüssen, zukommen wird.

38 Die Verletzung eines Schutzgesetzes muss ursächlich für die den Schaden hervorrufende Anlageentscheidung gewesen sein.[1] Daneben muss der Anleger in den persönlichen Anwendungsbereich des Schutzgesetzes einbezogen und der Schaden von dem Sachbereich des jeweiligen Schutzgesetzes erfasst sein. Dies ist anhand der Umstände des Einzelfalles zu entscheiden. Die Rechtswidrigkeit der Handlung wird durch die Schutzgesetzverletzung indiziert.[2] Weiterhin muss das Organmitglied schuldhaft gehandelt haben. Das betroffene Vorstands- oder Aufsichtsratsmitglied muss also das Schutzgesetz vorsätzlich oder fahrlässig verletzt haben. Gem. § 823 Abs. 2 Satz 2 BGB gilt dies auch für solche Schutzgesetze ohne subjektiven Tatbestand. Als Rechtsfolge hat der Geschädigte grundsätzlich Anspruch auf Naturalrestitution i.S. von § 249 BGB in Form der Erstattung des gezahlten Kaufpreises gegen Übertragung der erworbenen Aktien. Dabei ist zu bedenken, dass der Schaden gerade durch die Anlageentscheidung verursacht worden sein muss. Im Gegensatz zur spezialgesetzlichen Prospekthaftung ist hier eine Kürzung des Anspruchs wegen **Mitverschuldens** über § 254 BGB **grundsätzlich denkbar**.

b) Haftung aus § 826 BGB bei Primärmarktplatzierungen

39 Bei **fehlerhafter Information des Primärmarktes** kommt eine Haftung aus § 826 BGB nur im Falle eines besonders verwerflichen Verhaltens der Vorstands- oder Aufsichtsratsmitglieder in Betracht. Im Gegensatz zur nunmehr unter erleichterten Bedingungen anzunehmenden Haftung aus *culpa in contrahendo*[3] ist eine Haftung gem. § 826 BGB aber grundsätzlich auch gegenüber einem unbestimmten Personenkreis möglich. Der Tatbestand des § 826 BGB setzt eine sittenwidrige Handlung, einen dadurch entstandenen Schaden des Anspruchstellers und mindestens (bedingten) Vorsatz des Handelnden voraus. Diese Anspruchsvoraussetzungen sind grundsätzlich schwer nachzuweisen. Insbesondere bereitet die Feststellung der Sittenwidrigkeit in der Praxis Schwierigkeiten. **Sittenwidrigkeit** i.S. von § 826 BGB wird in objektiver Hinsicht definiert als „gegen das Anstandsgefühl aller billig und gerecht Denkenden" verstoßend.[4] Dabei reichen der Verstoß gegen eine gesetzliche Vorschrift und der daraus resultierende Vermögensschaden für die Begründung der Sittenwidrigkeit nicht aus. Die besondere Verwerflichkeit des Verhaltens muss sich darüber hinaus aus dem verfolgten Ziel, den eingesetzten Mitteln, der zutage getretenen Gesinnung oder den eingetretenen Folgen ergeben. Insoweit ist eine **Gesamtbewertung** vorzunehmen. Durch die Bildung von **Fallgruppen** hat die Rechtsprechung als sittenwidrig anzusehende Umstände und Verhaltensweisen konkretisiert. In der Literatur sind Falschinformationen am Kapitalmarkt teilweise in diese Fallgruppen eingeordnet worden.[5] Andererseits wird ein **eigenständiges kapitalmarktrechtliches Konzept** der Sitten-

---

1 Die Rechtsprechung hat zu den Kausalitätserfordernissen ausführlich im Zusammenhang mit § 826 BGB Stellung bezogen. Insoweit wird zu den Ausführungen unter Rz. 43 verwiesen.
2 *Sprau* in Palandt, 68. Aufl. 2009, § 823 BGB Rz. 59.
3 S. dazu oben Rz. 32 f.
4 Ständige Rechtsprechung seit RGZ 48, 114, 124.
5 *Möllers/Leisch* in KölnKomm. WpHG, §§ 37b, c WpHG Rz. 405 ff.

widrigkeit befürwortet.[1] Erhebliche Bedeutung in der Praxis kommt dieser Unterscheidung noch nicht zu. Der BGH hat die Fallgruppen in den Infomatec- und ComRoad-Entscheidungen zu Recht nicht bemüht.[2]

Im Falle fehlerhafter Information des Primärmarktes ist nach der ersten Ansicht die Fallgruppe der „**bewusst unrichtigen Auskunft**" maßgeblich. Bei dieser Fallgruppe wird eine sittenwidrige Handlungsweise angenommen, wenn dem Auskunftsempfänger wissentlich eine Falschinformation mitgeteilt wird, und dieser dadurch bewusst zur Übernahme eines bei Kenntnis der wahren Sachlage nicht vertretbaren Risikos im Rahmen seiner Vermögensdisposition ermutigt wird; ob eine Falschauskunft auch dadurch erfolgen kann, dass im Rahmen der Mitteilung wesentliche Informationen absichtlich verschwiegen werden oder die Mitteilung ganz unterbleibt, ist streitig.[3] Es ist daher im Einzelfall zu prüfen, ob der unrichtige Prospekt im vollen Bewusstsein seiner Fehlerhaftigkeit im Primärmarkt veröffentlicht wurde, für die Anleger bei deren Vermögensdispositionen von besonderer Bedeutung war und zu einem entsprechenden Risiko bzw. Schaden geführt hat. 40

Das anspruchsverpflichtete Vorstands- bzw. Aufsichtsratsmitglied muss bewusst auf die Veröffentlichung des unrichtigen oder unvollständigen Prospekts hingewirkt haben. In diesem Fall ist die Haftung aus § 826 BGB für fehlerhafte Primärmarktinformation nach den gleichen Grundsätzen zu beurteilen wie die Haftung für fehlerhafte Ad hoc-Meldungen. Eine vorsätzliche Beeinflussung des Sekundärmarktpublikums durch eine grob unrichtige Ad hoc-Mitteilung ist danach als besonders verwerflich einzustufen. Ein solches Handeln verstößt nach der Rechtsprechung gegen die Mindestanforderungen am Kapitalmarkt, so dass grundsätzlich ein Ausgleich der dadurch entstandenen Vermögensschäden der Anleger über § 826 BGB geboten ist.[4] Diese **Rechtsprechung hat der BGH auf die Haftung für fehlerhafte Primärmarktinformationen ausgedehnt**.[5] Beide Bestimmungsarten der Sittenwidrigkeit kommen in diesen Fällen zum selben Ergebnis. 41

Darüber hinaus kommt bei fehlerhafter Information des Primärmarktes die Fallgruppe der „**leichtfertigen Irreleitung Dritter durch Fehlinformationen**" in Be- 42

---

1 *Fuchs* in Fuchs, vor §§ 37b und 37c WpHG Rz. 32 ff.; vgl. auch *Hellgardt*, S. 221; *de lege ferenda* auch *Fleischer* in Assmann/Schütze, Handbuch Kapitalanlagerecht, § 7 Rz. 10.
2 BGH v. 7.1.2008 – II ZR 229/05, AG 2008, 252 – ComRoad VI; BGH v. 19.7.2004 – II ZR 402/02, BGHZ 160, 149, 157= AG 2004, 546 – Infomatec II; s. auch unten Rz. 55.
3 S. nur *Möllers/Leisch*, WM 2001, 1648, 1652 ff.; jedenfalls reicht es nicht aus, dass vorhandene Risiken lediglich schwer erkennbar waren, vgl. BGH v. 28.2.2005 – II ZR 13/03, WM 2005, 736; zur Frage der Sittenwidrigkeit bei unterlassener Ad hoc-Mitteilung s. auch Rz. 55.
4 BGH v. 19.7.2004 – II ZR 402/02, BGHZ 160, 149, 157 = AG 2004, 546 – Infomatec II, wobei der BGH allerdings auch bei extrem unseriösen Kapitalmarktinformationen eine konkrete Kausalität für den Willensentschluss des Anlegers verlangt (BGH v. 26.6.2006 – II ZR 153/05, AG 2007, 169 – ComRoad III). Die dort angestellten Erwägungen zur Ablehnung des Anscheinbeweises auf Grund individueller Willens-/Kaufentscheidungen müssten dann allerdings auch für Zeichnungen auf Grund grob (und wissentlich) fehlerhafter Prospekte gelten.
5 BGH v. 7.1.2008 – II ZR 229/05, AG 2008, 252 – ComRoad VI.

tracht.¹ Statt der bewusst unrichtigen Auskunft ist hier die (nur) leichtfertige Fehlinformation ausreichend. Dabei muss erkennbar sein, dass der Inhalt für den Informationsempfänger von besonderer Bedeutung ist. Leichtfertigkeit liegt vor, wenn der Handelnde sich über bestehende Bedenken hinwegsetzt, einen eigenen Vorteil ohne Rücksicht auf die Belange Dritter sucht oder es ihm aus sonstigen Gründen gleichgültig ist, ob und gegebenenfalls welche Folgen sein Verhalten hat.² Dafür genügen etwa nachlässige Angaben „ins Blaue hinein". Die Leichtfertigkeit begründet in diesem Zusammenhang jedoch nur die objektive Sittenwidrigkeit. Der Schädigungsvorsatz ist jedenfalls gesondert festzustellen.³

43 Die sittenwidrige Handlung muss kausal für Schäden bei dem Anspruchsberechtigten gewesen sein. Der Schaden des Anlegers ist regelmäßig darin zu sehen, dass er, infolge falscher und irreführender Informationen über den realen Wert des prospektierten Papiers, dieses entweder zu teuer kauft oder nicht rechtzeitig verkauft.⁴ Letztlich ist somit eine hypothetische Bewertung der Wertpapiere bei richtigem bzw. vollständigem Prospekt vorzunehmen. Die **haftungsbegründende Kausalität** stellt darauf ab, ob die Falschinformation ursächlich für die Anlageentscheidung war.⁵ Die Falschinformation muss den Anleger daher zum Kauf oder Verkauf von Wertpapieren veranlasst haben.⁶ Die diesbezügliche Beweisführung stellt sich im Rahmen des Schadensersatzprozesses für den betroffenen Anleger regelmäßig als problematisch dar.⁷ Die Rechtsprechung lässt es zwar grundsätzlich ausreichen, wenn durch die Verletzung der Informationspflicht ein Einfluss auf die Anlageentscheidung des Investors ausgeübt worden ist. Der Anleger trägt jedoch die volle Darlegungs- und Beweislast für diese Kausalbeziehung. **Beweiserleichterungen** in Form des Nachweises einer nur generellen Kausalität des Prospektmangels hat der Bundesgerichtshof ebenso wie bei fehlerhaften Ad hoc-Mitteilungen auch im Falle einer etwaigen Haftung nach § 826 BGB für fehlerhafte Information des Primärmarktes **abgelehnt**.⁸

44 Der Anspruchsverpflichtete muss zumindest bedingt **vorsätzlich** gehandelt haben. Ein Bewusstsein des Vorstands- oder Aufsichtsratsmitglieds hinsichtlich der Sittenwidrigkeit seines deliktischen Handelns ist hingegen nicht erforderlich.⁹ Allerdings bedarf es eines Schädigungsvorsatzes im Sinne eines Wissens und Wollens der Schädigung des Anspruchstellers durch die sittenwidrige Handlung, wobei Eventualvorsatz genügt. Der Handelnde braucht nicht im Einzelnen

---

1 Vgl. *Möllers/Leisch*, WM 2001, 1648, 1653 ff.
2 BGH v. 24.9.1991 – VI ZR 293/90, WM 1991, 2034; im Zusammenhang mit fehlerhaften Ad hoc-Mitteilungen *Möllers/Leisch* in KölnKomm. WpHG, §§ 37b, c WpHG Rz. 417.
3 S. nur *Möllers/Leisch* in KölnKomm. WpHG, §§ 37b, c WpHG Rz. 417.
4 *Veil*, ZHR 167 (2003), 365, 386.
5 BGH v. 5.7.1993 – II ZR 194/92, BGHZ 123, 106, 111 = AG 1994, 32.
6 BGH v. 19.7.2004 – II ZR 218/03, BGHZ 160, 134, 147 = AG 2004, 543 – Infomatec I.
7 Näheres zu den Beweisschwierigkeiten der Anleger bei Schadensersatzansprüchen wegen Falschinformationen und möglichen Lösungsalternativen, *Veil*, BKR 2005, 91, 95 m.w.N.; *Veil*, ZHR 167 (2003), 365, 375 f.; s. auch *Baums*, ZHR 167 (2003), 139, 141, 151.
8 BGH v. 4.6.2007 – II ZR 147/05, AG 2007, 620, 622 f. – ComRoad IV; BGH v. 7.1.2008 – II ZR 229/05, AG 2008, 252, 253 – ComRoad VI; BGH v. 3.3.2008 – II ZR 310/06, AG 2008, 377, 379 – ComRoad VII.
9 *Kiethe*, NZG 2005, 333, 334 m.w.N.

zu wissen, welche Anleger konkret durch sein Verhalten geschädigt werden. Es reicht aus, dass er die Umstände und die Möglichkeit eines Schadenseintritts vorausgesehen und billigend in Kauf genommen hat. Bei Primärmarktinformationen im Wege der Prospektveröffentlichung wissen die beteiligten Vorstände und Aufsichtsräte, dass die Anlageentscheidungen im Markt auf der Grundlage des Prospekts getroffen werden. Es wird daher regelmäßig davon auszugehen sein, dass Eventualvorsatz im Hinblick auf daraus resultierende Schäden der Anleger vorliegt.[1]

Bestehen diese Anspruchsvoraussetzungen, hat der Anleger Anspruch auf Ersatz seines Schadens, soweit dieser kausal durch die vom Prospekt beeinflusste Anlageentscheidung entstanden ist. Als **ersatzfähiger Schaden** im Rahmen des § 826 BGB kommt jede Beeinträchtigung eines anerkannten Interesses und jede Belastung mit einer ungewollten Verpflichtung in Betracht[2], einschließlich reiner Vermögensschäden. Der Anleger hat grundsätzlich Anspruch auf **Naturalrestitution** gem. § 249 BGB in Form der Erstattung des gezahlten Kaufpreises gegen Übertragung der erworbenen Aktien.[3] Er bleibt jedoch verpflichtet, substantiiert vorzutragen, dass die vom Prospekt beeinflusste Anlageentscheidung genau diesen Schaden hervorgerufen hat.[4]

III. Haftung für fehlerhafte Information des Sekundärmarktes

1. Haftung für unterlassene oder fehlerhafte Ad hoc-Mitteilungen

Eine traurige Prominenz haben fehlerhafte Ad hoc-Mitteilungen erhalten, da insbesondere zu Zeiten des Neuen Marktes dieses Instrument vergleichsweise häufig gebraucht wurde, um die Anlegerschaft zu täuschen.

a) Spezialgesetzliche Haftung

Gem. § 15 WpHG ist der Emittent von Finanzinstrumenten zur rechtzeitigen Veröffentlichung von Ad hoc-Mitteilungen verpflichtet. Dies bedeutet, dass für die Kursentwicklung aus ex ante-Sicht wesentliche Informationen weder unvollständig noch verspätet veröffentlicht werden dürfen. Auch wenn gem. §§ 37b, 37c WpHG, die in ihrer Grundstruktur den Haftungsnormen der börsengesetzlichen Prospekthaftung der §§ 44f. BörsG nachgebildet sind, nur der Emittent verpflichtet ist, kommt dem Vorstand bei der Vorbereitung und der inhaltlichen Gestaltung der Ad hoc-Mitteilung eine originäre Verantwortung zu. Danach ist der Vor-

---

1 Vgl. zum subjektiven Tatbestand des § 826 BGB bei einer Haftung für fehlerhafte Ad hoc-Meldungen BGH v. 19.7.2004 – II ZR 402/02, BGHZ 160, 149, 155 ff.= AG 2004, 546 – Infomatec II und Rz. 57.
2 Vgl. *Wagner* in MünchKomm. BGB, § 826 BGB Rz. 6 m.w.N.; *Leisch*, ZIP 2004, 1573, 1575; BGH v. 9.5.2005 – II ZR 287/02, AG 2005, 609 – EM.TV.
3 BGH v. 7.1.2008 – II ZR 229/05, AG 2008, 252 – ComRoad VI; BGH v. 3.3.2008 – II ZR 310/06, AG 2008, 377 – ComRoad VIII.
4 Mitverschulden des Geschädigten nach § 254 BGB dürfte sich bei der sittenwidrigen Schädigung nur in den seltensten Fällen schadensmindernd auswirken; s. dazu *Wagner* in MünchKomm. BGB, 5. Aufl. 2009, § 826 BGB Rz. 38f.

stand sowohl für die Vorbereitung und rechtzeitige Erstellung der Ad hoc-Mitteilung als auch für die Wahrung der Vertraulichkeit im Vorfeld der Veröffentlichung und die Beurteilung des Vorliegens etwaiger berechtigter Interessen für eine zeitweilige Befreiung gem. § 15 Abs. 3 WpHG verantwortlich. Der Vorstand hat gem. § 7 Nr. 2 WpAIV darüber hinaus sicherzustellen, dass er eine Ad hoc-Mitteilung unverzüglich bekannt geben kann, wenn er nicht länger in der Lage ist, ihre Vertraulichkeit zu gewährleisten.[1]

48 Obgleich die Verpflichtungen der §§ 37b, 37c WpHG unmittelbar nur den Emittenten treffen und daher keine Außenhaftung begründen, ist die Wahrscheinlichkeit einer Inanspruchnahme der Vorstandsmitglieder gem. § 93 AktG im Rahmen der **Organinnenhaftung** gegenüber anderen Vorstandsentscheidungen erhöht. Zum einen kommt den Vorstandsmitgliedern bei der inhaltlichen Gestaltung und dem Zeitpunkt der Veröffentlichung nicht die Vergünstigung der **Business Judgement Rule** nach § 93 Abs. 1 Satz 2 AktG zugute, da es sich insoweit in aller Regel nicht um eine unternehmerische Entscheidung handelt.[2] Unwägbarkeiten bei vielschichtigen und sich ggf. überlagernden vertraulichen Sachverhalten wie Kapitalmarktplatzierungen und M&A-Transaktionen mögen im Einzelfall zwar ein erhöhtes Maß an sachlicher und rechtlicher Aufklärung bedingen; insoweit dürfte es jedoch im Regelfall bei der Privilegierung des Haftungsmaßstabs der groben Fahrlässigkeit auf der Ebene der Emittentenhaftung verbleiben.

49 Liegt im Einzelfall eine verspätete, in wesentlichen Punkten unvollständige oder aber unterlassene Ad hoc-Mitteilung vor, so sind die Fragen der haftungsbegründenden und haftungsausfüllenden Kausalität im Wesentlichen parallel zur Prospekthaftung zu lösen.[3] Das Konzept der Anlagestimmung ist jedoch nach der Rspr. des Bundesgerichtshofes allenfalls in Einzelfällen auf Ad hoc-Mitteilungen zu übertragen. Auch für eine etwaige Anlagestimmung trägt der Anleger die Beweislast.[4] Die herrschende Meinung im Schrifttum billigt dem Anleger nur einen Anspruch auf Ersatz des Kursdifferenzschadens zu und erlaubt keine Rückabwicklung der Transaktion.[5]

50 Rechtstatsächlich maßgeblich und praktisch bedeutsam ist für die Beurteilung der groben Fahrlässigkeit im Falle fehlerhafter oder verspäteter Ad hoc-Mitteilungen insbesondere die Berücksichtigung der zur Verfügung stehenden Zeit bei der jeweiligen Vorstandsentscheidung. Die Anforderungen dürfen hier insbesondere dann nicht überspannt werden, wenn das ad hoc-pflichtige Ereignis für den Vorstand bzw. das ressortverantwortliche Vorstandsmitglied selbst überraschend

---

1 Deutlich jetzt auch zur Einbindung eines Vorstandsmitglieds in die Vorbereitung von Ad hoc-Mitteilungen sowie insbesondere an einer etwaigen Befreiungsentscheidung Emittentenleitfaden, 2. Aufl., S. 65.
2 S. unten Rz. 86.
3 S. dazu jüngst *Findeisen/Backhaus*, WM 2007, 100 sowie *Sethe* in Assmann/Uwe H. Schneider, § 37b WpHG Rz. 70 ff. sowie zu den strengeren Anforderungen an die Kausalität BGH v. 26.6.2006 – II ZR 153/05, AG 2007, 169 – Comroad III.
4 BGH v. 19.7.2004 – II ZR 218/03, BGHZ 160, 134, 144 f. = AG 2004, 543; s. auch Rz. 59.
5 *Fleischer* in Assmann/Schütze, Handbuch Kapitalanlagerecht, § 7 Rz. 52; *Sethe* in Assmann/Uwe H. Schneider, §§ 37b, 37c WpHG Rz. 73 ff. jeweils m.w.N.

eintritt und die erforderliche Koordination der Prozessbeteiligten wegen Krankheit, Urlaubs, verschiedenen Zeitzonen etc. objektiv erschwert ist.[1]

b) Prospekthaftung für fehlerhafte Ad hoc-Mitteilungen

Schadensersatz für eine fehlerhafte Information des Sekundärmarktes aufgrund bürgerlich-rechtlicher Prospekthaftung im engeren Sinne kommt nur in Betracht bei Publikationen, die nicht als Prospekte i.S. der spezialgesetzlichen Prospekthaftung (z.B. §§ 44, 45 BörsG, § 13 VerkProspG) gelten. Nur dann besteht die für eine Anwendbarkeit erforderliche Haftungslücke. Der Prospektbegriff i.S. der bürgerlich-rechtlichen Prospekthaftung ist umstritten.[2] Einigkeit besteht wohl dahingehend, dass die Veröffentlichungen in Schriftform abgefasst und ihrer Funktion nach darauf ausgerichtet sein müssen, einem unbestimmten Personenkreis eine umfassende Beschreibung der anlageerheblichen Umstände der angebotenen Kapitalbeteiligung zu liefern.[3] Von den im Rahmen der Zulassungsfolgepflichten zu veröffentlichenden Dokumenten fallen Ad hoc-Mitteilungen nicht unter diese Definition.[4] Mit ihnen werden lediglich Einzelinformationen bekannt gegeben. Gleiches gilt für die Meldung über Directors' Dealings nach § 15a Abs. 4 Satz 1 WpHG. 51

c) Deliktshaftung aus § 823 Abs. 2 BGB i.V.m. einem Schutzgesetz

Verstöße gegen sekundärmarktbezogene Informationspflichten des WpHG durch Organmitglieder werden weder von spezialgesetzlichen Haftungstatbeständen flankiert noch unterfallen sie der bürgerlich-rechtlichen Prospekthaftung im engeren Sinne. Daher kommt eine Haftung der Organmitglieder im Wesentlichen im Rahmen der deliktsrechtlichen Informationshaftung nach §§ 823 Abs. 2 und 826 BGB in Betracht. § 823 Abs. 1 BGB als Haftungsnorm scheidet in aller Regel mangels Verletzung eines von der Norm geschützten Rechtsguts aus. Der Schaden des Anlegers stellt einen Vermögensschaden dar, der nicht über § 823 Abs. 1 BGB ersatzfähig ist, und eine fehlerhafte Sekundärmarktinformation greift regelmäßig nicht in die Mitgliedschaftsrechte der Anleger selbst ein.[5] 52

Im Rahmen der einzelnen kapitalmarktrechtlichen Informationspflichten nach dem WpHG ist sorgfältig abzuwägen, ob sie lediglich die Funktionsfähigkeit des Kapitalmarkts im Allgemeinen oder auch den Schutz des Einzelanlegers bezwe- 53

---

1 Z.B. Eintritt während der Urlaubszeit einer Vielzahl von Vorstandsmitgliedern oder am Wochenende bei erschwerter Erreichung der Rechtsabteilung oder der externen Anwälte; zum Verschulden vgl. auch *Fuchs* in Fuchs, §§ 37b, 37c WpHG Rz. 37f.; *Sethe* in Assmann/Uwe H. Schneider, §§ 37b, 37c WpHG Rz. 62ff.
2 Vgl. *Ehricke* in Hopt/Voigt, Prospekt- und Kapitalmarktinformationshaftung, S. 194ff.
3 BGH v. 19.7.2004 – II ZR 218/03, BGHZ 160, 134, 139 = AG 2004, 543 – Infomatec I; vgl. auch *Möllers/Leisch* in KölnKomm. WpHG, §§ 37b, c WpHG Rz. 390.
4 BGH v. 19.7.2004 – II ZR 218/03, BGHZ 160, 134, 137f. = AG 2004, 543 – Infomatec I; *Fuchs* in Fuchs, vor §§ 37b, c WpHG Rz. 28; *Möllers/Leisch* in KölnKomm. WpHG, §§ 37b, c WpHG Rz. 390; *Mülbert/Steup* in Habersack/Mülbert/Schlitt, Unternehmensfinanzierung am Kapitalmarkt, § 33 Rz. 144 m.w.N.; zur a.A. vgl. *Braun/Rotter*, BKR 2003, 918.
5 Vgl. *Ehricke* in Hopt/Voigt, Prospekt- und Kapitalmarktinformationshaftung, S. 272.

cken. Hinsichtlich einer Haftung nach § 823 Abs. 2 BGB i.V.m. § 15 WpHG wird der **Schutzgesetzcharakter von § 15 WpHG** von Rechtsprechung und überwiegender Auffassung in der Literatur zu Recht **abgelehnt**. Denn § 15 WpHG schützt in erster Linie die Marktfunktionsfähigkeit und kommt dem individuellen Anleger nur reflexhaft zugute.[1] Dies ergibt sich eindeutig aus den Gesetzesmaterialien.[2] Gleiches gilt für die Mitteilungen über Directors' Dealings nach § 15a Abs. 4 Satz 1 WpHG, der Markttransparenz und nicht Individualschutz bezweckt.[3] Des Weiteren richtet sich die Veröffentlichungspflicht aus § 15 WpHG **ausschließlich an den Emittenten**, so dass Verwaltungsmitglieder nicht über § 823 Abs. 2 BGB haftbar gemacht werden können.[4] Sollte eine Mitteilung im Einzelfall die Anforderungen des **§ 400 Abs. 1 Nr. 1 AktG** erfüllen, also als Darstellung oder Übersicht über den Vermögensstand der Gesellschaft zu qualifizieren sein, ist eine Haftung nicht unwahrscheinlich. Denn der Schutzgesetzcharakter des § 400 AktG ist in Rechtsprechung und Literatur anerkannt.[5] Fehlerhafte Ad hoc-Mitteilung können gleichzeitig eine Marktmanipulation i.S. des **§ 20a WpHG** darstellen. Mangels Individualschutzes zu Gunsten der Anleger ist allerdings nach überwiegender Auffassung in der Literatur keine Außenhaftung gegeben.[6] Der BGH hatte noch keine Gelegenheit, sich mit § 20a WpHG zu befassen, den Schutzgesetzcharakter der Vorgängervorschrift § 88 BörsG a.F. jedoch verneint.[7] Es ist zu erwarten, dass die gescheiterte Übernahme der Volkswagen AG durch die Porsche SE zu Klagen – auch – in Deutschland und damit zu einer Klärung führen wird.

d) Deliktshaftung aus § 826 BGB

54 Die Rechtsprechung des BGH[8] zu Ad hoc-Mitteilungen von Unternehmen des „Neuen Marktes" hat § 826 BGB mangels spezialgesetzlicher Grundlage zur **zentralen Haftungsnorm** für Schadensersatzansprüche von Anlegern gegen Vor-

---

1 BGH v. 19.7.2004 – II ZR 402/02, BGHZ 160, 149 = AG 2004, 546 – Infomatec II; OLG Frankfurt v. 10.5.2005 – 5 U 133/03, AG 2006, 162, 165; *Fuchs* in Fuchs, vor §§ 37b, c WpHG Rz. 28 f., 63; *Möllers/Leisch* in KölnKomm. WpHG, §§ 37b, c WpHG Rz. 450 ff.; *Mülbert/Steup* in Habersack/Mülbert/Schlitt, Unternehmensfinanzierung am Kapitalmarkt, § 33 Rz. 213; *Sethe* in Assmann/Uwe H. Schneider, §§ 37b, 37c WpHG Rz. 104.
2 BT-Drucks. 14/8017, S. 87.
3 *Holzborn/Foelsch*, NJW 2003, 932, 937 f.; *Möllers/Leisch* in KölnKomm. WpHG, § 15a WpHG Rz. 82 m.w.N.; *Pfüller* in Fuchs, § 15a WpHG Rz. 200 ff.; *Mülbert/Steup* in Habersack/Mülbert/Schlitt, Unternehmensfinanzierung am Kapitalmarkt, § 33 Rz. 259.
4 *Mülbert/Steup* in Habersack/Mülbert/Schlitt, Unternehmensfinanzierung am Kapitalmarkt, § 33 Rz. 224.
5 BGH v. 19.7.2004 – II ZR 218/03, BGHZ 160, 134, 140 f. = AG 2004, 543 – Infomatec I; BGH v. 9.5.2005 – II ZR 287/02, NZG 2005, 672, 673 = AG 2005, 609; *Fleischer* in Assmann/Schütze, Handbuch Kapitalanlagerecht, § 7 Rz. 16 m.w.N.; *Sethe* in Assmann/Uwe H. Schneider, §§ 37b, 37c WpHG Rz. 113.
6 Vgl. statt vieler Nachweise die Übersicht zum Streitstand bei *Möllers/Leisch* in KölnKomm. WpHG, §§ 37b, c WpHG Rz. 455 ff.
7 BGH v. 19.7.2004 – II ZR 218/03, BGHZ 160, 134, 139 = AG 2004, 543 – Infomatec I.
8 BGH v. 26.6.2006 – II ZR 153/05, AG 2007, 169 – ComRoad III; BGH v. 19.7.2004 – II ZR 402/02, BGHZ 160, 149 = AG 2004, 546 – Infomatec II; s. auch OLG München v. 1.10.2002 – 30 U 855/01, WM 2003, 70; LG Augsburg v. 24.9.2001 – 3 O 4995/00, WM 2001, 1944; BGH v. 9.5.2005 – II ZR 287/02, ZIP 2005, 1270 ff. = AG 2005, 609; OLG München v. 18.7.2002 – 19 U 5630/01, AG 2003, 105.

standsmitglieder im Rahmen der Organaußenhaftung wegen fehlerhafter Sekundärmarktinformation entwickelt. Der Tatbestand des § 826 BGB setzt eine sittenwidrige Handlung, einen dadurch entstandenen Schaden des Anspruchstellers und Vorsatz des Handelnden voraus.

aa) Sittenwidrigkeit und Vorsatz. Sittenwidrigkeit i.S. von § 826 BGB wird definiert als „gegen das Anstandsgefühl aller billig und gerecht Denkenden" verstoßend.[1] Die besondere Verwerflichkeit des Verhaltens muss sich aus dem verfolgten Ziel, den eingesetzten Mitteln und der zutage tretenden Gesinnung oder den eingetretenen Folgen ergeben. Insoweit ist eine **Gesamtabwägung** vorzunehmen, wobei teilweise auf von der Rechtsprechung gebildete Fallgruppen zurückgegriffen wird. Bei der fehlerhaften Information des Sekundärmarktes sollen danach die Fallgruppen der „bewusst unrichtigen Auskunft" und der „leichtfertigen Irreleitung Dritter durch Fehlinformationen" einschlägig sein.[2]

55

Nach dem spezifisch kapitalmarktrechtlichen Ansatz ist Sittenwidrigkeit jedenfalls anzunehmen, wenn wissentlich falsche Ad hoc-Mitteilungen veröffentlicht werden.[3] Der Bundesgerichtshof sieht die Sittenwidrigkeit des Organverhaltens in einer vorsätzlichen unlauteren Beeinflussung des Sekundärmarktpublikums durch eine grob unrichtige Ad hoc-Meldung aus eigennützigen Motiven.[4] Allerdings soll auch im Falle altruistischer Motive für Falschinformationen (z.B. Vermeidung von Arbeitsplatzverlusten) nach zutreffender Auffassung in der Literatur Sittenwidrigkeit vorliegen und auch der BGH scheint eigennützige Motivation eher als Verstärkung denn als Voraussetzung der Sittenwidrigkeit zu begreifen.[5]

Eine **unterlassene Mitteilung** kann nach überwiegender Auffassung ebenfalls das Verdikt der Sittenwidrigkeit begründen. Es müssen allerdings weitere Umstände hinzutreten, denn ein Unterlassen ist nach der Rechtsprechung des BGH nur sittenwidrig, wenn das Tun nicht nur einer Rechts- oder Vertragspflicht, sondern einem sittlichen Gebot entspricht.[6] Jedenfalls bei eigennütziger Motivation dürften diese Voraussetzungen erfüllt sein.[7] Darüber hinaus wird man auch bei direktem Vorsatz und einem evidenten Veröffentlichungsbedürfnis von Sittenwidrigkeit ausgehen können.[8]

56

---

1 Ständige Rechtsprechung seit RGZ 48, 114, 124.
2 Vgl. oben Rz. 42.
3 *Fuchs* in Fuchs, vor §§ 37b, 37c WpHG Rz. 34.
4 BGH v. 19.7.2004 – II ZR 402/02, BGHZ 160, 149, 158 = AG 2004, 546 – Infomatec II; BGH v. 26.6.2006 – II ZR 153/05, AG 2007, 169 – ComRoad III.
5 Zutreffend *Krause*, ZGR 2002, 799, 823; so auch *Fleischer*, DB 2004, 2031, 2033, der deutlich macht, dass es sich bei der Eigennützigkeit nicht um ein konstitutives Element handelt; s. auch *Möllers*, JZ 2005, 75 f.; *Fuchs* in Fuchs, vor §§ 37b, 37c WpHG Rz. 34; *Sethe* in Assmann/Uwe H. Schneider, §§ 37b, 37c WpHG Rz. 113; ablehnend beispielsweise *Spindler*, WM 2004, 2089, 2092.
6 BGH v. 10.7.2001 – VI ZR 160/00, NJW 2001, 3702 f.
7 *Fleischer* in Assmann/Schütze, Handbuch Kapitalanlagerecht, § 7 Rz. 22; *Fuchs* in Fuchs, vor §§ 37b, c WpHG Rz. 37; *Mülbert/Steup* in Habersack/Mülbert/Schlitt, Unternehmensfinanzierung am Kapitalmarkt, § 33 Rz. 219.
8 *Fuchs* in Fuchs, vor §§ 37b, 37c WpHG Rz. 37; *Möllers/Leisch* in KölnKomm. WpHG, §§ 37b, c WpHG Rz. 422 f.

57 Auch für den erforderlichen Vorsatz hat der Bundesgerichtshof verallgemeinerungsfähige Grundsätze aufgestellt.[1] Danach genügt ein **Eventualvorsatz** der Organe. Der BGH **vermutet** diese Haltung bei der wissentlichen Veröffentlichung falscher Ad hoc-Mitteilungen. Kennen die Organe die Fehlerhaftigkeit ihrer Veröffentlichung, so wissen sie, dass Wertpapierkäufe auf einer fehlerhaften Tatsachengrundlage getätigt werden. Denn die Relevanz der Ad hoc-Mitteilung für die Entscheidungen der Anleger wird von § 15 Abs. 1 WpHG vermutet (Kursbeeinflussungspotential). Nach allgemeiner Lebenserfahrung ist davon auszugehen, dass die unrichtige Kapitalmarktinformation keinen anderen Zweck hat als einen falschen Unternehmenswert vorzuspiegeln und dadurch den Börsenpreis zu beeinflussen. Für das Vorliegen eines Eventualvorsatzes müssen die Organe nicht wissen, welcher Personenkreis im Einzelnen geschädigt wird. Es reicht aus, wenn das Organ die Möglichkeit und die Umstände eines Schadenseintritts voraussieht und billigend in Kauf nimmt.[2]

58 Einschränkungsversuche im Bereich des Vorsatzes haben sich bisher nicht durchsetzen können. Das OLG München hatte als Berufungsinstanz im Fall Infomatec eine Überlegung aus der *behavioral finance* bemüht und den Vorsatz verneint, da die betreffenden Organmitglieder sich in einer „euphorischen Stimmung" befunden hätten. Der BGH ist dieser Entschuldigung wegen Überoptimismus jedoch nicht gefolgt.[3] Andererseits ist die Tendenz zu beobachten, den Vorsatzbegriff des § 826 BGB der Leichtfertigkeit und damit der Kategorie der groben Fahrlässigkeit anzunähern.[4]

59 **bb) Schaden und Kausalität.** Dreh- und Angelpunkt der Entscheidungen des BGH im Rahmen der Haftung für fehlerhafte Ad hoc-Mitteilungen nach § 826 BGB sind Kausalitätserwägungen. Die sittenwidrige Handlung muss den Schaden bei dem Anspruchsberechtigten verursacht haben. Der Schaden des Anlegers ist regelmäßig darin zu sehen, dass er infolge falscher und irreführender Informationen über den realen Wert des betreffenden Papiers dieses entweder zu teuer kauft oder nicht rechtzeitig verkauft.[5] Die haftungsbegründende Kausalität stellt darauf ab, ob die Falschinformation ursächlich für die Anlageentscheidung war.[6]

Der Anleger trägt hierfür die volle Darlegungs- und Beweislast. Der Bundesgerichtshof billigt dem Anleger im Regelfall keinerlei Beweiserleichterungen zu. So hat er die Zulässigkeit eines Anscheinsbeweises bei einer Haftung nach § 826 BGB abgelehnt.[7] Ein solcher **Anscheinsbeweis** in Bezug auf den Zusammenhang zwischen fehlerhafter Ad hoc-Mitteilung und Kaufentschluss infolge ent-

---
1 BGH v. 19.7.2004 – II ZR 402/02, BGHZ 160, 149, 154f. = AG 2004, 546 – Infomatec II.
2 BGH v. 19.7.2004 – II ZR 402/02, BGHZ 160, 149, 155f. = AG 2004, 546 – Infomatec II.
3 BGH v. 19.7.2004 – II ZR 402/02, BGHZ 160, 149, 154 = AG 2004, 546 – Infomatec II.
4 *Wagner* in MünchKomm. BGB, 5. Aufl. 2009, § 826 BGB Rz. 29f.; kritisch *Hellgardt*, S. 62f., 66.
5 *Veil*, ZHR 167 (2003), 365, 386.
6 BGH v. 19.7.2004 – II ZR 218/03, BGHZ 160, 134, 144 = AG 2004, 543 – Infomatec I; ausführlich zur haftungsbegründenden Kausalität bei § 826 BGB und fehlerhaften Ad hoc-Mitteilungen *Findeisen/Backhaus*, WM 2007, 100ff.
7 BGH v. 19.7.2004 – II ZR 218/03, BGHZ 160, 134, 144ff. = AG 2004, 543 – Infomatec I und jüngst BGH v. 26.6.2006 – II ZR 153/05, AG 2007, 169 – ComRoad III.

sprechender Anlagestimmung komme dem Anleger ebenso wenig zugute wie eine Anwendung der US-Amerikanischen *fraud on the market theory*, nach der das abstrakte Vertrauen auf integre Preisbildung geschützt ist.[1] Der Anscheinsbeweis gelte nur für typische Geschehensabläufe, bei denen nach der allgemeinen Lebenserfahrung ein bestimmter Sachverhalt eine bestimmte Folge hervorrufe. Die Anlageentscheidung eines potentiellen Aktienkäufers dagegen werde von vielen rationalen und irrationalen Faktoren beeinflusst. Darüber hinaus sei die Beurteilung einer Anlagestimmung und deren Dauer gerade keiner schematischen Betrachtungsweise zugänglich.[2] Allenfalls im **konkreten Einzelfall** sei eine **Anlagestimmung** denkbar. Sie wird in der Regel fehlen, wenn zwischen der Ad hoc-Mitteilung und dem Wertpapiererwerb eine erhebliche Zeit verstrichen ist.[3] Diese Beschränkungen seien zwingend, da ansonsten eine uferlose Ausweitung der Haftung drohe.[4] Diese Ausführungen des BGH dürften im Hinblick auf eine Haftung für fehlerhafte Sekundärmarktinformationen verallgemeinerungsfähig sein.

Kritik erfahren diese Erwägungen in der Literatur unter mehreren Gesichtspunkten. So wird gefordert, die Kausalität differenziert danach zu betrachten, ob der Anleger Rückabwicklung seiner Transaktion (voller Kausalitätsnachweis erforderlich) oder lediglich den Ersatz des Kursdifferenzschadens (konkreter Nachweis entbehrlich) begehre.[5] Angesichts der wiederholten Ablehnung von Beweiserleichterungen ist jedoch unwahrscheinlich, dass der BGH seine Linie in absehbarer Zeit ändern wird. 60

Der durch eine fehlerhafte Ad hoc-Mitteilung getäuschte Anleger hat grundsätzlich Anspruch auf **Naturalrestitution** i.S. von § 249 BGB und nicht nur Anspruch auf Ersatz des **Differenzschadens** in Höhe des Unterschiedsbetrages zwischen dem tatsächlichen Transaktionspreis und dem Preis, der sich bei pflichtgemäßem Publizitätsverhalten gebildet hätte.[6] Im Ergebnis soll der getäuschte Anleger so gestellt werden, wie er stehen würde, wenn die für die Veröffentlichung der Falschinformation Verantwortlichen ihrer Pflicht zur wahrheitsgemäßen Mitteilung nachgekommen wären. Da der Anleger in diesem Fall keine Wertpapiere erworben hätte – anderenfalls würde es bereits an der haftungsbegründenden Kausalität fehlen –, soll er Geldersatz in Höhe des für den Erwerb aufgebrachten Kaufpreises Zug um Zug gegen Übertragung der erworbenen Aktien verlangen können, auch wenn diese an dem Erwerbsgeschäft selbst nicht beteiligt waren.[7] Das Verbot der Einlagenrückgewähr nach § 57 AktG und das Verbot des Erwerbs eigener Aktien nach § 71 AktG stehen dem nicht entgegen, weil die Forderungen 61

---

1 S. nur BGH v. 4.6.2007 – II ZR 147/05, AG 2007, 620, 622f.; Überblick zur *fraud on the market theory* bei *Findeisen/Backhaus*, WM 2007, 100, 106f.
2 BGH v. 19.7.2004 – II ZR 402/02, BGHZ 160, 134, 144ff. = AG 2004, 543 – Infomatec I.
3 BGH v. 19.7.2004 – II ZR 218/03, BGHZ 160, 134, 146 = AG 2004, 543 – Infomatec I.
4 BGH v. 26.6.2006 – II ZR 153/05, AG 2007, 169 – ComRoad III.
5 *Casper*, Der Konzern 2006, 32, 34; *Fuchs* in Fuchs, vor §§ 37b, 37c WpHG Rz. 46f.; *Möllers*, NZG 2008, 413, 414.
6 BGH v. 9.5.2005 – II ZR 287/02, AG 2005, 609; kritisch *Fuchs* in Fuchs, vor §§ 37b, 37c WpHG Rz. 50; *Hellgardt*, S. 67ff.
7 BGH v. 19.7.2004 – II ZR 402/02, BGHZ 160, 149, 153f.= AG 2004, 546 – Infomatec II.

des Anlegers nicht auf seiner Aktionärsstellung, sondern auf einer Stellung als regulärer Drittgläubiger beruhen.[1]

62 Bei **zwischenzeitlicher Veräußerung** muss der Anleger sich den Veräußerungserlös anrechnen lassen. Zu den ersatzfähigen Schäden gehört auch ein Vermögensschaden durch Kursverfall.[2] Investoren, die wegen einer Fehlinformation nachweisbar von dem zu einem bestimmten Zeitpunkt fest beabsichtigten Verkauf der Aktien Abstand genommen haben, können den **hypothetischen Verkaufspreis an der Börse** an dem ursprünglich geplanten Verkaufstermin beanspruchen.[3] Dabei müssen auch sie sich zwischenzeitlich erzielte Verkaufserlöse anrechnen lassen. Die Literatur ist diesem Ansatz weitgehend gefolgt. Jedoch wird kritisiert, es stehe nicht fest, wie der Anleger bei ordnungsgemäßem Informationsverhalten reagiert hätte. Schließlich hätte er auch an der prinzipiellen Anlageentscheidung zu anderen Bedingungen festhalten können. In diesem Falle werde mit der vollständigen Rückabwicklung gerade nicht der Zustand wiederhergestellt, der vor dem schädigenden Ereignis bestanden habe.[4]

63 Die Frage, ob und inwieweit ein **Mitverschulden des Anlegers** den Schadensersatzanspruch nach § 254 Abs. 1, 2 BGB zu mindern geeignet ist, ob also der Anleger den Kurs des Papiers beobachten und ggf. die Aktie verkaufen muss, hat der BGH offen gelassen[5]; in der Literatur wird eine solche Obliegenheit ganz überwiegend abgelehnt.[6]

2. Haftung für fehlerhafte Regelpublizität

64 Durch das Transparenzrichtlinie-Umsetzungsgesetz (TUG) ist die sog. Regelpublizität, bestehend aus Jahresabschluss mit Lagebericht, Halbjahresbericht und Zwischenmitteilungen in den §§ 37 v-z WpHG zusammengefasst worden. Spezialgesetzliche Haftungsnormen existieren jedoch nicht. Auch eine Analogie zu den §§ 37b, c WpHG wird von der überwiegenden Ansicht zu Recht abgelehnt. Diskutiert werden eine etwaige Prospekthaftung und die deliktische Verantwortlichkeit der Organmitglieder.[7]

a) Prospekthaftung für fehlerhafte Regelpublizität

65 Für die Prospekteigenschaft einzelner Formen der Regelpublizität spricht, dass sie schriftlich ein unbestimmtes Anlegerpublikum umfassend über die wichtigsten

---

1 BGH v. 9.5.2005 – II ZR 287/02, AG 2005, 609 – EM.TV; a.A. zu § 71 AktG *Fuchs* in Fuchs, vor §§ 37b, 37c WpHG Rz. 53.
2 *Arnold* in Marsch-Barner/Schäfer, Handbuch börsennotierte AG, § 22 Rz. 92.
3 BGH v. 9.5.2005 – II ZR 287/02, ZIP 2005, 1270, 1273 f. = AG 2005, 609.
4 *Fuchs* in Fuchs, vor §§ 37b, 37c WpHG Rz. 51.
5 BGH v. 19.7.2004 – II ZR 402/02, BGHZ 160, 149, 159 = AG 2004, 546 – Infomatec II.
6 *Fleischer* in Fleischer, Handbuch des Vorstandsrechts, § 14 Rz. 47; *Fuchs* in Fuchs, vor §§ 37b, c WpHG Rz. 56; *Möllers/Leisch* in KölnKomm. WpHG, §§ 37b, c WpHG Rz. 364 ff., 440; *Mülbert/Steup* in Habersack/Mülbert/Schlitt, Unternehmensfinanzierung am Kapitalmarkt, § 33 Rz. 210 (zu §§ 37b, c WpHG); *Sethe* in Assmann/Uwe H. Schneider, §§ 37b, 37c WpHG Rz. 128.
7 *Maier-Reimer/Paschos* in Habersack/Mülbert/Schlitt, Handbuch Kapitalmarktinformation, § 29 Rz. 200.

anlageerheblichen Kennzahlen und die Geschäftstätigkeit des Emittenten unterrichten.[1] Zu Recht wird gleichwohl die Qualifikation dieser Sekundärmarktinformationen als Prospekt i.S. der bürgerlich-rechtlichen Prospekthaftung trotz ihres z.T. detaillierten Informationsgehalts überwiegend mit Hinweis auf den **fehlenden Vertriebsbezug** abgelehnt, da es sich nur um die Erfüllung gesetzlicher Verpflichtungen ohne umfassenden Informationsanspruch im Sinne eines Prospekts handele.[2]

b) Deliktshaftung aus § 823 Abs. 2 BGB i.V.m. einem Schutzgesetz

Weniger klar ist das Bild in Bezug auf die Deliktshaftung. Zu den bisherigen **Rechnungslegungsvorschriften** des HGB vertrat die herrschende Meinung die Ansicht, sie seien nicht als Schutzgesetze i.S. des § 823 Abs. 2 BGB einzuordnen.[3] Nach dem Transparenzrichtlinie-Umsetzungsgesetz (TUG) wird diese Frage für die §§ 37 v-x WpHG zwar teilweise anders beurteilt.[4] Vor allem im Hinblick auf die durch das TUG eingeführten neuen Vorschriften ist eine baldige höchstrichterliche Klärung wünschenswert. **Adressat** der Verpflichtungen aus diesen Vorschriften ist jedoch allein der **Emittent**, so dass sich auch in Verbindung mit § 823 Abs. 2 BGB keine Organaußenhaftung begründen lässt.[5] Auch aus § 325 HGB, gemäß dem die gesetzlichen Vertreter den Abschluss offen zu legen haben, folgt nichts anderes. Adressat ist auch hier der Emittent, so dass eine Organhaftung ausscheidet. Da der Emittent durch seine Organe handelt, können diese auch **nicht als Gehilfen** für die Erfüllung der Haftungstatbestände verantwortlich gemacht werden.[6]

66

In Betracht kommt lediglich eine Haftung aus § 823 Abs. 2 BGB i.V.m. § 331 HGB, dessen **Schutzgesetzeigenschaft allgemein bejaht** wird und der sich gerade an die einzelnen Organmitglieder richtet.[7] Nach § 331 Nr. 1, 2 HGB ist dazu die unrichtige Wiedergabe oder Verschleierung der Verhältnisse der Gesellschaft im Jahresabschluss, Lagebericht oder im Zwischenabschluss nach § 340a Abs. 3 HGB

67

---

1 Vgl. *Mülbert/Steup* in Habersack/Mülbert/Schlitt, Unternehmensfinanzierung am Kapitalmarkt, § 33 Rz. 147.
2 *Zimmermann* in Fuchs, vor §§ 37v bis 37z WpHG Rz. 24; *Fleischer* in Assmann/Schütze, Handbuch Kapitalanlagerecht, § 7 Rz. 60; *Groß*, Kapitalmarktrecht, § 47 BörsG Rz. 6; *Maier-Reimer/Paschos* in Habersack/Mülbert/Schlitt, Handbuch Kapitalmarktinformation, § 29 Rz. 202; *Mülbert/Steup* in Habersack/Mülbert/Schlitt, Unternehmensfinanzierung am Kapitalmarkt, § 33 Rz. 147, 248.
3 Vgl. *Mülbert/Steup* in Habersack/Mülbert/Schlitt, Unternehmensfinanzierung am Kapitalmarkt, § 33 Rz. 237 ff.
4 *Maier-Reimer/Paschos* in Habersack/Mülbert/Schlitt, Handbuch Kapitalmarktinformation, § 29 Rz. 206 ff.
5 *Fuchs* in Fuchs, vor §§ 37v bis 37z WpHG Rz. 24; *Maier-Reimer/Paschos* in Habersack/Mülbert/Schlitt, Handbuch Kapitalmarktinformation, § 29 Rz. 219; *Mülbert/Steup* in Habersack/Mülbert/Schlitt, Unternehmensfinanzierung am Kapitalmarkt, § 33 Rz. 253.
6 *Maier-Reimer/Paschos* in Habersack/Mülbert/Schlitt, Handbuch Kapitalmarktinformation, § 29 Rz. 248 f.; *Maier-Reimer*, NJW 2007, 3157, 3162; i.E. auch *Hellgardt*, S. 415 ff.
7 *Fleischer* in Assmann/Schütze, Handbuch Kapitalanlagerecht, § 7 Rz. 60; *Fuchs* in Fuchs, vor §§ 37b, 37c WpHG Rz. 58; *Maier-Reimer/Paschos* in Habersack/Mülbert/Schlitt, Handbuch Kapitalmarktinformation, § 29 Rz. 250; *Mülbert/Steup* in Habersack/Mülbert/Schlitt, Unternehmensfinanzierung am Kapitalmarkt, § 33 Rz. 238.

(Kreditinstitute und Finanzdienstleistungsinstitute) erforderlich. Bedingter Vorsatz ist ausreichend. Nach § 823 Abs. 2 BGB i.V.m. § 331 Nr. 1a HGB gilt dies auch für die Offenlegung eines nach internationalem Rechnungslegungsstandards aufgestellten Einzelabschlusses. Hier genügt auf der subjektiven Seite bereits Leichtfertigkeit. Insbesondere ist zu beachten, dass § 331 HGB bei anderen Unternehmen als Kreditinstituten und Finanzdienstleistungsinstituten nur auf Jahresberichte anwendbar ist. Halbjahresberichte und Zwischenmitteilungen können allerdings ebenso wie Jahresabschlüsse von § 400 AktG erfasst sein.[1] Sind beide Tatbestände verwirklicht, tritt § 400 AktG zurück (ausdrückliche Subsidiarität).

c) Deliktshaftung aus § 826 BGB

68 Auch eine Haftung aus § 826 BGB ist theoretisch denkbar. Erfasst werden insoweit alle Rechnungslegungsunterlagen, nicht nur der Jahresbericht.[2] Die vom BGH zur Haftung aus § 826 BGB für fehlerhafte Ad hoc-Mitteilungen entwickelte Systematik dürfte auf die Haftung für fehlerhafte Regelpublizität übertragbar sein, so dass der Kausalitätsnachweis typischerweise schwer zu erbringen sein dürfte.

3. Haftung für fehlerhafte Stimmrechtsmitteilungen

69 Kontrovers diskutiert wird die Frage nach der Haftung für fehlerhafte Stimmrechtsmitteilungen nach §§ 21 ff. WpHG. In diesem Zusammenhang ist zwischen der Mitteilung durch die betroffene Gesellschaft selbst nach § 26 WpHG und der Mitteilung eines Anteilsinhabers nach den §§ 21 ff. oder § 27a WpHG zu unterscheiden.

70 Die zivilrechtliche Sanktionierung von Meldeverstößen kann nur über das Deliktsrecht erreicht werden. Es besteht kein spezialgesetzlicher Haftungstatbestand und Stimmrechtsmitteilungen sind mangels ausreichenden Informationsgehalts nicht als Prospekte einzuordnen. Neben der generell möglichen Haftung nach § 826 BGB kommt es entscheidend darauf an, ob eine Haftung der Organe der meldepflichtigen Gesellschaft aus § 823 Abs. 2 BGB i.V.m. einem Schutzgesetz hergeleitet werden kann.

71 Die Literatur hat noch keine abschließende Antwort auf diese Frage gefunden; der Meinungsstand ist als ausgewogen zu bezeichnen. Teilweise wird vertreten, die §§ 21 ff. WpHG seien als Schutzgesetze i.S. des § 823 Abs. 2 BGB zu qualifizieren.[3] Die §§ 21 ff. WpHG dienen jedoch nach richtiger Auffassung nur dem Funk-

---

1 *Fleischer* in Assmann/Schütze, Handbuch Kapitalanlagerecht, § 7 Rz. 61 f.; *Groß*, Kapitalmarktrecht, § 47 BörsG Rz. 9; *Zimmermann* in Fuchs, vor §§ 37v bis 37z WpHG Rz. 23.
2 *Fleischer* in Assmann/Schütze, Handbuch Kapitalanlagerecht, § 7 Rz. 60 ff.; *Mülbert/Steup* in Habersack/Mülbert/Schlitt, Unternehmensfinanzierung am Kapitalmarkt, § 33 Rz. 247, 254.
3 *Bayer* in MünchKomm. AktG, § 22 AktG Anh. § 21 WpHG Rz. 2; *Koppensteiner* in KölnKomm. AktG, § 22 Anh. WpHG Rz. 46; *Kremer/Oesterhaus* in KölnKomm. WpHG, § 28 WpHG Rz. 86; *Uwe H. Schneider* in Assmann/Uwe H. Schneider, § 28 WpHG Rz. 79 f. m.w.N.

tionsschutz des Marktes.¹ Ein gesteigertes Präventionsbedürfnis, dem allein durch zivilrechtliche Haftung Rechnung getragen werden könnte, ist darüber hinaus angesichts der scharfen Sanktion aus § 28 WpHG und der Bußgeldbewehrung der Meldeverstöße nach § 39 Abs. 2 Nr. 2e-g WpHG nicht zu erkennen.² Die spiegelbildliche Informationspflicht des Emittenten nach § 26 WpHG ist daher ebenfalls nicht als Schutzgesetz anzusehen.³

Auch § 27a WpHG ist aufgrund seiner Funktion nicht als Schutzgesetz zu Gunsten einzelner Anleger anzusehen.⁴ Selbst wenn die falsche Mitteilung mit einer teilweise vertretenen Ansicht als Marktmanipulation i.S. des § 20a Abs. 1 Satz 1 Nr. 1 WpHG einzustufen wäre, ließe sich keine Haftung begründen. Eine theoretisch denkbare Haftung aus § 826 BGB dürfte an den erheblichen Beweisschwierigkeiten scheitern. Denn der Tatbestand des § 27a WpHG wird von subjektiven Merkmalen („verfolgte Ziele") dominiert, und die Rechtsprechung dürfte Beweiserleichterungen ebenso skeptisch gegenüberstehen wie im Rahmen der Haftung für fehlerhafte Ad hoc-Publizität.

72

4. Haftung für fehlerhaften Bilanzeid

Der Bilanzeid begründet keine garantieähnliche Einstandpflicht der Vorstandsmitglieder für den Jahresabschluss. Die Vorschrift des § 264 Abs. 2 Satz 3 HGB ist nach herrschender Meinung wie alle anderen Buchführungsvorschriften nicht als Schutzgesetz einzuordnen. Ansprüche der Anleger können sich demnach nur aus § 823 Abs. 2 BGB i.V.m. § 331 Nr. 3a HGB ergeben.⁵ Das Vorliegen der Tatbestandsvoraussetzungen und das Gelingen der Beweisführung durch den Anleger vorausgesetzt, ist daneben eine Delikthaftung unter den einschränkenden Voraussetzungen des § 826 BGB für einen falschen Bilanzeid möglich.

73

5. Haftung für fehlerhafte Entsprechenserklärung nach § 161 AktG

In jüngerer Zeit sind Verstöße gegen Empfehlungen und Anregungen des Deutschen Corporate Governance Kodex vermehrt ins Blickfeld der Rechtsprechung gerückt.⁶ Zwar wurden die geltend gemachten Verstöße bisher primär unter dem Aspekt der Anfechtung von Entlastungsbeschlüssen erörtert; gleichwohl sind grundsätzlich auch Haftungsrisiken aus der Verletzung der Kodexvorschriften möglich.

74

---

1 *Dehlinger/Zimmermann* in Fuchs, § 28 WpHG Rz. 54; *Kümpel/Veil* in Kümpel/Hammen/Ekkenga, Kapitalmarktrecht, 065 Rz. 297; *Schwark* in Kapitalmarktrecht-Kommentar, § 21 WpHG Rz. 16; *Hüffer*, § 22 AktG Anh. § 21 WpHG Rz. 1; *Sudmeyer*, BB 2002, 685, 691.
2 *Dehlinger/Zimmermann* in Fuchs, vor §§ 21 bis 30 WpHG Rz. 20 ff.
3 A.A. zu den Veröffentlichungspflichten nach § 25 WpHG a.F.: *Uwe H. Schneider* in Assmann/Uwe H. Schneider, § 25 WpHG Rz. 39; zu § 26 WpHG *Dehlinger/Zimmermann* in Fuchs, § 26 WpHG Rz. 2.
4 *Fleischer*, AG 2008, 873, 882; *Pluskat*, NZG 2009, 206, 210.
5 *Fleischer*, ZIP 2007, 97, 103; *Fleischer* in Assmann/Schütze, Handbuch Kapitalanlagerecht, § 7 Rz. 60.
6 BGH v. 16.2.2009 – II ZR 185/07, ZIP 2009, 460; OLG München v. 23.1.2008 – 7 U 3668/07, AG 2008, 286; OLG München v. 6.8.2008 – 7 U 5628/07, ZIP 2009, 133.

75 Der Gesetzgeber hat jedoch bewusst keine spezialgesetzliche Haftungsnorm für den Fall eines Verstoßes gegen § 161 AktG geschaffen. Da die Entsprechenserklärung die Anforderungen an einen Prospekt im Sinne der spezialgesetzlichen oder bürgerlich-rechtlichen Prospekthaftung jedenfalls nach zutreffender Auffassung nicht erfüllt, bleibt allein das Deliktsrecht als Quelle einer möglichen Organaußenhaftung.[1]

a) Deliktshaftung aus § 823 Abs. 2 BGB i.V.m. einem Schutzgesetz

76 Die Kodexvorschriften selbst haben keine Schutzgesetzqualität, da sie keine Rechtsnormen i.S. des Art. 2 EGBGB sind. Auch § 161 AktG wird zu Recht nicht als Schutzgesetz qualifiziert.[2] Anknüpfungspunkt könnte je nach den Umständen des Einzelfalls allenfalls eine – zumindest bedingt vorsätzliche – Verletzung von § 400 AktG sein. Fehler im Zusammenhang mit der Entsprechenserklärung werden im Regelfall keine solche Haftung begründen, da die Entsprechenserklärung selbst keine Darstellung oder Übersicht über den Vermögensstand der Gesellschaft nach § 400 AktG darstellt. Sollte im Einzelfall eine fehlerhafte Entsprechenserklärung in einem solchen Dokument enthalten sein, ist in Ausnahmefällen eine Haftung der Organmitglieder denkbar.[3]

b) Deliktshaftung aus § 826 BGB

77 Ob Organmitglieder nach § 826 BGB für fehlerhafte oder unterlassene Entsprechenserklärungen haften, ist weder in Rechtsprechung noch in der Literatur abschließend geklärt. Teilweise wird eine Parallele zur Haftung für fehlerhafte Ad hoc-Mitteilungen gezogen.[4] Diese Ansicht ist abzulehnen; denn im Falle von Ad hoc-Mitteilungen ist die Relevanz für die Entscheidung des Anlegers gesetzlich vorgegeben (Eignung zur Kursbeeinflussung).[5] Für Entsprechenserklärungen fehlt jedoch eine solche Vorgabe und ist auch empirisch kaum begründbar.[6]

---

1 *Maier-Reimer/Paschos* in Habersack/Mülbert/Schlitt, Handbuch Kapitalmarktinformation, § 29 Rz. 283 ff.; *Semler* in MünchKomm. AktG, § 161 AktG Rz. 221; *Sester* in Spindler/Stilz, § 161 AktG Rz. 54.
2 *Fleischer* in Assmann/Schütze, Handbuch Kapitalanlagerecht, § 7 Rz. 63; *Maier-Reimer/Paschos* in Habersack/Mülbert/Schlitt, Handbuch Kapitalmarktinformation, § 29 Rz. 292; *Marsch-Barner* in Marsch-Barner/Schäfer, Handbuch börsennotierte AG, § 2 Rz. 80; *Semler* in MünchKomm. AktG, § 161 AktG Rz. 210; *Sester* in Spindler/Stilz, § 161 AktG Rz. 52.
3 *Maier-Reimer/Paschos* in Habersack/Mülbert/Schlitt, Handbuch Kapitalmarktinformation, § 29 Rz. 292; s. auch *Marsch-Barner* in Marsch-Barner/Schäfer, Handbuch börsennotierte AG, § 2 Rz. 81 f.
4 *Maier-Reimer/Paschos* in Habersack/Mülbert/Schlitt, Handbuch Kapitalmarktinformation, § 29 Rz. 301 f.
5 BGH v. 19.7.2004 – II ZR 402/02, BGHZ 160, 149, 155 = AG 2004, 546 – Infomatec II.
6 S. auch *Fuchs* in Fuchs, vor §§ 37b, 37c WpHG Rz. 35 Fn. 83; a.A. für Ausnahmefälle *Marsch-Barner* in Marsch-Barner/Schäfer, Handbuch börsennotierte AG, § 2 Rz. 82.

6. Kapitalmarktrechtliche Informationshaftung im Sekundärmarkt aus sonstigen Gründen

Bei Verletzung der **wertpapierinhaberorientierten Informationspflichten** aus §§ 30b und 30e WpHG scheidet die bürgerlich-rechtliche Prospekthaftung mangels Prospektcharakters dieser Veröffentlichungen (kein Vertriebsbezug) entgegen einer teilweise vertretenen Auffassung aus.[1] § 30b WpHG ist kein Schutzgesetz, da auf die nach dieser Vorschrift bereitzustellenden Informationen keine Anlageentscheidung gestützt werden kann.[2] **Adressat** der sich aus diesen Normen ergebenden Pflichten ist allein der **Emittent**. Im Ergebnis ist eine Außenhaftung gem. § 823 Abs. 2 BGB daher abzulehnen.[3]

78

Freiwillige Äußerungen von Organmitgliedern, beispielsweise in Interviews oder Vorträgen, werden bisher nur wenig erörtert. De lege lata wird auch für solche Äußerungen die Außenhaftung nach § 826 BGB für möglich gehalten.[4] Gerade in diesen Fällen ist eine einzelfallorientierte Betrachtungsweise geboten. Insbesondere bei der Feststellung des bedingten Schädigungsvorsatzes im Rahmen des § 826 BGB wird jede Äußerung genau auf ihre Relevanz für Anlageentscheidungen zu untersuchen sein. Nur wenn diese Relevanz feststeht, lässt sich ein bewusstes Inkaufnehmen „falscher" Anlageentscheidungen begründen. Ob der Bundesgerichtshof seine zum Primärmarkt ergangene – umstrittene – Entscheidung zur Haftung der Organmitglieder nach den Grundsätzen der culpa in contrahendo bei persönlichem Kontakt auf Äußerungen im Sekundärmarkt ausdehnen wird, ist unklar. In diesem Fall müssten die Betroffenen auch für einfache Fahrlässigkeit einstehen.[5] Die BGH-Entscheidung ist jedoch systemwidrig und würde im Falle einer Übertragung auf freiwillige Äußerungen im Sekundärmarkt im diametralen Gegensatz zur restriktiven Rechtsprechung zu fehlerhaften Ad hoc-Mitteilungen stehen.

79

Ob die Verletzung von **Informationspflichten nach dem WpÜG** Schadensersatzansprüche der Anleger begründet, ist bezüglich einzelner Regelungen umstritten. § 10 Abs. 1 Satz 1 WpÜG vermag nach allgemeiner Auffassung keine Haftung nach § 823 Abs. 2 BGB zu begründen, da diese Norm lediglich der Funktionsfähigkeit des Kapitalmarkts durch eine frühzeitige Information über die Absicht zur **Angebotsabgabe** dient.[6] Die Rechtsprechung hat sich mit der Frage nach einer

80

---

1 *Groß*, Kapitalmarktrecht, § 47 BörsG Rz. 6; *Maier-Reimer/Paschos* in Habersack/Mülbert/Schlitt, Handbuch Kapitalmarktinformation, § 29 Rz. 327.
2 *Maier-Reimer/Paschos* in Habersack/Mülbert/Schlitt, Handbuch Kapitalmarktinformation, § 29 Rz. 332; a.A. *Zimmermann* in Fuchs, § 30a WpHG Rz. 30.
3 Ebenso *Zimmermann* in Fuchs, § 30a WpHG Rz. 30; a.A. *Maier-Reimer/Paschos* in Habersack/Mülbert/Schlitt, Handbuch Kapitalmarktinformation, § 29 Rz. 336, die dem jeweiligen Bußgeldtatbestand abhängig von der Einstufung der zugrunde liegenden Informationspflicht Schutzgesetzqualität zumessen.
4 *Fleischer* in Assmann/Schütze, Handbuch Kapitalanlagerecht, § 7 Rz. 66; *Fuchs* in Fuchs, vor §§ 37b, 37c WpHG Rz. 35; *Maier-Reimer/Paschos* in Habersack/Mülbert/Schlitt, Handbuch Kapitalmarktinformation, § 29 Rz. 344; *Mülbert/Steup* in Habersack/Mülbert/Schlitt, Unternehmensfinanzierung am Kapitalmarkt, § 33 Rz. 261.
5 S. oben Rz. 33.
6 S. nur *Renner* in FrankfurtKomm. WpÜG, § 10 WpÜG Rz. 68; *Thoma/Stöcker* in Baums/Thoma, § 10 WpÜG Rz. 151.

Haftung für die **Stellungnahme nach § 27 WpÜG** – soweit ersichtlich – erst einmal befasst, in der Literatur überwiegt die Ablehnung.[1] Auch die Einordnung als Prospekt im Sinne der bürgerlich-rechtlichen Prospekthaftung[2] hat sich nicht durchsetzen können.[3] § 826 BGB kann dagegen eine Haftung der Organmitglieder begründen[4], dürfte aber wegen der hohen tatbestandlichen Hürden kaum relevant werden.

Für die Angebotsunterlage i.S. des § 11 WpÜG und für Änderungen des Angebots nach § 21 Abs. 1, 3 WpÜG haften die für die Unterlage Verantwortlichen und die Erlasser der Angebotsunterlage nach § 12 WpÜG, der im Wesentlichen der Prospekthaftung nachempfunden ist.[5] Ob auch Organmitglieder Erlasser im Sinne der Vorschrift sein können, ist ähnlich wie bei der Haftung von Prospekterlassern nach §§ 44, 45 BörsG zu beurteilen.[6]

Unrichtige Informationen im Rahmen der „**Wasserstandsmeldungen**" nach § 23 WpÜG sind lediglich nach § 61 Abs. 1 Nr. 1b WpÜG bußgeldbewehrt. Aus § 23 WpÜG wird jedoch lediglich der Bieter verpflichtet, so dass seine Organe keiner Außenhaftung ausgesetzt sind.[7] Aus dem gleichen Grunde zu verneinen ist die Haftung der Organe des Bieters bei fehlerhaften Mitteilungen über den **Kontrollerwerb nach § 35 Abs. 1 Satz 1 und Abs. 2 Satz 1 WpÜG**.[8]

IV. Haftungsverteilung

81 Vorstände und Aufsichtsräte sind mehrköpfige Verwaltungsorgane. Grundsätzlich trifft nicht jedes Organmitglied die gleiche Verantwortlichkeit für fehlerhafte Kapitalmarktinformationen. Nach dem Wortlaut des § 76 Abs. 1 AktG leitet der Vorstand als Organ die Gesellschaft in eigener Verantwortung. Das Gesetz geht

---

1 LG Frankfurt v. 23.6.2005 – 3 6 O 181/04 – Celanese (vgl. oben Rz. 17) und *Friedl*, NZG 2004, 448, 450; *Hirte* in KölnKomm. WpÜG, § 27 WpÜG Rz. 27; *Schwennicke* in Geibel/Süßmann, § 27 WpÜG Rz. 51; a.A. *Röh* in FrankfurtKomm. WpÜG, § 27 WpÜG Rz. 92 m.w.N.
2 *Röh* in FrankfurtKomm. WpÜG, § 27 WpÜG Rz. 85 ff. m.w.N.
3 Dagegen u.a. *Friedl*, NZG 2004, 448, 453; *Schwennicke* in Geibel/Süßmann, § 27 WpÜG Rz. 55 m.w.N.
4 Zur Möglichkeit der Haftung nach § 826 BGB *Assmann* in Assmann/Pötzsch/Uwe H. Schneider, § 10 WpÜG Rz. 87; *Renner* in FrankfurtKomm. WpÜG, § 10 WpÜG Rz. 69; *Röh* in FrankfurtKomm. WpÜG, § 27 WpÜG Rz. 93.
5 S. nur *Möllers* in KölnKomm. WpÜG, § 12 WpÜG Rz. 18.
6 Zum eigenen wirtschaftlichen Interesse Begr. RegE WpÜG, BT-Drucks. 14/7034, S. 42 und statt vieler *Möllers* in KölnKomm. WpÜG, § 12 WpÜG Rz. 92; gänzlich gegen Organaußenhaftung in diesem Kontext *Hellgardt*, S. 431.
7 Eine Haftung verneinen ebenfalls *Schröder* in FrankfurtKomm. WpÜG, § 23 WpÜG Rz. 43; *Thun* in Geibel/Süßmann, § 23 WpÜG Rz. 52; a.A. *Möllers* in KölnKomm. WpÜG, § 12 WpÜG Rz. 99 ff., 104.
8 Ebenso *Schüppen* in FrankfurtKomm. WpÜG, vor § 59 WpÜG Rz. 8; *Tschauner* in Geibel/Süßmann, § 59 WpÜG Rz. 83 ff.; a.A. *Hommelhoff/Witt* in FrankfurtKomm. WpÜG, § 35 WpÜG Rz. 61 anders aber in Rz. 118 m.w.N.; *Kremer/Oesterhaus* in KölnKomm. WpÜG, § 59 WpÜG Rz. 85; *von Bülow* in KölnKomm. WpÜG, § 35 WpÜG Rz. 199.

dabei von einer Gesamtverantwortung des Vorstands aus. Dieser Annahme steht die Ressortverteilung und -verantwortung zumindest für das operative Geschäft bei größeren Aktiengesellschaften entgegen.[1] Jedem Vorstandsmitglied sind bestimmte Aufgabenbereiche zugewiesen, die es eigenverantwortlich zu leiten hat. Die Ressortverantwortung führt jedoch nicht zu einer Haftungsbeschränkung auf den eigenen Verantwortungsbereich. Aus der organschaftlichen Sorgfaltspflicht der Vorstandsmitglieder ergibt sich eine Pflicht, z.B. die Kapitalmarktkommunikation der Gesellschaft über die Ressortgrenzen hinweg zu beobachten und bei Verdachtsmomenten einzuschreiten.[2] Dabei besteht die Pflicht, Falschinformationen von Vorstandskollegen in ihrer Gegenwart nicht unwidersprochen hinzunehmen.[3]

Zudem ist hinsichtlich der Haftung für Falschinformation nach Art und Umfang der Information zu differenzieren. Für die Richtigkeit des Jahresabschlusses und Lageberichts hat grundsätzlich jedes Vorstandsmitglied einzustehen, weil es sich hierbei um eine Gesamtleitungsaufgabe des Vorstands handelt, was durch § 264 Abs. 2 HGB zum Bilanzeid nochmals unterstrichen wird. Dafür spricht des Weiteren die Buchführungsverantwortung nach § 91 Abs. 1 AktG und die handelsrechtliche Gesamtverantwortung gem. § 264 Abs. 1 HGB. Sofern die Ad hoc-Berichterstattung einem bestimmten Vorstandsressort zugeordnet ist, besteht eine primäre **Ressortverantwortung** für deren Richtigkeit und Rechtzeitigkeit. Für die übrigen Vorstandsmitglieder gelten dann lediglich Überwachungs- und Kontrollpflichten.[4] Hinsichtlich der Richtigkeit einer Ad hoc-Mitteilung zum Jahresabschluss dürfte dagegen wiederum eine **Gesamtverantwortung** aller Vorstandsmitglieder bestehen. Bislang nicht richterlich entschieden, ist die Frage, ob den Vorstandsvorsitzenden auch haftungsrechtlich relevante besondere Koordinierungs- und Kontrollpflichten treffen; die hervorgehobene Stellung – auch – gegenüber einem Vorstandssprecher spricht für eine solche besondere Organisations- und Überwachungspflicht.[5] Im Rahmen der deliktischen Informationshaftung haften mehrere Vorstandsmitglieder in Abhängigkeit von ihrem Tatbeitrag entweder als Mittäter nach § 830 Abs. 1 Satz 1 BGB oder als Anstifter bzw. Gehilfen nach § 830 Abs. 2 BGB.[6]

82

---

1 *Fleischer*, BKR 2003, 608, 614f.
2 *Fleischer* in Fleischer, Handbuch des Vorstandsrechts, § 14 Rz. 49.
3 BGH v. 17.9.2001 – II ZR 178/99, BGHZ 149, 10, 21 = AG 2002, 43; *Fleischer* in Assmann/Schütze, Handbuch Kapitalanlagerecht, § 7 Rz. 39.
4 Allgemein zu aktienrechtlichen Begrenzungen der gegenseitigen Vorstandskontrolle durch die Ressortverantwortung von Vorstandsmitgliedern *Habersack*, WM 2005, 2360, s. auch *Fleischer*, BKR 2003, 608, 613ff.
5 Dies kam in jüngster Zeit plastisch auch bei den Vergleichen der Siemens AG mit ihren früheren Vorstandsmitgliedern zum Ausdruck. Sowohl der ursprünglich geforderte als auch der letztlich vereinbarte Betrag war für den ehemaligen Vorstandsvorsitzenden von Pierer am höchsten.
6 Zur strafrechtlichen Verantwortlichkeit (einschließlich OWiG) eingehend *Spindler* in Handbuch des Vorstandsrechts, § 15.

D. Organisatorische Vorkehrungen/Corporate Compliance

83 Die persönliche Inanspruchnahme der Organmitglieder insbesondere auf Grund der Organinnenhaftung gem. § 93 Abs. 2 Satz 1 AktG (i.V.m. § 116 AktG) ist inzwischen keineswegs mehr eine lex imperfecta[1], so dass für die Organmitglieder die Notwendigkeit besteht, den Anforderungen gerecht zu werden und die steigenden Haftungsrisiken kontrollierbar zu machen. Hierfür ist nicht nur eine rückwärts gewandte Einzelüberwachung[2] erforderlich, sondern die Einführung organisatorischer Vorkehrungen mit präventivem Charakter angezeigt, die sog. **"Corporate Compliance"**.[3]

84 Die zunächst in den angelsächsischen Ländern gegen Haftungsrisiken für die Unternehmen, aber auch für die Organmitglieder persönlich entwickelte vorbeugende Unternehmensorganisation[4] soll das rechtmäßige Verhalten sowohl von Organmitgliedern und ihrer nahen Angehörigen als auch der Mitarbeiter hinsichtlich aller gesetzlichen Ge- und Verbote gewährleisten.[5] Compliance ist deshalb nicht nur unverzichtbarer Bestandteil guter Corporate Governance, sondern integraler Bestandteil der Unternehmensleitung.[6] Für die Außenhaftung der Organmitglieder kann die Einrichtung eines Compliance-Systems zur Folge haben, dass organisatorische Vorkehrungen zur Vermeidung von Verstößen gegen kapitalmarktrechtliche Informationspflichten den Raum für einen Verschuldensvorwurf wesentlich begrenzen.[7]

I. Rechtliche Grundlagen

85 Fraglich ist zunächst, ob über bereichsspezifische Regelungen im Bank- und Kapitalmarktrecht (z.B. § 33 Abs. 1 Nr. 3 WpHG, Marktmissbrauchsrichtlinie und Anlegerschutzverbesserungsgesetz) und Kartellrecht hinaus eine **allgemeine Vorstandspflicht** besteht, bei entsprechendem Gefahrenpotential eine Corporate Compliance Organisation einzurichten.[8] Hierfür spricht zum einen § 91 Abs. 2 AktG, der den Vorstand zur Einführung eines Überwachungssystems verpflichtet, damit sämtliche den Fortbestand der Gesellschaft gefährdende Entwicklungen frühzeitig erkannt werden.[9] Zum anderen deutet Ziffer 4.1.3 des DCGK,

---

1 Vgl. LG Düsseldorf v. 22.7.2004 – XIV 5/03, NJW 2004, 3275 ff. = AG 2004, 680; OLG Düsseldorf v. 19.11.1999 – 17 U 46/99, NZG 2000, 314 ff. = AG 2000, 365; BGH v. 19.4.1982 – II ZR 55/81, BGHZ 83, 319 ff. = AG 1982, 252; *Rodewald/Unger*, BB 2006, 113, 113.
2 Dazu *Fleischer* in Fleischer, Handbuch des Vorstandsrechts, § 8 Rz. 40.
3 S. dazu auch oben *Kremer/Klahold*, § 21 (S. 613 ff.).
4 *Hauschka*, NJW 2004, 257, 257; *Hauschka*, ZIP 2004, 877, 877; *Uwe H. Schneider*, ZIP 2003, 645, 646; *Lösler*, NZG 2005, 104, 104.
5 *Uwe H. Schneider*, ZIP 2003, 645, 646; *Hauschka*, ZIP 2004, 877, 877; *Fleischer* in Fleischer, Handbuch des Vorstandsrechts, § 8 Rz. 40.
6 *Uwe H. Schneider*, ZIP 2003, 645, 646; *Fleischer* in Fleischer, Handbuch des Vorstandsrechts, § 8 Rz. 40.
7 *Gebauer/Kleinert*, oben § 20 Rz. 81; zur Begrenzung des Organisationsverschuldens im OWi-Recht *Ringleb* in Ringleb/Kremer/Lutter/v. Werder, DCGK, Rz. 625 ff.
8 *Fleischer* in Fleischer, Handbuch des Vorstandsrechts, § 8 Rz. 43; vgl. *Fleischer*, AG 2003, 291, 299; *Uwe H. Schneider*, ZIP 2003, 645, 648 f.
9 *Fleischer* in Fleischer, Handbuch des Vorstandsrechts, § 8 Rz. 43.

nach der „der Vorstand [...] für die Einhaltung der gesetzlichen Pflichten und der unternehmensinternen Richtlinien zu sorgen [hat] und [...] auf deren Beachtung durch die Konzernunternehmen [hinwirkt] (Compliance)" darauf hin, dass zumindest börsennotierte Unternehmen verpflichtet sein sollen, ein Compliance-System einzurichten.[1] Demgegenüber soll nach a.A. keine generelle Rechtspflicht zur Einführung und Vorhaltung organisatorischer Corporate Compliance Strukturen bestehen.[2] Die Errichtung von Compliance-Strukturen unterliege als Leitungsaufgabe dem Geschäftsleiterermessen. Dem Vorstand bleibt es nach dieser Ansicht überlassen, wie er die Rechtstreue im Unternehmen sicherstellt.[3] Auch nach dieser restriktiveren und inzwischen angesichts der neuen, alle börsennotierten Gesellschaften treffenden Anforderungen des AnSVG, des TUG, des WpPG, des BilMoG und des EHUG wohl als riskant anzusehenden Auffassung reduziert sich das Ermessen des Vorstands bei besonderen Gefahrenlagen, bei zurückliegenden Verstößen oder auf Grund der Größe und/oder dezentraler Führung des Unternehmens jedoch auf null.[4]

Für Compliance als Leitungsaufgabe börsennotierter Gesellschaften gilt damit, dass die Anforderung an die Compliance-Maßnahmen an § 93 AktG zu messen sind. Fraglich ist dabei, ob den Vorstandsmitgliedern hierbei ein **„safe-harbour"** nach Maßgabe der in § 93 Abs. 1 Satz 2 AktG kodifizierten **Business Judgement Rule** zugute kommt.[5] Danach steht dem Vorstand im Rahmen seines unternehmerischen Handelns ein gewisser Ermessensspielraum zu. Eine Pflichtverletzung liegt nicht vor, „wenn das Vorstandsmitglied bei einer unternehmerischen Entscheidung vernünftigerweise annehmen durfte, auf der Grundlage angemessener Information zum Wohle der Gesellschaft zu handeln." Der Gesetzgeber erkennt damit an, dass der Vorstand im Rahmen der Leitung der Gesellschaft unternehmerische Risiken in einem bestimmten Umfang eingehen muss und kann. Es wird also ein unternehmerischer Entscheidungsspielraum geschaffen[6], so dass nur prognostische wirtschaftliche bzw. rechtlich nicht gebundene[7] Entscheidungen erfasst werden.[8] Bei der Abwägung, ob die Beherrschung der Haftungsrisiken für die Gesellschaft und den Vorstand ohne eine Compliance-Organisation möglich ist oder aber eine solche eingeführt werden soll, handelt es sich angesichts der einzusetzenden finanziellen Mittel und vorzuhaltenden Ressourcen um eine solche Entscheidung. Die Entscheidung für ein solches System und dessen konkrete Ausgestaltung fällt mithin unter § 93 Abs. 1 Satz 2 AktG.[9]

86

---

1 *Bürkle*, BB 2007, 1797; *Hellgardt*, S. 478.
2 *Bachmann/Prüfer*, ZRP 2005, 109, 111; *Bürkle*, BB 2005, 565, 567 ff.; *Hauschka*, ZIP 2004, 877, 880, 882; *Spindler* in MünchKomm. AktG, 3. Aufl. 2008, § 91 AktG Rz. 36; aus dem DCGK lässt sich eine solche Pflicht nicht herleiten, s. dazu *Ringleb* in Ringleb/Kremer/Lutter/v. Werder, DCGK, Rz. 618.
3 *Hauschka*, ZIP 2004, 877, 878.
4 *Hauschka*, ZIP 2004, 877, 882.
5 Ausführlich zur Business Judgement Rule *Sven H. Schneider*, DB 2005, 707 ff. und oben *Krieger*, § 3 Rz. 13 ff.
6 *Raiser/Veil*, Recht der Kapitalgesellschaften, § 14 Rz. 75; Übersicht bei *Spindler* in MünchKomm. AktG, 3. Aufl. 2008, § 93 AktG Rz. 40 ff.
7 *Lutter*, ZIP 2007, 841, 843.
8 Vgl. *Uwe H. Schneider/Sven H. Schneider*, GmbHR 2005, 1229 f.
9 Vgl. *Fleischer*, AG 2003, 291, 297, 298.

87 Jedoch lässt sich der an das Verhalten des einzelnen Vorstandsmitgliedes anzulegende Sorgfaltsmaßstab nicht abstrakt bestimmen. Er hängt sowohl von der konkreten Aufgabenverteilung im Vorstandsgremium, als auch von den Umständen im Unternehmen ab. Es gilt die Prämisse, dass der Vorstand in angemessener Weise alle zugänglichen Erkenntnisquellen auszuschöpfen und sachverständigen Rat einzuholen hat, wenn ihm die erforderliche Sachkunde fehlt.[1] Kriterien für die Angemessenheit sind der Zeitvorlauf, das Gewicht und die Art der zu treffenden Entscheidung.[2]

88 In Bezug auf **Organpflichten bei der Kapitalmarktinformation** ist jedoch auf Folgendes hinzuweisen: Die Vorstandsmitglieder kommen zwar hinsichtlich der Entscheidung für oder gegen die Einführung einer Compliance-Organisation in den Genuss der Business Judgement Rule. In Bezug auf die Erfüllung der der Gesellschaft obliegenden und in ihrer Verantwortung stehenden Publizitätspflichten gilt dies aber gerade nicht. Die Business Judgement Rule erfasst nur prognostische wirtschaftliche Entscheidungen, nicht aber rechtlich gebundene Entscheidungen, weil insoweit **kein Ermessensspielraum** existiert.[3] Bei der Verletzung der Informationspflichten können sich die Mitglieder der Leitungsorgane daher in der Regel nicht auf diesen „safe harbour" berufen.

II. Compliance-Maßnahmen

89 Allgemein verbindliche Leitlinien zur Ausgestaltung der Compliance-Organisation lassen sich angesichts des bestehenden Ermessensspielraums nicht aufstellen.[4] Vielmehr kommt es im jeweiligen Einzelfall auf die Größe des Unternehmens, die Vielfalt und die Bedeutung der einzuhaltenden Vorschriften sowie darauf an, ob bereits Missstände oder Unregelmäßigkeiten aufgetreten sind.[5] Bei größeren Unternehmen ist es zudem sinnvoll, die Verantwortung für die Compliance einem Vorstandsmitglied zuzuweisen und **Compliance-Beauftragte** für die verschiedenen Unternehmensbereiche zu bestimmen.[6] Eine vollständige Haftungsfreistellung der übrigen Vorstandmitglieder lässt sich zwar auch durch eine angemessene Compliance-Organisation nicht erreichen; es geht aber zumindest eine Haftungserleichterung für diese damit einher.[7] Den anderen Vorstandsmitgliedern obliegt dann nur noch eine stichprobenartige Aufsicht.[8] Die Verantwortlichkeit der Vorstandsmitglieder für Compliance ist freilich nicht grenzen-

---

1 *Mertens* in KölnKomm. AktG, § 93 AktG Rz. 29.
2 Vgl. Begr. RegE UMAG, BT-Drucks. 15/5092, S. 12; s. auch *Spindler* in MünchKomm. AktG, 3. Aufl. 2008, § 93 AktG Rz. 47 ff.
3 *Fleischer* in Assmann/Schütze, Handbuch Kapitalanlagerecht, § 7 Rz. 10; *Lutter*, ZIP 2007, 841, 843; *Spindler* in MünchKomm. AktG, 3. Aufl. 2008, § 93 AktG Rz. 44.
4 Vgl. hierzu aber *Hauschka*, ZIP 2004, 877, 879 f.; *Uwe H. Schneider*, ZIP 2003, 645, 649 f.
5 *Fleischer* in Fleischer, Handbuch des Vorstandsrechts, § 8 Rz. 44; *Fleischer*, AG 2003, 291, 299.
6 Vgl. *Fleischer* in Fleischer, Handbuch des Vorstandsrechts, § 8 Rz. 44; *Hauschka*, NJW 2004, 257, 258; *Hauschka*, ZIP 2004, 877, 879 f.; *Uwe H. Schneider*, ZIP 2003, 645, 650.
7 *Fleischer* in Fleischer, Handbuch des Vorstandsrechts, § 8 Rz. 44; *Hauschka*, NJW 2004, 257, 259.
8 *Hauschka*, ZIP 2004, 877, 881; *Hauschka*, NJW 2004, 257, 259.

los. Vielmehr wird sie durch die Erforderlichkeit und Zumutbarkeit etwaiger Maßnahmen begrenzt.[1]

Die Formulierung des § 93 Abs. 1 AktG hebt diejenigen Bereiche hervor, denen im Rahmen der Unternehmensorganisation die größte Bedeutung zukommt. Dies sind die Informationsbeschaffung sowie Systeme, die die Sachverhaltsaufklärung und Informationsverwertung sowie Strukturen zur Herbeiführung unternehmerischer Entscheidungen und Maßnahmen erleichtern. Danach stehen Risiko, Information, Organisation und Dokumentation im Fokus.[2] 90

1. Information

Nach § 93 Abs. 1 Satz 2 AktG müssen unternehmerische Entscheidungen zur Vermeidung einer Haftung auf Grundlage angemessener Information getroffen werden. Um dies zu ermöglichen, ist die Organisation des Informationsflusses eine zentrale Compliance-Maßnahme. Ein Bestandteil hiervon ist die Beschaffung benötigter Informationen, insbesondere auch in schwierigen öffentlichkeitswirksamen Prozessen, wie z.B. Kartellverfahren, Korruptionsaffären oder strafrechtlichen Ermittlungsverfahren.[3] Dafür muss das Unternehmen zunächst wissen, welche Informationen mittels eigener Ressourcen bereitgestellt und welche nur über Dritte erlangt werden können. Hinsichtlich der Frage, ob ein bestimmter Umstand nach § 16 WpPG zu einem Nachtrag verpflichtet oder nach § 15 WpHG im Wege der Ad hoc-Mitteilung veröffentlicht werden muss, wird Rechtsberatung durch qualifizierte Rechtsberater regelmäßig hilfreich und ggf. erforderlich sein.[4] In dieser Hinsicht müssen die notwendigen Strukturen geschaffen werden, um das im Unternehmen vorhandene Know-how und die Informationen transparent zu machen. 91

Nach § 15 WpHG müssen Insiderinformationen bspw. „unverzüglich" veröffentlicht werden. Die Strukturen müssen daher so ausgestaltet sein, dass das Unternehmen die Veröffentlichungspflichten erkennen, prüfen und wahrnehmen kann.[5] Dazu ist im Grundsatz dreistufig vorzugehen: Festlegung der Unternehmensbereiche, in denen mit Insiderinformationen zu rechnen ist, Vorkehrungen zur Aufdeckung und sofortigen Weitermeldung an die Geschäftsleitung (Compliance-Handbuch, Meldeweg, Schulungen), Sicherstellung der sofortigen Entscheidung der Geschäftsleitung über Veröffentlichungspflicht (oder ggf. Selbstbefreiung).[6] Welche Geschäftsbereiche besonders insiderrelevant sind, ist nicht pauschal festzustellen. Die BaFin nennt Vorstand, Aufsichtsrat, Rechtsabteilung, 92

---

1 *Fleischer*, AG 2003, 291, 300; *Fleischer* in Fleischer, Handbuch des Vorstandsrechts, § 8 Rz. 45.
2 So plastisch *Rodewald/Unger*, BB 2006, 113.
3 *Rodewald/Unger*, BB 2006, 113.
4 Sofern das betreffende Unternehmen nicht eine eigene, in diesen Fragen erfahrene Rechtsabteilung unterhält; dazu und zur Mitwirkung mindestens eines Vorstandsmitglieds bei Ad hoc-Mitteilungen und insbesondere Selbstbefreiungen BaFin Emittentenleitfaden, 2. Aufl., S. 65.
5 *Assmann* in Assmann/Uwe H. Schneider, § 15 WpHG Rz. 252.
6 *Klöpper* in Hauschka, Corporate Compliance, § 11 Rz. 50.

Controlling und Finanzen, Public- oder Investor Relations und die Compliance-Stelle selbst.[1] Diese Aufzählung hat jedoch nur Beispielcharakter, es können je nach Betätigungsfeld des Emittenten auch andere Geschäftsbereiche betroffen sein.[2]

93 Auch im Rahmen der Selbstbefreiung nach § 15 Abs. 3 WpHG i.V.m. der WpAIV hat das Unternehmen sicherzustellen, dass bestimmte Informationen wahrgenommen werden. Tauchen nach einer solchen Selbstbefreiung konkrete Gerüchte im Markt auf, ist das Unternehmen unter Umständen nicht mehr in der Lage die Vertraulichkeit der Information zu gewährleisten und muss die Information veröffentlichen. Da dies unabhängig von der Kenntnis des Unternehmens vom Gerücht gilt, ist nach einer Selbstbefreiung intensive Marktbeobachtung im Hinblick auf solche Gerüchte erforderlich, um dem Vorwurf der unterlassenen Veröffentlichung zu entgehen.[3] Nach einer jüngeren Entscheidung des OLG Stuttgart soll entgegen der bisher herrschenden Literaturansicht eine bewusste Entscheidung des Emittenten über das Vorliegen der Voraussetzungen des § 15 Abs. 3 WpHG nicht mehr erforderlich sein. Die Befreiungswirkung trete vielmehr automatisch ein.[4]

94 Zusätzlich ist für eingehende Informationen sicherzustellen, dass diese unverzüglich die relevanten Personen erreichen, d.h. diejenigen, die im Einzelfall entscheiden.[5] Neben den Verantwortlichkeiten und Zuständigkeiten für die Beschaffung müssen diese daher auch für die Weiterleitung und schließlich die Verwertung der Informationen definiert werden. Im Hinblick auf die Ad hoc-Mitteilungspflicht des § 15 WpHG verlangt die BaFin, dass der Emittent organisatorische Vorkehrungen trifft, „um eine notwendige Veröffentlichung unverzüglich durchzuführen. Hierzu gehört u.a., dass bei vorhersehbaren Insiderinformationen entsprechende Vorarbeiten geleistet werden, die eine zeitliche Verzögerung weitestgehend vermeiden. Wenn die Insiderinformation an einer Stelle des Unternehmens entsteht, die nicht berechtigt ist, über die Veröffentlichung zu entscheiden, muss sichergestellt sein, dass die Information unverzüglich der entscheidungsberechtigten Person oder dem Gremium weitergeleitet wird."[6]

95 Schließlich muss die Unternehmensorganisation sicherstellen, dass sensible Informationen nicht allgemein verfügbar sind. So müssen Unternehmen nach § 15b WpHG i.V.m. §§ 14–16 WpAIV **Insiderverzeichnisse** führen, in denen die Personen aufzuführen sind, die bestimmungsgemäß Zugang zu Insiderinformationen haben. Die Organisation muss daher sicherstellen, dass auch nur diese Zu-

---

1 BaFin, Emittentenleitfaden, 2. Aufl., S 120.
2 *Klöpper* in Hauschka, Corporate Compliance, § 11 Rz. 52.
3 *Rückert/Kuthe* in Kuthe/Rückert/Sickinger, S. 152.
4 OLG Stuttgart v. 22.4.2009 – 20 Kap 1/08, NZG 2009, 624; so auch *Versteegen* in Köln-Komm. WpHG, § 15 WpHG Rz. 168; zur – zutreffenden – Gegenauffassung statt vieler BaFin, Emittentenleitfaden, 2. Aufl., S. 65; *Pfüller* in Fuchs, § 15 WpHG Rz. 343 ff.; die Emittenten sollten mit Blick auf die Auffassung der BaFin dennoch eine ausdrückliche Entscheidung treffen und dokumentieren.
5 *Rodewald/Unger*, BB 2006, 113, 114.
6 BaFin, Emittentenleitfaden, 2. Aufl., S. 80; s. auch *Klöpper* in Hauschka, Corporate Compliance, 2007, § 11 Rz. 50.

gang zu den Informationen haben und dass die Liste in Bezug auf Zeitpunkt der Informationserlangung und Inhalt zutreffend und aktuell ist. Zudem müssen insiderrelevante Informationen vor einem unkontrollierten „Export" in die insiderrechtliche Außenwelt geschützt werden.[1] So sind während einer Selbstbefreiung nach § 15 Abs. 3 WpHG nach § 7 Nr. 1 WpAIV Vorkehrungen dafür zu treffen, „dass andere Personen als solche, deren Zugang zu Insiderinformationen für die Wahrnehmung ihrer Aufgaben beim Emittenten unerlässlich ist, keinen Zugang zu dieser Information erlangen." Wie dies bewerkstelligt wird, hängt vom Einzelfall ab. Denkbar ist, zumindest in größeren Unternehmen, die Errichtung von „Chinese Walls", die beispielsweise die Regelung des Datenzugriffs oder die Schaffung getrennter Vertraulichkeitsbereiche zum Gegenstand haben können.[2]

2. Delegation

Die Compliance-Organisation muss des Weiteren die Gesetzeskonformität des Unternehmens auch dann sicherstellen, wenn Aufgaben delegiert werden.[3] Dabei ist zunächst zu beachten, dass der Vorstand Leitungsaufgaben nach § 76 AktG nicht delegieren darf.[4] Die (vertikale) Delegation anderer Aufgaben auf Mitarbeiter ist hingegen grundsätzlich möglich. Dabei entfällt die Verantwortlichkeit der Leitungsorgane jedoch nicht, vielmehr wandelt sie sich von der Pflicht zum gesetzeskonformen Handeln zu einer Organisationspflicht. Eine Verantwortlichkeit der Leitungsorgane besteht deshalb für die Auswahl, die Einweisung und die Überwachung der Mitarbeiter. Zur Auswahlverantwortlichkeit gehört, dass die betreffenden Mitarbeiter die persönlichen und fachlichen Qualifikationen besitzen, die erforderlich sind, um die ihnen übertragenen Aufgaben zu erfüllen.[5] Die Einweisungs- oder Instruktionsverantwortlichkeit verpflichtet den Geschäftsleiter, die betreffenden Mitarbeiter in ihren Verantwortungsbereich einzuweisen und ihnen die übertragenen Aufgaben zu erläutern. Diese müssen zudem wissen, an wen sie berichten sollen, ihnen ist daher die Aufbau- und Ablauforganisation zu erläutern.[6]

96

In der Praxis ist häufig zu beobachten, dass Compliance-Aufgaben hauptsächlich an die Rechtsabteilung delegiert werden; die – selten anzutreffende – Wahrung durch Investor Relations empfiehlt sich nicht.[7] Empirischen Erhebungen zufolge ist die Bereitschaft, eine separate Compliance-Stelle einzurichten rückläufig und nur gut ein Zehntel der befragten Unternehmen siedelte die Compliance auf Vorstandsebene an.[8]

97

---

1 *Rodewald/Unger*, BB 2006, 113, 114.
2 *Assmann* in Assmann/Uwe H. Schneider, § 15 WpHG Rz. 165; *Rückert/Kuthe* in Kuthe/Rückert/Sickinger, S. 155.
3 *Fleischer*, AG 2003, 291, 292; *Rodewald/Unger*, BB 2006, 113, 114.
4 Auf diese bezogene Vorbereitungshandlungen darf er hingegen delegieren, sofern er schließlich auf Grund eigener Erwägungen und in eigener Verantwortung entscheidet; vgl. *Fleischer*, AG 2003, 291, 292; *Froesch*, DB 2009, 722, 724; *Hüffer*, § 76 AktG Rz. 8.
5 Vgl. BGH v. 7.11.1994 – II ZR 270/93, BGHZ 127, 336, 347; *Froesch*, DB 2009, 722, 725; *Hopt* in Großkomm. AktG, § 93 AktG Rz. 59.
6 Überblick bei *Spindler* in MünchKomm. AktG, 3. Aufl. 2008, § 91 AktG Rz. 19; s. auch *Fleischer*, AG 2003, 291, 293; *Froesch*, DB 2009, 722, 725.
7 Allerdings ist die Einbindung der Investor Relations in §§ 13, 15 WpHG sinnvoll.
8 *Kort*, NZG 2008, 81, 85; zur Empirie AG-Report, AG 2007, R 326.

98 Im Bereich der kapitalmarktrechtlichen Informationspflichten sind Mitarbeiter entsprechend über die Voraussetzungen, die eine Pflicht zur Veröffentlichung auslösen sowie die Anforderungen an die Veröffentlichungen zu schulen. Schließlich ist für eine laufende Überwachung zu sorgen.[1] Die Ausgestaltung und Intensität der Überwachung richtet sich nach der Art, Größe und Organisation des Unternehmens, der Komplexität und Bedeutung der Aufgabe sowie nach der ausführenden Person. Je länger und je qualifizierter diese ist bzw. sind, desto weniger bedürfen sie der Überwachung.[2] Die Handlungsverantwortung kommt bei delegierten Aufgaben den ausführenden Mitarbeitern zu.[3]

3. Kontrolle

99 Die Kontrolle der Angemessenheit von Compliance-Maßnahmen darf nicht erst dann einsetzen, wenn sich bereits Schwachstellen oder Missstände gezeigt haben.[4] Die Intensität richtet sich auch hier nach der Komplexität und der Bedeutung der jeweiligen Aufgabe. Die Überwachungsorganisation muss so beschaffen sein, dass Unregelmäßigkeiten auch ohne ständige unmittelbare Überwachung weitestgehend ausgeschlossen sind. Den Mitarbeitern muss auf Grund der Organisation klar sein, dass Verstöße entdeckt und geahndet werden können. Dies kann bspw. durch stichprobenartige, überraschende Prüfungen sichergestellt werden, was grundsätzlich als ausreichend anzusehen ist.[5]

100 Als Korrelat übersteigerter Kontrollmaßnahmen gilt der Grundsatz der Zumutbarkeit. Hierbei sind die **Eigenverantwortlichkeit**[6] und der Vertrauensgrundsatz gegenüber langjährigen Mitarbeitern sowie die Wahrung des Betriebsklimas zu berücksichtigen.[7] In der Praxis ist daher entscheidend, die Mitarbeiter für die Notwendigkeit und die Bedeutung der Maßnahmen zu sensibilisieren, um eine compliance-affine Organisation zu fördern. In Bezug auf insiderrelevante Sachverhalte ist es erforderlich, den Mitarbeitern die Gründe für den vorsichtigen Umgang mit Insiderinformationen und die entsprechenden organisatorischen Maßnahmen zu erläutern.[8]

101 Je nach Unternehmenssituation können sich jedoch intensivere Kontroll- und Aufsichtsmaßnahmen als notwendig erweisen. Hierzu zählen bspw. finanzielle Krisensituationen[9], aktuelle Kartell- oder Korruptionsvorwürfe oder gewichtigere Unregelmäßigkeiten in der Vergangenheit.[10]

---

1 BGH v. 7.11.1994 – II ZR 270/93, BGHZ 127, 336, 347; *Hopt* in Großkomm. AktG, § 93 AktG Rz. 59.
2 *Fleischer*, AG 2003, 291, 293.
3 *Rodewald/Unger*, BB 2006, 113, 115.
4 Vgl. OLG Stuttgart v. 7.9.1976 – 3 Ss 576/76, NJW 1977, 1410; *Fleischer*, AG 2003, 291, 294; *Rodewald/Unger*, BB 2006, 113, 115.
5 *Fleischer*, AG 2003, 291, 294.
6 *Fleischer*, AG 2003, 291, 294f.
7 *Spindler* in MünchKomm. AktG, § 93 AktG Rz. 136; vgl. auch *Liese*, BB Special 5 zu BB 2008, 17, 20.
8 *Rodewald/Unger*, BB 2006, 113, 115.
9 *Hopt* in Großkomm. AktG, § 93 AktG Rz. 59.
10 *Hauschka*, ZIP 2004, 877, 882; *Fleischer*, AG 2003, 291, 295.

4. Dokumentation

Angesichts der Fülle der einzuhaltenden Vorschriften, der drohenden Haftungsrisiken sowie der gebotenen Compliance-Maßnahmen ist die gewissenhafte Dokumentation der unternehmensinternen Entscheidungsgrundlagen unausweichlich. Hierzu gehört zum einen, die Compliance-Organisation einschließlich ihrer Verantwortlichkeiten und Abläufe in einem Handbuch festzulegen.[1] Daneben sollte jeweils zeitnah eine Dokumentation der Art und Weise der Erfüllung konkreter Verantwortlichkeiten (z.B. Vermerke, Gesprächsprotokolle und -berichte, z.B. zur Entscheidung der Anlage einer anlassbezogenen Insiderliste, einer erstmaligen Selbstbefreiung gem. § 15 Abs. 3 WpHG, der Aufrechterhaltung einer Selbstbefreiung oder der Subsumtion von Sachverhalten unter § 15a WpHG (Directors Dealings)) erfolgen. Um eine Haftung mit möglichst großer Sicherheit auszuschließen, sind publizitätsrelevante Vorgänge so zu dokumentieren, dass die Entscheidungen nachvollziehbar und die Einhaltung der Sorgfaltpflichten belegbar sind.[2]

102

---

[1] *Johannsen/Adams*, BB 1996, 1017, 1017; *Klöpper* in Hauschka, Corporate Compliance, § 11 Rz. 52; s. auch *Kort*, NZG 2008, 81, 85.
[2] *Rodewald/Unger*, BB 2006, 113, 115; s. auch *Assmann* in Assmann/Uwe H. Schneider, § 15 WpHG Rz. 165.

§ 29
Risikobereich und Haftung:
Krise und Insolvenz des Unternehmens

Dr. Helmut Balthasar

	Rz.		Rz.
A. Einleitung	1	I. Grundlagen	48
B. Insolvenzgründe	5	II. Insolvenzantragspflicht	49
I. Überschuldung	6	1. Adressat der Antragspflicht	49
1. Begriff des Überschuldungsstatus	7	a) Organschaftliche Vertreter	49
2. Entwicklung des Überschuldungsbegriffs	8	b) Gesellschafter und Aufsichtsräte	54
a) Vor Inkrafttreten der InsO	8	c) Erstreckung auf Auslandsgesellschaften	60
b) Insolvenzrechtsreform	9	2. Antragsfrist	62
c) Finanzmarktkrise	11	III. Rechtsfolgen	64
3. Fortbestehensprognose	14	**D. Verstoß gegen das Zahlungsverbot**	68
4. Grundlagen der Bewertung	23	I. Die Haftung auf Schadensersatz nach § 43 Abs. 2 GmbHG	69
5. Einzelpositionen	27	II. Die Haftung nach § 43 Abs. 3 GmbHG	70
a) Aktiva	28	III. Die Masseschmälerung gem. § 64 Satz 1 GmbHG n.F.	72
b) Passiva	29	IV. Die Insolvenzverursachungshaftung gem. § 64 Satz 3 GmbHG n.F.	77
II. Zahlungsunfähigkeit	30	V. Die Verjährung der Innenhaftung	85
1. Objektive Zeitpunktilliquidität	31	**E. Weitere Haftungstatbestände**	87
2. Fälligkeit der Verbindlichkeiten	36	I. Haftung wegen vorenthaltener Sozialabgaben gem. § 823 Abs. 2 BGB i.V.m. § 266a StGB	88
3. Vorübergehende Zahlungsstockung	40	II. Haftung gem. § 823 Abs. 2 BGB i.V.m. § 263 StGB	104
4. Wesentlichkeit	41	III. Haftung gem. § 823 Abs. 2 BGB i.V.m. § 266 StGB	105
5. Zahlungseinstellung (§ 17 Abs. 2 Satz 2 InsO)	43	IV. Haftung für vorenthaltene Steuern	110
III. Drohende Zahlungsunfähigkeit	44		
C. Haftung wegen Insolvenzverschleppung § 823 Abs. 2 BGB i.V.m. § 15a InsO n.F.	48		

Schrifttum: *Altmeppen,* Insolvenzverschleppungshaftung, ZIP 2001, 2201; *Altmeppen,* Zur Disponibilität der Geschäftsführerhaftung in der GmbH, DB 2000, 261; *Altmeppen/Wilhelm,* Quotenschaden, Individualschaden und Klagebefugnis bei der Verschleppung des Insolvenzverfahrens über das Vermögen der GmbH, NJW 1999, 673; *Bäcker/Prühs,* GmbH-Geschäftsführer-Haftung, 1996; *Becker,* Die Überschuldung im Recht der Gesellschaft mit beschränkter Haftung, 2001; *Berthold,* Unternehmensverträge in der Insolvenz, 2004; *Bauer,* Die Passivierung eigenkapitalersetzender Gesellschafterforderungen im Überschuldungsstatus, ZInsO 2001, 486; *Bayer/Lieder,* Ersatz des Vertrauensschadens wegen Insolvenzverschleppung und Haftung des Teilnehmers, WM 2006, 1; *Bork,* Haftung des GmbH-Geschäftsführers wegen verspätetem Konkursantrags, ZGR 1995, 505; *Bork,* Grundfragen der Zahlungsunfähigkeit, KTS 2005, 1; *Brückl/Kersten,* Zur Unmöglichkeit beim Vorenthalten von Sozialversicherungsbeiträgen, NZI 2001, 288; *Burger/Schellberg,* Zur Vorverlagerung der Insolvenzauslösung durch das neue Insolvenzrecht, KTS 1995, 563; *Dahl/ Schmitz*, Probleme von Überschuldung und Zahlungsunfähigkeit nach FMStG und MoMiG, NZG 2009, 567; *Drescher*, Die Haftung des GmbH-Geschäftsführers, 6. Aufl. 2009; *Diekmann*, Reichweite der über den Ersatz des Quotenschadens hinausgehenden Insolvenzverschleppungshaftung, NZG 2006, 255; *Drukarzcyk/Schüler*, Die Eröffnungsgründe der InsO, Zahlungsunfähigkeit, drohende Zahlungsunfähigkeit und Überschuldung, in Kölner Schrift zur InsO, 3. Aufl. 2009, S. 28; *Ebert*, Folgepflicht und Haftung des GmbH-Geschäftsführers bei Weisungen, GmbHR 2003, 448; *Eckert/Happe*, Totgesagte leben länger, ZInsO 2008, 1098; *Förschle/Kofahl*, Verlustanzeigebilanz und Überschuldungsstatus, in Budde/ Förschle/Winkeljohann, Sonderbilanzen, 4. Aufl. 2008; *Früh/Wagner*, Die Überschuldungsprüfung bei Unternehmen, WPg 1998, 907; *Goette*, Leitung, Aufsicht, Haftung – zur Rolle der Rechtsprechung bei der Sicherung einer modernen Unternehmensführung, in FS 50 Jahre BGH, 2000, S. 123; *Goette*, Gesellschaftsrecht und Insolvenzrecht – Aktuelle Rechtsprechung des II. Zivilsenats, KTS 2006, 217; *Götz*, Überschuldung und Handelsbilanz, 2004; *Götz*, Entwicklungslinien insolvenzrechtlicher Überschuldungsmessung, KTS 2003, 1; *Groß*, Die Rechtsprechung des Bundesgerichtshofs zur Haftung des GmbH-Geschäftsführers wegen Nichtabführung von Arbeitnehmerbeiträgen zur Sozialversicherung, ZIP 2001, 945; *Gundlach/Frenzel/Schmidt*, Die Anfechtbarkeit von Lohnsteuerabführungen durch den später insolventen Arbeitgeber, DStR 2002, 861; *Haas*, Geschäftsführerhaftung und Gläubigerschutz, 1997; *Haas*, Aktuelle Rechtsprechung zur Insolvenzantragspflicht des GmbH-Geschäftsführers nach § 64 Abs. 1 GmbHG, DStR 2003, 423; *Haas*, Fragen zur Insolvenzverschleppungshaftung des GmbH-Geschäftsführers, NZG 1999, 373; *Haas*, Bilanzierungsprobleme bei der Erstellung eines Überschuldungsstatus, in Kölner Schrift zur InsO, 3. Aufl. 2009, S. 1293; *Haas*, Der Ersatzanspruch nach § 64 II GmbHG, NZG 2004, 737; *Haas*, Die Haftung des GmbH-Geschäftsführers in der Krise der Gesellschaft, in Heintzen/ Kruschwitz (Hrsg.), Unternehmen in der Krise, 2004, S. 73; *Harz*, Kriterien der Zahlungsunfähigkeit und der Überschuldung unter Berücksichtigung der Änderungen nach dem neuen Insolvenzrecht, ZInsO 2001, 193; *Hüffer*, Bewertungsprobleme in der Überschuldungsbilanz, in FS Wiedemann, 2002, S. 1047; *IDW*, Stellungnahme des Fachausschuss Recht FAR 1/1996, Empfehlungen zur Überschuldungsprüfung bei Unternehmen, WPg 1995, 596; *Kahlert*, Vertreterhaftung für Steuerschulden, insbesondere in der Unternehmenskrise, ZIP 2009, 2368; *Knof*, Die neue Insolvenzverursachungshaftung nach § 64 Satz 3 RegE-GmbHG (Teil I), DStR 2007, 1536; *Martens*, Die Anzeigepflicht des Verlustes des Garantiekapitals nach dem AktG und dem GmbHG, ZGR 1972, 243; *Meyke*, Die Haftung des GmbH-Geschäftsführers, 5. Aufl. 2007; *Müller*, Der Verlust der Hälfte des Grund- oder Stammkapitals, ZGR 1985, 191; *Neuhof*, Sanierungsrisiken der Banken – Die Vor-Sanierungsphase, NJW 1998, 3225; *Nowotny*, Verlust des halben Stammkapitals, in FS Semler, 1993, S. 231; *Priester*, Verlustanzeige und Eigenkapitalersatz, ZGR 1999, 533; *Reck*, Neue Rechtsprechung zur Nichtabführung der Sozialversicherungsbeiträge für Arbeitnehmer, ZInsO 2002, 16; *Schmahl*, Subsidiäres Insolvenzantragsrecht bei führungslosen juristischen Personen nach dem Regierungsentwurf des MoMiG – Versuch einer rechtzeitigen begrifflichen und sachlichen Klärung, NZI 2008, 6; *K. Schmidt*, Verbotene Zahlungen in der Krise von Handelsgesellschaften und die daraus resultierenden Ersatzpflichten, ZHR 168 (2004), 637; *K. Schmidt*, GmbH-Reform auf Kosten der Geschäftsführer?, GmbHR 2008, 449; *K. Schmidt*, Konkursgründe und präventiver Gläubigerschutz, AG 1978, 334; *K. Schmidt*, Rangrücktritt bei Gesellschafterdarlehen: Problem gebannt?, DB 2006, 2503; *K. Schmidt/ Uhlenbruck* (Hrsg.), Die GmbH in Krise, Sanierung und Insolvenz, 4. Aufl. 2009; *Schulze-Osterloh*, Grenzen des Gläubigerschutzes bei fahrlässiger Insolvenzverschleppung, AG 1984, 141; *Schulze-Osterloh*, Zahlungen nach Eintritt der Insolvenzantragsreife (§ 64 Abs. 2 GmbHG; §§ 92 Abs. 3, 93 Abs. 3 Nr. 6 AktG), in FS Bezzenberger, 2000, S. 415; *Thonfeld*, Der instabile Überschuldungsbegriff des Finanzmarktstabilisierungsgesetzes, NZI 2009, 15; *Ulmer*, Konkursantragspflicht bei Überschuldung der GmbH und Haftungsrisiken bei Konkursverschleppung, KTS 1981, 469; *Wittig*, Beseitigung der Insolvenzgründe mit Bankenbeiträgen als Voraussetzung der freien Unternehmenssanierung, NZI 1998, 49.

A. Einleitung

1 Die Ausgestaltung von Haftungsrisiken der Geschäftsleitungsorgane in der Krise und Insolvenz des Unternehmens sind so mannigfaltig wie die Vielfalt möglicher Ursachen von und Handlungsweisen in Krise und Insolvenz des Unternehmens. Eine Darstellung der möglichen Haftungsrisiken kann notwendigerweise nie vollständig sein, sondern nur eine Typisierung liefern. Der nachfolgende Überblick versucht, eine solche **Typisierung praktisch besonders relevanter Risiken** zu erstellen.

2 Dabei liegt der Schwerpunkt der Darstellung auf **insolvenzrechtlichen Haftungsrisiken**. Dies vor allem deshalb, weil die Komplexität der Haftungsnormen hier besonders groß ist und durch Übergang der Verfügungsbefugnis von Ansprüchen des Unternehmens gegen seine Geschäftsleitungsorgane auf den Insolvenzverwalter und Schädigung Dritter durch die Insolvenz solche Ansprüche zunehmend verfolgt werden. Zunächst werden die relevanten Insolvenzgründe dargestellt (Kap. B, Rz. 5 ff.). Sodann befasst sich die Darstellung ausführlich mit den insolvenzrechtlich zentralen Haftungsnormen der Insolvenzverschleppung und des Verbots von Zahlungen in der Insolvenz (Kap. C, Rz. 48 ff., und D, Rz. 68 ff.). Schließlich werden eine Reihe weiterer Haftungsrisiken aufgezeigt (Kap. E, Rz. 87 ff.).

3 Mit Inkrafttreten der Insolvenzordnung zum 1.1.1999 wurden die Insolvenzgründe in §§ 17–19 InsO einheitlich geregelt.[1] Im Zuge der GmbH-Reform durch das MoMiG ist nun neben dem Insolvenzantragsrecht auch die Insolvenzantragspflicht rechtsformübergreifend in der InsO geregelt. Bei Eintritt der materiellen Insolvenzreife wegen Überschuldung oder Zahlungsunfähigkeit entsteht zum einen die Verpflichtung der Geschäftsleitungsorgane, binnen einer Frist von drei Wochen Insolvenzantrag zu stellen (§ 15a InsO). Weiterhin in den jeweiligen Gesellschaftsrechten geregelt ist das Verbot, ab diesem Zeitpunkt Zahlungen zu leisten, die nicht mit der Sorgfalt eines ordentlichen Geschäftsleiters vereinbar sind (§ 64 Satz 1 GmbHG, § 92 Abs. 2 AktG, § 130a Abs. 1 Satz 1 HGB, § 99 Satz 1 GenG). Dieses **Nebeneinander von Insolvenzantragspflicht und Zahlungsverbot** in der materiellen Insolvenzreife ist in jüngerer Zeit zum Gegenstand einer rechtsdogmatischen Diskussion geworden, die auch erhebliche rechtspraktische Bedeutung für den Haftungsumfang hat.[2] Dies führt dazu, dass die auf den ersten Blick klar erscheinenden rechtlichen Regelungen nicht nur in Detailfragen, sondern auch schon hinsichtlich ihrer grundsätzlichen Reichweite in der praktischen Anwendung erhebliche Schwierigkeiten bereiten. Hinzu kommt, dass auch die Insolvenzgründe Überschuldung und Zahlungsunfähigkeit in vielerlei Hinsicht noch nicht als geklärt angesehen werden können.

4 Die hieraus resultierende Rechtsunsicherheit, gepaart mit dem Zeitdruck und der Komplexität einer Sanierung, führt dazu, dass in einer existenzbedrohenden Krise

---

1 BGBl. I 1994, 2866; zur Entstehungsgeschichte der Insolvenzordnung etwa *Stürner* in MünchKomm. InsO, 2001, Einl. Rz. 39 ff.
2 Grundlegend *Altmeppen/Wilhelm*, NJW 1999, 673 ff.; *K. Schmidt*, ZHR 168 (2004), 637 ff.; *Schulze-Osterloh* in FS Bezzenberger, 2000, S. 419 ff.

Haftungsrisiken für die um Rettung des Unternehmens bemühte Geschäftsleitung selten gänzlich ausschließbar sind. Dieser misslichen Lage können sich die Geschäftsleitungsorgane auch nicht dadurch entziehen, dass sie bereits bei Erkennen einer möglichen Insolvenzgefahr einen Insolvenzantrag stellen, denn auch ein verfrühter Insolvenzantrag, der realistische Möglichkeiten zur Sanierung auslässt, führt zur Haftung.[1] In der Krise bewegen sich die Geschäftsführungsorgane daher in einem **haftungsträchtigen Spannungsfeld zwischen Sanierungspflicht und Insolvenzantragspflicht**.[2] Dieses Spannungsfeld lässt sich in der Praxis nur dann beherrschen, wenn so frühzeitig Sanierungsbemühungen eingeleitet werden, dass über eine Sanierung vor Eintritt der Insolvenzantragsgründe entschieden werden kann. Diese frühzeitige Einleitung von Sanierungsbemühungen und Taktung in Einklang mit den gesellschafts- und insolvenzrechtlichen Pflichten erfolgt allzu oft jedoch nicht. Die Haftung der Geschäftsleitungsorgane resultiert in der Sanierungs- und Insolvenzpraxis daher in aller Regel nicht aus rechtsblindem oder rechtsfeindlichem Verhalten, sondern daraus, dass der Eintritt von Insolvenzgründen die Erstellung eines Sanierungskonzeptes und die Vorlage entscheidungsreifer Vorschläge „überholt".

B. Insolvenzgründe

Die Insolvenzgründe des Gesellschaftsrechts sind rechtformunabhängig und seit der Insolvenzrechtsreform explizit in §§ 17–19 InsO geregelt. Da Zahlungsunfähigkeit (§ 17 InsO) und Überschuldung (§ 19 InsO) als **obligatorische Insolvenzantragsgründe** eine Pflicht zur Insolvenzantragstellung begründen[3], stehen sie im Mittelpunkt der Betrachtung. Auf den nur fakultativen Insolvenzgrund der drohenden Zahlungsunfähigkeit wird dagegen nur im Rahmen eines kurzen Exkurses eingegangen.

I. Überschuldung

Gem. § 19 Abs. 1 InsO ist die Überschuldung Insolvenzeröffnungsgrund bei allen juristischen Personen. § 19 Abs. 3 InsO erweitert den Anwendungsbereich des Eröffnungsgrundes der Überschuldung auf Gesellschaften ohne Rechtspersönlichkeit, bei denen kein persönlich haftender Gesellschafter eine natürliche Person ist; zu nennen ist insoweit insbesondere die GmbH & Co. KG. Hinter dieser schlichten Formulierung steht die Annahme, dass mit der Teilnahme haftungsbeschränkter Rechtsträger am Geschäfts- und Rechtsverkehr dann eine erhebliche Gefahr für den Rechtsverkehr im Allgemeinen und die Gläubiger des Rechtsträgers im Besonderen verbunden ist, wenn das Eigenkapital des Rechtsträgers aufgezehrt ist. Durch Aufzehrung des Eigenkapitals als Risikopuffer sind sämtliche Risiken nunmehr von den Gläubigern zu tragen, wohingegen die Eigentümer

---

1 Vgl. nur *Kleindiek* in Lutter/Hommelhoff, 17. Aufl. 2009, Anh. zu § 64 GmbHG Rz. 71; *Goette* in FS 50 Jahre BGH, 2000, S. 123, 137.
2 Vgl. *Böcker*, Die Überschuldung im Recht der GmbH, 2002, S. 143; *Lutter*, DB 1994, 129, 134.
3 Vgl. § 15a InsO, ausführlich zur Antragspflicht unten unter Rz. 49 ff.

des Rechtsträgers nichts mehr zu verlieren, sondern nur noch zu gewinnen haben. Der Insolvenzgrund der Überschuldung in § 19 InsO ist also eine Terminierungsregel und **Korrelat des Privilegs der Haftungsbeschränkung**, um eine Verlagerung von Risiken auf die Gläubiger zu verhindern.[1]

1. Begriff des Überschuldungsstatus

7 Überschuldung liegt nach dem Wortlaut der Legaldefinition in § 19 Abs. 2 InsO grundsätzlich vor, wenn das Vermögen des Schuldners die bestehenden Verbindlichkeiten nicht mehr deckt. § 19 InsO fordert also eine auf einen Stichtag zu erstellende, bilanzielle Vermögensübersicht, die zumeist als Überschuldungsstatus bezeichnet wird.[2] Diese Konzeption der bilanziellen Schuldendeckungskontrolle weist im Ansatz große Ähnlichkeit mit der Handelsbilanz auf. Dies ist nicht zufällig, denn rechtshistorisch diente die Handelsbilanz tatsächlich dazu, eine Überschuldung festzustellen. Mit Vordringen der handelsbilanziellen Funktion der periodengerechten Gewinnermittlung und Begrenzung des ausschüttbaren Gewinns hat sich die Handelsbilanz zunehmend von der Überschuldungsermittlung entfernt.[3] Dies führt dazu, dass nach ständiger Rechtsprechung[4] und ganz herrschender Auffassung im Schrifttum[5] die Handelsbilanz für die Ermittlung einer Überschuldung untauglich ist.[6] Die Handelsbilanz dient in der Praxis daher nur als Indikator für die Notwendigkeit der Erstellung eines Überschuldungsstatus[7]; zugleich dient sie als Grundlage zu dessen Herleitung. Um eine vollständige Neuerfassung aller Vermögensgegenstände und Verbindlichkeiten zu vermeiden, bedient sich die insolvenzrechtliche Praxis der Handelsbilanz und der ihr zugrunde liegenden Daten des Rechnungswesens zur Ableitung des Überschuldungsstatus. Der Überschuldungsstatus wird üblicherweise durch eine Überleitungsrechnung ermittelt, die auf dem Mengengerüst der Handelsbilanz aufsetzt.[8]

---

1 Vgl. *Drukarczyk/Schüler* in MünchKomm. InsO, 2. Aufl. 2007, § 19 InsO Rz. 1 f.; zur ökonomischen Analyse der Insolvenzantragsgründe ausführlich *Bitz/Hemmerde/Rausch*, Gesetzliche Regelungen und Reformvorschläge zum Gläubigerschutz, 1986, S. 275 ff. m.w.N.
2 Vgl. nur *Haas* in Kölner Schrift zur InsO, 3. Aufl. 2009, S. 1293, 1294 ff.
3 Zu dieser Entwicklung ausführlich *Götz*, Überschuldung und Handelsbilanz, 2004, S. 49 ff. und 55 ff.; *Götz*, KTS 2003, 1, 7 ff.
4 Zuletzt BGH v. 27.4.2009 – II ZR 253/07, ZIP 2009, 1220 m.w.N.
5 Vgl. *Haas* in Kölner Schrift zur InsO, 3. Aufl. 2009, S. 1293, 1296; *Uhlenbruck* in Uhlenbruck, InsO, 12. Aufl. 2003, § 19 InsO Rz. 15.
6 Vgl. *Haas* in Kölner Schrift zur InsO, 3. Aufl. 2009, S. 1293, 1296; *Uhlenbruck* in Uhlenbruck, InsO, 12. Aufl. 2003, § 19 InsO Rz. 15; ausführlich *Götz*, Überschuldung und Handelsbilanz, 2004, S. 55 ff. und *Böcker*, Die Überschuldung im Recht der GmbH, 2002, S. 58 ff. mit Nachweisen zur Gegenmeinung.
7 So auch *Haas* in Kölner Schrift zur InsO, 3. Aufl. 2009, S. 1293, 1296; BGH v. 27.4.2009 – II ZR 253/07, ZIP 2009, 1220 m.w.N.
8 Vgl. *Beck* in Beck/Depré, Praxis der Insolvenz, 2003, S. 234 f.; so auch IDW, WPg 1955, 596 f.

2. Entwicklung des Überschuldungsbegriffs

a) Vor Inkrafttreten der InsO

Vor Einführung des § 19 Abs. 2 InsO zum 1.1.1999 war ein intensiver Meinungsstreit zur Methodik[1] der Überschuldungsermittlung geführt worden. Hier ging es im Kern um die Bedeutung einer **positiven Fortbestehensprognose** für das schuldnerische Unternehmen: Während die Vertreter der älteren zweistufigen Überschuldungsmethode davon ausgingen, dass eine positive Fortbestehensprognose nur dazu diene, den Bewertungsmaßstab – Fortführungswerte oder Liquidationswerte – für das schuldnerische Unternehmen im Überschuldungsstatus festzulegen, gingen die Vertreter der sog. modifizierten zweistufigen Methode[2] davon aus, dass einer Fortbestehensprognose selbständige Bedeutung zukomme. Besteht eine positive Fortbestehensprognose, so schließt nach letztgenannter Ansicht bereits diese eine Überschuldung aus, ohne dass es einer weitergehenden Ermittlung der Schuldendeckungsfähigkeit durch einen Überschuldungsstatus bedarf. Kurz vor der Insolvenzrechtsreform hatte sich der BGH der modifizierten zweistufigen Methode angeschlossen.[3]

8

b) Insolvenzrechtsreform

Infolge der Insolvenzrechtsreform trat zum 1.1.1999 folgende und bis zum 17.10. 2008 gültige Fassung des § 19 Abs. 2 Satz 1 InsO in Kraft:

9

„Überschuldung liegt vor, wenn das Vermögen des Schuldners die bestehenden Verbindlichkeiten nicht mehr deckt. Bei der Bewertung des Vermögens des Schuldners ist jedoch die Fortführung des Unternehmens zugrunde zu legen, wenn diese nach den Umständen überwiegend wahrscheinlich ist."

Damit hatte sich der InsO-Reformgesetzgeber ausdrücklich zur älteren zweistufigen Methode bekannt und die neuere modifizierte zweistufige Theorie verworfen.[4] Auch der BGH entschied in einem 2007 ergangenen Urteil[5], dass seiner zur KO ergangenen Rechtsprechung mit der Neufassung des Überschuldungstatbestandes in § 19 Abs. 2 InsO die Grundlage entzogen war.[6]

Für weiteren Diskussionsstoff auch nach Inkrafttreten des § 19 Abs. 2 InsO sorgte aber die Frage der **Reihenfolge der Prüfung**. Während die (ältere) zweistufige Überschuldungsprüfung mit der Prüfung der Fortbestehensprognose begann, um

10

---

1 Vgl. die Übersichten bei *Beck* in Beck/Depré, Praxis der Insolvenz, 2003, S. 228; *Drukarczyk/Schüler* in MünchKomm. InsO, 2. Aufl. 2007, § 19 InsO Rz. 20 ff. und in Kölner Schrift zur InsO, 3. Aufl. 2009, S. 28, 58; *Uhlenbruck* in Gottwald, Insolvenzrechts-Handbuch, 3. Aufl. 2006, S. 136 ff.
2 Grundlegend *K. Schmidt*, AG 1978, 334; *Ulmer*, KTS 1981, 469, 470 ff.
3 BGH v. 13.7.1992 – II ZR 269/91, BGHZ 119, 201, 213 f.; bestätigt durch BGH v. 20.3.1995 – II ZR 205/94, BGHZ 129, 136, 154 = AG 1995, 368.
4 Bericht des Rechtsausschusses, BT-Drucks. 12/77302, S. 12 und 157; zum Ganzen ausführlich *Hüffer* in FS Wiedemann, 2002, S. 1053 f.
5 BGH v. 5.2.2007 – II ZR 234/05, DStR 2007, 728, 731.
6 BGH v. 5.2.2007 – II ZR 234/05, DStR 2007, 728, 731.

dann in Abhängigkeit von deren Ausgang einen Überschuldungsstatus zu Liquidations- oder Fortführungswerten zu erstellen, befürworteten die Vertreter der dreistufigen Methode einen anderen Aufbau[1]: In der 1. Stufe solle ein Status zu Liquidationswerten erstellt werden. Führe dieser zu einer Überschuldung, solle in der 2. Stufe die Fortbestehensprognose ermittelt werden. Gehe diese positiv aus, werde in der 3. Stufe ein Status zu Fortführungswerten ermittelt, anderenfalls verbleibe es beim Status zu Liquidationswerten. Dieser Meinungsstreit hatte für die insolvenzrechtliche Praxis freilich kaum eine Bedeutung: In aller Regel wird die Liquidationsbewertung von Unternehmen in der Krise zu einer Überschuldung führen. Nach der dreistufigen Methode ist dann mit der Prüfung der Fortbestehensprognose fortzufahren, nach der (älteren) zweistufigen damit zu beginnen. Im Regelfall führen beide Verfahren daher zum selben Ergebnis, allerdings mit deutlichem Unterschied im Aufwand. Die Praxis ging daher aus Zeit- und Kostengründen von der zweistufigen Methodik aus.[2]

c) Finanzmarktkrise

11 In Reaktion auf die aktuelle Finanzkrise und dem damit einhergehenden erheblichen Wertverlust bei Aktiva[3] wurde § 19 Abs. 2 InsO durch Art. 5 des **Finanzmarktstabilisierungsgesetzes (FMStG)** mit Wirkung zum 18.10.2008 neu gefasst und lautet in der aktuell geltenden Fassung: „Überschuldung liegt vor, wenn das Vermögen des Schuldners die bestehenden Verbindlichkeiten nicht mehr deckt, es sei denn, die Fortführung des Unternehmens ist nach den Umständen überwiegend wahrscheinlich."

12 Nach dem klaren Wortlaut der Gesetzesbegründung[4] ist mit der Umsetzung der Gesetzesänderung eine **Rückkehr zum modifizierten zweistufigen Überschuldungsbegriff** beabsichtigt. Hierdurch soll nach der Vorstellung des Gesetzgebers das „ökonomisch völlig unbefriedigende Ergebnis" vermieden werden, dass auch Unternehmen, die mit überwiegender Wahrscheinlichkeit weiter erfolgreich am Markt operieren können, insbesondere solche, bei denen sich ein Turnaround binnen weniger Monate abzeichnet, zwingend ein Insolvenzverfahren zu durchlaufen haben.[5] Liegt eine positive Fortführungsprognose vor, so ist also nach derzeit geltendem Recht das Vorliegen des Insolvenzgrundes der Überschuldung per se ausgeschlossen, ohne dass es einer weitergehenden Ermittlung der Fähigkeit zur Deckung der Schulden durch Erstellung eines Überschuldungsstatus bedarf.

---

1 Grundlegend zur dreistufigen Methode *Uhlenbruck* in K. Schmidt/Uhlenbruck, Die GmbH in Krise, Sanierung und Insolvenz, 4. Aufl. 2009, Rz. 5.116; *Uhlenbruck* in Uhlenbruck, InsO, 12. Aufl. 2003, § 19 InsO Rz. 33; instruktiv vor allem die Übersicht mit graphischen Ablaufschemata bei *Drukarczyk* in MünchKomm. InsO, 2. Aufl. 2007, § 19 InsO Rz. 42 ff. und in Kölner Schrift zur InsO, 3. Aufl. 2009, S. 28, 82 und *Beck* in Beck/Dépré, Praxis der Insolvenz, 2003, S. 229 f.
2 Ähnlich *Beck* in Beck/Dépré, Praxis der Insolvenz, 2003, S. 230; *IDW*, WPg 1997, 22 f.
3 Vgl. die Gesetzesbegründung, BT-Drucks. 16/10600, S. 20.
4 BT-Drucks. 16/10652, S. 16.
5 BT-Drucks. 16/10600, S. 20.

Zunächst war die Wiedereinführung des modifiziert zweistufigen Überschuldungsbegriffs gem. Artt. 6, 7 Abs. 2 FMStG bis zum 31.12.2010 befristet. Diese Befristung wurde jedoch durch das **Gesetz zur Erleichterung der Sanierung von Unternehmen**[1] um drei weitere Jahre verlängert. Erst ab dem 1.1.2014 wird daher wieder der (ältere) zweistufige Überschuldungsbegriff in Kraft treten. Eine positive Fortführungsprognose wird dann also die Überschuldung nicht mehr per se verhindern, sondern lediglich dazu führen, dass eine Bilanzierung zu Fortführungs- anstatt zu Liquidationswerten vorzunehmen ist. In diesem Zusammenhang wird die am 1.1.2014 in Kraft tretende Gesetzesänderung, sofern keine weitere Verlängerung beschlossen wird, bereits Vorwirkung entfalten: Die Fortführungsprognose erfordert eine Ertrags- und Finanzplanung für die nächsten 12 bis 24 Monate. 2012, spätestens aber 2013, muss bei der Fortführungsprognose also auch das Jahr 2014 in den Blick genommen werden. Dann muss aber auch berücksichtigt werden, dass das Unternehmen bedingt durch die zum 1.1.2014 erfolgende Änderung des Überschuldungsbegriffs jedenfalls dann überschuldet sein kann.[2] Soweit dies bereits zum Zeitpunkt der Prognoseentscheidung abzusehen ist, wird man schon 2012 nicht von einer positiven Fortführungsprognose ausgehen dürfen.[3] Aus diesem Grund ist der ab 2014 (wieder) geltende ältere zweistufige Überschuldungsbegriff bereits vor seinem Inkrafttreten zu beachten; dies gilt umso mehr, je näher der Stichtag 1.1.2014 rückt.

3. Fortbestehensprognose

Welcher Überschuldungsbegriff maßgeblich ist, ist zwar für die Rechtsfolgen einer positiven Fortbestehensprognose von Bedeutung, nicht aber für deren Voraussetzungen.[4] Erforderlich ist zunächst, dass überhaupt ein Fortführungswille des Schuldners bzw. seiner Organe besteht.[5] Sodann muss durch eine explizite Prognose der Fortbestand des Unternehmens mit überwiegender Wahrscheinlichkeit festgestellt werden.[6]

Diese Prüfung ist dabei nach herrschender Meinung im Schrifttum als **Zahlungsfähigkeitsprognose** zu verstehen. Ausschlaggebend ist danach, ob das Unternehmen voraussichtlich in der Lage sein wird, mittelfristig seine fälligen Verbindlichkeiten zu begleichen.[7] Instrument der Prüfung ist dabei ein nach betriebswirtschaftlichen Grundsätzen erstellter **Finanzplan**, in den auf Grundlage einer aussagefähigen Unternehmensplanung die erwarteten Ein- und Auszahlungen ge-

---

1 BT-Drucks. 16/13927, S. 3.
2 Vgl. *Dahl/Schmitz*, NZG 2009, 567, 568; *Thonfeld*, NZI 2009, 15, 18.
3 Vgl. *Dahl/Schmitz*, NZG 2009, 567, 568.
4 *Dahl*, NZI 2008, 719; *Dahl/Schmitz*, NZG 2009, 567; *Eckert/Happe*, ZInsO 2008, 1098.
5 BGH v. 9.10.2006 – II ZR 303/05, NZI 2007, 44.
6 *Uhlenbruck* in Uhlenbruck, InsO, 12. Aufl. 2003, § 19 InsO Rz. 29; *Drukarczyk* in MünchKomm. InsO, 2. Aufl. 2007, § 19 InsO Rz. 52 ff.; *Uhlenbruck* in Gottwald, Insolvenzrechts-Handbuch, 3. Aufl. 2006, § 6 Rz. 23 ff.
7 Ganz h.M. vgl. *Beck* in Beck/Depré, Praxis der Insolvenz, 2003, S. 231; *Drukarczyk* in MünchKomm. InsO, 2. Aufl. 2007, § 19 InsO Rz. 53; *Kirchhof* in HK-InsO, 5. Aufl. 2008, § 19 InsO Rz. 7; *Uhlenbruck* in Uhlenbruck, InsO, 12. Aufl. 2003, § 19 InsO Rz. 29; jeweils m.w.N.

genüberzustellen sind.¹ Als Planungshorizont hat sich dabei im Schrifttum eine Art „Generalkonsens"² herausgebildet, wonach der Prognosehorizont grundsätzlich das laufende und das nächste Geschäftsjahr, also eine Periode von 12 bis 24 Monaten umfassen soll.³ Dieser pragmatische Konsens hat den Vorteil, dass die für die Entwicklung des Finanzplans auf der in vielen Unternehmen ohnehin vorhandenen Hochrechnung der Ertrags- und Finanzlage für das laufende Geschäftsjahr und die Bilanz- und GuV-Planung für das nächste Geschäftsjahr aufgesetzt werden kann.

16 Der BGH hat festgestellt, dass eine positive Fortbestehensprognose die **objektive Überlebensfähigkeit des Unternehmens** voraussetzt.⁴ Eine positive Fortbestehensprognose setzt damit also grundsätzlich voraus, dass eine dokumentierte Ertrags- und Finanzplanung vorliegt und die überwiegende Wahrscheinlichkeit besteht, dass das Unternehmen mittelfristig Überschüsse erzielen wird, aus denen die gegenwärtigen und künftigen Verbindlichkeiten gedeckt werden können.⁵ Dies gilt gerade auch mit Blick auf die Intention des Gesetzgebers des FMStG, nur solche Unternehmen zu schützen, bei denen sich ein Turnaround binnen weniger Monate abzeichnet.⁶

17 Ein erhebliches Problem ergibt sich in der Praxis allerdings oft daraus, dass im Zeitpunkt der Erstellung des Überschuldungsstatus die Krise des Unternehmens einerseits schon weit fortgeschritten ist, andererseits aber die zur Erstellung eines Finanzplans notwendigen Unternehmensplanungen noch nicht vorliegen. Hier stellt sich die Frage, wie viel **Zeit** einem Unternehmen zur Erstellung der notwendigen Prognosen gewährt werden kann, oder spiegelbildlich, wie lange eine Unsicherheit über die Sanierungsaussichten mangels gesicherter Erkenntnisse zur Fortbestehensprognose hinzunehmen ist.

18 Ist die Krise schon so weit fortgeschritten, dass zugleich schon Zahlungsunfähigkeit im Sinne von § 17 InsO vorliegt, ist die Antwort einfach. Die Fortbestehensprognose ist abzulehnen, es muss ein Überschuldungsstatus (zu Liquidationswerten) erstellt werden.⁷

19 Schwieriger ist dagegen die Situation, wenn das Unternehmen noch zahlungsfähig ist, die Planungsarbeiten und ggf. die Erstellung eines Sanierungskonzepts aber noch nicht abgeschlossen sind. Typischerweise hat die Unternehmenslei-

---

1 Vgl. zu den betriebwirtschaftlichen Grundlagen vor allem *Drukarczyk/Schüler* in MünchKomm. InsO, 2. Aufl. 2007, § 19 InsO Rz. 52 ff. und *Drukarczyk/Schüler* in Kölner Schrift zur InsO, 3. Aufl. 2009, S. 28, 49; sowie *IDW*, Stellungnahme des Fachausschuss Recht FAR 1/1996, WPg 1995, 596 ff.
2 So *Uhlenbruck* in Gottwald, Insolvenzrechts-Handbuch, 3. Aufl. 2006, § 6 Rz. 25.
3 Vgl. *Beck* in Beck/Depré, Praxis der Insolvenz, 2003, S. 230; *Pape* in Kübler/Prütting/Bork, § 19 InsO Rz. 16; *Uhlenbruck* in Uhlenbruck, InsO, 12. Aufl. 2003, § 19 InsO Rz. 30; *Uhlenbruck* in Gottwald, Insolvenzrechts-Handbuch, 3. Aufl. 2006, S. 140.
4 BGH v. 9.10.2006 – II ZR 303/05, NZI 2007, 44.
5 KG v. 1.11.2005 – 7 U 49/05, ZInsO 2006, 437, 438; OLG Naumburg v. 20.8.2003 – 5 U 67/03, ZInsO 2004, 513.
6 BT-Drucks. 16/10600, S. 20; vgl. hierzu auch *Dahl*, NZI 2008, 719.
7 Vgl. *Beck* in Beck/Depré, Praxis der Insolvenz, 2003, S. 232.

tung in einer solchen Situation – nicht zuletzt auf Druck von Banken – ein Beratungsunternehmen mit der Erstellung eines Sanierungsgutachtens beauftragt und die Banken ein Stillhalten bis zur Vorlage des Sanierungsgutachtens zugesagt. Oft findet sich sogar die Situation, dass die Banken durch Gewährung eines **Überbrückungskredites** die Zahlungsfähigkeit des Unternehmens bis zur Fertigstellung des Sanierungsgutachtens gerade erst wieder hergestellt haben.

Vereinzelt wird vertreten, dass in einer solchen Situation, in der Sanierungsaussichten und künftige Zahlungsfähigkeit noch unklar sind, bis zur Vorlage des Sanierungsgutachtens mangels gesicherter Fortbestehensprognose eben eine Überschuldungsbilanz (zu Liquidationswerten) zu erstellen ist. Soweit der Unternehmer dadurch möglicherweise gezwungen werde, weiteres Vermögen zum Ausgleich einer Überschuldung einzulegen, obwohl die Notwendigkeit hierfür noch gar nicht klar sei, liege dies durchaus im Interesse des Unternehmens.[1] 20

Diese Auffassung geht an der Realität vorbei. Sie würde in einer Vielzahl von Fällen sanierungsfähige und -würdige Unternehmen in die Insolvenz zwingen, ohne dass hinreichend Möglichkeit zur Prüfung der Sanierung bestand. Dies liegt weder im Interesse der Gläubiger noch der Gesamtwirtschaft. Darüber hinaus widerspricht diese Auffassung auch der **Rechtsprechung zur Zulässigkeit von Sanierungs- und Überbrückungskrediten:** 21

Der BGH hat in einer Reihe von Entscheidungen[2] dargelegt, dass die Gewährung von Sanierungskrediten selbst dann keine sittenwidrige Schädigung übriger Gläubiger nach § 826 BGB begründet, wenn die Bank dies aus eigennützigen Motiven tut und sich hinterher die Insolvenz doch nicht vermeiden lässt. Dies gilt nach der Rechtsprechung auch dann, wenn der Kredit dazu dient, die Phase bis zur Erstellung eines Sanierungsgutachtens zu überbrücken. Die Prüfung der Sanierungswürdigkeit liege im Interesse aller Gläubiger und sei daher legitim. Die Unterstützung einer solchen Prüfung stelle daher keine Insolvenzverschleppung dar.[3]

Angesichts dieser Privilegierung des Überbrückungskredites in der Rechtsprechung wäre es widersprüchlich, das Unternehmen bis zur Fertigstellung des Sanierungsgutachtens dazu zu zwingen, den Überschuldungsstatus (zu Liquidationswerten) zu erstellen. Die Privilegierung des Überbrückungskredites wäre zwecklos. Zwar würde die Bank sich nicht schadensersatzpflichtig machen; die angestrebte Erstellung des Sanierungsgutachtens wäre aber infolge der in aller Regel zu unterstellenden Überschuldung nicht mehr ohne Insolvenzverschleppung erreichbar. Dies spricht dafür, dass nicht nur im Interesse der Bank, sondern auch im Interesse des Unternehmens und seiner Organe für die notwendige Zeitdauer 22

---

1 Vgl. *Neuhof*, NJW 1998, 3225, 3228.
2 Vgl. BGH v. 4.12.1997 – IX ZR 47/97, WM 1998, 248; BGH v. 9.7.1979 – II ZR 118/77, WM 1979, 878; ähnlich OLG Schleswig v. 2.10.1981 – 11 U 160/80, WM 1982, 25, 27; ausführlich insb. *Obermüller*, Insolvenzrecht in der Bankpraxis, 7. Aufl. 2007, S. 675 ff.
3 Ausführlich zum ganzen *Bachmann/Veit* in Finanz Colloquium Heidelberg, Problematisch Firmenkundenkredite, 2. Aufl. 2006, S. 121 ff.; *Obermüller*, Insolvenzrecht in der Bankpraxis, 7. Aufl. 2007, S. 675 ff.; *Wittig*, NZI 1998, 49 ff.

der Erstellung eines Sanierungsgutachtens keine Insolvenzverschleppung vorliegt, also zunächst von Fortführungswerten ausgegangen werden darf[1], bzw. nach aktuell geltendem Recht eine Überschuldung per se zu verneinen ist. Allerdings gilt es, die in dieser Unterstellung liegende Gefahr der Gläubigerschädigung mangels Sanierungsfähigkeit des Unternehmens möglichst gering zu halten. Die Unterstellung einer positiven Fortführungsprognose kann daher nur den Zeitraum umfassen, der zur Erstellung eines Sanierungsgutachtens unabdingbar ist, bestenfalls also 6 bis 8 Wochen, und auch nur so lange aufrecht erhalten werden, wie sich nicht bereits vor Ablauf dieser Periode eine Sanierung als von vornherein nicht durchführbar erweist.

4. Grundlagen der Bewertung

23 Das Ergebnis der Fortbestehensprognose determiniert nach derzeit geltendem Recht, ob eine Überschuldung überhaupt vorliegen kann oder ob eine solche per se ausgeschlossen ist. Fällt die Fortbestehensprognose negativ aus, so ist eine Überschuldungsbilanz zu erstellen, wobei Liquidationswerte zugrunde zu legen sind. Aufgrund der zum 1.1.2014 erfolgenden Gesetzesänderung und deren „Vorwirkung" wird aber auch auf die Bilanzierung zu Fortführungswerten eingegangen, auf die es künftig im Fall einer positiven Fortbestehensprognose (wieder) ankommen wird.

24 Bei der Erstellung des Überschuldungsstatus kommen die grundlegenden Bewertungsprinzipien der Handelsbilanz – Anschaffungswertprinzip, Imparitäts- und Realisationsprinzip – nicht zur Anwendung.[2] Vielmehr sollen die **Zeitwerte der Vermögensgegenstände** auf Grundlage einer Einzelbewertung angesetzt werden.

25 Dies bedeutet für eine Bewertung zu Liquidationswerten, dass unter Zugrundelegung eines realistischen Liquidationsszenarios die Veräußerungswerte der Aktiva zu ermitteln und anzusetzen sind.[3] Mangels Geltung des Anschaffungswerts- und Realisationsprinzips des Handelsbilanzrechts sind stille Reserven aufzudecken.[4] Abwicklungs- und Verwertungskosten sind von den Aktiva in Abzug zu bringen oder, sofern sie keinem spezifischen Aktivum zuzurechnen sind, durch Rückstellungen abzubilden.[5] Dies gilt indes nicht für insolvenzbedingte Verfahrenskosten, denn ob es zu einer solchen kommt, soll durch den Status ja erst ermittelt werden.[6]

---

1 So im Ergebnis wohl auch *Wittig*, NZI 1998, 49, 52.
2 Vgl. *Drukarczyk/Schüler* in MünchKomm. InsO, 2. Aufl. 2007, § 19 InsO Rz. 87f.; *Früh/Wagner*, WPg 1998, 911; *Klebba*, BFuP 1953, 691, 696; *Haas* in Kölner Schrift zur InsO, 3. Aufl. 2009, S. 1293, 1296f.
3 *Burger/Schellberg*, KTS 1995, 571.
4 Vgl. *Haas* in Kölner Schrift zur InsO, 3. Aufl. 2009, S. 1293, 1296f.; *Hüffer* in FS Wiedermann, 2002, S. 1056f.; *Uhlenbruck* in Uhlenbruck, InsO, 12. Aufl. 2003, § 19 InsO Rz. 24f.
5 *Haas* in Kölner Schrift zur InsO, 3. Aufl. 2009, S. 1293, 1299f.
6 *Uhlenbruck* in Gottwald, Insolvenzrechts-Handbuch, 3. Aufl. 2006, S. 142.

Bei der Bewertung zu Fortführungswerten sind statt Verwertungserlösen die gedachten **Wiederbeschaffungskosten** anzusetzen.[1] Dabei nimmt die ganz herrschende Meinung in Kauf, dass diese auf einer Einzelbewertung basierende Schuldendeckungskontrolle den tatsächlichen Verhältnissen nicht entspricht. Die Tilgung der Schulden erfolgt im Fortführungsfalle ja nicht aus dem Erlös einzelner Aktiva, sondern dem unternehmerischen Ertrag. Es ist auch insolvenzrechtlich unstreitig, dass die theoretisch richtige Bewertung der Aktiva zu einer Gesamtbewertung des Unternehmens zwingen würde. Dies wird gleichwohl wegen der Unsicherheiten und damit Manipulationsanfälligkeit einer solchen Gesamtbewertung verworfen.[2]

26

5. Einzelpositionen

Wie oben bereits ausgeführt, hat die Handelsbilanz für den Überschuldungsstatus lediglich indizielle Bedeutung. Mithin kann bei der Bewertung von Aktiva und Passiva im Überschuldungsstatus zwar teilweise von den Regelungen in § 266 Abs. 2 und 3 HGB ausgegangen werden, es gibt bei der Überleitung der Handelsbilanz in einen Überschuldungsstatus aber eine Vielzahl von Veränderungen.

27

a) Aktiva

Auf der Aktivseite sind nur solche Vermögensbestandteile zu berücksichtigen, die im Zeitpunkt einer alsbaldigen Insolvenzeröffnung als Massebestandteile verwertbar wären.[3] Im Einzelnen bedeutet dies:

28

– Nicht anzusetzen sind Kosten der Gründung, Kapitalbeschaffung, Ingangsetzung und Erweiterung des Unternehmens; Gleiches gilt für Kosten der Neu- und Fortentwicklung der Produkte und Produktionsverfahren sowie für Konzeptionskosten, Vermittlungsprovisionen und Aufgelder. Auch eine Bilanzierungshilfe darf nicht angesetzt werden, da es sich nicht um Vermögen handelt, aus dem ein Erlös erzielt werden kann.[4]

– Für einen Geschäfts- oder Firmenwert darf in der Überschuldungsbilanz nur ein Wert angesetzt werden, wenn davon ausgegangen werden kann, dass im eröffneten Insolvenzverfahren wenigstens ein Teil des Geschäftsbetriebs zusammen mit der Firma veräußert und ein Entgelt hierfür gezahlt würde.[5]

– Sonstige immaterielle Vermögensgegenstände (insbesondere etwa Patente, Lizenzen, Gebrauchsmuster, Warenzeichen, Markenrechte und Konzessionen) sind anzusetzen, wenn sie separat verwertbar sind oder ein Erwerber bereit

---

1 *Drukarczyk/Schüler* in Kölner Schrift zur InsO, 3. Aufl. 2009, S. 28, 79; *Uhlenbruck* in Uhlenbruck, InsO, 12. Aufl. 2003, § 19 InsO Rz. 34 f.
2 *Drukarczyk/Schüler* in Kölner Schrift zur InsO, 3. Aufl. 2009, S. 28, 79; *Hüffer* in FS Wiedermann, 2002, S. 1060; *Haas* in Kölner Schrift zur InsO, 3. Aufl. 2009, S. 1293, 1303; *Uhlenbruck* in Uhlenbruck, InsO, 12. Aufl. 2003, § 19 InsO Rz. 34 f.
3 *Kirchhof* in HK-InsO, 5. Aufl. 2008, § 19 InsO Rz. 18.
4 *Uhlenbruck* in K. Schmidt/Uhlenbruck, Die GmbH in Krise, Sanierung und Insolvenz, 4. Aufl. 2009, Rz. 5.143.
5 *Uhlenbruck* in K. Schmidt/Uhlenbruck, Die GmbH in Krise, Sanierung und Insolvenz, 4. Aufl. 2009, Rz. 5.144 m.w.N.

ist, bei Veräußerung des Unternehmens als Ganzes für das immaterielle Recht einen höheren, selbstständig feststellbaren Preis zu zahlen.[1]
- Bei Sachanlagen ist eine Einzelbewertung vorzunehmen, um deren Zeitwert zu bestimmen; dabei sind insbesondere bei Immobilien, Maschinen und technischen Anlagen oft erhebliche Abschläge wegen Abnutzung vorzunehmen.[2]
- Finanzanlagen sind mit ihrem Börsenkurs oder sonstigem Kurswert anzusetzen.[3] Bei Anteilen am eigenen Unternehmen kommt eine Aktivierbarkeit nur dann in Frage, wenn eine realistische Verwertungsmöglichkeit besteht, was regelmäßig nur bei einer Fortführung des Unternehmens in Betracht kommt.[4]
- Vorräte (Roh-, Hilfs- und Betriebsstoffe) sind grundsätzlich mit dem erzielbaren Marktpreis (Verkaufspreis) zu aktivieren.[5] Bei unfertigen Erzeugnissen und Leistungen sind im Fortführungsfall grundsätzlich die Marktpreise abzüglich Fertigstellungskosten anzusetzen, während sich im Liquidationsfall häufig nur noch der Zerschlagungswert erzielen lässt und damit dieser anzusetzen ist.[6]
- Forderungen aus Lieferungen und Leistungen sind grundsätzlich mit den Buchwerten anzusetzen, wenn sie vollwertig und durchsetzbar sind, wobei im Rahmen einer Bonitätsprüfung häufig Wertberichtigungen vorzunehmen sind.[7] Bei noch nicht erfüllten Verträgen kann eine Aktivierung der Forderungen erfolgen, wenn mit deren Erfüllung trotz der drohenden Insolvenz zu rechnen ist.[8]
- Ansprüche aus aktiven Rechnungsabgrenzungsposten im Sinne von § 250 Abs. 1 HGB – wie etwa vorausgezahlte Mieten oder Versicherungsprämien – sind aktivierbar, wenn die ausstehende Gegenleistung im Fall der Liquidation oder Fortführung für den Schuldner verwertbar oder aber eine vorzeitige Ver-

---

1 Vgl. *Uhlenbruck* in Uhlenbruck, InsO, 12. Aufl. 2003, § 19 InsO Rz. 39; *Wolf*, Überschuldung, 1998, S. 71 f.
2 *Uhlenbruck* in K. Schmidt/Uhlenbruck, Die GmbH in Krise, Sanierung und Insolvenz, 4. Aufl. 2009, Rz. 5.156 ff.; *Schröder* in Hamburger Komm. InsO, 3. Aufl. 2009, § 19 InsO Rz. 29.
3 *Beck* in Beck/Depré, Praxis der Insolvenz, § 5 Rz. 128; *Harz*, ZInsO 2001, 193, 200; *Uhlenbruck* in K. Schmidt/Uhlenbruck, Die GmbH in Krise, Sanierung und Insolvenz, 4. Aufl. 2009, Rz. 5.159.
4 Vgl. *Schröder* in Hamburger Komm. InsO, 3. Aufl. 2009, § 19 InsO Rz. 30; *Uhlenbruck* in K. Schmidt/Uhlenbruck, Die GmbH in Krise, Sanierung und Insolvenz, 4. Aufl. 2009, Rz. 5.155.
5 *Harz*, ZInsO 2001, 193, 200; *Uhlenbruck* in K. Schmidt/Uhlenbruck, Die GmbH in Krise, Sanierung und Insolvenz, 4. Aufl. 2009, Rz. 5.160; *Schröder* in Hamburger Komm. InsO, 3. Aufl. 2009, § 19 InsO Rz. 31.
6 *Harz*, ZInsO 2001, 193, 200; *Uhlenbruck* in K. Schmidt/Uhlenbruck, Die GmbH in Krise, Sanierung und Insolvenz, 4. Aufl. 2009, Rz. 5.160; *Schröder* in Hamburger Komm. InsO, 3. Aufl. 2009, § 19 InsO Rz. 31.
7 *Dahl*, GmbHR 1964, 112, 115; *Harz*, ZInsO 2001, 193, 200; *Uhlenbruck* in K. Schmidt/Uhlenbruck, Die GmbH in Krise, Sanierung und Insolvenz, 4. Aufl. 2009, Rz. 5.161.
8 OLG Hamm v. 25.1.1993 – 8 U 250/91, GmbHR 1993, 584; *Beck* in Beck/Depré, Praxis der Insolvenz, 2003, § 5 Rz. 133; *Uhlenbruck* in K. Schmidt/Uhlenbruck, Die GmbH in Krise, Sanierung und Insolvenz, 4. Aufl. 2009, Rz. 5.164.

tragsauflösung möglich ist, die zu einem Rückzahlungsanspruch des Schuldners führen würde.[1]
- Sämtliche Ansprüche, die erst mit Verfahrenseröffnung zugunsten der Insolvenzmasse entstehen, sind nicht zu aktivieren. Dies betrifft insbesondere Insolvenzanfechtungsansprüche nach den §§ 129 ff. InsO, aber auch mehrere Haftungsansprüche gegen Gesellschafter oder Gesellschaftsorgane, so die gem. § 93 InsO, § 171 Abs. 2 HGB vom Insolvenzverwalter geltend zu machende persönliche Haftung der Gesellschafter für Gesellschaftsverbindlichkeiten und die Insolvenzverschleppungshaftung (§ 823 Abs. 2 BGB i.V.m. § 15a InsO) sowie die Masseschmälerungshaftung der Organe (§ 64 GmbHG, § 92 Abs. 2 Satz 3 AktG, § 130a Abs. 1 Satz 3 HGB). Da das vormalige Eigenkapitalersatzrecht infolge der Änderungen durch das MoMiG nunmehr reines Anfechtungsrecht ist, sind nach neuem Recht auch Ansprüche auf Rückgewähr von Tilgungsleistungen auf Gesellschafterdarlehen nicht zu aktivieren.
- Hingegen sind ausstehende Einlagen- und Nachschussansprüche gegen Gesellschafter aktivierbar, soweit sie rechtlich bestehen und wirtschaftlich durchsetzbar sind.[2] Gleiches gilt für Ansprüche aus Kapitalerhaltung (z.B. §§ 30, 31 GmbHG), ebenso für Ansprüche aus §§ 30, 31 GmbHG a.F. (analog) im Anwendungsbereich des früheren Eigenkapitalersatzrechts sowie für die Organhaftung (etwa gem. § 43 GmbHG oder § 93 AktG).[3] Da der BGH die Existenzvernichtungshaftung als Innenhaftung konzipiert hat, müssen konsequenterweise auch solche Ansprüche im Überschuldungsstatus aktivierbar sein.[4]
- Nach h.M. sind harte Patronatserklärungen, die von einer Konzern-Muttergesellschaft mit dem Inhalt abgegeben werden, ihre Tochtergesellschaft jederzeit mit ausreichend Liquidität auszustatten, zumindest dann zu aktivieren, wenn sie zu Gunsten sämtlicher Gläubiger abgegeben werden.[5]
- Ansprüche auf Verlustausgleich aus einem Ergebnisabführungsvertrag sind zu aktivieren. Dabei kommt es nach überwiegender Auffassung nicht auf die streitige Frage an, ob die Ansprüche aus einem Ergebnisabführungsvertrag erst mit der Feststellung des Jahresabschlusses entstehen. Für die Zwecke des Überschuldungsstatus sind sie auch unterjährig anzusetzen, so dass bei

---

1 *Uhlenbruck* in K. Schmidt/Uhlenbruck, Die GmbH in Krise, Sanierung und Insolvenz, 4. Aufl. 2009, Rz. 5.165; *Schröder* in Hamburger Komm. InsO, 3. Aufl. 2009, § 19 InsO Rz. 33.
2 *Harz*, ZInsO 2001, 193, 200; *Uhlenbruck* in K. Schmidt/Uhlenbruck, Die GmbH in Krise, Sanierung und Insolvenz, 4. Aufl. 2009, Rz. 5.148; *Schröder* in Hamburger Komm. InsO, 3. Aufl. 2009, § 19 InsO Rz. 23.
3 *Schröder* in Hamburger Komm. InsO, 3. Aufl. 2009, § 19 InsO Rz. 24 ff.; ausführlich *Uhlenbruck* in K. Schmidt/Uhlenbruck, Die GmbH in Krise, Sanierung und Insolvenz, 4. Aufl. 2009, Rz. 5.149 ff.
4 So zutreffend *Schröder* in Hamburger Komm. InsO, 3. Aufl. 2009, § 19 InsO Rz. 26.
5 Vgl. *Uhlenbruck* in K. Schmidt/Uhlenbruck, Die GmbH in Krise, Sanierung und Insolvenz, 4. Aufl. 2009, Rz. 5.153 m.w.N.

Vollwertigkeit des Anspruchs gegen die Obergesellschaft eine Gesellschaft mit Ergebnisabführungsvertrag nie überschuldet sein kann.[1]

- Gegenstände, die Absonderungsrechten unterliegen, sind als Aktiva in Ansatz zu bringen, während Gegenstände, für die ein Aussonderungsrecht besteht, allenfalls aktivierbar sind, wenn eine rechtsbeständige Anwartschaft des Schuldners besteht.[2]

b) Passiva

29 Auf der Passivseite sind alle Verbindlichkeiten des Schuldners zu berücksichtigen, die im Fall einer alsbaldigen Insolvenzveröffnung Insolvenzforderungen begründen würden.[3] Im Einzelnen:

- Gem. § 39 Abs. 1 InsO nachrangige Insolvenzforderungen sind zu passivieren. Masseverbindlichkeiten, die erst infolge der Insolvenzeröffnung entstehen (§§ 54, 55 Abs. 1 Nr. 1 InsO), sind nicht zu berücksichtigen.
- Durch Dritte abgesicherte Verbindlichkeiten sind zu passivieren, wenn im Innenverhältnis der Schuldner für diese aufzukommen hat, d.h. wenn dem Dritten ein Regressanspruch gegen den Schuldner, etwa gem. §§ 670, 774, 1143 BGB zusteht und nicht umgekehrt dem Schuldner ein Freistellungsanspruch gegen den Dritten zusteht.[4]
- Bei ungewissen Verbindlichkeiten sind Rückstellungen zu bilden, wenn das Bestehen oder die Entstehung der Verbindlichkeit wahrscheinlich ist und die ernsthafte Gefahr der Inanspruchnahme besteht.[5] Bei streitigen Verbindlichkeiten ist bei der Frage, ob eine Rückstellung zu bilden ist, das Prozessrisiko zu berücksichtigen.[6]
- Eigenkapital, freie Rücklagen, Gewinnvorträge, Jahresüberschüsse sowie Sonderrücklagen sind nicht auf der Passivseite anzusetzen.[7]
- Nach einer Leitentscheidung des BGH vom 8.1.2001[8] waren eigenkapitalersetzende Gesellschafterdarlehen und gleichgestellte Forderungen, soweit für diese keine Rangrücktrittserklärung abgegeben wurde, in der Überschuldungsbilanz der Gesellschaft zu passivieren. Die Abgabe einer Rangrücktrittserklärung war danach erforderlich, aber auch ausreichend, um Forderungen aus eigenkapitalersetzenden Leistungen bei der Überschuldungsprüfung außer Acht

---

1 Ausführlich *Berthold*, Unternehmensverträge in der Insolvenz, 2004, S. 59 ff.
2 *Kirchhof* in HK-InsO, 5. Aufl. 2008, § 19 InsO Rz. 22.
3 *Kirchhof* in HK-InsO, 5. Aufl. 2008, § 19 InsO Rz. 23.
4 *Uhlenbruck* in K. Schmidt/Uhlenbruck, Die GmbH in Krise, Sanierung und Insolvenz, 4. Aufl. 2009, Rz. 5.171; *Schröder* in Hamburger Komm. InsO, 3. Aufl. 2009, § 19 InsO Rz. 42.
5 *Uhlenbruck* in K. Schmidt/Uhlenbruck, Die GmbH in Krise, Sanierung und Insolvenz, 4. Aufl. 2009, Rz. 5.170 m.w.N.
6 *Kirchhof* in HK-InsO, 5. Aufl. 2008, § 19 InsO Rz. 40.
7 *Uhlenbruck* in K. Schmidt/Uhlenbruck, Die GmbH in Krise, Sanierung und Insolvenz, 4. Aufl. 2009, Rz. 5.173.
8 BGH v. 8.1.2001 – II ZR 88/99, ZIP 2001, 235 = AG 2001, 303 = NZG 2001, 361 m. Anm. *Habersack/Mayer*.

lassen zu können. Eines vollständigen Verzichts des Gesellschafters auf seine Forderung bedurfte es hingegen nicht. Offen gelassen hatte der BGH[1] allerdings die Frage nach den Anforderungen an Inhalt und Tiefe einer solchen Rangrücktrittserklärung.[2] In der Literatur bestand hierüber Streit: Einer Auffassung nach sollte die Befriedigung nach Maßgabe von § 39 Abs. 1 Nr. 5 InsO ausreichen, also mit dem Rang, welcher einer Forderung, die eigenkapitalersetzenden Charakter hatte, ohnehin gesetzlich zukam.[3] Anderer Auffassung nach sollte ein Rücktritt in den Rang des § 39 Abs. 2 InsO erfolgen, d.h. hinter die in § 39 Abs. 1 InsO aufgeführten nachrangigen Verbindlichkeiten.[4] Eine dritte Auffassung schließlich forderte eine Gleichstellung mit den Forderungen auf Auskehr eines Liquidationserlöses gem. § 199 Satz 2 InsO.[5] Einige Formulierungen in der Entscheidung des BGH[6] sowie die Urteilsanmerkung des Richters im zuständigen II. Zivilsenat *Goette*[7] deuteten darauf hin, dass der BGH der letztgenannten Meinung zuneigte, weswegen die herrschende Meinung für die Praxis empfahl, vorsorglich einen Rücktritt in den Rang des § 199 Satz 2 InsO vorzunehmen.[8] Andererseits deuteten eine Stellungnahme des seinerzeitigen Vorsitzenden Richter des II. Zivilsenats *Röhricht*[9] sowie ein späterer Aufsatz von *Goette*[10], mittlerweile Nachfolger von *Röhricht*, darauf hin, dass jedenfalls ein Rücktritt in den Rang des § 39 Abs. 2 InsO genügen könnte. Auch das KG erachtete in einer Entscheidung vom 22.12.2005[11] einen Rücktritt hinter alle anderen Insolvenzforderungen als ausreichend.

Nach dem MoMiG ist die Berücksichtigung von Gesellschafterdarlehen und gleichgestellten Rechtshandlungen in der Überschuldungsbilanz nunmehr ausdrücklich geregelt, so dass sich der zuvor bestehende Meinungsstreit erledigt hat. § 19 Abs. 2 Satz 3 InsO i.d.F. des MoMiG bestimmt, dass derartige Forderungen in der Überschuldungsbilanz dann nicht zu passivieren sind, wenn ein Rücktritt in den Rang des § 39 Abs. 2 InsO erfolgt ist. Durch Art. 6 Abs. 3 Satz 2 des Finanzmarktstabilisierungsergänzungsgesetzes (FMStErgG) wurde inzwischen auch das Redaktionsversehen[12] des Gesetzgebers in Art. 7 Abs. 2 FMStG behoben: Nach Art. 7 Abs. 2 FMStG hätte zum 1.1.2011 § 19 Abs. 2 InsO wieder den überkommenen Wortlaut erhalten, ohne die Änderung durch das MoMiG zu berücksichtigen. Art. 6 Abs. 3 Satz 2 FMStErgG i.V.m. dem Gesetz zur Erleichterung der Sanierung von Unternehmen[13] stellt dem-

---

1 BGH v. 8.1.2001 – II ZR 88/99, ZIP 2001, 235 = AG 2001, 303 = NZG 2001, 361 m. Anm. *Habersack/Mayer*.
2 So etwa ausdrücklich: *Jaeger/Müller*, InsO, § 19 InsO Rz. 101.
3 Vgl. nur *Uhlenbruck* in Uhlenbruck, InsO, 12. Aufl. 2003, § 19 InsO Rz. 72 m.w.N.
4 Vgl. etwa *Altmeppen*, ZIP 2001, 240, 241.
5 Vgl. etwa *Kirchhof* in HK-InsO, 5. Aufl. 2008, § 19 InsO Rz. 26.
6 BGH v. 8.1.2001 – II ZR 88/99, AG 2001, 303 = NZG 2001, 361 m. Anm. *Habersack/Mayer*.
7 *Goette*, DStR 2001, 179.
8 Etwa *Bauer*, ZInsO 2001, 486, 492; *Wittig*, NZI 2001, 169, 174.
9 *Röhricht* in VGR (Hrsg.), Gesellschaftsrecht in der Diskussion 2001, 2002, S. 3, 20.
10 *Goette*, KTS 2006, 217, 229.
11 KG v. 22.12.2005 – 23 U 160/04, NZI 2006, 596 m. zust. Anm. *Menzel*, NZI 2006, 597.
12 Vgl. dazu *Dahl*, NZI 2008, 719; *Thonfeld*, NZI 2009, 17, 19.
13 BT-Drucks. 16/13927.

gegenüber klar, dass die Änderung des § 19 Abs. 2 InsO durch das MoMiG auch nach der Änderung des Überschuldungsbegriffs ab dem 1.1.2014 wirksam bleiben wird.

— Stille Beteiligungen sind zu passivieren, soweit diese nicht durch eine Verlustbeteiligung des stillen Gesellschafters aufgezehrt werden; gleiches gilt für Ansprüche aus Genussrechten. Eine Passivierungspflicht kann in beiden Fällen aber durch einen Rangrücktritt vermieden werden.[1]

— Verbindlichkeiten aus bereits bestehenden Sozialplänen sind zu berücksichtigen, für künftige Sozialpläne sind Rückstellungen zu bilden, soweit davon auszugehen ist, dass solche auch ohne Insolvenzeröffnung aufzustellen sind.[2]

— Pensionsverpflichtungen werden in der Handelsbilanz zumeist mit ihrem steuerlichen Teilwert (§ 6a Abs. 3 EStG) ausgewiesen, also dem Barwert, der sich bei Diskontierung mit 6 % ergibt. Mit zunehmender Bewertung von Pensionsrückstellungen nach IAS/IFRS im Konzernabschluss steht zu erwarten, dass die versicherungsmathematische Unterbewertung der Pensionsrückstellungen durch den steuerlichen Teilwert zunehmend offenbar wird. Angesichts der Tatsache, dass der Pensionssicherungsverein bereits vor einiger Zeit eine vom steuerlichen Teilwert abweichende Bewertung der Pensionsforderungen in der Insolvenz erzwungen hat[3], steht künftig hier eine erhebliche Rechtsunsicherheit zu befürchten. Bei hinreichend großen Pensionszusagen kann allein die versicherungsmathematisch korrekte Bewertung von Pensionsrückstellungen eine Vielzahl von Unternehmen in die Überschuldung treiben.[4]

— Verpflichtungen aus passiven Rechnungsabgrenzungsposten im Sinne von § 250 Abs. 2 HGB – z.B. im Voraus erhaltene Mieten oder Anzahlungen auf Warenbestellungen – sind in jedem Fall anzusetzen, da im Fortführungsfall eine Leistungspflicht des Schuldners und im Liquidationsfall – so der Schuldner nicht mehr in der Lage ist, die Leistung zu erbringen – eine Rückzahlungspflicht des Schuldners besteht.[5]

— Unter Verstoß gegen Art. 87 EG-Vertrag gewährte Beihilfen, die gem. Art. 88 Abs. 2 EG-Vertrag zurückzugewähren sind, müssen bereits im Zeitpunkt der Gewährung passiviert werden und entsprechende Rückstellungen gebildet werden, wenn eine Rückgewährverpflichtung nicht ausgeschlossen ist.[6]

---

[1] *Schröder* in Hamburger Komm. InsO, 3. Aufl. 2009, § 19 InsO Rz. 44f.; *Uhlenbruck* in K. Schmidt/Uhlenbruck, Die GmbH in Krise, Sanierung und Insolvenz, 4. Aufl. 2009, Rz. 5.190 f.

[2] *Kirchhof* in HK-InsO, 5. Aufl. 2008, § 19 InsO Rz. 25.

[3] BAG v. 11.10.1988 – 3 AZR 295/87 (AP Nr. 2 zu § 69 KO m. Anm. *Ahrend/Matthießen*), ZIP 1989, 319.

[4] So auch *Drukarczyk* in MünchKomm. InsO, 2. Aufl. 2007, § 19 InsO Rz. 118.

[5] *Uhlenbruck* in K. Schmidt/Uhlenbruck, Die GmbH in Krise, Sanierung und Insolvenz, 4. Aufl. 2009, Rz. 5.193.

[6] *Uhlenbruck* in K. Schmidt/Uhlenbruck, Die GmbH in Krise, Sanierung und Insolvenz, 4. Aufl. 2009, Rz. 5.192 m.w.N.

II. Zahlungsunfähigkeit

In der KO fand sich keine Legaldefinition des Begriffs der Zahlungsunfähigkeit. Nach der von Rechtsprechung und Lehre[1] entwickelten Definition war ein Schuldner zahlungsunfähig, wenn er aufgrund eines Mangels an Zahlungsmitteln dauerhaft nicht mehr in der Lage war, seine ernsthaft eingeforderten Geldschulden im Wesentlichen zu berichtigen. Der Gesetzgeber der InsO hat in § 17 Abs. 2 Satz 1 eine Legaldefinition der Zahlungsunfähigkeit eingeführt. Danach ist ein Schuldner zahlungsunfähig, wenn er nicht in der Lage ist, die fälligen Zahlungspflichten zu erfüllen. Im Vergleich zur KO wird nach dem Gesetzeswortlaut auf die Merkmale der „Dauer" und der „Wesentlichkeit" verzichtet, während das Merkmal des „ernsthaften Einforderns" durch den Tatbestand der „Fälligkeit" ersetzt wird. Hierbei scheint es sich um eine Verschärfung des Begriffs der Zahlungsunfähigkeit zu handeln. Allerdings hat der BGH den Tatbestandsmerkmalen der „Dauer", der „Wesentlichkeit" und dem Erfordernis des „ernsthaften Einforderns" auch unter Geltung der InsO weiterhin Bedeutung zugesprochen.[2] Im Ergebnis definiert der BGH die Zahlungsunfähigkeit nach der InsO somit nahezu ebenso wie unter Geltung der KO. 30

1. Objektive Zeitpunktilliquidität

Der gesetzliche Begriff der Zahlungsunfähigkeit stellt zunächst darauf ab, ob dem Schuldner zum Betrachtungszeitpunkt genügend Geldmittel zur Begleichung seiner fälligen Verbindlichkeiten zur Verfügung stehen. Im Ausgangspunkt handelt es sich also um eine Zeitpunktilliquidität[3] auf objektiver Basis. 31

Nicht unter den Begriff der insolvenzrechtlichen Zahlungsunfähigkeit fällt die bloße Weigerung des Schuldners, die vorhandenen Zahlungsmittel zur Begleichung der fälligen Verbindlichkeiten einzusetzen. Diese **subjektive Zahlungsunwilligkeit** ist insolvenzrechtlich irrelevant.[4] Andernfalls müsste im Rahmen der Zahlungsunfähigkeitsprüfung geklärt werden, ob eine Zahlungsverweigerung zu Recht erfolgt. Dies aber ist Aufgabe der ordentlichen Zivilgerichtsbarkeit, nicht aber des Insolvenzrechts. 32

Verfügbare Zahlungsmittel im Sinne des § 17 InsO sind grundsätzlich Bargeld, Guthaben bei Kreditinstituten und auch jederzeit frei verfügbare Kreditlinien. Zu berücksichtigen sind aber nach Ansicht des BGH neben diesen aktuell verfügbaren liquiden Mitteln auch kurzfristig liquidierbare Mittel, d.h. solche, die sich der Schuldner kurzfristig durch Verwertung von Vermögen (z.B. Verkauf von Vorräten oder Forderungseinzug) oder Aufnahme von Krediten beschaffen kann.[5] 33

---

1 Vgl. etwa RGZ 50, 39, 41; *Henckel* in Jaeger, KO, 9. Aufl. 1997, § 30 Rz. 20.
2 BGH v. 19.7.2007 – IX ZB 36/07, NZI 2007, 579.
3 *Mönning* in Nerlich/Römermann, InsO, § 17 InsO Rz. 14; wohl auch *Eilenberger* in MünchKomm. InsO, 2. Aufl. 2007, § 17 InsO Rz. 5, 10ff.; a.A. *Pape* in Kübler/Prütting/Bork, InsO, § 17 InsO Rz. 9; *Uhlenbruck* in Uhlenbruck, InsO, 12. Aufl. 2003, § 17 InsO Rz. 9.
4 *Kirchhof* in HK-InsO, 5. Aufl. 2008, § 17 InsO Rz. 14f.; *Pape* in Kübler/Prütting/Bork, InsO, § 17 InsO Rz. 15; *Mönning* in Nerlich/Römermann, InsO, § 17 InsO Rz. 13, 21.
5 BGH v. 19.7.2007 – IX ZB 36/07, ZInsO 2007, 939, 941; *Kirchhof* in HK-InsO, 5. Aufl. 2008, § 17 InsO Rz. 17; *Schröder* in Hamburger Komm. InsO, 3. Aufl. 2009, § 17 InsO Rz. 14.

34 Nach anderer Ansicht impliziert hingegen die Zeitpunktorientierung des Zahlungsunfähigkeitsbegriffs eine **Reduzierung auf Geldilliquidität**. Rechtlich relevant sei daher allein sofort als Zahlungsmittel einsetzbares Vermögen, nicht jedoch Vermögen, das durch weitere Transaktionen erst in Zahlungsmittel umgewandelt werden müsste.[1] Keine Zahlungsmittel seien daher Forderungen gegen Dritte, selbst wenn diese fällig sind. Gleiches gelte für Schecks, Wechsel und andere Wertpapiere, die erst noch eingezogen werden müssen.[2]

35 Der auf Zahlungsmittel begrenzte Liquiditätsbegriff des § 17 Abs. 2 Satz 1 InsO stößt bei konzernzugehörigen Unternehmen auf praktische Probleme. Denn in vielen Konzernen verfügen die Tochtergesellschaften nicht mehr selbst über Kreditlinien und Bankguthaben, sondern partizipieren über ein konzernweites **Cash-Pooling** an den Guthaben und Kreditlinien der Obergesellschaft. Ungeachtet der gesellschaftsrechtlichen Besonderheiten eines solchen Cash-Pooling kann hier die Zahlungsfähigkeit der Tochtergesellschaften nicht mehr separat beurteilt werden. Letztlich hängt die Zahlungsfähigkeit des Einzelunternehmens davon ab, ob der gesamte Konzern zahlungsfähig ist. Wie derartige Situationen insolvenzrechtlich zu behandeln sind, ist noch weitestgehend ungeklärt.

2. Fälligkeit der Verbindlichkeiten

36 Dem Bestand an Zahlungsmitteln gegenüberzustellen sind die fälligen Verbindlichkeiten. Die herrschende Meinung im Schrifttum[3] ging zunächst davon aus, dass es allein darauf ankomme, ob rechtlich Fälligkeit eingetreten ist. Seit seiner Leitentscheidung vom 12.7.2007[4] fordert der BGH allerdings, dass die Forderungen – wie schon unter Geltung der KO – „ernsthaft eingefordert" werden. Ausreichend, aber auch erforderlich soll hierfür das bloße Übersenden einer Zahlungsaufforderung sein, zu wiederholen braucht der Gläubiger die Aufforderung nicht.[5] Ein „**ernstliches Einfordern**" liegt jedenfalls dann nicht vor, wenn der Gläubiger in eine spätere oder nachrangige Befriedigung einwilligt.[6] Dies soll auch dann gelten, wenn keine rechtlich bindende Vereinbarung getroffen wurde oder die Vereinbarung nur auf Einrede des Schuldners berücksichtigt wird und vom Gläubiger einseitig aufgekündigt werden kann.[7] Diese Auslegung des Begriffs der „Fälligkeit" im Sinne des § 17 InsO hat der BGH inzwischen bereits mehrfach bestätigt[8], so dass von einer gefestigten Rechtsprechung entgegen der zuvor herrschenden Meinung auszugehen ist.

---

1 *Pape* in Kübler/Prütting/Bork, InsO, § 17 InsO Rz. 11; *Uhlenbruck* in Uhlenbruck, InsO, 12. Aufl. 2003, § 17 InsO Rz. 6; *Uhlenbruck* in Gottwald, Insolvenzrechts-Handbuch, § 6 Rz. 4 ff.
2 *Uhlenbruck* in Uhlenbruck, InsO, 12. Aufl. 2003, § 17 InsO Rz. 6; *Uhlenbruck* in Gottwald, Insolvenzrechts-Handbuch, § 6 Rz. 4 ff.
3 Vgl. etwa *Schröder* in Hamburger Komm. InsO, 3. Aufl. 2009, § 17 InsO Rz. 8; *Uhlenbruck* in Uhlenbruck, InsO, 12. Aufl. 2003, § 17 InsO Rz. 8.
4 BGH v. 19.7.2007 – IX ZB 36/07, NZI 2007, 579.
5 BGH v. 19.7.2007 – IX ZB 36/07, NZI 2007, 579, 580.
6 BGH v. 19.7.2007 – IX ZB 36/07, NZI 2007, 579, 580.
7 BGH v. 19.7.2007 – IX ZB 36/07, NZI 2007, 579, 580.
8 BGH v. 14.2.2008 – IX ZR 38/04, NZI 2008, 299; BGH v. 20.12.2007 – IX ZR 93/06, NZI 2008, 231; BGH v. 14.5.2009 – IX ZR 63/08, WM 2009, 1202.

Zu hohe Anforderungen dürfen an das „ernsthafte Einfordern" allerdings nicht gestellt werden. So führt der Umstand, dass Arbeitnehmer ihre überfälligen Lohnforderungen nicht sofort einklagen und vollstrecken – etwa aus Angst um ihren Arbeitsplatz oder weil sie Klageerhebung und Vollstreckung für aussichtslos halten – nicht dazu, dass ein „ernsthaftes Einfordern" der Löhne zu verneinen ist.[1] Forderungen, die der Schuldner durch eine Kündigung fällig stellt und von sich aus deren alsbaldige Erfüllung zusagt, sind stets bei Prüfung der Zahlungsunfähigkeit zu berücksichtigen.[2] Durch die Kündigung und die damit verbundene Ankündigung der Zahlung wird die Zahlungsaufforderung des Gläubigers vorweggenommen und macht diese entbehrlich.[3]

37

In einer ganzen Reihe von **Branchen** hat es sich eingebürgert, Verbindlichkeiten erst geraume Zeit nach Ablauf des eingeräumten Zahlungsziels zu bezahlen. Der Gefahr, dass ein in der Branche als guter Zahler angesehenes Unternehmen gleichwohl als zahlungsunfähig im Rechtssinne anzusehen wäre, konnte nach früher h.M. allenfalls dadurch begegnet werden, dass die Anforderungen für eine stillschweigende Stundung weit zurückgenommen wurden.[4] Nach der nunmehr vom BGH vertretenen Auffassung wird man solchen Fällen dadurch begegnen können, dass man ein „ernsthaftes Einfordern" mit Blick auf die Branchenüblichkeit verneint und somit nicht von Zahlungsunfähigkeit auszugehen hat.

38

Gleiches gilt in der Situation, dass Kreditinstitute ihre **Kredite** wegen Verschlechterung der wirtschaftlichen Verhältnisse zwar fällig gestellt haben, zugleich aber erklären, für die Dauer von Sanierungsverhandlungen diese nicht beizutreiben und Sicherheiten nicht zu verwerten. Würde man wie die früher h.M. zumindest eine konkludente Stundung fordern, wäre im Grundsatz davon auszugehen, dass ein bloßer Verzicht auf Vollstreckungshandlungen keine materielle Auswirkung auf die Fälligkeit hat und daher eine Zahlungsunfähigkeit nicht hindern könnte.[5] Nunmehr wird man in derartigen Erklärungen aber einen Verzicht auf ein „ernsthaftes Einfordern" sehen dürfen.

39

3. Vorübergehende Zahlungsstockung

Wie schon unter der KO soll ein nur kurzfristiger Mangel an Zahlungsmitteln nicht dazu führen, dass Insolvenz angemeldet werden muss. Unter dem Geltungsbereich der KO wurde daher die rechtlich irrelevante Zahlungsstockung von der Zahlungsunfähigkeit durch das Merkmal der Dauerhaftigkeit abgegrenzt.[6] Durch die Aufgabe dieses Elementes sollte klargestellt werden, dass über Wochen und Monate andauernde Illiquidität keine bloße Zahlungsstockung mehr ist.[7] Wie diese **von der Zahlungsunfähigkeit abzugrenzen** ist, blieb dabei zunächst offen.

40

---

1 BGH v. 14.2.2008 – IX ZR 38/04, NZI 2008, 299.
2 BGH v. 14.5.2009 – IX ZR 63/08, WM 2009, 1202.
3 BGH v. 14.5.2009 – IX ZR 63/08, WM 2009, 1202.
4 Vgl. die Ausführungen in der Vorauflage m.w.N.
5 Vgl. die Ausführungen in der Vorauflage m.w.N.
6 *Gehde* in Gummert, Münchener Anwaltshandbuch zum Personengesellschaftsrecht, § 11 Rz. 184ff.; *Uhlenbruck* in Gottwald, Insolvenzrechts-Handbuch, § 6 Rz. 6, 9.
7 Begr. §§ 3, 20, 21 RegE InsO, BT-Drucks. 12/2443, S. 114.

Diese Lücke hat der BGH durch eine Leitentscheidung[1] aus dem Jahre 2005 ausgefüllt. Nach dieser Entscheidung liegt eine Zahlungsstockung nur dann vor, wenn binnen eines Zeitraums von 3 Wochen damit zu rechnen ist, dass wieder sämtliche Verpflichtungen erfüllt werden können.[2] Damit setzt der BGH extrem enge zeitliche Grenzen, die gerade bei größeren Kreditvolumina mit mehreren beteiligten Banken in der Praxis nur selten eingehalten werden können. Allerdings lässt der BGH auch Ausnahmefälle zu. Eine Überschreitung der 3-Wochenfrist soll dann zulässig sein, wenn mit großer Sicherheit von einem späteren Zahlungseingang ausgegangen werden kann.[3] Ob diese Öffnung praktische Bedeutung erlangen wird, bleibt abzuwarten.

4. Wesentlichkeit

41　In derselben Leitentscheidung hat der BGH auch einen weiteren, aus der KO überkommenen Meinungsstreit vorläufig beendet. Während unter der KO[4] **Liquiditätslücken** nur dann zur Zahlungsunfähigkeit führten, wenn diese wesentlich waren, wurde in der InsO auf dieses Merkmal vom Gesetzgeber bewusst verzichtet.[5] Dies führte zu einer umfangreichen Diskussion, ob jedwede Liquiditätslücke zur Insolvenz führt oder aber zumindest kleinere Unterdeckungen zulässig sind.[6] Nach der Leitentscheidung des BGH gilt Folgendes: Zwar muss ein Schuldner nicht jederzeit 100 % seiner Verbindlichkeiten begleichen können, umgekehrt darf aber auch keine andere starre Prozentgrenze eingeführt werden.[7] Aus diesem Grund gilt eine **widerlegbare Vermutung:** Kann ein Schuldner weniger als 90 % seiner fälligen Verbindlichkeiten begleichen, so ist Zahlungsunfähigkeit gegeben, es sei denn, es liegen Umstände vor, die mit an Sicherheit grenzender Wahrscheinlichkeit erwarten lassen, dass die Liquidität in absehbarer Zeit wiederhergestellt wird.[8] Unklar ist dabei bislang, was unter dem Begriff „in absehbarer Zeit" zu verstehen ist. Kann die Liquiditätslücke binnen drei Wochen geschlossen werden, so fehlt es für den Eintritt einer Zahlungsunfähigkeit bereits an dem Merkmal der „Dauer", so dass dann lediglich eine Zahlungsstockung vorliegt. Folgerichtig mag in Ausnahmefällen auch eine über drei Wochen hinausgehende „Zahlungsstockung" eine Zahlungsunfähigkeit nicht begründen.

42　Diese Regelung wird allerdings noch keine endgültige Klärung darstellen können, denn sie ist durch Wahl einer vom Schuldner gestaltbaren Basis anfällig für Manipulationen. Verzichtet der Schuldner nämlich darauf, eingehende Gelder für die

---

1　BGH v. 24.5.2005 – IX ZR 123/04, NZI 2005, 547 ff.
2　BGH v. 24.5.2005 – IX ZR 123/04, NZI 2005, 547 ff.
3　BGH v. 24.5.2005 – IX ZR 123/04, NZI 2005, 547 ff.
4　*Jaeger*-Henckel, KO, 9. Aufl. 1997, § 30 KO Rz. 20; *Kilger/K. Schmidt*, Insolvenzgesetze, 17. Aufl. 1997, § 102 KO Anm. 2a; *Kuhn/Uhlenbruck*, KO, 11. Aufl. 1994, § 102 KO Rz. 3.
5　Begr. §§ 20, 21 RegE InsO, BT-Drucks. 12/2443, S. 114.
6　Zum Meinungsstand bis zur Entscheidung des BGH vgl. etwa *Bork*, KTS 2005, 1, 8 f.; *Eilenberger* in MünchKomm. InsO, 2001, § 17 InsO Rz. 15 f.
7　BGH v. 24.5.2005 – IX ZR 123/04, NZI 2005, 547, 549 f. unter Bezugnahme auf die Gesetzesbegründung.
8　BGH v. 24.5.2005 – IX ZR 123/04, NZI 2005, 547, 550.

Bezahlung fällig werdender Verbindlichkeiten zu verwenden, erhöht er die Bemessungsbasis für die Berechnung der Lücke. Durch geschicktes Verhalten kann es gelingen, allein durch eine solche Zurückbehaltung eingehender Gelder einen Schuldner zumindest rechnerisch aus der Zahlungsunfähigkeit zu führen. Umgekehrt schadet sich ein Schuldner selbst, wenn er sämtliche eingehenden Gelder dazu verwendet, möglichst viele fällige Verbindlichkeiten zu tilgen, denn er vergrößert seine prozentuale Deckungslücke. Die vom BGH gewählte Basis läuft also Gefahr, den unredlichen Schuldner zu prämieren und dem redlichen zu schaden. Dies lässt sich nur durch Wahl einer weniger manipulationsanfälligen Basis vermeiden. Konsistent wäre es etwa, auf die Summe der in der 21-Tagefrist fälligen und fällig werdenden Verbindlichkeiten abzustellen.[1]

5. Zahlungseinstellung (§ 17 Abs. 2 Satz 2 InsO)

Die oben dargelegte Feststellung der Zahlungsunfähigkeit ist einem Außenstehenden in aller Regel unmöglich. Die InsO eröffnet in § 17 Abs. 2 Satz 2 InsO daher auch den Nachweis der Zahlungsunfähigkeit anhand der Zahlungseinstellung als nach außen erkennbarem Indiz.[2] Sie liegt vor, wenn der Schuldner fällige Verbindlichkeiten von nicht unwesentlicher Höhe über einen erheblichen Zeitraum nicht mehr erfüllt.[3] Für die Geschäftsleitungsorgane selbst wird diese Möglichkeit zur indiziellen Herleitung der Zahlungsunfähigkeit im Regelfall keine Bedeutung haben, da sie über die notwendigen Informationen für eine unmittelbare Ermittlung verfügen sollten.

43

III. Drohende Zahlungsunfähigkeit

Mit der Insolvenzrechtsreform 1999 wurde in § 18 InsO der im deutschen Recht bis dahin unbekannte, nur fakultative Insolvenzgrund der drohenden Zahlungsunfähigkeit eingeführt. Vorbild dieser Neuregelung war vor allem das US-amerikanische Chapter-11-Verfahren. Ähnlich wie dort soll es Unternehmen in der Krise ermöglicht werden, sich frühzeitig unter den Vollstreckungsschutz der InsO zu stellen, um aus der Insolvenz heraus eine geordnete Sanierung mit Insolvenzplan zu betreiben.[4] Diese Vorstellung des Gesetzgebers ist bisher nicht Realität geworden. Grund dafür ist zunächst, dass die Schuldner den mit einem Insolvenzantrag versehenen Reputations- und Kontrollverlust sowie das Risiko der Bestellung eines nicht kooperationsbereiten Insolvenzverwalters durch das Gericht scheuen. Darüber hinaus ist dieser neue Tatbestand auch mit einer Reihe konstruktiver Mängel behaftet.

44

---

1 Ähnlich *Eilenberger* in MünchKomm. InsO, 2. Aufl. 2007, § 17 InsO Rz. 20 ff.
2 *Bork*, KTS 2005, 1, 2; *Eilenberger* in MünchKomm. InsO, 2. Aufl. 2007, § 17 InsO Rz. 27 f.; *Uhlenbruck* in Uhlenbruck, InsO, 12. Aufl. 2003, § 17 InsO Rz. 12.
3 *Kirchhof*, ZInsO 2003, 149, 150; *Eilenberger* in MünchKomm. InsO, 2. Aufl. 2007, § 17 InsO Rz. 27 f.
4 *Uhlenbruck* in Gottwald, Insolvenzrechts-Handbuch, 3. Aufl. 2006, S. 128 f.; *Mönning* in Nerlich/Römermann, InsO, § 18 InsO Rz. 16 f.

45 Die drohende Zahlungsunfähigkeit liegt nach der Legaldefinition des § 18 Abs. 2 InsO vor, wenn der Schuldner voraussichtlich nicht in der Lage sein wird, sämtliche bestehenden Verpflichtungen bei Fälligkeit zu erfüllen. Bereits diese Definition hat große Ähnlichkeit mit der Fortbestehensprognose, die im Rahmen der Erstellung eines Überschuldungsstatus notwendig ist. Auch technisch stehen sich beide sehr nahe. Im einen wie im anderen Fall ist es erforderlich, einen Finanzplan zu erstellen, der sämtliche Ein- und Auszahlungen abbildet.[1] Diese Nähe führt aber zugleich dazu, dass für eine drohende Zahlungsunfähigkeit rechtstatsächlich nur ein sehr enger Anwendungsbereich besteht. Droht die Zahlungsunfähigkeit, weil die Illiquidität mangels hinreichender Zahlungsmittel wahrscheinlicher ist als die Aufrechthaltung der Liquidität[2], so entfällt notwendigerweise auch die Fortbestehensprognose. Das Unternehmen ist dann in aller Regel auch überschuldet, weil zu Liquidationswerten zu bilanzieren ist.[3] Die Erstellung eines Finanzplanes zur Vorbereitung eines Eigenantrages und Insolvenzplanverfahrens als Alternative zu einer außergerichtlichen Sanierung kann daher unversehens und unbemerkt die Insolvenzantragspflicht auslösen.

46 Zudem ist zu beachten, dass die Geschäftsleitung gegenüber der Gesellschaft verpflichtet ist, sämtliche Möglichkeiten zur Sanierung auszunutzen. Ein Insolvenzantrag wegen drohender Zahlungsunfähigkeit kann daher eine Haftung nach § 43 Abs. 2 GmbHG, § 93 Abs. 2 AktG auslösen, wenn nicht alle Möglichkeiten zur Sanierung ausgenutzt wurden.[4] Dies lässt sich bei der GmbH nur vermeiden, wenn die Geschäftsführung vor Insolvenzantrag wegen drohender Zahlungsunfähigkeit die Zustimmung der Gesellschafterversammlung einholt.[5]

47 Der Eigenantrag wegen drohender Zahlungsunfähigkeit ist daher wenig praxistauglich. Soweit gleichwohl eine Vielzahl solcher Anträge gestellt wird, dienen sie eher dazu, die bereits eingetretene Überschuldung oder Zahlungsunfähigkeit zu kaschieren.[6]

---

[1] *Drukarczyk/Schüler* in Kölner Schrift zur InsO, 3. Aufl. 2009, S. 28, 45 ff.; *Mönning* in Nerlich/Römermann, InsO, § 18 InsO Rz. 28; *Drukarczyk* in MünchKomm. InsO, 2. Aufl. 2007, § 18 InsO Rz. 13 ff.
[2] *Uhlenbruck* in Gottwald, Insolvenzrechts-Handbuch, 3. Aufl. 2006, S. 130; *Uhlenbruck* in Uhlenbruck, InsO, 12. Aufl. 2003, § 18 InsO Rz. 3.
[3] Ähnlich *Drukarczyk* in MünchKomm. InsO, 2. Aufl. 2007, § 18 InsO Rz. 52 ff.; *Drukarczyk/Schüler* in Kölner Schrift zur InsO, 3. Aufl. 2009, S. 28, 82 ff.
[4] *Haas* in Heintzen/Kruschwitz, Unternehmen in der Krise, 2004, S. 73, 87; *Haas* in Gottwald, Insolvenzrechts-Handbuch, 3. Aufl. 2006, S. 1199, 1259 f.; *Kleindiek* in Lutter/Hommelhoff, GmbHG, 17. Aufl. 2009, Anh. zu § 64 GmbHG Rz. 6; *Meyke*, Die Haftung des GmbH-Geschäftsführers, 5. Aufl. 2007, S. 126.
[5] Ebenso *Goetker*, Der Geschäftsführer in der Insolvenz, 1999, Rz. 500 f.; *Hass* in Gottwald, Insolvenzrechts-Handbuch, 3. Aufl. 2006, S. 1199, 1260 Rz. 130 *Meyke*, Die Haftung des GmbH-Geschäftsführers, 5. Aufl. 2007, S. 126.
[6] Ähnlich *Beck* in Beck/Depré, Praxis der Insolvenz, 2003, S. 225 Rz. 88.

C. Haftung wegen Insolvenzverschleppung § 823 Abs. 2 BGB i.V.m. § 15a InsO n.F.

I. Grundlagen

Während das Insolvenzantragsrecht für juristische Personen und beschränkt haftende Gesellschaften ohne Rechtspersönlichkeit schon bislang in § 15 InsO geregelt war, war die Insolvenzantragspflicht herkömmlich in den jeweiligen Gesellschaftsrechtsgesetzen (§ 64 Abs. 1 GmbHG a.F., § 92 Abs. 2 AktG a.F., § 99 Abs. 1 GenG a.F., § 130a HGB a.F.) spezialgesetzlich normiert. Danach hatten die zur Vertretung der Gesellschaft berechtigten Organe, etwa der Geschäftsführer einer GmbH oder der Vorstand einer Aktiengesellschaft, nach Eintritt von Zahlungsunfähigkeit oder Überschuldung ohne schuldhaftes Zögern, spätestens aber innerhalb von drei Wochen, Insolvenzantrag zu stellen. Im Zuge der GmbH-Reform durch das MoMiG ist auch die Insolvenzantragspflicht in der InsO verortet und dort in § 15a InsO n.F. rechtsformübergreifend für juristische Personen und beschränkt haftende Gesellschaften ohne Rechtspersönlichkeit geregelt worden. Die **Verlagerung der Insolvenzantragspflicht in das Insolvenzrecht** ändert nichts daran, dass die schuldhafte Verletzung der Antragspflicht weiterhin in Übereinstimmung mit der ständigen Rechtsprechung Schadensersatzansprüche der Gläubiger aus § 823 Abs. 2 BGB, nunmehr i.V.m. § 15a Abs. 1 InsO n.F. als Schutzgesetz, begründen kann. Das zum Insolvenzantrag verpflichtete Gesellschaftsorgan haftet demnach den Gesellschaftsgläubigern auf Schadensersatz, wenn es schuldhaft die Pflicht zur Insolvenzantragstellung verletzt.[1] Rechtsprechung und Literatur[2] setzen sich mit dieser Schadensersatzpflicht wegen der großen Anzahl praktischer Fälle vor allem im Zusammenhang mit der GmbH auseinander, die einheitliche Regelung der Antragspflicht in § 15a InsO und identische Sanktionierung in den Spezialgesetzen führt gleichwohl zu einer weitgehenden Vergleichbarkeit der Rechtslage, so dass für die übrigen Rechtsformen hierauf zurückgegriffen werden kann.

48

II. Insolvenzantragspflicht

1. Adressat der Antragspflicht

a) Organschaftliche Vertreter

Der Inhalt der Insolvenzantragspflicht der Organe erfährt durch die Überführung aus den jeweiligen Gesellschaftsrechten in § 15a InsO n.F. keine Änderung. An-

49

---

1 Seit BGHZ 29, 100, 102 ff. ständige Rechtsprechung (vgl. BGH v. 3.2.1987 – VI ZR 268/85, BGHZ 100, 19, 21; BGH v. 19.2.1990 – II ZR 268/88, BGHZ 110, 342, 360; BGH v. 6.6.1994 – II ZR 292/91, BGHZ 126, 181; dies gilt für alle haftungsbeschränkten Gesellschaftsformen; vgl. für die GmbH *Kleindiek* in Lutter/Hommelhoff, GmbHG, 17. Aufl. 2009, Anh. zu § 64 GmbHG Rz. 61; *K. Schmidt* in Scholz, GmbHG, 10. Aufl. 2010, Anh. § 64 GmbHG Rz. 41 ff.; für die AG *Hüffer*, AktG, 8. Aufl. 2008, § 92 AktG Rz. 16; für die Genossenschaft *Beuthien*, GenG, 14. Aufl. 2004, § 99 GenG Rz. 5.
2 Vgl. etwa die Überblicke bei *Haas*, DStR 2003, 423 ff.; *Haas*, NZG 1999, 373; *Meyke*, Die Haftung des GmbH-Geschäftsführers, 5. Aufl. 2007, S. 268 ff.

tragpflichtig sind bei allen Gesellschaftsformen jeweils die zur Geschäftsführung und Vertretung berufenen Geschäftsführungsorgane, also bei der GmbH die Geschäftsführer, bei Genossenschaft und AG der Vorstand, bei der GmbH & Co. KG der Geschäftsführer der Komplementär-GmbH.[1]

Nicht zur Stellung eines Insolvenzantrages als Eigenantrag berechtigt und damit auch nicht verpflichtet sind außer in Fällen der Führungslosigkeit[2] Aufsichtsräte, Beiräte und Gesellschafter.[3] Problematisch ist es allerdings, wenn sich diese im Zuge einer Sanierung stark in die Geschäftsführung mit einbringen, denn antragspflichtig sind nach überwiegender Auffassung auch faktische Geschäftsführer.[4] Das gleiche Risiko kann im Übrigen auch Berater treffen. Eine Haftung kommt darüber hinaus in Betracht, wenn sie zu einer Insolvenzverschleppung in strafbarer Weise anstiften oder Beihilfe dazu leisten.[5] Insoweit ist hier für Nichtgeschäftsführungsorgane durchaus Zurückhaltung geboten.

50 Unerheblich ist, welches Ressort das **Organmitglied** hat und ob es alleinvertretungsberechtigt ist oder nur gemeinschaftlich, die Pflicht trifft **jedes einzelne**.[6] Allerdings wirkt der Antrag eines Mitgliedes auch für die anderen, auch sie werden dadurch von ihrer Pflicht frei.[7]

51 Dies kann man sich in der Praxis zunutze machen, um **Zeit zu gewinnen**, wenn eine Antragsrücknahme wegen Erfolg versprechender Sanierungsverhandlungen möglich scheint. Gem. § 15 Abs. 2 Satz 2 InsO hat das Insolvenzgericht die übrigen Organmitglieder anzuhören, wenn nur ein Organmitglied den Antrag stellt. Ein Antrag nur eines Organmitgliedes kann also eine sofortige Bestellung eines vorläufigen Verwalters verzögern und zugleich der Antragspflicht aller genügen. Der Grad zwischen legitimer Gestaltung und Rechtsmissbrauch ist bei einem solchen Vorgehen allerdings sehr schmal, ohne vorherige Information des Gerichts über den Stand der Sanierungsverhandlungen und die Chancen einer späteren Antragsrücknahme sollte dieses Instrument nicht gewählt werden.

---

1 *Goetsch* in Breutigam/Blersch/Goetsch, InsO-Kommentar, § 15 InsO Rz. 4.
2 Vgl. dazu Rz. 55.
3 *Haas* in Gottwald, Insolvenzrechts-Handbuch, 3. Aufl. 2006, S. 1199, 1231, Rz. 59; *Haas* in Baumbach/Hueck, GmbHG, 19. Aufl. 2010, § 64 GmbHG Rz. 113.
4 Vgl. BGH v. 10.5.2000 – 3 StR 101/00, NJW 2000, 2285 f.; BGH v. 11.7.2005 – II ZR 235/03, ZIP 2005, 1550; *Geißler*, GmbHR 2003, 1106, 1113; *Haas* in Gottwald, Insolvenzrechts-Handbuch, 3. Aufl. 2006, S. 1199, 1230 Rz. 56; *K. Schmidt* in Scholz, GmbHG, 10. Aufl. 2010, Anh. § 64 GmbHG Rz. 23; jeweils m.w.N.
5 Vgl. BGH v. 9.7.1979 – II ZR 118/77, BGHZ 75, 96, 107; *Ulmer* in Hachenburg, GmbHG, 8. Aufl. 1997, § 64 GmbHG Rz. 75; *Mertens/Cahn* in KölnKomm. AktG, 3. Aufl. 2010, Anh. § 92 AktG Rz. 35.
6 *Haas* in Gottwald, Insolvenzrechts-Handbuch, 3. Aufl. 2006, S. 1199, 1129 f., Rz. 54; *Ulmer* in Hachenburg, GmbHG, 8. Aufl. 1997, § 64 GmbHG Rz. 7; *Schmidt-Leithoff* in Rowedder/Schmidt-Leithoff, GmbHG, 4. Aufl. 2002, § 64 GmbHG Rz. 16 f.
7 *Haas* in Gottwald, Insolvenzrechts-Handbuch, 3. Aufl. 2006, S. 1199, 1130, Rz. 55; *Ulmer* in Hachenburg, GmbHG, 8. Aufl. 1997, § 64 GmbHG Rz. 7; *Schmidt-Leithoff* in Rowedder/Schmidt-Leithoff, GmbHG, 4. Aufl. 2002, § 64 GmbHG Rz. 16 f.; *K. Schmidt* in Scholz, GmbHG, 10. Aufl. 2010, Anh. § 64 GmbHG Rz. 35.

Keine befreiende Wirkung hat dagegen nach allgemeiner Auffassung der Antrag eines Gläubigers, denn dieser kann jederzeit zurückgenommen werden.[1] Außerdem wird das Gericht bei einem **Drittantrag** vor Anhörung des Schuldners von der Anordnung von Sicherungsmaßnahmen absehen, der Drittantrag hat in der Praxis also wesentlich geringere Folgen.

52

Das Geschäftsführungsorgan kann von der Insolvenzantragspflicht nicht durch eine **Weisung** der Gesellschafter oder eines Aufsichtsorgans befreit werden. Derartige Weisungen sind unbeachtlich[2], ebenso wie die Einwilligung von Gesellschaftsgläubigern in die Fortführung der Gesellschaft.[3] Allerdings können die Gesellschafter das Organ abberufen, wodurch dieses dann mangels Vertretungsbefugnis von der Antragspflicht frei wird.[4]

53

b) Gesellschafter und Aufsichtsräte

Eine wesentliche Neuerung durch das MoMiG stellt die **Erweiterung des Personenkreises**, der der Insolvenzantragspflicht unterliegt, dar. Durch § 15a Abs. 3 InsO werden Gesellschafter einer GmbH bei Führungslosigkeit der Gesellschaft sowie die Mitglieder des Aufsichtsrats bei Führungslosigkeit einer AG oder einer Genossenschaft im Wege einer Ersatzzuständigkeit verpflichtet, im Fall der Zahlungsunfähigkeit oder Überschuldung einen Insolvenzantrag zu stellen. Hierdurch sollen so genannte „**Firmenbestattungen**" unterbunden werden. Kennzeichnend für Firmenbestattungen ist, dass versucht wird, ein ordnungsgemäßes Abwicklungsverfahren namentlich durch Abberufung der Leitungsorgane und Aufgabe des Geschäftslokals zu vermeiden. Die Neuregelung soll eine Umgehung der Insolvenzantragspflicht verhindern und den Anreiz schaffen, wieder handlungsfähige Vertreter der Gesellschaft zu bestellen, da die Verpflichtung der Antragstellung gem. § 15a Abs. 3 InsO lediglich subsidiärer Natur ist. Denn sobald für die Gesellschaft wieder ein ordnungsgemäß aktionsfähiger Vertreter wirksam bestellt ist, geht die Antragspflicht auf diesen über.[5]

54

Der Begriff der **Führungslosigkeit** wird in § 35 Abs 1 Satz 2 GmbHG n.F. definiert. Diese liegt vor, sofern die Gesellschaft nicht über einen Geschäftsführer bzw. nach § 10 Abs. 2 Satz 2 InsO n.F. nicht über einen organschaftlichen Vertreter verfügt. Es sind die allgemeinen Regeln über die Beendigung der Organstellung maßgebend, also etwa Abberufung, Amtsniederlegung und Tod.[6] Die Führungslosigkeit ist zu verneinen, wenn die Gesellschafter einen organschaftlichen Vertreter durch anfechtbaren Beschluss bestellt haben und der Beschluss noch nicht rechtskräftig für nichtig erklärt worden ist; Gleiches gilt, wenn die Bestellung auf

55

---

1 *Goette* in FS Kreft, 2004, S. 53, 56; *Meyke*, Die Haftung des GmbH-Geschäftsführers, 5. Aufl. 2007, S. 114; *Ulmer* in Hachenburg, GmbHG, 8. Aufl. 1997, § 64 GmbHG Rz. 30.
2 *Ulmer* in Hachenburg, GmbHG, 8. Aufl. 1997, § 64 GmbHG Rz. 7, 32.
3 *Ulmer* in Hachenburg, GmbHG, 8. Aufl. 1997, § 64 GmbHG Rz. 32.
4 Vgl. *Haas* in Gottwald, Insolvenzrechts-Handbuch, 3. Aufl. 2006, S. 1199, 1232, Rz. 59 m.w.N.
5 BR-Drucks. 354/07, S. 127.
6 *Schmahl*, NZI 2008, 6, 7.

einen nichtigen Beschluss zurückzuführen ist, der Bestellte allerdings mit Duldung der Gesellschafter an der Geschäftsführung tatsächlich beteiligt ist.¹ Ein Fall der Führungslosigkeit liegt zudem nicht vor, sofern der noch bestellte Geschäftsführer lediglich nicht mehr handlungswillig oder unerreichbar ist. Freilich kann in diesem Fall unter gewissen Umständen von einer konkludenten Amtsniederlegung ausgegangen werden, die dann doch eine Führungslosigkeit bewirkt.

56 Die Antragspflicht der Gesellschafter setzt gem. § 15a Abs. 3 a.E. InsO n.F. zusätzlich voraus, dass die Gesellschafter bzw. Aufsichtsratsmitglieder von dem Insolvenzgrund (Zahlungsunfähigkeit oder Überschuldung) und der Führungslosigkeit **Kenntnis haben**. Die Antragspflicht entfällt, wenn der Gesellschafter nur eines der beiden Elemente nicht kennt. Die Darlegungs- und Beweislast für die fehlende Kenntnis trifft nach dem Wortlaut des § 15a Abs. 3 a.E. InsO – „es sei denn" – den Gesellschafter.²

57 Mit Kenntnis i.S. des § 15a Abs. 3 InsO ist die **positive Kenntnis** gemeint. Grobfahrlässige Unkenntnis von Insolvenzgrund und Führungslosigkeit reicht nicht aus. Eine ausufernde Nachforschungspflicht wird hiermit grundsätzlich nicht auferlegt. Indessen sind der positiven Kenntnis die Fälle gleichgestellt, in denen sich die Person, auf deren Kenntnis es ankommt, bewusst der Kenntnisnahme verschlossen hat.³ Sofern der Gesellschafter den Insolvenzgrund kennt, besteht für ihn Anlass, sich darüber zu vergewissern, warum der Geschäftsführer keinen Insolvenzantrag stellt. Umgekehrt hat ein Gesellschafter, dem die Führungslosigkeit bekannt ist, sich über die Vermögensverhältnisse der Gesellschaft zu informieren. Nach Auffassung des Gesetzgebers hat lediglich der kleinbeteiligte Gesellschafter geringeren Anlass, in derartige Überlegungen einzutreten.⁴

58 Korrespondierend mit der Erweiterung des antragspflichtigen Personenkreises gem. § 15a Abs. 3 InsO ist § 15 Abs. 1 InsO n.F. um ein Insolvenzantragsrecht des betroffenen Personenkreises ergänzt worden. Um unbegründete Insolvenzanträge zu vermeiden, ist neben dem Eröffnungsgrund auch die Führungslosigkeit nach § 15 Abs. 2 Satz 2 InsO n.F. glaubhaft zu machen.⁵

59 Unabhängig von der die Aufsichtsratsmitglieder nunmehr bei Führungslosigkeit selbst treffenden Antragspflicht besteht eine **Pflicht des Aufsichtsrats**, wenn er die Insolvenzreife der Gesellschaft feststellt, auf die Stellung eines Insolvenzantrags durch die Vertretungsorgane der Gesellschaft hinzuwirken. Verstößt der Aufsichtsrat schuldhaft gegen diese Pflicht, kann er der Gesellschaft zum Schadensersatz verpflichtet sein.⁶ Das Zahlungsverbot des § 92 Abs. 2 Satz 1 AktG richtet sich zwar nur an den Vorstand als das geschäftsleitende Organ der AG. Den Aufsichtsrat treffen aber Informations-, Beratungs- und Überwachungspflichten. Er muss sich ein genaues Bild von der wirtschaftlichen Situation der

---

1 *Schmahl*, NZI 2008, 6, 7.
2 BT-Drucks. 16/6140, S. 135.
3 BT-Drucks. 16/6140, S. 135.
4 BR-Drucks. 354/07, S. 128.
5 BT-Drucks. 16/9737, S. 104.
6 BGH v. 16.3.2009 – II ZR 280/07, ZIP 2009, 860 = AG 2009, 404.

Gesellschaft verschaffen und insbesondere in einer Krisensituation alle ihm nach §§ 90 Abs. 3, 111 Abs. 2 AktG zur Verfügung stehenden Erkenntnisquellen ausschöpfen. Stellt er dabei fest, dass die Gesellschaft insolvenzreif ist, hat er darauf hinzuwirken, dass der Vorstand rechtzeitig einen Insolvenzantrag stellt und keine Zahlungen leistet, die mit der Sorgfalt eines ordentlichen und gewissenhaften Geschäftsleiters nicht vereinbar sind. Erforderlichenfalls muss er ein ihm unzuverlässig erscheinendes Vorstandsmitglied abberufen. In einem etwaigen Haftungsrechtsstreit trifft das Aufsichtsratsmitglied die Darlegungs- und Beweislast dafür, dass er die ihn treffenden Pflichten erfüllt hat oder dass ihn jedenfalls an der Nichterfüllung kein Verschulden trifft.[1] Dies gilt auch für den nur fakultativen Aufsichtsrat einer GmbH.[2]

c) Erstreckung auf Auslandsgesellschaften

Die Neuregelung der Insolvenzantragspflicht in der Insolvenzordnung hat die bisher aufgeworfene Frage geklärt, ob die Insolvenzantragspflicht gesellschaftsrechtlicher oder insolvenzrechtlicher Natur ist. Die rechtliche Zuordnung bestimmt maßgeblich, ob die Insolvenzantragspflicht auch für Auslandsgesellschaften, also Gesellschaften mit statutarischem Sitz im Ausland, aber tatsächlicher Geschäftstätigkeit in Deutschland, gilt. Indem die GmbH-Novelle die Antragspflicht aus dem Gesellschaftsrecht in das Insolvenzrecht verlagert hat, ist nunmehr eine eindeutige Rechtslage geschaffen worden. Hintergrund ist, dass das Insolvenzstatut nach Art. 4 Abs. 1 Satz 1 i.V.m. Art. 3 Abs. 1 EuInsVO an den Mittelpunkt der hauptsächlichen Interessen (center of main interests – „COMI") und nicht an die Rechtsform des schuldnerischen Unternehmens anknüpft. Auslandsgesellschaften, die ihren Verwaltungssitz und Betrieb im Inland haben, werden folglich in den Anwendungsbereich des deutschen Insolvenzrechts einbezogen.[3] Demzufolge trifft u.a. den Director einer englischen Limited mit Verwaltungssitz in Deutschland die Antragspflicht nach § 15a InsO n.F.

60

Wegen der insolvenzrechtlichen Anknüpfung der Insolvenzantragspflicht an das COMI gilt diese Pflicht für die im Ausland ansässigen Gesellschaften deutscher Rechtsform nicht. Es besteht daher die Möglichkeit, dass eine im Inland gegründete Gesellschaft – vereinfacht durch § 4a GmbHG n.F. – ihren Sitz und zusätzlich den Schwerpunkt ihrer Tätigkeit ins Ausland verlegt, um sich durch eine „Flucht ins Ausland" der Antragspflicht gem. § 15a InsO mit eventuellen unliebsamen Folgen zu entziehen.[4] Es wächst daher die Gefahr des „**Insolvenztourismus**".[5]

61

---

1 BGH v. 16.3.2009 – II ZR 280/07, ZIP 2009, 860 = AG 2009, 404.
2 OLG Brandenburg v. 17.2.2009 – 6 U 102/07, ZIP 2009, 866 = AG 2009, 662.
3 BR-Drucks. 354/07, S. 127.
4 BT-Drucks. 16/6140, S. 171 f.
5 BGH v. 16.3.2009 – II ZR 280/07, ZIP 2009, 860 = AG 2009, 404.

2. Antragsfrist

62 Gem. § 15a InsO ist der Insolvenzantrag ohne schuldhaftes Zögern, spätestens aber nach drei Wochen zu stellen. Hierbei handelt es sich um eine **Höchstfrist**.[1] Sie wird eingeräumt, um dem Unternehmen eine außergerichtliche Sanierung zu ermöglichen.[2] Dies wird in der Praxis gerne übersehen. Die Frist darf daher nur dann ausgenutzt werden, wenn sich das Unternehmen um eine Sanierung bemüht und solche Aussichten überhaupt bestehen. Ist dies nicht der Fall, ist schon vorher Insolvenzantrag zu stellen.[3] Keinesfalls darf die Frist aber überschritten werden.[4]

63 Äußerst umstritten ist, wann der Lauf der Dreiwochenfrist beginnt. Nach dem Wortlaut der Norm („Eintritt der Zahlungsunfähigkeit") käme ein **Fristbeginn** schon bei objektivem Vorliegen der Insolvenzantragsgründe in Betracht. Dies wird allgemein als zu eng abgelehnt, denn dadurch würden Sanierungsbemühungen letztlich fast immer vereitelt.[5] Maßgeblich ist vielmehr die subjektive Erkennbarkeit. Dabei ist indes höchst streitig, welches Maß an Erkennbarkeit erforderlich ist. Ein Teil der Literatur will im Interesse von Sanierungsbemühungen auf positive Kenntnis oder böswillige Erkenntnisverweigerung abstellen.[6] Die neuere Rechtsprechung des BGH[7] und mit ihr Teile der Literatur[8] stellen dagegen mit unterschiedlichen Formulierungen auf Erkennbarkeit oder fahrlässiges Nichterkennen ab. Dies hat für die Praxis erhebliche Auswirkungen, denn oft ist es ex post ein leichtes darzulegen, dass der Eintritt des Insolvenzgrundes durchaus früher erkennbar gewesen wäre. Die Wahl des richtigen Zeitpunktes für den Beginn der Dreiwochenfrist ist für die Geschäftsleitungsorgane damit mit erheblicher haftungsträchtiger Unsicherheit verbunden. Dem lässt sich in der Praxis durch rechtzeitige Beauftragung eines sachverständigen Beraters mit der Prüfung der Überschuldung oder Zahlungsunfähigkeit be-

---

1 *Drescher*, Die Haftung des GmbH-Geschäftsführers, 6. Aufl. 2009, Rz. 647; *Ulmer* in Hachenburg, GmbHG, 8. Aufl. 1997, § 64 GmbHG Rz. 26; *Mertens/Chan* in KölnKomm. AktG, 3. Aufl. 2010, Anh. § 92 AktG Rz. 23.
2 *Drescher*, Die Haftung des GmbH-Geschäftsführers, 6. Aufl. 2009, Rz. 647; *K. Schmidt* in Scholz, GmbHG, 10. Aufl. 2010, Anh. § 64 GmbHG Rz. 33; *Ulmer* in Hachenburg, GmbHG, 8. Aufl. 1997, § 64 GmbHG Rz. 24; *Mertens/Chan* in KölnKomm. AktG, 3. Aufl. 2010, Anh. § 92 AktG Rz. 23.
3 *Drescher*, Die Haftung des GmbH-Geschäftsführers, 6. Aufl. 2009, Rz. 647; *K. Schmidt* in Scholz, GmbHG, 10. Aufl. 2010, Anh. § 64 GmbHG Rz. 33; *Ulmer* in Hachenburg, GmbHG, 8. Aufl. 1997, § 64 GmbHG Rz. 26; *Mertens/Chan* in KölnKomm. AktG, 3. Aufl. 2010, Anh. § 92 AktG Rz. 24.
4 *K. Schmidt* in Scholz, GmbHG, 10. Aufl. 2010, Anh. § 64 GmbHG Rz. 33; *Ulmer* in Hachenburg, GmbHG, 8. Aufl. 1997, § 64 GmbHG Rz. 26.
5 *K. Schmidt* in Scholz, GmbHG, 10. Aufl. 2010, Anh. § 64 GmbHG Rz. 33; *Ulmer* in Hachenburg, GmbHG, 8. Aufl. 1997, § 64 GmbHG Rz. 25.
6 Vgl. *Haas* in Baumbach/Hueck, GmbHG, 19. Aufl. 2010, § 64 GmbHG Rz. 124; *Ulmer* in Hachenburg, GmbHG, 8. Aufl. 1997, § 64 GmbHG Rz. 25; jeweils m.w.N.
7 BGH v. 29.11.1999 – II ZR 273/98, BGHZ 143, 184, 185; allerdings trägt der Geschäftsführer die Beweislast für die Nicht-Erkennbarkeit.
8 *Kleindiek* in Lutter/Hommelhoff, GmbHG, 17. Aufl. 2009, Anh. zu § 64 GmbHG Rz. 51; *Habersack* in Großkomm. AktG, 4. Aufl. 1999, § 92 AktG Rz. 62; *Hüffer*, AktG, 8. Aufl. 2008, § 92 AktG Rz. 9; *Schmidt-Leithoff* in Rowedder/Schmidt-Leithoff, 4. Aufl. 2002, § 64 GmbHG Rz. 13.

gegnen. Soweit es keine anderen markanten externen Ereignisse gibt, an denen sich der Fristlauf festmachen lässt (etwa die Kündigung einer Kreditlinie für die Zahlungsunfähigkeit oder der Ausfall von Forderungen für die Überschuldung), markiert dann die Vorlage des Gutachtens den Beginn der Dreiwochenfrist. Solange sich die Erstellung des Gutachtens innerhalb einer angemessenen, sich an der Komplexität des Falles orientierenden Zeitspanne hält, und die Gutachtenerstellung rechtzeitig beauftragt wurde, beginnt die Dreiwochenfrist selbst dann noch nicht zu laufen, wenn das Gutachten zum Ergebnis kommt, dass ein Insolvenzantragsgrund schon bei Beauftragung vorlag. Wegen der Bedeutung eines Insolvenzantrages sind die Geschäftsleitungsorgane nicht verpflichtet, aufgrund bloßer Mutmaßungen und Indizien Insolvenzantrag zu stellen, sondern sind zu einer sorgfältigen Prüfung berechtigt und verpflichtet.[1] Sie kann die Zeit der Gutachtenerstellung also für zusätzliche Sanierungsbemühungen nutzen. Anders ist dies nur dann, wenn das Ergebnis bei Gutachtenbeauftragung oder im Zeitraum der Erstellung klar zutage tritt.

III. Rechtsfolgen

Die aus einem Verstoß gegen die Insolvenzantragspflicht gem. § 823 Abs. 2 BGB folgende Schadensersatzpflicht war lange Zeit heftig umstritten.[2] Diese Diskussion ist mit einer Leitentscheidung des BGH aus 1994[3] dann weitestgehend zum Erliegen gekommen. Mit wenigen Ausnahmen[4] stellt sich die Rechtslage nach ganz herrschender Meinung heute wie folgt dar[5]: 64

Da sämtliche Gläubiger so zu stellen sind, als ob eine rechtzeitige Stellung des Insolvenzantrags erfolgt wäre, ist zwischen so genannten Altgläubigern und Neugläubigern zu unterscheiden. Bei ersteren handelt es sich um die Gläubiger, die bei Eintritt der Insolvenzantragsreife bereits Gläubiger waren. Da sie auch bei rechtzeitigem Insolvenzantrag nur eine Insolvenzquote erhalten hätten, ist ihr Schadensersatzanspruch auf den Betrag begrenzt, um den sich die Quote durch verspätete Insolvenzantragstellung verschlechtert hat. Diesen so genannten Quotenschaden macht gem. § 92 InsO der Insolvenzverwalter geltend, nur bei Ablehnung der Eröffnung mangels Masse ist der Gläubiger selbst zur Geltendmachung berechtigt. Der Anspruch der Neugläubiger ist dagegen nicht auf die Verschlech-

---

1 Dies gilt insbesondere für den Insolvenzgrund der Überschuldung, dessen Vorliegen häufig nicht ohne Weiteres erkennbar und von der Geschäftsleitung erst bei Anzeichen einer Krise anhand eines Vermögensstatus zu prüfen ist, vgl. BGH v. 6.6.1994 – II ZR 292/91, BGHZ 126, 181, 199; OLG Düsseldorf v. 20.11.1998 – 22 U 25/98, NZG 1999, 349; *Ulmer* in Hachenburg, GmbHG, 8. Aufl. 1997, § 64 GmbHG Rz. 52.
2 Einen Überblick zur Entwicklung des Meinungsstands gibt u.a. *Schulze-Osterloh* in FS Lutter, 2000, S. 707 ff.
3 BGH v. 6.6.1994 – II ZR 292/91, BGHZ 126, 181.
4 Insbes. *Altmeppen/Wilhelm*, NJW 1999, 673, 679 f.; *Altmeppen*, ZIP 2001, 2201, 2205 f.
5 Vgl. etwa die Darstellungen bei *K. Schmidt*, ZHR 168 (2004), 638, 640 ff.; *K. Schmidt* in Scholz, GmbHG, 10. Aufl. 2010, Anh. § 64 GmbHG Rz. 49; *Haas* in Gottwald, Insolvenzrechts-Handbuch, 3. Aufl. 2006, S. 1199, 1237 ff.; *Haas*, DStR 2003, 423, 427 ff.; *Haas*, NZG 1999, 373, 376 ff. und aus jüngerer Zeit *Diekmann*, NZG 2006, 255; *Bayer/Lieder*, WM 2006, 1.

terung der Quote beschränkt, denn bei Insolvenzreife waren sie noch nicht Gläubiger, hätten also keinen Verlust durch das Insolvenzverfahren erlitten. Ihnen ist der (vollständige) Verlust als Vertrauensschaden zu ersetzen. Dabei bleiben sie ungeachtet, ob es zur Verfahrenseröffnung kommt oder nicht, selbst zur Geltendmachung berechtigt.

65 Für die Prozesspraxis ist die Entscheidung des BGH vom 5.2.2007[1] von besonderer Bedeutung. Der Gläubiger muss sich danach von seinem Schadensersatzanspruch nicht mehr die auf ihn entfallende und erst nach Abschluss des Insolvenzverfahrens entfallende Insolvenzquote abziehen lassen. Der Gläubiger kann somit, ohne zuvor den Abschluss des Insolvenzverfahrens abwarten zu müssen, vollen Schadensersatz verlangen, wobei er freilich dem Geschäftsführer entsprechend § 255 BGB Zug um Zug gegen Zahlung der Ersatzleistung seine Insolvenzforderung abzutreten hat.

66 Die Geschäftsleitungsorgane sehen sich bei einer Verletzung der Insolvenzantragspflicht theoretisch also einer Vielzahl von potentiellen Ansprüchen von Alt- und Neugläubigern ausgesetzt. Dies ist in der Praxis gleichwohl selten der Fall. Im eröffneten Verfahren ist es den Verwaltern praktisch oft kaum möglich, jedenfalls aber zu mühsam, den Quotenschaden der Altgläubiger zu berechnen. Sie weichen lieber auf eine Inanspruchnahme der Geschäftsleitung nach § 64 GmbHG, § 92 Abs. 2 AktG aus, die die Leistungsfähigkeit der Geschäftsleitungsorgane in aller Regel ausschöpfen.[2] Und ohne Verfahrenseröffnung ist dies den Altgläubigern mangels der notwendigen Kenntnis ohnehin unmöglich. Und auch die Neugläubiger stoßen zumeist auf erhebliche Beweisschwierigkeiten. Zwar haben sie kein Problem mit der Quotenberechnung, doch ist es ihnen oft unmöglich, ohne Unterstützung des Verwalters den Zeitpunkt der Insolvenzantragsreife darzulegen. An einer solchen Unterstützung haben die Verwalter aber in aller Regel kein eigenes Interesse, denn ihnen muss daran gelegen sein, die Leistungsfähigkeit der Geschäftsführungsorgane im Interesse der Masse auszuschöpfen und sich nicht auf einen Wettlauf mit den Neugläubigern einzulassen.

67 Auf die gem. § 823 Abs. 2 BGB schadensersatzbewehrte Verletzung der Insolvenzantragspflicht gestützte Klagen sind in der Praxis daher eher selten und – jedenfalls für Neugläubiger – mühsam und kostenträchtig.

D. Verstoß gegen das Zahlungsverbot

68 Gänzlich anders verhält sich dies mit dem Verbot von Zahlungen in der Insolvenzreife gem. § 64 GmbHG, § 43 Abs. 2 und 3 GmbHG und § 92 Abs. 2 AktG. Die aus diesem Verbot von Zahlungen resultierenden Ansprüche sind von großer insolvenzpraktischer Bedeutung.

---

1 BGH v. 5.2.2007 – II ZR 234/05, GmbHR 2007, 482, 485.
2 Ähnlich *K. Schmidt*, ZHR 1968 (2004), 637, 642 ff.

I. Die Haftung auf Schadensersatz nach § 43 Abs. 2 GmbHG

Der Geschäftsführer haftet der Gesellschaft gegenüber nach § 43 Abs. 2 GmbHG auf Schadensersatz, sofern er die Sorgfaltspflichten eines ordentlichen Geschäftsmannes verletzt. In Zusammenhag mit der Krise der Gesellschaft liegt ein Fall des § 43 Abs. 2 GmbHG vor, sofern der Geschäftsführer es unterlässt, einen Sanierungsbedarf zu erkennen, die Gesellschaft hiervon rechtzeitig zu unterrichten, nach den Ursachen der Krise im leistungs- und/oder finanzwirtschaftlichen Bereich zu forschen und Vorschläge zur Beseitigung der Krise zu erarbeiten.[1] Ferner kann der Geschäftsführer gem. § 43 Abs. 2 GmbHG für Schäden, die der Gesellschaft durch die verspätete oder unterlassene Antragstellung auf Insolvenzeröffnung entstanden sind, haften. Entsprechende Ansprüche konkurrieren mit Ersatzansprüchen aus § 64 Satz 1 GmbHG n.F.[2] Trifft der Geschäftsführer eigenmächtig mit einem Gesellschafter eine Abrede über eine verdeckte Sacheinlage, unterliegt er gem. § 43 Abs. 2 GmbHG gleichfalls der Schadensersatzhaftung, soweit die Sacheinlage nicht dem Wert der Bareinlage entspricht.[3]

II. Die Haftung nach § 43 Abs. 3 GmbHG

Eine Haftung kommt weiter nach § 43 Abs. 3 Satz 1 GmbHG in Betracht. Diese ist zu bejahen, wenn der Geschäftsführer entgegen § 30 Abs. 1 GmbHG, also unter Verletzung des Grundsatzes der Erhaltung des Stammkapitals, eine nicht durch einen vollwertigen Gegenleistungsanspruch gedeckte Zahlung aus dem Stammkapital an den Gesellschafter zulässt oder trotz der ihn bei Dauerschuldverhältnissen treffenden Beobachtungspflicht die Leistung wegen verschlechterter Vermögensverhältnisse des Gesellschafters nicht zurückfordert.

Durch das MoMiG gilt das Zahlungsverbot gem. § 30 Abs. 1 Satz 3 GmbHG nicht mehr für die Rückgewähr eines Gesellschafterdarlehens und Leistungen auf Forderungen aus Rechtshandlungen, die einem Gesellschafterdarlehen wirtschaftlich entsprechen. In Betracht kommt in diesen Fällen aber eine Haftung gem. § 64 Satz 3 GmbHG.[4]

III. Die Masseschmälerung gem. § 64 Satz 1 GmbHG n.F.

Bereits die **rechtsdogmatische Einordnung** des Anspruchs auf Rückgewähr verbotener Zahlungen gem. § 64 Satz 1 GmbHG n.F. bereitet erhebliche Probleme:

Die wohl herrschende Meinung sieht den Zweck des Verbots der Zahlungen nach Eintritt der Zahlungsunfähigkeit oder Feststellung der Überschuldung darin, die der Gläubigerbefriedigung dienende Masse im Vorfeld der Insolvenz zu erhalten. Der Rückgewähranspruch diene dazu, eingetretene Masseschmälerungen zu er-

---

1 *Haas* in Gottwald, Insolvenzrechts-Handbuch, § 92 Rz. 26f.
2 *Ulmer* in Hachenburg, GmbHG, 8. Aufl. 1997, § 64 GmbHG Rz. 46.
3 *K. Schmidt*, GmbHR 2008, 449, 452.
4 Dazu unten Rz. 77ff.

setzen.[1] Demgegenüber qualifiziert eine wohl im Vordringen befindliche Meinung im Schrifttum den Anspruch als Schadensersatzanspruch.[2] Diese zunächst nur begrifflich anmutende Differenzierung hat erhebliche Auswirkungen für Umfang und Höhe des Anspruchs. Während ein Schadensersatzanspruch von vornherein nur darauf gerichtet ist, eine per Saldo eingetretene Vermögensminderung auszugleichen, ist der Ersatzanspruch im ersten Schritt auf volle Rückgewähr der Zahlung ausgerichtet. Erst in einem zweiten Schritt ist sodann zu prüfen, ob es dem Schuldner zur Vermeidung einer Bereicherung der Masse gestattet sein soll, Gegenleistungen gegenzurechnen. Auch wenn dies in vielen Fällen objektiv zu ähnlichen Ergebnissen führt wie ein Schadensersatzanspruch[3], ist die herrschende Meinung für Geschäftsleitungsorgane erheblich gefährlicher, da ihnen der Nachweis gegenrechenbarer Massezuflüsse obliegt. Dies lässt den Anspruch in der Hand des Insolvenzverwalters zur wahren „Haftungskeule"[4] werden.

73 Die aus der dogmatischen Einordnung des Anspruchs resultierende **Haftungsweite** wird zudem dadurch verschärft, dass die h.M. den Begriff der Zahlung weit auslegt.[5] Hierunter fallen letztlich alle geldwerten Leistungen an Dritte. Sie umfasst die Zahlung von Steuern aus Mitteln, die von einer Tochtergesellschaft eben zu diesem Zweck zuvor zur Verfügung gestellt worden sind[6], den Einzug von Schecks auf ein debitorisches Konto[7], die Duldung des Lastschrifteinzuges durch Gläubiger[8] und sogar die Erbringung geldwerter Leistungen an Dritte.[9]

74 Eine Ersatzpflicht für solche Zahlungen ist zwar gem. § 64 Satz 2 GmbHG[10] ausgeschlossen, wenn die Zahlung mit der Sorgfalt eines ordentlichen Geschäftsleiters vereinbar ist, doch ist dies mit **erheblichen Unsicherheiten** befasst.[11] Zu den üblicherweise genannten Fällen zählen z.B. Zahlungen bei vollwertiger Gegen-

---

1 RGZ 159, 211, 228; BGH v. 18.3.1974 – II ZR 2/72, NJW 1974, 1088 f.; BGH v. 31.3.2003 – II ZR 150/02, NJW 2003, 2316; *Goette* in FS Kreft, 2004, S. 53, 58 f.; *Habersack*, ZHR 168 (2004), 174, 211; *Hüffer*, 8. Aufl. 2008, § 92 AktG Rz. 20; *Kleindiek* in Lutter/Hommelhoff, GmbHG, 17. Aufl. 2009, Anh. zu § 64 GmbHG Rz. 4 ff.; *Schulze-Osterloh* in FS Bezzenberger, 2000, S. 415, 419 f.
2 So mit unterschiedlichen Begründungen *Altmeppen*, ZIP 2001, 2201, 2204 f.; *Altmeppen/Wilhelm*, NJW 1999, 673 f.; *Bitter*, WM 2001, 666, 668 f.; *K. Schmidt*, ZHR 168 (2004), 637, 655; *K. Schmidt*, KTS 2001, 373, 388 f.; *K. Schmidt* in Scholz, GmbHG, 10. Aufl. 2010, Anh. § 64 GmbHG Rz. 42; *Schmidt-Leithoff* in Rowedder/Schmidt-Leithoff, GmbHG, 4. Aufl. 2002, § 64 GmbHG Rz. 26.
3 Insbes. *Haas*, NZG 2004, 737, 742 f. m.w.N.
4 So ausdrücklich *K. Schmidt*, ZHR 168 (2004), 637, 644.
5 Vgl. insbes. *Bitter*, WM 2001, 666 ff.; *Goette* in FS Kreft, 2004, S. 53, 61.
6 BGH v. 31.3.2003 – II ZR 150/02, NJW 2003, 2316.
7 BGH v. 29.11.1999 – II ZR 273/98, NJW 2000, 668 und BGH v. 11.9.2000 – II ZR 370/99, NJW 2001, 304; ebenso OLG Hamburg v. 21.4.1995 – 11 U 195/93, ZIP 1995, 913.
8 LG Köln v. 12.7.1989 – 9 S 43/89, WM 1990, 411.
9 OLG Düsseldorf v. 19.1.1995 – 6 U 272/93, GmbHR 1996, 616, 619.
10 Ebenso bei den „Schwesternormen" (s. oben).
11 BGH v. 18.3.1974 – II ZB 3/74, NJW 1974, 1088, 1089; *Kleindiek* in Lutter/Hommelhoff, GmbHG, 17. Aufl. 2009, § 64 GmbHG Rz. 11; *Schmidt-Leithoff* in Rowedder/Schmidt-Leithoff, GmbHG, 4. Aufl. 2002, § 64 GmbHG Rz. 34; *Haas* in Baumbach/Hueck, GmbHG, 19. Aufl. 2010, § 64 GmbHG Rz. 71 ff.

leistung sowie Zahlungen Zug um Zug gegen Belieferung mit Vorprodukten, ohne die die Produktion nicht aufrechterhalten werden kann. Dies dürfte dann zutreffen, soweit die Roh-, Hilfs- und Betriebsstoffe nicht unnötig auf Vorrat bestellt werden und absehbar ist, dass durch diese Vorratshaltung letztlich keine Vermögensschmälerung zu befürchten ist. Darüber hinaus ist die Lieferung auf Rechnung an solvente Fremdkunden (Lieferung an Konzernunternehmen nur bei Vorkasse oder Barzahlung) weiterhin möglich. Auch die Herausgabe von Gegenständen, die der Aussonderung nach § 47 InsO unterliegen, und Zahlungen an absonderungsberechtigte Gläubiger bis zur Höhe des Wertes des Sicherungsgutes sind mit der Sorgfalt eines ordentlichen Geschäftsmanns vereinbar. Wichtig ist auch, dass solche Zahlungen geleistet werden können, die den sofortigen Zusammenbruch der Gesellschaft verhindern (z.B. Miet- und Lohnzahlungen sowie Strom- und Wasserkosten) oder die dazu dienen, Vergleichs- oder Sanierungsmaßnahmen innerhalb der Dreiwochenfrist nicht zu gefährden.[1]

Nicht zu den Pflichten eines ordentlichen und gewissenhaften Kaufmanns gehört es, rein vorsorglich die betriebsnotwendigen Leasingfahrzeuge, Mietverträge und andere Dauerschuldverhältnisse zu kündigen, um für den Fall eines fehlgeschlagenen Sanierungsversuches den späteren Insolvenzverwalter von etwaigen Masseverbindlichkeiten zu befreien. Ob die Leistung im Streitfalle unter eine der üblicherweise genannten Fallgruppen[2] fällt, ist letztlich nicht sicher und zudem von dem Geschäftsführungsorgan darzulegen und zu beweisen.

Infolge dieser Rechtslage rät die insolvenzrechtliche Beratungspraxis ab dem Eintritt der Insolvenzantragsreife häufig dazu, die **Geschäftstätigkeit** innerhalb der Dreiwochenfrist **auf ein notwendiges Minimum herunterzufahren**. Dass hiermit notwendigerweise erhebliche Beeinträchtigungen verbunden sind, die den gleichzeitig laufenden Sanierungsbemühungen zuwider laufen, ist offensichtlich. Sollen die Sanierungschancen erhalten bleiben, ist es für die Geschäftsleitung daher oft nicht zu vermeiden, im Falle des Scheiterns Haftungsrisiken aus § 64 Satz 1 GmbHG in Kauf zu nehmen und auf die Chance einer gütlichen Einigung mit einem späteren Insolvenzverwalter zu bauen.

IV. Die Insolvenzverursachungshaftung gem. § 64 Satz 3 GmbHG n.F.

Das MoMiG hat durch § 64 Satz 3 GmbHG n.F. die Erstattungspflicht des § 64 Satz 1 GmbHG n.F. im Vergleich zu § 64 Abs. 2 GmbHG a.F. erweitert. Sie besteht danach auch in Fällen von Zahlungen an Gesellschafter, soweit diese zur Zahlungsunfähigkeit der Gesellschaft führen mussten, es sei denn, dies war bei

---

1 Zur Zahlung von Arbeitnehmeranteilen zur Sozialversicherung und Lohnsteuer vgl. unten Rz. 88 ff. und Rz. 110 ff.
2 Vgl. etwa *Haas* in Baumbach/Hueck, GmbHG, 19. Aufl. 2010, § 64 GmbHG Rz. 71 ff.; *K. Schmidt* in Scholz, GmbHG, 10. Aufl. 2010, § 64 GmbHG Rz. 38 ff.; *Kleindiek* in Lutter/Hommelhoff, GmbHG, 17. Aufl. 2009, § 64 GmbHG Rz. 11 f.; *Schmidt-Leithoff* in Rowedder/Schmidt-Leithoff, GmbHG, 4. Aufl. 2002, § 64 GmbHG Rz. 30.

Beachtung der Sorgfaltspflicht eines ordentlichen Geschäftsmannes nicht erkennbar.

78 Die Neuregelung erfasst einen Teilbereich der so genannten **„Haftung wegen existenzvernichtender Eingriffe"**, die allerdings nicht beim Gesellschafter als Empfänger der existenzbedrohenden Vermögensverschiebung ansetzt, sondern den Geschäftsführer als deren Auslöser und Gehilfen betrifft. § 64 Satz 3 GmbHG n.F. ergänzt zudem den **Kapitalerhaltungsgrundsatz** des § 30 Abs. 1 GmbHG, indem er auch solche Zahlungen erfasst, die zwar das zur Erhaltung des Stammkapitals erforderliche Gesellschaftsvermögen nicht antasten, faktisch aber die Zahlungsunfähigkeit herbeiführen. Anders als § 30 Abs. 1 GmbHG orientiert sich damit § 64 Satz 3 GmbHG n.F. nicht an der Bilanz, sondern an der Liquidität der Gesellschaft.

79 Der Begriff der „Zahlung" entspricht dem in § 64 Satz 1 GmbHG, so dass auf das vorher Gesagte zurückgegriffen werden kann. Der Empfänger der Zahlung muss ein Gesellschafter sein. Unter Berücksichtigung der Rechtsprechung zu § 30 GmbHG und der Haftung wegen existenzvernichtender Eingriffe ist § 64 Satz 3 GmbHG n.F. auch bei Zahlungen an Dritte, die mit dem Gesellschafter wirtschaftlich oder rechtlich eng verbunden sind, einschlägig.[1]

80 Nach dem Wortlaut muss die relevante Zahlung zur **Zahlungsunfähigkeit** der Gesellschaft i.S. des § 17 InsO führen. Anders als bei § 64 Satz 1 GmbHG n.F. darf die Zahlungsunfähigkeit nicht bereits vor der Zahlung eingetreten sein. Damit verlagert die Vorschrift gegenüber § 64 Satz 1 GmbHG n.F. die Haftung wesentlich vor. Eine Ersatzpflicht des Geschäftsführers setzt dabei einen Ursachenzusammenhang zwischen der Zahlung an den Gesellschafter und dem Eintritt der Zahlungsunfähigkeit voraus. Der Geschäftsführer soll nicht für alle Zahlungen haften, die an die Gesellschafter geleistet wurden und in irgendeiner Weise kausal für eine – möglicherweise erst wesentlich später eintretende – Zahlungsunfähigkeit geworden sind. Stattdessen hat die Zahlung ohne Hinzutreten weiterer Kausalbeiträge zur Zahlungsunfähigkeit der Gesellschaft zu führen. Dies bedeutet freilich nicht, dass bereits im Moment der Leistung die Zahlungsunfähigkeit eintreten muss. Ausreichend ist, dass sich in diesem Moment – mit einer überwiegenden Wahrscheinlichkeit von mehr als 50 %[2] – abzeichnet, dass die Gesellschaft unter normalem Verlauf der Dinge nicht mehr in der Lage sein wird, ihre Verbindlichkeiten zu erfüllen. Außergewöhnliche Ereignisse, die die Zahlungsfähigkeit hätten retten können, mit denen man aber im Moment der Auszahlung nicht rechnen konnte, bleiben außer Betracht.[3] Die Ursächlichkeit ist letztendlich eine Wertungsfrage, wonach bei mehreren Kausalbeiträgen derjenige zu identifizieren ist, infolge dessen wertungsmäßig die Grenze zur Illiquidität überschritten wurde.

81 Im Ergebnis wird dem Geschäftsführer vor Ausführung einer Auszahlung an einen Gesellschafter ein Test der Liquidität der GmbH („**Solvency Test**") abver-

---
1 *Knof*, DStR 2007, 1536, 1538.
2 *Knof*, DStR 2007, 1536, 1540.
3 BT-Drucks. 16/6140, S. 112.

langt. Hierfür ist eine Prognose über die Fähigkeit bzw. Unfähigkeit der Gesellschaft, ihre Verbindlichkeiten bei Fälligkeit erfüllen zu können, erforderlich. Dies bedingt, dass er sich ein aktuelles Bild über die bestehende und künftige Liquidität sowie die fälligen Verbindlichkeiten macht.

Versäumt der Geschäftsführer diese Vorkehrung, kann der ihm obliegende **Entlastungsbeweis** kaum gelingen. Zudem ist zu bedenken, dass bereits Beweiserleichterungen das Wort geredet wird, wonach es nach den Grundsätzen der sekundären Darlegungslast Sache des beklagten Geschäftsführers sei darzulegen, dass die Zahlungsunfähigkeit der Gesellschaft nicht durch die Zahlung an die Gesellschafter verursacht worden ist.[1] Auch ist denkbar, dass in Übereinstimmung mit der Rechtsprechung des BGH zur Überschuldung bei vollständigem Fehlen einer Dokumentation der dem Insolvenzverwalter obliegende Nachweis der Voraussetzung des § 64 Satz 3 GmbHG als geführt gilt.[2]

82

Weisungen der Gesellschafter entlasten den Geschäftsführer gem. § 64 Satz 4 GmbHG n.F. i.V.m. § 43 Abs. 3 Satz 3 GmbHG nicht. Es ist indessen nicht notwendig, wie in der Gesetzesbegründung vorgeschlagen[3], dass der Geschäftsführer sein Amt niederlegt, statt die von den Gesellschaftern gewünschte Zahlung vorzunehmen. Denn er kann sich in diesem Zusammenhang auf ein Leistungsverweigerungsrecht berufen.[4]

83

Auch bei § 64 Satz 3 GmbHG handelt es sich um einen **Erstattungsanspruch eigener Art**, nicht um einen Schadensersatzanspruch. Liegen seine Voraussetzungen vor, hat daher der Geschäftsführer die Zahlungen ungekürzt, Zug um Zug gegen Abtretung etwaiger Erstattungsansprüche (§ 255 BGB analog) der Insolvenzmasse zu erstatten. Ob auch bei pflichtgemäßem Verhalten derselbe oder ein geringerer Schaden entstanden wäre, ist insofern unerheblich.[5]

84

V. Die Verjährung der Innenhaftung

Die Ansprüche gem. §§ 43 und 64 GmbHG n.F. verjähren gem. §§ 43 Abs. 4, 64 Satz 4 GmbHG n.F. nach **fünf Jahren**. Die Verjährungsfrist gilt für jede einzelne Masseschmälerung und beginnt jeweils mit ihrer Verwirklichung. Die fünfjährige Verjährungsfrist gilt auch für Ansprüche aus § 43 Abs. 3 GmbHG. Sie beginnt mit der jeweiligen Zahlung.

85

Auch Schadensersatzansprüche gegen einen GmbH-Geschäftsführer wegen gem. § 30 Abs. 1 GmbHG verbotener Auszahlungen (§ 43 Abs. 3 GmbHG) verjähren gem. § 43 Abs. 4 GmbHG in fünf Jahren ab der jeweiligen Zahlung. Unterlässt der Geschäftsführer die Geltendmachung von Rückforderungsansprüchen der Gesellschaft gegen den Zahlungsempfänger (§ 31 Abs. 1 GmbHG) bis zum Eintritt der Verjährung dieser Ansprüche (hier § 31 Abs. 5 Satz 1 GmbHG a.F.),

86

---
1 *Knof*, DStR 2007, 1580, 1585.
2 BGH v. 12.3.2007 – II ZR 315/05, DStR 2007, 961, 962.
3 BT-Drucks. 16/6140, S. 112.
4 *Haas* in Baumbach/Hueck, GmbHG, 19. Aufl. 2010, § 64 GmbHG Rz. 107.
5 Vgl. oben Rz. 72 zu § 64 Satz 1 GmbHG n.F.

wird dadurch nicht eine weitere Schadensersatzverpflichtung gem. § 43 Abs. 2 GmbHG mit einer erst von da an laufenden Verjährungsfrist gem. § 43 Abs. 4 GmbHG ausgelöst.[1]

E. Weitere Haftungstatbestände

87 Nachfolgend werden neben den bereits genannten weitere Tatbestände aufgeführt, die eine Haftung des Geschäftsführers begründen können. Die folgenden Ausführungen sind nicht abschließend, sondern beschränken sich auf die in der Praxis vorwiegend auftretenden Konstellationen und erheben keinen Anspruch auf Vollzähligkeit.[2]

I. Haftung wegen vorenthaltener Sozialabgaben gem. § 823 Abs. 2 BGB i.V.m. § 266a StGB

88 Einen weiteren Tatbestand, nach dem ein Geschäftsführer haften kann, stellt § 823 Abs. 2 BGB i.V.m. § 266a StGB dar. Zur Verwirklichung des objektiven Tatbestandes des § 266a Abs. 1 StGB gehört, dass der Einzugsstelle Beiträge des Arbeitnehmers zur Sozialversicherung oder zur Bundesagentur für Arbeit vorenthalten werden. Das ist nach ständiger Rechtsprechung der Fall, wenn die Arbeitnehmerbeiträge bei Fälligkeit nicht an die zuständige Einzugsstelle abgeführt werden.[3]

89 Mit Urteil vom 16.5.2000 entschied der BGH[4] darüber hinaus, dass Arbeitnehmerbeiträge zur Sozialversicherung auch dann i.S. des § 266a Abs. 1 StGB vorenthalten sein können, wenn für den betreffenden Zeitraum kein Lohn an die Arbeitnehmer ausgezahlt worden ist, und beendete damit einen in der Literatur seit Langem bestehenden Disput.[5] Die sozialversicherungsrechtliche Beitragspflicht entsteht nunmehr allein durch die sozialversicherungspflichtige Beschäftigung eines Arbeitnehmers gegen Entgelt – unabhängig von einer Zahlung des Arbeitsentgeltes, was in der Neufassung des § 266a StGB – „unabhängig, ob Arbeitsentgelt gezahlt wird" zum Ausdruck kommt.

90 Ein nach § 266a Abs. 1 StGB strafbares und damit über § 823 Abs. 2 BGB auch haftungsrechtlich relevantes Verhalten fällt dem Arbeitgeber/Geschäftsführer nur dann zur Last, wenn er die Abführung der Arbeitnehmerbeiträge zur Sozialversicherung unterlassen hat, obwohl sie ihm möglich gewesen wäre. Da es sich

---

1 BGH v. 29.9.2008 – II ZR 234/07, NZG 2008, 908.
2 Ausführlich zu den einzelnen Haftungstatbeständen: unten *Brand*, § 33 (S. 992 ff.); *Krause*, § 35 (S. 1077 ff.); *Prinz/Hick*, § 32 (S. 965 ff.) sowie *Meyke*, Die Haftung des GmbH-Geschäftsführers, 5. Aufl. 2007, S. 187 ff. Rz. 346 ff.
3 BGH v. 21.1.1997 – VI ZR 338/95, ZIP 1997, 412.
4 BGH v. 16.5.2000 – VI ZR 90/99, NZI 2001, 301 = ZInsO 2001, 124 = ZIP 2000, 1339; bestätigt von BGH v. 14.11.2000 – VI ZR 149/99, NZI 2001, 138 = ZInsO 2001, 225 = ZIP 2001, 80; BGH v. 9.1.2001 – VI ZR 407/99, NZI 2001, 194 = ZInsO 2001, 367 = ZIP 2001, 422; BGH v. 8.5.2002 – 5 StR 16/02, NZI 2002, 454.
5 Vgl. dazu *Reck*, ZInsO 2002, 16; *Groß*, ZIP 2001, 945, 947.

bei § 266a StGB um ein Unterlassungsdelikt handelt, lässt die Unmöglichkeit normgemäßen Verhaltens zugleich auch die Tatbestandsmäßigkeit entfallen.[1] An einer Tatbestandsverwirklichung fehlt es deshalb, wenn der Arbeitgeber zur Erfüllung der konkret von ihm in § 266a Abs. 1 StGB hinsichtlich der Arbeitnehmerbeiträge geforderten Handlungspflicht im Zeitpunkt der Fälligkeit aus tatsächlichen oder rechtlichen Gründen außer Stande war.

Eine Unmöglichkeit aus tatsächlichen Gründen liegt vor, wenn die Abführung unterblieben ist, weil der Arbeitgeber vor dem Fälligkeitszeitpunkt zahlungsunfähig geworden ist.[2] Zahlungsunfähigkeit ist nach der Rechtsprechung des BGH[3] in diesem Zusammenhang erst dann gegeben, wenn dem Arbeitgeber/Geschäftsführer die Mittel nicht mehr zur Verfügung stehen, um ganz konkret die fälligen Arbeitnehmeranteile zur Sozialversicherung – und nur diese – abzuführen; auf die Fähigkeit zur Erfüllung weiterer Verbindlichkeiten kommt es nicht an.

91

Darüber hinaus kommt eine Strafbarkeit auch bei in diesem Sinne gegebener Zahlungsunfähigkeit in Betracht, soweit dem Arbeitgeber/Geschäftsführer die Herbeiführung der Zahlungsunfähigkeit hinsichtlich der Arbeitnehmerbeiträge als pflichtwidriges Verhalten zur Last zu legen ist.[4] Nach § 266a StGB macht sich daher nach der Rechtsprechung des BGH auch strafbar, wer zwar zum Fälligkeitszeitpunkt nicht leistungsfähig war, es aber bei Anzeichen von Liquiditätsproblemen unterlassen hat, Sicherungsvorkehrungen für die Zahlung der Arbeitnehmerbeiträge zu treffen, und dabei billigend in Kauf genommen hat, dass diese später nicht mehr erbracht werden können.[5]

92

Dem Geschäftsführer obliegt demnach die Pflicht zur vorausschauenden Gewährleistung der Zahlungsfähigkeit des Arbeitgebers. Zahlungskrisen oder Liquiditätsengpässe werden (bei vorhandener Liquiditätsplanung) nicht überraschend kommen. Erkennt der Geschäftsführer, dass die vorhandenen finanziellen Mittel nicht zur Begleichung der Arbeitnehmeranteile ausreichen könnten, muss er besondere Maßnahmen ergreifen, um die Abführung soweit wie möglich sicherzustellen. Das heißt, er hat einen Zahlungsplan aufzustellen und notfalls Rückstellungen zu bilden. Vertreten wird, dass insbesondere auch die rechtzeitige Beantragung der Eröffnung des Insolvenzverfahrens eine solche besondere Maßnahme darstellt.[6]

93

Mit der Frage der vorverlagerten Schuld hängt zugleich die Frage zusammen, wie die Zahlungen der Sozialversicherungsbeiträge bei knappen Mitteln zu gestalten ist. Der 5. Strafsenat hat diese Frage dahingehend beantwortet, dass der Ge-

94

---

1 BGH v. 15.10.1996 – VI ZR 319/95, ZIP 1996, 2017 = AG 1997, 37; BGH v. 21. 1.1997 – VI ZR 338/95, BGHZ 134, 304.
2 BGH v. 18.1.2007 – IX ZR 176/05, ZIP 2007, 542.
3 BGH v. 15.10.1996 – VI ZR 327/95, ZIP 1996, 1989, 1990.
4 Vgl. dazu *Groß*, ZIP 2001, 945, 949; *Brückl/Kersten*, Zur Unmöglichkeit beim Vorenthalten von Sozialversicherungsbeiträgen, NZI 2001, 288.
5 BGH v. 28.5.2002 – 5 StR 16/02, NZI 2002, 454; BGH v. 18.1.2007 – IX ZR 176/05, ZIP 2007, 542, 543.
6 *Brückl/Kersten*, Zur Unmöglichkeit beim Vorenthalten von Sozialversicherungsbeiträgen, NZI 2001, 288, 291.

schäftsführer verpflichtet ist, die begrenzten Mittel für die Begleichung der Verbindlichkeiten gegenüber den Sozialkassen einzusetzen.[1] Dies wird durch die Rechtsprechung des VI. Zivilsenates bestätigt, wonach die Pflicht zur Abführung von Sozialversicherungsbeiträgen im Sinne des § 266a StGB anderen Verbindlichkeiten vorgeht.[2]

95 In diesem Zusammenhang ist zu beachten, dass er in Bezug auf Teilzahlungen auf die Sozialversicherungsbeiträge eine genaue Tilgungsbestimmung trifft, weil er sonst Gefahr läuft, gem. § 2 der Beitragszahlungsverordnung in der Fassung vom 20.5.1997 (BGBl. I 1997, 1137) den Zahlungsbetrag je zur Hälfte auf die Arbeitgeber- und Arbeitnehmeranteile zur Sozialversicherung angerechnet zu bekommen.

96 Reichen die Mittel „unvorhersehbar" doch nicht zur Begleichung der Sozialversicherungsbeiträge aus, kann das Gericht gem. § 266a Abs. 6 StGB von einer Bestrafung des prinzipiell leistungspflichtigen Arbeitgebers – hier sei noch einmal daran erinnert, dass diese Pflicht unabhängig von der Lohnzahlung entsteht – absehen, wenn dieser der Einzugsstelle die Höhe der vorenthaltenen Beiträge mitteilt und darlegt, warum ihm die fristgerechte Zahlung nicht möglich ist, obschon er sich ernsthaft darum bemüht hat. Werden die Beiträge dann nachträglich innerhalb einer von der Einzugsstelle vorgegebenen Frist gezahlt, wird der Täter insoweit nicht bestraft (§ 266a Abs. 6 Satz 2 StGB).

97 Ist es dem Arbeitgeber/Geschäftsführer verboten, Zahlungen an die Einzugsstelle zu leisten, spricht man von der rechtlichen Unmöglichkeit der Beitragszahlung. Häufigster Fall ist die Anordnung eines Verfügungsverbots im Rahmen eines Insolvenzverfahrens. So ist in der Rechtsprechung des BGH aus rechtlichen Gründen die Unmöglichkeit, sich der Norm des § 266a Abs. 1 StGB gemäß zu verhalten, bisher bejaht worden, wenn die Abführung der Arbeitnehmerbeiträge bei Fälligkeit unterblieben ist, weil der Arbeitgeber zum maßgeblichen Zeitpunkt infolge der Eröffnung des Insolvenzverfahrens die Verfügungsbefugnis verloren hatte oder zur Sicherung des Schuldnervermögens die Sequestration angeordnet und dem Schuldner ein allgemeines Verfügungs- und Veräußerungsverbot gem. § 106 Abs. 1 Satz 3 KO auferlegt worden war.[3] Eine in eine andere Richtung weisende Rechtsprechung ist nicht ersichtlich.

98 Aber auch schon in der Krise kann es dem Geschäftsführer „verboten" sein, die Ansprüche der Sozialversicherungsträger vorrangig zu befriedigen. Während vor Eintritt der Insolvenzreife der soeben beschriebene Vorrang der Sozialversicherungsbeitragspflichten besteht, endet die Pflicht zur bevorzugten Abführung der Sozialversicherungsbeiträge mit Eintritt der Insolvenzreife. Dieses Ergebnis hat der 5. Strafsenat aus dem Wertungswiderspruch zwischen § 266a StGB und § 64 GmbHG, welcher den Organen der Gesellschaft Sanierungsversuche ermöglichen soll, entnommen. Der Senat hat aus der Regelung des § 64 GmbHG daher

---

1 BGH v. 28.5.2002 – 5 StR 16/02, BGHSt 47, 318; BGH v. 30.7.2003 – 5 StR 221/03, BGHSt 48, 307; BGH v. 9.8.2005 – 5 StR 67/05, NJW 2005, 3650.
2 BGH v. 21.1.1997 – VI ZR 338/95, BGHZ 134, 304, 307ff.; BGH v. 16.5.2000 – VI ZR 90/99, BGHZ 144, 311, 321.
3 BGH v. 18.11.1997 – VI ZR 11/97, NJW 1998, 1306 = ZIP 1998, 31, 32.

einen Rechtfertigungsgrund entwickelt, der es dem Geschäftsführer ermöglicht, während der laufenden Sanierungsversuche – bis höchstens drei Wochen (Frist des § 64 Satz 1 GmbHG) – von einer Zahlung der Arbeitnehmerbeiträge abzusehen. Dadurch soll zudem dem Geschäftsführer die Konfliktsituation erspart bleiben, sich entweder nach § 64 Satz 1 GmbHG schadensersatzpflichtig zu machen, falls er die Sozialversicherungsbeiträge abführt, oder sich nach § 266a StGB strafbar zu machen, falls er dies unterlässt.[1]

Eine solche Konfliktsituation besteht mit Blick auf die Arbeitnehmerbeiträge nach einer nunmehr ergangenen Entscheidung des 2. Zivilsenats indes nicht mehr. Der 2. Zivilsenat hat darin anerkannt, dass es mit den Pflichten eines ordentlichen und gewissenhaften Kaufmanns vereinbar sein müsse, dem strafrechtlichen Normbefehl zu folgen und die Massesicherungspflicht des § 92 Abs. 2 AktG, § 64 Satz 1 GmbHG zu missachten.[2] Mit Blick auf die Arbeitnehmerbeiträge besteht mithin eine strafbewehrte Abführungspflicht, während es hinsichtlich der Arbeitgeberbeiträge bei der insolvenzrechtlichen Pflicht zur Masseerhaltung bleibt.[3] 99

Mithin sind, soweit Mittel noch vorhanden sind, diese vorrangig zur Begleichung der Sozialversicherungsbeiträge zu verwenden. Beschäftigt die Gesellschaft trotz Insolvenzreife weiterhin Arbeitnehmer, haftet der Geschäftsführer für die Sozialversicherungsbeiträge. Aus dieser Lage kann er sich auch nicht durch die Stellung eines Insolvenzantrages befreien.[4] Befreiend wirkt erst der Verlust der Verfügungsbefugnis durch Insolvenzeröffnung oder der Erlass eines Zahlungsverbots nach § 21 Abs. 2 Nr. 2 InsO.[5] 100

Zahlt er die Beiträge, obschon dem grundsätzlich immer noch § 64 Satz 1 GmbHG entgegensteht, kann er sich hinsichtlich der möglichen Schadensersatzpflicht des § 64 Satz 1 GmbHG damit verteidigen, dass er lediglich ein strafrechtliches Gebot befolgt habe, was ein zivilrechtliches Verschulden ausschließe. Zudem kann der Geschäftsführer bei der Zahlung der Beiträge den Sozialversicherungsträger auf die Zahlungsunfähigkeit hinweisen, um diesen insoweit bösgläubig zu machen und um eine spätere Anfechtung durch den Insolvenzverwalter nach den §§ 143, 130, 129 InsO zu ermöglichen. Soweit durch die Anfechtung die Zahlungen zurückgewährt werden, entfällt dann die Schadensersatzpflicht des Geschäftsführers nach § 64 Satz 1 GmbHG. 101

Zwar unterschied der BGH in der Vergangenheit bislang zwischen der insolvenzrechtlichen Behandlung der Sozialversicherungsbeiträge und der Frage, ob ein Geschäftsführer für vor Anordnung eines Verfügungsverbots fällig gewordene, aber nicht abgeführte Arbeitnehmeranteile ersatzpflichtig ist.[6] 102

---

1 BGH v. 30.7.2003 – 5 StR 221/03, BGHSt 48, 307; BGH v. 9.8.2005 – 5 StR 67/05, NJW 2005, 3650.
2 BGH v. 14.5.2007 – II ZR 48/06, NJW 2007, 2118 = ZIP 2007, 1265 = AG 2007, 548.
3 BGH v. 8.6.2009 – II ZR 147/08, NZI 2009, 568 mit Anm. *Gundlach/Frenzel*.
4 BFH v. 23.9.2008 – VII R 27/07, ZIP 2009, 122.
5 BFH v. 23.9.2008 – VII R 27/07, ZIP 2009, 122; *Drescher*, Die Haftung des GmbH-Geschäftsführers, 6. Aufl. 2009, Rz. 614.
6 BGH v. 21.1.1997 – VI ZR 338/95, NJW 1997, 1237, 1238; BGH v. 8.5.2002 – 5 StR 16/02, BGHSt 47, 318.

103 Nach einer neueren Entscheidung des BGH ist aber bei einer Nichtabführung von Arbeitnehmerbeiträgen ein Schaden der Kasse zu verneinen, wenn die Beitragszahlungen im Insolvenzverfahren erfolgreich angefochten werden können.[1] Es fehlt danach an der Kausalität des Vorenthaltens für einen Schaden.[2] Trotz der daraufhin in der Literatur[3] erfolgten Kritik, dass im Hinblick auf den Normzweck des § 266a StGB die Insolvenzanfechtung von Arbeitnehmeranteilen von jeglicher Anfechtung ausgenommen werden müsse, hat der BGH in einer weiteren Entscheidung die Anfechtbarkeit grundsätzlich anerkannt und ausgeführt, dass Beitragszahlungen des späteren Insolvenzschuldners an einen Sozialversicherungsträger die anderen Insolvenzgläubiger regelmäßig auch insoweit benachteiligen, als sie auf Arbeitnehmeranteile zu verrechnen sind.[4] Einer Anfechtung der Zahlung der Arbeitnehmerbeiträge steht auch die Änderung von § 28e Abs. 1 Satz 2 SGB IV nicht entgegen.[5] Der Geschäftsführer hat die Möglichkeit, den Sozialversicherungsträger vor Zahlung bösgläubig zu machen, um dem späteren Insolvenzverwalter eine Anfechtung zu erleichtern.

II. Haftung gem. § 823 Abs. 2 BGB i.V.m. § 263 StGB

104 In Betracht kommt ferner eine Haftungsverpflichtung des Geschäftsführers gem. § 823 Abs. 2 BGB i.V.m. § 263 StGB. Ein Betrug nach § 263 StGB ist insbesondere dann anzunehmen, wenn sich bereits bei Vertragsverhandlungen abzeichnet, dass gerade die Forderung des einzelnen Gläubigers etwa wegen anderweitiger Kontenpfändung nicht erfüllt werden kann, der Geschäftsführer es jedoch unterlässt, seinen Vertragspartner hierüber zu informieren. § 263 StGB kommt deshalb in Betracht, da der Umstand, die Forderung nicht erfüllen zu können, nach gefestigter Rechtsprechung gegenüber dem Vertragspartner zu offenbaren ist.[6] Wer also als Geschäftsführer Verträge eingeht und dabei in Kauf nimmt („bedingter Vorsatz"), dass die Gegenleistung nicht erbracht werden kann, befindet sich im strafrechtlich relevanten Bereich des Eingehungsbetruges.

III. Haftung gem. § 823 Abs. 2 BGB i.V.m. § 266 StGB

105 Des Weiteren ist eine Haftung des Geschäftsführers sowohl wegen Untreue zum Nachteil der Gesellschaft, als auch wegen Untreue zu Lasten eines Dritten denkbar.[7]

106 Im Rahmen der Geschäftsführerhaftung hat spätestens seit dem Urteil des BGH vom 13.5.2004 die Möglichkeit der strafrechtlichen Verantwortung in Gestalt ei-

---

1 BGH v. 14.11.2000 – VI ZR 149/99, NZI 2001, 138 = ZInsO 2001, 225 = ZIP 2001, 80.
2 BGH v. 14.11.2000 – VI ZR 149/99, ZIP 2001, 80; BGH v. 25.10.2001 – IX ZR 17/01, ZIP 2001, 2235.
3 *Brückl/Kersten*, NZI 2001, 288, 291.
4 BGH v. 25.10.2001 – IX ZR 17/01, NZI 2002, 88 = ZInsO 2001, 1150 = ZIP 2001, 2235.
5 BGH v. 5.11.2009 – IX ZR 233/08, NZI 2009, 886.
6 BGH v. 25.1.1984 – VIII ZR 227/82, NJW 1984, 2284; BGH v. 1.7.1991 – II ZR 180/90, NJW-RR 1991, 1312.
7 LG München I v. 21.9.1990 – 3 Qs 8/90, NStZ 1991, 134. Ausführlich dazu unten *Krause*, § 35 (S. 1077 ff.).

ner Strafbarkeit der Organe einer am so genannten Cash-Pooling-Verfahren beteiligten Muttergesellschaft wegen Untreue gem. § 266 StGB praktische Relevanz erlangt. Nach diesem als Grundsatzentscheidung zu bewertenden Urteil droht den Organen des beherrschenden Unternehmens eine Strafbarkeit nach § 266 StGB, da diese jedenfalls dann ihre Vermögensbetreuungspflicht gegenüber einer abhängigen Gesellschaft verletzen, wenn deren Vermögenswerte in einem solchen Umfang ungesichert im Konzern angelegt werden, dass im Falle ihres Verlustes die Erfüllung von Verbindlichkeiten der Tochtergesellschaft oder deren Existenz gefährdet wäre.[1] Schon der II. Zivilsenat des BGH hatte in seinem „Bremer Vulkan-Urteil" den objektiven Treuebruchstatbestand des § 266 Abs. 1 StGB bejaht.[2]

Die Zustimmung aller Gesellschafter ändert nichts an der Treuwidrigkeit einer Vermögensverfügung. So ist den Gesellschaftern die Dispositionsmöglichkeit entzogen, wenn der Gesellschaft durch die Verfügung ihre Produktionsgrundlagen entzogen werden oder wenn ihre Liquidität gefährdet wird, indem ihr das zur Erfüllung ihrer Verbindlichkeiten benötigte Vermögen entzogen wird.[3] 107

Diese Haftung der Gesellschafter ist auch nicht durch die Einführung von § 64 Satz 3 GmbHG ausgeschlossen. Zwar haftet nach dieser Vorschrift der Geschäftsführer einer GmbH für Zahlungen, die zur Zahlungsunfähigkeit der Gesellschaft führen mussten, dies schließt aber eine Haftung der Gesellschafter nicht aus. Bei § 64 Satz 3 GmbHG handelt es sich nicht um eine abschließende Vorschrift. Sie berührt die Haftung des Gesellschafters für existenzgefährdende bzw. -vernichtende Eingriffe nicht.[4] 108

Für den Fall einer Kollision zwischen der durch § 266 StGB strafbewehrten Pflicht zur weisungsgemäßen Verwendung fremder Gelder und dem Zahlungsverbot aus § 64 Satz 1 GmbHG besteht nach einer Entscheidung des BGH ein Vorrang des strafrechtlichen Handlungsgebots[5]: Die Zahlung ist in einem solchen Fall mit den Sorgfaltspflichten eines ordentlichen Geschäftsleiters vereinbar, so dass die Haftung aus § 64 Satz 1 GmbHG gem. § 64 Satz 2 GmbHG ausgeschlossen ist. 109

IV. Haftung für vorenthaltene Steuern

Anders als dies bezüglich zu entrichtender Sozialversicherungsbeiträge der Fall ist, besteht hinsichtlich der Steuerschulden einer Gesellschaft[6] grundsätzlich keine Verpflichtung, diese vorrangig zu begleichen. Eine Ausnahme bildet lediglich die Lohnsteuer. 110

---

1 BGH v. 13.5.2004 – 5 StR 73/03, NJW 2004, 2248 = AG 2004, 450.
2 BGH v. 17.9.2001 – II ZR 178/99, DStR 2001, 1853 = AG 2002, 43.
3 BGH v. 31.7.2009 – 2 StR 95/09, NZI 2009, 736 = AG 2009, 787.
4 BGH v. 31.7.2009 – 2 StR 95/09, NZI 2009, 736 = AG 2009, 787.
5 BGH v. 5.5.2008 – II ZR 38/07, NZG 2008, 508.
6 Dazu ausführlich unten *Prinz/Hick*, § 35 (S. 965 ff.).

111 Bezüglich rückständiger Umsatzsteuerverpflichtungen und Körperschaftsteuer gilt nach gefestigter Rechtsprechung des Bundesfinanzhofs der Grundsatz der anteiligen Tilgung.[1] Soweit der Geschäftsführer das Finanzamt immerhin quotal befriedigt hat, indem das Finanzamt gemessen an der Summe der Kreditorenforderungen und in Ansehung der verbliebenen Liquidität des Vermögens nicht schlechter gestellt wird als die übrigen Gläubiger, entfällt die persönliche Haftung des Geschäftsführers in Bezug auf die Gesamtsumme der ausstehenden (Umsatz-)Steuerforderungen.[2] Sofern also der Geschäftsführer auf die Steuerschulden jenen Anteil der freien Mittel verwendet, die dem Anteil der Steuerschulden an der Gesamtverschuldung der Gesellschaft entspricht, hat er also seinen Pflichten entsprochen.

112 Für die persönliche Haftung des Geschäftsführers für rückständige Lohnsteuerbeträge gilt dies jedoch nicht.[3] Gem. § 41a Abs. 1 EStG ist der Arbeitgeber verpflichtet, spätestens am zehnten Tage nach Ablauf eines jeden Lohnsteuer-Anmeldezeitraumes dem Finanzamt die Summe der in diesem Zeitraum einzubehaltenden Lohnsteuer anzugeben und die einbehaltene Lohnsteuer an das Finanzamt abzuführen. Die nicht rechtzeitige Abgabe der Lohnsteueranmeldung beziehungsweise Abführung der einbehaltenen Lohnsteuer ist eine Steuerhinterziehung, für welche der Geschäftsführer gem. §§ 34, 69 AO haftet, soweit infolge vorsätzlicher oder grob fahrlässiger Verletzung der ihm auferlegten Pflichten Steuerschulden der Gesellschaft nicht beglichen werden. Die Verpflichtung zur Vollabführung der Lohnsteuer kann nach Ansicht des BFH durch die gesellschaftsrechtliche Pflicht zur Sicherung der Masse gem. § 64 Satz 1 GmbHG auch nicht in den drei Wochen suspendiert werden, die dem Geschäftsführer ab Kenntnis des Insolvenzgrundes gem. § 15a InsO eingeräumt sind, um die Sanierungsfähigkeit der GmbH zu prüfen und Sanierungsversuche durchzuführen.[4] Voraussetzung für die Haftung für vorenthaltene Lohnsteuer ist die tatsächliche Lohnzahlung. Im Gegensatz zur Haftung wegen der Vorenthaltung von Sozialversicherungsbeiträgen entfällt die Haftung des Geschäftsführers wegen der Vorenthaltung von Lohnsteuern nicht durch eine mögliche Anfechtung des Insolvenzverwalters nach § 129 InsO.[5]

---

1 BFH v. 31.3.2000 – VII B 187/99, GmbHR 2000, 1211, 1213.
2 BFH v. 16.9.1987 – X R 3/81, GmbHR 1988, 278.
3 Vgl. ausführlich zu dieser Thematik *Kahlert*, ZIP 2009, 2368.
4 BFH v. 23.9.2008 – VII R 27/07, ZIP 2009, 122.
5 BFH v. 23.9.2008 – VII R 27/07, ZIP 2009, 122.

§ 30
Risikobereich und Haftung: Bilanzierung

Dr. Hans Friedrich Gelhausen

	Rz.		Rz.
A. Aktiengesellschaft	2	a) Vorstand der Obergesellschaft	52
I. Bilanzierungspflicht (externe Rechnungslegung)	2	b) Vorstand des Tochterunternehmens	54
1. Handelsrechtliche Rechnungslegungspflicht	3	5. Strafrechtliche Verantwortung	56
a) Jahresabschluss und Lagebericht	3	6. Haftungsrechtliche Verantwortung	59
b) Konzernabschluss und Konzernlagebericht	5	a) Innenhaftung	60
c) IFRS-Einzelabschluss	9	b) Außenhaftung	65
d) Bilanzeid	10	III. Verantwortlichkeit des Aufsichtsrats	73
e) Abschlussprüfung	11	1. Überwachungspflicht aus § 107 AktG	75
f) Feststellung und Billigung	12	2. Prüfung nach § 171 AktG	76
g) Offenlegung	13	a) Prüfungskompetenz	77
2. Sonstige Rechnungslegungspflichten	14	b) Prüfungsgegenstand und -maßstab	78
3. Enforcement	16	c) Sorgfaltspflichten einzelner Mitglieder	83
4. Folgen fehlerhafter Bilanzierung	20	d) Unterstützung durch den Abschlussprüfer	88
a) Nichtigkeit von Abschlüssen	21	e) Beschlussfassung und Berichterstattung	91
b) Schadensersatzpflicht	24	3. Billigung und Feststellung	94
II. Verantwortlichkeit des Vorstands	28	4. Prüfungsausschuss	97
1. Buchführung	29	5. Verantwortung im Konzern	99
2. Aufstellung von Jahres- und Konzernabschlüssen	34	a) Aufsichtsrat der Obergesellschaft	100
a) Verantwortlichkeit für die Aufstellung	34	b) Aufsichtsrat des Tochterunternehmens	101
b) Aufstellung von Jahres- und Konzernabschluss	38	6. Strafrechtliche Verantwortung	103
c) Aufstellung des (Konzern-)-Lageberichts	39	7. Haftungsrechtliche Verantwortung	104
d) Unterzeichnung des Jahres- und Konzernabschlusses	40	a) Innenhaftung	105
e) Abgabe des Bilanzeids	43	b) Außenhaftung	106
f) Abschlussprüfung	46	**B. Sonstige Gesellschaften**	107
3. Sorgfaltspflichten einzelner Mitglieder (Ressortzuständigkeit)	48	I. KGaA und GmbH	107
		1. KGaA	108
4. Verantwortung im Konzern	51	2. GmbH	110
		II. Kapitalgesellschaft & Co. KG	113

Schrifttum: *Adler/Düring/Schmalz*, Rechnungslegung und Prüfung der Unternehmen, 6. Aufl. 1995 ff.; *Baumbach/Hopt*, Handelsgesetzbuch, 34. Aufl. 2010; Beck'scher Bilanz-

Kommentar, 7. Aufl. 2010; *Fey/Deubert*, Befreiender IFRS-Einzelabschluss nach § 325 Abs. 2a HGB für Zwecke der Offenlegung, KoR 2006, 92; *Gelhausen/Hönsch*, Das neue Enforcement-Verfahren für Jahres- und Konzernabschlüsse, AG 2005, 511; *Groß*, Haftung für fehlerhafte oder fehlende Regel- oder ad-hoc-Publizität, WM 2002, 477; *Habersack/Mülbert/Schlitt*, Unternehmensfinanzierung am Kapitalmarkt, 2. Aufl. 2008; *Mülbert/Steup*, Emittentenhaftung für fehlerhafte Kapitalmarktinformation am Beispiel der fehlerhaften Regelpublizität, WM 2005, 1633; *Rodewald/Unger*, Zusätzliche Transparenz für die europäischen Kapitalmärkte – die Umsetzung der EU-Transparenzrichtlinie in Deutschland, BB 2006, 1917; *K. Schmidt*, Zur Durchgriffsfestigkeit der GmbH, ZIP 1994, 837; *Schönke/Schröder*, Strafgesetzbuch, 27. Aufl. 2006; *Schorr*, Geschäftsleiterhaftung für fehlerhafte Buchführung, ZHR 169 (2006), 9; *Stapelfeld*, Außenhaftung des Geschäftsführers bei Verletzung der Buchführungspflicht, GmbHR 1991, 94; *Staub*, Handelsgesetzbuch Großkommentar, 4. Aufl. 1982 ff.; WP Handbuch 2006 Band I, hrsg. vom Institut der Wirtschaftsprüfer in Deutschland e.V., 13. Aufl.

1 Mit den Entscheidungen des BGH in Sachen Infomatec und EM.TV sowie dem viel diskutierten Entwurf des sog. Kapitalmarktinformationshaftungsgesetzes[1] (KapInHaG) und der Umsetzung der Transparenzrichtline[2] durch das Transparenzrichtlinie-Umsetzungsgesetz[3] (TUG) in deutsches Recht steht die Verantwortung des Managements für eine ordnungsgemäße Bilanzierung im besonderen Interesse der Öffentlichkeit. Das Bilanzrechtsmodernisierungsgesetz[4] (BilMoG) hat den Fokus beibehalten und die Aufgaben des Aufsichtsrats bzw. des Prüfungsausschusses konkretisiert. Nachfolgend soll anhand der Vorschriften über die Bilanzierung bei Aktiengesellschaften ein Überblick über die wesentlichen Verantwortlichkeiten der Geschäftsführungs- und Aufsichtsorgane für eine ordnungsgemäße Bilanzierung gegeben werden. Auf die Besonderheiten bei sonstigen Rechtsformen wird ergänzend einzugehen sein.

A. Aktiengesellschaft

I. Bilanzierungspflicht (externe Rechnungslegung)

2 Abhängig von ihrer Größe und der Inanspruchnahme von Kapitalmärkten unterliegt die Aktiengesellschaft unterschiedlichen externen Rechnungslegungspflichten.

---

1 Vgl. zum Entwurf des KapInHaG NZG 2004, 1042.
2 Richtlinie 2004/109/EG des Europäischen Parlaments und des Rates vom 15.12.2004 zur Harmonisierung der Transparenzanforderungen in Bezug auf Informationen über Emittenten, deren Wertpapiere zum Handel auf einem geregelten Markt zugelassen sind, und zur Änderung der Richtlinie 2001/34/EG (ABl. EU Nr. L 390 v. 31.12.2004, S. 38).
3 Gesetz zur Umsetzung der Richtlinie 2004/109/RG des Europäischen Parlaments und des Rates vom 15.12.2004 zur Harmonisierung der Transparenzanforderungen in Bezug auf Informationen über Emittenten, deren Wertpapiere zum Handel auf einem geregelten Markt zugelassen sind, und zur Änderung der Richtlinie 2001/34/EG Transparenzrichtlinie-Umsetzungsgesetz vom 5.1.2007 (BGBl. I 2007, 10).
4 Gesetz zur Modernisierung des Bilanzrechts vom 25.5.2009 (BGBl. I 2009, 1102).

1. Handelsrechtliche Rechnungslegungspflicht

a) Jahresabschluss und Lagebericht

Gem. § 264 Abs. 1 HGB hat die Aktiengesellschaft einen Jahresabschluss und einen Lagebericht aufzustellen. Für kleine Aktiengesellschaften (§ 267 Abs. 1 HGB) entfällt die Pflicht zur Aufstellung des Lageberichts. Darüber hinaus können kleine und mittelgroße Gesellschaften bestimmte Erleichterungen bei der Aufstellung des Jahresabschlusses in Anspruch nehmen (§§ 274a, 276, 288 HGB).

Der **Jahresabschluss** hat gem. § 264 Abs. 2 HGB unter Beachtung der Grundsätze ordnungsmäßiger Buchführung ein den tatsächlichen Verhältnissen entsprechendes Bild der Vermögens-, Finanz- und Ertragslage der Kapitalgesellschaft zu vermitteln. Pflichtbestandteile eines solchen Jahresabschlusses sind Bilanz, Gewinn- und Verlustrechnung und Anhang. Ist die Aktiengesellschaft kapitalmarktorientiert gem. § 264d HGB, muss der Jahresabschluss nach § 264 Abs. 1 Satz 2 HGB um eine Kapitalflussrechnung und einen Eigenkapitalspiegel erweitert werden, wenn die Gesellschaft nicht zur Aufstellung eines Konzernabschlusses verpflichtet ist.

Im **Lagebericht** sind gem. § 289 HGB der Geschäftsverlauf einschließlich des Geschäftsergebnisses und die Lage der Gesellschaft so darzustellen, dass ein den tatsächlichen Verhältnissen entsprechendes Bild vermittelt wird. Ferner sind im Lagebericht die voraussichtliche Entwicklung mit ihren wesentlichen Chancen und Risiken zu beurteilen und erläutern. Ist die Aktiengesellschaft börsennotiert oder hat sie ausschließlich andere Wertpapiere als Aktien zum Handel an einem organisierten Markt i.S. des § 2 Abs. 5 WpHG ausgegeben und werden zugleich ihre Aktien auf eigene Veranlassung über ein multilaterales Handelssystem i.S. des § 2 Abs. 3 Satz 1 Nr. 8 WpHG gehandelt, muss die Gesellschaft gem. § 289a HGB eine **Erklärung zur Unternehmensführung** in ihren Lagebericht aufnehmen, die dort einen gesonderten Abschnitt bildet. Alternativ kann sie diese Erklärung aber auch auf ihrer Internetseite öffentlich zugänglich machen, wobei in diesem Fall eine Bezugnahme in den Lagebericht aufzunehmen ist, welche die Angabe der Internetseite enthält.

Jahresabschluss und Lagebericht sind gem. § 242 Abs. 1 HGB in den ersten drei Monaten des Geschäftsjahrs für das vergangene Geschäftsjahr aufzustellen. Kleine Kapitalgesellschaften dürfen den Jahresabschluss auch später aufstellen, wenn dies einem ordnungsgemäßen Geschäftsgang entspricht, die Frist beträgt aber höchstens sechs Monate.

b) Konzernabschluss und Konzernlagebericht

Kann eine Kapitalgesellschaft (Mutterunternehmen) mit Sitz im Inland unmittelbar oder mittelbar einen beherrschenden Einfluss gem. § 290 Abs. 1, 2 HGB auf ein anderes Unternehmen (Tochterunternehmen) ausüben, haben die **gesetzlichen Vertreter des Mutterunternehmens** gem. § 290 HGB in den ersten fünf Monaten des Konzerngeschäftsjahrs für das vergangene Konzerngeschäftsjahr einen Konzernabschluss und einen Konzernlagebericht aufzustellen. Ist das Mutterunternehmen eine Kapitalgesellschaft i.S. des § 325 Abs. 4 Satz 1 HGB, beträgt die Aufstellungsfrist **vier Monate**, zur Offenlegungspflicht s. unten Rz. 13. Die Pflicht, einen Konzernabschluss und einen Konzernlagebericht aufzustellen, besteht nicht, wenn das Unternehmen von einer der Befreiungsvorschriften nach §§ 291 ff. HGB Gebrauch machen kann.

6 Der Konzernabschluss besteht gem. § 297 Abs. 1 HGB aus der **Konzernbilanz**, der **Konzern-Gewinn- und Verlustrechnung**, dem **Konzernanhang**, der **Kapitalflussrechnung** und dem **Eigenkapitalspiegel**. Er kann um eine **Segmentberichterstattung** erweitert werden. Sofern nicht abweichend bestimmt oder zulässig (vgl. § 315a HGB), ist der Konzernabschluss nach den Regelungen der §§ 298 ff. HGB (**deutsche Rechnungslegungsstandards**) aufzustellen. Unabhängig von dem auf den Konzernabschluss anzuwenden Rechnungslegungsstandard ist der Konzernlagebericht stets nach den in § 315 HGB genannten Grundsätzen aufzustellen.

7 Mutterunternehmen i.S. des Art. 4 der 7. Richtlinie 83/349/EWG[1], deren Wertpapiere zum Bilanzstichtag an einem geregelten Markt in der EU zugelassen sind, haben ihren Konzernabschluss gem. Art. 4 der sog. IAS-Verordnung[2] nach den von der EU übernommenen **internationalen Rechnungslegungsstandards** (IFRS) aufzustellen. Ergänzend haben sie dabei die in § 315a Abs. 1 HGB genannten handelsrechtlichen Vorschriften anzuwenden.

8 Gleiches gilt gem. § 315a Abs. 2 HGB für Mutterunternehmen, wenn für sie bis zum jeweiligen Bilanzstichtag die Zulassung eines Wertpapiers i.S. des § 2 Abs. 1 Satz 1 WpHG zum Handel an einem organisierten Markt i.S. des § 2 Abs. 5 WpHG im Inland beantragt worden ist. Sonstige Mutterunternehmen dürfen gem. § 315a Abs. 3 HGB ihren Konzernabschluss nach den in § 315a Abs. 1 HGB genannten internationalen Rechnungslegungsstandards und handelsrechtlichen Vorschriften aufstellen.

c) IFRS-Einzelabschluss

9 Nach § 325 Abs. 2a HGB kann eine Kapitalgesellschaft im Rahmen der handelsrechtlichen Offenlegung unter bestimmten Voraussetzungen an Stelle des Jahresabschlusses einen IFRS-Einzelabschluss bekannt machen.[3] Die Pflicht zur Aufstellung und Offenlegung des handelsrechtlichen Jahresabschlusses entfällt dadurch allerdings nicht.

d) Bilanzeid

10 Nach §§ 264 Abs. 2 Satz 3, 289 Abs. 1 Satz 5 HGB sind die gesetzlichen Vertreter von **Inlandsemittenten** i.S. des § 2 Abs. 7 WpHG verpflichtet, zum Jahres-

---

[1] Nach Art. 4 der Siebenten Richtlinie 83/349/EWG des Rates vom 13.6.1983 auf Grund von Art. 54 Absatz 3 Buchstabe g des Vertrages über den konsolidierten Abschluss (ABl. EG Nr. L 193 v. 18.7.1983, S. 1) sind dies in Deutschland Kapitalgesellschaften in Rechtsform der AG, KGaA und GmbH.
[2] Verordnung (EG) Nr. 1606/2002 des Europäischen Parlaments und des Rates vom 19.7. 2002 betreffend die Anwendung internationaler Rechnungslegungsstandards (ABl. EG Nr. L 243 v. 11.9.2002, S. 1).
[3] Vgl. zum IFRS-Einzelabschluss nach § 325 Abs. 2a HGB *Fey/Deubert*, KoR 2006, 92 ff.

abschluss und zum Lagebericht Versicherungen (sog. Bilanzeid) darüber abzugeben, dass nach bestem Wissen der Abschluss ein den tatsächlichen Verhältnissen entsprechendes Bild der Vermögens-, Finanz- und Ertragslage der Gesellschaft vermittelt und im Lagebericht der Geschäftsverlauf einschließlich des Geschäftsergebnisses und die Lage der Gesellschaft so dargestellt sind, dass ein den tatsächlichen Verhältnissen entsprechendes Bild vermittelt wird und die wesentlichen Chancen und Risiken der voraussichtlichen Entwicklung hinreichend beschrieben sind. Entsprechende Erklärungen sind für den Konzernabschluss und Konzernlagebericht (§§ 297 Abs. 2 Satz 4, 315 Abs. 1 Satz 6, 315a Abs. 1 HGB) sowie ggf. den Einzelabschluss i.S. des § 325 Abs. 2a HGB (§ 325 Abs. 2a Satz 3 HGB) erforderlich.

Ausgenommen von der Pflicht zur Abgabe der handelsrechtlichen Erklärungen sind gesetzliche Vertreter von Kapitalgesellschaften i.S. des § 327a HGB.

e) Abschlussprüfung

Gem. § 316 Abs. 1 HGB sind der Jahresabschluss und der Lagebericht von Kapitalgesellschaften, die nicht kleine i.S. des § 267 Abs. 1 HGB sind, durch einen Abschlussprüfer zu prüfen. Gleiches gilt für pflichtig aufzustellende Konzernabschlüsse und Konzernlageberichte (§ 316 Abs. 2 HGB). Hat die erforderliche Prüfung nicht stattgefunden, kann der Jahresabschluss nicht festgestellt und der Konzernabschluss nicht gebilligt werden. **11**

Der Abschlussprüfer hat über das Ergebnis seiner Prüfung in Form eines **Prüfungsberichts** nach § 321 HGB zu berichten und das Ergebnis seiner Prüfung in einem **Bestätigungsvermerk** (§ 322 HGB) zusammenzufassen.

f) Feststellung und Billigung

Jahresabschluss, Konzernabschluss sowie Lagebericht und Konzernlagebericht sind vom Vorstand der Aktiengesellschaft aufzustellen (§ 264 Abs. 1 Satz 1 HGB i.V.m. § 77 AktG) und im Anschluss zusammen mit dem Entwurf des Gewinnverwendungsvorschlags dem Aufsichtsrat vorzulegen. Dieser hat die vorgelegten Unterlagen zu prüfen und nach Abschluss der Prüfung zu erklären, ob er den Jahres- und Konzernabschluss billigt (§ 171 AktG). Billigt er den Jahresabschluss, so ist dieser festgestellt (§ 172 Abs. 1 AktG), wenn Vorstand und Aufsichtsrat nicht ausnahmsweise beschließen, die Feststellung der Hauptversammlung zu überlassen. Eine Feststellung des Konzernabschlusses ist im Gesetz nicht vorgesehen. Billigt der Aufsichtsrat Jahres- und Konzernabschluss nicht, ist die Hauptversammlung hierfür zuständig (§ 173 AktG). **12**

g) Offenlegung

Jahresabschluss, Konzernabschluss sowie Lagebericht und Konzernlagebericht sind von den gesetzlichen Vertretern der Kapitalgesellschaft nach der in § 325 HGB bestimmten Form und Frist offen zu legen. Die allgemeine Offenlegungsfrist beträgt längstens zwölf Monate. Sie ist für kaptalmarktorientierte Kapitalge- **13** sellschaften, mit Ausnahme solcher nach § 327a HGB, auf vier Monate verkürzt, wobei der Konzernabschluss gem. Ziff. 7.1.2 DCGK[1] bereits binnen neunzig Tagen nach Geschäftsjahresende öffentlich zugänglich sein soll. Verstöße gegen die gesetzliche Offenlegungspflicht sind sanktionsbewehrt (vgl. dazu § 334 HGB).

2. Sonstige Rechnungslegungspflichten

14 Neben den handelsrechtlichen Rechnungslegungspflichten sind Unternehmen, die als Inlandsemittenten i.S. des § 2 Abs. 7 WpHG Aktien oder bestimmte Schuldtitel begeben haben, nach § 37w Abs. 1 Satz 1 WpHG verpflichtet, einen **Halbjahresfinanzbericht** zu veröffentlichen. Dieser Bericht besteht aus einem Zwischenabschluss, einem Zwischenlagebericht und einer Versicherung der gesetzlichen Vertreter zum Abschluss und Lagebericht (sog. Bilanzeid). Aktienemittenten haben darüber hinaus zweimal im Jahr eine **Zwischenmitteilung** der Geschäftsführung (§ 37x Abs. 1 Satz 1 WpHG) über die Geschäftsentwicklung, wesentliche Ereignisse sowie die Finanzlage und das Geschäftsergebnis der Gesellschaft bzw. des Konzerns zu veröffentlichen. Die Zwischenmitteilungen können durch **Quartalsfinanzberichte** ersetzt werden, deren Inhalt und Umfang denen des Halbjahresfinanzberichts entsprechen, die anders als dieser aber keine Versicherung (Bilanzeid) enthalten müssen.

15 Unabhängig von den gesetzlichen Rechnungslegungspflichten haben Gesellschaften, deren Aktien an der Frankfurter Wertpapierbörse zum Handel im Prime Standard zugelassen sind, die Pflicht, die für dieses Segment geltenden erweiterten **Zulassungsfolgepflichten** zu erfüllen und Halbjahres- und Quartalsfinanzberichte in deutscher und englischer Sprache zu veröffentlichen.

3. Enforcement

16 Mit dem Bilanzkontrollgesetz[2] wurde in Deutschland das sog. **Enforcement-Verfahren** für Jahres- und Konzernabschlüsse eingeführt (vgl. §§ 342b ff. HGB, §§ 37n ff. WpHG). Gegenstand dieses Verfahrens ist die anlassbezogene oder turnusgemäße Prüfung von Jahres- und Konzernabschlüssen sowie der zugehörigen Lageberichte durch die Deutsche Prüfstelle für Rechnungslegung (DPR) bzw. die Bundesanstalt für Finanzdienstleistungsaufsicht (BaFin).

17 Geprüft werden die Abschlüsse und Lageberichte von Unternehmen, deren Wertpapiere i.S. des § 2 Abs. 1 Satz 1 WpHG in Deutschland zum Handel im regulierten Markt zugelassen sind (§ 342b Abs. 2 Satz 2 HGB). Die Prüfung bezieht sich darauf, ob die Abschlüsse und Lageberichte den gesetzlichen Vorschriften einschließlich der Grundsätze ordnungsmäßiger Buchführung oder den sonstigen durch Gesetz zugelassenen Rechnungslegungsstandards entsprechen.[3]

18 Endet das Verfahren mit der Feststellung, dass die Rechnungslegung **fehlerhaft** ist, hat das Unternehmen auf Anordnung der BaFin den von der BaFin oder von

---

1 Deutscher Corporate Governance Kodex (in der Fassung vom 18.6.2009).
2 BGBl. I 2004, 3408 ff.
3 Zum Enforcement-Verfahren vgl. *Gelhausen/Hönsch*, AG 2005, 511 ff.

der DPR festgestellten Fehler samt der wesentlichen Teile der Begründung bekannt zu machen (§ 37q Abs. 2 Satz 1 WpHG). Eine unmittelbare materielle Wirkung für die Gesellschaft oder deren Organe ergibt sich aus der Fehlerfeststellung durch die DPR bzw. die BaFin nicht. In der Folge hat das Unternehmen allerdings zu entscheiden, wie es mit dem Fehler umzugehen hat. Insbesondere hat es zu entscheiden, ob eine Rückwärtsänderung des beanstandeten Abschlusses oder Lageberichts erforderlich ist oder eine Korrektur in laufender Rechnung ausreicht.[1]

Neben Jahres- und Konzernabschlüssen sowie Lageberichten und Konzernlageberichten unterliegen auch Zwischenabschlüsse und Zwischenlageberichte einer allerdings nur anlassbezogenen Prüfung durch die DPR bzw. BaFin.

4. Folgen fehlerhafter Bilanzierung

Auf Grund fehlerhafter Abschlüsse können sich für die Aktiengesellschaft zwei wesentliche Folgen ergeben. Zum einen kann der Jahresabschluss nichtig sein, zum anderen kann die Veröffentlichung bzw. Verwendung fehlerhafter Abschlüsse zu Schadensersatzansprüchen führen.

a) Nichtigkeit von Abschlüssen

In Abhängigkeit von der Art des Fehlers kann der Jahresabschluss der Aktiengesellschaft nach § 256 AktG nichtig sein.[2]

Die **wesentlichen Gründe** fehlerhafter Bilanzierung, die zur Nichtigkeit des Abschlusses führen können, sind Überbewertung von Abschlussposten (§ 256 Abs. 5 Nr. 1 AktG), die Unterbewertung von Abschlussposten, wenn dadurch die Vermögens- und Ertragslage der Gesellschaft vorsätzlich unrichtig wiedergegeben oder verschleiert wird (§ 256 Abs. 5 Nr. 2 AktG), sowie gravierende Verstöße gegen Gliederungsvorschriften (§ 256 Abs. 4 AktG). Über diese speziellen Regelungen (*lex specialis*) hinaus kommt eine Nichtigkeit nach § 256 Abs. 1 Nr. 1 AktG nur in Betracht, wenn ein wesentlicher und schwerwiegender Verstoß gegen die allgemeinen Buchführungs- und Bilanzierungsgrundsätze vorliegt, was aber nur in engen Ausnahmefällen anzunehmen sein dürfte.[3]

Ist der **Jahresabschluss** nichtig, kann er nicht Grundlage einer Gewinnverwendung sein. Wurde ein **Gewinnverwendungsbeschluss** bereits gefasst, ist dieser nichtig (§ 253 Abs. 1 AktG). Wurden auf Grundlage eines solchen nichtigen Beschlusses Dividenden gezahlt, sind diese nach § 62 Abs. 1 AktG zurückzugewähren, sofern die Empfänger nicht gutgläubig waren.[4]

Für den **Konzernabschluss** bzw. **Einzelabschluss** nach § 325 Abs. 2a HGB bestehen keine dem Jahresabschluss vergleichbaren Regelungen über die Nichtigkeit,

---
[1] Vgl. IDW RS HFA 6, WPg Supplement 2/2007, 77 ff.
[2] Vgl. zur Nichtigkeit festgestellter Jahresabschlüsse *Hüffer*, § 256 AktG Rz. 1 ff.; WP-HdB 2006 Band I, Rz. U 170 ff.
[3] Vgl. WP-HdB 2006 Band I, Rz. U 184 f.
[4] Vgl. zu den Folgen nichtiger Abschlüsse *Adler/Düring/Schmaltz*, Rechnungslegung und Prüfung der Unternehmen, § 256 AktG Rz. 74 ff.; *Hüffer*, § 256 AktG Rz. 32 ff.

insbesondere werden diese Abschlüsse vom Wortlaut des § 256 AktG nicht umfasst. Dies sowie der Umstand, dass Konzern- und Einzelabschluss anders als der Jahresabschluss keine unmittelbaren rechtlichen Folgewirkungen entfalten, sprechen dafür, die Vorschriften des § 256 AktG weder unmittelbar noch analog auf Konzern- und Einzelabschluss anzuwenden.[1]

b) Schadensersatzpflicht

24 Eine Generalnorm, nach der die Aktiengesellschaft verpflichtet wäre, Personen, die sich auf den Inhalt fehlerhafter Abschlüsse verlassen und dadurch einen Vermögensschaden erleiden, Ersatz des entstandenen Schadens zu leisten, kennt das deutsche Recht nicht. Vielmehr kommt eine solche Schadensersatzpflicht nur beim **Hinzutreten von Sonderumständen** in Betracht. Da die möglichen Fallgruppen höchst heterogen sind, sollen nachfolgend allein die wesentlichen Umstände, die zu Schadensersatzansprüchen in Folge fehlerhafter Bilanzierung führen können, kurz genannt werden.

25 An erster Stelle stehen Schadensersatzansprüche aus der **Verletzung vertraglicher oder vorvertraglicher Pflichten** der Gesellschaft. Solche können entstehen, wenn die Gesellschaft unter Verwendung fehlerhafter Abschlüsse in vertragliche Beziehungen zu Dritten tritt und die Abschlüsse eine besondere Grundlage für diese Vertragsbeziehungen bilden (bspw. Darlehensverträge, Unternehmenskaufverträge). Erforderlich dürfte allerdings sein, dass die Abschlüsse ausdrücklich oder zumindest erkennbar gewollt den vertraglichen Beziehungen zugrunde gelegt werden. Eine rein informatorische Mitteilung oder ein Hinweis auf die Offenlegung dürfte nicht ausreichen, einen Schadensersatzanspruch Dritter zu begründen.

26 Im Fall kapitalmarktorientierter Unternehmen kann neben eine vertragliche Haftung eine Haftung wegen fehlerhafter Bilanzierung nach den Grundsätzen der gesetzlichen **Prospekthaftung** (vgl. insbesondere §§ 44 ff. BörsG) sowie den Grundsätzen der allgemeinen bürgerlich-rechtlichen Prospekthaftung treten. Solche Ansprüche können insbesondere entstehen, wenn fehlerhafte Abschlüsse oder Informationen aus fehlerhaften Abschlüssen in einen Prospekt aufgenommen werden. Zu weit geht allerdings die Auffassung, Jahres- und Zwischenabschlüsse selbst als Prospekte zu qualifizieren und diese der allgemeinen bürgerlich-rechtlichen Prospekthaftung zu unterwerfen.[2] Eine solche Auffassung verkennt, dass beide Arten von Abschlüssen allein der **Regelpublizität** dienen. Sie sind daher weder dazu bestimmt, bei Anlegern eine Kauf- oder Verkaufsentscheidung herbeizuführen, noch dienen sie dazu, Anlegern alle Umstände offen zu legen, die erforderlich sind, eine Anlageentscheidung zu treffen. Da dies aber die Anforderung ist, die der BGH an einen ordnungsgemäßen Prospekt stellt[3], kann ein Abschluss, der mit seinem gesetzlich vorgegebenen Inhalt diese Anforderung nicht erfüllen

---

1 Vgl. WP-HdB 2006 Band I, Rz. U 176.
2 Vgl. *Groß*, WM 2002, 477, 480; *Mülbert/Steup*, WM 2005, 1633, 1648; s. auch m.w.N. zur a.A.: *Mülbert/Steup* in Habersack/Mülbert/Schlitt, Unternehmensfinanzierung am Kapitalmarkt, § 33 Rz. 147.
3 Vgl. BGH v. 19.7.2004 – II ZR 402/02, WM 2004, 1721 = AG 2004, 546; BGH v. 29.5.2000 – II ZR 280/98, WM 2000, 1503.

kann, nicht als Prospekt qualifiziert werden (vgl. zu den Anforderungen an einen Wertpapierprospekt bei einem öffentlichen Angebot von Aktien die Regelungen des Wertpapierprospektgesetzes (WpPG) i.V.m. der sog. EU-Prospektverordnung[1]).

Letztlich in Betracht kommt eine Haftung der Gesellschaft für **gesetzwidriges Handeln ihrer Vertreter** (§ 31 BGB). Dies kann insbesondere der Fall sein, wenn der Vorstand einer Gesellschaft vorsätzlich fehlerhafte Abschlüsse verwendet und hierdurch einen Schadensersatzanspruch Dritter nach § 826 BGB oder § 823 Abs. 2 BGB auslöst.[2]

27

II. Verantwortlichkeit des Vorstands

Die Erfüllung der zuvor dargestellten Rechnungslegungspflichten ist eine der wesentlichen Geschäftsführungsaufgaben des Vorstands. Im Hinblick auf die ordnungsgemäße Bilanzierung umfasst die Pflicht des Vorstands allerdings nicht nur die ordnungsgemäße Aufstellung von Abschlüssen und Lageberichten, sondern vorgelagert auch die Pflicht der ordnungsmäßigen Buchführung, wobei beide Bereiche zusammen als Rechnungslegung bezeichnet werden können.[3]

28

1. Buchführung

Gem. § 91 AktG hat der Vorstand dafür zu sorgen, dass die **erforderlichen Handelsbücher** geführt werden. § 91 AktG konkretisiert damit die Leitungsverantwortung des Vorstands in Bezug auf die Erfüllung der gesetzlichen Pflichten aus § 238 Abs. 1 HGB i.V.m. § 3 Abs. 1, § 6 HGB.[4]

29

Nach § 238 HGB ist mit Ausnahme von Einzelkaufleuten i.S. des § 241 HGB jeder Kaufmann verpflichtet, Bücher zu führen und in diesen seine Handelsgeschäfte und die Lage seines Vermögens nach den Grundsätzen ordnungsmäßiger Buchführung ersichtlich zu machen. In den zu führenden Handelsbüchern sind alle Geschäftsvorfälle zu erfassen (§ 238 Abs. 1 Satz 2 HGB). Da die Buchführung Grundlage der periodischen Bilanzierung ist, gehören zur Buchführung alle Aufzeichnungen, die für die Aufstellung des Jahresabschlusses Bedeutung haben. Die inhaltlichen Anforderungen an das System der Buchführung sind in §§ 238, 239 HGB geregelt, die ergänzend auf die Grundsätze ordnungsmäßiger Buchführung verweisen.

---

1 Verordnung (EG) Nr. 809/2004 der Kommission vom 29.4.2004 zur Umsetzung der Richtlinie 2003/71/EG des Europäischen Parlaments und des Rates betreffend die in Prospekten enthaltenen Angaben sowie die Aufmachung, die Aufnahme von Angaben in Form eines Verweises und die Veröffentlichung solcher Prospekte sowie die Verbreitung von Werbung (ABl. EG Nr. L 186 v. 18.7.2003, S. 3).
2 Vgl. BGH v. 9.5.2005 – II ZR 287/02, BB 2005, 1644 = AG 2005, 609 – EM.TV; dazu *Fleischer*, ZIP 2005, 1805 ff.; zum Verhältnis von Haftung der Gesellschaft und Kapitalerhaltung s. *Möllers*, BB 2005, 1637.
3 Vgl. *Adler/Düring/Schmaltz*, Rechnungslegung und Prüfung der Unternehmen, § 91 AktG Rz. 1.
4 *Hüffer*, § 91 AktG Rz. 2.

30 Als zuständiges Organ hat der Vorstand durch **geeignete organisatorische und personelle Maßnahmen** dafür zu sorgen, dass die Einrichtung der Buchführung den Grundsätzen ordnungsmäßiger Buchführung entspricht. In organisatorischer Hinsicht ist es erforderlich, dass das Unternehmen über ein angemessenes Buchführungssystem verfügt. Einrichtung und Funktionsfähigkeit dieses Systems hat der Vorstand sicherzustellen. Dabei hat der Vorstand in regelmäßigen Abständen zu überprüfen, ob das bestehende Buchführungssystem für das Unternehmen in seiner aktuellen Struktur weiterhin angemessen ist.[1]

31 **In personeller Hinsicht** hat der Vorstand dafür Sorge zu tragen, dass die Buchführungsaufgaben durch hinreichend qualifizierte Mitarbeiter ordnungsgemäß wahrgenommen werden. Im Hinblick auf die eingesetzten Mitarbeiter konkretisiert sich die Sorgepflicht des Vorstands somit in einer **Auswahl- und Überwachungspflicht**. Wie diese Überwachung zu erfolgen hat, muss in Abhängigkeit von der Größe und Struktur der Gesellschaft entschieden werden. Dabei kann es geboten sein, eine interne Revisionsabteilung als Teil eines internen Kontrollsystems einzurichten.

32 Zur Absicherung einer ordnungsmäßigen Buchführung unabdingbar ist ein funktionierendes **internes Kontrollsystem** (IKS). Unter einem solchen versteht man die vom Vorstand festgelegten Grundsätze, Verfahren und Maßnahmen (Regelungen), die auf die organisatorische Umsetzung von Geschäftsführungsmaßnahmen im Unternehmen gerichtet sind. Ziel eines solchen Systems ist die Sicherung der Wirksamkeit und Wirtschaftlichkeit der Geschäftstätigkeit, die Sicherung der Ordnungsmäßigkeit und Verlässlichkeit der internen und externen Rechnungslegung sowie die Sicherung der Einhaltung der für das Unternehmen maßgeblichen rechtlichen Vorschriften.

33 Über die interne Kontrolle hinaus und für die Lageberichterstattung von Bedeutung hat der Vorstand nach § 91 Abs. 2 AktG ein **Risikofrüherkennungssystem** einzurichten. Aufgabe eines solchen Systems ist das Erkennen, die Analyse und die gesellschaftsinterne Kommunikation von Risiken mit dem Ziel diese angemessen zu beurteilen und zu behandeln.

Die Einrichtung und Funktion beider Systeme ist durch den Vorstand zu überwachen.[2]

2. Aufstellung von Jahres- und Konzernabschlüssen

a) Verantwortlichkeit für die Aufstellung

34 Verantwortlich für die Aufstellung des Jahresabschlusses und des Lageberichts sind gem. § 264 Abs. 1 HGB die gesetzlichen Vertreter einer Kapitalgesellschaft. Gleiches gilt gem. § 290 HGB für den Konzernabschluss sowie den Konzernlage-

---

1 *Adler/Düring/Schmaltz*, Rechnungslegung und Prüfung der Unternehmen, § 91 AktG Rz. 10.
2 Zum Risikomanagement und Controlling vgl. *Müller* in Semler/Peltzer, Arbeitshandbuch für Vorstandsmitglieder, § 8 Rz. 91.

bericht. Wie die Buchführungspflicht ist auch die Pflicht zur Aufstellung von Jahresabschluss und Lagebericht eine zwingende Verpflichtung öffentlich-rechtlicher Art, auf die nicht verzichtet werden kann.

Gesetzlicher Vertreter einer Aktiengesellschaft ist der **Vorstand in seiner Gesamtheit** (§ 77 Abs. 1 AktG). Die Aufstellungspflicht obliegt damit dem Vorstand als Kollektivgremium. Eine abweichende Regelung in der Satzung ist nicht zulässig.[1] Allerdings kann die Ausführung einem ressortzuständigen Vorstandsmitglied übertragen werden (vgl. unten Rz. 48 f.).

Wie auch die Buchführung braucht der Vorstand die Erstellung von Abschluss und Lagebericht nicht selbst vorzunehmen, sondern kann dies durch **sachkundige Mitarbeiter** erledigen lassen.[2] Allerdings verbleibt beim Vorstand (dem ressortzuständigen Mitglied) die Pflicht, die Erstellung zu überwachen und sich von der Sachkunde der beauftragten Personen zu überzeugen. 35

Die Verantwortung für die inhaltliche Richtigkeit konzentriert sich auf das **ressortzuständige Vorstandsmitglied** (zur allgemeinen Überwachungspflicht der übrigen Vorstandsmitglieder s. unten Rz. 50). **Aufgabe des Gesamtvorstandes** bleibt dagegen die Entscheidung über die Bilanzpolitik, d.h. die Ausübung von Wahlrechten oder die Ausfüllung von Ermessensentscheidungen, da es sich hierbei um eine dem Vorstand zugewiesene Leitungsaufgabe handelt, die zur Geschäftsführung der Gesellschaft gehört.[3] Zu diesem Zweck müssen die Mitglieder des Vorstands über die erforderliche Sachkunde verfügen, um die wesentlichen Problemstellungen erkennen und würdigen zu können. Zur praktischen Umsetzung wird der Vorstand größerer Gesellschaften und Konzerne regelmäßig Bilanzierungs- und Konsolidierungsrichtlinien aufstellen, die es den Mitarbeitern ermöglichen, eine Vielzahl an Geschäftsvorfällen sachgerecht zu behandeln, ohne den Vorstand mit Einzelfragen zu befassen. 36

Bestehen im mehrteiligen Vorstand **Meinungsverschiedenheiten** über den Inhalt der aufzustellenden Abschlüsse und Lageberichte, hängt es von den Regelungen in der Satzung oder Geschäftsordnung für den Vorstand ab, wie zu verfahren ist, insbesondere ob abweichend von der Gesetzeskonzeption, die für Geschäftsführungsmaßnahmen Einstimmigkeit fordert (§ 77 Abs. 1 Satz 1 AktG), ein Mehrheitsbeschluss zulässig ist. 37

b) Aufstellung von Jahres- und Konzernabschluss

Bei der Aufstellung von Jahres- und Konzernabschluss hat der Vorstand die jeweils anzuwendenden Rechnungslegungsgrundsätze und Vorschriften sowie die satzungsrechtlichen Bestimmungen zu beachten (zu den anzuwendenden Rechnungslegungsgrundsätzen vgl. oben Rz. 3 bis 9). 38

---

1 Vgl. *Adler/Düring/Schmaltz*, Rechnungslegung und Prüfung der Unternehmen, § 264 HGB Rz. 20; *Winkeljohann/Schellhorn* in Beck'scher Bilanz-Kommentar, § 264 HGB Rz. 12.
2 Vgl. *Spindler* in MünchKomm. AktG, § 91 AktG Rz. 8.
3 Vgl. *Müller* in Semler/Peltzer, Arbeitshandbuch für Vorstandsmitglieder, § 8 Rz. 39.

Bei Aufstellung hat der Vorstand über die Ausübung von Ermessensspielräumen und Wahlrechten zu entscheiden. Bei der Entscheidung über die Ausübung von Wahlrechten ist der Vorstand im Rahmen der anzuwendenden Rechnungslegungsgrundsätze und unter Beachtung der gebotenen Stetigkeit dem Grunde nach frei.

c) Aufstellung des (Konzern-)Lageberichts

39 Die Lageberichte sind vom Vorstand nach Maßgabe der handelsrechtlichen Vorschriften (§ 289 HGB, § 315 HGB) aufzustellen. Zur Lageberichterstattung im Einzelnen vgl. Deutscher Rechnungslegungs Standard Nr. 15 (DRS 15), Lageberichterstattung.

Zur ordnungsgemäßen Erfüllung dieser Berichtspflichten, die sich nicht allein auf Finanzangaben beziehen, sondern die **Lage der Gesellschaft bzw. des Konzerns** insgesamt umfassen, wird es bei einem mehrgliedrigen Vorstand erforderlich sein, dass die Vorstände sämtlicher Ressorts mit der Berichterstattung intensiv befasst werden, da jeder Geschäftsbereich Einfluss auf die Berichterstattung im Lagebericht haben kann.[1] Entsprechendes gilt für die Erklärung zur Unternehmensführung nach § 289a HGB.

d) Unterzeichnung des Jahres- und Konzernabschlusses

40 Jahres- und Konzernabschluss sind von **allen Mitgliedern des Vorstands** unter Angabe des Datums zu unterzeichnen. Dies gilt auch für solche Mitglieder, die mit dem Inhalt des Abschlusses nicht einverstanden sind[2]. Auch stellvertretende Vorstandsmitglieder (§ 94 AktG) haben den Abschluss mit zu unterzeichnen.[3] Zur Unterzeichnung verpflichtet sind alle Personen, die zum Zeitpunkt der Unterzeichnung Mitglieder des Vorstands sind. Dies gilt auch für solche Mitglieder, die erst nach Ablauf des Geschäftsjahres, für das der Abschluss aufgestellt wird, bestellt worden sind.[4]

Zu unterzeichnen sind allein der Jahres- und der Konzernabschluss. Im Hinblick auf Lageberichte bzw. Konzernlageberichte besteht keine Verpflichtung zur Unterzeichnung.

41 Als **Zweck der Unterzeichnung** wird allgemein anerkannt, dass hierdurch das Ende der Erstellung des Abschlusses dokumentiert wird und der Unterzeichnende die Verantwortung für die Richtigkeit und Vollständigkeit des unterschriebenen Abschlusses übernimmt.[5] Eine haftungsrechtlich relevante Gewährleistung der

---

1 Vgl. *Müller* in Semler/Peltzer, Arbeitshandbuch für Vorstandsmitglieder, § 8 Rz. 71 f.
2 Streitig; wie hier *Adler/Düring/Schmaltz*, Rechnungslegung und Prüfung der Unternehmen, § 245 HGB Rz. 12; vgl. auch *Winkeljohann/Schellhorn* in Beck'scher Bilanz-Kommentar, § 245 HGB Rz. 2.
3 Vgl. *Hüffer*, § 91 AktG Rz. 3.
4 *Müller* in Semler/Peltzer, Arbeitshandbuch für Vorstandsmitglieder, § 8 Rz. 49.
5 *Adler/Düring/Schmaltz*, Rechnungslegung und Prüfung der Unternehmen, § 245 HGB Rz. 1.

Richtigkeit und Vollständigkeit des Abschlusses gegenüber der Öffentlichkeit liegt hierin allerdings nicht.[1]

Im Gesetz nicht zweifelsfrei geregelt ist der **Zeitpunkt** zu dem der Abschluss zu unterzeichnen ist. Die Auffassungen hierzu sind unterschiedlich. Obwohl der Abschluss rechtlich wohl erst nach seiner Feststellung bzw. Billigung unterzeichnet werden muss[2], wird in der Praxis, insbesondere zur Dokumentation des Endes des Wertaufhellungszeitraums, so verfahren, dass der Abschluss mit einem Aufstellungsdatum unterzeichnet wird, das unmittelbar vor Erteilung des Bestätigungsvermerks durch den Abschlussprüfer liegt. Wird der Abschluss allerdings nach Aufstellung geändert, ist eine erneute Unterzeichnung unter Angabe eines späteren Datums notwendig.[3] 42

e) Abgabe des Bilanzeids

Wie oben bereits dargestellt (Rz. 10), sind die **gesetzlichen Vertreter von Inlandsemittenten** i.S. des § 2 Abs. 7 WpHG (mit Ausnahme solcher von Kapitalgesellschaften i.S. des § 327a HGB) verpflichtet, zum Jahres- und Konzernabschluss sowie zum Lagebericht und Konzernlagebericht und ggf. Einzelabschluss einen sog. Bilanzeid abzugeben. Ziel der Regelung ist es, die für die Aufstellung der Abschlüsse und Lageberichte verantwortlichen Personen dazu anzuhalten, die Verhältnisse des Unternehmens in den Finanzberichten richtig darzustellen.[4] Daher unterliegen der Pflicht zur Erklärung des Bilanzeids dieselben Personen, die für die Aufstellung der Abschlüsse und Lageberichte verantwortlich sind. Dies bedeutet, dass auch wenn die Aufstellung von Abschlüssen und Lageberichten im Innenverhältnis einem oder mehreren Mitgliedern des Vorstands übertragen worden sind, **alle Mitglieder des Vorstands** zur Abgabe des Bilanzeids verpflichtet sind. 43

Die Versicherung ist „**nach bestem Wissen**" abzugeben, wodurch zum Ausdruck gebracht werden soll, dass Maßstab für die Erklärung nicht zwangsläufig die objektive Wirklichkeit, sondern die Kenntnis von der Wirklichkeit ist, die der Einzelne tatsächlich hat oder die er bei Anwendung der erforderlichen Sorgfalt hätte haben müssen. Da diese Erklärung nur jeder Verpflichtete für sich selbst abgeben kann, ist eine Vertretung bei Abgabe der Versicherung ausgeschlossen. 44

Zur **rechtlichen Bedeutung der Versicherung** ist wie schon zur Unterzeichnung des Jahres- und Konzernabschlusses festzustellen, dass hierin keine persönliche Garantie des Erklärenden gegenüber Dritten für die Richtigkeit des jeweiligen Abschlusses oder Lageberichts liegt, sondern mit der Erklärung lediglich die Verantwortung dokumentiert werden soll, zu der jedes Vorstandsmitglied gesellschafts- 45

---

1 Vgl. *Winkeljohann/Schellhorn* in Beck'scher Bilanz-Kommentar, § 245 HGB Rz. 6; zur Bedeutung der Unterzeichnung von Abschlüssen nach den Regeln des US-Rechts s. *Müller* in Semler/Peltzer, Arbeitshandbuch für Vorstandsmitglieder, § 8 Rz. 52.
2 Vgl. BGH v. 28.1.1985 – II ZR 79/84, WM 1985, 567, 569 = AG 1985, 188.
3 Vgl. *Winkeljohann/Schellhorn* in Beck'scher Bilanz-Kommentar, § 245 HGB Rz. 3.
4 Begr. RegE, BT-Drucks. 16/2498, S. 28 unter e; S. 29 unter 4.

f) Abschlussprüfung

46 Sofern es sich bei der Aktiengesellschaft nicht um eine kleine i.s. des § 267 HGB handelt, sind die Jahres- und Konzernabschlüsse sowie die jeweiligen Lageberichte einer Abschlussprüfung durch den Abschlussprüfer zu unterziehen. **Gegenstand der Abschlussprüfung** sind gem. § 317 HGB der Jahres- und Konzernabschluss jeweils unter Einbeziehung der Buchführung, der Lagebericht und der Konzernlagebericht sowie bei börsennotierten Aktiengesellschaften das Risikofrüherkennungssystem nach § 91 Abs. 2 AktG. Nicht Prüfungsgegenstand ist gem. § 317 Abs. 2 Satz 3 HGB die Erklärung zur Unternehmensführung nach § 289a HGB.

47 Auch wenn der Bericht über die Abschlussprüfung (§ 321 HGB) an den Aufsichtsrat gerichtet ist, ergeben sich aus der Abschlussprüfung zahlreiche Erkenntnisse, die für den Vorstand von Bedeutung sind. Insbesondere sind etwaige Beanstandungen noch während des Aufstellungs- und Prüfungsprozesses zu beseitigen. Vor Weiterleitung des Prüfungsberichts an den Aufsichtsrat ist dem Vorstand Gelegenheit zur Stellungnahme zu geben (§ 321 Abs. 5 HGB), was in der Regel auf der Grundlage eines Vorwegexemplars des Prüfungsberichts im Rahmen der sog. „Schlussbesprechung" erfolgt (zur Frage, ob die Prüfung von Abschluss und Lagebericht durch den Abschlussprüfer für den Vorstand exkulpierend wirkt, wenn die Prüfung zu keinen Einwendungen geführt hat, s. unten Rz. 63).

3. Sorgfaltspflichten einzelner Mitglieder (Ressortzuständigkeit)

48 Die Pflicht zur ordnungsgemäßen Rechnungslegung obliegt dem **Vorstand als Organ**. Dies bedeutet, dass grundsätzlich jedes Vorstandsmitglied verpflichtet ist, für eine ordnungsmäßige Buchführung und Aufstellung von Abschlüssen und Lageberichten Sorge zu tragen. Dies gilt sowohl für ordentliche wie für stellvertretende Vorstandsmitglieder.[1] Verpflichtet sind auch sog. faktische Vorstandsmitglieder, d.h. solche, deren Bestellung fehlerhaft ist, die aber gleichwohl mit Billigung des für die Bestellung zuständigen Organs faktisch als Vorstand tätig werden.[2]

49 Aus der Gesamtverantwortung des Vorstands für die Rechnungslegung folgt allerdings kein Verbot, die Zuständigkeit zur Durchführung dieses Teils der Geschäftsführung einem Vorstandsmitglied als dessen **Ressortzuständigkeit** zu übertragen. Vielmehr dürfte es im Regelfall sogar sinnvoll sein, einem besonders sachkundigen Vorstandsmitglied das Ressort Rechnungswesen (i.d.R. im Rahmen einer Geschäftsordnung nach § 77 AktG) zu übertragen.

---

1 Zur Buchführungspflicht vgl. *Spindler* in MünchKomm. AktG, § 91 AktG Rz. 6; allgemein zu stellvertretenden Vorstandsmitgliedern vgl. *Hüffer*, § 94 AktG Rz. 2.
2 *Adler/Düring/Schmaltz*, Rechnungslegung und Prüfung der Unternehmen, § 91 AktG Rz. 7; *Mertens/Cahn* in KölnKomm. AktG, § 84 AktG Rz. 30 f.

Erfolgt eine solche Delegation, führt diese nicht dazu, dass die übrigen Vorstandsmitglieder von ihrer Sorgepflicht vollständig freigestellt würden.[1] Allerdings verlagert sich ihre Verantwortung in der Weise, dass bei ressortmäßiger Aufteilung eine Überwachungsverantwortung der übrigen Vorstandsmitglieder entsteht.[2] Zur **Überwachungspflicht** der nicht selbst zuständigen Vorstandsmitglieder gehört es, sich ein eigenes Urteil über die Buchführung zu bilden. Dies dürfte in vielen Fällen durch Kenntnisnahme des Prüfungsberichts des Abschlussprüfers erfolgen können. Enthält der Prüfungsbericht Beanstandungen oder gelangen dem Vorstand auf andere Weise Mängel der Buchführung zur Kenntnis (z.B. auf Grund interner Prüfungs- und Kontrollberichte), so haben auch die nicht unmittelbar für das Rechnungswesen zuständigen Vorstandsmitglieder darauf hinzuwirken, dass die erkannten Mängel beseitigt werden.[3] Wird die Gesellschaft nicht geprüft, müssen sich die nicht selbst für die Buchführung zuständigen Vorstandsmitglieder auf andere Weise von der Ordnungsmäßigkeit der Buchführung überzeugen.

4. Verantwortung im Konzern

Besondere Fragen können bei der Verantwortung für die Bilanzierung im Konzern auftreten.

a) Vorstand der Obergesellschaft

Der Vorstand der Konzernobergesellschaft ist für die ordnungsgemäße Aufstellung des Konzernabschlusses verantwortlich. Dies umfasst alle Unterlagen, die erforderlich sind, um die dem Konzernabschluss zugrunde liegenden Finanzinformationen der Tochterunternehmen und erforderlichen Konsolidierungsmaßnahmen beurteilen zu können (Konzernbuchführung[4]).

Zur Erfüllung seiner Pflichten hat der Vorstand der Konzernobergesellschaft nicht nur durch organisatorische Maßnahmen sicherzustellen, dass die Konzernvorgaben zur Rechnungslegung eingehalten werden, sondern auch auf eine ordnungsmäßige Buchführung bei den Tochterunternehmen hinzuwirken.[5] Eine originäre Verantwortung für die Führung der Handelsbücher oder die Aufstellung von Abschlüssen bei den Tochterunternehmen kommt ihm dabei allerdings nicht zu.

b) Vorstand des Tochterunternehmens

Der Vorstand eines Tochterunternehmens ist für die ordnungsgemäße Bilanzierung bei dem Tochterunternehmen verantwortlich. Handelt es sich bei dem

---
1 Vgl. *Hüffer* in Großkomm. HGB, § 238 HGB Rz. 23.
2 *Hüffer*, § 91 AktG Rz. 3; vgl. auch *Spindler* in MünchKomm. AktG, § 91 AktG Rz. 2; *Adler/Düring/Schmaltz*, Rechnungslegung und Prüfung der Unternehmen, § 91 AktG Rz. 12.
3 *Adler/Düring/Schmaltz*, Rechnungslegung und Prüfung der Unternehmen, § 91 AktG Rz. 12; vgl. auch *Kort* in Großkomm. AktG, § 91 AktG Rz. 12.
4 Vgl. *Adler/Düring/Schmaltz*, Rechnungslegung und Prüfung der Unternehmen, § 238 HGB Rz. 54 ff.
5 *Müller* in Semler/Peltzer, Arbeitshandbuch für Vorstandsmitglieder, § 8 Rz. 18.

Tochterunternehmen um eine Aktiengesellschaft gilt für die Verantwortung des Vorstands der allgemeine Grundsatz, wonach die gesetzlichen Vertreter bei der Aufstellung in eigener Verantwortung handeln und Weisungen nicht zu befolgen brauchen.

55 Dies gilt nicht, sofern die Gesellschaft mittels eines Beherrschungsvertrages (§ 308 AktG) beherrscht wird oder eingegliedert ist (§ 323 Abs. 1 i.V.m. § 308 Abs. 2 AktG), da auch die Aufstellung des Jahresabschlusses kein Bereich ist, der von vornherein weisungsimmun wäre.[1] Vielmehr kann das herrschende Unternehmen den Vorstand der beherrschten oder eingegliederten Gesellschaft in den Grenzen der Gesetze und der Grundsätze ordnungsmäßiger Buchführung anweisen.[2] Dieses Weisungsrecht kann insbesondere die Ausübung von Ansatz- und Bewertungswahlrechten sowie die Nutzung zulässiger Beurteilungs- oder Ermessensspielräume umfassen. Zwingende Pflichtenstellungen des Vorstands können durch Weisungen allerdings nicht beeinträchtigt werden.[3]

5. Strafrechtliche Verantwortung

56 Bestimmte Verstöße gegen die Pflicht zur ordnungsgemäßen Aufstellung von Abschlüssen und Lageberichten sind durch Straf- und Bußgeldvorschriften sowie Vorschriften über die Verhängung von Zwangsgeldern sanktionsbewehrt.

57 **§ 331 HGB, § 400 AktG.** Die zentrale Vorschrift des Bilanzstrafrechts ist § 331 HGB. Danach wird mit Freiheitsstrafe bis zu drei Jahren oder Geldstrafe bestraft, wer als Mitglied des vertretungsberechtigten Organs einer Kapitalgesellschaft in der Eröffnungsbilanz, im Jahres- oder Konzernabschluss, Lagebericht oder Konzernlagebericht sowie in Zwischenabschlüssen nach § 340a Abs. 3 HGB, § 340i Abs. 4 HGB die Verhältnisse der Gesellschaft oder des Konzerns vorsätzlich unrichtig wiedergibt oder verschleiert (**§ 331 Nr. 1, 2 HGB**). Ausreichend für die Verwirklichung des Straftatbestands ist bereits **bedingter Vorsatz**. Dieser liegt vor, wenn der Vorstand ernsthaft damit rechnet, dass in dem jeweiligen Abschluss die Verhältnisse unrichtig wiedergegeben oder verschleiert sind, und diese Möglichkeit bewusst und billigend in Kauf nimmt.[4]

Darüber hinaus wird nach **§ 331 Nr. 1a, 3 HGB** ebenso bestraft, wer einen Einzelabschluss nach § 325 Abs. 2a HGB sowie einen befreienden Konzernabschluss nach §§ 291, 292 HGB, in dem die entsprechenden Verhältnisse unrichtig wiedergegeben oder verschleiert sind, vorsätzlich oder leichtfertig offenlegt.

Mit dem TUG neu in das Handelsgesetzbuch eingefügt wurde der Straftatbestand des **§ 331 Nr. 3a HGB**. Danach ist strafbar, wer entgegen § 264 Abs. 2 Satz 3,

---

1 *Adler/Düring/Schmaltz*, Rechnungslegung und Prüfung der Unternehmen, § 264 HGB Rz. 25.
2 *Müller* in Semler/Peltzer, Arbeitshandbuch für Vorstandsmitglieder, § 8 Rz. 80.
3 *Adler/Düring/Schmaltz*, Rechnungslegung und Prüfung der Unternehmen, § 264 HGB Rz. 25.
4 Vgl. *Dannecker* in Großkomm. HGB, §§ 331 ff. HGB Rz. 93; *Kozikowski/H.P. Huber* in Beck'scher Bilanz-Kommentar, § 331 HGB Rz. 23.

§ 289 Abs. 1 Satz 5, § 297 Abs. 2 Satz 4 oder § 315 Abs. 1 Satz 6 HGB wider besseren Wissens und damit vorsätzlich eine Versicherung (sog. **Bilanzeid**) nicht richtig abgibt, wobei sich die Unrichtigkeit allein auf den materiellen Erklärungsinhalt, nicht aber auf die Form der Erklärung beziehen dürfte. Eine Strafverschärfung dürfte sich durch die Neuregelungen nicht ergeben, da sich die neuen Tatbestände materiell mit den vorgenannten Straftatbeständen in § 331 HGB decken und somit in gleichartiger Idealkonkurrenz zueinander stehen.[1]

Strafbar ist schließlich auch, wer als Mitglied des vertretungsberechtigten Organs entgegen § 320 HGB dem Abschlussprüfer der Gesellschaft oder eines verbundenen Unternehmens falsche Auskünfte erteilt (**§ 331 Nr. 4 HGB**).

Sofern die Tat nicht bereits nach § 331 Nr. 1 oder 1a HGB mit Strafe bedroht ist, wird nach **§ 400 Abs. 1 Nr. 1 AktG** mit Freiheitsstrafe oder Geldstrafe bestraft, wer als Mitglied des Vorstands die Verhältnisse der Gesellschaft in sonstigen Darstellungen oder Übersichten über den Vermögensstand oder in Vorträgen oder Auskünften in der Hauptversammlung unrichtig wiedergibt oder verschleiert.

In den Anwendungsbereich des § 400 AktG fallen nach neuerer Rechtsprechung[2] und Literatur[3] auch börsenrechtliche Zwischenabschlüsse, so dass § 400 AktG neben der Strafvorschrift des § 331 HGB insbesondere für Vorstandsmitglieder kapitalmarktorientierter Gesellschaften eine erhebliche Bedeutung haben kann.

§ 334 HGB. Unterhalb der Schwelle der Strafbarkeit normiert § 334 HGB einen eigenständigen Katalog von Ordnungswidrigkeitstatbeständen. Ein vorsätzlicher Verstoß gegen die in diesem Katalog aufgeführten formellen und materiellen Regelungen des Bilanzrechts kann mit einer Geldbuße von bis zu fünfzigtausend Euro geahndet werden.

6. Haftungsrechtliche Verantwortung

Wird ein Verstoß gegen die Buchführungspflichten oder die Pflicht zur ordnungsgemäßen Aufstellung von Abschlüssen behauptet, stellt sich im Regelfall zugleich die Frage, ob der Vorstand hierfür von der Gesellschaft (Innenhaftung) oder Dritten (Außenhaftung) haftungsrechtlich zur Verantwortung gezogen werden kann.

a) Innenhaftung

Verletzen die Mitglieder des Vorstands ihre Pflichten aus § 91 AktG oder §§ 264 ff. HGB, sind sie der Gesellschaft nach § 93 Abs. 2 AktG zum Schadens-

---

[1] Vgl. *Stree/Sternberg/Lieben* in Schönke/Schröder, Vorbem. §§ 52 ff. StGB Rz. 12 zur sog. rechtlichen Handlungseinheit, Rz. 89 ff. zur Idealkonkurrenz, § 52 StGB Rz. 22 ff.; a.A. wohl *Rodewald/Unger*, BB 2006, 1917, 1919.
[2] BGH v. 9.5.2005 – II ZR 287/02, DB 2005, 274 = AG 2005, 609 – EM.TV; BVerfG v. 27.4.2006 – 2 BvR 131/05, AG 2006, 539 f.
[3] Vgl. *Fleischer* in Fleischer, Handbuch des Vorstandsrechts, § 14 Rz. 52; *Mülbert/Steup* in Habersack/Mülbert/Schlitt, Unternehmensfinanzierung am Kapitalmarkt, § 33 Rz. 240.

ersatz verpflichtet. Eine solche Ersatzpflicht kann jedoch nur in Betracht kommen, wenn das Vorstandsmitglied **schuldhaft** gegen die ihm obliegenden Pflichten verstoßen hat und der Gesellschaft hierdurch ein **Schaden** entstanden ist.

61 Für die Beurteilung, ob ein Pflichtenverstoß vorliegt, gilt der **allgemeine Maßstab des § 93 Abs. 1 AktG**. Danach kommt eine Haftung wegen Mängeln in der Buchführung oder Bilanzierung nur dann in Betracht, wenn das einzelne Vorstandsmitglied die ihm obliegenden Pflichten nicht mit der Sorgfalt eines ordentlichen und gewissenhaften Geschäftsleiters wahrgenommen hat. Jedes Mitglied des Vorstands haftet somit allein für sein eigenes Verschulden. Weder wird einem Vorstandsmitglied das Verschulden eines Kollegen zugerechnet, noch haftet ein Vorstandsmitglied für Fehler von Mitarbeitern der Gesellschaft.[1] Dies bedeutet, dass insbesondere bei **Aufgabendelegation** nur eine Verletzung der eigenen Sorgfaltspflichten des jeweiligen Vorstandsmitglieds einen Schadensersatzanspruch auslösen kann (vgl. zu den Sorgfaltspflichten bei ressortmäßiger Aufteilung oben Rz. 48 ff.).

62 Anders als für sonstige Geschäftsführungsmaßnahmen dürfte dem Vorstand in Fragen der Buchführung und Bilanzierung **kein unternehmerisches Ermessen** i.S. des § 93 Abs. 1 Satz 2 AktG (sog. Business Judgement Rule) einzuräumen sein[2], da in diesem Bereich die gesetzlichen Grundlagen bzw. die anzuwendenden Rechnungslegungsgrundsätze die zulässigen Handlungsspielräume abschließend festlegen. Einen darüber hinausgehenden Ermessensspielraum im Sinne einer unternehmerischen Entscheidung gibt es nicht[3]. Dies bedeutet allerdings nicht, dass es dem Vorstand verwehrt wäre, zulässige Bilanzierungswahlrechte und Beurteilungsspielräume zu nutzen. Die Beurteilung der Zulässigkeit solcher Entscheidungen hat allein anhand der anzuwendenden Rechnungslegungsgrundsätze zu erfolgen.

63 In der Praxis wird gelegentlich die Frage diskutiert, ob die Prüfung von Abschluss und Lagebericht durch den **Abschlussprüfer** für den Vorstand **exkulpierend** wirkt, wenn die Prüfung zu keinen Einwendungen geführt hat, sich Abschluss oder Lagebericht im Nachhinein aber dennoch als fehlerhaft erweisen. Bei der Beantwortung dieser Frage wird man zunächst zu berücksichtigen haben, dass der Vorstand für die ordnungsgemäße Aufstellung von Abschluss und Lagebericht verantwortlich ist und er hierbei die ihm obliegenden Sorgfaltspflichten zu beachten hat. Da der Abschlussprüfer an der Aufstellung des Abschlusses nicht beteiligt ist, kann seine Tätigkeit keinen unmittelbaren Einfluss auf die Frage der Sorgfaltspflichtverletzung durch den Vorstand haben. Bei der Beurteilung, ob eine Sorgfaltspflichtverletzung vorliegt, wird man allerdings zu berücksichtigen haben, ob der Vorstand den Fehler bei der Aufstellung hätte feststellen müssen. Dies dürfte insbesondere zu verneinen sein, wenn beispielsweise eine allgemein noch nicht abschließend entschiedene Bilanzierungsfrage vom Vorstand selbst hinreichend geprüft wurde und auch der Abschlussprüfer gegen die vom Vorstand getroffene Bilanzierungsentscheidung im Abschluss keine Einwendungen erhoben hat.

---

1 Vgl. *Hüffer*, § 93 AktG Rz. 14.
2 Vgl. *Müller* in Semler/Peltzer, Arbeitshandbuch für Vorstandsmitglieder, § 8 Rz. 5.
3 Vgl. dazu *Hüffer*, § 93 AktG Rz. 4f.

Steht eine Pflichtverletzung fest, ist das jeweilige Vorstandsmitglied zum Ersatz 64
desjenigen Schadens verpflichtet, den die Gesellschaft durch die Pflichtverletzung erlitten hat. Erforderlich ist also eine Kausalität zwischen Pflichtverletzung und Schaden. Als **ersatzfähiger Schaden** der Gesellschaft kommen dem Grunde nach zwei Arten von Vermögenseinbußen in Betracht. Denkbar sind zum einen unmittelbar eigene Schäden der Gesellschaft sowie zum anderen Schäden, die dadurch entstehen, dass die Gesellschaft von Dritten auf Schadensersatz in Anspruch genommen wird.

Unmittelbar eigene Schäden der Gesellschaft dürften im Zusammenhang mit Buchführungs- und Bilanzierungspflichten nur in wenigen Ausnahmefällen gegeben sein, da Buchführung und Bilanzierung allein Geschäftsvorfälle nachvollziehen. Das schadenstiftende Ereignis dürfte daher in der Regel nicht in einem Buchführungs- oder Bilanzierungsverstoß selbst, sondern in einem vorgelagerten pflichtwidrigen oder deliktischen Handeln Dritter liegen, so dass es an einer haftungsbegründenden Kausalität fehlt.

Sofern der Gesellschaft allerdings Schäden aus einer gerechtfertigten Inanspruchnahme durch Dritte infolge einer fehlerhaften Bilanzierung erwachsen, erscheint ein Rückgriff auf den Vorstand der Gesellschaft regelmäßig möglich, wobei aber auch in diesen Fällen ein eigener Pflichtenverstoß des jeweiligen Vorstandsmitglieds gegeben sein muss.

b) Außenhaftung

Die Außenhaftung von Vorstandsmitgliedern ist nach wie vor Gegenstand kontroverser Diskussionen, die durch den Entwurf des KapInHaG und zahlreiche Entscheidungen deutscher Obergerichte in den vergangenen Jahren belebt wurde. Im Mittelpunkt der Diskussion stand dabei stets die Haftung einzelner Vorstandsmitglieder für fehlerhafte Kapitalmarktinformationen, insbesondere fehlerhafte Ad-hoc-Mitteilungen, und dadurch verursachte Schäden bei Anlegern. Über diese Fallgruppen hinaus dürfte das Thema der Außenhaftung aber auch für nicht kapitalmarktorientierte Gesellschaften Bedeutung haben, so beispielsweise in Fällen, in denen die Abschlüsse einer Gesellschaft Grundlage für Kreditentscheidungen finanzierender Banken sind oder in denen Geschäftspartner eines Unternehmens die Informationen in offen gelegten Abschlüssen als Basis für die Entscheidung über die weitere Zusammenarbeit nehmen. 65

Bereits die beiden vorgenannten Fallgruppen zeigen, dass die Gruppen derer, die ein berechtigtes Interesse an einer verlässlichen externen Finanzberichterstattung einer Gesellschaft haben, ebenso vielschichtig sind wie die möglichen Anspruchsgrundlagen für Schadensersatzforderungen.

Haftung aus §§ 280, 311 Abs. 3 BGB. Nach §§ 280, 311 Abs. 3 BGB kann die Haftung eines Vorstandsmitglieds gegeben sein, wenn das Mitglied des Vorstands bei einem Vertragspartner ein besonderes persönliches Vertrauen in Anspruch nimmt, um einen Vertragsschluss zu Gunsten der Aktiengesellschaft zu erreichen.[1] Die 66

---
1 *Hüffer*, § 93 AktG Rz. 21.

reine Verwendung eines fehlerhaften Abschlusses oder sonstiger fehlerhafte Finanzinformationen der Gesellschaft im Rahmen einer konkreten Vertragsverhandlung reicht für die Begründung eines Schadensersatzanspruch nach §§ 280, 311 Abs. 3 BGB somit nicht aus. Hinzutreten muss vielmehr die Inanspruchnahme eines besonderen Vertrauens in die eigene Person, was letztlich nur in seltenen Ausnahmefällen anzunehmen sein dürfte.[1]

Mangels unmittelbarer Vertragsverhandlungen ausgeschlossen ist eine Haftung nach §§ 280, 311 Abs. 3 BGB, wenn ein Vertragspartner allein auf publizierte Finanzinformationen vertraut und darauf basierend eine Vermögensdisposition trifft.

67 **§ 823 Abs. 2 BGB i.V.m. Schutzgesetz.** Eine deliktische Haftung der Mitglieder des Vorstands kommt nach § 823 Abs. 2 BGB in den Fällen in Betracht, in denen das Vorstandsmitglied schuldhaft gegen ein Gesetz verstößt, das den Schutz einer anderen Person bezweckt (Schutzgesetz). Die Diskussion, welchen gesetzlichen Regeln im Zusammenhang mit der Buchführungs- und Bilanzierungspflicht Schutzgesetzcharakter zukommt, wird seit langer Zeit immer wieder geführt. Die Ansichten hierzu sind sehr differenziert, so dass im Folgenden allein auf die wesentlichen Regelungen und Ansichten eingegangen werden soll.

68 **Buchführungspflicht (§ 91 AktG).** Streitig ist, ob die Buchführungspflicht nach § 91 Abs. 1 AktG ein Schutzgesetz ist. Dies wird teilweise mit der Begründung bejaht, dass die ordnungsgemäße Erfassung und Dokumentation aller Geschäftsvorfälle den mittelbaren Schutz des Kapitals der Gesellschaft und damit den Gläubigerschutz bezweckt.[2] Richtig hieran ist, dass die ordnungsmäßige Buchführung als ein Teil der ordnungsgemäßen Geschäftsführung insgesamt dem Schutz der Gesellschaft und damit den Interessen ihrer Stakeholder dient. Dennoch wird § 91 AktG von der herrschenden Ansicht zu Recht nicht als Schutzgesetz qualifiziert.[3] Dies gilt nicht nur, weil sich § 91 AktG nicht entnehmen lässt, dass durch diese Norm bestimmte Dritte geschützt werden und ihnen im Verletzungsfall unmittelbare Ersatzansprüche gegen den Verantwortlichen zustehen sollen, sondern auch, weil die Zuweisung der Buchführungspflicht an den Vorstand der internen Unternehmensordnung dient, die Buchführungspflicht als solche aber nach § 238 HGB der Aktiengesellschaft obliegt.[4]

69 **Bilanzierungsvorschriften (§§ 242 ff. HGB, § 264 HGB).** Ebenso wie bei § 91 AktG wird von der überwiegenden Ansicht auch den Regelungen über die Bilanzierung, insbesondere §§ 242 ff. HGB und § 264 Abs. 2 HGB, ein drittschützender Charakter abgesprochen.[5]

---

1 Vgl. *Spindler* in MünchKomm. AktG, § 93 AktG Rz. 285.
2 Vgl. *Schnorr*, ZHR 169 (2006), 9 ff., sowie zur vergleichbaren Regelung in § 41 GmbHG *K. Schmidt*, ZIP 1994, 837 ff.; *Stapelfeld*, GmbHR 1991, 94 ff.
3 Vgl. m.w.N. *Spindler* in MünchKomm. AktG, § 91 AktG Rz. 12; *Hüffer*, § 91 AktG Rz. 3.
4 Vgl. *Hüffer*, § 91 AktG Rz. 2.
5 Vgl. m.w.N. *Fleischer* in Fleischer, Handbuch des Vorstandrechts, § 14 Rz. 51; *Mülbert/Steup* in Habersack/Mülbert/Schlitt, Unternehmensfinanzierung am Kapitalmarkt, § 33 Rz. 242 f.; *Adler/Düring/Schmaltz*, Rechnungslegung und Prüfung der Unternehmen, § 264 HGB Rz. 141.

Wie schon im Hinblick auf den Schutzcharakter von § 91 AktG ist auch hier zu berücksichtigen, dass die Pflicht zur ordnungsgemäßen Bilanzierung im Außenverhältnis der Gesellschaft als Kaufmann und nicht deren Organen obliegt. Auch der Verweis auf die dem deutschen Bilanzrecht zugrunde liegenden europäischen Richtlinien und Verordnungen vermag hier kein anderes Ergebnis zu rechtfertigen.[1] Richtig ist zwar, dass diese als Adressaten der Rechnungslegung alle Aktionäre und sonstigen Stakeholder der Gesellschaft sehen[2], verfehlt wäre es aber wohl aus dieser Zielsetzung einen unmittelbaren deliktischen Drittschutz i.S. des § 823 Abs. 2 BGB abzuleiten. Dies gilt insbesondere deshalb, weil es das Europäische Recht im Hinblick auf Haftungsregime den Mitgliedstaaten selbst überlässt, ob oder zumindest wie ein solches System eingerichtet wird. Schutzadressaten des Europäischen Rechts und Anspruchsberechtigte nach nationalem Haftungsregime sind demnach strikt zu trennen.

Vor diesem Hintergrund scheint nicht zu erkennen, dass der deutsche Gesetzgeber einen Paradigmenwechsel vollzogen hätte, der es rechtfertigen würde, sämtlichen Normen des Bilanzrechts zum Schutz aller Stakeholder und zum Ausgleich für eine beschränkte Haftung von Kapitalgesellschaften einen drittschützenden Charakter i.S. des § 823 Abs. 2 BGB zuzusprechen. Dies gilt umso mehr, als nicht zu erkennen ist, dass das deutsche System der Innenhaftung von Organmitgliedern zu Europäischem Recht im Widerspruch stünde. Wollte der Gesetzgeber eine Abkehr von diesem System, wäre hierfür angesichts der belastenden Wirkung für die Mitglieder des Vorstands eine ausdrückliche gesetzliche Regelung wohl zwingend geboten.

Versicherung nach § 264 Abs. 2 Satz 3, § 289 Abs. 1 Satz 5, § 297 Abs. 2 Satz 4 oder § 315 Abs. 1 Satz 6 HGB, § 37w Abs. 2 Nr. 3 WpHG (Bilanzeid). Ebenfalls nicht als Schutzgesetz i.S. des § 823 Abs. 2 HGB zu qualifizieren sind die Regelungen des HGB und WpHG zum sog. Bilanzeid. Dies liegt im Wesentlichen darin begründet, dass nicht erkennbar ist, dass der Gesetzgeber mit der Einführung der Pflicht zur Abgabe der Versicherung die haftungsrechtliche Verantwortung des Vorstands für eine ordnungsgemäße Bilanzierung erweitern und für Dritte insoweit einen selbständigen Schadensersatzanspruch begründen wollte. Lehnt man somit mit der herrschenden Ansicht den Schutzcharakter von § 245 HGB sowie der Bilanzierungsvorschriften (§§ 242 ff. HGB, § 264 HGB) ab, muss man dies folgerichtig auch für die Regelungen zu den Versicherungen nach HGB und WpHG tun. 70

Vorschriften des Straf- und Ordnungswidrigkeitenrechts (§ 331 HGB, § 400 AktG, § 334 HGB). Als Schutzgesetze allgemein anerkannt sind die Regelungen in § 331 HGB sowie § 400 AktG (vgl. dazu oben Rz. 57), wonach strafbar ist, wer als Mitglied des Vorstands in Abschlüssen, Lageberichten oder sonstigen in § 400 AktG aufgeführten Darstellungen die Verhältnisse der Gesellschaft oder des Konzerns vorsätzlich (oder in besonderen Fällen leichtfertig) unrichtig wiedergibt oder verschleiert.[3] Dies gilt auch für die Regelungen in § 331 Nr. 3a HGB zur 71

---

1 A.A. *Schnorr*, ZHR 169 (2006), 9 ff.
2 Vgl. *Schnorr*, ZHR 169 (2006), 9, 27 f.
3 Vgl. zum Schutzgesetzcharakter von § 331 HGB *Kozikowski/H.P. Huber* in Beck'scher Bilanz-Kommentar, § 331 HGB Rz. 40; zum Schutzgesetzcharakter von § 400 AktG

Strafbarkeit bei unrichtiger Abgabe des sog. Bilanzeids. Allerdings ist insoweit zu bedenken, dass sich diese Tatbestände materiell mit denen in § 331 Nr. 1 bis 2 HGB decken, so dass es insoweit zu keiner Verschärfung der Haftung kommt.

Ebenfalls als Schutznorm anerkannt ist § 334 HGB, der bestimmte vorsätzliche Verstöße gegen das formelle und materielle Bilanzrecht als Ordnungswidrigkeit qualifiziert.[1]

Liegt ein Verstoß gegen die vorgenannten Regelungen vor, ist das jeweilige Vorstandsmitglied Dritten, die auf Grund des fehlerhaften Abschlusses einen Schaden erleiden, zum Ersatz dieses Schadens nach § 823 Abs. 2 BGB verpflichtet. Zu beachten ist allerdings, dass eine solche Haftung nur dann in Betracht kommt, wenn das jeweilige Vorstandsmitglied vorsätzlich (in Ausnahmefällen leichtfertig) gehandelt hat.

72 **§ 826 BGB.** Eine in neuerer Zeit zunehmend an Bedeutung gewinnende Norm des Deliktsrechts ist § 826 BGB. Danach haftet einem Dritten, wer diesen vorsätzlich sittenwidrig schädigt. Eine solche vorsätzlich sittenwidrige Schädigung hat der BGH angenommen, wenn ein Vorstand vorsätzlich fehlerhafte Ad-hoc-Mitteilungen veröffentlicht und hierbei eine Schädigung der Anleger zumindest billigend in Kauf nimmt.[2] Dieser Rechtsprechung folgend dürfte eine Haftung nach § 826 BGB auch in den Fällen in Betracht kommen, in denen ein Vorstand vorsätzlich fehlerhafte Abschlüsse veröffentlicht oder verwendet und dabei eine Schädigung Dritter zumindest billigend in Kauf nimmt.

III. Verantwortlichkeit des Aufsichtsrats

73 Dem Aufsichtsrat obliegt nach § 111 Abs. 1 AktG die **Überwachung der Geschäftsführung**. Dieser allgemeine Grundsatz des Aktienrechts findet eine besondere Ausprägung in der Pflicht des Aufsichtsrats zur Überwachung des Rechnungslegungsprozesses, der Wirksamkeit des internen Kontrollsystems und des internen Revisionssystems (§ 107 Abs. 3 Satz 2 AktG) sowie der Pflicht zur Prüfung und Billigung der Jahres- und Konzernabschlüsse der Aktiengesellschaft (§ 171 AktG).

74 Der besonderen Bedeutung des Aufsichtsrats für die Kontrolle einer ordnungsmäßigen Rechnungslegung Rechnung tragend, muss nach § 100 Abs. 5 AktG, in der Neufassung durch das BilMoG, bei kapitalmarktorientierten Aktiengesellschaften i.S. des § 264d HGB mindestens ein **unabhängiges Mitglied des Aufsichtsrats** über Sachverstand auf den Gebieten Rechnungslegung oder Abschlussprüfung verfügen.

BGH v. 19.7.2004 – II ZR 402/02, WM 2004, 1721 = AG 2004, 546; BGH v. 17.9.2001 – II ZR 178/99, WM 2001, 2062 = AG 2002, 43; *Fleischer* in Fleischer, Handbuch des Vorstandsrechts, § 14 Rz. 51.

1 Vgl. *Fleischer* in Fleischer, Handbuch des Vorstandsrechts, § 14 Rz. 51; *Quedenfeld* in MünchKomm. HGB, 2. Aufl., § 334 HGB Rz. 11.
2 Vgl. BGH v. 19.7.2004 – II ZR 402/02, WM 2004, 1721 = AG 2004, 546 – Infomatec.

Der Begriff der „**Unabhängigkeit**" ist im Gesetz nicht definiert. Zu seiner Bestimmung wird in der Begründung zum BilMoG[1] auf Ziff. 5.4.2 Satz 2 DCGK verwiesen, wonach ein Aufsichtsratsmitglied als unabhängig anzusehen ist, wenn es in keiner geschäftlichen oder persönlichen Beziehung zur Gesellschaft oder deren Vorstand steht, die einen Interessenkonflikt begründet. Ob ein solcher Interessenkonflikt besteht, kann nur anhand des jeweiligen Einzelfalls unter Berücksichtigung der besonderen Aufgabenstellung eines Aufsichtsratsmitglieds hinsichtlich der Prüfung der Rechnungslegung und des internen Kontrollsystems beurteilt werden.[2]

Ebenfalls gesetzlich nicht definiert ist, unter welchen Voraussetzungen eine **besondere Sachkunde** auf dem Gebiet der Rechnungslegung oder Abschlussprüfung angenommen werden kann. Nach dem Regierungsentwurf zum BilMoG[3] kann ein solcher Sachverstand bei demjenigen angenommen werden, der beruflich mit Rechnungslegung und/oder Abschlussprüfung befasst ist oder war. Dies dürfte insbesondere für erfahrene Finanzvorstände oder erfahrene Praktiker aus anderen Gesellschaften sowie auch für Wissenschaftler und Personen mit einer einschlägigen Berufsqualifikation, wie beispielsweise Wirtschaftsprüfer, gelten. Unabhängig von den Anforderungen an das Mitglied nach § 100 Abs. 5 AktG dürfte aber auch für die übrigen Mitglieder eines Aufsichtsrats weiterhin gelten, dass sie über hinreichenden Sachverstand verfügen müssen, um ihre Aufsichtstätigkeit wahrnehmen zu können. Die Beurteilung der Unabhängigkeit und des besonderen Sachverstands des Mitglieds nach § 100 Abs. 5 AktG obliegt dem Aufsichtsrat, der der Hauptversammlung neue Mitglieder zur Wahl vorschlägt.[4] Welches Mitglied des Aufsichtsrats die Anforderungen des § 100 Abs. 5 AktG erfüllt, muss nach außen nicht offen gelegt werden.

Zu den durch das BilMoG neu geregelten Vorschriften zum Prüfungsausschuss vgl. unten Rz. 97 ff.

1. Überwachungspflicht aus § 107 AktG

Durch das BilMoG konkretisiert der Gesetzgeber mit der Neuregelung des § 107 Abs. 3 Satz 2 AktG die Aufgaben des Aufsichtsrats (bzw. des Prüfungsausschusses) dahingehend, dass diese auch die Überwachung des Rechnungslegungsprozesses, der Wirksamkeit des internen Kontrollsystems und des internen Revisionssystems sowie der Abschlussprüfung, hier insbesondere der Unabhängigkeit des Abschlussprüfers und der vom Abschlussprüfer zusätzlich erbrachten Leistungen, umfassen. Im Hinblick auf das interne Kontroll- und Revisionssystem hat der Aufsichtsrat dessen Wirksamkeit zu überwachen und ggf. auch zu überprüfen, ob Ergänzungen oder Verbesserungen erforderlich sind. Mit der Über-

75

---

[1] Vgl. Begr. RegE BT-Drucks. 10/10067, S. 102.
[2] Vgl. dazu auch Empfehlung der EU Kommission vom 15.2.2005 zu den Aufgaben von Aufsichtsratsmitgliedern nicht börsennotierter Gesellschaften (ABl. EU Nr. L 52 v. 25.2.2005, S. 51 ff.).
[3] Vgl. Begr. RegE, BT-Drucks. 16/10067, S. 103.
[4] Gem. der Übergangsregelung aus § 12 Abs. 4 EGAktG findet § 100 Abs. 5 AktG keine Anwendung, solange alle Mitglieder des Aufsichtsrats (und des Prüfungsausschusses) vor dem 29.5.2009 bestellt worden sind.

wachung der vorgenannten Systeme geht die Überwachung des Rechnungslegungsprozesses einher. Der Aufsichtsrat muss sich von der Angemessenheit der Systeme überzeugen, wozu er ggf. auch sachverständige Dritte hinzuziehen kann. Detaillierte Überprüfungen dürften allerdings nur dann notwendig sein, wenn sich Anhaltspunkte für Systemschwächen ergeben. Hinsichtlich der Abschlussprüfung stellt der Gesetzgeber klar, dass sich der Aufsichtsrat insbesondere mit der Frage der Unabhängigkeit des Prüfers zu befassen hat. Hierzu gehört es, dass er sich über alle relevanten Ausschluss- und Befangenheitsgründe sowie Leistungen des Abschlussprüfers für die Gesellschaft auch außerhalb der Abschlussprüfung unterrichten lässt. (Zur Auskunftspflicht des Abschlussprüfers vgl. § 171 Abs. 1 Satz 3 AktG.) Ein vorheriges Genehmigungserfordernis für alle Leistungen, die der Abschlussprüfer für die Gesellschaft erbringt (sog. Preapproval), folgt daraus allerdings nicht. Im Übrigen verbleibt es auch nach der Neuregelung durch das BilMoG bei den anerkannten Grundsätzen, wonach sich der Aufsichtsrat mit dem Abschlussprüfer über das Prüfungsvorgehen einschließlich etwaiger Prüfungsschwerpunkte abstimmt und sich über das Prüfungsergebnis unterrichten lässt.

2. Prüfung nach § 171 AktG

76 Nach § 171 Abs. 1 AktG hat der Aufsichtsrat den Jahresabschluss, den Lagebericht und den Gewinnverwendungsvorschlag zu prüfen. Stellt die Gesellschaft einen Konzernabschluss und einen Konzernlagebericht auf, sind auch diese von der Prüfungspflicht umfasst. Gleiches gilt für einen Einzelabschluss nach § 325 Abs. 2a HGB.

a) Prüfungskompetenz

77 Die Kompetenzzuweisung an den Aufsichtsrat nach § 171 AktG ist zwingend.[1] Ebenso wie die allgemeine Überwachungspflicht in § 111 AktG kann die Satzung die Prüfung nicht abweichend regeln oder gar einem anderen Organ übertragen. Auch kann der Aufsichtsrat selbst weder auf die eigene Prüfung der Abschlüsse und Lageberichte verzichten, noch kann er sie einem anderen Organ überlassen oder einem seiner Ausschüsse zur alleinigen Beschlussfassung (vgl. § 107 Abs. 3 AktG) übertragen.

b) Prüfungsgegenstand und -maßstab

78 Die Prüfungspflicht des Aufsichtsrats beinhaltet die Rechtmäßigkeit sowie die Zweckmäßigkeit der ihm vorgelegten Unterlagen.[2]

Die Prüfung der **Rechtmäßigkeit** des Jahres- und Konzernabschlusses umfasst die Beurteilung deren ordnungsgemäßer Aufstellung auf Grundlage der anzuwenden-

---

[1] *Adler/Düring/Schmaltz*, Rechnungslegung und Prüfung der Unternehmen, § 171 AktG Rz. 4.
[2] Vgl. dazu *Adler/Düring/Schmaltz*, Rechnungslegung und Prüfung der Unternehmen, § 171 AktG Rz. 17 sowie zur Prüfung von Konzernabschluss und Konzernlagebericht *Adler/Düring/Schmaltz*, Rechnungslegung und Prüfung der Unternehmen, § 171 AktG n.F. Rz. 3.

den Rechnungslegungsgrundsätze. Insbesondere hat der Aufsichtsrat zu prüfen, ob die Abschlüsse Gesetz und Satzung entsprechen.[1] Bei dieser Prüfung handelt es sich allerdings nicht um eine Prüfung in der Art, wie sie der Abschlussprüfer vornimmt, weshalb vom Aufsichtsrat grundsätzlich auch keine Prüfung der Bücher und Bestandsverzeichnisse in Stichproben zu verlangen ist.[2] Ergeben sich allerdings anlässlich der Prüfung oder auf Grund anderer Umstände Feststellungen, wonach das Rechnungswesen der Gesellschaft nicht intakt ist, so wird der Aufsichtsrat selbst oder durch beauftragte Sachverständige eine eingehende Nachprüfung vornehmen müssen. Zur Durchführung seiner Überwachungsbefugnis kann der Aufsichtsrat Bücher und Schriften der Gesellschaft einsehen und die Vermögensgegenstände untersuchen (§ 111 Abs. 2 AktG).

Die Prüfung der **Zweckmäßigkeit** dürfte im Wesentlichen darauf gerichtet sein, die Bilanzpolitik des Vorstands zu beurteilen. Dabei hat der Aufsichtsrat insbesondere darauf zu achten, ob die vom Vorstand vorgeschlagene Bilanzpolitik auch in seinen Augen den Interessen der Gesellschaft und ihrer Aktionäre entspricht.[3] Hierzu muss der Aufsichtsrat die Bilanzierungs- und Bewertungsmethoden, die der Vorstand bei Aufstellung des Abschluss angewandt hat, verstehen und im Hinblick auf ihre Auswirkungen im Abschluss beurteilen können.[4] Hierbei wird er durch die Feststellungen des Abschlussprüfers im Prüfungsbericht (§ 321 Abs. 2 Satz 3 bis 5 HGB) und dessen mündlichen Erläuterungen (§ 171 Abs. 1 Satz 2 AktG) unterstützt (vgl. auch unten Rz. 88). 79

Im Hinblick auf den **Konzernabschluss** und den **Konzernlagebericht** umfasst die Prüfungspflicht nach § 171 AktG deren Rechtmäßigkeit sowie die Zweckmäßigkeit unter Einbeziehung der Konzernbilanzpolitik des Vorstands.[5] 80

Die Prüfung der **Lageberichte** umfasst im Wesentlichen die Beurteilung, ob diese in Übereinstimmung mit den gesetzlichen Regelungen (§§ 289, 315 HGB) aufgestellt worden sind. Dabei ist insbesondere zu beurteilen, ob der jeweilige Lagebericht den Geschäftsverlauf einschließlich des Geschäftsergebnisses und die Lage der Gesellschaft bzw. des Konzerns so darstellt, dass ein den tatsächlichen Verhältnissen entsprechendes Bild vermittelt wird. Zu beurteilen ist zudem, ob die voraussichtliche Entwicklung mit ihren wesentlichen Chancen und Risiken zutreffend beurteilt und erläutert ist. 81

Weiterer Prüfungsgegenstand ist der Vorschlag über die **Verwendung des Bilanzgewinns**.[6] 82

---

1 *Adler/Düring/Schmaltz*, Rechnungslegung und Prüfung der Unternehmen, § 171 AktG Rz. 19; *Hüffer*, § 171 AktG Rz. 4.
2 Vgl. *Adler/Düring/Schmaltz*, Rechnungslegung und Prüfung der Unternehmen, § 171 AktG Rz. 19.
3 *Kropff* in Semler/v. Schenck, Handbuch Aufsichtsratsmitglieder, § 8 Rz. 217.
4 Vgl. dazu im Detail *Kropff* in Semler/v. Schenck, Handbuch Aufsichtsratsmitglieder, § 8 Rz. 266 ff.
5 Vgl. *Adler/Düring/Schmaltz*, Rechnungslegung und Prüfung der Unternehmen, § 171 AktG n.F. Rz. 3.
6 Da der Gewinnverwendungsvorschlag nicht die Bilanzierung als solche betrifft, wird an dieser Stelle auf die einschlägige Kommentierung hierzu verwiesen; vgl. *Hüffer*, § 171 AktG Rz. 2, § 170 AktG Rz. 5 ff.

c) Sorgfaltspflichten einzelner Mitglieder

83 Wie bereits soeben dargestellt, obliegt die Prüfungspflicht nach § 171 Abs. 1 AktG dem gesamten Aufsichtsrat und kann weder durch einzelne (sachverständige) Mitglieder des Aufsichtsrats noch durch einen Ausschuss mit befreiender Wirkung für den Gesamtaufsichtsrat durchgeführt werden. Aus diesem Grund muss jedes einzelne Mitglied des Aufsichtsrats auf der Grundlage der ihm nach § 170 Abs. 3 AktG gewährten Rechte persönlich die Unterlagen einer eigenen Prüfung unterziehen.[1] Hierzu ist es erforderlich, dass **jedes Mitglied des Aufsichtsrats** die vorgelegten Unterlagen sorgfältig durcharbeitet und gegebenenfalls auftretende Fragen oder Unstimmigkeiten im Aufsichtsrat zur Sprache bringt.

84 Nach § 170 Abs. 3 Satz 1 AktG hat jedes Aufsichtsratsmitglied das Recht, von allen Vorlagen nach § 170 AktG sowie Prüfungsberichten Kenntnis zu nehmen. Das **Recht der Kenntnisnahme** umfasst regelmäßig nicht nur die Möglichkeit der Einsichtnahme in die entsprechenden Unterlagen, sondern auch deren Aushändigung zur Prüfung. Letzteres kann durch einen entsprechenden Beschluss des Aufsichtsrats allerdings auf die Mitglieder eines Ausschusses beschränkt werden, um die besondere Vertraulichkeit der Unterlagen zu gewährleisten. Auch in diesem Fall ist allerdings sicherzustellen, dass alle Aufsichtsratsmitglieder ausreichend Zeit und Gelegenheit haben, alle Unterlagen einzusehen und diese selbst zu prüfen.[2]

85 Die Ergebnisse der Prüfung durch jedes einzelne Aufsichtsratsmitglied müssen zu einer **Meinungsbildung des gesamten Aufsichtsrats** zusammengeführt werden.[3] Das schließt nicht aus, dass der Aufsichtsrat zur Vorbereitung der eigenen Prüfung einen besonderen Ausschuss (zum Prüfungsausschuss vgl. unten Rz. 97) einrichtet oder auch sachverständige Dritte (im Rahmen des § 109 Abs. 1 Satz 2 AktG) hinzuzieht.

86 Hat die Gesellschaft einen **Prüfungsausschuss** eingerichtet, entbindet dies die übrigen Mitglieder des Aufsichtsrats nicht von ihrer eigenen Prüfungspflicht. Diese Prüfungspflicht dürfte inhaltlich allerdings dadurch modifiziert sein, dass die Aufsichtsratsmitglieder, die dem Prüfungsausschuss nicht angehören, den Entwurf des Berichts, den der Ausschuss vorlegt, kritisch durchzusehen und zu würdigen haben. Des Weiteren obliegt es allen Mitgliedern des Aufsichtsrats dafür Sorge zu tragen, dass der Prüfungsausschuss sachverständig besetzt ist[4], und dass keine Gesichtspunkte vorliegen, die gegen eine ordnungsgemäße Prüfung durch den Ausschuss sprechen.

87 Allgemein gilt, dass alle Aufsichtsratsmitglieder hinreichende Kenntnisse haben müssen, um den ihnen obliegenden Prüfungsauftrag zu erfüllen.[5] Dies dürfte be-

---

1 *Adler/Düring/Schmaltz*, Rechnungslegung und Prüfung der Unternehmen, § 171 AktG Rz. 7.
2 Vgl. *Kropff* in Semler/v. Schenck, Handbuch Aufsichtsratsmitglieder, § 8 Rz. 249 ff.
3 *Adler/Düring/Schmaltz*, Rechnungslegung und Prüfung der Unternehmen, § 171 AktG Rz. 8.
4 Vgl. dazu *Kropff* in Semler/v. Schenck, Handbuch Aufsichtsratsmitglieder, § 8 Rz. 257.
5 Vgl. *Semler* in Semler/v. Schenck, Handbuch Aufsichtsratsmitglieder, § 1 Rz. 27.

deuten, dass jedes Mitglied die **Mindestkenntnisse** besitzen oder sich aneignen muss, die erforderlich sind, um die üblicherweise anfallenden Geschäftsvorfälle verstehen und beurteilen zu können. Detaillierte Kenntnisse des Bilanzrechts dürften allerdings nicht zu erwarten sein. Zur Frage, inwieweit sich die Mitglieder des Aufsichtsrats auf die Berichterstattung des Abschlussprüfers der Gesellschaft stützen dürfen, vgl. unten Rz. 88 ff.

d) Unterstützung durch den Abschlussprüfer

Eine wesentliche Unterstützung bei seiner Überwachungstätigkeit erhält der Aufsichtsrat durch die Prüfung der Abschlüsse und Lageberichte durch den Abschlussprüfer. Dieser hat gem. § 321 HGB über Art, Umfang und Ergebnis seiner Prüfung in Form eines schriftlichen Prüfungsberichts zu berichten. Zweck des Prüfungsberichts ist in erster Linie die von der Geschäftsführung unabhängige und sachverständige Unterrichtung des Aufsichtsrats.[1]

88

Nach Beendigung der Prüfung hat der Abschlussprüfer daher seinen **Prüfungsbericht** (§ 321 Abs. 5 Satz 2 HGB) dem Aufsichtsrat vorzulegen. Zudem hat er gem. § 171 Abs. 1 Satz 2 AktG an den Verhandlungen des Aufsichtsrats oder eines Ausschusses des Aufsichtsrats, in denen über die Prüfung des Jahresabschlusses verhandelt wird (sog. **Bilanzsitzung**), teilzunehmen und dem Aufsichtsrat über das Ergebnis seiner Prüfung, insbesondere wesentliche Schwächen des internen Kontroll- und Risikomanagementsystems bezogen auf den Rechnungslegungsprozess, zu berichten. Darüber hinaus hat der Abschlussprüfer den Aufsichtsrat über Umstände, die seine Befangenheit besorgen lassen, und über Leistungen, die er zusätzlich zu den Abschlussprüfungsleistungen erbracht hat, zu informieren. In der Bilanzsitzung sollte der Aufsichtsrat von seinem Fragerecht an den Abschlussprüfer aktiv Gebrauch machen, um den von ihm zu beurteilenden Abschluss und Lagebericht vollumfänglich zu verstehen und gegebenenfalls erforderliche Erläuterungen und Erklärungen vom Abschlussprüfer als sachkundigem Dritten zu erhalten.

Aus dieser gesetzlich angelegten Unterstützungsfunktion des Abschlussprüfers darf allerdings nicht gefolgert werden, dass der Abschlussprüfer dem Aufsichtsrat und seinen Mitgliedern deren selbständige Aufgabe zur Prüfung des Jahresabschlusses abnimmt.[2]

Fraglich ist allerdings, inwieweit sich der Aufsichtsrat **auf die durchgeführte Abschlussprüfung stützen** darf. Dies dürfte in Abhängigkeit von dem jeweiligen Prüfungsergebnis des Abschlussprüfers unterschiedlich zu beantworten sein.[3] Hat der Abschlussprüfer einen uneingeschränkten Bestätigungsvermerk erteilt und in seinem Prüfungsbericht (§ 321 HGB) insoweit **keine Beanstandungen** erhoben,

89

---

[1] Vgl. *Adler/Düring/Schmaltz*, Rechnungslegung und Prüfung der Unternehmen, § 321 HGB Rz. 32.
[2] Vgl. *Adler/Düring/Schmaltz*, Rechnungslegung und Prüfung der Unternehmen, § 171 AktG Rz. 20.
[3] Vgl. dazu *Adler/Düring/Schmaltz*, Rechnungslegung und Prüfung der Unternehmen, § 171 AktG Rz. 24.

darf der Aufsichtsrat, sofern ihm keine besseren Erkenntnisse vorliegen, davon ausgehen, dass die Bücher der Gesellschaft ordnungsgemäß geführt sind und der Jahresabschluss den Vorschriften des Gesetzes und der Satzung entspricht.[1] Seine Aufgabe beschränkt sich in einem solchen Fall mithin darauf, die Vorlagen des Vorstands sowie den Prüfungsbericht des Abschlussprüfers kritisch zu lesen und die Unterlagen auf Plausibilität und innere Widerspruchsfreiheit zu überprüfen.[2] Eine über die Abschlussprüfung hinausgehende eigene Untersuchung dürfte in diesem Fall nicht mehr zu verlangen sein.

90 Hat der Abschlussprüfer im Prüfungsbericht allerdings **Beanstandungen** erhoben oder gar den Bestätigungsvermerk eingeschränkt oder versagt (§ 322 Abs. 3 HGB), so wird eine eingehende Erörterung mit dem Vorstand und dem Abschlussprüfer stattzufinden haben.[3] Im Rahmen dieser Erörterung wird sich der Aufsichtsrat Inhalt und Tragweite der Beanstandungen des Abschlussprüfers erläutern lassen. Auch wenn dem Aufsichtsrat keine unmittelbare Änderungskompetenz des Abschlusses oder Lageberichts zukommt[4], wird er darauf dringen müssen, dass die Beanstandungen beseitigt werden. Werden die Beanstandungen nicht beseitigt, wird er in seinem Bericht an die Hauptversammlung hierzu Stellung zu nehmen haben und gegebenenfalls die Billigung verweigern.

e) Beschlussfassung und Berichterstattung

91 Über das Ergebnis seiner Prüfung hat der Aufsichtsrat zu beschließen und gem. § 171 Abs. 1 Satz 1 AktG schriftlich gegenüber der Hauptversammlung zu berichten. In diesem Bericht hat der Aufsichtsrat auch mitzuteilen, in welcher Art und in welchem Umfang er die Geschäftsführung der Gesellschaft während des Geschäftsjahrs geprüft hat. Bei börsennotierten Gesellschaften hat er insoweit insbesondere anzugeben, welche Ausschüsse gebildet worden sind, sowie die Zahl der Aufsichtsrats- und Ausschusssitzungen mitzuteilen. Ist die Gesellschaft prüfungspflichtig, so hat der Aufsichtsrat ferner zu dem Ergebnis der Prüfung des Jahresabschlusses durch den Abschlussprüfer Stellung zu nehmen. Am Schluss des Berichts hat der Aufsichtsrat zu erklären, ob nach dem abschließenden Ergebnis seiner Prüfung Einwendungen zu erheben sind und ob er den vom Vorstand aufgestellten Jahresabschluss billigt. Für Konzernabschlüsse sowie Einzelabschlüsse nach § 325 Abs. 2a HGB gelten die vorgenannten Pflichten entsprechend (§ 171 Abs. 2 Satz 5, Abs. 4 AktG).

92 Der Bericht ist dem Vorstand **binnen eines Monats** nach Vorlage der zu prüfenden Unterlagen zuzuleiten. Erfolgt dies nicht, hat der Vorstand dem Aufsichtsrat eine weitere Frist von bis zu einem Monat zu setzen. Lässt der Aufsichtsrat auch diese

---

1 Vgl. *Brönner* in Großkomm. AktG, § 171 AktG Rz. 6; *Claussen/Korth* in KölnKomm. AktG, § 171 AktG Rz. 8.
2 Vgl. *Kropff* in Semler/v. Schenck, Handbuch Aufsichtsratsmitglieder, § 8 Rz. 366 ff.
3 Vgl. *Adler/Düring/Schmaltz*, Rechnungslegung und Prüfung der Unternehmen, § 171 AktG Rz. 27.
4 Vgl. dazu *Adler/Düring/Schmaltz*, Rechnungslegung und Prüfung der Unternehmen, § 171 AktG Rz. 5, § 264 HGB Rz. 26.

Frist verstreichen, gelten die von ihm zu prüfenden Abschlüsse als nicht gebilligt (§ 171 Abs. 4 AktG).

Führt die Prüfung des Aufsichtsrats zu **Beanstandungen**, die der Vorstand nicht beseitigt, muss der Aufsichtsrat seine Einwendungen nach § 171 Abs. 2 Satz 1 AktG der Hauptversammlung zur Kenntnis bringen und gegebenenfalls die Billigung verweigern (zur Billigung trotz Mangels vgl. unten Rz. 94 ff.). Dies dürfte sämtliche Arten von Einwendungen betreffen, d.h. nicht nur solche, die die Rechtmäßigkeit, sondern auch solche, die die Zweckmäßigkeit (wie bspw. die Bilanzpolitik) betreffen. Zwar hat in letzterem Fall auch die Hauptversammlung keine Handlungsalternative, die Information der Anteilsinhaber scheint aber dennoch geboten.

3. Billigung und Feststellung

Billigt der Aufsichtsrat den Jahresabschluss, tritt nach § 172 AktG dessen Feststellung ein, sofern Vorstand und Aufsichtsrat nicht beschließen, die Feststellung des Jahresabschlusses der Hauptversammlung zu überlassen. Die Beschlüsse des Vorstands und Aufsichtsrats sind in den Bericht des Aufsichtsrats an die Hauptversammlung aufzunehmen.

Stellt der Aufsichtsrat bei seiner Prüfung fest, dass der vom Vorstand vorgelegte Abschluss **fehlerhaft** ist, wird er im Regelfall die Billigung des Abschlusses ablehnen und den Vorstand auffordern, einen den Vorschriften entsprechenden Abschluss aufzustellen.[1] Die Billigung eines Abschlusses trotz nicht ausgeräumter inhaltlicher Bedenken ist ausnahmsweise möglich. Im Schrifttum[2] werden als Beispielsfälle die Unwesentlichkeit des beanstandeten Ansatzes oder die Vertretbarkeit der Bilanzierung trotz verbleibender Bedenken genannt. Kommt der Aufsichtsrat zu der Überzeugung, dass der Abschluss trotz Mangels gebilligt werden kann, wird er die Gründe hierfür allerdings in seinem Bericht an die Hauptversammlung eingehend darlegen müssen, so dass sich die Hauptversammlung ein eigenes Urteil bilden kann.[3]

Billigt der Aufsichtsrat den Jahres- oder Konzernabschluss nicht, obliegt die Feststellung des Jahresabschlusses bzw. die Billigung des Konzernabschlusses der **Hauptversammlung** (§ 173 Abs. 1 AktG).

4. Prüfungsausschuss

Gem. § 107 Abs. 3 Satz 2 AktG kann der Aufsichtsrat einer Aktiengesellschaft einen Prüfungsausschuss bestellen, der sich mit der Überwachung des Rechnungslegungsprozesses, der Wirksamkeit des internen Kontrollsystems und des internen Revisionssystems sowie der Abschlussprüfung, hier insbesondere der

---
1 Vgl. *Adler/Düring/Schmaltz*, Rechnungslegung und Prüfung der Unternehmen, § 171 AktG Rz. 27; *Kropff* in MünchKomm. AktG, § 171 AktG Rz. 40, 70.
2 *Kropff* in MünchKomm. AktG, § 171 AktG Rz. 42.
3 Vgl. *Adler/Düring/Schmaltz*, Rechnungslegung und Prüfung der Unternehmen, § 171 AktG Rz. 72.

Unabhängigkeit des Abschlussprüfers und der vom Abschlussprüfer zusätzlich erbrachten Leistungen, befasst. Richtet der Aufsichtsrat einer kapitalmarktorientierten Aktiengesellschaft i.S. des § 264d HGB einen Prüfungsausschuss ein, hat er gem. § 124 Abs. 3 Satz 2 AktG den Vorschlag zur Wahl des Abschlussprüfers auf dessen Empfehlung zu stützen.

98 Gem. § 107 Abs. 3 Satz 2 AktG ist dem Aufsichtsrat einer Aktiengesellschaft auch nach der Neufassung durch das BilMoG die Bildung eines Prüfungsausschusses freigestellt. Wenngleich also keine Verpflichtung besteht, einen solchen einzurichten, ist dies bei größeren Gesellschaften doch seit Jahren gute Übung und wird auch in Ziff. 5.3.2 DCGK empfohlen. Weichen die Unternehmen von dieser Empfehlung des Kodex ab, sind sie verpflichtet, dies in der jährlichen Erklärung nach § 161 AktG offen zu legen und zu begründen. Aufgaben des Prüfungsausschusses sollen insbesondere die in § 107 Abs. 3 Satz 2 AktG genannten sein. Anders als die Pflicht zur Prüfung und Billigung des Jahres- und Konzernabschlusses (s. dazu oben Rz. 76 ff.) können diese Aufgaben dem Prüfungsausschuss zur Erledigung übertragen werden. Allerdings verbleiben dem Gesamtaufsichtsrat insoweit eine Überwachungspflicht und ein Informationsrecht. Richtet der Aufsichtsrat keinen Prüfungsausschuss ein oder hat der Gesamtaufsichtsrat dem Prüfungsausschuss die Aufgaben nur zur Vorbereitung, nicht aber zur Erledigung übertragen, hat er die in § 107 Abs. 3 Satz 2 AktG genannten Aufgaben selbst, d.h. im Plenum, wahrzunehmen. Entsprechendes gilt für die Aufgabe des Prüfungsausschusses einer kapitalmarktorientierten Aktiengesellschaft gem. § 124 Abs. 3 Satz 2 AktG, eine Empfehlung zur Wahl des Abschlussprüfers zu geben. Hat der Gesamtaufsichtsrat diese Aufgabe nur zur Vorbereitung an den Prüfungsausschuss delegiert, so ist er an dessen Empfehlung nicht gebunden und kann von ihr abweichen, was er der Hauptversammlung gegenüber allerdings darlegen und begründen muss.[1]

In der Zusammensetzung des Prüfungsausschusses ist der Aufsichtsrat frei. Ist die Aktiengesellschaft kapitalmarktorientiert i.S. des § 264d HGB, muss allerdings (mindestens) ein Mitglied des Prüfungsausschusses die Voraussetzungen des § 100 Abs. 5 AktG erfüllen (s. dazu oben Rz. 74).

5. Verantwortung im Konzern

99 Besondere Fragen können bei der Verantwortung für die Bilanzierung im Konzern auftreten.

a) Aufsichtsrat der Obergesellschaft

100 Wie oben bereits dargestellt, ist der Aufsichtsrat der Konzernobergesellschaft nach § 171 AktG auch für die Prüfung des Konzernabschlusses und Konzernlageberichts verantwortlich (s. dazu oben Rz. 80). Darüber hinausgehende Pflichten im Hinblick auf die ordnungsgemäße Bilanzierung bei den Tochterunternehmen ergeben sich nicht. Insbesondere obliegt dem Aufsichtsrat der Obergesellschaft

---

1 Vgl. Begr. RegE BT-Drucks. 10/10067, S. 103.

nicht die originäre Überwachung der ordnungsmäßigen Buchführung und Aufstellung von Abschlüssen bei den Tochterunternehmen.

b) Aufsichtsrat des Tochterunternehmens

Für die Tätigkeit des Aufsichtsrats eines Tochterunternehmens ergeben sich im Hinblick auf die Überwachung der Rechnungslegung im Regelfall keine Besonderheiten. Dies gilt selbst dann, wenn die Gesellschaft mittels eines Beherrschungsvertrages (§ 308 AktG) beherrscht wird oder in eine andere Aktiengesellschaft eingegliedert ist (§§ 319 ff. AktG). 101

Besonderheiten bestehen allerdings, wenn das Tochterunternehmen eine abhängige Gesellschaft ist, ohne dass einer der vorgenannten Unternehmensverträge besteht oder eine Eingliederung vorliegt. In diesem Fall hat nämlich der Vorstand des Tochterunternehmens nach § 312 AktG in den ersten drei Monaten eines Geschäftsjahrs einen Bericht über die Beziehungen zu verbundenen Unternehmen aufzustellen (sog. **Abhängigkeitsbericht**), der nach § 314 AktG vom Aufsichtsrat zu prüfen ist. Über das Ergebnis der Prüfung hat der Aufsichtsrat in seinem Bericht an die Hauptversammlung nach § 171 AktG zu berichten. 102

6. Strafrechtliche Verantwortung

Für die strafrechtliche Verantwortung bei Buchführungs- und Bilanzierungsverstößen gelten die Ausführungen zur Strafbarkeit des Vorstands nach § 331 HGB sowie § 400 AktG mit der Ausnahme entsprechend, dass die Strafbarkeit wegen fehlerhafter Abgabe des sog. Bilanzeids allein die Mitglieder des Vorstands betrifft und bestimmte Tatbestände im Übrigen nicht nach § 331 HGB, sondern nach § 400 AktG strafbewehrt sind (vgl. zu § 331 HGB, § 400 AktG oben Rz. 56 ff.). 103

7. Haftungsrechtliche Verantwortung

Wie auch beim Vorstand stellt sich beim Aufsichtsrat in Fällen behaupteter Buchführungs- und Bilanzierungsverstöße die Frage nach der haftungsrechtlichen Verantwortung. 104

a) Innenhaftung

Verletzen die Mitglieder des Aufsichtsrats die ihnen obliegenden Sorgfaltspflichten, sind sie der Gesellschaft nach **§ 116 i.V.m. § 93 AktG** zum Schadensersatz verpflichtet. Wie beim Vorstand kommt eine solche Ersatzpflicht nur in Betracht, wenn das einzelne Aufsichtsratsmitglied schuldhaft gegen seine Pflichten verstößt und der Gesellschaft daraus ein Schaden entsteht. Jedes Mitglied des Aufsichtsrats haftet dabei allein für sein eigenes Verschulden, eine Zurechnung des Verschuldens eines anderen Kollegen erfolgt nicht. 105

Der **Sorgfaltsmaßstab**, den das einzelne Aufsichtsratsmitglied zu beachten hat, ist in sinngemäßer Anwendung des § 93 AktG der eines ordentlichen Aufsichtsratsmitglieds, d.h. eines Mitglieds, das die Mindestfähigkeiten und -kenntnisse besitzt, die erforderlich sind, um die geforderte Überwachungsfunktion wahrnehmen zu können (zu den einzelnen Anforderungen vgl. oben Rz. 75 ff.).

b) Außenhaftung

106 Die Außenhaftung von Aufsichtsratsmitgliedern ist Gegenstand einer ähnlichen Diskussion, wie die der Haftung von Vorstandsmitgliedern.

Da die Ausnahmetatbestände, die bei Vorstandsmitgliedern in seltenen Fällen zu einer unmittelbaren Außenhaftung nach §§ 280, 311 Abs. 3 BGB (s. oben Rz. 66) führen können, für Aufsichtsratsmitglieder regelmäßig nicht zutreffen, kommt eine Außenhaftung wegen fehlerhafter Bilanzierung allein auf Grund der Regelungen in § 823 Abs. 2 BGB sowie § 826 BGB in Betracht. Die Ausführungen unter Rz. 65 ff. gelten hierfür entsprechend.

B. Sonstige Gesellschaften

I. KGaA und GmbH

107 Für die Pflichten der Geschäftsführungs- und Überwachungsorgane bei der KGaA sowie der GmbH gelten die zur Aktiengesellschaft dargestellten Grundsätze, ohne dass sich im Hinblick auf die Verantwortlichkeiten wesentliche Unterschiede ergeben.

1. KGaA

108 Bei der KGaA obliegt die **Geschäftsführung** den persönlich haftenden Gesellschaftern (§ 278 Abs. 2 AktG). Auf diese finden nach § 283 AktG die für den Vorstand einer Aktiengesellschaft geltenden Vorschriften über die Sorgfaltspflicht und Verantwortlichkeit (Nr. 3), die Pflichten gegenüber dem Aufsichtsrat (Nr. 4), die Aufstellung, Vorlegung und Prüfung des Jahresabschlusses und des Vorschlags für die Verwendung des Bilanzgewinns (Nr. 9), die Vorlegung und Prüfung des Lageberichts sowie des Konzernabschlusses und Konzernlageberichts (Nr. 10) sowie die Vorlegung, Prüfung und Offenlegung eines Einzelabschlusses nach § 325 Abs. 2a HGB (Nr. 11) entsprechende Anwendung.

109 Auch für den **Aufsichtsrat** und den Prüfungsausschuss der KGaA gelten im Wesentlichen die Vorschriften für den Aufsichtsrat der Aktiengesellschaft (§ 278 Abs. 3 AktG). Anders als dem Aufsichtsrat der Aktiengesellschaft obliegt dem Aufsichtsrat der KGaA allerdings nicht die Feststellung des Jahresabschlusses. Diese hat bei der KGaA nach § 286 Abs. 1 AktG zwingend durch die Hauptversammlung zu erfolgen, wobei der Feststellungsbeschluss allerdings der Zustimmung durch die persönlich haftenden Gesellschafter bedarf. Zu den Besonderheiten bei den Angabepflichten im Jahresabschluss der KGaA vgl. § 286 AktG.

2. GmbH

Die Verantwortung des **Geschäftsführers** der GmbH für eine ordnungsgemäße Bilanzierung entspricht weitgehend der des Vorstands der Aktiengesellschaft. Wie der Vorstand hat auch der Geschäftsführer für eine ordnungsmäßige Buchführung zu sorgen (§ 41 GmbHG) und ist als gesetzlicher Vertreter (§ 35 Abs. 1 GmbHG) verpflichtet, den Jahresabschluss und soweit gesetzlich oder kraft Satzung erforderlich den Lagebericht, den Konzernabschluss und den Konzernlagebericht aufzustellen (§ 264 HGB).

110

Bei der Buchführung und Bilanzierung hat der Geschäftsführer nach § 43 GmbHG die Sorgfalt eines ordentlichen Geschäftsmannes anzuwenden und ist bei Verstoß gegen seine Obliegenheiten der Gesellschaft zum Schadensersatz verpflichtet.

Hat die Gesellschaft einen **Aufsichtsrat**, hängt die Pflichtenstellung seiner Mitglieder wesentlich davon ab, ob und gegebenenfalls wie weit auf diesen die aktienrechtlichen Regelungen Anwendung finden. Ist bei der Gesellschaft nach dem Gesellschaftsvertrag ein Aufsichtsrat zu bilden und enthält der Gesellschaftsvertrag hierzu keine weiteren Regelungen, sind die Vorschriften über die Prüfung des Jahresabschlusses und Lageberichts (§ 171 AktG), die allgemeinen Überwachungspflichten (§ 111 AktG) sowie die Haftung gegenüber der Gesellschaft (116 AktG) für den Aufsichtsrat der GmbH gem. § 52 GmbHG entsprechend anwendbar. Ergeben sich aus dem Gesellschaftsvertrag abweichende Regelungen, wird jeweils anhand der Umstände des Einzelfalls zu entscheiden sein, welche Pflichten den Mitgliedern des Aufsichtsrats zukommen.

111

Ist die Gesellschaft kapitalmarktorientiert i.S. des § 264d HGB, hat sie gem. § 324 Abs. 1 HGB einen Prüfungsausschuss einzurichten, sofern sie keinen Aufsichtsrat hat, der die Voraussetzungen von § 100 Abs. 5 AktG erfüllen muss. Der Prüfungsausschuss hat sich mit den in § 107 Abs. 3 Satz 2 AktG beschriebenen Aufgaben zu befassen (vgl. dazu oben Rz. 75). Die Mitglieder des Prüfungsausschusses sind von den Gesellschaftern zu wählen, wobei mindestens ein Mitglied die Anforderungen des § 100 Abs. 5 AktG erfüllen muss und der Vorsitzende des Prüfungsausschusses nicht zugleich Mitglied der Geschäftsführung sein darf. Für den Prüfungsausschuss nach § 324 HGB gelten die Regelungen der §§ 124 Abs. 3 Satz 2 und 171 Abs. 1 Satz 2 und 3 AktG entsprechend. Von der Pflicht zur Bildung eines Prüfungsausschusses nach § 324 HGB befreit sind die in § 324 Abs. 1 Satz 2 HGB genannten Gesellschaften.

Anders als bei der Aktiengesellschaft liegt bei der GmbH die Kompetenz zur Feststellung des Jahresabschlusses bei der **Gesellschafterversammlung** (§§ 42a, 46 Nr. 1 GmbHG). Im Gesellschaftsvertrag kann allerdings hiervon abweichend die Kompetenz auch dem Aufsichtsrat zugewiesen werden.

112

II. Kapitalgesellschaft & Co. KG

Für die in der Praxis häufig vorkommende GmbH & Co. KG gelten nach § 264a HGB dieselben Rechnungslegungsvorschriften wie für Kapitalgesellschaf-

113

ten.[1] Dies betrifft die Anwendung der besonderen Aufstellungsvorschriften für den Jahres- und Konzernabschluss, den Lagebericht und den Konzernlagebericht sowie die Vorschriften über die gesetzliche Abschlussprüfung und die Offenlegung nach § 325 HGB.

Verantwortlich für die Aufstellung der Abschlüsse und Lageberichte sowie die Offenlegung nach § 325 HGB sind nach § 264a Abs. 3 HGB die gesetzlichen Vertreter, d.h. die Geschäftsführer der als Komplementär fungierenden GmbH. Für sie gelten im Verhältnis zur Kommanditgesellschaft dieselben Sorgfaltspflichten wie im Verhältnis zur GmbH. Besonderheiten bestehen insoweit nicht.

Letztlich gelten über § 335b HGB auch die strafrechtlichen Regelungen in § 331 bis § 333 HGB sowie die Bußgeldvorschriften des § 334 HGB für die GmbH & Co. KG entsprechend.

Hat die Gesellschaft einen Aufsichtsrat, hängt dessen Pflichtenstellung davon ab, ob auf diesen Aufsichtsrat die Regelungen des Aktiengesetzes entsprechend anzuwenden sind oder ob der Gesellschaftsvertrag hiervon abweichende Regelungen enthält.

---

[1] Vgl. dazu im Einzelnen *Adler/Düring/Schmaltz*, Rechnungslegung und Prüfung der Unternehmen, § 264a HGB; *Förschle/Usinger* in Beck'scher Bilanz-Kommentar, § 264a HGB Rz. 45.

§ 31
Risikobereich und Haftung: Kartellrecht

Professor Dr. Meinrad Dreher, LL.M.

	Rz.
A. Einführung	1
B. Das Kartellrecht und die sich daraus ergebenden Rechtspflichten	7
I. Einführung	7
1. Kartellrecht als Magna Charta der unternehmerischen Tätigkeit	7
2. Die nationale, europäische und internationale Dimension des Kartellrechts	10
II. Das materielle Kartellrecht	15
1. Das Kartellverbot	15
2. Das Verbot des Missbrauchs einer marktbeherrschenden Stellung	22
3. Die Kontrolle wettbewerbsbeschränkender Zusammenschlüsse	25
C. Besondere kartellrechtliche Risiken bei der Managertätigkeit	29
I. Die Existenz kartellrechtlich besonders gefahrgeneigter Bereiche	29
II. Die zwei kategorischen Imperative der wettbewerbsbezogenen Managertätigkeit	30
III. Einzelne Problemfelder	34
1. Der Informationsaustausch	34

	Rz.
2. Die Vertrags- und insbesondere die Vertriebsgestaltung	37
3. Die Managertätigkeit bei Unternehmen mit marktbeherrschenden Stellungen	39
4. Die Tätigkeit in Unternehmensverbänden	45
5. Die Anforderungen der Kartellrechtscompliance	52
6. Die kartellrechtliche Bedeutung üblicher unternehmerischer Selbstrechtfertigungen	53
D. Kartellrechtscompliance als Prävention kartellrechtswidrigen Handelns	59
I. Grundlagen	59
II. Die drei Bereiche der Kartellrechtscompliance	62
1. Die Instruktion	62
2. Die präventive Kontrolle	66
3. Die repressive Sanktionierung	73
E. Die Sanktionierung kartellrechtswidrigen Handelns	75
I. Grundlagen	75
II. Verwaltungsrecht	76
III. Zivilrecht	80
IV. Ordnungswidrigkeitenrecht	87
V. Strafrecht	92
F. Schluss	93

Schrifttum: *Dreher*, Die persönliche Außenhaftung von Geschäftsleitern auf Schadenersatz bei Kartellrechtsverstößen, WuW 2009, 133; *Dreher*, Die Aufsichtspflicht zur Vermeidung von Kartellrechtsverstößen, Compliance Report 10/2007, 2; *Dreher*, Kartellrechtscompliance, ZWeR 2004, 75; *Dreher*, Kartellrechtscompliance in der Versicherungswirtschaft, VersR 2004, 1; *Dreher*, Die kartellrechtliche Bußgeldverantwortlichkeit von Vorstandsmitgliedern – Vorstandshandeln zwischen aktienrechtlichem Legalitätsprinzip und kartellrechtlicher Unsicherheit, in FS Konzen, 2006, S. 85; *Dreher*, Überformung des Aktienrechts durch Rechtsprechung von Straf- und Verwaltungsgerichten?, AG 2006, 213; *Hauschka*, Der Compliance-Beauftragte im Kartellrecht, BB 2004, 1178; *Kapp*, Einfallstore des Kartellrechts in die Unternehmenspraxis, CCZ 2008, 11; *Kapp*, Kartellrecht in der Unternehmenspraxis, 2005; *Lampert*, Gestiegenes Unternehmensrisiko Kartellrecht – Risikoreduzierung durch Competition-Compliance-Programme, BB 2002, 2237; *Petry*, Kartellrechtliches Risikomanagement im System der Legalausnahme, 2008; *Wissmann/Dreyer/Witting*, Kartell-

und regulierungsbehördliche Ermittlungen im Unternehmen und Risikomanagement 2008.

A. Einführung

1 Zu den Themenbereichen, die im Rahmen der Managerhaftung immer größere Aufmerksamkeit finden, gehört vor allem das Kartellrecht. Dies folgt schon aus dem **behördlichen Sanktionspotential**, das das Kartellrecht kennt. Von praktischer Bedeutung ist auch die **erhebliche Rechtsunsicherheit**, die seit den Reformen des europäischen und deutschen Kartellrechts in den Jahren 2003 und 2005 in der Praxis besteht. Dazu kommt die **hohe Aufmerksamkeit**, die entsprechende Verfahren gegen Unternehmen oder Unternehmensangehörige **in der Öffentlichkeit** bei einem – zu Recht – grundsätzlich wettbewerbsfreundlichen Umfeld finden.

2 **Europäische und deutsche Kartellbehörden** verhängen in einer Vielzahl von Verfahren immer wieder sehr **hohe Bußgelder** gegen Unternehmen, aber auch gegen darin tätige Manager. Die Gesamtsumme aller gegen Unternehmen verhängten Bußgelder belief sich zum Beispiel in den Jahren 2005, 2006, 2007 sowie 2008 auf 683 Millionen Euro, 1,8 Milliarden Euro, 3,3 Milliarden Euro sowie 2,3 Milliarden Euro von Seiten der EG-Kommission und auf 160,7 Millionen Euro, 3,4 Millionen Euro, 433 Millionen Euro sowie 311 Millionen Euro von Seiten des Bundeskartellamts (BKartA). Mit einem Bußgeld i.H. von 1,06 Mrd. Euro gegen ein einzelnes Unternehmen wegen missbräuchlicher Ausnutzung einer marktbeherrschenden Stellung hat die EG-Kommission erst vor Kurzem auch diese Schallmauer durchbrochen.[1] Gegen persönlich Betroffene, gegen die allein das BKartA[2], nicht aber die EG-Kommission als europäische Kartellbehörde Bußgelder festsetzen kann, beläuft sich der Gesamtbetrag in den Jahren 2005 bis 2008 auf 7,9 Millionen Euro. Zu den als solchen schon empfindlichen Geldbeträgen kommt hinzu, dass diese bei den Unternehmen – bzw. bei den persönlich Betroffenen – steuerlich nicht als Betriebsausgaben absetzbar sind.[3]

3 Außer den deutschen und europäischen Kartellbehörden können auch die **Kartellbehörden der Staaten außerhalb der EU** entsprechende Sanktionen verhängen. Als Beispiel dient eine im Jahre 2004 vergleichsweise übernommene Strafzahlung von 160 Millionen US-$ durch einen großen deutschen Chip-Hersteller wegen eingeräumter Preisabsprachen in den USA. Hinzu kommt, dass ein und derselbe Verstoß sowohl von Drittländern (z.B. in den USA) als auch von der EG-Kommission sanktioniert werden kann, weil insoweit das Verbot der Doppelbestrafung nach der europäischen Rechtsprechung nicht greift.[4]

---

[1] EG-Kommission v. 13.5.2009 – COMP/C-3/37.990, WuW/E EU-V 1441 – Intel.
[2] Und theoretisch auch die Landeskartellbehörden.
[3] Vgl. §§ 4 Abs. 5 Nr. 8, 12 Nr. 4 EStG und §§ 8 Abs. 1 Satz 1, 10 Nr. 3 KStG sowie zu Geldbußen des BKartA BFH v. 24.7.1990 – VIII R 194/84, NJW 1991, 192 = FR 1990, 642 und zu Geldbußen der EG-Kommission FG Rheinland-Pfalz v. 15.7.2003 – 2 K 2377/01, FR 2004, 216; *Mack*, AG 2009, 365.
[4] So EuGH v. 29.6.2006 – Rs. C-308/04 P, Rz. 26 ff. – SLG Carbon und dazu *F. Immenga/ Jüttner*, ZWeR 2006, 400 ff.

Die kartellrechtlichen Sanktionsmöglichkeiten erschöpfen sich jedoch nicht in der Verhängung von Bußgeldern.[1] In neuerer Zeit, insbesondere nach einer Reform des deutschen Kartellrechts und entsprechenden Initiativen auf europäischer Ebene, wird das **Risiko zivilrechtlicher Schadenersatzansprüche** für Kartellverstöße[2] deutlich. Nachdem dieses Risiko früher als gering zu veranschlagen war, gilt heute das Gegenteil. Dies zeigen auch erste Verfahren der kollektiven Geltendmachung von zivilrechtlichen Schadenersatzansprüchen, so zum Beispiel gegen Unternehmen der Zementindustrie seit den Jahren 2005/2006 über 210 Mio. Euro.[3]

4

Zwar sind bestimmte Branchen – insbesondere solche im Bereich homogener Massengüter wie Zement[4], in denen Kartellierungen angeblich besonders „erfolgreich" umzusetzen sind – in den letzten Jahren häufig im Zusammenhang mit kartellrechtswidrigem Handeln aufgefallen. Jedoch zeigt ein Blick auf die Verfahren der letzten Jahre, dass **Verstöße gegen Kartellrecht in jeder Branche** und – wegen der Gebundenheit an das Handeln einzelner Unternehmensmitarbeiter – **grundsätzlich auch in jedem Unternehmen und in jeder Unternehmensvereinigung** drohen können. Dies gilt unabhängig von dem privatrechtlichen oder öffentlich-rechtlichen Charakter eines Unternehmens, unabhängig von seiner gesellschaftsrechtlichen Rechtsform und unabhängig von einer lediglich nationalen oder weitergehend europäischen oder sogar weltweiten Tätigkeit. So waren in den letzten Jahren unter anderem Unternehmen aus den Bereichen Chemie, Kreditwirtschaft, Versicherungswirtschaft, Reinigungsmittel, Brauerei, Luftfahrt, Graphit, Phosphat, Papier, Gips, Lebensmittel, Stahl, Möbel, Pappe, Kabel, Entsorgung, Kunstauktion und Post von Kartellverfahren betroffen.[5]

5

Vor diesem Hintergrund ergibt sich das **folgende Programm**: Zunächst ist das System des Kartellrechts mit den sich daraus ergebenden Rechtspflichten darzustellen (unten B., Rz. 7 ff.). Sodann sind besondere kartellrechtliche Risikobereiche bei der unternehmerischen Tätigkeit zu identifizieren (unten C., Rz. 29 ff.). Auf dieser Grundlage ist weiter nach den Möglichkeiten und Pflichten zu einer Vermeidung von Kartellrechtsverstößen, d.h. der präventiven Kartellrechtscompliance, zu fragen (unten D., Rz. 59 ff.). Schließlich sind noch die kartellrechtlichen Sanktionen, d.h. die gesetzlichen Reaktionen im Falle, dass es gleichwohl zu einem Kartellrechtsverstoß kommt, zu erörtern (unten E., Rz. 75 ff.).

6

---

1 In einigen EG-Staaten sind sogar Haftstrafen vorgesehen, z.B. im UK.
2 Vgl. unten Rz. 82 und 86. Hinzu kommen weitere mögliche zivilrechtliche Ansprüche, die auf Beseitigung und Unterlassung gerichtet sind. Diese haben auch bisher schon eine große Rolle im deutschen Kartellrecht gespielt. Sie sind in ihren Konsequenzen aber besser überschaubar als die teilweise exorbitanten Schadenersatzforderungen.
3 Vgl. FAZ v. 30.7.2005 Nr. 175, S. 11; v. 17.1.2006, Nr. 14, S. 14 und v. 22.2.2007, Nr. 45, S. 10.
4 Wegen Kartellen in der Zementindustrie hat das Bundeskartellamt im Jahre 1989 umgerechnet 120 Millionen Euro, im Jahre 1993 umgerechnet 190 Millionen Euro und im Jahre 2003 661 Millionen Euro an Bußgeldern verhängt.
5 Vgl. zu den einzelnen Verfahren die Tätigkeitsberichte des BKartA.

B. Das Kartellrecht und die sich daraus ergebenden Rechtspflichten

I. Einführung

1. Kartellrecht als Magna Charta der unternehmerischen Tätigkeit

7   Der **Wettbewerb** bildet in der Begriffsbildung durch von Hayek ein **Entdeckungsverfahren**. Seine Dynamik und Offenheit verhindern es also, dass er sich positiv definieren lässt. Wohin der Wettbewerb sich morgen entwickelt, ist heute noch unbekannt. Dies zeigen beispielhaft das Internet und die damit aufgeworfenen Wettbewerbsfragen – zum Beispiel in Form von Fragen nach dem Einfluss auf die herkömmliche Marktabgrenzung oder nach der Kartellbildung bei der Etablierung von gemeinsamen Einkaufsplattformen durch mehrere Unternehmen.[1]

8   Zwar **gelten mit dem Kartellrecht** auch für das „Entdeckungsverfahren Wettbewerb" **Regeln**. Sie unterscheiden sich jedoch – was selbst in wettbewerbsfreundlichen Bekenntnissen zur Marktwirtschaft als Wirtschaftsverfassung[2] zumeist verkannt wird – zum Beispiel von den Regeln des sportlichen Wettbewerbs fundamental. Denn anders als diese haben jene kein vorgegebenes Ziel und keine vorgegebenen Maßstäbe. Vielmehr entdeckt jeder Marktteilnehmer im Wettbewerb für sich Ziele und Maßstäbe. Diese verfolgt er in Ausübung der den Einzelnen gegebenen und auch rechtlich gewährleisteten Freiheit in bestmöglicher Weise. Dadurch verwirklicht er einerseits seine individuelle wirtschaftliche Handlungsfreiheit und trägt andererseits zu der bestmöglichen Allokation von Gütern und Leistungen in einem gesamtwirtschaftlichen Sinne bei. Anliegen des Kartellrechts ist es, diesen Raum individueller Freiheit und damit auch die mit dem Freiheitsgebrauch sich einstellenden gesamtwirtschaftlichen Ergebnisse zu schützen und zu gewährleisten. **Denn die Freiheit kann auch dazu gebraucht werden, sich selbst aufzuheben.** Dies belegt nichts besser als die Geschichte der Kartellbildung im ausgehenden 19. und beginnenden 20. Jahrhundert, als es auf Grund einer vollständigen Wettbewerbsfreiheit zu der Bildung unkündbarer Preis- und Quotenkartelle kam.

9   Indem das Kartellrecht die Wettbewerbsfreiheit schützt, ist es die **Magna Charta des Wettbewerbs**.[3] Sie gewährleistet die wirtschaftliche Tätigkeit der Unternehmen, Unternehmensvereinigungen und ihrer Mitarbeiter auf der Grundlage von Freiheit und Gleichheit. Unternehmerisches Handeln und Wettbewerb bedingen sich mithin gegenseitig. Dabei bezieht sich das Kartellrecht seinem **Regelungsanspruch** nach schon immer auf weit mehr als die bloße Verhinderung von Kartellbildung. Davon umfasst sind regelmäßig nämlich auch eine Kontrolle des ein-

---

1   Ausf. zur Erfassung dynamischer Marktentwicklungen *Dreher*, Die Kontrolle des Wettbewerbs in Innovationsmärkten, ZWeR 2009, 149 ff.
2   Vgl. zu der Frage der Wirtschaftsverfassung näher *Rittner/Dreher*, Europäisches und deutsches Wirtschaftsrecht, 3. Aufl. 2008, § 2.
3   Vgl. ausführlich zum Rang des Wettbewerbs *Rittner/Dreher*, Europäisches und deutsches Wirtschaftsrecht, 3. Aufl. 2008, § 14 Rz. 39 ff.; *Dreher*, WuW 1997, 949 ff.; *Dreher*, WuW 1998, 656 ff.

seitigen Missbrauchs einer marktbeherrschenden Stellung und eine Kontrolle des externen Wachstums von Unternehmen durch Zusammenschlüsse. In diesem Sinne steht der Ausdruck Kartellrecht als Abbreviatur **für das gesamte Recht gegen Wettbewerbsbeschränkungen**. Dem entspricht die Bezeichnung des deutschen Kartellgesetzes, die bereits der Gesetzgeber des Jahres 1957 als „Gesetz gegen Wettbewerbsbeschränkung" (GWB) festgelegt hatte.

2. Die nationale, europäische und internationale Dimension des Kartellrechts

Die kartellrechtlichen Pflichtenstandards sind insoweit mehrdimensional, als unternehmerisches Handeln auf nationaler, europäischer und internationaler Ebene jeweils auf Kartellrecht stößt. Im **internationalen Bereich** sind die Kartellrechte der mittlerweile etwa 90 Staaten mit eigenem Kartellrecht in Inhalt und Geltungsanspruch durchaus unterschiedlich ausgestaltet. Die bereits angeführten und nachfolgend kurz darzustellenden grundlegenden Prinzipien des Kartellrechts mit dem grundsätzlichen Verbot der Bildung von Kartellen und des Missbrauchs marktbeherrschender Stellungen sowie von Zusammenschlüssen mit wettbewerbsbeschränkenden Wirkungen finden sich jedoch in den meisten Kartellrechten.

Regelmäßig folgen die Kartellrechte dabei dem so genannten **Auswirkungsprinzip**. Nach dieser – oft auch dem angelsächsischen Sprachgebrauch folgend als effects-doctrine bezeichneten – Regel findet das jeweilige Kartellrecht auf alle Verhaltensweisen Anwendung, die sich im Geltungsbereich des jeweiligen Gesetzes auswirken. Dies gilt auch dann, wenn sie außerhalb dessen veranlasst worden sind. Für das deutsche Kartellrecht findet sich die Regel in § 130 Abs. 2 GWB. Im europäischen Kartellrecht ist sie auf Grund der Rechtsprechung des europäischen Gerichtshofs (EuGH) ebenso anwendbar. Gleiches gilt zum Beispiel für das US-amerikanische Recht.

Soweit das Kartellrecht das unternehmerische Verhalten mit einzelnen Regelungen zu unzulässigem oder zulässigem Verhalten betrifft, spricht man von **materiellem Kartellrecht**. So gilt zum Beispiel die Regel des Verbots der „Preisbindung der zweiten Hand". Diese Regel bedeutet, dass beim eigenen Waren- oder Dienstleistungsabsatz in den Verträgen mit dem Abnehmer grundsätzlich nicht festgelegt werden darf, welche Preise dieser im Wettbewerb auf der nachfolgenden Marktstufe zu verlangen hat. Diese wie auch alle anderen Regeln des materiellen Kartellrechts bedürfen, wenn sie nicht von selbst beachtet werden, der Durchsetzung in bestimmten Verfahren. Derartige **Durchsetzungsregeln** gehören zu einem anderen Teil des Kartellrechts, demjenigen des **Kartellverfahrensrechts**. Es regelt unter anderem die behördlichen und gerichtlichen Zuständigkeiten, die Verfahren und die dafür geltenden Grundsätze, die Rechtsbehelfe sowie die Beteiligung Dritter am Verfahren.[1] Das Kartellverfahrensrecht ist eine Materie, die erst zur Anwendung kommt, wenn sich eine kartellrechtliche Managerhaftung mögli-

---

1 Vgl. vor allem für Deutschland §§ 54ff. GWB und für Europa die VO 1/2003 sowie die FKVO.

cherweise bereits verwirklicht hat. Es ist daher im vorliegenden Zusammenhang nicht weiter zu berücksichtigen. Allerdings zeigt sich, dass die Kartellrechtscompliance z.b. mit den rechtlichen Anforderungen an das Verhalten bei Durchsuchungen und Beschlagnahme sowie den – erheblichen – Rechtsfolgen bei Versuchen, Unterlagen zu unterdrücken oder zu vernichten[1], auch eine verfahrensrechtliche Dimension hat.

13 Das **deutsche** und das **europäische Kartellrecht**, auf die sich die nachfolgende kurze Darstellung beschränken muss[2], sind seit der letzten Kartellrechtsnovelle in Deutschland im Jahre 2005 in ihren materiellrechtlichen Teilen **weitgehend deckungsgleich**.[3] Abweichungen ergeben sich noch durch einige Sonderregelungen des deutschen Rechts für einseitiges Verhalten marktmächtiger Unternehmen und für die Zusammenschlusskontrolle.

14 Im **Verhältnis von deutschem und europäischem Kartellrecht** findet letzteres (zusätzlich) Anwendung und hat den Vorrang, wenn ein Sachverhalt, der sich im Inland abspielt oder auswirkt, den zwischenstaatlichen Handel in der Europäischen Gemeinschaft zu beeinträchtigen geeignet ist.[4] Dies ist auf Grund einer sehr großzügigen Auslegung der Zwischenstaatlichkeitsklausel durch den EuGH (vgl. unten Rz. 21) und der zunehmenden Verflechtung der europäischen Wirtschaft heute fast immer der Fall. So genügt es in der Regel für die Anwendbarkeit des europäischen Kartellrechts, dass das Gebiet eines gesamten Mitgliedstaats oder – bei großen Mitgliedstaaten – ein wesentlicher Teil davon, zum Beispiel ein deutsches Bundesland, von einer Wettbewerbsbeschränkung betroffen ist. Nur in dem Bereich der Zusammenschlusskontrolle findet sich eine davon abweichende Regelung. Hier gilt abhängig von Größenkriterien entweder das deutsche oder das europäische Kartellrecht.

II. Das materielle Kartellrecht

1. Das Kartellverbot

15 Das Kartellverbot in Art. 81 Abs. 1 EG bzw. § 1 GWB bildet den zentralen Regelungskomplex sowohl des europäischen als auch des deutschen Kartellrechts. Nach ihm sind wettbewerblich spürbare wettbewerbsbeschränkende **Vereinbarungen, Beschlüsse und abgestimmte Verhaltensweisen von Unternehmen auf horizontaler und vertikaler Ebene grundsätzlich untersagt**, sofern nicht die wettbewerbsfördernden Auswirkungen überwiegen und deshalb eine Freistellung nach Art. 81 Abs. 3 EG bzw. §§ 2, 3 GWB erfolgt. Liegen die tatbestandlichen Voraussetzungen des Kartellverbots vor, ohne dass eine Freistellung möglich ist, drohen den beteiligten Unternehmen – sowie zum Teil auch den persönlich Ver-

---

1 Vgl. dazu *Kapp/Schlump*, BB 2008, 2478.
2 Vgl. als ausführliche allgemein verständliche Darstellung *Kapp*, Kartellrecht in der Unternehmenspraxis, 2005.
3 Zur Deckungsgleichheit mit den Kartellrechten der anderen Mitgliedstaaten der EG vgl. näher *Dreher*, Gemeineuropäisches Kartellrecht, in FS Söllner, 2000, S. 217 ff.
4 Vgl. Art. 81, 82 EG-Vertrag.

antwortlichen neben der Unwirksamkeit von Absprachen vor allem Bußgelder und zivilrechtliche Klagen. Horizontale Wettbewerbsbeschränkungen sind dabei solche, die zwischen Wettbewerbern, also Unternehmen auf der gleichen Marktstufe erfolgen. Vertikale Wettbewerbsbeschränkungen beziehen sich dagegen auf das Verhältnis von Unternehmen auf unterschiedlichen Marktstufen.

Nach Art. 81 Abs. 1 EG und § 1 GWB erfasst das Kartellverbot Verstöße in drei Begehungsformen, nämlich als „**Vereinbarungen** zwischen Unternehmen, **Beschlüsse** von Unternehmensvereinigungen und **aufeinander abgestimmte Verhaltensweisen**". Letztere bilden eine Art Auffangtatbestand für alle Wettbewerbsbeschränkungen, die nicht in Form fester Vereinbarungen oder Beschlüsse erfolgen.[1] 16

Alle diese Verhaltensweisen müssen nach Art. 81 Abs. 1 EG bzw. § 1 GWB „**eine Verhinderung, Einschränkung oder Verfälschung des Wettbewerbs bezwecken oder bewirken**", um dem Kartellverbot zu unterfallen. Diese mehreren Möglichkeiten, das Wettbewerbsgeschehen zu beeinträchtigen, werden unter dem Oberbegriff der Wettbewerbsbeschränkung zusammengefasst. 17

Bevor das Verbot greift, muss aber noch eine weitere, von der Rechtsprechung entwickelte Voraussetzung erfüllt sein: EuGH und BGH gehen nämlich übereinstimmend davon aus, dass das Verhalten der Beteiligten **wettbewerblich spürbar** sein muss.[2] Eine nur „gedanklich vorstellbare"[3] oder nur unerhebliche Beeinflussung der Marktverhältnisse genügt für die Anwendung des Kartellverbots also nicht. Erforderlich ist vielmehr eine „nach allgemeiner wirtschaftlicher Erfahrung"[4] vorstellbare Wirkung. 18

Für das Europäische Kartellrecht hat die EG-Kommission eine **Bagatellbekanntmachung** zur Konkretisierung des Spürbarkeitskriteriums erlassen.[5] Darin hat sie sich selbst dahingehend gebunden, dass es bei horizontalen Wettbewerbsbeschränkungen an der Spürbarkeit fehlt, wenn die beteiligten Unternehmen insgesamt auf keinem der betroffenen Märkte einen Marktanteil von 10 % überschreiten. Für vertikale Wettbewerbsbeschränkungen liegt die Schwelle der 19

---

1 Nach der Rechtsprechung kann jedoch eine „Willensübereinstimmung bereits dann angenommen werden, wenn die Beteiligten von einer auf außerrechtlichen Faktoren wie kaufmännischer Anständigkeit, wirtschaftlicher Rücksichtnahme, Solidaritätsbewusstsein oder moralischem Druck beruhenden Bindungswirkung ausgehen", so OLG Düsseldorf v. 6.5.2004 – Kart 41–43 und 45–47/01, WuW/E DE-R 1315, 1318 – Berliner Transportbeton I, m.w.N.
2 So schon EuGH v. 9.7.1969 – Rs. 5/69, Slg. 1969, 295 = WuW/E EWG/MUV 219, 222 – Völk und aus neuerer Zeit z.B. EuGH v. 7.12.2000 – Rs. C-214/99, Slg. 2000 I, 11121 Rz. 25 ff. = WuW/E EU-R 381 – Nestle/Yötuuli Ky; aus der Rechtsprechung des BGH vgl. z.B. BGH v. 12.3.1991 – KVR 1/90, BGHZ 114, 40, 52 = WuW/E BGH 2697 – Golden Toast; aus der Literatur z.B. *Kling/Thomas*, Grundkurs Wettbewerbs- und Kartellrecht, 2004, S. 334 f. und 530 f.
3 So BGH v. 14.10.1976 – KZR 36/75, BGHZ 68, 6, 11 = WuW/E BGH 1458, 1462 – Fertigbeton.
4 So BGH v. 12.3.1991 – KVR 1/90, BGHZ 114, 40, 52 = WuW/E BGH 2697 – Golden Toast.
5 ABl. EG Nr. C 368 v. 22.12.2001, S. 13 = WuW 2002, 146, so genannte de minimis-Bekanntmachung.

Marktanteile auf Grund der geringeren wettbewerblichen Gefährdungslage höher. Hier fehlt die Spürbarkeit daher erst, „wenn der von jedem der beteiligten Unternehmen gehaltene Marktanteil auf keinem der von der Vereinbarung betroffenen relevanten Märkte 15 % überschreitet." Sofern der Wettbewerb auf einem Markt allerdings durch zahlreiche gleichartige Vereinbarungen beschränkt wird, sind die kumulativen Wirkungen maßgebend. Im Falle eines solchen Bündeleffekts gelten für horizontale und vertikale Wettbewerbsbeschränkungen einheitlich Marktanteilsschwellen von 5 %, sofern nicht weniger als 30 % des relevanten Marktes von gleichartigen Vereinbarungen erfasst werden. Die Regelungen der Bagatellbekanntmachung gelten jedoch nicht, wenn eine Vereinbarung eine **Kernbeschränkung** enthält. Damit sind vor allem so genannte hardcore-Kartelle gemeint, also Preis-, Quoten-, Gebiets- oder Kundenkartelle oder im Vertikalbereich die Beschränkung des Abnehmers beim Weiterverkauf in der eigenen Preisbildung.[1]

20 Ob der **EuGH**, der bisher keinen abschließenden Katalog solcher quantitativen Spürbarkeitsschwellen entwickelt hat, den Festlegungen der Kommission in der Bagatellbekanntmachung in einem konkreten Fall folgen würde, ist bis heute offen. Aus der Rechtsprechung des EuGH lässt sich aber ableiten, dass die Spürbarkeit jedenfalls bei vertikalen Kernbeschränkungen zu prüfen ist, so dass insoweit wohl ein großzügigerer Maßstab als in der Bagatellbekanntmachung der Kommission gilt.[2] Sofern ein Sachverhalt keine grenzüberschreitenden Wirkungen hat, sind **nationale Kartellbehörden und Gerichte** von der Bagatellbekanntmachung ohnehin nicht betroffen.

21 Mit der **Zwischenstaatlichkeit** ist zugleich eine letzte Voraussetzung angesprochen, die ein Sachverhalt erfüllen muss, damit das Europäische Kartellrecht eingreift. Denn die Verbote in Art. 81 und 82 EG beziehen sich nur auf Wettbewerbsbeschränkungen, „welche den Handel zwischen Mitgliedstaaten zu beeinträchtigen geeignet sind". Diese Voraussetzung ist allerdings im Hinblick auf eine sehr großzügige Rechtsprechung des EuGH schnell erfüllt. Danach genügt es, dass eine Maßnahme auf Grund einer Gesamtbetrachtung den Wirtschaftsverkehr zwischen den Mitgliedstaaten unmittelbar oder mittelbar, tatsächlich oder möglicherweise nachteilig beeinflusst.[3]

2. Das Verbot des Missbrauchs einer marktbeherrschenden Stellung

22 Das Kartellverbot wendet sich gegen die Koordinierung des Verhaltens solcher Unternehmen im Wettbewerb, die auf gleichen oder auf unterschiedlichen Märkten tätig sind. Es setzt also die Beteiligung von mindestens zwei Unternehmen voraus. Ein **einzelnes Unternehmen** kann dagegen sein Wettbewerbsverhalten grundsätzlich ohne Einschränkungen selbst bestimmen, sofern es sich – von den besonderen kartellrechtlichen Anforderungen abgesehen – im Rahmen der

---
1 Vgl. Nr. 11 Bagatellbekanntmachung.
2 EuGH v. 9.7.1969 – Rs. 5/69, Slg. 1969, 295 = WuW/E EWG/MUV 219, 222 – Völk.
3 Vgl. EG-Kommission, Leitlinien zur Zwischenstaatlichkeit, ABl. EU Nr. C 101 v. 27.4. 2004, S. 81, sowie *Bechtold/Bosch/Brinker/Hirsbrunner*, EG-Kartellrecht, 2. Aufl. 2009, Art. 81 EG Rz. 102 ff. m.w.N.

allgemeinen Gesetze hält. Eine ganz wesentliche Ausnahme von diesem Grundsatz enthält allerdings das Kartellrecht für Unternehmen, die eine marktbeherrschende Stellung innehaben. Für diese Unternehmen gilt nach Art. 82 EG bzw. §§ 19, 20 GWB das **Verbot des Missbrauchs der marktbeherrschenden Stellung**. Kartellrechtliche Vorgaben bestehen insoweit also auch für einseitiges Handeln (vgl. näher unten Rz. 39 ff.).

Eine marktbeherrschende Stellung hat der EuGH wie folgt **definiert**: „(...) ist die wirtschaftliche Machtstellung eines Unternehmens gemeint, die dieses in die Lage versetzt, die Aufrechterhaltung eines wirksamen Wettbewerbs auf dem relevanten Markt zu verhindern, indem sie ihm die Möglichkeit verschafft, sich seinen Wettbewerbern, seinen Abnehmern und letztlich den Verbrauchern gegenüber in einem nennenswerten Umfang unabhängig zu verhalten. Eine solche Stellung schließt (...) einen gewissen Wettbewerb nicht aus, versetzt aber die begünstigte Firma in die Lage, die Bedingungen, unter denen sich dieser Wettbewerb entwickeln kann, zu bestimmen oder wenigstens merklich zu beeinflussen, jedenfalls aber weitgehend in ihrem Verhalten hierauf keine Rücksicht nehmen zu müssen, ohne dass ihr dies zum Schaden gereichte."[1] Maßgebend für die Annahme einer marktbeherrschenden Stellung ist also die **weitgehend unabhängige Stellung** eines Unternehmens auf dem jeweiligen Markt.

23

Nach deutschem Kartellrecht unterliegt einseitiges Handeln von Unternehmen einer kartellrechtlichen Kontrolle auch **unterhalb der Schwelle der Marktbeherrschung**. Voraussetzung hierfür ist nach § 20 Abs. 2, 4 und 5 GWB das Vorhandensein von Marktmacht. Davon ist bei § 20 Abs. 2 GWB auszugehen, wenn von einem Unternehmen „kleine oder mittlere Unternehmen als Anbieter oder Nachfrager einer bestimmten Art von Waren oder gewerblichen Leistung in der Weise abhängig sind, dass ausreichende und zumutbare Möglichkeiten, auf andere Unternehmen auszuweichen, nicht bestehen", bzw. bei § 20 Abs. 4 GWB, dass das Unternehmen gegenüber kleinen und mittleren Unternehmen eine „überlegene Marktmacht" besitzt.[2]

24

3. Die Kontrolle wettbewerbsbeschränkender Zusammenschlüsse

Sofern Unternehmen **intern wachsen**, stoßen sie an die Grenzen des Kartellrechts erst dann, wenn sie auf einem Markt eine beherrschende Stellung erlangen oder – nach deutschem Kartellrecht – eine relative Marktmacht besitzen und diese Stellung missbrauchen (s. oben Rz. 22 ff.). Anders stellt sich das Kartellrecht hingegen zu **externem Wachstum durch Zusammenschlüsse**. Dabei sind Zusammenschlüsse im Sinne des Kartellrechts nicht nur Fusionen, d.h. Verschmelzungen im gesellschaftsrechtlichen Sinne. Vielmehr kann auch der Erwerb von Unternehmenskontrolle, Unternehmensanteilen, Unternehmensvermögen oder jede sonstige Verbindung von Unternehmen, auf Grund deren ein oder mehrere

25

---

1 EuGH v. 15.2.1979 – Rs. 85/76, Slg. 1979, 461 Rz. 38 f. = WuW/E EWG/MUV 447 – Hoffmann-La Roche = Vitamine; vgl. dazu *Rittner/Dreher*, Europäisches und deutsches Wirtschaftsrecht, 3. Aufl. 2008, § 19 Rz. 23 ff.
2 Ausf. zum Ganzen *Rittner/Dreher*, Europäisches und deutsches Wirtschaftsrecht, 3. Aufl. 2008, § 20.

Unternehmen unmittelbar einen wettbewerblich erheblichen Einfluss auf ein anderes Unternehmen ausüben können (auch Minderheitsbeteiligungen), den Zusammenschlussbegriff erfüllen. Derartige Zusammenschlüsse **unterliegen**, sofern sie bestimmte Größenkriterien erfüllen, einer **Zulässigkeitskontrolle** beim BKartA bzw. der EG-Kommission.[1]

26 Zusammenschlüsse unterfallen – abhängig von Größenkriterien – entweder der europäischen Zusammenschlusskontrolle nach der Fusionskontrollverordnung (FKVO)[2], der deutschen Zusammenschlusskontrolle nach §§ 35 ff. GWB oder sind – wenn die Größenkriterien beider Zusammenschlussregime nicht erfüllt sind – im Hinblick auf FKVO und GWB kontrollfrei. Dieses **one stop shop-Prinzip**[3] stellt für die Unternehmen im Verhältnis zu den anderen Bereichen des Kartellrechts, wo europäisches und deutsches Kartellrecht parallel angewendet werden kann, eine Erleichterung dar. Auf große Zusammenschlüsse, die zudem mehrere Mitgliedstaaten betreffen, findet grundsätzlich nur die FKVO Anwendung. Die Aufgreifschwelle für die Zusammenschlusskontrolle nach deutschem Recht liegt nach § 35 Abs. 1 GWB grundsätzlich bei weltweiten Umsatzerlösen der beteiligten Unternehmen im letzten Geschäftsjahr vor dem Zusammenschluss von insgesamt mehr als 500 Millionen Euro und einem Mindestumsatz von mehr als 25 Millionen Euro eines beteiligten Unternehmens sowie von mehr als 5 Millionen Euro eines anderen beteiligten Unternehmens im Inland.[4] Stets ist für die Unternehmenspraxis zu beachten, dass Zusammenschlüsse auch außerhalb der EG (z.B. in den USA) zusammenschlusskontrollpflichtig sein können.

27 Die **materiellen Beurteilungsmaßstäbe** der europäischen und der deutschen Zusammenschlusskontrolle fallen seit dem Jahr 2004 auseinander. Gleichwohl wirkt sich dies auf die Beurteilung eines Vorhabens in der ganz überwiegenden Zahl der Fälle nicht aus. Nach europäischem Kartellrecht, d.h. nach der FKVO, dürfen Zusammenschlüsse nicht zu einer erheblichen Behinderung wirksamen Wettbewerbs im Gemeinsamen Markt oder einem wesentlichen Teil desselben führen.[5] Materielles Kriterium der deutschen Zusammenschlusskontrolle ist, ob von einem Zusammenschluss „zu erwarten ist, dass er eine marktbeherrschende Stellung begründet oder verstärkt."[6]

28 In der Praxis werden Zusammenschlüsse nicht geplant oder durchgeführt, ohne dass die Rechtsabteilung des beteiligten Unternehmens oder externe kartellrechtliche Berater eingeschaltet sind. **Für Manager** ergeben sich daher aus der Geltung der Zusammenschlusskontrolle **in der Regel keine besonderen Risiken**. Erforderlich ist es **jedoch**, zu **wissen**, dass Zusammenschlusskontroll-Regelungen gelten

---

1 Vgl. ausf. z.B. *Schulte* (Hrsg.), Handbuch Fusionskontrolle, 2005.
2 FKVO Nr. 139/2004, ABl. EU Nr. L 24 v. 29.1.2004, S. 1 m. spät. Änd.
3 Vgl. Art. 21 Abs. 2 FKVO bzw. § 35 Abs. 3 GWB.
4 Für Verlagsunternehmen können niedrigere Schwellenwerte gelten, vgl. § 38 Abs. 3 GWB, bei Handelsunternehmen höhere, vgl. § 38 Abs. 2 GWB.
5 Vgl. Art. 2 Abs. 3 und 3 FKVO, so genannter SIEC-Test (Significant Impediment to Effective Competition), vgl. näher *Rittner/Dreher*, Europäisches und deutsches Wirtschaftsrecht, 3. Aufl. 2008, § 22 Rz. 18, 59 ff., 72.
6 Vgl. § 36 Abs. 1 GWB.

und zu beachten sind sowie – vor allem – dass Zusammenschlüsse erst verwirklicht, d.h. in kartellrechtlicher Terminologie vollzogen werden dürfen, wenn ihre kartellrechtliche Zulässigkeit geklärt ist. Alle Abreden bis zu diesem Zeitpunkt müssen aufschiebend bedingt getroffen werden. Auch ein Austausch wettbewerbserheblicher Informationen darf erst danach erfolgen. Die Kartellbehörden verhängen in ständiger Rechtspraxis gegen Unternehmen oder – nach deutschem Recht – Manager empfindliche Bußgelder, wenn diese – sei es absichtlich oder auch nur aus Nachlässigkeit – nicht sicherstellen, dass das Vollzugsverbot beachtet wird.

C. Besondere kartellrechtliche Risiken bei der Managertätigkeit

I. Die Existenz kartellrechtlich besonders gefahrgeneigter Bereiche

Das **Kartellrecht betrifft grundsätzlich das gesamte unternehmerische Handeln** und damit auch das Unterlassen von entsprechenden Handlungspflichten. **Gleichwohl** lassen sich einzelne Tätigkeitsfelder, Handlungsstrategien und Denkmuster identifizieren, die typischerweise in gesteigertem Maße kartellrechtliche Risiken für Manager mit sich bringen. Diese von vornherein **gefahrgeneigten Bereiche** bedürfen einerseits der besonderen Hervorhebung. Ansonsten drohen sie im Bewusstsein der unternehmerisch Tätigen, in deren Denken das Kartellrecht nur einen von zahlreichen Parametern darstellt, angesichts des Umfangs und der Komplexität der Materie leicht unterzugehen. Andererseits darf eine solche Hervorhebung besonders gefahrgeneigter Bereiche aber nicht dazu führen, dass der zuvor genannte Ausgangspunkt, dass das Kartellrecht das gesamte Wirtschaftsleben betrifft, in Vergessenheit gerät. 29

II. Die zwei kategorischen Imperative der wettbewerbsbezogenen Managertätigkeit

Im Wettbewerb gelten aus kartellrechtlicher Sicht **zwei zentrale Grundsätze, deren Bedeutung nicht zu überschätzen ist**. Ihre Beachtung kann gleichzeitig dazu führen, kartellrechtliche Risiken in sehr vielen Bereichen zu minimieren, in denen Manager wettbewerbsbezogen handeln. Sie stellen daher die beiden kategorischen Imperative der wettbewerbsbezogenen Managertätigkeit dar. Ihre Kenntnis und ihre Beachtung ist dementsprechend unabdingbar. 30

Der **erste Grundsatz** ist derjenige des **Selbständigkeitspostulats**. Der EuGH[1] geht in ständiger Rechtsprechung von folgendem aus: „Jeder unmittelbaren oder mittelbaren Fühlungnahme zwischen Unternehmen, die bezweckt oder bewirkt, ... Mitbewerber über das Marktverhalten ins Bild zu setzen, das man selbst an den Tag zu legen entschlossen ist oder in Erwägung zieht", steht der „Grundgedanke der Wettbewerbsvorschriften des Vertrags (entgegen), wonach jeder Unternehmer 31

---
1 Vgl. EuGH v. 16.12.1975 – Rs. 40 et al., Slg. 1975, 1663 Rz. 173 f. = WuW/E EWG/MUV 347 – Zucker und ebenso die nachfolgende Rechtsprechung.

selbständig zu bestimmen hat, welche Politik er auf dem Gemeinsamen Markt zu betreiben gedenkt".

32 Das Selbständigkeitspostulat **verbietet** also im Sinne eines kategorischen Imperativs jede **Koordinierung des eigenen Wettbewerbsverhaltens mit dem Verhalten anderer**. Denn Ziel einer solchen Verhaltenskoordinierung ist immer, die Unsicherheiten zu beseitigen, die dem Wettbewerb immanent sind. Erfolge und Misserfolge unternehmerischer Tätigkeit sind bei einem funktionierenden Wettbewerb zwingend auf eigenes Tun oder Unterlassen zurückzuführen. Wer sich mit anderen über das Wettbewerbsgeschehen abspricht, abstimmt oder über Dritte – zum Beispiel einen Unternehmensverband – koordiniert, beschränkt den Wettbewerb zu Lasten derjenigen Wettbewerbsteilnehmer, die allein auf ihre eigenen Kräfte vertrauen und zu Lasten der vor- oder nachgelagerten Marktstufe, d.h. der Lieferanten oder der Abnehmer, sowie aller weiter Betroffenen.

33 Eng verwandt mit dem Selbständigkeitspostulat ist ein **zweiter Grundsatz**, der des **Geheimwettbewerbs**. Er ist zwar ansatzweise bereits im Selbständigkeitspostulat enthalten, wurde jedoch – vor allem in der deutschen Rechtsprechung – entwickelt[1], um einen für das Wettbewerbsgeschehen und damit auch das Verhalten der unternehmerisch Tätigen besonders bedeutsamen Umstand hervorzuheben und zugleich ein Kriterium zu haben, nach dem sich der Wettbewerbscharakter eines Verhaltens beurteilen lässt. Ein Unternehmen, das sich im Wettbewerb grundsätzlich selbständig verhält, berücksichtigt dabei eine Vielzahl von Wettbewerbsparametern. Diese Umstände, die das eigene Wettbewerbsverhalten beeinflussen, bilden die Basis der unternehmerischen Tätigkeit. Welche Folgerungen ein Unternehmen daraus zieht, ob es zum Beispiel ein neues Produkt plant, einführt oder Preise sowie Konditionen verändert, ist allein Gegenstand eigener Entscheidungen. Mit anderen Worten beruht der Wettbewerb darauf, dass **jedes Unternehmen seine wettbewerbsbezogenen Absichten und sein entsprechendes Wissen** für sich alleine bildet und gewinnt sowie – jenseits notwendiger Bekanntgabe zum Beispiel mit der Einführung eines Produkts am Markt – **für sich behält**. Dementsprechend sind z.B. die Bereiche von F&E, know how, Patentvorbereitung etc. in besonderem Maße sensible und vertrauliche Bereiche. Aber auch jenseits dessen sind alle Daten, die die Unsicherheit im Wettbewerb zwischen Wettbewerbern beseitigen, grundsätzlich geheimhaltungsbedürftig. Der Wettbewerb ist mit anderen Worten ein Geheimwettbewerb.

III. Einzelne Problemfelder

1. Der Informationsaustausch

34 Information ist alles – im Wettbewerb und damit auch bei der unternehmerischen Tätigkeit. Manager erzeugen und empfangen täglich eine Vielzahl wettbewerbs-

---

[1] BGH v. 29.1.1975 – KRB 4/74, WuW/E BGH 1337, 1342 – Aluminium-Halbzeug; und ausführlich *Dreher*, Die wettbewerbsrechtliche Zulässigkeit der Information über Marktdaten, in FIW (Hrsg.), Bewertung und Zulässigkeit von Marktinformationsverfahren, 1992, S. 15 ff.

relevanter Informationen und geben solche Informationen auch an andere Personen weiter. Gleichzeitig gelten für den Wettbewerb jedoch das Selbständigkeitspostulat und der Grundsatz des Geheimwettbewerbs. Daher kann bereits jede **Abweichung vom Geheimwettbewerb** einen Verstoß gegen das Kartellrecht bedeuten, auch wenn damit keine zusätzliche konkrete Abrede über ein bestimmtes Verhalten verbunden ist oder ihm keine solche Abrede folgt. Eine solche Abweichung stellt insbesondere der **Austausch wettbewerbserheblicher Informationen zwischen Wettbewerbern** dar.

Die kartellrechtliche Sensibilität der Frage, welche Informationen mit Wettbewerbern direkt oder über Verbände ausgetauscht werden dürfen, muss daher **jedem Manager**, aber darüber hinaus auch jedem wettbewerbserheblich tätigen Unternehmensmitarbeiter vertraut sein. Unternehmensindividuelle Kartellrechtscompliance-Richtlinien müssen hierzu einen Abschnitt enthalten. 35

Im Kern lässt sich die kartellrechtliche **Lage dahingehend zusammenfassen,** dass **unproblematisch** nur der Austausch statistischer Angaben ohne Individualisierungsmöglichkeit ist. Jeder Austausch von zukunftsbezogenen, d.h. potentiell verhaltensbeeinflussenden Informationen ist ebenso **verboten** wie der Austausch solcher Informationen, die auf vergangenes oder gegenwärtiges Wettbewerbshandeln einzelner Unternehmen schließen lassen. **Maßgebend** ist daher die mögliche Identifizierbarkeit des unternehmerischen Verhaltens bestimmter Marktteilnehmer oder der möglicherweise verhaltenslenkende Charakter von Informationen. Diese Kriterien sind umso eher erfüllt, je weniger Unternehmen von der Statistik betroffen sind, je aktueller die Informationen sind, je kurzfristiger die Bezugszeiträume sind – zum Beispiel je nach Marktgegebenheiten Jahres-, Quartals- oder auch Monatsangaben – und je marktnäher sie sind, wie zum Beispiel Preise und Absatzzahlen. Der EuGH hat zuletzt schon ein einmaliges Treffen von Wettbewerbern, bei dem vertrauliche Informationen zur Sprache kamen, als Verstoß gegen das Kartellverbot angesehen. Zugleich gelte in einem solchen Fall die Vermutung, dass der Informationsaustausch zu einem wettbewerbswidrigen Marktverhalten geführt habe.[1] 36

2. Die Vertrags- und insbesondere die Vertriebsgestaltung

Unternehmerisches Verhalten führt zu einer Vielzahl von Verträgen. Ihre Vorbereitung, ihr Abschluss und ihre Durchführung sind jeweils **mit kartellrechtlichen Risiken behaftet**. Denn Gegenstand von Verträgen sind regelmäßig auch Klauseln, die die wirtschaftliche Handlungsfreiheit von Vertragspartnern betreffen. **Beispiele** sind Spezialisierungen, Vergemeinschaftungen bestimmter unternehmerischer Tätigkeiten, Wettbewerbsverbote, Kundenschutz und Technologietransfer. Ganz besonders „kartellrechtsanfällig" sind dabei Vertriebsverträge. 37

In der Regel werden Verträge von der Rechtsabteilung des Unternehmens (mit) vorbereitet. Die mit dem Abschluss von Verträgen verbundenen kartellrechtlichen Risiken werden sich daher auf Grund einer umfassenden Rechtsprüfung 38

---
1 EuGH v. 4.6.2009 – Rs. C-8/08, WuW/E EU-R 1589 – T-Mobile Netherlands/NMa.

meist nicht verwirklichen. Gleichwohl können **Kartellrechtsfragen schon weit im Vorfeld** einer solchen Vertragskonkretisierung auftreten – zum Beispiel in Form von Abreden bei Absichtserklärungen im Hinblick auf Verträge durch Manager, die bereits im Vorfeld eines endgültigen Vertrags praktiziert werden.

3. Die Managertätigkeit bei Unternehmen mit marktbeherrschenden Stellungen

39 Adressaten des Kartellrechts, die **besonderen Anforderungen** unterliegen, sind marktbeherrschende Unternehmen und deren Manager (s. oben Rz. 22 ff.). Zwar sind marktbeherrschende Stellungen in vielen Märkten eher ein fern liegendes Ziel als Realität. Und auch gegen das Erreichen und Behalten einer solchen Stellung ist kartellrechtlich nichts einzuwenden. Jedoch finden sich in der Praxis aus kartellrechtlicher Sicht mehr Unternehmen mit marktbeherrschenden Stellungen, als auf Anhieb zu vermuten ist.

40 Kartellrechtliches **Kriterium** für eine marktbeherrschende Stellung ist nämlich der jeweils **relevante Markt**. Dieser ist in sachlicher, in räumlicher und – selten – in zeitlicher Hinsicht zu bestimmen. Seine Grenze hat er dort, wo aus der Sicht der Marktgegenseite, d.h. grundsätzlich der Nachfrager, ein Ausweichen auf andere Produkte oder Leistungen in gegenständlicher oder geografischer Sicht nicht ohne weiteres in Betracht kommt.

41 **Alle Unternehmen** sind daher **auf einer Vielzahl kartellrechtlich relevanter Märkte tätig**. Und wenn zum Beispiel Straßenverkaufszeitungen und Abonnementzeitungen ebenso jeweils einen getrennten Markt bilden wie Neureifen und runderneuerte Reifen oder wie Haftpflichtversicherungen und Lebensversicherungen[1], dann ist leicht vorstellbar, dass dies auch für Unternehmen, deren Tätigkeit sich auf eine Wirtschaftsbranche beschränkt, gilt. Infolgedessen kommt es bei kartellrechtlich grundsätzlich eher eng abgegrenzten Märkten auch leichter zu marktbeherrschenden Stellungen für einzelne Waren oder Dienstleistungen.

42 Hinzu kommt, dass die **Schwelle der Marktbeherrschung** ebenfalls schnell erreicht ist. Denn Gradmesser für die Marktbeherrschung ist grundsätzlich der Marktanteil auf dem relevanten Markt. Ein hoher Marktanteil signalisiert nämlich, dass sich ein Unternehmen weitgehend unabhängig von seinen Wettbewerben im Markt verhalten kann (vgl. auch oben Rz. 23). Und nach deutschem Recht – § 19 Abs. 3 Satz 1 GWB – gilt eine Vermutung für die Marktbeherrschung schon ab einem Marktanteil von einem Drittel.[2] Im europäischen Kartellrecht kann eine Marktbeherrschung grundsätzlich ab ca. 40 % Marktanteil gegeben sein.

43 Anders als für sonstige Unternehmen gilt für Unternehmen mit einer marktbeherrschenden Stellung auf dem relevanten Markt ein **Missbrauchsverbot**. Das Unternehmen darf seine marktbeherrschende Stellung also nicht ausnutzen, um andere Unternehmen ohne sachlich gerechtfertigten Grund im Wettbewerb zu

---

1 Vgl. dazu *Dreher/Kling*, Kartell- und Wettbewerbsrecht der Versicherungsunternehmen, 2007, 1. Teil § 5; *Görner*, ZVersWiss 2005, 739 ff.
2 Dazu *Thomas*, WuW 2002, 470 ff.

beeinträchtigen. Dabei kann ein Missbrauch zum Beispiel in der Forderung wettbewerbsfremder Preise – das sind auch zu niedrige, d.h. so genannte Kampfpreise –, in Kopplungsgeschäften oder – wegen ihrer Sogwirkung – in der Gewährung von Treuerabatten liegen.

Wie die Beispiele zeigen, sollten sich **Manager also bewusst sein**, ob und in welchen Märkten ihr Unternehmen eine **marktbeherrschende Stellung** im kartellrechtlichen Sinne besitzt. Darüber hinaus empfiehlt es sich – entgegen üblichen Gewohnheiten bei Pressekonferenzen und Interviews – **nicht, die** – bei diesen Gelegenheiten meist überbetonte – **eigene Marktstellung** konkret **zu bezeichnen und entsprechende Wertungen**, die als Selbsteinschätzung von Marktbeherrschung (miss)verstanden werden könnten, **vorzunehmen**. Dies gilt insbesondere auch im Vorfeld von Zusammenschlusskontrollverfahren. Es sollten trotz erheblicher Anreize, Zusammenschlussvorhaben gut zu „verkaufen", auch keine Gremienvorlagen etc. angefertigt werden, in denen unmittelbar auf das Vorliegen einer marktbeherrschenden Stellung Bezug genommen wird, weil derartige Dokumente in kartellbehördlichen Verfahren ggf. vorgelegt werden müssen und dann gegen das Unternehmen verwandt werden können. 44

4. Die Tätigkeit in Unternehmensverbänden

Managertätigkeit ist unweigerlich mit **Verbandstätigkeit** verknüpft. Dabei kann es immer wieder zu **kartellrechtlich erheblichen Risiken** kommen.[1] So war das gesamte, bis zur Erledigung durch Zahlung der letzten Bußgelder im Jahr 2009 die Kartellbehörden und die Gerichte sowie zahlreiche prominente deutsche private sowie öffentlich-rechtliche Versicherungsunternehmen und ihre Manager beschäftigende Kartellverfahren in Sachen Industrieversicherung auf von den Kartellbehörden angenommenes kartellrechtswidriges Verhalten bei Sitzungen von Verbänden zurückzuführen.[2] 45

Im Ausgangspunkt gilt, dass es kartellrechtlich unerheblich ist, ob Kartellrechtsverstöße zwischen Unternehmen direkt oder über Dritte koordiniert werden. Das Kartellrecht stellt sogar ausdrücklich auf **Unternehmensvereinigungen als Normadressaten** ab.[3] Dabei ist ohne Bedeutung, ob sich Verbandsorgane in den Grenzen ihrer Befugnisse bewegen oder die üblichen Entscheidungsprozesse einhalten.[4] 46

Bei Verbandssitzungen kommt es notwendig zu **markt- und wettbewerbsbezogenen Themen**. Dies ist in dem Rahmen, der vor allem durch das Selbständigkeitspostulat und den Grundsatz des Geheimwettbewerbs gezogen wird, durchaus erlaubt. Beispiele dafür bilden die allgemeine Befassung mit Markttrends oder mit 47

---

1 Vg. auch *Möhlenkamp*, WuW 2008, 428, 431 ff.; *Köhler*, WuW 2009, 258.
2 Das BKartA hat diesbezüglich 13 Versicherungsunternehmen durchsucht und hohe Geldbußen verhängt, vgl. dazu z.B. TB BKartA 2001/2002, BT-Drucks. 15/1226, S. 213; TB 2003/2004, BT-Drucks. 15/5790, S. 172; FAZ v. 23.7.2003, Nr. 168, S. 13; VP 2005, 196.
3 Vgl. z.B. die Geldbußenentscheidungen EuGH v. 18.12.2008 – Rs. C-101/07 P und 110/07 P, WuW/E EU-R 1517 – Coop de France/Kommission und BKartA v. 21.12.2007 – B 3-6/05, WuW/E DE-V 1539 – Arzneimittelhersteller.
4 BKartA v. 21.12.2007 – B 3-6/05, WuW/E DE-V 1539 – Arzneimittelhersteller.

der Rechtslage nach einem neuen Grundsatzurteil. Das Gegenteil gilt dann allerdings für alle Fälle, in denen konkretes wettbewerbliches Unternehmensverhalten angesprochen wird – zum Beispiel welche Folgerungen ein Unternehmen aus den allgemeinen Markttrends oder aus dem neuen Grundsatzurteil für seine Geschäftspolitik ziehen wird.

48 Aus der Entscheidungspraxis der Kartellbehörden und der Gerichte ergeben sich für die Tätigkeit in Unternehmensverbänden **strenge Anforderungen**, falls wettbewerbssensible Themen aufkommen. So genügt es zum Beispiel nicht,

– wenn sich ein Teilnehmer innerlich von Aussagen anderer Beteiligter bei Gremiensitzungen distanziert, bei der Sitzung selbst jedoch schweigt,
– wenn das Unternehmen eines Beteiligten später ein Marktverhalten zeigt, das einer früheren kartellrechtlichen Verhaltensabstimmung widerspricht.

49 **Gefordert ist** vielmehr, dass der jeweilige Unternehmensmitarbeiter, dessen Verhalten bei „Sitzungen mit offensichtlich wettbewerbswidrigen Zwecken" dem Unternehmen zugerechnet wird, sich „offen von dem Inhalt der Sitzungen distanziert hat"[1] oder Nachweise vorgelegt werden für „Umstände, aus denen sich eindeutig eine fehlende wettbewerbswidrige Einstellung bei der Teilnahme an den Sitzungen ergibt".[2]

50 Unabhängig von solchen Entscheidungen **empfiehlt sich für problematische Gremiensitzungen Folgendes:** Bei Sitzungen, in denen wettbewerbssensible Themen behandelt werden, sollte schon im Vorfeld ein Antrag auf Absetzung von der Tagesordnung gestellt bzw. beim Fehlen eines eigenen TOP sollte sofort ein Ende der spontanen Debatte gefordert und protokolliert werden. Weiter sollte jeder solche Vorgang, um spätere Schwierigkeiten zu vermeiden, kurz dokumentiert werden. Und schließlich darf auch das Bewusstsein dafür nicht fehlen, dass sämtliche Anforderungen für Gespräche am Rande von Gremiensitzungen, in den Pausen oder außerhalb von Verbandstreffen selbstverständlich auch für Treffen im privaten Rahmen gelten.

51 Das Verhalten von Managern innerhalb von Verbandsgremien sollte daher unbedingt durch **Richtlinien der Kartellrechtscompliance** geregelt sein.[3] Dabei helfen nur konkrete Hinweise auf Anforderungen der Entscheidungsinstanzen, nicht aber – wie zum Teil noch heute in vielen Unternehmen üblich – lediglich allgemeine Warnungen vor kartellrechtswidrigem Verhalten.

5. Die Anforderungen der Kartellrechtscompliance

52 Jedem Manager muss zudem bewusst sein, dass die **Rechtsprechung** von Unternehmen und den darin Verantwortlichen **vorbeugende und repressive Maßnah-**

---

1 Vgl. EuG v. 14.5.1998 – Rs. T-333/94, Slg. 1998 II, 1439 – Sarrió = WuW/E EU-R 87, 89 Rz. 118 – Karton.
2 So z.B. EuGH v. 8.7.1999 – Rs. C-199/92 P, Slg. 1999 I, 4287 = WuW/E EU-R 226 Rz. 115 – Hüls/Kommission.
3 Vgl. dazu z.B. *Brouwer*, CCZ 2009, 161, 162f.

men gegen Kartellrechtsverstöße, für die sich im Wettbewerb der Begriff der **Kartellrechtscompliance** eingebürgert hat, **fordert**. Denn das (deutsche) Kartellrecht kennt eine persönliche Verantwortlichkeit der Aufsichtspflichtigen in Unternehmen. Welche Maßnahmen konkret erforderlich sind, wird wegen der rechtlichen und praktischen Bedeutung der Kartellrechtscompliance in einem eigenen Abschnitt an späterer Stelle dargestellt (s. unten Rz. 59 ff.). Im vorliegenden Zusammenhang besonders gefahrgeneigter Bereiche muss der Hinweis darauf genügen, dass präventive Maßnahmen erforderlich sind und auch die jeweiligen Aufsichtspflichtigen für die Erfüllung der zum Teil strengen Anforderungen die Verantwortung tragen. Genügen sie den Anforderungen des Kartellrechts durch entsprechende Kartellrechtscompliance-Maßnahmen, die regelmäßig im Zusammenwirken mit der Rechtsabteilung des jeweiligen Unternehmens und externen Beratern erfolgen werden, genießen sie dann jedoch auch die Entlastung von potentiellen kartellrechtlichen Sanktionen wegen Aufsichtspflichtverletzung.

6. Die kartellrechtliche Bedeutung üblicher unternehmerischer Selbstrechtfertigungen

Kommt es zu **Kartellverfahren**, werden von Seiten der Betroffenen regelmäßig **Einwände** erhoben. Danach soll ein Handeln oder Unterlassen, das wettbewerblich bedenklich sein könnte oder auch tatsächlich ist, aus bestimmten Gründen gleichwohl geboten oder doch zumindest zu rechtfertigen sein. Diese Einwände lassen sich auf bestimmte Grundtypen reduzieren. Angesichts der praktischen Bedeutung sind sie im Folgenden auf die jeweilige Erheblichkeit aus kartellrechtlicher Sicht zu untersuchen. 53

Viele Unternehmen sind konzerngebunden. Wettbewerbsfeindliches Managerhandeln gegenüber Konzernunternehmen wird deshalb oft auf entsprechende Anweisungen oder Gepflogenheiten im Konzern zurückgeführt. Kartellrechtlich stellt sich damit die Frage **konzerninterner Wettbewerbsbeschränkungen**. Aus kartellrechtlicher Sicht bilden einheitlich geleitete Konzerne grundsätzlich eine wirtschaftliche Einheit. Innerhalb dieser Einheit kann es nicht zu Wettbewerbsbeschränkungen kommen[1], da auf Grund der einheitlichen Leitung keine unternehmerischen Handlungsspielräume bei den einzelnen Konzernunternehmen bestehen.[2] Das Gegenteil davon kann allerdings dann gelten, wenn Konzernunternehmen – zum Beispiel wegen Fehlens eines Beherrschungsvertrags – keinen Weisungen der Obergesellschaft im Hinblick auf das Ob und Wie ihres Wettbewerbsverhaltens unterliegen oder nicht in eine auch nur tatsächliche, zentralisierte Konzerntätigkeit – z.B. in Form einer gemeinsamen Einkaufsgesellschaft – eingebunden sind. Im Ergebnis kommt es dabei auf die Ausübung von Einflussmöglichkeiten in den einzelnen Gesellschaften auf Grund zahlreicher Umstände 54

---

1 Umgekehrt kann es aber auf Grund der wirtschaftlichen Einheit von Konzernunternehmen auch zu Belastungen von Unternehmen dadurch kommen, dass diese für Kartellrechtsverstöße mit sanktioniert werden, vgl. EuGH v. 10.9.2009 – Rs. C-97/08 P, WuW/E EU-R 1639, Rz. 58, 72 ff. – Akzo und zum deutschen Recht z.B. *Koch*, AG 2009, 564.
2 Vgl. nur EuGH v. 24.10.1996 – Rs. C-73/95 P, Slg. 1996 I, 5457 – Viho/Kommission (Parker) = EuZW 1997, 84; *Thomas*, ZWeR 2005, 236 ff.

des Einzelfalls an.[1] Denn der EuGH hat in einer Leitentscheidung zu den konzerninternen Wettbewerbsbeschränkungen für die Begründung einer wirtschaftlichen Einheit nicht nur darauf abgestellt, dass die Muttergesellschaft 100 % des Kapitals der Tochtergesellschaft hielt. Vielmehr hat er zugleich darauf verwiesen, dass die Mutter „die Verkaufs- und Marketingaktivitäten der Tochtergesellschaften gesteuert" habe.[2] Erst auf der Grundlage dieser und weiterer Feststellungen kam der Gerichtshof schließlich zu der Bejahung des zentralen Kriteriums, dass die Tochtergesellschaften im konkreten Fall „ihr Vorgehen auf dem Markt nicht wirklich autonom bestimmen" konnten.[3] Prinzipiell begründet aber bereits das Vorliegen einer 100 %-Beteiligung eine – in der Praxis allerdings kaum – widerlegliche Vermutung für das Bestehen einer wirtschaftlichen Einheit.[4]

55 Häufig wird nach Aufdeckung kartellrechtswidrigen Verhaltens geltend gemacht, dieses sei nur eine **Reaktion auf Kundenwünsche oder auf Marktzwänge** gewesen. Beide Rechtfertigungen tragen jedoch nicht.[5] Wettbewerbsprägende Umstände mögen zwar subjektiv von Unternehmen als Marktzwänge empfunden werden. Kartellrechtlich ist ein solcher Einwand – in Parallele zu der verbotenen Leistung von Bestechungsgeldern, ohne die ein Auftrag nicht zu erhalten gewesen wäre – ohne weiteres zurückzuweisen. Lässt sich unternehmerischer Erfolg nicht mehr mit rechtmäßigem Verhalten im Wettbewerb, sondern nur noch durch Abweichung vom Wettbewerbsgrundsatz erzielen, gibt es mit anderen Worten ausschließlich einen einzigen Marktzwang: den zu einer künftig besseren Leistung. Soweit es um den Einwand des Kundenwunsches geht, ist die Lage nicht anders: das Kartellrecht gilt absolut, steht also nicht zur Disposition der Beteiligten.

56 Weiter wird nach aufgedeckten Kartellrechtsverstößen immer wieder darauf verwiesen, das **Verhalten** sei **tatsächlich nicht praktiziert**[6]**, nur zur Täuschung von Wettbewerbern an den Tag gelegt oder seit langem aufgegeben**[7] worden. Auch alle diese Einwände verfangen nicht. Das Kartellrecht erfasst ausdrücklich auch lediglich „bezweckte" Wettbewerbsbeschränkungen.[8] In der Praxis dürfte es wett-

---

1 Vgl. ausführlich zu den im Einzelnen streitigen Rechtsfragen *Rittner/Dreher*, Europäisches und deutsches Wirtschaftsrecht, 3. Aufl. 2008, § 15 Rz. 32 ff.; *Thomas*, Unternehmensverantwortlichkeit und -umstrukturierung nach EG-Kartellrecht, 2005, S. 136 ff.; *Dreher/Kling*, Kartell- und Wettbewerbsrecht der Versicherungsunternehmen, 2007, 1. Teil Rz. 245 ff.
2 Vgl. EuGH v. 24.10.1996 – Rs. C-73/95 P, Slg. 1996 I, 5457 Rz. 15 – Viho/Kommission (Parker) = EuZW 1997, 84.
3 EuGH v. 24.10.1996 – Rs. C-73/95 P, Slg. 1996 I, 5457 Rz. 16 – Viho/Kommission (Parker) = EuZW 1997, 84.
4 EuGH v. 16.11.2000 – Rs. C-286/98 P, Slg. 2000, I-9925, Rz. 27–29 – Stora Kopparbergs; *Thomas*, ZWeR 2005, 236, 243 f. Zur konzerninternen Wissenszurechnung nach dem GWB vgl. BGH v. 23.6.2009 – KZR 21/08, WuW/E DE-R 2739 – Entega.
5 Vgl. näher *Dreher*, Kartellrechtscompliance in der Versicherungswirtschaft, VersR 2004, 1, 7.
6 Vgl. dazu z.B. EuGH v. 28.6.2005 – verb. Rs. C-189/02 P et al., WuW/E EU-R 913, 918 Rz. 145 – HFB/Isoplus/Kommission.
7 Vgl. als Beispiel Kommission v. 3.12.2003 – COMP/E-2/38 359 Rz. 226, 310, (2005) 5 CML Reports 20 (S. 1062 ff.).
8 Ob dies auch für bloße „Versuche" kartellrechtswidrigen Verhaltens gilt, die keinerlei Marktwirkungen haben, ist – als bisher wohl nur theoretische Frage – umstritten.

bewerbsbeschränkende Abreden oder Verhaltensabstimmungen, die nicht in irgendeiner Weise Marktwirkungen haben, ohnehin kaum geben.

Sodann wird bei Kartellverfahren gegen Unternehmen und deren Manager oft darauf verwiesen, es liege **nur ein kartellrechtswidriges Verhalten von Untergebenen oder von untergeordneten Unternehmensmitarbeiten** vor. Dieser Einwand ist ebenfalls unbeachtlich, wenn es um die persönliche Inanspruchnahme von Managern für Aufsichtspflichtverletzungen – z.B. für unterlassene Maßnahmen der Kartellrechtscompliance – geht. Denjenigen, der in seinem Verantwortungsbereich schuldhaft nicht präventiv gegen Verletzungen des Kartellrechts vorgeht, kann im deutschen Kartellrecht also ein persönliches Bußgeld auch dann treffen, wenn der Kartellrechtsverstoß durch Untergebene begangen wurde. 57

Schließlich stellt sich in Kartellverfahren immer wieder die Frage nach einem **Irrtum** hinsichtlich der tatsächlichen oder rechtlichen Umstände und der rechtlichen Bedeutung eines solchen Irrtums. Sie kann vor allem darin liegen, ein für Bußgeldverfügungen mangels persönlicher Vorwerfbarkeit notwendiges Verschulden auszuschließen. Insgesamt stehen die Kartellbehörden und Gerichte dem Irrtumseinwand sehr kritisch gegenüber.[1] In neuerer Zeit besteht jedoch infolge eines grundlegenden Wandels im Kartellrecht von einem System des Verbots mit Erlaubnisvorbehalt zu einem System der Legalausnahme eine Pflicht zur Selbsteinschätzung insbesondere im Hinblick auf die sehr unbestimmten Tatbestände der Art. 81 Abs. 3 EG bzw. §§ 2, 3 GWB. Daher ist die Rechtsunsicherheit erheblich gestiegen. Dies muss dazu führen, dass Unternehmen und persönlich Betroffene, die ihre Erkenntnisquellen – gegebenenfalls einschließlich externer Berater – umfassend ausgeschöpft haben, nicht mehr fahrlässig handeln, wenn eine Kartellbehörde das Verhalten später dennoch als kartellrechtswidrig einstuft.[2] Es empfiehlt sich insoweit, bei kartellrechtlich sensiblen Fragen neben der Rechtsabteilung stets einen externen Kartelljuristen (i.d.R. Rechtsanwalt) einzuschalten und dessen Prüfungsauftrag und das Prüfungsergebnis sorgfältig zu dokumentieren, um dies gegebenenfalls später als Entlastung gegenüber den Kartellbehörden geltend machen zu können.[3] 58

D. Kartellrechtscompliance als Prävention kartellrechtswidrigen Handelns

I. Grundlagen

Für Unternehmen und Unternehmensvereinigungen gelten aus kartellrechtlicher Sicht bestimmte **Wissens- und Verhaltensanforderungen**. Einerseits muss das Führungspersonal selbst das jeweils einschlägige Kartellrecht in seinen Grund- 59

---

1 Vgl. als Ausnahmebeispiel OLG Düsseldorf v. 16.11.2004 – VI-Kart 24–27/03 OWi, WuW/E DE-R 1381, 1387 – DSD.
2 Ausf. *Dreher/Thomas*, Rechts- und Tatsachenirrtümer unter der neuen VO 1/2003, WuW 2004, 8 ff.
3 Vgl. dazu z.B. BGH v. 11.11.2008 – KRB 47/08, WuW/E DE-R 2579 Rz. 13 – G+J/RBA und zum Vertrauen auf externe Stellungnahmen *Fleischer*, ZIP 2009, 1397 ff.

zügen kennen und befolgen. Andererseits müssen die Unternehmen auch die marktbezogen handelnden Mitarbeiter im Hinblick auf entsprechende Regelungen instruieren, deren Beachtung präventiv kontrollieren und gegebenenfalls auftretende Verstöße repressiv sanktionieren.

60 Alle Maßnahmen in Unternehmen, die die Einhaltung des materiellen Kartellrechts selbst sowie die Einhaltung der darauf bezogenen, ihm vor- und nachgelagerten Verhaltensanforderungen betreffen, lassen sich unter dem Begriff der **Kartellrechtscompliance** zusammenfassen.[1] Erfolgt keine Kartellrechtscompliance, geht dies zunächst zu Lasten der Unternehmen, denen Kartellrechtsverstöße der handelnden Personen zugerechnet werden. Da die Geschäftsleitungsmitglieder und sonstigen Manager für die Einhaltung des Kartellrechts durch Unternehmensmitarbeiter insofern auch persönlich verantwortlich sind, als eine Aufsichtspflicht besteht, sind von einer fehlenden Kartellrechtscompliance aber auch die Unternehmensmanager persönlich betroffen.

61 Die Kartellrechtscompliance lässt sich in **drei große Bereiche** aufteilen[2]: Instruktion, präventive Kontrolle und repressive Sanktionierung.

II. Die drei Bereiche der Kartellrechtscompliance

1. Die Instruktion

62 Eine effektive Kartellrechtscompliance beginnt mit der Instruktion der Unternehmensmitarbeiter. Ihr **Ziel** ist es, den Mitarbeitern die Hintergründe des Kartellrechts, seine Vorteile sowie – vor allem – seine praktische Bedeutung aufzuzeigen.

63 Jede solche Instruktion muss **gegenstands- und tätigkeitsbezogen** sein.[3] Dies bedeutet, dass über allgemeine Ausführungen hinaus die besonderen Fragen, die sich in einer Wirtschaftsbranche oder im Hinblick auf eine bestimmte Unternehmenstätigkeit – zum Beispiel den Vertrieb – stellen, einbezogen sein müssen. Noch immer werden jedoch in zahlreichen Unternehmen – in Form von Kartellrechtscompliance-Richtlinien oder bei Schulungen – lediglich allgemeine Hinweise auf das Kartellrecht im Sinne von Berater-"Blaupausen" verbreitet, die keine solchen Bezüge aufweisen. Die Rechtsprechung hat demgegenüber zu Recht betont, es reiche „nicht aus, wenn Mitarbeiter gehalten werden, die gesetzlichen Vorschriften zu beachten oder wenn sie darauf hingewiesen werden, gegen kartellrechtliche Bestimmungen dürfe nicht verstoßen werden; denn in dieser Allgemeinheit besagen derartige Hinweise nichts oder geben nur Selbstverständliches wider".[4]

---

1 Vgl. ausf. *Dreher*, Kartellrechtscompliance, ZWeR 2004, 75, 78 f. und oben *Kremer/Klahold*, § 21 (S. 613 ff.).
2 Ausf. *Dreher*, Kartellrechtscompliance, ZWeR 2004, 75, 93 ff.; *Bürkle* (Hrsg.), Compliance in Versicherungsunternehmen, 2009.
3 Vgl. z.B. *Dreher*, Kartellrechtscompliance in der Versicherungswirtschaft, VersR 2004, 1 ff.
4 KG v. 25.7.1980 – Kart 26/79, WuW/E OLG 2330, 2332 – Revisionsabteilung, insoweit durch BGH v. 24.3.1981 – KRB 4/80, WuW/E BGH 1799 unberührt; OLG Düsseldorf v. 27.3.2006 – VI – Kart 3/05, WuW 2006, 787, 799 = WuW/E DE-R 1733, 1745 – Papiergroßhandel: „Hat der Betroffene mit der bloßen Verteilung des Merkblatts ‚Richtlinien für kartellrechtlich korrektes Verhalten' seinen Aufsichtspflichten nicht genügt."

Allein die Vermittlung allgemeiner sowie gegenstands- und tätigkeitsbezogener kartellrechtlicher Kenntnisse erschöpft die Anforderungen einer kartellrechtlichen Instruktion jedoch noch nicht. Erforderlich ist es vielmehr, den Mitarbeitern konkrete – möglichst aus der Entscheidungspraxis der Kartellbehörden und der Gerichte abgeleitete – Kenntnisse über das **kartellrechtlich richtige Verhalten** zu geben (vgl. dazu am Beispiel der Verbandstätigkeit Rz. 49 f.).

64

Die **Organisation** der ordnungsgemäßen Instruktion ist abhängig von den Umständen des Einzelfalls. In Betracht kommen jedoch vor allem – unter Umständen inhaltlich auf einzelne Tätigkeitsgruppen fokussierte – Schulungen der Unternehmensmitarbeiter sowie die Herausgabe unternehmensindividueller schriftlicher Kartellrechtscompliance-Richtlinien an die Mitarbeiter.[1] Die jeweiligen Maßnahmen müssen deutlich die Unterstützung der Geschäftsleitung zeigen. Eine regelmäßige Wiederholung ist ebenfalls erforderlich.[2] Dabei sollte das Programm möglichst variiert werden, zum Beispiel mittels einer Durchsprache konkreter im Unternehmen oder in der Branche aufgetretener Fälle in vereinfachter und anonymisierter Fassung. Schließlich sind die Maßnahmen – bis hin zum Empfang der Kartellrechtscompliance-Richtlinien durch die Mitarbeiter – entsprechend zu dokumentieren.

65

2. Die präventive Kontrolle

Nachdem die Mitarbeiter im Unternehmen kartellrechtliche Kenntnisse im Wege der Instruktion erhalten haben, bedarf es zusätzlicher **effektiver Überwachungsmaßnahmen**, um die Einhaltung des Kartellrechts auch tatsächlich sicherzustellen. Damit bildet die präventive Kontrolle einen zweiten Bereich der Kartellrechtscompliance.

66

Als **Einzelmaßnahmen** kommen dabei insbesondere folgende in Betracht: Die Gewährleistung sachkundiger interner, am besten in der Rechtsabteilung angesiedelter[3] oder notfalls externer Ansprechpartner für Zweifelsfälle, unter Umständen sogar die Schaffung eines eigenen Kartellrechtscompliance-Beauftragten[4]; die Vornahme von Stichproben bei bestimmten, besonders wettbewerbserheblichen Vorgängen; die Beschränkung der Entscheidungsautonomie von Unternehmensmitarbeitern, falls eine entsprechende Aufsicht nicht möglich ist;[5] die Marktbeobachtung, um im Hinblick auf kartellrechtliche Schwellenwerte[6] rechtzeitig Vertragsanpassungen vornehmen zu können; die Organisation einer Be-

67

---

1 Vgl. KG v. 25.7.1980 – Kart 26/79, WuW/E OLG 2330, 2332 – Revisionsabteilung: „Gegebenenfalls auch schriftlicher Belehrungen."
2 Vgl. KG v. 8.2.1974 – Kart 15/73, WuW/E OLG 1449, 1457 – Bitumenhaltige Bautenschutzmittel II: „Dafür Sorge zu tragen, dass das Personal fortlaufend (...) unterrichtet wird."
3 Zum teilweisen Aufgabenwandel der Unternehmensrechtsabteilungen vgl. *Kohler*, Von der Rechtsberatung zum Rechtsrisikomanagement, in FS Kümpel, 2003, S. 301, 303 ff.
4 Dazu *Hauschka*, Der Compliance-Beauftragte im Kartellrecht, BB 2004, 1178.
5 Vgl. zur Verletzung der Aufsichtspflicht bei Verkäufen unter Einstandspreis BKartA v. 17.12.2003 – B 9-9/03, WuW/E DE-V 911, 912 f. – Fotoarbeitstasche.
6 Insbesondere die 30 %-Marktanteilsschwelle nach der Vertikal-GVO.

richterstattung, die sich auf kartellrechtliche Risiken bezieht; die Dokumentation der ergriffenen Maßnahmen und – so die Rechtsprechung -[1] abhängig von den Umständen des Einzelfalls, insbesondere der kartellrechtlichen Gefahrgeneigtheit einer Tätigkeit, alle „anderen geeigneten Aufsichtsmaßnahmen".

68 Was dies konkret bedeuten kann, zeigt ein **Fall**, in dem bei einem Unternehmen mit 5000 Mitarbeitern eine Revisionsabteilung mit vier Mitarbeitern eingerichtet war, die unter anderem auch die Einhaltung des Kartellrechts überwachen sollte. Diese Abteilung wurde von der Rechtsprechung als „zu klein" angesehen, um „den großen Kontrollbereich wirksam überwachen zu können".[2] Umgekehrt hat es die obergerichtliche Rechtsprechung aber zu Recht abgelehnt, die Grenze des „realistischerweise Zumutbaren" bei Kontrollmaßnahmen zu überschreiten. Denn „von zu starkem Misstrauen geprägte Aufsichtsmaßnahmen" könnten eine Gefahr für den Betriebsfrieden bedeuten.[3]

69 Ansatzpunkt aller Überwachungsmaßnahmen ist zunächst die eigene **Aufsichtspflicht** der Geschäftsleiter oder sonst Verantwortlichen. Nach ihr sind alle objektiv geeigneten, erforderlichen und zumutbaren Maßnahmen zu ergreifen. Sind in der Vergangenheit bereits – unter Umständen sogar mehrfach – Kartellrechtsverstöße aufgetreten oder handelt es sich um einen besonders gefahrträchtigen Bereich wie bei Tätigkeiten auf Ausschreibungsmärkten, stellt die Rechtsprechung deutlich erhöhte Anforderungen bis hin zu überraschenden Stichproben bei Mitarbeitern vor Ort.[4]

70 Vielfach werden diejenigen, die Aufsichtspflichten haben, insbesondere Geschäftsführer und Vorstandsmitglieder, versuchen, sich durch eine **Delegation der Überwachungspflichten** an bestimmte Personen zu entlasten. Aber auch in einem solchen Fall bleibt den Geschäftsleitern eine eigene „Oberaufsicht" über die Beauftragten. Unabhängig davon verlangt eine glaubwürdige Kartellrechtscompliance jedoch in jedem Fall die persönliche Unterstützung durch die Geschäftsleitung.

71 Soweit es um die **Überwachung im Konzern** geht[5], werden in der ordnungswidrigkeitenrechtlichen Literatur sehr weit gehende Auffassungen vertreten. Die Entscheidungspraxis dazu ist noch nicht gefestigt. Im Ergebnis muss es allerdings auch hier zu einem Gleichlauf von Einfluss und Verantwortung kommen. Eine – auch bußgeldrechtliche – Haftung für Tun oder Unterlassen, zu dem keine Rechtsmacht besteht, ist kaum vorstellbar. Zu beachten ist allerdings, dass sich im Falle einer konzernweiten Kartellrechtsverantwortung diese im Rahmen

---

1 BGH v. 9.11.1984 – Kart. a 6 und 32/84, WuW/E BGH 2202, 2203 – Brückenbau Hopener Mühlenbach.
2 KG v. 25.7.1980 – Kart 26/79, WuW/E OLG 2330, 2332 – Revisionsabteilung; bestätigt durch BGH v. 24.3.1981 – KRB 4/80, WuW/E 1799 sowie zu weiteren Nachweisen aus der Rechtsprechung *Dreher*, Kartellrechtscompliance, ZWeR 2004, 75, 99.
3 BGH v. 11.3.1986 – KRB 7/85, WuW/E 2262, 2264 – Aktenvermerke; ähnliche Tendenzen in BGH v. 23.4.1985 – KRB 7/84, WuW/E BGH 2148, 2149 – Sportartikel-Handel.
4 Vgl. nur BGH v. 11.3.1986 – KRB 7/85, WuW/E BGH 2262, 2265 – Aktenvermerke und BGH v. 21.10.1986 – KRB 7/86, WuW/E BGH 2236 – U-Bahn-Bau Frankfurt/M.
5 Dazu näher *Dreher*, Kartellrechtscompliance, ZWeR 2004, 75, 101 ff.

der Kartellrechtscompliance nicht nur auf die Kontrolle, sondern auch auf die Bereiche der Instruktion und der Sanktionierung bezieht.

Der **Aufsichtspflicht** vorgelagert ist eine Auswahlentscheidung, welche Mitarbeiter mit Aufgaben betraut werden, die zu kartellrechtlich relevantem Handeln führen können. Auch hier verlangt die Rechtsprechung eine sorgfältige Auswahlentscheidung.[1]

72

3. Die repressive Sanktionierung

Eine effektive Kartellrechtscompliance setzt außer Instruktion und Kontrolle auch noch eine repressive Sanktionierung kartellrechtswidrigen Verhaltens voraus. Die Ernsthaftigkeit und Glaubwürdigkeit aller Bemühungen um Kartellrechtscompliance hängt nämlich ebenfalls davon ab, ob tatsächlich erfolgte Kartellrechtsverstöße **angemessene Folgen** innerhalb des Unternehmens haben.

73

Sofern trotz aller vorbeugenden Maßnahmen Kartellrechtsverstöße auftreten, sind bestehende Verhaltensanforderungen für die Zukunft nur glaubwürdig und abschreckend, wenn **Verstöße** auch **unternehmensintern nicht folgenlos** bleiben. Daher stellt sich in diesem Zusammenhang die Frage arbeitsrechtlicher Maßnahmen gegenüber Mitarbeitern[2] ebenso wie diejenige nach der Geltendmachung von Schadenersatzansprüchen gegen Geschäftsleiter im Falle der Sanktionierung des Unternehmens.[3]

74

E. Die Sanktionierung kartellrechtswidrigen Handelns

I. Grundlagen

Das deutsche und das europäische Kartellrecht kennen eine **Vielzahl von Rechtsfolgen**. Sie haben in ihrer Eingriffsintensität unterschiedliches Gewicht und in der Praxis auch durchaus unterschiedliche Bedeutung. Für die Unternehmensmanager stehen die finanziellen Folgen eines kartellrechtswidrigen Handelns im Vordergrund, die sich für das Unternehmen und die Betroffenen persönlich ergeben. Die Rechtsfolgen für kartellrechtswidriges Handeln im Bereich der Zusammenschlusskontrolle können daher im vorliegenden Zusammenhang außer Betracht bleiben, nachdem das Verbot derartiger Zusammenschlüsse und aller Vollzugshandlungen – sowie die erheblichen, auch gegen Manager persönlich gerichteten Sanktionen bei einem Verstoß gegen das Verbot – bereits zuvor angeführt wurden (s. oben Rz. 28).

75

---

1 Vgl. z.B. KG v. 8.2.1974 – Kart 15/73, WuW/E OLG 1449, 1457 – bitumenhaltige Bautenschutzmittel II; KG v. 25.7.1980 – Kart 26/79, WuW/E OLG 2330, 2332 – Revisionsabteilung; KG v. 21.1.1981 – Kart 12/80, WuW/E OLG 2476, 2478 – Japanische Hifi-Geräte; KG v. 21.9.1984 – Kart a 29/84, WuW/E OLG 3399, 3403 – Bauvorhaben U-Bahn-Linie 6-West.
2 Vgl. dazu *Dreher*, Kartellrechtscompliance, ZWeR 2004, 75, 101 m.w.N. aus der Rechtsprechung.
3 Vgl. *Dreher*, Die kartellrechtliche Bußgeldverantwortlichkeit von Vorstandsmitgliedern, in FS Konzen, 2006, S. 85, 103 ff. sowie *Wilsing*, oben § 27 (S. 790 ff.).

II. Verwaltungsrecht

76 Das deutsche und das europäische Kartellrecht sehen einheitlich vor, dass die Kartellbehörden die **Abstellung** eines kartellrechtswidrigen Handelns **anordnen** können. Für derartige Verfügungen genügt ein objektiver Verstoß gegen das Kartellrecht. Ein Verschulden ist also nicht erforderlich. Rechtsgrundlagen für Verfügungen deutscher Behörden sind § 32 GWB bzw. Art. 5 VO 1/2003 in Verbindung mit § 32 GWB und für Verfügungen der EG-Kommission als europäischer Kartellbehörde Art. 7 VO 1/2003. Liegt ein dringender Fall vor, können die Kartellbehörden auch einstweilige Maßnahmen ergreifen.

77 Einer drohenden Abstellungsverfügung können die Unternehmen unter Umständen entgehen, wenn sie sich durch **Zusagen** verpflichten, die Untersagungsgründe und damit den Anlass für ein behördliches Einschreiten auszuräumen. Derartige Verpflichtungszusagen finden ihre Rechtsgrundlage in § 32b GWB bzw. Art. 9 VO 1/2003.

78 Außer einer Abstellungsanordnung kennt das deutsche Kartellrecht als verwaltungsrechtliche Rechtsfolge in § 34 GWB noch die **Vorteilsabschöpfung** durch die Kartellbehörde. Sie greift auch bei einem Verstoß gegen europäisches Kartellrecht und bezieht sich mit dem Begriff des Vorteils nicht auf den zusätzlichen Gewinn, sondern auf den zusätzlichen Umsatz.

79 Noch nicht vom Gesetzgeber umgesetzt ist bisher die teilweise erhobene Forderung[1], dass **Vorstandsmitglieder und Geschäftsführer**, die kartellrechtswidrig gehandelt haben, **abzuberufen** sind. Im englischen Recht ist diese Sanktion bereits eingeführt. Und auch im Hinblick auf die verbreitete Forderung, bei erheblichem gesellschaftsrechtlichen Fehlverhalten zu einer so genannten director's disqualification zu kommen, ist die weitere Entwicklung in diesem Bereich derzeit offen.[2]

III. Zivilrecht

80 Das zivilrechtliche **Sanktionspotential** ist im deutschen Kartellrecht durch die Gesetzesnovelle des Jahres 2005 **erheblich vergrößert** worden und beginnt, in der Praxis langsam das ihm zukommende Gewicht einzunehmen. Bis auf die kraft Gesetzes eintretenden Nichtigkeitsfolgen ergeben sich die zivilrechtlichen Rechtsfolgen kartellrechtswidrigen Handelns auch bei Verstößen gegen das europäische Kartellrecht immer aus dem nationalen Recht, in Deutschland also aus dem GWB in Verbindung mit dem BGB.

81 An erster Stelle steht die im Kartellrecht selbst vorgesehene **Nichtigkeit von kartellrechtswidrigen Vereinbarungen und Beschlüssen**. Sie folgt aus § 1 GWB in

---

1 Vgl. *Böge*, FAZ v. 24.7.2003, Nr. 169, S. 12: „Sollte eine Klausel in die Anstellungsverträge der Führungskräfte aufnehmen, die eine fristlose Kündigung ermöglicht"; dazu *Dreher*, ZVersWiss Supplement Jahrestagung 2006, S. 375, 414.
2 Vgl. dazu näher *Dreher*, Überformung des Aktienrechts durch die Rechtsprechung von Straf- und Verwaltungsgerichten, AG 2006, 213, 221 f.

Verbindung mit § 134 BGB und aus Art. 81 Abs. 2 bzw. 82 EG i.V.m. § 134 BGB. Immer häufiger berufen sich Vertragspartner auf diese Regelungen, um nicht an zuvor geschlossene Vereinbarungen gebunden zu sein.

Eine ebenfalls immer größere Bedeutung haben zivilrechtliche **Schadenersatzpflichten**. Sie setzen nach § 33 Abs. 3 GWB vorsätzliches oder fahrlässiges Handeln voraus. Ob das schadenersatzpflichtige **Unternehmen** sich darauf berufen kann, dass ein Abnehmer kartellrechtswidrig überhöhte Preise seinerseits an Dritte weitergegeben hat – so genannte passing on-defence –, ist eine Frage der Vorteilsausgleichung. Sie wird in den meisten Fällen im Hinblick auf eine effektive Durchsetzung des Kartellrechts zu verneinen sein.[1] Die Debatte darüber, ob sich Schadenersatzansprüche Dritter auch gegen **Geschäftsleiter persönlich** richten können, hat dagegen gerade erst begonnen.[2]

82

Sofern Dritte befürchten, ein Unternehmen könnte Verstöße gegen das Kartellrecht in Zukunft noch einmal begehen, kann nach § 33 Abs. 1 Satz 1 GWB ein vorbeugender **Unterlassungsanspruch** bestehen. Er setzt lediglich voraus, dass eine Zuwiderhandlung droht.

83

Weiter besteht auch ein zivilrechtlicher **Beseitigungsanspruch** auf der Grundlage von § 33 Abs. 1 Satz 1 GWB. Er richtet sich gegen die fortbestehenden Folgen bereits verwirklichter Verstöße.

84

Schließlich kennt das Kartellrecht in § 34a GWB auch noch eine **Vorteilsabschöpfung** durch **Verbände** zur Förderung gewerblicher oder selbständiger beruflicher Interessen. Sie richtet sich auf eine Abführung des wirtschaftlichen Vorteils kartellrechtswidrigen Handelns an den Bundeshaushalt und wird daher keine größere praktische Bedeutung entwickeln. Die Verbände können aber auch die wichtigeren Ansprüche auf Unterlassung und Beseitigung geltend machen.

85

In geeigneten Fällen kann es auch zu zivilrechtlichen **Schadenersatzansprüchen von Unternehmen gegen ihre Manager** kommen, wenn deren kartellrechtswidriges Handeln zu einem Schaden bei dem eigenen Unternehmen geführt hat. Soweit es jedoch um Regress nicht für zivilrechtliche Schadenersatzansprüche Dritter gegen das Unternehmen, sondern für Unternehmensgeldbußen geht, würde darin eine rechtlich nicht akzeptable Entlastung des Unternehmens liegen.[3]

86

---

1 Vgl. auch den verunglückten Hinweis des Gesetzgebers in § 33 Abs. 3 Satz 2 GWB sowie ausf. zum Ganzen *Görner*, Die Anspruchsberechtigung der Marktbeteiligten nach § 33 GWB, 2007, S. 203 ff. und *Rittner/Dreher*, Europäisches und deutsches Wirtschaftsrecht, 3. Aufl. 2008, § 23 Rz. 145 f.
2 Bejahend *Dreher*, Die persönliche Außenhaftung von Geschäftsleitern auf Schadenersatz bei Kartellrechtsverstößen, WuW 2009, 133 ff.; zustimmend *Kapp/Gärtner*, CCZ 2009, 168, 170.
3 Ausf. *Dreher*, Die kartellrechtliche Bußgeldverantwortlichkeit von Vorstandsmitgliedern, in FS Konzen, 2006, S. 85, 103 ff. und mit z.T. a.A. aus der dadurch angestoßenen Debatte *Fleischer*, BB 2008, 1070; *Hasselbach/Seibel*, AG 2008, 770; *Zimmermann*, DB 2008, 687; *Bayer* in FS K. Schmidt, 2009, S. 85; *Thole*, ZHR 173 (2009), 504, 532 ff.

IV. Ordnungswidrigkeitenrecht

87 Bei vorsätzlichem oder fahrlässigem Handeln drohen Unternehmen, Unternehmensvereinigungen oder persönlich Verantwortlichen **Bußgelder**.

88 **Adressaten** einer Bußgeldverfügung können nach § 81 GWB in Verbindung mit §§ 9, 14, 30, 130 OWiG und Art. 23 VO 1/2003[1] grundsätzlich sein[2]:

- **Vorstandsmitglieder**[3]**, Geschäftsführer und leitende oder in Teilbereichen eigenverantwortlich tätige Mitarbeiter** bei eigenen Verstößen gegen das Kartellrecht oder bei der Verletzung von Aufsichtspflichten im Falle eines Kartellrechtsverstoßes durch andere Mitarbeiter des Unternehmens.[4]

- **Alle sonstigen Mitarbeiter des Unternehmens** bei Beteiligung an Verstößen gegen das Kartellrecht durch die zuvor genannten Adressaten.

- **Unternehmen** auf Grund einer Zurechnung von Kartellrechtsverstößen oder Aufsichtspflichtverletzungen von Unternehmensmitarbeitern.[5]

- **Unternehmensvereinigungen.**

Nach deutschem Kartellrecht kann ein Bußgeld gegen alle zuvor genannten Adressaten verhängt werden. Das europäische Kartellrecht kennt dagegen keine Bußgeldverfügungen gegen natürliche Personen. Es wendet sich insofern nur gegen Unternehmen und Unternehmensvereinigungen, denen das Handeln der Mitarbeiter zugerechnet wird.

89 Die **Höhe des Bußgelds** für Verstöße gegen das materielle Kartellrecht beträgt nach deutschem Recht maximal 1 Mio. Euro bzw. darüber hinaus maximal 10 % des im vorangegangenen Geschäftsjahr erzielten Gesamtumsatzes des betroffenen Unternehmens. Seit dem Jahr 2007 ist allerdings nach § 81 Abs. 4 Satz 3 GWB bei der Ermittlung des Gesamtumsatzes „der weltweite Umsatz aller natürlichen und juristischen Personen zugrunde zu legen, die als wirtschaftliche Einheit operieren." Das europäische Kartellrecht richtet sich ausschließlich an Unternehmen oder Unternehmensvereinigungen, wobei die Entscheidungspraxis darunter auch wirtschaftliche Einheiten fasst. Es kennt nur das 10 %-Kriterium. Die konkrete Höhe eines Bußgelds ist von der Dauer und der Schwere des Verstoßes abhängig. Die Kartellbehörden haben Bußgeldleitlinien veröffentlicht, um die

---

1 Vgl. näher z.B. *Tiedemann*, Wirtschaftsstrafrecht, Besonderer Teil, 2006, Rz. 156 ff.; *Dannecker* in Wabnitz/Janovsky (Hrsg.), Handbuch des Wirtschafts- und Steuerstrafrechts, 2. Aufl. 2004, 16. Kapitel.
2 Ausf. dazu z.B. *Dreher*, Kartellrechtscompliance, ZWeR 2004, 75, 89 ff.
3 Vgl. dazu ausf. *Dreher*, Die kartellrechtliche Bußgeldverantwortlichkeit von Vorstandsmitgliedern, in FS Konzen, 2006, S. 85 ff.
4 Falls es bereits früher zu Unregelmäßigkeiten gekommen ist, fordert die Rechtsprechung „gesteigerte Aufsichtsmaßnahmen", vgl. OLG Düsseldorf v. 5.4.2006 – VI-2 Kart 5 + 6/05 OWi, WuW/E DE-R 1893 – Transportbeton.
5 Natürliche Personen können im kartellrechtlichen Sinne Unternehmenseigenschaft haben, wenn sie selbständig am Markt tätig sind wie z.B. Handelsvertreter im Verhältnis zu Dritten.

Entscheidungsfindung transparenter werden zu lassen.[1] Die Implementierung von auch aufwendigen Compliance-Programmen bildet nach Ansicht der Kartellbehörden[2], wenn auch zu Unrecht, keinen mildernden Umstand bei der Bußgeldbemessung.[3] Ob die Bußgelder angesichts der inzwischen erzielten Höhe (s. oben Rz. 2) und den für sie nach der Rechtsprechung des EuGH nur geringen Begründungsaufwendungen noch rechtsstaatlichen Anforderungen genügen und nicht schon strafrechtlichen Charakter haben, ist inzwischen eine zu Recht gestellte Frage.[4]

Durchaus erfolgreich sind die vor einigen Jahren eingeführten **Bonus- oder Leniency-Programme** der Kartellbehörden. Sie gewähren nach vorab publizierten Kriterien[5] einen vollständigen oder teilweisen Bußgelderlass, wenn sich Unternehmen oder persönlich Betroffene den Kartellbehörden im Hinblick auf Kartellrechtsverstöße offenbaren. Je früher die Offenbarung im Verhältnis zu anderen Beteiligten erfolgt, desto höher ist der Bußgeldnachlass, der bis zu einem Bußgelderlass gehen kann. Manager sollten bzw. müssen im gegebenen Fall die Inanspruchnahme der Regelung deshalb in Erwägung ziehen. Dies setzt jedoch wegen der zahlreichen damit verbundenen Rechtsfragen – zum Beispiel Wahrung der Erlasschancen auch in anderen gegebenenfalls betroffenen Kartellrechtsordnungen von Mitgliedstaaten der EU –[6] eine vorherige kartellrechtliche Beratung und sodann Begleitung voraus. In diesem Zusammenhang stellen sich, wie erst neuerdings erörtert wird, auch zahlreiche Fragen im Verhältnis von Kartellrecht zu Gesellschafts-[7] und Kapitalmarktrecht.[8]

90

Nach Art. 25 VO 1/2003 **verjähren** Verstöße gegen materielles europäisches Kartellrecht innerhalb von 5 Jahren nach Begehung bzw. – bei fortgesetztem Handeln – Beendigung des Verstoßes. Diese Frist wird allerdings gegenüber allen Beteiligten unterbrochen, wenn einem am Verstoß beteiligten Unternehmen eine Ermittlungshandlung der Kommission oder einer nationalen Kartellbehörde bekannt wird. In jedem Fall muss eine Geldbuße spätestens vor Ablauf der doppelten Ver-

91

---

1 Vgl. Leitlinien der Kommission für das Verfahren zur Festlegung von Geldbußen vom 28.6.2006, ABl. EU Nr. C 210 v. 1.9.2006, S. 2. Auch das Bundeskartellamt hat am 15.9.2006 durch Bekanntmachung 38/2006 Bußgeldleitlinien erlassen.
2 So auch das EuG v. 30.4.2009 – Rs. T-13/03, GRUR Int. 2009, 1023, Rz. 211 – Nintendo/Kommission.
3 Vgl. dazu *Dreher*, ZWeR 2004, 75, 83 ff., 91 ff.; *Sieber* in FS Tiedemann, 2008, S. 449, 468 ff.; *Bosch/Colbus/Harbusch*, WuW 2009, 740; *Voet van Vormizeele*, CCZ 2009, 41.
4 Vgl. dazu z.B. *Brettel/Thomas*, ZWeR 2009, 25; apologetisch dagegen EuGH v. 22.5.2008 – Rs. C-266/06 P, WuW/E EU-R 1451, Rz. 32 ff. – Evonik Degussa/Kommission.
5 Vgl. Bekanntmachung der Kommission, ABl. EU Nr. C 298 v. 8.12.2006, S. 17 und die auch im Internet auf der BKartA-homepage veröffentlichte Bonusregelung des BKartA in Form der Bekanntmachung Nr. 9/2006.
6 Derzeit verfügen 23 Mitgliedstaaten über ein leniency-Programm. Eine aktuelle Liste der betreffenden Staaten ist auf der homepage der Kommission unter http://ec.europa.eu/comm/competition/antitrust/legislation/network.html einsehbar. Wenige Staaten haben zwar noch kein leniency-Programm implementiert, wenden aber in der Praxis im Rahmen ihres Sanktionsermessens der Sache nach ähnliche Grundsätze an, wie sie in förmlichen leniency-Programmen geregelt sind.
7 Vgl. *Dreher*, ZWeR 2009, 397 ff.
8 Vgl. *Dreher*, erscheint in WuW 2010.

jährungsdauer, also nach 10 Jahren, festgesetzt worden sein. Sofern gegen Auskunftspflichten verstoßen wurde, beträgt die Verjährungsfrist lediglich 3 Jahre. Nach deutschem Kartellrecht gilt über § 81 Abs. 8 Satz 2 GWB für materielle Kartellrechtsverstöße ebenfalls eine Verjährungsfrist von 5 Jahren mit einer Unterbrechung bei Ermittlungsmaßnahmen.

V. Strafrecht

92 Während das europäische Kartellrecht keine Straftatbestände kennt, wird in Deutschland eine Kriminalisierung des Kartellrechts immer wieder erwogen. Bisher wird sie jedoch zu Recht überwiegend abgelehnt.[1] Gegenwärtig kennt das deutsche Recht im Zusammenhang mit kartellrechtswidrigem Handeln daher nur einen einzigen Straftatbestand. Er bezieht sich auf den **Ausschreibungsbetrug**. Nach § 298 StGB führen derartige Betrugshandlungen zu Geld- oder Freiheitsstrafen. Der Tatbestand bezieht sich nicht nur auf öffentliche Ausschreibungen, sondern erfasst auch Ausschreibungen durch Private. Kartellverstöße können aber auch den allgemeinen Betrugstatbestand des § 263 StGB erfüllen.[2]

F. Schluss

93 Pflichten, Risiken und Haftung im Kartellrecht sind wichtige Themen für Manager. Die in Unternehmen verantwortlich Tätigen sollten dem Kartellrecht die notwendige Aufmerksamkeit jedoch nicht nur wegen dessen Sanktionspotential widmen. Im Vordergrund muss vielmehr die Erkenntnis stehen, dass allein das **Kartellrecht als Magna Charta des Wettbewerbs** die wirtschaftliche Tätigkeit der Unternehmen und ihrer Mitarbeiter auf Dauer in einem System offener Märkte auf der Basis von Freiheit und Gleichheit aller Wirtschaftsteilnehmer gewährleistet.

---

1 Vgl. nur *Rittner/Dreher*, Europäisches und deutsches Wirtschaftsrecht, 3. Aufl. 2008, § 23 Rz. 132 f. und § 24 Rz. 49 f.
2 BGH v. 8.1.1992 – 2 StR 102/91, WuW/E BGH 2849 – Arbeitsgemeinschaft Rheinausbau.

§ 32
Risikobereich und Haftung: Steuerrecht

Professor Dr. Ulrich Prinz/Dr. Christian Hick

	Rz.		Rz.
A. Einleitung: Zunehmend brisante Managerhaftung für Steuerrisiken	1	I. Haftung für Steuererklärungspflichten und steuerrelevante Bescheinigungen	29
B. Das steuerliche Haftungsregime der Abgabenordnung für Manager (Geschäftsführung, Vorstand, Aufsichtsrat)	4	II. Haftung für Abzugssteuern	32
		III. Erfüllung gesetzlicher Aufzeichnungspflichten bei Auslandssachverhalten	35
I. Einordnung des Haftungstatbestandes im Steuersystem	4	**D. Sonderfragen der Haftung im Zusammenhang mit Abzugssteuern**	39
II. Haftung des Geschäftsführers und Vorstands gem. § 69 AO	7	I. Haftung für abzuführende Lohnsteuer	39
1. Grundsätze der Haftung der gesetzlichen Vertreter	7	II. Haftung des Umsatzsteuerschuldners	44
2. Tatbestandsvoraussetzungen der steuerlichen Haftung der gesetzlichen Vertreter im Einzelnen	10	**E. Steuerliches Risikomanagement zur Haftungsbegrenzung**	49
III. Formelles Haftungsrecht	19	I. Maßnahmen zur vorsorgenden Haftungsvermeidung und Haftungsbegrenzung	49
1. Inanspruchnahme durch Erlass eines Haftungsbescheides	19	II. Maßnahmen zur Abwehr oder Abmilderung von Haftungsinanspruchnahmen	57
2. Ausübung der Ermessensentscheidung	24		
IV. Parallele einzelsteuergesetzliche Haftungstatbestände	27	**F. Zusammenfassung**	60
C. Besondere steuerliche Haftungsbereiche für Manager in Unternehmen	29		

Schrifttum: *Balmes/Ambroziak*, Abwehrmaßnahmen gegen Haftungsbescheide, AO-StB 2009, 244; *Beermann*, BFH-Rechtsprechung zur Lohnsteuerhaftung nach § 69 AO, FR 1992, 262; *Beermann*, AO-Geschäftsführerhaftung und ihre Grenzen nach der Rechtsprechung des BFH, DStR 1994, 810; *Boeker* in Hübschmann/Hepp/Spitaler, vor §§ 69–77 AO; *Brinkmeier*, Haftung nach § 69 AO: Adäquanztheorie, AO-StB 2009, 60; *Eich*, Abwehr von Steuerhaftungen, KÖSDI 2006, 15060; *Froesch*, Managerhaftung – Risikominderung durch Delegation?, DB 2009, 723; *Krause*, Managerhaftung und Strategien zur Haftungsvermeidung, BB 2009, 1374; *Loose* in Tipke/Kruse, vor § 69 AO; *Misbauer*, Die Bedeutung der schuldhaften Pflichtverletzung für die Haftung nach § 69 AO, DStR 2006, 148; *A. Müller*, Mitverschulden des Finanzamts?, AO-StB 2007, 19; *H.-F. Müller*, Die steuerrechtliche Haftung des GmbH-Geschäftsführers in der Krise, GmbHR 2003, 389; *Nacke*, Haftung des Geschäftsführers für Lohnsteuer im Fall der Insolvenz, AO-StB 2009, 78; *Nacke*, Keine Haftung des Insolvenzverwalters bei Lohnsteuer einer GmbH, NWB 6/2010 S. 432; *Nacke*, Haftung des Betriebsunternehmens nach § 75 AO, NWB 2/2007 S. 89 (v. 8.1.2007); *Neusel*, Die persönliche Haftung des Geschäftsführers für Steuern der GmbH, GmbHR 1997, 1129; *Peetz*, Steuerhaftung des GmbH-Geschäftsführers und Mitwirkungspflichten, GmbHR 2009, 187; *Remmert/Horn*,

BFH sorgt für Klarheit bei der Haftung des GmbH-Geschäftsführers nach § 69 AO, NZG 2007, 938; *Remmert/Horn*, Die Haftung des GmbH-Geschäftsführers für im Vorfeld einer Insolvenz nicht abgeführte Lohn- und Umsatzsteuer, NZG 2006, 881; *Stahlschmidt*, Haftung des Geschäftsführers für Steuerschulden der GmbH, GmbHR 2005, 677; *Stöcker*, Kausalität der Pflichtverletzung bei Geschäftsführerhaftung, AO-StB 2009, 97; *Tiedtke*, Haftungsbescheid gegen einen Geschäftsführer, der die von der GmbH geschuldeten Löhne aus seinem Privatvermögen gezahlt hat, GmbHR 2007, 21; *Watermeyer*, Steuerhaftung bei Betriebsübergang, GmbH-StB 2006, 259.

A. Einleitung: Zunehmend brisante Managerhaftung für Steuerrisiken

1   Die Komplexität des deutschen Steuerrechts hat in den letzten Jahren deutlich zugenommen. Hierfür sind die zahlreichen steuerlichen Rechtsnormen, die seit geraumer Zeit in immer kürzeren Zeitabständen aufeinander folgenden Rechtsänderungen (mit sog. Rechtssprüngen), aber auch die bei der konkreten Rechtsanwendung auftretenden zahlreichen Auslegungsfragen und systematischen Verwerfungen ursächlich. Managern obliegt die Verantwortung (= Haftung) für die Erfüllung der steuerlichen Pflichten des von ihnen vertretenen Unternehmens. Aus den genannten Gründen hat sich in den letzten Jahren auch das Risiko einer Inanspruchnahme für Steuerschulden durch Haftungsbescheid für Manager erheblich verschärft, wobei sich in der Praxis vor allem die Frage einer persönlichen Haftungsinanspruchnahme der Vorstandsmitglieder einer Aktiengesellschaft bzw. der Geschäftsführer einer Gesellschaft mit beschränkter Haftung (einschl. ausländischer Gesellschaftstypen, bspw. der britischen Limited) stellt. Mitunter sind aber auch die Mitglieder von Aufsichtsgremien haftungsmäßig betroffen. Vor allem bei einer allgemeinen Finanz- und Wirtschaftskrise, aber auch in einzelfallbezogenen unternehmerischen Krisensituationen sind zunehmend Haftungsinanspruchnahmen des Managements zu beobachten.

2   Neben den gesellschaftsrechtlichen und insolvenzrechtlichen Haftungsnormen sind für Manager auch die in der Abgabenordnung begründeten Haftungstatbestände von besonderem Gewicht. Dies ergibt sich schon daraus, dass die nach den Steuergesetzen zu erfüllenden Verpflichtungen laufend im Rahmen der Geschäftstätigkeit zu beachten sind. Die §§ 69–76 AO enthalten die wichtigsten allgemeinen steuerlichen Haftungstatbestände. Für die Praxis kommt der in § 69 AO geregelten Haftung der gesetzlichen Vertreter Grundlagencharakter zu. Aus der Vorschrift ergeben sich die allgemeinen Grundsätze einer Haftungsinanspruchnahme gesetzlicher Vertreter. Anspruchsgrundlagen einer Steuerhaftung für Manager können sich jedoch auch unmittelbar aus den Einzelsteuergesetzen (z.B. § 42d EStG, §§ 13c, 25d UStG) ergeben, wodurch sich auf Grund der Vielfalt der Haftungstatbestände das Risiko einer Haftungsinanspruchnahme verschärft. Praktisch besonders bedeutsam sind vor allem Haftungsinanspruchnahmen für Lohn- und Umsatzsteuer; dies wird auch anhand der hierzu ergangenen vielfältigen Rechtsprechung (auch im Zusammenhang mit insolvenzrechtlichen Anfechtungsmöglichkeiten) deutlich.

3   Der vorliegende Beitrag vermittelt aufbauend auf den allgemeinen Grundsätzen der Haftung gesetzlicher Vertreter i.S. des § 69 AO und ausgewählter steuerlicher

Haftungstatbestände der Einzelsteuergesetze, einen Überblick über die für Manager bestehenden steuerlichen Haftungsnormen. Um eine Haftungsinanspruchnahme zu vermeiden, sollten Gegenstand des Risikomanagements eines Unternehmens auch Strategien zur Vermeidung haftungsbegründender Tatbestände bilden. Hierzu bieten sich unterschiedliche Maßnahmen an, deren Umsetzung durch die Geschäftsleitung sicherzustellen ist.

B. Das steuerliche Haftungsregime der Abgabenordnung für Manager (Geschäftsführung, Vorstand, Aufsichtsrat)

I. Einordnung des Haftungstatbestandes im Steuersystem

Steuerhaftung und Steuerschuld. Ansprüche aus dem Steuerschuldverhältnis entstehen allein durch Tatbestandsverwirklichung und damit ohne Rücksicht darauf, ob der Schuldner fähig oder willens ist, den Anspruch zu erfüllen. Den hieraus in der Praxis resultierenden Problemen, versucht das Steuerrecht durch Einbeziehung möglichst vieler Personen in das Steuerschuldverhältnis – damit dessen Aufteilung auf Schuldner, Haftender und deren Rechtsnachfolger – zu begegnen. Haften bedeutet im steuerlichen Sinne das Einstehen für eine fremde Schuld.[1] Nach der AO sind Schuldner und Haftender einander gleichgestellt. Daraus folgt, dass Schuldner und Haftender Gesamtschuldner i.S. des § 44 Abs. 1 AO sind und nebeneinander für dieselbe steuerliche Leistung haften. Die Abgabenordnung nimmt eine systematische Trennung zwischen Steuerschuldrecht, Festsetzungs- und Feststellungsverfahren sowie dem Erhebungsverfahren vor. Zu den materiellen Haftungsvorschriften zählen die §§ 69–77 AO.[2] Sind die Tatbestandsvoraussetzungen einer haftungsbegründenden Norm erfüllt, sieht die Abgabenordnung eine Inanspruchnahme des Haftenden durch den Erlass eines Haftungsbescheides (formelles Haftungsrecht) vor, wobei sich der Haftungsanspruch aus einem Gesetz (Steuergesetz oder außersteuerliches Gesetz, § 191 Abs. 1 Satz 1 AO) oder aus einem Vertrag ergeben kann (§ 192 AO).[3]

4

Beispiel:

Geschäftsführer A unterschreibt in einer Krisensituation der Gesellschaft verspätet die Lohnsteueranmeldungen.

Der Geschäftsführer muss sich eine Verletzung der ihm obliegenden Verpflichtung zur rechtzeitigen Anmeldung und Abführung einbehaltener Lohnsteuerbeträge vorhalten las-

---

1 Vgl. *Boeker* in HHSp, vor §§ 69–77 AO Rz. 2; BFH v. 2.5.1984 – VIII R 239/82, BStBl. II 1984, 695.
2 Dem Grunde nach unterscheidet die AO zwischen der Haftung kraft Gesetzes und kraft Vertrages. Im Fall der Haftung kraft Gesetzes beruht die Haftung auf Steuertatbeständen, die in der AO geregelt sind. Die Haftung kraft Vertrages ist zivilrechtlicher Natur und begründet keine öffentlich rechtliche Verpflichtung. Vgl. *Loose* in Tipke/Kruse, vor § 69 AO Rz. 13.
3 Eine Haftung kraft Vertrages wird begründet durch Schuldbeitritt (§§ 305, 328 BGB), Bürgschaft (§ 765 BGB), Schuldversprechen (§ 780 BGB), Schuldübernahme (§§ 414, 415 BGB), Garantievertrag (§ 305 BGB). In dem Vertrag verpflichtet sich der Dritte gegenüber dem Finanzamt für die Steuerschuld eines anderen einzustehen. In der Praxis ist eine Haftung kraft Vertrages eher selten anzutreffen.

sen. Soweit die Gesellschaft auf Grund der Krisensituation ihrer Verpflichtung zur Abführung der Lohnsteuer nicht mehr nachkommt, kann das Finanzamt den Geschäftsführer für den hieraus entstehenden Steuerausfall mit seinem persönlichen Vermögen in Anspruch nehmen.

5 **Akzessorietät des Haftungsanspruchs.** Die Haftung ist sowohl dem Grunde als auch der Höhe nach von der Steuerschuld des betroffenen Unternehmens abhängig (Grundsatz der Akzessorietät). Dies hat zur Folge, dass ein Haftungsanspruch nur dann entstehen kann, wenn zumindest gleichzeitig eine Schuld in der Gesellschaft entstanden ist und noch besteht.[1] Die Festsetzung eines Steueranspruchs ist jedoch nicht erforderlich. Erlischt der Steueranspruch, erlischt grundsätzlich auch der Haftungsanspruch, da die Haftung nur Schadensersatzcharakter hat und helfen soll, Steuerausfälle zu verhindern.[2] Durch den Grundsatz der Akzessorietät ist es dem Finanzamt verwehrt, eine höhere Haftungsschuld zu realisieren, als die geschuldete Steuerschuld (Übermaßverbot).[3]

6 **Haftungskonkurrenz.** Die in der Abgabenordnung geregelten Haftungstatbestände schließen eine Haftung nach zivilrechtlichen Vorschriften nicht aus.[4] Zwischen den Haftungstatbeständen der AO und den zivilrechtlichen Haftungstatbeständen besteht eine einfache Gesetzeskonkurrenz.[5] Dies hat zur Folge, dass Haftungsvorschriften nebeneinander anwendbar bleiben, was das Risiko des Managers im Ergebnis erhöht.[6]

II. Haftung des Geschäftsführers und Vorstands gem. § 69 AO

1. Grundsätze der Haftung der gesetzlichen Vertreter

7 Den in der Praxis bedeutsamsten allgemeinen Haftungstatbestand regelt § 69 AO (Haftung der Vertreter). Die Vorschrift begründet eine persönliche Haftung für Personen, die die steuerlichen Pflichten von Steuersubjekten zu erfüllen haben, die selbst nicht wirksam handeln können. Als juristische Personen sind Aktiengesellschaften (§ 1 Abs. 1 AktG) und Gesellschaften mit beschränkter Haftung (§ 1 GmbHG) nicht selbst handlungsfähig, sondern bedürfen vom jeweiligen Gesellschafterbestand losgelöster selbständiger Leitungsorgane. Diese Funktion nimmt bei Aktiengesellschaften der Vorstand und bei Gesellschaften mit beschränkter Haftung der Geschäftsführer wahr. Aber auch nichtrechtsfähige Personenvereinigungen wie die offene Handelsgesellschaft (OHG) und die Kommanditgesellschaft (KG), können sich zur Erfüllung ihrer steuerlichen Pflichten eines zur Vertretung befugten Geschäftsführers bedienen. Geschäftsführer nichtrechts-

---

1 Vgl. BFH v. 24.6.1986 – VII R 193/82, BStBl. II 1986, 872.
2 Nach § 47 AO erlöschen Ansprüche aus dem Steuerschuldverhältnis durch Zahlung (§§ 224, 224a, 225 AO), Aufrechnung (§ 226 AO), Erlass (§§ 163, 227 AO), Festsetzungsverjährung (§§ 169 bis 171 AO) oder durch Zahlungsverjährung (§§ 228 bis 232 AO).
3 Vgl. *Müller*, AO-StB 2006, 153 ff.
4 Vor allem nach §§ 25–28, 128, 171–176 HGB; §§ 421, 427 BGB; hierzu auch BFH v. 23.10.1985 – VII R 187/82, BStBl. II 1986, 156.
5 Vgl. *Loose* in Tipke/Kruse, vor § 69 AO Rz. 22.
6 Vgl. FG Hessen v. 24.10.1995 – 6 K 5103/89, EFG 1996, 162, rkr.

fähiger Personenvereinigungen (§ 34 Abs. 1 Alt. 2 AO) sind wie die gesetzlichen Vertreter juristischer Personen Organe der Gesellschaft.[1]

Nach § 69 AO haften die in §§ 34 und 35 AO genannten Personen, soweit Ansprüche aus dem Steuerschuldverhältnis (§ 37 AO) in Folge vorsätzlicher oder grob fahrlässiger Verletzung der ihnen auferlegten Pflichten nicht oder nicht rechtzeitig festgesetzt oder erfüllt werden oder soweit in Folge dessen Steuervergütungen oder Steuererstattungen ohne rechtlichen Grund gezahlt werden.[2]

Eine Haftung nach § 69 AO hat bei wirtschaftlicher Betrachtung Schadensersatzcharakter.[3] Die Zielsetzung des Haftungstatbestandes besteht nicht in der Erfüllung der von dem Vertretenen geschuldeten Steuer. Vielmehr sollen durch die Haftung Steuerausfälle ausgeglichen werden, die die gesetzlichen Vertreter in Folge der Nichterfüllung ihrer gesetzlichen Pflichten zu vertreten haben. Der Höhe nach ist daher die Haftung auf den Betrag beschränkt, die der Vertretene auf Grund der schuldhaften Pflichtverletzung der Vertreter nicht gezahlt hat.

2. Tatbestandsvoraussetzungen der steuerlichen Haftung der gesetzlichen Vertreter im Einzelnen

Eine Haftung gem. § 69 AO erfordert kumulativ fünf Tatbestandsvoraussetzungen:
- der Haftende muss dem Personenkreis der §§ 34, 35 AO angehören,
- er muss eine Pflichtverletzung (vorsätzlich oder grob fahrlässig) begangen haben,
- die Pflichtverletzung muss zu einem Haftungsschaden geführt haben
- und für den Schadenseintritt ursächlich sein,
- der Haftende muss schuldhaft gehandelt haben.

Nachfolgend sind die Voraussetzungen einer Inanspruchnahme als Haftungsschuldner näher zu konkretisieren:

Steuerrelevante Pflichtverletzung des Managers. Vorliegen muss zunächst eine vorsätzliche oder grob fahrlässige Pflichtverletzung durch den in §§ 34 und 35 AO abgegrenzten Personenkreis, aus der ein Steuerausfall resultiert. Zu dem von § 34 Abs. 1 AO erfassten Personenkreis zählen die gesetzlichen Vertreter natürlicher sowie juristischer Personen aber auch die Geschäftsführer nichtrechtsfähiger Personenvereinigungen.[4] In der Praxis stehen vor allem die gesetzlichen Vertreter juristischer Personen im Vordergrund, die Leitungsfunktionen wahrnehmen und auch die Leitungsverantwortung tragen. Bei den gesetzlichen Vertretern juristischer Personen handelt es sich um GmbH-Geschäftsführer (§ 35

---
1 Vgl. *Hopt* in Baumbach/Hopt, § 125 HGB Rz. 2.
2 Der Haftungsanspruch entsteht, sobald der Tatbestand verwirklicht ist, an den das Gesetz die Haftung knüpft. Vgl. BFH v. 15.10.1996 – VIII R 46/96, BStBl. II 1997, 171.
3 Vgl. *Beermann*, DStR 1994, 807.
4 Weitergehend *Boeker* in HHSp, vor §§ 69–77 AO Rz. 12.

GmbHG) sowie Vorstände von Aktiengesellschaften (§ 78 AktG). Auch Prokuristen sind von einer möglichen Steuerhaftung nicht ausgenommen. So kann sich die Steuerhaftung eines Prokuristen aus der Stellung als gesetzlicher Vertreter (§ 34 AO) sowie als Verfügungsberechtigter (§ 35 AO) ergeben.[1] Aber auch dem zur Vertretung befugten Geschäftsführer einer nichtrechtsfähigen Personenvereinigung i.S. des § 34 Abs. 1 Alt. 2 AO (vor allem von OHG und KG) kommt eine Vertretungsfunktion zu.

12 Fraglich ist die Einstufung der Mitglieder des Aufsichtsrats einer AG in den von § 34 AO erfassten Personenkreis.[2] Nach § 111 Abs. 1 AktG obliegt dem Aufsichtsrat die Aufgabe, die Geschäftsführung zu überwachen. Erfasst wird von der Überwachungsfunktion auch die Erfüllung der steuerlichen Pflichten durch die gesetzlichen Vertreter.[3] Der Aufsichtsrat bzw. dessen Mitglieder zählen allerdings nicht zu den von § 34 Abs. 1 AO erfassten gesetzlichen Vertretern juristischer Personen, so dass eine auf § 69 AO begründete Haftungsinanspruchnahme selbst bei einer Verletzung der Aufsichtspflicht der Aufsichtsratsmitglieder nicht in Frage kommt. Entsprechendes dürfte auch für andere Überwachungsgremien (bspw. Beiräte in einer GmbH) gelten.

13 Wird eine Kapitalgesellschaft von mehreren gesetzlichen Vertretern vertreten, ist nach der BFH-Rechtsprechung grundsätzlich jeder von ihnen zur Erfüllung der steuerlichen Obliegenheiten verpflichtet (Grundsatz der Gesamtverantwortung).[4] Allerdings bleibt zu beachten, dass eine Begrenzung der Gesamtverantwortung (kein Haftungsausschluss) für den Fall in Frage kommt, dass nach der internen Geschäftsverteilung ein Mitglied der Geschäftsführung für die Erfüllung der steuerlichen Pflichten verantwortlich ist.[5] Die Rechtsprechung verlangt für eine Haftungsbegrenzung zumindest eine vorherige, eindeutige und schriftliche Vereinbarung über die interne Geschäftsverteilung.[6] Die Darlegungs- und Feststellungslast für das Vorliegen einer schriftlichen Vereinbarung über die Geschäftsverteilung liegt dabei grundsätzlich beim Haftungsschuldner.[7]

Beispiel:
Prokurist oder stellvertretender Geschäftsführer unterschreiben eine falsche Steueranmeldung. Fraglich ist, ob hieraus eine mögliche Haftungsinanspruchnahme des Geschäftsführers resultiert.

Als gesetzlichem Vertreter i.S. des § 34 AO obliegt dem Geschäftsführer die Verpflichtung, die steuerlichen Pflichten der Kapitalgesellschaft zu erfüllen. Die Frage einer Haftungsinanspruchnahme des Geschäftsführers könnte sich nach dem Grundsatz der Gesamtver-

---

1 Verfügungsberechtigte sind diejenigen Personen, die im Außenverhältnis rechtlich und tatsächlich wirksam über fremde Wirtschaftsgüter verfügen können (wirksames Handeln im Außenverhältnis). Im Einzelnen *Nacke*, AO-StB 2006, 189 ff.
2 Das GmbHG sieht die Einrichtung eines Aufsichtsrats nicht vor. Allerdings bleibt zu beachten, dass sich die Einrichtung aus den Mitbestimmungsgesetzen ergeben kann.
3 Hierzu im Einzelnen *Pentz* in Fleischer, Handbuch des Vorstandsrechts, § 16 Rz. 28 ff.
4 Vgl. BFH v. 21.10.2003 – VII B 353/02, BFH/NV 2004, 157.
5 Vgl. *Loose* in Tipke/Kruse, § 69 AO Rz. 7.
6 Vgl. BFH v. 21.10.2003 – VII B 353/02, BFH/NV 2004, 157; FG Hamburg v. 17.8.2006 – II 406/03, DStRE 2006, 502, rkr.
7 Vgl. *Loose* in Tipke/Kruse, § 69 AO Rz. 33.

antwortung stellen. Allerdings wäre zu prüfen, ob sich eine Begrenzung der Gesamtverantwortung des Geschäftsführers aus einer im Voraus abgeschlossenen schriftlichen Vereinbarung ergibt.

Den gesetzlichen Vertretern obliegende Pflichten haben öffentlich rechtlichen Charakter und können daher vertraglich nicht abbedungen werden.[1] Zu beachten ist, dass für eine mögliche Inanspruchnahme der gesetzlichen Vertreter einer Kapitalgesellschaft ohne Bedeutung ist, ob die Geschäftsführung von dem betreffenden gesetzlichen Vertreter auch tatsächlich ausgeübt werden konnte oder sollte.[2] In Frage kommt neben der Haftung der faktischen Geschäftsführer auch eine Inanspruchnahme der nominell bestellten Geschäftsführer.[3] Lediglich nominell zu gesetzlichen Vertretern bestellte Personen können zu ihrer Entlastung nicht vorbringen, dass sie keine Möglichkeit gehabt hätten, ihre rechtliche Stellung als gesetzliche Vertreter innerhalb der Gesellschaft zu verwirklichen und die steuerlichen Pflichten zu erfüllen.[4] Um eine drohende Haftungsinanspruchnahme zu vermeiden, kann sich daher der Rücktritt von dem Amt empfehlen, falls ein gesetzlicher Vertreter bzw. Geschäftsführer tatsächlich nicht in der Lage ist, entsprechend seiner Rechtsstellung zu handeln.[5] Der gesetzliche Vertreter darf nicht im Rechtsverkehr den Eindruck erwecken, als sorge er für die ordnungsgemäße Abwicklung der Geschäfte.[6]

14

Die Haftung eines gesetzlichen Vertreters ist an eine Verletzung der ihm persönlich obliegenden Pflichten geknüpft. Durch diese schuldhafte oder grob fahrlässige Pflichtverletzung muss ein Steuerausfall entstanden sein.[7] Gem. § 93 Abs. 1 Satz 1 AktG und § 43 Abs. 1 GmbHG müssen Vorstände und Geschäftsführer bei ihrer Geschäftsführung die Sorgfalt eines ordentlichen und gewissenhaften Geschäftsleiters beachten. Dieser normative Maßstab kann für die Beurteilung der Sorgfaltspflicht herangezogen werden.[8] Dies hat zur Folge, dass die Anforderungen an die Einhaltung der Sorgfaltspflicht damit weder von den individuellen Fähigkeiten des betroffenen gesetzlichen Vertreters noch von den Usancen in dem betroffenen Unternehmen abhängen.[9] Auch wird eine Haftung nicht durch Unerfahrenheit bzw. Unwissenheit des gesetzlichen Vertreters in steuerlichen Angelegenheiten ausgeschlossen.[10] Bedient sich der Vertreter zur Erfüllung der steuerlichen Pflichten Hilfspersonen[11], so obliegt dem Vertreter eine Überwachungs-

15

---

1 Vgl. BFH v. 12.7.1983 – VII B 19/83, BStBl. II 1983, 655.
2 Vgl. BFH v. 13.3.2004 – VIII R 52/02, BStBl. II 2004, 579; BFH v. 13.2.1996 – VII B 245/95, BFH/NV 1996, 657.
3 Vgl. BFH v. 13.3.2004 – VII R 52/02, BStBl. II 2004, 579.
4 Vgl. *Mösbauer*, StBP 2006, 291.
5 Vgl. *Eich*, KÖSDI 2006, 15062.
6 Vgl. BFH v. 16.7.1985 – VII R 185/82, BFH/NV 1987, 210; BFH v. 23.3.1993 – VII R 38/92, BStBl. II 1993, 581.
7 Zur Auslegung der beiden Tatbestandsmerkmale vgl. *Mösbauer*, StBP 2006, 292.
8 Der BFH hat diesen Maßstab erstmals in seiner Rechtsprechung vom 16.3.1967 verwendet. Vgl. BFH v. 16.3.1967 – I 261/63, BStBl. III 1967, 626 – Voraussetzungen für die Annahme einer verdeckten Gewinnausschüttung.
9 Vgl. *Wiesner* in MünchHdb. AG, § 25 Rz. 2.
10 Vgl. BFH v. 11.6.1996 – I B 60/95, BFH/NV 1997, 7.
11 In dem hier behandelten Zusammenhang zählen zu den „Hilfspersonen" die zur geschäftsmäßigen Hilfe in Steuersachen befugten Personen i.S. des § 2 StBerG.

pflicht.[1] Kommt der Vertreter seiner Überwachungspflicht nach, kann dem Vertreter ein Verschulden des steuerlichen Beraters nicht als eigenes Verschulden zugerechnet werden.[2]

16 Durch §§ 34 und 35 AO erfolgt eine Abgrenzung, welche Pflichten die Vertreter im Einzelnen treffen. Im Grundsatz haben die Vertreter die steuerlichen Pflichten zu erfüllen, die den Vertretern durch die Abgabenordnung und die jeweiligen Einzelsteuergesetze auferlegt werden.[3] Nicht zu den steuerlichen Pflichten i.S. des § 34 AO zählen andere gesetzliche Pflichten, auch solche des Handelsrechts. Dabei erstreckt sich die Pflicht zu Steuerentrichtung nur auf die verwalteten Mittel.[4] Die Verfügbarkeit der Mittel ist dabei im Zeitpunkt der Fälligkeit zu beurteilen. Die gesetzlichen Vertreter sind nicht verpflichtet, zur Begleichung der Steuerschulden Kredite aufzunehmen oder eigene Vermögenswerte einzusetzen. Reichen die vorhandenen Mittel nicht aus, um sämtliche Schulden zu begleichen, so ist der Vertreter nicht verpflichtet, die Steuerschulden vorrangig zu tilgen. Erforderlich ist allerdings nach der ständigen BFH-Rechtsprechung eine anteilige Verteilung der vorhandenen Mittel zwischen den Steuergläubigern und den übrigen Gläubigern (ausgenommen von dem Grundsatz der anteiligen Tilgung sind im Abzugsverfahren erhobene Steuern).[5]

17 **Umfang der Haftung.** Die Haftung des Vertreters erstreckt sich auf den Betrag der Steuerschulden, der von dem Vertretenen nicht entrichtet worden ist. Ein Haftungsschaden ist demnach ausgeschlossen, wenn ein Anspruch aus dem Steuerschuldverhältnis nicht festgesetzt wird. Ein durch die Pflichtverletzung des Vertreters verursachter Schaden kann darauf beruhen, dass Ansprüche aus dem Steuerschuldverhältnis nicht oder nicht rechtzeitig festgesetzt oder erfüllt oder Steuervergütungen oder Steuererstattungen ohne rechtlichen Grund gezahlt werden.[6] Im Einzelnen kann es sich um folgende Ansprüche aus dem Steuerschuldverhältnis handeln, für die der Vertretene als Haftungsschuldner in Anspruch genommen werden kann: Steueransprüche, Haftungsansprüche, Ansprüche auf steuerliche Nebenleistungen gegen den Vertretenen.[7] Zudem kann ein Schaden

---

1 Nach der BFH-Rechtsprechung stellt ein mangelhaftes Erfüllen der Überwachungspflicht regelmäßig eine grob schuldhafte Pflichtverletzung dar. Vgl. BFH v. 27.11.1990 – VII R 20/89, BStBl. II 1991, 286. Der Geschäftsführer muss bspw. für Umsatzsteuerzwecke die Richtigkeit der buch- und belegmäßigen Erfassung bei herausgehobenen Geschäftsvorfällen selbst überprüfen. Vgl. BFH v. 26.11.2008 – V B 210/07, BFH/NV 2009, 362.
2 Vgl. BFH v. 30.8.1994 – VII R 101/92, DStR 1995, 181; BFH v. 20.4.2006 – VII B 163/05, BFH/NV 2006, 1439.
3 Dabei beginnt die Vertretungsmacht mit der Bestellung als Organ der Gesellschaft und nicht erst mit der Eintragung in das Handelsregister. Vgl. BFH v. 26.2.1985 – VII R 110/79, BFH/NV 1985, 20.
4 Vgl. BFH v. 5.3.1991 – VII R 93/88, BStBl. II 1991, 678.
5 Vgl. BFH v. 21.6.1994 – VII R 34/92, BStBl. II 1995, 230; BFH v. 14.7.1987 – VII R 188/82, BStBl. II 1988, 172.
6 Wobei die Tatbestandsvoraussetzungen einer Steuerhinterziehung (§ 370 AO) bzw. leichtfertigen Steuerverkürzung (§ 378 AO) nicht vorliegen müssen.
7 Zu den steuerlichen Nebenleistungen zählen Verspätungszuschläge (§ 152 AO), Zinsen (§§ 233–237 AO), Säumniszuschläge (§ 240 AO), Zwangsgelder (§ 239 AO). Vgl. *Boeker* in HHSp, vor §§ 69–77 AO Rz. 12; *Beermann*, DStR 1994, 810.

auch daraus resultieren, dass Steuervergütungs- und Steuererstattungsansprüche ohne rechtlichen Grund gezahlt worden sind.

Kausalität der Pflichtverletzung. Für den Eintritt des Schadens muss zudem die vorsätzliche oder grob fahrlässige Pflichtverletzung des Vertreters ursächlich sein (kausaler Zusammenhang).[1] Durch eine leichte Fahrlässigkeit werden die Voraussetzungen einer Haftung nach § 69 AO nicht erfüllt. Somit liegen die Voraussetzungen einer Inanspruchnahme des Vertreters dann nicht vor, wenn der Schaden auch bei pflichtgemäßem Verhalten des Vertreters eingetreten wäre.[2] Besteht die Pflichtverletzung in dem „Unterlassen einer Handlung" so wird man darauf abstellen müssen, ob auch bei Vornahme der unterlassenen Handlung der Erfolg nicht eingetreten wäre. Die Ursächlichkeit zwischen dem Schadenseintritt und dem Verhalten des Vertreters ist dann nicht gegeben, wenn nur eine gewisse Wahrscheinlichkeit oder die bloße Möglichkeit besteht, dass der Schaden bei einem pflichtgemäßen Verhalten nicht eingetreten wäre.[3] Tritt bspw. ein Steuerausfall mangels ausreichender Zahlungsmittel unabhängig davon ein, ob die Steueranmeldung fristgerecht eingereicht wurde, so ist die Verletzung der Steuererklärungspflichten für den Schadenseintritt nicht ursächlich.[4]

18

III. Formelles Haftungsrecht

1. Inanspruchnahme durch Erlass eines Haftungsbescheides

Der Haftungsbescheid konkretisiert einen bereits entstandenen Haftungsanspruch und bildet die Grundlage für die Verwirklichung des Anspruchs.[5] Der Haftungsbescheid ist allerdings kein Steuerbescheid und diesem auch nicht gleichgestellt; es handelt sich vielmehr um einen Verwaltungsakt i.S. des § 118 AO. Hinsichtlich der Korrektur eines Haftungsbescheides sind daher die §§ 129–131 AO einschlägig.[6] Vor Erlass eines Haftungsbescheides hat die Finanzverwaltung zunächst zu prüfen, ob in der Person oder den Personen, die sie heranziehen will, die tatbestandlichen Voraussetzungen der Haftungsvorschrift erfüllt sind.[7] Liegen die Tatbestandsvoraussetzungen einer haftungsbegründenden Norm vor, steht die Inanspruchnahme des Haftenden nach § 191 Abs. 1 Satz 1

19

---

1 Vgl. BFH v. 17.11.1992 – VII R 13/92, BStBl. II 1993, 471.
2 Vgl. BFH v. 5.3.1991 – VII R 93/88, BStBl. II 1991, 678.
3 Vorsätzlich handelt, wer die Pflichten kennt und bewusst missachtet. Grob fahrlässig handelt, wer die Sorgfalt, zu der er nach den Umständen und seinen persönlichen Kenntnissen und Fähigkeiten verpflichtet und im Stande ist, in ungewöhnlich hohem Maße außer Acht lässt. Vgl. BFH v. 12.5.1992 – VII R 52/91, BFH/NV 1992, 785.
4 Vgl. BFH v. 16.3.1988 – I R 129/83, BFH/NV 1989, 409.
5 Vgl. BFH v. 15.10.1996 – VIII R 46/96, BStBl. II 1997, 172.
6 Aus § 119 AO folgt zunächst, dass der Haftungsbescheid inhaltlich hinreichend bestimmt sein muss (zu weiteren Einzelheiten BFH v. 27.8.2009 – V B 75/08, BFH/NV 2009, 1964). So muss der Haftungsbescheid den Haftungsschuldner, den Haftungsbetrag und die Steuer bezeichnen, für die der Haftende in Anspruch genommen wird. Vgl. BFH v. 3.12.1996 – I B 44/96, BStBl. II 1997, 306. Mangelnde Bestimmtheit des Haftungsbescheides hat die Nichtigkeit zur Folge (§ 125 AO).
7 Gerichtlich in vollem Umfang überprüfbare Rechtsentscheidung vgl. BFH v. 11.3.2004 – VII R 52/02, BStBl. II 2004, 579.

AO im pflichtgemäßen Auswahl- und Erschließungsermessen der Finanzverwaltung.

20 Der Grundsatz der Akzessorität der Haftungsschuld kommt auch in § 191 Abs. 5 Satz 1 AO zum Ausdruck. So darf ein Haftungsbescheid nicht mehr ergehen, soweit die Steuer gegen den Steuerschuldner nicht festgesetzt worden ist und wegen des Ablaufs der Festsetzungsfrist gegen den Schuldner auch nicht mehr festgesetzt werden kann und soweit die gegen den Steuerschuldner festgesetzte Steuer verjährt oder erlassen worden ist.[1] Allerdings erfolgt durch die Festsetzung eine Verselbständigung der Haftungsschuld der Höhe nach. Daraus folgt, dass sich Korrekturen des zugrunde liegenden Steuerbescheides (bspw. durch Zahlungen des Steuerschuldners) nicht automatisch auf die Höhe der Haftungsschuld auswirken. Der Steuerbescheid ist kein Grundlagenbescheid für den Haftungsbescheid. Der Haftungsbescheid ist vielmehr selbständig daraufhin zu prüfen, ob die Voraussetzungen einer Korrektur nach §§ 130, 131 AO vorliegen.

21 Im Erhebungsverfahren erfolgt die Geltendmachung des Haftungsanspruchs durch den Erlass einer Zahlungsaufforderung i.S. des § 219 Satz 1 AO. Gegen einen Haftungsbescheid und auch gegen Zahlungsaufforderungen ist nach § 347 Abs. 1 Nr. 1 AO der Rechtsbehelf des Einspruchs gegeben. Nach einem erfolglosen Einspruchsverfahren ist der Finanzrechtsweg eröffnet.

22 Da Haftungsbescheide keine Steuerbescheide sind, können die Vorschriften über die Festsetzungsverjährung (§§ 169 bis 171 AO) auf Haftungsbescheide nicht entsprechend zur Anwendung gelangen. Durch § 191 Abs. 3 und 4 AO werden die zeitlichen Grenzen einer Inanspruchnahme durch Haftungsbescheid bestimmt, wobei das Gesetz zwischen der Festsetzungsverjährung bei steuerlichen Haftungstatbeständen (§ 193 Abs. 3 AO) und der Festsetzungsverjährung bei privatrechtlichen Haftungstatbeständen (§ 193 Abs. 4 AO) unterscheidet.

23 Nach § 193 Abs. 3 AO sind die Vorschriften über die Festsetzungsfrist auf den Erlass eines Haftungsbescheides entsprechend anzuwenden. Die Festsetzungsfrist beträgt nach § 193 Abs. 3 Satz 2 AO grundsätzlich vier Jahre; dabei beginnt die Festsetzungsfrist mit Ablauf des Kalenderjahres, an den das Gesetz die Leistungspflicht knüpft.[2] Ausschlaggebend ist damit der Zeitpunkt der tatbestandlichen Pflichtverletzung, auf die Fälligkeit oder den Zeitpunkt des Eintritts eines fiskalischen Schadens kommt es nicht an.[3] Bei auf privatrechtlicher Grundlage beruhenden Haftungstatbeständen kann ein Haftungsbescheid nach § 193 Abs. 4 AO solange ergehen, bis der Haftungsanspruch nach dem für ihn maßgeblichen Recht noch nicht verjährt ist.

---

1 Dies gilt nicht, wenn die Haftung auf einer vom Haftungsschuldner begangenen Steuerhinterziehung oder Steuerhehlerei beruht (§ 191 Abs. 5 Satz 2 AO).
2 § 193 Abs. 3 Satz 1 AO ordnet eine entsprechende Anwendung der Vorschriften der AO über die Ablaufhemmung (§ 171 AO) an, so dass im Einzelfall zu prüfen ist, ob eine Hemmung des Ablaufs der Festsetzungsfrist vorliegt.
3 Vgl. BFH v. 4.9.2002 – I B 145/01, BStBl. II 2003, 223.

2. Ausübung der Ermessensentscheidung

Bei Erfüllung der Tatbestandsvoraussetzungen einer Haftungsnorm obliegt die Inanspruchnahme des Haftungsschuldners durch Erlass eines Haftungsbescheides dem pflichtgemäßen Entschließungs- und Auswahlermessen (§ 5 AO) der Finanzverwaltung.[1]

Sachgerechte Ermessensausübung erforderlich. Im Rahmen des Entschließungsermessens obliegt der Finanzverwaltung die Entscheidung, ob sie einen Haftenden durch den Erlass eines Haftungsbescheides überhaupt in Anspruch nehmen will.[2] Erfolgen muss durch die Finanzverwaltung eine nachvollziehbare Ermessensentscheidung.[3] Denkbar ist daher auch, dass die Finanzverwaltung in besonderen Ausnahmefällen auf eine Inanspruchnahme des haftenden gesetzlichen Vertreters ganz verzichtet bzw. den Haftungsschuldner nur auf einen Teilbetrag in Anspruch nimmt.[4] Der Umfang des Haftungsanspruchs und damit die Höhe des Haftungsbetrages werden beeinflusst, wenn hinreichende Mittel zur Tilgung der Steuern fehlen und der gesetzliche Vertreter bislang die verfügbaren Mittel zur gleichmäßigen Tilgung aller Zahlungsverpflichtungen einschließlich der Steuerschulden verwendet hat.

Inanspruchnahme bei Gesamtschuldnern. Ein Auswahlermessen hat die Finanzverwaltung, soweit ein Haftungsanspruch gegenüber mehreren Personen besteht.[5] Hier stellt sich die Frage nach einer sachgerechten Ermessensausübung gegenüber mehreren gesamtschuldnerisch (§ 44 Abs. 1 AO) Haftenden.[6] Fehlerhaft ist die Ausübung des Ermessens durch die Finanzverwaltung dann, wenn ein möglicher Haftungsschuldner übersehen wird. Die Ermessensentscheidung ist gerichtlich nur im Rahmen des § 102 Satz 1 FGO auf Ermessensfehler (Ermessensüberschreitung, Ermessensfehlgebrauch) überprüfbar. Sind mehrere gesetzliche Vertreter einer Kapitalgesellschaft vorhanden, so wird man dann von einer fehlerhaften Ermessensausübung ausgehen müssen, wenn die Finanzverwaltung die interne Aufgabenverteilung zwischen den gesetzlichen Vertretern unberücksichtigt lässt.[7]

Beispiel:

Eine GmbH verfügt über zwei Geschäftsführer. Das Finanzamt nimmt nur den A durch Haftungsbescheid für nicht abgeführte Steuern in Anspruch.

---

1 Zu Abwehrmaßnahmen gegen Haftungsbescheide vgl. *Balmes/Ambroziak*, AO-StB 2009, 244.
2 Vgl. BFH v. 8.11.1988 – VII R 78/85, BStBl. II 1989, 118.
3 Zu den Anforderungen an die Begründung der Ermessensentscheidung vgl. BFH v. 18.7.2008 – VII B 184/07, BFH/NV 2008, 1805.
4 Denkbar wäre eine fehlerhafte Ermessensausübung für den Fall eines Mitverschuldens der Finanzverwaltung. Vgl. *Eich*, KÖSDI 2006, 15064.
5 Zur Vorprägung des Auswahlermessens für den Fall, dass sich mehrere Gesamtschuldner einer vorsätzlichen Steuerstraftat schuldig gemacht haben, vgl. BFH v. 12.2.2009 – VI R 40/07, BStBl. II 2009, 478.
6 Vgl. BFH v. 29.5.1990 – VII R 85/89, BStBl. II 1990, 1008.
7 Vgl. BFH v. 11.3.2004 – VII R 52/02, BStBl. II 2004, 579.

Im Grundsatz haften beide Geschäftsführer als gesetzliche Vertreter für die Erfüllung der steuerlichen Pflichten der vertretenen Gesellschaft. Eine ausschließliche Inanspruchnahme des A und damit eine Durchbrechung des Grundsatzes der Gesamtverantwortung erscheint nur dann gerechtfertigt, wenn dem A nach einer im Innenverhältnis zwischen den beiden Geschäftsführern im Voraus getroffenen schriftlichen Vereinbarung, ausschließlich die Verantwortung für die Erfüllung der steuerlichen Pflichten oblag.

IV. Parallele einzelsteuergesetzliche Haftungstatbestände

27 Die aus §§ 69 ff. AO resultierenden Grundsätze einer Haftung der gesetzlichen Vertreter werden durch zahlreiche Haftungstatbestände der Einzelsteuergesetze ergänzt. Für die praktische Rechtsanwendung sind die aus den Einzelsteuergesetzen resultierenden Haftungstatbestände von großer Bedeutung.[1] Im Einzelnen sind folgende Haftungstatbestände hervorzuheben: Lohnsteuerhaftung nach § 42d EStG, Haftung für Kapitalertragsteuer (§ 44 Abs. 5 EStG), Haftung bei Bauleistungen (§ 48a Abs. 3 EStG), Steuerabzug bei beschränkter Steuerpflicht (§ 50a EStG), Haftung bei Abtretung und Verpfändung gem. § 13c UStG, Haftung für schuldhaft nicht abgeführte Umsatzsteuer nach § 25d UStG. Hinzu kommen besondere Haftungstatbestände bei Unternehmenstransaktionen (etwa einem share deal oder einem asset deal[2]), die schnell besondere Größenordnungen für eine Managerhaftung erreichen können. Dies gilt beispielsweise für die Haftung des Betriebsübernehmers gem. § 75 AO oder eine Haftung anlässlich einer umsatzsteuerlichen Geschäftsveräußerung im Ganzen gem. § 1 Abs. 1a UStG. Denkbar sind schließlich auch Haftungstatbestände aus vertraglichen oder faktischen Konzernierungen (etwa § 73 AO mit der Haftung der Organgesellschaft für bestimmte Steuern des Organträgers), die auf das Management „durchschlagen" können.

28 Durch die zahlreichen Haftungstatbestände der Einzelsteuergesetze erhöht sich die potenzielle Gefahr einer Inanspruchnahme als Haftungsschuldner. In systematischer Hinsicht stellt sich die Frage des Verhältnisses der Haftungstatbestände der Einzelsteuergesetze zu der Haftung der gesetzlichen Vertreter i.S. des § 69 AO. Den Haftungstatbeständen der Einzelsteuergesetze kommt die Funktion zu, für einen speziellen steuerlichen Sachverhalt die Voraussetzungen einer Haftungsinanspruchnahme zu konkretisieren, ohne die Voraussetzungen einer Inanspruchnahme als Haftungsschuldner nach § 69 AO zu begrenzen. Bei der konkreten Rechtsanwendung haftungsbegründender Vorschriften der Einzelsteuergesetze erfolgt regelmäßig ein Rückgriff auf die Grundsätze des § 69 AO.

---

[1] Für eine Übersicht vgl. *Boeker* in HHSp, vor §§ 69–77 AO Rz. 10.
[2] Vgl. zu Details *Watermeyer*, GmbH-StB 2006, 259; ergänzend auch *Nacke*, NWB 2/2007 S. 89 (v. 8.1.2007).

C. Besondere steuerliche Haftungsbereiche für Manager in Unternehmen

I. Haftung für Steuererklärungspflichten und steuerrelevante Bescheinigungen

Verletzung von Steuererklärungspflichten: Kommen die gesetzlichen Vertreter den Steuererklärungspflichten der von ihnen vertretenen Gesellschaft nicht nach, so hat dies zur Folge, dass ein Anspruch aus dem Steuerschuldverhältnis überhaupt nicht festgesetzt wird (Nichterteilung eines Steuerbescheides nach § 155 Abs. 1 AO). In diesem Fall liegt eine von § 69 AO erfasste Pflichtverletzung (§ 34 AO) der gesetzlichen Vertreter vor, die eine Haftungsinanspruchnahme begründen kann.[1]

29

Ein Haftungstatbestand kann auch daraus resultieren, dass ein Anspruch aus dem Steuerschuldverhältnis nicht rechtzeitig festgesetzt wird. Dies ist der Fall, wenn die gesetzlichen Vertreter nicht die rechtzeitige Erklärungsabgabe sicherstellen. Wird in den Einzelsteuergesetzen die Abgabe von Steuererklärungen bzw. Steueranmeldungen vorgeschrieben, liegt eine verspätete Abgabe bei Überschreitung der jeweiligen Frist vor.[2] So besteht bei der Umsatzsteuer die Verpflichtung zur Abgabe von Umsatzsteuer-Voranmeldungen für die Festsetzung von (üblicherweise monatlichen) Vorauszahlungen. Werden die Vorauszahlungen nicht rechtzeitig angemeldet und abgeführt, liegt eine grob fahrlässige Pflichtverletzung der gesetzlichen Vertreter vor.[3] Nach § 13 Abs. 1 i.V.m. § 18 Abs. 2 Satz 1 UStG entsteht der Anspruch auf Umsatzsteuervorauszahlungen mit dem Ablauf des letzten Tages des Voranmeldungszeitraumes, wobei die Vorauszahlung bis zum 10. des Monats, der auf den abgelaufenen Voranmeldungszeitraum folgt, anzumelden und abzuführen ist.[4] Maßgeblicher Zeitpunkt für das Vorliegen der Voraussetzungen einer Haftungsinanspruchnahme ist der Entstehungszeitpunkt des Steueranspruchs, so dass mit Ablauf des letzten Tags des Voranmeldungszeitraums die Voraussetzungen einer Haftungsinanspruchnahme vorliegen.[5]

30

Erstellung fehlerhafter Steuerbescheinigungen: Werden steuerrelevante Bescheinigungen von den Organen einer Kapitalgesellschaft „in Verkehr gebracht", so können auf Vorsatz oder grober Fahrlässigkeit beruhende Fehler besondere spezialgesetzlich geregelte Haftungstatbestände auslösen. Dies gilt etwa für fehlerhafte Kapitalertragsteuerbescheinigungen anlässlich einer Gewinnausschüttung (§ 44 Abs. 5 EStG), die Bescheinigungsnotwendigkeit für die Verwendung des Einlagekontos gem. § 27 Abs. 3 KStG.[6] Bei derartigen Vorgängen sollten sich

31

---
[1] Vgl. BFH v. 5.3.1991 – VII R 93/88, BStBl. II 1991, 678.
[2] Steuererklärungen sind nach § 149 Abs. 2 AO, soweit die Steuergesetze nichts anderes bestimmen, spätestens fünf Monate nach Ablauf des Kalenderjahres (z.B. für die ESt, KSt und USt) abzugeben.
[3] Vgl. BFH v. 30.12.2004 – VII B 145/04, BFH/NV 2005, 655.
[4] Vgl. BFH v. 25.5.2004 – VII R 29/02, BStBl. II 2005, 3.
[5] Vgl. FG Hamburg v. 17.8.2005 – III 406/03, DStRE 2006, 502, rkr.
[6] Zur Neuregelung der Verwendungsfestschreibung nach § 27 Abs. 5 KStG i.d.F. des SEStEG vgl. OFD Münster Vfg. v. 27.11.2009 – S 2836 - 7 - St 13 - 33, DStR 2010, 225.

die Verantwortungsträger (vor allem bei Großunternehmen) stets und möglichst in dokumentierter Form die Richtigkeit von Bescheinigungen von den organisatorisch zuständigen Fachabteilungen bestätigen lassen. Dies dient der Haftungsvorsorge.

II. Haftung für Abzugssteuern

32 Das Einkommensteuergesetz sieht bei bestimmten Vergütungen eine Besteuerung im Abzugsverfahren vor. Dies trifft auf die bei Einkünften aus nichtselbständiger Arbeit durch den Arbeitgeber einzubehaltende Lohnsteuer, die auf Kapitalerträge entfallende Kapitalertragsteuer sowie bei bestimmten an beschränkt Steuerpflichtige gezahlten Vergütungen zu. Für Einkünfte aus Kapitalvermögen i.S. des § 20 EStG entfaltet die durch den Vergütungsschuldner einzubehaltende Kapitalertragsteuer i.H. von 25 % der Bemessungsgrundlage nach dem System der Abgeltungsteuer abgeltende Wirkung (§ 32d EStG). Um eine tatsächliche Entrichtung der zu Lasten des Vergütungsgläubigers durch den Vergütungsschuldner einbehaltenen Steuerbeträge sicherzustellen, haftet der Vergütungsschuldner für die fristgerechte Abführung einbehaltener Steuerbeträge.

33 Bei der aus § 42d EStG resultierenden Lohnsteuerhaftung des Arbeitgebers handelt es sich um einen der wichtigsten steuerlichen Haftungstatbestände. Schuldner der Lohnsteuer ist dagegen der Arbeitnehmer (§ 38 Abs. 2 Satz 1 EStG). Die Zielsetzung des Haftungstatbestandes besteht darin, die Steuerforderung gegenüber dem Arbeitnehmer abzusichern und dadurch Steuerausfälle zu verhindern. Im Rahmen des Lohnsteuerabzugsverfahrens haftet der Arbeitgeber nach § 42d Abs. 1 Nr. 1 EStG dafür, dass die Lohnsteuer einbehalten und termingerecht an das Finanzamt abgeführt wird (§ 38 Abs. 3 EStG, § 41a Abs. 1 EStG). Die Haftung des Arbeitgebers ist nur in den in § 42d Abs. 2 EStG genannten Fällen ausgeschlossen (fehlerhafte Lohnsteuerkarte, zum Lohnsteuereinbehalt nicht ausreichender Barlohn, Unmöglichkeit nachträglicher Änderung des Lohnsteuerabzugs).[1] Pflichtwidrig handelt ein gesetzlicher Vertreter, falls er den genannten Pflichten nicht nachkommt.[2] Hierbei ist zu beachten, dass die Rechtsprechung hohe Anforderungen an die dem gesetzlichen Vertreter obliegenden Pflichten begründet. Üblicherweise werden bei fehlerhaftem Lohnsteuereinbehalt die Voraussetzungen einer grob fahrlässigen Pflichtverletzung vorliegen.[3] Auch wenn die Verpflichtung zur Abführung der einbehaltenen Steuerbeträge erst im Zeitpunkt der Fälligkeit besteht, darf eine Verwendung der einbehaltenen Beträge nur zur Abführung an das Finanzamt erfolgen. Nichtabführung einbehaltener Steuerabzugsbeträge führt stets zur Haftung.[4]

---

1 Die Anzeige einer fehlerhaften Behandlung von Arbeitslohnzahlungen im Rahmen einer Außenprüfung lässt die Lohnsteuerhaftung nicht entfallen, vgl. FG Bremen v. 21.5.2008 – 2 K 74/07 1, EFG 2008, 1622, nrkr. Rev. unter VI R 26/08.
2 Vgl. BFH v. 4.4.2006 – VI R 11/03, BB 2006, 1667; BFH v. 9.12.2005 – VII B 124–125/05, DStRE 2006, 560; BFH v. 22.11.2005 – VII R 21/05, DStR 2006, 181.
3 Vgl. BFH v. 9.12.2005 – VII B 124–125/05, DStRE 2006, 560; BFH v. 21.12.1998 – VII R 175/98, BFH/NV 1999, 745.
4 Zur Anfechtung eines gegen den Arbeitgeber gerichteten Haftungsbescheids durch den Arbeitnehmer vgl. FG Niedersachsen v. 28.8.2009 – 11 K 528/07, nrkr. Rev. unter VI B 132/09.

Von wesentlicher Bedeutung ist in der Praxis auch die Haftung des Schuldners von Kapitalerträgen für einzubehaltende Kapitalertragsteuer. Nach § 44 Abs. 5 EStG haftet der Schuldner der Kapitalerträge i.S. von § 43 Abs. 1 Nr. 1–5 EStG für die Kapitalertragsteuer, die er einzubehalten und abzuführen hat.[1] Eine Haftungsinanspruchnahme entfällt nicht allein dadurch, dass sich der Schuldner der Kapitalerträge auf die ungeklärten Rechtswirkungen einer steuerlichen Vorschrift beruft.[2] Schließlich unterliegen beschränkt Steuerpflichtige mit den in § 50a Abs. 1 EStG abgegrenzten Vergütungen der Besteuerung im Wege des Steuerabzugs (Anwendung eines Mindeststeuersatzes auf den Bruttobetrag der Einnahmen).[3] Die Einkommensteuer wird dabei auf den Bruttobetrag der Einnahmen erhoben (§ 50a Abs. 4 Satz 1 Nr. 1 EStG). Zugleich wird in § 50 Abs. 5 EStG die Haftung des Vergütungsgläubigers für die einzubehaltenden Steuerbeträge begründet.

III. Erfüllung gesetzlicher Aufzeichnungspflichten bei Auslandssachverhalten

Nach § 90 Abs. 3 AO bestehen für grenzüberschreitend tätige Unternehmen weit reichende Mitwirkungs- und Dokumentationsverpflichtungen.[4]

Flankiert wird die Dokumentationsverpflichtung bei Auslandssachverhalten durch § 162 Abs. 3 und Abs. 4 AO. Danach sind bei einer Verletzung der Aufzeichnungsverpflichtung Sanktionsmaßnahmen möglich (Umkehr der Beweislast, Festsetzung von Strafzuschlägen). Fraglich erscheint das Verhältnis des aus § 90 Abs. 3 AO resultierenden Pflichtenumfangs zu den von den gesetzlichen Vertretern i.S. des § 69 AO i.V.m. § 34 AO zu erfüllenden Aufgaben. Die Frage einer Haftung des Geschäftsleiters i.S. des § 69 AO könnte sich für den Fall stellen, dass durch die gesetzlichen Vertreter eine angemessene Erfüllung der Aufzeichnungsverpflichtungen nicht sicherstellt wird.

Durch § 90 Abs. 3 AO sind die bei Auslandssachverhalten nach § 90 Abs. 2 AO bestehenden Mitwirkungspflichten in wesentlichem Umfang erweitert worden.[5]

---

1 Eine Inanspruchnahme des Gläubigers kann nur unter den Voraussetzungen des § 44 Abs. 5 Satz 2 EStG erfolgen.
2 Vgl. BFH v. 20.8.2008 – I R 29/07, BFH/NV 2008, 2133 mit Anm. *Prinz*, GmbHR 2008, 1338. Im Urteilssachverhalt hatte der abführungsverpflichtete Kapitalnehmer wegen der bestehenden Ungewissheiten über die Rechtswirkungen des § 8a KStG 2002 auf Anteilseignerebene von der ordnungsgemäßen Einbehaltung und Abführung der Kapitalertragsteuer abgesehen. Bestätigt durch BFH v. 18.3.2009 – I R 13/08, FR 2009, 1003 mit Anm. *Prinz*.
3 Im Rahmen des JStG 2009 (BGBl. I 2009, 2794) sind §§ 50 und 50a EStG zumindest teilweise an die aus der EuGH-Rechtsprechung resultierenden Vorgaben angepasst worden. Vgl. hierzu *Hartmann*, DB 2009, 197; *Grotherr*, IWB 2009, Fach 3 Gruppe 1, 2373.
4 Eine nähere Konkretisierung der Aufzeichnungsverpflichtungen ist durch die GAufzV (BGBl. I 2003, 2296) und die Verwaltungsgrundsätze Verfahren v. 12.4.2005 (IV B 4 – S 1341 - 1/05, BStBl. I 2005, 570) erfolgt. Vgl. hierzu auch *Baumhoff/Ditz/Greinert*, DStR 2005, 1549 ff.; *Breuninger/Prinz*, JbFfSt 2003/2004, 498 ff.
5 Nach § 90 Abs. 2 AO muss der Steuerpflichtige bei grenzüberschreitenden Vorgängen den von ihm verwirklichten Sachverhalt aufklären, die erforderlichen Beweismittel beschaffen und Beweisvorsorge treffen.

So muss nach § 90 Abs. 3 Satz 1 AO aus den Aufzeichnungen hervorgehen, welchen Sachverhalt der Steuerpflichtige im Rahmen seiner Geschäftsbeziehungen i.S. des § 1 Abs. 4 AStG mit nahe stehenden Personen verwirklicht hat (Sachverhaltsdokumentation) und ob dabei der Grundsatz des Fremdvergleichs beachtet wurde (Angemessenheitsdokumentation). Neben der Dokumentationspflicht für laufende Geschäftsvorfälle besteht nach § 90 Abs. 3 Satz 3 AO eine besondere Aufzeichnungspflicht für außergewöhnliche Geschäftsvorfälle.[1] Grenzüberschreitende Funktionsverlagerungen i.S. des § 1 Abs. 3 Satz 9 – 12 AStG gehen regelmäßig über das gewöhnliche Tagesgeschäft hinaus und stellen daher außergewöhnliche Geschäftsvorfälle dar, für die der Steuerpflichtige nach § 90 Abs. 3 Satz 3 AO i.V.m. § 3 Abs. 2 GAufzV zeitnah Aufzeichnungen zu erstellen hat.[2]

38 Fragen nach einer Haftung des Geschäftsleiters stellen sich bspw. dann, wenn im Fall späterer Verrechnungspreiskorrekturen und den daraus ggf. resultierenden Steuermehrbelastungen bzw. bei der Festsetzung von Strafzuschlägen nach § 162 Abs. 4 AO, das vertretene Unternehmen als Zahlungspflichtiger ausfällt. Festzuhalten ist, dass die aus § 90 Abs. 3 AO resultierenden Aufzeichnungsverpflichtungen zu den von dem Geschäftsleiter nach § 34 AO zu erfüllenden steuerlichen Mitwirkungs- und Erklärungspflichten zählen. Daraus folgt, dass der Geschäftsleiter dafür Sorge zu tragen hat, dass im Zusammenhang mit grenzüberschreitenden Geschäftsbeziehungen die Anforderungen des § 90 Abs. 3 AO erfüllt werden. Von einer die Anwendung des § 69 AO begründenden Pflichtverletzung wird man dann ausgehen können, wenn trotz Geschäftsbeziehungen zu ausländischen nahe stehenden Personen, Aufzeichnungen vollständig unterbleiben. Die Finanzverwaltung hat den Umfang der aus § 90 Abs. 3 AO resultierenden Aufzeichnungspflichten zwar im Rahmen der GAufzV und den Verwaltungsgrundsätze Verfahren konkretisiert, Zweifelsfragen bestehen allerdings auch weiterhin. Eine Pflichtverletzung des Geschäftsleiters wird daher dann nicht vorliegen, wenn zwischen dem Steuerpflichtigen und der Finanzverwaltung lediglich Meinungsverschiedenheiten über den Umfang der zu erfüllenden Aufzeichnungspflichten bestehen.

D. Sonderfragen der Haftung im Zusammenhang mit Abzugssteuern

I. Haftung für abzuführende Lohnsteuer

39 Die im Zusammenhang mit der Lohnsteuer zu beachtenden Einbehaltungs- und Abführungsverpflichtungen der gesetzlichen Vertreter haben zu einer umfangreichen Rechtsprechung geführt, die insgesamt als recht streng eingestuft werden muss. Es sollen nachfolgende Sachverhalte besonders hervorgehoben werden:

---

[1] Welche Tatbestände als „außergewöhnlich" gelten und besondere Dokumentationsverpflichtungen begründen, wird in § 5 GAufzV abgegrenzt.
[2] Vgl. Entwurf der Verwaltungsgrundsätze Funktionsverlagerung (Stand: 3.12.2009), Tz. 3.3.3.

Verpflichtung zur Kürzung fälliger Lohnzahlungen. Als streitbehaftet stellen sich häufig Fälle dar, in denen die vorhandenen finanziellen Mittel zum relevanten Zeitpunkt zur Begleichung der Lohnsteuer und ggf. weiterer Abzugssteuern nicht ausreichen. Der Grundsatz der anteiligen Tilgung der Steuerschulden findet hinsichtlich der Lohnsteuer (und weiterer der Besteuerung im Abzugsverfahren unterliegender Vergütungen) nach ständiger Rechtsprechung des BFH keine Anwendung.[1] Die Haftung für Lohnsteuer ist deutlich umfassender. Die Vorgehensweise wird damit begründet, dass es sich bei der einbehaltenen Lohnsteuer um treuhänderisch verwaltete Fremdgelder handelt.[2] Dies hat zur Folge, dass bei nicht ausreichenden finanziellen Mitteln zur Begleichung der Lohnsteuer, Kirchensteuer und des Solidaritätszuschlages, die Löhne entsprechend zu kürzen sind und aus den übrigen Mitteln die auf die Lohnzahlungen entfallenden Steuern zu entrichten sind.[3] Der Grundsatz einer anteiligen Tilgung gilt bei der Lohnsteuerhaftung nur für Verspätungs- und Säumniszuschläge, da die Zahlungen nicht Bestandteil des Lohns bilden.[4] Denkbar sind Sachverhalte, in denen nach der Auszahlung der Löhne aber vor Abführung der einbehaltenen Lohnsteuer, eine unvorhersehbare Verschlechterung der Liquidität eintritt. Nach der Rechtsprechung liegen in diesem Fall die Voraussetzungen einer Haftungsinanspruchnahme nicht vor.[5] In der Praxis erweist sich dann die Frage als streitbehaftet, ob der Geschäftsführer nicht doch Anzeichen der bevorstehenden Zahlungsunfähigkeit hätte erkennen können. Für die Praxis empfiehlt sich eine entsprechende Nachweisvorsorge. Im Übrigen vermag die bloße Erwartung, Steuerrückstände durch Kredite, Realisierung von Außenständen oder öffentliche Fördermittel ausgleichen zu können, die Nichtabführung von Lohnsteuer nicht zu rechtfertigen.[6]

40

Besondere Fragestellungen ergeben sich im Zusammenhang mit der Abführung der Lohnsteuer in drohenden oder bereits vorliegenden **Insolvenzsituationen**. Betroffene Manager sollten ihr Bemühen um sachgerechtes Handeln stets zeitnah dokumentieren. Die Rechtsprechung des BFH hat sich in jüngerer Zeit mit den folgenden Sachverhalten befasst, die für die Praxis von erheblicher Bedeutung sind:

40a

– Der Geschäftsführer einer GmbH haftet nach der neueren BFH-Rechtsprechung auch dann für Lohnsteuerzahlungen, wenn der Insolvenzverwalter eine Steuerzahlung nach der Insolvenzordnung anfechten kann.[7] Angesprochen ist der Fall, dass durch die nicht fristgerechte Begleichung der Lohnsteuer

---

1 Vgl. BFH v. 21.12.1998 – VII B 175/98, BFH/NV 1999, 745, m.w.N.; BFH v. 5.6.2007 – VII R 30/06, BFH/NV 2008, 1.
2 Vgl. OFD Magdeburg v. 22.6.2004 – S 0190 - 14 - St 252, Tz. 2.
3 Vgl. BFH v. 26.7.1988 – VII R 83/87, BStBl. II 1988, 859; BFH v. 20.4.1993 – VII R 67/92, BFH/NV 1994, 142; FG München v. 15.12.2008 – 15 K 4118/07, EFG 2009, 622, rkr.
4 Vgl. BFH v. 1.8.2000 – VII R 110/99, BStBl. II 2001, 271.
5 Vgl. BFH v. 20.1.1998 – VII R 80/97, DStRE 1998, 605.
6 Vgl. BFH v. 9.12.2005 – VII B 124–125/05, DStRE 2006, 560.
7 Angesprochen ist das Rückforderungsrecht des Insolvenzverwalters nach § 129 Abs. 1 und § 130 Abs. 1 Nr. 1 InsO für Lohnsteuerschulden der letzten drei Monate vor Stellung des Antrags auf Eröffnung des Insolvenzverfahrens bei Zahlungsunfähigkeit des Insolvenzschuldners und wenn der Gläubiger zu dieser Zeit die Zahlungsunfähigkeit oder Umstände kannte, die auf eine solche hätten zwingend schließen lassen.

die Zahlung in den Dreimonatszeitraum vor dem Antrag auf Insolvenzeröffnung fällt, in dem nach § 130 Abs. 1 InsO Zahlungen des Schuldners anfechtbar sind.[1] Im Rahmen der Prüfung, ob die Pflichtverletzung des Geschäftsführers kausal für den eingetretenen Schaden ist, wendet der BFH im Rahmen der steuerlichen Haftungsprüfung die sog. Adäquanztheorie an.[2] Danach wird durch die pflichtwidrige Nichtabführung fällig gewordener Steuerbeträge die reale Ursache für den Eintritt eines Vermögensschadens des Fiskus in Form eines Steuerausfalls gesetzt, so dass die Kausalität dieser Ursache für den Schadenseintritt durch eine gedachte Anfechtung des Insolvenzverwalters nicht rückwirkend beseitigt werden kann. Die Haftung nach § 69 AO schließt die Berücksichtigung hypothetischer Kausalverläufe aus. Im Ergebnis ist die nicht fristgerechte Abführung der Lohnsteuer kausal für den Steuerausfall.[3]

– Allein der Antrag auf Eröffnung des Insolvenzverfahrens befreit den GmbH-Geschäftsführer nicht von seiner Haftung wegen der Nichtabführung fälliger Lohnsteuerzahlungen.[4] Dies gilt zumindest dann, wenn im Zeitpunkt der Insolvenzeröffnung noch liquide Mittel zur Zahlung der Lohnsteuer vorhanden sind. Die Haftung des Geschäftsführers entfällt auch nicht infolge einer im Falle der Entrichtung der Lohnsteuer zum Fälligkeitstermin möglichen Anfechtung der Zahlung durch den Insolvenzverwalter nach §§ 129 ff. InsO. Zudem wird die Haftung des Geschäftsführers auch nicht durch die Verpflichtung des Geschäftsführers zur Massesicherung innerhalb der dreiwöchigen Schonfrist ab Feststellung der Zahlungsunfähigkeit ausgeschlossen (§ 15a InsO i.V.m. § 64 Satz 1 GmbHG). Nach § 64 Satz 1 GmbHG darf der Geschäftsführer keine Zahlungen mehr vornehmen, wenn die Zahlungsunfähigkeit eingetreten ist oder die Überschuldung des Unternehmens festgestellt wird. Der BGH hat in seiner jüngeren Rechtsprechung vom 14.5.2007[5] entschieden, dass es zu den Pflichten eines ordentlichen und gewissenhaften Geschäftsleiters gehört, dass er trotz Zahlungsunfähigkeit/Überschuldung seinen steuerlichen Abführungsverpflichtungen nachkommt.[6]

– Keine schuldhafte Pflichtverletzung liegt dagegen vor, wenn der Geschäftsführer die fristgerechte Abführung der Lohnsteuer sicherstellt, der Insolvenzverwalter die dem Finanzamt erteilte Einzugsermächtigung jedoch widerruft.[7] Zwar bleibt der Geschäftsführer verpflichtet darauf hinzuwirken, dass der Insolvenzverwalter seine Zustimmung zur Zahlung der Steuern erteilt. Eine

---

1 Vgl. BFH v. 11.11.2008 – VII R 19/08, DB 2009, 549; BFH v. 5.6.2007 – VII R 65/05, BStBl. II 2008, 273.
2 Vgl. z.B. BFH v. 6.3.2001 – VII R 17/00, BFH/NV 2001, 1100.
3 Vgl. hierzu auch *Stöcker*, AO-StB 2009, 97; *Brinkmeier*, AO StB 2009, 60; *Remmert/Horn*, NZG 2007, 938.
4 Vgl. BFH v. 23.9.2008 – VII R 27/07, BStBl. II 2009, 127. Zur eingeschränkten Haftungsinanspruchnahme des Insolvenzverwalters über das Vermögen des Geschäftsführers einer GmbH, der nach Eröffnung des Insolvenzverfahrens die von der GmbH geschuldete Lohnsteuer nicht abgeführt hat, vgl. BFH v. 21.7.2009 – VII R 49/08, BStBl. II 2010, 13 sowie *Nacke*, NWB 6/2010, S. 432.
5 BGH v. 14.5.2007 – II ZR 48/06, DStR 2007, 1174; s. auch BGH v. 29.9.2008 – II ZR 162/07, GmbHR 2008, 1324.
6 Vgl. *Nacke*, AO-StB 2009, 78; *Jahn*, Steueranwaltsmagazin 2009, 64.
7 Vgl. BFH v. 6.6.2007 – VII R 19/06, BFH/NV 2007, 2225.

Haftung des Geschäftsführers für ein Unterlassen dieser Einwirkung kommt aber regelmäßig nicht in Betracht, da der Insolvenzverwalter dazu verpflichtet ist, von dem Widerrufsrecht bei im Lastschriftverfahren erfolgten Belastungsbuchungen Gebrauch zu machen.[1] Nach der Rechtsprechung des BFH fehlt es für eine Haftung sowohl an einem durch eine Pflichtverletzung kausal verursachten Haftungsschaden als auch an einem grob fahrlässigen Verhalten des Geschäftsführers.[2]

Lohnsteuerhaftung im Zusammenhang mit grenzüberschreitenden Arbeitnehmerentsendungen. Als streitbehaftet stellt sich im Zusammenhang mit internationalen Arbeitnehmerentsendungen häufig die Frage nach den Lohnsteuereinbehaltungspflichten dar, falls aus dem Ausland entsandte Arbeitnehmer bei einem inländischen Unternehmen tätig werden. Häufig resultieren die Schwierigkeiten im Zusammenhang mit einer ordnungsgemäßen Durchführung des Lohnsteuerabzugs bei entsandten Arbeitnehmern aus den Abgrenzungsschwierigkeiten zwischen dem lohnsteuerlichen und dem abkommensrechtlichen Arbeitgeberbegriff.[3] Als Arbeitgeber im Sinne des Abkommensrechts gilt derjenige Unternehmer, der die Vergütung für die ihm geleistete unselbständige Tätigkeit wirtschaftlich trägt.[4]

41

In der Praxis stellt sich häufig das Problem einer Auslegung des Begriffsmerkmals „wirtschaftliches Tragen der Vergütung". Das Merkmal ist bspw. auch dann erfüllt, wenn innerhalb eines Konzerns das aufnehmende Unternehmen mit den Aufwendungen des Arbeitnehmers belastet wird.[5] Von dem Arbeitgeberbegriff i.S.d. Abkommensrechts ist der lohnsteuerrechtliche Arbeitgeberbegriff (§ 1 Abs. 2 LStDV) zu unterscheiden. Als lohnsteuerlicher Arbeitgeber gilt derjenige, der dem Arbeitnehmer den Lohn im eigenen Namen und für eigene Rechnung (unmittelbar) auszahlt.[6] Zwangsläufig wird daher der für die Zuteilung des Besteuerungsrechts maßgebende Arbeitgeberbegriff von dem lohnsteuerrechtlichen abweichen. Fragen einer Lohnsteuerhaftung des inländischen Unternehmens i.S. des § 42d EStG stellen sich bspw. dann, wenn die Gehaltszahlungen des im Inland tätigen Arbeitnehmers ausschließlich durch das ausländische Unternehmen erfolgen und an das inländische Unternehmen weiterbelastet werden. Die BFH-Rechtsprechung hat in diesen Fällen bislang eine Lohnsteuereinbehaltungsverpflichtung des inländischen Unternehmens mangels Arbeitgebereigenschaft i.S. des § 38 Abs. 1 Satz 1 EStG verneint.[7] Nach § 38 Abs. 1 Satz 2 EStG besteht eine Lohnsteuereinbehaltungsverpflichtung auch für inländische Arbeitgeber, die lediglich die Voraussetzungen eines wirtschaftlichen Arbeitgebers erfüllen. Eine eindeutige Konkretisierung der Lohnsteuereinbehaltungsverpflichtungen

42

---

1 Vgl. FG Münster v. 2.7.2009 – 10 K 1549/08 L, StE 2009, 584, nrkr. NZB unter VII B 190/09.
2 Vgl. *Goetker*, Status: Recht 2009, 191.
3 Vgl. hierzu im Einzelnen *Hick*, Die steuerliche Behandlung von Arbeitnehmerentsendungen ins Ausland, Köln 2004, S. 43 f.
4 Vgl. BFH v. 23.2.2005 – I R 43/03, IStR 2006, 766; BFH v. 21.8.1985 – I R 63/80, BStBl. II 1986, 5; FG Hessen v. 28.9.2005 – 1 K 1877/01, DStRE 2006, 1065, rkr.
5 Vgl. BMF-Schreiben v. 14.9.2006 – IV B 6 - S 1300 - 367/06, BStBl. I 2006, 532, Rz. 70.
6 Vgl. BFH v. 24.3.1999 – I R 64/98, BStBl. II 2000, 41.
7 Vgl. BFH v. 19.2.2004 – VI R 122/00, DStRE 2004, 632.

bei Arbeitnehmerentsendungen kann die Neuregelung allerdings nicht bewirken. So bleibt zu beachten, dass der Begriff des wirtschaftlichen Arbeitgebers aus dem Abkommensrecht stammt und dort die Zuordnung des Besteuerungsrechts regelt. Abgesehen von der zu der Begrifflichkeit ergangenen BFH-Rechtsprechung, liegt auf Ebene des nationalen Rechts bislang keine eindeutige Begriffsabgrenzung vor. Die Vermeidung eines Lohnsteuerhaftungstatbestandes setzt aber voraus, dass eindeutig bestimmbar ist, unter welchen Voraussetzungen die Kriterien eines wirtschaftlichen Arbeitgebers und damit eines zum Einbehalt der Lohnsteuer verpflichteten inländischen Unternehmens gegeben sind.

43 **Lohnsteuerhaftung des Gesellschafter-Geschäftsführers bei Lohnzahlungen aus dem eigenen Vermögen.** Nach der Rechtsprechung des BFH besteht eine Verpflichtung des Geschäftsführers einer GmbH zu Einbehalt und Abführung der Lohnsteuer auch dann, wenn Zahlungen auf die von der GmbH geschuldeten Löhne von dem Gesellschafter-Geschäftsführer aus seinem eigenen Vermögen geleistet werden. Einer Haftungsinanspruchnahme steht nicht entgegen, dass es in Folge der Lohnzahlungen vordergründig nicht zu einer Berührung der Vermögenssphäre der GmbH kommt und dass der Geschäftsführer gegenüber der GmbH zu den Zahlungen nicht verpflichtet ist.[1] Nach Auffassung des BFH ist zu beachten, dass die rechtliche Beurteilung von Lohnzahlungen nicht davon abhängt, ob die dafür verwendeten Mittel der GmbH zur Verfügung gestanden haben oder aus dem Vermögen der Gesellschafter erfolgen.[2] Ausschlaggebend ist vielmehr, dass den Zahlungen des Geschäftsführers keine privaten Motive zugrunde lagen, sondern letztlich durch das Gesellschaftsverhältnis veranlasst waren. Für den BFH folgt daraus, dass in einem solchen Fall die gleichen steuerlichen Folgen zu ziehen sind, als hätte die GmbH die Zahlungen aus dem eigenen Vermögen geleistet. Der BFH folgt hier dem Gedanken einer wirtschaftlichen Betrachtungsweise, nach der es sich bei den Lohnzahlungen durch den Geschäftsführer um eine für die steuerlichen Rechtsfolgen unbeachtliche Abkürzung des Zahlungsweges handelt.

II. Haftung des Umsatzsteuerschuldners

44 Auch im Bereich der Haftung für Umsatzsteuer sind einige für die praktische Rechtsanwendung bedeutsame Sachverhalte besonders hervorzuheben:

45 **Grundsatz einer anteiligen Tilgung.** Zu einem für die Umsatzsteuer spezifischen Ergebnis ist der BFH bei der Beurteilung der Frage einer Pflichtverletzung in den Fällen gelangt, in denen die verfügbaren Mittel im Zeitpunkt der Fälligkeit einer Steuerschuld nicht ausreichen, diese vollständig zu tilgen. Nach der BFH-Rechtsprechung gilt in diesen Fällen der Grundsatz einer „anteiligen" Befriedigung aller Gläubiger, d.h. die Umsatzsteuerschulden sind in etwa dem gleichen Verhältnis zu tilgen, wie die Verbindlichkeiten anderer Gläubiger.[3] Zu beachten bleibt, dass die für die Umsatzsteuer entwickelten Grundsätze auch für die übrigen Steu-

---
1 Vgl. BFH v. 22.11.2005 – VII R 21/05, DStR 2006, 181; FG Düsseldorf v. 6.6.2007 – 7 K 3484/04 H L, EFG 2007, 1482, rkr.
2 So bereits schon BFH v. 21.10.1986 – VII R 144/83, BFH/NV 1987, 286.
3 Vgl. BFH v. 26.4.1984 – V R 128/79, BStBl. II 1984, 776; BFH v. 12.6.1986 – VII R 192/83, BStBl. II 1986, 657.

ern (mit Ausnahme der im Abzugsverfahren einbehaltenen Steuerbeträge) entsprechend gelten.[1] In Insolvenzsituationen entfällt eine Haftung nicht schon deshalb, weil unter der Annahme einer Eröffnung des Insolvenzverfahrens die Zahlungen durch den Insolvenzverwalter gem. §§ 130 ff. InsO anfechtbar sind.[2] Der Pflichtenkreis der gesetzlichen Vertreter erstreckt sich auf die Aufgabe, die Steuerschulden entsprechend dem Maß der Befriedigung der anderen Schulden anteilig zu tilgen. Soweit gesetzliche Vertreter die gesetzlichen Erklärungspflichten erfüllen und den Grundsatz einer anteiligen Tilgung beachten, ist hinsichtlich der Umsatzsteuer ein die Haftung begründendes Verschulden nicht gegeben.[3] Eine aus dem Grundsatz einer „anteiligen" Berücksichtigung der Steuerschulden resultierende Haftungsbegrenzung setzt allerdings voraus, dass der Haftende zur Ermittlung des maßgeblichen Sachverhalts beiträgt, d.h. Angaben macht sowie Aufzeichnungen und Belege vorlegt, aus denen sich ergibt, in welchem Umfang die Gesellschaft im Haftungszeitraum Zahlungen an andere Gläubiger geleistet hat.[4] Die Nachweis- und Mitwirkungspflicht des Geschäftsführers bei der Ermittlung der Haftungsquote folgt dabei aus § 93 AO.[5] Dabei sind grundsätzlich alle Verbindlichkeiten in die Berechnung der anteiligen Tilgungsquote einzubeziehen. Gezahlte Lohnsteuern sind weder bei den Verbindlichkeiten noch bei den im Haftungszeitraum geleisteten Zahlungen zu berücksichtigen.[6]

Spezielle umsatzsteuerrechtliche Haftungstatbestände. Um Steuerausfälle im Bereich der Umsatzsteuer zu vermeiden, wurden in den letzten Jahren in das UStG mehrere Normen eingeführt, die eine Haftungsinanspruchnahme begründen können. Der Gesetzgeber verfolgt in letzter Zeit die Zielsetzung, den Kreis der Steuer- bzw. Haftungsschuldner auszudehnen. Der Vermeidung von Steuerausfällen im Zusammenhang mit Insolvenzen dient § 13c UStG (Haftung bei Abtretung, Verpfändung oder Pfändung von Forderungen).[7] Aus § 25d UStG resultiert ein besonderer Haftungstatbestand für schuldhaft nicht abgeführte Umsatzsteuer (sog. Karussellgeschäfte). Die Vorschrift dient der Bekämpfung des Umsatzsteuerbetruges im Zusammenhang mit sog. Karussellgeschäften. Bei Karussellgeschäften werden Rechnungen mit Umsatzsteuer ausgestellt, um dem Rechnungsempfänger den Vorsteuerabzug zu ermöglichen, ohne dass der Unternehmer tatsächliche Leistungen erbringt bzw. die ausgewiesene und geschuldete Steuer entrichtet. Hat der Leistungsempfänger im Zeitpunkt des Abschlusses des Vertrages über die bezogene Leistung von dem vorsätzlichen Handeln des Leistungserbringers Kenntnis, so kann gegen den Leistungsempfänger ein Haftungsbescheid über die auf den Eingangsumsatz geschuldete Steuer erlassen werden.[8] In ihren Tat-

46

---

1 Vgl. BFH v. 31.3.2000 – VII B 187/99, BFH/NV 2000, 1322.
2 Vgl. BFH v. 23.4.2007 – VII B 92/06, BStBl. II 2009, 622.
3 Vgl. BFH v. 5.3.1991 – VII R 93/88, BStBl. II 1991, 678; BFH v. 27.2.2007 – VII R 60/05, BStBl. II 2008, 508.
4 Vgl. BFH v. 18.8.1999 – VII B 106/99, BFH/NV 2000, 543; FG Köln v. 25.9.2006 – 15 K 6517/03, EFG 2008, 1438, nrkr. Rev. unter XI R 4/08.
5 Vgl. *Peetz*, GmbHR 2009, 187.
6 Vgl. BFH v. 27.2.2007 – VII R 60/05, BStBl. II 2008, 508.
7 Eingeführt durch das StÄndG 2003 v. 15.12.2003, BGBl. I 2003, 2645; hierzu im Einzelnen *Wiese/Hof*, DB 2004, 844.
8 Zu Einzelheiten vgl. BMF v. 29.3.2004 – IV B 2 - S - 7429 - 1/04, BStBl. I 2004, 450; sowie zu praktischen Anwendungsfällen *Küffner*, DStR 2004, 767.

bestandsvoraussetzungen ist die Vorschrift recht unbestimmt. So stellt sich die Frage, unter welchen Voraussetzungen der Leistungsempfänger Kenntnis von dem vorsätzlichen Handeln des Leistungserbringers hat.[1] § 25d Abs. 2 UStG begründet die Vermutung, dass dies bei Unterpreislieferungen der Fall ist. Im Fall von Unterpreislieferungen begründet § 25d UStG insoweit die Verpflichtung, die betriebswirtschaftlichen Ursachen zu dokumentieren.

47 **Umsatzsteuerhaftung im Zusammenhang mit innergemeinschaftlichen steuerfreien Lieferungen.** Die Steuerfreistellung innergemeinschaftlicher Lieferungen i.S. des § 6a UStG wird nur unter bestimmten Voraussetzungen gewährt und ist nach § 6a Abs. 3 Satz 2 UStG von dem Unternehmer nachzuweisen (verfahrensrechtliche Voraussetzung für die Gewährung der Steuerfreiheit).[2] Wird eine Lieferung als steuerfrei behandelt, obwohl die Voraussetzungen des § 6a Abs. 1 UStG nicht vorlagen, stellt sich die Frage einer Haftungsinanspruchnahme der gesetzlichen Vertreter.[3] In der Praxis ist das Vorliegen der Voraussetzungen für die Steuerfreistellung einer innergemeinschaftlichen Lieferung häufig streitbehaftet (vor allem in Zeiten großen Umsatzsteuerbetruges).

48 Allerdings sieht § 6a Abs. 4 UStG vor, dass die Lieferung weiterhin als steuerfrei zu behandeln ist, wenn die Inanspruchnahme der Steuerbefreiung auf unrichtigen Angaben beruht und der Unternehmer die Unrichtigkeit der Angaben auch bei Beachtung der Sorgfalt eines ordentlichen Kaufmanns nicht erkennen konnte (sog. Gutglaubensschutz). Dabei umfasst der gute Glaube insbesondere unrichtige Angaben über die in § 6a Abs. 1 UStG bezeichneten Voraussetzungen.[4] In der Praxis stellt sich häufig die Frage, ob eine Verletzung der Sorgfaltspflichten eines Arbeitnehmers dem gesetzlichen Vertreter in Bezug auf den Gutglaubensschutz zuzurechnen ist. § 6a UStG lässt sich eine Lösung dieser Fragestellung nicht direkt entnehmen. Verwendung findet der Begriff des Gutglaubensschutzes im Zivilrecht (§ 166 Abs. 1 BGB – rechtsgeschäftliches Handeln durch einen Stellvertreter), wobei die Rechtsprechung eine Zurechnung des Wissens von Hilfspersonen auch außerhalb der rechtsgeschäftlichen Stellvertretung als zulässig erachtet. Fraglich wäre, inwieweit die zivilrechtliche Begriffsabgrenzung auch bei der Wissenszurechnung im Zusammenhang mit § 6a Abs. 4 UStG zur Anwendung gelangen kann. Einer analogen Anwendung des § 166 Abs. 1 BGB dürfte die insbesondere bei Großunternehmen gegebene Arbeitsteilung entgegen stehen. Im

---

1 In Insolvenzfällen kann nicht grundsätzlich davon ausgegangen werden, dass der Insolvenzschuldner die Absicht hatte, die von ihm in einer Rechnung ausgewiesene Umsatzsteuer nicht zu entrichten. Vgl. BFH v. 28.2.2008 – V R 44/06, BStBl. II 2008, 586.
2 Vgl. BFH v. 6.12.2007 – V R 59/03, BStBl. II 2009, 57. Zu den Anforderungen vgl. § 17c UStDV sowie BFH v. 30.3.2006 – V R 47/03, DStR 2006, 988.
3 Zu den Voraussetzungen des Belegnachweis vgl. BFH v. 12.5.2009 – V R 65/06, DStR 2009, 1639; BFH v. 8.11.2007 – V R 72/05, BStBl. II 2009, 55; BFH v. 23.4.2009 – V R 84/07, DB 2009, 1634; BFH v. 28.5.2009 – V R 23/08, DStR 2009, 1636. Danach sind abschließend maßgeblich für den Beleg- und Buchnachweis die in der UStDV genannten Nachweisangaben. Als Überblick s. *Winter*, DB 2009,1843; *Wäger*, DStR 2009, 1621.
4 Dabei stellt sich die Frage einer Anwendung der Vertrauensschutzregelung nur dann, wenn der Unternehmer seinen in § 17c UStDV geforderten Nachweispflichten in vollem Umfang nachgekommen ist. Vgl. BFH v. 15.7.2004 – V R 1/04, BFH/NV 2005, 81.

Ergebnis kann für den Gutglaubensschutz nur das Wissen des Mitarbeiters maßgeblich sein, der konkret mit der Bearbeitung des Sachverhalts befasst war. Der Gutglaubensschutz für den gesetzlichen Vertreter wird dadurch nicht ausgeschlossen, soweit dass Unternehmen über ein funktionsfähiges Kontroll- und Informationssystem verfügt.

E. Steuerliches Risikomanagement zur Haftungsbegrenzung

I. Maßnahmen zur vorsorgenden Haftungsvermeidung und Haftungsbegrenzung

Für die Praxis kommen eine Reihe von Maßnahmen in Betracht, die auf eine Haftungsvermeidung, zumindest Haftungsreduktion des Managements im Zusammenhang mit steuerrelevanten Vorgängen zielen. Der konkrete Einsatz dieser Maßnahmen muss jeweils einzelfallbezogen geprüft werden. 49

Schaffung von Verantwortungsbereichen durch dokumentierte Geschäftsverteilungspläne: Im Grundsatz besteht für die Erfüllung der steuerrechtlichen Pflichten eines Unternehmens eine solidarische Verantwortlichkeit von Vorstand bzw. Geschäftsführung. Dies gilt vor allem auch für Unternehmen in Krisensituationen, etwa bei sich abzeichnender Liquiditätsgefährdung oder drohender Überschuldung. Vom Grundsatz der Gesamtverantwortlichkeit bestehen allerdings verschiedene einzelfallbezogene Exkulpationsmöglichkeiten[1]: Existieren eindeutige und schriftlich festgelegte Geschäftsverteilungspläne mit klarer Ressortbildung, so kann sich der für steuerliche Belange unzuständige Manager dann von einer etwaigen Haftung befreien, wenn die zuständigen Mitgeschäftsführer vertrauenswürdig sind, die Erfüllung der laufenden steuerrechtlichen Pflichten dem Grunde nach sichergestellt ist und keine Krisenanzeichen erkennbar sind.[2] Eine gesamtschuldnerische Haftung der Geschäftsführer kann auf diese Weise vermieden werden.[3] Hat der eigentlich unzuständige Manager allerdings Kenntnis von der speziellen steuerrechtlichen Problematik, so kann auch er in Haftung genommen werden. Dies gilt selbst dann, wenn ein Gesellschafter-Geschäftsführer Löhne einer GmbH aus seinem eigenen Vermögen bestreitet; auch insoweit besteht eine Lohnsteuereinbehaltungspflicht, die bei Nichtbeachtung zur Haftung führt.[4] Des Weiteren kann auch ein vom Management sorgsam ausgewählter und überwachter Steuerberater zur Haftungseinschränkung beitragen; Entsprechendes dürfte für anderweitige Steuerfachabteilungen im Unternehmen gelten. Allerdings wird eine derartige Exkulpationsmöglichkeit dann an ihre Grenzen stoßen, wenn das Fehlverhalten für einen ordentlichen und gewissenhaften Geschäftsleiter erkennbar ist. Insgesamt sollte das Management eines Un- 50

---

1 Zur den Möglichkeiten einer Delegation von Organpflichten vgl. *Froesch*, DB 2009, 723.
2 Zu einem solchen Fall vgl. BFH v. 7.7.2009 – VII B 248/08, BFH/NV 2009, 1968.
3 Vgl. *Krause*, BB 2009, 1374.
4 Vgl. BFH v. 22.11.2005 – VII R 21/05, BStBl. II 2006, 397.

ternehmens für derartige Verantwortungsverlagerungen geeignete Beweisvorsorge treffen.[1]

51 **Strukturierte Sorgfallskontrolle „top down" bei Großunternehmen.** Vor allem bei dezentral organisierten „Steuerkompetenzen" in einem Konzern muss das Management der Holding oder eines anderweitigen Mutterunternehmens durch organisatorische Maßnahmen sicherstellen, dass in allen Bereichen der Unternehmensgruppe die teils sehr landesspezifisch ausgestalteten Steuererklärungs- und Steuerzahlungspflichten sorgsam eingehalten werden. Der den Steuerbereich verantwortende Vorstand oder Geschäftsführer wird sich dann jeweils von den nachgeordneten Abteilungen bestätigen lassen müssen, dass sämtliche steuerlichen Pflichten vollumfänglich und zeitkritisch erfüllt werden. Kann er dies nachweisen, so dürfte eine Haftungsinanspruchnahme in aller Regel nicht in Betracht kommen. Exkulpierend im Hinblick auf eine etwaige Managerhaftung dürften Rechtsgutachten bei komplexen streitigen Einzelfragen wirken.

52 **Mitteilung von Fehlerkorrekturen beim Finanzamt.** Das Management eines Unternehmens oder einer Unternehmensgruppe sollte zur Haftungsreduzierung und als Präventivmaßnahme im Hinblick auf Steuerhinterziehungsrisiken unvollständige oder unrichtige Angaben gegenüber dem Finanzamt anzeigen, sobald sie diese erkennt und der Fehler nicht unwesentlich ist (etwa gestützt auf § 153 AO). Der Mitteilung der Fehlerkorrektur sollte eine detaillierte und vollständige Sachverhaltsaufklärung vorangehen. Auch sollte die Möglichkeit zu einer Selbstanzeige stets bei Vorbereitung einer Betriebsprüfung diskutiert und erwogen werden (§ 371 AO).

53 **Einsatz der Instrumente der verbindlichen Auskunft oder tatsächlichen Verständigung als haftungsbegrenzende Vorsorgemaßnahme.** Drohen einem Unternehmen aus anstehenden Maßnahmen (etwa geplanten Umstrukturierungen, Arbeitnehmerentsendungen usw.) größere Steuerrisiken, so wird das Management zur Abwendung von etwaigen Steuerzahlungen und Haftungsrisiken die Einholung einer verbindlichen Auskunft (vor Realisation) prüfen müssen. Grundfall dafür ist die sog. Lohnsteueranrufungsauskunft gem. § 42e EStG, wonach dem Arbeitgeber auf Anfrage verbindliche Auskunft über alle lohnsteuerrelevanten Vorgänge zu erteilen ist.[2] § 42e EStG schränkt das Haftungsrisiko sowohl beim Arbeitgeber als auch bei dessen Management entscheidend ein. Die Auskunft entfaltet im Lohnsteuerabzugsverfahren als feststellender Verwaltungsakt nach § 118 Satz 1 AO bei auskunftskonformer Durchführung eine Bindungswirkung gegenüber dem Arbeitgeber, eine Bindungswirkung bei der Veranlagung des Arbeitnehmers besteht nicht.[3] Entsprechendes gilt auch für verbindliche Zusagen auf Grund einer Außenprüfung (§§ 204–207 AO) sowie für verbindliche Auskünfte i.S. des

---

1 Vgl. zum Ganzen auch *Spindler* in Fleischer, Handbuch des Vorstandsrechts, § 15 Rz. 88. Zur steuerlichen Geschäftsführerhaftung trotz interner Zuständigkeitsvereinbarung s. BFH v. 21.10.2003 – VII B 353/02, BFH/NV 2004, 157.
2 Zur Rechtsnatur der Anrufungsauskunft als feststellender Verwaltungsakt s. BFH v. 30.4.2009 – VI R 54/07, DB 2009, 1682.
3 Vgl. BFH v. 22.5.2007 – VI B 143/06, DStRE 2007, 1098; BFH v. 16.11.2005 – VI R 23/02, DStRE 2006, 271; *Schmidt/Drenseck*, EStG, 28. Aufl. 2009, § 42e EStG Rz. 1, 8–10.

§ 89 AO generell, wobei § 89 Abs. 3–5 AO die Gebührenpflicht von Anträgen auf verbindliche Auskunft regeln.[1] Der Antragsteller begründet den Gegenstandswert; die Finanzverwaltung folgt dem, soweit kein offensichtlich unzutreffendes Ergebnis vorliegt.[2] Die Abwägungsüberlegungen für das Management in der Praxis zur Einholung einer verbindlichen Auskunft werden dadurch deutlich komplizierter, da Steuerrisiko, Haftungsgefahr und Kostenpflicht sorgsam abgewogen werden müssen.

Schließlich kommt zur Haftungsvorsorge bei bereits durchgeführten Maßnahmen eine tatsächliche Verständigung mit der Finanzverwaltung (beispielsweise zur Beendigung von Rechtsbehelfsverfahren, Betriebsprüfungen usw.) in Betracht. Voraussetzung dafür ist ein schwierig zu ermittelnder Sachverhalt, Rechtsfragen dagegen sind einer tatsächlichen Verständigung nicht zugänglich. Für tatsächliche Verständigungen sieht die Abgabenordnung derzeit keine Gebührenpflicht vor. Bei möglicher transaktionsbegründeter Haftung ist auch an die Einholung einer Unbedenklichkeitsbescheinigung des Finanzamts zu denken. 54

Versicherungsschutz gegen managerbezogene Haftungstatbestände. Zur Begrenzung der Managerhaftung aus etwaigen Schadensersatzforderungen wegen pflichtwidrigen Fehlverhaltens kommt der Abschluss einer Direktors & Officers (D&O)-Versicherung in Betracht.[3] Üblicherweise schließt dabei die Gesellschaft als Versicherungsnehmerin für das Management als versicherte Person (üblicherweise den Vorstand einer AG) einen Versicherungsvertrag ab, um eine Haftungsmasse für Regressansprüche der Gesellschaft, der Anteilseigner oder Dritter gegen das Management zu gewährleisten. Nach § 93 Abs. 2 AktG i.d.F. des Gesetzes zur Angemessenheit der Vorstandsvergütung (VorstAG) vom 31.7.2009 ist für die Vorstände von Aktiengesellschaften ein Selbstbehalt[4] von mindestens 10 % des Schadens bis mindestens zur Höhe des Eineinhalbfachen der festen jährlichen Vergütung vorzusehen. Aufsichtsräte[5], leitende Angestellte und Geschäftsführer von GmbHs sind von dem Gesetz allerdings nicht betroffen. Nach dem Versicherungsvertrag bestehende Leistungseinschränkungen und Haftungsausschlüsse bedürfen einer sorgsamen Einzelfallprüfung. Eine D&O-Versicherung kommt auch für steuerliche Vermögensschäden des Unternehmens aus managerbezogenem Fehlverhalten (mit entsprechender Haftungsrelevanz für den Manager) in Betracht. 55

---

1 Vgl. BMF v. 8.12.2006 – IV A 4 - S 0224 - 12/06, DB 2006, 2721; zur Zuständigkeit von Anträgen auf verbindliche Auskunft in Umwandlungsfällen vgl. *Hendricks/Rogall/Schönfeld*, Ubg 2009, 197 ff.
2 Die Gebührenpflicht erstreckt sich dabei nur auf solche Auskünfte, deren Erteilung auf § 89 Abs. 2 AO basiert. Dies kommt auch durch den in § 89 Abs. 3 AO enthaltenen Verweis auf den Abs. 2 der Vorschrift zum Ausdruck. Ausgenommen von der Gebührenpflicht sind damit die sog. Lohnsteueranrufungsauskunft gem. § 42e EStG sowie die verbindliche Zusage im Anschluss an eine Außenprüfung i.S. des § 204 AO.
3 Vgl. *Krause*, BB 2009, 1374.
4 BGBl. I 2009, 2509. Vgl. ergänzend *van Kann*, NZG 2009, 1010.
5 Allerdings sieht auch Ziff. 3.8 des Deutschen Corporate Governance Kodex i.d.F. vom 18.6.2009 vor, dass auch für den Aufsichtsrat ein entsprechender Selbstbehalt vereinbart werden soll.

56 Die Zahlung der Versicherungsprämie durch den Arbeitgeber erfolgt dann in überwiegend eigenbetrieblichem Interesse (also keine steuerpflichtige Lohnzuwendung), wenn das Management als Ganzes versichert ist, die Versicherungsschäden des Unternehmens abdeckt, der Versicherungsanspruch dem Unternehmen zusteht sowie der Prämienkalkulation Betriebsdaten des Unternehmens zugrunde liegen.[1] Ansonsten stellt die Prämienzahlung steuerpflichtigen Arbeitslohn dar, der beim angestellten Manager zu einem Werbungskostenabzug aus § 19 EStG führen dürfte.[2] Entsprechendes gilt für D&O-Versicherungen von Aufsichts- und Beiräten, wobei ergänzend ggf. § 10 Nr. 4 KStG zu beachten ist.[3]

II. Maßnahmen zur Abwehr oder Abmilderung von Haftungsinanspruchnahmen

57 Zur Abwehr von steuerlichen Haftungsansprüchen wird sich der Vorstand, Geschäftsführer oder das Aufsichtsratmitglied auf das Instrumentarium der außergerichtlichen und gerichtlichen Rechtsbehelfsverfahren stützen müssen. Vorsorgende Abwehrberatung wird dabei möglichst schon vor einem etwaigen Haftungsbescheid einsetzen. Da es um für den Manager häufig existenzbedrohende Beträge geht, wird eine begleitende Beratung sehr behutsam vorgehen, ggf. auch deeskalierend auf die Beteiligten einwirken müssen.

58 **Wichtige steuerliche Einzelaspekte dabei sind:**
– eingehende formelle Prüfungen der Anforderungen an einen Haftungsbescheid als Verwaltungsakt;
– Prüfung von Ermessensfehlgebrauch auf sämtlichen Ebenen der Ermessensentscheidung[4];
– Prüfung eines etwaigen Mitverschuldens der Finanzverwaltung bei der Geschäftsführerhaftung[5]; eigene Unerfahrenheit des Managements entlastet allerdings nicht;
– Verjährung von Haftungsinanspruchnahmen und Beachtung des Grundsatzes der Akzessorietät;
– Inanspruchnahme von vorläufigem Rechtsschutz (AdV, Aussetzung der Vollziehung)?

---

1 Zu dieser Rechtsauffassung der Finanzverwaltung vgl. BMF v. 24.1.2002, DB 2002, 399 f.
2 Zu weiteren Details vgl. *Schmidt/Drenseck*, EStG, 28. Aufl. 2009, § 19 EStG Rz. 50; grundlegend auch *Küppers/Dettmeier/Koch*, DStR 2002, 199. Allgemein zur D&O-Versicherung oben *Sieg*, § 15 (S. 411 ff.); weiterhin *Kolde* in Beck'sches Mandatshandbuch Vorstand der AG, 2004, § 11; *Fleischer* in Fleischer, Handbuch des Vorstandsrechts, § 12 Rz. 23 u. 24; s. aus aktienrechtlicher Sicht ergänzend auch *Buchta*, DB 2006, 1939, 1943; *Seibt/Saame*, AG 2006, 901.
3 Vgl. *Marx*, StuB 2007, 136, 141.
4 Vgl. *Nacke*, GmbHR 2006, 846.
5 Vgl. BFH v. 30.8.2005 – VII R 61/04, DStR 2006, 376. Ausführlich dazu *A. Müller*, AO-StB 2007, 19.

Steuerlicher Abzug des Haftungsbetrages. Lässt sich eine Haftungsinanspruchnahme des Managements im Ergebnis nicht erfolgreich abwehren, so stellt sich ergänzend die Frage der steuerwirksamen Behandlung des Haftungsbetrages als Schadensersatz. Insoweit wird man stark einzelfallabhängig differenzieren müssen. Handelt es sich um einen angestellten Manager ohne Beteiligung an dem Unternehmen, so ist der Werbungskostenabzug nach § 19 EStG zu prüfen.[1] Im Ergebnis dürfte eine erwerbsbezogene Veranlassung allerdings nur bei fehlendem Vorsatz anzunehmen sein.[2] Bei einer Haftung für die „eigene" Lohnsteuer des Managers erscheint u.U. allerdings ein Werbungskostenabzug zweifelhaft. Besonderheiten bestehen vor allem bei Gesellschafter-Geschäftsführern einer GmbH; insoweit kommt unter Umständen eine Einlage auf die Beteiligung in Betracht.

F. Zusammenfassung

Die Verantwortung des Managers im Steuerrecht dokumentiert sich vor allem in den diversen steuerlichen Haftungstatbeständen. Das steuerspezifische Thema ist dabei Bestandteil der Diskussion um sachgerechte unternehmerische Entscheidungen, in einer Aktiengesellschaft als Element der Business Judgement Rule sowie einer ordnungsgemäßen Corporate Governance.[3]

Werden Ansprüche aus dem Steuerschuldverhältnis infolge vorsätzlicher oder grob fahrlässiger Pflichtverletzung nicht oder nicht rechtzeitig erfüllt, so haftet das Management (ggf. einschließlich des Aufsichtsrats) für Steuerschulden der Gesellschaft. Grundlage der Haftung ist § 69 AO i.V.m. § 34 AO; es bestehen daneben zahlreiche Einzeltatbestände. In der Praxis sind besonders die Lohnsteuer und die Umsatzsteuer in Krisensituationen betroffen; das Haftungsregime ist insoweit sehr streng. Haftungsbescheid und Zahlungsgebot konkretisieren die Steueransprüche gegen den Manager. Vor allem in Zeiten hochgradiger Unsicherheit im Steuerrecht muss das Management auf die Einhaltung strenger Sorgfaltskriterien achten, um einer ungerechtfertigten Haftungsinanspruchnahme vorzubeugen.

---

1 Vgl. OFD Düsseldorf v. 29.10.1992 – S 2350/S 2244 A - St 114, DStR 1992, 1725.
2 Vgl. OFD Düsseldorf v. 29.10.1992 – S 2350/S 2244 A - St 114, DStR 1992, 1725; *Schmidt/Drenseck*, EStG, 28. Aufl. 2009, § 19 EStG Rz. 60 „Haftung".
3 Zu betriebswirtschaftlichen und unternehmensrechtlichen Überlegungen s. Schmalenbach Gesellschaft für Betriebswirtschaft e.V., DB 2006, 2189.

§ 33
Risikobereich und Haftung: Sozialversicherungsrecht

Dr. Jürgen Brand

	Rz.		Rz.
A. Allgemeines	1	II. Die fehlende Sicherung von Wertguthaben nach § 7e SGB IV und § 8a Altersteilzeitgesetz	52
B. Die einzelnen Fallgruppen	3		
I. Die Nichtabführung von Sozialversicherungsbeiträgen	3	1. Problemlage und Haftung des Geschäftsführers/Vorstands nach § 7e SGB IV und § 8a Altersteilzeitgesetz	52
1. Die Strafbarkeit des Managers wegen Nichtabführung von Sozialversicherungsbeiträgen	3		
a) Die Voraussetzungen der Strafbarkeit nach §§ 266a, 14 StGB	3	a) Sicherung bei Altersteilzeit	53
		b) Sicherung bei Freistellungen nach § 7b SGB IV	56
aa) Sozialversicherungsbeiträge	7	2. Strafrechtliche Haftung des Geschäftsführers/Vorstands	57
bb) Fälligkeit der Beiträge	12	a) Strafbarkeit nach § 266a StGB	58
cc) Das Vorenthalten der Beiträge	14	b) Strafbarkeit nach § 266 StGB	59
dd) Die tatsächliche Möglichkeit und Zumutbarkeit, Beiträge zu entrichten	17	c) Strafbarkeit nach § 263 StGB	60
ee) Der Rechtfertigungsgrund der Pflichtenkollision	23	3. Zivilrechtliche Haftung des Geschäftsführers/Vorstands	62
		a) ... aus § 823 Abs. 2 BGB i.V.m. § 263 StGB	62
ff) Vorsatz	26	b) ... aus § 823 Abs. 2 BGB i.V.m. § 8a Abs. 1 Altersteilzeitgesetz	63
b) Mehrere Geschäftsführer oder Vorstände	27		
2. Die zivilrechtliche Haftung des Vorstandes bzw. Geschäftsführers	29	c) ... aus § 7e Abs. 7 SGB IV	65
a) Die Zurechnungsnorm des § 823 Abs. 2 BGB	29	d) ... aus dem Haftungstatbestand der Existenzvernichtungshaftung	66
aa) Wegfall der Zahlungsverpflichtung im Insolvenzantragszeitraum	30	III. Das Erschleichen von Sozialleistungen	67
		1. Problemlage	67
bb) Keine Haftung bei Anfechtbarkeit der Zahlungen	35	2. Strafrechtliche Verantwortlichkeit des Managers	70
		a) Betrug, § 263 StGB	70
cc) Die Darlegungs- und Nachweispflicht	38	aa) Die Handlung	71
		bb) Vorsatz	75
b) Sittenwidrige Schädigung nach § 826 BGB	45	b) Subventionsbetrug, § 264 StGB	76
c) Erstattung von Aufwendungen für Arbeitsunfälle	46	c) Verstoß gegen § 9 SchwarzArbBekG	78
3. Haftung des Gesellschafters	47	d) Fälschung von Urkunden, § 267 StGB	81

	Rz.		Rz.
e) Unterdrückung von Urkunden, § 274 StGB	83	a) Deutsche Staatsangehörige und EU-Staatsangehörige	90
3. Zivilrechtliche Haftung des Managers	85	b) Übrige Staatsangehörige	93
a) ... aus § 823 Abs. 2 BGB i.V.m. § 263 StGB	85	2. ... in größerem Umfang, § 11 SchwarzArbBekG	95
b) ... aus § 823 Abs. 2 BGB i.V.m. § 9 SchwarzArbBekG	86	V. Illegale Arbeitnehmerüberlassung	98
4. Haftung der Gesellschafter	87	1. Verleih ausländischer Leiharbeitnehmer ohne Genehmigung, § 15 AÜG	98
IV. Beschäftigung von Ausländern ohne Genehmigung oder ohne Aufenthaltstitel	89	2. Entleih von Ausländern ohne Genehmigung, § 15a AÜG	99
1. ... zu ungünstigeren Arbeitsbedingungen, § 10 SchwarzArbBekG	89	VI. Bußgeldbewehrte Verhaltensweisen	101

Schrifttum: *Andres/Leithaus*, Kommentar zur Insolvenzordnung, 2. Aufl. 2010; *Centrale für GmbH* (Hrsg.), GmbH-Handbuch, Loseblatt; *Fischer*, Strafgesetzbuch, 57. Aufl. 2010; *Brand*, „Weißt du wie das wird?" – Zum Verhältnis von § 266a StGB und § 64 S. 1 GmbHG, GmbHR 2010, 237; *Goette*, Haftung des GmbH-Geschäftsführers bei Nichtabführung von Sozialversicherungsbeiträgen, DStR 2005, 1869; *Hesselmann/Tillmann/Mueller-Thuns*, Handbuch GmbH & Co. KG, 20. Aufl. 2009; *Karsten*, Der GmbH-Geschäftsführer in Not, NJ 2005, 538; *Kiethe*, Die Haftung von Geschäftsleitern für Arbeitnehmerbeiträge zur Sozialversicherung in der Krise des Unternehmens, ZIP 2003, 1957; *Plagemann* in Münchener AnwaltsHandbuch Sozialrecht, 3. Aufl. 2009; *Schmidt*, Zur Nichtabführung von Sozialversicherungsbeiträgen, EWiR 2001, 185; *Schulz*, Die Strafbarkeit des Arbeitgebers nach § 266a StGB bei der Beschäftigung von Scheinselbständigen, NJW 2006, 186; *Schönke/Schröder*, Kommentar zum Strafgesetzbuch, 27. Aufl. 2006.

A. Allgemeines

Die Verantwortung bzw. Haftung des Managers im Sozialversicherungsrecht zeigt sich – wie das Sozialversicherungsrecht selbst – nicht als einheitlich zu behandelndes Thema, sondern setzt sich aus verschiedenen Einzelaspekten zusammen. **1**

Es reicht von der strafrechtlichen Haftung für die Nichtabführung von Sozialversicherungsbeiträgen über die zivilrechtliche Haftung des Geschäftsführers oder Vorstands für eben dieses Unterlassen oder für Schulden der Gesellschaft z.B. wegen Rückforderung von Sozialsubventionen bis zu den in Einzelgesetzen zu findenden Verhaltensvorschriften, die bußgeld- oder strafbewehrt sind.

Der **Begriff des Managers** ist dem deutschen Sozialversicherungsrecht fremd. Dieses Recht kennt lediglich Arbeitgeber und im Bereich der gesetzlichen Unfallversicherung Unternehmer sowie Arbeitnehmer und selbständig Tätige. **2**

Manager in Kapitalgesellschaften sind vor allem – weil die Gesellschaft selbst Arbeitgeberin bzw. Unternehmerin ist – die Geschäftsführer der GmbH, die sowohl Arbeitnehmer als auch selbständig Tätige sein können, die Vorstände von AG usw. Reine Kapitalnutzer sind sozialversicherungsrechtlich nicht von Bedeutung, können aber unter bestimmten Voraussetzungen für Schulden der Gesellschaft haftbar gemacht werden.

Die folgende Darstellung soll sich an den in der Praxis vorkommenden Fallgruppen orientieren.

B. Die einzelnen Fallgruppen

I. Die Nichtabführung von Sozialversicherungsbeiträgen

1. Die Strafbarkeit des Managers wegen Nichtabführung von Sozialversicherungsbeiträgen

a) Die Voraussetzungen der Strafbarkeit nach §§ 266a, 14 StGB

3   Nach § 266a Abs. 1 StGB wird mit Freiheitsstrafe bis zu fünf Jahren oder mit Geldstrafe bestraft, wer als Arbeitgeber der Einzugsstelle **Beiträge des Arbeitnehmers** zur Sozialversicherung einschließlich der Arbeitsförderung, unabhängig davon, ob Arbeitsentgelt gezahlt wurde, vorenthält.[1]

Nach dem mit Wirkung vom 1.8.2004 in Kraft getretenen Abs. 2 des § 266a StGB wird ebenso bestraft, wer als Arbeitgeber

– der für den Einzug der Beiträge zuständigen Stelle über sozialversicherungsrechtlich erhebliche Tatsachen unrichtige oder unvollständige Angaben macht oder

– die für den Einzug der Beiträge zuständige Stelle pflichtwidrig über sozialversicherungsrechtlich erhebliche Tatsachen in Unkenntnis lässt und dadurch dieser Stelle **vom Arbeitgeber zu tragende Beiträge** zur Sozialversicherung einschließlich der Arbeitsförderung, unabhängig ob Arbeitsentgelt gezahlt wird, vorenthält.

4   In **besonders schweren Fällen** kann eine Strafe von bis zu 10 Jahren verhängt werden. Ein besonders schwerer Fall liegt nach § 266a Abs. 4 StGB vor, wenn der Täter aus grobem Eigennutz in großem Ausmaß Beiträge vorenthält, Belege nachmacht oder verfälscht und fortgesetzt Beiträge vorenthält oder die Mithilfe eines Amtsträgers ausnutzt, der seine Befugnisse oder seine Stellung missbraucht.

5   Allerdings kann das Gericht nach § 266a Abs. 6 StGB **von einer Bestrafung absehen**, wenn der Arbeitgeber spätestens im Zeitpunkt der Fälligkeit der Beiträge[2] oder unverzüglich danach der Einzugsstelle schriftlich die Höhe der vorenthaltenen Beiträge mitteilt und darlegt, warum die fristgemäße Zahlung nicht möglich ist, obwohl er sich darum ernsthaft bemüht hat. Entrichtet der Arbeitgeber dann die Beiträge tatsächlich nachträglich innerhalb einer von der Einzugsstelle (Krankenkasse) bestimmten angemessen Frist, wird er nicht bestraft.

---
1 S. dazu auch *Uwe H. Schneider/Brouwer*, ZIP 2007, 1033.
2 BGH v. 11.12.2001 – VI ZR 123/00, NJW 2002, 1123 = GmbHR 2002, 208.

Grundsätzlich wird der Arbeitgeber für die Nichtentrichtung der Beiträge verantwortlich gemacht. Da aber eine **Kapitalgesellschaft** durch ihre Organe handelt, wird durch § 14 StGB die **Strafandrohung** einer Vorschrift auf den Vertreter (vertretungsberechtigtes Organ) **ausgedehnt**, wenn bestimmte Merkmale, die die Strafbarkeit begründen, zwar nicht bei ihm, wohl aber bei der von ihm vertretenen Gesellschaft vorliegen. Das bedeutet, dass der Geschäftsführer einer GmbH oder der Vorstand einer AG strafrechtlich wegen eines Arbeitgeber-Fehlverhaltens verurteilt werden kann, wenn bestimmte Voraussetzungen gegeben sind.

aa) Sozialversicherungsbeiträge. § 266a StGB unterscheidet zwischen der Nichtabführung der Beiträge, die der **Arbeitnehmer** zur Sozialversicherung zu tragen hat, und der Beiträge, die der **Arbeitgeber** zur Sozialversicherung zu tragen hat. Nur bei letzteren muss eine aktive Handlung bzw. ein qualifiziertes Unterlassen zu der Nichtabführung der Beiträge hinzutreten.

Die Vorschrift setzt in beiden Fällen die **sozialversicherungsrechtliche** Beitragspflicht für ein abhängiges Arbeits- bzw. Beschäftigungsverhältnis voraus. Keine Anwendung findet die Norm, wenn an Stelle einer abhängigen Beschäftigung eine selbständige Tätigkeit anzunehmen ist.

Die **Unterscheidung**, ob es sich um eine abhängige Beschäftigung zwischen der Gesellschaft als Arbeitgeberin und einem Arbeitnehmer handelt, die vor allem durch das Direktionsrecht des Arbeitgebers sowie die Eingliederung des Arbeitnehmers in die Organisation charakterisiert ist, und der selbständigen Tätigkeit zwischen einem Auftraggeber und einem Auftragnehmer, ist in manchen Fällen äußerst schwierig.[1]

Die Beantwortung der Frage, ob es sich in einem bestimmten Fall um einen abhängig beschäftigten Arbeitnehmer oder einen selbständig Tätigen handelt, ist aber entscheidend dafür, ob **Sozialversicherungsbeiträge geschuldet** werden, da nur geschuldete Beiträge auch vorenthalten werden können. So sind beispielsweise für Scheinselbständige, die ja keine Selbständige, sondern Arbeitnehmer sind, Beiträge zu entrichten.

Wegen der in vielen Fällen doch ziemlich problematischen Klärung der Frage, ob es sich um einen abhängigen Arbeitnehmer oder selbständig Tätigen handelt, ist ein besonderes Augenmerk auf die Vorwerfbarkeit bzw. **Schuld des Geschäftsführers oder Vorstands** zu richten. Die Schuld ist jedenfalls nicht ausgeschlossen, wenn sich der Geschäftsführer lediglich darauf beruft, von einem selbständigen Auftragsverhältnis ausgegangen zu sein, und hierfür wesentliche Anhaltspunkte nicht vorhanden sind. Der **Vorsatz bei § 266a StGB** bezieht sich nur auf die Kenntnis der tatsächlichen Umstände, die die Arbeitgeberstellung und die damit verbundenen Pflichten begründen. Ein **Irrtum** über die Pflicht zur Beitragsabführung ist der rechtlichen Sphäre zuzuordnen und nach den Regeln des Verbotsirrtums zu beurteilen, der aber in aller Regel vermeidbar ist.[2] Dies gilt nicht zuletzt auch deswegen, weil die Möglichkeit, in schwierigeren Fragen ein Anfrage- oder

---
1 S. hierzu *Brand* in GmbH-Handbuch, Rz. IV 1288 bis 1308.
2 *Schulz*, NJW 2006, 186.

Statusverfahren bei der „Rentenversicherung Bund" über das Vorliegen eines abhängigen Beschäftigungsverhältnisses nach § 7a SGB IV durchzuführen, allgemein bekannt sein dürfte.

Das gilt begrenzt für die Versicherungspflicht von **Arbeitsverhältnissen mit Auslandsberührung**. Sind Arbeitnehmer, die aus dem Ausland nach Deutschland entsandt worden sind, im Allgemeinen beitragsfrei, können sie sich nicht ohne Weiteres für ihre Versicherungsfreiheit auf Vorläufer der europarechtlichen E-101 Bescheinigung berufen. Die E-101 Bescheinigung eines ausländischen Versicherungsträgers bindet allerdings die deutschen Behörden und Gerichte, die Vorläuferbescheinigungen (wie die D/H-101 Bescheinigung) nicht.[1]

12 bb) **Fälligkeit der Beiträge.** Die voraussichtliche Höhe der Beitragsschuld setzt auf Seiten des Arbeitgebers Ermittlungen über das Beitragssoll des letzten Abrechungszeitraums unter Berücksichtigung der seitdem eingetretenen Änderungen der Beschäftigtenzahl, der Arbeitstage sowie Arbeitsstunden usw. voraus.

13 Nach § 23 Abs. 1 Satz 3 SGB IV können Arbeitgeber **Beiträge in Höhe des Vormonats** zahlen, wenn Änderungen der Beitragabrechnung regelmäßige Mitarbeiterwechsel oder variable Entgeltbestandteile dies erfordern. Für einen verbleibenden Restbetrag bleibt es wie bisher bei der Fälligkeit zum drittletzten Bankarbeitstag des Folgemonats. Grundsätzlich errechnen sich die Beiträge bei illegalen Beschäftigungsverhältnissen nach dem Nettoarbeitsentgelt. Bei der Feststellung der monatlichen Beiträge sind für jeden Fälligkeitszeitpunkt gesondert die genaue Anzahl der Arbeitnehmer, ihre Beschäftigungszeiten und Löhne sowie die Höhe des Beitragssatzes der örtlich zuständigen Sozialversicherungsträger festzustellen, weil sich die Höhe der geschuldeten Beiträge auf der Grundlage des Arbeitsentgelts nach den Beitragssätzen der jeweiligen Krankenkasse bestimmt. Wird allerdings eine entsprechende Buchführung nicht vorgefunden, ist es zulässig, dass das Gericht auf der Grundlage der ihm zur Verfügung stehenden Erkenntnisse die Höhe der Löhne schätzt und daraus die Höhe der jeweils vorenthaltenen Sozialversicherungsbeiträge berechnet.[2]

14 cc) **Das Vorenthalten der Beiträge.** Die Handlung, die unter Strafe steht, wenn es um die **Beiträge** geht, **die für den Arbeitnehmer zu entrichten sind**, aber vom Arbeitgeber getragen werden, ist das Vorenthalten dieser Beiträge. Dabei ist dies schon anzunehmen, wenn der Arbeitgeber weniger als die geschuldeten Beiträge leistet oder die Zahlung verspätet erfolgt.

15 Soweit es sich um die **Arbeitgeberbeiträge** handelt, deren Vorenthalten erst seit dem 1.8.2004 strafbar ist, muss zu dem Vorenthalten eine **weitere Handlung oder ein Unterlassen** hinzutreten: Entweder muss der Arbeitgeber der Einzugsstelle unrichtige oder unvollständige Angaben über sozialversicherungsrechtlich erhebliche Tatsachen machen oder er muss die Einzugsstelle pflichtwidrig über

---

1 BGH v. 24.10.2007 – 1 StR 189/07, EzAÜG Sozialversicherungsrecht Nr. 48 (zur E-101); BGH v. 24.10.2006 – 1 StR 44/06, NJW 2007, 233 (zu den Vorgängerbescheinigungen).
2 BGH v. 28.2.2007 – 5 StR 544/06, wistra 2007, 220; BGH v. 2.12.2008 – 1 StR 416/08, NJW 2009, 312.

sozialversicherungsrechtlich erhebliche Tatsachen in Unkenntnis lassen. Durch letzteren Tatbestand wird die Nichtabführung von Beiträgen des Arbeitgebers für geringfügige Beschäftigungen nach § 8 Abs. 1 Nr. 1 SGB IV, die bisher straflos war, weil sie ausschließlich – ebenso wie die Umlagen zur Unfallversicherung – allein vom Arbeitgeber zu zahlen sind, unter die Strafe nach § 266a StGB gestellt. Allein die Nichtzahlung des **Arbeitgeberbeitrags** – nicht des Arbeitnehmerbeitrags! – ohne eine der genannten zusätzlichen Handlungen bzw. Unterlassungen zieht eine Strafe nicht nach sich.

In beiden Fallvarianten spielt es schon nach dem Wortlaut des § 266a Abs. 1 und 2 StGB keine Rolle, **ob Arbeitsentgelt gezahlt** wird. Das steht in Übereinstimmung mit dem im Sozialversicherungsrecht geltenden **Entstehungsprinzip**, nach dem die Entstehung von Beitragsansprüchen nicht davon abhängt, dass der Arbeitgeber das Entgelt tatsächlich gezahlt hat. Vielmehr ist ausreichend, dass zum Fälligkeitszeitpunkt der Beiträge ein Entgeltanspruch bestand.[1] Das Zuflussprinzip gilt gem. § 22 SGB IV seit 2003 nur für einmalig gezahltes Arbeitsentgelt. 16

dd) Die tatsächliche Möglichkeit und Zumutbarkeit, Beiträge zu entrichten. Da es sich bei § 266a StGB um ein **echtes Unterlassungsdelikt** handelt, kann eine Strafbarkeit des Geschäftsführers bzw. Vorstands nur gegeben sein, wenn ihnen die geschuldete **Beitragsleistung möglich** und zumutbar war.[2] Niemand kann verpflichtet werden, Unmögliches zu leisten. Dementsprechend findet § 266a StGB keine Anwendung, wenn der Geschäftsführer bzw. Vorstand die Beiträge überhaupt nicht entrichten kann, weil die Gesellschaft z.B. zahlungsunfähig ist.[3] 17

Allerdings führt die Zahlungsunfähigkeit nicht zu einer Straflosigkeit des Geschäftsführers bzw. Vorstands, wenn er in einer Zeit, in der es ihm tatsächlich möglich gewesen wäre, **keine Vorkehrungen getroffen** hat, die eine spätere Entrichtung der Beiträge an die Einzugsstelle (Krankenkasse) ermöglicht hätte.[4] Die Rechtsprechung verlangt von dem Geschäftsführer bzw. Vorstand, dass er in Zeiten der heraufziehenden, aber noch nicht eingetretenen Krise Vorkehrungen trifft, die eine spätere zeitgerechte Beitragsentrichtung erwarten lassen.[5] 18

Das setzt allerdings voraus, dass die Zahlungsschwierigkeiten **objektiv voraussehbar** waren und der Geschäftsführer sie **erkannt hat** oder sie mindestens billigend in Kauf genommen hat.[6] 19

Nur in diesem Fall ist er verpflichtet, Vorkehrungen zu treffen, um die zukünftige Beitragszahlung abzusichern. Ausdrücklich hervorzuheben ist, dass eine **fahrlässige Fehleinschätzung** der wirtschaftlichen Situation nicht zu einer Bestrafung nach § 266a StGB (Vorsatztat!) führen kann.

---

1 BSG v. 26.1.2005 – B 12 KR 3/04 R, NZS 2005, 654.
2 BGH v. 15.10.1996 – VI ZR 327/95, ZIP 1996, 1989 = GmbHR 1997, 29.
3 BGH v. 11.12.2001 – VI ZR 350/00, NJW 2002, 1123 = GmbHR 2002, 213.
4 BGH v. 21.1.1997 – VI ZR 338/95, BGHZ 134, 304 = GmbHR 1997, 305.
5 BGH v. 28.5.2002 – 5 StR 16/02, BGHSt 47, 318 = ZIP 2002, 2143.
6 *Fischer*, § 266a StGB Rz. 16.

20 Ist dem Geschäftsführer bzw. Vorstand die Entrichtung der Beiträge nur deswegen unmöglich, weil er in der heraufziehenden Krise **Zahlungen an andere Gläubiger** erbracht hat und dies im Sinne einer kongruenten Deckung gem. § 130 InsO geschah, scheidet Strafbarkeit nach § 266a StGB aus. Dies gilt nicht bei einer inkongruenten Befriedigung (§ 131 InsO) anderer Gläubiger, d.h. wenn die Zahlung durch einen Dritten erfolgt oder nicht in der Art bzw. zu der Zeit, wie sie hätte beansprucht werden können, erbracht wurde. Die Anforderungen an den Geschäftsführer oder Vorstand dürfen allerdings auch nicht überspannt werden. Er ist nicht verpflichtet, ohne konkrete Anhaltspunkte von einer nachhaltigen Liquiditätskrise Maßnahmen zu Gunsten der Sozialversicherung zu ergreifen.

21 Geht man von der **Gleichrangigkeit aller Forderungen** gegen die Gesellschaft aus und nicht etwa von einer seit Jahren abgeschafften Privilegierung der Sozialversicherungsbeiträge, kann ein anderes Ergebnis nicht Platz greifen. Ein entsprechender gesetzgeberischer Versuch, die Versicherungsträger als Gläubiger der Sozialversicherungsbeiträge hervorzuheben, scheiterte 2005[1].

22 Gleichwohl finden sich in der **strafgerichtlichen Rechtsprechung** starke Tendenzen, die auf eine **Privilegierung der Sozialleistungsträger** bezüglich der Sozialbeiträge hinauslaufen. Der BGH nimmt in ständiger Rechtsprechung wegen der Existenz des § 266a StGB einen Vorrang der Sozialversicherungsbeiträge an.[2] Hiergegen wird (zu Recht) eingewandt, dass die Tatsache der Strafbewehrung des Vorenthaltens von Beiträgen in § 266a StGB nicht zu einem **Vorrang** der Sozialbeiträge führen könne.[3] Die strafrechtliche Rechtsprechung hat sich hiervon unbeeindruckt gezeigt und geht weiter vom Vorrang der Beiträge aus, so dass der Geschäftsführer oder Vorstand in einer heraufziehenden und von ihm als solche bemerkten Krisensituation bezüglich der zukünftigen Beitragsabführung **besondere Anstrengungen** unternehmen muss. Allerdings kann nicht erwartet werden, dass ein Unternehmen seine Lohnzahlungen einstellt, um Rücklagen für zukünftige Beitragszahlungen zu bilden. Der BGH erwartet jedoch, dass gegebenenfalls ein Jahr vorher andere Zahlungspflichten zurückgestellt und sogar Löhne gekürzt werden, wenn sich zu diesem Zeitpunkt die zukünftigen Zahlungsschwierigkeiten aufdrängen.[4] Dem hat sich nunmehr die zivilgerichtliche Rechtsprechung angeschlossen.[5]

23 **ee) Der Rechtfertigungsgrund der Pflichtenkollision.** Muss der Geschäftsführer oder Vorstand Sozialversicherungsbeiträge an die Einzugsstelle zahlen, um einer Bestrafung nach § 266a StGB zu entgehen oder nicht zivilrechtlich nach § 823 Abs. 2 BGB i.V.m. § 266a StGB von der Einzugsstelle in Anspruch genommen zu werden (dazu unter Rz. 29 ff.)[6], ist es ihm auf der anderen Seite **nach § 64 GmbHG bzw. § 92 Abs. 2 AktG verboten**, nach Eintritt der Zahlungsunfähigkeit

---

1 BR-Drucks. 618/05.
2 BGH v. 28.5.2002 – 5 StR 16/02, ZIP 2002, 2143.
3 *Fischer*, § 226a StGB Rz. 17f. m.w.N.
4 BGH v. 14.11.2000 – VI ZR 149/99, VersR 2001, 343 = GmbHR 2001, 147.
5 BGH v. 14.5.2007 – II ZR 48/06, NJW 2007, 2118 = GmbHR 2007, 757; s. im Einzelnen Rz. 32.
6 S. jüngst BGH v. 18.1.2010 – II ZA 4/09, ZIP 2010, 368.

der Gesellschaft oder nach Feststellung oder Überschuldung **Zahlungen zu leisten**. Das gilt auch für die Entrichtung von Sozialversicherungsbeiträgen.

Diesen Widerspruch zwischen der Verpflichtung, Beiträge zu zahlen, um nicht bestraft zu werden, und dem Verbot, Zahlungen zu leisten, und bei Zuwiderhandlung – jedenfalls bei der GmbH – einer Erstattungspflicht durch die Gesellschaft ausgesetzt zu sein, hat der BGH in seinem Beschluss vom 30.7.2003[1] jedenfalls für den Lauf der Drei-Wochen-Frist des § 64 Abs. 1 GmbHG a.F. (jetzt § 15a InsO) aufgehoben und entschieden, dass die Nichtabführung von Sozialversicherungsbeiträgen während der Drei-Wochen-Frist – aber auch nur in dieser Frist – straflos bleibt.

Eine **eventuelle Zahlung** der Beiträge trotz der Suspendierung der Strafbarkeit nach § 266a StGB wurde bis 2007 nicht ohne Weiteres mit der Sorgfalt eines ordentlichen Kaufmanns nach § 14 Abs. 2 Satz 2 StGB vereinbar angesehen.[2] 24

Allerdings hat der BGH seine Rechtsprechung am 14.5.2007 aufgehoben und entschieden, dass ein organschaftlicher Vertreter, der bei Insolvenzreife der Gesellschaft den sozial- oder steuerrechtlichen Normbefehlen folgend, Arbeitnehmeranteile der Sozialversicherung oder Lohnsteuer abführt, mit der Sorgfalt eines ordentlichen und gewissenhaften Geschäftsführers handelt und nicht nach § 92 Abs. 2 AktG oder § 64 GmbHG der Gesellschaft gegenüber erstattungspflichtig ist. Damit ist der Wertungswiderspruch aufgehoben. Widersprechende Überlegungen[3] dürften nicht praxistauglich sein. 25

ff) Vorsatz. Eine Bestrafung nach § 266a StGB setzt ferner voraus, dass der Geschäftsführer bzw. Vorstand die Nichtentrichtung der Beiträge vorsätzlich unterlassen hat. Er muss dementsprechend wissen oder zumindest (dolus eventualis) billigend in Kauf nehmen, dass die Beiträge nicht rechtzeitig erbracht werden können, wenn bestimmte Sicherungen nicht vorgenommen werden. Grundsätzlich ist bei der Einschätzung von Maßnahmen, die infolge der heraufziehenden Krise ergriffen werden und wodurch die späteren Schwierigkeiten, die Beiträge zu entrichten, behoben werden sollen, eine objektive Prognose aus damaliger Sicht anzustellen und zu fragen, ob der Geschäftsführer bzw. Vorstand seinerzeit die Maßnahmen für ausreichend halten durfte. Hier ist eine sehr genaue Prüfung des Schuldvorwurfs in jedem Einzelfall vorzunehmen. 26

b) Mehrere Geschäftsführer oder Vorstände

Bei mehreren Geschäftsführern einer GmbH bzw. mehreren Mitgliedern eines Vorstands führt eine interne Zuständigkeitsregelung nicht zu einer völligen Aufhebung ihrer **Verantwortlichkeit für den Gesamtbereich**, sondern lediglich zu einer Beschränkung. Denn grundsätzlich ist jeder Geschäftsführer und jedes Vorstandsmitglied für alle Angelegenheiten der Gesellschaft – mithin auch für die ordnungsgemäße Abführung der Sozialversicherungsbeiträge – verantwortlich. 27

---

1 BGH v. 30.7.2003 – 5 StR 221/03, GmbHR 2004, 122 = NJW 2003, 3787.
2 BGH v. 8.1.2001 – II ZR 88/99, BGHZ, 146, 264 = GmbHR 2001, 190.
3 *Brand*, GmbHR 2010, 237 ff.

Ist ein Geschäftsführer primär nicht für die Lohnbuchhaltung zuständig, haftet er doch für gewisse Überwachungspflichten, die ihn zum Eingreifen veranlassen müssten. Eine solche Überwachungspflicht kommt vor allem in finanziellen Krisensituationen verstärkt zum Tragen, wenn ein verständiger Kaufmann davon ausgehen muss, dass die laufende Erfüllung der Verbindlichkeiten nicht mehr gewährleistet erscheint.

28 Entscheidend für die Frage der (mindestens bedingt vorsätzlichen) Verletzung dieser Überwachungspflicht ist, ob der intern unzuständige Geschäftsführer oder Vorstand **Kenntnis von der Finanzkrise der Gesellschaft** hatte und ob es für ihn Anhaltspunkte dafür gab, dass die pünktliche und vollständige Abführung der Sozialversicherungsbeiträge durch den intern dafür zuständigen Mitgeschäftsführer oder Vorstand nicht mehr gewährleistet war.[1]

2. Die zivilrechtliche Haftung des Vorstandes bzw. Geschäftsführers

a) Die Zurechnungsnorm des § 823 Abs. 2 BGB

29 Zur Abführung der Sozialversicherungsbeiträge ist der **Arbeitgeber bzw. Unternehmer verpflichtet**.[2] Die Verpflichtung trifft zwar grundsätzlich die Gesellschaft. Da diese aber nicht zahlt und der Vorstand bzw. Geschäftsführer über §§ 266a, 14 StGB strafrechtlich für die Nichtabführung der Beiträge einzustehen hat, § 266a StGB Schutznorm im Sinne des § 823 Abs. 2 BGB ist[3], trifft den Vorstand bzw. Geschäftsführer möglicherweise auch **zivilrechtlich die persönliche Haftung** nach § 823 Abs. 2 BGB i.V.m. §§ 266a, 14 StGB. Das setzt zunächst die vollständige Erfüllung aller Voraussetzungen des § 266a StGB voraus (s. dazu Rz. 3 ff.).

30 **aa) Wegfall der Zahlungsverpflichtung im Insolvenzantragszeitraum.** Die Zahlungsverpflichtung des Arbeitgebers bzw. seiner Organe gilt – s. Rz. 23 – allerdings nicht ausnahmslos. Die strafrechtlich bewehrte Pflicht nach § 266a StGB, Sozialversicherungsbeiträge zu entrichten, kann zu bestimmten Zeiten in einem **Wertungswiderspruch** zu anderen Vorschriften, s. z.B. **§ 64 GmbHG, § 92 Abs. 2 AktG**, stehen, nach der der Geschäftsführer der Gesellschaft zum Ersatz von Zahlungen verpflichtet ist, die nach Eintritt der Zahlungsunfähigkeit der Gesellschaft oder nach Feststellung der Überschuldung geleistet werden, es sei denn, es handelt sich um Zahlungen, die auch in diesem Zeitpunkt noch mit der Sorgfalt eines ordentlichen Geschäftsleiters vereinbar sind. Dies nimmt der BGH aber nach seiner neuen Rechtsprechung im Normalfall an.

31 Nachdem der 5. Strafsenat des BGH die Strafbarkeit der handelnden Organe innerhalb der dreiwöchigen Frist nach § 15a InsO, innerhalb deren der Geschäftsführer den Antrag auf Insolvenzeröffnung stellen sollte, verneint hat[4], gibt es **in-**

---

[1] Schleswig-Holsteinisches OLG v. 7.12.2001 – 14 U 122/01, GmbHR 2002, 216.
[2] S. dazu auch *Uwe H. Schneider/Brouwer*, ZIP 2007, 1033.
[3] BGH v. 18.4.2004 – II ZR 61/03, GmbHR 2005, 874 = NJW 2005, 2546; a.A. *Kiethe*, ZIP 2003, 1957.
[4] BGH v. 30.7.2003 – 5 StR 221/03, NJW 2003, 3787 = GmbHR 2004, 122.

soweit keinen Wertungswiderspruch zwischen § 266a StGB und § 64 GmbHG bzw. § 92 Abs. 2 AktG.

Dies gilt nach Aufgabe der bisherigen Rechtsprechung durch Urteil des BGH vom 14.5.2007[1] nunmehr auch für die übrigen Zeiten der Insolvenzreife der Gesellschaft. Danach handelt ein organschaftlicher Vertreter, der bei Insolvenzreife der Gesellschaft den sozial- oder steuerrechtlichen Normbefehlen folgend Arbeitnehmeranteile der Sozialversicherung oder Lohnsteuer abführt, mit der Sorgfalt eines ordentlichen und gewissenhaften Geschäftsleiters und ist nicht der Gesellschaft gegenüber erstattungspflichtig. Nach Auffassung des BGH kann mit Rücksicht auf die Einheit der Rechtsordnung es dem organschaftlichen Vertreter nicht zugemutet werden, die Massesicherungspflichten zu erfüllen und fällige Leistungen an die Sozialkassen oder Steuerbehörden nicht zu erbringen, wenn er sich dadurch strafrechtlicher Verfolgung aussetzt. 32

Die zur GmbH und AG gemachten Ausführungen des BGH gelten entsprechend auch für die **KG**, wenn keine natürliche Person persönlich haftender Gesellschafter nach §§ 177a, 130 Abs. 2, 3 HGB ist. 33

Damit kann der organschaftliche Vertreter nunmehr seiner Pflicht, Beiträge abzuführen, nachkommen, ohne zivilrechtlich von der Gesellschaft haftbar gemacht zu werden. Dies gilt auch innerhalb der Drei-Wochen-Frist des § 15a InsO. Wenn der organschaftliche Vertreter innerhalb dieser Frist (z.B. wegen erfolgversprechender Sanierungsbemühungen) allerdings keine Beiträge abführt, hat dies für ihn aus den in Rz. 31 dargestellten Überlegungen ebenfalls keine negativen Folgen. 34

bb) Keine Haftung bei Anfechtbarkeit der Zahlungen. Vorrangig ist für die vorgenannten Zeiträume, d.h., alle Zeiträume mit Ausnahme der Drei-Wochen-Frist, stets zu fragen, ob der Einzugsstelle (Krankenkasse) durch die Nichtzahlung der Sozialversicherungsbeiträge überhaupt ein **Schaden** entstanden ist, wenn die Beiträge bei tatsächlicher Zahlung der **Anfechtung nach §§ 129 bis 146 InsO** unterlägen und daher zurückgezahlt werden müssten. 35

In den §§ 130, 131 Abs. 1 Nr. 3, 132, 133 InsO, die bei der vorliegenden Untersuchung vor allem von Bedeutung sind, ist eine der Anfechtbarkeitsvoraussetzungen die **Kenntnis der Einzugsstelle** von den Zahlungsschwierigkeiten der Gesellschaft. Dabei ist z.B. zu prüfen, ob in Verhandlungen der Gesellschaft mit der Einzugsstelle u.a. über eine Stundung der Zahlung der Beiträge gesprochen worden ist und dadurch die Zahlungsschwierigkeiten in vollem Umfang offen gelegt worden sind oder die Situation nur als vorübergehende Zahlungsstockung bezeichnet wurde; ferner, in welchem Umfang Sozialversicherungsbeiträge in welchen Zeiträumen gezahlt wurden und ob, ggfls. wie, die Nichtzahlung begründet wurde. Es ist nach Anhaltspunkten zu suchen, ob die Einzugsstelle die berechtigte Erwartung haben konnte, die Gesellschaft werde die Krise alsbald überwinden und sowohl die laufenden als auch die rückständigen Beiträge begleichen. Dabei ist es nicht relevant, dass die Gesellschaft irgendwelche andere Forderungen hätte begleichen können bzw. beglichen hat (§ 17 Abs. 2 InsO). 36

---

[1] BGH v. 14.5.2007 – II ZR 48/06, NJW 2007, 2118 = GmbHR 2007, 757.

37 Da nach einhelliger zivilrechtlicher Rechtsprechung die Sozialversicherungsträger anfechtungsrechtlich nicht privilegiert sind, sondern den übrigen Gläubigern gleichstehen – ungeachtet der Regelung des § 266a StGB – kann sich der Geschäftsführer oder Vorstand mit dem **Hinweis auf die Anfechtbarkeit** gegen die Pflicht, Sozialbeiträge zu zahlen, verteidigen, und auch eine zivilrechtliche Haftung für die nicht gezahlten Beiträge abwenden.[1] Auch durch die Neufassung des § 28e Abs. 1 Satz 2 SGB IV ergibt sich nichts anderes. Nach dem Urteil des BGH vom 5.11.2009 begründet diese Norm nicht den Ausschluss der Anfechtbarkeit der Abführung von Arbeitnehmeranteilen zur Sozialversicherung in der Insolvenz des Arbeitgebers.[2]

38 **cc) Die Darlegungs- und Nachweispflicht.** Grundsätzlich hat die Einzugsstelle bei einem Streit über den Ersatz eines Schadens, wenn sie sich auf § 823 Abs. 2 BGB in Verbindung mit einem Schutzgesetz stützt, den Verstoß gegen das Schutzgesetz, den Eintritt eines Schadens und die Kausalität zwischen dem Verstoß und dem Schaden sowie das Verschulden des beklagten Geschäftsführers bzw. Vorstands **darzulegen und zu beweisen**.[3]

39 Steht der Verstoß gegen das Schutzgesetz (hier: § 266a StGB) fest, treten **Beweiserleichterungen** ein.[4] Es wird eine genaue Prüfung des Verschuldens nach § 266a StGB (mindestens bedingter Vorsatz) umgangen, wenn die Nichtzahlung der Beiträge und das Unterlassen von Vorsorgemaßnahmen feststeht. In diesem Fall obliegt nunmehr dem beklagten Geschäftsführer/Vorstand der gegenteilige Beweis.[5] *Kiethe* sieht allerdings eine Divergenz zwischen der BGH-Rechtsprechung und der gerichtlichen Instanzpraxis, nach der die Einzugsstelle sämtliche Tatsachen, und dazu gehört auch die strafrechtliche Verantwortlichkeit, darzulegen und zu beweisen hat.[6] Hier ergibt sich für die Einzugsstelle eine erhebliche Schwierigkeit: In vielen Fällen wird sie das zumindest billigend in Kauf genommene Vorenthalten von Sozialbeiträgen nicht beweisen können.

40 Dies gilt insbesondere für den **Benachteiligungsvorsatz**, wenngleich die Rechtsprechung hier bei bestimmten Fallgruppen mit (widerlegbaren) Vermutungen arbeitet.

41 Sowohl bei **inkongruenten als auch bei kongruenten Deckungsgeschäften** reicht es für die Annahme des **Benachteiligungsvorsatzes** aus, dass der Geschäftsführer bzw. Vorstand sich die Benachteiligung nur als möglich vorgestellt, sie aber in Kauf genommen hat, ohne sich durch die Vorstellung dieser Möglichkeit von seinem Handeln abhalten zu lassen.[7]

---

1 *Schmidt*, EWiR 2001, 185; *Goette*, DStR 2005, 1869.
2 BGH v. 5.11.2009 – IX ZR 233/08, DB 2009, 2703 = NZI 2009, 886.
3 BGH v. 4.11.2002 – II ZR 224/00, ZIP 2002, 2314 = GmbHR 2003, 113.
4 BGH v. 13.12.1984 – III ZR 20/83, VersR 1985, 452 = MDR 1985, 916; *Kiethe*, ZIP 2003, 1957.
5 BGH v. 4.11.2002 – II ZR 224/00, ZIP 2002, 2314 = GmbHR 2003, 113. S. auch die Kritik von *Kiethe*, ZIP 2003, 1957.
6 *Kiethe*, ZIP 2003, 1957.
7 BGH v. 27.5.2003 – IX ZR 169/01, BGHZ 155, 75, 84.

Ein Benachteiligungsvorsatz ist (widerleglich) zu vermuten, wenn der Geschäftsführer der Einzugsstelle eine **inkongruente Deckung** gewährt, auf die die Einzugsstelle keinen Anspruch hat. Inkongruent ist stets die auf Grund eines Insolvenzantrags von dem Gläubiger erzielte Deckung. Denn der Insolvenzantrag dient nicht dazu, dem einzelnen Gläubiger zur vollen Durchsetzung seiner Ansprüche zu verhelfen. Damit besteht für die antragstellende Einzugsstelle kein rechtlich geschütztes Interesse daran, erbrachte Zahlungen des Geschäftsführers/Vorstands als Erfüllung anzunehmen, wenn sie davon die Rücknahme des Antrags abhängig macht.[1] Das gilt nur dann nicht, wenn die Gesellschaft bzw. der Geschäftsführer oder Vorstand mit an Sicherheit grenzender Wahrscheinlichkeit davon ausgehen konnte, über Teilzahlungen an einzelne Gläubiger hinaus in absehbarer Zeit alle Gläubiger befriedigen zu können. In diesem Fall ist ein Gläubigerbenachteiligungsvorsatz nicht anzunehmen.[2]

42

Hat die Einzugsstelle **Kenntnis von der Inkongruenz** einer Leistung, ist dies ein wesentliches Beweisanzeichen dafür, dass die Einzugsstelle die Gläubigerbenachteiligungsabsicht der Gesellschaft bzw. des Geschäftsführers/Vorstands gekannt hat.[3]

43

Die Rechtsprechung geht in aller Regel davon aus, dass der Schuldner die angefochtenen Rechtshandlungen mit **Benachteiligungsvorsatz** vorgenommen hat, wenn er zurzeit ihrer Wirksamkeit (§ 140 InsO) zahlungsunfähig war.[4] Dabei ist von einer Zahlungsunfähigkeit nach § 17 Abs. 2 Satz 1 InsO auszugehen, wenn die Liquiditätslücke des Schuldners 10 % oder mehr beträgt, soweit nicht ausnahmsweise mit an Sicherheit grenzender Wahrscheinlichkeit zu erwarten ist, dass die Lücke innerhalb von drei Wochen (fast) vollständig beseitigt werden wird und den Gläubigern ein solches Zuwarten zuzumuten ist.[5]

44

b) Sittenwidrige Schädigung nach § 826 BGB

Natürlich kommt (theoretisch) ein Anspruch der Einzugsstelle nach § 826 BGB in Betracht. Dies setzt aber zum einen ein **gegen die guten Sitten verstoßendes Verhalten** des Geschäftsführers/Vorstands[6] **neben einem vorsätzlichen Handeln** voraus, nach dem der Geschäftsführer/Vorstand die Art und Richtung der Schadensfolgen vorausgesehen und gewollt oder jedenfalls billigend in Kauf genommen hat.[7]

45

Bei dieser Sachlage ist der Anspruch über § 823 Abs. 2 BGB i.V.m. § 266a StGB leichter durchzusetzen, selbst ein Anspruch aus der so genannten Existenzvernichtungshaftung in den Bereich des Möglichen gerückt.[8] Deshalb kommt einer

---

1 BGH v. 18.12.2003 – IX ZR 199/02, BGHZ 157, 242, 246 = ZIP 2004, 319.
2 BGH v. 22.4.2004 – IX ZR 370/00, ZIP 2004, 1160.
3 BGH v. 17.7.2003 – IX ZR 272/02, ZIP 2003, 1799.
4 BGH v. 18.12.2005 – IX ZR 182/01, NZS 2006, 417 m.w.N.
5 BGH v. 24.5.2005 – IX ZR 123/04, WM 2005, 1468 = GmbHR 2005, 1117.
6 BGH v. 9.12.1969 – VI ZR 50/68, NJW 1970, 657.
7 BGH v. 9.12.1969 – VI ZR 50/68, NJW 1970, 657.
8 S. hierzu BGH v. 9.2.2009 – II ZR 292/07, NJW 2009, 2127 = GmbHR 2009, 601 – Sanitary.

Anspruchsverfolgung nach § 826 BGB in der Praxis **nur eine sehr eingeschränkte Bedeutung** zu.

c) Erstattung von Aufwendungen für Arbeitsunfälle

46 Nach § 110 Abs. 1a SGB VII haben Unternehmer, die **Schwarzarbeit** nach § 1 Schwarzarbeitsbekämpfungsgesetz leisten und dadurch bewirken, dass **Beiträge nicht, nicht vollständig oder nicht rechtzeitig entrichtet werden**, dem Unfallversicherungsträger die Aufwendungen zu erstatten, die infolge von Versicherungsfällen im Zusammenhang mit der Ausführung der Schwarzarbeit entstanden sind. Die Erstattungspflicht besteht unabhängig davon, ob der Unternehmer vorsätzlich oder fahrlässig gehandelt hat. Auf ein Verschulden bei der nicht ordnungsgemäßen Anmeldung kommt es nicht an.[1]

Da die Nichtabführung des Arbeitgeberanteils nunmehr nach § 266a Abs. 2 StGB auch strafbar ist, die Vorschrift wohl auch als Schutzgesetz nach § 823 Abs. 2 BGB anzusehen ist, kann der Unfallversicherungsträger den Geschäftsführer/Vorstand insofern nach § 823 Abs. 2 BGB i.V.m. § 266a Abs. 2 StGB zivilrechtlich haftbar machen.

3. Haftung des Gesellschafters

47 Die **Haftung des Gesellschafters** einer GmbH oder einer GmbH & Co. KG wird nicht durch § 823 Abs. 2 BGB i.V.m. § 266a StGB begründet, weil § 266a StGB nur über § 14 StGB Anwendung finden kann und durch § 14 StGB die Strafbarkeit nach § 266a StGB nur auf den Vertretungsberechtigten ausgedehnt wird. Hierzu gehört der Gesellschafter nicht, es sei denn, er ist als Geschäftsführer oder in einer ähnlichen Position in der Gesellschaft tätig.

48 Um gleichwohl in entsprechenden Fällen eine Haftung des hinter einer juristischen Person Stehenden stattfinden, d.h., ihn für Verbindlichkeiten der Gesellschaft persönlich haften zu lassen, hat die Rechtsprechung den Haftungstatbestand der sog. **Existenzvernichtungshaftung**[2] entwickelt. Danach muss der Gesellschafter in besonderen Ausnahmefällen für Verbindlichkeiten der Gesellschaft persönlich haften. In diesen Fällen ist ihm ein Hinweis auf das Haftungsprivileg des § 13 Abs. 2 GmbHG versagt, wonach eine persönliche Haftung der Gesellschafter für Verbindlichkeiten der Gesellschaft grundsätzlich ausgeschlossen ist. Entscheidender Maßstab für die Existenzvernichtungshaftung ist die Beurteilung, ob der Gesellschafter auf die Zweckbindung des Gesellschaftsvermögens keine Rücksicht nimmt und der Gesellschaft ohne angemessenen Ausgleich – offen oder verdeckt – Vermögenswerte entzieht, die die Gesellschaft zur Erfüllung ihrer Verbindlichkeiten benötigt.[3].

---

1 BT-Drucks. 15/2573, S. 32 zu Art. 7 lit. a.
2 BGH v. 9.2.2009 – II ZR 292/07, NJW 2009, 2127 = GmbHR 2009, 601; zur früher geltenden Durchgriffshaftung s. BGH v. 12.1.1956 – III ZR 3/55, BGHZ 20, 4; BSG v. 27.9.1994 – 10 RAr 1/92, BSGE 75, 82.
3 BGH v. 16.7.2007 – II ZR 3/04, NJW 2007, 2689 = GmbHR 2007, 927 – Trihotel.

Die sozialgerichtliche Rechtsprechung hat in mehreren Fällen die bisherige Rechtsprechung, nach der ein Gesellschafter im Rahmen der sog. Durchgriffshaftung haftete, auch für die **Haftung von Gesellschaftern einer GmbH** sowie KG im Sozialversicherungsrecht – insbesondere bei der Haftung für Beiträge zur Unfallversicherung sowie Sozialversicherungsbeiträge, aber auch bei der Rückforderung von Eingliederungszuschüssen – für anwendbar gehalten, von ihm aber nur in sehr restriktiver Weise Gebrauch gemacht.[1] In der sozialgerichtlichen Rechtsprechung sind dabei durchaus Bedenken geäußert worden, an dieser Rechtsprechung fest zu halten.[2] Eine Aufgabe der Rechtsprechung ist allerdings bisher nicht erfolgt. Die Anwendung der öffentlich-rechtlichen Durchgriffshaftung ist in der Praxis aber nur in sehr wenigen Fällen praktisch geworden. Dabei haben die Gerichte der Sozialgerichtsbarkeit vermehrt auf die „neuere zivilgerichtliche Rechtsprechung" hingewiesen, die Fälle der vorliegenden Art eher aus der aus konzernrechtlichen Grundsätzen hergeleiteten Erstattungspflicht in entsprechender Anwendung der §§ 302 f. AktG zu lösen versuchen.[3]

49

Diese Haftung, die vom BGH als überholt bezeichnet wird[4], was allerdings in der sozialgerichtlichen Rechtsprechung bislang noch nicht Eingang gefunden hat, wird nunmehr dann auf den Gesellschafter erstreckt, wenn er auf die Zweckbindung des Gesellschaftsvermögens keine Rücksicht nimmt und der Gesellschaft ohne angemessenen Ausgleich Vermögenswerte entzieht, die diese zur Erfüllung der Verbindlichkeiten benötigt (**existenzvernichtender Eingriff**).[5]

50

Grundsätzlich können Gesellschafter nach den v. g. Instituten für Verbindlichkeiten der Gesellschaft persönlich haftbar gemacht werden. Dies hat die Rechtsprechung aber – wie oben dargestellt – **auf Ausnahmefälle beschränkt**, so dass die Bedeutung der Institute in der gerichtlichen Praxis außerordentlich gering ist.

51

II. Die fehlende Sicherung von Wertguthaben nach § 7e SGB IV und § 8a Altersteilzeitgesetz

1. Problemlage und Haftung des Geschäftsführers/Vorstands nach § 7e SGB IV und § 8a Altersteilzeitgesetz

Insbesondere beim Vollzug von Altersteilzeit, aber auch beim Aufbau von Wertguthaben für Freistellungen nach § 7b SGB IV (d.h. nicht mit dem Ziel der flexiblen Gestaltung der werktäglichen oder wöchentlichen Arbeitszeit oder dem Ausgleich betrieblicher Produktions- und Arbeitszeitzyklen), tritt das Problem auf, dass **Wert-**

52

---

1 BSG v. 7.12.1983 – 7 RAr 20/82, NJW 1984, 2117; BSG v. 27.9.1994 – 10 RAr 1/92, GmbHR 1995, 46; BSG v. 26.1.1978 – 2 RU 90/77, NJW 1978, 2527 = BB 1978, 662; BSG v. 1.2.1996 – 2 RU 7/95, GmbHR 1996, 604; LSG Niedersachsen v. 29.4.1987 – L 4 KR 89/86, SozVers 1988, 196.
2 BSG v. 7.12.1983 – 7 RAr 20/82, BSGE 56, 76.
3 BGH v. 27.3.1995 – II ZR 136/94, NJW 1995, 1544 = GmbHR 1995, 446; BSG v. 27.9.1984 – 10 Rar 1/92, BSGE 75, 82.
4 BGH v. 13.12.2004 – II ZR 256/02, GmbHR 2005, 299 = BB 2005, 286.
5 BGH v. 17.9.2001 – II ZR 178/99, BGHZ 149, 10 = GmbHR 2001, 1036 m.w.N.

guthaben an Arbeitnehmer nicht ausgezahlt werden können, weil der **Arbeitgeber zahlungsunfähig** ist. Dabei ist unter Wertguthaben das Arbeitsentgelt zu verstehen, das mit einer im Allgemeinen vor der Freistellung erbrachten Arbeitsleistung erzielt wurde. Der Arbeitnehmer erbringt also seine Arbeitsleistung in einer bestimmten Zeit für weniger Arbeitsentgelt als ihm an und für sich zustünde, dieser Unterschiedsbetrag ist aber für die sich anschließende Zeit der Freistellung vorgesehen.

a) Sicherung bei Altersteilzeit

53 Unter bestimmten Voraussetzungen ist der Arbeitgeber verpflichtet, das Wertguthaben mit der ersten Gutschrift in geeigneter Weise gegen das **Risiko seiner Zahlungsunfähigkeit abzusichern**. Dies schreibt § 8a Abs. 1 Altersteilzeitgesetz seit dem 1.7.2004 ausdrücklich vor.

54 Nach § 8a Abs. 3 Altersteilzeitgesetz hat der Arbeitgeber dem Arbeitnehmer die zur Sicherung des Wertguthabens ergriffenen **Maßnahmen** mit der ersten Gutschrift und danach alle sechs Monate in Textform **nachzuweisen**. Allerdings können die Betriebsparteien eine andere gleichwertige Art und Form des Nachweises vereinbaren.

55 Verstößt der Arbeitgeber gegen diese Verpflichtung, kann der Arbeitnehmer verlangen, dass **Sicherheit** in Höhe des bestehenden Wertguthabens **geleistet wird**.

b) Sicherung bei Freistellungen nach § 7b SGB IV

56 Nach § 7e SGB IV vereinbaren Arbeitgeber und Arbeitnehmer, dass der Arbeitgeber bestimmte Pflichten erfüllen muss, um das Wertguthaben einschließlich des darin enthaltenen Gesamtsozialversicherungsbeitrages **gegen das Risiko der Insolvenz des Arbeitgebers** völlig abzusichern. Diese Verpflichtung des Arbeitgebers besteht aber nur, soweit ein Anspruch auf Insolvenzgeld nicht besteht und das Wertguthaben des Beschäftigten einschließlich des darin enthaltenen Gesamtsozialversicherungsbeitrags einen Betrag in Höhe der monatlichen Bezugsgröße (2010: 2 555 Euro in West- und 2 170 Euro in Ostdeutschland) übersteigt. In einem Tarifvertrag oder einer Betriebsvereinbarung, die aufgrund eines Tarifvertrages geschlossen worden ist, kann ein abweichender Betrag vereinbart werden. Der Arbeitgeber hat den Beschäftigten unverzüglich über seine Maßnahmen zum Insolvenzschutz in geeigneter Weise schriftlich zu unterrichten. Nach Abs. 5 dieser Vorschrift kann der Beschäftigte den Arbeitgeber schriftlich auffordern, seinen Verpflichtungen zum Insolvenzschutz nachzukommen. Wenn der Arbeitgeber den Beschäftigten nicht innerhalb von zwei Monaten nach der Aufforderung die Erfüllung seiner Verpflichtung zu Insolvenzsicherung des Wertguthabens nachweist, kann der Beschäftigte die Wertguthabenvereinbarung mit sofortiger Wirkung kündigen. Das Wertguthaben ist dann aufzulösen. Das Gleiche gilt, wenn während einer Betriebsprüfung der Träger der Rentenversicherung ein solches Fehlverhalten des Arbeitgebers feststellt.

Die Vorschrift regelt in ihrem Abs. 7 die Folgen eines durch das Fehlverhalten des Arbeitgebers entstandenen Schadens beim Arbeitnehmer. Danach **haftet der Ar-**

beitgeber für den entstandenen Schaden. Von besonderer Bedeutung ist, dass neben dem Arbeitgeber – sofern dieser einige juristische Person oder eine Gesellschaft ohne Rechtspersönlichkeit ist – **auch die organschaftlichen Vertreter** (Geschäftsführer!) gesamtschuldnerisch für den Schaden haften! Eine Haftung tritt nur dann nicht ein, wenn weder der organschaftliche Vertreter noch der Arbeitgeber den Schaden zu vertreten haben.

2. Strafrechtliche Haftung des Geschäftsführers/Vorstands

Die strafrechtliche Haftung des Geschäftsführers/Vorstands nach § 14 StGB setzt voraus, dass eine **Strafnorm** erfüllt ist. 57

a) Strafbarkeit nach § 266a StGB (Nichtabführung von Sozialversicherungsbeiträgen)

§ 266a StGB (s. Rz. 3 ff.) scheidet aus, weil es sich bei den Wertguthaben **nicht um** „Beiträge zur Sozialversicherung" handelt, die nach der Norm aber vorausgesetzt werden. 58

b) Strafbarkeit nach § 266 StGB (Untreue)

§ 266 StGB setzt ein **Vermögensbetreuungsverhältnis** zwischen Arbeitgeber und Arbeitnehmer voraus. Dabei ist anerkannt, dass sich eine darauf aufbauende Treuepflicht in der Regel nur aus einem fremdnützigen typisierten Schuldverhältnis ergeben kann, in welchem der Verpflichtung des Täters Geschäftsbesorgungscharakter zukommt.[1] Dem Arbeitgeber kommen normalerweise keine Vermögensbetreuungspflichten hinsichtlich der Lohnzahlung usw. zu. Aus diesem Grund hat der Gesetzgeber zusätzlich § 266a StGB geschaffen, der dem Schutzinteresse des Arbeitnehmers an der treuhänderischen Verwaltung von Teilen seines Arbeitseinkommens dient, dessen Voraussetzungen im vorliegenden Fall aber nicht erfüllt sind. 59

In diesem Zusammenhang darf auch nicht vergessen werden, dass der Arbeitnehmer das Recht, aber auch die **Pflicht** hat, die Absicherung seines Wertguthabens durch den Arbeitgeber **zu überwachen**.

c) Strafbarkeit nach § 263 StGB (Betrug)

§ 263 StGB (s. Rz. 70) setzt u.a. voraus, dass der Arbeitnehmer vom Arbeitgeber getäuscht worden ist. Wenn der Arbeitgeber dem Arbeitnehmer die nach § 8a Abs. 3 Altersteilzeitgesetz bzw. § 7e Abs. 5 SGB IV erforderlichen Unterlagen nicht vorlegt, kann eine **Täuschungshandlung** allenfalls dadurch begangen sein, dass der Arbeitgeber gegenüber dem Arbeitnehmer mündlich oder konkludent die Absicherung des Wertguthabens behauptet. Um solche Fälle auszuschließen, schreibt das Gesetz aber gerade die tatsächliche Vorlage der Nachweise über die Absicherung des Wertguthabens vor. Die Nichtvorlage der Nachweisungen kann 60

---
1 *Lenckner* in Schönke/Schröder, § 266 StGB Rz. 22.

dann auch nicht als Täuschungshandlung angesehen werden, selbst nicht, wenn der Arbeitgeber ihre Existenz behauptet.

61 Legt der Arbeitgeber hingegen **gefälschte Nachweisungen** vor und erkennt der Arbeitnehmer die Nachweisungen nicht als Fälschung, wird der Tatbestand des § 263 StGB erfüllt sein, wenn der Arbeitgeber in **Bereicherungsabsicht** handelt. Der Vermögensschaden des Arbeitnehmers tritt ein, wenn er es wegen der Täuschungshandlung unterlässt, sein Recht aus § 8a Abs. 4 Altersteilzeitgesetz (Leistung einer Sicherheit in Höhe des Wertguthabens durch den Arbeitgeber) bzw. § 7e Abs. 5 SGB IV (Kündigung des Wertguthabens) geltend zu machen.

3. Zivilrechtliche Haftung des Geschäftsführers/Vorstands

a) ... aus § 823 Abs. 2 BGB i.V.m. § 263 StGB

62 Nach den Darlegungen unter Rz. 60 f. kann sich eine zivilrechtliche Haftung des Geschäftsführers nur aus § 823 Abs. 2 BGB i.V.m. § 263 StGB ergeben, wenn der Arbeitgeber dem Arbeitnehmer **unrichtige Nachweise** über die Sicherung der Wertguthaben vorlegt. Die Durchsetzung dieses Anspruchs – auch der Nachweis der Bereicherungsabsicht – dürften in der Praxis nicht auf große Schwierigkeiten stoßen.

b) ... aus § 823 Abs. 2 BGB i.V.m. § 8a Abs. 1 Altersteilzeitgesetz

63 Auch für die Fälle, in denen eine strafrechtliche Haftung des Geschäftsführers ausscheidet, ergibt sich eine zivilrechtliche Haftung des Geschäftsführers aus § 823 Abs. 2 BGB i.V.m. § 8a Abs. 1 Altersteilzeitgesetz. Diese Vorschrift ist ein **Schutzgesetz** i.S. des § 823 Abs. 2 BGB. Durch die Vorschrift wird das geschützte Interesse, die Art seiner Verletzung und der Kreis der geschützten Personen hinreichend klargestellt und bestimmt.[1] Bei § 8a Abs. 1 Altersteilzeitgesetz handelt es sich um eine Norm, die neben dem Schutz der Gesamtheit gerade dazu dienen soll, den einzelnen Arbeitnehmer gegen die Verletzung eines Rechtsgutes oder eines bestimmten Rechtsinteresses zu schützen.

64 Allerdings wird man wegen der Mitwirkungspflicht des **Arbeitnehmers** nach § 8a Abs. 3 und 4 Altersteilzeitgesetz eine zeitliche Beschränkung der zivilrechtlichen Haftung annehmen müssen. Verzichtet der Arbeitnehmer auf die Vorlage der Nachweise der Sicherung der Wertguthaben oder lässt er sich mit nicht belegten Aussagen „abspeisen", wird er sich nach kurzer Zeit (nicht länger als ein Monat) nicht mehr auf einen Schadensersatzanspruch berufen können.

c) ... aus § 7e Abs. 7 SGB IV

65 Der Schadensersatzanspruch des Arbeitnehmers richtet sich gegen den Arbeitgeber, aber auch gegen den organschaftlichen Vertreter. Auf die Ausführungen unter Rz. 56 wird hingewiesen.

---

1 BGH v. 27.11.1963 – V ZR 210/61, BGHZ 40, 306.

Sozialversicherungsrecht § 33

d) ... aus dem Haftungstatbestand der Existenzvernichtungshaftung

Ein Anspruch im Wege der Existenzvernichtungshaftung (s. Rz. 48 ff.) – auch gegen Gesellschafter – ist **nur für extreme Ausnahmefälle** anzunehmen, wenn das Ergebnis im Einzelfall mit dem Grundsatz von Treu und Glauben nicht in Einklang stünde, also ein Rechtsmissbrauch vorläge. Dies wird für die Mehrzahl der Fälle nicht anzunehmen sein. 66

III. Das Erschleichen von Sozialleistungen

1. Problemlage

Das Sozialversicherungsrecht gewährt nicht nur den Versicherten **Leistungen**, sondern im großen Umfang **auch Arbeitgebern**. Hierzu gehören u.a. Eingliederungszuschüsse (§§ 217 ff. SGB III), Zuschüsse zur Ausbildungsvergütung (§ 235a SGB III), Zuschüsse zur Einstiegsqualifizierung (§ 235b SGB III), Förderung der beruflichen Weiterbildung (§ 235c SGB III), aber auch Leistungen, auf die Arbeitnehmer Anspruch haben, die jedoch vom Arbeitgeber zu beantragen und an ihn auszuzahlen sind, wie z.B. Kurzarbeitergeld, Wintergeld, Winterausfallgeld. Nicht aufgezählt werden sollen Leistungen aus anderen Rechtsgebieten, z.B. aus dem Europäischen Sozialfond (ESF). 67

In der Praxis werden in nicht seltenen Fällen im Antragsverfahren – aber auch während des Leistungsbezuges – mündlich oder schriftlich fahrlässig oder vorsätzlich **Angaben gemacht, die nicht der Wahrheit entsprechen**, oder Angaben nicht gemacht, die zu machen der Antragsteller verpflichtet ist. 68

Sozialversicherungsrechtlich müssen die empfangenen Leistungen, wenn der Versicherungsträger den Pflichtverstoß erkennt, **nach §§ 45 oder 48, 50 SGB X erstattet werden**. 69

Daneben können aber auch weitere Folgen eintreten:

2. Strafrechtliche Verantwortlichkeit des Managers

a) Betrug, § 263 StGB

Hat der Geschäftsführer/Vorstand oder eine ähnlich eingestufte Person die Absicht, sich, dem Unternehmen oder einem anderen Dritten einen **Vermögensvorteil** zu verschaffen, und beschädigt er das Vermögen eines anderen (hier: des Sozialleistungsträgers bzw. der Solidargemeinschaft der Beitragszahler) dadurch, dass er einen Irrtum erregt, indem er falsche Tatsachen vorspiegelt oder wahre Tatsachen entstellt oder unterdrückt, so kann er – wenn weitere Voraussetzungen vorliegen (kein Rechtfertigungsgrund, aber Vorsatz) – wegen Betruges mit einer Freiheitsstrafe bis zu fünf Jahren oder einer Geldstrafe nach § 263 StGB bestraft werden. Schon der Versuch ist strafbar. 70

aa) Die Handlung. Der Geschäftsführer/Vorstand muss nach § 263 StGB die Sozialbehörde über bestimmte Tatsachen **täuschen**, z.B. im Zusammenhang mit 71 dem Saison-Kurzarbeitergeld über die Nichtarbeit seiner Arbeitnehmer während einer Schlechtwetterzeit oder bei der Abfindungsanrechnung nach § 143a SGB III über das Datum der Kündigung bzw. des Aufhebungsvertrages. Diese Angaben muss die Behörde hinnehmen und sich dadurch „irren", so dass sie die beantragten oder begehrten Mittel freigibt.

72 Das gilt auch, wenn der Geschäftsführer/Vorstand z.B. **Einstellungs- oder Eingliederungszuschüsse** bei der Arbeitsagentur beantragt, die im Allgemeinen nur für einen Teil des Arbeitnehmerentgelts gezahlt werden, das Unternehmen aus finanziellen Gründen aber gar nicht in der Lage ist, die auf das Unternehmen entfallende Eigenquote zu tragen, und dem Arbeitnehmer dementsprechend weniger Entgelt ausgezahlt wird als vom Arbeitgeber der Arbeitsagentur gegenüber behauptet.[1]

Ähnliches gilt auch für die Zahlung von Mietzuschüssen bei vorhandenem Willen, diese Mittel nicht an den Vermieter weiter zu geben.[2]

73 Wird ein **Irrtum** im Allgemeinen durch ausdrückliche Erklärungen hervorgerufen, kann dies auch durch **Unterlassung** geschehen, wenn eine Pflicht zur Aufklärung besteht. Dies kann beim **Unterlassen der notwendigen Meldung von Arbeitnehmern nach § 28a SGB IV** gegenüber der Krankenkasse vorliegen.[3] Hat das Unternehmen allerdings keine konkreten Beziehungen zur Einzugsstelle, liegt eine Täuschungshandlung nicht vor.[4] Vertragsärzte haben der Krankenkasse anzuzeigen, wenn sie vom Hersteller umsatzabhängige Rückvergütungen (sog. Kickback-Zahlungen) erhalten.

74 Gegen einen Unternehmer, der einen Arbeitnehmer „schwarz" beschäftigt hat, während dieser Arbeitslosengeld bezog und damit einen Betrug im Sinne des § 263 StGB beging, kann der **Verfall nach § 73 Abs. 3 StGB** angeordnet werden.[5] Dabei ist die Höhe des Verfalls im Wege der Schätzung zu ermitteln (§ 73b StGB). Das Gericht wird als Tatvorteil, den das Unternehmen erlangt hat, die Arbeitsleistung des „Schwarzarbeiters" ansehen, weil die Aufwendungen für einen regulär beschäftigten Arbeitnehmer eingespart worden sind. Der vom Arbeitgeber zu leistende Wertersatz bemisst sich nach dem Wert der Arbeitskraft des „Schwarzarbeiters", wobei Lohnsteuer und die Arbeitnehmeranteile zur Sozialversicherung abzuziehen sind.

75 **bb) Vorsatz.** Wegen Betruges kann nur bestraft werden, wer die Tathandlung **vorsätzlich** begeht. Dabei reicht es aus, wenn der Täter es **billigend in Kauf nimmt**, dass durch seine Erklärung bei der Behörde ein Irrtum erregt wird.

Er muss das nicht unbedingt wollen; wenn er aber glaubt, dass seine Erklärungen eigentlich richtig verstanden werden, es aber durchaus möglich sei, dass die Behörde sie auch „falsch" verstehen könne und er denkt „Na gut, dann ist das eben so", handelt er mit (bedingtem) Vorsatz. Hinsichtlich der Bereicherung durch die

---

1 BSG v. 29.10.1997 – 7 RAr 80/96, NZS 1998, 346.
2 OLG Zweibrücken v. 11.2.2003 – 1 Ss 3/03, ZAP EN-Nr 338/2003.
3 Beitragsbetrug – KG Berlin v. 24.4.1986 – 1 Ss 328/86, JR 1986, 469.
4 *Fischer*, § 263 StGB Rz. 23.
5 AG Kleve v. 25.10.2004 – 37 Ds 400 Js 267/04, wistra 2005, 272.

Sozialleistung muss er „absichtlich" handeln, d.h. es muss ihm darauf ankommen, den Vermögensvorteil zu erhalten. Fahrlässigkeit reicht für eine Bestrafung nicht aus. Aus diesem Grund wird häufig eine Bestrafung ausscheiden!

b) Subventionsbetrug, § 264 StGB

Eine Bestrafung des Geschäftsführers/Vorstands nach §§ 264, 14 StGB wird nur in seltenen Fällen eintreten. Zwar tritt § 263 StGB hinter § 264 StGB zurück, sofern beide Normen erfüllt sind.[1] Der soziale Sektor wird aber von den Subventionen, wie sie in § 264 Abs. 7 StGB definiert werden, lediglich von Nr. 2 und nicht von Nr. 1 erfasst,[2] so dass vor allem die **Subventionen aus dem Europäischen Sozialfond (ESF)** bleiben. Bei diesen Leistungen handelt es sich aber immer nur um „mitfinanzierte" zusätzliche arbeitsmarktpolitische Maßnahmen. Nach § 2 der Richtlinien des Bundesprogramms für aus Mitteln des Europäischen Sozialfonds mitfinanzierte zusätzliche arbeitsmarktpolitische Maßnahmen im Bereich des Bundes gehören zum förderungsfähigen Personenkreis Langzeitarbeitslose, Jugendliche bis zur Vollendung des 25. Lebensjahres und Arbeitnehmer, die nicht über eine ausreichende Qualifikation verfügen und somit nicht der hier interessierende Personenkreis. 76

In der Praxis kommen **Rückabwicklungen von erbrachten Leistungen** im Zusammenhang mit vorbereitenden Bildungsmaßnahmen zur Existenzgründung für Teilnehmer, die während der ersten Zeit der Selbständigkeit einen Gründungszuschuss nach § 57 SGB III erhalten können sowie existenzgründungsbegleitende Maßnahmen (coaching) in Betracht, wenn der Teilnehmer einen Gründungszuschuss bereits erhält. Im Vordergrund der strafrechtlichen Untersuchungen steht aber stets die „Hauptleistung", deren Erschleichen nach § 263 StGB geahndet werden kann. 77

c) Verstoß gegen § 9 SchwarzArbBekG

Verletzt ein Arbeitgeber eine **Mitwirkungspflicht aus § 60 SGB I**, wonach er alle Tatsachen anzugeben hat, die für die Leistung erheblich sind, bzw. Änderungen in den Verhältnissen, die für die Leistung erheblich sind oder über die im Zusammenhang mit der Leistung Erklärungen abgegeben worden sind, unverzüglich mitzuteilen sowie Beweismittel zu bezeichnen und auf Verlangen des zuständigen Leistungsträgers Beweisurkunden vorzulegen oder ihrer Vorlage zuzustimmen, und wird ihm deswegen eine **Leistung zu Unrecht** gewährt, wird er mit Freiheitsstrafe bis zu drei Jahren oder mit Geldstrafe bestraft, wenn die Tat nicht als Betrug nach § 263 StGB bestraft wird. 78

Eine Bestrafung nach **§ 9 SchwarzArbBekG** kann nur stattfinden, wenn eine Bestrafung wegen Betruges ausscheidet. In der Praxis hat sich gezeigt, dass vor allem der Nachweis der Bereicherungsabsicht nach § 263 StGB schwierig zu führen ist. § 9 SchwarzArbBekG verlangt daher lediglich, dass im Zusammenhang mit der 79

---
1 *Fischer*, § 264 StGB Rz. 54.
2 *Fischer*, § 264 StGB Rz. 10.

Erbringung von Dienst- oder Werkleistungen vorsätzlich Leistungen nach dem Sozialgesetzbuch rechtswidrig bezogen werden,[1] wobei auch hier bedingter Vorsatz (s. Rz. 26) ausreicht.

80 Neben der Bestrafung kann ein bis zu dreijähriger **Ausschluss von der Teilnahme an einer Ausschreibung** an Bauaufträgen verhängt werden, § 21 SchwarzArbBekG. Die Vertretungsberechtigten können zu einer Freiheitsstrafe von mehr als drei Monaten oder einer Geldstrafe von mehr als 90 Tagessätzen verurteilt werden.

d) Fälschung von Urkunden, § 267 StGB

81 Im Zusammenhang mit der Erschleichung von Sozialleistungen, aber auch z.B. bei der Überlassung von Arbeitnehmern (s. § 1 AÜG und Rz. 98 f.), kommt es häufiger vor, dass der Antragsteller oder Verleiher **Bescheinigungen vorlegt**, durch die z.B. seine von der Bundesagentur für Arbeit ausgesprochene Genehmigung für Arbeitnehmerüberlassung dargelegt wird oder die in seinem Betrieb vorhandenen Arbeitnehmer aufgeführt sind. Ob dies eine strafbare Urkundenfälschung darstellt, muss genau überprüft werden.

Eine Urkundenfälschung nach § 267 StGB liegt aber nur vor, wenn jemand zur Täuschung im Rechtsverkehr eine unechte Urkunde herstellt, eine echte Urkunde verfälscht oder eine unechte oder verfälschte Urkunde gebraucht.

82 Dabei stellt jemand eine **unechte Urkunde** her, wenn er die Urkunde mit dem Ansehen herstellt, sie sei von einer anderen Person ausgestellt, also echt.[2] Eine **echte Urkunde** wird verfälscht, wenn die ursprüngliche gedankliche Erklärung in eine andere verändert wird.[3] Eine solche **Urkunde gebraucht** jemand, wenn er sie der sinnlichen Wahrnehmung zugänglich macht.[4] Der Arbeitnehmer-Verleiher, der dem Entleiher eine abgelaufene Genehmigung der Bundesagentur für Arbeit vorlegt und das Gültigkeitsdatum manipuliert hat, hat eine echte Urkunde verfälscht. Bei der unrichtigen Erklärung eines Arbeitgebers über den Zustand seines Betriebes handelt es sich um eine schriftliche Lüge, die nicht eine Bestrafung wegen Urkundenfälschung nach sich ziehen kann. Stets muss es sich um eine „fremde" Urkunde handeln, wenn der Tatbestand der Vorschrift als erfüllt angesehen werden soll.

e) Unterdrückung von Urkunden, § 274 StGB

83 In manchen Bereichen – insbesondere im Arbeitsförderungsrecht – müssen Arbeitgeber dem Leistungsträger **Unterlagen einreichen**, um Leistungen zu beziehen, **und Aufzeichnungen über bestimmte Verhältnisse führen**, um die Rechtmäßigkeit des Leistungsbezuges nachweisen zu können. Hat der Leistungsträger den dringenden Verdacht, dass der Leistungsbezieher unrichtige Angaben gemacht hat, kann es zu einer Durchsuchung kommen. In nicht seltenen Fällen

---

1 BT-Drucks. 15/2573, S. 25 zu § 9.
2 *Fischer*, § 267 StGB Rz. 20.
3 *Fischer*, § 267 StGB Rz. 19.
4 *Fischer*, § 267 StGB Rz. 23.

wird hierbei bzw. zeitlich vorgelagert der Arbeitgeber versuchen, die vom Leistungsträger gesuchten Unterlagen verschwinden zu lassen.

Die Strafgerichte haben dies als **Urkundenunterdrückung nach § 274 StGB** (Freiheitsstrafe bis zu fünf Jahren oder Geldstrafe) angesehen, auch wenn der **Arbeitgeber der Eigentümer der Urkunde** war. Denn der Arbeitgeber verzichtet mit der Inanspruchnahme von Sozialleistungen auf seine alleinige Verfügungsbefugnis und verleiht den zum Nachweis der Anspruchsberechtigung dienenden Unterlagen den Charakter einer dem Eigentümer nicht mehr ausschließlich gehörenden Urkunde (z.B. hinsichtlich der Aufzeichnungen über die während einer Schlechtwetterzeit geleisteten Arbeitsstunden) mindestens über einen Zeitraum von zwei Jahren.[1] Die Gerichte haben ausgeführt, es liege im öffentlichen Interesse, dem Missbrauch von Sozialleistungen zu begegnen und die Ansprüche der öffentlichen Hand auf Rückzahlung erschlichener Sozialleistungen zu sichern.

3. Zivilrechtliche Haftung des Managers

a) ... aus § 823 Abs. 2 BGB i.V.m. § 263 StGB

Ebenso wie die zivilrechtliche **Haftung des Managers** bei einer Beitragshinterziehung nach § 823 Abs. 2 BGB i.V.m. §§ 266a, 14 StGB stattfinden kann, erfolgt seine persönliche Haftung beim Betrug über § 823 Abs. 2 BGB i.V.m. §§ 263, 14 StGB. § 263 StGB ist ein Schutzgesetz i.S. des § 823 Abs. 2 BGB.[2] § 263 StGB bezweckt den Schutz eines Anderen, weil die Norm dazu dienen soll, den Einzelnen gegen die Verletzung eines seiner Rechtsgüter zu schützen. Dies gilt auch, wenn es sich bei dem Verletzten um eine juristische Person des öffentlichen Rechts handelt. Die Verletzung der Schutznorm muss rechtswidrig und mit Absicht erfolgen, um Strafbarkeit auszulösen.

Dass die Einzugsstelle (Krankenkasse) Schwierigkeiten haben wird, die Bereicherungsabsicht in jedem Fall nachzuweisen – auf die Darlegungen zur Nachweispflicht in Rz. 38 ff. und 79 wird verwiesen –, sei deutlich angemerkt. Dies schwächt ihre Position auch im Zivilprozess.

Die Verjährungsnormen der §§ 195, 199 BGB sind zu beachten!

b) ... aus § 823 Abs. 2 BGB i.V.m. § 9 SchwarzArbBekG

In vielen Fällen hat das Unternehmen aus einem Spezialgesetz die **öffentlich-rechtliche Verpflichtung**, den Arbeitsbehörden Einsicht in die Geschäftsbücher und Geschäftsunterlagen zur Nachprüfung der Voraussetzungen von beantragten oder empfangenen Sozialleistungen zu gewähren, soweit dies zur Durchführung des Spezialgesetzes (z.B. nach dem SGB III) erforderlich ist. Gem. **§ 60 Abs. 1 Nr. 3 SGB I** sind auf Verlangen auch Beweisurkunden vorzulegen.[3] Auch Kurzarbeitergeld und ähnliche Leistungen sind nach §§ 11, 19 Abs. 1 Nr. 5 und 6

---

1 BGH v. 29.1.1980 – 1 StR 683/79, NJW 1980, 1174 = BGHSt 29, 192.
2 BGH v. 5.3.2002 – VI ZR 398/00, NJW 2002, 1643.
3 BGH v. 29.1.1980 – 1 StR 683/79, NJW 1980, 1174.

SGB I Sozialleistungen, die der Erhaltung der Arbeitsplätze dienen sollen. Insoweit führt die Nichtmeldung bzw. das Unterlassen, Urkunden usw. vorzulegen, zu einer Verletzung des § 60 Abs. 1 SGB I. Da hierdurch auch § 9 SchwarzArbBekG verletzt ist, diese Norm als Schutzgesetz i.S. des § 823 Abs. 2 BGB anzusehen ist, kann die Einzugsstelle bzw. Versicherungsbehörde eine Klage wegen persönlicher Haftung des Managers für die geleisteten Zahlungen mit durchaus guten Erfolgsaussichten anhängig machen.

4. Haftung der Gesellschafter

87 Ein **Gesellschafter**, der die Handlungen nach § 263 StGB nicht selbst vorgenommen hat, haftet weder straf- noch zivilrechtlich nach § 823 Abs. 2 BGB i.V.m. § 263 StGB oder § 9 SchwarzArbBekG. **§ 14 StGB dehnt die Strafbarkeit nicht auf den „Nur-Gesellschafter" aus.**

88 Da die sozialgerichtliche Rechtsprechung – wie oben dargelegt – von den Instituten der Existenzvernichtungshaftung usw. (s. Rz. 48) nur äußerst restriktiv Gebrauch macht, wird eine zivilrechtliche **Haftung der Gesellschafter** in der Praxis weder aus § 823 Abs. 2 BGB i.V.m. einem Schutzgesetz, hier: § 263 StGB oder § 9 SchwarzArbBekG, noch eine Anwendung einer öffentlich-rechtlichen Existenzvernichtungshaftung bzw. ein Erstattungsanspruch aus konzernrechtlichen Grundsätzen stattfinden.[1]

IV. Beschäftigung von Ausländern ohne Genehmigung oder ohne Aufenthaltstitel

1. ... zu ungünstigeren Arbeitsbedingungen, § 10 SchwarzArbBekG

89 Nach § 10 SchwarzArbBekG ist die Beschäftigung von Ausländern ohne Genehmigung oder ohne Aufenthaltstitel strafbar (Freiheitsstrafe bis zu 3 Jahren oder Geldstrafe, in besonders schweren Fällen Freiheitsstrafe bis zu 5 Jahren).

Voraussetzung für die Bestrafung nach § 10 SchwarzArbBekG, die über § 14 StGB auch den Geschäftsführer bzw. Vorstand treffen kann, ist, dass
- ein Ausländer beschäftigt wird,
- ohne dass er eine Arbeitsgenehmigung oder einen Aufenthaltstitel besitzt
- und seine Arbeitsbedingungen in einem auffälligen Missverhältnis zu den Arbeitsbedingungen vergleichbarer deutscher Arbeitnehmer stehen und
- dies mit Vorsatz geschieht.

a) Deutsche Staatsangehörige und EU-Staatsangehörige

90 Ausländer sind alle Personen, die nicht die deutsche Staatsangehörigkeit besitzen. Deutschen gleichgestellt sind alle Personen, die die Staatsangehörigkeit ei-

---
1 BSG v. 7.12.1983 – 7 RAr 20/82, BSGE 56, 76 = NJW 1984, 1103.

nes Staates der Europäischen Union sowie des Europäischen Wirtschaftsraumes besitzen. Diese Personen werden wie Inländer behandelt. Dies gilt allerdings für sieben Jahre nicht für Angehörige von 10 der 12 Staaten, die **erst am 1.5.2004 bzw. 1.1.2007 der Europäischen Union beigetreten** sind (Tschechien, Estland, Lettland, Litauen, Ungarn, Polen, Slowenien und Slowakei sowie am 1.1.2007 Bulgarien und Rumänien). Angehörige dieser Staaten haben zwar in Deutschland eine gewisse privilegierte Stellung, bedürfen aber zur Aufnahme einer Beschäftigung **einer Arbeitsgenehmigung**, deren Voraussetzungen in § 284 SGB III geregelt sind.

Sind Angehörige der 12 neuen Beitrittsländer aber am 1.5.2004 bzw. (für Rumänien und Bulgarien) am 1.1.2007 oder später bereits **ununterbrochen 12 Monate in Deutschland zum Arbeitsmarkt zugelassen**, wird ihnen auf Antrag eine Arbeitsberechtigung erteilt. Das gilt auch für Familienangehörige, die sich am 1.5.2004 bzw. für Rumänien und Bulgarien am 1.1.2007 oder später mindestens 18 Monate rechtmäßig in Deutschland aufgehalten haben, wenn sie mit ihnen zusammen in einer Wohnung leben. 91

Ob ein Anspruch auf eine Arbeitsberechtigung besteht, richtet sich u.a. danach, ob durch die Aufnahme der Arbeit nachteilige Strukturauswirkungen zu erwarten sind, sowie, ob deutsche oder gleichgestellte Arbeitnehmer vorhanden sind, die die Arbeit auch verrichten können. 92

b) Übrige Staatsangehörige

Besitzt eine Person weder die deutsche Staatsangehörigkeit noch die Staatsangehörigkeit eines Landes der Europäischen Union oder des Europäischen Wirtschaftsraums, bedarf sie zur Aufnahme einer Beschäftigung eines Aufenthaltstitels (§ 4 Aufenthaltsgesetz), der bezüglich der Arbeitsaufnahme nur erteilt werden darf, wenn sich durch die Beschäftigung von Ausländern **nachteilige Auswirkungen auf den Arbeitsmarkt**, insbesondere hinsichtlich der Beschäftigungsstruktur, der Regionen und der Wirtschaftszweige nicht ergeben und für die Beschäftigung deutsche Arbeitnehmer sowie Ausländer, die diesen hinsichtlich der Arbeitsaufnahme rechtlich gleichgestellt sind oder andere Ausländer, die nach dem Recht der EU einen Anspruch auf vorrangigen Zugang zum Arbeitsmarkt haben, nicht zur Verfügung stehen (§ 39 Abs. 2 Aufenthaltsgesetz). 93

Die Arbeitsbedingungen der ausländischen Arbeitnehmer dürfen von denen deutscher Arbeitnehmer durchaus abweichen. In diesem Zusammenhang sind aber die Vorschriften des Arbeitnehmerentsendegesetzes vom 20.4.2009 zu beachten.[1] Steht die Abweichung aber in einem **auffälligen Missverhältnis** – und das wird nur nach Einzelfallprüfung zu entscheiden sein; z.B. wenn Lohnzahlungen mehr als 30 % unter dem Vergleichslohn liegen – kann eine Bestrafung drohen. 94

2. ... in größerem Umfang, § 11 SchwarzArbBekG

Beschäftigt der Arbeitgeber Ausländer mit dem unter Rz. 90 aufgezeigten Status – allerdings nicht mit einem auffälligen Missverhältnis in den Arbeitsbedingungen 95

---
[1] BGBl. I 2009, 799.

– in größerem Umfang („gleichzeitig **mehr als 5 ausländische Arbeitnehmer**"), wird er mit Freiheitsstrafe bis zu einem Jahr oder mit Geldstrafe bestraft.

96 Die gleiche Strafe trifft den Arbeitgeber, der zwar weniger als 6 ausländische Arbeitnehmer beschäftigt und dies auch nicht derart, dass ihre Arbeitsbedingungen in einem auffälligen Missverhältnis zu denjenigen deutscher Arbeitnehmer stehen, dies aber **beharrlich** – obwohl er auf die Problematik und Ordnungswidrigkeit hingewiesen worden ist – **wiederholt**.

97 Handelt der Täter aus **grobem Eigennutz**, kann er mit einer Freiheitsstrafe bis zu 3 Jahren oder Geldstrafe belegt werden, § 11 SchwarzArbBekG.

V. Illegale Arbeitnehmerüberlassung

1. Verleih ausländischer Leiharbeitnehmer ohne Genehmigung, § 15 AÜG

98 Wer als Verleiher einen Ausländer, der einen erforderlichen Aufenthaltstitel, eine Aufenthaltsgestattung oder eine Duldung, die zur Ausübung der Beschäftigung berechtigt, oder eine Genehmigung nach § 284 Abs. 1 SGB III nicht besitzt, an einen anderen „verleiht", wird mit Freiheitsstrafe bis zu 3 Jahren oder mit Geldstrafe bestraft, wenn er eine **Erlaubnis** nach § 1 AÜG, Arbeitnehmer gewerbsmäßig zur Arbeitsleistung an Dritte zu überlassen, **nicht besitzt**. In besonders schweren Fällen kann eine Strafe bis zu 5 Jahren verhängt werden.

2. Entleih von Ausländern ohne Genehmigung, § 15a AÜG

99 Wer als Entleiher einen ihm überlassenen Ausländer, der einen erforderlichen Aufenthaltstitel, eine Aufenthaltsgestattung oder eine Duldung, die zur Ausübung der Beschäftigung berechtigt, oder eine Genehmigung nach § 284 Abs. 1 SGB III nicht besitzt, zu Arbeitsbedingungen des Leiharbeitsverhältnisses tätig werden lässt, die in einem **auffälligen Missverhältnis** zu den Arbeitsbedingungen vergleichbarer deutscher Leiharbeitnehmer stehen, wird mit Freiheitsstrafe bis zu 3 Jahren oder mit Geldstrafe, in besonders schweren Fällen mit Freiheitsstrafe bis zu 5 Jahren bestraft.

100 Freiheitsstrafen bis zu einem Jahr oder Geldstrafen, bei grobem Eigennutz Freiheitsstrafen bis zu 3 Jahren oder Geldstrafen, werden verhängt, wenn der Entleiher gleichzeitig **mehr als 5 Ausländer** ohne eine entsprechende Genehmigung tätig werden lässt oder einen ihm überlassenen ausländischen Verleiharbeitnehmer beharrlich wiederholt vorsätzlich einsetzt.

VI. Bußgeldbewehrte Verhaltensweisen

101 Sozialrechtliche Verhaltensvorschriften für Arbeitgeber, die als Ordnungswidrigkeiten und nicht als Straftaten sanktioniert sind, finden sich zahlreich im SGB IV, aber auch in Einzelgesetzen, wie dem AÜG, dem Arbeitnehmerentsende-

gesetz, dem SGB IX usw. Durch **§ 9 OWiG** kann das Bußgeld – ebenso wie § 14 StGB für das Strafrecht – gegen das Organ einer Gesellschaft, d.h. die **Geschäftsführer und Vorstände**, verhängt werden.

Zu den **wichtigsten Ordnungswidrigkeiten**, für die Geschäftsführer und Vorstände haftbar gemacht werden können, zählen: 102

- das **Unterlassen einer Meldung**, die nicht richtig, nicht vollständig oder nicht rechtzeitig erstattete Meldung gem. § 111 Abs. 1 Nr. 2, 2a SGB IV
- das Unterlassen der Führung oder **Aufbewahrung von Lohnunterlagen** (§ 111 Abs. 1 Nr. 3 SGB IV)
- das Unterlassen, eine **Auskunft** richtig, vollständig oder rechtzeitig zu erteilen oder die **erforderlichen Unterlagen** vollständig oder rechtzeitig vorzulegen (§ 111 Abs. 1 Nr. 4 SGB IV)
- die Nichtduldung einer Prüfung oder des Betretens eines Grundstücks oder eines Geschäftsraumes im Rahmen des SchwarzArbBekG (§§ 3, 8 SchwarzArbBekG)
- der **Abzug in einem höheren Maße vom Arbeitsentgelt** als der Beschäftigte vom Gesamtsozialversicherungsbeitrag zu tragen hat (§ 111 Abs. 2 SGB IV)
- die Nichtzahlung des vorgeschriebenen **Mindestlohnes** nach dem Arbeitnehmerentsendegesetz (§ 10 SchwarzArbBekG), die Nichtübermittlung von Daten, die nach dem SchwarzArbBekG übermittelt werden müssen (§§ 5, 8 SchwarzArbBekG)
- die fehlerhafte oder **fehlende Unterrichtung der Schwerbehindertenvertretung** eines Betriebes bei der Bewerbung eines Schwerbehinderten (§ 156 Abs. 1 Nr. 9 SGB IX)
- die **Nichterörterung einer Ablehnung eines schwerbehinderten Bewerbers** mit diesem (§ 156 Abs. 1 Nr. 8 SGB IX)
- das **Unterlassen von Meldungen** bzw. Auskünften oder Vorlage von Urkunden im Bereich der Rentenversicherung (§ 320 SGB VI)
- das **Zuwiderhandeln einer Unfallverhütungsvorschrift** (§ 209 Abs. 1 Nr. 1 SGB VII)
- das **Nichtführen von Aufzeichnungen** bzw. die Nichtaufbewahrung solcher Aufzeichnungen usw. (§ 209 Abs. 1 Nr. 7 SGB VII)
- usw.

§ 34
Risikobereich und Haftung: Umweltrecht

Dr. Dirk Uwer, LL.M., Mag.rer.publ.

	Rz.		Rz.
A. Begriff, Bedeutung und Adressaten umweltrechtlicher Verantwortlichkeit	1	c) Treibhausgas-Emissionszertifikatehandel	36
B. Zivilrechtliche Umwelthaftung von Vorstandsmitgliedern und Geschäftsführern	4	2. Bodenschutz- und Altlastenrecht	39
I. Unmittelbare Umwelthaftung (Außenhaftung)	5	3. Kreislaufwirtschafts- und Abfallrecht	45
1. Haftung nach § 823 Abs. 1 BGB	6	a) Anlagenbezogenes Kreislaufwirtschafts- und Abfallrecht	46
a) Positives Tun und Unterlassen als Anknüpfungspunkt	7	b) Produktbezogenes Kreislaufwirtschafts- und Abfallrecht	47
b) Grundsatz der Gesamtverantwortung, Ressortaufteilung und Delegation	8	4. Gewässerschutzrecht	48
		5. Gefahrstoffrecht	51
2. Haftung nach § 823 Abs. 2 BGB i.V.m. einem Schutzgesetz	11	6. Umweltenergierecht	54
		7. Atom- und Strahlenschutzrecht	55
3. Sonderfall: Verschuldensunabhängige Haftung nach § 89 Abs. 1 WHG	12	8. Bezüge zum Betriebssicherheits- und Arbeitsschutzrecht	57
4. Gefährdungshaftung nach dem Umwelthaftungsgesetz	13	III. Umweltbetriebsorganisation	60
		1. Umweltschutzsichernde Unternehmens- und Betriebsorganisation	60
5. Haftung aus sonstigen spezialgesetzlichen Umweltvorschriften	15	a) Grundfragen	60
		b) Einführung von Überwachungssystemen	61
6. Erweiterung der Außenhaftung durch das Umweltschadensgesetz	16	2. Unternehmensverantwortliche und Mitteilungspflichten zur Betriebsorganisation	63
II. Mittelbare Umwelthaftung (Innenhaftung)	22	a) Benennung einer verantwortlichen Person (§ 52a Abs. 1 BImSchG)	65
C. Umweltrechtliche Compliance: Umweltbezogene Unternehmenspflichten als Managementverantwortung	23	b) Offenlegung der Organisation (§ 52a Abs. 2 BImSchG)	66
I. Unternehmen, Betrieb und Betreiber als Primäradressaten des Umweltverwaltungsrechts	23	c) Organisatorische Umsetzung	67
II. Umweltrechtliche Unternehmenspflichten im Überblick	25	3. Umweltschutzbeauftragte	68
1. Immissionsschutzrecht	26	a) Erscheinungsformen	68
a) Betreiberpflichten	28	b) Mehrfacher und gemeinsamer, externer und interner Beauftragter	71
b) Produktbezogener Immissionsschutz	35	c) Aufgaben und Kompetenzen, Benachteiligungsverbot	73
		d) Außenhaftung des Umweltschutzbeauftragten?	76

	Rz.		Rz.
4. Betrieblicher Umweltschutz und Betriebsratsbeteiligung nach § 89 BetrVG	77	III. Umweltstrafrechtlich Verantwortliche	102
		IV. Nebenfolgen der Umweltstraftat	105
		1. Verfall und Einziehung	105
D. Umweltverantwortlichkeit bei Unternehmenstransaktionen und Umstrukturierungen: Rechtsnachfolge in umweltrechtliche Rechts- und Pflichtenstellungen	79	2. Außerstrafrechtliche Nebenfolgen: Betriebsuntersagung wegen Unzuverlässigkeit	107
		F. Umweltrechtliche Risikominimierung	109
I. Grundfragen der Verantwortungszuweisung	79	I. Auf Unternehmensebene: Umweltmanagement, Umweltaudit und Umwelthaftpflichtversicherung	109
II. Grundsatz der privatrechtlichen Indisponibilität öffentlichrechtlicher Haftung	84	1. Umweltmanagementsysteme und Umweltaudit	109
III. Einzel- und Gesamtrechtsnachfolge in die konkretisierte Zustandsverantwortlichkeit	86	2. EMAS („Öko-Audit")	110
		a) Grundlagen	110
IV. Rechtsnachfolge in die konkrete Verhaltensverantwortlichkeit	88	b) Validierung	112
		c) Wiederkehrende Überprüfung	116
V. Einzel- und Gesamtrechtsnachfolge in die abstrakte Zustandsverantwortlichkeit	89	3. DIN EN ISO 14001	118
		4. Verhältnis EMAS – DIN EN ISO 14001	119
VI. Rechtsnachfolge in die abstrakte Verhaltensverantwortlichkeit	91	5. Umwelthaftpflichtversicherung und Umweltschadensversicherung	120
VII. Gewillkürte Rechtsnachfolge bei begünstigenden Verwaltungsakten im Umweltrecht	94	II. Auf Managementebene?	123
		1. D&O-Versicherung	123
E. Strafrechtliche Umwelthaftung des Managers	96	2. Freistellungsvereinbarung und Verzicht	124
I. Straftaten gegen die Umwelt	96		
II. Verwaltungsakzessorietät	97		

Schrifttum: *Arndt/Fischer*, Umweltrecht, in Steiner (Hrsg.), Besonderes Verwaltungsrecht, 8. Aufl. 2006, S. 813; *Beckmann/Wittmann*, Rechtsschutz für Verantwortliche bei Umweltschäden im Sinne des Umweltschadensgesetzes, NVwZ 2008, 1287; *Bickel*, Bundes-Bodenschutzgesetz, Kommentar, 4. Aufl. 2004; *Breuer*, Umweltschutzrecht, in Schmidt-Aßmann (Hrsg.), Besonderes Verwaltungsrecht, 14. Aufl. 2008, S. 591; *Breuer*, Öffentliches und Privates Wasserrecht, 3. Aufl. 2004; *Czychowski/Reinhardt*, Wasserhaushaltsgesetz, Kommentar, 9. Aufl. 2007; *Dietlein*, Nachfolge im Öffentlichen Recht, 1999; *Dietz*, Technische Risiken und Gefährdungshaftung, 2006; *Drews/Wacke/Vogel/Martens*, Gefahrenabwehr, 9. Aufl. 1986; *Düwell* (Hrsg.), Betriebsverfassungsgesetz, Handkommentar, 2. Aufl. 2006; *Elspas/Salje/Stewing* (Hrsg.), Emissionshandel, 2006; *Enders*, Die zivilrechtliche Verantwortlichkeit für Altlasten und Abfälle, 1999; *Endres/Marburger* (Hrsg.), Umweltschutz durch gesellschaftliche Selbststeuerung, 1993; *Erbguth/Schlacke*, Umweltrecht, 3. Aufl. 2010; *Ewer/Lechelt/Theuer*, Handbuch Umweltaudit, 1998; *Diederichsen*, Grundfragen zum neuen Umweltschadensgesetz, NJW 2007, 3377; *Diederichsen*, Haftungsrisiken für Unternehmen durch verzögerte Umsetzung der Umwelthaftungsrichtlinie, UPR 2007, 17; *Dietlein*, Nachfolge im Öffentlichen Recht, 1999; *Ehrich*, Die gesetzliche Neuregelung des Betriebsbeauftragten für Abfall, DB 1996, 1468; *R. Enders*, Die zivilrechtliche Verantwortlichkeit für Altlasten und Abfälle, 1999; *Falk*, Die EG-Umwelt-Audit-Verordnung und das deutsche Umwelthaftungsrecht, 1998; *Fischer*, Strafgesetzbuch, Kommentar, 57. Aufl. 2010; *Fischer*, Der Betriebsbeauftragte im Umweltschutzrecht: Stellung eines

Funktionsträgers aus arbeitsrechtlicher Sicht, 1996; *Fitting*, Betriebsverfassungsgesetz, Handkommentar, 24. Aufl. 2008; *Franzheim/Pfohl*, Umweltstrafrecht, 2. Aufl. 2001; *Frenz*, Emissionshandelsrecht, 2. Aufl. 2008; *Große-Vorholt*, Wirtschaftsstrafrecht, 2. Aufl. 2007; *Hoppe/Beckmann/Kauch*, Umweltrecht, 2. Aufl. 2000; *Huffmann*, Der Einfluss des § 52a BImSchG auf die Verantwortlichkeit im Unternehmen, 1999; *Jarass*, BImSchG, Kommentar, 8. Aufl. 2010; *Kallmeyer*, Umwandlungsgesetz, 4. Aufl. 2010; *Kallmeyer*, Umwandlung nach UmwG und Unternehmensakquisition, DB 2002, 568; *Kaster*, Die Rechtsstellung des Betriebsbeauftragten für Umweltschutz, GewArch 1998, 129; *Kempf/Lüderssen/Volk* (Hrsg.), Die Handlungsfreiheit des Unternehmers – wirtschaftliche Perspektive, strafrechtliche und ethische Schranken, 2009; *Kiethe*, Persönliche Haftung von Organen von Kapitalgesellschaften im Umweltrecht – Außenhaftung durch öffentliches Recht, DVBl. 2004, 1516; *Kloepfer*, Betrieblicher Umweltschutz als Rechtsproblem, DB 1993, 1125; *Kloepfer*, Umweltrecht, 3. Aufl. 2004; *Kloepfer/Vierhaus*, Umweltstrafrecht, 2. Aufl. 2002; *Knemeyer*, Polizei- und Ordnungsrecht, 11. Aufl. 2007; *Koch* (Hrsg.), Umweltrecht, 2. Aufl. 2007; *Kothe*, Das neue Umweltauditrecht, 1997; *Kotulla*, Wasserhaushaltsgesetz, Kommentar, 2003; *Krekeler/Werner*, Unternehmer und Strafrecht, 2006; *Lackner/Kühl*, StGB, Kommentar, 26. Aufl. 2007; *Landsberg/Lülling*, Umwelthaftungsgesetz, 1991; *Lisken/Denninger*, Handbuch des Polizeirechts, 4. Aufl. 2007; *Lutter*, UmwG, 4. Aufl. 2009; *Menzer*, Umweltrisiken und Managementhaftung in der GmbH – beispielhafte Betrachtung nach dem BImSchG, GmbHR 2001, 506; *Müller-Gugenberger/Bieneck* (Hrsg.), Wirtschaftsstrafrecht, 4. Aufl. 2006; *Ossenbühl*, Umweltgefährdungshaftung im Konzern, 1999; *Nagel*, Zur Begrenzung der Haftung nach § 22 WHG, UPR 2009, 378; *Papier*, Die Verantwortlichkeit für Altlasten im Öffentlichen Recht, NVwZ 1986, 256; *Peus*, Haftungsgefahren für GmbH-Geschäftsführer im laufenden Geschäftsbetrieb, besonders aufgrund öffentlich-rechtlicher Pflichtenstellung, DStR 1998, 684; *Rehbinder*, Umweltsichernde Unternehmensorganisation, ZHR 161 (2001), 1; *Richardi*, Die neue Betriebsverfassung, 2. Aufl. 2002; *Salje/Peter*, Umwelthaftungsgesetz, 2. Aufl. 2005; *Scheidler*, Die anstehende Neuordnung des Umweltrechts nach dem Scheitern des Umweltgesetzbuchs, UPR 2009, 173; *Scheidler*, Umweltrechtliche Verantwortung im Betrieb, GewArch 2008, 195; *Schiffer/Rödl/Rott* (Hrsg.), Haftungsgefahren im Unternehmen, 2004; *H. Schmidt*, Die Umwelthaftung der Organmitglieder von Kapitalgesellschaften, 1996; *H. Schmidt*, Neue Haftungsrisiken für Organmitglieder im Umweltbereich, NVwZ 2006, 635; *Schmidt-Salzer*, Umwelthaftungsrecht, Kommentar, 1992; *Schmitt/Hörtnagl/Stratz*, UmwG/UmwStG, 5. Aufl. 2009; Schönke/Schröder, StGB, 27. Aufl. 2006; *Schottelius*, Umweltmanagement-Systeme, NVwZ 1998, 805; *Sellner/Reidt/Ohms*, Immissionsschutzrecht und Industrieanlagen, 3. Aufl. 2006; *Semler/Stengel* (Hrsg.), UmwG, 2. Aufl. 2007; *Sparwasser/Engel/Voßkuhle*, Umweltrecht – Grundzüge des öffentlichen Umweltschutzrechts, 5. Aufl. 2003; *Spindler*, Unternehmensorganisationspflichten: Zivilrechtliche und öffentlich-rechtliche Organisationskonzepte, 2002; *Steindorf*, Umwelt-Strafrecht, 2. Aufl. 1997; *Steiner* (Hrsg.), Besonderes Verwaltungsrecht, 8. Aufl. 2006; *Terbille* (Hrsg.), Münchener Anwaltshandbuch zum Versicherungsrecht, 2. Aufl. 2008; *Tettinger/Wank*, Gewerbeordnung, Kommentar, 7. Aufl. 2004; *Versteyl/Sondermann*, BBodSchG, Kommentar, 2. Aufl. 2005; *Vogel/Stockmeier*, Umwelthaftpflichtversicherung – Umweltschadensversicherung, Kommentar, 2. Aufl. 2009; *Wagner*, Das neue Umweltschadensgesetz, VersR 2008, 565; *Weimar*, Umweltrechtliche Verantwortlichkeit des GmbH-Geschäftsführers, GmbHR 1994, 82; *Westermann*, Umwelthaftung im Konzern, ZHR 155 (1991), 223; *Wlotzke/Preis*, BetrVG, Kommentar, 4. Aufl. 2009; *Zeppezauer*, Genehmigungen in Verschmelzung und Spaltung, DVBl. 2007, 599.

A. Begriff, Bedeutung und Adressaten umweltrechtlicher Verantwortlichkeit

Verantwortung im Umweltrecht ist Verantwortung im **Umweltstaat**.[1] Wo die Verfassung alle Staatsgewalt auf das Staatsziel Umweltschutz verpflichtet (Art. 20a GG)[2], ist der Begriff der umweltrechtlichen Verantwortlichkeit im einfachen Recht erwartungsgemäß vielschichtig. Er umfasst zum einen die zivilrechtliche Umwelthaftung und damit die sich aus zivilrechtlichen Normen ergebende Pflicht zum Ersatz von durch Umweltbelastungen entstandenen Schäden. Zum anderen umfasst der Begriff auch die umweltbezogene öffentlich-rechtliche und strafrechtliche Verantwortlichkeit.[3] Während den umweltrechtlichen Normen primär die **staatliche Aufgabe präventiver Steuerung umweltrelevanter Betätigung** zukommt, gesteht das zivilrechtliche Haftungsregime vorrangig reaktiv Ersatzansprüche zu. Das moderne Umweltrecht, dessen objektive Bedeutung und subjektives Verständnis seit mehr als zwei Jahrzehnten geprägt sind von der Qualifizierung des Umweltschutzes als „Schicksalsaufgabe des modernen Staates"[4], lässt die Bereiche dabei nicht isoliert nebeneinander stehen, sondern verschränkt sie vielfältig miteinander. Ohnehin sind das klassische ordnungsrechtliche Instrumentarium der direkten Verhaltenssteuerung durch öffentlich-rechtliche Ge- und Verbote und ihre Kontrolle einerseits und die Instrumente indirekter Verhaltenssteuerung, zu denen auch das Umweltprivatrecht zählt, andererseits nurmehr Teile eines sich stetig ausdifferenzierenden **Instrumentenmixes**[5], zu dem im Umweltbereich seit langem auch planerische, ökonomische, informationelle, betriebsorganisatorische und kooperative Formen staatlicher Steuerung gehören. Unternehmen als umweltrechtlich Primärverpflichtete sehen sich damit einem haftungsträchtigen Regelungsgeflecht ausgesetzt, das sich in der Unternehmensleitungspflicht zur Überwachung der **umweltrechtlichen Compliance** auswirkt, aber auch unmittelbare Relevanz für Umstrukturierungsmaßnahmen und Unternehmenstransaktionen[6] entfalten kann.

---

1 *Hofmann*, „Umweltstaat": Bewahrung der natürlichen Lebensgrundlagen und Schutz vor den Gefahren und Risiken von Wissenschaft und Technik in staatlicher Verantwortung, in Badura/Dreier (Hrsg.), FS 50 Jahre BVerfG, Bd. 2, 2001, S. 873.
2 *Kloepfer*, Umweltschutz als Verfassungsrecht: Zum neuen Artikel 20a GG, DVBl. 1996, 73. Zum Umweltstaats- und zum Tierschutzprinzip vgl. nur *Schulze-Fielitz* in Dreier (Hrsg.), 2. Aufl. 2006, Art. 20a GG Rz. 23 ff.
3 Vgl. zu diesem Begriff *Huffmann*, Der Einfluss des § 52a BImSchG auf die Verantwortlichkeit im Unternehmen, S. 135 ff.
4 Begriffsprägend *Breuer*, Der Staat 20 (1981), 393; vgl. *Breuer*, Umweltschutzrecht, in Schmidt-Aßmann (Hrsg.), Besonderes Verwaltungsrecht, S. 597 Rz. 2.
5 Zur Steuerungswirkung moderner wirtschaftsverwaltungs- und regulierungsrechtlicher Instrumente jüngst *Uwer*, Verwaltungsrechtliche Alternativen zum Wirtschaftsstrafrecht, in Kempf/Lüderssen/Volk (Hrsg.), Die Handlungsfreiheit des Unternehmers – wirtschaftliche Perspektive, strafrechtliche und ethische Schranken, 2009, S. 127.
6 Vgl. exemplarisch *Uwer/Sellmann*, Unternehmenstransaktionen und Abwasserabgaben, JbUTR 2004, 155. Näher dazu unten Rz. 79 ff.

2 Schon aufgrund des – nach erneutem, aber sicher nicht endgültigen Scheitern der Bemühungen um ein Umweltgesetzbuch[1] – weiterhin nicht übergreifend kodifizierten, historisch und verbandskompetenziell bedingt (divergierende Gesetzgebungszuständigkeiten für die Querschnittsmaterie Umweltrecht) **sektoral zersplitterten** und daher **unübersichtlichen Regelungssystems** des Umweltrechts wird die umweltrechtliche Verantwortlichkeit in ihren unterschiedlichen Facetten als besonderes Risiko im Zusammenhang mit der Führung und Leitung von Unternehmen angesehen.[2] Hinzu kommt, dass die Verschärfung öffentlich-rechtlicher Regelungen im Umweltbereich – nicht zuletzt aufgrund unionsrechtlicher Vorgaben[3] – das Risiko einer umweltrechtlichen Verantwortlichkeit erheblich gesteigert hat.[4]

3 Adressaten umweltbezogener Pflichten im Zusammenhang mit der Ausübung unternehmerischer Tätigkeiten sind in der Regel die Unternehmen selbst, nicht ihre geschäftsführenden Organe oder Mitarbeiter.[5] So schreibt etwa die zentrale immissionsschutzrechtliche Regelung des § 5 BImSchG vor, dass Anlagen so errichtet und betrieben werden müssen, dass schädliche Umwelteinwirkungen und sonstige Gefahren, erhebliche Nachteile und erhebliche Belästigungen für die Allgemeinheit oder die Nachbarschaft nicht hervorgerufen werden können; **Normadressaten** sind folglich die Anlagenbetreiber, und diese sind regelmäßig **Unternehmen**, nur selten natürliche Personen. Da die Gesellschaft aber allein durch ihre Organe handelt, obliegt es diesen sicherzustellen, dass sich die Gesellschaft in dem rechtlich vorgegebenen Rahmen bewegt. Damit stellen die an die Gesellschaft adressierten umweltbezogenen Pflichten zugleich Pflichten der handelnden Organe dar, deren Missachtung zu einer umweltrechtlichen Verantwortlichkeit der Organe selbst führen kann.[6] Vereinzelt gibt es auch öffentlich-rechtliche Vorgaben, die unmittelbar an die geschäftsführenden Organe der Gesellschaft adressiert sind.[7]

---

1 S. Pressemitteilung des BMU vom 1.2.2009 abrufbar unter: http://www.bmu.de/presse archiv/16_legislaturperiode/pm/43013.php. Die im Anschluss an das Scheitern des UGB in der 16. Legislaturperiode im Hinblick auf die seit dem 1.1.2010 greifende Abweichungskompetenz der Länder vielfach geforderte Reform des Naturschutz- und Wasserrechts (vgl. nur *Scheidler*, UPR 2009, 173, 175) ist mit dem Gesetz zur Neuregelung des Rechts des Naturschutzes und der Landschaftspflege i.d.F. vom 29.7.2009, BGBl. I 2009, 2542, sowie dem Gesetz zur Neuregelung des Wasserrechts i.d.F. vom 31.7.2009, BGBl. I 2009, 2585, vollzogen worden. Beide Gesetze sind zum 1.3.2010 in Kraft getreten. – Zum Umweltgesetzbuch *Kloepfer* (Hrsg.), Das kommende Umweltgesetzbuch, 2007; *Kloepfer*, UPR 2007, 161; *Durner* (Hrsg.), Umweltgesetzbuch – Ziele und Wirkungen, Integrierte Genehmigung – Naturschutz – Wasserwirtschaft, 2009.
2 So *Hauschka*, NJW 2004, 257, 258.
3 Grundlegend *Faßbender*, Die Umsetzung von Umweltstandards der Europäischen Gemeinschaft, 2001.
4 *Menzer*, GmbHR 2001, 506.
5 *Kiethe*, DVBl. 2004, 1516, 1522.
6 Vgl. *H. Schmidt*, Die Umwelthaftung der Organmitglieder von Kapitalgesellschaften, S. 85 f.
7 Wie etwa § 58 Abs. 1 Nr. 1 BBergG, demzufolge die geschäftsführenden Organe einer Gesellschaft für die Einhaltung der sich für die Gesellschaft aus dem BBergG ergebenden öffentlich-rechtlichen Pflichten verantwortlich sind.

B. Zivilrechtliche Umwelthaftung von Vorstandsmitgliedern und Geschäftsführern

Aus dem Blickwinkel des geschäftsführenden Organs lässt sich die Umwelthaftung in die Außenhaftung, also die Haftung gegenüber Dritten, und in die Innenhaftung, mithin die Haftung gegenüber dem Unternehmen, unterteilen.

I. Unmittelbare Umwelthaftung (Außenhaftung)

Von zentraler Bedeutung für eine umweltrechtliche Außenhaftung des handelnden Organs sind die allgemeinen deliktsrechtlichen Vorschriften der §§ 823 ff. BGB. Daneben gibt es vereinzelt spezialgesetzliche Regelungen wie § 89 Abs. 1 WHG (§ 22 Abs. 1 WHG a.F.), die zu einer Außenhaftung des geschäftsführenden Organs führen können.

1. Haftung nach § 823 Abs. 1 BGB

Das geschäftsführende Organ eines potentiell umweltgefährdenden Betriebes haftet persönlich über § 823 Abs. 1 BGB für Rechtsgutsverletzungen, die es Dritten im Rahmen seiner Tätigkeit rechtswidrig und schuldhaft zugefügt hat.[1] Eine solche Haftung setzt voraus, dass eine individuelle Rechtsposition eines Dritten verletzt wird, wie etwa Körper, Gesundheit oder Eigentum. Eine Umweltbeeinträchtigung ohne eine entsprechende Rechtsgutsverletzung kann eine deliktische Haftung nach § 823 Abs. 1 BGB nicht begründen.

a) Positives Tun und Unterlassen als Anknüpfungspunkt

Anknüpfungspunkt für die persönliche Haftung des geschäftsführenden Organs kann sowohl ein positives Tun als auch ein Unterlassen sein. Ausgelöst werden kann eine solche Haftung damit zum einen dadurch, dass ein Organ die haftungsbegründende, schädigende Handlung des Unternehmens veranlasst. Erheblich praxisrelevanter ist allerdings die sich aus einem Unterlassen ergebende umweltrechtliche Haftung. In Betracht kommt hier insbesondere die Haftung aufgrund vernachlässigter Überwachungs-, Auswahl-, Anweisungs-, und Informationspflichten.[2] Die für eine Haftung aufgrund eines Unterlassens erforderliche Rechtspflicht zum Handeln gegenüber dem Geschädigten ergibt sich dabei regelmäßig aus **umweltspezifisch-organisatorischen Verkehrssicherungspflichten**: Die geschäftsführenden Organe eines potentiell umweltgefährdenden Unternehmens trifft die Pflicht, alle möglichen und zumutbaren Vorkehrungen zu treffen, um Sach- oder Personenschäden Dritter durch Umwelteinwirkungen zu vermeiden[3];

---

1 Hierzu *H. Schmidt*, Die Umwelthaftung der Organmitglieder von Kapitalgesellschaften, S. 82 ff.; *Kiethe*, DVBl. 2004, 1516, 1519 f.
2 *Kiethe*, DVBl. 2004, 1516, 1518; *H. Schmidt*, Die Umwelthaftung der Organmitglieder von Kapitalgesellschaften, S. 84.
3 Ausführlich hierzu *H. Schmidt*, Die Umwelthaftung der Organmitglieder von Kapitalgesellschaften, S. 84 ff.

die sog. **Kupolofen-Entscheidung** des BGH[1] hat insoweit grundlegende Bedeutung für das Umweltprivatrecht erlangt. Eine Rechtspflicht kann sich zudem konkret aus umweltrechtlichen Vorschriften ergeben.

b) Grundsatz der Gesamtverantwortung, Ressortaufteilung und Delegation

8 Die Übertragung der Verantwortlichkeit für Umweltbelange auf ein bestimmtes geschäftsführendes Organ oder die **Delegation** einer solchen Verantwortlichkeit auf nachgeordnete Mitarbeiter führt nicht zu einer Befreiung geschäftsführender Organe von umweltbezogenen Haftungsrisiken. Dies ergibt sich für elementare Unternehmensfragen bereits aus dem **Grundsatz der Gesamtverantwortung**, nach dem alle geschäftsführenden Organe kraft ihres Amtes grundsätzlich für alle Angelegenheiten der Gesellschaft verantwortlich sind.[2] Dieser Grundsatz verpflichtet die Organe, das Unternehmen dahingehend zu organisieren, dass die Einhaltung aller gesetzlichen und betrieblichen Anforderungen – einschließlich der aus dem Umweltbereich – in allen Betriebsphasen sichergestellt ist.[3] Dabei ist jedes geschäftsführende Organ unabhängig von seiner konkreten **Ressortzuständigkeit** oder einer Delegation für die Erfüllung der öffentlich-rechtlichen Pflichten verantwortlich.

9 Ist einem geschäftsführenden Organ der Umweltbereich zugewiesen worden, obliegt den anderen geschäftsführenden Organen neben den sich aus dem Grundsatz der Gesamtverantwortung ergebenden Pflichten zudem, das zuständige Organ angemessen zu überwachen und zur Erfüllung der Pflichten anzuhalten.[4] Eine Umwelthaftung kommt für die anderen Organe insbesondere dann in Betracht, wenn diese ihrer **Überwachungspflicht** (die eine Pflicht zur Beschaffung der dafür erforderlichen Informationen mit umfasst) nicht nachkommen oder trotz Anhaltspunkten für Verletzungen umweltrechtlicher Pflichten untätig bleiben.

10 Der Umweltschutz, der als grundlegender Aspekt betrieblicher Organisation vorrangig den geschäftsführenden Organen obliegt, wird aufgrund seiner Komplexität hinsichtlich bestimmter Bereiche und Abläufe in der Praxis regelmäßig **delegiert**.[5] Dem delegierenden Organ obliegt dann die **Pflicht zur sorgfältigen Auswahl, Anleitung und Überwachung der nachgeordneten Mitarbeiter**. Verletzt das Organ eine dieser Pflichten, kann nach der Rechtsprechung des BGH[6] hierdurch die persönliche Außenhaftung der Geschäftsleitung ausgelöst werden (**Organisationsverschulden**).[7] Demgegenüber kommt eine Zurechnung des Fehlverhaltens eines Mitarbeiters an das delegierende Organ über § 278 BGB nicht in Betracht. Eine Außenhaftung des Organs setzt vielmehr eine eigene Pflichtverletzung des Organs voraus. Auch eine Außenhaftung des Organs gem. § 831 Abs. 1 oder 2 BGB scheidet aus.[8]

---

1 BGH v. 18.9.1984 – VI ZR 223/82, BGHZ 92, 143 = JZ 1984, 1106 m. Anm. *Baumgärtel*.
2 *Kiethe*, DVBl. 2004, 1516, 1521; *E. Vetter*, oben § 18 Rz. 4 ff.
3 *Menzer*, GmbHR 2001, 506, 508; *Kiethe*, DVBl. 2004, 1516, 1521.
4 *Menzer*, GmbHR 2001, 506, 511; *E. Vetter*, oben § 18 Rz. 19 ff.
5 *Menzer*, GmbHR 2001, 506, 511.
6 Grundlegend: BGH v. 5.12.1989 – VI ZR 335/88, BGHZ 109, 297 (303) – Baustoff II.
7 Zum Streitstand in der Literatur: *Wagner* in MünchKomm. BGB, 5. Aufl., § 823 BGB Rz. 415.
8 Vgl. *Wagner* in MünchKomm. BGB, 5. Aufl., § 823 BGB Rz. 380.

2. Haftung nach § 823 Abs. 2 BGB i.V.m. einem Schutzgesetz

Eine persönliche umweltbezogene Außenhaftung droht geschäftsführenden Organen zudem über § 823 Abs. 2 BGB[1] in Verbindung mit einem umweltrechtlichen Schutzgesetz.[2] Diese Haftung, auf die die zu § 823 Abs. 1 BGB dargestellten Grundsätze Anwendung finden, kommt zum Zuge, wenn ein Organ rechtswidrig und schuldhaft eine Norm verletzt, die gerade dazu bestimmt ist, den Einzelnen vor einer Verletzung seines Rechtsgutes zu schützen. Im Zusammenhang mit einer Umwelthaftung kommen dabei neben den strafrechtlichen Vorschriften der §§ 223 ff. StGB und § 303 StGB insbesondere umweltrechtliche Normen wie § 5 Abs. 1 Nr. 1 und Nr. 2 BImSchG[3], § 22 Abs. 1 Nr. 1 und Nr. 2 BImSchG in Betracht. Keine Schutzgesetze sind hingegen die Umweltstraftatbestände der §§ 324 ff. StGB (dazu unten Rz. 96 ff.).

3. Sonderfall: Verschuldensunabhängige Haftung nach § 89 Abs. 1 WHG

§ 89 Abs. 1 WHG[4] (§ 22 Abs. 1 WHG a.F.) verpflichtet denjenigen, der in Gewässer Stoffe einleitet oder in einer anderen Art und Weise die Beschaffenheit des Wassers nachteilig verändert, zum Ersatz des daraus einem anderen entstehenden Schadens.[5] Die Höhe der Haftung ist unbegrenzt.[6] Damit stellt diese Norm einen verhaltensbezogenen, verschuldensunabhängigen Haftungstatbestand für rechtswidrige Gewässerbenutzungen[7] dar, der – neben der Haftung der juristischen Person über §§ 31, 89 BGB – eine persönliche, ggf. gesamtschuldnerische (§ 89 Abs. 1 Satz 2 WHG) Schadensersatzpflicht des geschäftsführenden Organs auslösen kann.[8] Der weit gefasste Wortlaut des Haftungstatbestandes wurde bereits von der Rechtsprechung zu § 22 Abs. 1 WHG a.F. einschränkend dahingehend ausgelegt, dass atypische Geschehensabläufe oder Störfälle vom Tatbestand nicht umfasst sein sollen und das Verhalten zweckgerichtet auf das Gewässer ausgerichtet sein muss (Typizität des mit der Einwirkung realisierten Schadensrisikos).[9]

---

1 Grundlegend zur Außenhaftung der Organwalter bei Verletzung von Schutzgesetzen (§ 823 Abs. 2 BGB) *Verse*, ZHR 170 (2006), 398.
2 Vgl. *H. Schmidt*, Die Umwelthaftung der Organmitglieder von Kapitalgesellschaften, S. 137 ff.
3 Vgl. *Spindler*, Unternehmensorganisationspflichten, S. 824 f.
4 Die Vorschrift ist mit dem Gesetz zur Neuregelung des Wasserrechts i.d.F. vom 31.7.2009, BGBl. I 2009, 2585, zum 1.3.2010 in Kraft getreten.
5 Zu § 22 Abs. 1 WHG a.F. noch *H. Schmidt*, Die Umwelthaftung der Organmitglieder von Kapitalgesellschaften, S. 55 ff.
6 *Kloepfer*, Umweltrecht, § 13 Rz. 231; *Kotulla*, § 22 WHG Rz. 25; *Nagel*, UPR 2009, 378, 379.
7 Zum Verhältnis der wasserrechtlichen Gefährdungshaftung zum öffentlichen Wasserrecht *Breuer*, Öffentliches und Privates Wasserrecht, Rz. 1099 ff.; zur rechtsdogmatischen Einordnung der Vorschrift *Dietz*, Technische Risiken und Gefährdungshaftung, S. 73 ff.
8 Grundlegend BGH v. 27.4.1970 – III ZR 31/69, VersR 1970, 625, 626; vgl. *Czychowski/Reinhardt*, § 22 WHG Rz. 6 a ff.
9 BGH v. 21.1.1988 – III ZR 180/86, ZfW 1988, 416, 419 ff.; sowie BGH v. 20.1.1997 – III ZR 166/92, BGHZ 124, 394, 396 ff.; kritisch *Kotulla*, § 22 WHG Rz. 16; vgl. auch *Menzer*, GmbHR 2001, 506, 507; klarstellend, dass auch der bestimmungsgemäße Gebrauch einer Anlage haftungsauslösend sein kann, BGH v. 31.5.2007 – III ZR 3/06, NuR 2007, 499 ff.

Ausreichend für eine solche Haftung ist dann, dass das jeweilige Organ die Herrschaft über den Vorgang hatte.[1] Eine Haftung aus § 89 Abs. 1 WHG kann sich auch aus einem Unterlassen ergeben[2] – insofern gelten die allgemeinen Grundsätze.[3]

4. Gefährdungshaftung nach dem Umwelthaftungsgesetz

13 § 1 UmweltHG begründet – unbeschadet weitergehender Ansprüche nach anderen Vorschriften[4] – eine **verschuldensunabhängige Verursachungshaftung** für den **Inhaber** einer der im Anhang 1 zu § 1 UmweltHG genannten **Anlage**. Dieser ist unabhängig von einem etwaigen Verschulden zum Ersatz des Schadens verpflichtet, der durch eine Umwelteinwirkung der Anlage entstanden ist. Ersatzfähig sind sowohl Personen- als auch Sachschäden. Voraussetzung ist jeweils, dass sich die besondere Gefährlichkeit der Anlage in einer negativen Umwelteinwirkung oder -veränderung realisiert hat und dadurch ein Schaden an den genannten Schutzgütern entstanden ist.[5] Dass der Schaden durch diese Anlage verursacht ist, wird nach § 6 Abs. 1 UmweltHG vermutet, wenn sie nach den Gegebenheiten des Einzelfalles geeignet ist, den entstandenen Schaden zu verursachen. Dies gilt nicht, wenn die Anlage bestimmungsgemäß betrieben wurde, § 6 Abs. 2 bis 4 UmweltHG. Die Haftung ist lediglich bei Vorliegen höherer Gewalt ausgeschlossen, ein Mitverschulden des Geschädigten kann nach dem Rechtsgedanken des § 254 BGB anspruchsmindernd berücksichtigt werden. Sie erstreckt sich auch auf noch nicht oder nicht mehr betriebene Anlagen, soweit sich in dem entstandenen Schaden deren besondere Gefährlichkeit realisiert hat. § 15 UmweltHG begrenzt die Haftungssumme auf 85 Millionen Euro.

14 Wer Inhaber einer Anlage und damit Anspruchsgegner ist, ist bislang durch die Rechtsprechung nicht hinreichend geklärt. In der Literatur werden daher die entsprechenden Definitionen für den **Inhaberbegriff** in § 89 Abs. 2 WHG (§ 22 Abs. 2 WHG a.F.), § 25 AtG und § 2 Abs. 1 HaftPflG herangezogen. Danach ist Inhaber, wer die Anlage auf eigene Rechnung betreibt und unterhält und die Verfügungsgewalt besitzt, also in eigener Verantwortung die tatsächliche und wirtschaftliche Kontrolle darüber ausübt.[6] Ein Indiz für die erforderliche Verfügungsgewalt ist das Eigentum an der Anlage, so dass im Regelfall das Unternehmen selbst schadensersatzpflichtig wird. Demgegenüber kann mangels eigenverantwortlicher Verfügungsgewalt keine Verursachungshaftung aus § 1 UmweltHG für die Geschäftsführung oder die Mitarbeiter eines Unternehmens begründet werden,

---

1 Vgl. *H. Schmidt*, Die Umwelthaftung der Organmitglieder von Kapitalgesellschaften, S. 36 ff., 75 ff.
2 Näher noch zu § 22 WHG *Czychowski/Reinhardt*, § 22 WHG Rz. 8; *Schwendner* in Sieder/Zeitler/Dahme, Wasserhaushaltsgesetz, Abwasserabgabengesetz, Kommentar, Losebl. (Stand: 6/2009), § 22 Rz. 18 ff. i.V.m. § 3 Rz. 17.
3 *Kiethe*, DVBl. 2004, 1516, 1518 f.
4 § 18 Abs. 1 UmweltHG. Zu Problemen dieser Anspruchskonkurrenz *Hohloch*, JbUTR 1994, 117.
5 Zum Streitstand *Dietz*, Technische Risiken und Gefährdungshaftung, 2006, S. 138 f.
6 *Ossenbühl*, Umweltgefährdungshaftung im Konzern, 1999, S. 36; *Salje/Peter*, Umwelthaftungsgesetz, § 2 Rz. 16 ff.; *Landsberg/Lülling*, Umwelthaftungsgesetz, § 1 Rz. 58 ff.

da diese lediglich als Organ bzw. weisungsgebunden für das Unternehmen handeln und nicht in eigener Verantwortung tätig werden.[1]

5. Haftung aus sonstigen spezialgesetzlichen Umweltvorschriften

Die spezialgesetzlichen Umwelthaftungstatbestände nach § 1 Abs. 1 ProdHG, § 89 Abs. 2 WHG (22 Abs. 2 WHG a.F.), §§ 25–26 AtG, § 32 Abs. 1 GenTG und § 14 Satz 2 BImSchG helfen einem Dritten nicht bei der Begründung eines Schadensersatzanspruchs gegenüber einem geschäftsführenden Organ. Denn Haftungsadressat dieser Normen ist der Betreiber bzw. Inhaber und damit allein das Unternehmen selbst, nicht aber das handelnde Organ.[2] Bei einer Haftung des Unternehmens über diese Haftungsvorschriften trägt das geschäftsführende Organ allerdings das Risiko des Innenregresses – vorausgesetzt, der Haftung liegt eine Pflichtverletzung des Organs zugrunde. Zudem kann sich das geschäftsführende Organ über die parallel anwendbaren allgemeinen deliktischen Anspruchsgrundlagen haftbar machen. 15

6. Erweiterung der Außenhaftung durch das Umweltschadensgesetz

Im Gegensatz zum Umwelthaftungsgesetz regelt das Umweltschadensgesetz[3] keine privatrechtliche Haftung für von Privatpersonen erlittene Schäden an Individualrechtsgütern, sondern die Voraussetzungen und den Umfang der öffentlich-rechtlichen Verantwortlichkeit für Schäden an Umweltschutzgütern (ökologischer Schaden).[4] Das Gesetz soll eine lückenlose Pflicht zur Prävention sowie zur Sanierung bereits eingetretener Umweltschäden verwirklichen.[5] 16

Den Kern des USchadG bildet eine **Gefährdungshaftung**, deren Voraussetzungen § 3 Abs. 1 Nr. 1 umreißt. Es müssen demnach kumulativ vorliegen: (1) eine der als **potentiell gefährlich eingestuften beruflichen Tätigkeiten**, die in Anlage 1 zu § 3 Abs. 1 USchadG aufgezählt sind, sowie (2) eine dadurch unmittelbar hervorgerufene Gefahr für ein Umweltschutzgut oder ein dadurch unmittelbar verursachter bereits eingetretener Schaden. Verschulden ist nicht erforderlich.[6] Das Unmittelbarkeitskriterium geht, soweit es die bloße Gefahr eines Umwelt- 17

---

1 *Schmidt-Salzer*, Umwelthaftungsrecht, Kommentar, § 1 UmweltHG Rz. 309 ff., 317.
2 Vgl. *Kiethe*, DVBl. 2004, 1516, 1520; *H. Schmidt*, Die Umwelthaftung der Organmitglieder von Kapitalgesellschaften, S. 9 ff.; a.A. hingegen unter entsprechender Anwendung des § 9 Abs. 2 Nr. 1 OWiG *Menzer*, GmbHR 2001, 506, 507.
3 Gesetz über die Vermeidung und Sanierung von Umweltschäden i.d.F. vom 10.5.2007, BGBl. I 2007, 666, zuletzt geändert durch Art. 14 des Gesetzes zur Neuregelung des Wasserrechts vom 31.7.2009, BGBl. I 2009, 2585 (in Kraft getreten zum 1.3.2010); das Gesetz dient der Umsetzung der Richtlinie 2004/35/EG des Europäischen Parlaments und des Rates über Umwelthaftung zur Vermeidung und Sanierung von Umweltschäden, ABl. EU Nr. L 143, S. 56. Überblick zur Richtlinie bei *B. Becker*, NVwZ 2005, 371, und zur Umsetzung *B. Becker*, NVwZ 2007, 1105; ausführlich *B. Becker*, Das neue Umweltschadensgesetz, 2007.
4 *Wagner*, VersR 2008, 565 f.
5 Zur systematischen Einordnung des Gesetzes *Cosack/Enders*, DVBl. 2008, 405; zum Verhältnis zum Boden- und Gewässerschutzrecht *Müggenborg*, NVwZ 2009, 12.
6 *Louis*, NuR 2009, 2.

schadens betrifft, auf die Richtlinie zurück. Die Unmittelbarkeit der Verursachung eines Schadens wurde hingegen durch den deutschen Gesetzgeber eingefügt.[1] Ausweislich der Gesetzesbegründung sei damit keine Abweichung von der Richtlinie, sondern lediglich eine Klarstellung bezweckt. Allerdings setzt die Richtlinie in Art. 9 voraus[2], dass neben dem Nutzer eines Produktes auch der Hersteller haften kann.[3] Damit bezieht die Richtlinie im Hinblick auf eingetretene Umweltschäden auch mittelbare Verursachungsbeiträge in ihren Anwendungen mit ein. § 3 Abs. 1 USchadG ist insoweit europarechtskonform auszulegen.[4]

18   Ist der Schaden eingetreten, so sind nach § 6 USchadG die erforderlichen Sanierungsmaßnahmen kraft Gesetzes zu ergreifen.[5] Eine behördliche Verfügung ist nicht erforderlich[6], sie kann aber zur Durchsetzung der Pflichten des Verantwortlichen auf Grundlage des § 7 Abs. 2 USchadG ergehen.[7]

19   Im Unterschied zu § 3 Abs. 1 Nr. 1 USchadG formuliert § 3 Abs. 1 Nr. 2 USchadG eine dem Ordnungsrecht an sich fremde und daher systemwidrige **Verschuldenshaftung**, die ausschließlich für **Biodiversitätsgüter**[8] gilt: Hinsichtlich geschützter Arten und natürlicher Lebensräume wird für Schäden und unmittelbare Gefahren gehaftet, sofern die Ursache eine andere als die in Anlage 1 zu § 3 Abs. 1 USchadG aufgeführten beruflichen Tätigkeiten ist und dem Betreiber ein Verschulden (d.h. Vorsatz oder jegliche Form der Fahrlässigkeit) zur Last fällt. Die Verschuldenshaftung betrifft also gerade nicht die als typischerweise gefährlich bewerteten Verhaltensweisen, sondern alle **sonstigen zum beruflichen Zusammenhang gehörenden Handlungen**.

20   Bezüglich der Schutzgüter listet § 2 Nr. 1 USchadG auf, welche Arten und Lebensräume im Einzelnen geschützt werden. § 2 Nr. 3 USchadG definiert den Begriff des Verantwortlichen. Dies ist „jede natürliche oder juristische Person, die eine berufliche Tätigkeit ausübt oder bestimmt, ... und dadurch unmittelbar einen Umweltschaden oder die unmittelbare Gefahr eines solchen Schadens verursacht." Eine Definition der „beruflichen Tätigkeiten" findet sich in § 2 Nr. 4 des USchadG. Berufliche Tätigkeit ist danach „jede Tätigkeit, die im Rahmen einer wirtschaftlichen Tätigkeit, einer Geschäftstätigkeit oder eines Unternehmens ausgeübt wird, unabhängig davon, ob sie privat oder öffentlich und mit oder ohne Erwerbscharakter ausgeübt wird." Damit sind gerade auch Organe und

---

1 *Diederichsen*, NJW 2007, 3377, 3380.
2 Art. 9 der Richtlinie 2004/35/EG lautet: „Diese Richtlinie lässt die nationalen Regelungen für die Kostenverteilung im Falle mehrerer Verursacher, insbesondere bezüglich der Haftungsverteilung zwischen dem Hersteller und dem Nutzer eines Produkts, unberührt."
3 *Diederichsen*, NJW 2007, 3377, 3380.
4 *Diederichsen*, NJW 2007, 3377, 3380.
5 *Wagner*, VersR 2008, 565, 571.
6 *Beste*, Technik & Management 2007, 58, 59; *Wagner*, VersR 2008, 565, 571.
7 *Beckmann/Wittmann*, DVBl. 2008, 1287, 1288.
8 Näher dazu *Führ/Lewin/Roller*, NuR 2006, 67; *Gellermann*, NVwZ 2008, 828, zur Verknüpfung mit dem Naturschutzrecht *Knopp/Wiegleb/Piroch*, NuR 2008, 745.

Mitarbeiter juristischer Personen erfasst.[1] Die auf der Richtlinie basierende Formulierung des UmweltHG scheint damit eine **vollumfängliche Verhaltensverantwortlichkeit** zu bezwecken. Eine Zustandsverantwortlichkeit ist im USchadG hingegen nicht geregelt.[2] Nach dem insoweit eindeutigen Wortlaut kommt es nicht darauf an, dass die verantwortliche Person eine herausgehobene Stellung im Unternehmen ausfüllt[3], „jede Tätigkeit" soll erfasst sein. Zwar verwendet die Richtlinie den Betreiberbegriff anstelle des Begriffs des Verantwortlichen, doch werden als Betreiber auch solche Personen angesehen, die – unabhängig von der Verfügungsmacht – die berufliche Tätigkeit ausüben oder bestimmen (Art. 2 Nr. 6 USchadRL). Der Betreiberbegriff der Richtlinie geht demnach über das herkömmliche Rechtsverständnis des deutschen Betreiberbegriffs hinaus. Die Verwendung des Begriffs des Verantwortlichen im USchadG stellt insofern keine Erweitung gegenüber dem Inhalt der Richtlinie dar.[4] Allerdings ist dies im Ergebnis angesichts der betragsmäßig nicht begrenzten Haftung – § 9 USchadG begründet eine gesetzlich nicht begrenzte Kostentragungspflicht des Verantwortlichen[5] – sowohl für **Organmitglieder** als auch allgemein für **Arbeitnehmer** in der Tat schwer zu rechtfertigen.[6] Dies gilt umso mehr, als die Verantwortlichkeit nicht mit dem Ausscheiden aus dem Unternehmen endet.[7] Letztlich könnte jeder Mitarbeiter, dessen Tätigkeit einen Umweltbezug aufweist, zeitlich unbegrenzt behördlich in Anspruch genommen werden[8], was im Einzelfall existenzvernichtende Auswirkungen haben kann.[9] Eine Einschränkung auf Tatbestandsebene kommt dennoch aufgrund der eindeutigen Vorgaben der Richtlinie nicht in Betracht[10] und ist im USchadG auch nicht vorgesehen. Allerdings kann ein Mitglied des Vorstandes oder der Geschäftsführung nicht aus seiner Gesamtverantwortung heraus für Umweltschäden verantwortlich gemacht werden. Das Gesamtverantwortungsprinzip genügt weder den Anforderungen, die an ein „Bestimmen" i.S. des § 2 Nr. 3 USchadG[11], noch an eine „Verursachung" i.S. des § 3 Abs. 1 Nr. 1 USchadG zu stellen sind. Im Übrigen sind unbillige Ergebnisse auf der Ermessensseite zu korrigieren; das Auswahlermessen (dazu unten Rz. 24) wird auch hier regelmäßig in Richtung der schadensnäheren und leistungsfähigeren Kapitalgesellschaft ausgeübt werden müssen.[12] Für diese werden inzwischen auch standardisierte Umweltschadensversicherungen angeboten, die die öffentlich-rechtliche Pflicht zur Sanierung von Umweltschäden ab-

---

1 BT-Drucks. 16/3806, S. 21; *H. Schmidt*, NVwZ 2006, 635, 639f.; kritisch: *Müggenborg*, NVwZ 2009, 12, 15.
2 *Wagner*, VersR 2008, 565, 568.
3 Vgl. auch *Louis*, NuR 2009, 2.
4 Anders: *Louis*, NuR 2009, 2.
5 Ausführlich dazu *Duikers*, UPR 2008, 427.
6 *H. Schmidt*, NVwZ 2006, 635, 639.
7 *Beste*, Technik & Management 2007, 58, 59; *Diederichsen*, UPR 2007, 17, 18.
8 *Diederichsen*, NJW 2007, 3377, 3379.
9 Überblick zu Rechtsschutzmöglichkeiten Betroffener bei *Beckmann/Wittmann*, DVBl. 2008, 1287 und UPR 2008, 421.
10 A.A. *Louis*, NuR 2009, 2 f.
11 *Wagner*, VersR 2008, 565, 571.
12 Zutreffend *H. Schmidt*, NVwZ 2006, 635, 638.

decken.[1] Die Versicherung kann durch Vereinbarung von Zusatzbausteinen auf Grundstücke und Gewässer im eigenen Herrschaftsbereich erweitert werden.[2]

21 Eine umweltrechtliche Besonderheit stellt die sehr weit gefasste Informationspflicht nach § 4 USchadG dar.[3] Danach hat der Verantwortliche die zuständige Behörde unverzüglich zu unterrichten, wenn ein Umweltschaden eingetreten ist oder die unmittelbare Gefahr eines Umweltschadens besteht. Davon bleibt der *nemo tenetur* Grundsatz gleichwohl unberührt.[4] Die Informationspflicht ist darüber hinaus auch mit dem Schutz von Betriebs- und Geschäftsgeheimnissen nach Art. 12 und 14 GG abzuwägen.[5] Insgesamt zwingt das USchadG zu einer deutlichen Intensivierung präventiver umweltschutzsichernder Betriebsorganisation hinsichtlich der Vermeidung und Minimierung von Gefahren für die Umwelt unter Einschluss von Arten und natürlichen Lebensräumen, die aus beruflicher Tätigkeit herrühren können.[6]

II. Mittelbare Umwelthaftung (Innenhaftung)

22 Zu Lasten eines geschäftsführenden Organs kann eine persönliche Umwelthaftung nicht nur im Außenverhältnis, sondern auch im Innenverhältnis und damit mittelbar eingreifen: Eine solche Innenhaftung ist in den § 43 Abs. 2 GmbHG und § 93 Abs. 2 Satz 1 AktG[7] für die Fälle vorgesehen, in denen der Gesellschaft ein Schaden durch eine Pflichtverletzung des handelnden Organs entsteht.[8] Zwar ist den geschäftsführenden Organen bei unternehmerischen Entscheidungen grundsätzlich ein weiter Ermessensspielraum zuzubilligen. Umweltrechtliche Vorgabe sind jedoch zwingend (**Legalitätspflicht**) und daher nicht Gegenstand unternehmerischen Ermessens. Mit einer Verletzung der Legalitätspflicht ist zugleich eine potentiell haftungsbegründende Pflichtverletzung gegeben.[9] Eine umweltbezogene Innenhaftung kommt insbesondere in Betracht, wenn die Gesellschaft aufgrund einer organschaftlichen Umweltpflichtverletzung einem Dritten gegenüber haftet. Diese Haftung der Gesellschaft besteht häufig neben der Außenhaftung des Organs und ergibt sich aus § 31 BGB in Verbindung mit der Haftungsnorm. Darüber hinaus besteht für die geschäftsführenden Organe das

---

1 Vgl. *Fänzer* in Terbille (Hrsg.), Münchener Anwaltshandbuch zum Versicherungsrecht, § 16 Rz. 148; *Wagner*, VersR 2008, 565, 578 f.; *Diederichsen*, NJW 2007, 3377, 3381.
2 *Fänzer* in Terbille (Hrsg.), Münchener Anwaltshandbuch zum Versicherungsrecht, § 16 Rz. 193.
3 Sie geht über die landesbodenschutzrechtlichen Mitteilungspflichten (etwa nach § 2 Abs. 1 LBodSchG NRW) hinaus.
4 *Beste*, Technik & Management 2007, 58, 59.
5 *Beste*, Technik & Management 2007, 58, 59.
6 S. auch *Muth/Heinze*, NuR 2005, 367.
7 Bestandsaufnahme zu neueren Rechtsprechungstendenzen zu § 93 Abs. 2 Satz 1 AktG bei *Buchta*, DB 2006, 1939, 1940 ff.
8 Hierzu *Menzel*, GmbHR 2001, 506, 509; *Kiethe*, DVBl. 2004, 1516, 1521; *H. Schmidt*, Die Umwelthaftung der Organmitglieder von Kapitalgesellschaften, S. 259 ff.
9 *Menzel*, GmbHR 2001, 506, 509; zum Ganzen jüngst *Meier-Greve*, Vorstandshaftung wegen mangelhafter Corporate Compliance, BB 2009, 2555; zu den Strafbarkeitsrisiken für Compliance-Verantwortliche jüngst *Wybitul*, BB 2009, 2590.

Risiko des Innenregresses auch bei unternehmerischen Schadensersatzpflichten aufgrund von nur an das Unternehmen adressierten Haftungsnormen, wie etwa § 1 UmweltHG. Zugunsten geschäftsführender Organe finden die Grundsätze der Arbeitnehmerhaftung, nach der eine Haftung der Arbeitnehmer nur für grobe Fahrlässigkeit und Vorsatz besteht[1], keine Anwendung.

C. Umweltrechtliche Compliance: Umweltbezogene Unternehmenspflichten als Managementverantwortung

I. Unternehmen, Betrieb und Betreiber als Primäradressaten des Umweltverwaltungsrechts

Unternehmen sind primäre Normadressaten umweltrechtlicher Vorgaben, behördliche Anordnungen zur Durchsetzung dieser Vorgaben werden ihnen gegenüber erlassen. Umweltrechtliche Pflichten sind regelmäßig Betreiber- oder Inhaber-Pflichten, so dass in der Praxis der Bestimmung des richtigen Adressaten große Bedeutung zukommt. Sie kann bei komplexen Unternehmensstrukturen und Industrieparks mit gemeinsamen Betriebsbereichen („shared facilities")[2] für die Umweltbehörden schwierig sein[3], und stellt umgekehrt besondere Herausforderungen an die vertragliche Verantwortungsabgrenzung der Standortunternehmen. Vereinzelt finden sich aber spezialgesetzliche Vorgaben wie § 20 Abs. 3 Satz 1 BImSchG, nach denen die Behörde den Betrieb einer Anlage durch eine bestimmte Person untersagen kann, wenn dieser unter Umweltschutzgesichtspunkten die erforderliche **Zuverlässigkeit** fehlt und eine solche Maßnahme geboten ist.[4] Daneben steht die allgemeine gewerberechtliche Regelung des § 35 GewO, nach der die Behörde unter bestimmten Voraussetzungen ebenfalls der mit der Leitung eines Gewerbes beauftragten Person die Ausübung des Gewerbes untersagen kann.[5]

23

Werden im Zusammenhang mit einer unternehmerischen Betätigung Schutzgüter der öffentlichen Sicherheit und Ordnung gefährdet oder beeinträchtigt, besteht das Risiko der behördlichen Inanspruchnahme als Störer, die mit der Pflicht zur Beseitigung der Gefahr oder Beeinträchtigung einschließlich der Kostentragungspflicht einhergeht. Den Behörden steht bei der **Störerauswahl** ein **Ermessensspielraum** zu, der in der Praxis zumeist zur Inanspruchnahme des Unternehmens selbst führt, denn dieses gewährleistet regelmäßig eine effizientere Beseitigung der Störung. In Betracht kommt grundsätzlich aber auch die Inanspruchnahme des Organs, auf dessen Verhalten die Störung zurückzuführen

24

---
1 Zusammenfassend dazu *Spindler*, Unternehmensorganisationspflichten, S. 920 ff.
2 Dazu *Müggenborg*, Umweltrechtliche Anforderungen an Chemie- und Industrieparks, 2008.
3 Näher dazu *Jochum/Friedenstab/Spindler/Peter*, Industriepark und Störfallrecht, Forschungsbericht im Auftrag des Umweltbundesamtes, 2002, Rz. 232 ff.
4 Hierzu *Weimar*, GmbHR 1994, 82 ff.
5 Ausführlich dazu *Lang*, Die Zuverlässigkeit von Personen- und Kapitalgesellschaften im Umweltrecht: dargestellt unter besonderer Berücksichtigung der Entstehungsgeschichte und des Regelungsgehalts von § 35 der Gewerbeordnung, 1997.

ist. Dieses Risiko besteht insbesondere im Fall der Insolvenz eines Unternehmens.[1]

II. Umweltrechtliche Unternehmenspflichten im Überblick

25 Im Folgenden werden exemplarisch und kursorisch umweltrechtliche Unternehmenspflichten skizziert, aus deren Nicht- oder Schlechterfüllung Haftungsrisiken für das Unternehmen und damit, nach den dargestellten Grundsätzen, auch für das Management folgen können. Der Überblick ist notwendig fragmentarisch und muss andere, für die betriebliche Praxis wichtige Sektoren des Umweltrechts, wie etwa das Naturschutzrecht, das Recht der Umweltverträglichkeitsprüfung oder das Gentechnikrecht ausklammern.[2]

1. Immissionsschutzrecht

26 Im Mittelpunkt des deutschen Immissionsschutz- und Industrieanlagenrechts[3] steht seit 1974 das „Gesetz zum Schutz vor schädlichen Umwelteinwirkungen durch Luftverunreinigungen, Geräusche, Erschütterungen und ähnliche Vorgänge (**Bundes-Immissionsschutzgesetz – BImSchG**)". Es wird durch derzeit 33 Durchführungsverordnungen sowie durch zahlreiche Verwaltungsvorschriften, darunter mit erheblicher praktischer und rechtlicher Bedeutung die sog. Technische Anleitung (TA) Lärm und die TA Luft, ergänzt. Dem Immissionsschutz dienen zudem Spezialgesetze, etwa das Gesetz über den Handel mit Berechtigungen zur Emission von Treibhausgasen (TEHG, dazu unten Rz. 36 ff.). Dieses nationale Immissionsschutzrecht beruht zu einem erheblichen Teil auf völkerrechtlichen Verträgen und europarechtlichen Vorgaben, etwa der EU-Luftqualitätsrichtlinie (2008/50/EG) und der Richtlinie 2008/1/EG über die Integrierte Vermeidung und Verminderung der Umweltverschmutzung (IVU-Richtlinie).

27 Der Zweck des BImSchG besteht darin, Mensch und Umwelt vor schädlichen Umwelteinwirkungen, insbesondere vor Luftverunreinigungen und Lärm, zu schützen und dem Entstehen schädlicher Umwelteinwirkungen vorzubeugen. Dazu formuliert es insbesondere Anforderungen an gewerbliche und industrielle Anlagen.

a) Betreiberpflichten

28 Um das Schutzziel zu erreichen, normiert das BImSchG Pflichten der Betreiber für die Errichtung und den Betrieb von Anlagen. Für diese Pflichten gilt der

---

1 Vgl. *Peus*, DStR 1998, 684, 688.
2 Verwiesen sei stattdessen auf die Gesamtdarstellungen bei *Kloepfer*, Umweltrecht, 3. Aufl. 2004; *Arndt/Fischer*, Umweltrecht, in Steiner (Hrsg.), Besonderes Verwaltungsrecht, S. 813–923; *Breuer*, Umweltschutzrecht, in Schmidt-Aßmann (Hrsg.), Besonderes Verwaltungsrecht, S. 591–774; *Hoppe/Beckmann/Kauch*, Umweltrecht, 2. Aufl. 2000; *Koch* (Hrsg.), Umweltrecht, 2. Aufl. 2007; *Sparwasser/Engel/Voßkuhle*, Umweltrecht – Grundzüge des öffentlichen Umweltschutzrechts, 5. Aufl. 2003.
3 Wegen der abschließenden Regelung des anlagenbezogenen Immissionsschutzes im Bundes-Immissionsschutzrecht dienen die Immissionsschutzgesetze der Länder im Wesentlichen dem Schutz vor anthropogenen, verhaltensbedingten Immissionen.

Grundsatz der **Betreiberidentität**, eine Zusammenrechnung von Anlagen findet nicht statt.[1] Dabei wird zwischen genehmigungsbedürftigen und nicht genehmigungsbedürftigen Anlagen unterschieden. Nach § 4 Abs. 1 Satz 1 BImSchG bedürfen solche Anlagen einer Genehmigung, die in besonderem Maße geeignet sind, schädliche Umwelteinwirkungen hervorzurufen oder die Allgemeinheit oder Nachbarschaft in anderer Weise zu gefährden, zu benachteiligen oder zu belästigen.[2] Die 4. BImSchV enthält einen abschließenden Katalog genehmigungsbedürftiger Anlagen. Ob eine Anlage ihrer Art nach von diesem Katalog erfasst wird, hängt allein von bestimmten Indikatoren für die Größe und damit für das Risikopotential der Anlage ab.[3]

Nach § 5 BImSchG bestehen **Grundpflichten** der Betreiber genehmigungsbedürftiger Anlagen[4]: Die **Schutz- und die Vorsorgepflicht** verlangen Maßnahmen gegen schädliche Umwelteinwirkungen und sonstige Beeinträchtigungen der Schutzgüter. Die dreistufige **Pflicht zur Vermeidung, Verwertung und Beseitigung von Abfällen** entspricht den europarechtlichen Vorgaben und der Regelung des KrW-/AbfG. Das **Gebot der Energieeffizienz** verlangt entsprechende Maßnahmen auch dann, wenn diese keine Auswirkungen auf Immissionen der Anlage haben, weil die Energie nicht selbst erzeugt, sondern von Dritten bezogen wird. Die **Nachsorgepflicht** erlegt schließlich dem ehemaligen Betreiber die nötigen Sicherheitsmaßnahmen auch nach einer Stilllegung auf. Diese Dauerpflichten des Betreibers aktualisieren sich ständig, man spricht deshalb von **dynamischen Betreiberpflichten**.[5] Sie gelten nicht nur für die Errichtungsphase, sondern auch für den gesamten Betriebszeitraum sowie – soweit die Nachsorgepflicht des § 5 Abs. 3 BImSchG betroffen ist – sogar nach Stilllegung der Anlage. Ihre einzige Begrenzung ist der Verhältnismäßigkeitsgrundsatz.[6]   29

Die Sicherstellung der Einhaltung dieser Grundpflichten ist nach § 6 Abs. 1 Nr. 1 BImSchG Voraussetzung für die Erteilung der immissionsschutzrechtlichen Genehmigung. Weiter müssen die in den Durchführungsverordnungen zum BImSchG, darunter mit besonderer praktischer Bedeutung die 12. BImSchV (Störfall-Verordnung)[7], 13. BImSchV (Verordnung über Großfeuerungs- und Gasturbinenanlagen) und 17. BImSchV (Verordnung über die Verbrennung und Mitverbrennung von Abfällen), konkretisierten Pflichten erfüllt werden, und es dürfen andere öffentlich-rechtliche Vorschriften und Belange des Arbeitsschutzes der   30

---

1 BeckOK Giesberts/Reinhardt/*Schmidt-Kötters*, § 4 BImSchG Rz. 122 m.w.N.
2 Zur mitunter praktisch schwierigen Abgrenzung von genehmigungsbedürftiger Neuerrichtung (§ 4 BImSchG) und ebenfalls genehmigungsbedürftiger wesentlicher Änderung (§ 16 BImSchG) sowie genehmigungsfreiem Ersatz der Anlage oder von Anlagenteilen (§ 16 Abs. 5 BImSchG) *Jarass*, UPR 2006, 45.
3 Vgl. *Jarass*, § 4 BImSchG Rz. 14 ff.
4 Zu den einzelnen Pflichten ausführlich *Roßnagel* in Koch/Scheuing, GK-BImSchG, Losebl., Stand: 11/2006, § 5 BImSchG Rz. 141 ff.; instruktiv zu den Grundpflichten *Sellner/Reidt/Ohms*, Immissionsschutzrecht und Industrieanlagen, S. 23 ff. Rz. 61 ff.
5 *Jarass*, § 5 BImSchG Rz. 2; BeckOK Giesberts/Reinhardt/*Schmidt-Kötters*, § 5 BImSchG Rz. 3.
6 *Jarass*, § 5 BImSchG Rz. 1.
7 Überblick bei *Sellner/Reidt/Ohms*, Immissionsschutzrecht und Industrieanlagen, S. 51 ff. Rz. 146–155.

Errichtung und dem Betrieb der Anlage nicht entgegenstehen. In der 13. und der 17. BImSchV werden detaillierte Grenzwerte festgelegt. Die Störfall-Verordnung zielt auf die Verhinderung von Störfällen und die Begrenzung der Außenwirkungen möglicher Störfälle. Ab welcher Schwelle eine Luftverunreinigung schädlich ist, ergibt sich aus der TA Luft, Schwellenwerte für Lärm sind in der TA Lärm festgelegt.

31 Das **förmliche Genehmigungsverfahren** nach § 10 BImSchG i.V.m. der 9. BImSchV gliedert sich in eine Vorberatung, die Antragstellung mit Antragsunterlagen und die Antragsprüfung mit Behördenbeteiligung, Öffentlichkeitsbeteiligung und Umweltverträglichkeitsprüfung.[1] Im **vereinfachten Genehmigungsverfahren** nach § 19 BImSchG entfallen die Vorberatung, die Öffentlichkeitsbeteiligung und die Umweltverträglichkeitsprüfung für Anlagen, die in der 4. BImSchV wegen ihres mittleren Risikopotentials als zwar genehmigungsbedürftig, dies aber im vereinfachten Verfahren gekennzeichnet sind.

32 Auch die Betreiber **nicht genehmigungsbedürftiger Anlagen** treffen nach § 22 BImSchG unmittelbar geltende immissionsschutzrechtliche Pflichten, die jedoch wegen des anderen Maßstabs für die Erforderlichkeit von Maßnahmen (Vermeidbarkeit von schädlichen Umwelteinwirkungen nach dem Stand der Technik) weniger streng als diejenigen für genehmigungsbedürftige Anlagen sind.[2]

33 Sowohl für genehmigungsbedürftige als auch für nicht genehmigungsbedürftige Anlagen sind nach §§ 17, 24 BImSchG jederzeit **(nachträgliche) Anordnungen** zur Durchsetzung der Betreiberpflichten und der Pflichten aus den konkretisierenden Rechtsverordnungen und Verwaltungsvorschriften zulässig.

34 Kommt der Betreiber einer genehmigungsbedürftigen Anlage einer Auflage, einer vollziehbaren nachträglichen Anordnung oder einer abschließend bestimmten Pflicht aus einer Rechtsverordnung nicht nach, so kann die zuständige Behörde den Betrieb ganz oder teilweise bis zur Erfüllung **untersagen**, § 20 Abs. 1 BImSchG. Die zuständige Behörde soll anordnen, dass eine Anlage, die ohne die erforderliche Genehmigung errichtet, betrieben oder wesentlich geändert wird, **stillzulegen** oder zu **beseitigen** ist, § 20 Abs. 2 BImSchG. Entsprechend kann nach § 25 BImSchG der Betrieb einer nicht genehmigungsbedürftigen Anlage untersagt werden, wenn der Betreiber einer behördlichen Anordnung im Einzelfall nicht nachkommt.

b) Produktbezogener Immissionsschutz

35 Um Umweltbelastungen, die von der späteren Verwendung von Anlagen, Stoffen, Erzeugnissen, Brennstoffen, Treibstoffen und Schmierstoffen drohen, von vornherein zu vermeiden oder zu begrenzen, ermächtigen die §§ 32f. BImSchG zum Erlass von Rechtsverordnungen, die geeignete Beschaffenheitsanforderungen an diese Pro-

---

1 Zur 2001 eingeführten allgemeinen Vorprüfung zur Feststellung der UVP-Pflichtigkeit immissionsschutzrechtlich genehmigungsbedürftiger Anlagen *Beckmann*, DVBl. 2004, 791; insoweit für Fälle der Änderungsgenehmigung *Dippel/Deifuß*, NVwZ 2004, 1177.
2 Vgl. BeckOK Giesberts/Reinhard/*Enders*, § 22 BImSchG Rz. 13ff.

dukte stellen.[1] Auf dieser Grundlage sind die 3. BImSchV über den Schwefelgehalt bestimmter flüssiger Kraft- oder Brennstoffe, die 10. BImSchV über die Beschaffenheit und die Auszeichnung der Qualitäten von Kraftstoffen, die 19. BImSchV über Chlor- und Bromverbindungen als Kraftstoffzusatz, die – branchenübergreifend wichtige – 32. BImSchV über Geräte- und Maschinenlärm sowie die 36. BImSchV zur Durchführung der Regelung zur Biokraftstoffquote erlassen worden.

c) Treibhausgas-Emissionszertifikatehandel

36 Zur gemeinsamen Erfüllung ihrer völkerrechtlichen Verpflichtungen zum Klimaschutz aus der Klimarahmenkonvention von Rio von 1992 und dem Kyoto-Protokoll von 1997 hat die EG die Emissionshandelsrichtlinie 2003/87/EG erlassen[2], die zwischenzeitlich mehrfach geändert wurde.[3] Der Treibhausgas-Emissionshandel ist mit Beginn des Jahres 2008 in die zweite Handelsperiode eingetreten. Den deutschen Rechtsrahmen zur Umsetzung der europäischen Vorgaben bilden das Treibhausgas-Emissionshandelsgesetz (TEHG)[4], das Gesetz über den nationalen Zuteilungsplan für Treibhausgas-Emissionsberechtigungen in der Zuteilungsperiode 2008–2012 (ZuG 2012) mit der zugehörigen Zuteilungsverordnung (ZuV 2012), das Projekt-Mechanismen-Gesetz sowie weitere Rechtsverordnungen.[5] Das TEHG enthält Regelungen zur Genehmigung und Überwachung von Emissionen, über Berechtigungen und Zuteilung, über den Handel und über Sanktionen. Seit 2008 erhalten die deutschen Unternehmen im **Emissionshandel** nicht mehr alle Zertifikate kostenlos zugeteilt. Knapp 10 Prozent der Gesamtmenge, das sind 40 Millionen Berechtigungen pro Jahr, werden am Markt veräußert. Seit 1.1.2010 werden diese Berechtigungen nach Maßgabe der Emissionshandels-Versteigerungsverordnung vom 17.7.2009 an der Strombörse EEX Leipzig im Spot- und Terminhandel **versteigert**.

37 Nach § 4 Abs. 1 TEHG bedarf die Freisetzung von Treibhausgasen durch Anlagen, die in Anhang 1 zum TEHG bestimmt sind, der Genehmigung (**Emissionsgenehmigung**).[6] Bei immissionsschutzrechtlich genehmigungsbedürftigen Anla-

---

1 *Scheuing* in Koch/Scheuing, GK-BImSchG, Losebl., Stand: 11/2006, Vor §§ 32–37 BImSchG Rz. 1.
2 *Körner* in Körner/Vierhaus, TEHG, 2005, Einl. Rz. 3 ff. – Aus der reichhaltigen Literatur zum gemeinschaftsweiten Emissionszertifikatehandel s. nur *Zimmer*, CO2-Emissionshandel in der EU: Ökonomische Grundlagen und EG-rechtliche Probleme, 2004; *Stewing*, Emissionshandel in der Europäischen Gemeinschaft, 2004.
3 Geändert durch Richtlinie 2004/101/EG des Europäischen Parlaments und des Rates vom 27.10.2004 (ABl. Nr. L 228, S. 18); Richtlinie 2008/101/EG des Europäischen Parlaments und des Rates vom 19.11.2008 (ABl. Nr. L 8, S. 3); Verordnung (EG) Nr. 219/2009 EG des Europäischen Parlaments und des Rates vom 11.3.2009 (ABl. Nr. L 87, S. 109); Richtlinie 2009/29/EG des Europäischen Parlaments und des Rates vom 23.4.2009 (ABl. Nr. L 140, S. 63).
4 Das BVerwG hat die Verfassungs- und Gemeinschaftsrechtskonformität mit Urt. v. 30.6.2005 – 7 V 26.04, BVerwGE 124, 47 = NVwZ 2006, 1006 bestätigt; dazu im Überblick *Koch/Kahle*, NVwZ 2006, 1124, 1126 f.
5 Datenerhebungsverordnung 2012 vom 11.7.2006 für die Zuteilungsperiode 2008–2012 und Datenerhebungsverordnung 2020 vom 22.7.2009 (zur zukünftigen Einbeziehung des Luftverkehrs und anderer Tätigkeiten in den Emissionshandel).
6 Dazu im Überblick *Sellner/Reidt/Ohms*, Immissionsschutzrecht und Industrieanlagen, S. 283 f. Rz. 25–28; BeckOK Giesberts/Reinhardt/*Schmidt-Kötters*, § 4 BImSchG Rz. 112 f.

gen ist die immissionsschutzrechtliche Genehmigung nach § 4 Abs. 6 TEHG zugleich die **Emissionsgenehmigung** i.S. des § 4 Abs. 1 TEHG. Da derzeit alle in Anhang 1 TEHG aufgeführten Anlagen immissionsschutzrechtlich genehmigungsbedürftige Anlagen sind, hat die Emissionsgenehmigung nach TEHG gegenwärtig keine eigenständige praktische Bedeutung.[1]

38 Die „Kardinalpflicht" des TEHG verlangt vom Verantwortlichen, insbesondere vom Betreiber einer genehmigungsbedürftigen Anlage, bis zum 30. April eines Jahres eine Anzahl von Berechtigungen an die zuständige Behörde abzugeben, die den durch seine Tätigkeit im vorangegangenen Kalenderjahr verursachten Emissionen entspricht, § 6 Abs. 1 TEHG.[2] Dazu werden den Verantwortlichen nach § 9 Abs. 1 TEHG i.V.m. dem ZuG 2012 auf Antrag für jede Zuteilungsperiode im Voraus Emissionszertifikate zugeteilt. Anschließend können die Emissionshandelszertifikate zwischen den Verantwortlichen, die mehr Zertifikate abgeben müssen als ihnen zugeteilt wurden, und denjenigen, die weniger Zertifikate abgeben müssen als ihnen zugeteilt wurden, zum sich dabei ergebenden Marktpreis gehandelt werden.[3] Nach § 18 Abs. 1 und 4 TEHG wird ein Verstoß gegen die Abgabepflicht nach § 6 Abs. 1 TEHG durch eine Zahlungspflicht von € 100 für jede emittierte Tonne Kohlendioxidäquivalent, für die der Verantwortliche keine Berechtigung abgegeben hat, sowie durch die Veröffentlichung der Namen der Verantwortlichen, die gegen die Abgabepflicht verstoßen haben, sanktioniert.[4]

2. Bodenschutz- und Altlastenrecht

39 In Deutschland waren 2009 mehr als 271 000 Flächen als altlastverdächtig erfasst.[5] Unternehmen, deren gegenwärtige oder frühere Betriebsgrundstücke kontaminiert sind, haben mitunter erhebliche finanzielle Risiken im Zusammenhang mit Untersuchungs- und Sanierungspflichten zu tragen. Dem Bodenschutzrecht gebührt deshalb besondere Aufmerksamkeit des Managements. Der bislang von sektorspezifischen gemeinschaftsrechtlichen Vorgaben[6] kaum beeinflusste Schutz vor schädlichen Bodenveränderungen und die Sanierung von Altlasten

---

1 *Frenz*, Emissionshandelsrecht, § 4 TEHG Rz. 34.
2 BT-Drucks. 15/2540, S. 17, Anlage 3; *Frenz*, Emissionshandelsrecht, § 6 TEHG Rz. 6.
3 Zum System des Emissionshandels vgl. *Elspas/Stewing* in Elspas/Salje/Stewing, Emissionshandel, Teil 1 Rz. 5.
4 S. dazu im Einzelnen *Frenz*, Emissionshandelsrecht, § 18 TEHG Rz. 1 ff.
5 Mitteilung des Bundesministeriums für Umwelt, Naturschutz und Reaktorsicherheit, http://www.bmu.de/bodenschutz/doc/2494.php.
6 Der von der Europäischen Kommission 2006 vorgeschlagene gemeinschaftsrechtliche Ordnungsrahmen für den Bodenschutz, der auf eine spezifische und kohärente Bodenschutzpolitik der Gemeinschaft abzielt (KOM (2006) 231 und Richtlinienvorschlag KOM (2006) 232, Überblick bei *Wägenbaur*, EuZW 2007, 2), ist noch nicht verabschiedet worden. Die Vorschläge der Kommission – Aufnahme belasteter Grundstücke in ein nationales Verzeichnis, Erarbeitung einer nationalen Sanierungsstrategie und von Maßnahmeprogrammen, Pflicht zur Vorlage eines Bodenzustandsberichts an die Behörde bei jedem Verkauf, gleichzeitig aber mitgliedstaatliche Kompetenz zur Festlegung der Konzentrationsschwellenwerte für die Feststellung einer relevanten Verunreinigung – lassen zahlreiche verfahrensmäßige Mehrbelastungen für betroffene Unternehmen, nicht notwendig aber höhere Sanierungsstandards erwarten.

sind im **Bundes-Bodenschutzgesetz (BBodSchG)** sowie in Landesgesetzen geregelt, soweit das BBodSchG keine Regelung trifft.[1] Zweck des BBodSchG ist nach seinem § 1, nachhaltig die Funktion des Bodens zu sichern oder wiederherzustellen. Hierzu sind schädliche Bodenveränderungen abzuwehren, der Boden und Altlasten sowie hierdurch verursachte Gewässerverunreinigungen zu sanieren und Vorsorge gegen nachteilige Einwirkungen auf den Boden zu treffen.

Nach § 4 Abs. 1 BBodSchG hat jeder, der auf den Boden einwirkt, sich so zu verhalten, dass schädliche Bodenveränderungen nicht hervorgerufen werden. Nach Abs. 2 sind der Grundstückseigentümer und der Inhaber der tatsächlichen Gewalt über ein Grundstück verpflichtet, Maßnahmen zur Abwehr der von ihrem Grundstück drohenden schädlichen Bodenveränderungen zu ergreifen. Zur Untersuchung potentieller Altlasten und zur Sanierung festgestellter Altlasten können nach § 4 Abs. 3, 5 und 6, § 13 Abs. 1 BBodSchG nicht nur der **Verursacher** und **sein Gesamtrechtsnachfolger**[2] herangezogen werden. In Betracht kommen vielmehr ebenso: der **Grundstückseigentümer**; der **Inhaber der tatsächlichen Gewalt** über ein Grundstück[3]; **derjenige, der aus handelsrechtlichem oder gesellschaftsrechtlichem Rechtsgrund für eine juristische Person einzustehen hat, der ein Grundstück, das mit einer schädlichen Bodenveränderung oder einer Altlast belastet ist, gehört** (nicht: gehörte!); wer das Eigentum an einem solchen Grundstück aufgibt (**Derelinquent**) sowie der **frühere Eigentümer** eines Grundstücks, der sein Eigentum nach dem 1.3.1999 übertragen hat und die schädliche Bodenveränderung oder Altlast hierbei kannte oder kennen musste. 40

Gibt es danach mehrere Verantwortliche, kann die zuständige Behörde nach pflichtgemäßem Ermessen auswählen, wen sie in Anspruch nimmt (**Auswahlermessen**). Vorrangiges Auswahlkriterium ist dabei die **Effektivität der Gefahrenabwehr**. Daneben sind das Verursacherprinzip, die Grundsätze der Verhältnismäßigkeit sowie die wirtschaftliche Leistungsfähigkeit zu berücksichtigen.[4] Insbesondere im Falle der Insolvenz eines Unternehmens kann die Behörde auch das Leitungsorgan eines Unternehmens persönlich als Verursacher in Anspruch nehmen.[5] Mehrere Verpflichtete haben unabhängig von ihrer Heranziehung nach **§ 24 Abs. 2 Satz 1 BBodSchG** untereinander einen **Ausgleichsanspruch**. Soweit nichts anderes vereinbart wird, hängen nach § 24 Abs. 2 Satz 2 BBodSchG die Verpflichtung zum Ausgleich sowie dessen Umfang davon ab, inwieweit die Ge- 41

---

1 Das behördliche Handlungsinstrumentarium gegenüber den Verantwortlichen für schädliche Bodenveränderungen oder Altlasten ist im BBodSchG abschließend geregelt, landesgesetzliche Regelungen etwa über eine konstitutive Altlastenfeststellung werden bundesrechtlich verdrängt, BVerwG v. 26.4.2006 – 7 C 15.05, DVBl. 2006, 926 ff.
2 Zu Fragen der (partiellen) Rechtsnachfolge s. unten Abschnitt D, Rz. 79 ff. Nach Auffassung des BGH ist mit der Sanierungsverpflichtung des Gesamtrechtsnachfolgers des Verursachers zumindest dann keine unzulässige Rückwirkung des BBodSchG verbunden, wenn die Gesamtrechtsnachfolge nach Mitte der 1980er Jahre eingetreten ist, BGH v. 2.4.2004 – V ZR 267/03, NVwZ 2004, 1267 ff.
3 Zu den Grenzen der Haftung des Inhabers der tatsächlichen Gewalt jüngst *Schäling*, WuR 2009, 693.
4 *Versteyl* in Versteyl/Sondermann, § 4 BBodSchG Rz. 87 ff.; vgl. auch *Spindler/Härtel*, UPR 2002, 241, 243.
5 OVG NRW v. 26.3.2007 – 20 B 61/07, UPR 2007, 315, 316.

fahr oder der Schaden vorwiegend von dem einen oder dem anderen Teil verursacht worden ist. Ist also im Falle einer monokausalen Kontamination der Verursacher ermittelbar, aber nicht er, sondern ein Zustandsstörer zur Sanierung herangezogen worden, geht der Ausgleichsanspruch des Zustandsstörers auf 100 % der Aufwendungen. Mitunter ist dieser Anspruch aber bloß theoretisch, weil der Verursacher nicht ermittelbar oder nicht mehr vorhanden ist und auch keine anderen solventen Mitverpflichteten bereitstehen. In diesen Fällen bleibt es trotz § 24 Abs. 2 BBodSchG bei der schon vor Inkrafttreten des BBodSchG vielfach als ungerecht empfunden Haftung des Zustandsstörers für von ihm nicht verursachte Altlasten. Diese Haftung ist im Gesetz nicht begrenzt.[1] Solche Grenzen hat erst das Bundesverfassungsgericht mit Beschluss vom 16.2.2000[2] aus der **Eigentumsgarantie** des Art. 14 Abs. 1 und 2 GG abgeleitet: Die grundsätzlich verfassungskonforme Haftung des Zustandsverantwortlichen findet ihre Grenze dort, wo das **Interesse an einem künftigen privatnützigen Gebrauch** des Grundstücks endet, was – im Sinne eines Anhaltspunktes – dann der Fall ist, wenn die Sanierungskosten den Verkehrswert des Grundstücks übersteigen. Eine den Verkehrswert übersteigende Kostenbelastung könne hingegen zumutbar sein, wenn der Eigentümer das Grundstück in Kenntnis oder fahrlässiger Unkenntnis der Altlast erworben habe. Bei der im Einzelfall zu bestimmenden Zumutbarkeit sei bei Überschreitung des Verkehrswertes nur solches Vermögen zu betrachten, das in einem rechtlichen oder wirtschaftlichen Zusammenhang mit dem sanierungsbedürftigen Grundstück steht, die Fortführung eines Unternehmens oder Betriebs dürfe durch die Sanierungskosten nicht gefährdet werden.

42 Der (potentiell) Sanierungspflichtige hat die Möglichkeit, nach § 13 Abs. 4 BBodSchG mit der zuständigen Behörde einen **Sanierungsvertrag** zu schließen. Danach kann der Sanierungspflichtige mit dem **Sanierungsplan** den Entwurf eines Sanierungsvertrags über die Ausführung des Plans vorlegen, was es ihm ermöglicht, die Sanierung entsprechend seiner individuellen Leistungsfähigkeit zu konzipieren. Dadurch sollen einvernehmliche Regelungen bei gegenseitigem Nachgeben von Behörde und Sanierungsverpflichteten erreicht und Rechtsstreitigkeiten vermieden werden.[3] Alternativ kann die Behörde neben der Durchführung von Sanierungsuntersuchungen bei Altlasten[4] die Vorlage eines Sanierungsplans anordnen und diesen, auch unter Abänderungen und mit Nebenbestimmungen, durch Verwaltungsakt für verbindlich erklären, § 13 Abs. 6 BBodSchG.

43 Eine vertragliche Risikoverteilung oder sogar **Freistellung** zwischen mehreren potentiell Verpflichteten, etwa in einem Grundstücks- oder Unternehmenskaufvertrag, gilt **nur im Innenverhältnis** und bindet die Behörden nicht. Soweit die anderen Ermessenskriterien aber nicht zu einem Vorrang des einen oder anderen Ver-

---

[1] Anders noch der Gesetzentwurf der Bundesregierung in § 25 Abs. 2 BBodSchG, der jedoch in den weiteren Beratungen keine Mehrheit fand, vgl. BT-Drucks. 13/6701, S. 14.
[2] BVerfG v. 16.2.2000 – 1 BvR 242/91 und 1 BvR 315/99, BVerfGE 102, 1 = NJW 2000, 2573 ff.
[3] BT-Drucks. 13/6701, S. 25, 42; *Sondermann/Terfehr* in Versteyl/Sondermann, § 13 BBodSchG Rz. 35.
[4] Nicht hingegen bei schädlichen Bodenveränderungen, VGH Kassel v. 23.8.2004 – 6 TG 111/03, NuR 2005, 653 f. = UPR 2005, 392 f.

antwortlichen führen und die Vereinbarung der zuständigen Behörde bekannt ist, hat sie diese ermessensleitend zu berücksichtigen. Im Übrigen kann der Ausgleichsanspruch nach § 24 Abs. 2 BBodSchG vertraglich abbedungen und kann eine andere Lastenverteilung vereinbart werden. Dies entspricht bei Unternehmenskaufverträgen mittlerweile dem Marktstandard, wenn und soweit der gesetzliche Ausgleichsanspruch dem vertraglich vereinbarten Haftungsregime zuwiderläuft.[1] Vertragliche Regelungen über Altlasten sind häufig schon deshalb unentbehrlich, weil den Grundstücksverkäufer eine **Offenbarungspflicht** jedenfalls bei positiver Kenntnis von Altlasten trifft.[2]

Das ausdifferenzierte öffentlich-rechtliche Haftungsregime wird ergänzt durch zivilrechtliche Beseitigungs- bzw. Entschädigungsansprüche des Eigentümers gegen den Verursacher nach § 1004 Abs. 1 BGB[3] und § 906 Abs. 2 Satz 2 BGB.[4] Die Maßgeblichkeit umweltverwaltungsrechtlicher Vorschriften für zivilrechtliche Ansprüche wird dabei – neben § 14 BImSchG – durch die „Harmonisierungsvorschrift" des § 906 Abs. 1 Satz 2 BGB deutlich[5]: Abwehransprüche des Eigentümers bestehen wegen Unerheblichkeit nicht, wenn die in Gesetzen oder Rechtsverordnungen festgelegten Grenz- oder Richtwerte von den nach diesen Vorschriften ermittelten und bewerteten Einwirkungen nicht überschritten werden.[6]

3. Kreislaufwirtschafts- und Abfallrecht

Das KrW-/AbfG hat nach seinem § 1 den Zweck, die Kreislaufwirtschaft zur Schonung der natürlichen Ressourcen zu fördern und die umweltverträgliche Beseitigung von Abfällen zu sichern.

a) Anlagenbezogenes Kreislaufwirtschafts- und Abfallrecht

Nach § 4 KrW-/AbfG sind Abfälle in erster Linie zu vermeiden, insbesondere durch die Verminderung ihrer Menge und Schädlichkeit, in zweiter Linie stofflich zu verwerten oder zur Gewinnung von Energie zu nutzen. Die Erzeuger oder Besitzer von Abfällen[7] sind nach § 5 Abs. 2 KrW-/AbfG verpflichtet, diese zu verwerten. Dabei hat die Verwertung von Abfällen grundsätzlichen Vorrang vor deren Beseitigung.[8] Bei der Verwertung wiederum hat nach § 6 Abs. 1 Satz 2 KrW-/

---

1 Dies hat spezifisch zu erfolgen, da der BGH in der (allgemeinen) Vereinbarung eines Gewährleistungsausschlusses nicht zwingend eine Vereinbarung über den Ausschluss des bodenschutzrechtlichen Ausgleichsanspruchs sieht – BGH v. 2.4.2004 – V ZR 267/03, NVwZ 2004, 1267 ff.
2 BGH v. 20.10.2000 – V ZR 285/99, ZIP 2000, 2257 ff.; st.Rspr.
3 BGH v. 4.2.2005 – V ZR 142/04, UPR 2005, 227 ff.
4 Dazu R. Enders, Die zivilrechtliche Verantwortlichkeit für Altlasten und Abfälle, S. 242 ff.
5 Zur Vorgeschichte Uwer, JbUTR 1997, 303.
6 Vgl. dazu aus der Rspr. exemplarisch BGH v. 13.2.2004 – V ZR 217/03, JZ 2004, 1080 ff.; BGH v. 8.10.2004 – V ZR 85/04, NuR 2005, 350 f.
7 Zur praktisch wichtigen Abgrenzung von Abfällen und Nebenerzeugnissen jüngst Uwer/Held, EuZW 2010, 127 ff.
8 S. zu den damit verbundenen Optionsspielräumen Privater im Kreislaufwirtschafts- und Abfallrecht die gleichnamige Dissertation von M. Hurst, 2005.

AbfG die besser umweltverträgliche Verwendungsart Vorrang. Mit der in § 11 KrW-/AbfG normierten **Grundpflicht der Erzeuger und Besitzer von Abfällen** zur gemeinwohlverträglichen Abfallbeseitigung sind umfangreiche **Nachweispflichten** über die Entsorgung gefährlicher Abfälle verbunden.[1] Die überbordenden verfahrensmäßigen Vorgaben sind durch das Gesetz zur Vereinfachung der abfallrechtlichen Überwachung vom 20.7.2006 und die gleichnamige Verordnung vom 20.10.2006 durch wesentliche, am 1.2.2007 in Kraft getretene Erleichterungen reduziert worden.

b) Produktbezogenes Kreislaufwirtschafts- und Abfallrecht

47 Nach § 22 KrW-/AbfG trägt, wer Erzeugnisse entwickelt, herstellt, be- und verarbeitet oder vertreibt, die Produktverantwortung zur Erfüllung der Ziele der Kreislaufwirtschaft. Die Erzeugnisse sind von den Produktverantwortlichen möglichst so zu gestalten, dass bei ihrer Herstellung und Gebrauch das Entstehen von Abfällen vermindert wird und die umweltverträgliche Verwertung und Beseitigung der nach deren Gebrauch entstandenen Abfälle sichergestellt ist. Die **Produktverantwortung** umfasst nach § 22 Abs. 2 KrW-/AbfG die Entwicklung, Herstellung und das Inverkehrbringen von Erzeugnissen, die mehrfach verwendbar, technisch langlebig und nach Gebrauch zur ordnungsgemäßen und schadlosen Verwertung und umweltverträglichen Beseitigung geeignet sind; den vorrangigen Einsatz von verwertbaren Abfällen oder sekundären Rohstoffen bei der Herstellung von Erzeugnissen; die Kennzeichnung von schadstoffhaltigen Erzeugnissen, um die umweltverträgliche Verwertung oder Beseitigung der nach Verbrauch verbleibenden Abfälle sicherzustellen; den Hinweis auf Rückgabe-, Wiederverwendungs- und Verwertungsmöglichkeiten oder –pflichten und Pfandregelungen durch Kennzeichnung der Erzeugnisse und die Rücknahme der Erzeugnisse und der nach Gebrauch der Erzeugnisse verbleibenden Abfälle sowie deren nachfolgende Verwertung oder Beseitigung. Zur Festlegung der Anforderungen im Einzelnen kann die Bundesregierung Rechtsverordnungen erlassen. Sie hat von dieser Ermächtigung durch die Altfahrzeugverordnung, die Altölverordnung und die Verpackungsverordnung Gebrauch gemacht. Hinzugekommen sind 2005 das **Elektro- und Elektronikgerätegesetz**, das den Herstellern entsprechender Produkte eine umfassende Verantwortung für deren Herstellung, Vertrieb und Entsorgung auferlegt[2], und das am 1.12.2009 in Kraft getretene Gesetz über das Inverkehrbringen, die Rücknahme und die umweltverträgliche Entsorgung von Batterien und Akkumulatoren (**Batteriegesetz**) vom 25.6.2009 nebst Durchführungsverordnung (BattGDV) vom 12.11.2009.

4. Gewässerschutzrecht

48 Das Gewässerschutzrecht ist im Wasserhaushaltsgesetz des Bundes (WHG) und – ergänzend – in den Wassergesetzen der Länder geregelt. § 5 WHG (§ 1a Abs. 2

---

1 S. dazu die neue Nachweisverordnung vom 20.10.2006.
2 Zum Ganzen *Bullinger/Fehling* (Hrsg.), Elektrogesetz, Handkommentar, 2005; *Prelle/Thärichen/Versteyl*, ElektroG, Kommentar, 2008; *Giesberts/Hilf*, ElektroG, Kommentar, 2. Aufl. 2009; Rechtsprechungsübersicht bei *Großkopf*, NuR 2009, 764f.

WHG a.F.) statuiert eine allgemeine Sorgfaltspflicht, nach der jedermann verpflichtet ist, Wasserverunreinigungen zu verhindern und Wasser sparsam zu verwenden.[1] Zu demselben Zweck bestehen zahlreiche konkretisierende gewässerschutzrechtliche Pflichten, Verbote und Gestattungsvorbehalte. Für gewerbliche und industrielle Unternehmen besonders relevant sind die Regelungen über das **Einleiten von Abwasser.**

Für die – nach Maßgabe des Abwasserabgabengesetzes[2] abgabepflichtige – **Direkteinleitung** von Abwässern ist eine *Erlaubnis* nach §§ 8ff. i.V.m. § 57 Abs. 1 Nr. 1 WHG (§ 7 WHG a.F.) erforderlich. Eine Erlaubnis darf nach § 57 Abs. 1 Nr. 1 WHG (§ 7a WHG a.F.) nur erteilt werden, wenn die Schadstofffracht des Abwassers so gering gehalten wird, wie dies bei Einhaltung der jeweils in Betracht kommenden Verfahren nach dem Stand der Technik möglich ist.[3] Bei der Bewertung sind sowohl der Grundsatz der Verhältnismäßigkeit zwischen Aufwand und Nutzen als auch das Vorsorgeprinzip zu berücksichtigen.[4] Die Erlaubnis ist nach § 18 Abs. 1 WHG (§ 7 Abs. 1 Satz 1 WHG a.F.) widerruflich und kann befristet werden. Die schadstoffbezogenen Anforderungen an das behandelte Abwasser ergeben sich aus der Abwasserverordnung.

49

Für das Einleiten von Abwässern in öffentliche Abwasseranlagen sah § 7a Abs. 4 WHG a.F. noch vor, dass die Länder durch Landesrecht sicherzustellen hatten, dass für Indirekteinleitungen die gleichen Anforderungen gelten wie für Direkteinleitungen. § 58 WHG n.F. legt nun explizit fest, dass auch die Indirekteinleitung der Genehmigung durch die zuständige Behörde bedarf, soweit an das Abwasser in einer Rechtsverordnung nach § 23 Abs. 1 Nr. 3 i.V.m. § 57 Abs. 2 Anforderungen für den Ort des Anfalls des Abwassers oder vor seiner Vermischung festgelegt sind. Weitergehende Rechtsvorschriften der Länder bleiben nach § 58 Abs. 1 Satz 2 WHG unberührt.

50

5. Gefahrstoffrecht

Das Gefahrstoffrecht bezweckt den Schutz des Menschen und der Umwelt vor gefährlichen Stoffen. Zum Gefahrstoffrecht im weiteren Sinne gehören daher auch die bereits dargestellten medienbezogenen Umweltgesetze wie das BImSchG und das WHG. Das Gefahrstoffrecht im engeren Sinne ist hingegen auf die präventive Gefahrstoffkontrolle gerichtet und soll die Umwelt durch spezifische Regelungen über das Inverkehrbringen von und den Umgang mit gefährlichen Stoffen schützen.[5] Es umfasst das **Chemikaliengesetz** als allgemeines Gefahrstoffrecht sowie zahlreiche Spezialgesetze, etwa das Pflanzenschutzgesetz, das Düngemittelgesetz, das Arzneimittelgesetz oder das Benzinbleigesetz. Das Chemikaliengesetz

51

---

1 Vgl. noch zu § 1a WHG a.F. im Einzelnen *Czychowski/Reinhardt*, § 1a WHG Rz. 13; Überblick zum neuen WHG bei *Rolfsen*, NuR 2009, 765, *Seeliger/Wrede*, NuR 2009, 674 und *Caßor-Pfeiffer*, ZfW 2010, 1.
2 Dazu *H. Köhler/C. Meyer*, Abwasserabgabengesetz, 2. Aufl. 2006; *Kotulla*, Abwasserabgabengesetz, 2005.
3 Zum Begriff „Stand der Technik" vgl. *Czychowski/Reinhardt*, § 7a WHG Rz. 43.
4 *Czychowski/Reinhardt*, § 7a WHG Rz. 49.
5 *Pache* in Koch, Umweltrecht, § 12 Rz. 9.

§ 34   Besondere Risikobereiche und Haftungsfolgen

wird durch eine Vielzahl nationaler Rechtsverordnungen ergänzt. Dazu gehören u.a. die **Chemikalien-Verbotsverordnung**, die **Gefahrstoffverordnung** und die Chemikalien-Klimaschutzverordnung.

52 Für diejenigen, die Stoffe herstellen, importieren oder sonst in den Verkehr bringen oder mit ihnen umgehen, ergeben sich aus diesen Regelungen zahlreiche Beschränkungen durch Verbote, Mitteilungspflichten, Prüf-, Anmelde- und Zulassungserfordernisse sowie Anforderungen an Vorsichtsmaßnahmen beim Umgang und Transport bestimmter Stoffe sowie an ihre Verpackung und Kennzeichnung. Zur Durchsetzung enthalten das Chemikaliengesetz und viele der Spezialgesetze Straf- und Bußgeldvorschriften.

53 Wie auch das übrige Umweltrecht wird das Gefahrstoffrecht, insbesondere durch unionsrechtliche Vorgaben, immer anspruchsvoller.[1] Erhebliche praktische Bedeutung kommt der – zuvor heftig umstrittenen – am 1.6.2007 in Kraft getretenen Verordnung (EG) Nr. 1907/2006 zur Registrierung, Bewertung, Zulassung und Beschränkung chemischer Stoffe (**REACH**)[2] zu.[3] REACH sieht eine allgemeine Registrierungspflicht für Stoffe vor, die in Mengen ab einer Tonne hergestellt oder importiert werden. In Abhängigkeit von der Stoffmenge sind an die Registrierungspflichten[4] unterschiedliche Datenanforderungen geknüpft, die Aussagen über die physikalisch-chemischen, toxikologischen und ökotoxikologischen Eigenschaften der Stoffe ermöglichen. In der EU fallen etwa 30 000 Stoffe unter die Registrierungspflicht. Ist ein Stoff nicht registriert, darf er nach der Regelung weder hergestellt noch in die EU eingeführt werden. In Bezug auf die besonders besorgniserregenden Stoffe muss ein Zulassungsverfahren für die Verwendung und das Inverkehrbringen solcher Stoffe durchgeführt werden. Die Anforderungen im Rahmen des Zulassungsverfahrens sind risikobasiert: Es obliegt den Antragstellern nachzuweisen, dass die Risiken im Zusammenhang mit der Verwendung des betreffenden Stoffes angemessen beherrscht sind oder dass die sozioökonomischen Vorteile der Verwendung des Stoffes überwiegen.[5] Sind angemessene Alternativen verfügbar, muss ein Substitutionsplan einschließlich eines Zeitplans für die vorgeschlagenen Maßnahmen vorgelegt und die gefährliche Chemikalie durch die sichere Alternative ersetzt werden. Existieren keine Alternativen, muss ein Forschungs- und Entwicklungsplan vorgelegt werden, in dem die Maßnahmen aufgeführt werden, die unternommen werden, um einen Alternativstoff zu finden.

---

1 Näher dazu *Rengeling*, Europäisches Chemikalien- und Stoffrecht – Entwicklungen zur Umgestaltung des deutschen Rechts –, DVBl. 2005, 393; *Rengeling*, Harmonisierung und Systematisierung im Europäischen Stoffrecht, DVBl. 2009, 605.
2 ABl. EU Nr. L 396, S. 1, mit bereits zahlreichen Änderungen, zuletzt durch die Verordnung (EG) Nr. 134/2009 vom 16.2.2009 (ABl. EU Nr. L 46, S. 3).
3 Einführend dazu *Callies/Lais*, NuR 2005, 290; *Knopp*, UPR 2005, 415; *K. Fischer*, DVBl. 2007, 853; ausführlicher Überblick jetzt bei *Martel*, ZEuS 2008, 601.
4 Für die Registrierungskosten, die während der sich auf bis zu elf Jahre nach Inkrafttreten der REACH-Verordnung erstreckenden Registrierungsphase anfallen werden, sollen Rückstellungen in der Handels- und Steuerbilanz nicht gebildet werden können, *Roß/Drögemüller*, BB 2006, 1044.
5 Zu REACH-bezogenen Compliance-Anforderungen an Unternehmen *Drohmann*, CCZ 2008, 60; *L. Krause*, ZRFG 2008, 18.

6. Umweltenergierecht

Im Mittelpunkt des Umweltenergierechts stehen in Deutschland einige Vorschriften des Energiewirtschaftsgesetzes (EnWG), das Energieeinsparungsgesetz (EnEG) mit der praktisch wichtigen Energieeinsparverordnung[1], das Energieverbrauchskennzeichnungsgesetz (EnVKG), das Erneuerbare-Energien-Gesetz (EEG) und das Kraft-Wärme-Kopplungsgesetz (KWKG), jeweils nebst zugehörigen Rechtsverordnungen. Durch diese Regelungen werden diejenigen, die Gebäude und Anlagen erbauen oder betreiben, verpflichtet, energiesparende Wärmeschutz- und Anlagentechnik zu verwenden und Anlagen energiesparend zu betreiben. Darüber hinaus privilegieren sie die als besonders umweltverträglich geltenden Energieerzeugungsformen.

54

7. Atom- und Strahlenschutzrecht

Zwecke des Atomgesetzes (AtG) in seiner nach dem – derzeit politisch nicht mehr als unumkehrbar betrachteten – „Atomausstieg" novellierten Fassung[2] sind nach seinem § 1 Nr. 1 und 2 u.a., die Nutzung der Kernenergie zur gewerblichen Erzeugung von Elektrizität geordnet zu beenden und bis zum Zeitpunkt der Beendigung den geordneten Betrieb sicherzustellen sowie Leben, Gesundheit und Sachgüter vor den Gefahren der Kernenergie und der schädlichen ionisierenden Strahlen zu schützen. Dazu sind die in diesem Bereich tätigen Unternehmen besonders strengen Regulierungen unterworfen.

55

Nach § 7 Abs. 1 und 3 AtG bedürfen die Errichtung, der Betrieb, die wesentliche Veränderung und die Stilllegung von Kernkraftwerken der vorherigen behördlichen Genehmigung. Ebenso sind Lagerung und Transport sowie sonstige Verwendungen von Kernbrennstoffen genehmigungspflichtig, §§ 4, 6, 9 AtG. Die Überwachung atomarer Anlagen erfolgt sowohl durch die staatlichen Aufsichtsbehörden als auch durch die Betreiber selbst. Bei Verstößen gegen atomrechtliche Vorschriften können die Aufsichtsbehörden nach § 19 AtG Anordnungen erlassen und, falls dies zur Einhaltung des Schutzzwecks erforderlich ist, selbst bei genehmigungskonformem Betrieb in die bestehende Anlagengenehmigung durch nachträgliche Auflagen nach § 17 AtG eingreifen.

56

8. Bezüge zum Betriebssicherheits- und Arbeitsschutzrecht

Mit dem Umweltrecht ist das Betriebssicherheits- und Arbeitsschutzrecht eng verflochten. Zahlreiche Vorschriften, etwa aus dem Gefahrstoffrecht, dienen zugleich dem Schutz der Umwelt und dem Arbeitsschutz. Ausdrücklich bestimmt § 6 Abs. 1 Nr. 2 BImSchG, dass der Errichtung und dem Betrieb einer genehmigungsbedürftigen Anlage Belange des Arbeitsschutzes nicht entgegenstehen dür-

57

---

1 Verordnung über energiesparenden Wärmeschutz und energiesparende Anlagentechnik bei Gebäuden vom 24.7.2007 (BGBl. I 2007, 1519, geänd. durch Verordnung vom 29.4.2009, BGBl. I 2009, 954).
2 Zur Vereinbarung zwischen der Bundesregierung und den Energieversorgungsunternehmen im Überblick *Hennenhöfer* in Posser/Schmans/Müller-Dehn, Atomgesetz, Kommentar zur Novelle 2002, 2003, Einführung S. 10 ff. (mit dem Vereinbarungstext S. 285 ff.).

fen. Die Verflechtung von Umwelt- und Arbeitsschutz hat sich auch in § 10 Satz 2 des **Arbeitssicherheitsgesetzes** (ASiG) niedergeschlagen. Danach sind Betriebsärzte und die Fachkräfte für Arbeitssicherheit verpflichtet, bei der Erfüllung ihrer Aufgaben mit den im Betrieb für Angelegenheiten des Umweltschutzes beauftragten Personen zusammenzuarbeiten.[1]

58 Speziell den Schutz der Arbeitnehmer regeln das **Arbeitsschutzgesetz (ArbSchG)** und das ASiG. Für die Bereitstellung und Benutzung von Arbeitsmitteln gilt das **Geräte- und Produktsicherheitsgesetz (GPSG)**.[2] Mit der **Betriebssicherheitsverordnung** von 2002 wurden zahlreiche in Einzelverordnungen unter der Gewerbeordnung verstreute Regelungen auf der neuen Grundlage des Gerätesicherheitsgesetzes (GSG), das mittlerweile durch das GPSG abgelöst worden ist, über Beschaffenheitsanforderungen an Arbeitsmittel und Betriebsvorschriften für überwachungsbedürftige Anlagen zusammengeführt.[3] Weitere bedeutende Arbeitsschutzverordnungen sind die Baustellenverordnung, die Bildschirmarbeitsverordnung, die Lastenhandhabungsverordnung, die PSA-Benutzungsverordnung, die Biostoffverordnung, die Mutterschutzverordnung, die Arbeitsstättenverordnung und die Lärm- und Vibrations-Arbeitsschutzverordnung.

59 Die Einhaltung der Betriebssicherheits- und Arbeitsschutzbestimmungen wird nach § 21 Abs. 1 ArbSchG und §§ 14 ff. GPSG staatlich überwacht. Die zuständigen Behörden können die zum Betriebssicherheits- und Arbeitsschutz erforderlichen Maßnahmen nach § 22 ArbSchG und § 15 GPSG erlassen und, wenn diese nicht eingehalten werden, bestimmte Arbeiten oder den Betrieb einer Anlage untersagen. Verstöße gegen Betriebssicherheits- und Arbeitsschutzrecht stellen unter bestimmten Voraussetzungen Ordnungswidrigkeiten oder sogar Straftaten nach §§ 25, 26 ArbSchG und §§ 19, 20 GPSG dar.

III. Umweltbetriebsorganisation

1. Umweltschutzsichernde Unternehmens- und Betriebsorganisation

a) Grundfragen

60 Neben umweltbezogenen Verhaltenspflichten sind die an eine **umweltrechtsadäquate Unternehmensorganisation** gestellten Anforderungen für die Frage umweltrechtlicher Verantwortlichkeit von zentraler Bedeutung. Grundsätzliche Anforderungen an die Unternehmensorganisation ergeben sich aus dem Gesellschaftsrecht. Umweltrechtliche Anforderungen an die Unternehmensorganisation ergeben sich gerade aus öffentlich-rechtlichen Vorgaben. Vorstand und Geschäftsführung trifft die Pflicht, für eine klare umweltbezogene Unternehmens- und Betriebsorganisation zu sorgen, Aufgaben eindeutig an entsprechend qualifi-

---
1 *Kittner/Pieper*, ArbSchR, 3. Aufl. 2006, Einleitung Rz. 7 m.w.N.
2 Dazu im Überblick T. Lenz, MDR 2004, 918; speziell aus Transaktionsperspektive *Klindt/Swoboda*, Unternehmenskauf: Produktsicherheit als Teil der juristischen Due Diligence, DB 2005, 1203; s. auch *Palmigiano/Bongiorno*, Overview of EU Legislation on Product Liability and Consumer Safety, Business Law International 6 (2005), 396.
3 *Kollmer* in Kollmer, ArbSchG, 2005 BetrSichV Einf Rz. 1.

zierte, sorgfältig ausgewählte und regelmäßig dahingehend geschulte und überwachte Personen zu delegieren und diese Organisation periodisch zu überprüfen.[1] Für Produktionsunternehmen verdichten sich diese Anforderungen aus Gesichtspunkten der Beweislasterleichterung für den Geschädigten: Nach der „Kupolofen"-Rechtsprechung des BGH[2] und § 6 UmweltHG obliegt dem Betreiber der Nachweis des bestimmungsgemäßen Betriebs der Anlage. Entsprechend den allgemeinen zivilrechtlichen Maßstäben zum Organisationsverschulden und zu den Verkehrssicherungspflichten kehrt sich danach bei Feststehen einer objektiven Pflichtverletzung die Beweislast hinsichtlich der subjektiven Sorgfaltsverletzung um, d.h. der Betreiber muss sich vom Vorwurf einer Fahrlässigkeitsschuld exkulpieren[3] – dies kann er nur durch eine umweltschutzsichernde Unternehmens- und Betriebsorganisation.[4]

b) Einführung von Überwachungssystemen

Pflichten zur umweltschutzsichernden Organisation eines Unternehmens lassen sich zum einen bereichsspezifisch dem Umweltrecht entnehmen. Anerkannt ist dies etwa für §§ 5, 6 BImSchG und § 22 KrW-/AbfG.[5] Hieraus ergibt sich die Pflicht, durch organisatorische Maßnahmen im Unternehmen sicherzustellen, dass Betriebsstörungen unverzüglich gemeldet und Sofortmaßnahmen zum Schutz vor schädlichen Umwelteinwirkungen und Gefahren ergriffen werden.[6] Werden entsprechende betriebsorganisatorische Maßnahmen nicht vorgenommen, kommen neben öffentlich-rechtlichen Folgen auch straf- und haftungsrechtliche Konsequenzen in Betracht. § 52a Abs. 2 BImSchG bzw. § 53 Abs. 1 KrW-/AbfG setzen eine solche **Organisationspflicht** voraus und statuieren eine Mitteilungspflicht hinsichtlich dieser Organisation. Für die der Störfall-Verordnung (12. BImSchV) unterliegenden Betriebsbereiche ist die Einrichtung eines **Sicherheitsmanagementsystems** als Grundlage des Störfall-Verhinderungskonzepts (§ 8 Störfall-VO) unabdingbar.[7] § 16 Störfall-VO sieht zudem die Einrichtung eines dem betroffenen Betriebsbereich angemessenen Überwachungssystems durch die Behörde vor, das eine planmäßige und systematische Prüfung der technischen, organisatorischen und managementspezifischen Systeme des

---

1 Vgl. *Peltzer* in Semler/Peltzer, Arbeitshandbuch für Vorstandsmitglieder, 2005, § 9 Rz. 81 ff.
2 BGH v. 18.9.1984 – VI ZR 223/82, BGHZ 92, 143; s. auch BGH v. 17.6.1997 – VI ZR 372/95, NJW 1997, 2748 – Lackierkabinen. Dazu *R. Enders*, Die zivilrechtliche Verantwortlichkeit für Altlasten und Abfälle, S. 141 f., 320 ff.
3 Vgl. statt vieler *R. Enders*, Die zivilrechtliche Verantwortlichkeit für Altlasten und Abfälle, S. 322.
4 Allg. zu Organisationsanforderungen an das „gerichtsfeste" Produktionsunternehmen *Adams/Johannsen*, BB 1996, 1017.
5 Vgl. *Huffmann*, Der Einfluss des § 52a BImSchG auf die Verantwortlichkeit im Unternehmen, S. 35 ff.; *Rehbinder*, ZHR 165 (2001), 1, 19 ff.; *Kiehte*, DVBl. 2004, 1516, 1523.
6 Überblick bei *Knebusch*, Die umweltschutzsichernde Betriebs- und Unternehmensorganisation: Versuch einer Konkretisierung umweltgerechter Organisationsstrukturen im Umweltrecht, Diss. iur. Mainz 2003, S. 49 ff.
7 Dazu *Heinze*, Sicherheitskonzept und Sicherheitsmanagementsystem nach der neuen Störfall-Verordnung, UPR 2002, 53; *Brüge*, Die neue Störfallverordnung und ihre Bedeutung für die Praxis, DB 2000, 1501.

Betriebsbereichs ermöglicht und so die Kontrolle der den Betreiber treffenden Pflichten zum Nachweis störfallspezifischer Vorsorge erlaubt; die entsprechenden Voraussetzungen für dieses Überwachungssystem hat der Betreiber zu schaffen.

62 Daneben fordert das Gesellschaftsrecht ein Mindestmaß umweltschutzsichernder Unternehmensorganisation: § 91 Abs. 2 AktG sieht vor, dass der Vorstand einer Aktiengesellschaft Maßnahmen zur Erkennung von den Fortbestand der Gesellschaft gefährdenden Entwicklungen ergreift und ein entsprechendes **Überwachungssystem** einrichtet.[1] Dieses Überwachungssystem muss auch den Umweltbereich abdecken, wenn und soweit sich daraus bestandsgefährdende Entwicklungen für die Gesellschaft ergeben können. Überwiegend wird aus dem Gedanken des § 91 Abs. 2 AktG, aus § 130 OWiG sowie aus dem Prinzip der Gesamtverantwortung der geschäftsführenden Organe und den Verkehrssicherungspflichten abgeleitet, dass nicht nur in Aktiengesellschaften, sondern in allen Unternehmen unabhängig von der Gesellschaftsform ein Überwachungssystem zu errichten[2] und zu dokumentieren ist.[3]

2. Unternehmensverantwortliche und Mitteilungspflichten zur Betriebsorganisation

63 Verschiedene öffentlich-rechtliche Normen verpflichten dazu, den zuständigen Behörden anzuzeigen, wer für die Gesellschaft die Pflichten des Anlagenbetreibers wahrnimmt. Eine Bestellung solcher **Unternehmensverantwortlicher** sehen etwa § 52a BImSchG, § 53 KrW-/AbfG und § 31 Abs. 1 StrlSchV vor.[4] Diese Normen stellen aber in § 52a Abs. 1 Satz 2 BImSchG, § 53 Abs. 1 Satz 2 KrW-/AbfG und § 31 Abs. 1 Satz 4 StrlSchV zugleich klar, dass die **Gesamtverantwortung** aller Organmitglieder von der Bestellung des Unternehmensverantwortlichen unberührt bleibt.[5]

64 § 52a BImSchG findet nur Anwendung, wenn die Kapital- oder Personengesellschaft mehr als einen vertretungsberechtigten Gesellschafter oder nur ein vertretungsberechtigtes Organmitglied hat.[6] Ist bei einer Kommanditgesellschaft Komplementär eine juristische Person (wie bei der GmbH & Co. KG), ist nach dem Sinn der Vorschrift auf die Geschäftsführungsverhältnisse der Komplementärin abzustellen.[7] § 52a BImSchG enthält zwei Pflichten für die Betreiber genehmi-

---

1 Vgl. in diesem Zusammenhang auch § 317 Abs. 4 HGB für börsennotierte Aktiengesellschaften; dazu *Spindler* in Fleischer, Handbuch des Vorstandsrechts, § 19 Rz. 59; jüngst *Reichert/Ott*, ZIP 2009, 2173 ff.
2 *Menzer*, GmbHR 2001, 506, 512; *Hauschka*, DB 2006, 1143, Fn. 1; *Uwe H. Schneider*, ZIP 2003, 645, 648 f.
3 LG München I v. 5.4.2007 – 5 HK O 15964/06, NZG 2008, 319, 320.
4 Hierzu *Rehbinder*, ZHR 165 (2001), 1, 8; zu vorsorgenden Organisationsstrukturen und dem unternehmerischen Sanktionsrisiko mit Blick auf § 130 OWiG jüngst *Wegner*, ZRFC 2010, 18.
5 Allg. A., vgl. nur *Uwe H. Schneider*, DB 1993, 1909, 1912; *Spindler* in Fleischer, Handbuch des Vorstandsrechts, § 15 Rz. 83.
6 Vgl. nur *Manssen*, GewArch 1993, 280, 281.
7 Ebenso *Jarass*, § 52a BImSchG Rz. 3 m.w.N. zum Streitstand.

gungsbedürftiger Anlagen: (i) die Benennung verantwortlicher (Leitungs-)Personen (Abs. 1) und (ii) die Offenlegung der Betriebsorganisation (Abs. 2).

a) Benennung einer verantwortlichen Person (§ 52a Abs. 1 BImSchG)

Handelt es sich bei dem Anlagenbetreiber um eine Kapitalgesellschaft oder eine Personengesellschaft mit mehreren vertretungsberechtigten Organmitgliedern bzw. Gesellschaftern, ist der nach Landesrecht zuständigen Behörde der Name derjenigen Person mitzuteilen, welche nach den internen Geschäftsführungsbestimmungen für die Erfüllung der Betreiberpflichten unter dem BImSchG sowie der darauf basierenden Verordnungen zuständig ist. Diese benannte Person fungiert dann als Hauptansprechpartner der jeweiligen Behörde. Die Benennung als verantwortliche Person setzt jedoch voraus, dass es sich um ein **vertretungsberechtigtes Organmitglied** bzw. einen **Gesellschafter** handelt. Besondere immissionsschutzfachliche oder -rechtliche Qualifikationen sind bei dieser Person nicht erforderlich. Auch begründet oder erweitert allein die Benennung keine privatrechtlichen oder öffentlich-rechtlichen Verpflichtungen oder Haftungen; diese ergeben sich vielmehr aus der Geschäftsführungsbefugnis. Wie oben erwähnt, bleibt nach § 52a Abs. 1 Satz 2 BImSchG die Gesamtverantwortung der Organmitglieder oder der Gesellschaft von der Mitteilung unberührt.

65

b) Offenlegung der Organisation (§ 52a Abs. 2 BImSchG)

§ 52 Abs. 2 BImSchG erfordert die Offenlegung der Aufbau- und Ablauforganisation, durch die sichergestellt werden soll, dass die zum Schutz vor schädlichen Umwelteinwirkungen und vor sonstigen Gefahren, erheblichen Nachteilen und erheblichen Belästigungen dienenden Vorschriften und Anordnungen beachtet werden. Dabei begründet § 52a Abs. 1 BImSchG keine eigenständige Organisationspflicht, sondern setzt eine entsprechende Organisation als bestehend voraus. Die Organisationspflicht ergibt sich vielmehr aus den materiellen Schutzpflichten, insbesondere § 5 BImSchG. Insofern ist die **Pflicht zur umweltschutzsichernden Betriebsorganisation** eine **Betreiberpflicht**.[1] Besondere organisatorische Anforderungen können sich darüber hinaus aus der Störfall-Verordnung (12. BImSchV) ergeben, soweit die jeweilige Anlage vom Anwendungsbereich der Störfallverordnung erfasst wird.

66

c) Organisatorische Umsetzung

Der genaue Inhalt und Umfang der Organisations- und der Mitteilungspflicht ergibt sich grundsätzlich nicht aus dem Gesetz, sondern richtet sich nach der Art der genehmigungsbedürftigen Anlage im Einzelfall. Allgemein wird jedoch die Vorlage eines **Organisationsplans** bzgl. des Betriebs der jeweiligen Anlage erforderlich sein. Ein solcher Organisationsplan sollte unter anderem die bestehenden Weisungsbefugnisse, das festgelegte Meldewesen (**Reporting**), die Überwachungs- und Wartungskonzepte, die Planungen für eventuelle Betriebsstörungen, die per-

67

---

1 *Feldhaus*, Umweltschutzsichernde Betriebsorganisation, NVwZ 1991, 927, 928 f.; *Spindler*, Unternehmensorganisationspflichten, S. 55 ff.

sonelle Besetzung, die Schulung der Betriebsangehörigen sowie die Verknüpfung der **Linienverantwortung** mit dem Umweltschutz kenntlich machen. Darüber hinaus ist, soweit einschlägig, die Einbindung von Immissionsschutzbeauftragten und Störfallbeauftragten aufzuzeigen. Teilweise wird vertreten, dass eine namentliche Nennung aller Funktionsträger erforderlich sei, was jedoch aufgrund des enormen organisatorischen Aufwandes (Wechsel von Personen) nicht praktikabel und – jedenfalls für alle Organisationsebenen unterhalb des Betriebsleiters – rechtlich auch nicht begründbar ist.[1] Generelle Vorgaben an die Qualifizierung einzelner Personen innerhalb des Organisationsplans (abgesehen von den Immissionsschutz- und Störfallbeauftragten) sieht das Gesetz nicht vor. Ebenso wenig gibt es gesetzlich verpflichtende Vorgaben für den Aufbau der Organisationsstruktur. Die Organisationsfreiheit des Unternehmers ist vielmehr zu respektieren, soweit eine Beachtung der immissionsschutzrechtlichen Pflichten gewährleistet wird. Anhaltspunkte für geeignete Organisationsformen lassen sich der europäischen EMAS-Verordnung (761/2001/EG) sowie der ISO-Norm 14001 (Umweltmanagementsysteme) entnehmen (dazu unten Rz. 109ff.). Die Teilnahme am freiwilligen EMAS-System führt grundsätzlich auch zur Erfüllung der Mitteilungspflichten nach § 52a Abs. 2 BImSchG. Besondere organisatorische Anforderungen können sich aus der Störfall-Verordnung (12. BImSchV) ergeben. Bei unzureichenden organisatorischen Maßnahmen kann die zuständige Behörde im Wege nachträglicher Anordnungen nach § 17 BImSchG eingreifen.

3. Umweltschutzbeauftragte

a) Erscheinungsformen

68 Neben spezialgesetzlich konkretisierten Eigenüberwachungspflichten, etwa nach § 7 Abs. 1 Satz 3 BImSchG und § 62 Abs. 1 WHG (§§ 19i, 19k WHG a.F.), kennt das Umweltrecht als besonderes **Instrument qualifizierter Eigenüberwachungspflichten** die Betreiberpflicht zur Bestellung von Umweltschutzbeauftragten.[2] Der praktisch verbreitete Sammelbegriff des Umweltschutzbeauftragten ist Ausdruck des übergreifenden gesetzgeberischen Ziels der Schaffung von Umwelteffizienz durch Betriebsorganisation, darf aber nicht darüber hinwegtäuschen, dass das Umweltrecht **keinen einheitlichen Umweltschutzbeauftragten** institutionell verankert hat, sondern spezielle Bestellungsvorschriften vorsieht, die indes grundsätzlich in der Person ein und desselben Beauftragten erfüllt werden können (sog. Mehrfachbeauftragter, s. unten). Spezialgesetzlich normiert sind der **Betriebsbeauftragte für Immissionsschutz** (Immissionsschutzbeauftragter, §§ 53–58 BImSchG) und, hinsichtlich der Betriebe und Betriebsbereiche, die der Störfall-Verordnung (12. BImSchV) unterliegen, der **Störfallbeauftragte** (§§ 58a–58d BImSchG), der **Betriebsbeauftragte für Abfall** (§§ 54f. KrW-/AbfG) und der **Gewässerschutzbeauftragte** (§§ 64–66 WHG). Das Atom- und Strahlenschutzrecht verpflichtet den Strahlenschutzverantwortlichen zur Bestellung eines **Strahlenschutzbeauftragten** nach Maßgabe der Strahlenschutzverordnung (§§ 31ff. StrlSchV) und der Röntgenverordnung (§§ 13ff. RöV). Zudem hat der Betreiber einer kerntech-

---

1 Überblick bei *Jarass*, § 52a BImSchG Rz. 11.
2 Vgl. *Kloepfer*, Umweltrecht, § 5 Rz. 149f., 422.

nischen Anlage i.S. des § 7 Abs. 1 AtG einen **kerntechnischen Sicherheitsbeauftragten** nach §§ 2 ff. der Atomrechtlichen Sicherheitsbeauftragten- und Meldeverordnung (AtSMV) zu bestellen. Im Gefahrgutbeförderungsrecht verpflichtet § 3 Abs. 1 Nr. 14 GGBefG i.V.m. der Gefahrgutbeauftragtenverordnung (GbV) Unternehmer und Inhaber von Betrieben, die an der Beförderung gefährlicher Güter mit Eisenbahn-, Straßen-, Wasser- und Luftfahrzeugen beteiligt sind, zur Bestellung eines **Gefahrgutbeauftragten**. Im Anwendungsbereich der Gentechnik-Sicherheitsverordnung hat der Betreiber bei gentechnischen Arbeiten in gentechnischen Anlagen und bei Freisetzungen gentechnisch veränderter Organismen einen **Beauftragten für die Biologische Sicherheit** zu bestellen, §§ 16 ff. GenTSV.

Mit Ausnahme des Gefahrgutbeauftragten, dessen Aufgaben nach § 1 Abs. 2 Nr. 3 GbV auch durch den Unternehmer oder Inhaber des Betriebs wahrgenommen werden dürfen, gilt hinsichtlich aller Umweltschutzbeauftragten ein **Verbot der Selbstbestellung** des Betreibers.[1]

Eine gesetzliche **Pflicht zur Bestellung** trifft die Betreiber bestimmter, untergesetzlich normierter Anlagentypen[2] bzw. beruht auf dem Umfang von Abwassereinleitungsrechten des Benutzers.[3] Sofern eine Bestellung gesetzlich nicht vorgeschrieben ist, kann die zuständige Behörde im Einzelfall dem Betreiber bzw. Einleiter die Bestellung aufgeben, wenn sie dies aufgrund der sich aus dem Betrieb der Anlage ergebenden Gefahren für angezeigt hält.[4]

b) Mehrfacher und gemeinsamer, externer und interner Beauftragter

Zulässig ist die Bestellung eines **Mehrfachbeauftragten** wie die eines **gemeinsamen Betriebsbeauftragten** für mehrere Anlagen eines die Bestellungspflicht auslösenden Anlagentyps dann, wenn hierdurch eine sachgemäße Erfüllung der gesetzlichen Aufgaben des Beauftragten nicht gefährdet wird. Unter der gleichen Voraussetzung soll die zuständige Behörde auf Antrag des Betreibers auch die Bestellung eines nicht betriebsangehörigen Beauftragten (**externer Umweltschutzbeauftragter**) genehmigen (§ 5 der 5. BImSchV, § 4 AbfBetrBV); eine Ausgliederung der Beauftragtenfunktion auf eine andere juristische Person ist nach herrschender Auffassung nicht möglich.[5] Die zuständige Behörde kann den Betreiber auch verpflichten, **mehrere Betriebsbeauftragte für eine Anlage** zu bestellen, wenn aufgrund der Anlagengröße nur so eine sachgerechte Aufgabenerfüllung gewährleistet ist. Auf Antrag eines oder mehrerer Betreiber von Anlagen, die unter der einheitlichen Leitung eines herrschenden Unternehmens zusammengefasst sind, kann die Bestellung eines **Betriebsbeauftragten für den Konzernbereich** gestattet werden, wenn das herrschende Unternehmen den Betreibern gegenüber zu Weisungen hinsichtlich der gesetzlichen Aufgaben des Betriebsbeauftragten be-

---

1 Vgl. *Fischer*, Der Betriebsbeauftragte im Umweltschutzrecht, 1996, S. 20, 45 ff.
2 S. § 1 i.V.m. Anhang I der Verordnung über Immissionsschutz.- und Störfallbeauftragte – 5. BImSchV, § 3 der Verordnung über Betriebsbeauftragte für Abfall (AbfBetrBV).
3 § 21a Abs. 1 WHG: Recht (i.d.R. Erlaubnis oder Bewilligung) zur Einleitung von mehr als 750 m³ Abwasser pro Tag.
4 § 53 Abs. 2 und § 58a Abs. 2 BImSchG, § 54 Abs. 2 KrW-/AbfG, § 21a Abs. 2 WHG.
5 Nachweise bei *Spindler*, Unternehmensorganisationspflichten, S. 119 m. Fn. 493.

rechtigt ist (§ 4 der 5. BImSchV, § 5 AbfBetrBV). Zusätzlich zum Konzernbeauftragten muss dann aber für jede Anlage bzw. jeden Betriebsbereich eine fachkundige und zuverlässige Person zur Gewährleistung der sachgemäßen Erfüllung der Aufgaben des Betriebsbeauftragten bestellt werden.

72 Die Bestellung der Umweltschutzbeauftragten hat schriftlich unter genauer Bezeichnung der dem Beauftragten obliegenden Aufgaben zu erfolgen.[1] Der Umweltschutzbeauftragte ist regelmäßig **kein leitender Angestellter** im arbeitsrechtlichen Sinne.[2]

c) Aufgaben und Kompetenzen, Benachteiligungsverbot

73 Zum Umweltschutzbeauftragten darf nur bestellt werden, wer die zur Erfüllung der Aufgabe erforderliche **Fachkunde** und **Zuverlässigkeit** besitzt.[3] Für den Immissionsschutz- und den Störfallbeauftragten konkretisieren §§ 7 bis 9 der 5. BImSchV diese Anforderungen, für die anderen Umweltschutzbeauftragten fehlen entsprechende untergesetzliche Konkretisierungen. Die Anforderungen nach der 5. BImSchV – einschlägiges Hochschulstudium oder gleichwertige fachliche Ausbildung, Besuch von behördlich anerkannten Lehrgängen und regelmäßige Fortbildungen, mindestens zweijährige praktische Tätigkeit in der Anlage, für die der Beauftragte bestellt werden soll – dienen aber als Anhaltspunkte für die an andere Umweltschutzbeauftragte zu stellenden Anforderungen.[4]

74 Das gesetzlich nur abstrakt beschriebene und durch die individuelle Beauftragung zu konkretisierende **Aufgabenspektrum** der Umweltschutzbeauftragten ist ausgeprägt **initiativer, kontrollierender** und **konsiliarischer Natur**; echte Leitungs-, Weisungs- und Beaufsichtigungsrechte sind nur für den Strahlenschutzbeauftragten vorgesehen (§ 32 Abs. 2 Satz 2 StrlSchV).[5] Im Allgemeinen geht es um die Kontrolle von Anlagen und Betriebsstätten, Unterrichtung über und Vorschläge zur Beseitigung von Mängeln, Information und Aufklärung sowie die Entwicklung und Einführung umweltfreundlicher Verfahren und Produkte. Der Betreiber hat durch innerbetriebliche Organisationsmaßnahmen sicherzustellen, dass der Umweltschutzbeauftragte entsprechend seinem gesetzlichen Auftrag ungehindert prüfen, kontrollieren und beraten sowie „unmittelbar bei der Geschäftsleitung vortragen" kann, wenn er sich mit dem zuständigen Betriebsleiter nicht einigen konnte und er wegen der besonderen Bedeutung der Sache eine Entscheidung der Geschäftsleitung für erforderlich hält (sog. **Vortragsrecht**, § 57 BImSchG i.V.m. § 55 Abs. 2 KrW-/AbfG, § 21e WHG]. Das Vortragsrecht kann wie alle gesetzlichen Pflichten der Umweltschutzbeauftragten als öffentlich-rechtliche Pflicht durch die zuständige Behörde – notfalls im Wege des Verwaltungszwangs

---

[1] § 55 Abs. 1 BImSchG, § 21c Abs. 1 WHG, § 31 Abs. 2 StrlSchV.
[2] *Bährle*, UPR 1995, 93, 94.
[3] § 55 Abs. 2 Satz 1 und § 58c Abs. 1 BImSchG, § 55 Abs. 3 KrW-/AbfG, § 21c Abs. 2 Satz 1 WHG, § 31 Abs. 3 StrlSchV. Überblick bei *Kaster*, GewArch 1998, 129, 133 f.
[4] *Kaster*, GewArch 1998, 129, 133; ebenso für den Gewässerschutzbeauftragten *Czychowski/Reinhardt*, § 21c WHG Rz. 11.
[5] Kritisch schon *Feldhaus*, NVwZ 1991, 927, 930: „betriebsorganisatorische Schwäche in der Stellung des Betriebsbeauftragten".

– gegenüber dem Betreiber durchgesetzt werden, nicht aber durch den Umweltschutzbeauftragten selbst.[1]

Gemeinsames und wesentliches Merkmal der gesetzlichen Ausgestaltung aller Umweltschutzbeauftragten ist das **Benachteiligungsverbot**:[2] Wegen der Erfüllung der ihnen übertragenen Aufgaben dürfen sie nicht benachteiligt werden; dieses öffentlich-rechtliche Verbot richtet sich nicht nur an den Arbeitgeber, sondern auch an jeden Dritten, mithin auch den Betriebsrat.[3] **Interne**, also beim Betreiber angestellte **Umweltschutzbeauftragte** genießen **besonderen Kündigungsschutz**[4], der nur durch das Vorliegen besonderer, zur außerordentlichen und fristlosen Kündigung berechtigender Tatsachen durchbrochen werden darf und zudem für ein Jahr nach Abberufung als Beauftragter fortwirkt.[5]

75

d) Außenhaftung des Umweltschutzbeauftragten?

Nach ganz herrschender Auffassung trifft die Umweltschutzbeauftragten keine eigene zivil- oder strafrechtliche Verantwortlichkeit;[6] insbesondere begründen die Vorschriften über die gesetzlichen Aufgaben keine Schutzgesetze i.S. des § 823 Abs. 2 BGB.[7] Die zivilrechtliche Haftung ist zudem bei internen Beauftragten nach den Grundsätzen betrieblich veranlasster Arbeit begrenzt.[8] Zur ordnungsgemäßen Aufgabenerfüllung kann den Umweltschutzbeauftragten regelmäßig nur der Betreiber, gestützt auf das Bestellungs- und das Arbeitsverhältnis, anhalten. Erst wenn Pflichtverstöße des Beauftragten Zweifel an seiner Fachkunde und Zuverlässigkeit begründen, kann die zuständige Behörde seine Abberufung verlangen.[9] Im Einzelfall kann der Betriebsbeauftragte strafrechtlich verantwortlich sein, wenn ihm über seine Beauftragtenbefugnisse hinaus Entscheidungsbefugnisse i.S. des § 14 Abs. 2 Satz 1 Nr. 2 StGB und § 9 Abs. 2 Satz 1 Nr. 2 OWiG übertragen worden sind.[10]

76

4. Betrieblicher Umweltschutz und Betriebsratsbeteiligung nach § 89 BetrVG

Seit 2001[11] sind die Aufgaben des Betriebsrats beim betrieblichen Umweltschutz erheblich erweitert. Die Förderung des betrieblichen Umweltschutzes gehört seitdem zu den allgemeinen Aufgaben des Betriebsrats, § 80 Abs. 1 Nr. 9

77

---

1 *Jarass*, § 55 BImSchG Rz. 23, § 58 BImSchG Rz. 7.
2 § 56 BImSchG, § 55 Abs. 3 KrW-/AbfG, § 21f Abs. 1 WHG, § 32 Abs. 5 StrlSchV.
3 *Bährle*, UPR 1995, 93, 95.
4 Vgl. dazu statt vieler *Ehrich*, DB 1996, 1468, 1473ff.
5 § 58 Abs. 2 BImSchG, § 55 Abs. 3 KrW-/AbfG, § 21f Abs. 2 WHG.
6 *Kloepfer*, Umweltrecht, § 5 Rz. 425 a.E.; *Jarass*, § 54 BImSchG Rz. 16.
7 *Jarass*, § 54 BImSchG Rz. 15 m.w.N.; *Sander*, NuR 1985, 47, 48.
8 *Kaster*, GewArch 1998, 129, 139.
9 S. § 55 Abs. 2 Satz 2 BImSchG.
10 *Kaster*, GewArch 1998, 129, 138 m.w.N.
11 Durch das Gesetz zur Reform des Betriebsverfassungsgesetzes vom 23.7.2001 (BGBl. I 2001, 1852). Zusammenfassend *Wiese*, BB 2002, 674; kritisch zum Regierungsentwurf *Konzen*, RdA 2001, 76.

BetrVG[1], woraus allerdings kein Mitbestimmungsrecht für umweltwirksame Investitionen folgt.[2] § 88 Nr. 1a BetrVG sieht die schon zuvor in der Praxis verbreiteten **freiwillige Betriebsvereinbarungen zu Maßnahmen des betrieblichen Umweltschutzes** nunmehr ausdrücklich vor.[3] Zwar ist die – „unbeholfene"[4] – Legaldefinition des betrieblichen Umweltschutzes in § 89 Abs. 3 BetrVG sehr weit, mit der Beschränkung auf den „betrieblichen" Umweltschutz ist jedoch hinreichend klargestellt, dass dem Betriebsrat **kein allgemeines umweltpolitisches Mandat** zukommt[5], noch er die Funktion eines Hilfsorgans staatlicher Umweltschutzbehörden hat.[6] Das **Kooperationsgebot** des § 89 BetrVG verpflichtet in Abs. 1 Satz 1 den Betriebsrat, sich dafür einzusetzen, dass Umweltschutzvorschriften „durchgeführt" werden, nach Abs. 2 Satz 2 der Vorschrift hat der Arbeitgeber den Betriebsrat „bei allen im Zusammenhang mit dem betrieblichen Umweltschutz stehenden Besichtigungen und Fragen hinzuzuziehen"[7] und ihm unverzüglich die „den betrieblichen Umweltschutz betreffenden Auflagen und Anordnungen der zuständigen Stellen mitzuteilen"; ein darüber hinausgehendes Mandat zur unabhängigen Zusammenarbeit mit Umweltschutzbehörden hat der Betriebsrat nicht.[8] Auch im Übrigen sind die gesetzlichen Grenzen umweltschutzbezogener Mitbestimmung zu beachten. So ist die Entscheidung über die Teilnahme an freiwilligen Umweltmanagementsystemen wie namentlich EMAS als unternehmerische Entscheidung mitbestimmungsfrei.[9] Das Kooperationsgebot erstreckt sich auch auf die Umweltschutzbeauftragten[10], sofern nicht ein Betriebsratsmitglied – bei Erfüllung der fachlichen Voraussetzungen – zum Umweltschutzbeauftragten bestellt wird.[11] Dem arbeitsrechtlichen Kooperationsgebot entspricht die umweltverwaltungsrechtliche Verpflichtung zur Unterrichtung des Betriebsrats vor Bestellung, Abberufung und Änderung der Aufgaben eines Umweltschutzbeauftragten.[12]

78 Wird der Betriebsrat in der Wahrnehmung seiner durch § 89 BetrVG übertragenen Aufgaben behindert oder gestört, ist dies bei Vorsatz nach § 119 Abs. 1 Nr. 2 BetrVG strafbar.[13] Für Streitigkeiten zwischen Arbeitgeber und Betriebsrat über

---

1 S. entsprechend für Unternehmen mit Wirtschaftsausschuss § 106 Abs. 3 Nr. 5a BetrVG.
2 *Preis* in Wlotzke/Preis, § 80 BetrVG Rz. 23.
3 Zum möglichen Inhalt *Fitting*, § 88 BetrVG Rz. 18.
4 Zutreffend *Konzen*, RdA 2001, 76, 89. – Nach Maßgabe des § 45 Satz 1 BetrVG können allerdings „Angelegenheiten umweltpolitischer Art", die einen unmittelbaren Bezug zu den Arbeitnehmern und dem Betrieb haben, Gegenstand von Betriebs- und Abteilungsversammlungen sein.
5 *Bender* in Wlotzke/Preis, § 88 BetrVG Rz. 9 m.w.N.; *Wiese*, BB 2002, 674, 675.
6 So schon präzisierend die Gesetzesbegründung BT-Drucks. 14/5741, S. 31; s. auch *Richardi*, Die neue Betriebsverfassung, § 19 Rz. 3.
7 Zur korrespondierenden Verpflichtung des Arbeitgebers zur Aushändigung entsprechender Niederschriften (§ 89 Abs. 5 BetrVG) s. *Wiese*, BB 2002, 674, 679.
8 *Wiese*, BB 2002, 674, 679.
9 *Wiese*, BB 2002, 674, 680.
10 *Kohte* in Düwell, § 89 BetrVG Rz. 29.
11 Dazu schon *Kloepfer*, DB 1993, 1125, 1126.
12 § 55 Abs. 1a BImSchG i.V.m. § 55 Abs. 3 KrW-/AbfG, § 58c Abs. 1 BImSchG, § 21c Abs. 1a WHG.
13 *Bender* in Wlotzke/Preis, § 89 BetrVG Rz. 24; *Kohte* in Düwell, § 89 BetrVG Rz. 52.

Betriebsvereinbarungen zum betrieblichen Umweltschutz und über die Beteiligungsrechte aus § 89 BetrVG sind die Arbeitsgerichte zuständig, die im Beschlussverfahren entscheiden.[1]

D. Umweltverantwortlichkeit bei Unternehmenstransaktionen und Umstrukturierungen: Rechtsnachfolge in umweltrechtliche Rechts- und Pflichtenstellungen

I. Grundfragen der Verantwortungszuweisung

Die Umweltverantwortlichkeit eines Managers endet selten an den Grenzen des Unternehmens, dem er angehört. Unternehmenstransaktionen – Unternehmens- und Vermögenskauf („*Asset deals*") und Beteiligungs-/Anteilskauf („*Share deals*") sowie Umstrukturierungen[2] – prägen die Unternehmenswirklichkeit in einem Ausmaß, wie es dem eindeutige Pflichtenadressaten und Rechtsinhaber voraussetzenden Umweltverwaltungsrecht fremd ist. Die Praxis ordnet umweltrechtliche Verantwortung autonom zu und bestimmt selbst, ob und inwieweit es die Disposition darüber zulässt. Bei Unternehmenstransaktionen, bei denen umweltrechtlich verpflichtete Unternehmen involviert sind, ist deshalb stets allgemein zu fragen, ob und inwieweit der Erwerber oder Übernehmer Risiken aus der Pflichtenstellung des Rechtsvorgängers zu gewärtigen hat.[3] Für geschäftsführende Organe ergeben sich mit Blick auf § 43 Abs. 2 GmbHG und § 93 Abs. 2 Satz 1 AktG insoweit besondere Sorgfaltspflichten, auf die im Gesellschaftsinteresse liegende Zuordnung umweltrechtlicher Risiken zu achten.

79

Die mit der Allokation von Umweltrisiken verbundenen Fragen zeigen sich exemplarisch und in großer Deutlichkeit bei der **Spaltung nach §§ 123 ff. UmwG**. Dabei unterliegt die Vermögensverteilung der privatautonomen Spaltungsfreiheit der beteiligten Rechtsträger,[4] sie erstreckt sich auch auf die Verbindlichkeiten des übertragenden Rechtsträgers. Zu diesen Verbindlichkeiten können grundsätzlich auch solche umweltrechtlicher Natur zählen. Die umweltrechtliche Brisanz der Spaltungsfreiheit ist allgemein bekannt. Ihr tatsächlich verbreiteter Missbrauch in Form der **Übertragung altlastenbehafteter Grundstücke** auf eine konzernangehörige, im Hinblick auf die Sanierungskosten unterkapitalisierte Tochtergesellschaft[5] hat den Gesetzgeber im Rahmen der Beratungen zu § 4 Abs. 3 BBodSchG dazu veranlasst, insoweit eine **Durchgriffshaftung** auf den Gesellschafter einzuführen.[6]

80

---

1 § 2a Abs. 1 Nr. 1, Abs. 2, §§ 80ff. ArbGG.
2 Zur Bedeutung von Umwandlungen im Zusammenhang mit Unternehmensakquisitionen vgl. allg. *Kallmeyer*, DB 2002, 568 ff.
3 Neben Risiken aufgrund der Transaktion selbst, wie sie sich aus umweltrechtlichen Informationspflichten (etwa nach § 2 Abs. 1 LBodSchG NRW und entsprechenden Vorschriften) ergeben; dazu im Überblick *Hilf/Roth*, DB 2005, 1951.
4 § 126 Abs. 1 Nr. 9, § 131 Abs. 1 Nr. 1 Satz 1 UmwG.
5 Zum Problem aus konzernrechtlicher Perspektive *Westermann*, ZHR 155 (1991), 223, 225.
6 S. BR-Drucks. 13/6701, S. 51 Nr. 21; *Bickel*, § 4 BBodSchG Rz. 54 f.; kritisch *Spindler*, ZGR 2001, 385.

81 Nach der ersatzlosen Streichung der sog. „Spaltungsbremse" der §§ 132, 131 Abs. 1 Nr. 1 Satz 2 UmwG a.F., wonach allgemeine Vorschriften, welche die Übertragung eines Gegenstandes ausschlossen, an bestimmte Voraussetzungen knüpften oder einer Genehmigungspflicht unterwarfen, von den Wirkungen der Eintragung nach § 131 UmwG unberührt blieben, sind heute – grundsätzlich wie bei der Verschmelzung – nur noch höchstpersönliche Rechte und Pflichten von der Rechtsnachfolge ausgeschlossen.[1] Es bedarf daher keiner staatlichen Genehmigung bzw. rechtsgeschäftlichen Zustimmung mehr, um einen Gegenstand oder ein Recht bei einer Übertragung im Wege der Spaltung aufrechtzuerhalten.[2]

82 Sind mit einem Vermögensgegenstand Risiken verbunden, so werden die beteiligten Rechtsträger diese Risiken regelmäßig im Rahmen des Spaltungs- und Übernahmevertrages möglichst eindeutig zuzuweisen versuchen. Dabei gelten für Risiken, die sich aus umweltrechtlichen Rechten und Pflichten ergeben können, zunächst keine Besonderheiten. Wird etwa ein Grundstück auf einen anderen Rechtsträger ausgegliedert, ist der übertragende Rechtsträger grundsätzlich bemüht, mit dem Grundstück auch seine damit verbundene Verantwortlichkeit für Altlasten oder sonstige Umweltbelastungen, die auf dem Grundstück vorhanden sein könnten, auf den übernehmenden Rechtsträger mit zu übertragen, um dann nach Ablauf der Fünfjahresfrist des § 133 Abs. 3 UmwG insoweit von seiner Haftung frei zu werden.

83 Soweit von der umwandlungsrechtlichen Literatur überhaupt thematisiert, werden öffentlich-rechtliche **Rechtspositionen** – also auch solche des **Umweltverwaltungsrechts** – **grundsätzlich** als **übertragungsfähig** im Sinne des § 131 Abs. 1 Nr. 1 UmwG angesehen.[3] Davon ausgenommen werden, mit terminologischen Nuancierungen, Rechtspositionen, die „höchstpersönlicher Art"[4] bzw. nicht „sachlich gebunden", sondern „personenbezogen"[5] sind. Daran hat sich durch Streichung der §§ 132, 131 Abs. 1 Nr. 1 Satz 2 UmwG nichts geändert.[6] Auch der Gesetzgeber betont, dass höchstpersönliche Rechte und Pflichten weiterhin von der Nachfolge ausgeschlossen bleiben.[7] Sie sollen bei Abspaltung und Ausgliederung unabhängig von den Festlegungen im Spaltungs- und Übernahmevertrag beim übertragenden Rechtsträger verbleiben, bei einer Aufspaltung und der Verschmelzung sollen sie erlöschen.[8] Als Abgrenzungskriterium zeichnet sich danach ab, dass höchstper-

---

1 *Hörtnagl* in Schmitt/Hörtnagl/Stratz, § 131 UmwG Rz. 11.
2 *Mayer*, MittBayNot 2007, 368, 373.
3 Überblick zum Meinungsstand bei *Zeppezauer*, Genehmigungen in der Unternehmensumwandlung: Einfluss von Formwechsel, Verschmelzung und Spaltung auf Genehmigungen des Wirtschaftsverwaltungsrechts, 2005, S. 235 ff.
4 *Hörtnagl* in Schmitt/Hörtnagl/Stratz, § 131 UmwG Rz. 85; *Kallmeyer* in Kallmeyer, § 131 UmwG Rz. 6.
5 *Teichmann* in Lutter, § 132 UmwG Rz. 65.
6 A.A. *Zeppezauer*, DVBl. 2007, 599 (609).
7 BT-Drucks. 16/2919, S. 19.
8 *Hörtnagl* in Schmitt/Hörtnagl/Stratz, § 131 UmwG Rz. 85; *Teichmann* in Lutter, § 132 UmwG Rz. 65; *Kallmeyer* in Kallmeyer, § 131 UmwG Rz. 6; *Gaiser*, DB 2000, 361, 364; für die Verschmelzung *Vossius* in Widmann/Mayer, Umwandlungsrecht, Losebl., 110. Lfg. 9/2009, § 20 UmwG Rz. 250 f.; *Gaiser*, DB 2000, 361, 364; *Grunewald* in Lutter, § 20 UmwG Rz. 13; gegen die ganz herrschende Meinung: *Zeppezauer*, DVBl. 2007, 599, 601 ff., 609.

sönliche öffentlich-rechtliche Rechte der partiellen Gesamtrechtsnachfolge nicht zugänglich sind, sachbezogene Rechte hingegen der Dispositionsfreiheit der beteiligten Rechtsträger unterliegen und im Spaltungs- und Übernahmevertrag zugewiesen werden können. Für öffentlich-rechtliche Verpflichtungen, die in Geld zu erfüllen sind, nimmt die umwandlungsrechtliche Literatur an, dass diese übertragen werden können. Hingegen seien nicht auf Geld gerichtete öffentlich-rechtliche Verpflichtungen, etwa Handlungs- und Unterlassungsverpflichtungen, nach Durchführung der Spaltung für alle beteiligten Rechtsträger bindend.[1] Davon wiederum ausgenommen sei die Sanierungsverantwortlichkeit des Gesamtrechtsnachfolgers nach § 4 Abs. 3 Satz 1 BBodSchG[2] – sie soll vertraglich zugewiesen werden können.[3] Dabei handelt es sich aber nicht um einen Fall der gesetzlich geregelten Rechtsnachfolge, sondern um die Schaffung einer selbständigen Haftung des Gesamtrechtsnachfolgers. Der Gesamtrechtsnachfolger des Verursachers haftet hier nicht aus einem Rechtsnachfolgetatbestand, er tritt nicht „in" eine umweltrechtliche Pflichtenstellung ein, sondern er haftet aufgrund der gesetzlichen Inpflichtnahme.[4] Soweit keine gesetzliche Regelung besteht, ist die Übertragungsfähigkeit und das Schicksal von Verhaltensverantwortlichkeit – jedenfalls vor Konkretisierung durch Verwaltungsakt – umstritten.[5]

II. Grundsatz der privatrechtlichen Indisponibilität öffentlich-rechtlicher Haftung

Bei der Frage der Nachfolgefähigkeit und damit der Übertragbarkeit umweltrechtlicher Verpflichtungen geraten zunächst **umweltordnungsrechtliche Pflichten** in den Fokus. In diesen Fällen geht es um die Abwehr oder Beseitigung von Gefahren für die öffentliche Sicherheit, die ihre Ursache im Verhalten von Personen haben („Verhaltensstörer") oder im Zustand einer Sache, für die eine Person verantwortlich ist („Zustandsstörer"). Die Verantwortlichkeit einer Person für die Gefahrenabwehr oder -beseitigung wird traditionell als „Polizeipflicht" bezeichnet. Dabei ist zu differenzieren zwischen der Übernahme einer „abstrakten" Polizeipflicht und einer durch behördliche Anordnung „konkretisierten" Verantwortlichkeit („konkrete Polizeipflicht"). 84

Die Polizeipflicht ist eine öffentlich-rechtliche Pflicht. Sie kann nach klassischer[6] Lehre mangels Dispositionsbefugnis der Adressaten dieser Pflicht nicht zum Gegenstand privatrechtlicher Vereinbarungen gemacht werden.[7] Zwar kann der Polizeipflichtige in einem privatrechtlichen Vertrag einen anderen verpflichten, an seiner Statt die Polizeipflicht zu erfüllen. Wer also etwa zur Sanierung einer Altlast oder zur Beseitigung von Bergschäden verpflichtet ist, kann 85

---
1 *Hörtnagl* in Schmitt/Hörtnagl/Stratz, § 131 UmwG Rz. 85.
2 Näher dazu *Versteyl* in Vesteyl/Sondermann, § 4 BBodSchG Rz. 46 ff.
3 *Hörtnagl* in Schmitt/Hörtnagl/Stratz, § 131 UmwG Rz. 85 sowie *Teichmann* in Lutter, § 132 UmwG Rz. 65.
4 Kritisch: *Bickel*, § 4 BBodSchG Rz. 26.
5 Vgl. *Gaiser*, DB 2000, 361, 364; *Stadie*, DVBl. 1990, 501, 503 ff. m.w.N.
6 Das ist wörtlich zu nehmen: *Ius publicum privatorum pactis mutari non potest*. Dig. 2, 14, 38 (*Papinian*).
7 Drews/Wacke/*Vogel/Martens*, Gefahrenabwehr, § 19, S. 298.

natürlich einen Werkvertrag mit einem Unternehmer schließen, nach dem der Unternehmer alles zur Erfüllung der Sanierungs- bzw. Beseitigungspflicht Erforderliche zu leisten hat. Im Verhältnis zur Behörde hat ein solcher Vertrag aber nicht die Wirkung einer unter Privaten möglichen privativen Schuldübernahme (§§ 414f. BGB); der Polizeipflichtige haftet weiter. Von diesem Grundsatz der **Indisponibilität der Polizeipflicht** sind zum einen Ausnahmen entwickelt worden. Zum anderen muss von der Disposition über die öffentlich-rechtliche Pflichtenstellung (oder die Rechtsposition) unterschieden werden die Disposition über den Rechts- bzw. Pflichtenträger. Im Ergebnis werden dadurch der Anwendungsbereich und damit die praktische Bedeutung des Grundsatzes – insbesondere im Zusammenhang mit Spaltungsvorgängen – erheblich eingeschränkt. Er gilt in dieser Form im Wesentlichen nur für die eigentliche Verfügung über öffentlich-rechtliche Rechte und Pflichten.

III. Einzel- und Gesamtrechtsnachfolge in die konkretisierte Zustandsverantwortlichkeit

86   Ist die **Zustandsverantwortlichkeit** des Rechtsvorgängers im Zeitpunkt des Eigentumsübergangs schon durch eine behördliche Anordnung **konkretisiert**, tritt der Rechtsnachfolger in diese Pflichtenstellung ein, soweit die behördliche Verfügung nicht auf eine unvertretbare Handlung gerichtet ist. Dies ist heute, wenn auch in unterschiedlichem Umfang, für Einzel- und Gesamtrechtsnachfolge überwiegend[1] anerkannt,[2] entgegen der früher ganz herrschenden Auffassung, nach der öffentlich-rechtliche Verpflichtungen des Einzelnen generell höchstpersönlich und folglich nachfolgeunfähig seien.[3] Die Zuweisung der konkretisierten Zustandsverantwortlichkeit im Rahmen der Spaltung weist zunächst keine Besonderheiten auf. Ist etwa bei einer vorhandenen (weder vom übertragenden noch vom übernehmenden Rechtsträger verursachten) Altlast die Sanierung noch nicht durchgeführt, muss der Sanierungsverpflichtete eine Rückstellung für ungewisse Verbindlichkeiten bilden (§ 249 Abs. 1 Satz 1 HGB), die nach ständiger Rechtsprechung des BFH körperschaft- und einkommensteuerlich (§ 8 Abs. 1 KStG, § 5 Abs. 1 Satz 1 EStG) nur dann anzuerkennen ist, wenn sie hinreichend konkret ist.[4] Dies ist nach Erlass eines Sanierungsbescheides der Fall und vorher

---

1   Anders noch Drews/Wacke/*Vogel*/*Martens*, Gefahrenabwehr, § 19, S. 300 für die Einzelrechtsnachfolge; *Knemeyer*, Polizei- und Ordnungsrecht, Rz. 335.
2   *Denninger* in Lisken/Denninger, Handbuch des Polizeirechts, Rz. E 121 ff.; *Papier*, NVwZ 1986, 256, 262; allerdings weiterhin nicht unumstritten.
3   BVerwG v. 9.5.1960 – I C 55.59, BVerwGE 10, 282, 285; BVerwG v. 29.6.1960 – V C 447.58, BVerwGE 11, 43, 46; *Jellinek*, System der subjektiven öffentlichen Rechte, 1919, S. 343; *Meyer*, Deutsches Verwaltungsrecht, Bd. 1, 3. Aufl. 1924, S. 238; *Forsthoff*, Lehrbuch des Verwaltungsrechts, 10. Aufl. 1974, S. 192.
4   St.Rspr. des BFH, s. z.B. BFH v. 25.8.1989 – III R 95/87, BStBl. II 1989, 893 = DB 1989, 2252; für die öffentlich-rechtliche Pflicht zur Abfallbeseitigung BFH v. 8.11.2000 – I R 6/96, BStBl. II 2001, 570 = DB 2001, 410; dazu *Mayr*, DB 2003, 740; s. auch *App*, GewArch 2003, 417; *Schmidt/Roth*, DB 2004, 553; BFH v. 25.3.2004 – IV R 35/02, BB 2004, 1620 ff.; BFH v. 21.9.2005 – X R 29/03, DB 2006, 1466 ff. und dazu *Hoffmann*, DB 2006, 1522 f.; *Hoffmann/Siegel*, BB 2007, 121.

nur, wenn sich ein solcher gleichsam abzeichnet.[1] Im Spaltungs- und Übernahmevertrag ist dann neben der Zuweisung der Haftung das Schicksal der vom übertragenden Rechtsträger gebildeten Rückstellung zu behandeln (§ 126 Abs. 1 Nr. 9 UmwG).

Dabei kann es allerdings nicht bewenden. Nach § 4 Abs. 6 BBodSchG haftet der frühere Eigentümer, also der übertragende Rechtsträger, originär für eine Altlast, wenn er diese zum Zeitpunkt der Übertragung kannte oder kennen musste. Ob „Übertragung" im Sinne der Vorschrift eine Einzelrechtsnachfolge voraussetzt[2] oder auch den Fall der partiellen Gesamtrechtsnachfolge erfasst, ist nicht abschließend geklärt. Da die „Übertragung" eines Rechts im Allgemeinen aber als eine Art der Verfügung über ein Recht angesehen wird und jede Verfügung eine unmittelbare Einwirkung des Rechtsinhabers auf sein Recht voraussetzt[3], spricht die Verwendung des allgemeinen Begriffs der Übertragung gegen die Einbeziehung der Gesamtrechtsnachfolge in den Tatbestand des § 4 Abs. 6 BBodSchG. Die nachwirkende Zustandhaftung ist grundsätzlich zeitlich unbegrenzt[4] und reicht insbesondere über den Fünfjahreszeitraum des § 133 Abs. 3 UmwG hinaus. Jedenfalls besteht ein Risiko, dass der übertragende Rechtsträger als früherer Eigentümer trotz der gleichzeitigen Begründung der Haftung des übernehmenden Rechtsträgers (als neuem Zustandsstörer) nach § 4 Abs. 3 Satz 1 BBodSchG weiter haftet. Der Haftungstatbestand des § 4 Abs. 6 BBodSchG ist nicht disponibel[5] und begründet eine **„ewige Zustandsverantwortlichkeit"**.[6] Unternehmen, die einmal die Voraussetzungen des § 4 Abs. 6 BBodSchG erfüllt haben, haften demnach unbeschränkt nach dieser Vorschrift.[7] Die gegenteilige, vereinzelt gebliebene Auffassung von *Maier-Reimer*[8], wonach § 4 Abs. 6 BBodSchG zur Folge hat, „dass die Zustandshaftung als Altschuld anzusehen ist und sich die Enthaftung nach den für Altschulden geltenden Regeln richtet", die Ewigkeitshaftung also nur den übernehmenden Rechtsträger treffe, ist mit der Rechtsnatur dieser selbständigen, an die Rechtsstellung als früherer Eigentümer anknüpfenden, gesetzlichen Haftungszuweisung nicht vereinbar. Sie findet im Übrigen auch in den Gesetzesmaterialien keine hinreichende Stütze. 87

IV. Rechtsnachfolge in die konkrete Verhaltensverantwortlichkeit

Ähnlich wie bei der konkretisierten Zustandsverantwortlichkeit hat das Ordnungsrecht auch bei der Frage der Nachfolgefähigkeit der durch eine behördliche Verfügung **konkretisierten Verhaltensverantwortlichkeit** einen Wandel voll- 88

---

1 Alternativ bei Abschluss einer öffentlich-rechtlichen Sanierungsvereinbarung (§§ 54 ff. VwVfG, § 13 Abs. 4 BBodSchG).
2 So *Spindler*, ZGR 2001, 385, 400.
3 Vgl. BGH v. 15.3.1951 – IV ZR 9/50, BGHZ 1, 294, 304; BGH v. 24.10.1979 – VII ZR 289/78, BGHZ 75, 221, 226 f.
4 Allg. Ansicht, vgl. nur *Giesberts/Frank*, DB 2000, 505, 510.
5 *Schall/Horn*, ZIP 2003, 327, 334 und 336.
6 *Giesberts* in Fluck, KrW-/Abf-/BodSchR, Losebl., Bd. 4, § 4 BBodSchG Rz. 370.
7 *Giesberts/Frank*, DB 2000, 505, 510 f.
8 *Maier-Reimer* in Semler/Stengel, § 133 UmwG Rz. 110 mit Fn. 300.

zogen. Deren Nachfolgefähigkeit wir heute vielfach bejaht.[1] Praktisch wird es sich häufig um die Kosten einer Ersatzvornahme oder unmittelbaren Ausführung handeln, die gegen den Rechtsnachfolger des Verursachers geltend gemacht werden.[2] Im Immissionsschutzrecht sind auch andere Fallgestaltungen praktisch relevant. Wenn beispielsweise von einer Anlage schädliche Umwelteinwirkungen ausgegangen sind, die vom Betreiber verursacht wurden (Verhaltensverantwortlichkeit), dann wirkt eine behördliche Verfügung, mit der dem Betreiber die Beseitigung der Störung aufgegeben wird, auch gegen dessen Rechtsnachfolger, vorausgesetzt dieser ist auch Rechtsnachfolger in der Betreiberstellung. Es handelt sich insoweit um anlagenbezogene Verhaltenspflichten, die nicht auf individuelle, unvertretbare Merkmale abstellen, sondern aus der Betreiberstellung erwachsen.[3] Auch eine *Einzel*rechtsnachfolge in die Verhaltensverantwortlichkeit kann dann eintreten, wenn die Verhaltensverantwortlichkeit sachbezogen war und die Anordnung an diesen Sachbezug anknüpft. Ein Beispiel bilden Untersagungsverfügungen, die an ein bestimmtes unzulässiges Verhalten anknüpfen, aber ausdrücklichen Bezug auf die mit dem Verhalten verbundene Anlage nehmen.[4] Bei höchstpersönlichen Rechten oder Verpflichtungen scheidet hingegen auch eine Einzelrechtsnachfolge aus.

V. Einzel- und Gesamtrechtsnachfolge in die abstrakte Zustandsverantwortlichkeit

89 Mit dem Erwerb einer Sache trifft den neuen Eigentümer die kraft Gesetzes bestehende „abstrakte" Zustandsverantwortlichkeit. Der Erwerber wird sofort und unmittelbar dafür verantwortlich, dass von seinem Eigentum keine Gefahren ausgehen.[5] Ob der Eigentumserwerb im Wege der Einzelrechtsnachfolge (Kauf und Übereignung eines Grundstücks) oder durch Gesamtrechtsnachfolge (vor allem durch Umwandlung) geschieht, ist unerheblich. Es handelt sich dabei *nicht* um einen Fall der Rechtsnachfolge in die Zustandsverantwortlichkeit des früheren Eigentümers. Die Zustandshaftung entsteht jeweils neu, unabhängig davon, ob die von der Sache ausgehende Gefahr schon vor Erwerb der Sache bestand oder erst später eingetreten ist. Die **Rechtsnachfolgefrage** stellt sich **nur** bei einer durch behördliche Anordnung **konkretisierten Zustandsverantwortlichkeit**. Dass sich die Frage einer Nachfolge in die abstrakte Zustandshaftung weder theoretisch noch praktisch stellt, zeigt für den Fall der Altlastenhaftung § 4 Abs. 3 Satz 1 BBodSchG. Während das Gesetz neben der Haftung des Verursachers auch die seines Gesamtrechtsnachfolgers ausdrücklich anordnet, nennt es als Zustandsstörer nur den Grundstückseigentümer und den Inhaber der tatsächlichen

---

1 Instruktiv dazu OVG Lüneburg v. 7.3.1997 – 7 M 3628/96, NJW 1998, 97, 98; *Denninger* in Lisken/Denninger, Handbuch des Polizeirechts, Rz. E 126.
2 *Denninger* in Lisken/Denninger, Handbuch des Polizeirechts, Rz. E 114.
3 Ausgenommen von der Nachfolgefähigkeit sind höchstpersönliche Verpflichtungen (ebenso wie höchstpersönliche Rechte); sie spielen im Umweltrecht eine ganz untergeordnete Rolle.
4 Vgl. den Fall VGH Kassel v. 17.6.1997 – 14 TG 2673/95, NVwZ 1998, 1315, 1316.
5 Allg. Auffassung, vgl. nur *Schoch* in Schmidt-Aßmann (Hrsg.), Besonderes Verwaltungsrecht, S. 227 Rz. 162; *Knemeyer*, Polizei- und Ordnungsrecht, Rz. 335.

Gewalt.[1] Eine Haftungslücke besteht insoweit[2] nicht: Der Gesamtrechtsnachfolger eines Grundstückseigentümers ist selbst originärer Zustandsstörer und damit sanierungsverantwortlich.

Fehlt es an einer behördlichen Konkretisierung, ist die Zustandsverantwortlichkeit also tatsächlich „abstrakt", stellt sich bei Unternehmenstransaktionen und -neuordnungen die Frage einer „Übernahme" der abstrakten Zustandsverantwortlichkeit gleichwohl. Zwar kann und darf hier keine Rückstellung gebildet werden, die im Spaltungs- und Übernahmevertrag zu behandeln wäre. Aber auch hier ist bei Altlastenfällen aus den für die konkretisierte Zustandsverantwortlichkeit genannten Gründen eine **Abschirmung des früheren Eigentümers** durch eine **Freistellung** ratsam, weil die Haftung aus § 4 Abs. 6 BBodSchG nicht disponibel ist und die Gefahr besteht, dass sie beim übertragenden Rechtsträger verbleibt. Zusätzlich ist unabhängig vom Erlass einer Sanierungsverfügung hier besonders darauf zu achten, den gesetzlichen Gesamtschuldnerausgleichsanspruch mehrerer Sanierungsverpflichteter aus § 24 Abs. 2 BBodSchG auszuschließen. Dieser Anspruch verjährt zwar in drei Jahren[3], die Verjährung beginnt aber im Falle der Eigenvornahme der Sanierung durch den Anspruchsteller (hier der übernehmende Rechtsträger) erst mit Abschluss der Sanierungsmaßnahme. Dies wird, da die Heranziehung zur Sanierung im Übertragungszeitpunkt eben noch nicht konkret feststeht, hier häufig erst nach Ablauf des Fünfjahreszeitraums des § 133 Abs. 3 UmwG sein.

VI. Rechtsnachfolge in die abstrakte Verhaltensverantwortlichkeit

Ein besonders schwieriges umweltrechtliches Problem in Transaktions- und Umstrukturierungszusammenhängen stellt die **Rechtsnachfolge in die abstrakte Verhaltensverantwortlichkeit** dar. Ob die noch nicht durch einen Verwaltungsakt (etwa eine Altlasten-Sanierungsanordnung) konkretisierte, also abstrakte Verhaltensverantwortlichkeit im Rahmen des Spaltungs- und Übernahmevertrags einem der beteiligten Rechtsträger zugewiesen werden kann, ist umstritten. Sie setzt voraus, dass die abstrakte Verhaltensverantwortlichkeit eine abspaltungsfähige Verbindlichkeit, also überhaupt einer partiellen Gesamtrechtsnachfolge zugänglich ist. Das wird mehrheitlich bestritten.[4] Die abstrakte Verhaltensverantwortlichkeit sei lediglich eine Voraussetzung für den Erlass einer konkretisie-

---

1 Hinzukommt die – im klassischen Polizeirecht unbekannte – nachwirkende Zustandshaftung des früheren Eigentümers nach Maßgabe des § 4 Abs. 6 BBodSchG.
2 Diskutiert wird allein eine Haftungslücke für den Fall der *Einzel*rechtsnachfolge in die Verursacherverantwortlichkeit; sie ist von § 4 Abs. 3 Satz 1 BBodSchG nicht erfasst. Praktisch besteht eine solche Lücke aber nur, wenn der Einzelrechtsnachfolger des Verursachers nicht zugleich (neuer) Zustandsstörer ist. Näher dazu *Versteyl* in Versteyl/Sondermann, § 4 BBodSchG Rz. 52.
3 § 24 Abs. 2 Satz 3 BBodSchG.
4 Vgl. nur VGH BW v. 17.3.1998 – 10 S 177/97, NVwZ-RR 1999, 167, 168; VGH BW v. 11.12.2000 – 10 S 1188/00, NVwZ-RR 2002, 16; *Schoch* in Schmidt-Aßmann (Hrsg.), Besonderes Verwaltungsrecht, S. 227 Rz. 163 m.w.N.; *Dietlein*, Nachfolge im Öffentlichen Recht, S. 88 ff., 95.

renden und im Ermessen der Behörde stehenden Polizeiverfügung.[1] Sie sei damit lediglich als „Verpflichtbarkeit", nicht schon als Verpflichtung selbst zu verstehen.[2]

92 In seinem Urteil zur rückwirkenden Zielrichtung der in § 4 Abs. 3 BBodSchG ausdrücklich normierten Haftung des Gesamtrechtsnachfolgers des Verursachers schädlicher Bodenverunreinigungen hat das BVerwG im Hinblick auf das allgemeine Verwaltungsrecht allerdings ausgeführt, dass „die Gesamtrechtsnachfolge in öffentlich-rechtliche Pflichten, deren Konkretisierung durch einen Verwaltungsakt noch aussteht", auch „der bisherigen Rechtsordnung keineswegs fremd" war.[3] Das Urteil ist mit Recht kritisiert worden, denn es geht über die fehlende Rechtspflicht mit einem rechtlichen Kunstgriff, der „unfertigen Verpflichtung" schlicht hinweg.[4]

93 Auch das OVG Schleswig hat in einer Entscheidung vom 23.8.2000[5] in einem Fall wasserrechtlicher Gefahrerforschungsmaßnahmen entschieden, dass die abstrakte Verhaltensverantwortlichkeit im Wege der Gesamtrechtsnachfolge übergehen kann. Das gelte jedoch nicht für Abspaltung und Ausgliederung als besondere Formen der partiellen Gesamtrechtsnachfolge. Insoweit sei gesetzlich geregelt, dass der Übergang des Vermögens einschließlich der Verbindlichkeiten solche Gegenstände nicht erfasst, die nicht durch Rechtsgeschäft übertragen werden können. Dem ist zwar nach Streichung des § 131 Abs. 1 Nr. 1 Satz 2 UmwG grundsätzlich die Stütze entzogen. Es bleibt allerdings dabei, dass, sofern sich der Parteiwille auch auf die abstrakte Verhaltensverantwortlichkeit erstrecken könnte, öffentlich-rechtliche Pflichten der Dispositionsbefugnis des Adressaten unterstellt würden. Das sei nach Ansicht des OVG unzulässig.[6] Damit bedient sich das OVG Schleswig aber einer Argumentation, mit der in der Literatur grade die Einzelrechtsnachfolge in die abstrakte Verhaltensverantwortlichkeit abgelehnt wird.[7] Was für die partielle Gesamtrechtsnachfolge gilt, muss – entgegen dem BVerwG – erst recht für die Einzelrechtsnachfolge in die abstrakte Verhaltensverantwortlichkeit gelten, denn hier ist die Rechtswirkung des Nachfolgetatbestandes noch geringer.

VII. Gewillkürte Rechtsnachfolge bei begünstigenden Verwaltungsakten im Umweltrecht

94 **Realkonzessionen** wie etwa die immissionsschutzrechtliche Genehmigung oder die wasserrechtliche Einleitungserlaubnis sind auf Anlagen und deren Betrieb bezogen und damit der gewillkürten Rechtsnachfolge zugänglich. So stellt § 7

---

1 *Papier*, NVwZ 1986, 256, 262.
2 *Dietlein*, Nachfolge im Öffentlichen Recht, S. 88 f.
3 BVerwG v. 16.3.2006 – 7 C 3/05, NVwZ 2006, 928, 930.
4 Vgl. *Schoch* in Schmidt-Aßmann (Hrsg.), Besonderes Verwaltungsrecht, S. 228 Rz. 163.
5 OVG Schleswig v. 23.8.2000 – 2 L 29/99, DVBl. 2000, 1877. – Die Revision gegen das Urteil blieb erfolglos, BVerwG v. 15.3.2001 – 11 C 11/00, NVwZ 2001, 807. S. auch VGH München v. 6.2.2004 – 22 CS 98.2925, NVwZ-RR 2004, 648.
6 OVG Schleswig v. 23.8.2000 – 2 L 29/99, DVBl. 2000, 1877, 1878.
7 Vgl. *Schoch* in Schmidt-Aßmann (Hrsg.), Besonderes Verwaltungsrecht, S. 227 Rz. 163.

Abs. 2 WHG klar, dass die Erlaubnis mit der Wasserbenutzungsanlage oder, wenn sie für ein Grundstück erteilt ist, mit diesem auf den Rechtsnachfolger übergeht, soweit bei der Erteilung nichts anderes bestimmt ist. Einer Mitwirkung oder Zustimmung der Erlaubnisbehörde bedarf es von Gesetzes wegen nicht, jedoch kann im Erlaubnisbescheid eine **Anzeigepflicht** oder ein **Zustimmungsvorbehalt** begründet werden. Als anlagen- und betriebsbezogener Verwaltungsakt wirkt die Erlaubnis für und gegen den Einzel- wie den Gesamtrechtsnachfolger und den Nachfolger im Betrieb des bisherigen Erlaubnisinhabers. Bei *Share deals* wird regelmäßig weder die Anlage noch das betroffene Grundstück übertragen, die anlagen- und betriebsbezogene Gestattung bleibt unverändert. Bei *Asset deals* geht die Erlaubnis mit über, wenn Anlage bzw. Grundstück in hinreichend konkretisierter Form und unter Beachtung etwaiger Formerfordernisse übertragen werden.[1] Bei *Verschmelzungen* nach §§ 2 ff. UmwG[2] – entweder im Wege der Aufnahme durch Übertragung des Vermögens vom übertragenden auf den übernehmenden Rechtsträger oder im Wege der Neugründung durch Übertragung der Vermögen zweier oder mehrerer Rechtsträger auf einen neuen, von ihnen dadurch gegründeten Rechtsträger – geht das gesamte Vermögen nach § 20 Abs. 1 Satz 1 UmwG im Wege der Gesamtrechtsnachfolge über. Insoweit umfasst sind auch die anlagen- und betriebsbezogenen Erlaubnisse.[3] Bei Spaltung oder Ausgliederung ist darauf zu achten, dass der eine genehmigungsbedürftige Anlage übernehmende Rechtsträger zur Übernahme der Betreiberverantwortlichkeit in der Lage und ausgestattet ist.[4]

Spaltungsvorgänge nach §§ 123 ff. UmwG[5] (Aufspaltung, Abspaltung und Ausgliederung) sind hingegen wie dargelegt durch partielle (beschränkte) Gesamtrechtsnachfolge gekennzeichnet. Umweltrechtliche Gestattungen des Rechtsvorgängers bedürfen bei allen diesen Vorgängen einer Zuordnung. Entscheidende Bedeutung kommt also – wie allgemein bei öffentlich-rechtlichen Pflichten und Verbindlichkeiten[6] – dem Spaltungs- und Übernahmevertrag zu, da nur bei einer klaren vertraglichen Regelung der primäre Zuweisungsadressat erkennbar wird. Bei **formwechselnden Umwandlungen** i.S. des § 190 Abs. 1 UmwG bleiben angesichts der unveränderten Identität des Rechtsträgers (§ 202 Abs. 1 Nr. 2 UmwG) öffentlich-rechtliche Erlaubnisse grundsätzlich erhalten.[7]

---

1 Vgl. dazu nur *Stiller*, Unternehmenskauf im Wege des Asset Deal, BB 2002, 2619, 2622 ff.
2 Entsprechendes gilt für die weiterhin (bei Rechtsträgern i.S. des § 175 UmwG) mögliche *Voll*übertragung des Vermögens nach § 174 Abs. 1 UmwG nach Maßgabe des § 176 UmwG.
3 Einer Übertragungsgenehmigung bedarf es nicht, vgl. BeckOK Giesberts/Reinhardt/Schmidt-Kötters, § 4 BImSchG Rz. 123.
4 Vgl. *K. Schmidt*, Umweltschutz und technische Sicherheit im Unternehmen, 1994 (UTR Bd. 26), S. 69, 85 f.
5 Entsprechendes gilt für die weiterhin (bei Rechtsträgern i.S. des § 175 UmwG) mögliche *Teil*übertragung des Vermögens nach § 174 Abs. 2 UmwG nach Maßgabe des § 177 UmwG.
6 Instruktiv zu den erheblich transaktionsrelevanten bodenschutzrechtlichen Pflichten *Giesberts/Frank*, DB 2000, 505.
7 Vgl. *Decher* in Lutter, § 202 UmwG Rz. 38; *Vossius* in Widmann/Mayer, § 202 UmwG Rz. 105.

E. Strafrechtliche Umwelthaftung des Managers

I. Straftaten gegen die Umwelt

96 Die Durchsetzung öffentlich-rechtlicher Umweltvorschriften wird in zentralen Bereichen durch Ordnungswidrigkeits- und Straftatbestände unterstützt. Neben den allgemeinen strafrechtlichen Vorschriften, von denen die Regelungen der §§ 223 ff. StGB (Körperverletzungsdelikte), § 303 StGB (Sachbeschädigung) und § 314 StGB (Gemeingefährliche Vergiftung) im Zusammenhang mit der Führung eines potentiell umweltgefährdenden Unternehmens relevant sind, kommt den Umweltstraftaten nach § 311 StGB (Freisetzen ionisierender Strahlen), § 312 StGB (fehlerhafte Herstellung einer kerntechnischen Anlage) sowie den besonderen „Straftaten gegen die Umwelt" des 29. Abschnitts des Strafgesetzbuchs, §§ 324 – 330d StGB[1], die in weiten Teilen auf zentrale umweltrechtliche Verwaltungsvorschriften zurückgreifen, eine besondere Bedeutung zu. Strafbar sind danach die **Gewässer-, Boden- und Luftverunreinigung (§§ 324, 324a, 325 StGB)**, das Verursachen von Lärm, Erschütterungen und nichtionisierenden Strahlen (§ 325a StGB), der unerlaubte Umgang mit Abfällen und das **unerlaubte Betreiben von atom- oder immissionsschutzrechtlich genehmigungsbedürftigen Anlagen sowie von Abfallentsorgungsanlagen (§§ 326, 327 StGB)**. Strafbar sind des weiteren der unerlaubte Umgang mit radioaktiven Stoffen und anderen gefährlichen Stoffen und Gütern (§ 328 StGB) sowie nach § 329 StGB die Gefährdung schutzwürdiger Gebiete (z.B. Wasserschutzgebiete, Naturschutzgebiete), schließlich die nicht an bestimmte Handlungsformen geknüpfte „Schwere Gefährdung durch Freisetzen von Giften" nach § 330a StGB.[2] In besonders schweren Fällen einer vorsätzlichen Umweltstraftat nach den §§ 324–329 StGB, wozu neben schweren Schädigungen der geschützten Umweltmedien etwa auch das „Handeln aus Gewinnsucht" zählt, erhöht § 330 StGB den Strafrahmen auf Freiheitsstrafe von einem bis zu zehn Jahren. Die umweltrechtlichen Spezialgesetze enthalten eine Reihe von Straftatbeständen, so etwa §§ 27 ff. ChemG, § 71 BNatSchG (§ 66 BNatSchG a.F.), § 39 GenTG, § 21 UmweltHG, § 17 TierSchG. Daneben finden sich weniger bedeutsame Umweltstraftatbestände in Nebengesetzen.[3]

II. Verwaltungsakzessorietät

97 Das Umweltstrafrecht ist geprägt vom Prinzip der Verwaltungsakzessorietät, d.h. der **Abhängigkeit des Strafrechts vom Umweltverwaltungsrecht**, wie sie in den Tatbestandsmerkmalen „unbefugt", „unter Verletzung verwaltungsrechtlicher Pflichten", „ohne die erforderliche Genehmigung oder entgegen einer vollziehbaren Untersagung" zum Ausdruck kommt. Danach bestimmt sich die Strafbar-

---

[1] Nach § 5 Nr. 11 und 12 StGB zählen die §§ 324, 326, 330, 330a sowie § 328 Abs. 2 Nr. 3 und 4, Abs. 4 und 5, auch i.V.m. § 330 StGB zu den nach deutschem Strafrecht unabhängig vom Recht des Tatorts strafbaren Auslandstaten; Überblick zu § 324 StGB bei *Große-Vorholt*, Wirtschaftsstrafrecht, Rz. 1460.

[2] Zur Schließung einer Strafbarkeitslücke durch Einführung dieses konkreten Gefährdungsdelikts *Steindorf*, Umwelt-Strafrecht, § 330a StGB Rz. 1.

[3] Vgl. etwa §§ 40, 42 SprengstoffG, §§ 74 f. InfektionsschutzG.

keit eines Verhaltens aus rechtsstaatlichen Gründen der Einheit der Rechtsordnung und der Rechtssicherheit[1] nach dem zur Tatzeit geltenden Umweltverwaltungsrecht, das gegenüber dem Strafrecht prinzipiell vorrangig ist[2] und die Strafandrohung konkretisiert. Die bereits im Umweltverwaltungsrecht erfolgte Abwägungsentscheidung zwischen den Interessen an der Nutzung von Umweltgütern und deren Schutz soll nicht durch eine abweichende Bewertung im Strafrecht unterlaufen werden. Daneben soll der Strafrichter auch aus Gründen der Praktikabilität auf die inhaltliche Überprüfung eines Verhaltens durch die zuständige Verwaltungsbehörde zurückgreifen können.[3]

Verstößt ein Verhalten nach verwaltungsrechtlichen Maßstäben gegen verwaltungsrechtliche Pflichten, ist der Strafrichter an diese öffentlich-rechtliche Vorprüfung gebunden. Solche Pflichten können sich nach der Rahmenregelung[4] in § 330d Nr. 4 StGB aus (Verwaltungs-)Rechtsvorschriften (**Verwaltungsrechtsakzessorietät**), vollziehbaren Verwaltungsakten oder Auflagen (**Verwaltungsaktsakzessorietät**), gerichtlichen Entscheidungen oder öffentlich-rechtlichen Verträgen ergeben, soweit diese Pflichten begründen, die auch Gegenstand eines Verwaltungsakts sein könnten (Verwaltungsvertragsakzessorietät[5]). Bei Verwaltungsakten ist dabei nach herrschender Meinung allein die verwaltungsrechtliche formelle Wirksamkeit unabhängig von der materiellen Richtigkeit der Entscheidung maßgeblich.[6] Bei rechtswidrigen, aber wirksamen belastenden Verwaltungsakten wird allerdings zum Teil vertreten, dass eine Nichtbefolgung keine Strafbarkeit begründen könne, da keine Verletzung materieller Umweltinteressen gegeben sei.[7] Die Rechtsprechung nimmt demgegenüber eine Strafbarkeit auch in solchen Fällen unabhängig von der materiellen Rechtmäßigkeit an und unterstreicht damit den prinzipiellen Vorrang des Verwaltungsrechts gegenüber dem Strafrecht. Lediglich der Verstoß gegen einen nichtigen Verwaltungsakt begründet keine strafrechtliche Verantwortlichkeit. Umgekehrt ist das Strafrecht von verwaltungsrechtlichen Vorgaben insoweit emanzipiert,[8] als § 330d Nr. 5 StGB Verwaltungsakte, die durch Drohung, Bestechung oder Kollusion oder durch unrichtige oder unvollständige Angaben erwirkt wurden, dem Handeln ohne Genehmigung gleichstellt.[9]

98

---

1 *Breuer*, JZ 1994, 1077, 1084; grundlegend *Breuer*, AöR 115 (1990), 448, 454 ff.
2 Dazu grundsätzlich *Lüderssen*, Primäre oder sekundäre Zuständigkeit des Strafrechts, in FS Albin Eser, 2005, S. 163 ff.
3 An dieser gesetzgeberischen Entscheidung wurde bei der umfassenden Reform des Umweltstrafrechts durch das 31. StrÄndG (2. UKG) vom 27.6.1994 (BGBl. I 1994, 1440) ausdrücklich festgehalten, s. BT-Drucks. 11/6453, S. 10 f.
4 BR-Drucks. 126/90, S. 89.
5 *Kloepfer/Vierhaus*, Umweltstrafrecht, Rz. 26.
6 *Fischer*, Vor § 324 StGB Rz. 7 m.w.N.
7 *Bloy*, JuS 1997, 577, 586.
8 Vgl. *Jaeschke*, Informale Gestattungen und §§ 327, 325 StGB, NuR 2006, 480, 482.
9 Fälle also, in denen das Verwaltungsverfahrensgesetz nicht von der Nichtigkeit (§ 44 VwVfG), sondern nur der Rücknehmbarkeit des Verwaltungsakts ausgeht (§ 48 Abs. 2 Nr. 1–3 VwVfG) (vgl. *Meyer* in Knack, VwVfG, 8. Aufl. 2004, § 44 VwVfG Rz. 44; *Paetzold*, NStZ 1996, 170, 172), die aber außer in Fällen der arglistigen Täuschung, Drohung oder Bestechung fristgebunden ist. – Kritisch zu § 330d Abs. 1 Nr. 5 StGB R. *Breuer*, JZ 1994, 1077, 1083; ausführlich dazu *Jünemann*, Rechtsmissbrauch im Umweltstrafrecht: Zugleich ein Beitrag zur befugnisverleihenden Wirkung behördlicher Genehmigungen, 1998, S. 79 ff.

99 Umgekehrt ist ein Verhalten nicht strafbar, wenn es sich im Rahmen einer wirksamen behördlichen Erlaubnis oder einer nicht für nichtig erklärten verwaltungsrechtlichen Norm hält. Bei rechtswidrigen *begünstigenden* Verwaltungsakten ist hierfür allein die formelle Bestandskraft maßgeblich, so dass sich der Adressat aus Gründen des Vertrauensschutzes auch auf die Tatbestandswirkung eines rechtswidrigen, aber bestandskräftigen Verwaltungsaktes berufen kann.[1] Eine etwaige Kenntnis von der Rechtswidrigkeit ist unschädlich, solange der Verwaltungsakt nicht rechtsmissbräuchlich erwirkt wurde (Wertung des § 330d Nr. 5 StGB). Die Prüfung, ob sich ein Verhalten im Rahmen einer behördlichen oder gesetzlichen Erlaubnis hält, ist wiederum vom Strafrichter in eigener Verantwortung vorzunehmen. Auch bei rechtswidrigen, aber bestandskräftigen *belastenden* Verwaltungsakten (Untersagung, Anordnung, Auflage) macht sich der Adressat bei Zuwiderhandlung (bis zur Aufhebung oder Rücknahme dieses Verwaltungsakts) nach ganz herrschender Auffassung strafbar.[2]

100 Gegenstand intensiver Diskussionen ist die Frage, inwieweit die **behördliche Duldung** eines an sich tatbestandsmäßigen Umweltverstoßes tatbestandsausschließende oder rechtfertigende Wirkung haben kann.[3] Duldungen lassen sich als Instrument *informellen Verwaltungshandelns* naturgemäß nur schwer in das verwaltungsakzessorische Umweltstrafrecht einordnen. Während Einvernehmen darüber besteht, dass der *passiven* Duldung, also das Nichteinschreiten der Behörde in Unkenntnis des Sachverhalts oder aus Opportunitätserwägungen, keinerlei legalisierende Wirkung zukommt[4], ist das Meinungsbild jenseits dessen uneinheitlich.[5] Richtigerweise wird man auch der **aktiven**, im Außenverhältnis erkennbar gewollten Duldung keine Bedeutung für die Fälle zumessen können, in denen der Straftatbestand an das Fehlen einer behördlichen Genehmigung anknüpft (Verwaltungs*akts*akzessorietät), weil der **Duldung keine genehmigungsgleiche Wirkung** zukommt.[6] Das Umweltverwaltungsrecht stellt an Form und Verfahren der Genehmigungserteilung Anforderungen[7], von denen abzuweichen die Behörde nicht ermächtigt ist; insoweit kann auch das akzessorische Umweltstrafrecht nicht zur behördlichen Disposition stehen.[8] Dementsprechend vermag eine Duldung weder die in § 326 Abs. 2 StGB vorausgesetzte Abfallverbringungsgenehmigung noch die in §§ 327, 328 Abs. 1 StGB vorausgesetzte immissionsschutz- oder atomrechtliche Genehmigung zu ersetzen.[9] Soweit in der Literatur

---

1 *Kloepfer/Vierhaus*, Umweltstrafrecht, Rz. 33.
2 *Kloepfer/Vierhaus*, Umweltstrafrecht, Rz. 34 m.w.N.; vgl. auch *Krekeler/Werner*, Unternehmer und Strafrecht, Rz. 950f.
3 Umfangreiche Nachweise zum Schrifttum bei *Steindorf*, Umwelt-Strafrecht, Vor § 324 StGB Rz. 44 mit Fn. 344; *Cramer/Heine* in Schönke/Schröder, Vorbem. §§ 324ff. StGB.
4 *Steindorf*, Umwelt-Strafrecht, Vor § 324 StGB Rz. 44.
5 Ebenso *Krekeler/Werner*, Unternehmer und Strafrecht, Rz. 954.
6 Vgl. nur *Jaeschke*, NuR 2006, 480 m.w.N.
7 S. z.B. § 10 BImSchG i.V.m. der Verordnung über das Genehmigungsverfahren (9. BImSchV).
8 Exemplarisch dafür waren die atomrechtlich nicht vorgesehenen „Vorabzustimmungen" der Behörden im sog. *Alkem*-Fall, LG Hanau v. 12.11.1987 – 6 Js 13470/84 KLs, NJW 1988, 571ff.; kritisch dazu *Breuer*, JZ 1994, 1077, 1084 („rechtsstaatliche Konfusion").
9 *Kloepfer*, Umweltrecht, § 7 Rz. 16; *Steindorf*, Umwelt-Strafrecht, Vor § 324 StGB Rz. 48; *Cramer/Heine* in Schönke/Schröder, Vorbem. §§ 324ff. StGB Rz. 20.

der aktiven behördlichen Duldung der Einwilligung vergleichbare, rechtfertigende Wirkung zugemessen wird[1], muss sich die Unternehmensleitung der Relativität und geringen Belastbarkeit dieser Annahme bewusst sein. Jede rechtfertigende Einwilligung setzt die alleinige Dispositionsbefugnis des Einwilligenden über das Rechtsgut voraus. Die durch das Umweltstrafrecht geschützten überindividuellen Rechtsgüter unterliegen gerade nicht allgemein der Disposition der Umweltbehörden.[2] Wo allerdings das Umweltverwaltungsrecht kein förmliches Verfahren der Entscheidungsfindung vorschreibt und die Behörde materiellrechtlich, etwa auf der Grundlage des umweltordnungswidrigkeitenrechtlichen Opportunitätsprinzips, zur aktiven Duldung berechtigt ist, ist das Umweltstrafrecht unter Akzessorietätsgesichtspunkten daran gebunden. Duldet die Behörde bis zur Erteilung einer wasserrechtlichen Erlaubnis für die Dauer des Erlaubnisverfahrens eine Abwassereinleitung, so fehlt es an der Rechtswidrigkeit einer daraus folgenden Gewässerverunreinigung, weil die Einleitung dann i.S. des § 324 StGB nicht „unbefugt" ist.[3]

Ob auf einer – der umstrittenen Frage der Rechtfertigung nachgelagerten – Stufe ein **Strafausschließungsgrund** aufgrund aktiv duldenden Behördenverhaltens anzunehmen ist, der bei Rechtswidrigkeit dieser Duldung in einen schuldausschließenden **Verbotsirrtum** (§ 17 StGB) umschlägt[4], oder die Duldung nur im Rahmen der Strafzumessung nach § 46 StGB bzw. prozessual durch Anwendung der §§ 153 ff. StPO[5] Berücksichtigung finden darf[6], harrt noch der höchstrichterlichen Klärung. 101

III. Umweltstrafrechtlich Verantwortliche

Umweltkriminalität ist in der Regel Unternehmenskriminalität. Umweltstraftaten sind teils als Allgemeindelikte (wie etwa die umweltgefährdende Abfallbeseitigung nach § 326 StGB), häufig aber in konzeptioneller Entsprechung zum Umweltverwaltungsrecht als **Sonderdelikte** ausgestaltet, d.h. sie erfordern neben der tatbestandsmäßigen Handlung eine besondere Täterqualifikation.[7] So setzt der Straftatbestand der Luftverunreinigung (§ 325 StGB) die Verletzung verwaltungsrechtlicher Pflichten eines *Anlagenbetreibers* voraus. Anlagenbetreiber ist regelmäßig, wie gesehen, eine juristische Person. Eine Strafbarkeit juristischer Personen ist dem deutschen Strafrecht indes fremd.[8] Allerdings sieht die Richtlinie 102

---

1 Vgl. exemplarisch *Pfohl* in Müller-Gugenberger/Bieneck, Wirtschaftsstrafrecht, § 54 Rz. 143 f.
2 Ablehnend deshalb *Kloepfer*, Umweltrecht, § 7 Rz. 16.
3 Im Ergebnis ebenso *Cramer/Heine* in Schönke/Schröder, Vorbem. §§ 324 ff. StGB Rz. 20 m.w.N.; a.A. *Kloepfer*, Umweltrecht, § 7 Rz. 16.
4 So *Horn* in Systematischer Kommentar zum StGB, 51. Lfg. Juli 2001, Vor § 324 Rz. 12a. Zum Ganzen auch *Jaeschke*, NuR 2006, 480, 484.
5 So *Steindorf*, Umwelt-Strafrecht, Vor § 324 StGB Rz. 48 a.E.
6 So *Hermes/Wieland*, Die staatliche Duldung rechtswidrigen Verhaltens, 1988, S. 112; *Kloepfer*, Umweltrecht, § 7 Rz. 16.
7 Eingehend und kritisch dazu *Gebhard*, Unternehmensangehörige und Straftaten gegen die Umwelt: Eine Untersuchung zum Vorliegen von den Täterkreis beschränkenden besonderen persönlichen Merkmalen im Umweltstrafrecht, 2001, S. 32 ff.
8 Zum Ganzen *Athanassiou*, Die Strafbarkeit der juristischen Personen am Beispiel des Umweltstrafrechts, 2002.

2008/99/EG des Europäischen Parlaments und des Rates vom 19.11.2008 über den strafrechtlichen Schutz der Umwelt[1] auch die Verantwortlichkeit juristischer Personen vor. Nach Art. 6 dieser Richtlinie haben die Mitgliedstaaten sicherzustellen, dass juristische Personen u.a. bei Einleitung, Abgabe oder Einbringung schädlicher Stoffe in Boden oder Wasser sowie bei weiteren in den Art. 3 und 4 der Richtlinie genannten Handlungen verantwortlich gemacht werden können. Die Richtlinie spezifiziert aber keine Sanktionen gegen juristische Personen im Falle der Verantwortlichkeit, sondern bestimmt in Art. 7 lediglich, dass Sanktionen wirksam, angemessen und abschreckend sein müssen. Die Richtlinie ist bis zum 26.12.2010 in nationales Recht umzusetzen. Nach geltendem Recht kommt über § 14 Abs. 1 Nr. 1 StGB die Strafbarkeit des geschäftsführenden Organs in Betracht. Strafbegründende besondere persönliche Merkmale wie etwa das des Anlagenbetreibers werden hiernach auf das vertretungsberechtigte Organ angewandt. Dem Organ werden damit die unmittelbar an das Unternehmen adressierten Pflichten zugerechnet[2], es haftet der im Unternehmen für das geschützte Rechtsgut „letztlich Verantwortliche".[3] Dieser Grundsatz ist seit der sog. Lederspray-Entscheidung des BGH vom 6.7.1990[4] zur Produktverantwortlichkeit der Unternehmensleitung[5] und dem sog. Holzschutzmittel-Urteil des BGH vom 2.8.1995[6] auch im Umweltbereich verankert und ausdifferenziert worden.[7]

103 Für die umweltstrafrechtliche Verantwortlichkeit des Managements werden danach – wie für andere Verantwortlichkeitsbereiche – unterschiedliche Verantwortlichkeitsstränge unterschieden.[8] Nach dem **Grundsatz der vertikalen Linienverantwortung** ist der Auftraggeber für das Fehlverhalten des Beauftragten strafrechtlich als Garant verantwortlich, sofern ihn ein Aufsichts-, Organisations-, Kontroll- oder Auswahlverschulden trifft. Entgegen vordergründigen Annahmen führt eine Aufgabendelegation im Unternehmen nicht zur Verantwortungsentlastung, sondern **Verantwortungsvervielfachung**.[9] Zu beachten ist in diesem Zusammenhang insbesondere, dass allen geschäftsführenden Organen unabhängig von einer Delegation oder Ressortverteilung – auch nach § 52a BImSchG, § 53

---

1 ABl. Nr. L 328 v. 6.12.2008, S. 28.
2 Hierzu *Menzer*, GmbHR 2001, 506, 508 f. und jüngst *Fromm*, Bekämpfung schwerer Umweltkriminalität in der EG durch einheitliche strafrechtliche Sanktionen?, ZfW 2009, 157.
3 So prägnant LG Kreuznach v. 22.6.1992 – 7 Js 8677/87 KLs, NVwZ-RR 1993, 403, Leitsatz 2; *Kloepfer/Vierhaus*, Umweltstrafrecht, Rz. 63; *Scheidler*, GewArch 2008, 195, 198.
4 BGH v. 6.7.1990 – 2 StR 549/89, BGHSt 37, 106 = NJW 1990, 2560; kritisch dazu *Spindler* in Fleischer, Handbuch des Vorstandsrechts, § 15 Rz. 68 ff., 124 ff.
5 Dazu *Harbarth*, oben § 24 Rz. 75 ff.
6 BGH v. 2.8.1995 – 2 StR 221/94, BGHSt 41, 206 = NJW 1995, 2930.
7 Dazu (aus staatsanwaltlicher Sicht) *Franzheim/Pfohl*, Umweltstrafrecht, Rz. 500 ff.; ebenso, aber mit deutlicher Kritik *Spindler* in Fleischer, Handbuch des Vorstandsrechts, § 15 Rz. 70.
8 Instruktiver Überblick bei *Kloepfer/Vierhaus*, Umweltstrafrecht, Rz. 64 ff.; ausführlich *Huffmann*, Der Einfluss des § 52a BImSchG auf die Verantwortlichkeit im Unternehmen, S. 217 ff.
9 *Scheidler*, GewArch 2008, 195, 197; *Vierhaus*, NStZ 1991, 466, 468; *Kloepfer/Vierhaus*, Umweltstrafrecht, Rz. 65; *Schmidt-Salzer*, Konkretisierungen der strafrechtlichen Produkt- und Umweltverantwortung, NJW 1996, 1, 3 f.

KrW-/AbfG[1] – (**Grundsatz der Ressortverantwortung**) die Organisations- und Kontrollpflichten gerade auch im Umweltbereich obliegen (**Grundsatz der Gesamtverantwortung der Unternehmensleitung**).[2] Verletzen die geschäftsführenden Organe diese Pflichten, kommt eine Strafbarkeit über ihre Garantenstellung in Betracht, die sich aus ihrer Verantwortung für mögliche vom Unternehmen als Gefahrenquelle ausgehende Umweltbeeinträchtigungen ergibt.[3] Eine sorgfältig dokumentierte, „straffe und in der Praxis auch darstellbare Organisationsstruktur"[4] liegen daher zur strafrechtlichen Haftungsbegrenzung im vitalen Interesse des Unternehmens und seines Managements.[5] Hier leisten vor allem Systeme von Umweltmanagement und Umweltbetriebsprüfung (EMAS, ISO 14001) wertvolle Hilfe[6], weil sie die Festlegung, Dokumentation und Kommunikation umweltbezogener Aufgaben, Verantwortlichkeiten und Befugnisse voraussetzen.[7]

Eine § 14 StGB entsprechende Regelung findet sich für den Bereich der Ordnungswidrigkeitentatbestände in § 9 OWiG. Die **Verletzung umweltrechtlicher Aufsichtspflichten** kann als **Ordnungswidrigkeit nach § 130 OWiG**[8] mit einer Geldbuße bis zu einer Million Euro gegen den aufsichtspflichtigen Organwalter selbst[9] und zudem über die **Verbandsgeldbuße-Bestimmung des § 30 OWiG**[10], weil die Aufsichtspflichtverletzung eine betriebsbezogene Ordnungswidrigkeit darstellt[11], mit Geldbuße in entsprechender Höhe gegen das Unternehmen geahndet werden.[12]

104

---

1 Zur Verantwortungszuweisung nach diesen Vorschriften als gewichtiges, aber widerlegbares Indiz für die umweltstrafrechtliche Verantwortlichkeit *Franzheim/Pfohl*, Umweltstrafrecht, Rz. 505; *Huffmann*, Der Einfluss des § 52a BImSchG auf die Verantwortlichkeit im Unternehmen, S. 210 ff.; *Spindler*, Unternehmensorganisationspflichten, S. 93.
2 Näher dazu *Schmidt-Salzer*, NJW 1996, 1, 4 f.; vgl. *Spindler* in Fleischer, Handbuch des Vorstandsrechts, § 15 Rz. 83. S. bereits oben Rz. 8 ff.
3 Vgl. auch *Weimar*, GmbHR 1994, 81, 87.
4 *Knopp*, Neues Umweltstrafrecht und betriebliche Praxis, BB 1994, 2219, 2220; zu den möglichen Friktionen mit „informalen" Organisationsanforderungen der betriebswirtschaftlichen Organisationsformenlehre *Reuter*, Umwelthaftung, strikte Organisation und kreative Unordnung, DB 1993, 1605.
5 Zu den Besonderheiten im Konzern jüngst *Uwe H. Schneider*, NZG 2009, 1321.
6 Ebenso schon *Kothe*, Das neue Umweltauditrecht, Rz. 558 f.; vgl. auch *Franzheim/Pfohl*, Umweltstrafrecht, Rz. 508; skeptisch *Spindler*, Unternehmensorganisationspflichten, S. 328 ff., 584.
7 Abschn. 4 I-A. 4.1 DIN EN ISO 14001 = Anhang I EMAS-VO, näher dazu unter Rz. 110 ff.
8 Ausführlich dazu *Spindler* in Fleischer, Handbuch des Vorstandsrechts, § 15 Rz. 94 ff.; zur umweltrechtlichen Anwendung *Sander*, NuR 1985, 47, 49; *Nisipeanu*, NuR 1990, 439, 455; *Schücking*, unten § 36 Rz. 9 ff.
9 Sofern dieser nicht täter- oder teilnehmerschaftlich selbst strafrechtlich belangt werden kann, s. BayObLG v. 17.8.1998 – 3 Ob OWi 83/98, wistra 1999, 71, 73.
10 Dazu *Wilsing*, oben § 27 Rz. 11 ff.
11 Ebenso *Wilsing*, oben § 27 Rz. 30.
12 Vgl. *Gebhard*, Unternehmensangehörige und Straftaten gegen die Umwelt, S. 237.

IV. Nebenfolgen der Umweltstraftat

1. Verfall und Einziehung

105 Über die strafrechtliche Haftung der für den Umweltrechtsverstoß nach den genannten Grundsätzen verantwortlichen natürlichen Personen ist aus der Perspektive der betroffenen Unternehmen zu beachten, dass das Umweltstrafrecht generell auf der Maxime basiert, dass sich Umweltdelikte „nicht lohnen dürfen".[1] Damit rückt die **Gewinnabschöpfung** beim Unternehmen in den Blick. Das materielle Strafrecht hält hier mit der Anordnung des **Verfalls** nach § 73 Abs. 1 StGB, mit dem das aus der Umweltstraftat unmittelbar Erlangte in seiner Gesamtheit sowie die Nutzungen und Surrogate (§ 73 Abs. 2 StGB)[2], erforderlichenfalls im Wege des Wertersatzverfalls nach § 73a StGB, unter der Wahrung der Rechte Dritter in das Eigentum des Staates übergeht (§ 73e Abs. 1 StGB).[3] Die Organ- und Vertreterklausel des § 73 Abs. 3 StGB sieht ausdrücklich die Möglichkeit der Verfallsanordnung gegen Dritte vor, für die der Täter gehandelt hat, also im Umweltstrafrecht typischerweise gegen die juristische Person, für die der Täter handelte. Trotzdem sind Anordnungen des Gewinnverfalls in der Strafrechtspraxis eher selten.

106 Im Unterschied zum Verfall bezieht sich die weitere Eigentumssanktion der **Einziehung** nach §§ 74, 75 StGB auf die zur Begehung oder Vorbereitung der Tat gebrauchten oder bestimmten oder durch die Tat hervorgebrachten Gegenstände.[4] Für die Abgrenzung ist damit entscheidend, ob es sich um „Tatwerkzeuge" oder „Tatprodukte" handelt, für die die Einziehung gilt, oder um Tatvorteile wie Gewinne, Entgelte usw., die dem Verfall unterliegen können.[5] § 330c StGB lässt u.a. bei den Straftaten des unerlaubten Anlagenbetriebs (§ 327 Abs. 1 und 2 StGB) und des unerlaubten Umgangs mit radioaktiven Stoffen und anderen gefährlichen Stoffen und Gütern (§ 328 StGB) die Einziehung – über die Verweisung auf § 74a StGB – auch täterfremder Beziehungsgegenstände zu, damit also von Kernbrennstoffen, aber auch ganzer – dem Unternehmen gehörender Anlagen, wenn dessen Organen zumindest Leichtfertigkeit vorgeworfen werden kann –.[6]

---

1 *Steindorf*, Umwelt-Strafrecht, Vor § 324 StGB Rz. 64 m.w.N.
2 Es gilt das Bruttoprinzip, der Verfall bezieht sich auf alle zugeflossenen Vermögenswerte ohne Abzug eigener Aufwendungen, vgl. *Eser* in Schönke/Schröder, § 73 StGB Rz. 17.
3 Einzelheiten bei *Franzheim/Pfohl*, Umweltstrafrecht, Rz. 633 ff.
4 Sog. *producta et instrumenta sceleris*, vgl. *Eser* in Schönke/Schröder, § 74 StGB Rz. 8 f.
5 Vgl. hierzu etwa *Eser* in Schönke/Schröder, § 73 StGB Rz. 3, 10; § 74 StGB Rz. 12a; *Joecks* in MünchKomm. StGB, § 74 StGB Rz. 9 ff.
6 *Lackner/Kühl*, § 330c StGB Rz. 1; *Steindorf*, Umwelt-Strafrecht, § 330c StGB Rz. 2; *Horn* in Systematischer Kommentar zum StGB, § 330c StGB Rz. 2; *Michalke* in Schiffer/Rödl/Rott, Haftungsgefahren im Unternehmen, Rz. 1961; a.A. offenbar *Franzheim/Pfohl*, Umweltstrafrecht, Rz. 651.

2. Außerstrafrechtliche Nebenfolgen: Betriebsuntersagung wegen Unzuverlässigkeit

Umweltstraftaten können gravierende außerstrafrechtliche Nebenfolgen haben. Das zeigt sich vor allem im Industrieanlagenzulassungsrecht: § 20 Abs. 3 BImSchG ermächtigt die Behörde, unter bestimmten Voraussetzungen den weiteren Betrieb einer genehmigungsbedürftigen Anlage durch einen Betreiber oder einen mit der Leitung des Betriebs Beauftragten zu untersagen. Während sich der Betreiberbegriff auf die natürliche oder juristische Person bezieht, die den bestimmenden Einfluss auf den Anlagenbetrieb ausübt, also anlagenbezogen zu verstehen ist, geht es hier um eine personenbezogene Regelung. Bei Kapitalgesellschaften als Betreiber kann die Behörde also dem vertretungsberechtigten Organ den weiteren Anlagenbetrieb untersagen. Dafür verlangt § 20 Abs. 3 Satz 1 BImSchG die Erfüllung zweier Voraussetzungen: Erstens müssen Tatsachen vorliegen, welche die Unzuverlässigkeit in Bezug auf die Einhaltung von umweltbezogenen Rechtsvorschriften dartun, und zweitens muss die Untersagung zum Wohl der Allgemeinheit geboten sein. In diesem Sinne unzuverlässig ist, wer keine Gewähr dafür bietet, dass die Anlage ordnungsgemäß, insbesondere im Einklang mit den umweltschützenden Vorschriften, betrieben wird.[1] Kommt ein Anlagenbetreiber etwa einer vollziehbaren immissionsschutzrechtlichen Auflage trotz mehrmaliger Zwangsgeldfestsetzung nicht nach,[2] besteht eine die Unzuverlässigkeit des Betreibers begründende Wiederholungswahrscheinlichkeit.[3] Ist die verantwortliche Person einschlägig strafrechtlich vorbelastet (§ 327 StGB), wird der Behörde die Prognose[4] der Unzuverlässigkeit erheblich erleichtert.[5] Der Weiterbetrieb der Anlage nach § 20 Abs. 3 Satz 2 und 3 BImSchG setzt voraus, dass der Genehmigungsbehörde eine andere zuverlässige Person als Betriebsleiter präsentiert wird.[6]

107

Soweit für einzelne Gewerbe keine besonderen Untersagungsvorschriften bestehen, ist nach § 35 Abs. 8 GewO auf die dem § 20 Abs. 3 GewO vergleichbare Regelung in § 35 Abs. 1, 2 und 7a GewO zurückzugreifen. § 35 Abs. 3 GewO stellt klar, dass die Behörde von einem vorausgegangenen Strafurteil hinsichtlich des von ihr zu beurteilenden Sachverhalts zwar zum Vorteil des Betroffenen, zu seinem Nachteil aber nicht hinsichtlich der Sachverhaltsfeststellungen, der Beurteilung der Schuldfrage und der Erforderlichkeit einer Gewerbeuntersagung (Berufsverbot nach § 70 StGB) abweichen darf.[7]

108

---

1 OVG Saarlouis v. 21.12.1984 – 1 W 1309/84, UPR 1985, 248, 249; *Kühling/Dornbach* in Kotulla, Bundes-Immissionsschutzgesetz, Losebl., Stand: 8/2008, Abschn. 100.20 Rz. 60; h.M.
2 *Koch* in Koch/Scheuing/Pache (Hrsg.), Gemeinschaftskommentar zum BImSchG, Losebl., Stand: 12/2007, § 20 Rz. 119.
3 Vgl. *Eifert*, JuS 2004, 565, 568.
4 Zur Prognoseproblematik *Koch* in Koch/Scheuing/Pache (Hrsg.), Gemeinschaftskommentar zum BImSchG, § 20 Rz. 118 ff.
5 Zur Berücksichtigungsfähigkeit nicht einschlägiger Straftaten *Eifert*, JuS 2004, 565, 568.
6 Vgl. statt vieler *Sellner/Reidt/Ohms*, Immissionsschutzrecht und Industrieanlagen, S. 267 Rz. 14.
7 Vgl. zu § 35 Abs. 3 GewO nur *Tettinger/Wank*, § 35 GewO Rz. 177–184.

F. Umweltrechtliche Risikominimierung

I. Auf Unternehmensebene: Umweltmanagement, Umweltaudit und Umwelthaftpflichtversicherung

1. Umweltmanagementsysteme und Umweltaudit

109 Unternehmen haben, soweit ihre Geschäftstätigkeit umweltrechtlichen Anforderungen unterliegt, zumindest rudimentäre umweltbezogene Überwachungssysteme einzuführen. Zur Verminderung von Haftungsrisiken sowohl für das Unternehmen als auch für geschäftsführende Organe ist es sinnvoll, über diese grundsätzlichen Anforderungen hinaus möglichst effiziente umweltbezogene Überwachungssysteme zu implementieren.[1] Mit der Aufnahme des Umweltschutzes in ein Managementsystem wird der Umweltschutz zu einem über die Beachtung umweltrechtlicher Mindeststandards hinausgehenden Unternehmensziel. Die Umweltmanagementsysteme haben dabei verschiedene strategische Vorteile: So können Zertifizierung und Validierung einen Marktvorteil gegenüber Wettbewerbern begründen, zu einer **Beschleunigung** der Genehmigungsverfahren und der **Vermeidung von Organisationsverschulden** führen. Zudem kann ein Umweltmanagementsystem zu einer effizienteren Betriebsführung anhalten, die Risikokommunikation durch Information der Öffentlichkeit verbessern[2] und die **Beweislastrisiken** nach § 6 Abs. 1 UmweltHG **reduzieren**, weil sie den Nachweis eines bestimmungsgemäßen Anlagenbetriebs (§ 6 Abs. 2 UmweltHG) erleichtern.[3] Die Integration eines solchen Systems in das unternehmensinterne Risikomanagement-System kann etwa über die Errichtung eines Umweltmanagement-Systems nach den Regeln der EG-Öko-Audit-Verordnung (Eco Management and Audit Scheme, „EMAS")[4] oder nach den DIN/ISO 14 000 ff.-Normen[5] erfolgen.[6] Ist in einem Unternehmen ein solches Umwelt-

---

1 Vgl. zu entsprechenden Tendenzen in der Praxis *Hauschka*, DB 2006, 1143.
2 *Roos*, Umweltmanagement, EG-Öko-Audit und Sicherheitsaudit, VW 1996, 1488.
3 Zutreffend *Falk*, Die EG-Umwelt-Audit-Verordnung und das deutsche Umwelthaftungsrecht, 1998, S. 108 ff.; ähnlich *Dombert* in Ewer/Lechelt/Theuer, Handbuch Umweltaudit, S. 264 Rz. 56; *Krings* in Schiffer/Rödl/Rott, Haftungsgefahren im Unternehmen, Rz. 1923.
4 Den Kern des EMAS-Regelwerk bildet die Verordnung (EG) Nr. 761/2001 des Europäischen Parlaments und des Rates vom 19.3.2001 über die freiwillige Beteiligung von Organisationen an einem Gemeinschaftssystem für das Umweltmanagement und Umweltbetriebsprüfung (EMAS) (ABl. EG Nr. L 114, S. 1) (auch: „EMAS II"), mit der die Ursprungs-Verordnung (EG) Nr. 1836/93 vom 29.6.1993 („EMAS I") (dazu *A. Pohl*, BB 1998, 381) ersetzt worden ist. Dazu im Überblick *Langerfeldt*, NVwZ 2001, 538; *Hornefer*, ZUR 2001, 361. Am 2.4.2009 hat das Europäische Parlament in 1. Lesung der Novelle der EMAS-Verordnung (EMAS III) zugestimmt. Der Rat hat in 1. Lesung am 26.10.2009 ebenfalls zugestimmt. Änderungsschwerpunkte liegen in den Bereichen Berichterstattung (Einführung von Kernindikatoren) und in der Förderung der Teilnahme von kleinen und mittleren Organisationen (KMU). Die Verordnung (EG) Nr. 1221/2009 (EMAS III) ist unterdessen am 11.1.2010 in Kraft getreten (ABl. EU Nr. L 342, S. 1).
5 Allg. zu den DIN-Normen als Teil gesellschaftlicher Umweltnormierungen *Marburger/Gebhard* in Endres/Marburger, Umweltschutz durch gesellschaftliche Selbststeuerung, S. 4 ff.; grundlegend *Marburger*, Die Regeln der Technik im Recht, 1979.
6 Hierzu *Huffmann*, Der Einfluss des § 52a BImSchG auf die Verantwortlichkeit im Unternehmen, S. 97 ff.; *Rehbinder*, ZHR 161 (2001), 1, 21.

managementsystem eingeführt worden, sind zudem etwa in den Bereichen Immissionsschutzrecht, Wasserrecht und Abfallrecht einzelne Erleichterungen im Verwaltungsvollzug vorgesehen.¹ Schließlich erzeugen die genannten Umweltmanagementsysteme ein hohes Maß an Transparenz, da sie zertifiziert (ISO 14001) bzw. validiert (EMAS) werden und daher in jeder Phase auch für Außenstehende prüfbar sind.²

2. EMAS („Öko-Audit")

a) Grundlagen

EMAS ist ein von den EG-Mitgliedstaaten getragenes öffentlich-rechtliches Regelwerk, das im Kern Vorgaben für den innerbetrieblichen Umweltschutz und das Umweltmanagement von Unternehmen und anderen Organisationen enthält.³ Obwohl der Verordnung in den Mitgliedstaaten unmittelbare Wirkung zukommt, verlangt EMAS eine mitgliedstaatliche Umsetzung der Anforderungen hinsichtlich der Zulassung und Aufsicht über die Umweltgutachter sowie der Benennung der für die Standortregistrierung zuständigen Stellen.⁴ Dies ist in Deutschland durch das **Umweltauditgesetz** (UAG)⁵ geschehen. Zudem sind auf nationaler Ebene Rechtsverordnungen und zahlreiche Richtlinien des Umweltgutachterausschusses (§ 21 UAG) zu berücksichtigen.⁶

110

Nach Art. 1 Abs. 1, 3 Abs. 1 der Verordnung (EG) Nr. 761/2001 (EMAS-VO) ist die **Anwendung** von EMAS **freiwillig**. Teilnahmeberechtigt sind nach Art. 3 Abs. 1 i.V.m. Art. 2 lit. s) der Verordnung sowohl private als auch öffentliche Organisationen, also etwa Unternehmen, Behörden, Verbände und Kirchen. Im Rahmen der Teilnahme an EMAS sind die Organisationen verpflichtet, ein rechtlich

111

---

1 Vgl. die Verordnung über immissionsschutz- und abfallrechtliche Überwachungserleichterungen für nach der Verordnung (EG) Nr. 761/2001 registrierte Standorte und Organisationen (EMAS-Privilegierungs-Verordnung) vom 24.6.2002; *Umweltallianz Hessen*, Katalog verwaltungsrechtlicher Erleichterungen zugunsten EMAS-auditierter oder nach ISO 14001 zertifizierter Organisationen; *Schneider*, Öko-Audit und Deregulierung im Immissionsschutzrecht, 1999, S. 129 ff.; zu den verfassungsrechtlichen Grenzen des damit verbundenen partiellen Rückzugs des Staates aus der umweltrechtlichen Vollzugsverantwortung im Sinne einer „Privatisierung der Rechtsverwirklichung im Umweltrecht" *Scherzberg*, NVwZ 2006, 377.
2 *Roos*, VW 1996, 1488.
3 Ausführlicher Überblick bei *Langerfeldt*, Die Berufsausübungs- und -zulassungsregelungen für Betriebsprüfer und Umweltgutachter, 2001, S. 65 ff.
4 *Kloepfer*, Umweltrecht, § 5 Rz. 452.
5 Gesetz zur Ausführung der Verordnung (EG) Nr. 761/2001 des Europäischen Parlaments und des Rates vom 19.3.2001 über die freiwillige Beteiligung von Organisationen an einem Gemeinschaftssystem für das Umweltmanagement und Umweltbetriebsprüfung (EMAS) (Umweltauditgesetz – UAG) vom 4.9.2002. Zur Novellierung des UAG aufgrund von EMAS *Langerfeldt*, NVwZ 2002, 1156.
6 UAG-Beleihungsverordnung vom 18.12.1995 (UAGBV), UAG-Zulassungsverfahrensverordnung vom 12.2.2002 (UAGZV), UAG-Gebührenverordnung vom 4.9.2002 (UAG-GebV), sowie die UAG-Fachkunderichtlinie, UAG-Prüferrichtlinie, UAG-Aufsichtsrichtlinie, allesamt abrufbar auf der Internetseite des Umweltgutachterausschusses (www.uga.de).

vorgegebenes Umweltmanagementinstrumentarium anzuwenden, das im Wesentlichen aus fünf Elementen besteht, nämlich der Definition von Umweltzielen, Umweltprogramm, Umweltmanagementsystem, Umweltbetriebsprüfung und Umwelterklärung. Für das Audit-Verfahren ist zwischen dem Verfahren im ersten Durchlauf, also bei erstmaliger Validierung, und dem hierauf aufbauenden weiteren Verfahren zu differenzieren.

b) Validierung

112 Zunächst ist eine Umweltprüfung durchzuführen, auf deren Grundlage das Umweltmanagementsystem errichtet wird. Die Organisation muss dabei fünf zentrale Bereiche berücksichtigen, nämlich (1) die Rechts- und Verwaltungsvorschriften, zu deren Einhaltung die Organisation verpflichtet ist („Legal Compliance"), (2) die Erfassung aller Umweltaspekte, die wesentliche Umweltauswirkungen haben, (3) eine Beschreibung der Kriterien zur Bewertung der wesentlichen Umweltauswirkungen, (4) eine Untersuchung der angewandten Techniken und Verfahren des Umweltmanagements und (5) die Bewertung der Reaktionen früherer Vorfälle.

113 EMAS enthält jedoch keine eigenen Vorschriften zur Regelung von Aufbau und Ablauf des Umweltmanagements. Stattdessen wird durch Anhang I A EMAS-VO auf Abschnitt 4 der DIN EN ISO 14001 und die darin dokumentierten Anforderungen an die Implementierung eines Umweltmanagementsystems verwiesen. Dadurch wird eine direkte Verknüpfung von EMAS mit dem ehemals konkurrierenden System DIN EN ISO 14001 erreicht.[1] Nach Abschnitt I-4.5.2.1 ISO 14001 „muss die Organisation ein Verfahren zur regelmäßigen Bewertung der Einhaltung der einschlägigen rechtlichen Verpflichtungen einführen, verwirklichen und aufrechterhalten" (**Compliance Audit**).[2]

114 Im Anschluss ist dann eine interne Umweltbetriebsprüfung durchzuführen, bei der zu untersuchen ist, ob die Organisation die von ihr festgelegten Verfahren einhält und an welchen Stellen sich Verbesserungsmöglichkeiten ergeben.[3] Sodann muss das Unternehmen eine **Umwelterklärung** entsprechend dem Anhang III der EMAS-VO abgeben, welche die Öffentlichkeit und die interessierten Kreise darüber informieren muss, welche Ergebnisse das Unternehmen im Hinblick auf ihre Umweltbeziehungen erreicht.

115 Die Umwelterklärung besteht aus einer Darstellung der umweltschutzbezogenen Leistung der **Organisation**. Sie ist für die Öffentlichkeit bestimmt und soll Zahlenmaterial zu besonders umweltrelevanten Sachverhalten, wie etwa Emissionen und Verbrauchsmengen, enthalten. Die Einhaltung der rechtlichen Vorgaben wird nach Art. 3 Abs. 2 lit. d) der EMAS-VO zusätzlich durch unabhängige private Sachverständige (**Umweltgutachter**) geprüft. Stellt der Umweltgutachter keine gravierenden Verstöße gegen die EMAS-Vorgaben fest und werden auch die umweltrechtlichen Vorschriften eingehalten, erklärt er die Umwelterklärung für

---

1 *Pape*, Die Revision der EG-Umwelt-Audit-Verordnung (EMAS), BuW 2003, 353, 354.
2 Zu den Anforderungen im Überblick *Mantz*, UmweltMagazin 9/2006, 52.
3 *Kloepfer*, Umweltrecht, § 5 Rz. 458.

gültig (Validierung). Die validierte Umwelterklärung ist schließlich Grundlage für die Aufnahme der Organisation in das offizielle **EMAS-Register**.

c) Wiederkehrende Überprüfung

Das einmal validierte Unternehmen unterliegt weiteren Überprüfungen zur Aufrechterhaltung der EMAS-Eintragung. Nach Art. 3 Abs. 3 der EMAS-VO müssen das Umweltmanagementsystem und das Programm für die Betriebsprüfung mindestens alle drei Jahre durch einen Umweltgutachter überprüft werden. Zudem sind die Umwelterklärungen kontinuierlich zu aktualisieren und müssen zumindest einmal jährlich durch den Umweltgutachter für gültig erklärt und der Öffentlichkeit bekannt gemacht werden.

116

Sofern das Unternehmen trotz entsprechender Aufforderung keine validierte Umwelterklärung vorlegt, wird die Eintragung, je nach Art und Umfang des Versäumnisses, ausgesetzt oder gestrichen. Gleiches gilt, wenn das Unternehmen die Anforderungen von EMAS nicht mehr erfüllt, vgl. Art. 6 Nr. 3 und 4 EMAS-VO.

117

3. DIN EN ISO 14001

Wie EMAS will auch DIN EN ISO 14001 den Organisationen die Möglichkeit geben, den betrieblichen Umweltschutz in eigener Verantwortung und Kontrolle wahrzunehmen und kontinuierlich zu verbessern. Dabei stimmen die wesentlichen Instrumente, das Umweltmanagement- und Umweltbetriebsprüfungssystem, mit dem EMAS weitgehend überein. Ursächlich dafür ist, dass beide Systeme auf dieselben Quellen zurückgehen, nämlich auf BS 7750[1] und letztlich ISO 9004[2]. Die Struktur von ISO 14001 ist dabei durch die Stichworte „plan – do – check – act" gekennzeichnet.[3] Das Verfahren von ISO 14001 beginnt, auch wenn es einen Vorschlag zur Durchführung einer ersten Umweltprüfung vorsieht, mit der Schaffung eines Umweltmanagementsystems. Für die Folgezeit schreibt ISO 14001 regelmäßige interne Umweltmanagement-Systemaudits zur Bewertung des Umweltmanagements nach DIN ISO 14010, 14011 und 14012 vor. Im Anschluss daran wird das Umweltmanagementsystem durch einen externen Auditor geprüft und ein Zertifikat ausgestellt.

118

4. Verhältnis EMAS – DIN EN ISO 14001

Durch die Verknüpfung von EMAS und ISO 14001 hat sich das Konkurrenzverhältnis der beiden Systeme[4] in ein eher komplementäres Verhältnis gewandelt, da ISO 14001 nunmehr auch als Grundmodul von EMAS fungiert.[5] ISO 14001 unter-

119

---

1 British Standards Institution BS 7750 „Specification for Environmental management systems" (1992), rev. 1994. Näher zur Entstehungsgeschichte *Kothe*, Das neue Umweltauditrecht, S. 4 ff.
2 Ursprüngliche Fassung vom Mai 1987 „Qualitätsmanagement und Elemente eines Qualitätsmanagementsystems".
3 *Feldhaus*, Wettbewerb zwischen EMAS und ISO 14001, UPR 1998, 41–44.
4 Zur früheren Lage *Schottelius*, NVwZ 1998, 805.
5 *Pape*, BuW 2003, 353, 354.

stützt durch die Anwender- und Umgangsfreundlichkeit die Implementierung eines Umweltmanagementsystems und damit die Verbreitung betrieblicher Umweltmanagementsysteme.[1] Demgegenüber wird EMAS, insbesondere durch die Pflicht zur Erstellung einer Umwelterklärung, die Standortregistrierung und die Überprüfung durch einen akkreditierten Umweltgutachter, von einem stärker umweltpolitischen Gedanken getragen. Die Forderung nach Legal Compliance, einer quantifizierbaren und messbaren Verbesserung der Umweltleistung in stofflicher und energetischer Hinsicht, die aktive Einbeziehung der Arbeitnehmer, die externe Begutachtung sowie das Bekenntnis zu einer aktiven externen Kommunikation etwa durch die Umwelterklärung stellen gegenüber DIN EN ISO 14001 Zusatzanforderungen dar, die dafür sorgen, dass EMAS häufig als höherwertiges System betrachtet wird.[2] Allerdings ist auch zu berücksichtigen, dass durch den von EMAS vorausgesetzten Umweltbericht höhere Kosten anfallen.[3] Unbegründet sind hingegen Bedenken, dass durch den Umweltbericht sensible Geschäftsdaten bekannt werden können, denn es besteht die Möglichkeit, in Abstimmung mit dem Umweltgutachter solche Daten nicht in die Umwelterklärung aufzunehmen.[4] Anhand der dargestellten Charakteristika ist vielmehr im Einzelfall zu untersuchen, welches der beiden Systeme zu bevorzugen ist. Aufgrund der Integrativlösung sind Unternehmen nicht gezwungen, sich bereits in einem frühen Verfahrensstadium für eines der beiden Systeme endgültig zu entscheiden. Es ist vielmehr möglich, zunächst die Umweltmanagementnorm DIN EN ISO 14001 umzusetzen und gegebenenfalls später das System auszubauen.

5. Umwelthaftpflichtversicherung und Umweltschadensversicherung

120   Die Umwelthaftpflichtversicherung deckt Schäden, die außerhalb des Grundstücks des Versicherungsnehmers bei einem Dritten entstehen (Drittschaden) und die sich über einen sog. Umweltpfad (Boden, Wasser, Luft) realisiert haben; diese Umwelthaftpflichtschäden sind nach § 4 Abs. 1 Nr. 8 AHB von der Betriebshaftpflichtversicherung ausgeschlossen. Eigenschäden, also Schäden auf eigenen Grundstücken und bei Unternehmensangehörigen des Versicherungsnehmers, sind nicht versichert.[5] Der Umfang der Versicherung richtet sich nach anlagenspezifisch zu vereinbarenden Risikobausteinen. Zu verweisen ist insoweit auf die „besonderen Bedingungen und Risikobeschreibungen für die Versicherung

---

1 *Pape*, BuW 2003, 353, 354.
2 *Pape*, BuW 2003, 353, 354; *Wruk/Ellringmann*, Praxishandbuch Umweltschutz Management, Losebl. Stand 8/2003, Anm. 3.1.2.3.
3 *Wruk/Ellringmann*, Praxishandbuch Umweltschutz Management, Losebl. Stand 8/2003, Anm. 3.1.2.3.
4 *Wruk/Ellringmann*, Praxishandbuch Umweltschutz Management, Losebl. Stand 8/2003, Anm. 3.1.2.3.
5 Ziffer 5.6 der Besonderen Bedingungen und Risikobeschreibungen für die Versicherung der Haftpflicht wegen Schäden durch Umwelteinwirkungen (Umwelthaftpflicht-Modell), abgedruckt bei *Fänzer* in Terbille (Hrsg.), Münchener Anwaltshandbuch zum Versicherungsrecht, § 16 Rz. 62. – Vgl. auch *Eipper* in Schiffer/Rödl/Rott, Haftungsgefahren im Unternehmen, Rz. 1930; zum Ganzen *Schimikowski*, Umwelthaftungsrecht und Umwelthaftpflichtversicherung, 6. Aufl. 2002.

von Haftpflicht wegen Schäden durch Umwelteinwirkung (Umwelthaftpflicht-Modell)" – Musterbedingungen des Gesamtverbandes der Deutschen Versicherungswirtschaft (GDV) vom Mai 2007.[1] Bodenspezifische Haftungsrisiken einschließlich Eigenschäden können durch eine **Bodenkaskoversicherung** (einschließlich einer „Clean-up-Policy", die Versicherungs- und Finanzierungsleistungen umfasst) abgedeckt werden.[2]

Mit den neuen Allgemeinen Versicherungsbedingungen für die Umweltschadensversicherung (Musterbedingungen des GDV vom Mai 2008) wird zusätzlich Versicherungsschutz für die öffentlich-rechtliche Haftung nach dem Umweltschadensgesetz[3] (oben Rz. 16ff.) bereitgestellt.[4]   121

Die detaillierte Risikoerfassung und Risikoanalyse, die einheitliche Voraussetzung aller am Markt angebotenen Umwelthaftpflichtversicherungen (Deklarations- und Enumerationsprinzip) ist, wird jedenfalls partiell durch eine Umweltauditierung faktisch erleichtert[5] und von den Versicherern als Teil der Schadensprophylaxe begrüßt.[6]   122

II. Auf Managementebene?

1. D&O-Versicherung

Die seit rund 20 Jahren auch in Deutschland verbreiteten D & O-Versicherungen[7] können dem Manager in der Regel nicht bei einer Minimierung seines Umwelthaftungsrisikos helfen. Denn nach Ziffer 5.4 der Allgemeinen Versicherungsbedingungen für Vermögensschaden-Haftpflichtversicherungen von Aufsichtsräten, Vorständen und Geschäftsführern (AVB-AVG) sind Haftpflichtansprüche für durch Umwelteinwirkungen entstandene Schäden ausgeschlossen.[8] In Betracht kommt damit eine Versicherung der sich aus einer Umwelthaftung ergebenden Risiken nur bei einer dahingehenden Individualvereinbarung.[9]   123

---

1 Abgedruckt und ausführlich kommentiert bei *Vogel/Stockmeier*, Umwelthaftpflichtversicherung – Umweltschadensversicherung, Kommentar, S. 106ff.
2 Näher zum Ganzen *Rütz*, Versicherungsprodukte und Umwelthaftungsrecht unter besonderer Berücksichtigung von Öko-Audit und ISO 14001, BTUC-AR 4/2001, S. 65ff.
3 Dazu jüngst *Münter*, Die Vermeidung und Sanierung von Umweltschäden – Der Beitrag der Umwelthaftungsrichtlinie 2004/35/EG unter dem Aspekt der Versicherbarkeit, 2009.
4 Musterbedingungen abgedruckt und ausführlich kommentiert bei *Vogel/Stockmeier*, Umwelthaftpflichtversicherung – Umweltschadensversicherung, Kommentar, S. 621ff.
5 Vgl. *Schilling/Henneböhl* in Ewer/Lechelt/Theuer, Handbuch Umweltaudit, S. 306f. Rz. 32.
6 *Schilling/Henneböhl* in Ewer/Lechelt/Theuer, Handbuch Umweltaudit, S. 308 Rz. 39.
7 Überblick bei *Paefgen* in Ulmer/Habersack/Winter, § 43 GmbHG Rz. 256ff.; *Sieg*, oben § 15 (S. 411ff.); s. auch *Schmitt*, Organhaftung und D&O Versicherung, 2007, S. 97ff.
8 Vgl. auch *Küpper-Dirks*, Managerhaftung und D&O-Versicherung: Haftungssituation und Deckungskonzepte, 2002, S. 66f.
9 Vgl. hierzu *Kiethe*, DVBl. 2004, 1516, 1521.

2. Freistellungsvereinbarung und Verzicht

124 Das Risiko einer Umwelthaftung für geschäftsführende Organe kann durch Freistellungsvereinbarung oder Verzicht mit dem von ihnen geleiteten Unternehmen aufgrund gesellschaftsrechtlicher Beschränkungen – namentlich § 93 Abs. 4 AktG und § 43 Abs. 3 GmbHG – nur sehr eingeschränkt reduziert werden.[1] Eine Freistellungsvereinbarung zwischen der Gesellschaft und ihren geschäftsführenden Organen zur Abfederung des Risikos einer Umwelthaftung des Organs gegenüber Dritten ist denselben Beschränkungen unterworfen.[2]

---

[1] Vgl. hierzu *H. Schmidt*, Die Umwelthaftung der Organmitglieder von Kapitalgesellschaften, S. 283 ff. – Für die GmbH ist der Umfang der zulässigen Haftungsbeschränkungen im Einzelnen sehr umstritten, vgl. hierzu: *Kleindiek* in Lutter/Hommelhoff, § 43 GmbHG Rz. 52. Es spricht viel dafür, bei der GmbH eine Haftungsbeschränkung für Verstöße geschäftsführender Organe gegen umweltrechtliche Normen als unzulässig anzusehen.

[2] Vgl. etwa zur GmbH *Tillmann*/Mohr, GmbH-Geschäftsführer, 9. Aufl. 2009, Rz. 573.

4. Teil
Straf- und Ordnungswidrigkeitenrecht

§ 35
Strafrechtliche Haftung von Geschäftsleitern

Dr. Daniel M. Krause, LL.M.

	Rz.
A. Einleitung	1
B. Erscheinungsformen der strafrechtlichen Verantwortlichkeit von Geschäftsleitern	3
I. Strafrechtliche Haftung für eigenhändiges Verhalten	3
II. Geschäftsherrenhaftung	6
1. Strafrechtliche Haftung als Leiter einer Organisationsstruktur	6
2. Geschäftsleiter als Garanten für Rechtsgüter Dritter	10
3. Verletzung von Aufsichtspflichten i.S. des § 130 OWiG	13
4. Strafrechtliche Haftung faktischer Organe	14
5. Gesamtzuständigkeit, Ressortverantwortlichkeit und Gremienentscheidungen	17
a) Pflichtenmaßstab bei arbeitsteiliger Ressortaufteilung	18
b) Haftung der einzelnen Geschäftsleiter bei Kollegialentscheidungen	21
C. Untreue (§ 266 StGB)	25
I. Voraussetzungen der strafrechtlichen Haftung	26
1. Vermögensbetreuungspflicht der Geschäftsleiter	26
2. Pflichtwidriges Verhalten/ Maßgeblicher Sorgfaltsmaßstab	28
3. Eintritt eines Vermögensnachteils auf Seiten der Gesellschaft	36
4. Untreuevorsatz	39
II. Einzelfragen	40
1. Einschränkungen der Strafbarkeit bei Zustimmung der Gesellschafter	40

	Rz.
2. Konzernsachverhalte (Konzernuntreue) und Cash-Pooling	45
3. Risikogeschäfte	50
4. Sponsoring	56
5. „Schwarze Kassen"	57
6. Auslösung von Schadensersatzansprüchen und Sanktionsrisiken	59
D. Vorenthalten und Veruntreuen von Arbeitsentgelt (§ 266a StGB)	60
E. Korruption	67
I. Vorteilsgewährung und Bestechung	71
1. Gewähren von Vorteilen für die Dienstausübung	72
2. Amtsträger-Begriff/ Verletzung einer Dienstpflicht (§§ 332, 334 StGB)	76
3. Genehmigung durch „zuständige Behörde"	80
II. § 299 StGB (Bestechlichkeit und Bestechung im geschäftlichen Verkehr)	81
III. Kick-Back-Konstellationen (Bestechung/Untreue)	86
IV. Auslandssachverhalte bei Einschaltung von Agenten und Provisionszahlungen	87
F. Bilanzdelikte/Unrichtige Unternehmensabschlüsse und unrichtige Berichte	90
I. Unrichtige Darstellung (§ 331 HGB)	91
II. Strafbarer Bilanzeid (§ 331 Nr. 3a HGB)	100
III. Unrichtige oder verschleiernde Wiedergabe der Verhältnisse einer AG (§ 400 Abs. 1 Nr. 1 AktG)	101

	Rz.
IV. Straftaten bei Verwendung unrichtiger Abschlüsse, Darstellungen oder Übersichten (Betrug, Subventions- und Kreditbetrug)	102
G. Strafrechtliche Risiken am organisierten Kapitalmarkt	**104**
I. Verbotene Insidergeschäfte (§§ 12–14, 38 WpHG)	106
1. Insiderinformationen	107
2. Insiderhandel	111
II. Unbefugte Weitergabe von Insiderinformationen und Empfehlung eines Insiderpapiers	116
III. Verhinderung von Insiderverstößen im Unternehmen	118
IV. Strafbare Marktmanipulation gem. §§ 20a, 38 WpHG	119
1. Informationsgestützte Manipulationen (§ 20a Abs. 1 Nr. 1 WpHG)	120
2. Irreführendes Marktverhalten gem. § 20a Abs. 1 Nr. 2 WpHG	124
3. Sonstige Täuschungen gem. § 20a Abs. 1 Nr. 3 WpHG	127
V. Ordnungswidrigkeiten	128
H. Strafrechtliche Risiken bei eingetretener und drohender Insolvenz	**129**
I. Insolvenzverschleppung	131
1. Insolvenzreife/Insolvenzgründe	134
2. Unterlassene Antragstellung	140
3. Vorsatz/Fahrlässigkeit	141

	Rz.
II. Bankrottdelikte (§§ 283ff. StGB)	142
1. Bankrott (§ 283 StGB)	143
a) Strafbare Einwirkungen auf den Vermögensbestand	145
b) Strafbare Mängel bei Buchführung und Bilanzen	149
aa) Unterlassene und mangelhafte Buchführung (§ 283 Abs. 1 Nr. 5 StGB), Verletzung der Buchführungspflicht (§ 283b StGB)	151
bb) Unterdrücken von Handelsbüchern (§ 283 Abs. 1 Nr. 6 StGB)	155
cc) Mangelhafte und nicht rechtzeitige Bilanzaufstellung (§ 283 Abs. 1 Nr. 7 StGB)	156
2. Gläubigerbegünstigung (§ 283c StGB)	157
J. Folgen von Strafverfahren und Verurteilung	**159**
I. Verfall gem. §§ 73ff. StGB	160
II. Inhabilität als Geschäftsführer bzw. Vorstand bei Verurteilungen wegen Wirtschaftsstraftaten	165
III. Ausschluss von der Vergabe und Registereintragung	166

Schrifttum: *Abendroth,* Der Bilanzeid – sinnvolle Neuerung oder systematischer Fremdkörper?, WM 2008, 1147; *Achenbach,* Zur aktuellen Lage des Wirtschaftsstrafrechts in Deutschland, GA 2004, 559; *Achenbach,* Zivilrechtsakzessorietät der insolvenzstrafrechtlichen Krisenmerkmale?, in Gedächtnisschrift Schlüchter, 2002, S. 269; *Achenbach,* Aus der 1996/97 veröffentlichten Rechtsprechung zum Wirtschaftsstrafrecht, NStZ 1997, 536; *Achenbach/Ransiek,* Handbuch Wirtschaftsstrafrecht, 2007; *Adick,* Zum Gefährdungsschaden und zum Eventualvorsatz bei der Untreue, HRRS 2008, 460; *Altenhain,* Der strafbare falsche Bilanzeid, WM 2008, 1141; *Bachmann,* Kapitalmarktrechtliche Probleme bei der Zusammenführung von Unternehmen, ZHR 172 (2008), 598; *Bauer,* Untreue durch Cash-Pooling im Konzern, 2008; *Beckemper,* Untreuestrafbarkeit des GmbH-Geschäftsführers bei einverständlicher Vermögensverschiebung, GmbHR 2005, 592; *Beutin,* Rationalität der Risikoentscheidung, 2007; *Bieneck,* Strafrechtliche Relevanz der Insolvenzordnung und aktueller Änderungen des Eigenkapitalersatzrechts, StV 1999, 43; *Bittmann,* Strafrecht und Gesellschaftsrecht, ZGR 2009, 931; *Bittmann,* Beitragsvorenthaltung bei Insolvenzreife der GmbH, wistra 2004, 327; *Bittmann,* BilMoG: Bilanzrechtsmodernisierung oder Gesetz zur Erleichterung von Bilanzmanipulationen, wistra 2008, 441; *Bittmann,* Strafrechtliche Folgen des MoMiG, NStZ 2009, 117; *Bittmann/Richter,* Zum Geschädigten bei der GmbH- und der KG-Untreue, wistra 2005, 51; *Brammsen,* Vorstandsuntreue, wistra 2009, 85; *Brand,* Die Strafbarkeit des Vorstandes gem. § 266 StGB trotz Zustimmung aller Aktionäre,

AG 2007, 682; *Brünig/Samson*, Bankenkrise und strafrechtliche Haftung wegen Untreue gem. § 266 StGB, ZIP 2009, 1089; *Dann*, Erleichterungs- und Beschleunigungszahlungen im Ausland – kein Fall des IntBestG, wistra 2008, 48; *Dannecker/Knierim/Hagemeier*, Insolvenzstrafrecht, 2009; *Dibbert*, Ermittlungen in Großunternehmen, 1999; *Dierlamm*, Der faktische Geschäftsführer im Strafrecht – ein Phantom?, NStZ 1996, 153; *Dierlamm*, Neue Entwicklungen bei der Untreue – Loslösung des Tatbestandes von zivilrechtlichen Kategorien, StraFo 2005, 397; *Dölling*, Handbuch Korruptionsprävention, 2007; *Fehn*, Schwarzarbeitsbekämpfungsgesetz, 2006; *Feigen*, Strafjustiz durch die BaFin?, in Arbeitsgemeinschaft Strafrecht des Deutschen Anwaltvereins, Strafverteidigung im Rechtsstaat, 2009, S. 466; *Fischer*, Strafbarer Gefährdungsschaden oder strafloser Untreueversuch, StV 2010, 95; *Fleischer*, Konzernuntreue zwischen Straf- und Gesellschaftsrecht, NJW 2004, 2867; *Fleischer*, Zur Verantwortlichkeit einzelner Vorstandsmitglieder bei Kollegialentscheidungen im Aktienrecht, BB 2004, 2645; *Fleischer*, Der deutsche „Bilanzeid" nach § 264 Abs. 2 S. 3 HGB, ZIP 2007, 97; *Gallandi*, Strafrechtliche Aspekte der Asset Backed Securities, wistra 2009, 41; *Gehrmann*, Das versuchte Insiderdelikt, 2009; *Gehrmann*, Das Spector-Urteil des EuGH, ZBB 2010, 48; *Grau/Blechschmidt*, Strafbarkeit wegen Beihilfe zum Betrug durch Unterlassen – Begründung einer Garantenstellung durch Übernahme von Pflichten als Leiter der Rechtsabteilung und der Innenrevision – Strafrechtliche Garantenpflicht von sog. „Compliance Officers", DB 2009, 2143; *Greeve/Leipold*, Baustrafrecht, 2004; *Grube/Röhm*, Überschuldung nach dem Finanzmarktstabilisierungsgesetz, wistra 2009, 84; *Hahn*, Der Bilanzeid, Neue Rechtsfigur im deutschen Kapitalmarktrecht, IRZ 2007, 375; *Hart-Hönig*, Verteidigung von Unternehmen und Compliance, in Arbeitsgemeinschaft Strafrecht des Deutschen Anwaltvereins, Strafverteidigung im Rechtsstaat, 2009, S. 530; *Hartung*, Probleme bei der Feststellung der Zahlungsunfähigkeit, wistra 1997, 1; *Hasselbach*, Die Weitergabe von Insiderinformationen bei M&A-Transaktionen mit börsennotierten Aktiengesellschaften, NZG 2004, 1087; *Hassemer*, Die Basis des Wirtschaftsstrafrechts, wistra 2009, 169; *Hefendehl*, Tatherrschaft in Unternehmen vor kriminologischer Perspektive, GA 2004, 575; *Hefendehl*, Vermögensgefährdung, 1994; *Hellgardt*, Fehlerhafte Ad-hoc-Publizität als strafbare Marktmanipulation, ZIP 2005, 2000; *Hohn*, Die „äußersten" Grenzen des erlaubten Risikos bei Entscheidungen über die Verwendung von Gesellschaftsvermögen, wistra 2006, 161; *Ignor/Rixen*, Arbeitsstrafrecht, 2008; *Ignor/Rixen*, Untreue durch Zahlung von Geldauflagen, wistra 2000, 448; *Joecks*, Bekämpfung der Schwarzarbeit und damit zusammenhängender Steuerhinterziehung, wistra 2004, 441; *Kargl*, Über die Bekämpfung des Anscheins der Kriminalität bei der Vorteilsannahme (§ 331 StGB), ZStW 2002, 763; *Kempf/Lüderssen/Volk*, Die Handlungsfreiheit des Unternehmers – Wirtschaftliche Perspektiven, strafrechtliche und ethische Schranken, 2009; *Kiethe*, Zivil- und strafrechtliche Haftung von Aufsichtsräten für Geschäftsrisiken, WM 2005, 2122; *Kirch-Heim/Samson*, Vermeidung der Strafbarkeit durch Einholung juristischer Gutachten, wistra 2008, 81; *Knauer*, Strafbarkeit der Bankvorstände für missbräuchliche Kreditgewährung, NStZ 2002, 399; *Knauer*, Die Kollegialentscheidung im Strafrecht, 2001; *Knauth/Käsler*, § 20a WpHG und die Verordnung zur Konkretisierung des Marktmanipulationsverbotes (MaKonV), WM 2006, 1041; *Krause*, Ordnungsgemäßes Wirtschaften und erlaubtes Risiko, 1995; *Krause*, Zur Vermögensbetreuungspflicht eines entsandten Aufsichtsratsmitglieds (§ 101 Abs. 2 AktG) gegenüber dem Entsendenden, in FS Hamm, 2008, S. 341; *Krause*, Konzerninternes Cash Management – der Fall Bremer Vulkan: Neue Ansätze bei der Untreue (§ 266 StGB) und ihre Konsequenzen für die Praxis, JR 2006, 51; *Krause/Vogel*, Bestechungsbekämpfung im internationalen Geschäftsverkehr, RIW 1999, 488; *Krekeler/Werner*, Unternehmer und Strafrecht, 2006; *Kubiciel*, Gesellschaftsrechtliche Pflichtwidrigkeit und Untreue, NStZ 2005, 353; *Kudlich/Noltensmeier*, Die Anordnung des Verfalls (§§ 73 ff. StGB) bei verbotenem Insiderhandel nach § 38 i.V.m. § 14 WpHG, wistra 2007, 121; *Kuhlen*, Strafhaftung bei unterlassenem Rückruf gesundheitsgefährdender Produkte, NStZ 1990, 566; *Kutzner*, Einfache gesellschaftsrechtliche Pflichtverletzung als Untreue, NJW 2006, 3541; *Laskos*, Strafbarkeit wegen Untreue bei der Kreditvergabe, 2001; *Laub*, Grenzen der Spendenkompetenz des Vorstands, AG 2002, 308; *Livonius*, Untreue wegen existenzgefährdenden Eingriffs – Rechtsgeschichte?, wistra 2009, 92; *Loeck*, Strafbarkeit des Vorstandes der Aktiengesellschaft wegen Untreue, 2006; *Lüderssen*, Entkriminalisierung des Wirtschaftsrechts, 1998; *Lüderssen,* Gesellschaftsrechtliche Grenzen der strafrechtlichen Haftung des Aufsichtsrates, in FS Lampe, 2003, S. 727; *Lüderssen,* Finanzmarktkrise, Risikomanagement und Strafrecht, StV 2009, 486; *Lüke,* Ist die Liquidität 2. Grades ein geeignetes Kriterium zur Feststellung der Zahlungsunfähigkeit?, wistra 2003, 52; *Lütke,* Die strafrechtliche Bedeutung der Aufgabenverteilung unter GmbH-Geschäftsführern am Beispiel der Insolvenzantragspflicht, wistra 2008, 409; *Martin,* Bankenuntreue, 2000; *Maschke,* Aufsichtspflichtverletzungen in Betrieben und Unternehmen, 1997; *Matt,* Missverständnisse zur Untreue – Eine Betrachtung auch zum Verhältnis von (Straf-)Recht und Moral, NJW 2005, 389; *Mosiek,* Risikosteuerung im Unternehmen und Untreue, wistra 2003, 370; *Mülbert/Steup,* Emittentenhaftung für fehlerhafte Kapitalmarktinformation am Beispiel der fehlerhaften Regelpublizität, WM 2005, 1633; *Müller-Gugenberger,* GmbH-Strafrecht nach der Reform, GmbHR 2009, 578; *Müller-Gugenberger/Bieneck,* Wirtschaftsstrafrecht, 4. Aufl. 2006; *Nack,* Mittelbare Täterschaft durch Ausnutzung regelhafter Abläufe, GA 2006, 343; *Otto,* Untreue der Vertretungsorgane von Kapitalgesellschaften durch Vergabe von Spenden, in FS Kohlmann, 2003, S. 187; *Park,* Kapitalmarktstrafrecht, 2. Aufl., 2008; *Park,* Kapitalmarktstrafrecht und Anlegerschutz, NStZ 2007, 369; *Pelz,* Sponsoring zwischen Marketing und Korruption, LMuR 2009, 50; *Posseck,* Strafrechtliche Haftung der Mitglieder des Aufsichtsrates einer Aktiengesellschaft, 1998; *Preussner/Pananis,* Risikomanagement und strafrechtliche Verantwortung, BKR 2004, 347; *Radtke,* Untreue zu Lasten von ausländischen Gesellschaften mit faktischem Sitz in Deutschland, GmbH 2008, 729; *Ransiek,* Anerkennungsprämien und Untreue, NJW 2006, 814; *Ransiek,* Untreue zum Nachteil einer abhängigen GmbH – „Bremer Vulkan", wistra 2005, 121; *Röckrath,* Kollegialentscheidung und Kausalitätsdogmatik, NStZ 2003, 641; *Rönnau,* Vermögensabschöpfung in der Praxis, 2003; *Rönnau,* Die Strafbarkeit des Vorenthaltens von Arbeitnehmersozialbeiträgen in der Krise des Unternehmens, NJW 2004, 976; *Rönnau,* Untreue zu Lasten juristischer Personen und Einwilligungskompetenz der Gesellschafter, in FS Amelung, 2009, S. 247; *Rönnau,* Rechtsprechungsüberblick zum Insolvenzstrafrecht, NStZ 2003, 525; *Rönnau/Hohn,* Festsetzung (zu) hoher Vorstandsvergütungen durch den Aufsichtsrat – ein Fall für den Staatsanwalt?, NStZ 2004, 113; *Rose,* Strafrechtliche Relevanz von Risikogeschäften, wistra 2005, 281; *Rotsch,* Neues zur Organisationsherrschaft, NStZ 2005, 13; *Rotsch,* Der ökonomische Täterbegriff, ZIS 2007, 261; *Roxin,* Organisationsherrschaft als eigenständige Form mittelbarer Täterschaft, ZStrR 2007, 1; *Säcker,* Gesetzliche und satzungsmäßige Grenzen für Spenden und Sponsoringmaßnahmen in der Kapitalgesellschaft, BB 2009, 282; *Saliger,* Parteienuntreue durch schwarze Kassen und unrichtige Rechenschaftsberichte, NStZ 2007, 545; *Saliger,* Wider die Ausweitung des Untreuetatbestandes, ZStW 2000, 563; *Satzger/Schmitt/Widmaier,* Strafgesetzbuch, 2009; *Satzger,* Schwarze Kassen zwischen Untreue und Korruption, NStZ 2009, 297; *Schaal,* Strafrechtliche Verantwortlichkeit bei Gremienentscheidungen im Unternehmen, 2001; *Schilha,* Die Aufsichtsratstätigkeit in der Aktiengesellschaft im Spiegel strafrechtlicher Verantwortlichkeit, 2008; *Schlösser/Dörfler,* Strafrechtliche Folgen eines Verstoßes gegen den Deutschen Corporate Governance Kodex, wistra 2007, 326; *Schmid/Winter,* Vermögensabschöpfung im Wirtschaftsstrafverfahren, NStZ 2002, 8; *Schmidt-Dohling,* Betrug durch Kreditvergabe, 2008; *Schmitz,* Die Neufassung des § 19 InsO durch das FMStG und seine Bedeutung für strafrechtliche „Altfälle", wistra 2009, 369; *Sven H. Schneider,* Die Weitergabe von Insiderinformationen, NZG 2005, 702; *Uwe H. Schneider,* Die Pflichten des Geschäftsführers in der Krise der GmbH, GmbHR 2010, 57; *Schröder,* Handbuch Kapitalmarktstrafrecht, 2006; *Schröder,* Geschäftsführer, Gesellschafter und Mitarbeiter der GmbH als Insider, GmbHR 2007, 907; *Schünemann,* „Gravierende Pflichtverletzung" bei der Untreue: dogmatischer Zauberhut oder taube Nuss?, NStZ 2005, 473; *Schünemann,* Zur Quadratur des Kreises in der Dogmatik des Gefährdungsschadens, NStZ 2008, 430; *Schünemann,* Der Bundesgerichtshof im Gestrüpp des Untreuetatbestandes, NStZ 2006, 196; *Schuster/Rübenstahl,* Praxisrelevante Probleme des internationalen Korruptionsstrafrechts, wistra 2008, 221; *Seiler,* Die Untreuestrafbarkeit des Wirtschaftsprüfers, 2007; *Sethe,* Die Verschärfung des insiderrechtlichen Weitergabeverbots, ZBB 2006, 243; *Sina,* Voraussetzungen und Wirkungen der Delegation von Geschäftsführer-Verantwortung in der GmbH, GmbHR 1990, 65; *Szesny,* Finanzmarktaufsicht und Strafprozess, 2008; *Tag,* Drittmitteleinwerbung – strafbare Dienstpflicht? – Überlegungen zur Novellierung des Straftatbestandes der Vorteilsannahme, JR 2004, 50; *Tiedemann*, Wirtschaftsstrafrecht – AT und BT, 2008; *Tiedemann*, Zur Untreue durch Gewährung so genannter Anerkennungsprämien, ZIP 2004, 2056; *Tiedemann*, Vermögensbetreuungspflicht des beherrschenden Alleingesellschafters bei der Konzernuntreue, JZ 2005, 47; *Trescher*, Strafrechtliche Aspekte der Berichterstattung des Aufsichtsrates, DB 1998, 1016; *Tsambikakis*, Aktuelles zum Strafrecht bei GmbH und GmbH & Co., GmbHR 2005, 331; *Vogel*, Scalping als Kurs- und Marktpreismanipulation, NStZ 2004, 252; *Volk* (Hrsg.), Münchener Anwaltshandbuch Verteidigung in Wirtschafs- und Steuerstrafsachen, 2006; *Wabnitz/Janovsky*, Handbuch des Wirtschafts- und Steuerstrafrechts, 2007; *Waßmer*, Untreue bei Risikogeschäften, 1997; *Wattenberg*, Zentrales Cash-Management als Untreuetatbestand im Konzernverbund, StV 2005, 523; *Weber*, Die Entwicklung des Kapitalmarktrechts im Jahre 2004, NJW 2004, 3674; *Wegner*, Aktuelle Entwicklungen im Insolvenzstrafrecht, HRRS 2009, 32; *Weiß*, Ausschluss vom Geschäftsführeramt bei strafgerichtlichen Verurteilungen nach § 6 Abs. 2 GmbHG n.F., wistra 2009, 209; *Weller*, Die Neuausrichtung der Existenzvernichtungshaftung durch den BGH und ihre Implikationen durch die Praxis, ZIP 2007, 1681; *Wessing/Krawczyk*, Untreue zum Nachteil einer konzernunabhängigen GmbH, NZG 2009, 1176; *Weyand*, Strafbarkeit wegen „nicht richtiger" Insolvenzantragsstellung – strafrechtlicher Flankenschutz für Insolvenzgerichte und Verwalter?, ZInsO 2010, 359; *Weyand/Diversy*, Insolvenzdelikte, 2006; *Ziemann*, Strafbarer „Bilanzeid" nach § 331 Nr. 3a HGB, wistra 2007, 292; *Zieschang*, Gibt es den Täter hinter dem Täter?, in FS Otto, 2007, S. 509.

A. Einleitung

Geschäftsleiter sind bei ihrer Tätigkeit vielfältigen strafrechtlichen Risiken ausgesetzt. Ihr unternehmerisches Handeln als solches unterliegt strafrechtlichen Grenzen. Sie sind darüber hinaus Adressaten vielfältiger besonderer Pflichten, deren Verletzung als Ordnungswidrigkeit oder Straftat geahndet werden kann. Schon die Einleitung von Ermittlungsverfahren wegen des Verdachts von strafrechtlich relevanten Pflichtverletzungen kann für sie wegen der unternehmensinternen und -externen Auswirkungen zu gravierenden Konsequenzen bis hin zum Verlust der Leitungsfunktion führen. Strafrechtlich relevante Pflichtverletzungen führen regelmäßig zu erheblichen persönlichen Schadensersatzrisiken gegenüber der Gesellschaft und Dritten. Die Auswirkungen von Ermittlungsverfahren gegen Geschäftsleiter auf die öffentliche Reputation des Unternehmens, auf Aktienkurse und Beziehungen zu Geschäftspartnern und Finanzierungsinstituten sind vielfach immens. Diese Implikationen sind in der jüngeren Vergangenheit durch zahlreiche Strafverfahren und Unternehmensskandale verstärkt ins Blickfeld getreten und haben dazu geführt, dass die Sensibilität für strafrechtliche Risiken bei Geschäftsleitern erheblich gestiegen ist. Dies spiegelt sich auch in der intensiven Diskussion um die Festlegung von Regeln zur ordnungsgemäßen Unternehmensführung (Corporate Governance Kodex) und Compliance-Regelungen wieder; ferner darin, dass eine präventive Beratung zur Vermeidung strafrechtlicher Risiken von Geschäftsleitern verstärkt in Anspruch genommen wird. 1

Die nachfolgenden Ausführungen geben einen Überblick über die Erscheinungsformen strafrechtlicher Verantwortlichkeit von Geschäftsleitern. Ferner werden anhand einzelner, für Geschäftsleiter aufgrund ihrer Leitungsfunktion besonders relevanter Themenkomplexe (Untreue, Vorenthalten von Arbeitsentgelt, Korruptionsdelikte, Bilanzdelikte, Kapitalmarktdelikte und Insolvenzdelikte) beste- 2 hende strafrechtliche Risiken im Einzelnen erläutert. Eine knappe Übersicht über die Folgen von Straftaten für Geschäftsleiter und Unternehmen bildet den Abschluss. Diversen im Unternehmensalltag bedeutsamen Gebieten ist wegen des beschränkten zur Verfügung stehenden Umfangs kein eigener Abschnitt gewidmet (Subventions- und Submissionsbetrug, Kreditbetrug, Arbeitsstrafrecht, Umweltstrafrecht, Kartellordnungswidrigkeitenrecht). Strafrechtliche Hinweise zu diesen finden sich (teilweise) in den jeweiligen zivilrechtlichen Kapiteln dieses Buches.

B. Erscheinungsformen der strafrechtlichen Verantwortlichkeit von Geschäftsleitern

I. Strafrechtliche Haftung für eigenhändiges Verhalten

3 **Strafrechtliche Haftung** knüpft nach deutschem Recht an **persönliche Schuld**. Eine Sanktion gegen juristische Personen kann nur in den Grenzen des § 30 OWiG verhängt werden. Die Vielgestaltigkeit der Lebenssachverhalte auch und gerade in komplexeren Organisationsstrukturen wie Wirtschaftsunternehmen hat die Rechtsprechung veranlasst, **strafrechtliche Zurechnungsprinzipien** zu entwickeln, deren Anwendung der sachgerechten Erfassung der Verantwortlichkeiten in derartigen Strukturen dienen soll. Die verbreitete Wahrnehmung, nach der in Unternehmen oftmals nur die am Ende einer Kette von Entscheidungsprozessen, zumeist auf unteren Hierarchie-Ebenen stehenden Personen strafrechtlich verantwortlich sind (oder zur Verantwortung gezogen werden)[1], ist bezüglich der Ausgestaltung der strafrechtlichen Haftungsprinzipien unzutreffend. Die von der Rechtsprechung entwickelten Zurechnungsstrukturen führen dazu, dass eine strafrechtliche Haftung von Geschäftsleitern über das eigene unmittelbare Handeln hinaus kraft ihrer Leitungsverantwortung im Wege der Zurechnung eintritt, sofern sie schuldhaft ihre Leitungsverantwortung verletzt haben oder gegen (ihnen) erkennbare Rechtsverstöße von Mitarbeitern der Gesellschaft nicht eingeschritten sind.

4 Für von ihnen **selbst vorgenommene Handlungen**, durch die ein Strafgesetz verletzt wird, haften Geschäftsleiter als Täter. Dies gilt auch in Ansehung solcher Pflichten (z.B. Insolvenzantragspflichten), die die juristische Person treffen. Denn deren Pflichten werden gem. **§ 14 Abs. 1 Ziff. 1 bzw. 2 StGB** auf sie als **gesetzliche Vertreter** überwälzt. Weisen sie Mitarbeiter unmittelbar an, strafbare Handlungen vorzunehmen, sind sie als Mittäter (§ 25 Abs. 2 StGB), Gehilfen (§ 27 StGB) oder als Anstifter (§ 26 StGB) strafrechtlich verantwortlich.

5 Darüber hinaus haften Organe unterschiedlichen Erscheinungsformen für Straftaten und Rechtsverletzungen, die aus dem Unternehmen heraus begangen werden. Zu unterscheiden sind die Haftung für eigene Pflichtverletzungen des Organs (**Geschäftsherrenhaftung**) und die **Verletzung von Aufsichtspflichten** (§ 130 OWiG, vgl. hierzu unten Schücking, § 36, Rz. 22 ff.). Auch **Nicht-Organe** können

---

1 Raum in Wabnitz/Janowsky, Handbuch des Wirtschafts- und Steuerstrafrechts, Kap. 4 Rz. 50.

strafrechtlich wie Organe haften, sofern sie faktisch einen bestimmenden Einfluss auf die Geschicke des Unternehmens nehmen (**Haftung des faktischen Organs**). Praxisrelevant ist zudem die Frage der strafrechtlichen Haftung bei **arbeitsteiliger Organisation** bzw. bei **Kollegialentscheidungen**.

II. Geschäftsherrenhaftung

1. Strafrechtliche Haftung als Leiter einer Organisationsstruktur

Charakteristisch für Wirtschaftsunternehmen ist deren **arbeitsteilige und hierarchische Organisation**. Dies hat zur Folge, dass Entscheidungen und Beschlüsse der Geschäftsleiter nicht von diesen selbst, sondern von anderen Personen auf anderen Hierarchie-Ebenen ausgeführt werden. Vielfach sind die Strukturen dadurch gekennzeichnet, dass ein erheblicher räumlicher, zeitlicher und hierarchischer Abstand zwischen dem Geschäftsleiter als Spitze der Organisation und demjenigen besteht, der die Straftat unmittelbar begeht.[1] Für derartige Konstellationen hat der Bundesgerichtshof für die Geschäftsleiter eine Verantwortlichkeit des „**Täters hinter dem Täter**" entwickelt. Diese baut auf dem Gedanken der **Organisationsherrschaft** auf.

6

Ausgangspunkt dieser Verantwortlichkeit der Geschäftsleiter einer Gesellschaft ist die Begehung von Straftaten durch Mitarbeiter aus der Gesellschaft heraus. Für diese Straftaten haften deren Geschäftsleiter selbst als (mittelbare) Täter strafrechtlich, wenn sie hinsichtlich dieser Straftaten die Organisationsherrschaft innehaben. Eine solche die Täterschaft auslösende Organisationsherrschaft ist dann gegeben, wenn der **Beitrag der Geschäftsführung** nahezu **automatisch** zu einer von dieser **erstrebten Tatbestandsverwirklichung führt**. Von der Geschäftsleitung angewiesene oder auch nur durch deren rechtswidriges Verhalten nahegelegte deliktische Verhaltensweisen von Mitarbeitern können danach eine Täterschaft der Geschäftsführung begründen.[2] Das kommt namentlich dann in Betracht, wenn der Hintermann durch **Organisationsstrukturen** bestimmte Rahmenbedingungen **ausnutzt**, innerhalb derer sein Tatbeitrag einen regelhaften Ablauf auslöst. Handelt der Hintermann in solchen Fällen in Kenntnis dieser Umstände und nutzt die Tatbereitschaft des unmittelbar Handelnden aus, so ist er Täter (in Form der mittelbaren Täterschaft, § 25 Abs. 1 Alt. 2 StGB).[3] Ob der unmittelbar Handelnde in der Struktur ersetzbar ist („Rädchen im Getriebe"), ist unerheblich.[4] So löst die Fortführung der Geschäfte trotz endgültiger Zahlungsunfähigkeit eine eigene strafrechtliche Haftung der Geschäftsführung für den durch Mitarbeiter begangenen Lieferantenbetrug aus, wenn die betrügerischen Bestellungen in Zusammenhang mit der Betriebsfortführung vorausgesehene und gewollte Alltagsgeschäfte

7

---

1 BGH v. 2.11.2007 – 2 StR 384/07, NStZ 2008, 89.
2 BGH v. 26.8.2003 – 5 StR 145/03, BGHSt 48, 331, 342; BGH v. 13.5.2004 – 5 StR 73/03, BGHSt 49, 147, 163; BGH v. 3.7.2003 – 1 StR 453/02, JR 2004, 245, 246.
3 BGH v. 26.7.1994 – 5 StR 98/94, BGHSt 40, 218, 236 f.; BGH v. 8.11.1999 – 5 StR 632/98, BGHSt 45, 270, 296 ff.; BGH v. 26.8.2003 – 5 StR 145/03, NJW 2004, 375; hierzu allgemein *Hefendehl*, GA 2004, 575; *Nack*, GA 2006, 343; *Roxin*, ZStrR 2007, 17; *Zieschang* in FS Otto, S. 509.
4 *Nack*, GA 2006, 343; *Rotsch*, ZIS 2007, 261 ff.

darstellen.[1] Eine Anweisung zur Vornahme solcher Bestellungen bedarf es nicht. Entsprechendes kommt in Betracht bei durch Mitarbeiter begangenen Umweltstraftaten, bei Betrugs- und Kapitalanlagebetrugstaten durch Mitarbeiter aufgrund von durch die Geschäftsführung erkannt unrichtigen Prospektangaben, bei von Mitarbeitern systematisch begangenen Korruptionsdelikten u.a.m.

8 Diese Haftung tritt auch dann ein, wenn der unmittelbar Handelnde der Gesellschaft gar nicht angehört, also **kein Weisungsverhältnis** vorliegt. Strafrechtlich haftbar ist danach die Geschäftsführung, wenn sie einen selbständigen Unternehmer mit der Abfallentsorgung beauftragt und damit den Weg zur illegalen Abfallentsorgung „eröffnet und vorgezeichnet" hat.[2]

9 Entsprechende Grundsätze gelten für das **faktische Organ**[3] sowie im **Konzern**, wenn die Geschäftsleiter der Muttergesellschaft eine entsprechende Leitungsmacht in den Tochtergesellschaften besitzen.[4] D. h. die Ausnutzung regelhafter Abläufe, die über die Grenzen der einzelnen Konzern-Gesellschaften hinaus bestehen und praktiziert werden, kann eine strafrechtliche Haftung der Konzernleiter für in den Konzerngesellschaften begangene Straftaten begründen. Einzelheiten hierzu sind in der Rechtsprechung indes bislang noch nicht entwickelt worden.

2. Geschäftsleiter als Garanten für Rechtsgüter Dritter

10 Auch das **Unterlassen geeigneter Maßnahmen zur Verhinderung von Rechtsverletzungen aus dem Unternehmen heraus** kann eine strafrechtliche Haftung der Geschäftsleiter begründen. Geschäftsleiter sind in vielfältiger Weise verpflichtet, Gefahren abzuwehren, die aus dem Geschäftsbetrieb für Rechtsgüter Dritter entstehen. Insbesondere entbindet die Delegation von Aufgaben nicht von strafrechtlicher Haftung, da umfangreiche Überwachungspflichten bestehen, die mit steigender Schadensanfälligkeit der delegierten Aufgabe ihrerseits intensiver werden.

11 Geschäftsleiter treffen **Garantenpflichten**, die eine Unterlassensstrafbarkeit begründen (§ 13 Abs. 1 StGB). Als sog. **Überwachergaranten** sind sie verpflichtet, **Gefahrenquellen zu überwachen**, die aus ihrem Herrschaftsbereich stammen.[5] Zur Überwachung dieser Gefahrenquelle ist die Unternehmensführung „auf Posten gestellt". Dies gilt beispielsweise für den **Betreiber gefährlicher Anlagen**[6], ferner für die **Hersteller von Produkten**, die dafür zu sorgen haben, dass von den Produkten keine Gefahren für Rechtsgüter Dritter ausgehen.[7] Erkennen sie solche Gefahren, sind sie zum **Rückruf** oder zur öffentlichen Warnung verpflichtet; eine Verletzung dieser Pflichten begründet eine Unterlassensstrafbarkeit im Fall von Rechtsgutsverletzungen bei Dritten. In ähnlicher Weise sind die Ge-

---
1 BGH v. 11.12.1997 – 4 StR 323/97, NStZ 1998, 568 m. Anm. *Dierlamm*.
2 BGH v. 6.6.1997 – 2 StR 339/96, BGHSt 43, 219, 231.
3 BGH v. 11.12.1997 – 4 StR 323/97, NStZ 1998, 568.
4 BGH v. 13.5.2004 – 5 StR 73/03, NStZ 2004, 559.
5 *Fischer*, § 13 StGB Rz. 38.
6 BGH v. 21.4.1964 – 1 StR 72/64, BGHSt 19, 286, 288; BGH v. 13.11.2008 – 4 StR 252/08, BGHSt 53, 38.
7 BGH v. 6.7.1990 – 2 StR 549/89, BGHSt 37, 106, 114 – Lederspray.

schäftsleiter verpflichtet, Schädigungen überindividueller Rechtsgüter zu vermeiden. Sie haben beispielsweise dafür zu sorgen, dass Abfälle ordnungsgemäß entsorgt werden.[1] Garantenpflichten treffen die Geschäftsleiter auch dafür, dass nachgeordnete Mitarbeiter bei ihnen übertragenen Aufgaben keine Straftaten begehen. Denn der Geschäftsleiter befindet sich gegenüber diesen Mitarbeitern in einem Weisungsverhältnis, das ihm die Herrschaft über die Auftragsausführung eröffnet. In seiner Entscheidung betreffend die Garantenpflichten eines bestellten **Compliance-Officers** hat der Bundesgerichtshof für diesen eine entsprechende Garantenstellung anerkannt.[2] Als sog. **Beschützergaranten** sind Geschäftsleiter verpflichtet, Schäden von Rechtsgütern zu vermeiden, deren Schutz sie übernommen haben. Solche können insbesondere gegenüber den **Mitarbeitern** des Unternehmens gegenüber bestehen (Fürsorgepflichten gegenüber Arbeitnehmern), beispielsweise bezüglich eines ausreichenden Arbeitsschutzes.[3] Schutzpflichten bestehen auch der **Gesellschaft selbst gegenüber**. Die Geschäftsleiter sind verpflichtet, Schäden von ihr abzuwenden.

Der Beschützer- und Überwachergarantenpflicht ist gemeinsam, dass das bestehende **Pflichtenprogramm** nach den Umständen des Einzelfalles **variiert**. Im Grundsatz gilt: Je gefahrträchtiger der Sachverhalt für die Rechtsgüter Dritter oder der Gesellschaft, desto intensiver die von den Geschäftsleitern zu beachtenden (Überwachungs)Pflichten. Im Hinblick auf Mitarbeiter und deren Überwachung nimmt die Überwachungspflicht zu, je weniger verlässlich oder unerfahren der Mitarbeiter ist.[4]

3. Verletzung von Aufsichtspflichten i.S. des § 130 OWiG

Auch wenn keine Überwachungsgarantenpflicht vorliegt, bleibt die Geschäftsführung dazu verpflichtet, **Aufsichtsmaßnahmen** zu ergreifen, die geeignet sind, Zuwiderhandlungen gegen Pflichten aus der Gesellschaft zu unterbinden.[5] Hierzu gehört insbesondere die Bestellung, sorgfältige Auswahl und Überwachung von geeigneten Aufsichtspersonen. Ein Verstoß gegen diese Aufsichtsmaßnahmen wird als Ordnungswidrigkeit gem. § 130 OWiG mit einer Geldbuße bis zu 1 000 000 Euro geahndet (vgl. hierzu im Einzelnen *Schücking*, unten § 36, S. 1141 ff.).

4. Strafrechtliche Haftung faktischer Organe

Die strafrechtliche Haftung des „**faktischen Organs**" ist heute allgemein anerkannt. In der Praxis betrifft diese Rechtsfigur überwiegend den Bereich der GmbH, d.h. den faktischen Geschäftsführer. Die faktische Organhaftung gilt je-

---

1 BGH v. 6.6.1997 – 2 StR 339/96, BGHSt 43, 219; BGH v. 4.7.1991 – 4 StR 179/91, NJW 1992, 122.
2 BGH v. 17.7.2009 – 5 StR 394/08, NStZ 2009, 686; *Grau/Blechschmidt*, DB 2009, 2143.
3 BGH v. 21.4.1964 – 1 StR 72/64, BGHSt 19, 286, 288; OLG Stuttgart v. 11.9.1984 – 3 Ss (12) 344/84, NJW 1984, 2897; OLG Naumburg v. 25.3.1996 – 2 Ss 27/96, NStZ-RR 1996, 229.
4 BGH v. 31.1.2002 – 4 StR 289/01, BGHSt 47, 224, 231.
5 Ausführlich *Achenbach* in Achenbach/Ransiek, Handbuch Wirtschaftsstrafrecht, I 3 Rz. 43 ff.

doch auch für jede andere Gesellschaftsform.¹ Fundament der strafrechtlichen Haftung des faktischen Organs ist das Prinzip, dass jeder für strafrechtlich relevante Verstöße gegen die Organe treffende Pflichten haftet, der die Geschicke der **Gesellschaft durch eigenes Handeln im Außenverhältnis** maßgeblich – d.h. einem bestellten Organ gleich – **steuert**.² Für die strafrechtliche Haftung soll es gerade nicht darauf ankommen, ob der Betreffende als Organ bestellt ist.³ Andererseits darf die starke Stellung des faktischen Organs im Unternehmen nicht einseitig angemaßt sein, sondern muss mit **Zustimmung oder zumindest Duldung der Gesellschafter** bestehen („konkludente Bestellung").⁴ Welche Anforderungen an das Gewicht der Tätigkeit des faktischen Organs im Verhältnis zu der Tätigkeit der bestellten Organe zu stellen sind, ist nicht abschließend geklärt. Die Rechtsprechung tendiert dahin, dass das faktische Organ eine **überragende Stellung** innehaben muss oder zumindest ein deutliches Übergewicht im Vergleich zur Tätigkeit anderer, bestellter Organe.⁵ Nicht erforderlich ist, dass das faktische Organ die bestellte Geschäftsführung vollends verdrängt.⁶

15 Anwendungsfälle der faktischen Organhaftung sind neben unwirksam bestellten Organen (§ 14 Abs. 3 StGB) vielfach „Strohmann"-Konstellationen, in denen der bestellte Geschäftsführer lediglich vorgeschoben ist. Doch auch jenseits dieser „Scheinsachverhalte" tritt die Haftung in solchen Fällen ein, in denen beispielsweise ein Gesellschafter, Angestellter oder Beauftragter in der Gesellschaft herrschenden Einfluss ausübt. Maßgeblich ist das Erscheinungsbild in seiner Gesamtheit. Anhaltspunkte für die tatsächlichen Voraussetzungen einer faktischen Organschaft bietet die sog. **„6 aus 8"-Formel**.⁷ Faktisches Organ soll danach sein, wer zumindest sechs der acht folgenden Merkmale verwirklicht:

– Bestimmung der Unternehmenspolitik,

– Gestaltung der Unternehmensorganisation,

– Einstellung von Mitarbeitern,

– Gestaltung der Geschäftsbeziehungen zu Vertragspartnern,

– Verhandlung mit Kreditgebern,

– Festlegung der Gehaltshöhe von Mitarbeitern,

– Entscheidungsbefugnis in Steuerangelegenheiten,

– Steuerung der Buchhaltung.

---

1   BGH v. 28.6.1966 – 1 StR 414/65, BGHSt 21, 101 ff. zum faktischen Vorstand; näher zum Ganzen *Wegner* in Achenbach/Ransiek, Handbuch Wirtschaftsstrafrecht, VII 2 Rz. 62.
2   BGH v. 24.6.1952 – 1 StR 153/52, BGHSt 3, 32, 33; BGH v. 22.9.1982 – 3 StR 187/82, BGHSt 31, 118; BGH v. 20.9.1999 – 5 StR 729/98, NStZ 2000, 34, 35; näher *Dierlamm*, NStZ 1996, 153 ff.
3   BGH v. 25.2.2002 – II ZR 196/00, BGHZ 150, 61, 69 f.; BGH v. 11.7.2005 – II ZR 235/03, ZIP 2005, 1550; BGH v. 11.2.2008 – II ZR 291/06, GmbHR 2008, 702.
4   BGH v. 10.5.2000 – 3 StR 101/00, NJW 2000, 2285.
5   BGH v. 10.5.2000 – 3 StR 101/00, NJW 2000, 2285; BGH v. 20.9.1999 – 5 StR 729/98, NStZ 2000, 34, 35.
6   BGH v. 10.7.1996 – 3 StR 50/96, NJW 1997, 66; BGH v. 11.7.2005 – II ZR 235/03, ZIP 2005, 1550; OLG Düsseldorf v. 16.7.1987 – 5 Ss 193/87 - 200/87 I, wistra 1989, 152, 153.
7   BayObLG v. 20.2.1997 – 5 St RR 159/96, NJW 1997, 1936.

Das faktische Organ treffen die gleichen Pflichten wie ein ordnungsgemäß bestelltes Organ und dieselbe strafrechtliche Verantwortlichkeit.[1]

5. Gesamtzuständigkeit, Ressortverantwortlichkeit und Gremienentscheidungen

Die grundlegenden Unternehmensentscheidungen werden von den verantwortlichen Organen als Gremium regelmäßig gemeinsam beschlossen. Andere Entscheidungen werden üblicherweise im Rahmen zuvor festgelegter Ressorts getroffen bzw. vorbereitet, die der Verantwortung einzelner Geschäftsleiter zugewiesen sind. Damit tritt in den Blick, wie die Geschäftsleiter in Fällen anderweitiger Ressortzuständigkeit und für Kollegialentscheidungen strafrechtlich haften. Hierfür hat die Rechtsprechung im Detail noch keine abschließenden Grundsätze entwickelt.

a) Pflichtenmaßstab bei arbeitsteiliger Ressortaufteilung

Für die strafrechtlich zu beachtenden Pflichten ist im Grundsatz auf die gesellschaftsrechtlich angelegte **Gesamtverantwortung und Allzuständigkeit** der vertretungsbefugten Personen (vgl. nur § 35 Abs. 2 Satz 2 GmbHG, § 77 Abs. 1 Satz 1 AktG, im Einzelnen *E. Vetter*, oben § 18, S. 501 ff.) abzustellen. Jedoch ist eine bestehende und praktizierte **Ressortverteilung** für den anzuwendenden Pflichtenmaßstab bei den einzelnen Geschäftsleitern **nicht ohne Bedeutung**. Dies gilt aber nicht für alle Entscheidungen. Vielmehr ist zu unterscheiden zwischen solchen im normalen Gang der Geschäfte und besonderen, d.h. grundlegenden Entscheidungen, die für die Gesellschaft und ihren Bestand von weit überdurchschnittlicher Bedeutung sind. Zu letzteren gehören beispielsweise Entscheidungen in der Krise der Gesellschaft.

Bei den **Entscheidungen im normalen Geschäftsgang** dürfen sich die Geschäftsleiter auf die Informationen des ressortverantwortlichen Geschäftsleiters verlassen und auf seine **ordnungsgemäße Amtsführung vertrauen**.[2] Dies gilt jedenfalls solange, als sie bezüglich einer Unrichtigkeit ihnen übermittelter Informationen bzw. von einer Unordentlichkeit der Amtsführung keine positive Kenntnis haben oder sich insoweit Zweifel oder Unstimmigkeiten ergeben.[3] Fehlen solche Anhaltspunkte, verbleiben bei den nicht-ressortverantwortlichen Geschäftsleitern lediglich Informations- und **Überwachungspflichten**. An diese dürfen **keine überspannten Anforderungen** gestellt werden.[4]

---

1 Die in der Literatur diskutierte Frage, ob einzelne Tatbestände des Unternehmensstrafrechts von der Anwendbarkeit auf faktische Organe auszunehmen sind (vgl. *Krekeler/Werner*, Unternehmer und Strafrecht, 2006, Rz. 41 ff.), hat bislang in der Rechtsprechung keinen Widerhall gefunden.
2 *Kiethe*, WM 2005, 2122, 2130 (zu Aufsichtsräten).
3 BGH v. 6.4.2000 – 1 StR 280/99, BGHSt 46, 30, 35, angedeutet bereits in BGH v. 6.7.1990 – 2 StR 549/89, BGHSt 37, 106, 123; *Uwe H. Schneider* in Scholz, § 43 GmbHG Rz. 35 ff.
4 Vgl. BFH v. 7.7.2009 – VII B 248/08, BFH/NV 2009, 1968.

20 Anderes gilt bei **grundlegenden Entscheidungen** oder **Entscheidungen in Ausnahmesituationen**. Gehen beispielsweise bei von durch das Unternehmen hergestellten Produkten Gefahren aus, liegt eine Ausnahmesituation vor, in der die Geschäftsleitung insgesamt zum Handeln berufen ist.[1] Entsprechend ist die Geschäftsleitung in der Krise als Ganze verpflichtet, eine Prüfung der wirtschaftlichen Lage und einer ggf. bestehenden Insolvenzantragspflicht vorzunehmen.[2] In solchen Fällen verbleibt es auch strafrechtlich bei der **Allzuständigkeit** jedes einzelnen Mitglieds der Geschäftsleitung.[3]

b) Haftung der einzelnen Geschäftsleiter bei Kollegialentscheidungen

21 Bei Kollegialentscheidungen, die in die Verletzung von Straftatbeständen münden, hängt die strafrechtliche Haftung von dem **Abstimmungsverhalten des Einzelnen** ab. Strafrechtlich haften zunächst diejenigen, die die Entscheidung durch ihre **Zustimmung** mitgetragen haben, unabhängig davon, ob es sich um eine einstimmige oder eine Mehrheitsentscheidung handelt. Der **Einwand**, die konkrete Entscheidung wäre aufgrund des Abstimmungsverhaltens der jeweils anderen Gremienmitglieder auch bei einem anderen Stimmverhalten des Betreffenden getroffen worden, weil dieser **überstimmt worden wäre, entlastet** den Zustimmenden **nicht**.[4] Denn diesem wird das Verhalten der anderen Zustimmenden zugerechnet (§ 25 Abs. 2 StGB).[5] Entsprechendes gilt, wenn ein (z.B. zunächst abwesendes) Gremiumsmitglied oder der Geschäftsleiter einer Tochtergesellschaft erst im Nachhinein von dem Beschluss Kenntnis erlangt und diesem im Nachhinein zustimmt.[6]

22 Differenzierter ist die Rechtslage hinsichtlich des überstimmten Kollegialmitgliedes. Hier soll im Grundsatz gelten, dass die **Gegenvotierung von der strafrechtlichen Haftung befreit**.[7] Allerdings haben Gerichte auch aus der bloßen Teilnahme an einer Kollektiventscheidung eine Mitverantwortung für die Entscheidung unabhängig vom jeweiligen Abstimmungsverhalten hergeleitet.[8] Die Rechtslage ist insoweit noch **nicht abschließend geklärt** und hängt im Übrigen vom Einzelfall ab.[9] Im Grundsatz scheidet eine Strafbarkeit aus, wenn das Gremiumsmitglied alles ihm **Mögliche und Zumutbare** getan hat, um die Entscheidung bzw. die Rechtsverletzung zu vermeiden. Was das Mögliche und Zumutbare ist,

---

1 BGH v. 6.7.1990 – 2 StR 549/89, BGHSt 37, 106, 123f.
2 BGH v. 1.3.1993 – II ZR 81/94, II ZR 61/92, GmbHR 1994, 460, 461; *Tiedemann* in Scholz, Vor §§ 82ff. GmbHG Rz. 34; *Wegner* in Achenbach/Ransiek, Handbuch Wirtschaftsstrafrecht, VII Rz. 17.
3 BGH v. 6.7.1990 – 2 StR 549/89, BGHSt 37, 106, 123; BGH v. 15.10.1996 – VI ZR 319/95, BGHZ 133, 370, 381.
4 BGH v. 6.7.1990 – 2 StR 549/89, BGHSt 37, 106, 132; *Tiedemann*, ZIP 2004, 2056, 2058; *Röckrath*, NStZ 2003, 641, 644; *Kiethe*, WM 2005, 2122, 2130; eingehend *Krekeler/Werner*, Unternehmer und Strafrecht, S. 25ff.
5 BGH v. 6.7.1990 – 2 StR 549/89, BGHSt 37, 106, 129f.
6 BGH v. 6.7.1990 – 2 StR 549/89, BGHSt 37, 106, 130 (sog. sukzessive Mittäterschaft).
7 *Kuhlen*, NStZ 1990, 566, 570f.; *Krekeler/Werner*, Unternehmer und Strafrecht, S. 31f.
8 OLG Stuttgart v. 1.9.1980 – 3 Ss 440/80, JZ 1980, 774; OLG Düsseldorf v. 13.9.1979 – 5 Ss 420/79-411/79 I, NJW 1980, 71.
9 Grundlegend *Knauer*, Die Kollegialentscheidung im Strafrecht, S. 205f.

hängt vom **Einzelfall** ab. So kann eine strafrechtliche Verantwortlichkeit auch des gegenvotierenden Mitgliedes nahe liegen, wenn durch seine Teilnahme an der Entscheidung erst das für diese erforderliche Quorum hergestellt wird. Im Übrigen dürfte sie fern liegen, da eine Zurechnung des Verhaltens der anderen Gremienmitglieder gegen den Willen des Gegenvotierenden nach den Grundsätzen der Mittäterschaft (gemeinsamer Tatentschluss) regelmäßig ausscheidet. Das setzt allerdings voraus, dass der Betreffende mit den ihm zu Gebote stehenden Mitteln seinerseits alles ihm Mögliche getan hat, um durch seine Einwirkung auf das Gremium eine andere Entscheidung herbeizuführen. Der Gegenvotierende wird darauf zu achten haben, dass seine Gegenstimme und seine Einwirkung mit dem Ziel einer abweichenden Entscheidung hinreichend **dokumentiert** sind.

Jenseits des Ausgeführten sind Fallkonstellationen denkbar, in denen sich die **Rechtswidrigkeit** des von der Mehrheit getragenen Beschlusses bzw. seiner Folgen aufdrängt und die **konkrete Gefahr der Verletzung hochwertiger Rechtsgüter** besteht. In derartigen Fällen kommen für das Organmitglied **weitergehende Handlungspflichten** zum Tragen, als nur gegen die Entscheidung zu stimmen. In Betracht kommt etwa ein **Hinweis an die Gesellschafter** oder den **Aufsichtsrat**. Eine Information der Öffentlichkeit kann dagegen – auch mit Blick auf arbeitsrechtliche Treuepflichten – stets nur ultima ratio sein.[1]

23

Ob und wie ggf. bestehende **Nachweisprobleme bezüglich des Stimmverhaltens** für den Verdacht Bedeutung gewinnen können, ist bislang ebenfalls **ungeklärt**. Die in der Literatur vertretene Auffassung, nach der bei einer nicht zweifelsfreien Zuordnung von Gegenstimmen in Anwendung des Grundsatzes in dubio pro reo davon auszugehen sei, dass alle Mitglieder ihrer Pflicht zur Gegenstimme nachgekommen sind (und deshalb strafrechtlich nicht haften)[2], hat in der Rechtsprechung bislang keine Bestätigung gefunden.

24

C. Untreue (§ 266 StGB)

Der Untreue-Tatbestand (§ 266 StGB) ist die strafrechtliche Zentralnorm des Wirtschaftslebens. Der Tatbestand inkriminiert Schädigungen, die einem Unternehmen „von innen heraus" zugefügt werden. Er erfasst grundsätzlich auch unternehmerische Entscheidungen, mögen bei diesen auch für die Geschäftsleiter und Entscheidungsträger weite Ermessensspielräume bestehen, die der strafrechtlichen Haftung entzogen sind (näher unten Rz. 33 ff.). § 266 StGB pönalisiert Verstöße gegen die Pflicht u.a. der Geschäftsleiter, das Vermögen des Unternehmens zu wahren und Schädigungen zu unterlassen. Der vielfach wegen seiner Unbestimmtheit kritisierte Tatbestand[3] erfasst eine Vielzahl unterschiedlichster Verhaltensweisen, durch die auf das Vermögen einer Gesellschaft eingewirkt und dieses vermindert oder pflichtwidrig nicht vermehrt wird. Verletzt der zur Vermögensbetreuung Verpflichtete diese Pflicht und verursacht hierdurch einen

25

---

1 Vgl. *Fleischer*, BB 2004, 2645, 2648 ff.; *Knauer* in Münchener Anwaltshandbuch, Verteidigung in Wirtschafts- und Steuerstrafsachen, § 3 Rz. 48 f.
2 *Krekeler/Werner*, Unternehmer und Strafrecht, Rz. 71.
3 Grundlegend nunmehr BVerfG v. 10.3.2009 – 2 BvR 1980/07, StV 2010, 70 ff.

Schaden, so macht er sich einer Untreue gem. § 266 StGB strafbar, wenn er vorsätzlich gehandelt hat, d.h. die Verletzung der Treuepflicht und den Vermögensnachteil zumindest billigend in Kauf genommen hat. Der Versuch der Untreue ist nicht strafbar. Durch die Einbeziehung von Gefährdungen für das Vermögen in das Merkmal „Nachteil" werden indes zahlreiche Dispositionen von § 266 StGB erfasst, die (noch) nicht zu einem (endgültigen) Vermögensverlust geführt haben. Hierdurch kommt es zu einer Vorverlagerung der Strafbarkeit.

I. Voraussetzungen der strafrechtlichen Haftung

1. Vermögensbetreuungspflicht der Geschäftsleiter

26 § 266 StGB setzt beim Täter das Bestehen einer Vermögensbetreuungspflicht voraus. Eine solche Pflicht besitzt, wem die Betreuung fremder Vermögensinteressen als Hauptpflicht obliegt, sofern ihm bei dieser Betreuung eine gewisse Selbstständigkeit und Bewegungsfreiheit zukommt.[1] Mitglieder in Leitungsorganen einer juristischen Person sind vermögensbetreuungspflichtig. Dies folgt entweder direkt aus dem Gesetz oder aus dem Gesellschafts- oder Anstellungsvertrag. Eine Vermögensbetreuungspflicht besitzen beispielsweise Geschäftsführer einer GmbH[2] (§ 35 GmbHG), sämtliche Vorstandsmitglieder einer AG[3] (§ 78 AktG) bzw. einer Genossenschaft (§ 24 GenG) sowie auch sämtliche Mitglieder des Aufsichtsrats[4] (§§ 111f. AktG), je nach Ausgestaltung des Verhältnisses auch die Mitglieder eines Beirates. Die Vermögensbetreuungspflicht dieser Personen besteht gegenüber der betreffenden Gesellschaft, nicht gegenüber den Gesellschaftern[5] oder Aktionären. Vermögensbetreuungspflichtig sind auch geschäftsführende Gesellschafter von BGB-Gesellschaft (§ 714 BGB), OHG (§§ 125, 126 HGB), KG (§§ 161 Abs. 2, 170 HGB) und GmbH & Co. KG (§§ 161 Abs. 2, 125 HGB, § 35 GmbHG)[6], ebenso der faktische Geschäftsführer bzw. das faktische Organ. Die Vermögensbetreuungspflicht **endet** mit dem Ende der Bestellung bzw. des Beschäftigungsverhältnisses[7] oder mit der Sequestration[8] bzw. der Eröffnung des Insolvenzverfahrens betreffend die Gesellschaft.[9]

27 Aus einem schlichten Arbeitsverhältnis ist regelmäßig keine Vermögensbetreuungspflicht des Arbeitnehmers gegenüber dem Vermögen des Arbeitgebers abzuleiten, sofern sich aus der konkreten Tätigkeit nicht im Einzelfall etwas anderes

---

1 BGH v. 29.10.1991 – 1 StR 513/91, wistra 1992, 66.
2 BGH v. 21.1.1993 – 4 StR 638/92, wistra 1993, 143; BGH v. 6.5.2008 – 5 StR 34/08, wistra 2008, 379; BGH v. 25.4.2006 – 1 StR 519/05, NJW 2006, 1984, 1985.
3 BGH v. 27.2.1975 – 4 StR 571/74, NJW 1975, 1234; BGH v. 7.11.1990 – 2 StR 439/90, NJW 1991, 990.
4 BGH v. 21.12.2005 – 3 StR 470/04, NJW 2006, 522.
5 BGH v. 25.4.2006 – 1 StR 519/05, NJW 2006, 1984, 1985.
6 BGH v. 17.3.1987 – 5 StR 272/86, NStZ 1987, 279; BGH v. 8.5.1991 – 5 AR Vollz 39/90, NStZ 1991, 452; BGH v. 3.5.1991 – 2 StR 613/90, NJW 1992, 250.
7 OLG Stuttgart v. 14.3.1985 – 3 Ss (14) 823/84, NStZ 1985, 365.
8 BGH v. 3.2.1993 – 3 StR 606/92, NJW 1993, 1278.
9 BGH v. 3.5.1991 – 2 StR 613/90, wistra 1991, 305; BGH v. 12.12.1996 – 4 StR 489/96, wistra 1997, 146.

ergibt.¹ Gesellschafter besitzen gegenüber der Gesellschaft keine Vermögensbetreuungspflicht[2]; dies gilt grundsätzlich auch im Konzern für die gesetzlichen Vertreter eines beherrschenden Gesellschafters gegenüber Tochtergesellschaften[3] (vgl. aber noch unten Rz. 45 ff.). Ob und inwieweit ein Beherrschungs- und Gewinnabführungsvertrag für die Verantwortlichen der herrschenden Gesellschaft eine Vermögensbetreuungspflicht gegenüber dem beherrschten Unternehmen begründet, ist bislang nicht entschieden. Gegenüber unternehmensexternen Dritten, seien es private oder juristische Personen, bestehen Vermögensbetreuungspflichten regelmäßig nicht. Insbesondere reichen allgemeine schuldrechtliche Austauschverhältnisse für die Begründung einer Vermögensbetreuungspflicht nicht aus, auch wenn – etwa bei Kaufverträgen – sekundäre Schutz- und Sorgfaltspflichten bestehen.[4] Der Darlehensnehmer besitzt gegenüber dem Darlehensgeber keine Vermögensbetreuungspflicht; Entsprechendes gilt für den Sicherungsgeber und den Vorbehaltsverkäufer gegenüber ihrem Vertragspartner[5] sowie für den Subventionsempfänger gegenüber dem Subventionsgeber.[6]

2. Pflichtwidriges Verhalten/Maßgeblicher Sorgfaltsmaßstab

Die Strafbarkeit wegen Untreue setzt eine Verletzung der Pflichten durch den Treupflichtigen voraus. Das Gesetz unterscheidet zwischen Missbrauchs- und Treubruchsalternative. Die Unterscheidung spielt in der Praxis jedoch keine Rolle.[7]   28

Der für die Pflichtverletzung **relevante Sorgfaltsmaßstab** leitet sich regelmäßig aus dem **Gesetz** ab. **Vertragliche Sonderregelungen, Richtlinien und Weisungen** können Abweichungen begründen und Konkretisierungen dafür enthalten, was für den Verpflichteten im Innenverhältnis gegenüber dem Geschäftsherrn hinsichtlich der Vermögensbetreuung gelten soll. Diese wirken pflichtbestimmend. Auch Pflichten nach dem **Deutschen Corporate Governance Kodex**[8] sollen   29

---

1 BGH v. 3.3.1953 – 1 StR 5/53, BGHSt 4, 170, 171.
2 LG Berlin, NStE § 266 Nr. 39; *Lenckner/Perron* in Schönke/Schröder, § 266 StGB Rz. 26 m.N.; *Seier* in Achenbach/Ransiek, Handbuch Wirtschaftsstrafrecht, V 2 Rz. 229 ff. und 296 ff.; vgl. auch BGH v. 20.3.1995 – II ZR 205/94, BGHZ 129, 131, 151.
3 BGH v. 13.5. 2004 – 5 StR 73/03, BGHSt 49, 147 – Bremer Vulkan; dazu *Krause*, JR 2006, 51; *Kutzner*, NStZ 2005, 271; *Ransiek*, wistra 2005, 121; *Wattenberg*, StV 2005, 523.
4 BGH v. 22.1.1988 – 2 StR 133/87, NJW 1988, 2483; BGH v. 30.10.1990 – 1 StR 544/90, NJW 1991, 1069; BGH v. 3.8.2005 – 2 StR 202/05, NStZ 2006, 38, 39; BGH v. 2.4.2008 – 5 StR 354/07, JR 2008, 344, 346.
5 BGH v. 17.10.1961 – 1 StR 382/61, BGHSt 16, 280, 282; BGH v. 5.7.1968 – 5 StR 262/68, BGHSt 22, 190.
6 BGH v. 13.5.2004 – 5 StR 73/03, BGHSt 49, 147, 156. Anderes kann aber gelten, wenn der Subventionsgeber ausnahmsweise eigene wirtschaftliche Interessen an dem subventionierten Projekt verfolgt (BGH v. 13.5.2004 – 5 StR 73/03, BGHSt 49, 147, 156 m. Anm. *Tiedemann*, JZ 2005, 45).
7 Vgl. näher *Dierlamm* in MünchKomm. StGB, § 299 StGB Rz. 15; *Schünemann* in Leipziger Kommentar, § 266 StGB Rz. 57. Der Bundesgerichtshof tendiert mittlerweile dazu, die Frage, ob ein Missbrauch der Befugnisse oder ein Treubruch vorliegt, offenzulassen und allein nach einer Verletzung der Vermögensbetreuungspflicht zu fragen (BGH v. 21.12.2005 – 3 StR 470/04, NJW 2006, 522).
8 *Schlösser/Dörfler*, wistra 2007, 326; *Schünemann*, NStZ 2008, 433.

für die Bestimmung der Vermögensbetreuungspflicht maßgeblich sein, ferner **interne Compliance-Regelungen**[1], so dass bei Verstößen gegen diese eine Verletzung der Vermögensbetreuungspflicht in Betracht kommt.

30 Für den **Vorstand einer AG** sind die **gesellschaftsrechtlichen Innenpflichten** gem. §§ 76, 93 AktG maßgeblich, für den **Geschäftsführer einer GmbH** die der §§ 1, 35 GmbHG.[2] Beide haben die Sorgfalt eines ordentlichen und gewissenhaften Geschäftsleiters bzw. Geschäftsmanns anzuwenden (§ 93 Abs. 1 AktG, § 43 Abs. 1 GmbHG).[3]

31 Für die **Aufsichtsratsmitglieder** einer AG ergeben sich die Sorgfaltspflichten aus § 116 AktG.[4] Obgleich dieser auf § 93 AktG verweist, ist allgemein anerkannt, dass für Aufsichtsratsmitglieder kraft ihrer primär überwachenden Aufgabe ein anderer Verhaltensmaßstab gilt.[5] Sie trifft indes eine **Handlungspflicht zur Verhinderung gravierender vermögensschädigender Pflichtverletzungen** durch den Vorstand. Bei nachträglichem Bekanntwerden solcher Pflichtverletzungen sind sie verpflichtet, Maßnahmen zur Geltendmachung von Schadensersatzansprüchen zu veranlassen.[6] Ungeklärt ist, ob dies auch die Verpflichtung umfassen soll, Strafanzeige zu erstatten. Die den Vorstandspflichten entsprechende Pflichten treffen die Aufsichtsratsmitglieder indes in solchen Fällen, in denen sie nicht überwachend, sondern kraft **eigener Befugnisse gestaltend** tätig werden (z.B. als Vertreter der Gesellschaft gegenüber dem Vorstand, § 112 AktG, bzw. bei der Bestimmung der Vorstandsvergütungen).[7]

32 Für die Konkretisierung des Sorgfaltsmaßstabs eines ordentlichen Geschäftsleiters kann zur Vermeidung von Wiederholungen auf die oben in §§ 1, 2 und 3 dargestellten **zivilrechtlichen Grundsätze** verwiesen werden. Was danach zivilrechtlich keine Pflichtverletzung darstellt, kann auch keinen Pflichtverstoß i.S. des § 266 StGB begründen. Denn strafrechtlich können keine weitergehenden Pflichten bestehen, als nach dem vorgelagerten zivilrechtlichen Pflichtenprogramm.[8] Nicht abschließend geklärt ist derzeit, ob jede Verletzung zivilrechtlicher Pflichten zugleich eine strafrechtlich relevante Verletzung der Vermögensbetreuungspflicht begründet. Zweifel könnten sich daran im Hinblick auf das für das Straf-

---

1 BGH v. 29.8.2008 – 2 StR 587/07, NJW 2009, 89, 91 – Siemens – bezüglich des durch Compliance-Regeln bestimmten Verbotes, Schmiergeldzahlungen vorzunehmen.
2 Vgl. *Saliger* in Satzger/Schmitt/Widmaier, § 266 StGB Rz. 15.
3 BGH v. 17.6.1952 – 1 StR 668/51, BGHSt 3, 24, 25; BGH v. 6.12.2001 – 1 StR 215/01, BGHSt 47, 187, 192 ff.; BGH v. 21.12.2005 – 3 StR 470/04, BGHSt 50, 331, 336; *Schünemann* in Leipziger Kommentar, § 266 StGB Rz. 94; *Dierlamm* in MünchKomm. StGB, § 266 StGB Rz. 151.
4 Näher *Rönnau/Hohn*, NStZ 2004, 113; *Lüderssen* in FS Lampe, S. 727 ff.; zu entsandten Aufsichtsratsmitgliedern *Krause* in FS Hamm, S. 341 ff. m.N.; eingehend *Posseck*, Die strafrechtliche Verantwortlichkeit der Mitglieder des Aufsichtsrats einer Aktiengesellschaft, 1997, S. 25 ff.
5 Vgl. nur *Habersack* in MünchKomm. AktG, § 116 AktG Rz. 2.
6 BGH v. 6.12.2001 – 1 StR 215/01, BGHSt 47, 187, 200.
7 BGH v. 21.12.2005 – 3 StR 470/05, BGHSt 50, 331 – Mannesmann.
8 *Dierlamm* in MünchKomm. StGB, § 266 StGB Rz. 152; *Schünemann* in Leipziger Kommentar, § 266 StGB Rz. 33.

recht maßgebliche ultima ratio-Prinzip ergeben. Danach soll das Strafrecht als Reaktion solchen Verhaltensweisen vorbehalten sein, deren Sozialschädlichkeit außer Frage steht.[1] Das kann nicht für jede zivilrechtliche Pflichtverletzung angenommen werden, die zu einem Vermögensnachteil führt. Entsprechend hat der Bundesgerichtshof in diversen Entscheidungen insbesondere zur sog. Krediuntreue verlangt, dass es sich um eine (außerstrafrechtliche) **gravierende Pflichtverletzung** handeln muss.[2] Dem ist der 3. Strafsenat des Bundesgerichtshofes entgegen getreten und hat herausgestellt, dass es seiner Ansicht nach – abgesehen von Sonderfällen wie Kredituntreue und Sponsoring – einer gravierenden Pflichtverletzung nicht bedürfe.[3] Prognosen zur weiteren Entwicklung der Rechtsprechung fallen insoweit schwer.[4] Für den Bereich der **präventiven Beratung** sollte davon ausgegangen werden, dass **jede zivilrechtliche Pflichtverletzung potenziell untreuerelevant** ist.

Gesichert ist demgegenüber, dass dem Geschäftsführer oder Vorstand – wie auch anderen Entscheidungsträgern – bei **unternehmerischen Entscheidungen** ein **breiter Ermessensspielraum** zukommt.[5] Nur wenn dieser **zweifelsfrei überschritten** ist, kommt eine strafrechtlich relevante Pflichtverletzung in Betracht. § 266 StGB ist keine strafrechtliche Misserfolgs-Haftung. Maßgeblich ist, ob sich eine getroffene Entscheidung aus der **Perspektive ex ante als unvertretbar** darstellt, nicht aber deren Erfolg oder Misserfolg. Erhebliche Bedeutung hat für die Konkretisierung der Verhaltenspflichten die seit 1.12.2005 in § 93 Abs. 2 AktG verankerte **Business-Judgement-Rule** gewonnen. Danach scheidet eine Pflichtverletzung aus, wenn das Vorstandsmitglied bei einer unternehmerischen Entscheidung vernünftigerweise annehmen durfte, auf der Grundlage angemessener Information zum Wohl der Gesellschaft zu handeln (vgl. näher oben *Uwe H. Schneider*, § 2, Rz. 14 ff.). Dieser Maßstab ist auch auf die strafrechtliche Würdigung unternehmerischer Entscheidungen zu übertragen mit der Folge, dass bei Einhaltung der Business-Judgement-Rule eine Verletzung der Vermögensbetreuungspflicht i.S. des § 266 StGB ausscheidet. Zu beachten ist jedoch, dass die Rechtsprechung für bestimmte Arten unternehmerischer Entscheidungen weitere Konkretisierungen des strafrechtlich maßgeblichen Pflichtenprogramms vorgenommen hat (vgl. unten). 33

Diese Grundsätze gelten beispielsweise auch bei **Unternehmensübernahmen**, durch die neue Geschäftsfelder erschlossen werden sollen. Der weite, gerichtlich nur begrenzt überprüfbare Handlungsspielraum steht den entscheidungstragenden Organen der Gesellschaft nach der Rechtsprechung des Bundesgerichtshofes 34

---

1 Sog. strafrechtsautonome Auslegung, vgl. dazu *Saliger* in Satzger/Schmitt/Widmaier, § 266 StGB Rz. 31.
2 BGH v. 6.4.2000 – 1 StR 280/99, BGHSt 46, 30, 32; BGH v. 15.11.2001 – 1 StR 185/01, BGHSt 47, 148, 150; BGH v. 12.12.2005 – 3 StR 470/04, BGHSt 50, 331, 344; näher *Saliger* in Satzger/Schmitt/Widmaier, § 266 StGB Rz. 40 m.N.
3 BGH v. 21.12.2005 – 3 StR 470/05, BGHSt 50, 331, 343 ff.; näher hierzu *Saliger* in Satzger/Schmitt/Widmaier, § 266 StGB Rz. 41 m.N.
4 Näher *Schünemann*, NStZ 2006, 197 f.; *Kutzner*, NJW 2006, 198; *Dierlamm*, StraFo 2005, 402 f.
5 BGH v. 6.12.2001 – 1 StR 215/01, BGHSt 47, 187, 192 ff.; hierzu *Beckemper*, NStZ 2002, 324; *Laub*, AG 2002, 308; *Otto* in FS Kohlmann, S. 187.

gerade dann zu, wenn ein über die bisherige Unternehmenstätigkeit hinausreichendes Geschäftsfeld erschlossen, eine am Markt bislang nicht vorhandene Geschäftsidee verwirklicht oder in eine neue Technologie investiert werden soll. Der Prognosecharakter der unternehmerischen Entscheidung tritt hier besonders deutlich zutage. Dem Entscheidungsträger obliegt es in diesen Fällen allerdings, sich in angemessener Weise, ggf. unter Beiziehung sachverständiger Hilfe, durch Analyse der Chancen und Risiken eine möglichst breite Entscheidungsgrundlage zu verschaffen.[1]

35 Pflichtwidrig ist beispielsweise die Veräußerung von Vermögensgegenständen, Unternehmensteilen und Beteiligungen unter deren objektivem Wert, sofern hierfür keine wirtschaftlich vernünftigen Gründe vorliegen; der Abschluss unausgewogener Verträge[2]; das Tätigen von nutzlosen oder unangemessenen Aufwendungen[3], wozu auch unangemessene Entwicklungskosten in angespannter wirtschaftlicher Lage gehören können; die Bezahlung von unvertretbar hohen Gehältern, Prämien[4], Sonderboni[5] oder Honoraren; die (vertraglich nicht gedeckte) Nutzung betrieblicher Gegenstände zu privaten Zwecken; das Vereiteln oder Umleiten eines sicher bevorstehenden Geschäftsabschlusses[6]; die Bekanntgabe des Budgets und der Bieterlisten im Rahmen eines Ausschreibungsverfahrens an einen Mitbieter[7]; eine unordentliche Buchführung, durch die das Bestehen von Ansprüchen verschleiert und deren Durchsetzung dadurch erschwert wird. Der schlichte Abschluss verbotener Geschäfte ist kein Treubruch, wohl aber kann das Unterlassen der Abführung des Erlöses aus solchen Geschäften einen Treubruch begründen.[8]

3. Eintritt eines Vermögensnachteils auf Seiten der Gesellschaft

36 Die Pflichtverletzung muss zu einem **Nachteil im Vermögen** des Vermögensinhabers geführt haben. Dies ist im Wege einer Gesamtsaldierung des Vermögenswertes vor (Ex-ante-Betrachtung) und nach der treuwidrigen Handlung festzustellen.[9] Ein Nachteil liegt vor, wenn sich hierbei zu Lasten des betreuten Vermögens ein Negativsaldo ergibt. **Kein Nachteil** tritt ein, wenn durch die Handlung ein Vermögensabfluss eintritt, der durch einen Vermögenszufluss in wertmäßig entsprechender Höhe voll kompensiert wird. Diese **Kompensation** muss gleichzeitig eintreten; die nachträgliche Schadenswiedergutmachung lässt den Nachteil nicht entfallen. Ein Nachteil kann in Verminderung des Aktivvermögens liegen, aber auch in der Begründung einer Verbindlichkeit. Ein **Ersatzanspruch gegen den**

---

1 BGH v. 22.11.2005 – 1 StR 571/04, NStZ 2006, 221.
2 BGH v. 17.2.1999 – 5 StR 494/98, BGHSt 44, 376, 384.
3 OLG Hamm v. 21.6.1985 – 4 Ws 163/85, NStZ 1986, 119.
4 BGH v. 12.12.2005 – 3 StR 470/04, BGHSt 50, 331 – Mannesmann.
5 BGH v. 17.9.2009 – 5 StR 521/08, StV 2010, 77 (Leitsatz) – Betriebsräte Volkswagen, AG.
6 BGH v. 19.1.1965 – 1 StR 497/64, BGHSt 20, 143, 145.
7 BayObLG v. 20.7.1995 – 4 StR RR 4/95, NJW 1996, 268.
8 BGH v. 20.7.1995 – 4 StR RR 4/95, BGHSt 20, 143; BGH v. 21.10.1997 – 1 StR 605/97, NStZ-RR 1998, 69.
9 BGH v. 23.5.2002 – 1 StR 372/02, BGHSt 47, 295, 301 f.; BGH v. 11.7.2000 – 1 StR 93/00, wistra 2000, 384; BGH v. 31.7.2007 – 5 StR 347/06, NStZ 2008, 398.

Treupflichtigen, sei er auch werthaltig, bleibt für die Gesamtsaldierung **unbeachtlich**.[1]

Eine Ausnahme von der vorzunehmenden Einzelbetrachtung bei der Saldierung gilt hingegen bei solchen Dispositionen, die sich als Teil eines **wirtschaftlich vernünftigen Gesamtplanes** darstellen, in dessen Rahmen die Kompensation erst durch mehrere Verfügungen eintritt.[2] Dann soll eine **Gesamtbetrachtung** vorzunehmen sein, die die Pflichtwidrigkeit bzw. den Nachteil entfallen lässt. Dies hat praktische Bedeutung beispielsweise für komplexe und auf einen längeren Zeitraum angelegte Investitionsentscheidungen, bei denen durch erheblichen Aufwand zu Beginn des Investitionszeitraumes (nicht kompensierte) Vermögensabflüsse eintreten, die erst im Rahmen der Gesamtinvestition und ihres erfolgreichen Verlaufs einen wirtschaftlichen Vorteil erbringen. 37

Ausreichend für einen Schaden ist nach ständiger Rechtsprechung eine sog. **schadensgleiche Vermögensgefährdung**.[3] Eine solche liegt vor, wenn nach wirtschaftlicher Betrachtung bereits durch die Gefährdung eine **gegenwärtige Minderung des Vermögenswertes** eingetreten ist, selbst wenn es letztlich nicht zu einem endgültigen Schadenseintritt kommt.[4] Die Gefährdung muss konkret sein. Dies ist dann gegeben, wenn der Vermögensverlust nahe liegt bzw. mit wirtschaftlichen Nachteilen ernstlich zu rechnen ist.[5] Eine im Vordringen befindliche Auffassung zieht insoweit **Parallelen zum Bilanzrecht** und sieht die Gefährdung als ausreichend konkret an, wenn die betreffende Vermögensposition nach bilanzrechtlichen Maßstäben mit einem geringeren Wert anzusetzen wäre.[6] Typische Fallgruppen von Gefährdungsschäden sind etwa **Kreditgewährungen** (minderwertiger Rückzahlungsanspruch bei schlechter Bonität des Kreditnehmers), **Risikogeschäfte**, aber auch eine **unordentliche Buchführung**, soweit sie die Durchsetzung berechtigter Ansprüche verhindert oder wesentlich erschwert.[7] 38

4. Untreuevorsatz

Strafbare Untreue erfordert Vorsatz. Dieser liegt vor, wenn die Treuwidrigkeit des Verhaltens und der Eintritt eines Vermögensnachteils für möglich gehalten und 39

---

1 BGH bei *Dallinger* MDR 1970, 13; BGH v. 30.1.2001 – 1 StR 512/00, NJW 2001, 1508; KG v. 12.10.1964 – 1 Ws 138/64, NJW 1965, 703, 705.
2 BGH v. 23.5.2002 – 1 StR 372/01, BGHSt 47, 295, 302.
3 BGH v. 17.2.1999 – 5 StR 494/98, BGHSt 44, 376, 384; BGH v. 7.10.2003 – 1 StR 212/03, BGHSt 48, 354; BGH v. 18.10.2006 – 2 StR 499/05, BGHSt 51, 100, 113; BGH v. 2.4.2008 – 5 StR 354/07, BGHSt 52, 182.
4 BGH v. 2.4.2008 – 5 StR 354/07, NJW 2008, 1827, 1829; BGH v. 3.2.2005 – 5 StR 84/04, NStZ-RR 2005, 343.
5 BGH v. 9.7.1987 – 4 StR 216/87, BGHSt 34, 394, 395; BGH v. 7.10.2003 – 1 StR 212/03, BGHSt 48, 354, 356.
6 BGH v. 18.2.2009 – 1 StR 731/08, NStZ 2009, 330, 331; BGH v. 17.9.2009 – 5 StR 521/08, StV 2010, 77, 78; *Hefendehl*, Vermögensgefährdung, S. 272 ff.; *Hefendehl* in MünchKomm. StGB, § 263 StGB Rz. 450 ff.
7 BGH v. 7.12.1965 – 5 StR 312/65, BGHSt 20, 304, 305; BGH v. 26.4.2001 – 5 StR 587/00, BGHSt 47, 8, 11; das gilt auch für einzelne Nicht- oder Falschbuchungen: BGH v. 21.10.1994 – 2 StR 328/94, BGHSt 40, 287, 295 für eine Gutschrift.

billigend in Kauf genommen werden.[1] Die Rechtsprechung stellt strenge Anforderungen an den Nachweis des bedingten Vorsatzes, wenn der Treupflichtige nicht aus eigensüchtigen Motiven handelt.[2] Ungeklärt und zwischen den Senaten des Bundesgerichtshofes umstritten sind die an den Gefährdungsvorsatz zu stellenden Anforderungen, namentlich ob es für den Vorsatz ausreicht, dass der Handelnde die Möglichkeit des Schadenseintritts erkennt, oder ob hinzutreten muss, dass er auch die Realisierung dieser Gefahr billigt.[3] Jedenfalls schließt die feste Überzeugung des Täters, zum Vorteil des Vermögensinhabers zu handeln, den bedingten Vorsatz nicht aus, wenn er sich der Pflichtwidrigkeit seines Handelns bewusst ist.[4]

II. Einzelfragen

1. Einschränkungen der Strafbarkeit bei Zustimmung der Gesellschafter

40 Die juristische Person ist eigenständiger Träger ihres Vermögens und dieses ist daher den Gesellschaftern grundsätzlich fremd. Gleichwohl sind die Gesellschafter die wirtschaftlichen Eigentümer der Gesellschaft, weshalb ihre Zustimmung zu Vermögensabflüssen nach Maßgabe folgender Grundsätze bedeutsam ist:

41 Verletzt der **GmbH**-Geschäftsführer mit **Zustimmung aller Gesellschafter** seine Vermögensbetreuungspflichten, so kommt im Grundsatz eine Untreuestrafbarkeit nicht in Betracht.[5] Dies findet seine Grenze allerdings in den Grundsätzen der Kapitalerhaltung.[6] Die Zustimmung der Gesellschafter ist unbeachtlich, wenn durch die Handlung in das **Stammkapital wertmindernd eingegriffen** oder durch sie der **Bestand der Gesellschaft konkret gefährdet** wird, etwa weil ihr die Produktionsgrundlagen entzogen werden oder ihre Liquidität entzogen wird.[7] Gleiches soll auch bei eingetretener Überschuldung und bei aufgezehrtem Stammkapital gelten.[8]

---

1 BGH v. 27.2.1975 – 4 StR 571/74, NJW 1975, 1234, 1236.
2 BGH v. 3.11.1982 – 2 StR 159/82, NJW 1983, 461; BGH v. 8.6.1988 – 3 StR 94/88, wistra 1988, 352; *Fischer*, StraFo 2008, 269, 272f.
3 Vgl. BGH v. 18.10.2006 – 2 StR 499/05, BGHSt 51, 100, 121; BGH v. 25.5.2007 – 2 StR 469/06, NStZ 2007, 704; BGH v. 20.3.2008 – 1 StR 488/07, NStZ 2008, 457; vgl. *Wegner*, wistra 2008, 347.
4 BGH v. 6.5.1986 – 4 StR 124/86, NStZ 1986, 455, 456.
5 BGH v. 29.5.1987 – 3 StR 242/86, BGHSt 34, 379, 384; BGH v. 13.5.2004 – 5 StR 73/03, BGHSt 49, 147, 157; BGH v. 20.7.1999 – 1 StR 668/98, NJW 2000, 154, 155; BGH v. 29.8.2008 – 2 StR 587/07, NJW 2009, 89, 91; BGH v. 31.7.2009 – 2 StR 95/09, NStZ 2010, 89, 90.
6 Näher *Fischer*, § 266 StGB Rz. 52; *Dierlamm* in MünchKomm. StGB, § 266 StGB Rz. 137; *Schünemann* in Leipziger Kommentar, § 266 StGB Rz. 125; *Tiedemann*, JZ 2005, 47; *Saliger*, ZStW 2000, 570; *Krause*, JR 2006, 51, 54.
7 BGH v. 24.8.1988 – 3 StR 322/88, BGHSt 35, 333, 337; BGH v. 13.5.2004 – 5 StR 73/03, BGHSt 49, 147, 158; BGH v. 20.7.1999 – 1 StR 668/98, NJW 2000, 154, 155; BGH v. 10.1.2006 – 4 StR 561/05, wistra 2006, 229, 230.
8 BGH v. 11.8.1989 – 3 StR 75/89, wistra 1990, 99; BGH v. 11.5.1999 – 4 StR 110/99, wistra 1999, 381.

Deshalb hat es die Rechtsprechung als Untreue angesehen, wenn in der Situation 42
der §§ 32a, b GmbHG a.F. ein **eigenkapitalersetzendes Darlehen** zurückgezahlt
wird[1] oder aus dem Stammkapital an Gesellschafter Kredite gewährt werden.[2]
Zu beachten sind hierbei allerdings die seit 1.11.2008 durch das **MoMiG** eingeführten Änderungen im Recht der Kapitalerhaltung bzw. des Eigenkapitalersatzes.[3] Die Änderung von § 30 GmbHG und die Streichung von §§ 32a und b
GmbHG führen strafrechtlich dazu, dass die Strafbarkeit der Rückzahlung eigenkapitalersetzender Gesellschafterdarlehen oder gleichstehender Leistungen entfällt. Dies im Hinblick auf § 2 Abs. 3 StGB (milderes Recht) sogar rückwirkend
für die vor dem Inkrafttreten des MoMiG liegenden Sachverhalte.[4] Davon unberührt bleiben indes die Grundsätze zur Unbeachtlichkeit der Zustimmung der
Gesellschafter in Fällen des existenzgefährdenden Eingriffs.[5] Liegt also in der
Rückzahlung des (vormals eigenkapitalersetzenden) Darlehens zugleich ein existenzgefährdender Eingriff, so ist die Rückzahlung weiterhin gem. § 266 StGB
strafbar.

Für die **Aktiengesellschaft** gelten die ausgeführten Grundsätze nach überwiegender Ansicht entsprechend. Ein strafrechtlich bedeutsames Einverständnis setzt 43
voraus, dass es entweder durch den Alleinaktionär oder von der Gesamtheit der
Aktionäre durch einen Beschluss der Hauptversammlung über die Verwendung
des Bilanzgewinns (§§ 58 Abs. 3 Satz 1, 174 Abs. 1 Satz 1 AktG) erteilt worden
ist, nicht gegen Rechtsvorschriften verstößt oder aus sonstigen Gründen ausnahmsweise als unwirksam anzusehen ist.[6] Damit gelten auch bei der AG begrenzend die Vorschriften zur **Erhaltung des Grundkapitals (§ 57 AktG)** und die
ausgeführten Grundsätze zum existenzgefährdenden Eingriff. Eine Vermögensdisposition, die gegen das Verbot der Einlagenrückgewähr (§ 57 AktG) verstößt,
kann hiernach eine Untreue darstellen.

Abweichende Grundsätze gelten für die Untreue zum Nachteil einer **Personengesellschaft** (KG, OHG oder BGB-Gesellschaft). Infolge ihrer Teilrechtsfähigkeit 44
kann sie nicht selbständiger Träger von Vermögen sein. Deshalb kann auch
eine Untreue zu ihrem Nachteil nicht begangen werden. Sie kommt indes als
Schädigung des Gesamthandvermögens in Betracht, soweit sie gleichzeitig das
Vermögen der Gesellschafter betrifft.[7] Daraus folgt auch, dass vermögensmindernde Verfügungen durch einen Gesellschafter-Geschäftsführer keine Untreue
darstellen, wenn sie mit Zustimmung aller Gesellschafter erfolgt.[8] Haben einige
Gesellschafter zugestimmt, nicht aber alle, so lassen die erteilten Zustimmungen

---

1 BGH v. 12.1.1956 – 3 StR 626/54, BGHSt 9, 203, 208.
2 BGH v. 24.11.2003 – II ZR 171/01, NJW 2004, 1111.
3 Näher *Bittmann*, NStZ 2009, 117f.; *Livonius*, wistra 2009, 94f.
4 OLG Stuttgart v. 14.4.2009 – 1 Ws 32/09, StV 2010, 80; *Bittmann*, NStZ 2009, 113.
5 OLG Stuttgart v. 14.4.2009 – 1 Ws 32/09, StV 2010, 80.
6 BGH v. 21.12.2005 – 3 StR 470/04, BGHSt 50, 331, 342 – Mannesmann; BGH v. 24.8.1988
  – 3 StR 232/88, BGHSt 35, 333, 335; die Möglichkeit eines tatbestandsausschließenden
  Einverständnisses bei der AG wird indes zunehmend in Frage gestellt, vgl. nur *Rönnau*
  in FS Amelung, S. 247, 253 ff.
7 BGH v. 6.11.1986 – 1 StR 327/86, BGHSt 34, 221, 222; *Bittmann/Richter*, wistra 2005, 51.
8 BGH v. 6.6.1952 – 1 StR 113/52, BGHSt 3, 23, 25.

die Untreue insoweit entfallen, als das Vermögen der Zustimmenden betroffen ist.[1] Für die Komplementär-GmbH gelten die oben skizzierten Grundsätze.

2. Konzernsachverhalte (Konzernuntreue) und Cash-Pooling

45 **Zuwendungen** unter in einem **Konzern** verbundenen Unternehmen (§ 15 AktG), d.h. insbesondere Zahlungen von einer Konzerngesellschaft an eine andere, sind wegen deren wirtschaftlicher Verflechtung regelmäßig nicht zu beanstanden.[2] Dies soll auch für schon im Vorgriff auf eine beabsichtigte Unternehmensübernahme getätigte Zuwendungen (z.B. Darlehen) an die Zielgesellschaft gelten, wenn der Wille der maßgeblichen Organe ernstlich auf die Verbindung gerichtet ist und das zuwendende Unternehmen bereits eine Rechtsposition erlangt hat, die den Erwerb sicherstellt. Denn in einem solchen Fall hat es das zuwendende Unternehmen in der Hand, die ausgereichten Zahlungen wieder für sich nutzbar zu machen.[3]

46 Davon zu trennen ist die Frage, ob und unter welchen Voraussetzungen **gesellschaftsübergreifende Vermögensbetreuungspflichten im Konzern** bestehen und wie die sich hieraus ergebenden strafrechtlichen **Verhaltenspflichten im Konzern** zu konkretisieren sind. Dies ist nicht abschließend geklärt. Grundsätzlich gilt, dass den Gesellschafter gegenüber der Gesellschaft keine Vermögensbetreuungspflicht trifft. Anderes soll hingegen im faktischen GmbH-Konzern in Fällen sog. **faktischer Dominanz** gelten, die durch eine extreme Ausübung des Weisungsrechtes gekennzeichnet sind. In derartigen Fällen nimmt die Rechtsprechung eine Vermögensbetreuungspflicht der Geschäftsleiter der herrschenden Gesellschaft gegenüber der Tochtergesellschaft an.[4] Sinngemäß gelten für die Konkretisierung der Verhaltenspflichten die oben ausgeführten Grundsätze zur Unwirksamkeit des Einverständnisses bei Angriffen auf das Stammkapital, wobei für das Vorliegen einer Pflichtverletzung zusätzlich von wesentlicher Bedeutung ist, ob das Gesamtverhalten von einer Aushöhlungsabsicht getragen war.[5]

47 Von erheblicher praktischer Bedeutung sind diese Grundsätze bei der Einrichtung von **Cash-Pools**. Bei diesen werden innerhalb eines Konzerns bei den Konzerngesellschaften bestehende Liquiditätsüberschüsse – üblicherweise unterlegt von Darlehensvereinbarungen – an eine Gesellschaft, regelmäßig die Konzernmutter-Gesellschaft, abgeführt und dort verwaltet. Ein solches konzernweites Cash-Pooling bietet die Möglichkeit zur Optimierung von Zinserträgen und zur Schonung eingeräumter Kreditlinien bei Banken und der damit verbundenen Verminderung der Fremdkapitalkosten. Strafrechtlich ist gegen das Cash-Pooling im Grundsatz nichts zu erinnern.[6] Nach Ansicht des Bundesgerichtshofes gilt indes die **Grenze**

---

1 BGH v. 6.11.1986 – 1 StR 327/86, BGHSt 34, 221, 222; stets ist in derartigen Fällen deshalb genau zu ermitteln, wer im Einzelnen benachteiligt ist, BGH v. 3.2.1987 – 5 StR 603/85, wistra 1987, 216 (auch zu Alleingesellschafter-Geschäftsführer einer GmbH & Co. KG).
2 BGH v. 22.11.2005 – 1 StR 571/04, NStZ 2006, 221.
3 BGH v. 22.11.2005 – 1 StR 571/04, NStZ 2006, 221.
4 BGH v. 10.7.1996 – 3 StR 50/96, NJW 1997, 66, 67; *Achenbach*, NStZ 1997, 537.
5 BGH v. 10.7.1996 – 3 StR 50/96, NJW 1997, 66, 68; kritisch *Saliger*, ZStW 2000, 566.
6 *Krause*, JR 2006, 51, 55.

der Gefährdung der eigenen Erfüllungsfähigkeit. Erreicht der Liquiditätstransfer ein solches Ausmaß, dass die Erfüllung der eigenen Verbindlichkeiten des einlegenden Konzernmitgliedes im Falle eines Verlustes des Geldes gefährdet wäre, so sind weitere Einlagen in den Pool durch diese Gesellschaft unzulässig.[1] Die Verantwortlichen der Muttergesellschaft trifft in diesem Fall eine Vermögensbetreuungspflicht gegenüber der einlegenden Tochtergesellschaft, die Rückzahlung der Gelder zu gewährleisten.[2] Im mehrstufigen Beherrschungsverhältnis trifft diese Verpflichtung nicht nur die Alleingesellschafterin der geschädigten Gesellschaft, sondern sämtliche die Untergesellschaft beherrschenden Konzernebenen bzw. die dortigen Verantwortlichen (Zurechnung über § 14 Abs. 1 Nr. 1 StGB).[3]

Die (zivilrechtlichen) Rahmenbedingungen für Cash-Pools haben sich zwischenzeitlich nicht unwesentlich geändert: Zum einen hat der Bundesgerichtshof in Zivilsachen seine Rechtsprechung zum existenzgefährdenden Eingriff auf eine neue rechtliche Grundlage gestellt, zum anderen ist zwischenzeitlich das MoMiG in Kraft getreten. Der Bundesgerichtshof in Strafsachen hält ungeachtet der jüngsten Rechtsprechung des II. Zivilsenats an seinen oben skizzierten Grundsätzen zu den Voraussetzungen der Vermögensbetreuungspflicht fest, da die vom II. Zivilsenat entwickelte Innenhaftung in derartigen Fällen nicht die Frage betreffe, welche Anforderungen an die für § 266 StGB erforderliche Vermögensbetreuungspflicht zu stellen seien.[4] Auch die durch das MoMiG eingeführte Spezialregelung für die Geschäftsführerhaftung (§ 64 Satz 3 GmbHG) habe auf die strafrechtliche Lage keinen Einfluss.[5] Bei der Konkretisierung der Verhaltenspflichten ist indes zu beachten, dass mit **§ 30 Abs. 1 Satz 2 GmbHG** eine Vorschrift eingeführt worden ist, die das Cash-Pooling erleichtern soll, indem eine Besicherung des Rückzahlungsanspruchs jedenfalls dann nicht notwendig ist, wenn ein werthaltiger Rückzahlungsanspruch gegeben ist. Diese gesellschaftsrechtliche Lage ist – wie bereits zum eigenkapitalersetzenden Darlehen ausgeführt – auf das Strafrecht zu übertragen und führt dazu, dass die Vermögensbetreuungspflicht sich auf die Erhaltung eines vollwertigen Rückzahlungsanspruchs beschränkt.[6]

Ob und welche Konsequenzen sich aus diesen Grundsätzen betreffend die Konzerninnenfinanzierung für die Konzernaußenfinanzierung ergeben können, ist gänzlich ungeklärt. Dies betrifft insbesondere eine mögliche Untreuestrafbarkeit im Zusammenhang mit sog. **Leveraged Buyouts**, die durch einen hohen Fremdkapitalanteil sowie dadurch charakterisiert sind, dass zur Besicherung der zur Übernahme aufgenommenen Kredite auf das Vermögen des Zielunternehmens zurückgegriffen wird. Für die Beratungspraxis erscheint es naheliegend und ratsam, die Grundsätze zum Verbot der Existenzgefährdung hinsichtlich der übernommenen Gesellschaft zu beachten.[7]

---

1 BGH v. 13.5.2004 – 5 StR 73/03, BGHSt 49, 147, 157 ff.
2 BGH v. 13.5.2004 – 5 StR 73/03, BGHSt 49, 147, 161.
3 BGH v. 31.7.2009 – 2 StR 95/09, NStZ 2010, 89, 91.
4 BGH v. 31.7.2009 – 2 StR 95/09, NStZ 2010, 89, 91; zum Ganzen näher *Livonius*, wistra 2009, 91, 93; *Weller*, ZIP 2007, 1681, 1688; *Bittmann*, NStZ 2009, 113, 118.
5 BGH v. 31.7.2009 – 2 StR 95/09, NStZ 2010, 89, 91.
6 Vgl. *Bittmann*, NStZ 2009, 110, 118.
7 Näher *Schriever*, wistra 2006, 404 ff.

3. Risikogeschäfte

50 Das schlichte Eingehen von Risiken ist strafrechtlich nicht relevant. Denn die Eingehung von Risiken ist im Wirtschaftsleben notwendig und erwünscht. Klassische Beispiele risikobehafteter Geschäfte sind die Kreditvergabe oder Börsenspekulation, die Investition in strukturierte Finanzprodukte (z.B. Asset Backed Securities), aber auch die Investitionen in Forschung und Entwicklung oder in politisch instabile Staaten können ein Wagnis darstellen.[1] Solche **Risikogeschäfte** stehen in einem Spannungsverhältnis. Jedem unternehmerischen Handeln ist das Wagnis immanent, das sich eine Entscheidung im Nachhinein als falsch herausstellt und das Unternehmen durch sie einen Schaden erleidet. Zu Recht werden deshalb die Grenzen des unternehmerischen Entscheidungsspielraums weit gezogen.[2] Andererseits ist **nicht jedes eingegangene Risiko** als **Ausdruck des freien Unternehmertums** zu akzeptieren, sofern der Entscheidungsträger nicht zugleich Inhaber des Vermögens ist. Die hiernach erforderliche Abgrenzung von erlaubten und unerlaubten Risiken bei der Bestimmung der Pflichtwidrigkeit im Rahmen von § 266 StGB ist einzelfallabhängig, komplex und schwierig.

51 Insoweit ist zunächst hervorzuheben, dass die strafrechtliche Würdigung vielfach faktisch davon überlagert wird, dass das Fehlschlagen der Geschäfte aus der Perspektive ex-post deren ursprüngliche Pflichtwidrigkeit nahe zu legen scheint. Aus diesem Grund gewinnt die **strikte Beachtung der ex-ante-Perspektive**, d.h. die Würdigung der Entscheidung auf der Grundlage der zu ihrem Zeitpunkt vorliegenden Umstände, bei Risikogeschäften herausragende Bedeutung. Der Eintritt eines Vermögensnachteils ist kein Kriterium für die Pflichtwidrigkeit einer Entscheidung.[3] Im Übrigen gelten folgende Grundsätze:

52 Der Entscheidungsträger darf sich **nicht wie ein „Spieler"** verhalten, indem er den Vermögensinhaber bewusst und entgegen der Regeln kaufmännischer Sorgfalt einer aufs äußersten gesteigerten Verlustgefahr zugunsten einer wagen Gewinnaussicht aussetzt.[4] Das Eingehen eines Risikos ist immer dann pflichtwidrig, wenn der Treugeber dem Entscheidungsträger die Eingehung eines solchen Risikos untersagt hat bzw. das Geschäft dem mutmaßlichen Willen des Geschäftsherrn nicht entspricht, wofür auch die Branchenüblichkeit heranzuziehen ist (**Verstoß gegen den vorgegebenen „Risikokorridor"**).[5] Konkretisierungen können sich hierfür auch aus der Satzung oder aus Anstellungsverträgen ergeben.

53 Liegt ein derartiger Sonderfall nicht vor, so gelten **prozedurale Kriterien** für die Pflichtwidrigkeit. Der Entscheidungsträger ist vor der Entscheidung zur Schaf-

---

[1] Vgl. etwa *Dierlamm* in MünchKomm. StGB, § 266 StGB Rz. 200 ff.; *Seier* in Achenbach/Ransiek, Handbuch Wirtschaftsstrafrecht, V 2 Rz. 338 ff.
[2] BGH v. 31.7.2009 – 2 StR 95/09, WM 2009, 1930 mit Anm. *Strate*, HRRS 2009, 441; vgl. auch OLG Düsseldorf v. 9.12.2009 – I-6 W 45/09, AG 2010, 126.
[3] BGH v. 21.3.1985 – 1 StR 417/84, wistra 1985, 190 f.; BGH v. 24.8.1999 – 1 StR 232/99, wistra 2000, 60.
[4] BGH v. 27.2.1975 – 4 StR 571/74, NJW 1975, 1235, 1236; BGH v. 4.2.2004 – 2 StR 355/03, StV 2004, 424, 425.
[5] BGH v. 27.2.1975 – 4 StR 571/74, NJW 1975, 1235, 1236; BGH v. 4.2.2004 – 2 StR 355/03, StV 2004, 424, 425.

fung einer **zureichenden Informationsgrundlage** für die Entscheidung und zu einer **sorgfältigen Risikoanalyse** verpflichtet.[1] Ob und inwieweit er hierbei Risikoanalysen Dritter, beispielsweise von sog. **Rating-Agenturen**, heranziehen und sich auf diese verlassen darf, ist durch die Strafgerichte bislang nicht geklärt. Zu weit ginge es hingegen anzunehmen, dass die Hinzuziehung von Risikoanalysen Dritter von der Pflicht zur eigenen eingehenden Risikoprüfung vollständig entbindet. Sofern der Entscheidungsträger das Risiko zuverlässig ermittelt und gegen die Chancen des Geschäfts abgewogen hat, stellt sich dessen Eingehen nicht als unvertretbar und damit als pflichtwidrig dar, mag es auch zu einem Vermögensverlust führen. Für bestimmte Branchen lässt sich das Pflichtenprogramm für den Entscheidungsträger gesetzlichen Spezialregelungen entnehmen, beispielsweise § 18 KWG für Kreditinstitute.[2]

Welchen Niederschlag die **Finanzkrise** bzw. die Investition in sog. **strukturierte** 54 **Finanzprodukte** in strafrechtlichen Verfahren finden wird, ist derzeit nicht absehbar.[3] Vieles spricht dafür, dass die Verantwortlichen von Kreditinstituten hinsichtlich ihrer Investitionsentscheidungen an den zu **Risikogeschäften** entwickelten Grundsätzen gemessen werden.

Hat der Entscheidungsträger die beschriebenen Vorgaben nicht eingehalten, so 55 kann er sich nicht darauf berufen, er habe nur im Wohle des Unternehmens handeln wollen und habe deshalb keine Schädigungsabsicht gehabt. Die Gerichte bejahen, obgleich in den Feinheiten noch erheblich unterschiedlich, den erforderlichen Untreuevorsatz dann, wenn der Entscheidungsträger das Risiko als unvertretbar erkannt oder bewusst das Risikomanagement nicht eingehalten hat.[4]

4. Sponsoring

Zuwendungen zur **Förderung** von **Kunst, Wissenschaft, Gemeinwesen und Sport** 56 sind als Ausdruck eines verantwortungsvollen Unternehmertums grundsätzlich zulässig[5] und gesellschaftlich erwünscht. Auf die Art und Weise der Zuwendung kommt es dabei nicht an. Erlaubt sind sowohl das klassische Sponsoring, bei der das Unternehmen einen Gegenwert in Form von Werbung erhält, die Spendenvergabe wie auch das altruistische Mäzenatentum. Die Rechtsprechung setzt dem auch insoweit anerkannten **weiten unternehmerischen Ermessensspielraum** jedoch im Rahmen einer Gesamtschau Grenzen, wenn dem Sponsoring eine **Nähe zum Unternehmensgegenstand gänzlich fehlt**, Beschlüsse über die Vergabe

---

1 BGH v. 6.4.2000 – 1 StR 280/99, BGHSt 46, 30, 31 f.; BGH v. 15.11.2001 – 1 StR 185/01, BGHSt 47, 148, 151; BGH v. 13.8.2009 – 3 StR 576/08, StV 2010, 78, 79 (jeweils zur Kreditvergabe); *Schmid* in Müller-Gugenberger/Bieneck, Wirtschaftsstrafrecht, § 31 Rz. 163 ff.; *Seier* in Achenbach/Ransiek, Handbuch Wirtschaftsstrafrecht, V 2 Rz. 347.
2 BGH v. 13.8.2009 – 3 StR 576/08, WM 2009, 1930; näher zur Kredituntreue *Saliger* in Satzger/Schmitt/Widmaier, § 266 StGB Rz. 97.
3 Erster Überblick bei *Gallandi*, wistra 2009, 41.
4 Vgl. BGH v. 18.10.2006 – 2 StR 499/05, BGHSt 51, 100, 121; BGH v. 25.5.2007 – 2 StR 469/06, NStZ 2007, 704; BGH v. 20.3.2008 – 1 StR 488/07, wistra 2008, 457; BGH v. 17.9.2009 – 5 StR 521/08, NJW 2010, 92.
5 Vgl. oben *Riegger/Götze*, § 26 Rz. 11.

von Zuwendungen **innerbetrieblich nicht transparent** getroffen werden, die Zuwendungshöhe **nicht im Verhältnis zu der Ertragslage des Unternehmens** steht und **allein persönliche Präferenzen** verfolgt werden.[1] Um das strafrechtliche (Rest-)Risiko zu minimieren, empfiehlt es sich, Richtlinien zur Vergabe von Zuwendungen schriftlich niederzulegen.[2]

5. „Schwarze Kassen"

57 Erhebliche Aufmerksamkeit haben in der jüngeren Rechtsprechung der Strafgerichte sog. **schwarze Kassen** und deren Unterhaltung erfahren. Als schwarze Kassen werden Gelder bezeichnet, die vor dem Vermögensinhaber verborgen werden und die der beruflichen oder sonst aufgabenbezogenen Tätigkeit des Verbergenden zu dienen bestimmt sind.[3] Solche Kassen traten zunächst in Zusammenhang mit der öffentlichen Verwaltung und insbesondere bei Parteien auf. Seit der sog. „Siemens-Affäre" sind sie Gegenstand der Aufmerksamkeit auch in der privaten Wirtschaft. Derartige Kassen dienen zumeist nicht dem persönlichen Nutzen des Verbergenden; vielmehr beabsichtigt dieser regelmäßig, die Mittel im Sinne des von ihm angenommenen Willens des Unternehmens und in dessen Interesse einzusetzen. Vielfach werden aus solchen Kassen sog. **„nützliche Aufwendungen"** – etwa in Form von **Bestechungsgeldern** – bestritten, die der Erlangung neuer Aufträge dienen sollen. Die Bildung und Unterhaltung derartiger „schwarzer Kassen" ist in verschiedener Hinsicht potenziell eine strafbare Untreue:

58 Nach § 266 StGB ist es zunächst **strafbar**, eine **schwarze Kasse zu bilden**. Denn dem Vermögensinhaber wird der Zugriff auf seine Vermögenswerte auf Dauer entzogen.[4] Auf die Absichten des Kassenführers, das Vermögen im Sinne des Unternehmens einzusetzen, kommt es dabei ebenso wenig an[5] wie auf den Umstand, dass die verborgenen Mittel noch zu dem Vermögen des Prinzipals gehören. Wer selbst die schwarze Kasse nicht eingerichtet hat, diese jedoch **übernimmt und fortführt**, macht sich ebenfalls wegen Untreue strafbar. Denn ihn trifft die Pflicht, den Vermögensinhaber über die Kassen aufzuklären, bzw. die Gelder wieder in seinen Einflussbereich zurückzuschaffen. Unterlässt er dies, begründet das eine eigene Pflichtverletzung, die die Strafbarkeit auslöst.[6] Demgegenüber soll die Verwendung der Gelder aus der Kasse keine neue eigenständige Untreuehandlung darstellen.[7]

6. Auslösung von Schadensersatzansprüchen und Sanktionsrisiken

59 Auch das **Auslösen von Schadensersatzansprüchen und Sanktionsrisiken** kann eine Untreue begründen. Die Einzelheiten sind insoweit indes noch **weitgehend**

---
1 BGH v. 6.12.2001 – 1 StR 215/01, NJW 2002, 1585.
2 Vorschlag etwa bei *Säcker*, BB 2009, 282, 286.
3 *Satzger*, NStZ 2009, 298.
4 BGH v. 29.8.2008 – 2 StR 587/07, NJW 2009, 89, 92.
5 BGH v. 29.8.2008 – 2 StR 587/07, NJW 2009, 89, 92.
6 BGH v. 29.8.2008 – 2 StR 587/07, NJW 2009, 89, 91; zum Ganzen *Ransiek*, NJW 2009, 95, 96.
7 BGH v. 29.8.2008 – 2 StR 587/07, NJW 2009, 89, 92.

ungeklärt. Es hat sich eine reichhaltige Kasuistik herausgebildet.[1] Strafbare Untreue kann es beispielsweise sein, wenn durch ein Verhalten die **Gefahr verwaltungsrechtlicher Ordnungsgelder gegen die Gesellschaft** begründet wird[2] oder wenn die Gefahr geschaffen wird, dass der Geschäftsherr erfolgreich **auf Schadensersatz in Anspruch** genommen wird.[3]

D. Vorenthalten und Veruntreuen von Arbeitsentgelt (§ 266a StGB)

§ 266a StGB sanktioniert das Vorenthalten und Veruntreuen von Arbeitsentgelt durch den Arbeitgeber. Der Straftatbestand spielt in der Praxis jenseits von Schattenwirtschaft und Schwarzarbeit im Zusammenhang mit Insolvenzen eine erhebliche Rolle. Vielfach werden in der Krise andere Verbindlichkeiten (Banken, Lieferanten, sonstige Gläubiger) unter Verletzung der sozialversicherungsrechtlichen Pflichten und § 266a StGB vorrangig befriedigt.[4] § 266a StGB ist Schutzgesetz i.S. des § 823 Abs. 2 BGB, weshalb der Geschäftsleiter für nicht abgeführte Beiträge persönlich haftet.[5] Erfasst werden sowohl die Beiträge des Arbeitnehmers als auch die Anteile des Arbeitgebers zur Sozialversicherung. Grund für die Strafbewehrung ist der Schutz der Sozialversicherungssysteme, insbesondere vor dem Hintergrund der verfahrensmäßigen Ausgestaltung der Abführung von Sozialversicherungsbeiträgen als Selbsterklärungssystem, welches in besonderem Maße von der Ehrlichkeit und Mitwirkung des Arbeitgebers abhängig ist.[6]

60

Arbeitgeber ist, wem der Arbeitnehmer nach §§ 611 ff. BGB Dienste leistet und wem der Arbeitgeber zur Lohnzahlung verpflichtet ist.[7] Als Täter kommen auch die **gesetzlichen Vertreter einer Kapitalgesellschaft** in Betracht, auch ein faktischer Geschäftsführer.[8] Auf die Anmeldung des Arbeitnehmers zur Sozialversicherung kommt es ebenso wenig an wie auf die Wirksamkeit des Dienstverhältnisses. Maßgeblich sind vielmehr die **tatsächlichen Verhältnisse** (vgl. auch § 22 Abs. 1 SGB IV), so dass Scheinselbständigkeiten und unerlaubte Arbeitnehmerüberlassungen den Arbeitgeber nicht von der strafrechtlich sanktionierten Pflicht zur Abführung der Sozialversicherungsbeiträge entbinden.[9] **Delegiert** der Geschäftsleiter die Erfüllung der Abführungspflichten an andere Personen, so

61

---

1 Eingehend *Saliger* in Satzger/Schmitt/Widmaier, § 266 StGB Rz. 75.
2 BGH v. 18.10.2006 – 2 StR 499/05, BGHSt 51, 100, 117 – Kanther – zu Sanktionen nach dem Parteiengesetz; OLG Hamm v. 15.7.1981 – 5 Ws 29/81, NJW 1982, 190, 192.
3 BGH v. 18.6.2006 – 2 StR 499/05, BGHSt 51, 100, 117; BGH v. 23.3.2000 – 4 StR 19/00, NStZ 2000, 375, 376; anders aber BGH v. 29.8.2008 – 2 StR 587/07, NJW 2009, 89, 91 f. – Siemens.
4 *Wegner* in Achenbach/Ransiek, Handbuch Wirtschaftsstrafrecht, VII 2 Rz. 2; *Dannecker/Knierim/Hagemeier*, Insolvenzstrafrecht, Rz. 717.
5 BGH v. 20.3.2003 – III ZR 305/01, WM 2003, 1876.
6 Eingehend zum Folgenden *Pananis* in Ignor/Rixen, Handbuch Arbeitsstrafrecht, § 6 Rz. 6.
7 Näher *Saliger* in Satzger/Schmitt/Widmaier, § 266a StGB Rz. 5.
8 BGH v. 28.5.2002 – 5 StR 16/02, NStZ 2002, 547, 549; BGH v. 28.5.2002 – 5 StR 16/02, NJW 2002, 2480, 2482.
9 BGH v. 13.6.2001 – 3 StR 126/01, NStZ 2001, 599, 600; BGH v. 2.12.2008 – 1 StR 416/08, StV 2009, 188, 189.

entlastet ihn dies, sofern er die Erfüllung durch geeignete Maßnahmen sicherstellt und eine beanstandungsfreie Einarbeitungszeit verstrichen ist. Ihn treffen dann lediglich noch **Überwachungspflichten**.[1]

62 Voraussetzung der Strafbarkeit ist stets eine **inländische Sozialversicherungspflicht**, so dass es entscheidend auf den Ort der tatsächlichen Ausübung der Tätigkeit ankommt (vgl. § 3 Abs. 1 Nr. 1, § 9 Abs. 1 SGB IV). Ausnahmen bestehen, sofern eine inländische Sozialversicherungspflicht **Ausstrahlungswirkung** (§ 4 SGB IV) bzw. eine ausländische **Einstrahlungswirkung** (§ 5 SGB IV) entfaltet. Unberührt bleiben ferner über- bzw. zwischenstaatliche Regelungen mit der Folge **europarechtlicher Besonderheiten**. Beispielsweise kommt der von einem EU-Mitgliedsstaat ausgestellten **Entsendebescheinigung (E-101)** eine Sperrwirkung gegenüber § 266a StGB zu,[2] während die meisten bilateralen Sozialversicherungsabkommen (D/H-101-Bescheinigung) keine so weitreichende Wirkung haben mit der Folge, dass § 266a StGB Anwendung findet.[3] Diente die Entsendung der Umgehung der deutschen Sozialversicherungspflicht oder handelt es sich bei dem Entsender um eine Scheinfirma, ist die Annahme einer nur beschränkten Bindungswirkung ausgeschlossen.[4]

63 Strafbar ist hinsichtlich der Arbeitnehmerbeiträge deren schlichtes **Vorenthalten**. Dies liegt dann vor, wenn die Beiträge **bei Fälligkeit nicht abgeführt** sind, weshalb auch eine verspätete Zahlung die Strafbarkeit auslöst. Vorenthalten sind die Beiträge i.S. des § 266a StGB auch dann, wenn für den betreffenden Zeitraum **kein Lohn an die Arbeitnehmer gezahlt** worden ist (vgl. den Wortlaut von § 266a Abs. 1 StGB).[5] Erfasst wird auch die Nettolohn- bzw. die Schwarzlohnabrede. Werden auf die Beiträge **Teilzahlungen** vorgenommen, empfiehlt sich dringend die Vornahme einer **ausdrücklichen Tilgungsbestimmung** dahingehend, dass die Zahlung zunächst auf die Arbeitnehmeranteile verrechnet werden soll.[6] Denn die unterlassene Abführung von Arbeitgeberanteilen ist nur beim Hinzutreten von Täuschungssachverhalten strafbar (§ 266a Abs. 2 StGB). Durch eine ausdrückliche Tilgungsbestimmung können – auch bei Teilzahlungen nach Fälligkeit – die strafrechtlichen Risiken reduziert und möglicherweise sogar eliminiert werden.

64 Die **Nichtabführung der Arbeitgeberanteile** ist nur dann strafbar, wenn das Vorenthalten durch **betrügerische Verhaltensweisen** bewirkt wird (§ 266a Abs. 2 StGB), im Wesentlichen in Fällen der Verletzung von Mitteilungspflichten (z.B. Meldepflicht § 28a SGB V).

65 Die Strafbarkeit setzt voraus, dass dem Arbeitgeber die Erfüllung der sozialversicherungsrechtlichen Abführungspflicht **möglich und zumutbar** sein muss.[7] Da-

---
1 BGH v. 28.5.2002 – 5 StR 16/02, BGHSt 47, 318, 325.
2 BGH v. 24.10.2006 – 1 StR 44/06, BGHSt 51, 124, 130.
3 BGH v. 24.10.2007 – 1 StR 160/07, BGHSt 52, 67, 71.
4 BGH v. 24.10.2007 – 1 StR 160/07, BGHSt 52, 67, 68 ff.
5 BGH v. 28.5.2002 – 5 StR 16/02, BGHSt 47, 318.
6 Zum Erfordernis einer ausdrücklichen Bestimmung BGH v. 9.1.2001 – VI ZR 119/00, GmbHR 2001, 238, 239; näher auch *Saliger* in Satzger/Schmitt/Widmaier, § 266a StGB Rz. 16.
7 BGH v. 28.5.2002 – 5 StR 16/02, BGHSt 47, 318, 320; BGH v. 2.12.2008 – 1 StR 416/08, StV 2009, 188, 190; OLG Düsseldorf v. 21.12.2007 – 5 Ss 288, 166/07, StV 2009, 193, 194.

ran kann es bei **Zahlungsunfähigkeit**[1], **Überschuldung**[2] bzw. bei fehlender Verfügungsbefugnis über das Vermögen fehlen. Zu beachten ist aber, dass die Rechtsprechung die Zahlungsunfähigkeit als Grenze der Pflichterfüllung stark eingeschränkt hat. Die Strafbarkeit tritt auch dann ein, wenn der Arbeitgeber aufgrund der Vornahme anderweitiger Zahlungen seine **Unfähigkeit zur Abführung der Beiträge selbst pflichtwidrig herbeigeführt** hat, was insbesondere bei Vornahme anderweitiger Zahlungen in einer sich abzeichnenden Liquiditätskrise in Betracht kommt.[3] Denn die Erfüllung der Abführungspflicht geht der Bedienung anderer Verbindlichkeiten aufgrund ihrer Strafbewehrung vor. Besonderheiten gelten während der **3-Wochen-Frist des § 15a Abs. 1 Satz 1 InsO**. Während dieser Frist ist das Unterlassen der Abführung der Anteile aus Gründen der Massesicherung zur Ermöglichung aussichtsreicher Sanierungsbemühungen ausnahmsweise zulässig; nach Ablauf der Frist lebt die Abführungspflicht indes wieder auf, bis der Arbeitgeber Insolvenzantrag stellt.[4]

Eine Reduzierung strafrechtlicher Risiken kann in der Praxis gelegentlich durch die in § 266a Abs. 6 StGB geregelte **Anzeige an die Einzugsstelle** erfolgen, die einen persönlichen Strafaufhebungsgrund darstellt. Danach macht sich der Arbeitgeber nicht strafbar, wenn er der Einzugsstelle zum Fälligkeitszeitpunkt oder unverzüglich danach schriftlich die Höhe der vorenthaltenen Beiträge mitteilt und darlegt, warum die fristgemäße Zahlung nicht möglich ist, obwohl er sich darum ernsthaft bemüht hat. Die Straflosigkeit hängt davon ab, dass die Beträge nachträglich innerhalb einer von der Einzugsstelle zu setzenden Frist gezahlt werden. 66

E. Korruption

In den vergangenen Jahren hat die Sensibilisierung für korruptive Sachverhalte und unlautere Wettbewerbsbeeinflussungen durch die Gewährung von Vorteilen erheblich zugenommen.[5] Dies zeigt sich beispielsweise in der Einführung von Korruptionsregistern in verschiedenen Bundesländern (näher unten Rz. 169), in die wegen Korruptionsdelikten geführte Verfahren eingetragen werden, aber auch in den von verschiedenen Ländern und Kommunen erlassenen Verwaltungsvorschriften, die für die Behandlung von Vorteilen und deren Annahme strenge interne Regelungen enthalten. Für Unternehmen können sich aus Strafverfahren wegen Korruptionsdelikten gravierende Konsequenzen ergeben (Verfall, Ver- 67

---

1 BGH v. 28.5.2002 – 5 StR 16/02, BGHSt 47, 318, 320.
2 BGH v. 11.2.2001 – VI ZR 350/00, NJW 2002, 1123, 1125 (Unmöglichkeit liegt bei einer Überschuldung aber dann nicht vor, wenn die vorhandenen Mittel noch zur Zahlung der Beiträge ausreichen).
3 BGH v. 28.5.2002 – 5 StR 16/02, BGHSt 47, 318, 320; BGH v. 21.1.2007 – VI ZR 338/95, BGHZ 134, 304 ff.
4 BGH v. 30.7.2003 – 5 StR 221/03, BGHSt 48, 307, 309; BGH v. 9.8.2005 – 5 StR 67/05, NStZ 2006, 223, 225; *Rönnau*, NJW 2004, 976; vgl. zur sog. Vorrang-Rechtsprechung und zur (früheren) Divergenz zwischen den Senaten des Bundesgerichtshofes in Straf- und in Zivilsachen näher *Saliger* in Satzger/Schmitt/Widmaier, § 266a StGB Rz. 19 m.N.
5 S. zu den einschlägigen Straftatbeständen im Zusammenhang mit „nützlichen Aufwendungen" auch oben *Riegger/Götze*, § 26 Rz. 40 ff.

gabesperren, Betriebsausgabenabzug, Registereintragungen u.a., näher unten Rz. 160 ff.).

68 Das EU-Bestechungsgesetz (EUBestG) vom 10.9.1998 (BGBl. II 1998, 2340) und das Gesetz zur Bekämpfung internationaler Bestechung (IntBestG) vom 10.9. 1998 (BGBl. II 1998, 2327) haben die Anwendbarkeit der Korruptionsdelikte auf Auslandssachverhalte erstreckt. Über die Verweisungen im IntBestG gilt das deutsche Korruptionsstrafrecht weltweit für die Bestechung von Amtsträgern auch im Ausland. § 299 Abs. 3 StGB stellt die Bestechlichkeit und Bestechung im geschäftlichen Verkehr im Ausland unter Strafe. Der Gesetzgeber plant derzeit weitreichende Änderungen im Korruptionsstrafrecht.[1]

69 Hervorzuheben sind darüber hinaus **steuerliche Besonderheiten**. Gem. **§ 4 Abs. 5 EStG** (**Abzugsverbot**) dürfen bestimmte Betriebsausgaben den Gewinn nicht mindern. Hierzu gehört gem. § 4 Abs. 5 Nr. 10 EStG die **Zuwendung von Vorteilen** sowie damit zusammenhängende Aufwendungen, wenn die Zuwendung der Vorteile eine rechtswidrige Handlung darstellt, die den Tatbestand eines Strafgesetzes erfüllt. Gelangen einem Gericht oder einer Behörde Tatsachen zur Kenntnis, die auf die Erfüllung solcher Tatbestände hindeuten, bestehen **umfassende Mitteilungspflichten** gegenüber den Finanzbehörden. Die Finanzbehörden sind ihrerseits verpflichtet, von ihnen erlangte Erkenntnisse, die den Verdacht einer Straftat begründen, an die Staatsanwaltschaft zur weiteren Ermittlung mitzuteilen. Solche verdachtsbegründenden Erkenntnisse werden oftmals im Rahmen von Betriebsprüfungen gewonnen und unverzüglich an die Ermittlungsbehörden weitergeleitet. Durch die umfassenden Mitteilungspflichten besteht eine gesteigerte Aufdeckungswahrscheinlichkeit bei rechtswidrig gewährten Vorteilen.

70 Gravierende wirtschaftliche Konsequenzen können sich bei der Gewährung unlauterer Vorteile in strafrechtlich relevanter Weise auch aus den Vorschriften über den Verfall (§§ 73 ff. StGB) ergeben (näher Rz. 160 ff.). Deren Anwendung kann zu erheblichen wirtschaftlichen Nachteilen führen. Nach Auffassung des 5. Strafsenats des Bundesgerichtshofes unterliegt der wirtschaftliche Wert des Auftrags im Zeitpunkt des Vertragsschlusses dem Verfall, der in dem kalkulierten Gewinn und etwaigen weiteren wirtschaftlichen Vorteilen bestehen soll.[2] Weiter geht der 1. Strafsenat, nach dessen Ansicht der gesamte Umsatz aus dem bemakelten Geschäft abgeschöpft werden kann.[3] Der eigene Aufwand bleibt dabei stets unberücksichtigt und darf nicht gegengerechnet werden (sog. Bruttoprinzip).[4]

---

1 Vgl. BT-Drucks. 16/6558; dazu *Rönnau* in Achenbach/Ransiek, Handbuch Wirtschaftsstrafrecht, III 2 Rz. 65 ff.
2 BGH v. 2.12.2005 – 5 StR 119/05, BGHSt 50, 299; *Sedemund*, DB 2003, 323, 325 ff.; a.A. OLG Köln v. 8.8.2003 – 2 Ws 433/03, ZIP 2004, 2013; OLG Thüringen v. 27.7.2004 – 1 Ws 234/04, wistra 2005, 1, 14.
3 BGH v. 30.5.2008 – 1 StR 166/07, BGHSt 52, 227, 247 ff.; *Hohn*, wistra 2003, 322, 323; *Hohn*, wistra 2006, 321, 326.
4 BGH v. 27.7.1999 – 5 StR 331/99, NStZ-RR 2000, 57.

I. Vorteilsgewährung und Bestechung

Die §§ 331 ff. StGB stellen die Gewährung von Vorteilen an einen Amtsträger unter Strafe sowie spiegelbildlich deren Annahme durch diesen. Vorteilsgewährung bzw. Vorteilsannahme einerseits und Bestechung bzw. Bestechlichkeit andererseits unterscheiden sich dadurch, dass bei letzteren der Vorteil für eine bestimmte Diensthandlung des Amtsträgers gewährt wird und dieser durch die Vornahme der konkreten Diensthandlung seine Pflichten verletzt. Bei ersteren wird der Vorteil lediglich allgemein für die Dienstausübung gewährt. Strafverfahren wegen Vorteilsgewährung spielen in der Praxis im Zusammenhang mit der Durchführung von Kunden- und Seminarveranstaltungen sowie Einladungen zu Sport-, Kultur und anderen Veranstaltungen durch Unternehmen eine erhebliche Rolle. Angesichts der Exportorientierung der deutschen Wirtschaft und der Verschärfung der gesetzlichen Vorschriften zur sog. Auslandsbestechung gewinnen auch Ermittlungsverfahren wegen der Gewährung von Vorteilen an ausländische Amtsträger zunehmend Bedeutung.

1. Gewähren von Vorteilen für die Dienstausübung

Die Tathandlungen bei den §§ 331 ff. StGB sind bei Vorteilsgewährung und Bestechung bzw. Vorteilsannahme und Bestechlichkeit identisch ausgestaltet. Das **Anbieten** eines Vorteils ist die auf Abschluss einer Unrechtsvereinbarung gerichtete ausdrückliche oder stillschweigende Erklärung[1], die auch in vorsichtig formulierten Fragen und Sondierungen bestehen kann und die zur Kenntnis der Amtsperson gelangen muss.[2] **Versprechen** entspricht dem Versprechenlassen und liegt in dem Abgeben eines auch nur bedingten Angebots der späteren Zuwendung. Angebot und Annahme können stillschweigend erklärt werden.[3] **Gewähren** entspricht dem Annehmen, d.h. dem tatsächlichen Empfangen des angebotenen Vorteils.

Ein „**Vorteil**" ist eine Zuwendung, auf die die Amtsperson oder der begünstigte Dritte[4] keinen Rechtsanspruch hat und die ihre wirtschaftliche, rechtliche oder auch nur persönliche Lage objektiv messbar verbessert.[5] Ein solcher Vorteil kann auch schon in dem Abschluss eines **Beratervertrages**[6] liegen, der Zuwendungen an die Amtsperson zur Folge hat.[7] Die Vorlage einer allgemeinen Nebentätigkeitserlaubnis genügt regelmäßig nicht, um solche Verträge im Hinblick auf

---

1 BGH v. 8.2.1961 – 2 StR 566/60, BGHSt 16, 40, 46.
2 BGH v. 11.5.2001 – 3 StR 549/00, BGHSt 47, 22, 29; a.A. OLG Düsseldorf v. 21.2.2003 – 4 Ausl(A) 335/02-50/03, 51/03 III, NStZ 2003, 684 m. Anm. *Böse*, JR 2003, 521, nach dem das Angebot in die Sphäre der Amtsperson gelangt und mit dessen Kenntnisnahme zu rechnen ist.
3 *Lackner/Kühl*, § 331 StGB Rz. 7.
4 Vgl. *Kuhlen* in NOMOS Kommentar zum StGB, § 331 StGB Rz. 35.
5 BGH v. 23.10.2002 – 1 StR 541/01, BGHSt 48, 44, 49; *Krause/Vogel*, RIW 1999, 488, 490; *Kargl*, ZStW 114 (2002), 763, 768 m.w.N.
6 BGH v. 21.6.2007 – 4 StR 99/07, NStZ 2008, 216.
7 BGH v. 10.3.1983 – 4 StR 3745/82, BGHSt 31, 264, 279; *Rudolphi/Stein* in Systematischer Kommentar zum StGB, § 331 StGB Rz. 22a; *Fischer*, § 331 StGB Rz. 12 jeweils m.w.N.

§ 331 Abs. 3 StGB (näher noch unten) von der Strafbarkeit auszunehmen. Denn für § 331 Abs. 3 StGB kommt es auf die Genehmigung des konkreten Vorteils an.[1] Ein Beratervertrag kann auch dann den Tatbestand erfüllen, wenn er erst nach Ausscheiden des Amtsträgers aus seiner dienstlichen Tätigkeit abgeschlossen wird, vorausgesetzt er geht auf eine noch während der dienstlichen Tätigkeit getroffene Übereinkunft zurück. Bei den Vorteilen handelt es sich in der Praxis regelmäßig um **materielle Zuwendungen** (Geld, Honorarzahlung für wertlose „**Gutachten**", Sachwerte, Rabatte, **Einladungen zu Veranstaltungen**, Urlaubsreisen, Kongresse etc.).[2] Vorteile sind aber auch die Erweiterung der persönlichen Liquidität (z.B. durch ein Darlehen), die Stundung einer Schuld, die Vermittlung einer Nebentätigkeit oder das Zur-Verfügung-Stellen technischer Geräte für eine von dem Amtsträger geleitete Forschungseinrichtung. Die §§ 331 ff. StGB erfassen auch Vorteile, die einem Dritten gewährt werden. Erfasst werden danach auch etwa **Spenden an eine Partei**.[3]

74 Die verbreitete und von Ermittlungsbehörden verstärkt untersuchte Praxis von Unternehmen und Verbänden, Einladungen zu vielfältigen Veranstaltungen und Kongressen gegenüber Amtsträgern und Geschäftspartnern auszusprechen, hat die Frage ins Blickfeld treten lassen, ob und ggf. in welchem Umfang unter dem Aspekt der **Sozialadäquanz** der Zuwendung eine Strafbarkeit ausscheidet. Im Grundsatz gilt, dass es an dem erforderlichen Zusammenhang zwischen Vorteil und Dienstausübung fehlt, wenn die Annahme der Zuwendung der Höflichkeit oder Gefälligkeit entspricht und als gewohnheitsrechtlich anerkannt gilt.[4] **Betragsmäßige Wertgrenzen**, bis zu deren Höhe eine Zuwendung als sozialadäquat und damit strafrechtlich irrelevant angesehen werden könnte, existieren nicht.[5] Solche finden sich auch nicht in den zahlreichen hierzu von Bund, Ländern und Gemeinden erlassenen Vorschriften.[6] Stets bedarf es einer **wertenden Abgrenzung**, die insbesondere die Stellung und den Inhalt der Dienstaufgaben des Amtsträgers, die Nähe zwischen den dienstlichen Aufgaben und dem Anlass der Zuwendung, die Art des Vorgehens sowie die (abstrakte) Möglichkeit der unlauteren Beeinflussung der Amtsführung zu berücksichtigen hat.[7] Zur **kostenlosen Vergabe von Eintrittskarten** hat der Bundesgerichtshof festgestellt, dass bei

---

1 Vgl. ferner OLG Hamburg v. 14.1.2000 – 2 Ws 243/99, StV 2001, 277, 283.
2 Auch immaterielle Vorteile kommen in Betracht, z.B. Ehrungen oder Erwerbsaussichten (vgl. *Kargl*, ZStW 114 [2002], 763, 770f.). Dies jedenfalls dann, wenn sie einen objektiv messbaren Inhalt haben und den Amtsträger in irgendeiner Weise tatsächlich besser stellen, vgl. BGH v. 23.5.2002 – 1 StR 372/01, BGHSt 47, 295, 304; ähnlich auch BGH v. 23.10.2002 – 1 StR 541/01, BGHSt 48, 44 ff.
3 LG Wuppertal v. 19.12.2002 – 26 Kls 835 Ja 153/02–17/02 IV, NJW 2003, 1405, 1406.
4 BGH v. 10.3.1983 – 4 StR 375/82, BGHSt 31, 264, 279; *Cramer* in Schönke/Schröder, § 331 StGB Rz. 53.
5 *Tag*, JR 2004, 50, 56; *Tiedemann* in Leipziger Kommentar, § 299 StGB Rz. 28; *Fischer*, § 299 StGB Rz. 17; a.A. *Schmidt*, NJW 1981, 321, der Geschenke bis zu 50 DM bereits nicht als „Vorteil" ansehen will.
6 Soweit diesen beispielhaft Zahlen zu entnehmen sind, liegen diese zwischen 10 Euro (z.B. Stadt Göttingen) und 25 Euro (z.B. Bundesministerium des Innern).
7 Vgl. etwa BGH v. 10.3.1983 – 4 StR 375/82, BGHSt 31, 264, 279, zur Bewirtung eines Vorstandsmitglieds einer öffentlichen Landesbank durch einen kreditsuchenden Kunden (sozialadäquat).

solchen Zuwendungen Amtsdelikte in Betracht kommen.[1] Maßgeblich dafür ist, ob der Vorteilsgeber mit dem Ziel handelt, auf die künftige Diensthandlung des Amtsträgers Einfluss zu nehmen oder seine vergangene Dienstausübung zu honorieren, wobei eine solche dienstliche Tätigkeit nach seiner Vorstellung noch nicht einmal in groben Umrissen konkretisiert sein muss. Indizien einer Unrechtsvereinbarung sind dienstliche Berührungspunkte zwischen Amtsträger und Vorteilsgeber, eine heimliche Vorgehensweise und Art, Wert und Zahl der gewährten Vorteile.[2] Die aus dieser Rechtslage resultierenden **strafrechtlichen Risiken** dürfen nicht unterschätzt werden.

Der Vorteil muss „**für die Dienstausübung**" gewährt werden. Dies verlangt, dass der Vorteil dem Empfänger im Hinblick auf die Dienstausübung des Amtsträgers zu Gute kommen soll. Erfasst werden daher auch solche Fälle, bei denen nicht nachzuweisen ist, dass der Vorteil als Gegenleistung für eine hinreichend bestimmte Diensthandlung angeboten (etc.) worden ist.[3] Dienstausübung meint die dienstliche Tätigkeit im Allgemeinen einschließlich der Vornahme von Diensthandlungen. Unerheblich, ob es tatsächlich zu der Dienstausübung (oder Diensthandlung) gekommen ist. Es reicht aus, wenn durch die Gewährung des Vorteils das allgemeine Wohlwollen und die Geneigtheit des Amtsträgers bei seiner Dienstausübung erkauft werden soll („Klimapflege" oder sog. „Anfüttern").[4]

2. Amtsträger-Begriff/Verletzung einer Dienstpflicht (§§ 332, 334 StGB)

Die Vorteilsgewährung bzw. -annahme ist bei Vorliegen der beschriebenen Voraussetzungen erfüllt. **Bestechung** und **Bestechlichkeit** verlangen darüber hinaus das Hinzutreten der Verletzung einer Dienstpflicht auf Seiten des Amtsträgers (s. oben). Die Zuwendung muss auf die **Vornahme einer Diensthandlung** gerichtet sein. Diensthandlung ist jede Handlung, die in den Kreis der Obliegenheiten gehört, die dem Amtsträger übertragen sind, und die von ihm in dienstlicher Eigenschaft vorgenommen werden.[5] Auch eine vorbereitende, unterstützende oder beratende Tätigkeit des Amtsträgers kann infolgedessen genügen. Eine Diensthandlung liegt auch dann vor, wenn ein Amtsträger ein Gremium o.Ä. bei der Frage berät, ob durch das Gremium bestimmte Verträge abgeschlossen, Aufträge erteilt oder Ankäufe getätigt werden sollen.[6] Die Diensthandlung selbst – nicht lediglich die Vorteilsannahme – muss gegen ein auf Gesetz, Dienstvorschrift oder Einzelanordnung beruhendes Gebot oder Verbot verstoßen.[7] Eine **Pflichtwidrigkeit** kommt auch dann in Betracht, wenn es um eine Diensthandlung geht, die im Ermessen des Amtsträgers steht. Es reicht aus, dass die Entscheidung in der Art ihres Zustandekommens zu beanstanden ist, weil der Amtsträger neben sachlichen auch sachfremde Erwägungen Einfluss auf seine Entscheidung nehmen lässt.

---

1 BGH v. 14.10.2008 – 1 StR 260/08, NJW 2008, 3580.
2 BGH v. 14.10.2008 – 1 StR 260/08, NJW 2008, 3580.
3 BT-Drucks. 13/8079, S. 15; OLG Stuttgart v. 28.10.2002 – 1 Ss 304/02, NJW 2003, 228.
4 BT-Drucks. 13/8079, S. 15; *Kuhlen* in NOMOS Kommentar zum StGB, § 331 StGB Rz. 76; *Rengier*, Strafrecht BT II, § 60 Rz. 31.
5 BGH v. 10.3.1985 – 4 StR 375/82, BGHSt 31, 264, 280.
6 *Krause/Vogel*, RIW 1999, 488, 490.
7 BGH v. 25.7.1960 – 2 StR 91/60, BGHSt 15, 88, 92.

77 Die Straftatbestände der §§ 331 – 334 StGB setzen die Gewährung eines Vorteils an einen „Amtsträger" voraus. Wer Amtsträger ist, wird durch das Gesetz in § 11 Abs. 1 Nr. 2 StGB definiert. Bei **Mitarbeitern einer Behörde** ist regelmäßig davon auszugehen, dass es sich um Amtsträger i.S. des § 11 StGB handelt. „**Sonstige Stellen**" sind Institutionen, die keine Behörden, rechtlich aber befugt sind, bei der Ausführung von Gesetzen und Erfüllung öffentlicher Aufgaben mitzuwirken, namentlich **Körperschaften und Anstalten des öffentlichen Rechts**, organisatorisch ausgrenzbare **Teile von Behörden** und zur Erfüllung öffentlicher Aufgaben berufene Vereinigungen, Ausschüsse oder Beiräte.[1]

78 Auch **privat-rechtlich organisierte, aber staatlich gesteuerte Unternehmen** kommen in Frage.[2] Eine Aufgabe verliert durch die Wahl einer privat-rechtlichen Organisationsform nicht ihren Charakter als Verwaltungsaufgabe. Organisiert sich die Verwaltung selbst privat-rechtlich, indem sie Verwaltungsaufgaben mittels einer hierzu geschaffenen Organisation des Privatrechts bewältigt, privatisiert sie nicht die Aufgabe selbst, sondern deren Bewältigung.[3] Als juristische Personen des Privatrechts organisierte Einrichtungen und Unternehmen der öffentlichen Hand sind als „sonstige Stellen" den Behörden gleichzustellen, wenn bei ihnen Merkmale vorliegen, „die eine **Gleichstellung rechtfertigen**". Dies ist insbesondere dann der Fall, wenn sie bei ihrer Tätigkeit öffentliche Aufgaben wahrnehmen und dabei derart staatlicher bzw. hier kommunaler Steuerung unterliegen, dass sie bei einer Gesamtbewertung der sie kennzeichnenden Merkmale als „**verlängerter Arm**" des Staates erscheinen.[4] Die Deutsche Bahn AG ist keine „sonstige Stelle", da eine Gesamtbewertung dieser öffentlich-rechtlichen und gesellschaftsrechtlichen Einflussmöglichkeiten nicht zu dem Ergebnis führt, dass die Deutsche Bahn AG derartig staatlicher Steuerung unterliegt.[5] Ist an der Gesellschaft ein Privater beteiligt, liegt eine staatliche Steuerung nicht vor, wenn der Gesellschaftsvertrag dem Privaten aufgrund der Höhe seiner Beteiligung eine Sperrminorität bei wesentlichen unternehmerischen Entscheidungen einräumt.[6] Im Übrigen hat sich eine reichhaltige Kasuistik entwickelt:[7] Amtsträger kann der freiberufliche Bauingenieur sein, wenn er aufgrund eines Rahmenvertrages sämtliche Bauangelegenheiten eines städtischen Krankenhauses zu betreuen hat;[8] keine Amtsträger sind demgegenüber die Bediensteten der Flughafengesellschaft

---

1 BT-Drucks. 7/550, S. 209.
2 BGH v. 19.12.1997 – 2 StR 521/97, BGHSt 43, 370: Deutsche Gesellschaft für Technische Zusammenarbeit – GTZ; BGH v. 12.7.2001 – 4 StR 550/00, NJW 2001, 3062: Treuhand Liegenschaftsgesellschaft mbH – TLG; BGH v. 14.11.2003 – 2 StR 164/03, NJW 2004, 693: Fernwärmeversorgung; OLG Karlsruhe v. 26.10.1982 – 3 Ws 149/82, NJW 1983, 352: Kreiskrankenhaus; KG v. 30.4.2008 – 1 Ss 223, 73/05, NJW 2008, 2132: öffentliche Verkehrsbetriebe.
3 BGH v. 19.12.1997 – 2 StR 521/97, BGHSt 43, 370.
4 BGH v. 19.12.1997 – 2 StR 521/97, BGHSt 43, 370, 377; BGH v. 3.3.1999 – 2 StR 437/98, BGHSt 45, 16, 19; BGH v. 15.3.2001 – 5 StR 454/00, BGHSt 46, 310, 312 f.; BGH v. 16.7.2004 – 2 StR 486/03, NJW 2004, 3129; BGH v. 11.5.2006 – 3 StR 389/05, NStZ 2006, 628.
5 BGH v. 16.7.2004 – 2 StR 486/03, NJW 2004, 3129.
6 BGH v. 2.12.2005 – 5 StR 119/05, BGHSt 50, 299, 306.
7 Vgl. Satzger in Satzger/Schmitt/Widmaier, § 11 StGB Rz. 23 ff. m.N.
8 BGH v. 29.1.1998 – 1 StR 64/97, StV 1998, 368 f.; BGH v. 14.11.2003 – 2 StR 164/03, NJW 2004, 693: öffentlich beherrschte Versorgungsgesellschaft.

Frankfurt/Main – FAG.[1] Nicht erfasst sind auch Angehörige von Handwerksbetrieben, die für eine Behörde arbeiten.[2] Umstritten ist gegenwärtig, ob Kassenärzte als Amtsträger anzusehen sind.[3]

Bei **Auslandssachverhalten** ist für den Bereich des IntBestG vom Amtsträgerbegriff des Art. 1 Abs. 4 des **OECD-Übereinkommens** auszugehen. Nach Art. 1 Abs. 4 Buchst. a des OECD-Übereinkommens ist der Begriff des Amtsträgers zu definieren als „eine Person, die in einem anderen Staat durch Ernennung oder Wahl ein Amt im Bereich der ... Verwaltung ... innehat".[4]

3. Genehmigung durch „zuständige Behörde"

Für die **Vermeidung strafrechtlicher Risiken** ist von erheblicher praktischer Bedeutung, dass eine Strafbarkeit bei Vorteilsgewährung bzw. -annahme (nicht aber bei Bestechung und Bestechlichkeit) dann nicht eintritt, wenn die zuständige Behörde im Rahmen ihrer Befugnisse entweder die Annahme des Vorteils durch den Empfänger **vorher genehmigt** hat oder sie auf unverzügliche Anzeige des Empfängers genehmigt. Viele Unternehmen sind daher zwischenzeitlich dazu übergegangen, beispielsweise bei der Einladung von Amtsträgern zu Veranstaltungen von diesen eine Vorlage der Genehmigung bei der Veranstaltung zu verlangen. Die **Zuständigkeit** für die Erteilung der Genehmigung richtet sich im Einzelfall nach den jeweiligen Vorgaben innerhalb der Behördenorganisation. Wer vorgesetzte Dienstbehörde i.S. der §§ 331 Abs. 3, 333 Abs. 3 StGB ist, lässt sich nicht verallgemeinernd bestimmen. Je größer eine Behörde ist, umso weiter kann die Zuständigkeit von der Verwaltungsspitze des Hauses entfernt sein, ggf. existiert ein gesondert Beauftragter.[5]

II. § 299 StGB (Bestechlichkeit und Bestechung im geschäftlichen Verkehr)

Gem. § 299 StGB ist auch die Vorteilsgewährung an Angestellte oder Beauftragte privatwirtschaftlicher Betriebe und Unternehmen in bestimmten Fällen strafbar. § 299 StGB schützt vorrangig das Allgemeininteresse an einem freien, lauteren Wettbewerb. Die o.a. Darstellung zum Vorteils-Begriff §§ 331 ff. StGB gilt sinngemäß für § 299 StGB.

Täter der Bestechlichkeit nach § 299 Abs. 1 StGB können nur **Angestellte** oder **Beauftragte** eines geschäftlichen Betriebes sein.[6] Dazu zählen z.B. auch am Wirtschaftsleben teilnehmende öffentliche Unternehmen oder staatliche Beschaf-

---

1 BGH v. 3.3.1999 – 2 StR 437/98, BGHSt 45, 16, 19f.
2 *Leipold* in Greeve/Leipold, Baustrafrecht, § 18 Rz. 21.
3 Näher *Neupert*, NJW 2006, 2811; *Klötzer*, NStZ 2008, 12.
4 BGH v. 29.8.2008 – 2 StR 587/07, NJW 2009, 95, 99; *Schuster/Rübenstahl*, wistra 2008, 201, 203.
5 Regelungen in verschiedenen Kommunen zeigen, dass sich ein höchst unterschiedliches Bild bietet. Während in Köln die Zuständigkeit relativ hoch angesiedelt wird (Dienststellenleiter), liegt sie beispielsweise in Göttingen bei den Dezernatsleitern.
6 Vgl. *Lackner/Kühl*, § 299 StGB Rz. 2; *Wessels/Hillenkamp*, Strafrecht BT 2, Rz. 702.

fungsstellen. Eine Gewinnerzielungsabsicht ist nicht erforderlich, so dass auch gemeinnützige, kulturelle oder soziale Einrichtungen sowie öffentliche Unternehmungen in Betracht kommen.

83 Gegenüber den Amtsdelikten der §§ 331 ff. StGB ist § 299 StGB insofern enger, als er nur die Gewährung eines Vorteils zum **Zweck der unlauteren Bevorzugung bei der Entscheidung über den Bezug von Waren oder gewerblichen Leistungen** erfasst. Der Vorteil muss für eine (noch vorzunehmende) Bevorzugung gegenüber mindestens einem Mitbewerber gewährt werden.[1] Damit unterfällt beispielsweise die Bestechung eines Bankmitarbeiters (nach bisherigem Recht noch) nicht dem Tatbestand, wenn damit eine Kreditgewährung ohne Bonitätsprüfung erkauft werden soll.[2] Ebenfalls nicht von dem Tatbestand erfasst ist die Gewährung eines Vorteils, nachdem der Vorteilsgeber bereits gegenüber seinen Mitbewerbern bevorzugt wurde. Ferner unterfällt die Vorteilsgewährung zur allgemeinen „Klimapflege" nicht dem § 299 StGB.[3]

84 § 299 StGB besitzt keinen die Strafbarkeit beseitigenden Genehmigungstatbestand wie § 331 Abs. 3 bzw. § 333 Abs. 3 StGB. Nach vorherrschender Ansicht ist der **Betriebsinhaber** selbst **kein tauglicher Zuwendungsadressat** i.S. des § 299 Abs. 2 StGB; Gleiches gilt für einem Betriebsinhaber gleichstehende Personen (z.B. der GmbH-Geschäftsführer).[4] Daher scheidet eine Strafbarkeit nach § 299 StGB auch aus, wenn der Geschäftsherr der Annahme des Vorteils zustimmt. Denn es begründet keinen Unterschied, ob der Geschäftsherr den Vorteil selbst oder ob ein Angestellter diesen mit seiner Zustimmung annimmt.[5] Hinzuweisen ist indes darauf, dass eine dies bestätigende Rechtsprechung bislang nicht vorliegt.

85 Eine weitere Beschränkung enthält § 299 StGB über das Merkmal der Bevorzugung „in unlauterer Weise". Unlauter ist die Bevorzugung, wenn sie geeignet ist, Mitbewerber durch Umgehung der offengelegten Regeln des Wettbewerbs und der Konkurrenz zu schädigen. Über dieses Merkmal werden insbesondere anerkannte wirtschaftliche Entscheidungskriterien wie Nachlässe und Rabatte aus dem Tatbestand ausgeschieden. Rabattzuwendungen bei Abnahme einer bestimmten Produktmenge oder dergleichen, die dem Unternehmen selbst zufließen, sind hiernach zulässig.

III. Kick-Back-Konstellationen (Bestechung/Untreue)

86 Bestechungszahlungen im öffentlichen und privaten Bereich werden vielfach durch „Preiserhöhungen" zum Nachteil der öffentlichen Hand bzw. des Ge-

---

1 BGH v. 9.10.1990 – 1 StR 538/89, NJW 1991, 367, 370; BGH v. 18.6.2003 – 5 StR 489/02, wistra 2003, 385, 386; *Fischer*, § 299 StGB Rz. 10c.
2 *Dannecker* in NOMOS Kommentar zum StGB, § 299 StGB Rz. 55; *Tiedemann* in Leipziger Kommentar, § 299 StGB Rz. 35.
3 *Rönnau* in Achenbach/Ransiek, Handbuch Wirtschaftsstrafrecht, III 2 Rz. 27; *Dannecker* in NOMOS Kommentar zum StGB, § 266 StGB Rz. 47.
4 *Rosenau* in Satzger/Schmitt/Widmaier, § 299 StGB Rz. 10; *Rönnau*, StV 2009, 304.
5 *Rönnau* in Achenbach/Ransiek, Handbuch Wirtschaftsstrafrecht, III 2 Rz. 26.

schäftsherrn „refinanziert". Dies geschieht, in dem der Vertrags- oder Zuschlagspreis von den Beteiligten manipulativ erhöht wird mit der Folge, dass der Geschäftsherr die Vorteilsgewährung über seine Vertragsleistung finanziert. In solchen Fällen liegt neben den Bestechungsdelikten regelmäßig auch eine Untreuestrafbarkeit (§ 266 StGB) vor, selbst wenn das geschilderte Vorgehen so nicht beweisbar ist. Die Rechtsprechung geht hierbei von der Vermutung eines Nachteilseintritts beim Geschäftsherrn aus. Kommt es durch Schmiergeldzahlungen an den Treupflichtigen zur Ausschaltung des Wettbewerbs, liegt es nahe, dass Preise vereinbart werden, die unter Wettbewerbsbedingungen nicht erzielbar wären. In diesem Fall ist die Vermutung eines Vermögensnachteils in Höhe sachfremder oder unter Wettbewerbsbedingungen nicht ohne weiteres durchsetzbarer Rechnungsposten gerechtfertigt.[1]

IV. Auslandssachverhalte bei Einschaltung von Agenten und Provisionszahlungen

Wie dargelegt, stellt das geltende deutsche Korruptionsstrafrecht auch die Bestechung im Ausland und die Beteiligung hieran umfassend unter Strafe. In der Praxis bedeutsam sind insoweit insbesondere von Unternehmen mit **ausländischen Beratern** getroffene Verträge geworden. Fehlt es bei solchen Verträgen an einer eingehenden Leistungsdokumentation, gehen die Ermittlungsbehörden vielfach davon aus, dass das Beratungsverhältnis der Zahlung bzw. Weiterleitung von Schmiergeldern diente.[2]

87

Die umfänglichen Ermittlungsverfahren betreffend Siemens und MAN hatten solche Sachverhalte zum Gegenstand und haben die betroffenen Unternehmen in Abstimmung mit den jeweils zuständigen Staatsanwaltschaften zu umfänglichen **unternehmens-internen Sachverhaltsaufklärungen** veranlasst. Die Durchführung dieser Untersuchungen ist nicht lediglich auf die Notwendigkeit nach den US-amerikanischen Regelungen zur Börsenaufsicht zurückzuführen gewesen (Listing der Siemens AG in den USA). Vielmehr kommt dem Beitrag eines Unternehmens zur Sachverhaltsaufklärung bei der **Bemessung** einer **Unternehmensgeldbuße** (§ 30 OWiG) erhebliche Bedeutung zu. Die durch derartige interne Ermittlungsbemühungen aufgeworfenen **Rechtsfragen** (beispielsweise die Frage einer Auskunftspflicht der Mitarbeiter gegenüber dem Unternehmen und die strafrechtliche Verwertbarkeit so gewonnener Angaben) sind bislang **weitgehend ungeklärt**.[3]

88

Zu beachten ist in derartigen Fällen, dass zwar innerhalb nationaler Rechtsräume und innerhalb der Europäischen Union das Doppelbestrafungsverbot gilt (§ 54 des Schengener Durchführungsübereinkommens), nicht aber im Verhältnis zu vielen anderen Staaten. Selbst mit den USA existiert ein solches Abkommen nicht, weshalb entsprechende **doppelte Bestrafungen** in Betracht kommen, mögen auch ver-

89

---
1 BGH v. 11.11.2004 – 5 StR 299/03, BGHSt 49, 317, 333; BGH v. 2.12.2005 – 5 StR 119/05, NJW 2006, 926, 931; BGH v. 29.6.2006 – 5 StR 485/05, NJW 2006, 2864.
2 Vgl. auch BGH v. 29.8.2008 – 2 StR 587/07, NStZ 2009, 95 – Siemens.
3 *Wessing* in FS Arbeitsgemeinschaft Strafrecht des Deutschen Anwaltvereins, S. 907.

hängte Sanktionen gegenseitig auf eine weitere Sanktion in derselben Sache angerechnet werden.[1]

F. Bilanzdelikte/Unrichtige Unternehmensabschlüsse und unrichtige Berichte

90 Zwar mag die kriminalpolitische Bedeutung der Bilanzdelikte insgesamt gering sein.[2] Angesichts zahlreicher großer Unternehmensinsolvenzen und der Entwicklungen am Neuen Markt sind die Strafnormen der Bilanzdelikte verstärkt ins Blickfeld getreten; Ermittlungsverfahren wegen unrichtiger Unternehmensabschlüsse haben erheblich zugenommen.[3] Die Strafnormen dienen dem Schutz der Zuverlässigkeit und Richtigkeit der publizierten Informationen primär im Hinblick auf das Informationsinteresse des Gesellschafters, darüber hinaus aber auch im Interesse der Kontrollorgane der Gesellschaft, der Arbeitnehmer und der Gläubiger der Gesellschaft.

I. Unrichtige Darstellung (§ 331 HGB)

91 Die **Zentralnorm des Bilanzstrafrechts** ist § 331 Nr. 1–3 HGB. Sie gilt auch für OHG und KG, wenn keine natürliche Person als persönlich haftender Gesellschafter vorhanden ist. Von Bedeutung sind darüber hinaus die Spezialnormen der § 400 AktG (näher noch unten), der allerdings neben § 331 HGB nicht zur Anwendung gelangt, **§ 82 GmbHG** sowie **§ 147 Abs. 2 GenG** für die Genossenschaft.[4] Für publizitätspflichtige Unternehmen gilt überdies **§ 17 Nr. 1–3 PublizitätsG**. Falsche Angaben gegenüber Prüfern stellt **§ 331 Nr. 4 HGB** unter Strafe. Das **Unterlassen der Bilanzierung** ist nur unter den Voraussetzungen des **§§ 283 Abs. 1 Nr. 7 lit. b, 283b Abs. 1 Nr. 3 lit. b StGB** in Krise und Insolvenz strafbar (näher unten Rz. 149 ff.). § 331 Nr. 1 HGB ist **Schutzgesetz i.S. des § 823 Abs. 2 StGB**.[5]

92 Die Bilanzdelikte gelten ausschließlich für **gesetzliche Pflichtaufgaben**, nicht für freiwillige oder nicht periodengerechte Abschlüsse. Bei letzteren kann indes die Verwendung unrichtiger Abschlüsse bzw. deren Vorlage bei Banken, Subventionsgebern oder Gläubigern strafrechtlich relevant sein (z.B. **Kreditbetrug, Subventionsbetrug, Betrug** u.a.m.).

---

1 Zum Ganzen ausführlich: *Hart-Hönig* in FS Arbeitsgemeinschaft Strafrecht des deutschen Anwaltvereins, S. 530.
2 *Ransiek* in Achenbach/Ransiek, Handbuch Wirtschaftsstrafrecht, VIII 1 Rz. 19.
3 Eingehend *Knierim* in Volk (Hrsg.), Verteidigung in Wirtschafts- und Steuerstrafsachen, 2006, S. 1423 ff.
4 Für die tatbestandlichen Voraussetzungen dieser Vorschriften gelten die nachfolgenden Ausführungen entsprechend.
5 *Mülbert/Steup*, WM 2005, 1633, 1645; *Quedenfeld* in MünchKomm. HGB, § 331 HGB Rz. 2. Zu beachten ist, dass die Unrichtigkeit der Darstellung zur Begründung des Schadensersatzanspruches nicht ausreicht. Hinzutreten muss der Nachweis eines Schadens und einer kausalen Verknüpfung zwischen der Unrichtigkeit und dem Schadenseintritt, der den Nachweis erfordert, dass der Anleger seine Anlageentscheidung im Vertrauen auf die Richtigkeit gerade der betreffenden Angaben gestützt hat. Das ist in der Praxis vielfach schwer zu belegen.

Täter des § 331 HGB können nur **Vorstandsmitglieder, Geschäftsführer** oder **Aufsichtsräte** sein, ferner auch **faktische Organe** (vgl. Rz. 14 ff.). Ob freiwillig bestellte Aufsichtsorgane (z.b. Beiräte) Täter sein können, richtet sich danach, ob es zu ihren satzungsmäßigen Aufgaben gehört, an der Abschlussfeststellung mitzuwirken.[1] § 331 HGB verlangt ein **vorsätzliches Verhalten**. Dies setzt die Kenntnis der Unrichtigkeit des bilanzierungspflichtigen Sachverhaltes voraus, wozu bedingter Vorsatz ausreicht, also das **Erkennen der unrichtigen oder verschleiernden Darstellung** der wirtschaftlichen Verhältnisse der Gesellschaft.

93

Bei der Feststellung des Vorsatzes kann die – vielfach praktizierte – Arbeitsteilung bei mehrköpfigen Geschäftsleitungen erhebliche Bedeutung gewinnen. Geschäftsleitungsmitglieder dürfen sich grundsätzlich auf den zuständigen **Ressortleiter**, dieser sich auf sorgfältig ausgewählte und regelmäßig kontrollierte Abteilungsmitarbeiter verlassen (vgl. Rz. 13). Entsprechendes gilt bei der Beauftragung externer Spezialisten.[2] Die Strafbarkeit beginnt erst mit der **Aufstellung des Abschlusses**. Vollendet ist die Tat mit Zugang des Abschlusses bei einem der handelsrechtlich vorgesehenen Adressaten. Erfolgt vor diesem Zeitpunkt eine **Berichtigung**, so entfällt die Strafbarkeit. Vorläufige Abschlüsse begründen eine Strafbarkeit nicht, es sei denn, sie haben willentlich den Kreis des Vorstandes bzw. der Geschäftsführung verlassen.[3]

94

Strafbar ist die unrichtige oder verschleiernde Darstellung in **Eröffnungsbilanz, Jahresabschluss** oder **Lagebericht** (§ 331 Nr. 1 HGB), **Konzernabschluss, Konzernlagebericht** und **Konzernzwischenabschluss** (§ 331 Nr. 2 HGB) sowie die Offenlegung eines unrichtigen oder verschleiernden Konzernabschlusses des Mutterunternehmens (§ 331 Nr. 3 HGB). Auch unrichtige **Angaben im Anhang** (§§ 264, 284 ff. HGB) sind erfasst. Unrichtig sind die Verhältnisse dargestellt, wenn der Abschluss Erklärungen enthält, die **mit der wirklichen Sachlage nicht übereinstimmen**, wozu es auch gehört, wenn durch Verschweigen bestimmter Umstände ein falsches Bild entsteht,[4] oder wenn ein Verstoß gegen den Grundsatz der Bilanzwahrheit und -vollständigkeit vorliegt (§§ 243 Abs. 2, 246 Abs. 1 HGB).

95

Das ist insbesondere dann der Fall, wenn die Bilanzierungsvorschriften der §§ 252 ff. HGB unter Berücksichtigung der abweichenden Bewertungsvorschriften der §§ 279 ff. HGB, insbesondere die Grundsätze ordnungsgemäßer Buchführung (§ 264 Abs. 1 HGB) nicht eingehalten worden sind. Insoweit besteht eine **Akzessorietät zum zivilrechtlichen Bilanzrecht**. Ein objektiv unrichtiger Jahresabschluss liegt **nicht** vor, wenn die **Bilanzierungs-, Bewertungs- und Berichtsvorschriften eingehalten** wurden, d.h. auch die Ausnutzung zahlreicher oder aller Ermessensspielräume des Bilanzrechts führt nicht zur Strafbarkeit.[5] Daraus folgt

96

---

1 *Knierim* in Volk (Hrsg.), Verteidigung in Wirtschafts- und Steuerstrafsachen, 2006, S. 1434 m.N.
2 BGH v. 22.11.2005 – 1 StR 571/04, NStZ 2006, 221.
3 RGSt 5, 146; RGSt 21, 172; RGSt 49, 319; *Quedenfeld* in MünchKomm. HGB, § 331 HGB Rz. 40.
4 *Ransiek* in Achenbach/Ransiek, Handbuch Wirtschaftsstrafrecht, VIII 1 Rz. 19, S. 595.
5 *Knierim* in Volk (Hrsg.), Verteidigung in Wirtschafts- und Steuerstrafsachen, 2006, S. 1437.

insbesondere, dass zulässige Maßnahmen der sog. Bilanzkosmetik nicht strafbar sind. Bewertungsfehler müssen eindeutig und unzweifelhaft sein.[1] Strafbar ist auch die zu **ungünstige Darstellung** der Verhältnisse. Ergebnisneutrale Falschdarstellungen können straflos sein, ebenso die verschleiernde Darstellung einer von allen Gesellschaftern mitgetragenen verdeckten Gewinnausschüttung.[2]

97 Beispiele für strafbare Falschdarstellungen sind etwa die **unterlassene Angabe von Schadensersatzansprüchen gegen Vorstandsmitglieder**, die **überhöhte Angabe von Außenständen**, die unrichtige Schätzung von Außenständen, die **falsche Bewertung** von Vermögensgegenständen, die Darstellung von der Gesellschaft nicht gehörenden Vermögensgegenständen als solche der Gesellschaft, die **Darstellung aufgelöster stiller Reserven als laufende Einnahmen**, das **Verschweigen von Passiva** in der Bilanz bzw. das **Unterlassen der Bildung gebotener Rückstellungen**.

98 Neben der unrichtigen Darstellung ist auch die **verschleiernde Darstellung** verboten. Erfasst sind hier nicht die Verstöße gegen die inhaltliche Richtigkeit, sondern gegen die formale Richtigkeit im Sinne der **Übersichtlichkeit** (vgl. § 243 Abs. 2 HGB).[3] Diese Unklarheit ist am Maßstab des bilanzkundigen Lesers zu messen (vgl. § 238 Abs. 1 Satz 2 HGB).[4] In der Praxis wird sich eine trennscharfe Abgrenzung kaum bewerkstelligen lassen, die aber auch nicht notwendig ist, da das Gesetz beide Alternativen unter Strafe stellt.[5]

99 Im Hinblick auf die Weite des Begriffs „Verhältnisse" wird in § 331 HGB als strafbarkeitsbeschränkendes Korrektiv hineingelesen, dass die **Abweichung** der Darstellung von den tatsächlichen Verhältnissen **„wesentlich"** sein muss, um den Straftatbestand zu erfüllen. Denn Sinn und Zweck der Bilanzdelikte ist nicht, jedwede Unrichtigkeit der Bilanz zu unterbinden. Wie indes das Kriterium der Wesentlichkeit im Einzelnen zu bestimmen ist, ist bislang nicht abschließend geklärt. Maßstab soll der Bilanzposten sein, der unrichtig ist, und sein Verhältnis zu dem gesamten Bilanzposten. Bei Bewertungsfragen soll eine **Abweichung von 10 %** für die Wesentlichkeit ausreichen.[6]

II. Strafbarer Bilanzeid (§ 331 Nr. 3a HGB)

100 Trotz der geringen kriminalpolitischen Bedeutung hat sich der Gesetzgeber nach den jüngsten Bilanzskandalen – bspw. Flow-Tex oder Comroad – und aufgrund europäischer Vorgaben gezwungen gesehen, das Vertrauen der Anleger in die Glaubwürdigkeit der Kapitalmarktinformationen durch einen neuen Straftatbestand zu

---

1 *Ransiek* in Achenbach/Ransiek, Handbuch Wirtschaftsstrafrecht, S. 595.
2 *Ransiek* in Achenbach/Ransiek, Handbuch Wirtschaftsstrafrecht, S. 595.
3 *Quedenfeld* in MünchKomm. HGB, § 331 HGB Rz. 49; *Ransiek* in Achenbach/Ransiek, Handbuch Wirtschaftsstrafrecht, VIII 1 Rz. 41 ff.
4 BGH v. 16.12.2004 – 1 StR 420/03, BGHSt 49, 381, 391; *Tiedemann* in Scholz, § 82 GmbHG Rz. 154.
5 *Quedenfeld* in MünchKomm. HGB, § 331 HGB Rz. 33.
6 *Knierim* in Volk (Hrsg.), Verteidigung in Wirtschafts- und Steuerstrafsachen, 2006, S. 1442 m.N.

stärken.[1] Nach amerikanischem Vorbild führte er hierzu den strafrechtlich sanktionierten **Bilanzeid**[2] gem. § 331 Nr. 3a HGB ein. Nunmehr sind alle Mitglieder des Vorstandes eines Inlandsemittenten i.S. des § 2 Abs. 7 WpHG verpflichtet, die **inhaltliche Richtigkeit der Angaben im Jahresabschluss** gem. § 264 Abs. 2 Satz 3 HGB i.V.m. § 37v Abs. 2 Nr. 3 WpHG, des Lageberichts i.S. des § 289 Abs. 1 Satz 5 HGB i.V.m. § 37v Abs. 2 Nr. 3 WpHG **nach bestem Wissen zu bestätigen**. Gleiches gilt für Konzernabschlüsse bzw. Konzernlageberichte. Strafbar ist allerdings nur die falsche Angabe, die Nichtabgabe stellt lediglich eine Ordnungswidrigkeit nach § 39 Abs. 2 Nr. 19 WpHG dar. Ob es für den Bilanzeid einen konkreten Anwendungsbereich neben den Vorschriften des § 331 Nr. 1 und 2 HGB gibt, wird angezweifelt.[3] In der Literatur wird die Einführung des strafbaren Bilanzeides als Akt der symbolischen Gesetzgebung gewertet.[4]

III. Unrichtige oder verschleiernde Wiedergabe der Verhältnisse einer AG (§ 400 Abs. 1 Nr. 1 AktG)

§ 400 Abs. 1 Nr. 1 AktG stellt die unrichtige Wiedergabe oder verschleiernde Darstellung der Verhältnisse der AG (bzw. der KGaA, § 408 AktG) einschließlich der Beziehungen zu verbundenen Unternehmen in **Darstellungen** oder **Übersichten** über den Vermögensstand bzw. in **Vorträgen** oder **Auskünften in der Hauptversammlung** durch Vorstände, Aufsichtsräte oder Abwickler unter Strafe. § 400 Abs. 1 Nr. 1 AktG ist **Schutzgesetz i.S. des § 823 Abs. 2 BGB**.[5] Unter § 400 Abs. 1 Nr. 1 AktG fallen nicht sämtliche politischen oder sozialen **Verhältnisse der Gesellschaft**, sondern nur solche, die **für die Geschäftslage der Gesellschaft von Bedeutung** sind. Tatbestandsmäßig sind mündliche oder schriftliche Berichte jeder Art, die einen Überblick über die Verhältnisse der Gesellschaft insgesamt geben sollen.[6] Hierzu gehören auch Quartalsberichte über Umsätze und Erträge, wenn sie ein Gesamtbild über die wirtschaftliche Lage der Gesellschaft ermöglichen und den Eindruck der Vollständigkeit erwecken.[7] Ein **Vortrag in der Hauptversammlung** ist jede als ernsthafte Stellungnahme zu verstehende Äußerung in der Hauptversammlung. Nach jüngerer Rechtsprechung fallen auch **börsenrechtliche Zwischenabschlüsse** unter § 400 AktG.[8]

101

---

1 Vgl. ausführlich *Altenhain*, WM 2008, 1141; *Hahn*, IRZ 2007, 375.
2 Eine beispielshafte Formulierung findet sich in Deutscher Rechnungslegungs Standard Nr. 16.
3 *Fleischer*, ZIP 2007, 97, 105.
4 *Abendroth*, WM 2008, 1147, 1151; vgl. aber auch *Ziemann*, wistra 2007, 292, 294.
5 Vgl. die Entscheidungen zu Infomatec und EM. TV BGH v. 19.7.2004 – II ZR 402/02, WM 2004, 1721; BGH v. 19.7.2004 – II ZR 217/03, WM 2004, 1726; BGH v. 19.7.2004 – II ZR 218/03, WM 2004, 1731; BGH v. 17.9.2001 – II ZR 178/99, AG 2002, 43; OLG Frankfurt v. 11.10.2005 – 20 W 149/04, AG 2006, 162, 166.
6 BVerfG v. 27.4.2006 – 2 BvR 131/05, BKR 2007, 38; BGH v. 29.9.1981 – 1 StR 112/81, wistra 1982, 33; OLG München v. 1.10.2002 – 30 U 855/01, ZIP 2002, 1989, 1994.
7 BGH v. 16.12.2004 – 1 StR 420/03, BGHSt 49, 381 – EM-TV.
8 BVerfG v. 27.4.2006 – 2 BvR 131/05, AG 2006, 539f.; BGH v. 9.5.2005 – II ZR 287/02, AG 2005, 609.

IV. Straftaten bei Verwendung unrichtiger Abschlüsse, Darstellungen oder Übersichten (Betrug, Subventions- und Kreditbetrug)

102 Werden unrichtige Abschlüsse, Darstellungen oder Übersichten im Geschäftsverkehr verwendet, beispielsweise durch Vorlage bei Finanzinstituten oder staatlichen Stellen zum Nachweis der wirtschaftlichen Lage der Gesellschaft, so sind regelmäßig weitere Straftatbestände verwirklicht.

103 Ein **Betrug** (§ 263 StGB) liegt bei einer solchen Verwendung vor, wenn ein Vertragspartner (z.B. ein Finanzinstitut) durch die unrichtige Bilanz über die wirtschaftliche Lage getäuscht wird und auf der Grundlage seines Irrtums eine Vermögensdisposition vornimmt (z.B. einen Kredit gewährt oder prolongiert), die bei ihm einen wirtschaftlichen Schaden auslöst. Indes bestehen in der Praxis vielfach Schwierigkeiten, die Ursächlichkeit der betreffenden Darstellung für die Entscheidung des Getäuschten bzw. den Eintritt eines Schadens im Einzelnen nachzuweisen. Derartige Nachweisschwierigkeiten bestehen nicht beim **Subventionsbetrug** (§ 264 StGB) und beim **Kreditbetrug** (§ 265b StGB). Denn bei diesen führt bereits die **Vorlage unrichtiger Unterlagen** beim Subventionsgeber bzw. Finanzinstitut zur **Strafbarkeit**. Auf einen Täuschungserfolg oder den Eintritt eines Schadens kommt es nicht an. Beim Subventionsbetrug besteht eine Strafbarkeit selbst dann, wenn die Unrichtigkeit der Unterlage zunächst von deren Verwender unerkannt geblieben ist, er die Unrichtigkeit jedoch später erkennt und die gebotene Korrektur gegenüber dem Subventionsgeber unterlässt.[1] Diese strafbewehrte Korrekturpflicht wird in der Praxis vielfach übersehen.

G. Strafrechtliche Risiken am organisierten Kapitalmarkt

104 Die strafrechtlichen Risiken am **organisierten Kapitalmarkt** (§ 2 Abs. 5 WpHG) waren lange Zeit überschaubar, was nicht zuletzt auf ein Desinteresse der öffentlichen Meinung an den Abläufen auf dem Kapitalmarkt zurückzuführen sein dürfte. Dies hat sich in den letzten Jahren grundlegend geändert.[2] Der europäische und der nationale Gesetzgeber haben mit diversen Gesetzen den Kapitalmarkt einer **schärferen Regulierung** unterworfen und so der gestiegenen Bedeutung des Kapitalmarktes – auch für breite Bevölkerungsschichten etwa im Bereich der privaten Altersvorsorge[3] – Rechnung getragen. Spätestens seit dem Anlegerschutzverbesserungsgesetzes im Jahre 2004 lässt sich zudem feststellen, dass die **BaFin**

---

1 *Hellmann* in NOMOS-Kommentar zum StGB, § 264 StGB Rz. 103. Beim Kreditbetrug besteht eine derartige Korrekturpflicht nicht in demselben Umfang, weil der Wortlaut des § 265b Abs. 1 Nr. 2 StGB nicht einschlägig ist und im Rahmen des Betruges (§ 263 StGB) eine Garantenstellung des Kreditnehmers gegenüber dem Kreditgeber regelmäßig nicht bestehen soll (*Hellmann* in NOMOS Kommentar zum StGB, § 265b StGB Rz. 53; *Fischer*, § 263 StGB Rz. 26) Etwas anderes kann indes bei langjährigen Geschäftsbeziehungen oder eindeutigen vertraglichen Regelungen gelten (BGH bei *Holtz* MDR 1980, OLG Stuttgart v. 21.11.1977 – 3 Ss 624/77, JR 1978, 388, 389).
2 Eingehend *Park*, NStZ 2007, 369 ff.; *Weber*, NJW 2004, 3674.
3 *Schröder*, Handbuch Kapitalmarktstrafrecht, Rz. 109, 373.

nicht nur ihre **Aufsichtspflichten intensiv** wahrnimmt, sondern sich zunehmend – und in teilweise rechtsstaatlich bedenklicher Weise[1] – in die von den Staatsanwaltschaften geführten Ermittlungsverfahren einbringt. Es bestehen umfängliche Melde- (§ 9 WpHG) sowie Verdachtsanzeigepflichten, u.a. für Kreditinstitute (§ 10 WpHG). Ferner besitzt die BaFin gegenüber jedermann weitreichende Auskunftsrechte (§ 4 Abs. 3 WpHG).[2]

Im Vordergrund der sanktionsrechtlichen Risiken für Geschäftsleiter stehen die Straf- und Bußgeldvorschriften der §§ 38 und 39 WpHG. Dagegen treten der Kapitalanlagebetrug gem. § 264a StGB, das Verleiten zu Börsenspekulationsgeschäften gem. § 23 BörsG und die Sanktionsvorschriften des KWG in den Hintergrund. Die Strafvorschriften des WpHG sind wegen der zahlreichen Blankettvorschriften und wegen ihrer europarechtlichen Bezüge eine komplexe Spezialmaterie. 105

I. Verbotene Insidergeschäfte (§§ 12–14, 38 WpHG)

§ 14 WpHG verbietet jedem, der Kenntnis von einer Insiderinformation hat, sowohl den Erwerb oder Verkauf von Insiderpapieren für eigene oder fremde Rechnung (§ 14 Abs. 1 Nr. 1 WpHG), die unbefugte Mitteilung oder Zugänglichmachung der Insiderinformation an Dritte (§ 14 Abs. 1 Nr. 2 WpHG) wie auch die Empfehlung zum Erwerb oder Verkauf von Insiderpapieren (§ 14 Abs. 1 Nr. 3 WpHG). Die Strafvorschrift des § 38 Abs. 1 WpHG nimmt auf § 14 Abs. 1 WpHG Bezug. Strafbar macht sich gem. **§ 38 Abs. 1 Nr. 1 WpHG**, wer unter Verstoß gegen § 14 Abs. 1 Nr. 1 WpHG ein **Insiderpapier erwirbt oder veräußert**. § 38 Abs. 1 Nr. 2 WpHG enthält darüber hinaus Strafvorschriften für sog. **Primärinsider**. Bei diesen handelt es sich insbesondere um die **Mitglieder des Geschäftsführungs- oder Aufsichtsorgans** und den **persönlich haftenden Gesellschafter** des Emittenten oder eines mit dem Emittenten verbundenen Unternehmens. Wer in dieser Eigenschaft über eine Insiderinformation verfügt, macht sich gem. **§ 38 Abs. 1 Nr. 2 WpHG** strafbar, wenn er unter Verstoß gegen § 14 Abs. 1 Nr. 2 WpHG eine **Insiderinformation mitteilt oder zugänglich macht** oder unter Verstoß gegen § 14 Abs. 1 Nr. 3 WpHG den **Erwerb oder die Veräußerung eines Insiderpapiers empfiehlt** oder auf sonstige Weise dazu verleitet. Die Strafbarkeit verlangt jeweils ein **vorsätzliches Verhalten**, bei der Veräußerung bzw. dem Erwerb eines Insiderpapiers reicht **leichtfertiges Handeln** für die Strafbarkeit aus (§ 38 Abs. 4 WpHG). Auch der **Versuch** ist strafbar (§ 38 Abs. 3 WpHG). 106

1. Insiderinformationen

Der Begriff **Insiderinformation** wird in § 13 WpHG definiert als eine konkrete Information über nicht öffentlich bekannte Umstände, die sich auf einen oder mehrere Emittenten von Insiderpapieren oder auf die Insiderpapiere selbst beziehen und die geeignet sind, im Falle ihres öffentlichen Bekanntwerdens den Börsen- 107

---

1 Ausführlich *Feigen* in FS Arbeitsgemeinschaft Strafrecht des Deutschen Anwaltvereins, S. 466.
2 Vgl. hierzu VGH Kassel v. 19.5.2009 – 6 A 2672/08, WM 2009, 2004 mit Anm. *Schantz*, WM 2009, 2112; *Szesny*, Finanzmarktaufsicht und Strafprozess, S. 45 ff.

oder Marktpreis erheblich zu beeinflussen. Das Beeinflussungspotential der Insiderinformation ist erheblich, wenn ein verständiger Anleger die Information bei seiner Anlageentscheidung berücksichtigen würde (vgl. § 13 Abs. 1 Satz 2 WpHG). Konkrete Schwellenwerte lehnt die Rechtsprechung für die Bestimmung der Erheblichkeit ab, entscheidend soll allein der Einzelfall sein.[1] Maßstab ist ein börsenkundiger und mit den Marktverhältnissen vertrauter Anleger.[2] Auf eine spätere tatsächliche Beeinflussung des Marktpreises durch Bekanntwerden der Information kommt es dagegen nicht an.[3] Hierin kann jedoch ein gewichtiges Beweisanzeichen liegen.[4]

108 Der Begriff der Information ist weit gefasst.[5] Darunter fallen alle **inneren und äußeren Tatsachen** sowie überprüfbaren[6] **Werturteile, Einschätzungen, Absichten,**[7] **Prognosen** und **Gerüchte**.[8] Auch **eigene Absichten** sollen von § 13 WpHG erfasst sein.[9] Gleichwohl ist beispielsweise ein Investor durch das Insiderrecht nicht an seinem Plan gehindert, die Aktien einer Zielgesellschaft nach und nach aufzukaufen. Zwar stellt seine Übernahmeentscheidung auch für ihn eine Insiderinformation dar, jedoch fehlt es an der Ursächlichkeit der Insiderinformation für den späteren Anteilserwerb. Ungeachtet dessen kommt der Investor durch die Ausführung seines eigenen Entschlusses ohnehin nicht in den Genuss eines unlauteren Sondervorteils.

109 Bei **mehrstufigen Entscheidungsprozessen** kann in der Phase der Anbahnung der Entscheidung bereits eine Insiderinformation in einem Stadium vorliegen, in der die **Entscheidung noch unsicher** ist. So stellt beispielsweise der Beschluss des Vorstandes, die Dividende zu verdoppeln oder von einer solchen abzusehen, bereits eine Insiderinformation dar, obgleich hierzu noch die Zustimmung des Aufsichtsrates und der Hauptversammlung einzuholen ist.[10] Auch das Wissen um ei-

---

1 BGH v. 27.1.2010 – 5 StR 224/09, ZIP 2010, 426 – Freenet.
2 OLG Düsseldorf v. 6.7.2004 – 5 Ss 2/04, 13/04, wistra 2004, 436; *Assmann* in Assmann/Uwe H. Schneider, § 13 WpHG Rz. 58 ff.; *Schröder*, Handbuch Kapitalmarktstrafrecht, Rz. 182 f.
3 EuGH v. 23.12.2009 – C 45/08 – Spector Photo Group NV, Chris Van Raemdonck gegen Commissie voor het Bank-, Financie- en Assurantiewezen (CBFA), ZBB 2010, 35 mit Anm. *Gehrmann*, ZBB 2010, 48.
4 BGH v. 27.1.2010 – 5 StR 224/09, ZIP 2010, 426 – Freenet.
5 *BaFin*, Emittentenleitfaden 2009, S. 30.
6 *Assmann* in Assmann/Uwe H. Schneider, § 13 WpHG Rz. 13; *Mennicke* in Fuchs, § 13 WpHG Rz. 39 ff.
7 BGH v. 6.11.2003 – 1 StR 24/03, NZG 2004, 91; OLG Frankfurt v. 12.12.2009 – 2 Ss-Owi 514/08, NJW 2009, 1520.
8 HessVGH v. 16.3.1998 – 8 TZ 98/98, AG 1998, 436 ff.
9 EuGH v. 10.5.2007 – Rs. C-391/04 – Georgakis, NZG 2007, 749; zustimmend *Assmann* in Assmann/Uwe H. Schneider, § 13 WpHG Rz. 10.
10 Beispiel nach *Schröder*, Handbuch Kapitalmarktstrafrecht, Rz. 134; ebenso: EuGH v. 10.5.2007 – Rs. C-391/04, Tz. 33 f., NZG 2007, 749; *Bachmann*, ZHR 172 (2008), 598, 605; vgl. aber BGH v. 25.2.2008 – II ZB 9/07, ZIP 2008, 639; ferner OLG Frankfurt v. 12.2.2009 – 2 Ss-OWi 514/08, wistra 2009, 414 (maßgeblich sei, ob die interne Willensbildung sich zu einer konkreten Tatsache verdichtet hat und das Ergebnis dieses Willensbildungsprozesses gegenüber einem Entscheidungsträger des Unternehmens als konkrete Tatsache objektiv nach außen zu tage tritt – zur Publizitätspflicht).

nen mit hinreichender Wahrscheinlichkeit **in der Zukunft eintretenden Umstand** kann eine Insidertatsache gem. § 13 Abs. 1 Satz 2 WpHG darstellen. Eine hinreichende Wahrscheinlichkeit soll bei einer mehr als 50%igen Eintrittswahrscheinlichkeit vorliegen.[1] Maßgeblich sind stets die besonderen Umstände des Einzelfalls. So soll es bei einer beabsichtigten Unternehmensübernahme darauf ankommen, ab wann deren Zustandekommen wahrscheinlicher ist als ihr Scheitern.[2] Wer als Geschäftsleiter Aktien verkauft, obwohl er weiß, dass eine Gewinnwarnung bevorsteht, verstößt gegen das Handelsverbot[3] ebenso wie derjenige, der Aktien erwirbt, obgleich er weiß, dass die Veröffentlichung unerwartet positiver Unternehmenszahlen alsbald erfolgen wird.

Eine Insiderinformation ist dann **nicht** mehr gegeben, wenn die Information der **Öffentlichkeit bekannt** ist. Die Öffentlichkeit ist als sog. Bereichsöffentlichkeit zu verstehen, weshalb ausreichend ist, wenn die regelmäßigen Marktteilnehmer die Möglichkeit haben, von der Information Kenntnis zu nehmen.[4] Auf tatsächliche Kenntnis kommt es nicht an. Eine Mitteilung an die Medien soll eine Bereichsöffentlichkeit noch nicht unmittelbar herstellen.[5]   110

2. Insiderhandel

Nach dem Wortlaut des Art. 2 Abs. 1 der Marktmissbrauchsrichtlinie und § 38 Abs. 1 Nr. 1 WpHG verstößt gegen das **Insiderhandelsverbot**, wer als Insider unter Nutzung bzw. Verwendung der Kenntnis von einer Insiderinformation auf eigene oder fremde Rechnung Insiderpapiere erwirbt oder veräußert. Ein **Erwerb** oder eine **Veräußerung** liegt nach richtlinienkonformer Auslegung bereits im Zeitpunkt des **(bindenden) schuldrechtlichen Verpflichtungsgeschäfts** vor.[6] Entscheidend ist somit der Zeitpunkt der Orderausführung. Ob der Insider zu irgendeinem Zeitpunkt tatsächlich Eigentümer der Wertpapiere wird, ist unerheblich.   111

Der Insider muss die Information verwenden. Das Merkmal „**verwenden**" ersetzt das nach früherer Rechtslage notwendige „ausnutzen"[7], welches zu erheblichen Schwierigkeiten in der Gesetzesanwendung geführt hatte.[8] Nach früherer Rechtslage war nicht lediglich eine Beziehung zwischen der Kenntnis von einer Insiderinformation und dem Handel mit einem Insiderpapier erforderlich, sondern darüber hinaus die Absicht des Täters, einen Sondervorteil zu erzielen. Den Strafver-   112

---

1 BGH v. 25.2.2008 – II ZB 9/07, ZIP 2008, 639.
2 OLG Düsseldorf v. 6.7.2004 – III 5 Ss 2/04 – 13/04 I, 5 Ss 2/04 – 13/04 I, wistra 2004, 436.
3 LG Augsburg v. 27.11.2003 – 3 Kls 502 Js 12736/99, NStZ 2005, 110.
4 *Assmann* in Assmann/Uwe H. Schneider, § 13 WpHG Rz. 34 ff.; *Schröder*, Kapitalmarktstrafrecht, Rz. 173 ff.
5 *Sethe*, ZBB 2006, 243, 252 f.; wohl anders: Sven H. *Schneider*, NZG 2005, 702.
6 OLG Karlsruhe v. 4.2.2004 – 3 Ws 195/03, NJW-RR 2004, 984, 986; *BaFin*, Emittentenleitfaden 2009, S. 36; *Assmann* in Assmann/Uwe H. Schneider, § 14 WpHG Rz. 12. Auch die Einführung der Versuchsstrafbarkeit ändert hieran nichts, vgl. *Gehrmann*, Das versuchte Insiderdelikt, S. 114; a.A. *Schäfer* in Schäfer/Hamann, Kapitalmarktgesetze, § 14 WpHG Rz. 12.
7 So noch die sog. Insiderrichtlinie 89/592/EWG.
8 *Sethe* in Assmann/Schütze, Handbuch des Kapitalanlagerechts, 2007, § 12 Rz. 75 m.w.N. S. nun aber BGH v. 27.1.2010 – 5 StR 224/09, ZIP 2010, 426.

folgungsbehörden ist dieser Nachweis in der Praxis nur selten gelungen, weshalb die Aufnahme der Motivation des Insiders in den Tatbestand als hinderlich angesehen wurde und durch das die Marktmissbrauchsrichtlinie umsetzende Anlegerschutzverbesserungsgesetz entfallen ist.[1] Es reicht nunmehr aus, dass der Insider die **Information** genutzt hat, diese also **mitursächlich** für die Kaufentscheidung geworden ist.[2]

113 In einer viel beachteten Entscheidung hat der **EuGH** jüngst die Auslegung des in der Marktmissbrauchsrichtlinie normierten Insiderhandelsverbots von dem Wortlaut gelöst und eine **Beweisvermutung** verankert, nach der die Kenntnis von einer Insiderinformation und der Erwerb oder Verkauf von Insiderpapieren eine Nutzung der Insiderinformation „impliziere".[3] Der Betroffene könne sich aber gegen diese Vermutung verteidigen. Die Auswirkungen dieser Entscheidung auf die deutsche Rechtslage sind noch nicht abzusehen. Die Beweisvermutung ist mit dem Wortlaut des § 38 Abs. 1 WpHG unvereinbar und nicht mit dem Schuldprinzip in Einklang zu bringen.[4] Abzuwarten bleibt jedoch, ob und ggf. wie der Gesetzgeber das Urteil in deutsches Recht umsetzt.

114 Nach ganz überwiegender Auffassung findet das **Insiderhandelsverbot** dort **keine Anwendung**, wo alle beteiligten Parteien über den gleichen Wissensstand verfügen – also etwa beim **Paketerwerb** in sog. **Face-to-Face-Geschäften**.[5] Die Möglichkeit der Erzielung eines Sondervorteils aufgrund eines Wissensvorsprungs ist hier nicht eröffnet, die Chancengleichheit der Anleger bleibt gewahrt. Der potenzielle Erwerber erhält durch eine ggf. durchgeführte due-diligence-Prüfung erst die Sonderkenntnisse des Verkäufers. Ein Insiderhandel kommt aber dann in Betracht, wenn der Investor den Anteilserwerb börslich oder außerbörslich erhöht (sog. **alongside purchases**).[6] Ebenfalls findet das Insiderhandelsverbot **keine Anwendung**, wenn das **Geschäft bereits vor Kenntnis der Insiderinformation bindend geschlossen** wurde und die Ausführung des Geschäfts zeitlich nachgelagert ist. So liegt kein Insiderhandel vor, wenn der Insider seine **Bezugsrechte aus einer Kapitalerhöhung** in Kenntnis der Insiderinformation ausübt und junge Aktien bezieht. Der Insider darf also bereits begründete Ansprüche ausschöpfen.[7] **Rückkaufprogramme** und **Kursstabilisierungsmaßnahmen** sind an dem insiderrechtlichen Maßstab zu messen, sofern sie nicht der Ausnahmevorschrift des § 14 Abs. 2 WpHG genügen.[8] Für **Aktienoptionsprogramme** gilt jedenfalls im Grundsatz, dass diese insiderrechtlich unbedenklich sind, wenn der Mitarbeiter bei sei-

---

1 Begr. RegE AnSVG, BT-Drucks. 15/3174, S. 34; vgl. aber auch BGH v. 27.1.2010 – 5 StR 224/09, ZIP 2010, 426 – Freenet.
2 *Schröder*, Handbuch Kapitalmarktstrafrecht, Rz. 198; *Assmann* in Assmann/Uwe H. Schneider, § 14 WpHG Rz. 26 f.
3 EuGH v. 23.12.2009 – C 45/08 – Spector Photo Group NV, Chris Van Raemdonck gegen Commissie voor het Bank-, Financieen Assurantiewezen (CBFA), ZBB 2010, 35.
4 Vgl. *Gehrmann*, ZBB 2010, 48 ff.; *Opitz*, BKR 2010, 71 ff.
5 *Schröder*, Handbuch Kapitalmarktstrafrecht, Rz. 42; *Assmann* in Assmann/Uwe H. Schneider, § 14 WpHG Rz. 42.
6 *Mennicke* in Fuchs, § 14 WpHG Rz. 78.
7 Art. 2 Abs. 3 der Richtlinie 2003/6/EG; *BaFin*, Emittentenleitfaden 2009, S. 36; *Schröder*, Handbuch Kapitalmarktstrafrecht, Rz. 200 f.
8 *Mennicke* in Fuchs, § 14 WpHG Rz. 115 ff.

ner Entscheidung zur Teilnahme über keine Informationen verfügte und die Aktien oder Optionen später automatisch in sein Depot eingebucht werden.[1]

Die Möglichkeiten der **BaFin** zur **Überwachung** und **Feststellung auffälligen Handelsverhaltens** sind **erheblich**. Besonders intensiv werden die Handelsaktivitäten des Marktes geprüft und analysiert, die zeitlich kurz vor der Veröffentlichung von Unternehmenskennzahlen und Ad-hoc-Mitteilungen stattgefunden haben. Hierbei festgestellte Auffälligkeiten können durch die BaFin bis zum einzelnen Anleger zurückgeführt werden und bilden vielfach den Ausgangspunkt von Ermittlungsverfahren wegen Insiderhandels. 115

II. Unbefugte Weitergabe von Insiderinformationen und Empfehlung eines Insiderpapiers

§ 38 Abs. 1 Nr. 2 WpHG stellt für Primärinsider, zu denen die Geschäftsleiter eines Emittenten gehören (s. oben) auch die unbefugte Weitergabe einer Insiderinformation und die Empfehlung eines Insiderpapiers unter Strafe. Praktische Relevanz hat vor dem Hintergrund der allfälligen innerbetrieblichen Kommunikation in börsennotierten Unternehmen insbesondere das **Weitergabeverbot**.[2] Nach § 14 Abs. 1 Nr. 2 WpHG ist es dem Insider verboten, eine Insiderinformation einem Dritten mitzuteilen oder zugänglich zu machen, sofern keine **Befugnis zur Weitergabe** besteht. 116

Der EuGH hat in seiner *Grøngaard und Bang*-Entscheidung eine **restriktive Auslegung** dieser Befugnis vorgenommen.[3] Eine befugte Weitergabe liegt nicht schon dann vor, wenn die Information im Wege der normalen Arbeitsabläufe weitergegeben wird, die Weitergabe muss nach Ansicht des EuGH vielmehr **unerlässlich** sein. Diese Entscheidung hat zu starker Verunsicherung und zu erheblichen Reorganisationen der Betriebsstrukturen geführt.[4] Eine Weitergabe ist jedenfalls dann **befugt**, wenn sie aufgrund **gesetzlicher Mitteilungs- und Informationspflichten** geschieht.[5] Bestehen solche Pflichten nicht, so ist im Einzelfall zwischen den Zielen des Insiderrechts und den Interessen des Weitergebenden abzuwägen, ob eine Weitergabe tatsächlich notwendig ist.[6] Je größer die potenzielle Kursrelevanz der Information ist, umso strenger sind die an die Zulässigkeit der Weitergabe zu stellenden Anforderungen.[7] Besonders strenge Maßstäbe gelten etwa dann, wenn sich die Insiderinformation auf die **Fusion zweier börsennotier-** 117

---

1 *BaFin*, Emittentenleitfaden 2009, S. 37; *Schröder*, Kapitalmarktstrafrecht, Rz. 202; ausführlich: *Assmann* in Assmann/Uwe H. Schneider, § 14 WpHG Rz. 29 ff.
2 Näher *Schröder*, GmbHR 2007, 907, 908 ff.; *Sven H. Schneider*, NZG 2005, 702; *Hasselbach*, NZG 2004, 1087.
3 EuGH v. 22.11.2005 – C-384/02 – Grøngaard und Bang, Slg. 2005, I-9939; hierzu ausführlich: *Sethe*, ZBB 2006, 243.
4 *Assmann* in Assmann/Uwe H. Schneider, § 14 WpHG Rz. 74.
5 *Schröder*, Handbuch Kapitalmarktstrafrecht, Rz. 290 ff.
6 *Assmann* in Assmann/Uwe H. Schneider, § 14 WpHG Rz. 73 f.; *Schröder*, Handbuch Kapitalmarktstrafrecht, Rz. 292 ff.; *Hilgendorf* in Park, Kapitalmarktstrafrecht, Kap. 3 Rz. 158.
7 EuGH v. 22.11.2005 – C-384/02 – Grøngaard und Bang, Slg. 2005, I-9939.

ter Gesellschaften** bezieht.[1] Ob die Weitergabe innerhalb des Unternehmens oder an einen unternehmensexternen Dritten in Rede steht, soll demgegenüber von untergeordneter Bedeutung sein.[2] Ebenfalls nicht entscheidend ist, ob der Empfänger seinerseits zur Geheimhaltung verpflichtet ist.[3] Zur Vermeidung einer Ad-hoc-Publizitätspflicht nach § 15 Abs. 1 Satz 3 WpHG empfiehlt es sich gleichwohl, die Weitergabe durch den Abschluss eines *confidentiality agreements* abzusichern.[4] Eine Weitergabe im privaten Umfeld ist ebenso unzulässig wie im Umgang mit Medien.

III. Verhinderung von Insiderverstößen im Unternehmen

118 Gesetzliche Regelungen zur **Verhinderung von Insiderverstößen** im Unternehmen enthalten neben den skizzierten Strafvorschriften die §§ 15a, 15b und § 33 WpHG. Nach § 15a WpHG sind die Personen mit Führungsaufgaben bei einem Emittenten verpflichtet, eigene Geschäfte mit Aktien oder solche eng verbundener Dritter dem Emittenten und der BaFin zu melden. Nach § 15b WpHG müssen in einem anderen Unternehmen als einem Wertpapierdienstleistungsunternehmen **Insiderverzeichnisse** aktuell geführt und die dort verzeichneten Personen über die Insiderverbote aufgeklärt werden. Wertpapierdienstleistungsunternehmen sind den strengen gesetzlichen Pflichten des § 33 WpHG unterworfen. Dort werden die Unternehmen allgemein zu der **Einrichtung einer Compliance-Struktur** verpflichtet (Nr. 1) und haben konkret in Bezug auf die Insiderverbote die Betriebsorganisation so einzurichten, dass Interessenskonflikte nicht auftreten (Nr. 3). Nicht geklärt ist bislang, ob und in welchem Maß Unternehmen darüber hinaus Organisationspflichten zur Verhinderung von Insiderverstößen treffen, die über § 130 OWiG bußrechtlich durchgesetzt werden können.[5]

IV. Strafbare Marktmanipulation gem. §§ 20a, 38 WpHG

119 Anders als bei den verbotenen Insidergeschäften kann jedermann sich einer Marktmanipulation gem. § 20a WpHG strafbar machen. Schutzzweck des Verbotes ist die **Zuverlässigkeit und Wahrheit der Preisbildung an Börsen und Märkten**.[6] Der Mechanismus der Preisbildung kann nach Vorstellung des Gesetzgebers auf drei Wegen angegriffen werden: durch Verbreiten falscher Informationen, durch irreführendes Handelsverhalten und auf „sonstigem" Wege. Daraus resultieren die drei Verbotstatbestände in § 20a Abs. 1 WpHG. Strafbar sind Verstöße gegen diese Verbotstatbestände gem. § 38 Abs. 2 WpHG dann, wenn es dadurch zu einer **Einwirkung auf den Marktpreis** des Finanzinstruments als Manipulationserfolg gekommen ist. Der BGH hat bereits entschieden, dass an den **Nachweis**

---

1 EuGH v. 22.11.2005 – C-384/02 – Grøngaard und Bang, Slg. 2005, I-9939.
2 *Mennicke* in Fuchs, § 14 WpHG Rz. 210.
3 *BaFin*, Emittentenleitfaden 2009, S. 41; *Assmann* in Assmann/Uwe H. Schneider, § 14 WpHG Rz. 75; *Sethe*, ZBB 2006, 243, 250.
4 *Mennicke* in Fuchs, § 14 WpHG Rz. 214.
5 *Assmann* in Assmann/Uwe H. Schneider, § 14 WpHG Rz. 90; *Mennicke* in Fuchs, § 14 WpHG Rz. 248 ff.
6 *Vogel* in Assmann/Uwe H. Schneider, § 20a WpHG Rz. 26 ff. m.w.N.

der Beeinflussung **keine übermäßigen Anforderungen** zu stellen sind.[1] Kommt es nicht zu einer Einwirkung auf den Marktpreis, war aber das Verhalten gleichwohl geeignet eine solche herbeizuführen, so liegt eine Ordnungswidrigkeit gem. § 39 Abs. 1 oder 2 WpHG vor. Strafbar ist nur **vorsätzliches Verhalten**, welches sich auch auf die Einwirkung auf den Marktpreis beziehen muss. Ausreichend ist das billigende Inkaufnehmen einer Marktmanipulation, einer Schädigungs- oder Bereicherungsabsicht bedarf es nicht.[2]

1. Informationsgestützte Manipulationen (§ 20a Abs. 1 Nr. 1 WpHG)

Der klassische Fall der Marktmanipulation ist die sog. **informationsgestützte Manipulation**.[3] Durch die **Verbreitung falscher oder irreführender Umstände** wird auf den Markt eingewirkt. Verboten sind falsche oder irreführende Angaben über bewertungserhebliche Umstände über einen Emittenten. Ebenso ist verboten, Umstände zu verschweigen, hinsichtlich derer Offenbarungspflichten gegenüber dem Kapitalmarkt bestehen. Notwendig ist, dass die falschen (bzw. unterlassenen richtigen) Angaben geeignet sind, auf den Markt- oder Börsenpreis eines Finanzinstrumentes einzuwirken. § 38 Abs. 2 WpHG beinhaltet in den Grenzen seiner Anwendbarkeit die **strafrechtliche Absicherung der Ad-hoc-Publizitätspflicht**.[4]

120

Unrichtige Angaben stimmen nicht mit den objektiven Gegebenheiten überein, während irreführende Angaben zwar inhaltlich richtig sind, jedoch aufgrund ihrer Darstellung bei dem Empfänger einen unrichtigen Eindruck hinterlassen. Die Unwahrheit muss aber nach der Verkehrsanschauung durch schlüssiges Verhalten „miterklärt" werden.[5] Regelmäßig wird dies dadurch geschehen, dass nur richtige Teilangaben gemacht werden, die durch das Weglassen weiterer Angaben einen falschen Eindruck erwecken.[6]

121

Bewertungserhebliche Umstände sind insbesondere **Insiderinformationen** und **ad-hoc-pflichtige Umstände** (vgl. § 2 MaKonV). Erfasst sind, wie bei der Insiderinformation, auch **zukünftige Umstände**, allerdings greift das Verbot des § 20a Abs. 1 Nr. 1 WpHG bereits früher, weil kein erhebliches Beeinflussungspotential vorliegen muss. Bewertungserhebliche Umstände sind des Weiteren gem. § 2 Abs. 3 MaKonV bedeutende **Kooperationen**, der Erwerb oder die Veräußerung von **wesentlichen Beteiligungen** sowie der Abschluss, die Änderung oder die Kündigung von **Beherrschungs- und Gewinnabführungsverträgen** und sonstigen **bedeutenden Vertragsverhältnissen**, **Liquiditätsprobleme**, **Überschuldung** oder **Verlustanzeige nach § 92 AktG**, bedeutende **Erfindungen**, die Erteilung oder der Verlust bedeutender **Patente** und Gewährung wichtiger **Lizenzen**, **Rechtsstreitigkeiten** und **Kartellverfahren** von besonderer Bedeutung, Veränderungen in **personellen Schlüsselpositionen** des Unternehmens, strategische Unternehmens-

122

---

1 BGH v. 6.11.2003 – 1 StR 24/03, BGHSt 48, 374, 384.
2 *Vogel* in Assmann/Uwe H. Schneider, Vor § 20a WpHG Rz. 214 ff.
3 *Vogel* in Assmann/Uwe H. Schneider, Vor § 20a WpHG Rz. 33 f.
4 Vgl. *Hellgardt*, ZIP 2001, 2000 ff.
5 *BaFin*, Emittentenleitfaden 2009, S. 108.
6 *Assmann* in Assmann/Uwe H. Schneider, § 20a WpHG Rz. 61 f.

entscheidungen, insbesondere der Rückzug aus oder die Aufnahme von neuen **Kerngeschäftsfeldern** oder die **Neuausrichtung** des Geschäfts.

123 Eine **Marktmanipulation durch Unterlassen** begeht, wer entgegen bestehender Veröffentlichungspflicht die Mitteilung unterlässt.[1] Erhebliche Risikopotentiale bestehen insoweit durch die Neuregelung der Ad-hoc-Publizitätspflicht. Der Emittent hat gem. § 15 Abs. 3 WpHG selbst zu entscheiden, ob eine **Ausnahme** von der Pflicht zur Veröffentlichung einer ad-hoc-Mitteilung vorliegt, um eigene berechtigte Interessen zu schützen. Nimmt der Emittent diese Ausnahme jedoch zu Unrecht in Anspruch – etwa weil die BaFin bei einer nachträglichen Überprüfung zu einer abweichenden Interessengewichtung gelangt – so kommt eine Strafbarkeit wegen Marktmanipulation in Betracht.[2] Es empfiehlt sich daher, die Beweggründe für die Entscheidung, von der Veröffentlichung einer ad-hoc-Mitteilung abzusehen, eingehend zu dokumentieren.[3]

2. Irreführendes Marktverhalten gem. § 20a Abs. 1 Nr. 2 WpHG

124 Strafbar ist auch die sog. **handelsgestützte Manipulation**. Verboten ist die aktive Teilnahme am Handelsgeschehen auf dem Kapitalmarkt, wenn hierdurch falsche oder irreführende Signale an die übrigen Marktteilnehmer gesendet werden. Ein **irreführendes Marktverhalten** liegt vor, wenn Geschäfte bzw. Kauf- oder Verkaufsaufträge vorgenommen werden, die geeignet sind, falsche oder irreführende Signale für das Angebot, die Nachfrage oder den Börsen- oder Marktpreis von Finanzinstrumenten zu geben oder ein künstliches Preisniveau herbeizuführen (§ 3 MaKonV). Wegen der Weite dieser Definition hat der Gesetzgeber in § 20a Abs. 2 WpHG solche Geschäfte aus der **Strafbarkeit ausgenommen**, die zwar irreführende Signale aussenden, aber mit der **gängigen Marktpraxis vereinbar** sind und für die der Handelnde legitime Gründe vorweisen kann. Eine Konkretisierung erfolgt in §§ 7–10 MaKonV.

125 In § 3 Abs. 1 MaKonV sind **Anzeichen** aufgeführt, die für falsche oder irreführende Signale oder für die Herbeiführung eines künstlichen Preisniveaus sprechen; beispielsweise Geschäfte, die einen **bedeutenden Teil des Tagesvolumens** des Finanzinstruments ausmachen oder durch Personen herbeigeführte Preisänderungen eines Finanzinstruments, in das diese Personen selbst erheblich investiert sind sowie solche Geschäfte, bei denen es zu **keinem Wechsel des wirtschaftlichen Eigentümers** des Finanzinstrumentes kommt. Solche Geschäfte können beispielsweise dann vorliegen, wenn es zu **Umschichtungen von Beteiligungen innerhalb eines Konzerns über die Börse** kommt.

126 § 3 Abs. 2 MaKonV enthält drei **unwiderlegbare Vermutungen** für ein irreführendes Signal, z.B. Geschäfte, die zu im Wesentlichen gleichen Stückzahlen und Preisen von verschiedenen Parteien, die sich abgesprochen haben, erteilt werden.

---

1 *Hellgardt*, ZIP 2001, 2000, 2002 ff.
2 Vgl. *Assmann* in Assmann/Uwe H. Schneider, § 15 WpHG Rz. 159.
3 *Knauth/Käsler*, WM 2006, 1041, 1043.

3. Sonstige Täuschungen gem. § 20a Abs. 1 Nr. 3 WpHG

Sonstige Täuschungshandlungen liegen nach Maßgabe des **§ 4 Abs. 1 MaKonV** vor, wenn Handlungen oder Unterlassungen geeignet sind, einen verständigen Anleger[1] über die wahren wirtschaftlichen Verhältnisse – insbesondere Angebot und Nachfrage eines Finanzinstruments – in die Irre zu führen und den Börsen- und Marktpreis eines Finanzinstruments hoch- oder herunterzutreiben oder beizubehalten. Dieser Auffangtatbestand begegnet im Hinblick auf das Bestimmtheitsgebot des Art. 103 Abs. 2 GG Bedenken.[2] Anzeichen für eine solche sonstige Täuschungshandlung hat der Gesetzgeber beispielhaft und nicht abschließend in § 4 Abs. 2 MaKonV normiert. Aufgeführt sind etwa Geschäfte, bei denen die **Vertragspartner vorab oder im Nachhinein unrichtige Informationen weitergeben oder unrichtige Finanzanalysen** erstellen bzw. weitergeben. Neben diesen Anzeichen hat der Gesetzgeber in § 4 Abs. 3 MaKonV als Täuschungshandlung beispielhaft die Sicherung einer **marktbeherrschenden Stellung** mit der Folge **nicht marktgerechter Handelsbedingungen** angeführt. 127

V. Ordnungswidrigkeiten

Das WpHG enthält in § 39 eine nahezu unüberschaubare Anzahl von Bußgeldtatbeständen, die Verstöße gegen die Ordnungspflichten der Emittenten, Wertpapierdienstleistungsunternehmen und sonstigen Akteure am Kapitalmarkt sanktionieren. Strafrechtliches Unrecht liegt hier nicht vor, obgleich die Höhe der Sanktionen faktisch der Geldstrafe entspricht.[3] Erfasst werden neben Insiderverstößen von Sekundärinsidern und erfolglosen Marktmanipulationen insbesondere Verstöße gegen Pflichten bei der Analyse von Finanzinstrumenten, gegen Verschwiegenheitspflichten, gegen Mitteilungspflichten, gegen Veröffentlichungspflichten, gegen die Pflicht zur Führung von Insiderverzeichnissen, gegen Aufzeichnungs- und Aufbewahrungspflichten etc. 128

H. Strafrechtliche Risiken bei eingetretener und drohender Insolvenz

Die **erhebliche praktische Bedeutung der Insolvenzdelikte** und die **hohe Anzahl** auf sie bezogener **Strafverfahren** erklären sich einerseits aus der hohen Zahl von **Strafanzeigen** geschädigter Gläubiger, die über ihr Recht auf Akteneinsicht im Strafverfahren (**§ 406e StPO**) vielfach versuchen, aus den Ermittlungsakten tatsächliche Anhaltspunkte zur Begründung von Schadensersatzklagen (**§ 823 Abs. 2 BGB; § 64 GmbHG**) zu gewinnen. Andererseits folgt die große Zahl von Strafverfahren aus den **Mitteilungspflichten in Zivilsachen**, die die Insolvenzgerichte verpflichten, die Staatsanwaltschaften von eingeleiteten Insolvenzver- 129

---

1 Vgl. § 13 Abs. 1 Satz 2 WpHG.
2 Vgl. *Vogel* in Assmann/Uwe H. Schneider, § 20a WpHG Rz. 206 ff.; *Schröder*, Handbuch Kapitalmarktstrafrecht, Rz. 543 ff.
3 *Vogel* in Assmann/Uwe H. Schneider, § 39 WpHG Rz. 2.

fahren zu unterrichten.[1] Typischerweise gehen mit einer Insolvenzverschleppung weitere Straftaten einher, namentlich Bankrottdelikte, Lieferantenbetrugstaten, die Nichtabführung von Arbeitsentgelt u.a.m.

130 Neben den strafrechtlichen Konsequenzen sind Verurteilungen wegen Insolvenzdelikten deshalb für Geschäftsleiter von gravierender Konsequenz, weil jede Verurteilung wegen Insolvenzverschleppung oder Bankrottdelikten für die Dauer von fünf Jahren die Unfähigkeit begründet, Geschäftsführer oder Vorstand einer juristischen Person zu sein (**Inhabilität**, näher unten Rz. 165). Dies gilt für zahlreiche Verurteilung unabhängig von deren Gewicht, so dass beispielsweise schon eine Verurteilung zu einer geringen Geldstrafe wegen einer (lediglich) verspäteten Bilanzerstellung in der Krise diese weitreichenden Konsequenzen auslöst.

I. Insolvenzverschleppung

131 Gem. § 15a Abs. 1 InsO sind die Organmitglieder einer juristischen Person mit dem Eintritt von Zahlungsunfähigkeit oder Überschuldung verpflichtet, ohne schuldhaftes Zögern, spätestens aber nach drei Wochen einen Insolvenzantrag zu stellen. Die Organmitglieder machen sich strafbar, wenn sie einen gebotenen **Insolvenzantrag nicht, nicht richtig**[2] **oder nicht rechtzeitig** stellen (§ 15a Abs. 4 InsO). Der Straftatbestand soll die ordnungsgemäße Abwicklung in der Insolvenz sichern und dient dem Schutz der Gläubiger, aber auch der Arbeitnehmer.

132 Sind **mehrere Organmitglieder** bestellt, so ist **jedes von ihnen** unabhängig von seiner Ressortverantwortung zur Antragstellung berechtigt (§ 15 Abs. 1 InsO), aber auch verpflichtet und infolgedessen dem Risiko einer strafrechtlichen Haftung ausgesetzt.[3] Entsprechendes gilt für faktische Organmitglieder.[4] Ist eine GmbH führungslos, so trifft die Antragspflicht die Gesellschafter, bei der führungslosen Aktiengesellschaft die Aufsichtsratsmitglieder (§ 15a Abs. 3 InsO). Das Organmitglied kann sich der Pflicht zur Antragstellung nicht dadurch entziehen, dass es nach Eintritt der Insolvenzreife, aber vor Ablauf der Antragsfrist sein Amt niederlegt[5] oder die Gesellschaft (als Gesellschafter-Geschäftsführer) bzw. die Geschäftsführung auf einen anderen überträgt. Die in der Praxis von vielen sog. „**Firmenbestattern**" angebotenen „Abwicklungsleistungen" schützen vor der bereits eingetretenen strafrechtlichen Verantwortlichkeit nicht.

133 Die rechtzeitige Antragstellung durch ein Organmitglied wirkt auch für die anderen Organmitglieder und lässt deren **Antragspflicht entfallen**. Die Antragsfrist entfällt auch dann, wenn die **Insolvenzgründe beseitigt** werden konnten. Der

---
1 Vgl. die Anordnung über Mitteilungen in Zivilsachen (MiZi) vom 20.4.1998, BAnZ Nr. 138a v. 29.7.1998, dort 3. Abschnitt XIIa: „Mitteilungen in Insolvenzverfahren".
2 Näher *Weyand*, ZInsO 2010, 359.
3 BGH v. 1.3.1993 – II ZR 81/94, II ZR 61/92, GmbHR 1994, 460, 461.
4 BGH v. 19.4.1984 – 1 StR 736/83, wistra 1984, 178; BayObLG v. 20.2.1997 – 5 StR 159/96, NJW 1997, 1936; näher zum faktischen Organ Rz. 14ff.
5 BGH v. 21.12.1951 – 2 StR 333/51, BGHSt 2, 54; BGH v. 3.10.1979 – 3 StR 264/79 (S), BGHSt 29, 100, 103.

Insolvenzantrag eines Gläubigers soll die Antragspflicht für das Organmitglied entfallen lassen, da die Anträge gleich zu behandeln sind (§ 13 Abs. 1 InsO).[1]

1. Insolvenzreife/Insolvenzgründe

Für die Voraussetzungen der **Insolvenzgründe** gelten auch im Rahmen der strafbaren Insolvenzverschleppung (§ 15a Abs. 4 InsO) die **Legaldefinitionen** von **Zahlungsunfähigkeit** (**§ 17 InsO**) und **Überschuldung** (**§ 19 InsO**)[2] des Insolvenzrechts.[3] Zur Vermeidung von Wiederholungen ist auf die Ausführungen von *Balthasar* oben in § 29 zu verweisen. Die dort ausgeführten Grundsätze gelten im Strafrecht entsprechend. 134

Eine weit reichende **Änderung** hat der **Überschuldungsbegriff** durch das **Finanzmarktstabilisierungsgesetz vom 17.10.2008** erfahren. Überschuldung liegt nach dem nunmehr geltenden § 19 Abs. 2 InsO vor, wenn das Vermögen des Schuldners die bestehenden Verbindlichkeiten nicht mehr deckt, es sei denn, die Fortführung des Unternehmens ist nach den Umständen überwiegend wahrscheinlich.[4] Die Änderung bewirkt auch eine **Einschränkung der strafrechtlichen Haftung**. Denn durch sie wird (auch) der Beginn der Strafbewehrung zeitlich erheblich nach hinten verschoben, da eine Insolvenzantragspflicht während der Dauer einer positiven Fortführungsprognose nicht besteht. Auch insoweit gelten die zivilrechtlichen Grundsätze im Strafrecht entsprechend. 135

Ungeklärt ist bislang, ob die **Neuregelung der Überschuldung** in § 19 Abs. 2 InsO als **milderes Gesetz** i.S. des **§ 2 Abs. 3 StGB** auch für sog. Altfälle gilt, die zeitlich vor dem 28.10.2008 liegen. Dies hätte zur Folge, dass eine nach dem früheren Recht ggf. gegebene Strafbarkeit in Wegfall geraten könnte. Hiergegen wird eingewandt, dass es sich infolge der Befristung der Änderung des § 19 Abs. 2 InsO um ein Zeitgesetz i.S. des § 2 Abs. 4 StGB handele, welches nur auf die während seiner Geltung begangenen Taten anwendbar sei.[5] Die gesetzliche Änderung war zunächst bis zum 31.12.2010 befristet; sie ist zwischenzeitlich bis zum 31.12.2013 verlängert worden. Die besseren Argumente sprechen für die Anwendung von § 2 Abs. 3 StGB.[6] Denn zum einen handelt es sich bei der Geltungsdauer der Änderung von über fünf Jahren um einen erheblichen Zeitraum. Zum anderen liegt fern, dass der Gesetzgeber die Verantwortlichen von zum 28.10.2008 überschuldeten Unternehmen zwar von der Pflicht zur Antragstellung befreien, sie aber für den bis dato unterlassenen Antrag strafrechtlich weiter haften lassen wollte. 136

---

1 So *Tiedemann* in Scholz, § 84 GmbHG Rz. 91 (zu § 84 GmbHG); anders aber die Rechtsprechung zur Konkursordnung BGH, GmbHR 1957, 131; OLG Dresden v. 16.4.1998 – 1 Ws 100/97, NStZ-RR 1999, 27.
2 Eingehend oben *Balthasar*, § 29 Rz. 6 ff.
3 BGH v. 28.10.2008 – 5 StR 166/08, NJW 2009, 187 m. Anm. *Wegner*, HRRS 2009, 32.
4 Zu den Anforderungen an die Fortführungsprognose im Einzelnen oben *Balthasar*, § 29 Rz. 14 ff.
5 *Grube/Röhm*, wistra 2009, 84.
6 Der BGH hat sich bislang zwar nicht ausdrücklich hierzu geäußert; er hat jedoch die Anwendung von § 2 Abs. 3 StGB durch ein Instanzgericht unbeanstandet gelassen, vgl. BGH v. 11.2.2010 – 4 StR 433/09; vgl. ferner *Schmitz*, wistra 2009, 369.

137 Bezüglich der Zahlungsunfähigkeit ist für das Strafrecht ergänzend darauf hinzuweisen, dass im Strafverfahren die **Feststellung der Zahlungsunfähigkeit** im Rahmen einer **wirtschaftskriminalistischen Betrachtungsweise** vorgenommen wird, d.h. von bestimmten **Beweisanzeichen** wird auf das Vorliegen der Zahlungsunfähigkeit geschlossen.[1] Solche Beweisanzeichen, deren gehäuftes Vorliegen auf eine Zahlungsunfähigkeit hindeuten soll, können Mahn- und Vollstreckungsbescheide, fruchtlose Pfändungen, Insolvenzanträge von Gläubigern, Steuerrückstände, Lohn- und Gehaltsrückstände, Nichtzahlen laufender Mietverpflichtungen u.a.m. sein.[2]

138 Der **Beginn der Antragsfrist** spielt in der strafgerichtlichen Praxis keine bedeutsame Rolle, weil vielfach überhaupt kein oder lediglich ein erheblich verspäteter Antrag vorliegt. Anderes gilt für die **Beratungs- und Entscheidungspraxis**. Es stellt sich nach Kenntniserlangung vom Vorliegen eines Insolvenzgrundes regelmäßig die Frage, ob zeitlich noch Raum für Sanierungsbemühungen ist oder ob sofort Insolvenzantrag gestellt werden muss. Die jüngere zivilgerichtliche Rechtsprechung geht davon aus, dass der Zeitpunkt der objektiven Erkennbarkeit bzw. des fahrlässigen Nichterkennens des Insolvenzgrundes für den Beginn der Drei-Wochen-Frist maßgeblich ist[3], wobei die Einzelheiten ungeklärt sind. Diese Bestimmung des Fristbeginns führt dazu, dass mit der Kenntniserlangung vom Vorliegen des Insolvenzgrundes unmittelbar der Insolvenzantrag zu stellen ist, da die objektive Erkennbarkeit der tatsächlichen Kenntniserlangung regelmäßig zeitlich vorausgeht. Gegen diese Bestimmung des Fristbeginns ist Kritik geäußert worden, da sie der Absicht des Gesetzgebers zuwiderläuft, durch Einräumung einer Drei-Wochen-Frist Raum für Sanierungsbemühungen zu geben. Den sich hieraus ergebenden Risiken lässt sich durch die rechtzeitige Beauftragung eines Gutachters zur Prüfung von Überschuldung bzw. Zahlungsunfähigkeit begegnen.[4] Nach allgemeinen strafrechtlichen Grundsätzen muss der Zeitpunkt des Eintritts des Insolvenzgrundes zweifelsfrei feststehen.

139 Die Drei-Wochen-Frist ist eine **Maximalfrist**, die nicht verlängert werden kann. Sie darf auch nur ausgeschöpft werden, solange Sanierungsversuche erfolgversprechend unternommen werden. Sind solche gescheitert, ist unverzüglich der Insolvenzantrag zu stellen.[5]

2. Unterlassene Antragstellung

140 Das strafbare Verhalten besteht in der **unterlassenen Antragstellung**. Für den Antrag ist keine bestimmte Form erforderlich, es reicht ein schriftlicher oder mündlicher Antrag zu Protokoll der Geschäftsstelle. Er darf nicht bedingt oder befristet

---
1 BGH v. 26.2.1987 – 1 StR 5/87, StV 1987, 343; BGH v. 20.7.1999 – 1 StR 668/98, NJW 2000, 154, 156, kritisch *Lüke*, wistra 2003, 52, 54f.
2 *Hartung*, wistra 1997 1, 11 ff. m.N.
3 BGH v. 29.11.1999 – II ZR 273/98, GmbHR 2000, 182; BGH v. 29.11.1999 – II ZR 273/98, BGHZ 143, 184, 185; so bereits BGH (Strafsachen) bei *Herlan* GA 1958, 46.
4 Vgl. näher oben *Balthasar*, § 29, Rz. 48 ff.
5 BGH v. 9.7.1979 – II ZR 118/77, BGHZ 75, 96, 111; BGH v. 30.7.2003 – 5 StR 221/03, GmbHR 2004, 122.

sein. Unterlässt es der Antragsteller, mit dem Antrag die erforderlichen weiteren Unterlagen einzureichen, ist dies ohne Bedeutung, da es sich hierbei um eine nicht strafbewehrte,[1] insolvenzrechtliche Verpflichtung handelt.[2]

3. Vorsatz/Fahrlässigkeit

Strafbar ist sowohl die **vorsätzliche** wie auch die **fahrlässige Insolvenzverschleppung** (§ 15a Abs. 4 InsO). Die Fahrlässigkeit kann sich sowohl auf die Verkennung des Vorliegens eines Insolvenzgrundes beziehen wie auch darauf, dass das Fortdauern des Insolvenzgrundes fahrlässig verkannt wird, etwa weil das Organ irrig meint, der Insolvenzgrund sei beseitigt. Irrtümer bei der Bewertung von Vermögensgegenständen im Zusammenhang mit der Überschuldungsbilanz können den Vorsatz entfallen lassen.[3]

141

II. Bankrottdelikte (§§ 283 ff. StGB)

In Insolvenznähe werden üblicherweise vielfältige Bemühungen unternommen, um die sich abzeichnende Insolvenz zu vermeiden. Die geschäftlichen Aktivitäten werden fortgesetzt in der oftmals ungewissen Hoffnung, bestehende Verpflichtungen noch erfüllen zu können. Geschäfte werden in dieser Phase auf Kosten von Gläubigern gemacht, ausgewählte Gläubiger werden andererseits bevorzugt, Vermögensgegenstände „in Sicherheit gebracht". Die in dieser Phase bestehenden strafrechtlichen Risiken werden vielfach übersehen. Sie ergeben sich in erster Linie aus den Bankrottdelikten der §§ 283 ff. StGB, die dem Schuldner im Umgang mit seinem Vermögen im Interesse der Erhaltung der Masse Grenzen ziehen.

142

1. Bankrott (§ 283 StGB)

Gem. **§ 283 Abs. 1 Ziff. 1–4 und 8** StGB macht sich strafbar, wer **über sein Vermögen** nach eingetretener Krise bestimmte **Dispositionen** unter Verstoß gegen die Anforderungen ordnungsgemäßer Wirtschaft vornimmt.[4] Hierbei handelt es sich der Sache nach um eine strafrechtliche Parallelregelung zu den für bestimmte Gesellschaftsformen gesetzlich geregelten Zahlungsverboten in der Krise, durch denen Geschäftsleitern untersagt ist, nach Eintritt von Zahlungsunfähigkeit oder Überschuldung Zahlungen vorzunehmen, die mit der Sorgfalt eines ordentlichen Kaufmannes nicht vereinbar sind (vgl. § 64 Satz 1 und 2 GmbHG, § 92 Abs. 2 AktG, §§ 130a, 177a HGB, § 99 GenG, näher dazu oben *Balthasar*, § 29, Rz. 68 ff.). Gem. **§ 283 Abs. 1 Nr. 5–7 StGB** macht sich strafbar, wer nach eingetretener Krise **Handelsbücher**, die zu führen er verpflichtet ist nicht oder nicht richtig führt oder entgegen dem Handelsrecht **Bilanzen** nicht oder nicht ordnungsgemäß aufstellt. Ein tatbestandsmäßiges Verhalten ist jedoch nur dann

143

---

1 BayObLG v. 23.3.2000 – 5 StRR 36/00, wistra 2000, 315, 316.
2 OLG Frankfurt v. 17.5.1977 – 1 Ss 189/77, GmbHR 1977, 279.
3 Vgl. auch OLG Düsseldorf v. 18.4.1997 – 22 U 226/96, NJW-RR 1998, 1256, 1258.
4 Praktische Bedeutung haben insoweit lediglich die Nrn. 1 und 2.

strafbar, wenn später eine Zahlungseinstellung oder die Eröffnung des Insolvenzverfahrens bzw. dessen Nichteröffnung mangels Masse hinzutritt (**§ 283 Abs. 6 StGB, sog. objektive Bedingung der Strafbarkeit**). Gem. § 283 Abs. 2 StGB macht sich strafbar, wer die Krise durch die genannten Handlungen **verursacht**. Die Strafbarkeit erfordert ein vorsätzliches Verhalten, unter bestimmten Voraussetzungen reicht ein fahrlässiges Handeln aus (§ 283 Abs. 5 StGB).

144 Die genannten Handlungen sind nur **in der Krise** strafbar. Eine solche liegt bei Überschuldung bzw. bei drohender oder eingetretener Zahlungsunfähigkeit vor. Für diese gelten auch im Strafrecht die **Legaldefinitionen** der §§ 17–19 InsO. Die **Krisenmerkmale** sind **zivilrechtsakzessorisch** auszulegen.[1] Zur Vermeidung von Wiederholungen ist auf die Ausführungen von *Balthasar* oben in § 29, Rz. 5ff., zu verweisen. Die dort ausgeführten Grundsätze gelten im Strafrecht entsprechend. Der zur Rechtslage vor dem Finanzmarktstabilisierungsgesetz (28.10.2008) hinsichtlich der Überschuldung vertretenen Rechtsauffassung[2], wonach im Strafrecht ein strafrechts-spezifischer Überschuldungsbegriff zu gelten habe und Fortführungswerte beim Überschuldungsstatus bereits dann anzusetzen seien, wenn das Weiterbestehen des Unternehmens nicht ganz unwahrscheinlich ist, dürfte durch die gesetzliche Neuregelung von § 19 Abs. 2 InsO wegen des entgegenstehenden gesetzlichen Wortlautes die Grundlage entzogen sein.

a) Strafbare Einwirkungen auf den Vermögensbestand

145 **Tatobjekte** der Tatbestandsalternativen, die Vermögenseinwirkungen unter Strafe stellen, können nur solche **Vermögensgegenstände** sein, die im Fall der Insolvenzeröffnung zur **Insolvenzmasse** gehören. Umfasst sind alle beweglichen und unbeweglichen Sachen, Forderungen und Rechte, sofern sie der Zwangsvollstreckung unterliegen. Hierzu gehören auch Anwartschaften, z.B. beim Eigentumsvorbehalt, wie auch das Sicherungseigentum, nicht aber solche Gegenstände, an denen einem Dritten ein Aussonderungsrecht zusteht.

146 Tathandlung ist bei **§ 283 Abs. 1 Nr. 1 StGB** das **Beiseiteschaffen von Vermögenswerten**. Hierunter ist jede räumliche oder rechtliche Veränderung zu verstehen, durch die der Vermögenswert dem Zugriff der Gläubiger entzogen wird.[3] In Betracht kommt eine Vielzahl von Verhaltensweisen, z.B. das Übertragen von Guthaben auf Privatkonten oder auf Konten selbständiger Gesellschaften[4], die Belastung von Grundstücken oder die Einräumung von Pfandrechten an Sachen oder Forderungen. Jedoch sind solche Vermögensabflüsse nur dann strafbar, wenn sie **gegen die Anforderungen ordnungsgemäßer Wirtschaft verstoßen. Nicht verboten** sind Handlungen, die aus der **Perspektive ex ante wirtschaftlich sinnvoll** sind oder zu denen der Schuldner rechtlich gehalten ist. Nicht strafbar sind daher insbesondere **Austauschgeschäfte**, bei denen sich Leistung und Gegenleistung gleichwertig gegenüberstehen und infolge dessen eine **vollständige Kompensa-**

---

1 So auch i.E. BGH v. 22.2.2001 – 4 StR 421/00, NJW 2001, 1874, 1875.
2 *Achenbach* in Gedächtnisschrift Schlüchter, S. 269; *Lackner/Kühl*, § 283 StGB Rz. 5; für strenge Akzessorietät dagegen *Bieneck*, StV 1999, 43.
3 OLG Frankfurt v. 18.6.1977 – 1 Ws 56/97, NStZ 1997, 551.
4 OLG Frankfurt v. 18.6.1977 – 1 Ws 56/97, NStZ 1997, 551.

tion des Vermögensabflusses eintritt.¹ In derartigen Fällen liegt nur ein die Masse nicht schmälernder **Aktiv-Tausch** vor. Anderes gilt bei Unter-Wert-Verkäufen von Vermögensgegenständen, sofern diese sich nicht – ausnahmsweise – als wirtschaftlich sinnvoll darstellen. Die **Begleichung fälliger Verbindlichkeiten** ist nicht strafbar, da der Schuldner hierzu rechtlich gehalten ist.² Als **problematisch** erweist sich hingegen die **Veräußerung von Vermögenswerten gegen die Übernahme von Verbindlichkeiten**. Denn hierbei tritt infolge der fehlenden vollständigen Kompensation im Aktivvermögen des Schuldners im Ergebnis eine Quotenschmälerung für die Gläubiger ein.

§ 283 Abs. 1 Nr. 2 StGB stellt **unwirtschaftliche Ausgaben** unter Strafe, wenn durch sie übermäßige Beträge verbraucht werden. Die ebenfalls pönalisierten Verlust-, Spekulations- und Differenzgeschäfte besitzen kaum praktische Bedeutung. Unwirtschaftliche Ausgaben sind Vermögensdispositionen, die unter Berücksichtigung der **krisenbedingten Vermögenssituation und Leistungsfähigkeit** das Maß des Notwendigen und Üblichen **unangemessen** überschreiten und den Regeln ordnungsgemäßer Wirtschaft widersprechen.³ Die Ausgaben können sowohl betrieblich wie auch privat veranlasst sein. Unwirtschaftlich sind beispielsweise **sinnlose Aufwendungen**, z.B. für **absehbar erfolglose Sanierungsversuche**,⁴ überhöhter **Spesenaufwand** wie auch Luxusaufwendungen. Hierzu gehören ferner unvertretbare **Aufwendungen für Berater** und unangemessene **Kosten für Forschung und Entwicklung**, wenn absehbar keine Möglichkeit besteht, diese noch in nutzbringender Weise verwerten zu können. Der laufende Verbrauch von Geldern für einen angemessenen **Lebensunterhalt** ist nicht strafbar, ebenso wenig die Zahlung üblicher Gehälter oder Betriebskosten.⁵

147

Werden wirtschaftswidrige Vermögensdispositionen vorgenommen, kommt § 283 Abs. 1 StGB gleichwohl nach noch geltender Rechtslage im Regelfall nicht zur Anwendung, sondern stattdessen **§ 266 StGB (Untreue)**. Denn die Rechtsprechung kommt zu einem Verstoß gegen § 283 StGB und die dort geltenden, über § 14 Abs. 1 StGB auf die Organe überwälzten Pflichten nur dann, wenn das Organ gerade in seiner Eigenschaft als Organ gehandelt hat. Maßgeblich für die Abgrenzung soll bislang sein, ob ein Handeln aufgrund der Funktion oder lediglich bei Gelegenheit der Ausübung dieser Funktion vorliegt. Nach der für die **Abgrenzung** entwickelten sog. **Interessenformel** scheidet ein Handeln aufgrund der Funktion dann aus, wenn das Handeln **ausschließlich im eigenen Interesse** des Handelnden vorgenommen wird. Dann scheidet die Anwendung von § 14 StGB aus mit der Folge, dass eine Strafbarkeit nach § 266 StGB eintritt.⁶ Der Bundesgerichtshof

148

---
1 RGSt 66, 132; BGH v. 10.2.1953 – 1 StR 638/52, NJW 1953, 1153; BGH v. 14.12.1999 – 5 StR 520/99, NStZ 2000, 206, 207.
2 BGH v. 17.3.1987 – 1 StR 693/86, BGHSt 34, 310; BGH v. 3.2.1987 – 5 StR 603/86, wistra 1987, 216 zur Bezahlung von Prozesskosten, die für eine vom Gesellschafter für die Gesellschaft vorgenommene Tätigkeit angefallen sind.
3 BGH v. 17.6.1952 – 1 StR 668/51, BGHSt 3, 26; BGH v. 9.6.1953 – 1 StR 206/53, NJW 1953, 1480.
4 *Kindhäuser* in NOMOS Kommentar zum StGB, § 283 StGB Rz. 36.
5 BGH, GA 1958, 47.
6 BGH v. 20.5.1981 – 3 StR 94/81, BGHSt 30, 127, 128; BGH v. 6.11.1986 – 1 StR 327/86, BGHSt 34, 221, 223; OLG Karlsruhe v. 7.3.2006 – 3 Ss 190/05, NJW 2006, 1364, 1365.

hat jedoch jüngst angedeutet, an dieser Rechtsprechung nicht festhalten zu wollen und es künftig für die Anwendbarkeit von § 14 StGB ausreichen lassen will, wenn ein **Handeln im Geschäftskreis des Vertretenen** gegeben ist.[1]

b) Strafbare Mängel bei Buchführung und Bilanzen

149 Das allgemeine Bilanzstrafrecht (oben Rz. 90 ff.) stellt Verstöße gegen Bilanzierungsvorschriften unter Strafe, sofern Bilanzen unrichtig erstellt werden. Demgegenüber trifft den **Buchführungs- bzw. Bilanzierungspflichtigen in der Krise eine verschärfte strafrechtliche Haftung.** Gem. § 283 Abs. 1 Nr. 5 StGB macht sich, wer handelsrechtlich zum Führen von Handelsbüchern verpflichtet ist, strafbar, wenn er die Bücher zu führen unterlässt oder die Bücher so führt oder verändert, dass die Übersicht über den Vermögensstand erschwert wird. Gem. § 283 Abs. 1 Nr. 7 StGB macht sich strafbar, wer es entgegen dem Handelsrecht unterlässt, eine Bilanz in der vorgeschriebenen Zeit aufzustellen, oder die Bilanz so aufstellt, dass die Übersicht über seinen Vermögensstand erschwert wird. Gem. § 283 Abs. 1 Nr. 6 StGB macht sich strafbar, wer Handelsbücher oder sonstige Unterlagen, zu deren Aufbewahrung ein Kaufmann nach dem Handelsrecht verpflichtet ist, vor Ablauf der Aufbewahrungsfristen beiseiteschafft, verheimlicht oder vernichtet und dadurch die Übersicht über seinen Vermögensstand erschwert. Die Strafbarkeit nach § 283 Abs. 1 Nr. 6 StGB setzt nicht voraus, dass der Buchführende handelsrechtlich buchführungspflichtig ist; auch wenn er ohne rechtliche Verpflichtung Bücher führt, sind die beschriebenen Verhaltensweisen strafbar.

150 Die praktische Bedeutung dieser Strafvorschriften ist erheblich. Denn in vielen in einer Krise befindlichen Unternehmen sind Verstöße gegen Buchführungspflichten bzw. eine zumindest verzögerte Bilanzerstellung zu verzeichnen.

151 **aa) Unterlassene und mangelhafte Buchführung (§ 283 Abs. 1 Nr. 5 StGB), Verletzung der Buchführungspflicht (§ 283b StGB).** Die Strafbarkeit bezieht sich auf das **unterlassene oder unübersichtliche Führen oder Herstellen von unrichtigen Handelsbüchern.** Für die Buchführungspflicht gelten die im HGB geregelten Pflichten, insbesondere die Grundsätze ordnungsgemäßer Buchführung. Die Pflicht zur Führung der Handelsbücher trifft die Geschäftsleiter im Rahmen ihrer Allzuständigkeit und Gesamtverantwortung, weshalb sie auch für Mängel der Buchführung jeweils strafrechtlich verantwortlich sind (zur Delegationsmöglichkeit Rz. 17 ff.[2]).

152 Strafbar ist das **Unterlassen der Buchführung**, was vorliegt, wenn überhaupt keine Bücher angelegt oder über einen längeren Zeitraum hinweg keine Aufzeichnungen vorgenommen wurden. Die **Buchführung** ist **mangelhaft**, wenn Bücher zwar angelegt, diese aber unvollständig geführt worden sind und deshalb keine ordnungsgemäße Aufzeichnung der abgewickelten Geschäfte ermöglicht. Maßstab ist § 239 Abs. 2 HGB. Eine strafbare mangelhafte Buchführung liegt etwa vor,

---
1 BGH v. 10.2.2009 – 3 StR 372/08, NZG 2009, 675.
2 BGH v. 22.11.2005 – 1 StR 571/04, NStZ 2006, 221 (Beschränkung auf Auswahl- und Überwachungsverschulden); näher auch *Sina*, GmbHR 1990, 65 ff.

wenn Eintragungen fehlen, Gliederungen unübersichtlich sind, Belege fehlen oder ungeordnet sind, Abschreibungen oder Wertberichtigungen unterlassen worden sind. Die Mängel müssen so gravierend sein, dass die Übersicht über den tatsächlichen Vermögensstand erschwert wird. Dies ist bei der fehlenden oder unvollständigen Buchführung regelmäßig unproblematisch. Bei der mangelhaften Buchführung ist die Übersicht erschwert, wenn das dargestellte Bild nicht der tatsächlichen Lage entspricht. Maßstab ist ein sachverständiger Dritter. Ist dieser nicht in der Lage, sich anhand der vorhandenen Buchführung innerhalb angemessener Frist einen Überblick über den Vermögens- und Schuldenstand zu verschaffen, so ist die Übersicht i.S. des § 283 Abs. 1 Nr. 5 StGB erschwert.[1]

Ob und inwieweit die tatsächliche und rechtliche **Unmöglichkeit der Führung der Bücher** strafrechtlich **entlastend** wirken kann, ist im Einzelnen noch nicht geklärt. Der Bundesgerichtshof hat es indes anerkannt, dass eine strafrechtliche Verantwortlichkeit entfallen kann, wenn der Verantwortliche seiner Pflicht deshalb nicht nachkommen kann, weil die hierzu erforderlichen finanziellen Mittel nicht vorhanden sind.[2] 153

Hervorzuheben ist, dass eine **Verletzung der Buchführungspflicht** auch **außerhalb der Krise** gem. **§ 283b StGB** strafbar ist, was jedoch voraussetzt, dass die objektive Bedingung der Strafbarkeit eintritt (§ 283 Abs. 6 StGB). D. h. im Falle der Zahlungseinstellung, der Eröffnung eines Insolvenzverfahrens bzw. ihrer Ablehnung mangels Masse tritt eine strafrechtliche Haftung für Buchführungsmängel unabhängig davon ein, wann diese begangen worden sind. 154

bb) Unterdrücken von Handelsbüchern (§ 283 Abs. 1 Nr. 6 StGB). Adressat der Vorschrift sind alle Personen, die im Betrieb Geschäftsbücher führen. Sie ist für Geschäftsleiter von geringer Bedeutung, da bei diesen das Unterdrücken der Bücher regelmäßig bereits nach § 283 Abs. 1 Nr. 5 StGB strafbar ist. Für die Aufbewahrungspflichten gilt § 257 HGB. 155

cc) Mangelhafte und nicht rechtzeitige Bilanzaufstellung (§ 283 Abs. 1 Nr. 7 StGB). Strafbar ist die **mangelhafte oder nicht rechtzeitige Bilanzaufstellung** durch den Bilanzierungspflichtigen in der Krise, d.h. die Krise muss sich vor Ablauf der Bilanzaufstellungsfrist manifestiert haben.[3] Für die Bilanzierungspflicht sind die Grundsätze des HGB maßgeblich. Die Bilanz muss den Grundsätzen ordnungsgemäßer Buchführung entsprechen, d.h. maßgeblich sind die Grundsätze der Bilanzwahrheit, Bilanzklarheit und Bilanzvollständigkeit. Verstöße gegen diese Grundsätze sind strafbar, wenn sie die Übersicht über die tatsächliche Lage erschweren (s. oben Rz. 91 ff.). Dies kann gegeben sein beim Einsetzen fik- 156

---

1 BGH v. 19.12.1997 – 2 StR 420/97, NStZ 1998, 247; BGH v. 7.2.2002 – 1 StR 412/01, NStZ 2002, 327.
2 BGH v. 20.12.1978 – 3 StR 408/78, BGHSt 28, 231, 232; BGH v. 30.1.2003 – 3 StR 437/02, wistra 2003, 232, 233; OLG Düsseldorf v. 23.7.1998 – 5 Ss 101/98-37/98 I, wistra 1998, 360, 361; krit. *Rönnau*, NStZ 2003, 525, 530; näher *Krekeler/Werner*, Unternehmer und Strafrecht, S. 441 f.
3 KG v. 13.3.2002 – (5) 1Ss 243/01 (6/02), wistra 2002, 313 m. Anm. *Maurer*, wistra 2003, 174; vgl. aber auch BGH v. 5.11.1997 – 2 StR 462/97, wistra 1998, 105 (Eintritt der Krise nach Ablauf der Bilanzerstellungsfrist reicht aus).

tiver Beträge, Weglassen von Posten, bei falschen Wertansätzen, beim Bilanzieren erfolgswirksamer Umgehungshandlungen wie Verschiebungen im Konzern, bei ungenauen Bezeichnungen wie auch bei der Vermischung von Posten. Gem. § 283 Abs. 1 Nr. 7 lit. b StGB stellt das völlige Unterlassen der rechtzeitigen Bilanzerstellung unter Strafe.

2. Gläubigerbegünstigung (§ 283c StGB)

157 Die **Begünstigung eines Gläubigers** nach eingetretener Zahlungsunfähigkeit stellt § 283c StGB unter Strafe. Eine solche Begünstigung liegt vor, wenn einem Gläubiger eine Befriedigung oder eine Sicherheit gewährt wird, die dieser nicht, nicht in dieser Art oder nicht zu dieser Zeit beanspruchen kann. Es geht hiernach um Fälle einer sog. **inkongruenten Deckung**.

158 Die von § 283c StGB erfassten Sachverhalte sind **in Krisensituationen häufig** anzutreffen. Sie betreffen Fälle der **Nachbesicherung**, auf die kein vertraglicher Anspruch besteht[1], ebenso wie Fälle, in denen eine **Geldschuld durch Warenlieferung** oder Hingabe eines Kundenschecks beglichen[2] oder sonst zur Befriedigung einer Forderung gegen einen Kunden abgetreten wird.[3] Entsprechendes gilt bei einer Verzögerung des Insolvenzantrages mit dem Ziel, einem Gläubiger die Pfändung zu ermöglichen.

J. Folgen von Strafverfahren und Verurteilung

159 Die Verhängung einer Strafe ist für den Betroffenen die gravierendste Folge einer Straftat. Jenseits der Strafe treten aber vielfach noch weitere Folgen ein, die für die Geschäftsleiter und das Unternehmen von erheblichem Gewicht sein können. So wird vielfach mit einer Verfallsanordnung gem. § 73 StGB auf die Vermögensgegenstände zugegriffen, die durch eine rechtswidrige Tat auf Seiten des Täters oder eines Dritten erlangt wurden, was gravierende wirtschaftliche Konsequenzen für den Betroffenen bzw. eine Gesellschaft mit sich bringen kann. Bei zahlreichen Tatbeständen tritt infolge einer rechtskräftigen Verurteilung eine Inhabilität als Geschäftsführer (§ 6 Abs. 2 GmbHG) oder Vorstand (§ 73 Abs. 3 AG) ein. Ferner kann die Führung von Strafverfahren wegen bestimmter Delikte (Korruptionsdelikte u.a.m.) zu Eintragungen in Registern führen, die bei der Vergabe von Aufträgen durch öffentliche Auftraggeber einzusehen und deren Einträge bei einer Vergabe – ggf. sperrend – zu berücksichtigen sind.

I. Verfall gem. §§ 73 ff. StGB

160 Die Anordnung des Verfalls gem. §§ 73 ff. StGB bewirkt, dass dem Täter oder einem Dritten die **Vorteile** aus der Tat **abgeschöpft** werden. Die Vorteile der Tat sol-

---

1 BGH v. 15.1.1979 – 5 StR 467/78, bei *Herlan* MDR 1979, 457. Das Innehaben einer Forderung begründet noch keinen Anspruch auf ihre Sicherung.
2 BGH v. 10.10.1961 – 1 StR 163/61, BGHSt 16, 279 f.
3 BGH v. 2.11.1995 – 1 StR 449/95, StV 1996, 315.

len dem Täter nicht verbleiben, Straftaten sollen sich nicht „lohnen".[1] Der Verfall ist keine Strafe, sondern eine Rechtsfolge eigener Art, vergleichbar einer kondiktionsähnlichen Abschöpfung von deliktisch erlangtem Vermögen.[2] Gegenstand der Abschöpfung ist alles, was für die oder **aus der Tat erlangt** worden ist. Aufwendungen, die der Täter für die Tat gemacht hat, bleiben unberücksichtigt (sog. **Bruttoprinzip**).[3] Eine Korrektur ggf. unzumutbarer Folgen kann im Falle einer unbilligen Härte oder bei Entreicherung über § 73c StGB erfolgen. Hat der Täter als **Organ** oder **Vertreter** für eine Gesellschaft gehandelt, richtet sich die Verfallsanordnung gegen diese (§ 73 Abs. 3 StGB)[4], die am Verfahren sodann als Nebenbeteiligte zu beteiligen ist. Eine gesonderte Anordnung des Verfalls gegen das Organ bzw. den Vertreter kann in solchen Fällen nur erfolgen, wenn nachweisbar auch dort durch die Tat ein Vermögenszufluss erfolgt ist.[5]

Erlangt sind alle **Vermögenswerte**, die dem Täter oder einem Dritten unmittelbar aus der Verwirklichung des Tatbestandes in irgendeiner Phase des Tatablaufs zugeflossen sind.[6] Der Begriff des Vermögenswertes ist **weit zu verstehen** und umfasst neben körperlichen Gegenständen und Rechten[7] auch Nutzungen oder ersparte Aufwendungen[8] sowie einen wirtschaftlich werthaltigen Goodwill.[9] Einzelheiten sind nicht abschließend geklärt. Unklar ist etwa, ob die gesamte erhaltene Vergütung bei einem durch Korruption erschlossenen Vertrag abgeschöpft werden kann[10] oder vielmehr nur der Wert der Auftragserteilung[11], der oftmals dem aus dem Vertrag erzielten Ertrag entsprechen dürfte. Für die Tat sind Vorteile erlangt, wenn sie als Gegenleistung für das rechtswidrige Tun gewährt werden[12], beispielsweise Provisionen.[13]

Eine Verfallsanordnung ist gem. § 73 Abs. 1 Satz 2 StGB **ausgeschlossen**, sofern dem Verletzten aus der Tat ein **Anspruch gegen den Täter** entstanden ist. Durch diese gesetzliche Einschränkung scheidet die Anordnung eines Verfalls bei Taten, die sich gegen eine Gesellschaft oder ein Unternehmen richten (z.B. Untreue) vielfach aus, da insoweit Schadensersatzansprüche gegen den Verantwortlichen bestehen. Bei Taten, die sich gegen überindividuelle Rechtsgüter (Korruptions-

---

1 BGH v. 30.5.2008 – 1 StR 166/07, BGHSt 52, 227.
2 BVerfG v. 14.1.2004 – 2 BvR 564/95, NJW 2004, 2073, 2074; BGH v. 30.5.2008 – 1 StR 166/07, CR 2008, 809, Rz. 101; vgl. aber: EGMR v. 17.12.2009 – 19359/04, DÖV 2010, 276.
3 BVerfG v. 14.1.2004 – 2 BvR 564/95, NJW 2004, 2073, 2074.
4 BVerfG v. 3.5.2005 – 2 BvR 1378/04, K 5, BVerfGE 217, 222 = NJW 2005, 3630; BVerfG v. 29.5.2006 – 2 BvR 820/06, K 8, BVerfGE 143, 148.
5 *Burghart* in Satzger/Schmitt/Widmaier, § 73 StGB Rz. 24.
6 BGH v. 21.8.2002 – 1 StR 115/02, BGHSt 47, 369, 372; BGH v. 16.5.2006 – 1 StR 46/06, BGHSt 51, 65; *Fischer*, § 73 StGB Rz. 7 m.w.N.
7 *Fischer*, § 73 StGB Rz. 8.
8 OLG Düsseldorf v. 20.6.1999 – 5 Ss 52/99 – 36/99, wistra 1999, 477.
9 BGH v. 2.12.2005 – 5 StR 119/05, BGHSt 50, 299, 310f.
10 BGH v. 30.5.2008 – 1 StR 166/07, BGHSt 52, 227.
11 BGH v. 2.12.2005 – 5 StR 119/05, BGHSt 50, 299, 310; so auch jetzt zum Verfall beim verbotenen Insiderhandel BGH v. 27.1.2010 – 5 StR 224/09, ZIP 2010, 426 – Freenet; vgl. ferner *Kudlich/Noltensmeier*, wistra 2007, 121.
12 BGH v. 2.12.2005 – 5 StR 119/05, BGHSt 50, 299, 310.
13 BGH v. 6.7.2004 – 1 StR 129/04, wistra 2004, 463.

delikte, Umweltdelikte, Delikte nach dem WpHG) richten, kommt der Verfall regelmäßig in Betracht und wird angeordnet.

163 Von erheblicher praktischer Relevanz und wegen ihrer gravierenden akuten wirtschaftlichen Konsequenzen überaus belastend sind die den Ermittlungsbehörden bereits im **Ermittlungsverfahren** zustehenden **Sicherungsbefugnisse** nach §§ 111b ff. StPO. Mittels dieser kann die **vorläufige Arrestierung** der durch die vermeintliche Straftat erlangten Vermögenswerte erfolgen.[1] Dabei werden ggf. vorhandene Vermögenswerte durch separat durchgeführte sog. **Finanzermittlungen** von den Ermittlungsbehörden aufgespürt. Die hierzu von den Ländern erlassenen Richtlinien lassen es zu, in deren Rahmen auf **Steuerakten**, Grundbücher und andere Registerakten zuzugreifen.[2] In Verfahren, in denen höhere Beträge oder umfangreichere Aufträge durch die vermeintliche Tat erlangt worden sein sollen, kann die Arrestierung solcher Vermögenswerte schnell in eine existenzbedrohende Gefahr für den Betroffenen oder die Gesellschaft als Drittbetroffene münden. Eine Abwendung der Arrestierung bzw. deren Aufhebung kann gelegentlich mit den Ermittlungsbehörden gegen die **Gewährung von Sicherheiten** verhandelt werden.

164 Eine Verfallsanordnung kommt auch bei einer Ordnungswidrigkeit gem. § 29a OWiG in Betracht. Allerdings ist diese – anders als in Fällen des § 73 StGB – nicht obligatorisch, sondern in das Ermessen des Gerichts gestellt und kann nur angeordnet werden, wenn gegen die juristische Person keine Verbandsgeldbuße festgesetzt worden ist (vgl. § 29 Abs. 1 und § 30 Abs. 5 OWiG). Die Verhängung einer Geldbuße gegen die verantwortliche natürliche Person und die Anordnung des Verfalls (§ 29a OWiG) gegen die juristische Person sind nebeneinander hingegen möglich.[3] Bei § 29a OWiG richtet sich die Anordnung stets auf den Wertersatz.

II. Inhabilität als Geschäftsführer bzw. Vorstand bei Verurteilungen wegen Wirtschaftsstraftaten

165 Die strafrechtliche Verurteilung kann eine **Inhabilität** als **Geschäftsführer** bzw. **Vorstand** nach sich ziehen (**§ 6 Abs. 2 GmbHG, § 76 Abs. 3 AktG**). Die Regelungen zur Inhabilität sind durch das **MoMiG** wesentlich ausgeweitet worden.[4] Erfasst sind nunmehr alle Kerntatbestände des Wirtschaftsstrafrechts (Insolvenz-, Betrugs-, Untreue-, Bilanzstraftaten u.a.m.), auch bei ausländischen Verurteilungen. Der Ausschluss gilt für einen Zeitraum von fünf Jahren nach Rechtskraft des Urteils, sofern die Person nicht auf behördliche Anordnung in einer Anstalt ver-

---

1 Vgl. *Schmid/Winter*, NStZ 2002, 8, 14.
2 Vgl. die Richtlinien für Nordrhein-Westfalen JMBl. NW 2000, 209; ferner *Schmid/Winter*, NStZ 2002, 8, 11.
3 *Göhler*, § 29a OWiG Rz. 12.
4 *Müller-Gugenberger*, GmbHR 2009, 578, 582.

wahrt wurde. Wird ein Geschäftsführer oder Vorstand nach seiner Bestellung wegen eines der genannten Delikte rechtskräftig verurteilt, so soll die Bestellung mit der Rechtskraft des Urteils wirkungslos werden.[1]

III. Ausschluss von der Vergabe und Registereintragung

§ 21 SchwarzArbG erlaubt, ein Unternehmen von der Teilnahme an einem von einem Auftraggeber i.S. des § 98 Nr. 1–3, 5 GWB ausgeschriebenen Wettbewerb bis zu einer Dauer von **drei Jahren auszuschließen**, der wegen Straftaten oder Ordnungswidrigkeiten gem. §§ 8 Abs. 1 Nr. 2, 9 – 11 SchwarzArbG, § 404 Abs. 1, 2 Nr. 3 SGB III, §§ 15, 15a, 16 Abs. 1 Nr. 1, 1b, 2 AÜG und nach § 266a Abs. 1–4 StGB zu einer **Freiheitsstrafe** von mehr als drei Monaten oder einer **Geldstrafe** von mehr als 90 Tagessätzen rechtskräftig verurteilt oder einer **Geldbuße von mindestens 2500 Euro** belegt wurde.[2] Bei besonders schweren Verfehlungen kann die Sanktion schon während des Ermittlungsverfahrens ausgesprochen werden, sofern angesichts der Beweislage kein vernünftiger Zweifel an der Begehung besteht.

166

Die **Vergabestellen** und **öffentlichen Auftraggeber** sind zur Abklärung der Voraussetzungen des Ausschlusses befugt, **Auskunft aus dem Gewerbezentralregister** gem. § 150a GewO zu verlangen. Dort erfolgt eine Eintragung gem. § 149 Abs. 2 Satz 1 Nr. 3, 4 GewO automatisch, sofern eine **rechtskräftige Verurteilung** wegen einer **Straftat** nach §§ 10, 11 SchwarzArbG, §§ 15, 15a AÜG, § 266 Abs. 1, 2, 4 StGB zu mehr als drei Monaten Freiheitsstrafe oder 90 Tagessätze Geldstrafe oder zu einem **Bußgeld in Höhe von mindestens 200 Euro** wegen einer Ordnungswidrigkeit führt, die bei oder im Zusammenhang mit der Ausübung eines Gewerbes oder mit dem Betrieb einer sonstigen wirtschaftlichen Unternehmung begangen worden ist.

167

Für den Bereich des Baugewerbes liegt es im Ermessen der Vergabestellen, einen Bewerber bei „**schweren Verfehlungen**" gem. § 8 Nr. 5 Satz 1c VOB/A vom **Vergabewettbewerb auszuschließen**. Eine schwere Verfehlung dürfte bei auf den Geschäftsverkehr bezogenen Verstößen gegen strafrechtliche Bestimmungen regelmäßig vorliegen.[3] Ein schwere Verfehlung kann in der Folge nicht nur den Ausschluss von dem konkreten Wettbewerb, sondern auch eine koordinierte bzw. verfahrensübergreifende Auftragssperre („Schwarze Liste") zur Folge haben.[4]

168

Daneben führen Berlin[5] und Nordrhein-Westfalen[6] ein eigenständiges **Korruptionsregister** auf Landesebene. Diesem gegenüber sind Ermittlungsbehörden und Gerichte mitteilungspflichtig. Eingetragen werden dort nicht lediglich Korrupti-

169

---

1 BGH v. 1.7.1991 – II ZR 292/90, GmbHR 1991, 358; BayObLG v. 30.8.1983 – Breg 3 Z 116/83, WM 1983, 1170; BayObLG v. 30.6.1987 – Breg 3 Z 75/87, DB 1987, 1882.
2 Ausführlich *Berwanger* in Fehn, Schwarzarbeitsbekämpfungsgesetz, § 21 Rz. 3 ff.
3 *Prieß* in Motzke/Pietzcker/Prieß, VOB/A, § 8 Rz. 101, 108.
4 *Prieß* in Motzke/Pietzcker/Prieß, VOB/A, § 8 Rz. 123 ff.
5 Korruptionsregistergesetz vom 19.4.2006, GVBl. Bln 2006, 358.
6 Korruptionsbekämpfungsgesetz vom 16.12.2004, GVBl. NRW 2005, 8.

onsdelikte, sondern auch zahlreiche andere Tatbestände. Bemerkenswert ist, dass in diese Register nicht lediglich rechtskräftige Verurteilungen eingetragen werden, sondern auch nach § 153a StPO eingestellte Strafverfahren. Öffentliche Auftraggeber sind bei der Vergabe von Aufträgen verpflichtet, die Bewerber bei einem Volumen von mehr als 15000 Euro bzw. mehr als 25000 Euro auf Eintragungen zu prüfen. In der Praxis werden diese Register stark nachgefragt. So kommt es in Berlin zu ca. 2500 Abfragen des Korruptionsregisters pro Monat mit steigender Tendenz.[1] Vielfach werden die betroffenen Unternehmen bei Vorliegen einer Vereinbarung von der Vergabe ausgeschlossen.

---

1 Abgeordnetenhaus zu Berlin, Drucks. 16/12103.

§ 36
Haftung für unterlassene Aufsichtsmaßnahmen nach § 130 OWiG

Dr. Christoph Schücking

	Rz.		Rz.
A. Einleitung	1	4. Zuwiderhandlung	47
		5. Subjektiver Tatbestand	54
B. Wirtschaftsstrafrecht kein Unternehmensstrafrecht	3	6. Konzernsachverhalte	56
I. § 14 StGB	5	IV. Rechtsfolgen	63
II. § 9 OWiG	7	1. Doppelter Vorsatz	64
III. § 130 OWiG	9	2. Doppelte Fahrlässigkeit	65
IV. § 30 OWiG	14	3. Vorsatz-/Fahrlässigkeits-	
V. Funktion der §§ 9, 30, 130 OWiG	16	kombination	66
		4. Konkrete Bemessung der Geldbuße	67
C. Einzelheiten zu § 130 OWiG	22	5. Unternehmensgeldbuße nach § 30 OWiG	68
I. Rechtsnatur und Rechtsgut	23		
II. Mögliche Betroffene	24	V. Verfahren und Verjährung	69
1. Inhaber von Betrieben und Unternehmen	25	1. Verfahren	70
2. Öffentliche Unternehmen	28	2. Verjährung	72
3. Inhabern gleichgestellte Personen	33	D. Zivilrechtliche Folgen unterlassener Aufsichtsmaßnahmen	74
III. Tatbestand	34	I. Ansprüche des betroffenen Unternehmens	75
1. Unterlassung erforderlicher Aufsichtsmaßnahmen	35	II. Ansprüche Dritter	78
2. Zumutbarkeit von Aufsichtsmaßnahmen	42	1. Drittansprüche gegen das Unternehmen	79
3. Mehrstufige Aufsicht	43	2. Persönliche Drittansprüche	82

Schrifttum: *Achenbach*, Die Sanktionen gegen die Unternehmensdelinquenz im Umbruch, JuS 1990, 601; *Achenbach*, Diskrepanzen im Recht der ahndenden Sanktionen gegen Unternehmen, in FS Stree/Wessels, 1993, S. 545; *Achenbach*, Ausweitung des Zugriffs bei den ahndenden Sanktionen gegen die Unternehmensdelinquenz, wistra 2002, 441; *Achenbach*, Zurechnung unternehmensbezogenen Handelns, in Achenbach/Ransiek (Hrsg.), Handbuch Wirtschaftsstrafrecht, 2. Aufl. 2008, S. 18 ff.; *D. Bock*, Strafrechtliche Aspekte der Compliance-Diskussion – § 130 OWiG als zentrale Norm der Criminal Compliance, ZIS 2009, 68; *Bohnert*, Ordnungswidrigkeitengesetz, 2. Aufl. 2007; *Dannecker*, Die Verfolgungsverjährung bei Submissionsabsprachen und Aufsichtspflichtverletzungen in Betrieben und Unternehmen, NStZ 1985, 49; *Eidam*, Unternehmen und Strafe, 3. Aufl. 2008, Rz. 727 ff.; *Göhler*, Ordnungswidrigkeitengesetz, 15. Aufl. 2009; *Große Vorholt*, Wirtschaftsstrafrecht, 2. Aufl. 2007, Rz. 202 ff.; *Hermanns/Kleier*, Grenzen der Aufsichtspflicht in Betrieben und Unternehmen, 1987; *J. Koch*, Der kartellrechtliche Sanktionsdurchgriff im Unternehmensverbund, ZHR 171 (2007), 554; *J. Koch*, Compliance-Pflichten im Unternehmensverbund, WM 2009, 1013; *Lemke/Mosbacher*, Ordnungswidrigkeitengesetz, 2. Aufl. 2005; *Mansdörfer/Timmerbeil*, Zurechnung und Haftungsdurchgriff im Konzern. Eine rechtsübergreifende Betrachtung, WM 2004, 362; *Rebmann/Roth/Hermann*, Ordnungswidrigkeitengesetz, Loseblatt, Stand: Februar 2009; *Rogall*, Dogmatische und kriminalpolitische Probleme der Aufsichtspflichtverletzung in Betrieben und Unternehmen (§ 130 OWiG), ZStW 98 (1986),

573; *Rogall*, Karlsruher Kommentar zum Gesetz über Ordnungswidrigkeiten, 3. Aufl. 2006, § 130 OWiG Rz. 1 ff.; *W. Schmid* in Müller-Gugenberger/Bieneck (Hrsg.), Wirtschaftsstrafrecht, 4. Aufl. 2006, § 30 Rz. 104 ff.; *Uwe H. Schneider*, Compliance als Aufgabe der Unternehmensleitung, ZIP 2003, 645; *Uwe H. Schneider*, Compliance im Konzern, NZG 2009, 1321; *Uwe H. Schneider*, Corporate Manslaughter und Corporate Compliance, EuZW 2007, 553; *Többens*, Die Bekämpfung der Wirtschaftskriminalität durch die Troika der §§ 9, 130 und 30 OWiG, NStZ 1999, 1.

A. Einleitung

1   Das in den letzten Jahren erheblich geschärfte Bewusstsein der Öffentlichkeit für die **Compliance** von Unternehmen (vgl. oben *Gebauer/Kleinert*, § 20, S. 583 ff., und *Kremer/Klahold*, § 21, S. 613 ff.) hat auch dazu beigetragen, die Vorschrift des § 130 OWiG ins juristische Rampenlicht zu holen, das ihr und ihrer Vorgängerin § 33 OWiG 1968 lang verwehrt geblieben ist. War etwa 1973 die Feststellung *Göhlers* noch allzu gerechtfertigt, das Zusammenspiel der (heutigen) §§ 9, 30 und 130 OWiG sei der Praxis wohl nicht hinreichend klar[1], so zeigen jüngste **spektakuläre Anwendungsfälle** von § 130 OWiG gegen ehemalige Vorstände namhafter Großunternehmen, dass die Aufarbeitung und Durchdringung des Ordnungswidrigkeitenrechts durch die Rechtsprechung und die Rechtswissenschaft inzwischen weit gediehen sind. Die Anwendung der „Troika der §§ 9, 130 und 30 OWiG"[2] ist heute zur Routine von Ordnungswidrigkeitenbehörden und Staatsanwaltschaften geworden.

2   Aus der Anwendung von § 130 OWiG ergeben sich **zivilrechtliche Folgefragen**, die die Praxis künftig umso stärker beschäftigen werden, als die Behörden gestützt auf § 130 OWiG gegen Vorstände und Geschäftsführer und dann auch zusätzlich nach § 30 OWiG gegen die Unternehmen selbst vorgehen.

B. Wirtschaftsstrafrecht kein Unternehmensstrafrecht

3   Ausgangspunkt für das Verständnis von § 130 OWiG ist die Feststellung, dass das deutsche Straf- und Ordnungswidrigkeitenrecht grundsätzlich nur das Handeln oder Unterlassen **natürlicher Personen** im Blick hat und dort, wo es durch Sanktionen verhindert werden soll, mit Strafen oder Geldbußen bedroht. Während manche fremden Rechtsordnungen eine strafrechtliche Verantwortung juristischer Personen kennen[3], setzen strafrechtliche Sanktionen in Deutschland eine eigene persönliche Schuld des Täters voraus, wie sie nur natürliche, nicht aber juristische Personen auf sich laden können.

4   Dies führt im Wirtschaftsstrafrecht zunächst dazu, dass auch in diesem Teilbereich des Strafrechts nur natürliche Personen, nicht aber Handelsgesellschaften oder juristische Personen bestraft oder mit Geldbußen belegt werden können.

---

1 *Göhler*, JR 1973, 29.
2 *Többens*, NStZ 1999, 1 ff.
3 *Radtke* in MünchKomm. StGB, 2003, § 14 StGB Rz. 125 ff.; *Uwe H. Schneider*, EuZW 2007, 553.

Dabei treten Unzulänglichkeiten auf, die zu kriminalpolitisch unerwünschten Ergebnissen führen würden. Deshalb hat der Gesetzgeber Vorschriften erlassen, die einerseits darauf abzielen, den Kreis möglicher Täter gerade in wirtschaftsstrafrechtlichen Fällen unter Beachtung rechtsstaatlicher Maßstäbe zu erweitern (§ 14 StGB, §§ 9, 130 OWiG), und andererseits (mit § 30 OWiG) auf der Ebene des Ordnungswidrigkeitenrechts abweichend von der Grundregel der Beschränkung strafrechtlicher Sanktionen doch ein „**kleines Unternehmensstrafrecht**" einführen.

I. § 14 StGB

§ 14 StGB **erweitert** die **Strafbarkeit** bestimmter natürlicher Personen dadurch, dass sie so behandelt werden, als ob bestimmte für die Strafbarkeit eines Verhaltens maßgebliche Merkmale bei ihnen selbst vorlägen, obwohl dies tatsächlich gerade nicht der Fall ist. Wenn also § 266a StGB „Arbeitgeber" für den Fall mit Strafe bedroht, dass sie Sozialversicherungsbeiträge den Sozialversicherungsträgern vorenthalten, so erstreckt § 14 StGB das strafbegründende Merkmal der Arbeitgebereigenschaft von einer Mitarbeiter beschäftigenden juristischen Person oder Personengesellschaft unter bestimmten Voraussetzungen auf natürliche Personen, die für den eigentlichen Arbeitgeber handeln. Diese Voraussetzungen sind gem. § 14 Abs. 1 Nr. 1 und 2 StGB, dass die natürliche Person, um deren Strafbarkeit es geht, entweder

– als Organ oder Organmitglied der juristischen Person oder
– als vertretungsberechtigter Gesellschafter der rechtsfähigen Personengesellschaft gehandelt hat.

In gleicher Weise erstreckt § 14 Abs. 2 StGB besondere strafbegründende Merkmale, die bei einem Betrieb oder Unternehmen vorliegen, auf bestimmte gewillkürte Vertreter solcher Betriebe und Unternehmen, nämlich solche natürliche Personen, die vom Inhaber beauftragt sind, den Betrieb oder das Unternehmen ganz oder teilweise zu leiten oder in eigener Verantwortung Aufgaben des Betriebs oder Unternehmens auszuführen, die eigentlich dessen Inhaber obliegen.

§ 14 StGB kann deshalb ganz einfach als die **angemessene Reaktion** des Strafrechts darauf verstanden werden, dass das Wirtschaftsleben längst über vom Inhaber geführte einzelkaufmännische und Handwerksbetriebe hinausgewachsen ist und sich heute überwiegend Kapitalgesellschaften, Personenhandelsgesellschaften und Niederlassungen ausländischer Unternehmen jeglicher Rechtsform, aber auch solcher Unternehmen bedient, die als öffentlich-rechtliche Anstalten geführt werden.

II. § 9 OWiG

§ 9 OWiG ist eine bewusst völlig **parallel zu § 14 StGB** ausgestaltete Vorschrift des Ordnungswidrigkeitenrechts. Sie erstreckt für dieses Rechtsgebiet persönliche Merkmale unter denselben Voraussetzungen, wie dies § 14 StGB für das Strafrecht tut, auf Organpersonen und -mitglieder juristischer Personen, vertretungsberechtigte Gesellschafter rechtsfähiger Personengesellschaften sowie die Leiter von Betrieben und Unternehmen und deren eigenverantwortlich handelnde Bevollmächtigte. Auf diese Weise wird z.B. erreicht, dass die Eigenschaft als „am Zusammenschluss beteiligtes Unternehmen", die gem. § 39 Abs. 2 Nr. 1 GWB die Verpflichtung zur Anmeldung bestimmter Fusionsvorhaben begründet, im Falle einer nach § 81 Abs. 2 Nr. 3 GWB unrichtigen oder unvollständigen Anmeldung des Vorgangs beim Bundeskartellamt auf die in § 9 OWiG bezeichneten Personen erstreckt wird, so dass sich der Fokus der Ermittlungen zumindest zunächst, nämlich bis zur Anwendung von § 30 OWiG (vgl. Rz. 14 ff.) vom Unternehmen weg und hin zu den für die Ordnungswidrigkeit verantwortlichen natürlichen Personen verschiebt.

8 Wird schon die praktische Bedeutung von § 14 StGB schwerpunktmäßig im **Wirtschaftsstrafrecht** gesehen, so gilt dies angesichts der schier unübersichtlichen Zahl wirtschaftsrechtlicher Ordnungswidrigkeitentatbestände, wie sie fast jedes wirtschaftslenkende Gesetz und nahezu jede auf solchen Gesetzen beruhende Verordnung routinemäßig in ihren Schlussteilen enthalten, erst recht für die gar nicht hoch genug zu veranschlagende Bedeutung von § 9 OWiG im Wirtschaftsordnungswidrigkeitenrecht.

III. § 130 OWiG

9 Einen von den soeben skizzierten Vorschriften deutlich zu trennenden Ansatz zur **Ausdehnung der Verantwortung** für unternehmensbezogene Straftaten oder Ordnungswidrigkeiten auf bestimmte natürliche Personen verfolgt demgegenüber die im Mittelpunkt dieses Kapitels stehende Vorschrift des § 130 OWiG. Denn diese Vorschrift versucht nicht, die Funktionstrennung in arbeitsteilig organisierten Unternehmen durch die Erstreckung von Tatbestandsmerkmalen auf natürliche Personen wieder einzufangen.

10 Sie statuiert vielmehr eine aus der arbeitsteiligen Organisation größerer Unternehmen folgende **Pflicht zu bestimmten Aufsichtsmaßnahmen** und sanktioniert deren Unterlassung für den Inhaber des Unternehmens unter der Voraussetzung als Ordnungswidrigkeiten mit Geldbußen, dass es aus dem Unternehmen heraus zu einer Verletzung betriebsbezogener Pflichten gekommen ist. Die Unterlassung von Aufsichtsmaßnahmen ist also der innere Grund für die Zurechnung von Pflichtverstößen nachgeordneter Mitarbeiter zum Inhaber des Betriebs oder Unternehmens.

11 Dabei unterscheidet sich § 130 OWiG vom kriminalpolitischen Ansatz des § 14 StGB und des § 9 OWiG auch dadurch, dass die Sekundärordnungswidrigkeit des § 130 OWiG **subsidiär** gegenüber allen täterschaftlich begangenen Primärstraftaten und -ordnungswidrigkeiten ist. Wer also über § 14 StGB selbst für eine Straftat einzustehen oder sich wegen § 9 OWiG selbst wegen einer Ordnungswidrigkeit zu verantworten hat, kann keinesfalls wegen desselben Tatvorwurfs auch noch nach § 130 OWiG ordnungswidrigkeitenrechtlich herangezogen werden.

Ist also § 130 OWiG einerseits streng von § 9 OWiG zu unterscheiden, so besteht zwischen beiden Normen doch zugleich auch ein enger **Zusammenhang**: Die den Tatbestand von § 130 OWiG auslösende Eigenschaft als „Inhaber eines Betriebs oder eines Unternehmens" ist nämlich eine persönliche Eigenschaft, die den für eine juristische Person handelnden Organpersonen, den gesetzlichen Vertretern rechtsfähiger Personengesellschaften sowie Betriebs- und Unternehmensleitern über § 9 OWiG zugerechnet werden kann und regelmäßig zugerechnet wird, wenn in einem Unternehmen entgegen § 130 OWiG Aufsichtspflichten und unternehmensbezogene Verhaltenspflichten verletzt wurden.

Damit wird deutlich, wie die als Teil einer „**Troika**"[1] bezeichneten Vorschriften der §§ 9 und 130 OWiG ineinandergreifen, um es den Ordnungswidrigkeitenbehörden zu ermöglichen, aus kriminalpolitischer Sicht sanktionswürdiges Verhalten der Führungskräfte von Unternehmen trotz deren arbeitsteiliger Organisation in ihren Griff zu bekommen.

IV. § 30 OWiG

Als drittes Element komplettiert § 30 OWiG die angesprochene Troika. Dies geschieht dadurch, dass mit § 30 OWiG die Möglichkeit geschaffen wird, die **Unternehmen** selbst zu Geldbußen von bis zu 1 Mio. Euro heranzuziehen, wenn für sie verantwortlich handelnde Personen Straftaten oder Ordnungswidrigkeiten begangen haben, mit denen entweder das Unternehmen betreffende Pflichten verletzt wurden oder eine Bereicherung des Unternehmens erzielt wurde oder werden sollte.

Dieser eigene **Bußgeldtatbestand für Unternehmen** rechtfertigt es, § 30 OWiG als ein „kleines Unternehmensstrafrecht" anzusehen, das die Grundregel durchbricht, dass strafrechtliche Sanktionen in Deutschland grundsätzlich nur für natürliche Personen vorgesehen sind, die mit individueller Schuld gehandelt haben. Dabei ist der Vollständigkeit halber darauf hinzuweisen, dass die Vorschriften der §§ 22 ff. OWiG über die Einziehung gem. § 29 OWiG bei Ordnungswidrigkeiten von Führungskräften die Einziehung von Gegenständen auch zu Lasten der Unternehmen ermöglichen, für die sie gehandelt haben. Zudem gestattet § 29a Abs. 2 OWiG die Anordnung des Verfalls bestimmter Geldbeträge auch gegen ein Unternehmen, für das der Täter einer Ordnungswidrigkeit gehandelt hat. Das angesprochene „kleine Unternehmensstrafrecht" des § 30 OWiG wird deshalb durch §§ 29, 29a Abs. 2 OWiG ebenso wie durch deren strafrechtliche Parallelvorschriften (§§ 75, 73 Abs. 2 StGB) ergänzt.

V. Funktion der §§ 9, 30, 130 OWiG

Die Staatsanwaltschaften und Verwaltungsbehörden können bei der Verfolgung unternehmensbezogener Straftaten und Ordnungswidrigkeiten die vorstehend skizzierten Erweiterungen der ordnungswidrigkeitenrechtlichen Verantwortung, wie sie die §§ 9, 30, 130 OWiG ermöglichen, wie folgt miteinander **kombinieren**:

---

1 *Többens*, NStZ 1999, 1 ff.

17 Haben **Organmitglieder**, vertretungsberechtigte Personengesellschafter, Unternehmens- oder Betriebsleiter oder eigenverantwortlich handelnde Vertreter von Betrieben oder Unternehmen vorsätzlich oder fahrlässig den Tatbestand einer Ordnungswidrigkeitenvorschrift verletzt, so können sie selbst über § 9 OWiG und zusätzlich das Unternehmen, für das sie gehandelt haben, gem. § 30 OWiG mit Bußgeldern belegt werden.

18 Hat der **Inhaber eines Unternehmens** Aufsichtspflichten verletzt und dadurch die Begehung unternehmensbezogener Straftaten oder Ordnungswidrigkeiten ermöglicht, so führt die kombinierte Anwendung der §§ 30 und 130 OWiG dazu, dass ein Bußgeld nicht nur gegen den Inhaber des Unternehmens nach § 130 OWiG, sondern auch gegen das Unternehmen selbst nach § 30 OWiG festgesetzt werden kann.

19 Wie bereits in Rz. 13 erwähnt, führt die **kombinierte Anwendung** der **§§ 9 und 130 OWiG** dazu, dass die Verletzung von Aufsichtspflichten bei unternehmensbezogenen Verstößen gegen das Straf- oder Ordnungswidrigkeitenrecht durch nachgeordnete Mitarbeiter nicht nur für die Inhaber von Einzelunternehmen eine Ordnungswidrigkeit darstellt, sondern auch für die Organpersonen unternehmenstragender juristischer Personen, für vertretungsberechtigte Gesellschafter rechtsfähiger Personengesellschaften, für Unternehmens- und Betriebsleiter sowie für eigenverantwortlich handelnde Vertreter von Unternehmen und Betrieben. Damit wird eine Gleichbehandlung zwischen den Leitern inhabergeführter Unternehmen einerseits und solcher Unternehmen andererseits herbeigeführt, die von juristischen Personen, Personengesellschaften oder Rechtsträgern ausländischer Rechtsform geführt werden.

20 Schließlich führt die **kombinierte Anwendung** der **§§ 9, 30 und 130 OWiG** dazu, dass bei den soeben genannten Unternehmen, die als juristische Personen, rechtsfähige Personengesellschaften oder ausländische juristische Personen organisiert sind, die Begehung betriebsbezogener Straftaten oder Ordnungswidrigkeiten nicht nur zu einer persönlichen ordnungswidrigkeitenrechtlichen Verantwortung der Betriebsleiter, sondern daneben auch zur Möglichkeit führt, die Unternehmen selbst mit Geldbußen zu belegen. Damit reagiert das Gesetz auf die Möglichkeit, dass ein Unternehmen durch das gesetzwidrige Verhalten seiner Mitarbeiter und die Aufsichtspflichtverletzung der Führungskräfte, die dieses Verhalten nicht verhindert haben, eigene Vorteile davonträgt, die ihm ohne die genannten Vorschriften nicht durch Geldbußen wieder entzogen werden könnten.[1]

21 Vor allem in Fällen minderschwerer Ordnungswidrigkeiten bietet § 30 OWiG in der Praxis darüber hinaus auch noch einen Ansatzpunkt für die **einvernehmliche Beilegung** von Ordnungswidrigkeitenverfahren. Denn es ist zulässig und möglich, dass die Ordnungswidrigkeitenbehörden mit den Betroffenen vereinbaren, das Bußgeldverfahren gegen die betroffenen natürlichen Personen einzustellen und eine Geldbuße in einer zwischen dem betroffenen Unternehmen und der Ordnungswidrigkeitenbehörde einvernehmlich festgelegten Höhe lediglich gegen das betroffene Unternehmen festzusetzen, gegen die das Unternehmen dann ver-

---

1 *Többens*, NStZ 1999, 1 ff., 8.

einbarungsgemäß keinen Einspruch einlegt. Auf diese Weise lassen sich bisweilen komplizierte Bußgeldverfahren mit für beide Seiten unsicherem Ausgang vermeiden, zumal sich viele Ordnungswidrigkeitentatbestände in rechtlich komplizierten Spezialgesetzen befinden, von denen nicht ohne Weiteres erwartet werden kann, dass die im Bußgeldverfahren anzurufenden Gerichte über besondere Erfahrungen und Spezialkenntnisse in den zugrundeliegenden Rechtsgebieten verfügen.

C. Einzelheiten zu § 130 OWiG

Als reiner Bußgeldtatbestand bedroht § 130 OWiG Inhaber von Unternehmen mit Geldbußen, wenn sie vorsätzlich oder fahrlässig die Aufsichtsmaßnahmen unterlassen, die erforderlich sind, um zu verhindern, dass Mitarbeiter des Unternehmens Zuwiderhandlungen gegen Pflichten begehen, die für den Inhaber des Unternehmens bestehen und deren Verletzung mit Strafen oder Bußgeldern bedroht wird.

22

I. Rechtsnatur und Rechtsgut

Die Rechtsprechung[1] und das Schrifttum[2] stimmen darin überein, dass § 130 OWiG ein **echtes Unterlassungsdelikt** ist, dessen Tathandlung im Unterlassen erforderlicher Aufsichtsmaßnahmen besteht. Während früher die Ansicht vorherrschte, § 130 OWiG sei wegen seiner Rechtsnatur als echtes Unterlassungsdelikt zugleich ein abstraktes Gefährdungsdelikt[3], setzt sich neuerdings immer stärker die Auffassung durch, dass die Vorschrift ein konkretes Gefährdungsdelikt ist, dessen Zweck in der Abwehr konkreter Zuwiderhandlungsgefahren seitens der nachgeordneten Mitarbeiter besteht und dessen Taterfolg im Einzelfall darin liege, dass eine Zuwiderhandlungsgefahr im Einzelfall nicht abgewendet werden konnte.[4] Nach dieser neueren Ansicht ist also die konkrete Zuwiderhandlungsgefahr – nicht jedoch die konkrete Zuwiderhandlung im Einzelfall – ein Element des Tatbestandes von § 130 OWiG. Die Zuwiderhandlung selbst erweist sich dagegen nach Ansicht aller als eine objektive Bedingung für die Ahndung der Unterlassung gebotener Aufsichtsmaßnahmen[5], die nicht zum Tatbestand gehört und auf die sich das Verschulden des Betroffenen nicht beziehen muss.

23

---

1 BGH v. 9.7.1984 – KRB 1/84, NStZ 1985, 77; OLG Düsseldorf v. 10.8.1984 – 5 Ss OWi 250/84–199/84 I, MDR 1985, 78; OLG München v. 24.3.1983 – 6 U 2101/82, DB 1984, 498f., 499 (l.Sp.).
2 *Gürtler* in Göhler, § 130 OWiG Rz. 9; *Rogall* in KK OWiG, § 130 OWiG Rz. 15; *Achenbach* in Achenbach/Ransiek, Wirtschaftsstrafrecht, 2. Aufl., S. 32.
3 *Adam*, wistra 2003, 285, 289.
4 *Rogall* in KK OWiG, § 130 OWiG Rz. 17; *Gürtler* in Göhler, § 130 OWiG Rz. 9; *Achenbach* in Achenbach/Ransiek, Wirtschaftsstrafrecht, 2. Aufl., S. 34.
5 *Rogall* in KK OWiG, § 130 OWiG Rz. 18.

II. Mögliche Betroffene

24 Als mögliche Betroffene von Ordnungswidrigkeiten nach § 130 OWiG kommen die Inhaber von Betrieben und Unternehmen, die Inhaber öffentlicher Unternehmen oder den genannten Inhabern für die Bereiche des Ordnungswidrigkeitenrechts gleichgestellte Personen in Betracht.

1. Inhaber von Betrieben und Unternehmen

25 **Normadressaten** von § 130 OWiG sind in erster Linie die Inhaber von Betrieben und Unternehmen. Damit knüpft das Gesetz entweder scheinbar an vorindustrielle Wirtschaftsstrukturen an, oder es stellt die Kleingewerbetreibenden in den Vordergrund. Das Erstere kann schon deshalb nicht angenommen werden, weil das Ordnungswidrigkeitengesetz ein modernes, immer wieder aktualisiertes Gesetz ist und auch die erst 1968 geschaffene Vorschrift des § 130 OWiG mehrfach angepasst wurde. Nach der Normstruktur richtet sich § 130 OWiG deshalb tatsächlich zunächst an die Inhaber von ihnen selbst geführter Betriebe und Unternehmen.

26 Dabei herrscht im Ordnungswidrigkeitenrecht eine erstaunliche Unordnung der Vorstellungen davon, was unter den von § 130 OWiG vorausgesetzten und gesetzlich nicht näher definierten Begriffen des Betriebs, des Unternehmens und des Inhabers eines solchen zu verstehen ist. Teilweise lösen sich die Autoren von den im Arbeitsrecht, Gewerberecht und Handelsrecht anerkannten Bedeutungen dieser Begriffe. Dabei werden auch Auffassungen vertreten, die sich stark am Zweck des Ordnungswidrigkeitenrechts orientieren, wenn z.B. ausgeführt wird, „Inhaber" sei nicht der „wirtschaftliche Eigentümer", sondern derjenige, dem die Erfüllung der den Betrieb oder das Unternehmen treffenden Pflichten obliegt.[1]

27 Eine solch starke Ausrichtung der **Interpretation des Inhaberbegriffs** am Zweck des Gesetzes, die sich weit vom Wortsinn der Allgemeinsprache entfernt, erscheint als verfassungsrechtlich nicht unbedenklich. Sie ist zudem überflüssig, weil ihr Ziel bereits anderweitig, nämlich durch § 9 OWiG erreicht wird, und sie arbeitet mit einem falschen Argument, wenn sie als Alternative den „wirtschaftlichen Eigentümer" bezeichnet. In der Allgemeinsprache ist „Inhaber" nämlich nicht der wirtschaftliche Eigentümer, eine eher fiktive Figur aus der Sprache der Juristen, sondern der rechtliche Eigentümer. Wer letzteren im Rahmen des § 130 OWiG als „Inhaber" versteht und dabei auch noch den Pächter eines Betriebs oder Unternehmens einbezieht, kommt ohne Weiteres zu angemessenen Ergebnissen. Da auf die weiteren Missverständnisse des Schrifttums zu den Begriffen „Betrieb" und „Unternehmen" hier nicht weiter eingegangen werden kann, sei insoweit auf die Erläuterung dieser Begriffe durch *Rogall*[2] verwiesen. Sie erklärt beide Begriffe gut und führt zu sinnvollen Ergebnissen bei der Rechtsanwendung.

---

1 *Lemke/Mosbacher*, § 130 OWiG Rz. 5.
2 *Rogall* in KK OWiG, § 9 OWiG Rz. 67, 68.

2. Öffentliche Unternehmen

Die begrifflichen Unsicherheiten bei der Anwendung von § 130 OWiG setzen sich fort, wenn es um die öffentlichen Unternehmen geht, die § 130 Abs. 2 OWiG den im ersten Absatz der Vorschrift bezeichneten Unternehmen gleichstellt. *Rogall*[1] verdient Zustimmung, wenn er diese **Gleichstellung** als **überflüssig** bezeichnet, weil die öffentlichen Unternehmen natürlich zu den Unternehmen gehören, an deren Inhaber sich bereits § 130 Abs. 1 OWiG richtet.

Wenn die öffentlichen Unternehmen schon angesprochen werden, macht es allerdings Sinn, der im Schrifttum übergangenen Frage nachzugehen, wer bei ihnen eigentlich der **Inhaber** ist, auf den es für § 130 OWiG ankommt. Dies ist der Träger des jeweiligen öffentlichen Unternehmens. Ihm gehören die Betriebsmittel des öffentlichen Unternehmens, und ihn treffen auch die aus der Inhaberschaft an Betriebsmitteln und Unternehmen folgenden Aufsichtspflichten. Träger eines öffentlichen Unternehmens sind öffentlich-rechtliche Körperschaften und Anstalten.

Bei den unternehmenstragenden **öffentlich-rechtlichen Anstalten** führt die Anwendung von § 9 OWiG in aller Regel zu sachgerechten Ergebnissen. Werden etwa von Mitarbeitern einer Landesbank aufsichtsrechtliche Vorschriften in ordnungswidriger Weise verletzt, so ist grundsätzlich deren Vorstand als gesetzliches Vertretungsorgan für die Aufsicht über diese Mitarbeiter nach § 130 OWiG verantwortlich.

Bei einer **öffentlich-rechtlichen Körperschaft** ist es schwieriger, die für die Erfüllung der aus § 130 OWiG abgeleiteten Aufsichtspflicht verantwortlichen Personen zu identifizieren, wenn es in einem Eigen- oder Regiebetrieb der Körperschaft zu Zuwiderhandlungen gegen das Straf- oder Ordnungswidrigkeitenrecht kommt. Gleich alle Organe der unternehmenstragenden Körperschaft und sämtliche Mitglieder dieser Organe nach § 9 Abs. 1 OWiG in die Aufsichtspflicht des § 130 OWiG einzubeziehen, dürfte entschieden zu weit führen. Es liegt deshalb nahe, § 9 Abs. 1 Nr. 1 OWiG für die Organe unternehmenstragender öffentlich-rechtlicher Körperschaften dahin teleologisch einzuschränken, dass die durch diese Vorschrift angeordnete Pflichtenerstreckung nur für die nach dem internen Recht der betreffenden Körperschaft für die Aufsicht über den betreffenden Eigen- oder Regiebetrieb zuständigen Organmitglieder gilt.

Zur Vermeidung von Missverständnissen sei hinzugefügt, dass der vorstehende Absatz nur für **Eigen- und Regiebetriebe** öffentlich-rechtlicher Körperschaften, nicht aber für deren Tochtergesellschaften gilt, die als Handelsgesellschaften des Privatrechts errichtet wurden.

3. Inhabern gleichgestellte Personen

Welch große Bedeutung bei allen wirtschaftsrechtlichen Ordnungswidrigkeiten und insbesondere bei § 130 OWiG die Erweiterung des Täterkreises durch § 9 Abs. 1 und 2 OWiG auf Organpersonen und -mitglieder, vertretungsberechtigte

---

1 *Rogall* in KK OWiG, § 130 OWiG Rz. 29.

Gesellschafter rechtsfähiger Personengesellschaften, Betriebs- und Unternehmensleiter sowie eigenverantwortlich handelnde Beauftragte hat, wurde nicht nur im vorangehenden Abschnitt über die öffentlichen Unternehmen, sondern auch schon in Rz. 7f. und Rz. 16ff. erwähnt. An diese Bedeutung und die **Funktion des § 9 OWiG** ist deshalb hier nur noch einmal zu erinnern.

III. Tatbestand

34 Der Tatbestand des § 130 Abs. 1 OWiG besteht aus der **Unterlassung von Aufsichtsmaßnahmen**, die zur Verhinderung betriebsbezogener **Zuwiderhandlungen** gegen Pflichten erforderlich sind, die den Inhaber des Betriebs in dieser Eigenschaft treffen. Nach § 130 Abs. 1 Satz 3 OWiG gehören zu solchen Aufsichtsmaßnahmen „auch" (d.h. also nicht nur) die Bestellung, sorgfältige Auswahl und Überwachung von Aufsichtspersonen. Im Tatbestand des § 130 Abs. 1 OWiG spielen die Unterlassung von Aufsichtsmaßnahmen und die Gefahr betriebsbezogener Zuwiderhandlungen gegen bestimmte Pflichten eine zentrale Rolle.

1. Unterlassung erforderlicher Aufsichtsmaßnahmen

35 Bei der Befassung mit Rechtsprechung und Schrifttum zu § 130 OWiG fällt auf, wie häufig statt von der „Unterlassung von Aufsichtsmaßnahmen", wie sie der Tatbestand voraussetzt, in Anlehnung an die Überschrift des vierten Abschnitts des OWiG von einer **Verletzung von Aufsichtspflichten** gesprochen wird. Das erscheint als problematisch, ist doch die Unterlassung einer erforderlichen Maßnahme etwas anderes als die Verletzung einer Pflicht. Mag die Pflichtverletzung auch wie das Spiegelbild der Unterlassung der gebotenen Maßnahme erscheinen, so entsteht die Aufsichtspflicht doch überhaupt erst dadurch, dass gebotene Aufsichtsmaßnahmen festgestellt werden können. Der Charakter des § 130 Abs. 1 OWiG als echtes Unterlassungsdelikt legt es jedenfalls nahe, den Tatbestand stärker aus dem Blickwinkel des Unterlassens erforderlicher Maßnahmen zu begreifen, als dies bisher geschieht.

36 Welche Aufsichtsmaßnahmen im Einzelfall erforderlich sind, um der Gefahr betriebsbezogener Zuwiderhandlungen zu begegnen, ist für Verwaltungsbehörden und Gerichte, die im Bußgeldverfahren mit einem konkreten Sachverhalt befasst werden, in dem es zu einer Zuwiderhandlung kam, scheinbar leichter zu entscheiden als für die nach §§ 130 Abs. 1, 9 OWiG handlungspflichtigen Personen. Tatsächlich besteht indes kein Unterschied, weil nämlich das *„benefit of hindsight"* bei der Feststellung, ob Aufsichtsmaßnahmen geboten waren, **außer Betracht** zu bleiben hat.

37 Aus der zweifachen Verwendung des Wortes „erforderlich" in § 130 Abs. 1 OWiG ergibt sich zunächst, dass nur „erforderliche" Aufsichtsmaßnahmen geschuldet werden. Dies schließt ein, dass sie zur Erreichung ihres Ziels „geeignet" sein müssen, denn eine ungeeignete Aufsichtsmaßnahme wäre nicht erforderlich. Aus dem Begriff der „gehörigen" Aufsicht am Ende von § 130 Abs. 1 Satz 1

OWiG lässt sich schließen, dass die unterlassene Aufsichtsmaßnahme auch zumutbar sein muss.[1] Die Anwendung dieser Kriterien der Geeignetheit, Erforderlichkeit und Zumutbarkeit stellt auch sicher, dass der mit Verfassungsrang ausgestattete **Grundsatz der Verhältnismäßigkeit** bei der Anwendung von § 130 OWiG eingehalten wird.

Die weiteren Überlegungen dazu, welche **Aufsichtsmaßnahmen im Einzelfall** geboten sein können, gehen im Schrifttum und der Rechtsprechung sichtlich auseinander. Während die Wissenschaft versucht, die zu treffenden Maßnahmen systematisch zu ordnen, und dabei Leitungs-, Koordinations- Organisations- und Kontrollpflichten unterscheidet, die wiederum systematisch in verschiedenen Stufen von der Auswahl der Mitarbeiter und Aufsichtspersonen über den Aufbau einer sachgerechten Organisation, die Aufklärung der Mitarbeiter über ihre Pflichten und die Kontrolle ihrer Pflichterfüllung bis zur innerbetrieblichen Sanktionierung von Pflichtverstößen reichen[2], geht die Rechtsprechung eher pragmatisch vor.

38

Sie orientiert sich eher am Einzelfall und läuft damit Gefahr, sich mit der unzureichenden (vgl. Rz. 36) Feststellung zu begnügen, der konkrete Fall habe ja gezeigt, dass die getroffenen Maßnahmen nicht ausreichend gewesen seien.

39

Die Gerichte verlangen generell, dass Aufsichtsmaßnahmen getroffen werden, die **erforderlich** sind, um Verstöße gegen betriebsbezogene Pflichten zu verhindern[3]. Sie betonen besonders die aus § 130 Abs. 1 Satz 2 OWiG folgende Pflicht zum Einsatz von Aufsichtspersonen und auch zu deren Überwachung[4] und haben eine Verpflichtung zu gesteigerten Aufsichtsmaßnahmen für die Fälle entwickelt, in denen es im Betrieb bereits zu Pflichtverstößen durch Mitarbeiter gekommen ist[5] oder wenn es um die Einhaltung von Pflichten aus besonders komplexen Rechtsmaterien geht[6]. Insgesamt sind die von der Wissenschaft in einen systematischen Zusammenhang gestellten Rechtspflichten sämtlich in der einen oder anderen Weise entweder aus der Rechtsprechung entnommen oder von ihr bestätigt worden[7].

40

Spezialgesetzliche Aufsichtspflichten, wie sie sich z.B. für die Kredit- und Finanzdienstleistungsinstitute aus § 25a KWG und für Wertpapierdienstleistungsunternehmen aus § 33 WpHG ergeben, ergänzen den Tatbestand des § 130 OWiG. Die Verletzung solcher spezialgesetzlich angeordneten Aufsichtspflichten indiziert zugleich den tatbestandsmäßigen Verstoß gegen § 130 OWiG durch den Inhaber des betreffenden Unternehmens oder ihm nach § 9 OWiG gleichgestellte Personen.

41

---

1 *Rogall* in KK OWiG, § 130 OWiG Rz. 38, 49 f.; OLG Düsseldorf v. 12.11.1998 – 2 Ss (OWi) 385/98, wistra 1999, 116.
2 *Rogall* in KK OWiG, § 130 OWiG Rz. 40.
3 BayObLG v. 10.8.2001 – 3 ObOWi 51/01, NJW 2002, 766.
4 BGH v. 25.6.1985 – KRB 2/85, NStZ 1986, 34.
5 OLG Düsseldorf v. 27.3.2006 – VI-Kart 3/05 (OWi), WuW/E DE-R 1733, 1745 f.
6 OLG Düsseldorf v. 5.4.2006 – VI-2 Kart 5 u. 6/05 OWi, WuW/E DE-R 1893, 1897.
7 Z.B. für Kontrollpflichten: BGH v. 23.3.1973 – 2 StR 390/72, BGHSt 25, 158, 163; OLG Köln v. 20.5.1994 – Ss 193/94 (B), wistra 1994, 315 und für Organisationspflichten: OLG Düsseldorf v. 12.11.1998 – 2 Ss (OWi) 385/98, wistra 1999, 115, 116 (r. Sp.).

2. Zumutbarkeit von Aufsichtsmaßnahmen

42 Während gesetzlich vorgeschriebene Aufsichtsmaßnahmen solange als zumutbar anzusehen sind, wie nicht ihre Verfassungswidrigkeit wegen des Fehlens ihrer Verhältnismäßigkeit im engeren Sinn festgestellt wird, wird die **Zumutbarkeit** allgemein aus § 130 Abs. 1 OWiG abgeleiteter Aufsichtsmaßnahmen von der Rechtsprechung[1] und dem Schrifttum[2] als **besonderes Kriterium des Tatbestands** erörtert und aus der „gehörigen Aufsicht" hergeleitet, die § 130 Abs. 1 Satz 1 OWiG verlangt. Wie in Rz. 37 erwähnt, handelt es sich bei der Prüfung der Zumutbarkeit von Aufsichtsmaßnahmen im Rahmen von § 130 Abs. 1 OWiG um einen Teil der konkreten Ausprägung, die das mit Verfassungsrang ausgestattete Verhältnismäßigkeitsprinzip im Tatbestand dieser Norm erfahren hat.

3. Mehrstufige Aufsicht

43 In großen Organisationen tauchen zwei faktische Probleme auf, die der Tatbestand der § 130 Abs. 1 OWiG aufwirft. Beide befassen sich mit der Frage nach der Person, die als Betroffener für ein Bußgeldverfahren in Betracht kommt, und beide Probleme können auch parallel auftreten.

44 Die erste Frage stellt sich bei einer **vertikalen Mehrstufigkeit** der Aufsicht in Unternehmen, die den Anforderungen des § 130 OWiG entsprechende Aufsichtsmaßnahmen eingeführt haben. Wenn in einer solchen Organisation auf unterer Ebene eine Aufsichtspflichtverletzung und eine betriebsbezogene Zuwiderhandlung vorkommen, ist es möglich, dass die bußgeldrechtliche Verantwortung nach §§ 9 Abs. 2 Nr. 2, 130 Abs. 1 OWiG die auf nachgeordneter Ebene aufsichtspflichtige Person (und unter Umständen nach § 30 Abs. 1 Nr. 5 OWiG das Unternehmen), aber nicht den oder die Inhaber oder die ihnen nach § 9 OWiG gleichgestellten Vorstände oder Geschäftsführer trifft.

45 Voraussetzung dafür ist allerdings, dass die Inhaber oder die ihnen gleichgestellten Personen nicht ihrerseits Pflichten bei der Auswahl, Instruktion und Kontrolle der zwischengeschalteten Aufsichtspersonen verletzt haben.

46 Bei der horizontalen Verteilung der Unternehmensleitung auf **mehrere Personen eines Führungsgremiums** ist jede dieser Personen primär im jeweils eigenen Zuständigkeitsbereich, wie er sich aus der internen **Geschäftsverteilung** ergibt, dafür verantwortlich, dass die erforderlichen Aufsichtsmaßnahmen getroffen werden. Daneben verbleibt allerdings eine Sekundärverpflichtung, darauf zu achten, ob die Kollegen des Leitungsgremiums in ihren Zuständigkeitsbereichen die gehörigen Aufsichtsmaßnahmen treffen. Wer Kenntnis davon erhält, dass es hieran mangelt, ist wieder selbst verpflichtet, für die erforderlichen Aufsichtsmaßnahmen zu sorgen.[3]

---

1 BGH v. 11.3.1986 – KRB 8/85, wistra 1986, 222, 223 f.
2 *Rogall* in KK OWiG, § 130 OWiG Rz. 49 f.
3 *Rogall* in KK OWiG, § 130 OWiG Rz. 68.

4. Zuwiderhandlung

Das Unterlassen gebotener Aufsichtsmaßnahmen erfüllt den Tatbestand des § 130 Abs. 1 OWiG nur, wenn es zu einer Zuwiderhandlung gegen Pflichten kommt, die den Betriebsinhaber treffen. Während in der Praxis diese Zuwiderhandlung regelmäßig das Ereignis ist, das ein Verfahren wegen § 130 OWiG überhaupt erst ins Rollen bringt, ist die Zuwiderhandlung rechtlich nicht der Auslöser einer Bußgeldfestsetzung (das ist das Unterlassen gebotener Aufsichtsmaßnahmen), sondern eine **objektive Bedingung** dafür, dass eine Geldbuße verhängt werden kann. Diese Bedingung ist nur erfüllt, wenn die Zuwiderhandlung im Inland begangen wird.[1]

47

Die **Zuwiderhandlung** muss nur **als solche** feststehen, und zwar hinsichtlich ihres objektiven Tatbestandes und ihrer Begehung mit zumindest natürlichem Vorsatz.[2] Ein konkreter Täter der Zuwiderhandlung muss dagegen nicht feststehen.[3] Genauso wenig ist es erforderlich, dass in der Person des Zuwiderhandelnden bestimmte die Strafbarkeit oder Ahndungsfähigkeit der Zuwiderhandlung begründende persönliche Merkmale vorliegen[4], und der Zuwiderhandelnde braucht sich auch nicht selbst strafbar oder bußgeldpflichtig gemacht zu haben.[5]

48

Die Zuwiderhandlung muss sich gegen **betriebsbezogene Pflichten** richten. Dies sind in erster Linie, aber nicht nur, die Pflichten, die einen Betriebsinhaber gerade in dieser Eigenschaft treffen. Eine Änderung von § 130 Abs. 1 OWiG durch das 41. Strafrechtsänderungsgesetz hat im Jahr 2007 klargestellt, dass auch Allgemeindelikte als Zuwiderhandlungen zu berücksichtigen sind. Bei allen Zuwiderhandlungen, auch den Allgemeindelikten, muss jedoch eine Betriebsbezogenheit vorliegen.

49

Betriebsbezogen sind Zuwiderhandlungen vor allem dann, wenn sie von Mitarbeitern des Betriebs bei der Ausführung ihrer beruflichen Aufgaben begangen werden. Die Rechtsprechung lässt allerdings genügen, dass die Zuwiderhandlung durch Dritte erfolgt, die keine Mitarbeiter des Betriebs sind, z.B. durch den mit der Grenzabfertigung von Zollgut beauftragten Fahrer eines Frachtführers, den ein Grenzspediteur beauftragt hatte.[6]

50

Im Schrifttum ist diese Rechtsprechung sowohl auf Zustimmung[7] als auch auf berechtigten Widerspruch[8] gestoßen. Denn der Tatbestand des § 130 Abs. 1 OWiG setzt voraus, dass wenn schon kein Anstellungsverhältnis, dann doch mindestens eine Unterordnung des betriebsfremden Dritten unter die **Direktionsbefugnis** des Inhabers oder der ihm nach § 9 OWiG gleichgestellten Personen be-

51

---

1 *Gürtler* in Göhler, § 130 OWiG Rz. 17; § 7 OWiG Rz. 6.
2 *Rogall* in KK OWiG, § 130 OWiG Rz. 75; BayObLG v. 3.9.1998 – 3 ObOWi 97/98, wistra 1999, 71, 73.
3 *Gürtler* in Göhler, § 130 OWiG Rz. 20.
4 *Többens*, NStZ 1999, 1, 5 (l. Sp.).
5 *Gürtler* in Göhler, § 130 OWiG Rz. 21.
6 OLG Düsseldorf v. 24.4.1991 – 5 Ss (OWi) 322/90 – (OWi) 79/90 III, wistra 1991, 275, 277.
7 *Lemke/Mosbacher*, § 130 OWiG Rz. 17; *Gürtler* in Göhler, § 130 OWiG Rz. 19.
8 *Rogall* in KK OWiG, § 130 OWiG Rz. 92.

steht. Deshalb reicht es für § 130 OWiG aus, wenn ein Leiharbeitnehmer die Zuwiderhandlung begeht, nicht aber, wenn dies der Mitarbeiter eines Drittunternehmens tut.

52 Zwischen der Unterlassung von Aufsichtsmaßnahmen und der Zuwiderhandlung muss ein **Kausalzusammenhang** bestehen. Und zwar ist erforderlich, dass die Verhinderung der Zuwiderhandlung in den Schutzzweck der unterlassenen Aufsichtsmaßnahme fällt.[1]

53 Nach dem Wortlaut von § 130 Abs. 1 Satz 1 OWiG genügt seit 1994 für den Tatbestand der Vorschrift, dass bei Durchführung der unterlassenen Aufsichtsmaßnahmen die Zuwiderhandlung wesentlich erschwert worden wäre. Die mit dieser Auflockerung der Anforderungen an die Kausalität verbundenen Fragen beschäftigen das Schrifttum[2] ersichtlich stärker als die Rechtsprechung, so dass sich die Frage stellen lässt, welche praktische Bedeutung sie eigentlich haben.

5. Subjektiver Tatbestand

54 § 130 OWiG kann sowohl bei **vorsätzlicher** wie bei **fahrlässiger Verwirklichung des Tatbestands** geahndet werden. Der Vorsatz oder die Fahrlässigkeit müssen sich auf die Unterlassung der erforderlichen Aufsichtsmaßnahmen beziehen und auch die Gefahr einbeziehen, dass es zu betriebsbezogenen Zuwiderhandlungen kommen könnte[3]. Auf die konkrete Zuwiderhandlung, die nur eine objektive Voraussetzung für die Ahndung eines Verstoßes gegen § 130 OWiG ist, braucht sich das Verschulden dagegen nicht zu beziehen.

55 Angesichts mancher unbestimmter Rechtsbegriffe in § 130 Abs. 1 OWiG, liegt der Hinweis nahe, dass ein nach § 11 Abs. 2 OWiG beachtlicher **Verbotsirrtum** das Verschulden des Betroffenen ausschließen kann.[4]

6. Konzernsachverhalte

56 Ein Sonderproblem des Tatbestands von § 130 Abs. 1 OWiG ist die Frage, ob „Betrieb" oder „Unternehmen" im Sinne dieser Vorschrift auch ein Konzern sein kann. Diese Frage, die von einer Klärung weit entfernt zu sein scheint[5] und weiterer Vertiefung bedarf[6], ist in den letzten Jahren im Zuge der immer intensiver geführten Compliance-Diskussion verstärkt ins Blickfeld geraten.

57 Der **Bundesgerichtshof** hat diese Frage 1981 einmal gestreift und in einem *obiter dictum*[7] Zweifel angedeutet, ob die nach § 9 OWiG verantwortlichen Organper-

---

1 *Gürtler* in Göhler, § 130 OWiG Rz. 22b; *Rogall* in KK OWiG, § 130 OWiG Rz. 102.
2 *Achenbach*, wistra 1998, 296, 300r. Sp.; *Gürtler* in Göhler, § 130 OWiG Rz. 22a; *Rogall* in KK OWiG, § 130 OWiG Rz. 100.
3 *Gürtler* in Göhler, § 130 OWiG Rz. 16a; *Rogall* in KK OWiG, § 130 OWiG Rz. 103.
4 *Rogall* in KK OWiG, § 130 OWiG Rz. 104.
5 *Gürtler* in Göhler, § 130 OWiG Rz. 5a; HWSt-*Achenbach* I 3 Rz. 42.
6 *Rogall* in KK OWiG, § 30 OWiG Rz. 70a.
7 BGH v. 1.12.1981 – KRB 3/79, WuW/E, BGH 1871, 1876 – Transportbeton.

sonen einer Mutter-AG überhaupt Täter einer nach § 130 Abs. 1 OWiG zu sanktionierenden Unterlassung von Aufsichtsmaßnahmen sein können, wenn sich die Zuwiderhandlung nicht bei der AG selbst sondern in deren Tochter-GmbH ereignet hat. Während Verwaltungsbehörden immer wieder und vielleicht auch immer häufiger dazu neigen, einen Konzern mit dem in § 130 Abs. 1 OWiG genannten Unternehmen gleichzusetzen, findet sich im Schrifttum ein breites Spektrum verschiedener Ansichten. Sie lassen sich in folgende Gruppen gliedern:

Eine Gruppe von Autoren betont die **rechtliche Selbstständigkeit** konzernabhängiger Unternehmen und schließt unter Hinweis darauf ordnungswidrigkeitenrechtliche Aufsichtspflichten über die Tochtergesellschaften aus[1] oder kommt mit einer aus dem in § 130 OWiG verwendeten Begriff des **Inhabers** und dem **Normzweck** des § 130 OWiG abgeleiteten Begründung zum selben Ergebnis.[2]

58

Eine zweite Gruppe differenziert danach, welche **Aufsichtspflichten** in einem Konzern von der Obergesellschaft tatsächlich **wahrgenommen** werden oder aufgrund der gesellschaftsrechtlichen Situation (z.B. eines Beherrschungsvertrags oder des Weisungsrechts der Gesellschafter gegenüber GmbH-Geschäftsführern) wahrgenommen werden können.[3] Die Auffassung, § 130 Abs. 1 OWiG erstrecke sich nur bei 100 %-Beteiligungen auf in den Tochtergesellschaften begangene Zuwiderhandlungen[4], ist demgegenüber eher vereinzelt geblieben.

59

Neuerdings wurde zu Recht darauf hingewiesen, dass das Wirtschaftsverwaltungsrecht (z.B. in § 25a KWG) **öffentlich-rechtliche Aufsichtspflichten** kennt, die nicht nur für Einzelunternehmen, sondern auch **für Unternehmensgruppen** gelten.[5] Dies begründet nicht nur eine verwaltungsrechtliche Pflicht zur Beaufsichtigung der Tochtergesellschaften, sondern auch eine Pflicht aus § 130 Abs. 1 OWiG zur Durchführung von Aufsichtsmaßnahmen bei Tochterinstituten des übergeordneten Unternehmens einer Institutsgruppe. Dabei sind allerdings auch gegenläufige Tendenzen zu berücksichtigen, die gerade im Bankaufsichtsrecht die Weisungsunabhängigkeit der Geschäftsleiter von Tochterinstituten gegenüber einem Durchgriff der Muttergesellschaft auf ihre Geschäftsführungsmaßnahmen schützen. Desgleichen kann die Verletzung der konzernrechtlichen Verpflichtung der Konzernspitze, den Konzern nach Recht und Gesetz zu leiten[6], über ihre gesellschafts- und konzernrechtlichen Folgen hinaus die Verpflichtung aus § 130 Abs. 1 OWiG auslösen, entsprechende Aufsichtsmaßnahmen zu ergreifen. Welche Maßnahmen dies im Einzelnen sind, hängt davon ab, ob der Konzern zentral oder dezentral organisiert ist.[7]

60

---

1 *Gürtler* in Göhler, § 130 OWiG Rz. 5a; *Rebmann/Roth/Hermann*, § 130 OWiG Rz. 5.
2 *J. Koch*, WM 2009, 1013, 1018 (l. Sp.).
3 *Dreher*, ZWeR 2004, 75, 101 ff.; *Bohnert*, § 130 OWiG Rz. 7; *Achenbach* in Frankfurter Komm. Kartellrecht, Vorbem. § 81 GWB 2005 Rz. 69; *Mansdörfer/Timmerbeil*, WM 2004, 362, 368 (l. Sp.).
4 *Tiedemann*, NJW 1979, 1849, 1852.
5 *Uwe H. Schneider*, NZG 2009, 1321, 1324.
6 *Uwe H. Schneider/Sven H. Schneider*, ZIP 2004, 2061 (r. Sp.).
7 Dazu näher *Uwe H. Schneider*, NZG 2009, 1321, 1326.

61 Ungelöst ist in diesem Zusammenhang die Frage, wie weit die nach §§ 9, 130 OWiG an sich bei der Tochtergesellschaft **handlungspflichtigen Personen** dadurch von ihrer eigenen Verpflichtung aus § 130 OWiG **entlastet** werden, die zur Vermeidung von Zuwiderhandlungen gebotenen Aufsichtsmaßnahmen zu ergreifen, dass diese Pflicht auf die Muttergesellschaft und deren Organe erstreckt wird.[1]

62 Mehr offene als bereits erörterte oder gar gelöste Fragen wirft schließlich der Tatbestand des **internationalen Konzerns** auf. Gegenüber ausländischen Muttergesellschaften inländischer Tochterunternehmen werden hier schnell die geografischen Grenzen des § 5 OWiG erreicht, die auch für die Anwendbarkeit des § 130 OWiG gelten, und es stellt sich allenfalls die Frage der Verantwortlichkeit von Organpersonen an der Spitze eines inländischen Teilkonzerns. Bei ausländischen Töchtern inländischer Muttergesellschaften ist wegen der objektiven Bedingung für die Ahndung als Ordnungswidrigkeit, dass die Zuwiderhandlung mit „Strafe oder mit Geldbuße bedroht" sein muss, für eine Anwendung von § 130 Abs. 1 OWiG zu verlangen, dass die Zuwiderhandlung in Deutschland gem. §§ 3 ff. StGB als Straftat oder nach § 5 OWiG als Ordnungswidrigkeit verfolgt werden kann.

IV. Rechtsfolgen

63 Die Rechtsfolgen der Unterlassung nach § 130 Abs. 1 OWiG gebotener Aufsichtsmaßnahmen ergeben sich aus § 130 Abs. 3 OWiG und aus § 17 Abs. 2 OWiG. Bei der Anwendung dieser Vorschriften sind für die Ermittlung des anwendbaren Bußgeldrahmens folgende Fälle zu unterscheiden, die sich aus der bei der Unterlassung der Aufsichtsmaßnahmen und bei der Zuwiderhandlung vorliegenden Form der Schuld ergeben:

1. Doppelter Vorsatz

64 Werden sowohl die Unterlassung der Aufsichtsmaßnahmen als auch die Zuwiderhandlung vorsätzlich begangen, so reicht der Rahmen für das festzusetzende Bußgeld von 5 Euro (§ 17 Abs. 1 OWiG) bis zu 1 Mio. Euro, wenn die Zuwiderhandlung eine Straftat ist, und wenn es sich bei der Zuwiderhandlung um eine Ordnungswidrigkeit handelt, bis zum Höchstbetrag der für die Zuwiderhandlung angedrohten Geldbuße (§ 130 Abs. 3 Satz 2 OWiG). Ist die Zuwiderhandlung sowohl mit Strafe als auch mit Geldbuße bedroht, wie dies etwa für § 298 StGB gilt, so ist die Obergrenze der möglichen Geldbuße auch dann maßgeblich, wenn sie die Grenze von 1 Mio. Euro übersteigt (§ 130 Abs. 3 Satz 3 OWiG).

2. Doppelte Fahrlässigkeit

65 Wurden sowohl die Aufsichtsmaßnahmen fahrlässig unterlassen als auch eine mit Geldbuße bedrohte Zuwiderhandlung fahrlässig begangen und unterscheidet

---

1 Hierzu einerseits *Dreher*, ZWeR 2004, 75, 104 und andererseits *Achenbach* in Frankfurter Komm. Kartellrecht, Vorbem. § 81 GWB 2005 Rz. 69 a.E.

die für die Zuwiderhandlung maßgebliche Bußgeldbestimmung hinsichtlich der Obergrenze des Bußgelds nicht zwischen Vorsatz und Fahrlässigkeit, so wird die vorstehend beschriebene Höchstgrenze des Bußgelds **zwei Mal** nach § 17 Abs. 2 OWiG **halbiert**, einmal für die Fahrlässigkeit bei der Zuwiderhandlung und einmal für die Fahrlässigkeit bei der Unterlassung von Aufsichtsmaßnahmen.[1] Ist die Zuwiderhandlung dagegen eine Straftat und mag sie auch nur fahrlässig begangen sein, so bewendet es bei der einmaligen Anwendung von § 17 Abs. 2 OWiG.

3. Vorsatz/Fahrlässigkeitskombination

Liegt dagegen Fahrlässigkeit nur bei entweder der Unterlassung der Aufsichtsmaßnahmen oder bei der mit Geldbuße bedrohten Zuwiderhandlung vor, während der jeweils andere Rechtsverstoß vorsätzlich begangen wurde, so ist die **Halbierung** der Obergrenze für die Geldbuße nach § 17 Abs. 2 OWiG **nur einmal** durchzuführen. Geschieht die Unterlassung der Aufsichtsmaßnahmen vorsätzlich und ist die Zuwiderhandlung eine fahrlässig begangene Straftat, so bleibt es bei der Obergrenze von 1 Mio. Euro aus § 130 Abs. 3 Satz 1 OWiG.

66

4. Konkrete Bemessung der Geldbuße

Die Bemessung der Geldbuße im **Einzelfall** erfolgt nach den durch § 17 OWiG vorgegebenen Regeln. Dabei stehen nach § 17 Abs. 3 OWiG die Schwere der Unterlassung von Aufsichtsmaßnahmen und der Vorwurf im Vordergrund, der den Täter im konkreten Fall trifft. Wenn gem. § 17 Abs. 3 Satz 2 OWiG auf wirtschaftliche Verhältnisse abzustellen ist, geht es um diejenigen des aufsichtspflichtigen Betroffenen, nicht aber um diejenigen des Täters der Zuwiderhandlung. Die Zuwiderhandlung kann aber durchaus bei der Festsetzung der Geldbuße eine Rolle spielen. Denn die Schwere der Unterlassung von Aufsichtsmaßnahmen beurteilt sich auch danach, zu welcher Art von Zuwiderhandlungen sie geführt hat.[2]

67

5. Unternehmensgeldbuße nach § 30 OWiG

Zu den Rechtsfolgen unterlassener Aufsichtsmaßnahmen, die zur Vermeidung von Zuwiderhandlung geboten waren, gehört schließlich auch die für die Bußgeldbehörde bestehende Möglichkeit, zusätzlich zu oder anstelle der Individualgeldbuße gem. § 30 OWiG eine **Verbandsgeldbuße** gegen den Rechtsträger des Unternehmens festzusetzen, bei dem die Aufsichtsmaßnahmen unterlassen wurden. Hierzu wird im Einzelnen auf *Wilsing*, § 27 Rz. 7 ff. und auf die vorstehenden Rz. 14 bis 21 verwiesen.

68

---

1 *Gürtler* in Göhler, § 130 OWiG Rz. 28.
2 OLG Celle v. 28.2.2007 – 322 Ss 39/07, NStZ-RR 2007, 215; *Rogall* in KK OWiG, § 130 OWiG Rz. 106.

V. Verfahren und Verjährung

69 Das Verfahren zur Verfolgung der Unterlassung gebotener Aufsichtsmaßnahmen wird ebenso wie die Verjährung solcher Unterlassungen ganz maßgeblich von der **Zuwiderhandlung** bestimmt.

1. Verfahren

70 Dies gilt zunächst für die Bestimmung der für das Bußgeldverfahren **zuständigen Behörde**. Nach § 131 Abs. 3 OWiG ist dies die für die Verfolgung der Zuwiderhandlung zuständige Verwaltungsbehörde. Stellt die Zuwiderhandlung selbst eine Ordnungswidrigkeit dar, ist dies die nach § 36 OWiG zu ermittelnde Verwaltungsbehörde. Ist die Zuwiderhandlung eine Straftat, so ordnet § 131 Abs. 3 (letzter Satzteil) OWiG an, dass diejenige Verwaltungsbehörde für die Verfolgung der Unterlassung von Aufsichtsmaßnahmen zuständig ist, die hypothetisch für die Verfolgung der Zuwiderhandlung zuständig wäre, wäre diese statt einer Straftat eine Ordnungswidrigkeit. Diese Regelung wird in vielen Fällen des Nebenstrafrechts und bei allen staatlich beaufsichtigten Unternehmen rasch zur Ermittlung der zuständigen Behörde führen. Bei Zuwiderhandlungen aus dem allgemeinen Strafrecht ist subsidiär die Staatsanwaltschaft zuständig[1], die nach §§ 53 Abs. 1 Satz 3, 42 OWiG ohnehin einzuschalten ist, wenn sich ein Zusammenhang zwischen einer Ordnungswidrigkeit und einer Straftat ergibt.

71 Kann die Zuwiderhandlung nur auf **Antrag** verfolgt werden, so gilt nach § 131 Abs. 2 OWiG dasselbe für die Verfolgung der Unterlassung von Aufsichtsmaßnahmen, die diese Zuwiderhandlung überhaupt erst ermöglicht hat. Antragsberechtigt ist derjenige, der auch bezüglich der Zuwiderhandlung antragsberechtigt ist.

2. Verjährung

72 Die Verjährungsfrist für die Unterlassung gebotener Aufsichtsmaßnahmen ist diejenige Frist, in der auch die **Zuwiderhandlung** verjährt. Über dieses Ergebnis sind sich Rechtsprechung und Schrifttum einig, über seine Begründung dagegen nicht. Während die herrschende Meinung auch insoweit auf § 131 Abs. 3 OWiG zurückgreift[2], argumentiert die Gegenseite überzeugender mit dem Charakter von § 130 OWiG als Auffangdelikt[3], das über § 130 Abs. 3 OWiG hinsichtlich seiner Rechtsfolgen an die Zuwiderhandlung gekoppelt ist.[4] Die für die Zuwiderhandlung maßgebliche Verjährungsfrist gilt auch dann, wenn die Zuwiderhandlung eine Straftat ist. Dies kann zu für das Ordnungswidrigkeitenrecht ungewöhnlich langen Verjährungsfristen führen.

---

1 *Gürtler* in Göhler, § 131 OWiG Rz. 9.
2 OLG Frankfurt am Main v. 18.11.1991 – 1 Ws 95/91, NStZ 1992, 193 (l. Sp.); OLG Köln v. 12.1.1990 – Ss 666/89, NStZ 1990, 192 (l. Sp.); *Rebmann/Roth/Herrmann*, § 130 OWiG Rz. 35; *Gürtler* in Göhler, § 130 OWiG Rz. 30; *Bohnert* in KK OWiG, § 131 OWiG Rz. 28.
3 OLG Düsseldorf v. 10.8.1984 – 5 Ss (OWi) 250/84 – 199/84 I, MDR 1985, 78 (r. Sp.).
4 *Rogall* in KK OWiG, § 130 OWiG Rz. 112.

Die Verjährungsfrist beginnt mit der **Beendigung der Zuwiderhandlung**, die die unterlassenen Aufsichtsmaßnahmen möglich gemacht haben. Diesen Beginn hat der Bundesgerichtshof in einem *obiter dictum* für solange als noch nicht eingetreten angesehen als „in nächster Zeit weitere Verstöße derselben Art zu befürchten sind"[1] und ist damit auf berechtigte Kritik im Schrifttum gestoßen.[2]

73

D. Zivilrechtliche Folgen unterlassener Aufsichtsmaßnahmen

Kommt es in einem Unternehmen infolge unterlassener Aufsichtsmaßnahmen zu Zuwiderhandlungen, so liegt es nahe, dass diese Zuwiderhandlungen **Schäden** verursachen, sei es im Unternehmen selbst oder bei dessen Kunden oder anderen Dritten. Deshalb ranken sich die zivilrechtlichen Folgefragen im Bußgeldverfahren nachgewiesener Unterlassungen von Aufsichtsmaßnahmen vor allem um Schadenersatzansprüche, sei es des betroffenen Unternehmens selbst oder Dritter, die mit ihm in geschäftlichem oder sozialem Kontakt stehen.

74

I. Ansprüche des betroffenen Unternehmens

Ansprüche des betroffenen Unternehmens, dessen Inhaber nach § 130 OWiG wegen unterlassener Aufsichtsmaßnahmen bußgeldpflichtig ist, spielen bei Einzelunternehmen, wie sie § 130 Abs. 1 OWiG im Blick hat, wegen der Identität zwischen Unternehmer und Unternehmen keine Rolle. Anders sieht es jedoch aus, wenn die gebotenen Aufsichtsmaßnahmen von einer nach § 9 OWiG bußgeldrechtlich verantwortlichen Organ- oder Leitungsperson des Unternehmens (vgl. Rz. 7 f.) unterlassen wurden.

75

Die sich in solchen Fällen für eine **Aktiengesellschaft** gegenüber ihrem **Vorstand** stellenden Fragen werden in § 27 Rz. 20 ff. von *Wilsing* behandelt. Die Ausführungen dort lassen sich in weitem Umfang auf die Haftung von **GmbH-Geschäftsführern** übertragen, die bei der Führung ihrer Geschäfte gebotene Aufsichtsmaßnahmen gegenüber den Mitarbeitern ihrer GmbH unterlassen haben. Denn der Sorgfaltsmaßstab des § 43 GmbHG entspricht demjenigen des § 93 AktG (vgl. oben *Uwe H. Schneider*, § 2 Rz. 6 ff.). Ein Haftungsprivileg für die Ausführung von Gesellschafterbeschlüssen (oben *Uwe H. Schneider*, § 2 Rz. 24 ff.) entlastet den Geschäftsführer, der unter Verstoß gegen §§ 9, 130 Abs. 1 OWiG erforderliche Aufsichtsmaßnahmen unterlassen hat, nicht von seiner Haftung gegenüber der Gesellschaft. Denn Gesellschafterbeschlüsse, deren Ausführung Vorschriften verletzt, die wie § 130 OWiG im öffentlichen Interesse stehen, sind nichtig (vgl. *Uwe H. Schneider*, § 2 Rz. 28).

76

Hat dagegen ein **vertretungsberechtigter Gesellschafter** einer **Personengesellschaft** erforderliche Aufsichtsmaßnahmen mit der Folge unterlassen, dass es in der Personengesellschaft zu Zuwiderhandlungen gekommen ist, kommt ihm u.U. die Haftungsmilderung aus § 105 Abs. 3 HGB, §§ 708, 277 BGB zugute,

77

---
1 BGH v. 9.7.1984 – KRB 1/84, BGHSt 32, 389, 392.
2 *Dannecker*, NStZ 1985, 49, 56; *Rogall* in KK OWiG, § 130 OWiG Rz. 112.

nämlich dann, wenn weder der Gesellschaftsvertrag einen strengeren Haftungsmaßstab vorsieht noch eine teleologische Reduktion des § 708 BGB Platz greift, wie dies etwa für Publikumspersonengesellschaften geschieht[1].

II. Ansprüche Dritter

78　Dritte, die wegen unterlassener Aufsichtsmaßnahmen, die zu Zuwiderhandlungen geführt haben, Schadenersatz verlangen wollen, können sich mit ihren Ansprüchen sowohl gegen das Unternehmen als auch gegen denjenigen persönlich wenden, dem die Unterlassung der gebotenen Aufsichtsmaßnahmen zur Last fällt.

1. Drittansprüche gegen das Unternehmen

79　Gegen das Unternehmen gerichtete Schadenersatzansprüche können bei Bestehen einer **vertraglichen Sonderverbindung** zwischen dem Unternehmen und dem Dritten mit einer Verletzung vertraglicher (Neben-)Pflichten begründet werden (§§ 311, 280 BGB). In solchen Fällen stellt sich vor allem die Frage, ob das Unternehmen sich die Unterlassung der Aufsichtsmaßnahmen zurechnen lassen muss. Diese Frage beantworten § 31 BGB für die Mitglieder der Organe juristischer Personen und die vertretungsberechtigten Gesellschafter von Personenhandelsgesellschaften sowie § 278 BGB für die vertretungsberechtigten Gesellschafter von BGB-Gesellschaften.[2] Für Betriebsleiter und andere nach § 9 Abs. 2 OWiG möglicherweise für unterlassene Aufsichtsmaßnahmen verantwortliche Personen hat das Unternehmen vertragsrechtlich nach § 278 BGB einzustehen.

80　Außerhalb vertraglicher Sonderbeziehungen kommen Ansprüche Dritter gegen das Unternehmen vor allem aus unerlaubter Handlung in Betracht. Dabei ist die Anspruchsgrundlage die höhere Hürde für einen Schadenersatzanspruch als die Zurechnungsnorm. Denn eine unbestrittene Anspruchsgrundlage besteht nur im Fall der Verletzung eines der in § 823 Abs. 1 BGB aufgeführten absoluten Rechtsgüter. Liegt dagegen nur ein Vermögensschaden vor, so kommt als Anspruchsgrundlage allenfalls § 823 Abs. 2 BGB in Betracht, wenn § 130 OWiG als ein Schutzgesetz anzusehen ist. Dies wird von der Rechtsprechung verneint[3] und im Schrifttum unterschiedlich gesehen. Während manche den **Schutzgesetzcharakter von § 130 OWiG** verneinen (vgl. oben *Altmeppen*, § 7 Rz. 52 m.w.N.), befürworten ihn andere jedenfalls dann, wenn die konkret eingetretene Zuwiderhandlung ihrerseits gegen ein Schutzgesetz verstieß.[4] Das ist indessen im Hinblick auf § 823 Abs. 2 Satz 2 BGB nicht unproblematisch. Denn diese Norm setzt für die Schadenersatzhaftung einen schuldhaften Verstoß gegen ein Schutzgesetz

---

1　BGH v. 4.7.1977 – II ZR 150/75, BGHZ 69, 207, 209; BGH v. 12.11.1979 – II ZR 174/77, BGHZ 75, 321, 327 f. = AG 1980, 306; BGH v. 11.2.1980 – II ZR 41/79, BGHZ 76, 160, 166.
2　*Ulmer* in MünchKomm. BGB, 5. Aufl. 2009, § 705 BGB Rz. 260; *Schücking* in MünchHdb. GesR, Bd. I, § 3 Rz. 25; a.A. (§ 31 BGB): *Beuthien*, DB 1975, 725, 730; *Hadding* in Soergel, § 718 BGB Rz. 22.
3　BGH v. 13.4.1994 – II ZR 16/93, BGHZ 125, 366, 375.
4　Uwe H. *Schneider* in Scholz, § 43 GmbHG Rz. 330; *Lutter*, ZHR 157 (1993), 464, 478.

voraus. Wurde nun die Zuwiderhandlung nur objektiv tatbestandsmäßig und mit natürlichem Vorsatz verwirklicht, so würde unter Umständen für die Schadenersatzhaftung an eine Zuwiderhandlung angeknüpft, die der Anspruchsgegner nicht selbst begangen, sondern allenfalls ermöglicht hat und für die es dem Täter der Zuwiderhandlung an einem Verschulden fehlt, während der Anspruchsgegner die Aufsichtsmaßnahmen zwar schuldhaft unterlassen hat, sich sein Verschulden aber nicht auf die Zuwiderhandlung erstreckt. Dies könnte dafür sprechen, eine Verletzung von § 130 OWiG nur dann als Verstoß gegen ein Schutzgesetz zu behandeln, wenn sie **vorsätzlich** begangen wurde, denn in diesen Fällen hat der Anspruchsgegner wenigstens die Gefahr einer konkreten Zuwiderhandlung gekannt.

Soweit eine Haftung nach den in Rz. 80 erörterten Regeln überhaupt in Betracht kommt, geschieht die **Zurechnung** des Handelns desjenigen, der die gebotenen Aufsichtsmaßnahmen unterlassen hat, zum Unternehmen, dessen Inhaber, Organ, vertretungsberechtigter Gesellschafter oder Betriebsleiter er ist, nach folgenden Vorschriften: 81

– Inhaber eines Einzelunternehmens: wegen rechtlicher Identität von Unternehmen und Unternehmer bedarf es keiner besonderen Zurechnungsnorm.
– Organmitglieder juristischer Personen und vertretungsberechtigte Gesellschafter von Personengesellschaften: § 31 BGB.
– Betriebsleiter und eigenverantwortlich tätige Beauftragte: § 831 BGB.

2. Persönliche Drittansprüche

Gegen jemanden, der die gebotenen Aufsichtsmaßnahmen unterlassen hat, können auch persönliche Schadenersatzansprüche von denjenigen geltend gemacht werden, die durch die Zuwiderhandlung verletzt wurden. Da solche Schadenersatzansprüche in aller Regel auf einer deliktischen Grundlage erhoben werden dürften, stehen die in Rz. 80 erörterten Gründe auch der persönlichen Inanspruchnahme des für die Aufsichtsmaßnahmen Verantwortlichen im Wege, wenn nicht ausnahmsweise ein Fall des § 823 Abs. 1 BGB oder einer vorsätzlichen Unterlassung gebotener Aufsichtsmaßnahmen vorliegt. 82

Anders sieht es indessen für **vertretungsberechtigte Gesellschafter von Personengesellschaften** aus. Sie **haften akzessorisch** zur von ihnen vertretenen Personengesellschaft auch persönlich, wenn ihre Gesellschaft im Rahmen vertraglicher Beziehungen für die Unterlassung von Aufsichtsmaßnahmen einzustehen hat. Das folgt aus der entweder direkt oder über § 161 Abs. 2 HGB oder (für BGB-Gesellschaften) im Wege der Gesetzesanalogie entsprechend anwendbaren Vorschrift des § 128 HGB oder aus § 8 Abs. 1 PartGG. Für ihre Eigenhaftung im Falle einer deliktischen Haftung der von ihnen vertretenen Gesellschaften gilt dasselbe, allerdings nur soweit nach Rz. 80 eine Haftung dieser Gesellschaften selbst in Betracht kommt. 83

5. Teil
US-Klagen

§ 37
Liability of Directors and Officers of Non-U.S. Corporations under United States Federal Law

John Banes/Angela Burgess/Rebecca Winters/Petja Toskan*

	Rz.		Rz.
A. Introduction	1	IV. Enforcement Patterns and Practices	60
B. Securities Litigation	4	1. Criminal Liability	62
I. The '33 Act	5	2. Civil Liability	67
1. Liability for Deficient Disclosure	8	a) SEC Enforcement Actions	68
2. Liability for Violations of Section 5	17	b) Class Actions	73
3. Control Person Liability	18	**C. Derivative Litigation**	78
4. Enforcement by the SEC	22	**D. The Foreign Corrupt Practices Act**	83
5. Criminal Liability	23	I. Background	83
6. Indemnification of D&Os and Control Persons	24	1. Criminal Liability	88
II. The '34 Act	25	2. Civil Liability	89
1. Liability for Deficient Disclosure	29	II. Jurisdictional Issues	91
2. Control Person Liability	40	III. Enforcement Patterns and Practices	92
3. Insider Trading	43	**E. Antitrust**	99
4. Liability for Certifications Under the Sarbanes-Oxley Act	45	I. Background	99
5. Criminal Liability	50	II. Jurisdictional Issues	104
III. Jurisdictional Issues	51	III. Enforcement Patterns and Practices	107
1. Personal Jurisdiction	52	**F. Other Statutes**	110
2. Subject Matter Jurisdiction	56	**G. Conclusion**	111

A. Introduction

For directors and officers ("D&Os") of United States ("U.S.") corporations, litigation and the prospect of both civil and criminal liability, are a fact of life. It may come as a surprise to *non-U.S.* D&Os, however, that under U.S. law, they, too, can face civil and even criminal liability for actions undertaken in their capacity as D&Os, even if they may never set foot inside the United States. This applies

1

---

* The authors gratefully acknowledge the assistance of *Christopher L. McCall*, J.D. (Fordham) and *Nadia E. Moore*, J.D. (New York University). The views presented in the article are the personal views of the authors and do not necessarily reflect the views of Davis Polk & Wardwell LLP.

primarily to D&Os of non-U.S. corporations with significant U.S. operations or a presence in the U.S. public capital markets, but in certain circumstances less significant contacts with the United States or even the foreseeable effects of conduct in the United States can suffice to give rise to liability on the part of non-U.S. D&Os.

2 For U.S. regulators, liability and prosecution of individual D&Os are considered a key component of an effective enforcement strategy. The U.S. securities laws draw no distinction between, and therefore apply with equal force to, D&Os of U.S. corporations and non-U.S. corporations that access the U.S. capital markets or have other connections with the United States. For non-U.S. D&Os, however, liability cannot be imposed unless a U.S. court first determines that it has personal jurisdiction over the individual defendant – a requirement that constitutes an *additional* hurdle for legal action against non-U.S. D&Os in the U.S. Moreover, despite concerns sometimes voiced in Europe about the excesses of U.S. enforcement and litigation, it is demonstrably *not* the case that non-U.S. D&Os are disproportionately affected by the enforcement of U.S. law; on the contrary, most enforcement actions and lawsuits continue to be brought against U.S. D&Os. Nonetheless, because of the significant time and expense involved in responding to U.S. regulators or plaintiffs' lawyers, it is useful for non-U.S. D&Os to have some familiarity with the laws that they may one day encounter, and to consider the consequences of actions they take in Europe that could have an effect in the United States.

3 To that end, this article provides an overview of the most significant bases for D&O liability, with a particular emphasis on non-U.S. D&Os, and the circumstances under which non-U.S. D&Os may be forced to defend their actions in front of U.S. regulatory authorities or in a U.S. court. The article is structured around selected U.S. statutes and/or types of litigation of which non-U.S. D&Os should be aware. The article begins with a discussion of two heavily litigated areas of U.S. law – the law surrounding securities regulation and derivative litigation. It then provides a shorter discussion of other U.S. statutory regimes that often provide additional grounds for litigation and enforcement against, and liability of, D&Os in general: the Foreign Corrupt Practices Act ("FCPA"), the antitrust laws, and certain other statutes. The authors have selected statutory schemes covered in this article because they apply to business conduct that is not industry-specific (e.g., corporate finance, corruption involving government officials and anti-competitive conduct). They have also been more frequently enforced against non-U.S. D&Os than most other federal statutes. A survey of the full range of statutory regimes that can be a source of liability for non-U.S. D&Os, especially those applicable to regulated industries such as banking and pharmaceuticals, is beyond the scope of this article. The substantive and jurisdictional issues discussed below, however, should provide a useful introduction for non-U.S. D&Os and their advisors to the ways in which D&Os can be exposed to liability in the United States.

B. Securities Litigation

While every state in the U.S. regulates corporations that conduct business within its borders, the form of corporate regulation in the United States perhaps most frequently encountered by non-U.S. D&Os are the federal securities laws. Because D&Os of non-U.S. companies accessing the U.S. capital markets can be exposed to liability, both civil and criminal, for violations of the U.S. securities laws, it is important to have a basic understanding of these laws, what conduct they prohibit, and what the penalties for violating them can be. There are two primary statutes with which D&Os should be familiar: The Securities Act of 1933, as amended (the "'33 Act") and the Securities Exchange Act of 1934, as amended (the "'34 Act").

I. The '33 Act

The U.S. Congress enacted the '33 Act in the wake of the 1929 stock market crash and resulting economic depression.[1] Its two main purposes are to compel full disclosure of all material facts in public offerings of securities and to prevent fraud and misrepresentation in the distribution of securities. In general, the '33 Act regulates the initial sale of securities to the public in the United States. A European issuer contemplating an offering and listing on a European exchange that does not include a public offering of securities in the United States is in large part not covered by the disclosure and related requirements of the '33 Act.

Section 5 of the '33 Act makes it unlawful, subject to certain exceptions, to offer or sell securities in the United States, unless a registration statement (containing a prospectus) has been filed with and declared effective by the Securities and Exchange Commission (the "SEC").[2] The purpose of the registration statement is to provide investors with all material information regarding the issuer and the offered security.[3] Because the filing of a registration statement can be a burdensome and expensive undertaking, and the associated liability standards are, as described below, strict, there are a number of statutory exemptions which, if applicable, permit an issuer, domestic or foreign, to offer and sell securities in the United States on a limited basis or in specific circumstances without registering the offering.

Most German and other European corporations access the U.S. capital markets through transactions exempt from registration requirements under Section 5, most importantly in offerings where securities are only offered and sold in the United States to so-called "qualified institutional buyers" pursuant to Rule 144A under the '33 Act, in so-called private placements, or pursuant to certain

---

1 See *Edward Brodsky & M. Patricia Adamski*, Law of Corporate Officers and Directors: Rights, Duties and Liabilities § 11.1, at 11-2 (Thomson Reuters 5th ed. 2009) [hereinafter, Law of Corporate Officers and Directors].
2 See 15 U.S.C. § 77e.
3 See Pinter v. Dahl, 486 U.S. 622, 638 (1988) ("The primary purpose of the ['33 Act] is to protect investors by requiring publication of material information thought necessary to allow them to make informed investment decisions concerning public offerings of securities in interstate commerce.").

exemptions for cross-border rights offerings, exchange offers, and business combinations.

1. Liability for Deficient Disclosure

8   Most relevant for D&Os is Section 11 of the '33 Act, which permits any purchaser of a security covered by a registration statement to sue, if the registration statement "contained an untrue statement of a material fact or omitted to state a material fact required to be stated therein or necessary to make the statements therein not misleading," the issuer as well as, among others, the following persons:

- any person who signed the registration statement – the registration statement is required to be signed by the issuer, *its principal executive officer or officers, its principal financial officer, its controller or principal accounting officer*, and by at least a majority of the board of directors or persons performing similar functions;
- *every person who was a director (or person performing similar functions)* of the issuer at the time of the filing of the part of the registration statement with respect to which his or her liability is asserted; and
- any person who, with his or her consent, is named in the registration statement as being or about to become a director or person performing similar functions.[1]

9   As indicated, in order to be actionable, the relevant misstatement or omission must relate to a *material* fact. The concept of materiality is central to the system of U.S. federal securities regulation, appearing throughout federal securities statutes as a threshold element for defining fraudulent or otherwise actionable conduct. The U.S. Supreme Court has held that an omitted fact is material if there is a substantial likelihood that a reasonable investor would consider a disclosure significant – as having, as the Court famously put it, significantly altered the "total mix" of information made available.[2] Rule 405 under the '33 Act, as adopted by the SEC, provides accordingly that the term material, when used to qualify a requirement for the furnishing of information as to any subject, limits the information required to those matters to which there is a *substantial likelihood* that a *reasonable investor* would attach importance in determining whether to purchase the security. This definition is often interpreted to mean that a fact is material if it is more probable than not that a significant number of investors or other traders in the security would have wanted to know the information before deciding to trade in the security.[3]

10 Liability under Section 11 for a material misstatement or omission is relatively strict, as there is generally no requirement that the plaintiff show it relied on

---

1 See 15 U.S.C. § 77k(a).
2 See TSC Indus., Inc. v. Northway, Inc., 426 U.S. 438, 449 (1976); Basic Inc. v. Levinson, 485 U.S. 224, 231-32 (1988).
3 See Feit v. Leasco Data Processing Equip. Corp., 332 F. Supp. 544, 566 (E.D.N.Y. 1971).

the material misstatement or omission or that the loss was caused by the defendant's misrepresentation. In addition, while there is a split of authority as to whether secondary market purchasers can recover under Section 11, most courts hold that such persons can recover if they can prove that the purchased securities were issued pursuant to the defective registration statement ("tracing").

Section 11 also provides, however, certain affirmative defenses (i.e., defenses on which the defendant bears the burden of proof) a defendant, other than the issue of the security, can assert against such a claim, including in particular the so-called "due diligence defense." A D&O is not liable under Section 11 of the '33 Act with respect to statements in the registration statement which were not certified by an expert if he or she had, after reasonable investigation, reasonable ground to believe and did believe, at the time the registration statement became effective, that the statements therein were true and that there was no such omission.[1]

The standard as to what constitutes a "reasonable investigation" for directors who are also members of management (i.e., officers of the issuer) and the principal executive officers of the issuer is higher than the standard for outside directors (i.e., directors who are not otherwise members of management of, or employed by, the company). For the purpose of this distinction, in a German stock corporation (*Aktiengesellschaft*) with a dual-board structure, members of the managing board (*Vorstand*) would fall into the former category and members of the supervising board (*Aufsichtsrat*) would typically fall into the latter. The standard imposed on inside directors and officers will further depend on the individual's position with the company, access to information about the offering, etc. In certain cases, it will be very hard for certain officers to avoid liability – for example, in the case of material misstatements or omissions relating to the issuer's financial condition, the issuer's CFO will have a very heavy burden sustaining a due diligence defense. In addition, the standard expected from a specific director will depend in part on his or her background, expertise, access to pertinent information and data (including as they relate to the subject matter of the alleged misstatement or omission) and familiarity with the registration process (e.g., a director who is a lawyer might be expected to make a more extensive investigation than a director who is an engineer).

Because their position differs significantly from inside directors and executive officers, outside directors are held to a lower standard. Although they must discharge their duties as directors, they cannot be realistically expected to review and investigate in detail the accuracy of the registration statement. Outside directors will be generally expected to attend board meetings during the time the regis-

---

[1] Certain portions of the registration statement are made on the authority of an expert (e.g., a certified public accountant certifying that the financial statements are prepared in accordance with generally accepted accounting principles). In order to avoid liability for such "expertized" portions of the registration statement, the due diligence defense is easier to sustain – a D&O need normally not conduct an investigation with respect to such statements, but must show that he or she did not believe and had no reasonable ground to believe that the statements were false.

tration statement is drafted and approved, to read the drafts of the registration statement before filing, and generally pose questions to management, accountants, and legal counsel.[1] If the investigation reveals apparent errors or omissions that could be material, the directors must engage personally and require the company to correct them.

14 All persons (except outside directors) who are liable under Section 11 are jointly and severally liable. Any person (including a D&O) who incurs liability under Section 11 has a right of contribution against other persons (including D&Os) who could have been sued, unless the right of contribution is asserted by a person guilty of fraudulent misrepresentation against a person not guilty of fraudulent misrepresentation.[2] Outside directors, on the other hand, are liable in actions brought under Section 11:

– jointly and severally for *knowing* violations of Section 11; and

– proportionately to their respective degrees of fault for all other violations of Section 11.[3]

15 Section 12(a)(2) of the '33 Act prohibits fraud in the offer and sale of securities and provides a private right of action against a seller who offers for sale a security by means of a written prospectus or oral communication that contains a material misstatement. If the defendant, other than the issuer, proves that he did not know, and in the exercise of reasonable care could not have known, of such untruth, he is not liable to the purchaser. In practice, a D&O would typically protect himself or herself against liability under Section 12 (a)(2) in connection with an offering of securities by taking the same or similar preventive steps as he or she would take in order to be able to assert a due diligence defense under Section 11.

16 In 2002, plaintiffs brought a case against, among others, Deutsche Telekom AG and its Chairman and CEO, Ron Sommer, alleging that the defendants had violated sections 11, 12(a)(2) and 15 of the '33 Act by filing with the SEC a misleading registration statement and prospectus relating to the global offering of Deutsche Telekom AG stock.[4] The plaintiffs contended that the filings were inaccurate because they did not disclose the advanced merger talks between Deutsche Telekom AG and VoiceStream Wireless Corporation, and that the carrying value of the company's real estate portfolio had been overstated.[5] Deutsche Telekom AG's stock declined in value both after news of the merger became public and again after the company announced that it would be writing down its real estate

---

1 See, e.g., Escott v. BarChris Constr. Corp. 283 F. Supp. 643, 688 (S.D.N.Y. 1968) ("Section 11 imposes liability in the first instance upon a director, no matter how new he is. He is presumed to know his responsibility when he becomes a director. He can escape liability only by using that reasonable care to investigate the facts which a prudent man would employ in the management of his own property.").
2 See 15 U.S.C. § 77k(f).
3 See id. §§ 77k(f)(2)(A), 78u(d)(3).
4 In re Deutsche Telekom AG Sec. Litig, No. 00-CV-9475, 2002 U.S. Dist. LEXIS 2627, at **4–5 (S.D.N.Y. 2002).
5 Id. at *5.

holdings by € 2 billion.[1] In the end, a settlement was reached between the parties whereby the plaintiffs received $ 120 million.[2]

2. Liability for Violations of Section 5

Section 12(a)(1) of the '33 Act also imposes strict liability on any person who offers or sells a security in violation of the registration requirement or any of the provisions of Section 5 of the '33 Act.[3] While liability under Section 12(a)(1) would primarily apply to the issuer, the issuer's D&Os may also incur liability with respect to such violations as control persons of the issuer, as described below.

3. Control Person Liability

Both the '33 Act and the '34 Act provide for liability of a person who "controls" another who violates a provision of either Act.[4] Under Section 15 of the '33 Act, every person who, by or through stock ownership, agency, or otherwise, controls a person liable under Section 11 or Section 12 may be jointly and severally liable with the controlled person, unless the control person had no knowledge of, or reasonable grounds to believe in, the existence of the facts by reason of which liability of the controlled person is alleged to exist.

To establish control person liability, the government or plaintiff must prove that a violation of the federal securities laws occurred and that the defendant exercised control over the violator.[5] The SEC interprets the word control very broadly: "The term 'control' ... means the possession, direct or indirect, of the power to direct or cause the direction of the management and policies of a person, whether through the ownership of voting securities, by contract, or otherwise."[6]

Whether a person is in a position of control depends on the degree of power and influence it has over another person. Whether a director is a control person of the issuer depends on the nature of his or her involvement in the issuer's affairs. One court, for example, has held that a director who was not involved in the issuer's day-to-day affairs, and did not participate in the drafting of the issuer's prospectus, was not a control person with respect to the alleged securities fraud of the

---

1 Id. at **6–7.
2 In re Deutsche Telekom AG Sec. Litig., No. 00-CV-9475, 2005 U.S. Dist LEXIS 45798, at *13 (S.D.N.Y. 2005). It is not clear whether the CEO personally contributed to the settlement, although news reports suggest he did not. See Telekom Cautious on Settlement, N.Y. Times, Feb. 1, 2005, at B12.
3 See *Pinter*, 486 U.S. at 638.
4 See Law of Corporate Officers and Directors § 16.1. Control person liability in the '33 Act and the '34 Act is "essentially parallel" and is "interpreted in the same manner." In re Global Crossing, Ltd. Sec. Litig., No. 02-CV-910, 2005 U.S. Dist. LEXIS 16228, at *11 (S.D.N.Y. Aug. 5, 2005). Note, however, that there are certain differences in the affirmative defenses against control person liability in the '33 Act and the '34 Act, as discussed below.
5 See Law of Corporate Officers and Directors § 16.1.
6 Rule 405 under the '33 Act, 17 C.F.R. § 230.405; Rule 12b-2(f) under the '34 Act, 17 C.F.R. § 240.12b-2(f).

issuer.[1] However, another court found that a director and sole shareholder, who claimed ignorance of the issuer's activities, was a control person with respect to the issuer's sale of unregistered securities.[2]

21 As a general matter, a person can be liable as a control person without participating in the underlying violation. Ignorance – i.e., lack of knowledge – is a clear defense to an action under Section 15 of the '33 Act; however, as discussed below, ignorance may not be a sufficient defense to control person liability under the '34 Act.

4. Enforcement by the SEC

22 Section 17 of the '33 Act contains a general antifraud provision aimed at protecting purchasers of securities[3] which, while not establishing a private right of action, does empower the SEC to impose civil liability against individuals, including D&Os.[4] Individual D&Os can be held liable for violations of Section 17 of the '33 Act. Civil liability generally comes in the form of a monetary payment, either as the result of a settlement with the SEC, or a finding of liability by a judge or jury.

5. Criminal Liability

23 Individuals can also be criminally prosecuted for willful violations of the '33 Act, and those convicted can face up to five years in prison and substantial monetary fines.[5] In addition, an individual found criminally guilty or civilly liable for violating the '33 Act – or any other securities law – can face severe collateral consequences, including a prohibition from ever serving as a director or officer of a corporation subject to SEC regulation.[6]

6. Indemnification of D&Os and Control Persons

24 While corporation laws of the various U.S. states differ as to whether D&Os and control persons may be indemnified by the issuer against liability arising in connection with the '33 Act, the SEC's policy is to require, in order for the issuer to have the registration statement approved expeditiously,[7] which is regarded as a practical necessity in order to conduct an offering successfully, and in certain

---

1 Burgess v. Premier Corp., 727 F.2d 826, 832-33 (9th Cir. 1984).
2 S.F.-Okla. Petroleum Exploration Co. v. Carstan Oil Co., 765 F.2d 962, 964 (10th Cir. 1985) (per curiam).
3 15 U.S.C. § 77q(a).
4 See Schlifke v. Seafirst Corp., 866 F.2d 935, 943 (7th Cir. 1989) (collecting cases and noting that a "decisive majority of recent authorities have refused to imply a right of action under section 17(a)"). The Supreme Court has not yet addressed the issue.
5 See 15 U.S.C. § 77x.
6 See *Colleen P. Mahoney* et al., The SEC Enforcement Process: Practice and Procedure in Handling an SEC Investigation After Sarbanes-Oxley, § 1, A-3-A-4 (B.N.A. No. 77-3rd 2007) [hereinafter, Practice and Procedure].
7 See *Leonard W. Wang*, Strategies for an Individual Involved in an SEC Financial Reporting Investigation, § IV. B.3.b(1), A-410-A-413 (B.N.A. Portfolio 5505 2007) [hereinafter, Strategies].

other cases, a waiver of such indemnification by such persons or a statement to be made in the prospectus to the effect that the SEC considers such indemnification against public policy as expressed in the '33 Act and therefore unenforceable and that, if such a claim for indemnification is asserted, the issuer will submit to a court of appropriate jurisdiction the question whether such indemnification by it is against public policy as expressed in the '33 Act.[1]

II. The '34 Act

Like the '33 Act, the U.S. Congress enacted the '34 Act in response to the 1929 stock market crash and resultant depression, and it is generally regarded as the more robust enforcement device for federal regulators and plaintiffs' attorneys alike.[2] The '34 Act has a broader scope than the '33 Act, and its purpose is to protect interstate commerce and the national credit, and to ensure a fair and honest market for the trading of securities. Specifically, the '34 Act governs the trading in securities that are already issued and requires ongoing disclosure by certain issuers.

The '34 Act requires an issuer to register its securities with the SEC and thereafter file periodic reports with the SEC to keep the markets apprised of the issuer's financial condition if the issuer's securities are (i) traded on a national U.S. securities exchange (e.g., NYSE or NASDAQ) or (ii) traded over-the-counter in the United States and the issuer has more than $ 10 million in assets and 500 or more shareholders of a class of equity securities.[3] There are certain exemptions from the registration requirements under the '34 Act, including with respect to certain non-U.S. issuers.

The '34 Act and the rules adopted thereunder also regulate the solicitation of proxies, tender offer solicitations, insider trading and margin trading, though many of these rules are not applicable to certain non-U.S. issuers or their securities.

The '34 Act contains a number of provisions, including most importantly Section 10(b) and Rule 10b-5 thereunder, that impose liability for fraud in the purchase or sale of securities. Liability may attach to false or misleading statements in reports required to be filed with the SEC under the '34 Act as well as other public statements made in writing or orally.

1. Liability for Deficient Disclosure

Section 10(b) of the '34 Act contains a broad anti-fraud provision[4] and is the principal liability provision under the '34 Act:

---

1 See Item 512(h) of Regulation S-K.
2 See 1–8 William E. Knepper et al., Liability of Corporate Officers and Directors § 5.01 (Matthew Bender 7th ed. 2002).
3 Sections 12(a), (b) and (g) of the '34 Act.
4 The Supreme Court has recognized the broad sweep of both Section 10(b) and Rule 10b-5. See Merrill Lynch, Pierce, Fenner & Smith Inc. v. Dabit, 547 U.S. 71, 78–79 (2006).

30 It shall be unlawful for any person, directly or indirectly, by the use of any means or instrumentality of interstate commerce or of the mails, or of any facility of any national securities exchange – ...(b) To use or employ, in connection with the purchase or sale of any security registered on a national securities exchange or any security not so registered, or any securities-based swap agreement ..., any manipulative or deceptive device or contrivance in contravention of such rules and regulations as the [SEC] may prescribe as necessary or appropriate in the public interest or for the protection of investors.[1]

31 One such regulation the SEC has prescribed under Section 10(b) of the '34 Act is Rule 10b-5, which provides as follows:

32 It shall be unlawful for any person, directly or indirectly, by the use of any means or instrumentality of interstate commerce, or of the mails or of any facility of any national securities exchange,

(a) To employ any device, scheme, or artifice to defraud,

(b) To make any untrue statement of a material fact or to omit to state a material fact necessary in order to make the statements made, in the light of the circumstances under which they were made, not misleading, or

(c) To engage in any act, practice, or course of business which operates or would operate as a fraud or deceit upon any person, in connection with the purchase or sale of any security.[2]

33 Enforcement of the antifraud provisions of the '34 Act may be public or private: Section 21 of the '34 Act authorizes the SEC to enforce the provisions of the '34 Act, and the U.S. Supreme Court has held that Section 10(b) and Rule 10b-5 grant private plaintiffs a cause of action against both corporations and individuals.[3]

34 To succeed on a claim under Section 10(b) and/or Rule 10b-5, a private plaintiff must allege, among other things, the following basic elements:

(1) a misrepresentation (or omission) with respect to a material fact;

(2) in connection with the purchase or sale of a security;

(3) *scienter* (i.e., intent of the defendant to deceive, defraud or manipulate);

(4) reliance (or "transaction causation"), i.e., a showing that the plaintiff actually believed the misrepresentation and that it was a substantial factor in plaintiff's entering the transaction;

(5) economic loss and "loss causation," i.e., a causal connection between the material misrepresentation and the loss.[4]

---

1 15 U.S.C. § 78j(b).
2 17 C.F.R. § 240.10b-5.
3 See Superintendent of Ins. v. Bankers Life & Cas. Co., 404 U.S. 6, 12 (1971).
4 Dura Pharms., Inc. v. Broudo, 544 U.S. 336, 342 (2005) (internal citations omitted).

In transactions over an exchange or in the over-the-counter market, the buyer and seller remain generally unaware of each other's identities. This poses severe problems for demonstrating the element of reliance. In order to address this issue, U.S. courts have developed the so-called "fraud on the market" doctrine. Application of the "fraud on the market" doctrine raises a rebuttable presumption of reliance on any material misrepresentation or omission so that a plaintiff need only show its materiality. The "fraud on the market" doctrine is premised on the idea that investors rely "generally on the supposition that the market price is validly set and that no unsuspected manipulation has artificially inflated the price, and thus [rely] indirectly on the truth of the representations underlying the ... price."[1]

Underlying the fraud on the market doctrine is the efficient capital market hypothesis, which holds that in an efficient capital market, the price of a security reflects all publicly available information about it, and material misrepresentations or omissions cause a distortion in the price of the security. As a consequence, any public statement that contains a material misrepresentation or omission made by or on behalf of an issuer – whether in writing or orally, whether in a periodic report required to be filed with the SEC, in a press release or elsewhere – may give rise to Section 10(b) liability. Some examples of public statements that have given rise to allegations of liability under Section 10(b) and other bases against non-U.S. issuers and D&Os are as follows:

In a 2000 suit brought against DaimlerChrysler AG and certain individuals, the plaintiff alleged, among others, a violation of Sections 10(b), 14(a)[2] and 20(a) of the '34 Act and Sections 11, 12(a)(2) and 15 of the '33 Act in connection with the November 1998 merger between Chrysler Corporation and Daimler-Benz AG. The individual defendants were Jürgen Schrempp (then chairman of the DaimlerChrysler AG managing board and, prior to November 1998, chairman of the Daimler-Benz AG managing board) and Manfred Gentz (member of the DaimlerChrsyler AG managing board responsible for finance and controlling and, prior to November 1998, serving in a similar capacity on the Daimler-Benz AG managing board). The claims were based on, inter alia, oral statements made that suggested that the merger between Chrysler and Daimler-Benz would be a "merger of equals."[3] The court held in favor of the defendants, concluding that such statements did not constitute a material misrepresentation because it was "vague, indefinite and that type of general optimism which is insufficient to support a fraud or federal securities claim."[4] The court similarly dismissed the remaining common law claims and dismissed the complaint in its entirety.

In 1998, the SEC pursued the Japanese company Sony Corporation and the director responsible for overseeing the drafting and filing of press releases and Form 6-K and Form 20-F filings with the SEC. The SEC took the position that, although

---

1 Blackie v. Barrack, 524 F.2d 891, 907 (9th Cir. 1975), cert. denied, 429 U.S. 816 (1976).
2 Rule 14a-9 under the '34 Act prohibits the solicitation of a shareholder's vote by means of a proxy statement that is "false or misleading with respect to any material fact, or which omits to state any material fact necessary in order to make the statements therein not false or misleading." 17 C.F.R. § 240.14a-9.
3 See Tracinda Corp. v. DaimlerChrysler AG, et al., 364 F. Supp. 2d 362, 372 (D. Del. 2005).
4 Id. at 396.

technically accurate on their face, the filings and press releases contained omissions that ultimately rendered what was disclosed misleading.[1] In particular, the SEC alleged that Sony's financial statements did not sufficiently address the extent of Sony Pictures' extensive losses, and indeed, even suggested that, overall, the year had been successful.[2] The SEC alleged further that these misleading filings were properly attributable to the director because it was his responsibility to supervise the drafting of Sony's SEC filings. Ultimately, the SEC entered a settled cease-and-desist order against Sony and the director which required them to refrain from further violations and, in a separate civil action, fined Sony $ 1 million.[3]

39   In 2003, the SEC brought an enforcement action based on statements contained in Vivendi press releases that had been approved by Vivendi CEO Jean-Marie Messier and CFO Guillaume Hannezo.[4] Specifically, Vivendi had issued a series of press releases in 2002 which reported numbers – allegedly derived using improper accounting practices – that overstated Vivendi's earnings by € 59 million and further described the company's financial situation as comfortable. In fact, Vivendi's cash flow was "zero or negative" at the time those statements were made.[5] The SEC alleged that these statements violated, among other things, Section 10(b) and Rule 10b-5 of the '34 Act. Ultimately, the company and individual defendants settled the case prior to litigation: Vivendi paid a penalty of $ 50 million; Messier paid a $ 1 million civil penalty, relinquished his claim to his severance package from Vivendi, and was forbidden from serving as a D&O of a public company for ten years; and Hannezo paid $ 120,000 in a civil penalty, was forced to disgorge $ 148, 149 and was forbidden from serving as a D&O of a public company for five years.[6]

---

1   In re Sony Corp., Exchange Act Rel. No. 40305, 67 SEC Docket 1609 (August 5, 1998) at *1.
2   In fact, since it was acquired in 1989, Sony Pictures had suffered losses of $ 967 million by the end of the fiscal year ending March 31, 1994. Id. at **2–3.
3   Id. at *6.
4   Complaint at 7, SEC v. Vivendi Universal, S.A., No. 03-CV-01095 (S.D.N.Y. Dec. 23, 2003).
5   Id. at 9–11.
6   SEC Files Settled Civil Fraud Action Against Vivendi Universal, S.A., Its Former CEO Jean-Marie Messier, and Its Former CFO Guillaume Hannezo, SEC Litig. Rel. No. 18523 (S.D.N.Y. Dec. 24, 2003). It should be noted that liability for optimistic statements of opinion can be avoided by making appropriate disclosures. Under the "bespeaks caution" doctrine, forecasts or opinions will not give rise to liability provided they are accompanied by cautionary language disclosing specific risks which may affect the accuracy of the forecasts or opinions. See In re Westinghouse Sec. Litig., 90 F.3d 696, 707 (3d Cir. 1996). In addition, in 1995, as part of the Private Securities Litigation Reform Act ("PSLRA"), Congress adopted an additional safe harbor for forward-looking statements, which is based in large part on the bespeaks caution doctrine. Subject to compliance with specific requirements set out in the statute (including adequate cautionary statements), no liability for an untrue statement of a material fact or omission of a material fact necessary to make the statement not misleading, shall attach to forward-looking statements made by certain issuers subject to the reporting requirements of the '34 Act and persons acting on behalf of such issuer. The term forward-looking statement includes statements containing projections of financial performance, statements of plans and objectives of management for future operations, and statements of future economic performance. See Section 27A of the '33 Act and Section 21E of the '34 Act.

A similar antifraud provision is contained in the Williams Act. The Williams Act, which was enacted in 1968 and amended the '34 Act, regulates tender offers for securities and related matters[1] and requires, among other things, a bidder to make appropriate disclosure prior to commencing a tender offer and requires the target's management to disclose its position on the tender offer.[2] Section 14(e) of the '34 Act, added by the Williams Act, is an antifraud provision which, together with regulations promulgated by the SEC thereunder, makes it unlawful for any party, including a D&O, making (or defending against) a tender offer to make untrue statements of material fact or omit to state material facts, or to engage in any fraudulent, deceptive or manipulative act or practice in connection with a tender offer (such as purchasing the subject securities other than pursuant to the tender offer).

2. Control Person Liability

Section 20(a) of the '34 Act provides that every person who, directly or indirectly, controls any person liable under any provision of the '34 Act[3] or of any rule or regulation thereunder shall also be liable jointly and severally with and to the same extent as such controlled person to any person to whom such controlled person is liable, unless the control person acted in good faith and did not directly or indirectly induce the act or acts constituting the violation or cause of action.[4]

While ignorance (i.e., lack of knowledge) is a sufficient defense to an action against a control person under Section 15 of the '33 Act, Section 20(a) requires the defendant to establish that he or she acted in "good faith." To establish a "good faith" defense, the defendant must generally prove, in addition to a lack of involvement in or knowledge of the misconduct, that he or she had some reasonable procedure for supervising the primary wrongdoer.

In 2007, a group of plaintiffs filed a complaint against Moody's Corporation, alleging that it made, in violation of, among other things, Rule 10b-5, several material misrepresentations and omissions in press releases and SEC filings regarding the independence and objectivity of its credit rating business.[5] The complaint also asserted claims for control person liability against three Moody's directors, including its CEO, on the ground that the directors, even if they did not personally direct the fraud, were in a position to control it. The defendants moved to dismiss the case in 2008. Out of the three directors named in the complaint, the Court permitted the control person claim to proceed only against the CEO, even though

---

1 See Law of Corporate Officers and Directors § 15.2, at 15-4-15-5.
2 The Williams Act also requires, among other things, any person who acquires beneficial ownership of more than five percent of SEC-registered equity securities of an issuer to report the acquisition and the party's intentions with respect to the issuer of the security. See Sections 13(d) and 13(g) of the '34 Act.
3 Please note that certain sections of the Foreign Corrupt Practices Act, discussed below, form part of the '34 Act and control person liability may also apply with respect to violations by a company of such provisions.
4 15 U.S.C. § 78t(a).
5 See In re Moody's Corp. Sec. Litig., 599 F. Supp. 2d 493, 499 (S.D.N.Y. 2009).

he did not personally direct the fraudulent conduct.[1] The court cited, for example, statements by the CEO that Moody's occasionally "drinks the Kool-Aid" instead of engaging in objective evaluation, and that it had become "complacent about ratings quality."[2] Such statements, the court held, were sufficient to justify holding the CEO liable as a control person, even though he did not personally engage in any of the fraudulent conduct at issue in the case.

3. Insider Trading

43 Though not expressly addressed in the '34 Act, courts have interpreted the statute to prohibit insider trading, on the theory that D&Os with material, non public information have a duty to the corporation's shareholders not to trade on the basis of that information.[3] Specifically, the U.S. Supreme Court has held that the duty arises from "(i) the existence of a relationship affording access to inside information intended to be available only for a corporate purpose, and (ii) the unfairness of allowing a corporate insider to take advantage of that information by trading without disclosure."[4] Thus, a corporate insider with access to material, non public information who wants to trade based on that information may only do so if that information is first publicly disclosed.[5] Notably, even non-insiders – i.e., people with no relationship to the corporation – who come into possession of material, non-public information can be liable for insider trading, if the source of the information breached a fiduciary duty by disclosing it, if the non-insider was aware the information was non public, and if the non-insider was aware of the breach.[6]

44 For example, in 2001, Zvi Rosenthal, a senior executive of an Israeli pharmaceutical company, gained access to material, nonpublic information concerning imminent FDA approval of one of the company's drugs.[7] Rosenthal then passed that information along to his son, who traded on the basis of that information and, when it became public, generated profits in excess of $ 100,000. Rosenthal engaged in similar acts of insider trading over the years – passing inside information along to family members, or executing trades on the basis of such information himself – until he was arrested by federal authorities. In February 2007, Rosenthal pleaded guilty to insider trading charges and was sentenced to five years in prison and fined $ 100,000.[8]

---

1 See id. at 517.
2 See id. at 515.
3 See *James Hamilton* et al., Responsibilities of Corporate Officers and Directors Under Federal Securities Law § 318 (Wolters Kluwer 2008) [hereinafter, Responsibilities of Corporate Officers and Directors Under Federal Securities Law].
4 Chiarella v. United States, 445 U.S. 222, 227 (1980).
5 See id.
6 See Dirks v. SEC, 463 U.S. 646, 661 (1983) (explaining circumstances under which non-insider, or "tippee," can be liable for insider trading).
7 See SEC v. Aragon Capital Mgmt., No. 07-CV-919 (FM), 2009 U.S. Dist. LEXIS 112656, at **2–5 (S.D.N.Y. Nov. 24, 2009).
8 Id. at *13.

4. Liability for Certifications Under the Sarbanes-Oxley Act

The U.S. Congress enacted the Sarbanes-Oxley Act of 2002 ("Sarbanes-Oxley" or "SOX"),[1] which amended the '34 Act, in response to public outcry over a series of corporate scandals, most infamously the sudden – and spectacular – collapses of Enron and WorldCom.[2]

Section 302 of SOX requires the CEO and CFO – "or persons performing similar functions" – to certify, on each of the company's annual (and, if applicable, quarterly) reports, that he or she has read the report, and that, among other things:

- based on the officer's knowledge, the report does not contain any untrue statement of a material fact or omit to state a material fact necessary in order to make the statements, in light of the circumstances under which such statements were made, not misleading, with respect to the period covered by the report;
- based on the officer's knowledge, the financial statements, and other financial information included in the report, fairly present in all material respects the financial condition and results of operations of the issuer as of, and for, the periods presented in the report[3]; and
- the officer and other certifying officers are responsible for establishing and maintaining disclosure controls and procedures (as defined in Rules 13a-15(e) and 15d-15(e) under the '34 Act) and internal control over financial reporting (as defined in Rules 13a-15(f) and 15d-15(f) under the '34 Act) for the company and have (a) designed such disclosure controls and procedures, or caused such disclosure controls and procedures to be designed under their supervision, to ensure that material information relating to the company, including its consolidated subsidiaries, is made known to them by others within those entities; (b) designed such internal control over financial reporting, or caused such internal control over financial reporting to be designed under their supervision, to provide reasonable assurance regarding the reliability of financial reporting and the preparation of financial statements for external purposes in accordance with generally accepted accounting principles; (c) evaluated the effectiveness of the company's disclosure controls and procedures and presented their conclusions about the effectiveness of the disclosure controls and procedures, as of the end of the period covered by this report based on such evaluation; and (d) disclosed any change in the company's internal control over financial reporting that occurred during the period covered by the report that has materially affected, or is reasonably likely to materially affect, the company's internal control over financial reporting.[4]

---

1 Pub. L. No. 107–204, 2002 U.S.C.C.A.N. (116 Stat.) 745 (codified in scattered sections of 15 and 18 U.S.C.).
2 See *Roberta Romano*, The Sarbanes-Oxley Act and the Making of Quack Corporate Governance, 114 Yale L. J. 1521, 1545-49 (2005) (describing the climate in which SOX was enacted).
3 15 U.S.C. §§ 7241(a)(1)-(3).
4 Id. §§ 7241(4)(A)-(B).

47 Section 906 of SOX similarly requires a certification that the report fully complies with the requirements of Sections 13(a) or 15(d) of the '34 Act and that the information contained in the report fairly presents, in all material respects, the financial condition and results of operations of the issuer.

48 Failure to comply with the certification requirements can lead not only to an SEC enforcement action and resulting civil liability, but also to criminal penalties, which can be as severe as a $ 5,000,000 fine and/or twenty years' imprisonment for violations deemed willful.[1]

49 For example, in 2007 a group of plaintiffs brought a class action against the Children's Place Retail Stores, Inc., its CEO, and its CFO, for securities fraud, including claims that the CEO and CFO certified the company's financial statements under SOX knowing they contained material misrepresentations.[2] Specifically, the company had backdated stock option grants, which had the effect of materially overstating the company's income and earnings, the CEO and CFO were aware of this fact, but they nonetheless certified that their financial statements under SOX.[3] When the CEO and CFO moved to dismiss, the court denied their motion, holding that the evidence was sufficient to hold them liable for violating SOX's certification requirements, and the case proceeded.[4]

5. Criminal Liability

50 The '34 Act also provides for criminal prosecution – again, of both corporations and individuals – for the willful violation of any provision of the '34 Act, or any rule promulgated by the SEC pursuant to its authority thereunder.[5] Because of the broad sweep of Section 10(b) and Rule 10b-5, many criminal prosecutions are brought under these sections.[6] If convicted of a violation, a D&O can face a substantial prison sentence of up to 20 years, criminal fines of up to $ 5 million, and the same collateral consequences discussed above. For the most part, the length of a prison sentence or amount of a criminal fine depends on the amount of economic harm caused by the fraud at issue in the specific case.[7]

III. Jurisdictional Issues

51 U.S. regulators, prosecutors, and private plaintiffs face two hurdles when enforcing U.S. securities laws against foreign parties: Obtaining personal and subject matter jurisdiction over the potential defendants. Personal jurisdiction refers to a court's ability to "bring a person into its adjudicative process," while subject

---

1 18 U.S.C. § 1350(c).
2 See Hall v. Children's Place Retail Stores, Inc., 580 F. Supp. 2d 212, 219 (S.D.N.Y. 2008).
3 Id. at 222-23.
4 Id. at 231-32.
5 Section 32 of the '34 Act, 15 U.S. C. § 78ff(a).
6 See Law of Corporate Officers and Directors § 12.1.
7 See *Peter J. Henning & Scott W. MacKay*, Responding to Department of Justice Investigations, § VII.C, A-710-A-711 (B.N.A. Portfolio 5515 2009) [hereinafter, Responding to DOJ Investigations].

matter jurisdiction refers to a court's jurisdiction over the particular type of case and its ability to award the relief sought.[1]

1. Personal Jurisdiction

A non-U.S. defendant cannot be forced to defend himself or herself in a U.S. court unless that court has personal jurisdiction over the defendant. In federal court practice, personal jurisdiction must exist under both federal law and the law of the state in which the federal court sits.[2] While the jurisdictional laws of the states vary to some degree, for the purposes of federal law, a court can exercise jurisdiction over a defendant where there exist some "minimum contacts" between the defendant and the jurisdiction such that "maintenance of the suit does not offend traditional notions of fair play and substantial justice."[3] "Minimum contacts" do not necessarily mean physical contacts; rather, the analysis turns on whether the defendant's "conduct and connection with the forum State are such that he should reasonably anticipate being hauled into court there."[4] One way courts determine whether a defendant could reasonably anticipate being forced to appear in a U.S. court is whether he or she "purposefully avails" himself or herself of the privilege of conducting business in the United States – by, for example, soliciting business in the U.S. or conducting critical meetings in the U.S.[5] Under such circumstances, courts would not hesitate to assert personal jurisdiction over the defendant, on the theory that, by purposefully doing business in the United States, the defendant "has clear notice that [he or she] is subject to suit there, and can act to alleviate the risk of burdensome litigation by procuring insurance, passing the expected costs on to customers, or, if the risks are too great, severing [his or her] connection" with the United States.[6]

52

Courts do consider the burden that litigating a case in the United States might impose on a non-U.S. defendant, but that burden is only one of many factors, and is often outweighed by, for example, the United States' interest in adjudicating the dispute, and the plaintiff's interest in obtaining relief in his or her chosen forum.[7] While every case is different, in general U.S. courts have shown little reluctance in asserting personal jurisdiction over non-U.S. defendants, provided that the minimum contacts test is satisfied.

53

Where a case involves a fraudulent or misleading statement in an SEC filing, courts generally hold that by virtue of signing a document that is filed with the SEC, a defendant has implicitly submitted to the jurisdiction of U.S. courts.[8] As

54

---

1 See Black's Law Dictionary 857 (7th ed. 1999).
2 See D.H. Blair & Co. v. Gottdiener, 462 F.3d 95, 104-05 (2d Cir. 2006).
3 World-Wide Volkswagen Corp. v. Woodson, 444 U.S. 286, 292 (1980) (internal citations and quotation marks omitted).
4 Id. at 297.
5 See *Robert S. DeLeon*, Some Procedural Defenses for Foreign Defendants in American Securities Litigation, 26 Iowa J. Corp. L. 717, 719-21 (2001).
6 World-Wide Volkswagen Corp., 444 U.S. at 297.
7 See id. at 292 (discussing factors).
8 See, e.g., Itoba Ltd. v. LEP Group PLC, 930 F. Supp. 36, 41 (D. Conn. 1996); Reingold v. Deloitte Haskins & Sells, 599 F. Supp. 1241, 1259 (S.D.N.Y. 1984).

one court explained, "[t]here is no clearer example of purposeful availment of the privilege of doing business in the United States than" signing a registration statement filed with the SEC.[1]

55 In 2007, a derivative suit was filed against the non-U.S. D&Os of German corporation Siemens AG arising out of Siemens' bribery scandal.[2] The plaintiff, a U.S. citizen, was not a Siemens shareholder, but rather owned American Depository Receipts ("ADRs")[3] of Siemens that were listed and traded on the New York Stock Exchange.[4] The complaint alleged jurisdiction by virtue of the D&Os' travels to the U.S. and the fact that they allegedly caused "the distribution of false and misleading reports and statements to Siemens shareholders."[5] Whether the court ultimately would have found jurisdiction was never tested, however, because a stay was imposed initially and the plaintiff then voluntarily dismissed the suit on September 10, 2009.

2. Subject Matter Jurisdiction

56 The federal securities laws are silent as to their extraterritorial application.[6] This fact has not, however, stopped U.S. courts from asserting jurisdiction over non-U.S. D&Os in civil and criminal proceedings relating to securities fraud claims. Courts generally apply some version of one of two tests to determine if a non-U.S. defendant is subject to the jurisdiction of U.S. courts. Under the so-called "conduct" test, the court will have jurisdiction if "(1) the defendant's activities in the United States were more than merely preparatory to a securities fraud conducted elsewhere, and (2) these activities or culpable failures to act within the United States directly caused the claimed losses."[7] Under the so-called "effects" test, the court will have jurisdiction "where illegal activity abroad causes a substantial effect within the United States."[8]

---

1 In re CINAR Corp. Secs. Litig., 186 F. Supp. 2d 279, 306 (E.D.N.Y. 2002).
2 See Complaint, *Johnson v. Kleinfeld* et al., No. 07101618 (N.Y. Sup. Ct. Feb. 2, 2007) [hereinafter, Siemens Complaint].
3 "ADRs are issued by U.S. depository banks and represent 'one or more shares of foreign stock or a fraction of a share. If you own an ADR, you have the right to obtain the foreign stock it represents.'" Morrison v. Nat'l Austl. Bank Ltd., 547 F.3d 167, 169n.1 (2d Cir. 2008) (quoting the SEC's website).
4 See Siemens Complaint, ¶¶ 6, 9.
5 Id. ¶ 8.
6 See MCG, Inc. v. Great W. Energy Corp., 896 F.2d 170, 174 (5th Cir. 1990) ("When Congress drafted the securities laws, it did not consider the issue of extraterritorial applicability, requiring that the federal courts fill the void. Thus, there may be subject matter jurisdiction over securities fraud claims arising out of foreign transactions in certain settings.") (internal citation omitted).
7 Itoba Ltd. v. LEP Group PLC, 54 F.3d 118, 122 (2d Cir. 1995) (internal citations and quotation marks omitted). The Second Circuit has been at the forefront in applying U.S. securities laws to foreign defendants, see MCG, Inc., 896 F.2d at 174, and more generally has been described as the "Mother Court" when it comes to federal securities law. See Blue Chip Stamps v. Manor Drug Stores, 421 U.S. 723, 762 (1975) (Blackmun, J., dissenting).
8 Alfadda v. Fenn, 935 F.2d 475, 478 (2d Cir. 1991) (internal citation and quotation marks omitted).

Two recent developments will likely have an impact on U.S. courts' jurisdiction to hear securities fraud cases involving non-U.S. D&Os. First, on November 30, 2009, the U.S. Supreme Court decided to hear an appeal of Morrison v. National Australia Bank,[1] a "foreign-cubed" case – i.e., a non-U.S. plaintiff suing a non-U.S. issuer-defendant based on stock purchased on a non-U.S. exchange – that will require the Court to squarely address the extraterritorial application of the federal securities laws.[2] There is currently a disagreement among the federal circuit courts in the United States as to how to apply the "conduct" test described above, with some courts concluding that the conduct in the United States at issue must *itself* constitute a securities violation,[3] others requiring that at least *some* of the conduct in the United States must have been designed to further a fraudulent scheme in the United States,[4] while others requiring both that the conduct in the United States be more than merely preparatory to the fraud and that it be a direct cause of the loss in question.[5]

57

The Supreme Court is likely to issue its opinion in Morrison sometime in the summer of 2010. The Court could take a number of different approaches in deciding the case: It could establish a uniform standard for the exercise of U.S. jurisdiction over securities fraud suits involving non-U.S. parties and non-U.S. conduct. Or the Court may conclude, as the Obama Administration advocated in urging the Court not to consider the case,[6] that the degree of foreign versus domestic conduct is not a jurisdictional issue at all, but instead goes to the question of whether plaintiff's injury was caused by conduct that took place in the United States (or, in a case of an SEC enforcement action, whether sufficient conduct occurred in the United States to bring it within the SEC's purview).[7] The most likely scenario, however, is that the Court may decide the case more narrowly, based on the specific levels of U.S. contact at issue in the case, without making any broad statements about the extraterritorial application of the federal securities laws.

58

Second, legislation is currently pending in the U.S. Congress that could expand the reach of U.S. securities laws. The Investor Protection Act of 2009, introduced in the U.S. House of Representatives on October 15, 2009, would amend the '33 Act, the '34 Act, and another federal statute to expand jurisdiction over non-U.S. related transactions, both in SEC enforcement actions and private civil litigation.[8] Specifically, the statute would provide for U.S. jurisdiction whenever there is either (i) "conduct within the United States that constitutes significant steps in furtherance of [a] violation, even if the securities transaction occurs outside the

59

---

1 547 F.3d 167 (2d Cir. 2008).
2 See Morrison v. Nat'l Austl. Bank Ltd., 174 L.Ed. 2d 246 (2009).
3 See, e.g., Zoelsch v. Arthur Andersen & Co., 824 F.2d 27, 33 (D.C. Cir. 1987).
4 See, e.g., SEC v. Kasser, 548 F.2d 109, 114-15 (3d Cir. 1977).
5 See, e.g., Bersch v. Drexel Firestone, Inc., 519 F.2d 974, 992-93 (2d Cir. 1975).
6 The U.S. Government's amicus curiae, or "friend of the court" brief, is available at http://www.justice.gov/osg/briefs/2009/2pet/6invit/2008-1191.pet.ami.inv.html (last visited Dec. 21, 2009).
7 The Obama Administration's novel argument was highly technical, and beyond the scope of this article.
8 The text of the proposed legislation is available at http://www.treas.gov/press/releases/docs/tg205071009.pdf (last visited Dec. 2, 2009).

United States and involves only foreign investors" or (ii) "conduct occurring outside the United States that has a foreseeable substantial effect within the United States."[1] Both of these tests are more expansive than any test currently employed by a U.S. court, and would therefore constitute a significant expansion of the reach of U.S. securities laws. The Investor Protection Act of 2009 is, however, only proposed legislation at this point, and it is not clear if Congress will enact it.

IV. Enforcement Patterns and Practices[2]

60 There has been a recent trend among U.S. regulators to actively pursue enforcement of U.S. securities laws against non-U.S. companies that are listed on a U.S. exchange. For example, in 2002, the SEC instituted enforcement actions against just three non-U.S. companies; by 2005 that number had jumped to 15 and is expected to continue to rise.[3] In addition, the SEC is also aggressively pursuing cases against individuals, both foreign and domestic: From July 2002 through September 2008, the SEC settled[4] 3,495 cases or administrative proceedings with individuals, as compared with 1,261 with corporations.[5]

61 Plaintiffs' lawyers are similarly targeting non-U.S. companies with class action lawsuits.[6] According to a recent study, 17 % of the securities class actions filed in 2008 were against non-U.S. companies.[7] The number of such suits is only expected to rise, as many have resulted in significant settlements, some for more than $ 1 billion.[8]

1. Criminal Liability

62 The U.S. Department of Justice ("DOJ") prosecutes criminal violations of the federal securities laws in federal court. In addition, in recent years the Office of the Attorney General of the State of New York, led by then Attorney General Eliot Spitzer, has brought a number of prominent securities fraud cases against corpora-

---

1 Id.
2 Much of the discussion in this section deals with general practices of the SEC and DOJ which apply not only to securities cases, but also the other types of cases discussed in this article. For the sake of brevity, this discussion is not repeated throughout the article.
3 See *Gary L. Gassman & Perry S. Granof*, Global Issues Affecting Securities Claims at the Beginning of the Twenty-First Century, 43 Tort Trial & Ins. Prac. L.J. 85, 92 (2007).
4 Because the SEC does not generally publicly announce its investigations, settlements are regarded as an accurate barometer of the direction of the SEC's investigations.
5 *Jan Larsen* et al., SEC Settlements: A New Era Post-SOX, at 5 (NERA Economic Consulting, Nov. 10, 2008), available at http://www.securitieslitigationtrends.com/Settlements-Report.pdf (last visited Dec. 3, 2009).
6 See id.
7 PricewaterhouseCoopers LLP, 2008 Securities Litigation Study, at 43, available at http://10b5.pwc.com/PDF/NY-09-0894%20SECURITIES%20LIT%20STUDY%20FINAL.PDF (last visited Nov. 9, 2009).
8 See id. at 44. In 2004, Nortel Networks, a Canadian company, settled two securities class actions for a total of $ 2.2 billion. See id.

tions and individuals under state law, and a number of other states have followed suit.[1]

When a government agency has cause to believe an individual or a corporation has committed a crime, it generally commences an investigation. In many instances, part of that investigation will include disclosure of the investigation to the target and an opportunity for the target to make a presentation to the government setting forth the target's defenses.[2]

Where the target is an individual, the government must determine whether to seek an indictment. That decision is based on a number of factors, including the individual's role in the corporation, the individual's role in the alleged crime, and whether there is a sound legal basis for an indictment.[3] Where the government is investigating both an individual and a corporation, the individual and the corporation must decide whether the individual should retain its own legal counsel or be represented by the corporation's counsel. One of the most important factors to consider in making this decision is determining whether the individual's interests are likely to diverge from the corporation's in the context of the investigation or litigation. If, for example, the individual engaged in wrongdoing and concealed this misconduct from the company, separate counsel is likely warranted. Another common scenario that may require separate counsel arises when a company contemplates taking adverse employment action against particular employees in an effort to obtain leniency from the government.[4]

Corporations can also be indicted. In general, a corporation can be criminally liable for the conduct of its employees if the employees were acting within the scope of their employment and were motivated, at least in part, by a desire to benefit the corporation.[5] In deciding whether to seek an indictment of a corporation, the DOJ considers the following nine factors: (1) the nature and seriousness of the offense; (2) the pervasiveness of wrongdoing within the corporation; (3) the corporation's history of similar conduct; (4) the corporation's timely and voluntary disclosure of wrongdoing and its willingness to cooperate in the investigation of its agents; (5) the existence and adequacy of the corporation's pre existing compliance program; (6) the corporation's remedial actions; (7) collateral consequences; (8) the adequacy of the prosecution of individuals responsible for the corporation's malfeasance; and (9) the adequacy of remedies such as civil or regulatory enforcement actions.[6]

---

1 See *Jonathan R. Macey*, The SEC at 70: Positive Political Theory and Federal Usurpation of the Regulation of Corporate Governance: The Coming Preemption of the Martin Act, 80 Notre Dame L. Rev. 951, 959-60 (2005) (discussing efforts by California, Florida, Illinois, Massachusetts, and Pennsylvania).
2 See Responding to DOJ Investigations § VII.C.
3 See id.
4 See Strategies § IV.B.2.a, at A-408.
5 See United States v. Potter, 463 F.3d 9, 25 (1st Cir. 2006); United States v. One Parcel of Land, 965 F.2d 311, 316-17 (7th Cir. 1992).
6 See Memorandum from Paul J. McNulty, Deputy Attorney Gen., U.S. Dep't of Justice, to Heads of Dep't Components, U.S. Dep't of Justice (Dec. 12, 2006), available at http://www.justice.gov/dag/speeches/2006/mcnulty-memo.pdf (last visited Nov. 2, 2009).

66 If a corporation is indicted, the consequences may be quite severe.[1] The corporation's state charter can be revoked, it can be prohibited from contracting with the government, and most banks and commercial creditors will refuse to deal with a corporation under indictment.[2]

2. Civil Liability

67 Civil liability for violations of any provision of the federal securities laws generally comes in one of two forms: an SEC enforcement action or a private class action.

a) SEC Enforcement Actions

68 The SEC has a broad array of investigative and enforcement tools at its disposal. Section 21 of the '34 Act authorizes the SEC to undertake "such investigations as it deems necessary to determine whether any person has violated, is violating, or is about to violate any provision of this title, the rules or regulations thereunder," or any applicable rule of a self-regulatory organization (such as the Financial Industry Regulatory Authority ("FINRA")).[3] To aid those investigations, the SEC has the authority to subpoena witnesses and compel production of documents.[4]

69 An SEC investigation will not necessarily result in the commencement of an enforcement action. Once the SEC determines that an individual or corporation appears to have violated the federal securities laws, it ordinarily permits the target to present its views on the case, through what is called a Wells submission.[5] The Wells submission generally focuses on the facts and legal analysis that the party under investigation believes the SEC should consider when determining whether to initiate an enforcement action, although corporations under investigation may also address the collateral consequences that will befall them in the event an enforcement action is commenced – consequences such as debarment or bank-

---

1 See *Andrew Weissman & David Newman*, Rethinking Criminal Corporate Liability, 82 Ind. L.J. 411, 426 (2007) (noting that the consequences of indictment for a corporation can be so "devastating" that the corporation generally has "little choice but to accede to the government's demands").
2 See id.; Strategies VI.A., at A-601. Indeed, Arthur Andersen, the accounting firm, was indicted in 2001 for obstructing justice by destroying paper and electronic records of its client Enron. After it was indicted, many states revoked the firm's license, effectively putting it out of business in those states. The firm was convicted in 2002, surrendered its CPA license, and was forced to fold, resulting in the loss of tens of thousands of jobs. The Supreme Court later unanimously reversed the conviction, citing faulty jury instructions, but the damage had already been done. See *Linda Greenhouse*, Justices Unanimously Overturn Conviction of Arthur Andersen, N.Y. Times, May 31, 2005, at C1.
3 15 U.S.C. § 78u(a)(1).
4 Id. § 78u(b).
5 See In re Initial Pub. Offering Sec. Litig., No. 21 MC 92 (SAS), 2003 U.S. Dist. LEXIS 23102, at **3-7 (S.D.N.Y. Dec. 24, 2003) (discussing background of Wells submissions). The submissions are known as Wells submissions because the procedure was instituted under *John A. Wells*, who chaired the SEC's Advisory Committee on Enforcement Policies and Practices that recommended the practice. Id. at *3. The SEC is not required to undertake the Wells process; it does so at its discretion. See 17 C.F.R. § 202.5(c).

ruptcy.[1] The SEC is under no obligation to accept the arguments advanced in a Wells submission, and, in the event it commences litigation, the Wells submission, and any admissions made therein, will generally be admissible as evidence.[2]

It is generally in the interest of an individual being investigated to cooperate with the SEC, as doing so can result in less severe penalties, or even a decision by the agency to take no action whatsoever. A major issue with such investigations in the past was whether the target was required to waive attorney-client privilege in order to be deemed sufficiently cooperative. In 2008, however, the SEC changed its enforcement practices and is no longer permitted to seek such waivers for a target to be treated as fully cooperating.[3]

One of the most important things a corporation or individual can do to demonstrate cooperation is to report violations to the SEC before the SEC detects them independently. The SEC views self-reporting extremely favorably, and self-reporting can result in more lenient treatment of misconduct.[4] Determining whether to self-report can be a very difficult decision, however, and involves consideration of a number of different factors, including the severity of the misconduct, the potential for the SEC to refer the matter for criminal prosecution, and the prospect of individual liability.[5] That said, self-reporting by corporations may be required under the federal securities laws if the conduct at issue would have the effect of rendering an SEC filing materially misleading (either one already filed, or one to be filed in the future).

In January 2010, the SEC announced a series of measures to strengthen its enforcement program by encouraging and establishing incentives for greater cooperation from individuals and companies in the SEC's investigations and enforcement actions.[6]

First, the SEC's enforcement staff may use various tools to encourage individuals and companies to report violations and provide assistance. Similar cooperation

---

1 See Responsibilities of Corporate Officers and Directors Under Federal Securities Law § 802; Joshua A. Naftalis, Note, "Wells Submissions" to the SEC as Offers of Settlement Under Federal Rule of Evidence 408 and Their Protection from Third-Party Discovery, 102 Colum. L. Rev. 1912, 1924-25 (2002).
2 See Strategies § V.C.4.b, at A-522.
3 See SEC, Division of Enforcement, Enforcement Manual § 4.3 (Oct. 6 2008) ("The staff should not ask a party to waive the attorney-client or work product privileges and is directed not to do so.") (emphasis omitted), available at http://www.sec.gov/divisions/enforce/enforcementmanual.pdf (last visited Nov. 6, 2009).
4 In determining whether to essentially reward self-reporting with more lenient treatment, the SEC considers thirteen factors, outlined in what is known as the Seabord 21(a) Report. See Report of Investigation Pursuant to Section 21(a) of the Securities Exchange Act of 1934 and Commission Statement on the Relationship of Cooperation to Agency Enforcement Decisions, Securities Exchange Act Release No. 44969 (Oct. 23, 2001), available at http://www.sec.gov/litigation/investreport/34-44969.htm (last visited Dec. 2, 2009).
5 See Strategies § III.A.2.d, at A-303-A-305; Practice and Procedure § 1, at A-3-A-4.
6 See Press Release: SEC Announces Initiative to Encourage Individuals and Companies to Cooperate and Assist in Investigations, available at http://sec.gov/news/press/2010/2010-6.htm (last visited Feb. 17, 2009).

tools have been regularly and successfully used by the DOJ in its criminal investigations and prosecutions. The new cooperation tools, not previously available in SEC enforcement matters, include:

- Cooperation Agreements – Formal written agreements in which the SEC's Enforcement Division agrees to recommend to the Commission that a cooperator receive credit for cooperating in investigations or related enforcement actions if the cooperator provides substantial assistance such as full and truthful information and testimony.
- Deferred Prosecution Agreements – Formal written agreements in which the Commission agrees to forgo an enforcement action against a cooperator if the individual or company agrees, among other things, to cooperate fully and truthfully and to comply with express prohibitions and undertakings during a period of deferred prosecution.
- Non-prosecution Agreements – Formal written agreements, entered into under limited and appropriate circumstances, in which the Commission agrees not to pursue an enforcement action against a cooperator if the individual or company agrees, among other things, to cooperate fully and truthfully and comply with express undertakings.

Second, the SEC streamlined the process for submitting witness immunity requests to the DOJ for witnesses who have the capacity to assist in its investigations and related enforcement actions.

Third, the SEC has set out, for the first time, the way in which it will evaluate whether, how much, and in what manner to credit cooperation by individuals. This is expected to provide guidance and serve as an incentive for individuals to report violations and to cooperate fully and promptly in enforcement cases. In the newly issued policy statement, the SEC identifies four general considerations:

- The assistance provided by the cooperating individual
- The importance of the underlying matter in which the individual cooperated
- The societal interest in ensuring the individual is held accountable for his or her misconduct
- The appropriateness of cooperation credit based upon the risk profile of the cooperating individual

72 If, at the conclusion of its investigation, the SEC determines that some action is warranted, it can proceed in a number of different ways.[1] If the SEC believes the matter is sufficiently serious, and it has been unable to reach a resolution with the target of its investigation, it can file suit in federal court and proceed to a trial on the merits.[2] If the matter has been settled, such settlement can include the entry of a consent decree, in which the target may or may not acknowledge wrongdoing,

---

[1] See Responsibilities of Corporate Officers and Directors Under Federal Securities Law §§ 803-04.
[2] See Strategies § V.B.2.a, at A-506-A-507.

agrees not to violate any securities laws in the future, and, in most instances, agrees to pay a fine.[1] If the matter is not settled, but the SEC does not deem the matter serious enough to justify a suit in federal court, the SEC can initiate an administrative proceeding, in which an administrative law judge, who has less authority than a federal judge to impose sanctions, will decide the case.[2]

b) Class Actions

Perhaps the most common form of litigation against D&Os is the private class action filed on behalf of a putative class of investors. In general, such suits allege that the class had been injured – typically through a drop in the price of the company's stock – by some sort of fraud or misrepresentation.

For example, in 2001, a group of plaintiffs filed a securities class action against the Canadian company Gaming Lottery, as well as certain D&Os, for allegedly making public announcements about certain acquisitions and its financial situation in violation of sections 10(b) and 20(a) of the '34 Act and Rule 10b-5. Specifically, the plaintiffs claimed that Gaming Lottery issued inaccurate statements about increased production levels and sales due to a newly acquired company, yet failed to note that the company had not yet obtained a license to operate.[3] Such a license was a prerequisite to the new company's doing business, and ultimately this license was denied.[4] On the basis of this omission, Jack Banks, president and CEO of Gaming Lottery, and Larry Weltman, an officer at the company, pleaded guilty in New York state court to violating the Martin Act, which prohibits fraud in connection with the distribution of securities.[5] Ultimately, a federal court entered judgment for $ 10 million against the defendants in the class action.[6]

One major obstacle to plaintiffs in class action securities litigation is the Private Securities Litigation Reform Act of 1995 (the "PSLRA"), enacted by the U.S. Congress[7] in response to a perceived proliferation of securities fraud suits, many of which Congress believed to be "strike suits" – frivolous cases filed to essentially compel corporate defendants into settling for a modest amount rather than incur the significant expenses, diversion of management attention, and potential reputational exposure associated with litigating these cases.[8] The PSLRA fundamentally altered what a plaintiff in a securities fraud case must allege, making such cases far more difficult to bring when supported only by general allegations, rather

---

1 See id.
2 See id.
3 In re Gaming Lottery Secs. Litig., No. 96-CV-5567, 2001 U.S. Dist. LEXIS 2034, at **10–12 (S.D.N.Y. 2001).
4 Id. at *4.
5 Id. at *37.
6 Id. at **70–71.
7 See Michael A. Perino, Fraud and Federalism: Preempting Private State Securities Fraud Causes of Action, 50 Stan. L. Rev. 273, 288-93 (1998) (discussing passage of the PSLRA).
8 See id.

than specific examples of wrongdoing.[1] In addition, the PSLRA provided a statutory "safe harbor" from liability under the '34 Act for certain forward-looking statements, provided they are accompanied by "meaningful cautionary statements identifying important factors that could cause actual results to differ materially from those in the forward-looking statement."[2]

76 The PSLRA also imposes a stay of all discovery while a motion to dismiss a complaint is pending,[3] thus sparing defendants from what can be the astronomical costs of discovery under U.S. law, which is notoriously permissive of expansive discovery requests. Among other things, for example, plaintiffs are generally entitled to all documents relating to their claims[4] – and "documents" is broadly construed to include electronic data – and they are also entitled to depose parties with relevant knowledge, including D&Os.[5] Not only are these rules burdensome and potentially disruptive to defendants required to produce documents or submit to a deposition, but they are tremendously expensive, not only because of legal fees but also owing to the technology now required for gathering and producing electronic documents such as email.

77 In the wake of the passage of the PSLRA, plaintiffs' lawyers began to file securities class actions in state court, so as to avoid the heightened federal pleading requirements.[6] In response, Congress enacted the Securities Litigation Uniform Standards Act of 1998 ("SLUSA"),[7] which contains a preemption provision that largely prevents, with a few exceptions, plaintiffs from bringing securities fraud suits under state law.[8] SLUSA does not preempt all securities class actions, however, only

---

1 See Law of Corporate Officers and Directors § 12.41, at 12-163; see also Tellabs, Inc. v. Makor Issues & Rights, Ltd., 551 U.S. 308, 314 (2007) (holding that the PSLRA's requirement that plaintiffs "state with particularity facts giving rise to a strong inference that the defendant acted with the required state of mind," 15 U.S.C. § 78u-4(b)(1), is only satisfied where the inference is "more than merely plausible or reasonable – it must be cogent and at least as compelling as any opposing inference of nonfraudulent intent").
2 15 U.S.C. § 78u-5(c)(1)(A)(i). Courts agree that the cautionary statements must be more than mere boilerplate. See Asher v. Baxter Int'l Inc., 377 F.3d 727, 732 (7th Cir. 2004) (Easterbrook, J.) (characterizing as uncontroversial the proposition that "'boilerplate' warnings won't do; cautions must be tailored to the risks that accompany the particular projections").
3 15 U.S.C. § 78u-4(b)(3)(B).
4 See Fed. R. Civ. P. 26(b)(1).
5 See Fed. R. Civ. P. 30.
6 See Dabit, 547 U.S. at 82.
7 See H.R. Conf. Rep. No. 105-803, at 13 (1998) ("[T]he purpose of this title is to prevent plaintiffs from seeking to evade the protections that Federal law provides against abusive litigation by filing suit in State, rather than in Federal, court. The legislation is designed to protect the interests of shareholders and employees of public companies that are the target of meritless 'strike' suits. The purpose of these strike suits is to extract a sizeable settlement from companies that are forced to settle, regardless of the lack of merits of the suit, simply to avoid the potentially bankrupting expense of litigating.").
8 The provision reads as follows:
No covered class action based upon the statutory or common law of any State or subdivision thereof may be maintained in any State or Federal court by any private party alleging –
(A) a misrepresentation or omission of a material fact in connection with the purchase or sale of a covered security; or (B) that the defendant used or employed any manipulative or

those that sound in fraud,[1] and plaintiffs' lawyers continue to file class actions in state courts for certain claims that are related to securities, such as claims for breach of fiduciary duty, breach of contract, and breach of implied covenant of good faith and fair dealing.[2] SLUSA also has no impact on enforcement actions brought by the government; it only affects private lawsuits.

C. Derivative Litigation

For a variety of reasons, many, if not most, U.S. corporations are incorporated in the state of Delaware. Those corporations regularly find themselves subject to what is known as shareholder derivative suits. As discussed below, it is unlikely that a non-U.S. corporation would ever face such a suit, but not impossible. 78

A shareholder derivative suit, permitted by Delaware corporation law as well as by the corporation laws of most U.S. states, is an equitable action which permits a shareholder to "step into the corporation's shoes and to seek in its right the restitution he could not demand in his own."[3] Derivative suits are generally brought under Delaware or other applicable U.S. state law, with the ostensible purpose of providing shareholders with some recourse against D&Os who mismanage a company and refuse to take any action in response to shareholder complaints.[4] To safeguard against the risk of frivolous strike suits, however, the law has developed a number of substantive and procedural requirements to maintain a derivative suit.[5] Chief among them is what is known as the "business judgment rule," which is a presumption U.S. courts apply in claims alleging breach of fiduciary duties by D&Os, that "in making a business decision, the directors of a corporation acted on an informed basis, in good faith and in the honest belief that the action taken was in the best interest of the company."[6] The business judgment rule, in effect, prevents courts from second-guessing a board's decisions in most circumstances.[7] 79

---

deceptive device or contrivance in connection with the purchase or sale of a covered security.
15 U.S.C. § 78bb(f)(1). The Supreme Court has interpreted this provision as preempting state class-action claims even where the plaintiffs have no remedy under federal law. See generally Dabit, 547 U.S. 71.
1 See Xpedior Creditor Trust v. Credit Suisse First Boston (USA), Inc., 341 F. Supp. 2d 258, 266 (S.D.N.Y. 2004) (holding that a "complaint is preempted under SLUSA only when it asserts (1) an explicit claim of fraud (e.g., common law fraud, negligent misrepresentations, or fraudulent inducement), or (2) other garden-variety state law claims that 'sound in fraud'").
2 See Breakaway Solutions, Inc. v. Morgan Stanley & Co., C.A. No. 19522, 2004 Del. Ch. LEXIS 125, at **10–11 (Del. Ch. Aug. 27, 2004).
3 Cohen v. Benefit Indus. Loan Corp., 337 U.S. 541, 548 (1949).
4 See Law of Corporate Officers and Directors § 9.1, at 9-3.
5 See Law of Corporate Officers and Directors § 9.3, at 9-10–9-11.
6 Benihana of Tokyo, Inc. v. Benihana, Inc., 906 A.2d 114, 120 (Del. 2006) (internal citation and quotation marks omitted).
7 See, e.g., In re Primedia Inc. Derivative Litig., 910 A.2d 248, 260 (Del. Ch. 2006) (describing certain circumstances under which business judgment rule does not apply).

80 It is unlikely, however, that a U.S. court would apply Delaware law – or the law of any other U.S. state – to a derivative action filed against a non-U.S. corporation. Under the "internal-affairs" doctrine, "the rights of shareholders in a foreign company, including the right to sue derivatively, are determined by the law of the place where the company is incorporated."[1] Thus, a U.S. court would be unlikely to apply U.S. law to a derivative action, but rather would apply the law of the country of incorporation (assuming such country had a law permitting shareholders to sue a corporation on behalf of the corporation).

81 Recently, a federal appeals court affirmed the dismissal of a shareholder derivative suit against certain current and former D&Os of BAE Systems plc ("BAE"), a publicly owned company incorporated in England and Wales.[2] The complaint alleged payment of more than $ 2 billion in bribes and kickbacks with the alleged purpose to secure for BAE a large contract from the Saudi Arabian Ministry of Defense. The suit claimed the defendants breached their fiduciary duties and wasted corporate assets. Pursuant to the internal-affairs doctrine, the court applied English law and found that the plaintiff shareholder had no standing to act as plaintiff, since under English law the company, not a shareholder, is the proper plaintiff in a suit seeking redress for wrongs allegedly committed against the company. The plaintiff also argued that even if English law would normally apply, the U.S. federal courts should make an exception and use U.S. law to promote the public policy of protecting shareholders and the company itself from law breaking directors and executives. The appeals court refused to create such an exception.

82 One exception bears noting: The internal-affairs doctrine offers no protection to a D&O who sits on the board of a subsidiary company incorporated in the United States; if a corporation is incorporated in the United States, the D&Os of that corporation, whether foreign or domestic, would be subject to a derivative suit pursuant to the corporation law of the state of incorporation. For example, in Delaware, a statute[3] provides that, by accepting a directorship of a Delaware corporation, the director consents to suit in Delaware "to answer for alleged breaches of the duties imposed on them by the very laws which empowered them to act in their corporate capacities."[4]

D. The Foreign Corrupt Practices Act

I. Background

83 Enacted in 1977, the Foreign Corrupt Practices Act ("FCPA") is a U.S. statute that seeks to combat the bribery of foreign officials. It was implemented in the wake of

---

1 See Batchelder v. Kawamoto, 147 F.3d 915, 920 (9th Cir. 1998).
2 City of Harper Woods Employees' Retirement System derivatively on behalf of BAE Systems PLC. v. Richard (Dick) L. Oliver et al., No. 08-7101, 2009 U.S. App. LEXIS 28487 (D.C. Cir. Dec. 29, 2009).
3 See 10 Del. C. § 3114.
4 See Armstrong v. Pomerance, 423 A.2d 174, 176 (Del. 1980); Grace Bros. v. UniHolding Corp., Civ. No. 17612, 2000 Del. Ch. LEXIS 101, at **49–50 (Del. Ch. July 12, 2000).

the Watergate investigations, which revealed the payment of bribes by many U.S. companies seeking business advantages from foreign officials.[1] The FCPA has three components: one addresses the bribery of foreign officials,[2] another outlines the manner in which financial books and records must be maintained by issuers subject to certain reporting obligations under the '34 Act,[3] and the third sets forth the internal controls such issuers must implement and maintain in order to ensure accurate financial statements.[4]

The anti bribery provision makes it unlawful for (i) any "issuer"[5] and any D&Os, employees and agents of such issuer and any shareholders thereof acting on behalf of such issuer, (ii) any "domestic concern"[6] (other than an issuer) and any D&Os, employees and agents of such domestic concern and any shareholders thereof acting on behalf of such domestic concern, and (iii) any person (other than an issuer or domestic concern) and any D&Os, employees and agents of such person and any shareholders thereof acting on behalf of such person while in the territory of the United States, to offer or provide, or authorize any of the foregoing, anything of value to a foreign official for the purpose of influencing an official decision or obtaining or retaining business.[7] The phrase "anything of value" is interpreted expansively; in addition to money it encompasses, among other things, entertainment, gifts, meals, accommodations and transportation. Individuals, such as political candidates, government employees, and employees of state-owned or state-operated companies fall within the definition of "foreign official."[8]

Together, the books and records and internal controls provisions are referred to as the FCPA's "accounting provisions." The accounting provisions apply to "issuers."[9] The books and records provision requires covered issuers to maintain records that "accurately and fairly reflect the transactions and dispositions of the assets of the issuer."[10] To comply with the internal controls section of the FCPA, an issuer must establish and sustain a protocol that provides reasonable assurances that:

> (i) transactions are executed in accordance with management's general or specific authorization; (ii) transactions are recorded as necessary (I) to permit pre-

---

1 Erin L. Borg, Sharing the Blame for September Eleventh: The Case for a New Law to Regulate the Activities of American Corporations Abroad, 20 Ariz. J. Int'l & Comp. L. 607, 630 (2003).
2 15 U.S.C. §§ 78dd-1-78dd-3.
3 Id. § 78m(b)(2)(A).
4 Id. § 78m(b)(2)(B).
5 For purposes of the FCPA, "issuers" are companies – regardless of where incorporated or where their primary place of business is located – that have a class of securities registered under Section 12 of the '34 Act or are required to file reports pursuant to Section 15(d) of the '34 Act. Id. §§ 78m(2), 78dd-1(a).
6 "Domestic concern" includes United States citizens, nationals, residents and corporations and businesses that have their primary place of business in the United States or are organized under the laws of the United States. Id. § 78dd-2(h)(1).
7 Id. §§ 78dd-1-3.
8 See id. § 78dd-1.
9 Id. § 78m(2).
10 Id. § 78m(b)(2)(A).

paration of financial statements in conformity with generally accepted accounting principles or any other criteria applicable to such statements, and (II) to maintain accountability for assets; (iii) access to assets is permitted only in accordance with management's general or specific authorization; and (iv) the recorded accountability for assets is compared with the existing assets at reasonable intervals and appropriate action is taken with respect to any differences.[1]

86 The accounting provisions also prohibit the knowing circumvention of internal controls or falsification of books and records.[2]

87 Significantly, unlike the anti bribery section, which only prohibits payments to foreign officials that are made for the purpose of influencing governmental decisions, the accounting provisions have no intent requirement. Rather, they are violated when internal controls of an issuer are insufficient or where books and records are not kept accurately, regardless of the individual's intent or knowledge that the statute has been violated.[3] Moreover, a bribery charge is not a predicate for alleging an accounting provision violation. Indeed, because it is often easier to establish that a payment was improperly recorded in a company's financial books and records than it is to prove that a particular payment was intended to be a bribe, FCPA enforcement actions alleging accounting provisions violations are common.

1. Criminal Liability

88 A defendant convicted under the FCPA faces severe penalties. Corporations are subject to fines of up to $ 2,000,000 for violations of the FCPA's anti bribery section.[4] Individual D&Os who have willfully violated the anti bribery provision can be fined up to $ 100,000 and face up to five years in prison.[5] Individuals who are found to have violated the accounting provisions can be fined up to $ 5,000,000 and can face imprisonment of up to twenty years.[6] Issuers may be fined up to $ 2,000,000 for violating the anti bribery section and up to $ 25,000,000 for willful accounting provisions violations.[7] Although these fines are considerable, the actual fines levied may exceed even these substantial statutory proscriptions. The Alternative Fines Act, enacted in 1984 to establish enhanced fines for corporate crimes, provides that a defendant may be fined up to twice the benefit sought, or loss avoided, through his or her illegal actions.[8] In the context of an FCPA viola-

---

1 Id. § 78m(b)(2)(B).
2 Id. § 78m(5).
3 See id. § 78m(b)(2). Criminal liability for an accounting provision violation, however, only attaches to knowing violations. Id. § 78m(b)(5).
4 Id. § 78dd-2(g)(1).
5 Id. § 78ff(c)(2)(a). D&Os of domestic concerns face similar liability. Id. 78d-1(g)(2)(B).
6 Id. § 78ff(a). A criminal violation of the accounting provisions, however, is only permissible where the individual acted knowingly. See id. § 78m(4)-(5).
7 Id. §§ 78ff(a), 78ff(c)(1).
8 See *John J. Kenney* et al., Preventing Corporate Criminal Liability, in 1 Arkin, Business Crime § 6A (Matthew Bender 2009); 15 U.S.C. § 3571(d).

tion, where, for example, an individual may have sought to acquire an important contract through bribery, this amount can be quite substantial. These significant fines may be especially worrisome to individuals because the FCPA explicitly forbids companies from compensating D&Os for individual fines.[1]

2. Civil Liability

Civil enforcement actions may be brought by either the SEC or the U.S. Attorney General. Civil penalties of up to $ 10,000 may be imposed for violations of the anti bribery portion of the FCPA.[2] In an SEC enforcement action for a violation of any of the FCPA provisions, an individual defendant is subject to a civil penalty of the greater of his or her pecuniary gain and a fine of between $ 5,000 and $ 100,000, and a corporation may be fined the greater of its pecuniary gain and a fine between $ 50,000 and $ 500,000.[3] If the pecuniary gain is less than the statutory range, the egregiousness of the violation will determine how extensive this civil penalty will be.[4] In addition, defendants may also be subject to an injunction forbidding them from committing further FCPA violations[5] and may be forced to disgorge, with interest, any money they obtained in connection with bribing foreign officials.[6]

89

While the provisions of the FCPA need not be charged together, they often are. As such, one bribery scheme may result in several FCPA violations and, accordingly, multiple charges. For example, four managers and officers of Swiss corporation ABB Ltd.'s ("ABB") subsidiaries were alleged by the SEC to have bribed Nigerian officials in an attempt to secure a $ 180 million contract. The bribes included money, gifts, free meals, transportation, and accommodations.[7] The managers falsified invoices to disguise these illegal expenditures and, in doing so, were alleged to have violated both the books and records provision and aided and abetted ABB's books and records violation.[8] Furthermore, the SEC alleged that the lack of managerial oversight violated the FCPA's internal control section, as well as establishing that the managers had aided and abetted ABB's internal controls violation.[9] The individuals ultimately settled with the SEC. They paid fines ranging from $ 40,000 to $ 50,000 and were compelled to disgorge money received in kickbacks.[10]

90

II. Jurisdictional Issues

While the FCPA is most frequently applied when a U.S. corporation, or its agent or employee, bribes a foreign official, its reach can extend to a non-U.S. corpora-

91

---

1 15 U.S.C. § 78dd-2(g)(3); id. § 78ff(c)(3).
2 Id. §§ 78ff(c)(2)(B), 78dd-2(g)(1)(B), 78dd-2(g)(2)(B).
3 Id.
4 Id.
5 Id. §§ 78u(d)(1), 78dd-2(d)(1), 78dd-3(d)(1).
6 See id. § 78(u)(d)(2).
7 Complaint at 3, SEC v. Samson, No. 06-CV-01217 (D.D.C. July 5, 2006).
8 Id. at 8–9.
9 Id.
10 SEC v. Samson, SEC Litig. Rel. No. 19754 (July 5, 2006).

tion's subsidiaries that are organized under U.S. law or have their principal place of business in the United States. Likewise, D&Os of such subsidiaries may be subject to suit in the United States for FCPA violations, subject, of course, to satisfaction of the personal jurisdiction issues discussed above. This is true even for actions taken wholly outside of the United States. Moreover, as both the DOJ and the SEC have taken the position that non-U.S. companies that have listed ADRs on an U.S. exchange fall within the FCPA's definition of "issuer," non-U.S. D&Os of such companies are also within the jurisdictional reach of U.S. courts for FCPA violations.[1] As indicated above, it should be further noted that the FCPA also applies to any person while in the territories of the United States.[2] As such, any non-U.S. company or individual is subject to the FCPA for actions taken on U.S. soil.

III. Enforcement Patterns and Practices

92   While the FCPA has been in existence for more than three decades, its pattern of enforcement has evolved significantly. One enforcement development that is a particular cause for concern for D&Os is the increased focus on individuals: The percentage of individuals facing FCPA charges in 2007 was 48 % of the total number of FCPA cases filed, and in 2008 and the first half of 2009 this number increased to 60 % or higher. According to Lanny Breuer, Assistant U.S. Attorney General, this trend:

> is no accident. In fact, prosecution of individuals is a cornerstone of our enforcement strategy ... Put simply, the prospect of significant prison sentences for individuals should make clear to every corporate executive, every board member, and every sales agent that we will seek to hold you personally accountable for FCPA violations.[3]

93   There is no indication that this focus will shift. Indeed, Mark Mendelsohn, Deputy Chief of the Fraud Section of the DOJ's Criminal Division, has echoed this sentiment, noting that "to really achieve the kind of deterrent effect we're shooting for, you have to prosecute individuals."[4]

94   An enforcement action that demonstrated this commitment concerned David Pillor, the Senior Vice President for Sales and Marketing and a member of the

---

[1] See United States v. Siemens Aktiengesellschaft, 08-CR-00367 (Dec. 12, 2008) (asserting jurisdiction over Siemens, a German company, as an issuer, as that term is defined in 15 U.S.C. § 78dd-1(a), because they had sponsored ADRs on the New York Stock Exchange); see also In re Statoil, ASA, Order Instituting Cease-and-Desist Proceedings, Exchange Act Release No. 54,599, 89 SEC Docket 283 (Oct. 13, 2006) (establishing jurisdiction based on the presence of Statoil ADRs on the New York Stock Exchange).

[2] 15 U.S.C. § 78dd-3(a). This definition expressly includes D&Os acting on behalf of a person as defined in the statute.

[3] *Dionne Searcey*, Breuer: Beware, Execs, The DOJ Will Take Your Fancy Cars, Wall Street Journal Law Blog, November 17, 2009, available at http://blogs.wsj.com/law/2009/11/17/breuer-beware-execs-the-doj-wants-your-fancy-cars/(last visited Jan. 15, 2010).

[4] *Dionne Searcey*, To Combat Overseas Bribery, Authorities Make it Personal, Wall Street Journal, Oct. 8, 2009, at A13.

board of directors of InVision, a Delaware corporation.[1] The SEC alleged that although Pillor had been notified by his subordinates that InVision employees in China, the Philippines, and Thailand were making payments to government officials in attempts to influence their decision making, he did nothing to prevent bribes from being paid or to ensure future compliance with the FCPA.[2] Indeed, Pillor was alleged to have authorized a payment to a sales agent even after receiving notice that the payment was to be used for a bribe, and this payment was then recorded, inaccurately, in InVision's financial reports.[3] The SEC brought an enforcement action against Pillor which he ultimately settled by agreeing to pay a $ 65,000 fine. He was also enjoined from committing future FCPA violations.

Another example concerned Monty Fu, the founder of Syncor International Corporation ("Syncor"), a Delaware corporation, and during certain periods, its CEO and the chairman of its board of directors, who was alleged to have violated both the books and records and internal control provisions of the FCPA and to have aided and abetted Syncor's FCPA violations.[4] The SEC alleged that one of Syncor's foreign subsidiaries made improper payments to doctors at government-owned hospitals and that some of these improper payments were falsely described in Syncor's financial statements as "Advertising and Promotions" expenses.[5] Notably, the SEC did not allege that Fu himself bribed or authorized the bribes to hospital personnel. Rather, his liability was premised on his position within the company, which included the power and ability to ensure FCPA compliance.[6] Ultimately, Fu reached a settlement agreement with the SEC whereby he was permanently enjoined from further violations of the FCPA and required to pay a civil fine of $ 75,000.[7]

95

D&Os should also be aware of the increasing internationalization of the anti bribery prosecutions. While the FCPA was the first international statute that criminalized the bribery of foreign officials, many other countries now have similar prohibitions. The Organisation for Economic Co-Operation and Development Convention on Combating Bribery of Foreign Public Officials in International Business Transactions (the "OECD Convention") was signed on December 17, 1997 and today includes 38 countries. The OECD Convention sets forth the basic elements that each signatory country should include in their own foreign corrupt practices statute.[8] The DOJ has encouraged other countries to prosecute bribery and has even collaborated with non-U.S. prosecutors, and, as Matthew Friedrich, then Acting Assistant Attorney General of the DOJ noted in December 2008,

96

---

1 Complaint at 3, SEC v. Pillor, No. 06-CV-4906 (N.D. Cal. Aug. 15, 2006).
2 Id. at 4–6.
3 Id. at 4–5.
4 Complaint at 3, SEC v. Fu, No. 06-CV-4906-WHA, (N.D.Cal. Sept. 28, 2006).
5 Id. at 4, 6.
6 Id. at 5–6.
7 SEC v. Fu, SEC Litig. Rel. No. 20310 (Sept. 28, 2006).
8 Convention on Combating Bribery of Foreign Public Officials in International Business Transactions, art. 1, Dec. 17, 1997, 37 I.L.M. 1 (1998).

the DOJ is "now working with [its] foreign law enforcement colleagues in bribery investigations to a degree that [they] never have previously."[1]

97 A recent SEC action may signal another new trend in FCPA enforcement. For the first time in its history, in 2009 the SEC relied upon the theory of control person liability set forth in the '34 Act to bring FCPA charges against individuals. Specifically, the SEC brought charges against Douglas Faggioli, who was, during relevant periods, the Chief Operating Officer of Nature's Sunshine Products ("Nature's Sunshine") and a member of its board of directors, contending that because the managers in charge of maintaining accurate books and records reported to Faggioli, his failure to properly supervise these individuals made their failures to adequately maintain Nature's Sunshine's books and records properly attributable to him.[2] The SEC also brought charges against and Craig D. Huff, Nature's Sunshine's CFO, arguing that Huff's position as CFO gave him the responsibility to set appropriate guidelines to ensure accurate recordkeeping, and to supervise others in charge of recordkeeping, and that he therefore violated the FCPA when those under his control breached its provisions.[3]

98 Faggioli and Huff both entered into settlement agreements with the SEC, and each was permanently enjoined from future FCPA violations and fined $ 25,000.[4] Because this appears to be the first time the SEC has relied on control person liability to establish an FCPA violation by an individual without knowledge of any bribes, whether this case is an aberration or signals a new avenue of D&O liability under the FCPA remains to be seen.

E. Antitrust

I. Background

99 There are two primary U.S. statutes that address anti competitive behavior: the Sherman Act,[5] and the Clayton Act,[6] (collectively, the "Antitrust Acts"). Section 1 of the Sherman Act provides that "[e]very contract, combination in the form of trust or otherwise, or conspiracy, in restraint of trade or commerce among the several States, or with foreign nations, is declared to be illegal."[7] This Section is used to prosecute actions such as price-fixing, bid rigging, and customer allocation.

100 The Sherman Act also criminalizes monopolization by providing that "[e]very person who shall monopolize, or attempt to monopolize, or combine or conspire

---

1 *Matthew Friedrich*, Acting Assistant Attorney General of the DOJ, Press Conference Announcing Siemens AG and Three Subsidiaries Plead Guilty to Foreign Corrupt Practices Act Violations (Dec. 15, 2008) (transcript available at http://www.justice.gov/opa/pr/2008/December/08-opa-1112.html).
2 Complaint at 3, 7–8, SEC v. Nature's Sunshine Products, No. 09-CV-0672 (D. Utah July 31, 2009).
3 Id. at 8–9.
4 SEC v. Nature's Sunshine Products, Inc., SEC Litig. Rel. No. 21162 (D. Utah July 31, 2009).
5 15 U.S.C. §§ 1–7.
6 Id. §§ 12, 13, 14–19, 20, 21, 22–27.
7 Id. § 1.

with any other person or persons, to monopolize any part of the trade or commerce among the several States, or with foreign nations, shall be deemed guilty of a felony."[1]

Criminal antitrust liability only results from intentional actions.[2] Such violations of Section 1 or Section 2 of the Sherman Act are punishable by fines of up to $ 100,000,000 for corporate defendants and $ 1,000,000 for individuals.[3] An individual found guilty of violating the Sherman Act is also subject to a term of imprisonment of up to 10 years.[4]

The Clayton Act is broader than the Sherman Act, forbidding, under certain circumstances, actions such as price discrimination,[5] agreements not to use the products of a competitor,[6] mergers or acquisitions that are likely to reduce competition,[7] and officers and directors serving on boards of competing companies.[8] The Clayton Act also holds D&Os liable for a corporation's criminal antitrust violation where the D&O authorized or took part in the actions that were the basis of the violation.[9]

In addition, the Clayton Act provides a private right of action to "any person who shall be injured in his business or property by reason of anything forbidden in the antitrust laws,"[10] including the Sherman Act.[11] State attorneys general may also bring civil actions under the Clayton Act on behalf of those injured in their states.[12] If a suit brought under the Clayton Act is successful, the plaintiff or state attorney general may recover treble damages, attorney's fees, and court costs.[13] Plaintiffs may also bring suit to obtain an injunction to prevent threatened loss due to anti competitive actions.[14]

II. Jurisdictional Issues

The Antitrust Acts encompass not only anti competitive behavior in the United States but also activities which take place solely outside of the United States that have the purpose and effect of impairing competition in the United States. The

---

1 Id. § 2.
2 United States v. U.S. Gypsum Co., 438 U.S. 422, 435 (1978).
3 15 U.S.C. § 1; id. § 2.
4 Id. §§ 1, 2.
5 Id. § 13.
6 Id. § 14.
7 Id. § 18.
8 Id. § 19(a)(1). Overlapping directorates and officers are forbidden where the corporations are competitors whose capital, surplus, and undivided profits exceed $ 10,000,000. There are, however, exceptions to this prohibition where the competitive sales between the two corporations are minimal. Id. § 19 (a)(2).
9 Id. § 24. Such a finding can result in a fine of up to $ 5,000 and up to one year in prison.
10 Id. § 15(a).
11 Id. § 12(a).
12 Id. § 15(c).
13 Id.
14 Id. § 26.

passage of the Foreign Trade Antitrust Improvements Act ("FTAIA") in 1982 reaffirmed the subject-matter jurisdiction of U.S. federal courts over antitrust violation committed abroad.[1] As such, non-U.S. residents serving as a D&O of a non-U.S. corporation may be subject to suit in the United States for actions taken in their official capacity, subject to satisfaction of the personal jurisdiction issues discussed above.

105   For example, in 2002 the Antitrust Division of the DOJ filed criminal informations against Heinrich Florian and Günter Hefner, executives at Infineon AG, a German company that produces computer memory. During relevant periods, Florian was the Vice President for Sales Marketing & Logistics for Memory Products and Hefner was the Vice President of Sales for Memory Products for Infineon AG.[2] The DOJ alleged that they conspired with certain of their competitors to fix industry prices by participating in meetings where industry-wide prices were determined, and exchanging sales and customer information.[3]

106   Both Florian and Hefner pleaded guilty to violating Section 1 of the Sherman Act and were sentenced to 180 days and 150 days imprisonment, respectively.[4] A criminal fine of $ 250,000 was also imposed against each.[5]

III. Enforcement Patterns and Practices

107   While both monetary and penal sanctions are available, the Antitrust Division of the DOJ has taken the position that the best way to ensure compliance with the Sherman Act is to impose jail sentences on violators.[6] In recent years, the DOJ has increasingly sought, and obtained, jail time for anti competitive behavior; indeed, nearly 60 % of defendants charged by the Antitrust Division since fiscal year 2000 and 87 % of those charged in fiscal year 2007 have been sentenced to prison terms.[7] The Antitrust Division has also obtained more extensive prison sentences for non-U.S. defendants in recent years: In the early 2000s, sentences averaged between 3 and 4 months, whereas in fiscal year 2007, the average prison sentence for a non-U.S. defendant had increased to one year.[8] As Scott Hammond, the Deputy Assistant Attorney General for Criminal Enforcement of the Antitrust

---

1   The FTAIA provides that the Sherman Act applies to foreign trade that has "a direct, substantial, and reasonably foreseeable effect" on domestic commerce where the activity otherwise establishes a Sherman Act claim. 15 U.S.C. § 6(a). The FTC Act mirrors the FTAIA's jurisdictional reach. Id. § 45(a)(3).
2   Information at 3, United States v. Corwin, No. 04-CR-0397-SI (N.D.Cal. Dec. 2, 2004).
3   Id. at 2.
4   Plea Agreement at 6, United States v. Florian, No. 04-CR-0397-PJH (N. D. Cal. Dec. 15, 2004); Plea Agreement at 6, United States v. Hefner, No. CR-04-0397-PJH (N. D. Cal. Dec. 15, 2004).
5   Id.; Plea Agreement at 6, United States v. Florian.
6   *Scott D. Hammond*, Deputy Assistant Attorney General for Criminal Enforcement of the Antitrust Division of the Department of Justice, Recent Developments, Trends, and Milestones In The Antitrust Division's Criminal Enforcement Program (Mar. 26, 2008) (transcript available at www.justice.gov/atr/public/speeches/232716).
7   Id.
8   Id.

Division of the DOJ, noted in 2008 "the Division places a heightened emphasis on combating international cartels that target U.S. markets."[1]

For example, in 2007, the DOJ charged eight individuals – all executives with various non-U.S. companies in the marine hose industry – with conspiring to violate Section 1 of the Sherman Act. The United States argued that they had conspired among themselves to divide up the market. They did this by, among other things, not competing for each other's customers and implementing an agreed-upon price list.[2]

All but one of the defendants pleaded guilty. The civil fines imposed ranged from $ 20,000 to $ 100,000.[3] Confinement for the defendants included prison terms significantly above the average, ranging from 14 to 30 months.[4]

F. Other Statutes

A non-U.S. D&O is most likely to face civil or criminal liability for a violation of one of the statutes discussed above. These statutes, however, by no means represent an exhaustive list of statutes which can expose non-U.S. D&Os to liability. Others include:

- RICO. Enacted in 1970 to combat organized crime,[5] the Racketeer Influenced and Corrupt Organization Act ("RICO")[6] is now commonly used by government and plaintiffs' lawyers against legitimate businesses and the D&Os of those businesses.[7] Under RICO, a defendant who engages in two acts of "racketeering activity" – defined extremely broadly to include a host of state and federal crimes – within a ten-year period is guilty of violating RICO, and therefore subject to extremely harsh criminal and/or civil penalties. Thus, a legitimate corporation whose employees engage in merely two related crimes can, under RICO, be transformed into a criminal enterprise. RICO also contains a

---

1 Id.
2 Indictment at 3, United States v. Bangert, No. 07-CR-60183 Dimitrouleas (S.D.Fl. July 19, 2007).
3 Plea Agreement at 14, United States v. Hioki, No. 08-CR-00795 (S.D.Tx. Dec. 10, 2008); Plea Agreement at 12, United States v. Brammar, No. H-07CR-487-02 (S.D. Tx. 2007); Plea Agreement at 12, United States v. Allison, No. H-07-CR-487-01 (S.D. Tx. 2007); Plea Agreement at 12, United States v. Whittle, No. H-07-CR-487-03 (S.D.Tx. 2007); Plea Agreement at 7–8, United States v. Cognard, No. 07-CR-60269-KAM (S.D.Fl. Nov. 15, 2007); Plea Agreement at 7, United States v. Caleca, No. 07-CR-60269-KAM (S.D.Fl. Nov. 15, 2007).
4 Id.
5 See Responding to DOJ Investigations III.J.1, at A-317.
6 18 U.S.C. § 1961 et seq.
7 Indeed, in 1999, the federal government brought a RICO case against the world's largest tobacco companies, accusing them of constituting a "racketeering enterprise." See Complaint, United States v. Philip Morris, Inc., No. 99-CV-02496 (D.D.C. Sept. 22, 1999); *Marc Lacey*, Tobacco Industry Accused of Fraud in Lawsuit by U.S., N.Y. Times, Sept. 23, 1999, at A1.

private right of action, which gives any person injured by a "racketeer" the right to sue and, if successful, to collect treble damages.[1]

- Mail and wire fraud. The federal mail and wire fraud statutes criminalize the use, respectively, of mail services or interstate communication – including telephone calls and electronic mail – for fraudulent purposes.[2] Because many, if not most, violations of U.S. law will, at some point, involve transmittal of information over the phone, email, or through the mail, the mail and wire fraud statutes permit federal prosecutors to prosecute a broad array of crimes that, but for the statutes, could only be prosecuted by local and state prosecutors.[3]

- OFAC. The Office of Foreign Assets Control ("OFAC") of the U.S. Department of Treasury administers and enforces "trade sanctions based on U.S. foreign policy and national security goals against targeted foreign countries and regimes," including terrorists.[4] OFAC is charged with ensuring that U.S. corporations, U.S. subsidiaries of non-U.S. corporations and other U.S. persons, do not do business with certain countries, including Iran. Violations of OFAC regulations can result in severe civil and criminal penalties.[5] In December 2009, the banking giant Credit Suisse paid a $ 536 million fine to settle charges that it systematically assisted its clients to trade with Iran and hid the fact of its assistance from OFAC.[6]

G. Conclusion

111   As this article has sought to make clear, in our increasingly globalized economy, D&Os of non-U.S. corporations are not beyond the reach of U.S. law. This fact, however, does not mean that non-U.S. D&Os must resign themselves to liability. By being aware of the relevant laws, and the conduct they prohibit, non-U.S. D&Os can significantly reduce the chances that they will ever have an encounter with U.S. regulators or plaintiffs' attorneys.

---

1 See Responding to DOJ Investigations III.J.1, at A-317-A-318.
2 See 18 U.S.C. §§ 1341 (mail fraud), 1343 (wire fraud).
3 See Responding to DOJ Investigations § III.A.1, at A-301. Federal prosecutors eagerly prosecute these crimes: For each year from 1999 through 2006, approximately 119 individuals were charged with securities fraud, 720 were charged with mail fraud, and 404 were charged with wire fraud. See Wendy Gerwick Couture, White Collar Crime's Gray Area: The Anomaly of Criminalizing Conduct Not Civilly Available, 72 Alb.L. Rev. 1, 10 (2009) (citing data compiled by the Federal Justice Statistics Resource Center).
4 Office of Foreign Assets Control, available at http://www.treas.gov/offices/enforcement/ofac/(last visited Dec. 2, 2009).
5 See 21 U.S.C. § 1906 (a)(2), Pub. Law 110-96; 121 Stat. 1011 (October 16, 2007); Exec. Order No. 13,438, 72 C.F.R. 39719 (2007); Exec. Order No.13,350, 69 C.F.R. 46055 (2004); 31 C.F.R. 515 (2002).
6 See *John Eligon*, Credit Suisse Settles Inquiry Over Iran Sanctions, N.Y. Times, Dec. 16, 2009, at B11.

6. Teil
Pflichtverletzungen und öffentliche Meinung

§ 38
Die Managerhaftung und die öffentliche Meinung

Dr. Joachim Jahn

	Rz.		Rz.
A. Einleitung	1	1. Medien	18
B. Bedeutung der Medien für Beruf und Privatleben	7	a) Zivilrecht	18
		aa) Gegendarstellung	18
		bb) Unterlassung	20
C. Einfluss von Presse, Funk und Fernsehen auf die Justiz	9	cc) Berichtigung	24
		dd) Schadensersatz/Geldentschädigung	27
D. Instrumentalisierung durch Anklage, Verteidigung oder Gegenpartei	12	b) Strafrecht	29
		2. Strafverfolgungsbehörden	33
E. Krisenmanagement	14	3. Verteidigung	38
		4. Dritte	44
F. Grenzen der Berichterstattung	17	II. Ethisch-moralische Schranken sowie Pressekodex	45
I. Rechtliche Schranken und taktische Erwägungen	17		

Schrifttum: *Bachl*, Wie unabhängig von den Medien kann, darf, muss die Justiz sein?, StV 2005, 174; *Becker-Toussaint*, Schmerzensgeldansprüche bei Medieninformationen der Staatsanwaltschaft, NJW 2004, 414; *Bernsmann/Gatzweiler*, Verteidigung bei Korruptionsfällen, 2008; *Boehme-Neßler*, Die Öffentlichkeit als Richter?, ZRP 2009, 228; *Cappel*, Grenzen auf dem Weg zu einem europäischen Untreuestrafrecht, Diss. 2009; von *Coelln*, Zur Medienöffentlichkeit der Dritten Gewalt, Habil. 2005; *Dahs*, Handbuch des Strafverteidigers, 7. Aufl. 2005; *Dunsch*, Familienunternehmen und die Medien ..., in FS Hennerkes, 2009, S. 515; *Fischer*, StGB und Nebengesetze, 57. Aufl. 2010; *Fleischer*, Handbuch des Vorstandsrechts, 2006; *Friedrichsen*, Das Interesse der Öffentlichkeit an einer Justizberichterstattung durch die Medien, StV 2005, 169; *Geerds*, Berichterstattung über Strafsachen, in FS Oehler, 1985, S. 423; *Gerhardt*, Die Richter und das Medienklima, ZRP 2009, 247; *Gerhardt/Pfeifer* (Hrsg.), Wer die Medien bewacht, 2000; *Gerhardt/Kepplinger/Zerback*, Wir Richter sind auch nur Menschen, F.A.Z. vom 11.1.2008, S. 38; *Groß*, Medien und Verteidigung im Ermittlungsverfahren, in FS Hanack, 1999, S. 39; *Hamm*, Große Strafprozesse und die Macht der Medien, 1997; *Hamm/Lohberger* (Hrsg.), Beck'sches Formularbuch für den Strafverteidiger, 4. Aufl. 2002; *Hassemer*, Grundsätzliche Aspekte des Verhältnisses von Medien und Strafjustiz, StV 2005, 167; *Hauschka* (Hrsg.), Corporate Compliance, 2. Aufl. 2010; *Holzinger/Wolff*, Im Namen der Öffentlichkeit, 2009; *Hörisch*, (Wie) Passen Justiz und Massenmedien zusammen?, StV 2005, 151; *Huber*, Die angelsächsische Variante des Verhältnisses der Presse zur Strafjustiz, StV 2005, 181; *Immenga/Schwintowski/Kollmorgen* (Hrsg.), Wirtschaftliches Risiko und persönliche Verantwortung der Manager, 2006; *Jahn*, Strafrechtliche Mittel gegen Rechtsextremismus, Diss. 1998; *Jahn*, Auch Topmanager genießen keine Immunität, DRiZ 2003, 191; *Jahn*, Lehren aus dem „Fall Mannesmann", ZRP 2004, 179; *Jahn*, Nach dem Mannesmann-Urteil des BGH: Konsequenzen für Wirtschaft, Justiz und Gesetzgeber, ZIP 2006, 738; *Jahn*, Anspruch der Presse auf Auskünfte ..., EWiR 2005, 485; *Jahn*,

Rechtmäßige Drohung mit Einschaltung der Presse ..., EWiR 2005, 623; *Jahn*, Kein Unterlassungsanspruch gegen unwahre Wortberichterstattung ..., EWiR 2006, 167; *Jahn*, Die Justiz bremst die Medien aus, Anwaltsblatt 2005, 385; *Jahn*, Die Macht der Öffentlichkeit, message 2/2004, S. 34; *Jahn*, Unbefriedigend, aber unumgänglich – Die Einstellung des Mannesmann-Prozesses, BB 1/2007, S. I; *Jahn*, Hartz-Prozess: Justiz vertagt Aufklärung, NJW 8/2007, S. III; *Jahn*, Der Telekom-Prozess: Stresstest für das KapMuG, ZIP 2008, 1314; *Jahn*, Wieder eine Bewährungsstrafe für einen Top-Manager, NJW 7/2009, S. XII; *Jahn*, Zur Meinungsfreiheit bei kritischen Äußerungen über ein Unternehmen, EWiR 2009, 413; *Jahn*, Unangenehme Wahrheiten für Prominente, NJW 2009, 3344; *Kempf*, Strafjustiz und Medien – Skandaljournalismus oder Aufklärungsinteresse? (unveröff. Referat auf dem 57. Deutschen Anwaltstag); *Kepplinger*, Die Mechanismen der Skandalierung, 2. Aufl. 2005; *Kepplinger/ Zerback*, Der Einfluss der Medien auf Richter und Staatsanwälte, Publizistik 2009, 216; *Koppenhöfer*, Wie unabhängig von den Medien kann, darf, muss die Justiz sein?, StV 2005, 172; *H. Krieger*, Die Haftung des Staates nach § 839 BGB, Art. 34 GG für Fehlverhalten der Staatsanwaltschaft im Ermittlungsverfahren, Diss. 2000; *Ladeur*, Mediengerechte Spezifizierung ..., AfP 2009, 446; *Lamprecht*, Vom Mythos der Unabhängigkeit, 2. Aufl. 1996; *Lehr*, Grenzen für die Öffentlichkeitsarbeit der Ermittlungsbehörden, NStZ 2009, 409; *Lindner*, Der Schutz des Persönlichkeitsrechts des Beschuldigten im Ermittlungsverfahren, StV 2008, 210; *Leyendecker*, Die Verfahrensbeteiligten aus der Perspektive der Medien, StV 2005, 179; *Löffler/Ricker*, Handbuch des Presserechts, 5. Aufl. 2005; *Marxen*, Strafrecht im Medienzeitalter, JZ 2000, 294; *Mauz*, Die Justiz vor Gericht, 1990; *B.-D. Meier*, Zulässigkeit und Grenzen der Auskunftserteilung gegenüber den Medien, in FS H.-L. Schreiber, 2003, S. 331; *Möhrle* (Hrsg.), Krisen-PR, 2. Aufl. 2007; *G. Müller*, Persönlichkeitsrecht als Schutz vor unerwünschter Berichterstattung?, ZRP 2009, 189; *Müller-Gugenberger/Bieneck*, Wirtschaftsstrafrecht, 4. Aufl. 2006; *Neuling*, Inquisition durch Information, Diss. 2005; *Neuling*, Rechtsschutz des Beschuldigten bei amtspflichtwidrigen Medienauskünften von Justizbediensteten – die „Affäre Mannesmann", StV 2006, 332; *Noelle-Neumann/ Schulz/Wilke* (Hrsg.), Fischer Lexikon Publizistik/Massenkommunikation, 5. Aufl. 2009; *Oehler* u.a., Der Einfluss der Medien auf das Strafverfahren, 1990; *Oltmanns/Brunowsky*, Manager in der Medienfalle, 2009; *Petersen*, Medienrecht, 4. Aufl. 2008; *Prinz*, Justiz und Medienöffentlichkeit, in FS Engschall, 1996, S. 243; *Prinz/Peters* (Hrsg.), Medienrecht im Wandel, 1996; *Prinz/Peters*, Medienrecht, 1999; *Rehbock*, Medien- und Presserecht, 2005; *Roxin*, Strafrechtliche und strafprozessuale Probleme der Vorverurteilung, NStZ 1991, 153; *Rüthers*, Die Wende-Experten, 2. Aufl. 1995; *Schaefer*, Staatsanwaltliches Ermittlungsverfahren und Vorverurteilungen – eine zwingende Folge?, in FS E. Müller, 2008, S. 623; *Schiller*, Prozessführung der Staatsanwaltschaft und Medien, StV 2005, 176; *U.F. Schneider*, Der Januskopf der Prominenz, Diss. 2004; *Schulz-Bruhdoel/Fürstenau*, Die PR- und Pressefibel, 4. Aufl. 2008; *Semler/Peltzer* (Hrsg.), Arbeitshandbuch für Vorstandsmitglieder, 2005; *Soehring*, Presserecht, 3. Aufl. 2000; *C.-H. Soehring*, Vorverurteilung durch die Presse, Diss. 1999; Strafverteidigervereinigungen (Hrsg.), Erosion der Rechtsstaatlichkeit, 2002; *Taschke*, Verteidigung von Unternehmen, StV 2007, 495; *Tilmann*, Prozessführung der Staatsanwaltschaft und Medien, StV 2005, 175; *Ulsamer*, Einige Bemerkungen über Medien und Strafprozess, in FS Jauch, 1990, S. 221; *Volk* (Hrsg.), Verteidigung in Wirtschafts- und Steuerstrafsachen, 2006; *Wabnitz/Janovsky*, Handbuch des Wirtschafts- und Steuerstrafrechts, 3. Aufl. 2007; *Wagner*, Strafprozessführung über Medien, 1987; *Wassermann*, Justiz und Medien, 1980; *Wehnert*, Prozessführung der Verteidigung und Medien, StV 2005, 178; *Wenzel*, Das Recht der Wort- und Bildberichterstattung, 5. Aufl. 2003; *Widmaier* (Hrsg.), Strafverteidigung, 2006; *Wohlers*, Prozessuale Konsequenzen präjudizierender Medienberichterstattung, StV 2005, 186.

A. Einleitung

Nicht selten kommt das Unheil zuerst von der Seite der Medien[1]: Noch bevor beispielsweise Klein- oder Großaktionäre vor Gericht ziehen, um eine **Schadensersatzklage** gegen ihr Unternehmen oder einzelne seiner Organmitglieder zu erheben, haben Zeitungen, Funk und Fernsehen oft schon von dem Streit Wind bekommen – meist gezielt aufgescheucht durch Anlegeranwälte und ihre ständigen Presseerklärungen. Diese spezialisierten Advokaten wollen auf diese Weise nicht ganz ungeschickt eine Drohkulisse aufbauen, indem sie den Druck auf ihren Gegner verstärken und eine Stimmung der Empörung und Entrüstung gegen ihn schüren (sowie – nicht zuletzt – um weitere Mandanten werben). Für die Ablieferung der Klageschriften wird dann anschließend beispielsweise ein Lastwagen gemietet, um aufmerksamkeitsheischende Fotos schießen lassen zu können.[2]

1

Doch auch ein Zugriff von Polizei und Staatsanwaltschaft kommt nicht immer aus heiterem Himmel, hat doch häufig vorher jemand (und sei es nur als „interessierter Bürger") öffentlichkeitswirksam eine Strafanzeige angekündigt.[3] Nicht ganz ungewöhnlich ist es überdies, dass **Ermittlungsbehörden** bei einer Razzia[4] selbst für die gewünschte Begleitung durch Journalisten vor Ort sorgen.[5] So lässt

2

---

1 Literarischer formuliert hat es der Schriftsteller und Justiz(!)kritiker *Kurt Tucholsky*, der 1914 zum Thema Erpressungen schrieb: „Wenn der Angeklagte in einem deutschen Gerichtssaal vorgeführt wird, dann mag er sich sagen, dass eine Hauptgefahr nicht der gefürchtete Staatsanwalt ist, nicht der Vorsitzende, nicht die Richter. Die Meute lauert anderswo. (…) Korrupt ist die Presse, die den niedrigsten und schmierigsten Instinkten ihrer Leser so weit entgegenkommt, dass sie ihre Hunde auf die Jagd schickt."
2 So im schier unendlichen „Telekom-Prozess", in dem rund 16 000 vor allem private Anleger Schadensersatz wegen angeblicher Fehler in Börsenprospekten verlangen und weitere 17 000 Ansprüche zur preisgünstigen Verjährungsverlängerung vor einer Schlichtungsstelle geltend gemacht wurden (kritisch zum „sehr showträchtigen" Vorgehen der Anwälte „Welt am Sonntag" vom 30.10.2005).
3 Vgl. *Wolff/Holzinger*, S. 158. Auch sonst können Medienberichte ein Strafverfahren überhaupt erst anstoßen (*Kempf* in Volk, § 10 Rz. 6; *Wessing II* in Volk, § 11 Rz. 76, der sich verblüfft zeigt, wie genau investigative Journalisten mitunter auch an internen Quellen eines Unternehmens recherchieren; *Lehr* in Widmaier, § 20 Rz. 9).
4 Zur Imageschädigung durch Berichte über Unternehmensdurchsuchungen *Taschke* in Semler/Peltzer, Arbeitshandbuch Vorstandsmitglieder, § 10 Rz. 256. Zur Tendenz, Manager stärker auch strafrechtlich zur Verantwortung zu ziehen, statt aller *Spindler* in Fleischer, Handbuch des Vorstandsrechts, § 15 Rz. 1, 13. Hinzu kommt die (häufig übergezogene) Kritik an einer angeblichen Entwicklung zu einem ausufernden „Risikostrafrecht" bzw. „Präventionsstaat"; angemessen und umfassend *Grunst/Volk* in Volk, § 1 Rz. 98 ff. Wegen vermeintlicher Willkür von Staatsanwälten hat ein namhafter Unternehmer eine Stiftung (www.stiftung-projustitia.de) gegründet.
5 Vgl. *Schaefer*, S. 634 ff. Alles in allem wohl sinnvoll die Empfehlung, Pressemitarbeiter bei einer Durchsuchung des Firmengeländes zu verweisen (so *Kempf* in Volk, § 10 Rz. 21). Bei der spektakulären „Steuerrazzia" in der Privatvilla des einstigen Deutsche-Post-Chefs *Zumwinkel* scheint dagegen der entscheidende Hinweis an das live übertragende ZDF-Morgenmagazin nicht – wie gemeinhin vermutet – von der Staatsanwaltschaft (oder der häufig „durchlässigeren" Kriminalpolizei) und auch nicht aus der Finanzverwaltung (die entsprechenden Spekulationen reichten von der Steuerfahndung bis hin zum Bundesfinanzministerium), sondern aus den Reihen des ebenfalls beteiligten Bundesnachrichtendienstes gekommen zu sein (zu jenem Verfahren *Jahn*, NJW 7/2009, S. XII).

sich schließlich demonstrieren, dass die Staatsgewalt nicht untätig bleibt (was mitunter aber durchaus friedenstiftende Wirkung[1] haben kann). Unterstrichen wird dabei zudem die Bedeutung der eigenen Behörde, was beim Verteilungskampf um Haushaltsmittel und Personalstellen bei der nächsten Sparrunde im Innen- oder Justizetat hilfreich sein mag (und auch der eigenen Beförderung nicht abträglich sein muss).[2]

3 „Die wahre Hinrichtung findet in den Medien statt", heißt es deshalb mitunter zynisch. Denn die gelegentlich vorverurteilende Berichterstattung[3] in Wort, Bild und Ton schafft eine zweite Ebene der Sanktion, die manchen Betroffenen und auch viele Beobachter an die Inquisition und den **Pranger** des Mittelalters erinnert.[4] Jenseits der schützenden Formen von Strafverfahren oder Ziviljustiz wird quälend an Ruf, Reputation und Renommee von Managern gekratzt. Die Karriere eines solchermaßen „Vorgeführten" ist möglicherweise auf Eis gelegt; eine persönliche Haftung droht ihm ebenso – wenngleich das einst geplante Kapitalinformations-Haftungsgesetz (KapInHaG) vorerst wieder in der Schublade verschwunden ist[5] – wie eine Kündigung seines Dienstvertrags und die Abberufung aus der Organstellung. Von strafrechtlichen Risiken, die angesichts des (notgedrungen) schwammig formulierten Straftatbestands der Untreue (§ 266 StGB) ohnehin wie ein Damoklesschwert ständig über Geschäftsführern und Vorständen schweben, ganz zu schweigen.

4 **Auswüchse** der Berichterstattung[6] haben auf Grund gewachsener Konkurrenz zwischen den Medien gerade nach der Zulassung von Privatfunk und -fernsehen (zumal in konjunkturell klammen Zeiten[7]) sicherlich zugenommen.[8] Zuspitzung, Dramatisierung und Übertreibung, Versimpelung, Personalisierung sowie Skandalisierung bis hin zur Schürung von Hysterie bezüglich Risiken, deren re-

---

1 *Wagner* spricht von „Generalprävention" und „Normstabilisierung" (S. 63 f.); vgl. *Hassemer*, StV 2005, 167; *Geerds* in FS Oehler, S. 425 f.
2 Sehr dezidiert die entsprechende Einschätzung eines Vorstandsmitglieds bei *Immenga/Schwintowski/Kollmorgen*, S. 92; zur staatsanwaltlichen „Flucht nach vorn" und eine dadurch erlangte personelle Verstärkung aus Behördensicht *Becker-Toussaint* in Strafverteidigervereinigungen, S. 243, zu weiteren Motiven zur Informationsweitergabe S. 245; aus Anwaltsperspektive *Hamm*, S. 35 ff., zu den „Berichtssachen" an die Landesjustizminister S. 86 ff.
3 Zu etwaigen prozessualen Konsequenzen statt aller *Wohlers*, StV 2005, 186, 188 ff.
4 Vgl. *Hamm*, S. 12; nachdrücklich auch *Dierlamm* in Wabnitz/Janovsky, 27. Kap. Rz. 8.
5 Es sollte die persönliche Haftung von Organmitgliedern bei falscher Information des Kapitalmarkts ausweiten (zur Kritik des DAV-Handelsrechtsausschusses daran F.A.Z. vom 8.11.2004, S. 13).
6 Nicht zuletzt wegen mangelnder Rechtskenntnisse von Gerichtsberichterstattern der Lokalmedien, wo Verleger und Chefredakteure diese Themen primär als Unterhaltungsstoff ansehen; dazu aus Sicht der Journalismusforschung *Höbermann* in Strafverteidigervereinigungen, S. 227 ff. Vgl. *Leyendecker*, StV 2005, 179; *Geerds* in FS Oehler, S. 438 ff. insbesondere zur „Boulevard- und Regenbogenpresse". Staatsanwaltliche Pressesprecher müssen Journalisten, die mitunter nicht einmal Zeitung lesen, bei Anfragen häufig „Rechtskundeunterricht" erteilen (*Becker-Toussaint* in Strafverteidigervereinigungen, S. 240).
7 Darauf verweist die „Spiegel"-Reporterin *Friedrichsen*, StV 2005, 169.
8 Zu modernen „Empörungswellen" der frühere Chefredakteur *Kaden* bei Immenga/Schwintowski/Kollmorgen, S. 108.

alistische Einschätzung ein Mindestmaß an Kenntnissen von Statistik und Naturwissenschaften voraussetzt, sind leider gang und gäbe.[1] Verhängnisvoll ist dabei überdies, dass sich die Medienlandschaft insofern strukturell gleich ausrichtet und „Nonkonformisten" in die „Schweigespirale" gedrängt werden.[2]

Freilich darf der Überbringer der schlechten Botschaft nicht mit der Nachricht selbst **verwechselt** werden[3]: Falls etwa eine Massenklage in Deutschland nach dem noch recht neuen Kapitalanleger-Musterverfahrensgesetz (KapMuG)[4] tatsächlich den Aktienkurs einer börsennotierten Gesellschaft beeinflussen sollte (was bei rational handelnden Investoren in aller Regel nicht der Fall sein dürfte), sind schließlich nicht die Medien selbst die eigentliche Ursache dafür. Zumal es mittlerweile seit dem Gesetz zur Unternehmensintegrität und Modernisierung des Anfechtungsrechts (UMAG)[5] im elektronischen Bundesanzeiger ein spezielles Aktionärsforum gibt, mit dessen Hilfe nach dem Willen des – insofern parteiübergreifend handelnden – Gesetzgebers ja gerade Mitstreiter noch leichter als bisher mobilisiert und gefunden werden sollen. Die (in Deutschland zwar nur durchschnittlich, in vielen Straf- wie Zivilverfahren in Wirtschaftssachen aber unerträglich) langsame Arbeitsweise der Justiz trägt ihr Übriges dazu bei, auch unausgegorene Vorwürfe über einen langen Zeitraum in den Schlagzeilen zu halten und Anschuldigungen immer wieder aufs Neue breit zu treten. Und wenn bestimmte Unternehmen nahezu dauerhaft etwa wegen diverser Korruptionsvorwürfe in den Meldungsspalten auftauchen[6], so hat dies zwar zugegebenermaßen damit zu tun, dass es in Institutionen von einer bestimmten Größe an wohl immer irgendwelche „schwarzen Schafe" geben wird – doch können diese Aktienge-

---

1 *Kepplinger*, S. 17, 57 und passim. Zu fachlichen Defiziten im Wirtschaftsjournalismus hochaktuell *Brunowsky/Oltmanns*, S. 39 ff., 45 ff., wenngleich das kenntnisreiche Buch nicht zuletzt als Akquise-Broschüre eines Seitenwechslers für die Beraterzunft gedeutet werden kann; zur Strukturkrise in der Zeitungswirtschaft S. 104 ff. Bedenklich ist etwa, wenn in einem Bericht zum Aufmacher auf einer Titelseite erhoben wird, obwohl es zu diesem Zeitpunkt keine nennenswerten neuen Erkenntnisse gegenüber früheren Artikeln gab (Handelsblatt vom 14.9.2009, S. 1), später hingegen die Nichteinleitung eines Strafverfahrens gegen Vorstände und Aufsichtsräte auf einer der hintersten Seiten versteckt wird – mit dem trotzig anmutenden Einleitungssatz: „In der Datenschutzaffäre der Deutschen Bank will die Staatsanwaltschaft Frankfurt nicht gegen den Aufsichtsratsvorsitzenden Clemens Börsig ermitteln, allerdings sehr wohl gegen andere Beteiligte." (Handelsblatt vom 9.10.2009, S. 24).
2 *Kepplinger*, S. 79 ff., spricht von „totalitären Zügen", „Schauprozessen" und „Gleichschaltung"; zur begrenzten Ausnahme und Wirkung von Qualitätszeitungen S. 141; *Noelle-Neumann* in Noelle-Neumann/Schulz/Wilke, die dennoch durchaus Einwirkungsmöglichkeiten auf die öffentliche Meinung sieht, S. 439 ff., 440.
3 Zu Vorurteilen gegenüber Medien und den „Does and Don'ts" im Umgang mit Journalisten erhellend *Schulz-Bruhdoel/Fürstenau*, S. 177 ff.
4 BGBl. I 2005, 2437; *Jahn*, ZIP 2008, 1314.
5 BGBl. I 2005, 2802.
6 Man denke nur an die systematische Bestechung ausländischer Geschäftspartner bei der Siemens AG, die eine transatlantische Kooperation privater wie staatlicher Ermittler mit Milliardenkosten zur Folge hatte; ebenso an das beharrliche Schmieren von Arbeitnehmervertretern bei der Volkswagen AG in Millionenhöhe, welche durch die Verstrickung von Parlamentsabgeordneten auf Bundes- und Landesebene sowie durch Dienstleistungen im Rotlichtmilieu nahezu aller Kontinente besonders pikante Züge erlangte (dazu *Jahn*, NJW 8/2007, S. III).

sellschaften insbesondere dann, wenn sie an der Börse notiert sind, ein berechtigtes Interesse der Öffentlichkeit an einer Berichterstattung über mutmaßliche wettbewerbsverzerrende Straftaten nicht bestreiten.

6 Doch sollte zur Allgemeinbildung eines Lesers, Hörers oder Zuschauers ebenso die triviale Tatsache gehören, dass die Einleitung eines Ermittlungsverfahrens nur einen Verdacht bedeutet, dessen Berechtigung eben gerade auf diese Weise erst geklärt werden muss.[1] Wo Print- oder elektronische Medien anderes insinuieren, steht Betroffenen ein zunehmend schärfer gewordenes **Presserecht** zur Gegenwehr zur Seite, das mittlerweile ein neues Gleichgewicht gefunden zu haben scheint.[2] Wehrlose Opfer einer vermeintlich auf Schmähung und Diffamierung geeichten Medienmeute sind sie keineswegs: Mittlerweile kommt es durchaus vor, dass die größte Boulevardzeitung des Landes die obere Hälfte ihrer Titelseite – mit den üblichen roten Balken unterlegt – ganz und gar für den Originalton einer Gegendarstellung freiräumen muss. Und Fotos erscheinen zunehmend häufiger nur mit Rastern verfremdet, so dass Gesichter nicht mehr erkennbar sind.

B. Bedeutung der Medien für Beruf und Privatleben

7 Gesellschaftliche Anerkennung und soziales **Ansehen** sind untrennbar verknüpft mit beruflichem Erfolg. Sie bedingen sich gegenseitig; das eine ist ohne das andere schwer vorstellbar. In diesen beiden Rollen ist bedroht, wer zum Objekt negativer Publikationen in den Medien wird.[3] Für Unternehmen gilt dies ebenso wie für selbstständige oder angestellte Unternehmer – zumal wenn es sich um eine börsennotierte Aktiengesellschaft handelt.

8 Kommunikationswissenschaftler haben Fallstudien über Konsequenzen und **Opfer** von Falschberichterstattung erstellt.[4] Auch Juristen wissen von Bloßstellung und irreparabler Beschädigung auf Grund von Zeitungsartikeln über ein zu Unrecht eingeleitetes Ermittlungsverfahren zu berichten[5], die bis zur Vernichtung der geschäftlichen Existenz reichen kann. Mancher versteht Presse, Funk und Fernsehen mittlerweile als eine einzige „Industrie (...), die Nachrichten und Schlagzeilen produziert und Informationen nach ihren eigenen Gesetzen aufbereitet und verbreitet".[6] Sorgen von Unternehmensjustiziaren um Gefahren für die Reputation durch verkürzte und vordergründige Darstellung sowie durch mangelhafte Recherche[7] unterstreichen, dass ein falsch verstandenes „Wächter-

---

1 So auch *Schaefer*, S. 632. Skeptischer *F.-A. Jahn* in Oehler, S. 16. Der Germanist *Hörisch* plädiert für eine „Medien-Alphabetisierung" bereits im Schulunterricht (StV 2005, 151, 155).
2 *Jahn*, NJW 2009, 3344; *Jahn*, EWiR 2009, 413 (zu „Fraport/Manila", BGH v. 3.2.2009 – VI ZR 36/07, ZIP 2009, 765); jüngst auch im Fall „Grässlin/Schrempp", BGH v. 22.9.2009 – VI ZR 19/08, ZIP 2009, 2152. Vgl. *G. Müller*, ZRP 2009, 189 f.; *Ladeur*, AfP 2009, 446, 447.
3 *K.-H. Groß* in FS Hanack, S. 51.
4 *Kepplinger*, S. 88 ff., 104 ff. m.w.N.
5 So *Ulsamer* in FS Jauch, S. 221, 224 ff. eindringlich aus Sicht eines Bundesrichters angesichts eines freilich vielschichtigen Falls.
6 *Wohlers*, StV 2005, 186, 187 f. unter ausdrücklicher Einbeziehung der „seriösen" Medien.
7 Tagungsbericht bei *Immenga/Schwintowski/Kollmorgen*, S. 69.

C. Einfluss von Presse, Funk und Fernsehen auf die Justiz

Die sachliche und persönliche Unabhängigkeit der **Richter** wird von der deutschen Verfassung in einem Höchstmaß garantiert.[1] Dennoch hat bereits der Rechtstheoretiker *Rüthers* den einschlägigen Art. 97 Abs. 1 GG folgendermaßen erweitert: „Die Richter sind unabhängig, nur dem Gesetz und dem Zeitgeist unterworfen."[2] Urteilsfinder sind offenbar gegen Einflüsterungen ihres Umfeldes, wie sie heutzutage nicht zuletzt von den Medien transportiert werden, nicht gänzlich immun.[3] Durch „Neue Medien" und Multimediadienste hat die Zahl der Kanäle, auf denen Informationen und Wertungen an die Justizjuristen herandringen können, noch einmal deutlich zugenommen.[4] Abstrakte Überlegungen postulieren deshalb einen „verheerenden" Einfluss der Medien auf das Strafverfahren.[5]

Systematische empirische Untersuchungen sind demgegenüber spärlich.[6] In der Wirtschaft scheint unter Justiziaren dennoch die feste Überzeugung zu bestehen, dass die Beeinflussbarkeit der Richterschaft ein Faktum sei[7]; ebenso in der Anwaltschaft.[8] Einige wenige **Befragungen** von Einzelpersonen insbesondere aus der Strafjustiz gelangen zu der differenzierten Schlussfolgerung, dass Berufsrichter (womöglich anders als Schöffen, die deshalb im angelsächsischen Rechtskreis

---

1 Im Vergleich zu früher (dazu *Lamprecht*, S. 47) reicht sie heute bis zur „Mimosenhaftigkeit" (S. 162).
2 *Rüthers*, S. 188; vgl. S. 34 ff.
3 Und sollten dies in einer Demokratie vielleicht auch gar nicht sein. Vgl. *Gerhardt/Kepplinger/Zerback*. Deutlich skeptischer hingegen *Holzinger/Wolff*, S. 80 ff., 82; *Bernsmann/Gatzweiler*, S. 260 f. mit dem fragwürdigen Rat, Richter in der Hauptverhandlung zu ihrer Kenntnis der Medienberichte zu befragen (S. 262). Zu weitgehend auch *Cappel*, S. 100 („auffällig, dass bereits im Vorfeld der Urteile [...] über die Medien die Richtung des Verfahrens bestimmt wurde"). Vgl. *Boehme-Neßler*, ZRP 2009, 228.
4 So hat die Illustrierte „Manager-Magazin" die Hauptverhandlung im „Mannesmann-Prozess" live mit Wortberichten im Internet durch eigene Redakteure begleitet. Ebenso gab es ein aktuelles Webforum u.a. von Jurastudenten. Zur Unberechenbarkeit dieser in „Echtzeit" verlaufenden Kommunikation in einer Grenzzone zwischen Bürger- und Profijournalismus *Brunowsky/Oltmanns*, S. 101 ff.
5 *Hassemer* in Oehler, S. 62; vgl. S. 68 ff. Das Sündenregister verbreiteter Klagen über die Presse, das dieser sich jedoch nicht zu Eigen macht, lautet: Ignoranz, Sensationslust, Vorverurteilung, Übergriffe in Persönlichkeitsrechte durch identifizierende Berichterstattung (S. 67 f.). Vgl. *Geerds* in FS Oehler, S. 432; *Roxin*, NStZ 1991, 153, 153 und 158 f.
6 Kritisch *Roxin*, NStZ 1991, 153; jedoch *Gerhardt*, ZRP 2009, 247; *Kepplinger/Zerback*, Publizistik 2009, 216.
7 Tagungsbericht bei *Immenga/Schwintowski/Kollmorgen*, S. 67.
8 *Dahs*, Rz. 96, warnt – auch angesichts des Einflusses auf Zeugen und weitere Prozessbeteiligte – vor „Rufmord"; ebenso aus kriminologischer Sicht *Geerds* in FS Oehler, S. 429 f.; *Hamm*, S. 24 ff., 64 ff. Ohne Wertung *Prinz* in Prinz/Peters, Medienrecht im Wandel, S. 245.

systematisch abgeschottet werden[1]) zwar in ihrem Verhandlungs- (und Kleidungs-)stil und wohl auch bei der Verhängung des Strafmaßes, nicht jedoch hinsichtlich des Schuldspruchs beeinflussbar sind.[2]

11 Eher als Rechtsprecher stellen **Strafverfolger**, die zudem einer behördeninternen Hierarchie bis hin zum jeweiligen Landesjustizminister unterworfen sind, Opportunitätserwägungen mit Blick auf die veröffentlichte Meinung an. Wer eine Strafanzeige erstattet, wird deshalb mit umso größerer Wahrscheinlichkeit die Staatsanwaltschaft zum Einschreiten bewegen (auch wenn es sich dabei womöglich nur um ein Lippenbekenntnis zur Aufnahme von Ermittlungen handelt), wenn er die Medien zu einem Bericht über seinen Vorstoß bewegen kann. Strafverfolgern wird dadurch überdies eine – jedenfalls schnelle – Einstellung des Verfahrens insbesondere wegen geringer Bedeutung (§§ 153, 153a StPO)[3] erschwert. Dies gilt generell für die Zustimmung zu diskreten Beendigungsformen wie einer Einstellung gegen Geldauflage oder der Verhängung eines Strafbefehls. Bekenntnissen von Behördeninsidern zufolge verüben manche Polizeibeamte oder Ankläger sogar gezielte Indiskretionen gegenüber der Presse, um gegenüber ihren Vorgesetzten oder der aus der Politik entstammenden Ministerialführung Argumente gegen ein „Niederschlagen" von Ermittlungen (oder für ein Vorgehen gegenüber prominenten Verdächtigen mit hoher Beschwerdemacht) zu schaffen.[4]

D. Instrumentalisierung durch Anklage, Verteidigung oder Gegenpartei

12 Journalisten ist es freilich nicht unvertraut, dass Informanten sie für eigene Zwecke einspannen wollen. Denn oft ist es nicht bloße Eitelkeit oder Geltungssucht, wenn jemand in die Zeitungen, den Hörfunk oder das Fernsehen drängt, sondern stecken handfeste **Interessen** dahinter. Wenn Medien sich wissentlich (oder unwissentlich) darauf einlassen, ist dies nicht per se verwerflich – sind sie doch

---

1 Statt aller *Huber*, StV 2005, 181; hinzu kommt das Verbot des „contempt of court". Dennoch warnt vor dortiger Medienmacht *Mauz*, S. 227 ff., 237 ff. Mit Blick auf die Berufsrichter verneint *F.-A. Jahn* in Oehler, S. 13 ff. einen Reformbedarf in Deutschland. Zur Beziehung zwischen Justiz und Öffentlichkeit in der „Medien- und Meinungsdemokratie" *Lamprecht*, S. 53 f.
2 *Gerhardt* in Oehler, S. 19 ff. mit einer Fülle von Beispielen (S. 32 ff.), S. 42 ff.; *Wagner*, S. 87 ff., 94 ff. Vgl. *Koppenhöfer*, StV 2005, 172, 173 f.; *Bachl*, StV 2005, 174; *Ulsamer* in FS Jauch, S. 227 f.; aus Sicht des Deutschen Richterbundes *Arenhövel*, ZRP 2004, 61 f.; aus staatsanwaltlicher Perspektive *Becker-Toussaint* in Strafverteidigervereinigungen, S. 248. Zum „Notbehelf" einer Umfrage bei Verbänden von Medien- und Justizberufen griff 1984 das Bundesjustizministerium (*F.-A. Jahn* in Oehler, S. 6). Zur Psychologie von Unbefangenheit, Vorverständnis und Voreingenommenheit bei Richtern *Lamprecht*, S. 172 ff., 245 sowie *Roxin*, NStZ 1991, 153, 157 f., der für die Hauptverhandlung sowie gegenüber Staatsanwälten auf die Befangenheitsregelungen hinweist (S. 158 f.).
3 Selbst eine Einstellung wegen mangelnden Tatverdachts (§ 170 Abs. 2 StPO) erschwert sieht *K.-H. Groß* in FS Hanack, S. 41.
4 *Tilmann*, StV 2005, 175 f.; *Becker-Toussaint* in Strafverteidigervereinigungen, S. 245 f., vgl. S. 242 f.; *Wagner*, S. 62 f. Zur möglichen Manipulation von Zuständigkeiten und dem Vorermittlungsverfahren *Marxen*, JZ 2000, 294, 295; zum offenbar positiven Einfluss in der Parteispendenaffäre *Lamprecht*, S. 124 f.

Mittler in der öffentlichen Debatte und beim Nachrichtenaustausch. Insofern sind sie auch in Aufsehen erregenden Strafprozessen Verbindungsglied zwischen den Bürgern einerseits und Gerichten, Anklägern sowie Verteidigern und Angeklagten andererseits. Redakteure und Reporter dürfen dabei durchaus die Identität eines Hinweisgebers für sich behalten.[1] Sie müssen jedoch darauf achten, dass sie sich nicht in eine einseitige Berichterstattung hineindrängen oder sich selbst manipulieren lassen, sondern den Mediennutzern stets auch die Kehrseite der Medaille präsentieren. Dieses Prinzip des „audiatur et altera pars" verbindet gewissenhafte Juristen und verantwortungsbewusste Journalisten.

Als Transmissionsriemen zur Bevölkerung verstehen Rechtsanwälte heutzutage die Presse genauso, wie Staatsanwälte und Richter dies tun. Verteidiger und Ankläger schielen dabei stets auch auf die richterlichen Entscheidungsfinder. Der Versuch, die journalistischen Berichterstatter für eigene Zwecke einzuspannen – und sei es nur zur Förderung der persönlichen Karriere –, findet sich auf **beiden** Seiten. Die Anklagebehörden haben dabei in den vergangenen Jahren an Professionalität aufgeholt[2], jedoch noch nicht mit der Anwaltschaft gleich gezogen.[3] Anlegeranwälte nutzen mitunter Staatsanwaltschaften und Medien, um über diese beiden Hebel zivilrechtliche Forderungen besser durchsetzen zu können.[4] Auch das Institut der Nebenintervention im Zivil- oder Arbeitsrechtsprozess wird von Beteiligten genutzt, um Kenntnisse oder Dokumente zu erlangen und diese dann gezielt an Medien zu streuen. Bemerkenswert war überdies die Schlachtordnung in der Siemens-Affäre, in der ehemalige Vorstände die Quelle andauernder Indiskretionen in Zeitungen über die gegen sie laufenden Untersuchungen im (neuen) Aufsichtsrat vermuteten, und zwar keineswegs nur auf der sonst (zu Recht) als „übliche Verdächtige" geltenden Arbeitnehmerbank. Ähnlich wird vielfach gemutmaßt, dass der „Daten- und Spitzelskandal" der Deutschen Bank AG nur wegen des Machtkampfs zwischen Vorstand und Aufsichtsrat publik gemacht wurde. Auch durfte man als Berichterstatter in der Dauerfehde zwischen dem ehemaligen Medienunternehmer *Kirch* und der Deutschen Bank[5] erleben, dass ein namhafter Anwalt triumphierend persönlich die (in Wirklichkeit nichtssagende) Vergabe eines Aktenzeichens durch die Staatsanwaltschaft mitteilt; dabei liegt die Schwelle eines Anfangsverdachts außerordent-

---

1 Anders als Anwälte oder Ärzte sind sie dazu zwar nicht unter Strafandrohung verpflichtet (wiewohl durch den Pressekodex Nr. 5 dazu angehalten), besitzen jedoch u.a. in Strafverfahren ein Zeugnisverweigerungsrecht (§ 53 Abs. 1 Nr. 5 StPO).
2 Und haben nach eigenem Bekunden gelernt, dass sie mitunter mit personeller Verstärkung belohnt werden, nachdem sie sich von den Medien „zum Jagen tragen" ließen (*Becker-Touissant* in Strafverteidigervereinigungen, S. 242 f.).
3 Ähnlich *Schaefer*, S. 635 f. Umgekehrt halten es *Bernsmann/Gatzweiler*, S. 260, für Verteidiger für schwerer, Zugang zu den Medien zu finden, als für die Behörden.
4 *Holzinger/Wolff*, S. 198 ff., lassen geradezu Nötigungstendenzen der neuen Branche der „Litigation PR" insbesondere bei Schadensersatzklagen von astronomischer Dimension erkennen, bieten aber auch (erstmalig im deutschsprachigen Raum) erhellende Einblicke. Zu „Strohmann-Konstellationen" bei der Einsicht in Ermittlungsakten durch Pressevertreter, wie sie bei investigativen Recherchen tatsächlich vorkommen, *Lindner*, S. 216.
5 Die bezeichnenderweise durch ein Fernsehinterview eines führenden Bankmanagers ausgelöst wurde.

lich niedrig.[1] Auf einzelne Hintergedanken, Motive und Mechanismen der unterschiedlichen Beteiligten wird im Folgenden im Zusammenhang mit der Nutzung der jeweils möglichen rechtlichen Strategien weiter eingegangen (s. unten Rz. 18 ff.).

E. Krisenmanagement

14 Das Bild eines Managers oder seines Unternehmens droht durch jede Klage und durch jedes Strafverfahren angeknackst zu werden. Umso wichtiger ist es, den etwaigen Schaden durch eine angemessene **Pressearbeit** zu begrenzen. Dazu gehört, aktiv, unermüdlich und gleichsam mit Engelsgeduld, aber auch wohldosiert den zeitgestressten und häufig wenig sachkundigen Medienvertretern aus der eigenen Perspektive den wirklichen Sachverhalt und die Rechtslage zu erklären.[2] Notfalls kann sich die Einschaltung einer PR-Agentur oder eines „Spin-Doktors"[3] empfehlen, sofern keine erfahrenen hauseigenen Kräfte vorhanden sind.[4] Wichtig ist dabei, nicht durch eine zugeknöpfte Informationspolitik Misstrauen oder gar Trotz zu schüren. Organisatorisch sollten Unternehmen für ein etwa notwendig werdendes Krisenmanagement präpariert sein; im Ernstfall sollte eine „Task Force" in Aktion treten und u.a. frühzeitig Entlastungsmaterial sichern.[5]

15 Inhaltlich lassen sich drei unterschiedliche **Verteidigungsstrategien** umschreiben: Schuldbekenntnisse, Selbstrechtfertigungen und Dementis.[6] Aus deren empirischer Untersuchung ergeben sich freilich keine klaren Handlungsempfehlungen. So haben den geringsten Erfolg auf ein „Überleben" jene Politiker, die sich in einer „Affäre" sofort oder später zu den gegen sie erhobenen Vorwürfen bekennen; dies mag aber auch an der dementsprechenden Eindeutigkeit des zugrunde liegenden Sachverhalts liegen. Wer sich hingegen glaubhaft rechtfertigen kann, besitzt eine realistische Chance zum Durchstehen des „Skandals". Unternehmen scheint es aus Sicht von Kommunikationswissenschaftlern allerdings in einer

---

1 *Schaefer*, S. 630 ff.; daher auch die gut gemeinte, mitunter freilich überstrapazierte Differenzierung zwischen „Vorermittlungen" und (echten) „Ermittlungen". Zur schonenderen Eintragung als „AR-" statt „Js"-Sache (S. 633).
2 Ausführlich *Schulz-Bruhdoel/Fürstenau*, S. 366 ff. und *Möhrle*, S. 12 ff. (kritisch zum Kommunikationsverhalten Mannesmanns beim Übernahmekampf S. 19 f.); exemplarisch *Ahrens/Möhrle* in Möhrle, S. 46 ff.
3 Ggf. sogar durch einen Rechtsanwalt (*Ottenstahl* in Möhrle, S. 61, nur in der Erstaufl.).
4 Die „proaktiven" Kontakte der Pressestelle des Unternehmens eines Hauptangeklagten und seiner Verteidiger zu den Medien stießen im „Mannesmann-Prozess" freilich mitunter auf skeptische Beachtung (Süddeutsche Zeitung vom 21.7.2004, S. 2, und 29.4. 2004, S. 19); vgl. *Jahn*, ZRP 2004, 179, 180. Aus Verteidigersicht nennt *Schiller*, StV 2005, 176, 177 die „nachhaltig prägende Einflussnahme des betroffenen Unternehmens" auf die Medienarbeit der Verteidigung „eindrucksvoll". Den Unternehmenspressestellen legen *Prasser/Winkelbauer* generell die Devise „Weniger ist mehr" nahe, welche ihnen der Strafverteidiger als „Krisenmanager" empfehlen möge (in Müller-Gugenberger/Bieneck, § 16 Rz. 14). Skeptisch *Salditt* in Volk, § 9 Rz. 32 f. Zu Rechtsrisiken von Pressestellen *Jahn* in Hauschka, § 30 Rz. 3 ff., zur Krisenbewältigung Rz. 14. sowie *Brunowsky/Oltmanns*, S. 115 ff.
5 *Lehr* in Widmaier, § 20 Rz. 92 ff.
6 *Kepplinger*, S. 114 ff. m.w.N.

solchen Lage meist an der notwendigen Gelassenheit zu fehlen. Führungskräfte aus Wirtschaft und Verwaltung neigen wiederum mehrheitlich (und noch stärker als Politiker) dazu, bei der Verletzung ihrer Persönlichkeitsrechte die Sache auf sich beruhen zu lassen. Denn ein intensives Ohnmachtsgefühl gegenüber den Medien lässt die meisten Betroffenen darauf verzichten, diesen gegenüber ihre Rechte wahrzunehmen.

Tatsächlich dürften aus taktischen Gründen nur im Extremfall rechtliche **Maßnahmen** gegen einzelne Presseorgane[1] (s. unten Rz. 18 ff.) oder – in Strafverfahren – gegen Behörden angebracht sein (s. unten Rz. 34 ff., 41). Unter besonderen Umständen haben Vorstände und Aufsichtsräte auch gut daran getan, „ohne Anerkenntnis einer Rechtspflicht" ihr Amt niederzulegen, um ihr Unternehmen und sich selbst aus den Schlagzeilen zu bringen. Ethisch fragwürdig und in seiner Wirkung gänzlich unkalkulierbar ist ein nicht ganz selten anzutreffender Anzeigenboykott durch von unerwünschter Berichterstattung betroffene Unternehmen. 16

F. Grenzen der Berichterstattung

I. Rechtliche Schranken und taktische Erwägungen

Die Medien stehen, wenngleich mitunter als „Vierte Gewalt" apostrophiert,[2] selbstverständlich nicht außerhalb der Rechtsordnung.[3] Im Gegenteil: Betroffenen von Falsch- oder krasser Tendenzberichterstattung steht ein ganzes Register an **Abwehrmöglichkeiten** zur Verfügung.[4] So kann das jeweilige Presseunternehmen auf Gegendarstellung, Unterlassung und Berichtigung[5] in Anspruch genommen werden; hinzu tritt die Möglichkeit von Schadensersatz- und Schmerzensgeld-/Geldentschädigungs-Forderungen.[6] Dem zuständigen Redakteur oder Re- 17

---

1 Vgl. *Schulz-Bruhdoel/Fürstenau*, S. 367 f.
2 Dazu *Ulsamer* in FS Jauch, S. 223.
3 Gute Zusammenfassung zum Spannungsverhältnis von Strafjustiz und Medien bei *B.-D. Meier* in FS Schreiber, S. 331 ff.; auch *Hassemer* in Oehler, S. 71; *Hörisch*, StV 2005, 151 ff.; *Prinz* in Prinz/Peters, Medienrecht im Wandel, S. 251; *Wessing II* in Volk, § 11 Rz. 76; *Lehr* in Widmaier, § 20 Rz. 1 ff.
4 So auch *Lehr* in Widmaier, § 20 Rz. 6 ff., insbesondere bei „vorverurteilenden Äußerungsexzessen" der Ermittler (Rz. 25), und 76 ff. Skeptischer zu den Rechtsschutzmöglichkeiten Präjudizierungsbetroffener, nicht zuletzt wegen der Kostenrisiken, *C.-H. Soehring*, S. 117 f., 238 f. und passim. I.d.R. gegen Strafantrag, Widerrufs- und Schadensersatzklagen, statt dessen eher für Gegendarstellungs- und Unterlassungsbegehren einschließlich einer flankierenden „presserechtlichen Krisenbewältigung" sowie ein „medienrechtliches Krisenmanagement" plädiert *Dahs*, Rz. 103 ff. Eine „Unterrepräsentation" des Ehrschutzes beklagt insofern auch *Dierlamm* in Wabnitz/Janovsky, 27. Kap. Rz. 16 f. Für ausreichend hält die normativen Instrumentarien *Hassemer* in Oehler, S. 68; ähnlich *Roxin*, NStZ 1991, 153, 157. Gegen presse- wie strafrechtliches Vorgehen jedenfalls im Zwischenverfahren *Wehnert* in Widmaier, § 5 Rz. 32.
5 Durch Widerruf oder Richtigstellung; die Terminologie ist uneinheitlich (*Prinz/Peters*, MedienR, Rz. 673; *Rehbock*, Rz. 257).
6 Dies kann für ein Medienunternehmen bei einer Anknüpfungsmöglichkeit an einen angelsächsischen Gerichtsstand besonders heikel sein. – Im Folgenden werden nur die Rechtsfolgen unzulässiger Wort-, nicht Bildberichterstattung behandelt.

porter droht des Weiteren eine strafrechtliche Verfolgung wegen Beleidigung, übler Nachrede oder Verleumdung. Schließlich wird der Verfasser eines inkriminierten Artikels (womöglich gleichfalls sein Ressortleiter oder der Impressumsverantwortliche sowie der gegenlesende Redakteur, den es bei Qualitätszeitungen im Sinne des Vier-Augen-Prinzips auch in der tagesaktuellen Produktion stets gibt) mit arbeitsrechtlichen Konsequenzen zu rechnen haben (wiewohl dies nicht von Außenstehenden durchgesetzt werden kann). Rechtliche Grenzen haben bei ihrer Öffentlichkeitsarbeit schließlich auch die Strafverfolgungsbehörden, der eigene Verteidiger sowie – in Zivilstreitigkeiten – die Gegenseite zu beachten.

1. Medien

a) Zivilrecht

18 aa) **Gegendarstellung.** Der Gegendarstellung[1] haftet gelegentlich der Ruf an, ein eher kraftloses Mittel der Gegenwehr zu sein. Verkannt wird dabei, dass der Gesetzgeber sie in den Landespressegesetzen einheitlich schlagkräftig ausgestattet hat, weil er durch sie Waffengleichheit[2] schaffen wollte. Wer sich in Medien unzutreffenden **Tatsachenbehauptungen** ausgesetzt sieht, soll dadurch nämlich die Möglichkeit erhalten, schnell und ohne nennenswerte Hürden seine eigene Sichtweise dagegen zu setzen. Die Wahrheit seiner eigenen Äußerung ist deshalb ausdrücklich keine Anspruchsvoraussetzung. Ausgenommen sind nur Gegendarstellungen, die offensichtlich unwahr sind[3], Marginalien betreffen[4] oder ihrerseits rechtswidrigen Charakter haben.[5] Die Veröffentlichung muss in gleichwertiger Größe und Platzierung erscheinen[6], und zwar sehr schnell.[7] Sie darf nicht durch Glossierungen in einem an sich zulässigen „Redaktionsschwanz", in welchem die Zeitung ihre Leser insbesondere auf die weit gehende Rechtspflicht zum Abdruck hinweisen kann, entwertet werden.[8] Zur gerichtlichen Durchsetzung dient nahezu ausschließlich, sofern selbige denn angesichts der relativ eindeutigen Rechtslage überhaupt notwendig wird, das zivilprozessuale Eilverfahren, also der Weg der einstweiligen Verfügung.[9] In der Regel findet deshalb also nicht einmal eine mündliche Verhandlung statt; Medien können sich allenfalls mit einer vorsorglich bei Gericht hinterlegten Schutzschrift verteidigen.[10]

---

1 Ausführlich *Soehring*, Rz. 29.1 ff.; *Lehr* in Widmaier, § 20 Rz. 101 ff.
2 Kritisch zu dieser „martialischen" Herleitung *Petersen*, § 7 Rz. 1; vgl. *Prinz/Peters*, MedienR, Rz. 442; zur verfassungsrechtlichen Anknüpfung *Rehbock*, Rz. 149.
3 *Prinz/Peters*, MedienR, Rz. 554 ff.
4 Vgl. statt aller: § 11 Abs. 2 lit. a Landespressegesetz von Nordrhein-Westfalen; dem BGH zufolge ähnlich beim Unterlassungsanspruch (*Jahn*, EWiR 2006, 167). Die Pressegesetze der Länder sind auf Grund eines Modellentwurfs weitgehend einheitlich.
5 *Prinz/Peters*, MedienR, Rz. 551 f.
6 *Prinz/Peters*, MedienR, Rz. 649 ff.
7 *Rehbock*, Rz. 150.
8 *Rehbock*, Rz. 191 ff.; vgl. *Löffler/Ricker*, 27. Kap. Rz. 8; *Prinz/Peters*, MedienR, Rz. 657 f.
9 *Rehbock*, Rz. 196.
10 *Rehbock*, Rz. 179; *Lehr* in Widmaier, § 20 Rz. 91.

Gegendarstellungen gegen **Meinungsäußerungen** einer Redaktion sind freilich 19
nicht zulässig. Deren Rechtsvertreter werden daher im Streitfall zumeist versuchen, angegriffene Formulierungen als Wertungen einzustufen. Die formalen bzw. prozeduralen Voraussetzungen an die Geltendmachung eines Gegendarstellungsbegehrens sind auf Grund regional unterschiedlicher Rechtsprechung zu den Landespressegesetzen[1] indes ein wenig zu fehlerträchtig und sollten daher vom Gesetzgeber vereinfacht werden.[2] In Grenzfällen wird in der Praxis mitunter auf dem Kompromisswege ein Leserbrief veröffentlicht, der dann naturgemäß auch eigene Wertungen des Einsenders enthalten kann. Wer einen Anspruch auf eine Gegendarstellung hat, braucht sich jedoch nicht auf diese doch recht versteckt gelegene „Hintertür" verweisen zu lassen.[3]

bb) Unterlassung. Unter taktischen Aspekten ist freilich mit Blick auf die eigenen Public Relations-Aktivitäten stets abzuwägen, ob es in Einzelfällen sinnvoller sein mag, auf eine Gegendarstellung zu verzichten, damit nicht auf diese Weise abermals die unerwünschten Äußerungen – wenngleich nun ex negativo formuliert – öffentlich wiederholt werden. Zudem gibt es voreingenommene Leserkreise, die das Erscheinen einer Gegendarstellung automatisch und unhinterfragt als Bestätigung eines vermeintlich investigativen Journalismus und damit des angegriffenen Zeitungsartikels sehen. Als **„milderes Mittel"**, das in der Tat sehr häufig angewandt wird, kann sich daher die Geltendmachung eines Unterlassungsanspruchs[4] anbieten.[5]

Der Betroffene verlangt dann von dem fraglichen Medium, dass es sich unter 21
Strafbewehrung dazu verpflichtet, bestimmte Aussagen nicht zu **wiederholen**.[6]
Dies baut zugleich dem Presseorgan eine „goldene Brücke", weil es damit ggf. selbst nicht in den Ruf gerät, einen Fehler begangen zu haben. Umgekehrt kann der Verletzte die Unterlassungsverpflichtungserklärung aber auch selbst öffentlich machen oder im beruflichen oder privaten Umfeld zur eigenen „Rehabilitierung" nutzen. Auf „Nebenkriegsschauplätzen" verbaut sich eine Redaktion durch Abgabe einer derartigen Erklärung keine nennenswerten Möglichkeiten der Berichterstattung.

Und schließlich wird das symbiotische Verhältnis eines Unternehmens oder eines Managers, der nun einmal normalerweise ebenso von regelmäßigen Presse- 22

---

1 *Rehbock*, Rz. 152; *Prinz/Peters*, MedienR, Rz. 454.
2 Kritisch zu dem in der Praxis freilich abgemilderten „Alles-oder-nichts-Prinzip" *Prinz/Peters*, MedienR, Rz. 447, 450.
3 Zumal stets eine Gefahr der Bemakelung und Stigmatisierung nach der Volksweisheit „semper aliquid haeret" besteht.
4 Ausführlich *Soehring*, Rz. 30.1 ff.
5 Für höher wertig hält diesen auch – insbesondere bei „Kampagnen" im „Enthüllungsjournalismus" – *Lehr* in Widmaier, § 20 Rz. 80 f.
6 Zur analogen Herleitung dieses quasi-negatorischen Anspruchs aus §§ 12, 823 ff., 862, 1004 BGB sowie zu den Einzelheiten von Umfang und Durchsetzung *Löffler/Ricker*, 44. Kap. Rz. 1 ff.; *Rehbock*, Rz. 211 ff.; *Prinz/Peters*, MedienR, Rz. 303 ff. Zum Extremfall der Durchsetzung einer „präventiven Unterlassungsverfügung" – also vor einer jeglichen Veröffentlichung – sowie eines Vorgehens gegen ein Nachrichtenmagazin mit Hilfe eines Notrichters am Amtsgericht *Lehr* in Widmaier, § 20 Rz. 83 f.; häufig gibt es „frühe Anzeichen für eine drohende Berichterstattung" (Rz. 87).

kontakten profitiert wie die Medien, zu dem betreffenden Blatt oder Sender dadurch weniger belastet. Im hauseigenen Archiv wird dann, sofern es fachgerecht organisiert ist, ein entsprechender Hinweis gespeichert, damit sich die falsche Angabe später nicht erneut in die Berichterstattung einschleicht.

23 Ein Unterlassungsanspruch gegen Verlage oder Rundfunkveranstalter kann isoliert oder kumulativ geltend gemacht werden. Prozesstaktisch günstig für Antragsteller und Kläger ist hierbei der „fliegende Gerichtsstand" (§ 32 ZPO), der diesen die nahezu beliebige Wahl eines als besonders pressekritisch geltenden Gerichts ermöglicht.[1] Freilich will gründlich überlegt sein, ob man wirklich auf ein zusätzliches Begehren nach Gegendarstellung oder Berichtigung verzichten will. Denn es besteht die Gefahr, dass sich falsche Angaben wie bei einem „weiterfressenden Schaden" in Berichten anderer Medien **fortpflanzen**. Ein Verzicht auf ein juristisches Vorgehen kann darüber hinaus das betreffende Presseorgan ebenso wie die gesamte Branche dazu verleiten, weiterhin über den Betreffenden allzu leichtfertig Behauptungen zu verbreiten, weil es diesem an Wehrhaftigkeit oder am Willen zur Gegenwehr zu fehlen scheint. Überdies bleibt die Fehlinformation dann mit größerer Wahrscheinlichkeit im Gedächtnis mancher Mediennutzer hängen.

24 **cc) Berichtigung.** Gegeben ist ein Anspruch auf Berichtigung, Widerruf bzw. Richtigstellung[2] nur gegen **unwahre** Tatsachenbehauptungen. Anders als bei der Gegendarstellung muss deren Unwahrheit feststehen.[3] Dem Schutz der Ehre des Verletzten dient hier das öffentliche Bekenntnis eines Mediums („Störers"), dass seine zuvor aufgestellte Behauptung unwahr ist und nicht mehr aufrechterhalten wird. Ein Verschulden des Behauptenden ist nicht erforderlich, eine Rechtswidrigkeit der ursprünglichen Mitteilung ebenso wenig.[4]

25 Qualitätszeitungen sind allerdings ohnehin bereit, auf entsprechenden Hinweis hin eigene Fehler durch eine ausdrückliche **Korrektur** in der nächst folgenden Ausgabe zu bereinigen. Und selbst das größte Boulevardblatt des Landes hat mittlerweile eine regelmäßige Rubrik für Berichtigungen eingerichtet. Dafür mag dessen regelmäßige Beobachtung durch ein Weblog im Internet[5] ein Anlass gewesen sein.

26 Insbesondere bei kleineren Fehlern besteht indessen leider bei den meisten deutschen – anders als bei angelsächsischen – Medien eine Neigung, sich nicht offen zu diesen zu bekennen, sondern sie möglichst unter den Teppich zu kehren oder sie in Abstimmung mit dem Objekt der Berichterstattung stillschweigend zu bereinigen. Diese „**Deals**" reichen von einer obiter-dictum-mäßigen Erwähnung des richtigen Sachverhalts in einem Folgeartikel über eine lobende Erwähnung des Betroffenen in einem späteren Bericht bis zum Führen eines ausführlichen Inter-

---

1 Ablehnend *Jahn*, EWiR 2009, 413 (414).
2 Ausführlich *Soehring*, Rz. 31.1 ff.
3 *Rehbock*, Rz. 258.
4 *Prinz/Peters*, MedienR, Rz. 681 f. Weitere Details zu Umfang und Durchsetzung des Anspruchs bei *Rehbock*, Rz. 257 ff.; *Prinz/Peters*, MedienR, Rz. 673 ff.; *Löffler/Ricker*, 44. Kap. Rz. 16 ff.; *Lehr* in Widmaier, § 20 Rz. 111 ff.
5 www.bildblog.de. Ein ähnliches Forum (www.fairpress.biz) wird sogar von einem früheren Chefredakteur dieses Blattes betrieben.

views mit der jeweiligen Person (im Sinne der Wiedergutmachung ähnlich dem strafrechtlichen „Täter-Opfer-Ausgleich"), das es sonst nie gegeben hätte (und über dessen Sinn sich manch aufmerksamer Leser wundern mag).

dd) Schadensersatz/Geldentschädigung. Wer durch eine nicht lege artis betriebene Berichterstattung der Medien einen materiellen **Schaden** erleidet, kann dessen Ersatz[1] verlangen. Als Anspruchsgrundlagen kommen dafür in Betracht § 823 Abs. 1 BGB (für Unternehmen das „sonstige Recht" am „eingerichteten und ausgeübten Gewerbebetrieb"), § 823 Abs. 2 BGB i.V.m. der Verletzung eines Schutzgesetzes (z.B. § 185 StGB – in diesen Fällen sind auch Vermögensschäden zu erstatten), § 824 BGB (Kreditgefährdung) sowie § 826 BGB (vorsätzliche sittenwidrige Schädigung). Ein immaterieller Schaden[2] ist gem. § 823 Abs. 1 BGB i.V.m. Art. 2 Abs. 1 GG und Art. 1 Abs. 1 GG durch eine Geldentschädigung – früher als Schmerzensgeld bezeichnet[3] – zu kompensieren.[4]

27

Diese Ansprüche kommen nicht nur in Betracht bei unwahren Tatsachenbehauptungen, sondern auch bei anderen unzulässigen Äußerungen, also ggf. auch bei Werturteilen und wahren Tatsachenbehauptungen. Dass gerade in der Wirtschaftsberichterstattung – neben Umsatz und Börsenkurs oder Kreditwürdigkeit – sowohl die **Existenz** eines Unternehmens, über das berichtet wird, wie auch die des fraglichen Mediums auf dem Spiel stehen kann, zeigt ein Fall, bei dem nicht einmal der maßgebliche Artikel selbst, sondern die Werbung für die betreffende Ausgabe des ihn publizierenden Magazins für den Zusammenbruch einer Privatbank verantwortlich gemacht wurde.[5]

28

b) Strafrecht

Gegen die Urheber negativer Berichterstattung kann unter Umständen des Weiteren mit **strafrechtlichen** Mitteln vorgegangen werden.[6] Die einschlägigen Straftatbestände lauten Beleidigung (§ 185 StGB), üble Nachrede (§ 186 StGB) und Verleumdung (§ 187 StGB). Der Grundtatbestand der Beleidigung erfasst den „Ehrangriff" durch Kundgabe abfälliger Werturteile sowie die Behauptung ehrenrühriger Tatsachen, wenn letztere lediglich gegenüber dem Verletzten erfolgt. Die üble Nachrede und die Verleumdung pönalisieren dagegen die rechtswidrige Behauptung und Verbreitung von Tatsachen gegenüber dritten Personen. Dabei stellt die Verleumdung gegenüber der üblen Nachrede die strengere Bestimmung dar: Während der Täter bei § 186 StGB die Wahrheit seiner verächtlichen oder he-

29

---

1 Ausführlich *Soehring*, Rz. 32.1 ff.
2 Näheres *Petersen*, § 4 Rz. 1 ff.; *Prinz/Peters*, MedienR, Rz. 738 ff.
3 *Löffler/Ricker*, 44. Kap. Rz. 43; *Soehring*, Rz. 32.15 ff.
4 Details bei *Rehbock*, Rz. 282 ff.; *Prinz/Peters*, MedienR, Rz. 713 ff.; *Löffler/Ricker*, 41. Kap. Rz. 1 ff., 42. Kap. Rz. 1 ff., 44 ff., 44. Kap. Rz. 35 ff. Skeptisch *Geerds* in FS Oehler, S. 442.
5 Die Pressekammer des LG Hamburg sprach in einem später aufgehobenen Urteil gegen die Illustrierte „Focus" dem Geldinstitut Mody-Bank dem Grunde nach Schadensersatz in zweistelliger Millionenhöhe zu (F.A.Z. vom 14.7.1997, S. 26).
6 Für den Regelfall abratend *Dahs*, Rz. 104; ebenso *Wehnert* in Widmaier, § 5 Rz. 32.

rabwürdigenden Äußerung nur nicht beweisen kann, handelt er bei § 187 StGB sogar wider besseres Wissen.

30 Als Qualifizierung zum Schutz vor einer „Vergiftung des politischen Lebens"[1] findet sich eine Bestimmung gegen „Üble Nachrede und Verleumdung gegen Personen des öffentlichen Lebens" (§ 188 StGB). Einen besonderen **Rechtfertigungsgrund** stellt demgegenüber die „Wahrnehmung berechtigter Interessen" (§ 193 StGB) dar. Er verschafft Presse, Rundfunk und Film jedoch keine Sonderstellung, sondern bildet einen speziellen Rechtfertigungsgrund für die Beleidigungstatbestände.[2] Unumstrittenermaßen ist demnach unter strengen Voraussetzungen – insbesondere nur bei Einhaltung einer erhöhten Sorgfaltspflicht bei der Recherche – eine so genannte Verdachtsberichterstattung unter Namensnennung erlaubt.[3] Nicht angreifbar sind obendrein wahrheitsgetreue Berichte aus Parlamentssitzungen (§ 37 StGB) und Gerichtsverhandlungen (so die Landespressegesetze, z.B. § 11 Abs. 5 Pressegesetz für das Land Nordrhein-Westfalen und § 18 Abs. 7 Rundfunkgesetz für das Land Nordrhein-Westfalen).

31 Nur sehr wenigen Journalisten und auch Juristen bekannt ist die – freilich einigermaßen leicht umgehbare[4] – Vorschrift gegen „Verbotene Mitteilungen über **Gerichtsverhandlungen**„ (§ 353d StGB). Diese sanktioniert in ihrer Nr. 4 das wörtliche Zitieren wesentlicher Teile einer Anklageschrift (oder vergleichbarer Schriftstücke), solange selbige nicht in öffentlicher Verhandlung erörtert worden sind oder das Verfahren abgeschlossen ist. Eher fern liegen dürften in der Wirtschaftsberichterstattung die Strafnormen gegen „Verunglimpfung des Andenkens Verstorbener" (§ 189 StGB) und der Volksverhetzung (§ 130 StGB), welch letztere „Teile der Bevölkerung" schützt.[5][6]

32 Erforderlich ist bei den Beleidigungsdelikten zumeist ein **Strafantrag** (§ 194 StGB). Betroffene nutzen durch das Einschalten der Strafjustiz nicht nur eine relativ scharfe Waffe, sondern schaffen sich auch eine zusätzliche Gelegenheit, zumindest in den Konkurrenzmedien des Erstmitteilers gebührend zu Wort zu kommen.

---

1 *Fischer*, § 188 StGB Rz. 1.
2 *Fischer*, § 193 StGB Rz. 33. Offenbar anders *Löffler/Ricker*, 48. Kap. Rz. 6: „privilegierende Norm" wegen des Grundrechts der Pressefreiheit (Art. 5 Abs. 1 Satz 2 GG), 53. Kap. Rz. 29 ff. Vgl. *Burkhardt* in Wenzel, § 6 Rz. 27 ff. Zur Begehung im Internet („Online-Delikte") *Petersen*, § 17 Rz. 7 ff.
3 Näher *Löffler/Ricker*, 53. Kap. Rz. 39; *Prinz/Peters*, MedienR, Rz. 265 ff.; *Soehring*, Rz. 16.23 ff., 17.1 ff.; *Fischer*, § 193 StGB Rz. 33 f.; *Burkhardt* in Wenzel, § 6 Rz. 51 ff.; *Lehr* in Widmaier, § 20 Rz. 15 ff., 36 ff. und 40 ff.
4 Vgl. *Wagner*, S. 97 („heute fast wirkungslos", u.a. wegen des Informantenschutzes bei Verletzungen); *F.-A. Jahn* in Oehler, S. 9; nach *Dahs*, Rz. 95, eine „merkwürdigerweise recht unbekannte" Bestimmung; *Marxen*, JZ 2000, 294, 296; *Geerds* in FS Oehler, S. 440 f.; *Roxin*, NStZ 1991, 153, 155 f., aber 159.
5 Zu dessen mehrfacher Ausweitung *Jahn*, Strafrechtliche Mittel ..., S. 130 ff.
6 Zu den zahlreichen weiteren Normen des Pressestrafrechts *Löffler/Ricker*, 48. Kap. Rz. 8 ff. sowie 49. bis 54. und 58. Kap.

2. Strafverfolgungsbehörden

Strafverfolgungsbehörden – also die Staatsanwaltschaft als „Herrin des Verfahrens" und die von ihr (zumindest nach der Vorstellung des Gesetzgebers) angeleitete Polizei – stehen in einem grundsätzlichen Zwiespalt. Einerseits haben sie den **Auskunftsanspruch** (auch Informationsanspruch genannt) der Medien gegenüber Behörden zu beachten.[1] Dieser erstreckt sich sogar auf von der öffentlichen Hand beherrschte Betriebe in privater Rechtsform.[2] Verfassungsrechtlich fundiert ist er durch die subjektiven Grundrechte der Presse- und Informationsfreiheit (Art. 5 Abs. 1 GG), die die Medien wegen ihrer Berichterstattungsaufgabe ebenso schützen wie deren Nutzer und Kunden, die Staatsbürger. Verstärkt wird der Anspruch objektiv durch das Demokratieprinzip (Art. 20 GG).[3]

33

Andererseits haben die staatlichen Behörden „schutzwürdige Interessen" betroffener Privater, insbesondere deren allgemeines **Persönlichkeitsrecht** (Art. 2 Abs. 1 i.V.m. Art. 1 Abs. 1 GG), ebenso zu wahren wie überwiegende öffentliche Interessen, etwa an der sachgemäßen Durchführung eines schwebenden Verfahrens oder bestehende Geheimhaltungsvorschriften.[4] Dazu, inwieweit Staatsanwaltschaften demnach zu Auskünften – womöglich gar unter Nennung des Namens eines Beschuldigten – verpflichtet bzw. berechtigt sind, besteht naturgemäß ein immer währender Streit.[5]

34

Die Extremposition der Anwaltschaft postuliert ein Verbot der Strafverfolger, die Presse zu informieren, bevor der Verteidiger des Beschuldigten Akteneinsicht hatte. Denn aus Gründen der Unschuldsvermutung und des Persönlichkeitsschutzes müsse die Staatsanwaltschaft dem Beschuldigten einen Informations-

35

---

1 § 4 Abs. 1 in der Nummerierung der meisten Landespressegesetze; *Löffler/Ricker*, 18. Kap. Rz. 1 ff. und 19. Kap. Rz. 1 ff., zur Durchsetzung 22. Kap. Rz. 1 ff.
2 *Jahn*, EWiR 2005, 485.
3 Nach std. Rspr. des BVerfG ist eine freie Presse „für die moderne Demokratie unentbehrlich" bzw. „schlechthin konstitutiv" (so etwa im „Spiegel"-Urteil BVerfG v. 5.8.1966 – 1 BvR 568/62 u.a., BVerfGE 20, 162, 174 = NJW 1966, 1603). Dennoch lässt sich der Auskunftsanspruch nicht unmittelbar auf die Medienfreiheiten des GG stützen (*von Coelln*, S. 501 f.). Auch auf das Rechtsstaatsgebot verweist *Prinz* in Prinz/Peters, Medienrecht im Wandel, S. 246 ff. Dazu und zu Art. 10 EMRK *Burkhardt* in Wenzel, § 6 Rz. 1 ff. Zu der Kontroverse, ob Medien Auskunftsansprüche zudem auf § 475 Abs. 4 StPO stützen können, ablehnend *Neuling*, StV 2006, 332, 334; befürwortend bereits de lege lata *B.-D. Meier* in FS Schreiber, S. 335.
4 § 4 Abs. 2 der meisten Landespressegesetze; vgl. *Löffler/Ricker*, 20. Kap. Rz. 1 ff.; *von Coelln*, S. 502 f., zu weiteren Schranken wie dem Datenschutz insb. für Staatsanwaltschaften S. 518 f. m.w.N.
5 Dazu, dass die Justiz – jedenfalls die Gerichte – als Konsequenz des Rechtsstaats und der Demokratie sogar eine „Bringschuld gegenüber den Medien" habe, *von Coelln*, S. 512 ff.: „Öffentlichkeitsarbeit ist Verfassungsgebot." (S. 516 f.). Ähnlich *Prinz* in Prinz/Peters, Medienrecht im Wandel, S. 251 ff. für eine umfassende „Justiz-PR" zwecks unverfälschten Informationsflusses. Zur Zunahme ministerialer Presserichtlinien der einzelnen Länder *von Coelln*, S. 515 f.; vgl. *B.-D. Meier* in FS Schreiber, S. 336 ff., 342 und *Schroers*, NJW 1996, 969. Eine „Rechtspflicht" sieht *Wassermann*, S. 153. Dass die rechtlichen Grenzen der Auskunftsrechte von Strafverfolgungsorganen nicht identisch sind mit jenen der Berichterstattungsmöglichkeiten durch die Medien, unterstreicht *B.-D. Meier* in FS Schreiber, S. 333. Aus Richtersicht *Edinger*, DRiZ 2003, A 37.

vorsprung geben.¹ Normativ explizit festgelegt ist der Grundsatz der Nichtnennung des **Namens** in § 23 Abs. 1 Satz 5 der Richtlinien für das Strafverfahren und das Bußgeldverfahren (RiStBV), welche als bundeseinheitlich geltende Verwaltungsvorschriften von den Justizministern von Bund und Ländern erlassen wurden.² Freilich wird er von den Justiz- und Aufsichtsbehörden mit Recht immer wieder durchbrochen, etwa wenn Kapitalanleger nach einem Einschreiten der BaFin gegen Verantwortliche eines Finanzdienstleisters und nach der Einschaltung der Strafverfolger ein berechtigtes Interesse an Aufklärung über etwaige strafrechtliche Hintergründe haben, noch bevor die langwierigen Ermittlungen abgeschlossen sind.³

36 Bekräftigt wird der grundsätzliche Anspruch Beschuldigter auf **Anonymität** durch die Rechtsprechung. So entschied der BGH anlässlich eines Ermittlungsverfahrens gegen einen Rechtsanwalt und Notar, dass in der Mitteilung oder auch nur Bestätigung der Einleitung eines solchen Verfahrens eine Amtspflichtverletzung liegen könne, auf Grund derer ein Anspruch auf Schmerzensgeld in Betracht komme.⁴ Auch das BVerfG hat in diesem Zusammenhang bereits früh – neben der ohnehin verlangten „Rücksicht auf den unantastbaren innersten Lebensbereich" – auf die bis zur rechtskräftigen Verurteilung geltende Unschuldsvermutung hingewiesen. Es hat ein Zurücktreten des Persönlichkeitsrechts „nur für eine sachbezogene Berichterstattung und seriöse Tatinterpretation" gelten lassen, unter Hinweis auf die „strikte Beachtung des Grundsatzes der Verhältnismäßigkeit" allerdings eher zurückhaltend judiziert: „Danach ist eine Namensnennung, Abbildung oder sonstige Identifikation des Täters keineswegs immer zulässig."⁵ Aus Gründen der Fairness sollte jedenfalls die Anklagebehörde mit Pressemitteilungen nicht nur warten, bis die Anklageschrift zugestellt ist, sondern auch die Verteidigung zu einer etwaigen Pressekonferenz mit einladen.⁶

---

1 *Kempf*, Nr. 8. Verstärkt wird der Persönlichkeitsschutz durch die rechtsstaatliche Unschuldsvermutung (Art. 20 Abs. 3 GG, Art. 6 Abs. 2 MRK) und den Grundsatz des „fair trial" (Art. 20 Abs. 3 GG, Art. 6 Abs. 1 MRK) (*Neuling*, StV 2006, 332, 334 m.w.N.). Auch zu IPBR und AllgErklMR *C.-H. Soehring*, S. 31 ff.
2 *B.-D. Meier* in FS Schreiber, S. 336 ff.; *F.-A. Jahn* in Oehler, S. 10; auf Nr. 129 Abs. 1 RiStBV weist hin *Roxin*, NStZ 1991, 156. Eine „justizielle Schweigepflicht" leitet *Lindner* für den Regelfall aus der Verfassung ab (S. 210; 215 f.). An das Verantwortungsbewusstsein der Staatsanwälte appelliert *Schaefer*, S. 628. Restriktiv *Lehr*, NStZ 2009, 409.
3 So jüngst trotz Gegenwehr des Hauptbetroffenen im Fall einer kleinen Privatbank (F.A.Z. vom 15.8.2006, S. 12). Auch *Neuling* schränkt das von ihm postulierte „Konzept" eines nicht-öffentlichen Ermittlungsverfahrens selbst wieder ein (Inquisition ..., S. 109 ff., 113 ff.); vgl. *Kempf*, Nr. 5 f., aber auch *Ulsamer* in FS Jauch, S. 223; *Hamm*, S. 31 ff.
4 Freilich mit einem Katalog möglicher Ausnahmekriterien; BGH v. 17.3.1994 – III ZR 15/93, NJW 1994, 1950, 1952. Ähnlich BGH v. 16.1.1986 – III ZR 77/84, NStZ 1986, 562, so dass *Dahs* einen Wechsel der „Medienpolitik" von Ermittlungsbehörden vom vermeintlichen Grundsatz „in dubio pro Presse" zu einem anonymisierenden Prinzip des „in dubio contra publicationem" prognostiziert hatte (NStZ 1986, 563 f.).
5 BVerfG v. 5.6.1973 – 1 BvR 536/72, BVerfGE 35, 202, 231 f. – Lebach; für einen Vorrang des Informationsinteresses hingegen BVerfG v. 10.6.2009 – 1 BvR 1107/09, NJW 2009, 3357 – Fußballer-Fall, dazu *Jahn*, NJW 2009, 3344.
6 *Wagner*, S. 66 und 103. Nach *K.-H. Groß* in FS Hanack, S. 49 f., sollte die Verteidigung daran teilnehmen – freilich nur „informandi causa" und ohne gleichzeitige Darstellung

§ 38

Das **Eigeninteresse** von Strafverfolgungsorganen an einer Kooperation mit den Medien oder an deren Einschaltung kann vielfältig sein. Zumeist wird es sich dabei um den Wunsch handeln, die Tätigkeit der eigenen Behörde oder Person in der Öffentlichkeit positiv darzustellen[1] – und sei es durch frühzeitige Hinzuziehung von Pressefotografen und Fernsehteams bei einer Razzia. Von einem Unternehmenssprecher war zu erfahren, dass die Androhung dieses Schritts sogar als Druckmittel zur Erhöhung der Aussagebereitschaft eingesetzt wurde. Im Extremfall mag die Kooperation mit der Presse, wie insbesondere von Strafverteidigern gern beklagt wird, auch einmal bis zur Nutzung von deren Recherchemöglichkeiten ohne die „lästigen" Fesseln der StPO reichen.[2] Die Feststellung eines älteren Standardwerks zu diesem Themenkomplex, Staatsanwälte hätten ein „geringes Mitteilungsbedürfnis",[3] wird im Zuge der publizistischen Modernisierung der gesamten Justiz heute nicht mehr aufrecht zu erhalten sein.[4] Dennoch macht schon jeder Lokaljournalist weiterhin die Erfahrung, dass er (natürlich unter der Hand) sehr viel häufiger Informationen und sogar Aktenauszüge von Verteidigern (oder Mitverteidigern!) als von Strafverfolgern erhält.[5]

37

---

des eigenen Standpunkts; vgl. *Wehnert* unter Berufung auf den Strafrechtsausschuss der Bundesrechtsanwaltskammer (StV 2005, 178), und *Wehnert* in Widmaier, § 5 Rz. 31; zum Versuch einer gemeinsamen Presseerklärung rät *Dierlamm* in Wabnitz/Janovsky, 27. Kap. Rz. 14 f. Zu ergänzenden Schritten im Saarland neben *Groß* auch *F.-A. Jahn* in Oehler, S. 10 f. Aus staatsanwaltschaftlicher Sicht *Becker-Toussaint* in Strafverteidigervereinigungen, S. 241, und *Tilmann*, StV 2005, 193.

1 Umgekehrt wird – wie im Fall der Bremer Vulkan-Werft AG – eine problematische Verfahrenseinstellung schon einmal an einem Freitagnachmittag mitgeteilt, wenn es angesichts des Redaktionsschlusses fast zu spät für eine angemessene Berichterstattung ist (zumal einige Wirtschaftszeitungen keine Samstagsausgabe herausbringen).

2 *Hamm*, S. 9; aber gleichfalls seitens der Verteidigung, S. 75 ff. (dazu auch *Neuhaus* in Widmaier, § 15 Rz. 108 f.); *Neuling*, Inquisition ..., S. 169 ff. Einen Extremfall eines gegenseitigen Austauschs von Informationen schildert *Wagner*, S. 65.

3 *Wagner*, S. 60 ff., ähnlich S. 34 f. (relativer „Hort der Verschwiegenheit"), 85 f., 101; aber auch „Durchstechereien" sind nicht unüblich, etwa um Druck auf eigene Vorgesetzte bis hin zum Landesjustizminister gegen eine etwaige Einstellung des Verfahrens auszuüben oder als Legitimation für die Aufnahme konfliktträchtiger Ermittlungen (S. 35 ff.). Noch stärker gilt dies für die Polizei (S. 42 ff.). Vgl. *Ulsamer* in FS Jauch, S. 226 f. Zu Rezensionen der *Wagner*schen Untersuchung *Ulsamer* in FS Jauch, S. 222. Wohl obsolet *Geerds* in FS Oehler, S. 431, 439 und 445.

4 Eine „mentale Änderung" konstatiert auch *K.-H. Groß* in FS Hanack, S. 39, der den Staatsanwälten dementsprechend eine wesentlich größere Zurückhaltung bei ihrer Öffentlichkeitsarbeit anempfiehlt, S. 46. Ähnlich aus Anwaltsperspektive *Lehr* in Widmaier, § 20 Rz. 5, und aus Sicht der Strafverfolger *Becker-Toussaint* in Strafverteidigervereinigungen, S. 238 ff. („heute im Allgemeinen zu einer eher aktiven und offensiven Pressearbeit angehalten") sowie *Schroers*, NJW 1996, 969 f. In der Verteidigersicht bedingt dies eine „unheilige Allianz gegen den Beschuldigten" (*Wehnert*, StV 2005, 178). Über eine Tagung und Schulung in Pressearbeit an der Richterakademie *Schnorr*, NJW 2004, Heft 5, XVI; vgl. *Huff*, NJW 2004, 403 mit Ratschlägen für justizielle Mediensprecher; ausführliche Handreichungen bereits von *Wassermann*, S. 145 ff.

5 Ähnlich *Wagner*, S. 14, der aber konzediert, dass Eitelkeit oder das Verlangen nach Honoraren von Medien seltener das Motiv sind als das Bestreben, das konkrete Verfahren zu beeinflussen (S. 54 f., vgl. freilich S. 20) – bis hin zur Ergänzung der Beweisaufnahme durch eigene Recherchen (S. 55 f. – hierzu auch *Hamm*, S. 75 ff.) sowie zur Imagepflege für den Mandanten (S. 56 ff.). Zum „Schwarzmarkt" für Akten aus staatsanwaltlicher

3. Verteidigung

38 Die Verteidigung unterliegt in ihrer Öffentlichkeitsarbeit deutlich geringeren Einschränkungen als die Strafverfolgungsbehörden. Sie ist nicht wie die Staatsanwaltschaft auf Objektivität verpflichtet[1], sondern sogar im Gegensatz dazu – trotz (schrumpfender) berufsrechtlicher Vorgaben hinsichtlich der Unabhängigkeit und der Sachlichkeit insbesondere in der Eigenwerbung[2] – auf **einseitige** anwaltliche Interessenvertretung ihres Mandanten eingeschworen (§§ 1, 3 Abs. 1, 43a Abs. 4 BRAO; §§ 1, 3 BORA). Strafverteidiger (und ihre Mandanten!) dürfen sich vor jede Kamera stellen[3] und – zusammen mit dem Unternehmen des angeklagten Managers, dessen Öffentlichkeitsarbeiter dabei auf die klassischen Schienen und ihre eingeübte Infrastruktur von PR und Marketing zurück greifen können – die Presse ganz offiziell mit parteiischen oder gar polemischen Stellungnahmen versorgen. Zudem können sie deren Vertreter mit Hintergrundgesprächen auf allen Hierarchieebenen der Presseorgane in ihre Strategie einzubinden suchen.[4] Nach fast einhelliger Auffassung des Berufsstands gehört es sogar zu den Pflichten eines Strafverteidigers, insbesondere der Pressepolitik der Polizei entgegenzutreten.[5] Zu häufig führt der Zielkonflikt zwischen Strafverteidigung und presserechtlicher Verteidigung freilich dazu, dass einem Beschuldigten – zumal wenn dieser keine presserechtliche Expertise nutzt – eine passive Rolle des Schweigens angesonnen wird.[6]

Sicht *Becker-Toussaint* in Strafverteidigervereinigungen, S. 246; *Wagner*, S. 17 ff. Überzogene Vorstellungen hoher Honorare für Exklusivvereinbarungen im „Scheckbuchjournalismus" rückt zurecht *Lehr* in Widmaier, § 20 Rz. 66 ff., 69.

1 Nach ihrem normativen Auftrag hat sie sowohl be- wie entlastende Umstände zu ermitteln (§ 160 Abs. 2 StPO).
2 *Dahs*, Rz. 95; *Hassemer* in Hamm/Lohberger, S. 16 f., auch umfassend zu rechtlichen Grenzen im Umgang mit der Presse.
3 Genauso bereits *Wagner*, S. 81; zu deren Eigeninteressen *Geerds* in FS Oehler, S. 430.
4 *Wagner* wirft den Advokaten daher in der Diskussion um „Vorverurteilungen" und „Vorfreisprüche" „besondere Scheinheiligkeit" und „Doppelzüngigkeit" vor (S. 12 ff.). *Hassemer* rügt Strafverteidiger für eine perspektivlose Haltung des „Gott-sei-bei-uns" gegenüber den Medien (StV 2005, 167, 168). Vgl. *Lehr* in Widmaier, § 20 Rz. 14, 73 f. und 99 f.; *Bernsmann/Gatzweiler*, S. 262 ff., 266.
5 *Wagner*, S. 50 ff., auch zu den unterschiedlichen Grundhaltungen dazu in der Anwaltschaft. Zu Aufgaben einer „aufgeklärten" Verteidigung gegenüber den Medien *K.-H. Groß* in FS Hanack, S. 43 f., 51 f., 54; *Dahs*, Rz. 88, 93, 97 f., 107 und 174; abgewogen *Dierlamm* in Wabnitz/Janovsky, 27. Kap. Rz. 9 ff.; knapp *Knierim* in Volk, § 7 Rz. 293 ff. („heißes Eisen"), und *Wehnert* in Widmaier, § 5 Rz. 31. Aus staatsanwaltlicher Sicht *Becker-Toussaint* in Strafverteidigervereinigungen, S. 237 f. und 244, die sogar eine begrenzte Zusammenarbeit mit den Pressedezernenten der Anklagebehörden anrät (nicht zuletzt bei für die Medien weniger attraktiven Einstellungen von Verfahren); vgl. *Prinz* in Prinz/Peters, Medienrecht im Wandel, S. 245. Fallbeispiel bei *Hamm*, S. 30. Und dies nicht nur bei prominenten Mandanten, *Hassemer* in Hamm/Lohberger, S. 16; *Danckert/Ignor* in Hamm/Lohberger, S. 116 ff. („Nebenpflicht").
6 So zu Recht auch *Lehr* in Widmaier, § 20 Rz. 10 ff., 30 ff. und 73 ff., in seinen besonders praxisgerechten Empfehlungen; *Taschke*, StV 2007, 495, 497 f.

39 Bei jedem Gespräch mit Journalisten ist allerdings aus mehreren Gründen **Vorsicht** geboten.[1] So könnten weniger fachkundige Reporter manche Äußerungen (mitunter sogar absichtlich) falsch verstehen – oder diese hinterher verzerrt und entstellt wiedergeben. Aus unerfahrenen Gesprächspartnern könnten sie mehr Informationen herauslocken, als diese eigentlich preisgeben wollten. Auf den späteren Artikel oder den Radio- bzw. Fernsehbeitrag in seiner Gänze hat der Interviewte keinen Einfluss (allenfalls kann mit Printmedien vorab der Vorbehalt einer Autorisierung von Zitaten vereinbart werden[2]). Und jede noch so kleine Aussage bereitet späteren Erörterungen in der Öffentlichkeit, die dann kaum noch steuerbar sind, zusätzlichen Boden.[3]

40 Im Vorfeld einer Hauptverhandlung kann dagegen die „**Ausschaltung**" der Medien zu einem vorrangigen Ziel werden. Denn diese können einen öffentlichen Druck gegen eine Einstellung des Verfahrens oder für ein höheres Strafmaß an dessen Ende erzeugen. Auch können Zeitungsberichte – die sich bei einer Einstellung gegen Auflagen (§ 153a StPO) oder Verhängung eines Strafbefehls (§§ 407 ff. StPO) eher umgehen lassen als bei Verkündung eines Urteils – eine schärfere Sanktionswirkung haben als die förmliche Kriminalstrafe.[4] Präventiv in Mode gekommen sind auch schrotflintenartig gestreute „Brandbriefe" an Redaktionen mit der Warnung vor einer etwaigen Berichterstattung, insbesondere einer solchen unter Nennung von Namen. Dies reicht bis hin zu im Gerichtssaal verteilten „presserechtlichen Informationsschreiben", etwa am LG Berlin im Strafverfahren um die Bankgesellschaft Berlin („Herr X wird auf jede Zuwiderhandlung mit rechtlichen Schritten reagieren"). Besonders intensiv ins Vorfeld verlagert wurde die Pressearbeit des Angeklagten im „Claassen"-Prozess, wo ein ehemaliger Chefredakteur die Kontakte zu den Reportern hielt, Stellungnahmen der Verteidiger vermittelte und zugleich ein namhafter Presseanwalt im Gerichtsgebäude in Verhandlungspausen „Wachhund" spielte, indem er sich demonstrativ mit gespitzten Ohren zu den kleinen Gesprächsrunden aus den Sitzungsvertretern der Staatsanwaltschaft und Journalisten stellte. Falls all dies misslingt, kann die Verteidigung – sofern der Beschuldigte oder Angeklagte hierfür nicht einen Spezialisten für Presserecht einschaltet – mit den soeben ausgeführten Mitteln gegen Presseorgane vorzugehen versuchen, deren Berichterstattung bzw. Kommentierung die Reputation des Mandanten und sein Obsiegen im Strafverfahren ungünstig beeinflussen könnten.

41 Fernerhin bestehen einige Möglichkeiten, die **Strafverfolger** selbst aufs Korn zu nehmen. Neben den im „Mannesmann-Prozess"[5] durch einen der Angeklagten

---

1 Eine Fundamentalposition formuliert *Schiller*, der Medien aus Mandantensicht nur als „notwendiges Übel" akzeptiert und eine beschränkte Zusammenarbeit bloß wegen deren „Notwehrcharakters" befürwortet (StV 2005, 176 ff.). Ähnlich sieht *Wehnert* verschleierte „verteidigungsfeindliche Tendenzen" bei der neueren Entwicklung des Verhältnisses von Medien und Justiz (StV 2005, 178).
2 *Soehring*, Rz. 7.71 ff.
3 *K.-H. Groß* in FS Hanack, S. 50 f.; *Dahs*, Rz. 88 und 90; vgl. *Wehnert*, StV 2005, 178, 179.
4 *Wagner*, S. 51 ff.; ähnlich *Dahs*, Rz. 101.
5 Zu dem in den Medien abgelaufenen „Parallelprozess" die damalige Vorsitzende Richterin am LG, *Koppenhöfer* (StV 2005, 172 f.); vgl. *Jahn*, BB 1/2007, S. I.

genutzten Mechanismen wie Dienstaufsichtsbeschwerde[1] und Strafanzeige[2] kommt dafür eine Amtshaftungsklage in Frage.[3] Denkbar sind überdies Gegenvorstellungen[4] sowie Klagen auf Widerruf und Unterlassung[5] und Ablösungsgesuche gegenüber einem voreingenommenen Staatsanwalt.[6][7]

42 Das Ergebnis eines solchen „Rundumschlags" dürfte ambivalent sein. Ein **Erfolg** wird sicherlich zu konzedieren sein in Form deutlich eingeschränkter Kommunikationsmöglichkeiten der Ankläger, die allenfalls auf (dementsprechend weniger wirksame) klandestine Verlautbarungswege zurück greifen können. Immerhin sind die Medien – und damit die Öffentlichkeit – zumeist auf deren Auskünfte angewiesen, von denen sie dadurch abgeschnitten werden. Dies kann für den Angeklagten umso nützlicher sein, als entsprechende Angaben einen amtlichen Anstrich besitzen, der bei weniger differenziert formulierenden Medien eine Vorverurteilung insinuieren bzw. befeuern kann. Auch dürfte sich das eine oder andere Presseorgan bzw. dessen zuständiger Redakteur zugleich eingeschüchtert oder jedenfalls zu größerer Sorgfalt angespornt sehen, wenn der Betroffene seine Bereitschaft zu juristischer Gegenwehr demonstriert.

43 Andererseits schaffen Angriffe auf Strafverfolger **Solidarisierungseffekte** mit den Anklägern unter Presseleuten und Medienrezipienten gerade in Fällen vermeintlicher oder tatsächlicher Wirtschaftskriminalität. Die Ermittler konnten sich beispielsweise im „Fall Mannesmann" darauf berufen, das Gemeinwohl bzw. das Interesse der seinerzeitigen Aktionäre und sonstigen „stakeholder" gegenüber einem möglicherweise strafbaren Griff in die Unternehmenskasse zu vertreten; dieser hatte immerhin eine bis dahin in Deutschland ungekannte Dimension und vollzog sich unter fragwürdig anmutenden Umständen durch angestellte Manager und deren Aufsichtsräte.[8] In diesem Strafprozess versuchte einer der Angeklagten, eine Vielzahl von Einzelakten u.a. verschiedener Pressestellen der nord-

---

1 Zu deren parzieller Voraussetzung für einen etwaigen Schadensersatzanspruch *Dahs*, NStZ 1986 563 f. Trotz „Form-, Frist- und Fruchtlosigkeit" wird diese Anwälten nicht zuletzt wegen etwaiger Regressforderungen empfohlen (*Danckert/Ignor* in Hamm/Lohberger, S. 116 f.).
2 F.A.Z. vom 9.8.2002, S. 15. Zur Strafanzeige gem. § 203 Abs. 2 Satz 1 Nr. 1 StGB (Verletzung von Privatgeheimnissen), nicht jedoch wegen § 353b Absatz 1 Satz 1 Nr. 1 StGB (Verletzung des Dienstgeheimnisses) *Neuling*, Inquisition ..., S. 222 ff., 224 ff.; *Roxin*, NStZ 1991, 153, 159; zum Verdacht der Vorteilsgewährung und Bestechlichkeit (§§ 332 ff. StGB) *Hamm*, S. 33.
3 Verfochten von *Neuling*, StV 2006, 332, 333; *Wehnert*, StV 2005, 178, 179 („wohl wirkungsvoller" als das „presserechtliche Instrumentarium"); *Roxin*, NStZ 1991, 153, 157; ausführlich *H. Krieger*, S. 72 ff.; zu Recht skeptisch *Cappel*, S. 103 f.
4 *Neuling*, StV 2006, 332, 337.
5 *Neuling*, StV 2006, 332, 333.
6 *K.-H. Groß* in FS Hanack, S. 53.
7 Auf das Beamtenrecht und mögliche Disziplinarmaßnahmen weisen hin *Ulsamer* in FS Jauch, S. 228 f. und *Roxin*, NStZ 1991, 153, 159, auf den Verwaltungsgerichtsweg *Lehr* in Widmaier, § 20 Rz. 24.
8 Als publizistischer „Super-GAU" dürfte aus Verteidigersicht das sogar zum Titelbild einer Illustrierten avancierte Foto eines Hauptangeklagten und Top-Managers mit von ihm dargebotenen „Victory-Zeichen" im Gerichtsgebäude gelten, auch wenn diese Geste vermutlich schlicht unbedarft und situationsbedingt war.

rhein-westfälischen Justiz zur Grundlage eines Amtshaftungsanspruchs gem. § 839 BGB i.V.m. Art. 34 GG zu machen. Mit einem kleinen Teil seiner Vorwürfe drang er damit durch;[1] die anderen Vorstöße blieben erfolglos.[2]

4. Dritte

In die vielfältigen **Streitigkeiten** zwischen Groß- und Kleinaktionären (unter Letzteren etwa aggressiv auftretende Hedge Fonds oder frühere Unternehmenseigner) oder zwischen früheren Großinvestoren und dem Unternehmen (oder einer Bank, die dem Großaktionär zuvor das Aktienpaket angedient hatte) werden Justiz und damit auch Medien stärker als früher hineingezogen; ebenso bei Konflikten zwischen einem zunehmend organisierten „Streubesitz" und den Aktiengesellschaften. Presseorgane lassen sich dabei durchaus mitunter (selbst wenn ihnen das mitunter gar nicht bewusst ist) für einzelne Interessen einspannen.[3] Der neue Typus von „shareholder activists" nutzt dafür auch hoch bezahlte PR-Agenturen und „Spin-Doktoren" – Mechanismen, die ebenso in Übernahmekämpfen zu beobachten sind (selbst wenn Familienunternehmen involviert sind, die nicht an der Börse notiert sind).[4] Zweischneidig ist es freilich, dass dabei immer wieder ehemalige Redakteure oder Ressortleiter auf ihre eigene frühere Redaktion angesetzt werden: Als interne Berater ihrer neuen Auftraggeber mag sie dies umso tauglicher machen, als „Botschafter" ihrer Mission hingegen um so weniger.[5] Fragwürdig ist überdies, wenn juristische Ordinarien sich dabei als Gutachter all zu offensichtlich vereinnahmen, mit einer nicht als Mindermeinung kenntlich gemachten Einschätzung instrumentalisieren und in eilig einberufe-

44

---

1 Zur abschließenden Entscheidung des OLG Düsseldorf (v. 27.4.2005 – I-15 U 98/03, NJW 2005, 1791) bzw. zur Vorinstanz (LG Düsseldorf v. 30.4.2003 – 2b O 182/02, NJW 2003, 2536) kritisch wegen jener Erwägungen, die die justizielle Pressearbeit beschränken und damit – angesichts uneingeschränkter publizistischer Möglichkeiten der Verteidigung – zu einseitiger Verzerrung der Berichterstattung führen, *Lorz*, NJW 2005, 2567; *Jahn*, ZIP 2006, 738, 739 f.; *Jahn*, AnwBl 2005, 385; *Jahn*, message 2/2004, 34; *Lorz/Bosch*, AfP 2005, 95; *Becker-Toussaint*, NJW 2004, 414; *Jahn*, DRiZ 2003, 191. Dagegen bedauert das „äußerst zurück haltende" Urteil angesichts der „nahezu beispiellose(n) Medienkampagne", welche die Justiz durch „vorverurteilende Öffentlichkeitsarbeit" zumindest „heraufbeschworen" habe, *Neuling*, StV 2006, 332, 338.
2 Generell skeptisch zu den Erfolgsaussichten solcher Instrumente *K.-H. Groß* in FS Hanack, S. 53. Nach *Geerds* in FS Oehler, S. 440, Fn. 84, sollten „harte Reporter (...) so oder so zur Räson gebracht werden".
3 Vgl. *Wagner*, S. 16 und 99. Freilich geht es ihnen neben „Neuigkeits- und Sensationslust" um „Aufklärung und Kontrolle" (S. 33).
4 Vgl. *Wagner*, S. 82. Wenig hilfreich ist es im Übrigen, wenn Wirtschaftsanwälte zwar beharrlich Kontakte zu Wirtschaftsjournalisten pflegen, im „Ernstfall" aber etwa eine an sie gerichtete Mailanfrage schlicht eigenmächtig an die PR-Agentur ihres aktuellen Mandanten weiter reichen, statt wenigstens mit einem freundlich-verbindlich-persönlichen „no comment" zu beantworten.
5 Als besonders misslungen darf das Einschalten eines früheren Boulevard-Chefredakteurs im „Falk-Prozess" betrachtet werden (Der Spiegel 21/2008, S. 98 ff.). – Auch einen zuvor nur in Branchenkreisen gerüchteweise bekannten Grenzfall hat „Der Spiegel" öffentlich gemacht; jener PR-Berater soll seine eigenen Kunden erpresst und gegeneinander ausgespielt haben (5/2010, S. 78 ff.). Zu der zwiespältigen Spezies der Medienberater ferner der langjährige und leidgeprüfte Ressortleiter *Dunsch*, S. 515, 524.

nen Pressekonferenzen präsentieren lassen.¹ Für den rechtlichen Rahmen, den solche Marktteilnehmer bei ihrer Öffentlichkeitsarbeit zu beachten haben, sowie für das Abwehrinstrumentarium, das angegriffenen Managern zur Verfügung steht, gilt dabei entsprechend das bereits (oben Rz. 18 ff.) für das Verhältnis von Betroffenen zu Medien und Strafverfolgern sowie für den Spielraum von Strafverteidigern Gesagte. Sogar eine explizite Drohung mit Einschaltung der Presse kann in geschäftlichen Auseinandersetzungen durchaus rechtmäßig sein.²

II. Ethisch-moralische Schranken sowie Pressekodex

45 Die „Publizistischen Grundsätze" – kurz Pressekodex genannt³ – des Deutschen Presserats stellen quasi das **Standesrecht** der Journalisten dar.⁴ Anders als bei verkammerten Berufen fehlt es jedoch an dessen rechtlicher Verbindlichkeit; nur Zeitungshäuser mit Seriositätsanspruch halten sich (freiwillig) daran – und dürften Verstöße gegenüber ihren Lesern auch kaum rechtfertigen können, wenn sie sie nicht als Abonnenten oder als Käufer am Kiosk verlieren wollen. Dies verweist allerdings auf ein umso größeres Manko, das erstaunlich selten thematisiert wird: Der Rundfunk – sei er öffentlich-rechtlich oder privat organisiert – fällt von vornherein nicht in den Anwendungsbereich dieses Regelwerks. Da bei Übertretungen ohnehin keine echten Sanktionen durchgesetzt werden können (lediglich sollen i.d.R. etwaige Rügen des Selbstkontrollgremiums abgedruckt werden), wird die Effizienz dieser Selbstregulierung des Berufsstandes im Printbereich meist zu Recht zurückhaltend eingeschätzt.⁵

46 Immerhin listet der Kodex die handwerklichen und ethischen **Grundregeln** der Berichterstattung und Kommentierung in gedruckten Medien auf. Journalisten haben damit im Alltag – und dies in einem Beruf, der im Normalfall keine Abschlussprüfung nach dem Ende der (ohnehin fakultativen) Ausbildung kennt – eine einigermaßen praktikable „Fibel" als Grundlage ihrer professionellen Arbeit an der Hand.⁶

47 Maßgeblich sind im vorliegenden Zusammenhang die Vorgaben, dass die Berichterstattung über Strafverfahren frei von „Vorurteilen" zu erfolgen und die Un-

---

1 So wie es im Übrigen auch auffällt, dass sich mittlerweile sogar vereinzelt Hochschullehrer in eigener Person durch PR-Büros vermarkten lassen. Umgekehrt war auch schon zu erleben, dass im Machtkampf um eine Aufsichtsratskandidatur eine PR-Agentur einen Hochschullehrer gegen seinen Willen mit einer Stellungnahme in die Medien lancieren wollte.
2 *Jahn*, EWiR 2005, 623.
3 Nachzulesen im Internet unter http://www.presserat.info/pressekodex.0.html.
4 Zu dessen Anrufung *Soehring*, Rz. 34.1 ff.
5 Zur begrenzten Wirksamkeit des Presserats aus sozialwissenschaftlicher Sicht *U.F. Schneider*, S. 349 ff., der ethischen wie rechtlichen Grenzen des Journalismus nur begrenzte Wirkung zuspricht („zahnlose Tiger im Medienkapitalismus?", S. 333 ff.). Aus juristischer Sicht und mit ausführlicher Empirie *C.-H. Soehring*, S. 235 ff., 239 und passim; ferner *F.-A. Jahn* in Oehler, S. 11 f.; *Geerds* in FS Oehler, S. 444; *Roxin*, NStZ 1991, 153, 156.
6 *Bölke* in Gerhardt/Pfeifer, S. 44 f., zu Friktionen gegenüber der Rechtslage S. 46 ff. Zu Ethikverstößen auch *F.-A. Jahn* in Oehler, S. 12.

schuldsvermutung zu wahren hat (Nr. 13). Vertieft wird das in der Richtlinie 13.1 durch die ausdrückliche Warnung vor einem „Medien-Pranger" als „soziale(r) Zusatzbestrafung". Über Freisprüche und Einstellungen soll ebenfalls berichtet werden, wenn dies zuvor auch hinsichtlich der Vorwürfe geschehen ist (Richtlinie 13.2).

Zu berücksichtigen ist in diesem Kontext ferner das Gebot, das **Privatleben** und das Recht auf informationelle Selbstbestimmung zu achten (Nr. 8). „In der Regel" dürfen die Namen von Tätern und Opfern nicht genannt werden (Richtlinie 8.1 Abs. 1). Als gerechtfertigte Ausnahme gilt unter Umständen das Interesse an der Aufklärung eines Verbrechens (Abs. 4). Gleiches gilt für Amts- und Mandatsträger, „wenn ein Zusammenhang zwischen Amt und Mandat und einer Straftat gegeben ist", sowie bei „Personen der Zeitgeschichte (...), wenn die ihnen zur Last gelegte Tat im Widerspruch steht zu dem Bild, das die Öffentlichkeit von ihnen hat" (Abs. 5).[1]

48

---

[1] Gerade diese Abwägung könnte freilich seit dem umstrittenen „Caroline"-Urteil des Europäischen Gerichtshofs für Menschenrechte (EGMR v. 24.6.2004 – 59320/00, NJW 2004, 2647) strenger zu Lasten der Berichterstattung ausfallen.

Stichwortverzeichnis

Bearbeiterin: Verena Reithmann

Die fetten Zahlen verweisen auf die Paragraphen, die mageren auf die Randzahlen innerhalb der Paragraphen.

Abschlussprüfer 11 1 ff.
– Abschlussprüferaufsichtskommission **11** 3
– Abschlussprüferrichtlinie **11** 53
– Allgemeine Auftragsbedingungen **11** 49
– Anspruchsberechtigte **11** 50
– Ausbildung **11** 14
– Auskunftsvertrag **11** 21 ff., 46
– Bedeutung **11** 8 ff.
– Bestätigungsvermerk **11** 9, 14, 16
– Disclaimer **11** 9
– Dritte **11** 5, 12, 13, 19 ff., 38, 43, 50
– Einsichtsrecht **11** 13
– Erwartungslücke **11** 18
– EU-Recht **11** 52 f.
– Expertenhaftung **11** 37
– Funktionen **11** 12 ff., 18, 53
– Gehilfen **11** 13, 43
– gesetzlicher Auftrag **11** 9
– Grünbuch **11** 53
– Gutachterhaftung **11** 37
– Haftung **11** 4, 19 ff.
– Haftungsbeschränkung **11** 47 f.
– Massenschaden **11** 49
– Mitverschulden **11** 11, 51
– Nichterteilungsvermerk **11** 9
– Prospekthaftung **11** 6
– Prüfungsteam **11** 13
– Prüfungsurteil **11** 14
– Prüfungsvertrag **11** 26
– Rechtsfortbildung **11** 31 ff., 42, 46, 52
– Sachwalterhaftung **11** 20, 37
– Unabhängigkeit **11** 15
– Versicherung **11** 40, 42, 47, 52
– Vertrag mit Schutzwirkung für Dritte **11** 27 ff., 52
– Vertrauenshaftung **11** 5, 37
– Wahrheitsgrundsatz **11** 14

Abschlussprüfung 11 1 ff.; **30** 11, 46 f., 88 ff.
– Bedeutung **11** 12 ff.
– Bestätigungsvermerk **11** 9, 14, 16
– Bilanzrechtsmodernisierungsgesetz **11** 3
– Bilanzrechtsreformgesetz **11** 3, 11, 15, 46
– Corporate Governance **11** 1, 16, 40
– Gewinnverwendungsbeschluss **11** 16
– Jahresabschlussfeststellung **11** 16
– KonTraG **11** 39, 43, 46 f.
– Lagebericht **11** 11
– Sarbanes-Oxley Act **11** 3; **37** 45 ff.
– Umfang **11** 10 f.
– verbundene Unternehmen **11** 13, 43
Aktiengesellschaft, Sonderprüfung 13 1 ff.; s. a. Sonderprüfung
Aktionäre, Zahlungen an opponierende 26 62 ff.
– Abgrenzung **26** 62 ff.
– Begriff **26** 62 ff.
– Erscheinungsformen **26** 62 ff.
– gesellschaftsrechtliche Zulässigkeit **26** 65 ff.
– Haftungsrisiken, Aufsichtsrat **26** 82
– Haftungsrisiken, Vorstand **26** 80 f.
– Rechtfertigung **26** 66 ff.
– Schadensabwehr, Eignung zur **26** 71 f.
– Schadensabwehr, Erforderlichkeit zur **26** 73 ff.
– Verstoß gegen § 57 AktG **26** 65
– Zustimmung Aufsichtsrat **26** 79
Antitrust 37 99 ff.
Arbeitnehmerüberlassung, illegale 33 100 ff.
Arbeitsdirektor 18 54

Atom- und Strahlenschutzrecht
34 55 f.
Aufsichtspflichtverletzung 36 1 ff.,
9 ff.
– Ansprüche Dritter 36 78 ff.
– Ansprüche Unternehmen 36 75 ff.
– doppelte Fahrlässigkeit 36 65
– doppelter Vorsatz 36 64
– Geldbuße, Bemessung 36 67
– Konzernsachverhalte 36 56 ff.
– mehrstufige Aufsicht 36 43 ff.
– Normadressaten 36 24 ff.
– Rechtsfolgen 36 63 ff.
– Rechtsgut 36 23
– Rechtsnatur 36 23
– subjektiver Tatbestand 36 54 f.
– Unterlassung erforderlicher Aufsichtsmaßnahmen 36 34, 35 ff.
– Unternehmensgeldbuße 36 68
– Verfahren 36 70 f.
– Verjährung 36 72 f.
– Vorsatz/Fahrlässigkeitskombination 36 66
– zivilrechtliche Folgen 36 74 ff.
– Zumutbarkeit von Aufsichtsmaßnahmen 36 42
– Zuwiderhandlung 36 47 ff.
Aufsichtsrat
– Ausschusstätigkeit, Sorgfaltspflicht 3 29
– Außenhaftung, Konzern 9 50 ff.
– Bestellung/Anstellung Organmitglieder Töchter 9 35 f.
– Bilanzierung 9 27 ff.; 30 73 ff.;
s.a. Bilanzierung, Aktiengesellschaft
– Geschäftschancenbindung 22 66 ff.
– Haftung ggü. Dritten 7 80 ff.
– Haftung in der GmbH 2 72 ff.; 9 1 ff.
– Innenhaftung bei Tochtergesellschaften 9 54 ff.
– Innenhaftung beim herrschenden Unternehmen 9 7 ff.
– Innenhaftung im Konzern 9 48
– Interessenkollision 3 32
– Konzern, Haftung im 9 1 ff.; s.a. dort
– Kreditinstitute 19 1 ff., 60 ff.;
s.a. Kreditinstitute, Aufsichtsrat

– Mitwirkungspflichten einzelner Aufsichtsratsmitglieder 3 28 ff.
– nützliche Aufwendungen 26 58 f.
– Sorgfaltsverpflichtung 3 23 ff.
– soziale Aktivitäten 26 32 f.
– Treuepflicht 3 31 f.; 22 66 ff.
– Überwachungspflicht 3 23 ff.
– Überwachungspflichten, konzernweite 9 12 ff.; s.a. Überwachungspflichten, Konzern
– Verein 6 101 ff.
– Verschwiegenheitspflicht 1 5;
3 33 ff.
– Wettbewerbsverbot 22 21 f., 63 ff.
– Zahlungen an opponierende Aktionäre 26 82
– Zustimmungsvorbehalt, konzernweiter 9 22 ff.
Aufwendungen, nützliche s. Nützliche Aufwendungen

Banken, Organhaftung 19 1 ff.;
s.a. Kreditinstitute, Geschäftsleiterhaftung; Kreditinstitute, Aufsichtsrat; Kreditinstitute, bankaufsichtliche Maßnahmen
Bankrott 35 143 ff.
Bereichsvorstand 18 58
Besonderer Vertreter 6 92 ff.; 13 49 ff.
– Beendigung der Amtsstellung 13 81 ff.
– Bestellung durch Gericht 13 64 ff.
– Bestellung durch Hauptversammlung 13 54 ff.
– Durchsetzung der Rechte 13 80
– erfasste Ersatzansprüche 13 52 f.
– Funktion 13 49
– Pflichten 13 79
– Rechte 13 71 ff.
– Rechtsverhältnis zur Gesellschaft 13 69 f.
Bestechung s. Korruption
Beweislast s. Darlegungs- und Beweislast
Bilanzdelikte 30 56 ff., 103; 35 90;
s.a. Bilanzdelikte
– Bilanzeid, strafbarer 35 100

- Buchführung/Bilanzen, strafbare Mängel **35** 149 ff.
- Subventions-/Kreditbetrug **35** 102 f.
- unrichtige Darstellung **35** 91 ff.
- unrichtige/verschleiernde Wiedergabe der Verhältnisse, AG **35** 101
- Verwendung unrichtiger Abschlüsse/Darstellungen **35** 102 f.

Bilanzeid 28 11, 73; **30** 10, 43 ff., 70; **35** 100

Bilanzierung
- Aktiengesellschaft s. Bilanzierung, Aktiengesellschaft
- GmbH **30** 107, 110 ff.
- Kapitalgesellschaft & Co. KG **30** 113
- KGaA **30** 107 ff.

Bilanzierung, Aktiengesellschaft 30 1 ff.
- Abschlussprüfung **30** 11, 46 f., 88 ff.
- Aufsichtsrat, Beschlussfassung/Berichterstattung **30** 91 ff.
- Aufsichtsrat, Feststellung/Billigung **30** 12, 94 ff.
- Aufsichtsrat, Prüfung Rechnungslegung **30** 74 ff.
- Aufsichtsrat, Sorgfaltspflichten einzelner Mitglieder **30** 83 ff.
- Aufsichtsrat, Verantwortlichkeit **9** 27 ff.; **30** 73 ff.
- Aufstellung Jahres- und Konzernabschluss **30** 38 ff.
- Außenhaftung **30** 65 ff., 106
- Bilanzeid **28** 11, 73; **30** 10, 43 ff., 70; **35** 100
- Bilanzierungspflicht/externe Rechnungslegung **30** 2 ff.
- Buchführung **30** 29 ff.
- Business Judgement Rule **30** 62
- Enforcement-Verfahren **30** 16 ff.
- fehlerhafte Bilanzierung, Folgen **30** 20 ff.
- handelsrechtliche Rechnungslegungspflicht **30** 3 ff.
- IFRS-Einzelabschluss **30** 9
- Innenhaftung **30** 60 ff., 105
- Jahresabschluss **30** 3 f., 34 ff.
- Konzern **30** 5 ff., 51 ff., 99
- Lagebericht **30** 3, 39

- Nichtigkeit von Abschlüssen **30** 21 ff.
- Offenlegung **30** 13
- Prüfungsausschuss **30** 97 f.
- Ressortzuständigkeit **30** 48 ff.
- Schadensersatz, fehlerhafte Abschlüsse **30** 24 ff.
- strafrechtliche Verantwortung **30** 56 ff., 103; **35** 90; s.a. Bilanzdelikte
- Unterzeichnung Jahres- und Konzernabschluss **30** 40 ff.
- Vorstand, Verantwortlichkeit **30** 28 ff.

Bodenschutz- und Altlastenrecht 34 39 ff.

Börse s. Kapitalmarktrechtliche Informationspflichten

Bürgschaft 7 6

Business Judgement Rule 1 6, 15 ff.; **3** 13 ff.
- Ad hoc-Publizität **28** 48, 86 f.
- Banken **19** 18
- Bilanzierung **30** 62
- Darlegungs- und Beweislast **12** 10 ff.
- gebundene Entscheidungen **2** 15
- Geldbußen **27** 25 f.
- Genossenschaft **4** 17
- GmbH **2** 14 ff.
- Grenzen **2** 20
- Kapitalmarktinformationen, Compliance **28** 86 f.
- Konzern **8** 18, 21
- M&A-Transaktionen **25** 2, 41, 56, 58, 65
- Organisation **18** 64
- unternehmerische Entscheidungen **2** 15 ff., 19 f.
- Verein **6** 30 ff.
- Zuwendungen an Dritte **26** 24, 30

Bußgelder, Erstattung s. Geldstrafen, Erstattung

Class action 14 337 ff.

Compliance 20 1 ff.; **21** 1 ff.
- Aufsichtsrat Überwachungspflichten, konzernweite **9** 17

1229

- Begriff **20** 1 ff.
- kapitalmarktrechtliche Informationspflichten **28** 83 ff.
- präventive Kontrolle **31** 66 ff.
- Umweltrecht **34** 23 ff., 101 ff.

Compliance, Finanzdienstleistungsunternehmen
- aufsichtsrechtliche Verstoßfolgen, Aufsichtsrat **20** 78 f.
- aufsichtsrechtliche Verstoßfolgen, Geschäftsleiter **20** 68 ff.
- Bankgeschäfte/Finanzdienstleistungen ohne Erlaubnis **20** 43 ff.
- Compliance-Beauftragter **20** 7
- Geldwäsche **20** 30 ff., 39, 58 ff.
- Insiderhandelsverbot **20** 14 f., 49 ff.
- interne Kontrollverfahren **20** 82 ff.
- Kreditwesen **20** 16 ff.
- KWG **20** 16 ff.
- Management Compliance-Risiko **20** 85 ff.
- Manipulationsverbote **20** 14 f., 55 ff.
- Mindestanforderungen der BaFin **20** 9
- ordnungswidrigkeitenrechtliche Verantwortlichkeiten **20** 40 f., 62 ff.
- Rechtsfolgen von Regelverstößen **20** 40 ff.
- strafrechtliche Verantwortlichkeiten **20** 40 ff.
- System, Ausgestaltung **20** 82 ff.
- Wertpapierdienstleistungsunternehmen **20** 7
- WpHG **20** 13 ff.
- ZAG **20** 25 ff.
- Zahlungsdienste **20** 25 ff.
- Zahlungsinstitute **20** 11
- zivilrechtliche Haftung **20** 80 f.

Compliance, Industrieunternehmen 21 1 ff.
- Aufsichtsrat/Prüfungsausschuss **21** 18
- Beratungshotline **21** 45 f.
- Compliance Committee/Compliance Officer **21** 20 ff.
- Compliance Organisation und Aufgabenverteilung **21** 15 ff., 82 ff.
- Compliance Programme **21** 12 ff., 26 ff.
- Compliance-Audits **21** 47 ff.
- Compliance-Reporting **21** 62 ff.
- E-Learning **21** 40 f.
- Fraud Scanns **21** 73
- Haftungsreduzierung durch Compliance **21** 80 f.
- Haftungsrisiko aus Compliance Programmen **21** 82
- Kartellverstöße **21** 1 ff.; **31** 52, 59 ff.
- Konzernleitungsaufgabe **21** 8 ff.
- Konzernrichtlinien/Policy Statement **21** 27 ff.
- Korruptionsfälle **21** 3 ff.
- Merk- und Informationsblätter **21** 33 ff.
- Mitbestimmung Betriebsrat **21** 24 f.
- operative Einheiten, Segment-Spartenführungsgesellschaften **21** 19
- Präsenzschulungen **21** 42 ff.
- Produkthaftung **24** 65
- Risikoanalysemaßnahmen **21** 73
- Rotation **21** 72
- Sanktionen **21** 67 ff.; **31** 73 f.
- Schulungsmaßnahmen **21** 37 ff.
- Verhalten im Ermittlungsverfahren **21** 75 ff.
- Vertriebsberatern/-agenten, Umgang mit **21** 31 ff.
- Vorstand **21** 15 ff.
- Whistleblower Hotline/Ombudsmann **21** 46, 56 ff.

Corporate Governance 18 1 ff.; s.a. Organisation der Unternehmensleitung

Corporate opportunities 22 1 ff., 24 ff.; s.a. Geschäftschancenbindung

Culpa in contrahendo 7 19 ff.
- besonderes wirtschaftliches Eigeninteresse **7** 25 f.
- Darlegungs- und Beweislast, Außenhaftungsprozess **12** 49 ff.
- Gesamtschuld **7** 27 f.
- Inanspruchnahme besonderen persönlichen Vertrauens **7** 19 ff.
- Insolvenzverschleppung **7** 22 ff.

D&O-Versicherung 1 18; 3 56 ff.; 15 1 ff.
- Abgrenzung 15 14 ff.
- Abschluss 15 77 f.
- Abwehrdeckung 15 48 ff.
- Anspruchserhebung 15 36 ff.
- Befriedigung berechtigter Ansprüche 15 52 f.
- Begriff 15 2
- Claims Made-Prinzip 15 36 ff.
- Deckungsablehnung 15 45 f.
- Deckungsgewährung 15 47 ff.
- Deckungsprüfung 15 32 ff.
- Deckungsverhältnis 15 21 ff.
- einvernehmliche Beendigung von Schadenfällen 15 60 ff.
- Fallgruppen, bedeutsame 15 73 f.
- Gegenstand 15 13
- Geldbußen 27 52 ff.
- Haftungsverhältnis 15 20
- Missbrauch der Geltendmachung 15 65 ff.
- Mitwirkungsobliegenheit des Versicherten 15 55 ff.
- Rechtsbeziehungen 15 19 ff.
- Rechtsgrundlagen 15 3 ff.
- Regulierung im Schadenfall 15 26 ff.
- Selbstbehalt 15 7
- Sinn 15 70 ff.
- Steuerhaftung 32 55 f.
- Steuerrecht 15 8
- Stiftung 6 173
- Umwelthaftung 34 123
- Verein 6 74
- Versicherung für fremde Rechnung 15 24 f.
- Versicherungsvertrag 15 9 ff.
- VorstAG, Auswirkungen 15 79 ff.
- Wahlrecht Versicherer 15 54

Darlegungs- und Beweislast 3 41 f.; 12 1 ff.
- im AG-Konzern 12 33 ff.
- Ausnahmen 12 14 ff.
- Außenhaftungsprozess 12 48 ff.
- Business Judgement Rule 12 10 ff.
- deliktische Haftung 12 53 ff.
- Innenhaftungsprozess 12 2 ff.
- Insolvenz 12 22 ff., 55 ff.
- kapitalmarktrechtliche Informationshaftung 12 64 ff.
- Nichtabführung Arbeitnehmerbeiträge zur Sozialversicherung 12 59 ff.; 33 38 ff.
- Organhaftung aus culpa in contrahendo 12 49 ff.
- Schadensvermutung bei Katalogverstößen 12 19 ff.
- Schutzgesetzverletzung 12 54 ff.
- Verein 12 45 ff.
- Verfolgungsrecht außenstehender Gläubiger 12 28 ff.

Delegation 18 60 ff.
- Grenzen 18 65 ff.
- Haftung 18 86 ff.
- Kontrollverantwortung 18 68 ff., 74
- Unternehmensbeauftragte 18 70 f.
- unternehmensexterne 18 72 ff.
- unternehmensinterne 18 61 ff.
- Voraussetzungen 18 63 ff., 73

Deliktische Haftung 7 29 ff.; s.a. Vertragliche/vertragsähnliche Haftung
- Aufsichtsräte 7 82 ff.
- Beschlussausführung, Verhinderungspflicht 7 71 ff.
- Darlegungs- und Beweislast 12 53 ff.
- Eingriffe in die Mitgliedschaft 7 30 ff.
- Einzeltäter 7 29 ff.
- Gesamtschuld/Gesamtschuldnerausgleich 7 76 ff.
- Geschäftsherrenhaftung 7 58 ff.
- Haftung Gesellschaft und Eigenhaftung Manager 10 23 ff.
- juristische Personen 10 17 ff.
- Kreditinstitute, Geschäftsleiter 19 12 ff.
- Mitglied Kollegialorgan 7 68 ff.
- Schadenskongruenz 7 34 ff.
- Schutzgesetzverletzung 7 47 ff.
- Stimmverhalten bei Beschlussfassung 7 68 ff.
- unerlaubte Handlung 7 29 ff.
- Verkehrspflichtverletzung 7 38 ff.; 10 12 ff.

– vorsätzliche sittenwidrige Schädigung **7** 61 ff.
– Weisung, Handeln auf **7** 75
Derivative Litigation 37 78 ff.; s.a. Organhaftung, US-Recht
Director and Officer-Versicherung s. D&O-Versicherung
Due Diligence 25 60 ff.

E&O-Versicherung 15 15
Emissionszertifikatehandel 34 36 ff.
Enforcement-Verfahren 30 16 ff.
Entlastung des Vorstands
– Stiftung **6** 177 f.
– Verein **6** 54 ff.
Europäische Gesellschaft s. SE
Existenzvernichtender Eingriff 16 8 ff.

Foreign Corrupt Practice Act 37 83 ff.; s.a. Organhaftung, US-Recht
Fraud Scanns 21 73
Fusionskontrolle 25 17 ff.

Garantieversprechen 7 6
Gefährdungshaftung s. Umweltrechtliche Verantwortlichkeit
Gefahrstoffrecht 34 51 ff.
Geldauflagen, Erstattung s. Geldstrafen, Erstattung
Geldbußen
– nach § 130 OWiG **36** 1 ff.
– Anknüpfungstat **27** 7
– Anrechnung erzielter Vorteile **27** 35 ff.
– Bußgeldbescheid, beweisrechtliche Wirkung **27** 48 ff.
– ersatzfähiger Schaden **27** 32 ff.
– Erstattung s. Geldstrafen, Erstattung
– gegen Unternehmen **27** 1 ff.
– gegen Vorstandsmitglieder **27** 4 f.
– Höhe und Bemessung **27** 16 ff.
– kein unternehmerisches Ermessen bei Gesetzesverstößen **27** 25 f.
– Legalitätspflicht, Einschränkung **27** 27 ff.
– Regress **17** 32 ff.; **27** 20 ff.
– Regress, Beschränkung **27** 24 ff.

– Schaden durch Ahndungsteil **27** 39 ff.
– Schadensersatzanspruch, Durchsetzung **27** 44 ff.
– Schadensersatzanspruch gegen Vorstandsmitglied **27** 20 ff.
– Verbandssanktion, Voraussetzungen **27** 7 ff.
– Verfolgungsrecht durch Aufsichtsrat **27** 44 f.
– Verfolgungsrecht einer Aktionärsminderheit **27** 46 f.
– Verhängung **27** 14 ff.
– Verschulden **27** 31
– Versicherbarkeit des Regressrisikos **27** 52 ff.
Geldstrafen, Erstattung 17 1 ff., 32 ff.
– angemessene Entschädigung **17** 44 ff.
– Anspruch auf Erstattung **17** 33 ff.
– Auftragsrecht, Grundsätze **17** 32
– durch Dritte **17** 47
– freiwillige Erstattung **17** 39 ff.
– Offenlegung **17** 53 ff.
– Pflichtverletzung ggü. Gesellschaft **17** 33
– Verfahrensfragen **17** 48 ff.
Geldwäsche, Compliance 20 30 ff., 39
– Anzeigepflicht bei Verdacht der Geldwäsche **20** 39
– Kundenidentifizierung **20** 35 ff.
– Verstoß gegen Vorschriften **20** 58 ff.
Genossenschaft, Organhaftung 4 1 ff.
– abgestufte Haftung **4** 8, 16, 28 ff., 31 ff.
– allgemeiner Pflichtinhalt **4** 19 ff.
– allgemeiner Sorgfaltsmaßstab **4** 26 ff.
– Außenhaftung **7** 1 ff.; s.a. Deliktische Haftung; Vertragliche/vertragsähnliche Haftung
– Business Judgement Rule **4** 17
– D&O-Versicherung **4** 49
– doppelte Erfolgsbindung **4** 21 f.
– ehrenamtliches Nebenamt **4** 31 ff.
– Einzel-/Gesamtverantwortung **4** 38 ff.

- Einzelpflichten, gesetzliche 4 12 ff., 41 ff.
- Fehlverhalten von Vorstandskollegen, Haftung bei 4 39
- Förderzweckverstöße 4 22 ff.
- Geschäftsführungspflicht, allgemeine 4 9 ff.
- Haftungsprivileg, Arbeitnehmer 4 34
- Haftungsvereinbarungen, Generalversammlung 4 35 ff.
- Hauptamt 4 31 ff.
- individuelle Vorstandspflichten 4 15 ff.
- Kausalität 4 46 f.
- Pflichtverletzung 4 7 ff.
- Schaden, Schadensvermutung 4 46 f.
- Sorgfaltspflicht 4 18 ff.
- Verschulden 4 43 f.
- Verschwiegenheitspflicht 4 12
- Verzichtsbeschlüsse, Generalversammlung 4 35 ff.

Gesamtgeschäftsführung 18 9 f., 81

Gesamtverantwortung, Grundsatz der 2 35 ff.

Geschäftschancenbindung 22 1 ff., 24 ff.
- Ansichziehen 22 33
- Aufsichtsrat 22 66 ff.
- Befreiung 22 34 ff.
- Eintrittsrecht 22 42 ff.
- Rechtfertigungsgründe 22 32
- Rechtsfolgen von Verstößen 22 39 ff.
- Verhältnis zum Wettbewerbsverbot 22 24 ff.
- Verjährung 22 48 ff.
- Zuordnung der Chancen 22 29 ff.

Geschäftsführer 2 6 ff.
- Außenhaftung 2 65 ff.; 7 1 ff.; s.a. Deliktische Haftung; Vertragliche/vertragsähnliche Haftung
- Business Judgement Rule 2 14 ff.
- Darlegungs- und Beweislast 2 45 ff.
- Delegation 2 41
- Geltendmachung 2 48 f.
- Gesamtverantwortung, Grundsatz der 2 35 ff.
- Geschäftsverteilung 2 38 ff.
- GmbH & Co. KG 2 59 ff.
- Gründung 2 68 ff.
- Haftung ggü. Dritten 7 1 ff.
- Haftung ggü. Gesellschaftern 2 63 f.
- Haftungsbeschränkung 2 50 ff.; 16 1 ff.; s.a. Haftungsbeschränkung, Geschäftsführer
- Haftungsprivileg, Arbeitnehmer 2 10
- Innenhaftung 2 6 ff.
- Insolvenz 2 71
- Kapitalschutz, Verstöße gegen 2 21 ff.
- Konzern, Haftung im 8 1 ff.; s.a. dort
- Loyalitätspflichten, Verletzung 2 32 ff.
- Pflichtverletzung 2 11 f.
- Schaden 2 42 ff.
- strafrechtliche Verantwortung s. Geschäftsleiter, strafrechtliche Verantwortung
- Umwelthaftung 34 4 ff.
- Ursächlichkeit 2 42 ff.
- Verein 6 120 ff.
- Verjährung Ersatzansprüche 2 54 ff.
- Weisungen der Gesellschafterversammlung 2 24 ff.
- Wettbewerbsverbot 22 1 ff., 7

Geschäftsleiter, strafrechtliche Verantwortung 35 1 ff.
- Aufsichtspflichtverletzung 35 13; s.a. dort
- Ausschluss von Vergabe/Registereintragung 35 166
- Bilanzdelikte 30 56 ff., 103; 35 90; s.a. Bilanzdelikte
- eigenhändiges Verhalten, Haftung für 35 3 ff.
- faktische Organe 35 14 ff.
- Folgen Strafverfahren/Verurteilung 35 159 ff.
- Garant für Rechtsgüter Dritter 35 10 ff.
- Gesamtzuständigkeit 35 17 ff.
- Geschäftsherrenhaftung 35 6 ff.
- Inhabilität als Geschäftsführer/Vorstand 35 165

- Insolvenz 35 129 ff.; s.a. Insolvenz, Strafrecht
- Kapitalmarkt, strafrechtliche Risiken 35 104 ff.; s.a. dort
- Kollegialentscheidungen 35 21 ff.
- Korruption 35 67 ff.; s.a. dort
- Leiter von Organisationsstrukturen 35 6 ff.
- nach US-amerikanischem Recht 37 23, 50, 62, 88
- Ressortaufteilung, Pflichtenmaßstab bei 35 18 ff.
- Untreue 35 25 ff.; s.a. dort
- Verfall 35 160 ff.
- Vorenthaltung/Veruntreuung Arbeitsentgelt 35 60 ff.

Geschäftsordnung, Vorstand 18 32
Geschäftsverteilung 2 38 ff.; 18 13 ff.
- in der AG 18 31 ff.
- divisionale Organisation 18 15
- Erlasskompetenz 18 33 ff.
- Formen in der Unternehmenspraxis 18 13 ff.
- funktionale Organisation 18 14
- Geltungsdauer 18 38
- Geschäftsordnung des Vorstands 18 32
- in der GmbH 18 41 ff.
- Haftung 18 82 ff.
- Informationspflichten ggü. Gesamtvorstand 18 19
- Interventionspflicht 18 24
- materielle Auswirkungen 18 17 ff.
- materielle Schranken 18 26 ff.
- rechtliche Bedeutung 18 17 ff.
- Schriftlichkeit 18 31
- Überwachungspflichten fremde Ressorts 18 19 ff.
- Verein 6 19
- Verhältnis zum Anstellungsvertrag 18 39 f.

Gewässerschutzrecht 34 12, 48 ff.
GmbH & Co. KG
- Geschäftsführer, Innenhaftung 2 59 ff.

GmbH, Sonderprüfung 13 3; s.a. Sonderprüfung

Gründung, Geschäftsführerhaftung 2 68 ff.

Haftung aus unerlaubter Handlung s. Deliktische Haftung
Haftung der Gesellschaft 10 1 ff.
- Fallgruppen 10 4 ff.
- Gesellschaft als alleiniger Pflichtenträger 10 4 ff.
- Haftungsausdehnung auf Gesellschaft 10 9 ff.
- körperschaftlicher Organisationsmangel 10 33 ff.
- Reichweite Zurechnungsnorm 10 27 ff.
- Verkehrspflichtverletzung 10 12 ff.
- Verrichtungsgehilfen, Haftung für 10 36

Haftung gegenüber Dritten s. Deliktische Haftung
Haftung s. Organhaftung
Haftungsbeschränkung
- Abschlussprüfer 11 47 f.
- Genossenschaft 4 35 ff.
- Geschäftsführer 2 50 ff.; 16 1 ff.; s.a. Haftungsbeschränkung, Geschäftsführer
- Stiftung 6 172
- Verein 6 51 ff.
- Vorstand 16 62 ff.; s.a. Haftungsbeschränkung, Vorstand

Haftungsbeschränkung, Geschäftsführer 16 1 ff.
- Ausnahmen vom Verbot 16 16 ff.
- existenzvernichtender Eingriff 16 8 ff.
- Gesellschafterbeschluss 16 20 ff.
- Gesellschafterbeschluss, fehlender 16 25
- Gläubigerbefriedigung 16 12 ff.
- gröbliche Pflichtverletzung 16 33 ff., 55
- Insolvenz-/Krisenpflichten 16 11
- Insolvenzanfechtung 16 39 ff.
- Insolvenzeröffnung 16 34
- Insolvenzverwalter 16 19
- Kapitalerhaltung 16 26 f., 50, 52

- Rechtsfolgen 16 37 ff.
- Reduzierung Pflichten-/Sorgfaltsmaßstab 16 56 ff.
- Regelung im Insolvenzplan 16 18
- Schutz von Gläubigerinteressen 16 28 ff., 53 ff
- sittenwidrige Gläubigergefährdung/-benachteiligung 16 35
- über Kapitalerhaltung hinausgehender Schaden 16 7
- Verbot 16 3 ff.
- Verzicht und Vergleich 16 2 ff.
- Weisung und Billigung Gesellschafterversammlung 16 45 ff.

Haftungsbeschränkung, Vorstand 3 43 ff.; 16 62 ff.
- Beschluss der Hauptversammlung 3 43; 16 77 ff.
- Rechtsfolgen 16 74 ff.
- Sperrfrist 16 65 ff.
- Verjährung 3 45
- Verzicht und Vergleich 3 44 f.; 16 63 ff.
- Zustimmung der Hauptversammlung 16 70 ff.

Immissionsschutzrecht 34 26 ff.
Informationspflichten, kapitalmarktrechtliche s. Kapitalmarktrechtliche Informationspflichten
Insiderhandelsverbot 20 14 f., 49 ff.
- US-Recht 37 43 f.

Insiderrecht 25 3 ff.
- Strafrecht 35 106 ff.; s.a. Kapitalmarkt, strafrechtliche Risiken

Insolvenz 16 17 ff., 34; 29 1 ff.
- Darlegungs- und Beweislast 12 22 ff., 55 ff.
- Deliktshaftung 29 88 ff.
- drohende Zahlungsunfähigkeit 29 44 ff.
- Eingehungsbetrug 29 104
- Fälligkeit der Verbindlichkeiten 29 36 ff.
- Finanzmarktkrise 29 11 ff.
- Fortbestehensprognose 29 14 ff.
- Insolvenzantragspflicht 29 49 ff.

- Insolvenzgründe 29 5 ff.
- Insolvenzrechtsreform 29 9 f.
- Insolvenzverschleppung 16 11; 29 48 ff.; 35 131 ff.
- Insolvenzverursachungshaftung 29 77 f.
- Masseschmälerung 29 72 ff.
- SE 5 39
- strafrechtliche Risiken 35 129 ff.; s.a. Insolvenz, Strafrecht
- Überschuldung 29 6 ff.
- Untreue 29 105 ff.
- Verein 6 81 ff.
- Verjährung Innenhaftung 29 85 f.
- vorenthaltene Sozialabgaben 29 88 ff.
- vorenthaltene Steuern 29 110 ff.
- vorübergehende Zahlungsstockung 29 40
- Wesentlichkeit 29 41 f.
- Zahlungseinstellung 29 43
- Zahlungsunfähigkeit 29 31 ff.
- Zahlungsverbot, Verstoß gegen 29 68 ff.
- Zeitpunktilliquidität, objektive 29 31 ff.

Insolvenz, Strafrecht 35 129 ff.
- Bankrott 35 143 ff.
- Buchführung/Bilanzen, strafbare Mängel 35 149 ff.
- Einwirkung auf Vermögensbestand, strafbare 35 145 ff.
- Gläubigerbegünstigung 35 157 f.
- Insolvenzreife/Insolvenzgründe 35 134 ff.
- Insolvenzverschleppung 35 131 ff.
- unterlassene Antragstellung 35 140

Jahresabschluss 30 3 ff.; s.a. Bilanzierung, Aktiengesellschaft
Jahresabschlussprüfer s. Abschlussprüfer
Jahresabschlussprüfung s. Abschlussprüfung

Kapitalanleger-Musterverfahrensgesetz 14 8 ff.
- Erfahrungen 14 15 ff.

– Konzeption Gesetzgeber 14 8 ff.
Kapitalmarkt, strafrechtliche Risiken 35 104 ff.
– Insidergeschäfte, verbotene 35 106 ff.
– Insiderinformationen, unbefugte Weitergabe 35 116 f.
– Insiderpapiere, Empfehlung 35 116 f.
– irreführendes Marktverhalten 35 124 ff.
– Marktmanipulation, strafbare 35 119 ff.
– Ordnungswidrigkeiten 35 128
– US-Recht 37 23, 50, 62 ff.
– Verhinderung von Insiderverstößen 35 118
Kapitalmarktrechtliche Informationspflichten 28 1 ff.
– Ad hoc-Publizität 28 8 ff., 51 ff.
– AktG 28 18
– börsengesetzliche Prospekthaftung 28 20 ff.
– BörsO FWB 28 16
– bürgerlich-rechtliche Prospekthaftung 28 31, 51 f.
– Business Judgement Rule 28 86 f.
– Compliance Organisation 28 83 ff.
– deliktsrechtliche Informationshaftung 28 34, 52 ff.
– Entsprechenserklärung, fehlerhafte 28 74 ff.
– Haftungsverteilung 28 81 ff.
– HGB 28 18
– Insiderverzeichnis 28 95
– Primärmarktinformationen 12 65 f.; 28 4 f., 20 ff.
– Prospektnachtragspflicht 28 23
– Regelpublizität, fehlerhafte 28 64 ff.
– Schadensersatzhaftung 28 19 ff.
– Sekundärmarktinformationen 12 68 ff.; 28 6 ff., 46 ff.
– spezialgesetzliche Haftung 28 47 ff.
– Stimmrechtsmitteilungen, fehlerhafte 28 69 ff.
– Überblick 28 3
– US-Recht, Haftung nach 37 4 ff.

– Verschulden bei Vertragsschluss 28 32 f.
– Wertpapierprospekt 28 4
– WpHG 28 7 ff., 46 ff.
– WpÜG 28 17, 74 ff.
– Zulassungsfolgepflichten 28 6 ff.
Kapitalschutz, Verstöße 2 21 ff.
Kartellrecht 31 1 ff.
– Compliance 21 1 ff.; 31 52, 59 ff.; s.a. dort
– Geheimwettbewerb, Grundsatz 31 33
– und Informationsaustausch 31 34 ff.
– Instruktion der Mitarbeiter 31 62 ff.
– Irrtum 31 58
– Kartellverbot 31 15 ff.
– konzerninterne Wettbewerbsbeschränkungen 31 54
– marktbeherrschende Stellung, Verbot des Missbrauchs 31 22 ff., 39 ff.
– materielles 31 15 ff.
– nationale, europäische, internationale Dimension 31 10 ff.
– Ordnungswidrigkeitenrecht 31 87 ff.
– präventive Kontrolle 31 66 ff.
– Reaktion auf Kundenwünsche/Marktzwänge 31 55
– Risiken für Managertätigkeit 31 29 ff.
– Sanktionierung, Verstöße 31 73 f., 75 ff.
– Schutz der Wettbewerbsfreiheit 31 7 ff.
– Selbständigkeitspostulat, Grundsatz 31 31 f.
– Selbstrechtfertigungen, unternehmerische 31 53 ff.
– Strafrecht 31 92
– US-Recht, Haftung nach 37 99 ff.
– Verbandstätigkeit 31 45 ff.
– Verstoßfolgen 31 75 ff.
– Vertrags-/Vertriebsgestaltung 31 37 f.
– Verwaltungsrecht 31 76 ff.
– wettbewerbsbeschränkende Zusammenschlüsse, Kontrolle 31 25 ff.
– Zivilrecht Sanktionen 31 80 ff.

KGaA
- Bilanzierung **30** 107 ff.

Konzern, Haftung im 8 1 ff.; **9** 1 ff.
- Aufsichtsratshaftung **9** 1 ff., 48 f.
- Bestellung/Anstellung Organmitglieder Töchter **9** 35 f.
- Darlegungs- und Beweislast **12** 33 ff.
- Durchsetzungsmöglichkeiten/-pflichten **8** 32 ff., 60 ff., 94 ff.
- faktischer Konzern **8** 46; **9** 56 ff.
- Geltendmachung von Schadensersatzansprüchen **9** 43 ff.
- GmbH-Geschäftsführer ggü. der „eigenen" beherrschten Gesellschaft **8** 100 ff.
- GmbH-Geschäftsführer ggü. der „eigenen" herrschenden GmbH **8** 12 ff., 36 ff.
- Konzernleitungspflicht **8** 15 ff., 51 f.
- Loyalitätspflichten, konzernweite **8** 23 ff., 53 ff., 90 ff.; **9** 37 ff.
- Organ-Außenhaftung **8** 72 ff., 109
- Organe des beherrschten Unternehmens **8** 80 ff., 109
- Organe des herrschenden Unternehmens **8** 12 ff., 72 ff.; **9** 7, 48, 50 ff.
- Organ-Innenhaftung ggü. der „eigenen" herrschenden Gesellschaft **8** 12 ff.
- Organ-Innenhaftung ggü. der „eigenen" beherrschten Gesellschaft **8** 81 ff.
- Organ-Innenhaftung ggü. der beherrschten Gesellschaft **8** 41 ff.
- Sorgfaltspflichten ggü. der beherrschten AG **8** 44 ff.
- Sorgfaltspflichten, konzernweite **3** 22, 30; **8** 15 ff., 44 ff., 81 ff.
- Überwachungspflichten, konzernweite **9** 12 ff.
- Verschwiegenheitspflicht, konzernweite **8** 13, 28 ff., 58 f., 93
- Vertragskonzern **8** 44 f.; **9** 54 f.
- vorsätzliche Schädigung durch faktischen Einfluss **8** 50
- Vorstand/Geschäftsführer ggü. der beherrschten AG **8** 41 ff., 44 ff.
- Vorstand/Geschäftsführer ggü. der beherrschten GmbH **8** 41 ff., 64 f.
- Vorstand/Geschäftsführer ggü. der herrschenden AG/GmbH **8** 104 ff.
- Vorstandshaftung **8** 1 ff.
- Weisungserteilung im Konzern **8** 45 ff.
- Zustimmungsvorbehalt, konzernweiter **9** 22 ff.

Korruption 35 67 ff.
- Amtsträger, Begriff **35** 76 ff.
- Auslandssachverhalte bei Einschaltung von Agenten **35** 87 ff.
- Bestechlichkeit/Bestechung im geschäftlichen Verkehr **35** 81 ff.
- Bestechung **35** 71 ff.
- Compliance **21** 1 ff.
- Genehmigung durch „zuständige Behörde" **35** 80
- Gewährung von Vorteilen für Dienstausübung **35** 72 ff.
- Haftungsrisiken **26** 36 ff.
- Kick-Back-Konstellationen **35** 86
- US-Recht, Haftung nach **37** 83 ff.
- Verletzung einer Dienstpflicht **35** 76
- Vorteilsgewährung **35** 71 ff.
- s.a. Compliance; Nützliche Aufwendungen

Kostenerstattung Rechtsschutz 17 1 ff.; s.a. Rechtsschutz, Kostenerstattung

Kreditgeschäft, Haftungsrisiken 19 36 ff.
- Bonitätsprüfung Kreditnehmer **19** 39 f.
- organisatorische Anforderungen **19** 28, 37 f.
- Organkredite **19** 48 f.
- Risikoermittlung/-bewertung **19** 41 ff.
- Sanierungskredite, Gewährung **19** 44 ff.

Kreditinstitute, Aufsichtsrat 19 1 ff., 60 ff.
- bankaufsichtliche Maßnahmen **19** 104 ff.; s.a. Kreditinstitute, bankaufsichtliche Maßnahmen

Stichwortverzeichnis

- Haftungsgrundlagen 19 94 ff.
- Informationsrechte/-pflichten 19 80 ff.
- Landesbanken 19 96 ff.
- öffentlich-rechtliche Institute 19 96 ff.
- Sachkundeerfordernis, bankaufsichtliches 19 67 ff., 123 f.
- Sorgfaltsanforderungen 19 61 ff.
- Sparkassen 19 96 ff.
- Sparkassen, Richtlinienkompetenz Verwaltungsräte 19 64 ff.
- Verschwiegenheitspflicht 19 84 ff.
- Vertraulichkeit, Vorkehrungen zur Wahrung 19 90 ff.
- zeitlicher Einsatz 19 79 f.

Kreditinstitute, bankaufsichtliche Maßnahmen 19 104 ff.
- Abberufung/Tätigkeitsverbot Aufsichtsrat 19 122
- Abberufung nach Verwarnung 19 114 ff.
- Abberufungsverlangen bei geborenen Mitgliedern Aufsichtsrat 19 126 ff.
- Missbilligung 19 118
- Nachweis durch BaFin 19 113
- Qualifikationsmängel, Abberufung 19 119 ff.
- Tätigkeitsverbot/Abberufung Geschäftsleiter 19 104 ff.
- Verantwortlichkeit Geschäftsleiter, persönliche 19 109 ff.
- Verwarnung, leichtfertige Gesetzesverstöße 19 115

Kreditinstitute, Geschäftsleiterhaftung 19 1 ff., 6 ff.
- bankaufsichtliche Maßnahmen 19 104 ff.; s.a. Kreditinstitute, bankaufsichtliche Maßnahmen
- Bankgeheimnis, Verletzung 19 14 f.
- Business Judgement Rule 19 18
- Darlegungs- und Beweislast 19 55 ff.
- deliktische Haftung 19 12 ff.
- Entlastung, Wirkung 19 58 ff.
- Geschäftsorganisation, Anforderungen 19 19 ff.

- Kreditgeschäft, Haftungsrisiken 19 36 ff.; s.a. dort
- Landesbanken 19 7 ff., 54
- privatrechtlich organisierte Institute 19 6
- Privilegierung öffentlicher Sektor 19 10
- Qualifikationsanforderung, bankaufsichtliche 19 17, 119 ff.
- Risikomanagement, Anforderungen 19 20 ff.
- Sorgfaltspflichten, bankspezifische 19 17 ff.
- Sparkassen 19 7 ff., 54, 56, 59
- Verjährung 19 50 ff.

Kreditwesengesetz 20 16 ff.
Kreislaufwirtschafts- und Abfallrecht 34 45 ff.
Krise s. Insolvenz

Lagebericht 30 3 ff., 39; s.a. Bilanzierung, Aktiengesellschaft
Lästige Aktionäre s. Aktionäre, Zahlungen an opponierende
Legalitätspflicht 24 43; 27 21 ff., 27
Liability of Directors and Officers 37 1 ff.; s.a. Organhaftung, US-Recht
Lohnsteuer
- Haftung für abzuführende 32 39 ff.

Loyalitätspflichten, Verletzung 2 32 ff.

M&A-Transaktionen 25 1 ff.
- Abbruch von Vertragsverhandlungen 25 68
- Ad hoc-Publizität 25 11 ff.
- aktienrechtliche Kompetenzordnung 25 40 ff.
- Angebotsunterlagen 25 32 f.
- Anzeige- und Genehmigungspflichten 25 16 ff.
- ausländische Anzeige- und Genehmigungserfordernisse 25 19
- Außenwirtschaftsrecht 25 20
- Bank- und Versicherungsaufsichtsrecht 25 18
- Berater 25 30

Stichwortverzeichnis

- Beteiligungsaufbau **25** 27 ff.
- Dokumentation **25** 2
- Due Diligence **25** 60 ff.
- Fusionskontrolle **25** 17
- Haftungsrisiken/Pflichten nach Vertragsvollzug **25** 73 ff.
- Handeln zum Wohl der Gesellschaft **25** 56 ff.
- Informationspflichten **25** 31, 37
- Insiderrecht **25** 3 ff.
- Integrationsmaßnahmen **25** 73 ff.
- Interessenskonflikte Zielgesellschaft **25** 39
- Kompetenzüberschreitung, Folgen **25** 44 f.
- Mitteilungspflichten **25** 46 ff.
- Mitwirkungsrechte der Hauptversammlung **25** 43
- öffentliche Übernahmen, Managerpflichten **25** 21 ff.
- Transaktionsstrukturierung **25** 65 ff.
- Umweltverantwortlichkeit **34** 79 ff.
- Verhinderungsverbot **25** 35
- Vertragsgestaltung **25** 69 ff.
- Vertragsmonitoring **25** 76
- Vertraulichkeit **25** 23
- Vorbereitungsmaßnahmen **25** 24 ff.
- Zielgesellschaft, Managerpflichten **25** 34 ff.
- Zustimmungsvorbehalte Aufsichtsrat **25** 41 f.

Mail and wire fraud 37 110
MaRisk 19 21 ff.
Marken s. Schutzrechtsverletzungen
Marktmanipulation 20 14 f., 55 ff.; **35** 119 ff.
Massenklagen 14 1 ff.
- Anspruchsbündelung **14** 27 ff.
- Anspruchsgrundlagen, materiellrechtliche **14** 5 ff.
- Kapitalanleger-Musterverfahrensgesetz **14** 8 ff.
- nach §§ 147 f. AktG **14** 17 ff.
- Pooling von Ansprüchen **14** 27 ff.
- Prozessfinanzierung **14** 30 f.
- Rechtsmissbrauch, Abwehr **14** 32 ff.
- rechtspolitischer Ausblick **14** 36
- Streitgenossenschaft **14** 22
- treuhänderische Durchsetzung von Haftungsansprüchen **14** 23 ff.
- US-amerikanische Klage **14** 337 ff.

Medienöffentlichkeit 38 1 ff.
- Berichtigung **38** 24 ff.
- Einfluss auf Justiz **38** 9 ff.
- ethisch-moralische Schranken/Pressekodex **38** 45 ff.
- Gegendarstellung **38** 18 f.
- Grenzen der Berichterstattung **38** 17 ff.
- Instrumentalisierung der Medien durch Prozessbeteiligte **38** 12 f.
- Krisenmanagement **38** 14 ff.
- Schadensersatz/Geldentschädigung **38** 27 f.
- Strafrecht **38** 29 ff.
- Strafverfolgungsbehörden **38** 33 ff.
- Unterlassung **38** 20 ff.
- Verteidigung **38** 38 ff.

Merger & Acquisition s. M&A-Transaktionen

Nützliche Aufwendungen 26 36 ff.
- Abgrenzung **26** 37
- Begriff **26** 36
- Erscheinungsformen **26** 36
- gesellschaftsrechtliche Zulässigkeit **26** 38 ff.
- GmbH, Besonderheiten **26** 60 f.
- Haftungsrisiken Aufsichtsrat **26** 58 f.
- Haftungsrisiken Vorstand **26** 52 ff.
- schlichte Rechtswidrigkeit **26** 47
- Sozialadäquanz, Rechtfertigung, Entschuldigung **26** 44 ff.
- Straftatbestände, einschlägige **26** 40 ff.
- Verstoß gegen ausländisches Recht **26** 48 ff.
- Verstoß gegen deutsches Recht **26** 39 ff.
- Verstoß gegen Grundsätze der Geschäftsmoral **26** 51
- s.a. Korruption

OFAC 37 110
Offenkundigkeitsprinzip, Missachtung 7 8
Öffentliche Übernahmen
s. M&A-Transaktionen
Ordnungswidrigkeit
- Aufsichtspflichtverletzung 35 13; 36 1 ff., 9 ff.
- Bilanzierung 30 58, 71
- Erstattung von Kosten 17 6, 13, 21, 32 ff., 39
- Finanzdienstleistungsunternehmen 20 62 ff.
- Geldbußen gegen Unternehmen 27 6, 21 ff.
- Haftung nach § 130 OWiG 36 1, 22 ff.
- Kapitalmarkt, Risiken am organisierten 35 128
- Kartellrecht 31 87 ff.
- M&A-Transaktionen 25 4, 10, 35, 49
- Organhaftung ggü. Dritten 7 57
- Produktverantwortung 24 78
- Umwelthaftung 34 96, 100, 104
- Wirtschaftsordnungswidrigkeitenrecht 36 1 ff.

Organhaftung 1 1 ff.
- in der AG 3 1 ff.; s.a. Vorstand; Aufsichtsrat
- Anspruchsverfolgung, Aktionärsminderheit 3 52
- Anspruchsverfolgung, Aufsichtsrat/Vorstand 3 47 ff.
- Anspruchsverfolgung, einzelne Aktionäre 3 53
- Anspruchsverfolgung, Gläubiger 3 54
- Anspruchsverfolgung, Hauptversammlung 3 50 ff.
- Aufsichtsratsmitglieder 2 72 ff.; 9 1 ff.
- Außenhaftung 1 12, 29; 3 55; 7 1 ff.; s.a. Deliktische Haftung; Vertragliche/vertragsähnliche Haftung
- Beweislastumkehr 3 41 f.
- Business Judgement Rule 1 6, 15 ff.; 3 13 ff.; s.a. dort
- D&O-Versicherung s. dort
- Darlegungs- und Beweislast 12 1 ff.; s.a. Darlegungs- und Beweislast
- bei Delegation 18 86 ff.
- Durchsetzung 1 22 ff.; 3 47 ff.
- Einschränkung 1 14 ff.
- in der Europäischen Gesellschaft 5 17 ff.; s.a. SE, Organhaftung
- Geldstrafen, Geldauflagen, Geldbußen 17 1 ff., 32 ff.; 27 1 ff.; s.a. Geldbußen; Geldstrafen, Erstattung
- in der Genossenschaft 4 1 ff.; s.a. Genossenschaft, Organhaftung
- bei Gesamtgeschäftsführung 18 81
- Geschäftschancenbindung 22 1 ff., 24 ff., 34 ff.; s.a. dort
- bei Geschäftsverteilung 18 82 ff.
- in der GmbH 2 1 ff.
- Haftung der Gesellschaft 10 1 ff.; s.a. dort
- Haftung ggü. Dritten 7 1 ff.
- Haftungsbeschränkung s. Haftungsbeschränkung, Geschäftsführer; Haftungsbeschränkung, Vorstand
- kapitalmarktrechtliche Informationspflichten 28 1 ff.; s.a. dort
- Kartellrechtsverstöße 31 1 ff.; s.a. Kartellrecht
- Kausalität 3 40
- Konzern 8 1 ff.; 9 1 ff.; s.a. Konzern, Haftung im
- Kreditinstitute 19 1 ff.; s.a. Kreditinstitute, Geschäftsleiterhaftung; Kreditinstitute, Aufsichtsrat; Kreditinstitute, bankaufsichtliche Maßnahmen
- Krise und Insolvenz s. Insolvenz
- M&A-Transaktionen 25 1 ff.; s.a. dort
- Massenklagen s. dort
- Medienöffentlichkeit 38 1 ff.; s.a. dort
- ordnungsgemäße Bilanzierung 30 1 ff.; s.a. Bilanzierung; Bilanzierung, Aktiengesellschaft

- Organisation der Unternehmensleitung **18** 1 ff.; s.a. dort
- Organpflichten, Ausweitung **1** 10 ff.
- Produkthaftung **24** 1 ff.; s.a. dort
- Schaden **3** 39
- Schutzrechtsverletzungen **23** 1 ff.; s.a. dort
- Sorgfaltsverpflichtungen **3** 4 ff.
- Sozialversicherungsrecht, Verstöße im **33** 1 ff.; s.a. Sozialversicherungsrecht
- Steuerrecht **32** 1 ff.; s.a. dort
- in der Stiftung **6** 150 ff.; s.a. Stiftung, Organhaftung
- Tatbestand, gesetzlicher **1** 2 ff.
- Umwelthaftung **34** 1 ff.; s.a. Umweltrechtliche Verantwortlichkeit
- nach US-amerikanischem Recht **37** 1 ff.; s.a. Organhaftung, US-Recht
- im Verein **6** 1 ff.; s.a. Verein, Organhaftung
- Verschulden **3** 37 f.
- vertragliche Haftungsreduzierung **1** 19 ff.
- Vorstand **3** 4 ff.; s.a. Vorstand
- Wettbewerbsverbote **22** 1 ff.; s.a. dort
- Wettbewerbsverstöße, Außenhaftung **23** 1 ff.; s.a. Wettbewerbsverstöße
- Zuwendungen an Dritte, rechtlich nicht veranlasste **26** 1 ff.; s.a. Aktionäre, Zahlungen an opponierende; Nützliche Aufwendungen; Soziale Aktivitäten

Organhaftung, US-Recht 37 1 ff.
- Aktionärsklage **37** 78 ff.
- Durchsetzung **37** 60 ff., 92 ff., 107 ff.
- Durchsetzung durch die SEC **37** 22, 68 ff.
- Entschädigung der D&O **37** 24
- Gemeinschaftsklagen **37** 73 ff.
- Handelssanktionen **37** 110
- Insiderhandel **37** 43 ff.
- Kapitalmarktrecht **37** 4 ff.
- Kartellrecht **37** 99 ff.
- Kontroll-Personen, Haftung **37** 18 ff., 40 ff.
- Korruption **37** 83 ff., 110
- mail and wire fraud statutes **37** 110
- mangelhafte Publizität **37** 8 ff., 29
- organisierte Kriminalität **37** 110
- Registrierungspflicht **37** 17 ff.
- Sarbanes-Oxley Act **11** 3; **37** 45 ff.
- strafrechtliche Verantwortung **37** 23, 50, 62, 88
- Zuständigkeitsfragen **37** 51 ff.

Organisation der Unternehmensleitung 18 1 ff.
- Arbeitsdirektor **18** 54
- Bereichsvorstand **18** 58
- Delegation **18** 60 ff.; s.a. dort
- Gesamtgeschäftsführung **18** 9 f., 81
- Gesamtverantwortung **18** 2 ff.
- Gesamtvertretung **18** 11 f.
- Geschäftsleitungsmitglieder/Geschäftsleitungsgremien **18** 48 ff.
- Geschäftsverteilung **18** 13 ff.; s.a. dort
- Haftung **18** 76 ff.
- Kreditinstitute, Anforderungen **19** 19 ff.
- mehrgliedriges Geschäftsführungsorgan **18** 2 f.
- Ressortverantwortung **18** 17
- Sprecher des Vorstands **18** 53
- stellvertretende Geschäftsleitungsmitglieder **18** 55 ff.
- Vertreter eines Vorstandsmitglieds **18** 57
- Vertretung **18** 47
- Vorsitzender **18** 48 ff.
- Vorstandsausschuss **18** 59
- Willensbildung **18** 45 f.

Organisationsverschulden 10 33 ff.
Organpflichten, Überblick 1 10 ff.
Outsourcing 18 72 ff.

Parteispenden 26 28 f., 31
Patente s. Schutzrechtsverletzungen
Policy Statement 21 27 ff.
Presse s. Medienöffentlichkeit

Produkthaftung 24 1ff.
- Außenhaftung Vorstand/Geschäftsführer 24 33ff.
- Auswahl Mitarbeiter 24 61
- Befundsicherungspflicht 24 25
- Beweislast 24 22ff., 46, 67
- Compliance 24 65
- Delegation 24 59ff.
- deliktische Produkthaftung 24 12ff.
- Dokumentation 24 70
- eigene schuldhafte Pflichtverletzung Vorstand/Geschäftsführer 24 66ff.
- Einweisung 24 62
- Entwicklungsfehler 24 17
- Expertengremium 24 64
- Fabrikationsfehler 24 16
- Frühwarnsystem 24 49
- Gesamtzuständigkeit 24 47ff.
- Haftungsgrundlage 24 4ff.
- Innenhaftung Vorstand/Geschäftsführer 24 42ff.
- Instruktionsfehler 24 18
- Konstruktionsfehler 24 15
- Konzern 24 71
- Lederspray-Entscheidung 24 51ff., 75
- nützliche Pflichtverletzung 24 69f.
- Produktbegriff 24 8f.
- Produktbeobachtungspflicht 24 19
- Produkthaftungsgesetz 24 5, 27ff.
- Schadensersatzansprüche gegen Gesellschaft 24 11ff.
- Schadensersatzansprüche gegen Vorstandsmitglieder und Geschäftsführer 24 33ff.
- Strafrecht 24 75ff.
- Überwachung 24 63
- Verjährung, unterschiedliche bei Gesamtschuld 24 41
- Verkehrspflichten 24 34, 44
- vertragliche Produkthaftung 24 31
- Widerruf Bestellung/Abberufung Vorstand/Geschäftsführer 24 72ff.

Prospekthaftung s.a. Kapitalmarktrechtliche Informationspflichten
- Abschlussprüfung 11 6
- Bilanzierung 30 26
- Informationen des Primärmarktes 12 65f.; 28 20ff.
- Informationen des Sekundärmarktes 28 47ff., 78ff.
- M&A-Transaktionen 25 38

Prozesse s. Darlegungs- und Beweislast; Massenklagen

Rechnungslegung s. Bilanzierung; Bilanzierung, Aktiengesellschaft

Rechtsformzusatz, fehlender 7 12ff.

Rechtsscheinhaftung
- fehlender Rechtsformzusatz 7 12ff.

Rechtsschutz, Kostenerstattung 17 1ff.
- Art und Umfang 17 4f.
- Auftragsrecht 17 6ff.
- endgültige Kostentragung 17 21ff.
- Freistellungszusage im Anstellungsvertrag 17 28f.
- keine Pflichtverletzung ggü. der Gesellschaft 17 13
- Offenlegung 17 53ff.
- Umfang Kostenübernahme 17 30f.
- Verfahrensfragen 17 48ff.
- Vorschussleistungen 17 14ff.
- Zusammenhang mit dienstlichen Aufgaben 17 10ff.

Rechtsverfolgung, kollektive s. Massenklagen

Reflexschaden 7 34ff.

Repräsentantenhaftung s. Haftung der Gesellschaft

RICO 37 110; s.a. Organhaftung, US-Recht

Risikomanagement
- Banken 19 21ff.
- Vorstand, Sorgfaltsverpflichtung 3 9ff.

Sarbanes-Oxley Act
- Abschlussprüfung 11 3; 37 45ff.

Schmiergeldzahlungen 26 36ff.; s.a. Korruption; Nützliche Aufwendungen

Schuldbeitritt 7 6

Schutzgesetzverletzung 7 47ff.

Schutzrechtsverletzungen 23 1 ff.
– Ansprüche 23 3 ff.
– deliktsrechtliche Haftung 23 28 ff.
– Haftende 23 8 ff.
– Haftung 23 13 ff.
– Organisationshaftung 23 19 f.
– Störerhaftung 23 34
– Verkehrssicherungspflicht 23 21 ff.

SE, Organhaftung
– Auffangregelung 5 41 f.
– Ausführungsgesetz 5 16, 32 ff.
– Außenhaftung 7 1 ff.; s.a. Deliktische Haftung; Vertragliche/vertragsähnliche Haftung
– dualistisches SE-Modell 5 3 f., 17 ff.
– Geltendmachung durch Gläubiger/Aktionäre 5 52
– geschäftsführende Direktoren 5 27, 43 ff.
– Insolvenzantragspflicht 5 39
– Konzern 5 40
– monistisches SE-Modell 5 5 ff., 21 ff.
– Oberleitung 5 33
– Rechnungslegung 5 36 f.
– Rechtsverfolgung 5 47 ff.
– SE-Verordnung 5 9 ff., 29 ff.
– Vertretung im Prozess 5 48 ff.
– Verwaltungsrat 5 26, 28 ff.

Securities Litigation 37 4 ff.; s.a. Organhaftung, US-Recht

Societas Europaea s. SE

Sonderprüfer
– Auswahl 13 15
– Bestellung durch Hauptversammlung 13 9 ff., 45 f.
– Durchsetzung der Rechte 13 39
– gerichtliche Bestellung 13 17 ff.
– Pflichten 13 38
– Rechte 13 27 ff., 39
– Rechtsverhältnis zur Gesellschaft 13 26

Sonderprüfung 13 1 ff.
– Anordnung durch Gericht 13 17 ff.
– Anordnung durch Hauptversammlung 13 9 ff.
– Antrag auf 13 9 ff., 45

– Auskunftsverweigerungsrecht Organmitglieder 13 35
– Beendigung 13 40 ff.
– Gegenstand 13 6 ff., 44
– GmbH 13 3
– informelle 13 4
– konzernrechtliche 13 43 ff.
– Prüfungsbericht 13 40
– Rechtsmissbrauch 13 16, 23, 34, 48
– Sonderprüfer 13 9 ff.; s.a. dort
– Veranlassung Aufsichtsrat/Vorstand 13 4

SOX 11 3; 37 45 ff.

Soziale Aktivitäten
– Begriff 26 6 ff.
– Entscheidungszuständigkeit 26 12 f.
– gesellschaftsrechtliche Zulässigkeit 26 11 ff.
– Gesellschaftszweck 26 14 ff.
– GmbH, Besonderheiten 26 34 f.
– Haftungsrisiken Aufsichtsrat 26 32 f.
– Haftungsrisiken Vorstand 26 30 f.
– Parteispenden 26 28 f., 31
– Schranken 26 24 ff.
– soziale Erwägungen, Beachtlichkeit 26 18 ff.
– Spenden 26 6 ff.
– Sponsoring 26 9 f.; 35 56
– Zulässigkeit 26 14 ff.

Sozialversicherungsrecht 33 1 ff.
– Arbeitnehmerüberlassung, illegale 33 100 ff.
– Arbeitsunfälle, Erstattung für Aufwendungen 33 46
– Beschäftigung von Ausländern ohne Genehmigung/Aufenthaltstitel 33 91 ff.
– bußgeldbewährte Verhaltensweisen 33 103 f.
– Erschleichen von Sozialleistungen 33 67 ff.
– Fälligkeit Beiträge 33 12 f.
– fehlende Sicherung von Wertguthaben 33 52 ff.
– Gesellschafter, Haftung 33 47 ff., 66, 87 f.

1243

- mehrere Geschäftsführer/Vorstände 33 27
- Möglichkeit/Zumutbarkeit der Entrichtung 33 17ff.; 35 5
- Nichtabführung Sozialversicherungsbeiträge 29 88ff.; 33 3ff.; 35 60ff.
- Pflichtenkollision 33 23ff.
- Schwarzarbeitsbekämpfung 33 46, 78ff., 86, 89ff., 95ff.
- Strafbarkeit 33 3ff., 57ff., 70ff.
- Verein 6 89
- Vorenthalten Beiträge 33 14f.; 35 63
- zivilrechtliche Haftung 33 29ff., 62ff., 85f.

Spenden 26 6ff.; s.a. Soziale Aktivitäten

Sponsoring 26 9f.; s.a. Soziale Aktivitäten
- Untreue 35 56

Sprecher des Vorstands 18 53

Steuerrecht 32 1ff.
- § 69 AO, Haftung der Vertreter nach 32 7ff.
- Abzugssteuern, Haftung für 32 32ff., 39ff.
- Auslandssachverhalte 32 35ff.
- Bescheinigungen, Haftung für fehlerhafte 32 31
- D&O-Versicherung 32 55f.
- Ermessensentscheidung, pflichtgemäße 32 24ff.
- Fehlerkorrekturen beim Finanzamt 32 52
- formelles Haftungsrecht 32 19ff.
- Gesamtschuldner, Inanspruchnahme 32 26
- Haftungsbescheid 32 19
- Haftungstatbestände 32 4ff., 27ff.
- Haftungsvermeidung/Haftungsbegrenzung 32 49ff.
- Kausalität der Pflichtverletzung 32 18
- Lohnsteuer, Haftung für 32 39ff.
- Risikomanagement 32 49ff.
- Steuererklärungspflichten, Verletzung 32 29f.
- Steuerhaftung und Steuerschuld 32 4ff.
- steuerlicher Abzug Haftungsbetrag 32 59
- Umfang der Haftung 32 17
- Umsatzsteuer, Haftung für 32 44ff.
- verbindliche Auskunft/tatsächliche Verständigung 32 54
- Verein 6 85ff.
- vorenthaltene Steuern 29 110ff.

Stiftung, Organhaftung 6 150ff.
- Ausschüttungsverbot 6 163ff.
- Außenhaftung 7 1ff.; s.a. Deliktische Haftung; Vertragliche/vertragsähnliche Haftung
- D&O-Versicherung 6 173
- Durchsetzung 6 181f.
- Entlastung 6 177f.
- Erträgnisverwendung 6 169
- Exculpation durch Stiftungsaufsicht 6 179f.
- Kapitalerhaltung 6 168
- leitende Mitarbeiter 6 183
- Organisationsverfassung 6 153ff.
- Unterbilanzverbot 6 159
- Veräußerungsgebot 6 166
- Vermögenserhaltung 6 158ff.
- Vermögensverwaltung 6 168
- Verzicht 6 174ff.
- Vorstand 6 156ff.
- Werterhaltungsgebot 6 160f.

Strafrechtliche Verantwortung
- Erschleichen von Sozialleistungen 33 70ff.
- Erstattung von Geldstrafen 17 1ff., 32ff.; s.a. Geldstrafen, Erstattung
- fehlende Sicherung von Wertguthaben nach SGB IV 33 57ff.
- Geldbußen gegen Unternehmen 27 21ff.
- Geschäftsleiter 35 1ff.; s.a. Geschäftsleiter, strafrechtliche Verantwortung
- Kartellrecht 31 92
- Nichtabführung von Sozialversicherungsbeiträgen 33 3ff., 35 60ff.

– nützliche Aufwendungen **26** 52 f.;
s.a. Korruption
– ordnungsgemäße Bilanzierung
30 56 ff., 103
– Produkthaftung **24** 75 ff.
– Umwelthaftung **34** 96 ff.
– nach US-amerikanischem Recht
37 23, 50, 62, 88
Streitgenossenschaft 14 22

Treuepflicht
– Aufsichtsrat **3** 31 f.; **22** 66 ff.
– Aufsichtsrat Verein **6** 115 ff.
– Geschäftsführer **22** 1, 7, 24
– Vorstand **3** 31 f.; **22** 1, 7, 24
– Vorstand Verein **6** 24 ff.

Übernahme s. M&A-Transaktionen
Überwachungspflichten 9 13 ff.
**Überwachungspflichten, Konzern
9** 7 ff., 16 ff.
– Anforderungen **9** 19
– Aufbau und Organisation **9** 17
– Berichtswesen **9** 20
– Einzelgeschäfte **9** 17
– Konzernstrategie **9** 17
– nachträgliche Überwachung, konzernweite **9** 17
Umsatzsteuer, Haftung 32 44 ff.
Umweltrechtliche Verantwortlichkeit 34 1 ff.
– Atom- und Strahlenschutzrecht
34 55 f.
– Außenhaftung **34** 5 ff.
– Begriff, Bedeutung und Adressat umweltrechtlicher Verantwortlichkeit **34** 1 ff.
– Betriebsratsbeteiligung **34** 77 f.
– Betriebssicherheits-/Arbeitsschutzrecht, Bezüge zum **34** 57 ff.
– Betriebsuntersagung wg. Unzuverlässigkeit **34** 107 f.
– Bodenschutz- und Altlastenrecht
34 39 ff.
– Compliance **34** 23 ff., 101 ff.
– D&O-Versicherung **34** 123

– DIN EN ISO 14001 **34** 118 ff.
– EMAS/„Öko-Audit" **34** 110 ff., 119
– Freistellungsvereinbarung/
Verzicht **34** 124
– Gefahrstoffrecht **34** 51 ff.
– Gesamtverantwortung, Grundsatz **34** 8 ff.
– Gewässerschutzrecht **34** 12, 48 ff.
– Immissionsschutzrecht **34** 26 ff.
– Indisponibilität, privatrechtliche
34 84 f.
– Innenhaftung **34** 22
– Kreislaufwirtschafts- und Abfallrecht **34** 45 ff.
– Nebenfolgen der Umweltstraftaten **34** 105 ff.
– Rechtsnachfolge bei begünstigenden Verwaltungsakten **34** 94 f.
– Rechtsnachfolge in Verhaltensverantwortlichkeit **34** 88, 91 ff.
– Rechtsnachfolge in Zustandsverantwortlichkeit **34** 86 ff., 89 f.
– Risikominimierung **34** 109 ff.,
120 ff.
– strafrechtliche Haftung **34** 96 ff.
– Treibhausgas-Emissionszertifikatehandel **34** 36 ff.
– Überwachungssysteme **34** 61 f.
– Umweltaudit **34** 109 ff.
– Umweltbetriebsorganisation
34 60 ff.
– Umweltenergierecht **34** 54
– Umwelthaftpflichtversicherung
34 120 f.
– UmweltHG, Gefährdungshaftung **34** 13 ff.
– Umweltmanagementsysteme
34 109
– UmweltschadensG, Gefährdungshaftung **34** 16 ff.
– Umweltschutzbeauftragte **34** 68 ff.;
s.a. dort
– Unternehmenspflichten **34** 25 ff.
– Unternehmenstransaktionen/
Umstrukturierungen **34** 79 ff.
– Unternehmensverantwortliche
34 63 f., 65, 67

Stichwortverzeichnis

- Verantwortliche, umweltstrafrechtlich 34 102 ff.
- Verfall/Einziehung 34 105 ff.
- Verwaltungsakzessorietät des Umweltstrafrechts 34 97 ff.
- Wasserrecht, verschuldensunabhängige Haftung 34 12
- zivilrechtliche Umwelthaftung 34 4 ff.

Umweltschutzbeauftragter 34 68 ff.
- Aufgaben/Kompetenzen 34 74
- Außenhaftung 34 76
- Benachteiligungsverbot 34 75
- Erscheinungsformen 34 68 f.
- externer/interner 34 71
- Mehrfachbeauftragter 34 71
- Pflicht zur Bestellung 34 70
- Qualifikation, fachliche 34 73
- Verbot der Selbstbestellung 34 69

Unerlaubte Handlung 7 29 ff.; s.a. Deliktische Haftung

Unternehmensführung s. Organisation Unternehmensleitung

Unternehmensgeldbußen s. Geldbußen

Unternehmenstransaktionen s. M&A-Transaktionen

Untreue 35 25 ff.
- Auslösung von Schadensersatzansprüchen/Sanktionsrisiken 35 59
- Cash-Pooling 35 47 f.
- Konzernsachverhalte 35 45 ff.
- Korruption, Kick-Back-Konstellation 35 86
- Leveraged Buyouts 35 49
- pflichtwidriges Verhalten 35 28 ff.
- Risikogeschäfte 35 50 ff.
- schwarze Kassen 35 57 f.
- Sponsoring 35 56
- Vermögensbetreuungspflicht 35 26 f.
- Vermögensnachteil auf Seiten der Gesellschaft 35 36 ff.
- Vorsatz 35 39
- Zustimmung Gesellschafter 35 40 ff.

Urheberrecht s. Schutzrechtsverletzungen

US-Recht Organhaftung s. Organhaftung, US-Recht

Verein, Organhaftung 6 1 ff.
- Aufsichtsrat 6 101 ff.
- Außenhaftung 7 1 ff.; s.a. Deliktische Haftung; Vertragliche/vertragsähnliche Haftung
- besondere Vertreter 6 92 ff.
- Beweislast 6 48 f.
- Business Judgement Rule 6 30 ff.
- D&O-Versicherung 6 74
- Darlegungs- und Beweislast 12 45 ff.
- Delegation 6 19
- deliktische Haftung 6 78 ff.
- Durchsetzung 6 42 ff.
- Ehrenamt, Freistellungsanspruch 6 90
- Ehrenamt, Haftungsmilderung 6 68 ff.
- Entlastung des Vorstands 6 54 ff.
- Geschäftsführungspflicht 6 11 f.
- Geschäftsverteilung 6 19
- Haftungsausschluss/-beschränkung/-milderung 6 51 ff.
- Haftungsprivileg Arbeitnehmer, Anwendbarkeit 6 60 ff.
- Informationspflicht 6 23
- Innenorgane 6 101 ff.
- Insolvenzrecht 6 81 ff.
- leitende Mitarbeiter 6 120 ff.
- Organisationsverfassung 6 4 ff.
- Pflichtverletzung 6 10 ff.
- Rechtsfolgen 6 40 f.
- rechtsgeschäftliche Haftung 6 76 f.
- Sorgfaltsmaßstab 6 38 ff.
- Sozialversicherungsrecht 6 89
- Steuerrecht 6 85 ff.
- Treupflicht 6 24 ff.
- Vereinsverfassung, Einhaltung 6 20 ff.
- Verjährung 6 50
- Vermögensverwaltung 6 13 ff.
- Verschulden 6 36 ff.

- Verzicht/Vergleich **6** 59
- Vorstand, Außenhaftung **6** 75 ff.
- Vorstand, Innenhaftung **6** 7 ff.
- Weisungsbeschlüsse **6** 20 ff., 52 ff.

Verfall 35 160 ff.
Vergleich s. Haftungsbeschränkung
Verkehrspflichtverletzung, Haftung aus 7 38 ff.; **10** 12 ff.
Verrichtungsgehilfen, Haftung für 10 36
Versicherung
- Director and Officer s. D&O-Versicherung
- Regressrisiko bei Geldbußen **27** 52 ff.

Vertragliche/vertragsähnliche Haftung 7 1 ff.; s.a. Deliktische Haftung
- Aufsichtsräte **7** 81
- Bürgschaft **7** 6
- Culpa in contrahendo **7** 19 ff.; s.a. dort
- Darlegungs- und Beweislast **12** 49 ff.
- Garantieversprechen **7** 6
- Gesamtschuld **7** 27 f.
- Geschäftsleiter **7** 1 ff.
- Offenkundigkeitsprinzip, Missachtung **7** 8
- Rechtsscheinhaftung bei fehlendem Rechtsformzusatz **7** 12 ff.
- Schuldbeitritt **7** 6
- selbständiges Vertragsverhältnis **7** 5 ff.
- vollmachtlose Vertretung **7** 9 ff.

Vertretungsmacht, fehlende 7 9 ff.
Verzicht s. Haftungsbeschränkung
Vollmachtlose Vertretung 7 9 ff.
Vorgesellschaft, Haftung 2 68 ff.
Vorsätzliche sittenwidrige Schädigung 7 61 ff.
VorstAG 15 79 ff.
Vorstand
- Aufgabendelegation **3** 21
- Business Judgement Rule **3** 13 ff.; s.a. dort
- Konzern, Sorgfaltspflichten **3** 22
- ordentliche und gewissenhafte Geschäftsführung **3** 4 ff.
- Ressortprinzip **3** 19 ff.
- Risikomanagement **3** 9 ff.
- Sorgfaltsverpflichtungen **3** 4 ff.
- Treupflicht **3** 31 f.
- Verschwiegenheitspflicht **1** 5; **3** 33 ff.
- Wettbewerbsverbot **22** 1 ff., 5 f.
- s.a. Organhaftung

Vorstandsausschuss 18 59
Vorstandssprecher 18 53
Vorstandsvergütung 1 5
- Gesetz zur Angemessenheit der **15** 79 ff.

Vorteilsgewährung s. Korruption

Weisungen
- Gesellschafterversammlung **2** 24 ff.
- s.a. Haftungsbeschränkung

Wertpapierhandelsrecht s. Kapitalmarktrechtliche Informationspflichten
Wettbewerbsbeschränkungen s. Kartellrecht
Wettbewerbsverbote 22 1 ff.
- Alleingesellschafter **22** 9
- Aufsichtsrat **22** 21 f., 63 ff.
- Befreiung **22** 34 ff.
- Eintrittsrecht **22** 42 ff., 62
- gegenständlicher Geltungsbereich **22** 14 ff.
- Geschäftemachen **22** 17 f.
- Geschäftsführer **22** 1 ff., 7
- Geschäftszweig der Gesellschaft **22** 19 f.
- Karenzentschädigung **22** 55, 59
- nachvertragliche Wettbewerbsverbote **22** 54 ff.
- persönlicher Geltungsbereich **22** 8 f.
- Rechtsfolgen von Verstößen **22** 39 ff., 62
- Verjährung **22** 48 ff.
- vertragliche Regelungen **22** 51 ff.
- Vorbereitungsmaßnahmen **22** 23
- Vorstand **22** 1 ff., 5 f.

Stichwortverzeichnis

- Vorstand, Geschäftsführer, Aufsichtsrat, Komplementär in anderer Handelsgesellschaft **22** 21 f.
- zeitlicher Geltungsbereich **22** 10 ff.

Wettbewerbsverstöße
- Ansprüche **23** 3 ff.
- deliktsrechtliche Haftung **23** 28 ff.
- Haftende **23** 8 ff.
- Haftung **23** 13 ff.
- Organisationshaftung **23** 19 f.
- Störerhaftung **23** 34
- Verkehrssicherungspflicht **23** 21 ff.

Whistleblower Hotline 21 46, 56 ff.; s.a. Compliance

Zahlungsdiensteaufsichtsgesetz 20 25 ff.

Zahlungsverbot, Verstoß gegen 29 68 ff.
- Insolvenzverursachungshaftung **29** 77 f.
- Masseschmälerung **29** 72 ff.
- Verjährung Innenhaftung **29** 85 f.

Zölibatsklausel 18 25

Zuwendungen an Dritte 26 1 ff.; s.a. Aktionäre, Zahlungen an opponierende; Nützliche Aufwendungen; Soziale Aktivitäten